Hoffmann-Riem/Schmidt-Aßmann/Voßkuhle
Grundlagen des Verwaltungsrechts

Grundlagen des Verwaltungsrechts

Band I

Methoden · Maßstäbe · Aufgaben · Organisation

Herausgegeben von

Wolfgang Hoffmann-Riem · Eberhard Schmidt-Aßmann · Andreas Voßkuhle

Mit Beiträgen von

Susanne Baer · Martin Burgi · Martin Eifert · Claudio Franzius · Thomas Groß · Wolfgang Hoffmann-Riem · Matthias Jestaedt · Johannes Masing · Christoph Möllers · Ralf Poscher · Franz Reimer · Matthias Ruffert · Eberhard Schmidt-Aßmann · Helmuth Schulze-Fielitz · Gunnar Folke Schuppert · Michael Stolleis · Hans-Heinrich Trute · Andreas Voßkuhle · Hinnerk Wißmann

2. Auflage

Verlag C. H. Beck München 2012

Zitiervorschlag: *Bearbeiter,* Titel des Beitrags, in: Hoffmann-Riem/Schmidt-Aßmann/Voßkuhle (Hrsg.), GVwR I², § Rn. …

www.beck.de

ISBN 9783406610790

© 2012 Verlag C. H. Beck oHG
Wilhelmstraße 9, 80801 München
Druck und Bindung:
Bercker Graphischer Betrieb,
Hooge Weg 100, 47623 Kevelaer

Gedruckt auf säurefreiem, alterungsbeständigem Papier
(hergestellt aus chlorfrei gebleichtem Zellstoff)

Verfasserverzeichnis

Dr. Susanne Baer
o. Prof. an der Humboldt Universität Berlin,
Richterin des Bundesverfassungsgerichts

Dr. Martin Burgi
o. Prof. an der Universität Bochum

Dr. Martin Eifert
o. Prof. an der Universität Gießen

Dr. Claudio Franzius
Privatdozent an der Humboldt Universität Berlin

Dr. Thomas Groß
o. Prof. an der Universität Osnabrück

Dr. Wolfgang Hoffmann-Riem
em. o. Prof. an der Universität Hamburg,
Richter des Bundesverfassungsgerichts a. D.

Dr. Matthias Jestaedt
o. Prof. an der Universität Freiburg

Dr. Johannes Masing
o. Prof. an der Universität Freiburg,
Richter des Bundesverfassungsgerichts

Dr. Christoph Möllers
o. Prof. an der Humboldt Universität Berlin

Dr. Ralf Poscher
o. Prof. an der Universität Freiburg

Dr. Franz Reimer
o. Prof. an der Universität Gießen

Dr. Matthias Ruffert
o. Prof. an der Universität Jena

Dr. Dres. h. c. Eberhard Schmidt-Aßmann
em. o. Prof. an der Universität Heidelberg,
Leiter der Forschungsstätte der Evangelischen Studiengemeinschaft e. V.

Verfasserverzeichnis

Dr. Helmuth Schulze-Fielitz
em. o. Prof. an der Universität Würzburg

Dr. Gunnar Folke Schuppert
em. o. Prof. an der Humboldt Universität Berlin,
Forschungsprofessur für „Neue Formen von Governance"
am Wissenschaftszentrum Berlin für Sozialforschung

Dr. Dr. h. c. mult. Michael Stolleis
em. o. Prof. an der Universität Frankfurt a. M.,
Direktor a. D. des Max-Planck-Instituts für europäische Rechtsgeschichte,
Frankfurt a. M.

Dr. Andreas Voßkuhle
o. Prof. an der Universität Freiburg,
Präsident des Bundesverfassungsgerichts

Dr. Hans-Heinrich Trute
o. Prof. an der Universität Hamburg

Dr. Hinnerk Wißmann
o. Prof. an der Universität Bayreuth

Vorwort zur 2. Auflage

Die Neuauflage der „Grundlagen des Verwaltungsrechts" aktualisiert das Werk, ohne die bisherige Systematik zu verändern. Zugleich werden die Beiträge der drei Bände noch stärker miteinander verzahnt. Die in der ersten Auflage verwendeten Randnummern sind gleich geblieben und gegebenenfalls um alphanumerische Randnummern ergänzt worden.

Die positive Rezeption des Werks in Rechtswissenschaft und Rechtspraxis diente den Herausgebern als Ermunterung, die durch das Verständnis der „Neuen Verwaltungsrechtswissenschaft" als Steuerungswissenschaft bedingte erweiterte Systemperspektive, das Arbeiten mit Referenzgebieten und die Offenheit für die Erkenntnisse anderer Disziplinen beizubehalten. Die zunehmende Bedeutung der Internationalisierung und der Europäisierung des Verwaltungsrechts verlangte deren verstärkte Berücksichtigung, bedingt auch durch den Vertrag von Lissabon, die EU-Grundrechte-Charta und wichtige Sekundärrechtsakte wie die EU-Dienstleistungsrichtlinie. Steuerungs- und Regulierungsaufgaben waren auf neue Problemlagen, aktuell etwa die Finanz- und Schuldenkrise, zu erstrecken. Neue Konzepte der Gewährleistungsverwaltung, wie das Verfahren der Wissensgenerierung und die Verantwortungsteilung in der Chemikalienregulierung durch die REACh-Verordnung, waren ebenfalls in die Systematik des Verwaltungsrechts einzubauen.

Die Herausgeber danken den Autoren für ihren Einsatz, der Thyssen-Stiftung für die Förderung und Frau Dr. Ina Klingele für die sorgfältige redaktionelle Begleitung der Neuauflage und die Aktualisierung des Sachverzeichnisses.

Wolfgang Hoffmann-Riem *Eberhard Schmidt-Aßmann* *Andreas Voßkuhle*
Hamburg Heidelberg Karlsruhe/Freiburg i. Br.

Vorwort zur ersten Auflage

Verwaltung und Verwaltungsrecht stehen am Anfang des 21. Jahrhunderts vor vielfältigen Herausforderungen, die sich umschreiben lassen mit Begriffen wie Privatisierung, Ökonomisierung, Digitalisierung, Europäisierung und Internationalisierung. Damit einher gehen weitreichende Auswirkungen auf die verwaltungsrechtliche Systembildung: Neben die vertrauten Formen des Verwaltungshandelns treten zunehmend Verfahren gesellschaftlicher Selbstregulierung. „Indirekte" Steuerungsformen, wie etwa das Setzen ökonomischer Anreize oder die Beeinflussung von Handlungskontexten durch Rahmenvorgaben und Spielregeln, gewinnen an Bedeutung. Verwaltungsabläufe und Verwaltungsorganisation müssen umgestellt werden auf die Möglichkeiten elektronischer Kommunikation und die Einbindung nationaler Verwaltungen im europäischen Verwaltungsverbund. Schließlich zwingen internationales Recht und vor allem das Europarecht dazu, neue Instrumente, Regelungstypen und Konzepte in die eigene Rechtsordnung zu integrieren.

Allein mit den Methoden einer auf die Auslegung von Normtexten spezialisierten hermeneutisch ausgerichteten Rechtswissenschaft, die zudem hauptsächlich am Tätigkeitsfeld des Richters orientiert ist, lassen sich die skizzierten Veränderungen kaum angemessen dogmatisch verarbeiten. Eine Verwaltungsrechtswissenschaft, die den Steuerungsauftrag des Rechts im demokratischen Verfassungsstaat ernst nimmt, muss daher die Arbeitsperspektive der Verwaltung und des Gesetzgebers in ihre Betrachtung mit einbeziehen. Sie hat immer auch danach zu fragen, wie erwünschte Wirkungen erreicht und unerwünschte vermieden werden. Gesetzesbindung im Sinne von Subsumtionsrichtigkeit bleibt ein zentraler Maßstab; dieser ist aber angesichts der Einschätzungs- und Gestaltungsoffenheit vieler Rechtsvorschriften zu ergänzen durch Zielwerte wie Effizienz, Akzeptabilität, Kooperationsbereitschaft, Flexibilität oder Implementierbarkeit. Gleichzeitig gilt es, das Zusammenspiel des Verwaltungsrechts im tradierten Sinne mit anderen Rechtsgebieten – so dem Zivilrecht, aber auch dem Strafrecht – intensiver mit in den Blick zu nehmen.

Dem Ziel, Bestand und Veränderungsnotwendigkeiten des Verwaltungsrechts aus einer stärker problem- und steuerungsorientierten Handlungs- und Entscheidungsperspektive zu erfassen, dienten zehn in den Jahren 1991 bis 2003 durchgeführte Tagungen zur „Reform des Verwaltungsrechts". Die dort und in neueren Arbeiten zu Referenzgebieten des besonderen Verwaltungsrechts gewonnenen Einsichten sollen nun erstmals in einer systematischen Gesamtdarstellung des Verwaltungsrechts verallgemeinert und fortentwickelt werden.

Zu diesem Zweck haben die Herausgeber zunächst eine detaillierte Gliederung erarbeitet. Auf ihrer Grundlage erstellten die Autoren erste Entwürfe, die dann in Workshops kritisch diskutiert und mit weiteren Anregungen versehen wurden. Ungeachtet unterschiedlicher Sichtweisen und Ansätze ist es durch diese Vorgehensweise gelungen, das erforderliche Maß inhaltlicher Abstimmung und Kohärenz der auf drei Bände angelegten Darstellung zu gewährleisten. Die

Vorwort zur ersten Auflage

wissenschaftliche Verantwortung für seinen Beitrag trägt gleichwohl jeder Autor allein.

Das Werk will die Aufgaben eines Handbuchs zum Nachschlagen mit denen eines großen systematischen Lehrbuchs verbinden. Es wendet sich damit gleichermaßen an die Verwaltungen in Bund und Ländern, an Anwaltskanzleien, Gerichte und Verbände sowie an die Wissenschaft.

Wir danken der Thyssen-Stiftung für die Förderung des Projekts. Dank für die Organisation und technische Vereinheitlichung der Manuskripte gebührt Frau Anne-Kathrin Schiffer und vor allem Frau Ina Stammann, in deren Händen auch die Erstellung des Sachverzeichnisses lag.

Wolfgang Hoffmann-Riem *Eberhard Schmidt-Aßmann* *Andreas Voßkuhle*
Karlsruhe/Hamburg Heidelberg Freiburg i. Br.

Inhalt Band I

Methoden · Maßstäbe · Aufgaben · Organisation

Verfasserverzeichnis	V
Vorwort	VII
Vorwort zur ersten Auflage	IX
Inhalt	XI
Inhalt der übrigen Bände	XIII
Abkürzungen	XV
Verzeichnis der Standardliteratur	XLI

Erster Teil
Verwaltung und Verwaltungsrecht als Gegenstand wissenschaftlicher Forschung

§ 1	Neue Verwaltungsrechtswissenschaft *(Andreas Voßkuhle)*	1
§ 2	Entwicklungsstufen der Verwaltungsrechtswissenschaft *(Michael Stolleis)*	65
§ 3	Methoden *(Christoph Möllers)*	123
§ 4	Modalitäten und Wirkungsfaktoren der Steuerung durch Recht *(Claudio Franzius)*	179

Zweiter Teil
Demokratie, Rechts- und Sozialstaatlichkeit: Fundamente der öffentlichen Verwaltung und des Verwaltungsrechts

§ 5	Verfassungsprinzipien für den Europäischen Verwaltungsverbund *(Eberhard Schmidt-Aßmann)*	261
§ 6	Die demokratische Legitimation der Verwaltung *(Hans-Heinrich Trute)*	341
§ 7	Der Rechtsstatus des Einzelnen im Verwaltungsrecht *(Johannes Masing)*	437
§ 8	Funktionenordnung des Grundgesetzes *(Ralf Poscher)*	543
§ 9	Das Parlamentsgesetz als Steuerungsmittel und Kontrollmaßstab *(Franz Reimer)*	585
§ 10	Eigenständigkeit der Verwaltung *(Wolfgang Hoffmann-Riem)*	677

Inhalt

Dritter Teil
Aufgaben der öffentlichen Verwaltung

§ 11 Verwaltungsaufgaben *(Susanne Baer)* 779
§ 12 Grundmodi der Aufgabenwahrnehmung *(Helmuth Schulze-Fielitz)* 823

Vierter Teil
Verwaltung als Organisation

§ 13 Die Verwaltungsorganisation als Teil organisierter Staatlichkeit
        (Thomas Groß) 905
§ 14 Grundbegriffe des Verwaltungsorganisationsrechts
        (Matthias Jestaedt) 953
§ 15 Verfassungsrechtliche Vorgaben der Verwaltungsorganisation
        (Hinnerk Wißmann) 1005
§ 16 Verwaltungsorganisation und Verwaltungsorganisationsrecht als
        Steuerungsfaktoren *(Gunnar Folke Schuppert)* 1067

Fünfter Teil
Normative Steuerung des Verwaltungshandelns

§ 17 Rechtsquellen und Rechtsschichten des Verwaltungsrechts
        (Matthias Ruffert) 1163
§ 18 Rechtsregime *(Martin Burgi)* 1257
§ 19 Regulierungsstrategien *(Martin Eifert)* 1319

Sach- und Personenregister 1395

Inhalt der übrigen Bände

Band II

Informationsordnung · Verwaltungsverfahren · Handlungsformen

Sechster Teil
Verwaltungsrecht als Informations- und Kommunikationsordnung

§ 20 Die Bedeutung von Information und Kommunikation für die verwaltungsrechtliche Systembildung
§ 21 Das Recht der Kommunikations-Infrastrukturen
§ 22 Umgang mit personenbezogenen Informationen und Daten
§ 23 Informationsbeziehungen zwischen Staat und Bürger
§ 24 Informationsbeziehungen in und zwischen Behörden
§ 25 Informationsbeziehungen innerhalb des Europäischen Verwaltungsverbundes
§ 26 Elektronische Verwaltung

Siebter Teil
Verwaltungsverfahren

§ 27 Der Verfahrensgedanke im deutschen und europäischen Verwaltungsrecht
§ 28 Strukturen und Typen von Verwaltungsverfahren
§ 29 Beteiligung, Partizipation und Öffentlichkeit
§ 30 Ausgewählte Verwaltungsverfahren
§ 31 Verfahrensfehler im Verwaltungsverfahren
§ 32 Privatverfahren

Achter Teil
Handlungs- und Bewirkungsformen der öffentlichen Verwaltung

§ 33 Rechtsformen, Handlungsformen, Bewirkungsformen
§ 34 Normsetzung und andere Formen exekutivischer Selbstprogrammierung
§ 35 Verwaltungsakte
§ 36 Verwaltungsverträge
§ 37 Pläne
§ 38 Informelles Verhandlungshandeln

Inhalt der übrigen Bände

§ 39   Schlichtes Verwaltungshandeln
§ 40   Anreize
§ 41   Formen- und Instrumentenmix
§ 42   Maßstäbe des Verwaltungshandelns

Band III

Personal · Finanzen · Kontrolle · Sanktionen · Staatliche Einstandspflichten

Neunter Teil
Zusammenspiel des Verwaltungsrechts mit den Steuerungsressourcen Personal und Finanzen

§ 43   Personal
§ 44   Finanzen

Zehnter Teil
Durchsetzung von Verwaltungsrecht und Verwaltungsentscheidungen

§ 45   Überwachung
§ 46   Vollstreckung und Sanktionen

Elfter Teil
Kontrolle der Verwaltung und des Verwaltungshandelns

§ 47   Begriff, Funktionen und Konzepte von Kontrolle
§ 48   Selbstkontrollen der Verwaltung
§ 49   Öffentlichkeitskontrolle
§ 50   Gerichtliche Verwaltungskontrollen

Zwölfter Teil
Einstandspflichten im Verwaltungsrecht

§ 51   Vom überkommen Staatshaftungsrecht zum Recht der staatlichen Einstandspflichten
§ 52   Allgemeine Elemente der Einstandspflichten für rechtswidriges Staatshandeln
§ 53   Abwehr und Beseitigung rechtswidriger hoheitlicher Beeinträchtigungen
§ 54   Retrospektive Kompensation der Folgen rechtswidrigen Hoheitshandelns
§ 55   Retrospektive und prospektive Kompensation der Folgen rechtmäßigen Hoheitshandelns

Abkürzungsverzeichnis

a. A.	anderer Ansicht
a. a. O.	am angegebenen Ort
a. D.	außer Dienst
a. E.	am Ende
a. F.	alte Fassung
a. M.	anderer Meinung; am Main
AbfAblV	Verordnung über die umweltverträgliche Ablagerung von Siedlungsabfällen
AbfG	Gesetz über die Vermeidung und Entsorgung von Abfällen (Abfallbeseitigungsgesetz)
Abg.	Abgeordnete/r
abgedr.	abgedruckt
AbgG	Gesetz über die Rechtsverhältnisse der Mitglieder des Deutschen Bundestages (Abgeordnetengesetz)
abl.	ablehnend
ABl. EG	Amtsblatt der Europäischen Gemeinschaft (bis 2003 Nr. L 26 bzw. C 24)
ABl. EU	Amtsblatt der Europäischen Union (ab 2003 Nr. L 27 bzw. C 25)
ABMG	Gesetz über die Erhebung von streckenbezogenen Gebühren für die Benutzung von Bundesautobahnen mit schweren Nutzfahrzeugen (Autobahnmautgesetz für schwere Nutzfahrzeuge)
Abs.	Absatz
Abschn.	Abschnitt
Abt.	Abteilung
abw.	abweichend
AcP	Archiv für die civilistische Praxis
AdG	Archiv der Gegenwart
AEG	Allgemeines Eisenbahngesetz
AEUV	Vertrag über die Arbeitsweise der Europäischen Union
AFG	Arbeitsförderungsgesetz
AfK	Archiv für Kommunalwissenschaften
AfP	Archiv für Presserecht
AG	Aktiengesellschaft; Amtsgericht; Ausführungsgesetz
AGF	Arbeitsgemeinschaft der Großforschungseinrichtungen
AgrarR	Agrarrecht
AGVwGO	Gesetz zur Ausführung der Verwaltungsgerichtsordnung
ähnl.	ähnlich
AJDA	Actualité Juridique – Droit Administratif
AJIL	American Journal of International Law
AK	Kommentar aus der Reihe der Alternativkommentare
AK-GG	Denninger, Erhard/Hoffmann-Riem, Wolfgang/Schneider, Hans-Peter/Stein, Ekkehart (Hrsg.), Kommentar zum Grundgesetz für die Bundesrepublik Deutschland (aus der Reihe der Alternativkommentare), 3. Aufl. 2001, Losebl.; zit.: *Bearbeiter*, in: AK-GG, Art. Rn.
AktG	Gesetz über Aktiengesellschaften und Kommanditgesellschaften auf Aktien (Aktiengesetz)
allg.	allgemein; allgemeines
ALR	Allgemeines Landrecht für die preußischen Staaten von 1794
Alt.	Alternative
AMG	Gesetz über den Verkehr mit Arzneimitteln (Arzneimittelgesetz)
Änd.	Änderung
ÄndG	Änderungsgesetz
Anh.	Anhang
Anl.	Anlage

Abkürzungsverzeichnis

Anm.	Anmerkung
AnwBl	Anwaltsblatt
AO	Abgabenordnung
AöR	Archiv des öffentlichen Rechts
AP	Arbeitsrechtliche Praxis
APF	Ausbildung, Prüfung, Fortbildung – Zeitschrift für die staatliche und kommunale Verwaltung
APoG	Gesetz über das Apothekenwesen
APuZ	Aus Politik und Zeitgeschichte
ArbG	Arbeitsgericht
ArbGG	Arbeitsgerichtsgesetz
ArchKathKR	Archiv für Katholisches Kirchenrecht
ArchPF	Archiv für das Post- und Fernmeldewesen
ArchPT	Archiv für Post und Telekommunikation (bis 1991: Archiv für das Post- und Fernmeldewesen, ArchPF)
arg.	argumentum
ARSP	Archiv für Rechts- und Sozialphilosophie
Art.	Artikel
ArtikelG	Gesetz zur Umsetzung der UVP-Änderungsrichtlinie, der IVU-Richtlinie und weiterer EG-Richtlinien zum Umweltschutz vom 27. Juli 2001
ArztR	Arztrecht
ASG	Gesetz zur Sicherstellung von Arbeitsleistungen für Zwecke der Verteidigung einschließlich des Schutzes der Zivilbevölkerung (Arbeitssicherungsgesetz)
ASOG Berl.	Allgemeines Gesetz zum Schutz der öffentlichen Sicherheit und Ordnung in Berlin (Allgemeines Sicherheits- und Ordnungsgesetz)
AsylVfG	Gesetz über das Asylverfahren (Asylverfahrensgesetz)
AT	Allgemeiner Teil
AtG	Gesetz über die friedliche Verwendung der Kernenergie und den Schutz gegen ihre Gefahren (Atomgesetz)
AufenthaltG/ EWG	Gesetz über Einreise und Aufenthalt von Staatsangehörigen der Mitgliedstaaten der Europäischen Wirtschaftsgemeinschaft (Aufenthaltsgesetz/EWG)
AufenthG	Gesetz über den Aufenthalt, die Erwerbstätigkeit und die Integration von Ausländern im Bundesgebiet (Aufenthaltsgesetz)
Aufl.	Auflage
AuR	Arbeit und Recht
ausf.	ausführlich
Ausg.	Ausgabe
AuslG	Gesetz über die Einreise und den Aufenthalt von Ausländern im Bundesgebiet (Ausländergesetz)
AV	Ausführungsverordnung
AVG	Angestelltenversicherungsgesetz
AVR	Archiv des Völkerrechts
AWD	Außenwirtschaftsdienst des Betriebs-Beraters
AWG	Außenwirtschaftsgesetz
Az.	Aktenzeichen
AZG	Allgemeines Zuständigkeitsgesetz
Bad.-Württ.	Baden-Württemberg; Baden-Württemberger, auch: BW
bad.-württ.	baden-württembergisch, auch: BW
BAföG	Bundesgesetz über individuelle Förderung der Ausbildung (Bundesausbildungsförderungsgesetz)
BAG	Bundesarbeitsgericht
BAGE	Entscheidungen des Bundesarbeitsgerichts
BÄK	Bundesärztekammer
BAnz	Bundesanzeiger
BApO	Bundesapothekerordnung
BArchG	Gesetz über die Sicherung und Nutzung von Archivgut des Bundes (Bundesarchivgesetz)

Abkürzungsverzeichnis

BAT	Bundesangestelltentarifvertrag (Bund, Länder, Gemeinden)
BauGB	Baugesetzbuch
BaulandG	Gesetz zur Bereitstellung von Grundstücken für Baumaßnahmen
BauNVO	Baunutzungsverordnung
BauO	Bauordnung
BauPG	Gesetz über das Inverkehrbringen von und den freien Warenverkehr mit Bauprodukten zur Umsetzung der Richtlinie 89/106/EWG des Rates vom 21. Dezember 1988 zur Angleichung der Rechts- und Verwaltungsvorschriften der Mitgliedstaaten über Bauprodukte und anderer Rechtsakte der Europäischen Gemeinschaften (Bauproduktengesetz)
BauplanungsR	Bauplanungsrecht
BauR	Baurecht
Bay.	Bayern
bay.	bayerisch
BayAGGVG	Gesetz zur Ausführung des Gerichtsverfassungsgesetzes und von Verfahrensgesetzen des Bundes (Bayern)
BayBO	Bayerische Bauordnung
BayGO	Gemeindeordnung für den Freistaat Bayern
BayKAG	Bayerisches Kommunalabgabengesetz
BayKrO	Bayerische Kreisordnung
BayLplG	Bayerisches Landesplanungsgesetz
BayObLG	Bayerisches Oberstes Landesgericht
BayStG	Bayerisches Stiftungsgesetz
BayVBl.	Bayerische Verwaltungsblätter
BayVerfGH	Bayerischer Verfassungsgerichtshof
BayVerfGHE	Sammlung von Entscheidungen des Bayerischen Verwaltungsgerichtshofs mit Entscheidungen des Bayerischen Verfassungsgerichtshofs
BayVGemO	Bayerische Verwaltungsgemeinschaftsordnung
BayVGH	Bayerischer Verwaltungsgerichtshof; Sammlung von Entscheidungen des Bayerischen Verwaltungsgerichtshofs mit Entscheidungen des Bayerischen Verfassungsgerichtshofs, des Bayerischen Dienststrafhofs und des Bayerischen Gerichtshofs für Kompetenzkonflikte
BB	Der Betriebs-Berater
BBauG	Bundesbaugesetz
BBergG	Bundesberggesetz
BBesG	Bundesbesoldungsgesetz
Bbg	Brandenburg; auch: Brandenb.
BbG	Bundesbahngesetz
BBG	Bundesbeamtengesetz
BBiFG	Gesetz zur Förderung der Berufsbildung durch Planung und Forschung (Berufsbildungsförderungsgesetz)
BBiG	Berufsbildungsgesetz
BBodSchG	Bundesbodenschutzgesetz
BBodSchV	Bundes-Bodenschutz- und Altlastenverordnung
Bd.	Band
Bde.	Bände
BDG	Bundesdisziplinargesetz
BDGVR	Berichte der Deutschen Gesellschaft für Völkerrecht
BDO	Bundesdisziplinarordnung
BDSG	Bundesdatenschutzgesetz
BDSGVO	Verordnung über Zuständigkeiten nach dem Bundesdatenschutzgesetz
BDVR	Bund Deutscher Verwaltungsrichter und Verwaltungsrichterinnen
BeamtenR	Beamtenrecht
BeamtStG	Gesetz zur Regelung des Statusrechts der Beamtinnen und Beamten in den Ländern (Beamtenstatusgesetz)
BeamtVG	Gesetz über die Versorgung der Beamten und Richter in Bund und Ländern (Beamtenversorgungsgesetz)
Bearb.	Bearbeiter; Bearbeitung
BeckRS	Beck-Rechtsprechung

Abkürzungsverzeichnis

BEG	Bundesgesetz zur Entschädigung für Opfer der nationalsozialistischen Verfolgung (Bundesentschädigungsgesetz)
Begr.	Begründung; Begründer
BEGTPG	Gesetz über die Bundesnetzagentur für Elektrizität, Gas, Telekommunikation, Post und Eisenbahnen
Beih.	Beiheft
Beil.	Beilage
Bek.	Bekanntmachung
Bem.	Bemerkung
Ber.	Bericht
ber.	berichtigt
Berl.	Berlin; Berliner, auch: Bln./bln.
berl.	berlinisch; auch: bln.
BErzGG	Gesetz über die Gewährung von Erziehungsgeld und Erziehungsurlaub
bes.	besonders; besonderes
Beschl.	Beschluss
BesG	Besoldungsgesetz
BesStruktG-E	Gesetzentwurf zur Reform der Strukturen des öffentlichen Dienstrechts (Strukturreformgesetz – StruktRefG)
BestG	Gesetz über das Friedhofs- und Leichenwesen (Bestattungsgesetz)
BesVNG	Gesetz zur Vereinheitlichung und Neuregelung des Besoldungsrechts in Bund und Ländern
betr.	betreffend
BetrVG	Betriebsverfassungsgesetz
BEVVG	Gesetz über die Eisenbahnverkehrsverwaltung des Bundes (Bundeseisenbahnverkehrsverwaltungsgesetz)
BezO	Bezirksordnung
BezVG	Bezirksverwaltungsgesetz
BFH	Bundesfinanzhof
BFHE	Sammlung der Entscheidungen des Bundesfinanzhofs
BFH/NV	Sammlung der Entscheidungen des Bundesfinanzhofs
BfRG	Gesetz über die Errichtung eines Bundesinstitutes für Risikobewertung (BfR-Gesetz)
BfV	Bundesamt für Verfassungsschutz
BG	Beamtengesetz
BGA	Bundesgesundheitsamt
BGB	Bürgerliches Gesetzbuch
BGBl	Bundesgesetzblatt
BGE	Entscheidungen des Schweizerischen Bundesgerichts
BGG	Gesetz zur Gleichstellung behinderter Menschen (Behindertengleichstellungsgesetz)
BGH	Bundesgerichtshof
BGHSt	Entscheidungen des Bundesgerichtshofs in Strafsachen
BGHZ	Entscheidungen des Bundesgerichtshofs in Zivilsachen
BGS	Bundesgrenzschutz
BGSG	Gesetz über den Bundesgrenzschutz (Bundesgrenzschutzgesetz)
BHO	Bundeshaushaltsordnung
Bibl.	Bibliographie
BImSchG	Gesetz zum Schutz vor schädlichen Umwelteinwirkungen durch Luftverunreinigungen, Geräusche, Erschütterungen und ähnliche Vorgänge (Bundes-Immissionsschutzgesetz)
BImSchV	Verordnung zur Durchführung des BImSchG
BIT	Bureau International du Travail (Internationale Arbeitsorganisation)
BIZ	Bank für Internationalen Zahlungsausgleich
BJagdG	Bundesjagdgesetz
BK	Bonner Kommentar zum Grundgesetz, hrsg. von Dolzer, Rudolf/Kahl, Wolfgang/Waldhoff, Christian, Losebl.; zit.: *Bearbeiter*, in: BK, Art. Rn.
BKA	Bundeskriminalamt
BKAG	Gesetz über das Bundeskriminalamt und die Zusammenarbeit des Bundes und der Länder in kriminalpolizeilichen Angelegenheiten (Bundeskriminalamtgesetz)
BKartA	Bundeskartellamt

Abkürzungsverzeichnis

BLG	Bundesleistungsgesetz
BLK	Bund-Länder-Kommission für Bildungsplanung und Forschungsförderung
Bln.	Berlin
bln.	Berliner, berlinisch
BLV	Verordnung über die Laufbahnen der Bundesbeamten (Bundeslaufbahnverordnung)
BM	Bundesminister
BMF	Bundesminister/-ministerium der Finanzen
BMI	Bundesminister/-ministerium des Innern
BMJ	Bundesministerin/-ministerium der Justiz
BMT	Bundes-Manteltarif
BMU	Bundesminister/-ministerium für Umwelt, Naturschutz und Reaktorsicherheit
BMWi	Bundesminister/-ministerium für Wirtschaft und Technologie
BNatSchG	Gesetz über Naturschutz und Landschaftspflege
BND	Bundesnachrichtendienst
BNDG	Gesetz über den Bundesnachrichtendienst
BO	Bauordnung
BodSchG	Bodenschutzgesetz
BPersVG	Bundespersonalvertretungsgesetz
BPolG	Gesetz über die Bundespolizei (Bundespolizeigesetz)
BR	Bundesrat
Brandenb.	Brandenburg; Brandenburger; auch: Bbg
brandenb.	brandenburgisch
BRD	Bundesrepublik Deutschland
BRDrucks	Drucksachen des Bundesrates
BReg	Bundesregierung
Brem.	Bremen; Bremer
brem.	bremisch
BRHG	Gesetz über den Bundesrechnungshof (Bundesrechnungshofgesetz)
brit.	britisch
BRRG	Rahmengesetz zur Vereinheitlichung des Beamtenrechts (Beamtenrechtsrahmengesetz)
BRS	Baurechtssammlung
BRüG	Bundesgesetz zur Regelung der rückerstattungsrechtlichen Geldverbindlichkeiten des Deutschen Reiches und gleichgestellter Rechtsträger (Bundesrückerstattungsgesetz)
BSB	Beschäftigungsbedingungen für die sonstigen Bediensteten
BSeuchG	Gesetz zur Verhütung und Bekämpfung übertragbarer Krankheiten beim Menschen (Bundesseuchengesetz)
BSG	Bundessozialgericht
BSGE	Entscheidungen des Bundessozialgerichts
BSHG	Bundessozialhilfegesetz (vgl. SGB XII)
Bsp.	Beispiel/Beispiele
BSt.	Statut der Beamten der Europäischen Gemeinschaft
BStatG	Gesetz über die Statistik für Bundeszwecke (Bundesstatistikgesetz)
BStBl	Bundessteuerblatt
BT	Besonderer Teil; Deutscher Bundestag
BTDrucks	Drucksachen des Deutschen Bundestages
BtMG	Gesetz über den Verkehr mit Betäubungsmitteln (Betäubungsmittelgesetz)
BTOElt	Verordnung über allgemeine Tarife für die Versorgung mit Elektrizität (Bundestarifordnung Elektrizität)
Buchholz	Sammel- und Nachschlagewerk der Rechtsprechung des Bundesverwaltungsgerichts, begründet von Karl Buchholz, 1957 ff.
Buchst.	Buchstabe
Bull.	Bulletin
BV	Bundesverfassung
BVerfG	Bundesverfassungsgericht
BVerfG (K)	Kammerentscheidung des Bundesverfassungsgerichts
BVerfGK	Kammerentscheidungen des Bundesverfassungsgerichts. Eine Auswahl, hrsg. v. Verein der Richter des BVerfG e. V.

Abkürzungsverzeichnis

BVerfGE	Entscheidungen des Bundesverfassungsgerichts
BVerfGG	Gesetz über das Bundesverfassungsgericht (Bundesverfassungsgerichtsgesetz)
BVerfSchG	Gesetz über die Zusammenarbeit des Bundes und der Länder in Angelegenheiten des Verfassungsschutzes und über das Bundesamt für Verfassungsschutz (Bundesverfassungsschutzgesetz)
BVerwG	Bundesverwaltungsgericht
BVerwGE	Entscheidungen des Bundesverwaltungsgerichts
BVFG	Gesetz über die Angelegenheiten der Vertriebenen und Flüchtlinge (Bundesvertriebenengesetz)
BVG	Gesetz über die Versorgung der Opfer des Krieges (Bundesversorgungsgesetz)
B-VG	Bundes-Verfassungsgesetz der Republik Österreich
BVO	Verordnung über die Gewährung von Beihilfen in Krankheits-, Geburts- und Todesfällen (Beihilfenverordnung)
BVT	Beste verfügbare Technik
BW	Baden-Württemberg
BWaldG	Bundeswaldgesetz
BWG	Bundeswahlgesetz
BWGZ	Die Gemeinde (BWGZ) – Zeitschrift für die Städte und Gemeinden, für Stadträte, Gemeinderäte und Ortschaftsräte, Organ des Gemeindetags Baden-Württemberg
BWO	Bundeswahlordnung
BWVP	Baden-Württembergische Verwaltungspraxis
BZRG	Gesetz über das Zentralregister und das Erziehungsregister (Bundeszentralregistergesetz)
bzw.	beziehungsweise
ca.	circa
CDE	Cahiers de Droit Européen
CEN	Comité Européen de Normalisation
CENELEC	Comité Européen de Normalisation Electrotechnique
ChemG	Gesetz zum Schutz vor gefährlichen Stoffen (Chemikaliengesetz)
CIC	Codex iuris canonici
CIV	Convention Internationale concernant le transport des voyageurs et des bagages par chemins de fer (Internationales Übereinkommen über den Eisenbahn-Personen- und Gepäckverkehr)
CMLRev	Common Market Law Review
CR	Computer und Recht
d. h.	das heißt
d. i.	das ist
DAG	Deutsche Angestelltengewerkschaft
DAR	Deutsches Autorecht
DARA	Deutsche Agentur für Raumfahrtangelegenheiten
DAU	Deutsche Akkreditierungs- und Zulassungsgesellschaft für Umweltgutachter
DB	Der Betrieb
DBA	Doppelbesteuerungsabkommen
DDR-StHG	DDR-Staatshaftungsgesetz vom 12. Mai 1969
DEGES	Deutsche Einheit Fernstraßenplanungs- und -baugesellschaft mbH
DeputG	Brem. Gesetz über die Deputationen
ders.	derselbe
desgl.	desgleichen
DFG	Deutsche Forschungsgemeinschaft
DfK	Deutsche Zeitschrift für Kommunalwissenschaften; früher: Archiv für Kommunalwissenschaften (AfK)
DGO	Deutsche Gemeindeordnung
DienstR	Dienstrecht
dies.	dieselbe, dieselben
diff.	differenzierend
DIMDI	Deutsches Institut für medizinische Dokumentation und Information
DIN	Deutsches Institut für Normung

Abkürzungsverzeichnis

Diss.	Dissertation
DJT	Deutscher Juristentag
DJZ	Deutsche Juristenzeitung
dms	der moderne staat – Zeitschrift für Public Policy, Recht und Management
DO	Dienstordnung
Doc.	document
DÖD	Der öffentliche Dienst. Personalmanagement und Recht
DOG	Deutsches Obergericht für das Vereinigte Wirtschaftsgebiet
DÖH	Der Öffentliche Haushalt. Archiv für das öffentliche Haushaltswesen
Dok.	Dokument
DONot	Verordnung über die Dienstordnung der Notare
DÖV	Die Öffentliche Verwaltung
DR	Decisions and Reports. Entscheidungen und Berichte der Europäischen Kommission für Menschenrechte
DRB	Deutscher Richterbund
DRiG	Deutsches Richtergesetz
DRiZ	Deutsche Richterzeitung
Drucks	Drucksache
DRV	Deutsche Rentenversicherung
DSB	Dispute Settlement Body
DSchG	Denkmalschutzgesetz
DSG	Datenschutzgesetz
DSR	Deutscher Standardisierungsrat
DStR	Deutsche Steuer-Rundschau
DStZ	Deutsche Steuer-Zeitung
dt.	deutsch
DTAG	Deutsche Telekom AG
DtZ	Deutsch-Deutsche Rechtszeitschrift
DuD	Datenschutz und Datensicherung
DuR	Demokratie und Recht
DUZ	Deutsche Universitäts-Zeitung
DV	Die Verwaltung
DVBl	Deutsches Verwaltungsblatt
DVP	Deutsche Verwaltungspraxis
DVR	Datenverarbeitung im Recht
DWiR	Deutsche Zeitschrift für Wirtschaftsrecht
e.V.	eingetragener Verein
EAC	European Advisory Commission
EAG	Europäische Atom-Gemeinschaft
EAGV	Vertrag über die Gründung der Europäischen Atom-Gemeinschaft (EAG) vom 25. März 1957
EALG	Gesetz über die Entschädigung nach dem Gesetz zur Regelung offener Vermögensfragen und über staatliche Ausgleichsleistungen für Enteignungen auf besatzungsrechtlicher oder -hoheitlicher Grundlage (Entschädigungs- und Ausgleichsleistungsgesetz)
ebd.	ebenda
EBDD	Europäische Beobachtungsstelle für Drogen und Drogensucht (European Monitoring Centre for Drugs and Drug Addiction [EMCDDA])
EBO	Eisenbahn-Bau- und Betriebsordnung
ECAD	European Civil Affairs Division
ECE	Economic Commission for Europe (Regionale Wirtschaftskommission der UNO für den Bereich Europa)
EDF	Electricité de France
EDI	Economic Development Institute
EDV	Elektronische Datenverarbeitung
EEA	Einheitliche Europäische Akte vom 28. Februar 1986; Europäische Umweltagentur
EEAZustG	Zustimmungsgesetz zur Einheitlichen Europäischen Akte
EEG	Gesetz für den Vorrang Erneuerbarer Energien

XXI

Abkürzungsverzeichnis

EfbV	Verordnung über Entsorgungsfachbetriebe
EFG	Entscheidungen der Finanzgerichte
EFS	Einrichtungen der Freiwilligen Selbstkontrolle im Jugendmedienschutz
EFTA	European Free Trade Association
EG	Europäische Gemeinschaft(en)
EGBGB	Einführungsgesetz zum Bürgerlichen Gesetzbuch
EG-DSRiL	EG-Datenschutzrichtlinie
EGGVG	Einführungsgesetz zum Gerichtsverfassungsgesetz
EGKS	Europäische Gemeinschaft für Kohle und Stahl
EGKSV	Vertrag über die Gründung der Europäischen Gemeinschaft für Kohle und Stahl vom 18. April 1951
EGMR	Europäischer Gerichtshof für Menschenrechte
EGMR (GK)	Große Kammer des Europäischen Gerichtshofs für Menschenrechte
EGStGB	Einführungsgesetz zum Strafgesetzbuch
EGV	Vertrag zur Gründung der Europäischen Gemeinschaft vom 25. März 1957 (in der Fassung des Änderungsvertrages über die Europäische Union vom 26. Februar 2001)
EGZPO	Einführungsgesetz zur Zivilprozeßordnung
EheG	Ehegesetz
EHO	Verordnung (EG, Euratom) Nr. 1605/2002 des Rates vom 25. Juni 2002 über die Haushaltsordnung für den Gesamthaushaltsplan der Europäischen Gemeinschaften (Europäische Haushaltsordnung)
EIB	Europäische Investitionsbank
Einf.	Einführung
EinigungsV	Einigungsvertrag
Einl.	Einleitung
einschl.	einschließlich
EIONET	Europäisches Umweltinformations- und Umweltbeobachtungsnetz
EIoP	European Integration online Papers
EIRO	European Industrial Relation Observatory
EJIL	European Journal of International Law
ELJ	European Law Journal
EL Rev	European Law Review
EMAS	Eco-Management and Audit Scheme (System für das Umweltmanagement und die Umweltbetriebsprüfung)
EMCDDA	European Monitoring Centre for Drugs and Drug Addiction (= EBDD)
EMRK	Europäische Konvention zum Schutz der Menschenrechte und Grundfreiheiten (Europäische Menschenrechtskonvention)
endg.	endgültig
EnteignG	Enteignungsgesetz
EntlG	Gesetz zur Entlastung der Gerichte in der Verwaltungs- und Finanzgerichtsbarkeit
Entsch.	Entscheidung
EntschG	Entschädigungsgesetz
Entw.	Entwurf
EnWG	Energiewirtschaftsgesetz
EP	Europäisches Parlament
EPC	European Political Cooperation (Europäische Politische Zusammenarbeit)
EPIL	Encyclopedia of Public International Law. Published under the auspices of the Max Planck Institute for Comparative Public Law and International Law, Neuausgabe, Amsterdam/New York/Oxford, Bd. I, 1992; Bd. II, 1995; Bd. III, 1997; Bd. IV, 2000; Bd. V (Lists – Indices), 2003
Erg.	Ergänzung
ErgBl	Ergänzungsblatt
Erl.	Erläuterung
Erwgrd.	Erwägungsgrund
ESG	Gesetz über die Sicherstellung der Versorgung mit Erzeugnissen der Ernährungs- und Landwirtschaft sowie der Forst- und Holzwirtschaft (Ernährungssicherstellungsgesetz)

Abkürzungsverzeichnis

EStG	Einkommensteuergesetz
ESVGH	Entscheidungssammlung des Hessischen Verwaltungsgerichtshofs und des Verwaltungsgerichtshofs Baden-Württemberg mit Entscheidungen der Staatsgerichtshöfe beider Länder
et	Energiewirtschaftliche Tagesfragen
ETS	European Treaty Series
ETSI	European Telecommunications Standards Institute
ESZB	Europäisches System der Zentralbanken
etc.	et cetera
EU	Europäische Union
EUDUR	Hans-Werner Rengeling (Hrsg.), Handbuch zum europäischen und deutschen Umweltrecht, 2. Aufl., Bd. I, 2003; Bd. II, 2 Teilbände, 2003; zit.: *Bearbeiter*, Titel des Beitrags, in: EUDUR I, II/1, II/2, § Rn.
EuG	Europäisches Gericht (Gericht erster Instanz)
EuGH	Gerichtshof der Europäischen Gemeinschaften
EuGH, Slg.	Sammlung der Rechtsprechung des EuGH, ab 1990 zweigeteilt in I – Rechtsprechung des EuGH, II – Rechtsprechung des Gerichts (Gerichts erster Instanz)
EuGRZ	Europäische Grundrechte-Zeitschrift
EuGVÜ	Europäisches Übereinkommen vom 27. September 1968 über die gerichtliche Zuständigkeit und die Vollstreckung gerichtlicher Entscheidungen in Zivil- und Handelssachen
EuR	Europarecht
Euratom	Europäische Atomgemeinschaft
EuropaR	Europarecht
EuropolÜ	Übereinkommen aufgrund von Artikel K.3 des Vertrags über die Europäische Union über die Errichtung eines Europäischen Polizeiamts (Europol-Übereinkommen)
EurUm	Europäische Umwelt. Internationale Zeitschrift für Politik, Recht und Technologie-Entwicklung/Forum für Umweltrecht
EurUP	Zeitschrift für Europäisches Umwelt- und Planungsrecht
EuSC	Europäische Sozialcharta
EUV	Vertrag über die Europäische Union nach dem Lissabon-Vertrag vom 13. Dezember 2007
EuWG	Gesetz über die Wahl der Abgeordneten des Europäischen Parlaments aus der Bundesrepublik Deutschland (Europawahlgesetz)
EuZW	Europäische Zeitschrift für Wirtschaftsrecht
ev.	evangelisch
EvStL	Werner Heun/Martin Honecker/Martin Morlok (Hrsg.), Evangelisches Staatslexikon, Neuausg. 2006 (Hermann Kunst/Roman Herzog/Wilhelm Schneemelcher [Hrsg.], 3. Aufl. 1987); zit.: *Bearbeiter*, in: EvStL (bzw. EvStL, 3. Aufl. 1987), Sp.
EVU	Energieversorgungsunternehmen
EWG	Europäische Wirtschaftsgemeinschaft
EWGV	Vertrag zur Gründung der Europäischen Wirtschaftsgemeinschaft vom 25. März 1957
EWiR	Entscheidungen zum Wirtschaftsrecht
EWR	Europäischer Wirtschaftsraum
EWS	Europäisches Wirtschafts- und Steuerrecht
EZAR	Entscheidungssammlung zum Ausländer- und Asylrecht
EZB	Europäische Zentralbank
F.	Fassung
f.	folgende, -r, -s
FAG	Gesetz über den Finanzausgleich (Finanzausgleichsgesetz)
FamRZ	Zeitschrift für das gesamte Familienrecht
FAnlG	Gesetz über Fernmeldeanlagen (Fernmeldeanlagengesetz)
FAZ	Frankfurter Allgemeine Zeitung
FeV	Verordnung über die Zulassung von Personen zum Straßenverkehr (Fahrerlaubnis-Verordnung)
ff.	und folgende Seiten

Abkürzungsverzeichnis

FFH-RL	Richtlinie 92/43/EWG zur Erhaltung der natürlichen Lebensräume sowie der wildlebenden Tiere und Pflanzen (Fauna-Flora-Habitat-Richtlinie)
FG	Festgabe; Finanzgericht
FGG	Gesetz über die Angelegenheiten der Freiwilligen Gerichtsbarkeit
FGO	Finanzgerichtsordnung
FinArch	Finanzarchiv
FinDAG	Gesetz über die Bundesanstalt für Finanzdienstleistungsaufsicht (Finanzdienstleistungsaufsichtsgesetz)
FlurbG	Flurbereinigungsgesetz
FMStG	Gesetz zur Umsetzung eines Maßnahmenpakets zur Stabilisierung des Finanzmarktes (Finanzmarktstabilisierungsgesetz)
Fn.	Fußnote(n)
FNA	Bundesgesetzblatt Teil I, Fundstellennachweis A (Bundesrecht ohne völkerrechtliche Vereinbarungen)
FreizügG/EU	Gesetz über die allgemeine Freizügigkeit von Unionsbürgern (Freizügigkeitsgesetz/EU)
frz.	französisch
FS	Festschrift
FSK	Freiwillige Selbstkontrolle der Filmwirtschaft
FStrAbÄndG	Gesetz zur Änderung des Gesetzes über den Ausbau der Bundesfernstraßen
FStrG	Bundesfernstraßengesetz
FTEG	Gesetz über Funkanlagen und Telekommunikationsendeinrichtungen
FuR	Familie und Recht
G	Gesetz
G 10	Gesetz zur Beschränkung des Brief-, Post- und Fernmeldegeheimnisses (Gesetz zu Art. 10 Grundgesetz)
GA	Generalanwalt, general attorney; Goltdammer's Archiv für Strafrecht
GABl.	Gemeinsames Amtsblatt
GASP	Gemeinsame Außen- und Sicherheitspolitik
GastG	Gaststättengesetz
GATS	General Agreement on Trade in Services
GATT	General Agreement on Tariffs and Trade (Allgemeines Zoll- und Handelsabkommen)
GBl	Gesetzblatt
GBO	Grundbuchordnung
GD	Generaldirektion
GDF	Gaz de France
Geb.	Geburtstag
GefStoffV	Verordnung zum Schutz vor Gefahrstoffen (Gefahrstoffverordnung)
gegr.	gegründet
GEIN	Umweltinformationsnetz Deutschland (German Environmental Information Network)
gem.	gemäß
GemFinRefG	Gesetz zur Neuordnung der Gemeindefinanzen
GemO	Gemeindeordnung
GenG	Gesetz betreffend die Erwerbs- und Wirtschaftsgenossenschaften (Genossenschaftsgesetz)
GenTG	Gentechnikgesetz
GSG	Gesetz zur Sicherung und Strukturverbesserung der gesetzlichen Krankenversicherung (Gesundheitsstrukturgesetz)
GesO	Gesamtvollstreckungsordnung
GesR	GesundheitsRecht – Zeitschrift für Arztrecht, Krankenhausrecht, Apotheken- und Arzneimittelrecht
GewArch	Gewerbearchiv
GewO	Gewerbeordnung
GewStG	Gewerbesteuergesetz
GewStR	Gewerbesteuer-Richtlinien
GG	Grundgesetz für die Bundesrepublik Deutschland vom 23. Mai 1949

Abkürzungsverzeichnis

ggf.	gegebenenfalls
GGK	Münch, Ingo von/Kunig, Philip (Hrsg.), Grundgesetz-Kommentar, Bd. I, 5. Aufl. 2000; Bd. II, 4./5. Aufl. 2001; Bd. III, 4./5. Aufl. 2003; zit.: *Bearbeiter,* in: v. Münch/Kunig (Hrsg.), GGK I, Art. Rn.
GGO	Gemeinsame Geschäftsordnung der Bundesministerien, in der Fassung der Bekanntmachung des Bundesministers des Innern vom 9. August 2000, GMBl S. 526, wenn keine abweichende Jahresangabe erfolgt
ggü.	gegenüber
GjSM	Gesetz über die Verbreitung jugendgefährdender Schriften und Medieninhalte
GKÖD	Walther Fürst, Gesamtkommentar Öffentliches Dienstrecht, Losebl., 5 Bde.; zit.: *Bearbeiter,* in: GKÖD, Teil § Rn.
GKV-OrgWG	Gesetz zur Weiterentwicklung der Organisationsstrukturen in der gesetzlichen Krankenversicherung vom 15. 12. 2008
GmbH	Gesellschaft mit beschränkter Haftung
GmbHG	Gesetz betreffend die Gesellschaften mit beschränkter Haftung
GMBl	Gemeinsames Ministerialblatt
GmSOGB	Gemeinsamer Senat der obersten Gerichtshöfe des Bundes
GO	Geschäftsordnung; Gemeindeordnung
GOBR	Geschäftsordnung des Bundesrates
GOBReg	Geschäftsordnung der Bundesregierung
GOBT	Geschäftsordnung des Deutschen Bundestages
GPA	Agreement on Government Procurement
GPR	Zeitschrift für Gemeinschaftsprivatrecht
GPSG	Gesetz über technische Arbeitsmittel und Verbraucherprodukte
gr.	griechisch
GRCh	Charta der Grundrechte der Europäischen Union
grdl.	grundlegend
grds.	grundsätzlich
GrEStG	Grunderwerbsteuergesetz
GRG	Gesetz zur Strukturreform im Gesundheitswesen (Gesundheitsreformgesetz)
GrS	Großer Senat
GrStG	Grundsteuergesetz
GRUR	Gewerblicher Rechtsschutz und Urheberrecht
GS	Gedächtnisschrift; Gesetzessammlung
GTZ	Deutsche Gesellschaft für Technische Zusammenarbeit
GUG	Gesetz über die Unterbrechung von Gesamtvollstreckungsverfahren (Gesamtvollstreckungs-Unterbrechungsgesetz)
GüKG	Güterkraftverkehrsgesetz
GUS	Gemeinschaft Unabhängiger Staaten
GV. NW	Gesetz- und Verordnungsblatt für das Land Nordrhein-Westfalen
GVBl bzw. GVOBl	Gesetz- und Verordnungsblatt (jew. wie offiziell abgekürzt)
GVFG	Gesetz über Finanzhilfen des Bundes zur Verbesserung der Verkehrsverhältnisse der Gemeinden (Gemeindeverkehrsfinanzierungsgesetz)
GVG	Gerichtsverfassungsgesetz
GVO	Grundstücksverkehrsordnung; gentechnisch veränderte Organismen
GWB	Gesetz gegen Wettbewerbsbeschränkungen (Kartellgesetz)
GWU	Geschichte in Wissenschaft und Unterricht
GYIL	German Yearbook of International Law
H.	Heft
h. A.	herrschende Ansicht
h. L.	herrschende Lehre
h. M.	herrschende Meinung
ha	Hektar
HACCP	Hazard Analysis and Critical Control Points
HAG	Heimarbeitsgesetz
Hamb	Hamburg; Hamburger
hamb.	hamburgisch

Abkürzungsverzeichnis

HChE	Entwurf des Verfassungskonvents in Herrenchiemsee, 10.–23. August 1948 (Herrenchiemseer Entwurf)
Hdb.	Handbuch
HdbEuR	Frenz, Walter, Handbuch Europarecht: Bd. I, 2004, Bd. II, 2006, Bd. III, 2007, Bd. IV, 2009, Bd. V, 2010; zit.: *Frenz*, HdbEuR I, Rn.
HdbRs	Rengeling, Hans-Werner/Middeke, Andreas/Gellermann, Martin (Hrsg.), Handbuch des Rechtsschutzes in der Europäischen Union, 2. Aufl. 2003; zit.: *Bearbeiter*, Titel des Beitrags, in: Rengeling/Middeke/Gellermann (Hrsg.), HdbRs, § Rn.
HdbStKirchR	Joseph Listl/Dietrich Pirson (Hrsg.), Handbuch des Staatskirchenrechts der Bundesrepublik Deutschland, 2. Aufl., Bd. I, 1994; Bd. II, 1995; zit.: *Bearbeiter*, Titel des Beitrags, in: HdbStKirchR I, § S.
HdbVerfR	Benda, Ernst/Maihofer, Werner/Vogel, Hans-Jochen (Hrsg.), Handbuch des Verfassungsrechts, 2. Aufl. 1994; zit.: *Bearbeiter*, Titel des Beitrags, in: HdbVerfR, § Rn.
HdSW	Erwin v. Beckerath u. a. (Hrsg.), Handwörterbuch der Sozialwissenschaften, Bd. I, 1956; Bd. II, 1959; Bd. III, 1961; Bd. IV, 1965; Bd. V, 1956; Bd. VI, 1959; Bd. VII, 1961; Bd. VIII, 1964; Bd. IX, 1956; Bd. X, 1959; Bd. XI, 1961; Bd. XII, 1965; Ergänzungsband 1968; zit.: *Bearbeiter*, in: HdSW I, Sp.
HdUR	Kimminich, Otto/Lersner, Heinrich Freiherr von/Storm, Peter-Christoph (Hrsg.), Handwörterbuch des Umweltrechts, 2 Bde., 2. Aufl. 1994; zit: *Bearbeiter*, in: HdUR I, Sp.
HEG	Gesetz zur Erneuerung der Hochschulen (Hochschulerneuerungsgesetz)
HENatG	Hessisches Naturschutzgesetz
HEP	Hochschulerneuerungsprogramm
Hess	Hessen
hess.	hessisch
HFR	Höchstrichterliche Finanzrechtsprechung
HG	Gesetz über die Feststellung des Bundeshaushaltsplans (Haushaltsgesetz)
HGB	Handelsgesetzbuch
HGO	Hessische Gemeindeordnung
HGR	Merten, Detlef/Papier, Hans-Jürgen (Hrsg.), Handbuch der Grundrechte in Deutschland und Europa, Bd. I, 2004; Bd. II, 2006; Bd. III, 2009; Bd. VI/I, 2010; Bd. VI/II, 2009; Bd. VII/I, 2009; Bd. VII/II, 2007; zit.: *Bearbeiter*, Titel des Beitrags, in: HGR I, § Rn.
HGrG	Gesetz über die Grundsätze des Haushaltsrechts des Bundes und der Länder (Haushaltsgrundsätzegesetz)
Hinw.	Hinweis
Hk-VerwR	Fehling, Michael/Kastner, Berthold/Wahrendorf, Volker (Hrsg.), Verwaltungsrecht – VwVfG/VwGO, 2. Aufl. 2010; zit.: *Bearbeiter*, in: Hk-VerwR, § Rn.
HKWP	Günter Püttner (Hrsg.), Handbuch der kommunalen Wissenschaft und Praxis, 3. Aufl. (hrsg. zus. mit Thomas Mann), Bd. I, 2007; 2. Aufl., Bd. II, 1982; Bd. III, 1983; Bd. IV, 1983; Bd. V, 1984; Bd. VI, 1985; zit.: *Bearbeiter*, Titel des Beitrags, in: HKWP I, S.
HO	Haushaltsordnung
HÖV	Handbuch für die öffentliche Verwaltung. Einführung in ihre rechtlichen und praktischen Grundlagen; Bd. I: Grundlagen, hrsg. von Mutius, Albert von, 1984; Bd. II: Besonderes Verwaltungsrecht, hrsg. von Friauf, Karl H., 1984; Bd. III: Privatrecht, hrsg. von Westermann, Harm P., 1982; zit.: *Bearbeiter*, Titel des Beitrags, in: HÖV I, Rn.
HPflG	Haftpflichtgesetz
HPolizeiR	Lisken, Hans/Denninger, Erhard (Hrsg.), Handbuch des Polizeirechts, 4. Aufl. 2007; zit.: *Bearbeiter*, Titel des Beitrags, in: Lisken/Denninger (Hrsg.), HPolizeiR, Großbuchst. Rn.
HRG	Hochschulrahmengesetz
HRQ	Human Rights Quarterly
hrsg.	herausgegeben
Hrsg.	Herausgeber
Hs.	Halbsatz
HSG	Hochschulgesetz

Abkürzungsverzeichnis

HSiG	Gesetz zur Sicherung des Haushaltsausgleichs (Haushaltssicherungsgesetz)
HSOG	Hessisches Gesetz über die öffentliche Sicherheit und Ordnung
HStR	Isensee, Josef/Kirchhof, Paul (Hrsg.), Handbuch des Staatsrechts der Bundesrepublik Deutschland, Bd. I, 3. Aufl. 2003; Bd. II, 3. Aufl. 2004; Bd. III, 3. Aufl. 2005; Bd. IV, 3. Aufl. 2006; Bd. V, 3. Aufl. 2007; Bd. VI, 3. Aufl. 2008; Bd. VII, 3. Aufl. 2009; Bd. VIII, 3. Aufl. 2010; Bd. IX, 3. Aufl. 2011; Bd. X, 2000; zit.: *Bearbeiter*, Titel des Beitrags, in: HStR I, § Rn. bzw. i. V. m. Anschütz/Thoma (Hrsg.): Anschütz, Gerhard/Thoma, Richard (Hrsg.), Handbuch des Deutschen Staatsrechts, Bd. I, 1930; Bd. II, 1932; zit.: *Bearbeiter*, Titel des Beitrags, in: Anschütz/Thoma (Hrsg.), HStR I, S.
HwO	Gesetz zur Ordnung des Handwerks (Handwerksordnung)
HwStW	Elster, Ludwig/Weber, Adolf/Wieser, Friedrich (Hrsg.), Handwörterbuch der Staatswissenschaften, 4. Aufl., Bd. I, 1923; Bd. II, 1924; Bd. III, 1926; Bd. IV, 1927; Bd. V, 1923; Bd. VI, 1925; Bd. VII, 1926; Bd. VIII, 1928; Ergänzungsband 1929; zit.: *Bearbeiter*, Titel des Beitrags, in: HwStW I, S.
HZ	Historische Zeitschrift
i. d. F.	in der Fassung
i. d. R.	in der Regel
i. d. S.	in diesem Sinne
i. e.	im Einzelnen
i. E.	im Ergebnis
i. e. S.	im engeren Sinne
i. J.	im Jahre
i. S.	im Sinne
i. S. d.	im Sinne des/r
i. S. v.	im Sinne von
i. Ü.	im Übrigen
i. V. m.	in Verbindung mit
i. w. S.	im weiteren Sinne
IAIS	International Association of Insurance Supervisors
ICJ	International Court of Justice (= IGH)
IEC	International Electrotechnical Commission
IED/IVU-RL	Richtlinie 2010/75/EU über Industrieemissionen (integrierte Vermeidung und Verminderung der Umweltverschmutzung) (Neufassung)
IFG	Informationsfreiheitsgesetz; ohne weiteren Zusatz dasjenige des Bundes
IFG-ProfE	Friedrich Schoch/Michael Kloepfer, Informationsfreiheitsgesetz (IFG-ProfE) – Entwurf eines Informationsfreiheitsgesetzes für die Bundesrepublik Deutschland, 2002
IfSG	Gesetz zur Verhütung und Bekämpfung von Infektionskrankheiten beim Menschen (Infektionsschutzgesetz)
IGH	Internationaler Gerichtshof
IGH-Statut	Statut des Internationalen Gerichtshofes vom 26. Juni 1945
IHK	Industrie- und Handelskammer
IHKG	Gesetz über die Industrie- und Handelskammern
IKT	Informations- und Kommunikationstechnologie
ILM	International Legal Materials
ILO	International Labour Organization
IMK	Ständige Konferenz der Innenminister der Länder
IMO	International Maritime Organization
InfAuslR	Informationsbrief Ausländerrecht
insbes.	insbesondere
InsO	Insolvenzordnung
Inst.	Institutiones Iustiniani, Buch, Kap.
IntVG	Gesetz über die Wahrnehmung der Integrationsverantwortung des Bundestages und des Bundesrates in Angelegenheiten der Europäischen Union (Integrationsverantwortungsgesetz)
InVeKoS	Integriertes Verwaltungs- und Kontrollsystem (in der Gemeinsamen Agrarpolitik)
InvZulG	Investitionszulagengesetz
IOSCO	International Organization of Securities Commissions

Abkürzungsverzeichnis

IPBürgR	Internationaler Pakt über bürgerliche und politische Rechte vom 19. Dezember 1966, CCPR
IPE	Bogdandy, Armin von/Cruz Villalón, Pedro/Huber, Peter M. (Hrsg.), Handbuch Ius Publicum Europaeum: Bd. I, 2007, Bd. II, 2008; Bogdandy, Armin von/Cassese, Sabino/Huber, Peter M. (Hrsg.), Handbuch IuS Publicum Europaeum: Verwaltungsrecht in Europa: Bd. III, 2010; Bd. IV, 2011; Bd. V, [im Erscheinen]; zit.: *Bearbeiter*, Titel des Abschnittsthemas, in: IPE I, § Angabe des Landes, Rn.
IPR	Internationales Privatrecht
IRG	Gesetz über internationale Rechtshilfe in Strafsachen
ISO	International Organization for Standardization
ISSN	Internationale Standard-Seriennummer
ital.	italienisch
IuK-Techniken	Informations- und Kommunikationstechniken
iur	Informatik und Recht
IVU-RL	Richtlinie 96/61/EG über die integrierte Vermeidung und Verminderung der Umweltverschmutzung (s. a. IED/IVU-RL)
JA	Juristische Arbeitsblätter
Jb.	Jahrbuch
JbUTR	Jahrbuch des Umwelt- und Technikrechts
jew.	jeweils
Jg.	Jahrgang
Jh.	Jahrhundert
JK	Jura-Kartei der Zeitschrift Juristische Ausbildung (Jura)
JMBl.	Justizministerialblatt
JMStV	Staatsvertrag über den Schutz der Menschenwürde und den Jugendschutz in Rundfunk und Telemedien (Jugendmedienschutz-Staatsvertrag)
JöR	Jahrbuch des öffentlichen Rechts der Gegenwart (1.1907–25.1938)
JöR N. F.	Jahrbuch des öffentlichen Rechts, Neue Folge (1.1951 ff.)
JR	Juristische Rundschau
Jura	Juristische Ausbildung
JurA	Juristische Analysen
JuS	Juristische Schulung
JW	Juristische Wochenschrift
JWG	Gesetz für Jugendwohlfahrt
JZ	Juristenzeitung
K&R	Kommunikation und Recht
KAG	Kommunalabgabengesetz
Kap.	Kapitel
KEF	Kommission zur Ermittlung des Finanzbedarfs
KEK	Kommission zur Ermittlung der Konzentration im Medienbereich; Entscheidungen der KEK
Kfz	Kraftfahrzeug
KG	Kammergericht; Kommanditgesellschaft
KHG	Gesetz zur wirtschaftlichen Sicherung der Krankenhäuser und zur Regelung der Krankenhauspflegesätze (Krankenhausfinanzierungsgesetz)
KGSt	Kommunale Gemeinschaftsstelle für Verwaltungsmanagement, bis 11/2005: Kommunale Gemeinschaftsstelle für Verwaltungsvereinfachung
KJ	Kritische Justiz
KJM	Kommission für Jugendmedienschutz
KKW	Kernkraftwerk
KKZ	Kommunal-Kassen-Zeitschrift
KMK	Kultusministerkonferenz
KO	Konkursordnung (s. aber auch ThürKO)
KOM	Kommission der Europäischen Gemeinschaften: Eingegangene Dokumente und Veröffentlichungen
KommunalR	Kommunalrecht
KonTraG	Gesetz zur Kontrolle und Transparenz im Unternehmensbereich

Abkürzungsverzeichnis

KraftStG	Kraftfahrzeugsteuergesetz
krit.	kritisch(e)
KritV	Kritische Vierteljahresschrift für Gesetzgebung und Rechtswissenschaft
KrW-/AbfG	Kreislaufwirtschafts- und Abfallgesetz
KSchG	Kündigungsschutzgesetz
KStZ	Kommunale Steuer-Zeitschrift
KSVG	Gesetz über die Selbstverwaltung der Gemeinden, Ämter und Landkreise (Kommunalselbstverwaltungsgesetz)
KSZE	Konferenz über Sicherheit und Zusammenarbeit in Europa
KTA	Kerntechnischer Ausschuss
KTS	Konkurs-, Treuhand- und Schiedsgerichtswesen: Zeitschrift für Insolvenzrecht
KUG	Gesetz betreffend das Urheberrecht an Werken der bildenden Künste und der Photographie (Kunsturhebergesetz)
KÜO	Kehr- und Überprüfungsordnung
KVerf	Kommunalverfassung
KWG	Gesetz über das Kreditwesen
KZfSS	Kölner Zeitschrift für Soziologie und Sozialpsychologie
LadSchlG	Gesetz über den Ladenschluß
LAG	Landesarbeitsgericht
LArchG	Landesarchivgesetz
lat.	lateinisch
LBG	Landesbeamtengesetz
LBO	Landesbauordnung
LDSG	Landesdatenschutzgesetz
LfbG	Gesetz über die Laufbahnen der Beamten (Laufbahngesetz)
Lfg.	Lieferung
LFGB	Lebensmittel-, Bedarfsgegenstände- und Futtermittelgesetzbuch
LG	Landgericht
LHO	Landeshaushaltsordnung
Lit.	Literatur
lit.	littera
liv.	livre
LKrO	Landkreisordnung
LKV	Landes- und Kommunalverwaltung
LM	Lindenmaier-Möhring. Nachschlagewerk des Bundesgerichtshofs
LMBG	Gesetz über den Verkehr mit Lebensmitteln, Tabakerzeugnissen, kosmetischen Mitteln und sonstigen Bedarfsgegenständen (Lebensmittel- und Bedarfsgegenständegesetz)
LMedienG	Landesmediengesetz
LNatSchG	Gesetz zum Schutz der Natur (Landesnaturschutzgesetz)
LOG	Gesetz über die Organisation der Landesverwaltung (Landesorganisationsgesetz)
Losebl.	Loseblattsammlung, -werk
LPlG	Gesetz zur Raumordnung und Landesplanung (Landesplanungsgesetz)
LS	Leitsatz
LSA	Sachsen-Anhalt; sachsen-anhaltinisch; auch Sachs.-Anh./sachs.-anh.
LSG	Landessozialgericht
LTDrucks	Drucksachen des Landtags
LuftSiG	Luftsicherheitsgesetz
LuftVG	Luftverkehrsgesetz
LuftVO	Luftverkehrs-Ordnung
LVerfG	Landesverfassungsgericht/Verfassungsgericht des Landes
LVwG	Landesverwaltungsgesetz
LVwVfG	Landesverwaltungsverfahrensgesetz
LZ	Leipziger Zeitschrift für Deutsches Recht
M.	Meinung
m.	mit
m.a.W.	mit anderen Worten

Abkürzungsverzeichnis

m. E.	meines Erachtens
m. w. N.	mit weiteren Nachweisen
MABl	Ministerialamtsblatt der bayerischen Inneren Verwaltung
Mass.	Massachusetts
mbH	mit beschränkter Haftung
MBl	Ministerialblatt
MBPlG	Gesetz zur Regelung des Planungsverfahrens für Magnetschwebebahnen (Magnetschwebebahnplanungsgesetz)
MDR	Monatsschrift für Deutsches Recht
MDStV	Mediendienstestaatsvertrag
ME	Musterentwurf
Mecklenb.-Vorp.	Mecklenburg-Vorpommern; auch: MV
mecklenb.-vorp.	mecklenburg-vorpommerisch
MedienG	Mediengesetz
MedR	Medizinrecht
MEG	Gesetz über die Erprobung und Entwicklung neuer Rundfunkangebote und anderer Mediendienste in Bayern (Medienerprobungs- und Entwicklungsgesetz)
MHG	Gesetz zur Regelung der Miethöhe (Miethöhegesetz)
MinBl	Ministerialblatt
Mio.	Million(en)
MiStra	Anordnung über Mitteilungen in Strafsachen
MitbestG	Gesetz über die Mitbestimmung der Arbeitnehmer (Mitbestimmungsgesetz)
Mitt NWStGB	Mitteilungen des nordrhein-westfälischen Städte- und Gemeindebundes
MMR	MultiMedia und Recht
MOG	Marktorganisationsgesetz
MPG	Gesetz über Medizinprodukte
MPI	Max-Planck-Institut
Mrd.	Milliarde(n)
MRRG	Melderechtsrahmengesetz
MS	Manuskript
MTB II	Manteltarifvertrag für Arbeiter des Bundes vom 27. Februar 1964
MTL II	Manteltarifvertrag für Arbeiter der Länder vom 11. Juli 1966
MuSchG	Mutterschutzgesetz
MV	Mecklenburg-Vorpommern; auch: Mecklenb.-Vorp.
N.	Nachweis(e)
n. F.	neue Fassung
N. F.	neue Folge
N&R	Netzwirtschaft & Recht
Nachdr.	Nachdruck
NATO	North Atlantic Treaty Organization (Nordatlantische Allianz)
NatSchG	Naturschutzgesetz
NC	Numerus clausus
Nds.	Niedersachsen; niedersächsisch; auch: Niedersachs.
NdsVBl.	Niedersächsische Verwaltungsblätter
NGO	Non-governmental organization (Nichtregierungsorganisation); Niedersächsische Gemeindeordnung
Niedersachs.	Niedersachsen; niedersächsisch; auch: Nds.
NJ	Neue Justiz. Zeitschrift für Rechtsprechung und Rechtsentwicklung in den Neuen Ländern
NJW	Neue Juristische Wochenschrift
NJW-RR	NJW-Rechtsprechungs-Report Zivilrecht
NK-VwGO	Helge Sodan/Jan Ziekow (Hrsg.), Nomos-Kommentar zur Verwaltungsgerichtsordnung, Losebl., 1. Aufl.; zit.: *Bearbeiter,* in: NK-VwGO, § Rn.
no.	numero; number (Nummer)
NordÖR	Zeitschrift für öffentliches Recht in Norddeutschland
NPD	Nationaldemokratische Partei Deutschlands

Abkürzungsverzeichnis

NPL	Neue Politische Literatur
Nr.	Nummer
Nrn.	Nummern
NRW	Nordrhein-Westfalen; auch: NW
NSM	Neues Steuerungsmodell
NStZ	Neue Zeitschrift für Strafrecht
NuR	Natur und Recht
NVwZ	Neue Zeitschrift für Verwaltungsrecht
NVwZ-RR	NVwZ-Rechtsprechungs-Report Verwaltungsrecht
NW	Nordrhein-Westfalen; nordrhein-westfälisch; auch NRW
nw.	nordrhein-westfälisch
NWB	Neue Wirtschafts-Briefe für Steuer- und Wirtschaftsrecht
NWVBl	Nordrhein-Westfälische Verwaltungsblätter
NZA	Neue Zeitschrift für Arbeits- und Sozialrecht
NZA-RR	Rechtsprechungs-Report Arbeitsrecht
NZBau	Neue Zeitschrift für Baurecht und Vergaberecht
NZS	Neue Zeitschrift für Sozialrecht
NZV	Neue Zeitschrift für Verkehrsrecht
NZZ	Neue Züricher Zeitung
o. ä.	oder Ähnliche(s/r)
o. g.	oben genannt(e/er)
o. J.	ohne Jahresangabe
o. O.	ohne Ortsangabe
OBG	Ordnungsbehördengesetz
OECD	Organisation for Economic Co-operation and Development
öffentl.	öffentlich
OG	Organisationsgesetz
OGH	Oberster Gerichtshof
OHG	Offene Handelsgesellschaft
ÖJZ	Österreichische Juristen-Zeitung
OLG	Oberlandesgericht
OLGSt	Entscheidungen der Oberlandesgerichte zum Straf- und Strafverfahrensrecht
OMV	Österreichische Mineralölverwaltung
ÖPP	Öffentlich Private Partnerschaft(en) (Public Private Partnership)
ÖR	Öffentliches Recht
ORDO	Jahrbuch für die Ordnung von Wirtschaft und Gesellschaft
österr.	österreichisch
ÖTV	Öffentliche Dienste, Transport und Verkehr
OVG	Oberverwaltungsgericht
OVGE	Entscheidungen der Oberverwaltungsgerichte für das Land Nordrhein-Westfalen in Münster sowie für die Länder Niedersachsen und Schleswig-Holstein in Lüneburg; mit Zusatz Bln.: Entscheidungen des Oberverwaltungsgerichts Berlin
OWiG	Gesetz über Ordnungswidrigkeiten
PAG	Gesetz über die Aufgaben und Befugnisse der Polizei (Polizeiaufgabengesetz)
ParlamentsR	Parlamentsrecht
PartG	Gesetz über die politischen Parteien (Parteiengesetz)
PaßG	Gesetz über das Paßwesen (Paßgesetz)
PBefG	Personenbeförderungsgesetz
PersAuswG	Gesetz über Personalausweise
PersV	Die Personalvertretung
PflSchG	Pflanzenschutzgesetz
PflVG	Gesetz über die Pflichtversicherung für Kraftfahrzeughalter (Pflichtversicherungsgesetz)
PJZS	Polizeiliche und Justizielle Zusammenarbeit in Strafsachen
POG	Gesetz über die Organisation der Polizei (Polizeiorganisationsgesetz); mit Zusatz Rh.-Pf.: Polizei- und Ordnungsbehördengesetz
PolG	Polizeigesetz

Abkürzungsverzeichnis

PolDVG	Gesetz über die Datenverarbeitung der Polizei
PolizeiR	Polizeirecht
PostG	Gesetz über das Postwesen
PostO	Postordnung
PPP	Public Private Partnership (Öffentlich Private Partnerschaft)
pr.	preußisch
PreisG	Übergangsgesetz über Preisbildung und Preisüberwachung (Preisgesetz)
PrG	Pressegesetz
Prot.	Protokoll
PrOVG	Entscheidungen des Preußischen Oberverwaltungsgerichts
PrVerf	Preußische Verfassung vom 31. Januar 1850
PStG	Personenstandsgesetz
PVS	Politische Vierteljahresschrift
RabelsZ	Rabels Zeitschrift für ausländisches und internationales Privatrecht
RABT	Rechtsausschuss des Bundestages
RAO	Reichsabgabenordnung
RBerG	Rechtsberatungsgesetz
RdA	Recht der Arbeit
RdC	Recueil des Cours
RdE	Recht der Energiewirtschaft
RdErl	Runderlass
RdJB	Recht der Jugend und des Bildungswesens
RDV	Recht der Datenverarbeitung
REACH	Registration, Evaluation and Authorisation of Chemicals
Recht	Recht. Eine Information des Bundesministeriums der Justiz
RefE	Referentenentwurf
RegE	Regierungsentwurf
RegRL	Registraturrichtlinie für das Bearbeiten und Verwalten von Schriftgut in Bundesministerien der Bundesregierung vom 11. Juli 2001
RegTP	Regulierungsbehörde für Telekommunikation und Post
REITOX	Europäisches Informationsnetz für Drogen und Drogensucht (Réseau Européen d'Information sur les Drogues et les Toxicomanies)
Reports	European Court of Human Rights, Reports of Judgments and Decisions
Res.	Resolution
resp.	respektive
RG	Reichsgericht
RGBl	Reichsgesetzblatt
RGewO	Reichsgewerbeordnung
RGSt	Entscheidungen des Reichsgerichts in Strafsachen
RGW	Rat für gegenseitige Wirtschaftshilfe
RGZ	Entscheidungen des Reichsgerichts in Zivilsachen
Rh.-Pf.	Rheinland-Pfalz; auch: RP
rh.-pf.	rheinland-pfälzisch
RHO	Reichshaushaltsordnung
RiA	Das Recht im Amt
RiG	Richtergesetz
RIW	Recht der internationalen Wirtschaft
RIW/AWD	Recht der internationalen Wirtschaft/Außenwirtschaftsdienst
RJD	Report of Judgements and Decisions of the European Court of Human Rights
RK	Reichskonkordat
RL	Richtlinie
RM	Reichsmark
RMC	Revue du Marché Commun et de l'Union européenne
Rn.	Randnummer(n)
ROG	Raumordnungsgesetz
ROW	Recht in Ost und West
RP	Rheinland-Pfalz; auch: Rh.-Pf.
Rpfleger	Der Deutsche Rechtspfleger

Abkürzungsverzeichnis

RPflG	Rechtspflegergesetz
Rs.	Rechtssache(n)
RschO	Reichsschuldenordnung
Rspr.	Rechtsprechung
RStV	Staatsvertrag für Rundfunk und Telemedien (Rundfunkstaatsvertrag)
RTDE	Revue Trimestrielle de Droit Européen
RTW	Recht, Technik, Wirtschaft (Zeitschrift)
RuF	Rundfunk und Fernsehen
RuP	Recht und Politik. Vierteljahreshefte für Rechts- und Verwaltungspolitik
RuStAG	Reichs- und Staatsangehörigkeitsgesetz
RV	Verfassung des Deutschen Reiches vom 16. April 1871 (Bismarck'sche Reichsverfassung)
RVBl	Reichsversorgungsblatt
RVO	Rechtsverordnung; Reichsversicherungsordnung
Rz.	Randziffer
S.	Seite(n); Satz; Siehe
s.	siehe
s. a.	siehe auch
s. o.	siehe oben
s. u.	siehe unten
Saarl.	Saarland; auch: SL
saarl.	saarländisch
Sachs.	Sachsen
sächs.	sächsisch
Sachs.-Anh.	Sachsen-Anhalt; auch: LSA
sachs.-anh.	sachsen-anhaltinisch; auch: LSA
SächsVBl	Sächsische Verwaltungsblätter
SAE	Sammlung arbeitsrechtlicher Entscheidungen
SammlG	Sammlungsgesetz
SBZ	Sowjetische Besatzungszone
SC	UN Security Council (Sicherheitsrat der Vereinten Nationen)
SchFG	Schulfinanzgesetz
SchfG	Schornsteinfegergesetz
Schl.-Hol.	Schleswig-Holstein; Schleswig-Holsteiner; auch SH
schl.-hol.	schleswig-holsteinisch
SchulG	Schulgesetz
SchwbG	Gesetz zur Sicherung der Eingliederung Schwerbehinderter in Arbeit, Beruf und Gesellschaft (Schwerbehindertengesetz)
scil.	scilicet (nämlich)
SDSRV	Schriftenreihe des Deutschen Sozialrechtsverbandes
SDÜ	Schengener Durchführungsübereinkommen
SeemG	Seemannsgesetz
SEK	Dokumente des Sekretariats der Kommission der Europäischen Gemeinschaften
sen.	Senior
ser.	series
Ser.	Serie
SG	Sozialgericht; Soldatengesetz
SGb	Die Sozialgerichtsbarkeit
SGB	Sozialgesetzbuch
SGB I	Sozialgesetzbuch, Erstes Buch. Allgemeiner Teil
SGB II	Sozialgesetzbuch, Zweites Buch. Grundsicherung für Arbeitsuchende
SGB III	Sozialgesetzbuch, Drittes Buch. Arbeitsförderung
SGB IV	Sozialgesetzbuch, Viertes Buch. Gemeinsame Vorschriften für die Sozialversicherung
SGB V	Sozialgesetzbuch, Fünftes Buch. Gesetzliche Krankenversicherung
SGB VI	Sozialgesetzbuch, Sechstes Buch. Gesetzliche Rentenversicherung
SGB VII	Sozialgesetzbuch, Siebtes Buch. Gesetzliche Unfallversicherung
SGB VIII	Sozialgesetzbuch, Achtes Buch. Kinder- und Jugendhilfe

Abkürzungsverzeichnis

SGB IX	Sozialgesetzbuch, Neuntes Buch. Rehabilitation und Teilhabe behinderter Menschen
SGB X	Sozialgesetzbuch, Zehntes Buch. Sozialverwaltungsverfahren und Sozialdatenschutz
SGB XI	Sozialgesetzbuch, Elftes Buch. Soziale Pflegeversicherung
SGB XII	Sozialgesetzbuch, Zwölftes Buch. Sozialhilfe
SGG	Sozialgerichtsgesetz
SH	Schleswig-Holstein; auch Schl.-Hol.
SHG	Gesetz zur Milderung dringender sozialer Notstände (Soforthilfegesetz)
SigG	Gesetz über Rahmenbedingungen für elektronische Signaturen (Signaturgesetz)
SIPE	Veröffentlichungen der Societas Iuris Publici Europaei
SJZ	Schweizerische Juristen-Zeitung
SL	Saarland; auch: Saarl.
Slg.	Sammlung
SNG	Saarländisches Naturschutzgesetz
SoFFin	Sonderfonds für Finanzmarktstabilisierung
SOG	Gesetz zum Schutz der öffentlichen Sicherheit und Ordnung
sog.	sogenannte(r/s)
Sp.	Spalte
SprengG	Gesetz über explosionsgefährliche Stoffe (Sprengstoffgesetz)
SpStr.	Spiegelstrich
SRU	Rat von Sachverständigen für Umweltfragen
StaatsR	Staatsrecht
StaatshaftungsR	Staatshaftungsrecht
StaatsV	Staatsvertrag
StabG	Gesetz zur Förderung der Stabilität und des Wachstums der Wirtschaft (Stabilitätsgesetz)
StAG	Staatsangehörigkeitsgesetz
StAnz	Staatsanzeiger
StatG	Gesetz über die Statistik (Statistikgesetz)
std.	ständig
std. Rspr.	ständige Rechtsprechung
stellv.	stellvertretend
StGB	Strafgesetzbuch
StGH	Staatsgerichtshof
StGHG	Gesetz über den Staatsgerichtshof
StHG	Staatshaftungsgesetz vom 26. Juni 1981
StIGH	Ständiger Internationaler Gerichtshof (PCIJ)
StL	Staatslexikon, hrsg. von der Görres-Gesellschaft, 7. Aufl., Bd. I, 1985; Bd. II, 1986; Bd. III, 1987; Bd. IV, 1988; Bd. V, 1989; Bd. VI, 1992; Bd. VII, 1993 zit.: *Bearbeiter*, in: StL I, Sp.
StPO	Strafprozessordnung
str.	streitig
StrEG	Gesetz über die Entschädigung für Strafverfolgungsmaßnahmen
StrG	Straßengesetz
StrlSchV	Verordnung über den Schutz vor Schäden durch ionisierende Strahlen (Strahlenschutzverordnung)
StromStG	Stromsteuergesetz
StrVG	Gesetz zum vorsorgenden Schutz der Bevölkerung gegen Strahlenbelastung (Strahlenschutzvorsorgegesetz)
StrWG	Straßen- und Wegegesetz
StT	Der Städtetag
StUG	Gesetz über die Unterlagen des Staatssicherheitsdienstes der ehemaligen DDR (Stasi-Unterlagen-Gesetz)
StuR	Staat und Recht
StuW	Steuer und Wirtschaft. Zeitschrift für die gesamten Steuerwissenschaften
StV	Strafverteidiger
StVG	Straßenverkehrsgesetz
StVO	Straßenverkehrsordnung
StVZO	Straßenverkehrs-Zulassungs-Ordnung

Abkürzungsverzeichnis

StWStP	Staatswissenschaften und Staatspraxis
SUPG	Gesetz zur Einführung einer Strategischen Umweltprüfung und zur Umsetzung der Richtlinie 2001/42/EG
suppl.	supplement (Ergänzungsband)
SV	Sondervotum
SWI	Steuer- und Wirtschaft International – Tax and Business Review
SWR-Staatsvertrag	Staatsvertrag über den Südwestrundfunk
SZ	Süddeutsche Zeitung
SZIER	Schweizerische Zeitschrift für internationales und europäisches Recht
TA	Technische Anleitung
TA Lärm	Technische Anleitung zum Schutz gegen Lärm
TA Luft	Technische Anleitung zur Reinhaltung der Luft
TBT	Technical Barriers to Trade
TEHG	Gesetz über den Handel mit Berechtigungen zur Emission von Treibhausgasen (Treibhausgas-Emissionshandelsgesetz)
Teilbd.	Teilband
TH	Thüringen; Thüringer; auch: Thür.
Thür.	Thüringen; Thüringer; auch: TH
thür.	thüringisch
ThürBO	Thüringer Bauordnung
ThürKO	Thüringer Kommunalordnung
ThürNatG	Thüringer Naturschutzgesetz
ThürVBl	Thüringer Verwaltungsblätter
TierSchG	Tierschutzgesetz
TierSG	Tierseuchengesetz
TitelG	Gesetz über Titel, Orden und Ehrenzeichen
TK	Telekommunikation
TKG	Telekommunikationsgesetz
TMG	Telemediengesetz
TPG	Gesetz über die Spende, Entnahme und Übertragung von Organen (Transplantationsgesetz)
TranspR	Transportrecht
TRIPS	Agreement on Trade-Related Aspects of Intellectual Property Rights
TRIS	Technical Regulations Information System
TVG	Tarifvertragsgesetz
TV-L	Tarifvertrag für den öffentlichen Dienst der Länder
TVöD	Tarifvertrag für den öffentlichen Dienst
TWG	Telegraphenwegegesetz
Tz.	Textziffer, -zahl
u.	und; unten; unter
u. a.	und andere(s)
u. ä.	und Ähnliche(s)
u. a. m.	und andere(s) mehr
u. ä. m.	und Ähnliche(s) mehr
u. H.	unter Hinweis
u. ö.	und öfter
u. U.	unter Umständen
u. Verw.	unter Verweis
UA	Untersuchungsausschuss
UAbs.	Unterabsatz
UAG	Gesetz zur Ausführung der Verordnung (EG) Nr. 761/2001 des Europäischen Parlaments und des Rates vom 19. März 2001 über die freiwillige Beteiligung von Organisationen an einem Gemeinschaftssystem für das Umweltmanagement und die Umweltbetriebsprüfung (EMAS) (Umweltauditgesetz)
UBA	Umweltbundesamt
UBAG	Gesetz über die Errichtung eines Umweltbundesamtes

Abkürzungsverzeichnis

UG	Universitätsgesetz
UGB	Umweltgesetzbuch
UGB AT	Michael Kloepfer/Eckhard Rehbinder/Eberhard Schmidt-Aßmann, Umweltgesetzbuch – Allgemeiner Teil, 2. Aufl. 1991
UGB BT	Hans D. Jarass u. a., Umweltgesetzbuch – Besonderer Teil, 1994
UGB-KomE	BMU (Hrsg.), Umweltgesetzbuch, Entwurf der unabhängigen Sachverständigenkommission zum Umweltgesetzbuch, 1998
UHG	Umwelthaftungsgesetz
UIG	Umweltinformationsgesetz
ÜK	Übereinkommen
umfangr.	umfangreich
UMK	Umweltministerkonferenz
umstr.	umstritten
UMTS	Universal Mobile Telecommunications System
UmweltR	Umweltrecht
UmwRG	Gesetz über ergänzende Vorschriften zu Rechtsbehelfen in Umweltangelegenheiten nach der EG-Richtlinie 2003/35/EG (Umwelt-Rechtsbehelfsgesetz)
UN	United Nations
UN-Charta	Charta der Vereinten Nationen vom 26. Juni 1945
UNCED	United Nations Conference on Environment and Development
UNDP	United Nations Development Programme
UNECE	United Nations Economic Commission for Europe
UNO	United Nations Organization
UNTS	United Nations Treaty Series
unveränd.	unverändert
UPR	Umwelt- und Planungsrecht
UR	Umsatzsteuer-Rundschau
UrhG	Gesetz über Urheberrecht und verwandte Schutzrechte (Urheberrechtsgesetz)
Urt.	Urteil
UStG	Umsatzsteuergesetz
usw.	und so weiter
UTR	Jahrbuch des Umwelt- und Technikrechts
UVP	Umweltverträglichkeitsprüfung
UVPG	Gesetz über die Umweltverträglichkeitsprüfung
UVP-RL	Richtlinie über die Umweltverträglichkeitsprüfung bei bestimmten öffentlichen und privaten Projekten
UWG	Gesetz gegen den unlauteren Wettbewerb
UZwG	Gesetz über den unmittelbaren Zwang bei Ausübung öffentlicher Gewalt durch Vollzugsbeamte des Bundes
UZwGBw	Gesetz über die Anwendung unmittelbaren Zwanges und die Ausübung besonderer Befugnisse durch Soldaten der Bundeswehr und zivile Wachpersonen
v.	vom; von; vor; versus
v. a.	vor allem
VA	Verwaltungsakt
VAG	Versicherungsaufsichtsgesetz
Var.	Variante
VBl	Verordnungsblatt
VBlBW	Verwaltungsblätter für Baden-Württemberg
VDE	Verband der Elektrotechnik Elektronik Informationstechnik e. V.
VDI	Verein Deutscher Ingenieure
VDI-Richtlinien	Richtlinien des Vereins Deutscher Ingenieure
verb.	verbundene
VereinsG	Gesetz zur Regelung des öffentlichen Vereinsrechts (Vereinsgesetz)
Verf.	Verfassung; Verfasser(in)
VerfG	Verfassungsgesetz; Verfassungsgericht
VerfGG	Verfassungsgerichtsgesetz (Österreich)
VerfGGBbg	Gesetz über das Verfassungsgericht Brandenburg
VerfGH	Verfassungsgerichtshof

Abkürzungsverzeichnis

VerfGHG	Gesetz über den Verfassungsgerichtshof
VerfO	Verfahrensordnung
VerfR	Verfassungsrecht
VerfUrk	Verfassungsurkunde
VergabeR	Vergaberecht
Verh.	Verhandlung(en)
VerkPBG	Gesetz zur Beschleunigung der Planungen für Verkehrswege in den neuen Ländern sowie im Land Berlin (Verkehrswegeplanungsbeschleunigungsgesetz)
VermG	Gesetz zur Regelung offener Vermögensfragen (Vermögensgesetz)
VerpackV	Verpackungsverordnung
VersG	Gesetz über Versammlungen und Aufzüge (Versammlungsgesetz)
VersR	Versicherungsrecht
VerwaltungsL	Verwaltungslehre
VerwaltungsprozessR	Verwaltungsprozessrecht
VerwArch	Verwaltungsarchiv
VerwR	Verwaltungsrecht
VerwREU	Terhechte, Jörg P. (Hrsg.), Verwaltungsrecht der Europäischen Union, 2011; zit.: *Bearbeiter*, Titel des Beitrags, in: Terhechte (Hrsg.), VerwREU, § Rn.
VerwVerfR	Ule, Carl H./Laubinger, Hans-Werner, Verwaltungsverfahrensrecht, 4. Aufl. 1995; zit.: *Ule/Laubinger*, VerwVerfR, § Rn.
VfGH	Verfassungsgerichtshof (Österreich)
VG	Verwaltungsgericht
VgG	Vergabegesetz
VGH	Verwaltungsgerichtshof
vgl.	vergleiche
VGPolG	Vorschaltgesetz zum Polizeigesetz
VgV	Vergabeverordnung
VIG	Gesetz zur Verbesserung der gesundheitsbezogenen Verbraucherinformation (Verbraucherinformationsgesetz)
VIZ	Zeitschrift für Vermögens- und Investitionsrecht
VO	Verordnung
VOB/	Vergabe- und Vertragsordnung für Bauleistungen – Teil
VOBl	Verordnungsblatt
VOL/	Verdingungsordnung für Leistungen – Teil
Vorb./Vorbem.	Vorbemerkung
VR	Verwaltungsrundschau
VSSR	Vierteljahresschrift für Sozialrecht
VV-BHO	Verwaltungsvorschrift zur Bundeshaushaltsordnung
VVDStRL	Veröffentlichungen der Vereinigung der Deutschen Staatsrechtslehrer
VVE	Entwurf des Vertrags über eine Verfassung für Europa
VVG	Gesetz über den Versicherungsvertrag
VW	Versicherungswirtschaft
VwG	Verwaltungsgesetz
VwGO	Verwaltungsgerichtsordnung
VwGOÄndG	Gesetz zur Änderung der Verwaltungsgerichtsordnung
VwRehaG	Gesetz über die Aufhebung rechtsstaatswidriger Verwaltungsentscheidungen im Beitrittsgebiet und die daran anknüpfenden Folgeansprüche (Verwaltungsrechtliches Rehabilitierungsgesetz)
VwV	Verwaltungsvorschrift(en)
VwVfG	Verwaltungsverfahrensgesetz; ohne weiteren Zusatz dasjenige des Bundes
VwVG	Verwaltungsvollstreckungsgesetz; ohne weiteren Zusatz dasjenige des Bundes
VwZG	Verwaltungszustellungsgesetz
VwZVG	Verwaltungszustellungs- und Vollstreckungsgesetz
VZOG	Gesetz über die Feststellung der Zuordnung von ehemals volkseigenem Vermögen (Vermögenszuordnungsgesetz)
WaffG	Waffengesetz
WahlG	Wahlgesetz

Abkürzungsverzeichnis

WaldG	Waldgesetz (eines Landes)
WaStrG	Bundeswasserstraßengesetz
WBeauftrG	Gesetz über den Wehrbeauftragten des Deutschen Bundestages (Gesetz zu Artikel 45b des Grundgesetzes)
WehrG	Wehrgesetz
WDO	Wehrdisziplinarordnung
WEU	Westeuropäische Union
WG	Wassergesetz
WHG	Gesetz zur Ordnung des Wasserhaushalts (Wasserhaushaltsgesetz)
WHO	World Health Organization
WiPrO	Gesetz über eine Berufsordnung der Wirtschaftsprüfer (Wirtschaftsprüferordnung)
WiR	Wirtschaftsrecht. Beiträge und Berichte aus dem Gesamtbereich des Wirtschaftsrechts
WissR	Wissenschaftsrecht, Wissenschaftsverwaltung, Wissenschaftsförderung. Zeitschrift für Recht und Verwaltung der wissenschaftlichen Hochschulen und der wissenschaftspflegenden und -fördernden Organisationen und Stiftungen
WiSt	Wirtschaftswissenschaftliches Studium
wistra	Zeitschrift für Wirtschafts- und Steuerstrafrecht
WiVerw	Wirtschaft und Verwaltung
WM	Wertpapier-Mitteilungen
WP	Wahlperiode
WPflG	Wehrpflichtgesetz
WPG	Wahlprüfungsgesetz
WRP	Wettbewerb in Recht und Praxis
WRV	Verfassung des Deutschen Reichs vom 11. August 1919 (Weimarer Reichsverfassung)
WStG	Wehrstrafgesetz
WTO	World Trade Organization
WuB	Entscheidungssammlung zum Wirtschafts- und Bankrecht
württ.	württembergisch
WuW	Wirtschaft und Wettbewerb
WVK	Wiener Übereinkommen über das Recht der Verträge vom 23. Mai 1969 (Wiener Vertragsrechtskonvention)
WZB-Jb.	Wissenschaftszentrum Berlin – Jahrbuch
z. B.	zum Beispiel
z. T.	zum Teil
z. Zt.	zur Zeit
zahlr.	zahlreich
ZaöRV	Zeitschrift für ausländisches öffentliches Recht und Völkerrecht
ZAP	Zeitschrift für die Anwaltspraxis
ZAR	Zeitschrift für Ausländerrecht und Ausländerpolitik
ZAU	Zeitschrift für angewandte Umweltforschung
ZBR	Zeitschrift für Beamtenrecht
ZDG	Gesetz über den Zivildienst der Kriegsdienstverweigerer (Zivildienstgesetz)
ZEuS	Zeitschrift für europarechtliche Studien
ZevKR	Zeitschrift für evangelisches Kirchenrecht
ZfA	Zeitschrift für Arbeitsrecht
ZfBR	Zeitschrift für deutsches und internationales Baurecht
ZFdG	Gesetz über das Zollkriminalamt und die Zollfahndungsämter (Zollfahndungsdienstgesetz)
ZfJ	Zentralblatt für Jugendrecht
ZfP	Zeitschrift für Politik
ZfRSoz	Zeitschrift für Rechtssoziologie
ZfRV	Zeitschrift für Rechtsvergleichung, Internationales Privatrecht und Europarecht
ZfS	Zeitschrift für Schadensrecht
ZfStrVo	Zeitschrift für Strafvollzug und Straffälligenhilfe
ZfU	Zeitschrift für Umweltpolitik und Umweltrecht
ZfVP	Zeitschrift für Vergleichende Politikwissenschaft

Abkürzungsverzeichnis

ZfW	Zeitschrift für Wasserrecht
ZG	Zeitschrift für Gesetzgebung
ZGR	Zeitschrift für Unternehmens- und Gesellschaftsrecht
ZgS	Zeitschrift für die gesamte Staatswissenschaft
ZHR	Zeitschrift für das gesamte Handelsrecht und Wirtschaftsrecht
Ziff.	Ziffer
ZIP	Zeitschrift für Wirtschaftsrecht und Insolvenzpraxis
zit.	zitiert
ZLR	Zeitschrift für das gesamte Lebensmittelrecht
ZLW	Zeitschrift für Luftrecht und Weltraumrechtsfragen
ZMR	Zeitschrift für Miet- und Raumrecht
ZNER	Zeitschrift für Neues Energierecht
ZNR	Zeitschrift für Neuere Rechtsgeschichte
ZögU	Zeitschrift für öffentliche und gemeinwirtschaftliche Unternehmen
ZÖR	Zeitschrift für öffentliches Recht
ZOV	Zeitschrift für offene Vermögensfragen
ZP	Zusatzprotokoll
ZParl	Zeitschrift für Parlamentsfragen
ZPF	Zeitschrift für das Post- und Fernmeldewesen
ZPO	Zivilprozessordnung
ZPol	Zeitschrift für Politikwissenschaft
ZRP	Zeitschrift für Rechtspolitik
ZS	Zivilsenat
Zs.	Zeitschrift
ZSR	Zeitschrift für Schweizerisches Recht
ZStV	Zentrales Staatsanwaltschaftliches Verfahrensregister
ZStW	Zeitschrift für die gesamte Strafrechtswissenschaft
ZSW	Zeitschrift für das gesamte Sachverständigenwesen
ZTR	Zeitschrift für Tarifrecht
ZuG 2007	Gesetz über den nationalen Zuteilungsplan für Treibhausgas-Emissionsberechtigungen in der Zuteilungsperiode 2005 bis 2007
ZuG 2012	Gesetz über den nationalen Zuteilungsplan für Treibhausgas-Emissionsberechtigungen in der Zuteilungsperiode 2008 bis 2012
ZUM	Zeitschrift für Urheber- und Medienrecht; früher: Film und Recht (FuR)
ZUR	Zeitschrift für Umweltrecht
zust.	zustimmend
ZustVO	Zuständigkeitsverordnung
zutr.	zutreffend
ZVG	Gesetz über die Zwangsversteigerung und die Zwangsverwaltung
ZWeR	Zeitschrift für Wettbewerbsrecht
ZZP	Zeitschrift für Zivilprozeß

Im Übrigen wird verwiesen auf *Kirchner,* Abkürzungsverzeichnis der Rechtssprache, 6. Auflage, Berlin 2008.

Verzeichnis der Standardliteratur

1. Europäisches und Internationales Recht

Lehrbücher und Monographien

Bieber, Roland/Epiney, Astrid/Haag, Marcel, Die Europäische Union, 9. Aufl. 2011; zit.: *Bieber/Epiney/Haag*, Die EU, Rn.
Bogdandy, Armin von/Bast, Jürgen (Hrsg.), Europäisches Verfassungsrecht – Theoretische und dogmatische Grundzüge, 2. Aufl. 2009; zit.: *Bearbeiter*, Titel des Beitrags, in: v. Bogdandy/Bast (Hrsg.), Europäisches VerfR, S.
Danwitz, Thomas von, Europäisches Verwaltungsrecht, 2008; zit.: *v. Danwitz*, Europäisches VerwR, S.
Fastenrath, Ulrich/Müller-Gerbes, Maike, Europarecht, 2. Aufl. 2004; zit.: *Fastenrath/Müller-Gerbes*, EuropaR, Rn.
Grabenwarter, Christoph, Europäische Menschenrechtskonvention, 4. Aufl. 2009; zit.: *Grabenwarter*, EMRK, § Rn.
Haltern, Ulrich, Europarecht, 2. Aufl. 2007; zit.: *Haltern*, EuropaR, S.
Haratsch, Andreas/Koenig, Christian/Pechstein, Matthias, Europarecht, 7. Aufl. 2010; zit.: *Haratsch/Koenig/Pechstein*, EuropaR, Rn.
Herdegen, Matthias, Europarecht, 13. Aufl. 2011; zit.: *Herdegen*, EuropaR, § Rn.
Huber, Peter M., Recht der Europäischen Integration, 2. Aufl. 2002; zit.: *Huber*, Recht der Europäischen Integration, § Rn.
Lecheler, Helmut, Einführung in das Europarecht, 2. Aufl. 2003; zit.: *Lecheler*, EuropaR, S.
Pechstein, Matthias/Koenig, Christian, Die Europäische Union, 3. Aufl. 2000; zit.: *Pechstein/Koenig*, Die EU, Rn.
Oppermann, Thomas/Classen, Claus D./Nettesheim, Martin, Europarecht, 4. Aufl. 2009; zit.: *Oppermann/Classen/Nettesheim*, EuropaR, Rn.
Oppermann, Thomas, Europarecht, 3. Aufl. 2005; zit.: *Oppermann*, EuropaR, Rn.
Schöndorf-Haubold, Bettina, Europäisches Sicherheitsverwaltungsrecht, 2010; zit.: *Schöndorf-Haubold*, Europäisches SicherheitsR, Rn.
Schuppert, Gunnar Folke/Pernice, Ingolf/Haltern, Ulrich (Hrsg.), Europawissenschaft, 2005; zit.: *Bearbeiter*, Titel des Beitrags, in: Schuppert/Pernice/Haltern (Hrsg.), Europawissenschaft, S.
Schwarze, Jürgen, Europäisches Verwaltungsrecht – Entstehung und Entwicklung im Rahmen der Europäischen Gemeinschaft, 2. Aufl. 2005 (Neudr. mit Einleitung); zit.: *Schwarze*, Europäisches VerwR I, S.
Streinz, Rudolf, Europarecht, 8. Aufl. 2008; zit.: *Streinz*, EuropaR, Rn.

Kommentare und Handbücher

Bogdandy, Armin von/Cruz Villalón, Pedro/Huber, Peter M. (Hrsg.), Handbuch Ius Publicum Europaeum: Bd. I, Grundlagen und Grundzüge staatlichen Verfassungsrechts, 2007, Bd. II, Offene Staatlichkeit – Wissenschaft vom Verfassungsrecht, 2008; zit.: *Bearbeiter*, Titel des Abschnittsthemas, in: IPE I, § Angabe des Landes, Rn.
Bogdandy, Armin von/Cassese, Sabino/Huber, Peter M. (Hrsg.), Handbuch Ius Publicum Europaeum: Verwaltungsrecht in Europa: Bd. III, Grundlagen, 2010; Bd. IV, Wissenschaft, 2011; Bd. V, Grundzüge [im Erscheinen]; zit.: *Bearbeiter*, Titel des Abschnittsthemas, in: IPE III, § Rn.
Calliess, Christian/Ruffert, Matthias (Hrsg.), EUV/AEUV, 4. Aufl. 2011; zit.: *Bearbeiter*, in: Calliess/Ruffert (Hrsg.), EUV/AEUV, Art. Rn.
Calliess, Christian/Ruffert, Matthias (Hrsg.), EUV/EGV, 3. Aufl. 2007; zit.: *Bearbeiter*, in: Calliess/Ruffert (Hrsg.), EUV/EGV, Art. Rn.
Dauses, Manfred A. (Hrsg.), Handbuch des EU-Wirtschaftsrechts, Losebl.; zit.: *Bearbeiter*, Titel des Beitrags, in: Dauses (Hrsg.), Hdb. EU-WirtschaftsR, Bd. I, Abschn. Rn.
Ehlers, Dirk (Hrsg.), Europäische Grundrechte und Grundfreiheiten, 3. Aufl. 2009; zit.: *Bearbeiter*, Titel des Beitrags, in: Ehlers (Hrsg.), Europäische Grundrechte, § Rn.

Verzeichnis der Standardliteratur

Frenz, Walter, Handbuch Europarecht: Bd. I, Europäische Grundfreiheiten, 2004, Bd. II, Europäisches Kartellrecht, 2006, Bd. III, Beihilfe- und Vergaberecht, 2007, Bd. IV, Europäische Grundrechte, 2009, Bd. V, Wirkungen und Rechtsschutz, 2010; zit.: *Frenz*, HdbEuR I, Rn.

Frowein, Jochen A./Peukert, Wolfgang, Europäische Menschenrechtskonvention. EMRK-Kommentar, 3. Aufl. 2009; zit.: *Frowein/Peukert*, EMRK, Art. Rn.

Geiger, Rudolf/Khan, Daniel-Erasmus/Kotzur, Markus, EUV/AEUV, 5. Aufl. 2010; zit.: Geiger/Khan/Kotzur, EUV/AEUV, Art. Rn.

Geiger, Rudolf, EUV/EGV, 4. Aufl. 2004; zit.: *Geiger*, EU-/EG-Vertrag, Art. Rn.

Grabitz, Eberhard/Hilf, Meinhard/Nettesheim, Martin (Hrsg.), Das Recht der Europäischen Union, Losebl.; zit.: *Bearbeiter*, in: Grabitz/Hilf/Nettesheim (Hrsg.), EU-Recht, Art. Rn.

Groeben, Hans von der/Schwarze, Jürgen (Hrsg.), Kommentar zum Vertrag über die Europäische Union und zur Gründung der Europäischen Gemeinschaft, 4 Bde., 6. Aufl. 2003/2004; zit.: *Bearbeiter*, in: v. d. Groeben/Schwarze (Hrsg.), EU-/EG-Vertrag, Art. Rn.

Grote, Rainer/Marauhn, Thilo (Hrsg.), EMRK/GG – Konkordanzkommentar zum europäischen und deutschen Grundrechtsschutz, 2006; zit.: *Bearbeiter*, in: Grote/Marauhn (Hrsg.), EMRK/GG, Kap. Rn.

Heselhaus, F. Sebastian/Nowak, Carsten (Hrsg.), Handbuch der Europäischen Grundrechte, 2006; zit.: *Bearbeiter*, Titel des Beitrags, in: Heselhaus/Nowak, Hdb. EU-Grundrechte, § Rn.

Lenz, Carl O./Borchardt, Klaus-Dieter (Hrsg.), EU-Verträge, 5. Aufl. 2010; zit.: *Bearbeiter*, in: Lenz/Borchardt (Hrsg.), EU-Verträge, Art. Rn.

Lenz, Carl O./Borchardt, Klaus-Dieter (Hrsg.), EU- und EG-Vertrag, 4. Aufl. 2006; zit.: *Bearbeiter*, in: Lenz/Borchardt (Hrsg.), EU-/EG-Vertrag, Art. Rn.

Meyer, Jürgen (Hrsg.), Charta der Grundrechte der Europäischen Union, 3. Aufl. 2010; zit.: *Bearbeiter*, in: Meyer (Hrsg.), Charta, Art. Rn.

Möllers, Christoph/Voßkuhle, Andreas/Walter, Christian (Hrsg.), Internationales Verwaltungsrecht, 2007; zit.: *Bearbeiter*, Titel des Beitrags, in: Möllers/Voßkuhle/Walter (Hrsg.), Internationales VerwR, S.

Rengeling, Hans-Werner/Middeke, Andreas/Gellermann, Martin (Hrsg.), Handbuch des Rechtsschutzes in der Europäischen Union, 2. Aufl. 2003; zit.: *Bearbeiter*, Titel des Beitrags, in: Rengeling/Middeke/Gellermann (Hrsg.), HdbRs, § Rn.

Schmidt-Aßmann, Eberhard/Schöndorf-Haubold, Bettina (Hrsg.), Der Europäische Verwaltungsverbund, 2005; zit.: *Bearbeiter*, Titel des Beitrags, in: Schmidt-Aßmann/Schöndorf-Haubold (Hrsg.), Europäischer Verwaltungsverbund, S.

Schulze, Reiner/Zuleeg, Manfred/Kadelbach, Stefan (Hrsg.), Europarecht, 2. Aufl. 2010; zit.: *Bearbeiter*, Titel des Beitrags, in: Schulze/Zuleeg/Kadelbach (Hrsg.), EuropaR, § Rn.

Schwarze, Jürgen (Hrsg.), EU-Kommentar, 2. Aufl. 2009; zit.: *Bearbeiter*, in: Schwarze (Hrsg.), EU, Art. Rn.

Streinz, Rudolf (Hrsg.), EUV/EGV, 2003; zit.: *Bearbeiter*, in: Streinz (Hrsg.), EUV/EGV, Art. Rn.

Terhechte, Jörg P. (Hrsg.), Verwaltungsrecht der Europäischen Union, 2011; zit.: *Bearbeiter*, Titel des Beitrags, in: Terhechte (Hrsg.), VerwREU, § Rn.

Tettinger, Peter J./Stern, Klaus (Hrsg.), Kölner Gemeinschaftskommentar zur Europäischen Grundrechte-Charta, 2006; zit.: *Bearbeiter*, in: Tettinger/Stern (Hrsg.), EuGR-Charta, Art. Rn.

2. Staatsrecht

Lehrbücher und Monographien

Badura, Peter, Staatsrecht, 4. Aufl. 2010; zit.: *Badura*, StaatsR, Großbuchstabe Rn.

Degenhart, Christoph, Staatsrecht I – Staatsorganisationsrecht, 27. Aufl. 2011; zit.: *Degenhart*, StaatsR I, Rn.

Hesse, Konrad, Grundzüge des Verfassungsrechts der Bundesrepublik Deutschland, 20. Aufl. 1995, Neudr. 1999; zit.: *Hesse*, Grundzüge, Rn.

Maurer, Hartmut, Staatsrecht I, 6. Aufl. 2010; zit.: *Maurer*, StaatsR, § Rn.

Sachs, Michael, Verfassungsrecht II, Grundrechte, 2. Aufl. 2003; zit.: *Sachs*, VerfR II, Abschn. Rn.

Schuppert, Gunnar Folke, Staatswissenschaft, 2003; zit.: *Schuppert*, Staatswissenschaft, S.

Stein, Ekkehart/Frank, Götz, Staatsrecht, 21. Aufl. 2010; zit.: *Stein/Frank*, StaatsR, S.

Zippelius, Reinhold/Würtenberger, Thomas, Deutsches Staatsrecht, 32. Aufl. 2008; zit.: *Zippelius/Würtenberger*, StaatsR, § Rn.

Verzeichnis der Standardliteratur

Kommentare und Handbücher

Anschütz, Gerhard/Thoma, Richard (Hrsg.), Handbuch des Deutschen Staatsrechts, Bd. I, 1930; Bd. II, 1932; zit.: *Bearbeiter,* Titel des Beitrags, in: Anschütz/Thoma (Hrsg.), HStR I, S.
Benda, Ernst/Maihofer, Werner/Vogel, Hans-Jochen (Hrsg.), Handbuch des Verfassungsrechts, 2. Aufl. 1994; zit.: *Bearbeiter,* Titel des Beitrags, in: HdbVerfR, § Rn.
Bonner Kommentar zum Grundgesetz, hrsg. von Dolzer, Rudolf/Kahl, Wolfgang/Waldhoff, Christian, Losebl.; zit.: *Bearbeiter,* in: BK, Art. Rn.
Denninger, Erhard/Hoffmann-Riem, Wolfgang/Schneider, Hans-Peter/Stein, Ekkehart (Hrsg.), Kommentar zum Grundgesetz für die Bundesrepublik Deutschland (aus der Reihe der Alternativkommentare), 3. Aufl. 2001, Losebl.; zit.: *Bearbeiter,* in: AK-GG, Art. Rn.
Depenheuer, Otto/Grabenwarter, Christoph (Hrsg.), Verfassungstheorie, 2010; zit.: *Bearbeiter,* Titel des Beitrags, in: Depenheuer/Grabenwarter (Hrsg.), Verfassungstheorie, S.
Dreier, Horst (Hrsg.), Grundgesetz, 2. Aufl., Bd. I, 2004; Bd. II, 2006; Bd. III, 2008; zit.: *Bearbeiter,* in: Dreier (Hrsg.), GG I, Art. Rn.
Elster, Ludwig/Weber, Adolf/Wieser, Friedrich (Hrsg.), Handwörterbuch der Staatswissenschaften, 4. Aufl., Bd. I, 1923; Bd. II, 1924; Bd. III, 1926; Bd. IV, 1927; Bd. V, 1923; Bd. VI, 1925; Bd. VII, 1926; Bd. VIII, 1928; Ergänzungsband 1929; zit.: *Bearbeiter,* Titel des Beitrags, in: HwStW I, S.
Epping, Volker/Hillgruber, Christian (Hrsg.), Grundgesetz, 2009; zit.: *Bearbeiter,* in: Epping/Hillgruber (Hrsg.), GG, Art. Rn.
Friauf, Karl H./Höfling, Wolfram (Hrsg.), Berliner Kommentar zum Grundgesetz, Losebl.; zit.: *Bearbeiter,* in: Friauf/Höfling (Hrsg.), GG, Art. Rn.
Isensee, Josef/Kirchhof, Paul (Hrsg.), Handbuch des Staatsrechts der Bundesrepublik Deutschland, Bd. I, 3. Aufl. 2003; Bd. II, 3. Aufl. 2004; Bd. III, 3. Aufl. 2005; Bd. IV, 3. Aufl. 2006; Bd. V, 3. Aufl. 2007; Bd. VI, 3. Aufl. 2008; Bd. VII, 3. Aufl. 2009; Bd. VIII, 3. Aufl. 2010; Bd. IX, 3. Aufl. 2011; Bd. X, 2000; zit.: *Bearbeiter,* Titel des Beitrags, in: HStR I, § Rn.
Jarass, Hans D./Pieroth, Bodo, Grundgesetz für die Bundesrepublik Deutschland, 11. Aufl. 2011; zit.: *Bearbeiter,* in: Jarass/Pieroth, GG, Art. Rn.
Leibholz, Gerhard/Rinck, Hans-Justus, Grundgesetz für die Bundesrepublik Deutschland, Losebl.; zit.: *Bearbeiter,* in: Leibholz/Rinck, GG, Art. Rn.
Mangoldt, Hermann von/Klein, Friedrich/Starck, Christian (Hrsg.), Kommentar zum Grundgesetz, 3 Bde., 6. Aufl. 2010; zit.: *Bearbeiter,* in: v. Mangoldt/Klein/Starck (Hrsg.), GG I, Art. Rn.
Maunz, Theodor/Dürig, Günter, Grundgesetz, Losebl.; zit.: *Bearbeiter,* in: Maunz/Dürig, GG, Art. Rn.
Maunz, Theodor/Schmidt-Bleibtreu, Bruno/Klein, Franz/Bethge, Herbert, Bundesverfassungsgerichtsgesetz, Losebl.; zit.: *Bearbeiter,* in: Maunz/Schmidt-Bleibtreu, BVerfGG, § Rn.
Merten, Detlef/Papier, Hans-Jürgen (Hrsg.), Handbuch der Grundrechte in Deutschland und Europa, Bd. I, 2004; Bd. II, 2006; Bd. III, 2009; Bd. VI/I, 2010; Bd. VI/II, 2009; Bd. VII/I, 2009; Bd. VII/II, 2007; zit.: *Bearbeiter,* Titel des Beitrags, in: HGR I, § Rn.
Münch, Ingo von/Kunig, Philip (Hrsg.), Grundgesetz-Kommentar, Bd. I, 5. Aufl. 2000; Bd. II, 4./5. Aufl. 2001; Bd. III, 4./5. Aufl. 2003; zit.: *Bearbeiter,* in: v. Münch/Kunig (Hrsg.), GGK I, Art. Rn.
Sachs, Michael (Hrsg.), Grundgesetz, 5. Aufl. 2009; zit.: *Bearbeiter,* in: Sachs (Hrsg.), GG, Art. Rn.
Schmidt-Bleibtreu, Bruno/Hofmann, Hans/Hopfauf, Axel (Hrsg.), Kommentar zum Grundgesetz, 12. Aufl. 2011; zit.: *Bearbeiter,* in: Schmidt-Bleibtreu/Hofmann/Hopfauf (Hrsg.), GG, Art. Rn.
Schneider, Hans-Peter/Zeh, Wolfgang (Hrsg.), Parlamentsrecht und Parlamentspraxis in der Bundesrepublik Deutschland, 1989; zit.: *Bearbeiter,* Titel des Beitrags, in: Schneider/Zeh (Hrsg.), ParlamentsR, § Rn.
Stern, Klaus, Das Staatsrecht der Bundesrepublik Deutschland, Bd. I, 2. Aufl. 1984; Bd. II, 1980; Bd. III/1, 1988; Bd. III/2, 1994; Bd. IV/1, 2006; Bd. IV/2, 2011; Bd. V, 1999; zit.: *Stern,* StaatsR I, S.
Umbach, Dieter C./Clemens, Thomas (Hrsg.), Grundgesetz, Mitarbeiterkommentar, 2 Bde., 2002; zit.: *Bearbeiter,* in: Umbach/Clemens (Hrsg.), GG, Art. Rn.

3. Allgemeines Verwaltungsrecht, Verwaltungsgeschichte, Verwaltungswissenschaft

Lehrbücher und Monographien

Achterberg, Norbert, Allgemeines Verwaltungsrecht, 2. Aufl. 1986; zit.: *Achterberg,* VerwR, § Rn.
Badura, Peter, Das Verwaltungsrecht des liberalen Rechtsstaates, 1967; zit.: *Badura,* VerwR, S.
Bogumil, Jörg/Jann, Werner, Verwaltung und Verwaltungswissenschaft in Deutschland, 2. Aufl. 2008; zit.: *Bogumil/Jann,* Verwaltung, S.

Verzeichnis der Standardliteratur

Bull, Hans P./Mehde, Veith, Allgemeines Verwaltungsrecht mit Verwaltungslehre, 8. Aufl. 2009; zit.: *Bull/Mehde,* VerwR, Rn.

Dennewitz, Bodo, Die Systeme des Verwaltungsrechts. Ein Beitrag zur Geschichte der modernen Verwaltungswissenschaft, 1948; zit.: *Dennewitz,* Systeme, S.

Detterbeck, Steffen, Allgemeines Verwaltungsrecht mit Verwaltungsprozessrecht, 9. Aufl. 2011; zit.: *Detterbeck,* Allg. VerwR, Rn.

Detterbeck, Steffen/Windthorst, Kay/Sproll, Hans-Dieter, Staatshaftungsrecht, 2000; zit.: *Detterbeck/Windthorst/Sproll,* StaatshaftungsR, § Rn.

Erichsen, Hans-Uwe/Ehlers, Dirk (Hrsg.), Allgemeines Verwaltungsrecht, 14. Aufl. 2010; zit.: *Bearbeiter,* Titel des Beitrags, in: Erichsen/Ehlers (Hrsg.), VerwR, § Rn.

Faber, Heiko, Verwaltungsrecht, 4. Aufl. 1995; zit.: *Faber,* VerwR, S.

Fleiner, Fritz, Institutionen des Deutschen Verwaltungsrechts, 8. Aufl. 1928, 3. Neudr. 1995; zit.: *Fleiner,* Institutionen des VerwR, S.

Forsthoff, Ernst, Lehrbuch des Verwaltungsrechts, Bd. I, Allgemeiner Teil, 10. Aufl. 1973; zit.: *Forsthoff,* VerwR, S.

Heyen, Erk V. (Hrsg.), Geschichte der Verwaltungsrechtswissenschaft in Europa, 1982; zit.: *Bearbeiter,* Titel des Beitrags, in: Heyen (Hrsg.), Geschichte, S.

Heyen, Erk V. (Hrsg.), Wissenschaft und Recht der Verwaltung seit dem Ancien Régime, 1984; zit.: *Bearbeiter,* Titel des Beitrags, in: Heyen (Hrsg.), Wissenschaft, S.

Hoffmann-Riem, Wolfgang, Offene Rechtswissenschaft. Ausgewählte Schriften von Wolfgang Hoffmann-Riem mit begleitenden Analysen, 2010; zit.: *Bearbeiter,* Titel des Beitrags, in: Hoffmann-Riem, Offene Rechtswissenschaft, S.

Hoffmann-Riem, Wolfgang/Schmidt-Aßmann, Eberhard/Schuppert, Gunnar Folke (Hrsg.), Reform des Allgemeinen Verwaltungsrechts: Grundfragen, 1993; zit.: *Bearbeiter,* Titel des Beitrags, in: Hoffmann-Riem/Schmidt-Aßmann/Schuppert (Hrsg.), Reform, S.

Hoffmann-Riem, Wolfgang/Schmidt-Aßmann, Eberhard (Hrsg.), Innovation und Flexibilität des Verwaltungshandelns, 1994; zit.: *Bearbeiter,* Titel des Beitrags, in: Hoffmann-Riem/Schmidt-Aßmann (Hrsg.), Innovation, S.

Hoffmann-Riem, Wolfgang/Schmidt-Aßmann, Eberhard (Hrsg.), Öffentliches Recht und Privatrecht als wechselseitige Auffangordnungen, 1996; zit.: *Bearbeiter,* Titel des Beitrags, in: Hoffmann-Riem/Schmidt-Aßmann (Hrsg.), Auffangordnungen, S.

Hoffmann-Riem, Wolfgang/Schmidt-Aßmann, Eberhard (Hrsg.), Effizienz als Herausforderung an das Verwaltungsrecht, 1998; zit.: *Bearbeiter,* Titel des Beitrags, in: Hoffmann-Riem/Schmidt-Aßmann (Hrsg.), Effizienz, S.

Hoffmann-Riem, Wolfgang/Schmidt-Aßmann, Eberhard (Hrsg.), Verwaltungsrecht in der Informationsgesellschaft, 2000; zit.: *Bearbeiter,* Titel des Beitrags, in: Hoffmann-Riem/Schmidt-Aßmann (Hrsg.), Informationsgesellschaft, S.

Hoffmann-Riem, Wolfgang/Schmidt-Aßmann, Eberhard (Hrsg.), Verwaltungsverfahren und Verwaltungsverfahrensgesetz, 2002; zit.: *Bearbeiter,* Titel des Beitrags, in: Hoffmann-Riem/Schmidt-Aßmann (Hrsg.), Verwaltungsverfahren, S.

Huber, Peter M., Allgemeines Verwaltungsrecht, 2. Aufl. 1997; zit.: *Huber,* Allg. VerwR, S.

Hufen, Friedhelm, Fehler im Verwaltungsverfahren, 4. Aufl. 2002; zit.: *Hufen,* Fehler, Rn.

Jellinek, Walter, Verwaltungsrecht, 3. Aufl. 1931 mit Nachtrag 1950, Neudr. 1966; zit.: *Jellinek,* VerwR, S.

Koch, Hans-Joachim/Rubel, Rüdiger/Heselhaus, Sebastian, Allgemeines Verwaltungsrecht, 3. Aufl. 2003; zit.: *Koch/Rubel/Heselhaus,* VerwR, § Rn.

Loeser, Roman, System des Verwaltungsrechts, Bd. I und II, 1994; zit.: *Loeser,* System I, § Rn.

Maurer, Hartmut, Allgemeines Verwaltungsrecht, 18. Aufl. 2011; zit.: *Maurer,* VerwR, § Rn.

Mayer, Otto, Deutsches Verwaltungsrecht, 2 Bde., 3. Aufl. 1924, unveränd. Nachdr. 2004; zit.: *Mayer,* VerwR I, S.

Meyer-Hesemann, Wolfgang, Methodenwandel in der Verwaltungsrechtswissenschaft, 1981; zit.: *Meyer-Hesemann,* Methodenwandel, S.

Ossenbühl, Fritz, Staatshaftungsrecht, 5. Aufl. 1998; zit.: *Ossenbühl,* StaatshaftungsR, S.

Püttner, Günter, Verwaltungslehre, 4. Aufl. 2007; zit.: *Püttner,* VerwaltungsL, S.

Schmidt-Aßmann, Eberhard, Das allgemeine Verwaltungsrecht als Ordnungsidee, 2. Aufl. 2004; zit.: *Schmidt-Aßmann,* Ordnungsidee, Kap. Rn.

Schmidt-Aßmann, Eberhard/Hoffmann-Riem, Wolfgang (Hrsg.), Verwaltungsorganisationsrecht als Steuerungsressource, 1997; zit.: *Bearbeiter,* Titel des Beitrags, in: Schmidt-Aßmann/Hoffmann-Riem (Hrsg.), Verwaltungsorganisationsrecht, S.

Verzeichnis der Standardliteratur

Schmidt-Aßmann, Eberhard/Hoffmann-Riem, Wolfgang (Hrsg.), Strukturen des Europäischen Verwaltungsrechts, 1999; zit.: *Bearbeiter*, Titel des Beitrags, in: Schmidt-Aßmann/Hoffmann-Riem (Hrsg.), Strukturen, S.

Schmidt-Aßmann, Eberhard/Hoffmann-Riem, Wolfgang (Hrsg.), Verwaltungskontrolle, 2001; zit.: *Bearbeiter*, Titel des Beitrags, in: Schmidt-Aßmann/Hoffmann-Riem (Hrsg.), Verwaltungskontrolle, S.

Schmidt-Aßmann, Eberhard/Hoffmann-Riem, Wolfgang (Hrsg.), Methoden der Verwaltungsrechtswissenschaft, 2004; zit.: *Bearbeiter*, Titel des Beitrags, in: Schmidt-Aßmann/Hoffmann-Riem (Hrsg.), Methoden, S.

Schuppert, Gunnar Folke, Verwaltungswissenschaft, 2000; zit.: *Schuppert*, Verwaltungswissenschaft, S.

Stolleis, Michael, Geschichte des öffentlichen Rechts in Deutschland, Bd. I, 1988; Bd. II, 1992; Bd. III, 1999; zit.: *Stolleis*, Geschichte I, S.

Thieme, Werner, Verwaltungslehre, 4. Aufl. 1984; zit.: *Thieme*, VerwaltungsL, Rn.

Ule, Carl H./Laubinger, Hans-Werner, Verwaltungsverfahrensrecht, 4. Aufl. 1995; zit.: *Ule/Laubinger*, VerwVerfR, § Rn.

Wahl, Rainer, Herausforderungen und Antworten: Das Öffentliche Recht der letzten fünf Jahrzehnte, 2006; zit.: *Wahl*, Herausforderungen, S.

Wallerath, Maximilian, Allgemeines Verwaltungsrecht, 6. Aufl. 2009; zit.: *Wallerath*, VerwR, § Rn.

Wolff, Hans J./Bachof, Otto/Stober, Rolf, Verwaltungsrecht, Bd. I, 11. Aufl. 1999; Bd. II, 6. Aufl. 2000; Bd. III, 5. Aufl. 2004; zit.: *Wolff/Bachof/Stober*, VerwR I, § Rn.

Wolff, Hans J./Bachof, Otto/Stober, Rolf/Winfried, Kluth, Verwaltungsrecht, Bd. I, 12. Aufl. 2007; Bd. II, 7. Aufl. 2010; zit.: *Wolff/Bachof/Stober/Kluth*, VerwR I, § Rn.

Kommentare und Handbücher

Fehling, Michael/Kastner, Berthold (Hrsg.), Verwaltungsrecht, 2. Aufl. 2010; zit.: *Bearbeiter*, in: Hk-VerwR, § Rn.

Handbuch für die öffentliche Verwaltung. Einführung in ihre rechtlichen und praktischen Grundlagen; Bd. I: Grundlagen, hrsg. von Mutius, Albert von, 1984; Bd. II: Besonderes Verwaltungsrecht, hrsg. von Friauf, Karl H., 1984; Bd. III: Privatrecht, hrsg. von Westermann, Harm P., 1982; zit.: *Bearbeiter*, Titel des Beitrags, in: HÖV I, Rn.

Jeserich, Kurt G. A./Pohl, Hans/Unruh, Georg-Christoph von (Hrsg.), Deutsche Verwaltungsgeschichte, Bd. I, 1983; Bd. II, 1983; Bd. III, 1984; Bd. IV, 1985; Bd. V, 1987, m. Registerband 1988; zit.: *Bearbeiter*, Titel des Beitrags, in: Jeserich/Pohl/v. Unruh (Hrsg.), Verwaltungsgeschichte I, S.

Knack, Hans J., Verwaltungsverfahrensgesetz, 9. Aufl. 2009; zit.: *Bearbeiter*, in: Knack, VwVfG, § Rn.

Kopp, Ferdinand O./Ramsauer, Ulrich, Verwaltungsverfahrensgesetz, 11. Aufl. 2010; zit.: *Kopp/Ramsauer*, VwVfG, § Rn.

Obermayer, Klaus/Fritz, Roland (Hrsg.), Kommentar zum Verwaltungsverfahrensgesetz, 3. Aufl. 1999; zit.: *Bearbeiter*, in: Obermayer, VwVfG, § Rn.

Stelkens, Paul/Bonk, Heinz J./Sachs, Michael (Hrsg.), Verwaltungsverfahrensgesetz, 7. Aufl. 2008; zit.: *Bearbeiter*, in: Stelkens/Bonk/Sachs (Hrsg.), VwVfG, § Rn.

Trute, Hans-Heinrich/Groß, Thomas/Röhl, Hans C./Möllers, Christoph (Hrsg.), Allgemeines Verwaltungsrecht – Zur Tragfähigkeit eines Konzepts, 2008; zit.: *Bearbeiter*, Titel des Beitrags, in: Trute/Groß/Röhl/Möllers (Hrsg.), Allgemeines Verwaltungsrecht, S.

4. Besonderes Verwaltungsrecht

a) Gesamtdarstellungen

Achterberg, Norbert/Püttner, Günter/Würtenberger, Thomas (Hrsg.), Besonderes Verwaltungsrecht – Ein Lehr- und Handbuch, 2 Bde., 2. Aufl. 2000; zit.: *Bearbeiter*, Titel des Beitrags, in: Achterberg/Püttner/Würtenberger (Hrsg.), Bes. VerwR, Rn.

Schmidt-Aßmann, Eberhard/Schoch, Friedrich (Hrsg.), Besonderes Verwaltungsrecht, 14. Aufl. 2008; zit.: *Bearbeiter*, Titel des Beitrags, in: Schmidt-Aßmann/Schoch (Hrsg.), Bes. VerwR, Kap. Rn.

Steiner, Udo (Hrsg.), Besonderes Verwaltungsrecht, 8. Aufl. 2006; zit.: *Bearbeiter*, Titel des Beitrags, in: Steiner (Hrsg.), Bes. VerwR, Rn.

Verzeichnis der Standardliteratur

b) Baurecht

Battis, Ulrich/Krautzberger, Michael/Löhr, Rolf-Peter, Baugesetzbuch, 11. Aufl. 2009; zit.: *Bearbeiter*, in: Battis/Krautzberger/Löhr, BauGB, § Rn.
Berliner Kommentar zum BauGB, hrsg. von Schlichter, Otto/Stich, Rudolf, Losebl.; zit.: *Bearbeiter*, in: Berliner Kommentar zum BauGB, § Rn.
Brügelmann, Hermann, Baugesetzbuch, Losebl.; zit.: *Bearbeiter*, in: Brügelmann, BauGB, § Rn.
Ernst, Werner/Zinkahn, Willy/Bielenberg, Walter/Krautzberger, Michael (Hrsg.), Baugesetzbuch, Losebl.; zit.: *Bearbeiter*, in: Ernst/Zinkahn/Bielenberg/Krautzberger (Hrsg.), BauGB, § Rn.
Gelzer, Konrad/Bracher, Christian-Dietrich/Reidt, Olaf, Bauplanungsrecht, 7. Aufl. 2004; zit.: *Bearbeiter*, in: Gelzer/Bracher/Reidt, BauplanungsR, Rn.
Hoppe, Werner/Bönker, Christian/Grotefels, Susan, Öffentliches Baurecht, 4. Aufl. 2010; zit.: *Bearbeiter*, in: Hoppe/Bönker/Grotefels, BauR, § Rn.
Jäde, Henning/Dirnberger, Franz/Weiß, Josef, Baugesetzbuch, Baunutzungsverordnung, 6. Aufl. 2010; zit.: *Bearbeiter*, in: Jäde/Dirnberger/Weiß, BauGB/BauNVO, § Rn.
Koch, Hans-Joachim/Hendler, Reinhard, Baurecht, Raumordnungs- und Landesplanungsrecht, 5. Aufl. 2009; zit.: *Koch/Hendler*, BauR, § Rn.
Peine, Franz-Joseph, Öffentliches Baurecht, 4. Aufl. 2003; zit.: *Peine*, BauR, Rn.
Schrödter, Hans, Baugesetzbuch, 7. Aufl. 2006; zit.: *Bearbeiter*, in: Schrödter, BauGB, § Rn.
Stüer, Bernhard, Handbuch des Bau- und Fachplanungsrechts, 4. Aufl. 2009; zit.: *Stüer*, Hdb. BauR, Rn.

c) Kommunalrecht

Burgi, Martin, Kommunalrecht, 3. Aufl. 2010; zit.: *Burgi*, KommunalR, § Rn.
Gern, Alfons, Deutsches Kommunalrecht, 3. Aufl. 2003; zit.: *Gern*, KommunalR, Rn.
Mann, Thomas/Püttner, Günter (Hrsg.), Handbuch der kommunalen Wissenschaft und Praxis, Bd. I, 3. Aufl. 2007; Bd. II, 3. Aufl. 2011; Bd. III, 2. Aufl. 1983; Bd. IV, 2. Aufl. 1983; Bd. V, 2. Aufl. 1984; Bd. VI, 2. Aufl. 1985; zit.: *Bearbeiter*, Titel des Beitrags, in: HKWP I, S.
Mutius, Albert von, Kommunalrecht, 1996; zit.: *v. Mutius*, KommunalR, Rn.
Waechter, Kay, Kommunalrecht – Ein Lehrbuch, 3. Aufl. 1997; zit.: *Waechter*, KommunalR, Rn.

d) Polizeirecht

Drews, Bill/Wacke, Gerhard/Vogel, Klaus/Martens, Wolfgang, Gefahrenabwehr, 9. Aufl. 1986; zit.: *Drews/Wacke/Vogel/Martens*, Gefahrenabwehr, S.
Götz, Volkmar, Allgemeines Polizei- und Ordnungsrecht, 14. Aufl. 2008; zit.: *Götz*, PolizeiR, Rn.
Gusy, Christoph, Polizei- und Ordnungsrecht, 8. Aufl. 2011; zit.: *Gusy*, PolizeiR, Rn.
Lisken, Hans/Denninger, Erhard (Hrsg.), Handbuch des Polizeirechts, 4. Aufl. 2007; zit.: *Bearbeiter*, Titel des Beitrags, in: Lisken/Denninger (Hrsg.), HPolizeiR, Großbuchst. Rn.
Möller, Manfred/Warg, Gunter, Allgemeines Polizei- und Ordnungsrecht, 6. Aufl. 2011; zit.: *Möller/Warg*, PolizeiR, Rn.
Pieroth, Bodo/Schlink, Bernhard/Kniesel, Michael, Polizei- und Ordnungsrecht, 6. Aufl. 2010; zit.: *Pieroth/Schlink/Kniesel*, PolizeiR, § Rn.
Schenke, Wolf-Rüdiger, Polizei- und Ordnungsrecht, 7. Aufl. 2011; zit.: *Schenke*, PolizeiR, Rn.
Würtenberger, Thomas/Heckmann, Dirk, Polizeirecht in Baden-Württemberg, 6. Aufl. 2005; zit.: *Würtenberger/Heckmann*, PolizeiR, Rn.

e) Umweltrecht

Epiney, Astrid, Umweltrecht in der Europäischen Union, 2. Aufl. 2005; zit.: *Epiney*, UmweltR in der EU, S.
Frenz, Walter, Europäisches Umweltrecht, 1997; zit.: *Frenz*, Europäisches UmweltR, Rn.
Hoppe, Werner/Beckmann, Martin/Kauch, Petra, Umweltrecht, 2. Aufl. 2000; zit.: *Hoppe/Beckmann/Kauch*, UmweltR, § Rn.
Kimminich, Otto/Lersner, Heinrich Freiherr von/Storm, Peter-Christoph (Hrsg.), Handwörterbuch des Umweltrechts, 2 Bde., 2. Aufl. 1994; zit.: *Bearbeiter*, in: HdUR I, Sp.
Kloepfer, Michael, Umweltrecht, 3. Aufl. 2004; zit.: *Kloepfer*, UmweltR, § Rn.
Koch, Hans-Joachim (Hrsg.), Umweltrecht, 3. Aufl. 2010; zit.: *Bearbeiter*, in: Koch (Hrsg.), UmweltR, § Rn.

Verzeichnis der Standardliteratur

Landmann, Robert von/Rohmer, Gustav, Umweltrecht, Losebl., 4 Bde.; zit.: *Bearbeiter*, in: Landmann/Rohmer, UmweltR I, § Rn.
Rengeling, Hans-Werner (Hrsg.), Handbuch zum europäischen und deutschen Umweltrecht, 2 Bde., 2. Aufl. 2003; zit.: *Bearbeiter*, Titel des Beitrags, in: EUDUR I, § Rn.
Schmidt, Reiner/Kahl, Wolfgang, Umweltrecht, 8. Aufl. 2010; zit.: *Schmidt/Kahl*, UmweltR, § Rn.
Sparwasser, Reinhard/Engel, Rüdiger/Voßkuhle, Andreas, Umweltrecht, 5. Aufl. 2003; zit.: *Sparwasser/Engel/Voßkuhle*, UmweltR, § Rn.
Wolf, Joachim, Umweltrecht, 2002; zit.: *Wolf*, UmweltR, Rn.

f) Öffentliches Dienstrecht

Behrens, Hans-Jörg, Beamtenrecht, 2. Aufl. 2001; zit.: *Behrens*, BeamtenR, § Rn.
Fürst, Walther (Hrsg.), Gesamtkommentar Öffentliches Dienstrecht, Losebl., 5 Bde.; zit.: *Bearbeiter*, in: GKÖD I, § Rn.
Plog, Ernst/Wiedow, Alexander, Bundesbeamtengesetz, Losebl.; zit.: *Bearbeiter*, in: Plog/Wiedow, BBG, § Rn.
Schnellenbach, Helmut, Beamtenrecht in der Praxis, 7. Aufl. 2011; zit.: *Schnellenbach*, BeamtenR, Rn.
Schütz, Erwin (Hrsg.), Beamtenrecht des Bundes und der Länder, Losebl.; zit.: *Bearbeiter*, in: Schütz (Hrsg.), BeamtenR, § Rn.
Wagner, Fritjof, Beamtenrecht, 10. Aufl. 2009; zit.: *Wagner*, BeamtenR, Rn.
Wichmann, Manfred/Langer, Karl-Ulrich, Öffentliches Dienstrecht, 6. Aufl. 2007; zit.: *Bearbeiter*, in: Wichmann/Langer, DienstR, Rn.

g) Regulierungsrecht, Technikrecht

Fehling, Michael/Ruffert, Matthias (Hrsg.), Regulierungsrecht, 2010; zit.: *Bearbeiter*, Titel des Beitrags, in: Fehling/Ruffert (Hrsg.), Regulierungsrecht, § Rn.
Schulte, Martin/Schröder, Rainer (Hrsg.), Handbuch des Technikrechts, 2. Aufl. 2011; zit.: *Bearbeiter*, Titel des Beitrags, in: Schulte/Schröder (Hrsg.), Technikrecht, S.

5. Verwaltungsprozessrecht

Lehrbücher und Monographien

Ehlers, Dirk/Schoch, Friedrich (Hrsg.), Rechtsschutz im Öffentlichen Recht, 2009; zit.: *Bearbeiter*, in: Ehlers/Schoch (Hrsg.), Rechtsschutz im ÖR, § Rn.
Hufen, Friedhelm, Verwaltungsprozessrecht, 8. Aufl. 2011; zit.: *Hufen*, VerwaltungsprozessR, § Rn.
Kuhla, Wolfgang/Hüttenbrink, Jost/Endler, Jan, Der Verwaltungsprozess, 3. Aufl. 2002; zit.: *Bearbeiter*, in: Kuhla/Hüttenbrink/Endler, Verwaltungsprozess, Großbuchstabe Rn.
Lorenz, Dieter, Verwaltungsprozeßrecht, 2000; zit.: *Lorenz*, VerwaltungsprozeßR, § Rn.
Schenke, Wolf-Rüdiger, Verwaltungsprozessrecht, 12. Aufl. 2009; zit.: *Schenke*, VerwaltungsprozessR, Rn.
Schmitt Glaeser, Walter/Horn, Hans-Detlef, Verwaltungsprozeßrecht, 16. Aufl. 2009; zit.: *Schmitt Glaeser/Horn*, VerwaltungsprozeßR, Rn.
Würtenberger, Thomas, Verwaltungsprozessrecht, 3. Aufl. 2011; zit.: *Würtenberger*, VerwaltungsprozessR, Rn.

Kommentare

Eyermann, Erich/Fröhler, Ludwig, Verwaltungsgerichtsordnung, 13. Aufl. 2010; zit.: *Bearbeiter*, in: Eyermann, VwGO, § Rn.
Fehling, Michael/Kastner, Berthold (Hrsg.), Verwaltungsrecht – VwVfG/VwGO, 2. Aufl. 2010; zit.: *Bearbeiter*, in: Hk-VerwR, § Rn.
Gräber, Fritz, Finanzgerichtsordnung, 7. Aufl. 2010; zit.: *Bearbeiter*, in: Gräber, FGO, § Rn.
Kopp, Ferdinand O./Schenke, Wolf-Rüdiger, Verwaltungsgerichtsordnung, 16. Aufl. 2009; zit.: *Kopp/Schenke*, VwGO, § Rn.
Meyer-Ladewig, Jens/Keller, Wolfgang/Leitherer, Stephan, Sozialgerichtsgesetz, 9. Aufl. 2008; zit.: *Bearbeiter*, in: Meyer-Ladewig/Keller/Leitherer, SGG, § Rn.

Verzeichnis der Standardliteratur

Posser, Herbert/Wolff, Heinrich A. (Hrsg.), Verwaltungsgerichtsordnung. 2008; zit.: *Bearbeiter*, in: Posser/Wolff (Hrsg.), VwGO, § Rn.

Redeker, Konrad/Oertzen, Hans-Joachim von, Verwaltungsgerichtsordnung, 15. Aufl. 2010; zit.: *Bearbeiter,* in: Redeker/v. Oertzen, VwGO, § Rn.

Schoch, Friedrich/Schmidt-Aßmann, Eberhard/Pietzner, Rainer (Hrsg.), Verwaltungsgerichtsordnung, Losebl.; zit.: *Bearbeiter,* in: Schoch/Schmidt-Aßmann/Pietzner (Hrsg.), VwGO, § Rn.

Sodan, Helge/Ziekow, Jan (Hrsg.), Verwaltungsgerichtsordnung, 3. Aufl. 2010; zit.: *Bearbeiter,* in: Sodan/Ziekow (Hrsg.), VwGO, § Rn.

Wolff, Heinrich A./Decker, Andreas, Verwaltungsgerichtsordnung. Verwaltungsverfahrensgesetz. Studienkommentar, 2. Aufl. 2007; zit.: *Bearbeiter,* in: VwGO/VwVfG Studienkommentar, § Rn.

Erster Teil

Verwaltung und Verwaltungsrecht als Gegenstand wissenschaftlicher Forschung

§ 1 Neue Verwaltungsrechtswissenschaft

Andreas Voßkuhle

Übersicht

	Rn.		Rn.
A. Die Konstituierung der Verwaltungsrechtswissenschaft über ihre Methode	1	2. Der Steuerungsansatz als Analysewerkzeug	22
B. Die überkommene Dominanz der Juristischen Methode innerhalb der Verwaltungsrechtswissenschaft in der Bundesrepublik Deutschland	2	II. Realbereichsanalyse	29
		III. Wirkungs- und Folgenorientierung	32
I. Charakteristika der Juristischen Methode	2	IV. Intra-, Multi-, Trans- und Interdisziplinarität	37
II. Forschungsfelder und -interessen	8	V. Das Arbeiten mit Schlüsselbegriffen und Leitbildern	40
C. Ursachen und Antriebskräfte für die methodische Neuausrichtung	9	VI. Das Arbeiten mit Referenzgebieten	43
I. Die Suche nach dem zukunftstauglichen Recht	10	VII. Erweiterte Systemperspektive	46
1. Die „Krise" des Ordnungsrechts	10	E. Neue Verwaltungsrechtswissenschaft, Verwaltungspraxis und verwaltungspolitischer Diskurs	48
2. Neue Herausforderungen durch gesellschaftlichen und technischen Wandel	11	I. Überwindung des Theorie-Praxis-Bruchs	48
3. Reform der Verwaltung und ihres Rechts als politische Daueraufgabe	12	II. Übergreifende Reformansätze im Überblick	49
II. Europäisierung und Internationalisierung des Verwaltungsrechts	13	1. New Public Management	50
		2. Neues Steuerungsmodell	53
III. Schwerpunktverlagerungen: Von der anwendungsbezogenen Interpretationswissenschaft zur rechtsetzungsorientierten Handlungs- und Entscheidungswissenschaft	15	3. Deregulierung	57
		4. Privatisierung	58
		5. „Schlanker Staat"	62
		6. „Aktivierender Staat"	63
D. Zentrale methodische Elemente der Neuen Verwaltungsrechtswissenschaft ..	16	7. Electronic Government	65
		8. Governance	68
I. Steuerungstheoretischer Ansatz	17	F. Ausblick	71
1. Steuerungsbegriff und Steuerungstheorie	18	Ausgewählte Literatur	
		Materialien	

A. Die Konstituierung der Verwaltungsrechtswissenschaft über ihre Methode

1   Jede Wissenschaft konstituiert sich maßgeblich[1] über ihre eigene Methode. Die Wahl der Methode orientiert sich dabei an den jeweiligen Erkenntnisgegenständen und -interessen, wirkt aber zugleich auf diese zurück.[2] Im Zuge der Ausdifferenzierung der Rechtswissenschaft in mehrere Spezialgebiete und Teildisziplinen[3] haben sich deshalb ganz unterschiedliche Methoden herausgebildet:[4] Wer Rechtsdogmatik betreibt, arbeitet anders als ein Rechtshistoriker oder ein Rechtssoziologe. Aber auch innerhalb der Rechtsdogmatik bestehen je nach Fachgebiet (Zivilrecht, Strafrecht, Öffentliches Recht) und selbst innerhalb der einzelnen Fachgebiete partikuläre Methodiken.[5] Daher ist es nicht überraschend, dass die erst relativ späte Etablierung der Verwaltungsrechtswissenschaft als eigenständige Teildisziplin[6] begleitet war von intensiven Diskussionen um die „richtige" Methode.[7] In ihnen ging es aber nur am Rande um die Methoden der Rechtsanwendung im engeren Sinne.[8] Im Fokus stand vielmehr die weitergehende Frage, welche **Methoden der rechtswissenschaftlichen Arbeit** als solcher zugrunde zu legen seien.[9] Seither wechseln

---

[1] Zu anderen Entwicklungsfaktoren vgl. z.B. *Erk V. Heyen*, Entwicklungsbedingungen in der Verwaltungsrechtswissenschaft, Der Staat, Bd. 22 (1983), S. 21–23.

[2] Methode ist nach der hier vertretenen Auffassung daher sowohl gegenstandsbezogen als auch gegenstandserzeugend, vgl. zu dem dahinter stehenden erkenntnistheoretischen Streit nur *Oliver Lepsius*, Erkenntnisgegenstand und Erkenntnisverfahren in den Geisteswissenschaften der Weimarer Republik, Ius Commune 22 (1995), S. 283 (296–303) m.w.N. Krit. zuletzt wieder *Armin v. Bogdandy*, Verwaltungsrecht im europäischen Rechtsraum – Perspektiven einer Disziplin, in: IPE IV, § 57, Rn. 66.

[3] Zum Prozess der Binnendifferenzierung der Wissenschaft vgl. z.B. *Rudolf Stichweh*, Differenzierung der Wissenschaft, in: ders., Wissenschaft, Universität und Professionen, 1994, S. 15 ff.

[4] In dieser Methodenvielfalt spiegelt sich zum Teil der unsichere wissenschaftliche Status der Jurisprudenz wider, vgl. den Diskussionsüberblick bei *Ulf Neumann*, Wissenschaftstheorie der Rechtswissenschaft, in: Arthur Kaufmann/Winfried Hassemer/Ulf Neumann (Hrsg.), Einführung in Rechtsphilosophie und Rechtstheorie der Gegenwart, 8. Aufl. 2011, S. 385 ff., sowie z.B. *Ralf Dreier*, Zum Selbstverständnis der Jurisprudenz als Wissenschaft (1971), in: ders., Recht, Moral, Ideologie. Studien zur Rechtstheorie, 1981, S. 48 ff., und *Jan Harenburg*, Die Rechtsdogmatik zwischen Wissenschaft und Praxis, 1986, S. 230–241. Aus historischer Sicht: *Jan Schröder*, Recht als Wissenschaft, 2001.

[5] So z.B. *Werner Krawietz*, Juristische Entscheidung und wissenschaftliche Erkenntnis, 1978, S. 11–36; *Ernst-Wolfgang Böckenförde*, Die Eigenart des Staatsrechts und der Staatsrechtswissenschaft (1983), in: ders., Staat, Verfassung, Demokratie, 1991, S. 11 (18 ff.); *Walter Pauly*, Der Methodenwandel im deutschen Spätkonstitutionalismus, 1993, S. 1 f. Ablehnend unter Hinweis auf die Juristische Methode *Fritz Bydlinsky*, Juristische Methodenlehre und Rechtsbegriff, 2. Aufl. 1991, S. 593–605.

[6] Zu den Entwicklungsstufen der Verwaltungsrechtswissenschaft → Bd. I *Stolleis* § 2.

[7] Vgl. *Dennewitz*, Systeme, S. 158 ff.; *Hans-Joachim Feist*, Die Entstehung des Verwaltungsrechts als Rechtsdisziplin, Diss. Köln 1967, S. 165 ff.; *Meyer-Hesemann*, Methodenwandel, S. 6 ff.; *Stolleis*, Geschichte II, S. 381 ff.; *Manfred Friedrich*, Geschichte der deutschen Staatsrechtswissenschaft, 1997, S. 307 ff.

[8] Mit ihr beschäftigt sich vornehmlich die sog. Juristische Methodenlehre → Bd. I *Möllers* § 3 Rn. 23 ff.

[9] Den Unterschied zwischen den Methoden der Rechtsanwendung und den mit ihnen nicht deckungsgleichen Methoden rechtswissenschaftlicher Arbeit betont auch *Wolfgang Hoffmann-Riem*, Methoden einer anwendungsorientierten Verwaltungsrechtswissenschaft, in: Schmidt-Aßmann/

A. Konstituierung der Verwaltungsrechtswissenschaft

(kurze) Phasen des „Methodenstreits" einander ab mit (langen) Phasen des Methodendesinteresses,[10] die ihrerseits häufig gepaart sind mit einer gewissen Methodenbeliebigkeit.[11] **Dominant** geblieben ist innerhalb der verwaltungsrechtswissenschaftlichen Praxis bis in die heutige Zeit[12] die sog. **Juristische Methode,** die sich bereits Mitte des 19. Jahrhunderts in bewusster Abkehr von der additiv-erzählenden und aufgabenbezogenen Stoffdarstellung in der enzyklopädisch ausgerichteten Staatswissenschaft alter Prägung herausgebildet hat.[13] Erst Anfang der neunziger Jahre des 20. Jahrhunderts[14] beginnt sich langsam ein grundsätzlicher **Wandel in der Arbeitsweise** abzuzeichnen. Nicht von ungefähr mehren sich von diesem Zeitpunkt an wieder wissenschaftliche Beiträge, die sich mit der Rolle der eigenen Zunft beschäftigen.[15]

Hoffmann-Riem (Hrsg.), Methoden, S. 9 (11–19). Vgl. ferner *Christoph Möllers/Andreas Voßkuhle,* Die Deutsche Staatsrechtswissenschaft im Zusammenhang der internationalisierten Wissenschaften, DV, Bd. 26 (2003), S. 321 ff., und → Bd. I *Möllers* § 3 Rn. 21 f.

[10] Zusammenfassend *Andreas Voßkuhle,* Methode und Pragmatik im Öffentlichen Recht, in: Hartmut Bauer u. a. (Hrsg.), Umwelt, Wirtschaft und Recht, 2002, S. 171 (173–176) m.w.N.

[11] „Methode hat man, über Methode spricht man nicht" (*Hans-Martin Pawlowski,* Einführung in die juristische Methodenlehre, 2. Aufl. 2000, Rn. 1) lautet das – freilich selten explizit ausgesprochene – Motto. Krit. zu der dahinter stehenden Mentalität des „anything goes" *Alexander Blankenagel,* Vom Recht der Wissenschaft und der versteckten Ratlosigkeit der Rechtswissenschaftler bei der Betrachtung des- und derselben, AöR, Bd. 124 (2000), S. 70 (103–108). Der Theorie-Praxis-Bruch bei der Rechtsanwendung setzt sich auf der Ebene des rechtswissenschaftlichen Arbeitens fort (→ Rn. 48). Postmoderne Methodenbeliebigkeit ist aber abzugrenzen von postmodernem Methodenpluralismus, vgl. dazu *Stefan Grundmann,* Methodenpluralismus als Aufgabe, RabelsZ, Bd. 61 (1997), S. 423 (448–450), sowie *Matthias Jestaedt,* Perspektiven einer Rechtswissenschaftstheorie, in: ders./Oliver Lepsius (Hrsg.), Rechtswissenschaftstheorie, 2008, S. 185 (195 ff.): „Jurisprudenz als Disziplin-Cluster".

[12] Repräsentativ: *Dirk Ehlers,* Verwaltung und Verwaltungsrecht im demokratischen und sozialen Rechtsstaat, in: Erichsen/Ehlers (Hrsg.), VerwR, § 3 Rn. 90: „An der Juristischen Methode führt auch heute kein Weg vorbei." Vgl. ferner etwa *Günter Winkler,* Die Wissenschaft vom Verwaltungsrecht, in: Felix Ermacora u. a. (Hrsg.), Allgemeines Verwaltungsrecht, 1979, S. 3 ff. Vorsichtiger *Loeser,* System I, § 1 Rn. 60: „Unterschiede zu den übrigen Verwaltungswissenschaften bestehen insofern, als für die Verwaltungsrechtswissenschaft die Juristische Methode absoluten Vorrang besitzt"; *Walter Krebs,* Die Juristische Methode im Verwaltungsrecht, in: Schmidt-Aßmann/Hoffmann-Riem (Hrsg.), Methoden, S. 209 (213): „Die Juristische Methode ist das Systemzentrum". Erhellende Analyse der Zeit nach dem Zweiten Weltkrieg bei *Christian Bumke,* Die Entwicklung der verwaltungsrechtswissenschaftlichen Methodik in der Bundesrepublik Deutschland, in: Schmidt-Aßmann/Hoffmann-Riem (Hrsg.), Methoden, S. 73 ff.

[13] Bahnbrechend wirkte das 1895/96 erschienene Lehrbuch von *Otto Mayer* (Deutsches Verwaltungsrecht). So wichtig die Juristische Methode für die Ausbildung des Fachs „Verwaltungsrecht" war, darf doch nicht übersehen werden, dass bis in die neunziger Jahre des 19. Jahrhunderts auch ein Verwaltungsrecht mit stärker staatswissenschaftlicher Färbung eine realistische Option darstellte, vgl. *Stolleis,* Geschichte II, S. 384, 385 ff.; *Friedrich,* Geschichte (Fn. 7), S. 307–309. Als Beispiele für staatswissenschaftlich geprägte Verwaltungsrechtslehrbücher können etwa genannt werden: *Josef Plötzl,* Lehrbuch des bayrischen Verwaltungsrechtes, 1856; *Georg Meyer,* Lehrbuch des deutschen Verwaltungsrechtes, 2 Bde., 2. Auflage, 1893/1894, und *Edgar Loening,* Lehrbuch des deutschen Verwaltungsrechtes, 1884. → Bd. I *Stolleis* § 2 Rn. 53 ff.

[14] Es ist freilich immer schwer, genaue Epochenzäsuren zu bestimmen, da verschiedene zusammenhängende Entwicklungen ungleichzeitig verlaufen; zu diesem Phänomen und seiner Rückwirkung auf die Verwaltungsrechtsdogmatik aufschlussreiche Überlegungen bei *Helmuth Schulze-Fielitz,* Verwaltungsrechtsdogmatik als Prozess der Ungleichzeitigkeit, DV, Bd. 27 (1994), S. 277 ff. Differenzierte Analyse der Entwicklung der Verwaltungsrechtswissenschaft unter dem Grundgesetz bei *Walter Pauly,* Wissenschaft vom Verwaltungsrecht, in: IPE IV, § 58, Rn. 15 ff.

[15] Für eine Neuausrichtung der Verwaltungsrechtswissenschaft plädieren etwa *Hans-Heinrich Trute,* Die Wissenschaft vom Verwaltungsrecht: Einige Leitmotive zum Werkstattgespräch, DV, Bei-

§ 1 Neue Verwaltungsrechtswissenschaft

Die noch keineswegs abgeschlossene Entwicklung mündet in ein methodisches Konzept, das zur Verdeutlichung der damit einhergehenden Zäsuren als **Neue Verwaltungsrechtswissenschaft**[16] bezeichnet und näher entfaltet werden soll.[17]

heft 2, 1999, S. 9 ff.; *Wolfgang Hoffmann-Riem*, Sozialwissenschaften im Verwaltungsrecht: Kommunikation in einer multidisziplinären Scientific Community, DV, Beiheft 2, 1999, S. 83 ff.; *Schmidt-Aßmann*, Ordnungsidee, 1. Kap. Rn. 33–49; *Andreas Voßkuhle*, Die Reform des Verwaltungsrechts als Projekt der Wissenschaft, DV, Bd. 32 (1999), S. 545 (546 ff.). Vgl. auch allgemein *Karl-Heinz Ladeur*, Die rechtswissenschaftliche Methodendiskussion und die Bewältigung des gesellschaftlichen Wandels, RabelsZ, Bd. 64 (2000), S. 60 ff., und *Arno Scherzberg*, Wozu und wie überhaupt noch öffentliches Recht?, 2003. Vgl. ferner die Analyse bei *Ivo Appel* und *Martin Eifert*, Das Verwaltungsrecht zwischen klassischem dogmatischem Verständnis und steuerungswissenschaftlichem Anspruch, VVDStRL, Bd. 67 (2008), S. 226 ff. bzw. S. 286 ff. Parallele Entwicklungen zeigen sich unter anderem Vorzeichen im Privatrecht, vgl. z.B. *Grundmann*, Methodenpluralismus (Fn. 11), S. 423 ff.; *Horst Eidenmüller*, Rechtswissenschaft als Realwissenschaft, JZ 1999, S. 53 ff.; *Thomas M. J. Möllers*, Die Rolle des Rechts im Rahmen der europäischen Integration. Zur Notwendigkeit einer europäischen Gesetzgebungs- und Methodenlehre, 1999; *Axel Flessner*, Juristische Methode und europäisches Privatrecht, JZ 2002, S. 14 ff.

[16] Erste Verwendungen dieser Bezeichnung bei *Bumke*, Methodik (Fn. 12), S. 103, und *Hoffmann-Riem*, Methoden (Fn. 9), S. 13. Sie knüpft nicht nur äußerlich an die Proklamation der „Neuen Staatswissenschaft" durch *Andreas Voßkuhle*, Der Dienstleistungsstaat, Der Staat, Bd. 40 (2001), S. 495 (502 f.), an; vgl. auch *ders.*, Die Renaissance der Allgemeinen Staatslehre, JuS 2004, S. 2 (6). Zust. *Gunnar Folke Schuppert*, Staatswissenschaft, 2003, S. 43–52. Vgl. auch *Olivier Jouanjan*, Braucht das Verfassungsrecht eine Staatslehre? – Eine französische Perspektive, EuGRZ 2004, S. 362 (368 f.). Von der Neuen Staatswissenschaft unterscheidet sich die Neue Verwaltungsrechtswissenschaft lediglich durch den Zuschnitt des Untersuchungsgegenstands: Während letztere sich mit einem spezifischen Ausschnitt der staatlichen Ordnung beschäftigt, eben der Verwaltung und ihrem Recht, interessiert sich die Neue Staatswissenschaft stärker für die Voraussetzungen und Formen gesellschaftlicher Ordnungsbildung und legitimer Herrschaftsausübung; die Übergänge erscheinen indes fließend.

[17] Entwicklungen, die als „neu" bezeichnet werden, altern gewöhnlich besonders schnell. Gleichwohl erscheint das Prädikat „neu" gut geeignet, größere wissenschaftsgeschichtliche Epochen bzw. Theoriekonzepte abzugrenzen von bestehenden Richtungen, ohne Kontinuitäten zu leugnen. Das zeigt etwa die Entwicklung der Volkswirtschaftslehre. Dort orientiert man sich z.B. an Bezeichnungen wie „Neue Wohlfahrtstheorie", „Neue Institutionenlehre", „Neue Politische Ökonomie" oder „Neue Klassische Makroökonomie", vgl. den Überblick bei *Fritz Söllner*, Die Geschichte des ökonomischen Denkens, 2. Aufl. 2001, S. 130 ff., 156 ff., 224 ff. Als weiteres Beispiel kann hier auf „La Nouvelle Histoire" verwiesen werden, die als neue Art der Geschichtsschreibung von ihrem methodischen Anliegen her im Übrigen durchaus Parallelen mit der Neuen Verwaltungsrechtswissenschaft aufweist, vgl. dazu *Jacques Le Goff* u.a. (Hrsg.), La Nouvelle histoire, 1978, sowie *Peter Burke*, Die Geschichte der „Annales", 2. Aufl. 2004, S. 7 f. Zur Semantik des „Neuen" vgl. auch *Gunnar Folke Schuppert*, Verwaltungsrechtswissenschaft im Wandel, AöR, Bd. 133 (2008), S. 79 (91 ff.). Krit. zur Bezeichnung „Neue Verwaltungsrechtswissenschaft" aber etwa *Wahl*, Herausforderungen, S. 89; *Fritz Ossenbühl*, Grundlagen des Verwaltungsrechts, DV, Bd. 40 (2007), S. 125 ff.; *Michael Kloepfer*, Buchbesprechung, NuR 2007, S. 438, und *Wolfgang Kahl*, Über einige Pfade und Tendenzen in Verwaltungsrecht und Verwaltungswissenschaft – Ein Zwischenbericht, DV, Bd. 42 (2009), S. 463 (491). Indes sollte man dem „Labeling" nicht zuviel Bedeutung beimessen; es geht um methodische Fragen und Argumente, so bereits *Andreas Voßkuhle*, Diskussionsbeitrag, VVDStRL, Bd. 67 (2008), S. 343 f. Unabhängig davon sprechen gute Gründe dafür, unterschiedliche methodische Grundhaltungen prägnant zu benennen, um die erste Orientierung zu erleichtern. Wenn man diese Vorgehensweise akzeptiert, streitet man nur noch um eine angemessene Begriffswahl. Wer statt „Neuer Verwaltungsrechtswissenschaft" den Begriff „Steuerungswissenschaft" verwendet (so z.B. *Stephan Meyer*, Fordert der Zweck im Recht wirklich eine „Neue Verwaltungsrechtswissenschaft"?, VerwArch, Bd. 101 [2010], S. 351 [352 ff.]), greift jedenfalls zu kurz, weil der Steuerungsgedanke nur ein (zentrales) Element in einem methodischen Ensemble darstellt. S. dazu a. *Eberhard Schmidt-Aßmann*, Die Integration von Reformimpulsen in die Systematik des Verwaltungsrechts, in: Hoffmann-Riem, Offene Rechtswissenschaft, S. 1011 (1016 f.).

B. Die überkommene Dominanz der Juristischen Methode innerhalb der Verwaltungsrechtswissenschaft in der Bundesrepublik Deutschland

I. Charakteristika der Juristischen Methode

Das „Neue" an der Neuen Verwaltungsrechtswissenschaft wird erst erkennbar, wenn man sich als Kontrastfolie die wissenschaftliche Arbeitsweise nach der sog. Juristischen Methode vergegenwärtigt. Dabei ist in Rechnung zu stellen, dass sich hinter dem Begriff der „Juristischen Methode" damals wie heute letztlich kein fest umrissener Forschungsansatz oder eine bestimmte Wissenschaftstheorie verbirgt, sondern eher eine wissenschaftliche Grundhaltung, die in ganz unterschiedlichen Schattierungen zutage tritt und jenseits originär methodologischer Diskurse selten offengelegt wird. Gleichwohl lassen sich einige **Charakteristika der Juristischen Methode**[18] benennen:

– Kennzeichnend ist zunächst die radikale Einengung des Wahrnehmungsfeldes auf eine **rechtsaktbezogene Perspektive**.[19] Danach besteht die Rechtsordnung aus einem Geflecht von geschriebenen oder ungeschriebenen, individuellen oder generellen normativen Aussagen, die unabhängig von den tatsächlichen Aufgaben der Verwaltung[20] isoliert untersucht werden können.

– Ausgehend von der Idee des Rechtsstaates soll die rechtsaktbezogene Betrachtungsweise die Voraussetzungen dafür schaffen, das Handeln der öffentlichen Verwaltung dauerhaft an das demokratisch legitimierte Gesetz zu binden.[21] Da die Kontrolle der Einhaltung dieser Bindung nach der Konzeption des Grundgesetzes in erster Linie den Verwaltungsgerichten obliegt,[22] gilt die

---

[18] Allgemein zur Juristischen Methode im Verwaltungsrecht vgl. *Alfons Hueber*, Otto Mayer. Die „juristische Methode" im Verwaltungsrecht, 1982; *Erk V. Heyen*, Otto Mayer. Studien zu den geistigen Grundlagen seiner Verwaltungsrechtswissenschaft, 1981; *Toshiyuki Ishikawa*, Friedrich Franz v. Mayer. Begründer der „juristischen Methode" im deutschen Verwaltungsrecht, 1992; *Felix Stoerk*, Über die juristische Methode, 1996. → Bd. I *Möllers* § 3 Rn. 23 ff.

[19] Klar herausgearbeitet ist dieser Umstand bei *Christian Bumke*, Relative Rechtswidrigkeit, 2004, S. 12–21, 255–259, sowie *ders.*, Methodik (Fn. 12), S. 75–78. Vgl. ferner *Appel*, Verwaltungsrecht (Fn. 15), S. 239–241; *Eifert*, Verwaltungsrecht (Fn. 15), S. 289–293. Exemplarisch *Winkler*, Wissenschaft (Fn. 12), S. 9 f.: „Sich der juristischen ... Methode bedienen, heißt zunächst, alles das und nur das als zum Gegenstand gehörig zu betrachten, was durch Rechtsvorschriften, also durch Normen erfasst ist, die dem geltenden Recht angehören."

[20] Den Aufgaben und Zwecken der Verwaltung wird – wenn überhaupt – lediglich heuristische Funktion beigemessen, repräsentativ insofern *Otto Bachof*, Die Dogmatik des Verwaltungsrechts vor den Gegenwartsaufgaben der Verwaltung, VVDStRL, Bd. 30 (1972), S. 193 (223–230). Für eine Neuorientierung des Verwaltungsrechts am Maßstab der veränderten Verwaltungsaufgaben dagegen bereits *Forsthoff*, VerwR, S. 368 f., sowie *Badura*, VerwR, S. 20 ff.; *ders.*, Die Daseinsvorsorge als Verwaltungszweck der Leistungsverwaltung und der soziale Rechtsstaat, DÖV 1966, S. 624 (627). Aus neuerer Zeit vgl. ferner *Rainer Wahl*, Die Aufgabenabhängigkeit von Verwaltung und Verwaltungsrecht, in: Hoffmann-Riem/Schmidt-Aßmann/Schuppert (Hrsg.), Reform, S. 177 ff., und *Gunnar Folke Schuppert*, Die öffentliche Aufgabe als Schlüsselbegriff der Verwaltungswissenschaft, VerwArch, Bd. 71 (1980), S. 309 ff. → Bd. I *Baer* § 11, *Schulze-Fielitz* § 12.

[21] So *Krebs*, Methode (Fn. 12), S. 214, unter Hinweis auf *Otto Mayer*, Deutsches Verwaltungsrecht, Bd. I, 1. Aufl. 1895, S. 47 ff. Vgl. auch *Reimund Schmidt-De Caluwe*, Der Verwaltungsakt in der Lehre Otto Mayers, 1998, S. 145–159.

[22] Krit. zur „Reduzierung des Verwaltungsrechts zum Maßstab (nur) der Fehlerhaftigkeit und die der Verwaltungsrechtswissenschaft zur Fehlerlehre" *Wolfgang Hoffmann-Riem*, Verwaltungsreform –

primäre wissenschaftliche Aufmerksamkeit der **abschließenden staatlichen Entscheidung** und ihrer materiellen Rechtswirkung im Verhältnis zwischen Staat und Bürger sowie zwischen einzelnen staatlichen Organen; der interne Entscheidungsfindungsprozess und seine Bestimmungsfaktoren (Organisation, Personal, Sachmittel etc.) geraten aufgrund dieser **justizzentrierten Sichtweise** mit Ausnahme punktueller verfahrensrechtlicher Regelungen nur ganz am Rande in den Blick.[23]

5 – Um eine effektive Gesetzesbindung dauerhaft zu gewährleisten, muss die Fülle des Rechtsstoffes beherrschbar bleiben. Dazu dient die **systematische Vorgehensweise:**[24] Wiederkehrende Aussagen, Abläufe und Strukturen im positiven Recht und in der Rechtspraxis werden gesammelt, gesichtet und zu Figuren, Begriffen, allgemeinen Instituten und Grundsätzen ausgeformt,[25] nach denen sich der gesamte Rechtsstoff möglichst widerspruchsfrei und überzeugend im Sinne formaler Rationalität[26] ordnen lässt. Die grundlegenden Operationen folgen dabei häufig einem binären Schema, wie es auch der zentralen Unterscheidung zwischen rechtswidrig und rechtmäßig zugrunde liegt (z.B. Wirksamkeit/Nichtigkeit, Öffentliches Recht/Privatrecht, Außenrecht/Innenrecht, Staat/Gesellschaft).[27]

6 – Mit der systematischen Vorgehensweise eng verbunden ist die Ausbildung von **Rechtsdogmatik.** Darunter kann eine Klasse von Sätzen (Definitionen, Prinzipien etc.) verstanden werden, die auf das positive Recht und die Rechtsprechung bezogen, aber nicht mit ihrer Beschreibung identisch sind, im Rahmen einer institutionell betriebenen Rechtswissenschaft aufgestellt und diskutiert werden und normativen Gehalt besitzen.[28] Rechtsdogmatik ist da-

---

Ansätze am Beispiel des Umweltschutzes, in: Hoffmann-Riem/Schmidt-Aßmann/Schuppert (Hrsg.), Reform, S. 115 (125).

[23] So zutreffend *Schmidt-Aßmann*, Ordnungsidee, 4. Kap. Rn. 73–75. Zur Trennung von Herstellung und Darstellung verwaltungsrechtlicher Entscheidungen vgl. grundlegend *Niklas Luhmann*, Recht und Automation in der öffentlichen Verwaltung, 1966, S. 51 f., sowie diff. *Hans-Heinrich Trute*, Methodik der Herstellung und Darstellung verwaltungsrechtlicher Entscheidungen, in: Schmidt-Aßmann/Hoffmann-Riem (Hrsg.), Methoden, S. 293 ff.

[24] Zum Systemdenken im Verwaltungsrecht vgl. aus jüngerer Zeit *Schmidt-Aßmann*, Ordnungsidee, 1. Kap. Rn. 2–8, sowie *Thomas v. Danwitz*, Verwaltungsrechtliches System und Europäische Integration, 1996, S. 26–86, und *Bumke*, Relative Rechtswidrigkeit (Fn. 19), S. 23–36. Allgemein zum Systemdenken in der Rechtswissenschaft z.B. *Claus-Wilhelm Canaris*, Systemdenken und Systembegriff in der Jurisprudenz, 2. Aufl. 1983; *Alexander Somek*, Rechtssystem und Republik, 1992, sowie *Fritz Rittner*, Über die Notwendigkeit des rechtssystematischen Denkens, in: FS Knut Wolfgang Nörr, 2003, S. 805 ff. Zum Gegenmodell am Beispiel des amerikanischen Common Law vgl. *Oliver Lepsius*, Verwaltungsrecht unter dem Common Law, 1997.

[25] Zum „Denken und Argumentieren in Formen" als Besonderheit der Juristischen Methode *Loeser*, System I, § 1 Rn. 62, unter Bezugnahme auf *Karl Engisch*, Form und Stoff in der Jurisprudenz, FS Fritz v. Hippel, 1967, S. 63 ff.

[26] Zu den unterschiedlichen Formen der Rationalität im rechtswissenschaftlichen Kontext vgl. übersichtlich *Arno Scherzberg*, Rationalität – staatswissenschaftlich betrachtet, in: FS Hans-Uwe Erichsen, 2004, S. 177 ff., sowie *Ignace Snellen*, (Post-)Modernisierung von Staat und öffentlicher Verwaltung: Die Suche nach Rationalität in der Verwaltungswissenschaft, in: FS Klaus König, 2004, S. 467 ff.

[27] *Bumke*, Methodik (Fn. 12), S. 75 f., 105–107. Den analytischen Wert der Konstruktion „anspruchsvoller Gegenbegriffe" betont auch *Christoph Möllers*, Theorie, Praxis und Interdisziplinarität in der Verwaltungsrechtswissenschaft, VerwArch, Bd. 93 (2002), S. 37 f.

[28] *Robert Alexy*, Theorie der juristischen Argumentation, 3. Aufl. 1996, S. 314. Zu anderen Definitionen von Dogmatik → Bd. I *Möllers* § 3 Rn. 35 ff. Nach *Hans Albert*, Rechtswissenschaft als Realwis-

B. Überkommene Dominanz der Methode innerhalb der Verwaltungsrechtswissenschaft

her „Systemnutzung und Systembildung zugleich".[29] Im Kern handelt es sich um Konstruktionen normativer Erheblichkeit durch die Gemeinschaft der an der Rechtsproduktion Beteiligten.

Die **Vorzüge der Juristischen Methode** liegen auf der Hand: Die durch die rechtsaktbezogene Systembildung und Dogmatik ermöglichten Selektions- und Syntheseleistungen schaffen nicht nur Orientierungssicherheit innerhalb und außerhalb des Verwaltungsrechts (Stabilisierungs- bzw. Vermittlungsfunktion), entlasten die Rechtsanwendung im Einzelfall (Entlastungsfunktion) und ermöglichen ihre Kontrolle (Kontrollfunktion), sie verdeutlichen auch zu behebende Wertungskonflikte und Entwicklungsrückstände (Kritikfunktion) und erleichtern die widerspruchsfreie Rezeption neuer Rechtsentwicklungen (Rezeptionsfunktion).[30]

7

II. Forschungsfelder und -interessen

Vor dem soeben skizzierten methodischen Hintergrund galt das Interesse der Verwaltungsrechtswissenschaft nach dem Zweiten Weltkrieg in erster Linie[31] der rechtsstaatlichen Disziplinierung der Verwaltung unter der Ägide des Grundgesetzes.[32] Zentrale Anliegen waren insoweit die Durchsetzung des Gesetzesvorbehalts,[33] die Ausweitung subjektiver Rechte einschließlich der Stärkung individueller Rechtsschutzmöglichkeiten,[34] die Eingrenzung und Kontrolle administrativer Entscheidungsspielräume,[35] die Fortentwicklung der Handlungsformenlehre[36] sowie die Entfaltung des Verfahrensgedankens.[37] Außerdem be-

8

---

senschaft, 1997, ist die Rechtswissenschaft dagegen eine empirische Wissenschaft, die lediglich Aussagen über Normen trifft, die selbst keinen normativen Charakter besitzen, ebd., S. 73 f.

[29] *Schmidt-Aßmann*, Ordnungsidee, 1. Kap. Rn. 5. *Winkler*, Wissenschaft (Fn. 12), S. 13–20, unterscheidet das „konkret-dogmatische Denken" und das „abstrakt-dogmatische Denken".

[30] Zur Funktion der Systembildung im Verwaltungsrecht vgl. die N. in → Fn. 24. Zur Funktion der Verwaltungsrechtsdogmatik vgl. *Winfried Brohm*, Die Dogmatik des Verwaltungsrechts vor den Gegenwartsaufgaben in der Verwaltung, VVDStRL, Bd. 30 (1972), S. 245 (246–249); *ders.*, Kurzlebigkeit und Langzeitwirkung der Rechtsdogmatik, in: FS Hartmut Maurer, 2001, S. 1079 (1081 ff.); *Martin Schulte*, Schlichtes Verwaltungshandeln, 1995, S. 9–13. → Bd. I *Möllers* § 3 Rn. 35.

[31] Eine gewisse Ausnahmestellung kommt insofern der Planung zu, vgl. *Joseph H. Kaiser* (Hrsg.), Planung I–VI, 1965–1972; *Rainer Wahl*, Rechtsfragen der Landesplanung und Landesentwicklung, 2 Bde. 1978.

[32] Prägnante Analyse bei *Michael Stolleis*, Verwaltungsrechtswissenschaft in der Bundesrepublik Deutschland, in: Dieter Simon (Hrsg.), Rechtswissenschaft in der Bonner Republik, 1994, S. 227 ff.

[33] Grundlegend *Dieter Jesch*, Gesetz und Verwaltung, 1961; *Hans H. Rupp*, Grundfragen der heutigen Verwaltungsrechtslehre, 2. Aufl. 1991 (1965), S. 113 ff., und *Fritz Ossenbühl*, Verwaltungsvorschriften und Grundgesetz, 1968, S. 208 ff. Zum Gesetzesvorbehalt → Bd. I *Reimer* § 9 Rn. 23 ff.

[34] Vgl. *Dieter Lorenz*, Der Rechtsschutz des Bürgers und die Rechtsweggarantie, 1973.

[35] Vgl. neben den in Fn. 33 Genannten *Dieter Jesch*, Unbestimmter Rechtsbegriff und Ermessen in rechtstheoretischer und verfassungsrechtlicher Sicht, AöR, Bd. 82 (1957), S. 163 ff.; *Horst Ehmke*, „Ermessen" und „unbestimmter Rechtsbegriff" im Verwaltungsrecht, 1960; *Rupert Scholz* und *Eberhard Schmidt-Aßmann*, Verwaltungsverantwortung und Verwaltungsgerichtsbarkeit, VVDStRL, Bd. 34 (1976), S. 145 ff. Die Diskussion ist nachgezeichnet bei *Eckhard Pache*, Tatbestandliche Abwägung und Beurteilungsspielraum, 2001, S. 52 ff.

[36] Zur Bedeutung der Handlungsformenlehre als zentralem Forschungsgegenstand der Verwaltungsrechtswissenschaft → Bd. II *Hoffmann-Riem* § 33 Rn. 1 ff., *Bumke* § 35 Rn. 13 ff.

[37] An wichtigen Arbeiten seien hier nur genannt: *Karl A. Bettermann*, Das Verwaltungsverfahren, VVDStRL, Bd. 17 (1959), S. 118 ff.; *Ferdinand O. Kopp*, Verfassungsrecht und Verwaltungsverfahrensrecht, 1971; *Rainer Wahl*, Verwaltungsverfahren zwischen Rechtsschutzauftrag und Verwaltungseffi-

schäftigte man sich intensiver mit den öffentlich-rechtlichen Bindungen der Verwaltung bei der Erfüllung öffentlicher Aufgaben in Formen des Privatrechts[38] und dem Recht der staatlichen Ersatzleistungen.[39] Auf diese Themen konzentriert sich im Wesentlichen auch die herkömmliche Lehrbuchliteratur zum Allgemeinen Verwaltungsrecht.[40] Erkenntnisse aus anderen Wissenschaftsdisziplinen, die sich ebenfalls mit der Tätigkeit der Verwaltung befassen, finden hier – wie in den meisten bis 1990 erschienenen verwaltungsrechtlichen Monographien – wenn überhaupt, nur am Rande Beachtung. Man legt Wert auf Separation und disziplinäre Identität.

C. Ursachen und Antriebskräfte für die methodische Neuausrichtung

9   Spätestens[41] seit Ende der 1980er Jahre befindet sich das deutsche Verwaltungsrecht in einer tief greifenden Umbruchphase, die sich deutlich abhebt von jenen permanenten Anpassungsprozessen an die jeweiligen Verhältnisse, denen das Recht immer unterliegt.[42] Die Ursachen für diese viel beschriebene Entwicklung[43] haben zumindest in Teilen der Verwaltungsrechtswissen-

---

zienz, VVDStRL, Bd. 41 (1983), S. 151 ff.; *Peter Lerche/Walter Schmitt Glaeser/Eberhard Schmidt-Aßmann*, Verfahren als staats- und verwaltungsrechtliche Kategorie, 1984; *Hermann Hill*, Das fehlerhafte Verfahren und seine Folgen im Verwaltungsrecht, 1986; *Rainer Pitschas*, Verwaltungsverantwortung und Verwaltungsverfahren, 1990; *Hufen*, Fehler. → Bd. II *Schmidt-Aßmann* § 27 Rn. 9 ff.

[38] Vgl. nur *Wolfgang Rüfner*, Formen öffentlicher Verwaltung im Bereich der Wirtschaft, 1967; *Dirk Ehlers*, Verwaltung in Privatrechtsform, 1984.

[39] Vgl. *Günter Dürig*, Grundfragen des öffentlich-rechtlichen Entschädigungssystems, JZ 1955, S. 521 ff.; *Ulrich Scheuner*, Grundfragen der Staatshaftung für schädigende Eingriffe, GS für Walter Jellinek, 1955, S. 331 ff.; *Niklas Luhmann*, Öffentlich-rechtliche Entschädigung – rechtspolitisch betrachtet, 1965. Aus neuer Zeit vgl. *Bernd Grzeszick*, Rechte und Ansprüche, 2002, sowie *Winfried Erbguth* und *Wolfram Höfling*, Primär- und Sekundärrechtsschutz im öffentlichen Recht, VVDStRL Bd. 61 (2002), S. 221 ff. bzw. 260 ff. → Bd. III *Höfling* § 51.

[40] Ausnahmen: *Forsthoff*, VerwR; *Loeser*, System I und II, 1994. Nähere Analyse der verwaltungsrechtswissenschaftlichen Literatur seit 1949 bei *Andreas Voßkuhle*, Allgemeines Verwaltungs- und Verwaltungsprozessrecht, in: Dietmar Willoweit (Hrsg.), Rechtswissenschaft und Rechtsliteratur im 20. Jahrhundert, 2007, S. 935 ff.).

[41] Zur wichtigen Vorläufer-Debatte in den 1970er Jahren um die Einbeziehung der Sozialwissenschaften in das Öffentliche Recht vgl. insbes. die Beiträge in: *Wolfgang Hofmann-Riem* (Hrsg.), Sozialwissenschaften im Studium des Rechts, 1977, und *ders.* (Hrsg.), Sozialwissenschaften im Öffentlichen Recht, 1981, sowie die programmatischen Schriften von *Rüdiger Lautmann*, Soziologie vor den Toren der Jurisprudenz. Zur Kooperation der beiden Disziplinen, 1971; *Hubert Rottleuthner*, Rechtswissenschaft als Sozialwissenschaft, 1973. Vgl. auch *Dieter Grimm* (Hrsg.), Rechtswissenschaften und Nachbarwissenschaften, Bd. 1 und 2, 1973 (unveränderte 2. Aufl. 1976). Zum Fortwirken dieser Impulse *Wolfgang Hoffmann-Riem*, Modernisierung der Rechtswissenschaft als fortwährende Aufgabe, in: FS Hans P. Bull, S. 157 (165 ff.). Krit. *Oliver Lepsius*, Sozialwissenschaften im Verfassungsrecht – Amerika als Vorbild?, JZ 2005, S. 1 ff.

[42] Insofern wechseln Zeiten der grundsätzlichen Neuorientierung und des Umbruchs einander ab mit Zeiten der Konsolidierung, in denen das Neue vertieft, abgesichert und in Routinen überführt wird. Diesen Unterschied relativiert *Ehlers*, Verwaltung (Fn. 12), § 3 Rn. 93, wenn er der Reformbewegung entgegenhält: „Die Forderung, das allgemeine Verwaltungsrecht müsse reformiert und den Gegenwartsaufgaben der Verwaltung angepasst werden, ist so alt wie das Verwaltungsrecht selbst." Krit. zur Reformorientierung aber auch *Möllers*, Theorie (Fn. 27), S. 23–26.

[43] Vgl. nur die Analysen von *Hartmut Bauer*, Verwaltungsrechtslehre im Umbruch?, DV, Bd. 25 (1992), 301 ff.; *Wilhelm Henke*, Wandel der Dogmatik des öffentlichen Rechts, JZ 1992, S. 541 ff.; *Udo Di*

C. Ursachen und Antriebskräfte für die methodische Neuausrichtung

schaft[44] zu einer methodischen Neuausrichtung geführt. Warum für den eingeschlagenen Weg trotz mancher Kritik[45] gute Gründe sprechen, soll im Folgenden anhand einer kurzen Rekonstruktion der bisherigen Diskussion dargelegt werden.

I. Die Suche nach dem zukunftstauglichen Recht

1. Die „Krise" des Ordnungsrechts

Ausgangspunkt der programmatischen Frage nach dem „Neuen Verwaltungsrecht"[46] und den daran anknüpfenden Reformbestrebungen ist die vielerorts konstatierte **„Krise"** des „alten", des **„regulativen Rechts"**.[47] Darunter versteht man jene Gruppe von Normen, die mit Geboten, Verboten, Genehmigungsvorbehalten oder Strafandrohungen eine gezielte Wirkung bei den jeweiligen Adressaten auslösen wollen und die das klassische Ordnungsrecht kennzeichnen.

10

Fabio, Risikoentscheidungen im Rechtsstaat, 1994, S. 1, 445 ff.; *Werner Thieme*, Über die Notwendigkeit einer Reform des Allgemeinen Verwaltungsrechts, DÖV 1996, S. 757 ff.; *Wolfgang Hoffmann-Riem*, Tendenzen der Verwaltungsrechtsentwicklung, DÖV 1997, S. 433 ff.; *Maximilian Wallerath*, Verwaltungserneuerung, VerwArch, Bd. 88 (1997), S. 1 ff.; *Peter Badura*, Verwaltungsrecht im Umbruch, in: Zentaro Kitagawa u. a. (Hrsg.), Das Recht vor den Herausforderungen des neuen Jahrhunderts, 1998, S. 147 ff.; *Peter M. Huber*, Die entfesselte Verwaltung, StWStP 1998, S. 423 ff.; *Reiner Schmidt*, Die Reform von Verwaltung und Verwaltungsrecht, VerwArch, Bd. 91 (2000), S. 149 ff.; *Andreas Voßkuhle*, „Schlüsselbegriffe" der Verwaltungsrechtsreform, VerwArch, Bd. 92 (2001), S. 184 ff.; *Rainer Pitschas*, Neues Verwaltungsrecht im partnerschaftlichen Rechtsstaat?, DÖV 2004, S. 231 ff.; *Rainer Schröder*, Verwaltunsgrechtsdogmatik im Wandel, 2007; *Pauly*, Wissenschaft (Fn. 14), Rn. 24 ff. Zusammenfassend *Wolfgang Hoffmann-Riem*, Verwaltungsrecht in der Entwicklung, in: Terhechte (Hrsg.), VerwREU, § 3.

[44] Programmatisch die von *Wolfgang Hoffmann-Riem, Eberhard Schmidt-Aßmann* (und *Gunnar Folke Schuppert*) herausgegebenen „Schriften zur Reform des Verwaltungsrechts", die insgesamt zehn Bände umfassen (vgl. das allgemeine Literaturverzeichnis).

[45] Vgl. insbes. *Oliver Lepsius*, Steuerungsdiskussion, Systemtheorie und Parlamentarismuskritik, 1999; *Christoph Möllers*, Braucht das öffentliche Recht einen neuen Methoden- und Richtungsstreit?, VerwArch, Bd. 89 (1999), S. 187 (203–207); *ders.*, Theorie (Fn. 27), S. 22 ff; *Martin Schulte*, Wandel der Handlungsformen der Verwaltung und der Handlungsformenlehre in der Informationsgesellschaft, in: Hoffmann-Riem/Schmidt-Aßmann (Hrsg.), Informationsgesellschaft, S. 333 (343–346), und *Hans C. Röhl*, Verwaltungsverantwortung als dogmatischer Begriff?, DV, Beiheft 2, 1999, S. 33 ff. Vgl. ferner aus dem Blickwinkel einer „postrationalistischen Rechtsvorstellung" *Markus Pöcker*, Fehlende Kommunikation und die Folgen, DV, Bd. 37 (2004), S. 509 ff.; *ders.*, Stasis und Wandel der Rechtsdogmatik, 2007, S. 98 ff. Aus neuer Zeit vgl. z. B. *Frank Rottmann*, Bemerkungen zu den „neuen" Methoden der Neuen Verwaltungsrechtswissenschaft, in: FG Friedrich Müller, 2008, S. 207 ff.; *Bernd Grzeszick*, Anspruch, Leistungen und Grenzen steuerungswissenschaftlicher Ansätze für das geltende Recht, DV, Bd. 42 (2009), S. 105 ff.; *Hubert Treiber*, Verwaltungswissenschaft als Steuerungswissenschaft – eine Revolution auf dem Papier?, KJ 2007, S. 328 ff. und KJ 2008, S. 48 ff.; *Meyer*, Zweck (Fn. 17), S. 351 ff.; *Klaus F. Gärditz*, Hochschulorganisation und verwaltungsrechtliche Systembildung, 2009, S. 93 ff.

[46] *Thieme*, Reform (Fn. 43), S. 759.

[47] *Klaus Günther*, Der Wandel der Staatsaufgaben und die Krise des regulativen Rechts, in: Dieter Grimm (Hrsg.), Wachsende Staatsaufgaben – sinkende Steuerungsfähigkeit des Rechts, 1990, S. 51 ff.; *Rainer Wolf*, Zur Antiquiertheit des Rechts in der Risikogesellschaft, Leviathan 1987, S. 357 ff. Zum „Verwaltungsstaat in der Krise" vgl. auch *Pitschas*, Verwaltungsverantwortung (Fn. 37), S. 48–53. Krit. zur Popularität von Krisenszenarien *Udo Di Fabio*, Das Recht offener Staaten, 1998, S. 9; *Möllers*, Theorie (Fn. 27), S. 26–31; *Lepsius*, Steuerungsdiskussion (Fn. 45), S. 19: „Die vermeintliche Krise des Rechts als Regelungsinstrument ist keine Krise des Rechts, sondern eine Krise der gesellschaftlichen Erwartungen." Zum geschichtsphilosophischen Potential des Krisenkonzepts vgl. nur *Rainer Koselleck*, Kritik und Krise (1959), 1973, S. 105 ff.

§ 1 Neue Verwaltungsrechtswissenschaft

Das mittlerweile vertraute Krisenszenario wurde ausgelöst durch einige (wenige) viel beachtete empirische Implementationsstudien[48] aus den 1970er Jahren, deren Verdienst es ist, die Aufmerksamkeit von Politik und Wissenschaft vor allem auf zwei Phänomene gelenkt zu haben.[49] Zum einen zeigte sich, dass nicht unerhebliche Teile des geltenden Umweltrechts in der Praxis nicht umgesetzt wurden, mithin **„Vollzugsdefizite"** bestanden. Vielleicht noch wichtiger war die zweite Erkenntnis, dass die **Verwaltung** in vielfältiger Weise mit den betroffenen Wirtschaftsunternehmen und Bürgern **kooperierte,** um gemeinsam akzeptable Lösungen für auftretende (Rechts-)Probleme zu finden.[50] Offensichtlich duldeten die zuständigen Hoheitsträger nicht nur über längere Zeiträume rechtswidrige Zustände, sie entwickelten bei der Erfüllung ihrer Aufgaben auch ganz eigene Strategien und Praktiken, die den tradierten ordnungsrechtlich geprägten Verfahren und Handlungsformen zumindest auf den ersten Blick überlegen zu sein schienen. Aus diesem Grund fiel es der Verwaltungsrechtswissenschaft auch schwer, diese soziologischen Befunde unter Hinweis auf den Vorrang des Gesetzes einfach zu ignorieren, was aus dem Blickwinkel der Juristischen Methode durchaus konsequent gewesen wäre, zumal die organisationserhaltende Funktion des Informalen seit längerer Zeit bekannt war.[51] Stattdessen suchte man zumindest teilweise verstärkt Kontakt zu Sozial- und Politikwissenschaft-

---

[48] *Gerd Winter,* Das Vollzugsdefizit im Wasserrecht, 1975; *Renate Mayntz* u.a., Vollzugsprobleme der Umweltpolitik, 1978, und – darauf aufbauend – *Eberhard Bohne,* Der informale Rechtsstaat, 1981. Später folgten *Gerd v. Wedemeyer,* Kooperation statt Vollzug im Umweltrecht, 1995 (Diss. 1991); *Werner Rüther,* Die behördliche Praxis bei der Entdeckung und Definition von Umweltstrafsachen, 1991, sowie *Hermann Hill/Annette Weber,* Vollzugserfahrungen mit umweltrechtlichen Zulassungsverfahren in den neuen Ländern, 1996, mit einer Zusammenfassung der Ergebnisse der bisherigen Untersuchungen, ebd., S. 21 ff. Sehr viel besser steht es um den Vollzug des Immissionsschutzrechts durch die Verwaltung nach der Untersuchung von *Nicolai Dose,* Die verhandelnde Verwaltung, 1997, S. 62–69, 216–219, 411. Vollzugsdefizite im Gewässerschutzrecht konstatiert dagegen weiterhin *Immo Graf,* Vollzugsprobleme im Gewässerschutz, 2002, S. 124–196. → Bd. II *Fehling* § 38 Rn. 2.

[49] Frühe und einflussreiche verwaltungsrechtswissenschaftliche Rezeption durch *Wolfgang Hoffmann-Riem,* Selbstbindungen der Verwaltung, VVDStRL, Bd. 40 (1981), S. 187 (191 ff.).

[50] Diese Erkenntnis war zwar nicht eigentlich neu, von der Rechtswissenschaft aber bis zu diesem Zeitpunkt weitgehend ignoriert worden. Zentrale Impulse für die neuere Diskussion gingen aus von: *Ernst-Hasso Ritter,* Der kooperative Staat, AöR, Bd. 104 (1979), S. 389 ff. Weitsichtig bereits *Ernst Forsthoff* in der 1950 erschienenen ersten Auflage seines Lehrbuchs zum Verwaltungsrecht: „Die Beziehung des Einzelnen mit dem Staat aktualisiert sich nicht mehr in Einzelakten wie einer gelegentlichen Polizeiverfügung oder einer einmaligen Erlaubniserteilung. Sie ist ein Dauerzustand. Damit verschieben sich die Aspekte grundsätzlich. Für den Einzelnen kommt es nicht mehr entscheidend darauf an, im einzelnen Falle, in dem ihm Unrecht geschieht, sein Recht zu erstreiten, sondern diesen Dauerzustand so geräuschlos und vorteilhaft wie möglich zu gestalten. Je mächtiger er ist, umso mehr Möglichkeiten bieten sich dafür, Möglichkeiten, die nicht mehr durch Rechtsmittel, sondern im Verhandlungsweg wahrgenommen werden. Man arrangiert sich nach den Regeln des ‚do ut des'. Die Verwaltung hat an solchen Arrangements ebenfalls ein Interesse, da sie, je mehr sie in das Sozialleben eingreift, auf eine Kooperation mit den Sozialfaktoren angewiesen ist" (S. 62; 10. Aufl., S. 74). Vgl. ferner *Herbert Krüger,* Allgemeine Staatslehre, 2. Aufl. 1966, S. 612 ff. Zum „Kooperationsdiskurs" weiterführend *Anna-Bettina Kaiser,* Die Kommunikation der Verwaltung, 2009, § 9; *dies.,* Die „Entdeckung" der Kooperation von Staat und Gesellschaft in der Wissenschaft des Öffentlichen Rechts seit den 1960er Jahren, Rechtsgeschichte, Bd. 17 (2010), S. 125 ff.

[51] So auch *Möllers,* Theorie (Fn. 27), S. 35 f. Die Organisationssoziologie hat schon Anfang der 1960er Jahre auf die Bedeutung informaler Strukturen und Prozesse hingewiesen, vgl. nur *Niklas Luhmann,* Funktion und Folgen formaler Organisation, 4. Aufl. 1995 (1964), S. 304–314, der den Begriff der „brauchbaren Illegalität" prägte. Aus heutiger Sicht vgl. etwa *Hermann Hill,* Rechtsstaatliche Bestimmtheit oder situationsgerechte Flexibilität des Verwaltungshandelns, DÖV 1987, S. 885 (892).

lern, um mit ihnen gemeinsam die **informale Zusammenarbeit zwischen Verwaltung und Bürger** näher zu analysieren.⁵² Im Vordergrund stand dabei die Typologisierung und Klassifizierung der verschiedenen Ausprägungen (paralegaler) exekutiver Handlungsweisen.⁵³ Allerdings vermochte man innerhalb der Verwaltungsrechtswissenschaft aus der deskriptiv-typologischen Aufarbeitung der Verwaltungspraxis zunächst kaum produktiven (dogmatischen) Ertrag zu ziehen.⁵⁴ Vielmehr überwog dort weiterhin die am binären Rechtmäßig-/Rechtswidrigkeitsschema geschulte **pathologieorientierte Betrachtungsweise**.⁵⁵ Thematisiert wurden vor allem die rechtlichen Grenzen kooperativ ausgerichteter Hoheitstätigkeit, etwa die Grenzen informeller Arrangements⁵⁶ oder die Grenzen des Verwaltungsvertrags⁵⁷.

2. Neue Herausforderungen durch gesellschaftlichen und technischen Wandel

Mit der Forderung nach rechtsstaatlicher Disziplinierung informell-kooperativer Verwaltungshandlungen waren die diagnostizierten Wirkungsschwächen imperativ-hierarchischer Steuerung freilich noch keineswegs beseitigt. Nach und nach setzte sich daher die Erkenntnis durch, dass gerade eine der Praxis verpflichtete Verwaltungsrechtswissenschaft auch bereit sein muss, positive

---

⁵² Die Neuaufnahme (zu vorherigen Versuchen vgl. Fn. 41) des interdisziplinären Gesprächs mit den Politik- und Sozialwissenschaftlern ist dokumentiert in verschiedenen Tagungsbänden, vgl. z.B. *Wolfgang Hoffmann-Riem/Eberhard Schmidt-Aßmann* (Hrsg.), Konfliktbewältigung durch Verhandlungen, Bd. I und II, 1990; *Arthur Benz/Wolfgang Seidel* (Hrsg.), Zwischen Kooperation und Korruption. Abweichendes Verhalten in der Verwaltung, 1992; *Nicolai Dose/Rüdiger Voigt* (Hrsg.), Kooperatives Recht, 1995; *Rüdiger Voigt* (Hrsg.), Der Kooperative Staat. Krisenbewältigung durch Verhandlung?, 1995. → Bd. II *Fehling* § 38 Rn. 62 ff.

⁵³ Vgl. *Eberhard Bohne,* Informales Verwaltungs- und Regierungshandeln als Instrument des Umweltschutzes, VerwArch, Bd. 75 (1984), S. 343 ff.; *Carl-Eugen Eberle,* Arrangements im Verwaltungsverfahren, DV, Bd. 17 (1984), S. 439 ff.; *Jürgen Becker,* Informelles Verwaltungshandeln zur Steuerung wirtschaftlicher Prozesse im Zeichen der Deregulierung, DÖV 1985, S. 1003 ff.; *Fritz Ossenbühl,* Informelles Hoheitshandeln im Gesundheits- und Umweltschutz, UTR 1987, S. 27 ff.; *Hartmut Bauer,* Informelles Verwaltungshandeln im öffentlichen Wirtschaftsrecht, VerwArch, Bd. 78 (1987), S. 241 (246–250); *Martin Schulte,* Informales Verwaltungshandeln als Mittel staatlicher Umwelt- und Gesundheitspflege, DVBl 1988, S. 512 ff.; *Georg Hermes/Jochen Wieland,* Die staatliche Duldung rechtswidrigen Verhaltens, 1988; *Manfred Bulling,* Kooperatives Verwaltungshandeln (Vorverhandlungen, Arrangements, Agreements und Verträge) in der Verwaltungspraxis, DÖV 1989, S. 277 (279–282). Die Diskussion zusammenfassend *Horst Dreier,* Informales Verwaltungshandeln, StWStP 1993, S. 647 ff.

⁵⁴ Zum problematischen Verhältnis zwischen der Vollzugspraxis und der verwaltungsrechtlichen Dogmatik aus theoretischer Perspektive vgl. *Helge Rossen,* Vollzug und Verhandlung, 1999, insbes. S. 263–284.

⁵⁵ Krit. *Andreas Voßkuhle,* Das Kompensationsprinzip, 1999, S. 82 f.

⁵⁶ Vgl. z.B. *Gerlinde Dauber,* Möglichkeiten und Grenzen kooperativen Verwaltungshandelns, in: Kathrin Becker-Schwarze u.a. (Hrsg.), Wandel der Handlungsformen im öffentlichen Recht, 1991, S. 67 ff.; *Winfried Brohm,* Rechtsstaatliche Vorgaben für informelles Verwaltungshandeln, DVBl 1994, S. 133 ff.; *Schulte,* Verwaltungshandeln (Fn. 30), S. 82 ff.; *Stephan Tomerius,* Informelle Projektabsprachen im Umweltrecht, 1995, S. 39 ff.

⁵⁷ Hingewiesen sei hier nur auf die Arbeiten von *Winfried Spannowsky,* Grenzen des Verwaltungshandelns durch Verträge und Absprachen, 1994, und *Elke Gurlit,* Verwaltungsvertrag und Gesetz, 2000, S. 245 ff. Die Notwendigkeit einer „gesetzesdirigierten Vertragsgestaltung" betont dagegen zu Recht *Eberhard Schmidt-Aßmann,* Verwaltungsverträge im Städtebaurecht, in: FS Konrad Gelzer, 1991, S. 117 (122 ff.). Weiterführend ferner *Walter Krebs,* Verträge und Absprachen zwischen Verwaltung und Privaten, VVDStRL, Bd. 52 (1993), S. 248 (277 ff.), und *Hartmut Bauer,* Die negative und positive Funktion des Verwaltungsvertragsrechts, in: FS Franz Knöpfle, 1996, S. 11 (14 ff.). → Bd. II *Bauer* § 36.

Vorschläge für eine funktionsfähige und problemadäquate Ausgestaltung der Rechtsordnung zu formulieren, an denen sich Verwaltung und Gesetzgeber orientieren können. Dabei gilt es insbesondere dem durch die Implementationsforschung stärker ins Bewusstsein gerufenen komplexen **Zusammenhang zwischen Rechtsetzung, konkreter Entscheidung und Vollzug** ausreichend Rechnung zu tragen. Als zentrale Herausforderung entpuppt sich insoweit die Bewältigung der **Wissensproblematik:** Um ihre Aufgaben zu bewältigen und normative Handlungsanweisungen zu formulieren, benötigen Gesetzgeber und Verwaltung nicht nur entsprechende Personal- und Sachmittel, sondern auch ausreichende Informationen; erst die **ausreichende Verfügbarkeit von Wissen,** also solcher Informationen, die in verarbeiteter, d.h. organisierter und systematisierter Form vorliegen, schafft Handlungskapazität.[58] Mit dem Wandel des bürgerlichen Rechtsstaats zum intervenierenden Wohlfahrts- und Präventionsstaat[59] und der damit einhergehenden quantitativen Ausweitung und qualitativen Veränderung der Staatsaufgaben[60] ist der Bedarf an Information und Wissen drastisch gestiegen.[61] Gleichzeitig sind insbesondere in den Bereichen des Umwelt-, Telekommunikations- und Technikrechts die Grenzen des verfügbaren Wissens angesichts überbordender Komplexität und Dynamik, nichtlinearen Kausalverläufen, Diskontinuitäten und Irreversibilitäten, globalen Effekten sowie unabschätzbaren Risiken immer schneller erreicht.[62] Das aus

---

[58] Zum Wissen als individuelle/kollektive Handlungskapazität vgl. insbes. *Nico Stehr,* Arbeit, Eigentum und Wissen – Zur Theorie von Wissensgesellschaften, 1994, S. 218 ff. Zur Tätigkeit der Verwaltung als Informationsverarbeitung *Rainer Pitschas,* Allgemeines Verwaltungsrecht als Teil der öffentlichen Informationsordnung, in: Hoffmann-Riem/Schmidt-Aßmann/Schuppert (Hrsg.), Reform, S. 227 (279 ff.); *Klaus Grimmer,* Struktur und Innovation, 1997, S. 22–25; *Andreas Voßkuhle,* Der Wandel von Verwaltungsrecht und Verwaltungsprozessrecht in der Informationsgesellschaft, in: Hoffmann-Riem/Schmidt-Aßmann (Hrsg.), Informationsgesellschaft, S. 349 (352–355) m.w.N. Zur Gegenüberstellung von Daten, Information und Wissen z.B. *Helmut Willke,* Systemisches Wissensmanagement, 2. Aufl. 2001, S. 7 ff., und *Marion Albers,* Information als neue Dimension im Recht, Rechtstheorie, Bd. 33 (2002), S. 61 (70 ff.) m.w.N. Insgesamt zu diesem Problemkreis → Bd. II *Vesting* § 20.

[59] Kritisch gegenüber globalen „von-zu-Szenarien" *Rainer Wahl,* Aufgabenabhängigkeit (Fn. 20), S. 188–190; *Erk V. Heyen,* Zur rechtswissenschaftlichen Perspektive staatlicher Steuerung, in: Klaus König/Nicolai Dose (Hrsg.), Instrumente und Formen staatlichen Handelns, 1993, S. 201 (206).

[60] Statt vieler vgl. *Michael Stolleis,* Die Entwicklung des Interventionsstaates und das öffentliche Recht, ZNR 11 (1989), S. 129 ff.; *Dieter Grimm,* Der Wandel der Staatsaufgaben und die Krise des Rechtsstaats, in: ders. (Hrsg.), Steuerungsfähigkeit (Fn. 47), S. 291 ff., und *ders.,* Die Zukunft der Verfassung, in: ders., Die Zukunft der Verfassung, 1991, S. 159 ff. bzw. 397 ff.; *Thomas Vesting,* Erosion staatlicher Herrschaft, AöR, Bd. 117 (1992), S. 4 (33 ff.); *Helmuth Schulze-Fielitz,* Der Leviathan auf dem Weg zum nützlichen Haustier?, in: Rüdiger Voigt (Hrsg.), Abschied vom Staat – Rückkehr zum Staat?, 1993, S. 95 ff.; *Edgar Grande,* Auflösung, Modernisierung oder Transformation? Zum Wandel des modernen Staates in Europa, in: ders./Rainer Prätorius (Hrsg.), Modernisierung des Staates?, 1997, S. 45 ff.

[61] Aufschlussreich zum Wissensmanagement des Staates gerade auch in historischer Sicht die Beiträge in: *Peter Collin/Thomas Horstmann* (Hrsg.), Das Wissen des Staates, 2004. Vgl. ferner *Andreas Voßkuhle,* Expertise und Verwaltung, in: Trute/Groß/Röhl/Möllers (Hrsg.), Allgemeines Verwaltungsrecht, S. 637 ff., sowie die Beiträge in: *Gunnar Folke Schuppert/Andreas Voßkuhle* (Hrsg.), Governance von und durch Wissen, 2008; *Peter Collin/Indra Spiecker gen. Döhmann* (Hrsg.), Generierung und Transfer staatlichen Wissens, 2008, und *Hans C. Röhl* (Hrsg.), Wissen – Zur kognitiven Dimension des Rechts, 2010.

[62] Zur Ungewissheit als Herausforderung des (Verwaltungs-)Rechts vgl. *Arno Scherzberg,* Wissen, Nichtwissen und Ungewissheit im Recht, in: Christoph Engel/Jost Halfmann/Martin Schulte (Hrsg.), Wissen – Nichtwissen – Unsicheres Wissen, 2002, S. 113 ff.; *Ivo Appel,* Methodik des Umgangs mit Ungewissheit, in: Schmidt-Aßmann/Hoffmann-Riem (Hrsg.), Methoden, S. 327 ff. Zur Theorie

C. Ursachen und Antriebskräfte für die methodische Neuausrichtung

diesem Wissensdilemma resultierende **Bedürfnis** nach **flexiblen, situationsbezogenen** und im weitesten Sinne **lernfähigen Handlungsanweisungen,** die ihrerseits in der Lage sind, private Wissensressourcen zu nutzen, kann das traditionelle Ordnungsrecht nicht ausreichend befriedigen.[63] Auch die klassische bürokratisch-hierarchisch organisierte Verwaltung erscheint kaum in der Lage, einen ausreichenden Informationsfluss zu gewährleisten. Folglich war die Verwaltungsrechtswissenschaft aufgerufen, jedenfalls in bestimmten, durch besondere Dynamik geprägten Rechtsgebieten über **alternative Regelungsstrategien** und **Organisationsformen** nachzudenken.[64] Was lag näher, als das alte Gespräch mit den Nachbarwissenschaften wieder aufzunehmen? Man prüfte die Theorieangebote der Ökonomen, denen zufolge Spielräume für individuelle Kosten-Nutzen-Erwägungen und Anreizmechanismen des Marktes in die Rechtsordnung integriert werden müssen,[65] forschte (zusammen mit Soziologen) über Konfliktlösung durch Verhandlung[66] sowie die Herstellung von Akzeptanz[67] und begann, sich für Kommunikations- und Informationstheorie zu interessieren.[68] Allerdings ließen sich die auf diese Weise gewonnenen Erkenntnisse nicht ohne weiteres in traditionelle juristische Dogmatik überführen. Statt (ausschließlich) nach normativ richtig oder falsch[69] wurde jetzt (auch) nach der Zweckmäßigkeit einer Lösung, der Erklärungsmächtigkeit der für sie streitenden Argumente und ihrer Anschlussfähigkeit gefragt. Das führte zu einer **Ergänzung** und teilweisen **Ablösung** der **rechtsaktbezogenen Betrachtungsweise** der Juristischen Methode **durch** eine **problemorientierte Handlungsperspektive.** Mit ihr erweiterte sich das handwerkliche Instrumentarium. Neben genau definierte

---

und zum Begriff des Risikos vgl. die gegensätzlichen Referate von *Arno Scherzberg* und *Oliver Lepsius,* Risikosteuerung durch Verwaltungsrecht: Ermöglichung oder Begrenzung von Innovation, VVDStRL, Bd. 63 (2004), S. 215 (219–225) bzw. 263 (266–283) m.w.N. → Bd. II *Pitschas* § 42 Rn. 175 ff.

[63] Übersichtlicher Problemaufriss bei *Ernst-Hasso Ritter,* Von den Schwierigkeiten des Rechts mit der Ökologie, DÖV 1992, S. 641 ff., und *Erik Gawel,* Umweltallokation durch Ordnungsrecht, 1994, S. 27–40. Zum Thema „Die Bewältigung der wissenschaftlichen und technischen Entwicklungen durch das Verwaltungsrecht" vgl. ferner die Referate von *Jörn Ipsen, Dietrich Murswiek* und *Bernhard Schlink,* VVDStRL, Bd. 48 (1990), S. 177 ff., 207 ff., 235 ff.

[64] → Bd. I *Trute* § 6 Rn. 40 f.

[65] Die aus den USA stammende ökonomische Analyse des Rechts hat ihre Wurzeln in den 1960er Jahren. Die zunächst zögerliche Rezeption der dort erarbeiteten Vorschläge begann im Umweltrecht Anfang der 1980er Jahre, vgl. den Überblick über die Entwicklung bei *Sparwasser/Engel/Voßkuhle,* UmweltR, § 2 Rn. 113–169. → Bd. II *Sacksofsky* § 40 Rn. 1 ff., 29 ff.

[66] *Wolfgang Hoffmann-Riem,* Konfliktmittler in Verwaltungsverhandlungen, 1989; *Bernd Holznagel,* Konfliktlösung durch Verhandlungen, 1990; *Hoffmann-Riem/Schmidt-Aßmann* (Hrsg.), Konfliktbewältigung (Fn. 52). Aus jüngerer Zeit vgl. etwa *Joachim v. Bargen,* Mediation im Verwaltungsprozess, DVBl 2004, S. 468 ff.; *Rainer Pitschas,* Mediation als Methode und Instrument der Konfliktmittlung im öffentlichen Sektor, NVwZ 2004, S. 396 ff.; *Ulrike Rüssel,* Mediation in komplexen Verwaltungsverfahren, 2004. → Bd. II *Appel* § 32 Rn. 102 ff., *Fehling* § 38 Rn. 30 ff.

[67] Eingehend *Thomas Würtenberger,* Die Akzeptanz von Verwaltungsentscheidungen, 1996. Vgl. auch *Hermann Hill,* Akzeptanz des Rechts – Notwendigkeit eines besseren Politikmanagements, JZ 1988, S. 377 ff. → Bd. II *Pitschas* § 42 Rn. 201 ff.

[68] Grundlegende Vorarbeiten von *Pitschas,* Informationsordnung (Fn. 58), S. 227 ff. Vgl. ferner nur die Beiträge in: *Hoffmann-Riem/Schmidt-Aßmann* (Hrsg.), Informationsgesellschaft. → Bd. II *Vesting* § 20.

[69] Rechtsdogmatische Theorien erklären, „welche Entscheidungen unter den gegebenen Umständen richtig und damit Recht und gerecht sind und ermöglichen damit eine Unterscheidung zwischen richtigen und falschen Aussagen über das, was in der Welt Recht und gerecht ist", *Pawlowski,* Methodenlehre (Fn. 11), Rn. 782.

§ 1 Neue Verwaltungsrechtswissenschaft

Handlungsformen (z. B. Verwaltungsakt, Verwaltungsvertrag, Rechtsverordnung, Realakt), juristische Begriffe und fest umrissene Institute (z. B. Vorrang und Vorbehalt des Gesetzes, Ermessen, unbestimmter Rechtsbegriff, subjektiv öffentliches Recht) sowie dogmatisierte Rechtsprinzipien (z. B. Verhältnismäßigkeit, Vertrauensschutz) traten von nun an neue Aufmerksamkeitsfelder (z. B. Implementierbarkeit, Innovation), interdisziplinäre „Verbundbegriffe"[70] (z. B. Effizienz, Information, Kommunikation), neuartige Regulierungsstrategien (z. B. Ökonomisierung, Prozeduralisierung, Privatisierung) und Auswahlsituationen (z. B. instrumental choice, institutional choice, regulatory choice).[71]

3. Reform der Verwaltung und ihres Rechts als politische Daueraufgabe

12 Zusätzlichen Auftrieb erfährt die methodische Neuorientierung innerhalb der Verwaltungsrechtswissenschaft durch das innenpolitische Reformklima.[72] Zwar stellt die Reform der Verwaltung und ihres Rechts[73] in modernen Gesellschaften eine Daueraufgabe dar,[74] angesichts dramatisch leerer Haushaltskassen,[75] einer immer größeren staatlichen Aufgabenlast und (vermeintlichen) Standortnachteilen für die eigene Wirtschaft im globalisierten Wettbewerb ist der Reformdruck in der Bundesrepublik Deutschland seit den achtziger Jahren des 20. Jahrhunderts aber deutlich gestiegen.[76] Zahlreiche Arbeitsgruppen und Kommissionen wurden seitdem eingesetzt, um entsprechende Reformvorschläge zu erarbeiten,[77] von denen der Gesetzgeber bisher eine ganze Reihe verwirklicht hat,

---

[70] *Hans-Heinrich Trute,* Verantwortungsteilung als Schlüsselbegriff eines sich ändernden Verhältnisses von öffentlichem und privatem Sektor, in: Gunnar Folke Schuppert (Hrsg.), Jenseits von Privatisierung und „schlankem" Staat, 1999, S. 13 (14).
[71] → Bd. I *Schuppert* § 16 Rn. 174 ff.
[72] Zu früheren Reformwellen vgl. etwa *Wolfgang Seibel,* Verwaltungsreformen, in: Klaus König/Helmut Siedentopf (Hrsg.), Öffentliche Verwaltung in Deutschland, 2. Aufl. 1997, S. 87 ff., und *Hannes Wimmer,* Die Modernisierung politischer Systeme, 2000, S. 357–414.
[73] Zur Verwaltungsmodernisierung als „Motor der Reform des Verwaltungsrechts" in anderen Mitgliedstaaten der europäischen Union vgl. *Matthias Ruffert,* Die Methodik der Verwaltungsrechtswissenschaft in anderen Ländern der Europäischen Union, in: Schmidt-Aßmann/Hoffmann-Riem (Hrsg.), Methoden, S. 165 (183–194 m. w. N.).
[74] Mit *Klaus König,* Verwaltungsstaat im Übergang, 1999, S. 143, lässt sich „Modernisierung" in dreifacher historischer Beziehung verstehen: „erstens als der säkulare Prozeß, in dem sich die moderne Gesellschaft, die moderne Wirtschaft, der moderne Staat und mit ihm seine bürokratische Verwaltung als Säule dieser Moderne gebildet haben; zweitens als ‚nachholende Modernisierung', also die mannigfachen Aufholungsprozesse in weniger entwickelten Gesellschaften einschließlich einschlägiger Züge der Entwicklung der Verwaltung und der Verwaltung der Entwicklung sowie der Transformation von realsozialistischem Staat und Kaderverwaltung; schließlich drittens als die Intentionalität der modernen sozialen Funktionssysteme selbst, durch Reformen und Innovationen die Modernität in Gang zu halten und neue Herausforderungen zu bewältigen. Die öffentliche Verwaltung hat also in ihrer Modernität nicht das Ende der Geschichte erreicht." Zur Geschichte des Modernisierungskonzepts vgl. ferner *Thomas Mergel,* Geht es weiterhin voran? Die Modernisierungstheorie auf dem Weg zu einer Theorie der Moderne, in: ders./Thomas Welskopp (Hrsg.), Geschichte zwischen Kultur und Gesellschaft, 1997, S. 203 ff.
[75] Zum Steuerungsfaktor Geld → Bd. III *Korioth* § 44.
[76] Zur bereits geführten Modernisierungsdebatte vgl. an dieser Stelle z. B. *Klaus König/Joachim Beck* (Hrsg.), Modernisierung von Staat und Verwaltung, 1997; *Grande/Prätorius* (Hrsg.), Modernisierung (Fn. 60); *Frieder Naschold/Jörg Bogumil,* Modernisierung des Staates, 2. Aufl. 2000.
[77] Beispielhaft seien hier genannt: Unabhängige Kommission für Rechts- und Verwaltungsvereinfachung (BMI [Hrsg.], Unabhängige Kommission für Rechts- und Verwaltungsvereinfachung des Bundes, 1983–1987. Eine Zwischenbilanz, 1987); die Deregulierungskommission (vgl. *Deregulierungskommission,*

C. Ursachen und Antriebskräfte für die methodische Neuausrichtung

wenngleich er auch aufs Ganze gesehen hinter den geweckten Erwartungen zurückgeblieben ist.[78] Hervorzuheben sind hier etwa: verschiedenste Maßnahmen der Aufgaben-, Organisations- und Verfahrensprivatisierung,[79] die Verwaltungsreform, insbes. die Implementation des sog. Neuen Steuerungsmodells[80], die Beschleunigungsgesetzgebung für das Verwaltungsverfahrens- und das Verwaltungsprozessrecht[81] und die Dienstrechtsreform[82]. Die Verwaltungsrechtswissenschaft war in den Reformprozess von Anfang an in vielfältiger Weise involviert. Man wirkte mit in Sachverständigengremien[83], erstattete Gutachten[84], entwickelte in wissenschaftlichen Publikationen eigene Reformvorstellungen[85]

Marktöffnung und Wettbewerb, 1991); die Kommission für Rechts- und Verwaltungsvereinfachung; der „Sachverständigenrat Schlanker Staat" (vgl. *Sachverständigenrat „Schlanker Staat"* [Hrsg.], Abschlußbericht, 2. Aufl. 1998); die 1999 beim Bundesministerium des Inneren eingerichtete Stabstelle „Moderner Staat – Moderne Verwaltung" (vgl. *BMI* [Hrsg.], Moderner Staat – Moderne Verwaltung, 2000); die Länderarbeitsgruppe „Beschleunigung von Planungs- und Genehmigungsverfahren"; die Ludewig-Arbeitsgruppe (vgl. *BMW* [Hrsg.], Empfehlungen der Arbeitsgruppe aus Vertretern der Koalitionsfraktionen und der Bundesressorts zur Umsetzung der Vorschläge der Expertenkommission zur Vereinfachung und Beschleunigung von Planungs- und Genehmigungsverfahren, Juni 1995 [*unveröffentlicht*]).

[78] Kritische Gesamteinschätzung etwa bei *Schmidt*, Reform (Fn. 43), S. 164–167, und *Herrmann Hill*, Bürokratieabbau und Verwaltungsmodernisierung, DÖV 2004, S. 721.

[79] → Rn. 58 ff.

[80] → Rn. 53 ff.

[81] Wichtige Etappen stellen hier das Verkehrswegeplanungsgesetz vom 16. 12. 1991 (BGBl I, S. 2174), das Investitionserleichterungs- und Wohnbaulandgesetz vom 22. 4. 1993 (BGBl I, S. 466), das Planungsvereinfachungsgesetz vom 17. 12. 1993 (BGBl I, S. 2123), das Gesetz zur Änderung verwaltungsverfahrensrechtlicher Vorschriften vom 2. 5. 1996 (BGBl I, S. 656), das Gesetz zur Beschleunigung von Genehmigungsverfahren (GenBeschlG) vom 12. 9. 1996 (BGBl I, S. 1354), das Gesetz zur Beschleunigung und Vereinfachung immissionsschutzrechtlicher Genehmigungsverfahren vom 15. 10. 1996 (BGBl I, S. 1498), das 6. VwGO-Änderungsgesetz vom 1. 11. 1996 (BGBl I, S. 1626) und das Zweite Gesetz zur Änderung verwaltungsverfahrensrechtlicher Vorschriften vom 6. 8. 1998 (BGBl I, S. 2022) dar. Zum „Beschleunigungsdiskurs" *Kaiser*, Kommunikation (Fn. 50), § 8.

[82] Ziel des Dienstrechtsreformgesetzes des Bundes vom 24. 2. 1997 (BGBl I, S. 322), das am 1. 7. 1997 in Kraft trat, war die Erhöhung der Flexibilität bei der Vergabe von Führungspositionen mit der Einführung von Leistungsfunktionen im Beamtenverhältnis auf Probe oder auf Zeit, die Ausweitung der Teilzeitbeschäftigungsmöglichkeiten sowie die Stärkung des Leistungsprinzips durch die Einführung von Leistungsstufen, Leistungsprämien und Leistungszulagen. Zu weiteren Reformansätzen → Bd. III *Voßkuhle* § 43 Rn. 94 ff.

[83] Hervorzuheben ist hier z. B. die Unabhängige Expertenkommission zur Vereinfachung und Beschleunigung von Planungs- und Genehmigungsverfahren (vgl. *Bundesministerium für Wirtschaft* [Hrsg.], Bericht der Unabhängigen Expertenkommission zur Vereinfachung und Beschleunigung von Planungs- und Genehmigungsverfahren, Investitionsförderung durch flexible Genehmigungsverfahren, 1994, und dazu etwa *Paul Rombach*, Der Faktor Zeit in umweltrechtlichen Genehmigungsverfahren, 1994, S. 147 ff. und 162 ff.), die Kommission zur Novellierung des Baugesetzbuches (vgl. *Bundesministerium für Raumordnung, Bauwesen und Städtebau* [Hrsg.], Bericht der Expertenkommission zur Novellierung des BauGB v. 28. 10. 1995, 1996, und dazu *Klaus Peter Dolde*, Novellierung des Baugesetzbuches – Bericht der Expertenkommission, NVwZ 1996, S. 209 ff.), sowie die Beauftragung verschiedener Kommissionen mit der Erarbeitung eines Entwurfes zu einem Umweltgesetzbuch (vgl. *Michael Kloepfer* u. a., Umweltgesetzbuch – Allgemeiner Teil, 2. Aufl. 1991; *Hans Dieter Jarass* u. a., Umweltgesetzbuch – Besonderer Teil, 1994; *Bundesministerium für Umwelt, Naturschutz und Reaktorsicherheit* [Hrsg.], Umweltgesetzbuch [UGB-KomE] – Entwurf der unabhängigen Sachverständigenkommission zum Umweltgesetzbuch, 1998).

[84] Vgl. etwa *Gunnar Folke Schuppert*, Grundzüge eines zu entwickelnden Verwaltungskooperationsrechts, Gutachten im Auftrag des BMI, Juni 2001; *Jan Ziekow*, Verankerung verwaltungsrechtlicher Kooperationsverhältnisse (Public Private Partnership) im Verwaltungsverfahrensgesetz, Wiss. Gutachten im Auftrag des BMI, Juni 2001.

[85] Vgl. die N. in → Fn. 44.

und setzte sich dort kritisch mit den Entwürfen der Politik auseinander. Diese fortwährende Beteiligung am rechtspolitischen Diskurs ist an sich nichts Ungewöhnliches, zumal Rechtsfortbildung und Rechtspolitik immer schon zu den anerkannten Aufgaben der Rechtswissenschaft gehörten.[86] Aufgrund der Erschütterung des Vertrauens in die Leistungsfähigkeit des traditionellen Ordnungsrechts und der allgemeinen innenpolitischen Aufbruchstimmung erscheint die Bereitschaft innerhalb der Verwaltungsrechtswissenschaft, sich über das Aufzeigen verfassungsrechtlicher Grenzen hinaus auf konzeptionelle Reformüberlegungen einzulassen, aber ungleich größer als in der Vergangenheit, oder anders formuliert: „In dem Ausmaß, in dem die Politik das Recht systematisch zu Zwecken politischer Steuerung benutzt, muss sich auch der interne Argumentationsmodus des Rechts umstellen. Das politisch gesetzte und zu Steuerungszwecken eingesetzte Recht des modernen Wohlfahrtsstaates kann nicht mehr zur Konfliktlösung vergangenheitsorientiert argumentieren. Es erfordert neuartige Normstrukturen und Argumentationsmethoden. Es muss seine Argumente auf Zukunftsorientierung umstellen."[87]

II. Europäisierung und Internationalisierung des Verwaltungsrechts

13   Völlig neue Wandlungs- und Modernisierungsimpulse empfängt die Verwaltungsrechtswissenschaft durch die weitreichende Europäisierung und Internationalisierung des deutschen Verfassungs-[88] und Verwaltungsrechts.[89] Ausge-

---

[86] Zur Rechtspolitik als einer Dimension der Rechtswissenschaft überzeugend *Ralf Dreier*, Zum Selbstverständnis der Jurisprudenz als Wissenschaft, in: ders, Recht, Moral, Ideologie (Fn. 4), S. 48 (56). Vgl. ferner aus neuerer Zeit *Ernst v. Hippel*, Rechtspolitik. Ziele – Akteure – Schwerpunkte, 1992, S. 183–197; *Peter Koller* (Hrsg.), Theoretische Grundlagen der Rechtspolitik, 1992; *Michael Holoubek* (Hrsg.), Rechtspolitik der Zukunft – Zukunft der Rechtspolitik, 1999; *Christoph Engel*, Rationale Rechtspolitik und ihre Grenzen, 2005. Speziell zur Verwaltungsrechtspolitik vgl. *Wolff/Bachof/Stober/Kluth*, VerwR I, § 13 Rn. 23.

[87] *Gunther Teubner*, Folgenorientierung, in: ders. (Hrsg.), Entscheidungsfolgen als Rechtsgründe, 1995, S. 9 (12). „Insofern ist die Dogmatik auch ‚Zukunftswissenschaft'", *Brohm*, Dogmatik (Fn. 30), S. 251.

[88] Vgl. *Peter M. Huber*, Europäisches und nationales Verfassungsrecht, VVDStRL, Bd. 60 (2001), S. 194 (222 ff.); *Udo Di Fabio*, Der Verfassungsstaat in der Weltgesellschaft, 2001; *Christian Tietje*, Die Staatsrechtslehre und die Veränderungen ihres Gegenstandes: Konsequenzen von Europäisierung und Internationalisierung, DVBl 2003, S. 1081 ff.; *Brun-Otto Bryde*, Konstitutionalisierung des Völkerrechts und Internationalisierung des Verfassungsrechts, Der Staat, Bd. 42 (2003), S. 61 ff.; *Thomas Giegerich*, Europäische Verfassung und deutsche Verfassung im transnationalen Konstitutionalisierungsprozess; wechselseitige Rezeption, konstitutionelle Evolution und föderale Verflechtung, 2003; *Matthias Ruffert*, Die Globalisierung als Herausforderung an das Öffentliche Recht, 2004; *Rainer Wahl*, Europäisierung und Internationalisierung, in: Schuppert/Pernice/Haltern (Hrsg.), Europawissenschaft, S. 147 ff.; *Matthias Herdegen*, Internationalisierung der Verfassungsordnung, in: Otto Depenheuer/Christoph Grabenwarter (Hrsg.), Verfassungstheorie, 2010, S. 271 ff.

[89] Vgl. dazu nur die Staatsrechtslehrerreferate von *Martin Zuleeg* und *Hans-Werner Rengeling*, Deutsches und europäisches Verwaltungsrecht – wechselseitige Einwirkungen, VVDStRL, Bd. 53 (1994), S. 154 ff. bzw. S. 202 ff., sowie die vier „im Nachgang" erschienenen Habilitationsschriften von *v. Danwitz*, Verwaltungsrechtliches System (Fn. 24); *Michael Brenner*, Der Gestaltungsauftrag der Verwaltung in der Europäischen Union, 1996; *Armin Hatje*, Die gemeinschaftsrechtliche Steuerung der Wirtschaftsverwaltung, 1998, und *Stefan Kadelbach*, Allgemeines Verwaltungsrecht unter europäischem Einfluss, 1999. Aus neuerer Zeit vgl. *v. Danwitz*, Europäisches VerwR; *Peter Axer* u.a. (Hrsg.), Das Europäische Verwaltungsrecht in der Konsolidierungsphase, 2010; sowie die breit angelegte Bestandsaufnahme in: IPE III und IV. Zur Internationalisierung vgl. z.B. *Christian Tietje*, Internationali-

C. Ursachen und Antriebskräfte für die methodische Neuausrichtung

hend von länderübergreifenden Problemstellungen wie Gewährleistung des freien Handels, Umweltschutz oder Regulierung des Internet haben das Europarecht und das moderne Völkerrecht nicht nur erheblichen (rechtlichen) Reformbedarf ausgelöst, sondern eine **„zweite Phase des Öffentlichen Rechts"** in Deutschland eingeläutet.[90] Kennzeichen dieses Wandlungs- und Anpassungsprozesses sind nicht nur Neuinterpretationen und Inhaltsänderungen gemeinschafts- oder völkerrechtlich determinierter Regelungen. Die einzelnen Staaten, und mit ihnen die Bundesrepublik, sind vielmehr gezwungen, völlig neue Instrumente, Regelungstypen und Konzepte mit weitreichenden Folgewirkungen in die eigene Rechtsordnung zu integrieren.[91] Man denke etwa nur an die Umweltinformations-Richtlinie[92], die Managementkonzepte des Umweltaudit, die Zertifizierungs- und Akkreditierungsmodelle im Produktsicherheitsrecht[93] oder die Einführung von Umweltzertifikaten[94]. Gleichzeitig steigt der Druck, im internationalen Wettbewerb der Rechtssysteme[95] selbst Vorschläge zu formulieren und in den Rechtsetzungsprozess auf europäischer und internationaler Ebene bereits im Vorfeld einzuspeisen.[96]

---

siertes Verwaltungshandeln, 2001; *Möllers/Voßkuhle/Walter* (Hrsg.), Internationales VerwR; *Claus D. Classen* und *Giovanni Biaggini*, Die Entwicklung eines Internationalen Verwaltungsrechts als Aufgabe der Rechtswissenschaft, VVDStRL, Bd. 67 (2007), S. 365 ff. bzw. 413 ff., sowie *Jörg Menzel*, Internationales Öffentliches Recht, 2011. → Bd. I *Schmidt-Aßmann* § 5 Rn. 30 ff.

[90] So *Rainer Wahl*, Zwei Phasen des Öffentlichen Rechts nach 1949, in: ders., Verfassungsstaat, Europäisierung, Internationalisierung, 2003, S. 411 (422 ff.). Zur Notwendigkeit der Erweiterung des Begriffsverständnisses der Europäisierung vgl. *ders.*, Europäisierung: Die miteinander verbundenen Entwicklungen von Rechtsordnungen als ganzen, in: Trute/Groß/Röhl/Möllers (Hrsg.), Allgemeines Verwaltungsrecht, S. 869 ff.

[91] Näher zum Verhältnis des inter-, trans- und supranationalen Rechts zum nationalen Recht und den verschiedenen Stufungen und Vernetzungen der Rechtsordnungen als Innovationsfaktor → Bd. I *Ruffert* § 17 Rn. 171 ff.

[92] Richtlinie des Rates 90/313/EWG vom 7. 6. 1990 über den freien Zugang zu Informationen über die Umwelt, ABl. EG 1990, Nr. L 158, S. 56. Fortentwickelt durch die Richtlinie des Europäischen Parlaments und des Rates 2003/4/EG vom 28. 1. 2003 über den Zugang der Öffentlichkeit zu Umweltinformationen und zur Aufhebung der Richtlinie 90/313/EWG des Rates, ABl. EU 2003, Nr. L 41, S. 26.

[93] *Kurt-Christian Scheel*, Privater Sachverstand um Verwaltungsvollzug des Europäischen Rechts, 1999, S. 33 ff.; *Hans C. Röhl*, Akkreditierung und Zertifizierung im Produktsicherheitsrecht, 2000; *Andreas Voßkuhle*, Strukturen und Bauformen neuer Verwaltungsverfahren, in: Hoffmann-Riem/Schmidt-Aßmann (Hrsg.), Verwaltungsverfahren, S. 277 (310 ff.), jeweils m. w. N.

[94] Vgl. Richtlinie 2003/87/EG des Europäischen Parlaments und des Rates vom 13. 10. 2003 über ein System für den Handel mit Treibhausgasemissionszertifikaten in der Gemeinschaft und zur Änderung der Richtlinie 96/61/EG des Rates, ABl. EU 2003, Nr. L 275, S. 32; zuletzt geändert durch die Richtlinie 2009/29/EG vom 23. 4. 2009, ABl. EU 2009, Nr. L 140, S. 63.

[95] Vgl. statt vieler *Anne Peters* u. *Thomas Giegerich*, Wettbewerb von Rechtsordnungen, VVDStRL, Bd. 69 (2010), S 7 ff. bzw. S. 57 ff. Zur Idee des Wettbewerbs im europäischen Kontext vgl. die Beiträge in: Hermann-Josef Blanke/Arno Scherzberg/Gerhard Wegner (Hrsg.), Dimensionen des Wettbewerbs, 2010. Krit. z. B. *Meinrad Dreher*, Wettbewerb oder Vereinheitlichung der Rechtsordnungen in Europa?, JZ 1999, S. 105 (109).

[96] Zur noch – weit entfernten – Perspektive eines Weltrechts, vgl. etwa *Gunter Teubner*, Globale Bukowina, Rechtshistorisches Journal, Bd. 15 (1996), S. 255 ff.; *ders.*, Globale Zivilverfassungen: Alternativen zur staatszentrierten Verfassungstheorie, ZaöRV, Bd. 63 (2003), S. 1 ff.; *Klaus F. Röhl/Stefan Magen*, Die Rolle des Rechts im Prozess der Globalisierung, ZfRSoz, Bd. 17 (1996), S. 1 ff.; *P. Mastronardi*, Recht und Kultur: Kulturelle Bedingtheit und universaler Anspruch des juristischen Denkens, ZaöRV, Bd. 61 (2001), S. 61 ff.; *Christian Brütsch*, Verrechtlichung der Weltpolitik oder Politisierung des Rechts?, ZfRSoz, Bd. 23 (2002), S. 165 ff.; *Ruffert*, Globalisierung (Fn. 88), S. 53 f., sowie die Beiträge in: *Rüdiger Voigt* (Hrsg.), Globalisierung des Rechts, 1999/2000, und *Michael Anderheiden/Stefan Huster/*

14   Diese neuen Herausforderungen haben auch **Konsequenzen für** die Tätigkeitsfelder, das Selbstverständnis und die **Arbeitsweise des (Verwaltungs-)Rechtswissenschaftlers.**[97] Allein mit den herkömmlichen Methoden einer auf die systematische Auslegung von Norm-Texten und Sachverhalten spezialisierten Verstehenswissenschaft,[98] die am Tätigkeitsbild des Richters orientiert ist, lassen sich die Anforderungen und Zumutungen der Europäisierung und Internationalisierung sowie der daraus resultierende Reformbedarf kaum bewältigen. Die Überlagerung und Verschleifung mehrerer, meistens wenig aufeinander abgestimmter Normebenen sowie der offene Finalitätscharakter vieler gemeinschafts- und internationalrechtlicher Vorgaben führt trotz Anschwellens der Regelungsmasse und partiellen Verrechtlichungstendenzen zu einer Ausdünnung des erkenntnisleitenden dogmatischen Geflechts. Bevor Rechtsregeln, Figuren, Institute und Lehrsätze neu ausgeformt werden können, stellt sich in der Regel zunächst die vorgelagerte Frage, welche rechtlichen und organisatorischen Rahmenbedingungen überhaupt erfüllt sein müssen, damit hinreichend legitimierte Politikvorstellungen verwirklicht und bei möglichst sparsamem Ressourceneinsatz sachrichtige, gemeinwohlfördernde Entscheidungen produziert werden können, die auch realistische Vollzugschancen besitzen. Ohne geschichts- und theoriegeleitetes Denken,[99] ohne ausreichende Kenntnis der einzelnen Realbereiche und ohne einen problemorientierten grenzüberschreitenden Austausch von rechtlichen Argumenten, Lösungsansätzen und Erfahrungen[100] wird man diese Frage kaum beantworten können. Die gegenwärtige Aufgabe des (Verwaltungs-)Rechtswissenschaftlers besteht daher immer häufiger darin, innerhalb eines veränderbaren und sich stetig verändernden rechtlichen Rahmens mögliche

---

Stephan Kirste (Hrsg.), Globalisierung als Problem von Gerechtigkeit und Steuerungsfähigkeit des Rechts, 2001.

[97] Vgl. nur *Eberhard Schmidt-Aßmann,* Zur Situation der rechtswissenschaftlichen Forschung, JZ 1995, S. 2 (9f.); *Armin v. Bogdandy,* Beobachtungen zur Wissenschaft vom Europarecht, Der Staat, Bd. 40 (2001), S. 3–9, 40–43 m.w.N.; *Peter Häberle,* Der europäische Jurist, JöR, Bd. 50 n.F. (2002), S. 123ff.; *Matthias Ruffert,* Die Europäisierung der Verwaltungsrechtslehre, DV, Bd. 36 (2003), S. 293ff.; *Haltern,* EuropaR, S. 13ff.; *ders.,* Rechtswissenschaft als Europawissenschaft, in: Schuppert/Pernice/Haltern (Hrsg.), Europawissenschaft, S. 37ff.; *Andreas Voßkuhle,* Das Leitbild des „europäischen Juristen", Rechtswissenschaft 2010, S. 326ff. Aus dem Blickwinkel der Rechtstheorie vgl. auch *Christoph Möllers,* Globalisierte Jurisprudenz, in: Anderheiden/Huster/Kirste (Hrsg.), Globalisierung (Fn. 96), S. 41ff., demzufolge die durch die Globalisierung bewirkte Entstaatlichung und damit auch Entformalisierung des Rechts zu einem Bedeutungsgewinn der wissenschaftlichen Jurisprudenz führen könnte (ebd. S. 59f.).

[98] Zur Jurisprudenz als „verstehende" Wissenschaft vgl. statt vieler *Karl Larenz/Claus-Wilhelm Canaris,* Methodenlehre der Rechtswissenschaft, 3. Aufl. 1995, S. 25–35. Zu den Problemen und Entwicklungen der Hermeneutik *Ladeur,* Methodendiskussion (Fn. 15), S. 62ff. m.w.N.

[99] Diesen Aspekt betont z.B. *Di Fabio,* Recht (Fn. 47), S. 10–15, der sich deshalb der Systemtheorie bedient. Vgl. auch *Heiko Faber,* Vorbemerkungen zu einer Theorie des Verwaltungsrechts in der nachindustriellen Gesellschaft, in: FS Helmut Ridder, 1989, S. 291, sowie eindrücklich *Arno Scherzberg,* Das Allgemeine Verwaltungsrecht zwischen Praxis und Reflexion, in: Trute/Groß/Röhl/Möllers (Hrsg.), Allgemeines Verwaltungsrecht, S. 837ff. Krit. etwa *Rolf Stober,* Methodische Anforderungen an ein modernes Verwaltungsrecht, in: FS Richard Bartlsperger, 2006, S. 566 (600), der die Theoriefähigkeit des Allgemeinen Verwaltungsrechts bestreitet.

[100] Weiterführend zu den Aufgaben der Wissenschaft im Rahmen der Transnationalisierung des Rechts *Klaus Günther/Shalini Randeria,* Recht, Kultur und Gesellschaft im Prozess der Globalisierung, 2001, S. 82ff. m.w.N. Vgl. ferner *Gunnar Folke Schuppert,* „Theorizing Europe" oder Von der Überfälligkeit einer disziplinübergreifenden Europawissenschaft, in: ders./Pernice/Haltern (Hrsg.), Europawissenschaft, S. 3ff.

C. Ursachen und Antriebskräfte für die methodische Neuausrichtung

Handlungsalternativen aufzuzeigen, ihre Folgen abzuschätzen, Interessengegensätze offen zu legen und rational begründete, praktische Entscheidungsvorschläge zu erarbeiten, die je nach Brauchbarkeit dann ihrerseits wieder an den dogmatischen Diskurs rückgebunden werden können. Sicherlich ist diese Aufgabe nicht völlig neu, besaßen doch Rechtsfortbildung und Rechtspolitik[101] ebenso wie die Rechtsvergleichung[102] immer schon einen wichtigen Stellenwert innerhalb der Verwaltungsrechtswissenschaft.[103] Alle drei Bereiche haben aber unter dem Einfluss der Europäisierung und Internationalisierung offensichtlich eine neue quantitative und qualitative Dimension erreicht.[104]

III. Schwerpunktverlagerungen: Von der anwendungsbezogenen Interpretationswissenschaft zur rechtsetzungsorientierten Handlungs- und Entscheidungswissenschaft

Führt man die dargelegten Entwicklungslinien zusammen, so dürfte an der eingangs konstatierten methodischen Neuausrichtung kein Zweifel mehr bestehen. Sicherlich nicht nur dort, aber gerade innerhalb der Verwaltungsrechtswissenschaft verlagert sich der Schwerpunkt der Forschungstätigkeit mehr und mehr von einer anwendungsbezogenen Interpretationswissenschaft hin zu einer **rechtsetzungsorientierten Handlungs- und Entscheidungswissenschaft**.[105] Als weiterer Beleg für diesen Perspektivenwechsel darf die Etablierung des Faches

---

[101] Vgl. Fn. 86.
[102] Zur Bedeutung der Rechtsvergleichung im Öffentlichen Recht vgl. etwa *Peter Häberle*, Rechtsvergleichung im Kraftfeld des Verfassungsstaates, 1992; *Hartmut Krüger*, Eigenart, Methode und Funktion der Rechtsvergleichung im öffentlichen Recht, in: FS Martin Kriele, 1997, S. 1393 ff.; *Christian Starck*, Rechtsvergleichung im öffentlichen Recht, JZ 1997, S. 1021 ff.; *Giorgos Trantas*, Die Anwendung der Rechtsvergleichung bei der Untersuchung des öffentlichen Rechts, 1998; *Klaus-Peter Sommermann*, Die Bedeutung der Rechtsvergleichung für die Fortentwicklung des Staats- und Verwaltungsrechts in Europa, DÖV 1999, S. 1017 ff.; *Rainer Wahl*, Verfassungsvergleichung als Kulturvergleichung, in: ders., Verfassungsstaat (Fn. 90), S. 96 ff.; *Martin Bullinger*, Sinn und Methoden der Rechtsvergleichung im Zivilrecht und im Verwaltungsrecht, in: FS Peter Schlechtriem, 2003, S. 331 ff.; *Anna-Bettina Kaiser*, Verfassungsvergleichung durch das Bundesverfassungsgericht, Journal für Rechtspolitik, Bd. 18 (2010), S. 203 ff.
[103] Erinnert sei hier nur an den Einfluss des französischen Verwaltungsrechts auf die Entstehung des deutschen Verwaltungsrechts in der zweiten Hälfte des 19. Jahrhunderts, vgl. dazu *Ernst v. Meier*, Französische Einflüsse auf die Staats- und Rechtsentwicklung Preußens im 19. Jahrhundert, Bd. I, 1907; Bd. II, 1908; *Otto Mayer*, Theorie des französischen Verwaltungsrechts, 1886; *Erk V. Heyen*, Profile der deutschen und französischen Verwaltungsrechtswissenschaft 1880–1914, 1989.
[104] Für die Rechtsvergleichung vgl. *Trantas*, Rechtsvergleichung (Fn. 102), S. 27–30; *Trute*, Wissenschaft (Fn. 15), S. 22; *Sommermann*, Rechtsvergleichung (Fn. 102), S. 1028 f.; *Möllers*, Theorie (Fn. 27), S. 52–54, jeweils m.w.N. Am Beispiel des Privatrechts vgl. statt vieler *Abbo Junker*, Rechtsvergleichung als Grundlagenfach, JZ 1994, S. 921 ff.
[105] So *Voßkuhle*, Methode (Fn. 10), S. 179–181. Zust. *Georg Hermes*, Folgenberücksichtigung in der Verwaltungspraxis und in einer wirkungsorientierten Verwaltungsrechtswissenschaft, in: Schmidt-Aßmann/Hoffmann-Riem (Hrsg.), Methoden, S. 359 (369); *Schmidt-Aßmann*, Ordnungsidee, 1. Kap. Rn. 46. Ähnlich in der Tendenz *Eidenmüller*, Rechtswissenschaft (Fn. 15), S. 60: „Von der Rechtsanwendungswissenschaft zur Rechtsetzungswissenschaft". Zur Rechtswissenschaft als Entscheidungswissenschaft vgl. z.B. *Alexander Hollerbach*, Rechtswissenschaft, in: StL IV, Sp. 751 (758); *Hoffmann-Riem*, Sozialwissenschaften (Fn. 15), S. 99; *Friedrich Müller/Ralph Christensen*, Juristische Methodik I, 8. Aufl. 2002, Rn. 191 ff. Soweit von der Rechtswissenschaft als „Handlungswissenschaft" gesprochen wird, liegt die Betonung auf der normativen Komponente, vgl. *Neumann*, Wissenschaftstheorie (Fn. 4), S. 396 f. m.w.N.

"Gesetzgebungslehre" gelten.[106] Das heißt keineswegs, dass die dogmatische Arbeit in der Tradition der Juristischen Methode überflüssig wird. Im demokratischen Verfassungsstaat bleibt Recht der maßgebliche Bestimmungsfaktor für das Entscheidungssystem der Verwaltung.[107] Jede Veränderung der Systemkoordinaten (Handlungsmaßstab, Organisation, Verfahren, Personal etc.) muss deshalb durch die Verfassung legitimierbar sein. Folglich muss auch jede Entscheidung und jeder Entscheidungsvorschlag dahingehend überprüft werden, ob er mit dem geltenden Recht vereinbar ist. Diese **Rahmenanalyse,** seit jeher das originäre Betätigungsfeld des Juristen, stellt aber aus Sicht einer rechtsetzungsorientierten Handlungs- und Entscheidungswissenschaft lediglich eine (zentrale) Stufe in einem komplexen Erkenntnisprozess dar, dessen andere Stufen[108] nicht (mehr) einfach ausgeblendet werden dürfen. Das haben freilich auch diejenigen Verwaltungsrechtswissenschaftler, die sich der Juristischen Methode verpflichtet fühlen, nie ganz getan;[109] Realanalysen, (theoretische) Vorverständnisse, Folgenbetrachtungen, Alltagswissen und rechtspolitische Wertungen flie-

---

[106] Maßgebliche Vorarbeiten stammen hier von *Rolf Bender,* Zur Notwendigkeit einer Gesetzgebungslehre dargestellt an aktuellen Problemen der Justizreform, 1974; *Peter Noll,* Gesetzgebungslehre, 1976, und *Jürgen Rödig* (Hrsg.), Theorie der Gesetzgebung, 1976. Das theoretische Fundament der Gesetzgebungslehre wurde freilich sehr viel früher um 1900 gelegt, vgl. dazu nunmehr weiterführend *Emmenegger,* Gesetzgebungskunst, 2006. Allgemein zur Gesetzgebungslehre *Waldemar Schreckenberger/Klaus König/Wolfgang Zeh* (Hrsg.), Gesetzgebungslehre. Grundlagen – Zugänge – Anwendung, 1986; *Dieter Grimm/Werner Maihofer* (Hrsg.), Gesetzgebungstheorie und Rechtspolitik, 1988; *Georg Müller,* Elemente einer Rechtsetzungslehre, 1999; *Hans Schneider,* Gesetzgebung, 3. Aufl. 2002. Aus neuerer Zeit vgl. *Helmuth Schulze-Fielitz,* Gesetzgebungslehre als Soziologie der Gesetzgebung, ZG 2000, S. 295 ff.; *ders.,* Wege, Umwege oder Holzwege zu besserer Gesetzgebung, JZ 2004, S. 862 ff.; *Gunnar Folke Schuppert,* Gute Gesetzgebung. Bausteine einer kritischen Gesetzgebungslehre, ZG Sonderheft 2003; *ders.,* Governance und Rechtsetzung, 2011, sowie *Peter Blum,* Wege zu besserer Gesetzgebung – sachverständige Beratung, Begründung, Folgenabschätzung und Wirkungskontrolle, Gutachten I zum 65. DJT, 2004. Vgl. auch *BMI* (Hrsg.), Der Mandelkern-Bericht. Auf dem Weg zu besseren Gesetzen, 2002; Bericht der *Europäischen Kommission,* „Bessere Rechtsetzung 2003", KOM (2003) 770 endg. v. 12. 12. 2003. → Bd. I *Franzius* § 4 Rn. 104 ff.

[107] *Krebs,* Methode (Fn. 12), S. 219 f. Entgegen der Vermutung von *Friedrich Schoch,* Gemeinsamkeiten und Unterschiede von Verwaltungsrechtslehre und Staatsrechtslehre, in: Helmuth Schulze-Fielitz (Hrsg.), Staatsrechtslehre als Wissenschaft, 2007, S. 177 (203 ff.), bleibt deshalb auch die Rechtsprechungsanalyse innerhalb der „Neuen Verwaltungsrechtswissenschaft" von zentraler Bedeutung, vgl. auch *Andreas Voßkuhle,* Wie betreibt man offen(e) Rechtswissenschaft?, in: Hoffmann-Riem, Offene Rechtswissenschaft, S. 153 (171 f.).

[108] *Voßkuhle,* Methode (Fn. 10), S. 188 ff., unterscheidet in Bezug auf die rechtsetzungsorientierte rechtswissenschaftliche Arbeit insgesamt sieben Stufen:
1. Motivationsanalyse: Wie definiere ich das Problem, und was sind meine Erkenntnisinteressen?
2. Sachverhaltsanalyse: Welche Tatsachen lege ich zugrunde?
3. Bestandsanalyse: Welche Lösungsansätze wurden und werden innerhalb der Rechtswissenschaft und in anderen Disziplinen diskutiert?
4. Alternativenanalyse: Auf welchen sachlichen und theoretischen Prämissen basieren die Lösungsansätze und wie sind sie methodisch zu qualifizieren?
5. Rahmenanalyse: Welche Lösungsansätze sind mit dem Recht noch vereinbar?
6. Begründungsanalyse: Welchen Maßstab lege ich warum dem eigenen Entscheidungsvorschlag zugrunde?
7. Aktionsanalyse: Was folgt daraus?
Grundsätzlich zustimmend *Krebs,* Methode (Fn. 12), S. 212; *Eberhard Schmidt-Aßmann,* Methoden der Verwaltungsrechtswissenschaft – Perspektiven der Systembildung, in: ders./Hoffmann-Riem (Hrsg.), Methoden, S. 387 (398).

[109] So auch *Hoffmann-Riem,* Sozialwissenschaften (Fn. 15), S. 97, unter ausdrücklicher Bezugnahme auf Otto Mayer.

ßen bei ihnen aber häufig verdeckt und methodisch unreflektiert in die eigene Argumentation mit ein.[110] Gerade in der (wissenschaftlichen) **Rationalisierung nicht normativer Entscheidungsfaktoren** liegt denn auch ein zentrales Anliegen der Neuen Verwaltungsrechtswissenschaft.

D. Zentrale methodische Elemente der Neuen Verwaltungsrechtswissenschaft

Der Neuen Verwaltungsrechtswissenschaft liegt kein in sich abgeschlossenes methodisches Konzept zugrunde. Kennzeichnend sind vielmehr eine Reihe unterschiedlicher, aber gleichwohl miteinander verbundener methodischer Elemente, die zwar im wissenschaftlichen Alltag selten alle in gleicher Weise Beachtung finden, in ihrer Gesamtheit aber eine spezifische Arbeitsweise erkennen lassen, die sich deutlich abhebt von der Juristischen Methode und herkömmlichen methodischen Zugängen.[111] Im Mittelpunkt der nachfolgenden Überlegungen steht dabei die rechtsetzungsorientierte Betrachtung des Verwaltungsrechts.[112]

I. Steuerungstheoretischer Ansatz

Konstituierend für die Neue Verwaltungsrechtswissenschaft ist eine steuerungstheoretische Perspektive auf das Recht.[113] Sie erklärt sich aus dem eingangs geschilderten Interesse an der Bewirkungsdimension des Rechts[114] und seiner Problemlösungsfähigkeit.

1. Steuerungsbegriff und Steuerungstheorie

Der steuerungstheoretische Ansatz knüpft an die **sozialwissenschaftliche Steuerungsdiskussion** an, die Mitte der 1970er Jahre einsetzt. Nachdem der Planungsoptimismus der 1960er Jahre und mit ihm der Glaube an eine „Rationalisierung der Politik"[115] aufgrund der offenbar gewordenen Implementationsde-

---

[110] So *Eberhard Schmidt-Aßmann*, Verwaltungsorganisationsrecht als Steuerungsressource – Einleitende Problemskizze, in: ders./Hoffmann-Riem (Hrsg.), Verwaltungsorganisationsrecht, S. 9 (15). Aufschlussreich dazu die methodische Analyse bei *Meyer-Hesemann*, Methodenwandel, S. 53 ff., 81 ff., 121 ff., und *Bumke*, Methodik (Fn. 12), S. 109–124.

[111] Zu ihnen → Bd. I *Möllers* § 3 Rn. 17 ff.

[112] Zu den neueren Methoden einer anwendungsorientierten Verwaltungsrechtswissenschaft vgl. *Hoffmann-Riem*, Methoden (Fn. 9).

[113] Grundlegend *Gunnar Folke Schuppert*, Verwaltungsrechtswissenschaft als Steuerungswissenschaft, in: Hoffmann-Riem/Schmidt-Aßmann/Schuppert (Hrsg.), Reform, S. 65 ff.; ders., Grenzen und Alternativen der Steuerung durch Recht, in: Grimm (Hrsg.), Steuerungsfähigkeit (Fn. 47), S. 217 ff. Vgl. ferner statt vieler *Schmidt-Aßmann*, Verwaltungsorganisationsrecht (Fn. 110), S. 14–21; ders., Ordnungsidee, 1. Kap. Rn. 33–39; *Wolfgang Hoffmann-Riem*, Organisationsrecht als Steuerungsressource – Perspektive der verwaltungsrechtlichen Systembildung, in: Schmidt-Aßmann/ders. (Hrsg.), Verwaltungsorganisationsrecht, S. 355 (358 f.); *Bumke*, Relative Rechtswidrigkeit (Fn. 19), S. 262 ff. → Bd. I *Franzius* § 4.

[114] → Rn. 11.

[115] Beispielhaft *Carl Böhret*, Entscheidungshilfen für die Regierung, 1970; *Helmut Reinermann*, Programmbudgets in Regierung und Verwaltung, 1975. Vgl. auch *Ernst-Hasso Ritter*, Integratives Management und Strategieentwicklung in der staatlichen Verwaltung, DÖV 2003, S. 93 ff.; *Hermann Hill*, Renaissance einer rationalen Politikgestaltung, in: FS König (Fn. 26), S. 217 ff.

fizite[116] bei der Umsetzung staatlicher Programme verflogen war,[117] verlagerte sich die sozialwissenschaftliche Forschungsperspektive von der Binnenstruktur des politischen Systems auf dessen Umweltbeziehungen.[118] Im Mittelpunkt des Interesses stand von nun an die Frage nach den Möglichkeiten und Wirksamkeitsbedingungen einer „konzeptionell orientierten Gestaltung der gesellschaftlichen Umwelt durch politische Instanzen"[119]. Mittlerweile ist das so umschriebene Phänomen der **„politischen Steuerung"** [120] Gegenstand ganz unterschiedlicher Forschungsrichtungen, die jeweils aus einem bestimmten Blickwinkel einzelne Aspekte der Problematik untersuchen. Das Spektrum reicht von der **politischen Planungstheorie** (z.B. Policy-Making-Modelle, Entscheidungstheorie) über die **Staats- und Gesellschaftstheorie** (z.B. ökonomische Ordnungstheorie, Neokorporatismusforschung) bis hin zu **policy-analytischen Ansätzen** (z.B. Prozessmodelle, Netzwerkmodelle). Dementsprechend konkurrieren ganz **unterschiedliche Steuerungsbegriffe** und **-theorien**[121] miteinander.

19 Grundsätzliche **Zweifel** an der politischen Steuerbarkeit von Systemen im Allgemeinen und der **Steuerungsfähigkeit des Rechts** im Besonderen sind vor allem von der **Systemtheorie** formuliert worden, der zufolge aufgrund der immer stärkeren funktionellen Ausdifferenzierung der Gesellschaft die Bestimmung eines Systemzustands von außen praktisch unmöglich ist, da die einzelnen Teilsysteme ganz eigene Handlungsrationalitäten ausbilden und zwar auf „Außenreize" reagieren, jedoch weitgehend unvorhersehbar und nach selbstreferentiellen Maßstäben.[122] Unter Sozialwissenschaftlern hat dieser Erklärungsansatz in seiner Radika-

---

[116] Vgl. die N. in → Fn. 48.

[117] Die Entwicklungslinien von den Anfängen der Planungseuphorie in den 1920er Jahre über den Planungsoptimismus der 1960er Jahre und den Steuerungspessimismus der 1980er Jahre bis hin zu realistischen Steuerungsvorstellungen in den 1990er Jahren sind nachgezeichnet bei *Dietmar Braun*, Steuerungstheorien, in: Dieter Nohlen (Hrsg.), Lexikon der Politik, Bd. 1, 1995, S. 611 ff. Vgl. ferner *Klaus v. Beyme*, Der Gesetzgeber, 1997, S. 19–40, sowie *Thomas Würtenberger*, Die Planungsidee in der verfassungsrechtlichen Entwicklung, in: FS Rainer Wahl, 2011, S. 262 ff.

[118] *Hans-Peter Burth/Axel Görlitz*, Politische Steuerung in Theorie und Praxis. Eine Integrationsperspektive, in: dies. (Hrsg.), Politische Steuerung in Theorie und Praxis, 2001, S. 7 (9) m.w.N.

[119] *Renate Mayntz*, Politische Steuerung und gesellschaftliche Steuerungsprobleme (1987), in: dies., Soziale Dynamik und politische Steuerung, 1997, S. 186 (189).

[120] Der Begriff „Steuerung" stammt ursprünglich aus der Kybernetik. In die deutsche Soziologie wurde er vermutlich durch die Übersetzung des englischen Begriffs „control" eingeführt. Richtig etabliert hat sich der Begriff „politische Steuerung" innerhalb der Sozialwissenschaften erst Ende der 1970er Jahre, vgl. zur Begriffsgeschichte und zu unterschiedlichen Begriffsvarianten *Mayntz*, Politische Steuerung (Fn. 119), S. 188–193; *Rüdiger Voigt*, Staatliche Steuerung aus interdisziplinärer Perspektive, in: König/Dose (Hrsg.), Instrumente (Fn. 59), S. 289 (290–297), jeweils m.w.N.

[121] Gute Übersicht bei *Axel Görlitz/Hans-Peter Burth*, Politische Steuerung, 2. Aufl. 1998, S. 77 ff. Daran anknüpfend die Analyse von *Stefan Schweizer*, Politische Steuerung selbstorganisierter Netzwerke, 2001, S. 31–76. Vgl. ferner *Nicolai Dose*, Problemorientierte staatliche Steuerung, 2008, S. 29 ff. Zur Entwicklung *Renate Mayntz*, Politische Steuerung: Aufstieg, Niedergang und Transformation einer Theorie (1996), in: dies., Soziale Dynamik (Fn. 119), S. 263 ff.

[122] Zur Grundlegung dieses Erklärungsansatzes, der, obgleich in Reinform nur selten vertreten, die allgemeine staatswissenschaftliche Steuerungsdiskussion zweifelsohne außerordentlich belebt hat, vgl. *Niklas Luhmann*, Soziale Systeme, 5. Aufl. 1994 (1984), etwa S. 57 ff.; *ders.*, Das Recht der Gesellschaft, 1993, S. 38 ff. Daran anknüpfend *Gunter Teubner/Helmut Willke*, Kontext und Autonomie: Gesellschaftliche Selbststeuerung durch Reflexives Recht, ZfRSoz, Bd. 5 (1984), S. 4 ff.; *Helmut Willke*, Entzauberung des Staates, 1983, S. 9 ff., 105 ff.; *ders.*, Ironie des Staates, 1996 (1992), S. 11 ff.; *ders.*, Systemtheorie III: Steuerungstheorie, 1995; *Gunter Teubner*, Recht als autopoietisches System, 1989; *ders.*, Die Episteme des Rechts, in: Grimm (Hrsg.), Steuerungsfähigkeit (Fn. 47), S. 115 ff. Vgl. ferner *Günter Ulrich*, Politische Steuerung. Staatliche Interventionen aus systemtheoretischer Sicht, 1994.

lität aber letztlich wenig Gefolgschaft gefunden,[123] vielmehr versucht man dort einzelne Beobachtungen und Grundannahmen der Systemtheorie für die Entwicklung modifizierter Steuerungskonzepte fruchtbar zu machen.[124]

Innerhalb der Verwaltungsrechtswissenschaft greift man ganz überwiegend 20 auf einen **handlungsorientierten Steuerungsansatz** zurück,[125] wie er vor allem von *Renate Mayntz* und *Fritz Scharpf* unter der Bezeichnung „akteurzentrierter Institutionalismus" herausgearbeitet worden ist.[126] Ausgehend von der alltagssprachlichen Verwendung des Steuerungsbegriffs und dem vertrauten Bild des politischen Steuermanns, der das Staatsschiff sicher über die Meere lenkt, versteht man unter Steuerung danach die „gezielte Beeinflussung" von „Systemen".[127] Steuerung in diesem Sinne setzt zunächst ein **Steuerungssubjekt** (individuelle oder korporative Akteure), das handelt, ein **Steuerungsobjekt,** auf das eingewirkt werden soll, ein **Steuerungsziel** und **Steuerungsinstrumente** voraus. Ferner bedarf es gewisser Vorstellungen über die Wirkungsbeziehungen zwischen Steuerungsaktivitäten und Steuerungsergebnissen; man spricht insofern von **Steuerungswissen**. Ob das Steuerungshandeln die intendierten oder andere Steuerungswirkungen entfaltet, hängt ab von den jeweiligen Steuerungsbedingungen in dem jeweiligen Interventionsfeld, z. B. der Steuerungsbedürftigkeit, dem Steuerungsmedium (Geld, Macht, Recht)[128] und den eingesetzten Steuerungsinstrumenten. Bei alledem ist zu berücksichtigen, dass der politische Akteur entgegen des Bildes vom politischen Steuermann kein einheitliches Subjekt ist, wie es etwa auch die Rede von der „staatlichen Steuerung" nahe legt, sondern ein „multiple self", das mehrere Rationalitäten in unterschiedlichen Handlungssituationen implementieren kann. Politische Steuerung muss daher als **interaktiver Prozess** verstanden werden, an dem unterschiedliche Akteure in einer Art Netzwerk mit- und gegeneinander arbeiten.[129]

---

[123] Zusammenfassung der Kritik bei: *Rainer Holtschneider,* Normenflut und Rechtsversagen, 1991, S. 79–84; *v. Beyme,* Gesetzgeber (Fn. 117), S. 22–32, und *Dietmar Braun,* Die politische Steuerung der Wissenschaft, 1997, S. 31–35. Pointierte Polemik bei *Peter Nahamowitz,* Staatsinterventionismus und Recht, 1998, S. 161–360.

[124] Hinzuweisen ist hier etwa auf die „Theorie strukturelle Koppelung" (TSK), vgl. dazu *Hans-Peter Burth,* Steuerung unter der Bedingung struktureller Koppelung, 1999; *Schweizer,* Steuerung (Fn. 121), S. 77 ff., und *Hans-Peter Burth/Petra Starzmann,* Der Beitrag des Theorienmodells Strukturelle Koppelung zur instrumententheoretischen Diskussion in der Policyanalyse, in: Burth/Görlitz (Hrsg.), Steuerung in Theorie und Praxis (Fn. 118), S. 49 ff.

[125] Siehe a. *Schmidt-Aßmann,* Integration von Reformimpulsen (Fn. 17), S. 1016 f. Das verkennt *Oliver Lepsius* bei seiner Fundamentalkritik, wenn er die verwaltungsrechtswissenschaftliche Steuerungsperspektive mit der Systemtheorie kurzschließt, so ausdrücklich *ders.,* Steuerungsdiskussion (Fn. 45), S. 35.

[126] Zusammenfassend *Renate Mayntz/Fritz W. Scharpf,* Der Ansatz des akteurzentrierten Institutionalismus, in: dies. (Hrsg.), Gesellschaftliche Selbstregelung und politische Steuerung, 1995, S. 39 ff. Vgl. ferner *Fritz W. Scharpf,* Interaktionsformen. Akteurzentrierter Institutionalismus in der Politikforschung, 2000.

[127] *Mayntz,* Politische Steuerung (Fn. 119), S. 190, die darauf hinweist, dass Steuerung insofern von lediglich punktuellen Eingriffen, aber auch von der Erschaffung, dem Ausbau und der Konstruktion sozialer Gebilde abzugrenzen ist (ebd., S. 191). Vgl. ferner *Hoffmann-Riem,* Organisationsrecht (Fn. 113), S. 358.

[128] Der Begriff des Steuerungsmediums wird in der Literatur unterschiedlich verwendet, vgl. *Görlitz/Burth,* Steuerung (Fn. 121), S. 34–47.

[129] *Mayntz,* Politische Steuerung (Fn. 119), S. 191; *Scharpf,* Interaktionsformen (Fn. 126), S. 34 und passim. Zur Netzwerkbildung als Herausforderung an das überkommene Verwaltungsorganisationsrecht → Bd. I *Schuppert* § 16 Rn. 134 ff.

21 Dieser Gedanke wird aufgenommen und fortentwickelt durch den sog. **Governance-Ansatz,** der sich mit der Analyse von Regelungsstrukturen beschäftigt, innerhalb derer verschiedene staatliche und nichtstaatliche Akteure auf unterschiedlichen Ebenen zur Regelung kollektiver Sachverhalte zusammenwirken.[130] Er trägt der Erkenntnis Rechnung, dass angesichts der Fragmentierungen des politisch-administrativen Systems gerade in supranationalen und internationalen Zusammenhängen die Unterscheidung von Steuerungsobjekt und -subjekt häufig verschwimmt und damit eine wesentliche Voraussetzung des steuerungstheoretischen Paradigmas zu entfallen droht.[131] Abgesehen von der Konturenunschärfe des Governance-Begriffs und der Beliebigkeit seiner Verwendung sprechen aber gleichwohl zumindest zwei Gründe dafür, innerhalb der Verwaltungsrechtswissenschaft am Steuerungsansatz grundsätzlich festzuhalten: Erstens basiert die Funktionsweise von Recht im demokratischen Verfassungsstaat notwendigerweise auf Zuweisungen von Kompetenzen und Verantwortungsbereichen an einzelne Akteure; das Konzept der Steuerung kann hieran besser anschließen als das der Regelungsstruktur, ohne eben diesen Aspekt aus dem Blick zu verlieren. Zweitens verfügen holistische Ansätze wie Governance, die sich primär für Grundmuster wie Markt, Hierarchie, Netzwerke etc. interessieren, ganz überwiegend nicht über die notwendige Tiefenschärfe, um rechtsdogmatisch in Bezug auf einzelne Handlungs- und Organisationsformen fruchtbar gemacht werden zu können.

2. Der Steuerungsansatz als Analysewerkzeug

22 Der Rückgriff auf die sozialwissenschaftliche Steuerungsdiskussion erschließt der Verwaltungsrechtswissenschaft einen theoretischen Rahmen, in dem die komplexen Wirkungsweisen von Recht als zentralem Steuerungsmedium moderner Gesellschaften näher analysiert werden können. Damit sind verschiedene Erkenntnisgewinne verbunden:[132]

23 – Zunächst ermöglicht die Steuerungsperspektive eine **Ausdifferenzierung** und **Erweiterung des Untersuchungsgegenstandes.** Sie sensibilisiert nicht nur für die Vielfalt der mit der Wahrnehmung öffentlicher Aufgaben betrauten Steuerungsakteure im demokratischen Rechtsstaat,[133] sondern erlaubt es auch, neben dem Recht andere Steuerungsmedien wie den Markt, das Personal und die Organisation mit in die Betrachtung einzubeziehen.[134] Dasselbe gilt im Hinblick auf die zur Verfügung stehenden Steuerungsinstrumente[135] und

---

[130] Näher → Rn. 68.

[131] So *Hans-Heinrich Trute/Wolfgang Denkhaus/Doris Kühlers,* Governance in der Verwaltungsrechtswissenschaft, DV, Bd. 37 (2004), S. 451 (460) u. H. auf *Renate Mayntz,* Governance Theory als fortentwickelte Steuerungstheorie?, in: Gunnar Folke Schuppert (Hrsg.), Governance-Forschung, 2005, S. 11 ff.; → Bd. I *Schuppert* § 16 Rn. 24 f.

[132] Krit. dagegen etwa *Schulte,* Handlungsformen (Fn. 45), S. 344–347; *Möllers,* Theorie (Fn. 27), S. 38 f.; *Lepsius,* Steuerungsdiskussion (Fn. 45), S. 1–34 und passim; *Rainer Pitschas,* Wirkungen des Verwaltungshandelns im internationalen Vergleich, in: Hermann Hill/Hagen Hof (Hrsg.), Wirkungsforschung zum Recht II. Verwaltung als Adressat und Akteur, 2000, S. 159 (160): „Entgegen allen anders lautenden Annahmen bleibt der Ertrag der steuerungstheoretischen Debatte für die Verwaltungswissenschaft und das Verwaltungsrecht marginal."

[133] → Bd. I *Groß* § 13 Rn. 63 ff.

[134] So *Schmidt-Aßmann,* Ordnungsidee, 1. Kap. Rn. 37.

[135] Beispielhaft sei hier auf die intensiv geführte Instrumentendebatte im Umweltrecht verwiesen, vgl. *Sparwasser/Engel/Voßkuhle,* UmweltR, § 2; *Kloepfer,* UmweltR, § 5.

D. Methodische Elemente der Neuen Verwaltungsrechtswissenschaft

Steuerungsmodi, die ihrerseits vor dem Hintergrund der jeweiligen Motivations- und Interessenlage der unterschiedlichen Steuerungsadressaten (Bürger, Wirtschaftsunternehmen, Verbände, Behörden etc.) untersucht werden müssen. Während die Aufmerksamkeit hier bisher auf den rechtsförmigen Instrumenten des imperativen Vollzugsrechts lag (Gebot, Verbot, Genehmigungsvorbehalte, Rechtsverordnung, Verwaltungsakt etc.), öffnet der Steuerungsansatz den Blick für neuartige Formen des Verwaltungshandelns, etwa den gezielten Einsatz von Information (z.B. in Form von Warnungen, Produktempfehlungen oder Auszeichnungen),[136] die Schaffung von monetären Anreizen (z.B. durch Subventionen, Abgaben und Zertifikatslösungen)[137] oder verschiedene Varianten der Konfliktmittlung und Kooperation.[138]

– Auf der Basis solcher Steuerungstypologien[139] können in einem zweiten Schritt übergreifende **Wirkungszusammenhänge** und **Wechselbeziehungen** zwischen den verschiedenen Steuerungssubjekten, -objekten, -medien und -instrumenten untersucht sowie die Vor- und Nachteile einzelner Steuerungskonzepte herausgearbeitet werden.[140] Gleichzeitig wird das Bewusstsein geschärft für die funktionale Äquivalenz bestimmter Steuerungstechniken und etwaige Steuerungsdefizite.[141] Das so gewonnene Steuerungswissen kann eingesetzt werden zur Verbesserung der Steuerungsleistung des (Verwaltungs-)Rechts. Seine Funktion besteht aus Sicht der Neuen Verwaltungsrechtswissenschaft primär darin, bezogen auf eine bestimmte Aufgabe ein Verwaltungshandeln zu ermöglichen, das die inhaltlichen Vorgaben insbesondere des Europa- und Verfassungsrechts berücksichtigt, in rechtsstaatlich geordneten Bahnen verläuft, sachrichtige Entscheidungen hervorbringt, bürgernah und effektiv ist und auf Akzeptanz stößt. Dazu bedarf es der Bereitstellung geeigneter rechtlicher Handlungsformen und -maßstäbe, Entscheidungsverfahren, Organisationstypen und Regulierungsstrategien.[142] Soweit diese im geltenden Recht nicht hinreichend vorhanden sind, ist die Verwaltungsrechtswissenschaft aufgefordert, entsprechende Vorschläge zu unterbreiten.

– Als vorteilhaft erweist sich in diesem Zusammenhang der durch den Steuerungsansatz jedenfalls im Grundsatz gewährleistete **interdisziplinäre** (oder zumindest multidisziplinäre) **Dialog** mit anderen Wissenschaftsdisziplinen, die sich mit politischer Steuerung beschäftigen.[143] Der „Verbundbegriff"[144] der Steuerung erleichtert es, die dort gewonnenen Erkenntnisse für verwaltungsrechtswissenschaftliche Überlegungen fruchtbar zu machen. Zu denken ist hier nicht nur an den Rückgriff auf empirisch abgesichertes Erfahrungswissen, sondern auch an die Verwendung solcher sozialwissenschaftlicher oder öko-

---

[136] → Bd. II *Gusy* § 23 Rn. 100 ff., *Hermes* § 39 Rn. 52 f., 91, 107.
[137] → Bd. II *Sacksofsky* § 40 Rn. 13 ff.
[138] → Bd. II *Appel* § 32 Rn. 102 ff., *Fehling* § 38 Rn. 30 ff.
[139] Eingehende Systematisierungen z.B. bei Klaus König/Nicolai Dose, Klassifikationsansätze zum staatlichen Handeln, in: König/Dose (Hrsg.), Instrumente (Fn. 59), S. 13–123.
[140] → Bd. I *Eifert* § 19. Beispielhaft dazu ferner *Schuppert*, Verwaltungswissenschaft, S. 455 ff.
[141] → Bd. II *Michael* § 41.
[142] Zur „Bereitstellungsfunktion des Rechts" *Schuppert*, Steuerungswissenschaft (Fn. 113), S. 96–114.
[143] Deutlich *Schmidt-Aßmann*, Verwaltungsorganisationsrecht (Fn. 110), S. 15 f. Näher → Rn. 37 ff.
[144] *Trute*, Verantwortungsteilung (Fn. 70), S. 14.

nomischer Erklärungsansätze, mit denen sich Wirkungszusammenhänge, Wahrscheinlichkeiten und Gesetzmäßigkeiten in bestimmten Steuerungsfeldern aufzeigen lassen, z.B. Kosten-Nutzen-Analysen[145] oder Rational-Choice-Modelle.[146]

26 Allerdings darf der **Erklärungswert steuerungstheoretischer Analysen** gerade im Verwendungszusammenhang der Verwaltungsrechtswissenschaft nicht überschätzt werden. Bei allen Steuerungsansätzen handelt es sich letztlich um „Forschungsheuristiken", mit denen die wissenschaftliche Aufmerksamkeit lediglich auf bestimmte Problempunkte gelenkt wird.[147] Vor allem zwei Aspekte gilt es deshalb immer im Blick zu behalten:

27 – Als äußerst komplexer und prozesshafter Vorgang entzieht sich Steuerung einer realitätsgerechten Abbildung. Gerade die handlungstheoretischen Steuerungsmodelle basieren auf einer **stark selektiven Betrachtungsweise,** bei der immer zahlreiche Steuerungsfaktoren ausgeblendet bleiben müssen.[148] Es wäre daher verfehlt, „wenn die zu einfachen rechtswissenschaftlichen Vorstellungen von einer hierarchisch geordneten, gesetzesanwendenden Verwaltung mit linear-kausalen Bewirkungsvorstellungen eines ebenfalls zu einfach gedachten sozialwissenschaftlichen Steuerungsmodells verbunden würden"[149]. Aus juristischer Sicht spricht mehr dafür, den Steuerungsbegriff als normativen Zurechnungs- und Rechtsfolgenzusammenhang zu verstehen.[150]

28 – Ferner lässt sich das **Verwaltungsrecht** nicht auf seine instrumentelle Funktion als Steuerungsmedium beschränken; es ist zugleich immer auch **Ausdruck einer materialen Wertordnung,** die ihre Grundlage in der Verfassung findet.[151] Die der Steuerungsperspektive immanente aufgaben- und wirksamkeitsorientierte Betrachtungsweise des Verwaltungsrechts verleitet mitunter dazu, die (vermeintlichen) Vollzugsbedürfnisse der Praxis in all den Fällen

---

[145] Zu möglichen Einsatzfeldern vgl. *Michael Fehling,* Kosten-Nutzen-Analysen als Maßstab für Verwaltungsentscheidungen, VerwArch, Bd. 95 (2004), S. 443 ff. Krit. *Andreas Voßkuhle,* „Ökonomisierung" des Verwaltungsverfahrens, DV, Bd. 34 (2001), S. 347 (365–369). → Bd. II *Sacksofsky* § 40 Rn. 107 ff. Vgl. ferner die N. in → Fn. 204.

[146] Zum Rational-Choice-Ansatz im rechtswissenschaftlichen Kontext vgl. die informierte Darstellung von *Anne van Aaken,* „Rational Choice" in der Rechtswissenschaft, 2003, insbes. S. 73–108, 296–313 m.w.N. Einen allgemeinen Überblick über die verschiedenen Theorieansätze rationalen Handelns geben z.B. *Dietmar Braun,* Theorien Rationalen Handelns in der Politikwissenschaft, 1999, und *Volker Kunze,* Rational Choice, 2004. → Bd. II *Fehling* § 38 Rn. 62 ff.

[147] *Mayntz/Scharpf,* Institutionalismus (Fn. 126), S. 39.

[148] Vgl. *Renate Mayntz,* Zur Selektivität der steuerungstheoretischen Perspektive, in: Burth/Görlitz (Hrsg.), Steuerung in Theorie und Praxis (Fn. 118), S. 17 ff., die sich insbesondere mit der Ausblendung des Herrschaftsphänomens beschäftigt.

[149] *Schmidt-Aßmann,* Ordnungsidee, 1. Kap. Rn. 39. Beispielhaft für eine solche Simplifizierung des Steuerungsbegriffs *Lepsius,* Risikosteuerung (Fn. 62), S. 264 (288), demzufolge der Begriff „Steuerung" eine rechtliche Beherrschbarkeit individueller Entscheidungen suggeriert, die mit der Grundkonstante des freien Individuums unvereinbar sei.

[150] So *Bumke,* Relative Rechtswidrigkeit (Fn. 19), S. 313. Zust. *Wolfgang Hoffmann-Riem,* Governance im Gewährleistungsstaat, in: Schuppert (Hrsg.), Governance-Forschung (Fn. 131), S. 195 (209 Fn. 14).

[151] Deutlich *Heyen,* Steuerung (Fn. 59), S. 202 f. Krit. zu einer mit einer „geläuterten ‚staatswissenschaftlichen' Methode der Empirie vorgehende[n] Verwaltungswissenschaft" unter Hinweis auf die Ordnungs-, Garantie- und Schutzfunktion des Verwaltungsrechts auch *Badura,* Umbruch (Fn. 43), S. 152. Zum Verwaltungsrecht als „Instrument des Rechtsstaates" vgl. ferner *Claudio Franzius,* Die Herausbildung der Instrumente indirekter Verhaltenssteuerung im Umweltrecht der Bundesrepublik Deutschland, 2000, S. 18–23 m.w.N.

gegen das Primat demokratischer Rechtsstaatlichkeit auszuspielen, in denen das Gesetz zwickt, drückt und Aufwand verursacht.[152] Dieser Versuchung ist zu widerstehen; ansonsten würde das Verwaltungsrecht nicht nur ein Stück weit seine kontra-faktische Kritik- und Kontrollfunktion verlieren, mit ihm erodierte auch das konstituierende Fundament staatlichen Handelns.[153]

II. Realbereichsanalyse

Grundlage und Voraussetzung jeder steuerungstheoretischen Betrachtung ist eine genaue **Analyse des Realbereichs,** die deshalb innerhalb der Neuen Verwaltungsrechtswissenschaft einen besonderen Stellenwert besitzt. Ohne Kenntnisse der sozialen, politischen, ökonomischen, kulturellen, technologischen oder ökologischen „Wirklichkeitsausschnitte",[154] auf die eine Norm bezogen ist, lässt sich die Steuerungsleistung des Rechts kaum angemessen reflektieren; weder können Regelungsdefizite im geltenden Recht offen gelegt noch können angemessene rechtliche Lösungen für neuartige Sachprobleme entwickelt werden. Hingewiesen sei hier nur auf die Bereiche des Technik-, Umwelt- und Telekommunikationsrechts. Auch die Anhänger der Juristischen Methode kommen ohne Aufklärung der tatsächlichen Gegebenheiten, auf die jeder Rechtsakt bezogen ist, nicht aus.[155] Die von ihnen aus dogmatischem Blickwinkel angestellten Beobachtungen orientieren sich aber in der Regel an der **richterlichen Konstruktion des „Falles"** nach Maßgabe der Regeln der Beweiswürdigung, mithin auf einen sehr kleinen Ausschnitt der „Wirklichkeit". Soweit ausnahmsweise doch die Auswirkungen eines Rechtsaktes und sein reales Umfeld in die Betrachtungen einbezogen werden, überrascht die weit verbreitete **methodische Unbekümmertheit** bei der Erhebung von und im Umgang mit empirischem Material, etwa die Neigung, je nach Sachlage und Bedarf eher zufällig ausgewählte Beispiele aus unterschiedlichen Quellen (Urteilstatbestände, Zeitungsnachrichten, Praktikerberichte etc.) aufzugreifen, um von ihnen rückzuschließen auf *den* Verwaltungsalltag in der Bundesrepublik[156] oder auf naturwissenschaftliche Gege-

---

[152] Krit. *Andreas Voßkuhle,* Duldung rechtswidrigen Verwaltungshandelns?, DV, Bd. 29 (1996), S. 511 (538); *Lepsius,* Steuerungsdiskussion (Fn. 45), S. 7 f.; *Blankenagel,* Wissenschaft (Fn. 11), S. 103–108. Die Gefahr von Normativitätsverlusten betonen etwa *Peter M. Huber,* Die Demontage des Öffentlichen Rechts, in: FS Rolf Stober, 2008, S. 547 (556), und *Grzeszick,* Anspruch (Fn. 45), S. 118–120.
[153] → Bd. I *Schmidt-Aßmann* § 5 Rn. 65 ff., *Reimer* § 9 Rn. 10.
[154] Nach dem derzeitigen Stand der Kognitionsforschung wird man freilich davon ausgehen müssen, dass diese Wirklichkeit lediglich eine Konstruktion ist, die durch Auswahl, Beschreibung und Interpretation tatsächlicher Vorgänge erfolgt. Sie hängt von vielfältigen Faktoren ab, insbesondere von den eigenen Erkenntnisinteressen und dem eigenen Vorverständnis.
[155] Zur „Text-Hermeneutik" tritt die „Fall-Hermeneutik", so statt vieler *Hollerbach,* Rechtswissenschaft (Fn. 105), Sp. 757 f. Grundlegend *Karl Engisch,* Logische Studien der Gesetzesanwendung, 2. Aufl. 1960, S. 37 ff.; *Joachim Hruschka,* Die Konstitution des Rechtsfalles, 1965. Für *Müller/Christensen,* Methodik I (Fn. 105), Rn. 15–18, 230–233, 281, 397 f., ist der Realbereich, den sie als „Normbereich" bezeichnen, bereits konstitutiver Bestandteil der Rechtsnorm; so auch *Hoffmann-Riem,* Methoden (Fn. 9), S. 36–38. Zur Einbeziehung von Aussagen über die „Wirklichkeit" in die Rechtsdogmatik vgl. ferner *Christian Starck,* Empirie in den Rechtswissenschaften, JZ 1972, S. 609 ff.; *Christoph Gusy,* „Wirklichkeit" in der Rechtsdogmatik, JZ 1991, S. 213 ff. Zur Bedeutung der Rechtsprechungsanalyse als Teil der Realbereichsanalyse vgl. auch *Schoch,* Verwaltungsrechtslehre (Fn. 107), S. 203–206.
[156] Krit. *Andreas Voßkuhle,* Rechtstatsachenforschung und Verwaltungsdogmatik, VerwArch, Bd. 85 (1994), S. 567 (576).

benheiten. Die Neue Verwaltungsrechtswissenschaft versucht diesen Tendenzen durch einen methodisch bewussteren Umgang mit der „Wirklichkeit" entgegenzuwirken.

30 Was die Analyse der tatsächlichen Abläufe in der Rechtspraxis angeht, so kann hier auf die Erkenntnisse der **Rechtstatsachenforschung** zurückgegriffen werden. Sie kämpft allerdings seit längerem mit einer Reihe **struktureller Defizite**,[157] die sich u. a. in einer geringen Zahl repräsentativer empirischer Studien im Bereich der Verwaltung und des Verwaltungsrechts niedergeschlagen haben.[158] So scheitern viele der in der Regel sehr zeitaufwändigen und personalintensiven Forschungsprojekte bereits im Vorfeld an fehlender Finanzierung, Schwierigkeiten bei der Materialbeschaffung oder dem erhöhten Kooperationsbedarf zwischen Soziologen und Juristen. Hinzu kommt, dass empirische Studien nur selten der eigenen wissenschaftlichen Reputation unter dogmatisch arbeitenden Juristen förderlich sind. Ganz abgesehen davon ist nicht immer ganz klar, was aus bestimmten empirischen Befunden folgt.[159] Welche Rückschlüsse lassen sich etwa aus den oben erwähnten Implementationsstudien über die Vollzugsdefizite im Umweltrecht[160] ziehen? Es liegt auf der Hand, dass zu keiner Zeit alle geltenden Normen des Rechts vollzogen wurden.[161] Worin liegt dann aber die besondere Qualität des derzeitigen Vollzugsdefizits? Nehmen wir Vollzugsdefizite heute nur stärker wahr, oder hat das Recht seine Steuerungskraft zum Ende des 20. Jahrhunderts tatsächlich verloren?[162] Wird prozentual zur Menge der Rechtsnormen deutlich weniger Recht als früher vollzogen (systemisches Vollzugsdefizit) oder wird nur in bestimmten Rechtsgebieten wie dem Umweltrecht weniger vollzogen (partielles Vollzugsdefizit)? Lassen sich diese Vollzugsdefizite durch neue Regelungsstrategien beheben und, wenn ja, mit welchen? Oder setzt die Funktionsfähigkeit von Recht vielleicht sogar den teilweisen Nichtvollzug voraus?[163] Sollen informelle Strategien daher formalisiert werden oder verlieren sie dann ihren funktionserhaltenden Charakter? All dies sind Fragen, die weiteren Forschungsbedarf indizieren und ohne theoretische

---

[157] Vgl. *Voßkuhle*, Rechtstatsachenforschung (Fn. 156), S. 579–584; *Bruno Bartscher*, Der Verwaltungsvertrag in der Behördenpraxis, 1996, S. 9–30; *Volker Schlette*, Die Verwaltung als Vertragspartner, 2000, S. 235–240; *Barbara Remmert*, Private Dienstleistungen in staatlichen Verwaltungsverfahren, 2003, S. 111–118.

[158] Neben den in Fn. 157 aufgeführten Arbeiten vgl. etwa *Manteo H. Eisenlohr*, Der Prozessvergleich in der Praxis der Verwaltungsgerichtsbarkeit, 1998; *Leonie Breunung*, Die Vollzugsorganisation als Entscheidungsfaktor des Verwaltungshandelns, 2000; *Martin Schröder*, Gentechnikrecht in der Praxis, 2001. Zum Desinteresse der Rechtssoziologen an Rechtsdogmatik vgl. aufschlussreich *Ingo Schulz-Schaeffer*, Rechtsdogmatik als Gegenstand der Rechtssoziologie, ZfRSoz, Bd. 25 (2004), S. 141 ff.

[159] So auch *Möllers*, Theorie (Fn. 27), S. 42 f. m. w. N.

[160] Vgl. Fn. 48.

[161] Vgl. z. B. *Alexander Drexler*, Alte und neue Fürsorglichkeit, 1989, S. 143 ff., 156 ff., 175 ff.; *Thomas Ellwein*, Kooperatives Verwaltungshandeln im 19. Jahrhundert, 1994, S. 23 ff.; *Hubert Treiber*, Kooperatives Verwaltungshandeln der Gewerbeaufsicht (Fabrikinspektionen) des 19. Jahrhunderts, in: Dose/Voigt (Hrsg.), Kooperatives Recht (Fn. 52), S. 65 ff. m. w. N. Allgemein zur Selektion als notwendigem „Strukturprinzip der Rechtsanwendung" *Wolfgang Hoffmann-Riem*, Rechtsanwendung und Selektion, JZ 1972, S. 297 ff.

[162] Zu Steuerungskraft des Gesetzes → Bd. I *Reimer* § 9 Rn. 84 ff.

[163] Vgl. dazu in Anknüpfung an *Helmut Popitz*, Über die Präventivwirkung des Nichtwissens. Dunkelziffer, Norm und Strafe, 1968; *Voßkuhle*, Duldung (Fn. 152), S. 522, und *Wolfgang Hoffmann-Riem*, Verwaltungskontrolle – Perspektiven, in: Schmidt-Aßmann/ders. (Hrsg.), Verwaltungskontrolle, S. 325 (354–357).

D. Methodische Elemente der Neuen Verwaltungsrechtswissenschaft

Anleitung kaum sinnvoll beantwortet werden können. An der Bedeutung und der Notwendigkeit des Ausbaus der Rechtstatsachenforschung ändern die beschriebenen Desiderata freilich nichts.

Sehr häufig ist der Verwaltungsrechtswissenschaftler auf die **Realitätsbeschreibungen anderer Wissenschaftsdisziplinen** angewiesen. Selbst im Bereich der vermeintlich exakten Technik und der Naturwissenschaft existieren aber in aller Regel verschiedene konkurrierende Auffassungen und Erklärungsansätze für tatsächliche Zusammenhänge. Wissenschaftliche Erkenntnis ist auch hier das Ergebnis eines komplexen wertungsabhängigen Selektionsprozesses, der zum Teil auf ungesicherten Annahmen, persönlichen Vorverständnissen, speziellen Forschungsbedingungen und anderen externen Faktoren beruht.[164] Das zeigt sich in der Praxis anschaulich an den unterschiedlichen „Sicherheitsphilosophien"[165], die im Atomrecht zugrunde gelegt werden, oder der Diskussion um toxikologisch begründete Belastungsschwellen und Gesundheitsgefährdungen im Umweltschutz-[166] und Medizinrecht[167]. Letztlich kann es hier nur darum gehen, möglichst viele (gegenläufige) Erkenntnisquellen heranzuziehen. Auch einer interdisziplinär informierten Verwaltungsrechtswissenschaft sind kognitive Grenzen gesetzt. Das schließt aber weder das Bemühen um Distanz zum eigenen Beobachterstandpunkt noch den Versuch aus, Selektions- und Interpretationsprozesse transparent zu machen.

31

III. Wirkungs- und Folgenorientierung

In der Konsequenz einer steuerungs- und damit wirkungsorientierten Betrachtungsweise des Rechts liegt es, die realen Folgen einer Maßnahme bei der Rechtsetzung und der Rechtsanwendung zu berücksichtigen.[168] Die Wirkungsforschung[169] unterscheidet drei Kategorien von Folgen, die in Anlehnung an das

32

---

[164] Einflussreich war hier vor allem die Schrift von *Thomas S. Kuhn,* The structure of scientific revolutions, Chicago 1962 (dt.: Die Struktur wissenschaftlicher Revolutionen, 1967). Radikalisierung dieses Ansatzes etwa bei *Paul Feyerabend,* Wider den Methodenzwang, 3. Aufl. 1983. Zur neueren Diskussion vgl. nur den Überblick von *Martin Carrier,* Wissenschaftstheorie, in: Jürgen Mittelstraß (Hrsg.), Enzyklopädie Philosophie und Wissenschaftstheorie, Bd. 4, 1996, S. 738 ff. m.w.N., sowie z. B. *John M. Ziman,* Real science, 2000, S. 218 ff., und *Peter Weingart,* Wissenschaftssoziologie, 2003, S. 53 ff.

[165] Zu ihnen etwa *Alexander Roßnagel,* Sicherheitsphilosophien im Technikrecht – am Beispiel des Atomrechts, UPR 1993, S. 129 ff. Vgl. ferner *Rüdiger Breuer,* Die Angst vor Gefahren und Risiken und die sachverständige Beratung nach dem Maßstab praktischer Vernunft, in: Richard Bartlsperger (Hrsg.), Der Experte bei der Beurteilung von Gefahren und Risiken, 2001, S. 31 (47 ff.).

[166] Anschaulich *Irene Lamb,* Kooperative Gesetzeskonkretisierung, 1995, S. 29 ff. m.w.N.

[167] Vgl. dazu am Beispiel der MAK-Werte-Liste *Martin Schwab,* Rechtsfragen der Politikberatung im Spannungsfeld zwischen Wissenschaftsfreiheit und Unternehmerschutz, 1999, S. 470 ff. m.w.N.

[168] *Hoffmann-Riem,* Organisationsrecht (Fn. 113), S. 361 f.; *ders.,* Methode (Fn. 9), S. 43 f. Vgl. auch *Wolff/Bachof/Stober/Kluth,* VerwR I, § 1 Rn. 8.

[169] Der Stand der Wirkungsforschung zum Recht in Deutschland ist in vier größeren, aufeinander aufbauenden und interdisziplinär angelegten Forschungskolloquien aufgearbeitet worden, vgl. dazu *Hagen Hof/Gertrude Lübbe-Wolff* (Hrsg.), Wirkungsforschung zum Recht I. Wirkungen und Erfolgsbedingungen von Gesetzen, 1999; *Hill/Hof* (Hrsg.), Wirkungsforschung II (Fn. 132); *Hagen Hof/Martin Schulte* (Hrsg.), Wirkungsforschung zum Recht III. Folgen von Gerichtsentscheidungen, 2001; *Ulrich Karpen/Hagen Hof* (Hrsg.), Wirkungsforschung zum Recht IV. Möglichkeiten einer Institutionalisierung der Wirkungskontrolle von Gesetzen, 2003. Zur Entwicklung der Rechtswirkungsforschung in Deutschland, die sich Ende der 1960er Jahre zu etablieren beginnt, vgl. die informative Zusammen-

betriebswirtschaftliche Controlling häufig als „Output", „Impact" und „Outcome" bezeichnet werden.[170] Unter **„Output"** versteht man das Produkt selbst und die sofortigen und konkreten Konsequenzen einer getroffenen Maßnahme während **„Impact"** ihre kurzfristigen Wirkungen auf das Verhalten der Zielgruppe umschreibt (Mikrofolgen). **„Outcome"** wiederum meint die langfristigen Wirkungen einer Maßnahme auf das gesellschaftliche, ökonomische oder sonstige Umfeld (Makrofolgen).

33 Ob und inwieweit eine Berücksichtigung realer Folgen im Recht überhaupt sinnvoll und möglich ist, diskutieren Juristen seit Ende der 1960er Jahre (wieder)[171] intensiver, ohne dass man freilich zu überzeugenden Lösungen gelangt wäre.[172] Vielmehr weist die Situation **paradoxieähnliche Züge** auf:[173] Einerseits ist offensichtlich, dass die Rechtspraxis mehr oder weniger intuitiv Rechtsentscheidungen fast immer (auch) von deren Realfolgen abhängig macht und nicht selten dazu auch rechtlich verpflichtet ist, etwa im Rahmen von Ermessenserwägungen.[174] Andererseits bestehen wenig Zweifel, dass Juristen selbst bei einfach gelagerten Sachverhalten erkenntnistheoretisch wie forschungspraktisch kaum in der Lage sind, Impact oder Outcome ihrer Entscheidungen zu prognostizieren und ihre Entscheidungen an deren antizipierten Folgen zu orientieren. Aufgabe der Wissenschaft muss es insofern sein, nach Formen der Folgenreflexion zu suchen, die diese Paradoxie abmildern oder verschwinden lassen.[175]

---

fassung des langjährigen (1980–1996) Leiters des 1973 eingerichteten Referates „Rechtstatsachenforschung" im Bundesministerium der Justiz *Dieter Strempel*, Perspektiven der Rechtswirkungsforschung (RWF) – Inhalte und Organisation, in: Hagen Hof/Gertrude Lübbe-Wolff (Hrsg.), ebd., S. 627 ff., sowie *Hellmut Wollmann*, Evaluation von Folgenforschung, in: Karl-Peter Sommermann (Hrsg.), Folgen von Folgenforschung, 2002, S. 56–63.

[170] Zu dieser nicht immer einheitlich verwendeten Terminologie → Bd. I *Franzius* § 4 Rn. 70 ff. Vgl. ferner *Frank Nullmeier*, Input, Output, Outcome, Effektivität und Effizienz, in: Bernhard Blanke u. a. (Hrsg.), Handbuch zur Verwaltungsreform, 2. Aufl. 2001, S. 357 ff., und *Hermes*, Folgenberücksichtigung (Fn. 105), S. 370. Zu anderen Folgenkategorien im rechtswissenschaftlichen Schrifttum (z. B. Mikro- und Makrofolgen, Individual- und Sozialfolgen, Entscheidungs- und Adaptionsfolgen) vgl. nur *Martina R. Deckert*, Folgenorientierung in der Rechtsanwendung, 1995, S. 115–118 m.w.N.

[171] Zur intensiven Diskussion um 1900 vgl. *Emmenegger*, Gesetzgebungskunst (Fn. 106), S. 154 ff.

[172] Grundlegende Vorarbeiten für den Bereich der Gesetzgebung von *Bender*, Gesetzgebungslehre (Fn. 106); *Noll*, Gesetzgebungslehre (Fn. 106), und *Rödig* (Hrsg.), Theorie (Fn. 106). Für den Bereich der Rechtsanwendung vgl. *Martin Kriele*, Theorie der Rechtsgewinnung, 2. Aufl. 1976 (1967), S. 191–194; *Adalbert Podlech*, Wertungen und Werte im Recht, AöR, Bd. 95 (1970), S. 185 (197–201); *Gunther Teubner*, Folgenkontrolle und responsive Dogmatik, Rechtstheorie, Bd. 6 (1975), S. 179 ff.; *Thomas Sambuc*, Folgenerwägungen im Richterrecht, 1977; *Thomas W. Wälde*, Juristische Folgenorientierung, 1979; *Gertrude Lübbe-Wolff*, Rechtsfolgen und Realfolgen, 1981. Aus neuerer Zeit vgl. neben den bereits Genannten die Beiträge in: *Teubner* (Hrsg.), Entscheidungsfolgen (Fn. 87), sowie *Martin Hensche*, Probleme der folgenorientierten Rechtsanwendung, Rechtstheorie, Bd. 29 (1998), S. 102 ff., und *van Aaken*, Rational Choice (Fn. 146), insbes. S. 146–179. Krit. insbes. *Niklas Luhmann*, Rechtssystem und Rechtsdogmatik, 1974, S. 31–48.

[173] So zutreffend *Teubner*, Folgenorientierung (Fn. 87), S. 9. Vgl. auch *Klaus F. Röhl/Hans C. Röhl*, Allgemeine Rechtslehre, 3. Aufl. 2008, S. 644.

[174] Vgl. *Karl-Peter Sommermann*, Folgenforschung und Recht, in: ders. (Hrsg.), Folgen (Fn. 169), S. 39 (49–52); *Hermes*, Folgenberücksichtigung (Fn. 105), S. 361–363.

[175] Nach *Lübbe-Wolff*, Rechtsfolgen (Fn. 172), S. 13, kann die Frage nur lauten, „ob man nicht lieber mit den durch praktisch beschränkte Prognosemöglichkeiten gesetzten Scheuklappen geht, als völlig blind". Ähnlich *van Aaken*, Rational Choice (Fn. 146), S. 175: „Die Unsicherheit der Prognose kann aber nicht bedeuten, dass auf gesetzgeberisches Handeln oder auch die Prognosen verzichtet wird, diese sind immer noch besser als ein ‚Schuss ins Dunkle'."

D. Methodische Elemente der Neuen Verwaltungsrechtswissenschaft

Wichtige Impulse gehen hier von den interdisziplinär ausgerichteten Forschungszweigen der **Technikfolgenabschätzung (TA)**[176] und der **Gesetzesfolgenabschätzung (GFA)**[177] aus, wenngleich die dort angewandten Methoden der **prospektiven Rechtswirkungsforschung**[178] (z.B. Szenariotechnik, Nutzwertanalyse, Trendverfahren, Experiment[179], Modellverfahren[180], Restriktionsanalysen, Computersimulationen)[181] noch unausgereift sind und lediglich sehr vage Aussagen über mögliche Wirkungen rechtlicher Regelungen erlauben.[182] Es kann hier aber ohnehin immer nur um erste Einschätzungen im Hinblick auf einen

34

---

[176] Zu ihr *Alexander Roßnagel*, Rechtswissenschaftliche Technikfolgenabschätzung, 1993; *Thomas Petermann/Reinhard Coenen* (Hrsg.), Technikfolgenabschätzung in Deutschland, 1999. Seit 1990 existiert ein Büro für Technikfolgenabschätzung im Deutschen Bundestag, aus dem der Ausschuss für Forschung, Technologie und Technikfolgenabschätzung (§ 56a GOBT) hervorgegangen ist, vgl. *Thomas Petermann*, Das Büro für Technikfolgen-Abschätzung beim deutschen Bundestag: Innovation oder Störfaktor?, in: Axel Murswieck/Renate Mayntz (Hrsg.), Regieren und Politikberatung, 1994, S. 79 ff. Auf europäischer Ebene haben sich die nationalen TA-Büros zum European Parliamentary Technology Assessment (EPTA)-Netzwerk zusammengeschlossen. Das Europäische Parlament wird vom Science and Technology Options Assessment (STOA)-Panel beraten.

[177] Grundlegend dazu *Carl Böhret*, Gesetzesfolgenabschätzung (GFA), Speyrer Arbeitshefte Nr. 110, 2. Aufl. 1997; *Carl Böhret/Götz Konzendorf*, Handbuch Gesetzesfolgenabschätzung (GFA), 2001. Vgl. ferner *Werner Bussmann*, Rechtliche Anforderungen an die Qualität der Gesetzesfolgenabschätzung, ZG 1998, S. 127 ff.; *Ulrich Karpen*, Gesetzesfolgenabschätzung in der Europäischen Union, AöR, Bd. 124 (1999), S. 400 ff.; *ders.*, Gesetzesfolgenabschätzung, ZRP 2002, S. 443 ff.; *Götz Konzendorf*, Politikwissenschaftliche Gesetzesfolgenabschätzung, in: Kilian Bizer/Martin Führ/Christoph Hüttig (Hrsg.), Responsive Regulierung, 2002, S. 123 ff.; *Jörg Ennuschat*, Wege zu besserer Gesetzgebung – sachverständige Beratung, Begründung, Folgenabschätzung und Wirkungskontrolle, DVBl 2004, S. 986 (992–994); *Stephan Hensel* u. a. (Hrsg.), Gesetzesfolgenabschätzung in der Anwendung, 2010; *Margrit Seckelmann*, Neue Aufgaben für den Nationalen Normenkontrollrat – Perspektiven für die Folgenabschätzung von Gesetzen?, ZRP 2010, S. 213 ff. Zur institutionalisierten Gesetzesfolgenabschätzung im parlamentarischen Verfahren (vgl. § 43 Abs. 1 Nr. 5 i. V. m. § 44 GGO) vgl. *Hans Hofmann/Klaus G. Meyer-Teschendorf*, Neue Anforderungen an Gesetzgebungsmethodik und Gesetzesfolgenabschätzung, ZG 1998, S. 362 ff.; *Christoph Grimm*, Gesetzesfolgenabschätzung – Möglichkeiten und Grenzen – aus der Sicht des Parlaments, ZRP 1999, S. 87 ff.; *Lars Brocker*, Parlamentarische Gesetzesfolgenabschätzung, in: Bizer/Führ/Hüttig (Hrsg.), Regulierung, ebd., S. 133 ff. m. w. N. Vgl. ferner *Kommission*, Mitteilung über Folgenabschätzung, KOM (2002) 276 endg. vom 5. 6. 2002. → Bd. I *Reimer* § 9 Rn. 110.

[178] Innerhalb der Gesetzesfolgenabschätzung wird zwischen prospektiver, begleitender und retrospektiver Gesetzesfolgenabschätzung unterschieden, vgl. *Böhret/Konzendorf*, Gesetzesfolgenabschätzung (Fn. 177), S. 2 f. und passim.

[179] Zur Bedeutung experimenteller Rechtsetzung und ihren rechtlichen Rahmenbedingungen vgl. *Gerd-Michael Hellstern/Hellmut Wollmann* (Hrsg.), Experimentelle Politik. Reformstrohfeuer oder Lernstrategie?, 1983; *Carl Böhret/Werner Hugger*, Test und Prüfung von Gesetzesentwürfen, 1980, sowie aus juristischer Sicht *Detlef Horn*, Experimentelle Gesetzgebung unter dem Grundgesetz, 1989, und z. B. *Georg Strätker*, Experimentierklauseln im Kommunalrecht, in: Maximilian Wallerath (Hrsg.), Verwaltungserneuerung, 2001, S. 95 ff.

[180] Vgl. z.B. *Reinhard Giese/Peter Runde*, Wirkungsmodell für die empirische Bestimmung von Gesetzeswirkungen, ZfRSoz, Bd. 20 (1999), S. 14 ff.

[181] Überblick über die verschiedenen Methoden bei *Böhret/Konzendorf*, Gesetzesfolgenabschätzung (Fn. 177), S. 21–50.

[182] So *Strempel*, Rechtswirkungsforschung (Fn. 169), S. 631. Vgl. ferner etwa *Hans-Peter Krüger*, Methodische Desiderate zur Wirkungsforschung, in: Hof/Lübbe-Wolff (Hrsg.), Wirkungsforschung (Fn. 169), S. 489 ff.; *Wolfgang Köck*, Gesetzesfolgenabschätzung und Gesetzgebungsrechtslehre, VerwArch, Bd. 93 (2002), S. 1 (9 ff.); *Schulze-Fielitz*, Wege (Fn. 106), S. 869 m. w. N. Positivere Einschätzung dagegen z. B. von *Lars Brocker*, Gesetzesfolgenabschätzung und ihre Methodik (Fn. 177), S. 35 (38 f.), und *Götz Konzendorf*, Gesetzesfolgenabschätzung am Beispiel eines Landeswaldgesetzes, in: Hill/Hof (Hrsg.), Wirkungsforschung (Fn. 132), S. 97 (104 f.). Zur Evaluation prospektiver Folgenforschung vgl. *Wollmann*, Folgenforschung (Fn. 169), S. 63–71.

bestimmten Kreis als relevant erachteter Folgen gehen. Denn auch in absehbarer Zukunft wird angesichts der Komplexität gesellschaftlicher Prozesse keine Wissenschaftsdisziplin in der Lage sein, verlässliche Antworten auf prognostische Fragen zur Wirkung einer rechtlichen Regelung auf den sozialen Gesamtzustand (Outcome) zu bieten. „Letztlich kann nur das in Kraft getretene und angewandte Gesetz selbst den experimentellen Beweis der Richtigkeit der gesetzgeberischen Prognose liefern."[183]

35   Ergänzend zur Folgenprognose muss daher das **Lernen aus Erfahrungen und Vergleich** treten.[184] Dazu bedarf es entsprechenden Wissens über die Wirkungen einer bestehenden Regelung oder einer Entscheidung. Dieses Wissen zu generieren, ist insbesondere Aufgabe der empirisch arbeitenden **retrospektiven Rechtswirkungsforschung,** genauer der **Implementations-** und **Evaluationsforschung,** die, unterstützt durch die Ministerialbürokratie, in der Bundesrepublik seit den 1970er Jahren intensiver betrieben wird.[185] Sicherlich bleiben auch die dort erarbeiteten Ergebnisse angesichts begrenzter Personal- und Sachmittel selektiv und kaum verallgemeinerbar,[186] methodisch bewegt man sich hier aber auf sichererem Terrain als bei der prospektiven Rechtsfolgenabschätzung. Zumindest Anhaltspunkte für die Wirkungen bestimmter Regelungsansätze können ferner Erfahrungen in anderen Ländern liefern, die sich traditionell im Wege der funktionalen Rechtsvergleichung erschließen lassen.[187] Als Beispiel sei hier nur auf die Einführung des Neuen Steuerungsmodells (NSM) verwiesen, bei der man sich stark an den bereits umgesetzten Verwaltungsreformen in der holländischen Stadt Tilburg orientierte.[188] Auch rechtshistorische Analysen vermögen schließlich in begrenztem Umfang Aufschluss über bestimmte Wirkungszusammenhänge zu liefern.[189]

---

[183] *Noll,* Gesetzgebungslehre (Fn. 106), S. 35.

[184] → Bd. I *Franzius* § 4 Rn. 97 ff. Vgl. auch *Stefan Huster,* Die Beobachtungspflicht des Gesetzgebers, ZfRSoz, Bd. 24 (2003), S. 3 ff.

[185] Die Evaluationsforschung ist mit der Implementationsforschung eng verwandt, in der konkreten Ausrichtung aber zielorientierter. Während die Implementationsforschung sich allgemein mit der Umsetzung rechtlicher Regelungen beschäftigt, überprüft die Evaluationsforschung die Wirkung komplexer Planungs- und Entscheidungsprogramme; es handelt sich insofern um eine Kombination aus Erfolgskontrolle durch Soll-Ist-Vergleich und Programmfortentwicklung. Zur Implementationsforschung vgl. die N. in → Fn. 48. Zur Evaluationsforschung vgl. *Gerd-Michael Hellstern/Hellmut Wollmann,* Evaluierung und Evaluationsforschung – ein Entwicklungsbericht, in: dies. (Hrsg.), Handbuch der Evaluierungsforschung, Bd. I, 1984, S. 17 ff., sowie *Reinhard Stockmann* (Hrsg.), Evaluierungsforschung, 2. Aufl. 2004.

[186] Vgl. bereits oben → Rn. 30. Ein sehr kritisches Resümee zu den Erträgen der retrospektiven Rechtswirkungsforschung zieht *Gertrude Lübbe-Wolff,* Schlussfolgerungen zur Rechtswirkungsforschung, in: Hof/dies. (Hrsg.), Wirkungsforschung (Fn. 169), S. 645 (655–657).

[187] Näher dazu im vorliegenden Kontext *van Aaken,* Rational Choice (Fn. 146), S. 129–146 m. w. N., die auch die methodischen Grenzen dieser Vorgehensweise aufzeigt.

[188] *KGSt,* Wege zum Dienstleistungsunternehmen Kommunalverwaltung. Fallstudie Tilburg, Bericht 19/1992; *Frank Hendriks/Pieter Tops,* Der Wind des Wandels: New Public Management in der niederländischen Gemeindeverwaltung, VerwArch, Bd. 92 (2001), S. 560 ff. Näher → Rn. 53 ff.

[189] So ausdrücklich *Michael Timme,* Rechtsgeschichte als methodischer Zugang zu einem Recht der Gemeinschaftsgüter, in: Christoph Engel (Hrsg.), Methodische Zugänge zu einem Recht der Gemeinschaftsgüter, 1998, S. 143 (146 f.). Zu Beispielen vgl. Fn. 161, sowie z. B. *Vanessa Géczy-Sparwasser,* Die Gesetzgebungsgeschichte des Internet, 2003, mit Blick auf das Verhältnis zwischen Gesetzgeber und Technik. Diff. zur Bedeutung historischer Untersuchungen für die Fortentwicklung des Verwaltungsrechts *Christoph Möllers,* Historisches Wissen in der Verwaltungsrechtswissenschaft, in: Schmidt-Aßmann/Hoffmann-Riem (Hrsg.), Methoden, S. 131 ff. m. w. N.

D. Methodische Elemente der Neuen Verwaltungsrechtswissenschaft

In einem zweiten Schritt gilt es dann, das erworbene **Wirkungswissen rückzukoppeln** mit der **(Verwaltungs-)Rechtsordnung**.[190] Soweit gesetzliche Regelungen bereits bestehen, müssen diese möglichst revisionsoffen ausgestaltet sein, um eventuelle Korrekturen des Steuerungsprogramms zu ermöglichen.[191] Bei der Rechtsanwendung können Realfolgen im Rahmen der Auslegung in unterschiedlicher Weise Berücksichtigung finden, etwa bei der Ermittlung des Willens des Gesetzgebers, bei teleologischen Erwägungen oder bei der Bestimmung der Rechtsfolge.[192] Mitunter ist die Folgenorientierung durch Zweckprogramme sogar zwingend vorgegeben. Erleichtert wird die Folgenorientierung schließlich durch entsprechende organisatorische und verfahrensrechtliche Vorkehrungen,[193] wie sie z. B. das Gesetz über die Umweltverträglichkeitsprüfung vorsieht, die als „folgenorientiertes Informationsermittlungsverfahren" fungiert.[194] 36

IV. Intra-, Multi-, Trans- und Interdisziplinarität

Sowohl die steuerungstheoretische Perspektive als auch die realwissenschaftliche Analyse und die Folgenberücksichtigung setzen die Bereitschaft voraus, die wissenschaftlichen Erkenntnisse außerhalb des eigenen Faches zur Kenntnis zu nehmen und in die eigenen Überlegungen mit einzubeziehen. Dabei sind freilich verschiedene **Rezeptionsbarrieren** zu überwinden: 37

Zunächst gilt es, im Sinne einer **intra-disziplinären Öffnung** die besonders dem deutschen Recht eigenen[195] Abschottungstendenzen zwischen den rechtswissenschaftlichen Teildisziplinen (Zivilrecht, Öffentliches Recht, Strafrecht)[196] ein Stück weit zu relativieren. „Die Struktur öffentlicher Aufgaben und gesellschaftlicher Problemlagen folgt weder den Zäsuren der Rechtsdogmatik noch den Feinheiten rechtswissenschaftlicher Disziplinbildung".[197] Das belegen nicht nur neue Querschnittsmaterien wie das Umwelt- oder Informationsrecht,[198] sondern auch übergreifende sachbereichsspezifische Regelungsstrategien, wie sie z. B. das im Entstehen befindliche „Gewährleistungsverwaltungsrecht"[199] 38

---

[190] → Bd. I *Franzius* § 4 Rn. 93 ff.

[191] Zur Forderung nach innovationstauglichem Recht vgl. grundlegend *Wolfgang Hoffmann-Riem*, Rechtswissenschaftliche Innovationsforschung als Reaktion auf gesellschaftlichen Innovationsbedarf, in: Martin Eifert/Wolfgang Hoffmann-Riem (Hrsg.), Innovation und rechtliche Regulierung, 2002, S. 26 (37–42).

[192] Näher dazu vor dem Hintergrund der klassischen Methodenlehre und alternativer Konzepte *Deckert*, Folgenorientierung (Fn. 170), S. 37–88.

[193] Das betont auch *Hermes*, Folgenberücksichtigung (Fn. 105), S. 380–385.

[194] *Wolfgang Hoffmann-Riem*, Ermöglichung von Flexibilität und Innovationsoffenheit, in: ders./Schmidt-Aßmann (Hrsg.), Innovation, S. 9 (25).

[195] Zur Situation in Frankreich vgl. *Ruffert*, Methodik (Fn. 73), S. 178 f.

[196] Beispielhaft kann hier auf die ideologisch aufgeladene Diskussion um den Vorrang des Privatrechts hingewiesen werden, vgl. aus neuerer Zeit einerseits *Fritz Rittner*, Über den Vorrang des Privatrechts, FS Wolfram Müller-Freienfels, 1986, S. 509 ff.; *Ernst-Joachim Mestmäcker*, Die Wiederkehr der bürgerlichen Gesellschaft und ihres Rechts, Rechtshistorisches Journal, Bd. 10 (1991), 177 ff., und andererseits *Thomas Vesting*, Wiederkehr der bürgerlichen Gesellschaft und ihres Rechts?, in: Hans Schlosser (Hrsg.), Bürgerliches Gesetzbuch 1896–1996, 1997, S. 183 ff.

[197] *Eberhard Schmidt-Aßmann*, Öffentliches Recht und Privatrecht: Ihre Funktion als wechselseitige Auffangordnungen, in: Hoffmann-Riem/Schmidt-Aßmann (Hrsg.), Auffangordnungen, S. 7 (8).

[198] Zu ihrem Charakter als Querschnittsmaterie vgl. *Sparwasser/Engel/Voßkuhle*, UmweltR, § 1 Rn. 29 f.; *Michael Kloepfer*, Informationsrecht, 2000, § 1 Rn. 67.

[199] Systematisch entfaltet bei *Andreas Voßkuhle*, Beteiligung Privater an der Wahrnehmung öffentlicher Aufgaben und staatliche Verantwortung, VVDStRL, Bd. 62 (2003), S. 266 (307 ff., insbes. S. 309 f.).

kennzeichnet. Die spezifischen Steuerungsleistungen der drei großen Teilrechtsordnungen stehen in einem Ergänzungsverhältnis und müssen als wechselseitig stützende „Auffangordnungen" (Hoffmann-Riem) gedacht werden.[200] Dazu zwingt nicht zuletzt auch die finale Ausrichtung des Europarechts, die quer liegt zur Doktrin abgeschlossener Gebietsreservate.[201] Soweit der Gesetzgeber vor diesem Hintergrund unter pragmatischen Gesichtspunkten darüber entscheiden kann, welche Regelungstechnik er verwendet, um ein bestimmtes Ziel zu erreichen,[202] bedarf er „ganzheitlicher" Beratung von Seiten der Rechtswissenschaft.

39 Ferner strebt die Neue Verwaltungsrechtswissenschaft danach, die **inter-, trans-** oder zumindest **multidisziplinäre Auseinandersetzung** mit den **Erkenntnissen anderer Wissenschaftsdisziplinen** zu vertiefen.[203] Im Mittelpunkt des Interesses stehen hier die Wirtschaftswissenschaften[204], die Sozialwissenschaften[205], die Technikforschung[206] sowie diejenigen Disziplinen, die sich ebenfalls mit der Organisation und Tätigkeit der öffentlichen Verwaltung sowie ihrem Recht beschäftigen. Zu nennen sind hier etwa: Betriebswirtschaftslehre, Verwaltungssoziologie, Verwaltungspsychologie, Verwaltungsgeographie, Organisationslehre, Verwaltungsinformatik und Verwaltungsgeschichte. Diese Fächer fasst man herkömmlicher Weise unter der Bezeichnung **„Verwaltungswissenschaft(en)"** zusammen; der methodische Status der Verwaltungswissenschaft und ihr Verhältnis zur Verwaltungs*rechts*wissenschaft sind freilich seit jeher prekär.[207] Angesichts der grundsätzlichen **Probleme,** die jeder Form **interdisziplinären Arbeitens** immanent sind,[208]

Vgl. ferner *Bernward Wollenschläger*, Effektive Rückholoptionen bei gesellschaftlicher Schlechterfüllung, 2006; *Markus Edelbluth*, Gewährleistungsaufsicht, 2008; *Claudio Franzius*, Gewährleistung im Recht, 2009. → Rn. 61; Bd. I *Burgi* § 18 Rn. 79 f. Zum „Gewährleistungsstaat" → Rn. 41 mit den N. in Fn. 230. Zur Einordnung der Gewährleistungsverwaltung in die Modi der Aufgabenwahrnehmung → Bd. I *Schulze-Fielitz* § 12 Rn. 51 ff.

[200] → Bd. I *Burgi* § 18 Rn. 36 f.; Bd. II *Hoffmann-Riem* § 33 Rn. 69 ff. Grundlegend dazu die Beiträge in: *Hoffmann-Riem/Schmidt-Aßmann* (Hrsg.), Auffangordnungen.

[201] *Trute*, Wissenschaft (Fn. 15), S. 12. → Bd. I *Burgi* § 18 Rn. 30 f.

[202] So auch *Christoph Möllers*, Staat als Argument, 2000, S. 302 f.

[203] Krit. *Schulte*, Handlungsformen (Fn. 45), S. 343 f.; *Walter Krebs*, Sozialwissenschaften im Verwaltungsrecht: Integration oder Multiperspektivität, DV, Beiheft 2, 1999, S. 127 ff.; *Möllers*, Richtungsstreit (Fn. 45), S. 203–206; *Oliver Lepsius*, Besitz und Sachherrschaft im öffentlichen Recht, 2002, S. 398–409.

[204] Vgl. Fn. 145 sowie aus neuer Zeit *Jens-Peter Schneider*, Zur Ökonomisierung von Verwaltungsrecht und Verwaltungsrechtswissenschaft, DV, Bd. 34 (2001), S. 317 ff., und *Christoph Gröpl*, Ökonomisierung von Verwaltung und Verwaltungsrecht, VerwArch, Bd. 93 (2002), S. 459 ff. Allgemein zur Rezeption der Ökonomik durch die Rechtswissenschaft etwa *Martin Morlok/Christoph Engel* (Hrsg.), Öffentliches Recht als Gegenstand ökonomischer Forschung, 1998; *Stephan Tontrup*, Ökonomik in der dogmatischen Jurisprudenz, in: Engel (Hrsg.), Zugänge (Fn. 189), S. 41 ff.; *Oliver Lepsius*, Die Ökonomik als neue Referenzwissenschaft der Staatsrechtslehre, DV, Bd. 32 (1999), S. 429 ff.; *Emanuel V. Towfigh/Niels Petersen*, Ökonomische Methoden im Recht, 2010; → Bd. II *Sacksofsky* § 40 Rn. 29 ff.

[205] Anschaulich: *Wolfgang Hoffmann-Riem*, Sozialwissenschaften in der Rechtsanwendung – am Beispiel der Nutzung der Medienforschung in der Rechtsprechung zum Medienrecht, ZfRSoz, Bd. 2001, S. 4 ff.

[206] Vgl. oben Fn. 176.

[207] → Bd. I *Möllers* § 3 Rn. 56. Aus neuerer Zeit dazu *Gunnar Folke Schuppert*, Soziologie der öffentlichen Verwaltung, in: Horst Dreier (Hrsg.), Rechtssoziologie am Ende des 20. Jahrhunderts, 2000, S. 206 ff.; *ders.*, Die Verwaltungswissenschaft als Impulsgeberin der Verwaltungsrechtsreform, in: Hoffmann-Riem, Offene Rechtswissenschaft, S. 1041 ff.; *Klaus König*, Verwaltungswissenschaft in der internationalen Entwicklung, VerwArch, Bd. 94 (2003), S. 267 ff., sowie die Beiträge in: *Jan Ziekow* (Hrsg.), Verwaltungswissenschaften und Verwaltungswissenschaft, 2003.

[208] Allgemein zu den Problemen der Interdisziplinarität vgl. etwa *Jürgen Kocka* (Hrsg.), Interdisziplinarität. Praxis – Herausforderung – Ideologie, 1987; *Gerfried W. Hunold*, Grenzbegehungen. In-

D. Methodische Elemente der Neuen Verwaltungsrechtswissenschaft

vermag dieser Umstand kaum zu überraschen. Aufgrund der begrenzten Arbeitskapazität jedes Wissenschaftlers fehlt es nicht selten an genaueren Kenntnissen über den aktuellen Forschungsstand in anderen Disziplinen. Damit steigt nicht nur die Gefahr „uninformierter Theorieimporte"[209], sondern interdisziplinäre Rezeptionsprozesse verlaufen in der Regel auch höchst selektiv und weisen oft deutliche Verzögerungen und Asymmetrien auf. Ganz abgesehen davon passieren Erkenntnisse aus anderen Disziplinen jeweils den Filter einer spezifischen Verwendungstauglichkeit. Sie büßen auf diese Weise zum Teil den ihr vom professionellen Stab der jeweiligen Disziplin zugemessenen Erklärungsgehalt ein. Der Tendenz nach führt die Assimilation zur Verwandlung,[210] die nicht selten in einer Banalisierung und Trivialisierung besteht.[211] Gleichwohl bleibt die produktive Irritation durch andere Forschungszugänge und Erkenntnisse ein zentraler Innovationsfaktor. Gerade die deutschen Juristen haben sich durch die Pflege der sog. Grundlagenfächer (Rechtsgeschichte, Rechtsphilosophie, Rechtssoziologie) eine eigene Kompetenz im Umgang mit anderen Disziplinen erworben.[212] Hinzu kommt, dass die Rechtswissenschaft permanent Fakten verarbeitet, die sie selbst nicht verifizieren kann, ein weiterer Grund, sich mit Nachbarfächern auseinanderzusetzen.[213] Es erscheint deshalb mehr als an der Zeit, den alten Streit um die Öffnung der (Verwaltungs-)Rechtswissenschaft für die Wirklichkeitsbeschreibungen anderer Disziplinen[214] zu begraben. Weiterführend dürfte ein **differenziert-integrativer Ansatz** sein, der es erlaubt, unterschiedliche Perspektiven zusammenzuführen, ohne die jeweilige disziplinäre Identität aufzugeben.[215] Dazu bedarf es der Entwicklung geeigneter „Verkehrsregeln", die den Wissenstransfer zwischen der normativ-dogmatischen Verwaltungsrechtswissenschaft und den Nachbarwissenschaften strukturieren im Sinne einer „**transdisziplinären Metatheorie**".[216] Wichtige Elemente einer solchen Metatheorie

---

terdisziplinarität als Wissenschaftsethos, 1995; *Schmidt-Aßmann*, Forschung (Fn. 97), S. 7–9; *Markus Käbisch*, Interdisziplinarität. Chancen, Grenzen, Konzepte, 2001; *Dieter Ewrigmann*, Interdisziplinarität – eine Herausforderung für Wissenschaft und Politik, in: Bizer/Führ/Hüttig (Hrsg.), Regulierung (Fn. 177), S. 215 ff. Weiterführend aus Sicht einer imperialen Wissenschaft auch *Karl Homann/Andreas Suchanek*, Ökonomik, 2000, S. 445–450. Vgl. ferner nur die Auswahlbibliographie von *Margit T. Brandl*, Interdisziplinarität, 1996.

[209] *Voßkuhle*, Methode (Fn. 10), S. 182–184; *ders.*, Ökonomisierung (Fn. 145), S. 368 f. Vgl. auch *Möllers*, Richtungsstreit (Fn. 45), S. 203–206, unter Hinweis auf die Rezeption der Systemtheorie, sowie allgemein *Hoffmann-Riem*, Methoden (Fn. 9), S. 60.

[210] Da jede Methode ihren eigenen Gegenstand in gewissem Umfang mit konstruiert (vgl. oben Fn. 2), führt die Kombination verschiedener Methoden und Perspektiven im streng methodologischen Sinn zu verschiedenen Erkenntnisobjekten. Das spricht aber nicht gegen die Fruchtbarkeit dieser Vorgehensweise, so aber z. B. *Friedrich Koja*, Der Begriff der Allgemeinen Staatslehre, in: FS Ludwig Adamovich, 1992, S. 244 (248 f.), am Beispiel der „Allgemeinen Staatslehre".

[211] So *Hoffmann-Riem*, Sozialwissenschaften (Fn. 15), S. 85; *ders.*, Methoden (Fn. 9), S. 59 f.

[212] *Möllers/Voßkuhle*, Staatsrechtswissenschaft (Fn. 9), S. 329.

[213] So zutreffend *Susanne Baer*, Schlüsselbegriffe, Typen und Leitbilder als Erkenntnismittel und ihr Verhältnis zur Rechtsdogmatik, in: Schmidt-Aßmann/Hoffmann-Riem (Hrsg.), Methoden, S. 228 f. m. w. N. Ähnlich *Trute*, Wissenschaft (Fn. 15), S. 13; *Hoffmann-Riem*, Methoden (Fn. 9), S. 58, der vor einem Verharren in „defensiver Ignoranz" (Niklas Luhmann) warnt.

[214] Vgl. Fn. 41.

[215] Vgl. *Roland Czada*, Disziplinäre Identität als Voraussetzung von Interdisziplinarität, in: Bizer/Führ/Hüttig (Hrsg.), Regulierung (Fn. 177), S. 23 ff., und *Christoph Engel*, Rechtswissenschaft als angewandte Sozialwissenschaft, in: ders. (Hrsg.), Zugänge (Fn. 189), S. 12 (38 f.).

[216] Näher dazu *Thomas Vesting*, Nachbarwissenschaftlich informierte und reflektierte Verwaltungsrechtswissenschaft – „Verkehrsregeln" und „Verkehrsströme", in: Schmidt-Aßmann/Hoffmann-

sind u. a. Methodentransparenz, Methodenehrlichkeit, die Begründungsbedürftigkeit jedes Theorie- oder Begriffstransfers, das Aufzeigen unterschiedlicher Verwendungshorizonte und der Aufbau von Schutzmechanismen, die bei zu starker und damit unproduktiver Komplexitätssteigerung durch externe Wissenszufuhr auch eine teilweise Schließung der Verwaltungsrechtswissenschaft gegenüber der wissenschaftlichen Umwelt zulassen.

V. Das Arbeiten mit Schlüsselbegriffen und Leitbildern

40 Zur Koordinierung der verschiedenen verwaltungsbezogenen Fachdiskurse, die jeweils geprägt sind von spezifischen Forschungsinteressen und Methoden, bedient man sich innerhalb der Neuen Verwaltungsrechtswissenschaft häufig sog. **„Schlüsselbegriffe"**.[217] Ihnen kommt die wichtige Funktion zu, gemeinsame Aufmerksamkeits- und Arbeitsfelder näher zu bezeichnen **(Verständigungsfunktion)**. Gleichzeitig sollen sie übergreifende Ordnungsideen, Wirklichkeitsannahmen, Wirkungshypothesen u.ä. für unterschiedliche Argumentationszusammenhänge fruchtbar machen, indem sie eine Fülle von Informationen und Gedanken in einem Wortspeicher bündeln, strukturieren und begreifbar machen (**Erklärungs-** und **Deutungsfunktion**). Neue Schlüsselbegriffe deuten daher nicht selten auf gesellschaftliche und politische Lernprozesse hin (ohne dass freilich immer das richtige gelernt werden muss).[218] Sie reduzieren auf der einen Seite Komplexität, dienen aber gleichzeitig als Inspirationsplattform, indem sie noch unausgegorenen Überlegungen ersten Halt geben, verschiedene Perspektiven zusammenführen (**Vernetzungsfunktion**) und Anleitung für die Zukunft bieten (**Orientierungsfunktion**).[219] Schlüsselbegriffe sind folglich ganz besonders auf Konkretisierung angewiesen,[220] sie geben keine eindeutige Antwort, sondern weisen dem Denken den Weg.[221]

Riem (Hrsg.), Methoden, S. 253 ff. (insbes. S. 275 ff., 280). Vgl. auch *Hoffmann-Riem*, Methoden (Fn. 9), S. 60–62, der von „Brückenmethoden", „Brückendaten", „Brückentheorien" und „Brückenbegriffen" spricht. Ähnlich i. E.: *Jestaedt*, Rechtswissenschaftstheorie (Fn. 11), S. 202 ff.; *ders.*, „Öffentliches Recht" als wissenschaftliche Disziplin, in: Christoph Engel/Wolfgang Schön (Hrsg.), Proprium der Rechtswissenschaft, 2007, S. 241 (278 ff.).

[217] Synonyme sind: „interdisziplinäre Verbundbegriffe" (*Trute*, Verantwortungsteilung [Fn. 70], S. 14), „Kontaktbegriffe" (*Trute*, Wissenschaft [Fn. 15], S. 12), „Brückenbegriffe" (*Hoffmann-Riem*, Methoden [Fn. 9], S. 61 f.), „Verweisungsbegriffe" (*Gusy*, Wirklichkeit [Fn. 155], S. 220) oder „Vermittlungsbegriffe" (*Peter Badura*, Diskussionsbeitrag, VVDStRL, Bd. 30 [1971], S. 327). → Bd. I *Franzius* § 4 Rn. 28.

[218] So *Werner Jann*, Governance als Reformstrategie – Vom Wandel und der Bedeutung politischer Leitbilder, in: Schuppert (Hrsg.), Governance-Forschung (Fn. 131), S. 21 (23).

[219] So *Andreas Voßkuhle*, Regulierte Selbstregulierung – Zur Karriere eines Schlüsselbegriffs, in: Regulierte Selbstregulierung als Steuerungskonzept des Gewährleistungsstaats, DV, Beiheft 4, 2001, 197 (198) m. w. N. Zu den Eigenarten dieser „weichen" Leitbegriffe und den Gründen für ihren Bedeutungsgewinn vgl. auch *Helmuth Schulze-Fielitz*, Rationalität als rechtsstaatliches Prinzip für den Organisationsgesetzgeber, in: FS Klaus Vogel 2000, S. 311 (316–319); *Jan Karstens*, Rechtliche Steuerung von Umweltinnovationen durch Leitbilder: Leitbilder als materieller Kern von regulierter Selbstregulierung, in: Eifert/Hoffmann-Riem (Hrsg.) Innovation (Fn. 191), S. 50 ff.; *Baer*, Schlüsselbegriffe (Fn. 213), S. 223 (225–228).

[220] Die Notwendigkeit „konzeptioneller Ausdifferenzierung" betont *Barbara K. Schmitz*, Deregulierung und Privatisierung: Theoretische Steuerungskonzepte oder politische Schlagwörter?, 2002, S. 242–244.

[221] Schlüsselbegriffe besitzen deshalb auch eine wichtige rechtspolitische Funktion, vgl. *Hoffmann-Riem*, Tendenzen (Fn. 43), S. 433 (439).

D. Methodische Elemente der Neuen Verwaltungsrechtswissenschaft

Versuche, die **rechtliche Qualität** von Schlüsselbegriffen genauer zu bestimmen, stoßen auf nicht unerhebliche Schwierigkeiten; sie sind irgendwo angesiedelt zwischen soziologischer Analyse und juristischer Dogmatik. Die daraus resultierende methodische Sprengkraft[222] kann man an der Wirkungsgeschichte der Forsthoff'schen „Daseinsvorsorge" gut ablesen.[223] Dennoch greift der Einwand, es handele sich lediglich um „juristische Feuilletonistik" und „ästhetisierende Wortspiele",[224] deutlich zu kurz. In Schlüsselbegriffen kommen jene übergeordneten Grundvorstellungen zum Ausdruck, die notwendig sind, um das bestehende Repertoire an Rechtsinstituten und Regelungsmodellen im Hinblick auf veränderte Realbedingungen neu zu durchdenken und fortzuentwickeln. Das sagt freilich noch nichts aus über die konkrete Tauglichkeit einzelner Konstrukte und ihre dogmatische Anschlussfähigkeit.[225] Während sich etwa die im interdisziplinären Diskurs häufig verwendeten Begriffe Kooperation[226], Privatisierung[227] und Governance[228] für die verwaltungsrechtswissenschaftliche Ordnungsbildung als eher konturschwach erwiesen haben, wird dort z. B. auf die Schlüsselbegriffe Information[229], Gewährleistungsstaat[230], (regulierte) Selbst-

---

[222] Grundsätzliche Kritik bei *Röhl*, Verwaltungsverantwortung (Fn. 45), 33 ff.; *Möllers*, Theorie (Fn. 27), S. 34–38, 44–46, und *Lepsius*, Steuerungsdiskussion (Fn. 45), S. 18–20; *ders.*, Besitz (Fn. 203), S. 402: „Synkretismus von Heuristik, Deskription und Normativität". Diff. *Matthias Jestaedt*, Selbstverwaltung als „Verbundbegriff", DV, Bd. 35 (2002), S. 293 (297 f.).

[223] Weiterführend *Thorsten Kingreen*, Rechtliche Gehalte sozialpolitischer Schlüsselbegriffe: Vom daseinsvorsorgenden zum aktivierenden Sozialstaat, in: Deutscher Sozialrechtsverband e. V. (Hrsg.), Aktivierung und Prävention – Chancen für Effizienzsteigerung in den Sozialleistungsbereichen, 2004, S. 7 ff. Vgl. ferner die krit. Aufarbeitung der Diskussion bei *Georg Hermes*, Staatliche Infrastrukturverantwortung, 1998, S. 94–118, und *Stefan Storr*, Der Staat als Unternehmer, 2001, S. 109–115, jeweils m.w.N. Zur Unterscheidung zwischen dem Begriff des „service public" und dem der Daseinsvorsorge vgl. ferner *Johann-Christian Pielow*, Grundstrukturen öffentlicher Versorgung, 2001, S. 353–400, der für eine Aufgabe des Begriffs und seine Ersetzung durch „öffentliche Versorgung" plädiert, ebd., S. 399 f.

[224] *Johannes Masing*, Stand und Entwicklung eines Regulierungsverwaltungsrechts, in: Hartmut Bauer/Peter M. Huber/Zygmunt Niewiadomski (Hrsg.), Ius Publicum Europaeum, 2002, S. 161.

[225] „Begriffe, auch juristische Begriffe, werden oftmals zur Diskussion gestellt, wachsen ‚in der Zeit' (vielleicht) heran, verdichten sich oder auch nicht, und mit einigem Glück können sie am Ende der Entwicklung zur dogmatischen Kategorie mit mehr oder weniger weitreichenden Konsequenzen für die praktische Rechtsanwendung avancieren.", *Hartmut Bauer*, Public-Private-Partnerships als Erscheinungsformen der kooperativen Verwaltung, in: Rolf Stober (Hrsg.), Public-Private-Partnerships und Sicherheitspartnerschaften, 2001, S. 21 (25).

[226] → Bd. I *Schulze-Fielitz* § 12 Rn. 64 ff. Krit. *Andreas Voßkuhle*, Das Kooperationsprinzip im Immissionsschutzrecht, ZUR 2001, S. 23 ff.; *Rossen*, Vollzug (Fn. 54), S. 306 ff.

[227] → Rn. 58 ff.

[228] → Rn. 68 ff.

[229] → Bd. II *Vesting* § 20 Rn. 18 ff.

[230] *Martin Eifert*, Grundversorgung mit Telekommunikationsleistungen im Gewährleistungsstaat, 1998, S. 18–22, 139 ff.; *Gunnar Folke Schuppert*, Vom produzierenden zum gewährleistenden Staat, in: Klaus König/Arthur Benz (Hrsg.), Privatisierung und staatliche Regulierung, 1997, S. 539 ff.; *ders.*, Der moderne Staat als Gewährleistungsstaat, FS Helmut Wollmann, 2001, S. 399 ff.; *ders.* (Hrsg.), Der Gewährleistungsstaat – ein Leitbild auf dem Prüfstand, 2004; *Claudio Franzius*, Der „Gewährleistungsstaat" – ein neues Leitbild für den sich wandelnden Staat?, Der Staat, Bd. 42 (2003), S. 493 ff.; Synonyme dafür sind „Steuerungsstaat" (*Franz-Xaver Kaufmann*, Diskussionen über Staatsaufgaben, in: Dieter Grimm [Hrsg.], Staatsaufgaben, 1994, S. 15 [28 ff.]) oder „Regulierungsstaat" (*Edgar Grande*, Vom produzierenden zum regulierenden Staat: Möglichkeiten und Grenzen von Regulierung und Privatisierung, in: König/Benz, ebd., S. 576 ff.).

regulierung[231] oder Verantwortung(steilung)[232] durchaus mit Ertrag zurückgegriffen.

42   Eine besondere Ausprägung der Schlüsselbegriffe mit ganz ähnlicher Funktion stellen **Leitbilder**[233] dar, die zurzeit in der Staats- und Verwaltungspraxis besondere Konjunktur besitzen.[234] Dort spricht man etwa vom „schlanken" oder „aktivierenden Staat"[235] oder von der „lernenden Verwaltung"[236]. Leitbilder nutzen den überschießenden Deutungsgehalt und die Suggestivkraft mehr oder minder abstrahierender Bilder, um das Denken und Verhalten des Adressaten auf ein bestimmtes Ziel hin zu lenken.[237] Kognitive und normative Aussagen sind hier besonders eng miteinander verwoben.[238] Aufgrund der Offenheit von Bildern, ihrer vordergründigen Plausibilität und ihrer affirmativen (mitunter auch diffamierenden[239]) Wirkung eignen sich Leitbilder nur begrenzt als analytisches Werkzeug im wissenschaftlichen Diskurs. Als „mächtige geistige Strömungen, die in alle Institute und Strukturen irgendwie einsickern"[240], müssen sie aber gleichwohl ernst genommen und verarbeitet werden.[241] Das wird ohne eine stärkere Rezeptionsoffenheit gegenüber kulturwissenschaftlichen Erkenntnissen kaum gelingen. Erst das dort generierte Wissen um Bilder versetzt den (Verwaltungs-)(Rechts-)Wissenschaftler in die Lage, die Inhalte, die mit (versteckten) Bildern transportiert werden, offen zu legen und ideologisch

---

[231] Zur Verbreitung des Begriffs hat vor allem *Wolfgang Hoffmann-Riem* beigetragen, vgl. die N. bei *Voßkuhle*, Selbstregulierung (Fn. 219), S. 198, Fn. 6. Näher dazu *Matthias Schmidt-Preuß* und *Udo Di Fabio*, Verwaltung und Verwaltungsrecht zwischen gesellschaftlicher Selbststeuerung und staatlicher Steuerung, VVDStRL, Bd. 56 (1997), S. 160 ff. bzw. 235 ff.; *Dirk Weinreich*, Recht als Medium gesellschaftlicher Selbststeuerung, 1995, sowie *Andreas Finckh*, Regulierte Selbstregulierung im Dualen System, 1998, und die Beiträge in: Regulierte Selbstregulierung als Steuerungskonzept des Gewährleistungsstaats, DV, Beiheft 4, 2001, sowie ausführlich *Anselm C. Thoma*, Regulierte Selbstregulierung im Ordnungsrecht, 2008.

[232] → Rn. 63.

[233] → Bd. I *Franzius* § 4 Rn. 23 ff.

[234] Eine originär *wissenschaftliche* Metapher mit Leitbildcharakter ist etwa das „Netzwerk"; *Christoph Möllers*, Netzwerk als Kategorie des Organisationsrechts – Zur juristischen Beschreibung dezentraler Steuerung, in: Janbernd Oebbecke (Hrsg.), Nicht-normative Steuerung in dezentralen Systemen, 2005, S. 285 ff.; vgl. ferner die N. in → Fn. 386.

[235] → Rn. 63.

[236] *Martin Eifert*, Regulierte Selbstregulierung und die lernende Verwaltung, DV, Beiheft 4, 2001, S. 137 ff.

[237] Zu den oft schwierigen Abgrenzungen zu verwandten Erscheinungen eingehend *Baer*, Schlüsselbegriffe (Fn. 213), S. 232–247. Mangels Bildhaftigkeit z.B. keine Leitbilder im engeren Sinne sind die aus der Betriebswirtschaft und Unternehmensberatung bekannten „Leitbilder", in denen die jeweilige Organisationsphilosophie in Form von Grundsätzen und Spielregeln enthalten ist, vgl. dazu die Beiträge in: *Volker Belzer* (Hrsg.), Sinn in Organisationen? Oder: Warum haben moderne Organisationen Leitbilder?, 2. Aufl. 1998, sowie *Göttrik Wewer*, Leitbilder und Verwaltungskultur, in: Blanke u.a. (Hrsg.), Verwaltungsreform (Fn. 170), S. 155 ff.

[238] So *Werner Jann*, Der Wandel verwaltungspolitischer Leitbilder. Vom Management zu Governance?, in: Klaus König (Hrsg.), Deutsche Verwaltung an der Wende zum 21. Jahrhundert, 2002, S. 279 (280).

[239] Beispiele: „fetter Staat", „Büro-kratie".

[240] *Christian Starck*, Die Rechtswissenschaft in der Zukunft, in: FS Winfried Brohm, 2002, S. 567 (572). Vgl. ferner *Thomas Würtenberger*, Zeitgeist und Recht, 2. Aufl. 1991, S. 33–39 und passim; *Reinhold Zippelius*, Die Bedeutung kulturspezifischer Leitideen für die Staats- und Rechtsgestaltung, in: ders., Verhaltenssteuerung durch Recht und kulturelle Leitideen, 2004, S. 13 ff.

[241] → Bd. I *Franzius* § 4 Rn. 23 ff.; Bd. II *Hill* § 34.

motivierten Vereinfachungen, Manipulationen und Verzerrungen entgegenzuwirken.[242]

VI. Das Arbeiten mit Referenzgebieten

Kaum zu überschätzende Bedeutung kommt innerhalb der Neuen Verwaltungsrechtswissenschaft dem Arbeiten mit Referenzgebieten zu.[243] Das dahinter stehende Anliegen erschließt sich erst bei einem näheren Blick auf die der deutschen und den meisten europäischen Verwaltungsrechtsordnungen zugrunde liegende Systematik. Diese beruht auf der **Trennung** eines **allgemeinen Teils** von den **besonderen Teilen** der einzelnen Fachverwaltungsrechte.[244] Beide Bereiche sind aber nicht isoliert voneinander zu sehen, sondern bleiben in vielfältiger Weise aufeinander bezogen. Die Herausbildung allgemeiner Begriffe, übergreifender Gesichtspunkte und durchgehender Strukturen im Rahmen eines allgemeinen Teils dient nicht nur der Vereinfachung und Übersichtlichkeit des Rechtsstoffes, es sollen auch Wertungswidersprüche zwischen den einzelnen Fachgebieten vermieden und die jeder Fachverwaltung eigenen Sonderinteressen diszipliniert werden. Ob und inwieweit die Grundbausteine und elementaren Institute des Allgemeinen Verwaltungsrechts dieser Funktion noch gerecht werden, hängt maßgeblich von den spezifischen Zwecksetzungen und Problemlagen in den konkreten Sachbereichen ab, die sich im Zuge der Fragmentierung der Gesellschaft mehr und mehr voneinander abkoppeln und weiter ausdifferenzieren. Die damit einhergehende Innendifferenzierung des schon von Haus aus sehr heterogenen Verwaltungsrechts durch Ausbildung immer neuer Spezialgebiete, die mitunter einen ganz unterschiedlichen rechtlichen und dogmatischen Stand aufweisen,[245] macht es zunehmend schwieriger, aus der fast unerschöpflichen Vielfalt des vorhandenen Materials allgemeine Lehren herauszudestillieren und vor die Klammer zu ziehen.

Umso notwendiger erscheint das Arbeiten in Referenzgebieten. Ziel muss es sein, die Spezialdiskurse des Besonderen Verwaltungsrechts entgegen dem sonstigen Trend wieder stärker für allgemeine Fragestellungen zu öffnen. Dazu müssen die dort gewonnenen Erkenntnisse immer wieder auf ihre Verallgemeinerungsfähigkeit hin überprüft und die vorgefundenen Grundstrukturen mit neuartigen Entwicklungen konfrontiert werden.[246] Dieser **dialektische Prozess** aus **Deduktion** und **Induktion**[247] stellt an den Wissenschaftler hohe Anforde-

---

[242] Eindringlich *Baer*, Schlüsselbegriffe (Fn. 213), S. 247–251. Gegen einen „laxen Umgang" mit Staatsbildern bereits *Voßkuhle*, Dienstleistungsstaat (Fn. 16), S. 510f.

[243] Begriffsprägend *Eberhard Schmidt-Aßmann*, Zur Reform des Allgemeinen Verwaltungsrechts – Reformbedarf und Reformansätze, in: Hoffmann-Riem/Schmidt-Aßmann/Schuppert (Hrsg.), Reform, S. 14, 26–34; *ders.*, Ordnungsidee, 1. Kap. Rn. 12–16. → Bd. I *Möllers* § 3 Rn. 53; *Burgi* § 18 Rn. 115ff.

[244] Weiterführend dazu *Eberhard Schmidt-Aßmann*, Zur Funktion des Allgemeinen Verwaltungsrechts, DV, Bd. 27 (1994), S. 137 (146ff.); *Thomas Groß*, Die Beziehungen zwischen dem Allgemeinen und dem Besonderen Verwaltungsrecht, in: DV, Beiheft 2, 1999, S. 57ff.; *Matthias Schmidt-Preuß*, Das Allgemeine des Verwaltungsrechts, in: FS Hartmut Maurer, 2001, S. 777ff.

[245] Erhellend *Helmuth Schulze-Fielitz*, Verwaltungsrechtsdogmatik (Fn. 14).

[246] *Hoffmann-Riem*, Verwaltungsreform (Fn. 22), S. 116, spricht insofern von Referenzgebieten als „Innovationsstimuli für das allgemeine Verwaltungsrecht". Nachdrücklich für eine stärkere Akzentuierung der Lernprozesse vom Besonderen zum Allgemeinen Verwaltungsrecht z.B. auch *Vesting*, Verwaltungsrechtswissenschaft (Fn. 216), S. 281. Vgl. ferner *Jens Kersten/Sophie-Charlotte Lenski*, Die Entwicklungsfunktion des Allgemeinen Verwaltungsrechts, VerwArch, Bd. 100 (2009), S. 501ff.

[247] *Schmidt-Aßmann*, Ordnungsidee, 1. Kap. Rn. 12 m.w.N.

rungen. Er setzt den Willen voraus, sich in einzelne Bereiche umfassend einzuarbeiten und verlangt überdies die Fähigkeit zu abstrakter Reflexion und die Bereitschaft, gegenseitig voneinander zu lernen, denn im Kreise unterschiedlicher Spezialisten übernimmt man immer ein Stück weit auch die Rolle des wissenschaftlich vorgebildeten Laien.

45 Grundsätzlich werden nur solche Fallgestaltungen, Problemlagen und Rechtsentwicklungen in die allgemeinen Überlegungen einbezogen, die in den jeweiligen Referenzgebieten vorkommen. Dementsprechend hängt von der **Auswahl des Referenzgebietes** ganz entscheidend der verwaltungsrechtswissenschaftliche Wahrnehmungshorizont ab.[248] Traditionell bilden im deutschen Verwaltungsrecht das Polizei-, Kommunal-, Bau- und Beamtenrecht die vorrangigen Referenzgebiete. Die dem kleinräumigen Interessenausgleich verpflichtete Denkweise im deutschen Verwaltungsrecht hat hier offensichtlich ihren Ursprung; damit soll der Ertrag des Arbeitens in den genannten Referenzgebieten, die ebenfalls dem Wandel unterliegen, freilich keineswegs in Abrede gestellt werden.[249] Stärker in den Mittelpunkt gerückt ist in den letzten Jahrzehnten das Umweltrecht.[250] Als „Regulierungslaboratorium der gesamten Rechtsordnung"[251] gebührt ihm eine „Schlüsselrolle" für die Diskussion um die Reform des Verwaltungsrechts,[252] zumal die eingangs beschriebene Krise des Ordnungsrechts dort besonders prägnant zutage tritt. Auf dem Wege, sich langsam als Referenzgebiete zu etablieren, sind das Sozial-[253], Wirtschafts-[254], Informations-[255], Wissenschafts-[256], Arzneimittel- und Migrationsrecht[257]. Weiter auf ihre Entdeckung warten dagegen z. B. das Versicherungs- und das Statistikrecht.

VII. Erweiterte Systemperspektive

46 Auf den ersten Blick entsprechen der Steuerungsansatz und die auf ihm aufbauende methodische Vorgehensweise faktisch weitestgehend der Arbeitsper-

---

[248] *Schmidt-Aßmann*, Ordnungsidee, 1. Kap. Rn. 13 f.
[249] Instruktiv z.B. *Friedrich Schoch*, Abschied vom Polizeirecht des liberalen Rechtsstaats?, Der Staat, Bd. 43 (2004), S. 347 ff.
[250] Initialfunktion kommt hier dem Beitrag von *Wolfgang Hoffman-Riem*, Reform des Allgemeinen Verwaltungsrechts als Aufgabe – Ansätze am Beispiel des Umweltschutzes, AöR, Bd. 115 (1990), S. 400 ff., zu.
[251] *Michael Kloepfer*, Zu den neuen umweltrechtlichen Handlungsformen des Staates, JZ 1991, S. 737 ff. Ähnlich *Ernst-Hasso Ritter*, Organisationswandel durch Expertifizierung und Privatisierung im Ordnungs- und Planungsrecht, in: Schmidt-Aßmann/Hoffman-Riem (Hrsg.), Verwaltungsorganisationsrecht, S. 207 (215): „Fortschrittslabor des Rechts".
[252] So *Sparwasser/Engel/Voßkuhle*, UmweltR, § 1 Rn. 20, § 2 Rn. 54. Vgl. ferner *Hermann Hill*, Umweltrecht als Motor und Modell einer Weiterentwicklung des Staats- und Verwaltungsrechts, UTR, Bd. 27 (1994), S. 91 ff.
[253] Vgl. *Rainer Pitschas*, Organisationsrecht als Steuerungsressource in der Sozialverwaltung, in: Schmidt-Aßmann/Hoffman-Riem (Hrsg.), Verwaltungsorganisationsrecht, S. 151 ff.; *Karl-Jürgen Bieback*, Effizienzanforderungen an das sozialstaatliche Leistungsrecht, in: Hoffmann-Riem/Schmidt-Aßmann (Hrsg.), Effizienz, S. 127 ff.
[254] *Eberhard Schmidt-Aßmann*, Der Beitrag des öffentlichen Wirtschaftsrechts zur verwaltungsrechtlichen Systembildung, in: Bauer u.a. (Hrsg.), Umwelt (Fn. 10), S. 15 ff.
[255] Vgl. die N. in → Fn. 364.
[256] *Hans-Heinrich Trute*, Ungleichzeitigkeiten in der Dogmatik: Das Wissenschaftsrecht, DV, Bd. 27 (1994), S. 301 ff.
[257] Zum Arzneimittelrecht vgl. *Di Fabio*, Risikoentscheidungen (Fn. 43), zum Migrationsrecht vgl. *Daniel Thym*, Migrationsverwaltungsrecht, 2010.

spektive der Verwaltung. Ihre Aufgabe besteht seit jeher darin, im Hinblick auf ein bestimmtes, von der Politik inhaltlich vorgegebenes Ziel eine problemadäquate Lösungsstrategie zu entwickeln, die in Anbetracht der konkreten Umstände realisierbar erscheint und auf Zustimmung bei den Betroffenen stößt.[258] Das gilt für die Umsetzung normativer Vorgaben durch die Unter- und Mittelbehörden vor Ort ebenso wie für die Tätigkeit der gesetzesvorbereitenden Ministerialbürokratie. Seine erkenntnisfördernde, rationalisierende und anleitende Kraft im rechtswissenschaftlichen Kontext erhält der Steuerungsansatz daher erst durch die **Verknüpfung mit dem juristischen Systemdenken,** das darauf angelegt ist, die gewonnenen Einsichten über das Handlungsgefüge der Verwaltung in die bestehende Systematik des Rechts einzupassen, überkommene Systemzäsuren zu überwinden und neue verallgemeinerungsfähige Strukturen zu etablieren.[259] Dies geschieht grob betrachtet in drei Schritten:

(1) Reflexion und Ordnung der diffusen Verwaltungsrealität im Wege einer typologischen Aufbereitung, der primär heuristische Funktion zukommt;
(2) Ausbildung neuer Leitideen[260] und erkenntnisleitender (Schlüssel-)Begriffe[261];
(3) Entwicklung neuer allgemeiner Rechtsgedanken, Prinzipien, Wertentscheidungen, Institute, Handlungsformen etc.

Vor allem der letzte Schritt wird schon immer als Aufgabe des rechtswissenschaftlichen Systemdenkens gesehen.[262] Während die auf der Juristischen Methode basierende Systembildung jedoch ausschließlich an Rechtsakten interessiert ist,[263] bezieht die steuerungstheoretisch inspirierte Systematik Organisation, Personal, Verfahren, aber auch „weiche" Maßstäbe wie Effizienz, Akzeptabilität usw. in die Systembildung mit ein. Sie greift damit deutlich weiter und führt nicht nur zu einer Entlastung der Rechtspraxis, sondern vermag darüber hinaus Orientierung und Impulse für eine umfassende Reformierung staatlicher Aufgabenbewältigung zu vermitteln.

47

E. Neue Verwaltungsrechtswissenschaft, Verwaltungspraxis und verwaltungspolitischer Diskurs

I. Überwindung des Theorie-Praxis-Bruchs

Eine steuerungs- und wirkungsorientierte Verwaltungsrechtswissenschaft interessiert sich notwendigerweise ebenso für die Verwaltungspraxis und die Verwaltungsrechtsjudikatur[264] wie für den verwaltungspolitischen Diskurs. Umge-

48

---

[258] Anschaulich zu dieser Perspektive *Nicolai Dose,* Steuerungstheorie als Policyanalyse, in: Burth/Görlitz (Hrsg.), Steuerung in Theorie und Praxis (Fn. 118), S. 315 (316 f.).
[259] Zum Systemdenken im Verwaltungsrecht → Rn. 5.
[260] Zur Bedeutung von Leitideen für die Systembildung im vorliegenden Zusammenhang statt vieler *Groß,* Beziehungen (Fn. 244), S. 75–77 m.w.N.
[261] Zu ihrer Bedeutung → Rn. 40.
[262] → Rn. 6.
[263] → Rn. 3.
[264] Überzeugend *Pauly,* Wissenschaft (Fn. 14), Rn. 33 f. m.w.N. Zum Bundesverwaltungsgericht als Impulsgeber für die Fachliteratur vgl. etwa den gleichnamigen Aufsatz von *Helmuth Schulze-Fielitz,*

kehrt wird man das freilich nicht unbedingt sagen können. Vielmehr offenbart sich mancherorts eine gewisse **Theoriephobie,**[265] die nicht selten einhergeht mit einer ordentlichen Prise Ignoranz und Unkenntnis über den praktischen Nutzen „guter" Theorie.[266] Gerade eine theoretisch reflektierte Verwaltungsrechtswissenschaft, deren Arbeitsergebnisse sich nicht immer sofort in praktisch anschluss- und verwendungsfähige Rechtsdogmatik umsetzen lassen, muss sich daher in besonderem Maße um die angemessene Vermittlung ihrer Erkenntnisse bemühen. Ohne Zweifel besteht aufgrund der Entscheidungszwänge und Rahmenbedingungen der Praxis immer die Gefahr einer gewissen Trivialisierung wissenschaftlicher Aussagen; es liegt aber ein Stück weit in der Hand des jeweiligen Wissenschaftlers, inwieweit er zumindest versucht, diese unvermeidlichen Transformationsprozesse selbst mit zu steuern.

II. Übergreifende Reformansätze im Überblick

49   Jeder Reformprozess und damit auch die Reform der Verwaltung und des Verwaltungsrechts ist auf **richtungweisende Leitideen** angewiesen. Manche dieser Leitideen entpuppen sich bei näherem Hinsehen lediglich als politische Worthülsen, andere beruhen dagegen auf theoretisch ausformulierten Konzepten oder lassen sich zumindest als Schlüsselbegriffe wissenschaftlich nutzen. Nicht zuletzt aufgrund ihrer (latenten) Wirkmacht muss sich die Verwaltungsrechtswissenschaft mit diesen Leitideen immer wieder kritisch auseinandersetzen. Zur Orientierung für die folgenden Einzelabschnitte soll daher an dieser Stelle ein erster Überblick über die seit Mitte der 1980er Jahre die politische Agenda der Bundesrepublik Deutschland bestimmenden Reformansätze gegeben werden.

1. New Public Management

50   International etabliert hat sich der auch über den englischen Sprachraum hinaus verwendete (Sammel-)Begriff **„New Public Management" (NPM),** der ein Bündel verschiedener verwaltungspolitischer Reformstrategien der Effizienz- und Effektivitätssteigerung bezeichnet.[267] Ihnen gemeinsam ist der Versuch, die Modernisierungserfahrungen in der privaten Wirtschaft – dort dominierten in den 1970er und 1980er Jahren Konzepte wie Lean Management, Business Reengineering und Total Quality Management (TQM) – auf die öffentliche Verwal-

---

in: FG 50 Jahre BVerwG, 2003, S. 1061 ff. Zur (unzutreffenden) Kritik am mangelnden Interesse der Neuen Verwaltungsrechtswissenschaft an der Rechtsprechung vgl. die N. in → Fn. 107.

[265] Gedanken dazu bei *Möllers/Voßkuhle,* Staatsrechtswissenschaft (Fn. 9), S. 327 f. Aufschlussreich ferner *Helmuth Schulze-Fielitz,* Notizen zur Rolle der Verwaltungsrechtswissenschaft für das Bundesverwaltungsgericht, DV, Bd. 36 (2003), S. 421 ff.; *Matthias Jestaedt,* Das mag in der Theorie richtig sein ..., 2006, S. 1 ff., 16 ff.; *Oliver Lepsius,* Themen einer Rechtswissenschaftstheorie, in: ders./Jestaedt (Hrsg.), Rechtswissenschaftstheorie (Fn. 11), S. 1 (4 ff.). Es gab aber immer auch schon Gegentendenzen, vgl. *Eric Hilgendorf,* Die Renaissance der Rechtstheorie zwischen 1965 und 1995, 2005.

[266] Weiterhin lesenswert: *Immanuel Kant,* Über den Gemeinspruch: Das mag in der Theorie richtig sein, taugt aber nicht für die Praxis, in: Akademie Textausgabe Kants Werke, Bd. VIII, S. 274 ff. Zum Theorie-Praxis-Bruch vgl. die Beiträge in: *Werner Krawietz/Martin Morlok* (Hrsg.), Vom Scheitern und der Wiederbelebung juristischer Methodik im Rechtsalltag – ein Bruch zwischen Theorie und Praxis?, 2001, und in: *Christoph Engel/Adrienne Héritier* (Hrsg.), Linking Politics and Law, 2003.

[267] So *Eckhard Schröter/Hellmut Wollmann,* New Public Management, in: Blanke u. a. (Hrsg.), Verwaltungsreform (Fn. 170), S. 71.

tung zu übertragen. Den Anfang machte *Margaret Thatcher* mit einer grundsätzlichen Reform der Verwaltung in Großbritannien, es folgten Kanada, die USA[268], Australien und Neuseeland. Auf dem europäischen Kontinent waren die Niederlande und Skandinavien Vorreiter.[269] **Kernelemente des NPM**[270] sind:
– Trennung zwischen Politik als strategischer Planung bzw. Aufgabendefinition (Was wird gemacht?) und der operativen Umsetzung dieser Ziele durch die Verwaltung (Wie wird es gemacht?). Um beide Ebenen miteinander zu verknüpfen, werden sog. Kontrakte zwischen der politischen Spitze (Prinzipal) und der Verwaltung (Agent) geschlossen,
– Umwandlung zentralistischer Matrixstrukturen innerhalb des Verwaltungsaufbaus in weitgehend autonome, sich selbst steuernde operative Einheiten mit dezentraler Ressourcenverantwortung (sog. Konzernmodell),
– Konzentration auf staatliche Kernaufgaben und Auslagerung von Aufgaben auf private Unternehmen und Non-Profit-Organisationen (Privatisierung[271], Contracting Out[272], Public-Private-Partnership[273]),
– Maßgebliche Ausrichtung der Leistungserbringung am Bürger als Kunden,
– Marktorientierung durch Einführung von Wettbewerbselementen in den Erstellungsprozess öffentlicher Leistungen,
– stärkere Outputorientierung durch Kosten-, Leistungs- und Wirkungskontrolle (sog. Controlling)[274] und
– gezielte Organisations- und Personalentwicklung.[275]

Getragen wurden die Reformbewegungen in den einzelnen Ländern von den maßgeblich durch die Neue Institutionenökonomie inspirierten **Grundannahmen,** dass

---

[268] In den USA spricht man in Anknüpfung an einen Buchtitel von *David Osborne* und *Ted Gaebler* aus dem Jahre 1992, in dem von den Erfahrungen mit der Reform der amerikanischen Kommunal- und Staatsverwaltung berichtet wird, auch von **„Reinventing Government"**. Vgl. dazu *Frederick Ridley*, Die Wiedererfindung des Staates – Reinventing British Government. Das Modell einer Skelettverwaltung, DÖV 1995, S. 569 ff. Vgl. auch früher schon *Peter B. Evans/Dietrich Rueschemeyer/Theda Skocpol* (Hrsg.), Bringing the State Back In, Cambridge 1985, und dazu *Gunnar Folke Schuppert*, Entzauberung des Staates oder „Bringing the State Back In"?, Der Staat, Bd. 28 (1989), S. 91 ff.

[269] Überblick etwa bei *Wulf Damkowski/Claus Precht*, Public Management, 1995, S. 82–118 m. w. N. Vgl. ferner *Klaus König/Natascha Füchtner*, Von der Verwaltungsreform zur Verwaltungsmodernisierung, in: dies. (Hrsg.), „Schlanker Staat" – Verwaltungsmodernisierung im Bund, 1998, S. 3 (102 ff.); *Elke Löffler*, New Public Management im internationalen Vergleich, in: Dieter Grunow/Hellmut Wollmann (Hrsg.), Lokale Verwaltungsreform in Aktion: Fortschritte und Fallstricke, 1998, S. 329 ff.

[270] Aus der Flut der Literatur vgl. die zusammenfassenden Darstellungen von *Damkowski/Precht*, Public Management (Fn. 269), S. 271 ff.; *Jörg Bogumil*, Modernisierung des Staates durch Public Management, in: Grande/Prätorius (Hrsg.), Modernisierung (Fn. 60), S. 21 (24 ff.); *Sandford Borins/Gernod Grüning*, New Public Management – Theoretische Grundlagen und Kritik, in: Dietrich Budäus/Peter Conrad/Georg Schreyögg (Hrsg.), New Public Management, 1998, S. 11 (14 f.); *Frieder Naschold/Jörg Bogumil*, Modernisierung des Staates, 2. Aufl. 2000, S. 84–93; *Kuno Schedler/Isabella Proeller*, New Public Management, 2000, S. 73 ff. → Bd. I *Schuppert* § 16 Rn. 112 ff.

[271] → Rn. 58 ff.

[272] Im Mittelpunkt des Contracting-Out steht die Submission und Konzessionierung. Prominente Beispiele stellen hier etwa die Vergabe rettungsdienstlicher Leistungen (vgl. dazu *Martin Schulte*, Rettungsdienst durch Private, 1999; *Steffen J. Iwers*, Die Ausschreibung rettungsdienstlicher Leistungen, LKV 2002, S. 164 ff.) und Konzessionsmodelle im ÖPNV dar (vgl. § 13 a PBefG i. V. m. der Verordnung zur Anwendung von § 13 a Abs. 1 S. 3 des PBefG v. 15. 12. 1995, BGBl I, S. 1705).

[273] Vgl. die N. in → Fn. 344.

[274] → Bd. III *Kahl* § 47 Rn. 18 ff.

[275] → Bd. III *Voßkuhle* § 43 Rn. 57 ff.

- Wettbewerbsbeziehungen Monopolsituationen in der Regel überlegen sind,
- zwischen dem Management der Privatwirtschaft und der öffentlichen Verwaltung nur marginale Unterschiede bestehen und
- alle Tätigkeiten der öffentlichen Verwaltung als Güter und Dienstleistungen definiert werden können und damit handelbar, d.h. marktfähig sind.

52 Diese einem eher neo-liberalen Staatsverständnis verpflichteten Vorstellungen haben sich zwar im Laufe des Reformprozesses jedenfalls in ihrer Rigidität als nicht haltbar erwiesen,[276] sie sind aber doch weiterhin prägend geblieben. In **Deutschland** hat der eigentliche Reformschub und mit ihm die **Rezeption des NPM-Ansatzes** aufgrund des fehlenden akuten Handlungs- und Problemdrucks relativ spät – Anfang der 90er Jahre des 20. Jahrhunderts – eingesetzt. Erst das durch die Kosten der deutschen Einheit drastisch in die Höhe gegangene öffentliche Haushaltsdefizit,[277] die Konfrontation mit Modernisierungsbestrebungen in anderen europäischen Ländern im Rahmen der fortschreitenden Europäischen Integration und die durch das Aufkommen der Globalökonomie verschärfte Standortdebatte haben hier neue Kräfte in Bewegung gesetzt.

2. Neues Steuerungsmodell

53 Eine Konkretisierung des New Public Management-Ansatzes stellt das sog. „Neue Steuerungsmodell" dar, das durch die Kommunale Gemeinschaftsstelle für Verwaltungsvereinfachung (KGSt)[278] für die deutschen Kommunen entwickelt wurde. Vorbild waren dabei die Verwaltungsreformen in der niederländischen Stadt Tilburg.[279] Hauptziel des NSM ist es, die traditionelle zentralistische Input-Steuerung innerhalb der Verwaltungsorganisation durch Aufsicht und Geldzuweisung in den jeweiligen Haushaltstiteln in eine dezentrale, auf Eigenverantwortung aufbauende und am Bürger als Kunden orientierte **Output-Steuerung** zu überführen. Zu den Kernelementen dieses Gesamtkonzepts zählen[280]:
- Einführung einer Kosten-Leistungsrechnung,
- Budgetierung,
- Controlling,
- AKV-Prinzip (Deckung von *A*ufgaben[-zuweisung], [Erledigungs-]*K*ompetenz und [Ergebnis-]*V*erantwortung),
- Leistungsvereinbarungen und
- Wettbewerbsorientierung.[281]

---

[276] Krit. z.B. *Voßkuhle*, Dienstleistungsstaat (Fn. 16), S. 511 ff.; *Maximilian Wallerath*, Der ökonomisierte Staat, JZ 2001, S. 209 ff. Vgl. auch *Mathias Siems*, Der Neoliberalismus als Modell für die Gesetzgebung?, ZRP 2002, S. 170 ff.

[277] Vgl. dazu nur *Hartmut Bauer*, Die finanzverfassungsrechtliche Integration der neuen Länder, in: HStR IX, 1. Aufl. 1997, § 206 Rn. 2 f. m.w.N.

[278] *KGSt*, Das neue Steuerungsmodell. Begründungen, Konturen, Umsetzungen, Bericht Nr. 5/1993. Die KGSt ist eine gemeinsame Einrichtung der deutschen Städte und Gemeinden. Sie kooperiert stark mit der Speyrer Hochschule für Verwaltungswissenschaften und der Bertelsmann-Stiftung.

[279] Fn. 188.

[280] → Bd. I *Schuppert* § 16 Rn. 117 ff.

[281] Ausführlich *Veith Mehde*, Neues Steuerungsmodell und Demokratieprinzip, 2000, S. 85–129, und *Sabine Dahm*, Das Neue Steuerungsmodell auf Bundes- und Länderebene sowie die Neuordnung der öffentlichen Finanzkontrolle in der Bundesrepublik Deutschland, 2004, S. 30–127. Vgl. ferner nur statt vieler *Jens-Peter Schneider*, Das Neue Steuerungsmodell als Innovationsimpuls für Verwaltungs-

E. Verwaltungswissenschaft, Verwaltungspraxis, verwaltungspolitischer Diskurs

Verbunden werden diese verschiedenen Elemente über die Ausrichtung der gesamten Aufgabenerfüllung am **„Produkt"**. Darunter versteht man eine näher zu bestimmende „Leistung oder eine Gruppe von Leistungen, die von Stellen außerhalb des jeweils betrachteten Fachbereichs (innerhalb oder außerhalb der Verwaltung) benötigt werden"[282].

Viele der in der Folgezeit von der KGSt weiter präzisierten Reformvorschläge wurden und werden in der Kommunalverwaltung und zunehmend auch auf Landes- und Bundesebene – teilweise in abgewandelter Form – erprobt und umgesetzt.[283] Auch innerhalb der Justiz ist das NSM zum Tragen gekommen.[284] Der **Reigen** der bisher **verwirklichten Reformen** reicht von der Einführung dezentraler Budgetverantwortung, der Kosten-Leistungsrechnung (§§ 6 Abs. 3, 33 HGrG), der Doppik (§§ 1a Abs. 1, 7a HGrG) und Elementen des Qualitätsmanagements (Leitbildentwicklung, Mitarbeiterbefragung, Mitarbeitergespräch, Workshops, Qualitätszirkel, Führungspositionen auf Zeit) über die Schaffung von Bürgerämtern bis hin zur Veranstaltung von Qualitätswettbewerben.[285] An die Stelle der anfänglichen Euphorie ist mittlerweile jedoch eine gewisse Ernüchterung getreten. *Budäus* und *Finger*[286] unterscheiden insofern vier Reformphasen: (1) Kritik und Neuorientierung (ab 1989), (2) Absichts- und Konzeptionsphase (bis 1995), (3) Stagnation und Ernüchterung (ab 1996) und (4) Konsolidierung und Konzentration auf die Machbarkeit (ab 1999).

Die **schleppende Umsetzung** der erarbeiteten Reformvorschläge hat viele Ursachen.[287] Hinzuweisen ist hier zum einen auf die methodischen Schwierigkeiten

---

organisation und Verwaltungsrecht, in: Schmidt-Aßmann/Hoffmann-Riem (Hrsg.), Verwaltungsorganisationsrecht, S. 103 (111–122); *Hermann Hill*, Neue Organisationsformen in der Staats- und Kommunalverwaltung, ebd., S. 65 ff.; *Jan Ziekow,* Inwieweit veranlasst das Neue Steuerungsmodell zu Änderungen des Verwaltungsverfahrens und des Verwaltungsverfahrensgesetzes, in: Hoffmann-Riem/Schmidt-Aßmann (Hrsg.), Verwaltungsverfahren, S. 349 (356–363), und *Wolff/Bachof/Stober/ Kluth,* VerwR II, § 79 Rn. 97–162. → Bd. III *Kahl* § 47 Rn. 18 f.; *Schiedermair* § 48 Rn. 42.

[282] *KGSt*, Bericht Nr. 8/1994, S. 11.

[283] Überblick bei *König/Füchtner* (Hrsg.), Verwaltungsmodernisierung (Fn. 269), S. 97–325; *BMI* (Hrsg.), Moderner Staat – Moderne Verwaltung, Bilanz 2002, 2002.

[284] Vgl. statt vieler *Martin Eifert,* Das Neue Steuerungsmodell – Modell für die Modernisierung der Gerichtsverwaltung?, DV, Bd. 30 (1997), S. 75 ff.; *Klaus F. Röhl,* Mit dem Werkzeugkasten des NSM in die Justiz, in: Hill/Hof (Hrsg.), Wirkungsforschung (Fn. 132), S. 437 ff.; *ders.,* Justiz als Wirtschaftsunternehmen, DRiZ 2000, S. 220 ff.; *Barbara Kramer,* Das Neue Steuerungsmodell und die Unabhängigkeit der Richter, ZZP, Bd. 114 (2001), S. 267 ff.; *dies.,* Modernisierung der Justiz: Das Neue Steuerungsmodell, NJW 2001, S. 3449 ff., sowie die Beiträge in: *Wolfgang Hoffmann-Riem* (Hrsg.), Reform der Justizverwaltung, 1998; *Helmuth Schulze-Fielitz/Carsten Schütz* (Hrsg.), Justiz und Justizverwaltung zwischen Ökonomisierungsdruck und Unabhängigkeit, 2002; *Jan Precht*, Justizcontrolling, 2008. → Bd. III *Schoch* § 50 Rn. 60.

[285] Vgl. *Hermann Hill/Helmut Klages* (Hrsg.), Spitzenverwaltungen im Wettbewerb. Eine Dokumentation des 1. Speyrer Qualitätswettbewerbs 1992, 1993; *dies.* (Hrsg.), Lernen von Spitzenverwaltungen. Eine Dokumentation des 2. Speyrer Qualitätswettbewerbs 1994, 1995. Weitere Qualitätswettbewerbe folgten 1996, 1998, 2000. Vgl. auch *Alexander Thau,* Benchmarking in öffentlichen Verwaltungen, 2009.

[286] *Dietrich Budäus/Stefanie Finger,* Stand und Perspektiven der Verwaltungsreform in Deutschland, DV, Bd. 32 (1999), S. 313 (328). Vgl. ferner die Bestandsaufnahme bei *Hartmut Elsenhans/Roland Kulke/Christian Roschmann,* Verwaltungsreform in Deutschland: Das neue System des Managements als Anwendung der New-Public-Management-Theorie und der Krise des Wohlfahrtsstaats, DV, Bd. 38 (2005), S. 315 ff., sowie *Jörg Bogumil* u.a. (Hrsg.), Zehn Jahre Neues Steuerungsmodell, 2007.

[287] Zu Reformwiderständen und Problemen vgl. *Carl Böhret,* Gewollt ist noch nicht verwirklicht – Chancen und Hemmungen bei der Modernisierung von Landesverwaltungen, VR 1996, S. 325 ff.; *Bogumil,* Modernisierung (Fn. 270), S. 37–40 m.w.N.; *Manfred Neumann,* Hohe Hürden auf dem Weg

bei der Definition längerfristiger Produktziele und ihrer Priorisierung sowie der Festlegung aussagekräftiger Indikatoren für Qualitätsziele. Als zentraler Informations- und Kostenträger[288] ist das **Produkt** das Herzstück der Zielvorgabe in den Leistungsvereinbarungen zwischen der übergeordneten und der nachgeordneten Einheit und unentbehrliche Grundlage für die darin vorgenommene Budgetzuweisung, das anschließende Controlling und die Einführung von Wettbewerbselementen (z.B. Benchmarking). Ohne angemessene Produktbeschreibung gleicht das NSM einem Schiff auf hoher See ohne Kompass, seine Funktionslogik ist weitgehend außer Kraft gesetzt.[289] Folglich hängt die Eignung des NSM für die Verwaltung ganz maßgeblich davon ab, ob ihr jeweiliges „Produkt" sinnvoll definiert werden kann. Was aber sind z.B. die Produkte der Verwaltung? Schnelle, richtige, gut begründete oder kostengünstige Entscheidungen? Ferner spielen bei der verzögerten Umsetzung des NSM Mentalität und Motivationsprobleme der Beschäftigten und Vorgesetzten, die Neigung zu symbolischer Politik, die **Verwaltungskultur**[290] sowie rechtliche Restriktionen[291] eine Rolle.

3. Deregulierung

57 Das Konzept der Deregulierung hat seinen Ursprung im Bereich der Wirtschaftswissenschaften. Dort versteht man unter Deregulierung den **Abbau des staatlichen Einflusses auf die Wirtschaft** zur Stärkung des Wettbewerbs.[292] Umfangreichere Deregulierungsbestrebungen finden sich in den USA, Großbritannien, Frankreich und Japan bereits Anfang der 1980er Jahre.[293] In der Bundesrepublik wurde das Thema von politischer Seite erst relativ spät aufgegriffen. Im Jahre 1987 setzte die damalige Bundesregierung eine Deregulierungskommission ein, die sich insbesondere mit den Regelungen des Strommarktes, des Arbeitsmarktes und des Versicherungswesens beschäftigte und 1991 ihren Abschlussbericht vorlegte.[294] Im Zuge der politischen Debatte und der Rezeption durch die Rechtswissenschaft ist der **Deregulierungsbegriff** dann mit weiteren

---

zu einer „schlanken" Bundesverwaltung, VR 1999, S. 85 ff.; *Peter Schaad*, Verwaltungsreformen im Gegenwind, DÖV 2000, S. 22 ff. Vgl. ferner *Carsten Nemitz*, Erfolgsfaktoren für eine Reform politischer Systeme, 2000.

[288] So *Hermann Hill*, Gesetzgebung und Verwaltungsmodernisierung, ZG 1998, S. 101 (103).

[289] So *Andreas Voßkuhle*, Das „Produkt" der Justiz, in: Schulze-Fielitz/Schütz (Hrsg.), Justiz (Fn. 284), S. 35 (37) m.w.N. Deutlich ferner *Martin Eifert*, Neues Steuerungsmodell (Fn. 284), S. 79, und *Mehde*, Steuerungsmodell (Fn. 281), S. 93–95, 153 f.

[290] Zu ihrer Bedeutung im vorliegenden Kontext vgl. z.B. *Detlef Czybulka*, Verwaltungsreform und Verwaltungskultur, in: FS Franz Knöpfle, 1996, S. 79 ff., und *Hermann Hill*, Organisationsformen (Fn. 281), S. 88 f. Vgl. ferner ausführlich zur Forschung über administrative Lebensstile *Franz Thedieck*, Verwaltungskultur in Frankreich und Deutschland, 1992, und *Sven Römer-Hillebrecht*, Verwaltungskultur, 1998.

[291] Zu ihnen z.B. *Janbernd Oebbecke*, Verwaltungssteuerung im Spannungsfeld von Rat und Verwaltung, DÖV 1998, S. 853 ff. m.w.N.

[292] *Herbert Baum*, Deregulierung, in: Erwin Dichtel/Otmar Issing (Hrsg.), Vahlens Großes Wirtschaftslexikon, 2. Aufl. 1994, S. 429.

[293] Vgl. *Wernhard Möschel*, Privatisierung, Deregulierung und Wettbewerbsordnung, JZ 1988, S. 885 ff.; *Wolfgang Hirsch/Ralf Zeppernick*, Deregulierung – Argumente für eine Politik der Deregulierung, WiSt 1988, S. 157 (160) m.w.N. → Bd. I Eifert § 19 Rn. 3.

[294] Deregulierungskommission Unabhängige Expertenkommission zum Abbau marktwidriger Regelungen, Marktöffnung und Wettbewerb, Berichte 1990 und 1991.

Inhalten versehen worden.[295] Mittlerweile fungiert er eher als **Chiffre** für allgemeine Forderungen nach **Regelungsabbau, Rechts-** und **Verwaltungsvereinfachung, Entbürokratisierung** und **Reduzierung von Staatsaufgaben**.[296] Zwar hat der Gesetzgeber diesen Forderungen in vielen Bereichen Taten folgen lassen,[297] dass sie nicht leicht zu erfüllen sind, zeigen aber z. B. anschaulich die mit der Absicht der Deregulierung durchgeführten Novellierungen der Landesbauordnungen, die zu einem Mehr an Rechtsnormen und deutlich komplizierteren Regelungsstrukturen geführt haben.[298] So bedingte z. B. die Einführung eines Anzeigeverfahrens für Bauvorhaben zahlreiche neue Regelungen im Hinblick auf die Übertragung von staatlichen Aufgaben auf qualifizierte Sachverständige und die Ausgestaltung repressiver staatlicher Kontrollen.[299] Hier wie in vielen anderen Bereichen[300] führt Deregulierung daher letztlich lediglich zu einer **Re-Regulierung**[301] oder **Umregulierung**[302]. Denn: Unerwünschte Nebenwirkungen, die durch neu geschaffene Freiheitsräume entstehen, müssen vom Staat durch flankierende Maßnahmen ausgeschlossen werden.[303] Seiner Schutzpflicht für die Rechtsgüter der Bürger und das Gemeinwohl korrespondiert insoweit eine spezifische **Regulierungsverantwortung**.[304]

---

[295] Krit. *Schmitz*, Deregulierung (Fn. 220), S. 6–11 m. w. N.

[296] Vgl. etwa die Begriffsverwendungen bei *Michael Ronnellenfitsch*, Selbstverantwortung und Deregulierung im Ordnungs- und Umweltrecht, 1995, S. 40; *Arthur Benz*, Privatisierung und Deregulierung – Abbau von Staatsaufgaben?, DV, Bd. 28 (1995), S. 337 (341); *Ernst-Hasso Ritter*, Bauordnungsrecht in der Deregulierung, DVBl 1996, S. 542; *Dieter C. Umbach*, Ausbau oder Rückschritt sozialgerichtlicher Kontrolle im deregulierten Rechtsstaat?, in: Willi Blümel/Rainer Pitschas (Hrsg.), Verwaltungsverfahren und Verwaltungsprozess im Wandel der Staatsfunktionen, 1997, S. 249 (253); *Bernhard Molitor*, Deregulierung in Europa – Rechts- und Verwaltungsvereinfachung in der Europäischen Union, 1996, S. 8, und *Rolf Stober*, Rückzug des Staates im Wirtschaftsverwaltungsrecht, 1997, S. 1–3 m. w. N.

[297] → Rn. 12.

[298] Eingehend dazu *Schmitz*, Deregulierung (Fn. 220), S. 24 ff., 61 ff.

[299] Krit. zum Beschleunigungs- und Entlastungseffekt z. B. *Dietmar Mampel*, Ver(de)reguliert: Einige Überlegungen zum Baugenehmigungs-Freistellungsverfahren, NVwZ 1996, S. 1160 ff.; *Karsten-Michael Ortloff*, Abschied von der Baugenehmigung – Beginn beschleunigten Bauens?, NVwZ 1995, S. 112 (118); *Stefan Korioth*, Der Abschied von der Baugenehmigung nach § 67 BauO NW 1995, DÖV 1996, S. 665 (670 ff.); *Michael Uechtritz*, Veränderungssperre und verfahrensfreie Vorhaben: Nebenwirkungen der Deregulierung, BauR 2010, S. 365 ff.

[300] Weiterführend zum Bereich des Telekommunikationsrechts *Jürgen Kühling*, Sektorspezifische Regulierung in den Netzwirtschaften, 2004. Zum Bereich der Strom- und Gasversorgung vgl. z. B. *Reinhard Ruge*, Die Gewährleistungsverantwortung des Staates und der Regulatory State, 2004, S. 206–249.

[301] *Wolfgang Hoffmann-Riem*, Öffentliches Recht und Privatrecht als wechselseitige Auffangordnungen – Systematisierung und Entwicklungsperspektiven, in: Hoffmann-Riem/Schmidt-Aßmann (Hrsg.), Auffangordnungen, S. 261 (288 ff.); *ders.*, Innovationssteuerung durch die Verwaltung: Rahmenbedingungen und Beispiele, DV, Bd. 33 (2000), S. 155 (169). → Bd. II *Hoffmann-Riem* § 33 Rn. 54 f.

[302] *Jürgen Basedow*, Deregulierungspolitik und Deregulierungspflichten – Vom Zwang zur Marktöffnung in der EG, StWStP 1991, S. 151 ff.

[303] So *Basedow*, Deregulierungspolitik (Fn. 302), S. 152.

[304] Vgl. statt vieler *Klaus König/Arthur Benz*, Zusammenhänge von Privatisierung und Regulierung, in: dies. (Hrsg.), Privatisierung (Fn. 230), S. 13 ff.; *Hermes*, Infrastrukturverantwortung (Fn. 223), S. 152–156; *Edgar Grande*, Privatisierung und Regulierung aus politikwissenschaftlicher Sicht, in: Christoph Gusy (Hrsg.), Privatisierung von Staatsaufgaben: Kriterien – Grenzen – Folgen, 1998, S. 37 (44–52). Zum „Regulierungsverwaltungsrecht" vgl. die Beiträge in *Fehling/Ruffert* (Hrsg.), Regulierungsrecht, sowie → Bd. I *Schulze-Fielitz* § 12 Rn. 57 ff.; *Schuppert* § 16 Rn. 99; *Eifert* § 19 Rn. 117 ff.; Bd. III *Huber* § 45 Rn. 40 ff.

4. Privatisierung

58 Als äußerst einflussreich hat sich innerhalb der Modernisierungsdebatte die mit dem Deregulierungskonzept eng verbundene Leitidee der „Privatisierung" erwiesen. Unter diesen wenig konturstarken Begriff lassen sich zunächst einmal alle Umverteilungsprozesse vom öffentlichen in den privaten Sektor subsumieren.[305] Mittlerweile sind die verschiedensten Verwaltungsbereiche von Privatisierungsvorgängen erfasst oder von Privatisierungsforderungen überzogen. Das **Spektrum**[306] reicht hier von den klassischen staatlichen Infrastrukturleistungen Bahn (Art. 87e Abs. 3 GG), Post (Art. 87f, 143b GG) und Straßenbau über die kommunale Daseinsvorsorge (Energie, Abfallentsorgung, Abwasser- und Tierkörperbeseitigung)[307] und das Versicherungs-, Krankenhaus- und Medienwesen bis hin zu Überwachungsaufgaben im Umwelt- und Technikrecht[308] und der Privatisierung des Justizvollzugs.[309]

59 Die mit den jeweiligen Privatisierungsmaßnahmen verfolgten **Ziele**[310] sind dabei sehr unterschiedlich. Angestrebt wird

– eine Entlastung des vermeintlich „überforderten" Staates.[311] Dabei geht es zunächst einmal schlicht um die **Einsparung von Geld** für Personal und Sachmittel, das in Zeiten leerer Haushaltskassen und galoppierender Steuerflucht nicht mehr in ausreichendem Maße vorhanden ist, um einen umfangreichen, hoch spezialisierten administrativen Apparat zu unterhalten, der nötig ist, damit ein ordnungsgemäßer staatlicher Vollzug des Verwaltungsrechts gewährleistet werden kann;[312]

– eine effektivere Bewältigung öffentlicher Aufgaben durch die **Mobilisierung der endogenen Potentiale der Gesellschaft,** ihrer Anpassungs-, Reaktions- und Problemlösungskapazitäten. Was der klassische (territoriale) Nationalstaat mangels ausreichender Information und Expertenwissens sowie aufgrund grenzüberschreitender Problemlagen an technischer Realisation nicht

---

[305] So zutreffend *Hartmut Bauer,* Privatisierung von Verwaltungsaufgaben, VVDStRL, Bd. 54 (1995), S. 243 (250f.).

[306] Vgl. nur die Überblicke bei *Martin Burgi,* Funktionale Privatisierung und Verwaltungshilfe, 1999, S. 100–144; *Jörn A. Kämmerer,* Privatisierung, 2001, S. 282–421; *Christof Gramm,* Privatisierung und notwendige Staatsaufgaben, 2001, S. 90–189, und *Wolff/Bachof/Stober/Kluth,* VerwR II, § 89 Rn. 13–26; → Bd. I *Schuppert* § 16 Rn. 82ff., *Schulze-Fielitz* § 12 Rn. 91ff.

[307] Vgl. dazu nur *Johannes Hellermann,* Örtliche Daseinsvorsorge und gemeindliche Selbstverwaltung, 2000, insbes. den Überblick S. 46–63.

[308] Vgl. z.B. *Michael Reinhardt,* Die Überwachung durch Private im Umwelt- und Technikrecht, AöR, Bd. 118 (1993), S. 617ff.; *Udo Di Fabio,* Die Verlagerung immissionsschutzrechtlicher Überwachungsverantwortung auf Private, Der Betrieb 1996, S. 1ff.

[309] Vgl. zum Strafvollzug *Susann Barisch,* Die Privatisierung im deutschen Strafvollzug, 2010; *Wolfgang Wittmann* (Hrsg.), Privatisierung und Hoheitlichkeit in Bewährungshilfe und Strafvollzug, 2008; *Ingolf Meyer Larsen,* Privatisierung von Strafvollzug, 2007; → Bd. III *Voßkuhle* § 43 Rn. 115.

[310] Vgl. auch *Wolff/Bachof/Stober/Kluth,* VerwR II, § 89 Rn. 30–38.

[311] Statt vieler *Thomas Ellwein/Joachim J. Hesse,* Der überforderte Staat, 1997.

[312] In der Diskussion um sog. Vollzugsdefizite, die meistens die Legitimationsgrundlage für umfangreiche Reform- und Modernisierungsforderungen gegenüber dem herkömmlichen Verwaltungsrecht bilden, wird nur selten näher reflektiert, dass sich fast alle empirischen Untersuchungen darin einig sind, dass *eine* wesentliche Ursache der Vollzugsdefizite die oft unzureichende Personal- und Sachausstattung des öffentlichen Sektors ist, vgl. *Hill/Weber,* Vollzugserfahrungen (Fn. 48), S. 53ff., 240 m.w.N. Vollzugsdefizite sind damit zumindest *auch* das Resultat bestimmter finanzieller Verteilungsentscheidungen, die als solche diskutiert werden müssen.

(mehr) zu leisten vermag, soll der ausdifferenzierte private Sektor in eigener Regie übernehmen;
- die **Senkung** der **Kosten** und **Preise** für Güter der Daseinsvorsorge durch Einführung von Wettbewerbsstrukturen;[313]
- der **Auf-** und **Ausbau** eines **privaten Dienstleistungssektors** zur Schaffung von neuen qualifizierten Arbeitsplätzen;[314]
- die **Entlastung politischer Entscheidungsträger** von aktuellem Handlungsdruck. Diese können einerseits die „populistische Schubkraft" allgemeiner Privatisierungsforderungen nutzen,[315] zugleich aber sind sie in der Lage, die Verantwortung für die Defizite bei der Umsetzung bestimmter Gemeinwohlvorhaben ein Stück weit dem Bürger und der Wirtschaft zuzuweisen;
- ein **Zuwachs** an **demokratischer Legitimität**[316] und **Akzeptanz**[317] der zu treffenden Entscheidungen.

Unterschiedliche **Privatisierungstypen**[318] und die Vielzahl der anzutreffenden Erscheinungsformen der Privatisierung haben den Blick dafür geschärft, dass an die Stelle von schlichter **Organisationsprivatisierung,** bei der sich der Verwaltungsträger zur Erledigung einer bestimmten Aufgabe lediglich der Formen des Privatrechts mittels Schaffung einer Eigengesellschaft (GmbH oder AG) bedient (sog. **formelle Privatisierung**), und klassischen Take-over-Lösungen wie der Übertragung staatlichen bzw. kommunalen Eigentums auf Private (sog. **Vermögensprivatisierung**) oder der echten Aufgabenverlagerung in den privaten Sektor (sog. **materielle Privatisierung**) immer häufiger **gleitende Teillösungen** getreten sind.[319] Zu denken ist hier etwa an:
- den Zusammenschluss öffentlicher und privater Akteure in **gemischtwirtschaftlichen Unternehmen;**[320]

---

[313] Zu unterscheiden ist dabei der „Wettbewerb um den Markt" durch Ausschreibung von Entsorgungsleistungen in weiterhin geschützten Gebietsmonopolen vom „Wettbewerb im Markt" durch Aufhebung geschützter Gebietsmonopole, vgl. eingehend am Beispiel der Privatisierung der Abfallentsorgung *SRU,* Umweltgutachten, 2002, Tz. 1125 ff.

[314] Deutlich etwa *Jost Pietzcker,* Verfahrensprivatisierung und staatliche Verfahrensverantwortung, in: Wolfgang Hoffmann-Riem/Jens-Peter Schneider (Hrsg.), Verfahrensprivatisierung im Umweltrecht, 1996, S. 284 (302). Ein instruktives Beispiel bietet hier die Tätigkeit von Umweltgutachtern beim Öko-Audit, vgl. *Dieter Schottelius,* Der zugelassene Umweltgutachter – ein neuer Beruf, BB 1996, S. 1235 ff.

[315] Siehe *Wolfgang Hoffman-Riem,* Verfahrensprivatisierung im Umweltrecht, in: Hoffmann-Riem/Schneider (Hrsg.), Verfahrensprivatisierung (Fn. 314), S. 9 (16) m. w. N.

[316] Zu den Konturen eines „partizipatorisch-demokratischen Selbststeuerungsbegriffs" vgl. etwa *Weinreich,* Selbststeuerung (Fn. 231), S. 37 ff. m. w. N. Krit. dazu *Detlef Horn,* Staat und Gesellschaft in der Verwaltung des Pluralismus, DV, Bd. 26 (1993), S. 545 ff.

[317] Vgl. die N. in → Fn. 67.

[318] → Bd. I *Schulze-Fielitz* § 12 Rn. 108 ff. Vgl. im Übrigen nur *Friedrich Schoch,* Privatisierung von Verwaltungsaufgaben, DVBl 1994, S. 962 f.; *Rainer Wahl,* Privatisierung im Umweltrecht, in: Gusy (Hrsg.), Privatisierung (Fn. 304), S. 260 (263–268), und *Kämmerer,* Privatisierung (Fn. 306), S. 16–53, sowie *Wolfgang Weiß,* Privatisierung und Staatsaufgaben, 2002, S. 28–52.

[319] → Bd. I *Eifert* § 19 Rn. 48 ff., *Schulze-Fielitz* § 12 Rn. 113 ff. Andere Systematisierungsansätze bei *Hans-Heinrich Trute,* Die Verwaltung und das Verwaltungsrecht zwischen gesellschaftlicher Selbstregulierung und staatlicher Steuerung, DVBl 1996, S. 950 (952 ff.); *Wolfgang Hoffmann-Riem,* Öffentliches Recht und Privatrecht als wechselseitige Auffangordnungen – Systematisierung und Entwicklungsperspektiven, in: Hoffmann-Riem/Schmidt-Aßmann (Hrsg.), Auffangordnungen, S. 261 (300 ff.); *Schmidt-Preuß* und *Di Fabio,* Selbstregulierung (Fn. 231), S. 175 ff. bzw. S. 242 ff.; *Schuppert,* Verwaltungswissenschaft (Fn. 199), S. 277 ff.; *Voßkuhle,* Beteiligung (Fn. 199), S. 275–282.

[320] Allgemein dazu *Hubertus Gersdorf,* Öffentliche Unternehmen im Spannungsfeld zwischen Demokratie- und Wirtschaftlichkeitsprinzip, 2000, S. 136 ff.; *Storr,* Staat (Fn. 223), S. 49 ff.

§ 1 Neue Verwaltungsrechtswissenschaft

- die Übertragung spezieller hoheitlicher Befugnisse auf Private zur Erfüllung von Verwaltungsaufgaben im Rahmen der sog. **Beleihung;**[321]
- die Einbeziehung privaten Kapitals bei der Finanzierung von Infrastrukturvorhaben, z.B. bei der Finanzierung von Straßen nach dem Gesetz über den Bau und die Finanzierung von Bundesfernstraßen[322] (sog. **Finanzierungsprivatisierung**);
- die verschiedenen Formen sog. **funktioneller Privatisierung**[323] mit der Unterspielart der sog. **Verfahrensprivatisierung.** Zu denken ist hier etwa an Teilbeiträge in Planungsverfahren,[324] den Einsatz Privater als behördliche Verfahrensbevollmächtigte[325] oder die Überwachung von Anlagen durch staatlich beauftragte Private[326];
- die sog. **Indienstnahme Privater,** die dadurch gekennzeichnet ist, dass einem Privatrechtssubjekt gegen seinen Willen anlässlich einer grundrechtlich geschützten Freiheitsbetätigung die Erfüllung einer gemeinwohlbezogenen Pflicht auferlegt wird, deren Beachtung die Freiheitsbetätigung als solche nicht notwendig erfordert.[327]

61 Aus europa- und verfassungsrechtlicher Sicht bestehen nur wenige Hürden für die Ausweitung solcher arbeitsteiligen Arrangements.[328] Es hat sich aber herausgestellt, dass selbst in Fällen klassischer Aufgabenprivatisierung zumindest im Hinblick auf die Kontrolle der Aufgabenerledigung und die Folgen der Privatisierung eine nicht unerhebliche Restverantwortung bei der Verwaltung verbleibt.[329] Nicht zuletzt aus diesem Grund wurden die Transaktionskosten von

---

[321] Zur Wiederentdeckung der Beleihung in der Praxis *Udo Steiner,* Fragen der Beleihungsdogmatik aus österreichischer und deutscher Sicht, in: FS Friedrich Koja, 1998, S. 603 ff.; vgl. *Martin Burgi,* Der Beliehene – ein Klassiker im modernen Verwaltungsrecht, in: FS Hartmut Maurer 2001, S. 581 ff.; *Gerrit Stadler,* Die Beleihung in der neueren Bundesgesetzgebung, 2002.

[322] Gesetz über den Bau und die Finanzierung von Bundesfernstraßen durch Private v. 30. 8. 1994 (BGBl I, S. 2243), zuletzt geändert durch Gesetz v. 1. 9. 2005 (BGBl I, S. 2676). Aus der Rspr. vgl. *BVerwG,* NVwZ 2000, S. 555 ff.; *VerfGH RP,* NVwZ-RR 1998, S. 145 ff. – Aus der Lit. vgl. *Heinz-Joachim Papst,* Verfassungsrechtliche Grenzen der Privatisierung im Fernstraßenbau, 1997, S. 184 ff.; *Annegret Bucher,* Die Privatisierung von Bundesfernstraßen, 1996, S. 64 ff., 176 ff. Vgl. ferner zu weiteren Beispielen der Finanzierungsprivatisierung *Christopher Zeiss,* Privatfinanzierung staatlicher Infrastruktur, 2000, und *Stephan Meeder,* Public Private Partnership zur Finanzierung von Flughafenprojekten in Europa, 2000.

[323] Ausführlich *Burgi,* Privatisierung (Fn. 306), etwa S. 145 ff.

[324] Eingehend zu diesem Problemkreis jetzt unter Einbeziehung eigener empirischer Erhebungen zum Bauleitplanverfahren in Brandenburg *Remmert,* Dienstleistungen (Fn. 157).

[325] Siehe § 2 Abs. 2 S. 3 Nr. 5 der 9. BImSchV und § 71c Abs. 2 S. 2 VwVfG (a. F. v. 1. 2. 2003).

[326] Vgl. z. B. § 52 Abs. 2 BImSchG; 25 Abs. 3 GenTG; § 21 Abs. 4 ChemG. Näher dazu *Achim Seidel,* Privater Sachverstand und staatliche Garantenstellung im Verwaltungsrecht, 2000, S. 200 ff.; *Patrick Scholl,* Der Sachverständige im Verwaltungsrecht, 2005. → Bd. III *Huber* § 45 Rn. 162 ff.

[327] Zu dieser Definition *Voßkuhle,* Beteiligung (Fn. 199), S. 300, Fn. 139. Eingehende Aufarbeitung der bisherigen Diskussion bei *Michael Jani,* Die partielle verwaltungsrechtliche Inpflichtnahme Privater zu Handlungs- und Leistungspflichten, 1992. In der neueren Literatur wird zu Recht darauf hingewiesen, dass diese Fallgruppe einen Ausschnitt aus dem heute als staatlich veranlasste gesellschaftliche Selbstregulierung bezeichneten Spektrum darstellt, vgl. *Burgi,* Privatisierung (Fn. 306), S. 90 ff. Zust. *Pielow,* Grundstrukturen (Fn. 223), S. 451 f.

[328] Vgl. *Markus Heintzen,* Die Beteiligung Privater an der Wahrnehmung öffentlicher Aufgaben und staatliche Verantwortung, VVDStRL, Bd. 62 (2003), S. 220 ff., und *Voßkuhle,* Beteiligung (Fn. 199), S. 286–298 m. w. N. Vgl. aber *BVerwG,* NVwZ 2009, S. 1305 ff. (unzulässige Privatisierung eines Weihnachtsmarktes), mit abl. Anm. *Kahl,* LKRZ 2010, S. 82 ff.; *Schoch,* DVBl 2009, S. 1533 ff.

[329] Deutlich *Bauer,* Privatisierung (Fn. 305), S. 277–280. Vgl. ferner die N. in → Fn. 304.

Privatisierungsvorgängen lange Zeit unterschätzt.[330] Inzwischen dürfte die naive Vorstellung, Privatisierung führe automatisch zur Staatsentlastung, daher einer differenzierten Haltung gewichen sein. Das zeigt sich insbesondere bei der Rekommunalisierung von Unternehmen der Daseinsvorsorge.[331] Was freilich Not tut, ist die Bereitstellung eines Rechtsregimes, das in der Lage ist, die Einbindung Privater in die öffentliche Aufgabenwahrnehmung im Hinblick auf eine größtmögliche Gemeinwohlverwirklichung anzuleiten und abzusichern. Von daher erklären sich auch die Forderungen in der Literatur nach Entwicklung eines Privatorganisations-[332], Privatisierungsfolgen-[333], Verwaltungskooperations-[334] oder Regulierungsverwaltungsrechts[335]. Sie münden ein in die Ausbildung einer allgemeinen Dogmatik des **Gewährleistungsverwaltungsrechts** als dritter Säule des Verwaltungsrechts neben dem Ordnungs- und Leistungsrecht.[336]

5. „Schlanker Staat"

Deregulierung und Privatisierung bilden die Eckpfeiler des Reformleitbildes **62** „Schlanker Staat", das im Koalitionsvertrag von CDU, CSU und FDP vom November 1994 zum zentralen Politikziel der 13. Wahlperiode des Deutschen Bundestages erklärt wurde. Um den öffentlichen Diskurs über denkbare Reformansätze zu kanalisieren und um konkrete Maßnahmekataloge zu erarbeiten, wurde am 18. Juli 1995 der Sachverständigenrat „Schlanker Staat" von der Bundesregierung eingesetzt. Dieses Expertengremium unter dem Vorsitz von *Rupert Scholz* schloss seine Arbeit im Oktober 1997 mit der Übergabe des Abschlussberichts ab.[337] Er enthält nicht nur Forderungen nach einer Reduzierung von Staatsaufgaben und Vorschläge zur Rechtsvereinfachung, sondern setzt sich auch mit anderen Modernisierungsansätzen auseinander, etwa der Institutionalisierung der Gesetzesfolgenabschätzung, der Flexibilisierung des Haushaltsrechts, der Reform des öffentlichen Dienstrechts, der Nutzung von Management- und neuen

---

[330] *Gunnar Folke Schuppert*, Jenseits von Privatisierung und „schlankem" Staat: Vorüberlegungen zu einem Konzept der Staatsentlastung durch Verantwortungsteilung, in: Gusy (Hrsg.), Privatisierung (Fn. 304), S. 72 (95–97), unterscheidet insofern Such- und Informationskosten, Verhandlungs- und Entscheidungskosten sowie Überwachungs- und Durchsetzungskosten.

[331] *Christoph Brüning*, (Re-)Kommunalisierung von Aufgaben aus privater Hand – Maßstäbe und Grenzen, VerwArch, Bd. 100 (2009), S. 453 ff.; *Manfred Röber*, Privatisierung adé: Rekommunalisierung als neuer Trend der Modernisierung des Öffentlichen Sektors?, Verwaltung und Management 2009, S. 227 ff. m. w. N.

[332] *Rainer Wahl*, Privatorganisationsrecht als Steuerungsinstrument bei der Wahrnehmung öffentlicher Aufgaben, in: Schmidt-Aßmann/Hoffmann-Riem (Hrsg.), Verwaltungsorganisationsrecht, S. 301 (325 ff.). Zust. *Peter M. Huber*, Die entfesselte Verwaltung, StWStP 1998, S. 423 (447).

[333] *Kämmerer*, Privatisierung (Fn. 306), S. 426–525. Vgl. ferner *Matthias Ruffert*, Regulierung im System des Verwaltungsrechts, AöR, Bd. 124 (1999), S. 237 (239); *Martin Burgi*, Kommunales Privatisierungsfolgenrecht, NVwZ 2001, S. 601 ff.

[334] Der Begriff geht wohl zurück auf *Schmidt-Aßmann*, Öffentliches Recht und Privatrecht (Fn. 197), S. 7 (29), der auch von „Privatverwaltungsrecht" spricht (ebd., S. 28). Näher ausgeformt wird das dahinter stehende Konzept bei *Schuppert*, Verwaltungswissenschaft, S. 443–449; *ders.*, Grundzüge (Fn. 84).

[335] *Trute*, Selbstregulierung und staatliche Steuerung (Fn. 319), S. 950 (954); *Tadeusz Skoczny*, Stand und Entwicklungstendenzen eines Regulierungsverwaltungsrechts in Polen, in: Bauer/Huber/Niewiadomski (Hrsg.), Ius Publicum (Fn. 224), S. 113 ff., und *Masing*, Stand (Fn. 224). Eingehend nunmehr *Fehling/Ruffert* (Hrsg.), Regulierungsrecht.

[336] Vgl. → Fn. 199 und 230.

[337] *Sachverständigenrat „Schlanker Staat"* (Hrsg.), Abschlußbericht, 2. Aufl. 1998; Materialband, 2. Aufl. 1998.

Informationstechniken oder der Stärkung privater Eigenverantwortung durch Einführung von Audit-Verfahren.[338] Auch wenn viele der dort formulierten Anregungen in der Folge von der Politik aufgenommen und umgesetzt wurden,[339] wird man das Leitbild des schlanken Staates kaum als eigenständiges Reformkonzept bezeichnen können. Es handelt sich vielmehr um einen affirmativ aufgeladenen Sammelbegriff, der zudem durch die einseitige Konnotation der Gewichtsabnahme falsche Assoziationen weckt.

6. „Aktivierender Staat"

63 Im Zuge des Regierungswechsels 1998 ersetzte die neue Bundesregierung das aus ihrer Sicht zu stark auf die Reduzierung öffentlicher Aufgaben beschränkte Leitbild des „schlanken Staates" durch das im Koalitionsvertrag von SPD und Bündnis 90/DIE GRÜNEN[340] ausdrücklich verankerte Leitbild des „aktivierenden Staates",[341] das dann im Kabinettsbeschluss „Moderner Staat – Moderne Verwaltung" vom 1. Dezember 1999[342] näher konkretisiert wurde. Im Mittelpunkt dieses Reformansatzes[343] steht das „Zusammenwirken staatlicher, halbstaatlicher und privater Akteure zum Erreichen gemeinsamer Ziele" im Sinne einer **„neuen Verantwortungsteilung zwischen Staat und Gesellschaft"**. Der Staat soll danach weniger als „Entscheider" und Produzent tätig werden, sondern als „Moderator" und „Aktivator" gesellschaftlicher Problemlösungsprozesse. Bürgerinnen und Bürger übernehmen vor diesem Hintergrund die Rolle eines gleichberechtigten Partners bei der Wahrnehmung von Aufgaben für das Gemeinwohl. Als zentraler „Verwirklichungsmodus" dieser neuen dynamisch angelegten Verantwortungsteilung werden sog. **Public Private Partnerships** angesehen.[344] Das Leitbild des aktivierenden Staates bleibt aber nicht auf das Ver-

---

[338] Näher dazu *Volker Busse*, Verfahrenswege zu einem „schlanken Staat", DÖV 1996, S. 389 ff.; *Rainer Pitschas*, Verwaltungsmodernisierung und Verwaltungsrecht im „schlanken Staat", Verwaltung & Management 1996, S. 4 ff., 83 ff., 163 ff.; *Klaus G. Meyer-Teschendorf/Hans Hofmann*, Zwischenergebnisse des Sachverständigenrats „Schlanker Staat", DÖV 1997, S. 268 ff.; *Rupert Scholz*, Schlankerer Staat tut Not!, in: FS Hans F. Zacher, 1998, S. 987 ff., und *Klaus König/Natascha Füchtner*, „Schlanker Staat" – eine Agenda der Verwaltungsmodernisierung im Bund, 2000.

[339] → Rn. 12. Vgl. ferner etwa *Markus Reiners*, Schlankere Staatsarchitektur in Baden-Württemberg, VBlBW 2008, S. 281 ff.

[340] Koalitionsvertrag „Aufbruch und Erneuerung – Deutschlands Weg ins 21. Jahrhundert" vom 20.10.1998, Kapitel IX, Nr. 11.

[341] Eine gewisse ideologische und rhetorische Nähe zu der Konzeption des „Third Way" von „New Labour" in Großbritannien ist dabei nicht zu übersehen, *Werner Jann*, State, Administration and Governance in Germany: Competing Traditions and Dominant Narratives, Public Administration 2003, S. 95 (111).

[342] *BMI* (Hrsg.), Moderner Staat – Moderne Verwaltung. Das Programm der Bundesregierung, 1999.

[343] Zum Folgenden *BMI* (Hrsg.), Moderner Staat (Fn. 77), S. 7–11, sowie *BMI* (Hrsg.), Moderner Staat – Moderne Verwaltung. Aktivitäten zur Staats- und Verwaltungsmodernisierung in Bund und Ländern 2000. Vgl. ferner *Stephan v. Bandemer/Bernhard Blanke/Josef Hilbert/Joseph Schmidt*, Staatsaufgaben – Von der „schleichenden" Privatisierung zum „aktivierenden Staat", in: Fritz Behrens (Hrsg.), Den Staat neu denken, 1995, S. 41 ff.; *Stephan v. Bandemer/Josef Hilbert*, Vom expandierenden zum aktivierenden Staat, in: Blanke u. a. (Hrsg.), Verwaltungsreform (Fn. 170), S. 17 ff.; *Gunnar Folke Schuppert*, Verwaltungswissenschaft, S. 920–924; *ders.*, Aktivierender Staat und Zivilgesellschaft – Versuch einer Verhältnisbestimmung, in: Gert Winter (Hrsg.), Das Öffentliche heute, 2001, S. 101 ff.

[344] So *Jan Ziekow*, Verankerung verwaltungsverfahrensrechtlicher Kooperationsverhältnisse, in: ders. (Hrsg.), Public Private Partnership, 2003, S. 25 (27). Die theoretische Verdichtung des Begriffs ist relativ gering, so auch *Ziekow*, ebd., S. 28–33, der selbst ein weites Begriffsverständnis zugrunde legt.

hältnis Bürger-Staat beschränkt. Auch zwischen Bund, Ländern, Kommunen und der Europäischen Union wird eine stärkere Kooperation auf allen Verwaltungsebenen angestrebt. Zu diesem Zweck möchte man mehr „Entscheidungsfreiräume" schaffen bei gleichzeitiger Stärkung der „Eigenverantwortung" und der „föderalen Vielfalt". Ergänzt wird das Leitbild des aktivierenden Staates durch das Ziel einer umfassenden Binnenmodernisierung der Verwaltung, die sich in wesentlichen Punkten am New Public Management-Ansatz und am Neuen Steuerungsmodell (NSM) orientiert.[345]

Wenngleich viele Überschneidungen mit dem Leitbild des schlanken Staates gerade bei den „harten" Themen Personalverringerung, Behördenabbau, Deregulierung und Reduzierung von Staatsaufgaben nicht zu übersehen sind, akzentuiert das Leitbild des aktivierenden Staates den **Gedanken der Kooperation** zwischen staatlichen und privaten Akteuren deutlich stärker.[346] Es richtet die Aufmerksamkeit damit auf den bereits im Zusammenhang mit der Privatisierungsdiskussion offenbar gewordenen Umstand,[347] dass sich die staatliche Steuerung zunehmend auf die Initiierung und Anleitung der selbstständigen Erfüllung öffentlicher Aufgaben durch private Akteure im Sinne einer normativen Umhegung beschränkt. An die Stelle der ehemals vollen staatlichen Erfüllungsverantwortung treten damit die staatliche Regulierungs-, Überwachungs-, Beobachtungs- und Auffangverantwortung.[348] Innerhalb der Neuen Verwaltungs-

64

Während manche Autoren jegliche Form des kooperativen Zusammenwirkens von Hoheitsträgern und Wirtschaftssubjekten als „Public Private Partnership" verstanden wissen wollen (s. etwa *Peter J. Tettinger*, Public Private Partnership, Möglichkeiten und Grenzen – ein Sachstandsbericht, NWVBl 2005, S. 1 [2]; *Christoph Strünck/Rolf G. Heinze*, Public Private Partnership, in: Blanke u.a. [Hrsg.], Verwaltungsreform [Fn. 170], S. 127 [129]; vgl. auch Bericht der EG-Kommission für den Europäischen Rat in Laeken v. 17. 10. 2001, KOM [2001] 598 endg., Rn. 37), versuchen andere, bestimmte inhaltliche Anforderungen zu formulieren, etwa die Verfolgung komplementärer Ziele und die vertragliche Formalisierung der Zusammenarbeit (so z.B. *Dietrich Budäus/Gernod Grüning*, in: Dietrich Budäus/Peter Eichhorn [Hrsg.], Public Private Partnership, 1997, S. 25 [46 ff.]). Zu Grundformen und Anwendungsbereichen vgl. neben den Genannten *Hartmut Bauer*, Verwaltungsrechtliche und verwaltungswissenschaftliche Aspekte der Gestaltung von Kooperationsverträgen bei Public Private Partnership, DÖV 1998, S. 89 ff.; *Sybille Roggencamp*, Public Private Partnership, 1999, S. 31 ff.; *Wolff/Bachof/Stober/Kluth*, VerwR II, § 93. Zu Recht krit. zur wissenschaftlichen Brauchbarkeit des Begriffes *Thomas Mayen*, Privatisierung öffentlicher Aufgaben: Rechtliche Grenzen und rechtliche Möglichkeiten, DÖV 2001, S. 110 (111); *Kämmerer*, Privatisierung (Fn. 306), S. 58; *Friedrich Schoch*, Public-Private-Partnership, in: Hans-Uwe Erichsen (Hrsg.), Kommunale Verwaltung im Wandel, 1999, S. 101 (103). Vgl. auch das Gesetz zur Beschleunigung der Umsetzung von Öffentlich Privaten Partnerschaften und zur Verbesserung gesetzlicher Rahmenbedingungen für Öffentlich Private Partnerschaften v. 1. 9. 2005 (BGBl I, S. 2676). → Bd. I *Schuppert* § 16 Rn. 94; Bd. II *Bauer* § 36 Rn. 42 ff.

345 Im Koalitionsvertrag vom 16. 10. 2002 hatten die damaligen Regierungsparteien die Fortsetzung des Programms Moderner Staat – Moderne Verwaltung vereinbart, siehe Koalitionsvertrag „Erneuerung – Gerechtigkeit – Nachhaltigkeit" vom 16. 10. 2002, S. 15. Zusätzlich wurde ein „Masterplan Bürokratieabbau" beschlossen. Vgl. ferner Beschluss der Bundesregierung vom 16. 6. 2004.

346 So etwa *Heribert Schmitz*, Moderner Staat – modernes Verfahrensrecht, NVwZ 2000, S. 1238 (1241); *Hendrik Lackner*, Gewährleistungsverwaltung und Verkehrsverwaltung, 2004, S. 28 f. Vgl. auch *Katharina von Koppenfels-Spies*, Kooperation unter Zwang?, NZS 2011, S. 1 ff.

347 → Rn. 61.

348 Mittlerweile existiert eine Vielzahl von *Verantwortungstypologien*. Der maßgebliche Impuls ging aus von *Schmidt-Aßmann*, Reform (Fn. 243), S. 11, 43 f.: Erfüllungsverantwortung, Beratungsverantwortung, Überwachungsverantwortung, Organisationsverantwortung, Einstandsverantwortung. Daran anknüpfend mit Erweiterungen und Modifikationen: *Gunnar Folke Schuppert*, Verwaltungswissenschaft, S. 400–419; *Trute*, Verantwortungsteilung (Fn. 70); *Andreas Voßkuhle*, Gesetzgeberische

rechtswissenschaft versucht man diese Entwicklung auch durch das Konzept der **regulierten Selbstregulierung**[349] und das **Leitbild des Gewährleistungsstaates**[350] einzufangen.

7. Electronic Government

65 Als zusätzlicher „Motor der Verwaltungsreform" wird seit Ende der 1990er Jahre[351] von vielen Seiten das sog. Electronic Government **(eGovernment/E-Government)** angesehen.[352] Mit dieser mittlerweile auch international gebräuchlichen[353] Kurzformel, die ihren Charme aus der „Kombination des umfassenden Anspruchs (,Government') mit der formalen, inhaltsneutralen, aber modernen Charakterisierung der zur Zeit allgegenwärtigen, technikgetriebenen Veränderung zum ,Electronic'" bezieht,[354] bezeichnet man den verstärkten Einsatz der Informations- und Kommunikationstechnik zum Ziele der Verbesserung der Verwaltung.[355] Unter Electronic Government firmieren insoweit eine Vielzahl von unterschiedlichen Maßnahmen, Anwendungsfeldern und Konzepten, von denen man sich insgesamt mehr Bürgernähe und Transparenz, qualitativ hochwertigere Verwaltungsleistungen sowie eine deutliche Steigerung der Effizienz der Verwaltung verspricht.[356] Ob diese Hoffnungen tatsächlich berechtigt sind, wird mitunter skeptisch beurteilt.[357] Ohne Zweifel hat das Leitbild des Electronic Government aber zu einem qualitativen Sprung in der Geschichte der

---

Regelungsstrategien der Verantwortungsteilung zwischen öffentlichem und privatem Sektor, in: Schuppert (Hrsg.), Privatisierung (Fn. 70), S. 47 (68 ff.). Zur Verantwortung als Rechtsbegriff vgl. *Jan H. Klement*, Verantwortung, 2006. → Bd. I *Baer* § 11 Rn. 58.

[349] → Bd. I *Eifert* § 19 Rn. 52 ff.

[350] Vgl. die N. in → Fn. 230.

[351] Zur Etablierung des Begriffs hat maßgeblich der National Performance Review-Bericht „Creating a Government that Works Better and Costs Less" von US-Vizepäsident Al Gore aus dem Jahre 1993 beigetragen. In der deutschen Fachdiskussion taucht er wohl erstmals 1999 auf, siehe *Thomas Groß*, Die Informatisierung der Verwaltung, VerwArch, Bd. 95 (2004), S. 400 (410) m.w.N.

[352] *Volker Boehme-Neßler*, Electronic Government: Internet und Verwaltung, NVwZ 2001, S. 374 (379 f.); *Hans-Jörg Frick*, E-Government als Motor der kommunalen Verwaltungsreform, DÖD 2004, S. 93 ff.; *Dirk Heckmann*, E-Government im Verwaltungsalltag, K&R 2003, S. 415 (416). Vgl. ferner statt vieler etwa *Heinrich Reinermann*, Das Internet und die öffentliche Verwaltung, DÖV 1999, S. 20 (25); *Klaus Lenk*, Electronic Government als Schlüssel zur Modernisierung der öffentlichen Verwaltung, in: ders./Roland Traunmüller (Hrsg.), Öffentliche Verwaltung und Informationstechnik, 1999, S. 123 ff., und *Hermann Hill*, Electronic Government – Strategie zur Modernisierung von Staat und Verwaltung, Aus Politik und Zeitgeschichte, Bd. 39–40 (2002), S. 24 (30–32); *Helmut Drüke*, E-Government in Deutschland – Profile des virtuellen Rathauses, 2003, S. 90 ff.; *Martin Eifert*, Electronic Government, 2006, S. 19 ff. Diff. *Groß*, Informatisierung (Fn. 351), S. 413 f. → Bd. II *Britz* § 26.

[353] Statt vieler vgl. *Martin Eifert/Clarisse Girot/Marga Groothuis/Corien Prins/Wim Voermans*, Taking Administrative Law to the Digital Era, The EDI Law Review 2001, S. 57 (63 ff.).

[354] *Martin Eifert*, Electronic Government als gesamtstaatliche Organisationsaufgabe, ZG 2001, S. 115 (116).

[355] So *Martin Eifert*, Electronic Government (Fn. 352), S. 21 m.w.N. Zum tatsächlichen und theoretischen Hintergrund vgl. *Volker Boehme-Neßler*, Unscharfes Recht, 2008.

[356] Vgl. *Boehme-Neßler*, Electronic Government (Fn. 352), S. 375 ff.; *Alexander Roßnagel*, Die elektronische Signatur im Verwaltungsrecht, DÖV 2001, S. 221; *Hill*, Electronic Government (Fn. 352), S. 30 f. Als weitere Motive nennt *Groß*, Informatisierung (Fn. 351), S. 411 f.: die Erschließung eines neuen Geschäftsfeldes für die Computerindustrie und die Förderung des Modernisierungsimages. → Bd. II *Ladeur* § 21 Rn. 85 ff.

[357] Differenzierte Analyse bei *Heckmann*, E-Government (Fn. 352), und *Groß*, Informatisierung (Fn. 351), S. 402–410.

E. Verwaltungswissenschaft, Verwaltungspraxis, verwaltungspolitischer Diskurs

Informatisierung der Verwaltung geführt.[358] Ausschlaggebend dafür waren vor allem die „Reife der Informationstechnik" (*Reinermann*), die durch das Neue Steuerungsmodell[359] teilweise erzwungene Veränderung der Verwaltungskultur sowie die steigende Akzeptanz des Internet als Kommunikationsmedium innerhalb der Bevölkerung.

In der ersten, mittlerweile weitgehend abgeschlossenen Phase der Umsetzung **66** von Electronic Government-Initiativen – zu nennen sind hier z. B. neben den Projekten „Virtuelles Rathaus", „Media@Komm" auf kommunaler Ebene und „Bund online 2005" etwa die Masterpläne der Länder und die verschiedenen Benchmarking-Studien der Europäischen Union[360] – ging es vor allem um die **Erleichterung des Zugangs** des Bürgers und der Wirtschaft zu öffentlichen Dienstleistungen über einheitliche Internet-Portale der Behörden.[361] Die dort integrierten Serviceangebote umfassen nicht nur Informationen zu allen denkbaren Themen, den Zugriff auf Datenbanken und interaktive Formulare, sondern insbesondere auch die Möglichkeit, „online" mit der Verwaltung direkt zu kommunizieren, z. B. auf elektronischem Wege die Steuererklärungen abzugeben, an einem elektronischen Vergabeverfahren teilzunehmen oder eine Baugenehmigung zu beantragen. Statt vieler einzelner Behörden besteht als **„One-Stop-Government"** nur noch ein einziger virtueller Ansprechpunkt, der den Bürger automatisch und lebensnah zum jeweils richtigen Ansprechpartner weiterleitet. Neuerdings verlagert sich der Schwerpunkt der Aufmerksamkeit weg vom Angebot und Zugang zu öffentlichen Dienstleistungen hin zur **Reorganisation der behördeninternen Arbeitsabläufe,**[362] etwa durch Einführung des papierarmen Büros, Standardisierung und Mehrfachverwendung von Prozessteilschritten, die Entwicklung einheitlicher Formate, den Einsatz von Work-Flow-Managementsystemen oder den verstärkten Ausbau von Informationsverbünden.[363]

---

[358] Vgl. etwa *Harald Mehlich,* Electronic Government. Die elektronische Verwaltungsreform, 2002, S. 6–8 und passim. Zur historischen Entwicklung, die mit der Verwaltungsautomation in den 1950er Jahren begann, vgl. *Hans Brinckmann/Stefan Kuhlmann,* Computerbürokratie. Ergebnisse von 30 Jahren öffentlicher Verwaltung mit Informationstechnik, 1990, S. 18 ff.; *Ralf-Michael Polomski,* Der automatisierte Verwaltungsakt, 1993, S. 24 ff.

[359] → Rn. 53.

[360] Materialreiche Überblicke bei *Jörn v. Lucke,* Regieren und Verwalten im Informationszeitalter, 2003, S. 63 ff., 119 ff.; *Hill,* Electronic Government (Fn. 352), S. 24 ff.; *ders.,* eGovernment – Mode oder Chance zur nachhaltigen Modernisierung der Verwaltung?, BayVBl. 2003, S. 737 ff.

[361] Näher dazu *Alexander Roßnagel,* Möglichkeiten für Transparenz und Öffentlichkeit im Verwaltungshandeln – unter besonderer Berücksichtigung des Internet als Instrument der Staatskommunikation, in: Hoffmann-Riem/Schmidt-Aßmann (Hrsg.), Informationsgesellschaft, S. 257 (275–316); *Andreas Voßkuhle,* Die Verwaltung in der Informationsgesellschaft – Informationelles Verwaltungsorganisationsrecht, in: Dieter Leipold (Hrsg.), Rechtsfragen des Internet und der Informationsgesellschaft, 2002, S. 97 (101–104), jeweils m.w.N. Vgl. ferner die jeweils aktuellen Vorhaben *Europäische Kommission,* Europäischer eGovernment Aktionsplan 2011–2015 vom 15. 12. 2010, KOM (2010) 743 endg.; *BReg,* Vernetzte und Transparente Verwaltung, Beschl. vom 18. 8. 2010; *IT-Planungsrat,* Nationale E-Government-Strategie, Beschl. vom 24. 9. 2010. → Bd. II *Britz* § 26.

[362] Deutlich *Hermann Hill,* Bürokratieabbau und Verwaltungsmodernisierung, DÖV 2004, S. 721 (724). Vgl. ferner *Voßkuhle,* Verwaltungsorganisationsrecht (Fn. 361), S. 104–106 m.w.N.

[363] Speziell zum Aufbau von Informationsverbünden vgl. *Armin v. Bogdandy,* Information und Kommunikation in der Europäischen Union: föderale Strukturen in supranationalem Umfeld, in: Hoffmann-Riem/Schmidt-Aßmann (Hrsg.), Informationsgesellschaft, S. 195 ff., *Eifert,* Electronic Government (Fn. 352), §§ 13, 17 f. Den Aufbau gemeinsamer IT-Netze durch Bund und Länder ermöglicht Art. 91c GG (eingefügt durch Gesetz v. 29. 7. 2009, BGBl I, S. 2248), zu dessen Ausführung der Vertrag über die Errichtung des IT-Planungsrats und über die Grundlagen der Zusammenarbeit

§ 1 Neue Verwaltungsrechtswissenschaft

67 Das Verwaltungsrecht bleibt von diesen technischen Entwicklungen nicht unberührt. Im Gegenteil: In dem Maße, in dem Information, Wissen und Kommunikation als Steuerungsressource immer deutlicher in das Zentrum des Verwaltungshandelns rücken, zeigt sich immer stärker die Notwendigkeit der systematischen Ausbildung eines übergreifenden **Informationsverwaltungsrechts**.[364] Aufs Ganze gesehen wird man insofern **vier Regelungssektoren** unterscheiden können.[365] Einen ersten Schwerpunkt bildet die in das administrative Handlungssystem und das Verwaltungsverfahren eingebettete Informations- und Kommunikationsbeziehung zwischen Bürger und Staat. Ihre angemessene rechtliche Umhegung und organisatorische Absicherung durch ein **Verwaltungskommunikationsrecht** gerät mehr und mehr zu einer elementaren Voraussetzung für die effiziente Erfüllung öffentlicher Aufgaben durch die Verwaltung. Wichtige Schritte sind hier z. B. das Signaturgesetz vom 22. Juli 1997,[366] das durch Einführung der elektronischen Signatur die Authentizität und Integrität der elektronischen Vorgangsbearbeitung gewährleisten soll, das Dritte Gesetz zur Änderung verwaltungsverfahrensrechtlicher Vorschriften vom 21. August 2002,[367] mit dem ein rechtlicher Rahmen für die rechtsverbindliche elektronische Kommunikation zwischen Bürger und Staat geschaffen wurde, sowie die neuen

---

beim Einsatz der Informationstechnologie in den Verwaltungen von Bund und Ländern (BGBl I [2010], S. 662) geschlossen wurde und das Gesetz über die Verbindung der informationstechnischen Netze des Bundes und der Länder v. 10. 8. 2009 (BGBl I, S. 2706) erlassen wurde. Vgl. ferner die Mitteilung der *Europäischen Kommission*, Interoperabilität für europaweite elektronische Behördendienste, KOM (2006) 45 endg. → Bd. II *Bogdandy* § 25.

[364] Grundlegend *Rainer Pitschas*, Allgemeines Verwaltungsrecht als Teil der öffentlichen Informationsordnung, in: Hoffmann-Riem/Schmidt-Aßmann/Schuppert (Hrsg.), Reform, S. 227ff. Aus übergreifender Perspektive vgl. ferner *Karl-Heinz Ladeur*, Privatisierung öffentlicher Aufgaben und die Notwendigkeit der Entwicklung eines neuen Informationsverwaltungsrechts, in: Hoffmann-Riem/Schmidt-Aßmann (Hrsg.), Informationsgesellschaft, S. 233 ff.; *Albers*, Information (Fn. 58), S. 61 ff., und *Vesting*, Verwaltungsrechtswissenschaft (Fn. 216), S. 284–288; *Kaiser*, Kommunikation (Fn. 50), § 10 (insbes. S. 262 ff.). → Bd. II *Vesting* § 20 Rn. 47 ff.

[365] So *Voßkuhle*, Informationsgesellschaft (Fn. 58), S. 355–361. Zustimmend *Schmidt-Aßmann*, Ordnungsidee, 6. Kap. Rn. 6, der ferner individualrechtliche und institutionelle Schichten des Informationsverwaltungsrechts unterscheidet, ebd., Rn. 7 ff. Zum noch nicht abschließend geklärten Gegenstandsbereich des Informationsverwaltungsrechts vgl. ferner *Friedrich Schoch*, Öffentlich-rechtliche Rahmenbedingungen einer Informationsordnung, VVDStRL, Bd. 57 (1997), S. 158 ff. (161 f.); *Rolf Gröschner/Johannes Masing*, Transparente Verwaltung – Konturen eines Informationsverwaltungsrechts, VVDStRL, Bd. 63 (2004), S. 344 (358–361) bzw. S. 377 (432–435); *Kloepfer*, Informationsrecht (Fn. 198), § 1 C, D. → Bd. II *Vesting* § 20 Rn. 47 ff.

[366] BGBl I, S. 1870. Vgl. nunmehr das Signaturgesetz vom 16. 5. 2001 (BGBl I, S. 876). Vgl. dazu *Alexander Roßnagel* (Hrsg.), Die elektronische Signatur in der öffentlichen Verwaltung, 2002; *ders.*, Die fortgeschrittene elektronische Signatur, MMR 2003, S. 164 ff.; *Lutz Schreiber*, Elektronisches Verwalten. Zum Einsatz der elektronischen Signatur in der öffentlichen Verwaltung, 2002; *Eifert*, Electronic Government (Fn. 352), § 4.

[367] BGBl I, S. 3322. Vgl. dazu nur *Heribert Schmitz/Arne Schlatmann*, Digitale Verwaltung? – Das Dritte Gesetz zur Änderung verwaltungsverfahrensrechtlicher Vorschriften, NVwZ 2002, S. 1281 ff.; *Alexander Roßnagel*, Das elektronische Verwaltungsverfahren – Das Dritte Verwaltungsverfahrensänderungsgesetz, NJW 2003, S. 469 ff., sowie ausführlich *Gabriele Britz*, Reaktionen des Verwaltungsverfahrensrechts auf die informationstechnischen Vernetzungen der Verwaltung, in: Hoffmann-Riem/Schmidt-Aßmann (Hrsg.), Verwaltungsverfahren, S. 213 ff.; *Hans-Werner Laubinger*, Elektronisches Verwaltungsverfahren und elektronischer Verwaltungsakt – zwei (fast) neue Institute des Verwaltungsrechts, in: FS König (Fn. 26), S. 517 ff. Vgl. aus jüngerer Zeit §§ 10, 18, 22 des Gesetzes über Personalausweise und den elektronischen Identitätsnachweis v. 18. 6. 2009 (BGBl I, S. 1346) sowie das DE-Mail-Projekt, BTDrucks 17/3630, 17/4145.

E. Verwaltungswissenschaft, Verwaltungspraxis, verwaltungspolitischer Diskurs

Informationsfreiheitsgesetze, die ein voraussetzungsloses Akteneinsichtsrecht vorsehen[368]. Zweitens gilt es, die Organisation der Verwaltung auf die neu entstandenen Erfordernisse und Möglichkeiten der Informationsermittlung, Wissensverarbeitung und Kommunikation einzustellen. Das ist Aufgabe des erst in Ansätzen vorhandenen **informationellen Verwaltungsorganisationsrechts**.[369] Drittens bedarf es der Entwicklung eines geeigneten rechtlichen Ordnungsrahmens für das Verhältnis der verschiedenen privaten Akteure untereinander, um in einem privatisierten und kommerzialisierten Informationssektor einen ausreichenden Zugang aller potentiellen Anbieter und Nutzer zu den vorhandenen Informations- und Kommunikationsressourcen zu gewährleisten,[370] Electronic Government setzt den internetfähigen und interneterfahrenen Bürger voraus. Als zentrale Bausteine eines **wettbewerbs-** und **marktorientierten Regulierungsansatzes** seien hier nur genannt: das Telekommunikationsgesetz (TKG)[371] und das Telemediengesetz (TMG)[372] des Bundes sowie der Staatsvertrag für Rundfunk und Telemedien (RStV)[373] und der Staatsvertrag über den Schutz der Menschenwürde und den Jugendschutz in Rundfunk und Telemedien (JMStV)[374] der Länder. Durchzogen und überlagert werden alle drei genannten Sektoren durch das Bedürfnis nach einem umfassenden **Datenverkehrsrecht,** das dem Schutz personenbezogener Informationen in der weitgehend digitalisierten und vernetzten globalen Informationsgesellschaft ausreichend Rechnung trägt und einen Ausgleich konfligierender Kommunikationsinteressen herbei-

---

[368] Vgl. das am 1. 1. 2006 in Kraft getretene Gesetz zur Regelung des Zugangs zu Informationen des Bundes (Informationsfreiheitsgesetz – IFG) vom 8. 7. 2005, BGBl I, S. 2722 und dazu *Friedrich Schoch*, Informationsfreiheitsgesetz (IFG), Kommentar, 2009. Zur Rechtslage in den Ländern vgl. *Jürgen Fluck/Andreas Theuer* (Hrsg.), Informationsfreiheitsrecht, Losebl. Allgemein zum voraussetzungslosen Anspruch auf Akteneinsicht vgl. *Arno Scherzberg*, Öffentlichkeit, 2000; *Jean Angelov,* Grundlagen und Grenzen eines staatsbürgerlichen Informationszugangsanspruchs, 2000; *Dieter Kugelmann*, Die informatorische Rechtsstellung des Bürgers, 2001; *Masing*, Transparente Verwaltung (Fn. 365), S. 396 ff. → Bd. II *Gusy* § 23 Rn. 82 ff.

[369] Durch Gesetz v. 11. 12. 2008 (BGBl I, S. 2418) wurde mit den §§ 71 a–c VwVfG das Verfahren vor einer „Einheitlichen Stelle" geregelt. Vgl. auch Art. 6 Abs. 1, 8 Abs. 1 der Richtlinie 2006/123/EG des Europäischen Parlaments und des Rates v. 12. 12. 2006 über Dienstleistungen im Binnenmarkt. Weiterführend *Eifert*, Electronic Government (Fn. 352), §§ 6–18. Vgl. ferner bereits *Arno Scherzberg*, Die öffentliche Verwaltung als informationelle Organisation, in: Hoffmann-Riem/Schmidt-Aßmann (Hrsg.), Informationsgesellschaft, S. 195 ff.; *Voßkuhle*, Verwaltungsorganisationsrecht (Fn. 361), S. 107 ff. → Bd. II *Ladeur* § 21.

[370] Hier liegt der Schwerpunkt der sich gegenseitig ergänzenden Staatsrechtslehrerreferate von *Friedrich Schoch* und *Hans-Heinrich Trute*, Öffentlichrechtliche Rahmenbedingungen einer Informationsordnung, VVDStRL, Bd. 57 (1997), S. 158 ff., bzw. 216 ff. Aus neuer Zeit vgl. statt vieler *Jürgen Kühling*, Regulierung (Fn. 300), 2004. Vgl. ferner das Gesetz über die Weiterverwendung von Informationen öffentlicher Stellen (IWG) v. 13. 12. 2006 (BGBl I, S. 2913) zur Umsetzung der Richtlinie 2003/98/EG des Europäischen Parlaments und des Rates v. 17. 11. 2003 über die Weiterverwendung von Informationen des öffentlichen Sektors (ABl. EU 2003, Nr. L 345, S. 90).

[371] Telekommunikationsgesetz v. 22. 6. 2004 (BGBl I, S. 1190), zuletzt geändert durch Gesetz v. 24. 3. 2011 (BGBl I, S. 506, 941).

[372] Telemediengesetz vom 26. 2. 2007 (BGBl I, S. 179), zuletzt geändert durch Gesetz v. 31. 5. 2010 (BGBl I, S. 692).

[373] Staatsvertrag für Rundfunk und Telemedien vom 31. 8. 1991, zuletzt geändert durch den Fünfzehnten Staatsvertrag zur Änderung rundfunkrechtlicher Staatsverträge vom 15. 12. 2010, abgedruckt z. B. in GBl BW 2011, S. 478.

[374] Staatsvertrag über den Schutz der Menschenwürde und den Jugendschutz in Rundfunk und Telemedien vom 10. 9. 2002, zuletzt geändert durch den Dreizehnten Staatsvertrag zur Änderung rundfunkrechtlicher Staatsverträge vom 10. 3. 2010, abgedruckt z. B. in GBl BW 2010, S. 307.

führt.³⁷⁵ Gerade das Datenverkehrsrecht macht deutlich, dass alle vier skizzierten Regelungsbereiche zwar aufgrund spezifischer Sachgesetzlichkeiten ein gewisses Eigenleben und eine gewisse Eigendynamik aufweisen, sie aber gleichzeitig aufeinander bezogen bleiben. Maßgeblich mitinspiriert durch das Leitbild des Electronic Government zielt das im Entstehen begriffene Informationsverwaltungsrecht folglich nicht so sehr auf eine schlichte Ergänzung bestehender verwaltungsrechtlicher Regelungsstrukturen als vielmehr auf „eine immanente Umformung und veränderte Zuordnung" überkommener Systemteile.³⁷⁶

8. Governance

68 Vor allem auf europäischer und internationaler Ebene, aber nicht nur dort, diskutiert man die Modernisierungsbestrebungen im öffentlichen Sektor unter der mittlerweile äußerst populären Überschrift „Governance"³⁷⁷. Was genau mit Governance gemeint ist, darf freilich bis heute als weitgehend ungeklärt gelten. Der aus der Ökonomik stammende Begriff³⁷⁸ taucht in ganz verschiedenen Zusammenhängen auf³⁷⁹ und wird zudem häufig mit Zusatzattributen versehen.³⁸⁰

---

³⁷⁵ Speziell zum Datenschutz im E-Government vgl. *Nedden,* Datenschutz im eGovernment, in: Roßnagel (Hrsg.), Signatur (Fn. 366), S. 101 ff.; *Eifert,* Electronic Government (Fn. 352), S. 181 ff.; 237 ff.; 259 ff. Allgemein zu diesem Fragenkreis vgl. statt vieler *Hans-Heinrich Trute,* Der Schutz personenbezogener Informationen in der Informationsgesellschaft, JZ 1998, S. 822 ff.; *Michael Kloepfer,* Geben moderne Technologien und die europäische Integration Anlass, Notwendigkeit und Grenzen des Schutzes personenbezogener Informationen neu zu bestimmen?, Gutachten D zum 62. DJT, 1998; *Wolfgang Hoffmann-Riem,* Informationelle Selbstbestimmung in der Informationsgesellschaft – Auf dem Weg zu einem Konzept des Datenschutzes, AöR, Bd. 123 (1998), S. 513 ff.; *Volker Boehmer-Neßler,* Datenschutz in der Informationsgesellschaft, K&R 2002, S. 217 ff.; *Horst W. Opaschowski,* Datenschutz in der Gesellschaft, in: Alexander Roßnagel (Hrsg.), Handbuch Datenschutzrecht, 2003, S. 43 ff.; *Alexander Roßnagel/Philip Laue,* Zweckbindung im Electronic Government, DÖV 2007, S. 543 ff.
³⁷⁶ *Schmidt-Aßmann,* Ordnungsidee, 6. Kap. Rn. 11. Gegen ein allgemeines Informationsgesetzbuch auch *Masing,* Transparente Verwaltung (Fn. 365), S. 433; *Groß,* Informatisierung (Fn. 351), S. 416.
³⁷⁷ → Bd. I *Schuppert* § 16 Rn. 20 ff.
³⁷⁸ Er leitet sich ab von griechisch „kubernân" und lateinisch „gubernare", was ursprünglich bedeutet, ein Schiff oder einen Wagen lenken, vgl. zur Wortgeschichte *Helmut Schmitt v. Sydow,* Governance im europäischen Mehrebenensystem, in: Siegfried Magiera/Karl-Peter Sommermann (Hrsg.), Verwaltung und Governance im Mehrebenensystem der Europäischen Union, 2002, S. 171 f. Innerhalb der Ökonomik zielt Governance auf die Erfassung der strukturellen Rahmenbedingungen wirtschaftlicher Selbstorganisation ab, grundlegend *Oliver E. Williamson,* Transaktion Cost Economics: The Governance of Contractual Relations, Journal of Law and Economics 22 (1979), S. 223 ff.; *ders.,* The Mechanics of Governance, 1996.
³⁷⁹ Zu verschiedenen Bedeutungsvarianten und Anwendungszusammenhängen vgl. übersichtlich *Ruffert,* Globalisierung (Fn. 88), S. 24–31; *Arthur Benz,* Einleitung: Governance – Modebegriff oder nützliches sozialwissenschaftliches Konzept, in: ders. (Hrsg.), Governance – Regieren in komplexen Regelsystemen, 2004, S. 11 ff.; *Trute/Denkhaus/Kühlers,* Governance (Fn. 131), S. 452–456; *Gunnar Folke Schuppert,* Governance im Spiegel der Wissenschaftsdisziplinen, in: ders. (Hrsg.), Governance-Forschung (Fn. 131), S. 371 ff.; *Lorenz Engi,* Governance – Umrisse und Problematik eines staatstheoretischen Leitbildes, Der Staat, Bd. 47 (2008), S. 573 ff., jeweils m.w.N.
³⁸⁰ Beispielhaft sei hier nur auf den in der Privatwirtschaft sehr gebräuchlichen Terminus **„Corporate Governance"** verwiesen. Darunter versteht man Regeln und Prinzipien der Führung großer Kapitalgesellschaften, die über gesetzliche Vorgaben hinausgehen und im Wege der Selbstverpflichtungserklärung Wirksamkeit erlangen, vgl. auch § 161 AktG. Der deutsche Corporate Governance-Kodex ist abrufbar unter www.corporate-governance-code.de. Näher dazu statt vieler *Marcus Lutter,* Die Kontrolle der gesellschaftsrechtlichen Organe: Corporate Governance – ein internationales Thema, Jura 2002, S. 83 ff.; *Ulrich Jürgens,* Corporate Governance – Anwendungsfelder und Entwicklungen, in: Schuppert (Hrsg.), Governance-Forschung (Fn. 131), S. 47 ff.

E. Verwaltungswissenschaft, Verwaltungspraxis, verwaltungspolitischer Diskurs

Zu seiner internationalen Verbreitung hat maßgeblich die Weltbank beigetragen.[381] Mit **„Good Governance"** bezeichnet sie die unverzichtbaren rechtsstaatlichen und institutionellen Anforderungen an die Infrastruktur des Regierungs- und Verwaltungshandelns, die angestrebt werden müssen, damit ein Staat bei der Kreditvergabe berücksichtigt werden kann. Dazu zählen u. a. Effizienz und Transparenz der Verwaltung, Rechtsstaatlichkeit, Beachtung der Menschenrechte und Unabhängigkeit der Presse. Ähnlich weit definiert die Europäische Kommission in ihrem Weißbuch „Europäisches Regieren" Governance als „Regeln, Verfahren und Verhaltensweisen, die die Art und Weise, wie auf europäischer Ebene Befugnisse ausgeübt werden, kennzeichnen, und zwar insbesondere in Bezug auf Offenheit, Partizipation, Verantwortlichkeit, Effektivität und Kohärenz"[382]. Es geht also im Kern offensichtlich um den **Modus** und die **Qualität modernen Regierens** in komplexen Strukturen.[383] Im Zentrum der sozial- und politikwissenschaftlichen Governance-Forschung[384], die aus der politischen Steuerungstheorie hervorgegangen ist,[385] stehen insoweit neuere Erscheinungsformen der Selbststeuerung sowie Netzwerke, die verschiedene, abgrenzbare private und staatliche Akteure sektorenübergreifend verbinden.[386] Steuerung vollzieht sich danach zu einem immer größeren Teil in einem horizontalen Geflecht und nicht durch hierarchisch determinierte und parlamentarisch verantwortete Mechanismen. Folglich beschränkt sich auch die Rolle des Staates immer mehr auf die Förderung der Interaktion in und zwischen Netzwerken.[387]

---

[381] Wegweisend *World Bank*, Sub-Saharan Afrika. From Crisis to Sustainable Growth. A long-Term Perspective Study, Washington D. C. 1989. Daran anschließend *World Bank*, Governance and Developement, Washington D. C. 1992, S. 13 ff. Ausführlich dazu *Christian Theobald*, Zur Ökonomik des Staates. Good Governance und die Perzeption der Weltbank, 2000. Vgl. ferner *Hermann Hill*, Good Governance – Konzepte und Kontexte, in: Schuppert (Hrsg.), Governance-Forschung (Fn. 131), S. 220 ff.; *Rudolf Dolzer*, Good Governance: Neues transnationales Leitbild der Staatlichkeit?, ZäoRV 2004, S. 535 ff.; *Rudolf Dolzer/Matthias Herdegen/Bernhard Vogel* (Hrsg.), Good Governance, 2007.

[382] *Europäische Kommission*, Europäisches Regieren – Ein Weißbuch, KOM (2001) 428 endg. vom 25. 7. 2001, S. 10 Fn. 1. Vgl. dazu auch *Tanja A. Börzel*, European Governance, in: Schuppert/Pernice/Haltern (Hrsg.), Europawissenschaft, S. 613 ff. Aus jüngerer Zeit vgl. Europäischer Kodex für eine gute Verwaltungspraxis, 2005; *Europäische Kommission*, Mitteilung Governance im Rahmen des Europäischen Konsenses über die Entwicklungspolitik vom 30. 8. 2006, KOM (2006) 421 endg.; *Ausschuss der Regionen*, Weißbuch zur Muli-Level-Governance vom 17. 6. 2009 (ABl. EU 2009, Nr. C 211, S. 1).

[383] So *Hoffmann-Riem*, Governance (Fn. 150), S. 197.

[384] Einen Überblick zu Forschungsstand und Forschungsperspektiven geben z. B. die Beiträge in: *Sebastian Botzem* u. a. (Hrsg.), Governance als Prozess, 2009.

[385] Zur Entwicklung vgl. *Mayntz*, Governance-Theory (Fn. 131), S. 11 ff., die aber zutreffend darauf hinweist, dass die Governance-Theorie keine einfache Fortentwicklung im Rahmen des steuerungstheoretischen Paradigmas ist, sondern sich mit „einem eigenen Satz von Fragen" beschäftigt und das Augenmerk auf andere Aspekte der Wirklichkeit lenkt als die Steuerungstheorie. Vgl. auch *Klaus König*, Governance als Steuerungskonzept, in: ders./Markus Adam/Benedikt Speer/Christian Theobald, Governance als entwicklungs- und transformationspolitisches Konzept, 2002, S. 9 ff.

[386] Zu Begriff und Funktion des Netzwerkes vgl. *Karl-Heinz Ladeur*, Von der Verwaltungshierarchie zum administrativen Netzwerk?, DV, Bd. 26 (1993), S. 137 ff.; ders., Der Staat der „Gesellschaften der Netzwerke", Der Staat, Bd. 48 (2009), S. 163 ff.; *Schuppert*, Verwaltungswissenschaft, S. 384–400; *Martin Eifert*, Innovationen in und durch Netzwerkorganisationen: Relevanz, Regulierung und staatliche Einbindung, in: ders./Wolfgang Hoffmann-Riem (Hrsg.), Innovation und rechtliche Regulierung, 2002, S. 88 (90–100); *Christoph Möllers*, Netzwerk (Fn. 234); → Bd. I *Groß* § 13 Rn. 12; *Schuppert* § 16 Rn. 134 ff.

[387] Zu Governance als „sektorenübergreifende[r] und interaktionistische[r] Steuerungstheorie" vgl. zusammenfassend *Schuppert*, Staatswissenschaft, S. 407–414 m. w. N.

§ 1 Neue Verwaltungsrechtswissenschaft

69 Gerade die Abkehr von staatszentrierten Modellvorstellungen macht den Governance-Ansatz so attraktiv für die Politik-Analyse auf überstaatlicher und transnationaler Ebene. Dort hat sich für die „globale Problembewältigung durch das geordnete Zusammenwirken einer Pluralität von Akteuren"[388] der Begriff **„Global Governance"** etabliert.[389] Neben der klassischen völkerrechtlichen Koordinierung durch Verträge und Kooperationen in Internationalen Organisationen interessiert man sich in diesem Zusammenhang insbesondere für die Aktivitäten substaatlicher (z.B. Regionen, Städte, Behörden) und nichtstaatlicher (NGOs, transnationale Unternehmen, Bürger) Akteure.[390] So plädiert etwa die 1999 vom Deutschen Bundestag eingesetzte Enquete-Kommission „Globalisierung der Weltwirtschaft – Herausforderungen und Antworten" in ihrem Zwischenbericht „zur Gewährleistung demokratischer Mitgestaltungsmöglichkeiten" für die Überwindung der konventionellen Regierungsdiplomatie und die Einbeziehung von Privatwirtschaft und Zivilgesellschaft, ohne die der „Staat und die Staatengemeinschaft gar nicht in der Lage" seien, gefährdete öffentliche Güter „effektiv und dauerhaft zu verteidigen"[391]. An anderer Stelle des Berichts werden diese Einschätzungen unter Hinweis auf evidente Legitimations- und Kontrolldefizite in transnationalen Politiknetzwerken indes wieder relativiert.[392] Ob **„governance without government"**[393] daher tatsächlich eine realistische Option darstellt, bleibt abzuwarten.[394]

70 Festzuhalten ist, dass der Begriff Governance aus dem internationalen (sozial- und politikwissenschaftlichen) Diskurs über das Regieren in Mehrebenensystemen und die Zukunft von Staatlichkeit überhaupt nicht mehr hinwegzudenken ist. Von der (Verwaltungs-)Rechtswissenschaft ist er aufgrund seines unklaren Bedeutungsgehalts und der Beliebigkeit seiner Verwendung aber gleichwohl bisher kaum rezipiert worden.[395] Parallelen zeigen sich zu dem bereits in die

---

[388] *Ruffert*, Globalisierung (Fn. 88), S. 29 m.w.N.
[389] Zu diesem Themenbereich vgl. außer den bereits Genannten z.B. *Ulrich Brand/Achim Brunnengräber/Lutz Schrader/Christian Stock/Peter Wahl*, Global Governance – Alternativen zur neoliberalen Globalisierung, 2000; *Franz Nuscheler*, Globalisierung und Global Governance, in: FS Wilfrid Röhrich, 2000, S. 301 ff.; *Christoph Engel*, Governance of Global Networks in the Light of Differing Local Values, 2000; *Antonio Franceschet*, Justice and International Organisation: Two Models of Global Governance, Global Governance 8 (2002), S. 19 ff.; *Karl-Heinz Ladeur* (Hrsg.), Governance in the Age of Globalization, 2004; *Margrit Seckelmann*, Keine Alternative zur Staatlichkeit – Zum Konzept der Global Governance, VerwArch, Bd. 98 (2007), S. 30 ff.; *Armin v. Bogdandy/Philipp Dann/Matthias Goldmann*, Völkerrecht als öffentliches Recht – Konturen eines rechtlichen Rahmens für Global Governance, Der Staat, Bd. 49 (2010), S. 23 ff.
[390] Aus europäischer Perspektive vgl. z.B. *Claudio Franzius*, Warum Governance?, KJ 2009, S. 25 ff.
[391] BTDrucks 14/6910, S. 9.
[392] BTDrucks 14/6910, S. 107, 110, 112, 115, 117 f.
[393] So die klassische Formulierung von *James N. Rosenau*, Governance, Order and Change in World Politics, in: ders./Ernst Otto Czempiel, Governance without Government: Order and Change in World Politics, Cambridge 1992, S. 1 (4 f.). Vgl. ferner *Wolfgang H. Reinicke*, Global Public Policy: Governing without Government, Cambridge, Mass., 1998, sowie etwa *Ursula Lehmkuhl/Thomas Risse/Gunnar Folke Schuppert* (Hrsg.), Legitimes Regieren jenseits des Nationalstaates, 2009.
[394] Krit. etwa *Andreas Nölke*, Regieren in transnationalen Politiknetzwerken?, ZIB, Bd. 7 (2000), S. 331 ff.; *Nuscheler*, Globalisierung (Fn. 389), S. 315; *Hartmut Bauer*, Internationalisierung des Wirtschaftsrechts – Herausforderung für die Demokratie, in: ders. u. a. (Hrsg.), Umwelt (Fn. 10), S. 69 (78–80). Zum „Global Law Without A State" vgl. die N. in → Fn. 96.
[395] So die Einschätzung von *Ruffert*, Globalisierung (Fn. 88), S. 24; *Hoffmann-Riem*, Governance (Fn. 150), S. 145 f., der selbst aber davon ausgeht, dass die rechtspraktische und rechtstheoretische

rechtswissenschaftliche Diskussion eingeführten Begriff der **Regelungsstruktur,** der ebenfalls auf die analytische Erfassung der Interaktionen und Aufgabenteilungen staatlicher und gesellschaftlicher Akteure zielt.[396] Aus den bereits oben genannten Gründen[397] dürfte aber ein genereller Perspektivenwechsel von Steuerung zu Governance[398] oder Regelungsstruktur wenig ertragreich sein. Die Funktionsweise von Recht basiert im Kern auf klaren Kompetenzzuweisungen und normativen Zurechnungen. Im Zentrum der rechtswissenschaftlichen Betrachtung sollten daher die einzelnen Akteure und ihre konkreten (rechtlichen) Handlungsmöglichkeiten und -pflichten stehen. Das schließt ergänzende Strukturanalysen des Handlungsumfeldes keineswegs aus; sie müssen aber anschlussfähig zu den herkömmlichen rechtlichen Grundkategorien bleiben, jedenfalls solange kein neuer Rechtsbegriff gefunden ist.

F. Ausblick

Die dargelegten Entwicklungen haben – daran dürfte kein Zweifel bestehen – zu einer Veränderung der Arbeit am Verwaltungsrecht geführt. Ob man insofern von einer „Neuen Verwaltungsrechtswissenschaft" sprechen sollte, darüber mag man streiten.[399] Nicht zu bestreiten aber ist der Umstand, dass der Bewirkungsauftrag des Verwaltungsrechts und seine Einflussnahme auf soziale Prozesse angesichts neuer Herausforderungen stärker in das Bewusstsein getreten sind und zu einer Erweiterung des methodischen Zugriffs geführt haben.[400] Die juristische Methode wird dadurch zwar nicht überflüssig, sie wird aber um verschiedene zentrale Reflexionsebenen ergänzt.[401] Die auf diese Weise gewonnenen Erkenntnisse müssen freilich immer wieder auf ihre Rückführbarkeit in normative Aussagen überprüft werden; nur auf diese Weise bleibt die **Eigenständigkeit der rechtswissenschaftlichen Perspektive** gegenüber anderen wissenschaftlichen Zugängen zum Recht gewahrt.[402] Es geht also um eine produktive Verknüpfung der rechtsaktbezogenen mit der handlungsbezogenen Perspektive. Ziel ist die verlässliche, praxisgerechte und problemangemessene Ausgestaltung der Verwaltungsrechtsordnung.

71

Arbeit durch die Governance-Perspektive bereichert werden kann, ebd., S. 197 ff. Eingehend → Bd. I *Schuppert* § 16 Rn. 20 ff.

[396] So *Trute/Denkhaus/Kühlers*, Governance (Fn. 131), S. 456 f. Vgl. ferner *Claudio Franzius*, Governance und Regelungsstrukturen, WZB discussion papers 2005, S. 9 ff.

[397] → Rn. 21.

[398] Ansätze in diese Richtung im Anschluss an *Mayntz*, Governance (Fn. 131), z.B. bei *Trute/Denkhaus/Kühlers*, Governance (Fn. 131), S. 456 f.; *Franzius*, Governance (Fn. 396), S. 2 ff. Vgl. auch → Bd. I *Schuppert* § 16 Rn. 20 ff.

[399] Zur Kritik vgl. die N. in → Fn. 45. Zur Offenheit der Reformdiskussion s. *Schmidt-Aßmann*, Integration von Reformimpulsen (Fn. 17), S. 1021 f.

[400] So aus übergreifender europäischer Perspektive auch *v. Bogdandy*, Verwaltungsrecht (Fn. 2), Rn. 64.

[401] → Bd. I *Masing* § 7 Rn. 15 ff.

[402] So auch *Bumke*, Methodik (Fn. 12), S. 127.

§ 1 Neue Verwaltungsrechtswissenschaft

Ausgewählte Literatur

Appel, Ivo, Das Verwaltungsrecht zwischen klassischem dogmatischem Verständnis und steuerungswissenschaftlichem Anspruch, VVDStRL, Bd. 67 (2008), S. 226–285.
Bachof, Otto, Die Dogmatik des Verwaltungsrechts vor den Gegenwartsaufgaben der Verwaltung, VVDStRL, Bd. 30 (1972), S. 193–244.
Baer, Susanne, Schlüsselbegriffe, Typen und Leitbilder als Erkenntnismittel und ihr Verhältnis zur Rechtsdogmatik, in: Hoffmann-Riem/Schmidt-Aßmann (Hrsg.), Methoden, S. 223–251.
Bauer, Hartmut, Verwaltungsrechtslehre im Umbruch?, DV, Bd. 25 (1992), S. 301–326.
Blankenagel, Alexander, Vom Recht der Wissenschaft und der versteckten Ratlosigkeit der Rechtswissenschaftler bei der Betrachtung des- und derselben, AöR, Bd. 124 (2000), S. 70–108.
Bogdandy, Armin v., Beobachtungen zur Wissenschaft vom Europarecht, Der Staat, Bd. 40 (2001), S. 3–43.
– Verwaltungsrecht im europäischen Rechtsraum – Perspektiven einer Disziplin, in: IPE IV, § 57.
Brohm, Winfried, Die Dogmatik des Verwaltungsrechts vor den Gegenwartsaufgaben der Verwaltung, VVDStRL, Bd. 30 (1972), S. 245–312.
– Kurzlebigkeit und Langzeitwirkung der Rechtsdogmatik, in: FS Hartmut Maurer, München 2001, S. 1079–1090.
Bumke, Christian, Die Entwicklung der verwaltungsrechtswissenschaftlichen Methodik in der Bundesrepublik Deutschland, in: Hoffmann-Riem/Schmidt-Aßmann (Hrsg.), Methoden, S. 73–130.
Eifert, Martin, Das Verwaltungsrecht zwischen klassischem dogmatischem Verständnis und steuerungswissenschaftlichem Anspruch, VVDStRL, Bd. 67 (2008), S. 286–333.
Emmenegger, Sigrid, Gesetzgebungskunst. Gute Gesetzgebung als Gegenstand einer legislativen Methodenbewegung in der Rechtswissenschaft um 1900 – Zur Geschichte der Gesetzgebungslehre, Tübingen 2006.
Engel, Christoph, Rechtswissenschaft als angewandte Sozialwissenschaft, in: ders. (Hrsg.), Methodische Zugänge zu einem Recht der Gemeinschaftsgüter, Baden-Baden 1998, S. 11–40.
Grzeszick, Bernd, Anspruch, Leistungen und Grenzen steuerungswissenschaftlicher Ansätze für das geltende Recht, DV, Bd. 42 (2009), S. 105–120.
Hermes, Georg, Folgenberücksichtigung in der Verwaltungspraxis und in einer wirkungsorientierten Verwaltungsrechtswissenschaft, in: Hoffmann-Riem/Schmidt-Aßmann (Hrsg.), Methoden, S. 359–386.
Hoffmann-Riem, Wolfgang, Sozialwissenschaften im Verwaltungsrecht: Kommunikation in einer multidisziplinären Scientific Community, DV, Beiheft 2, 1999, S. 83–102.
– Rechtswissenschaftliche Innovationsforschung als Reaktion auf gesellschaftlichen Innovationsbedarf, in: Martin Eifert/Wolfgang Hoffmann-Riem (Hrsg.), Innovation und rechtliche Regulierung, Baden-Baden 2002, S. 26–47.
– Governance im Gewährleistungsstaat – Vom Nutzen der Governance-Perspektive für die Rechtswissenschaft, in: Gunnar Folke Schuppert (Hrsg.), Governance-Forschung – Vergewisserung über Stand und Entwicklungslinien, Baden-Baden 2005, S. 195–219.
– Methoden einer anwendungsorientierten Verwaltungsrechtswissenschaft, in: Hoffmann-Riem/Schmidt-Aßmann (Hrsg.), Methoden, S. 9–72.
Hollerbach, Alexander, Rechtswissenschaft, in: StL IV, Sp. 751–760.
Huber, Peter M., Die Demontage des Öffentlichen Rechts, in: FS Rolf Stober, 2008, S. 547–556.
Jestaedt, Matthias, Das mag in der Theorie richtig sein ..., Tübingen 2006.
Kaiser, Anna-Bettina, Die Kommunikation der Verwaltung, Baden-Baden 2009.
Krebs, Walter, Sozialwissenschaften im Verwaltungsrecht: Integration oder Multiperspektivität, DV, Beiheft 2, 1999, S. 127–131.
– Die Juristische Methode im Verwaltungsrecht, in: Hoffmann-Riem/Schmidt-Aßmann (Hrsg.), Methoden, S. 209–221.
Ladeur, Karl-Heinz, Die rechtswissenschaftliche Methodendiskussion und die Bewältigung des gesellschaftlichen Wandels, RabelsZ, Bd. 64 (2000), S. 60–103.
Lepsius, Oliver, Steuerungsdiskussion, Systemtheorie und Parlamentarismuskritik, Tübingen 1999.
Möllers, Christoph, Braucht das öffentliche Recht einen neuen Methoden- und Richtungsstreit?, VerwArch, Bd. 89 (1999), S. 187–207.
– Theorie, Praxis und Interdisziplinarität in der Verwaltungsrechtswissenschaft, VerwArch, Bd. 93 (2002), S. 22–61.

Materialien

Möllers, Christoph/Voßkuhle, Andreas, Die Deutsche Staatsrechtswissenschaft im Zusammenhang der internationalisierten Wissenschaften, DV, Bd. 26 (2003), S. 321–332.
Pauly, Walter, Wissenschaft vom Verwaltungsrecht, in: IPE IV, § 58.
Ruffert, Matthias, Die Europäisierung der Verwaltungsrechtslehre, DV, Bd. 36 (2003), S. 293–319.
– Die Globalisierung als Herausforderung an das Öffentliche Recht, Stuttgart u. a., 2004.
Scherzberg, Arno, Wozu und wie überhaupt noch öffentliches Recht?, Berlin 2003.
– Das Allgemeine Verwaltungsrecht zwischen Praxis und Reflexion, in: Trute/Groß/Röhl/Möllers (Hrsg.), Allgemeines Verwaltungsrecht, S. 837–868.
Schmidt, Reiner, Die Reform von Verwaltung und Verwaltungsrecht, VerwArch, Bd. 91 (2000), 149–168.
Schmidt-Aßmann, Eberhard, Zur Situation der rechtswissenschaftlichen Forschung, JZ 1995, S. 2–10.
– Einige Überlegungen zum Thema: Die Wissenschaft vom Verwaltungsrecht, DV, Beiheft 2, 1999, S. 177–187.
– Methoden der Verwaltungsrechtswissenschaft – Perspektiven der Systembildung, in: ders./Hoffmann-Riem (Hrsg.), Methoden, S. 387–413.
Schoch, Friedrich, Gemeinsamkeiten und Unterschiede von Verwaltungsrechtslehre und Staatsrechtslehre, in: Helmuth Schulze-Fielitz (Hrsg.), Staatsrechtslehre als Wissenschaft, 2007, S. 177–210.
Schuppert, Gunnar Folke, Verwaltungsrechtswissenschaft als Steuerungswissenschaft, in: Hoffmann-Riem/Schmidt-Aßmann (Hrsg.), Reform, S. 65–114.
– Verwaltungsrechtswissenschaft in der Bundesrepublik Deutschland, in: Dieter Simon (Hrsg.), Rechtswissenschaft in der Bonner Republik, Frankfurt a. M. 1994, S. 227–258.
Trute, Hans-Heinrich, Die Wissenschaft vom Verwaltungsrecht: Einige Leitmotive zum Werkstattgespräch, DV, Beiheft 2, 1999, S. 9–31.
Trute, Hans-Heinrich/Denkhaus, Wolfgang/Kühlers, Doris, Governance in der Verwaltungsrechtswissenschaft, DV, Bd. 37 (2004), S. 451–473.
Vesting, Thomas, Nachwissenschaftlich informierte und reflektierte Verwaltungsrechtswissenschaft – „Verkehrsregeln" und „Verkehrsströme", in: Hoffmann-Riem/Schmidt-Aßmann (Hrsg.), Methoden, S. 253–292.
Voßkuhle, Andreas, Rechtstatsachenforschung und Verwaltungsdogmatik, VerwArch, Bd. 85 (1994), S. 567–585.
– Die Reform des Verwaltungsrechts als Projekt der Wissenschaft, DV, Bd. 32 (1999), S. 545–554.
– Der Dienstleistungsstaat, Der Staat, Bd. 40 (2001), S. 495–523.
– „Schlüsselbegriffe" der Verwaltungsrechtsreform, VerwArch, Bd. 92 (2001), S. 184–215.
– Methode und Pragmatik im Öffentlichen Recht, in: Hartmut Bauer/Detlef Czybulka/Wolfgang Kahl/Andreas Voßkuhle (Hrsg.), Umwelt, Wirtschaft und Recht, Tübingen 2002, S. 171–195.
– Allgemeines Verwaltungs- und Verwaltungsprozessrecht, in: Dietmar Willoweit (Hrsg.), Rechtswissenschaft und Rechtsliteratur im 20. Jahrhundert, 2007, S. 935–968.
– Wie betreibt man offen(e) Rechtswissenschaft?, in: Hoffmann-Riem, Offene Rechtswissenschaft, S. 153–173.
Winkler, Günther, Die Wissenschaft vom Verwaltungsrecht, in: Felix Ermacora/Günther Winkler/Friedrich Koja/Heinz Peter Rill/Bernd-Christian Funk (Hrsg.), Allgemeines Verwaltungsrecht. FG Walter Antoniolli, Wien 1979, S. 3–34.

Materialien

BMI (Hrsg.), Moderner Staat – Moderne Verwaltung. Das Programm der Bundesregierung, 1999.
– Moderner Staat – Moderne Verwaltung. Aktivitäten zur Staats- und Verwaltungsmodernisierung in Bund und Ländern, 2000.
– Der Mandelkern-Bericht. Auf dem Weg zu besseren Gesetzen, 2002.
Deregulierungskommission, Marktöffnung und Wettbewerb, Berichte 1990 und 1991.
Europäische Kommission, Europäisches Regieren – Ein Weißbuch, KOM (2001) 428 endg. vom 25. 7. 2001.
– Mitteilung über Folgenabschätzung, KOM (2002) 276 endg. vom 5. 6. 2002.
– „Bessere Rechtsetzung 2003", KOM (2003) 770 endg. vom 12. 12. 2003.
KGSt, Das neue Steuerungsmodell. Begründungen, Konturen, Umsetzungen, Bericht Nr. 5/1993.
Sachverständigenrat „Schlanker Staat" (Hrsg.), Abschlußbericht, 2. Aufl. 1998; Materialband, 2. Aufl. 1998.

§ 2 Entwicklungsstufen der Verwaltungsrechtswissenschaft

Michael Stolleis

Übersicht

	Rn.		Rn.
A. Einleitung	1	II. Revolution und Weimarer Verfassung	71
I. Perspektive	1	1. Länderverwaltungsrecht	72
II. Wissenschaftsbegriff	4	2. Länderübergreifende Darstellungen	73
B. Der Ursprung: Policey, Policeywissenschaft und Polizeirecht	9	III. Ausdifferenzierung der Fächer	74
I. Policey in der Frühen Neuzeit	9	E. Verwaltungsrechtswissenschaft und Verwaltungslehre im NS-Staat	79
II. Literatur	14	I. Machtübergabe	79
1. Regimentstraktate	15	II. Der Bruch im Verwaltungsrecht	81
2. Naturrecht	16	1. Neuorientierung	82
3. Policeywissenschaft	17	2. Zeitschriften	84
4. Aufgeklärter Absolutismus	18	3. Lehrbücher	85
III. Unterscheidung von Policey und Policeyrecht	21	4. Verwaltungslehre, „Daseinsvorsorge"	87
1. Rechtsqualität der Policeyordnungen?	21	III. Bilanz	89
2. Aussonderung des Polizeirechts	22	F. Rekonstruktion des Rechtsstaats	90
3. Systematisierung	23	I. Der Ausgangspunkt	90
IV. Zwischenbilanz	24	II. Wichtige Themen	95
C. Die Ausbildung eines eigenständigen Verwaltungsrechts und die Durchsetzung der „juristischen Methode"	26	III. Lehrbücher	96
		IV. Verwaltungswissenschaften	101
I. Epoche des Umbruchs	26	G. Verwaltungsrechtswissenschaft in der Deutschen Demokratischen Republik	103
II. Deutscher Bund	30	H. Rechtsstaat versus Leistungsstaat	106
III. Robert von Mohl	33	I. Rückkehr zum Rechtsstaat	106
IV. Verwaltungsrecht ist Ländersache	37	1. Subjektivierung	107
		2. Verrechtlichung	108
V. Verwissenschaftlichung und juristische Methode	47	3. Umsetzung der Grundrechte	110
VI. Gegentendenzen	50	II. Veränderung des Staatsbildes	111
VII. Auf dem Weg zum Allgemeinen Teil	53	1. Der aktive Interventionsstaat	113
		2. Der planende Staat	114
VIII. Zeitschriften	67	3. Teilkodifikation des Allgemeinen Teils	115
IX. Verwaltungslehre	69	IV. Vom Wirtschaftswunder zur Verwaltung des Mangels	116
D. Die Ausdifferenzierung der Verwaltungsrechtswissenschaft im Ersten Weltkrieg und in der Weimarer Republik	70	V. Verwaltungsrechtswissenschaft in der Ausbildung, Beziehungen zu Gerichtsbarkeit und Verwaltungspraxis	122
I. Kriegsverwaltungsrecht	70	Ausgewählte Literatur	

§ 2 Entwicklungsstufen der Verwaltungsrechtswissenschaft

A. Einleitung

I. Perspektive

1 Die wissenschaftsgeschichtliche Betrachtung des Verwaltungsrechts ist eine junge Disziplin. Zwar gab es seit jeher historische Einleitungen zu aktuellen Darstellungen, in denen über die Arbeit der Vorgänger reflektiert und ein Neuanfang gerechtfertigt wurde.[1] Aber diese historische Reflexion war meist auf die Gegenwart gerichtet und diente ihr, bewusst oder unbewusst, indem bestimmte Entwicklungslinien betont, andere vernachlässigt wurden, um den zur Gegenwart führenden Gesichtspunkt herauszuarbeiten.[2] Die eigentlich zuständige Disziplin der im strengeren Sinn historisch verfahrenden Rechtsgeschichte nahm sich des öffentlichen Rechts nur insoweit an, als man von Verfassungsgeschichte sprechen konnte. Dagegen wurden Verwaltungsrecht und seine Vorstufen im „Policeywesen" der frühen Neuzeit kaum jemals als würdige Gegenstände der Rechtsgeschichte angesehen. Auch die Verwaltungsgeschichte selbst ist eher eine Disziplin der Geschichtswissenschaft als der Rechtsgeschichte geblieben.[3] Das hat sich in der zweiten Hälfte des 20. Jahrhunderts schrittweise geändert,[4] nicht zuletzt durch eine Reihe von Arbeiten, die sich mit Leben und Werk einzelner Autoren, mit der Herkunft dogmatischer Figuren, mit der Durchsetzung der „juristischen Methode"[5] oder mit den Beziehungen zwischen Verwaltungsrecht und Verwaltungslehre beschäftigen.[6]

2 In einem Grundlagenwerk, das sich dem heutigen Verwaltungsrecht widmet, unter der Überschrift „Entwicklungsstufen" einen historischen Rückblick zu liefern, könnte eine Sichtweise begünstigen, die man fortschrittsorientiert evolutionistisch nennen könnte. Folgt man ihr, dann entwickelt sich die Verwaltungsrechtswissenschaft aus bescheidenen Anfängen, wird größer und kommt zur Entfaltung einer „Blüte". Ob man den eigenen Standpunkt dann näher bei der Blüte oder der Frucht oder beim Verwelken festlegt, gehört zu den prekären normativen Entscheidungen, die nicht mehr historisch begründbar sind. Kurzum, die Verwendung der Worte „Entwicklung" oder „Evolution" verführt leicht dazu, die eigenen Beobachtungen teleologisch zu ordnen und sie so zu deuten,

---

[1] Siehe etwa *Otto Mayer*, Deutsches Verwaltungsrecht, Bd. 1, 1. Aufl. 1895, §§ 3–5: Die geschichtlichen Entwicklungsstufen des deutschen Verwaltungsrechts.

[2] *Dennewitz*, Systeme.

[3] *Jeserich/Pohl/v. Unruh* (Hrsg.), Verwaltungsgeschichte.

[4] *Dennewitz*, Systeme; *Badura*, VerwR; *Hans-Joachim Feist*, Die Entstehung des Verwaltungsrechts als Rechtsdisziplin, 1968; *Heyen* (Hrsg.), Geschichte; *ders.* (Hrsg.), Wissenschaft; *Meyer-Hesemann*, Methodenwandel; *Dieter Wyduckel*, Ius publicum. Grundlagen und Entwicklung des Öffentlichen Rechts und der deutschen Staatsrechtswissenschaft, 1984; *Stolleis*, Geschichte; *Manfred Friedrich*, Geschichte der deutschen Staatsrechtswissenschaft, 1997.

[5] Vgl. zu dieser → Bd. I *Voßkuhle* § 1 Rn. 2 ff., *Möllers* § 3 Rn. 23 ff.

[6] *Alfons Hueber*, Otto Mayer. Die „juristische Methode" im Verwaltungsrecht, 1982; *Heyen* (Hrsg.), Geschichte, S. 29–50; *Hartmut Bauer*, Geschichtliche Grundlagen der Lehre vom subjektiven öffentlichen Recht, 1986; *Toshiyuki Ishikawa*, Friedrich Franz von Mayer. Begründer der „juristischen Methode" im deutschen Verwaltungsrecht, 1992; *Ulla Held-Daab*, Das freie Ermessen. Von den vorkonstitutionellen Wurzeln zur positivistischen Auflösung der Ermessenslehre, 1996; *Reimund Schmidt De Caluwe*, Der Verwaltungsakt in der Lehre Otto Mayers, 1999; *Markus Engert*, Die historische Entwicklung des Rechtsinstituts Verwaltungsakt, 2002.

dass sie einen für die Interpretation der Gegenwart befriedigenden Sinn ergeben. Derart aktualisierendes und vom Gedanken des Fortschritts geprägtes Denken entwertet allerdings die je eigenen historischen Zeitstufen retrospektiv zu „Vorstufen". Ein selektiver Blick, der aus der Vergangenheit nur das herausgreift, was mit der gegenwärtigen Praxis positiv oder negativ verbunden werden kann, nimmt weder die praktizierte Verwaltung einer bestimmten Epoche noch die darüber entstehende intellektuelle Kommunikation ernst genug.

Die Geschichte der Verwaltungsrechtswissenschaft wird hier als eine Sequenz sich wandelnder Kommunikationsstränge verstanden. Die kommunizierenden Akteure, Praktiker der Verwaltung, Hochschullehrer, Richter, Politiker und beteiligte Bürger, nehmen bestimmte Positionen im politischen und gesellschaftlichen Netzwerk ihrer Zeit ein, sie reagieren auf die Zeitgeschichte und formen daraus bestimmte Auffassungen über den Gegenstand „öffentliche Verwaltung". In diesem Modell ist die Entstehung einer separat verstandenen und gelehrten Verwaltungsrechtswissenschaft ein Vorgang der Wissenschaftsgeschichte, der beschrieben, aber nie vollständig kausal erklärt werden kann. 3

II. Wissenschaftsbegriff

„Verwaltungs-rechts-wissenschaft": Dieses dreifache Wort setzt einen Wissenschaftsbegriff voraus. Dieser wird meist vom gegenwärtigen Verständnis abgeleitet. Auch hier besteht also die Gefahr einer anachronistischen Verfälschung. Die Bewertungsmaßstäbe für die zu beschreibenden Autoren und ihre Werke sollten deshalb, soweit möglich, ihrer eigenen Zeit entnommen sein. Das erfordert die Rekonstruktion des damaligen Sprachgebrauchs. Freilich wäre es zu streng, nur dann von „Verwaltungsrechtswissenschaft" zu sprechen, wenn das Wort in den Quellen auftaucht. Deshalb werden die früheren „äquivalenten" Worte aufgesucht (policey, prudentia gubernatoria, Regierungsklugheit, politica, „Politick", Policeywissenschaft, Administrativrecht/Verwaltungsrecht, Verwaltungsrechtslehre, Verwaltungsrechtswissenschaft) und vorausgesetzt, dass diesen Worten etwas Gemeinsames zugrunde liegt. Wie schwierig die Wortwahl in den Gründerjahren des Verwaltungsrechts fiel, zeigt etwa *Edgar Loening* in den einleitenden Bemerkungen seines „Lehrbuch des Deutschen Verwaltungsrechts" von 1884. Im Titel schließt er sich einem 1872/73 erschienenen „Lehrbuch des Deutschen Verwaltungsrechts" von *Hermann Roesler* (1834–1894) an, der diesen Titel wohl erstmals verwendet hat[7]. *Loening* sagt nun, er folge einem sich einbürgernden Sprachgebrauch. Die Bezeichnung „Recht der inneren Verwaltung" sei schleppend, das Wort „Polizeirecht" nicht mehr im alten Sinn verwendbar. Die Wortwahl „Verwaltungsrecht" signalisiert also ein Programm. Ausgefallen sind „Polizeiwissenschaft" und „Verwaltungslehre", das „Recht" ist das Substantiv, „Verwaltungs-" wird ebenso adjektivisch verwendet wie „Deutsches". Trotz dieses terminologischen Wandels liegt aber eine „Familienähnlichkeit" mit den früheren Werken über den Zusammenhang von Recht und Verwaltung auf der Hand.[8] 4

---

[7] N. in *Stolleis*, Geschichte II, S. 393 f.
[8] Über „Familienähnlichkeiten" bei der Bedeutung von Worten in verschiedenen Kontexten *Ludwig Wittgenstein*, Philosophische Untersuchungen, 1967, Teil I, Nr. 67.

§ 2 Entwicklungsstufen der Verwaltungsrechtswissenschaft

Worin aber besteht sie? In der Sequenz von (praktischer) Verwaltung (1), rechtlich gebundener Verwaltung (2) und Verwaltungsrechtswissenschaft (3) wird meist vorausgesetzt, die erste Stufe der „Verwaltung" sei als Substrat stets vorhanden, von den Pharaonen bis zur Gegenwart, jedenfalls in „Staaten" sei auch immer verwaltet worden. Das ist historisch auch ungefähr richtig, wenn es ein Bewusstsein bzw. einen Bedarf an der Erledigung öffentlicher Aufgaben, weiter Regelhaftigkeit, Planmäßigkeit, Bestehen eines befehlsorientierten Funktionärsstabs mit regelgeleiteter Delegation gab. Dieses in entwickelteren Gemeinwesen dauerhafte Phänomen bildet sich in Europa im kirchlichen Bereich seit dem 13. Jahrhundert heraus, in den weltlichen Territorien etwa gleichzeitig in den Gebieten der normannisch-staufischen Herrschaft (Sizilien), Spanien, Frankreich, Burgund, England, mit gewissen Verzögerungen dann auch in den deutschen größeren Territorien, die sich selbst zu Einheiten zusammenschließen und von Personal- zu Territorialverbänden umgestalten.

5   Rechtlich gesteuerte Verwaltung (2), also Verwaltung im Zeichen des Rechtsstaats seit dem ausgehenden 18. Jahrhundert, ist eine zeitgebundene historische Errungenschaft. Ihr Beginn kann mit dem Aufkommen des Wortes „Rechtsstaat" (um 1800) ziemlich gut datiert werden.[9] Der Ruf nach dem Rechtsstaat im frühen 19. Jahrhundert *(Mohl, Stahl)* ist eine Absetzbewegung gegen den „Polizeistaat" des Absolutismus, und damit Element der auf Schutz von „Freiheit und Eigentum" konzentrierten Verfassungsbewegung. Er verwandelt sich aber nach 1850 auch in eine Forderung nach ökonomisch erwünschter Rechtssicherheit. Letzteres ist indirekt eine gewisse Kompensation für die nicht erlangte politische Partizipation. Schließlich ist der „Rechtsstaat" die Krönung der nationalen Rechtseinheit, die durch die Reichsjustizgesetze und die 1896 endlich erreichte Nationalkodifikation des Bürgerlichen Gesetzbuchs geschaffen wurde.

6   Am schwierigsten ist die zeitliche Eingrenzung der Verwaltungsrechtswissenschaft (3). Sie beginnt, wenn man den Begriff „Wissenschaft" substanziell im Sinne organisatorischer Verselbständigung und Kanonbildung versteht, jedenfalls nicht schon zeitgleich mit der Existenz von „Verwaltung" als solcher, obwohl es nichtreflektierte „Verwaltung" nicht geben kann. Verwaltungsrechtswissenschaft ist auch keineswegs automatisch mit dem Auftauchen von Administrativ- oder Verwaltungsrecht verbunden. Doch ist der Prozess der Verselbständigung von Policey- oder dann Administrativrecht ohne gleichzeitige „Verwissenschaftlichung" nach dem Vorbild der Zivilrechtswissenschaft kaum denkbar. Das Administrativrecht des frühen 19. Jahrhunderts, die Parallele zum Constitutionsrecht, und die Anfänge der Verwaltungsrechtswissenschaft, die noch nicht diesen Namen trägt, gehören eng zusammen. Versteht man die ersten Versuche des ausgehenden 18. Jahrhunderts, aus der „Policey" ein „Policey-Recht" zu isolieren, dann dieses unter der konstitutionellen Bewegung parallel zum „Constitutionsrecht" als „Administrativrecht" zu führen, um schließlich im ersten und zweiten Drittel des 19. Jahrhunderts ein „Verwaltungsrecht" als eigenes Fach entstehen zu lassen, als Kontinuum, dann bewegt man sich, was die Entstehung der Verwaltungsrechtswissenschaft angeht, mitten in der Epoche

---

[9] *Katharina Sobota,* Das Prinzip Rechtsstaat, 1997; *Eberhard Schmidt-Aßmann,* Der Rechtsstaat, in: HStR II, § 26; *Michael Stolleis,* Rechtsstaat, in: Adalbert Erler/Ekkehard Kaufmann (Hrsg.), Handwörterbuch zur Deutschen Rechtsgeschichte, Bd. IV, 1990, Sp. 367–375.

des Frühkonstitutionalismus. Seine politischen Bedingungen bringen das Verwaltungsrecht hervor, seine Universitäten die Verwaltungsrechtswissenschaft.

Verwaltungsrechtswissenschaft ist also eine zwischen 1750 und 1850 entstehende Teildisziplin der Rechtswissenschaft, aber, wie man sehen wird, auch der Verwaltungspraxis.[10] Sie erinnert in gewissen Zügen an die *prudentia politica* der frühen Neuzeit sowie noch stärker an die Policeywissenschaft des frühen 18. Jahrhunderts. Sie nährt sich also aus dem Fundus der Kenntnisse und Wissenschaften der „Regenten- oder Verwaltungskunst" und aus der Policeywissenschaft als Teilgebiet der Staatswissenschaften. Aber sie gewinnt erst Konturen mit der schrittweisen Isolierung des rechtlichen Elements aus der Masse der praktischen und theoretischen Kenntnisse der Policeywissenschaft, vor allem aber, wie gesagt, mit der nun heftig diskutierten konstitutionellen Gewaltenteilung, welche die Exekutive und ihr Recht von der Legislative und ihrem Recht zur Trennung zwingt.[11]

Die letzte Stufe dieses wissenschaftsgeschichtlichen Prozesses ist der Übergang der Verwaltungsrechtswissenschaft in den Lehrkanon der Universitäten. Er vollzieht sich am Ende des 19. und am Anfang des 20. Jahrhunderts. Auf breiter Front fand das Verwaltungsrecht als Prüfungsgegenstand des ersten Staatsexamens seinen Platz erst nach 1919. Hier, das ist nicht unwichtig für methodische Probleme der gegenwärtigen Rechtsvergleichung im öffentlichen Recht, bestehen deutliche Unterschiede zwischen den europäischen Ländern. Die deutsche Tradition der Verwaltungsrechtswissenschaft als Universitätsfach reicht – je nach Kriterium – bis in die Jahre nach 1848 oder – wenn man die ersten Versuche nimmt – bis in die 1770er Jahre zurück. Am ehesten damit vergleichbar, und zwar sowohl verfassungsgeschichtlich als auch wissenschaftsgeschichtlich, ist die Entwicklung in der ebenfalls „verspäteten Nation" Italien. In anderen Ländern ist zwar eine zentralistische Verwaltungspraxis deutlich älter, etwa in Frankreich, England, Dänemark oder Schweden, die universitär-wissenschaftliche Bearbeitung des Stoffs aber jünger. Wieder andere Länder haben zwar einen Zentralismus, aber weder ein nennenswertes rechtsstaatliches Verwaltungsrecht noch eine Verwaltungsrechtswissenschaft ausgebildet, so etwa Russland, in gewisser Weise aber auch Spanien.

B. Der Ursprung: Policey, Policeywissenschaft und Polizeirecht

I. Policey in der frühen Neuzeit

Der Terminus „policey" (police, u.a.) ist ein begriffliches Derivat der griechischen „polis" und der „politeia", also des durch Mauern geschützten Gemeinwesens und seiner gemeinschaftlich betriebenen „Politik". Er ist seit dem 12. Jahrhundert über die lateinische Übersetzung der aristotelischen Politik durch *Wilhelm von Moerbeke* (um 1260) im Abendland präsent. In Frankreich wird er seit dem späten 13. Jahrhundert in der Gesetzgebung der Ordonnances verwendet. Im 15. Jahrhundert wechselt er, wohl über Burgund, nach Mitteleu-

---

[10] *Feist*, Entstehung (Fn. 4).
[11] *Heyen* (Hrsg.), Wissenschaft.

§ 2 Entwicklungsstufen der Verwaltungsrechtswissenschaft

ropa, wo er in der Reichsgesetzgebung Ende des 15. Jahrhunderts auftaucht.[12] Er begleitet die Entstehung des europäischen Territorialstaats der Moderne.[13]

10 „Policey" meint die gute Verwaltung im Innern, gleichermaßen das Handeln, den guten Zustand und das zu erreichende Ziel. Der Ausdruck ist normativ aufgeladen: „rechte" Ordnung ist die richtige, angemessene, gerechte und deshalb verpflichtende Ordnung.[14] Um sie zu erreichen, gibt das Gemeinwesen „Ordnungen", erlässt also Regelungen, wie es künftig solle gehalten werden. Diese Regulierung einer „öffentlichen Ordnung" setzt eine funktionsfähige Kommunikation von Obrigkeit und Normadressat voraus, zudem eine bestimmte beiderseitige Erwartungshaltung, was die Durchsetzung angeht. Das beginnt an den Plätzen räumlicher Verdichtung, also zunächst in den Städten. Städtische Ordnungen breiten sich aus, zugleich mit dem Wachstum des europäischen Städtewesens. Diese „Ordnungen", die parallel zu den eigentlichen „Stadtrechten" und deren „Familien" entstehen, zielen auf planmäßige Gestaltung des Daseins der im Mauerring und im Weichbild lebenden Menschen.[15]

11 Den Städten folgte das seit der Reichsreform von 1495 wieder stärker handlungsfähig gewordene Reich. Es erließ 1495, 1497, 1498, 1500 und auf allen folgenden Reichstagen Normen zur „Policey", die dann am 19. November 1530 zur ersten großen Reichspolizeiordnung zusammengefasst wurden. Diese wurde in einer zweiten Stufe 1548, weiter 1551, 1555 und vor allem 1577 fortgeschrieben und ausdifferenziert. Dieses große Vorbild wirkte auf die Territorien, die nun auf breiter Front eigene Landesordnungen, Polizeiordnungen und Einzelmandate erlassen. Ein gleiches tun alle europäischen Länder.[16]

12 Die inzwischen erreichte Übersicht über die frühneuzeitliche „Gesetzgebung" dieser Art führt zu folgenden Ergebnissen: Die Ordnungen behandeln zunächst alle „internen" Materien gemeinsam, meist unter dem Titel einer „Policeyordnung" oder „Landesordnung". Doch drängt die wachsende Differenzierung der Verwaltungstätigkeiten auch zu separaten Ordnungen. Die kirchlichen Materien wandern mit der Reformation in die Kirchenordnungen,[17] die weltlichen Materien fächern sich im 17. Jahrhundert auf und werden in separaten Hofordnun-

---

[12] *Franz-Ludwig Knemeyer,* Polizeibegriffe in Gesetzen des 15. bis 18. Jahrhunderts, AöR, Bd. 92 (1967), S. 154 ff.; *Hans Maier,* Die ältere deutsche Staats- und Verwaltungslehre, 4. Aufl. 2009; *Peter Preu,* Polizeibegriff und Staatszwecklehre, 1983; *Karl Härter* (Hrsg.), Deutsches Reich und geistliche Kurfürstentümer (Kurmainz, Kurköln, Kurtrier), Repertorium der Policeyordnungen der Frühen Neuzeit, hrsg. v. Karl Härter und Michael Stolleis, Bd. 1, 1996 m. w. N.

[13] *Michael Stolleis* (Hrsg.), Policey im Europa der Frühen Neuzeit, 1996, m. Beiträgen zu Italien, Frankreich, Spanien, Böhmen und Mähren, Schlesien, Ungarn und Siebenbürgen, Polen, den Niederlanden, der Schweiz, Dänemark, Schweden und England.

[14] Umfassend hierzu *Thomas Simon,* „Gute Policey". Ordnungsleitbilder und Zielvorstellungen politischen Handelns in der Frühen Neuzeit, 2004.

[15] *Karl Härter/Michael Stolleis* (Hrsg.), Repertorium der Policeyordnungen der Frühen Neuzeit, Bd. 5: Reichsstädte 1: Frankfurt am Main, Frankfurt 2004. Weitere Stadtrepertorien sind erschienen: Köln (2005), Ulm (2007), Speyer, Wetzlar, Worms (2010).

[16] Vgl. die Repertorien für Reich, Köln, Mainz, Trier (Fn. 12), für Brandenburg-Preußen (2 Bde.), wittelsbachische Territorien (2 Bde.), Württemberg und Baden (1 Bd.), Hannover, Sachsen (1 Bd.), kleine Territorien (2 Bde.), Dänemark, Schweden, Schweiz (je 1 Bd.). Für die Reichskreise s. *Wolfgang Wüst* (Hrsg.), Die „gute" Policey im Schwäbischen Reichskreis, 2011; Die „gute" Policey im Fränkischen Reichskreis, 2003; Die „gute" Policey im Bayerischen Reichskreis und in der Oberpfalz, 2004; Die lokale Policey, 2008.

[17] *Emil Sehling,* Die evangelischen Kirchenordnungen des 16. Jahrhunderts, 1. Abt., 1. Hälfte, 1902 ff., fortgeführt 1955 ff.

gen, Kanzleiordnungen, Kriegsordnungen, Finanzordnungen und Gerichtsordnungen geregelt. In den Städten und auf dem Land gibt es Feuer- und Wasser-, Gassen- und Brunnenordnungen, Ärzte-, Hebammen- und Apothekenordnungen, Marktordnungen, Handwerks- und Gewerbeordnungen,[18] Ordnungen für Bausachen und Straßenbau, Sittenordnungen, Armen- und Bettelordnungen, Schulordnungen. usw. Schon aus diesen Bezeichnungen wird deutlich, dass „Policey" nun als das Feld der inneren Verwaltung in Bezug auf Gefahrenabwehr und Wohlfahrtspflege verstanden wird. Eine strenge Unterscheidung der beiden Sphären gibt es dabei nicht, wohl aber versammeln sich die Materien des „Rechts" um den Komplex des gemeinen (römischen) Rechts, also der gerichtsförmig verwendbaren Normen. „Policey" hingegen wird zum Gebiet des rasch erneuerbaren obrigkeitlichen Befehls, gegen den normalerweise keine Rechtsmittel gegeben sind. Auf diesem Feld erweist sich der frühmoderne Staat als lernendes System, das nicht nur Impulse gibt, sondern auch vielfältig Impulse empfängt und verarbeitet[19]. Die Flexibilität der eingesetzten Verfahren und die Offenheit der Zielformeln garantieren, dass die lokalen Autoritäten in der Lage sind, auf Widerstände und konstruktive Vorschläge beweglich zu reagieren. Dieses „lernende System" baut sich stufenweise auf: Die fortschreitende normative Erfassung von Materien führt zur Ausbildung neuer Institutionen der Verwaltung, wie umgekehrt auch neue Institutionen ihre Legitimation dadurch suchen, dass sie neue Normen erlassen und durchsetzen.

Die großen Reichspolizeiordnungen und die ihnen folgenden Landesordnungen des 16. Jahrhunderts werden im 17. und 18. Jahrhundert, entsprechend der institutionellen Entfaltung, weiter differenziert. Man findet immer mehr spezifische Ordnungen, die auf bestimmte Gefahren zielen oder Berufsbilder modellieren, andere wollen bestimmte Personenkreise treffen, etwa Gauner, Zigeuner oder Bettler, wieder andere wollen Zucht und Sitte verbessern, zugleich aber auch zu Sparsamkeit anhalten und einzelnen Gewerben aufhelfen, so die multifunktionalen Luxusordnungen.[20] Mit anderen Worten: Im 18. Jahrhundert gelingt es nicht mehr, die Materien in geschlossenen Kodifikationen zu bändigen. Sie breiten sich vielmehr fächerförmig in Einzelregulierungen aus. Das normative Gewebe wird immer dichter, aber auch unübersichtlicher. Dies ist einer der Gründe, warum im 18. Jahrhundert allgemein über „Vielregiererei" geklagt wird.[21]

II. Literatur

Die alle diese Vorgänge begleitende Literatur ist inhaltlich bunt und formal uneinheitlich. Je nach Fachrichtung, Zweck und Entstehungsort variiert sie zwischen moralischem Traktat, Erwägungen der „prudentia politica", Fürstenspiegel, Handbuch der „Politik" oder juristischer Abhandlung.

---

[18] So noch die heutigen Bezeichnungen der einschlägigen Gesetze.
[19] *Michael Stolleis*, Der lernfähige und lernende Staat, in: *Johannes Fried/Michael Stolleis* (Hrsg.), Wissenskulturen. Über die Erzeugung und Weitergabe von Wissen, 2009, S. 58 ff.
[20] *Michael Stolleis*, Luxusverbote und Luxussteuern in der frühen Neuzeit, in: ders., Pecunia Nervus Rerum. Zur Staatsfinanzierung in der frühen Neuzeit, 1983, S. 9–61.
[21] Vgl. zu Problemen in heutiger Zeit → Bd. I *Reimer* § 9 Rn. 98 ff.

1. Regimentstraktate

15　Das 16. Jahrhundert kennt als theologisch-moralisch-policeyliche Mischgattungen die „Ehezuchtbüchlein", die Ermahnungen zur guten Ordnung, also zur Unterlassung von Trinkexzessen, „Unzucht" und Fluchen, dann die ersten Traktate zur guten Policey in Form der sog. Hausväterliteratur, der Regimentstraktate oder des Politischen Testaments eines *Melchior von Osse* (1555). Zu den Anfängen der Hof- und Verwaltungsliteratur im Umkreis des frühen Absolutismus gehören die Formelbücher, Kanzleiordnungen und die ersten Rechtssammlungen. Von besonderem systematischem Interesse sind die Regimentstraktate (Oldendorp, Lorich, Lauterbeck, Obrecht), die dann zum Klassiker der Gattung, dem Teutschen Fürstenstaat von *Veit Ludwig von Seckendorff* (1626–1692) aus dem Jahr 1656 führen.[22] In ihm erlebt das pragmatische Handbuch für den Verwaltungsstaat des 17. Jahrhunderts seinen Höhepunkt. Es beginnt mit einer Bestandsaufnahme der Ressourcen des Landes, beschreibt dann die Institutionen im weltlichen und kirchlichen Bereich, entwickelt Regierungsmaximen, teilt Formulare für die Verwaltungspraxis mit und endet, fast schon unzeitgemäß, mit einem kleinen Fürstenspiegel.

2. Naturrecht

16　Die seit der ersten neuzeitlichen Kommentierung des aristotelischen Textes durch *Melanchthon* (1532) immer wieder erneute Aneignung und Umgestaltung der Politik gerät Mitte des 17. Jahrhunderts in eine Krise. Die Herrschaft der aristotelischen Philosophie über die protestantischen Universitäten neigt sich ihrem Ende zu. An die Stelle der autoritätsgebundenen „Politiken" treten nun die deduktiv verfahrenden Lehrbücher des Natur- und Völkerrechts, in denen die Materie in die Sprache der Jurisprudenz übersetzt und vom Geist der Mathematisierung (mos geometricus) erfasst erscheint. Das Natur- und Völkerrecht wird so zur Rechtstheorie der europäischen Expansion auf die ganze Welt sowie intern zum Begleiter des sich institutionell ausformenden frühmodernen Staates. Es enthält Regeln für die globalen Konflikte zwischen Christen und „Heiden", auch Restriktionen der Ausbeutung und Versklavung der indigenen Bevölkerung. Im „Staat", der nun seit der Mitte des 17. Jahrhunderts auch diesen Namen trägt, begründet das Naturrecht die Herrschaft rational, es liefert eine klare Verteilung von Rechten und Pflichten (officia erga Deum, erga omnes, erga se ipsum) und wird auf diese Weise das ideale intellektuelle Instrument des Absolutismus, dem vor allem daran gelegen ist, Herrschaft zu zentralisieren, intermediäre Mächte auszuschalten und einen allgemeinen Untertanenverband zu schaffen. Da das gemeine römische Recht kaum Aussagen zu den nun wichtigen Fragen des Staatsaufbaus und der Verwaltungsstruktur bietet, füllt das Naturrecht die Lücke, indem es „Rechtssätze" über den Aufbau von Gesellschaft und Staat liefert. Es ist aber nicht nur rationale politische Theorie, sondern an das römische Recht angelehnte Rechtstheorie und kann auf diese Weise wesentliche Vorarbeiten für die großen Kodifikationen des 18. und 19. Jahrhunderts liefern. Exemplarisch hierfür sind die 1721 erschienenen „Vernünfftige Gedancken von dem Gesellschafftlichen Leben der Menschen und insonderheit dem gemeinen

---

[22] *Michael Stolleis*, Veit Ludwig von Seckendorff, in: ders. (Hrsg.), Staatsdenker in der Frühen Neuzeit, 3. Aufl. 1995, S. 148 ff.

Wesen zur Beförderung der Glückseligkeit des menschlichen Geschlechtes" von *Christian Wolff* (1679–1754).²³ Diese „Deutsche Politik" entwickelt mit Zutrauen in Vernunft- und Rechtsgebot sowie mit einer gewissen Pedanterie bis ins Detail, wie ein wohlgeordneter Staat auszusehen habe. Das zugrunde liegende Denkmodell ist dann erst ab 1781 durch den „Alleszertrümmerer" *Kant* zum Einsturz gebracht worden, indem er erkenntniskritisch die Möglichkeit leugnete, Verbindliches über die Zielformel der „Glückseligkeit" auszusagen, eine Formel, die ohnehin überstrapaziert und missbraucht worden war.

3. Policeywissenschaft

In der Zwischenzeit war von der Basis der praktischen Verwaltung her das Bedürfnis nach Unterweisung des Beamtennachwuchses in kameralistischen und policeylichen Fächern gewachsen. An die Stelle der traditionellen Räte (Consiliarii) und der gelegentlich auftretenden Projektemacher sollten systematisch ausgebildete Fachleute treten. In Preußen gestattete *Friedrich Wilhelm I.* 1727, obwohl notorisch sparsam, die Einrichtung zweier neuer Lehrstühle der Policeywissenschaft. In Halle legten *Simon Peter Gasser* (1676–1745), in Frankfurt/O. *Justus Christoph Dithmar* (1677–1737) je einen Grundriss vor. Seit 1729 gab es die Zeitschrift „Oeconomische Fama, von allerhand zu den ökonomischen, Polizei- und Cameralwissenschaften gehörigen Büchern ... handelnd". Weitere Lehrstühle in Rinteln, Leipzig, Jena, Kaiserslautern, Braunschweig, Gießen, Stuttgart, Wien, Prag, Freiburg, Innsbruck und Klagenfurt folgten. In den dreißiger und vierziger Jahren des 18. Jahrhunderts war die neue staatswissenschaftliche Richtung akademisch etabliert.

4. Aufgeklärter Absolutismus

Diese Etablierung und das rasch wachsende Spezialwissen zogen notwendig Differenzierungen nach sich. Kameralistik (Staatswirtschaft, die spätere Nationalökonomie), Privat-Ökonomie (Wirtschaft) und Policey (Verwaltung der inneren Materien) traten in der zweiten Hälfte des 18. Jahrhunderts allmählich auseinander. Aus dieser spalteten sich dann wiederum die Tierkunde/Veterinärmedizin, die Seuchenkunde und „medizinische Polizei" ab, weiter die Agrarwissenschaft, der Bergbau, das Fabrikwesen, die technischen Fächer – allesamt mit eigener Spezialisierung und sich ausdifferenzierenden Fachzeitschriften, so dass es am Ende des 18. Jahrhunderts nicht mehr möglich schien, alles unter „Policey" zu subsumieren.

Prägend und typisch für die „Polizeiwissenschaft" des ausgehenden 18. Jahrhunderts ist zunächst *Johann Heinrich Gottlob von Justi* (1717–1771). Er entwickelt eine geschlossene Konzeption des aufgeklärten Absolutismus.²⁴ Ziel ist (noch) die „Glückseligkeit". Das Wohl des Fürsten und das Wohl des Volkes sind prinzipiell ungeschieden. Verbessert der Fürst das Wohl seiner Untertanen, dann ist es zugleich sein Wohl. Seine Policey setzt ökonomisch, moralisch und durch Garantie von Sicherheit an. Die „Policey-Gesetze", samt Strafen und Belohnungen,

---

²³ *Christian Wolff*, Deutsche Politik, bearbeitet, eingeleitet und hrsg. v. Hasso Hofmann, 2004.
²⁴ *Johann H. G. v. Justi*, Grundsätze der Policey-Wissenschaft, 1756, 2. Aufl. 1759, 3. Aufl. hrsg. v. Johann Beckmann, 1782. S. *Michael Stolleis*, Justi, in: Albrecht Cordes u. a. (Hrsg.), Handwörterbuch zur Deutschen Rechtsgeschichte, 2. Aufl., 14. Lfg. (2011), Sp. 1470–1472.

§ 2 Entwicklungsstufen der Verwaltungsrechtswissenschaft

werden ausgeführt von „Policey-Collegien" und „Policey-Bedienten". In seinem späteren Werk „Die Grundfeste zu der Macht und Glückseeligkeit der Staaten; oder ausführliche Vorstellung der gesamten Policey-Wissenschaft" (1760/1761) trennt *Justi* stärker zwischen Gesellschaft und Staat und vertritt Ansätze zu einem frühliberalen Gewährenlassen der Gesellschaft, das Handel und Gewerbe Spielräume verschaffen soll.

20   Das österreichische Pendant zu *Justi* ist der vielseitig tätige und begabte *Joseph von Sonnenfels* (1733–1817). Seine „Sätze aus der Polizey, Handlungs- und Finanzwissenschaft"[25], später als „Grundsätze der Polizey, Handlung und Finanz"[26], werden zum wichtigsten Lehrbuch der Habsburgermonarchie auf diesem Feld, typisch für den Josephinismus, aber in der Metternich'schen Form bis zur Revolution von 1848 reichend. *Sonnenfels* versteht unter Polizei die gesamte innere Verwaltung, nimmt aber Privat- und Nationalökonomie aus, so dass im Wesentlichen „innere Sicherheit" übrig bleibt. Auch auf diese indirekte Weise kommt es zu einer gewissen Freisetzung der Ökonomie von staatlicher Regulierung.

III. Unterscheidung von Policey und Polizeirecht

1. Rechtsqualität der Policeyordnungen?

21   Die wachsende Masse des unter dem Titel „Policey" erscheinenden Rechts verlangte nach Einordnung in das Recht insgesamt. Immerhin war es Ausdruck der landesherrlichen Souveränität und damit Rechts-Gebot.[27] Je mehr sich nun im Übergang vom Hochabsolutismus zum „Aufgeklärten Absolutismus" die Trennung von Administration und Justiz durchsetzt, desto wichtiger wird die Frage, wohin die „Policeygesetze" gehören.[28] Sie der Justiz zuzuschlagen, würde bedeuten, die gesamte innere Verwaltung dem Rechtszwang zu unterwerfen, was ganz inakzeptabel erscheint. Dennoch wächst das Bedürfnis nach rechtsstaatlicher Kontrolle. Der Satz, dass Polizeisachen generell nicht vor Gericht gehören, befriedigt nicht mehr, und so läuft die Frage auf einen Kompromiss hinaus. Jedenfalls, so heißt es, wenn es um wohlerworbene Rechte (iura quaesita) sowie um Freiheit und Eigentum geht, sollen die Gerichte entscheiden dürfen.

Für die Gliederung des policeyrechtlichen Stoffs bot sich die Trias Ökonomie, Kammerwesen, Policey an, also Handlungsrecht, Kameralrecht und Policeyrecht. Einzelne Juristen begannen Vorlesungen zu halten, etwa *Johann Adam von Ickstatt* über „ius civile oeconomico-camerale" (etwa: Handels- und Finanzrecht),[29] und eine Generation später konnte *Friedrich W. Tafinger* schon zusammenfassend darstellen, was zu seiner Zeit an den Universitäten gelehrt wurde.[30] Schrittweise kam es zur Trennung von Policey und Policeyrecht. Die einen sammelten einschlägige Vorschriften, um sie als Rechtsbestand sichtbar zu machen. Sie schufen dadurch die Materialbasis für eine wissenschaftliche Behand-

---

[25] 2 Bde., 1765, 1769.
[26] 8. Aufl. 1819. Moderne Ausgabe (auf der Basis der 5. Aufl. von 1787) des ersten Bandes „Grundsätze der Polizey", hrsg. v. Werner Ogris, 2003.
[27] *Johann J. Moser*, Von der Landeshoheit in Policeysachen, 1773.
[28] *Johann G. Darjes*, De differentiis Jurisprudentiae atque Politiae quae vulgo Die Policey dicitur, 1763.
[29] Siehe auch *Jan Schröder*, Wissenschaftstheorie und Lehre der „praktischen Jurisprudenz" auf deutschen Universitäten an der Wende zum 19. Jahrhundert, 1979.
[30] *Friedrich W. Tafinger*, Von der Lehre der Policeywissenschaft auf teutschen Universitäten, 1767.

2. Aussonderung des Polizeirechts

Der erste Jurist, der sich dem „Polizeirecht" als Materie ganz entschieden zuwandte, war der Altdorfer Professor *Johann Heumann von Teutschenbrunn* (1711–1760) in seinem Werk „Initia iuris politiae Germanorum", Nürnberg 1757[32]. Er bildete Gruppen von Rechtsnormen für die Sachgebiete Bevölkerungswesen, Standes- und Ehrensachen, Erziehungswesen, Bibliothekswesen, Religionsangelegenheiten, Gesundheitswesen, Sicherheitsgewährung und Rechtspflege, Sitten- und Luxuspolizei, Armenwesen, Juden, Landwirtschaft, Forsten und Jagd, Bergbau, Brauwirtschaft, Handel und Gewerbe. Die letzten Kapitel sind den „Polizeibeamten", dem Verhältnis zum Militär sowie dem Verfahren in Polizeisachen gewidmet. Damit war ein Schema gegeben, das sich später leicht auf die Gliederung nach Ministerien (Ressortprinzip)[33] umstellen ließ. Es setzte sich durch, eben weil es additiv und übersichtlich war.[34]

3. Systematisierung

Die große abschließende Synthese lieferte *Günther Heinrich von Berg* mit seinem „Handbuch des Teutschen Policeyrechts"[35]. Er trennt klar zwischen Polizei und Justiz. Die Polizei ist für ihn bestimmt durch die Aufgabe „künftige gemeinschädliche Uebel im Innern des Staates zu verhüten und abzuwenden". Trotz dieser Begrenzung auf die Abwehr von Störungen der „Ruhe und Sicherheit" behält er aber – der politischen Realität folgend – die umfangreiche Wohlfahrtspolizei bei. Er bindet die Polizei bei Eingriffen in Freiheit und Eigentum an das Gesetz, lässt sie jedoch im Übrigen agieren. *Berg* ist Kantianer und er akzentuiert die Freiheitsrechte, aber er erkennt auch den wohlfahrtsstaatlichen Ordnungsanspruch des Staates an.

IV. Zwischenbilanz

Die hier nur im Überblick betrachteten Entwicklungen erlauben an der Schwelle zum 19. Jahrhundert eine erste Bilanz. Während das Mittelalter eine „Verwaltung" im Sinne zentralisierter und regelgeleiteter Aufgabenerledigung

---

[31] *Johann H. G. v. Justi*, Die Natur und das Wesen der Staaten, 1760, 8. Hauptstück, 10. Abschnitt „Von denen Policeygesetzen".

[32] *Johann C. Pauly*, Die Entstehung des Polizeirechts als wissenschaftliche Disziplin. Ein Beitrag zur Wissenschaftsgeschichte des öffentlichen Rechts, 2000.

[33] Zum Ressortprinzip heute → Bd. I *Groß* § 13 Rn. 82 ff.

[34] *Peter C. W. v. Hohenthal*, Liber de Politia, 1776; *Friedrich C. J. Fischer*, Lehrbegriff sämmtlicher Cameral- und Policey-Rechte, 3 Bde., 1785; *ders.*, Kurzer Begriff des Cameralrechts, 1796; *Johann B. Hoffer*, Beyträge zum Policeyrecht der Teutschen, 1764. Einzelheiten bei *Pauly*, Entstehung des Polizeirechts (Fn. 32).

[35] *G. H. v. Berg*, Handbuch des Teutschen Policeyrechts, 1799–1809. Hierzu *Maier*, Staats- und Verwaltungslehre (Fn. 12), S. 280 ff.; *Stolleis*, Geschichte II, S. 247 f.; zur Prägung durch das Göttinger Studienmodell siehe *Heinz Mohnhaupt*, Vorstufen der Wissenschaften von „Verwaltung" und „Verwaltungsrecht" an der Universität Göttingen (1750–1830), in: Erk V. Heyen (Hrsg.), Jahrbuch für Europäische Verwaltungsgeschichte, 1989, S. 73 ff.

nur in speziellen Sektoren kannte, etwa im Zentrum der römischen Weltkirche, im normannisch-staufischen Sizilien sowie in den die Königsherrschaft ausbauenden Mächten wie Frankreich, Burgund und England, breiten sich die dort erprobten Verfahren und entsprechenden sprachlichen Formeln erst im Verlauf der frühen Neuzeit im übrigen Europa aus. Der Herrscher wandelt sich langsam vom Heerführer und Richter zum Lenker einer der das Territorium erfassenden Kanzlei mit dem Anspruch, das Land durch Gebot zu regulieren und zu lenken, eine gute Policey zu schaffen und einen entsprechenden Strafanspruch durchzusetzen. Er gebietet über einen durch Lernerfahrungen langsam effektiver werdenden Verwaltungsapparat, der Normen nicht nur befolgt, sondern auch in großem Umfang selbst produziert.

25   Ziel der in der Sache entstehenden „Verwaltung" ist die „gute Ordnung". Sie erreichte es durch voranschreitende Verschriftlichung, durch Ausbildung des Personals, durch Verstetigung der Finanzierung über „laufende Einnahmen", vor allem aber durch ein Netz von Policeygeboten, die mit wachsendem Erfolg auch durchgesetzt wurden.[36] Die Inhalte der guten Ordnung wandelten sich, wie nicht anders zu erwarten, in den drei Jahrhunderten der Frühen Neuzeit bis zur Französischen Revolution. Aber trotz aller Verschiebungen wesentlicher Parameter der gesellschaftlichen Ordnung weisen sie einen relativ stabilen Kern auf: Unterdrückung von Gewalt (Friede), friedliche Entwicklung von Handel und Wandel, Währungspolitik, Luxusverbote (Wohlstand), Bevölkerungsvermehrung und Förderung des Gesundheitswesens, letzteres eng verbunden mit dem Topos der guten Sitten, die nicht nur als theologisch fundierter Selbstzweck, sondern als Grundlage der erwünschten „Peuplierung" eingefordert werden. Die auf diese Zwecke gerichteten Normen werden seit der Mitte des 18. Jahrhunderts als eigenes Rechtsgebiet begriffen, gesammelt und stufenweise juristisch behandelt, nach Materien gegliedert und hierarchisiert. Nachdem mehrere Autoren hierzu Anläufe unternommen haben, gelingt *Günter Heinrich von Berg,* der schon von den Postulaten des Rechtsstaats geprägt ist, um 1800 ein die Epoche abschließendes Handbuch des rechtsstaatlichen Polizei- im Sinne des von nun an so genannten Administrativ- oder Verwaltungsrechts.

C. Die Ausbildung eines eigenständigen Verwaltungsrechts und die Durchsetzung der „juristischen Methode"

I. Epoche des Umbruchs

26   Die Epoche zwischen 1780 und 1820 ist die dramatische Epoche des Umbruchs des Ancien Régime. Sie führt von der Amerikanischen Revolution (1776) zur Französischen Revolution (1789), zur radikalen „Flurbereinigung" des Reichs (1803) und zu seinem Zusammenbruch (1806), bis zu den überall einsetzenden Reformen (Bayern 1799 ff., Württemberg 1803 ff., Baden 1803 ff., Preußen 1806 ff.). Die Regierungen stellten sich vom System der Kabinettregierung auf die Ministerialverfassung um, die Länder wurden (meist dreistufig) neu geglie-

---

[36] *Michael Stolleis,* Was bedeutet „Normdurchsetzung" bei Policeyordnungen der frühen Neuzeit?, in: FS Peter Landau, 2000, S. 739–757.

dert, neue Landesteile integriert. Das Steuersystem musste erneuert, das überlieferte Bodenrecht in Richtung auf ein einheitliches Eigentumsrecht umgestaltet werden, die alten zünftischen und durch Privilegien gesicherten Ungleichheiten entfielen, adelige Vorrechte wurden – jedenfalls tendenziell – abgeschafft, Freizügigkeit und Gewerbefreiheit eingeführt, die Gleichstellung der Leibeigenen, Grundholden und anderen Abhängigen sowie der Juden kam voran. Unter dem Eindruck der Revolutionskriege veränderte man die Struktur des Militärwesens. Die alten Universitätsverfassungen und das untere und mittlere Bildungswesen erfuhren eine vollständige Erneuerung.

Nach dem Wiener Kongress vereinigten sich im Deutschen Bund nominell **27** souveräne Klein- und Mittelstaaten unter den Führungsmächten Österreich und Preußen. Der verfassungsrechtliche Überbau des Reichs war weggefallen. Das Rechts des Deutschen Bundes bestand aus einem Organisationsstatut mit politischen Reservatrechten für die Führungsmächte.

In diesen Jahren des Umbruchs und der vielfältigen Unsicherheiten gab es in allen deutschen Einzelstaaten im Übergang zum Konstitutionalismus lebhafte rechtspolitische Debatten auch über die Unterscheidung von Justiz und Polizei. Speziell in den Jahren 1807 bis 1811 setzte man sich damit auseinander, die Sphären des justizförmigen Rechtsstaats und des zur Verwaltung gehörenden Wohlfahrtsstaats abzugrenzen *(Konrad E. F. Rosshirt, Johann F. E. Lotz, Gottfried Gerstner, Wilhelm Butte, Georg Henrici, Ludwig H. Jacob, Friedrich W. Emmermann)*.[37] Das war in der Sache eine Auseinandersetzung zwischen Vertretern des Ancien Régime und eines gemäßigten Konstitutionalismus. Letztere versuchten wenigstens tendenziell eine Reduzierung der Polizei auf Sicherheitsgewähr, grenzten Sittenpolizei und Religionsaufsicht aus, behielten aber meist eine liberal verstandene Zensur, die Wirtschaftsförderung, das Erziehungswesen und die Aufsicht über Gewerbe, Handel und Handwerk in eingeschränkter Form als Handlungsfelder der Polizei bei.

Die Situation von Polizeiwissenschaft und Polizeirecht auf der politischen **28** Schwelle zum „Vormärz" war unsicher und in hohem Maße von den politischen Bedingungen der einzelnen Länder abhängig. Polizeiwissenschaft wurde zwar weiter gelehrt, wurde aber von einer ihrer Vertreter „nach ihrem dermaligen Zustande noch zu den schwankendsten Wissenschaften" gezählt[38]. Ihre Einheit war von innen durch die längst sichtbar gewordenen Tendenzen zur Auseinanderentwicklung der Einzeldisziplinen von Land- und Forstwirtschaft, Fabrik- und Manufakturwesen, Bevölkerungs- und Gesundheitswesen, Erziehungswesen usw. bedroht. Das ehemals philosophisch akzeptierte Ziel der „Glückseligkeit" war durch *Kant* außer Kraft gesetzt. Und nicht zuletzt: Polizeiwissenschaft war dem politischen Verdacht ausgesetzt, sie lehre „Zwangsbeglückung" im Sinne des Ancien Régime, dem nun langsam der peiorative Gesamttitel „Polizeistaat" zuwuchs.[39]

---

[37] *Naoko Matsumoto*, Polizeibegriff im Umbruch. Staatszwecklehre und Gewaltenteilungspraxis in der Reichs- und Rheinbundpublizistik, 1999.
[38] *Georg H. Henrici*, Grundzüge zu einer Theorie der Polizeiwissenschaft, 1808, IV.
[39] Vgl. *Georg Beseler*, Paulskirche 1848: „Wir wollen jetzt aus dem herauskommen, was uns der Polizeistaat der letzten Jahrhunderte gebracht hat. Wir wollen den Rechtsstaat auch für Deutschland begründen" (Franz Wigard, [Hrsg.], Stenographischer Bericht über die Verhandlungen der deutschen constituierenden Nationalversammlung zu Frankfurt am Main, Bd. 3, 1849, S. 1614); *Mayer*, Verwaltungsrecht (Fn. 1), Bd. 1, Einleitung.

29 In dem Maße, in dem die Polizeiwissenschaft als Sammeltitel für eine Vielheit von nicht mehr kohärenten Einzelfächern an Kurs verlor, stieg das Polizeirecht unter Abwerfung des nicht mehr zeitgemäßen Bestandteils „Polizei" als „Administrativrecht" oder Verwaltungsrecht auf. Es wurde die Disziplin, mit deren Hilfe die überall vorangetriebenen Verwaltungsreformen praktisch umgesetzt werden konnten. Es war das neue Rechtsgebiet mit der Aufgabe, das konstitutionelle Postulat der Bindung der Verwaltung an das Recht umzusetzen. Wie weit diese Bindung gehen sollte, war umstritten; zugrunde lag die einfache Machtfrage, in welchem Maße sich die Verwaltung der Justiz zu unterwerfen habe oder ob eine klare Bereichstrennung von „Regierungs"- und „Justizsachen" möglich sei. Vor allem die Teilung der polizeilichen und der justiziellen Strafgewalt, an deren rechtsstaatlicher Domestizierung so viel gelegen war, bereitete Schwierigkeiten, weil auch der Aktionsraum der Polizei umstritten war: Der theoretischen Forderung nach Rückzug der Polizei aus dem Bereich der „Wohlfahrt" standen die Schwerkraft der Verwaltungspraxis und das Interesse der keineswegs autonomen bürgerlichen Gesellschaft an staatlicher Intervention entgegen. Man wollte nicht mehr bevormundet, sehr wohl aber vom Staat unterstützt werden. Man kann deshalb die deutschen Staaten des frühen 19. Jahrhunderts kaum als liberal bezeichnen. Zwar kamen Reformen in dieser Richtung in Gang, aber die Politik war restaurativ und misstrauisch gegenüber bürgerlichen Kräften. In der Wirtschafts- und Bildungspolitik blieb der Staat weiterhin fördernd, planend, erlaubend und verbietend tätig. Von einem Rückzug auf bloße Sicherheitsgewähr kann nicht gesprochen werden.

II. Deutscher Bund

30 Mit der Errichtung des Deutschen Bundes (1815) und dem Ausbau seiner Verfassung in der Wiener Schlussakte (1820) stabilisierte sich die politische Landschaft wieder. Die Nationalbewegung stagnierte ebenso wie die Hoffnungen auf Freiheit und politische Partizipation. Die süddeutschen Staaten wandelten sich zu Verfassungsstaaten und versuchten, den Souveränitätstitel zu bewahren, die neu erworbenen Gebiete zu integrieren und sich im Deutschen Bund zurechtzufinden. Preußen und Österreich zeigten sich entschlossen, der konstitutionellen Bewegung entgegenzutreten, was sie allerdings nicht daran hinderte, an *Modernisierungen* auf dem Gebiet der Verwaltung sowie der Ausbildung eines Verwaltungsrechts mitzuwirken. Allgegenwärtig war jedoch der vom Deutschen Bund und *Metternichs* Politik ausgehende Druck auf die freie politische Willensbildung.

31 In diesem Kontext beruhigte sich die zwischen 1806 und 1814 so intensive Debatte über Polizei und Polizeiwissenschaft sowie über den Antagonismus von Gefahrenabwehr und Wohlfahrtsförderung. Die liberalen Autoren betonten stärker die Aufgabe der Sicherheitsgewähr und die Grenzen der Polizeigewalt, während die eher konservativen das Aufgabenfeld offen hielten und an Stelle der nun nicht mehr verwendbaren Zielformel „Glückseligkeit" etwa die „Vervollkommnung der Menschheit als Totalität" einsetzten.[40] Allen in diesen Jahren

---

[40] *Conrad F. Roßhirt*, Ueber den Begriff und die eigentliche Bestimmung der Staatspolizey sowohl an sich als im Verhältnisse zu den übrigen Staatsverwaltungszweigen, 1817, S. 81.

nach dem Wiener Kongress schreibenden Autoren, die sich zur Polizeiwissenschaft oder zum Administrativrecht äußerten, war die politische Relevanz ihrer Ausführungen bewusst. Dass sie ihre Ergebnisse scheinbar über die Suche nach dem „Wesen", nach „richtigen Begriffen", als „Versuch zur reineren Begründung der Polizeywissenschaft"[41] oder als „Dedukzion des reinen Rechts"[42] vortrugen, erklärt sich unschwer aus dem herrschenden Wissenschaftsstil der Zeit.[43]

Bei allen Divergenzen war man sich einig, zwischen Sicherheitspolizei und Wohlfahrtspolizei unterscheiden zu müssen. Die Sicherheitspolizei als Polizei im engeren Sinn, so *Johann Ludwig Klüber*, „dient wider Rechtsverletzungen und schädliche Ereignisse, die von der Natur oder sonst veranlasst werden. Die Bestimmung der Wohlfahrt- oder Vervollkommungs-Polizei ist, Erlangung und Erhöhung des physischen, sinnlichen und geistigen Gesellschaftswohls".[44] Die Mehrzahl der Autoren vertritt weder die strikte Begrenzung der Staatstätigkeit auf die Gefahrenabwehr noch den unbegrenzten Polizeibegriff des Absolutismus. Vielmehr sucht man, meist mit liberaler Akzentsetzung, einen Kompromiss, der die in Individualrechte eingreifende Verwaltung an das geltende Recht band, aber im Übrigen Gestaltungsfreiheit konzedierte.[45]

III. Robert von Mohl

Die alle bisherigen Tendenzen zusammenfassende und ordnende Leistung in dieser Gründungsphase des Verwaltungsrechts stammt von *Robert von Mohl* (1799–1875).[46] Er verhalf nicht nur dem neuen Terminus „Verwaltungsrecht" zum Durchbruch[47] und nahm das Wort „Rechtsstaat" erstmals in Deutschland in einen Buchtitel auf,[48] sondern brachte auch den Stoff der Polizeiwissenschaft „in Formen, die für das Verwaltungsrecht und die Verwaltungslehre wegweisend waren"[49]. Dass dies exakt gleichzeitig mit der Begründung des italienischen Verwaltungsrechts durch *Gian Domenico Romagnosi* geschah, bestätigt erneut die Existenz paralleler geistiger und politischer Lagen.

Verwaltungsrecht war für *Mohl* konkretisiertes, in den Alltag übersetztes Verfassungsrecht,[50] und zwar sowohl dem Geist als auch der Form nach: „Das Ziel dieser Verwaltung muß nothwendig seyn, die Zwecke eines Rechtsstaates in sei-

---

[41] So der Untertitel des genannten Werks von *Roßhirt*, Begriff (Fn. 40).
[42] *Henrici*, Grundzüge (Fn. 38), sowie *ders.*, Nachtrag zu meiner Theorie der Polizeiwissenschaft nebst einer Prüfung einiger darüber angestellten Kritiken, 1810. Das Zitat stammt aus *ders.*, Ideen zu einer wissenschaftlichen Begründung der Rechtslehre, Theil I, 1809; Theil II, 1810.
[43] *Jan Schröder*, Recht als Wissenschaft. Geschichte der juristischen Methode vom Humanismus bis zur historischen Schule, 2001, S. 210 ff.
[44] *Johann L. Klüber*, Oeffentliches Recht des Teutschen Bundes, 4. Aufl. 1840, § 381.
[45] Einzelheiten in *Stolleis*, Geschichte II, S. 248 ff.
[46] *Erich Angermann*, Robert von Mohl 1799–1875. Leben und Werk eines altliberalen Staatsgelehrten, 1962; *Ulrich Scheuner*, Robert von Mohl: Die Begründung einer Verwaltungslehre und einer staatswissenschaftlichen Politik, in: 500 Jahre Eberhard-Karls-Universität Tübingen, Beiträge zur Geschichte der Universität Tübingen 1977, S. 514 ff.
[47] *Robert v. Mohl*, Das Staatsrecht des Königreiches Württemberg, 2 Bde., 1831, Bd. 2.
[48] *Robert v. Mohl*, Die Polizei-Wissenschaft nach den Grundsätzen des Rechtsstaates, 2 Bde., 1832, 1833.
[49] *Scheuner*, Robert von Mohl (Fn. 46), S. 518.
[50] Zur Konstitutionalisierung des Verfassungsrechts → Bd. I *Schmidt-Aßmann* § 5 Rn. 1 ff., vgl. auch → Bd. I *Möllers* § 3 Rn. 13 f.

ner Form als Einherrschaft mit Volksvertretung, so wie sie die Verfassungs-Urkunde und die zu ihrer Ausbildung dienenden Gesetze bestimmen, möglichst vollständig zu erreichen"[51]. Verfassungsgebundenes rechtsstaatliches Verwaltungsrecht – das war das Programm. Es bezog sich zunächst auf die institutionelle Seite, deren Grundriss schon in der Verfassung lag, also auf die Gliederung in Ministerien, Kabinett, Geheimrat und Staatsschuldenkasse, dann die Einteilung des Landes in Kreise, Bezirke und Gemeinden sowie die Darstellung des Beamtentums insgesamt.

35 Auf der materiellrechtlichen Seite trennte *Mohl* deutlich die gefahrenabwehrende „Präventiv-Justiz oder Rechts-Polizei", die er der Rechtspflege zuzuweisen suchte, von der „Hülfs-Polizei", deren Aufgaben und Mittel den Komplex der allgemeinen Verwaltungsbehörden bildeten. Letztere ordnete er nach dem Schema, das auch der staatlichen Aufgabenverteilung auf die Ministerien zugrunde lag (Ressortprinzip). Auf diesem Gebiet setzte er im Grunde die Linie der alten Wohlfahrtspolizei fort, betonte aber deutlicher als seine Vorgänger die Rolle des Rechts. Für Eingriffe in Freiheit und Eigentum der Bürger verlangte er ein parlamentarisches Gesetz, im übrigen ließ er Verordnungen oder Zweckmäßigkeitsüberlegungen genügen. Die der Justiz zugeschlagene Polizei im engeren Sinn war damit gesetzesgebunden, während im übrigen Zweckmäßigkeit und praktische Vernunft herrschen sollten.

36 Die ordnende und klärende Leistung *Mohls* ist bis in die sechziger Jahre des 19. Jahrhunderts maßgebend geblieben. Sein Buch wurde das Musterbuch des Landesverwaltungsrechts im Vormärz. Selbst *Lorenz von Stein*, den mit *Mohl* wenig verband, erkannte im Kontext seiner „Verwaltungslehre" an, die verfassungsgebundene Darstellung des Länderverwaltungsrechts sei der „Weg, den wir in dieser Beziehung für die Zukunft einzuschlagen haben ... Es ist gar kein Zweifel, dass sie nicht bloß dauernd bleiben, sondern als die einzig rationale Grundlage der Ordnung des öffentlichen Rechts kräftig durchgreifen wird. Gibt es überhaupt eine selbständige Verwaltungslehre, so wird es auch ein selbständiges Verwaltungsrecht der Staaten geben müssen"[52].

Diese Worte wurden freilich 1866, mehr als eine Generation nach dem Erscheinen von *Mohls* „Staatsrecht des Königreichs Württemberg" (1829) geschrieben. Inzwischen war die Entwicklung in Richtung auf ein selbständiges Verwaltungsrecht viel deutlicher erkennbar geworden.

IV. Verwaltungsrecht ist Ländersache

37 Verwaltung ist in Deutschland eine Domäne der Länder.[53] Der Deutsche Bund „verwaltete" nicht. Durchweg waren es die Territorien (Länder und freie Städte), die während des 19. Jahrhunderts nach Maßgabe ihrer Verfassungsverhältnisse rascher oder langsamer der Verwaltung neue Formen und Rechtsgrundlagen gaben und sie schrittweise in eine rechtsgebundene Verwaltung des „Rechtsstaats" überführten.

---

[51] *Mohl*, Staatsrecht (Fn. 47), § 142.
[52] *Lorenz v. Stein*, Die Verwaltungslehre, 8 Teile, 1865–1868, 2. Aufl. 1866, Teil 2, Einl., S. 38.
[53] *Michael Stolleis*, Besatzungsherrschaft und Wiederaufbau deutscher Staatlichkeit 1945–1949, in: HStR I, § 7.

C. Ausbildung eines eigenständigen Verwaltungsrechts

Von 1863 an in Baden und ab 1875 in den größeren Ländern wurde die Verwaltungsgerichtsbarkeit eingeführt, die wesentlichen Anteil an der wissenschaftlichen Durchdringung des Verwaltungsrechts nehmen sollte.[54] Ihre flächendeckende Ausbreitung nahm noch die Weimarer Republik in Anspruch, ihr dreistufiger einheitlicher Ausbau sogar die Zeit bis zum Erlass der Verwaltungsgerichtsordnung von 1960. Mit der Wiedervereinigung Deutschlands ist die Verwaltungsgerichtsbarkeit, die in der DDR von 1952 bis 1990 nicht mehr existierte, dann auch in den neuen Bundesländern eingeführt worden.

Für die deutsche Entwicklung ist charakteristisch, dass die Länder, die früh zur konstitutionellen Monarchie gefunden hatten, vorangingen. Sie trennten zwischen Constitution und Administration, also Verfassungs- und Regierungsrecht. Sie fanden deshalb auch früher zur Durchsetzung der Postulate des „Rechtsstaats"[55]. Beispielhaft sei deshalb auf Württemberg, Bayern und Baden einerseits sowie auf Preußen und Österreich andererseits verwiesen.

Württemberg spielt bei der Entstehung des Verwaltungsrechts in der Zeit vor 1848 eine besondere Rolle. Es war das Land mit der ersten vereinbarten Repräsentativverfassung, mit der die Transformation der alten Landstände in ein modernes parlamentarisches System gelungen war. An der inzwischen reformierten Landesuniversität Tübingen studierten nun die meisten maßgeblichen Juristen des Landes. Dort gab es eine staatswirtschaftliche Fakultät, an der *Robert von Mohl* ab 1827 wirkte, ab 1842 sogar den ersten verwaltungsrechtlichen Lehrstuhl, dessen Inhaber *Karl Heinrich Ludwig Hoffmann* (1807–1881) sich programmatisch für die Pflege des Verwaltungsrechts ausgesprochen hatte.[56] Er tat dies in der sog. Tübinger Zeitschrift, der ab 1844 erscheinenden „Zeitschrift für die gesamten Staatswissenschaften", in deren Vorwort es heißt: „Ein besonderes Augenmerk gedenken wir jedoch besonders auf das, so häufig von der Wissenschaft stiefmütterlich behandelte, Verwaltungsrecht zu richten, in so ferne auch der Anwendung auf das Leben und nicht allein dem Grundgedanken Beachtung gebührt". Für die Praxis wichtiger wurden dann aber die Zeitschriften „Monatsschrift für Justizpflege in Württemberg" (1837–1855), „Württembergisches Archiv für Recht und Rechtsverwaltung mit Einschluss der Administrativ-Justiz" (1858–1882) sowie eine „Zeitschrift für die freiwillige Gerichtsbarkeit und die Gemeindeverwaltung" (1858 ff.). Insgesamt waren also die Bedingungen für eine frühe Pflege des Verwaltungsrechts besonders günstig. In diesem Umfeld wurde auch der erste Versuch unternommen, das württembergische, preußische und bayerische Verwaltungsrecht vergleichend zu bearbeiten und jene allgemeinen „Grundsätze" zu entwickeln, aus denen dann ein „Allgemeiner Teil" entstanden ist.[57] Nach einer Phase des politischen Stillstands zwischen 1850 und 1864 beleb-

---

[54] *Wolfgang Rüfner*, in: Jeserich/Pohl/v. Unruh (Hrsg.), Verwaltungsgeschichte, Bde. II–V m.w.N.
[55] Zu Geschichte und Durchsetzung des Wortes siehe *Ernst W. Böckenförde*, Entstehung und Wandel des Rechtsstaatsbegriffs, in: ders. (Hrsg.), Recht, Staat, Freiheit, 1991, S. 143 ff.; *Ulrich Scheuner*, Die neuere Entwicklung des Rechtsstaats in Deutschland, in: ders. (Hrsg.), Staatstheorie und Staatsrecht, 1978, S. 185 ff.; *Michael Stolleis*, Rechtsstaat, in: Adalbert Erler/Ekkehard Kaufmann (Hrsg.), Handwörterbuch zur Deutschen Rechtsgeschichte, Bd. IV, 1990, S. 367–375; Schmidt-Aßmann, Rechtsstaat (Fn. 9), m.w.N.
[56] *Karl H.L. Hoffmann*, Ueber den Begriff, den Inhalt und die Bedeutung des positiven Staatsverwaltungsrechts in dessen engerem Sinne, ZgS, Bd. 1 (1844), S. 190–219.
[57] *Friedrich F. v. Mayer*, Grundzüge des Verwaltungs-Rechts und -Rechtsverfahrens, 1857; ders., Grundsätze des Verwaltungs-Rechts: mit besonderer Rücksicht auf gemeinsames deutsches Recht,

te sich die politische und literarische Szene wieder. *Otto von Sarwey* veröffentlichte sein großes „Staatsrecht des Königreichs Württemberg"[58] sowie die Monographie „Das öffentliche Recht und die Verwaltungsrechtspflege" (1880) und *Ludwig Gaupp* ein mehr für die Praxis gedachtes „Staatsrecht des Königreichs Württemberg"[59].

41 Mindestens ebenso wichtig für die Entstehung des Verwaltungsrechts war **Bayern**. Es wurde von 1799 an energisch reformiert, war nach 1803 auf Integration der neuen Landesteile angewiesen und seit 1818 Verfassungsstaat. Fast unmittelbar danach entstand eine Serie von Lehrbüchern, in denen Konstitutions- und „Regierungsrecht" (= Administrativrecht, Verwaltungsrecht) unterschieden wurden.[60] Das große Werk von *Ernst von Moy*, das letzte in der Zeit vor 1848, enthielt – wie bei *Mohl* – im zweiten Teil das Landesverwaltungsrecht.[61] Sein Nachfolger *Josef Pözl*, der *Moy* methodisch und politisch kritisierte, verdeutlichte gleichwohl die Tendenz der Separierung von Verfassungs- und Verwaltungsrecht, indem er 1856 erstmals ein eigenständiges „Lehrbuch des bayerischen Verwaltungsrechts" veröffentlichte.[62] Es stellte den institutionellen Aufbau des Landes dar und schloss dann das materielle Verwaltungsrecht, gegliedert nach dem Ressortprinzip (Justiz, Polizei, Staatspflege, Finanz- und Militärverwaltung), an. Nimmt man noch *Max von Seydels* monumentales siebenbändiges Bayerisches Staatsrecht (1884–1894)[63] hinzu, dann ergibt sich eine eindrucksvolle Reihe von Werken, die staats- und verwaltungsrechtlich abbilden, dass Bayern sich während des ganzen 19. Jahrhunderts als souveräner, „wohlgeordneter" Staat mit moderner Verwaltung und kontinuierlicher Pflege des Verwaltungsrechts an der Landesuniversität präsentierte.

42 Weniger intensiv war die Pflege des Landesverwaltungsrechts in **Baden**. Zwar gab es in Freiburg schon 1841–43 Vorlesungen über „Badisches Administrativrecht", aber erst nach den Erschütterungen der Jahre 1848/49 begann man langsam mit der Pflege des Staats- und Verwaltungsrechts in Heidelberg und Freiburg, dort vor allem durch *Heinrich Rosin* (1855–1927), der „Deutsches Verwaltungsrecht mit besonderer Berücksichtigung des badischen und preußischen Rechts" oder auch „Verwaltungsrecht des Deutschen Reiches und der Einzelstaaten" las. In den gegen Ende des 19. Jahrhunderts erschienenen Darstellungen des badischen Staatsrechts[64] wurden die wesentlichen institutionellen

---

sowie auf neuere Gesetzgebung und bemerkenswerthe Entscheidungen der obersten Behörden zunächst der Königreiche Preußen, Baiern und Württemberg, 1862. Zum Autor siehe vor allem *Toshijuki Ishikawa*, Friedrich Franz von Mayer (Fn. 6).

[58] 2 Bde., 1883.

[59] *Ludwig Gaupp*, Das Staatsrecht des Königreichs Württemberg, 1884; 2. Aufl. 1895; 3. Aufl. fortgeführt von *Karl Göz*, 1904 sowie 1908.

[60] *Josef Schmelzing*, Staatsrecht des Königreichs Baiern, Bd. 1, 1820; Bd. 2, 1821; *Ludwig v. Dresch*, Grundzüge des bayerischen Staatsrechtes, 1823; *Friedrich C. K. Schunck*, Staatsrecht des Königreichs Baiern, 1824; *Konrad v. Cucumus*, Lehrbuch des Staatsrechts der constitutionellen Monarchie Baiern, 1825.

[61] *Ernst v. Moy*, Das Staatsrecht des Königreichs Bayern, I/1, 1840; I/2, 1841; II/1, 1843; II/2, 1846.

[62] *Josef v. Pözl*, Lehrbuch des bayerischen Verwaltungsrechts, 1856 (2. Aufl. 1858, 3. Aufl. 1870, Supplement 1874).

[63] *Max v. Seydel*, Bayerisches Staatsrecht, 1884–1894 (2. Aufl. 1896, Neubearbeitung von *Josef v. Graßmann* und *Robert Piloty*, 1913).

[64] *Karl Schenkel*, Das Staatsrecht des Großherzogthums Baden, 1884; *Friedrich Wielandt*, Das Staatsrecht des Großherzogthums Baden, 1895; Textausgaben: *Karl Glockner*, Badisches Verfassungsrecht.

C. Ausbildung eines eigenständigen Verwaltungsrechts

Elemente der Staatsverwaltung sowie das Beamtenrecht, Finanzrecht und Kommunalrecht dargestellt, was für die Praxis – zusammen mit der zunächst von *Edgar Loening* herausgegebenen „Zeitschrift für badische Verwaltung und Verwaltungsrechtspflege" (1869–1941) – offenbar genügte. Badisches Verwaltungsrecht ist in einem größeren Lehrbuch zwar nur einmal dargestellt worden,[65] aber eine der wichtigsten Monographien zum besonderen Verwaltungsrecht, *Richard Thomas* „Der Polizeibefehl im badischen Recht dargestellt auf rechtsvergleichender Grundlage"[66], gehört in diesen Zusammenhang.

Vergleicht man den Zustand des Verwaltungsrechts in den süddeutschen Verfassungsstaaten mit demjenigen **Preußens**, dann fällt zunächst auf, dass dort die Verfassungsfragen während des ganzen 19. Jahrhunderts dominieren. Zunächst ist es die vorenthaltene Verfassung, welche die Gemüter bewegt, dann die politische Krise 1847–1850, dann erneut die Verfassung einschließlich ihrer Revision und das hochkonservative Regiment bis 1858. Nur vier Jahre später beherrschte erneut ein Verfassungskonflikt die Szene. Auf der Ebene der Verwaltung setzte sich eine als mustergültig anerkannte Verwaltungstradition fort. Man hat von der die Reformziele von 1806 festhaltenden Verwaltung als einer Art „Verfassungsersatz" gesprochen,[67] auch wenn die Verfassungspolitik restaurativ war. Deshalb war die verwaltungsrechtliche Literatur auf dem insgesamt nicht gut bestellten Feld etwas reicher.[68] Doch ging sie über eine sammelnde Bestandsaufnahme des positiven Rechts kaum hinaus. Es waren Werke der Praxis. Nach der Reichsgründung setzte sich diese Tendenz noch einmal fort in dem führenden „Handbuch der Verfassung und Verwaltung in Preußen und dem Deutschen Reiche" von *Graf Hue de Grais*, das bis zum Ende der Weimarer Republik am weitesten verbreitet war.[69] Auch die anderen Lehr- und Handbücher des preußischen Verwaltungsrechts zielten vor allem auf positivistische Sammlung und Aufbereitung des normativen Stoffs (*Grotefend, Zelle, Parey, Illing, Arnstedt* u.a.).

Mit der Verwaltungsgerichtsbarkeit kam ab 1875 reicher neuer Stoff hinzu. Das 1879 gegründete „Preußische Verwaltungsblatt", das nun das neue Entscheidungsmaterial darbot, entwickelte sich zur wichtigsten verwaltungsrechtlichen Zeitschrift des Reichs. Preußen hatte sich zu einem von der Verwaltung geprägten konstitutionellen Rechtsstaat entwickelt. Gleichwohl blieb die wissenschaftliche Aufarbeitung noch zurück; das Verwaltungsrecht fand ab 1881 Aufnahme in den Kanon des Universitätsunterrichts. Erst um die Wende zum 20. Jahrhundert wurde es üblich, Verwaltungsrecht im Referendarexamen zu prüfen.

Mit Erläuterungen, 1905; *Conrad Bornhak*, Staats- und Verwaltungsrecht des Großherzogtums Baden, 1908; *Ernst Walz*, Das Staatsrecht des Großherzogtums Baden, 1909.

[65] *Franz X. Affolter*, System des badischen Verwaltungsrechts. Zugleich ein kurzgefasstes Lehrbuch des badischen Verwaltungsrecht, 1904.

[66] Bd. 1, 1906 (nur ein Bd. erschienen).

[67] *Reinhart Koselleck*, Preußen zwischen Reform und Revolution. Allgemeines Landrecht, Verwaltung und soziale Bewegung von 1791–1848, 2. Aufl. 1975, S. 217 ff.

[68] N. in *Stolleis*, Geschichte II, S. 222 ff. zu den Schriften von *Alexander Mirus, Karl J. Bergius, Wilhelm Ostermann, Heinrich. A. Simon, Ludwig v. Rönne, Heinrich F. Jacobson*.

[69] *Robert Graf Hue de Grais*, Handbuch der Verfassung und Verwaltung in Preußen und dem Deutschen Reiche, 1881 (22. Aufl. bis 1914; 26. Aufl. 1930), S. 112. Zu ihm *Michael Stolleis*, Robert Graf Hue de Grais – ein preußischer Beamter, VR 1995, S. 472 ff.

45 Ähnlich verlief die Entwicklung in **Österreich-Ungarn**, das sich dem politischen Druck, der auf den Übergang vom Absolutismus zur konstitutionellen Monarchie zielte, am längsten widersetzte. Zunächst blieb der Absolutismus im „System Metternich" bis 1848 erhalten. Nach der Revolution wurde das Verfassungsexperiment rasch wieder unterdrückt. Von einem Lehrfach Staats- oder Verfassungsrecht war keine Rede mehr. Man begnügte sich mit „österreichischer Verwaltungs- und Finanzgesetzkunde". Erst in den siebziger Jahren entstanden öffentlichrechtliche Lehrstühle und seit den neunziger Jahren des 19. Jahrhunderts gab es in Österreich – inzwischen war Ungarn selbständig geworden – Verwaltungsrecht und Verwaltungslehre an den Universitäten. Dann allerdings entwickelte sich eine rasche Blüte des öffentlichen Rechts einschließlich des Verwaltungsrechts, der Verwaltungslehre und der Staats- und Rechtstheorie, die Österreich über den Ersten Weltkrieg hinaus zu einem besonders interessanten Experimentierfeld machte. Die Namen *Edmund Bernatzik, Friedrich Tezner, Wenzel Lustkandl, Ludwig Gumplowicz, Karl Theodor von Inama-Sternegg, Josef Ulbrich, Adolf Menzel, Heinrich Lammasch* bis hin zur eigentlichen Wiener Schule (*Kelsen, Merkl, Verdross*) verkörperten nicht nur einen positivistischen Etatismus in der Tradition der habsburgischen Monarchie, sondern auch eine besondere Neigung zu einer rechtstheoretisch angeleiteten Dogmatik des Verwaltungsrechts, die bis heute wirksam ist. Ein entsprechend reiches Zeitschriftenwesen kam hinzu.[70]

46 Überblickt man die Entwicklung des Verwaltungsrechts in den deutschsprachigen Einzelstaaten des 19. Jahrhunderts, dann lassen sich trotz aller Unterschiede in der Entwicklung zu konstitutionellen Monarchien einige Gemeinsamkeiten hervorheben. Das „Verwaltungsrecht", wie es nun seit etwa 1830 genannt wurde, folgte der Ausbildung des „Constitutionsrechts", nicht nur semantisch, sondern auch funktional. Die Verfassungsfragen hatten ihren Schwerpunkt in der nunmehr gewählten Legislative, die Verwaltung gehörte zum konstitutionell gebundenen Monarchen. Diese politische Sphärentrennung begünstigte wiederum die semantische Trennung. Der Übergang zum Verfassungsstaat setzte auf diese Weise Kräfte frei, die zur Sammlung, Ordnung und dogmatischen Durchdringung des überlieferten Stoffs der „Policey" führten. Entsprechend wurde die herkömmliche Polizeiwissenschaft nun unter das Postulat des Rechtsstaats gestellt (*Mohl*). Die Ordnung des Stoffs erfolgte durchweg nach dem „Ressortprinzip", d.h. die Materien wurden so dargestellt, wie es die Kompetenzordnung der Ministerien vorgab. Das hatte erhebliche Vorteile für die praktische Anwendung, verstellte aber gleichzeitig den Blick für die aller Verwaltung eigenen Handlungsformen, die zu einem „Allgemeinen Teil" zusammengefügt werden konnten. Letzteres beginnt in den süddeutschen Verfassungsstaaten. Seit den dreißiger Jahren des 19. Jahrhunderts spricht man unter dem Einfluss des französischem „acte administratif" vom „Verwaltungsakt"[71], von öffentlichrechtlichen Körperschaften und Anstalten.

---

[70] Zeitschrift für Rechts- und Staatswissenschaften, 1840–1849; Allgemeine österreichische Gerichts-Zeitung, 1850 ff.; Oesterreichische Zeitschrift für innere Verwaltung, 1856 ff.; Gerichtshalle, 1857 ff.; Zeitschrift für das Privat- und öffentliche Recht der Gegenwart, 1874 ff.; Oesterreichische Zeitschrift für Verwaltung, 1868–1924; Österreichische Zeitschrift für öffentliches Recht, 1914 ff., ab 1919 „Zeitschrift für öffentliches Recht".

[71] *Walter Pauly*, Verwaltungsakt, in: Erler/Kaufmann (Hrsg.), Handwörterbuch (Fn. 55), Bd. V, 1998, S. 875 ff.; *Engert*, Entwicklung (Fn. 6).

V. Verwissenschaftlichung und juristische Methode

Die „Verwissenschaftlichung" des Verwaltungsrechts in der zweiten Hälfte des 19. Jahrhunderts ist ein komplexer Vorgang. Ihn zu verstehen, bedeutet zunächst, die Durchsetzung der „juristischen Methode"[72], die ab 1865 intensiv alle Felder des öffentlichen Rechts erfasste, nicht überzeitlich im Sinne größerer Annäherung an ein feststehendes Ideal von „Wissenschaft", sondern als zeitgebundenes Postulat zu begreifen. Wenn nun das herkömmliche additive Verfahren der Präsentation des Stoffs nach dem Ressortprinzip immer öfter mit dem Argument attackiert wurde, dies sei „staatswissenschaftlich" und nicht wirklich „juristisch", während die juristische Methode die Konzentration auf die rechtliche Konstruktion, also auf die Herstellung eines logischen Zusammenhangs von Rechtsbegriffen verlange, dann verbergen sich dahinter bestimmte Unzufriedenheiten mit dem bisherigen Verfahren. Der Stoff war angewachsen und konnte nur noch schwer bewältigt werden. Die staatswissenschaftliche Methode, die auch die alte Polizeiwissenschaft beherrschte, war „juristisch" unbefriedigend, weil sie zu viele fachwissenschaftliche Elemente enthielt, die mit dem Recht nichts zu tun hatten und sich überdies rasch änderten. Die Spezialisierung aller Teildisziplinen schritt voran und zwang eine Separierung geradezu herbei. Es kam hinzu, dass die Querverbindungen zwischen den Segmenten der Rechtsmassen der einzelnen Ressorts unübersehbar waren; warum sollten sie nicht sichtbar gemacht werden? Konnte man nicht einen Kanon von Figuren und Rechtsprinzipien des „allgemeinen" Verwaltungsrechts bilden, der überall anwendbar war, eine Struktur ergab und erhebliche Einsparungen von Stoff bewirken könnte? Der Rechtsstaat verlangte eine Herauspräparierung des juristisch Wesentlichen, damit seine neu geschaffenen Kontrollmechanismen auch wirklich greifen konnten. Diese Tendenz wurde beflügelt vom Vorbild einer auf ihrem Höhepunkt stehenden pandektistischen Zivilistik, die sich ihres aus dem römischen Recht entwickelten Begriffsapparats sicher war, die eine „Construktionsjurisprudenz" favorisierte und die ökonomischen Interessen sowie die Zwecke der Rechtsinstitute ausblendete. Die sich formierende Verwaltungsrechtswissenschaft suchte dort die naheliegende Anlehnung, um die Ebene juristisch anerkannter Teildisziplinen zu erreichen. Rechtsstaat und wissenschaftlich bearbeitetes Verwaltungsrecht wurden bald miteinander identifiziert: „Wenn der Begriff des Rechtsstaats irgend eine reelle Bedeutung hat", schrieb *Carl Friedrich von Gerber* 1865, „so ist es gerade die, dass mehr und mehr auch auf dem Gebiete der Verwaltung feste rechtliche Bestimmungen gegeben werden, welche der Willkür den Boden entziehen".[73]

Die Trennung von Verfassungs- und Verwaltungsrecht erschien sinnvoll, da die juristischen Vordenker nach dem Scheitern der Verfassungsfrage 1848–50 versuchten, den Rechtsstaat als politisch konsentierten Restbestand des Grundrechtsprogramms des Vormärz zu retten, und zugleich plausibel machen konnten, der Rechtsstaat sei auch ökonomisch vorteilhaft, weil er Sicherheit und Berechenbarkeit gewährleiste. Insofern lag es in der Logik der Entwicklung nach

47

48

---

[72] → Bd. I *Voßkuhle* § 1 Rn. 2 ff., *Möllers* § 3 Rn. 23 ff.
[73] *Carl F. v. Gerber*, Grundzüge eines Systems des deutschen Staatsrechts, 1865, S. 233. Zu den staatsrechtlichen Voraussetzungen nunmehr umfassend *Carsten Kremer*, Die Willensmacht des Staates. Die gemeindeutsche Staatsrechtslehre des Carl Friedrich von Gerber, 2008, S. 268 ff.

1850, das Verwaltungsrecht von der prekären Verfassungsfrage zu lösen und es als eigenständiges Gebiet neben dem Staatsrecht aufzubauen. In diese Richtung entwickelte sich nun auch die methodische Debatte mit ihrer Wendung zum rechtswissenschaftlichen „konstruierenden" Positivismus. *Carl Friedrich von Gerber* verlangte 1865 energisch die wissenschaftliche, aber separate Durchdringung von Staatsrecht und Verwaltungsrecht.[74] Das Verwaltungsrecht brauche eine eigene Theorie, ein eigenes „System"[75]; denn es würde, wie er sagte, „die Reinheit und Selbständigkeit des Staatsrechts leiden, wenn man dasselbe wissenschaftliche System für den Platz der Darstellung der Rechte der Landstände und der Bestimmungen über Vorkehrungen gegen die Rinderpest ansehen wollte ... So würden wir es gewiß in diesem Sinne als einen Fortschritt begrüßen, wenn endlich auch das Verwaltungsrecht in seiner Selbständigkeit erkannt und von der Verbindung mit dem Staatsrecht gelöst wird".[76]

49 Auf diese Weise kam es allerdings zu einer doppelten Amputation des Verwaltungsrechts. Einerseits wurde die Verbindung zur Verwaltungspraxis und der sie überformenden (alten) Polizeiwissenschaft bzw. (neuen) Verwaltungslehre abgeschnitten, auf der anderen Seite wurden um der „Eigenständigkeit" des neuen Fachs willen die Verbindungen zum politischen Ursprungsgebiet des Verfassungsrechts gelöst. Übrig blieben die sowohl praxis- als auch scheinbar politikfreien „juristischen" Aussagen zum Verwaltungsrecht, deren Abstrahierung und Dogmatisierung nun als Aufgabe anstand.[77] Damit wurden auch materiale und politische Inhalte und Zwecke als „nichtjuristisch" ausgeblendet. Erst diese Formalisierung machte es möglich, unabhängig von den Inhalten die Rechtsform zu entdecken und zur Grundlage der Systematisierung zu nehmen.[78] So kamen das Bedürfnis nach Realisierung des Rechtsstaats, die nach 1850 einsetzende Entpolitisierung und die Tendenz zur Verwissenschaftlichung nach dem Vorbild des Zivilrechts im Sinne des nun allgemein akzeptierten Rechtspositivismus zusammen.

VI. Gegentendenzen

50 Der Weg zur „juristischen Methode" im Verwaltungsrecht verlief jedoch keineswegs geradlinig. Bedeutende Verwaltungstheoretiker widersetzten sich der Reduzierung auf den normativen Kern. Es waren Autoren, die politisch dachten, sich ihrer historischen und rechtsvergleichenden Grundlagen versicherten oder ihre Verankerung in der Philosophie des deutschen Idealismus fanden, etwa bei *Hegel*.

51 Wichtigstes Beispiel für die erste Variante ist das Werk von *Rudolf von Gneist* (1816–1895).[79] Seine akademischen Anfänge lagen in der Berliner Historischen Schule, seine frühen Ideale im politischen Liberalismus und in einer stark vom englischen Vorbild beeinflussten Bürgergesellschaft. Nach den für ihn turbulenten Erfahrungen der Jahre 1848 bis 1850 vertiefte er sich in das englische Verwal-

---

[74] *Walter Pauly*, Der Methodenwandel im deutschen Spätkonstitutionalismus, 1993.
[75] *Mario G. Losano*, Der Begriff „System" bei Gerber, in: GS Ilmar Tammelo, 1984, S. 647 ff.
[76] *Carl F. v. Gerber*, Grundzüge eines Systems des deutschen Staatsrechts, 1865, S. 236 f.
[77] → Bd. I *Voßkuhle* § 1 Rn. 5 f.
[78] *Badura*, VerwR, S. 37 f.
[79] *Erich J. Hahn*, Rudolf von Gneist (1816–1895). Ein politischer Jurist in der Bismarckzeit, 1995.

tungsrecht und in die dortige Kommunalverfassung. Er war Stadtverordneter in Berlin, preußischer Abgeordneter und nationalliberaler Reichstagsabgeordneter. Seine Idee des „selfgovernment" zielte auf eine Aktivierung des Bürgertums, um die Differenz zwischen Staat und Gesellschaft zu überwinden. Das Bürgertum sollte gewissermaßen den monarchischen Anstaltsstaat durchdringen, und dieser wiederum musste Rechtsstaat werden. *Gneist* engagierte sich deshalb für Geschworenengerichte, für das richterliche Prüfungsrecht, für Selbstverwaltung, für eine Verbesserung des Anwaltsstandes, eine wissenschaftlich angeleitete Sozialpolitik, den Deutschen Juristentag sowie für ein allseits akzeptables Modell der Verwaltungsgerichtsbarkeit. Die Übertragung seiner Ideen in ein systematisches Werk zum deutschen Verwaltungsrecht hat *Gneist* nicht versucht. Wohl aber ist er in vielfältiger Weise repräsentativ für die rechtspolitischen Ziele und Erfolge der protestantischen Nationalliberalen in der zweiten Hälfte des 19. Jahrhunderts.

Auf ähnliche Weise distanziert vom rechtspositivistischen Hauptstrom der Rechtswissenschaft entfaltete sich der gleichaltrige *Lorenz von Stein* (1815–1890). Auch er begann als Liberaler in der schleswig-holsteinischen Auseinandersetzung mit Dänemark, verlor 1852 seine Professur für Staatswissenschaften in Kiel, ging 1855 nach Wien, wo er politische Ökonomie lehrte. Als Kenner der französischen Sozialisten und geprägt von *Hegel* suchte er wie *Gneist* eine Lösung der Disharmonien der Gesellschaft durch „gute Verwaltung". Die soziale Frage wollte er dem über den Parteien stehenden idealisierten Königtum überantworten – eine konservative „staatssozialistische" Idee, die sich auch faktisch in Bismarcks Sozialgesetzgebung niederschlug. Das Königtum sollte, so *Stein*, eine verfassungsgebundene „arbeitende Verwaltung" nutzen. In den Jahren 1865 bis 1868 schrieb er in diesem Sinn eine monumentale „Verwaltungslehre"[80], ein Werk, das materiell die Polizeiwissenschaft fortsetzte, aber nicht den Rechtszustand für einzelne Ressorts referierte, sondern aus den Aufgabenfeldern große Blöcke entwickelte (Bevölkerungswesen, Gesundheitswesen, Sicherheitspolizei, Bildungswesen). Mit seiner Verwaltungslehre stemmte sich *Stein* dem Differenzierungsprozess der Disziplinen entgegen. Er band die juristischen und nichtjuristischen Teile der Verwaltung mit den Prinzipien der Verfassung zusammen und machte so gegen die Entpolitisierung des Verwaltungsrechts Front. Schließlich verhalf er dem Fach „Verwaltungslehre" in Österreich zu einem schon unzeitgemäß gewordenen Überleben bis zum Ersten Weltkrieg.

VII. Auf dem Weg zum Allgemeinen Teil

Das Beharren auf der „Einheit der Staatswissenschaften" wurde allerdings im letzten Drittel des 19. Jahrhunderts mehr und mehr als rückständig empfunden. Nachdem die speziellen staatswissenschaftlichen Fächer der alten „Policey" sich in den Fakultäten der Land- und Forstwirtschaft, Veterinärmedizin, Bevölkerungswissenschaft, Finanzwissenschaft und Nationalökonomie neu zu ordnen begannen, blieb das Verwaltungsrecht im Zeichen des Rechtsstaats zurück. Die ersten für alle Verwaltung geltenden allgemeinen Regeln bildeten sich typischerweise an der Grenzlinie zwischen Verfassung und Verwaltung. Dort konnte

---

[80] *Lorenz v. Stein*, Die Verwaltungslehre, 7 Theile, 1865–1868, 2. Aufl. 1869–1883; ders., Handbuch der Verwaltungslehre und des Verwaltungsrechts, 1870, 3. Aufl. 1887.

zur Trennung von Justiz und Verwaltung, zum Verbot rückwirkender Belastungen, zum Bestandsschutz wohlerworbener Rechte, zur Entschädigungspflicht bei Enteignungen, zur Gesetzesbindung des Staatshandelns oder zum Verhältnis von Gesetzes- und Verordnungsrecht Stellung genommen werden.

54 Ansätze zur Schaffung eines so verstandenen „Allgemeinen Teils" finden sich in *Romeo Maurenbrechers* „Grundsätze des heutigen deutschen Staatsrechts" (1838), in *Heinrich Zoepfls* „Grundsätze des gemeinen deutschen Staatsrechts" (1840), vor allem aber – nach dem Muster des zweiten Bandes von *Robert von Mohls* „Staatsrecht des Königreichs Württemberg" – in den Darstellungen der Landesstaatsrechte. Eines der ersten Bücher, das sich trotz Beibehaltung der Gliederung nach dem Ressortprinzip in die Richtung einer Zusammenfassung von allgemeinen Rechtsregeln der Verwaltung bewegt, ist das Lehrbuch des Bayerischen Verwaltungsrechts von *Josef Pözl* (1856). Aber es ist eher das Plädoyer für eine „wissenschaftliche Bearbeitung des Verwaltungsrechts" als deren frühe Erfüllung. Der eigentliche Pionier, der dies versuchte, war *Friedrich Franz (von) Mayer,* der 1857 seine „Grundzüge des Verwaltungs-Rechts und -Rechtsverfahrens" veröffentlichte. 1862 erschienen sie in erweiterter und vertiefter Form.[81]

55 Wie im „gemeinen deutschen Staatsrecht" des Vormärz ging es nun um die – in der Sache viel mühsamere – Herausbildung eines „gemeinen deutschen Verwaltungsrechts". Gerade war in zweiter Auflage *Gabriel Dufours* „Traité général de droit administratif" in sieben Bänden erschienen (1854–57) und konnte als Vorbild dienen, etwa bei der Grundfigur des Administrativakts, bei den öffentlichrechtlichen Rechten und Pflichten des Staatsbürgers oder bei den öffentlichrechtlichen Anstalten. Gerade hatte auch *Carl Friedrich von Gerber,* ab 1851 in Tübingen, die „Aufstellung eines wissenschaftlichen Systems … in welchem sich die einzelnen Gestaltungen als die Entwicklung eines einheitlichen Grundgedankens darstellen" gefordert.[82] Diesen Linien folgend entwickelte *Mayer* die „öffentlichen Rechtsverhältnisse des Einzelnen zum Staat" einschließlich der Eingriffsbefugnisse der Polizei, sowie das Recht der öffentlichen Körperschaften mit einem rechtsvergleichend ermittelten gemeindeutschen Kommunalrecht. Der erste „Allgemeine Teil" erscheint im vierten Kapitel unter der Überschrift „Allgemeine Ergebnisse und Rechtssätze".

56 Schulbildend wirkte dieses Werk nicht, sein Umfeld blieb Württemberg, aber das Stichwort der nun zu verfolgenden „juristischen Methode" war gefallen. In *Franz von Holtzendorffs* „Encyklopädie der Rechtswissenschaft" erschien 1870 ein knappes, historisch und rechtsvergleichend orientiertes „Verwaltungsrecht"[83] und sein Autor begann 1871 an der Universität Halle Verwaltungsrecht zu lesen. 1875 forderte der Jenaer Öffentlichrechtler *Georg Meyer* die Trennung von Verwaltungslehre und Verwaltungsrecht und empfahl „die juristische Durchdringung des Stoffs und eine rechtswissenschaftliche Konstruktion der verwaltungsrechtlichen Institute"[84]. Bald darauf schrieb er ein „Lehrbuch des Deutschen

---

[81] *v. Mayer,* Grundsätze (Fn. 57). Zu ihm *Toshijuki Ishikawa,* Friedrich Franz von Mayer. Begründer der „juristischen Methode" im deutschen Verwaltungsrecht, 1992.

[82] *Carl F. v. Gerber,* Grundzüge eines Systems des deutschen Staatsrechts, 1865, Vorrede.

[83] *Ernst v. Meier,* Das Verwaltungsrecht, in: Franz v. Holtzendorff (Hrsg.), Encyklopädie der Rechtswissenschaft, 1870, S. 693–746.

[84] *Georg Meyer,* Das Studium des öffentlichen Rechts und der Staatswissenschaften in Deutschland, 1875.

C. Ausbildung eines eigenständigen Verwaltungsrechts

Verwaltungsrechts" (1883), in dem er zwar noch das Ressortprinzip befolgte und den Zusammenhang mit der Verwaltungslehre zu bewahren suchte, aber doch in einem schrittweise ausgebauten Abschnitt „allgemeine Lehren" bot. Wieder ein Jahr später (1884) lag erstmals die Gesamtdarstellung eines „Allgemeinen Teils" vor.[85] Sein Autor, der Jurist und Politiker *Otto von Sarwey* (1825–1900), hatte 1880 eine Monographie „Das öffentliche Recht und die Verwaltungsrechtspflege" sowie 1883 ein tausendseitiges „Staatsrecht des Königreichs Württemberg" vorgelegt. Er verstand das Verwaltungsrecht als Schutzrecht der Grundrechte Freiheit und Eigentum, und er legte größten Wert auf die funktionale Verklammerung von Verwaltungsrecht und Verwaltungsgerichtsbarkeit. Gleichzeitig betonte er aber die Weite der Staatszwecke in einem als Genossenschaft gedeuteten modernen Rechtsstaat.

Ebenfalls 1884 und unabhängig von *Sarwey* erschien das „Lehrbuch des Deutschen Verwaltungsrechts" von *Edgar Loening* (1843–1919).[86] Die konzise und transparente Darstellung wurde begrüßt, weil nun an die Stelle des „erzählenden" Ressortprinzips eine Gliederung nach „Organisation der Verwaltung", „Innere Verwaltung" und „Verwaltungsrechtspflege" gesetzt war. Der Allgemeine Teil trat an die Spitze der inneren Verwaltung, war aber immer noch schwach ausgebildet, weil *Loening* sich der strikten, von *Gerber* ausgehenden Richtung der konsequenten Verbannung der Inhalte, der Verwaltungswirklichkeit und der verfolgten Zwecke zugunsten der Rechtsform nicht anschließen wollte. *Otto Mayers* „Theorie des französischen Verwaltungsrechts" (1886) kritisierte er scharf und wandte sich gegen die „Überschätzung des wissenschaftlichen Werths der Begriffe und Definitionen"[87]. Er wies *Mayer* nach, dass auch er mit Zwecken operieren müsse und dass das französische Verwaltungsrecht, das er übrigens aus seiner Straßburger Zeit gut kannte, keineswegs so systematisch sei wie *Mayer* es darstellte. Ganz anderer Meinung war *Paul Laband*, der an *Otto Mayers* „Theorie" hervorhob, dort finde man „eine scharfsinnige und für das wissenschaftliche Verständnis fruchtbringende Erörterung der wenig zahlreichen, aber viel umfassenden und inhaltsvollen Rechtsgestaltungen, welche gleichmäßig in den verschiedenen Ressorts der Verwaltung wiederkehren, weil sie auf den verschiedenartigsten Thatbestand Anwendung finden können"[88].

1881 wurde das Fach „Verwaltungsrecht" an preußischen Universitäten verbindlich eingeführt. *Karl Freiherr von Stengel* (1840–1930) war der erste preußische Professor auf einem nur dem Verwaltungsrecht gewidmeten Lehrstuhl.[89] Diese Durchsetzung des neuen Fachs im Kanon schloss einerseits die seit den dreißiger Jahren erkennbare Inkubationszeit ab, diente aber andererseits auch sofort als Stimulus für neue Lehrbücher, die sich, wie üblich, aus den Vorlesungen entwickelten. Die Darstellungen von *Georg Meyer* (1883), *Otto Sarwey* (1884), *Edgar Loening* (1884), *Karl Stengel* (1886) und *Otto Mayer* (1886) stehen in einem engen Diskussionszusammenhang. Man beobachtete sich und versuchte meist,

---

[85] *Otto v. Sarwey*, Allgemeines Verwaltungsrecht, 1884.
[86] Zur Familiengeschichte der mit Lenel, Dernburg und Gierke verwandten Loenings s. *Michael Stolleis*, „Junges Deutschland", Jüdische Emanzipation und liberale Staatsrechtslehre in Deutschland, 1994.
[87] *Edgar Loening*, Die konstruktive Methode auf dem Gebiete des Verwaltungsrechts, in: Schmollers Jb. Bd. 11 (1888), S. 117–145.
[88] *Paul Laband*, AöR, Bd. 2 (1887), S. 149 (151).
[89] *Wilhelm Zils*, Geistiges und künstlerisches München in Selbstbiographien, 1913, S. 351.

zugunsten der nun immer dominanter werdenden „juristischen Methode" staatswissenschaftlichen Ballast abzuwerfen.

59 So verstärkte sich der Trend zur Herauspräparierung des juristischen Elements von mehreren Seiten. Das Zivilrecht forderte das junge Verwaltungsrecht heraus, Ähnliches zu leisten wie etwa *Bernhard Windscheid* mit seiner „Begriffsjurisprudenz"[90]. Im eigenen Lager hatte *Paul Laband* vorgeführt, was es bedeute, durch „rein logische Denktätigkeit" die „einheitlichen Grundsätze und Prinzipien" zu gewinnen, die allem positiven Recht zugrunde lagen.[91] Dieses Werk weckte den Ehrgeiz, zumal in derselben Straßburger Fakultät, auf dem Gebiet des Verwaltungsrechts ein Gleiches zu versuchen. Schließlich ist eine internationale, in die gleiche Richtung zielende Strömung feststellbar. Für das Straßburg *Labands* und *Otto Mayers* liegt der direkte Einfluss des französischen Verwaltungsrechts auf der Hand. Und gleichzeitig begründete *Vittorio Emanuele Orlando* das geistesverwandte italienische Verwaltungsrecht.[92]

60 Als der Strafrechtler *Karl Binding*[93] 1888 den Straßburger Professor *Otto Mayer* (1846–1924) mit der Darstellung eines „Deutschen Verwaltungsrechts" beauftragte, geschah dies unter dem Eindruck von dessen „Theorie des französischen Verwaltungsrechts" und wohl auch auf Empfehlung *Labands*. Das 1895/96 vorgelegte zweibändige Werk wurde das Gründungsbuch des Verwaltungsrechts in dem Sinne, dass es erstmals eine auf allen Gebieten obrigkeitlichen Handelns in Formen des öffentlichen Rechts verwendbare Dogmatik der verwaltungsrechtlichen „Institute" schuf. *Mayer* selbst hatte erklärt: „Soll die Verwaltungsrechtswissenschaft als gleichberechtigte juristische Disciplin neben die älteren Schwestern (Zivil- und Strafrecht, M.St.) treten, so muss sie ein System von eigenthümlichen Rechtsinstituten der staatlichen Verwaltung sein"[94]. Entscheidend waren also der Systembegriff, die strenge Trennung von öffentlichem und privatem Recht zur Findung des „eigenthümlichen" Elements, weiter die Vorstellung von „Rechtsinstituten". Die Arbeit beschränkte sich auf den Bereich hoheitlicher Tätigkeit; insofern war *Mayer* ganz dem Modell der Trennung von Staat und Gesellschaft des 19. Jahrhunderts verhaftet. Was seine Methodik zur Bildung von „Grundbegriffen" anging, so hat er nebenbei auf *Hegel* hingewiesen. Er glaubte an die den Dingen immanenten „Ideen", die sich in einer eigentümlich idealistischen und schwer durchschaubaren Weise dem Material ablauschen ließen. Das Material war ein Produkt des Gesetzgebers, der Geschichte, der politischen Willensbildung. Gleichwohl barg es jene „Grundbegriffe", so dass man die Arbeit des Dogmatikers darin sehen kann, das jeweils Zufällige abzustreifen, das Typische zu finden und in einen „Rechtsbegriff" zu überfüh-

---

[90] Das moderne Bild von Windscheid wird geprägt von *Ulrich Falk*, Ein Gelehrter wie Windscheid. Erkundungen auf den Feldern der sogenannten Begriffsjurisprudenz, 1989.

[91] *Manfred Friedrich*, Paul Laband und die Staatsrechtswissenschaft seiner Zeit, AöR, Bd. 111 (1986), S. 197 ff.; *Manfred Friedrich*, Geschichte der deutschen Staatsrechtswissenschaft, 1997, S. 235 ff.

[92] *Vittorio E. Orlando*, Principi di diritto amministrativo, 1891; *Vittorio E. Orlando*, Primo trattato completo di diritto amministrativo italiano, 1897. S. *Giulio Cianferotti*, Il pensiero di Vittorio Emanuele Orlando e la giuspubblicistica italiana fra Ottocento e Novecento, 1980; *Maurizio Fioravanti*, La scienza del Diritto Pubblico. Dottrine dello Stato e della Costituzione tra otto e novecento, 2001, S. 201 ff.

[93] *Dagmar Westphalen*, Karl Binding (1841–1920). Materialien zur Biographie eines Strafrechtsgelehrten, 1989.

[94] *Otto Mayer*, Zur Lehre vom öffentlichrechtlichen Vertrage, AöR, Bd. 3 (1888), S. 3.

C. Ausbildung eines eigenständigen Verwaltungsrechts

ren. Rechtsbegriffe wiederum, befreit von den konkreten Inhalten, konnten in einen systematischen Zusammenhang eingebunden werden.

Die der sog. Konstruktionsjurisprudenz so oft gedankenlos und formelhaft vorgeworfene „Lebensfremdheit" kann jedenfalls bei *Otto Mayer* nicht festgestellt werden. Er wusste als juristischer Praktiker, welche Elemente er für seine Konstruktionen brauchen konnte und wie sie sich in der Wirklichkeit bewährten. Seine Gabe der Abstraktion und der griffigen Formulierung erleichterte es ihm, seinen Einteilungen Plausibilität zu geben. Verfassungsrechtlicher Hintergrund ist die konstitutionelle Monarchie in ihrer besonderen Ausprägung als Rechtsstaat. Sie brauchte, um rechtlich zu funktionieren, feste Begriffe, und diese gaben, wie *Mayer* sagte, „jenes eherne Gleichmaß, auf dem für das Gemeinwesen der Segen des Rechts beruht"[95]. **61**

Im Einzelnen sind es die Grundfiguren des Verwaltungsakts, also der obrigkeitlichen Verfügung, die „dem Untertanen im Einzelfall bestimmt, was für ihn Rechtens sein soll" und die den Anknüpfungspunkt für die verwaltungsgerichtliche Kontrolle bietet, weiter das „öffentliche Eigentum", die Unterscheidung von Gemeingebrauch und Sondernutzung, von öffentlichrechtlicher Körperschaft und Anstalt, von Steuer, Gebühr und Beitrag, von allgemeinem und besonderem Gewaltverhältnis.[96] *Mayer* hat überall auf älteren Fundamenten weitergebaut, präzisiert und, wo es ihm nötig schien, Zwecküberlegungen ausgeschieden und sich auf das formale Strukturelement konzentriert. Das begründete seinen Erfolg, provozierte allerdings auch die Kritik der dadurch faktisch verdrängten Vertreter der Verwaltungslehre, aber auch solcher Theoretiker, die versuchten, die Abtrennung des Verwaltungsrechts von den materialen Werten und den Zielen der Verfassungen zu verhindern. Letzteren erschien der Weg *Otto Mayers* ein Irrweg, weil seine Heraushebung der formalen rechtlichen Elemente dem „Recht" eine zu hohe Bedeutung für die Verwaltung zu geben schien. Verwaltung, so wurde gegen *Mayer* stets argumentiert, sei eben mehr als Recht, sie bedeute „arbeitende Verfassung", eigenständige politische Gestaltung der Exekutive. Diese Kritiker fürchteten die Verengung dieser Gestaltungsfreiheit und, nicht zuletzt, eine Überantwortung der Verwaltungskontrolle an die Dritte Gewalt. **62**

Die Kritik nutzte Argumente, wie sie auch im Reichsstaatsrecht gegen den sog. Gerber-Labandschen Positivismus vorgebracht wurden, etwa von *Albert Hänel* (1833–1918)[97] und *Otto von Gierke* (1841–1921)[98] oder von ihren Schülern *Erich Kaufmann* und *Hugo Preuss*. Insbesondere *Kaufmann* hat eine wichtige Beurteilung des Werks von *Otto Mayer* geschrieben und an die Verwaltungslehre sowie an die historische Perspektive erinnert.[99] Gegen den Rechtspositivismus im Verwaltungsrecht zu votieren, drückte nicht nur eine methodische Präferenz aus, son- **63**

---

[95] *Otto Mayer*, Die juristische Person und ihre Verwertbarkeit im öffentlichen Recht (1908), in: *Otto Mayer*, hrsg. v. Erk V. Heyen, Kleine Schriften zum öffentlichen Recht, Bd. I, 1981, S. 284.
[96] *Stolleis*, Geschichte II, S. 410 ff.
[97] Siehe etwa *Albert Hänel*, Zur Revision der Methode und Grundbegriffe des Staatsrechts, AöR, Bd. 5 (1890), S. 457 ff. Zu ihm *Manfred Friedrich*, Zwischen Positivismus und materialem Verfassungsdenken. Albert Hänel und seine Bedeutung für die deutsche Staatsrechtswissenschaft, 1971.
[98] *Otto v. Gierke*, Die Grundbegriffe des Staatsrechts und die neuesten Staatstheorien, ZgS, Bd. 30 (1874), S. 153 ff., 265 ff. (Nachdr. 1915); *ders.*, Labands Staatsrecht und die deutsche Rechtswissenschaft, in: Schmollers Jb. Neue Folge Bd. 7 (1883), S. 1097–1195.
[99] *Erich Kaufmann*, Verwaltung, Verwaltungsrecht, in: Karl v. Stengel (Begr.)/Max Fleischmann (Hrsg.), Wörterbuch des Deutschen Staats- und Verwaltungsrechts, 2. Aufl., Bd. 3, 1914, S. 717 f.

dern sagte auch etwas über das Bild der Verwaltung, das dem Kritiker vorschwebte. Es war entweder eine weniger rechtsgebundene, eher autoritär „schöpferisch" verfahrende Verwaltung, die sich den Geboten strikter rechtsstaatlicher Kontrolle nicht zu fügen brauchte, oder – gerade entgegengesetzt – eine vom Modell des obrigkeitlichen Befehls distanzierte, offenere und demokratischere Verwaltung, die ihre Legitimation auch aus der Einbeziehung der Bürger gewinnt. Unter diesen Kritikern waren auch solche, die den von *Otto Mayer* geschaffenen Allgemeinen Teil für zu einseitig öffentlichrechtlich hielten, weil er nicht hinreichend auf Mischphänomene wie die entstehende kommunale Leistungsverwaltung, das Wirtschaftsrecht oder das Technikrecht reagieren konnte. Jedenfalls wurde bald festgestellt, dass das Grundmodell des belastenden Verwaltungsakts zu einfach, dass das öffentliche Sachenrecht nicht notwendig und dass die Ablehnung des öffentlichrechtlichen Vertrags nicht sachgerecht war.

64 Zunächst jedoch galt *Otto Mayer* in der Zeit von 1900 bis zum Ersten Weltkrieg als unbestrittene Autorität. Die „überragende wissenschaftliche Bedeutung des Mayer'schen Verwaltungsrechts" schien „über jeden Zweifel erhaben"[100]. *Fritz Fleiner, Karl Kormann, Paul Schoen, Gerhard Anschütz, Walter Jellinek, Richard Thoma, Ottmar Bühler, Otto Koellreutter* oder der Schwede *Carl-Axel Reuterskjöld* (1870–1944)[101] sind in ihren verwaltungsrechtlichen Arbeiten ebenso von ihm geprägt wie der österreichische Kritiker *Ludwig Spiegel*.[102] So gab etwa *Fritz Fleiner*, der 1905 einen kleinen „Grundriß zu Vorlesungen über Verwaltungsrecht" veröffentlicht hatte, 1906 einen wissenschaftsgeschichtlichen Rückblick, der das neue Selbstgefühl des jungen Faches noch einmal zusammenfasst: „Aus einer Mischlehre, welche Geschichte, Politik und Nationalökonomie bunt vermengte, ist die Wissenschaft des deutschen Verwaltungsrechts zum Range einer juristischen Disziplin herangewachsen, die mit derselben streng juristischen Methode, durch welche die Wissenschaft des Zivilrechts groß geworden ist, es unternommen hat, die Rechtsgrundsätze für die Beurteilung der Verhältnisse der öffentlichen Verwaltung zu gewinnen."[103]

65 *Fleiner* war es auch, der 1911 mit seinen „Institutionen des Deutschen Verwaltungsrechts" die Reihe der wichtigsten Lehrbücher jener Gründungsphase des Fachs abschloss. Er wirkte damit auf wenigstens zwei Generationen deutscher und schweizerischer Verwaltungsrechtler stilbildend.[104] Bei aller Offenheit gegenüber der Empirie und der Geschichte der Verwaltung konzentrierte er sich, *Otto Mayer* im Prinzip folgend, auf die rechtlichen Grundbegriffe und das Rechts- und Pflichtenverhältnis zwischen Staat und Bürger samt Rechtsschutz. Das war in einer liberalen Variante der überall erreichte Stand vor dem Ersten Weltkrieg. Der Staat, gleichviel ob Monarchie oder Republik, war Verfassungsstaat und bürgerlicher Rechtsstaat. Die Verwaltung war an das Gesetz gebun-

---

[100] *Ludwig Spiegel,* Die Verwaltungsrechtswissenschaft. Beiträge zur Systematik und Methodik der Rechtswissenschaften, 1909, VII.

[101] Rückblick auf die ersten schwedischen Verwaltungsrechtler Hugo Blomberg, Carl-Axel Reuterskjöld, Halvar G. F. Sundberg bei *Stig Jägerskjöld,* Public Law and Administrative Law, in: Faculty of Law at Uppsala University, Uppsala 1976, S. 165 ff.

[102] Heyen (Hrsg.), Geschichte.

[103] *Fritz Fleiner,* Über die Umbildung zivilrechtlicher Institute durch das öffentliche Recht, 1906, S. 8.

[104] *Alfred Kölz,* Von der Herkunft des schweizerischen Verwaltungsrechts, in: FS Dietrich Schindler, 1989, S. 597 ff. Grundlegend nunmehr *Roger Müller,* Verwaltungsrecht als Wissenschaft. Fritz Fleiner 1867–1937, 2006; *Andreas Kley,* Geschichte des öffentlichen Rechts der Schweiz, 2011, S. 68 ff.

den; ihre Residuen von Ungebundenheit lagen in den Ermessenstatbeständen und im Leistungsverwaltungsrecht. Der Verwaltungsrechtsschutz durch unabhängige Gerichte war noch nicht perfekt, aber doch im Grundsatz akzeptiert. Die Verwaltungsrechtswissenschaft verfügte nun über einen Grundbestand an Rechtsfiguren, mit denen sie das Verwaltungshandeln typisieren und als rechtliches Handeln deuten konnte.[105] Sie tat dies im Wesentlichen ohne Bezugnahme auf Grundrechte, übergeordnete Verfassungsprinzipien oder gar auf Naturrecht. Das parlamentarisch beschlossene Gesetz war das letzte Wort. Dieser keineswegs realitätsblinde oder nur obrigkeitshörige Positivismus, wie später behauptet worden ist, war Ausdruck einer gewissen politischen Ruhelage zwischen dem mehrheitlich nationalliberalen Bürgertum und der monarchischen Gewalt, die sich ihrerseits den Maßstäben des bürgerlichen Rechtsstaats fügte.[106]

Im Rückblick auf die „gute alte Zeit" vor 1914 sieht man heute deutlicher, wie labil diese Ruhelage war. Das Kaiserreich war unter dem „persönlichen Regiment" von *Wilhelm II.* keineswegs ungefährdet, und sein größter Staat Preußen praktizierte noch das zunehmend als Belastung empfundene Dreiklassenwahlrecht. Die Arbeiterbewegung war politisch mehr oder weniger ausgeschlossen. Die industrielle Massengesellschaft kündigte sich an. Die Fin de Siècle-Stimmung mit ihrer unruhigen Sinnsuche in der Philosophie und in den bildenden Künsten reagierte sensibel auf die gesellschaftlichen Verschiebungen und auf das Ende der das 19. Jahrhundert prägenden Ideologien. Das Recht der Wirtschaft auf der einen, das kollektive Arbeitsrecht auf der anderen Seite entstanden, das Recht der Technik und die rechtsähnliche Normierung der Massenproduktion breiteten sich unterhalb der Wahrnehmungsschwelle der Rechtswissenschaft aus. Auch der sich regende „antipositivistische" Widerstand, der die geschichtlichen, ökonomischen und politischen Elemente wieder in die rechtswissenschaftliche Diskussion zurückholen wollte,[107] wirkte hier und da in das Verwaltungsrecht hinein. Doch blieben alle diese Vorgänge vor dem Ausbruch des Weltkriegs in der Verwaltungsrechtswissenschaft noch fast unbemerkt. Zu stark war die Befriedigung darüber, erst einmal die Anerkennung als eigenständige Disziplin des Rechts erreicht zu haben. Die Pflege des „Allgemeinen Teils" schien die vorerst dringlichste Aufgabe.[108]

VIII. Zeitschriften

Die Konsolidierung der Verwaltungsrechtswissenschaft vor 1914 lässt sich besonders eindrücklich auf dem Sektor der Zeitschriften beobachten.[109] 1893 er-

---

[105] Klassisch *Richard Thoma,* Rechtsstaatsidee und Verwaltungsrechtswissenschaft, JöR, Bd. 4 (1910), S. 196.
[106] *Badura,* VerwR, 1967.
[107] *Stefan Korioth,* Erschütterungen des staatsrechtlichen Positivismus im ausgehenden Kaiserreich, AöR, Bd. 117 (1992), S. 212–238; *Walter Pauly,* Der Methodenwandel im deutschen Spätkonstitutionalismus, 1993, S. 240–245.
[108] Siehe etwa auch die Beiträge von *Karl Kormann,* System der rechtsgeschäftlichen Staatsakte, 1910; *ders.,* Grundzüge eines allgemeinen Teils des öffentlichen Rechts, in: Annalen des Deutschen Reichs, Bd. 44 (1911), S. 850 ff., Bd. 45 (1912) S. 36 ff., 195 ff.; *Paul Schoen,* Deutsches Verwaltungsrecht. Allgemeine Lehren und Organisation, in: Joseph Kohler (Hrsg.), Enzyklopädie der Rechtswissenschaft, Bd. 4, 1914, S. 193 ff.
[109] *Michael Stolleis* (Hrsg.), Juristische Zeitschriften. Die neuen Medien des 18.–20. Jahrhunderts, 1999.

schien erstmals das „Verwaltungsarchiv. Zeitschrift für Verwaltungsrecht und Verwaltungsgerichtsbarkeit" und seine Herausgeber stellten eingangs fest: „Selten ist die Gesetzgebung auf dem Gebiete des Verwaltungsrechts so fruchtbar gewesen, selten eine solche Fülle neuen Stoffs der Verarbeitung durch Theorie und Praxis geboten worden, als gerade jetzt"[110]. Damit war die erste rein verwaltungsrechtliche, länderübergreifende Zeitschrift auf dem Plan. Neben ihr gab es seit 1879 das „Preußische Verwaltungsblatt", seit 1886 das „Archiv für öffentliches Recht" sowie 1906 das von *Fritz Stier-Somlo* herausgegebene „Jahrbuch des Verwaltungsrechts" und 1907 das „Jahrbuch des öffentlichen Rechts". Ein ganzer Kranz von landesrechtlichen Zeitschriften des Verwaltungsrechts sowie von Spezialzeitschriften für Kommunal-, Polizei- oder Steuerrecht umgab dieses Zentrum.

68 Am Ende des Kaiserreichs konnte man deshalb eine ausgesprochen positive Bilanz ziehen. Das Fach war an den Universitäten etabliert und es wurde zunehmend Prüfungsfach. Die Verwaltungsgerichtsbarkeit, insbesondere die des Preußischen Oberverwaltungsgerichts, lieferte kontinuierlich Material, das von Praxis und Wissenschaft zur Fortbildung des „Allgemeinen Teils" genutzt wurde. Die verwaltungsrechtlichen Zeitschriften rückten von der Landesebene auf die Reichsebene auf und bildeten nun insgesamt ein dichtes Informationsnetz. Mit *Otto Mayers* „Deutsches Verwaltungsrecht" von 1895/96 lag ein paradigmatisches und rasch als führend akzeptiertes Werk vor. 1914 war es in zweiter Auflage erschienen. Es lieferte die Grundfiguren, die von der folgenden Generation, etwa von *Karl Kormann, Ottmar Bühler, Fritz Fleiner, Walter Jellinek, Otto Koellreutter, Richard Thoma* und anderen, weiter verfeinert werden sollten.

IX. Verwaltungslehre

69 Der Siegeszug der „juristischen Methode" im Verwaltungsrecht hatte allerdings auch seine Kehrseite darin, dass die Inhalte der alten Polizeiwissenschaft, die nun „Verwaltungslehre" hieß, weitgehend verdrängt waren. Die Bezeichnung Polizeiwissenschaft gab es um 1900 nicht mehr. Verwaltungslehre spielte nur in Österreich noch eine gewisse Rolle im Lehrangebot, und selbst dort drängte sich das Verwaltungsrecht nach vorne.[111] Die wenigen deutschen Autoren der Verwaltungslehre *(Ferdinand Schmid, Sigmund Gargas, Ignaz Jastrow)* waren eher Soziologen oder Ökonomen und spielten auf der akademischen Szene des Verwaltungsrechts nur Nebenrollen.

D. Die Ausdifferenzierung der Verwaltungsrechtswissenschaft im Weltkrieg und in der Weimarer Republik

I. Kriegsverwaltungsrecht

70 Mit der Erklärung des Kriegszustands am 31. Juli 1914 sowie mit dem Ermächtigungsgesetz vom 4. August 1914 (RGBl 1914, 327) entstand schlagartig

---

[110] *Max Schultzenstein/Alfred v. Keil*, Vorwort, VerwArch, Bd. 1 (1893).

[111] *Karl Wenger*, Lorenz von Stein und die Entwicklung der Verwaltungswissenschaft in Österreich, in: Roman Schnur (Hrsg.), Staat und Gesellschaft. Studien zu Lorenz von Stein, 1978, S. 488ff.

D. Ausdifferenzierung im Weltkrieg und in der Weimarer Republik

ein „Kriegsverwaltungsrecht", gegründet auf insgesamt 825 Bundesratsverordnungen, auf Gesetze des Reichstags und der Landtage, auf Verordnungen der Ministerien, Satzungen der Kommunen und Militärrecht der Heeresleitung. Dieser Normkomplex wurde als aus der Not entstandener Wildwuchs empfunden, zumal die gerade erreichte Distanz zum Zivilrecht wieder in einem Gemisch von Rechtsformen unterging[112] und die neu errungenen rechtsstaatlichen Sicherungen auf weite Strecken wieder aufgehoben wurden.

Das war vordergründig nur eine Folge des Kriegszustands und man konnte hoffen, nach dem Krieg wieder zu rechtsstaatlichen Zuständen zurückzukehren. Tatsächlich waren aber Staat und Gesellschaft nach Krieg und Revolution tiefgreifend verwandelt. Die von der Gesellschaft deutlich unterschiedene, auf Gefahrenabwehr konzentrierte Verwaltung gab es nur noch als Segment. Im Kommunalrecht, Wirtschafts- und Arbeitsrecht, Sozialversicherungs- und Wohlfahrtsrecht, Verkehrsrecht, Siedlungswesen und vielen anderen Gebieten war der Interventionsstaat der Industriegesellschaft Realität geworden.

II. Revolution und Weimarer Verfassung

Die Verwaltungsrechtswissenschaft reagierte auf die Umbrüche der Revolution und der neuen Reichsverfassung von 1919 mit einer für sie typischen Phasenverzögerung, nicht anders als die Verwaltung selbst. Das neue Verfassungsrecht der Länder trat an Bedeutung weiter zurück; die wissenschaftlichen Energien wandten sich der Interpretation der Reichsverfassung zu. In den Ländern war vor allem die Reform der Kommunalverfassung sowie, 1929–1933, die Krise der kommunalen Finanzen von Bedeutung. So konnte man auf der Linie von *Otto Mayer* und *Fritz Fleiner* Kontinuität wahren, den Allgemeinen Teil ausbauen und das neue besondere Verwaltungsrecht in die Beispielsfälle aufnehmen. Der „Hue de Grais" wurde auf den neuen Rechtsgrundlagen einfach fortgeschrieben,[113] ebenso der „Grundriß" von *Conrad Bornhak*.[114] Die Lehrbücher kombinierten meist einen Allgemeinen Teil mit Bezug auf die Reichsverfassung und entnahmen die Beispiele dem jeweiligen Landesverwaltungsrecht Preußens, Bayerns und Württembergs.

71

1. Länderverwaltungsrecht

Besonderen Reichtum an verwaltungsrechtlicher Literatur gab es in Preußen.[115] Dort wurden die Verwaltungsreform, das Beamtenrecht und das Kommunalrecht, das entstehende und 1931 verwirklichte Polizeirecht[116] sowie die polizeirechtliche Rechtsprechung des Preußischen Oberverwaltungsgerichts erörtert, etwa in *Julius Hatscheks* „Institutionen des deutschen und preußischen Verwaltungsrechts"[117]. Zusammen mit der mehrbändigen Sammlung der preu-

72

---

[112] *Heinrich Dörner*, Erster Weltkrieg und Privatrecht, Rechtstheorie 1986, S. 385 ff.
[113] *Gerhard Lingelbach*, Robert Graf Hue de Grais (1835–1922). Leben und Werk, 1997.
[114] *Conrad Bornhak*, Grundriß des Verwaltungsrechts in Preußen und dem Deutschen Reiche, 1906, 8. Aufl. 1925.
[115] *Stolleis*, Geschichte III, S. 130 f.
[116] *Stefan Naas*, Die Entstehung des Preußischen Polizeiverwaltungsgesetzes von 1931, 2003.
[117] 1919, 5./6. Aufl. 1927, 7./8. Aufl. 1931, nach Hatscheks Tod 1926 fortgeführt von *Paul Kurtzig*.

ßischen Verwaltungsgesetze des sog. „Brauchitsch", mit den Kommentierungen der Einzelgesetze und den fortlaufenden Rechtsprechungsübersichten im Preußischen Verwaltungsblatt hatte man das nötige Handwerkszeug zusammen.[118] In Bayern verfügte man über mehrere „Grundrisse" des Verwaltungsrechts sowie über die traditionsreichen „Bayerischen Verwaltungsblätter".[119] In Sachsen finden sich die wichtigsten Beiträge in der von *Walter Schelcher* herausgegebenen „Fischers Zeitschrift für Praxis und Gesetzgebung der Verwaltung". In Württemberg und in Baden setzte sich die traditionelle enge Verbindung von Theorie und Praxis des Verwaltungsrechts fort, ohne aber zu bedeutenderen Werken zu führen.[120] Letzteres gilt erst recht für Hessen-Darmstadt, die beiden Mecklenburg und die übrigen Kleinstaaten sowie für die Freien Städte Hamburg, Bremen und Lübeck. Dort begnügte man sich im Wesentlichen mit Grundrissen oder Textsammlungen.[121]

2. Länderübergreifende Darstellungen

73   Als länderübergreifende Darstellungen sind *Fritz Fleiners* „Institutionen" und *Julius Hatscheks* „Institutionen"[122] zu nennen. Sie gaben den Studierenden, was nötig war, in besonders gelungener Form *Fleiner*, aber viel praktisches Material entfiel. Deshalb setzte sich *Walter Jellineks* umfassendes, Allgemeinen und Besonderen Teil vereinigendes „Verwaltungsrecht"[123] als das dominierende Werk durch. Es war eine enzyklopädisch angelegte „Summe" des Verwaltungsrechts der Weimarer Republik. Von den geschichtlichen Grundlagen aufsteigend enthielt es einen modernisierten Allgemeinen Teil mit neuen Differenzierungen (nichthoheitliche und schlichthoheitliche Verwaltung, Verwaltungsakt auf Unterwerfung, zweiseitiger Verwaltungsakt), mit einer Ermessenslehre sowie unter Einbeziehung des gesamten Rechtsschutzes, der Amtshaftung, des Verwaltungszwangs und der Verwaltungsstrafen. Mit seiner durchgehend positivistischen Einstellung und der damit verbundenen Konzentration auf die Rechtsform war es ein Buch in der Tradition *Otto Mayers*. Die liberale und rechtsstaatliche Grundhaltung entsprach zwar der Verfassungslage, nicht aber mehr den Realitäten und der Favorisierung kollektiven Denkens unter der Präsidialdiktatur.

III. Ausdifferenzierung der Fächer

74   Eine der wichtigsten Entwicklungen jener Jahre zwischen dem Ende des Ersten Weltkriegs und der Agonie der Republik (1929–1932) ist die Ausdifferenzie-

---

[118] *Max v. Brauchitsch*, Die preußischen Verwaltungsgesetze, neu herausgegeben von Bill Drews und Gerhard Lassar, ab 1932 auch Ludwig Grauert, 8 Bde., von denen einzelne bis 1930 24. Aufl. erlebten.
[119] *Robert Piloty/Franz Schneider*, Grundriß des Verwaltungsrechts in Bayern und dem deutschen Reiche, 1921 (4./5. Aufl. 1930); *Karl Helmreich*, Grundriß des bayerischen Verwaltungsrechts unter besonderer Berücksichtigung des Reichsrechts, 1928; *Josef v. Henle*, Handbuch der inneren Verwaltung für Bayern rechts d. Rheins, 1925.
[120] *Stolleis*, Geschichte III, S. 138 ff.
[121] *Stolleis*, Geschichte II, S. 235 ff.
[122] Die Verwendung des Wortes „Institutionen" zielte, für die damals ausnahmslos am römischen Recht ausgebildeten Juristen sofort erkennbar, auf „Anfängerlehrbuch".
[123] *Walter Jellinek*, Verwaltungsrecht, 1927, 2. Aufl. 1929, 3. Aufl. 1931.

D. Ausdifferenzierung im Weltkrieg und in der Weimarer Republik

rung der Fächer. Die tragende Hypothese *Otto Mayers* war gewesen, dass sich alle Verwaltungstätigkeit auf wenige Grundformen reduzieren lasse, Grundformen, die sich, gewissermaßen im Material schlummernd, durch eine halb intuitive, halb konstruktive Arbeit ans Licht heben ließen. Darauf beruhte sein großer Erfolg. Doch nun schien die Entwicklung in die entgegengesetzte Richtung zu drängen. Öffentliches Wirtschaftsrecht, Sozialrecht, Steuerrecht und Verkehrsrecht traten in diesen Jahren erstmals als eigenständige Disziplinen auf, das Kommunalrecht gewann ganz neue Dimensionen. Wie im Bürgerlichen Recht, dessen zentrifugale Tendenzen (Arbeitsrecht, Wirtschaftsrecht mit Gesellschafts- und Konzernrecht, Mietrecht, Siedlungs- und Bodenrecht) vor dem Hintergrund des Zerfalls der liberalen bürgerlichen Gesellschaft als „Einbruch des Sozialrechts in das klassische Privatrecht"[124] oder als „Leiden des Privatrechts"[125] gedeutet worden sind, spaltete sich das Verwaltungsrecht, das gerade unter dem Dach des „Allgemeinen Teils" vereinigt zu sein schien, wieder auf. Die immer reicher werdende Rechtsprechung der Verwaltungsgerichte unterstützte dies, zumal in der Weimarer Zeit die heute geläufige Rückbindung an allgemeine Verfassungsprinzipien noch nicht praktiziert wurde.

Neben den neuen Gebieten des Arbeitsrechts und des Rechts der Arbeiterversicherung, wie das Sozialrecht damals noch genannt wurde, entstand unter den Bedingungen der Industriellen Revolution die Kommunalwissenschaft mit eigenen Zeitschriften und Jahrbüchern. Man diskutierte über die „Sozialen Aufgaben der Städte" und über die Rechtsformen der faktisch entstehenden (wenn auch noch nicht so benannten) „Daseinsvorsorge". Und weiter: Der nun immer stärker in die Gesellschaft intervenierende Staat brauchte Geld. Dieses kam traditionell durch die Besteuerung herein und wurde nach wechselnden verfassungsrechtlichen Vorgaben seit der Reichsgründung von 1871 über Reich, Länder und Kommunen verteilt. Die in den letzten beiden Jahrzehnten des 19. Jahrhunderts in Deutschland, Österreich und Italien entstehende Steuerrechtswissenschaft[126] formierte sich, teils von der Finanzwissenschaft, teils vom Verwaltungsrecht ausgehend. Die erste steuerrechtliche Vorlesung ist wohl, fast unbeachtet, in Berlin ab 1915 von dem Öffentlichrechtler *Ludwig Waldecker* gehalten worden. Erst mit den Finanzproblemen nach dem Krieg, mit der Erzbergerschen Steuerreform und mit der fast im Alleingang von *Enno Becker* (1869–1940) geschaffenen „Reichsabgabenordnung" gab es mehrere starke Impulse für eine wissenschaftliche Auseinandersetzung mit dem Steuerrecht.[127] Das grundlegende Lehrbuch „Steuerrecht" schuf *Albert Hensel* (1895–1933), der eigentliche Begründer der Disziplin.[128]

Das Kerngebiet interventionistischer Steuerung durch den Staat war jedoch das Wirtschaftsrecht, dessen öffentlichrechtliche Variante bald Wirtschaftsverwaltungsrecht genannt wurde. *Lorenz von Stein* sprach 1868 von einem Sonder-

---

[124] *Franz Wieacker*, Privatrechtsgeschichte der Neuzeit, 2. Aufl. 1967, S. 543 ff.
[125] *Knut W. Nörr*, Die Leiden des Privatrechts, 1994.
[126] *Klaus Tipke*, Die Steuerrechtsordnung, Bd. I, 1993 m.w.N.
[127] *Kurt Ball*, Einführung in das Steuerrecht, 2. Aufl. 1922; *Ludwig Waldecker*, Deutsches Steuerrecht, 1924.
[128] Zu ihm *Paul Kirchhof*, Albert Hensel (1895 bis 1933): Ein Kämpfer für ein rechtsstaatlich geordnetes Steuerrecht, in: Helmut Heinrichs u.a. (Hrsg.), Deutsche Juristen jüdischer Herkunft, 1993, S. 781 ff.

gebiet des „wirtschaftlichen Verwaltungsrechts".[129] Ein Jahrzehnt später begann man, gleichzeitig mit *Bismarcks* innenpolitischer Abwendung vom Liberalismus, über staatliche Eingriffe in das Privatrecht, über Trusts, Konzerne und Kartelle nachzudenken. Die dort relevanten Materien wurden erstmals 1913 „Industrierecht", bald aber „Wirtschaftsrecht" genannt, und dogmatisch diskutierte man die Möglichkeiten der Flexibilisierung von Verträgen, die Auslegung nach „Interessen", den Konsumentenschutz[130] und sonstige Möglichkeiten des sozialen Schutzes, etwa durch ethisch gefüllte Generalklauseln. Entsprechend versuchte man das verwaltungsrechtliche Instrumentarium der Steuerung zu systematisieren, sei es unter dem Vorzeichen der „Kriegswirtschaft", sei es als Teil einer sozialistischen oder konservativen „Gemeinwirtschaft" (*Wichard von Moellendorff, Walther Rathenau, Rudolf Hilferding, Fritz Naphtali*). Alle stellten sich einen gemeinwohlorientierten, starken exekutivischen Staat vor, und alle waren tendenziell antiparlamentarisch und antiliberal.

77 Es ist deshalb kein Zufall, dass *Ernst Rudolf Huber* (1903–1990), mit dem Ideengut der „Konservativen Revolution" und hegelschem Denkstil operierend,[131] eine erste synthetische Darstellung des Wirtschaftsverwaltungsrechts leisten konnte. Sein „Wirtschaftsverwaltungsrecht" (1932) hat – über den Nationalsozialismus hinweg – seine Grundgestalt bis in die Bundesrepublik erhalten können. Es wies verwandte Züge zum gleichzeitig entstehenden Ordoliberalismus auf. Verbindendes Element aller dieser theoretischen Vorgaben war die Überzeugung, der nur am Markt orientierte Liberalismus sei eine überwundene Erscheinung des 19. Jahrhunderts, während für das 20. Jahrhundert, nach den Erfahrungen des Weltkriegs, der Mangelwirtschaft und der Inflation von 1923, nur ein staatlich angeleiteter und gebändigter Liberalismus angemessen sei. Der Nationalsozialismus brauchte diesem Gedanken nur noch eine autoritäre Wendung zu geben. Es war dann auch *Ernst Rudolf Huber*, der in der ersten Phase der Diktatur versuchte, einen „Deutschen Sozialismus" zu propagieren.[132]

78 Einen „Methoden- und Richtungsstreit" wie in der Staatsrechtslehre hat es im Verwaltungsrecht jener Jahre nicht gegeben, jedenfalls nicht explizit. Mehrheitlich neigten die Verwaltungsrechtler viel weniger zu methodischen Reflexionen, zumal der Anteil publizierender Praktiker höher war als im Staatsrecht. Doch gibt es untergründig jene Spannungen ebenfalls. Vergleicht man etwa *Walter Jellineks* Darstellung (1927) mit *Adolf Merkls* „Allgemeines Verwaltungsrecht" (1927), dann hat man prominente Beispiele für den traditionellen Positivismus einerseits, für den wissenschaftstheoretisch angeleiteten und stringenten Positivismus der Wiener Schule andererseits. *Ernst Rudolf Hubers* Beiträge bezeichnen dagegen eine antipositivistische, mit hegelschen Vokabular arbeitende Spielart, die aber bis 1933 den insgesamt nüchternen und praxisbezogenen Ton nicht bestimmte.

---

[129] *v. Stein*, Verwaltungslehre (Fn. 52), 7. Theil: Innere Verwaltungslehre, 3. Hauptgebiet, S. 15.

[130] *Hans P. Benöhr*, Konsumentenschutz vor 80 Jahren. Zur Entstehung des Abzahlungsgesetzes vom 16. Mai 1894, ZHR, Bd. 128 (1974), S. 492 ff.

[131] *Ralf Walkenhaus*, Konservatives Staatsdenken. Eine wissenssoziologische Studie zu Ernst Rudolf Huber, 1997; *Clemens Zacher*, Die Entstehung des Wirtschaftsrechts in Deutschland, 2002.

[132] *Ernst R. Huber*, Die Gestalt des deutschen Sozialismus, 1934. Siehe auch *Hans Freyer*, Herrschaft und Planung, 1933.

E. Verwaltungsrechtswissenschaft und Verwaltungslehre im NS-Staat

I. Machtübergabe

Die vom Reichspräsidenten *Hindenburg* vollzogene Machtübergabe an den radikalen Agitator *Adolf Hitler* vollzog sich in den Formen, an die man sich unter den Kanzlern *Brüning, Papen* und *Schleicher* schon gewöhnt hatte. Was damit aber in Gang gesetzt wurde, war eine Staatsumwälzung in einer Atmosphäre, die sich aus Jubel und angstvollem Schweigen zusammensetzte. Der Zerschlagung der Parteien folgten die Außerkraftsetzung des Parlamentarismus, des Föderalismus, des Dualismus von Präsidenten- und Kanzleramt, die Auflösung aller wichtigen gesellschaftlichen Vereinigungen zugunsten parteilich gesteuerter Organisationen, insgesamt also die Verwandlung der parlamentarischen Demokratie in einen verfassungslosen „Führerstaat". Dies alles geschah in etwa 24 Monaten, ohne dass sich wirklicher Widerstand hätte bilden können. 79

Das Regime konnte sich so rasch in den Sattel schwingen, weil die bürgerlichen Eliten in Verwaltung und Justiz sowie in der Armee kooperationswillig waren. Sie begrüßten das Ende des „Parteienstaates" und des Parlamentarismus, sie begrüßten das Ende der Gewerkschaften, die Ausschaltung der Kommunisten und Sozialdemokraten, die Vertreibung der Juden – vor allem der Rechtsanwälte und Ärzte –, die Maßnahmen der Arbeitsbeschaffung sowie die auf Beseitigung des Traumas „Versailles" gerichtete Außenpolitik. Wer nicht kooperationswillig war, verließ das Land oder hatte die Schrecken der ersten „Konzentrationslager" zu erleben. Wer davon nicht erfasst wurde, suchte „abzutauchen" oder zu „überwintern". 80

II. Der Bruch im Verwaltungsrecht

In dieser Lage „revolutionär" aufgehobener Kontinuität war eine bruchlose Fortsetzung und Pflege der Verwaltungsrechtswissenschaft nicht denkbar. Die Juristischen Fakultäten verloren durch rassistische und politische Vertreibung zahlreiche hervorragende Gelehrte, Vertreter der Rechtsvergleichung, Rechtsphilosophie und Rechtsgeschichte, des Zivilrechts, Strafrechts und Staatsrechts sowie, nicht zuletzt, des Verwaltungsrechts (*Kurt Perels, Albert Hensel, Gerhard Lassar, Ludwig Waldecker, Hans Nawiasky, Walter Jellinek, Erwin Jacobi, Willibalt Apelt* u.a.). Die Vereinigung der Deutschen Staatsrechtslehrer, verunsichert und gespalten, stellte 1933 ihre jährlichen Tagungen ein und löste sich 1938 auch formell auf. In den Fakultäten behalf man sich – bei sinkenden Studentenzahlen – mit Lehraufträgen, um den Anforderungen des neuen Studienplans, der 1935 verbindlich wurde, gerecht zu werden. Dort war bezeichnenderweise die Vorlesung „Verwaltungsrecht" durch „Verwaltung" ersetzt worden. Das konnte man (richtigerweise) als Herabstufung des Rechts und als Negierung seines Eigenwerts deuten, aber auch (hoffnungsvoll) als Chance der Einbeziehung der Verwaltungswirklichkeit und als Aufforderung, die fast verschüttete Tradition der Verwaltungslehre wieder aufzunehmen. Im übrigen gab die Politik nun die entscheidenden Stichworte auch für das Verwaltungsrecht: Kampf dem Formalis- 81

§ 2 Entwicklungsstufen der Verwaltungsrechtswissenschaft

mus, Rechtmäßigkeit statt Gesetzmäßigkeit, Kampf dem subjektiv-öffentlichen Recht, Vorrang der Gemeinschaft vor dem Individuum („Gemeinnutz vor Eigennutz"), Verantwortung nach oben, Führung nach unten.

1. Neuorientierung

82 Diese Schlagworte aufzunehmen und die bislang geltenden Prinzipien zu zerschlagen oder doch mit neuen Inhalten zu füllen, bot ehrgeizigen Hochschullehrern die Chance, sich in den Vordergrund zu spielen und „Einfluß" zu gewinnen. So legten der ehemals deutschnational, nun aber pointiert nationalsozialistisch orientierte *Otto Koellreutter* (1883–1972) und der ehrgeizige *Theodor Maunz* (1901–1993) neue Lehrbücher vor,[133] beide in der Absicht, die genannten Parolen fachgerecht für den Unterricht und damit für die kommende Generation nationalsozialistischer „Rechtswahrer" in das Verwaltungsrecht umzusetzen. *Maunz,* 1935 Extraordinarius und 1937 Ordinarius in Freiburg, schrieb auch den programmatischen Artikel „Das Verwaltungsrecht des nationalsozialistischen Staates" im offiziösen Handbuch „Deutsches Verwaltungsrecht", herausgegeben von Staatsminister *Hans Frank,* der sich als früher Rechtsberater *Hitlers* und „alter Kämpfer" Hoffnungen machte, Justizminister zu werden.[134] Der von dem nun emigrierten *Hans Nawiasky* habilitierte *Maunz* war es auch, der 1936 auf Einladung von *Carl Schmitt* einen programmatischen Vortrag „Die Juden und die Verwaltungsrechtswissenschaft" hielt.[135]

83 Überblickt man die verwaltungsrechtlichen Publikationen jener Zeit, und zwar sowohl die seltener werdenden Bücher als auch die unvermindert produzierten Aufsätze im Reichsverwaltungsblatt, im Verwaltungsarchiv, im Archiv des öffentlichen Rechts und in den landesrechtlichen Zeitschriften des Verwaltungsrechts, dann stellt man zunächst fest, dass die Masse der Produktion sich im Ton nicht wesentlich von der früherer Zeiten unterschied. Das Verwaltungsrecht war nicht nur ideologischer Kampfplatz, sondern auch Rückzugsort für sachliche Beiträge, wie sie etwa im Staatsrecht nicht mehr möglich waren. Hier konnte man über kommunal- oder steuerrechtliche Themen, Fragen des Bau- und Planungsrechts oder Gewerberechts noch halbwegs neutral schreiben. Gewiss gab es überall „Einbruchstellen", so bei der Frage der „Baufreiheit" oder „Gewerbefreiheit", die nun strikt dem „Gemeinwohl" im Sinne der NSDAP untergeordnet wurden, bei den Eingriffsrechten der NSDAP im Kommunalrecht, bei den politischen Fragen des Beamtenrechts oder bei der Prüfung der „Gemeinnützigkeit" im Steuerrecht. Aber der Detailreichtum und die Fachlichkeit verwaltungsrechtlicher Arbeit boten doch einen gewissen Schutz. Allen Autoren war klar, dass sie ein Minimum an NS-Vokabular zu verwenden und direkte Kritik am Regime strikt zu unterlassen hatten.

2. Zeitschriften

84 Letzteres war schon dadurch garantiert, dass die führenden Zeitschriften neue Redaktionen bekommen hatten.[136] Jüdische Herausgeber wurden spätestens

---

[133] *Otto Koellreutter,* Deutsches Verwaltungsrecht, 1936; *Theodor Maunz,* Verwaltung, 1937.
[134] *Theodor Maunz,* Das Verwaltungsrecht des nationalsozialistischen Staates, in: Hans Frank (Hrsg.), Deutsches Verwaltungsrecht, 1937, S. 27 ff.
[135] Bericht in DJZ 1936, Sp. 1230.
[136] Nähere Darstellung bei *Stolleis,* Geschichte III, S. 299 ff.

1934 nicht mehr geduldet. Mehrere Zeitschriften wurden zusammengelegt, aber es gab auch Neugründungen, so das Parteiblatt „Deutsche Verwaltung" und die anspruchsvollere „Zeitschrift der Akademie für Deutsches Recht". Andere Zeitschriften sanken qualitativ stark ab, so etwa das Archiv des öffentlichen Rechts. 1941 wurde das Papier rationiert, was zur Einstellung der meisten Publikationsorgane führte, so auch der „Bayerischen Verwaltungsblätter", der „Zeitschrift für badische Verwaltung und Verwaltungsrechtspflege" und „Fischers Zeitschrift für Verwaltungsrecht". Andere konnten sich durch Beziehungen oder durch Betonung ihrer Kriegswichtigkeit halten, etwa die von der SS geführte Zeitschrift „Reich, Volksordnung, Lebensraum" mit dem Untertitel „Zeitschrift für völkische Verfassung und Verwaltung".

3. Lehrbücher

Die während des Nationalsozialismus veröffentlichten Lehrbücher ordnen sich rückblickend in mehrere Gruppen. Zunächst gab es die Bücher älterer Autoren, die ihre Prägung durch Kaiserzeit und Weimarer Republik behielten und allenfalls einige „zeitgemäße" Formeln einbauten.[137] Andere wollten kompromisshaft den überlieferten Bestand erhalten und sich gleichzeitig auf die Suche nach einer neuen Linie machen.[138] An die Spitze setzten sich jedoch die eindeutig im NS-Sinn gehaltenen Bücher (*Koellreutter*, *Maunz*) sowie die zahlreichen Repetitorien und Grundrisse, die zwar wissenschaftlich wertlos waren, aber wegen ihres hohen Einflusses auf die Studierenden nicht unterschätzt werden dürfen.

Das auf diese Weise entstehende Bild der Verwaltungsrechtswissenschaft während des Nationalsozialismus ist diffus und es verschiebt sich vor allem mit den politischen Phasen des Regimes. In den ersten beiden Jahren (1933/34) entstand ein Stimmengewirr, in dem schnell geschriebene Vorträge und Broschüren den Ton angaben. *Ernst Forsthoff* schrieb „Der totale Staat" (1933), *Ernst Rudolf Huber* „Die Gestalt des deutschen Sozialismus" (1934), *Werner Sombart* „Deutscher Sozialismus" (1934), *Theodor Maunz* „Neue Grundlagen des Verwaltungsrechts" (1934), *Otto Koellreutter* „Vom Sinn und Wesen der nationalen Revolution" (1933). In den Jahren 1935 bis 1938 beruhigte sich die Diskussion und die Gruppierungen bildeten sich deutlicher ab. *Forsthoff* erklärte mehrfach, die Verfassungsfrage sei „erledigt", und: „Die vordringlichen Aufgaben öffentlich-rechtlicher Wissenschaft liegen heute auf dem Gebiet der Verwaltung. Der Verfassungsaufbau des nationalsozialistischen Staates ist im Allgemeinen beendet. Die durch das Führertum bestimmte Verfassung stellt die Wissenschaft nicht vor Interpretationsprobleme"[139]. Die Wissenschaft, die mitarbeiten wollte, hatte sich also der Verwaltung zu widmen, die neuen, dem autoritären Führungsstil angemessenen Rechtsfiguren zu entwickeln und den Kontakt zur Verwaltungs-

---

[137] *Ludwig v. Köhler*, Grundlehren des Deutschen Verwaltungsrechts, 1935; *Wilhelm Laforet*, Deutsches Verwaltungsrecht, 1937.
[138] *Arnold Köttgen*, Deutsche Verwaltung, 1935, 2. Aufl. 1937, 3. Aufl. 1944; *Bodo Dennewitz*, Verwaltung und Verwaltungsrecht, 1944.
[139] *Ernst Forsthoff*, Von den Aufgaben der Verwaltungsrechtswissenschaft, Deutsches Recht 1935, S. 398 ff. (398); siehe auch *Ernst Forsthoff*, Das neue Gesicht der Verwaltung und die Verwaltungsrechtswissenschaft, Deutsches Recht 1935, S. 331 ff. Hierzu *Florian Meinel*, Der Jurist in der industriellen Gesellschaft, 2011, S. 101 ff.

§ 2 Entwicklungsstufen der Verwaltungsrechtswissenschaft

wirklichkeit wieder zu suchen, den das auf die Rechtsform konzentrierte Verwaltungsrecht des liberalen Rechtsstaats verloren hatte.

4. Verwaltungslehre, „Daseinsvorsorge"

87 Daraus erwuchsen einerseits eine mit großen Hoffnungen befrachtete „Wiederbelebung" der Verwaltungslehre sowie andererseits Beobachtungen zur Ausbreitung des Leistungsstaats, die 1938 „Daseinsvorsorge" genannt wurden.

Die Verwaltungslehre war seit der endgültigen Durchsetzung der „juristischen Methode" durch *Otto Mayer* ins Abseits geraten. Sie wurde in der Weimarer Zeit kaum noch gelehrt. Größere Veröffentlichungen gab es auf diesem Gebiet nicht. Erstes Signal einer Wende war dann die kleine Schrift von *Walter Norden* „Was bedeutet und wozu studiert man Verwaltungswissenschaft?"[140]. Ihrem Autor, der noch 1933 wegen jüdischer Herkunft in die Emigration gezwungen wurde, schwebte ein Fach vor, ähnlich der „public administration" in England und in den USA. Erfolg hatte *Norden* nicht, zumal seine Schrift auch nicht mehr zitiert wurde. Aber nationalsozialistische Autoren nahmen den Gedanken auf, etwa *Koellreutter*[141], *Maunz*[142], *Jerusalem*[143] und *Tatarin-Tarnheyden*[144]. Sie fanden mehr Resonanz, weil sie alle den „Positivismus" zum Feind erklärten, die Einbeziehung der Verwaltungswirklichkeit beschworen und die Ausbildung für die „Verwaltung" nun stärker betonen wollten als die im „Verwaltungsrecht". Nachhaltige Veränderungen des Lehrangebots bewirkte dies nicht.[145]

88 Bedeutsamer war *Forsthoffs* Entdeckung der „Daseinsvorsorge"[146]. Er hatte, wie gesagt, die Parole ausgegeben, die Wissenschaft des Öffentlichen Rechts habe sich nun der Verwaltung zuzuwenden, nicht nur ihrem Recht, sondern auch der „arbeitenden Verwaltung" im Sinne *Lorenz von Steins*.[147] Zur intensiven Beschäftigung mit *Stein*[148] kam die Anregung von *Karl Jaspers* hinzu.[149] Der Gedanke lief darauf hinaus, das moderne Leben sei vom Gegensatz zwischen technischen Möglichkeiten der Mobilität und der Beherrschung des Raums bei gleichzeitiger physischer Abhängigkeit von staatlichen Leistungen (Strom, Gas, Wasser) geprägt. Die Verwaltung arbeite, so *Forsthoff*, in weiten Teilen als Leistungsverwaltung.[150] Der Bürger müsse um seines Überlebens willen an diesen

---

[140] 1933.

[141] *Otto Koellreutter*, Die Bedeutung der Verwaltungslehre im neuen Staat, Reichs- und Preußisches Verwaltungsblatt 1933, S. 741 ff.

[142] *Theodor Maunz*, Neues Rechtsdenken in der Verwaltung, Deutsche Verwaltung 1935, S. 65 ff.

[143] *Franz W. Jerusalem*, Das Verwaltungsrecht und der neue Staat, in: FS Rudolf Hübner, 1935, S. 124 ff.

[144] *Edgar Tatarin-Tarnheyden*, Grundlagen des Verwaltungsrechts im neuen Staat, AöR, Bd. 63 (1934), S. 345 ff.

[145] Einzelheiten in *Stolleis*, Geschichte III, S. 370 ff.

[146] *Ernst Forsthoff*, Die Verwaltung als Leistungsträger, 1938.

[147] *Ernst R. Huber*, Vorsorge für das Dasein. Ein Grundbegriff der Staatslehre Hegels und Lorenz von Steins, in: FS Ernst Forsthoff, 1972, S. 139 ff.

[148] *Lorenz v. Stein*, Gesellschaft – Staat – Recht, hrsg. v. Ernst Forsthof, 1972.

[149] *Karl Jaspers*, Die geistige Situation der Zeit, 1931 (Sammlung Göschen Bd. 1000). Vgl. dort in der 5. teilweise neu bearbeiteten Aufl. von 1933 die Formulierungen „Massenordnung in Daseinsfürsorge", „Leistungsapparat", „Massenversorgung durch Technik", „Riesenapparat der Daseinsfürsorge". – Hierzu *Dieter Scheidemann*, Der Begriff Daseinsvorsorge: Ursprung, Funktion und Wandlungen der Konzeption Ernst Forsthoffs, 1991.

[150] *Ernst Forsthoff*, Die Verwaltung als Leistungsträger, 1938; s. *Meinel*, Der Jurist (Fn. 139), S. 154 ff.

Leistungen „teilhaben"; das sei gewissermaßen die Achillesferse der modernen Existenz. Diese leistungsstaatliche Seite der Verwaltung ist zu einem wichtigen Thema der frühen Bundesrepublik geworden, nicht zuletzt durch *Forsthoffs* schon während des Kriegs begonnenes Lehrbuch.[151]

III. Bilanz

Eine Bilanz jener Jahre wird unter wohl allen denkbaren Gesichtspunkten zu negativen Ergebnissen führen. Die Verwaltungsrechtswissenschaft war gewiss nicht in so direkter Weise mit den Verbrechen des Regimes verbunden wie Anthropologie und Eugenik oder die Kriegsforschung an Universitäten und Kaiser-Wilhelm-Instituten, die in handgreiflicher Weise dessen Ziele verfolgten. Doch ist die Verwaltungsrechtswissenschaft, wie andere Zweige der Rechtswissenschaft, in einem tieferen Sinn Teil des Systems gewesen, hat in Lehre und Praxis die Funktionsfähigkeit der Verwaltung gestützt, die Normalität einer rechtsförmig verfahrenden und kontrollierbaren Verwaltung suggeriert und auf diese Weise den Pakt zwischen NS-Staat und bürgerlicher Wertewelt befestigt. Auch der Verwaltungsbeamte, der sich nach überlieferten Regeln einwandfrei verhielt, gewann im Kontext von Staatskriminalität eine andere Funktion. Sein Verharren an verantwortlicher Stelle schuf Vertrauen und vermittelte dem kriminellen Kern des Systems eine formale Legitimation. Erst recht ist die Rolle der administrativen Vordenker des Systems kritisch zu betrachten. Sie waren Schreibtischtäter, auch wenn sie über keine Kommandogewalt verfügten. Die Verabschiedung von den Grundrechten, die nun als Ausdruck bourgeoisen Misstrauens gegen den Staat ironisiert wurden, der „Kampf gegen das subjektiv-öffentliche Recht", die Rechtfertigung von Unterdrückung durch den „Zweck", die Aufweichung der Gesetzesbindung des Verwaltungshandelns durch eine vage Berufung auf das „Recht der Volksgemeinschaft", die „Überwindung" der Gewaltenteilung, die Planungen für die Verwaltung eroberter Gebiete, die intellektuelle Vorbereitung für den Abbau der Verwaltungsgerichtsbarkeit, etwa durch Ausklammerung „politischer" Fälle oder durch Befestigung der Kategorie „justizloser Hoheitsakte" – alles dies in Rede und Schrift vielfältig begründet und verbreitet zu haben, war aktives und verantwortbares Tun. Insofern hat die Verwaltungsrechtswissenschaft der Gegenwart allen Anlass, sich an diesem Beispiel kritisch zu schulen, die argumentativen Wege der Adaption an die Macht zu studieren und ihrerseits produktiv in Handlungsmaximen umsetzen, was eine freie, demokratisch und rechtsstaatlich verfahrende Gesellschaft will – und was sie nicht will.

F. Rekonstruktion des Rechtsstaats im Verwaltungsrecht (1949–1965)

I. Der Ausgangspunkt

Im Mai 1945 war Deutschland besiegt, das Staatsgebiet unter Besatzungsmächte aufgeteilt, die Staatsgewalt war von den Alliierten übernommen, die

---
[151] *Ernst Forsthoff*, Lehrbuch des Verwaltungsrechts. Erster Band, Allgemeiner Teil, 1950.

§ 2 Entwicklungsstufen der Verwaltungsrechtswissenschaft

noch vorhandenen oder rasch konstruierten lokalen Verwaltungen handelten nur nach Maßgabe alliierter Vorgaben. Ob noch ein Staat existierte, konnte mit Gründen bezweifelt werden.[152]

91   War schon 1924 die Maxime „Verfassungsrecht vergeht, Verwaltungsrecht besteht" nur eine Teilwahrheit und im Grunde als melancholische Selbsttröstung eines verdienten Autors zu verstehen, so war sie nun evident falsch. Der Sturz des NS-Staates hatte die gesamte Verwaltung, das Berufsbeamtentum und damit auch Teile seiner Verwaltungsrechtswissenschaft mitgerissen. Die ehemalige Basis des Fachs, der gewaltenteilende, liberale und parlamentarische Rechtsstaat, musste erst wieder errichtet werden. Zudem hatte die Kriegswirtschaft beider Weltkriege die staatliche Lenkung etabliert. Der liberale Staat war schrittweise zum Interventionsstaat geworden, insbesondere während des Nationalsozialismus.[153] Die Sozial- und Leistungsverwaltung hatte sich ausgebreitet. Das Planungsrecht war entstanden. Nicht nur der „Vierjahresplan" war 1945 in frischer Erinnerung, auch die jahrelang wortreich betriebene Verwerfung des Liberalismus, des Rechtsstaats, des subjektiv-öffentlichen Rechts und der Grundrechte war gerade erst verklungen.

92   Gleichwohl sind die Jahre zwischen der Kapitulation und der Gründung der Bundesrepublik keine Jahre der Zerknirschung der Verwaltungsrechtler. Obwohl es ein starkes NS-Engagement von Verwaltungsrechtlern gegeben hatte,[154] kam es zunächst nicht zu einer Diskussion. Man fühlte sich „nicht schuldig". Individuell zurechenbare Kausalitäten gab es nicht, von strafrechtlicher Schuld ganz zu schweigen, durch Bücher und Aufsätze oder falsche „Theorien" war niemand direkt zu Tode gekommen oder seiner Freiheit beraubt worden. Gewiss war das Unrecht auch in das scheinbar so sachliche Verwaltungsrecht an vielen Stellen eingedrungen, aber der kleinteilige und positivistische Duktus des Verwaltungsrechts begünstigte die Errichtung psychischer Wahrnehmungssperren stärker als anderswo.

93   Die ersten Jahre der Nachkriegszeit konnten für das Fach keine Jahre des Aufbruchs zu neuen Ufern sein. Zunächst galt es die Sorgen des Alltags zu besiegen, in der Verwaltungspraxis nicht anders als in der Wissenschaft. Der Wiederaufbau und die Rückkehr zu „bewährten" Prinzipien hatten überall Vorrang. Die für Hochschullehrer typische Grundstimmung war vermutlich die in Aufbau- und Arbeitseifer verwandelte uneingestandene Scham, unter dem Hakenkreuz im öffentlichen Dienst gestanden und auf dem Katheder gelehrt zu haben. Das sollte nun durch Bekenntnisse zum Rechtsstaat, zur parlamentarischen Demokratie und zur Europa-Idee kompensiert werden.

94   Sobald es irgend möglich war, publizierten die Verwaltungsrechtler wieder, kümmerten sich um die Wahrung ihrer wohlerworbenen Beamtenrechte, opponierten gegen Entlassungen und schlossen sich 1949 erneut in der „Vereinigung der Deutschen Staatsrechtslehrer" zusammen. Deren Alterspräsident *Richard Thoma* erklärte, indem er – selbst völlig integer – die bedrückende Vergangenheit beiseite wischte, die Vereinigung, die 1933–1945 nicht getagt hatte, könne „erho-

---

[152] *Stolleis*, Besatzungsherrschaft (Fn. 53), § 7 m. w. N.
[153] *Michael Stolleis*, Die Entstehung des Interventionsstaates und das öffentliche Recht, in: ders., Konstitution und Intervention. Studien zur Geschichte des öffentlichen Rechts im 19. Jahrhundert, 2001, S. 253 ff.
[154] *Stolleis*, Geschichte III, S. 351 ff.

benen Hauptes ... jetzt wieder hervortreten". Tatsächlich schienen nur wenige Mitglieder aus politischen Gründen untragbar, während die Mehrheit unmittelbar oder nach einer gewissen Karenzzeit ihre Arbeit wieder aufnahm.[155]

II. Wichtige Themen

Die beherrschenden Themen des öffentlichen Rechts zwischen 1945 und 1949 wurden von außen diktiert. Deutschland stand unter Besatzungsregime, die vier Zonen waren voneinander abgeschottet, die Verwaltungskonzepte der Besatzungsmächte deckten sich nicht. Die deutschen Juristen, zunächst mit Misstrauen behandelt, erwiesen sich bald als für die Besatzungsmächte unentbehrlich und lösten die Notverwaltung ab, die direkt nach der Kapitulation eingesetzt worden war. Während sich die Staats- und Völkerrechtler zu „Deutschlands Rechtslage", zum Besatzungsregime und zu den Nürnberger Prozessen äußerten, wurde die Aufmerksamkeit der Verwaltungsrechtler von den konkreten Problemen des Wiederaufbaus in Anspruch genommen. Man diskutierte über die Kompetenzen und Strukturen der langsam wieder funktionierenden deutschen Verwaltung, über die Neuordnung des Kommunalrechts, über die Verwaltungsgerichtsbarkeit sowie über die Details der jetzt im Vordergrund stehenden Gebiete des Baurechts, Gewerberechts und Polizeirechts. Zunächst galt es, nach den mehrfachen Aufhebungen von NS-Recht durch Kontrollrat und diverse Einzelgesetzgeber den Bestand der (noch) geltenden Normen festzustellen und zu kommentieren. Dann waren für den ersten Bedarf im Universitätsunterricht Skripten und Kurzlehrbücher zu verfassen. Auch Gutachtenaufträge wurden erteilt, etwa zu Fragen des Art. 131 GG oder zur Frage der hessischen Sozialisierung. Die verwaltungsrechtlichen Zeitschriften begannen Beiträge aufzunehmen. Man traf sich, seit dem Konstanzer Juristentag von 1947, wieder auf Tagungen. Die Verbindungen zwischen den Zonen stellten sich her. Der Alltag kehrte zurück.

III. Lehrbücher

Das Fundament der sich regenerierenden Verwaltungsrechtswissenschaft war die allgemein geteilte Überzeugung, der Nationalsozialismus sei „überwunden" und das Verwaltungsrecht müsse bewusst zu den vor 1933 geltenden Prinzipien zurückkehren. Dies bedeutete, dort wieder anzuknüpfen, wo etwa *Walter Jellinek* 1931 stehen geblieben war. Äußerlich fand dies dadurch seinen Ausdruck, dass *Jellineks* Buch 1948 – unter Weglassung der Zusätze von 1934 – einen Neudruck erlebte. Daneben griff man zitierend auf die älteren Lehrbücher zurück. Fallsammlungen (*W. Schätzel, W. Weimar*) und kleine Grundrisse (*Giese, Jerusalem, Helfritz*)[156] deckten den Tagesbedarf. Als erstes bedeutendes Werk erschien das schon während des Krieges fertiggestellte und damals ungedruckt gebliebene

---

[155] *Michael Stolleis*, Die Vereinigung der Deutschen Staatsrechtslehrer. Bemerkungen zu ihrer Geschichte, Kritische Vierteljahresschrift für Gesetzgebung und Rechtswissenschaft, Bd. 80 (1997), S. 339 ff.; *ders.*, Geschichte des öffentlichen Rechts in Deutschland. Bd. 4: Staats- und Verwaltungsrechtswissenschaft in West und Ost 1945–1990, 2012.
[156] *Friedrich Giese*, Allgemeines Verwaltungsrecht, 1947; *Hans Helfritz*, Verwaltungsrecht, 1949; *Franz W. Jerusalem*, Grundriß des Verwaltungsrechts, 1947.

"Lehrbuch der Verwaltung" (1949) von *Hans Peters*.[157] Der württembergische Oberverwaltungsgerichtsrat *Robert Nebinger* veröffentlichte 1946/47 ein durchaus gehaltvolles "Verwaltungsrecht, Allgemeiner Teil", in dem allerdings Rechtsprechung und Literatur der NS-Zeit noch so selbstverständlich zitiert wurden, als habe es kein 1945 gegeben.[158] Eine einheitliche Linie, die sich in allen diesen Werken finden ließe, gibt es nur für die Grundrisse. Dort lautete sie: Zurück zum klassischen Verwaltungsrecht zwischen *Otto Mayer* und *Walter Jellinek*, starke Zurückhaltung gegenüber dem neuen Verfassungsrecht, insbesondere gegenüber der unmittelbaren Geltung der Grundrechte (Art. 1 Abs. 3 GG) sowie Wiedergewinnung des Grundbestands an dogmatischen Figuren, mit denen ein rechtsstaatliches Verwaltungsrecht arbeiten musste.[159]

97 Diese erste Phase, in der mit sehr begrenzten Mitteln und ohne hinreichenden gedanklichen Abstand nur die größten Lücken geschlossen werden sollten, ging mit der Gründung der Bundesrepublik zu Ende. Bald wurden verwaltungsrechtliche Zeitschriften gegründet, weitere Lehrbücher entstanden. 1950 lieferte *Walter Jellinek* einen Nachtrag zu seinem Lehrbuch von 1931.[160] 1950 erschien auch das den Allgemeinen und Besonderen Teil umfassende "Lehrbuch des Verwaltungsrechts" von *Kurt Egon Frhr. von Turegg*, das immerhin bis 1962 vier Auflagen erlebte, ohne aber einen besonderen wissenschaftlichen Rang einzunehmen.[161] *Ernst Forsthoff* schließlich, zweifellos der bedeutendste Kopf der damaligen Verwaltungsrechtslehre, publizierte 1950 den ersten (und einzigen) Band seines Lehrbuchs. Nahezu die Hälfte des Buches, teilte er im Vorwort von 1949 mit, sei während des Krieges niedergeschrieben worden, und er fuhr fort "Nach der Kapitulation stellte es sich bald heraus, dass an der Gesamtkonzeption nichts geändert zu werden brauchte". Wie 1938 war *Forsthoff* überzeugt, die moderne Verwaltung legitimiere sich "nicht nur als der Vollzugsapparat eines bestimmten politischen ,Systems', sondern auch als Träger der an jedem Tage notwendigen Daseinsvorsorge". Gleichzeitig war die Betonung der Kontinuität seines Denkens auch eine deutliche politische Botschaft, während der NS-Zeit aus der Perspektive des Rechtsstaats geschrieben zu haben und nicht zu denen zu gehören, die unter der Fahne von "democracy" ihre Ansichten ändern mussten.[162]

98 In der dichter werdenden Diskussion zwischen Universitäten, Obergerichten und Verwaltungspraxis begann man nun, die dogmatischen Bestände zu sortieren. Vor allem die Vereinigung der Staatsrechtslehrer, die seit 1949 wieder tagte und traditionsgemäß das zweite Doppelreferat dem Verwaltungsrecht widmete, bildete hierfür das wichtigste Forum. Die Auswahl der Themen folgte keinem "Plan", aber sie zeigt, wo man zunächst Akzente zu setzen hoffte.

---

[157] Hierzu *Ernst Friesenhahn*, Nachruf auf Hans Peters, in: GS Hans Peters, 1967, S. 1 ff.; *Friedrich Giese*, AöR, Bd. 76 (1950/51), S. 251 ff.; *Hermann Reuß*, DÖV 1951, S. 319.

[158] *Walter Jellinek*, DÖV 1950, S. 288; *Friedrich Schack*, AöR, Bd. 74 (1948), S. 388 ff.; *Carl H. Ule*, DVBl 1950, S. 32; *Werner Weber*, DVBl 1948, S. 126.

[159] Wichtig für den Überblick über die erste Gruppe der Lehrbücher *Otto Bachof*, Das Verwaltungsrecht im Spiegel der Rechtslehre, JZ 1951, S. 538 ff.

[160] *Walter Jellinek*, Verwaltungsrecht, 3. Aufl. 1966 (Neudruck der 1948 unverändert nachgedruckten 3. Aufl. 1931 mit Nachtrag von 1950 und Vorwort von *Otto Bachof*).

[161] *Robert Nebinger*, DÖV 1951, S. 312.

[162] *Karl Doehring*, Ernst Forsthoff, in: Juristen im Porträt, 1988, S. 341 ff.; *Reinhard Mußgnug*, in: Badische Biographie 1, 1982, S. 121 f.

F. Rekonstruktion des Rechtsstaats im Verwaltungsrecht (1949–1965)

Zunächst ging es mehrfach um Rechtsschutz,[163] um das Polizei- und Ordnungsrecht,[164] um die Stellung der Berufsbeamten,[165] also um die elementaren Dinge. Ebenso wichtig waren die aktuellen und unverhüllt politischen Themen „Enteignung und Sozialisierung" mit Referaten von *Hans Peter Ipsen* und *Helmut Ridder* (1951), die umstrittene, aber letztlich durchgesetzte Akzeptierung des Sozialstaats auf Verfassungsebene (1953)[166] sowie die Tagung von 1954 über Untergang oder Fortbestand des Deutschen Staates und seither.[167] Dogmatisch innovativ wirkten dann die Tagungen über „Die staatliche Intervention im Bereich der Wirtschaft" (1952),[168] „Das besondere Gewaltverhältnis" (1956),[169] „Das Verwaltungsverfahren" (1958)[170] und das Wiederauftauchen des ideologisch belasteten Wortes „Plan" (1959),[171] schließlich die rechtlich genauere Fassung der wichtiger werdenden nichthoheitlichen Verwaltung.[172] Insgesamt zeigt schon diese Übersicht bis 1960, wie intensiv der intervenierende und planende Sozialstaat, der Ausbau der Infrastruktur[173] und die „Daseinsvorsorge" wahrgenommen und verarbeitet wurden. Die Grundsatzkritik von *Dietrich Jesch*, die Staats- und Verwaltungsrechtslehre arbeite immer noch mit den dogmatischen Figuren des ausgehenden 19. Jahrhunderts, war zwar im Kern richtig,[174] aber auch bewusst überzogen; denn Theorie und Praxis waren keineswegs blind für die Wahrnehmung, dass die junge Bundesrepublik nicht mehr der klassische „neutrale" Staat über den gesellschaftlichen Gruppen war, sondern dass er sich gerade durch ein komplexes Arrangement zwischen Staat und Wirtschaft, Besteuerung und Subvention, Rechts- und Sozialstaat, Marktprinzip und Staatsaufsicht stabilisierte.[175]

Um 1960 ging diese Orientierungs- und Erweiterungsphase der Verwaltungsrechtswissenschaft zu Ende. Durch die Verabschiedung einer ersten gemeindeutschen Verwaltungsgerichtsordnung (1960), die das Gesetz über das Bundesverwaltungsgericht (1952) erweiterte, sowie durch die Kodifikation von Elementen des Allgemeinen Teils des Verwaltungsrechts in den Verwaltungsverfahrensge-

---

[163] *Friedrich Klein/Heinrich Herrfahrdt*, Tragweite der Generalklausel im Art. 19 Abs. 4 des Bonner Grundgesetzes, VVDStRL, Bd. 8 (1950), S. 67 ff. – Herrfahrdt holte damit gewissermaßen sein 1933 ausgefallenes Referat nach.

[164] *Hans J. Wolff/Otto Gönnenwein*, Die Gestaltung des Polizei- und Ordnungsrechts in den einzelnen Besatzungszonen, VVDStRL, Bd. 9 (1952), S. 134 ff.

[165] *Richard Naumann/Hans Spanner*, Die Berufsbeamten und die Staatskrisen, VVDStRL, Bd. 13 (1955), S. 88 ff.

[166] *Otto Bachof/Ernst Forsthoff*, Begriff und Wesen des sozialen Rechtsstaates, VVDStRL, Bd. 12 (1954), S. 8 ff.

[167] *August Freiherr v. der Heydte/Günter Dürig*, Der deutsche Staat im Jahre 1945 und seither, VVDStRL, Bd. 13 (1955), S. 6 ff.

[168] *Ulrich Scheuner/Werner Weber*, Die staatliche Intervention im Bereich der Wirtschaft, VVDStRL, Bd. 11 (1954), S. 1 ff.

[169] *Herbert Krüger/Carl H. Ule*, Das besondere Gewaltverhältnis, VVDStRL, Bd. 15 (1957), S. 109 ff.

[170] *Karl A. Bettermann/Erwin Melichar*, Das Verwaltungsverfahren, VVDStRL, Bd. 17 (1959), S. 118 ff.

[171] *Max Imboden/Klaus Obermayer*, Der Plan als verwaltungsrechtliches Institut, VVDStRL, Bd. 18 (1960), S. 113 ff.

[172] *Walter Mallmann/Karl Zeidler*, Schranken nichthoheitlicher Verwaltung, VVDStRL, Bd. 19 (1961), S. 165 ff.

[173] Zur Herkunft des Wortes *Dirk van Laak*, Der Begriff „Infrastruktur" und was er vor seiner Erfindung besagte, Archiv für Begriffsgeschichte, XLI (1999), S. 280–299.

[174] *Dietrich Jesch*, Gesetz und Verwaltung, 1961.

[175] Kennzeichnend hierfür auch die Referate von *Jürgen Salzwedel* und *Martin Bullinger* über „Staatsaufsicht in Verwaltung und Wirtschaft", VVDStRL, Bd. 22 (1965), S. 206 ff.

setzen des Bundes und der Länder (1976), konnte der Neubau eines rechtsstaatlichen und demokratischen Verwaltungsrechts als abgeschlossen angesehen werden. Zahlreiche Kommentierungen dieser Gesetze schlossen sich an.[176]

100 Aber trotz der derart erreichten Konsolidierung gab es Zeichen für neue Unruhe. Im Gefolge einer relativ kleinen wirtschaftlichen Krise (1967) kam das „Gesetz zur Förderung der Stabilität und des Wachstums der Wirtschaft"[177]. Die Gewichte verschoben sich weiter vom liberalen Rechtsstaat zum Interventionsstaat der Industriegesellschaft.[178] Da Intervention nur „geplant" und mit einem gewissen Gleichmaß sinnvoll ist, entstand, getragen von einer zunehmenden „Planungseuphorie", das Planungsrecht in Kommunen, Ländern und Bund.[179] Gleichzeitig wurden Sorgen laut, die „Kosten des Rechtsstaats" könnten zu hoch werden, wenn Grundrechte zunehmend in Ansprüche auf staatliche Leistungen umgedeutet würden.[180] Das erst in diesen Jahren an der Universität wirklich etablierte Sozialrecht, markiert etwa durch *Hans F. Zachers* bilanzierende und neue Perspektiven eröffnende Habilitationsschrift von 1961,[181] das Rechtsgebiet der „sozialen Intervention" schlechthin, reagierte auf die Expansion des Sozialstaats von 1975 an mit Kürzungsgesetzgebung – bis zur Gegenwart.

Mit anderen Worten: Die Bundesrepublik verwandelte sich im Jahrzehnt zwischen 1960 und 1970 erheblich. Die „Ära Adenauer" ging stufenweise zu Ende. Die Zuwachsraten des „Wirtschaftswunders" waren kleiner geworden. Der beschützende Wohlfahrtsstaat, seit 1949 auf- und ausgebaut, erreichte 1969–1975 seinen Höhepunkt, geriet aber, zugleich mit dem Erscheinen des ersten Berichts des „Club of Rome" und dem wachsenden Bewusstsein für „Grenzen des Wachstums", in eine erste Krise. Innenpolitisch erhob die neue Regierung auf dem Hintergrund der „Studentenrevolte" von 1968–1970 den Ruf nach „mehr Demokratie", was zu einer Fülle von Modellen und Vorschlägen auch für eine Demokratisierung der Verwaltung und des Verwaltungshandelns führte. Auf der Jahrestagung der Staatsrechtslehrer von 1971 stand „Die Dogmatik des Verwaltungsrechts vor den Gegenwartsaufgaben der Verwaltung" zur Debatte. Die Referenten markierten dabei die dem Neuen aufgeschlossene, aber vorsichtig bewahrende *(Bachof)* ebenso wie die stärker auf Modernisierung und Neuformulierung der Dogmatik setzende Position *(Brohm)*.

IV. Verwaltungswissenschaften

101 Der Wunsch nach Rekonstruktion des Rechtsstaats im materiellen Verwaltungsrecht, im Verwaltungsverfahren und vor Gericht war der schon lange im Schatten stehenden „Verwaltungslehre" zunächst nicht günstig. Die Versuche

---

[176] *Hans Meyer/Hermann Borgs-Maciejewski*, VwVfG, 1976, 2. Aufl. 1981; *Hans-Joachim Knack*, Kommentar zum VwVfG, 1976; *Ferdinand O. Kopp*, VwVfG, 1976, 2. Aufl. 1980; *Paul Stelkens/Heinz J. Bonk/Klaus Leonhardt*, Kommentar zum VwVfG, 1978; *Carl H. Ule/Hans-Werner Laubinger*, Verwaltungsverfahrensrecht, 2. Aufl. 1979.
[177] Sog. Stabilitätsgesetz v. 8. 6. 1967, BGBl I, S. 582.
[178] *Stolleis*, Entstehung (Fn. 153), S. 253 ff.
[179] Siehe nur *Fritz W. Scharpf*, Planung als politischer Prozeß. Aufsätze zur Theorie der planenden Demokratie, 1973.
[180] *Wolfgang Martens/Peter Häberle*, Grundrechte im Leistungsstaat, VVDStRL, Bd. 30 (1972), S. 7 ff.
[181] *Hans F. Zacher*, Sozialpolitik und Verfassung im ersten Jahrzehnt der Bundesrepublik Deutschland, 1980. Zu den Umständen der späteren Veröffentlichung *Zacher* im Vorwort.

während des Nationalsozialismus, die Verwaltungslehre auf Kosten des Verwaltungsrechts stärker zu profilieren, belasteten rückblickend zusätzlich. Immerhin gab es den frühen Versuch, in Deutschland etwas zu installieren, was dem Vorbild der großen französischen Eliteschulen der Verwaltung entsprach. Die Besatzungsmacht gründete 1947 in Speyer eine Hochschule für Verwaltungswissenschaften, die 1950 zu einer rechtsfähigen Anstalt des öffentlichen Rechts umgestaltet wurde. Seit 1952 wird sie von Bund und Ländern gemeinsam getragen.[182] Mit 17 Lehrstühlen für öffentliches Recht, Verwaltungswissenschaft, Wirtschaftswissenschaft, Neuere Geschichte, empirische Sozialwissenschaft und Politikwissenschaft sowie 65 Lehrbeauftragten ist sie heute eine wichtige postuniversitäre Weiterbildungs- und wissenschaftliche Tagungsstätte für Angehörige des öffentlichen Dienstes.[183]

In die Ausbildungskanones der Universitäten ist die Verwaltungslehre zunächst nicht wirklich eingedrungen oder jedenfalls nicht umgesetzt worden. Erst mit der Wiederbegründung von Politologie und Soziologie, die gewissermaßen aus dem Westen reimportiert werden mussten, gewann die empirische Seite der Verwaltung in den siebziger Jahren wieder stärkeres Interesse. Es erschienen auch entsprechende Lehrbücher.[184] Aber die Energien reichten zur Verankerung des Fachs nicht aus, zumal auch die seit den siebziger Jahren überlasteten Fakultäten an der Pflege von Spezialfächern eher geringes Interesse zeigten.

G. Verwaltungsrechtswissenschaft in der Deutschen Demokratischen Republik

Die Verwaltungsrechtswissenschaft in der sowjetisch besetzten Zone (SBZ) und späteren Deutschen Demokratischen Republik (DDR) kann in einem von einer Staatspartei dominierten System nur in engem Zusammenhang mit der Geringschätzung des Rechts, speziell des Verwaltungsrechts, beschrieben werden. Die unter dem Schutz der sowjetischen Besatzungsmacht etablierten Personen und Strukturen[185] sahen im traditionellen Verwaltungsrecht ein Relikt bürgerlichen Denkens, insbesondere im Verwaltungsrechtsschutz. Nach mehr oder weniger heftigen Kämpfen, vor allem in Thüringen, wurde die Verwaltungsgerichtsbarkeit 1952 abgeschafft.[186] An Stelle des Föderalismus trat der „demokratische Zentralismus".[187] Gleichzeitig wichen die aktiven Verwaltungsrechtler an den Universitäten in den Westen aus (z.B. *H. Peters, H. Mirbt, G. Wacke, W. Apelt, W. Weber*); nur *Erwin Jacobi* blieb in Leipzig. Zu den äußeren Maßnahmen trat die innere Verödung des Verwaltungsrechts. Seine geistige Grundlage war verschwunden. Es blieb verdächtig, weil es sich dem Herrschaftsanspruch der SED durch formale, distanzierende Regelbildung, durch die Grundfiguren von subjektiv-öffentlichem

---

[182] *Rudolf Morsey*, Berufungspolitik in der Französischen Besatzungszone. Die Erstbesetzung des Lehrkörpers der „Staatlichen Akademie für Verwaltungswissenschaften Speyer" 1947, in: FS Kurt G. A. Jeserich zum 90. Geburtstag, 1994, S. 281 ff.
[183] Landesgesetz über die Deutsche Hochschule für Verwaltungswissenschaften Speyer (Verwaltungshochschulgesetz, DHVG) vom 2. März 2004.
[184] *Günter Püttner*, Verwaltungslehre, 3. Aufl. 2000 m.w.N.
[185] *Andreas Malycha*, Die SED. Geschichte ihrer Stalinisierung 1946–1953, 2000.
[186] *Thomas Heil*, Die Verwaltungsgerichtsbarkeit in Thüringen 1945–1952, 1996.
[187] *Henning Mielke*, Die Auflösung der Länder in der SBZ/DDR, 1995.

Recht und Verwaltungsakt samt Rechtsschutz latent widersetzte. Seiner geschichtlichen Herkunft nach war es „liberales" Recht, das nur funktionieren konnte, wenn es eine Trennung von Staat und Gesellschaft und funktional unterschiedene Kompetenzen gab. Gerade dies war aber nicht intendiert.

104 Die Abrechnung mit dem Verwaltungsrecht kam deshalb zwar plötzlich, doch nicht unerwartet. Auf der Konferenz in der Deutschen Akademie für Staats- und Rechtswissenschaft in Babelsberg,[188] der bekannten Babelsberger Konferenz vom 2./3. April 1958, wurde das Verwaltungsrecht von *Walter Ulbricht* persönlich, aber theoretisch inspiriert von *Karl Polak*,[189] degradiert und zur Bedeutungslosigkeit herabgedrückt.[190] Dabei blieb es bis zum Wechsel von *Ulbricht* zu *Erich Honecker*. Mit dem VIII. Parteitag von 1971 änderte sich jedoch der Kurs.[191] 1976 wurde im Ministerrat beschlossen, ein Lehrbuch des Verwaltungsrechts in Auftrag zu geben. 1979 lag es vor. Es bildete den damaligen politischen Zustand der DDR genau ab: An den klassischen Positionen (führende Rolle der Arbeiterklasse, Einheit von Partei und Staat sowie Staat und Gesellschaft samt ihren Massenorganisationen, statt Gewaltenteilung „demokratischer Zentralismus", Anlehnung an die „Bruderländer", Verwaltungsrecht als Lenkungsmittel) hielt man fest, akzentuierte aber vorsichtig die Rechte der Bürger, bedauerte die Ereignisse von 1958[192] und sprach dem Verwaltungsrecht wieder eine eigene Rolle zu, freilich eine andere als im bürgerlich-liberalen („imperialistischen") Staat. Das Verwaltungsrecht sollte wegen seiner politischen Lenkungsfunktion genau beachtet werden („sozialistische Gesetzlichkeit"). Hiervon versprach man sich auch indirekte positive Auswirkungen auf die Rechte der Bürger. Eine Verwaltungsgerichtsbarkeit gab es weiterhin nicht, wohl aber durften „Eingaben" gemacht werden.[193] Die Behörden sollten reagieren, ohne dass dem Bürger ein Klagerecht zustand. In Einzelfällen gab es „Ansprüche", etwa aus Staatshaftung. Aber wichtiger blieb die Konfliktlösung durch „Überzeugung"; der Staat der DDR war Erziehungsstaat, in dem es Antagonismen nicht „wirklich" geben durfte. Funktionierte die Normdurchsetzung durch „Überzeugung" nicht, dann gab es keinen Zweifel, dass gegen Verweigerer der Erziehungsmaßnahmen eine überlegene Repressionsmacht zur Verfügung stand.

105 Die Wirkung des einzigen Lehrbuchs des Verwaltungsrechts bestand zunächst darin, dass an den Universitäten der DDR Verwaltungsrecht als Fach wieder auftauchen konnte. Damit wurden jedenfalls diejenigen Kenntnisse vermittelt, die das System brauchte. Nebenbei öffneten sich Publikationsmöglichkeiten für

---

[188] *Ulrich Bernhardt,* Die Deutsche Akademie für Staats- und Rechtswissenschaft „Walter Ulbricht" 1948–1971, 1997.

[189] *Marcus Howe,* Karl Polak. Parteijurist unter Ulbricht, 2002, dort zur Babelsberger Konferenz, S. 191 ff. Vgl. generell *Rainer Eckert,* Wissenschaftler als Täter – Wissenschaftler als Opfer. Die DDR-Intelligenz zwischen wissenschaftlichem Ethos und geheimdienstlicher Verstrickung, in: Lothar Mertens/Dieter Voigt (Hrsg.), Opfer und Täter im SED-Staat, 1998, S. 199 ff.

[190] *Jörn Eckert* (Hrsg.), Die Babelsberger Konferenz vom 2./3. April 1958, 1993, dort insbesondere *Karl Bönninger* zur Verwaltungsrechtswissenschaft, S. 203 ff.; *Bernhard Diestelkamp,* Zur Rolle der Rechtswissenschaft in der sowjetisch besetzten Zone Deutschlands und der frühen Deutschen Demokratischen Republik, ZNR 1996, S. 86 ff. (zur Babelsberger Konferenz S. 91 ff.).

[191] *Monika Kaiser,* Machtwechsel von Ulbricht zu Honecker. Funktionsmechanismen der SED-Diktatur in Konfliktsituationen 1962 bis 1972, 1997.

[192] Auch dass der 1958 kritisierte Karl Bönninger wieder im Autorenkollektiv mitarbeiten durfte, ist ein Anzeichen hierfür.

[193] Art. 103 Abs. 1 Verfassung der DDR i. d. F. v. 7. 10. 1974; Eingabengesetz v. 19. 6. 1975.

verwaltungsrechtliche Themen. Die dort geführte Diskussion ist für westlich geschulte Leser oft schwer zu entschlüsseln, weil es in diesen unter Zensur stehenden Texten auf Nuancen ankam. In der Aufsatzliteratur ab etwa 1985 kann man feststellen, dass im Gefolge der Politik *Gorbatschows* vorsichtige weitere Lockerungen erprobt wurden, etwa zur Wiedereinführung einer verwaltungsgerichtlichen Kontrolle. Manchmal verwies man mit kleinen positiven Akzenten auf Fortschritte in den „Bruderländern" Polen und Ungarn. Insgesamt änderte sich aber der seit 1971 erreichte Zustand des Verwaltungsrechts und der Verwaltungsrechtslehre nicht mehr prinzipiell. Die letzten Versuche, weitere Annäherungen an die internationalen Standards der Rechtsstaatlichkeit (KSZE)[194] zu erzielen, gingen im Kollaps des Systems 1989 unter. Seither ist das öffentliche Recht der ehemaligen DDR ein Feld der juristischen Zeitgeschichte.[195]

H. Rechtsstaat versus Leistungsstaat

I. Rückkehr zum Rechtsstaat

106 Das erste Jahrzehnt der Bundesrepublik war beherrscht vom Wiederaufbau des Rechtsstaats, von der Aktivierung des Grundgesetzes im Verwaltungsrecht sowie vom Aufbau der Verwaltungsgerichtsbarkeit. So blieben auch die Lehrbücher relativ unbeweglich. Was *Forsthoff* mit seinem Gespür für moderne Entwicklungen fixiert hatte, veränderte erst langsam die Sichtweise auf die kommunale Ebene und den Leistungsstaat.[196] Zunächst dominierte die Feinstrukturierung des rechtsstaatlichen Verwaltungsrechts, etwa im Lehrbuch von *Hans Julius Wolff*, der die Fülle der Einzelheiten durch eine detaillierte Systematik zu bändigen suchte. Den Weg von *Hans Peters*, einer doppelten Integration von Verwaltungsrecht und Verwaltungslehre sowie von Allgemeinem und Besonderem Teil,[197] versuchte vorerst niemand mehr zu gehen. „Zu neuen Systementwürfen ist es", wie *Fritz Ossenbühl* feststellte, „nicht gekommen", jedenfalls nicht in den ersten beiden Jahrzehnten.[198] Diese Wiederaufbauarbeit und die sich breit entfaltende Verwaltungsgerichtsbarkeit saugten gewissermaßen die Reflexionskapazität der Verwaltungsrechtswissenschaft auf. Die steuernde Wirkung des erstmals vorhandenen obersten Bundesverwaltungsgerichts musste ebenso in der Praxis erfahren werden wie der Einfluss des neuen Bundesverfassungsgerichts. Umfassenden Schutz gegen rechtswidrige Eingriffe der öffentlichen Gewalt zu gewähren, war die Devise.[199]

1. Subjektivierung

107 Dies konnte nur gelingen durch die Ausdehnung des Gesetzesvorbehalts[200] sowie durch eine „Subjektivierung des Verwaltungsrechts". Die aus dem 19. Jahr-

---

[194] *Hans-Heinrich Wrede*, KSZE in Wien. Kursbestimmung für Europas Zukunft, 1990.
[195] *Joachim Hoeck*, Verwaltung, Verwaltungsrecht und Verwaltungsrechtsschutz in der Deutschen Demokratischen Republik, 2003; *Michael Stolleis*, Sozialistische Gesetzlichkeit. Staats- und Verwaltungsrechtswissenschaft in der DDR, 2009.
[196] *Georg Hermes*, Staatliche Infrastrukturverantwortung, 1998.
[197] *Hans Peters*, Lehrbuch der Verwaltung, 1949.
[198] *Fritz Ossenbühl*, Die Weiterentwicklung der Verwaltungswissenschaft, in: Jeserich/Pohl/v. Unruh (Hrsg.), Verwaltungsgeschichte V, S. 1146.
[199] *Klein/Herrfahrdt*, Generalklausel (Fn. 163), S. 77 ff.
[200] Zum Gesetzesvorbehalt vgl. → Bd. I *Reimer* § 9 Rn. 23 ff.

hundert stammende Lehre vom Gesetzesvorbehalt, die für jeden Eingriff der monarchischen Gewalt in „Freiheit und Eigentum" eine vom Parlament gebilligte gesetzliche Grundlage forderte, erhielt im Kontext der parlamentarischen Demokratie eine neue Bedeutung. Nun sollten unmittelbare und mittelbare Grundrechtseingriffe gesetzlich gedeckt, der Obrigkeitsstaat sollte ausgetilgt, schließlich alle Verwaltungstätigkeit ohne Rücksicht auf ihren Eingriffscharakter parlamentarisch vorstrukturiert sein.[201] Eine große Welle der Verrechtlichung ergriff das Schul- und Universitätsrecht, das Wirtschaftsverwaltungsrecht, den Strafvollzug und andere Bereiche des Verwaltungshandelns, in denen sich noch Residuen „freier" Entscheidung bzw. „Verwaltungswillkür" fanden. Dies geschah unter dem Leitgedanken, dass die einzelnen Grundrechte und die in ihnen insgesamt niedergelegte „Wertordnung" alle Gebiete des geltenden Rechts durchdringen sollten. Der Einzelne und seine Rechte, einschließlich der Rechtsschutzgarantien, bildeten für etwa drei Jahrzehnte den Mittelpunkt auch des verwaltungsrechtlichen Denkens. Das war ein Zugewinn an Freiheitlichkeit und Rechtssicherheit, zumal dort, wo es früher nur „Arkana" gegeben hatte. Aber es verfestigte sich auch das rechtliche Korsett der Verwaltung, die nun immer weniger kreativ handeln konnte und dauerhaft in Gefahr geriet, von den Verwaltungsgerichten gebremst zu werden.[202]

2. Verrechtlichung

108 Parallel zu dieser Verrechtlichung der Verwaltungsrechtsverhältnisse wandelte sich die Position des Bürgers. Er war nicht mehr länger Untertan. Wissenschaft und Rechtsprechung entdeckten den Bürger als Träger von „Ansprüchen", einklagbaren materiellen Leistungen und Rechtspositionen. In den besonderen Gewaltverhältnissen trennte man schärfer zwischen dem Befehlsempfänger und dem „mündigen Bürger", der seinen grundrechtlich geschützten Aktionsraum soweit wie möglich behalten sollte. Auch der Fürsorgeempfänger erhielt nun einen „Rechtsanspruch".[203] Das war der Abschluss einer etwa hundertjährigen Debatte. Hatte man im 19. Jahrhundert zunächst nur von freiwilligen Leistungen oder allenfalls subjektiven Reflexrechten objektiver Regelungen sprechen wollen (*Gerber, Laband, O. Mayer*) und war erst später zur Anerkennung einzelner subjektiv-öffentlicher Rechte vorangeschritten (*G. Jellinek*), so wurden diese Ansätze im Nationalsozialismus zunächst wieder gänzlich zunichte. Der Volksgenosse, der mit der Führung einig war, brauchte – so hieß es – weder Grundrechte noch subjektiv-öffentliche Rechte, und derjenige, der mit der Führung uneins war, sollte sie ohnehin nicht haben. Nun also, im wiederhergestellten Rechtsstaat, wurde der Bürger endgültig Träger eigener Rechte gegen den Staat.

109 Diese Ausstattung mit eigenen und einklagbaren Rechten war das Pendant zu der weitgehenden Abhängigkeit des Individuums in industriellen Gesellschaf-

---

[201] *Dietrich Jesch*, Gesetz und Verwaltung, 1961; *Hans H. Rupp*, Grundfragen der heutigen Verwaltungsrechtslehre, 1965, 2. Aufl. 1991; *Fritz Ossenbühl*, Verwaltungsvorschriften und Grundgesetz, 1968; *Walter Krebs*, Vorbehalt des Gesetzes und Grundrechte, 1975. Vgl. hierzu nun *Tanja Schmidt*, Die Subjektivierung des Verwaltungsrechts. Dargestellt anhand der Entwicklung der Ermessensansprüche innerhalb der ersten zwei Nachkriegsjahrzehnte, 2006.
[202] *Erich Becker/Helmut Rumpf*, Verwaltung und Verwaltungsrechtsprechung, VVDStRL, Bd. 14 (1956), S. 96 ff., 136 ff.
[203] BVerwGE 1, 151.

ten von staatlich geordneten und dargereichten Leistungen. Zu dieser für alle modernen Industriegesellschaften typischen Dialektik kam die Traumatisierung der bundesrepublikanischen Gesellschaft durch die Erfahrung des Nationalsozialismus. So entstand der politische Wunsch, den Rechtsstaat auch materiellrechtlich dadurch zu perfektionieren, dass nicht nur Wohlstand, sondern auch einklagbare Ansprüche gegeben wurden. Der mündige Bürger sollte aus seiner Objektrolle gegenüber der Verwaltung heraustreten. Eine zwanzigjährige ökonomische Wachstumsperiode begünstigte dies: man konnte verteilen, ohne jemandem Beschränkungen aufzuerlegen. Die Rechtsprechung wurde auf diese Weise zum zentralen Verteilungsorgan; eines Gesetzgebers bedurfte es dann nicht mehr, wenn es gelang, eine objektive Norm in eine subjektive Berechtigung umzudeuten. Die Rolle der Wissenschaft wurde angesichts dieser Verschiebungen noch deutlicher „dienend". Sie arbeitete der Rechtsprechung vor und nach, sie umspielte sie gewissermaßen, konnte aber selbst nichts Verbindliches mehr dazu beitragen. Daran hat sich bis heute nichts geändert.

3. Umsetzung der Grundrechte

Wichtigstes methodisches Mittel für diese Subjektivierung des Verwaltungsrechts war die unmittelbare Geltung der Grundrechte (Art. 1 Abs. 3 GG).[204] Diese möglichst breit zu entfalten und bei Grundrechtskollisionen eine harmonisierende Lösung zu finden, war nicht nur Aufgabe der Verfassungsgerichtsbarkeit, sondern auch der Verwaltung des Alltags und der Verwaltungsgerichte. Bauherr und Nachbar, Subventionsempfänger und benachteiligter Konkurrent, beförderter und nicht beförderter Beamter, Konzessionsbewerber, Sozialhilfeempfänger, Industriebetrieb und Anrainer – alle diese Zweierbeziehungen, Dreiecksverhältnisse oder polygonalen Vernetzungen waren auch Grundrechtsbeziehungen. Seit man gelernt hatte, jede Einzelnorm „im Lichte" des dahinter stehenden Grundrechts auszulegen, traten Verfassungs- und Verwaltungsrecht wieder näher zusammen. Das Verwaltungsrecht wurde von der den Grundrechten unterlegten „objektiven Wertordnung" durchdrungen und zum Teil, wo das Gesetz versagte, durch unmittelbar aus dem Grundgesetz entwickelte Leistungsansprüche ergänzt. Verwaltungsrechtsdogmatik war von da an um eine Dimension reicher und entsprechend komplizierter. Die einfache Subsumtion unter den Gesetzestext wurde (und wird) ergänzt durch verfassungsrechtlich unterlegte „Abwägungen".[205]

110

II. Veränderung des Staatsbildes

Diese in jahrzehntelanger Kleinarbeit von Rechtsprechung und Wissenschaft vollzogene Verschiebung der verwaltungsrechtlichen Perspektive hatte ihre Konsequenzen nicht nur im Verhältnis zwischen Staat und Bürger, sondern auch für die Binnenstruktur des Staates. Zum einen drang die Grundrechtsmaterie auch in bislang abgeschottete Bereiche des Beamten-, Schul-, Soldaten- oder

111

---

[204] Zur Bedeutung der Grundrechte → Bd. I *Masing* § 7 Rn. 37 ff.
[205] *Bernhard Schlink*, Abwägung im Verfassungsrecht, 1976; *Eckhard Pache*, Tatbestandliche Abwägung und Beurteilungsspielraum, 2001; *Karl-Heinz Ladeur*, Kritik der Abwägung in der Grundrechtsdogmatik, 2004.

Strafvollzugsrechts und in andere „Besondere Gewaltverhältnisse" ein. Es zeigte sich, dass die Bürger, die dort Sonderbindungen unterworfen sind, ihren Bürgerstatus keineswegs vollständig aufgegeben haben.[206] Zum anderen konnten nun juristische Personen des öffentlichen Rechts wie Gemeinden und Gemeindeverbände, Universitäten oder Rundfunkanstalten „gegen" den Staat klagen. Für öffentlichrechtliche Sozialversicherungsträger ist dies ebenfalls befürwortet worden.

112 Der Parteien- und Verbändestaat der zweiten Hälfte des 20. Jahrhunderts gewann ein völlig anderes Aussehen als die konstitutionelle Monarchie, unter der *Otto Mayer* sein Verwaltungsrecht konzipiert hatte. Der Staat des ausgehenden 20. Jahrhunderts befahl immer weniger, er paktierte und arrangierte sich mit sozialen Mächten,[207] diskutierte mit Gruppen und er rang über die Massenmedien um Akzeptanz bei seinen Bürgern. Die Verwaltungsrechtswissenschaft, die mehr oder weniger unbewusst mit den Postulaten des Gewaltmonopols und der Einheit der Verwaltung weiterarbeitete, nahm diese Veränderung zögernd wahr und setzte sie dogmatisch um, etwa im Bereich der Rechtsquellenlehre und der Steuerung der Verwaltung durch Untergesetzesrecht oder durch Überprüfung der traditionellen Lehre von den Handlungsformen.

1. Der aktive Interventionsstaat

113 Die Bundesrepublik Deutschland war seit ihrer Gründung ein sozialer, also ein in beschützender Absicht in den Markt intervenierender Staat. Das entsprach ihrer wirtschaftlichen Lage, den Erwartungen ihrer Bürger und vor allem ihren Traditionen. Die öffentlichrechtliche Überformung des Handwerks und der freien akademischen Berufe, der Kirchen, der Sozialversicherung, des Schul- und Universitätswesens, des Hörfunks und Fernsehens, der landwirtschaftlichen Produktion, der Polizeistunde und des Ladenschlusses oder die staatliche Förderung der Kunststätten und Museen wurden wie selbstverständlich fortgeführt. Das gleiche galt für die kommunale Daseinsvorsorge, die hoheitliche Regulierung des Agrarmarkts, das Subventionswesen, die Wirtschaftslenkung und die Sozialversicherung.[208] Die entsprechenden Rechtsgebiete (Kommunalrecht, Wirtschafts-, Sozial- und Kulturverwaltungsrecht) expandierten. Mit einer gewissen Verzögerung entstand eine entsprechende Dogmatik des „Leistungsverwaltungsrechts", die allerdings nach wie vor schwächer ausgeformt blieb als die traditionelle Dogmatik des „Eingriffs". Seit den siebziger Jahren setzte sich dort das auf Dauer angelegte und oft polygonale „Verwaltungsrechtsverhältnis" als Grundfigur durch.

2. Der planende Staat

114 Der soziale Interventionsstaat war von Anfang an auch Planungsstaat. Wollte er nicht „wild" intervenieren und seine Ressourcen verzetteln, musste er planen, d.h. unterhalb der Gesetzesebene Rahmendaten für staatliche Unterstützungen oder knapp verfügbare Güter verbindlich festschreiben. Auf diese Weise wurde

---

[206] *Krüger/Ule*, Gewaltverhältnis (Fn. 169), S. 109 ff. (133 ff.).
[207] *Volker Schlette*, Die Verwaltung als Vertragspartner, 2000; → Bd. I *Voßkuhle* § 1 Rn. 10.
[208] *Ulrich Scheuner/Adolf Schüle*, Die staatliche Intervention im Bereich der Wirtschaft, VVDStRL, Bd. 11 (1954), S. 1 (75 ff.).

– den Rhythmus der Legislaturperioden übergreifend – auf kommunaler, regionaler und Landesebene die Verwendung von Geld und anderen Ressourcen „verplant" (fachübergreifende Planungen, Fachplanungen). Ein Planungsrecht entstand, wobei explizite Rückgriffe auf die entsprechende Debatte des Nationalsozialismus sorgfältig vermieden wurden.[209] Es wuchs langsam an und erreichte von der Mitte der sechziger bis in die Mitte der siebziger Jahre seinen Höhepunkt. Danach setzte sich wieder eine gewisse Skepsis gegenüber der „Planungseuphorie" in Kommunalpolitik, Wirtschaft und Finanzwesen, Bildungs- und Sozialpolitik durch.[210]

3. Teilkodifikation des Allgemeinen Teils

115 Schließlich griff der Gesetzgeber in die Materien des Allgemeinen Teils ein. Die Verwaltungsgerichtsordnung (VwGO, 1960) und die Bundes- und Länderverwaltungsverfahrensgesetze (VwVfG, 1976) markierten zwei wesentliche Kodifikationsstufen für das Verwaltungsrecht der Bundesrepublik. Die VwGO bildete die Basis für die nun einheitlich geordnete und gleichrangig gewordene Rechtsprechung. Sie wirkte an vielen Stellen auch auf das materielle Verwaltungsrecht zurück. Seither gehört das Verwaltungsprozessrecht zum festen Bestand des Universitätsunterrichts im Verwaltungsrecht. Bedeutendes wissenschaftliches Interesse zieht die VwGO heute allerdings nicht mehr auf sich; die wesentlichen Fragen sind geklärt, vor allem durch die Rechtsprechung selbst. Anders das VwVfG. Es kodifiziert einen Teil des früher allein durch die Wissenschaft vermittelten Allgemeinen Teils des materiellen Verwaltungsrechts. So weit es reicht, schneidet es eine Reihe älterer Streitfragen ab. Maßgebend ist seither nicht mehr das wissenschaftliche Lehrbuch, sondern der das Gesetz erläuternde Kommentar.

IV. Vom Wirtschaftswunder zur Verwaltung des Mangels

116 Betrachtet man die Wissenschaft des Verwaltungsrechts der Bundesrepublik rückblickend bis in die siebziger Jahre des 20. Jahrhunderts, dann sieht man mehr als eine Generation lang Anstrengungen, den Rechtsstaat aufzubauen und zu perfektionieren. Die Wohlstandsperiode begünstigte den Ausbau des Leistungsstaats, zum einen des Sozialstaats, zum anderen der Subventionen, die zur Erhaltung traditioneller Strukturen und Arbeitsplätze in der Landwirtschaft, im Bergbau, im Schiffsbau und anderen Branchen gegeben wurden. Der dafür wachsende Geldbedarf musste auf der Einnahmeseite gewonnen werden. Aufgrund der hohen Standards der Verrechtlichung wuchsen so die Normmengen des Steuerrechts ebenso wie die des Sozialrechts und Subventionsrechts.

117 Nach dem Aufbau der wichtigsten Strukturen des Rechtsstaats samt einer Gewöhnung an die Mechanismen der Rechtsprechung von Verwaltungsgerich-

---

[209] *Max Imboden/Klaus Obermayer*, Der Plan als verwaltungsrechtliches Institut, VVDStRL, Bd. 18 (1960), S. 113 (144 ff.).

[210] *Michael Ruck*, Ein kurzer Sommer der konkreten Utopie – Zur westdeutschen Planungsgeschichte der langen 60er Jahre, in: Axel Schildt (Hrsg.), Dynamische Zeiten: die 60er Jahre in den beiden deutschen Gesellschaften, 2000, S. 362 ff.; *Dirk van Laak*, Zwischen „organisch" und „organisatorisch". „Planung" als politische Leitkategorie zwischen Weimar und Bonn, in: Burkhard Dietz/Helmut Gabel/Ulrich Tiedau (Hrsg.), Griff nach dem Westen, 2003, S. 67 ff.

§ 2 Entwicklungsstufen der Verwaltungsrechtswissenschaft

ten und Bundesverfassungsgericht, einschließlich ihrer dichten publizistischen Vermittlung, setzte um das Jahr 1967 die erwähnte Phase der Planung ein. Sie löste die Phase der Expansion im Zeichen des „Wirtschaftswunders" ab. Man öffnete sich den westlichen Ideen der „Planung", deren Rezeption bisher durch die Konnotation von Planung und Totalitarismus gebremst waren. Nun konnte *Joseph H. Kaiser* 1965 schreiben: „Planung ist der große Zug unserer Zeit. Planung ist ein gegenwärtig ins allgemeine Bewußtsein aufsteigender Schlüsselbegriff unserer Zukunft".

118 Die Umsetzung von „Planzielen" durch Verwaltungsrecht war auch in methodischer Hinsicht ein Signal. Sie machte nämlich sichtbar, was schon seit langem auch auf anderen Rechtsgebieten diskutiert wurde. Das klassische Konditionalprogramm, das auf einen klar umrissenen Tatbestand mit einer ebenso klaren Rechtsfolge antwortete, wurde mehr und mehr von Finalprogrammen verdrängt. Dem offen formulierten Ziel folgt die Ermächtigung an die Verwaltung, das passende Mittel zu wählen, also hoheitlich oder nichthoheitlich zu handeln, öffentlich- oder privatrechtlich. Diese Wahlfreiheit musste dann von Verwaltungsrechtswissenschaft und Verwaltungsgerichtsbarkeit durch Verfahrensregeln und das Prinzip der Verhältnismäßigkeit sowie durch Verrechtlichung der Ermessenslehre eingegrenzt werden. Dahinter steht die Einsicht der modernen Methodenlehre und der Linguistik, dass die steuernde Norm regelmäßig nur ein abstraktes und sprachlich notwendig unscharfes Programm bietet, aus dem die Verwaltung unter Beachtung rechtsstaatlicher Eckwerte auszuwählen hat.[211]

119 Das führt zu den bekannten Schwierigkeiten der Vorhersehbarkeit des Verwaltungshandelns und zum Vordringen des Privatrechts, aber auch zu Zweifeln, ob die verwaltungsrechtliche Dogmatik ihre eigentliche Aufgabe, den Rechtsanwender im Durchschnittsfall zu entlasten, die Argumentation rational nachvollziehbar zu machen, die Fülle der Fragen auf „große Linien" zurückzuführen und zu einem System zu ordnen,[212] noch zufriedenstellend erfülle.

120 Weiter heißt es, die traditionelle Dogmatik sei zu stark an der Mechanik von Einzeleingriff und Rechtsschutz orientiert, sie verfahre immer noch nach dem Schema klarer Trennbarkeit von Staat und Gesellschaft, obwohl dieses Schema die Realität nicht mehr abbilde. Bemängelt wird auch, dass die Dogmatik sich immer noch um den Angelpunkt des subjektiv-öffentlichen Rechts und des einzelnen Verwaltungsaktes drehe, den sie als gesetzesgebundenen Exekutivakt verstehe, während die heutige Verwaltung sich viel stärker an Zwecken orientiere, flexibler handle und die (anfechtbare) Einzelentscheidung vermeide. An die Stelle des Verwaltungsaktes trete inzwischen vielfach das „Verwaltungsrechtsverhältnis". Besorgniserregend sei das Verhältnis von Verfassungs- und Verwaltungsrecht; immer häufiger zeige sich die Neigung zum direkten Durchgriff auf die Verfassung, immer häufiger werde die ordnende und filternde Dogmatik zugunsten einer mehr oder weniger vagen Abwägungsjurisprudenz unter Berufung auf Art. 1 Abs. 3 GG beiseite geschoben. Schließlich gebe es vor allem im Bereich der Leistungsverwaltung dogmatische Defizite, etwa im Subventions- und Sozialrecht, aber auch in jungen Gebieten wie im Datenschutzrecht, bei der Gentechnik oder im Umweltschutzrecht.

---

[211] → Bd. I *Trute* § 6 Rn. 3, *Schmidt-Aßmann* § 5 Rn. 65 f., *Poscher* § 8 Rn. 60.
[212] *Schmidt-Aßmann*, Ordnungsidee.

H. Rechtsstaat versus Leistungsstaat

Da diese Einwände hier nicht weiter verfolgt werden können, mag in historischer Perspektive die Feststellung genügen, dass sich die Verwaltungsrechtswissenschaft im letzten Drittel des 20. Jahrhunderts immer deutlicher der Tatsache bewusst geworden ist, welche Distanz mittlerweile zwischen dem hierarchischen Modell der Verwaltung zur Zeit *Otto Mayers* und der heutigen Verwaltung liegt.[213] Es ist die Distanz eines Jahrhunderts, aber eines Jahrhunderts mit zivilisatorischen Katastrophen, mit gewaltigen technischen Veränderungen, mit grundlegenden sozialen Veränderungen der Lebens- und Wertewelt. Es ist – sozusagen – kein Stein auf dem anderen geblieben. Die Verwaltung selbst ist mit derjenigen vor hundert Jahren nur im Umriss vergleichbar. Die Gesellschaft hat ihre Binnengliederung weitgehend verloren, sie ist zur egalitären Massengesellschaft geworden, auch wenn die Gegensätze von arm und reich durchaus nicht verschwunden sind. Ihre Akteure sind Verbände und Parteien; entsprechend tendieren auch viele Verwaltungsverfahren dazu, Massenverfahren zu werden. Die Grenzen zwischen Staat und Gesellschaft sind durchlässig, zumal in den letzten Jahren eine starke Reprivatisierung öffentlicher Aufgaben stattgefunden hat. Immer mehr Entscheidungen der Verwaltung haben so komplexe Auswirkungen, dass sie nur noch als zeitlich gestreckte Verfahren, durchsetzt mit Rücknahme- und Experimentierklauseln realisiert werden können.

V. Verwaltungsrechtswissenschaft in der Ausbildung, Beziehungen zu Gerichtsbarkeit und Verwaltungspraxis

Die Lage der Verwaltungsrechtswissenschaft an den Universitäten und später auch Fachhochschulen veränderte sich in den fünf Jahrzehnten der Bundesrepublik in mehrfacher Hinsicht. Die Studentenzahlen stiegen zunächst langsam an und erreichten erst Mitte der sechziger Jahre wieder das Niveau vor dem Nationalsozialismus. Ab etwa 1970 stiegen sie steil an. Die alte Ordinarienuniversität verwandelte sich in die moderne Massenuniversität. Entsprechend stieg die Zahl von etwa 80–100 Öffentlichrechtlern auf gegenwärtig über 700 an. Von ihnen definieren sich etwa 300 primär als „Verwaltungsrechtler". Während die Ausbildung für das Staatsexamen relativ gleichförmige Standards garantiert, hat sich die Forschung stark spezialisiert. Der alte Kanon verwaltungsrechtlicher Teilgebiete ist längst gesprengt. Was die Gebiete heute zusammenhält, ist weniger der Allgemeine Teil als der durchgängige Verfassungsbezug und die enge Verbindung zum Europarecht.[214]

Dementsprechend enthalten die Studienpläne nicht etwa nur „Verwaltungsrecht", sondern diverse verwaltungsrechtliche Wahlpflichtfächer und Wahlfächer. Dabei ist allerdings die in den siebziger Jahren zu einem großen Erfolg aufgebrochene „Verwaltungslehre" nicht zu einem neuen Schwerpunkt geworden. Wer sich heute über Politische Wissenschaft, Verwaltungssoziologie, Finanzwissenschaft, Planungswissenschaft u. ä. unterrichten will, muss dies au-

---

[213] *Meyer-Hesemann*, Methodenwandel.
[214] *Thomas v. Danwitz*, Verwaltungsrechtliches System und Europäische Integration, 1996; *Claus D. Claasen*, Die Europäisierung der Verwaltungsgerichtsbarkeit, 1996; *Stefan Kadelbach*, Allgemeines Verwaltungsrecht unter europäischem Einfluß, 1999.

ßerhalb der Juristischen Fachbereiche tun. Die Bemühungen um „Öffnung" sind mehr oder weniger an der Dauerbelastung im Massenstudium gescheitert.

124 Eine ähnliche Entwicklung hat das Angebot bei den Lehrbüchern und Zeitschriften genommen. Heute vertreibt jeder juristische Fachverlag Lehrbücher, „Lernbücher", Grundrisse, Fallsammlungen und Wiederholungskurse. Für Polizeirecht, Kommunalrecht, Planungsrecht, Baurecht, Wirtschaftsverwaltungsrecht, Umweltrecht, Sozialrecht, Medienrecht usw. gibt es zahlreiche spezielle Lehrbücher. Ursprünglich genügten drei Zeitschriften (DÖV, DVBl, Verwaltungsarchiv). Heute sind länderspezifische und sektoral spezifische Zeitschriften hinzugekommen (NVwZ), etwa für Sozialrecht (Sozial- und Jugendhilfe separat), Datenschutzrecht oder Steuerrecht. Für Studierende ist diese Fülle längst unheimlich geworden. Repetitorien schlagen Schneisen in das wuchernde Detailwissen und verkaufen das Gut „Sicherheit im Examen" zu hohen Preisen. Daran partizipieren wiederum Autoren und Verlage.

125 Die Studierenden wählen aus diesem Angebot aus. Dabei erringt den Sieg das zuverlässige, nicht zu umfangreiche und relativ preiswerte Werk.[215] Übermäßig wirkender Steuerungsfaktor ist die Examensrelevanz. Die Lehrbuchliteratur gehört deshalb auch nicht mehr zur Avantgarde des Fachs. Anders als im Jahrhundert zwischen 1850 und 1950, als die großen Lehrbücher das Fach überhaupt erst erschufen, finden sich heute die zukunftsweisenden Beiträge eher verstreut in den unterschiedlichsten Publikationsformen, meist wohl in gut geplanten Sammelbänden.[216]

126 Die Verwaltungsrechtswissenschaft war und ist eingebunden in das „unruhige Kontinuum" der Universität, mit dem sie alle Erfolge und Misserfolge teilte. Das meint die bruchlose Weiterverwendung der Hochschullehrer, die schon im NS-Staat Verwaltungsrecht gelehrt hatten, vielleicht nicht einmal zum Schaden des Fachs; denn gerade diesen Personen war die Zerbrechlichkeit des Rechtsstaats, die Relativität der aus dem 19. Jahrhundert tradierten Rechtsformen, die Aggressivität einer normativ ungesteuerten Verwaltung und die Allgegenwart der „Daseinsvorsorge" in besonderer Weise präsent. Die Verwaltungsrechtswissenschaft hat in dieser Universität die Turbulenzen der Jahre nach 1965, die Expansion der Lehr- und Forschungskapazitäten sowie den Übergang in die Massenuniversität miterlebt und mitgestaltet. War sie um 1950 noch ein relativ kleines Segment der Ausbildung, gehört sie heute – ausweislich der Lehrpläne und der Ausbildungspraxis – zu den tragenden Säulen.

127 Ein weiterer wichtiger Faktor ist die Beziehung zur Verwaltungsgerichtsbarkeit. Seit die drei Zweige der öffentlich-rechtlichen Gerichtsbarkeit (Verwaltungs-, Sozial- und Finanzgerichtsbarkeit) sich wieder voll etabliert hatten, war die Verwaltungsrechtslehre fixiert auf deren „Entscheidungen", nicht anders als das Staatsrecht und andere Zweige der Rechtswissenschaft mit ihrem Blick auf das Bundesverfassungsgericht und die Bundesgerichte. Da heute jede öffentlich-rechtliche Streitigkeit das Nadelöhr der Verwaltungsgerichtsbarkeit zu passieren hat, wird auch der wissenschaftliche Streitstoff von jenen „Entscheidungen" aufgezehrt. Insbesondere bei Großprojekten schauen Wissenschaft und Praxis

---

[215] Exemplarisch *Maurer*, VerwR.
[216] Siehe etwa *Hoffmann-Riem/Schmidt-Aßmann/Schuppert* (Hrsg.), Reform; *Wolfgang Hoffmann-Riem/Eberhard Schmidt-Aßmann* (Hrsg.), Konfliktbewältigung durch Verhandlungen, 2 Bde., 1990; *dies.*, Innovation, *dies.*, Auffangordnungen.

hoffend oder bangend auf die Gerichtsbarkeit, je nachdem ob sie „grünes Licht" oder eine heilsam bremsende „katechontische" Wirkung erwarten. Die wissenschaftliche Reflexion verwaltungsrechtlicher Probleme ist auf diese Weise, viel stärker als in ihrer Gründungsepoche im ausgehenden 19. Jahrhundert, ein Sekundärphänomen geworden. Allerdings kann man in den letzten beiden Jahrzehnten insoweit einen Wandel feststellen. Zunächst sind, nicht anders als im Bürgerlichen Recht oder im Strafrecht, viele Grundsatzfragen entschieden, kanonisiert und zu Rechtssätzen verdichtet worden, so dass eine gewisse Entlastung eingetreten ist. Gleichzeitig haben Gesetzgebung und Verwaltung gelernt, mit den Kontrollmechanismen der Verwaltungsgerichtsbarkeit flexibler als früher umzugehen und sich im Voraus auf Standards einzustellen; gewisse große Entscheidungsfelder haben sich überraschend verkleinert.[217] Schließlich sind die Auswirkungen der Entscheidungen des Bundesverfassungsgerichts und des Europäischen Gerichtshofs heute oft weit bedeutsamer als die der Verwaltungsgerichte. Wegen der wachsenden Durchmischung des Verwaltungsrechts mit privatrechtlichen Elementen wächst aber auch die Bedeutung der Zivilgerichtsbarkeit.

Der dritte und wichtigste Beziehungspunkt der Verwaltungsrechtswissenschaft ist die Verwaltung selbst. Aus ihr entsteht die eigentliche Dynamik, die Vervielfältigung der bürokratischen Apparate[218] auf der Ebene der Europäischen Gemeinschaft, im Bundesstaat, in nunmehr sechzehn Bundesländern und in zahllosen staatlichen und halbstaatlichen Sonderverwaltungen. Von hier kommt die zunehmende Technisierung der Verwaltung mit dem für sie typischen computerisierten „Massenverwaltungsakt" sowie die vereinheitlichende Kraft der Norm- und Regelwerke, mit denen die Verwaltung die gesamte industrielle Produktion, die Planung und das Bauwesen, den Freizeit- und Konsumbereich überzogen hat. Technikrecht und Kommunikationsrecht, Datenschutzrecht, Umweltrecht, Bau- und Planungsrecht, Kulturverwaltungsrecht, Sozialrecht und Steuerrecht samt ihren durchgängigen europarechtlichen Komponenten haben sich im Verlauf von fünf Jahrzehnten in ein unüberschaubares Delta verzweigt, dem offenbar keine strukturierende Ordnungsidee mehr zugrunde liegt. Was in den Jahren nach 1945 der Leitgedanke des „Rechtsstaats" war, hat sich inzwischen in relativ autonome Sektoren mit divergierenden Zielvorstellungen (Gleichheit, Sicherheit, Effektivität, zwischenstaatliche Homogenität, Freiheit des Warenverkehrs und der Dienstleistungen) aufgelöst.

Ob es der Wissenschaft gelingt, ihre Kräfte auf die traditionellen Funktionen eines Allgemeinen Teils des Verwaltungsrechts (Rechtssicherheit, Transparenz, Entlastung) zu konzentrieren,[219] bleibt offen. Immerhin finden aber Grundfragen der verwaltungsrechtlichen Handlungsformen, der Leistungsverwaltung, der Beziehungen zu Zivil- und Strafrecht sowie der historischen Rückbindung der Dogmatik in den letzten Jahren wieder wachsendes Interesse.[220] Die Durchmi-

---

[217] Zu denken ist etwa an den Rückgang der Asylverfahren, der ausländerrechtlichen Entscheidungen, der Eilverfahren im Bereich der Sozialhilfe, der Numerus-Clausus-Entscheidungen im Hochschulrecht.
[218] → Bd. I *Poscher* § 8 Rn. 56 f., *Hoffmann-Riem* § 10 Rn. 17 ff., *Groß* § 13 Rn. 63 ff.
[219] So das Postulat von *Schmidt-Aßmann*, Ordnungsidee.
[220] Siehe etwa die Reihe „Ius Publicum" (Mohr/Siebeck Verlag Tübingen), die inzwischen die repräsentative Reihe für Habilitationsschriften des Öffentlichen Rechts geworden ist.

schung der Exekutive mit Elementen des Privatrechts wird vermutlich auch rechtstheoretisch zu einer Abflachung des im 19. Jahrhundert aufgebauten traditionellen Gegensatzes von „privat" und „öffentlich" führen.[221] Weiter drängen sich Fragen auf, inwiefern der Übergang von einer europäischen Wirtschaftsgemeinschaft auf eine politische und „verfasste" Union Verwaltung und Verwaltungsrecht verändern wird. Sowohl die Rechtsvergleichung des öffentlichen Rechts als auch die Dogmatik des Verwaltungsrechts werden sich dabei noch stärker öffnen müssen, um die notwendigen Korrekturen im Sinne der Herausarbeitung eines „gemeinen europäischen Verwaltungsrechts" vornehmen zu können.

130 Je rascher die Prozesse der Europäisierung des Verwaltungsrechts und der weltweiten Verflechtung von Information und Ökonomie voranschreiten, desto mehr wird sich die verwaltungsrechtliche Dogmatik auch ihrer eigenen Geschichte vergewissern müssen. Nur wenn sie ihren Weg in der Geschichte in theoretisch anspruchsvoller Weise reflektiert, kann sie eine angemessene Standortbestimmung vornehmen. Der Antagonismus von deskriptiver historischer Aussage und normativer Kommunikation und Dezision ist zwar theoretisch unüberwindbar, aber das im Zeitverlauf angesammelte Material bildet notwendig den Rohstoff für jeden Neubau. Auch die gegenwärtige neue Orientierung der Verwaltungsrechtswissenschaft ist nicht mehr und nicht weniger als eine Verständigung auf Zeit.

Ausgewählte Literatur

Engert, Markus, Die historische Entwicklung des Rechtsinstituts Verwaltungsakt, Frankfurt/Main 2002.
Feist, Hans-Joachim, Die Entstehung des Verwaltungsrechts als Rechtsdisziplin, München 1968.
Friedrich, Manfred, Geschichte der deutschen Staatsrechtswissenschaft, Berlin 1997.
Hahn, Erich J., Rudolf von Gneist (1816–1895). Ein politischer Jurist in der Bismarckzeit, Frankfurt/Main 1995.
Hoeck, Joachim, Verwaltung, Verwaltungsrecht und Verwaltungsrechtsschutz in der Deutschen Demokratischen Republik, Berlin 2003.
Hueber, Alfons, Otto Mayer. Die „juristische Methode" im Verwaltungsrecht, Berlin 1982.
Ishikawa, Toshiyuki, Friedrich Franz von Mayer. Begründer der „juristischen Methode" im deutschen Verwaltungsrecht, Berlin 1992.
Kley, Andreas, Geschichte des öffentlichen Rechts der Schweiz, Zürich/St. Gallen 2011.
Maier, Hans, Die ältere deutsche Staats- und Verwaltungslehre, 2. Aufl., München 1980.
Meinel, Florian, Der Jurist in der industriellen Gesellschaft. Ernst Forsthoff und seine Zeit, Berlin 2011.
Mohnhaupt, Heinz, Vorstufen der Wissenschaften von „Verwaltung" und „Verwaltungsrecht" an der Universität Göttingen (1750–1830), in: Jb. für Europäische Verwaltungsgeschichte, hrsgg. v. Erk V. Heyen (1989), S. 73–103.
Matsumoto, Naoko, Polizeibegriff im Umbruch. Staatszwecklehre und Gewaltenteilungspraxis in der Reichs- und Rheinbundpublizistik, Frankfurt/Main 1999.
Ossenbühl, Fritz, Die Weiterentwicklung der Verwaltungswissenschaft, in: Jeserich/Pohl/v. Unruh (Hrsg.), Verwaltungsgeschichte V, S. 1146.
Pauly, Johann C., Die Entstehung des Polizeirechts als wissenschaftliche Disziplin. Ein Beitrag zur Wissenschaftsgeschichte des öffentlichen Rechts, Frankfurt/Main 2000.
Pauly, Walter, Der Methodenwandel im deutschen Spätkonstitutionalismus, Tübingen 1993.

---

[221] *Hoffmann-Riem/Schmidt-Aßmann* (Hrsg.), Auffangordnungen; hierzu vor allem → Bd. I *Burgi* § 18 Rn. 35 ff., *Masing* § 7 Rn. 3 ff.

Ausgewählte Literatur

Simon, Thomas, „Gute Policey". Ordnungsleitbilder und Zielvorstellungen politischen Handelns in der Frühen Neuzeit, Frankfurt/Main 2004.

Stolleis, Michael, Geschichte des öffentlichen Rechts in Deutschland, Bd. I–IV, München 1988, 1992, 1999, 2012.

– (Hrsg.), Juristische Zeitschriften. Die neuen Medien des 18.–20. Jahrhunderts, Frankfurt/Main 1999.

– Konstitution und Intervention. Studien zur Geschichte des öffentlichen Rechts im 19. Jahrhundert, Frankfurt/Main 2001.

– Recht im Unrecht. Studien zur Rechtsgeschichte des Nationalsozialismus, Frankfurt/Main 1994, 2. Aufl. 2006.

– Sozialistische Gesetzlichkeit. Staats- und Verwaltungsrechtswissenschaft in der DDR, München 2009.

§ 3 Methoden

Christoph Möllers

Übersicht

	Rn.
A. Verwaltungsrecht als Rechtsgebiet und als Wissenschaftsdisziplin	1
I. Vorüberlegung	1
II. Verwaltungsrecht – Eigenschaften und Abgrenzungen	3
1. Koordinaten: Erzeuger und Adressaten des Verwaltungsrechts	3
2. Verwaltungsrecht als Recht der „Verwaltung"	4
3. Verwaltungsrecht als „Recht"	6
4. Verwaltungsrecht als öffentliches Recht	8
5. Verwaltungsrecht als Gesetzesrecht	11
6. Verwaltungsrecht als konkretisiertes Verfassungsrecht?	13
7. Verwaltungsrecht als Form	15
8. Verwaltungsrecht als Teil der deutschen Rechtsordnung	16
III. Eigenarten des Verwaltungsrechts – eine Zwischenbilanz	17
B. Methodische Zugänge zum Verwaltungsrecht	17
I. Möglichkeiten des Methodenverständnisses	18
1. Normatives und deskriptives Methodenverständnis	19
2. Anwendungs- und wissenschaftsbezogenes Methodenverständnis	21
II. Rechtsanwendung: Juristische Methode im Verwaltungsrecht	23
1. Gesetzesbindung: Normtextauslegung und Verfahrensbezug	23
2. Rechtsprechung: Kontrollerwartung – Präjudiz – Kontrolldichte	27
3. Höhere Normebenen: Verfassungsrecht – Europarecht – Völkerrecht	30
4. Methoden administrativer Normsetzung	33
5. Methoden der Tatsachenfeststellung	34
III. Übergänge zwischen Anwendung und Wissenschaft	35
1. Dogmatik und Systembildung	35
2. Begriffsbildung	38
IV. Methoden der Rechtswissenschaft	40
1. Rechtsvergleichung	40
2. Interdisziplinarität	42
a) Geschichtswissenschaftliche Bezüge	43
b) Wirtschaftswissenschaftliche Bezüge	45
c) Sozialwissenschaftliche Bezüge	47
d) Naturwissenschaftliche Bezüge	50
e) Kulturwissenschaftliche Bezüge	51
C. Disziplinbildung in Anwendung und Wissenschaft	52
I. Allgemeines und Besonderes Verwaltungsrecht	53
II. Verwaltungswissenschaften	56
III. Lehrgestalt und Forschungsgestalt des Verwaltungsrechts	57
IV. Verwaltungstheorie	58

Ausgewählte Literatur

§ 3 Methoden

A. Verwaltungsrecht als Rechtsgebiet und als Wissenschaftsdisziplin

I. Vorüberlegung

1 Das Verwaltungsrecht hat sich als ein eigenes Rechtsgebiet im Laufe des 19. Jahrhunderts in Deutschland etabliert.[1] Damit sind zwei Sachverhalte bezeichnet: Institutionell verselbstständigte sich im Gefolge der Industrialisierung ein Rechtskorpus, der das Handeln der Verwaltung verbindlich ordnete und auf eine rationalisierende, formale, verschriftlichte, also im doppelten Sinn „gesetzliche" Grundlage stellte.[2] Wissenschaftlich entstand eine neue Teildisziplin der Rechtswissenschaft, die Wissenschaft vom Verwaltungsrecht. Beide Entwicklungen sind voneinander zu unterscheiden, ohne dass sie voneinander getrennt werden könnten. Die Ausgestaltung des positiven Verwaltungsrechts hat Rückwirkungen auf das Selbstverständnis der Wissenschaft vom Verwaltungsrecht. Umgekehrt können auch Wandlungen des wissenschaftlichen Selbstverständnisses auf das positive Recht und seine praktische Anwendung Einfluss nehmen. Schon in der Bezeichnung „Verwaltungsrecht" als Kennzeichnung eines eigenständigen Rechtsgebiets finden Rechtswissenschaft und Rechtsanwendung zusammen.

2 Welche Eigenschaften aber zeichnen das Rechtsgebiet Verwaltungsrecht aus und ermöglichen es, dieses von anderen Rechtsgebieten zu unterscheiden?[3] Welche Methoden und welche Gegenstände sind für das Rechtsgebiet bestimmend und welche Schlüsse lassen sich aus einer solchen Bestimmung für die Entwicklung des Rechts und für die Entwicklung der sie begleitenden Wissenschaft ziehen? Die Ausdifferenzierung eines Rechtsgebiets ist nicht selten das Ergebnis zufälliger Entwicklungen, dies zeigt sich auch an den Rändern des deutschen Verwaltungsrechts sehr deutlich.[4] Doch kennen alle vergleichbaren nationalen Rechtsordnungen demokratischer Verfassungsstaaten ihr je eigenes auf die Verwaltung bezogenes Rechtsgebiet,[5] das entscheidende Entwicklungsschübe stets um die Wende vom 19. zum 20. Jahrhundert empfing,[6] dabei allerdings ganz un-

---

[1] → Bd. I *Stolleis* § 2 Rn. 26 ff.; s. für einen guten Überblick über die Geschichte des Verwaltungsrechts in Deutschland *Walter Pauly*, Wissenschaft vom Verwaltungsrecht: Deutschland, in: IPE IV, § 60, Rn. 1 ff.

[2] Die klassische Charakterisierung dieses Vorgangs der Rationalisierung bei *Max Weber*, Wirtschaft und Gesellschaft, 5. Aufl. 1972, S. 825 ff.; ergänzend *Wolfgang Reinhard*, Geschichte der Staatsgewalt, 1991, S. 141 ff.; *Stefan Breuer*, Der Staat, 1998, S. 161 ff.; *Lutz Raphael*, Recht und Ordnung, 2000, S. 10 ff., 76 ff.

[3] Beiträge zur Frage, nach welchen Kriterien sich Rechtsgebiete konstituieren, sind selten, vgl. aber grundsätzlich *Peter Axer*, Die Widmung als Schlüsselbegriff des Rechts der öffentlichen Sachen, 1994, S. 223 f.; *Michael Stolleis*, Wie entsteht ein Wissenschaftszweig?, in: Hartmut Bauer/Detlef Czybulka/Wolfgang Kahl/Andreas Voßkuhle (Hrsg.), Umwelt, Wirtschaft und Recht, 2002, S. 1 ff.

[4] → Rn. 8 f.

[5] Überblicke jetzt in IPE III. Für das französische Verwaltungsrecht: *Grégoire Bigot*, L'autorité judiciaire et le contentieux de l'administration, vicissitudes d'une ambition (1800–1872), 1999; *François Burdeau*, Histoire du droit administratif, 1995. Für das amerikanische Verwaltungsrecht: *Stephen Skowronek*, Building the New American State, 1982, S. 151 ff.; *Oliver Lepsius*, Verwaltungsrecht unter dem Common Law, 1997, S. 68 ff., 128 ff. Noch am vorsichtigsten muss man im Falle Englands sein, ohne dass sich die Existenz eines englischen Verwaltungsrechts deswegen in Abrede stellen ließe. Vgl. zu der Diskussion *Martin Loughlin*, Public Law and Political Theory, 1992, S. 138 ff.

[6] → Bd. I *Stolleis* § 2 Rn. 46.

A. Verwaltungsrecht als Rechtsgebiet und als Wissenschaftsdisziplin

terschiedlichen Methodenkanones folgt und ebenso unterschiedliche Beziehungen zu anderen Rechtsgebieten unterhält. Trotzdem wird die Frage, worin die Besonderheiten des Verwaltungsrechts eigentlich bestehen, deren Beantwortung allein ja die Ausdifferenzierung dieses Rechtsgebiets rechtfertigen könnte, nur selten gestellt. Solche Besonderheiten müssten sich aus den Unterschieden verwaltungsbezogenen Rechts zu anderen Rechtsgebieten ergeben. Eine Untersuchung der Methoden von Verwaltungsrecht und Verwaltungsrechtswissenschaft muss daher die Eigenarten des Verwaltungsrechts an den Anfang stellen und das verschlungene Verhältnis von **Rechtsanwendung** und **Rechtswissenschaft** stets im Auge behalten (A.). Erst im Anschluss daran ist es ergiebig, spezifische Methodenprobleme zu betrachten (B.) und Fragen der internen Disziplinbildung der Verwaltungsrechtswissenschaft zu untersuchen (C.).

II. Verwaltungsrecht – Eigenschaften und Abgrenzungen

1. Koordinaten: Erzeuger und Adressaten des Verwaltungsrechts

Die Verwaltung ist sowohl an Normen gebunden[7] als auch Produzent von Normen.[8] Verwaltungsrecht verpflichtet auch, aber nicht nur die Verwaltung. Verwaltungsrecht wird auch, aber nicht nur von der Verwaltung erzeugt. Nicht alle Rechtsmaterien, die die Verwaltung verpflichten, werden zum Verwaltungsrecht gezählt; doch rechnet man gemeinhin alles von der Verwaltung erzeugte Recht dem Verwaltungsrecht zu. Konkret: Auch das Strafrecht kann die Verwaltung verpflichten, strafrechtlich relevante von der Verwaltung erzeugte Normen – etwa eine umweltrechtliche Rechtsverordnung – werden aber dem Verwaltungsrecht zugerechnet.[9] Die Beachtung von Erzeugungssubjekt und Verpflichtungswirkungen ist für unser Rechtsgebiet von besonderem Interesse, weil sich eine reflektierte Bestimmung der Fragen, wie das Verwaltungsrecht operiert und welche Rechtsmaterien zum Verwaltungsrecht zu zählen sind, zunächst nur an diesen beiden Zusammenhängen orientieren kann. Denn anders als bei der Bestimmung vieler anderer Rechtsgebiete kann das Verwaltungsrecht nicht über einen Sachgegenstand bestimmt werden, ja eben nicht einmal – wie etwa das Parlamentsrecht oder das Gerichtsverfassungsrecht – allein über den Bezug zur Organisation der Verwaltung selbst. Trotzdem scheint die Bestimmung der Disziplin Verwaltungsrecht hier sowohl wissenschaftsstrategisch als auch rechtspraktisch geboten, um eine überzeugende Herleitung *spezifischer* methodischer Zugänge zum Verwaltungsrecht zu ermöglichen. Bei dieser Bestimmung, also bei der Beantwortung der Frage, „was" Verwaltungsrecht in der deutschen Rechtsordnung auszeichnet oder „wie" es operiert[10], wird im Folgenden zwischen begrifflicher Konsistenz und praktischer Intuition zu vermitteln sein. Es

3

---

[7] → Bd. I *Reimer* § 9 Rn. 74 ff.
[8] → Bd. I *Reimer* § 9 Rn. 69 ff., *Ruffert* § 17 Rn. 58 ff.
[9] Beispiele bei *Christian Bumke*, Relative Rechtswidrigkeit, 2004, S. 72 ff.
[10] Zur Unterscheidung von „was" und „wie": *Niklas Luhmann*, Identität – Was oder wie?, Soziologische Aufklärung, Bd. V, 1990, S. 14. Dahinter steckt die ältere Unterscheidung zwischen gegenstandserzeugendem und gegenstandserzeugtem Zugang, dazu *Oliver Lepsius*, Erkenntnisgegenstand und Erkenntnisverfahren in den Geisteswissenschaften der Weimarer Republik, Ius Commune, Bd. XXII (1995), S. 283; vgl. auch *Ernst Cassirer*, Philosophie der symbolischen Formen, 1923 ff.

§ 3 Methoden

wird nicht gelingen, eine nahtlos passende Definition des Rechtsgebiets zu entwickeln[11], aber es muss gelingen, spezifische Qualitäten des Verwaltungsrechts einzukreisen und ihre methodische Bedeutung zu erarbeiten. Solche methodisch relevanten Eigenschaften von Verwaltungsrecht und Verwaltungsrechtswissenschaft werden nicht zuletzt aus dem Vergleich sowohl mit anderen Rechtsordnungen als auch anderen Rechtsgebieten folgen.[12] Der zunächst formalistisch anmutende Blick auf Erzeugung und Adressaten ist dabei ein Ausgangspunkt, der von vornherein nicht zu viele Optionen ausschließt, aber dennoch eine Grenze zieht.

2. Verwaltungsrecht als Recht der „Verwaltung"

4   Mit einer begrifflichen Bestimmung der „Verwaltung" hat sich die deutsche – und nicht nur die deutsche – Verwaltungsrechtswissenschaft traditionell schwer getan.[13] Dies wirkt auf die Bestimmung von Gegenstand und Methode des Verwaltungsrechts zurück. Für diese Verlegenheit gibt es einen sachlichen Grund: Anders als die organisatorisch und verfahrenstechnisch homogene Gerichtsbarkeit[14] und anders als der in jedem demokratischen Herrschaftsraum institutionell einmalige Gesetzgeber[15] ist die Verwaltung vielgestaltig.[16] Die durch Art. 20 Abs. 2 S. 2 GG einheitlich verstandene zweite Gewalt[17] umfasst einen weiten organisatorischen Konkretisierungszusammenhang zwischen der mit dem Gesetzgeber kooperierenden Regierung und dem auf bloße Rechtsanwendung beschränkten einzelnen Beamten. Die Verwaltung agiert als **demokratischer Rechtsetzer** unter den **Bedingungen rechtsstaatlicher Gesetzesbindung.** Sie produziert Verwaltungsrecht[18] und ist an dieses gebunden. Die Verwaltung handelt sowohl in sachlich weiten Zusammenhängen als auch im Einzelfall zukunftsorientiert, gegenwartsbezogen und auch in Formen retrospektiver Selbstkontrolle. Zahlreiche Vieldeutigkeiten und Missverständnisse in der Diskussion um das „Wesen" der Verwaltung, damit aber auch um die Charakterisierung des Verwaltungsrechts, entstammen der Tatsache, dass immer nur ein Teil dieser Vielgestaltigkeit als repräsentativ für die ganze Verwaltung genommen wurde. Als versteckte Orientierungspunkte für das Verständnis von Verwaltung dienten deswegen nicht selten die anderen Staatsgewalten: entweder die auf Rechtsanwendung im Einzelfall beschränkten Gerichte oder der politisch gestaltende Ge-

---

[11] Abschreckend sind insoweit die Versuche der deutschen Verwaltungsrechtswissenschaft, „Verwaltung" positiv zu definieren: *Hans J. Wolff/Otto Bachof,* Verwaltungsrecht, 9. Aufl. 1974, § 2. Mit einer Orientierung am Gewaltenteilungsprinzip aber *Forsthoff,* VerwR, S. 1 ff.

[12] Zum Vergleich als Methodenmodell: *Christoph Möllers,* Theorie, Praxis und Interdisziplinarität in der Verwaltungsrechtswissenschaft, VerwArch, Bd. 93 (2002), S. 22 (46 ff.).

[13] *Wolff/Bachof,* Verwaltungsrecht (Fn. 11), § 2; → Bd. I *Poscher* § 8 Rn. 56 ff., *Hoffmann-Riem* § 10 Rn. 38, *Groß* § 13 Rn. 6 ff.

[14] Dies gilt auch im Rechtsvergleich für Gerichte in weit deutlicherem Maße als für alle anderen Gewalten: *Mauro Cappelletti,* The Judicial Process in Comparative Perspective, 1988, S. 30 ff.; *Martin Shapiro,* Courts, 1981, S. 1 ff., 28 ff.

[15] *Helmuth Schulze-Fielitz,* Theorie und Praxis parlamentarischer Gesetzgebung, 1988, S. 152 ff.

[16] Dazu *Christoph Möllers,* Gewaltengliederung, 2005, S. 112 ff., → Bd. I *Poscher* § 8 Rn. 56 f., *Hoffmann-Riem* § 10 Rn. 17 ff., *Groß* § 13 Rn. 63 ff.

[17] Dazu *Eberhard Schmidt-Aßmann/Christoph Möllers,* Scope and Accountability of Executive Power in Germany, in: Paul Craig/Adam Tomkins (Hrsg.), The Executive and Public Law, 2006, S. 268 (268 ff.).

[18] Zu selbstgesetztem Recht der Exekutive → Bd. I *Ruffert* § 17 Rn. 58 ff.

setzgeber.[19] Die Verwaltung wurde so fälschlicherweise auf die Rechtsanwendung reduziert.[20] Dies blieb für die methodische Charakterisierung des Verwaltungsrechts nicht ohne Folgen.

Die oft behauptete „Eigenständigkeit" der Verwaltung[21] und die damit zusammenhängende Eigenständigkeit des Verwaltungsrechts kommen jedoch gerade in der verbindenden Funktion zum Ausdruck, die Bereiche politischer Gestaltung und Bereiche striktester Rechtsbindung organisatorisch miteinander verknüpft und nicht auf eines dieser beiden Elemente reduziert werden kann. Damit sind einerseits Verallgemeinerungen über „die Verwaltung" mit besonderer Vorsicht zu behandeln; andererseits ist diese Vielgestaltigkeit selbst als Eigenschaft anzuerkennen, die konkrete Rückwirkungen auch auf die Charakterisierung des Verwaltungsrechts nimmt. Denn aus diesem Grund kennt das Verwaltungsrecht ein **Nebeneinander ganz unterschiedlicher Grade an Regelungskonkretheit** von unstreitig subsumtionsfähigen und vollzugsgeeigneten Normen bis zu ganz offenen konkretisierungsbedürftigen materiellen Zielvorgaben. Insbesondere besteht das Verwaltungsrecht zu einem guten Teil aus Verfahrens- und Organisationsregeln, ist damit aber auch **Recht, das die Erzeugung von Recht durch die Verwaltung organisiert.** Im Unterschied zu anderen Rechtsgebieten sind im Verwaltungsrecht sinnvolle Aussagen immer nur im Zusammenhang mit verfahrensrechtlichen Vorgaben, aber auch mit Hinsicht auf die organisatorische Stellung des jeweiligen administrativen Akteurs zu treffen. Das bedeutet, dass prozedurales Rechtsdenken für das Verwaltungsrecht konstitutiv ist.[22] Daraus folgt keine Abkehr von materieller Regelhaftigkeit, keine Relativierung von materiellen Maßstäben und ihrer Subsumtion, sondern nur die vernachlässigte Selbstverständlichkeit eines Nebeneinander und Ineinander von materiellem und prozeduralem Recht. Konkret: Die rechtlich vollständig determinierte Anwendung von § 7 PaßG durch einen kommunalen Beamten ist ebenso Teil des Verwaltungsrechts wie der Erlass einer Rechtsverordnung nach § 30 GenTG oder ein Planfeststellungsverfahren nach § 17 BFStG. Es erscheint sinnlos, eine dieser drei Formen als untypisch aus der Bestimmung der Verwaltung herauszuhalten.[23] Diese Sicht auf die ganze Komplexität des Verwaltungshandelns schließt zudem Verfallsgeschichten über ein ehemals klassisches Verwaltungsrecht aus, etwa diejenige von der vermeintlich „klassischen" konditionalen

---

[19] Deutlich wird dies in der Charakterisierung der Verwaltung durch Klassiker der staatstheoretischen Diskussion, einerseits: *Rudolf Smend,* Die politische Gewalt im Verfassungsstaat und das Problem der Staatsform (1923), in: Staatsrechtliche Abhandlungen, 3. Aufl. 1994, S. 68 (78 f.). Andererseits *Hans Kelsen,* Allgemeine Staatslehre, 1925, S. 236 ff.

[20] Im Ergebnis ähnlich mit anderer Fragestellung: *Michael Fehling,* Verwaltung zwischen Unparteilichkeit und Gestaltungsaufgabe, 2001, S. 93 ff.

[21] → Bd. I *Hoffmann-Riem* § 10. Überblick: *Horst Dreier,* „Eigenständigkeit" der Verwaltung, Die Verwaltung (1992), S. 137. Zu den in der Bundesrepublik noch lange nachwirkenden monarchistischen Vorstellungen: *Frieder Günther,* Denken vom Staat her, 2004, S. 257 ff.

[22] *Eberhard Schmidt-Aßmann,* Der Verfahrensgedanke in der Dogmatik des öffentlichen Rechts, in: Peter Lerche/Walter Schmitt Glaeser/Eberhard Schmidt-Aßmann (Hrsg.), Verfahren als staats- und verwaltungsrechtliche Kategorie, 1984, S. 1. Zum Verhältnis zwischen materiellem und prozeduralem Recht *Christoph Möllers,* Materielles Recht – Verfahrensrecht – Organisationsrecht, in: Trute/Groß/Röhl/Möllers (Hrsg.), Allgemeines Verwaltungsrecht, S. 525.

[23] Dies ist namentlich für die ausgedehnte exekutive Rechtsetzung zu betonen, die kein spätes Verfallsphänomen des sich auflösenden demokratischen Verfassungsstaats darstellt, sondern ein durchgehend bekannter Normalfall ist: *Möllers,* Gewaltengliederung (Fn. 16), S. 178 ff.

zur neumodischen finalen rechtlichen Programmierung.[24] Verwaltungsrecht als Recht der Verwaltung hat es stets mit beidem zu tun. Die Einbeziehung der prozeduralen Perspektive verweist zudem auf Unterschiede zwischen der Anwendung des Verwaltungsrechts durch Verwaltung und Gerichte. Fazit: Eine Reflexion des Begriffs der Verwaltung vermag einen Beitrag zur Bestimmung des Verwaltungsrechts zu leisten und vor zu engen Vorstellungen seines Gegenstands zu bewahren. Mit Blick auf die Methodik bedeutet dies eine Ergänzung der materiellrechtlichen Perspektive. Verwaltungsrecht ist zu einem wesentlichen Teil das Recht exekutiver Rechtserzeugung.

3. Verwaltungsrecht als „Recht"

6   Auch hinter der Selbstverständlichkeit, dass Verwaltungsrecht „Recht" ist,[25] verbergen sich für das Verwaltungsrecht spezifische Probleme. Durch rechtliche Maßstäbe wird das Handeln der Verwaltung jedenfalls nicht vollständig determiniert;[26] nicht-rechtliche Vorgaben an die Verwaltung werden vom Recht zumindest geprägt.[27] Im Verwaltungsrecht bedarf das Verhältnis rechtlicher und nicht-rechtlicher Entscheidungskriterien einer immer neuen Bestimmung, die sich an den Vorgaben des Gesetzesrechts, aber auch an der organisatorischen Stellung der betroffenen Behörden und an den Verfahren der Entscheidungsfindung zu orientieren hat. Die **Gesetzesbindung** hat im Verwaltungsrecht einen schwer zu bestimmenden Stellenwert, weil die Verwaltung anders als die Gerichte auch andere Handlungsmaßstäbe als Recht anwendet[28], aber anders als der Gesetzgeber über diese Maßstäbe nicht verfügen kann.[29] Die Unterstellung einer „normativen Verankerung sämtlicher entscheidungserheblicher Faktoren"[30] der Verwaltung ist deswegen nicht unproblematisch, weil eine wichtige Leistung der Verwaltungsrechtswissenschaft darin besteht, **Freiräume des Verwaltungshandelns** als solche auszuweisen und der typisch juristischen Versuchung, sie mit Bindungen zu versehen, nicht nachzugeben. Andernfalls besteht die Gefahr, dass abweichende Handlungsrationalitäten – wie Effizienz oder Akzeptanz – ihrerseits in der dem juristischen Denken so typischen Form der Regelhaftigkeit aufbereitet werden. Das Konzept der **Verwaltungsmaßstäbe** ist hierfür ein Beispiel.[31] Es rekonstruiert auch nicht-rechtliche Entscheidungskrite-

---

[24] So in der Tendenz: *Rüdiger Breuer*, Konditionale und finale Rechtsetzung, AöR, Bd. 127 (2002), S. 523. Zur Kritik an der Unterscheidung: *Walter Schmidt*, Die Programmierung von Verwaltungsentscheidungen, AöR, Bd. 96 (1971), S. 321 (331 ff.).
[25] Vgl. aber noch die Zweifel an der Existenz eines eigenen Rechtsgebiets des Verwaltungsrechts bei den Großen des Staatsrechts – aus Anlass des Erscheinens von Otto Mayers Lehrbuch: *Georg Jellinek*, Rezension, VerwArch, Bd. 5 (1897), S. 304 ff.; *Paul Laband*, Besprechung, AöR, Bd. 2 (1886), S. 149 ff. Diese Zweifel waren offensichtlich von der Vorstellung des „Binnen"-Charakters des Verwaltungsrechts geprägt.
[26] → Bd. I *Trute* § 6 Rn. 3, *Schmidt-Aßmann* § 5 Rn. 65, *Poscher* § 8 Rn. 60.
[27] Dazu *Bumke*, Rechtswidrigkeit (Fn. 9), S. 264 ff.; *Reiner Schmidt*, Flexibilität und Innovation im Bereich der Verwaltungsmaßstäbe, in: Hoffmann-Riem/Schmidt-Aßmann (Hrsg.), Innovation, S. 67 (78 ff.).
[28] → Bd. I *Hoffmann-Riem* § 10 Rn. 36 f.
[29] Dazu *Rainer Wahl*, Zur Lage der Verwaltung Ende des 20. Jahrhunderts, in: Jeserich/Pohl/v. Unruh (Hrsg.), Verwaltungsgeschichte V, S. 1197.
[30] So *Wolfgang Hoffmann-Riem*, Juristische Verwaltungswissenschaft, multi-, trans- und interdisziplinär, in: Jan Ziekow (Hrsg.), Verwaltungswissenschaften und Verwaltungswissenschaft, 2003, S. 45 (52).
[31] *Bumke*, Rechtswidrigkeit (Fn. 9), S. 266 f.

A. Verwaltungsrecht als Rechtsgebiet und als Wissenschaftsdisziplin

rien als Regeln, um so unter der Hand ein materielles Verständnis gegenüber einem prozeduralen zu privilegieren, damit Entscheidungsräume zu verdichten und auch dort zur Überprüfung anhand von Kontrollmaßstäben einzuladen, wo eine solche Kontrolle – namentlich durch die Gerichte – unter Umständen gar nicht gewollt ist. Der Begriff sollte aufgegeben werden. Stattdessen sollte eine der Aufgaben des Verwaltungsrechts gerade in der Herausarbeitung von **Grenzen der Maßstäblichkeit des Verwaltungshandelns** angesichts situativer Konkretisierungsaufgaben bestehen.[32] Rechtlich offen gehaltene Handlungsspielräume der Verwaltung sind nicht mit **Ersatzmaßstäben** aufzufüllen. Dies lässt sich an Beispielen verdeutlichen: Das Verwaltungsermessen ist keine unliebsame Nebenwirkung der technischen Grenzen der Rechtsbindung[33], sondern eine Gestaltungsoption des Gesetzgebers, die es der Verwaltung – gerade im Interesse der grundrechtsberechtigten Adressaten – gestattet, situationsangemessen zu entscheiden. Daraus folgt für das Verständnis von § 40 VwVfG eine auf die gesetzliche Regelung beschränkte Bindung der Verwaltung, die nicht mit Vorstellungen von Sachangemessenheit überfrachtet werden sollte. Ermessen verlangt der Behörde eine bewusste Entscheidung ab[34], deren Maßstäbe aber mit Blick auf die Situation offen bleiben. Gleiches gilt für die Maßstäbe des § 10 S. 2 VwVfG.[35] Dagegen sichert es die Effizienz des Verwaltungshandelns kaum, wenn das Effizienzerfordernis selbst verrechtlicht wird.

Die Feststellung, dass Verwaltungsrecht als Recht der Verwaltung „Recht" ist, hat eine zweite Implikation: Im deutschen öffentlichen Recht wurde Recht lange Zeit auf den Begriff der Außenrechtsverhältnisse beschränkt, also mit dem materiellen Gesetzesbegriff gleichgesetzt.[36] Obwohl dieses aus dem Kantischen Rechtsbegriff zu Otto Mayer[37] gelangte Verständnis heute als überwunden gilt[38], führt es doch ein verstecktes Fortleben in der verwaltungsrechtswissenschaftlichen Diskussion, wenn diese sich zu weitgehend für Normen interessiert, die gerichtlich überprüft werden können.[39] Damit wird ein großer Teil der Rechtserzeugung und Rechtsbindung der Verwaltung entweder ausgeblendet oder lediglich aus einer Rechtsschutzperspektive, also mittelbar, zur Kenntnis genommen.[40] Diese Beschränkung geht an der Rechtsanwendung aller Ebenen der Verwaltung, die sich maßgeblich an Innenrecht orientieren, vorbei.[41] Sie reduziert den rechtswissenschaftlichen Beschreibungsgegenstand des Verwaltungs-

7

---

[32] *Winfried Brohm*, Situative Gesetzeskonkretisierung durch die Verwaltung, NVwZ 1988, S. 794.

[33] So in der Tendenz *Hans H. Rupp*, Grundfragen der heutigen Verwaltungsrechtslehre, 2. Aufl. 1995.

[34] Dies ist die positive Seite des Verbots, das Ermessen nicht zu gebrauchen, dazu nur *Michael Sachs*, in: Stelkens/Bonk/Sachs, VwVfG, § 40 Rn. 77 ff.

[35] Eingehend *Heribert Schmitz*, in: Stelkens/Bonk/Sachs, VwVfG, § 9 Rn. 76 ff.

[36] Kritik daran bereits bei *Hermann Heller*, Der Begriff des Gesetzes in der Reichsverfassung, VVDStRL, Bd. 4 (1928), S. 98.

[37] *Mayer*, VerwR, Bd. 1, S. 64 ff.

[38] Differenziert *Klaus Lange*, Innenrecht und Außenrecht, in: Hoffmann-Riem/Schmidt-Aßmann/Schuppert (Hrsg.), Reform, S. 307.

[39] Exemplarisch *Martin Ibler*, Rechtspflegender Rechtsschutz im Verwaltungsrecht, 1999.

[40] Letzteres gilt insbesondere für Verwaltungsvorschriften, deren Bedeutung oft nur vor dem Hintergrund ihrer möglichen Bedeutung für die gerichtliche Kontrolle gesehen wird. Dagegen aber: *Rainer Wahl*, Verwaltungsvorschriften: Die ungesicherte dritte Kategorie des Rechts, in: FS 50 Jahre BVerwG, 2003, S. 571.

[41] Dazu nur *Schuppert*, Verwaltungswissenschaft, S. 507 ff.

handelns ungebührlich. Auch nach hergebrachtem Methodenverständnis dürfte dagegen die Gesamtheit normativer Vorgaben für die Verwaltung Gegenstand der Verwaltungsrechtswissenschaft sein. Diese Blickverengung ist weder rechtstheoretisch noch als Rechtsschutzfixierung gerechtfertigt. Methodisch impliziert dies eine verstärkte Orientierung an den rechtsetzenden Aufgaben der Verwaltung und an ihrer internen Organisation durch Verwaltungsvorschriften und ungeschriebene Praktiken.

4. Verwaltungsrecht als Öffentliches Recht

8   Nimmt man die überlieferten Theorien zur Abgrenzung zwischen Öffentlichem Recht und Privatrecht beim Wort[42], so scheinen sie auf das Verwaltungsrecht zugeschnitten zu sein: Als **Sonderrecht der zweiten staatlichen Gewalt** ist das Verwaltungsrecht öffentliches Recht par excellence. Doch inwieweit ist das Verwaltungsrecht notwendigerweise öffentliches Recht und inwieweit wird die Verwaltungsrechtswissenschaft dem Anspruch gerecht, sich um die so bestimmten Materien in ihrer Gesamtheit zu kümmern? Diese Fragen sind zum einen von Interesse, weil sich hinter der Unterscheidung zwischen öffentlichem Recht und Privatrecht auch materielle Vorstellungen von der Art und Weise staatlichen Verwaltens verbergen;[43] zum anderen können sie eine im engeren Sinne methodische Bedeutung entfalten. Auch wenn unbestritten ist, dass die Verwaltung sich auch anderer als öffentlich-rechtlicher Rechtsinstrumente bedienen darf,[44] fallen Diskrepanzen zwischen der formalen Charakterisierung des Verwaltungsrechts als öffentlichem Recht und dem Stand der Verwaltungsrechtswissenschaft ins Auge, die Anlass sein könnten, über die Arbeitsteilung zu anderen Rechtsgebieten neu nachzudenken.

9   Dies gilt zum Ersten für bestimmte Teile des materiellen Verwaltungsrechts, für die sich die Verwaltungsrechtswissenschaft lange Zeit gar nicht interessiert hat. Exemplarisch zu nennen ist das **Wettbewerbsrecht,** ein von Behörden zu vollziehendes Sonderrecht, das trotz eindringlicher Hinweise aus der Zivilrechtswissenschaft[45] nie in den Korpus des Verwaltungsrechts aufgenommen wurde. Die Ursache dafür liegt wohl in der Rechtswegzuweisung an die Zivilgerichte, die aber keine ernsthafte Rechtfertigung darstellen kann. Auch hier zeigt sich vielmehr, dass eine Fixierung auf den Rechtsschutz die Untersuchungsperspektive zu sehr einengt und dadurch Vollzugsstrukturen ausblendet, von denen es auch für andere Gebiete des Verwaltungsrechts etwas zu lernen gäbe. Dabei lädt gerade dieses Beispiel dazu ein, verwaltungsrechtliche Vollzugsstrukturen vergleichend zu untersuchen.[46] Im Ergebnis kann sich die Bestimmung des

---

[42] Grundlegend *Hans J. Wolff*, Der Unterschied zwischen öffentlichem und privatem Recht, AöR, Bd. 76 (1950/51), S. 205, → Bd. I *Burgi* § 18 Rn. 19 ff.

[43] *Andreas Voßkuhle*, Beteiligung Privater an der Wahrnehmung öffentlicher Aufgaben und staatliche Verantwortung, VVDStRL, Bd. 62 (2003), S. 266 (275 ff.).

[44] Differenziert: *Hans C. Röhl*, Verwaltung und Privatrecht – Verwaltungsprivatrecht?, VerwArch, Bd. 86 (1995), S. 531.

[45] *Karsten Schmidt*, Kartellverwaltungsrecht – Kartellverfahrensrecht – Bürgerliches Recht, 1977. Zu Problemen des Übergangs *Hinnerk Wißmann*, Richterliche Kontrolldichte im öffentlichen Wirtschaftsrecht, in: FS Reiner Schmidt, 2006, S. 627 (642 ff.).

[46] Dies zeigt die wissenschaftliche Diskussion um die VO 1/2003, die genuin verwaltungsrechtliche Probleme betrifft, auch wenn sie kaum von der Verwaltungsrechtswissenschaft bestritten wird,

A. Verwaltungsrecht als Rechtsgebiet und als Wissenschaftsdisziplin

Verwaltungsrechts aber an der Adressierung der Verwaltung orientieren. Die begrifflich konsequente Bestimmung des Verwaltungsrechts zwingt insoweit zu einer Ausweitung des Gesichtskreises der Verwaltungsrechtswissenschaft.

Eine zweite Diskrepanz ergibt sich mit Blick auf das Konzept des sogenannten **Privatverwaltungsrechts**.[47] Teile des Verwaltungsrechts wie beispielsweise das **Datenschutzrecht**[48] haben sich von einem Sonderrecht des Staates zu einem Recht allgemeiner Anforderungen an alle Organisationen, seien sie privat, seien sie staatlich, verdichtet. Bestimmte Anforderungen wie diejenigen an Publizität und Transparenz verpflichten nunmehr private Organisationen, etwa im Kapitalmarktrecht[49], auf ähnliche Weise wie die staatliche Verwaltung. Bemerkenswert sind diese Entwicklungen, weil sich in ihnen die normale Arbeitsteilung zwischen Verwaltungsorganisation und Privaten hin zu einem homogenen Anforderungsprofil eines **einheitlichen Organisationsrechts** zu verschieben scheint, das private und öffentliche Verwaltung strukturähnlich in Anspruch nimmt.

So stellt sich die Frage nach dem öffentlich-rechtlichen Charakter des Verwaltungsrechts grundsätzlicher: Nicht zufällig tendieren Teile der verwaltungsrechtlichen Diskussion dazu, diese Phänomene als ein Symptom der – durch Internationalisierung und Privatisierung beschleunigten – Auflösung staatlicher Verwaltung in organisatorische Netzwerk-[50] oder Governance-Strukturen[51] zu verstehen. Zu Ende gedacht wäre damit sowohl die Zuordnung des Verwaltungsrechts zu einem öffentlichen Hoheitsträger als auch die Unterscheidung zwischen privatem und öffentlichem Recht hinfällig.[52] Ohne dieser faktisch unplausiblen Diagnose[53] – und der mittlerweile auch schon über zweihundert Jahre alten Erwartung des Absterbens des Staats[54] – zuzustimmen, kann man sie zu einer notwendigen **Perspektiverweiterung der Verwaltungsrechtswissenschaft**

---

besonders deutlich: *Hartmut Weyer*, Nach der Reform: Gestaltung der Wettbewerbspolitik durch die Kommission?, ZHR, Bd. 164 (2000), S. 611.

[47] Dazu *Hans-Heinrich Trute*, Verzahnungen von öffentlichem Recht und Privatrecht, in: Hoffmann-Riem/Schmidt-Aßmann (Hrsg.), Auffangordnungen, S. 167; *Martin Eifert*, Die geteilte Kontrolle, Vortrag 2005, sowie die Beiträge in: *Gunnar Folke Schuppert* (Hrsg.), Jenseits von Privatisierung und schlankem Staat, 1999.

[48] Dazu etwa *Marie-Theres Tinnefeld/Eugen Ehmann/Rainer W. Gerling*, Einführung in das Datenschutzrecht, 4. Aufl. 2005, S. 75 ff.; *Spiros Simitis*, Die EU-Datenschutzrichtlinie, NJW 1997, S. 281. S. zur Entwicklung eines privatrechtlichen Datenschutzregimes *Benedikt Buchner*, Informationelle Selbstbestimmung im Privatrecht, 2006.

[49] Grundsätzlich zu dieser Verallgemeinerungstendenz: *Eberhard Schmidt-Aßmann*, Wissenschaft – Öffentlichkeit – Recht, in: FS Hasso Hofmann, 2005, S. 74 f.; *Christian Bumke*, Kapitalmarktregulierung, DV, Bd. 41 (2008), S. 227 ff.

[50] *Thomas Vesting*, Die Staatsrechtslehre und die Veränderung ihres Gegenstandes: Konsequenzen von Europäisierung und Internationalisierung, VVDStRL, Bd. 63 (2004), S. 41 (45 f.); zur europäischen Ebene → Bd. I *Schmidt-Aßmann* § 5 Rn. 25 ff.

[51] *Joanne Scott/David Trubek*, Mind the Gap: Law and New Approaches to Governance, European Law Journal 8 (2002), S. 1 (7 ff.); *Harm Schepel*, The Constitution of Private Governance, 2005, S. 35; → Bd. I *Voßkuhle* § 1 Rn. 68 f., *Schuppert* § 16 Rn. 20 ff.

[52] Konsequent zu Ende geführt: *Gunther Teubner*, Globale Zivilverfassungen: Alternativen zum staatszentrierten Verfassungsdenken, ZaöRV, Bd. 63 (2003), S. 1. Auch der steuerungswissenschaftliche Ansatz legt einen weiteren Bezugspunkt nahe: *Ivo Appel*, Das Verwaltungsrecht zwischen klassischem dogmatischen Verständnis und steuerungswissenschaftlichem Anspruch, VVDStRL, Bd. 67 (2008), S. 226 (246 ff.).

[53] *Klaus v. Beyme*, Der Gesetzgeber, 1997, S. 19 ff.

[54] Vgl. *Georg W. F. Hegel*, Das Älteste Systemprogramm des Deutschen Idealismus, 1795/96.

nutzen. Bestimmte Verschiebungen im Verhältnis von staatlichem und privatem Handeln sind mit den Mitteln des Verwaltungsrechts besonders deutlich zu beschreiben. Strukturvergleiche etwa zwischen verwaltungsorganisationsrechtlichen und gesellschaftsrechtlichen Modellen fehlen aber nicht zuletzt auch wegen einer verkürzenden Vorstellung vom Verwaltungsrecht als öffentlichem Recht. Mit Blick auf die Methodendiskussion begründet dies die Notwendigkeit, auch zivilrechtliche Argumentationstechniken in das Verwaltungsrecht einzubeziehen oder umgekehrt, dem Zivilrecht verwaltungsrechtliche Argumente zur Problemlösung anzubieten.[55]

5. Verwaltungsrecht als Gesetzesrecht

11   Der Bezug auf den Gesetzesbegriff ist ein zentrales Element der Gründungsphase des deutschen Verwaltungsrechts. Der Begriff entstand vor dem Hintergrund des traditionellen deutschen, an Rechtsstaatlichkeit orientierten, Demokratie aber zunächst ausblendenden Verständnisses der Verwaltung.[56] Die Gesetzlichkeit sicherte in dieser Lesart zum einen die Rationalität des Verwaltungshandelns, zum anderen die durch Gerichte kontrollierte Trennung der gesellschaftlichen von der staatlichen Sphäre. Sie war die institutionelle Sicherung einer vorherrschenden Kombination aus Wirtschaftsliberalismus und Staatsfixierung.[57] Zwei diesem Ausgangspunkt eigentlich entgegenwirkende Faktoren verstärkten die Vergesetzlichung des deutschen Verwaltungsrechts noch weiter: zum einen die Entdeckung der demokratischen Komponente der Gesetzlichkeit des Verwaltungshandelns[58] im Recht der Weimarer Republik[59] und des Grundgesetzes.[60] Zum anderen die Intensivierung der grundrechtlichen Gewährleistungen namentlich in der Rechtsprechung des Bundesverfassungs- und des Bundesverwaltungsgerichts.[61] Trotz zahlreicher Anfechtungen und einer nur langsam geschwundenen Reserve gegen das demokratische Element des Gesetzes in Wissenschaft und Praxis[62] ist die Vergesetzlichung des deutschen Verwaltungsrechts intensiver als in anderen Rechtsordnungen, auch in solchen mit älteren und bedeutenderen demokratischen Traditionen. So kennen so unterschiedliche Rechtsordnungen wie diejenigen Frankreichs[63], Englands[64] und der Vereinigten Staaten[65] deutlich stärker richterrechtlich geprägte Verwaltungsrechtslehren bei gleichzeitig deutlich geringerem Einfluss des Verfassungsrechts auf das Verwaltungsrecht. Daraus folgt für diese Rechtsordnungen eine höhere Verselbstständigung gegenüber dem Gesetzgeber.

---

[55] Exemplarisch zu nennen sind auch das Verbraucherschutzrecht und das Kapitalmarktrecht.
[56] *Christoph Schönberger*, Das Parlament im Anstaltsstaat, 1997, S. 96 ff.
[57] Dazu nur *Hans U. Wehler*, Deutsche Gesellschaftsgeschichte, Bd. III, 1995, S. 449 ff.
[58] Grundlegend *Adolf Merkl*, Allgemeines Verwaltungsrecht, 1927, S. 336 ff.
[59] *Richard Thoma*, Das Reich als Demokratie, in: Gerhard Anschütz/Richard Thoma (Hrsg.), Handbuch des Deutschen Staatsrechts, Bd. I, 1930, § 16, S. 186 ff. (198 f.).
[60] Unübertroffen: *Dietrich Jesch*, Gesetz und Verwaltung, 2. Aufl. 1968, S. 171 ff.
[61] Dazu nur *Gunnar Folke Schuppert/Christian Bumke*, Die Konstitutionalisierung der Rechtsordnung, 2000.
[62] Für die Bundesrepublik: *Günther*, Denken vom Staat her (Fn. 21), S. 234 ff.
[63] *Matthias Ruffert*, Die Methodik der Verwaltungsrechtswissenschaft in anderen Ländern der Europäischen Union, in: Eberhard Schmidt-Aßmann/Wolfgang Hoffmann-Riem (Hrsg.), Methoden, S. 165 (178 ff.).
[64] *Carol Harlow*, English Administrative Law, in: Karl-Heinz Ladeur (Hrsg.), The Europeanization of Administrative Law, 2002, S. 46.
[65] *Lepsius*, Verwaltungsrecht (Fn. 5), S. 37 ff.

Für ein systematisches Verständnis von Rechtswissenschaft hat die intensive Vergesetzlichung problematische Konsequenzen: Sie beschränkt die Möglichkeiten einer eigenständigen Systembildung,[66] die Begriffsentwicklung,[67] aber auch den Umgang mit der Rechtsprechung.[68] Denn der durch Gesetzesvorbehalte verfassungsrechtlich gebotene Zugriff des Gesetzgebers auf bestimmte Sachmaterien verringert die Entfaltungsmöglichkeiten für eine systembildende Dogmatik entscheidend. Zugespitzt: Gegenüber dem rechtsstaatlichen Rationalismus der Rechtswissenschaft setzt sich der demokratische Voluntarismus des Gesetzgebers durch, der auch dann auf systembildende Kodifikationen verzichtet, wenn diese ohne politische Kompromisse möglich sind.[69] Dies zeigt das Schicksal des Umweltgesetzbuchs, selbst dann, wenn man den Weg zur Kodifikation schon als Ziel bewertet.[70] Dies wird noch deutlicher in der geringen und geringer werdenden Verallgemeinerungsleistung der Verwaltungsverfahrensgesetze.[71] Im Ganzen ist damit eine veritable methodische Aporie benannt, über die auch die Leistungen der verwaltungsrechtlichen Dogmatik[72] nicht ohne weiteres hinweghelfen können: Dogmatische Systembildung und Vergesetzlichung ohne Kodifikationspotential verhalten sich **antagonistisch** zueinander.[73] In diesem Antagonismus setzt sich schon wegen der Gesetzesbindung der Verwaltung das Gesetz in aller Regel durch. Das rechtsstaatliche Ideal einer gesetzlichen Kodifizierung dogmatischer Einsichten des allgemeinen Verwaltungsrechts tritt gegenüber konkreten demokratischen Entscheidungen des Gesetzgebers zurück. 12

6. Verwaltungsrecht als konkretisiertes Verfassungsrecht?

Die Charakterisierung des deutschen Verwaltungsrechts als „konkretisiertes Verfassungsrecht"[74] wurde in der Verwaltungsrechtswissenschaft schnell willkommen geheißen und bald zu einem geflügelten Wort. Doch soll der Gehalt der Aussage über Selbstverständlichkeiten hinausgehen, so muss sie mehr zum Ausdruck bringen als die Verfassungsbindung von Gesetzgeber und Verwaltung auch auf dem Gebiet des Verwaltungsrechts, Art. 20 Abs. 3 GG. Für diesen inhaltlichen Überschuss steht der **Begriff der Konkretisierung,** der im Kontext der juristischen Methodik ein Synonym für die Verfassungsauslegung darstellt.[75] 13

---

[66] → Rn. 35 ff.
[67] → Rn. 38 ff.
[68] → Rn. 27 ff.
[69] Zum Problem: *Helmuth Schulze-Fielitz*, Der politische Kompromiß als Chance und Gefahr für die Rationalität der Gesetzgebung, in: Dieter Grimm/Werner Maihofer (Hrsg.), Gesetzgebungstheorie und Rechtspolitik, 1988, S. 290.
[70] So *Andreas Voßkuhle*, Kodifikation als Prozeß. Zur Bedeutung der Kodifikationsidee in heutiger Zeit unter besonderer Berücksichtigung der Arbeiten an einem Umweltgesetzbuch, in: Hans Schlosser (Hrsg.), Bürgerliches Gesetzbuch 1896–1996, 1997, S. 77; *Alfred Scheidler*, Die anstehende Neuordnung des Umweltrechts nach dem Scheitern des Umweltgesetzbuches, UPR 2009, S. 173 ff.
[71] *Wolfgang Kahl*, Das Verwaltungsverfahrensgesetz zwischen Kodifikationsidee und Sonderrechtsentwicklung, in: Hoffmann-Riem/Schmidt-Aßmann (Hrsg.), Verwaltungsverfahren, S. 67 (82 ff.).
[72] Dazu unten → Rn. 36 f.
[73] Dies ist die bleibende Einsicht der viel zitierten, doch wenig gelesenen Rede von *Julius v. Kirchmann*, Über die Werthlosigkeit der Jurisprudenz als Wissenschaft, 1847.
[74] *Fritz Werner*, Verwaltungsrecht als konkretisiertes Verfassungsrecht, DVBl 1959, S. 527, zur Konstitutionalisierung des Verwaltungsrechts → Bd. I *Schmidt-Aßmann* § 5 Rn. 1 ff.
[75] Grundlegend *Konrad Hesse*, Grundzüge des Verfassungsrechts der Bundesrepublik Deutschland, 20. Aufl. 1995, Rn. 60 ff.

§ 3 Methoden

Aber kann man tatsächlich methodisch korrekt vom Verwaltungsrecht als Ergebnis der Verfassungsauslegung sprechen, und stellt diese Aussage eine zutreffende Beschreibung der Rechtspraxis dar? Ein solcher Zusammenhang würde nicht allein den Selbststand des Verwaltungsrechts weitestgehend in Frage stellen, sondern auch den demokratischen Verwaltungs-Gesetzgeber degradieren. Diese Diagnose entspräche nicht dem differenzierter zu beurteilenden Stand der Dinge. Gebiete besonders intensiver Einwirkung des Verfassungsrechts,[76] Gebiete vermeintlich intensiver Einwirkung[77] und Gebiete fast ohne Einwirkungen[78] stehen im Verwaltungsrecht nebeneinander. Umgekehrt präsentiert sich – beispielsweise mit Blick auf das Umweltrecht und Art. 20a GG oder das Telekommunikationsrecht und Art. 87f GG[79] – nicht selten das **Verfassungsrecht als abstrahiertes Verwaltungsrecht.**[80] Gleiches lässt sich mit Blick auf die Dogmatik der Drittbetroffenheit[81] oder die Entwicklung des Verhältnismäßigkeitsprinzips[82] feststellen. Entscheidungen des Verwaltungsgesetzgebers oder der Verwaltungsrechtsprechung wurden zunächst als angemessen und verallgemeinerbar bewertet und erst anschließend konstitutionalisiert. Zuzugeben ist allerdings, dass die Verwaltungsgerichtsbarkeit – aus deren Perspektive das Eingangszitat ja stammt – die Konstitutionalisierung des Verwaltungsrechts eigenständig betrieben hat – aber eben nicht nur, indem es vom Bundesverfassungsrecht entwickelte Kriterien im Verwaltungsrecht zur Anwendung brachte, sondern auch indem es eigenständig verfassungsrechtliche Maßstäbe entwickelte.[83]

Allerdings erscheint der hohe Grad der **Konstitutionalisierung der deutschen Rechtsordnung**[84] heute nicht mehr als freiheitliche Garantie gegen die Unwägbarkeiten des demokratischen Prozesses, sondern oftmals als bedenkliche Versteinerung zweifelhafter Rechtspositionen. In der Tendenz nimmt denn auch die Bedeutung des unmittelbaren Durchgriffs verfassungsrechtlicher Vorgaben im

---

[76] Am deutlichsten und am einheitlichsten ist wohl das Verwaltungsprozessrecht durch Art. 19 Abs. 4 GG geprägt. Vgl. auch *Hartmut Fischer*, Die Auswirkungen der Rechtsprechung des Bundesverfassungsgerichts auf die Dogmatik des Allgemeinen Verwaltungsrechts, 1995.

[77] Deutlich relativierend etwa *Eberhard Schmidt-Aßmann*, Grundrechtsschutz durch Verfahrensgestaltung – Perspektive oder nur Erinnerungsposten?, in: FS Hans-Uwe Erichsen, 2004, S. 207. Grundrechtlich inspiriert, aber im Begriff der De-Konstitutionalisierung ist auch das Datenschutzrecht, dazu knapp *Hans-Heinrich Trute*, Verfassungsrechtliche Grundlagen, in: Alexander Roßnagel (Hrsg.), Handbuch des Datenschutzrechts, 2003, § 2.5 Rn. 23.

[78] Etwa das Wasserrecht seit *BVerfGE* 58, 300.

[79] *Martin Eifert*, Grundversorgung mit Telekommunikationsdienstleistungen im Gewährleistungsstaat, 1998.

[80] Ähnlich *Michael Kloepfer/Claudio Franzius*, Die Entfaltung des Verhältnismäßigkeitsprinzips, in: FS 50 Jahre BVerwG, 2003, S. 329 (330): „Abstraktion des Verwaltungsrechts".

[81] *Georg Hermes*, Verfassungsrecht und einfaches Recht – Verfassungsgerichtsbarkeit und Fachgerichtsbarkeit, VVDStRL, Bd. 61 (2002), S. 119 (134 f.).

[82] *Kloepfer/Franzius*, Verhältnismäßigkeitsprinzip (Fn. 80), S. 330 ff.; zu Unterschieden zwischen verwaltungs- und verfassungsrechtlicher Verhältnismäßigkeit: *Ernst-Wolfgang Böckenförde*, Zur Lage der Grundrechtsdogmatik nach 40 Jahren Grundgesetz, 1990.

[83] *Christoph Schönberger*, „Verwaltungsrecht als konkretisiertes Verfassungsrecht". Die Entstehung eines grundgesetzabhängigen Verwaltungsrechts in der frühen Bundesrepublik, in: Michael Stolleis (Hrsg.), Das Bonner Grundgesetz, 2006, S. 53. Solche verfassungsrechtlichen Formulierungen des Bundesverwaltungsgerichts wurden und werden nicht selten vom Bundesverfassungsgericht übernommen mit der Folge, dass die Urheberschaft in der Zitierpraxis verschwindet, z.B. *BVerwGE* 49, 202 (209). Wortgleich: *BVerfGE* 49, 24 (56 f.).

[84] *Schuppert/Bumke*, Konstitutionalisierung der Rechtsordnung (Fn. 61), S. 39 ff.

Verwaltungsrecht ab.[85] Der viel zitierte Satz *Fritz Werners* sollte daher als weder zutreffend noch wünschenswert zu den Akten der Verwaltungsrechtsgeschichte gelegt werden.

Trotzdem entfaltet das Verfassungsrecht gerade für die wissenschaftliche Beschreibung des Verwaltungsrechts eigene schwer verzichtbare Wirkungen. Denn die Systematisierung der Rechtsmassen hat sich ganz augenscheinlich an verfassungsrechtlichen Parametern abzuarbeiten, namentlich an Rechtsstaatlichkeit und Demokratie.[86] Andere autonome Strukturprinzipien sind – auch mangels eigener verwaltungsrechtswissenschaftlicher Theoriebildung[87] – nicht in Sicht.[88] Eine systematisierende Wirkung des Verfassungsrechts auf das Verwaltungsrecht bleibt aber von dessen Konstitutionalisierung zu unterscheiden. Erstere stellt eine Beschreibungsleistung der Wissenschaft dar,[89] die zwar auch Rückwirkungen auf die Rechtsanwendung haben kann, die aber die Spielräume von Gesetzgeber und Verwaltung nicht nur einzuschränken, sondern auch zu vergrößern vermag.[90] Rechtsvergleichend und auch mit Blick auf das Europäische Unionsrecht sind die Potentiale einer verfassungsrechtlichen Begriffsbildung für das Verwaltungsrecht sicher noch nicht ausgelotet.[91] Dabei kann allerdings der hohe Grad an Konstitutionalisierung des deutschen Verwaltungsrechts nicht als Maßstab dienen.

Der Zusammenhang mit dem Verfassungsrecht wirft zudem die Frage nach **14** dem **politischen Charakter des Verwaltungsrechts** auf. Stärker als das Privatrecht dient das Verwaltungsrecht als Medium der Umsetzung politischer Programmatik in der Form demokratischer Gesetzgebung. Trotzdem wird in einer bedeutenden Kontinuitätslinie von Otto Mayer über Ernst Forsthoff[92] bis in die jüngere Gegenwart[93] das Verwaltungsrecht gern als ein von den Unbilden des Politischen nicht berührter Rechtskomplex vorgestellt:[94] Hierin liegt auch ein Stück Wunschdenken der Rechtswissenschaft, die ihren Rationalitätsanspruch gegenüber der unbefriedigenden Verschlungenheit legislativer Kompromissbildung gern besser durchgesetzt sähe. Solche Strategien kennt nicht nur das deutsche Verwaltungsrecht, sondern namentlich auch das französische, das seine fast

---

[85] Eingehend nachgewiesen bei *Horst Dreier*, Grundrechtsdurchgriff contra Gesetzesbindung?, DV, Bd. 36 (2003), S. 105; mit dieser Einschätzung auch *Pauly*, Wissenschaft vom Verwaltungsrecht (Fn. 1), Rn. 30.

[86] Durchgeführt bei *Schmidt-Aßmann*, Ordnungsidee, 2. Kap. Rn. 1 ff. Als Kristallisationspunkt für Kontroversen dargestellt bei *Christoph Möllers*, Braucht das öffentliche Recht einen neuen Methoden- und Richtungsstreit?, VerwArch, Bd. 90 (1999), S. 187 (189 ff.); → Bd. I *Schmidt-Aßmann* § 5 Rn. 49 ff.

[87] → Rn. 58.

[88] Zutreffend *Hermes*, Verfassungsrecht (Fn. 81), S. 125 f.

[89] *Hans C. Röhl*, Verfassungsrecht als wissenschaftliche Strategie?, in: Trute/Groß/Röhl/Möllers (Hrsg.), Allgemeines Verwaltungsrecht, S. 821 (822).

[90] *Schmidt-Aßmann*, Ordnungsidee, 4. Kap. Rn. 37 ff. Bei anderer Herleitung im Ergebnis entsprechend: *Oliver Lepsius*, Die erkenntnistheoretische Notwendigkeit des Parlamentarismus, in: Martin Bertschi u. a. (Hrsg.), Demokratie und Freiheit, 1999, S. 123 (173 ff.).

[91] → Bd. I *Schmidt-Aßmann* § 5 Rn. 7 ff.

[92] *Ernst Forsthoff*, Lehrbuch des Verwaltungsrechts, 1. Aufl. 1950, Vorwort; *Walter Jellinek*, Verwaltungsrecht, 1. Aufl. 1928, Vorwort; *Franz Mayer*, Verwaltungsrecht, 3. Aufl. 1972. Dazu *Meyer-Hesemann*, Methodenwandel, S. 73, 135.

[93] Dazu *Wahl*, Lage der Verwaltung (Fn. 29), S. 1198.

[94] Dagegen die juristische Diskussion in vielem vorwegnehmend: *Frieder Naschold*, Organisation und Demokratie, 3. Aufl. 1972, S. 81 ff.; *Niklas Luhmann*, Politikbegriffe und „Politisierung" der Verwaltung, in: FS 25 Jahre Hochschule für Verwaltungswissenschaften Speyer, 1972, S. 211.

§ 3 Methoden

ununterbrochene Kontinuität seit der Gründung des Conseil d'État durch Napoleon Bonaparte gern hervorhebt.[95] Dies ändert nichts daran, dass das Verwaltungsrecht nicht allein der Implementation von Politik dient, sondern dass auch die wissenschaftliche Begriffsbildung nicht ohne massive, wenn auch implizite politische Aussagen auskommt: Dies zeigt etwa die gut erforschte Rechtsstaatbegrifflichkeit Otto Mayers[96] oder der Blick auf den Begriff der Daseinsvorsorge bei Ernst Forsthoff.[97]

Damit ist freilich noch nicht gesagt, ob und wenn ja, welche Bedeutung der politische Charakter des Verwaltungsrechts für Rechtsanwendung und Rechtswissenschaft hat.[98] Je mehr demokratische Willensbildungsprozesse und Gestaltungsoptionen der Gesetzgeber durch Verwaltungsrecht an die Verwaltung und das Verwaltungsverfahren weiterleitet, desto eher erscheint dieses als politisches Recht. Mit dem Gesetzesbeschluss kann das politische Verfahren enden[99], die Umsetzung des Gesetzes kann als reiner Vollzug verstanden und depolitisiert werden, so dass die gesamte Legitimationsleistung dem Gesetz überlassen bleibt. Eine fundamentale Antinomie in der Bewertung des Verwaltungshandelns ergibt sich daraus, dass die Verwaltung einerseits durch regelhaftes Verhalten legitimiert werden soll, von ihr aber andererseits die überzeugende Lösung von Einzelproblemen erwartet wird.[100] Je größere Gestaltungsspielräume der Gesetzgeber lässt, desto mehr Politisierung liegt im Verwaltungshandeln, und die Frage wird dringlicher, inwieweit das Verwaltungshandeln ergänzender politischer Legitimation bedarf. Am Grad der Politisierung des Verwaltungshandelns wird damit auch deutlich, wie viel **Legitimationsleistung** der Gesetzgeber sich selbst zutraut und wie viel er an die Verwaltung delegiert. Genau diese Frage ist aber in den Verwaltungsrechtswissenschaften vieler Rechtsordnungen von zentraler Bedeutung.[101] Sie wurde auch für das deutsche Verwaltungsrecht früh diskutiert.[102] Beispiele für aktuelle Verschiebungen sind in der zunehmenden Verfahrensverrechtlichung bei der exekutiven Normsetzung[103] im Umweltrecht[104] oder in der Diskussion um die Verselbständigung von Verwal-

---

[95] Wissenssoziologische Verwunderung darüber bei *Bruno Latour,* La fabrique du droit, 2003, S. 11 ff.
[96] Zum politischen Potential des Rechtsstaatsbegriffs: *Ingeborg Maus,* Entwicklung und Funktionswandel der Theorie des Bürgerlichen Rechtsstaats, in: dies., Rechtstheorie und politische Theorie, 1986, S. 11.
[97] Aus der Literatur nun die Synthese bei *Florian Meinel,* Der Jurist in der industriellen Gesellschaft. Ernst Fortshoff und seine Zeit, 2011, S. 153 ff., 214 ff.
[98] Dazu in vergleichender Perspektive, *Christoph Möllers,* Verwaltungsrecht und Politik, in: IPE V, § 94, im Erscheinen.
[99] *Niklas Luhmann,* Das Recht der Gesellschaft, 1993, S. 427.
[100] Der Rechtswissenschaft fällt es naturgemäß schwer, mit diesem Zusammenhang umzugehen, ja ihn auch nur zu erkennen. Vgl. aber *Claus Offe,* Rationalitätskriterien und Funktionsprobleme politisch-administrativen Handelns, Leviathan 1974, S. 333; *Niklas Luhmann,* Die Grenzen einer betriebswirtschaftlichen Verwaltungslehre, VerwArch, Bd. 56 (1965), S. 301 (308).
[101] Weiterhin einflussreich: *Richard B. Stewart,* The Reformation of American Administrative Law, Harvard Law Review 88 (1975), S. 1669, daran anschließend *Paul P. Craig,* Public Law and Democracy, 1990.
[102] *Walter Schmidt,* Organisierte Einwirkungen auf die Verwaltung, VVDStRL, Bd. 33 (1975), S. 183; *Walter Schmitt Glaeser,* Partizipation an Verwaltungsentscheidungen, VVDStRL, Bd. 31 (1972), S. 179.
[103] Diese Diskussion wird namentlich für die administrative Verordnungsgebung jedenfalls im Rechtsvergleich intensiv geführt: *Theodora T. Ziamou,* Rulemaking, Participation and the Limits of Public Law in the USA and Europe, 2001.
[104] *Johannes Saurer,* Die Rechtsverordnung, 2005.

tungseinheiten mit entsprechenden behördeneigenen Legitimationsmechanismen zu erkennen.[105] Sie spielen eine besondere Rolle für die Europäische Kommission.[106] Auch das Konzept der **Governance**[107] hat die Funktion eines Suchbegriffs zur Ermittlung verwaltungseigener Legitimationspotentiale.[108] Allerdings ist nicht jeder administrative Entscheidungsspielraum mit Politik oder politischer Wertung gleichzusetzen.[109] Die administrative Konkretisierungsleistung hat sich auch an einer Vielzahl von Kriterien zu orientieren, die man nicht als politische bezeichnen kann. In Gleichrichtung mit den oben gemachten Überlegungen zum Verwaltungsrecht als Rechtserzeugungsrecht[110] hat auch diese Eigenschaft des Verwaltungsrechts Rückwirkungen auf Methodenprobleme.

7. Verwaltungsrecht als Form

Verwaltungsrecht ist eine Form staatlichen Handelns. Freilich werden mit Form oder Formalisierung unterschiedliche Dinge bezeichnet.[111] Unter formalem Recht versteht man zunächst mit Geltung versehene, durchsetzbare Regeln im Gegensatz zu informellen Zusagen, Absprachen oder leges imperfectae. Zum Zweiten bezeichnet **Förmlichkeit** aber auch einen bestimmten Grad der Umhegung der Verwaltungspraxis durch Recht etwa in besonderen Verfahren (§§ 63 ff. VwVfG) oder auch nur durch das Gebot der Schriftlichkeit. Zum Dritten kennt das Recht bestimmte typisierte Rechtsformen, in denen die Verwaltung Rechtsfolgen erzeugt, namentlich den Verwaltungsakt.[112] Informalität bezeichnet damit sowohl Anwendung nicht durchsetzbarer Regeln als auch einen geringen Grad an prozeduraler Verrechtlichung als auch das Handeln der Verwaltung außerhalb eines bestimmten vom Recht definierten Handlungskanons. Seit dem Ende der 1970er wird die „**Informalität**" des Verwaltungshandelns verstärkt diskutiert.[113] Diese Diskussion leidet neben ihrer immensen begrifflichen Unschärfe auch unter der Vorstellung, die Verwaltung sei ein Machtträger, der sich die Rechtsform überwerfen oder ausziehen könne wie ein Kleid. Dieses Verständnis führt in die Irre, denn es gibt keine Verwaltung ohne Verwaltungsrecht, erst das

15

---

[105] Dazu rechtsvergleichend: *Johannes Masing/Gerard Marcou* (Hrsg.), Unabhängige Regulierungsbehörden, 2010; *Matthias Ruffert*, Verselbständigte Verwaltungseinheiten: Ein europäischer Megatrend im Vergleich, in: Trute/Groß/Röhl/Möllers (Hrsg.), Allgemeines Verwaltungsrecht, S. 431.
[106] Einflussreich: *Giandomenico Majone*, The European Commission as regulator, in: ders. (Hrsg.), Regulating Europe, 1996, S. 61.
[107] Siehe grundlegend zum Konzept der Governance → *Schuppert* § 16 Rn. 20 ff.; *Gunnar Folke Schuppert*, Alles Governance oder was?, 2011; ders./Andreas Voßkuhle (Hrsg.), Governance von und durch Wissen, 2008; Sebastian Botzem u.a. (Hrsg.), Governance als Prozess, 2009; *Christoph Möllers*, European Governance – Meaning and Value of a Concept, CMLRev, Bd. 43 (2006), S. 314–336; *Schepel*, Private Governance (Fn. 51).
[108] So eindeutig im Governance Weißbuch der Kommission, KOM (2001) S. 428 endg. Dazu auch kritische Beiträge in: *Christian Joerges/Yves Mény/Joseph H. H. Weiler* (Hrsg.), Mountain or Molehill? Responses to the European Commission's White Paper on Governance, 2002.
[109] Methodische Kritik an dieser Vorstellung bei *Joachim Lege*, Pragmatismus und Jurisprudenz, 1999, S. 416 ff.
[110] → Rn. 5.
[111] Typisierungsangebote bei *Schuppert*, Verwaltungswissenschaft, S. 233 ff.
[112] *Schmidt-Aßmann*, Ordnungsidee, 6. Kap. Rn. 80 ff.
[113] Beginnend mit *Eberhard Bohne*, Der informale Rechtsstaat, 1981 und die einflussreiche Rezeption bei *Wolfgang Hoffmann-Riem*, Selbstbindungen der Verwaltung, VVDStRL, Bd. 40 (1981), S. 187. Übersichten bei *Martin Schulte*, Schlichtes Verwaltungshandeln, 1995; *Horst Dreier*, Informelles Verwaltungshandeln, StWStP, Bd. 4 (1993), S. 647; → Bd. I *Voßkuhle* § 1 Rn. 10.

§ 3 Methoden

Recht macht die öffentliche Verwaltung von irgendeinem anderen Akteur unterscheidbar.[114] Die Form des Verwaltungsrechts ist für die Verwaltung konstitutiv. Schon dies spricht dagegen, zu pauschal von einer Zunahme der Informalität des Verwaltungshandelns zu sprechen,[115] zumal jede formale Organisation permanent auf ein bestimmtes Maß an Informalität angewiesen ist.[116]

Anstelle der Pflege pauschaler Informalisierungsthesen wäre die Frage zu stellen, wie sich verschiedene Arten der Formalisierung zueinander verhalten und welches Verhältnis von Form und Formlosigkeit unter bestimmten Bedingungen angemessen erscheint. Dabei zeigt sich mit Blick auf aktuelle Entwicklungen ein differenziertes, aber nicht uneindeutiges Bild: Zunehmende Bedeutung gewinnen **Verwaltungspraktiken,** die einerseits einen hohen Grad an Verschriftlichung und Detailgenauigkeit aufweisen, andererseits aber **keine rechtliche Bindungswirkung** beanspruchen. Diese Eigenschaften teilen so unterschiedliche Phänomene wie normvertretende Absprachen zwischen Verwaltung und Privaten,[117] die transnationale Koordination von Behörden ohne Einschaltung der Regierungen,[118] die zunehmende Bedeutung internationaler Organisationen für das Verwaltungsrecht[119] und die Flut von bindungslosen Vorgaben der Europäischen Kommission an die mitgliedstaatlichen Verwaltungen.[120] Aus allgemeinen Gesetzen werden detaillierte Standards, kooperatives und vertikales Soft Law[121] halten Einzug in das Verwaltungsrecht. Auf der anderen Seite gewinnen förmliche Verwaltungsverfahren, also Verfahren, in denen Behörden fast wie Gerichte handeln, an Bedeutung.[122] Politische Gestaltungsräume, klassische Bereiche des Informalen, stehen unter verstärkter Beobachtung demokratischer oder ökonomischer Anforderungen und werden durch Verfahren formalisiert, wie im Verwaltungsinformations-[123] oder im Vergaberecht.[124] Von einer allgemeinen De-Formalisierung des Verwaltungsrechts kann nicht gesprochen werden. Die Grundfrage ist vielmehr, ob sich die Form des Rechts Informalitäten annähern sollte oder die Differenz zwischen Form und Inhalt eher stabilisieren sollte. Beispielhaft: Soll ein Gericht angesichts suggestiver, aber informeller Zusagen von Verwaltung und Politik an einen privaten Subventionsempfänger die Grenzen der Schriftform für Zusicherungen relativie-

---

[114] Viel kritisiert, aber nicht widerlegt: *Kelsen,* Allgemeine Staatslehre (Fn. 19), S. 276 f.

[115] In diese Richtung noch *Bohne,* Rechtsstaat (Fn. 113), S. 242 ff.; *Hoffmann-Riem,* Selbstbindungen (Fn. 113), S. 191 ff.

[116] *Niklas Luhmann,* Folgen und Funktionen formaler Organisation, (1. Aufl. 1964) 4. Aufl. 1995, S. 283 ff.

[117] *Lothar Michael,* Rechtsetzende Gewalt im kooperierenden Verfassungsstaat, 2002, S. 47 ff.

[118] *Christoph Möllers,* Transnationale Behördenkooperation, ZaöRV, Bd. 65 (2005), S. 351 (378 ff.); → Bd. I *Groß* § 13 Rn. 122 ff.; *Matthias Knauff,* Der Regelungsverbund – Recht und Soft Law im Mehrebenensystem, 2010, S. 285 ff. Zu diesem Phänomen schon *Anne-Marie Slaughter,* A New World Order, 2004, S. 36 ff.

[119] → Bd. I *Ruffert* § 17 Rn. 149 ff., namentlich ist die in ihren Regulierungstechniken juristisch noch wenig untersuchte OECD zu nennen.

[120] *Heike Adam,* Die Mitteilungen der Kommission: Verwaltungsvorschriften des Europäischen Gemeinschaftsrechts?, 1999; *Knauff,* Der Regelungsverbund (Fn. 118), S. 318 ff.

[121] → Bd. I *Ruffert* § 17 Rn. 79; *Knauff,* Der Regelungsverbund (Fn. 118), S. 373 ff.

[122] So etwa §§ 132 ff. TKG; §§ 107 ff. GWB.

[123] *Friedrich Schoch,* Informationszugangsfreiheit im Verwaltungsrecht, in: FS Hans-Uwe Erichsen, 2004, S. 247.

[124] *Joachim Pietzcker,* Die neue Gestalt des Vergaberechts, ZHR, Bd. 162 (1998), S. 427.

8. Verwaltungsrecht als Teil der deutschen Rechtsordnung

Ein methodisch geschlossenes Verwaltungsrecht entstand in Deutschland **16** wie in vergleichbaren Staaten gegen Ende des 19. Jahrhunderts, in der Hochzeit politisch geschlossener Nationalstaatlichkeit und der Blüte der methodischen Verknüpfung von Rechtsbegriff und staatlicher Souveränität.[126] Das Verwaltungsrecht wird nach wie vor maßgeblich **als staatliches Recht verstanden**. Methodisch bedeutet dies, dass Sätze des positiven Verwaltungsrechts sich auf einen innerstaatlichen Geltungsbefehl zurückführen lassen müssen, der sich nach den Regeln des Bundes- und Landesverfassungsrechts richtet. Zwischenstaatlich wird dies durch die völkerrechtlichen Regeln der Staatenimmunität abgesichert, die die rechtliche Beurteilung ausländischer Hoheitsakte durch ein innerstaatliches Gericht verbieten.[127] Diese aus Gründen der demokratischen Legitimation politisch und rechtlich gebotene Regel schnitt die Verwaltungsrechts**wissenschaft** jedoch bis in die Gegenwart von einem übernationalen Rechtsgespräch ab, das die Zivilrechtslehre im Internationalen Privatrecht permanent führen muss.[128] Und selbst das Verwaltungskollisionsrecht blieb lange Zeit praktisch unbedeutend.[129] Dies ist bedauerlich, weil sich gerade die Entwicklung des deutschen Verwaltungsrechts in Auseinandersetzung mit Frankreich und England abspielte.[130]

Die **Kopplung zwischen Verwaltungsrecht** und **nationalem Geltungsbefehl** lockert sich jedoch seit längerem auf verschiedenen Ebenen: Noch am verbreitetsten ist die Feststellung, dass große Teile des deutschen Verwaltungsrechts nur noch die Umsetzung europa-[131] oder völkerrechtlicher[132] Verpflichtungen darstellen. Dies ist nicht allein eine politische Feststellung, sondern kann auf die Auslegung dieser Materien nicht ohne Auswirkung bleiben.[133] Einen weiteren Schritt geht innerhalb der Europäisierung die Relativierung der unterschiedlichen Wirkungen innerstaatlicher und ausländischer Verwaltungsentscheidungen im System der wechselseitigen Anerkennung.[134] In diesem Kontext verliert

---

[125] *OVG Berlin*, JZ 2005, S. 672, m. Anm. *Möllers*. Bestätigt durch BVerwGE 126, 33.

[126] *Reinhard*, Geschichte (Fn. 2), S. 291 ff.; → Bd. I *Stolleis* § 2 Rn. 26 ff., 46.

[127] *Jens Hofmann*, Rechtsschutz und Haftung im europäischen Verwaltungsverbund, 2004, S. 29 ff. Differenziert *Christoph Ohler*, Die Kollisionsordnung des Allgemeinen Verwaltungsrechts, 2005, S. 208, 361.

[128] Zu den zivilrechtlichen Quellen der Rechtsvergleichung *Christoph Schönberger*, Verwaltungsrechtsvergleichung: Eigenheiten, Methoden und Geschichte, in: IPE IV, § 71, Rn. 4 ff. Zum internationalen Privatrecht als Paradigma des gesamten Unionsrechts: *Christian Joerges*, Vorüberlegungen zu einer Theorie des Internationalen Wirtschaftsrechts AcP, Bd. 43 (1979), S. 6.

[129] *Klaus Vogel*, Der räumliche Anwendungsbereich der Verwaltungsrechtsnorm, 1965.

[130] Zum schwer eindeutig zu bestimmenden französischen Einfluss auf das Werk Otto Mayers: *Erk V. Heyen*, Otto Mayer. Studien zu den geistigen Grundlagen seiner Verwaltungsrechtswissenschaft, 1981. Skeptisch bereits *Erich Kaufmann*, Verwaltung, Verwaltungsrecht, in: Max Fleischmann (Hrsg.), Wörterbuch des Deutschen Staats- und Verwaltungsrechts, Bd. III, 1914, S. 688 (703 ff., 710 ff.).

[131] Übersichten fehlen weitgehend, der Blick auf die Kompetenzen hilft aber weiter: *Joachim Suerbaum*, Die Kompetenzverteilung beim Verwaltungsvollzug des Europäischen Gemeinschaftsrechts in Deutschland, 1998.

[132] *Thomas Vollmöller*, Die Globalisierung des öffentlichen Wirtschaftsrechts, 2001.

[133] → Rn. 31 f.

[134] *Hans C. Röhl*, Akkreditierung und Zertifizierung im Produktsicherheitsrecht, 2000.

auch das Dogma der Staatenimmunität viel von seiner Überzeugungskraft.[135] Schließlich legt die wachsende Normproduktion internationaler Organisationen es nahe, mehr über dortige Verwaltungsverfahren und die behutsame Transposition nationaler Standards nachzudenken.[136] All diese Phänomene höhlen den formal weiterhin korrekten Hinweis auf den deutschen Geltungsgrund des Verwaltungsrechts[137] materiell aus und relativieren den Wert der immer noch gängigen Bezeichnung „deutsches" Verwaltungsrecht nachhaltig. Selbst in der Anwendung durch deutsche Behörden wird Verwaltungsrecht mehr und mehr zu einem Phänomen, das verschiedene Regelungsebenen integriert.[138]

III. Eigenarten des Verwaltungsrechts – eine Zwischenbilanz

17 Das so entstehende Bild des deutschen Verwaltungsrechts als Rechtsgebiet ist vielfältig. Es lässt sich aus ihm kein konsistentes „Konzept" des Verwaltungsrechts entwickeln und methodisch umsetzen. Trotzdem sind Eigenheiten des Verwaltungsrechts zu bestimmen, die dieses Rechtsgebiet auch materiell von anderen unterscheiden. Es ist namentlich die hohe Bindung an gesetzliche Vorgaben bei gleichzeitig intensivem Verfahrensbezug, die spezifisch erscheinen und die Möglichkeiten einer materiellen Systembildung beschränken. Zugleich werden die internationale Öffnung und die Verschiebung in der Formalstruktur der Verwaltungspraxis die Bedeutung überlieferter Methoden relativieren. Die Bedeutung des Grundgesetzes ist dabei immer noch relativ groß, in der Tendenz aber abnehmend.

B. Methodische Zugänge zum Verwaltungsrecht

Was unter Methode zu verstehen ist, ist ungewiss (I.). Manche Methoden beziehen sich allein auf die Rechtsanwendung (II.), manche werden von Wissenschaft und Praxis geteilt (III.), manche schließlich betreffen allein die Rechtswissenschaft (IV.).

I. Möglichkeiten des Methodenverständnisses

18 Untersuchungen zu rechtswissenschaftlichen Methodenproblemen geben selten eine Antwort darauf, was mit **„Methode"** gemeint ist.[139] Doch ist der Begriff vieldeutig, auch wenn das Wort semantisch den „Weg" bezeichnet, der einzuschlagen ist, um eine Erkenntnis zu erhalten. Des Weiteren aber ist zu differenzie-

---

[135] Zum Problem, aber im Ergebnis beibehaltend: *Hofmann*, Rechtsschutz und Haftung (Fn. 127), S. 129 ff.
[136] Dazu nur *Benedict Kingsbury/Nico Krisch/Richard B. Stewart*, The Emergence of Global Administrative Law, International Law and Justice Working Paper, New York, 2004, S. 20 ff.; → Bd. I *Schmidt-Aßmann* § 5 Rn. 41 ff.
[137] Grundsätzlich in diesem Sinn *BVerfGE* 89, 155; 123, 267.
[138] → Rn. 30 ff.
[139] So die berechtigte Kritik bei *Wolfgang Hoffmann-Riem*, Methoden einer anwendungsorientierten Verwaltungsrechtswissenschaft, in: Schmidt-Aßmann/Hoffmann-Riem (Hrsg.), Methoden, S. 11 f.

1. Normatives und deskriptives Methodenverständnis

Methodik kann bezwecken, eine bestimmte Praxis qualitativ zu sichern oder aber diese zu reflektieren, sie kann ex ante oder ex post vorgehen. Obwohl sich beide Zugriffsformen nicht kategorial voneinander trennen lassen – der retrospektiven Reflexion kann man Vorgaben für die Zukunft entnehmen – steckt hinter ihnen doch ein grundlegend unterschiedliches **Verständnis von Wissenschaft**. Einem in der klassischen Moderne[140] begründeten, auch für die Rechtswissenschaften explizierten Ansatz[141] zufolge lassen sich Standards wissenschaftlicher Erkenntnisgewinnung benennen und als Vorgaben an die Wissenschaft adressieren. Diese Vorstellung sieht sich in der neueren Wissenschaftstheorie deutlicher Kritik ausgesetzt, auch weil die Entwicklung wissenschaftlicher Erkenntnis nicht als Fortschritt, sondern als Erkenntnisevolution gedeutet wird, für deren Fortkommen keine zuverlässigen Meta-Regeln bestehen.[142] Wissenschaftliche Innovation kann sich aus einem radikalen Bruch mit vorhandenen wissenschaftlichen Standards ergeben, ohne dass jeder Bruch innovativ wäre. Damit verliert die Wissenschaftstheorie ihren normativen Gehalt, sie kann wissenschaftliche Entwicklungen nur noch retrospektiv untersuchen.[143] Zwischen beiden Positionen entstehen in neuerer Zeit aber vom Pragmatismus inspirierte Konzepte, die die **Offenheit** der **wissenschaftlichen Evolution** in Rechnung stellen, ohne auf die Entwicklung bestimmter Standards guter Praxis völlig verzichten zu wollen.[144] Methodenreflexion wird zur Methodenvergewisserung, in der auch die Rechtswissenschaft verpflichtet ist, sich selbst zu beobachten und Fehlentwicklungen zu bezeichnen.

Obwohl sich die deutsche Verwaltungsrechtswissenschaft kaum von wissenschaftstheoretischen Diskussionen hat beeindrucken lassen, finden sich in ihr Spuren der Diskussion. Neuere Beiträge setzen auf die Entwicklung wissenschaftlicher Standards[145] oder auf Strukturen der Arbeitsteilung innerhalb der Rechtswissenschaft,[146] damit auf normative **Vorgaben für „gute Wissenschaft"**. Zudem wird auch die Wissenschaft vom Verwaltungsrecht langsam Gegenstand einer kritischen **Wissenschaftsgeschichte**,[147] deren Beiträge Lernmöglichkeiten

---

[140] *Karl Popper*, Logik der Forschung, 2. Aufl. 1966.
[141] *Hans Albert*, Rechtswissenschaft als Realwissenschaft und die Aufgabe der Jurisprudenz, 1993. Vgl. auch *Maximilian Herberger/Dieter Simon*, Wissenschaftstheorie für Juristen, 1980, S. 341 ff.
[142] Dies ist ein gemeinsamer Nenner so unterschiedlicher Beiträge wie *Thomas Kuhn*, Die Struktur wissenschaftlicher Revolutionen, 1967, S. 123 ff.; *Paul Feyerabend*, Wider den Methodenzwang, 1976; *Michel Foucault*, Die Ordnung der Dinge, 1971.
[143] Dazu *Christoph Möllers*, Historisches Wissen in der Verwaltungsrechtswissenschaft, in: Schmidt-Aßmann/Hoffmann-Riem (Hrsg.), Methoden, S. 133.
[144] *Peter Weingart*, Die Stunde der Wahrheit, 2001.
[145] *Helmuth Schulze-Fielitz*, Was macht die Qualität öffentlich-rechtlicher Forschung aus?, JöR n. F., Bd. 51 (2002), S. 1.
[146] *Andreas Voßkuhle*, Methode und Pragmatik im öffentlichen Recht, in: Hartmut Bauer u. a. (Hrsg.), Umwelt, Wirtschaft und Recht, 2002, S. 172 (188 ff.).
[147] Z. B. *Meyer-Hesemann*, Methodenwandel; *Günther*, Denken (Fn. 21); *Anna-Bettina Kaiser*, Die Kommunikation der Verwaltung, 2009.

§ 3 Methoden

bereithalten und an die Methodendiskussion anknüpfen können.[148] Hier ist die wissenschaftliche Reflexion allerdings noch ausbaufähig, auch wenn das Interesse an der Wissenschaftstheorie des Rechts spürbar zugenommen hat.[149] Es fehlt aber weiterhin an einer systematischen Beobachtung von Entwicklungspfaden der Disziplin, die auch Rückschlüsse auf ihre Weiterentwicklung bieten könnten: Wir wissen zu wenig darüber, in welcher Gemengelage von Verwaltungspraxis, Rechtsprechung, politischem Diskurs und Wissenschaft sich bestimmte rechtswissenschaftliche Paradigmen aus welchen Gründen durchsetzen. Gerade die Verwaltungsrechtswissenschaft ist noch zu sehr auf die Rechtsentwicklung fixiert und beobachtet zu wenig die Konjunkturen der Wissenschaftsentwicklung, die gegenüber der Rechtsentwicklung ein Eigenleben entwickeln und entwickeln sollen.[150] Hat die Debatte um den Planungsbegriff die Verwaltungsrechtslehre in irgendeiner Weise weitergebracht?[151] Warum ist das europäische Verwaltungsrecht so lange nur defensiv als Faktor der Einwirkung auf das deutsche Recht verstanden worden?[152] Die Untersuchung solcher Fragen könnte auch dabei helfen, gezielter neue Forschungsperspektiven zu entwickeln.

2. Anwendungs- und wissenschaftsbezogenes Methodenverständnis

21 Das Verwaltungsrecht kann aus der Perspektive der Rechtsanwendung oder der Rechtswissenschaft methodisch untersucht werden. Es geht zum einen um angemessene Praxis, zum anderen um angemessene Wissenschaft. Beide Perspektiven mögen zusammenfinden – so unter Umständen in der Rechtsdogmatik[153] – doch sind solche Gemeinsamkeiten nicht selbstverständlich. Beide Perspektiven unterhalten zudem eine asymmetrische Beziehung: Die **Rechtsanwendung** bedarf stabilisierter Zugänge zum Recht – eingeschliffener Methodenroutinen, um ihre Funktion zu erfüllen. Diese Routinen können jedoch jenseits von Praktikerratgebern und Formularhandbüchern nicht durch die Praxis selbst systematisch beschrieben werden. Jede systematische Beschreibung verlässt automatisch das Gebiet der Praxis und bewegt sich in den Bereich der Wissenschaft – und zuviel und zu genaue Systematik irritiert die Praxis eher, als dass sie diese stabilisiert. Das praktisch wichtigste Mittel, um die Methodenroutinen der Rechtsanwendung zu stabilisieren, besteht in der juristischen Ausbildung, die zugleich eine Verknüpfung zur Rechtswissenschaft herstellt.[154] Für die **deutsche Verwaltungsrechtswissenschaft** sind mit Blick auf die Unterscheidung

---

[148] *Möllers*, Historisches Wissen (Fn. 143), S. 151 ff.
[149] Siehe beispielhaft *Andreas Funke/Jörn Lüdemann* (Hrsg.), Öffentliches Recht und Wissenschaftstheorie, 2009; *Sonja Buckel/Ralph Christensen/Andreas Fischer-Lescano* (Hrsg.), Neue Theorien des Rechts, 2. Aufl. 2009; *Christoph Engel/Wolfgang Schön* (Hrsg.), Das Proprium der Rechtswissenschaft, 2007.
[150] Vorbildlich *Kaiser*, Kommunikation (Fn. 147), S. 118 ff., 199 ff.; in diese Richtung auch *Matthias Kötter*, Pfade des Sicherheitsrechts, 2008.
[151] Aus der damaligen Diskussion *Joseph H. Kaiser* (Hrsg.), Planung, Bd. I–VI, 1965–1972.
[152] So *Thomas v. Danwitz*, Verwaltungsrechtliches System und Europäische Integration, 1996; *Michael Brenner*, Der Gestaltungsauftrag der Verwaltung in der Europäischen Union, 1996. Anders: *Eberhard Schmidt-Aßmann*, Verwaltungskooperation und Verwaltungskooperationsrecht in der Europäischen Gemeinschaft, EuR 1996, S. 270.
[153] → Rn. 35 f.
[154] → Rn. 57.

zwischen rechtswissenschaftlichen und Rechtsanwendungsmethoden zwei Beobachtungen herauszustellen: Zum Ersten ist das Interesse des Verwaltungsrechts an Methodenfragen im Vergleich zu anderen Rechtsgebieten traditionell gering. Dies ändert sich erst in den letzten Jahren[155] und kann – wie stets – als ein Zeichen grundsätzlicher Verunsicherung verstanden werden, in der erst die Disziplin ihre Qualitäten unter Beweis stellen kann.[156] Phänomene wie Privatisierung und Internationalisierung haben bestimmte Leitkategorien in Frage gestellt.[157] Außerdem werden Methodenfragen im deutschen öffentlichen Recht traditionell im Verfassungsrecht abgehandelt.[158] Dies liegt an den oben entwickelten Eigenschaften des Verwaltungsrechts: Die hohe Vergesetzlichung des Rechtskorpus steht einer methodischen Durchdringung im Wege. Der Druck von Verwaltung und Verwaltungsgerichtsbarkeit, Entscheidungen zu erzeugen, wirkt sich im Verwaltungsrecht deutlicher aus als im Verfassungsrecht. Zum Zweiten dominiert in der gesamten deutschen Rechtswissenschaft ein anwendungsbezogenes, ausbildungsorientiertes Methodenverständnis.[159] Die Rechtswissenschaft stellt sich in den Dienst der Rechtsanwendung. Ein Verständnis über richtige Methoden bezeichnet zumeist ein solches über eine gute Praxis, nicht über eine gute Wissenschaft.

Diese **Präferenz** für ein **anwendungsbezogenes Methodenverständnis** bleibt 22 nicht ohne Konsequenzen für die Beurteilung der Rechtsordnung durch die Rechtswissenschaft. Beschränkt sich die Rechtswissenschaft auf die Rolle des „Zulieferers"[160] der Rechtsanwendung, so bleibt damit eine bestimmte kritische Methodenperspektive ausgeschlossen. Eine anwendungsbezogene Perspektive muss praktisch vertretbare Lösungen, methodische Kompromisse und Ausgleichsformeln gegenüber der Aufdeckung von Systembrüchen, argumentativen Aporien oder systematischer Konsequenz vorziehen. Dies ist eine hoch zu veranschlagende Leistung juristischer Rationalität.[161] Ein solches Methodenverständnis ermöglicht eine hohe wissenschaftliche Durchdringung der Praxis des Verwaltungsrechts, die nicht zuletzt in bestimmten typischen Literaturgattungen wie dem Gesetzeskommentar oder der Rechtsprechungsübersicht zum Ausdruck kommt. Allerdings werden damit auch Erkenntnismöglichkeiten verschenkt, die jedenfalls für die Wissenschaft von Bedeutung sind. Wie fruchtbar ein kritisches, damit anwendungsdistanziertes Methodenverständnis sein kann, zeigt die amerikanische Diskussion auch im Verwaltungsrecht.[162] Im Ergebnis ist

---

[155] → Bd. I *Voßkuhle* § 1 Rn. 1, 9 ff.
[156] So die bekannte Feststellung bei *Martin Heidegger*, Sein und Zeit, 1927, S. 9.
[157] *Möllers*, Methodenstreit (Fn. 86), S. 197 ff.
[158] Für viele Beiträge hier nur: *Robert Alexy*, Theorie der juristischen Argumentation, 2. Aufl. 1991; *Ernst W. Böckenförde*, Die Methoden der Verfassungsinterpretation – Bestandsaufnahme und Kritik, in: ders., Recht, Staat, Freiheit, 1991, S. 53; *Hans-Joachim Koch*, Die juristische Methode im Staatsrecht, 1977.
[159] *Christoph Möllers/Andreas Voßkuhle*, Die deutsche Staatsrechtswissenschaft im Zusammenhang der internationalisierten Wissenschaften – Beobachtungen, Vermutungen, Thesen, DV, Bd. 36 (2003), S. 321 (327 f.).
[160] Zu dieser Aufgabe der Rechtsdogmatik *Jan Harenburg*, Die Rechtsdogmatik zwischen Wissenschaft und Praxis, 1986, S. 154 ff.
[161] *Luhmann*, Recht der Gesellschaft (Fn. 99), S. 262 ff.
[162] Beispiele aus dem amerikanischen Verwaltungsrecht: *Theodore J. Lowi*, The End of Liberalism, 2. Aufl. 1979; *Jerry L. Mashaw*, Bureaucratic Justice, 1983; ders., Due Process in the Administrative State, 1985.

deswegen keinem der beiden Methodenverständnisse der Vorzug zu geben. Von der Dominanz der Rechtsanwendung und von einer gewissen Fixierung auf Ausbildungsliteratur hat sich die deutsche Verwaltungsrechtswissenschaft aber weitergehend als bisher zu lösen, sonst droht nicht allein Unwissenschaftlichkeit, sondern auch Provinzialität.

II. Rechtsanwendung: Juristische Methode im Verwaltungsrecht

1. Gesetzesbindung: Normtextauslegung und Verfahrensbezug

23   Der methodische Ausgangspunkt des Verwaltungsrechts ist die Gesetzesbindung der Verwaltung, Art. 20 Abs. 3 GG. Mit dieser Feststellung ist keine Aussage darüber getroffen, inwieweit sich die Verwaltung tatsächlich an gesetzlich definierten Inhalten orientieren kann; vielmehr ist die Gesetzesbindung ein verfassungsrechtliches, also ein **normatives Gebot mit methodischer Konsequenz**.[163] Es besagt, dass das Handeln der Verwaltung sich durch den Verweis auf das Gesetz unter Anwendung der überlieferten juristischen Methoden rechtfertigen lassen muss.[164] Es besagt nicht, dass die Gesetzesauslegung das Verwaltungshandeln abschließend determinieren soll oder kann. Der häufige Hinweis auf die fehlende faktische Bindungswirkung von Gesetzestexten und auf die Bedeutung von Vorverständnissen für die Textauslegung ist differenziert zu verstehen.[165] Einem kategorialen Missverständnis unterliegt, wer das Gebot der Gesetzesbindung mit seiner methodischen Einlösung und diese wiederum mit einer vollständigen Gesetzesdeterminiertheit der Verwaltung verwechselt. Verfassungsrechtlich ist das Gesetz der Ausgangspunkt des Verwaltungshandelns im deutschen Verwaltungsrecht. Wie dies methodisch zu bewältigen ist, bleibt eine zweite Frage.

Trotz zahlloser theoretischer und praktischer Anfechtungen[166], trotz aller zweifelnden Hinweise auf nicht textlich fixierbare Vorverständnisse und auf die Ungewissheiten sprachlicher Bedeutung, die immer eines sie stabilisierenden Kontextes bedürfen[167], hat die hohe Dichte der Kodifikation von Rechtstexten im Verwaltungsrecht zu einer vergleichsweise hohen **Stabilisierung von Bedeutungen** geführt. Keine rechtstheoretische Kritik an den Möglichkeiten textueller Kommunikation kann sich der Einsicht verschließen, dass mit der quantitativen Verdichtung von Rechtstexten auch die Möglichkeiten zunehmen, Inhalte zu determinieren. Eine Verwaltungspraxis, die das – an dieser Stelle nicht zu repetierende – elementare Handwerk der Rechtsanwendung nicht beherrscht, ist

---

[163] Eingehend entwickelt bei *Ralph Christensen,* Was heißt Gesetzesbindung?, 1989.

[164] *Walter Krebs,* Juristische Methode im Verwaltungsrecht, in: Schmidt-Aßmann/Hoffmann-Riem (Hrsg.), Methoden, S. 209 (213 ff.).

[165] Guter Überblick und angemessene Relativierung bei *Karl-Heinz Ladeur,* Die rechtswissenschaftliche Methodendiskussion und die Bewältigung des gesellschaftlichen Wandels, RabelsZ, Bd. 64 (2000), S. 60 (62 ff.).

[166] Philosophisch informierte Anti-Kritik dazu bei *Hans-Joachim Koch,* Sprachphilosophische Grundlagen der juristischen Methodenlehre, in: Robert Alexy/Hans-Joachim Koch/Lothar Kuhlen/Helmut Rüßmann (Hrsg.), Elemente einer juristischen Begründungslehre, 2003, S. 123.

[167] Dies kann der hermeneutischen Hervorhebung von Vorverständnissen konzediert werden. *Josef Esser,* Vorverständnis und Methodenwahl in der Rechtsfindung, 1970; *Stanley E. Fish,* Is There a Text in this Class?, 1977, S. 303 ff. Für den juristischen Gebrauch: *Stanley E. Fish,* Working on the Chain Gang: Interpretation in Law and Literature, in: ders., Doing What Comes Naturally, 1989, S. 87.

schwer vorstellbar. Insoweit ist die hohe Quote von Juristen im Verwaltungsdienst auch ein Mittel zur Durchsetzung der Gesetzesbindung.

Traditionell gilt die **Subsumtion** unter den Gesetzestext als das zentrale methodische Paradigma der Rechtsanwendung in Deutschland.[168] Doch verdankt das Subsumtionsparadigma seinen Erfolg vor allem den Erfahrungen des Zivil- und Strafrechts, für das Verwaltungsrecht ist es nur von eingeschränkter Bedeutung. Dies ist schon deswegen der Fall, weil die Verwaltung als **Erstinterpret des Verwaltungsrechts**[169] eine demokratisch legitimierte Organisation ist, die anders funktioniert als die privaten Akteure, die sich an Straf- und Zivilgesetzen orientieren. Die Anwendung des Gesetzes aber wirkt auf die Bedeutung des Gesetzes zurück.[170] Immerhin: Eine große Vielzahl von materiellen Regeln des Verwaltungsrechts lässt sich ohne weiteres mit den Regeln der hergebrachten wörtlichen und systematischen Gesetzesinterpretation bestimmen[171]: Vom Bauordnungsrecht bis zum Sozialrecht sind diese Fälle unproblematisch, deswegen aber auch nicht von herausgehobenem methodischem Interesse. Sprachliche Alltagsbedeutungen sichern in solchen Fällen die gesetzliche Grundlage des Verwaltungshandelns. Gerade in der jüngeren Diskussion hat die subjektiv-historische Auslegung verstärkte Aufmerksamkeit und auch eingehende Rechtfertigung gefunden.[172] Werden diese theoretischen Einsichten vom Anwender ernst genommen, so begründet dies die Notwendigkeit, sich statt mit griffigen verfassungsrechtlich inspirierten Großformeln genauer mit dem historischen Willen des konkreten Gesetzgebers in einem bestimmten politischen Kontext auseinanderzusetzen.

24

In einer Vielzahl praktisch bedeutsamer Fälle allerdings genügt der Blick in ein einschlägiges Gesetz und seinen historischen Kontext nicht: Die Auslegung der polizeilichen Generalklausel, die Ermittlung eines Ermessensspielraums der Verwaltung, die Klärung der Frage, ob eine bestimmte Regel auch ein subjektives öffentliches Recht gewährt, oder gar die Befolgung von Vorgaben der planerischen Abwägung sind allesamt kaum nach den Regeln der klassischen Subsumtion zu bestimmen.[173] Hier spielen vielmehr unterschiedliche materiell-rechtliche Vorgaben und die **besonderen Entscheidungsbedingungen der Verwaltung** auch für das Verständnis des materiellen Gesetzestexts eine entscheidende Rolle.[174] Ein Beispiel: Für die Auslegung der polizeilichen Generalklausel

---

[168] Dazu auf der Höhe der theoretischen Debatte: *Jochen Bung*, Subsumtion und Interpretation, 2004, S. 23 ff. Dazu auch *Martin Kriele*, Theorie der Rechtsgewinnung, 1967, S. 85 ff. Weiterhin die kritischen Darstellungen bei *Friedrich Müller / Ralph Christensen*, Juristische Methodik I, 9. Aufl. 2004, S. 158 ff.; *Hans-Martin Pawlowski*, Methodenlehre für Juristen, 3. Aufl. 1999, S. 180 f.; *Peter Koller*, Theorie des Rechts, 2. Aufl. 1997, S. 197 ff. Eine umfassende am Verwaltungsrecht orientierte Rechtfertigung dieses Vorgehens, mit der sich jede zu pauschale Kritik auseinander zu setzen hat, bei *Hans-Joachim Koch / Helmut Rüßmann*, Juristische Begründungslehre, 1982, S. 58 ff.

[169] *Walter Schmidt*, Einführung in die Probleme des Verwaltungsrechts, 1982, S. 58.

[170] *Ladeur*, Methodendiskussion (Fn. 165), S. 67.

[171] Mit Blick auf verwaltungsrechtliche Probleme: *Koch / Rüßmann*, Begründungslehre (Fn. 166), S. 126 ff., 163 ff. Eingehend: *Dirk Looschelders / Wolfgang Roth*, Juristische Methodik im Prozeß der Rechtsanwendung, 1996, S. 21 ff., 130 ff.

[172] Rechtstheoretische Rechtfertigung bei *Matthias Jestaedt*, Wie das Recht, so die Auslegung, ZÖR, Bd. 55 (2000), S. 133 (149 ff.). Grundsätzlich positiv auch *Looschelders / Roth*, Juristische Methodik (Fn. 171), S. 32 ff., 153 ff.

[173] Oder genauer: Die Ermittlung eines Obersatzes, unter den zu subsumieren ist, lässt sich nicht allein anhand der Exegese eines einzigen materiell-rechtlichen Gesetzestextes bewältigen.

[174] Grundlegend insoweit *Schmidt*, Einführung (Fn. 169), S. 23 ff.

wird die konkrete Entscheidungssituation der Verwaltung selbst Teil des Maßstabs (ex-ante Perspektive)[175]; dieser wird ergänzt durch eine Betrachtung des gesetzlichen **Zwecks** des konkreten Verwaltungshandelns (Gefahrenabwehr) und durch den Verweis auf die Gesamtheit der rechtlichen Bindungen (öffentliche Sicherheit). Schon dieses Beispiel aus einem gern als „klassisch" bezeichneten Rechtsgebiet unterstreicht: Das Verwaltungshandeln ist im Regelfall von einer Vielzahl von Normen determiniert[176], ein methodengerechtes Verständnis des Inhalts der rechtlichen Bindung muss zudem gesetzlich definierte Zwecke einbeziehen und kann vom Entscheidungszusammenhang nicht absehen, der oft im Verfahrens- und Organisationsrecht zum Ausdruck kommt. Dies ist näher zu betrachten:

25 Aus zwei Gründen sind **teleologische Auslegungstechniken** in der Rechtsanwendung im Allgemeinen methodisch verdächtig.[177] Zum Ersten erscheint die Ermittlung des Zwecks oftmals als eine bloße Unterstellung. Dieses im Zivilrecht virulente Problem ist für das Verwaltungsrecht jedoch sekundär[178], denn an ausdrücklichen gesetzlichen Zweckregelungen fehlt es selten, § 40 VwVfG unterstreicht ihre Bedeutung. Zum Zweiten aber verweisen teleologische Regelungen auf ihre Verwirklichung in der Zukunft, obwohl die Subsumtionslogik eigentlich vergangenheitsbezogen funktioniert, indem etwas bereits Definiertes zur Anwendung kommt.[179] Durch Zweckregelungen wird der Verwaltung das Problem aufgenötigt, zu prüfen, mit welchen Mitteln ein Zweck erreicht werden kann; es geht also auch um eine faktische Frage. Zudem kennen Gesetze im Verwaltungsrecht oftmals eine Vielzahl sich auch widersprechender Zwecke, so § 1 Abs. 5 BauGB oder § 2 Abs. 2 TKG. Eine methodengerechte Entscheidung ergibt sich hier aus der nachvollziehbaren Einbeziehung aller gesetzlichen Zwecke. Diese wird auch als **Abwägung** bezeichnet[180], wobei Unterschiede zur Grundrechtsdogmatik sowohl mit Blick auf die Zahl und Konkretheit von Zwecken als auch mit Blick auf die verfahrenstechnische Strukturierung der Entscheidung offensichtlich sind. Entgegen der Abwägungsdogmatik der verwaltungsgerichtlichen Rechtsprechung[181] lassen sich über die Gewichtung dieser Belange anders als über ihre Einbeziehung allerdings kaum methodisch belastbare Aussagen machen.[182] Doch finden sich weitere prozedurale Bestimmungsfaktoren, die auch auf den materiellen Inhalt der Entscheidung nicht ohne Ein-

---

[175] Darstellung und Kritik bei *Ralf Poscher*, Gefahrenabwehr, 1999.

[176] Zutreffend: *Schmidt-Aßmann*, Ordnungsidee, 1. Kap. Rn. 46.

[177] Zur Kritik etwa *Müller/Christensen*, Juristische Methodik (Fn. 168), S. 116 f.

[178] So schon zutreffend *Forsthoff*, VerwR, S. 160 f.

[179] *Ladeur*, Methodendiskussion (Fn. 165), S. 64; *Möllers*, Historisches Wissen (Fn. 143), S. 132 ff. m. w. N.

[180] So etwa *Schmidt-Aßmann*, Ordnungsidee, 4. Kap. Rn. 50. Theoretische Rechtfertigung eines einheitlichen Konzepts der Abwägung im Verfassungs- und Verwaltungsrecht bei *Hans-Joachim Koch*, Die normtheoretische Basis der Abwägung, in: Robert Alexy/Hans-Joachim Koch/Lothar Kuhlen/Helmut Rüßmann (Hrsg.), Elemente einer juristischen Begründungslehre, 2003, S. 235.

[181] Grundlegend *BVerwGE* 45, 309, zum Überblick *Helmuth Schulze-Fielitz*, Verwaltungsgerichtliche Kontrolle der Planung im Wandel, in: FS Werner Hoppe, 2000, S. 997.

[182] Hier gelten die allgemeinen Überlegungen von *Bernhard Schlink*, Abwägung im Verfassungsrecht, 1976. Anderes gilt mit Blick auf Eingriffsintensitäten (anschaulich: *Robert Alexy*, Verfassungsrecht und einfaches Recht – Verfassungsgerichtsbarkeit und Fachgerichtsbarkeit, VVDStRL, Bd. 61 (2002), S. 7 [19 ff.]), aber dieses Instrument erscheint für die Zweckvielfalt administrativer Entscheidungsfindung oftmals zu grob.

fluss bleiben: die Unterscheidung zwischen Aufgaben- und Befugnisnormen, die Definition bestimmter Rechtsformen, die bestimmten Befugnissen zugeordnet werden, oder die organisatorische Ansiedlung einer Entscheidung auf einer bestimmten hierarchischen Ebene der Verwaltung mit einer bestimmten Nähe oder Ferne zu einem demokratischen Entscheidungsprozess.

Dieser unhintergehbare Verfahrens- und Organisationszusammenhang des Verwaltungshandelns begründet das **Gebot einer prozedural reflektierten Auslegung**[183], das von der Praxis immer schon beherzigt, aber nicht immer als solche erkannt wurde. „Aber zum Glück ist die Methode der Praxis besser als das, was die Praxis für ihre Methode hält."[184] Schon Standardbeispiele wie die Bestimmung einer Norm als Ermessensvorschrift oder die Ermittlung einer subjektiven öffentlichen Rechtsposition zeigen dies. Beide kommen nicht ohne Blick auf das Verfahrens- und Organisationsrecht aus. So ist bei der Untersuchung horizontaler Rechtsbeziehungen („Drittklagen")[185] der Berechtigungsstatus des Dritten nicht ohne Blick auf seine Verfahrenspositionen zu klären.[186] Die Frage, ob und welcher Grad an Ermessen der Verwaltung eingeräumt wird, ist gleichfalls nur selten einfach aus dem Gesetzeswortlaut zu erschließen („kann").[187]

Eine besondere methodische Herausforderung an das Verwaltungsrecht stellt schließlich die **Situativität** von Verwaltungsentscheidungen dar.[188] Eine herausragende organisatorische Eigenschaft der Verwaltung besteht in der zeitlichen Nähe zwischen ihren Entscheidungen und den Sachverhalten, auf die diese Entscheidungen reagieren oder die sie beeinflussen sollen. Handlungsspielräume der Verwaltung gewinnen ihre Rationalität nicht zuletzt aus dieser Gegenwartsnähe[189] und einem allgemeinen, auch von betroffenen Bürgern geteilten Interesse an einer situationsangemessenen Entscheidung. Offene Gesetzestexte können insoweit auch Rationalitätsgewinne ermöglichen.[190] Von **Entscheidungsfreiheit** der Verwaltung kann man jedenfalls dann sprechen, wenn auch eine andere als die tatsächlich getroffene Entscheidung von der Rechtsordnung zugelassen wird.[191] Von Freiheit kann man allerdings insoweit nicht sprechen, als dass jede getroffene Entscheidung einer konkreten Rechtfertigung bedarf.[192] Methodisch kann von der Verwaltung damit nicht eine bestimmte Entscheidung, aber doch eine situationsangemessene Rechtfertigung der Entscheidung verlangt werden.

26

---

[183] In diese Richtung: *Schmidt-Aßmann*, Ordnungsidee, 1. Kap. Rn. 46; dazu auch *Christoph Möllers*, Materielles Recht – Verfahrensrecht – Organisationsrecht (Fn. 22), S. 525.

[184] *Carl Schmitt*, Gesetz und Urteil, 1912, S. 45.

[185] Dazu hier nur *Rainer Wahl*, in: Schoch/Schmidt-Aßmann/Pietzner (Hrsg.), VwGO, Vorb. § 42 Abs. 2 Rn. 102.

[186] Beispiele bei *Matthias Schmidt-Preuß*, Kollidierende Privatinteressen im Verwaltungsrecht, 1992.

[187] Zahlreiche Beispiele für Relativierungen des Wortlauts bei *Michael Gerhardt*, in: Schoch/Schmidt-Aßmann/Pietzner (Hrsg.), VwGO, § 114 Rn. 16.

[188] *Schmidt-Aßmann*, Ordnungsidee, 4. Kap. Rn. 52; *Brohm*, Situative Gesetzeskonkretisierung (Fn. 32), S. 797 ff.

[189] Dazu *Möllers*, Gewaltengliederung (Fn. 16), S. 114 f.

[190] *Arno Scherzberg*, Rationalität – staatswissenschaftlich betrachtet, in: FS Hans-Uwe Erichsen, 2004, S. 177 (205).

[191] Die Möglichkeit, auch anders zu entscheiden, als entschieden wurde, wird man als Freiheit definieren, vgl. nur *Ernst Tugendhat*, Der Begriff der Willensfreiheit, in: Konrad Cramer (Hrsg.), Theorie der Subjektivität, 1. Aufl. 1987, S. 373.

[192] Ausdrücklich: *Schmidt-Aßmann*, Ordnungsidee, 4. Kap. Rn. 49.

§ 3 Methoden

2. Rechtsprechung: Kontrollerwartung – Präjudiz – Kontrolldichte

27 Die Verwaltungsrechtsprechung tritt der Verwaltung schon während der Anwendung des Gesetzes unabhängig von der Anstrengung eines konkreten Verwaltungsprozesses in der **Erwartung einer möglichen gerichtlichen Kontrolle** entgegen. Wie wirksam diese Erwartung ist, zeigt sich bereits daran, dass in der bundesstaatlichen Rechtsordnung, in der im Regelfall die Länder Gesetze des Bundes anwenden, binnenadministrative Kontrollmechanismen zwischen Bund und Ländern so gut wie keine Rolle spielen.[193] Auf europäischer Ebene ist dies anders.[194] Die immense Effektivität dieser Kontrollerwartung gemahnt, die Unterscheidung zwischen Rechtsschutz- und Steuerungsperspektive[195] nicht als Gegeneinander zu verstehen. **Die Rechtsschutzperspektive hat Steuerungswirkung.** Diese Kontrollerwartung kann, muss aber nicht im Angesicht konkreter Präjudizien funktionieren. Vielmehr wird die Kontrollerwartung die Verwaltung schon zu einer nachvollziehbaren, methodengerechten und Ermessensspielräume bewusst wahrnehmenden Entscheidung anhalten.

28 **Richterliche Rechtsfortbildung** nimmt in verschiedenen Bereichen des deutschen Verwaltungsrechts eine sehr unterschiedliche Bedeutung ein.[196] Die am Gesetzesbegriff orientierte rechtsstaatliche Gründungstradition hatte keinen systematischen Raum für Richterverwaltungsrecht[197], trotz einer solchen Praxis. Heute sind richterrechtliche Prägungen insbesondere dort zu erkennen, wo es an eingehenden gesetzlichen Regelungen fehlt.[198] Wissenschaftliche Aufmerksamkeit verdient diese, wenn die Rechtsprechung eigene Begriffsbildungen hervorbringt. Beispiele sind die modifizierende Auflage[199] oder das Rücksichtnahmegebot.[200] In der Literatur besonders oft hervorgehoben ist die Rechtsprechung zur planerischen Abwägung[201], obwohl diese weniger das Verwaltungsrecht als die Art seiner gerichtlichen Kontrolle betrifft. Man wird in richterlicher Rechtsfortbildung nicht nur eine Korrektur des Verwaltungshandelns erkennen kön-

---

[193] *Möllers*, Gewaltengliederung (Fn. 16), S. 339 ff.
[194] *Alberto J. Gil Ibáñez*, The Administrative Supervision and Enforcement of EC Law, 1999, S. 285 ff.
[195] Grundlegend zur Unterscheidung: *Gunnar Folke Schuppert*, Verwaltungsrechtswissenschaft als Steuerungswissenschaft, in: Hoffmann-Riem/Schmidt-Aßmann/Schuppert (Hrsg.), Reform, S. 65 (98 ff.); s. ebenfalls zum steuerungswissenschaftlichen Ansatz *Appel*, Verwaltungsrecht (Fn. 52); *Martin Eifert*, Das Verwaltungsrecht zwischen klassischem dogmatischen Verständnis und steuerungswissenschaftlichem Anspruch, VVDStRL, Bd. 67 (2008), S. 286. Kritik an der kausalistischen Steuerungsmetapher bei *Hans-Heinrich Trute/Wolfgang Denkhaus/Doris Kühlers*, Governance in der Verwaltungsrechtswissenschaft, DV, Bd. 37 (2004), S. 451; *Niklas Luhmann*, Steuerung durch Recht?, ZfRSoz 1990, S. 142.
[196] Dazu aus der knappen Literatur: *Helmuth Schulze-Fielitz*, Verwaltungsrechtsdogmatik als Prozeß der Ungleichzeitigkeit, DV, Bd. 27 (1994), S. 277 (287 ff.); *Eberhard Schmidt-Aßmann*, Der Beitrag der Verwaltungsgerichte zur verwaltungsrechtlichen Systembildung, VBlBW 1986, S. 381 (385 ff.); ders., Aufgaben- und Funktionswandel der Verwaltungsgerichtsbarkeit, VBlBW 2000, S. 45 (50 ff.).
[197] Zum Richterverständnis im 19. Jahrhundert: *Regina Ogorek*, Richterkönig und Subsumtionsautomat, 1986.
[198] So auch *Meinhard Schröder*, Gesetzesbindung des Richters und Rechtsweggarantie im Mehrebenensystem, 2010. Dass diese Gebiete seltener werden, zeigt sich auch an der abnehmenden Bedeutung des Gewohnheitsrechts, dazu *Thorsten I. Schmidt*, Abschied vom Verwaltungsgewohnheitsrecht, NVwZ 2004, S. 930.
[199] BVerwG, DÖV 1974, S. 380, zuvor entwickelt von einem zuständigen Richter *Felix Weyreuther*, Über „Baubedingungen", DVBl 1969, S. 295.
[200] BVerwG, DÖV 1974, S. 380.
[201] → Fn. 181.

nen, sondern auch eine Form des **Nachvollzugs,** in dem eine administrative Praxis **durch die Gerichte reflektiert** und auf den Rechtsbegriff gebracht wird. Auch in einer Rechtsprechung, die im Ergebnis die Verwaltung nicht korrigiert, kann sich diese beobachten und verbessern. Der Einfluss der Rechtsprechung auf die Systematisierung des Verwaltungsrechts wird in der Literatur zumeist positiv bewertet, namentlich im Vergleich mit dem Gesetzgeber.[202] Doch erscheint es kaum möglich, beide Beiträge sinnvoll miteinander zu vergleichen. Zudem ist Kritik sowohl an eigenständiger Begriffsbildung als auch an verfassungsnaher Argumentation der Verwaltungsgerichte gleichfalls nicht selten. Der Trend weg von der Konstitutionalisierung des Verwaltungsrechts hin zum Anwendungsvorrang des Gesetzes[203] schränkt die Spielräume eigenständiger richterlicher Rechtsfortbildung ein.[204] Und auch jenseits des Verfassungsrechts stoßen die Rationalitätsgewinne einer Begriffsbildung, die sich an der Lösung von Einzelfällen orientiert, an Grenzen.[205] Der individualisierende Fallbezug richterlicher Entscheidungen ist nur eingeschränkt leistungsfähig, weil bei richterlicher Rechtsfortbildung stets die Benachteiligung von im Verfahren nicht repräsentierten Interessen droht. Selbst der klassische Fall der richterlichen Entwicklung von Vertrauensschutz[206] hat letztlich immer auch Rückwirkungen auf Dritte, die im Gerichtsverfahren nicht abgebildet werden können.[207] Hier muss die Rechtswissenschaft den ins Allgemeine ausgreifenden Gestaltungswillen gerade der obersten Rechtsprechung auch relativieren können. Methodische Einwände gegen richterliche Rechtsfortbildung lassen sich freilich kaum ins positive Recht transponieren, es sei denn man befürwortet mit Blick auf den engen Zusammenhang zwischen Methode und Gesetzesbindung[208] auch einen Gesetzesvorbehalt gegenüber der Rechtsprechung.[209] In jedem Fall muss die richterliche Rechtsfortbildung genauer auf ihre Entstehungsbedingungen hin untersucht und ihre Verallgemeinerbarkeit kritischer überprüft werden. Dazu bedarf es eines methodischen **Ausbaus der Rechtsprechungsanalyse.** Anders als in Common-Law-Rechtsordnungen fehlt es an einer Tradition der Fallanalyse, die die gerichtlichen Entscheidungen nicht nur auf die Stimmigkeit der Begründung hin analysiert, sondern auch die Kontexte des Sachverhalts eingehend behandelt.

Die entscheidende methodische Herausforderung des Verwaltungsrechts mit **29** Blick auf die Gerichte stellt die Frage nach der richtigen **Arbeitsteilung zwischen Verwaltung und Verwaltungsgerichtsbarkeit** dar, also das Problem, inwieweit Gerichte Entscheidungen der Verwaltung nachvollziehen sollen.[210] Um

---

[202] So wohl *Schmidt-Aßmann,* Beitrag, (Fn. 196); *Schulze-Fielitz,* Ungleichzeitigkeiten (Fn. 196), S. 387 ff.
[203] → Rn. 13.
[204] Diese Tendenz etwa bei *Jost Pietzcker,* „Grundrechtsbetroffenheit" in der verwaltungsrechtlichen Dogmatik, in: FS Otto Bachof, 1984, S. 131; *Rainer Wahl,* Die doppelte Abhängigkeit des subjektiven öffentlichen Rechts, DVBl 1996, S. 641.
[205] Dies zeigt die wissenschaftliche Kritik an den oben (→ Fn. 199 f.) erwähnten Begriffen.
[206] OVG Berlin, DVBl 1957, S. 503.
[207] Zum Problem: *Niklas Luhmann,* Legitimation durch Verfahren, 1975, S. 121 ff.
[208] → Rn. 23.
[209] Einerseits *Hermes,* Verfassungsrecht (Fn. 81), S. 137 f.; andererseits rechtsvergleichend *Ulrich Haltern/Franz Mayer/Christoph Möllers,* Wesentlichkeitstheorie und Gerichtsbarkeit, DV, Bd. 30 (1997), S. 51.
[210] Grundlegend zum Problem *Rupert Scholz/Eberhard Schmidt-Aßmann,* Verwaltungsverantwortung und Verwaltungsgerichtsbarkeit, VVDStRL, Bd. 34 (1976), S. 145/221.

diese Frage zu beantworten, ist auf die unterschiedliche Leistungsfähigkeit der administrativen und gerichtlichen Entscheidungstechniken zu achten, die einen Kern der nach Art. 20 Abs. 2 S. 2 GG gewaltengeteilten Ordnung darstellt. Es gibt einen **Zusammenhang zwischen Gewaltengliederung und Kontrolldichte**.[211] Eine Methodik, die lediglich die Gerichten und Verwaltung gemeinsame Rechtsbindung sowie die Rechtsschutzgarantie beachtet, wird dem nicht gerecht. Denn es geht in keinem Fall nur um das materielle Recht „an sich", sondern immer auch um ein unvermeidlich prozedural ausgestaltetes Rechtsverhältnis. Die Berücksichtigung des administrativen Organisations- und Verfahrenszusammenhangs ist nicht allein durch die eigenständige Aufgabe der Verwaltung geboten, das Recht zu konkretisieren, sie folgt vielmehr auch aus dem Respekt vor dem Gesetzgeber. Gestaltet dieser die Entscheidungsstruktur der Verwaltung zulässigerweise so aus, dass die Entscheidungsfindung in einem gerichtlichen Verfahren nicht mehr voll nachvollziehbar ist, so ist dies eine legitime Beschränkung der gerichtlichen Kontrollbefugnis.[212] Dies kann auch im Sinn aller beteiligten Parteien sein, die ein Interesse, wenn nicht ein Recht auf chancengleiche, sachverständige, zügige und deswegen auch nicht vor Gericht beliebig wiederholbare administrative Verfahren haben. Auch die umstandslose Gleichsetzung von Grundrechtsbetroffenheit und voller gerichtlicher Überprüfbarkeit wird dem nicht immer gerecht.

3. Höhere Normebenen: Verfassungsrecht – Europarecht – Völkerrecht

30   Die Auslegung des Verfassungsrechts führt im Verwaltungsrecht über das Gesetz. Denn eine der Wirkungen der verfassungsrechtlichen Gesetzesbindung, Art. 20 Abs. 3 GG, ist gerade, dass sich die Verwaltung als Erstinterpretin des Gesetzes[213] keinen einfachen Begriff von der Verfassung machen kann, ohne den Gesetzgeber als Erstinterpret der Verfassung[214] zu berücksichtigen. Die **Offenheit der grundgesetzlichen Normen** verlangt im Regelfall nach einer – verfassungsgerichtlich kontrollierten – Ausgestaltung in einem demokratischen Verfahren.[215] Dies gilt auch für die Verwaltungsgerichte, für die Art. 100 Abs. 1 GG eben vor allem eine Grenze der Beschäftigung mit Verfassungsrecht zieht.[216] Wie auch in anderen Rechtsgebieten ergibt sich das Problem häufig aus einer vermeintlichen Schonung des Gesetzgebers durch verfassungskonforme Auslegung, die die Rechtsordnung informell konstitutionalisiert. Methodisch ideal

---

[211] *Möllers*, Gewaltengliederung (Fn. 16), S. 163 ff. Aus der breiten Diskussion zur Kontrolldichte nur *Eberhard Schmidt-Aßmann*, Die Kontrolldichte der Verwaltungsgerichte: Verfassungsgerichtliche Vorgaben und Perspektiven, DVBl 1997, S. 281 (287 f.); *Michael Gerhardt*, in: Schoch/Schmidt-Aßmann/Pietzner (Hrsg.), VwGO, § 114 Rn. 13 ff.; *Eberhard Pache*, Tatbestandliche Abwägung und Beurteilungsspielraum, 2001, S. 76 ff.

[212] In diesem Sinne lässt sich beispielhaft BVerwG, NVwZ 2010, 1359, zur Prüfungsdichte im Telekommunikationsrecht lesen. Dezidiert anders jedoch: *Michael Gerhardt*, Funktionaler Zusammenhang oder Zusammenstoß zweier Rationalitäten?, in: Hoffmann-Riem/Schmidt-Aßmann (Hrsg.), Verwaltungsverfahren, S. 413, der den Verwaltungsprozess als Möglichkeit versteht, jeden denkbaren Teil des Verfahrens nachzuholen und aufzuarbeiten.

[213] Nochmals: *Schmidt*, Einführung (Fn. 169), S. 58.

[214] *Paul Kirchhof*, Demokratischer Rechtsstaat – Staatsform der Zugehörigen, in: HStR IX, 1. Aufl. 1997, § 221, Rn. 77; BVerfGE 101, 158 (236).

[215] → Rn. 13.

[216] Aus der immer kritischer werdenden Literatur: *Andreas Voßkuhle*, Theorie und Praxis der verfassungskonformen Auslegung von Gesetzen durch Fachgerichte, AöR, Bd. 125 (2000), S. 177.

wäre es, wenn Verwaltung und Verwaltungsgerichte gar keinen unmittelbaren Zugriff auf Normen des Grundgesetzes nähmen; dies wird in der Regel aber dann nicht möglich sein, wenn es an gesetzlichen Regelungen fehlt oder wenn nur verfassungsrechtliche Maßstäbe zur Konkretisierung unbestimmter gesetzlicher Vorgaben zur Verfügung stehen.[217] Trotzdem sind verfassungsrechtliche Methoden für den konkreten Entscheidungsbezug der Verwaltung wenig geeignet. Der unmittelbare Rekurs auf Grundrechte kann keine Befugnisse der Verwaltung begründen.[218] Es ist – neben der bereits erörterten Systematisierungsleistung[219] – vor allem eine grundsätzliche Einstellung zur Bedeutung des Verwaltungshandelns, die aus dem Grundgesetz folgt: die Anerkennung der Adressaten des Verwaltungshandelns als selbstständig Berechtigte, deren Anliegen und Einwände in Entscheidungsfindung und Entscheidungsbegründung einbezogen werden müssen, sowie der Respekt vor demokratisch legitimierten Entscheidungsträgern.

Europarechtliche Vorgaben können verschiedenste Rückwirkungen auf den methodischen Umgang mit Verwaltungsrecht nehmen.[220] Im Idealfall sollten europäische Normen durch den Gesetzgeber vollständig umgesetzt sein und damit durch die deutsche Rechtsordnung inkorporiert sein. Damit fielen verfassungsrechtliche Gesetzesbindung und unionsrechtliche Vorgaben formell zusammen. Auch diese formelle Identität ändert jedoch nichts daran, dass die europarechtliche Provenienz Konsequenzen für die Auslegung vollständig umgesetzter Normen hat[221]: Es gelten Diskriminierungsverbot und Effektivitätsgebot.[222] Das wird noch deutlicher bei den Einwirkungen spezieller unionsrechtlicher Vorgaben[223] auf allgemeine Regeln des Verwaltungs- oder Verwaltungsprozessrechts, die in der Literatur viel diskutiert wurden.[224] Denn die genannten Prinzipien entfalten ihre Wirkung nicht als solche, sondern vor dem Hintergrund einer breiten Sekundärrechtsetzung. Namentlich die Pflicht zu richtlinienkonformer Auslegung des nationalen Rechts ist zu einem beständigen methodischen Horizont geworden, der nicht mit der Umsetzung endet.[225] Schließlich bedient sich der EuGH auf dem Gebiet des Verwaltungsrechts auch des Rechtsvergleichs, um verfahrensrechtliche Standards zu entwickeln und zugleich an mitgliedstaatliche Standards anzupassen.[226] Defensive Strategien wie der Hinweis, die EU habe keine

31

---

[217] So auch *Rainer Wahl*, in: Schoch/Schmidt-Aßmann/Pietzner (Hrsg.), VwGO, Vorbem. § 42 Abs. 2 Rn. 80, dort allgemein zum Zusammenhang zwischen Grundrechtsbezug, fehlender gesetzlicher Regelung und richterlicher Rechtsfortbildung.
[218] Grundsätzlich anders *Hans-Detlev Horn*, Die grundrechtsunmittelbare Verwaltung, 1999.
[219] → Rn. 13 a. E.
[220] Vgl. zur Europäisierung des deutschen Verwaltungsrechts → Bd. I *Schmidt-Aßmann* § 5 Rn. 30 ff.
[221] *Eberhard Schmidt-Aßmann*, Gefährdungen der Rechts- und Gesetzesbindung der Exekutive, in: FS Klaus Stern, 1997, S. 745.
[222] Dazu *Dirk Ehlers*, Verwaltung und Verwaltungsrecht im demokratischen und sozialen Rechtsstaat, in: Erichsen/Ehlers (Hrsg.), VerwR, § 3 Rn. 62 ff.; → Bd. I *Schmidt-Aßmann* § 5 Rn. 31.
[223] Grundsätzlich zur europarechtskonformen Auslegung: *Friedrich Müller/Ralph Christensen*, Juristische Methodik Bd. II, 2003, S. 130 ff.
[224] *Friedrich Schoch*, Die Europäisierung des Verwaltungsprozessrechts, in: FG 50 Jahre BVerwG, 2003, S. 507; *Eberhard Schmidt-Aßmann*, Die Europäisierung des Verwaltungsverfahrensrechts, in: ebd., S. 487.
[225] *Christensen/Müller*, Methodik II (Fn. 223), S. 141 ff.
[226] *Christensen/Müller*, Methodik II (Fn. 223), S. 310.

Kompetenzen im allgemeinen Verwaltungsrecht,[227] oder die Konstruktion eines Grundsatzes der mitgliedstaatlichen Verfahrensautonomie[228] stehen einem angemessenen Verständnis eher entgegen und dürften ohne Einfluss bleiben. Die These, das deutsche Verwaltungsrecht und seine überlegene Dogmatik müssten gegenüber den fremden Einflüssen des Unionsrechts abgeschirmt werden, ist unhaltbar.[229] Das Europarecht ist Teil unserer Rechtsordnung, die demokratische Entscheidung für die Integration kann nicht innerhalb der Rechtsordnung durch Auslegung relativiert werden. Überlieferte Kategorien des deutschen Verwaltungsrechts werden nach Maßgabe des Unionsrechts („soweit")[230] beschränkt. Auch die Forderung nach einer kooperativen Einpassung des Europarechts[231] stößt an diese Grenze,[232] – denn das Maß an Kooperation wird, spätestens wenn eine vergleichende Rechtsgewinnung erschöpft ist, einseitig von der europäischen Seite definiert. Operabel ist Kooperation zudem eher auf der Ebene der Rechtsetzung[233] als auf der Ebene der Auslegung. Für einen methodengerechten Umgang ist es unerlässlich, sich auch in die Perspektive anderer mitgliedstaatlicher Anwender zu versetzen, um die Ratio von Diskriminierungsverbot und Effektivitätsgebot zu verstehen. Dies hätte beispielsweise der Diskussion um die Europäisierung von § 48 Abs. 4 VwVfG von vornherein eine andere Perspektive gegeben. Eine wohl notwendig besonders intensive Wirkung entfalten Präjudizien europäischer Gerichte.[234] Denn eine zulässige Vorlage nach Art. 267 AEUV wie auch die Beachtung der Vorlagepflicht setzen eine intensive Beobachtung der europäischen Rechtsprechung voraus, deren Entscheidungen insoweit eher wie eine Norm als wie eine Einzelfallentscheidung zu behandeln sind.[235]

Sind die methodischen Wirkungen des Europarechts insoweit hierarchisch-vertikaler Art, so zeigt sich nunmehr eine **neue Phase horizontaler Verknüpfung,** in der das Europarecht eine wechselseitige materielle Berücksichtigung anderer mitgliedstaatlicher Verwaltungspraxen anordnet; ein weitgehendes Beispiel bieten die §§ 10 ff. TKG,[236] ein anderes die neu entstehende Architektur der europäischen Finanzmarktaufsicht.[237] Bei der Auslegung des deutschen Verwaltungs-

---

[227] Differenziert: *Wolfgang Kahl*, Hat die EG die Kompetenz zur Regelung des Allgemeinen Verwaltungsrechts?, NVwZ 1996, S. 865.
[228] *Thomas v. Danwitz*, Die Eigenverantwortung der Mitgliedstaaten für die Durchführung von Gemeinschaftsrecht, DVBl 1998, S. 421.
[229] Diese Tendenz etwa bei *v. Danwitz*, System (Fn. 149).
[230] *EuGH*, verb. Rs. 51–54/71, Slg. 1971, 1107, Tz. 3/4; verb. Rs. 205–215/82, Slg. 1983, 2633, Tz. 17. Diese Formel ist dem deutschen Recht im Übrigen nicht unbekannt, sie findet sich strukturanalog in Art. 84 Abs. 1 GG.
[231] *Schmidt-Aßmann*, Ordnungsidee, 7. Kap. Rn. 21 f.
[232] Hier sind föderale Erfahrungen verallgemeinerbar. Grundlegend: *Giovanni Biaggini*, Theorie und Praxis des Verwaltungsrechts im Bundesstaat, 1998.
[233] In einer Aufbereitung des materiellen Rechts, die sensibel für mitgliedstaatliche Strukturen ist, kann man eine der Hauptaufgaben der Komitologie-Struktur sehen.
[234] Zu nationalen Gerichten: → Rn. 28.
[235] *Christensen/Müller*, Methodik II (Fn. 223), S. 254 f.
[236] Dazu *Hans-Heinrich Trute*, Der europäische Regulierungsverbund in der Telekommunikation, in: FS Peter Selmer, 2004, S. 585; *Karl-Heinz Ladeur/Christoph Möllers*, Der europäische Regulierungsverbund der Telekommunikation im deutschen Verwaltungsrecht, DVBl 2005, S. 525.
[237] *Anne v. Aaken*, Transnationales Kooperationsrecht nationaler Aufsichtsbehörden als Antwort auf die Herausforderung globalisierter Finanzmärkte, in: Möllers/Voßkuhle/Walter (Hrsg.), Internationales VerwR, S. 219 (237 ff.); *Knauff*, Der Regelungsverbund (Fn. 118), S. 289 f.; *Niamh Moloney*, EU financial market regulation after the global crisis: „more Europe" or more risks?, CMLRev, Bd. 47

rechts ist insoweit auch die Verwaltungspraxis anderer Mitgliedstaaten zu berücksichtigen. Diese horizontale Verknüpfung erhöht die Komplexität des Auslegungsvorgangs, denn der Blick auf unterschiedliche Praxen gestattet ein erhöhtes Maß an Varianz in Rechtsgebieten, für die Einheitlichkeit konstitutiv ist. Gerade diese Form der Europäisierung dürfte – ähnlich wie im internationalen Privatrecht – **eine engere Verkopplung zwischen Rechtsanwendung und Rechtsvergleichung** erforderlich machen und damit eine der zentralen kommenden Kooperationsmöglichkeiten zwischen Wissenschaft und Praxis darstellen.[238]

Die **völkerrechtlichen Einwirkungen** auf das Verwaltungsrecht[239] sind in den letzten Jahren mehr und mehr zu einem wissenschaftlichen Thema geworden. In der Mehrzahl der Fälle verlaufen diese über das deutsche Umsetzungsverfahren.[240] Hier liegen im Vergleich zum Europarecht wegen der nur beschränkten Durchsetzbarkeit vorerst überschaubare methodische Herausforderungen. Anspruchsvoller sind Probleme, die sich aus der immer stärkeren Produktion **unverbindlicher Standards, eines Verwaltungs-Soft Law,** auf völkerrechtlicher Ebene ergeben. Zum einen werden solche Standards von internationalen Organisationen hergestellt und von den Regierungen an die zuständigen Behörden informatorisch weitergereicht.[241] Zum anderen beteiligen sich Verwaltungsbehörden mehr und mehr an der Ausarbeitung von eigenen Standards zur Vereinheitlichung ihrer Praxis und zur Herstellung von Vertrauen und Gegenseitigkeit.[242] Es ist nachweisbar, dass solche Standards, zumal wenn die anwendenden Behörden an ihrer Herstellung beteiligt waren, einen sehr hohen Grad an Befolgung aufweisen.[243] Ihre faktische Wirkung ist von derjenigen verbindlichen Rechts kaum zu unterscheiden. Für adressierte Verwaltungen muss es deswegen darum gehen, die Inhalte solcher Standards zu überprüfen, sie für potentielle Adressaten durchsichtig zu machen und sich über die **eigene Entscheidungsverantwortung** im Angesicht solcher Vorgaben Rechenschaft abzulegen. Lösungen für die so entstehenden Probleme sind aber weniger methodischer als institutioneller Natur, in besonderen Fällen unterstützt durch den Versuch, solche Entscheidungen durch die Entwicklung neuer Handlungsformen zu reformalisieren.[244]

32

4. Methoden administrativer Normsetzung?

Ob es einer eigenen Methodik administrativer Normsetzung[245] bedarf, ist seit langem umstritten. Jedenfalls wird die Forderung nach einer administrativen

33

(2010), S. 1317; zur EG-Finanzmarktaufsicht vor der Krise s. *Pascal Royla*, Grenzüberschreitende Finanzmarktaufsicht in der EG, 2000.

[238] → Rn. 40.
[239] → Bd. I *Ruffert* § 17 Rn. 40 ff. *Möllers/Voßkuhle/Walter* (Hrsg.), Internationales VerwR; *Christian Tietje*, Internationalisiertes Verwaltungshandeln, 2001.
[240] Beispiel: *Christian Walter*, Internationalisierung des deutschen und europäischen Verwaltungsverfahrens- und Verwaltungsprozeßrechts – am Beispiel der Aarhus-Konvention, EuR, 2005, S. 302.
[241] *Knauff*, Regelungsverbund (Fn. 118), S. 268ff., *Armin v. Bogdandy/Philipp Dann/Matthias Goldmann*, Völkerrecht als öffentliches Recht: Konturen eines rechtlichen Rahmens für Global Gonvernance, Der Staat, Bd. 49 (2010), S. 23 (30ff.).
[242] *Möllers*, Behördenkooperation (Fn. 118), S. 354ff.
[243] *Abram Chayes/Antonia H. Chayes*, The New Sovereignty, 1995.
[244] *v. Bogdandy/Dann/Goldmann*, Völkerrecht als öffentliches Recht (Fn. 241), S. 40 ff.
[245] Vgl. zum selbstgesetzten Recht der Exekutive → Bd. I *Ruffert* § 17 Rn. 58 ff.

Normsetzungsmethodik in der Literatur erhoben[246], ohne dass eine Ausarbeitung bisher vorläge. Eine Berechtigung des Anliegens, methodische Fragen nicht allein für punktuelle Verwaltungsentscheidungen zu erörtern, folgt bereits daraus, dass es keinen kategorialen Unterschied zwischen Rechtsetzung und Rechtsanwendung gibt, sondern dass auch der Erlass eines Verwaltungsakts eine Form der Erzeugung neuen Rechts darstellt.[247] Dies anerkannt, stellt sich aber die Frage umso dringlicher, ob es einer eigenen Methodik der Normsetzung überhaupt bedarf, oder ob die allgemeinen Lehren namentlich des Verwaltungsermessens hier genügen. Ohne greifbares Ergebnis, aber eingehend diskutiert wurde diese Frage namentlich auf dem Gebiet der Planung.[248] Drei mögliche Strategien zum methodischen Umgang mit administrativer Rechtsetzung sind denkbar: Eine erste Sicht wird administrative Normsetzungsvorgänge wie andere Verwaltungsentscheidungen behandeln[249]. Dies hat wie gezeigt ein rechtstheoretisches Argument auf seiner Seite. Aber es ist bis zu einem gewissen Grad auch eine Geschmacksfrage, ob man die Dogmatik der planerischen Abwägung kategorial von den allgemeinen Ermessenslehren unterscheiden will, oder eher die Gemeinsamkeiten heraushebt.[250] Allerdings greift eine pauschale Gleichsetzung schon wegen der Differenzen in den Verfahren und Rechtsformen sicherlich zu kurz, die beispielsweise einen Verwaltungsakt von einer Rechtsverordnung unterscheiden.[251] Eine zweite Sicht wird den politischen Charakter administrativer Normsetzung hervorheben und schon aus Gründen der demokratischen Legitimation vor zu starken methodischen Bindungen der Exekutive warnen.[252] Diese Sicht kann auch auf die Situativität exekutiver Rechtsetzung hinweisen.[253] Freilich wird man schon wegen Art. 20 Abs. 3 GG die Rechtsetzung der Verwaltung nicht einfach als Ausdruck der Freiheit von gesetzlicher Bindung verstehen.[254] Eine dritte Sicht wird dagegen versuchen, die Rationalitätspotentiale der administrativen Normsetzung umfassend zu entwickeln und über die Anforderungen der Legalität hinaus Kriterien der Richtigkeit administrativer Normsetzung zu entwickeln.[255] Sie kann sich an der Form der **Gesetzgebungslehre** orientieren[256] und die Entwicklung einer exekutiven Rechtsetzungslehre fordern.[257] Freilich kann der Hinweis auf die Ge-

---

[246] *Schmidt-Aßmann*, Ordnungsidee, 1. Kap. Rn. 46; *Voßkuhle*, Methode und Pragmatik (Fn. 146), S. 179; *Appel*, Verwaltungsrecht (Fn. 52), S. 266 f.

[247] Diese Einsicht steht zur Verfügung seit: *Adolf Merkl*, Die Lehre von der Rechtskraft entwickelt aus dem Rechtsbegriff, 1923, S. 81 ff.

[248] Für ein eigenständiges Planungsermessen: *Werner Hoppe*, Zur Struktur von Normen des Planungsrechts, DVBl 1974, S. 64. Knappe Kritik bei *Koch/Rüßmann*, Begründungslehre (Fn. 166), S. 91 ff. Eingehendere Kritik: *Rüdiger Rubel*, Planungsermessen, 1982. Die Rechtsprechung, etwa BVerwGE 34, 301; 45, 309; 55, 220; 56, 110 spricht häufiger von planerischer Gestaltungsfreiheit.

[249] Vgl. die letztgenannten Autoren in Fn. 248.

[250] Zur Übersicht *Michael Gerhardt*, in: Schoch/Schmidt-Aßmann/Pietzner (Hrsg.), VwGO, § 114 Rn. 28 ff.

[251] Ähnlich *Schmidt-Aßmann*, Ordnungsidee, 4. Kap. Rn. 52.

[252] In diese Richtung wohl *Lepsius*, Parlamentarismus (Fn. 90), S. 173 ff.

[253] → Rn. 26.

[254] → Rn. 26.

[255] *Hoffmann-Riem*, Methoden (Fn. 139), S. 31 ff.

[256] Dazu auch → *Reimer* § 9 Rn. 109; *Hans Schneider*, Gesetzgebung, 3. Aufl. 2002; *Hermann Hill*, Zustand und Perspektiven der Gesetzgebung, 1982; *ders.*, Gesetzgebung und Verwaltungsmodernisierung, 1998, S. 101.

[257] Entsprechende Literatur findet sich vereinzelt in der Schweiz, so etwa *Reinhold Hotz*, Methodische Rechtsetzung – eine Aufgabe der Verwaltung, 1983.

setzgebungslehre schon wegen deren zu selten eingestandenen weitgehenden wissenschaftlichen und praktischen Irrelevanz auch als Warnung dienen.[258] Zwei weitere Argumente ziehen diese dritte Sicht in Zweifel. Zum Ersten – umgekehrt zur zuvor dargestellten Sicht – droht nun eine zu weitgehende Relativierung des demokratischen Handlungsspielraums der Exekutive, der auch praktisch zu bindungsintensiv ist.[259] Dogmatisch gesprochen: Es bedürfte keiner personalen Legitimation und keiner gubernativen Politik, wenn die Bindungen so weit gingen, zwischen exekutiver Rechtsetzung und dem Erlass eines Verwaltungsaktes nicht zu unterscheiden. Zum Zweiten erscheint eine interdisziplinäre Entscheidungstheorie schon für die Bedürfnisse der Verwaltung zu aufwendig, wenn sie denn überhaupt möglich wäre.[260] Die Forderung nach umfassend „richtigen" Entscheidungen[261] schließlich bleibt eine petitio principii, die gerade die Organisations- und Verfahrensperspektive gegenüber übermaterialisierten Konzepten aufgibt. „Richtig" kann es eben auch sein, die Verwaltung von zu weitgehenden Bindungen frei zu stellen. Im Kontinuum administrativer Gesetzeskonkretisierung zwischen Rechtsverordnung und Verwaltungsakt erscheint eine allgemeine Normsetzungsmethodik deswegen kaum möglich. Daraus folgt freilich nicht, dass methodische Fragen aus der administrativen Normsetzung herausgehalten werden sollten. Solche Ergänzungen ergeben sich aber schon aus der oben entwickelten prozeduralen Perspektive der Normkonkretisierung.[262]

5. Methoden der Tatsachenfeststellung

Große Teile des Verwaltungshandelns sind der **Aufarbeitung von Fakten** gewidmet[263]; dabei ist der normative Ausgangspunkt der Tatsachenfeststellung, der Amtserhebungsgrundsatz, § 24 Abs. 1 S. 1 VwVfG, Ausdruck der demokratischen Gemeinwohlbindung der Verwaltung. Die Verwaltung kann sich bei der Aufklärung von Sachverhalten grundsätzlich nicht der Beurteilung von Betroffenen anvertrauen. Zugleich ist klar, dass das Ideal einer vollständigen eigenhändigen Tatsachenerhebung durch die Verwaltung historisch nie korrekt war und praktisch immer wieder in Zweifel gestellt wird. Bei der Tatsachenfeststellung wird eine gemeinwohlorientierte Arbeitsteilung zwischen Betroffenen und Verwaltung zur Regel.[264] Auffällig ist insoweit, dass die **Methoden** in verschiedenen Teilen des Verwaltungsrechts **differieren**, und zwar nicht unbedingt nach der Wichtigkeit oder der Gefahrgeneigtheit des Gegenstands: Umweltrecht[265],

---

[258] Dies zeigt sich strukturanalog auch an der weitgehenden Erfolglosigkeit von Verfahren formalisierter Gesetzesfolgenabschätzung. Dazu eingehend *Peter Blum*, Wege zu besserer Gesetzgebung, Gutachten I, 65. DJT, 2004, S. 1 (61 ff.).
[259] Schon im geltenden Recht erscheint die Bindungsdichte oftmals zu hoch, ein Beispiel ist die Figur der Planrechtfertigung im Fachplanungsrecht. Kritisch *Hans D. Jarass*, Die materiellen Voraussetzungen der Planfeststellung in neuerer Sicht, DVBl 1998, S. 1202.
[260] Dies zeigt sich schon daran, dass vorhandene Ansätze von der Verwaltungsrechtswissenschaft gar nicht zur Kenntnis genommen werden. Vgl. etwa *Werner Kirsch*, Entscheidungsprozesse I–III, 1970/71, dazu die grundsätzlichen Einwände bei *Niklas Luhmann*, Grundbegriffliche Probleme einer interdisziplinären Entscheidungstheorie, DV, Bd. 4 (1971), S. 470.
[261] *Hoffmann-Riem*, Methoden (Fn. 139), S. 46 ff.; *Schmidt-Aßmann*, Ordnungsidee, 4. Kap. Rn. 56.
[262] → Rn. 25.
[263] Zum Problem aus methodischer Sicht: *Hoffmann-Riem*, Methoden (Fn. 139), S. 36 ff.
[264] Zur stärkeren Eigenverantwortung → Bd. I *Eifert* § 19 Rn. 38 f.
[265] *Jens-Peter Schneider*, Nachvollziehende Amtsermittlung bei der Umweltverträglichkeitsprüfung, 1991.

Ausländerrecht²⁶⁶ oder Telekommunikationsrecht²⁶⁷ kennen ganz unterschiedliche Formen der Sachverhaltsaufklärung auch durch Private. Die methodischen Probleme sind in jedem Fall gänzlich anders als beim Umgang mit Empirie außerhalb des Rechts. Der in der Methodenliteratur in diesem Zusammenhang vielfach behandelte Umgang mit Denkgesetzen und allgemeinen Beweisregeln ist zwar vorauszusetzen, er trifft aber das verwaltungsspezifische Problem nicht.²⁶⁸ In einem elementaren Sinne weiß die Verwaltung nur sehr beschränkt, was sie tut, und hat auch nur eingeschränkten Zugang zu den faktischen Folgen ihres Handelns.²⁶⁹ Eine differenzierte Regelung von **Ermittlungspflichten,** die sich nicht auf den Amtsermittlungsgrundsatz beschränkt, kann mit diesen Beschränkungen bewusster umgehen und dabei helfen, sie zumindest zu umschiffen. Dabei geht es weniger um die Ermittlung in einem naturwissenschaftlichen Sinne beweisbarer Aussagen als um die Ausgestaltung von Beweislast und Haftungsregeln für Entscheidungsgrundlagen der Verwaltung. Es geht auch nicht um die Feststellung ein für alle Mal richtiger Aussagen, sondern um Verfahren, die Tatsachenfeststellungen regelmäßig zur Überprüfung stellen, ohne deshalb die Entscheidungsfähigkeit der Verwaltung zu sehr einzuschränken.²⁷⁰ Die Beobachtung von Tatsachen und die Abschätzung von Folgen ist dabei als eine normative Aufgabe zu verstehen, weil jede sinnvolle Tatsachenfeststellung und Folgenbetrachtung bestimmter Zurechnungskriterien bedarf. Umgang mit Fakten setzt also immer auch Zurechungsentscheidungen voraus, die von der Rechtslage abhängen.²⁷¹

III. Übergänge zwischen Anwendung und Wissenschaft

1. Dogmatik und Systembildung

35 Dogmatik, verstanden als die Entwicklung von normativen Instituten und Sinnzusammenhängen, die auf der Grundlage des positiven Rechts entwickelt werden, die aber nicht vom Bestand einzelner Rechtssätze abhängen²⁷², steht ei-

---

²⁶⁶ Daniel Thym, Migrationsverwaltungsrecht, 2010, S. 155 ff.; Ralf Rothkegel, Anforderungen aus Art. 16 II 2 GG an die Tatsachenfeststellung im Asylverfahren, NVwZ 1990, S. 717.
²⁶⁷ Dazu nur die anspruchsvollen Informationspflichten regulierter Unternehmen in § 33 TKG. Vgl. Fabian Schuster/Ernst-Olav Ruhle, in: Geppert u. a. (Hrsg.), Beck'scher TKG-Kommenter, § 33 Rn. 23 ff.
²⁶⁸ Dazu etwa: Koch/Rüßmann, Begründungslehre (Fn. 166), S. 271 ff.; Helmut Rüßmann, Allgemeine Beweislehre und Denkgesetze, in: Robert Alexy/Hans-Joachim Koch/Lothar Kuhlen/Helmut Rüßmann (Hrsg.), Elemente einer juristischen Begründungslehre, 2003, S. 369; Koller, Theorie des Rechts (Fn. 168), S. 239 ff.
²⁶⁹ Dazu Helge Rossen, Vollzug und Verhandlung, 1999, S. 229 ff.; Andreas Voßkuhle, Expertise und Verwaltung, in: Trute/Groß/Röhl/Möllers (Hrsg.), Allgemeines Verwaltungsrecht, S. 637.
²⁷⁰ Ivo Appel, Methodik des Umgangs mit Ungewissheit, in: Schmidt-Aßmann/Hoffmann-Riem (Hrsg.), Methoden, S. 327 (338 ff.).
²⁷¹ Ähnlich mit Blick auf die Normativierung von Folgebetrachtungen: Georg Hermes, Folgenberücksichtigung in der Verwaltungspraxis und in einer wirkungsorientierten Verwaltungsrechtswissenschaft, in: Schmidt-Aßmann/Hoffmann-Riem (Hrsg.), Methoden, S. 359 (371 ff.); vgl. auch Appel, Ungewissheit (Fn. 270), S. 342 f.
²⁷² So die Definition bei Winfried Brohm, Die Dogmatik des Verwaltungsrechts vor den Gegenwartsaufgaben der Verwaltung, VVDStRL, Bd. 30 (1971), S. 245 (246), unter Berufung auf ältere Literatur, namentlich Franz Wieacker, Zur praktischen Leistung der Rechtsdogmatik, in: FS Hans-Georg Gadamer, 1960, S. 311. Vgl. auch Harenburg, Rechtsdogmatik (Fn. 157), S. 42 ff. Zum Verwaltungsrecht im

ner weit verbreiteten Ansicht zufolge im Zentrum der Rechtswissenschaft.[273] Dogmatik scheint die rechts**wissenschaftliche** Tätigkeit par excellence zu sein. Dies hat für die Verwaltungsrechtswissenschaft einen doppelten Vorteil: Durch die Bestimmung eines methodischen Kerns kann sie ihre Identität und Integrität als wissenschaftliche Disziplin definieren und sichern. Durch die Anwendungsbezogenheit der Dogmatik kann sie zugleich ihre praktische Relevanz garantieren und ihre Existenz nach außen berechtigen. Damit zentriert sich die Rechtswissenschaft freilich weitestgehend auf die Rechtsanwendung: Sie hat eine Methode, aber diese ist nur beschränkt wissenschaftsbezogen. Angemessener erscheint daher die Feststellung, dass sich die Bedeutung der Dogmatik weniger daraus ergibt, dass sie im Zentrum der Rechtswissenschaft steht, als vielmehr daraus, dass sie das Gemeinsame – die **Schnittmenge – von praktischer Rechtsanwendung und Rechtswissenschaft** bezeichnet[274], in manchen Fällen auch nur eine gemeinsame Sprachregelung zwischen beiden.[275] In dogmatischen Diskussionen finden Wissenschaft und Praxis zueinander, ohne dass sich deswegen beide auf Dogmatik beschränken müssten.[276] Damit geraten Wissenschaft und Praxis des Verwaltungsrechts in Deutschland in einen – auch im internationalen Vergleich – durchaus bemerkenswerten Dialog, der die jeweilige Kriterienbildung aufeinander beziehen und aneinander korrigieren kann. Allerdings kommt diese Struktur der Rechtsanwendung mehr entgegen als der Rechtswissenschaft. Denn für die Praxis bleibt die Dogmatik wegen des praktischen Entscheidungszwangs stets nur *ein* Element ihrer Tätigkeit. Anders gesagt: Die Rechtsanwendung muss den Kern ihrer Tätigkeit nicht selbst definieren, das erledigt der Geschäftsgang. Die Rechtswissenschaft aber muss dies tun. Für die deutsche Rechtswissenschaft scheint Dogmatik nicht zuletzt auch deswegen von so zentraler Bedeutung zu sein, weil es ohne ihre „verdrängende Dominanz"[277] schwer fiele, eigenständige wissenschaftliche Erkenntnisinteressen zu formulieren. Umgekehrt sind Klagen über die Praxisferne der Dogmatik zurückzuweisen: Sie sind weder wissenschaftstheoretisch noch rechtsvergleichend haltbar.[278] Im Ergebnis bleibt die Dogmatik ein bedeutendes Feld der Verwaltungsrechtswissenschaft, ohne dass man ihr deswegen die zentrale Rolle zubilligen sollte. Andere Fragestellungen geraten sonst unter einen Rechtfertigungsdruck, der für eine wissenschaftliche Disziplin deplaziert erscheint.

Von der Dogmatik zu unterscheiden, wenn auch nicht zu trennen ist der Anspruch auf Systematik oder Systembildung.[279] Als System wird man eine auf **36**

---

historischen Kontext: *Horst Dreier*, Merkls Verwaltungsrechtslehre und die heutige deutsche Dogmatik des Verwaltungsrechts, in: Robert Walter (Hrsg.), Adolf J. Merkl, Werk und Wirksamkeit, 1990, S. 55.

[273] *Ralf Dreier*, Zum Selbstverständnis der Jurisprudenz als Wissenschaft, in: ders., Recht, Moral, Ideologie, 1981, S. 48; eine eigene Rechtfertigung für diese These bei *Jan C. Schuhr*, Rechtsdogmatik als Wissenschaft, 2006.

[274] Vgl. auch *Harenburg*, Rechtsdogmatik (Fn. 160), S. 183 ff.

[275] So die Deutung aus einer anderen dogmatischen Disziplin: *Karl Rahner*, Was ist eine dogmatische Aussage?, in: Schriften zur Theologie V, 1961, S. 54 (67 ff.).

[276] *Winfried Brohm*, Kurzlebigkeit und Langzeitwirkung der Rechtsdogmatik, in: FS Hartmut Maurer, 2001, S. 1079 (1080 f.). Deutlich skeptischer aber *Matthias Jestaedt*, Das mag in der Theorie richtig sein …, 2006, S. 78 f.

[277] Treffend *Brohm*, Rechtsdogmatik (Fn. 272), S. 1079.

[278] *Möllers/Voßkuhle*, Staatsrechtswissenschaft (Fn. 159), S. 327 f.

[279] Zur Unterscheidung *Krebs*, Juristische Methode (Fn. 164), S. 210 ff.; *Schmidt-Aßmann*, Ordnungsidee, 1. Kap. Rn. 3; *Clemens Höpfner*, Die systemkonforme Auslegung, 2008, S. 129 f.

weitestgehende **Widerspruchsfreiheit und** axiomatische **Reduzierbarkeit** gerichtete Rekonstruktion des geltenden Rechts verstehen, die sich eines deduktiven Argumentationsmodus bedient.[280] Im Systembegriff stellt die rechtswissenschaftliche Dogmatik den höchsten Anspruch an sich selbst – ein Anspruch, der sich nicht von selbst versteht, pflegen ihn doch andere wissenschaftliche Disziplinen schon lange nicht mehr: Systeme sind in der Biologie ebenso selten geworden wie in der Soziologie und auch die Philosophie hat den Systembegriff seit Hegel immer weiter abgetragen. Aber auch die Rechtswissenschaften anderer Länder sind mit diesem Anspruch vorsichtiger oder kultivieren zusätzlich Theorien der rechtswissenschaftlichen Systemkritik.[281] Schließlich gerät der Bezug auf das positive Recht jeder Systembildung zum Problem, zumal wenn der Gesetzgeber – wie im deutschen Verwaltungsrecht – eine so zentrale und regelmäßig wenig systembildende Rolle einnimmt.[282] Es kann zu einer wichtigen Aufgabe der Rechtswissenschaft gehören, den Gesetzgeber bei der systematischen Einpassung von Gesetzesprojekten zu unterstützen. Aber die hohe Dichte der Vergesetzlichung im Verwaltungsrecht[283] erschwert die Verwirklichung eines systematischen Anspruchs im Vergleich zum Verfassungs-, zum Straf- oder zum Vermögensrecht deutlich.

Diese Feststellungen können den Anspruch auf Systembildung nicht völlig in Frage stellen, sollen aber doch die Selbstverständlichkeit relativieren, mit der er erhoben wird. Man wird nicht umhin können, die Beschwörung von Systematik als Ausdruck eines Problems verstehen zu müssen. Denn die Konfrontation mit einer notwendig vielfältigen, wenn nicht chaotischen Rechtsanwendungspraxis von Gerichten und Verwaltungen ruft nach der regulativen Idee des Systems. Will man den Anspruch der Systembildung aber ernst nehmen, so ist zu bedenken, dass echte Systembildung einer theoretischen Grundlage bedarf und im Zweifelsfall auch über das positive Recht hinwegzugehen hat.[284] Mit der Gesetzesbindung ist sie nicht einfach in Einklang zu bringen. Systembildung ist daher eine mögliche Aufgabe der Rechtswissenschaft, die in der deutschen Tradition einen wichtigen Platz hat, aber auch Kritik an den systematischen Möglichkeiten des Verwaltungsrechts kann ein legitimes wissenschaftliches Erkenntnisinteresse begründen.

37 Das Konzept der Dogmatik ist typisch für die deutsche Rechtswissenschaft. Es ist schon als Wort nicht ohne weiteres übersetzbar.[285] Es findet seine Parallelen in anderen Rechtsordnungen, aber nicht in allen und in keinem Fall ohne wesentliche Differenzen. Die höhere Durchlässigkeit zwischen den nationalen Rechtsordnungen in und außerhalb der EU wird daher die Bedeutung der hergebrachten Dogmatik in jedem Fall verkleinern. Diese Entwicklung mag aber auch Ge-

---

[280] Zu verschiedenen Systembegriffen: *Robert Alexy,* Theorie der juristischen Argumentation, 1978, S. 20 ff., 310 f.; *Bumke,* Rechtswidrigkeit (Fn. 9), S. 35 ff.; *Müller/Christensen,* Juristische Methodik (Fn. 168), S. 112 f.

[281] *Mark Kelman,* A Guide to Critical Legal Studies, 1987, S. 15 ff. Auch das englische Recht lässt sich mit solchen Systembegriffen nicht beschreiben, vgl. nur zum Umgang mit Gesetzen *Carleton K. Allen,* Law in the Making, 7. Aufl. 1964, S. 503 ff.

[282] So auch *Schulze-Fielitz,* Ungleichzeitigkeiten (Fn. 196), S. 283 ff., 285: „Eigengesetzlichkeit" der Dogmatik im Verhältnis zur Gesetzgebung; *Matthias Jestaedt,* Theorie (Fn. 276), S. 81 ff.

[283] → Rn. 11 f.

[284] Beispiel: *Günther Jakobs,* Strafrecht. Allgemeiner Teil, 2. Aufl. 1993.

[285] Zur Geschichte *Maximilian Herberger,* Dogmatik, 1981.

legenheit geben, den **Export** von Denkfiguren des deutschen Verwaltungsrechts bewusster und intensiver voranzutreiben, als dies bisher der Fall war.[286] Zugleich muss man sich bewusst machen, dass ein Festhalten an systematischer Dogmatik als Kern der Disziplin eine angemessene Verarbeitung solcher Veränderungen durch die Verwaltungsrechtswissenschaft verzögert. Hier droht im internationalen Rechtsgespräch die „Marginalisierung durch Überdogmatisierung".[287] Daher wird man in Zukunft auch über **Alternativen zum Systembegriff** nachdenken müssen. Einen ersten **Hinweis,** wo diese zu finden sein könnten, bietet eine naheliegende **Parallele:** Die Diskussion um die Organisation der Verwaltung hat hierarchische Vorstellungen sicherlich nicht verabschiedet, aber doch in vielerlei Hinsicht relativiert und ausdifferenziert.[288] In gleicher Weise handelt es sich beim Systembegriff um eine hierarchische Wissensarchitektur[289], die durch andere Formen – etwa die Herausarbeitung strukturanaloger Argumente in unterschiedlichen Regelungszusammenhängen – ergänzt oder abgelöst werden könnte.

2. Begriffsbildung

Die Entwicklung neuer Begriffe ist eine zentrale Aufgabe der Rechtswissenschaft.[290] Diese Feststellung beschreibt nichts Neues: Begriffe wie Rechtsstaat oder Daseinsvorsorge waren jedenfalls in ihrer Entstehung weder Teil des positiven Rechts noch einer dazu entwickelten Dogmatik im engeren Sinn, sondern wissenschaftliche Schöpfungen, deren Kompatibilität mit dem positiven Recht immer wieder in Abrede gestellt wurde und neu zu begründen war. An dieser Technik einer stets **vorläufigen wissenschaftlichen Begriffsbildung** hat sich nichts geändert. Neu ist allenfalls, dass der Vorgang der Begriffsbildung selbst deutlicher wahrgenommen und reflektiert, tendenziell aber auch überschätzt wird.[291] Dabei sind die historischen Unterschiede in der Begriffsfundierung allerdings so groß, dass ein methodisch einheitliches Vorgehen nicht erkennbar ist: Konnte Otto Mayer bei der Verwendung der Rechtsstaatlichkeit auf ein im Lauf des 19. Jahrhunderts ausgereiftes Konzept zurückgreifen, so bezeichnete Forsthoff das verwaltungspolitische Programm der Daseinsvorsorge einfach mit einem Begriff aus der existenzialistischen Philosophie.

Die vorherrschende Form der Begriffsbildung besteht in der **Typisierung,** also in der Entwicklung von komparativen Begriffen[292], die beispielsweise zur Stu-

---

[286] Übersetzungen von *Schmidt-Aßmann,* Ordnungsidee, ins Spanische, Japanische und Französische weisen den Weg.
[287] So mit Blick auf die Ermessensdogmatik: *Schmidt-Aßmann,* Ordnungsidee, 4. Kap. Rn. 46.
[288] *Hans-Heinrich Trute,* Funktionen der Organisation und ihre Abbildung im Recht, in: Schmidt-Aßmann/Hoffmann-Riem (Hrsg.), Verwaltungsorganisationsrecht, S. 249.
[289] Zu einem Ansatz, der abstrakt genug ist, Wissens- und Organisationsfragen einheitlich zu beschreiben, nur *Herbert A. Simon,* The Architecture of Complexity, in: The Sciences of the Artificial, 1969, S. 192.
[290] Dazu nur *Helmut Hatz,* Rechtssprache und juristischer Begriff, 1963; *Klaus F. Röhl/Hans C. Röhl,* Allgemeine Rechtslehre, 3. Aufl. 2008, S. 56 ff.; *Rolf Wank,* Die juristische Begriffsbildung, 1985.
[291] *Gunnar Folke Schuppert,* Schlüsselbegriffe der Perspektivenverklammerung von Verwaltungsrecht und Verwaltungswissenschaften, in: DV, Beiheft 2, 1999, S. 103 (103 ff.); *Andreas Voßkuhle,* „Schlüsselbegriffe" der Verwaltungsrechtsreform, VerwArch, Bd. 92 (2001), S. 185 (185 ff.).
[292] *Wank,* Begriffsbildung (Fn. 290), S. 126 f.; eingehender zur vorherrschenden typologisierenden Begrifflichkeit im Verwaltungsrecht: *Andreas Voßkuhle,* Das Kompensationsprinzip, 1999, S. 83 ff.

fung administrativer Verantwortung im Verhältnis zu den Gerichten oder zu Privaten verwendet wird.[293] Die Kritik an dieser und an ähnlichen Begriffsbildungen[294] reklamiert, dass solche Begriffe zwar nicht Teil des positiven Rechts sind, aber trotzdem Unterscheidungen des positiven Rechts verwischen und in Frage stellen können.[295] Diese Gefahr ist im Einzelfall nicht von der Hand zu weisen; gleichzeitig ist der Kritik aber entgegenzuhalten, dass das positive Recht einer rechtswissenschaftlichen Begriffsbildung nicht entgegenstehen muss. Letztlich muss die Wissenschaft frei darin sein, begriffliche Konzepte zu entwickeln, die sich vom positiven Recht emanzipieren.[296] Zudem können Begriffe, die auf den ersten Blick die Struktur des positiven Rechts unterlaufen, dadurch auch Phänomene beschreiben, die sich innerhalb des Rechts abspielen – etwa durch die Verwischung von kooperativen und hierarchischen, öffentlichen und privaten Formen. Der Begriff des Netzwerks ist hierfür ein Beispiel.[297] Dringlicher als eine vermeintliche Gefährdung der Normativität des Verwaltungsrechts erscheint die Frage nach den Erkenntnisgewinnen von Begrifflichkeiten, die oftmals gar nicht den Anspruch erheben als harte dogmatische Kategorien zu dienen.[298] Typisierungen dienen in der Regel als die begriffliche Abbildung von Fallgruppen.[299] Dies ist eine bewährte juristische Technik, die den Vor- und Nachteil hat, ohne weiteren theoretischen Unterbau auszukommen und die stets mit einem hohen Grad an Unschärfe operiert.[300] Für anspruchsvollere Formen der Begriffsbildung wird man auch im Verwaltungsrecht nicht ohne einen theoretischen Bezugsrahmen auskommen können.[301] Dieser kann aus verschiedenen Zusammenhängen entwickelt werden, etwa aus dem Verfassungsrecht, aus der Demokratie- oder aus der Organisationstheorie. Allein ein solcher theoretischer Rahmen erscheint aber geeignet, eine gewisse Beliebigkeit der Verschlagwortung verwaltungsrechtlicher Phänomene zu verhindern. Hier kann das Vorgehen Otto Mayers durchaus als methodisches Vorbild dienen.[302] Dies gilt namentlich für die in der aktuellen Diskussion gebräuchlichen interdisziplinären Verbund- oder Schlüsselbegriffe wie Gewährleistung, Akzeptanz oder Kooperation.[303] Soweit diese dazu dienen,

---

[293] Begründet bei *Eberhard Schmidt-Aßmann*, Zur Reform des Allgemeinen Verwaltungsrechts, in: Hoffmann-Riem/Schmidt-Aßmann/Schuppert (Hrsg.), Reform, S. 11 (43f.); daran anknüpfend: *Gunnar Folke Schuppert*, Rückzug des Staates?, DÖV 1995, S. 761 (768ff.).

[294] Z.B. an der Prinzipienbildung im Umweltrecht, kritisch *Oliver Lepsius*, Besitz und Sachherrschaft im öffentlichen Recht, 2000, S. 449ff.

[295] So mit Blick auf die Unterscheidung zwischen Aufgabe und Befugnis für den Verantwortungsbegriff: *Hans C. Röhl*, Verwaltungsverantwortung als dogmatischer Begriff?, in: DV, Beiheft 2, 1999, S. 33 (39ff.).

[296] *Voßkuhle*, Schlüsselbegriffe (Fn. 291), S. 196.

[297] *Karl-Heinz Ladeur*, Towards a Legal Concept of the Network in European Standard-Setting, in: Christian Joerges/Karl-Heinz Ladeur/Ellen Vos (Hrsg.), Integrating Scientific Expertise into Regulatory Decision-Making, 1997; *Vesting*, Staatsrechtslehre (Fn. 50), S. 56ff.; *Schuppert*, Verwaltungswissenschaft, S. 384ff.; → Bd. I *Schmidt-Aßmann* § 5 Rn. 26f., *Groß* § 13 Rn. 12.

[298] Zu Ursachen für das gesteigerte Interesse an „weichen" Begriffen: *Helmuth Schulze-Fielitz*, Rationalität als rechtsstaatliches Prinzip für den Organisationsgesetzgeber, in: FS Klaus Vogel, 2000, S. 311 (318ff.).

[299] *Wank*, Begriffsbildung (Fn. 290), S. 127.

[300] Beispiele bei *Möllers*, Theorie (Fn. 12), S. 34ff.

[301] In diesem Sinne auch *Eifert*, Verwaltungsrecht (Fn. 195), S. 320ff.

[302] In diese Richtung lässt sich auch *Vesting*, Staatsrechtslehre (Fn. 50), S. 43ff., S. 65ff. deuten.

[303] *Schuppert*, Schlüsselbegriffe (Fn. 286), S. 105ff.; *Voßkuhle*, Schlüsselbegriffe (Fn. 291), S. 196ff.; → Bd. I *Voßkuhle* § 1 Rn. 41. Zur Kritik an deren theoretischer Konsistenz: *Möllers*, Theorie (Fn. 12),

den wissenschaftlichen Beobachtungshorizont der Verwaltungsrechtswissenschaft zu erweitern, sind sie hilfreich und nützlich.[304] Freilich erweisen sie sich – mangels aktiver Beteiligung anderer Disziplinen – selten als wirklich interdisziplinär und – mangels theoretischen Unterbaus – selten als Begriffe.[305]

IV. Methoden der Rechtswissenschaft

1. Rechtsvergleichung

Die Verwaltungsrechtsvergleichung führte in Deutschland lange Zeit ein Schattendasein[306], obwohl das deutsche Verwaltungsrecht auch ein Kind der Rechtsvergleichung ist.[307] Erst seit einigen Jahren nimmt das Interesse daran zu, sowohl in Deutschland[308] als auch weltweit.[309] Gründe für die lange Zurückhaltung lassen sich einfach benennen: Zum Ersten hat der hohe Grad an Ausdifferenziertheit des deutschen Verwaltungsrechts dazu geführt, dass es zum Referenzobjekt für das Verwaltungsrecht anderer Länder geworden ist. In seinem Erfolg als Vorbild für ausländische Rechtsordnungen dürften ihm nur das französische und das amerikanische Verwaltungsrecht gleich stehen.[310] Das deutsche Verwaltungsrecht vergleicht traditionell weniger, als es verglichen wird. Erfolgreiche Rechtsordnungen verhalten sich stets introvertiert, sie stehen unter geringerem Anpassungsdruck von außen. Zum Zweiten stellt sich in einem Rechtsgebiet, das so stark gesetzlich und dogmatisch verdichtet arbeitet, stets die Frage, wie man mit rechtsvergleichenden Einsichten methodisch umgehen kann, will man sie nicht nur als zweckfreie wissenschaftliche Erkenntnis gebrauchen. Auf den ersten Blick scheinen sich Spezialprobleme des deutschen Immissionsschutzrechts jedenfalls nicht zum nationalen Rechtsvergleich anzubieten.[311] Brauchbare Rechtsverglei- **40**

S. 44 ff.; zur Kritik am juristischen Wert exemplarisch: *Matthias Jestaedt*, Selbstverwaltung als Verbundbegriff, DV, Bd. 35 (2002), S. 293 (298 f.).
[304] *Bumke*, Rechtswidrigkeit (Fn. 9), S. 259 ff.
[305] Erst eine Theorie macht aus einem Wort einen Begriff: *Rudolf Haller*, Begriff, in: Joachim Ritter (Hrsg.), Historisches Wörterbuch der Philosophie, Bd. 1, 1971, S. 780 (784 f.).
[306] Vgl. zu Methodenproblemen: *Georgios Trantas*, Die Anwendung der Rechtsvergleichung bei der Untersuchung des öffentlichen Rechts, 1998, S. 31 ff., 63 ff.
[307] Dies bezieht sich natürlich auf Otto Mayers viel umstrittene Rezeption des französischen Verwaltungsrechts, aber auch *Rudolf v. Gneist*, Das englische Verwaltungsrecht der Gegenwart in Vergleichung mit den deutschen Verwaltungssystemen, 2 Bde., 1883–84. Zu Mayers Lektüre des französischen Rechts s. bereits oben *Kaufmann*, Verwaltung (Fn. 130), S. 703 ff., 710 ff.
[308] Als Beispiele jetzt vor allem IPE III–V; daneben etwa *Johannes Masing/Gerard Marcou* (Hrsg.), Regulierungsbehörden (Fn. 105); *Fehling*, Verwaltung zwischen Unparteilichkeit (Fn. 20); *Eberhard Schmidt-Aßmann/Stéphanie Dagron*, Deutsches und französisches Verwaltungsrecht im Vergleich ihrer Ordnungsideen, ZaöRV, Bd. 67 (2007), S. 395 ff.; *Jens-Peter Schneider* (Hrsg.), Verwaltungsrecht in Europa, 2007.
[309] Siehe etwa *Susan Rose-Ackerman/Peter Lindseth* (Hrsg.), Comparative Administrative Law, 2011; *Tom Ginsburg* (Hrsg.), Administrative Law and Governance in Asia, 2009.
[310] Solche Rezeptionsströme sind allerdings, soweit ersichtlich, nicht systematisch erforscht, vgl. für das Parallelproblem im Verfassungsrecht *Sujit Choudhry* (Hrsg.), The Migration of Constitutional Ideas, 2006.
[311] Auf den zweiten Blick aber sind dies sicherlich auch allgemein interessierende Fragen von Legitimation und gerichtlicher Kontrolle von Verschmutzungsstandards: *Cass R. Sunstein*, Is the Clean Air Act Unconstitutional?, Michigan Law Review 98 (1999), S. 303 (303 ff.). Dazu mit Blick auf Fragen der Kosten-Nutzen-Analyse: *Michael Fehling*, Kosten-Nutzen-Analysen als Maßstab für Verwaltungsentscheidungen, VerwArch, Bd. 95 (2004), S. 443 (452 ff.).

chung ist zudem für das öffentliche Recht insgesamt nicht einfach zu entwickeln, weil die institutionellen Kontexte im Verfassungs- und Verwaltungsrecht zugleich so wichtig und so unterschiedlich sind.[312] Deswegen funktioniert **struktureller Rechtsvergleich**[313] in Rechtsgebieten mit relativ einfachen dualen Rechtsverhältnissen besonders gut. Dies gilt für das Zivilrecht, aber auch für die Grund- und Menschenrechte. Für das Verwaltungsrecht sind ähnliche Erfolge nur mit größerem Aufwand zu erzielen, insbesondere durch einen theoretischen Beschreibungsrahmen, der abstrakt genug ist, Gemeinsamkeiten einzufangen, aber konkret genug ist, sensibel für einzelne Rechtsprobleme und zum Teil sehr technische, aber praktisch entscheidende Einzelfragen zu bleiben.[314] Solche Ansätze arbeiten nicht selten mit legitimationstheoretischen Konzepten.[315]

41 Die **praktische Relevanz** der vergleichenden Verwaltungsrechtswissenschaft hat sich durch die Wirkungen der europäischen Integration gleich auf zwei Ebenen deutlich erhöht: Zum Ersten verlangt die Entwicklung eines europäischen Eigenverwaltungsrechts die Anwendung rechtsvergleichender Erkenntnisse. In das Vakuum einer fehlenden gemeineuropäischen Rechtstradition müssen Beiträge aus den Rechtsordnungen der Mitgliedstaaten eingespeist werden. Dies erkennt man beispielsweise an den Diskussionen um die Kodifikation des europäischen Verwaltungsverfahrensrechts[316] oder des Organisationsrechts unterhalb der Kommissionsebene[317] oder an den Debatten zu materiellen Fragen wie den Programmierungsformen im Umweltrecht.[318] Die föderale Arbeitsteilung im deutschen Verwaltungsrecht stellt hierzu einen ergiebigen Erfahrungsschatz bereit.[319] Trotzdem wird es nicht weiterführen, die eigenen nationalen Lösungen zu vertreten, ohne andere Optionen zu kennen. Zum Zweiten zwingen die im Unionsrahmen entstehenden horizontalen Verschränkungen zwischen den mitgliedstaatlichen Rechtsordnungen – wie gezeigt[320] – zum Rechtsvergleich. Wechselseitige Anerkennungsstrukturen[321] setzen eine bestimmte Homogenität[322] der Standards voraus, die nur durch ein vergleichendes Vorgehen eingelöst werden können. Beide Gesichtspunkte werden in absehbarer Zeit auch für die internationale Rechtsebene gelten. Die aktuelle Rechtsentwicklung zeichnet sich gerade

---

[312] *Möllers*, Gewaltengliederung (Fn. 16), S. 7 ff.

[313] Grundlegend *Konrad Zweigert/Hein Kötz*, Einführung in die Rechtsvergleichung, 3. Aufl. 1996, S. 33 ff.

[314] Zu speziellen Problemen des Vergleichs im Organisationsrecht, *Trantas*, Anwendung (Fn. 306), S. 54 ff., S. 57.

[315] *Armin v. Bogdandy*, Demokratisch, demokratischer, am demokratischsten?, in: FS Alexander Hollerbach, 2001, S. 363 ff.; *Craig*, Public Law (Fn. 101); *Ziamou*, Rulemaking (Fn. 103).

[316] *Carol Harlow*, Codification of the EC Administrative Procedures? Fitting the Foot to the Shoe or the Shoe to the Foot, European Law Journal 2 (1996), S. 3 ff.

[317] *Veith Mehde*, Responsibility and Accountability in the European Commission, CMLRev 40 (2003), S. 423 (423 ff.); *Deirdre Curtin*, Executive Power of the European Union, 2009, S. 246 ff.

[318] *Trantas*, Anwendung (Fn. 306), S. 29 f.

[319] *George A. Bermann*, Regulatory Federalism: European Union and United States, Receuil des Cours 263 (1997), S. 12 ff.; *Armin v. Bogdandy*, Supranationaler Föderalismus als Wirklichkeit und Idee einer neuen Herrschaftsform, 1999, S. 61 ff.; *Thomas Groß*, Die administrative Föderalisierung der EG, JZ 1994, S. 596 ff.

[320] → Rn. 31.

[321] *Volkmar Götz*, Der Grundsatz der gegenseitigen Anerkennung im europäischen Binnenmarkt, in: FS Martin Jaenicke, 1998, S. 763.

[322] Grundlegend zu dieser Vorstellung *Peter Lerche*, Föderalismus als nationales Ordnungsprinzip, VVDStRL, Bd. 21 (1964), S. 66 (84 ff.); vgl. auch *Biaggini*, Theorie (Fn. 232).

dadurch aus, dass sich rechtliche Internationalisierungsphänomene von den Regierungen zu den Administrationen, also vom Verfassungsrecht hin zum Verwaltungsrecht verlagern.[323] Im Fluchtpunkt dieser Entwicklung wird ein Internationales Verwaltungsrecht auf rechtsvergleichender Grundlage stehen, das die Kooperation nationaler Verwaltungen ebenso zu umhegen hat wie das Handeln internationaler Organisationen und die Verwaltung auf Grundlage internationaler Verträge.[324]

Die Vorstellung von der Rechtsvergleichung als einer **fünften Auslegungsmethode**[325] geht dagegen an den methodischen Bedürfnissen des Verwaltungsrechts aus drei Gründen vorbei: zum Ersten, weil sie sich zu deutlich auf das materielle Recht beschränkt und Organisations- und Verfahrenszusammenhänge ignoriert, zum Zweiten, weil sie auf die notwendige Geltungsrechtfertigung einfach verzichtet,[326] und zum Dritten, weil „Vergleich" eben eine theoretische, aber schwerlich eine entscheidungsbegründende Technik darstellt. Um wie viel subtiler die methodische Einbeziehung anderer Rechtsordnungen funktioniert, zeigt die Europäisierung des Verwaltungsrechts.[327] So erfordert der europarechtliche Verweis auf mitgliedstaatliche Rechtsgrundsätze, Art. 2, 6 Abs. 3 EUV, Art. 340 Abs. 2 und 3 AEUV mittelbar auch rechtsvergleichende Bemühungen im nationalen Recht.[328]

2. Interdisziplinarität

Am Anfang der Verwaltungsrechtswissenschaft hatte die Disziplin ihre eigene 42
Identität zu definieren und sich von anderen Disziplinen zu distanzieren, die die Verwaltung, sei es mit einem ganzheitlichen Ansatz, sei es mit abweichenden Methoden, traktierten.[329] Wie weit diese Distanzierung gehen muss oder soll, ist seitdem Gegenstand kontroverser Diskussionen[330]. Konjunkturen von Offenheit und Geschlossenheit des Verwaltungsrechts gegenüber anderen Disziplinen lösten und lösen sich ab.[331] Spezifische methodische Probleme ergeben sich für ein interdisziplinäres Vorgehen immer dann, wenn Rechtswissenschaft und Rechtssystem – wie in der Rechtsdogmatik – besonders intensiv miteinander verkoppelt werden. Dann steht mit der Interdisziplinarität nicht allein die Integrität der Rechtswissenschaft in Frage, sondern auch diejenige des Rechtssystems, also die Normativität des Verwaltungsrechts. Dieses methodische Dilemma ist ernst zu

---

[323] *Matthias Ruffert*, Globalisierung als Herausforderung an das Öffentliche Recht, 2004, S. 33 ff.; *Slaughter,* New World Order (Fn. 118), S. 36 ff., 141 ff.
[324] Dazu *Kingsbury/Krisch/Stewart,* Emergence (Fn. 136), S. 20 ff.; *Möllers/Voßkuhle/Walter* (Hrsg.), Internationales VerwR.
[325] Grundlegend: *Peter Häberle,* Grundrechtsgeltung und Grundrechtsinterpretation im Verfassungsstaat – Zugleich zur Rechtsvergleichung als „fünfter" Auslegungsmethode, JZ 1989, S. 913 (915 f.).
[326] Zutreffend *Jörg M. Mössner,* Rechtsvergleichung und Verfassungsrechtsprechung, AöR, Bd. 99 (1974), S. 193 (203).
[327] → Bd. I *Schmidt-Aßmann* § 5 Rn. 30 ff.
[328] → Rn. 31.
[329] Für diesen ganzheitlichen Ansatz steht in Deutschland vor allem das Werk Lorenz v. Steins: *Lorenz v. Stein,* Die Verwaltungslehre, 1865–1868.
[330] Vgl. nur *Meyer-Hesemann,* Methodenwandel, S. 81 ff.; *Möllers,* Theorie (Fn. 12), S. 40 ff.
[331] Darstellung bei *Christian Bumke,* Die Entwicklung der verwaltungsrechtswissenschaftlichen Methodik in der Bundesrepublik Deutschland, in: Schmidt-Aßmann/Hoffmann-Riem (Hrsg.), Methoden, S. 73 (85 ff.); *Rainer Schröder,* Verwaltungsrechtsdogmatik im Wandel, 2007, S. 178 ff.

nehmen, es sollte deswegen aber nicht mit alles-oder-nichts Lösungen aus dem Weg geräumt werden.[332] Das würde entweder mögliche rechtswissenschaftliche Fragestellungen und Forschungsgegenstände zu schnell ausschließen oder umgekehrt den Beitrag der Rechtswissenschaft für das Rechtssystem zu schnell aufgeben. Es geht **nicht um Methodenimperative, sondern um Vorsichtsregulative**.[333] Statt pauschaler Antworten kann daher nur der Blick auf einzelne Disziplinen und ihre Bedeutung für die Verwaltungsrechtswissenschaft Klärung bringen.

a) Geschichtswissenschaftliche Bezüge

43   Ausdrückliche Bezüge auf historisches Wissen[334] spielen in der deutschen Verwaltungsrechtswissenschaft seit Otto Mayer eine zu vernachlässigende Rolle.[335] Dies gilt selbst – innerhalb des überlieferten Auslegungskanons – für die historische Auslegung von Gesetzestexten.[336] Diese Zurückhaltung wird bei der konkreten Beurteilung eines verwaltungsrechtlichen Falls in der Regel ohne negative Konsequenzen bleiben. Zum Problem gerät sie aber unweigerlich, wenn größere Entwicklungszusammenhänge für die Argumentation notwendig werden, was angesichts einer gewissen Vorliebe für Krisenszenarien und Gegenwartsdiagnosen nicht selten der Fall ist.[337] Historisches Wissen sollte den erstaunlich wirkmächtigen Geschichten von Aufstieg und Untergang von Staat und Verwaltung die Komplexität der historischen Abläufe kritisch entgegenstellen, die sich der Dramaturgie von Heils- oder Verfallsgeschichten öffentlichen Verwaltungshandelns nicht fügen und daher weder Veränderungs- noch Beharrungsbedarf des Verwaltungsrechts selbstständig rechtfertigen können.

44   Was aber kann die Verwaltungsrechtswissenschaft mit historischem Wissen positiv anfangen? Drei Gegenstände lassen sich benennen, die sich in unterschiedlicher Nähe zur Rechtsanwendung bewegen: Zum Ersten ist ein eingehenderes Interesse für den **politisch-historischen Kontext** verwaltungsrechtsdogmatischer Argumentationsfiguren, aber auch gerichtlicher Leitentscheidungen einzufordern. Dieses schützt vor vorschnellen Verallgemeinerungen singulärer Problemlösungen und kann ein ergiebiges Mittel darstellen, die juristische Begriffsbildung an gesellschaftliche Entwicklungen anzuschließen und Veränderungsbedarf in der Dogmatik schlüssig zu begründen. Hier ist auch ein Anschluss für die Rechtsanwendung möglich. Erforderlich sind gründlichere und politisch sensiblere Sachverhaltsanalysen gerade von vermeintlichen Leitentscheidungen. Zum Zweiten hält die Beobachtung der eigenen Disziplin Lehren

---

[332] Insoweit zutreffend *Bumke*, Entwicklung (Fn. 331), S. 128 f. Versuch, einen Rahmen anzubieten, bei *Möllers*, Theorie (Fn. 12), S. 46 ff.; zu Metaregeln der interdisziplinären Zusammenarbeit → Bd. I *Voßkuhle* § 1 Rn. 39.

[333] Diese glückliche Unterscheidung bei *Michel Foucault*, Der Wille zum Wissen, Sexualität und Wahrheit, Bd. 1, 1977, S. 119.

[334] Von der Angewiesenheit des Verwaltungsrechts auf historisches Wissen ist die Historiographie von Verwaltung und Verwaltungsrecht zu unterscheiden. Dazu nur *Jeserich/Pohl/v. Unruh* (Hrsg.), Verwaltungsgeschichte I–VI.

[335] *Möllers*, Historisches Wissen (Fn. 143), S. 142 ff. Zum Problem: *Regina Ogorek*, Die erstaunliche Karriere des ‚Subsumtionsmodells' oder wozu braucht der Jurist Geschichte?, in: FS Klaus Lüderssen, 2002, S. 127.

[336] → Rn. 24.

[337] Umfangreiche Nachweise bei *Möllers*, Theorie (Fn. 12), S. 23 ff.

bereit: Erst wenn man in der Lage ist, Fehlentwicklungen zu beobachten, kann man Kriterien für den Fortgang der Disziplin entwickeln. **Methodenvergewisserung** ist notwendigerweise auch ein historisches Geschäft. Manches Methodenproblem kann dadurch auch entschärft und relativiert werden. Zum Dritten schließlich haben sich Wissenschaften um ihre **eigene Disziplingeschichte** zu kümmern, wollen sie sich von der Praxis, auf die sie verwiesen sind, unterscheiden.[338]

b) Wirtschaftswissenschaftliche Bezüge

Obwohl die Regulierung der Wirtschaft sich in Deutschland seit jeher verschiedenster verwaltungsrechtlicher Instrumente bediente[339], ist das Interesse an einem Dialog mit den Wirtschaftswissenschaften, der namentlich über die **ökonomische Analyse des Rechts**[340] führt, nur sehr langsam und zögerlich in Gang gekommen[341] und scheint in der Zwischenzeit im Verwaltungsrecht – anders als im Privatrecht – eher wieder abzuebben. Ernsthafte Auseinandersetzungen begannen mit der **Umweltökonomik**[342] und gingen dann zögerlich auf Fragen des Allgemeinen Verwaltungsrechts über, namentlich mit Blick auf die Effizienz des Verwaltungsverfahrens.[343] In diesen Bereichen liegen auch konkretere Einzeluntersuchungen vor.[344] **Methodische Zweifel** an einer ergiebigen **Zusammenarbeit zwischen Ökonomik und Verwaltungsrechtslehre** lassen sich indes gut begründen:[345] Sie ergeben sich zum Ersten daraus, dass ökonomische Analysen in der Regel auf einer Struktur aufbauen, in der Subjekte miteinander kooperieren, die über die ihnen zugewiesene Rechte verfügen können. Beide Elemente sind aber für das Verwaltungsrecht – anders als für das Zivilrecht – nicht selbstverständlich. Weder ist Kooperation eine notwendige Form des Verwaltungsrechts,

---

[338] *Möllers*, Historisches Wissen (Fn. 143), S. 163 f.

[339] *Michael Stolleis*, Die Entstehung des Interventionsstaates und das öffentliche Recht, ZNR 1989, S. 129 (129 ff.).

[340] Zu den Grundlagen: *Horst Eidenmüller*, Effizienz als Rechtsprinzip, 3. Aufl. 2005, S. 28 ff.; *Christian Kirchner*, Das Verhältnis der Rechtswissenschaft zur Nationalökonomie, Jb. für politische Ökonomie, Bd. 7 (1988), S. 192 ff.; *Nicholas Mercuro/Steven G. Medema*, Economics and the Law, 1997, S. 51 ff.; *Rudolf Richter/Eirik G. Furubotn*, Neue Institutionenökonomik, 4. Aufl. 2010, S. 70 ff.; *Emanuel V. Towfigh/Niels Petersen*, Ökonomische Methoden im Recht, 2010.

[341] Einleitende Problemskizze von *Wolfgang Hoffmann-Riem* in: Hoffmann-Riem/Schmidt-Aßmann (Hrsg.), Effizienz, S. 11 ff. (19 ff.).

[342] Vgl. bereits *Lutz Wicke*, Umweltökonomie, 1982; *Sparwasser/Engel/Voßkuhle*, UmweltR, § 149 f. m. umfangr. N.

[343] *Jens-Peter Schneider*, Zur Ökonomisierung von Verwaltungsrecht und Verwaltungsrechtswissenschaft, DV, Bd. 34 (2001), S. 317; *Andreas Voßkuhle*, Ökonomisierung des Verwaltungsverfahrens, DV, Bd. 34 (2001), S. 347; *Christoph Gröpl*, Ökonomisierung von Verwaltung und Verwaltungsrecht, VerwArch, Bd. 93 (2002), S. 459; *Georg v. Wangenheim*, Beschleunigung von Genehmigungsverfahren, in: Reinhard Bork/Thomas Eger/Hans-Bernd Schäfer (Hrsg.), Ökonomomische Analyse des Verfahrensrechts, 2009, S. 237.

[344] *Christoph Engel*, Abfallrecht und Abfallpolitik, 2002. Mit ähnlicher methodischer Tendenz: *Hans-Heinrich Trute/Wolfgang Denkhaus/Doris Kühlers*, Regelungsstrukturen der Kreislaufwirtschaft zwischen kooperativem Umweltrecht und Wettbewerbsrecht, 2004; *Hendrik Bednarz*, Demographischer Wandel und kommunale Selbstverwaltung, 2010.

[345] Kritisch: *Martin Morlok*, Vom Reiz und vom Nutzen, von den Schwierigkeiten und den Gefahren der Ökonomischen Theorie für das Öffentliche Recht, in: Christoph Engel/Martin Morlok (Hrsg.), Öffentliches Recht als Gegenstand ökonomischer Forschung, 1998, S. 1; *Oliver Lepsius*, Die Ökonomik als neue Referenzwissenschaft für die Staatsrechtslehre?, DV, Bd. 32 (1999), S. 429 (429 ff.).

noch geht es beim gemeinwohlbezogenen Verwaltungsrecht um wohldefinierte Verfügungsrechte.[346] Zum Zweiten ist das Nutzenkalkül der ökonomischen Rationalität kein selbstverständlicher Maßstab des Verwaltungsrechts, sondern allenfalls ein möglicher, der aus dem positiven Recht abzuleiten ist. Aus gutem Grund kann das Recht von Effizienz absehen.[347] Effizienz geht Demokratie nicht vor.[348] Zum Dritten schließlich ist das Abstraktionsniveau der institutionenökonomischen Diskussion im Vergleich zur Ausdifferenzierung des Verwaltungsrechts zumeist zu hoch, um konkrete Problemlösungen erwarten zu lassen.[349] Wird es nach unten korrigiert, beginnen die Modelle andererseits eine Komplexität anzunehmen, die für den juristischen Anwender nicht zu bewältigen ist. Es fehlt an anwendbarer Differenziertheit.

46 Diese grundsätzlichen Kritikpunkte leiden allerdings gerade an ihrer Grundsätzlichkeit. Denn zum Ersten kennt das Verwaltungsrecht auch systematische und praktische Problemkonstellationen, die so überschaubar sind, dass sie sich zu einer ökonomischen Analyse geradezu aufdrängen. Man denke nur an die Beziehungen zwischen Bauherrn und Nachbarn oder an Fragen der Störerhaftung. In diesen Beispielen ist die Suche nach einer ökonomisch optimalen Kostenzuweisung von juristischem Interesse. Auch an das Verwaltungsprozessrecht lassen sich Fragestellungen anschließen, etwa für Formen der Verhandlung im Verwaltungsprozess.[350] Zum Zweiten können ökonomische Methoden als Mittel der Quantifizierung von Bewertungen dazu beitragen, eine größere **Transparenz der Maßstabsbildung** einer Verwaltungsentscheidung zu erzeugen. Hier geht es nicht darum, dass ökonomisches Denken bestimmte Präferenzen privilegiert, als vielmehr darum, dass durch Instrumente der Ökonomik ohnehin bestehende Präferenzen offen gelegt werden.[351] Solche Verfahren haben – von der Wissenschaft weitgehend unbemerkt – bereits Eingang in die Verwaltungspraxis gefunden, etwa durch interne Bewertungssysteme bei der naturschutzrechtlichen Eingriffs- und Ausgleichsregelung, § 19 BNatSchG oder im Fachplanungsrecht.[352] Überdies bezieht die Rechtsprechung des Bundesverwaltungsgerichts mittlerweile die Frage, ob eine Kosten-Nutzen-Analyse durchgeführt wurde, bei der Kontrolle administrativer Entscheidungsfindung mit ein: Der pauschale Verweis der Verwaltung auf die Kosten einer Maßnahme mit Blick auf § 41 Abs. 2 BImSchG bedarf einer konkretisierenden Analyse durch die Verwaltung.[353] Auch hier erweist sich die Methode als ein Mittel, um die Entschei-

---

[346] *Christoph Engel,* Das Recht der Gemeinschaftsgüter, DV, Bd. 30 (1997), S. 429 (440); *Richter/Furubotn,* Institutionenökonomik (Fn. 340), S. 104.

[347] So etwa *Gabriele Britz,* Umweltrecht im Spannungsverhältnis von ökonomischer Effizienz und Verfassungsrecht, DV, Bd. 30 (1997), S. 185 (192 ff.); *Martina R. Decker,* Effizienz als Kriterium der Rechtsanwendung, Rechtstheorie, Bd. 26 (1995), S. 117 ff.

[348] Zu diesem Konnex: *Karl Homann,* Rationalität und Demokratie, 1988, S. 168 ff.

[349] *Christian Kirchner,* Das öffentliche Recht als Gegenstand ökonomischer Forschung, in: Christian Engel/Martin Morlok (Hrsg.), Öffentliches Recht als Gegenstand ökonomischer Forschung, 1998, S. 315 (325).

[350] *Christoph Möllers,* Kooperationsgewinne im Verwaltungsprozeß, DÖV 2000, S. 667; *Thomas Groß,* Ökonomisierung der Verwaltungsgerichtsbarkeit und des Verwaltungsprozessrechts, DV, Bd. 34 (2001), S. 371.

[351] In diesem Sinne: *Cass R. Sunstein,* Cognition and Cost-benefit analysis, Journal of Legal Studies 29 (2000), S. 1059; ähnlich *Fehling,* Kosten-Nutzen-Analysen (Fn. 311), S. 466 ff.

[352] Beispiele bei *Ekkehard Hofmann,* Abwägung im Recht, 2007, S. 9 ff.

[353] BVerwG, NVwZ 2004, S. 340, dazu *Hofmann,* Abwägung (Fn. 352), S. 376, Fn. 209.

B. Methodische Zugänge zum Verwaltungsrecht

dungsgrundlagen transparenter zu machen. Die Möglichkeit, solche Verfahren rechtsvergleichend auszuloten, ist ebenfalls noch lange nicht ausgeschöpft.[354]

c) Sozialwissenschaftliche Bezüge

Als gängigster interdisziplinärer Bezug der Verwaltungsrechtslehre fungieren schon seit langer Zeit die Sozialwissenschaften: **Politikwissenschaft und Soziologie.** Nachdem sich die juristische Methode zunächst durchgesetzt hatte, stellte sich schon im Übergang vom späten Kaiserreich zur Weimarer Republik die Frage nach einer Öffnung der Verwaltungsrechtswissenschaft für soziologische Beschreibungen der Gesellschaft. Dies geschah im Vergleich zum Staatsrecht[355] mit einer gewissen Verzögerung, die sich auch auf die hohe Vergesetzlichung des Verwaltungsrechts zurückführen lässt, die die Wissenschaft erst zu verarbeiten hatte.[356] Doch von der Rezeption des Soziologen Arnold Gehlen durch Ernst Forsthoff[357], über die organisationstheoretischen Überlegungen Arnold Köttgens[358], über die neueren Diskussionen zu Planung[359], New Public Management[360] und Organisation[361], bis zur Diskussion um den rechtswissenschaftlichen Nährwert der Systemtheorie, die wohl für kein Rechtsgebiet so intensiv geführt wurde wie für das Verwaltungsrecht[362], ist die Rezeption sozialwissenschaftlicher Erkenntnisse durch die Verwaltungsrechtswissenschaft ein geläufiges Bild. Soziologische Begriffe wie Wissens-[363] oder Risikogesellschaft[364] liefern in der Gegenwart regelmäßig den sozialwissenschaftlichen Unterbau zu einer Analyse bestimmter Teile des Verwaltungsrechts. **47**

Praktisch sind solche **Rezeptionsvorgänge unvermeidlich,** denn die Verwaltungsrechtslehre muss stets mit Vorstellungen von der Struktur der Gesellschaft operieren und sollte es schon aus Gründen der Transparenz ausdrücklich tun. Zu wenig rezipiert, aber auch zu wenig vorhanden[365] erscheint sozialwissenschaftliches Mikrowissen[366], also Forschungen über konkrete administrative Sachverhalte wie Vollzugshindernisse, Kontakte zwischen Bürger und Verwal- **48**

---

[354] Zu einem parallelen Problem: Whitman v. American Trucking Ass., 531 US 457 (2001).
[355] Dazu etwa *Thomas Duve,* Normativität und Empirie im öffentlichen Recht und der Politikwissenschaft um 1900, 1998.
[356] Exemplarisch für diese Notwendigkeit steht das Lehrbuch von *Walter Jellinek.*
[357] *Ernst Forsthoff,* Der Staat der Industriegesellschaft, 1971.
[358] *Arnold Köttgen,* Die Organisationsgewalt, VVDStRL, Bd. 16 (1966), S. 154 ff.
[359] *Bumke,* Entwicklung (Fn. 331), S. 95 ff.
[360] → Bd. I *Voßkuhle* § 1 Rn. 50 ff.
[361] Grundlegend: *Winfried Brohm,* Die Dogmatik des Verwaltungsrechts vor den Gegenwartsaufgaben der Verwaltung, VVDStRL, Bd. 30 (1971), S. 245 ff.; *Schmidt,* Einführung (Fn. 169), S. 99 ff. Kurzer Überblick bei *Thomas Groß,* Grundzüge der organisationswissenschaftlichen Diskussion, in: Schmidt-Aßmann/Hoffmann-Riem (Hrsg.), Verwaltungsorganisationsrecht, S. 139.
[362] N. und Kritik bei *Oliver Lepsius,* Steuerungsdiskussion, Systemtheorie und Parlamentarismuskritik, 1999. Vgl. auch *Karl-Heinz Ladeur,* Postmoderne Rechtstheorie, 2. Aufl. 1995; *Thomas Vesting,* Kein Anfang und kein Ende, Jura 2002, S. 229 ff.
[363] *Karl-Heinz Ladeur,* Das Umweltrecht der Wissensgesellschaft, 1995. Kritik aus historischer Perspektive: *Johannes Fried,* Die Aktualität des Mittelalters, 2002, S. 33 ff.
[364] Dazu die grundlegend kontrovers ansetzenden Überlegungen von *Arno Scherzberg/Oliver Lepsius,* Risikosteuerung durch Verwaltungsrecht, VVDStRL, Bd. 63 (2004), S. 214 (264).
[365] Grundlegende Klage bei *Andreas Voßkuhle,* Verwaltungsdogmatik und Rechtstatsachenforschung, VerwArch, Bd. 85 (1994), S. 567 ff.
[366] In der Diskussion gern, aber kurzschlüssig als „Empirie" bezeichnet.

tung oder binnenadministrative Entscheidungsvorgänge.[367] Solches Wissen kann zur Aufklärung verwaltungsrechtlicher Probleme beitragen, wenn sich hinter verwaltungsrechtlichen Dogmen implizite empirische Annahmen verbergen. Freilich passen empirische Sozialforschung und verwaltungsrechtliches Erkenntnisinteresse selten zueinander.[368] Zu großzügig rezipiert werden dagegen soziologische Großtheorien. Diese sind von einer für die Vielfalt eines demokratischen Rechtssystems schwer zu akzeptierenden methodischen Einseitigkeit.[369] Zudem hat die Verwaltungsrechtswissenschaft verschiedene soziologische Paradigmen relativ unbeeindruckt überstanden. Daraus folgt nicht, dass sich die Disziplin gesellschaftlichem Veränderungsbedarf entziehen sollte, aber es indiziert, dass sich ihre Entwicklung nach anderen Regeln als denen sozialwissenschaftlicher Theoriebildung vollzieht. Mit Soziologie und Verwaltungsrechtswissenschaft treffen nicht Wirklichkeit und Recht aufeinander, sondern zwei verschiedene Techniken, die Gesellschaft darzustellen. Überdies ist beim Umgang mit Gesellschaftstheorien zu prüfen, ob sie einem bestimmten nationalen Rahmen verpflichtet sind, der gerade, wenn man die Europäisierung und Internationalisierung des Verwaltungsrechts im Blick behalten will, nicht vergleichend anwendbar ist.[370] Dies gilt für die Systemtheorie ebenso wie für die Debatte zwischen Liberalismus und Kommunitarismus. Schließlich operieren Gesellschaftstheorien oftmals mit Bausteinen, die mit denen des positiven Rechts inkompatibel sind. Verwaltungsrechtliche Strukturen haben unvermeidlich immer ein handlungstheoretisches Element, das schon in der Notwendigkeit zum Ausdruck kommt, Rechte und Pflichten zu definieren.[371] Dass solche Handlungsmodelle in Bedrängnis kommen können, zeigen neuere Entwicklungen beispielsweise im Polizei- und im Umweltrecht.[372] Aber diese Krisen lassen sich präziser und von juristischer Seite auch kompetenter als Binnenprobleme der Rechtsordnung, als normative Dissonanzen, beispielsweise zwischen Verhältnismäßigkeitsmaßstab und Risikoregulierung[373] beschreiben, denn als Aufeinandertreffen von „Recht und Gesellschaft".

49 Bleibt die Verwaltungsrechtswissenschaft trotzdem auf sozialwissenschaftliches Wissen vor allem kleinteiliger Struktur verwiesen, so würde es sich auch einmal lohnen, die **Perspektive umzudrehen,** und die juristische Rekonstruktion

---

[367] Beispiele: *Arthur Benz,* Kooperative Verwaltung, 1997; *Leonie Breunung,* Die Vollzugsorganisation als Entscheidungsfaktor des Verwaltungshandelns, 2000; *Nicolai Dose,* Die verhandelnde Verwaltung, 1994; *Gertrude Lübbe-Wolff,* Wie effizient ist Flexibilität? – Ergebnisse einer Behördenbefragung zur Wünschbarkeit größerer fallbezogener Entscheidungsspielräume der Umweltverwaltung, in: Jahrbuch des Umwelt- und Technikrechts 2000, S. 73 (79 ff.).

[368] *Möllers,* Theorie (Fn. 12), S. 42 f.

[369] Zum Zusammenhang von Demokratie und Methodenpluralismus: *John Dewey,* The Public and its Problems, 1927; *Hans Kelsen,* Vom Wesen und Wert der Demokratie, 2. Aufl. 1929.

[370] Dies ist das Problem der Theorie von *Vesting,* Staatsrechtslehre (Fn. 50), S. 43 ff., der einen globalen Paradigmenwechsel mit Hilfe eines rein deutschen Ausgangspunktes beschreibt, den etwa das französische, das englische oder das amerikanische Verwaltungsrecht nicht teilt: der Rechtsstaatlichkeit. Zu den Unterschieden umfassend: *Luc Heuschling,* Etat de Droit, Rechtsstaat, Rule of Law, 2003.

[371] *Lepsius,* Steuerungsdiskussion (Fn. 362), S. 35 ff., jedoch mit zu weitgehenden Implikationen dieses Umstands.

[372] *Hans-Heinrich Trute,* Die Erosion des klassischen Polizeirechts durch die polizeiliche Informationsvorsorge, in: GS Jean d'Heur, 1999, S. 403.

[373] *Udo Di Fabio,* Risikoentscheidungen im Rechtsstaat, 1994, S. 442 f.; *Hans-Heinrich Trute,* Vorsorgestrukturen und Luftreinhaltepläne, 1989, S. 72 ff., 77 f.

B. Methodische Zugänge zum Verwaltungsrecht

der Verwaltung den Sozialwissenschaften als ein Beschreibungsangebot zu unterbreiten. Die Analyse des Verwaltungsrechts ist eine Möglichkeit, die Verwaltung zu beschreiben, die Analyse der Verwaltungsrechtsprechung eine solche, abweichendes Verwaltungshandeln zu erfassen. Die Wissenschaft vom Verwaltungsrecht sollte damit beginnen, sich nicht nur von den Sozialwissenschaften aufklären zu lassen, sondern diese auch aufzuklären. Ansätze dazu finden sich noch am deutlichsten in Untersuchungen zum europäischen Verwaltungsrecht.[374]

d) Naturwissenschaftliche Bezüge

50 Der Kontakt mit den angewandten Naturwissenschaften ist dem modernen Verwaltungsrecht seit seinen Anfängen geläufig.[375] Dabei geht es aber regelmäßig nicht um den Austausch wissenschaftlicher Paradigmen, sondern um die Lösung praktischer Probleme[376], namentlich um die Abschätzung von Gefahren oder Risiken.[377] Es gibt keinen interdisziplinären Dialog zwischen Verwaltungsrechtswissenschaft und Naturwissenschaften[378], sondern nur die rechtswissenschaftliche Beobachtung des Umgangs der administrativen und gerichtlichen Praxis mit solchen Wissensformen. Der Verweis des Gesetzgebers auf den „Stand der Wissenschaft" ist das bekannteste Beispiel einer gesetzlichen Verknüpfung von naturwissenschaftlichem Wissen und Verwaltungshandeln.[379] Der Beitrag der Verwaltungsrechtswissenschaft zur Lösung dieser Probleme beschränkt sich auf **Verfahrensangebote**[380], die die Funktion der Binnenorganisation der Verwaltung zur Verarbeitung von Sachverstand[381] und die Leistungen einer gewaltengegliederten Arbeitsteilung zwischen Verwaltung und den anderen Funktionen herausarbeiten müssen. Die Struktur der Verwaltung, die anders als Parlament und Gerichte nicht unmittelbar von Akten der Wahl und der Klageerhebung berührt ist[382], erlaubt es ihr, Wissen nach systematischen Gesichtspunkten zu organisieren. Hier ist anzusetzen, um die verfassungsrechtlichen Standards an die Verwaltung und die Frage eines überzeugenden Umgangs mit

---

[374] Deutlich in der europäischen Ausschussforschung: *Christian Joerges/Josef Falke* (Hrsg.), Das Ausschußwesen der Europäischen Union, 2000; *Ellen Vos/Christian Joerges* (Hrsg.), EU-Committees, 1999.

[375] *Milos Vec*, Kurze Geschichte des Technikrechts. Von den Anfängen bis zum Ersten Weltkrieg, in: Martin Schulte (Hrsg.), Technikrecht, 2003, S. 3.

[376] Vgl. aber *Thomas Vesting*, Nachbarwissenschaftlich informierte und reflektierte Verwaltungsrechtswissenschaft, in: Schmidt-Aßmann/Hoffmann-Riem (Hrsg.), Methoden, S. 253 (275 ff.).

[377] Zu dieser Diskussion: *Di Fabio*, Risikoentscheidungen (Fn. 373); *Scherzberg/Lepsius*, Risikosteuerung (Fn. 364).

[378] Vgl. auch *Eberhard Schmidt-Aßmann*, Methoden der Verwaltungsrechtswissenschaft, in: Schmidt-Aßmann/Hoffmann-Riem (Hrsg.), Methoden, S. 387 (397 f.). Diese Aussage lässt sich aber nicht für die Rechtswissenschaft im Ganzen verallgemeinern, man denke an Probleme der Subjektqualität und des Lebenskonzepts im Verfassungs- und im Strafrecht.

[379] → Bd. I *Ruffert* § 17 Rn. 89.

[380] *Claudio Franzius*, Technikermöglichungsrecht, DV, Bd. 34 (2001), S. 487.

[381] Dieses Problem wird auf europarechtlicher Ebene besonders folgenreich für die Kommission diskutiert, vgl. etwa bei *Ellen Vos*, Market Building, Social Regulation and Scientific Expertise: An Introduction, in: Christian Joerges/Karl-Heinz Ladeur/Ellen Vos (Hrsg.), Integrating Scientific Expertise into Regulatory Decision Making. National Traditions and European Innovations, 1997, S. 127. Für das deutsche Recht *Achim Seidel*, Privater Sachverstand und staatliche Garantenstellung im Verwaltungsrecht, 2000.

[382] Zu diesen Unterschieden: *Möllers*, Gewaltengliederung (Fn. 16), S. 121 ff.

§ 3 Methoden

Wissen zu verknüpfen.[383] Die Bedeutung verwaltungsrechtlicher Verfahren dürfte auf diesem Gebiet deswegen zunehmen, weil auch naturwissenschaftliche Erkenntnisse immer stärker unter öffentlichen Rechtfertigungszwang geraten.[384]

e) Kulturwissenschaftliche Bezüge

51   Unter dem Sammelbegriff der Kulturwissenschaften versteht man einen Disziplingrenzen ebenso wie Methoden und die Unterscheidung zwischen Natur und Gesellschaft unterlaufenden Zugang zu Phänomenen.[385] Die Unterscheidung zwischen einem systematischen Argument, seiner rhetorischen Fassung und seiner optischen Präsentation beispielsweise wird durch die Kulturwissenschaften bewusst relativiert. Kulturwissenschaftliche Untersuchungen des Rechts stehen in Deutschland noch ganz am Anfang[386]; erste Beiträge zu Verwaltung und Verwaltungsrecht liegen allerdings vor.[387] Eine Zusammenkunft zwischen der um ihre Integrität stets besorgten Rechtswissenschaft und den alle Disziplingrenzen bewusst auflösenden, empirische und theoretische Zugänge vereinigenden Kulturwissenschaften scheint sich nicht ohne weiteres arrangieren zu lassen. Doch ohne jeden Zweifel würde sich die Verwaltungsrechtswissenschaft einer Fülle von Fragestellungen berauben, verzichtete sie auf kulturwissenschaftliche Bezüge. Das zeigt sich schon am schillernden Begriff der **Verwaltungskultur**[388] als dem Inbegriff aller rechtlich nicht formalisierbaren, aber untersuchungsbedürftigen Verwaltungspraktiken. Tritt der Kulturbegriff erst im Moment der Vergleichbarkeit und Relativierung gesellschaftlicher Praktiken auf den Plan[389], so gewinnt er für die Verwaltungsrechtswissenschaft dann an Bedeutung, wenn unter den Bedingungen ein und derselben Rechtsordnung unterschiedliche administrative Zugangsweisen praktisch werden, wenn eine einheitliche Rechtsordnung greifbare administrative Differenzen erzeugt – wie im Fall der Europäischen Union.[390] Kulturwissenschaftliche Untersuchungen des Verwaltungsrechts haben sich also auch der Grenzen der Formalisierungsleistung des administrativen Binnenrechts anzunehmen. Die recht introvertiert verlaufene juristische Diskussion um informelles Verwaltungshandeln[391] könnte neue Ideen beziehen. Auf theoretischer Ebene lassen sich gleichfalls eine Vielzahl von Fragestellungen entwickeln, die einen interdisziplinären Dialog ankur-

---

[383] *Christoph Möllers*, Kognitive Gewaltengliederung, DV, Beiheft 9, 2009, S. 113 ff.

[384] *Bruno Latour*, Politiques de la Nature, 1999, S. 50 ff.; *Peter Weingart*, Die Stunde der Wahrheit?, 2001, S. 35 ff. Zu den Effekten von Gerichtsverfahren auf die Wissenschaft: *Sheila Jasanoff*, Science at the Bar: Law, Science, and Technology in America, 1996.

[385] *Friedrich A. Kittler*, Eine Kulturgeschichte der Kulturwissenschaft, 2000, S. 14 ff.

[386] Vgl. aus der ausländischen Literatur *Paul W. Kahn*, The Cultural study of Law, 1997; *François Ost*, Droit, mythe et raison, 1980.

[387] *Susanne Baer*, Schlüsselbegriffe, Typen und Leitbilder als Erkenntnismittel und ihr Verhältnis zur Rechtsdogmatik, in: Schmidt-Aßmann/Hoffmann-Riem (Hrsg.), Methoden, S. 223 (238 ff.); *Cornelia Vismann*, Akten. Medientechnik und Recht, 2000; *Erk V. Heyen* (Hrsg.), Bilder der Verwaltung. Memoiren, Karikaturen, Romane, Architektur, Jahrbuch für europäische Verwaltungsgeschichte, Bd. 6 (1994).

[388] *Werner Thieme*, Über Verwaltungskultur, DV, Bd. 20 (1987), S. 277 ff.

[389] *Niklas Luhmann*, Kultur als historischer Begriff, in: ders., Gesellschaftsstruktur und Semantik, Bd. 4, 1995, S. 31.

[390] *Reinhard Priebe*, Anmerkungen zur Verwaltungskultur der Europäischen Kommission, DV, Bd. 33 (2000), S. 379 ff.

[391] → Rn. 15.

beln könnten: zum Zusammenhang zwischen Kommunikationsmedium und Rechtsform im Verwaltungshandeln[392] oder zur Frage nach den Wirkungen zunehmender visueller Selbstdarstellungen der Verwaltung auf ihre Akzeptanz. Schließlich bedürften auch die – nicht selten metaphernreich geführten – Diskussionen der Verwaltungsrechtswissenschaft selbst einer kulturwissenschaftlichen Analyse.

C. Disziplinbildung in Anwendung und Wissenschaft

Wissenschaftliche Disziplinen beginnen sich mit wachsender Größe auszudifferenzieren und Unterdisziplinen zu bilden. Dies ist aus Gründen der Arbeitsteilung notwendig, doch entstehen durch diese Ausdifferenzierung auch Probleme: Wissen aus einer Unterdisziplin, das für alle Disziplinen Bedeutung gewinnt, ist nicht allgemein greifbar. Es kommt zu Ungleichzeitigkeiten.[393] So entsteht der Bedarf nach einem **„intradisziplinären" Dialog** zwischen den **Unterdisziplinen**.[394] Im Verwaltungsrecht soll die Erarbeitung des Allgemeinen Verwaltungsrechts einer solchen Ausdifferenzierung entgegensteuern (I.). Aber auch außerhalb des Kerns der Disziplin kann die Nachfrage nach Wissen zur Institutionalisierung von Disziplinen führen. Der Rechtswissenschaft ist eine solche Struktur aus ihren eigenen Unterdisziplinen wie Rechtsgeschichte oder Rechtsphilosophie bekannt, die eine durchaus doppeldeutige Funktion erfüllen: einerseits die Einbeziehung disziplinfremden Wissens, andererseits die Immunisierung vor allzu problematischen Einsichten der anderen Disziplinen. Für das Verwaltungsrecht nehmen die Verwaltungswissenschaften hier eine zentrale Funktion ein (II.). Wenig beachtet ist der immense Einfluss, den die Lehre auf die wissenschaftliche Arbeit nimmt. Man kann in diesem Zusammenhang nicht im engeren Sinn von Disziplinbildung sprechen, bewegen sich Forschung und Lehre doch innerhalb einer Disziplin. Trotzdem gehören die Unterschiede zwischen Lehrgestalt und Forschungsgestalt systematisch hierher, weil sie das allgemeine Problem der Institutionalisierung von Wissensentstehung und Vermittlung betreffen (III). Abschließend ist auf eine Leerstelle hinzuweisen, auf das Fehlen einer Disziplin, die sich als Ergänzung der Verwaltungsrechtswissenschaft anbieten würde: Verwaltungstheorie (IV.).

I. Allgemeines und Besonderes Verwaltungsrecht

Die Idee eines Allgemeinen Verwaltungsrechts[395] steht am Beginn der Verwaltungsrechtswissenschaft, die Wissenschaft hat sich von allgemeinen Lehren ausgehend erst schrittweise einzelne Gebiete des Verwaltungsrechts angeeignet und

---

[392] *Thomas Vesting*, Die Medien des Rechts: Schrift, 2011; *ders.*, Die Medien des Rechts: Sprache, 2011.
[393] *Schulze-Fielitz*, Ungleichzeitigkeiten (Fn. 196).
[394] → Bd. I *Voßkuhle* § 1 Rn. 38. Grundlegend mit Blick auf die Rechtswissenschaft im Ganzen entwickelt bei *Eberhard Schmidt-Aßmann*, Zur Situation der rechtswissenschaftlichen Forschung, JZ 1995, S. 2.
[395] Zur Entstehungsgeschichte: *Thomas Groß*, Die Beziehungen zwischen dem allgemeinen und dem besonderen Verwaltungsrecht, DV, Beiheft 2, 1999, S. 57; → Bd. I *Stolleis* § 2 Rn. 53 ff.

auf ihre Verallgemeinerbarkeit hin untersucht.³⁹⁶ Zu Beginn – bei Otto Mayer – steht insoweit ein dezidiert **deduktives Verständnis des Allgemeinen Verwaltungsrechts,** das dazu führte, dass nur bestimmte Teile des Verwaltungsrechts als repräsentativ behandelt wurden, obwohl schon das Verwaltungsrecht des Kaiserreichs vielfältiger war, als Mayers Werk vermuten ließ.³⁹⁷ Dieses deduktive Verständnis war notwendig, um eine rechtswissenschaftliche Disziplin mit eigenem Systemanspruch überhaupt begründen zu können, zugleich aber überwindungsbedürftig, um den Blick auf die Gesamtheit des Verwaltungsrechts öffnen zu können. Erst vergleichsweise spät wurde die wissenschaftliche Aufarbeitung anderer Felder³⁹⁸ des Besonderen Verwaltungsrechts gängig.³⁹⁹ Damit einher geht ein stärker **induktives Verständnis des Besonderen Verwaltungsrechts,** das erst auf Grundlage potentiell aller verwaltungsrechtlicher Regelungsgebiete zu brauchbaren Verallgemeinerungen kommen wollte. Die Idee des **Referenzgebiets**⁴⁰⁰ gestattet es, die Repräsentativität der verschiedenen Felder des Besonderen Verwaltungsrechts differenziert zu behandeln und Veränderungen im Gesamtgefüge des Verwaltungsrechts über die Analyse einzelner Rechtsgebiete exemplarisch zu untersuchen und voranzutreiben.⁴⁰¹ Dabei lösten sich verschiedene Rechtsgebiete ab: das Bauplanungsrecht auch zur systematischen Behandlung von Entscheidungsspielräumen der Verwaltung, das Umweltrecht auch zur Erweiterung des überlieferten Handlungsformenkanons, oder das Telekommunikationsrecht auch zur Neubestimmung des Verhältnisses des Verwaltungsrechts zum Privatrecht und zum Europarecht. Nicht selten lassen sich Verschiebungen im Gesamtgefüge auch als Annäherung verschiedener Referenzgebiete beschreiben: So gewinnen Vorsorgestrukturen im Umweltrecht auch für das Polizeirecht an Bedeutung.⁴⁰² Nach wie vor stellt der Vergleich verschiedener Referenzgebiete ein besonders sensibles Instrument zur Beobachtung der Entwicklung des Verwaltungsrechts in systematischer Absicht dar.

54 Wie bereits angedeutet, ist die Rolle des Gesetzgebers bei der Entwicklung des Allgemeinen Verwaltungsrechts beschränkt.⁴⁰³ Dies dokumentiert im Umkehrschluss auch **Grenzen des Allgemeinen Verwaltungsrechts** und seiner Bedeutung für die Rechtsanwendung. Es begründet auch die Notwendigkeit, an anderer Stelle als im Gesetz nach normativen Fundierungen der Verallgemeinerbarkeit zu suchen. Der Blick fällt auf das Verfassungsrecht, das in diesem Zusammenhang weniger eine normative als eine **kognitive Funktion** einnimmt.⁴⁰⁴ Verfassungsrechtliche Fundamentalnormen geben dem Verallgemeinerungsbe-

---

³⁹⁶ Vorbildlich: *Albert Hensel,* Der Einfluß des Steuerrechts auf die Begriffsbildung des öffentlichen Rechts, VVDStRL, Bd. 3 (1927), S. 63 (74 ff.).
³⁹⁷ *Badura,* VerwR, S. 41 ff.; *Michael Stolleis,* Entstehung des Interventionsstaates (Fn. 339), S. 129 ff.
³⁹⁸ Für das Polizeirecht dagegen schon *Richard Thoma,* Der Polizeibefehl im Badischen Recht, Erster Teil, 1906.
³⁹⁹ Beginnend mit dem Baurecht: *Rüdiger Breuer,* Die Bodennutzung im Konflikt zwischen Städtebau und Eigentumsgarantie, 1976; *Eberhard Schmidt-Aßmann,* Grundfragen des Städtebaurechts, 1972; → Bd. I *Voßkuhle* § 1 Rn. 45.
⁴⁰⁰ Entwickelt bei *Eberhard Schmidt-Aßmann,* Verwaltungsverträge im Städtebaurecht, in: FS Konrad Gelzer, 1991, S. 117 (117; 129); vgl. dazu → Bd. I *Voßkuhle* § 1 Rn. 43 ff.
⁴⁰¹ In diesem Sinne auch *Pauly,* Wissenschaft vom Verwaltungsrecht (Fn. 1), Rn. 29.
⁴⁰² → Fn. 372 f.
⁴⁰³ → Rn. 12.
⁴⁰⁴ → Rn. 13.

C. Disziplinbildung in Anwendung und Wissenschaft

darf eine Orientierung, dies gilt im deutschen Verfassungsrecht namentlich für Demokratie und Rechtsstaatlichkeit. Umgekehrt kann man in der Entwicklung des Allgemeinen Verwaltungsrechts auch die Erfüllung eines Verfassungsauftrags erkennen[405], denn der Versuch, die verschiedenen Teile des Verwaltungsrechts verallgemeinerbar und vergleichbar zu halten, unterstützt eine Vielzahl von Anliegen einer demokratischen und rechtsstaatlichen Rechtsordnung: die Verhinderung sektoralisierter Rechtsgebiete, in der nur noch Interessenten ein Rechtsgebiet betreuen, die Vereinfachung und Überschaubarkeit von parallelen Regelungsstrukturen sowohl für die Bürger als auch für die anwendende Verwaltung.

Ob die Idee eines Allgemeinen Verwaltungsrechts eine Zukunft hat, oder ob die Suche nach **funktionalen Äquivalenten** aufgenommen werden muss, hängt maßgeblich von der Entwicklung des Verwaltungsrechts auf europäischer Ebene ab. Im Ausgangspunkt zeigen sich zwei Probleme[406]: Zunächst lassen sich schon zwischen den verschiedenen mitgliedstaatlichen Verwaltungsrechtsordnungen nur schwer gemeinsame systematische Strukturen erkennen. Der inkrementale Rechtserzeugungsprozess erlaubt innerhalb der EU noch weniger systematische Strukturen als die nationale Gesetzgebung. Wenn Ansätze zu einem europäischen Allgemeinen Verwaltungsrecht zu erkennen sind, dann entstehen diese zunächst eher nach angelsächsischem Muster durch die Entwicklung bestimmter Verfahrensstandards für Betroffene seitens der Rechtsprechung.[407] In diesem Zusammenhang hat sich das Verhältnismäßigkeitsprizip als gemeinsame Grundlage bewährt.[408] Die Kommission bemüht sich nunmehr auch verstärkt um homogene Organisationsstandards für die Eigenverwaltung.[409] Der deduktive Paukenschlag, mit dem die deutsche Verwaltungsrechtswissenschaft begann, aber auch die Einrichtung des Conseil d'État als Anfangspunkt des französischen Verwaltungsrechts sind jedoch keine Erfahrungen, die für das europäische Verwaltungsrecht großen Wert haben dürften. So stammen viele einflussreiche Beiträge zum europäischen Verwaltungsrecht aus Großbritannien[410], einem Land, das lange Zeit von sich behauptete, kein eigenes Verwaltungsrecht zu haben.[411] Hier zeigt sich ein bekanntes Modernisierungsphänomen, in dem die Nachzügler auf einer neuen Entwicklungsstufe einen Vorsprung haben, weil sie

55

---

[405] Dazu *Schmidt-Aßmann,* Ordnungsidee, 1. Kap. Rn. 2.
[406] Anders große Teile der Literatur, die die Exportfähigkeit der deutschen Dogmatik höher veranschlagen: *v. Danwitz,* System (Fn. 152); *Eberhard Schmidt-Aßmann,* Allgemeines Verwaltungsrecht in europäischer Perspektive, ZÖR, Bd. 55 (2000), S. 15. Ähnlich aus schweizerischer Perspektive *Giovanni Biaggini,* Theorie und Praxis des Verwaltungsrechts im Bundesstaat, 1996, S. 24 ff.
[407] Zu N. *Hans P. Nehl,* Principles of Administrative Procedure in EC Law, 1999, S. 13 ff.
[408] *Jürgen Schwarze,* Europäisches Verwaltungsrecht, 2 Bde., 1988.
[409] Vgl. etwa für die Organisation von Agenturen: Kommission der EG, Rahmenbedingungen für die europäischen Regulierungsagenturen KOM (2002) 718 endg.; VO (EG) 58/2003, ABl. EG Nr. L 11, S. 1. Dazu die allgemeinen Überlegungen bei *Edoardo Chiti,* Decentralisation and Integration into the Community: A New Perspective on European Agencies, European Law Journal 10 (2004), S. 402 (419 ff.); s. auch *Curtin,* Executive (Fn. 317), S. 144 ff.
[410] Für viele seien genannt: *Michelle Everson,* The Constitutionalisation of European Administrative Law: Legal Oversight of a Stateless Internal Market, in: Christian Joerges/Ellen Vos (Hrsg.), European Committees, 1999, S. 281; *Carol Harlow,* European Administrative Law, in: Peter Craig/Gráinne de Burca (Hrsg.), The Evolution of EU Law, 1999, S. 261.
[411] So die viel zitierte Feststellung von Albert Venn Dicey, dazu *Loughlin,* Public Law (Fn. 5); *Ruffert,* Methodik der Verwaltungsrechtswissenschaft (Fn. 63), S. 172 ff.

§ 3 Methoden

keine eigenen Traditionen bewältigen müssen. Für das deutsche Verwaltungsrecht begründet dies zunächst die Notwendigkeit, die eigenen systematischen Leistungen als **sprachlich und in der Sache übersetzbare Standards** in einen europäischen Dialog einzuspeisen, sie also zu vereinfachen, zu abstrahieren und sich auch bei den Publikationsformen umzustellen. Für die methodisch sehr offen geführten europäischen Diskussionen wird es zusätzlich darum gehen müssen, theoretische Beschreibungsrahmen zu entwickeln, auf deren Grundlagen Verallgemeinerungen diskutiert werden können und offenere Konzeptionen von Systematik zu entwickeln und international anzubieten.[412] Zugleich ist – ohne falsches Bedauern – der Tatsache ins Auge zu sehen, dass in Zukunft deutsches und europäisches Verwaltungsrecht als methodisch vielfach unterschiedlich operierende Rechtsgebiete funktionieren werden.[413]

II. Verwaltungswissenschaften

56   Die Verwaltungswissenschaften versuchen, die Gesamtheit des Verwaltungshandelns wissenschaftlich darzustellen. Historisch lassen sie sich einerseits auf Restbestände der alten deutschen Verwaltungslehre[414], andererseits auf die in den Vereinigten Staaten aus den frühen Organisationstheorien zum Management[415] entstandenen Administrative Sciences[416] zurückführen. Die Verwaltungswissenschaften – der Plural bringt es zum Ausdruck[417] – sind keine wissenschaftliche Disziplin im engeren Sinn[418], sondern eine interdisziplinäre Lehre von der Verwaltung, die die verschiedensten wissenschaftlichen Zugänge und Erkenntnisinteressen zum Gegenstand der öffentlichen Verwaltung miteinander kombiniert. Für das deutsche Verwaltungsrecht sind entsprechende Beiträge zumeist in der Form von **Verwaltungslehren** in Erscheinung getreten, die den Stand verschiedener wissenschaftlicher Disziplinen der Verwaltungsforschung lehrbuchhaft vorstellen.[419] Es ist allerdings nicht einfach, in diesen Beiträgen eine selbständige Methode auszumachen. Der Methodenpluralismus oder -synkretismus der Verwaltungswissenschaften hat in der Rechtswissenschaft Zweifel oder zumindest die Anmahnung zu mehr Methodenbewusstsein hervorgerufen.[420] Auch von so-

---

[412] → Rn. 37.

[413] So auch der Ansatz bei *Stefan Kadelbach,* Allgemeines Verwaltungsrecht unter europäischem Einfluß, 1999.

[414] *Michael Stolleis,* Die „Wiederbelebung der Verwaltungslehre" im Nationalsozialismus, in: ders., Recht im Unrecht, 1994, S. 171 (174 ff.); *ders.,* Verwaltungswissenschaft und Verwaltungslehre 1866–1944, DV, Bd. 15 (1982), S. 42 (69 ff.). Knapp *Schmidt,* Einführung (Fn. 169), S. 259 f.; *Pauly,* Wissenschaft vom Verwaltungsrecht (Fn. 1), Rn. 1 ff., dem zufolge die historischen Ursprünge bis auf die „Policeywissenschaft" im 17. Jahrhundert zurückgehen.

[415] *Chester Barnard,* The Function of the Executive, 1938.

[416] Grundlegend *Herbert A. Simon,* Administrative Behavior (1946), 4. Aufl. 1997.

[417] *Schmidt*, Einführung (Fn. 169), S. 259.

[418] Zur hier hilfreichen Unterscheidung von „disciplines" und „studies", die die gegenstandsbezogene Forschung und wissenschaftlichen Disziplinen auseinander hält: *Marjorie Garber,* Academic Instincts, 2001, S. 77 f.

[419] *Werner Thieme,* Einführung in die Verwaltungslehre, 1995; *ders.,* VerwaltungsL; *Püttner,* VerwaltungsL. Vgl. ferner *Bernd Becker,* Die öffentliche Verwaltung, 1989; *Norbert Wimmer,* Dynamische Verwaltungslehre, 2. Aufl. 2010.

[420] Zweifelnd: *Eberhard Schmidt-Aßmann*, Einige Überlegungen zum Thema: Die Wissenschaft vom Verwaltungsrecht, DV, Beiheft 2 (1999), S. 177 (179 f.). Kritisch: *Möllers*, Theorie (Fn. 12), S. 60 f. Posi-

zialwissenschaftlicher Seite blieben solche Nachfragen nicht aus.[421] Trotz berechtigter Kritik wird man sich auf die Nützlichkeit einer verwaltungswissenschaftlichen Zusammenführung von vorhandenem Wissen einigen können, jedenfalls soweit man zwei Einschränkungen beachtet: Ohne vereinheitlichenden theoretischen Unterbau werden Gesamtdarstellungen der Verwaltungswissenschaften immer nur einen kompilatorischen Charakter haben. Die zweite Einschränkung betrifft die Fähigkeit der Rechtswissenschaften zu nicht-juristischer Arbeit. Hier ist vor begrifflicher Juridifizierung und einer daraus folgenden Entschärfung von Wissensbeständen zu warnen, die jeden von anderen Disziplinen stammenden Erkenntnisgewinn sofort wieder in juristische Begriffschemata einzupassen versucht und dadurch verliert. Verwaltungswissenschaften sind als Form eines Dialogs zwischen den Disziplinen über Verwaltung zu verstehen, der zu keiner Synthese führen muss oder soll.

III. Lehrgestalt und Forschungsgestalt des Verwaltungsrechts

Einer alten Einsicht der Wissenssoziologie zufolge bestimmt die Lehrgestalt einer Disziplin auch die Forschung.[422] Für die Rechtswissenschaft in Deutschland ist dieser Einfluss deswegen besonders bestimmend, weil das Juristische **Staatsexamen** eine Art **struktureller Kopplung zwischen Rechtssystem, Wissenschaftssystem und Erziehungssystem** errichtet.[423] Es funktioniert damit auch als institutioneller Rückhalt der Dogmatik deutscher Prägung[424], als eine durch das Recht angeordnete Verknüpfung von Rechtswissenschaft und Rechtsanwendung, die wechselseitigen Einfluss erst ermöglicht. Die Rückwirkungen des staatlichen Lehramts auf die rechtswissenschaftliche Forschung sind im Verwaltungsrecht beträchtlich, aber nicht durchweg dem Fortschritt der Wissenschaft förderlich.[425] Dies beginnt mit den Publikationsformen, die sich in bemerkenswerter Weise dem Lehrbetrieb anpassen.[426] In der Paradedisziplin Allgemeines Verwaltungsrecht liegt im Moment eine einzige Darstellung mit genuin wissenschaftlichem und nicht pädagogischem Anspruch[427] vor – dies ist kaum ein würdiger Zustand. Auch auf die Forschungsinhalte hat der Ausbildungsbezug problematische Rückwirkungen. Man denke nur an die wissenschaftlich unergiebige Unterscheidung zwischen öffentlich- und privatrechtlichen Problemen, die durch das Prüfungssystem noch verstärkt wird.

Diese Probleme werden durch die eingesetzte Entstaatlichung[428] der juristischen Ausbildung zumindest im Ansatz relativiert. Mit dem fortschreitenden

---

tiv: *Schuppert*, Verwaltungswissenschaft, S. 44 ff.; *ders.*, Soziologie der öffentlichen Verwaltung, in: Horst Dreier (Hrsg.), Rechtssoziologie am Ende des 20. Jahrhunderts, 2000, S. 206 ff.

[421] *Niklas Luhmann*, Theorie der Verwaltungswissenschaften, 1965, S. 18 ff. Skeptisch auch *Klaus König*, Erkenntnisinteressen der Verwaltungswissenschaft, 1970, S. 13 f.

[422] *Karl Mannheim*, Die Gegenwartsaufgaben der Soziologie, 1932.

[423] Zum Begriff der strukturellen Kopplung: *Niklas Luhmann*, Die Gesellschaft der Gesellschaft, 1997, S. 100 ff.

[424] → Rn. 35.

[425] *Brohm*, Langzeitwirkungen (Fn. 276), S. 1081; *Möllers/Voßkuhle*, Staatsrechtswissenschaft (Fn. 159), S. 327, 332.

[426] → Bd. I *Stolleis* § 2 Rn. 125.

[427] *Schmidt-Aßmann*, Ordnungsidee.

[428] Vgl. Gesetz zur Reform der Juristenausbildung v. 11. 7. 2002, BGBl I, S. 2592.

§ 3 Methoden

Bedeutungsverlust des Staatsexamens werden sich Rechtsanwendung und Rechtswissenschaft in Deutschland weitergehend als bisher voneinander ausdifferenzieren. Dies dürfte einerseits die Möglichkeiten, über die Verwaltungsrechtsdogmatik hinaus gehende Fragestellungen in die Lehre zu integrieren, beträchtlich erhöhen. Dies dürfte andererseits aber auch zu einer allmählichen Bedeutungseinbuße von überlieferten Formen der Dogmatik führen. Für die Wissenschaft vom Verwaltungsrecht indiziert dies einen größeren Grad an wissenschaftlicher Autonomie und einen geringeren Grad an praktischer Relevanz.

IV. Verwaltungstheorie

58 Verschiedene Stränge der vorliegenden Darstellung wiesen auf die Notwendigkeit zu mehr verwaltungsrechtswissenschaftlicher Theoriebildung hin, also einer intensiveren begrifflichen Reflexion von Verwaltung und Verwaltungshandeln. Dieser Bedarf ergab sich etwa zur Entwicklung einer fundierten strukturellen Verwaltungsrechtsvergleichung, einer kohärenteren Entwicklung interdisziplinärer Begrifflichkeiten oder zur Vermittlung von Konzepten des Allgemeinen Verwaltungsrechts im europäischen Kontext. Mit dem bloßen Hinweis auf Theorie ist allerdings wenig getan. Anders als im Fall der Verfassungstheorie konnte sich eine Disziplin oder auch nur eine Fragestellung namens „Verwaltungstheorie" bisher nicht durchsetzen.[429] Dies mag semantische und methodische Ursachen haben. „Verwaltung" ist eben anders als Verfassung keine Norm, sondern eine normativ konstituierte Institution. Doch lässt sich Gleiches vom „Staat" sagen und trotzdem hat sich eine Staatstheorie etabliert. An dieser Stelle kann keine Theorie entwickelt, sondern nur Hinweise gegeben werden, in welche Richtung Elemente einer Verwaltungstheorie zu entwickeln wären: Als ein gemeinsamer theoretischer Nenner, der jedenfalls international eine bedeutende Rolle spielt, ist die **Demokratietheorie** zu nennen.[430] Sie dient sowohl der Bewertung bestimmter verwaltungsrechtlicher Arrangements als auch deren vergleichender Beschreibung. Ohne ein definiertes Konzept von Legitimation können Fragen von Verwaltungsverfahren und Verwaltungsorganisation schwerlich in einer rechtsvergleichend oder interdisziplinär verständlichen Weise aufbereitet werden. Der in Deutschland übliche Verweis auf das Verfassungsrecht wird auf Dauer nicht genügen. Andere Elemente der Theoriebildung können bei bestimmten rechtlich relevanten Faktoren des Verwaltungshandelns ansetzen und dabei den immer noch eher zaghaften Umgang der Verwaltungsrechtswissenschaft mit der Organisationstheorie erweitern. Zwei seien genannt: Auf wenig Interesse ist bisher die **zeitliche Struktur von Verwaltungsentscheidungen** getroffen.[431] Dabei handelt es sich aber um einen Zugang, zu dem einer-

---

[429] *Simon*, Administrative Behavior (Fn. 416), S. 29 ff. („Administrative Theory"). Der seltene Ausdruck „Verwaltungstheorie" findet sich bei *Jestaedt*, Selbstverwaltung (Fn. 303), S. 300; *Voßkuhle*, Kompensationsprinzip (Fn. 292), S. 53. Vgl. auch *Heiko Faber*, Vorbemerkungen zu einer Theorie des Verwaltungsrechts in der nachindustriellen Gesellschaft, in: FS Helmut Ridder, 1989, S. 291 ff.; *ders.*, VerwR, S. 167 ff.

[430] Beispiele oben bei Fn. 101.

[431] Vgl. dazu aber: *Paul Kirchhof*, Verwalten und Zeit – Über gegenwartsbezogenes, rechtzeitiges und zeitgerechtes Verwalten (1975), in: ders., Stetige Verfassung und politische Erneuerung, 1995, S. 73 (75 ff.); *Gerhart Husserl*, Recht und Zeit, 1955, S. 54 ff.

seits theoretische Überlegungen vorliegen[432], und der andererseits dabei helfen mag, viele auch praktische Probleme der Verrechtlichung des Verwaltungshandelns systematisch abzuarbeiten. Ähnliches gilt für die **Entscheidungstheorie,** die viele Impulse gerade aus Anlass der Untersuchung des Verwaltungshandelns erfahren hat.[433] Die Herausforderung der Entscheidungstheorie für die Verwaltungsrechtswissenschaften dürfte namentlich in einer Kritik an der notwendigen Regelfixiertheit juristischen Denkens bestehen.[434] Eine theoretische Reflexion des Entscheidungsbegriffs durch die Verwaltungsrechtswissenschaft mag auch dabei helfen, eine Diskussion zu führen, die das Verfassungsrecht der Verwaltungsrechtswissenschaft voraus hat: einer Bestimmung von **Grenzen des Verwaltungsrechts.**[435]

Ausgewählte Literatur

Bachof, Otto, Die Dogmatik des Verwaltungsrechts vor den Gegenwartsaufgaben der Verwaltung, VVDStRL, Bd. 30 (1971), S. 193–244.
Brohm, Winfried, Die Dogmatik des Verwaltungsrechts vor den Gegenwartsaufgaben der Verwaltung, VVDStRL, Bd. 30 (1971), S. 245–312.
Bumke, Christian, Die Entwicklung der verwaltungsrechtswissenschaftlichen Methodik in der Bundesrepublik Deutschland, in: Schmidt-Aßmann/Hoffmann-Riem (Hrsg.), Methoden, S. 73–130.
Dreier, Horst, Merkls Verwaltungsrechtslehre und die heutige deutsche Dogmatik des Verwaltungsrechts, in: Robert Walter (Hrsg.), Adolf J. Merkl, Werk und Wirksamkeit, Wien 1990, S. 55–88.
Hoffmann-Riem, Wolfgang, Methoden einer anwendungsorientierten Verwaltungsrechtswissenschaft, in: Schmidt-Aßmann/Hoffmann-Riem (Hrsg.), Methoden, S. 9–72.
Jesch, Dietrich, Gesetz und Verwaltung, Tübingen 1961.
Kaufmann, Erich, Verwaltung, Verwaltungsrecht, in: Max Fleischmann (Hrsg.), Wörterbuch des Deutschen Staats- und Verwaltungsrechts, Bd. 3, Leipzig 1914, S. 688–718.
Koch, Hans-Joachim/Rüßmann, Helmut, Juristische Begründungslehre, 1. Aufl., München 1982.
Krebs, Walter, Die juristische Methode im Verwaltungsrecht, in: Schmidt-Aßmann/Hoffmann-Riem (Hrsg.), Methoden, S. 209–221.
Ladeur, Karl-Heinz, Die rechtswissenschaftliche Methodendiskussion und die Bewältigung des gesellschaftlichen Wandels, RabelsZ, Bd. 64 (2000), S. 60–103.
Lepsius, Oliver, Verwaltungsrecht unter dem Common Law, Tübingen 1997.
– Steuerungsdiskussion, Systemtheorie und Parlamentarismuskritik, Tübingen 1999.
Luhmann, Niklas, Theorie der Verwaltungswissenschaft, Köln 1966.
– Folgen und Funktionen formaler Organisation, 4. Aufl., Berlin 1995.
Merkl, Adolf, Allgemeines Verwaltungsrecht, Wien 1927.
Morlok, Martin, Vom Reiz und vom Nutzen, von den Schwierigkeiten und den Gefahren der Ökonomischen Theorie für das Öffentliche Recht, in: Christoph Engel/Martin Morlok (Hrsg.), Öffentliches Recht als Gegenstand ökonomischer Forschung, Tübingen 1998, S. 1–29.
Möllers, Christoph, Theorie, Praxis und Interdisziplinarität in der Verwaltungsrechtswissenschaft, VerwArch, Bd. 93 (2001), S. 22–61.
–/*Voßkuhle, Andreas,* Die deutsche Staatsrechtswissenschaft im Zusammenhang der internationalisierten Wissenschaften, DV, Bd. 36 (2003), S. 321–332.

---

[432] *Stephan Kirste,* Die Zeitlichkeit des positiven Rechts und die Geschichtlichkeit des Rechtsbewußtseins, 1998, S. 357 ff.; *François Ost,* Le Temps du Droit, 1990, S. 94 ff., 148 ff.

[433] *Simon,* Administrative Behavior (Fn. 416), S. 1 ff.; *Niklas Luhmann,* Die Paradoxie des Entscheidens, VerwArch, Bd. 84 (1993), S. 287.

[434] → Rn. 6.

[435] Grundsätzlich zu solchen Grenzen: *Oliver Lepsius,* Diskussionsbeitrag, VVDStRL, Bd. 63 (2004), S. 337 (339 f.), in der Tendenz ähnlich bei gänzlich divergierendem Ansatz und Fragestellung: *Hans-Heinrich Trute,* Herstellung und Darstellung von Verwaltungsentscheidungen, in: Schmidt-Aßmann/Hoffmann-Riem (Hrsg.), Methoden, S. 293 (299).

§ 3 Methoden

Müller, Friedrich/Christensen, Ralph, Juristische Methodik, Bd. I, Grundlagen. Öffentliches Recht, 9. Aufl., Berlin 2004; Bd. II, Europarecht, Berlin 2003.
Offe, Claus, Rationalitätskriterien und Funktionsprobleme politisch-administrativen Handelns, Leviathan 1974, S. 333–345.
Pauly, Walter, Wissenschaft vom Verwaltungsrecht: Deutschland, in: IPE IV, § 60.
Röhl, Hans C., Verwaltungsverantwortung als dogmatischer Begriff?, in: DV, Beiheft 2, 1999, S. 33–55.
Röhl, Klaus F./Röhl, Hans C., Allgemeine Rechtslehre, 3. Aufl., Köln u. a. 2008.
Schmidt, Walter, Einführung in die Probleme des Verwaltungsrechts, München 1982.
Schmidt-Aßmann, Eberhard, Der Beitrag der Verwaltungsgerichte zur verwaltungsrechtlichen Systembildung, VBlBW 1988, S. 381–387.
– Zur Situation der rechtswissenschaftlichen Forschung, JZ 1995, S. 2–10.
Schulze-Fielitz, Helmuth, Verwaltungsrechtsdogmatik als Prozeß der Ungleichzeitigkeit, DV, Bd. 27 (1994), S. 277–300.
Simon, Herbert, Administrative Behavior, 4. Aufl., New York 1997.
Voßkuhle, Andreas, Methode und Pragmatik im öffentlichen Recht, in: Hartmut Bauer u. a. (Hrsg.), Umwelt – Wirtschaft – Recht, 2002, S. 172–195.
Wahl, Rainer, Zur Lage der Verwaltung Ende des 20. Jahrhunderts, in: Jeserich/Pohl/v. Unruh (Hrsg.), Verwaltungsgeschichte V, S. 1197–1217.

§ 4 Modalitäten und Wirkungsfaktoren der Steuerung durch Recht

Claudio Franzius

Übersicht

	Rn.		Rn.
A. Formen des (Verwaltungs-)Rechts	1	C. Folgenorientierung	67
I. Formangebote	2	I. Bezugspunkt wirksamer Steuerung durch Recht: Folgendimensionen	67
1. Handlungs- und Kontrollnormen	2	1. Entscheidungsergebnis (Output)	70
2. Regeln und Prinzipien	7	2. Wirkungen für den Adressaten (Impact)	72
3. Konditional- und Zweckprogramme	13	3. Auswirkungen in dem erfassten gesellschaftlichen Bereich unter Einschluss von Präzedenzwirkungen (Outcome)	75
4. Gestaltungsermächtigungen	18		
5. Leitbilder, Typen und Kodizes	23		
6. Bereitstellung von Optionen	31		
II. Steuerungsleistung der unterschiedlichen Formangebote	37	II. Vielfalt der Bedingungsfaktoren und Interdependenzen	78
B. Gegenstände rechtlicher Programmierung	42	III. „Maßgeschneiderte" Optionenwahl	81
I. Materielle Programmsteuerung	42	IV. Nachsteuerung	88
II. Verfahrens- und Organisationssteuerung	50	1. Beobachtung – Evaluation	88
		2. Revision	93
III. Steuerung durch Haushaltsrecht	64	V. Lernen	97
		D. Gesetzgebungswissenschaft als Teil der Verwaltungsrechtswissenschaft	103a

Ausgewählte Literatur

A. Formen des (Verwaltungs-)Rechts

1   Zu den Kernaussagen der Neuen Verwaltungsrechtswissenschaft gehört die Forderung, das Verwaltungsrecht *auch* an der **Steuerungsperspektive** auszurichten.[1] Ungeachtet der Frage, inwieweit es sinnvoll ist, dies vor dem Hintergrund und in Abgrenzung zur so genannten „juristischen Methode"[2] zu tun, bleibt nicht nur die Verklammerung zum **dogmatischen Verständnis der Rechtswissenschaft** unsicher.[3] Die geforderte Einbeziehung und Aufarbeitung „nachbarwissenschaftlicher" Erkenntnisse, aber noch mehr die fortschreitende Europäisierung und Internationalisierung der Verwaltungsrechtswissenschaft[4] werfen Fragen nach dem **Verhältnis zur Governance-Perspektive**[5] auf, die sich nicht lediglich als Fortentwicklung steuerungstheoretischer Ansätze begreifen lässt.[6] Umso wichtiger ist die Herausarbeitung dessen, was die Erweiterung (gegenüber praxiserprobter Dogmatik) und Begrenzung (gegenüber Konzepten der Sozialwissenschaften) einer „Steuerung *durch* Recht" ausmachen soll.[7]

---

[1] → Bd. I *Voßkuhle* § 1 Rn. 17 ff., *Hoffmann-Riem* § 10 Rn. 13.

[2] Diese hat sich in der Verwaltungsrechtswissenschaft nicht geradlinig entwickelt → Bd. I *Stolleis* § 2 Rn. 47 ff. Zur Methodenvielfalt als Charakteristikum der gegenwärtigen deutschen Verwaltungsrechtswissenschaft *Walter Pauly*, Wissenschaft vom Verwaltungsrecht: Deutschland, in: IPE IV, § 60 Rn. 27 („**Methodenreflexion ohne Vorbild**").

[3] Im Sinne einer Bestandsaufnahme die Freiburger Staatsrechtslehrertagung zum Thema „Das Verwaltungsrecht zwischen klassischem dogmatischen Verständnis und steuerungswissenschaftlichem Anspruch" mit den Referaten von *Ivo Appel*, VVDStRL, Bd. 67 (2008), S. 226 (253 ff., 276 f.) im Sinne einer Verbindung und *Martin Eifert*, ebd., S. 286 (308, 314 ff.) im Sinne einer Integration. Es scheint danach schwer zu fallen, sich für eine naheliegende, zumindest aber pragmatische Pluralität der Zugänge auszusprechen.

[4] Als „**zweite Phase des öffentlichen Rechts unter dem Grundgesetz**" bezeichnet von *Rainer Wahl*, Die zweite Phase des öffentlichen Rechts in Deutschland, Die Europäisierung des öffentlichen Rechts, Der Staat, Bd. 38 (1999), S. 495 ff. Überblick, aber ohne Verbindung zum Steuerungsansatz: *Matthias Ruffert*, Europäisiertes Allgemeines Verwaltungsrecht im Verwaltungsverbund, DV, Bd. 41 (2008), S. 543 ff.; getrennte Darstellung auch bei *Wolfgang Kahl*, Über einige Pfade und Tendenzen in Verwaltungsrecht und Verwaltungsrechtswissenschaft, DV, Bd. 42 (2009), S. 463 (466 ff., 489 ff.); s. aber *Armin v. Bogdandy*, Verwaltungsrecht im europäischen Rechtsraum, in: IPE IV, § 57 Rn. 64 f. Längst hat die Europäisierung auch das souveränitätssensible Organisationsrecht erreicht, vgl. *EuGH*, Rs. C-518/07, NJW 2010, S. 1265 (Rn. 41 f.).

[5] Überblick: *Gunnar Folke Schuppert*, Verwaltungsrecht und Verwaltungsrechtswissenschaft im Wandel, Von Planung über Steuerung zu Governance?, AöR, Bd. 133 (2008), S. 79 ff.

[6] Vgl. *Renate Mayntz*, Governance als fortentwickelte Steuerungstheorie?, in: Gunnar Folke Schuppert (Hrsg.), Governance-Forschung, 2. Aufl. 2006, S. 11 ff.; *Claudio Franzius*, Governance und Regelungsstrukturen, VerwArch, Bd. 97 (2006), S. 186 ff.; *Michael Haus*, Governance-Theorien und Governance-Probleme: Diesseits und jenseits des Steuerungsparadigmas, PVS, Bd. 51 (2010), S. 457 ff. Zu Beschreibungsgewinnen der Governance-Perspektive *Hans-Heinrich Trute*, Die konstitutive Rolle der Rechtsanwendung, in: ders./Groß/Röhl/Möllers (Hrsg.), Allgemeines Verwaltungsrecht, S. 211 (222 ff.). Ein normatives Verständnis des Verwaltungsrechts kann an *diese* Beschreibungen (vielleicht besser) anknüpfen.

[7] Dazu auch *Claudio Franzius*, Funktionen des Verwaltungsrechts im Steuerungsparadigma der Neuen Verwaltungsrechtswissenschaft, DV, Bd. 39 (2006), S. 335 (340 ff.). Zum „Ausgangspunkt" eines *nicht-instrumentellen* Verständnisses von Steuerung *Arno Scherzberg*, Das Allgemeine Verwaltungsrecht zwischen Praxis und Reflexion, in: Trute/Groß/Röhl/Möllers (Hrsg.), Allgemeines Verwaltungsrecht, S. 837 (865 f.). Dann fragt sich aber, warum nicht auf Mechanismen der Verknüpfung von Akteuren in sich herausbildenden **Governance-Konstellationen** umgeschwenkt wird, um die normativen Anforderungen „an den Stellen" wirksam werden zu lassen, wo sie not tun. Für ein Beispiel *rechtswissenschaftlicher* Reformulierung: *Armin v. Bogdandy/Philipp Dann/Matthias Goldmann*,

A. Formen des (Verwaltungs-)Rechts

Im Vordergrund dieser **Perspektivenerweiterungen**, die erkennbar um einen staatswissenschaftlich inspirierten Anschluss an Gesetzgebungsfunktionen und letztlich die Politik[8] bemüht sind, steht die Abkehr von der als zu einseitig empfundenen Fixierung auf die Gerichtsschutzperspektive. Darin ist ein zentrales *Movens* der Debatte zu erkennen, wodurch Rechtsprechungsanalysen mit der Aufbereitung des hier auffindbaren Fallmaterials für die verwaltungsrechtswissenschaftliche Forschung weder entbehrlich gemacht werden können noch sollen.[9] Aber das Verwaltungsrecht hat nicht nur eine Rechtsschutzfunktion, sondern auch eine handlungsanleitende **Bewirkungsfunktion**.[10] Deren steuerungswissenschaftliche Schärfung für die ihren Eigenwert behaltende Dogmatik bestimmt die *perspektivische* Ausrichtung.[11] Recht, so die Grundüberzeugung der mitunter erstaunlich differenzierungslos „die Verwaltung" in den Blick nehmenden Steuerungsperspektive, enthält nicht nur Kontrollmaßstäbe *für* die Gerichte, sondern auch einen Verhaltensauftrag *an* die Verwaltung.[12] Das wird zum Anlass genommen, die bislang im Vordergrund stehende rechtsaktbezogene Perspektive[13] um eine **wirkungs- und folgenbezogene** Perspektive unter Einbeziehung „außerrechtlicher" Maßstäbe[14] zu *erweitern*.[15]

Völkerrecht als öffentliches Recht: Konturen eines rechtlichen Rahmens für Global Governance, Der Staat, Bd. 49 (2010), S. 23 ff.

[8] Ein ungeklärtes Verhältnis zur Politik bemängelt *Wahl*, Herausforderungen S. 91 f. Zu den ganz unterschiedlichen Formen der Politisierung der Verwaltung *Christoph Möllers*, Verwaltungsrecht und Politik, in: IPE V, § 92 Rn. 18 ff.

[9] Wie hier *Andreas Voßkuhle*, Wie betreibt man offen(e) Rechtswissenschaft?, in: Hoffmann-Riem, Offene Rechtswissenschaft, S. 153 (172); *Eberhard Schmidt-Aßmann*, Die Integration von Reformanliegen in die Systematik des Verwaltungsrechts, in: ebd., S. 1011 (1013).

[10] Zu weiteren Funktionen *Franzius*, Funktionen (Fn. 7), S. 347 ff.

[11] Dem **europäischen Verwaltungsrecht** scheint der umgekehrte Weg empfehlenswert. Gerade der Unionsgesetzgeber stärkt den Rechtsschutz in den mitgliedstaatlichen Prozessordnungen, was den nationalen Gesetzgeber vor Umsetzungsprobleme stellt. Exemplarisch die Auseinandersetzung um die Unionsrechtskonformität des § 2 UmwRG → Bd. III *Schoch* § 50 Rn. 181 und die Schlussanträge von GA in *Eleanor Sharpston* v. 16. 12. 2010 in der Rs. C-115/09, ZUR 2011, S. 79 ff.

[12] Zur Kontrolle als Unterfall von Steuerung → Bd. III *Kahl* § 47 Rn. 11.

[13] Das gilt *nicht* für das Besondere Verwaltungsrecht wie im Umweltrecht, wo der Steuerungsansatz kaum in Frage gestellt wird. Hier findet sich auch schon lange die Ergänzung der binären Logik von rechtmäßig und rechtswidrig um die zusätzliche Unterscheidung von erwünschtem oder unerwünschtem Verhalten, vgl. *Claudio Franzius*, Die Herausbildung der Instrumente indirekter Verhaltenssteuerung im Umweltrecht der Bundesrepublik Deutschland, 2000, S. 70 ff., 105 ff.

[14] In der Maßstabsfrage kann die **Achillesferse des Steuerungsansatzes** gesehen werden, der mit Blick auf die Verwaltungspraxis jeden Versuch, allzu scharfe Grenzen zwischen (normativer) Verwaltungsrechtswissenschaft und (empirischer) Verwaltungswissenschaft zu ziehen, erfolgreich zu unterlaufen scheint, vgl. mit unterschiedlicher Akzentuierung *Schmidt-Aßmann*, Ordnungsidee, Kap. 2 Rn. 22 ff., Kap. 6 Rn. 85 ff.; *Michael Fehling*, Das Verhältnis von Recht und außerrechtlichen Maßstäben, in: Trute/Groß/Röhl/Möllers (Hrsg.), Allgemeines Verwaltungsrecht, S. 461 ff.; *Friedrich Schoch*, Außerrechtliche Standards des Verwaltungshandelns als gerichtliche Kontrollmaßstäbe, in: ebd., S. 543 (545 ff.); *Matthias Jestaedt*, Maßstäbe des Verwaltungshandelns, in: Erichsen/Ehlers (Hrsg.), VerwR, § 11 Rn. 1 ff. Einigkeit besteht darin, dass auch dort, wo der Ausfüllung von Zweckmäßigkeitserwägungen rechtliche Relevanz zugesprochen wird, die Lösung nicht stets in einer Verrechtlichung dieser Maßstäbe liegt. Spielräume können auch *normativ gewollte* Freiräume sein.

[15] Zust. *Kahl*, Pfade (Fn. 4), S. 491 f.; zu den Gründen *Christian Bumke*, Relative Rechtswidrigkeit, 2004, S. 255 ff.; krit. *Pauly*, Wissenschaft (Fn. 2), Rn. 20 f.; zu einfach *Stephan Meyer*, Erfordert der Zweck im Recht wirklich eine „Neue Verwaltungsrechtswissenschaft"?, VerwArch, Bd. 101 (2010), S. 351 (365) mit der Behauptung, der Dogmatik sei eine Verhaltensperspektive immanent.

Diese **Neuausrichtung**[16] hat Konsequenzen für das Verständnis der Formangebote (I.) mit der Einschätzung ihrer Steuerungsleistungen (II.), lässt die unterschiedlichen Gegenstände rechtlicher Programmierung hervortreten (B.) und rückt die Folgenorientierung in den Blick einer **Steuerung durch Recht** (C.). Der hierdurch beförderte und nachdrücklich geforderte[17] Umbau von einer bloßen Rechtsanwendungs- und Interpretationswissenschaft zu einer jedenfalls *auch* rechtsetzungsorientierten **Entscheidungswissenschaft** erlaubt es der Verwaltungsrechtswissenschaft, die um ihren disziplinären Status kämpfende Gesetzgebungswissenschaft als ihren Teil zu verstehen (D.).

I. Formangebote

1. Handlungs- und Kontrollnormen

2   Die soeben erwähnte Unterscheidung zwischen (handlungsanleitendem) Verhaltensauftrag und (gerichtlichem) Kontrollmaßstab kehrt in der Frage nach der Qualifizierung einer Norm als Handlungs- oder Kontrollnorm[18] wieder. Diese namentlich aus der funktionell-rechtlichen Verfassungsinterpretation[19] bekannte, aber darauf nicht beschränkte[20] und für das Verständnis des „steuerungsorientierten" Verwaltungsrechts zentrale Unterscheidung[21] ermöglicht die Thematisierung auch solcher Formen, die in Reaktion auf die vielerorts apostrophierte „Krise des regulativen Rechts"[22] entwickelt worden sind.[23] Das erweitert den Formenhaushalt des Rechts erheblich.[24] In der Handlungsperspektive formuliert

---

[16] Vielfach scheint übersehen zu werden, dass der Steuerungsansatz nur *einen*, wenn auch wichtigen Teil der Neuen Verwaltungsrechtswissenschaft ausmacht, erläuternd *Voßkuhle*, Offene Rechtswissenschaft (Fn. 9), S. 160 (Fn. 31). Damit wird (bewusst) eine Unschärfe zum *herkömmlichen* juristischen **Systemdenken** in Kauf genommen, krit. *Hubert Treiber*, Verwaltungsrechtswissenschaft als Steuerungswissenschaft – eine Revolution auf dem Papier?, KJ 2007, S. 328 (340 f.); zuvor bereits *Christoph Möllers*, Theorie, Praxis und Interdisziplinarität in der Verwaltungsrechtswissenschaft, VerwArch, Bd. 93 (2002), S. 22 (44 f.).

[17] → Bd. I *Voßkuhle* § 1 Rn. 15.

[18] Zur Unterscheidung von Handlungs- und Kontrollperspektive *Walter Schmidt*, Einführung in die Probleme des Verwaltungsrechts, 1982, Rn. 97; → Bd. I *Hoffmann-Riem* § 10 Rn. 13.

[19] Vgl. *Klaus Schlaich/Stefan Korioth*, Das Bundesverfassungsgericht, 8. Aufl. 2010, Rn. 515 ff.; krit. *Werner Heun*, in: Dreier (Hrsg.), GG, Art. 3 Rn. 49 jeweils m. w. N.

[20] Wegweisend das **Planungsrecht**, vgl. *Helmuth Schulze-Fielitz*, Sozialplanung im Städtebaurecht, 1979, S. 300, 303 f., 325. Dass bau- und umweltplanungsrechtliche Normen (auch) als Handlungsnormen konzipiert sind, wird nicht in Frage gestellt, statt vieler *Hoppe/Bönker/Grotefels*, BauR, § 5 Rn. 82, 94. Aber schon die Integration des Planungsrechts in das Allgemeine Verwaltungsrecht blieb weitgehend aus. Umso schwerer fällt es, Einsichten der planungsrechtlichen Dogmatik auf neue Rechtsgebiete wie das Regulierungsrecht zu übertragen, was sich etwa an der unsicheren Einordnung des Regulierungsermessens zeigt, dazu *BVerwGE* 131, 41 (62 ff.); krit. *Jens Kersten*, Herstellung von Wettbewerb als Verwaltungsaufgabe, in: VVDStRL, Bd. 69 (2010), S. 288 (326 f.); → Rn. 20 a.

[21] Erläuternd *Voßkuhle*, Offen(e) Rechtswissenschaft (Fn. 9), S. 162.

[22] → Bd. I *Voßkuhle* § 1 Rn. 10, vorsichtiger *Reimer* § 9 Rn. 84 ff.

[23] Statt vieler *Michael Kloepfer*, Zu den neuen umweltrechtlichen Handlungsformen des Staates, JZ 1991, S. 737 ff.; zum Versuch einer Ordnung *Franzius*, Herausbildung (Fn. 13), S. 120 ff.

[24] Die Form als „geschworene Feindin der Willkür" (v. Ihering) dient als Speicher für die Lösung konkreter Rechtsfragen, vgl. *Eberhard Schmidt-Aßmann*, Die Lehre von den Rechtsformen des Verwaltungshandelns, DVBl 1989, S. 533 ff. Zur Formenlehre *Markus Möstl*, Normative Handlungsformen, in: Erichsen/Ehlers (Hrsg.), VerwR, § 19. Zur begrenzten Leistungsfähigkeit der Rechtsformenlehre als Ordnungsrahmen für das Verwaltungsrecht bereits *Hartmut Bauer*, Verwaltungsrechtslehre im Umbruch, DV, Bd. 25 (1992), S. 301 (311 ff.); → Bd. II *Hoffmann-Riem* § 33 Rn. 1 ff.

A. Formen des (Verwaltungs-)Rechts

das Recht zunächst Verhaltenserwartungen und Formangebote, die noch **keine dogmatische Verengung** auf Rechtsformen erfahren haben. Handlungsnormen steuern Verhalten. Sie können durch die Zuordnung zu bestimmten Handlungs- oder Rechtsformen[25] eine normative Verdichtung erfahren, die es dann erlaubt, sie als Kontrollnormen, etwa für den Rechtsschutz durch die Gerichte, in der jeweils gebotenen Intensität einzusetzen.[26]

Die Verwaltungsrechtswissenschaft betrachtete Normen demgegenüber lange Zeit mehr oder weniger **allein** aus der Kontrollperspektive und vermochte das breite Spektrum administrativer Handlungsformen der ihrerseits nicht bis in die letzten Winkel gesetzlich programmierten Verwaltung[27] kaum noch angemessen darzustellen.[28] Eine Reihe von Problemen entstand letztlich erst dadurch, dass Normen als gerichtliche Kontrollnormen verstanden wurden, die im Wege eines vermeintlich logischen Subsumtionsschlusses die **strikte Rechtsbindung der Verwaltung** herstellen sollten.[29] Das hat zur dogmatischen Unterbelichtung der administrativen Handlungsspielräume geführt, die nur als Abweichung von einem anzustrebenden Normalfall betrachtet werden konnten.[30] So musste das einst als „trojanisches Pferd" bezeichnete[31] Ermessen, das sich nicht anders als heute das informelle Verwaltungshandeln[32] und die **indirekte Steuerung mit Anreizen**[33] dem Kontrollzugriff zu entziehen droht, als Niedergang des Rechts-

---

[25] Zur Unterscheidung *Schuppert,* Verwaltungswissenschaft, S. 141 ff.; für die Erweiterung um eine neue Kategorie der **Bewirkungsformen** → Bd. II *Hoffmann-Riem* § 33 Rn. 16 ff., insbes. 29; konkret → Bd. II *Fehling* § 38 Rn. 67 ff., *Hermes* § 39 Rn. 79 ff., 105 ff., *Michael* § 41 Rn. 77 ff.

[26] Beispiel: **Technische Regelwerke** sind außerrechtlicher Natur, auf die gesetzlich unmittelbar (z. B. §§ 3 Abs. 5 BImSchG, 3 Abs. 12 KrW-/AbfG, 57 Abs. 2 WHG) oder mittelbar (z. B. Nr. 5.1.1 TA Luft mit dem Verweis auf DIN-, VDI- und VDE-Normen) Bezug genommen wird. Die gerichtliche Kontrolle der Einhaltung technischer Normen hängt (auch) davon ab, *wer* zum Erlass dieser Normen ermächtigt ist. Ist es (wie im Falle des § 48a BImSchG) die Bundesregierung, so geht die exekutive Norm auf das Handeln eines demokratisch legitimierten Organs zurück, wodurch die Regelbindung der Gerichte an **normkonkretisierende Verwaltungsvorschriften** besser als mit dem funktionalen Argument exekutiver Überlegenheit – so *BVerwGE* 110, 216 (219) – begründet wird.

[27] Zur Vermessung der exekutiven Selbstprogrammierung zwischen Vorprogrammierung (Art. 20 Abs. 3 GG) und Nachkontrolle (Art. 19 Abs. 4 GG) → Bd. II *Hill* § 34 Rn. 1 ff.

[28] Vgl. *Helmuth Schulze-Fielitz,* Zeitoffene Gesetzgebung, in: Hoffmann-Riem/Schmidt-Aßmann (Hrsg.), Innovation, S. 139 (182); *Bauer,* Verwaltungsrechtslehre (Fn. 24), S. 311 ff.; *Kilian Bizer/Martin Führ,* Responsive Regulierung – Anforderungen an die interdisziplinäre Gesetzesfolgenforschung, in: dies./Christoph Hüttig (Hrsg.), Responsive Regulierung, 2002, S. 1 (6 f.); zum steuerungswissenschaftlichen Verständnis der Formen → Bd. II *Hoffmann-Riem* § 33 Rn. 9 ff.

[29] In umgekehrter Stoßrichtung *Christoph Möllers,* Braucht das öffentliche Recht einen neuen Methoden- und Richtungsstreit?, VerwArch, Bd. 90 (1999), S. 187 ff. (193).

[30] Krit. unter Bezugnahme auf *Albert Hänel,* Das Gesetz im formellen und materiellen Sinne, 1888 (Neudruck 1968), S. 186 f. *Eberhard Schmidt-Aßmann,* Zur Gesetzesbindung der verhandelnden Verwaltung, in: FS Winfried Brohm, 2002, S. 547 ff. (548).

[31] *Hans Huber,* Niedergang des Rechts und Krise des Rechtsstaates, in: FS Zaccaria Giacometti, 1953, S. 59 ff. (66); instruktiv auch *Ulla Held-Daab,* Das freie Ermessen, 1996.

[32] Vgl. im Anschluss an *Eberhard Bohne,* Der informale Rechtsstaat, 1981 *Wolfgang Hoffmann-Riem,* Selbstbindungen der Verwaltung, VVDStRL, Bd. 40 (1982), S. 187 (191 ff.); dazu *Schmidt-Aßmann,* Integration von Reformanliegen (Fn. 9), S. 1012 ff.; zur Diskussion → Bd. II *Fehling* § 38 Rn. 43 ff.

[33] Insbesondere das Umweltrecht hat den Gedanken der Anreizsteuerung verwirklicht: *Franzius,* Herausbildung (Fn. 13), S. 103 ff.; *Wolfgang Köck,* Indirekte Steuerung im Umweltrecht: Abgabenerhebung, Umweltschutzbeauftragte und „Öko-Auditing", DVBl 1994, S. 27 ff.; *Udo Di Fabio,* Die Verfassungskontrolle indirekter Umweltpolitik am Beispiel der Verpackungsverordnung, NVwZ 1995, S. 1 ff.; näher → Bd. II *Sacksofsky* § 40 Rn. 52 ff.

staates erscheinen.³⁴ Diese Unruhe dokumentiert sich auch in den Unsicherheiten einer handlungsorientierten Maßstabslehre.³⁵

3   Aber schon die instrumentelle Sicht auf das Recht, mit dessen Hilfe ein für rechtlich relevant erklärter Teil der Wirklichkeit herausgegriffen und in das Arsenal verfügbarer Handlungsformen **einsortiert** wird, erweist sich als zu eng. Die hierdurch erzielten Entlastungswirkungen für die Rechtspraxis werden durch beträchtliche Steuerungsunschärfen erkauft. Weil eben nur ein **vertypter Teil** der relevanten Steuerungsfaktoren eingefangen wird, sagt der Einsatz einer bestimmten Handlungsform noch nichts über den erreichbaren Steuerungseffekt aus.³⁶ Die Einsicht in die Notwendigkeit eines stärker auf wechselseitige Ergänzungen und **Vernetzungen** abstellenden Steuerungsdenkens unter Einbeziehung der organisatorischen und verfahrensmäßigen Arrangements³⁷ hat denn auch eine Distanz zur Lehre von den Handlungsformen hervorgerufen, deren Weiterentwicklung sich kaum auf punktuelle Anbauten beschränken dürfte.³⁸

4   Allerdings ist die Unterscheidung zwischen Handlungs- und Kontrollnormen nicht ohne Gefahren, wollte man überkommene Differenzen damit ersetzen. Bezweifelt wird schon, ob den kontrollüberschießenden „Aspekten" überhaupt ein *rechtlicher* Gehalt zukommt.³⁹ Ungeklärt sind auch die Folgen, etwa im Hinblick

---

³⁴ Differenzierend *Horst Dreier*, Informales Verwaltungshandeln, StWStP, Bd. 3 (1993), S. 647 ff.; → Bd. II *Fehling* § 38 Rn. 67 ff.; zur Steuerung durch Anreize → Bd. II *Sacksofsky* § 40 Rn. 1 ff.

³⁵ Dazu *Schmidt-Aßmann*, Ordnungsidee, 6. Kap. Rn. 85 ff.; → Bd. II *Pitschas* § 42 Rn. 1 ff.

³⁶ *Wolfgang Hoffmann-Riem*, Tendenzen der Verwaltungsrechtsentwicklung, DÖV 1997, S. 433 ff. (439). Ein grundlegendes **Problem von Handlungsnormen** wird darin gesehen, das es für ihre Konkretisierung und Fortentwicklung an einem institutionellen Rahmen fehlt, der mit dem über Instanzenzüge und Publikationsorgane gut strukturierten Dialog mit den Gerichten vergleichbar wäre: *Eifert*, Verwaltungsrecht (Fn. 3), S. 305 unter Hinweis auf *Möllers*, Theorie (Fn. 16), S. 57.

³⁷ Zur **Einbeziehung privater Akteure** *in* die staatlichen Steuerungszusammenhänge *Andreas Voßkuhle*, Beteiligung Privater an der Wahrnehmung öffentlicher Aufgaben und staatliche Verantwortung, VVDStRL, Bd. 62 (2003), S. 266 (299 ff.). Dennoch überrascht, dass von nichtstaatlichen Akteuren als „Steuerungsobjekten" nur mittelbar die Rede ist, vgl. *Appel*, Verwaltungsrecht (Fn. 3), S. 246 f. Darin unterscheidet sich der Ansatz von seinen „verhaltenssteuernden" Ursprüngen im Umweltrecht, aber auch gegenüber der Einbeziehung neuer Governance-Formen unterschiedlicher Akteurskonstellationen.

³⁸ So auch *Christian Bumke*, Die Entwicklung der verwaltungsrechtswissenschaftlichen Methodik in der Bundesrepublik Deutschland, in: Schmidt-Aßmann/Hoffmann-Riem (Hrsg.), Methoden, S. 103 ff.

³⁹ Insoweit droht zu schnell auf die **Politik** verwiesen zu werden, was eigene Beiträge der Verwaltungsrechtswissenschaft zur Rechtsgestaltung ins Abseits stellt. Bei aller Sympathie für Distanz wahrende Grenzen kennt der **rechtswissenschaftliche** Zugriff keine Zuständigkeitsgrenzen entlang der „simplifizierenden Alternative" Recht oder Nicht-Recht, vgl. aus der Frühzeit der Steuerungsdebatte *Ernst-Hasso Ritter*, Das Recht als Steuerungsmedium im kooperativen Staat, in: Dieter Grimm (Hrsg.), Wachsende Staatsaufgaben – sinkende Steuerungsfähigkeit des Rechts, 1990, S. 69 ff. (84); widersprüchlich *Schoch*, Standards (Fn. 14), S. 546 f., der ein Vermischungsverbot von Recht und Politik postuliert, diesem jedoch keine Verschärfung vermeintlicher Gegensätze zwischen **Recht und Nicht-Recht** entnehmen will. Dann müssen auch nicht-rechtliche Bedingungen der Entstehung und Wirksamkeit von Recht zum Thema gemacht werden. Mag auch vieles dafür sprechen, die (sehr deutsche) Frage nach dem *Gegenstand* des Rechts zu überwinden und auf die Frage nach den *Verfahren* seiner Erzeugung umzustellen, so *Oliver Lepsius*, Was kann die deutsche Staatsrechtslehre von der amerikanischen Rechtswissenschaft lernen?, in: Helmuth Schulze-Fielitz (Hrsg.), Staatsrechtslehre als Wissenschaft, DV, Beiheft 7, 2007, S. 319 (339), so gilt es doch auch in Erinnerung zu rufen, dass in *jeder* Rechtsanwendung ein Element der Rechtserzeugung innewohnt, was zusammen als **Rechtsverwirklichung** einer Vielzahl von Akteuren verstanden werden kann, so der Zugriff bei *Appel*, Verwaltungsrecht (Fn. 3), S. 256 ff. mit einem hierüber auch dogmatisch anschlussfähigen Weg.

A. Formen des (Verwaltungs-)Rechts

auf Einschränkungen der gerichtlichen Kontrolle.[40] Im positiven Recht wurzelnde Kontrollfreistellungen sind jedenfalls nicht deckungsgleich mit der Gestaltungsfreiheit des Gesetzgebers.[41] Umgekehrt sind Handlungsanweisungen und gerichtliche Kontrolldichte keineswegs immer kongruent.[42] Vielmehr reicht die normativ erwünschte **Richtigkeit des Handelns** weiter als die lediglich zu kontrollierende Einhaltung des Rechts, was bereits im Topos der Zweckmäßigkeit des Vewaltungshandelns (§ 40 VwVfG) als der steuerungswissenschaftlich zu öffnenden *black box*[43] des rechtsstaatlichen Verwaltungsrechts deutlich wird.[44]

Handlungsnormen entfalten ihre Steuerungswirkung nicht nach Maßgabe eröffneter Kontrollmöglichkeiten, zumal diese in der Gerichtsperspektive dazu neigen, die „pathologische" Seite eines Sachbereichs hervortreten zu lassen.[45] Deshalb können Steuerungswirkungen des Rechts auch nicht primär in Gerichtsurteilen von Einzelfällen abgelesen werden.[46] Handlungsnormen beschränken sich vielfach auf die Formulierung von Zielvorgaben, überlassen die Realisierung der Ziele aber einem arbeitsteiligen Entscheidungsprozess.[47] Infolge der veränderten Normierungstechnik geraten auf diese Weise die „Sollwerte" in eine starke Abhängigkeit von den **konkreten Bedingungen ihrer Verwirklichung**.[48] Dies wird

---

[40] Zu einer „Dogmatik der Spielräume" *Robert Alexy*, Verfassungsrecht und einfaches Recht, Verfassungsgerichtsbarkeit und Fachgerichtsbarkeit, VVDStRL, Bd. 61 (2002), S. 7 (13 ff.). Steuerungswissenschaftlich kann von „**Rechtserzeugungsräumen jenseits der Gesetzesbindung**" gesprochen werden, so *Appel*, Verwaltungsrecht (Fn. 3), S. 263, 265.

[41] Vgl. *Konrad Hesse*, Die verfassungsgerichtliche Kontrolle der Wahrnehmung grundrechtlicher Schutzpflichten des Gesetzgebers, in: FS Ernst G. Mahrenholz, 1994, S. 541 (542). Der immer wieder hervorgehobene Gestaltungsspielraum des Gesetzgebers – vgl. etwa *BVerfGE* 103, 293 (307) – ändert nichts daran, dass die verfassungsgerichtliche Kontrolle, jüngst etwa unter den Aspekten der Folgerichtigkeit, (*BVerfGE* 122, 210) der Konsistenz (*BVerfGE* 121, 317) und der prozeduralen Rationalität (*BVerfG*, NJW 2010, S. 505 ff.) ungewöhnlich hoch ist, krit. *Philipp Dann*, Verfassungsgerichtliche Kontrolle gesetzgeberischer Rationalität, Der Staat, Bd. 49 (2010), S. 630 ff.

[42] Anders *Matthias Jestaedt*, Grundrechtsentfaltung im Gesetz, 1999, S. 198 f.

[43] Zurückhaltend: *Andreas v. Arnauld*, Die Wissenschaft vom Öffentlichen Recht nach einer Öffnung für sozialwissenschaftliche Theorie, in: Andreas Funke/Jörn Lüdemann (Hrsg.), Öffentliches Recht und Wissenschaftstheorie, 2009, S. 65 (94 ff.); krit. *Meyer*, Verwaltungsrechtswissenschaft (Fn. 15), S. 365 ff.

[44] Das Verwaltungsrecht mag die Richtigkeit in der Rechtmäßigkeit umfassen. Vom **Handeln der Verwaltung** aus gesehen, sind aber nicht nur Rechtsmaßstäbe beachtlich. In der steuerungswissenschaftlichen Verbreiterung der Untersuchungsfelder könne dann der Versuch gesehen werden, die anwendungsbezogene Perspektive zu überwinden und eine „eigene wissenschaftliche Perspektive auf das Recht" zu gewinnen, so die Einschätzung von *Appel*, Verwaltungsrecht (Fn. 3), S. 244 f. Konsequenzen für die Formenlehre → Bd. II *Hoffmann-Riem* § 33 Rn. 56 ff.

[45] Anders *Schoch*, Standards (Fn. 14), S. 553. Gerade die selektive Ausrichtung der Rechtsprechung auf die Rechtskontrolle der Verwaltung lässt in der Steuerungsperspektive die pauschale Annahme einer Identität von Handlungs- und Kontrollnorm zweifelhaft erscheinen, vgl. *Schmidt-Aßmann*, Ordnungsidee, Kap. 6 Rn. 61; → Bd. I *Hoffmann-Riem* § 10 Rn. 13.

[46] Das übersieht *Friedrich Schoch*, Gemeinsamkeiten und Unterschiede von Verwaltungsrechtslehre und Staatsrechtslehre, in: Schulze-Fielitz (Hrsg.), Staatsrechtslehre (Fn. 39), S. 177 ff. (204); wie hier *Schmidt-Aßmann*, Integration von Reformanliegen (Fn. 9), S. 1013.

[47] Frühzeitig *Klaus Lange*, Staatliche Steuerung durch offene Zielvorgabe im Lichte des Verfassungsrechts, VerwArch, Bd. 82 (1991), S. 1 ff.; zum Problem auch *Wolfgang Weiß*, Staatsaufgaben und Privatisierung, 2002, S. 291 ff.

[48] Vgl. *Georg Hermes*, Folgenberücksichtigung in der Verwaltungspraxis und in einer wirkungsorientierten Verwaltungsrechtswissenschaft, in: Schmidt-Aßmann/Hoffmann-Riem (Hrsg.), Methoden, S. 359 (364: „Politisierung des modernen Rechts").

nicht ignoriert werden können, soll das Recht in der „flutenden Masse der Verwaltungstätigkeit"[49] hinreichende Orientierung bieten.

6 Um diesem Auftrag gerecht zu werden, muss sich das Verwaltungsrecht um einen methodisch reflektierten Blick auf die Nachbarwissenschaften bemühen[50] und berücksichtigen, dass nicht länger ungeprüft die Annahmen zugrunde gelegt werden können, die in der praktischen Rechtsanwendung auf den Staat als zentraler und hierarchischer **Steuerungsspitze** zugeschnitten sind. Gerade das in hohem Maße durch das Europarecht beeinflusste Regulierungsrecht[51] deutet an, dass mit der Hinwendung zu variablen Politiknetzwerken und gesellschaftlichen Selbstregelungen vielmehr von **Koordinierungsinstanzen** auszugehen ist, die zu einem handlungs- und strukturbezogenen Management gesellschaftlicher Interdependenzen berufen sind.[52]

2. Regeln und Prinzipien

7 Nicht weniger fundamental für die normative Orientierung des Verwaltungshandelns ist die **normstrukturelle Unterscheidung** zwischen Regeln und Prinzipien. Recht stellt vorrangig Regeln auf, die Verhalten steuern. Der Steuerungserfolg ist eine maßgebliche Legitimationsgrundlage des Rechts. Dieser Konnex ist problemlos, solange die materielle Normierungsdichte begrenzt und diese Begrenzung klar bestimmbar ist.[53] Er wird brüchig, wo infolge der Aufladung der Rechtsordnung mit materiellen Wertmaßstäben die binäre Logik der Regeln zugunsten skalierender Abstufungen verlassen wird. Normen sind nicht immer Regeln, die nur *entweder* als erfüllt *oder* als nicht erfüllt angesehen werden können. Sie können auch Prinzipien sein, die gebieten, dass etwas in einem relativ, auf die rechtlichen und tatsächlichen Möglichkeiten bezogen, möglichst hohem Maße realisiert wird.[54] Prinzipien sind keine Festsetzungen, sondern zielen auf **Optimierung**.[55]

---

[49] *Mayer*, VerwR I, S. 91 f.

[50] → Bd. I *Voßkuhle* § 1 Rn. 39, *Möllers* § 3 Rn. 42 ff. Es muss Regeln für die Öffnung geben, vgl. zur Brückenbildung *Wolfgang Hoffmann-Riem*, Methoden einer anwendungsorientierten Verwaltungsrechtswissenschaft, in: Schmidt-Aßmann/Hoffmann-Riem (Hrsg.), Methoden, S. 9 (60 ff.); *Bumke*, Methodik (Fn. 38), S. 100 f., 121 f., 123 ff., 128 f. Trotz anhaltender Kritik – statt vieler *Walter Krebs*, Die Juristische Methode im Verwaltungsrecht, in: Schmidt-Aßmann/Hoffmann-Riem (Hrsg.), Methoden, S. 209 ff. – lässt sich die Kontextabhängigkeit rechtswissenschaftlicher Zugänge nicht ernsthaft bestreiten. Das gebietet aber *keine* steuerungswissenschaftliche Reformulierung und Überformung des gesamten Verwaltungsrechts, wie *Eifert*, Verwaltungsrecht (Fn. 3), S. 314 ff. zu meinen scheint.

[51] Überblick: *Fehling/Ruffert* (Hrsg.), Regulierungsrecht; für die Netzwirtschaften *Johannes Masing*, Soll das Recht der Regulierungsverwaltung übergreifend geregelt werden?, Gutachten D zum 66. Deutschen Juristentag, 2006, S. D 13 ff.; s.a. *Hinnerk Wißmann*, Regulierung, Deregulierung, in: EvStL, Sp. 1977 ff.

[52] Im Anschluss an *Renate Mayntz* – etwa in: *dies.*, Steuerungstheoretische Metatheorie, in: Hans-Peter Burth/Axel Görlitz (Hrsg.), Politische Steuerung in Theorie und Praxis, 2001, S. 17 ff. (23) – mit Blick auf Entgrenzungen *Wolfgang Hoffmann-Riem*, Verwaltungsrecht in der Informationsgesellschaft, in: ders./Schmidt-Aßmann (Hrsg.), Informationsgesellschaft, S. 9 (37 f.). Diesen Aspekt greift die Governance-Diskussion auf, vgl. *Claudio Franzius*, Gewährleistung im Recht, 2009, S. 188 ff.

[53] *Alexy*, Verfassungsrecht (Fn. 40), S. 8.

[54] Zum Begriff des Rechtsprinzips der gleichlautende Beitrag von *Robert Alexy*, Rechtstheorie, Beiheft 1, 1979, S. 59 ff.; *Hans-Joachim Koch/Helmut Rüßmann*, Juristische Begründungslehre, 1982, S. 97 ff. unter Rückgriff auf BVerfGE 35, 202 ff.

[55] Grundlegend *Robert Alexy*, Theorie der Grundrechte, 3. Aufl. 2001, S. 75 ff.; krit. statt vieler *Peter Lerche*, Die Verfassung als Quelle von Optimierungsgeboten, in: FS Klaus Stern, 1997, S. 197 ff.

A. Formen des (Verwaltungs-)Rechts

Die Unterscheidung zwischen *rules* und *principles* ist schon seit längerer Zeit bekannt.[56] Zu den Traditionsbeständen des Rechts gehört die Vorstellung einer **rechtlichen Rahmenordnung**, der jedoch seit dem wirkmächtigen *Lüth*-Urteil des Bundesverfassungsgerichts[57] eine **wertgebundene Grundordnung** gegenübergestellt wird.[58] Bezieht man die erste auf die zweite Unterscheidung, so bietet die Prinzipientheorie mit der *Abwägung* einen umstrittenen Lösungsweg an, der von den einen als Versöhnung[59] und von den anderen als „Nullpunkt der Dogmatik"[60] empfunden wird.

Ungeachtet der offenen Fragen in der Debatte um Prinzipiennormen und der hierdurch gebotenen Zurückhaltung gegenüber verallgemeinerungsfähigen Antworten wird man sagen können, dass sich Regeln als Sollensurteile qualifizieren lassen, die im Wege eines Ge- oder Verbots einen Ausschnitt der Steuerungswirklichkeit als Rechtsraum abstecken. Was das Recht nicht regelt, überlässt es anderen Maßstäben und damit auch anderen Rationalitätskriterien, etwa der Sachrichtigkeit oder Zweckmäßigkeit. Fraglich ist nur, ob das Recht auf seinen **Rationalitätsanspruch**[61] gegenüber dem *nicht-geregelten* Bereich verzichten sollte. Wenn das Recht auf Regeln verzichtet, bedeutet dies nicht, dass es auf jegliche Steuerung verzichtet. Es steuert nur anders, eben durch Prinzipien. Der entscheidende Unterschied wird darin gesehen, dass Prinzipien einen Grund angeben, der ein Argument in eine bestimmte Richtung darstellt, nicht aber schon die Entscheidung richtig macht. Während im Falle von zwei widersprechenden Regeln die eine Regel ungültig ist, muss im Falle der **Prinzipienkollision** das relative Gewicht der widerstreitenden Prinzipien in der Entscheidung berücksichtigt werden. *Robert Alexy* geht mit der Qualifizierung der Prinzipien als Optimierungsgebote noch einen Schritt weiter. Wenn jedes Prinzip *prima facie* auf eine Verwirklichung in möglichst hohem Maße angelegt ist, dann impliziert dies, dass Prinzipien abwägungsfähig und -bedürftig sind. Die Rechtsanwendung wird zur wertenden Abwägung, wobei gelte, dass „je höher der Grad der Nichterfüllung oder Beeinträchtigung des einen Prinzips ist, desto größer (...) die Wichtigkeit der Erfüllung des anderen sein"

8

9

---

[56] Einflussreich *Ronald Dworkin*, Taking Rights Seriously, 1977; s.a. *Philippe Nonet/Philip Selznick*, Law and Society in Transition – Towards Responsive Law, 1978; *Ulrich Penski*, Rechtsgrundsätze und Rechtsregeln, JZ 1989, S. 105 ff.; krit. *Wolfgang Enderlein*, Abwägung in Recht und Moral, 1992, S. 81 ff.

[57] BVerfGE 7, 198 ff.; dazu *Oliver Lepsius*, Themen einer Rechtswissenschaftstheorie, in: Matthias Jestaedt/ders. (Hrsg.), Rechtswissenschaftstheorie, 2008, S. 1 (47 ff.).

[58] Vgl. *Gunnar Folke Schuppert/Christian Bumke*, Die Konstitutionalisierung der Rechtsordnung, 2000, S. 33 f.; *Matthias Knauff*, Konstitutionalisierung im inner- und überstaatlichen Recht – Konvergenz oder Divergenz?, ZaöRV, Bd. 68 (2008), S. 453 ff.; mit Blick auf die Verwaltungskontrolle gegenüber Kritik verteidigend → Bd. III *Schoch* § 50 Rn. 120 ff.

[59] *Alexy*, Verfassungsrecht (Fn. 40), S. 14 ff.; *Thomas Würtenberger*, Rechtliche Optimierungsgebote oder Rahmensetzungen für das Verwaltungshandeln?, VVDStRL, Bd. 58 (1999), S. 139 (154 ff.); krit. *Peter Lerche*, Stil und Methode der verfassungsrechtlichen Entscheidungspraxis, in: FS 50 Jahre Bundesverfassungsgericht, Bd. I, 2001, S. 333 (351 f.).

[60] *Ralf Poscher*, Grundrechte als Abwehrrechte, 2003, S. 81; *Jestaedt*, Grundrechtsentfaltung (Fn. 42), S. 214 ff.; *Karl-Heinz Ladeur*, Kritik der Abwägung in der Grundrechtsdogmatik, 2004, S. 12 ff.; *Andreas Fischer-Lescano*, Kritik der praktischen Konkordanz, KJ 2008, S. 166 ff.

[61] *Arno Scherzberg*, Rationalität – staatswissenschaftlich betrachtet, in: Liber amicorum Hans-Uwe Erichsen, 2004, S. 177 ff.; *Helmuth Schulze-Fielitz*, Rationalität als rechtsstaatliches Prinzip für den Organisationsgesetzgeber, in: FS Klaus Vogel, 2000, S. 311 ff.; aus jüngerer Zeit *Klaus F. Gärditz*, Hochschulorganisation und verwaltungsrechtliche Systembildung, 2009, S. 186 ff.

muss.⁶² Über die Konsequenzen sollte man sich im Klaren sein: Der Staat wird in dieser Perspektive unumkehrbar zum **Abwägungsstaat**.⁶³

10 Dass es Prinzipien in diesem Sinne gibt, wird nicht in Zweifel gezogen. Als Beispiel möge das Planungsrecht dienen, wo der Gesetzgeber über solche Normen die Gestaltungsfreiheit der Verwaltung bindet.⁶⁴ Die Kritik richtet sich gegen ihre Überhöhung zur allgemeinen Steuerungsidee mit dem Verzicht auf den rationalitätswahrenden Schluss vom Tatbestand auf die Rechtsfolge. Denn die Idee einer **prinzipienorientierten Optimierung** geht über die gewaltenneutrale Entdeckung der „einzig richtigen Entscheidung" hinaus, mag diese auch zuweilen als „regulative Idee" für unverzichtbar gehalten werden.⁶⁵ In welchem Maße die hierdurch verursachte Verwischung juridischer Distinktionen im Ergebnis hinzunehmen ist, richtet sich danach, inwieweit man bereit ist, die erwachsenen Spielräume im Bereich der „Verwaltungsvernunft" bzw. der Politik zu belassen. Hierfür kann es gute Gründe geben. Es würde dann u.U. freilich hingenommen werden, dass die sich daraus ergebenen Fragen – zugespitzt formuliert – im Bereich „des Dunkeln" blieben.⁶⁶ Die Entdeckung von Prinzipien, die in der Rechtsordnung anders als Regeln behandelt werden, ist letztlich den Schwierigkeiten geschuldet, die Verwaltungspraxis in vorgegebenen Vorranglösungen unter Abgrenzungsmaßstäben zu steuern.⁶⁷ Prinzipien geben nicht das beste Ergebnis, sondern lediglich den **Begründungsweg für die Lösung von Normkollisionen** vor. Sie bringen die Einsicht zum Ausdruck, dass „die Überzeugungs- und damit die Steuerungskraft des Rechts auf intersubjektiv nachvollziehbare rationale Herleitungen angewiesen"⁶⁸ ist.

11 Betrachtet man die Steuerungswirkungen von Prinzipiennormen, so steht außer Frage, dass sie gemessen an klaren Regeln, die im Wege der juristischen Deduktion auszulegen sind, eher diffus bleiben. Wird jedoch akzeptiert, dass sich

---

⁶² *Alexy*, Theorie (Fn. 55), S. 146; zur normstrukturellen Unterscheidung auch *ders.*, Zur Struktur von Rechtsprinzipien, in: Bernd Schilcher/Peter Koller/Bernd-Christian Funk (Hrsg.), Regeln, Prinzipien und Elemente im System des Rechts, 2000, S. 31 ff.; s.a. *Jan-Reinard Sieckmann*, Regelmodelle und Prinzipienmodelle des Rechtssystems, 1990, S. 52 ff., 89 ff., 141 ff.; zum „Abwägungsgesetz" *Max Raabe*, Grundrechte und Erkenntnis, 1998, S. 194 ff.

⁶³ *Würtenberger*, Optimierungsgebote (Fn. 59), S. 141; *Schuppert*, Verwaltungswissenschaft, S. 807; beide rekurrierend auf *Walter Leisner*, Der Abwägungsstaat. Verhältnismäßigkeit als Gerechtigkeit, 1997, S. 11 ff.; deutlich auch *Eckhard Pache*, Tatbestandliche Abwägung und Beurteilungsspielraum, 2001, S. 455 f.

⁶⁴ Zur Wirkung von Optimierungsgeboten bei der Planung *Johannes Dreier*, Die normative Steuerung der planerischen Abwägung, 1995, S. 215 ff.; *Richard Bartlsperger*, Planungsrechtliche Optimierungsgebote, DVBl 1996, S. 1 ff.; für eine Erstreckung auf die Staatsorganisation *Veith Mehde*, Regeln und Prinzipien im Recht der Staats- und Verwaltungsorganisation, DV, Bd. 34 (2001), S. 93 ff.

⁶⁵ *Ulfrid Neumann*, Juristische Methodenlehre und Theorie der juristischen Argumentation, Rechtstheorie, Bd. 32 (2001), S. 239 ff. (246); zu den Schwierigkeiten prinzipienorientierter Rechtsbegründung knapp *Hasso Hofmann*, Das Recht des Rechts, das Recht der Herrschaft und die Einheit der Verfassung, 1998, S. 27 ff., 49 ff.; zur Idee der einzig richtigen Entscheidung → Rn. 19.

⁶⁶ Angedeutet auch bei *Jan-Reinard Sieckmann*, Diskussionsbeitrag, VVDStRL, Bd. 58 (1999), S. 258 f. Zum Parallelproblem bei der Proceduralisierungsthese unten → Rn. 54 f.

⁶⁷ Deutlich wird das am Verhältnismäßigkeitsgrundsatz in seiner vielfach beklagten Aufweichung, s. etwa *Michael Kloepfer*, Die Entfaltung des Verhältnismäßigkeitsprinzips, in: FG 50 Jahre Bundesverwaltungsgericht, 2003, S. 329 ff.; zur verfassungsrechtlichen Seite *Bernhard Schlink*, Der Grundsatz der Verhältnismäßigkeit, in: FS BVerfG (Fn. 59), S. 445 ff.

⁶⁸ *Bizer/Führ*, Regulierung (Fn. 28), S. 7.

weite Teile der Lebenswirklichkeit dem regelnden Zugriff entziehen, dann besteht die Alternative bestenfalls in der **Nicht-Steuerung,** die ihrerseits rechtlich problematisch sein kann. Auf der Ebene der Verwaltung stellen sich die Probleme als entschärft dar, weil es hier der Gesetzgeber in der Hand hat, die normative Steuerungskraft verwaltungsrechtlicher Optimierungsgebote zwischen Übermaß- und Untermaßverbot[69] zu dosieren. In die Nähe von Regeln werden solche Normen gerückt, die unbestimmte Rechtsbegriffe mit dem Auftrag zu optimierender Abwägung enthalten. Von der klassischen Vollzugssteuerung weit entfernt sind demgegenüber Normen, die lediglich eine Abwägung zwischen gleichgewichtigen, aber gegenläufigen Prinzipien anordnen oder einen Auftrag zu *best-practice*-Lösungen enthalten.

Vieles spricht dafür, dass sich angesichts der beschränkten Steuerungskraft prinzipiengeleiteter Optimierung ein wichtiger Teil der „Aufgabe zur optimierenden Rechtskonkretisierung" in das **Verwaltungsverfahren** verlagert. Dies fordert, dem Bürger bei „der Suche nach der optimalen Entscheidung eine aktive Verfahrensstellung" zuzubilligen.[70] 12

3. Konditional- und Zweckprogramme

Die Beobachtung, dass der regelgebundene, hierarchische und staatsfixierte Ansatz autonomen Rechts um prinzipienorientierte, kooperative und pluralistische Elemente **responsiven Rechts**[71] ergänzt wird, verarbeitet die Rechtswissenschaft zu einem guten Teil in der Unterscheidung von konditionaler und finaler Steuerung.[72] Anerkannt ist, dass Normen unterschiedliche Programme enthalten können, die unterschiedliche Orientierungen schaffen.[73] Während konditionale Programme mit „wenn-dann"-Sätzen arbeiten und Grenzziehungen in den Raum der Verwaltung transponieren, ist für Zweckprogramme der Verzicht auf eine regelförmige Programmierung und eine größere Offenheit charakteristisch, die als **Handlungsaufträge** an die Verwaltung gelesen werden können. Es mehren sich die Stimmen, die hier einen Entwicklungstrend sehen, der es erlaubt, das Normprogramm „anpassungsflexibel" zu halten.[74] Allerdings dürfen die rechtsstaatlichen und demokratischen „Kosten" nicht ausgeklammert bleiben. 13

---

[69] Vgl. *Wolfgang Hoffmann-Riem,* Von der Antragsbindung zum konsentierten Optionenermessen, DVBl 1994, S. 605 (608 f.); krit. *Würtenberger,* Optimierungsgebote (Fn. 59), S. 144 f.; *Josef Isensee,* Diskussionsbeitrag, VVDStRL, Bd. 58 (1999), S. 231 („zwischen den zwei Margen bleibt Spielraum für Zweckmäßigkeitserwägungen praktischer Verwaltungsvernunft").

[70] So *Würtenberger,* Optimierungsgebote (Fn. 59), S. 166 f.; s. a. *Schuppert,* Verwaltungswissenschaft, S. 808 f.

[71] *Bizer/Führ,* Regulierung (Fn. 28), S. 4.

[72] Grundlegend *Niklas Luhmann,* Recht und Automation in der öffentlichen Verwaltung, 1966, S. 36 ff.; ders., Zweckbegriff und Systemrationalität, 2. Aufl. 1977, S. 257 ff.; krit. *Hans-Joachim Koch,* Die normtheoretische Basis der Abwägung, in: Winfried Erbguth u. a. (Hrsg.), Abwägung im Recht, 1996, S. 9 (15 f.).

[73] Mit Blick auf die Dichte der rechtlichen Bindungen, aber unter Beibehaltung der überkommenen, allerdings nicht mehr überzeugenden Dogmen: *Schoch,* Standards (Fn. 14), S. 550 f. → Bd. III *Schoch* § 50 Rn. 262 ff.

[74] Statt vieler *Hoffmann-Riem,* Methoden (Fn. 50), S. 29; zur „finalen Programmierung" bereits *Rainer Wahl,* Rechtsfragen der Landesplanung und der Landesentwicklung, Bd. 1, 1978, S. 35 ff.; sehr klar und die Reformdebatte stark beeinflussend *ders.,* Die Aufgabenabhängigkeit von Verwaltung und Verwaltungsrecht, in: Hoffmann-Riem/Schmidt-Aßmann/Schuppert (Hrsg.), Reform, S. 196 ff.; zur demokratischen Komponente *Würtenberger,* Optimierungsgebote (Fn. 59), S. 153.

Ohne sogleich in Resignation zu verfallen, bleibt die Suche nach **angemessenen Sicherungen** aufgegeben, um die verfassungsrechtlichen Vorgaben und Ziele auch dort zur Geltung zu bringen, wo der Gesetzgeber auf die linear-hierarchische Programmierung der Verwaltung verzichtet.[75]

14 In dieses Spannungsverhältnis sind Zweckprogramme gestellt. Sie thematisieren die Grenzen der rechtsstaatlichen Vorstellungswelt, die von linearen Kausalverläufen und dem Vertrauen in die „konditionale" **Reduktion von Komplexität** geprägt ist. Weil die Rechtsordnung als hierarchische Ordnung möglichst kohärenter Regeln aufgebaut ist, sind im Idealfall die tatbestandlichen Voraussetzungen für den Eintritt der Rechtsfolgen klar umschrieben. Das ist eine idealisierende Vorstellung, der nicht bloß eine im Prinzip sympathische Selbstbeschränkung des Rechts zugrunde liegen kann, sondern auch ein nahezu grenzenloses Vertrauen in vorab programmierbare Wirkungen von Recht. Obgleich dieses Vertrauen jedenfalls in Teilgebieten vielfach weggefallen ist, lassen sich in der konditionalen Struktur der Rechtssätze neue Herausforderungen über die **Formulierung von Spielräumen**, in der überkommenen Doktrin durch unbestimmte Rechtsbegriffe oder durch Einräumung von Ermessen, verarbeiten. Damit wird die Schaffung der hinreichend bestimmten Regel aber letztlich an die Verwaltung oder die Gerichte delegiert.

15 Anders sieht demgegenüber das Zweckprogramm aus, das Rechtsfolgen nicht an bestimmte tatbestandliche Voraussetzungen bindet. An deren Stelle „tritt eine Zielvorgabe, die mit einer Auswahl möglicher Maßnahmen verknüpft" wird. Zweckprogramme zielen auf die Erfüllung bestimmter Aufgaben und richten sich nicht auf die einzelne Entscheidung, sondern auf die generelle **Ausrichtung der Praxis.** Sie bringen damit zum Ausdruck, dass es weniger – zugespitzt formuliert – um die „Schaffung von Rechten und Pflichten, sondern eher um die Herstellung von Nutzen und Wirkung" geht. Auf diese Weise wird Recht zum „Lernprozess zwischen denen, welche die Ziele setzen und jenen, welche sie ausgestalten" und umsetzen.[76] Recht lässt sich dann nicht ergebnisorientiert vollziehen, sondern verlangt eine **situationsangepasste Wahlentscheidung.** Es geht nicht um kognitive Rechtserkenntnis und Subsumtion, sondern um volitive Gestaltung nach Maßgabe gesetzlicher Direktiven.[77]

16 Zweckprogramme steuern ein Handeln des Staates, das nicht mehr auf die Bewahrung einer vorgegebenen Ordnung gerichtet ist. Es geht nicht um die Rationalisierung eines reaktiven, punktuellen und bipolaren Handelns, sondern in der zu gestaltenden Ordnung um die Domestizierung eines prospektiven, flächendeckenden und multipolaren Handelns.[78] Über finale Programmierungen[79] wird nicht nur der Wohlfahrtsstaat gesteuert und angesichts der Präventions-

---

[75] Dazu in unterschiedlichen Schattierungen *Horst Dreier,* Hierarchische Verwaltung im demokratischen Staat, 1991, S. 207 ff.; *Helge Rossen,* Vollzug und Verhandlung, 1999, S. 268 ff.; s. a. *Dieter Grimm,* Bedingungen demokratischer Rechtsetzung, in: FS Jürgen Habermas, 2001, S. 496 ff.; ders., Die Verfassung und die Politik, 2001, S. 31 („gesetzliche Scheinsteuerung").

[76] *Philippe Mastronardi,* Funktionales Recht – zur Nutzung des Rechts als Steuerungsmedium, in: Christian J. Meier-Schatz (Hrsg.), Die Zukunft des Rechts, 1999, S. 163 (166 f.); zur Normstruktur finaler Rechtsetzung *Udo Di Fabio,* Die Struktur von Planungsnormen, in: FS Werner Hoppe, 2000, S. 75 (86 ff.).

[77] *Rüdiger Breuer,* Konditionale und finale Rechtsetzung, AöR, Bd. 127 (2002), S. 524 (527).

[78] Vgl. *Grimm,* Bedingungen (Fn. 75), S. 496 f.

[79] → Bd. I *Baer* § 11 Rn. 80, *Schulze-Fielitz* § 12 Rn. 61; Bd. II *Köck* § 37 Rn. 17.

ausrichtung des Rechts[80] ist es wenig wahrscheinlich, dass die entstandene Kluft zwischen Vollzugsidee und Zweckprogrammierung im Sinne einer Rückkehr zum konditionalen Programm gelöst werden könnte. Geboten ist vielmehr eine Ausdifferenzierung der finalen Programmierung, um unter dem Einbau darauf zugeschnittener Legitimationsfaktoren die vorhandenen Ansätze zur Sicherung eines **problemangemessenen Legitimationsniveaus**[81] fortzuentwickeln.[82] Insoweit ist anzuerkennen, dass zur Legitimationssicherung zweckprogrammierten Handelns nicht holzschnittartig auf die Legalität zurückgegriffen werden kann. Kennzeichnend für die nicht zuletzt durch das Unionsrecht vorangetriebenen[83] Zweckprogramme ist die Vielfalt der sie prägenden Steuerungsfaktoren mit der eben auch vom Recht ernstzunehmenden Beobachtung, dass es nicht allein rechtliche Vorgaben sind, die das Handeln determinieren.

Die konditionale Normstruktur ist eine Errungenschaft des Rechtsstaatsdenkens und mag die Schwierigkeiten erklären, die sich in der Ablösung der gewerberechtlichen Traditionsbestände durch finale Aufgabenzuweisungen etwa für das Umweltrecht[84] ergeben. Es dürfte aber kaum ausreichen, auf die deutsche Verwaltungsrechtstradition und einen „aufgedrängten Systembruch" durch das europäische Recht hinzuweisen.[85] In der Sache dürfte es Zweckprogrammen durchaus gelingen, die vor allem aus Ungewissheiten resultierenden Regulierungsfragen in einen Rechtsrahmen zu stellen, der berechtigten Wünschen nach **Stabilität** ebenso entspricht wie dem Bedürfnis nach **Flexibilität**. Das Problem und der Anpassungsdruck sind weniger in der Programmierung als in der damit konfrontierten Verwaltungspraxis[86] zu sehen, die für eine Politisierung, wie sie in Zweckprogrammen angelegt[87] und letztlich unvermeidbar[88] ist, nur unzureichend gewappnet zu sein scheint. Auch sollte ein Synkretismus zwischen konditionalen und finalen Anforderungen vermieden werden.[89] **17**

---

[80] Plastisch *Rainer Wahl/Ivo Appel*, Prävention und Vorsorge, in: Rainer Wahl (Hrsg.), Prävention und Vorsorge. Von der Staatsaufgabe zu den verwaltungsrechtlichen Instrumenten, 1995, S. 1 (13 ff.).

[81] Statt vieler *Hans-Heinrich Trute*, Vom Obrigkeitsstaat zur Kooperation, Umwelt- und Technikrecht, Bd. 48 (1999), S. 13 (20 ff.); → Bd. I *Trute* § 6 Rn. 56 f.

[82] Zum „Legitimationsumbau" *Rainer Pitschas*, Verwaltungsverantwortung und Verwaltungsverfahren, 1990, S. 552; *Wolfgang Hoffmann-Riem*, Verwaltungsverfahren und Verwaltungsverfahrensgesetz, in: Hoffmann-Riem/Schmidt-Aßmann (Hrsg.), Verwaltungsverfahren, S. 9 (20 f., 47 f.).

[83] Krit. *Breuer*, Rechtsetzung (Fn. 77), S. 556 ff. (m. w. N.).

[84] Zu Änderungstendenzen im Umweltrecht *Ivo Appel*, Staatliche Zukunfts- und Entwicklungsvorsorge, 2004, S. 134 ff.; *ders.*, Polizei- und Umweltrecht als Referenzgebiete staatlichen Aufgabenwandels, in: Hoffmann-Riem, Offene Rechtswissenschaft, S. 1164 (1188 ff.).

[85] Vgl. *Thomas v. Danwitz*, Verwaltungsrechtliches System und Europäische Integration, 1996, S. 25 ff., 184 ff., 326 ff.; skeptisch zur Europarechtstauglichkeit dogmatisch-systematischer Zugriffe *Appel*, Verwaltungsrecht (Fn. 3), S. 235, 274, 276 (mit Fn. 179); zu optimistisch *Wolfgang Kahl*, Die Europäisierung des Verwaltungsrechts als Herausforderung an Systembildung und Kodifikationsidee, in: Peter Axer u.a. (Hrsg.), Das Europäische Verwaltungsrecht in der Konsolidierungsphase, DV, Beiheft 10, 2010, S. 39 (50 ff.).

[86] Zur Vollzugspraxis „als Platzhalter" für dogmatisch nicht zu erschließende Bereiche *Rossen*, Vollzug (Fn. 75), S. 276 f. Positiver: *Trute*, Rechtsanwendung (Fn. 6), S. 213 ff.

[87] So bereits *Claus Offe*, Rationalitätskriterien und Funktionsprobleme politisch-administrativen Handelns, Leviathan, Bd. 2 (1974), S. 333 ff.

[88] Vgl. *Rossen*, Vollzug (Fn. 75), S. 353 ff.; ähnlich *Wahl*, Aufgabenabhängigkeit (Fn. 74), S. 199 f.; → Bd. I *Trute* § 6 Rn. 41 („Wiedereintritt von Politik in die Verwaltung"); differenzierend *Möllers*, Verwaltungsrecht (Fn. 8), § 92 Rn. 2, 13 ff., 22 ff.; → Bd. I *ders.* § 3 Rn. 14: „Am Grad der Politisierung des Verwaltungshandelns wird deutlich, wie viel Legitimationsleistung der Gesetzgeber sich selbst zutraut".

[89] Für eine strukturelle Trennung *Breuer*, Rechtsetzung (Fn. 77), S. 569 f.

4. Gestaltungsermächtigungen

18 Betrachtet man die Entscheidungssituation der Exekutive, so ist schnell festzustellen, dass diese unterschiedliche Gestalt annehmen kann, je nachdem welche Art von Recht zur Anwendung gelangt. Als unzureichend erweist sich eine Perspektive, die mit dichotomischen Unterscheidungen etwa dergestalt operiert, strikten Normbindungen die vollständige Nicht-Bindung entgegenzusetzen.[90] Anerkannt sind vielmehr bestimmte **Strukturtypen,** in denen dogmatisch unterschiedliche Grade von Bindungsintensität zum Ausdruck gebracht werden (z.B. Beurteilungs-, Ermessens- und Gestaltungsermächtigungen). Nicht immer ordnet der Gesetzgeber ein Bindungshöchstmaß an, das sich im Rahmen der Gesetzesbindung (einfach) verarbeiten ließe.[91] Vielfach ist die Steuerungskraft der anzuwendenden Rechtsnormen zurückgenommen und die Verwaltung muss zu einem erheblichen Teil, wie z.B. in komplexen Entscheidungssituationen[92], das Steuerungsprogramm selbst erst schaffen.[93] Wo die Verwaltung in Zusammenarbeit mit nichtstaatlichen Akteuren[94] aber *rechtserzeugend* tätig wird, lassen sich **normative Orientierungen** kaum noch der verschachtelten Ermessenslehre entnehmen.[95] Wird diese von der rechtsanwendungsfixierten Kontrollorientierung[96] auf die rechtserzeugende Steuerungsperspektive umgestellt, erweist sich das **Ermessen** der Verwaltung nicht länger als Restkategorie, sondern als Ermächtigung zur Rechtskonkretisierung im Rahmen einer Zweckbestimmung.[97] Ermessen bezeichnet keine Wahlfreiheit, sondern ist ein durch den Gesetzeszweck angeleitetes **Abwägen von Richtigkeitskriterien**.[98] Der „Zweck" der Ermächtigung weist über die Beachtung von Rechtsmaßstäben hinaus.

---

[90] Vgl. *Schmidt-Aßmann*, Integration von Reformanliegen (Fn. 9), S. 1035: „Ein völlig bindungsfreies Exekutivhandeln gibt es so wenig wie vollständige gebundene Entscheidungen". Zur Ausfüllung behördlicher Handlungs- und Optionsspielräume kann weder pauschal auf die Gesetzesbindung (und damit die methodischen Probleme dieses Rückgriffs ausblendend) noch allein auf andere verfassungsrechtliche Vorgaben zurückgegriffen werden, würde deren (zumeist einfach unterstellte) Steuerungsfähigkeit auf diese Weise doch überschätzt werden.

[91] Vgl. *Appel*, Verwaltungsrecht (Fn. 3), S. 260 ff.

[92] Begriff: *Eberhard Schmidt-Aßmann*, Verwaltungsverantwortung und Verwaltungsgerichtsbarkeit, VVDStRL, Bd. 34 (1976), S. 221 (222 ff.); *Andreas Voßkuhle*, Expertise und Verwaltung, in: Trute/Groß/Röhl/Möllers (Hrsg.), Allgemeines Verwaltungsrecht, S. 637 (642 f.).

[93] *Eberhard Schmidt-Aßmann*, Methoden der Verwaltungsrechtswissenschaft, in: ders./Hoffmann-Riem (Hrsg.), Methoden, S. 405 (408 f.); *ders.*, Gesetzesbindung der verhandelnden Verwaltung, S. 551 f.; zur Selbstprogrammierung der Exekutive → Bd. II *Hill* § 34 Rn. 49 ff.

[94] Wo die Verwaltung – aus welchen Gründen auch immer – nicht mehr als mechanisches Vollzugsorgan begriffen werden kann, entfallen die Entlastungswirkungen und die Verwaltung muss das Wissen selbst generieren, was regelmäßig die Kooperation mit den Adressaten des Verwaltungshandelns erforderlich macht.

[95] Zum Ermessen als einheitlicher Kategorie für gesetzlich eingeräumte Entscheidungsspielräume der Verwaltung bereits *Adolf J. Merkl*, Allgemeines Verwaltungsrecht, 1927 (Nachdruck 1969), S. 140 ff.; von einer „Rechtsmacht zur Normergänzung" spricht → Bd. I *Hoffmann-Riem* § 10 Rn. 84 ff. (89).

[96] Zum aus der Kontrollperspektive hier verorteten, aber letztlich schmal bleibenden Raum für die „Verwirklichung steuerungswissenschaftlicher Ansätze" → Bd. III *Schoch* § 50 Rn. 269.

[97] *Schmidt-Aßmann*, Integration von Reformanliegen (Fn. 9), S. 1016.

[98] Zum Ermessen als „Handlungs- und Abwägungskompetenz" *Schmidt-Aßmann*, Ordnungsidee, 4. Kap. Rn. 47 ff. Einen kategorialen Unterschied zum Planungsermessen (und Beurteilungsspielräumen) gibt es danach nicht, so auch *Eifert*, Verwaltungsrecht (Fn. 3), S. 304 f. mit dem Hinweis, dass die Dogmatik eine Grenzziehung vornehme, die für die Gerichtskontrolle mit Blick auf die Gewaltengliederung funktional sei, aber nicht aus dem Verwaltungsrecht selbst folge.

A. Formen des (Verwaltungs-)Rechts

19 Gestaltungsermächtigungen sind als Versuch zu verstehen, die sachgebietsbezogenen Bindungsansprüche des Rechts in allgemeine Formen zu bringen, die es erlauben, die praktisch bedeutsame Gestaltungsfunktion der Verwaltung[99] nicht länger als *black box* des Rechts zu begreifen. Das betrifft Handlungsnormen *zwischen* materieller Bindung und planerischer Gestaltungsfreiheit, erfasst also die **Rationalisierung der Gestaltungsspielräume** in der behördlichen Anwendung unbestimmter Rechtsbegriffe oder ermessensbestimmter Tatbestände.[100] Gestaltungsaufträge unterscheiden sich vom Idealtypus des Normvollzugs dadurch, dass die Verwaltung die Bewertungsmaßstäbe keinem externen Programm im Wege der Subsumtion entnimmt.[101] Sie bringen die Einsicht zum Ausdruck, dass es die **einzig richtige Entscheidung**, die es lediglich aufzufinden gelte, nicht gibt.[102]

20 Es wird daher zunehmend gefragt, ob die alten Zweiteilungen noch tragen. Das betrifft etwa die geforderte Überwindung der unterschiedlichen Behandlung von tatbestandlichem **Beurteilungsspielraum** und rechtsfolgenorientiertem **Ermessen**, wie sie sich *in dieser Schärfe* nur im deutschen Verwaltungsrecht findet.[103] Der Gegensatz zwischen Normen mit und solchen ohne Entscheidungsspielraum wirkt künstlich, was die pragmatische Handhabung der Letztentscheidungskompetenz durch die Gerichte bestätigt.[104] Wird die Anerkennung exekutiver Spielräume von den Steuerungsleistungen abhängig gemacht, die im Einzelfall die zur Anwendung kommenden Rechtsnormen erbringen, kann das für die dogmatische Unterscheidung zwischen strikter Rechtsanwendung und bloßer Ermessensfehlerprüfung bei der Kontrolle nicht folgenlos bleiben. Es spricht vieles dafür, losgelöst von eher abstrakten Betrachtungen zur Bindungswirkung des anzuwendenden Rechts den gerichtlichen Rechtsschutz als **nachvollziehende Kontrolle** der konkreten Verwaltungsentscheidung zu verstehen.[105] Aus der begrenzten Steuerungskraft einer Rechtsnorm erwächst der

---

[99] Dazu *Schuppert*, Verwaltungswissenschaft, S. 76 ff.
[100] Grundlegend *Horst Ehmke*, Ermessen und unbestimmter Rechtsbegriff im Verwaltungsrecht, 1960, S. 23 ff.; *Hans-Joachim Koch*, Unbestimmte Rechtsbegriffe und Ermessensermächtigungen im Verwaltungsrecht, 1979, S. 172 ff.; *Pache*, Tatbestandliche Abwägung (Fn. 63), S. 457 ff.; anders (statt vieler) *Heinrich A. Wolff*, in: Sodan/Ziekow (Hrsg.), VwGO, § 114 Rn. 26 ff.
[101] Vgl. *Udo Di Fabio*, Risikoentscheidungen im Rechtsstaat, 1994, S. 136.
[102] → Bd. I *Hoffmann-Riem* § 10 Rn. 64; *ders.*, Methoden (Fn. 50), S. 28 f. („relative Richtigkeit"); zum fiktiven Charakter *Everhardt Franßen*, 50 Jahre Verwaltungsgerichtsbarkeit in der Bundesrepublik Deutschland, DVBl 1998, 413 (419); *Michael Gerhardt*, in: Schoch/Schmidt-Aßmann/Pietzner (Hrsg.), VwGO, Vorbem. § 113 Rn. 24; *Christoph Gusy*, Brauchen wir eine juristische Staatsrechtslehre?, JöR N. F., Bd. 55 (2007), S. 41 (58); *Appel*, Verwaltungsrecht (Fn. 3), S. 261; für ein Festhalten als regulativer Idee aber → Bd. III *Schoch* § 50 Rn. 263.
[103] Zur Unterscheidung *Hans-Jürgen Papier*, Rechtsschutzgarantie gegen die öffentliche Gewalt, in: HStR VI, § 154 Rn. 62 ff.; zur längst erfolgten Annäherung der Kriterien für Beurteilungs- und Ermessensentscheidungen *Wolff/Bachof/Stober/Kluth*, VerwR I, § 31 Rn. 25 ff.; → Bd. I *Hoffmann-Riem* § 10 Rn. 66, 73 ff., abl. Bd. III *Schoch* § 50 Rn. 267.
[104] Zur **normativen Ermächtigungslehre** *Eberhard Schmidt-Aßmann*, in: Maunz/Dürig, GG, Art. 19 Abs. 4 Rn. 185 ff.; zum flexiblen Umgang der Gerichte mit der Letztentscheidungskompetenz *Ulrich Ramsauer*, Rechtsschutz durch nachvollziehende Kontrolle, in: FG BVerwG (Fn. 67), S. 699 (707 ff., 714).
[105] Insoweit überzeugend *Ramsauer*, Rechtsschutz (Fn. 104), S. 700 f., 718 ff.; *ders.*, Zur Kontrolldichte im Verwaltungsprozess, in: GS Ferdinand O. Kopp, 2007, S. 72 (91 f.); i. S. eines **Nacharbeitens** der Verwaltungsentscheidung *Schmidt-Aßmann*, Ordnungsidee, 4. Kap. Rn. 83; → Bd. I *Hoffmann-Riem* § 10 Rn. 81 f.; aus der Rechtsprechung BVerwGE 103, 142 (159); OVG NW, NuR 2010, S. 583 (589 f.); OVG Hamb, NuR 2010, S. 500 (503).

§ 4 Modalitäten und Wirkungsfaktoren der Steuerung durch Recht

Behörde ein Gestaltungs- und Optionsspielraum, der nicht durch gerichtliche Selbstentscheidung ausgefüllt werden darf. Ist kein rechtlicher Maßstab verfügbar, steht der Verwaltung ein **Letztentscheidungsrecht** zu.[106]

20a Dass der Verwaltung solche Letztentscheidungsbefugnisse zustehen, wird nicht bestritten und ist seit langer Zeit bekannt, mag es auch noch heute gute Gründe geben, diese „Räume" schmal zu halten bzw. zu verrechtlichen. Allerdings ist die dogmatische Ordnung der administrativen Entscheidungsräume von einer im internationalen Rechtsvergleich einmaligen **Überdifferenzierung** geprägt, die es fraglich erscheinen lässt, ob darüber dem Verwaltungshandeln, das hier eben nicht allein aus der Kontrollperspektive des Rechts betrachtet wird, noch hinreichende normative Orientierung gegeben werden kann.[107] So verlangt der Gesamtauftrag der Verwaltung die Freilegung der grundlegenden Konzepte zur Strukturierung der Entscheidungs- und Gestaltungsräume im sich immer weiter ausziselierenden Geflecht der jeweils ihre eigene Geschichte produzierenden Rechtsfiguren, wie dem so genannten Beurteilungsspielraum, den Prognose- und Einschätzungsprärogativen, aber auch dem „normalen" Ermessen oder dem (im Vergleich hierzu dann eben besonders rechtfertigungsbedürftigen) Planungsermessen. Diese Figuren sind nicht einfach aufzugeben[108], aber auf normgestützte Handlungsermächtigungen zurückzuführen, an die dann auch einheitliche Kontrollmuster anknüpfen können.[109] In der Rechtsprechung, zumal in neueren Rechtsgebieten wie dem Regulierungsrecht, sind Tendenzen in diese Richtung durchaus zu erkennen. So lässt das Bundesverwaltungsgericht eine Zurückhaltung erkennen, das zur Verwirklichung des Gestaltungsauftrags der Verwaltung eingeräumte und nicht länger in der gewohnten Schärfe auf die Rechtsfolge beschränkte **Regulierungsermessen** als neuen Ermessenstyp einer (weiteren) Sonderdogmatik zu unterwerfen.[110]

21 Gestaltungsermächtigungen greifen insbesondere **Entscheidungssituationen unter Unsicherheit**[111] auf, wo die gebundene Entscheidung als dogmatischer Fluchtpunkt juristischer Zukunftsbewältigung unter Rechtfertigungsdruck gerät.[112] Jedenfalls lässt sich das Festhalten an einer dogmatisch scharfen Abgren-

---

[106] → Bd. I *Hoffmann-Riem* § 10 Rn. 90.
[107] Krit. *Schmidt-Aßmann*, Ordnungsidee, 4. Kap. Rn. 46 ff.; für ein Festhalten an überkommenen Differenzierungen, wenngleich unter der Perspektive gerichtlicher Kontrollen → Bd. III *Schoch* § 50 Rn. 267, 279, 286 (**Beurteilungs-, Ermessens- und Gestaltungsermächtigungen**).
[108] → Bd. I *Hoffmann-Riem* § 10 Rn. 94 („heuristische Orientierungshilfe").
[109] *Gerhardt*, in: Schoch/Schmidt-Aßmann/Pietzner, VwGO, vor § 113 Rn. 19 ff.; § 114 Rn. 4 ff.; *Jestaedt*, Maßstäbe (Fn. 14), § 11 Rn. 5 ff.; *Schmidt-Aßmann*, Integration von Reformanliegen (Fn. 9), S. 1036 f.
[110] *BVerwGE* 130, 39 (48 ff.), 131, 41 (62 ff.) mit der Annäherung des Regulierungsermessens an das **Planungsermessen**; krit. *Claudio Franzius*, Wer hat das letzte Wort im Telekommunikationsrecht?, DVBl 2009, S. 409 (413); *Markus Ludwigs*, Das Regulierungsermessen als Herausforderung für die Letztentscheidungsdogmatik im Verwaltungsrecht, JZ 2009, S. 290 ff.; *Thomas Mayen*, Das planungsrechtliche Abwägungsgebot im Telekommunikationsbereich: dargestellt am Beispiel des § 21 TKG, NVwZ 2008, S. 835 (837 ff.); gegen einen Transfer der Planungsrechtsdogmatik auf die Regulierungsverwaltung *Kersten*, Wettbewerb (Fn. 20), S. 327 f.; s. a. → Bd. III *Schoch* § 50 Rn. 291 ff.
[111] Von „**Dogmatik als Handlungsanleitung unter Ungewissheit**" spricht *Scherzberg*, Verwaltungsrecht (Fn. 7), S. 851.
[112] Exemplarisch das Umweltrecht, wo die Aufspaltung in gebundene Entscheidungen und Ermessensentscheidungen immer weniger überzeugt, vgl. *Wolfgang Hoffmann-Riem*, Von der Antragsbindung zum Optionenermessen, DVBl 1994, S. 605 (608 f.). Zur Integration beider Formen in der Form der **integrierten Vorhabengenehmigung** *Wolfgang Kahl/Lars Diederichsen*, Integrierte Vorhabenge-

zung zu Ermessensentscheidungen nicht mehr problemlos auf hinreichend klare Entscheidungen des Gesetzgebers stützen, zumal diese in vielen Rechtsgebieten (wie dem Regulierungsrecht) unter dem Vorbehalt der unionsrechtskonformen Auslegung stehen. Vor allem dort, wo eine Prognose zu treffen ist, muss das Recht ein größeres Entscheidungsumfeld mit seinen Steuerungswirkungen in den Blick nehmen. Zum Beispiel zeigt das Umwelt- und Technikrecht, dass es häufig nicht damit getan ist, der Behörde die Folgenentlastung zu verwehren. Das gilt jedenfalls dann, wenn sie nur die Funktionen eines Steuerungszentrums übernimmt und eine Entscheidung rechtlich zu verantworten hat, die faktisch anderswo getroffen worden ist.[113] Hier wird ein nicht unerheblicher Teil der Aufgaben der **privaten Verfahrensgestaltung** überantwortet.[114] Überdies wird die Verwaltung in Situationen der Unsicherheit zunehmend darauf verwiesen, ihre Entscheidungen im Wege der vertikalen Eigensteuerung vorzustrukturieren, wie es in der Praxis mit den vor allem aus dem Steuerungsgedanken der Pläne[115] hervorgegangenen Konzepten und solche verlangenden Konzeptpflichten getan wird.[116]

Ermessenslenkende Bedeutung haben nicht nur **Verwaltungsvorschriften**, die (bei Unsicherheiten im Einzelnen) für die Gerichte bindend sein *können*.[117] Im Umwelt- und Risikorecht, aber auch im Regulierungsrecht wird der Umgang mit Unsicherheit verarbeitenden **Handlungskonzepten** wichtiger.[118] Hier, wie auch in der (umstrittenen) Figur des intendierten Ermessens[119], zeigt sich, wie die Steuerungspraxis neue Formen[120] generiert, an die Dogmatik und Kontrollen anknüpfen können.[121] So verlangt die Rechtsprechung von der Verwaltung ein

21a

---

nehmigung und Bewirtschaftungsermessen, NVwZ 2006, S. 1107 ff.; *Christof Sangenstedt*, Umweltgesetzbuch und integrierte Vorhabengenehmigung, ZUR 2007, S. 505 ff.; *Claudio Franzius*, Die integrierte Vorhabengenehmigung, in: Thilo Brandner u. a. (Hrsg.), Umweltgesetzbuch und Gesetzgebung im Kontext, 2008, S. 113 ff.; *Britta Welke*, Die integrierte Vorhabengenehmigung, 2010, S. 80 ff.

[113] Zur Konstruktion einer **vorwirkenden Legitimationsverantwortung** *Hans-Heinrich Trute*, Verwaltung und Verwaltungsrecht zwischen gesellschaftlicher Selbstregulierung und staatlicher Steuerung, DVBl 1996, S. 950 (955 f.); *ders.*, Funktionen der Organisation und ihre Abbildung im Recht, in: Schmidt-Aßmann/Hoffmann-Riem (Hrsg.), Verwaltungsorganisationsrecht, S. 249 (272 ff., 288 ff.). Dogmatisch von **Strukturschaffungspflichten** spricht *Martin Burgi*, Funktionale Privatisierung und Verwaltungshilfe, 1999, S. 378 ff.; *ders.*, Privat vorbereitete Verwaltungsentscheidungen und staatliche Strukturschaffungspflicht, DV, Bd. 33 (2000), S. 183 (200 ff.); zust. *Voßkuhle*, Beteiligung (Fn. 37) S. 296; *Franzius*, Gewährleistung (Fn. 52), S. 599 ff.

[114] Weitsichtig *Rainer Wahl*, Privatorganisationsrecht als Steuerungsinstrument bei der Wahrnehmung öffentlicher Aufgaben, in: Schmidt-Aßmann/Hoffmann-Riem (Hrsg.), Verwaltungsorganisationsrecht, S. 301 (325 ff.); zur Verfahrensprivatisierung → Bd. II *Appel* § 32 Rn. 1, 11 ff., 45 ff.

[115] Zu den Steuerungsleistungen von Plänen → Bd. II *Köck* § 37 Rn. 51 ff.

[116] Grundlegend *Schmidt-Aßmann*, Verwaltungsverantwortung (Fn. 92), S. 221 ff. Beispiel für ein förmliches Konzepterfordernis: § 8 Abs. 2 GPSG. Zum Einsatz von Konzepten im Überwachungsverfahren → Bd. III *Huber* § 45 Rn. 107.

[117] Zur Ermessensbindung durch gesetzeskonform erlassene Verwaltungsvorschriften *Gerhardt*, in: Schoch/Schmidt-Aßmann/Pietzner (Hrsg.), VwGO, § 114 Rn. 22; *Jestaedt*, Maßstäbe (Fn. 14), § 11 Rn. 65; zum Änderungsvorbehalt sachlicher Gründe BVerwGE 104, 220 (223); 126, 33 (51). Differenzierend → Bd. I *Ruffert* § 17 Rn. 72 ff.

[118] Ähnlich das Vergaberecht, wo die Vergabestelle zur internen Konzeptbildung in Leistungsbeschreibungen und Zuschlagskriterien verpflichtet ist, vgl. *Ferdinand Wollenschläger*, Verteilungsverfahren, 2010, S. 209 ff.; *Michael Fehling*, Der Eigenwert des Verfahrens im Verwaltungsrecht, VVDStRL, Bd. 70 (2011), S. 278 (317 f.).

[119] BVerwGE 72, 1 (6); 91, 82 (90); 105, 55 (57); → Bd. III *Schoch* § 50 Rn. 275 f. (m. w. N.).

[120] Zur „Formung von Normen" → Bd. II *Hoffmann-Riem* § 33 Rn. 36 ff.

[121] Vgl. *Eifert*, Verwaltungsrecht (Fn. 3), S. 317 ff. mit der Einordnung der Konzeptpflichten unter die „Grundkategorie" der Verwaltungsvorschriften. Zu Unterschieden → Bd. II *Röhl* § 30 Rn. 44.

Gesamtkonzept, wenn sie gegen „Schwarzbauten" vorgehen will[122] oder den Vorsorgegrundsatz nach § 5 Abs. 1 S. 1 Nr. 2 BImSchG für weiträumige Emissionen zur Anwendung bringt.[123] Um das **Optionenverhalten der Verwaltung** unter Ausnutzung ihrer Gestaltungsspielräume willkürfrei zu halten und in unsicheren Entscheidungssituationen eine (noch) rational nachvollziehbare Entscheidung zu sichern, reicht die Selbstbindungsdoktrin (Art. 3 Abs. 1 GG) unter dem Rückgriff auf die „ständige Verwaltungspraxis" nicht aus.[124] Vor allem im Regulierungsrecht helfen **Konzeptpflichten**, den (teilweise durch europäisches Sekundärrecht vorgegebenen) Verzicht auf eine materiell dichte Programmierung der Gestaltungsspielräume zu kompensieren[125] und einzelfallbezogene Entscheidungen (wie im Bereich der Entgeltregulierung) an **selbstprogrammierten Maßstäben** vergleich- und damit überprüfbar zu halten.[126] Auch ohne eine überformende Verrechtlichung[127], die im Namen der Rationalisierung stets Gefahr läuft, normativ gewollte Freiräume einzuschränken, bewirken derartige Selbstbindungen eine Stabilisierung der Verwaltungspraxis unter einer gesetzlich so kaum herstellbaren Revisionsoffenheit.[128]

22 Diese eigenständigen Leistungen der Verwaltung mehren Zweifel, ob die Ausrichtung der Verwaltungsrechtsdogmatik an der gebundenen Kontrollerlaubnis noch angemessen ist.[129] Ob die aufgaben- und problembezogene Steuerungsper-

---

[122] *OVG Brem.*, ZfBR 1995, S. 108; NVwZ 1995, S. 606 (607 f.); *Nds. OVG*, NVwZ-RR 1994, S. 249; s. a. *BVerfG (K)*, NVwZ 2005, S. 203 (behördliche Duldung).

[123] *BVerwGE* 69, 37 (45); dazu *Hans-Heinrich Trute*, Vorsorgestrukturen und Luftreinhalteplanung im Bundesimmissionsschutzgesetz, 1989, S. 86 ff.; funktional vergleichbar sind die europarechtlich geforderten Aktionspläne im Bereich der Luftreinhaltung und Lärmminderung; dazu und zum Bedeutungsanstieg exekutivischer Selbstprogrammierung → Bd. II *Hill* § 34 Rn. 58 f.

[124] Vgl. *Max-Jürgen Seibert*, Die Einwirkung des Gleichheitssatzes auf das Rechtsetzungs- und Rechtsanwendungsermessen der Verwaltung, in: FG BVerwG (Fn. 67), S. 535 (540).

[125] → Bd. II *Röhl* § 30 Rn. 37 („mittlere Konkretisierungsebene zwischen Gesetz und Anwendung, die eine Kompensation für die weggefallene Stabilisierungswirkung des Gesetzes bietet").

[126] Vgl. *Hans-Heinrich Trute*, Methodik der Herstellung und Darstellung verwaltungsrechtlicher Entscheidungen, in: Schmidt-Aßmann/Hoffmann-Riem (Hrsg.), Methoden, S. 293 (317 f.); für die Anreizregulierung nach § 21a EnWG *Wolfgang Spoerr*, Der Einfluss ökonomischer Modellbildung auf rechtliche Maßstäbe der Regulierung, in: Trute/Groß/Röhl/Möllers (Hrsg.), Allgemeines Verwaltungsrecht, S. 613 (634 ff.); ausf. zu den unterschiedlichen Funktionen und deren Einordnung *Andreas Müller*, Konzeptbezogenes Verwaltungshandeln, 1992, S. 72 ff., 176 ff.; *Burkard Wollenschläger*, Wissensgenerierung im Verfahren, 2009, S. 134 ff., 202 ff.

[127] Skeptisch gegenüber Verrechtlichungen *Schmidt-Aßmann*, Ordnungsidee, 6. Kap. Rn. 98 f.

[128] Woraus sich dann auch Grenzen exekutiver Konzeptbildung ergeben, etwa beim Einsatz **polizeilicher Konzepte** in Form statistisch belastbarer und dokumentierter Lagebeurteilungen für die ereignis- und verdachtslosen Schleierfahndungen, vgl. *MVVerfGH*, LKV 2000, S. 149 (156); *BayVerfGH*, NVwZ 2003, S. 1375 (1377); ähnlich *BVerfGE* 120, 378 (431). Jedenfalls bedürfen diese Konzepte der Einbindung in materiellrechtliche Steuerungszusammenhänge, vgl. *Hans-Heinrich Trute*, Grenzen des präventionsorientierten Polizeirechts in der Rechtsprechung des Bundesverfassungsgerichts, DV, Bd. 42 (2009), S. 85 (88 ff., 96 ff.).

[129] Beispielhaft erneut das Umweltrecht, wo Wissenschaft und Praxis mit § 83 UGB-KomE die Einführung einer **übergreifenden Integrationsklausel** zur Verbesserung der Steuerungsmöglichkeiten der Umweltverwaltung vorgeschlagen haben, vgl. *BMU* (Hrsg.), Umweltgesetzbuch (UGB-KomE), 1998, S. 595 ff. Eine steuerungswissenschaftliche Perspektive könnte die Umsetzung unionsrechtlicher Vorgaben (wie die halbherzige Umsetzung der IVU-Richtlinie bis heute zeigt) erleichtern. Das Immissionsschutzrecht offenbart eine **Renaissance der Planung**, am Beispiel der Aktionspläne *Reinhard Sparwasser/Rüdiger Engel*, Aktionspläne des Luftreinhalte- und Lärmschutzrechts im Spannungsfeld zwischen deutschem und europäischem Recht, NVwZ 2010, S. 1513 ff.; *Wolfgang Durner/Rasso Ludwig*, Paradigmenwechsel in der europäischen Umweltrechtsetzung, NuR 2008, S. 457 ff. Zur Einklagbarkeit solcher

spektive hieran etwas ändert, bleibt aber unsicher. Dies schon deshalb, weil sie *neben* der **rechtsaktbezogenen Dogmatik** ihren Platz finden soll.[130] Wegen des ausgeprägten Systemdenkens in der (deutschen) Verwaltungsrechtswissenschaft dürfte es allerdings unwahrscheinlich sein, dass die Wahl der Perspektive ohne Auswirkungen auf die jeweils andere Perspektive bleibt.[131] In dem Maße, wie die an den normativ gesteuerten *Wirkungen* ausgerichtete, damit aber nicht einfach als „politisch" abzuwertende **Gestaltungsperspektive** die auf die gebundene Entscheidung fixierte Dogmatik unter Rechtfertigungszwang bringt, eröffnet sich dadurch ein (begrenzter) Raum für (erwünschte) Anpassungsleistungen und die Umstellung des Rechts auf die *rechtswissenschaftliche* Thematisierung seiner Steuerungswirkungen. So geht es in der Formung[132] exekutiver Gestaltungsspielräume letztlich darum, das Recht in die Lage zu versetzen, diejenigen **dogmatischen Leistungen**[133] zu erbringen, die zur Strukturierung einer komplexen und nicht *per se* individualisierbaren Lebenswirklichkeit[134] erwartet werden.[135]

5. Leitbilder, Typen und Kodizes

Auf einer anderen Ebene liegt der viel beachtete Einsatz von Leitbildern, die als Hilfen der Orientierung, Koordinierung und Motivierung verstanden werden können.[136] Neben technischen Leitbildern[137] erfreuen sich **politische Leitbilder und -ideen** wachsender Beliebtheit.[138] Sie stecken den Rahmen für die

23

Pläne *EuGH*, Rs. C-237/07 – *Janecek*, Slg. 2008, I-6221, Rn. 39 f.; dazu *Rüdiger Breuer*, Klagbare Ansprüche auf Planung – Königsweg oder Holzweg des Rechtsschutzes?, in: FS Dieter Sellner, 2010, S. 493 ff.

[130] In diese Richtung *Voßkuhle*, Beteiligung (Fn. 37), S. 275 ff., 299 ff.; *ders.*, Methode und Pragmatik im Öffentlichen Recht, in: Hartmut Bauer u. a. (Hrsg.), Umwelt, Wirtschaft und Recht, 2002, S. 171 (188 ff.); daran anschließend *Bumke*, Methodik (Fn. 38), S. 107; *ders.*, Relative Rechtswidrigkeit (Fn. 15), S. 262 mit der vielerorts aufgegriffenen Feststellung: „Die Frage ist nicht, welches die bessere oder richtige Perspektive ist, sondern ob man sich mit einem bloßen Nebeneinander abfinden muss oder sich die Betrachtungsweisen erkenntnisfördernd **verklammern** lassen."

[131] A. A. *Markus Pöcker*, Fehlende Kommunikation und die Folgen, DV, Bd. 37 (2004), S. 509 ff. („Abschottung").

[132] Zu „Ambivalenzen" von Formungen → Bd. II *Hoffmann-Riem* § 33 Rn. 85 ff.

[133] Damit wird der Dogmatik jene Statik genommen, die es der Verwaltungsrechtswissenschaft erschwert, auch Zukunfts- und Gestaltungsfragen zum Thema zu machen, vgl. *Michael Kloepfer*, Zukunft und Recht, in: FS Martin Lendi, 1998, S. 253 (263 ff.); *ders.*, Prospektive Rechtswissenschaft, in: FS Werner Hoppe, 2000, S. 111 ff.; zurückhaltender *Markus Pöcker*, Stasis und Wandel der Rechtsdogmatik, 2007, S. 141 ff.; *Rainer Schröder*, Verwaltungsrechtsdogmatik im Wandel, 2007, S. 171 ff.

[134] A. A. *Oliver Lepsius*, Risikosteuerung durch Verwaltungsrecht: Ermöglichung oder Begrenzung von Innovationen?, VVDStRL, Bd. 63 (2004), S. 264 (288 ff.).

[135] Sehr weit im Sinne einer **Gesellschaftssteuerung** *Eifert*, Verwaltungsrecht (Fn. 3), S. 308, der von einem „Abgleich der Leistungen des Verwaltungsrechts mit seinen normativen Ansprüchen" für steuerungswissenschaftliche Anpassungen der Dogmatik spricht. Zurückhaltender *Appel*, Verwaltungsrecht (Fn. 3), S. 262 mit dem Hinweis auf eine fortbestehende **Scharnierfunktion der Gesetzesbindung**. Soweit die Gesetzesbindung reiche, müsse ihr durch Rechtsanwendung nach „klassischem rechtsaktbezogenem Methodenverständnis" Rechnung getragen werden. Wo die Gesetzesbindung und damit der Bereich der Rechtsanwendung endeten, beginne der rechtserzeugende Teil der Rechtsverwirklichung. In diesem **Rechtserzeugungsraum** sei Platz für steuerungswissenschaftliche Überlegungen. Das entschärft die Kritik von *Bernd Grzeszick*, Anspruch, Leistungen und Grenzen steuerungswissenschaftlicher Ansätze für das geltende Recht, DV, Bd. 42 (2009), S. 105 (115 f., 118 f.).

[136] *Hoffmann-Riem*, Methoden (Fn. 50), S. 24.

[137] Vgl. *Meinolf Dierkes/Ute Hoffmann/Lutz Marz*, Leitbild und Technik. Zur Entstehung und Steuerung technischer Innovationen, 1992.

[138] Siehe etwa *Sybille Stöbe*, Verwaltungsreform durch Organisationsentwicklung – Leitbilder als Instrumente einer Modernisierungsstrategie, in: Fritz Behrens u. a. (Hrsg.), Den Staat neu denken –

Suche nach Problemlösungen für neue Herausforderungen ab und transportieren eine deutungsoffene Vorstellung bestimmter Anschauungen (zumeist von Wandel[139] oder Modernität[140]) in die Praxis rechtswissenschaftlichen Arbeitens. Trotz der notorischen Bilderfeindlichkeit des Rechts kann sich wegen seiner Steuerungswirkungen die Rechtswissenschaft nicht länger dem Umgang mit Bildern verschließen.[141] Das gilt auch für den Einsatz von Leitbildern in der Anwendung des Verfassungsrechts, wo nicht nur punktuell mit Leitbildern des Bundestagsabgeordneten[142] oder des Vollzeitbeamten[143] operiert wird, sondern auch ein textausfüllendes **Leitbild des demokratischen Prozesses**[144] eine Rolle spielt, das wegen seiner praktischen Auswirkungen für die Normkonkretisierung jenseits der überlieferten Auslegungskanones auf eine rechtswissenschaftliche Sichtbarmachung, Bearbeitung und Disziplinierung drängt.[145] Schon der Schlüsselbegriff der „Steuerung" ist ein wirkungsmächtiges Leitbild, das alltagssprachlich auf die Navigation des Staatsschiffes hindeutet[146] und in der Metapher vom „Steuern statt Rudern" eine gewisse Popularität erlangt hat.[147] **Staats- und Verwaltungsleitbilder** bündeln, was sich hinter dem Begriff zu verbergen scheint, und „kommunizieren" eine Dynamik mit (zumeist) offenem Ausgang.[148] Der Steuerungsgehalt von Bildern wie des *schlanken* Staates[149] oder des *aktivierenden*

Reformperspektiven für die Landesverwaltungen, 1995, S. 129 ff.; *Jan Karstens,* Rechtliche Steuerung von Umweltinnovationen durch Leitbilder: Leitbilder als materieller Kern von regulierter Selbstregulierung, in: Martin Eifert/Wolfgang Hoffmann-Riem (Hrsg.), Innovation und rechtliche Regulierung, 2002, S. 50 ff.; → Bd. I *Voßkuhle* § 1 Rn. 42.

[139] Dazu *Rüdiger Nolte,* Changemanagement in der öffentlichen Verwaltung, VerwArch, Bd. 96 (2005), S. 243 (246 ff.).

[140] Siehe etwa *Ralf Kleindiek,* Moderner Staat – moderne Verwaltung. Leitbild und Programm der Bundesregierung, PersV 2000, S. 508 ff.

[141] *Gunnar Folke Schuppert,* Bilderverbot? Einige verfassungsrechtliche Überlegungen zu den Grenzen visueller Kommunikation, in: Günter Frankenberg/Peter Niesen (Hrsg.), Bilderverbot. Recht, Ethik und Ästhetik der öffentlichen Darstellung, 2004, S. 70 ff.; zur Bedeutung von Bildern im Recht auch *Klaus F. Röhl,* Das Recht nach der visuellen Zeitenwende, JZ 2003, S. 339 ff.; *ders./Stefan Ulbrich,* Visuelle Kommunikation, ZfRSoz, Bd. 21 (2000), S. 355 ff.

[142] *BVerfGE* 118, 277 (300 ff., 327 ff., 338 ff.).

[143] *BVerfG,* DVBl 2008, S. 1051 ff.

[144] Näher *Uwe Volkmann,* Leitbildorientierte Verfassungsanwendung, AöR, Bd. 134 (2009), S. 157 (162 ff.). Zu Leitbildern als ungeschriebenem Kern der Verfassung *ders.,* Verfassungsrecht zwischen normativem Anspruch und politischer Wirklichkeit, VVDStRL, Bd. 67 (2008), S. 57 (67 ff.).

[145] Anderenfalls drohen *Reflexionsdefizite,* so die Formulierung bei *Martin Morlok,* Reflexionsdefizite in der deutschen Staatsrechtslehre, in: Schulze-Fielitz (Hrsg.), Staatsrechtslehre (Fn. 39), S. 49 ff.

[146] Siehe etwa *Helmut Klages,* Steuerung des Wohlfahrtsstaates als Aufgabe, in: Herbert v. Arnim/ders. (Hrsg.), Probleme der staatlichen Steuerung und Fehlsteuerung in der Bundesrepublik Deutschland, 1986, S. 23 ff.

[147] *David Osborne/Ted Gaebler,* Reinventing Government, 1992; aufgegriffen in der Aussprache der Dresdener Staatsrechtslehrertagung zu den Referaten von *Matthias Schmidt-Preuß* und *Udo Di Fabio,* Verwaltung und Verwaltungsrecht zwischen gesellschaftlicher Selbstregulierung und staatlicher Steuerung, VVDStRL, Bd. 56 (1997), S. 283 ff. Das Bild des Schiffes auch bei *Appel,* Verwaltungsrecht (Fn. 3), S. 277 („Arbeiten an einem Schiff auf offener See").

[148] Zu Diskursen über den Wandel von Staatlichkeit illustrativ *Gunnar Folke Schuppert,* Staat als Prozess. Eine staatstheoretische Skizze in sieben Aufzügen, 2010.

[149] Dazu Sachverständigenrat *„Schlanker Staat"* (Hrsg.), Abschlussbericht, Bd. 1–3, 1997; *Klaus König/ Natascha Füchtner,* „Schlanker Staat" – eine Agenda der Verwaltungsmodernisierung im Bund, 2000; → Bd. I *Voßkuhle* § 1 Rn. 62.

Staates¹⁵⁰ erweist sich als erheblich.¹⁵¹ Leitbilder bestimmen darüber, ob Sachverhalte als regelungsbedürftig und damit als potentielle Rechtsprobleme überhaupt „gesehen" werden. Sie können als konsensfähige Gerechtigkeitsvorstellungen ebenso zu Recht „gerinnen" wie als gefestigte Rechtsauffassungen im Laufe der Zeit „dahinschmelzen" und hinter andere Zielvorstellungen zurücktreten.¹⁵²

An Leitbildern orientieren sich nicht nur Unternehmen, sondern auch die Verwaltung im Modernisierungsprozess. Über Leitbilder des New Public Management (NPM)¹⁵³ werden Diskurse gesteuert, Identifikationsangebote unterbreitet und normativ auf ein **leitbildadäquates Verhalten** hingewirkt. Kommunen geben sich ein Leitbild, ein „Neues Leitbild Schule" wird entworfen¹⁵⁴ und die gesetzlichen Zweckbestimmungen mit Leitbildern ausgefüllt wie zugleich überformt. Leitbilder können einen rechtlichen Verdichtungsprozess anstoßen, werden aber auch bestehenden Normkomplexen entnommen. Eine große Rolle spielen sie in der Raumordnung etwa mit dem „städtebaulichen Leitbild" des BauGB¹⁵⁵ oder im Umweltrecht zur Bestimmung des Schutzkonzepts¹⁵⁶, aber auch konkret, etwa mit der zunächst bildhaft genutzten Kreislaufwirtschaft („von der Wiege bis zur Bahre"), dem wirkungsmächtigen Bild der Nachhaltigkeit oder dem Drei-Liter-Auto.¹⁵⁷ Die **Rechtsprechung** nutzt Leitbilder in vielfältiger Weise, vor allem zur Bündelung gesetzgeberischer Zielvorstellungen. Sie legt dem Einigungsvertrag ein „Leitbild"¹⁵⁸ zugrunde, sieht berufliche Leitbilder in Ausbildungsordnungen oder im Begriff des Berufsbeamtentums¹⁵⁹ und misst konkrete Planungsprozesse an „rechtlich gebotenen" Leitbildern.¹⁶⁰ Leitbilder

24

---

¹⁵⁰ Dazu jüngst *Bernhard Blanke*, Vom aktiven zum aktivierenden Staat. Leitbilder, Konzepte und Strategien zur Reform des öffentlichen Sektors, 2005; → Bd. I *Voßkuhle* § 1 Rn. 63 f.

¹⁵¹ Zum „Staatsleitbild des sozialen Rechtsstaates" s. *BVerfGE* 17, 306 (309); zur Bündelungsfunktion von Leitbildern *Göttrik Wewer*, Leitbilder und Verwaltungskultur, in: Bernhard Blanke u. a. (Hrsg.), Handbuch zur Verwaltungsreform, 2. Aufl. 2001, S. 155 ff. (159); zu verwaltungspolitischen Leitbildern *Werner Jann*, Der Wandel verwaltungspolitischer Leitbilder: Von Management zu Governance?, in: Klaus König (Hrsg.), Deutsche Verwaltung an der Wende zum 21. Jahrhundert, 2003, S. 279 ff.; zum Leitbild „Governance" *ders.*, Governance als Reformstrategie – Vom Wandel und der Bedeutung verwaltungspolitischer Leitbilder, in: Schuppert (Hrsg.), Governance-Forschung (Fn. 6), S. 21 ff.; allg. *Herfried Münkler*, Politische Bilder, Politik der Metaphern, 1994.

¹⁵² Vgl. *Reinhold Zippelius*, Verhaltenssteuerung durch Recht und kulturelle Leitideen, 2004, S. 30 f.; im Sinne einer „verwaltungskulturellen Steuerung"→ Bd. I *Schuppert* § 16 Rn. 68. Für das Festhalten an einem eher bewahrenden Leitbild (der Kommunikationstechnologien und Medienmärkte) etwa *BVerfGE* 119, 181 (214 ff.).

¹⁵³ → Bd. I *Voßkuhle* § 1 Rn. 50 ff.

¹⁵⁴ So etwa für das Berliner Schulgesetz, vgl. Senatsverwaltung für Bildung, Jugend und Sport (Hrsg.), Schulgesetz für Berlin. Qualität sichern, Eigenverantwortung stärken, Bildungschancen verbessern, 2004, S. 5 ff.

¹⁵⁵ Siehe etwa *BVerwGE* 117, 25 ff.

¹⁵⁶ Zum Wandel dieser Leitbilder *Moritz Reese*, Leitbilder des Umweltrechts: Zur Zukunftsfähigkeit leitender Schutzkonzepte, ZUR 2010, S. 339 ff.

¹⁵⁷ Zur Steuerungswirkung nicht-normierter Leitbilder *Karstens*, Steuerung (Fn. 138), S. 76 f.; allg. auch *Gertrude Lübbe-Wolff*, Symbolische Umweltpolitik, 2000, S. 37 ff. Leitbildfunktion hat auch die Produktverantwortung nach § 22 KrW-/AbfG für die Rechtsverordnungsermächtigungen nach §§ 23 f. KrW-/AbfG; s. a. *Guy Beaucamp*, Das Konzept der zukunftsfähigen Entwicklung im Recht: Untersuchungen zur völkerrechtlichen, europarechtlichen, verfassungsrechtlichen und verwaltungsrechtlichen Relevanz eines neuen politischen Leitbildes, 2002, S. 242 ff.

¹⁵⁸ So *BVerwGE* 101, 143 (145 f.).

¹⁵⁹ Vgl. *BVerwGE* 110, 363 (366 f.).

¹⁶⁰ So für die Zugrundelegung eines naturschutzfachlichen Leitbildes *BVerwG*, NVwZ 1999, S. 532 (534).

sind etwas anderes als Prinzipien oder Werte, erfüllen aber ähnliche Funktionen.[161] Es sind Bilder, die Vertrauen wecken sollen und etwas „Gutes" abbilden, etwa von „guter" Gesetzgebung, von „guter" Verwaltung oder des „guten" Regierens.[162] Sie „erzählen" etwas, was den Texten nicht unmittelbar entnommen werden kann und legen den Eindruck nahe, es handele sich um eine postmoderne Antwort auf das Ende der Vertextung des Staates.

25 Leitbilder erlauben es, den Blick *hinter* Regelungen zu richten. Die Rechtswissenschaft orientiert sich am Normtext und sieht Rechtsstaatlichkeit (noch immer) primär in der Verschriftlichung angelegt. Abschottungen erschweren es jedoch, die Wirkungsmacht von Bildern als Subtexte einzufangen. Dass dies jedenfalls *auch* zu leisten ist, liegt wegen der Gemeinsamkeiten zwischen Begriffen und Bildern nahe, die – in einer konstruktivistischen Perspektive[163] – entstehen lassen, was sie bezeichnen. Bilder sind Entwürfe[164] und lenken das Denken in eine Richtung. Sie steuern Interpretationsanstrengungen durch Entlastungswirkungen und arbeiten mit Plausibilitäten, was Argumente freilich auch in gefährlicher Weise ersetzen kann. In die Nähe eines **belief-systems** gerückt, können Bilder die Auseinandersetzung mit verschwiegenen Anteilen des Rechts erzwingen. So liegt die Besonderheit von Bildern im überschießenden Deutungsgehalt und nicht selten darin, dass eine Normierung vermieden wird.[165] Leitbilder (und deren erfahrbarer Wandel) regen zum Nachdenken darüber an, ob eine bestimmte Rhetorik noch angemessen ist. Deutungsdivergenz und **normative Valenz**[166] drängen auf eine Beschäftigung durch die Rechtswissenschaft, die sich davon befreien muss, in Bildern lediglich eine abzuwehrende „Verdunkelungsgefahr" zu sehen. Leitbilder müssen vielmehr vor dem Hintergrund ihrer aufdeckenden und durchaus „erhellenden" Funktion gesehen werden, die Prämissen rechtswissenschaftlichen Denkens nicht länger unreflektiert zu lassen.[167]

---

[161] Vgl. *Volkmann*, Leitbildorientierte Verfassungsanwendung (Fn. 144), S. 173 f.

[162] Zum Topos „guter Gesetzgebung" *Gunnar Folke Schuppert*, Gute Gesetzgebung, ZG 2003, S. 1 ff.; die „gute Verwaltung" hat eine prominente Aufwertung in der europäischen Grundrechte-Charta gefunden, vgl. Art. 41 GrCh („Recht auf gute Verwaltung"); auch das „gute Regieren" wird vor allem europawissenschaftlich in die Rechtswissenschaft eingespeist, statt vieler *Christian Joerges*, „Good Governance" im Europäischen Binnenmarkt: Über die Spannungen zwischen zwei rechtswissenschaftlichen Integrationskonzepten und deren Aufhebung, EuR 2002, S. 17 ff. Darin wird deutlich, dass die *Form* des Leitbildes auf die *Qualität* der Rechtsbildung verweist, vgl. in diesem Sinne auch *Volkmann*, Leitbildorientierte Verfassungsanwendung (Fn. 144), S. 167 f. u. passim.

[163] So jetzt auch *Hoffmann-Riem*, Methoden (Fn. 50), S. 30 f.; radikal *Friedrich Müller*, Juristische Methodik, 7. Aufl. 1997, Rn. 531; zum Regelskeptizismus *Fritjof Haft*, Juristische Rhetorik, 5. Aufl. 1995, S. 11 f.

[164] Weiterführend *Susanne Baer*, Schlüsselbegriffe, Typen und Leitbilder als Erkenntnismittel und ihr Verhältnis zur Rechtsdogmatik, in: Schmidt-Aßmann/Hoffmann-Riem (Hrsg.), Methoden, S. 223 ff. (243).

[165] Vgl. *Hoffmann-Riem*, Verwaltungsverfahren (Fn. 82), S. 46, 54.

[166] *Andreas Voßkuhle*, Der Dienstleistungsstaat, Der Staat, Bd. 40 (2001), S. 495 ff. (509). Zur Ausprägung eines „Dienstleistungsverwaltungsrechts" *Franz Reimer*, Qualitätssicherung, 2010.

[167] Die Berücksichtigung von Leitbildern in der Rechtsanwendung ist damit nicht in Bausch und Bogen als methodisch unzulässige Normkonkretisierung zu verwerfen. Das gilt auch für die Verfassungspraxis, die sich von methodischen Reinheitsgeboten selten, von sinnstiftenden und in den gesellschaftlichen Bereich überwirkenden **Orientierungsmarken** dagegen häufig leiten lässt, damit aber Belastungsgrenzen der (traditionellen) Dogmatik akzeptiert. Das kann man bedauern (vgl. *Bernhard Schlink*, Abschied von der Dogmatik, JZ 2007, S. 157 ff.) oder als Pluralisierung des Zugangs deuten, vgl. *Helmuth Schulze-Fielitz*, Staatsrechtslehre als Wissenschaft, in: ders. (Hrsg.), Staatsrechtslehre (Fn. 39), S. 11 (35 ff.). Handlungsanleitende Leitbilder übernehmen teilweise Funktionen von

A. Formen des (Verwaltungs-)Rechts

26 Es ist auch keineswegs so, dass die Verwendung von Leitbildern dem Recht bislang unbekannt geblieben wäre. Viele sind von ihm selbst geschaffen worden – wie das viel bemühte Menschenbild des Grundgesetzes[168] oder das viel kritisierte Verbraucherleitbild des Europarechts.[169] Leitbilder beziehen sich auf Akteure, Steuerungsformen oder Ideen[170] und enthalten oft übergreifende Verwendungsweisen, die gerade als **Nicht-Rechtsbegriffe** von Nutzen sein können, da sie bildliche Vorstellungen hervorrufen, von denen sich die Verwaltung „anleiten" lässt. In der ausdifferenzierten Welt bringen Leitbilder das Bedürfnis nach dem „großen Ganzen" zum Ausdruck.[171] Sie transportieren keine wissenschaftlich zerlegte Einzelperspektive, sondern ein Ordnungsbild als Gerechtigkeitspostulat, charakterisiert – wie sich an der **Begriffskarriere des Gewährleistungsstaates** ablesen lässt[172] – durch das Zusammenwirken verschiedener Elemente.

27 Diese Offenheit löst indes auch Irritationen im Umgang mit Leitbildern aus. Entweder werden diese von der semantischen Seite des regulativen „Leitens" aus beobachtet und in die Nähe der Vision oder sogar Mission gerückt.[173] Oder man begnügt sich mit bildlichen Deutungen von Institutionen, die eine kulturwissenschaftlich inspirierte Perspektive nicht mehr im Bereich des Subjektiven verorten will. Begriffen als **sedimentations of meanings**[174] öffnet sich das Ver-

---

Dogmatik, was ein (erneuerndes) Zurückwirken auf diese ermöglicht, vgl. in diesem Sinne *Volkmann*, Leitbildorientierte Verfassungsanwendung (Fn. 144), S. 179 f., 186; *ders.*, Rechtsgewinnung aus Bildern – Beobachtungen über den Einfluss dirigierender Hintergrundvorstellungen auf die Auslegung des heutigen Verfassungsrechts, in: Julian Krüger u.a. (Hrsg.), An den Grenzen der Rechtsdogmatik, 2010, S. 77 ff.

[168] Vgl. *BVerfGE* 12, 45 (51); 27, 1 (6); aus dem Schrifttum statt vieler *Matthias Schmidt-Preuß*, Menschenwürde und „Menschenbild" des Grundgesetzes, in: FS Christoph Link, 2003, S. 921 (930 ff.); zum „Parlamentsbild" des Grundgesetzes *Martin Morlok*, Informalisierung und Entparlamentarisierung politischer Entscheidungen als Gefährdungen der Verfassung, VVDStRL, Bd. 62 (2003), S. 37 (64 ff., 79) und zum auf Qualitätssicherung ausgerichteten „Leitbild" für den parlamentarischen Gesetzgeber *Wolfgang Hoffmann-Riem*, Gesetz und Gesetzesvorbehalt im Umbruch, AöR, Bd. 130 (2005), S. 5 (60 f.). Vielfach ist auch vom „Leitbild" des Individualrechtsschutzes die Rede, vgl. *Jürgen Schwarze*, Der Rechtsschutz Privater vor dem Europäischen Gerichtshof, DVBl 2002, S. 1297 ff. Damit sind zentrale Argumentationsfiguren des Rechts *auch* Leitbilder.

[169] Krit. *Katrin Seibt*, Das europäische Verbraucherleitbild – ein Abschied von der Verwechselungsgefahr als Rechtsfrage, GRUR 2002, S. 465 ff. Zur Verarbeitung im Regulierungsrecht *Claudio Franzius*, Schutz der Verbraucher durch Regulierungsrecht, DVBl 2010, S. 1086 (1091 f.).

[170] So in der Unterscheidung zwischen „imperativem" Steuerungsleitbild – vgl. *Bizer/Führ*, Regulierung (Fn. 28), S. 4 – und „responsivem" Steuerungsleitbild – so *Martin Führ*, Der Grundsatz der Verhältnismäßigkeit als methodischer Brückenschlag, in: Bizer/ders./Hüttig (Hrsg.), Regulierung (Fn. 28), S. 91 (107), zum normativen Leitbild bürgerlicher Öffentlichkeit → Bd. II *Rossen-Stadtfeld* § 29 Rn. 76 ff.

[171] Vgl. *Jann*, Wandel (Fn. 151), S. 283; zust. *Baer*, Leitbilder (Fn. 164), S. 248.

[172] Näher *Claudio Franzius*, Der Gewährleistungsstaat, VerwArch, Bd. 99 (2008), S. 351 ff.

[173] Steuerungstheoretisch und „innovationspolitisch" nähern sich Ziele und Leitbilder an, vgl. *Wolfgang Hoffmann-Riem*, Innovationssteuerung durch die Verwaltung. Rahmenbedingungen und Beispiele, DV, Bd. 33 (2000), S. 155 (179); krit. *Baer*, Leitbilder (Fn. 164), S. 236 f., 240. Die Problematik von „Bildern" zeigt sich auch daran, wenn sie dem Grundgesetz zugeschrieben werden, um die Unvereinbarkeit einer Theorie mit der Verfassungsordnung darzulegen, so in der Kontrastierung von Menschenbild und Systemtheorie bei *Oliver Lepsius*, Steuerungsdiskussion, Systemtheorie und Parlamentarismuskritik, 1999, S. 52 ff.

[174] Vgl. *Gunnar Folke Schuppert*, Governance im Spiegel der Wissenschaftsdisziplinen, in: ders. (Hrsg.), Governance-Forschung (Fn. 6), S. 434 unter Bezugnahme auf *Richard Scott*, Institutions and Organizations, 1995, S. 40 f.

ständnis von Institutionen dann einer Vielfalt von Argumenten und Konzepten, von Szenarien, rhetorischen Metaphern und Figuren sowie von Traditionen und Kulturen.[175] In dieser irritierenden Offenheit liegt die **Ambivalenz von Leitbildern**[176] begründet. Anstelle der Arbeit an Begriff und Argumenten eingesetzt, bergen sie vermutlich noch kaum hinreichend erkannte Gefahren, um deren Bändigung das Recht bemüht sein muss. Es kann aber kein Zweifel daran bestehen, dass das geschriebene Recht zu einem guten Teil davon lebt, die Steuerung des gesellschaftlichen Wandels nicht allein schultern zu müssen. Deshalb fallen Leitbilder nicht in den „außerrechtlichen" Bereich. Vielmehr liefert das Recht den Rahmen für die Maßgeblichkeit von Leitbildern, deren Anwendung jedoch Orientierung nur in einer gewissen Deutungsvarianz verleiht.

27a Kurz: Statt den Umgang mit Leitbildern zu ignorieren, muss es der Verwaltungsrechtswissenschaft um die Entwicklung von Regeln gehen, welche den Einsatz von Leitbildern in der **Rechtsverwirklichung** rationalisieren und nachvollziehbar machen. Wenn es richtig ist, dass sich das Normprogramm über Leitbilder konkretisiert, bedarf es hierauf zugeschnittener Regeln, die sich in drei Gruppen[177] unterscheiden lassen können, nämlich für die Bildung der Leitbilder in **Such- und Begründungsregeln** (wie Methodenehrlichkeit, Transparenz, Offenheit etc.), für die Vermeidung einer interpretatorischen Beliebigkeit in **Arbeits- und Anwendungsregeln** (wie dem Gebot kohärenter Begründung und die Verdeutlichung der Ableitungszusammenhänge für Rechtsfolgen) sowie auf einer dritten Ebene in näher zu entfaltende **Begrenzungs- und Stoppregeln** zur Vermeidung „textferner" Rechtsfolgen, gegebenenfalls gekoppelt mit dem Gebot der problemlösenden Rückverweisung an den politischen Prozess.

28 Stärker das Schließungsmoment und die Notwendigkeit einer Engführung betonen demgegenüber **Typen.**[178] Näher entfalten lassen sich Staatstypen und ihnen korrespondierende Bürgertypen[179] ebenso wie Typen der Verwaltungsorganisation und Regelungstypen.[180] In der Unübersichtlichkeit des Wandels sind typisierende Einordnungen der Steuerungsfaktoren umso wichtiger, je stärker die zweiwertige Begriffsbildung zugunsten **skalierender Begriffe** aufgegeben wird. Bei aller Unschärfe, die mit nur „richtungsweisenden" Typen verbunden ist, kommt in ihnen das wachsende Bedürfnis zum Ausdruck, den Raum zwischen zwei, in der Regel begrifflich scharf umrissenen Polen in eine Ordnung zu bringen. Beispielhaft sei auf die Fülle entwickelter Verwaltungstypen verwiesen.[181] Auch der Typus „regulierter Selbstregulierung" zwischen hoheitlicher

---

[175] *Jann*, Leitbilder (Fn. 151), S. 283.
[176] Nutzen und Gefahren bilanzierend *Voßkuhle*, Dienstleistungsstaat (Fn. 166), S. 495 ff.; bezogen auf den Gewährleistungsstaat knapp *Claudio Franzius*, Vom Gewährleistungsstaat zum Gewährleistungsrecht, in: Gunnar Folke Schuppert (Hrsg.), Der Gewährleistungsstaat – Ein Leitbild auf dem Prüfstand, 2005, S. 53 (54 ff.).
[177] Im Anschluss an *Volkmann*, Leitbildorientierte Verfassungsanwendung (Fn. 144), S. 187 ff.
[178] Zur Unterscheidung *Baer*, Leitbilder (Fn. 164), S. 230 f.
[179] Dazu *Susanne Baer*, Die Konstruktion des „Bürgers" im Verwaltungsrecht, 2006, S. 83 ff.
[180] Ein Entwurf der Zuordnungen findet sich bei *Gunnar Folke Schuppert*, Das Konzept der regulierten Selbstregulierung als Bestandteil einer als Regelungswissenschaft verstandenen Rechtswissenschaft, DV, Beiheft 4, 2001, S. 201 (202 ff.); s. bereits *Eike v. Hippel*, Regelungstypen, ZG 1987, S. 1 ff.
[181] Zu den Typologien s. nur *Werner Jann*, Politik und Verwaltung im funktionalen Staat, in: FS Carl Böhret, 1998, S. 253 ff.; ihm folgend *Schuppert*, Verwaltungswissenschaft, S. 62 ff.; zur Verwendung von Typen im Verwaltungsrecht *Michael Fehling*, Verwaltung zwischen Unparteilichkeit und Gestaltungsaufgabe, 2001, S. 93 ff.; zur Typenbildung im Verfahrensrecht *Andreas Voßkuhle*, Strukturen und

A. Formen des (Verwaltungs-)Rechts

Regulierung und gesellschaftlicher Selbstregulierung gehört hierher.[182] Dabei darf nicht übersehen werden, dass die Typenbildung zu den ureigenen Systematisierungsaufgaben der Rechtswissenschaft zählt,[183] die im Bemühen um Rezeptionsoffenheit in dieser Hinsicht erleichterten Anschluss an die sozialwissenschaftliche Theoriebildung findet. Typen, zu denen etwa auch die Verdichtung einzelner Verfahrensbausteine zu neuen Verfahrenstypen[184] gehört, haben zunächst lediglich deskriptiv-analytische Funktionen und bringen „Funktionsveränderungen" auf einen Begriff, der sodann die Qualität eines **„Schlüsselbegriffs"**[185] erhalten kann, regelmäßig aber als solcher noch keinen Rechtsbegriff darstellt.[186] Auch im Falle von Leitbildern und Typen darf ein „Nebeneinander" der Perspektiven nicht zur Entkoppelung der Diskurse führen, sondern muss auf Verbindung und – für die Verwaltungsrechtswissenschaft in ihrer disziplinären Identität[187] – auf wechselseitiges Lernen angelegt sein.

Erhebliche Bedeutung kommt schließlich **Verhaltenskodizes** zu, in denen sich **29** Akteure auf bestimmte Regeln zu einem Handeln einigen.[188] Zumeist werden sie dem Bereich der gesellschaftlichen „Selbstregulierung" zugeordnet, wobei unklar bleibt, was unter diesem *soft law*[189] im Einzelnen zu verstehen ist.[190] Erstellt

---

Bauformen neuer Verfahren, in: Hoffmann-Riem/Schmidt-Aßmann (Hrsg.), Verwaltungsverfahren, S. 277 (284 ff.); ausf. → Bd. II *Schneider* § 28 Rn. 158 ff.; zur Ausdifferenzierung von Vertragstypen *Hartmut Bauer*, Verwaltungsrechtliche und verwaltungswissenschaftliche Aspekte der Gestaltung von Kooperationsverträgen bei Public Private Partnerships, DÖV 1998, S. 89 ff.; ausf. → Bd. II *Bauer* § 36 Rn. 34 ff. Aber längst findet sich auch in der Lehre vom Verwaltungsakt eine Ausdifferenzierung an Typen → Bd. II *Bumke* § 35 Rn. 87 ff.

[182] Grundlegend *Wolfgang Hoffmann-Riem*, Öffentliches Recht und Privatrecht als wechselseitige Auffangordnungen, in: Hoffmann-Riem/Schmidt-Aßmann (Hrsg.), Auffangordnungen, S. 261 (301 ff.); s.a. *Schmidt-Preuß* und *Di Fabio*, Verwaltung (Fn. 147), S. 160 ff., 235 ff. und die Beiträge in DV, Beiheft 4, 2001; ferner *Michael Kloepfer*, Instrumente des Technikrechts, in: Martin Schulte (Hrsg.), Handbuch des Technikrechts, 1. Aufl. 2003, S. 111 (123); *Claudio Franzius*, Strukturmodelle des europäischen Telekommunikationsrechts, EuR 2002, S. 660 (678 f.); *Anselm C. Thoma*, Regulierte Selbstregulierung im Ordnungsverwaltungsrecht, 2008, S. 30 ff., 357 ff.; zur von der Europäischen Kommission verwendeten Terminologie der **Ko-Regulierung** *Ines Härtel*, Handbuch der europäischen Rechtsetzung, 2006, S. 445 ff.; → Bd. II *Hoffmann-Riem* § 33 Rn. 80, *Hill* § 34 Rn. 79 f.; systematisch zum Ganzen → Bd. I *Eifert* § 19 Rn. 52 ff.

[183] → Bd. I *Voßkuhle* § 1 Rn. 5.

[184] Vgl. *Voßkuhle*, Strukturen (Fn. 181), S. 284 ff.; exemplarisch *Elke Gurlit*, Der Eigenwert des Verfahrens im Verwaltungsrecht, VVDStRL, Bd. 70 (2011), S. 227 (248 ff.); *Fehling*, Eigenwert (Fn. 118), S. 325 ff.; → Bd. II *Schmidt-Aßmann* § 27 Rn. 77 ff., *Schneider* § 28 Rn. 161 ff., *Röhl* § 30 Rn. 48 ff. Gegenwärtig diskutiert wird z.B. die Aufnahme eines Verfahrens für eine integrierte Vorhabengenehmigung im VwVfG als ein Angebot für den Fachgesetzgeber.

[185] Zur Bedeutung von Schlüsselbegriffen *Andreas Voßkuhle*, „Schlüsselbegriffe" der Verwaltungsrechtsreform, VerwArch, Bd. 92 (2001), S. 184 (194 ff.); den problemerschließenden Gehalt hervorhebend *Zippelius*, Verhaltenssteuerung (Fn. 152), S. 160; → Bd. I *Voßkuhle* § 1 Rn. 40 ff.

[186] Überzeugend *Baer*, Leitbilder (Fn. 164), S. 229 f.

[187] Prägend für diese ist nicht nur ein „Öffnen und Schließen" insbes. gegenüber den Sozialwissenschaften, vgl. im Anschluss an die Terminologie von *Bumke*, Methodik (Fn. 38), S. 122 f. statt vieler *v. Arnauld*, Wissenschaft (Fn. 43), S. 94 ff. Auch der seit jeher gepflegte Binnendiskurs wäre durch „Lagerbildungen" gefährdet, die im Vergleich zu anderen Disziplinen (bisher) ausgeblieben sind.

[188] Einordnung → Bd. I *Ruffert* § 17 Rn. 79.

[189] Begriff und Einordnung: *Matthias Knauff*, Der Regelungsverbund: Recht und Soft Law im Mehrebenensystem, 2010, S. 213 ff.; s.a. *Jürgen Schwarze*, Soft Law im Recht der Europäischen Union, EuR 2011, S. 3 ff.

[190] Vgl. *Douglas C. Michael*, Federal Agency Use of Audited Self-Regulation as a Regulatory Technique, Administrative Law Review 1995, S. 171 ff.; *Monroe E. Price/Stefaan G. Verhulst*, Selbstregulierung und Verhaltenskodizes als Grundlage der Internet-Politik, in: Jens Waltermann/Marcel Machill

werden Kodizes hauptsächlich von Unternehmen und wirtschaftlichen Interessenverbänden, aber etwa auch von Berufsverbänden, Verbraucherschutzorganisationen oder – wie im Falle des Deutschen **Corporate Governance Kodex**[191] – von Regierungskommissionen. Entsprechend vielfältig ist der Inhalt solcher Verhaltensregeln, der von der Wiedergabe gesetzlicher Verpflichtungen, vertraglicher Vereinbarungen und selbstgesetzter Zielvorgaben bis zu Selbstverpflichtungen[192] und Empfehlungen sowie bloßen Anregungen reichen kann. Nach bisher ganz überwiegendem Verständnis erzeugen private Regelwerke[193] oder Verhaltenskodizes **keine Rechtsverbindlichkeit.** Ihnen bleibt die Eigenschaft einer Rechtsquelle versagt.

30   Damit ist aber nicht gesagt, dass der Gesetzgeber nicht Rechtsfolgen an die Erklärung knüpfen kann, ob ein Kodex befolgt wird.[194] Steuerungswirkungen erzielen Kodizes nicht zuletzt über den faktischen Rechtfertigungsdruck der Nicht-Einhaltung, wobei die Verhaltensregeln über die Zwänge des Marktes zum allgemeinen Standard avancieren können.[195] Daran kann der Gesetzgeber anschließen, wenn er selbstregulativ erstellten Kodizes eine staatliche Anerkennung zusprechen[196] und diese mit **Indiz- oder Vermutungwirkungen** ausstatten will. Wo sich der Regelungsgegenstand – wie im Bereich des Informationsrechts[197] – ordnungsrechtlicher Steuerung zu entziehen droht, bildet der Rückgriff auf private Kodizes eine wichtige Grundlage staatlicher Regulierung. Zum Teil verweisen Rechtsnormen ausdrücklich auf Kodizes und sehen eine Rückkoppelung dergestalt vor, dass die Kodizes den zuständigen Behörden zu einer Konformitätsüberprüfung mit dem geltenden Recht übermittelt werden.[198]

(Hrsg.), Verantwortung im Internet, 2000, S. 141 (143 ff.); in Abgrenzung zur Selbstkontrolle *Jörg Ukrow*, Die Selbstkontrolle im Medienbereich in Europa, 2000, S. 19 ff.; i.S. eines Gegenpols zur hoheitlichen Regulierung *Wolfgang Hoffmann-Riem/Wolfgang Schulz/Thorsten Held*, Konvergenz und Regulierung, 2000, S. 50 ff.; → Bd. I *Eifert* § 19 Rn. 144 ff.

[191] Abrufbar unter www.corporate-governance-code.de; die europäischen Reformbemühungen – s. etwa die Mitteilung der Kommission zur Modernisierung des Gesellschaftsrechts und Verbesserung der Corporate Governance, KOM (2003), 284 endg. – zielen im Wesentlichen auf eine Vereinheitlichung der jährlichen Erklärung, nicht aber auf die Verbindlichkeit des Kodex.

[192] Zum Instrument der Selbstverpflichtung *Walter Frenz*, Selbstverpflichtungen der Wirtschaft, 2001; *Angela Faber*, Gesellschaftliche Selbstregulierungssysteme im Umweltrecht, 2001, S. 63 ff.; *Lothar Michael*, Rechtsetzende Gewalt im kooperierenden Verfassungsstaat, 2003; *ders.*, Selbstverpflichtungen der Wirtschaft und Absprachen mit dem Staat, DV, Bd. 37 (2004), S. 557 ff.; → Bd. II *Michael* § 41 Rn. 46.

[193] Zur technischen Normung *Peter Marburger*, Die Regeln der Technik im Recht, 1979; aus jüngerer Zeit *Matthias Schmidt-Preuß*, Private technische Regelwerke, in: Michael Kloepfer (Hrsg.), Selbst-Beherrschung im technischen und ökologischen Bereich, 1998, S. 89 ff.; *Kloepfer*, Instrumente (Fn. 182), S. 133 ff.

[194] So etwa mit der Entsprechenserklärung nach § 161 AktG zum Corporate Governance Kodex, dazu *Peter Hommelhoff/Martin Schwab*, Regelungsquellen und Regelungsebenen der Corporate Governance: Gesetz, Satzung, Codizes, unternehmensinterne Grundsätze, in: Peter Hommelhoff/Klaus J. Hopt/Axel v. Werder (Hrsg.), Handbuch Corporate Governance, 2003, S. 51 (63 ff.); s.a. *Georg Borges*, Selbstregulierung im Gesellschaftsrecht – Zur Bindung an Corporate Governance-Kodizes, ZGR 2003, S. 508 (514 ff., 534 ff.), jeweils m.w.N.

[195] Zur Steuerungswirkung des Corporate Governance Kodex *Hommelhoff/Schwab*, Regelungsquellen (Fn. 194), S. 58 f.

[196] Zu privat gesetztem, administrativ anerkanntem Recht vgl. → Bd. I *Ruffert* § 17 Rn. 85 ff.

[197] Vgl. *Michael Kloepfer*, Informationsrecht, 2002, §§ 4 Rn. 61 ff., 5 Rn. 50 ff.; s.a. *Lawrence Lessig*, Code and other Laws of Cyperspace, 1999.

[198] So etwa Art. 27 Abs. 2 EG-Datenschutz-Richtlinie v. 24. Oktober 1995, ABl. EG 1995, Nr. L 281, S. 31 und deren Umsetzung in § 38a BDSG; s.a. Art. 16 Abs. 1 lit. b EG-eCommerce-Richtlinie v.

Der steuerungswirksame Einsatz von Verhaltenskodizes erfordert – insbesondere für Verbraucherbeschwerden – den Ausbau von Mechanismen der außergerichtlichen Streitbeilegung[199] sowie eine sachgerechte **Verzahnung mit den Regulierungsinstrumenten.** Das reicht von der partiellen Freistellung von ordnungsrechtlichen Verpflichtungen[200] bis zur Realisierung der staatlichen Auffangverantwortung in Korrekturen des Kodex[201] und verweist auf Strategien der „Koregulierung" oder regulierten Selbstregulierung.[202]

6. Bereitstellung von Optionen

Ein Herzstück der steuerungsorientierten Verwaltungsrechtswissenschaft stellt das Denken in Optionen dar. Es greift die Einsicht in die **Spielraumoffenheit der Entscheidungssituation** auf, die in der Konstruktion der „gebundenen" Entscheidung häufig verdeckt wird. Der Reformimpetus richtet sich gegen die an der theoretisch fragwürdigen „einzig richtigen Entscheidung"[203] ausgerichtete Dogmatik, die über die Rechtsfigur der antragsgebundenen Erlaubnis den **Alternativen- und Optionenreichtum** der Rechtsordnung verspiele.[204]

Das scheint jedenfalls dann nicht unplausibel, wenn man die rechtsdirigierte Optionenwahl lediglich als Rechtmäßigkeitsvoraussetzung aus der gerichtlichen Kontrollperspektive betrachtet. Tatsächlich stellen Rechtsnormen aber ungeachtet ihrer dogmatisch sinnvollen Verengungen regelmäßig weitergehende Optionen bereit, die in den **richtigkeitsorientierten Korridor** unterschiedlicher und jeweils für sich rechtmäßiger Entscheidungen fallen. Recht erschöpft sich nicht in der Aufgabe, diese Spielräume rechtlich zulässigen Entscheidungsverhaltens durch „Außengrenzen" abzustecken. Erforderlich ist eine normative Bewertung der verfügbaren Optionen und die Strukturierung der Auswahlentscheidung.[205]

Optionen lassen den **Angebotscharakter des Rechts** hervortreten, fragen nach den Flexibilitätsreserven der Rechtsordnung und spiegeln den Bedeutungszuwachs multipolarer Interessenverarbeitung wider. Die „Einengung" auf die Per-

---

8. Juni 2000, ABl. EG 2000, Nr. L 178, S. 1; angesichts der erforderlichen Verknüpfungsregelungen erscheint zweifelhaft, ob Kodizes zu einer „Vereinfachungskultur" beitragen können, wie es der im Rahmen des sog. Lissabon-Prozesses im Jahre 2001 vorgelegte Mandelkern-Bericht annimmt, vgl. *BMI* (Hrsg.), Moderner Staat – Moderne Verwaltung. Der Mandelkern-Bericht. Auf dem Weg zu besseren Gesetzen, 2002, S. 47.

[199] Siehe etwa Art. 17 EG-eCommerce-Richtlinie; *Kloepfer,* Informationsrecht (Fn. 197), § 5 Rn. 57 ff.

[200] So etwa für Unternehmen, die Mitglied in einem Verband der freiwilligen Selbstkontrolle sind: §§ 8 Abs. 4 S. 4 MDStV, 7 Abs. 2 JMStV.

[201] Vielfach dürfte es ausreichen, nur Teile des Kodex durch staatliche Regeln zu ersetzen; dazu und zu möglichen Instrumenten *Wolfgang Schulz/Torsten Held,* Regulierte Selbstregulierung als Form des modernen Regierens, Arbeitspapiere des Hans-Bredow-Instituts Nr. 10, 2002, S. D-8 ff.

[202] Siehe die N. in → Fn. 182 sowie → Bd. I *Eifert* § 19 Rn. 52 ff.

[203] Vgl. neben den N. in → Fn. 102 auch → Bd. I *Möllers* § 3 Rn. 23 ff.; *Gurlit,* Eigenwert (Fn. 184), S. 239 mit Fn. 53 (m. w. N.), die von einem *common sense* spricht.

[204] Grundlegend *Wolfgang Hoffmann-Riem,* Verwaltungsrechtsreform – Ansätze am Beispiel des Umweltschutzes, in: ders./Schmidt-Aßmann/Schuppert (Hrsg.), Reform, S. 115 (131 f.); s.a. *ders.,* Optionenermessen (Fn. 69), S. 605 ff. mit dem Vorschlag, die Antragsbindung durch ein „Optionenermessen" zu ersetzen; zum Kontext *ders.,* Tendenzen (Fn. 36), S. 435, 439 f. und zur „relativen Richtigkeit" des Entscheidens *ders.,* Methoden (Fn. 50), S. 28 f., 39 f.

[205] Näher → Bd. II *Hoffmann-Riem* § 33 Rn. 96 ff. Auf diese Weise wird die alte Diskussion um die Formenwahlfreiheit und des Formenmissbrauchs um die steuerungsorientierte Dimension möglicher Optionen ergänzt. Das führt zu der Frage, wodurch die Auswahl gesteuert wird, dazu → Bd. I *Schuppert* § 16 Rn. 174 ff.

spektive des Antragstellers erweist sich insoweit als problematisch.[206] Allerdings fehlt es vielfach an adäquaten Regeln für die Nutzung vorhandener Spielräume, die hinter den negativ formulierten Grenzen „unsichtbar" bleiben. Der Optionalisierung geht es deshalb nicht um das bloße Nachzeichnen vorgefundener Entscheidungsspielräume, sondern um die positive Ausfüllung derselben. Ausgangspunkt ist die Beobachtung, dass die Verwaltung nach Maßgabe des einschlägigen Normprogramms nicht immer auf den privaten Antrag festgelegt und in eine „Ja-Nein-Prüfung"[207] gedrängt wird. Auch zum Erhalt der Praktikabilität des Rechts muss nicht an „entweder-oder-Entscheidungen" festgehalten werden. Umgekehrt kann der Forderung nach Optionenvielfalt im Paradigma von Abwehr und Duldung nur begrenzt entsprochen werden. Anders sieht es aus, wenn Optionen in **normativ verdichteten Kommunikationsprozessen** gesehen werden. Ihren Ausprägungen liegt die Idee zugrunde, öffentliches und privates Wissen dauerhaft miteinander zu verkoppeln.[208] Gerade über die Verbreiterung der Wissensgrundlagen und die „Vernetzung" der Informationsflüsse werden die Voraussetzungen geschaffen, passgenaue Optionen zu entwickeln und Entscheidungen zu optimieren.

34   Optionales Recht erfasst über die Strukturierung des Möglichkeitsraums behördlichen Entscheidens auch die Wahl privater Handlungsalternativen. Das betrifft etwa den spielraumwahrenden Bereich indirekter Motivationsbeeinflussung, der – nicht immer gesetzlich vorprogrammiert[209] – durch die freiwillige Erfüllung von Zielvorgaben charakterisiert ist, aber ungelöste Fragen verdeckten Zwangs aufwirft.[210] Das Ordnungsrecht der Eingriffsverwaltung ist nicht mehr Richtschnur und Maßstab für *sämtliche* durch Recht beeinflussten Steuerungswirkungen. Es sperrt sich aber auch nicht gegen die Aufnahme optionaler Steuerungskonzepte, wie es etwa für tauschförmige Kompensationslösungen dargelegt worden ist.[211] Wo langfristige und „sichere" Entscheidungen nicht zu haben sind, können sie auch sinnvoll nicht vom Recht gefordert werden. Recht ist auf **graduelle Annäherungen** einzustellen, was die Ausrichtung an Handlungs- und Entscheidungsspielräumen mit der Frage, wer diese letztverbindlich auszufüllen hat, unvermeidbar macht. Die Integration der Optionalisierung in die Verwaltungsrechtsordnung[212] wird deshalb nicht allein vom Gedanken der gesetz-

---

[206] Siehe aber *Breuer,* Rechtsetzung (Fn. 77), S. 536.
[207] *Hoffmann-Riem,* Verwaltungsrechtsreform (Fn. 204), S. 132.
[208] Für das Verwaltungsverfahren *Voßkuhle,* Strukturen (Fn. 181), S. 344 ff.; *ders.,* Beteiligung (Fn. 37), S. 308; zum Verfahren als Lernmechanismus *Martin Eifert,* Regulierte Selbstregulierung und die lernende Verwaltung, DV, Beiheft 4, 2001, S. 137 (149 ff.); zur „kommunikativen Wende" in der Umstellung der Steuerungskonzeption *Arno Scherzberg,* Risikosteuerung durch Verwaltungsrecht: Ermöglichung oder Begrenzung von Innovationen?, VVDStRL, Bd. 63 (2004), S. 214 ff. (226).
[209] Zum Absehen von einer gesetzlichen Grundlage BVerfGE 105, 252 ff.; dazu *Christian Bumke,* Publikumsinformation, DV, Bd. 37 (2004), S. 3 ff.; krit. *Dietrich Murswiek,* Das Bundesverfassungsgericht und die Dogmatik mittelbarer Grundrechtseingriffe, NVwZ 2003, S. 1 ff.; zur Spezifizierung grundrechtlicher Gewährleistungsgehalte *Wolfgang Hoffmann-Riem,* Grundrechtsanwendung unter Rationalitätsanspruch, Der Staat, Bd. 43 (2004), S. 203 ff.; zust. *Uwe Volkmann,* Veränderungen der Grundrechtsdogmatik, JZ 2005, S. 261 ff.; krit. *Wolfgang Kahl,* Vom weiten Schutzbereich zum engen Gewährleistungsgehalt, Der Staat, Bd. 43 (2004), S. 167 (174 ff.); s.a. → Rn. 46.
[210] Statt vieler *Kloepfer,* UmweltR, § 5 Rn. 236; differenzierend *Michael,* Gewalt (Fn. 192), S. 324 ff.
[211] Vgl. *Andreas Voßkuhle,* Das Kompensationsprinzip, 1999, S. 88 ff., 174 ff., 206 f.; 312 f.
[212] So das Anliegen von *Voßkuhle,* Kompensationsprinzip (Fn. 211), S. 83, 89 f., 97; abgeschwächt für das Gewährleistungsverwaltungsrecht auch *ders.,* Beteiligung (Fn. 37), S. 308.

lichen *Markierung* gesellschaftlicher Freiräume geleitet sein können. Erst deren *Sicherung*, insbesondere durch eine hinreichende Kompatibilisierung divergierender Interessen, lässt das erwünschte Innovationspotential entstehen, das im Ergebnis umso nachhaltiger sein dürfte, desto besser es gelingt, einen akzeptablen Ausgleich zwischen Stabilität und Flexibilität herzustellen.

Nicht übersehen werden darf, dass eine Optionalisierung den Transformationsprozess des Rechts beschleunigt. Das betrifft in erster Linie den Abnutzungseffekt der bestehenden „Filter" gegenüber den unerwünschten Folgen einer „Ökonomisierung" der Rechtsordnung.[213] Optionen markieren die **schmale Gratwanderung** des Steuerungsparadigmas für das Recht. Während es auf der einen Seite nicht mehr ausreicht, die Wirkungsfaktoren rechtlicher Regelungen auszuklammern, wirft auf der anderen Seite die Einbeziehung von Richtigkeitsmaßstäben manche Frage auf, deren Beantwortung an die Grenzen des Verwaltungsrechts führt. Es handelt sich um kein „Nullsummenspiel" dergestalt, dass der Zugewinn, der mit der Erfassung von Alternativen verbunden ist, als Frage der Effizienz auf der Seite des Rechts nicht mehr erscheint.[214] 35

Zu befreien hat man sich allerdings von der Vorstellung, das Recht stelle eine klar abgrenzbare und gleichsam bestimmten „Reinheitsanforderungen" unterworfene Sphäre „fertiger" Antworten dar. Tatsächlich ist die Formensprache des Rechts tiefgreifenden Änderungen unterworfen, die mit der wachsenden Respektierung privater Handlungslogik nicht auf deren Ausgrenzung, sondern Einbindung mit der **Strukturierung verfügbarer Handlungsoptionen** zielen. Recht bleibt auch in der Steuerungsperspektive mehr als eine Dienstleistung[215] und ist nicht nur ein Produkt.[216] Es enthält zumindest als staatliches Recht[217] den wertbezogenen Auftrag, die verfassungsrechtlichen Sicherungsmechanismen im Wege einer Überdetermination[218] der Regelungsarrangements in Stellung zu bringen, um gemeinwohlverträgliche Optionen auszufiltern und für die behördliche Auswahlentscheidung bereitzustellen. 36

---

[213] Vgl. *Maximilian Wallerath,* Der ökonomisierte Staat, JZ 2001, S. 209 ff., *Michael Fehling,* Kosten-Nutzen-Analysen als Maßstab für Verwaltungsentscheidungen, VerwArch, Bd. 95 (2004), S. 443 ff.; *ders.,* Verhältnis (Fn. 14), S. 476 ff.; allg. *Christoph Engel/Martin Morlok* (Hrsg.), Öffentliches Recht als ein Gegenstand ökonomischer Forschung, 1998; dazu *Oliver Lepsius,* Die Ökonomik als neue Referenzwissenschaft für die Staatsrechtslehre?, DV, Bd. 32 (1999), S. 429 ff.; *Anne van Aaken,* „Rational Choice" in der Rechtswissenschaft, 2003; *Marc Bungenberg* u. a. (Hrsg.), Recht und Ökonomik, 2004.

[214] Recht kann, muss aber nicht Effizienz befördern, vgl. *Gabriele Britz,* Umweltrecht im Spannungsfeld von ökonomischer Effizienz und Verfassungsrecht, DV, Bd. 30 (1997), S. 185 (192 ff.); *Martina R. Deckert,* Effizienz als Kriterium der Rechtsanwendung, Rechtstheorie, Bd. 26 (1995), S. 117 (127 ff.).

[215] Krit. gegenüber der Ökonomisierung des Rechts *Voßkuhle,* Dienstleistungsstaat (Fn. 166), S. 495 ff.; für eine vorsichtige Verwendung des Dienstleistungsbegriffs *Jens-Peter Schneider,* Das neue Steuerungsmodell als Innovationsimpuls für Verwaltungsorganisation und Verwaltungsrecht, in: Schmidt-Aßmann/Hoffmann-Riem (Hrsg.), Verwaltungsorganisationsrecht, S. 103 ff. (123).

[216] Zum Recht als Produkt *Schuppert,* Governance (Fn. 174), S. 399.

[217] Zum – insoweit strukturell anders gelagerten – europäischen Recht *Armin v. Bogdandy,* Zweierlei Verfassungsrecht, Der Staat, Bd. 39 (2000), S. 163 (171 ff.); *Claudio Franzius,* Europäische Öffentlichkeit und europäische Verfassung, KritV, Bd. 86 (2003), S. 325 (337).

[218] Treffende Formulierung bei *Trute,* Obrigkeitsstaat (Fn. 81), S. 28; s. a. *ders.,* Verantwortungsteilung als Schlüsselbegriff, in: Gunnar Folke Schuppert (Hrsg.), Jenseits von Privatisierung und „schlankem" Staat, 1999, S. 11 ff. (30); aufgegriffen von *Michael Kloepfer,* Technik und Recht im wechselseitigen Werden, 2002, S. 6; *ders.,* Instrumente (Fn. 182), S. 123.

II. Steuerungsleistung der unterschiedlichen Formangebote

37 Die Verwaltungsrechtswissenschaft kann nicht als Steuerungswissenschaft geschrieben werden ohne die Steuerungsleistung des Rechts auszuloten.[219] Das greift über die Aufgaben der Dogmatik, nicht aber der Rechtswissenschaft hinaus.[220] Die Schwierigkeiten, Leistungen messen zu wollen, ergeben sich daraus, dass es eine rechtswissenschaftliche Steuerungstheorie im strengen Sinne[221] nicht gibt, ja ganz bewusst auf eine „pragmatische" Sicht abgestellt wird.[222] Das führt dazu, dass diese „Leerstelle" in der Erfassung des **normerheblichen Realbereichs**[223] unter Zuhilfenahme nachbarwissenschaftlicher Erkenntnisse „vorsichtig" bewertet werden muss. Pauschale Urteile wie das eines generellen Steuerungsversagens des Gesetzgebers[224] führen demgegenüber in die Irre.

38 Steuerungsleistungen **handlungsbegrenzender** Formen lassen sich relativ einfach beurteilen. Handlungen sollen vermieden werden. Sehr viel schwerer sind die Leistungen **handlungsermöglichender** Formen zu messen. Hier können Handlungen durch Recht regelmäßig nur angestoßen werden. Recht hat eine motivationsbeeinflussende und rahmensetzende, aber keine durchgehend exklusive Steuerungsfunktion. Es nimmt Steuerungsgrenzen ernst und versucht diese zu überwinden. Das erklärt die wachsende Bedeutung von Handlungsnormen und den Einsatz von Gestaltungsermächtigungen, mit denen die Verwaltung in den Stand gesetzt wird, ihre Aufgaben zu erfüllen. Vieles spricht dafür, dass sich die Zurücknahme des Regelungsanspruchs insoweit als Anerkennung der sozialen Funktionsgrenzen des Rechts darstellt, wodurch das Gewicht nicht-rechtlicher Steuerungsfaktoren erhöht wird.[225] Aus der **Innensicht des Rechts** betrachtet, sinken die Steuerungsleistungen der hierauf zugeschnittenen Formangebote, denn Recht muss sich auf rechtsexterne Faktoren einlassen und diese zu beeinflussen versuchen. Nimmt man dagegen eine **wirkungsorientierte Perspektive** ein, so ändert sich die Beurteilung. Hier sind die Rückkoppelungseffekte schon „eingebaut" und legen eine Distanz zu eindimensional gedachten Steuerungseffekten nahe.

39 Sicherlich bleiben Grenzen unverzichtbar. Recht ist von Nicht-Recht zu unterscheiden, wobei hervorzuheben ist, dass die maßgeblichen **Trennungslinien** keineswegs parallel zu staatlicher Steuerung und gesellschaftlicher Selbstregu-

---

[219] *Hoffmann-Riem*, Methoden (Fn. 50), S. 26 f.; zust. *Krebs*, Methode (Fn. 50), S. 219.
[220] Siehe aber *Dietrich Jesch*, Gesetz und Verwaltung, 1961, S. 54 ff.; daran anknüpfend *Oliver Lepsius*, Besitz und Sachherrschaft, 2002, S. 171 ff.
[221] Zur Notwendigkeit, eine „regulatory choice theory" zu entwickeln: *Schuppert*, Konzept (Fn. 180), S. 223 ff.; s.a. *Andreas Voßkuhle*, Gesetzgeberische Regelungsstrategien der Verantwortungsteilung zwischen öffentlichem und privatem Sektor, in: Schuppert (Hrsg.), Jenseits (Fn. 218), S. 47 ff.
[222] Nachdrücklich *Schmidt-Aßmann*, Ordnungsidee, 1. Kap. Rn. 34, 38 (keine theoretische Modellgebundenheit); krit. zur unhinterfragten Setzung „rationalistisch-liberaler" Prämissen *Pöcker*, Kommunikation (Fn. 131), S. 509 ff.; zu bedenken wird sein, dass ein pragmatisches Verständnis wohl auch der Arbeitsweise der Verwaltung entspricht: *Andreas Voßkuhle*, Die Reform des Verwaltungsrechts als Projekt der Wissenschaft, DV, Bd. 32 (1999), S. 545 (549 f.); → Bd. I *Voßkuhle* § 1 Rn. 46.
[223] → Bd. I *Hoffmann-Riem* § 10 Rn. 14; Bd. II *Hoffmann-Riem* § 33 Rn. 42.
[224] Krit. *Klaus v. Beyme*, Der Gesetzgeber, 1997, S. 53 ff.
[225] Vgl. *Schulze-Fielitz*, Zeitoffene Gesetzgebung (Fn. 28), S. 178 f.

A. Formen des (Verwaltungs-)Rechts

lierung[226] verlaufen. In der Perspektive der Steuerung muss gerade gefragt werden, wie Recht mit nicht-rechtlichen Steuerungsfaktoren umgeht. Dass diese zu beobachten sind, steht außer Frage. Relevanz erhalten diese Faktoren auch nicht erst mit ihrer umfassenden Positivierung. Einmal mehr geht es darum, die **Zwischenräume** anzuerkennen, in denen sich rechtswissenschaftliches Denken im Bemühen um angemessene Grenzziehungen bewähren muss.

In einer normativen Perspektive **variieren die Steuerungsleistungen** der Formangebote. Aus der Kontrollperspektive betrachtet, sind die Steuerungsleistungen von Handlungsnormen infolge ihres Ausgreifens auf Richtigkeitsmaßstäbe vergleichsweise niedrig. Den „harten" Vorgaben durch Regeln stehen „weiche" Prinzipien oder Leitbilder gegenüber. Wo Sachbereiche konditional programmiert werden können, erbringen die entsprechenden Programme für den Ausschnitt, den sie erfassen, hohe Steuerungsleistungen. Es wäre ein Trugschluss, zu glauben, dass über Selektionen nicht auch die Rechtsanwendung „gesteuert" werden könnte.[227] Zielvorgaben bleiben zahnlos, wenn die Zielverfehlung ohne Folgen bleibt. Gestaltungsaufträge müssen als solche wahrgenommen und nutzbar gemacht werden können, damit Steuerungsziele erreicht werden. Optionen schließlich entziehen sich einer Würdigung ihrer Steuerungsleistungen, wenn die Alternativen als „vorgegeben" und nicht in der Bereitstellungsperspektive gedacht werden. Hier geht es um die potentielle Nutzung und Innovationstauglichkeit von Steuerung, die durch Recht allenfalls beeinflusst wird.[228]

Vorstehend wird unterstellt, dass es für die Beurteilung der Steuerungsleistungen auf den **realen Steuerungserfolg** ankommt. Das ist keineswegs selbstverständlich und setzt voraus, dass Normen nicht bloß auf das Entscheidungsergebnis zielen, sondern auch Aussagen darüber enthalten, wie die Implementation der Entscheidung gefördert oder gesichert werden soll.[229] Insgesamt erscheint zur Beurteilung der Leistungsfähigkeit des Rechts eine Perspektive sachgerecht, die auf die **handlungsprägende Kraft des Rechts** abstellt. Zwar erweitert sich der Maßstab, der dann mehr als die rechtfertigungsorientierte Darstellung einer rechtmäßigen Entscheidung umfasst und auf den **Herstellungsprozess des Entscheidungshandelns** bezogen wird.[230] Doch erlaubt die Berücksichtigung der Bedingungen, unter denen eine **richtige** Entscheidung ausgewählt wird, auch diejenigen Steuerungsfaktoren einzubeziehen, deren Gewicht weniger für die Kontrolle, aber für den Steuerungserfolg hoch zu

---

[226] *Schmidt-Preuß*, Verwaltung (Fn. 147), S. 166 f.; krit. zur Begriffswahl *Di Fabio*, Verwaltung (Fn. 147), S. 241 f.; s. zum Ganzen auch *Weiß*, Staatsaufgaben (Fn. 47), S. 297 ff.
[227] Zum Problem *Wolfgang Hoffmann-Riem*, Rechtsanwendung und Selektion, JZ 1972, S. 297 ff.
[228] Vgl. *Wolfgang Hoffmann-Riem*, Rechtswissenschaftliche Innovationsforschung als Reaktion auf gesellschaftlichen Innovationsbedarf, in: Eifert/ders. (Hrsg.), Innovation (Fn. 138), S. 2 (13 ff.); zur Innovationssteuerung durch die Verwaltung *ders.*, Innovationssteuerung (Fn. 173), S. 155; bezogen auf den Risikosteuerungsbedarf *Scherzberg*, Risikosteuerung (Fn. 208), S. 235 ff.; *Wolfgang Kahl*, Risikosteuerung durch Verwaltungsrecht: Ermöglichung oder Begrenzung von Innovationen?, DVBl 2003, S. 1105 (1110 f.).
[229] Siehe bereits *Hoffmann-Riem*, Tendenzen (Fn. 36), S. 439 f.
[230] Zur Unterscheidung zwischen Herstellung und Darstellung von Entscheidungen *Niklas Luhmann*, Recht und Automation in der öffentlichen Verwaltung, 1966, S. 50 ff.; *Bernhard Schlink*, Bemerkungen zum Stand der Methodendiskussion in der Verfassungsrechtswissenschaft, Der Staat, Bd. 19 (1980), S. 73 (87 ff.); *Franzius*, Funktionen (Fn. 7), S. 365 ff.; *Trute*, Methodik (Fn. 126), S. 296 ff.; weitergehend *Hoffmann-Riem*, Methoden (Fn. 50), S. 20 ff.; → Bd. I *Hoffmann-Riem* § 10 Rn. 30 ff.

§ 4 Modalitäten und Wirkungsfaktoren der Steuerung durch Recht

veranschlagen ist. Das betrifft etwa die nur schwer messbare, aber nicht allein soziologischer Beobachtung zu überlassende **Akzeptabilität**[231] einer Entscheidung, die zumeist über das Entscheidungsverfahren beeinflusst wird. Auch Optimierungsgebote weisen eine rechtlich beschränkte Steuerungskraft auf und verlagern die Aufgabe **optimierender Rechtskonkretisierung** in das Verwaltungsverfahren.[232] Nimmt man hinzu, dass auch die neu „entdeckten" Steuerungsressourcen der Organisation und des Organisationsrechts einzubeziehen sind, dann wird klar, dass sich Steuerungsleistungen des Rechts kaum in punktuellen Regelungen einer bipolaren Verhältnisbestimmung erschöpfen, sondern in **komplexen Regelungsstrukturen**[233] erbracht werden. Das macht unter Einbeziehung weiterer Steuerungsfaktoren, wie dem Einsatz von Personal[234] und dem Umgang mit Ressourcen[235], eine stärkere Ausrichtung der Rechtswissenschaft auf die strukturelle Ebene notwendig[236] und findet insoweit Anschluss an die Governance-Perspektive[237] mit dem Blick auf die wechselseitigen Verknüpfungen der (Teil-)Rechtsordnungen.[238]

B. Gegenstände rechtlicher Programmierung

I. Materielle Programmsteuerung

42   Recht programmiert Verhalten. Damit wird Recht nicht einfach zum Instrument der Politik degradiert. Vielmehr greift Recht „das Politische" auf und stellt politische Steuerung unter bestimmte Ziele. Der Rechtsrahmen, in den Politik gestellt wird, ist nicht bloß Form, sondern auch **inhaltliche Bindung.** In der Tradition deutschen Verwaltungsrechts steht die materielle Programmsteuerung im Zentrum rechtswissenschaftlicher Aufmerksamkeit.[239]

---

[231] → Bd. II *Pitschas* § 42 Rn. 201 ff.

[232] → Rn. 50 ff.

[233] Zum Topos der Regelungsstruktur *Trute*, Verwaltung (Fn. 113), S. 950 f.; *ders./Wolfgang Denkhaus/Doris Kühlers*, Governance in der Verwaltungsrechtswissenschaft, DV, Bd. 37 (2004), S. 451 (457 ff.); für ein Anwendungsbeispiel *dies.*, Regelungsstrukturen der Kreislaufwirtschaft zwischen kooperativem Umweltrecht und Wettbewerbsrecht, 2004, S. 17 ff., 41 ff., 177 ff.; am Beispiel des Gesundheitsrechts *Thorsten Kingreen*, Governance im Gesundheitsrecht, DV, Bd. 42 (2009), S. 339 (347 ff.); s. a. *Franzius*, Governance (Fn. 6), S. 193 ff.; → Bd. I *Schuppert* § 16 Rn. 24 ff.

[234] → Bd. III *Voßkuhle* § 43 Rn. 1 ff.

[235] → Bd. III *Korioth* § 44 Rn. 3 ff.

[236] So *Trute*, Obrigkeitsstaat (Fn. 81), S. 22 f.

[237] Überblick: *Arthur Benz/Nicolai Dose* (Hrsg.), Governance – Regieren in komplexen Regelsystemen, 2. Aufl. 2010; *Gunnar Folke Schuppert/Michael Zürn* (Hrsg.), Governance in einer sich wandelnden Welt, PVS-Sonderheft 41/2008; *Edgar Grande/Stefan May* (Hrsg.), Perspektiven der Governance-Forschung, 2009; s. a. die Darstellung bei → Bd. II *Hoffmann-Riem* § 33 Rn. 67 ff.

[238] Im Sinne einer Beobachtungsstruktur *Christoph Möllers*, European Governance: Meaning and Value of a Concept, CMLRev, Bd. 43 (2006), S. 313 ff. Auch innerhalb der staatlichen Rechtsordnung kann die Governance- gegenüber der Steuerungsperspektive gewisse Vorteile bringen, vgl. am Beispiel des Sozialrechts *Stephan Rixen*, Taking Governance Seriously, DV, Bd. 42 (2009), S. 309 ff. (320) mit dem Plädoyer für eine neue Bescheidenheit.

[239] Versuch einer Verhältnisbestimmung zum Verfahrens- und Organisationsrecht bei *Christoph Möllers*, Materielles Recht – Verfahrensrecht – Organisationsrecht, in: Trute/Groß/Röhl/Möllers (Hrsg.), Allgemeines Verwaltungsrecht, S. 489 (493 ff.) mit der *opening line*: „Verwaltungsrecht konkretisiert sich in einem dreidimensionalen Entscheidungsraum, in dem eine durch Recht konstituier-

B. Gegenstände rechtlicher Programmierung

Die materielle Steuerung verweist auf **Entscheidungsprogramme,** mit deren Hilfe ein bestimmtes Verhalten beeinflusst werden soll. Diese lenken den Blick über das Gesetz hinaus, sind in der Regel aber in materiellen Gesetzestatbeständen formuliert. In Ge- oder Verbotsvorschriften tritt der gesetzgeberische Wille vergleichsweise klar und damit subsumtionsfähig zu Tage. Als **Idealtypus** werden bestimmte Rechtsbegriffe und eindeutige Rechtsfolgen ausgemacht, die eine verbindliche Steuerung der Aufgabenerfüllung möglich machen. Das hat es erschwert, die vielfältigen Lockerungen der normativen Bindung überzeugend in den Griff zu bekommen. Insoweit erweist sich das weitgehende **Fehlen einer Rechtsanwendungslehre** als Forschungsdesiderat.[240] 43

Allerdings darf die normative Steuerung durch materielle Programme nicht auf die Steuerung durch Befehl und Zwang verkürzt werden. Hier hat die überkommene Dogmatik die Steuerungswirklichkeit lange Zeit ausgesprochen verzerrt wahrgenommen. Nur ein Teil ist Gesetzesprogrammen zuzuordnen, die als **regulative Programme** eine direkte Verhaltenssteuerung bewirken. Dieser Programmtyp wird auch nicht etwa an den Rand gedrängt. Vielmehr erlebt dieser Typus mit dem erhöhten Rechtsetzungsbedarf infolge der Einbeziehung nichtstaatlicher Akteure in den Steuerungszusammenhang eine Renaissance. Das Telekommunikationsrecht zeigt exemplarisch, dass auch in Zukunft nicht auf die direkte Steuerung privater Akteure verzichtet werden kann. Regulierung wird nicht dadurch modern, dass sie den scheinbaren Makel der befehlsförmigen Steuerung abzustreifen und neue Wege diskursiver Verständigung zu gehen versucht. Letzteres setzt vielfach voraus, dass bestimmte materielle Standards nicht unterschritten werden. 44

Zu den materiellen Gesetzesprogrammen gehören auch **Anreizprogramme**[241], die auf die Motivationsbeeinflussung beim Adressaten setzen und indirekte Steuerungswirkungen erzielen.[242] Hier werden die angestrebten Verhaltensänderungen im Gesetz formuliert, wobei die tatsächlichen Wirkungen oft unsicher bleiben, wie sich etwa an den sog. „ökonomischen Instrumenten" zeigt.[243] Allerdings werden die Möglichkeiten des Adressaten, den Programmzielen auszu- 45

---

te Organisation der öffentlichen Verwaltung innerhalb eines definierten Verfahrenszusammenhangs materielle Maßstäbe zur Anwendung bringt."

[240] Vgl. aber *Schmidt-Aßmann,* Gesetzesbindung (Fn. 30), S. 549 ff.
[241] → Bd. II *Sacksofsky* § 40.
[242] Zur Unterscheidung zwischen unmittelbaren Eingriffen und lediglich mittelbaren Einwirkungen bereits *Ulrich Scheuner,* Die staatliche Intervention im Bereich der Wirtschaft, VVDStRL, Bd. 11 (1954), S. 26 ff.; später *Paul Kirchhof,* Verwalten durch mittelbares Einwirken, 1977; in der Sache nicht anders mit der Gegenüberstellung von direkter und indirekter Verhaltenssteuerung *Fritz Scharpf,* Probleme der politischen Aufgabenplanung, 1974, S. 4; aufgegriffen im **Professorenentwurf zum Umweltgesetzbuch,** der in § 6 Abs. 3 einen Vorrang der indirekten Steuerung statuierte, vgl. UGB AT; abgeschwächter der Sachverständigenentwurf, der in § 7 Abs. 2 auf eine Vorrangregelung verzichtet hat: UGB-KomE.
[243] Wie schwer ihre Realisierung ist, zeigte in den 1980er- und 90er Jahren die Diskussion um ökologische Lenkungsabgaben. Vielfach gelingt die Einführung „neuer" Instrumente erst über das Europarecht und deren Verpflichtungen, so etwa im Falle des deutschen **Emissionshandelssystems** durch das Treibhausgas-Emissionshandelsgesetz – TEHG v. 8. Juli 2004, BGBl I, S. 1578 und das Zuteilungsgesetz 2007 – ZuG 2007 v. 26. August 2004, BGBl I, S. 2211 in der Umsetzung der EG-Emissionshandelsrichtlinie v. 13. Oktober 2003, ABl. EU 2003, Nr. L 275, S. 32, s. dazu *Gesellschaft für Umweltrecht e. V.* (Hrsg.), Rechtsprobleme des CO_2-Emissionshandels, 2005. Weil die Steuerungsidee des Emissionshandels auf keine Bewirtschaftung der Luft zugunsten einzelner Energieträger zielt, stellen sich die freiheitsgrundrechtlichen Fragen als entschärft dar.

weichen, nicht nur als Nachteil verbucht. In modernen Gesellschaften lassen sich Steuerungsziele häufig nicht anders realisieren, wenngleich die rechtsstaatlichen Kosten für Vollzugserleichterungen hoch sein können. Insbesondere droht der Rechtsschutz leer zu laufen.

46 Es gibt weitere Programmtypen, deren Einordnung unsicher ist. So versetzen Leistungsprogramme die Verwaltung als Leistungsträger in den Stand, bestimmte Leistungen bereitzustellen. Während diese noch der gesetzlichen Steuerung zugerechnet werden können, ist das bei den **Informations- und Überzeugungsprogrammen** nicht der Fall. Hier wachsen die Zweifel, ob ungeachtet der eingriffsdogmatischen Beurteilung typischerweise eine gesetzliche Vorprägung verlangt werden kann und soll.[244] Wo es lediglich um die Vermittlung von Werthaltungen geht, kann mit Zwang nichts erreicht[245] werden, eine gesetzliche Grundlage die intendierten Steuerungswirkungen aber einem Rationalisierungsdruck unterwerfen. Hier handelt es sich jedoch bereits um solche Programmierungsformen, die sich klassischen Bewältigungsstrategien legislatorischer Disziplinierung entziehen.[246] Die Idee „dauerhafter" Regelungen ist überdies nur schwer zu halten. Je detaillierter die gesetzlichen Anforderungen vor allem materieller Art sind, desto „störungsanfälliger durch den sozialen oder technischen Wandel" ist das Gesetz und desto wahrscheinlicher ist die Notwendigkeit einer schnellen Änderungsgesetzgebung.[247]

47 Insgesamt zählt die materielle Programmsteuerung zum **normativen Kern** rechtsstaatlicher Bindungen des Verwaltungshandelns. Die hierauf bezogene Fixierung des deutschen Verwaltungsrechts hat das „Wachstum" materieller Gesetzestatbestände begünstigt und in der Vergangenheit manchen Verrechtlichungsschub angestoßen. Dem entspricht die Gerichtszentriertheit der Interessenbewältigung mit dem Grundsatz vollständiger Kontrolle und der erkennbaren „Neigung der Gerichte, die Verantwortung für die inhaltliche Richtigkeit der Verwaltungsentscheidungen" zu übernehmen.[248] Seit Jahren wird im Hinblick auf die materielle Kontrollperspektive eine Überstrapazierung und die **Krise des Verwaltungsstaates** gesehen. Es verwundert deshalb nicht, dass die als dramatisch bezeichneten Wandlungsprozesse[249] gerade hier ausgemacht werden und zur Bewältigung des „Umbruchs"[250] vorgeschlagen wird, die direkte Steuerungstätigkeit des Staates in der Form materiellrechtlicher Vorgaben zurückzunehmen.[251] Dabei scheinen die Reformüberlegungen allerdings nur die **umge-**

---

[244] Statt vieler *Michael Kloepfer,* Staatliche Informationen als Lenkungsmittel, 1998.

[245] Klassisch *Georg Jellinek,* Allgemeine Staatslehre, 3. Aufl. 1914, S. 250 f.

[246] Für **Produktinformationen** diesseits der Schwelle zur Warnung *BVerfGE* 105, 252 ff. (273) – Glykol; zu Warnhinweisen für Tabakerzeugnisse durch Kennzeichnungspflichten nach § 21 LMBG *BVerfGE* 95, 173 ff. Gerade der Gewährleistungsstaat rüttelt an den Prämissen des Gesetzesvorbehaltes – vgl. etwa *Karl-Heinz Ladeur/Tobias Gostomzyk,* Der Gesetzesvorbehalt im Gewährleistungsstaat, Der Staat, Bd. 42 (2003), S. 141 (150 ff.) – und macht es plausibel, ihn als Gebot der normativen Gewährleistung einer bestimmten Qualität der hoheitlichen Aufgabenerfüllung unter Rücksichtnahme auf die begrenzte Programmierungskraft des Gesetzes zu begreifen: *Hoffmann-Riem,* Gesetz (Fn. 168), S. 46; s. a. die N. in → Fn. 209.

[247] *Schulze-Fielitz,* Zeitoffene Gesetzgebung (Fn. 28), S. 173.

[248] *Schmidt-Aßmann,* Ordnungsidee, 4. Kap. Rn. 75.

[249] So *Hoffmann-Riem,* Tendenzen (Fn. 36), S. 433.

[250] *Bauer,* Verwaltungsrechtslehre (Fn. 24), S. 301; → Bd. I *Voßkuhle* § 1 Rn. 9.

[251] Vgl. *Ivo Appel,* Methodik des Umgangs mit Ungewißheit, in: Schmidt-Aßmann/Hoffmann-Riem (Hrsg.), Methoden, S. 354 f. (m. w. N.).

kehrte Seite der Medaille aufzudecken: Mit derselben Deutlichkeit, mit der regulative Steuerungsvorstellungen in den Vordergrund des wohlfahrtsstaatlichen Verwaltungsrechts gerückt wurden, drohen sie in jüngerer Zeit verabschiedet zu werden.[252] Eine Vernachlässigung der materiellen Programmstrukturen führt das Verwaltungsrecht aber auf den falschen Weg.[253]

Im Prinzip kann die Programmsteuerung von zwei Seiten aus betrachtet werden. *Eine* Möglichkeit besteht darin, die rechtliche Steuerung auf die Abschichtung der **Freiheit vom Staat** zu beziehen. Das materielle Recht liefert die maßstäblichen Vorgaben für das Handeln der Akteure. Wo das materielle Recht endet, beginnt die individuelle Freiheit. Dem entspricht die klassische, aber inzwischen überwundene Vorstellung, dass alles, was nicht verboten ist, erlaubt sein müsse.[254] Ähnlich scharf werden dann auch die Trennungslinien zwischen der staatlichen Rechtsetzung und der verwaltungsrechtlich aus dem Blick fallenden privaten Regelsetzung gezogen. Die *andere* Möglichkeit akzentuiert die Reflexivität der Steuerung. Sie nimmt die wechselseitigen Bezugnahmen und damit auch die Verzahnungen in der materiellen Standardsetzung stärker in den Blick. Die Unterscheidung von Staat und Gesellschaft wird als Grundlage der Neuorientierung nicht aufgegeben, aber relativiert. Zwar ist auch in der verwaltungsrechtswissenschaftlichen Reformperspektive eine Anerkennung und sogar Revitalisierung klassischer Rechtsfiguren zu beobachten.[255] Unwiderbringlich verloren ist angesichts der Bewältigung von Machtungleichgewichten mit dem unvermindert aktuellen Gedanken einer **Freiheit durch den Staat** jedoch die Vorstellung, das materielle Recht vor dem Hintergrund der bloßen „Auskehrung" privater Rechtssphären betrachten zu können. 48

Die Herausforderungen für die materielle Programmsteuerung sind bekannt. Das betrifft vor allem ihre Wirksamkeit im **kooperativen Staat.**[256] So bedarf die Regelung der Zusammenarbeit mit den Gesetzesadressaten eigener Rechtstypen[257] und der richtigen „Dosierung" materiellen Rechts. Nicht alles wird von 49

---

[252] Zur (älteren) Debatte *Voßkuhle,* Kompensationsprinzip (Fn. 211), S. 5 ff.
[253] Am Beispiel des integrierten Umweltschutzes *Christian Calliess,* Integrierter Umweltschutz revisited: Reformbedarf in TA Luft und Anlagenzulassungsrecht?, DVBl 2010, S. 1 ff.
[254] Für die Anlagenerlaubnis *BVerwG,* NuR 1990, S. 318 f.
[255] So etwa für die **Beleihung,** vgl. *Martin Burgi,* Der Beliehene – ein Klassiker des modernen Verwaltungsrechts, in: FS Hartmut Maurer, 2001, S. 581 ff.; *Voßkuhle,* Beteiligung (Fn. 37), S. 301 („Phönix aus der Asche"); *Klaus Weisel,* Das Verhältnis von Privatisierung und Beleihung, 2003; s. ferner *Gerrit Stadler,* Die Beleihung in der neueren Bundesgesetzgebung, 2002; *Oliver Freitag,* Das Beleihungsrechtsverhältnis, 2005; zu demokratischen Anforderungen an die Beleihung *BremStGH,* NVwZ 2003, S. 81 (82 ff.).
[256] Siehe bereits *Herbert Krüger,* Von der Notwendigkeit einer freien und auf lange Sicht angelegten Zusammenarbeit zwischen Staat und Wirtschaft, 1970; klassisch auch *Ernst-Hasso Ritter,* Der kooperative Staat, AöR, Bd. 104 (1979), S. 389 ff.
[257] Vor allem zur Schaffung allgemeiner Regelungen für ein **„Verwaltungskooperationsrecht"** ist es trotz vieler Vorschläge – s. etwa *Gunnar Folke Schuppert,* Grundzüge eines zu entwickelnden Verwaltungskooperationsrechts, Gutachten, erstattet im Auftrag des BMI, 2001 – und einer anhaltenden Diskussion bisher nicht gekommen. Lückenhaft bleiben damit insbesondere „passgenaue" Formen für den Einsatz von **public private partnerships,** dazu → Bd. I *Groß* § 13 Rn. 91 f.; Bd. II *Bauer* § 36 Rn. 42 ff. Die Zurückhaltung hat nicht nur mit der Statik des Allgemeinen Verwaltungsverfahrensrechts, sondern wohl auch mit dem Zurücktreten des Kooperations- hinter das Gewährleistungsparadigma zu tun, vgl. zur Operationalisierung in diesem Zusammenhang *Martin Burgi,* Privatisierung öffentlicher Aufgaben: Gestaltungsmöglichkeiten, Grenzen, Regelungsbedarf, Gutachten D zum 67. Deutschen Juristentag, 2008, S. D 94 ff.

materiellrechtlichen Steuerungsformen zu erwarten sein. Angesichts der unverkennbaren Steuerungsgrenzen besteht die Alternative aber nicht im Verzicht, sondern im Umbau der Programmierung, sei es in Gestalt reflexiven Rechts[258] oder der vielfach als „Königsweg" angepriesenen **Kontextsteuerung**.[259] Darunter ist die Installation selbstregulativer Systeme zu verstehen, die privaten Akteuren die Freiheit überlässt, *wie* sie die systeminternen Ziele und Anforderungen verwirklichen wollen.[260] Entscheidend ist die strukturelle Vorprägung der Verhaltensalternativen, wobei die Akteure einem motivationalen Handlungsdruck ausgesetzt werden, der unterschiedlich weit reichen kann.[261] Auch die Strategie „regulierter Selbstregulierung" setzt auf eine **Verantwortungsteilung**[262] mit der inhaltlichen Vorstrukturierung des Kooperationsprozesses.[263] Hier wird die Programmierung auf der einen Seite nicht verhandelbare Direktiven zu benennen haben und auf der anderen Seite hinreichend offen bleiben müssen, um das Entfaltungspotential eigenverantwortlich zu erbringender Gemeinwohlbeiträge zur Geltung zu bringen.[264]

II. Verfahrens- und Organisationssteuerung

50   Es ist ein Gemeinplatz, dass auch über Verfahren und Organisation das Handeln der Verwaltung gesteuert wird.[265] Zunehmend klarer wird, dass es zu diesen Steuerungsfaktoren angesichts der wachsenden Schwierigkeiten, denen sich die legislatorische Programmsteuerung vor allem im Umgang mit Ungewissheit[266] ausgesetzt sieht, häufig **keine Alternative** gibt. Insoweit werden Steue-

---

[258] Grundlegend *Gunther Teubner*, Reflexives Recht, ARSP, Bd. 68 (1982), S. 13 ff.; krit. *Norbert Reich*, Reflexives Recht?, in: FS Rudolf Wassermann, 1985, S. 151 ff.

[259] Begriffsprägend *Gunther Teubner/Helmut Willke*, Kontext und Autonomie: Gesellschaftliche Selbststeuerung durch reflexives Recht, ZfRSoz, Bd. 5 (1984), S. 4 ff.; s.a. *Ulrich K. Preuß*, Risikovorsorge als Staatsaufgabe, in: Dieter Grimm (Hrsg.), Staatsaufgaben, 1994, S. 523 (544).

[260] Vgl. *Schmidt-Preuß*, Verwaltung (Fn. 147), S. 185 ff.; anders *Di Fabio*, Verwaltung (Fn. 147), S. 258.

[261] Idealtypisch lässt sich der **„permanent-weichen"** eine **„selektiv-harte"** Steuerung gegenüberstellen: *Voßkuhle*, Kompensationsprinzip (Fn. 211), S. 404 ff.; zur Bevorzugung der letzteren Strategie *ders.*, Regelungsstrategien (Fn. 221), S. 89; *ders.*, Beteiligung (Fn. 37), S. 309.

[262] Vgl. *Wolfgang Hoffmann-Riem*, Verantwortungsteilung als Schlüsselbegriff moderner Staatlichkeit, in: FS Klaus Vogel, 2001, S. 47 ff.; zum Konzept der Verantwortungsteilung *Trute*, Verantwortungsteilung (Fn. 218), S. 13 ff.; für das Telekommunikationsrecht s.a. *Winfried Wegmann*, Regulierte Marktöffnung in der Telekommunikation, 2001, S. 50 ff.; s.a. die N. in → Fn. 182; → Bd. I *Baer* § 11 Rn. 58.

[263] Von **„verantwortungsteilenden Regelungsstrukturen"** spricht *Voßkuhle*, Regelungsstrategien (Fn. 221), S. 63; zur Herausbildung des Regulierungsverwaltungsrechts *Johannes Masing*, Grundstrukturen eines Regulierungsverwaltungsrechts, DV, Bd. 36 (2003), S. 1 ff.; *Jörn Lüdemann* (Hrsg.), Telekommunikation, Energie, Eisenbahn: Welche Regulierung brauchen die Netzwirtschaften?, 2008; zur Systematik der Instrumente und Verfahren des (nicht auf die Netzwirtschaften beschränkten) Regulierungsrechts *Michael Fehling*, Instrumente und Verfahren, in: ders./Ruffert (Hrsg.), Regulierungsrecht, § 20; zur organisationsrechtlichen Ausgestaltung der **Netzzugangsregulierung** *Gabriele Britz*, Organisation und Organisationsrecht der Regulierungsverwaltung in der öffentlichen Versorgungswirtschaft, in: Fehling/Ruffert (Hrsg.), Regulierungsrecht, § 21 Rn. 32 ff.

[264] Siehe auch *Kloepfer*, Instrumente (Fn. 182), S. 124.

[265] Aus der jüngeren Rechtsprechung etwa *BVerfGE* 111, 191 (217 f.); 111, 333 (353 ff.). Zur Steuerungsfunktion der Verwaltungsorganisation → Bd. I *Schuppert* § 16 Rn. 5.

[266] Zur Ungewissheit als Herausforderung für das Verwaltungsrecht *Appel*, Methodik (Fn. 251), S. 327 ff.; *Arno Scherzberg*, Wissen, Nichtwissen und Ungewissheit im Recht, in: Christoph Engel/Jost Halfmann/Martin Schulte (Hrsg.), Wissen – Nichtwissen – Unsicheres Wissen, 2002, S. 113 ff.; *Alfons*

B. Gegenstände rechtlicher Programmierung

rungsfaktoren in den Blick genommen, die ihrerseits in hohem Maße durch Recht geprägt sind. Der Einsatz von Verfahren und Organisation für die Erzielung von Steuerungswirkungen bedarf der rechtlichen Strukturierung. In begrenztem Umfang können dann auch dem Verfahrens- und dem Organisations*recht* Steuerungswirkungen zuerkannt werden.[267]

Verfahren und Organisation sind Steuerungsfaktoren, die eine darauf zugeschnittene Programmierung erfordern.[268] Zu verarbeiten sind insbesondere die unterschiedlichen Formen der Zuordnung zum materiellen Recht. Dabei ist regelmäßig von komplexen Wechselwirkungen auszugehen.[269] Erst in der Zusammenschau der Steuerungsansätze wird die Programmierung des Verwaltungshandelns insgesamt hinreichend abgebildet. Insoweit ist das Verfahren[270] in seinen Ausprägungen als Wissensgenerierungs-, Informationsverarbeitungs-, Kommunikations- und Entscheidungsprozess[271] über seine „dienende" Funktion[272] hinausgewachsen und wird als **Verwirklichungsmodus des Verwal-** 51

Bora, Innovationsregulierung als Wissensregulierung, in: Martin Eifert/Wolfgang Hoffmann-Riem (Hrsg.), Innovationsfördernde Regulierung, 2009, S. 23 ff.; *Ino Augsberg* (Hrsg.), Ungewissheit als Chance, 2009; *Hans C. Röhl* (Hrsg.), Wissen – Zur kognitiven Dimension des Rechts, DV, Beiheft 9, 2010.

[267] Von der Trennung ausgehend *Wahl*, Privatorganisationsrecht (Fn. 114), S. 315 ff.; demgegenüber stärker die Verbindung akzentuierend *Trute*, Funktionen (Fn. 113), S. 253 f.; zur wechselseitigen Bedingtheit von Organisationsrecht und Organisationswirklichkeit auch *Hans C. Röhl*, Staatliche Verantwortung und Kooperationsstrukturen, DV, Bd. 28 (1996), S. 487 ff., 498.

[268] → Bd. II *Schmidt-Aßmann* § 27 Rn. 45 ff. mit dem Plädoyer für einen weiten Verfahrensbegriff; Bd. I *Schuppert* § 16 Rn. 20 ff. mit dem Vorschlag, die Governance-Forschung für die organisationsrechtliche Steuerung fruchtbar zu machen.

[269] → Bd. I *Möllers* § 3 Rn. 5 („Selbstverständlichkeit eines Nebeneinander und Ineinander von materiellem und prozeduralen Recht"). Das kann nicht darüber hinwegtäuschen, dass insbesondere (aber keineswegs allein) über das Unionsrecht das Verfahrensrecht eine Stärkung erfährt, z.B. über die Einführung der UVP für Bauleitpläne in §§ 2 Abs. 3, 214 Abs. 1 Nr. 1 BauGB mit der Verlagerung des materiellrechtlichen Abwägungsvorgangs in das innere Verfahren, vgl. in diese Richtung, aber im Ergebnis offenlassend: BVerwGE 131, 100 ff.; gegen einen dadurch angezeigten Umbau der Abwägungsdogmatik *Werner Hoppe*, in: ders./Bönker/Grotefels, BauR, § 7 Rn. 2 ff. An den Auseinandersetzungen zeigen sich wachsende Schwierigkeiten der Zuordnung einer Norm zum materiellen Recht oder Verfahrensrecht. Angesichts der dogmatischen Folgen überrascht, dass es verlässliche Kriterien nicht gibt, vgl. *Eberhard Schmidt-Aßmann*, Verwaltungsverfahren, in: HStR V, § 109 Rn. 5.

[270] Überblick zur Entwicklung des Verfahrensgedankens → Bd. II *Schmidt-Aßmann* § 27 Rn. 1 ff.; zur jüngeren Reformdiskussion *Martin Burgi*, Verwaltungsverfahrenrecht zwischen europäischem Umsetzungsdruck und nationalem Gestaltungswillen, JZ 2010, S. 105 ff.; *Andreas Voßkuhle*, Das Verwaltungsverfahren im Spiegel der Neuen Verwaltungsrechtswissenschaft, in: Martin Burgi/Klaus Schönenbroicher (Hrsg.), Die Zukunft des Verwaltungsverfahrensrechts, 2010, S. 13 ff.

[271] Vgl. *Eberhard Schmidt-Aßmann*, in: Peter Lerche/Walter Schmitt Glaeser/ders., Verfahren als staats- und verwaltungsrechtliche Kategorie, 1984, S. 1 ff.; insbesondere die kommunikative Seite ist in jüngerer Zeit hervorgehoben worden, s. etwa *Barbara Bredemeier*, Kommunikative Verfahrenshandlungen im deutschen und europäischen Verwaltungsrecht, 2007, S. 45 ff., 504 ff.

[272] Zuletzt *Heinrich A. Wolff*, Die dienende Funktion der Verfahrensrechts – eine dogmatische Figur mit Aussagekraft und Entwicklungspotential, in: FS Rupert Scholz, 2007, S. 97 ff.; weiterführend aber *Christian Quabeck*, Dienende Funktion des Verwaltungsverfahrens und Prozeduralisierung, 2010, S. 9 ff., 92 ff. Zu den Einsichten der Berliner Staatsrechtslehrertagung gehört die Aufgabe zu einfachen Fronten zwischen einer (abwertend) dienenden Funktion und einem (aufwertenden) Eigenwert des Verwaltungsverfahrens, vgl. *Gurlit*, Eigenwert (Fn. 184), S. 234 („Der Wert des Verwaltungsverfahrens bestimmt sich nach der Eigenständigkeit seines Beitrags zur Zielerreichung"); ähnlich *Fehling*, Eigenwert (Fn. 118), S. 287 („Dienende Funktion und Eigenwert des Verfahrens sind damit kein Gegensatz, sondern die zwei Seiten einer Medaille"). Damit ist allerdings über den Bezug des Verfahrens zur Sachentscheidung noch nichts gesagt. Schon die Verengung auf die *Entscheidung* wird dem Bedarf nach einem überzeugenden Verfahrenskonzept nicht gerecht.

tungsrechts[273] begriffen.[274] Über das Verfahrensrecht kann dem Vertrauensverlust der materiellrechtlichen Richtigkeitsgewähr begegnet und verhindert werden, dass mancher Sachbereich, der sich einer materiellrechtlichen Steuerung entzieht, zum „juristischen Niemandsland" wird.[275] Es wächst das Bedürfnis, das materielle Recht stärker als bisher in seinen verfahrens- und organisationsrechtlichen Determinanten zu betrachten. So sind es Veränderungen der Organisationsstruktur, die auf die Umsetzung des Rechts einwirken und die Erzielung eines bestimmten Ergebnisses wahrscheinlich machen.[276] In dem Maße, wie die Fixierung auf ein inhaltlich vorgegebenes und der vollen gerichtlichen Nachprüfung unterliegendes Ergebnis aufgegeben wird, öffnet sich der Raum für die **Richtigkeitsgewähr durch Verfahren.**[277] Zu „dienen" hat das Verfahren nicht nur zur richtigen Darstellung der Entscheidung, sondern auch zur Herstellung der (möglichst) richtigen Entscheidung.[278]

52 Gegenstand rechtlicher Programmierung ist eine **strukturelle Steuerung.**[279] Es kommt nicht allein auf die Richtigkeit des gegebenenfalls in einem Gerichtsverfahren zu überprüfenden Entscheidungsergebnisses an. Vielmehr werden die Ablaufprozesse der Entscheidungsbildung und die Angemessenheit der Problemlösung in den Blick genommen. Das erweitert die überkommene Rechtsschutzperspektive ohne sie zu ersetzen. Es werden bestimmte Verfahrenstypen erkennbar, die sich vom **justiziellen Typus** unterscheiden und das Zustandekommen von Verwaltungsentscheidungen *ex ante* steuern[280] wollen. Hoch sind die „Verarbeitungslasten" des Verfahrens auch zur Darstellung und Ausbalancierung mehrpoliger Interessengeflechte. Verfahren kommt insoweit auch ein

---

[273] *Rainer Wahl*, Verwaltungsverfahren zwischen Verwaltungseffizienz und Rechtsschutzauftrag, VVDStRL, Bd. 41 (1983), S. 151 ff. (153); für eine normative Gleichberechtigung der *rechtlichen* Dimensionen mit dem Gebot eines abgestuften Schutzes *Möllers*, Materielles Recht (Fn. 239), S. 491, 505 f.

[274] Zum Verhältnis von Verwaltungsverfahren und Verwaltungsprozess *Michael Gerhardt*, Funktionaler Zusammenhang oder Zusammenstoß zweier Rationalitäten?, in: Hoffmann-Riem/Schmidt-Aßmann (Hrsg.), Verwaltungsverfahren, S. 413 ff.; zu „auseinanderlaufenden Linien" *Friedrich Schoch*, Die europäische Perspektive des Verwaltungsverfahrens- und Verwaltungsprozessrechts, in: Schmidt-Aßmann/Hoffmann-Riem (Hrsg.), Strukturen, S. 279 (287 ff.); zum Verbundcharakter europäischen Verwaltungsrechts *Eberhard Schmidt-Aßmann*, Europäische Verwaltung zwischen Kooperation und Hierarchie, in: FS Helmut Steinberger, 2002, S. 1375 ff.; *Eberhard Pache* und *Thomas Groß*, Verantwortung und Effizienz in der Mehrebenenverwaltung, VVDStRL, Bd. 66 (2007), S. 106 ff., 152 ff.; *Thorsten Siegel*, Entscheidungsfindung im Verwaltungsverbund, 2009; *Axer u. a.* (Hrsg.), Europäisches Verwaltungsrecht (Fn. 85); → Bd. I *Schmidt-Aßmann* § 5 Rn. 16 ff.

[275] BVerfGE 53, 30 (76); 118, 270 (273 ff.); zu den Herausforderungen durch das europäische Recht *Wolfgang Kahl*, Grundrechtsschutz durch Verfahren in Deutschland und in der EU, VerwArch, Bd. 95 (2004), S. 1 ff. (m. w. N.).

[276] Vgl. *Hans-Heinrich Trute*, Methodik (Fn. 126), S. 321; s. bereits *ders.*, Funktionen (Fn. 113), S. 258 f.

[277] Zur Erweiterung der Perspektive *Hoffmann-Riem*, Verwaltungsverfahren (Fn. 82), S. 39 ff.; zur Verklammerung von Verfahrenssteuerung und materieller Kontrolldichte *Schmidt-Aßmann*, Ordnungsidee, 4. Kap. Rn. 75, 6. Kap. Rn. 149; *Rainer Wahl*, Das Verhältnis von Verwaltungsverfahren und Verwaltungsprozessrecht in europäischer Sicht, DVBl 2003, S. 1285 (1291).

[278] → Bd. II *Schmidt-Aßmann* § 27 Rn. 61. Instruktive Beispiele: *Barbara Stollberg-Rilinger/André Krischer* (Hrsg.), Herstellung und Darstellung von Entscheidungen, Zeitschrift für historische Forschung, Beiheft 44, 2010.

[279] Dazu *Schuppert*, Verwaltungswissenschaft, S. 582 ff.; s. a. → Bd. I *Schuppert* § 16 Rn. 10 f.

[280] → Bd. II *Schmidt-Aßmann* § 27 Rn. 56 („Das Verwaltungsverfahrensrecht ist primär nicht ein Recht der Verfahrensfehler, sondern der Steuerungsressourcen von Verwaltungsverfahren").

B. Gegenstände rechtlicher Programmierung

politischer Charakter zu.[281] Dabei gehört zu den offenen Fragen, inwieweit rechtswissenschaftlicher Strukturierungsarbeit die „Einheit der Verwaltungsorganisation" zugrunde zu legen ist.[282] Vieles spricht dafür, stärker in pluralistischen Konzepten zu denken.[283]

Verfahrenssteuerung bezieht sich auf die **Problemlösung durch Entscheidung.** 53 Sie kann sich auf die Suche nach den einschlägigen Normen und ihren Tatbestandsmerkmalen auswirken, die auf den „Sachverhalt" bezogen werden müssen. Auf der anderen Seite strukturiert das Verfahren die Ermittlung der Fakten und der berücksichtigungsfähigen Interessen, um dann im Ergebnis die „richtige" Auswahlentscheidung treffen zu können.[284] Es geht nicht allein um den vorgezogenen Rechtsschutz, sondern um eine Vorverlagerung der Verarbeitung dessen, was zur **arbeitsteiligen Entscheidungsfindung** nötig ist. Nicht umsonst haben kooperative Verfahren[285] und Organisationsformen[286] an Bedeutung gewonnen. Von ihnen verspricht man sich eine Kompensation der Defizite materiellrechtlicher Gemeinwohlsicherung.[287] Das geschieht freilich nicht immer unter hinreichender Berücksichtigung des Preises, der für solche Strategien verfassungsrechtlich in Rechnung zu stellen ist. Insbesondere sind bisher erst in Ansätzen überzeugende Konzepte zur Sicherstellung des gebotenen Legitimationsniveaus gefunden.[288]

Vor allem die Europäisierung[289] bewirkt in erheblichem Umfang eine **Proze-** 54 **duralisierung der Steuerungsansätze**[290], was nicht ohne Auswirkungen auf das System subjektiver Rechte in gerichtlichen Kontrollkonzeptionen bleiben kann. So wird seit langer Zeit die materiell-akzessorische Ausrichtung des deutschen Verfahrenskonzepts auf die Sachentscheidung in Frage gestellt.[291] Von Null-

---

[281] Zu den Aufgaben des Verwaltungsverfahrensrechts s. *Schmidt-Aßmann*, Ordnungsidee, 6. Kap. Rn. 138 ff.; zur Herausbildung neuer Verfahrenstypen *Voßkuhle*, Strukturen (Fn. 181), S. 284 ff., 290 ff.
[282] Zum Problem *Brun-Otto Bryde*, Einheit der Verwaltung, VVDStRL, Bd. 46 (1988), S. 181 ff.
[283] → Bd. I *Schuppert* § 16 Rn. 71.
[284] *Hoffmann-Riem*, Verwaltungsverfahren (Fn. 82), S. 26 f.
[285] Vgl. *Schneider*, Verwaltungsverfahren (Fn. 65), S. 38 ff.
[286] Zur kooperativen Verwaltungsorganisation *Röhl*, Verantwortung (Fn. 267), S. 497 ff.
[287] Die Kompensationsfunktion wird stark gemacht von *Schuppert*, Verwaltungswissenschaft, S. 805 f.; zu den Legitimationsfragen → Bd. I *Trute* § 6 Rn. 58.
[288] Krit. *Lepsius*, Steuerungsdiskussion (Fn. 173), S. 23 ff., 27.
[289] Historisch-empirisch *Anna K. Mangold*, Gemeinschaftsrecht und deutsches Recht, 2011. Zum Verständnis der Europäisierung als wechselseitiger Vorgang *Rainer Wahl*, Europäisierung: Die miteinander verbundenen Entwicklungen von Rechtsordnungen als ganzes, in: Trute/Groß/Röhl/Möllers (Hrsg.), Allgemeines Verwaltungsrecht, S. 869 (877 ff.); zur Umstellung auf das Verwaltungsrecht im europäischen Rechtsraum jüngst *v. Bogdandy*, Verwaltungsrecht (Fn. 4), § 57 Rn. 1 u. passim.
[290] Die Diskussion ist älter, vgl. nur *Klaus Eder*, Prozedurale Rationalität, ZfRSoz, Bd. 7 (1986), S. 1 ff.; *Pitschas*, Verwaltungsverantwortung und Verwaltungsverfahren (Fn. 82), S. 23 ff., 80 ff., 345 ff., 582 ff.; *Karl-Heinz Ladeur*, Selbstorganisation sozialer Systeme und Proceduralisierung des Rechts, in: Grimm (Hrsg.), Wachsende Staatsaufgaben (Fn. 39), S. 187 ff.; *Evelyn Hagenah*, Prozeduraler Umweltschutz, 1996, S. 40 ff.; *Thomas Vesting*, Prozedurales Rundfunkrecht, 1997, S. 104 ff.; *Arno Scherzberg*, Öffentlichkeit der Verwaltung, 2000, S. 71 ff.; aus jüngerer Zeit vor allem *Schmidt-Aßmann*, Ordnungsidee, Kap. 4 Rn. 81 ff.; monografisch: *Dieter Wolfrum*, Prozeduralisierung des Verwaltungsrechts, 2005, S. 105 ff.; *Quabeck*, Dienende Funktion (Fn. 272), S. 92 ff.; s.a. → Bd. II *Schmidt-Aßmann* § 27 Rn. 96 ff., *Schneider* § 28 Rn. 15 ff.
[291] Deutlich wird das im Folgenregime mit der eingeschränkten Erheblichkeit von Verfahrensfehlern nach § 46 VwVfG. Zumindest im Anlagenzulassungsrecht wird die Unterordnung des Verfahrensrechts mit der Gleichstellung der Prüfung in verfahrensrechtlicher und materiellrechtlicher Hinsicht durch Art. 9 Abs. 2 der **Aarhus-Konvention** und deren gleichlautende Umsetzung durch Art. 10a UVP-RL bzw. Art. 25 IVU-RL aufgegeben. Ob diese Vorgaben durch § 4 UmwRG mit der

summenspielen dergestalt, dass verfahrensrechtlich aufzufangen wäre, was sich materiellrechtlich nicht länger hinreichend programmieren lässt, sollte in dieser Pauschalität jedoch Abstand genommen werden, zu breit ist das Spektrum der normativen **Koppelungen von Verwaltungsverfahren und Sachentscheidung**. Dennoch ist zuzugeben, dass prozedurale Lösungen häufig eine angemessene Antwort auf die Grenzen des Normierbaren darstellen.[292] In dem Maße, wie sich die Problemlösung gedanklich nicht mehr vorwegnehmen und abschließend determinieren lässt, wächst das Bedürfnis nach Steuerungsstrategien, die stärker prozedurale Konzepte der Entscheidungsherstellung setzen.[293] So normiert das Unionsrecht *deshalb* Informationsansprüche der Unionsbürger und setzt auf die Kontrolle durch eine **informierte Öffentlichkeit**.[294] Hierdurch wird der partizipative und (damit auch) demokratische Charakter des Verfahrens gestärkt und dem Weg zum Ergebnis – also der Verfahrensrichtigkeit – eigenständige Bedeutung zugesprochen. Vielfach kann der Entscheidungsinhalt nicht einfach der Norm entnommen werden, sondern muss (unter Einbeziehung des Realbereichs) im Verfahren erst ermittelt werden.

54a Gerade die **Prozeduralisierungsthese**[295] bildet eine Klammer dogmatischer und steuerungswissenschaftlicher Ansätze. Denn ausgehend von der Reichweite der Gesetzesbindung lassen sich graduelle Abschichtungen der normativen Bindungsdichte für den Anteil der Rechtserzeugung in Entscheidungen ausmachen.[296] Gespiegelt wird das Rechtsverwirklichungsprogramm in einer Ausdifferenzierung an Strategien, Methoden und Maßstäben, aber zum Erhalt normativer Orientierungen eben auch im steuerungswissenschaftlichen **Mehrwert bereitzustellender Verfahren**. Diese sind ihrerseits in bestimmte, keineswegs immer optimale organisationsrechtliche Arrangements eingebettet.[297] Das betrifft im Grunde alle Verwaltungsverfahren, also nicht nur das (nur grobmaschig geregelte) Verfahren exekutiver Normsetzung[298], sondern

---

Beschränkung auf das gänzliche Unterbleiben der UVP oder deren Vorprüfung hinreichend umgesetzt sind, bleibt ungeachtet der gesetzlichen Unstimmigkeit zum **Modell der schutznormakzessorischen Klage** nach § 2 Abs. 1 und Abs. 5 UmwRG zweifelhaft, vgl. *Bernhard W. Wegener*, Rechtsschutz im europäischen (Umwelt-)Recht, UTR, Bd. 98 (2008), S. 319 (336 ff.); *Anna-Maria Schlecht*, Die Unbeachtlichkeit von Verfahrensfehlern im deutschen Umweltrecht, 2010; *Sabine Schlacke*, Rechtsbehelfe, in: dies./Christian Schrader/Thomas Bunge (Hrsg.), Aarhus-Handbuch, 2010, § 3.

[292] Vgl. *Appel*, Methodik (Fn. 251), S. 356; zur prozeduralen Legitimation → Bd. I *Trute* § 6 Rn. 47 f., 97 ff.

[293] Zur „Auflösung materieller Steuerungsformen in Prozeduralität" *Quabeck*, Dienende Funktion (Fn. 272), S. 230 ff.

[294] → Bd. I *Masing* § 7 Rn. 91 ff.; Bd. II *Schmidt-Aßmann* § 27 Rn. 73 ff.

[295] Krit. *Möllers*, Materielles Recht (Fn. 239), S. 495 f.

[296] Zu dieser Herleitung *Appel*, Verwaltungsrecht (Fn. 3), S. 260 ff.

[297] Zu organisatorischen Entkoppelungen von Verfahren und Entscheidung *Gurlit*, Eigenwert (Fn. 184), S. 255 („Regelungsstrukturen, die Teile der Verfahrensführung Akteuren anvertrauen, die nicht zur Sachentscheidung befugt sind"). So bewirkt das mit der einheitlichen Stelle in §§ 71 a ff. VwVfG zu großspurig daherkommende Modell des **one stop government** ein Auseinanderfallen von verfahrensleitendem *front office* und die Sachentscheidungsbefugnis behaltendem *back office*, vgl. zur Ausgestaltung im Einzelnen *Heribert Schmitz/Lorenz Prell*, Verfahren über eine einheitliche Stelle, NVwZ 2009, S. 1 ff.; *Christian Ernst*, Die Einführung eines einheitlichen Ansprechpartners, DVBl 2009, S. 953 ff.; *Anika Luch/Sönke Schulz*, Die Umsetzungsgesetzgebung der Bundesländer zur Einrichtung Einheitlicher Ansprechpartner nach Art. 6 DLR, GewArch 2010, S. 225 ff.; zum Auseinanderfallen von Verfahrens- und Entscheidungsherrschaft → Bd. II *Britz* § 26 Rn. 39 ff., *Appel* § 32 Rn. 7 f.

[298] Gut aufbereitet im Vergleich mit den USA, vgl. *Susan Rose-Ackerman*, Umweltrecht und -politik in den Vereinigten Staaten und der Bundesrepublik Deutschland, 1995, S. 234 ff.; *Hermann Pünder*,

B. Gegenstände rechtlicher Programmierung

auch das Entscheidungsverfahren, mögen seine sachbereichsspezifischen Ausprägungen gegenüber Verallgemeinerungen (z. B. mit Blick auf die Aufnahme in das VwVfG) auch Zurückhaltung gebieten.[299] In dem Maße aber, wie materielle Maßstäbe fehlen, unsicher oder umstritten sind, erhalten Verfahren eine besondere Funktion zur Herstellung bzw. **Erzeugung des materiellen Rechts.**[300]

Damit in einem engen Zusammenhang steht die **Kompensationsthese.**[301] Angesichts der gewachsenen, aber nicht zu überhöhenden[302] Funktion von Verfahren, das für die Sachentscheidung erforderliche Wissen zu generieren, spricht einiges dafür, dem Verfahren einen Eigenwert als **Rechtserzeugungsverfahren unter Unsicherheitsbedingungen** zuzusprechen.[303] Wo Verfahren das Fehlen materieller Vorgaben (wie namentlich im Umwelt- und Risikorecht, aber auch im Regulierungsrecht) kompensieren sollen[304] und dadurch eigenständiges Gewicht erhalten, können undifferenzierte Verfahrensfehlerfolgen nicht länger überzeugen. Erforderlich ist, wie es *Eberhard Schmidt-Aßmann* fordert, ein **abgewogenes Sanktionsregime.**[305] Ist sicher, dass es auch *nach* der verfahrensabschließenden Entscheidung keine restlose Gewissheit geben kann, bleibt für die Erkenntnis der richtigen oder unrichtigen Entscheidung kein Raum. Inwieweit hier eine erhöhte Beachtlichkeit von Verfahrensfehlern im Wege der Kompensation von einer Reduzierung der **materiellen Ergebniskontrolle** durch die Gerichte[306] erzielt werden sollte, bleibt indes umstritten, stößt in der Praxis auf we-

54b

Exekutive Normsetzung in den Vereinigten Staaten von Amerika und der Bundesrepublik Deutschland, 1995, S. 34 ff.; differenzierend zum Verrechtlichungsbedarf *Möllers*, Verwaltungsrecht (Fn. 8), § 92 Rn. 29 ff.; s. a. → Bd. II *Hill* § 34 Rn. 70 ff.

[299] Zu den Rekodifikationsbestrebungen: *Wolfgang Kahl*, Das Verwaltungsverfahrensgesetz zwischen Kodifikationsidee und Sonderrechtsentwicklungen, in: Hoffmann-Riem/Schmidt-Aßmann, Verwaltungsverfahren, S. 67 (83 ff.); *ders.*, Europäisierung (Fn. 85), S. 59 ff.; *Burgi*, Verwaltungsverfahrensrecht (Fn. 270), S. 109 f.; zurückhaltender im Sinne bereichsspezifischer Kodifikationsprojekte *Schmidt-Aßmann*, Verwaltungsverfahren (Fn. 269), § 109 Rn. 13; *Hermann Pünder*, Verwaltungsverfahren, in: Erichsen/Ehlers (Hrsg.), VerwR, § 13 Rn. 6; *Helmuth Schulze-Fielitz*, Einheitsbildung durch Gesetz oder Pluralisierung des Vollzugs, in: Trute/Groß/Röhl/Möllers (Hrsg.), Allgemeines Verwaltungsrecht, S. 135 (159 f.); s. a. → Rn. 107.

[300] *Appel*, Verwaltungsrecht (Fn. 3), S. 272 mit Fn. 165.

[301] → Bd. I *Hoffmann-Riem* § 10 Rn. 100 ff.

[302] Gleichsinnig: *Gurlit*, Eigenwert (Fn. 184), S. 251 ff.; *Fehling* (Fn. 118), S. 319 ff.; zur Gefahr eines technokratischen Verwaltungsverständnisses beim Übergang vom „Partizipations- und Informationsdiskurs" *Anna-Bettina Kaiser*, Die Kommunikation der Verwaltung, 2009, S. 257 ff.

[303] *Appel*, Verwaltungsrecht (Fn. 3), S. 273.

[304] Steuerungswissenschaftlich wird sich mit dem Anspruch auf Verallgemeinerung weder der traditionelle Vorrang der Ergebnisfixierung des deutschen Verwaltungsrechts auf Dauer halten noch deren prinzipieller Nachrang gegenüber der **Verfahrensgerechtigkeit und -kontrolle** proklamieren lassen, wie es insgesamt kein „allgemeines Substitutions-, Kompensations- oder auch Substraktionsverhältnis zwischen Verfahrens-, Organisations- und materiellen Regeln" gibt, so *Möllers*, Materielles Recht (Fn. 239), S. 502.

[305] → Bd. II *Schmidt-Aßmann* § 27 Rn. 106; *Clemens Ladenburger*, Verfahrensfehlerfolgen im deutschen und französischen Verwaltungsrecht, 1999, S. 295 ff.; früher schon *Hermann Hill*, Das fehlerhafte Verwaltungsverfahren und seine Folgen im Verwaltungsrecht, 1986, S. 332 ff.

[306] Eine Doppelung von Verfahrens- und Ergebniskontrolle wird schon wegen der begrenzten Ressourcen für unangebracht gehalten und kann nicht das Ziel eines ausgewogenen Kontrollsystems sein, statt vieler *Schmidt-Aßmann*, Ordnungsidee, 6 Kap. Rn. 149; *Wahl*, Verhältnis (Fn. 277), S. 1288, 1291; *Appel*, Verwaltungsrecht (Fn. 3), S. 274 (mit Fn. 171) mit Warnungen vor unabgestimmten Maximierungen der Anforderungen an Verwaltung *und* Rechtsschutz. Zurückhaltung gegenüber einer Neujustierung → Bd. III *Schoch* § 50 Rn. 354.

§ 4 Modalitäten und Wirkungsfaktoren der Steuerung durch Recht

nig Gegenliebe[307] und mag weder im Rechtsvergleich angezeigt noch im Sinne „nachholender Modernisierung" unionsrechtlich geboten sein.[308] Normativ erwünschten Steuerungswirkungen von Verfahren in komplexen Entscheidungssituationen können die Verwaltungsgerichte aber bei der Überprüfung der Sachentscheidung durch eine faktische **Reduzierung der Kontrollintensität**[309] angemessen Rechnung tragen.

54c In anderen Konstellationen (wie z. B. dem Vergabeverfahren[310]) liegen demgegenüber eher in effektiven Verfahrenskontrollen der Gerichte noch unausgeschöpfte Steuerungspotentiale, wenngleich einer Verallgemeinerung die **Akzessorietät subjektiver Verfahrensrechte** vom materiellen Recht entgegensteht. Mit Blick auf die Aufhebung der Sachentscheidung wegen eines Verfahrensfehlers wird der Anwendungsbereich des § 46 VwVfG in der Auslegung durch die „Kausalitätsrechtsprechung"[311] aber inzwischen fachgesetzlich eingeschränkt (z. B. durch § 4 Abs. 1 UmwRG).[312] Wo Gestaltungsspielräume in der Form von Beurteilungs- oder Ermessensermächtigungen eingeräumt sind, bleibt die Unbeachtlichkeitsregelung des § 46 VwVfG ohnehin unanwendbar.[313] Auch das

---

[307] Die Gerichte sehen das Problem, vgl. statt vieler *Franßen*, 50 Jahre (Fn. 102), S. 418, 420. Behandelt wird es dennoch zumeist vom „Normalfall" der (vollständigen) Ergebniskontrolle aus. Verdient die materielle Rechtskontrolle keine Abschwächung, kann es auf der verfahrensrechtlichen Seite keine Zugeständnisse geben.

[308] Zurückhaltend *Fehling*, Eigenwert (Fn. 118), S. 280, 304 ff., 328 f. Dass sich weite Teile des Verwaltungsrechts (z. B. des Umwelt-, Technik- und des Regulierungsrechts) der umfassenden materiellrechtlichen Determinierung (mit dem Erhalt einer entsprechend hohen Kontrolldichte) entziehen, zeige lediglich, dass „theoretisch nur zweitbeste Lösungen bei pragmatischer Betrachtung gelegentlich (!) überlegen sein können".

[309] Zu weiterführenden Unterscheidungen bei der Kontrolldichte *Rainer Wahl*, Klagebefugnis und Kontrolldichte: Änderung in der Konzeption des verwaltungsgerichtlichen Rechtsschutzes?, in: Winfried Kluth/Klaus Rennert (Hrsg.), Entwicklungen im Verwaltungsprozessrecht, 2009, S. 53 ff. mit Kritik an der Vorstellung eines Kompensationsverhältnisses zwischen (mehr) Klagebefugnis und (weniger) Kontrolldichte. Aber es bleibt die Frage, ob sich mit der europarechtlichen Aufwertung des Verfahrensrechts die **hohe Kontrolltiefe** des (vielfach erst im Verwaltungsverfahren unter dessen Eigenrationalitäten herzustellenden) Ergebnisses halten lassen wird, skeptisch *Kahl*, Pfade (Fn. 4), S. 474; zurückhaltender *Christine Steinbeiß-Winkelmann*, Europäisierung des Verwaltungsrechtsschutzes, NJW 2010, S. 1233 ff.; *Jan Ziekow*, Europa und der deutsche Verwaltungsprozess, NVwZ 2010, S. 793 ff. Europarechtlich gebotenen Erweiterungen der Kontrollbreite müssen keine Erweiterungen der Kontrolltiefe korrespondieren. Zur nachvollziehenden Kontrolle oben → Rn. 20.

[310] Ausf. *Hendrik Kaelble*, Vergabeentscheidung und Verfahrensgerechtigkeit, 2008.

[311] BVerwGE 100, 370 (279 f.); 130, 83 (94 f.). Die insoweit erheblich eingeschränkte Steuerungsfähigkeit des Verfahrens erführe eine Aufwertung, wenn die **Beweislast**, dass ohne den Fehler eine andere Sachentscheidung ergangen wäre, nicht länger auf den Kläger abgeschoben würde. Dieser „Systemfehler" könnte durch die Rechtsprechung aber korrigiert werden.

[312] BVerwGE 131, 352 (366); OVG Sachs-Anh, NVwZ 2009, S. 340 (341). Umstritten ist, ob die Norm eine Subjektivierung des Verfahrensrechts bewirkt, vgl. *Martin Kment*, Das neue Umweltrechtsbehelfsgesetz und seine Bedeutung für das UVPG, NVwZ 2007, S. 274 (276, 279); *Markus Appel*, Subjektivierung von UVP-Fehlern durch das Umweltrechtsbehelfsgesetz?, NVwZ 2010, S. 473 (476 f.). Ist das der Fall, kann die **Rügefähigkeit der unterbliebenen UVP** im „System" des Individualrechtsschutzes nach §§ 42 Abs. 2, 113 Abs. 1 S. 1 VwGO verarbeitet werden.

[313] Für das Standardverfahren unstreitig, vgl. *Gerhardt*, in: Schoch/Schmidt-Aßmann/Pietzner, VwGO, § 113 Rn. 29. §§ 17e Abs. 6 S. 2 FStrG, 18e Abs. 6 S. 2 AEG, 14e Abs. 6 S. 2 WaStrG und 29 Abs. 3 S. 1 und 2 PBefG verweisen für Verfahrensfehler im Planfeststellungsverfahren aber auf § 46 VwVfG, was von der Rechtsprechung zum Anlass genommen wird, trotz des Abwägungsspielraums der Behörde auf die **konkrete Möglichkeit einer anderen Entscheidung** abzustellen, vgl. BVerwGE 75, 214; 100, 238; krit. → Bd. III *Schoch* § 50 Rn. 303.

Nacharbeiten im Prozess[314] findet Grenzen in den unterschiedlichen Maßstäben und Verfahrensrationalitäten[315], wobei der funktionale Zusammenhang von Verwaltungsverfahren und gerichtlichem Rechtsschutz[316] deren kompetenzrechtliche Unterschiede nicht überspielen darf. Für eine **Kompensation behördlicher Verfahrensfehler** eignet sich das gerichtliche Kontrollverfahren daher nur begrenzt.[317]

Die Verfahrens- und Organisationssteuerung zielt auf eine Strukturierung der **Entscheidungsprämissen.** Auszugehen ist von der Unverzichtbarkeit, die Entscheidungsschritte zu segmentieren, um die juristische Operationalisierbarkeit der Problemlösung zu gewährleisten. Das kann aber nicht bedeuten, an den bestehenden Konzepten zur **Reduzierung der Komplexität** auch dort mehr oder weniger unbekümmert festzuhalten, wo die Grundlagen längst weggefallen sind. Richtigerweise wird man die sachlichen und zeitlichen Abschichtungen, etwa im Hinblick auf die Herauslösung der entscheidungsvorbereitenden Handlungen aus dem Entscheidungsbegriff, in problemorientierten Verknüpfungen sehen müssen, die stärker als bisher die **Vernetzungen** in den Blick nehmen.[318] So passt etwa die Vorstellung staatlicher Sachverhaltsermittlung nicht für Verfahren, in denen die Mitwirkung der Beteiligten neben Lasten auch Einflusschancen vermittelt. Für die Bewältigung der **Verfahrensprivatisierung**[319], mit dessen Hilfe die Informationsbeschaffung für die Entscheidungsfindung neu arrangiert[320] wird, ist das allgemeine Verfahrensrecht nur bedingt gerüstet.[321]

Prinzipiell sind zwei Strategien denkbar. Eine Möglichkeit besteht darin, die faktische Informationsherrschaft privater Regelungsadressaten als **Verrechtlichungsproblem** zu begreifen. Hier stößt eine „Formalisierung des Problems" aber schnell an Grenzen rechtlicher oder tatsächlicher Art. Dass Sicherungen

---

[314] Vgl. *Gerhardt,* Funktionaler Zusammenhang (Fn. 274), S. 420 f.; *Ulrich Stelkens,* Der Eigenwert des Verfahrens im Verwaltungsrecht, DVBl 2010, S. 1078 (1081).

[315] → Bd. II *Schmidt-Aßmann* § 27 Rn. 66; Bd. III *Schoch* § 50 Rn. 356 ff.

[316] Grundlegend *Jürgen Schwarze,* Der funktionale Zusammenhang von Verwaltungsverfahrensrecht und verwaltungsgerichtlichem Rechtsschutz, 1974, S. 58 ff. im Anschluss an den Vergleich mit den USA bei *Fritz Scharpf,* Die politischen Kosten des Rechtsstaates, 1970, S. 41 ff.; aus jüngerer Zeit *Heike Jochum,* Verwaltungsverfahrensrecht und Verwaltungsprozessrecht, 2004, S. 493 ff. („Prinzip der normativen Konnexität"); *Wahl,* Verhältnis (Fn. 277), S. 1285 ff.; → Bd. I *Hoffmann-Riem* § 10 Rn. 102 ff.; Bd. II *Schmidt-Aßmann* § 27 Rn. 66 ff.

[317] Vgl. im Anschluss an *Walter Krebs,* Kompensation von Verwaltungsverfahrensfehlern durch gerichtlichen Rechtsschutz, DVBl 1984, S. 109 (113) jüngst *Gurlit,* Eigenwert (Fn. 184), S. 268 ff. mit dem Hinweis, dass das auch in der umgekehrten Richtung gilt: Unzulänglichkeiten der gerichtlichen Kontrolle lassen sich nicht ohne weiteres durch Verwaltungsverfahren ausgleichen. Ein wirksamer Gerichtsschutz entfaltet *Vorwirkungen* im Verwaltungsverfahren, wie der Funktionserhalt des Verwaltungsverfahrens genauer zu fassende *Nachwirkungen* im Gerichtsverfahren hat, was in einem **institutionellen Rücksichtnahmegebot** verbunden werden kann, so → Bd. II *Schmidt-Aßmann* § 27 Rn. 68.

[318] Vgl. *Hoffmann-Riem,* Verwaltungsverfahren (Fn. 82), S. 44 f.; schärfer *Martin Eifert,* Innovationen in und durch Netzwerkorganisationen, in: ders./Hoffmann-Riem (Hrsg.), Innovation (Fn. 138), S. 88 (130 f.).

[319] Grundlegend *Wolfgang Hoffmann-Riem,* Verfahrensprivatisierung als Modernisierung, DVBl 1996, S. 225 ff.; zur Heterogenität der Erscheinungsformen *Barbara Remmert,* Private Dienstleistungen in staatlichen Verwaltungsverfahren, 2003, S. 1 ff.; → Bd. II *Appel* § 32 Rn. 11 ff.

[320] Vgl. *Schuppert,* Governance (Fn. 174), S. 446 („Transfer der Informationskosten vom öffentlichen in den privaten Sektor"); zu weiteren „Transaktionskostenverlagerungen" auch *ders.,* Verwaltungswissenschaft, S. 374 ff.

[321] Allg. zur Privatisierung *Burgi,* Privatisierung öffentlicher Aufgaben (Fn. 256), S. D 9 ff.

dennoch unabweisbar sind, zeigt der Wegfall des Vertrauens in die Kraft des Staates, *von sich aus* für eine faire Ausbalancierung der Interessen zu sorgen. Ein Beispiel ist das **informelle Verwaltungshandeln,** das zwar zum Alltag der Verwaltungspraxis gehört[322], aber den Sinn eines strukturierten Verfahrensablaufs zu entwerten droht. Hier führen die klassischen Einbindungsstrategien ungeachtet der im Einzelfall bestehenden Möglichkeit, die verfahrensrechtlichen Vorschriften analog anzuwenden, nicht weiter.[323] Weil zudem die Vorteile informaler Verständigung genutzt werden sollen, dürfte die Schaffung **funktionaler Äquivalente** zu formalen Verfahrenssicherungen problemangemessener sein.[324]

57 Damit reagiert die Rechtspraxis auf den Umstand, dass die **Einbeziehung privater Kräfte** in die Aufgabenerfüllung nicht bloß Risiken birgt. Soll der Nutzen privater Handlungslogik gefördert werden, müssen die Sicherungsmechanismen differenziert ausgelegt werden. Es kann nicht darum gehen, die für den Staat geltenden Gemeinwohlanforderungen schematisch auf die privaten Akteure zu übertragen. Faktische Bindungsverluste, die sich infolge der Einbeziehung privater Kräfte in die öffentliche Aufgabenerfüllung einstellen, lassen sich im Wege einer **Etatisierung der privaten Handlungsfelder** nicht ohne Freiheitsverluste für den Einzelnen[325] kompensieren. Zugleich bleibt die Suche danach aufgegeben, wie es dem Staat gelingen kann, das nötige Wissen zu erwerben, um privatautonomes Handeln in einen Rahmen zu stellen, der gemeinwohlverträgliche Ergebnisse erwarten lässt.[326] Diese Strategie wird im Kern mit der „regulierten Selbstregulierung" verfolgt.[327] Sie führt zur Herausbildung rechtlich zu umhegender **Privatverfahren.**[328]

58 Ob diese Herausforderungen allein in der überkommenen Dogmatik mit den Rechtsfiguren der Beleihung[329], der Verwaltungshilfe oder der Indienstnahme Privater hinreichend zu verarbeiten sind, dürfte fraglich sein.[330] Wenn es richtig

---

[322] → Bd. I *Voßkuhle* § 1 Rn. 10, zur Legitimation → Bd. I *Trute* § 6 Rn. 101.

[323] Zum Phänomen der Informalität mit Ansätzen zu einer abgewogenen verfassungsrechtlichen Beurteilung *Morlok,* Informalisierung (Fn. 168), S. 40, 54 ff.

[324] Ausf. *Martin Burgi,* Die Funktion des Verfahrensrechts in privatisierten Bereichen, in: Hoffmann-Riem/Schmidt-Aßmann (Hrsg.), Verwaltungsverfahren, S. 156 (174 ff.); zur Formung des Informalen → Bd. II *Hoffmann-Riem* § 33 Rn. 86 f., *Fehling* § 38 Rn. 99 ff.

[325] Vgl. *Trute,* Verwaltung (Fn. 113), S. 955 f., 957; zust. *Michael Kloepfer,* Umweltschutzregulierung durch öffentliche oder private Initiative?, in: Zentaro Kitagawa u. a. (Hrsg.), Regulierung – Deregulierung – Liberalisierung, 2001, S. 149 (162 f., 164); *Voßkuhle,* Beteiligung (Fn. 37), S. 295, 307; zu notwendigen Differenzierungen → Bd. I *Eifert* § 19 Rn. 80 ff. (für private Fremdkontrollen).

[326] Zu den Problemen aus unterschiedlicher Perspektive *Karl-Heinz Ladeur,* Negative Freiheitsrechte und gesellschaftliche Selbstorganisation, 2000, S. 171 ff.; *Jens-Peter Schneider,* Liberalisierung der Stromwirtschaft durch regulative Marktorganisation, 1999, S. 538 f.; *Voßkuhle,* Beteiligung (Fn. 37), S. 308; zum Wissensproblem (des Staates) *ders.,* Expertise (Fn. 92), S. 652 ff.; *Peter Collin/Thomas Horstmann* (Hrsg.), Das Wissen des Staates, 2004; *Bardo Fassbender,* Wissen als Grundlage staatlichen Handelns, in: HStR IV, § 76; *Gunnar Folke Schuppert/Andreas Voßkuhle* (Hrsg.), Governance von und durch Wissen, 2008; *Indra Spiecker gen. Döhmann,* Staatliche Entscheidungen unter Unsicherheit (im Erscheinen 2012); *dies./Peter Collin* (Hrsg.), Generierung und Transfer staatlichen Wissens im System des Verwaltungsrechts, 2008; *Wolfgang Hoffmann-Riem,* Wissen als Risiko – Unwissen als Chance, in: ders., Offene Rechtswissenschaft, S. 131 ff.; s. zum Wissensproblem (des Rechts) auch die N. in → Fn. 266.

[327] → Bd. I *Eifert* § 19 Rn. 52 ff.

[328] → Bd. II *Schmidt-Aßmann* § 27 Rn. 54 f., *Appel* § 32 Rn. 5, 73 ff. (m. w. N.).

[329] → Bd. I *Trute* § 6 Rn. 92, *Schulze-Fielitz* § 12 Rn. 106, *Groß* § 13 Rn. 89 f., *Jestaedt* § 14 Rn. 31, *Eifert* § 19 Rn. 81.

[330] Beispielhaft sei auf das Problem der **Benannten Stellen** im Produktsicherheitsrecht hingewiesen. Ihre europarechtlich vorgeschriebene Unabhängigkeit schließt die Qualifizierung als Beliehene aus, vgl. *Hans C. Röhl,* Akkreditierung und Zertifizierung im Produktsicherheitsrecht, 2000, S. 26 ff.

B. Gegenstände rechtlicher Programmierung

ist, dass administrative Steuerung zu einem wesentlichen Teil als Organisationssteuerung[331] verstanden werden muss, dann fällt auf, dass die bestehenden Figuren und Konzepte vielfach in der idealtypischen Zweiteilung von staatlicher Bindung und privater Freiheit verbleiben. Führen könnte das zur normativen Überhöhung eines **behördlichen Letztentscheidungsmandats,** das auszuüben vom Staat voraussetzt, was er mit der Einschaltung einer privaten Organisationseinheit nicht selten zuvor abgegeben hat. Jedenfalls dürften sich die Legitimationsprobleme einer inhaltlichen Bindung des staatlichen Entscheidungsträgers an die private Entscheidungsvorbereitung so keiner sachgerechten Lösung zuführen lassen.[332] Erfolgversprechender dürfte die bereits in der gemeinwohlsichernden Legitimationsverantwortung[333] angelegte Figur einer **staatlichen Strukturschaffungspflicht**[334] mit dem Ziel sein, die Defizite inhaltlicher Entscheidungsbeherrschung durch funktional äquivalente Sicherungsvorkehrungen gegenüber privaten Akteuren auszugleichen. Zumindest dort, wo ein Bezug zur staatlichen Entscheidung besteht, bleibt die Rückbindung an staatlich definierte Vorgaben aufgegeben, zu denen ausreichender Sachverstand[335], hinreichender Neutralitätsschutz[336], Begründungs- und Publizitätspflichten etc. gehören.

Verfahrens- und Organisationssteuerung füllt die Lücke, die dadurch entsteht, dass private Akteure in die Aufgabenerfüllung einbezogen, aber nicht unmittelbar an die staatlichen Pflichten gebunden sind. Diese **Bindungslücke** ist gewollt[337] und muss bestehen bleiben, soll das Ziel der Mobilisierung privater Handlungslogik nicht konterkariert werden.[338] Hierauf reagiert das Unionsrecht mit einer Stärkung der **Öffentlichkeitsbeteiligung**[339] und des Rechtsschutzes, womit Gegengewichte zur Verfahrensprivatisierung mit der Beschränkung auf nachvollziehende Amtsermittlungen und Kontrollen[340] in die Rechtsordnung aufgenommen werden. Die Öffentlichkeit wächst über ihre Rolle zur Informationsbeschaffung hinaus und wird ein wichtiger Faktor gesellschaftlicher **Kontrolle**[341], der staatliche Steuerungsverluste zu kompensieren vermag, aber die

59

---

[331] So *Schmidt-Aßmann*, Ordnungsidee, 5. Kap. Rn. 9.

[332] Vgl. *Winfried Brohm,* Sachverständige Beratung des Staates, in: HStR II, 2. Aufl., § 36 Rn. 30 ff.; s. a. *Rossen*, Vollzug (Fn. 75), S. 263 ff.

[333] Vgl. *Eberhard Schmidt-Aßmann,* Verwaltungslegitimation als Rechtsbegriff, AöR, Bd. 116 (1991), S. 329 ff.; zu den gebotenen Unterscheidungen im Zusammenspiel der Legitimationsanforderungen *ders.,* Ordnungsidee, 2. Kap. Rn. 101 f.; in diesem Sinne auch *Trute,* Funktionen (Fn. 113), S. 284, 288 ff.; anders *Weiß*, Staatsaufgaben (Fn. 47), S. 328 ff.

[334] Vgl. *Burgi*, Funktion (Fn. 324), S. 179 f.; s. a. die N. in → Fn. 113.

[335] → Bd. II *Ladeur* § 21 Rn. 45 ff.; Bd. III *Voßkuhle* § 43 Rn. 49.

[336] → Bd. I *Schmidt-Aßmann* § 5 Rn. 85; Bd. II *Schneider* § 28 Rn. 32 ff.

[337] Die Konsequenzen von *Matthias Cornils*, Staatliche Infrastrukturverantwortung und kontigente Marktvoraussetzungen, AöR, Bd. 131 (2006), S. 378 (409 ff.) im Sinne einer Subsidiarität staatlicher Eigenerfüllung lassen sich nicht verallgemeinern.

[338] Zur Verbindung staatlicher und gesellschaftlicher Handlungslogik durch Gewährleistungsrecht *Franzius*, Gewährleistung (Fn. 52), S. 75 ff., 364 ff., 549 ff.; im Regulierungsparadigma → Bd. I *Eifert* § 19 Rn. 52 ff.

[339] Vor allem im Bereich der **Umweltverträglichkeitsprüfung,** die in Deutschland früh, aber nicht widerspruchslos (statt vieler *Kloepfer*, UmweltR, § 5 Rn. 378) dem Verfahrensrecht zugeordnet wurde, vgl. BVerwGE 98, 339 (258); 100, 238 (243 ff.); 130, 83 (94 f.).

[340] Grundlegend *Jens-Peter Schneider*, Nachvollziehende Amtsermittlung bei der Umweltverträglichkeitsprüfung, 1991, S. 88 ff.

[341] → Bd. III *Scherzberg* § 49 Rn. 11 ff., 67 ff.; zum europarechtlichen Steuerungskonzept *Foroud Shirvani*, Öffentlichkeitsbeteiligung bei integrierten Vorhabengenehmigungen nach der IVU-RL, NuR

Verwaltung von der ihr zugesprochenen Verantwortung für das Gemeinwohl nicht befreit. Zu dessen Verwirklichung reichen interne Anweisungen des Personals jedoch nicht aus, vielmehr muss ein Tätigwerden nichtstaatlicher Einheiten gesteuert werden.[342] Insoweit übernimmt das Verwaltungsrecht die **Koordinierung unterschiedlicher Handlungsrationalitäten**.[343] Es „verlängern" sich die Wege rechtlicher Steuerung, wenngleich nicht übersehen werden darf, dass über die „breiter" angelegte Struktursteuerung[344] erhebliche Rechtswirkungen erzielt werden können. Diese werden im **Verwaltungsorganisationsrecht**[345] verarbeitet, wobei die Entwicklung eines differenzierten Anforderungsprofils für private Akteure der Akzentuierung eines **Privatorganisationsrechts**[346] bedarf.[347]

59a Betrachtet man die gegenwärtig „umkämpften" Fragen des Verwaltungsrechts und seiner Steuerungswirkungen, dann wird erkennbar, dass diese nicht primär das materielle Recht oder das (unter der Theorie-Praxis-Kluft[348] besonders leidende) Verfahrensrecht, sondern seine **Verknüpfungen mit dem Organisationsrecht** in Bezug auf das rechtliche Anforderungsniveau des Verwaltungshandelns *insgesamt* betreffen. Ob die gerichtliche Kontrolltiefe im Beschlusskammerverfahren der Bundesnetzagentur getroffener Entscheidungen[349] in Frage steht, das demokratische Legitimationsniveau hierarchieferner bzw. privatisierungsnaher Regelungsstrukturen der **Gewährleistungsverwaltung**[350] zum Thema gemacht wird oder die Autonomie der unteren Verwaltungsebene gegenüber dem Einfluss der höheren Verwaltungsebene zur Aufgabenverwirklichung[351] angesprochen ist.[352] Stets geht es *auch* um organisationsrechtliche Fragestellungen.

2010, S. 383 ff.; *Klaus F. Gärditz*, Klagerechte der Umweltöffentlichkeit im Umweltrechtsbehelfsgesetz, EurUP 2010, S. 210 ff. Hier ist mit dem **Begriff der (betroffenen) Öffentlichkeit**, an die auch der Gerichtszugang anknüpft, für das (europäische) Verwaltungsrecht ein neuer Schlüsselbegriff erwachsen.

[342] Als „Kernproblem" bezeichnet von *Voßkuhle*, Beteiligung (Fn. 37), S. 292.
[343] Darin die Rolle des Öffentliches Rechts erkennend *Arno Scherzberg*, Wozu und wie überhaupt noch öffentliches Recht?, 2003, S. 19; zum Zauberwort der (semantisch an die Stelle von Steuerung tretenden) Koordination *Gunnar Folke Schuppert*, Was ist und wozu Governance?, DV, Bd. 40 (2007), S. 463 (489 ff.) mit dem Fokus auf **Koordinationsstrukturen**.
[344] → Bd. I *Schuppert* § 16 Rn. 10 f.
[345] Verwaltungsorganisationsrecht – verstanden als **Recht struktureller Gemeinwohlanforderungen,** vgl. *Trute*, Funktionen (Fn. 113), S. 269 – zielt auf die breitenwirksame Beeinflussung von Handlungsprämissen, die nicht Einzelentscheidungen, sondern Handlungskorridore definieren: *Schuppert*, Verwaltungswissenschaft, S. 583.
[346] In Abgrenzung zum Verwaltungsgesellschaftsrecht *Wahl*, Privatorganisationsrecht (Fn. 114), S. 307. Grenzen der Instrumentalisierung des Gesellschaftsrechts zeigte die zunächst gescheiterte Privatisierung der Flugsicherung, vgl. *Friedrich Schoch*, Vereinbarkeit des Gesetzes zur Neuregelung der Flugsicherung mit Art. 87 d GG, DV, Beiheft 6, 2006, S. 47 ff.
[347] Der Raum des Verwaltungsorganisationsrechts wird traditionell durch Zurechnung des Handelns zum Staat als Wahrnehmung von Staatsaufgaben bestimmt: *Martin Burgi*, Verwaltungsorganisationsrecht, in: Erichsen/Ehlers (Hrsg.), VerwR, § 51 Rn. 11.
[348] Zu dessen Überwindung → Bd. I *Voßkuhle* § 1 Rn. 48.
[349] Dazu *Hinnerk Wißmann*, Richterliche Kontrolldichte im öffentlichen Wirtschaftrecht, FS Reiner Schmidt, 2006, S. 627 ff.
[350] Hierfür bedarf es nicht immer eines exekutiven Weisungsrechts. Der Gesetzgeber kann (und wird aus unionsrechtlichen Gründen) sich auch anderer Mechanismen bedienen, deren *demokratische* Qualität nicht pauschal bestritten werden darf, vgl. → Bd. I *Trute* § 6 Rn. 15 ff., 60 ff.
[351] Beispiele liefert das Regulierungsrecht mit der heiklen Frage, inwieweit der Verordnungsgeber das Handeln der Bundesnetzagentur vorstrukturieren darf, zurückhaltend *Masing*, Gutachten (Fn. 51), S. D 104 ff.; zu Grenzen der Bundesingerenz *Britz*, Verbundstrukturen (Fn. 356), S. 94 ff.
[352] Diese Beispiele auch bei *Möllers*, Materielles Recht (Fn. 239), S. 506 ff.

B. Gegenstände rechtlicher Programmierung

Der Bedeutungsanstieg der „multivariablen Organisationssteuerung gegenüber der eindimensionalen Programmsteuerung"[353] hat sich etwa im **Neuen Steuerungsmodell**[354] gezeigt. Wo es zum Einsatz gelangt, soll die Verwaltungsorganisation von innen heraus beeinflusst und auf eine interne Selbststeuerung, die Marktmechanismen rezipiert, umgestellt werden.[355] Auch die Organisation der Marktregulierung[356] oder des wissenschaftlich-technischen Sachverstands[357] machen deutlich, dass Steuerung und Organisation[358] in einer Wechselbezüglichkeit stehen, die vom Recht nicht mehr im hergebrachten Dualismus von **Innen- und Außenrecht**[359] wahrgenommen werden sollte. Überdies lastet auf dem Modell der hierarchisch strukturierten Organisation[360] inzwischen ein enormer Druck, der mit der Einsicht in die organisationsbezogenen Wirksamkeitsbedingungen von Recht noch verstärkt wird.[361] Die Qualität von Entscheidungen kann durch Einbindungen *in*, aber – wie namentlich das Europarecht annimmt[362] – auch durch Entkoppelungen *aus* Weisungshierarchien verbessert

60

---

[353] So *Eberhard Schmidt-Aßmann,* Verwaltungsorganisationsrecht als Steuerungsressource, in: Schmidt-Aßmann/Hoffmann-Riem (Hrsg.), Verwaltungsorganisationsrecht, S. 19; s. a. *Uwe Schimank,* Theorien gesellschaftlicher Differenzierung, 1996, S. 170 ff.; zum Referenzgebiet des Wissenschaftsrechts *Dietmar Braun,* Die politische Steuerung der Wissenschaft, 1997.

[354] → Bd. I *Voßkuhle* § 1 Rn. 53 ff., *Schuppert* § 16 Rn. 117 ff.; Bd. II *Schneider* § 28 Rn. 113; Bd. III *Kahl* § 47 Rn. 47, 173 ff., *Schiedermair* § 48 Rn. 64 ff., *Scherzberg* § 49 Rn. 109.

[355] Vgl. *Schmidt-Aßmann,* Ordnungsidee, 5. Kap. Rn. 8; zur Umstellung von der zentralistischen Input-Steuerung auf die dezentrale Output-Steuerung *Schneider,* Steuerungsmodell (Fn. 215), S. 114 ff., 128 ff.; zu verfassungsrechtlich lösbaren Problemen *Veith Mehde,* Neues Steuerungsmodell und Demokratieprinzip, 2000.

[356] Zur Bedeutung unabhängiger Regulierungsbehörden *Marian Döhler,* Das Modell der unabhängigen Regulierungsbehörde im Kontext des deutschen Regierungs- und Verwaltungssystems, DV, Bd. 34 (2001), S. 57 ff.; *Klaus Oertel,* Die Unabhängigkeit der Regulierungsbehörde nach §§ 66 ff. TKG, 2000; *Franziska A. Löhr,* Bundesbehörden zwischen Privatisierungsgebot und Infrastrukturauftrag, 2006, S. 173 ff.; zur horizontalen Zusammenarbeit der nationalen Regulierungsbehörden *Hans-Heinrich Trute,* Der europäische Regulierungsverbund in der Telekommunikation – ein neues Modell europäisierter Verwaltung, in: FS Peter Selmer, 2004, S. 565 (585 ff.); zur vertikalen Kooperation *Thomas Groß,* Die Kooperation zwischen europäischen Agenturen und nationalen Behörden, EuR 2005, S. 54 ff.; zum Regulierungsverbund *Gabriele Britz,* Verbundstrukturen in der Mehrebenenverwaltung: Erscheinungsformen, Funktion und verfassungsrechtliche Grenzen am Beispiel der europäischen und deutschen Energiemarktregulierung, in: Jens-Peter Schneider/Francisco Velasco Caballero (Hrsg.), Strukturen des europäischen Verwaltungsverbundes, DV, Beiheft 8, 2009, S. 71 ff.; zum Ganzen auch *Johannes Masing/Gérard Marcou* (Hrsg.), Unabhängige Regulierungsbehörden, 2010.

[357] Zur Notwendigkeit eines gesetzlich zu strukturierenden Sachverständigenrechts *Ernst-Hasso Ritter,* Organisationswandel durch Expertifizierung und Privatisierung im Ordnungs- und Planungsrecht, in: Schmidt-Aßmann/Hoffmann-Riem (Hrsg.), Verwaltungsorganisationsrecht, S. 207 (233 ff.); ausf. *Patrick Scholl,* Der private Sachverständige im Verwaltungsrecht, 2005; *Achim Seidel,* Privater Sachverstand und staatliche Garantenstellung im Verwaltungsrecht, 2000.

[358] Statt vieler *Matthias Schmidt-Preuß,* Steuerung durch Organisation, DÖV 2001, S. 45 ff.

[359] Siehe nur *Klaus Lange,* Innenrecht und Außenrecht, in: Hoffmann-Riem/Schmidt-Aßmann/Schuppert (Hrsg.), Reform, S. 307 ff.

[360] Vgl. *Dreier,* Verwaltung (Fn. 75), S. 159 ff.; zur Hierarchie als Steuerungsprinzip *Schuppert,* Verwaltungswissenschaft, S. 590 ff.

[361] Die Organisation – so formuliert es *Trute,* Funktionen (Fn. 113), S. 266 – wird zum Medium der Vermittlung staatlicher Verantwortung und gesellschaftlicher Handlungsrationalität. Darauf ist das Recht einzustellen.

[362] Vgl. *Trute,* Der europäische Regulierungsverbund (Fn. 356), S. 578; a. A. *Thomas v. Danwitz,* Was heißt eigentlich Regulierung?, DÖV 2004, S. 977 (979, 982, anders aber S. 985); krit. zur Ausgestaltung *Klaus F. Gärditz,* Europäisches Regulierungsrecht auf Abwegen, AöR, Bd. 135 (2010), S. 251 (266 ff.). Vor allem die jüngste **Reform des Energierechts** bringt organisationsrechtliche Veränderungen, dazu

werden.³⁶³ Insgesamt scheint der Prozess fortschreitender „Pluralisierung nach innen und außen"³⁶⁴ nicht mehr aufzuhalten zu sein. Es ist deshalb an der Zeit, das Organisationsrecht stärker auf die angemessene Verarbeitung von Pluralität auszurichten.³⁶⁵

61 Organisationsrecht schafft Strukturen, in denen Verhalten **von innen heraus** gesteuert wird.³⁶⁶ Das ist kein leichter Vorgang, ist doch von einer Vielfalt rechtlich zu erfassender Kräfte auszugehen, die sich nur begrenzt in Einzelbeziehungen zerlegen lässt. Wirksamkeit erzielt die Organisationssteuerung erst in der richtigen Zusammenstellung der einzelnen Bauformen.³⁶⁷ Dies erfordert ein Denken in **Regelungsstrukturen,** in denen über die zueinander in Beziehung zu setzenden Steuerungsansätze³⁶⁸ hinaus auch die sich ausbildende **Handlungspraxis** in den Blick zu nehmen ist. Über den institutionellen Gesetzesvorbehalt muss der Ausgleich zwischen organisationsrechtlicher Zeitoffenheit und Entwicklungskorrektur³⁶⁹ gesucht werden.

62 Die Verknüpfung der Bauformen in Regelungsstrukturen erlaubt neue **Zuordnungen von Recht und Organisation.** Vielfach lassen sich in den herkömmlichen Dichotomien nicht mehr die erwünschten Steuerungswirkungen erzielen. In Teilbereichen scheint das Organisationsrecht seine bisherige Statik bereits abzulegen. Zumindest steht es innovativen Problemlösungen³⁷⁰ nicht entgegen, wobei das

---

Jörg Gundel/Claas F. Germelmann, Kein Schlussstein für die Liberalisierung der Energiemärkte: Das Dritte Binnenmarktpaket, EuZW 2009, S. 763 ff.; *Markus Ludwigs*, Das veränderte Machtgefüge der Institutionen nach dem Dritten EU-Binnenmarktpaket, DVBl 2011, S. 61 ff.

³⁶³ Zu „distanzschaffenden Entkoppelungen" *Schmidt-Aßmann*, Ordnungsidee, 5. Kap. Rn. 37 f.; ähnlich *Hans-Heinrich Trute*, Gemeinwohlsicherung im Gewährleistungsstaat, in: Gunnar Folke Schuppert/Friedhelm Neidhardt (Hrsg.), Gemeinwohl – auf der Suche nach Substanz, 2002, S. 329 (335 ff.); zur Notwendigkeit von Zwischenformen bereits *Gunnar Folke Schuppert*, Die Erfüllung öffentlicher Aufgaben durch verselbstständigte Verwaltungseinheiten, 1981, S. 93 ff.; zur jüngeren Entwicklung *Matthias Ruffert*, Verselbständigte Verwaltungseinheiten: Ein europäischer Megatrend im Vergleich, in: Trute/Groß/Röhl/Möllers (Hrsg.), Allgemeines Verwaltungsrecht, S. 431 (433 ff.).

³⁶⁴ *Walter Krebs*, Neue Bauformen des Organisationsrechts und ihre Einbeziehung in das Verwaltungsrecht, in: Schmidt-Aßmann/Hoffmann-Riem (Hrsg.), Verwaltungsorganisationsrecht, S. 340.

³⁶⁵ → Bd. I *Schuppert* § 16 Rn. 71 ff.

³⁶⁶ Hierzu und zum Folgenden *Schmidt-Aßmann*, Ordnungsidee, 5. Kap. Rn. 10 f., 30 ff.

³⁶⁷ Organisationssteuerung – so formuliert es *Schuppert,* Verwaltungswissenschaft, S. 547, 559 f. – ist keine punktgenaue Ergebnissteuerung, sondern „ausgestaltende" Struktursteuerung; präzise auch *Röhl,* Verantwortung (Fn. 267), S. 499: „Es geht […] um die Erkenntnis, dass über das Medium der Organisation Entscheidungs- und Bewirkungsprozesse, die in den Einsatz staatlicher Machtmittel münden, strukturiert und – anders als beim Verfahren – durch Institutionalisierung auf Dauer gestellt werden."

³⁶⁸ Der Begriff der Regelungsstruktur bezieht sich auf den Bestand an sowie die Vorgaben über das Zusammenspiel von rechtsnormativen Programmen, verfügbaren Organisationen, maßgebenden Verfahren und insbesondere die Interaktion staatlicher und gesellschaftlicher Akteure: *Hoffmann-Riem*, Risiko- und Innovationsrecht im Verbund, DV, Bd. 38 (2005), S. 145 ff. (159); s.o. die N. in → Fn. 233.

³⁶⁹ *BVerfGE* 93, 37 ff. (74).

³⁷⁰ Komplizierte Rechtskonstruktionen finden sich in (funktionellen) Teilprivatisierungen, vgl. statt vieler *Marcel Kaufmann/Benedikt Wolfers*, Private als Anstaltsträger, DVBl 2002, S. 507 ff.; *Burgi*, Verwaltungsorganisationsrecht (Fn. 347), § 54 Rn. 22; zum sog. **„Berliner Modell"** BerlVerfGH, NVwZ 2000, S. 794 ff.; → Bd. I *Schuppert* § 16 Rn. 127 ff.; demokratische Anforderungen formulieren der *BremStGH*, NVwZ 2003, S. 81 (84 f.); zur funktionalen Selbstverwaltung – entgegen *BVerwGE* 106, 64 ff. – *BVerfGE* 107, 59 (89 ff.) mit der Option vorsichtiger Verallgemeinerung, dazu → Bd. I *Trute* § 6 Rn. 20.

B. Gegenstände rechtlicher Programmierung

Plädoyer für ein „Denken in Strukturen"[371] nicht missverstanden werden darf. Es geht nicht um Entdifferenzierung, sondern um Kompatibilität der rechtlich (mit)geprägten Steuerungsfaktoren. Das setzt voraus, dass nicht jede Abweichung vom Idealtypus bürokratischer Organisation[372] mit erhöhten Begründungslasten versehen und neue – nicht mehr an der vorgegebenen Rechtsform, sondern an der aufgegebenen Steuerung orientierte – Typologien akzeptiert werden, an die sich eine **flexibilitätsorientierte Dogmatisierung** anschließen müsste.[373] Dafür ist die Grenze zu überwinden, die mit dem Hinweis auf den weiten Gestaltungsrahmen des Gesetzgebers zu verdecken droht, dass es auf die rechtliche Ausfüllung des Wahlmöglichkeiten eröffnenden[374] Rahmens ankommt.[375]

63   Mithin lassen sich drei Funktionen der Organisationssteuerung[376] knapp zusammenfassen: Organisationssteuerung übernimmt *erstens* die Verarbeitung von Unsicherheiten inhaltlicher Programmierung. Über die Erweiterung des maßgeblichen Ausschnitts lassen sich in der Steuerungsperspektive die **komplexen Wirkungszusammenhänge** wahrnehmen, die in der Fixierung auf die „Außenbeziehungen" der Entscheidung nur unzureichend in den Blick geraten. *Zweitens* kommt der Organisationssteuerung eine **„Scharnierfunktion"** im Übergangsbereich von Staat und Gesellschaft zu. Veränderungen staatlicher Aufgabenwahrnehmung vollziehen sich gerade organisationsrechtlich. Über den Zuschnitt der Regelungen bezweckt das Organisationsrecht die „Konstitution und Steuerung eines gemeinwohlorientierten Akteurs".[377] Schließlich *drittens:* Die Organisation struktureller Gemeinwohlanforderungen ermöglicht ein Handeln der Verwaltung, das sich als demokratisch legitimiert und rechtsstaatlich diszipliniert auszuweisen vermag.[378] Organisationsrecht greift auf den **Prozess**

---

[371] Vgl. *Gunnar Folke Schuppert,* Koordination durch Struktursteuerung als Funktionsmodus des Gewährleistungsstaates, in: FS Klaus König, 2004, S. 287 (291 f.).

[372] Wirkungsmächtig *Max Weber,* Wirtschaft und Gesellschaft, 5. Aufl. 1985, S. 833 f.; klassisch *James G. March/Johann P. Olsen,* Rediscovering Institutions, 1989; *R. Kent Weaver/Bert A. Rockman* (Hrsg.), Do Institutions Matter?, 1993; zur Theoriedebatte *Günther Ortmann/Jörg Sydow/Klaus Türk* (Hrsg.), Theorien der Organisation, 2. Aufl. 2000; *Peter Kenis/Volker Schneider* (Hrsg.), Organisation und Netzwerk, 1996. Es existiert freilich keine optimale Organisationsform, vgl. *Thomas Groß,* Grundzüge der organisationswissenschaftlichen Diskussion, in: Schmidt-Aßmann/Hoffmann-Riem (Hrsg.), Verwaltungsorganisationsrecht, S. 149. Die Träger der Organisationsgewalt sind „nicht auf eine ideale Organisationsform" festgelegt: *Schneider,* Steuerungsmodell (Fn. 215), S. 111.

[373] *Schmidt-Aßmann,* Ordnungsidee, 5. Kap. Rn. 33 ff. unterscheidet verselbständigte Verwaltungseinheiten, pluralistisch geprägte Verwaltungseinheiten, Wirtschaftsunternehmen in privater Rechtsform und – etwas eng – intermediäre Organisationen; zu „Typen organisatorischer Pluralisierung" vor dem Hintergrund der Organisationen zugeschriebenen Funktion, Handlungsrationalitäten unterschiedlicher gesellschaftlicher Teilsysteme miteinander zu verkoppeln: *Trute,* Funktionen (Fn. 113), S. 264 ff.

[374] *Schuppert,* Verwaltungswissenschaft, S. 610 ff. unterscheidet mit der Wahl der Verwaltungsebene, des Sektors und des Organisationstyps insgesamt *drei* Auswahlentscheidungen.

[375] Zum „Privatrecht als Organisationsrecht" *Gregor Bachmann,* Privatrecht als Organisationsrecht. Grundlinien einer Theorie privater Rechtsetzung, Jahrbuch Junger Zivilrechtswissenschaftler, 2003, S. 9 ff.; relevant wird dies im Bereich der technischen Regelsetzung, vgl. dazu *Hellmut Voelzkow,* Private Regierungen in der Techniksteuerung, 1996; *Steffen Augsberg,* Rechtsetzung zwischen Staat und Gesellschaft, 2003; *Schulze-Fielitz,* Zeitoffene Gesetzgebung (Fn. 28), S. 188 ff. („Steinbruch für Rechtsetzungsinnovationen"); s. ferner die Grundlegung bei *Kloepfer,* Technik (Fn. 218), S. 36 ff., 63 ff., 82 ff., 103 ff.

[376] Zu den zentralen Herausforderungen auch → Bd. I *Schuppert* § 16 Rn. 70 ff.

[377] So *Trute,* Funktionen (Fn. 113), S. 252, 270 und → Bd. I *Trute* § 6 Rn. 58.

[378] So – im Anschluss an *Schmidt-Aßmann,* Verwaltungsorganisationsrecht (Fn. 353), S. 11 und *Trute,* Funktionen (Fn. 267), S. 269 f. – *Schuppert,* Verwaltungswissenschaft, S. 580 f.

arbeitsteiliger Gemeinwohlverwirklichung[379] insgesamt zu.[380] Es tut dies jedoch in vermittelter Form, beeinflusst Erwartungsstrukturen und verändert Möglichkeitsspielräume. Diese Zurückhaltung dürfte sich als realistische Option erweisen.

III. Steuerung durch Haushaltsrecht

64   Dem Handlungssystem vorgeordnet ist nicht nur die Organisation, sondern auch der Haushalt.[381] So unbestritten die faktische Steuerungsfunktion des Haushalts durch die Bereitstellung der Mittel für die Fachverwaltungen auch ist, rückte die Steuerungsebene des Haushaltsrechts doch erst in jüngerer Zeit – angestoßen vor allem durch das **Neue Steuerungsmodell**[382] – in den Vordergrund der Verwaltungsrechtswissenschaft, der es in der Steuerungsperspektive aufgegeben ist, das bisher weitgehend Spezialisten überlassene Haushaltsrecht in die allgemeinen Systemzusammenhänge zu integrieren.[383] Die bisherige Zurückhaltung ist freilich nicht zufällig. Entstanden als ein Steuerungsinstrument des Parlaments gegenüber der Verwaltung, soll das Budgetrecht nicht das Verwaltungshandeln vorausschauend lenken und positiv in eine bestimmte Richtung beeinflussen, sondern das behördliche Ausgabeverhalten überwachen und negativ begrenzen.[384] Diese Beschränkung auf die als „klassisch" bezeichnete **Kontrollperspektive** gilt heute als überwunden. Unter dem Eindruck struktureller Staatsdefizite, dem Bedeutungszuwachs betriebswirtschaftlicher Kosten-Nutzen-Analysen und dem Vordringen der Rationalität des Marktes in den öffentlichen Sektor wird die Perspektive des Kontrollbudgets durch die **Perspektive der Budgetsteuerung** zunehmend ersetzt.[385] Dabei handelt es sich um das „Herzstück"[386] des Neuen Steuerungsmodells, das zunächst im kommunalen Bereich erprobt, inzwischen aber auch Aufnahme in § 6a HGrG gefunden

---

[379] *Josef Isensee*, Gemeinwohl und Staatsaufgaben im Verfassungsstaat, in: HStR III, 2. Aufl. 1996, § 57 Rn. 5 ff.; s.a. *Hans-Detlef Horn*, Staat und Gesellschaft in der Verwaltung des Pluralismus, DV, Bd. 26 (1993), S. 545 ff.

[380] Zur „Spiegelbildlichkeit" der Probleme *Trute*, Funktionen (Fn. 113), S. 264, 267; aufgegriffen im Konzept eines *öffentlichen* Gewährleistungsrechts bei *Franzius*, Gewährleistung (Fn. 52), S. 549 ff.; demgegenüber stärker in die *verwaltungsrechtliche* Systematik eingebettet bei *Voßkuhle*, Beteiligung (Fn. 37), S. 304 ff.

[381] Konsequente Unterscheidung zwischen der Steuerung *durch* Finanzen und der rechtlichen Steuerung *der* Finanzen → Bd. III *Korioth* § 44 Rn. 3 ff., 72 ff.

[382] → Bd. I *Voßkuhle* § 1 Rn. 53 ff., *Schuppert* § 16 Rn. 117 ff.

[383] Das gilt vor allem auch für die haushaltsrechtlichen Vorgaben des Vergaberechts, dazu → Bd. III *Korioth* § 44 Rn. 111 ff. Dem Vergaberecht kommen z. B. im Regulierungsrecht erhebliche Steuerungswirkungen zu, s.a. → Bd. I *Schulze-Fielitz* § 12 Rn. 142 ff.

[384] Dem Haushaltsrecht ein eigenständiges Steuerungspotential noch absprechend *Gunnar Folke Schuppert*, Die Steuerung des Verwaltungshandelns durch Haushaltsrecht und Haushaltskontrolle, VVDStRL, Bd. 42 (1983), S. 216 (220, 234 ff., 317), was in die Feststellung mündet, dass für inhaltliche Richtungsvorgaben nicht das Haushaltsrecht, sondern die Programmierung durch Gesetz das geeignete und gebotene Mittel ist: *Horst Dreier*, Der Kampf um das Budgetrecht als Kampf um die staatliche Steuerungsherrschaft – Zur Entwicklung des modernen Haushaltsrechts, in: Hoffmann-Riem/Schmidt-Aßmann (Hrsg.), Effizienz, S. 59 ff. (101); zurückhaltend auch → Bd. III *Korioth* § 44 Rn. 108 f.

[385] Übersichtlich *Schuppert*, Verwaltungswissenschaft, S. 698 ff.; zur Umsetzung dieser Steuerungsform hat das Controlling an Bedeutung gewonnen, vgl. *Christoph Gröpl*, Haushaltsrecht und Reform, 2001, S. 579 ff.

[386] *Schuppert*, Verwaltungswissenschaft, S. 698, 708.

B. Gegenstände rechtlicher Programmierung

hat. Danach können Einnahmen und Ausgaben im Rahmen eines „Systems der dezentralen Verantwortung" veranschlagt werden, wobei die bisherige Trennung von Finanz- und Sachverantwortung aufgehoben wird. Titelflexibilierung und leistungsorientierte Titelbewirtschaftung sollen Kostenbewusstsein und Bewirtschaftungseffizienz steigern.

Charakteristisch für die haushaltsrechtliche Budgetsteuerung ist ein **Ineinan-** 65 **dergreifen der Steuerungsebenen,** wobei Elemente der Planung unverkennbar sind. Jedoch geht es „nicht länger um die Übertragung von Kategorien staatlicher Rationalität auf Wirtschaft und Gesellschaft, sondern umgekehrt um die gesellschaftlich akzeptierte Übernahme von Rationalitätskriterien der Wirtschaft durch den Staat".[387] Dem Gebot der Wirtschaftlichkeit (Art. 114 Abs. 2 GG, §§ 6 Abs. 1 HGrG, 7 BHO) kommt eine zentrale Bedeutung für die Verbesserung der Ressourcenschonung[388] zu. Es stößt in der kameralistischen Haushaltstechnik der *Einnahmen* und *Ausgaben* aber an Grenzen seiner Verwirklichung.[389] Die Reformbemühungen[390] zur Schaffung effizienzfördernder Strukturen unter Berücksichtigung von *Aufwand* und *Ertrag* zielen deshalb auf eine **Umstellung der Verfahren.** So wird im Neuen Steuerungsmodell das „Bedarfsanmeldeverfahren"[391] von Vereinbarungen über Leistungs- und Finanzziele verdrängt, die einen Finanzierungsrahmen für das Budget abstecken, innerhalb dessen der Haushalt von den Organisationseinheiten selbständig erarbeitet werden soll.[392] Hervorzuheben ist ferner der beschrittene Erprobungsweg von der Entspezialisierung kleinteiliger Haushaltstitel zur erleichterten Übertragbarkeit und gegenseitigen Deckungsfähigkeit größerer Titel (insbesondere Sach- und Personalmittel) in einem Globalhaushalt.[393] Über die organisatorische Zusammenführung der Sach-

---

[387] *Ernst-Hasso Ritter,* Integratives Management und Strategieentwicklung in der staatlichen Verwaltung, DÖV 2003, S. 93 (94); krit. *Hanno Kube,* Zu Rechtsstaatlichkeit, Demokratie und der Autonomie rechtlicher Rationalität im Spiegel der Haushaltsrechtsreform, DV, Bd. 35 (2002), S. 507 (512 ff.); von einem „Zukauf gesellschaftlicher Rationalität" spricht *Burgi,* Privatisierung (Fn. 113), S. 381.

[388] Der Grundsatz der Wirtschaftlichkeit wird auch dem Rechtsstaatsprinzip entnommen und hat damit Verfassungsrang, vgl. *Herbert v. Arnim,* Wirtschaftlichkeit als Rechtsprinzip, 1988, S. 121; zum Grundsatz der Wirtschaftlichkeit und seiner Bedeutung für Public Private Partnerships *Christian Hüsken/Suzanne Mann,* Der Staat als „Homo Oeconomicus"?, DÖV 2005, S. 143 ff.; s.a. *Hermann Butzer* (Hrsg.), Wirtschaftlichkeit durch Organisations- und Verfahrensrecht, 2004; → Bd. II *Pitschas* § 42 Rn. 122.

[389] Zur Kritik *Ferdinand Kirchhof,* Das Haushaltsrecht als Steuerungsressource – Neue Steuerungstechniken im Staatshaushalt zum Abbau seines strukturellen Defizits, in: Hoffmann-Riem/Schmidt-Aßmann (Hrsg.), Effizienz, S. 107 (111 f.).

[390] Ausf. *Gröpl,* Haushaltsrecht (Fn. 385), S. 183 ff., 226 ff.

[391] Zur *bottom up*-Perspektive der Haushaltsaufstellung *Schuppert,* Verwaltungswissenschaft, S. 703.

[392] Zur Ersetzung der input-orientierten Steuerung der Haushaltsmittel durch Zielvereinbarungen *Wolfgang Hoffmann-Riem,* Finanzkontrolle als Steuerungsaufsicht im Gewährleistungsstaat, DÖV 1999, S. 221 (223 ff.); zu den Schwierigkeiten der rechtlichen Erfassung *Maximilian Wallerath,* Kontraktmanagement und Zielvereinbarungen als Instrumente der Verwaltungsmodernisierung, DÖV 1997, S. 57 ff.; *Schneider,* Steuerungsmodell (Fn. 215), S. 131 („dogmatisches Neuland"); gegen die Einordnung als Verträge *Hermann Pünder,* Zur Verbindlichkeit der Kontrakte zwischen Politik und Verwaltung im Rahmen des Neuen Steuerungsmodells, DÖV 1998, S. 63 (67); deutlich auch *Ulrich Penski,* Staatlichkeit öffentlicher Verwaltung und ihre marktmäßige Modernisierung, DÖV 1999, S. 85 (91).

[393] Damit ist ein Budget gemeint, das eine Titelspezialisierung vermeidet und die Leistungen einer oder mehrerer mittelbewirtschaftenden Stellen für das gesamte Wirtschaftsjahr mit einer Gesamtzah-

und Finanzverantwortung wird eine Stärkung der „Kunden- und Marktverantwortung" der Behörden angestrebt, wobei diese **„Bewusstseinsveränderung durch Organisationsänderung"**[394] nicht ohne Auswirkungen auf die parlamentarische Steuerungsdichte und Kontrollintensität bleibt.[395] Zu bedenken wird dabei sein, dass bereits der „klassische" Haushaltsplan dem Parlament kaum die Informationen liefert, die es zur gezielten Entfaltung seiner Steuerungsabsichten benötigt.[396]

66 Dem Haushaltsrecht die Steuerungsqualität abzusprechen, weil es lediglich als **„Innenrecht"** zu qualifizieren sei, überzeugt ebenso wenig[397] wie die Fokussierung von Effizienzerwägungen auf die Verarbeitung im Verhältnismäßigkeitsprinzip.[398] **Effizienz** lässt sich nicht gegen Effektivität ausspielen.[399] Pauschale, zumeist kritische Stellungnahmen zur haushaltsrechtlich veranlassten Ökonomisierung des Verwaltungshandeln sind inzwischen differenzierten Einschätzungen[400] gewichen, verbunden mit der Einsicht, dass Effizienz freiheitsermöglichende Wirkungen erzielen und die Rationalität staatlichen Entscheidens erhöhen kann.[401] Allerdings dürfte die Suggestivkraft **betriebswirtschaftlicher Modernisierungskonzepte** deren Übersetzung in rechtliche Legitimationskategorien bisher erschwert haben. Der Aufbau einer unternehmensähnlichen Führungs- und Organisationsstruktur muss den staatlichen Gemeinwohlauftrag nicht verfehlen, zumal die nachträgliche Haushaltskontrolle durch ein begleitendes **Verwaltungscontrolling**[402] flankiert wird. Dieses zielt auf die Unterstützung des poli-

---

lung dotiert, wobei weder detaillierte Ausgabe-Zweck-Relationen vorgenommen noch die Ausgabereste am Ende des Haushaltsjahrs zurückgefordert werden: *Kirchhof*, Haushaltsrecht (Fn. 389), S. 119; *Gröpl*, Haushaltsrecht (Fn. 385), S. 242 f.; → Bd. III *Korioth* § 44 Rn. 67.

[394] *Schuppert*, Verwaltungswissenschaft, S. 709.

[395] Krit. *Dreier*, Budgetrecht (Fn. 384), S. 103 f.; → Bd. III *Korioth* § 44 Rn. 63 ff.

[396] Vgl. *Schmidt-Aßmann*, Ordnungsidee, 6. Kap. Rn. 171: Die Wirkungsschwächen des Haushaltsrechts beruhen darauf, daß der Haushaltsplan „über die falschen Dinge in falschen Zusammenhängen" informiert; von einem „Mythos der parlamentarischen Budgetsteuerung" spricht *Gröpl*, Haushaltsrecht (Fn. 385), S. 280 und zur „Optimierung des Informationssystems" für die Output-Steuerung S. 311 ff.

[397] Treffend → Bd. II *Schmidt-Aßmann* § 27 Rn. 62: Das Haushaltsverfahren ist Innenrecht nicht, weil es von verminderter Beachtlichkeit ist, sondern weil es dem Gedanken des inneren Verfahrens folgt. Zur Rechtsnatur des Haushaltsplans Karl-Heinz Friauf, Der Staatshaushaltsplan im Spannungsfeld zwischen Parlament und Regierung, Bd. 1, 1968, S. 256 ff. (nur „Gesetz im formellen Sinne"); zur neueren Auffassung, wonach von den fehlenden Außenrechtswirkungen nicht auf die Rechtsnatur geschlossen werden kann: *Hesse*, Grundzüge, Rn. 506; *Hans D. Jarass*, in: Jarass/Pieroth, GG, Art. 110 Rn. 14 (auch „Gesetz im materiellen Sinne"); zusammenfassend *Albert Bleckmann*, Der Gesetzesbegriff des Grundgesetzes, DVBl 2004, S. 333 (334 ff.).

[398] Zum Kostenminimierungsansatz, für den festgelegten Umfang der Zweckerfüllung so wenig Mittel wie möglich zu verbrauchen, als „finanzrechtlicher Konkretisierung des Verhältnismäßigkeitsgrundsatzes" Paul Kirchhof, Die Steuerung des Verwaltungshandelns durch Haushaltsrecht und Haushaltskontrolle, NVwZ 1983, S. 505 (514).

[399] Vgl. *Wolfgang Hoffmann-Riem*, Effizienz als Herausforderung an das Verwaltungsrecht – Einleitende Problemskizze, in: ders./Schmidt-Aßmann (Hrsg.), Effizienz, S. 11 (16 ff.).

[400] Vgl. *Gröpl*, Haushaltsrecht (Fn. 385), S. 327 ff. (m. w. N.); zur Verarbeitung des Effizienzdrucks in den Bahnen des rechtlichen Codes, um „die Eigenständigkeit des Rechtssystems behaupten und ein Kollabieren im ökonomischen System verhindern" zu können: *Kube*, Rechtsstaatlichkeit (Fn. 387), S. 521.

[401] Zum Problem der Verfahrenseffizienz (§ 10 VwVfG) *Fehling*, Eigenwert (Fn. 118), S. 322 f.

[402] Vgl. *Schuppert*, Verwaltungswissenschaft, S. 706 f., 712 ff.; zu den Funktionen des Controlling *Klaus Lüder*, Verwaltungscontrolling, DÖV 1993, S. 265 ff.; → Bd. I *Groß* § 13 Rn. 32, *Schuppert* § 16 Rn. 78 f.; Bd. III *Kahl* § 47 Rn. 18 ff., *Scherzberg* § 49 Rn. 109 jeweils m. w. N.

tisch-administrativen Führungssystems bei der ergebnisorientierten Steuerung[403] und soll einen Informationskreislauf generieren, um eine wirtschaftlichkeits- und wirksamkeitsorientierte Verwaltungsführung zu ermöglichen. Ob sich das strategische Controlling[404] eigenverantwortlicher Zielverwirklichung als probate Methode erweist, die Kluft zwischen konditionaler und finaler Programmierung durch eine **„neue Ziel-Mittel-Wirkungs-Rationalität"**[405] zu überbrücken, um die Steuerung durch Organisation und Verfahren wieder stärker mit inhaltlichen Anleitungen auszustatten, wird sich erst noch zeigen müssen.[406]

C. Folgenorientierung

I. Bezugspunkt wirksamer Steuerung durch Recht: Folgendimensionen

Die Steuerungsperspektive des Rechts sieht die Handlungsprogramme der Verwaltung in einem größeren Kontext eingebettet. Für die Lösung des entscheidungsbedürftigen Problems schafft dies Restriktionen oder erweitert Möglichkeitsräume, die auf den Prozess der Wirklichkeitskonstruktion einwirken und dies auch dürfen, soweit der rechtliche Rahmen beachtet wird.[407] In diesen Kontext sind nicht nur die **Maßstäbe,** sondern auch die **Folgen** des Verwaltungshandelns eingestellt. Letztere bilden das Korrelat einer steuerungsorientierten Ausweitung der Formenlehre um **Bewirkungsformen** zur Erreichung erwünschter oder zur Vermeidung unerwünschter Effekte[408] und bilden den Bezugspunkt der auf Wirksamkeit angelegten Steuerung durch Recht.[409]

Diese Folgenorientierung des Rechts ist nicht neu. In Teilgebieten des Verwaltungsrechts haben sich längst eine Vielzahl von Mechanismen entwickelt, die im Zuge des epochalen Umbaus von der punktuellen Gefahrenabwehr zur vorausschauenden Risiko- und Ressourcenvorsorge[410] besondere Prüfungsaufgaben und -pflichten der Verwaltung konkretisieren. Zum Beispiel haben sich im Umweltrecht besondere **Verträglichkeits- und Alternativenprüfungen**[411] herausgebildet, ohne die es angesichts unsicherer Tatsachengrundlagen und Bewer-

---

[403] *Hoffmann-Riem,* Finanzkontrolle (Fn. 392), S. 223: Controlling ist ein System der Steuerungsaufsicht und kann auf Zustandsbeobachtung ebenso wie auf „Steuerung, Kontrolle, Evaluation und gegebenenfalls Nachbesserung oder auch Maßnahmekorrektur" bezogen werden. Plastisch auch *Hermann Hill,* Neue Organisationsformen in der Staats- und Kommunalverwaltung, in: Schmidt-Aßmann/Hoffmann-Riem, Verwaltungsorganisationsrecht, S. 65 ff. (82): „fortlaufender Steuerungs- und Kontrollkreislauf".
[404] Zur Abgrenzung gegenüber dem operativen Controlling → Bd. III *Schiedermair* § 48 Rn. 44.
[405] So *Ritter,* Management (Fn. 387), S. 105.
[406] Offen auch *Grimm,* Verfassung (Fn. 75), S. 31 f.
[407] Vgl. Bd. II *Hoffmann-Riem,* Verwaltungsverfahren (Fn. 82), S. 27.
[408] → Bd. II *Hoffmann-Riem* § 33 Rn. 22 ff.; Bd. III *Waldhoff* § 46 Rn. 1.
[409] → Bd. I *Voßkuhle* § 1 Rn. 32 ff.; krit. *Meyer,* Neue Verwaltungsrechtswissenschaft (Fn. 15), S. 359 f., 373.
[410] Dieser Wandel ist viel beschrieben worden, vgl. etwa *Di Fabio,* Risikoentscheidungen (Fn. 101); *Appel,* Staatliche Zukunfts- und Entwicklungsvorsorge (Fn. 84); *Liv Jaeckel,* Gefahrenabwehrrecht und Risikodogmatik, 2010.
[411] Zur Alternativenprüfung im Umweltrecht *Christian Calliess,* Innovationsförderung durch Kopplung von Genehmigung und Alternativenprüfung, in: Eifert/Hoffmann-Riem (Hrsg.), Innovationsfördernde Regulierung (Fn. 266), S. 221 ff.; *Gerd Winter,* Alternativenprüfung und Natura 2000, NuR 2010, S. 601 ff.

tungsmaßsäbe vielfach kaum noch möglich ist, ein bestimmtes Vorhaben auf seine Umweltauswirkungen und Risiken hin zu bewerten. Mit der bereits durch die Umweltverträglichkeitsprüfung geforderten Berücksichtigung von Alternativen ist die gebundene Erlaubnis (wie die immissionsschutzrechtliche Genehmigung) der Sache nach zu einer komplexen Planungs- und Abwägungsentscheidung geworden, die von der Verwaltung verlangt, verschiedene Optionen zu erwägen. Noch weiter reichen Strategien zur Bewältigung unerwünschter Folgen im Wege von **Vertretbarkeits- und Bedarfsprüfungen**, wie sie aus dem Produktzulassungsrecht mit zum Teil expliziten Nutzenerwägungen[412] bekannt sind.[413] Unsicher ist jedoch aus rechtlichen und tatsächlichen Gründen, inwieweit die Verwaltung auf sozioökonomische Nutzenanalysen zurückgreifen darf oder sollte, lässt sich der Nutzen einer Verwendung doch häufig gerade nicht im Vorfeld feststellen.

67b Die Gründe, warum sich das Verwaltungsrecht zur Anleitung staatlichen Handelns mit den Folgen zu treffender Entscheidungen zu beschäftigen hat, weisen über einzelne Teilgebiete des Verwaltungsrechts hinaus. Weil sich das Verwaltungshandeln erhöhten **Rationalitätsproblemen** im paradigmatisch gewordenen Umgang mit Ungewissheit[414] ausgesetzt sieht, muss in vielen Bereichen im **Wissen von Nicht-Wissen**[415] gehandelt werden. Dieser Raum kann (und wird) durch Optimierungen des Informationsmanagements verkleinert, aber nicht mehr geschlossen werden können.[416] Zugleich wächst das Bewusstsein für die unerwünschten Folgen des wissenschaftlich-technischen Fortschritts, dessen Ergebnissen immer weniger eine Verwendungstauglichkeit zur Ausfüllung administrativer **Gestaltungsspielräume** zugesprochen wird. So lassen sich zum Beispiel bei allen Erfolgen, die in der Vergangenheit der technische Umweltschutz für sich verbuchen konnte, neuere Herausforderungen wie die **nachhaltige Entwicklung**[417] mit dem Offenlassen von Handlungsoptionen für gegenwärtige oder zukünftige Generationen kaum noch im deutschen **„Grenzwerte-Denken"** realisieren.[418] Nicht nur „von außen" an das Recht herangetragene Erwartungen, sondern zunehmend auch die rechtsinternen Verarbeitungen der Gewissheitsverluste und Erosionsprozesse[419] lassen die Folgen des Handelns

---

[412] § 25 Abs. 2 Nr. 5 AMG, § 15 Abs. 1 Nr. 3 a und e PflSchG, § 16 Abs. 1 Nr. 3 GenTG.

[413] Vgl. *Gerd Winter*, Brauchen wir das? Von der Risikominimierung zur Bedarfsprüfung, KJ 1992, S. 389 ff.; *Thomas Groß*, Zur Zulässigkeit von Bedarfsprüfungen bei der Entscheidung über umweltrelevante Großvorhaben, VerwArch, Bd. 88 (1997), S. 89 ff.

[414] Überblick: *Voßkuhle*, Expertise (Fn. 92), S. 646 ff.

[415] → Rn. 80, 99.

[416] Darin auch eine Chance sehend: *Hoffmann-Riem*, Wissen (Fn. 326), S. 143 ff.

[417] Vgl. *Andreas Glaser*, Nachhaltige Entwicklung und Demokratie, 2006, S. 11 ff.; *Wolfgang Kahl*, Staatsziel Nachhaltigkeit und Generationengerechtigkeit, DÖV 2009, S. 2 ff.

[418] Zwei Einschränkungen: Standards sichern die Rationalität und Praktikabilität juristischer Entscheidungen, lassen sich aber nicht auf alle sozialen Phänomene (z. B. **Kinderlärm**) erstrecken. Zu kurz griffe es auch, das europäische (Umwelt-)Recht für Relativierungen verantwortlich zu machen, wenngleich europäische Standards (wie in der IVU-RL) häufig flexibler formuliert werden.

[419] Vgl. *Hoffmann-Riem*, Wissen (Fn. 326), S. 133 („Risse im überkommenen Rationalitätsdenken"). Die Wissensdimension scheint zunehmend in Grundbegriffe der Moderne einzudringen, vgl. *Nico Stehr*, Wissenswelten, Governance und Demokratie, in: Sebastian Botzem u. a. (Hrsg.), Governance als Prozess, 2009, S. 479 ff.; *Andreas Voßkuhle*, Das Konzept des rationalen Staates, in: Gunnar Folke Schuppert/ders. (Hrsg.), Governance (Fn. 326), S. 13 ff.; *Hans-Heinrich Trute*, Wissen: Einleitende Bemerkungen, in: Röhl (Hrsg.), Wissen (Fn. 266), S. 11 ff.

C. Folgenorientierung

in den Blick des Verwaltungsrechts treten. Dennoch fällt es auch der Neuen Verwaltungsrechtswissenschaft schwer, ihre Beschreibungen stärker auf die Folgenorientierung umzustellen.[420]

Das verwundert in der handlungs- und wirkungsbezogenen Neuausrichtung, mag jedoch Ausdruck rechtswissenschaftlicher Bescheidenheit sein. Zieht sich die Verwaltungsrechtswissenschaft auf den disziplinären Kern zurück, läuft sie allerdings Gefahr, die Überprüfung ihrer eigenen Aussagen zu verweigern oder empirisch arbeitenden Wissenschaften zu überlassen.[421] In dem Maße, wie der demokratische Verfassungsstaat eine Verantwortung für die Sozialgestaltung übernommen hat und neben die Rechtmäßigkeit auch Richtigkeitsmaßstäbe treten, muss das Verwaltungsrecht seine Folgenorientierung (auch) zum Thema machen.[422] Dabei ist die Vorstellung leitend, dass juristische Entscheidungen nicht (allein) durch die Verarbeitung vergangener Tatsachen mit Hilfe vorgegebener Regeln, sondern durch die Erwartung der von der Entscheidung beeinflussten Wirkungen gesteuert werden.[423] Es geht insoweit nicht um Rechtsfolgen, sondern um die Relevanz von **Realfolgen**.[424] Und es geht auch nicht um das Folgenargument in der richterlichen Entscheidung, sondern um die **Folgenberücksichtigungsfähigkeit** der Verwaltung.[425] Ihre Gestaltungsfunktion ergänzt die *input*-Steuerung durch eine *output*-Orientierung.[426] Der Einsatz von Zweckprogrammen zeigt, dass die Verwaltung nicht (immer) exakte Entscheidungsanweisungen, sondern (auch) **Folgengestaltungsaufträge** innerhalb weit gesteckter Rahmen erhält.[427]

Auch die Frage nach der Bedeutung dieses „Folgenarguments" ist nicht neu.[428] Bekannt ist das Spannungsfeld, in das sich begibt, wer die Rechtsent-

---

[420] Damit ist nicht gesagt, dass es in den Einzelbeiträgen nicht vorkommt. Aber die überkommene Dogmatik scheint sich mit Erfolg dem Folgenargument in den Weg zu stellen. Das gilt auch dort, wo es primär um Folgen und Folgesfolgen geht. So wird im **Klimaschutz** das Folgenproblem in seiner Darstellung und Bewältigung noch immer weitgehend der politischen Behandlung überlassen.

[421] Dazu bereits *Franzius*, Funktionen (Fn. 7), S. 371.

[422] Weitergehend *van Aaken*, Choice (Fn. 213), S. 147 f. (mit Fn. 643); *Hoffmann-Riem*, Risiko- und Innovationsrecht (Fn. 368), S. 150 ff. sieht in der Folgenorientierung eine maßgebliche Grundlage für die Rechtfertigung staatlicher Regulierung und unterscheidet das normative Programm des „Folgeneröffnungsbereichs" von einem „Folgenbewirkungsbereich" und einem „Folgengenesebereich".

[423] Vgl. *Martina R. Deckert*, Folgenorientierung in der Rechtsanwendung, 1995, S. 3.

[424] Grundlegend zu dieser Unterscheidung *Niklas Luhmann*, Rechtssystem und Rechtsdogmatik, 1974, S. 40 f.; s. a. *Gertrude Lübbe-Wolff*, Rechtsfolgen und Realfolgen, 1981, S. 11 f.; für die Beteiligten wird die *richtige* Entscheidung von den *realen* Folgen abhängen; zum Zusammenhang zwischen der Herstellung und den Folgen der Entscheidung *Martin Kriele*, Theorie der Rechtsgewinnung, 2. Aufl. 1976, S. 215 ff.

[425] Zur Rechtsprechung *Horst Sendler*, Zur richterlichen Folgenberücksichtigung und -verantwortung, in: FS Helmut Simon, 1987, S. 113 ff.; ausf. *Thomas Sambuc*, Folgenerwägungen im Richterrecht, 1977; *Christina Coles*, Folgenorientierung im richterlichen Entscheidungsprozess, 1991, S. 110 ff.; auf die judikative Rechtsanwendung rekurriert auch die methodische Debatte über die Folgenrelevanz: *Deckert*, Folgenorientierung (Fn. 423), S. 10 ff.

[426] Vgl. *Wahl*, Rechtsfragen (Fn. 74), S. 48 ff.; zur „Gestaltungsfunktion" in ihrer Bedeutung für die Folgenrelevanz *Hermes*, Folgenberücksichtigung (Fn. 48), S. 363 f., 375.

[427] Vgl. *Deckert*, Folgenorientierung (Fn. 423), S. 24.

[428] Für die Gesetzgebung *Martin Kriele*, Theorie der Rechtsgewinnung, 1967; *Adalbert Podlech*, Wertungen und Werte im Recht, AöR, Bd. 95 (1970), S. 185 (198 f.); bilanzierend *Thomas W. Wälde*, Juristische Folgenorientierung, 1979; zur jüngeren Debatte *Dieter Grimm*, Entscheidungsfolgen als Rechtsgründe: Zur Argumentationspraxis des deutschen Bundesverfassungsgerichts, in: Gunther Teubner (Hrsg.), Entscheidungsfolgen als Rechtsgründe, 1995, S. 139 ff.; *Martin Hensche*, Probleme einer fol-

scheidung an die Beachtung realer Folgen knüpft, aber weiterhin eine **rechtlich anspruchsvolle Steuerung** erwartet und damit *nolens volens* an den Funktionsbedingungen des Rechtssystems zehrt.[429] Auf der einen Seite gehört die regelgeleitete Berücksichtigung von Folgen – etwa im Bereich von Ermessenserwägungen – zum Alltag der Rechtspraxis.[430] Jedoch verringern sich auf der anderen Seite die Möglichkeiten, die berücksichtigungsfähigen oder -pflichtigen Folgen hinreichend sicher zu prognostizieren, um sie Entscheidungen zugrunde legen zu können. Es gibt weder eine umfassende juristische Theorie[431] noch ein hinreichend sicheres methodologisches Grundgerüst der Folgenbewertung.[432] Eine steuerungsorientierte und damit *notwendigerweise* auf die Abklärung der relevanten Folgen angewiesene Verwaltungsrechtswissenschaft muss daher um **Ordnung durch Differenzierung** bemüht sein.[433]

1. Entscheidungsergebnis (Output)

70 Insbesondere *Wolfgang Hoffmann-Riem* hat darauf aufmerksam gemacht, dass sich die Rechtswissenschaft nicht nur mit der Verarbeitung rechtlicher *Inputs*, d.h. den rechtsnormativen Vorgaben und anderen Entscheidungsprämissen, im Entscheidungsprozess begnügen darf, sondern sich auch mit den Entscheidungsergebnissen – also den *Outputs* – zu befassen habe.[434] Darunter versteht man in Anlehnung an das betriebswirtschaftliche Controlling die sofortigen und konkreten Konsequenzen einer administrativen Maßnahme. Es geht nicht um den Ressourcen- oder Mitteleinsatz, sondern um das zu definierende **Produkt** oder die zu erbringende **Leistung.** Insoweit handelt es sich um die „klassische" Folgekategorie des grundsätzlich *Input*-fixierten Verwaltungsrechts.

71 Mit dem Blick auf die Folgen emanzipiert sich das Verwaltungsrecht von seinem Vergangenheitsbezug. Es beschränkt sich nicht mehr auf die Vorgabe von Regeln für die Bewältigung vergangener Tatsachen, sondern erhebt den Anspruch, Maßnahmen der Verwaltung unter Einbeziehung der von der Entschei-

---

genorientierten Rechtsanwendung, Rechtstheorie, Bd. 29 (1998), S. 103 ff.; *Qingbo Zhang,* Juristische Argumentation durch Folgenorientierung, 2010, S. 29 ff.

[429] Kritik an der Folgenorientierung der (gerichtlichen) Rechtsanwendung bei *Niklas Luhmann,* Funktionale Methode und juristische Entscheidung, AöR, Bd. 94 (1969), S. 1 ff.; *ders.,* Rechtssystem (Fn. 285), S. 31 ff.; zurückhaltender *ders.,* Juristische Argumentation: Eine Analyse ihrer Form, in: Teubner (Hrsg.), Entscheidungsfolgen (Fn. 428), S. 19 (30 ff.); befürwortend *Hubert Rottleuthner,* Zur Methode einer folgenorientierten Rechtsanwendung, ARSP, Beiheft 13, 1980, S. 87 (114 ff.); s.a. *Christian Kirchner,* Folgenberücksichtigung bei judikativer Rechtsfortbildung und Ökonomische Theorie des Rechts, in: Hagen Hof/Martin Schulte (Hrsg.), Wirkungsforschung zum Recht III, 2001, S. 33 ff.; zum Meinungsstand *Gunther Teubner,* Folgenorientierung, in: ders. (Hrsg.), Entscheidungsfolgen (Fn. 428), S. 9 ff.

[430] Weitere Beispiele bei *Hermes,* Folgenberücksichtigung (Fn. 48), S. 361 f.

[431] Vgl. *Horst Eidenmüller,* Effizienz als Rechtsprinzip, 1. Aufl. 1995, S. 399.

[432] Insbesondere dem immer wieder bemühten Modell der entscheidungsorientierten „Rational Choice" – vgl. *van Aaken,* Choice (Fn. 213), S. 60 ff. – begegnet die anwendungsorientierte Rechtsdogmatik mit Skepsis, vgl. *Hensche,* Probleme (Fn. 289), S. 113.

[433] Zur Forderung nach Entparadoxierung *Teubner,* Folgenorientierung (Fn. 429), S. 9.

[434] *Wolfgang Hoffmann-Riem,* Organisationsrecht als Steuerungsressource. Perspektiven der verwaltungsrechtlichen Systembildung, in: Schmidt-Aßmann/ders. (Hrsg.), Verwaltungsorganisationsrecht, S. 361 f.; zur Steuerungs- und Folgenorientierung *ders.,* Vorüberlegungen zur rechtswissenschaftlichen Innovationsforschung, in: ders./Jens-Peter Schneider (Hrsg.), Rechtswissenschaftliche Innovationsforschung, 1998, S. 11 (20 ff.). Für die Rechnungshofkontrolle *ders.,* Finanzkontrolle (Fn. 392), S. 224 f.; → Bd. III *Kahl* § 47 Rn. 83 ff. (m. w. N.).

dung beeinflussten Wirkungen **zukunftsorientiert** zu steuern.⁴³⁵ Diese Umstellung lässt sich als Ausdruck der wachsenden Politisierung des modernen Rechts begreifen⁴³⁶ und kritisieren.⁴³⁷ Nicht weniger plausibel ist es, die Veränderungen der Normierungstechnik als Reaktion auf kaum zu überschauende **Wirkungsketten** zu betrachten, die von einer Entscheidung in Gang gesetzt werden und häufig unerwünschte Nebeneffekte erzeugen. Bei allen Zweifeln, die seit dem Abklingen der Planungseuphorie mit guten Gründen gegenüber der Problemverarbeitungskapazität der Verwaltung geäußert werden, lässt sich doch nicht ignorieren, dass mit der normstrukturellen Fokussierung auf Ziele und Ergebnisse ein erhöhter **Folgenberücksichtigungsbedarf** einhergeht, der sich durch normativ vorgegebene *Inputs* allein kaum bewältigen lässt.⁴³⁸

2. Wirkungen für den Adressaten (Impact)

Zur Typologisierung der Folgen gibt es eine Reihe von Kategorien, die im rechtswissenschaftlichen Schrifttum teilweise Verbreitung gefunden haben.⁴³⁹ Allerdings ist (wohl nicht nur) die Terminologie uneinheitlich.⁴⁴⁰ So thematisiert die Wirkungsforschung zum Recht⁴⁴¹ jenseits der rechtsfolgenorientierten Kategorien die Wirkungen auf das Verhalten einer Zielgruppe, den sog. *Impact*. Damit sind die kurzfristigen Wirkungen gemeint, die auch als **Mikrofolgen** bezeichnet werden.⁴⁴² Wenn die Rechtswissenschaft nach verbreiteter Auffassung auch diese Folgen in den Blick nehmen soll, so deshalb, weil ihre Berücksichtigung in der Rechtspraxis **nicht freihändig** erfolgen kann. Nicht alle Folgen sind normativ erheblich und es steht nicht im Belieben des Rechtsanwenders, welche Folgen in der Entscheidung berücksichtigt werden. Vielmehr ist die normative Folgenrelevanz festzustellen, sind also die berücksichtigungsfähigen Folgen herauszufiltern und zueinander in ein Verhältnis zu setzen.

Einmal mehr wird deutlich, dass es der steuerungs- und folgenorientierten Perspektive um die Analyse des **rechtlich bedeutsamen Ausschnitts** aus der Lebenswirklichkeit gehen muss. Ungeachtet der offenen Fragen eines konsequentalistischen Zugangs⁴⁴³ wird man sagen können, dass sich das Recht nicht

---

⁴³⁵ *Hermes*, Folgenberücksichtigung (Fn. 48), S. 364 f.; → Bd. II *Hoffmann-Riem* § 33 Rn. 43.
⁴³⁶ Vgl. *Teubner*, Folgenorientierung (Fn. 429), S. 12.
⁴³⁷ Fundamentale Kritik bei *Lepsius*, Steuerungsdiskussion (Fn. 173), S. 16 f.
⁴³⁸ Vgl. *Wolfgang Hoffmann-Riem*, Verwaltungskontrolle – Perspektiven, in: Schmidt-Aßmann/ders. (Hrsg.), Verwaltungskontrolle, S. 325 (333 f.); ähnlich *Grimm*, Entscheidungsfolgen (Fn. 428), S. 143; enger *Karl-Peter Sommermann*, Folgenforschung und Recht, in: ders. (Hrsg.), Folgen von Folgenforschung, 2002, S. 39 (48 f.).
⁴³⁹ Siehe etwa *Lübbe-Wolff*, Rechtsfolgen (Fn. 424), S. 138 ff. (Entscheidungsfolgen und Adaptationsfolgen); zusammenfassend *Deckert*, Folgenorientierung (Fn. 423), S. 113 ff.
⁴⁴⁰ Zu einer (be)wirkungsorientierten Folgenlehre → Bd. II *Hoffmann-Riem* § 33 Rn. 23 ff.
⁴⁴¹ Siehe nur *Hagen Hof/Gertrude Lübbe-Wolff* (Hrsg.), Wirkungen und Erfolgsbedingungen von Gesetzen, 1999; zur Rechtswirkungsforschung → Bd. I *Voßkuhle* § 1 Rn. 34 f.
⁴⁴² Zur Unterscheidung zwischen Mikro- und Makrofolgen s. *Wälde*, Folgenorientierung (Fn. 428), S. 6; *Winfried Hassemer*, Über die Berücksichtigung von Folgen bei der Auslegung von Strafgesetzen, in: FS Helmut Coing, Bd. 1, 1982, S. 493 ff. (515); für das Verwaltungsrecht *Hermes*, Folgenberücksichtigung (Fn. 48), S. 371.
⁴⁴³ Vgl. *Neil MacCormick*, Argumentation und Interpretation im Recht: „Rule Consequentialism" und rationale Rekonstruktion, in: Teubner (Hrsg.), Entscheidungsfolgen (Fn. 428), S. 39, 49 f: Abschätzung der Konsequenzen von Rechtsinterpretationen „als letzte Ebene" der Begründung im Interpretationsvorgang, wobei eine „regelfolgenorientierte" gegenüber der handlungsfolgenorientierten Argumentation bevorzugt wird.

von vornherein als „folgenblind" erweist. Das gilt nicht bloß für die Rechtsetzung[444] mit den Prognose- und Folgenabschätzungspflichten, sondern auch für die Rechtsanwendung, wenngleich hier die intuitiv motivierte und teleologisch angeleitete Antizipation der Folgen an Grenzen der Rechtsbindung zu stoßen scheint.[445] Immerhin – und dies nimmt der Folgenorientierung in der Rechtsanwendung einen Teil ihrer Brisanz – ist der Kreis der in Betracht kommenden Folgen durch die erzielten Wirkungen bei den Adressaten **relativ überschaubar** und deshalb normativ nicht unbeherrschbar.

74 Den Kategorisierungen der beim Adressaten „bewirkten" Folgen ist gemeinsam, dass sie noch **vergleichsweise nah** bei der Verwaltung sind. Es wird vorgeschlagen, unter diesen Folgen nur solche zu verstehen, die „auf bekannten Ursache-Wirkungsbeziehungen beruhen und deren Eintrittswahrscheinlichkeit dementsprechend groß" ist.[446] Mit der individuellen Begrenzbarkeit und Vorhersehbarkeit ist zugleich eine Vermutung dafür ausgesprochen, dass diese Folgen von der Verwaltung antizipiert werden können, soweit sie dazu ermächtigt ist. Es spricht auch einiges dafür, dass mit abnehmender Prognostizierbarkeit und Beeinflussbarkeit eben gerade jener Konnex zerfällt, der als „Tendenzaussage" eine Folgenverarbeitungsfähigkeit der Verwaltung zuweist. Wollte man der Verwaltung für **entfernte Folgen** pauschal eine entsprechende Verantwortung zuweisen, wären schnell die Grenzen der rechtlichen Steuerbarkeit erreicht. Damit sind die Pole einer Skala markiert, die ohne weitere Abstufungen indes nur wenig Ertrag erbringen dürften.

3. Auswirkungen in dem erfassten gesellschaftlichen Bereich unter Einschluss von Präzedenzwirkungen (Outcome)

75 Zum „Schwur" kommt es, wenn Folgen in die Betrachtung des Rechts einbezogen werden, die nicht mehr auf die Adressaten des Verwaltungshandeln beschränkt sind. In der betriebswissenschaftlich inspirierten Terminologie wird vom *Outcome* gesprochen. Das sind die langfristigen Wirkungen, mithin Auswirkungen einer Maßnahme im **gesellschaftlichen Umfeld,** zuweilen auch als **Makrofolgen** bezeichnet. Nun wäre es verfehlt, hier der Verwaltung von vornherein die Folgenberücksichtigung abzusprechen. Maßgeblich kommt es auf die Aussagen im materiellen Entscheidungsprogramm an.

76 Vieles spricht dafür, die Fernwirkungen von den Nahwirkungen prinzipiell zu unterscheiden. Sind die Folgen „zerstreut" und nicht als hinreichend wahrscheinlich prognostizierbar, ist die Frage unabweisbar, wie die Folgen beschaffen sein müssen, damit ihnen rechtliche Relevanz auch in der einzelfallbezogenen

---

[444] Insbesondere durch die Gesetzesfolgenabschätzung, wie sie § 44 GGO vorsieht. Auf europäischer Ebene ist der sog. Mandelkern-Bericht (Fn. 198) zu nennen, auf dessen Grundlage die Kommission einen Aktionsplan zur „Vereinfachung und Verbesserung des Regelungsumfeldes" vorgelegt hat: KOM (2002), 278 v. 5. April 2002; zum Spannungsfeld zwischen Rationalisierung der Entscheidungsfindung und politischer Beurteilung *Peter Blum,* Wege zu besserer Gesetzgebung – sachverständige Beratung, Begründung, Folgeabschätzung und Wirkungskontrolle, 65. DJT, 2004, S. I 39 f.

[445] Für eine Zusammenführung der Diskussion zur Folgenorientierung in der Rechtsanwendung und der Gesetzgebungswissenschaft *van Aaken,* Choice (Fn. 213), S. 149 ff.; zu den Konsequenzen → Rn. 104 ff.

[446] *Hermes,* Folgenberücksichtigung (Fn. 48), S. 371.

C. Folgenorientierung

Rechtsanwendung zugesprochen werden kann. Die primäre Verantwortung obliegt dem **Gesetzgeber,** der im Wege eines „programmatischen Abarbeitens" der Folgen gewisse **Entlastungswirkungen** für den exekutiven Entscheidungsprozess erzeugt. Allerdings dürften sich aus dem Gesetzesvorbehalt keine unüberwindbaren Grenzen für die Umstellung der legislativen Programmierung und die Verlagerung der Folgenverantwortung auf die Verwaltung formulieren lassen.[447] Durch den Zweck der Aufgabenwahrnehmung dürfte einer **Überforderung folgenreflektierender Rechtsanwendung** zumindest im Ansatz vorgebeugt werden können. Es bleibt eine Auswahlentscheidung zu treffen, wobei die Offenlegung der Folgenerwägungen „die subjektiven, nicht an den Zielen der Rechtsordnung ausgerichteten Folgenüberlegungen des Entscheiders zu verringern" hilft.[448] Diese Differenz hat das Recht im Blick, wenn es faktische Erwartungen, die sich hinter der Entscheidung verbergen, explizit zu machen sucht.

Ein Verbot, die mit einer Verwaltungsmaßnahme erzielten Auswirkungen zu berücksichtigen, ist nicht ersichtlich. Im Gegenteil: Wo sich legislative Steuerung auf **Zieldefinitionen** beschränkt, vergrößern sich die Räume folgenorientierter Zielverwirklichung. Ziele sind zumeist als *Output* formuliert, erfassen grundsätzlich den *Impact* und belassen den *Outcome* im Bereich des Politischen. Das muss aber nicht so sein. Als Ziele können nicht nur Ergebnisse, sondern auch Wirkungen formuliert werden. Das erreichte Ergebnis kann dann an – freilich nicht immer punktgenau festgelegten – *Outcome-*Größen gemessen werden. Auch ein „Überspringen" der Prozessebenen ist denkbar, wenn über Produktdefinitionen hinaus die gesellschaftlichen Wirkungen direkt in den Blick genommen werden.[449] In dem Maße, wie die Zielverwirklichung nichtstaatlichen Akteuren überlassen wird, rücken die erzielten Effekte in den Mittelpunkt der Beobachtung und Kontrolle. Insoweit ist **Gewährleistungsverwaltungsrecht**[450] folgenorientiertes Recht.

77

II. Vielfalt der Bedingungsfaktoren und Interdependenzen

Wenn sich die Verwaltung beim Erlass von Einzelfallentscheidungen an den Folgen orientieren soll, dann geschieht das nicht zur Relativierung der Rechtsbindung, sondern zur verbesserten **Deutung des geltenden Rechts.**[451] Allerdings käme es einer Verkürzung des Folgenarguments gleich, bliebe der Rahmen durch die teleologische Auslegung abgesteckt.[452] Geht es um die Ratio-

78

---

[447] Vgl. *Hermes,* Folgenberücksichtigung (Fn. 48), S. 365, 372.
[448] *Sommermann,* Folgenforschung (Fn. 438), S. 53.
[449] Zum Ganzen *Frank Nullmeier,* Input, Output, Outcome, Effektivität und Effizienz, in: Blanke u. a. (Hrsg.), Verwaltungsreform (Fn. 151), S. 357 (360 ff.).
[450] Zu Bausteinen eines Gewährleistungsrechts *Claudio Franzius,* Technikermöglichungsrecht, DV, Bd. 34 (2001), S. 487 (512 ff.); *ders.,* Gewährleistung (Fn. 52), S. 549 ff.; *Schmidt-Aßmann,* Ordnungsidee, 3. Kap. Rn. 114 ff.; *Voßkuhle,* Beteiligung (Fn. 37), S. 304 ff.; *Friedrich Schoch,* Gewährleistungsverwaltung: Stärkung der Privatrechtsgesellschaft?, NVwZ 2008, S. 241 ff.; → Bd. I *Voßkuhle* § 1 Rn. 61, *Masing* § 7 Rn. 30, *Schulze-Fielitz* § 12 Rn. 51 ff., 154 ff.; *Burgi* § 18 Rn. 79 f.; Bd. II *Appel* § 32 Rn. 87 f., 96, *Hoffmann-Riem* § 33 Rn. 25.
[451] So *Grimm,* Entscheidungsfolgen (Fn. 428), S. 145. Das entschärft die Kritik von *Schoch,* Standards (Fn. 14), S. 546 f.
[452] Zur Folgenorientierung als (eigenständiger) Auslegungsmethode *Deckert,* Folgenorientierung (Fn. 423), S. 56; s. a. *van Aaken,* Choice (Fn. 213), S. 150 ff., 169 ff.; zur Präzisierung der Tatbestands-

nalisierung der Folgenbetrachtung, dann muss die Vielfalt der Bedingungsfaktoren in den Blick genommen werden. Dazu gehören die spezialgesetzlich normierten Ziele und Aufgaben ebenso wie die zum Einsatz kommenden Verfahren und die Organisation – vielfach überlagert durch die Maßstäbe jenseits des Staates, etwa europa- und völkerrechtlichen Vorgaben. Aber auch die Maßstäbe jenseits der Rechtmäßigkeit wie die Effizienz und die Akzeptabilität fließen in die Strukturierung der Folgenbetrachtung ein. Eine klare Grenze wird vom Gesetz nicht mehr erwartet werden können.

79 Sind die realen Bedingungsfaktoren in die Folgenanalyse einzustellen, dann spricht einiges dafür, die virulente Frage nach der Folgenberücksichtigung im **Normprogrammbereich** zu verankern. Dessen Konkretisierung kann es erforderlich machen, neben dem eigentlichen Rechtsstoff auch den Realbereich – in seiner Wechselbezüglichkeit – zu beachten.[453] Zu den Essentialia der Folgenrelevanz gehören die normative Legitimation der Möglichkeit und die Aufgabe, eben diese und **keine anderen** Folgen zu berücksichtigen. Das heißt nicht, dass alle Steuerungsleistungen in positivistischer Selbstüberschätzung von der Norm erwartet werden könnten. Vielfach wird das Folgenargument erst in der Anwendung der Norm auf den Einzelfall praktikabel. Es ist offen, ob der Kreis der berücksichtigungsfähigen Folgen über das Legitimationserfordernis hinreichend eingegrenzt ist. Gewachsen sind überdies die theoretischen Zweifel, ob sich die sozialwissenschaftlichen Modelle zur Vorhersage künftigen Verhaltens signifikant verbessern lassen. Angesichts der Ernüchterung, die mit den Erfahrungen der **Gesetzesfolgenabschätzung**[454] eingetreten ist, fragt sich, ob in die Verfeinerung der Prognosegrundlagen investiert werden sollte. Alternativ wird vorgeschlagen, den Rechtsanwender von prospektiven Abschätzungen zu entlasten und auf die Berücksichtigung der „wirklich eingetretenen Folgen" zu beschränken.[455]

---

merkmale durch Folgenerwägungen *Lübbe-Wolff*, Rechtsfolgen (Fn. 424), S. 125: „Mit der Verpflanzung in den Kontext einer Rechtsnorm treten die aus der Alltags- oder Wissenschaftssprache übernommenen Begriffe unter ein anderes (Weiter-)Bildungsprinzip, nämlich unter das der normativ angemessenen Zuordnung der rechtlichen Voraussetzungen und Folgen ihrer Anwendung."

[453] So *Hoffmann-Riem*, Methoden (Fn. 50), S. 38 f.; zust. *Hermes*, Folgenberücksichtigung (Fn. 48), S. 378 f.; zur realwissenschaftlichen Wirkungsanalyse in der Geeignetheits- und Erforderlichkeitsprüfung im Rahmen des Verhältnismäßigkeitsgrundsatzes *Anne van Aaken*, Vom Nutzen der ökonomischen Theorie für das öffentliche Recht, in: Bungenberg u. a. (Hrsg.), Ökonomik und Recht (Fn. 213), S. 1 (19).

[454] Zum Forschungsstand *Ulrich Karpen*, Gesetzesfolgenabschätzung in der Europäischen Union, AöR, Bd. 124 (1999), S. 400 ff.; *Wolfgang Köck*, Gesetzesfolgenabschätzung und Gesetzgebungsrechtslehre, VerwArch, Bd. 93 (2002), S. 1 (6 ff.); *Rolf Wägenbauer*, Zum Stand der Gesetzesfolgenabschätzung in der EU, in: Ulrich Karpen/Hagen Hof (Hrsg.), Wirkungsforschung zum Recht IV, 2003, S. 167 ff.; skeptisch auch *Helmuth Schulze-Fielitz*, Wege, Umwege oder Holzwege zu besserer Gesetzgebung, JZ 2004, S. 862 (869) („Vollzugskostenabschätzung"); zur Evaluation prospektiver Folgenabschätzung *Hellmut Wollmann*, Evaluation von Folgenforschung, in: Sommermann (Hrsg.), Folgenforschung (Fn. 438), S. 55 ff.

[455] So *Teubner*, Folgenorientierung (Fn. 429), S. 15; demgegenüber wird kaum auf eine *bescheidene* Folgenforschung und die Gesetzgebungswissenschaft – vgl. *Peter Noll*, Gesetzgebungslehre, 1973, S. 164 ff.; zu Verbindungslinien *Klaus Meßerschmidt*, Gesetzgebungsermessen, 2000, S. 777 ff. – verzichtet werden können, vgl. *Wollmann*, Evaluation (Fn. 454), S. 62; s.a. *van Aaken*, Choice (Fn. 213), S. 146 ff.; zum Bedarf an einer „prospektiven Rechtswissenschaft" *Kloepfer*, Prospektive Rechtswissenschaft (Fn. 133), 2000, S. 113 ff.; weiter *Appel*, Methodik (Fn. 251), S. 352 f. („Futurisierung des Rechts").

C. Folgenorientierung

Ein Grundproblem der Folgenorientierung ist, dass von der Rechtsentscheidung nur begrenzt auf den gesellschaftlichen *Outcome* geschlossen werden kann. Mehr als Annäherungen kann es nicht geben und es wäre fatal, die Folgenverantwortung der Verwaltung auf alle nicht intendierten Nebenfolgen zu erstrecken.[456] So stellt sich das Folgenproblem als **Paradox** dar.[457] Einerseits legt der Umgang mit Ungewissheit im Zuge der Risikoausrichtung des Verwaltungsrechts die Berücksichtigung auch der belastenden Nebenfolgen nahe. Andererseits führt das **Wissen um das Nichtwissen** zu einer Erosion der Grundlagen, die zu einer rationalen Ermittlung entfernter Folgen notwendig sind. Dass die Rechtsordnung mit den Herausforderungen umzugehen weiß, zeigt die Umstellung der Gefahrenabwehr auf die Risikovorsorge.[458] Diese ist vor dem Hintergrund von „Folgekonflikten" zu ergänzen um Figuren des Folgenmanagements. Schließlich mag es geboten sein, auch die **Folgen von Folgen** zu bedenken. Allerdings dürfen die Rückwirkungen auf die Rechtsordnung und die latente, daher ernstzunehmende Überforderung des Rechts[459] nicht aus dem Auge verloren werden. Angesichts der vielfältigen Interdependenzen, die sich mit der Öffnung gegenüber den Realfolgen ergeben, wird man die Grenze für die normative **Folgenrelevanz nur als Variable** begreifen können. 80

III. „Maßgeschneiderte" Optionenwahl

Es liegt nahe, diejenigen Folgen zu berücksichtigen, in denen sich das „eindeutig fundamentalere Interesse" dokumentiert.[460] Die Folgenbewertung erweist sich jedoch als komplexer Vorgang, der eine **Interessenabwägung in multipolaren Lagen** dadurch erschwert, dass die administrative Entscheidung an die gesetzliche Vorprägung der jeweiligen Interessen gebunden ist.[461] 81

Zur Strukturierung der Folgen kann auf die Regeln für den Umgang mit Ungewissheitsfolgen[462] zurückgegriffen werden. Jedoch weist deren immanente Begrenztheit auf verbleibenden Rationalisierungsbedarf der Folgenbewältigung hin. Folgenorientierung setzt **flexibilisiertes Recht** voraus, das Orientierung für vielfach erst herzustellendes Erfahrungswissen[463] schaffen muss. Mit einer Zu- 82

---

[456] Zur grundrechtlichen Erfassung aber *Hermes,* Folgenberücksichtigung (Fn. 48), S. 373 f.
[457] Siehe auch → Bd. I *Voßkuhle* § 1 Rn. 33 („paradoxieähnliche Züge").
[458] Zum Wissensproblem und der Verarbeitung durch den Vorsorgebegriff *Appel,* Methodik (Fn. 251), S. 333 („Unbegrenztheit der Vorsorge als Kehrseite der Begrenztheit des Wissens").
[459] Zu Stoppregeln der Rechtserkenntnis und der Wirklichkeitserfassung s. *Hoffmann-Riem,* Methoden (Fn. 50), S. 64 f.
[460] So der Vorschlag von *Kriele,* Theorie (Fn. 424), S. 178 f.
[461] Ausf. *Matthias Schmidt-Preuß,* Kollidierende Privatinteressen im Verwaltungsrecht, 2. Aufl. 2005; zur Kritik an der Interessenabwägung *Karl Larenz,* Methodenlehre, 2. Aufl. 1992, S. 40.
[462] *Appel,* Methodik (Fn. 251), S. 342 ff.; es geht nicht um die Begrenzung riskanten Handelns, sondern um das Erlernen des Umgangs mit Nichtwissen: grundlegend *Karl-Heinz Ladeur,* Risiko und Recht, in: Gotthard Bechmann (Hrsg.), Risiko und Gesellschaft, 1993, S. 209 ff.; s.a. *Alfons Bora* (Hrsg.), Rechtliches Risikomanagement, 1999.
[463] Zum Wissen als Relationsbegriff → Bd. II *Vesting* § 20 Rn. 27. Vor allem die Unterscheidung zwischen **explizitem**, also formell darstellbaren und in der Alltagssprache kommunizierbaren Wissen und dem im Anschluss an *Michael Polanyi* so genannten **impliziten Wissen** als dem Handlungswissen, über das eine Person aufgrund ihrer Erfahrung, ihrer Praxis und ihres Lernens verfügt, gewinnt an Bedeutung, dazu näher *Arno Scherzberg,* Zum Umgang mit implizitem Wissen, in: Schuppert/Voßkuhle (Hrsg.), Governance (Fn. 326), S. 240 ff.; mit Bezug auf die Herstellungsebene *Hoffmann-Riem,* Wissen (Fn. 326), S. 140 f., 147 ff.

rücknahme der materiellen Programmierungsdichte öffnet sich der Raum für Optionen. In ihnen kommt die „Pluralität vorläufig richtiger Entscheidungen"[464] zum Ausdruck.

83 Allerdings verlangt eine „maßgeschneiderte" Optionenwahl nicht nur Freiräume, sondern auch ein **stabiles Gerüst an normativer Orientierung,** welche das geltende Recht zuweilen vermissen lässt.[465] Der Gesetzgeber beschränkt sich auf Ziele und überlässt die Frage nach dem Maß der Folgenberücksichtigung der Verwaltung, die ihrerseits auf wissenschaftlichen Sachverstand[466] zurückgreift. Immerhin sind mit der Technikfolgenabschätzung[467] und der institutionalisierten Gesetzesfolgenabschätzung[468] besondere Verfahren entwickelt worden, um die Rationalität politischer Entscheidungen unter Ungewissheitsbedingungen zu erhöhen. Damit verbindet sich die Hoffnung, den wachsenden Folgenbewältigungsbedarf in Verfahrens- und Organisationsregelungen verarbeiten zu können.[469] Das wird umso eher anzunehmen sein, je besser es gelingt, diese Programmierungsformen ihrer lediglich „dienenden" Funktion zu entkleiden und als Richtigkeitsgarantien zu etablieren.[470] So wird Stabilität über Verwaltungsverfahren erzeugt, in die Folgenerwägungen – wie die Umweltverträglichkeitsprüfung zeigt[471] – **eingespeist, konkretisiert und limitiert** werden. Diese werden für den Fall, dass eine angemessene Öffentlichkeitsbeteiligung stattfindet, auch kaum auf die unmittelbaren Nahfolgen beschränkt werden können. So mag als „Hoffnungsträger" erneut die Organisation mit der Bereitstellung von passenden Regelungsstrukturen ausgemacht werden. Das kann jedoch nicht darüber hinwegtäuschen, dass es an strukturellen Vorgaben für die Optionenwahl weitgehend fehlt.

---

[464] *Scherzberg,* Wissen (Fn. 266), S. 124.

[465] Auf das Fehlen „praktisch handhabbarer Rechtsanwendungsbausteine" hinweisend → Bd. II *Hoffmann-Riem* § 33 Rn. 119. Dem Öffentlichen Recht geht es um die Rechtsverwirklichung, die neben der Wiederentdeckung der Rechtserzeugungsräume eben auch auf die Pflege der Rechtsanwendungsbedingungen zielen muss, vgl. *Franzius,* Funktionen (Fn. 7), S. 342 ff. Das übersieht die Kritik von *Schoch,* Gemeinsamkeiten und Unterschiede (Fn. 46), S. 209.

[466] Vgl. *Andreas Voßkuhle,* Sachverständige Beratung des Staates, HStR III, § 43; aus einer anderen Perspektive *Angelika Nussberger,* Sachverständigenwissen als Determinante verwaltungsrechtlicher Einzelentscheidungen, AöR, Bd. 129 (2004), S. 282 ff.; → Bd. II *Ladeur* § 21 Rn. 45 ff.

[467] Statt vieler *Alexander Roßnagel,* Rechtswissenschaftliche Technikfolgenabschätzung, 1993; *Axel Zweck,* Die Entwicklung der Technikfolgenabschätzung zum gesellschaftlichen Vermittlungsinstrument, 1993, s.a. *Martin Schulte,* Der Beitrag partizipativer Technikfolgenabschätzung zur Effektivität der Normsetzung und Normdurchsetzung, in: Hagen Hof/Gertrude Lübbe-Wolff (Hrsg.), Wirkungsforschung zum Recht I, 1999, S. 603 ff.

[468] Siehe § 43 Abs. 1 Nr. 5 i. V. m. § 44 GGO i. d. F. v. 9. August 2000, GMBl 2000, S. 536; zur Gemeinsamen Geschäftsordnung der Bundesministerien *Brigitte Zypries/Cornelia Peters,* ZG 2000, S. 316 (324 f.); s.a. *Köck,* Gesetzesfolgenabschätzung (Fn. 454), S. 11 f.; zum „Schlüsselbegriff der Rechtsetzungswissenschaft" *Carl Böhret,* Gesetzesfolgenabschätzung, in: FS Willi Blümel, 1999, S. 51; *ders./ Götz Konzendorf,* Handbuch Gesetzesfolgenabschätzung, 2001; *Ulrich Smeddinck,* Gesetzesfolgenabschätzung und Umweltverträglichkeitsprüfung, DÖV 2004, S. 103 ff.; *Florian Edinger,* Folgenabschätzung und Evaluation von Gesetzen, ZG 2004, S. 149 ff.; *Jörg Ennuschat,* DVBl 2004, 986 ff.; s.a. die N. in → Fn. 454.

[469] So auch *Hermes,* Folgenberücksichtigung (Fn. 48), S. 380 ff.

[470] → Rn. 51, 54.

[471] Siehe bereits *Wolfgang Hoffmann-Riem,* Ermöglichung von Flexibilität und Innovationsoffenheit im Verwaltungsrecht, in: Hoffmann-Riem/Schmidt-Aßmann (Hrsg.), Innovation, S. 9 ff. (25); zur Verzahnung mit materiellen Vorgaben in der „Berücksichtigungspflicht" *Hermes,* Folgenberücksichtigung (Fn. 48), S. 381 f.

C. Folgenorientierung

Weil die Vorstellung der aus dem Gesetz herleitbaren „einzig richtigen Entscheidung" aufzugeben ist[472] und die Rechtsordnung lediglich **Optionenräume** bereitstellt, wird die Frage wichtig, wer diese „Räume" gegebenenfalls letztverbindlich auszufüllen hat. Das ist nicht immer die Verwaltung, obgleich sie aufgrund ihrer Gemeinwohlverpflichtung für die Folgenberücksichtigung im Einzelfall dafür prädestiniert ist. Wenn private Akteure mit selbständigen Handlungsbeiträgen in die Entscheidung einbezogen werden, bedarf es zusätzlicher Regelungen, diese zur Beachtung der relevanten Folgen zu verpflichten. Wo solche Regelungen fehlen, wird man eine **Beschränkung auf Nah- und Einzelfolgen** annehmen können. In der Logik von Verhandlungen liegt die Reduzierung auf eine praktische Handhabbarkeit des Folgenarguments. Zu weit ginge es freilich, den kooperativen Staat – etwa in der Entgegennahme von Selbstverpflichtungen der Wirtschaft[473] – stets als in Verhandlungen „gefangen" und damit als folgenblind zu bezeichnen. Jedoch offenbaren sich besondere Gefährdungslagen, denen mit darauf zugeschnittenen Vorkehrungen begegnet werden muss. Ungeachtet aller Zweifel über die Verallgemeinerungsfähigkeit zeigt das Beispiel der Privatisierung, dass eine Beschränkung auf entscheidungsnahe Folgen nach Maßgabe des *Outcome* zielführend sein kann. **84**

Für das Maß der Einbeziehung privater Akteure ist entscheidend, ob sich hinter der gewählten Option ein Konzept[474] verbirgt, das eine aufgabengerechte Lösung bereitstellt. Es muss darum gehen, die einzelnen Bausteine an der jeweiligen Aufgabe[475] auszurichten und zusammenzuführen. Wo die Verwaltung die Erfüllung von Gestaltungsaufgaben übertragen bekommen hat, wird sie mit der Wahl der Option die Folgenrelevanz „mitgestalten" können. Dabei sollen die Erkenntnisse der Folgenforschung den handelnden Akteuren die unterschiedlichen Gestaltungsoptionen aufzeigen helfen. So mag dann auch das Maß der Politisierung die **Folgenweite** bestimmen können. Je „politiknäher" die Entscheidung getroffen wird, desto weiter ließe sich der Kreis berücksichtigungsfähiger Folgen ziehen. Demgegenüber legt ein ausdifferenziertes Organisationsgefüge und eine am unteren Ende der Hierarchie zu treffende Vollzugsentscheidung eine gewisse **Folgenenge** nahe.[476] Jedoch verbieten sich Pauschalisierungen. Einerseits wird es darum gehen, die Optionenvielfalt und den „kreativen" Umgang mit Folgen nicht über Gebühr einzuschränken, setzt der Umgang mit den antizipierten Folgen von Entscheidungen doch voraus, dass man sich der selbst zu entwickelnden Alternativen bewusst wird. So besteht die Aufgabe des Rechts darin, die Entscheidungsprozesse mit Sensibilität auch für unerwünschte Folgen gleichsam zu **impfen**.[477] Es sind andererseits – soll die Auswahlentscheidung keinem *anything goes* folgen, sondern als rechtlich legitimiert qualifiziert werden – Strukturierungshilfen zur Ausgestaltung der Spielregeln notwendig. Für die Optionenwahl mag es auf die **innere moralische Ausstattung** der Akteure an- **85**

---

[472] Siehe die N. in → Fn. 102 u. Fn. 203.
[473] Siehe die N. in → Fn. 192 u. → Bd. I *Eifert* § 19 Rn. 73 ff.; Bd. II *Fehling* § 38 Rn. 36 f., *Michael* § 41 Rn. 46; Bd. III *Waldhoff* § 46 Rn. 21 f.
[474] Vgl. oben → Rn. 21 a.
[475] Zur Dogmatik der Aufgabe → Bd. I *Baer* § 11 Rn. 47 ff.
[476] In diese Richtung *Hermes*, Folgenberücksichtigung (Fn. 48), S. 383, 385.
[477] So *Karl-Heinz Ladeur*, Der Eigenwert des Rechts – die Selbstorganisationsfähigkeit der Gesellschaft und die relationale Rationalität des Rechts, in: Meier-Schatz (Hrsg.), Zukunft (Fn. 76), S. 54.

kommen. Soll die Varietät der Entscheidungen durch Recht erhöht werden, muss aber Sorge dafür geleistet sein, dass auch rechtlich entschieden werden kann.[478]

86 Wird nach den Kriterien gefragt, die die Optionenwahl strukturieren, so spricht einiges dafür, den Gedanken **regulierter Selbstregulierung**[479] fruchtbar zu machen. Entscheidend ist, dass die Auswahlentscheidung auf die Beachtung von Richtigkeitsmaßstäben und realen Verhaltensänderungen[480] bezogen ist. Sie muss nicht zwangsläufig experimentellen Charakter[481] haben, setzt aber auf die „Selbststeuerung" der Adressaten und akzeptiert, dass mit der Einschaltung bzw. Freisetzung privater Akteure komplexe Wirkungsketten in Gang gesetzt werden, die sich imperativ nicht mehr beherrschen lassen. Verstanden als „interaktiver Prozess institutioneller Evolution zwischen regulativen Instanzen und individuellen Entscheidungen"[482] knüpft Regulierung am **eigenverantwortlichen Verhalten** der Adressaten an und sucht dieses zu beeinflussen. Darin kommt zum Ausdruck, dass die Akteure für das Erreichen des Ziels auf das jeweilige **Gegenüber** angewiesen sind. Allerdings wird in der Berücksichtigung privater Handlungslogik keine Folgenentlastung für die nichtstaatlichen Akteure zu erkennen sein.[483]

87 Nur erwähnt sei an dieser Stelle, dass für die Strukturierung der Optionenwahl die (unhintergehbare) Grenze zwischen Rechtsanwendung und Rechtserzeugung verschwimmt.[484] Wo die Verwaltung zur Mitgestaltung herangezogen wird[485] und mehr oder weniger auf eine **Selbstprogrammierung** zur Erfüllung ihrer Aufgaben angewiesen ist, lassen sich die Regeln zur Auswahl der Entscheidungsoption kaum noch allein als anwendungsbezogene Rechtsinterpretation verstehen. Vielmehr geht es – jedenfalls auch – um die **Anleitung der exekutiven Normsetzung** einschließlich der Rezeption privater Regeln[486] mit einem

---

[478] Skeptisch *Luhmann*, Argumentation (Fn. 429), S. 33 f.

[479] Siehe die N. in → Fn. 182.

[480] Zur erforderlichen Verständigung mit den Verhaltenswissenschaften *Martin Führ*, Der Grundsatz der Verhältnismäßigkeit als methodischer Brückenschlag, in: Bizer/Führ/Hüttig (Hrsg.), Regulierung (Fn. 28), S. 91 ff.; stark gemacht auch von *Hagen Hof*, Verhaltensregelung durch Kommunikation und Recht, in: Michael Kloepfer (Hrsg.), Kommunikation – Technik – Recht, 2002, S. 203 ff.; ernüchternd aber die theoretische Ausarbeitung, vgl. *Fritjof Haft/Hagen Hof/Steffen Wesche* (Hrsg.), Bausteine zu einer Verhaltenstheorie des Rechts, 2001; s. a. *Indra Spiecker gen. Döhmann*, Das Verwaltungsrecht zwischen klassischem dogmatischem Verständnis und steuerungswissenschaftlichem Anspruch, DVBl 2007, S. 1074 (1079 ff.).

[481] Zur Generierung von Erfahrungswissen *Hans-Detlef Horn*, Experimentelle Gesetzgebung unter dem Grundgesetz, 1989, S. 233 ff.; zur Funktion von Experimentalgesetzen als Mittel der Durchsetzung von Innovationen *Wolfgang Hoffmann-Riem*, Experimentelle Gesetzgebung, in: FS Werner Thieme, 1993, S. 55 ff.; *Schuppert*, Verwaltungswissenschaft, S. 502 f.

[482] *Bizer/Führ*, Regulierung (Fn. 28), S. 4 f.

[483] Zur Abstimmung von Folgenzurechnung und -entlastung *Ladeur*, Eigenwert (Fn. 477), S. 51 f.; zur auch mit Blick auf die Folgen „geteilten" Verantwortung s. die N. in → Fn. 262.

[484] Krit. → Bd. I *Jestaedt* § 14 Rn. 7 mit der Unterscheidung von Rechterzeugung und -erkenntnis. Ausgearbeitet in *ders.*, Das mag in der Theorie richtig sein …, 2006, S. 46 ff., 62 ff.

[485] Vgl. *Schmidt-Aßmann*, Ordnungsidee, 4. Kap. Rn. 39.

[486] Zur Idee „steuernder Rezeption" *Schmidt-Preuß*, Verwaltung (Fn. 147), S. 205; *ders.*, Normierung und Selbstnormierung aus der Sicht des Öffentlichen Rechts, ZLR 1997, S. 249 (254: „private Normen als selbstregulative Auslegungsofferte"); zust. *Martin Schulte*, Verfassungsrechtliche Beurteilung der Umweltnormung, in: Hans-Werner Rengeling (Hrsg.), Umweltnormung, 1998, S. 165 (176 f.); zur „Normung der Normung" demgegenüber *Kloepfer*, Instrumente (Fn. 182), S. 152 f.; zur technischen Normung s. a. *Milos Vec*, Recht und Normierung in der industriellen Revolution, 2006.

C. Folgenorientierung

Korridor für funktionale Äquivalenz. Bei der Suche nach den Auswahlkriterien für die „passende" Gestaltungsoption ebnen sich die Unterschiede zur parlamentarischen Rechtsetzung ein.[487]

IV. Nachsteuerung

1. Beobachtung – Evaluation

Das Steuerungsparadigma ist konsequenzenreich. Nicht nur, dass es auf die Wirksamkeit des Rechts zielt und „disziplinäre Ignoranz"[488] erschwert. Steuerung ist ein zeitlich gestreckter Vorgang, der in der Regel nur einen **vorläufigen Abschluss in der Entscheidung** findet.[489] Der Blick öffnet sich nicht bloß auf die herstellungsbezogenen Anforderungen, die im (inneren[490]) Verfahren auf den Erlass einer „richtigen" Entscheidung hinwirken. Vielmehr liegt es in der Logik der Steuerung, auch die Folgen und Nachwirkungen zu sehen, die sich zu **Nachsteuerungspflichten** verdichten können.[491]

In dem Maße, wie die Skepsis gegenüber Möglichkeiten einer **prospektiven Folgenabschätzung**[492] wächst, rücken Formen der Nachsteuerung in den Blick der Rationalisierungsbemühungen des Rechts. Mit dem Verzicht auf eine vorgreifliche Folgensteuerung mögen suboptimale Ergebnisse in Kauf genommen werden. Jedoch wird auf diese Weise der Primat der Politik mit ihren Eigengesetzlichkeiten akzeptiert und das Risiko als unerwünscht wahrgenommener „Störungen" minimiert. Vielfach lassen sich die Folgen „moderner" Gesetze durch den Juristen nicht einfach errechnen.[493] Die **retrospektive Wirkungsforschung** hat immerhin den Vorteil, dass an eine Regelung angeknüpft wird, die bereits in der Welt ist.[494] Aber die hiermit intendierte Verbreiterung der Wissensbasis erfordert eine *maßvolle* Steuerung.

88

89

---

[487] Zu entsprechenden Lernprozessen *Michael Kloepfer,* Was kann die Gesetzgebung vom Planungs- und Verwaltungsrecht lernen?, ZG 1988, S. 289 ff.; *ders.,* Abwägungsregeln bei Satzungsgebung und Gesetzgebung, DVBl 1995, S. 441 ff.

[488] *Roland Czada,* Disziplinäre Identität als Voraussetzung interdisziplinärer Verständigung, in: Bizer/Führ/Hüttig (Hrsg.), Regulierung (Fn. 28), S. 23 ff.; zur selektiven Indifferenz als „temporäre Stopp-Strategie" *Eifert,* Innovationen (Fn. 318), S. 105 f.

[489] Zur Verfahrensperpetuierung *Voßkuhle,* Strukturen (Fn. 181), S. 345.

[490] Zur Abgrenzung zwischen äußerem und innerem Verfahren *Hermann Hill,* Einführung in die Gesetzgebungslehre, 1982, S. 62 ff.; → Bd. II *Hill* § 34 Rn. 12.

[491] Vgl. BVerfGE 16, 147 (188); 49, 89 (130 ff.); 50, 290 (335); 56, 54 ff.; 107, 150 (180); *Christian Mayer,* Die *Nachbesserungspflicht* des Gesetzgebers, 1996. Diese darf nicht folgenlos bleiben, vgl. näher *Ino Augsberg/Steffen Augsberg,* Prognostische Elemente in der Rechtsprechung des Bundesverfassungsgerichts, VerwArch, Bd. 98 (2007), S. 290 (305 ff.); s. unter dem Aspekt der Kontrolle auch → Bd. III *Kahl* § 47 Rn. 199 ff.

[492] → Rn. 79 mit Fn. 454.

[493] Anders wohl *Ekkehard Hofmann,* Abwägung im Recht, 2007.

[494] Zur Unterscheidung zwischen prospektiver und retrospektiver Gesetzesfolgenabschätzung s. nur *Böhret/Konzendorf,* Gesetzesfolgenabschätzung (Fn. 326), S. 2; eine ernüchternde Bilanz der parlamentarischen Gesetzesfolgenabschätzung zieht *Edinger,* Folgenabschätzung (Fn. 326), S. 153 ff.; mit dem Vertrauensverlust in Prognosen geht nicht zuletzt der Perspektivenwechsel von „Steuerung" zu „Governance" einher, vgl. *Wolfgang Denkhaus,* Die neue Institutionenökonomik und das Governance-Konzept – zum Wandel der ökonomischen Theorie und ihren Implikationen für die Verwaltungsrechtswissenschaft, in: Bungenberg u.a. (Hrsg.), Recht (Fn. 213), S. 33 ff. (48, 54, 56).

90 In den Verantwortungstypologien für die Verwaltung[495] wird die **Beobachtungsverantwortung** hervorgehoben.[496] Dabei handelt es sich um eine heuristische Kategorie, die noch keine normativen Wirkungen entfaltet, aber die Suche nach einem Rahmen für die Steuerungsbemühungen zum Erwerb des erforderlichen Wirkungs- und Regulierungswissens deutlich macht. Recht muss es um eine Systematisierung der Beobachtung gehen, wobei die Ausgestaltung der **Beobachtungspflichten des Gesetzgebers**[497] umso wichtiger erscheint, je unabweisbarer staatliche Regelungen und Entscheidungen unter Rückgriff auf „fremdes" Sachverständigenwissen[498] getroffen werden. Neben rechtsstaatliche Begründungspflichten treten nachwirkende Beobachtungspflichten, mit denen Legitimationslücken kontingenter Entscheidungen kompensiert werden.[499] Allein die Offenlegung der Folgenerwägungen reicht in der Regel nicht mehr aus.

91 Der Gesetzgeber hat die Entwicklung der tatsächlichen Problemlage zu beobachten und gegebenenfalls empirische Erhebungen anzustellen. Er hat dafür zu sorgen, dass „die für die Beurteilung der Wirkungen des Gesetzes notwendigen Daten planmäßig erhoben, gesammelt und ausgewertet" werden.[500] Erforderlich werden **Realanalysen,** die nicht bloß in „modernen" Rechtsgebieten wie dem sich rasant entfaltenden Regulierungsrecht, sondern auch in „klassischen" Disziplinen wie dem Polizeirecht zum „nachbarwissenschaftlichen Dialog" zwingen.[501] Als „Königsweg" der mitunter schon in der Begründung des Gesetzesentwurfs festzulegenden[502] Wirkungskontrolle erscheint vielen der Weg über die in zahlreichen Gesetzen vorgesehenen **Berichtspflichten**[503] und **Evaluationsklauseln.**[504] Ihnen können zwei wichtige Funktionen zugesprochen wer-

---

[495] Grundlegend *Eberhard Schmidt-Aßmann,* Zur Reform des allgemeinen Verwaltungsrechts, in: Hoffmann-Riem/ders./Schuppert (Hrsg.), Reform, S. 11 (43 f.); *Hoffmann-Riem,* Verantwortungsteilung (Fn. 261), S. 47 ff.; *Franzius,* Gewährleistung (Fn. 52), S. 96 ff.; krit. *Hans C. Röhl,* Verwaltungsverantwortung als dogmatischer Begriff?, DV, Beiheft 2, 1999, S. 33 (45 ff.); *Lepsius,* Sachherrschaft (Fn. 220), S. 398 ff.; *Jan H. Klement,* Verantwortung, 2006, S. 34 ff., 193 ff.

[496] Vgl. *Hartmut Bauer,* Privatisierung von Verwaltungsaufgaben, VVDStRL, Bd. 54 (1995), S. 243 ff. (280).

[497] Als eigenständige Rechtspflicht entwickelt in *BVerfGE* 88, 203 ff. Wo der Gesetzgeber prognostische Annahmen zugrunde legt, ist er verpflichtet, die tatsächliche Entwicklung zu beobachten und hat zu prüfen, ob „seine Prämissen auch vor der Wirklichkeit" Bestand haben: *BVerfGE* 107, 150 (179 f.); krit. *Stefan Huster,* Die Beobachtungspflicht des Gesetzgebers, ZfRSoz, Bd. 24 (2003), S. 3 (17 ff.).

[498] Analyse: *Voßkuhle,* Sachverständige Beratung (Fn. 466), § 43 Rn. 17 ff.

[499] Eine andere – und umstrittene – Frage ist, ob das Verfassungsrecht überhaupt Anforderungen an das „innere Gesetzgebungsverfahren" formuliert, vgl. befürwortend *Gunter Schwertfeger,* Optimale Methodik der Gesetzgebung als Verfassungspflicht, in: FS Hans-Peter Ipsen, 1977, S. 173 ff.; abl. *Klaus Schlaich,* Die Verfassungsgerichtsbarkeit im Gefüge der Staatsfunktionen, VVDStRL, Bd. 39 (1981), S. 99 (109 ff.); diff. *Michael Kloepfer,* Gesetzgebung im Rechtsstaat, VVDStRL, Bd. 40 (1982), S. 63 (88 ff.); zum Streitstand *Meßerschmidt,* Gesetzgebungsermessen (Fn. 455), S. 777 ff.

[500] *BVerfGE* 88, 203 ff. (310) – Schwangerschaftsabbruch II; weitreichende Anforderungen an die Beobachtung der sozialen Wirklichkeit auch in *BVerfGE* 103, 44 (75 ff.).

[501] Vgl. *Bodo Pieroth* (Hrsg.), Verfassungsrecht und soziale Wirklichkeit in Wechselwirkung, 2000.

[502] § 44 Abs. 6 GGO.

[503] Vgl. *Hans-Uwe Derlien,* Das Berichtswesen der Bundesregierung – Ein Mittel der Kontrolle und Planung, ZParl, Bd. 6 (1975), S. 42 ff.; ausf. *Christian Maiwald,* Berichtspflichten gegenüber dem Deutschen Bundestag, 1993; s. a. *Eifert,* Lernende Verwaltung (Fn. 208), S. 144.

[504] Zur Evaluation von Gesetzen *Rudolf Steinberg,* Evaluation als neue Form der Kontrolle final programmierten Verwaltungshandelns, Der Staat, Bd. 15 (1976), S. 185 (201 ff.); *Armin Höland,* Zum Stand der Gesetzesevaluation in der Bundesrepublik Deutschland, ZG 1994, S. 372 ff.; umfassend

C. Folgenorientierung

den. Erstens verweisen sie auf die empirisch arbeitende Implementations- und Evaluationsforschung, von deren Ergebnissen man sich eine Verbesserung der Rechtsetzungsqualität erhofft.[505] Zweitens – und hier liegt eine zentrale Weichenstellung für das Verwaltungsrecht – können solche Mechanismen auch zur Legitimation der **Regulierungsverwaltung**[506] beitragen, indem die Absicherung ihrer relativen, aber unionsrechtlich geforderten Unabhängigkeit[507] durch nicht bloß faktische Entkoppelungen aus hierarchischen Weisungssträngen gegenüber der *Gubernative* mit Informations- und Berichtspflichten gegenüber dem *Parlament* und der demokratischen Kontrolle flankiert wird.[508] Damit ist zwar noch nicht gesagt, dass die Kontrolle auch wirkungsvoll ist. Jedoch sollten die Anforderungen nicht überhöht werden. Insbesondere scheint nicht immer in der gebotenen Schärfe gesehen zu werden, dass mit der Orientierung an den Wirkungen und Folgen auch die handfesten Probleme der Wirkungsforschung in Steuerungsfragen einfließen. So wird unterstellt, dass überblickt werden kann, wo Evaluations- und Kontrollbedarf auftritt. Insgesamt dürfte sich das **Vertrauen** in die Rationalisierbarkeit der Erzielung von Rechtswirkungen als hoch, wenn nicht als zu hoch[509] erweisen, wenngleich umgekehrt festzuhalten ist: „Die Zweifel an der Tragfähigkeit der solchem Rechtsverständnis zugrunde liegenden Vorstellungen von isolierbaren linear-kausalen Wahrscheinlichkeitsprognosen eröffnen noch keine alternativen praktischen Überprüfungsmöglichkeiten."[510]

So bewegen sich die Bemühungen um eine Evaluation der Steuerungswirkungen zwischen der Skylla bloßer **Symbolik** und der Charybdis einer **Überlastung** des politischen Prozesses. Evaluationsklauseln bringen zum Ausdruck, dass Regelungen nicht auf Dauer angelegt sind, sondern einer Bewertung und Änderung zugänglich sind. Mehr als eine **formale Befassungspflichterfüllung** 92

Ulrich Karpen (Hrsg.), Evaluation of Legislation, 2002; *ders./Hof* (Hrsg.), Wirkungsforschung zum Recht IV (Fn. 454); zur Evaluation als Verbesserungskontrolle → Bd. III *Kahl* § 47 Rn. 24.

[505] Zur **Implementationsforschung** einflussreich *Renate Mayntz* u. a. (Hrsg.), Vollzugsprobleme des Umweltrechts, 1978; daran schloss sich die Diskussion um das „informale Verwaltungshandeln" an, vgl. grundlegend *Bohne*, Der informale Rechtsstaat (Fn. 32); zur zielgerichteten **Evaluationsforschung** *Reinhard Stockmann* (Hrsg.), Evaluierungsforschung, 2. Aufl. 2004; zu den Unterschieden *Andreas Voßkuhle*, Rechtsstatsachenforschung und Verwaltungsdogmatik, VerwArch, Bd. 85 (1994), S. 567 (572 ff.);; zur Rückkoppelung des erworbenen Wirkungswissens → Bd. I *Voßkuhle* § 1 Rn. 36.

[506] Zur Einordnung → Bd. I *Schulze-Fielitz* § 12 Rn. 57 ff.

[507] Art. 3 lit. 3 a TK-RahmenRL (neu) mit Erwgrd. 13; Art. 35 Abs. 4 ElRL (neu), Art. 39 Abs. 4 EgRL (neu); Art. 30 EisenbahnunternehmensRL, aber: §§ 117 TKG, 61 EnWG, 4 Abs. 1 S. 1, Abs. 3 BEVVG; zur Verschärfung der Unabhängigkeitsanforderungen *EuGH*, Rs. C-424/07, Slg. 2010, I-11431, Rn. 59 ff. (Europarechtswidrigkeit des § 9 a TKG); Rs. C-518/07, NJW 2010, S. 1265 Rn. 41 ff. (Unabhängigkeit des Datenschutzbeauftragten). Die neuere Rechtsprechung trifft auf Kritik, statt vieler *Hans P. Bull*, Die „völlig unabhängige" Aufsichtsbehörde, EuZW 2010, S. 488 ff.; *Eike M. Frenzel*, „Völlige Unabhängigkeit" im demokratischen Rechtsstaat, DÖV 2010, S. 925 (928 ff.); *Indra Spiecker gen. Döhmann*, Anmerkung, JZ 2010, S. 787 (789 ff.); *Gärditz*, Abwege (Fn. 362), S. 280 ff.

[508] Ansätze: *Georg Hermes*, Gemeinschaftsrecht, „neutrale" Entscheidungsträger und Demokratieprinzip, in: FS Manfred Zuleeg, 2005, S. 410 ff. (424); *Masing*, Gutachten (Fn. 51), S. D 73 ff.; *Franzius*, Gewährleistung (Fn. 52), S. 424 ff.; zurückhaltend, allerdings zur alten Rechtslage *Kersten*, Wettbewerb (Fn. 20), S. 328 ff.; überzogen *Gärditz*, Abwege (Fn. 362), S. 283 ff.; weiterführend *Pierre Rosanvallon*, Demokratische Legitimität, 2010, S. 94 ff.

[509] Warnungen sind früh formuliert worden, etwa von *Klaus König*, Evaluation als Kontrolle der Gesetzgebung, in: Waldemar Schreckenberger (Hrsg.), Gesetzgebungslehre, 1986, S. 96 ff.

[510] *Schulze-Fielitz*, Zeitoffene Gesetzgebung (Fn. 28), S. 164.

der eher in ihrer „eigenen Wirkungsoptik befangenen" Ministerialbürokratie wird man darin kaum erkennen können, solange nicht auch das Verfahren der Evaluation geregelt ist. Das aber droht eine von der Politik weitgehend abgekoppelte **Evaluationsbürokratie** zu begünstigen[511] und Flexibilität für Anpassungsreaktionen einzuschränken. Es macht keinen Sinn, die Defizite „misslungener" Rechtsetzung durch Evaluierungspflichten abzumildern, wenn und soweit deren Erfüllung die Kräfte bündelt, die für zeitnahe Änderungen benötigt werden.[512] Die angezeigte Skepsis gegenüber dem Evaluationsbedarf kann indes nicht darüber hinwegtäuschen, dass die aktuellen Steuerungsbemühungen um Entlastungen des Staates eben vielfach nur „auf Probe" angelegt sind und die Privatisierungen mit Risiken verbunden sind, die aufzudecken der Staat verantwortlich bleibt. Insoweit ist die **periodische Evaluierung** als Element und Garantie dauerhafter Zusammenarbeit unverzichtbar.[513]

2. Revision

93   Pflichten zur Beobachtung und Evaluation werden vielfach als Voraussetzung für die Nachbesserung verstanden. Wenn als Ziel aber eine **„gute Gesetzgebung"**[514] formuliert wird, dann stellt sich die Frage, ob dies durch Pflichten erreicht werden kann und soll.[515] Ferner ist zweifelhaft, ob die Verkoppelung mit Nachbesserungspflichten des Gesetzgebers zielführend ist. Letzteres suggeriert den Ausnahmecharakter der Änderungsgesetzgebung, obgleich sie längst als Regelfall in Erscheinung tritt.[516] Wenn das Zerfallsdatum von Regelungen nicht verkürzt werden soll, müssen gesetzliche Nachbesserungen vermieden[517] und **Gesetze revisionstauglich** formuliert werden. Auch das Verwaltungsrecht muss zur Erfüllung seiner Steuerungsfunktionen revisibel gedacht werden.

94   Ein wichtiger Revisionsvorbehalt sind **Regelungsbefristungen,** die eine Wirkungskontrolle durch Neubefassung anregen. Dies kann durch die Koppelung mit Evaluierungspflichten gesichert werden.[518] Indessen dient die Aufnahme solcher Revisionsklauseln häufig zur politischen Kompromissbildung in der Gesetzgebungspraxis.[519] Auch die regulierungstechnischen Erfahrungen mit sog. *sunset clauses* sind nicht gerade ermutigend. In neuen Referenzgebieten des Ver-

---

[511] Krit. *Schulze-Fielitz,* Zeitoffene Gesetzgebung (Fn. 28), S. 166; zu rechtspolitischen Vorschlägen *ders.,* Wege (Fn. 454), S. 870; optimistischer *Blum,* Wege (Fn. 444), S. I 58 ff.; s. a. den Mandelkern-Bericht (Fn. 198), S. 10: „Es ist falsch, sie als bloßen bürokratischen Mehraufwand abzutun".
[512] Zur „Aufmerksamkeit als knappe(r) Ressource" *Huster,* Beobachtungspflicht (Fn. 497), S. 20 ff.
[513] Siehe auch *Voßkuhle,* Beteiligung (Fn. 37), S. 325; zur Erarbeitung von Evaluationskriterien durch Organisation und Verfahren BVerfGE 111, 333 (358 ff.).
[514] Siehe bereits den Mandelkern-Bericht (Fn. 198); zum Bedeutungsanstieg der Gesetzgebungswissenschaft aus dem jüngeren Schrifttum statt vieler *Schuppert,* Gesetzgebung (Fn. 162), S. 1 ff.; *Hans-Peter Schneider,* Meliora Legalia, ZG 2004, S. 105 ff.
[515] Für den schlichten Parlamentsbeschluss *Schulze-Fielitz,* Zeitoffene Gesetzgebung (Fn. 28), S. 165; zur Qualifizierung der Sorgfalt als gesetzgeberischer Obliegenheit, deren Einhaltung im eigenen Interesse des Gesetzgebers liegt: *Meßerschmidt,* Gesetzgebungsermessen (Fn. 455), S. 874 f.
[516] Ausf. *Thilo Brandner,* Gesetzesänderung, 2004.
[517] Zu den Kriterien „zeitoffener" Rechtsgestaltung, die sich zumeist als Probleme der Abstraktionshöhe darstellen: *Schulze-Fielitz,* Zeitoffene Gesetzgebung (Fn. 28), S. 170, 172 f., 179 u. passim.
[518] Siehe etwa § 22 Abs. 3 des Terrorismusbekämpfungsgesetzes vom 9. Januar 2002, BGBl. I, S. 361 f.
[519] Skeptisch zu Befristungen *Schulze-Fielitz,* Zeitoffene Gesetzgebung (Fn. 28), S. 159 ff.; zum „Element der Vorläufigkeit" im Bereich der Rechtsetzung *Schuppert,* Gesetzgebung (Fn. 362), S. 65 f.

waltungsrechts – wie dem Telekommunikationsrecht[520] – ist die **Bereitschaft zur Selbstrevision** eher die Ausnahme. Maßgebliche Impulse kommen nicht zufällig aus dem Unionsrecht, das sich stärker funktionalen Erfordernissen als dem überlieferten „Dogma der auf Dauer angelegten Rechtsordnung"[521] verpflichtet sieht.

Für Entscheidungen unter Ungewissheit ist der „Anspruch auf Dauer" aufzugeben. Notwendig ist eine Offenheit für Revision und Anpassung, die es ermöglicht, einmal getroffene Entscheidungen zu korrigieren.[522] Zulassungen für bestimmte Technologien, deren Risiken inzwischen erkannt oder nicht mehr hingenommen werden, müssen rückholbar sein.[523] Solche **Rückholoptionen**[524] gewinnen gerade im Umwelt- und Technikrecht an Bedeutung. Im Bedürfnis nach Revisibilität kommen wachsende Zweifel an der Idee der endgültigen und sämtliche Ermittlungen abschließenden Zulassungsentscheidung zum Ausdruck. Über die grundsätzliche Revidierbarkeit und den **Druck zur permanenten Wissensgenerierung** sollen Reaktionsmöglichkeiten auf veränderte Verhältnisse und Kenntnisse erhalten bleiben. Darin äußert sich die Hoffnung, staatliche Handlungsmacht zur Wahrnehmung der Gemeinwohlverantwortung sichern zu können.[525] Insoweit hat die auf punktuelle Kontakte angelegte Kontrollerlaubnis ihre regelungstechnische Vorbildfunktion[526] eingebüßt, ohne dass an seine Stelle die flächendeckende Planung getreten wäre oder treten sollte. 95

Die Ausrichtung an stärkeren Revisionsmöglichkeiten erfordert keinen radikalen Umbau der Rechtsordnung, greift aber neue Formen der Selbst- und Fremdkontrolle[527] auf. Zwar lässt sich kaum pauschal sagen, dass weiche Steuerungsstrategien einfacher zu korrigieren wären. Weder faktische noch versteckte rechtliche Bindungen dürfen unterschätzt werden.[528] Der Steuerungserfolg neuer Instrumente oder – in der Sprache von Governance – neuer Koordinierungsmodi hängt maßgeblich davon ab, inwieweit es gelingt, adäquate Beobachtungs- 96

---

[520] Siehe nur *Wolfgang Hoffmann-Riem*, Telekommunikationsrecht als europäisiertes Verwaltungsrecht, DVBl 1999, S. 125 ff.

[521] Krit. *Schulze-Fielitz*, Zeitoffene Gesetzgebung (Fn. 28), S. 167 f.

[522] Siehe in diesem Zusammenhang auch § 9 Abs. 2 BauGB, wonach im Bebauungsplan bestimmte Nutzungen und Anlagen befristet oder auflösend bedingt festgesetzt werden können. Dieses „Baurecht auf Zeit" ermöglicht den Gemeinden eine bedarfsgerechte Anpassung an die städtebaulichen Grundlagen ohne sich dem Risiko von Entschädigungszahlungen aussetzen müssen.

[523] Vgl. *Appel*, Methodik (Fn. 251), S. 345 f.; zur Einführung der Gentechnik und dem Ausstieg aus der Atomenergie *Michael Kloepfer* (Hrsg.), Technikumsteuerung als Rechtsproblem, 2002.

[524] Siehe bereits *Fritz Ossenbühl*, Die Erfüllung von Verwaltungsaufgaben durch Private, VVDStRL, Bd. 29 (1971), S. 137 ff. (190); von **effektiven staatlichen Rückholoptionen** spricht auch *Voßkuhle*, Beteiligung (Fn. 37), S. 326; zum Ganzen *Bernward Wollenschläger*, Effektive staatliche Rückholoptionen bei gesellschaftlicher Schlechterfüllung, 2006, S. 140 ff.; krit. *Franzius*, Gewährleistung (Fn. 52), S. 626 ff.

[525] Knapp *Hoffmann-Riem*, Innovationsforschung (Fn. 228), S. 40 f.

[526] Vgl. *Michael Kloepfer*, Zur Geschichte des deutschen Umweltrechts, 1994, S. 41 ff., 109 ff.; s.a. *ders.*, Technik (Fn. 218), S. 18 ff.

[527] Allg. *Martin Eifert*, Die geteilte Kontrolle, DV, Bd. 39 (2006), S. 309 ff. Musterbeispiel ist das Umweltaudit, vgl. → Bd. II *Michael* § 41 Rn. 44; zu Selbstkontrollen der Verwaltung Bd. III *Schiedermair* § 48 Rn. 6 ff.

[528] Nachdrücklich *Hoffmann-Riem*, Selbstbindungen (Fn. 32), S. 187 ff.; zur Relevanz faktischer Rechtslagen *Christoph Degenhart*, Vollendete Tatsachen und faktische Rechtslagen im Verwaltungsrecht, AöR, Bd. 103 (1978), S. 163 ff.; s. aber auch *Lepsius*, Sachherrschaft (Fn. 220), S. 179: „Die normative Kraft des Faktischen ist eine normativ erzeugte Vorstellung, dass Faktisches gelte".

und Kontrollmöglichkeiten einzurichten. Exemplarisch sei auf die Formen des **Monitoring**[529] verwiesen, an die staatliche Kontrollen anknüpfen können.[530] Damit wird der Weg zur Entwicklung einer neuartigen Steuerungs- und **Gewährleistungsaufsicht**[531] erkennbar, die, auf Erfolgskontrollen bezogen, den Revisionsbedarf im Einzelfall deutlich machen kann.

V. Lernen

97 Die *arbeitende* Verwaltung benötigt *lernendes* Recht. Dass Recht lernen kann und muss, ist heute kaum mehr zweifelhaft. Aber schon die Frage, *woraus* gelernt werden soll, bereitet Kopfzerbrechen. Ein **Lernen aus Erfahrung** setzt voraus, dass Erfahrungen gemacht werden können und *dürfen*.[532] Das **Lernen aus Vergleich** erfordert den Zuschnitt von Vergleichskontexten, was ebenfalls leichter gesagt als getan ist.[533] Nicht immer ist klar, welche Faktoren in den funktionellen Rechtsvergleich einzustellen sind. Überschätzt werden instrumentell-technische Gemeinsamkeiten, regelmäßig unterschätzt dagegen Unterschiede in der Rechts- und Regulierungskultur.

98 Lernen lässt sich als reflexiv organisierte Veränderung von Wissensbeständen in der Zeit[534] verstehen, was etwa durch Monitoring, Evaluation oder Berichtspflichten geschehen kann.[535] Im Kern folgt das Plädoyer für ein **Lernen im Recht** der Einsicht in die Vorläufigkeit und Begrenztheit des Wissens. Recht ist einer

---

[529] Vgl. *Karsten Herzmann*, Monitoring als Verwaltungsaufgabe, DVBl 2007, S. 670 ff. Normative Anknüpfungen finden sich z. B. in § 4c BauGB, § 50 LFGB, § 14 GüKG, §§ 35, 51 EnWG. Vor allem im Umweltrecht sind derartige **Beobachtungsverfahren** verbreitet, zu ihrer Einordnung in die Formen der Überwachung → Bd. III *Huber* § 45 Rn. 9 f., 78, 107.

[530] Zum Änderungsbedarf der Kontrolle *Hoffmann-Riem*, Verwaltungskontrolle (Fn. 438), S. 342 ff. Abgrenzung zu Steuerung, Aufsicht, Controlling, Evaluation, Leitung und Lenkung → Bd. III *Kahl* § 47 Rn. 10 ff.

[531] Vgl. *Hoffmann-Riem*, Diskussionsbeitrag, VVDStRL, Bd. 56 (1997), S. 293 f.; *Gunnar Folke Schuppert*, Zur notwendigen Neubestimmung der Staatsaufsicht, in: ders. (Hrsg.), Jenseits (Fn. 218), S. 299 (312 ff.); *Voßkuhle*, Beteiligung (Fn. 37), S. 312 f.; *ders.*, Sachverständige Beratung (Fn. 466), § 43 Rn. 80; *Johannes Junker*, Gewährleistungsaufsicht über Wertpapierdienstleistungsunternehmen, 2003, S. 41 ff.; *Markus Edelbluth*, Gewährleistungsaufsicht, 2008, S. 41 ff., 168 ff.; *Franzius*, Gewährleistung (Fn. 52), S. 618 ff.; gegen eine Ausdifferenzierung der Aufsichtsdogmatik um eine dritte Grundkategorie → Bd. III *Kahl* § 47 Rn. 120 f.

[532] Zum gebotenen Umbau der Vorsorge auf die Ermöglichung von „Lern-Erfahrungen" etwa *Appel*, Methodik (Fn. 251), S. 333 f.

[533] Siehe aber *Möllers*, Theorie (Fn. 16), S. 46 ff.; vorsichtig, aber mit einer Präferenz für ein Lernen aus „historischem Wissen" *ders.*, Historisches Wissen in der Verwaltungsrechtswissenschaft, in: Schmidt-Aßmann/Hoffmann-Riem (Hrsg.), Methoden, S. 131 (151 ff.).

[534] *Helmut Willke*, Supervision des Staates, 1997, S. 152.

[535] Auf ein Lernen ist beispielsweise die **„offene Methode der Koordinierung"** angelegt, wie sie bereits in Art. 128 f. EGV für die europäische Beschäftigungspolitik als Modell zur Verfügung stand, im Zuge des sog. Lissabon-Prozesses für die Verwirklichung der Unionsziele aber erheblich an Bedeutung gewonnen hat, s. Nr. 37 der Schlussfolgerungen des Vorsitzes des Europäischen Rates von Lissabon, BR-Drs 274/00; s. ferner das Weißbuch „Europäisches Regieren" der Europäischen Kommission, KOM (2001) 428 endg. v. 25. Juli 2001, S. 28 und allg. *Thomas Bodewig/Thomas Voß*, Die „offene Methode der Koordinierung" in der Europäischen Union, EuR 2003, S. 310 ff. Der Vertrag von Lissabon sieht zwar von einer allgemeinen Kodifizierung ab, erlaubt jedoch in einer Reihe von Politikfeldern Leistungsvergleiche und gegenseitige Prüfungen, mit Hilfe derer ein wechselseitiges Lernen aus den Erfahrungen der Mitgliedstaaten ermöglicht werden soll; s.a. → Bd. II *Hoffmann-Riem* § 33 Rn. 80; *Hill* § 34 Rn. 78.

C. Folgenorientierung

verbreiteten Auffassung zufolge auf Kommunikation umzustellen[536] und hat die Organisation des Wissenserwerbs zu gestalten.[537] Jenseits der konsentierten Forderung nach der Schaffung **lernfähiger Strukturen**[538] bleibt aber zu fragen, *wie* das historisch gewachsene Verwaltungsrecht eben diese Lernfähigkeit erlangen kann. Einiges spricht dafür, insoweit von einem **Systemlernen** auszugehen. Darunter kann die methodisch disziplinierte Rückkoppelung neuen Wissens in die Rechtsordnung verstanden werden, um die Rationalität von Entscheidungen und deren Kontrolle[539] zu erhöhen.[540]

Lernendes Recht orientiert sich nicht mehr vorrangig an Gefahren für Rechtsgüter, sondern an der Gefahr, diese Gefahren nicht zu erkennen und muss daher seine Erkenntnisgrundlagen fortlaufend aktualisieren.[541] Steuern kann das Recht eben nur, wenn hinreichend bekannt ist, wie das Recht seine Steuerungswirkungen unter sich verändernden Rahmenbedingungen erzielt.[542] Der Erwerb des nötigen Steuerungswissens impliziert eine **Lernnotwendigkeit**.[543] Allerdings kann sich die Rechtswissenschaft nicht mit „Beobachtungen" begnügen, sondern muss darum bemüht sein, das Lernen nach „systemeigenen Operationen" zu institutionalisieren. Zur Revisionsoffenheit muss eine strukturelle Lernfähigkeit treten, die sich kaum auf den Umbau einzelner Rechtsinstitute beschränken lassen dürfte. Lernen muss als Konsequenz aus dem **Wissen um das Nichtwissen** verstanden und als eigene Ebene des Verwaltungshandelns[544] betrachtet werden. 99

Im Recht geht es um die Frage von Lastenverteilungen. Das gilt für den Erprobungseinsatz von Instrumenten, deren Wirkungen noch nicht abgesehen werden können, aber auch für die Frage, wer das erforderliche Wissen zu generieren hat. Auszugehen ist nicht bloß von einer **Temporalisierung der Rechtskontrolle,** sondern von der theoretischen Unmöglichkeit vollständigen Wissens. Recht ist darauf einzustellen, dass Entscheidungen auf unsicherer Wissensgrundlage getroffen werden müssen.[545] Umgekehrt sind die Grenzen für eine 100

---

[536] Zur „Kommunikationsinfrastruktur" der Verwaltung → Bd. II *Ladeur* § 21.

[537] In der Schaffung einer „wissensbasierten Infrastruktur" wird eine neue Staatsaufgabe – vgl. *Helmut Willke,* Dystopia, 2002, S. 174 ff. – und wichtige Innovationsfunktion gesehen, vgl. *Scherzberg,* Risikosteuerung (Fn. 208), S. 232 ff.; krit. *Huster,* Beobachtungspflicht (Fn. 497), S. 18 ff.

[538] Nachdrücklich *Karl-Heinz Ladeur,* Die liberale Rechtsordnung und die Institutionalisierung des Zwangs zur Selbsterneuerung der Gesellschaft, in: Hoffmann-Riem/Schneider (Hrsg.), Innovationsforschung (Fn. 434), S. 40 f.; zum „lernenden Recht" *ders.,* Postmoderne Rechtstheorie, 2. Aufl. 1995, S. 103 ff.; *Gralf-Peter Calliess,* Prozedurales Recht, 1999, S. 121 f.

[539] Grundlegend für ein prozeduales Kontrollverständnis *Walter Krebs,* Kontrolle in staatlichen Entscheidungsprozessen, 1984, S. 155 ff.; zur Kontrolle als Lernprozess → Bd. III *Kahl* § 47 Rn. 34, 199 ff.

[540] Ähnlich → Bd. I *Voßkuhle* § 1 Rn. 35 f.; sehr weit *Fehling,* Kosten-Nutzen-Analysen (Fn. 213), S. 470: „Im Gegensatz zur rein intuitiven Abwägung und Verhältnismäßigkeitsprüfung ist die Kosten-Nutzen-Analyse ein lernfähiges methodisches System."

[541] *Scherzberg,* Wissen (Fn. 266), S. 123.

[542] Zu dieser Grundeinsicht der Reformdebatte *Gunnar Folke Schuppert,* Verwaltungsrechtswissenschaft als Steuerungswissenschaft, in: Hoffmann-Riem/Schmidt-Aßmann (Hrsg.), Reform, S. 93 ff.; *ders.,* Diskussionsbeitrag, VVDStRL, Bd. 56 (1997), S. 297 („Steuern kann man nur, wenn man weiß, wie Steuerung funktioniert").

[543] Dazu *Eifert,* Lernende Verwaltung (Fn. 208), S. 140 ff.

[544] Vgl. bereits *Hoffmann-Riem,* Innovation (Fn. 471), S. 63 ff.; zum Lernen als „Grundbaustein einer Dogmatik des Gewährleistungsverwaltungsrechts" *Voßkuhle,* Beteiligung (Fn. 37), S. 325 f.

[545] Am Beispiel der TK-Regulierung *Karl-Heinz Ladeur,* Innovation der Telekommunikation durch Regulierung, in: Wolfgang Hoffmann-Riem (Hrsg.), Innovation und Telekommunikation, 2000,

Abwälzung des Wissensproblems – etwa als **Informationsbeibringungspflicht**[546] – auf private Akteure zu beachten. Daraus folgt die Aufgabe, die Verwaltung in den Stand zu versetzen, nicht mehr nur das eigene Wissen zu rezipieren und zu aktualisieren, sondern ein behördliches Wissensmanagement zur **produktiven Koppelung der Wissensbestände**[547] einzurichten. Nimmt man das ernst, dann kann Lernen nur als wechselseitiger Vorgang[548] und damit als interaktiver Prozess verstanden werden. Lernen, verstanden als Suche nach kognitiver Kompetenz, setzt auf ein Zusammenspiel und die partizipative Einbindung[549] vieler Akteure, die es vor diesem Hintergrund zu strukturieren gilt.

101 Die Institutionalisierung kollektiven Lernens sieht sich einer Reihe von Fragen ausgesetzt. Um sie angemessen thematisieren zu können, muss das Verwaltungsrecht als **Informationsordnung**[550] verstanden werden. Zentraler Akteur bleibt die Verwaltung, die nicht als „omnipotente Wissensinstanz" aufzurüsten, aber in einem Informationsnetzwerk als dauerhafter „Knoten" zu verankern sei.[551] Gerade **Netzwerken**[552] wird in diesem Zusammenhang die Eignung zugesprochen, Flexibilität zu sichern, Unsicherheit zu reduzieren und Lernfähigkeit zu ermöglichen.[553] Allerdings scheint das verbreitete Unbehagen gegenüber dem Begriff des Netzwerks[554] nicht nur seiner Unschärfe geschuldet, sondern auch in der Logik[555] einer Abkehr von hierarchischen Organisationsstrukturen[556] be-

---

S. 57 ff.; dabei geht es um mehr als ein Risikomanagement, näher *Indra Spiecker gen. Döhmann*, Staatliche Entscheidungen unter Unsicherheit (Fn. 325).

[546] Z. B. § 6 Abs. 1 i. V. m. § 10 Abs. 2 Nr. 5 GenTG, § 22 Abs. 2 AMG, § 6 Abs. 1 i. V. m. § 10 Abs. 1 u. 2 BImSchG; dazu *Indra Spiecker gen. Döhmann*, Die informationelle Inanspruchnahme des Bürgers im Verwaltungsverfahren: Der Amtsermittlungsgrundsatz nach § 24 VwVfG, Preprints of the Max Planck Institute for Research on Collective Goods Bonn 2007/20. Vor allem das neue Konzept der Stoffregulierung durch das überaus komplexe REACH-Verfahren nach der VO (EG) Nr. 1907/2006 ist von der Lockerung des Amtsermittlungsgrundsatzes geprägt, zu diesem neuartigen Steuerungsansatz *Martin Führ*, Rechtswissenschaft als Verhaltenswissenschaft, in: Arno Scherzberg u. a. (Hrsg.), Kluges Entscheiden, 2006, S. 291 (304 ff.); *Christian Hey/Klaus Jacob/Axel Volkery*, REACH als Beispiel für hybride Formen von Steuerung und Governance, in: Schuppert/Zürn (Hrsg.), Governance (Fn. 237), S. 430 ff.

[547] *Eifert*, Lernende Verwaltung (Fn. 208), S. 146 f.; hervorgehoben auch von *Voßkuhle*, Beteiligung (Fn. 37), S. 308 („wohl größte Herausforderung").

[548] Zum reflexiven Lernen *Arthur Benz*, Kooperative Verwaltung, 1994, S. 130 f., 137, 145.

[549] Scharf, aber zutreffend: *Gurlit*, Eigenwert (Fn. 184), S. 251 f.

[550] Zu dieser Umstellung → Bd. II *Vesting* § 20 Rn. 2.

[551] So *Eifert*, Lernende Verwaltung (Fn. 208), S. 147.

[552] → Bd. I *Groß* § 13 Rn. 12, *Schuppert* § 16 Rn. 134 ff.

[553] Zu den Netzwerkeigenschaften *Eifert*, Innovationen (Fn. 318), S. 95 ff.

[554] Übersicht: *Sigrid Boysen* u. a., Netzwerke im Öffentlichen Recht, in: dies. (Hrsg.), Netzwerke, 2007, S. 289 ff.

[555] Vgl. *Karl-Heinz Ladeur*, Die Regulierung von Selbstregulierung und die Herausbildung einer Logik der Netzwerke, DV, Beiheft 4, 2001, S. 59 ff.; *Claudio Franzius*, Neue Organisationsformen im Verwaltungsrecht, VBlBW 2009, S. 121 f.

[556] Zum Wandel der „Governance-Strukturen" von der Hierarchie zum Netzwerk anschaulich *Schuppert*, Governance (Fn. 174), S. 420 ff.; zum Unterlaufen der Unterscheidung von Kooperation und Hierarchie durch die Netzwerk-Metapher *Christoph Möllers*, Netzwerk als Kategorie des Organisationsrechts, in: Janbernd Oebbecke (Hrsg.), Nicht-normative Steuerung in dezentralen Systemen, 2005, S. 285 (295 f.); weitergehend zum Verlust der gemeinsam geteilten Zentralperspektive *Karl-Heinz Ladeur*, Das Umweltrecht der Wissensgesellschaft, 1995, S. 134. Vor allem im überstaatlichen Kontext gewinnt der Netzwerkgedanke an Bedeutung, vgl. *ders.*, Europa kann nur als Netzwerk, nicht als „Superstaat" gedacht werden, in: Claudio Franzius/Franz C. Mayer/Jürgen Neyer (Hrsg.), Strukturfragen der Europäischen Union, 2010, S. 119 ff.; vorsichtiger *Ute Mager*, Die europäische

gründet zu liegen.⁵⁵⁷ Die offene Struktur von Netzwerken irritiert das Recht, stellt sich zur Eröffnung von Lernbereitschaft aber als Vorteil dar. Ein systematisches Lernen lässt sich nicht anordnen, sondern setzt das Funktionieren sozialer Beziehungen voraus. Das Recht, will es Lernen ermöglichen, müsste an diesen **Sozialbeziehungen** ansetzen, die Wissensbasis durch den verfahrensrechtlichen Abbau von Informationsasymmetrien⁵⁵⁸ vergrößern und die „Filtermechanismen" der Verwendungstauglichkeit von Wissen überprüfen.⁵⁵⁹

Danach dürfte Lernen vor allem als **Organisationslernen** erfolgreich ausgestaltet werden können. Die Erwartungsstabilität bleibt in Einzelfallentscheidungen eine nicht nur faktisch bedeutsame Grenze, obgleich nicht zu übersehen ist, dass sich auch dort – etwa über Lockerungen des Bestandsschutzes – die Räume für ein Lernen der Akteure vergrößert haben. Aber das wird insgesamt nicht ausreichen. Es muss letztlich darum gehen, das „richtige" Maß des Erhalts interner Selbstbindungen zu finden. Dogmatisch formuliert handelt es sich um eine **Neuvermessung der Beobachtungsgrenzen,** an die jede Perspektive des Rechts stößt. Soll „Recht" lernen, darf es nicht zu viel auf einmal lernen, damit der Lernerfolg nicht gefährdet, also praktikabel bleibt. Umgekehrt dürfen Lernprozesse nicht allein an systemischen Funktionserfordernissen orientiert werden.⁵⁶⁰ Nachhaltige Lernerfolge sind vorzugswürdig, wobei als Maßstab die auf ein Lernen ausgerichtete Norm in der Rechtsanwendungskultur dient. Es liegt auf der Hand, dass mit dem Verweis auf die **Vollzugspraxis** nicht nur konservierende, sondern durchaus innovative Potentiale in die rechtliche Gestaltbarkeit institutionellen Lernens einfließen können. **102**

Lernen bezieht sich auf die Erfahrungen mit **Steuerungsarrangements** in Regelungsstrukturen, also der Frage, ob die einzelnen Steuerungsformen zu einem „passenden" Steuerungsmix⁵⁶¹ zusammengesetzt sind. In gewisser Weise füllt es damit die Lücke, die mit dem Verzicht auf interventionistische Steuerung entstanden ist. Wo das Steuerungswissen nicht mehr vorausgesetzt werden kann, sondern im Wege der Verkoppelung öffentlicher und privater Wissensbestände permanent neu erzeugt werden muss, verlieren die in die Differenz von Staat und Gesellschaft gestellten **Systemzäsuren** einen guten Teil an Überzeugungskraft.⁵⁶² Nicht nur, dass die Beiträge der staatlichen und nichtstaatlichen Akteure zur Gemeinwohlverwirklichung einer Zuordnung bedürfen. Lernbedarf entsteht auch mit Blick auf die „Einbettung" des Steuerungsprogramms in den verfah- **103**

Verwaltung zwischen Hierarchie und Netzwerk, in: Trute/Groß/Röhl/Möllers (Hrsg.), Allgemeines Verwaltungsrecht, S. 369 ff.

⁵⁵⁷ Anders im überstaatlichen Kontext, wo die Behördenvernetzung eine Souveränität und Kompetenzen schonende Alternative zur Zentralisierung darstellen kann, vgl. im Anschluß an *Thomas Groß*, Verantwortung und Effizienz in der Mehrebenenverwaltung, VVDStRL, Bd. 66 (2007), S. 152 ff. (163) *Bettina Schöndorf-Haubold*, Netzwerke in der deutschen und europäischen Sicherheitsarchitektur, in: Boysen u. a. (Hrsg.), Netzwerke (Fn. 554), S. 149 (164 f.).

⁵⁵⁸ Zur *Principal-Agent*-Problematik in diesem Zusammenhang *Klaus König/Angelika Benz,* Privatisierung und staatliche Regulierung – eine Zwischenbilanz, in: dies. (Hrsg.), Privatisierung und staatliche Regulierung, 1997, S. 606 (632 ff.).

⁵⁵⁹ Vgl. *Hoffmann-Riem,* Innovation (Fn. 471), S. 65 f.

⁵⁶⁰ Vgl. *Rossen,* Vollzug (Fn. 75), S. 275 f., 297 f.

⁵⁶¹ Zum Instrumentenmix → Bd. II *Michael* § 41.

⁵⁶² Der Ausgangspunkt ist unstreitig, die Einschätzungen variieren aber deutlich, statt vieler einerseits *Hoffmann-Riem,* Gesetz (Fn. 168), S. 22 f.; andererseits mit resignativem Unterton *Di Fabio,* Verwaltung (Fn. 147), S. 238 u. passim.

rens- und organisationsrechtlichen Zusammenhang. Schließlich verweist Lernen auf die Realbezüge des Rechts, macht sie deutlich und versucht Steuerung darauf einzustellen.

D. Gesetzgebungswissenschaft als Teil der Verwaltungsrechtswissenschaft

103a Rechtsverwirklichung ist ein komplexer Vorgang. Schon die **Rechtsanwendung** sieht sich einer Reihe von methodischen Problemen ausgesetzt, geht es doch um die Ausfüllung exekutivischer Gestaltungsspielräume[563] vor dem Hintergrund von Verantwortungsteilungen[564] und **prozeduraler Strategien.**[565] Diese „antworten" auf unsichere oder lückenhafte Bindungen, dürften aber ihrerseits den Wissens- und Lernbedarf der Verwaltung zum **Erhalt rechtlicher Steuerungsfähigkeit** nochmals heraufschrauben. Zur Vermeidung einer Überforderung der nach praktikablen Orientierungen suchenden Praxis gehört deshalb der Ruf nach besseren Gesetzen oder einer **Kodifikation**, gleichsam dem Lieblingskind deutscher Rechtswissenschaftler.[566] Dabei darf allerdings nicht aus dem Blick geraten, dass der Rechtsanwendungspraxis stets ein Rechtserzeugungsmoment eingeschrieben ist, wodurch ein vertikales Verständnis gesetzlicher Steuerung relativiert wird. Diese Einsicht[567] hat sich bisher jedoch nicht in einer praktikablen Methodik der **Rechtserzeugung** niedergeschlagen. Soweit überzeugende Handlungsanweisungen für *beide* Arbeitsweisen, also die Rechtsanwendung und Rechtserzeugung exekutiver Rechtsverwirklichung[568] vermisst werden, so scheint ein tieferer Grund darin zu liegen, dass sich die Rechtspraxis mit ihren Wissensbeständen und Bedürfnissen methodisch eben nicht gerade leicht einfangen und stabilisieren lässt. Das gilt indes für die dogmatische wie die steuerungswissenschaftliche Perspektive *gleichermaßen*.[569]

104 Das hermeneutische Selbstverständnis der Rechtswissenschaft hat die Herausbildung einer **Rechtsgestaltungslehre** erschwert und es bleibt die Frage, ob die wissenschaftliche Begleitung der Rechtspolitik eine Aufgabe der Verwal-

---

[563] → Bd. I *Hoffmann-Riem* § 10 Rn. 56 ff.
[564] → Bd. I *Schulze-Fielitz* § 12 Rn. 148 ff.
[565] → Bd. II *Schmidt-Aßmann* § 27 Rn. 1 ff.
[566] Im Zivilrecht sind Kodifikationen schwierig (vgl. statt vieler *Stephan Meder*, Die Krise des Nationalstaates und ihre Folgen für das Kodifikationsprinzip, JZ 2006, S. 477 ff.), im Öffentlichen Recht nicht unproblematisch, scharf *Oliver Lepsius*, Hat die Europäisierung des Verwaltungsrechts Methode? Oder: Die zwei Phasen der Europäisierung des Verwaltungsrechts, in: Axer u. a. (Hrsg.), Europäisches Verwaltungsrecht (Fn. 85), S. 179 (198 ff.); anders *Voßkuhle*, Beteiligung (Fn. 37), S. 327 f.
[567] Im Fokus steht die Gesetzesbindung, vgl. *Ralph Christensen/Hans Kudlich*, Gesetzesbindung: Vom vertikalen zum horizontalen Verständnis, Neuauflage 2008; *Alexander Somek*, Rechtliches Wissen, 2006, S. 106 ff.; weiterführend *Trute*, Rechtsanwendung (Fn. 6), S. 213 ff. mit dem Vorschlag, das Verhältnis von parlamentarischer **Fremdsteuerung** und exekutivischer **Selbststeuerung** unter dem *Framing* von Governance zu konzeptualisieren. Offen bleibt, wie sich unter diesen Veränderungen der Steuerungszusammenhänge ein theoretisch und praktisch überzeugendes Verständnis von **Normativität** entwickeln lässt.
[568] Überzeugender Ansatz bei *Appel*, Verwaltungsrecht (Fn. 3), S. 256 ff.; für die Rechtsdurchsetzung auch → Bd. III *Waldhoff* § 46 Rn. 1 ff.; zu einer konsequenten, aber voraussetzungsvollen Trennung der Perspektiven → Bd. I *Jestaedt* § 14 Rn. 6.
[569] Die Pluralisierung der Zugänge macht es schwer, die Verwaltungsrechtswissenschaft über nur eine Methode zu bestimmen: *v. Bogdandy*, Verwaltungsrecht (Fn. 4), § 57 Rn. 66.

D. Gesetzgebungswissenschaft

tungsrechtswissenschaft sein sollte.[570] Zwar werden die politischen Anteile der Rechtserzeugung nicht länger verschwiegen, doch zumeist (nicht nur aus historischen Gründen) auf die verfassungsrechtlichen Diskurse bezogen.[571] Das Verwaltungsrecht, das über seine Rolle als konkretisiertes Verfassungsrecht längst hinausgewachsen ist[572], braucht einen **eigenen wissenschaftlichen Zugang**, der sich nicht auf die dogmatisch angeleitete Rechtsanwendung beschränken darf, die vielfältigen Rechtserzeugungselemente aufnehmen muss und in einer *auch* die Rechtsetzung in den Blick nehmenden Perspektive das Verständnis der **Verwaltungsrechtswissenschaft als Regelungswissenschaft** nahelegen mag.[573] Hier könnte die Gesetzgebungslehre eine neue Heimat finden. Zu beachten ist der schon länger währende Anpassungsdruck, dem das Recht in seinem internen Argumentationsmodus ausgesetzt ist, soweit es von der Politik für Steuerungszwecke eingesetzt wird und deshalb von der Vergangenheits- auf **Zukunftsorientierung** umzustellen ist.[574] Das ist mit dem gebotenen Fallbezug der verwaltungsrechtlichen Kontrollperspektive nicht zu haben.[575] Eine weitere Herausforderung besteht im **Rationalisierungsbedarf der Rechtsetzung**, die sich prononcierter Auffassung zufolge „vorwiegend in der Hand der Exekutive"[576] befindet. Die Lösung könnte darin liegen, die Verwaltungsrechtswissenschaft jedenfalls *auch* als Gesetzgebungswissenschaft zu verstehen, wobei diese Öffnung helfen könnte, das Recht zur Lösung von Steuerungsproblemen durch die verantwortlichen Organe zu begreifen.[577] Auf der anderen Seite würde die Gesetzgebungswissenschaft in einen normativen Bezugsrahmen gestellt, der es erlaubt, ihre Erkenntnisse leichter im Verwaltungsrecht fruchtbar zu machen.

Der von *Andreas Voßkuhle* geforderte Umbau der Verwaltungsrechtswissenschaft[578] von ihrer anwendungsbezogenen Interpretationsfixierung zu einer *auch* rechtsetzungsorientierten **Handlungs- und Entscheidungswissenschaft**[579] kann 105

---

[570] Bejahend *Eifert*, Verwaltungsrecht (Fn. 3), S. 311 f.

[571] Andere Methoden habe die Verwaltungsrechtswissenschaft nicht, so *Wahl*, Herausforderungen, S. 90 ff.; anders die Darstellung bei *Pauly*, Wissenschaft (Fn. 2), Rn. 18 ff.

[572] Vgl. *Christoph Schönberger*, „Verwaltungsrecht als konkretisiertes Verfassungsrecht", in: Michael Stolleis (Hrsg.), Das Bonner Grundgesetz, 2006, S. 53 ff.; → Bd. I *Möllers* § 3 Rn. 13 f. In der Abkehr von dieser wirkungsmächtigen Formel verbirgt sich (erneuerte) Konstitutionalisierungskritik.

[573] Siehe jetzt auch *Gunnar Folke Schuppert*, Governance und Rechtsetzung: Grundfragen einer modernen Regelungswissenschaft, 2011.

[574] So *Teubner*, Folgenorientierung (Fn. 429), S. 12.

[575] Ob das im Verfassungsrecht anders ist, sei hier dahingestellt. Problematisch aber BVerfGE 123, 267 ff. mit zutreffender Kritik bei *Matthias Jestaedt*, Warum in die Ferne schweifen, wenn der Maßstab liegt so nah?, Der Staat, Bd. 48 (2009), S. 497 ff.

[576] *Kurt Eichenberger*, Gesetzgebung im Rechtsstaat, VVDStRL, Bd. 40 (1982), S. 10 (30 f.); zust. *Schuppert*, Staatswissenschaft, S. 563; von einer **gubernativen Hegemonie** gegenüber dem Parlament spricht *Armin v. Bogdandy*, Gubernative Rechtsetzung, 2000, S. 151.

[577] Frühzeitig bereits *Winfried Brohm*, Alternative Steuerungsmöglichkeiten als „bessere" Gesetzgebung?, in: Hermann Hill (Hrsg.), Zustand und Perspektiven der Gesetzgebung, 1989, S. 227 ff.; zur Schaffung von Rahmenbedingungen für Selbstregulierungsmechanismen *Rolf Bender*, Das Selbstregulierungstheorem als die zentrale Methode einer allgemeinen Gesetzgebungslehre, in: FS Helmut Schelsky, 1978, S. 31 (38 ff.).

[578] *Voßkuhle*, Methode und Pragmatik (Fn. 130), S. 179 ff.; → Bd. I *Voßkuhle* § 1 Rn. 15.

[579] Zust. *Schmidt-Aßmann*, Ordnungsidee, 1. Kap. Rn. 46; *Hermes*, Folgenberücksichtigung (Fn. 48), S. 369; *Bumke*, Methodik (Fn. 38), S. 83 (Fn. 29); *Thomas Vesting*, Nachbarwissenschaftlich informierte und reflektierte Verwaltungsrechtswissenschaft, in: Schmidt-Aßmann/Hoffmann-Riem (Hrsg.), Methoden, S. 254 mit Fn. 3.

deshalb nur ein Teilumbau, jedenfalls kein Neubau sein. Doch wenn es primär der Gesetzgeber sein soll, dem aus verfassungsrechtlichen Gründen die Steuerung der Verwaltung aufgegeben ist, dann ist eben auch zu fragen, wie ihm dabei geholfen werden kann.[580] Die Vorstellung, der politische Prozess dürfe vom Recht und seinen Interpreten nicht usurpiert werden, geht von zu scharfen Systemgrenzen aus, die sich weder überzeugend begründen noch in der Praxis finden lassen. Hat die Verwaltung ihre Entscheidungen unter bestimmten Handlungsbedingungen zu treffen, ist dabei zu berücksichtigen, dass häufig eine **Auswahlsituation** vorliegt, die Entscheidung also mehr oder weniger „richtig" ausfallen kann. Es muss dem Verwaltungsrecht also um die Bereitstellung von **Entscheidungshilfen** gehen, wobei es darauf ankommt, eben auch die nichtrechtlichen Entscheidungsfaktoren im Prozess der Entscheidungsherstellung zu benennen, d.h. auf ihre Legitimierung und Limitierung zu befragen.

106 Das Plädoyer für die Integration der Gesetzgebungswissenschaft in die Verwaltungsrechtswissenschaft ist ein **Brückenbau**.[581] Damit ließen sich „verwaltungsrechtsfremde" Erkenntnisse über den Filter der Gesetzgebungswissenschaft verarbeiten. So könnten die Verwaltungsrechtswissenschaft, ohne den Selbstand als Disziplin aufzugeben, stärker als Problemlösungswissenschaft verstanden[582] und realwissenschaftliche Beobachtungen leichter rezipiert werden. Die „Gründung" dieser Brücke basiert auf der Annahme, dass sich empirische und normative Techniken nicht gegeneinander ausspielen lassen dürfen.[583] Die Verwaltungsrechtswissenschaft kann und darf sich nicht gegenüber anderen Wissenschaftsdisziplinen abschotten. Insoweit entspringt ihr Wunsch nach Autonomie dem historischen Bemühen um Anerkennung, die heute nicht mehr ernsthaft in Frage gestellt wird. Weder führt eine **transdisziplinäre Perspektive** zu ungewollten Verschmelzungen noch bleibt der Gegenstand, den es verwaltungsrechtlich in den Griff zu bekommen gilt, unverändert. Ein genuin verwaltungsrechtlicher Zugang bleibt zur Erarbeitung dogmatischer Aussagen unverzichtbar, soweit er sich in der disziplinären Selbstbeschränkung in der Begrenztheit seiner Aussagen bewusst bleibt.[584]

107 Als Steuerungswissenschaft ist die Verwaltungsrechtswissenschaft auf die Verarbeitung der Vielfalt der Entscheidungsfaktoren angewiesen. Gerade die in jüngerer Zeit vermehrt in das Zentrum der Aufmerksamkeit gerückten **Regulierungsfragen**[585] haben gezeigt, dass es der „introvertierten" und weitgehend theorieresistenten Verwaltungsrechtswissenschaft[586] an einer Theorie der Regulie-

---

[580] Vgl. *Voßkuhle*, Regelungsstrategien (Fn. 221), S. 68 ff.; zur Verbindung von Verwaltungsrecht und Gesetzgebungslehre *Ulrich Smeddinck*, „Gesetzesproduktion" als interdisziplinärer Verbundbegriff, ZG 2004, S. 382 ff. („Verzahnung der Erkenntnisperspektiven").

[581] Zur Brückenmetapher *Hoffmann-Riem*, Methoden (Fn. 50), S. 60 ff.

[582] Vgl. *Hoffmann-Riem*, Risiko- und Innovationsrecht (Fn. 368), S. 162.

[583] Darstellung: *Schuppert*, Verwaltungswissenschaft, S. 44 ff.; *ders.*, Die Verwaltungswissenschaft als Impulsgeber der Verwaltungsrechtsreform, in: Hoffmann-Riem, Offene Rechtswissenschaft, S. 1041 (1062 ff.).

[584] In diese Richtung wohl auch *Appel*, Verwaltungsrecht (Fn. 3), S. 253 f.

[585] Zu Entwicklungsperspektiven des Regulierungsrechts *Michael Fehling/Matthias Ruffert*, Perspektiven, in: dies. (Hrsg.), Regulierungsrecht, § 23 Rn. 16 ff.

[586] Eine theoriegeleitete Darstellung bei *Faber*, VerwR, §§ 4–7, 19, 38; größtenteils richtige, wenngleich zu pessimistische Beobachtungen bei *Pöcker*, Kommunikation (Fn. 131), S. 509 ff.; zur Notwendigkeit der Entwicklung einer **Verwaltungstheorie** → Bd. I *Möllers* § 3 Rn. 58 (38, 40, 55).

D. Gesetzgebungswissenschaft

rung für die Bildung von Maßstäben für die Wahl der Regulierungsoption noch weitgehend fehlt.[587] Normative Orientierung werden „Entscheider" hier wie auch in anderen Feldern des Verwaltungsrechts aber nur erhalten können, wenn die bestehenden Alternativen nicht bloß in der dogmatischen, sondern auch in der handlungs- bzw. verhaltensbezogenen Perspektive herausgearbeitet sind. So müsste die Gesetzgebungswissenschaft als **Allgemeiner Teil der Verwaltungsrechtswissenschaft** ausgebaut werden. Das macht Differenzierungen nicht entbehrlich. Aber die bisherige Trennung ist der Scheidung von Politik und Recht geschuldet, die in der Steuerungsperspektive überwunden werden soll. Sicherlich folgt der politische Prozess seiner eigenen Logik und es spricht vieles dafür, ihn von vermeidbaren Einschränkungen fernzuhalten. Das bedeutet indes nicht, das Recht in diesem Zusammenhang nur als Außengrenze zu betrachten. Vielmehr fällt der Verwaltungsrechtswissenschaft (auch) die Aufgabe zu, den Entscheidungsprozess nach Maßgabe der Beschränkungen und Möglichkeiten für die **Problemlösung zu strukturieren** und entsprechende Angebote zu unterbreiten. Das kann und wird im europäischen Verwaltungsraum nur selten ein Kodifikationsangebot sein[588], müsste aber Schnittstellen im polyzentrischen Ordnungsgefüge[589] der nicht auf die staatliche Rechtsordnung beschränkten Rechtsverwirklichung benennen und **Governance-Mechanismen** auf ihre normative Anerkennungswürdigkeit zu befragen haben.[590] Unter dem Modernisierungsdruck der Gegenwart lassen sich Politik und Recht dann auch nicht als Antipoden begreifen. Es geht nicht allein um *Aktion,* sondern um die Beachtung und Abschätzung erwünschter oder unerwünschter Wirkungen und Folgen, die es nahe legen, sich über Kriterien „guter" Gesetzgebung zu verständigen, zumindest aber diese im europäischen Verwaltungsraum zu reflektieren. Soll das Verwaltungsrecht die ihm zugeschriebenen Gestaltungsfunktionen erfüllen, muss es sich gegenüber der Politik öffnen und seinen auf *Dauer* gerichteten Anspruch relativieren.

---

[587] Anders in den USA, wo sich weite Teile des Verwaltungsrechts aus dem Regulierungsrecht entwickelt haben, vgl. *Oliver Lepsius*, Regulierungsrecht in den USA: Vorläufer und Modell, in: Fehling/Ruffert (Hrsg.), Regulierungsrecht, § 1 Rn. 1 f.

[588] Vertiefend *Schulze-Fielitz*, Einheitsbildung (Fn. 299) S. 135 ff.

[589] Frühzeitig *Winfried Brohm*, Die Dogmatik des Verwaltungsrechts vor den Gegenwartsaufgaben der Verwaltung, VVDStRL, Bd. 30 (1972), S. 262 f., 293 ff., 302 f.; ders., Verwaltung und Verwaltungsgerichtsbarkeit als Steuerungsmechanismen in einem polyzentrischen System der Rechtserzeugung, DÖV 1987, S. 265 ff. Aus dieser Einsicht hat die **Freiburger Staatsrechtslehrertagung**, die in der steuerungswissenschaftlichen Thematik an die Fragestellung der legendären Regensburger Tagung aus dem Jahr 1971 anknüpfte, nur begrenzt Konsequenzen gezogen.

[590] Zurückgestellt wird die Governance-Perspektive mit dem Hinweis auf die bessere Anschlussfähigkeit der Steuerungsperspektive zu rechtlichen Grundkategorien → Bd. I *Voßkuhle* § 1 Rn. 61. Weder die *eine* noch die *andere* Perspektive wird die Kompetenzordnung unterlaufen und normative Zurechnungen ersetzen dürfen. Mit einer verbesserten **Anschlussfähigkeit zu internationalen Diskursen** könnte die rechtswissenschaftliche Schärfung von Governance-Strukturen aber hilfreich sein, die wechselseitigen Verschränkungen der Rechtsordnungen aufzunehmen und zu verarbeiten, auch um der Versuchung zu widerstehen, das Recht als „etwas allein staatlich gemachtes" zu begreifen und damit auf instrumentelle Funktionen zu verkürzen.

Ausgewählte Literatur

Appel, Ivo, Das Verwaltungsrecht zwischen klassischem dogmatischen Verständnis und steuerungswissenschaftlichem Anspruch, VVDStRL, Bd. 67 (2008), S. 226–285.
Baer, Susanne, Schlüsselbegriffe, Typen und Leitbilder als Erkenntnismittel und ihr Verhältnis zur Rechtsdogmatik, in: Schmidt-Aßmann/Hoffmann-Riem (Hrsg.), Methoden, S. 223–251.
Bizer, Kilian/Führ, Martin, Responsive Regulierung – Anforderungen an die Gesetzesfolgenabschätzung, in: dies./Christoph Hüttig (Hrsg.), Responsive Regulierung, Tübingen 2002, S. 1–19.
Blanke, Bernhard u. a. (Hrsg.), Handbuch der Verwaltungsreform, 3. Aufl., Wiesbaden 2005.
Brohm, Winfried, Die Dogmatik des Verwaltungsrechts vor den Gegenwartsaufgaben der Verwaltung, VVDStRL, Bd. 30 (1972), S. 245–308.
Bumke, Christian, Die Entwicklung der verwaltungsrechtswissenschaftlichen Methodik in der Bundesrepublik Deutschland, in: Schmidt-Aßmann/Hoffmann-Riem (Hrsg.), Methoden, S. 73–130.
– Relative Rechtswidrigkeit, Tübingen 2004.
Burgi, Martin, Funktionale Privatisierung und Verwaltungshilfe, Tübingen 1999.
Deckert, Martina R., Folgenorientierung in der Rechtsanwendung, Baden-Baden 1995.
Di Fabio, Udo, Verwaltung und Verwaltungsrecht zwischen gesellschaftlicher Selbstregulierung und staatlicher Steuerung, VVDStRL, Bd. 56 (1997), S. 235–282.
Dreier, Horst, Hierarchische Verwaltung im demokratischen Staat, Tübingen 1991.
Franzius, Claudio, Gewährleistung im Recht. Grundlagen eines europäischen Regelungsmodells öffentlicher Dienstleistungen, Tübingen 2009.
Eifert, Martin, Das Verwaltungsrecht zwischen klassischem dogmatischen Verständnis und steuerungswissenschaftlichem Anspruch, VVDStRL, Bd. 67 (2008), S. 286–333.
Grimm, Dieter (Hrsg.), Wachsende Staatsaufgaben – sinkende Steuerungsfähigkeit des Rechts, Baden-Baden 1990.
Hermes, Georg, Folgenberücksichtigung in der Verwaltungspraxis und in einer wirkungsorientierten Verwaltungsrechtswissenschaft, in: Schmidt-Aßmann/Hoffmann-Riem (Hrsg.), Methoden, S. 359–385.
Hoffmann-Riem, Wolfgang, Verwaltungsrechtsreform – Ansätze am Beispiel des Umweltschutzes, in: ders./Schmidt-Aßmann/Schuppert (Hrsg.), Reform, S. 115–176.
– Innovationssteuerung durch die Verwaltung: Rahmenbedingungen und Beispiele, DV, Bd. 33 (2000), S. 155–182.
– Methoden einer anwendungsorientierten Verwaltungsrechtswissenschaft, in: Schmidt-Aßmann/Hoffmann-Riem (Hrsg.), Methoden, S. 9–72.
– Gesetz und Gesetzesvorbehalt im Umbruch. Zur Qualitäts-Gewährleistung durch Normen, AöR, Bd. 130 (2005), S. 5–70.
Kloepfer, Michael, Technik und Recht im wechselseitigen Werden, Berlin 2002.
– Instrumente des Technikrechts, in: Martin Schulte (Hrsg.), Handbuch des Technikrechts, Berlin 2003, S. 111–153.
Ladeur, Karl-Heinz, Negative Freiheitsrechte und gesellschaftliche Selbstorganisation, Tübingen 2000.
Lepsius, Oliver, Steuerungsdiskussion, Systemtheorie und Parlamentarismuskritik, Tübingen 1999.
Luhmann, Niklas, Rechtssystem und Rechtsdogmatik, Stuttgart u. a. 1974.
Mayntz, Renate, Governance Theory als fortentwickelte Steuerungstheorie, in: Gunnar Folke Schuppert (Hrsg.), Governance-Forschung: Stand und Entwicklungslinien, Baden-Baden 2005, S. 11–20.
Meßerschmidt, Klaus, Gesetzgebungsermessen, Berlin 2000.
Rossen, Helge, Vollzug und Verhandlung, Tübingen 1999.
Scherzberg, Arno, Risikosteuerung durch Verwaltungsrecht: Ermöglichung oder Begrenzung von Innovationen?, VVDStRL, Bd. 64 (2003), S. 214–263.
– Das Allgemeine Verwaltungsrecht zwischen Praxis und Reflexion, in: Trute/Groß/Röhl/Möllers (Hrsg.), Allgemeines Verwaltungsrecht, S. 837–868.
Schmidt-Aßmann, Eberhard, Das Allgemeine Verwaltungsrecht als Ordnungsidee, 2. Aufl., Berlin 2004.
Schmidt-Preuß, Matthias, Verwaltung und Verwaltungsrecht zwischen gesellschaftlicher Selbstregulierung und staatlicher Steuerung, VVDStRL, Bd. 56 (1997), S. 160–234.
Schoch, Friedrich, Gemeinsamkeiten und Unterschiede von Verwaltungsrechtslehre und Staatsrechtslehre, in: Helmuth Schulze-Fielitz (Hrsg.), Staatsrechtslehre als Wissenschaft, DV, Beiheft 7, 2007, S. 177–210.

- Außerrechtliche Standards des Verwaltungshandelns als gerichtliche Kontrollmaßstäbe, in: Trute/Groß/Röhl/Möllers (Hrsg.), Allgemeines Verwaltungsrecht, S. 543–573.
Schulze-Fielitz, Helmuth, Zeitoffene Gesetzgebung, in: Hoffmann-Riem/Schmidt-Aßmann (Hrsg.), Innovation, S. 139–198.
- Einheitsbildung durch Gesetz oder Pluralisierung durch Vollzug, in: Trute/Groß/Röhl/Möllers (Hrsg.), Allgemeines Verwaltungsrecht, S. 135–160.
- (Hrsg.), Staatsrechtslehre als Wissenschaft, DV, Beiheft 7, 2007.
Schuppert, Gunnar Folke, Verwaltungsrechtswissenschaft als Steuerungswissenschaft. Zur Steuerung des Verwaltungshandelns durch Verwaltungsrecht, in: Hoffmann-Riem/Schmidt-Aßmann/ders. (Hrsg.), Reform, S. 65–114.
- (Hrsg.), Jenseits von Privatisierung und „schlankem" Staat. Verantwortungsteilung als Schlüsselbegriff eines sich verändernden Verhältnisses von öffentlichem und privatem Sektor, Baden-Baden 1999.
- Koordination durch Struktursteuerung als Funktionsmodus des Gewährleistungsstaates, in: FS Klaus König, Berlin 2004, S. 287–294.
- Governance im Spiegel der Wissenschaftsdisziplinen, in: ders. (Hrsg.), Governance-Forschung: Stand und Entwicklungslinien, Baden-Baden 2005, S. 371–469.
- Governance und Rechtsetzung: Grundfragen einer modernen Regelungswissenschaft, Baden-Baden 2011.
Teubner, Gunther (Hrsg.), Entscheidungsfolgen als Rechtsgründe, Baden-Baden 1995.
Trute, Hans-Heinrich, Funktionen der Organisation und ihre Abbildung im Recht, in: Schmidt-Aßmann/Hoffmann-Riem (Hrsg.), Verwaltungsorganisationsrecht, S. 249–295.
- Die Wissenschaft vom Verwaltungsrecht: Einige Leitmotive zum Werkstattgespräch, DV, Beiheft 2, 1999, S. 9–31.
- Methodik der Herstellung und Darstellung verwaltungsrechtlicher Entscheidungen, in: Schmidt-Aßmann/Hoffmann-Riem (Hrsg.), Methoden, S. 293–325.
Vesting, Thomas, Zwischen Gewährleistungsstaat und Minimalstaat: Zu den veränderten Bedingungen der Bewältigung öffentlicher Aufgaben in der „Informations- und Wissensgesellschaft", in: Hoffmann-Riem/Schmidt-Aßmann (Hrsg.), Informationsgesellschaft, S. 101–131.
Voßkuhle, Andreas, Gesetzgeberische Regelungsstrategien der Verantwortungsteilung zwischen öffentlichem und privatem Sektor, in: Gunnar Folke Schuppert (Hrsg.), Jenseits von Privatisierung und „schlankem" Staat, Baden-Baden 1999, S. 47–90.
- Beteiligung Privater an der Wahrnehmung öffentlicher Aufgaben und staatliche Verantwortung, VVDStRL, Bd. 62 (2003), S. 266–335.
Wahl, Rainer, Rechtsfragen der Landesplanung und der Landesentwicklung, Berlin 1978.
- Privatorganisationsrecht als Steuerungsinstrument bei der Wahrnehmung öffentlicher Aufgaben, in: Schmidt-Aßmann/Hoffmann-Riem (Hrsg.), Verwaltungsorganisationsrecht, S. 301–338.
Würtenberger, Thomas, Rechtliche Optimierungsgebote oder Rahmensetzungen für das Verwaltungshandeln?, VVDStRL, Bd. 58 (1999), S. 139–176.
Zippelius, Reinhold, Verhaltenssteuerung durch Recht und kulturelle Leitideen, Berlin 2004.

Zweiter Teil

Demokratie, Rechts- und Sozialstaatlichkeit: Fundamente der öffentlichen Verwaltung und des Verwaltungsrechts

§ 5 Verfassungsprinzipien für den Europäischen Verwaltungsverbund

Eberhard Schmidt-Aßmann

Übersicht

	Rn.
A. Verwaltung – Recht – Verfassung	1
I. Konstitutionalisierung des Verwaltungsrechts	1
II. Verfassungsprinzipien: Struktur- und Zielbestimmungen	7
1. Deutsches Verfassungsrecht	8
2. Europäisches Verfassungsrecht	10
3. Verfassungsverbund	14
B. Der Europäische Verwaltungsverbund	16
I. Verwalten im Mehrebenensystem der Union	16
1. Vorrang des mitgliedstaatlichen Vollzuges	19
2. Die Verwaltungsinstanzen der EU: Eigenverwaltung	22
3. Kooperation und Verbund	25
a) Erscheinungsformen	25
b) Funktionen des Verbundkonzepts	27
II. Deutsches und Europäisches Verwaltungsrecht	29
1. Die Europäisierung des deutschen Verwaltungsrechts	30
2. Das Eigenverwaltungsrecht der EU-Administration	35
3. Das Recht der europäischen Verwaltungskooperation	38
4. Gemeinsame Steuerungsansätze	40
III. Der Verbund und die Internationalisierung der Verwaltungsbeziehungen	41
1. Typenbildung und Rechtsprobleme	42
a) Typenbildung	43
b) Rechtsprobleme	47
2. Neudefinition des Internationalen Verwaltungsrechts	48
a) Kollisionsrechtliche Fragestellungen	48
b) Im Völkerrecht begründetes Verwaltungsrecht	48 a

	Rn.
C. Die Bedeutung der Verfassungsstrukturbestimmungen: Rechtsstaatlichkeit und Demokratie	49
I. Rechtsstaat und Demokratie: Gemeinsamkeiten	49
1. Allgemeine Anforderungen	50
2. Verbundspezifische Ausprägungen: Transparenz, Kohärenz, Subsidiarität	53
II. Die demokratische Legitimation des Verwaltungsverbundes	55
1. Legitimation der mitgliedstaatlichen Verwaltungen	56
2. Legitimation der EU-Verwaltung	60
3. Legitimation transnationalen Verwaltungshandelns	62
III. Gesetz und Verwaltung	63
1. Gesetzesdirigierte Verwaltung	65
2. Bindung an EU-Recht	67
IV. Verwaltungsrechtsschutz	70
1. Gebot wirksamen Rechtsschutzes	71
2. Die Europäisierung des deutschen Verwaltungsprozessrechts	76
3. Das Prinzip des kohärenten Rechtsschutzes in der Union	80
V. Das Verwaltungsrecht als Garant rechtsstaatlich-demokratischer Rationalität	84
1. Distanzschutz, Transparenz, Öffentlichkeit	85
2. Richtigkeitsgewähr im Verwaltungsrecht	88
D. Ausstrahlungen der Verfassungszielbestimmungen auf das Verwaltungsrecht	90
I. Wirtschaftsverfassung und Binnenmarktziel	91
1. Wirtschaftsverfassungs- und Wirtschaftsverwaltungsrecht unter dem Grundgesetz	92
2. Das Binnenmarktziel der Europäischen Union	95

	Rn.		Rn.
II. Sozialstaat und soziale Dimension der Union	98	2. Die soziale Dimension im Unionsverfassungsrecht	104
1. Das soziale Staatsziel des Grundgesetzes	99	III. Umweltschutz	111

Ausgewählte Literatur

A. Verwaltung – Recht – Verfassung

I. Konstitutionalisierung des Verwaltungsrechts

Die Ausrichtung des Verwaltungsrechts auf die Verfassung und die Entfaltung 1
seiner Eigenständigkeit aus den konkreten Aufgaben der Verwaltung bilden die
Pole, zwischen denen sich die Entwicklung eines modernen Verwaltungsrechts
vollzogen hat und auch künftig vollziehen wird. Zunächst standen einzelne Bestimmungen des deutschen Verfassungsrechts im Vordergrund, die – häufig
durch Leitentscheidungen des Bundesverfassungsgerichts besonders herausgehoben – in die verwaltungsrechtliche Dogmatik einbezogen wurden:
– die Bedeutung der Rechtsschutzgarantie des Art. 19 Abs. 4 GG für Umfang
  und Intensität gerichtlicher Verwaltungskontrollen,[1]
– die Notwendigkeit und die Bestimmtheit gesetzlicher Grundlagen des Verwaltungshandelns im Lichte der Freiheitsgrundrechte,[2]
– die Vorgaben des Art. 20 Abs. 2 S. 2 GG für die demokratische Legitimation
  der Exekutive,[3]
– die Bedeutung des Art. 28 Abs. 2 GG für die Zuständigkeiten kommunaler
  Selbstverwaltungsträger.[4]

Die verfassungsrechtlichen Anstöße haben im Verwaltungsrecht beachtliche
Entwicklungskräfte freigesetzt. Die Anforderungen demokratischer Rechtsstaatlichkeit, Grundrechts- und Gesetzesbindung der Exekutive und der Verwaltungsrechtsschutz bilden seither die wichtigsten Richtpunkte des verwaltungsrechtlichen Denkens.[5] Mit ihrer Vorstellung vom *Verwaltungsrecht* als *konkretisiertem Verfassungsrecht*[6] hat die deutsche Verwaltungsrechtswissenschaft bereits früh und eigenständig eine Entwicklung eingeleitet, die heute auch andere Teile der Rechtsordnung, das europäische und internationale Recht sowie die Rechtsvergleichung kennzeichnet: die **Konstitutionalisierung**. Gemeint ist damit eine über das konkrete Normenmaterial hinausgreifende „Anpassung, Ausrichtung und Umbildung der einfachen Rechtsordnung an den sich nicht in strikten wie schlichten Geboten und Verboten erschöpfenden Vorgaben der Verfassung".[7] Im Einzelnen wird der Begriff in zahlreichen Varianten verwendet.[8] Gemeinsam

---

[1] BVerfGE 15, 275 (280 ff.); 84, 34 (49 ff.); 84, 59 (77 ff.); 103, 142 (156 ff.); 115, 81 (92 f.); 116, 135 (150 ff.). Ausf. → Bd. III *Schoch* § 50 Rn. 104 ff.

[2] BVerfGE 33, 1 (9 ff.); 40, 237 (249 f.); 108, 282 (311 f.), aber auch BVerfGE 105, 252 (265 ff.) und 279 (292 ff.); sowie speziell zu den legitimen Anforderungen und Grenzen des Sicherheitsrechts gegenüber dem Schutz der Privatsphäre BVerfGE 120, 274 (302 ff.) und 378 (379 ff.); 125, 260 (316 ff.).

[3] BVerfGE 83, 37 (50 ff.); 83, 60 (71 ff.); 93, 37 (66 ff.); 107, 59 (86 ff.); 111, 191 (217 ff.). Ausf. → Bd. I *Trute* § 6 Rn. 4 ff.

[4] BVerfGE 8, 122 (133 f.); 79, 127 (143 ff.); 119, 331 (360 ff.).

[5] *Wahl*, Herausforderungen, S. 31 ff.; *Schmidt-Aßmann*, Ordnungsidee, Kap. 1 Rn. 17 ff.; → Bd. I *Ruffert* § 17 Rn. 48 ff.

[6] *Fritz Werner*, Verwaltungsrecht als konkretisiertes Verfassungsrecht, DVBl 1959, S. 527 ff. Zu dieser Formel → Bd. I *Möllers* § 3 Rn. 13 ff. (krit.); Bd. III *Schoch* § 50 Rn. 104 ff. (wie hier positiv).

[7] So *Gunnar Folke Schuppert/Christian Bumke*, Die Konstitutionalisierung der Rechtsordnung, 2000, S. 57.

[8] Vgl. *Rainer Wahl*, Konstitutionalisierung – Leitbegriff oder Allerweltsbegriff?, in: FS Winfried Brohm, 2002, S. 191 ff.; *Hans C. Röhl*, Verfassungsrecht als wissenschaftliche Strategie?, in: Trute/Groß/Röhl/Möllers (Hrsg.), Allgemeines Verwaltungsrecht, S. 821 ff.; *Michael Gerhardt*, Verfassungs-

aber ist ihnen, dass sie ein Grundbedürfnis nach Wertvermittlung jenseits von Technizität und nach Orientierung jenseits von Detailregelungen anzeigen.

2 Die wichtigste Aufgabe der Konstitutionalisierung des Verwaltungsrechts ist es heute, Rationalität, Transparenz und Kohärenz des Rechts **durch Systembildung** zu fördern. Dabei geht es nicht um eine Umsetzung der Systemtheorie in das Recht. Es geht auch nicht darum, aus materialen Einheitsvorstellungen zu deduzieren, die es im Verwaltungsrecht so wenig wie im Zivil- und Strafrecht gibt. Ein pragmatisches Systemdenken im Verwaltungsrecht ist weder auf feste Werthierarchien fixiert noch auf Statik basiert. Seine Aussagen stehen unter dem Vorbehalt der besseren künftigen Erkenntnis. In diesem Rahmen soll es Folgerichtigkeit und Einsehbarkeit sichern. Systematik ist etwas Vorgegebenes und etwas Aufgegebenes zugleich.[9] Das Verfassungsrecht bewährt sich hier als Rahmen fortlaufender Überprüfung überkommener Dogmen und als Rezeptor neuer Entwicklungsanstöße. Gerade die Neue Verwaltungsrechtswissenschaft hat von Anfang an diese *Transformationsleistungen des Verfassungsrechts* genutzt.[10] Darum ging es zumal in der in den „Schriften zur Reform des Verwaltungsrechts" dokumentierten Reformdiskussion.[11]

3 Die damit umrissene Aufgabe ist im Zuge der **Europäisierung** und **Internationalisierung** der Rechts- und Verwaltungsordnung noch vielfältiger geworden:
– Neben das nationale ist das europäische Verfassungsrecht, sind die Vorgaben insbesondere des Unionsverfassungsrechts und der Europäischen Menschenrechtskonvention getreten.[12]

---

gerichtliche Kontrolle der Verwaltungsgerichtsbarkeit als Parameter der Konstitutionalisierung des Verwaltungsrechts, dort S. 735 ff.; → Bd. III *Schoch* § 50 Rn. 120: „Konstitutionalisierung als Prozess". Zur konzeptionell weiter ausgreifenden völkerrechtlichen Diskussion vgl. *Brun-Otto Bryde*, Konstitutionalisierung des Völkerrechts und Internationalisierung des Verfassungsrechts, Der Staat, Bd. 42 (2003), S. 61 (64): „Menschen als Legitimationsbezugspunkt"; weitere N. bei *Mehrdad Payandeh*, Internationales Gemeinschaftsrecht, 2010, S. 43 ff. Zum Verhältnis beider Problemkreise *Matthias Knauff*, Konstitutionalisierung im inner- und überstaatlichen Recht – Konvergenz oder Divergenz?, ZaöRV, Bd. 68 (2008), S. 453 (bes. 482 ff.).

[9] *Claus-Wilhelm Canaris*, System und Systemdenken in der Jurisprudenz, 2. Aufl. 1983, S. 106; *Schmidt-Aßmann*, Ordnungsidee, Kap. 1 Rn. 1 ff.; *Wolfgang Kahl*, Die Europäisierung des Verwaltungsrechts als Herausforderung an Systembildung und Kodifikationsidee, in: Peter Axer/Bernd Grzeszick/Wolfgang Kahl/Ute Mager/Ekkehart Reimer (Hrsg.), Das Europäische Verwaltungsrecht in der Konsolidierungsphase, DV, Beiheft 10, 2010, S. 39 (43 ff.) in Auseinandersetzung mit *Oliver Lepsius*, Hat die Europäisierung des Verwaltungsrechts Methode? Oder: Die zwei Phasen der Europäisierung des Verwaltungsrechts, dort S. 179 (194 ff.); *ders.*, Themen einer Rechtswissenschaftstheorie, in: Matthias Jestaedt/Oliver Lepsius (Hrsg.), Rechtswissenschaftstheorie, 2008, S. 1 (36 ff.) und *Matthias Jestaedt*, Das mag in der Theorie richtig sein..., 2006, bes. S. 81 ff.; → Bd. I *Voßkuhle* § 1 Rn. 46 ff.; (krit.) *Möllers* § 3 Rn. 36 f.

[10] *Eberhard Schmidt-Aßmann*, Zur Reform des Allgemeinen Verwaltungsrechts, in: Hoffmann-Riem/Schmidt-Aßmann/Schuppert (Hrsg.), Reform, S. 11 (16 ff.); auch *Wolfgang Hoffmann-Riem*, Demonstrationsfreiheit durch Kooperation?, in: ders., Offene Rechtswissenschaft, S. 383 ff.; *Christian Bumke*, Grundrechte. Theorie – Praxis – Dogmatik, dort S. 435 ff.; *Johannes Masing*, Gesetz und Gesetzesvorbehalt – zur Spannung von Theorie und Dogmatik am Beispiel des Datenschutzrechts, dort S. 467 ff. Zur Bedeutung des Verfassungsrechts in den einzelnen europäischen Verwaltungsrechtsordnungen vgl. *Luc Heuschling*, Verwaltungsrecht und Verfassungsrecht, in: IPE III, § 54.

[11] *Wolfgang Hoffmann-Riem/Eberhard Schmidt-Aßmann* (Hrsg.), Schriften zur Reform des Verwaltungsrechts, Bd. 1–10, 1993–2004, aufgeführt im Verzeichnis der Standardliteratur. Vgl. auch *Jean-Bernard Auby*, Die Transformation der Verwaltung und des Verwaltungsrechts, in: IPE III, § 56.

[12] → Rn. 10 ff.

A. Verwaltung – Recht – Verfassung

– Als Verwaltung ist nicht nur die deutsche Verwaltung, sondern es sind auch die Verwaltungsinstanzen der Union und der anderen Mitgliedstaaten in den Blick zu nehmen, zu denen vielfältige Verflechtungen bestehen.[13]
– Das Verwaltungsrecht selbst greift über seine Grundfunktion, das Amtsrecht der Hoheitsträger zu sein, hinaus und bezieht Teile gesellschaftlicher Selbstregulierung und privater Rechtsetzung in seinen Arbeitsbereich ein.[14]

Die überkommene dogmatische Grundsituation *(Forsthoff)* des Verwaltungsrechts, das Verhältnis des Einzelnen zur nationalen Verwaltung, sieht sich überformt, ergänzt und mediatisiert durch supranationale, internationale und transnationale Determinanten. Folglich ist auch die **Verwaltungsrechtsvergleichung** heute mehr als nur eine akademische Disziplin.[15] Sie ist vielfach eine Rechtserkenntnisquelle, z. B. für die Auslegung des Unionsrechts und von hieraus rückwirkend auch für das europäisierte nationale Verwaltungsrecht.[16] Das Verwaltungsrecht muss folglich als Recht eines **europäischen und internationalen Verwaltungsverbundes** konzipiert werden, das sich aus ganz unterschiedlichen Quellen speist und in einer polyzentrischen Rechtsordnung seinen Platz finden muss.[17] Die Konzentration auf Grundlinien, zu der die Konstitutionalisierung anleitet, bietet dazu die erforderliche Basis.

Das Grundgesetz und die EU-Verträge gehen von einem vielgliedrigen Verwaltungsgefüge, von unterschiedlichen Vollzugs- und Gestaltungsaufgaben und von differenzierten Steuerungstechniken des einschlägigen Rechts aus.[18] Gerade diese **Verbundlage,** in der sich Verwaltung und Verwaltungsrecht im Zeichen der Europäischen Integration befinden, veranlasst zur Vorsicht gegenüber Einheitsmodellen und einfachen Fortzeichnungen überkommener Ansätze. Die Rolle der Verwaltung in einem sozialen Europa kann nicht dadurch bestimmt werden, dass man die deutschen Sozialstandards durch die sozialen Grundrechte der EU-Grundrechtecharta überhöht. Erst recht lässt sich das Verwaltungsrecht nicht allein aus der Perspektive entwickeln, einen möglichst weit reichenden Gerichtsschutz zu installieren. Rechtsschutzfragen sind unbestreitbar auch im europäischen Rahmen wichtige Themen (Art. 19 EUV, Art. 47 GRCh, Art. 6 EMRK). Aber auch hier heißt Konstitutionalisierung nicht, den überkommenen Effektivi-

4

---

[13] → Rn. 25 ff.
[14] → Bd. I *Ruffert* § 17 Rn. 21 f.; *Eifert* § 19 Rn. 52 ff. und 144 ff.
[15] Dazu nur *v. Danwitz*, Europäisches VerwR, S. 11 ff. sowie die Beiträge in: *Jens-Peter Schneider* (Hrsg.), Verwaltungsrecht in Europa, Bd. 1 (2007), Bd. 2 (2009), in: *Armin v. Bogdandy/Sabino Cassese/Peter M. Huber* (Hrsg.), Handbuch Ius Publicum Europaeum – IPE –, Bd. III und IV und in: *Susan Rose-Ackerman/Peter L. Lindseth* (Hrsg.), Comparative Administrative Law, 2011. Zu den gemeinsamen Grundlagen präzise *Sabino Cassese*, Die Entfaltung des Verwaltungsstaates in Europa, in: IPE III, § 41 sowie *Armin v. Bogdandy*, Verwaltungsrecht im europäischen Rechtsraum, in: IPE IV § 57. Speziell zu Typen von Verwaltungsrechtsordnungen *Michel Fromont*, Typen staatlicher Verwaltungsrechts in Europa, in: IPE III, § 55. Speziell zu Methoden der Verwaltungsrechtsvergleichung *Christoph Schönberger*, Verwaltungsrechtsvergleichung: Eigenheiten, Methoden und Geschichte, in: IPE IV, § 71; → Bd. I *Möllers* § 3 Rn. 40 f.
[16] Früh erkannt für das Verfassungsrecht und mit noch weitergreifenden Konsequenzen behandelt von *Peter Häberle*, Grundrechtsgeltung und Grundrechtsinterpretation im Verfassungsstaat, JZ 1989, S. 913 ff.; *ders.*, Europäische Verfassungslehre, 6. Aufl. 2009, S. 250 ff. M. w. N. aus der Rechtsprechung des EuGH *Friedrich Müller/Ralf Christensen*, Juristische Methodik, Bd. II, 2003, S. 104 ff. und 305 ff.
[17] → Bd. I *Ruffert* § 17 Rn. 8 ff. und bes. 121 ff.; *Matthias Knauff*, Der Regelungsverbund: Recht und Soft Law im Mehrebenensystem, 2010, bes. S. 387 ff.
[18] → Rn. 16 ff.

tätsstandards des Art. 19 Abs. 4 GG die Anforderungen der europäischen Garantien einfach anzufügen. Nicht Summierung, sondern *Zusammenschau* ist gefordert.[19]

5   Dabei wird deutlich, dass die Verwaltungsrechtswissenschaft insgesamt nicht nur eine anwendungsbezogene Interpretations-, sondern auch eine rechtsetzungsorientierte Entscheidungswissenschaft sein muss.[20] Anders wird sie der Vielfalt des Rechts und seiner unterschiedlichen Wirkungsweisen nicht gerecht. Um die **Wirksamkeit des Rechts** aber muss es dem Verwaltungsrecht und der Verwaltungsrechtswissenschaft gehen. Für das EU-Recht ist dieser Gedanke des *effet utile* bereits früh herausgearbeitet worden. Ebenso belegt das Verfassungsrecht: Recht ist für die Exekutive einerseits Grenze und Handlungsgebot; aber es ist andererseits oft auch nur Rahmen und Richtungsweisung. In der Lehre von den *Maßstäben der Verwaltung* wird das besonders anschaulich.[21] Verwaltungsrechtswissenschaft als **Steuerungswissenschaft** soll die Perspektiven des verwaltungsrechtlichen Denkens erweitern:[22]

- Neben den materiellen Gesetzesprogrammen (Anspruchsnormen, Eingriffsermächtigungen) erweisen sich Verfahrens-, Organisations- und Haushaltsrecht als wichtige Steuerungsressourcen.
- Neben den hoheitlichen Gesetzesvollzug treten konsensuale und informale, neben öffentlich-rechtliche auch privatrechtliche Umsetzungstechniken.
- Neben das Ordnungs- und Leistungsrecht tritt das Gewährleistungsverwaltungsrecht.
- Neben der Frage nach der Rangordnung der Rechtsquellen und Rechtsformen interessieren auch die Fragen ihrer richtigen Auswahl.
- Neben den Rechtmäßigkeitsmaßstäben sind andere „normative Orientierungen" des Verwaltungshandelns und „weiche Steuerungsmittel", neben der Rechtssicherheit ist auch der Erhalt der notwendigen Flexibilität und Innovationsfähigkeit wichtig.

6   Bei dem allen kommt es darauf an, Stellung, Auftrag und Schranken der **Exekutive als eines eigenständigen Akteurs** in der Funktionenordnung des deutschen und des europäischen Rechts herauszuarbeiten.[23] Die Vorstellungen der älteren Verwaltungsrechtslehre, der es ganz vorrangig um die Disziplinierung einer ausgreifenden wohlfahrtsstaatlichen Staatsraison und ihrer monarchischen Exekutive gehen musste, können für das Verwaltungsrecht des demokratischen Rechtsstaates nicht mehr prägend sein. Vielmehr ist neben den Auftrag, das Verwaltungshandeln einzugrenzen, der Bewirkungsauftrag getreten, der administratives Handeln ermöglichen und seine Wirksamkeit sichern soll. Das Verwaltungsrecht erfüllt also einen **Doppelauftrag:** *Disziplinierung* und *Effektuie-*

---

[19] Für das deutsche Verfassungsrecht sehr klar schon *BVerfGE* 60, 253 (267): „Denn die Verfassung ist ein Sinngefüge, bei dem einzelne Gewährleistungen, und mithin auch Art. 19 Abs. 4 S. 1 GG, so auszulegen sind, daß auch anderen Verfassungsnormen und -grundsätzen nicht Abbruch getan wird."

[20] → Bd. I *Voßkuhle* § 1 Rn. 15.

[21] → Bd. II *Pitschas* § 42.

[22] Vgl. nur *Gunnar Folke Schuppert*, Die Verwaltungswissenschaft als Impulsgeberin der Verwaltungsrechtsreform, in: Hoffmann-Riem, Offene Rechtswissenschaft, S. 1041 ff.; *Jens Kersten/Sophie-Charlotte Lenski*, Die Entwicklungsfunktion des Allgemeinen Verwaltungsrechts, in: DV, Bd. 42 (2009), S. 501 ff.; → Bd. I *Voßkuhle* § 1 Rn. 16 ff. m.w.N.

[23] → Rn. 63 ff.; → Bd. I *Trute* § 6 Rn. 30 ff., *Hoffmann-Riem* § 10.

rung des Verwaltungshandelns.[24] Diese Aufgabenstellung wird nicht nur durch ein Zugriffsübermaß, sondern auch durch ein Untermaß an Handlungsmöglichkeiten verletzt. In einem der freiheitlichen Verfassung verpflichteten Verwaltungsrecht hat folglich auch der Gedanke der Funktionsfähigkeit der Verwaltung seinen Platz.[25]

II. Verfassungsprinzipien: Struktur- und Zielbestimmungen

Im Folgenden wird von Verfassungsprinzipien als einem Oberbegriff gesprochen, der Strukturbestimmungen und Zielbestimmungen umgreift.[26] Oberbegriff ist der Begriff des Verfassungsprinzips auch insofern, als er die entsprechenden Vorschriften des nationalen *und* des unionalen Rechts bezeichnet.[27]

Die Prägung, die das Verwaltungsrecht durch das nationale und das europäische Verfassungsrecht erfährt, meint keinen Ableitungszusammenhang, in dem aus einer höherrangigen Rechtsquelle deduziert wird. Vielmehr handelt es sich um einen Vorgang, der hierarchische und koordinativ bestimmte methodische Schritte verbindet und selbst rekursiv angelegt ist.[28] Die verwaltungsrechtliche Dogmatik enthält einen Rahmen für die systematische Reflexion, d.h. für eine Überprüfung und für die Entscheidung über Bewahrung oder Veränderung. Es geht darum, Entwicklungsrichtungen zu erkennen, nicht aber Einzelergebnisse zu fixieren. Das hat mit der spezifischen Offenheit verfassungsrechtlicher Tatbestände und mit der besonderen gegenseitigen Zuordnung der Verfassungen im europäischen Mehrebenensystem zu tun.

7

---

[24] Dazu *Schmidt-Aßmann*, Ordnungsidee, Kap. 1 Rn. 30 ff.; ähnlich *Friedrich Schoch*, Der Verfahrensgedanke im allgemeinen Verwaltungsrecht, DV, Bd. 25 (1992), S. 21 (27); *Helmuth Schulze-Fielitz*, Kooperatives Recht im Spannungsfeld von Rechtsstaatsprinzip und Verfahrensökonomie, DVBl 1994, S. 657 (661 f.); *Thomas v. Danwitz*, Verwaltungsrechtliches System und europäische Integration, 1996, S. 5: „Doppelfunktionalität des Verwaltungsrechts als rechtliche Ordnung"; ausf. dort S. 45 ff.

[25] Vgl. BVerfGE 61, 82 (116); m.w.N. *Philip Kunig*, Das Rechtsstaatsprinzip, 1986, S. 438 f.

[26] Vgl. dazu m.w.N. auch zu anderen Varianten des Sprachgebrauchs *Franz Reimer*, Verfassungsprinzipien, 2001, S. 189 ff. Von *Staats*strukturprinzipien und *Staats*zielbestimmungen lässt sich nach überkommenem Sprachgebrauch nur im Blick auf die mitgliedstaatlichen Verfassungen sprechen, die Verfassungen von Staaten sind. Die Union ist kein Staat, so dass sie zunächst „Rechtsgemeinschaft", aber nicht „Rechtsstaat" genannt wurde. Begriffsprägend *Walter Hallstein*, Die Europäische Gemeinschaft, 5. Aufl. 1979, S. 51 ff.; übernommen z.B. *EuGH*, Gutachten, Rs. C-1/91, Slg. 1991, I-6079, Rn. 21. Heute ist der Sprachgebrauch dagegen unbefangener geworden: Nach Art. 2 EUV gründet sich die Union auf die Werte u.a. der „Rechtsstaatlichkeit" („état de droit"; neutral die engl. Fassung „rule of law"); dazu *Armin v. Bogdandy*, Grundprinzipien, in: ders./Bast (Hrsg.), Europäisches VerfR, S. 13 (36 ff.). Rechtsstaatlichkeit ist heute begrifflich nicht mehr notwendig auf *staatliche* Hoheitsträger beschränkt. In diesem Sinne wird im Folgenden der Begriff genutzt, ohne dass damit eine integrationspolitische Aussage getroffen ist.

[27] Zu Funktion und Grundlagen einer *europäischen Prinzipienlehre* grdl. *v. Bogdandy*, Grundprinzipien (Fn. 26), S. 13 ff. Dort auch zum Gedanken einer Komplementärverfassung, die gemeinsam mit den Verfassungen der Mitgliedstaaten einen europäischen Verfassungsraum bildet (S. 30); vgl. ferner *Anne Peters*, Elemente einer Theorie der Verfassung Europas, 2001, S. 205 ff.; *Wahl*, Herausforderungen, S. 101.

[28] *Rüdiger Breuer*, Konkretisierungen des Rechtsstaats- und Demokratiegebotes, in: FG 50 Jahre Bundesverwaltungsgericht, 2003, S. 223 (227); zur Konkretisierung von Verfassungsprinzipien allg. *Reimer*, Verfassungsprinzipien (Fn. 26), S. 458 ff. Speziell zum Verhältnis der Verwaltungsrechtslehre zur Staatsrechtslehre vgl. *Walter Pauly*, Wissenschaft vom Verfassungsrecht, in: IPE II, § 27 Deutschland, Rn. 18.

1. Deutsches Verfassungsrecht

8 Die prägenden Wirkungen des Grundgesetzes gehen von drei Gewährleistungsarten aus, die an unterschiedlichen Stellen der verwaltungsrechtlichen Systematik ansetzen.[29]
- *Strukturbestimmungen* formen die hoheitlichen Entscheidungsprozesse und legen Muster administrativen Handelns fest, die das Verwaltungsrecht weiter ausgestalten muss. Die wichtigsten Strukturbestimmungen sind die Verfassungsentscheidungen für Rechtsstaat und Demokratie (→ unter C).
- *Zielbestimmungen* prägen die Staatsaufgabenlehre und können der Verwaltung Handlungsaufträge erteilen. Hierher gehören vor allem das soziale Staatsziel des Art. 20 Abs. 1 GG und der Schutz der natürlichen Lebensgrundlagen nach Art. 20a GG (→ unter D).
- *Organisationsvorgaben* legen die Trennung der Verwaltungsräume des Bundes und der Länder fest und fixieren die verfassungsrechtliche Position der kommunalen Selbstverwaltung. Sie sind im Verfassungstext regelmäßig konkreter gefasst, so dass ihre verwaltungsrechtlichen Konsequenzen vielfach ohne die Schwierigkeiten der Prinzipienkonkretisierung bestimmt werden können. Doch sind ihnen über den Text hinaus auch gewisse Prinzipiengehalte zugeordnet, so die Grundsätze der Bundestreue und des kommunalfreundlichen Verhaltens.

Eine eigenständige Rolle, die die für den Europäischen Verwaltungsverbund erforderlichen Verklammerungen ermöglicht, spielt die Verfassungsentscheidung für eine offene Staatlichkeit und die europäische Integration nach Art. 23, 24 GG.[30]

9 Einzelne Verfassungsvorgaben lassen sich diesen drei Arten von Gewährleistungen unterschiedlich zuordnen. Das gilt vor allem für die **Grundrechte**, die als Teile des Rechtsstaatsprinzips oder aber als selbständiges Gefüge angesehen werden können. Unter allen rechtsstaatlichen Gewährleistungen haben sie die Rechtsentwicklung der Nachkriegszeit am intensivsten geprägt:[31] Grundrechte zeigen der Verwaltung die Grenzen von Eingriffsermächtigungen auf, lenken die Ermessensausübung und bilden Genehmigungstatbestände um. Sie schaffen administrative Handlungspflichten und lösen einfachgesetzliche Normenkollisionen. Mit den grundrechtlichen Geboten der Verhältnismäßigkeit, der Gleichbehandlung und der Rechtssicherheit antwortet das Recht auf die elementaren Bedürfnisse nach Rationalität, Achtung und Orientierung. Für das allgemeine Verwaltungsrecht sind drei hervorstechende Effekte zu nennen: Erstens haben alle verwaltungsrechtlichen Lehrsätze eine deutliche *Subjektivierung* erfahren. Das subjektive Recht wird mit der Schutznormlehre überall dort nachweisbar, wo Normen des objektiven Rechts neben ihrer allgemeinen Regelungsfunktion auch bestimmte rechtlich geschützte Interessen Einzelner zum Ausgleich brin-

---

[29] *Horst Dreier*, Grundlagen und Grundzüge staatlichen Verfassungsrechts, in: IPE I, § 1 Deutschland, Rn. 84 ff. Rechtsvergleichend *Pedro Cruz Villalón*, Grundlagen und Grundzüge staatlichen Verfassungsrechts, in: IPE I, § 13 Vergleich; *Diana Zacharias*, Verfassungsrechtliche Terminologie und Begrifflichkeit im europäischen Rechtsraum, in: IPE II, § 40 Rn. 9 ff.
[30] Dazu BVerfGE 112, 1 (24 ff.); 123, 267 (344 ff.); *Klaus-Peter Sommermann*, Offene Staatlichkeit, in: IPE II, § 14 Deutschland.
[31] Dazu *Eberhard Schmidt-Aßmann*, Grundrechtswirkungen im Verwaltungsrecht, in: FS Konrad Redeker, 1993, S. 225 ff.; *Horst Dreier*, Grundrechtsdurchgriff contra Gesetzesbindung?, DV, Bd. 36 (2003), S. 105 ff.; *Wahl*, Herausforderungen, S. 32 f.; → Bd. I *Masing* § 7 Rn. 37 f.

gen sollen.³² Das zweite Kennzeichen eines grundrechtlich ausgerichteten Verwaltungsrechts ist seine starke *Sensibilisierung* gegenüber Belastungen der Bürger: Wirkungszusammenhänge zwischen Steuerungsvorgaben und privaten Interessenpositionen werden nach allen Richtungen hin auf ihre Intensität, ihre Breiten- und ihre Tiefenwirkung untersucht und auf die Angemessenheit ihrer rechtsstaatlichen Sicherungen befragt. Das hat vor allem zu einer ständigen Ausweitung der Lehre vom Gesetzesvorbehalt geführt.³³ Als drittes Merkmal ist eine ausgeprägte *Individualisierung* zu nennen, in deren Gefolge freilich zuweilen überzogene Zumutbarkeits- und Billigkeitsüberlegungen Einzug in das Verwaltungsrecht gehalten haben.³⁴

2. Europäisches Verfassungsrecht

Hier ist schon umstritten, inwieweit überhaupt von einer Verfassung gesprochen werden kann.³⁵ Wer den **Verfassungsbegriff** in einer historisch einmaligen und nach wie vor unaufgebbaren Verbindung mit dem Nationalstaat sieht, wird hier ablehnend reagieren und kann sich durch das Scheitern des EU-Verfassungsvertrages bestätigt sehen.³⁶ Der Verfassungsbegriff kann jedoch ohne Schaden überall dort genutzt werden, wo eine spezifische politische Verdichtung der Rechtsbeziehungen eingetreten ist und es um Herrschaftsformung und Herrschaftsbegründung geht. Das ist nicht allein in dem auf Einheitsvorstellungen festgelegten Nationalstaat der Fall. Gerade der deutsche Bundesstaat zeigt das. Der Verfassungsbegriff eignet sich folglich auch dazu, die rechtliche Grundordnung der Europäischen Union als eines hochintegrierten politischen Gefüges zu bezeichnen.³⁷ 10

Auch im Verfassungsrecht der Union lassen sich Strukturbestimmungen, Zielbestimmungen und Organisationsprinzipien unterscheiden. Eine Schlüsselfunktion kommt dabei den Art. 2 bis 7 und 10 EUV zu. Sie bilden die Basis, um die europäische Verwaltungsrechtsordnung durch eine **„Prinzipienlehre"** fortzuentwickeln und in diesem Sinne zu konstitutionalisieren.³⁸ 11

---

³² *Eberhard Schmidt-Aßmann*, in: Maunz/Dürig, GG, Art. 19 IV Rn. 127 ff.

³³ Dazu die unterschiedlichen Positionen von *Wolfgang Kahl*, Vom weiten Schutzbereich zum engen Gewährleistungsgehalt, Der Staat, Bd. 43 (2004), S. 167 ff., und *Wolfgang Hoffmann-Riem*, Grundrechtsanwendung unter Rationalitätsanspruch, Der Staat, Bd. 43 (2004), S. 203 ff.; *Christian Bumke*, Grundrechte, in: Hoffmann-Riem, Offene Rechtswissenschaft, S. 435 ff. und *Johannes Masing*, Gesetz und Gesetzesvorbehalt – zur Spannung von Theorie und Dogmatik am Beispiel des Datenschutzrechts, dort S. 467 ff.; → Bd. I Reimer § 9 Rn. 47 f.

³⁴ Zur Kritik vgl. *Schmidt-Aßmann*, Ordnungsidee, Kap. 2 Rn. 63 ff.

³⁵ Zum Meinungsstand vgl. *Peters*, Theorie der Verfassung Europas (Fn. 27), S. 38 ff.; *Ingolf Pernice*, Europäisches und nationales Verfassungsrecht, VVDStRL, Bd. 60 (2001), S. 148 (149) mit rechtsvergleichenden N.

³⁶ Vgl. *Dieter Grimm*, Braucht Europa eine Verfassung?, JZ 1995, S. 581 ff.; *Paul Kirchhof*, Verfassungsgebung jenseits des Verfassungsstaates, in: Trute/Groß/Röhl/Möllers (Hrsg.), Allgemeines Verwaltungsrecht, S. 769 ff.: Der Staat als Gegenstand und Garant der Verfassung.

³⁷ Ausf. *Christoph Möllers*, Verfassungsgebende Gewalt – Verfassung – Konstitutionalisierung, in: v. Bogdandy/Bast (Hrsg.), Europäisches VerfR, S. 227 (255 ff.: Die Europäischen Verträge als formelle Unionsverfassung) m.w.N. in Fn. 75, 79. Die die „souveräne Staatlichkeit" Deutschlands betonenden Aussagen des Lissabon-Urteils (BVerfGE 123, 267 [343 ff.]) verwehren die Benutzung des Verfassungsbegriffs im Blick auf die EU-Verträge ebenfalls nicht.

³⁸ Dazu grdl. *v. Bogdandy*, Grundprinzipien (Fn. 26), S. 13 ff.; *Franz Reimer*, Ziele und Zuständigkeiten. Die Funktionen der Unionszielbestimmungen, EuR 2003, S. 992 ff.; *Markus Kotzur*, Die Ziele der Union. Verfassungsidentität und Gemeinschaftsidee, DÖV 2005, S. 313 ff.

Die *Strukturvorgaben* lassen sich den Werten entnehmen, auf die sich die Union gemäß Art. 2 EUV gründet: Achtung der Menschenwürde, Freiheit, Demokratie, Gleichheit, Rechtsstaatlichkeit und Wahrung der Menschenrechte. Soll ihre Bedeutung für das europäische Verwaltungsrecht entfaltet werden, so kann an Erfahrungen des nationalen Rechts angeknüpft werden. Auch hier geht es darum, materielle Rechtswerte durch rechtsschützende Verfahren, durch transparente und bürgernahe Organisation und eine bestimmte Rationalität des Verwaltungshandelns zu gewährleisten (vgl. Art. 298 AEUV). Im Einzelnen sind – beim demokratischen stärker als beim rechtsstaatlichen Prinzip – jedoch unterschiedliche Verfassungstraditionen zu berücksichtigen. Zudem vervielfacht der Verbundcharakter der Union die Probleme. Handlungen werden zu Handlungsgeflechten, Verfahren zu Verfahrensketten, die auf unterschiedlichen Ebenen und in unterschiedlichen Mitgliedstaaten durchlaufen werden. Darunter leiden die Überschaubarkeit und die präzise Verantwortungszurechnung, auf die die verwaltungsrechtlichen Institute traditionell angewiesen sind. Man denke nur an Probleme des grenzüberschreitenden Datenschutzes! Noch wichtiger ist es allerdings, die *emergenten Eigenschaften* des Verbundes zu berücksichtigen. Besonderes Gewicht erhalten die Gebote der *Transparenz* der Entscheidungsverfahren und der *Kohärenz* der Rechtsinstitute.[39]

12 Detaillierte *Zielbestimmungen* enthielten bereits die Römischen Verträge: Dominierten zunächst Zielsetzungen des Gemeinsamen Marktes, so kamen später auch soziale und ökologische Ziele hinzu. Heute legen Art. 3 EUV und Art. 8–13 AEUV die Union in „Querschnittklauseln" auf jene Ziele fest, die zum klassischen Bestand einer Staatsaufgabenlehre gehören: Die Union hat dazu einen Raum der Freiheit, der Sicherheit und des Rechts zu bieten, einen Binnenmarkt zu errichten, für Wirtschaftswachstum, Preisstabilität, Umweltschutz und sozialen und wissenschaftlich-technischen Fortschritt zu sorgen. Sie fördert zudem Zusammenhalt und Solidarität zwischen ihren Mitgliedstaaten und errichtet eine Wirtschafts- und Währungsunion. Insgesamt haben die Verfassungsziele eine Vielzahl administrativer Aufgaben zur Folge; sie setzen einen effizient handelnden Verbund der beteiligten Verwaltungen voraus (vgl. Art. 197, 298 AEUV).[40]

13 Unter den *Organisationsvorgaben* des Primärrechts sind das Prinzip der begrenzten Einzelermächtigung (Art. 4 Abs. 1 EUV), die Pflicht zur Achtung der nationalen Identität der Mitgliedstaaten (Art. 4 Abs. 2 EUV), die allseitigen Kooperationspflichten (Art. 4 Abs. 3 EUV) und das Subsidiaritätsprinzip (Art. 5 EUV) grundlegend. Aus ihnen formt sich das aus dem Trennungs- und dem Kooperationsgrundsatz zusammengesetzte *Verwaltungskonzept* der Union.[41] Für die Entwicklung speziell des Europäischen *Verwaltungsverbundes* sind damit wichtige Weichen gestellt: Der Ausbau unionseigener Verwaltungsinstanzen soll im Lichte des Subsidiaritätsprinzips nur in engen Grenzen zulässig sein. Das Erfordernis einer „besseren" Wahrnehmung auf Unionsebene (Art. 5 Abs. 3 EUV) ermöglicht vor allem Tätigkeiten zentraler Informationsgewinnung, Koordination, Abstimmung und der Kontrolle (Aufsicht).[42] Gesteigerte Bedeutung er-

---

[39] → Rn. 53 f.
[40] Zum Binnenmarkt → Rn. 95 ff.; zur sozialen Dimension → Rn. 104 ff.; zum Umweltschutz → Rn. 111 ff.
[41] → Rn. 19 ff.
[42] → Rn. 21 und → Bd. III *Kahl* § 47 Rn. 218 ff.

langen Lösungen, die im Wege horizontaler Kooperation zwischen den Mitgliedstaaten gefunden werden können. Subsidiarität und Integration sind komplementäre Prinzipien, die die Rechtsbeziehungen von Mehrebenensystemen bestimmen.[43]

3. Verfassungsverbund

Das Analysekonzept des Mehrebenensystems weist die Europäische Union als ein Gefüge aus, „das sich aus nationalstaatlichen und europäischen Institutionen zusammensetzt, die sich nur noch in Relation zueinander konstituieren"[44]. Das gilt auch für die Konstitutionsprinzipien. Gerade die Verflochtenheit ihrer Rechtsquellen macht das Wesen der Unionsverfassung aus. „Europäisches und nationales Verfassungsrecht bilden zwei Ebenen eines materiellrechtlich, funktional und institutionell zu einer Einheit verbundenen Systems": einen **Verfassungsverbund**.[45] Die Einbeziehung der nationalen Parlamente in die Rechtsetzung (Art. 13 EUV) und der nationalen Gerichte in den Rechtschutz der Union (Art. 19 EUV) sind ein klarer Ausdruck dieses Verbundes.

Seine Verschränkungen dogmatisch exakt zu erschließen, ist freilich schwierig. Das Verfassungsrecht der Unionsebene ist nämlich kein in sich geschlossenes corpus constitutionis, sondern umgreift seinerseits mehrere Komponenten und Schichten[46]: Schon das Primärrecht der EU kennt neben den Verträgen und der Grundrechte-Charta, die den Verträgen rechtlich gleichrangig ist (Art. 6 Abs. 1 EUV), eine Vielzahl beigefügter Protokolle. Sie sind nach Art. 51 EUV zwar Bestandteile des Vertrages, werfen jedoch schon wegen der Dokumentenfülle Fragen nach einer *Rangordnung* innerhalb des Primärrechts auf. In der Textstruktur begründet sind auch Konkretisierungsprobleme der Doppel- und Mehrfachgewährleistungen: So wird der Grundrechtsschutz nach Art. 6 EUV zwei Garantietexten, der EU-Grundrechtecharta, die Teil des Vertrages ist (Abs. 1), und der EMRK zugeordnet, deren Grundrechte als allgemeine Rechtsgrundsätze Teil des Unionsrechts sind (Abs. 3). Zudem wird die Union der EMRK förmlich beitreten, was wiederum aber die in den Verträgen festgelegten Zuständigkeiten der

---

[43] Vgl. *Stefan Oeter*, Integration und Subsidiarität im deutschen Bundesstaatsrecht, 1998, S. 565 ff.

[44] *Michael Zürn*, Über den Staat und die Demokratie im europäischen Mehrebenensystem, PVS 1996, S. 27 (36 f.).

[45] So *Pernice*, Verfassungsrecht (Fn. 35), S. 153; ähnl. *Peter M. Huber*, Europäisches und nationales Verfassungsrecht, VVDStRL, Bd. 60 (2001), S. 194 (208): „Komplementarität von unionaler und nationaler Teilverfassung". *Peters*, Theorie der Verfassung Europas (Fn. 27), S. 205 ff. Speziell die völkerrechtliche Entwicklung einbeziehend: *dies.*, Rechtsordnungen und Konstitutionalisierung, ZÖR 65 (2010), S. 3 ff.; ferner *Georg Ress*, Drei-Ebenen-Konzept aus nationalem Verfassungsrecht, EG-Recht und EMRK, in: FS Günther Winkler, 1997, S. 897 (928). Systematisch *v. Bogdandy*, Grundprinzipien (Fn. 26), S. 50 ff.: gegenseitige Abhängigkeit von Unionsverfassung und mitgliedstaatlichen Verfassungen; *ders./Stephan Schill*, Die Achtung der nationalen Identität unter dem reformierten Unionsvertrag, ZaöRV, Bd. 70 (2010), S. 701 ff. Krit. zum Begriff *Matthias Jestaedt*, Der Europäische Verfassungsverbund – Verfassungstheoretischer Charme und rechtstheoretische Insuffizienz einer Unschärferelation, in: GS Wolfgang Blomeyer, 2004, S. 637 ff.

[46] Zu Relativierungen der Urkundlichkeit der Unionsverfassung vgl. *Möllers*, Verfassungsgebende Gewalt (Fn. 37), S. 258. Zu Fragen einer Rangordnung *Andreas v. Arnauld*, Normhierarchien innerhalb des primären Gemeinschaftsrechts, EuR 2003, S. 191 (195 ff.). Speziell zur GRCh *Juliane Kokott/ Christoph Sobotta*, Die Charta der Grundrechte der Europäischen Union nach dem Inkrafttreten des Vertrages von Lissabon, EuGRZ 2010, S. 265 ff.

Union nicht ändern soll (Abs. 2). Verbürgungen derselben Rechte, die in der EU-Grundrechtecharta enthalten sind, finden sich zudem u.U. auch schon im EUV oder nochmals im AEUV.[47] Die Regeln zur Auslegungsharmonisierung im Grundrechtsbereich (Art. 51–53 GRCh, Art. 53 EMRK) erfassen diese Probleme nur teilweise. Hier sind Rechtsprechung und Wissenschaft damit beschäftigt „nachzuarbeiten".[48]

15   Nationales und europäisches **Unionsverfassungsrecht** sind nicht nur faktisch verflochten, sondern gezielt aufeinander zu beziehen: Art. 23 Abs. 1 GG und die entsprechenden Klauseln der anderen mitgliedstaatlichen Verfassungen öffnen die nationale Verfassungsordnung für die Integration in die Europäische Union und legen diese auf bestimmte Strukturen fest. Sie bilden das *staatliche* Unionsverfassungsrecht.[49] Die Kernbestimmung des *europäischen* Unionsverfassungsrechts ist Art. 4 Abs. 2 EUV. Er verpflichtet die Union, die Gleichheit der Mitgliedstaaten und ihre grundlegenden politischen und verfassungsmäßigen Strukturen zu achten. Im *Verfassungsverbund* müssen die Prinzipien der Einheitsbildung und der Wahrung der nationalen Identität der Mitgliedstaaten ausbalanciert werden.[50] Ein Charakteristikum des Verbundes ist eine **Kooperation**, die sich nicht auf die Verfassungsorgane beschränkt, sondern alle Amtsträger auf den unterschiedlichen Ebenen umgreift: Die beteiligten Verwaltungen werden unbeschadet ihrer fortbestehenden organisationsrechtlichen Eigenständigkeit „ko-dependente Organismen"[51]. Der nationale Richter entscheidet in Anwendung des Unionsrechts funktionell als „Unionsrichter"[52]; umgekehrt ist der Europäische Gerichtshof „gesetzlicher Richter" im Rahmen des nationalen Verfahrensrechts und des Art. 101 Abs. 1 S. 2 GG.[53] EuGH, EGMR und BVerfG (und darüber hinausgreifend auch die Verfassungsgerichte der anderen europäischen Staaten) sollen in einem „europäischen Verfassungsgerichtsverbund" agieren,[54] der in den allermeisten Fällen zu praktischer Klärung und argumentativer Bereicherung führt, allerdings wegen des vom Bundesverfassungsgericht gegenüber beiden Gerichtshöfen geltend

---

[47] Z.B. das Recht auf Zugang zu Dokumenten in Art. 42 GRCh, Art. 15 Abs. 3 AEUV.

[48] Zu Methodenfragen vgl. *Müller/Christensen*, Juristische Methodik II (Fn. 16); *Peter M. Huber*, Auslegung und Anwendung der Charta der Grundrechte, NJW 2011, S. 2385 ff. Zur Kohärenz- und Kollisionsthematik *Wolfgang Hoffmann-Riem*, Kohärenz der Anwendung europäischer und nationaler Grundrechte, EuGRZ 2002, S. 473 ff.; *Josef F. Lindner*, Grundrechtsschutz in Europa – System einer Kollisionsdogmatik, EuR 2007, S. 160 ff. sowie jetzt in den Beiträgen der Themenhefte „Grundrechtsvielfalt und Grundrechtkonflikte im europäischen Mehrebenensystem", EuGRZ 2011, Hefte 8–9, S. 193–236; *Moritz Bleckmann*, Nationale Grundrechte im Anwendungsbereich des Rechts der Europäischen Union, 2011.

[49] *Christoph Grabenwarter*, Staatliches Unionsverfassungsrecht, in: v. Bogdandy/Bast (Hrsg.), Europäische VerfR, S. 121 ff.

[50] Vgl. *v. Bogdandy*, Grundprinzipien (Fn. 26), S. 54; *Mattias Wendel*, Permeabilität im europäischen Verfassungsrecht, 2011.

[51] *Sabino Cassese*, Der Einfluß des gemeinschaftsrechtlichen Verwaltungsrechts auf die nationalen Verwaltungssysteme, Der Staat, Bd. 33 (1994), S. 25 ff.; → Bd. I *Trute* § 6 Rn. 102 ff.

[52] *Friedrich Schoch*, Die Europäisierung des Verwaltungsprozessrechts, in: FG 50 Jahre Bundesverwaltungsgericht, 2003, S. 507 (514 ff.); → Bd. III *ders.* § 50 Rn. 367 ff.

[53] *BVerfGE* 73, 339 (366 f.); std. Rspr. *BVerfG*, EuGRZ 2010, S. 497 (505 f.).

[54] *Andreas Voßkuhle*, Der europäische Verfassungsgerichtsverbund, NVwZ 2010, S. 1 ff. Zum Verhältnis dieser Gerichte allgemein vgl. *Stefan Oeter* und *Franz Merli*, Rechtsprechungskonkurrenz zwischen nationalen Verfassungsgerichten, Europäischem Gerichtshof und Europäischem Gerichtshof für Menschenrechte, VVdStRL, Bd. 66 (2007), S. 361 ff. und 392 ff.

gemachten „Souveränitätsvorbehalts"⁵⁵ den Konfliktfall nicht schlechthin ausschließt.⁵⁶

B. Der Europäische Verwaltungsverbund

I. Verwalten im Mehrebenensystem der Union

Die Europäischen Gemeinschaften waren von Anfang an nicht nur Rechtsetzungs-, sondern auch *Verwaltungsgemeinschaften*. Ihr administrativer Charakter ist allerdings lange Zeit nicht hinreichend wahrgenommen worden. Nur einzelne, i.d.R. von der Kommission im sog. direkten Vollzug erledigte Aufgaben, vor allem solche der Wettbewerbsaufsicht, fanden Beachtung. Erst mit der Binnenmarktpolitik änderte sich das. 1994 veröffentlichte die Kommission ihre „Mitteilung über die Entwicklung der Zusammenarbeit der Verwaltungen bei der Anwendung und Durchsetzung des Gemeinschaftsrechts für den Binnenmarkt"⁵⁷. Seither spielen die Kooperation mit den Exekutiven der Mitgliedstaaten und der Ausbau eigener Verwaltungskapazitäten in den Dokumenten der Union eine wichtige Rolle. Heute kann von einem **Europäischen Verwaltungsverbund** gesprochen werden: Er zeigt sich in einer wachsenden Zahl von Verwaltungsinstanzen der Union, in dezentral oder zentral organisierten Netzwerken, in einem vielgestaltigen europäischen Ausschusswesen und in der praktischen *Zusammenarbeit* nationaler und unionaler Verwaltungsstellen. Die Verwaltung des Unionsraumes vollzieht sich in einem *Informations-, Entscheidungs- und Kontrollverbund* zwischen mitgliedstaatlichen und unionseigenen Exekutiven.⁵⁸

16

---

⁵⁵ Gegenüber dem *EGMR*: BVerfGE 111, 307 (318 f.) – Görgülü; entschärfend BVerfGE 120, 180 (199 ff.) – Caroline II. Gegenüber dem EuGH: BVerfGE 123, 267 (354) – Lissabon: Vorbehalt einer ultra-vires- und einer Identitätskontrolle, die beide dazu führen können, dass „Unionsrecht in Deutschland für unanwendbar erklärt wird"; entschärfend BVerfGE 126, 286 (302 ff.).

⁵⁶ *Thomas v. Danwitz*, Kooperation der Gerichtsbarkeiten in Europa, ZRP 2010, S. 143 (145): Pflicht der beteiligten Gerichtsbarkeiten, „einen solchen worst case im Rahmen ihrer Rechtsprechung abzuwenden".

⁵⁷ KOM (94) 29 endg.; BRDrucks 241/94. Ferner die Mitteilung der Kommission „Rahmenbedingungen für die europäischen Regulierungsagenturen" vom 11.12.2002, KOM (2002) 718 endg. Aus jüngerer Zeit die Mitteilung „Europäische Agenturen – Mögliche Perspektiven" vom 11.3.2008, KOM (2008) 135 endg.

⁵⁸ *Eberhard Schmidt-Aßmann*, Europäische Verwaltung zwischen Kooperation und Hierarchie, in: FS Helmut Steinberger, 2002, S. 1375 ff.; ders., Strukturen Europäischer Verwaltung und die Rolle des Europäischen Verwaltungsrechts, in: FS Peter Häberle, 2004, S. 395 ff.; *Thomas Groß*, Exekutive Vollzugsprogrammierung durch tertiäres Gemeinschaftsrecht?, DÖV 2004, S. 20 ff.; ders., Die Kooperation zwischen europäischen Agenturen und nationalen Verwaltungen, EuR 2005, S. 54 ff.; *Schmidt-Aßmann/Schöndorf-Haubold* (Hrsg.), Europäischer Verwaltungsverbund; *Eckhard Pache* und *Thomas Groß*, Verantwortung und Effizienz in der Mehrebenenverwaltung, VVdStRL, Bd. 66 (2007), S. 106 ff. und 152 ff.; *Ute Mager*, Die europäische Verwaltung zwischen Hierarchie und Netzwerk, in: Trute/Groß/Röhl/Möllers (Hrsg.), Allgemeines Verwaltungsrecht, S. 369 ff.; *Jens-Peter Schneider/Francisco Velasco Caballero* (Hrsg.), Strukturen des Europäischen Verwaltungsverbundes, DV, Beiheft 8, 2009; *Thorsten Siegel*, Entscheidungsfindung im Verwaltungsverbund, 2009, S. 224 ff.; *Wolfgang Weiß*, Der Europäische Verwaltungsverbund, 2010; *Enrico Peuker*, Bürokratie und Demokratie in Europa, 2011; *Oswald Jansen/Bettina Schöndorf-Haubold* (Hrsg.), The European Composite Administration, 2011; *Wolfgang Kahl*, Der Europäische Verwaltungsverbund: Strukturen – Typen – Phänomene, Der Staat, Bd. 50 (2011), S. 353 ff.; → Bd. I *Groß* § 13 Rn. 36 ff.; → Rn. 25 ff.

17 Vier Kernelemente sind es, die das **Verwaltungskonzept der EU** nach dem Vertrag von Lissabon bestimmen.[59]
- Auf der *einen* Seite steht ein klares Votum für einen *Vorrang* mitgliedstaatlichen *Verwaltens*, der als Recht und als Pflicht der Mitgliedstaaten ausgestaltet ist (Art. 291 Abs. 1 AEUV). Die Union ist zudem zur Wahrung der nationalen Identität ihrer Mitgliedstaaten verpflichtet, die in deren grundlegenden verfassungsgemäßen Strukturen einschließlich der regionalen und lokalen Selbstverwaltung zum Ausdruck kommt (Art. 4 Abs. 2 S. 1 EUV).
- Auf der *anderen* Seite steht ein ebenso klares Votum für die *Exekutiv- und Verwaltungsfunktion* der Kommission (Art. 17 Abs. 1 S. 5 EUV). Hintergrund ist die wesentlich klarere Strukturierung der Gesetzgebungs- und der sonstigen Rechtsetzungsfunktionen, die in den Art. 289–291 AEUV erfolgt ist und heute wesentlich deutlicher von einer *Gewaltenteilung* zwischen den EU-Organen zu sprechen gestattet.[60] Deutlich wird zudem, dass es auf Unionsebene einen eigenen *Verwaltungsunterbau* gibt: „Zur Ausübung ihrer Aufgaben stützen sich die Organe, Einrichtungen oder sonstigen Stellen der Union auf eine offene, effiziente und unabhängige Verwaltung", heißt es in Art. 298 AEUV. Ergänzt wird diese Aussage um eine Rechtsetzungsermächtigung in Absatz 2 der Norm, in der man „eine Kompetenznorm für übergreifende verwaltungsrechtliche Regelungen" sehen kann.[61] Art. 263 und 265 AEUV ziehen aus der Existenz einer solchen administrativen Sekundärstruktur die für den Gerichtsschutz notwendigen Konsequenzen, indem sie die Nichtigkeits- und die Untätigkeitsklage auf das außenwirksame Handeln dieser Verwaltungseinheiten erstrecken.
- Beide Eckpfeiler überwölbend, erklärt Art. 197 AEUV die effektive Durchführung des Unionsrechts durch die Mitgliedstaaten ganz generell zur *„Frage von gemeinsamem Interesse"* und ermächtigt die Union zu Unterstützungsmaßnahmen. Derselbe Gedanke einer komplementär wahrzunehmenden gemeinsamen Erfüllungsverantwortung findet sich für die Gerichtsbarkeiten in Art. 19 EUV. In diesen Kontext gehören ferner die Kooperationspflichten des Art. 4 Abs. 3 EUV.
- Die vierte Komponente des Verwaltungskonzepts bilden der *Grundsatz der Offenheit* (Art. 15 AEUV) und das *Recht auf eine gute Verwaltung*, mit dem Art. 41 GRCh die Union und die Mitgliedstaaten beim Vollzug des Unionsrechts in die Pflicht nimmt.[62]

---

[59] *Matthias Ruffert*, Institutionen, Organe, Kompetenzen, in: Jürgen Schwarze/Armin Hatje (Hrsg.), Der Reformvertrag von Lissabon, EuR, Beiheft 1, 2009, S. 31 (44 ff.); *Walter Frenz*, Verwaltungskooperation mit der Union im Lichte von Art. 197 AEUV und des Lissabon-Urteils, DÖV 2010, S. 66 ff.; *Klaus F. Gärditz*, Die Verwaltungsdimension des Lissabon-Vertrages, DÖV 2010, S. 453 ff.; *Eberhard Schmidt-Aßmann*, Perspektiven der Europäisierung des Verwaltungsrechts, in: Axer/Grzeszick/Kahl/Mager/Reimer (Hrsg.), Europäisches Verwaltungsrecht (Fn. 9), S. 263 ff.; *Jürgen Schwarze*, Die Neuerungen auf dem Gebiet des Europäischen Verwaltungsrechts durch den Vertrag von Lissabon, in: FS Rainer Wahl, 2011, S. 837 ff.

[60] Dazu *Christian Calliess*, in: ders./Ruffert (Hrsg.), EUV/AEUV, Art. 13 EUV Rn. 15 ff.

[61] *Ruffert*, Institutionen, Organe, Kompetenzen (Fn. 59), S. 45.

[62] Dazu *Kai-Dieter Classen*, Gute Verwaltung im Recht der Europäischen Union, 2008; *Helmut Goerlich*, Good Governance und Gute Verwaltung, DÖV 2006, S. 313 ff.; *Diana-Urania Galetta*, Inhalt und Bedeutung des europäischen Rechts auf eine gute Verwaltung, EuR 2007, S. 57 ff.; *Pavlos-Michael Efstratiou*, Der Grundsatz der guten Verwaltung als Herausforderung an die Dogmatik des nationalen und europäischen Verwaltungsrechts, in: Trute/Groß/Röhl/Möllers (Hrsg.), Allgemeines Verwaltungsrecht, S. 281 ff.; → Bd. II *Schmidt-Aßmann* § 27 Rn. 29 f.

B. Der Europäische Verwaltungsverbund

Bei alledem geht es dem Vertrag von Lissabon weniger darum, neue Politikfelder in den ohnehin breiten Kompetenzbestand der Union einzubeziehen, obwohl es auch Beispiele solcher Erweiterungen gibt,[63] so für die Energie (Art. 194 AEUV), den Katastrophenschutz (Art. 222 AEUV) und die Daseinsvorsorge (Art. 14 AEUV). Vielmehr geht es mit der klareren Verankerung des Verwaltungskonzepts im Primärrecht vor allem um eine allgemeine „Verstetigung", „Verdichtung" und „Ausbalancierung" der Verwaltungskompetenzen und der europäischen Verwaltungsbeziehungen. Dabei dürfte gerade die neue Kategorie der Koordinierungskompetenzen in Art. 5 und 6 AEUV zu weiteren administrativen Verflechtungen führen. Der „Raum der Freiheit, der Sicherheit und des Rechts", der „Binnenmarkt" und die „Wirtschafts- und Währungsunion" (Art. 3 Abs. 2–4 EUV) müssen so (auch) als **Verwaltungsraum** verstanden werden. Die Verwaltung des Unionsraumes vollzieht sich der theoretischen Konstruktion nach *entweder* auf der europäischen *oder* auf der nationalen Ebene (Trennungsgrundsatz). In der Praxis jedoch kann ein wirksamer Vollzug nur sichergestellt werden, wenn die Verwaltungen zusammenarbeiten (Kooperationsgrundsatz). Das Verwaltungskonzept der Union beruht daher auf zwei **komplementären Konstitutionsprinzipien**: auf Trennung in organisatorischer und auf Zusammenarbeit in funktionaler Hinsicht.[64] 18

1. Vorrang des mitgliedstaatlichen Vollzuges

Die Basis des Europäischen Verwaltungsverbundes bilden die nationalen Verwaltungen. Sie erfüllen die meisten Verwaltungsaufgaben und erledigen die bei weitem meisten Verwaltungsvorgänge. Im Beziehungsgefüge zwischen Staat und Individuum, Wirtschaft und Gesellschaft stellen die nationalen Exekutiven nach Tradition, Selbstverständnis und Außenwahrnehmung *Konstanten* dar, ohne die die Verwaltung des Unionsraumes nicht denkbar ist. Der Vollzug des *nationalen Rechts* obliegt ihnen allein. Auch der Vollzug des *Unionsrechts* ist zum weitaus größten Teil den nationalen Verwaltungen anvertraut. Unionseigene Verwaltungsinstanzen sind die Ausnahmen. Die weitaus meisten Vollzugsfälle werden von den mitgliedstaatlichen Exekutiven erledigt. Dieser Realbefund eines **Vorrangs dezentraler (mitgliedstaatlicher) Aufgabenwahrnehmung** wird durch Art. 291 Abs. 1 AEUV auch normativ abgesichert.[65] 19

Der Vorrang kann aber unter Beachtung des Art. 5 EUV durchbrochen werden: 20
– Auch für die Aufteilung der Verwaltungskompetenzen gilt das **Prinzip der begrenzten Einzelermächtigung** (Abs. 2), das auf die einzelnen Kompetenztitel des Vertragsrechts verweist. Deren systematische Analyse zeigt zweierlei:[66] Ausdrückliche Zuweisungen an die Union sind in Verwaltungssachen selten.

---

[63] Vgl. *BVerfGE* 123, 267 (294); dort S. 297f. auch zu weiteren Aufgaben von Europol gem. Art. 88 Abs. 2 AEUV.
[64] *Schmidt-Aßmann*, Ordnungsidee, Kap. 7 Rn. 6ff.
[65] *Matthias Ruffert*, in: Calliess/Ruffert (Hrsg.), EUV/AEUV, Art. 291 Rn. 2: „Regel-Ausnahme-Verhältnis". *Gärditz*, Verwaltungsdimension (Fn. 59), S. 462: „eine gewisse Stärkung der dezentralen Vollzugsstruktur."
[66] *Reimer v. Borries*, Verwaltungskompetenzen der EG, in: FS Ulrich Everling, 1995, S. 127ff.; *Stefanie Schreiber*, Verwaltungskompetenzen der EG, 1997, S. 69ff. Vgl. auch *Weiß*, Verwaltungsverbund (Fn. 58), S. 36ff.

Die bekanntesten finden sich im Wettbewerbs- und Beihilfeaufsichtsrecht (Art. 105, 108 Abs. 3 AEUV), für den Europäischen Auswärtigen Dienst (Art. 27 Abs. 3 EUV) und für Europol (Art. 88 AEUV).[67] Die meisten Vorschriften des Primärrechts formulieren dagegen aufgabenbezogen und nicht organisationsspezifisch. Sie schließen eine unionseigene Verwaltungstätigkeit aber auch nicht aus, sondern überlassen die Zuweisung dem Sekundärrecht. Die final ausgerichteten Politiktitel sind weit genug, um auch Administrativaufgaben in ihnen unterzubringen.[68] Ein Rückgriff auf eine Kompetenzbegründung durch die *implied powers* Lehre ist i. d. R. nicht notwendig.[69] Eine Kompetenzergänzung nach dem gegenüber Art. 308 EGV eingeschränkten Art. 352 AEUV kommt nicht in Betracht.[70]

21 – Die Suche nach einschränkenden Regelungen führt zum **Subsidiaritätsprinzip** (Art. 5 Abs. 3) und zum **Verhältnismäßigkeitsprinzip** (Art. 5 Abs. 4). In diesen Kompetenzausübungsschranken dürfte auf mittlere Sicht die beste Gewähr für einen zurückhaltenden Umgang mit unionseigenen Administrativbefugnissen liegen. Beide Prinzipien sind heute **Rechtsprinzipien,** nicht nur politische Maximen. Sie verlangen die Einhaltung einer genauen Prüfungsabfolge, die rechtlich kontrollierbar ist.[71] Das neue Subsidiaritätsprotokoll, das Vertragsbestandteil ist und damit den Rang des Primärrechts besitzt (Art. 51 EUV), präzisiert die Anforderungen. Berücksichtigt man den Ausbaustand der nationalen Verwaltungen, die Verpflichtung der Union zu bürgernahen Entscheidungen (Art. 1 Abs. 2 EUV) und zur Achtung auch der regionalen und lokalen Selbstverwaltung (Art. 4 Abs. 2 S. 1 EUV), so erscheint die Entfaltung unionseigener Vollzugsaktivitäten, mit denen direkt außenwirksame Administrativentscheidungen getroffen werden sollen, nur in engen Grenzen und bei Darlegung bereichsspezifischer Gründe zulässig.

21a Anderes gilt für Formen einer **Verbundverwaltung**: Informations-, Überwachungs- und Koordinationsaufgaben sind zulässig, denn sie arbeiten einen wesentlichen Teil derjenigen Vereinheitlichungsbedürfnisse ab, die, blieben sie unerfüllt, eine Zentralisierung von Vollzugsentscheidungen rechtfertigen würden. Der neue Art. 197 AEUV, der die effektive Durchführung des Unionsrechts durch die Mitgliedstaaten als „Frage von gemeinsamem Interesse" ausweist (Abs. 1), unterstreicht das. Seine verklausulierte Fassung (Abs. 3) relativiert seine eigenständige Bedeutung zwar, doch dürfte die Notwendigkeit und Legitimität der Verbundverwaltung damit (auch) primärrechtlich anerkannt sein.[72] Ein *Verbot*

---

[67] Ferner Vollzugsaktivitäten außerhalb des Administrativbereichs: Europäische Verteidigungsagentur (Art. 42 Abs. 3, 45 EUV), Eurojust und Europäische Staatsanwaltschaft (Art. 85, 86 AEUV).
[68] *Hans D. Jarass*, Die Kompetenzverteilung zwischen der Europäischen Gemeinschaft und den Mitgliedstaaten, AöR, Bd. 121 (1996), S. 173 (181 f.); *EuGH*, Rs. C-217/04, Slg. 2006, I-3789 mit Anm. von *Christoph Ohler*, EuZW 2006, S. 372 ff., zur Bedeutung des Art. 95 EGV.
[69] Vgl. *EuGH*, Rs. C-359/92, Slg. 1994, I-3681, Rn. 37 ff.; eher als Anwendungsfall für die implied powers Lehre eingestuft von *Wolfgang Kahl*, Hat die EG die Kompetenz zur Regelung des Allgemeinen Verwaltungsrechts?, NVwZ 1996, S. 865 (867 f.).
[70] Zu dessen Interpretation vgl. BVerfGE 123, 267 (394 f.). Zur früher üblichen Nutzung des Art. 308 EGV zu Agenturgründungen vgl. *Dorothee Fischer-Appelt*, Agenturen der Europäischen Gemeinschaft, 1999, S. 94 ff.
[71] Vgl. *Christian Calliess*, in: ders./Ruffert (Hrsg.), EUV/AEUV, Art. 5 EUV Rn. 66 ff.
[72] Vgl. *Frenz*, Verwaltungskooperation (Fn. 59), S. 66 ff.; *Ruffert*, Institutionen, Organe, Kompetenzen (Fn. 59), S. 46; eher ablehnend *Gärditz*, Verwaltungsdimension (Fn. 59), S. 462 f.

der *Mischverwaltung* ist dem Unionsrecht fremd.[73] Damit ist freilich kein Freibrief für diffuse Kompetenzverquickungen erteilt. *Verantwortungsklarheit* ist vielmehr ein Kernelement des rechtsstaatlichen und des demokratischen Programms der Union (Art. 2 EUV) und einer dem Grundsatz der Offenheit verpflichteten Verwaltung (Art. 15 AEUV). Das verlangt besondere Regelungen, vor allem im Verwaltungsverfahrensrecht und für Rechtsschutz- und Haftungsfragen.[74] Insgesamt ist der Vorrang des dezentralen Vollzuges eine Grundlinie mit nicht unerheblichen Abweichungstoleranzen; aber er ist heute immerhin eine *Rechtsregel*.

2. Die Verwaltungsinstanzen der EU: Eigenverwaltung

Unbeschadet des Vorrangs des mitgliedstaatlichen Vollzugs verfügt die Union mittlerweile über ein ausdifferenziertes Gefüge der Eigenverwaltung.[75] Das Schwergewicht der Verwaltungsaufgaben liegt bei der Kommission. Sie übt, wie es Art. 17 Abs. 1 S. 5 EUV ausdrückt, nach Maßgabe des Vertrages „Koordinierungs-, Exekutiv- und Verwaltungsfunktionen aus" und ist damit als *das* Verwaltungsorgan der Union eingerichtet.[76] Der kollegial verfassten Kommission steht zur Vorbereitung und zur Durchführung ihrer Aufgaben eine Verwaltung zur Verfügung, die in Generaldirektionen, Direktionen und Referate gegliedert und in sich strikt hierarchisch geordnet ist.[77] Die Kommission ist „die dem Europäischen Parlament verantwortliche (Art. 17 Abs. 8 EUV) Verwaltungsspitze der EU-Eigenverwaltung".[78] 22

Der hohe Zentralisierungsgrad wird allerdings durch eine Reihe von Ämtern und **Agenturen** relativiert.[79] Heute wird die Existenz dieser „Einrichtungen und sonstigen Stellen" primärrechtlich ausdrücklich anerkannt (Art. 298 Abs. 1 und Art. 263 Abs. 5 AEUV). Teilweise handelt es sich dabei um Einrichtungen, die der Kommission im strengen Sinne nachgeordnet sind. Das gilt vor allem für die mit Aufgaben des Haushaltsvollzuges betrauten **Exekutivagenturen**.[80] Die wichtigeren Einheiten folgen dagegen dem Modell unabhängiger Ämter. In ihren Leitungsorganen übertreffen die Vertreter mitgliedstaatlicher Verwaltungen regelmäßig diejenigen der Kommission an Zahl.[81] Gerade in den letzten Jahren hat 23

---

[73] *v. Danwitz*, Europäisches VerwR, S. 609.
[74] → Rn. 80 ff.
[75] Vgl. die Darstellungen von *Steffen Augsberg*, Europäisches Verwaltungsorganisationsrecht und Vollzugsformen, in: Terhechte (Hrsg.), VerwREU, § 6 Rn. 36 ff.; *Jörg Gundel*, Verwaltung, in: Schulze/Zuleeg/Kadelbach (Hrsg.), EuropaR, § 3; stärker funktionenorientierte Darstellung bei *Paul Craig*, EU Administrative Law, 2006, S. 31–190.
[76] Zur bisherigen Rechtslage *Christoph Möllers*, Gewaltengliederung, 2005, S. 253 ff. Speziell zu Fragen der Verwaltungsreform vgl. *Veith Mehde*, Verwaltungsreformen in der Europäischen Kommission, ZEuS 2001, S. 403 ff.; zu Art. 17 Abs. 1 S. 5 EUV *Gärditz*, Verwaltungsdimension (Fn. 59), S. 454.
[77] Geschäftsordnung der Kommission in der Fassung des Beschlusses 2005/960/EG vom 15. November 2005, ABl. EU 2005, Nr. L 347, S. 83.
[78] So *Ruffert*, Institutionen, Organe, Kompetenzen (Fn. 59), S. 45.
[79] Vgl. die Darstellungen bei *Michael H. Koch*, Die Externalisierungspolitik der Kommission, 2004; *Craig*, EU Administrative Law (Fn. 75), S. 143 ff.; *Christoph Görisch*, Demokratische Verwaltung durch Unionsagenturen, 2009; → Bd. I *Trute* § 6 Rn. 104 ff.
[80] Vgl. VO 58/2003 zur Festlegung des Status der Exekutivagenturen vom 19. Dezember 2002, ABl. EU 2003, Nr. L 11, S. 1; *Koch*, Externalisierungspolitik (Fn. 79), S. 80 ff.; ausf. *Wolfgang Schenk*, Strukturen und Rechtsfragen der gemeinschaftlichen Leistungsverwaltung, 2006, S. 183 ff. → Bd. I *Trute* § 6 Rn. 106.
[81] Vgl. KOM (2002) 718: Mitteilung der Kommission „Rahmenbedingungen für die europäischen Regulierungsagenturen" vom 11. Dezember 2002.

eine Welle von Gründungen solcher Einrichtungen,[82] die als **Regulierungsagenturen**[83] bezeichnet werden, die Entwicklung eines ausdifferenzierten Verwaltungsgefüges auf EU-Ebene deutlich verstärkt.[84] In einigen Fällen handelt es sich um Ämter mit eigenen außenwirksamen Entscheidungsbefugnissen.[85] Die meisten der Regulierungsagenturen nehmen aber vor allem Aufgaben der Datensammlung, des Datenaustausches, der Koordination mitgliedstaatlicher Fachverwaltungen und der fachlichen Beratung wahr. Die Steuerungsmöglichkeiten, die mit diesen Verwaltungstätigkeiten verbunden sind, dürfen jedoch im europäischen Verwaltungsgefüge, das in hohem Maße auf Informationsvermittlung angewiesen ist, keineswegs gering veranschlagt werden.[86] Auch Zwischenformen eines außenwirksamen Realhandelns sind anzutreffen (Inspektionen, operative Befugnisse).[87] Als Kompetenztitel für die Schaffung solcher Einrichtungen werden heute vor allem die Sachkompetenzen in den einzelnen Unionspolitiken herangezogen.[88] Eine Grenze bildet das Subsidiaritätsprinzip. Die Probleme der angestrebten Unabhängigkeit dieser Agenturen im Verhältnis zu notwendigen Kontrollen und die Fragen eines angemessenen Gerichtsschutzes, der auf die Vielfalt des Agenturhandelns eingestellt ist, sind bisher nicht gelöst.[89]

24   Neben dieser immer weiter verfeinerten Ämterorganisation hat sich ein ausgedehntes **Ausschusswesen** entwickelt. Es dient teilweise der Zusammenarbeit mit den Verwaltungen der Mitgliedstaaten, teilweise der Einbeziehung externen

---

[82] Vgl. die N. im Beschluss über die Festlegung des Sitzes bestimmter Einrichtungen und Dienststellen der Europäischen Gemeinschaften sowie des Sitzes von Europol vom 29. Oktober 1993, ABl. EG 1993, Nr. C 323, S. 1 und im Beschluss über die Festlegung bestimmter Ämter, Behörden und Agenturen der Europäischen Union vom 13. Dezember 2003, ABl. EU 2004, Nr. L 29, S. 15: U. a. Europäische Umweltagentur, Europäische Arzneimittelagentur, Europäisches Markenamt, Europäische Behörde für Lebensmittelsicherheit, Europäische Agenturen für die Sicherheit des Seeverkehrs sowie für Flugsicherheit, Europäisches Amt für chemische Stoffe und Europäische Eisenbahnagentur. Auflistung bei *Christian Calliess*, in: ders./Ruffert (Hrsg.), EUV/AEUV, Art. 13 EUV Rn. 38 ff.

[83] Zu diesen → Bd. I *Trute* § 6 Rn. 107.

[84] Auch diese Trennung wird in offiziellen Dokumenten der EU nicht selten als Ausdruck einer „dezentralen" Verwaltung bezeichnet. Das ist jedoch mindestens missverständlich, weil diese Form der Ausdifferenzierung auf Unionsebene mit dem das Verhältnis der europäischen zur mitgliedstaatlichen Ebene betreffenden „Vorrang dezentraler Aufgabenwahrnehmung" (→ Rn. 19) nichts zu tun hat.

[85] Z. B. Entscheidungen über die Eintragung einer Gemeinschaftsmarke durch das Harmonisierungsamt für den Binnenmarkt gem. Art. 6 ff. VO (EG) 40/94 über die Gemeinschaftsmarke vom 20. Dezember 1993, ABl. EG 1994, Nr. L 11, S. 1, sowie Zulassungsentscheidungen der Europäischen Agentur für Flugsicherheit gem. Art. 53 VO (EG) 216/2008 zur Festlegung gemeinsamer Vorschriften für die Zivilluftfahrt vom 20. Februar 2008, ABl. EU 2008, Nr. L 79, S. 1, zuletzt geändert durch VO 1108/2009 vom 21. Oktober 2009, ABl. EU 2009, Nr. L 309, S. 51. Ausf. *Daniel Riedel*, Die Gemeinschaftszulassung für Fluggeräte – Europäisches Verwalten durch Agenturen am Beispiel der EASA, 2006.

[86] Vgl. *Armin v. Bogdandy*, Information und Kommunikation in der Europäischen Union: föderale Strukturen in supranationalem Umfeld, in: Hoffmann-Riem/Schmidt-Aßmann (Hrsg.), Informationsgesellschaft, S. 133 (172 ff.); *Edoardo Chiti*, Le agenzie europee, 2002, bes. S. 315 ff.; *Dorothee Fischer-Appelt*, Agenturen der Europäischen Gemeinschaft, 1999, bes. S. 218 ff.; → Bd. II *v. Bogdandy* § 25.

[87] Ausdrücklich Art. 88 Abs. 2 S. 2 lit. b AEUV: operative Maßnahmen von Europol; *Schöndorf-Haubold*, Europäisches SicherheitsR, S. 97 ff. zu Einsatzrechten von Europol und Frontex.

[88] Vgl. *Rainer Vetter*, Die Kompetenzen der EG zur Gründung von unabhängigen europäischen Agenturen, DÖV 2005, S. 721 ff.; → Bd. I *Groß* § 13 Rn. 37 f.

[89] *Schmidt-Aßmann*, Perspektiven (Fn. 59), S. 277 ff.; *Matthias Ruffert*, Verselbständigte Verwaltungseinheiten: Ein europäischer Megatrend im Vergleich, in: Trute/Groß/Röhl/Möllers (Hrsg.), Allgemeines Verwaltungsrecht, S. 431 (446 ff.); speziell zu Frankreich vgl. *Johannes Masing*, Organisationsdifferenzierung im Zentralstaat, dort S. 399 ff. Allgemein → Bd. I *Trute* § 6 Rn. 109.

Sachverstandes und der Öffnung gegenüber gesellschaftlichen Kräften.[90] Die Ausschüsse sind für die Union unverzichtbare Kontaktstellen der Informationsgewinnung und Informationsvermittlung, ohne die sie angesichts begrenzter eigener Ressourcen nicht arbeiten könnte.

Innerhalb des Ausschusswesens stechen die **Komitologieausschüsse** hervor. Sie stellen einen wichtigen Kooperationsmechanismus zwischen der Kommission und den nationalstaatlichen Exekutiven dar, der den Mitgliedstaaten nicht unerheblichen Einfluss auf den Erlass von Durchführungsrecht sichert. Die seit 1962 zunächst frei geübte Praxis wurde später auf Art. 202 3. Gedankenstrich, Satz 2 EGV gestützt.[91] Die Neuregelung für Durchführungsrechtsakte im AEUV verlangt aber Änderungen der bisherigen Praxis:[92] Bisher besaßen die Ausschüsse zwar keine eigenen Zustimmungskompetenzen. Ihre Beschlussfassung brachte aber bei Erlass von Durchführungsrecht – je nach der Art des Konsultationsvorbehalts (Beratungs-, Verwaltungs-, Regelungsverfahren mit Kontrolle und Schutzklauselverfahren) – in unterschiedlicher Weise den Rat (und seit 2006 auch das Europäische Parlament) ins Spiel. Es handelte sich also um einen typischen Rückkoppelungsmechanismus, der den administrativen Zusammenhalt des Verbundes stärken sollte. Dem Zugewinn an Zusammenarbeit und Legitimationsvermittlung standen freilich stets Nachteile im Hinblick auf Transparenz und Verantwortungsklarheit gegenüber. Nach Art. 291 Abs. 3 AEUV müssen für die Modalitäten künftig im ordentlichen Gesetzgebungsverfahren durch Verordnung allgemeine Regeln und Grundsätze vorab festgelegt werden.[93] Die zum 1. März 2011 in Kraft getretene Verordnung (EU) Nr. 182/2011, die das Komitologieverfahren in der Art eines „Modellakts" regelt, hat die Verfahren auf zwei Typen konzentriert („Beratungsverfahren" und „Prüfverfahren"), dafür aber die Bedeutung einer ablehnenden Stellungnahme des betreffenden Ausschusses für das weitere Verfahren der Durchführungsrechtsetzung erhöht: In dem für Rechtsakte „von weitreichender Tragweite" sowie für Rechtsakte auf den Gebieten u.a. der Agrar-, Gesundheits- und Umweltpolitik einschlägigen Prüfverfahren verhindert sie nämlich, dass die Kommission ihren Entwurf in Kraft setzen kann (Art. 2 Abs. 2 i.V.m. Art. 5 und 6 der VO).

3. Kooperation und Verbund

a) Erscheinungsformen

Die Trennung der Ebenen ist nur die *eine* Seite des Verwaltungskonzepts der Union. Zur Trennung tritt notwendig die Kooperation. Diese fügt die unionseigenen und die mitgliedstaatlichen Verwaltungen zum **Europäischen Verwaltungs-**

---

[90] Dazu die Beiträge in: *Christian Joerges/Ellen Vos* (Hrsg.), EU Committees: Social Regulation, Law and Politics, 1999, sowie in: *Christian Joerges/Josef Falke* (Hrsg.), Das Ausschußwesen der Europäischen Union, 2000; *Klaus Knipschild,* Wissenschaftliche Ausschüsse der EG im Bereich der Verbrauchergesundheit und Lebensmittelsicherheit, ZLR 2000, S. 693 ff.; *Augsberg,* Europäisches Verwaltungsorganisationsrecht (Fn. 75), Rn. 67 ff.

[91] v. *Danwitz,* Europäisches VerwR, S. 342 f. und 637 ff.; *Craig,* EU Administrative Law (Fn. 75), S. 99 ff.; → Bd. I *Groß* § 13 Rn. 110 f.; Bd. II *Röhl* § 30 Rn. 72 ff.

[92] *Weiß,* Verwaltungsverbund (Fn. 58), S. 57 ff.; *König,* Gesetzgebungsverfahren, in: Schulze/Zuleeg/Kadelbach (Hrsg.), EuropaR, § 2 Rn. 100, 106, 108.

[93] ABl. EU 2011 Nr L 55 S. 13. Neben Durchführungsverordnungen sind von Art. 291 AEUV vor allem auch Durchführungsbeschlüsse erfasst; vgl. *Ruffert,* in: Calliess/Ruffert, EUV/AEUV Art. 291 AEUV Rn. 11.

verbund zusammen, der ein Informations-, Entscheidungs- und Kontrollverbund ist.[94] *Verwaltungswissenschaftlich* kann der Verbund als Zentrum eines weiter ausgreifenden, auch private Akteure einbeziehenden Governance-Konzepts angesehen werden.[95] *Verwaltungsrechtlich* ist der Verbundbegriff vorzuziehen.

Die Zusammenarbeit weist vielfältige Erscheinungsformen auf.[96] Sie verläuft *vertikal* zwischen EU-Instanzen und den mitgliedstaatlichen Verwaltungen und *horizontal* zwischen den mitgliedstaatlichen Verwaltungen.[97] Neben der administrativen Vollzugskooperation steht die gubernative Normsetzungskooperation.[98]

Die Grundfunktion des Verbundes ist es, den beteiligten Verwaltungen die erforderlichen Informationen zu erschließen **(informationelle Kooperation)**.[99] Hierher gehören der punktuelle und gelegentliche Datenaustausch ebenso wie der Aufbau zentral oder auch dezentral angelegter Informationssysteme.[100] Besondere Formen sind das Berichtswesen und die Statistik.[101]

Kooperation zeigt sich zum Zweiten in vielfältigen Formen gegenseitiger Abstimmung und gemeinsamer Verfahrensführung **(prozedurale Kooperation)**. So können z.B. Pflichten gegenseitiger Anerkennung von Prüfungsbescheinigungen zwischen den Mitgliedstaaten praktisch nicht ohne begleitende Verfahren normiert werden, die für Eil- oder Streitfälle schnell greifende Klärungsmechanismen verfügbar machen.[102] „Mehrstufige" oder „gemischte" Verwaltungsverfahren, an denen Verwaltungsbehörden unterschiedlicher Ebenen beteiligt sind, finden sich heute z.B. im Zollrecht, bei der Verwaltung der Strukturfonds und besonders häufig im Produktzulassungsrecht.[103] Sie führen zu *Entscheidungen*, die auf unterschiedliche Weise *europaweite Wirkung* entfalten. Im Sekundärrecht lassen sich so mehrere *Kooperationsmodelle* unterscheiden.[104]

Schließlich kann Kooperation in eigens dazu gebildeten Gremien geleistet werden **(institutionelle Kooperation)**. Beispiele dafür sind die Verwaltungsräte der Europäischen Agenturen[105] und das System der Komitologieausschüsse.[106]

---

[94] → Rn. 16 mit Literatur.

[95] Dazu → Bd. I *Schuppert* § 16 Rn. 163 ff.

[96] Dazu *Eberhard Schmidt-Aßmann*, Verwaltungskooperation und Verwaltungskooperationsrecht in der Europäischen Gemeinschaft, EuR 1996, S. 270 ff.; *Gernot Sydow*, Verwaltungskooperation in der Europäischen Union, 2004; *Gundel*, Verwaltung (Fn. 75), § 3 Rn. 119 ff.; *v. Danwitz*, Europäisches VerwR, S. 609 ff.; *Weiß*, Verwaltungsverbund (Fn. 58), S. 65 ff. und 85 ff.; *Kahl*, Verwaltungsverbund (Fn. 58), S. 360 ff., arbeitet sieben Typen heraus. Speziell zum Kontrollverbund → Bd. III *Kahl* § 47 Rn. 215 ff.

[97] Dazu auch *Christoph Ohler*, Europäisches und nationales Verwaltungsrecht, in: Terhechte (Hrsg.), VerwREU, § 9 Rn. 18 f. und 20 ff.

[98] *v. Danwitz*, Europäisches VerwR, S. 610.

[99] Dazu *Augsberg*, Europäisches Verwaltungsorganisationsrecht (Fn. 75), Rn. 52; → Bd. II *v. Bogdandy* § 25.

[100] Dazu grdl. *Kristina Heußner*, Informationssysteme im Europäischen Verwaltungsverbund, 2007.

[101] Vgl. VO 223/2009 über europäische Statistiken vom 11. März 2009, ABl. EU 2009, Nr. L 87, S. 164. Allg. zur Statistik und ihrer Bedeutung für das Verwaltungsrecht → Bd. II *Ladeur* § 21 Rn. 70 ff. Zum Berichtswesen → Bd. II *v. Bogdandy* § 25 Rn. 59 ff.

[102] *Oliver Blattner*, Europäisches Produktzulassungsverfahren, 2003; *Martin Schlag*, Grenzüberschreitende Verwaltungsbefugnisse im EG-Binnenmarkt, 1998.

[103] *Hanns P. Nehl*, Europäisches Verwaltungsverfahren und Gemeinschaftsverfassung, 2002, S. 39 ff.; → Bd. II *Röhl* § 30 Rn. 52, 54 ff.; zum Zollrecht → Bd. II *v. Bogdandy* § 25 Rn. 68 ff.

[104] Grdl. *Sydow*, Verwaltungskooperation (Fn. 96), S. 118 ff.: Einzelvollzugsmodell, Transnationalitätsmodell, Referenzentscheidungsmodell, Direktvollzugsmodell.

[105] → Rn. 23.

[106] → Rn. 24.

B. Der Europäische Verwaltungsverbund

26 Die Zusammenarbeit hat unterschiedliche Intensitätsgrade.[107] Neben punktuellen Kontakten zwischen Behörden z. B. bei Amtshilfevorgängen stehen Formen dauerhafter Zusammenarbeit.[108] Zu den typischen Bauformen des Europäischen Verwaltungsverbundes zählen **Netzwerke**.[109] Der Begriff wird an dieser Stelle in einem engeren Sinne gebraucht: Es geht allein um Verflechtungen zwischen *Hoheitsträgern*, genauer: um **Behördennetzwerke**.[110] Im hier verwendeten engeren Sinne findet sich der Begriff des Netzwerkes auch in offiziellen Dokumenten der EU. Er bezeichnet Formen verdichteter und verstetigter Zusammenarbeit,[111] oft durch elektronische Vernetzung unterstützt: ein Netz nationaler Agenturen zur Verwaltung von Gemeinschaftsprogrammen nach Art. 54 Abs. 2 lit. c der Haushaltsverordnung Nr. 1605/2002,[112] ein Netzwerk zwischen der EU-Kommission und den nationalen Kartellbehörden zum Vollzug der Kartellverfahrensverordnung Nr. 1/2003,[113] ein „europäischer Regulierungsverbund" nach den Telekommunikationsrichtlinien,[114] eine Agentur, der eigens die Zusammenarbeit der nationalen Energieregulierungsbehörden zu organisieren aufgetragen ist.[115] Rechtlich und technisch besonders anspruchsvoll ist das Netzwerk, das das Europäische Polizeiamt Europol mit den nationalen Stellen, ihren Verbindungsbe-

---

[107] *Julia Sommer*, Verwaltungskooperation am Beispiel administrativer Informationsverfahren im Europäischen Umweltrecht, 2003, S. 75 ff.; *Christian Koch*, Arbeitsebenen der Europäischen Union, 2003, S. 175 ff.; *Jens Hofmann*, Rechtsschutz und Haftung im Europäischen Verwaltungsverbund, 2004, S. 23 ff.

[108] N. bei *Florian Wettner*, Amtshilfe im Europäischen Verwaltungsrecht, 2005, S. 289 ff.

[109] *Sydow*, Verwaltungskooperation (Fn. 96), S. 78 ff.

[110] Zu Netzwerken i.w.S., d.h. unter Einbeziehung privater Akteure → Bd. I *Groß* § 13 Rn. 12; *Schuppert* § 16 Rn. 134 ff.

[111] *Alberto J. Gil Ibáñez*, Supervision and Enforcement of EC Law, 1999, S. 298: „We can speak of networks, when partnership takes place through a permanent framework for administrative cooperation [...]."

[112] VO 1605/2002 über die Haushaltsordnung für den Gesamthaushaltsplan der EG vom 25. Juni 2002, ABl. EG 2002, Nr. L 248, S. 1, zuletzt geändert durch VO 1525/2007 vom 17. Dezember 2007, ABl. EU 2007, Nr. L 343, S. 9. Dazu *Wolfgang Schenk*, Strukturen und Rechtsfragen der gemeinschaftlichen Leistungsverwaltung, 2006, S. 198 ff.

[113] VO 1/2003 zur Durchführung der in den Artikeln 81 und 82 des Vertrags niedergelegten Wettbewerbsregeln vom 16. Dezember 2003, ABl. EG 2003, Nr. L 1, S. 1, zuletzt geändert durch VO 1419/2006 vom 25. September 2006, ABl. EU 2006, Nr. L 269, S. 1. Die Behörden bilden ein „European Competition Network" (ECN) genanntes Netz; vgl. auch § 50a GWB. Dazu *Andreas Klees*, Europäisches Kartellverfahrensrecht, 2005, § 7 Rn. 63 ff.; *Wolfgang Weiß*, Europäisches Wettbewerbsverwaltungsrecht, in: Terhechte (Hrsg.), VerwREU, § 20; → Bd. II *Röhl* § 30 Rn. 55 ff.

[114] RL 2002/21 über einen gemeinsamen Rechtsrahmen für elektronische Kommunikationsnetze und -dienste vom 7. März 2002, ABl. EG 2002, Nr. L 108, S. 33, zuletzt geändert durch RL 2009/140/EG vom 25. November 2009, ABl. EU 2009, Nr. L 337, S. 37; dazu *Hans-Heinrich Trute/Hans C. Röhl*, Der Europäische Regulierungsverbund in der Telekommunikation, 2005; *Karl-Heinz Ladeur/Christoph Möllers*, Der europäische Regulierungsverbund der Telekommunikation im deutschen Verwaltungsrecht, DVBl 2005, S. 525 ff.; *Jürgen Kühling*, Europäisches Telekommunikationsverwaltungsrecht, in: Terhechte (Hrsg.), VerwREU, § 24; *Michael Schramm*, Der europäische Verwaltungsverbund in der Telekommunikationsregulierung (§§ 10 ff. TKG) aus dem Blickwinkel des Rechtsschutzes, DÖV 2010, S. 387 ff.; → Bd. I *Trute* § 6 Rn. 111; Bd. II *Röhl* § 30 Rn. 59 ff.

[115] VO 713/2009 vom 13. Juli 2009, ABl. EU 2009, Nr. L 211, S. 1. Zur Energiemarktregulierung vgl. *Gabriele Britz*, Verbundstrukturen in der Mehrebenenverwaltung: Erscheinungsformen, Funktion und verfassungsrechtliche Grenzen am Beispiel der europäischen und deutschen Energiemarktregulierung, in: Schneider/Velasco Caballero (Hrsg.), Europäischer Verwaltungsverbund (Fn. 58), S. 71 ff.; *Jörg Gundel*, Europäisches Energieverwaltungsrecht, in: Terhechte (Hrsg.), VerwREU, § 23; *Weiß*, Verwaltungsverbund (Fn. 58), S. 115 ff.; *Markus Ludwigs*, Das veränderte Machtgefüge der Institutionen nach dem Dritten EU-Binnenmarktpaket, DVBl 2011, S. 61 ff.

amten und Informationssystemen bildet.[116] Dabei lassen sich mindestens zwei Typen von Netzwerkstrukturen unterscheiden: unionsrechtlich vorgeschriebene Netzwerke nationaler Behörden einerseits und Netzwerke unter dominierendem Einfluss einer unionalen Verwaltungsinstanz andererseits.[117]

Obwohl es dem Begriff des Netzwerks an einem exakten rechtsdogmatischen Gehalt bisher fehlt, deutet er doch über die reine Deskription hinaus juristische Problemfelder an.[118] „Das Netz nationaler Agenturen ist ein strukturiertes Ganzes, dem miteinander kommunizierende Einrichtungen angehören und bei dem jedes Mitglied einen Teil der Verantwortung für die Verwirklichung gemeinsamer Ziele übernimmt."[119] Damit ist genau jene *Zwischenstellung* umschrieben, die der rechtswissenschaftlichen Erfassung besondere Schwierigkeiten bereitet: Netzwerke sind einerseits nur selten (schon) selbständige Verwaltungsträger, denen eigene Rechte und Pflichten zugeordnet werden können. Aber ihre Handlungen lassen sich andererseits auch nicht (mehr) vollständig in Handlungsbestandteile der beteiligten Verwaltungen zerlegen und diesen individuell zuordnen. Netzwerke führen zu neuen Identifikationen und lockern alte Kontrollbeziehungen.

b) Funktionen des Verbundkonzepts

27 Die Vorstellung eines „Europäischen Verwaltungsverbundes" – das **Verbundkonzept** – erfüllt bei der *verwaltungsrechtlichen Systembildung* mehrere Aufgaben:

aa) Zunächst einmal geht es darum, die Vielfalt der Einrichtungen, denen der Vollzug des Unionsrechts anvertraut ist, zu erfassen und sich ihre Interaktionen zu vergegenwärtigen. Wer über das Europäische Verwaltungsrecht schreiben will, muss wissen, was die Verwaltung des Unionsraumes ist. Diese erste, die *deskriptive* Funktion der Verbundvorstellung ist die Basis. Sie muss angesichts des schnellen Wandels der Unions in ihren Erscheinungsformen und in ihren Aufgaben immer wieder neu erfüllt werden.[120]

27a bb) Neben die beschreibende tritt die *analytische* Funktion. Jede Analyse verfolgt bestimmte vorgegebene Erkenntnisziele. Die Vorstellung eines Europäischen Verwaltungsverbundes verfolgt rechtswissenschaftliche Erkenntnisziele. Diese Ausrichtung teilt sie mit den verwandten Begriffen des „Staatenverbun-

---

[116] Beschluss des Rates vom 9. April 2009 zur Errichtung des Europäischen Polizeiamtes (Europol), ABl. EU 2009, Nr. L 121, S. 37 ff.; dazu *Schöndorf-Haubold*, Sicherheitsverwaltungsrecht, Rn. 47 ff.; *dies*, Europäisches Sicherheitsverwaltungsrecht, in: Terhechte (Hrsg.), VerwREU, § 35 Rn. 32 ff. Zur Entwicklung vgl. *Jan Hecker*, Europäisches Verwaltungskooperationsrecht am Beispiel der grenzüberschreitenden polizeilichen Zusammenarbeit, EuR 2001, S. 826 ff.; *Tine Milke*, Europol und Eurojust, 2003, S. 133 ff.; *Lothar Harings*, Grenzüberschreitende Zusammenarbeit der Polizei- und Zollverwaltungen und Rechtsschutz in Deutschland, 1998, S. 165 ff.; → Bd. I *Groß* § 13 Rn. 109; Bd. II v. Bogdandy § 25 Rn. 78 ff.

[117] Vgl. *Weiß*, Verwaltungsverbund (Fn. 58), S. 85 ff., auch zu Konvergenzen zwischen der Steuerung durch Agenturen und Netzwerke.

[118] Dazu *Sigrid Boysen* u. a. (Hrsg.), Netzwerke, 2007, zusammenfassend S. 289 ff.; → Bd. I *Schuppert* § 16 Rn. 134 ff.

[119] So z. B. KOM (2001) 648, Mitteilung der Kommission „Verwaltung der Gemeinschaftsprogramme über ein Netz nationaler Agenturen", S. 6.

[120] Beispielgebend *Francisco Velasco Caballero*, Organisation und Verfahren des Verwaltungsverbundes im Bereich „Grenzen, Asyl und Immigration", in: Schneider/ders., Europäischer Verwaltungsverbund (Fn. 58), S. 100 ff., und *José M. Rodriguez de Santiago*, Das Modell des „Europäischen Verwaltungsverbundes" im Koordinierungssystem für Gesundheitsdienstleistungen, dort S. 145 ff.

des" und des „Verfassungsverbundes".[121] Dem Doppelauftrag des Verwaltungsrechts entsprechend,[122] geht es den Analysen der Verbundverwaltung um zweierlei: Einerseits darum, die Wirksamkeitsbedingungen des Unionsrechts zu untersuchen, und andererseits Gefährdungen rechtsstaatlicher und demokratischer Verantwortungsklarheit aufzudecken, die aus der erschwerten Auflösbarkeit von Verbundhandlungen folgen. Die Analysen beschäftigen sich sehr detailliert mit den Informationsvorgängen und mit Verfahrenszusammenhängen, mit der Dichte der kooperativen Beziehungen, mit verfügbaren Haftungs-, Kontroll- und Rechtschutzregelungen. Ihre Grundlagen sind vor allem die Vorschriften des jeweiligen Sekundärrechts, die auch untereinander verglichen und auf Gemeinsamkeiten und Divergenzen durchgesehen werden. Die analytische Funktion geht hier in eine *heuristische* Funktion über, die auf rechtliche Folgeprobleme und denkbare Lösungsmodelle zuführt. Die Probleme des Europäischen Verwaltungsrechts sind zu einem wesentlichen Teil **Verbundprobleme,** die zu den sozusagen normalen Aufgaben eines demokratisch-rechtsstaatlichen Verwaltungsrechts hinzutreten. Haftungs- und Prozessrecht verlangen üblicherweise individualisierbare Verwaltungsvorgänge. Bei Verbundvorgängen aber ist gerade diese Aufspaltung der Verantwortlichkeiten schwierig, unter Umständen sogar unmöglich. Jüngere Rechtsakte, z. B. im Europolrecht haben diese Schwierigkeiten erkannt und versuchen, mit neuen *verbundadäquaten Rechtsinstituten* Abhilfe zu schaffen. So kennt Art. 52 des Europolbeschlusses für die Geltendmachung von Schadensersatzansprüchen eine „Stellvertreterhaftung", der zufolge der Geschädigte seine Klage gegen den Staat zu richten hat, in dem der Schadensfall eingetreten ist. Diese Vorschrift soll die Verfolgung der Ansprüche erleichtern.[123] Regelungen über eine solche Stellvertretung in der Schadenshaftung finden sich auch in einigen anderen Rechtsakten, z. B. für das Zollinformationssystem.[124] Selbst wenn in einer solchen Haftung heute noch kein allgemeiner Rechtsgrundsatz gesehen werden kann,[125] zeigt sich hier, wie ein „Verbundverwaltungsrecht" künftig beschaffen sein könnte. Es ist Aufgabe eines solchen zu entwickelnden Rechts, durch Auswertung normativen Materials Lösungsmöglichkeiten aufzuzeigen und Bauformen zu entwickeln, die – normativ hinreichend abgesichert – von der Rechtsetzung aufgegriffen und von der Rechtsprechung zu festen Rechtsinstituten und Rechtsgrundsätzen ausgeformt werden können.[126]

cc) Hat der Begriff des Europäischen Verwaltungsverbundes über seine analytisch-heuristische Funktion im Vorfeld juristischer Dogmenbildung hinaus selbst auch einen *dogmatischen* Gehalt? Lassen sich aus ihm direkt verbindliche Rechts-

---

[121] Er ist daher in verwaltungsrechtlichen Untersuchungen den sozialwissenschaftlichen Begriffen „Mehrebenenverwaltung" und „European Governance" vorzuziehen.
[122] → Rn. 6.
[123] Sie ist allerdings ihrerseits mit Unsicherheiten der Auslegung und Abgrenzung zu Art. 53 Europolbeschluss (Fn. 116) belastet. Zur Vorläuferregelung des Art. 38 Europolübereinkommen *Milke,* Europol (Fn. 116), S. 162 ff. Zum Rechtsschutz → Bd. III *Schoch* § 50 Rn. 393 ff.
[124] Art. 40 der VO 515/97 über die gegenseitige Amtshilfe zwischen Verwaltungsbehörden der Mitgliedstaaten und die Zusammenarbeit dieser Behörden mit der Kommission im Hinblick auf die ordnungsgemäße Anwendung der Zoll- und der Agrarregelungen vom 13. März 1997, ABl. EG 1997, Nr. L 82, S. 1.
[125] *Hofmann,* Rechtsschutz und Haftung (Fn. 107), S. 345 ff.; vgl. auch → Rn. 83.
[126] *Weiß,* Verwaltungsverbund (Fn. 58), S. 152 ff.; *Kahl,* Verwaltungsverbund (Fn. 58), S. 386 f.; *Foroud Shirvani,* Haftungsprobleme im Europäischen Verwaltungsverbund, EuR 2011, S. 619 ff.

regeln ableiten? Für den verwandten Begriff des Staatenverbundes hat das Lissabon-Urteil eine in diesem Sinne bündige Definition vorgelegt und damit für politische Großkonflikte einige Eckpunkte markiert.[127] Für die sehr viel konkreteren Fragen täglicher Verwaltungszusammenarbeit lässt sich der Verbundgedanke dogmatisch dagegen nicht so eindeutig auf ein mitgliedstaatlich dominiertes Konzept festlegen:

– Selbstverständlich steht der Verbundgedanke dem Entstehen einer europaweiten Einheitsverwaltung entgegen. Eine solche wäre weder kompetenzgerecht noch realistisch. Die mitgliedstaatlichen Verwaltungen bleiben das Rückgrat des Verbundes (Art. 291 Abs. 1 AEUV). Aber ein weiterer Ausbau zentraler Verwaltungsinstanzen ist damit so wenig unterbunden wie die Bildung verfahrens- oder organisationsrechtlicher Hybridformen, sofern nur die erforderliche Verantwortungsklarheit erhalten bleibt.[128]

– Auch in Fragen der *Verwaltungslegitimation* liegen die Dinge differenzierter. Jedenfalls lässt sich die Legitimation der Verbundverwaltung nicht allein und nicht einmal vorrangig über die mitgliedstaatlichen Exekutiven, über ihr Zusammenwirken im Rat, in den (bisherigen) Komitologieausschüssen und in den Verwaltungsräten der Agenturen herstellen. Die in diesen Gremien herrschende Rationalität des Verhandelns und der Kompromisse zwischen Partikularinteressen bedarf vielmehr einer gleichgewichtigen Gegenposition, die die Ausrichtung auf ein europäisches Gemeinwohl bringt. Diese Position müssen das Europäisches Parlament und die Kommission aufgrund ihrer eigenen Legitimation wahrnehmen.[129] Steuerungs- und Kontrollrechte dieser Organe gegenüber der Verbundverwaltung sind deshalb nicht als Ausnahmeerscheinungen, sondern als Normalität zu betrachten.

28a Der Begriff des Verbundes soll *Zusammenarbeit als die Normallage* der Verwaltung des Unionsraumes ausweisen. Aber auch hier ist gegenüber dogmatischen Festlegungen Vorsicht geboten. Der Verbundgedanke verlangt z.B. keineswegs die voraussetzungslose *gegenseitige Anerkennung von Verwaltungsentscheidungen*.[130] Die notwendigen Kooperationspflichten ergeben sich nicht aus der Verbundidee als solcher, sondern aus dem einschlägigen Primär- und Sekundärrecht. Nur soweit dieses den Rechtsboden für entsprechende Pflichten gelegt hat, kann der Verbundgedanke mit einem funktionalen Argument zu deren Ausgestaltung beitragen. Eine unverzichtbare Voraussetzung des Verbundes ist dabei, dass zwischen den beteiligten nationalen Verwaltungen *gegenseitiges Vertrauen* in eine kompetente und unparteiische Amtsführung besteht.[131] Wo grobe

---

[127] *BVerfGE* 123, 267 (348): „Der Begriff des Verbundes enthält eine enge, auf Dauer angelegte Verbindung souverän bleibender Staaten, die auf vertraglicher Grundlage öffentliche Gewalt ausübt, deren Grundordnung jedoch allein der Verfügung der Mitgliedstaaten unterliegt und in der die Völker – das heißt die staatsangehörigen Bürger – der Mitgliedstaaten die Subjekte der demokratischen Legitimation bleiben". Für den Begriff „Verfassungsverbund" wesentlich behutsamer *v. Bogdandy/Schill*, Achtung nationaler Identität (Fn. 45), S. 705 f.
[128] → oben Rn. 19–21.
[129] → Bd. I *Trute* § 6 Rn. 104 ff.
[130] *Schmidt-Aßmann*, Perspektiven (Fn. 59), S. 269 ff.; ähnlich *Ohler*, Europäisches und nationales Verwaltungsrecht (Fn. 97), Rn. 23.
[131] Zu dieser Vertrauensthematik grdl. *Claudio Franzius*, Gewährleistung im Recht, 2009, S. 202 ff. und 254 ff.; *ders.*, Europäisches Vertrauen? Eine Skizze, in: Humboldt Forum Recht 2010, S. 159 ff.; → Bd. I *Trute* § 6 Rn. 115 sowie → unten Rn. 62.

II. Deutsches und Europäisches Verwaltungsrecht

Der Europäische Verwaltungsverbund verlangt ein differenziertes Verwaltungsrecht, das die Struktur des Verfassungsverbundes eigenständig aufnimmt.[133] Auf dem Wege zu einem solchen Europäischen Verwaltungsrecht sind bereits wichtige Entwicklungsstufen durchlaufen:[134] Das Grundraster einer Systematik zeichnet sich ab:[135] Breite Aufmerksamkeit hat die Europäisierung des nationalen Verwaltungsrechts gefunden (1). Daneben ist das für die Verwaltungsinstanzen der Union selbst einschlägige Recht mehr und mehr auch systematisch entfaltet worden (2). Rechtspraktisch ist nach den Rechtsregeln, die speziell für die Kooperation zwischen den Verwaltungen der unterschiedlichen Ebenen beachtlich sind, zu fragen (3). Schließlich interessieren gemeinsame Steuerungsansätze des europäischen und des nationalen Rechts (4).

29

Der Europäische Verwaltungsverbund verlangt ein differenziertes Verwaltungsrecht, das die Struktur des Verfassungsverbundes eigenständig aufnimmt.

1. Die Europäisierung des deutschen Verwaltungsrechts

Die heute überall zu beobachtende Europäisierung des nationalen Verwaltungsrechts als Prozess der Beeinflussung, Überlagerung und Umformung durch europäisches Rechtsdenken und Rechtshandeln hat zahlreiche Einflusspfade:[136] Die wichtigste Quelle ist das auf die mitgliedstaatlichen Verwaltungsrechtsordnungen einwirkende EU-Recht, das hier als **Unionsverwaltungsrecht** (früher: Gemeinschaftsverwaltungsrecht) bezeichnet und von dem für die EU-Administration selbst geltenden Eigenverwaltungsrecht unterschieden wird. Seine vertraglichen Grundlagen sind der unmittelbare Geltungsanspruch und der Anwendungsvorrang des EU-Rechts[137] sowie die Schlüsselstellung des Gerichtshofs der Europäischen Union nach Art. 19 EUV. In seinen Erscheinungsformen ist es teils legislativ gesetztes Recht, teils Richterrecht. Es verfolgt zwei

30

---

[132] *Schmidt-Aßmann*, Verwaltungskooperation (Fn. 96), S. 297 f.; → Bd. III *Schoch* § 50 Rn. 379.

[133] Vgl. nur *Mager*, Europäische Verwaltung (Fn. 58), S. 369 ff.; *Jörg P. Terhechte*, Das Verwaltungsrecht der Europäischen Union als Gegenstand der rechtswissenschaftlichen Forschung, in: ders. (Hrsg.), VerwREU, § 1; *Andreas v. Arnauld*, Zum Status quo des europäischen Verwaltungsrechts, dort § 2.

[134] Anschaulich *Schwarze*, Europäisches VerwR, S. XLVII–CLIX; *Lepsius*, Methode (Fn. 9), S. 183 ff., analysiert zwei Phasen der Entwicklung.

[135] Vgl. *v. Danwitz*, Europäisches VerwR, Kap. 3–5; *Dirk Ehlers*, Europäisches Recht und Verwaltungsrecht, in: Erichsen/ders. (Hrsg.), VerwR, § 5 Rn. 31 ff.; auch *Michael Fehling*, Verwaltungsverfahren und Verwaltungsprozessrecht, in: Terhechte (Hrsg.), VerwREU, § 12 Rn. 52 ff.

[136] Vgl. *Georg Ress*, Verwaltung und Verwaltungsrecht in der Bundesrepublik Deutschland unter dem Einfluß des europäischen Rechts und der europäischen Gerichtsbarkeit, in: Joachim Burmeister (Hrsg.), Die verfassungsrechtliche Stellung der Verwaltung in Frankreich und in der Bundesrepublik Deutschland, 1991, S. 199 ff.; *Eberhard Schmidt-Aßmann*, Zur Europäisierung des allgemeinen Verwaltungsrechts, in: FS Peter Lerche, 1993, S. 513 ff.; *Rainer Wahl*, Europäisierung: Die miteinander verbundenen Entwicklungen von Rechtsordnungen als ganzen, in: Trute/Groß/Röhl/Möllers (Hrsg.), Allgemeines Verwaltungsrecht, S. 869 ff.

[137] → Bd. I *Ruffert* § 17 Rn. 121 ff.

Ziele:[138] Zum einen will es im Wege der Harmonisierung inhaltliche Änderungen des nationalen Rechts erreichen. Zum anderen sollen die mitgliedstaatlichen Exekutiven auf einen gleichmäßigen, wirksamen Vollzug des EU-Rechts verpflichtet werden.

31 Die rechtspraktisch ausgerichtete **„Instrumentalisierung"** ist eine Wirksamkeitsbedingung des dezentralen Vollzugskonzepts. Soweit die Union in diesen Fällen nicht auch das erforderliche Verfahrens-, Organisations- und Prozessrecht geregelt hat, führen die Mitgliedstaaten das EU-Recht nach Maßgabe ihres eigenen Rechts aus. Sie müssen dabei jedoch den Äquivalenz- und den Effektivitätsgrundsatz beachten: „In einer solchen Situation ist es Sache der innerstaatlichen Rechtsordnung der einzelnen Mitgliedstaaten, die zuständigen Gerichte zu bestimmen und die Verfahrensmodalitäten der Klagen zu regeln, die den Schutz der dem Bürger aus dem Gemeinschaftsrecht erwachsenen Rechte gewährleisten sollen, sofern diese Modalitäten nicht weniger günstig ausgestaltet sind als die entsprechender innerstaatlicher Klagen (Äquivalenzgrundsatz) und die Ausübung der durch die Gemeinschaftsrechtsordnung verliehenen Rechte nicht praktisch unmöglich machen oder übermäßig erschweren (Effektivitätsgrundsatz)."[139] Mit dieser **„Koordinierungsformel"** (*Scheuing*) hat sich der Europäische Gerichtshof ein Instrument geschaffen, um nationales Organisations-, Verfahrens- und Prozessrecht jeweils so weit umzugestalten, wie er es zu einem wirksamen Vollzug des Unionsrechts für notwendig hält.[140]

32 Die stärker rechtsgestaltend ausgerichtete **„Umorientierung"** ist in Rechtsakten aller Rangstufen präsent, die das EU-Recht kennt.[141] Aus dem *Primärrecht* zählen dazu die Vorgaben für das Kommunalwahlrecht der Unionsbürger (Art. 22 Abs. 1 AEUV), die Regelung des Zugangs zu Verwaltungsämtern ohne Rücksicht auf die Staatsangehörigkeit mit Ausnahme der Ausübung hoheitlicher Befugnisse (Art. 45 AEUV), die Vorschriften über die Rechtsstellung öffentlicher Unternehmen, insbesondere der Dienste von allgemeinem wirtschaftlichem Interesse (Art. 14 i.V.m. Art. 106 AEUV) und über die Beschränkung nationaler Beihilfen (Art. 107, 109 AEUV). Im *Sekundärrecht* dominierten bisher bereichsspezifische Regelungen, z.B. des Agrarrechts oder des Sozialrechts, in Verordnungsform (Art. 288 Abs. 2 AEUV). Verordnungen zu Gegenständen des allgemeinen Verwaltungsrechts waren in der Vergangenheit selten, punktuell und ohne übergreifendes Konzept. Hier zeichnen sich jedoch Wandlungen ab: Ausgreifendere bereichsspezifische Ansätze werden zu Teilkodifikationen. Ein frühes Beispiel ist der Zollkodex von 1992[142] mit seinen Regelungen zur Rechtsform der Entscheidung (Art. 6 ff.), zum Zollverfahren (Art. 84 ff.) und zum innerstaat-

---

[138] *Dieter H. Scheuing*, Europarechtliche Impulse für innovative Ansätze im deutschen Verwaltungsrecht, in: Hoffmann-Riem/Schmidt-Aßmann (Hrsg.), Innovation, S. 289 ff. mit der Unterscheidung der „Instrumentalisierung" (S. 298 ff.) und „Umorientierung" des nationalen Rechts durch das EG-Recht (S. 331 ff.).

[139] Vgl. nur *EuGH*, Rs. C-343/96, Slg. 1999, I-579, Rn. 25 (m.w.N.), std. Rspr.; *EuGH*, Rs. C-246/09, NJW 2010, S. 2713, Rn. 25 und 35.

[140] Einzelheiten bei *v. Danwitz*, Europäisches VerwR, S. 279 ff.; 310 ff., insbes. S. 476 ff.; *v. Arnauld*, Status (Fn. 133), § 2 Rn. 37: „verbundsichernde Prinzipien".

[141] → Bd. I *Ruffert* § 17 Rn. 30 ff.

[142] VO 2913/92 zur Festlegung des Zollkodex vom 12. Oktober 1992, ABl. EG 1992, Nr. L 302, S. 1.

lichen Rechtsschutz (Art. 243 ff.). Eine weitere Teilkodifikation ist in der Zwischenzeit für das Recht der Einreise geschaffen worden.[143]

Die wichtigste Darstellungsform des Unionsverwaltungsrechts ist derzeit die *Richtlinie* (Art. 288 Abs. 3 AEUV). Was sich unter dem Titel der Rechtsangleichung durch Richtlinienrecht vollzieht, ist längst nicht mehr eine Vereinheitlichung einzelner kleiner Bereiche des Fachrechts. Heute existieren Richtlinienwerke, die die strukturbestimmenden Merkmale der mitgliedstaatlichen Verwaltungsrechtsordnungen verändern. Ihre ursprüngliche Aufgabe, den nationalen Gesetzgebern Umsetzungsvorgaben zu machen, hat sich um zwei Funktionen erweitert:[144] Richtlinien sind zugleich Auslegungsdirektiven und gemäß der Rechtsprechung zur unmittelbaren Wirkung nicht oder nicht rechtzeitig umgesetzter Richtlinien ein die Bindung an das nationale Gesetz überlagernder, unmittelbarer Maßstab für alle mitgliedstaatlichen Verwaltungen. Das EU-Recht ist auf diese Weise heute zu einer allgegenwärtigen Größe im Verwaltungsalltag geworden. Es erfasst nicht mehr nur die darauf spezialisierten Fachverwaltungen, sondern kann für jeden Vorgang jeder Behörde bis in die feinsten Verästelungen kommunaler Verwaltungstätigkeit Bedeutung erlangen.[145] Die Umsetzung der EU-Dienstleistungsrichtlinie brachte Veränderungen bis in die Traditionsbestände des allgemeinen Verwaltungsverfahrensrechts hinein.[146]

Im **besonderen Verwaltungsrecht** lässt sich dieser Befund am Umweltrecht belegen:[147] Neben den Einflüssen auf das Naturschutz-, Wasser-, Chemikalien- und Immissionsschutzrecht hat das EU-Recht wesentliche Elemente eines allgemeinen Teils des Umweltrechts in den mitgliedstaatlichen Rechtsordnungen geschaffen. Die Richtlinien zur Umweltverträglichkeitsprüfung,[148] zur Zugänglichkeit von Umweltinformationen[149] und zur Umwelthaftung[150] sowie die

33

---

[143] VO 562/2006 über einen Gemeinschaftskodex für das Überschreiten der Grenzen durch Personen (Schengener Grenzkodex), zuletzt geändert durch VO 265/2010 vom 25. März 2010, ABl. EU 2010, Nr. L 85, S. 1.

[144] Dazu *Hans D. Jarass*, Grundfragen der innerstaatlichen Bedeutung des EG-Rechts, 1994, S. 67 ff.; → Bd. I *Ruffert* § 17 Rn. 128 ff.

[145] Anschaulich die Beiträge in: *Jan Bergmann/Markus Kenntner* (Hrsg.), Deutsches Verwaltungsrecht unter europäischem Einfluss, 2002; rechtsvergleichend *Jürgen Schwarze* (Hrsg.), Das Verwaltungsrecht unter europäischem Einfluß, 1996, bes. S. 789 ff. (Zusammenfassung); → Bd. I *Voßkuhle* § 1 Rn. 13.

[146] RL 2006/123/EG vom 12. Dezember 2006, ABl EU 2006, Nr. L 376, S. 36. Verwaltungsrechtlich vor allem wichtig das „Verfahren über eine einheitliche Stelle" (§§ 71 a–e VwVfG); dazu *Heribert Schmitz/Lorenz Prell*, Verfahren über eine einheitliche Stelle, NVwZ 2009, S. 1 ff. und die Regelungen „Europäische Verwaltungszusammenarbeit" (§§ 8 a–e VwVfG); dazu *Kahl*, Europäisierung (Fn. 9), S. 82 ff.

[147] *Hans-Werner Rengeling* (Hrsg.), EUDUR Bd. 1–3; *Sparwasser/Engel/Voßkuhle*, UmweltR, § 1 Rn. 95 ff.; *Schmidt/Kahl*, UmweltR, § 10; *Bernhard W. Wegener*, Europäisches Umweltverwaltungsrecht, in: Terhechte (Hrsg.), VerwREU, § 36; *Ute Mager*, Entwicklungslinien des Europäischen Verwaltungsrechts, in: Axer/Grzeszick/Kahl/Mager/Reimer (Hrsg.), Europäisches Verwaltungsrecht (Fn. 9), S. 29 ff.

[148] RL 85/337 über die Umweltverträglichkeitsprüfung bei bestimmten öffentlichen und privaten Projekten vom 27. Juni 1985, ABl. EG 1985, Nr. L 175, S. 40; zuletzt geändert durch RL 2009/31/EG vom 23. April 2009, ABl. EU 2009, Nr. L 140, S. 114.

[149] RL 2003/4 über den Zugang der Öffentlichkeit zu Umweltinformationen vom 28. Januar 2003, ABl. EU 2003, Nr. L 41, S. 26.

[150] RL 2004/35 über Umwelthaftung zur Vermeidung und Sanierung von Umweltschäden vom 21. April 2004, ABl. EU 2004, Nr. L 143, S. 56, zuletzt geändert durch RL 2009/31/EG vom 23. April 2009, ABl. EU 2009, Nr. L 140, S. 114.

EMAS-Verordnung[151] verfolgen ein verändertes Konzept umweltrechtlicher Steuerungsinstrumente, in dem eine informierte Öffentlichkeit und der Gedanke der Selbstregulierung das traditionelle Konzept staatlicher Kontrollverantwortung wenigstens teilweise ersetzen sollen. Zugleich wird die verfahrens- und prozessrechtliche Stellung von Nichtregierungsorganisationen ausgebaut.[152]

Im **allgemeinen Verwaltungsrecht** stehen das Verwaltungsorganisationsrecht und die Rechtsquellenlehre, die Rechtsformen des Verwaltungshandelns, das Verwaltungsverfahrens- und das Staatshaftungsrecht, die Verwaltung in Privatrechtsform und schließlich das Konzept des Verwaltungsrechtsschutzes unter dem Dauereinfluss des europäischen Rechts.[153] Das vorliegende Grundlagenwerk behandelt diese Themen jeweils im Kontext der einschlägigen Rechtsinstitute.[154]

34   Die Folgen der Europäisierung für das nationale Verwaltungsrecht sind oft beschrieben[155] und kritisch gewürdigt worden.[156] Das Konzept der funktionellen Integration und die Finalstruktur des Unionsrechts entfalten eine Dynamik, die manche vertraute Regelung des nationalen Verwaltungsrechts zu verschütten droht.[157] Die Entwicklung wird dadurch verstärkt, dass sich nach allen Erfahrungen die prägenden Wirkungen des EU-Rechts nicht auf die anpassungs-

---

[151] VO 1221/2009 über die freiwillige Teilnahme von Organisationen an einem Gemeinschaftssystem für Umweltmanagement und Umweltbetriebsprüfung vom 25. November 2009, ABl. EU 2009, Nr. L 342, S. 1.

[152] RL 2003/35 über die Beteiligung der Öffentlichkeit bei der Ausarbeitung bestimmter umweltbezogener Pläne und Programme vom 26. Mai 2003, ABl. EU 2003, Nr. L 156, S. 17.

[153] *Karl-Heinz Ladeur,* Supra- und transnationale Tendenzen in der Europäisierung des Verwaltungsrechts – eine Skizze, EuR 1995, S. 227 (231 ff.); *Ehlers,* Europäisches Recht und Verwaltungsrecht (Fn. 135), § 5 Rn. 43 ff.; *Eberhard Schmidt-Aßmann,* Die Europäisierung des Verwaltungsverfahrensrechts, in: FG 50 Jahre Bundesverwaltungsgericht, 2003, S. 487 (493 ff.); *Rainer Wahl,* Das Verhältnis von Verwaltungsverfahren und Verwaltungsprozessrecht in europäischer Sicht, DVBl 2003, S. 1285 ff.; *v. Danwitz,* Europäisches VerwR, S. 495 ff. sowie die Beiträge in: *Axer/Grzeszick/Kahl/Mager/Reimer* (Hrsg.), Europäisches Verwaltungsrecht (Fn. 9).

[154] Wichtige Stellen, an denen Europäisierungsfragen behandelt werden, sind:
– *Rechtsquellen*: → Bd. I *Ruffert* § 17 Rn. 8, 30 ff.; 81 ff.; 121 ff.
– *Subjektive Rechte*: → Bd. I *Masing* § 7 Rn. 88 ff.; Bd. III *Schoch* § 50 Rn. 149 ff.
– *Verwaltung*: → Bd. I *Hoffmann-Riem* § 10 Rn. 73 ff.
– *Verwaltungsakt*: → Bd. II *Bumke* § 35 Rn. 119 (transnationaler Verwaltungsakt); 185 und 202 f. (Heilung und Unbeachtlichkeit von Fehlern).
– *Verwaltungskontrollen*: → Bd. III *Kahl* § 47 Rn. 218 ff.
– *Verwaltungslegitimation*: → Bd. I *Trute* § 6 Rn. 102 ff.
– *Verwaltungsrechtsschutz*: → Bd. III *Schoch* § 50 Rn. 16 ff.; 26 ff.; 149 ff.; 367 ff.
– *Verwaltungsverfahren*: → Bd. II *v. Bogdandy* § 25 (Informationsbeziehungen); *Schmidt-Aßmann* § 27; *Röhl* § 30 Rn. 48 ff. (Verbundverfahren); *Sachs* § 31 Rn. 128; auch Bd. III *Schoch* § 50 Rn. 307 ff.
– *Verwaltungszwang und Sanktionen*: → Bd. III *Waldhoff* § 46 Rn. 213 ff.
– *Staatshaftungsrecht*: → Bd. III *Höfling* § 51 Rn. 48 ff.; *Morlok* § 54 Rn. 103 ff.; *Osterloh* § 55 Rn. 154 ff.; auch *Enders* § 53 Rn. 16 f.
– *Öffentlicher Dienst*: → Bd. III *Voßkuhle* § 43 Rn. 50 ff.; 89 ff.

[155] *Schwarze* (Hrsg.), Verwaltungsrecht unter europäischem Einfluß (Fn. 145); *Bergmann/Kenntner* (Hrsg.), Deutsches Verwaltungsrecht unter europäischem Einfluss (Fn. 145); über die französische Sicht dieser Entwicklung informieren die Beiträge im Sonderheft der AJDA: Droit Administratif et Droit Communautaire, 1996.

[156] *Hans-Werner Rengeling,* Deutsches und Europäisches Verwaltungsrecht – wechselseitige Einwirkungen, VVDStRL, Bd. 53 (1994), S. 202 ff.; m.w.N. *Friedrich Schoch,* Die Europäisierung des Allgemeinen Verwaltungsrechts, JZ 1995, S. 109 ff.; *ders.,* Europäisierung des Verwaltungsprozessrechts (Fn. 52), S. 507 ff.; *Schmidt-Aßmann,* Europäisierung des Verwaltungsverfahrensrechts (Fn. 153), S. 495 ff.; *Matthias Ruffert,* Die Europäisierung der Verwaltungsrechtslehre, DV, Bd. 36 (2003), S. 293 ff.

[157] *v. Danwitz,* Verwaltungsrechtliches System (Fn. 24), bes. S. 187 ff. und 334 ff.

pflichtigen Bereiche begrenzen lassen, sondern auch andere Gebiete des nationalen Verwaltungsrechts unter einen faktischen Anpassungsdruck setzen. Dauerhaft werden sich in den Mitgliedstaaten z.B. keine unterschiedlichen Maßstäbe des Vertrauensschutzes für den Vollzug des Unionsrechts und für sonstige Vollzugsvorgänge nebeneinander aufrechterhalten lassen. Gerade das allgemeine Verwaltungsrecht ist ein Mittler solcher **„überwirkenden" Veränderungseffekte**.[158] Das aber veranlasst auch zu besonderer Vorsicht: Harmonisierung darf nicht in Egalisierung umschlagen.

2. Das Eigenverwaltungsrecht der EU-Administration

Das Eigenverwaltungsrecht ist das Recht, nach dem die EU-Organe und sonstigen Einrichtungen ihre eigenen administrativen Tätigkeiten ausüben.[159] Es ist zum einen **Organisationsrecht**.[160] Hierzu zählen die Vorschriften über den Aufbau und die Funktionsweise der Kommission (Art. 17 EUV, Art. 244 ff. AEUV), die neue Vorschrift über die Europäische Verwaltung (Art. 298 AEUV), ferner die Geschäftsordnungen der Organe und die interinstitutionellen Vereinbarungen zwischen ihnen (vgl. Art. 295 AEUV) sowie die Verordnungen und Einsetzungsbeschlüsse, die die Basis für die selbständigen Ämter und Agenturen der Union bilden. Dabei zeigt sich in neuerer Zeit das Bemühen, vorfixierte Organisationstypen zu benutzen und dadurch ein höheres Maß an Transparenz zu erreichen.[161] Systematisch sind hierher ferner das Haushaltsrecht und das Dienstrecht der Union, repräsentiert durch die auf Art. 322 AEUV gestützte Haushaltsordnung[162] und das auf Art. 336 AEUV gegründete Beamtenstatut,[163] zu rechnen.

Das Eigenverwaltungsrecht hat ferner ein eigenes **Handlungsrecht** ausgebildet. Dazu gehören vor allem diejenigen Vorschriften, die zu direktem Handeln gegenüber Unionsbürgern und Unternehmen befähigen und dieses Handeln ordnen. Hier haben die Rechtsformen der Verordnung und des Beschlusses, aber auch der Stellungnahme und der Empfehlung ihren Platz, ohne dass Art. 288 AEUV eine erschöpfende Aufzählung böte. Auch administrative Verträge, Leitlinien und inneradministrative Rechtsakte sind in der Praxis anzutreffen.[164] An-

35

---

[158] Begriff bei *Ladeur,* Tendenzen (Fn. 153), S. 228. Zum Gesamtvorgang gegenseitiger Beeinflussung „in allem, was Recht ist" *Wahl,* Europäisierung (Fn. 136), S. 889 ff.

[159] Vgl. *v. Danwitz,* Europäisches VerwR, S. 315 ff.; *Ehlers,* Europäisches Recht und Verwaltungsrecht (Fn. 135), § 5 Rn. 33 ff.; *Schwarze,* Europäisches VerwR, S. 25 ff.

[160] *Augsberg,* Europäisches Verwaltungsorganisationsrecht (Fn. 75).

[161] Z.B. VO 58/2003 zur Festlegung des Status der Exekutivagenturen vom 19. Dezember 2002, ABl. EG 2003, Nr. L 11, S. 1; gescheitert allerdings für die Regulierungsagenturen, vgl. Mitteilung der Kommission „Europäische Agenturen – Mögliche Perspektiven" vom 11. März 2008, KOM (2008) 135 endg.

[162] VO 1605/2002 über die Haushaltsordnung für den Gesamthaushaltsplan der Europäischen Gemeinschaften vom 25. Juni 2002, ABl. EG 2002, Nr. L 248, S. 1, zuletzt geändert durch VO 1525/2007 vom 17. Dezember 2007, ABl. EU 2007, Nr. L 343, S. 9, sowie Durchführungsverordnung 2342/2002 vom 23. Dezember 2002, ABl. EG 2002, Nr. L 357, S. 1, zuletzt geändert durch VO 478/2007 vom 23. April 2007, ABl. EU 2007, Nr. L 111, S. 13.

[163] VO 259/68 zur Festlegung des Statuts der Beamten der Europäischen Gemeinschaften und der Beschäftigungsbedingungen für die sonstigen Bediensteten dieser Gemeinschaften vom 29. Februar 1968, ABl. EG 1968, Nr. L 56, S. 1; → Bd. III *Voßkuhle* § 43 Rn. 51 ff.: Europäischer öffentlicher Dienst; *Veith Mehde,* Europäisches Dienstrecht, in: Terhechte (Hrsg.), VerwREU, § 38.

[164] Vgl. *Armin v. Bogdandy/Jürgen Bast/Felix Arndt,* Handlungsformen im Unionsrecht. Empirische Analysen und dogmatische Strukturen in einem vermeintlichen Dschungel, ZaöRV, Bd. 62 (2002),

dere Teile des Handlungsrechts, z. B. das Recht des Verwaltungsverfahrens, sind in allgemeiner Form bisher nicht kodifiziert, werden aber durch richterrechtlich entwickelte allgemeine Rechtsgrundsätze und durch das Recht auf gute Verwaltung (Art. 41 GRCh) erfasst.[165] Zum Handlungsrecht gehören ferner das Haftungsrecht (Art. 340 AEUV),[166] die Vorschriften über die Direktklagen vor den Unionsgerichten (Art. 263 ff. AEUV)[167] und über die Verwaltungsvollstreckung (Art. 299 AEUV).[168]

36 Ursprünglich betraf das Eigenverwaltungsrecht nur die wenigen administrativen Aktivitäten einer auf Kernaufgaben beschränkten Zentralverwaltung. Diese Situation hat sich jedoch geändert: In traditionellen Gebieten der Eigenverwaltung ist die Entscheidungsfolge dichter geworden, so z.B. im Beihilfeaufsichtsrecht.[169] Andere Gebiete wie das Markenschutzrecht sind (partiell) in Eigenverwaltung genommen worden.[170] Ein eigenständiges Kapitel stellt die Forschungsförderung der Union dar, die ebenfalls in Expansion begriffen ist.[171] Praktisch ist kaum ein Rechtsbereich vorstellbar, in dem die Union nicht auch eigene Verwaltungsentscheidungen trifft. Beispiele sind die zentralisierten Entscheidungen und die Inspektionen vor Ort: *Zentralisierte Entscheidungen* folgen mit einer gewissen verwaltungspolitischen Notwendigkeit aus den Koordinationsaufgaben, die der Kommission in harmonisierten Bereichen zufallen. Die Entwicklung lässt sich am Arzneimittelrecht, in dem dezentralisierte mitgliedstaatliche Entscheidungen und zentralisierte Verwaltungsentscheidungen der Union nebeneinander stehen, recht gut nachzeichnen.[172] Auch die Tatbestände, in denen Unionsbeamte bei Unternehmen und Verwaltungen zu *Inspektionen vor Ort* ermächtigt werden, sind häufiger geworden.[173] Traditionell im Kartellrecht sowie bei der Lebensmittel- und Veterinäraufsicht[174] bekannt, erfassen sie heute mit dem Ziel eines Schutzes der finanziellen Gemeinschaftsinteressen weite Bereiche der Förderverwaltung und haben in der Verordnung 2185/

S. 77 ff.; *v. Danwitz*, Europäisches VerwR, S. 344 ff., bes. 371 ff.; *Peter Szczekalla*, Handlungsformen im Europäischen Verwaltungsrecht, in: Terhechte (Hrsg.), VerwREU, § 5 Rn. 28 ff.; speziell zu europäischen Verträgen → Bd. II *Bauer* § 36 Rn. 22 ff.; zu normativen Formen: „Leitlinien" und „Mitteilungen" → Bd. II *Röhl* § 30 Rn. 77 ff.

[165] Dazu *Schwarze*, Europäisches VerwR, S. 1135 ff.; *Fehling*, Verwaltungsverfahren (Fn. 135), § 12 Rn. 12 ff. Überlegungen zu einer Kodifikation bei *Kahl*, Europäisierung (Fn. 9), S. 55 ff.

[166] *Alexander Thiele*, Europäisches Staatshaftungsrecht, in: Terhechte (Hrsg.), VerwREU, § 39; *v. Danwitz*, Europäisches VerwR, S. 448 ff.; → Bd. III *Morlok* § 54 Rn. 114 ff.

[167] → Bd. III *Schoch* § 50 Rn. 22 ff.

[168] → Bd. III *Waldhoff* § 46 Rn. 220 ff.

[169] Vgl. die VO 659/99 über besondere Vorschriften für die Anwendung von Artikel 93 des EG-Vertrags vom 22. März 1999, ABl. EG 1999, Nr. L 236, S. 33, zuletzt geändert durch VO 1791/2006 vom 20. November 2006, ABl. EU 2006, Nr. L 363, S. 1.

[170] VO 40/94 über die Gemeinschaftsmarke vom 20. Dezember 1993, ABl. EG 1994, Nr. L 11, S. 1.

[171] Dazu *Annette Pfeiffer*, Die Forschungs- und Technologiepolitik der EG als Referenzgebiet für das europäische Verwaltungsrecht, 2003, S. 145 ff.

[172] → Bd. II *Röhl* § 30 Rn. 64 ff.; systematisch *Sydow*, Verwaltungskooperation in der EU (Fn. 96), S. 216 ff. („Direktentscheidungsmodell") im Verhältnis zu drei von ihm herausgearbeiteten dezentralen Entscheidungsmodellen, S. 118 ff.: „Einzelvollzugsmodell", „Transnationalitätsmodell", „Referenzentscheidungsmodell".

[173] Ausf. und systematisch dazu *Antje David*, Inspektionen im Europäischen Verwaltungsrecht, 2003, S. 30 ff.; *Sommer*, Verwaltungskooperation (Fn. 107), S. 150 ff.

[174] Vgl. *Klaus Knipschild*, Lebensmittelsicherheit als Aufgabe des Veterinär- und Lebensmittelrechts, 2003, S. 213 f.

B. Der Europäische Verwaltungsverbund

96, der sog. Kontrollverordnung für diesen Bereich, eine kodifizierte Fassung gefunden.[175]

Der Ausbau der Eigenverwaltung hat zu Regelungsbedürfnissen geführt, die 37 sonst Standardverwaltungen kennzeichnen: Die Erteilung öffentlicher Aufträge durch EU-Instanzen macht ein eigenes Vergaberecht notwendig.[176] Der Aufbau großer Daten- und Aktenbestände verlangt es, die Fragen des Datenschutzes,[177] aber auch die Frage des Zugangs der Öffentlichkeit zu Informationen der Eigenverwaltung[178] zu regeln. Interessant ist, dass die dazu erlassenen Vorschriften für die Eigenverwaltung letztlich auf Richtlinien verweisen, mit denen die Union den Mitgliedstaaten für deren Verwaltungen entsprechende Regelungen vorgegeben hat. Dahinter steht erkennbar die Vorstellung, dass sich die Erwartungen der Menschen von dem, was Verwaltungen zu leisten und wie sie vorzugehen haben, auf *allen* Ebenen der Verwaltung des Unionsraumes in einem Gleichlauf bewegen (*„Parallelisierungsthese")*.[179] In eben diese Richtung wirkt heute das Recht auf gute Verwaltung nach Art. 41 GRCh in seiner Verbindlichkeit für die Eigenverwaltung *und* für die mitgliedstaatlichen Verwaltungen bei der Durchführung des Unionsrechts (Art. 51 GRCh).[180]

3. Das Recht der europäischen Verwaltungskooperation

Zentraler und dezentraler Vollzug meinen keinen „Vollzugsisolationismus" 38 der EU-Instanzen oder der einzelnen Mitgliedstaaten. Das Verwaltungskonzept der Union ist vielmehr ein voraussetzungsvolles Konzept, das gegenseitige Information und Konsultation zwischen den beteiligten Verwaltungen verlangt. Dem organisationsbezogenen Trennungsprinzip korrespondiert das funktionsbezogene Kooperationsprinzip. **Kooperationspflichten** ergeben sich aus einigen speziellen Vorschriften des Primärrechts (z. B. Art. 108 AEUV), vor allem aber aus dem Sekundärrecht. Auch der *Grundsatz der loyalen Zusammenarbeit* kann pflichtbegründend wirken: Für die Vorläuferregelung (Art. 10 EGV) war das mindestens für Nebenpflichten anerkannt, für selbständige Pflichten umstritten.[181] Die

---

[175] Art. 325 AEUV; VO 2185/96 betreffend die Kontrollen und Überprüfungen vor Ort durch die Kommission zum Schutz der finanziellen Interessen der EG vor Betrug und anderen Unregelmäßigkeiten vom 11. November 1996, ABl. EG 1996, Nr. L 292, S. 2; *David*, Inspektionen (Fn. 173), S. 95 ff.

[176] Siehe die ausführlichen Regelungen in Art. 88–107 der Haushaltsordnung (VO 1605/2002) vom 25. Juni 2002, ABl. EG 2002, Nr. L 248, S. 1, zuletzt geändert durch VO 1525/2007 vom 17. Dezember 2007, ABl. EU 2007, Nr. L 343, S. 9, und Art. 116–159 der Durchführungsverordnung (VO 2342/2002) vom 23. Dezember 2002, ABl. EG 2002, Nr. L 357, S. 1, zuletzt geändert durch VO 478/2007 vom 23. April 2007, ABl. EU 2007, Nr. L 111, S. 13.

[177] Art. 16 AEUV. In enger Anlehnung an die RL 95/46 zum Schutz natürlicher Personen bei der Verarbeitung personenbezogener Daten und zum freien Datenverkehr vom 24. Oktober 1995, ABl. EG 1995, Nr. L 281, S. 31, die VO 45/2001 zum Schutz natürlicher Personen bei der Verarbeitung personenbezogener Daten durch die Organe und Einrichtungen der Gemeinschaft vom 18. Dezember 2000, ABl. EG 2001, Nr. L 8, S. 1.

[178] Art. 15 Abs. 3 AEUV; VO 1049/2001 über den Zugang der Öffentlichkeit zu Dokumenten des Europäischen Parlaments, des Rates und der Kommission vom 30. Mai 2001, ABl. EG 2001, Nr. L 145, S. 43; dazu *Christian Heitsch*, Die Verordnung über den Zugang zu Dokumenten der Gemeinschaftsorgane im Lichte des Transparenzprinzips, 2003; *Frank Riemann*, Die Transparenz der Europäischen Union, 2004.

[179] *Schmidt-Aßmann*, Ordnungsidee, Kap. 7 Rn. 24.

[180] Rn. 17 und → Bd. II *Schmidt-Aßmann* § 27 Rn. 29 f.

[181] Vgl. *v. Danwitz*, Europäisches VerwR, S. 614 f.; ausf. *Sommer*, Verwaltungskooperation (Fn. 107), S. 393 ff.

Neufassung in Art. 4 Abs. 3 EUV deutet nicht nur eine textliche Klarstellung sondern auch eine Akzentuierung des Pflichtengehalts an.[182]

39 Wie die Verwaltung des Unionsraumes nur in einem Zusammenwirken der eigenen und der mitgliedstaatlichen Verwaltungen bestehen kann, so existieren nationales Verwaltungsrecht, Eigenverwaltungsrecht und Unionsverwaltungsrecht nicht unverbunden nebeneinander. Entscheidend ist vielmehr das Zusammenspiel der Rechtsregime, die das Handeln der beteiligten Verwaltungen bestimmen. Zur Bezeichnung dieser Zwischenschicht wird hier der Begriff des **Verwaltungskooperationsrechts** genutzt.[183] Es geht um ein Recht der Behördenzusammenarbeit, nicht um Kooperationsformen zwischen Staat und Gesellschaft. Von seinem Charakter her ist das Kooperationsrecht keine neue Rechtsquelle. Vielmehr verbinden sich in ihm Akte unterschiedlicher *Rechtsschichten*. Das wird deutlich, wenn zwischen vertikaler und horizontaler Kooperation unterschieden wird.[184]

– Die **vertikale Kooperation** zwischen Mitgliedstaaten und Verwaltungsstellen der Union hat zwar ihre normativen Grundlagen im Unionsrecht. Die konkreten Kooperationshandlungen der beteiligten Verwaltungen können aber auf unterschiedlichen Rechtsgrundlagen beruhen und besitzen unterschiedliche Rechtsqualität: Die Verwaltungen der Union handeln aufgrund des Eigenverwaltungsrechts. Die Handlungen nationaler Stellen können auf direkt anwendbarem EU-Recht, auf vergemeinschaftetem nationalen Recht oder auf sonstigem nationalen Recht beruhen. Sie sind in ihrer Rechtsqualität Akte nationalen Rechts.

– Die **horizontale Kooperation** zwischen den mitgliedstaatlichen Verwaltungen hat ihre allgemeinen normativen Grundlagen ebenfalls im Unionsrecht. Die einzelnen Kooperationshandlungen können sich auf direkt anwendbares Unionsverwaltungsrecht oder auf unionsrechtlich vereinheitlichtes oder auf sonstiges nationales Recht stützen; auch zwischen den Mitgliedstaaten geschlossene Verträge und sonst getroffene Vereinbarungen kommen in Betracht.[185] Die einzelnen Kooperationsbeiträge der beteiligten mitgliedstaatlichen Verwaltungen bleiben unbeschadet ihrer Rechtsgrundlagen solche *nationalen* Rechts. Sie sind auch dann, wenn sie sich auf europäisches Recht stützen und auf Rechtsverhältnisse in anderen Mitgliedstaaten auswirken, keine supranationalen Rechtsakte.

Typische Rechtsinstitute des Verwaltungskooperationsrechts sind:[186]
– die Amts- und Rechtshilfe;[187]

---

[182] *Wolfgang Kahl*, in: Calliess/Ruffert (Hrsg.), EUV/AEUV, Art. 4 Abs. 3 AEUV Rn. 42 f.; → Bd. III. *ders.* § 47 Rn. 221 ff.

[183] In der Sache ebenso, begrifflich als „Kooperationsverwaltungsrecht" bei *v. Danwitz*, Europäisches VerwR, S. 609 ff.

[184] Beispiele bei → Bd. II Röhl § 30 Rn. 48 ff.; ergänzend auch „diagonale" Verwaltungsbeziehungen herausstellend → Bd. II *v. Bogdandy* § 25 Rn. 85 ff.

[185] Vgl. *Andreas Bücker/Sabine Schlacke*, Die Entstehung einer „politischen Verwaltung" durch EG-Ausschüsse – Rechtstatsachen und Rechtsentwicklungen, in: Joerges/Falke (Hrsg.), Ausschußwesen (Fn. 90), S. 161 (234 f.): „transnationale Verwaltungsvereinbarungen".

[186] Vgl. *v. Danwitz*, Europäisches VerwR, S. 616 ff.; *v. Arnauld*, Status (Fn. 133), § 2 Rn. 14 ff.; *Gundel*, Verwaltung (Fn. 75), § 3 Rn. 119 ff.; *Kahl*, Verwaltungsverbund (Fn. 58), S. 366 ff.

[187] Dazu *Wettner*, Amtshilfe (Fn. 108); → Bd. II *v. Bogdandy* § 25 Rn. 70 ff.; speziell zur Europäischen Verwaltungszusammenarbeit nach §§ 8 a–e VwVfG → Bd. II *Schneider* § 28.

– die gegenseitige Anerkennung von Verwaltungsentscheidungen;[188]
– das Institut der transnationalen Verwaltungsaktes;[189]
– die mehrstufigen Verwaltungsverfahren.[190]

4. Gemeinsame Steuerungsansätze

Das Verhältnis des deutschen zum Europäischen Verwaltungsrecht ist schließlich dadurch gekennzeichnet, dass beide in ihren Steuerungsansätzen zahlreiche Gemeinsamkeiten aufweisen. Beide wissen sich durchaus den Traditionen und Qualitäten hierarchischer Organisationsformen und ordnungsrechtlicher Instrumente verpflichtet. Beide haben jedoch auch neue Ansätze **flexibler, indirekter Steuerung** aufgenommen.[191] Die Entwicklung ist in beiden Rechtsordnungen natürlich nicht unabhängig voneinander verlaufen. Die Umweltaktionsprogramme der EU und die umweltrechtliche Instrumentendiskussion in Deutschland zeigen das.[192] Insgesamt ist die Europäisierung kein nur in *einer* Richtung verlaufender Beeinflussungsvorgang, sondern ein gemeinsamer Lernprozess. Die meisten der von der *Neuen Verwaltungsrechtswissenschaft* thematisierten Reformansätze[193] sind Ergebnisse dieses Prozesses: 40

– die Veränderung der *Verantwortungssphären* von Staat und Gesellschaft und die Einbeziehung von Modellen gesellschaftlicher *Selbstregulierung*,[194]
– die Betonung der eigenständigen Funktion von *Verwaltungsverfahren*,[195]
– die Akzentuierung der nicht justizförmigen Verwaltungskontrollen,[196]
– die Stärkung der Kontrollfunktionen *informierter Öffentlichkeit*,[197]
– die Nutzung der Steuerungsressourcen des *Organisationsrechts*,[198]
– der Ausbau der Lehre von den *Rechts-, Handlungs- und Bewirkungsformen*,[199]
– der Einsatz *weicher Steuerungsmittel* wie Empfehlungen, Stellungnahmen, Berichte, Selbstverpflichtungsabkommen,[200]

---

[188] Dazu *Markus Möstl*, Preconditions and limits of mutual recognition, CMLRev, Bd. 47 (2010), S. 405 ff.; → Bd. III *Kahl* § 47 Rn. 233.
[189] Dazu *Karl-Heinz Ladeur*, Die Bedeutung des Allgemeinen Verwaltungsrechts für ein Europäisches Verwaltungsrecht, in: Trute/Groß/Röhl/Möllers (Hrsg.), Allgemeines Verwaltungsrecht, S. 795 (810 f.); *Weiß*, Verwaltungsverbund (Fn. 58), S. 80 f.; → Bd. I *Ruffert* § 17 Rn. 142; Bd. III *Bumke* § 35 Rn. 119 ff.
[190] Dazu grdl. *Hanns P. Nehl*, Europäisches Verwaltungsverfahren und Gemeinschaftsverfassung, 2002, S. 413 ff.
[191] Allgemein dazu → Bd. I *Franzius* § 4; Bd. II *Sacksofsky* § 40.
[192] Interessante Beobachtungen zu Entwicklungslinien und Einflussknicks bei *Eberhard Bohne*, Langfristige Entwicklungstendenzen im Umwelt- und Technikrecht, in: Schmidt-Aßmann/Hoffmann-Riem (Hrsg.), Strukturen, S. 217 ff.
[193] → Bd. I *Voßkuhle* § 1 Rn. 49 ff.
[194] → Bd. I *Schulze-Fielitz* § 12 (Grundmodi der Aufgabenwahrnehmung); *Eifert* § 19 (Regulierungsstrategien).
[195] → Bd. II *Schmidt-Aßmann* § 27 Rn. 56 ff.
[196] → Bd. III *Kahl* § 47 Rn. 73 ff., 163 ff., 218 ff.
[197] → Bd. III *Scherzberg* § 49 Rn. 99 ff.
[198] → Bd. I *Schuppert* § 16.
[199] → Bd. II *Hoffmann-Riem* § 33; *Michael* § 41.
[200] Die Bedeutung dieser Mittel ist im EG-Recht früh erkannt worden. Die Instrumente der Empfehlung und der Stellungnahme finden sich neben Verordnung, Richtlinie und Entscheidung bereits in der ursprünglichen Fassung des Rechtsformenkanons der Römischen Verträge (Art. 189 EWGV). Ausf. *Knauff*, Regelungsverbund (Fn. 17), S. 300 ff.

- die Einbeziehung von *Effizienzkriterien* in rechtlich determinierte Entscheidungszusammenhänge,[201]
- die Erweiterung staatszentrierter Steuerungsperspektiven um *Governanceaspekte*.[202]

40a Eine übergreifende Frage betrifft die **Kodifikation des Verwaltungsrechts**. Sie wird in den unterschiedlichen Verwaltungskulturen der Mitgliedstaaten unterschiedlich beantwortet und ist daher auch auf europäischer Ebene umstritten. Immerhin bedient sich die Union schon seit längerer Zeit der Idee von Teilkodifikationen und der kodifikationsähnlichen Technik von „Modellrechtsakten", um eine gewisse Standardisierung z. B. von Organisationsformen zu erreichen. Das ist angesichts der starken Fragmentierung der Unionspolitiken sinnvoll und kann sich mittelbar auf die allgemeine Kohärenzklausel des Art. 7 AEUV stützen. Natürlich muss hier in längeren Zeiträumen gedacht werden. Wenn man aber Kodifikationszeiten als gemeinsame Lernprozesse und Kodifikationen nicht als Endpunkte einer Rechtsentwicklung sondern als Kristallisationspunkte für Rechtsprechung und Rechtswissenschaft versteht, sollte die Idee einer Kodifikation der wichtigsten Grundsätze und Verfahrensregeln des Europäischen Verwaltungsrechts – im Rahmen der bestehenden Rechtsetzungskompetenzen – durchaus ein Ziel der Rechtspolitik sein, das in einer ersten Phase konkret für das Eigenverwaltungsrecht der Union anzustreben wäre.[203]

III. Der Verbund und die Internationalisierung der Verwaltungsbeziehungen

41 Das Recht des Europäischen Verwaltungsverbundes kann nicht dargestellt werden, ohne die Internationalisierung der Verwaltungsbeziehungen mit ihren völkerrechtlichen Grundlagen in die Betrachtung einzubeziehen. Systematisch ist der Verbund selbst Teil dieser Beziehungen und bedient sich internationaler Rechtsformen, soweit das EU-Recht nicht eigene Regelungen geschaffen hat.[204]

Ein Prinzip ausgeprägter „Offenheit" gegenüber dem Völkerrecht, das in staatlichem Rahmen dem „Prinzip offener Staatlichkeit" gleichkäme, ist der Unionsrechtsordnung und ihrer Interpretation durch den EuGH bisher allerdings nicht zu entnehmen.[205]

---

[201] → Bd. II *Pitschas* § 42 Rn. 111 ff.

[202] → Bd. I *Voßkuhle* § 1 Rn. 17 ff. (insbes. 21); näher zum Begriff „Governance" → Bd. I *Schuppert* § 16 Rn. 20 ff.

[203] Ähnl. aus jüngerer Zeit *Oriol Mir Puigpelat*, Die Kodifikation des Verwaltungsverfahrensrechts im Europäischen Verwaltungsverbund, in: Schneider/Velasco Caballero (Hrsg.), Europäischer Verwaltungsverbund (Fn. 58), S. 177 ff.; *Kahl*, Europäisierung (Fn. 9), S. 39 (55 ff.) m. w. N. S. auch *Clemens Ladenburger*, Evolution oder Kodifikation eines allgemeinen Verwaltungsrechts in der EU, in: Trute/Groß/Röhl/Möllers (Hrsg.), Allgemeines Verwaltungsrecht, S. 107 ff.

[204] Zur Nutzung des Völkerrechts speziell für Abkommen zwischen Mitgliedstaaten vgl. *Julia Heesen*, Interne Abkommen, Diss. Heidelberg (im Erscheinen 2012); zur Rolle des Völkerrechts im Unionsrecht allgemein *Robert Uerpmann-Wittzack*, Völkerrechtliche Verfassungselemente, in: v. Bogdandy/Bast (Hrsg.), Europäisches VerfR, S. 177 ff.; *Knauff*, Regelungsverbund (Fn. 17), S. 138 ff. Speziell zum Beitritt der EU zur EMRK sowie zum Verhältnis des WTO-Rechts zum EU-Recht → Bd. I *Ruffert* § 17 Rn. 143 ff. und 158 ff.

[205] *Uerpmann-Wittzack*, Verfassungselemente (Fn. 204), S. 222 ff.

Internationalisiertes Verwaltungshandeln[206] ist keine neue Erscheinung. Administrative Austauschbeziehungen hatten zumal im Gefolge der Industrialisierung und technischen Entwicklung um die Wende vom 19. zum 20. Jahrhundert ein hohes Maß an Verdichtung erreicht. Das Verkehrs- und das Gesundheitsrecht bieten dafür Beispiele. Zu den überkommenen Referenzgebieten sind heute so wichtige Bereiche wie das Umweltrecht, das Wirtschaftsaufsichts- und Regulierungsrecht, das Sozialrecht und das WTO-Recht getreten. Völkerrecht und Verwaltungsrecht rücken zusammen.[207] „Binnenstaatliche Ebenen der Rechtserzeugung, seien sie föderaler, seien sie gewaltenteilender, seien sie binnenexekutiver Natur, werden von der staatlichen Rechtspersönlichkeit nicht mehr vollständig abgeschirmt, sondern gewinnen auch für das Völkerrecht Bedeutung."[208] Neue Handlungszusammenhänge sind zu beobachten (1), für die neue Rechtskonzepte eines Internationalen Verwaltungsrechts entwickelt werden müssen (2).[209]

1. Erscheinungsformen und Rechtsprobleme

a) Typenbildung

Ein erster Schritt dazu kann eine Typenbildung sein, die die Realvorgänge und Kommunikationsformen internationalisierter Verwaltungsbeziehungen zu bestimmten **Arrangements** zusammenfasst und ihnen typische Rechtsinstitute zuordnet. Die Abgrenzung zu Formen des **Regierungshandelns,** das den Staat auf völkerrechtlicher Ebene, z.B. bei der Ausarbeitung von Abkommen oder auf internationalen Konferenzen, vertritt, ist nicht leicht und nicht immer trennscharf zu ziehen. Bald sind es eher die agierenden Stellen, bald mehr die wahrgenommenen Aufgaben, die die administrativen von den gubernativen Erscheinungen trennen und von einem internationalisierten **Verwaltungshandeln** sprechen lassen. Verwaltungshandeln erreicht die Sphäre der Bürger und Unternehmen entweder direkt oder prägt es jedenfalls unmittelbar vor, z.B. durch Festlegung gemeinsamer Vollzugsstandards zwischen Behörden. Gerade die Konstitutionalisierung des Völkerrechts ist es,[210] die das wissenschaftliche Interesse auf das internationale Verwaltungsrecht lenkt. In diesem Sinne lassen sich mindestens vier Typen internationalisierten Verwaltungshandelns ausmachen.

42

---

[206] So der Titel des 2001 erschienenen grundlegenden Werkes zu diesem Phänomen von *Christian Tietje;* ferner *Eberhard Schmidt-Aßmann,* Die Herausforderung der Verwaltungsrechtswissenschaft durch die Internationalisierung der Verwaltungsbeziehungen, Der Staat, Bd. 45 (2006), S. 315ff.; *Armin v. Bogdandy u.a.* (Hrsg.), The Exercise of Public Authority by International Institutions, 2010. → Bd. I *Groß* § 13 Rn. 116ff., *Schuppert* § 16 Rn. 166ff.

[207] Dazu schon Beobachtungen bei *Eberhard Schmidt-Aßmann,* Rechtsdurchsetzung im internationalen und im nationalen Umweltrecht: Beobachtungen zur Annäherung ihrer Instrumente, in: FS Knut Ipsen, 2000, S. 305ff.

[208] So *Christoph Möllers,* Netzwerk als Kategorie des Organisationsrechts. Zur juristischen Beschreibung dezentraler Steuerung, in: Janbernd Oebbecke (Hrsg.), Nicht-normative Steuerung in dezentralen Systemen, 2005, S. 285ff.

[209] Dazu *Matthias Ruffert,* Die Globalisierung als Herausforderung an das Öffentliche Recht, 2004, S. 55ff.; *Möllers/Voßkuhle/Walter* (Hrsg.), Internationales VerwR; *Markus Glaser,* Internationale Verwaltungsbeziehungen, 2010; → Bd. I *Ruffert* § 17 Rn. 149ff. Noch ausgreifender *Benedict Kingsbury/Nico Krisch/Richard Stewart,* The Emergence of Global Administrative Law, in: Law and Contemporary Problems (Duke University School of Law), Bd. 68 (2005), Nr. 3/4; *Jean-Bernard Auby,* La globalisation, le droit et l'État, 2. Aufl. 2010; mit weit. N. *Gordon Anthony/Jean-Bernard Auby/John Morison/Tom Zwart* (Hrsg.), Values in Global Administrative Law, 2011.

[210] → Rn. 1.

aa) Internationalisiertes Verwaltungshandeln im grenznachbarschaftlichen Bereich:

43 Hier finden sich verschiedene Formen der internationalen Verwaltungszusammenarbeit:
- Zusammenarbeit von *Polizei- und Zollbehörden*. Typische Regelungsgegenstände sind der Informationsaustausch, die gegenseitige Unterstützung bei der Festnahme von Personen, Observation und Nacheile auf dem Hoheitsgebiet des anderen Vertragsstaates; aber auch gemeinsame grenzüberschreitende Fahndungen, der Austausch von Beamten mit Hoheitsaufgaben und die Zusammenarbeit in gemeinsamen Zentren finden sich.[211] Ihre Grundlage bilden regelmäßig sog. Polizeiverträge, die in der Tradition des klassischen Völkerrechts konzipiert sind.[212]
- Zusammenarbeit zwischen *kommunalen Gebietskörperschaften*. Sie vollzieht sich oft als rechtlich unverbindliche schlichte Kooperation und Abstimmung. Soweit sie zu rechtsverbindlichen Formen hoheitlicher Gestaltung führen soll, sind die notwendigen Rechtsgrundlagen noch unsicher.[213] Das gilt insbesondere für die Frage, inwieweit eine originäre Vertragsschlusskompetenz substaatlicher Körperschaften anerkannt werden kann.[214] Bisher werden regelmäßig völkerrechtliche Dachverträge für notwendig gehalten.[215] Eine besondere Form ist die Übertragung von Hoheitsrechten auf grenznachbarschaftliche Einrichtungen nach Art. 24 Abs. 1a GG.[216]

bb) Internationalisiertes Verwaltungshandeln in staatlichen Transfersystemen:

44 Steuerrecht und Sozialrecht sind Beispiele für ein Recht der Massenverwaltung, das es seit langem auch mit internationalisierten Sachverhalten zu tun hat, deren Bewältigung internationalisiertes Verwaltungshandeln verlangt.[217] Die Regelungsstrukturen beider Gebiete folgen dem tradierten Modell des staatenzentrierten Völkerrechts: Ein nationales Rechtsanwendungsrecht ist mit einem *Abkommensrecht* (Doppelbesteuerungsabkommen, Sozialversicherungsabkommen) verbunden. Letzterem fällt die Aufgabe zu, Doppelbelastungen oder Schutzlücken entgegenzuwirken und Informationsfragen bei der Durchführung der Abkommen zu beantworten.

---

[211] *Manfred Baldus*, Transnationales Polizeirecht, 2000, S. 51 ff.; *Bettina Schöndorf-Haubold*, Internationale Sicherheitsverwaltung, in: Trute/Groß/Röhl/Möllers (Hrsg.), Allgemeines Verwaltungsrecht, S. 575 ff.

[212] Z.B. deutsch-schweizerischer Polizeivertrag vom 27. April 1999, BGBl II, S. 946; und das Abkommen zwischen Deutschland und Frankreich über die Zusammenarbeit der Polizei- und Zollbehörden in den Grenzgebieten vom 9. Oktober 1999, BGBl II, S. 2479.

[213] *Ulrich Beyerlin*, Rechtsprobleme der lokalen grenzüberschreitenden Zusammenarbeit, 1988, S. 371 ff.; *Erich Röper*, EU-Demokratisierung mittels der EU-Regionen/Euregios, VerwArch, Bd. 95 (2004), S. 301 ff.

[214] Dazu *Matthias Niedobitek*, Das Recht der grenzüberschreitenden Verträge, 2001, S. 114 ff.

[215] Z.B. Europäisches Rahmenübereinkommen über die grenzüberschreitende Zusammenarbeit vom 21. Mai 1980, BGBl II (1981), S. 966, sog. Madrider Rahmenübereinkommen.

[216] Dazu *Niedobitek*, Grenzüberschreitende Verträge (Fn. 214), S. 418 ff.; *Markus Kotzur*, Grenznachbarschaftliche Zusammenarbeit in Europa, 2004, S. 254 ff. und 318 ff.

[217] Dazu m.w.N. *Markus Glaser*, Internationales Sozialverwaltungsrecht, in: Möllers/Voßkuhle/Walter (Hrsg.), Internationales VerwR, S. 73 ff.; *Ekkehart Reimer*, Transnationales Steuerrecht, dort S. 181 ff.

cc) Internationalisiertes Verwaltungshandeln in Behördennetzwerken:[218]

Prominente Beispiele bilden die Banken- und die Finanzmarktaufsicht.[219] Hier vollzieht sich die Zusammenarbeit zwischen der Deutschen Bundesbank bzw. der Bundesanstalt für Finanzdienstleistungsaufsicht und den entsprechenden ausländischen Aufsichtsbehörden im Rahmen internationaler Gremien ohne völkerrechtliche Vertragsgrundlage wie dem Baseler Ausschuss für Bankenaufsicht oder der International Organization of Securities Commissions (IOSCO).[220] Die darin im Konsens ausgearbeiteten – nicht bindenden, in der Praxis aber meist eingehaltenen bzw. in nationale oder europäische Rechtsetzung überführten[221] – Empfehlungen betreffen sowohl zentrale materielle Standards (z.B. hinsichtlich der Eigenmittelausstattung von Banken oder der Rechnungslegung) als auch Fragen der Zusammenarbeit in Form der Informationsübermittlung zwischen den Aufsichtsbehörden, welche ferner Gegenstand von zahlreichen bilateralen administrativen Absprachen unter den Mitgliedsbehörden, sog. „memoranda of understanding", sind. Die Arrangements sind vielgestaltig: Sie nutzen die Formen völkerrechtlicher Abkommen ebenso wie die schlichter transnationaler Verständigung. Ihre Rückbindung an die innerstaatliche Rechtsordnung wird bisher nur gelegentlich, aber keineswegs systematisch geregelt (vgl. § 140 TKG).[222]

45

dd) Internationalisiertes Verwaltungshandeln zur Implementierung und Fortbildung internationaler Vertragsregime:

Die Entwicklung internationalisierten Verwaltungshandelns im Rahmen internationaler Vertragsregime hat mit veränderten Techniken der Rechtsetzung und Rechtsdurchsetzung im Völkerrecht zu tun.[223] Komplexe, auf Dauer angelegte Vertragswerke, z.B. solche des globalen Umweltschutzes, schaffen eigene Subsysteme der Erfüllungskontrolle,[224] die teils aus prozeduralen Regeln (Berichtspflichten, Einbeziehung von NGOs, u.U. sogar Inspektionen) bestehen, teils institutionell verfestigt sind (Sekretariate u.ä. vertragseigene Einrichtungen). Verfestigung, Verstetigung und das konkrete Abarbeiten der Compliance-Fragen geben dem Vertragsgefüge selbst eine administrative Dimension. Zutref-

46

---

[218] Zum Folgenden grdl. *Christoph Möllers*, Transnationale Behördenkooperation. Verfassungs- und völkerrechtliche Probleme transnationaler administrativer Standardsetzung, ZaöRV, Bd. 65 (2005), S. 351 ff. → Bd. I *Schuppert* § 16 Rn. 166 ff.

[219] Dazu *Anne van Aaken*, Transnationales Kooperationsrecht nationaler Aufsichtsbehörden als Antwort auf die Herausforderungen globalisierter Finanzmärkte, in: Möllers/Voßkuhle/Walter (Hrsg.), Internationales VerwR, S. 219 ff.; *Christoph Ohler*, Internationale Regulierung im Bereich der Finanzmarktaufsicht, dort S. 259 ff.

[220] Dazu *Möllers*, Behördenkooperation (Fn. 218), S. 358 f.

[221] Dazu *Frederik Winter*, Die Angemessenheit der Eigenmittelausstattung in der Bankenaufsicht, 2004, S. 49 ff.

[222] *Möllers*, Behördenkooperation (Fn. 218), S. 362 ff.; *Tietje*, Internationalisiertes Verwaltungshandeln (Fn. 206), S. 434 ff.; speziell zur Standardsetzung *Hans C. Röhl*; Internationale Standardsetzung, in: Möllers/Voßkuhle/Walter (Hrsg.), Internationales VerwR, S. 319 ff.; *Oliver Lepsius*, Standardsetzung und Legitimation, dort S. 345 ff.

[223] Dazu *Rüdiger Wolfrum/Volker Röben* (Hrsg.), Developments of International Law in Treaty Making, 2005; *Christian Tietje*, The Changing Legal Structure of International Treaties as an Aspect of an Emerging Global Governance Architecture, GYIL, Bd. 42 (1999), S. 26 ff.

[224] *Ulrich Beyerlin*, Umweltvölkerrecht, 2000, §§ 17, 18.

fend wird die Forderung nach der Einhaltung elementarer Verfahrensprinzipien erhoben: Treu und Glauben, Gleichbehandlung, rechtliches Gehör, Schutz legitimer Geheimhaltungsinteressen. Die derzeit am weitesten ausdifferenzierte Implementationsstruktur bietet das WTO-Recht.[225]

b) Rechtsprobleme

47   Untersucht man die beschriebenen Typen internationalisierter Verwaltungsbeziehungen auf die benutzten Handlungsformen, so lassen sich einige wiederkehrende Arrangements erkennen, die die Verfestigung von Rechtsinstituten erhalten haben. Unter Rechtsquellengesichtspunkten folgen sie teils aus nationalem, teils aus internationalem Recht. Oft bilden sie den Grundstock für Regelungsmuster, die das EU-Recht aufgenommen, weiter ausgeformt und für seinen Bereich auf eine eigene einheitliche Rechtsgrundlage gestellt hat.[226] Hierher rechnen:
– die internationale *Rechts- und Amtshilfe*,[227]
– der *internationale Datenaustausch* und *Datenschutz*,[228]
– die *Anerkennung* fremder Verwaltungsentscheidungen,[229]
– Verfahrensregeln für den direkten *Behördenverkehr*,
– grenzüberschreitendes *Verwaltungsrealhandeln* auf fremdem Hoheitsgebiet.

Andere Handlungszusammenhänge, insbesondere weltweite *Netzwerkbildungen* lassen sich bisher nicht auf einfache rechtliche Bauformen zurückführen. Für sie sind zunächst Rechtsfragen zu identifizieren, die sich aus ihren spezifischen Funktionsmodi ergeben: Regelmäßig sind dieses Fragen nach der *demokratischen Legitimation* der in solchen Zusammenhängen handelnden nationalen und internationalen Amtsträger. Die Einflussmöglichkeiten der nationalen Parlamente sind in den Verbundstrukturen bisher eher schwach ausgebildet.[230] Eine eigenständige Legitimationslehre lässt sich nur nach und nach unter Verbindung unterschiedlicher Elemente entwickeln, zu denen auch expertokratische und zivilgesellschaftliche Ansätze gehören.[231] Vor allem aber ist die Rolle der nationalen Parlamente zu stärken, deren Zugriffsmöglichkeiten bisher nicht ausgeschöpft werden; dazu zählt auch eine bessere gesetzesrechtliche Durchdringung der von nationalen Behörden wahrgenommenen „auswärtigen" Handlungskompetenzen.[232] Als ein weiterer Schritt zu einer rechtlichen Ordnung kommen elementa-

---

[225] Dazu → Bd. I *Ruffert* § 17 Rn. 158 ff.
[226] Vgl. *Christine E. Linke*, Europäisches Internationales Verwaltungsrecht, 2001, S. 169 ff.
[227] *Wettner*, Amtshilfe (Fn. 108), S. 20 ff.
[228] Dazu *Reinhard Ellger*, Der Datenschutz im grenzüberschreitenden Datenverkehr, 1990; *Eberhard Schmidt-Aßmann*, Principles of an International Order of Information, in: Anthony/Auby/Morison/Zwart (Hrsg.), Global Administrative Law (Fn. 209), S. 117 ff.
[229] *Sascha Michaels*, Anerkennungspflichten im Wirtschaftsverwaltungsrecht der Europäischen Gemeinschaften und der Bundesrepublik Deutschland, 2004, S. 52 ff.
[230] Dazu mit zahlreichen N. *Wolfgang Kahl*, Parlamentarische Steuerung der internationalen Verwaltungsvorgänge, in: Trute/Groß/Röhl/Möllers (Hrsg.), Allgemeines Verwaltungsrecht, S. 71 ff.
[231] Im Einzelnen *Martin Eifert*, Legitimationsstrukturen internationaler Verwaltung, in: Trute/Groß/Röhl/Möllers (Hrsg.), Allgemeines Verwaltungsrecht, S. 307 ff.
[232] Dazu konkrete Vorschläge bei *Kahl*, Parlamentarische Steuerung (Fn. 230), S. 85 ff.; *Glaser*, Verwaltungsbeziehungen (Fn. 209), bes. S. 177 ff. und 227 ff.

2. Neudefinition des Internationalen Verwaltungsrechts

Die wachsende Internationalisierung der Verwaltungsbeziehungen veranlasst 48 dazu, das *Internationale Verwaltungsrecht* neu zu konzipieren:[234]

a) Kollisionsrechtliche Fragestellungen

Nach überkommenem Sprachgebrauch wurde unter dem Internationalen Verwaltungsrecht meistens das in sprachlicher Parallele zum Internationalen Privatrecht entwickelte öffentlich-rechtliche Kollisionsrecht, d.h. nationales Rechtsanwendungsrecht für Sachverhalte mit Auslandsbezug verstanden.[235] Da die Begriffswahl oft die forscherische Problemwahrnehmung kanalisiert, Weichen richtig stellen aber auch verstellen kann, sind gegen einen solchen Sprachgebrauch Einwände veranlasst.[236] Nicht die Existenz eines Verwaltungskollisionsrechts, sondern die Fixierung des Begriffs „Internationales Verwaltungsrecht" ist abzulehnen. Es wird nicht bestritten, dass sich auch für die nationalen Verwaltungen spezielle Fragen der Rechtsanwendung bei Sachverhalten mit Auslandsberührung ergeben können, z.B. Fragen nach der internationalen Zuständigkeit, nach der Zurechnung von Einkünften im Steuerrecht oder nach der Reichweite des Territorialitätsgrundsatzes.[237] Sie stellen sich allerdings in sehr viel geringerem Umfang als im Rechtsverkehr zwischen Privaten, und sie stellen sich mit deutlich anderen Determinanten als im Internationalen Privatrecht, sehr viel stärker durch Völkerrecht und Verfassungsrecht, nicht aber durch Privatautonomie und Rechtswahlfreiheit bestimmt. Insofern erschien die *begriffliche Parallelisierung* schon immer in der Sache zweifelhaft und wurde vor allem von Teilen der Wissenschaft des Internationalen Privatrechts zurückgewiesen. Auf jeden Fall inakzeptabel ist es, angesichts der Breite und der Vielfalt internationalisierter Verwaltungsbeziehungen den Begriff des Internationalen Verwaltungsrechts für ein Verwaltungskollisionsrecht zu monopolisieren und die nationalrechtliche Rechtsanwendung zur dominierenden Perspektive internationalisierter Verwaltungsbeziehungen zu machen.

---

[233] *Möllers*, Behördenkooperation (Fn. 218), S. 378 ff.; *Eifert*, Legitimationsstrukturen (Fn. 231), S. 329 f.: „Transparenz als Verbindungsglied und Vertrauensgarant bei der experimentellen Herstellung internationaler Legitimationsmuster".

[234] Dazu *Claus-Dieter Classen* und *Giovanni Biaggini*, Die Entwicklung eines Internationalen Verwaltungsrechts als Aufgabe der Rechtswissenschaft, VVdStRL, Bd. 67 (2008), S. 365 ff. und 413 ff.; *Christoph Ohler*, Die Entwicklung eines Internationalen Verwaltungsrechts als Aufgabe der Rechtswissenschaft, DVBl 2007, S. 1083 ff.; *Eberhard Schmidt-Aßmann*, Überlegungen zu Begriff und Funktionskreisen des Internationalen Verwaltungsrechts, in: FS Heinrich Siedentopf, 2008, S. 101 ff.

[235] N. bei *Christian v. Bar/Peter Mankowski*, Internationales Privatrecht, Bd. 1, 2. Aufl. 2003, § 4 Rn. 57; *Christoph Ohler*, Die Kollisionsordnung des Allgemeinen Verwaltungsrechts, 2005, S. 2 ff.; *Martin Kment*, Grenzüberschreitendes Verwaltungshandeln, 2010, S. 202 ff.; → Bd. I *Ruffert* § 17 Rn. 169 f. Diese Begrifflichkeit jetzt erneut aktivierend *Jörg Menzel*, Internationales Öffentliches Recht, 2011, S. 7 ff. und passim.

[236] Vgl. nur *Biaggini*, Internationales Verwaltungsrecht (Fn. 234), S. 414 ff. Zur Entwicklung der Begriffsbildung auch *Schmidt-Aßmann*, Überlegungen (Fn. 234), S. 103 ff.

[237] Dazu Beispiele bei *Ohler*, Entwicklung eines Internationalen Verwaltungsrechts (Fn. 234), S. 1087 ff.; *Dirk Ehlers*, Internationales Verwaltungsrecht, in Erichsen/ders. (Hrsg.), VerwR, § 4, Rn. 3; ausf. *Menzel*, Internationales Öffentliches Recht (Fn. 235), S. 633 ff.

b) Im Völkerrecht begründetes Verwaltungsrecht

48a Eine Neubestimmung erscheint notwendig.[238] Die gemeinsame Referenzrechtsordnung für internationalisierte Verwaltungsbeziehungen ist das Völkerrecht. Den Ausgangspunkt sollte ein „problemorientierter Ansatz" bilden, der die Vielfalt der Erscheinungsformen erfasst. Nutzt man ihn sozusagen ungefiltert, so gelangt man zu einer Neubestimmung des Internationalen Verwaltungsrechts, die Rechtsregeln *aller Ebenen*, neben dem Völkerrecht (und dem EU-Recht) also auch das nationale Kollisionsrecht, erfasst.[239] Damit ist der Begriff des Internationalen Verwaltungsrecht jedenfalls aus einer Engführung befreit.

In einem weiteren Schritt sollte jedoch eine *rechtsquellenspezifische* Bestimmung gewählt werden. Unter Internationalem Verwaltungsrecht ist dann das im *Völkerrecht* gegründete Verwaltungsrecht zu verstehen, das drei große Funktionskreise hat: Es ist *Aktionsrecht* internationaler Verwaltungsinstanzen, *Determinationsrecht* für die nationalen Verwaltungsrechtsordnungen und *Kooperationsrecht* spezifischer Verbundstrukturen.

– **Aktionsrecht internationaler Verwaltungsinstanzen:** Als Aktionsrecht internationaler Verwaltungsinstanzen trägt das Internationale Verwaltungsrecht der Entwicklung Rechnung, dass Internationale Organisationen zunehmend administrative Tätigkeiten mit Außenwirkung wahrnehmen. Dass sie das nicht tun können, ohne *grundlegende Rechtsprinzipien*, insbesondere solche des internationalen Menschenrechtsschutzes, zu beachten, ist selbstverständlich.[240]

– **Determinationsrecht für die nationalen Verwaltungsrechtsordnungen:** In seiner zweiten Funktion, als Determinationsrecht, gestaltet das Internationale Verwaltungsrecht die nationalen Verwaltungsrechtsordnungen um, indem es Änderungen und Ergänzungen verlangt. Anschauungsmaterial bieten die Genfer Flüchtlingskonvention und vor allem die EMRK. Ein jüngeres Beispiel ist die im Rahmen des Wirtschafts- und Sozialrats der UNO (Economic and Social Council, ECOSOC) geschlossene Aarhus-Konvention, die, ohne spezielle Kooperationsbeziehungen zwischen den nationalen Exekutiven zu begründen, einen Ausbau des nationalen Rechtsschutzes in Umweltsachen vorschreibt und damit Ergänzungen des Verwaltungsverfahrens- und des Verwaltungsprozessrechts zur Folge hat.[241]

– **Kooperationsrecht spezifischer Verbundprobleme:** Die beiden vorgenannten Funktionen zusammenführend ist das Internationale Verwaltungsrecht drittens ein Recht der horizontalen und vertikalen Verwaltungskooperation und ihrer spezifischen Verbundprobleme. Es genügt nicht, die zentralen Regelungsaufträge des Verwaltungsrechts, den Schutz individueller Rechte und die Gewährleistung administrativer Verantwortung, auf den einzelnen Ebenen ge-

---

[238] So im Ergebnis auch *Biaggini*, Internationales Verwaltungsrecht (Fn. 234), S. 416 ff.; *Matthias Ruffert*, Perspektiven des Internationalen Verwaltungsrechts, in: Möllers/Voßkuhle/Walter (Hrsg.), Internationales VerwR, S. 395 (414 ff.); zu möglichen Begriffsvarianten vgl. *Franz C. Mayer*, Internationalisierung des Verwaltungsrechts?, dort S. 48 (54 ff.); → Bd. I *Ruffert* § 17 Rn. 169: vom Kollisionsrecht zum Kooperationsrecht.

[239] So erkennbar *Ehlers*, Internationales Verwaltungsrecht (Fn. 237), § 4 Rn. 9.

[240] Dazu die Beiträge von *Matthias Goldmann, Armin v. Bogdandy, Jochen v. Bernstorff u. a.* in: v. Bogdandy u. a. (Hrsg.), The Exercise of Public Authority (Fn. 206) sowie die Literatur zum Global Administrative Law → Fn. 209.

[241] → Rn. 77.

trennt zu erfüllen. Der Verbund selbst schafft seine eigenen Rechtsprobleme, indem er Verantwortlichkeiten unklar und Einzelentscheidungen von besonderen Abstimmungsmechanismen abhängig werden lässt.

Das Internationale Verwaltungsrecht muss gerade auf diese *verbundspezifischen Herausforderungen* Antworten finden. Dazu gibt es durchaus Vorbilder in einzelnen Referenzgebieten. Hierher gehören die Auslegungsvereinbarungen der Doppelbesteuerungsabkommen und die übergreifenden Datenverkehrsstandards des Sozialrechts ebenso wie die Stellvertreterhaftung für Fehler polizeilicher Informationssysteme und der Gedanke eines völkerrechtlichen ordre public. Die Überlegungen zu einem Ordnungsrahmen des Internationalen Verwaltungsrechts stehen erst in den Anfängen. Einiges lässt sich den bei der Ausbildung des Europäischen Verwaltungsrechts gewonnenen Erfahrungen entnehmen:[242] so die Berechtigung eines Rechtsprinzips der *Vollzugseffektivität*, aber auch die Notwendigkeit eines *Prinzips der Rücksichtnahme* auf staatliche Verwaltungsstrukturen, ferner die Beobachtung, dass internationale Verwaltungsbeziehungen auf *Vertrauen* zwischen den beteiligten Akteuren angewiesen sind und wie sehr die Sicherung dieses Vertrauens zu einer Aufgabe des Rechts selbst wird. Hinzutreten müssen eine Ausrichtung der die Individualsphäre berührenden Verwaltungsmaßnahmen jeder Ebene an elementaren Menschenrechtsgewährleistungen und der Abbau von Rechtschutzdefiziten. Viel spricht dafür, dass die äußerst schwierigen Legitimationsprobleme internationalisierter Verwaltungsbeziehungen ein Stück schon dadurch entlastet werden können, dass die hier anzutreffenden Handlungszusammenhänge klarere *Rechtsstrukturen* erhalten.[243] **48b**

C. Die Bedeutung der Verfassungsstrukturbestimmungen: Rechtsstaatlichkeit und Demokratie

I. Rechtsstaat und Demokratie: Gemeinsamkeiten

Die einschlägigen Verfassungstexte des europäischen Rechts stellen die Strukturentscheidungen für Rechtsstaat und Demokratie zutreffend auch textlich in einen Zusammenhang mit den Werten der Freiheit und der Menschenwürde (Art. 2 EUV). Für das Grundgesetz ergibt sich dasselbe aus der gebotenen Zusammensicht der Fundamentalnormen der Art. 1 und 20 GG.[244] **49**

1. Allgemeine Anforderungen

Der Kern des **Rechtsstaatsprinzips** ist die Gewährleistung menschlicher Selbstbestimmung durch Recht: In diesem Ausgangspunkt und in den Haupt- **50**

---

[242] *Biaggini*, Internationales Verwaltungsrecht (Fn. 234), S. 427 ff.; *Ruffert*, Internationales Verwaltungsrecht (Fn. 238), bes. S. 406 ff.

[243] Zu Aufgaben und Möglichkeiten rechtlicher Ordnung vgl. *Kahl*, Parlamentarische Steuerung (Fn. 230), S. 98 ff.; zur Ordnung durch die Ausbildung von Rechtsprinzipien vgl. *Ute Mager*, Die Entwicklung des Wasserwirtschaftsrechts – Referenzgebiet für ein materiell-rechtlich fundiertes internationales Verwaltungsrecht, in: ZaöRV, Bd. 70 (2010), S. 789 ff.

[244] Zur Unterscheidung von Struktur- und Zielbestimmungen → Rn. 7. Rechtsvergleichend zu diesen beiden Verfassungsprinzipien *Zacharias*, Terminologie und Begrifflichkeit (Fn. 29), § 40 Rn. 14 ff. und 25 ff.

elementen deckt sich der Rechtsstaatsbegriff des Grundgesetzes mit dem des Unionsverfassungsrechts. Dazu zählen:[245]
- die Verfahrens- und Formengebundenheit staatlichen Handelns,
- seine Ausrichtung an den Maßstäben der Verhältnismäßigkeit und Willkürfreiheit,
- die Verfügbarkeit eines wirksamen Rechtsschutzes,
- die Grundrechts- und die Gesetzesbindung der Exekutive.

Generell gilt: „Im Rechtsstaat gibt das Recht dem Staat, der Wirksamkeit des Staates, dem Gesamtleben innerhalb des Staates *Maß und Form.*"[246] Das geordnete Verfahren ist eine Voraussetzung für die Einsichtigkeit staatlicher Entscheidungen, die Verlässlichkeit der Rechtsordnung eine Grundbedingung der Freiheit. Eine mehrere Jahrzehnte umgreifende Rechtsprechung der Gerichtshöfe in Luxemburg und Straßburg hat hier zu einer spürbaren Standardanpassung zwischen den Mitgliedstaaten geführt. Auf diese Weise bewährt sich der Rechtsstaat als eine Staatsform autonomiewahrender Distanz.

51 Das **Demokratieprinzip** will Gedanken der *Selbstbestimmung* in eine spezifisch freiheitssichernde Organisation von Herrschaft umsetzen.[247] „Der Anspruch auf freie und gleiche Teilhabe an der öffentlichen Gewalt ist in der Würde des Menschen (Art. 1 Abs. 1 GG) verankert".[248] Systematisch lassen sich dabei repräsentative und partizipative Bauformen unterscheiden. Über ihre richtige „Mischung" bestehen allerdings nach wie vor Traditions- und Auffassungsunterschiede zwischen den Mitgliedstaaten.[249] Im Verwaltungsrecht steht für die **repräsentative** Seite die Legitimationslehre,[250] während die **partizipativen** Elemente vor allem das Verwaltungsverfahrensrecht beeinflussen.[251] Auf jeden Fall ist auch die Demokratie auf die Beachtung von Formen und Verfahrensregeln angewiesen.[252] Entscheidungen eines demokratisch geformten Gemeinwesens haben folglich ihr unverwechselbares demokratisches Gepräge. Sie sind allgemeine Entscheidun-

---

[245] *Eberhard Schmidt-Aßmann,* Rechtsstaat, in: HStR II, § 28 Rn. 69 ff.; *Horst Dreier,* Grundlagen und Grundzüge staatlichen Verfassungsrechts, in: IPE I, § 1 Deutschland, Rn. 116 ff.; *Peter Szczekalla,* Allgemeine Rechtsgrundsätze, in: EUDUR I, § 11 Rn. 5 ff.; *Dieter H. Scheuing,* Rechtsstaatlichkeit, in: Schulze/Zuleeg/Kadelbach (Hrsg.), EuropaR, § 6; *Rainer Hofmann/Josef Marko/Franz Merli/Ewald Wiederin,* Rechtsstaatlichkeit in Europa, 1996; *Luc Heuschling,* L'Etat de droit, Rechtsstaat, Rule of Law, 2002; *Siegfried Magiera/Karl-Peter Sommermann* (Hrsg.), Freiheit, Rechtsstaat und Sozialstaat in Europa, 2007; *Michaela Wittinger,* Das Rechtsstaatsprinzip – vom nationalen Verfassungsprinzip zum Rechtsprinzip der europäischen und internationalen Gemeinschaft?, JöR n. F., Bd. 57 (2009), S. 427 ff.; *Helmuth Schulze-Fielitz,* Zur Geltung des Rechtsstaates: Zwischen Kulturangemessenheit und universellem Anspruch, ZfVP 2011, S. 1 ff.
[246] *Konrad Hesse,* Der Rechtsstaat im Verfassungssystem des Grundgesetzes, in: FG Rudolf Smend, 1962, S. 71 (73).
[247] *BVerfGE* 44, 125 (142): „Idee der freien Selbstbestimmung aller Bürger"; vgl. auch *BVerfGE* 107, 59 (92); *Gertrude Lübbe-Wolff,* Europäisches und nationales Verfassungsrecht, VVDStRL, Bd. 60 (2001), S. 242 (252 f.): „Demokratie nicht als eine Veranstaltung zur Minimierung von Herrschaft, sondern als eine Veranstaltung zur Maximierung von Selbstbestimmung"; → Bd. I *Trute* § 6 Rn. 19.
[248] *BVerfGE* 123, 267 (341).
[249] Dazu *Peter M. Huber,* Demokratie in Europa – Zusammenfassung und Ausblick, in: Hartmut Bauer/Peter M. Huber/Karl-Peter Sommermann (Hrsg.), Demokratie in Europa, 2005, S. 491 ff.; *Zacharias,* Terminologie und Begrifflichkeit (Fn. 29), § 40 Rn. 14 ff.
[250] → Rn. 55 ff.
[251] → Rn. 84 ff.
[252] Vgl. *Wilhelm Henke,* Demokratie als Rechtsbegriff, Der Staat, Bd. 25 (1986), S. 157 (163 f.); *Schmidt-Aßmann,* Ordnungsidee, Kap. 2 Rn. 3.

C. Verfassungsstrukturbestimmungen: Rechtsstaatlichkeit und Demokratie

gen und in diesem Sinne Ausdruck des Gemeinwohls. Auch die Demokratie hat folglich ihr Distanzgebot: die Distanz gegenüber Sonderinteressen.

Beide Strukturentscheidungen überschneiden sich teilweise, unterstützen sich gegenseitig und wirken komplementär.[253] Es geht ihnen darum, öffentliches Handeln zu „diskursiver Rationalität" zu verpflichten.[254] Beide zielen deshalb auf **Gewaltengliederung**:[255] Hebt die rechtsstaatliche Seite Trennungen und Kontrollmechanismen in ihrer freiheitsschützenden Wirkung hervor, so betont die demokratische Seite die Eignung bestimmter Organe zur politischen Gestaltung. Hinter beiden Elementen lassen sich konkurrierende Legitimationsansprüche demokratischer Selbstbestimmung und individueller Freiheitsausübung erkennen.[256]

Ziele der Machthemmung, der funktionsgerechten Organisation und der demokratischen Herrschaftsermöglichung sind heute nicht mehr auf den nationalen Verfassungsraum begrenzt, sondern verlangen auch in einem *Mehrebenensystem* wie der Europäischen Union Beachtung.[257] Dabei muss auf jeden Fall die **Unverbrüchlichkeit des Rechts** gewährleistet sein. Das demokratisch geschaffene und rechtsstaatlich ausgerichtete Recht ist das zentrale Integrationsmedium der Union. Nur mit großer Sorge ist daher zu beobachten, wie die politisch Verantwortlichen aller Ebenen gegenwärtig, insbesondere im Zusammenhang mit der europäischen Schuldenkrise, mit dem Recht umgehen, Grenzen des Kompetenzrechts undeutlich werden lassen und rechtliche Argumente überhaupt aus den öffentlichen Debatten hinausdrängen.[258] Damit aber wird die Grundlage des gesamten Integrationsprojekts, das Recht in seiner freiheitssichernden und distanzschützenden Funktion, preisgegeben, obwohl gerade die verbundstypischen Erscheinungsformen öffentlicher Gewalt *besonderer* rechtlicher Absicherung bedürfen.

2. Verbundspezifische Ausprägungen: Transparenz, Kohärenz, Subsidiarität

Die Probleme des Europäischen Verwaltungsrechts sind – so ist oben gesagt worden – zu einem erheblichen Teil **Verbundprobleme**. Die Vorgänge vertikaler und die horizontaler Zusammenarbeit zwischen den Verwaltungen der Union und der Mitgliedstaaten stellen zusätzliche, spezifische Herausforderungen an die Disziplinierung und an die Effizienzgewährleistung des Verwaltungshandelns, die ein Verwaltungsrecht, das sich nur auf *eine* Ebene bezieht, nicht kennt: Zuständigkeiten werden undeutlicher und Mischformen entstehen. Das Verhältnis der Ebenen *zueinander* muss näher bestimmt werden.

Wenn das rechtsstaatliche und das demokratische Prinzip als Garanten von Freiheit, Selbstbestimmung und Rationalität auch gegenüber solchen Verbund-

---

[253] Vgl. *Dieter Grimm*, Stufen der Rechtsstaatlichkeit, JZ 2009, S. 596 ff.
[254] Begriff bei *Udo Di Fabio,* Risikoentscheidungen im Rechtsstaat, 1994, S. 447. Vgl. auch unten → Rn. 84 ff. Zu unterschiedlichen Ausprägungen der Rationalität als Maßstab des Verwaltungshandelns → Bd. II *Pitschas* § 42 Rn. 55 ff.
[255] *Christoph Möllers*, Gewaltengliederung, 2005, S. 65 ff. und 398 ff.; *Udo Di Fabio*, Gewaltenteilung, in: HStR II, § 27 Rn. 1 ff.; → Bd. I *Poscher* § 8 Rn. 24 ff.
[256] Dazu grundlegend *Möllers*, Gewaltengliederung (Fn. 255), S. 40 ff.
[257] Systematisch *Thorsten Siegel*, Das Gleichgewicht der Gewalten in der Bundesrepublik Deutschland und in der Europäischen Union, DÖV 2010, S. 1 ff. Neue Verteilungsüberlegungen bei *Christoph Möllers*, Demokratische Ebenengliederung, in: FS Rainer Wahl, 2011, S. 759 ff.
[258] Treffende Beobachtungen dazu bei *Frank Schorkopf*, Gestaltung mit Recht, AöR, Bd. 136 (2011), S. 323 ff.

problemen wirksam bleiben sollen, dann müssen sie über ihren allgemeinen Gewährleistungsgehalt hinaus ein verbundspezifisches Anforderungsprofil entwickeln.[259] Es gilt folgende **Prinzipientrias** des **Verbundverwaltungsrechts:**
- Verbundstrukturen erschweren die **Transparenz** von Entscheidungen, die ein Essential rechtsstaatlichen und demokratischen Verwaltens ist. Verantwortung, Kontrolle und Haftung verlangen transparente Verwaltungsverfahren. Es muss erkennbar sein, welche Entscheidungsbeiträge die kooperierenden Verwaltungen geleistet haben. Art. 1 Abs. 2 EUV stellt das Transparenzprinzip als unionales Verfassungsprinzip zutreffend heraus.[260]
- Verbundstrukturen verlangen nach **Kohärenz** der einschlägigen Rechtsregime. Durch systematische Verkoppelung und Koordinierung muss sichergestellt werden, dass Schutzinteressen nicht „zwischen" die verfügbaren Schutzmechanismen fallen. Notwendig sind deshalb z.B. besondere Verzahnungen des Gerichtsschutzes auf der europäischen und der nationalen Ebene, die freilich die Eigenständigkeit der beteiligten Rechtsregime nicht in Zweifel ziehen dürfen.[261]
- Die Kompetenzen müssen den Hoheitsträgern nach einer einsichtigen, ihre Selbständigkeit wahrenden Regel zugeordnet sein, die in Zweifelsfällen eine Kompetenzvermutung begründet. Hier haben für das Verhältnis der Union zu den Mitgliedstaaten Art. 5 EUV und Art. 291 AEUV, für die innerföderale Kompetenzverteilung Art. 30 GG und für die Abgrenzung der Staats- von der Selbstverwaltung Art. 28 Abs. 2 GG ihren Platz, die durch den Gedanken der **Subsidiarität** bestimmt sind.[262]

II. Die demokratische Legitimation des Verwaltungsverbundes

55 Das viel behandelte Thema der demokratischen Legitimation der Union ist hier nicht im Einzelnen aufzugreifen.[263] Die für das *politische* System der Union angenommene *dualistische Legitimation* (Art. 10 EUV) unter Einbeziehung partizipatorischer Elemente (Art. 11 EUV) bietet für das *administrative* System nur einen weitgespannten Rahmen, der mitgliedstaatliche und europäische Legitimationsstränge miteinander verknüpft und nach Maßgabe der Verbundprobleme eigenständig ausgefüllt werden muss.[264]

---

[259] Ähnlich *Gert Winter*, Kompetenzverteilung und Legitimation in der Europäischen Mehrebenenverwaltung, EuR 2005, S. 255 ff.; *Knauff*, Regelungsverbund (Fn. 17), S. 417 ff.

[260] *Christian Calliess*, in: ders./Ruffert (Hrsg.), EUV/AEUV, Art. 1 AEUV Rn. 75 ff.; *Frank Riemann*, Die Transparenz der Europäischen Union, 2004.

[261] Dazu *Eberhard Schmidt-Aßmann*, Der Kohärenzgedanke in den EU-Verträgen: Rechtsgrundsatz, Politikdirektive oder Beschwörungsformel?, in: FS Rainer Wahl, 2011, S. 819 ff.; ferner → Rn. 70 ff.

[262] → Bd. I *Wißmann* § 15 Rn. 23; krit. *Möllers*, Ebenengliederung (Fn. 257), S. 772 f.

[263] Vgl. dazu nur *Utz Schliesky*, Souveränität und Legitimation von Herrschaftsgewalt, 2004, S. 277 ff., 588 ff.; *Claus D. Classen*, Demokratische Legitimation im offenen Rechtsstaat, 2009, bes. S. 95 ff.; *Philipp Dann*, Die politischen Organe, in: v. Bogdandy/Bast, Europäisches VerfR, S. 335 (378 ff.); *Winfried Kluth*, Demokratie, in: Schulze/Zuleeg/Kadelbach (Hrsg.), EuropaR, § 5 jeweils m.w.N. Aus der Perspektive des deutschen Verfassungsrechts (Art. 23 und 79 Abs. 3 GG) *BVerfGE* 123, 267 (363 ff.), dazu *Bernd Grzeszick*, Die Europäisierung des Rechts und die Demokratisierung Europas, in: Axer/Grzeszick/Kahl/Mager/Reimer (Hrsg.), Europäisches Verwaltungsrecht (Fn. 9), S. 95 ff. Politikwissenschaftlich *Joan DeBardeleben/Achim Hurrelmann* (Hrsg.), Democratic Dilemmas of Multilevel Governance, 2007.

[264] Vgl. *Sydow*, Verwaltungskooperation (Fn. 96), S. 236 ff.; *Peuker*, Bürokratie und Demokratie (Fn. 58), S. 123 ff. → Bd. I *Trute* § 6 Rn. 102 ff.

C. Verfassungsstrukturbestimmungen: Rechtsstaatlichkeit und Demokratie

1. Legitimation der mitgliedstaatlichen Verwaltungen

Wegen des Vorrangs des dezentralen Vollzuges bildet die mitgliedstaatliche 56 Legitimation der **mitgliedstaatlichen Verwaltungen** die Basis. Die nationalen Exekutiven bringen, auch soweit sie Unionsrecht vollziehen, ihre Legitimation nach Maßgabe ihrer eigenen Verfassung zunächst einmal mit. Das gilt auch in ganz praktischen Fragen, z.B. für die Einforderung demokratischer Verantwortung durch Aufsichtsbehörden und andere Kontrollinstanzen. Das Bild, das der Rechtsvergleich innerhalb der Union insofern bietet, ist bei der Legitimationslehre allerdings wesentlich vielfältiger als im Grundrechtsbereich. Erhebliche Unterschiede bestehen z.B. in der Gewichtung repräsentativer und partizipativer Demokratieformen.

Für die **deutsche Verwaltung** hatte der 2. Senat des Bundesverfassungsgerichts in zwei Entscheidungen vom Oktober 1990 eine stark auf förmliche Zurechnungsregeln gegründete Legitimationslehre entwickelt:[265] Die von Art. 20 Abs. 2 S. 2 GG geforderte demokratische Legitimation der Exekutive muss sich danach auf das Volk i.S. einer „Gesamtheit der Bürger als Staatsvolk"[266] zurückführen lassen. Von diesem Legitimationssubjekt soll die Exekutive ihre sachlich-inhaltliche und ihre personell-organisatorische Legitimation erhalten. Für erstere sind das parlamentarische Gesetz und die ministerielle Weisung die wesentliche Mittler, während letztere durch eine ununterbrochene Kette der Bestellungsakte weitergegeben werden soll.

Das Modell ist – so wird kritisiert[267] – stark vom Bilde der hierarchisch gegliederten Ministerialverwaltung geprägt. Schon die davon abweichende Legitimationslage der kommunalen Selbstverwaltung wird mit ihm nur unzulänglich erfasst. In noch höherem Maße gilt das für andere Organisationsformen wie Sachverständigengremien oder öffentliche Unternehmen.[268] Im Beschluss vom 5. Dezember 2002 erkennt derselbe Senat an, dass das Grundgesetz außerhalb der unmittelbaren Staatsverwaltung und der kommunalen Selbstverwaltung offen sei für andere, insbesondere vom Erfordernis lückenloser personeller demokratischer Legitimation abweichende Formen der Organisation und Ausübung von Staatsgewalt.[269] Das kommt einem ohnehin stärker pluralistisch-prozedural ausgerichteten Legitimationskonzept nahe, wie es vom 1. Senat in einer Entscheidung vom 13. Juli 2004 entfaltet worden ist.[270]

Dessen ungeachtet muss die Legitimationslehre eine *rechtsförmliche Ausrichtung* 58 *tung* wahren. Dem parlamentarischen Gesetzgeber fällt die Aufgabe zu, die für andere Legitimationsformen offenen Bereiche zu bestimmen und ihre Entschei-

---

[265] *BVerfGE* 83, 37 ff. und 60 ff.; ausf. Darstellung → Bd. I *Trute* § 6 Rn. 4 ff.
[266] So auch schon *BVerfGE* 77, 1 (40); 107, 59 (87).
[267] Z.B. Brun-Otto Bryde, Die bundesrepublikanische Volksdemokratie als Irrweg der Demokratietheorie, StWStP 1994, S. 305 (324); w.N. bei *Schliesky*, Souveränität (Fn. 263), S. 281 ff.; → Bd. I *Trute* § 6 Rn. 15 ff.
[268] Vgl. *Thomas Groß*, Das Kollegialprinzip in der Verwaltungsorganisation, 1999, S. 169 ff.
[269] *BVerfGE* 107, 59 (91 ff.). Zur Begründung des Beschlusses krit. *Matthias Jestaedt*, Funktionale Selbstverwaltung und Demokratieprinzip im Lichte der neueren Rechtsprechung des Bundesverfassungsgerichts, in: Winfried Kluth (Hrsg.), Jahrbuch des Kammerrechts, 2003, S. 9 ff.
[270] *BVerfGE* 111, 191 ff.; vgl. aber auch aus dem 2. Senat *BVerfGE* 119, 331 (366) sowie das abw. Votum der Richterin *Lerke Osterloh* und der Richter *Siegfried Broß* und *Michael Gerhardt*, dort S. 392 ff. Ausf. → Bd. I *Trute* § 6 Rn. 23 ff.

dungsorganisation festzulegen.²⁷¹ Verwaltungslegitimation ist ein strukturierter, verfahrensabhängiger Vorgang.²⁷² In solchen Strukturen können auch *Partizipation* und *Öffentlichkeit* als Elemente eines demokratischen Verwaltungsrechts wirksam werden.²⁷³ Frei floatierend aber sind sie in juristischen Entscheidungskontexten nicht hinreichend greifbar. Derselben Linie folgt die Einordnung der *Akzeptanz* in ein demokratisches Verwaltungsrecht: Zutreffend wird in der Akzeptanz, die eine Verwaltungsentscheidung findet, ein positiver Wert gesehen. Akzeptanz ist ein Element der über die Rechtmäßigkeit hinausgreifenden „Richtigkeit" des Verwaltungshandelns.²⁷⁴ Das veranlasst freilich auch zu der Frage, wie der Rang zwischen beiden dann zu bestimmen ist, wenn sie nicht im Verhältnis der positiven Entsprechung, sondern der Divergenz stehen. Dabei sind es nicht eigentlich die Fälle klarer Kollisionen, die Schwierigkeiten bereiten. Für sie gilt der Vorrang des Rechtsmaßstabes, d.h. fehlende Akzeptanz nimmt der rechtmäßigen Entscheidung nichts von ihrer Verbindlichkeit, wie umgekehrt eine rechtswidrige Entscheidung nicht dadurch von den Reaktionen des Rechts freigestellt wird, dass sie akzeptiert ist. Eigenes Gewicht gewinnt die Akzeptanz in offenen Ermessens- und Abwägungsrelationen.²⁷⁵ Akzeptanz bildet hier zwar keinen eigenständigen Rechtsgrund; sie kann aber in Gemeinwohlklauseln zu einem Tatbestandsmerkmal und so mittelbar auch zu einem rechtlichen Legitimationsfaktor werden. Nicht undenkbar erscheint es zudem, dass die gerichtliche Abwägungskontrolle von Verwaltungsentscheidungen unterschiedlich intensiv danach ausfällt, inwieweit die Verwaltung Akzeptanz für ihr Vorhaben gefunden hat oder nicht.

59 Für die **anderen mitgliedstaatlichen Verwaltungen** gelten die Legitimationsanforderungen des jeweiligen nationalen Verfassungsrechts. Diese weichen zum Teil erheblich von den deutschen Vorstellungen ab.²⁷⁶ Das beginnt bereits bei der Begrifflichkeit. Oft wird eher der Begriff der Legitimität (legitimacy) benutzt, der weit verstanden wird und so regelmäßig auch Kriterien umfasst, die der sog. Output-Legitimation zuzurechnen sind, oder sogar noch darüber hinausgehend die Maßstäbe guter Verwaltung (Art. 41 GRCh) meinen. Überall spielen allerdings die Einflussnahme der Parlamente, die Verantwortlichkeit der Verwaltung und das Erfordernis von Verwaltungskontrollen, z.B. im Blick auf unabhängige Regulierungsagenturen, als Kernthemen eine Rolle. Insofern kann man eine gewisse Konvergenz in den Legitimationsansätzen zwischen den mitgliedstaatlichen Legitimationskonzepten erkennen.²⁷⁷

---

[271] *BVerfGE* 107, 59 (92); ebenso *BVerfGE* 111, 191 (217ff.); vgl. aus dem 2. Senat *BVerfGE* 119, 331 und deutlich im abw. Votum der Richter *Broß* und *Gerhardt* und der Richterin *Osterloh*, ebd. S. 392 f. Zum Ganzen → Bd. I *Trute* § 6 Rn. 58 ff.

[272] → Bd. I *Trute* § 6 Rn. 42 ff., 47: „prozedurale Legitimation".

[273] Vgl. *Schmidt-Aßmann,* Ordnungsidee, Kap. 2 Rn. 102 ff.; → Bd. II *Rossen-Stadtfeld* § 29 Rn. 65 ff.

[274] Dazu *Wolfgang Hoffmann-Riem*, Verwaltungsrechtsreform – Ansätze am Beispiel des Umweltschutzes, in: ders./Schmidt-Aßmann/Schuppert (Hrsg.), Reform, S. 115 (133 ff.); ähnlich *Thomas Würtenberger*, Die Akzeptanz von Verwaltungsentscheidungen, 1996, S. 61 f.

[275] Dazu → Bd. II *Pitschas* § 42 Rn. 201 ff.

[276] Dazu die Beiträge in: *Matthias Ruffert* (Hrsg.), Legitimacy in European Administrative Law: Reform and Reconstruction, 2011; systematisch knapp *Pascal Gonod*, dort S. 1 ff.

[277] Ähnlich die Einschätzung von *Matthias Ruffert*, Comparative Perspectives of Administrative Legitimacy, in: ders. (Hrsg.), Legitimacy (Fn. 276), S. 351 ff.

2. Legitimation der EU-Verwaltung

Für die **Verwaltungsinstanzen der Union** ist der Ausgangspunkt aller Legitimationsüberlegungen das für das politische System zugrunde gelegte *Modell:* Es ist *repräsentativ* geprägt; Art. 10 Abs. 1 EUV sagt klar: „Die Arbeitsweise der Union beruht auf der repräsentativen Demokratie". Diese ist ihrerseits dualistisch verfasst, insofern sie einerseits auf der eigenständigen demokratischen Legitimation des Europäischen Parlaments (Abs. 2 S. 1) und andererseits auf der abgeleiteten Legitimation der im Rat versammelten mitgliedstaatlichen Regierungen (Abs. 2 S. 2) beruht. Die stärkere Beteiligung der nationalen Parlamente soll diesen Legitimationszug zusätzlich stützen. Die *Kommission* als das Hauptverwaltungsorgan der Union (Art. 17 EUV) hat an dieser dualen Legitimation durch das Verfahren ihrer Bestellung im Zusammenwirken zwischen Europäischem Parlament und Europäischem Rat (Abs. 7) und durch ihre Kontrollunterworfenheit (Abs. 8) teil. Elemente eines partizipativen Demokratieverständnisses treten gem. Art. 11 EUV ergänzend hinzu:[278] Bürgerbeteiligung, Aktenöffentlichkeit, Anhörungen, so dass insgesamt das *Modell einer pluralen Legitimation Europäischer Verwaltung* entsteht.[279] 60

Die Einrichtungen der Eigenverwaltung (vgl. Art. 298 AEUV)[280] sind demokratisch zum einen durch ihr Gründungsstatut und zum andern nach Maßgabe ihrer inneren Entscheidungsstrukturen legitimiert. Dabei stehen sich vielfältige Verschränkungen zentraler und dezentraler Einflussmöglichkeiten einerseits und die bei zahlreichen Regulierungsagenturen anzutreffenden Unabhängigkeitsregelungen recht unvermittelt gegenüber.[281] Wird durch solche Mischungen ein höheres **Legitimationsniveau** erreicht? Die komplizierten *Verschränkungen* und *Rückkoppelungen* erscheinen bei näherem Zusehen eher *ambivalent*. Eine Grundforderung des Demokratieprinzips ist nämlich *Transparenz*.[282] Nur transparente Entscheidungsverfahren ermöglichen es, demokratische Kontrolle auszuüben und demokratische Verantwortung einzufordern.[283] Eine stärkere Ausrichtung der Europäischen Verwaltung an festen *Modellen des Organisationsrechts* erscheint unverzichtbar.[284] Ein Konvolut von Beteiligungsrechten macht noch keine bessere Demokratie.[285] 61

---

[278] Dazu *Annette Guckelberger*, Die Europäische Bürgerinitiative, DÖV 2010, S. 745 ff.
[279] Dazu ausf. → Bd. I *Trute* § 6 Rn. 102–111; *Schliesky*, Souveränität (Fn. 263), S. 656 ff.
[280] → Rn. 22.
[281] Darstellung und Kritik → Bd. I *Trute* § 6 Rn. 104 ff., dort Rn. 108 auch ausf. zu möglichen Rechtfertigungen der Unabhängigkeit von Verwaltungseinheiten; immerhin spricht Art. 298 Abs. 1 AEUV ausdrücklich eine „offene, effiziente und unabhängige europäischen Verwaltung" als Träger der administrativen Aufgaben der Union an.
[282] Zu unterschiedlichen Formen von Transparenz allg. → Bd. II *Pitschas* § 42 Rn. 219 ff.
[283] *Christian Heitsch*, Die Transparenz der Entscheidungsprozesse als Element demokratischer Legitimation der EU, EuR 2001, S. 809 ff.; *Augsberg*, Europäisches Verwaltungsorganisationsrecht (Fn. 75), Rn. 80; *Martin Hochhuth*, Schwächung der Demokratie durch verselbständigte Mehrebenensysteme, in: FS Rainer Wahl, 2011, S. 723 (732 ff.).
[284] In ähnlichem Sinne zu Transparenzanforderungen *Sydow*, Verwaltungskooperation (Fn. 96), S. 240 f.
[285] Ähnlich *Karl-Peter Sommermann*, Verfassungsperspektiven für die Demokratie in der erweiterten Europäischen Union, DÖV 2003, S. 1009 (1013 f.).

3. Legitimation transnationalen Verwaltungshandelns

62 Wieder anders liegen die Legitimationsprobleme des **transnationalen Verwaltungshandelns** innerhalb der EU, das aus der horizontalen Kooperation mitgliedstaatlicher Behörden hervorgeht. Hier kann sich jede Behörde zwar auf die ihr nach Maßgabe der jeweiligen nationalen Verfassung zufließende Legitimation berufen. Das reicht jedoch nicht aus, um national getroffene Entscheidungen auch in *anderen* Mitgliedstaaten zu legitimieren. Auch das unionsrechtliche Anerkennungsprinzip, das dem transnationalen Handeln zugrunde liegt, ist als Anker einer hinreichenden Legitimationsvermittlung zu schwach. Notwendig ist ein Bündel von Vorkehrungen:[286] Die Verwaltungen der anderen Mitgliedstaaten und die Kommission müssen in die Vorberatung transnationaler Entscheidungen informationell eingebunden sein. Außerdem müssen die Entscheidungskriterien durch das Unionsrecht hinreichend klar festgelegt werden. Besonders bedeutsam ist schließlich, dass Kompetenz und Objektivität des mit transnationaler Wirkung entscheidenden Verwaltungsträgers sichergestellt werden, damit das in einem Verbund unverzichtbare gegenseitige **Vertrauen** *der* Verwaltungen und *in die* Verwaltungen entstehen kann.[287]

III. Gesetz und Verwaltung

63 Der Angelpunkt des verwaltungsrechtlichen Systems ist das parlamentarische Gesetz. Im Gesetz finden die Gewährleistungsanliegen des Rechtsstaats- und des Demokratieprinzips zusammen: Das Gesetz ist Garant rechtsstaatlich gebändigter Sozialgestaltung und Mittler demokratischer Legitimation.[288] Seine besonderen Qualitäten gewinnt es aus einem Entstehungsverfahren, das durch die unmittelbare demokratische Legitimation des Entscheidungsorgans, durch plural und regelmäßig auch föderal ausdifferenzierte Beteiligungschancen, durch die Publizität der Entscheidungsfindung und eine (relative) Stabilität des Entscheidungsergebnisses unter den verfügbaren Verfahren eines möglichst umfassenden Interessenabgleichs hervorgehoben ist.[289]

Die zentrale Rolle des Gesetzes für das Verwaltungsrecht ist nicht auf den nationalen Raum beschränkt. Sie lässt sich heute auch auf der europäischen Ebene

---

[286] *Sydow*, Verwaltungskooperation (Fn. 96), S. 243 ff.
[287] *Hans C. Röhl*, Akkreditierung und Zertifizierung im Produktsicherheitsrecht, 2000, S. 44 ff.: „strukturelle Europäisierung"; *ders*. Verantwortung und Effizienz in der Mehrebenenverwaltung, DVBl 2006, S. 1070 (1078 f.); *Sydow*, Verwaltungskooperation (Fn. 96), S. 248 f.; *Eifert*, Legitimationsstrukturen (Fn. 231), S. 307 (329 f.); → Bd. I *Trute* § 6 Rn. 115. Weitere N. → oben Rn. 28 a.
[288] → Bd. I *Reimer* § 9 Rn. 10; *Fritz Ossenbühl*, Gesetz und Recht – Die Rechtsquellen im demokratischen Rechtsstaat, in: HStR V, § 100 Rn. 19 ff.; *Gregor Kirchhof*, Die Allgemeinheit des Gesetzes, 2009, bes. S. 174 ff. Kritisch zu diesem Gesetzesverständnis *Thomas Vesting*, Rechtswissenschaftliche Beobachtung des Rechtssystems: Einheitsbildung und Differenzerzeugung, in: Trute/Groß/Röhl/Möllers, Allgemeines Verwaltungsrecht, S. 233 (243 ff.).
[289] *Helmuth Schulze-Fielitz*, Theorie und Praxis parlamentarischer Gesetzgebung, 1988, S. 154. Anschaulich die Darstellung der Verfahrensphasen und der dabei praktizierten Beteiligungsformen bei *Hans Schneider*, Gesetzgebung, 3. Aufl. 2002, §§ 5 und 6; *Fritz Ossenbühl*, Verfahren der Gesetzgebung, in: HStR V, § 102. Zur besonderen Rolle und zu den unterschiedlichen Erscheinungsformen des Allgemeinheitspostulats *G. Kirchhof*, Allgemeinheit (Fn. 288), S. 377 ff., zum Allgemeinheitsgedanken im europäischen Recht dort S. 386 ff.

C. Verfassungsstrukturbestimmungen: Rechtsstaatlichkeit und Demokratie

nachweisen.[290] Zutreffend beabsichtigte der Entwurf eines Europäischen Verfassungsvertrages unter den Rechtsakten der Union – auch begrifflich – ein „Europäisches Gesetz" herauszustellen, für dessen Erlass im Regelfall das Mitentscheidungsverfahren vorgesehen war (Art. I-34, III-396 VVE) und das Öffentlichkeitsprinzip gelten sollte (Art. I-50 VVE).[291] Der Vertrag von Lissabon ist in der Frage der Wortwahl einen halben Schritt zurückgegangen: Er verzichtet auf den Gesetzesbegriff, aber er kennt ein „Gesetzgebungsverfahren" und „Gesetzgebungsakte" (Art. 289 AEUV).[292] Das Amtsblatt der Europäischen Union weist Rechtsakte mit und solche ohne Gesetzescharakter heute getrennt aus. Die besonderen Qualitäten des Gesetzes sollen, dem nationalen Recht vergleichbar, durch das Mitentscheidungsverfahren sichergestellt werden (Art. 294 AEUV). Das damit erreichte Maß an Formalisierung rechtfertigt es, das Steuerungspotential des Gesetzes gegenüber der Verwaltung auch für die europäische Ebene systematisch zu entfalten. Dazu ist Ausgangspunkt die Lehre vom **unionsrechtlichen Gesetzesvorbehalt**, der sich in der Grundrechtecharta, aber auch im Recht der Leistungsverwaltung nachweisen lässt.[293] Er geht über den bisher schon bekannten Rechtssatzvorbehalt hinaus.[294]

Für die nationale wie für die europäische Ebene gilt: Trotz aller Parlamentarismus- und Gesetzgebungskritik[295] ist das Gesetz das zentrale Steuerungsinstrument in der rechtsstaatlichen Demokratie.[296] Man muss sich allerdings davor hüten, zunächst ein einseitiges, idealistisches Bild von der *Steuerungskraft* des einzelnen Gesetzes zu entwerfen und danach, da diese Erwartungen nicht erfüllt werden, Verfallsszenarien und Krisenangst zu verbreiten. Eine nüchterne Wertung hat folgende Punkte in Rechung zu stellen und in der **Gesetzesanwendungslehre** zur Geltung zu bringen:[297]

– Das parlamentarische Gesetz ist nicht das einzige Steuerungsmittel. Es steht vielmehr in einem *Steuerungsverbund* mit anderen Normen, in dem die unterschiedlichen Normenarten füreinander gegenseitig auch kompensatorische Funktionen ausüben. Dabei kommt der Normsetzung der Exekutive eine bisher oft unterschätzte Bedeutung zu.[298]

---

[290] → Bd. I *Ruffert* § 17 Rn. 39, 55.

[291] → Bd. I *Reimer* § 9 Rn. 19.

[292] Dazu *Doris König*, Gesetzgebungsakte, in: Schulze/Zuleeg/Kadelbach (Hrsg.), EuropaR, § 2 Rn. 36 ff.

[293] *Henning Rieckhoff*, Der Vorbehalt des Gesetzes im Europarecht, 2007; *Sonja Röder*, Der Gesetzesvorbehalt der Charta der Grundrechte der Union im Lichte einer europäischen Wesentlichkeitstheorie, 2007.

[294] Zum Rechtssatzvorbehalt des Unionsrechts *EuGH*, verb. Rs. 46/87 u. 227/88, Slg. 1989, 2859, Rn. 19; *Dimitris Triantafyllou*, Vom Vertrags- zum Gesetzesvorbehalt, 1996, S. 152 ff.; *Dieter H. Scheuing*, Rechtsstaatlichkeit (Fn. 245), § 6 Rn. 36.

[295] N. bei *Ossenbühl*, Gesetz und Recht (Fn. 288), § 100 Rn. 70 ff. Zu ihr wiederum *Helmuth Schulze-Fielitz*, Wege, Umwege, Holzwege zu besserer Gesetzgebung durch sachverständige Beratung, Begründung, Folgenabschätzung und Wirkungskontrolle?, JZ 2004, S. 862 ff.

[296] *Schuppert*, Staatswissenschaft, S. 550 ff.; ähnlich *Udo Di Fabio*, Gewaltenteilung, in: HStR II, § 27 Rn. 57; *Ossenbühl*, Gesetz und Recht (Fn. 288), § 100 Rn. 19 ff.: *Helmuth Schulze-Fielitz*, Einheitsbildung durch Gesetz oder Pluralisierung durch Vollzug, in: Trute/Groß/Röhl/Möllers, Allgemeines Verwaltungsrecht, S. 135 (160). → Bd. I *Reimer* § 9 Rn. 1 und *Ruffert* § 17 Rn. 55 f.

[297] *Wolfgang Hoffmann-Riem*, Gesetz und Gesetzesvorbehalt im Umbruch, AöR, Bd. 130 (2005), S. 5 (28 ff.); auch *Schmidt-Aßmann*, Ordnungsidee, Kap. 4 Rn. 7 ff.

[298] Dazu *Hans-Heinrich Trute*, Die konstitutive Rolle der Rechtsanwendung, in: Trute/Groß/Röhl/Möllers, Allgemeines Verwaltungsrecht, S. 211 ff.

– Parlamentarische Gesetze müssen in ihrer *Typenvielfalt* erfasst werden. Es gibt nicht nur Gesetze mit materiellen Entscheidungsprogrammen, sondern Verfahrens-, Organisations-, Haushaltsgesetze, Gesetze die z.B. für bestimmte Kooperationslagen oder für Bereiche gesellschaftlicher Selbstregulierung strukturgebende Funktionen haben. Die Steuerungsleistungen „des" Gesetzes können nur beurteilt werden, wenn man das *Zusammenwirken* der unterschiedlichen Gesetzestypen betrachtet.[299]

– Gesetzesvollzug ist nach den Vorstellungen der Verfassung kein im Ergebnis schon Punkt für Punkt feststehender mechanischer Ableitungsvorgang, sondern ein *Konkretisierungsprozess*, in dem neben den Gerichten der Exekutive eine wichtige und eigenständige Aufgabe zufällt. Das verfassungsrechtliche Bestimmtheitsgebot verlangt von vornherein kein Höchstmaß, sondern ein hinreichendes Maß an Bestimmtheit. „Dies hängt auch von den hierauf bezogenen Erkenntnis- und Handlungsmöglichkeiten des Gesetzgebers ab. Der Sachbereich muss staatlicher Normierung zugänglich sein."[300]

1. Gesetzesdirigierte Verwaltung

65 Wenn das Gesetz der Angelpunkt der Gewaltengliederung ist, dann muss die Stellung der vollziehenden Gewalt primär in ihrem Verhältnis zum Gesetz bestimmt werden.[301] Das Gesetz ist Grenze und Auftrag des Verwaltungshandelns.[302] Es formt Handlungsanweisungen und Befugnisse der Verwaltung, gibt administrativen Planungen Ziele vor und bestimmt die Grundzüge der Verwaltungsorganisation. Zugleich ist es ein zentraler Maßstab für die Verwaltungskontrolle.[303] Insgesamt ergibt sich das Bild einer **gesetzesdirigierten Verwaltung**. Bezeichnet ist damit ein Spektrum unterschiedlicher Dichtegrade gesetzlicher Steuerung, in dem eine vollständig gesetzesgebundene Verwaltung ebenso wie eine gänzlich gesetzesfreie Verwaltung als äußerste Eckpunkte nur theoretisch Platz haben. Realität besitzen beide nicht. Immer existieren mindestens Organisations-, Haushalts- und Verfahrensregelungen. Dazu treten selbst in gesetzlich wenig erschlossenen Bereichen Aufgabenvorschriften, Zielvorgaben und Rahmenregelungen. Auch die privatrechtlich handelnde Verwaltung agiert nicht „gesetzesfrei". Sie findet heute z.B. im Vergaberecht der §§ 97–101b GWB und im Übrigen in der Privatrechtsordnung ihren Rahmen, die die Interessen des Massenverkehrs in Versorgungsbedingungen und Verbraucherschutzvorschriften oft wesentlich differenzierter verarbeitet hat als das öffentliche Recht. Die Vorstellung einer durchgängig gesetzesdirigierten Verwaltung führt den Steuerungsanspruch des Gesetzes und die Eigenständigkeit der Verwaltung in einem einheitlichen Modell zusammen.

66 Vollziehende Gewalt im Sinne des Art. 20 Abs. 2 GG ist gesetzesdirigierte Gewalt. Sie besitzt ihre **Eigenständigkeit**.[304] Trotz erheblicher Konkretisierungs-

---

[299] Dazu *Gunnar Folke Schuppert*, Die Rolle des Gesetzes in der Governancetheorie, in: Trute/Groß/Röhl/Möllers, Allgemeines Verwaltungsrecht, S. 162 ff.

[300] BVerfGE 105, 279 (304).

[301] → Vgl. Bd. I *Reimer* § 9 Rn. 73 ff.

[302] Grundlegend *Ulrich Scheuner*, Das Gesetz als Auftrag der Verwaltung, DÖV 1969, S. 585 ff.; *Schuppert*, Staatswissenschaft, S. 551 f.; *Matthias Jestaedt*, Maßstäbe des Verwaltungshandelns, in: Erichsen/Ehlers (Hrsg.), VerwR, § 11 Rn. 5 ff.

[303] → Bd. III *Kahl* § 47 Rn. 52 f.

[304] → Bd. I *Hoffmann-Riem* § 10 Rn. 56 ff.; *Jestaedt*, Maßstäbe (Fn. 302), § 11 Rn. 7.

räume bleibt das Gesetz der zentrale Bezugspunkt. Diese Aussage ist verfassungsrechtlich unverzichtbar, und sie ist, wenn man die Vielfalt der täglichen Verwaltungspraxis in den Blick nimmt, auch plausibel. Aber der Vollzug des Gesetzes stellt sich komplexer dar, als es in der überkommenen Vorstellung von der Gesetzesanwendung abgebildet wird.[305] Präziser Umgang mit den Gesetzesbegriffen, Definition, Tatsachenfeststellung und Subsumtion sind gewiss der unverzichtbare methodologische Grundbestand. Gesetzesvollzug erschöpft sich jedoch regelmäßig nicht darin. Administratives Handeln – juristisch rekonstruiert als Gesetzesvollzug – bewegt sich auch in rechtlich zuerkannten Gestaltungsräumen.[306] Das ist kein anormaler Zustand, den es möglichst einzuengen oder mit Stillschweigen zu übergehen gälte. Es ist auch keine neuere Entwicklung, die sich mit einer perfekteren Bindung in einer guten alten Zeit konfrontieren ließe. „Im Grunde war es schon immer ein Missverständnis, Verwaltung ausschließlich als Normvollzug zu konzipieren."[307] Der Umgang mit Gestaltungsräumen gehört zu dem, was die **Gesetzesanwendung** durch die Verwaltung ausmacht. Der Begriff wird hier in einem weiten Sinne verstanden. Er soll die ganze Breite der Fragestellungen umfassen, die Verwaltungsrechtswissenschaft als (i.e.S.) „anwendungsorientierte Interpretations-" und „rechtsetzungsorientierte Handlungs- und Entscheidungswissenschaft" beschäftigt.[308]

2. Bindung an EU-Recht

Die Verwaltung ist nicht nur an das parlamentarische Gesetz, sie ist außerdem an eine Vielzahl weiterer Rechtsregelungen gebunden:[309] an Verfassungsrecht, EU-Recht, an allgemeine Rechtsgrundsätze und an ihr eigengesetztes Recht. Die „Rechtsbindung der Verwaltung", „government according to law", „principe de légalité" gehören zu den gemeinsamen Grundannahmen der europäischen Rechtsordnungen.[310] Sie gilt für alle Verwaltungsebenen, die Ministerialverwaltung ebenso wie die Kommunalverwaltung, und für jede Art des Verwaltungshandelns, es mag sich in den Formen des öffentlichen oder des privaten Rechts bewegen. 67

Die Umsetzung der Gesetzes- und Rechtsbindung ist ein methodisch und praktisch kompliziertes Unternehmen. Regelmäßig bereitet schon die Bestimmung der für den Fall letztendlich entscheidenden Norm, die Zusammenstellung und interne Abstimmung des **Bindungsprogramms,** Schwierigkeiten. Schon das Zusammenspiel von Bundes- und Landesrecht, einfachem Recht und Verfassungsrecht (einschließlich der verfassungskonformen Auslegung) kann oft unterschiedlich interpretiert werden. Das EU-Recht hat das Arsenal der Bindungsmaßstäbe noch erheblich erweitert. Der deutsche Rechtsanwender muss sie nach Art. 20 Abs. 3 GG wie innerstaatliches Recht behandeln, mehr noch: Er darf deut- 68

---

[305] *Trute*, Die konstitutive Rolle (Fn. 298), S. 222 ff.; *Vesting*, Rechtswissenschaftliche Beobachtung (Fn. 288), S. 243 ff.
[306] Dazu *Hans-Heinrich Trute*, Methodik der Herstellung und Darstellung verwaltungsrechtlicher Entscheidungen, in: Schmidt-Aßmann/Hoffmann-Riem (Hrsg.), Methoden, S. 293 (302 ff.).
[307] So *Groß*, Kollegialprinzip (Fn. 268), S. 181.
[308] → Bd. I *Voßkuhle* § 1 Rn. 15.
[309] Zu diesen „Rechtsquellen" *Dirk Ehlers*, Rechtsquellen und Rechtsnormen der Verwaltung, in: Erichsen/Ehlers (Hrsg.), VerwR, § 2 Rn. 18 ff.; *Ossenbühl*, Gesetz und Recht (Fn. 288), § 100 Rn. 47 ff. und 63 ff.; → Bd. I *Ruffert* § 17 Rn. 30 ff.
[310] Dazu *Maria L. Fernandez Esteban*, The Rule of Law in the European Constitution, 1999.

sches Recht nicht anwenden, wenn es im Widerspruch zum Unionsrecht steht; umgekehrt hat er gegenüber unionsrechtswidrigem (sekundärem) Unionsrecht keine Verwerfungsbefugnis, sondern muss nach Art. 267 AEUV vorgehen.[311]

69 Rechtsbindung der Exekutive im Europäischen Verwaltungsverbund heißt *Rechtskonkretisierung* in einem *polyzentrischen Rechtsgefüge*. Sie ist kein hierarchisch zu deutender Ableitungsmechanismus. Die **Arbeit am Recht** stellt sich vielmehr als ein komplexer, durch die unterschiedlichen administrativen Entscheidungssituationen geprägter Vorgang dar. Für ihn müssen gegenüber der traditionellen Lehre Dimensionserweiterungen in folgende Richtungen bedacht werden:[312]

– **Methoden:** Die vertrauten juristischen Gedankenoperationen der Definition, Tatsachenfeststellung und Subsumtion bilden dazu nur ein vereinfachtes Grundmodell.[313] Sie sind nach wie vor wichtig, erschöpfen aber die Probleme nicht. Hinzutreten müssen Methoden für den Umgang mit Ungewissheit,[314] für Folgenberücksichtigung,[315] für die Wirksamkeitsurteile im Recht.[316] Ferner kann es geboten sein, zwischen der Herstellung, der Rechtfertigung und der Darstellung der Entscheidung methodisch zu trennen.[317]

– **Rechtsquellen:** Ausgangspunkt ist die überkommene Lehre mit ihren festen Rangzuweisungen. Immer wieder nötigen aber die Geltungsbedingungen des Rechts im Mehrebenensystem der EU dazu, auch lockere Verkoppelungen, Abweichungsoptionen und offen konkurrierende Entscheidungskompetenzen anzuerkennen. Die Gewährleistung der gleichwohl notwendigen Rechtssicherheit, Überschaubarkeit und Vorhersehbarkeit des Rechts – die *Gewährleistung von Kohärenz* – ist Aufgabe einer sich erst langsam entwickelnden **Kohärenzdogmatik**.[318]

IV. Verwaltungsrechtsschutz

70 In der jüngeren deutschen Tradition bedeutet Verwaltungsrechtsschutz notwendig **Gerichtsschutz**. Der Rechtsweg, der gegen die öffentliche Gewalt nach

---

[311] *Jarass*, Innerstaatliche Bedeutung (Fn. 144), S. 67 ff.; *Bernd Grzeszick*, in: Maunz/Dürig, GG, Art. 20 VI Rn. 159 ff. und 161 ff.; → Bd. I *Ruffert* § 17 Rn. 121 ff.

[312] Dazu die Beiträge in: *Schmidt-Aßmann/Hoffmann-Riem* (Hrsg.), Methoden; speziell im Blick auf das Europarecht *Wahl*, Europäisierung (Fn. 136), S. 889 ff.; *Frenz*, HdbEuR V, Rn. 338 ff.

[313] Im Einzelnen → Bd. I *Möllers* § 3 Rn. 23 ff.; ferner *Karl Riesenhuber*, Europäische Methodenlehre, 2. Aufl. 2010.

[314] *Ivo Appel*, Methodik des Umgangs mit Ungewissheit, in: Schmidt-Aßmann/Hoffmann-Riem (Hrsg.), Methoden, S. 327 ff.

[315] *Georg Hermes*, Folgenberücksichtigung in der Verwaltungspraxis und in einer wirkungsorientierten Verwaltungsrechtswissenschaft, in: Schmidt-Aßmann/Hoffmann-Riem (Hrsg.), Methoden, S. 359 ff.

[316] *Eberhard Schmidt-Aßmann*, Methoden der Verwaltungsrechtswissenschaft, in: Schmidt-Aßmann/Hoffmann-Riem (Hrsg.), Methoden, S. 387 (408 ff.).

[317] *Wolfgang Hoffmann-Riem*, Methoden einer anwendungsorientierten Verwaltungsrechtswissenschaft, in: Schmidt-Aßmann/Hoffmann-Riem (Hrsg.), Methoden, S. 9 (20 ff.); *Trute*, Herstellung und Darstellung (Fn. 306), S. 293 f.; → Bd. I *Hoffmann-Riem* § 10 Rn. 30 ff.

[318] *Eberhard Schmidt-Aßmann*, Kohärenz und Konsistenz des verwaltungsgerichtlichen Rechtsschutzes, DV 2011, S. 105 (118 f.); *ders.*, Kohärenzgedanke (Fn. 261), S. 830 ff. Wichtige systematische Beiträge dazu bei *Heiko Sauer*, Jurisdiktionskonflikte in Mehrebenensystemen, 2008 und *Knauff*, Regelungsverbund (Fn. 17), S. 489 ff.

Art. 19 Abs. 4 GG eröffnet sein muss, ist der Weg zu den Gerichten. Organisation und Verfahren müssen in vollem Umfang den Qualitätsstandards der Art. 92 ff. GG entsprechen. Der Verwaltungsrechtsschutz ist der Dritten Gewalt anvertraut. Qualifizierte Verwaltungsverfahren können dem Gerichtsschutz als Widerspruchs- oder Beschwerdeverfahren vorausgehen und ihn praktisch entlasten; ersetzen können sie ihn nicht.[319] Einem ähnlichen **justizzentrierten Rechtsschutzmodell** folgen die Unionsverträge.[320] Die unter der Bezeichnung „Gerichtshof der Europäischen Union" zusammengefassten Instanzen (Art. 19 Abs. 1 EUV), der Gerichtshof, das Gericht und die Fachgerichte,[321] bilden ein von allen anderen EU-Organen strikt getrenntes Justizsystem.[322]

Auch die Garantien des Art. 47 GRCh sind *Gerichtsschutz*garantien. Andere europäische Rechtsordnungen trennen weniger strikt und erkennen auch einen Rechtsschutz durch Organe, die nur gewisse Unabhängigkeitsgarantien besitzen, im Übrigen aber der Exekutive zugeordnet sind, als ausreichend an.[323] Der Rechtsvergleich zeigt einen großen Variantenreichtum an Tribunals, Staatsräten u. ä., die als Gerichte oder als exekutivische Instanzen eingerichtet sein können. Die Europäische Menschenrechtskonvention geht von zwei Modellen aus:[324] Soweit Verwaltungsstreitigkeiten „civil rights and obligations" oder „criminal charges" betreffen, verlangt Art. 6 Abs. 1 EMRK für sie ein unabhängiges und unparteiisches, auf Gesetz beruhendes Gericht.[325] In anderen Fällen genügt nach Art. 13 EMRK die Möglichkeit, eine wirksame Beschwerde einlegen zu können. Die Beschwerdeinstanz kann auch eine Stelle in der öffentlichen Verwaltung sein, sofern sie verbindliche Entscheidungen treffen kann und unabhängig und unparteiisch ist. Die Ausgangsbehörde selbst genügt diesen Anforderungen nicht.[326]

1. Gebot wirksamen Rechtsschutzes

Die Gewährleistung von Rechtsschutz gegen die öffentliche Gewalt ist ein die deutsche und die europäische Verfassungsordnung prägendes Prinzip. Das Grundgesetz hat das in Art. 19 Abs. 4 von Anfang an klar herausgestellt.[327] Für das Unionsrecht hat der Europäische Gerichtshof seit langem als allgemeinen Rechtsgrundsatz herausgearbeitet, dass die Gemeinschaft „eine Rechtsgemein-

---

[319] Auch parlamentarische Kontrollgremien genügen grundsätzlich nicht. Art. 10 Abs. 2 S. 2 GG stellt eine im Text des Art. 19 Abs. 4 S. 3 GG ausdrücklich vorbehaltene Ausnahme dar, die eng auszulegen ist; vgl. *BVerfGE* 100, 313 (358 f., 364, 398 f.).
[320] → Bd. III *Schoch* § 50 Rn. 22.
[321] Vgl. Beschluss 2004/752 zur Errichtung des Gerichts für den öffentlichen Dienst der Europäischen Union vom 2. November 2004, ABl. EU 2004, Nr. L 333, S. 7.
[322] Vgl. im Einzelnen *Andreas Middeke*, Der EuGH als Rechtsprechungsorgan, in: Rengeling/Middeke/Gellermann (Hrsg.), HdbRs, § 2.
[323] Vgl. *Christoph Grabenwarter*, Verfahrensgarantien in der Verwaltungsgerichtsbarkeit, 1997, S. 113 ff., 294 ff.
[324] Dazu *Jörg Gundel*, Verfahrensrechte, in: HGR VI/1, § 146 Rn. 69 ff. und 170 ff.; → Bd. I *Schoch* § 50 Rn. 43 ff.
[325] Dazu *Grabenwarter*, EMRK, § 24 Rn. 4 ff. und 27 ff.
[326] Vgl. *Grabenwarter*, EMRK, § 24 Rn. 173.
[327] *BVerfGE* 15, 275 (280 ff.); 116, 135 (150 f. zur Ergänzung durch den allgemeinen Justizgewährungsanspruch). *Hans-Jürgen Papier*, Justizgewährungsanspruch, in: HStR VIII, § 176; *ders.*, Rechtsschutzgarantie gegen die öffentliche Gewalt, dort § 177.

schaft der Art ist, dass weder die Mitgliedstaaten noch die Gemeinschaftsorgane der Kontrolle darüber entzogen sind, ob ihre Handlungen mit der Verfassungsurkunde der Gemeinschaft, dem Vertrag, im Einklang stehen".[328] Zur Begründung wird auch auf Art. 6 und 13 EMRK und auf die Verfassungstraditionen der Mitgliedstaaten verwiesen.[329] Heute ergibt sich die Gewährleistung ausdrücklich aus den Verfassungstexten der Union: objektiv-rechtlich aus Art. 19 Abs. 1 EUV und subjektivrechtlich aus Art. 47 GRCh.[330] Sie kann durch völkerrechtliche Abkommen der Union nicht verkürzt werden.[331]

73 Alle Rechtsschutzgarantien verlangen einen *wirksamen* Rechtsschutz. Anders als im nationalen Recht müssen im Unionsrecht bei der Bestimmung der **Rechtsschutzeffektivität** und bei der Schließung von Rechtsschutzlücken allerdings die Kompetenzgrenzen der Union gem. Art. 5 EUV, die auch für den Gerichtshof der Union gelten, beachtet werden. In Einzelnen ist die geforderte „Rechtsschutzeffektivität" das Ergebnis einer *Abwägung:* Es kommt darauf an, die Interessen des Rechtsschutzsuchenden an einem möglichst intensiven und umfänglichen Kontrollverfahren mit den Interessen anderer Beteiligter an einem rechtzeitigen Rechtsschutz und der Wahrung der administrativen Eigenverantwortung zum Ausgleich zu bringen. Ein Maximum an Verfahrensaufwand ist nicht gemeint. Ebenso wenig geht es um eine totale Kontrolle.[332] Verlangt wird vielmehr eine Überprüfung an den Maßstäben und mit den Methoden des Rechts.

74 Die *deutsche Rechtsordnung* greift hier weit aus: Sie erfasst alle Verwaltungshandlungen ohne Rücksicht auf deren Rechtsformen (unter Einschluss der Realakte und der administrativen Normsetzung), und sie fordert im Regelfall eine vollständige Rechtsanwendungskontrolle durch die Gerichte.[333] Die Weite des sachlichen Schutzbereichs ist allerdings mit einer Enge in personeller Hinsicht verbunden: Rechtsschutz wird in Art. 19 Abs. 4 GG nur insoweit gewährt, als der Kläger geltend machen kann, in seinen Rechten verletzt zu sein: **Systementscheidung für den Individualrechtsschutz.**[334] Interessenten- und Popularklagen fallen nicht in den Garantiebereich. Dem Gesetzgeber ist es freilich auch nicht

---

[328] *EuGH*, Rs. 294/83, Slg. 1986, 1339, Rn. 23 und Rs. 222/84, Slg. 1986, 1651, Rn. 13 ff.; std. Rspr., vgl. nur *EuGH*, Rs. C-145, 149/08, NVwZ 2010, S. 825 Rn. 73 und Urteil vom 29. 6. 2010, Rs. C-550/09, EuGRZ 2010, S. 289 Rn. 44 f.; *Classen*, Rechtsschutz, in: Schulze/Zuleeg/Kadelbach (Hrsg.), EuropaR, § 4 Rn. 1 ff.; → Bd. III *Schoch* § 50 Rn. 22 ff.

[329] *EuGH*, Rs. C-402, 415/05 P, EuGRZ 2008, S. 480 Rn. 335.

[330] Im Einzelnen *Frenz*, HdbEuR V, Rn. 2165 ff.; *Carsten Nowak*, Rechtsschutz im europäischen Verwaltungsrecht, in: Terhechte (Hrsg.), VerwREU, § 13 Rn. 4 ff.; *Siegfried Magiera*, Bürgerrechte und justitielle Grundrechte, in: HGR VI/1, § 161 Rn. 67 ff.; *Andreas Haratsch*, Grundrechtsschutz durch den Europäischen Gerichtshof, in: HGR VI/1, § 165; *Christina Last*, Garantie wirksamen Rechtsschutzes gegen Maßnahmen der Europäischen Union, 2008; *Christoph-David Munding*, Das Grundrecht auf effektiven Rechtsschutz im Rechtssystem der Europäischen Union, 2010; *Hans D. Jarass*, Bedeutung der EU-Rechtsschutzgewährleistung für nationale und EU-Gerichte, NJW 2011, S. 1393 ff.

[331] *EuGH*, Rs. C-402, 415/05 P, EuGRZ 2008, S. 480 Rn. 316. Dazu *Jochen Abr. Frowein*, UN-Verwaltung gegenüber dem Individuum – legibus absolutus?, in: Trute/Groß/Röhl/Möllers, Allgemeines Verwaltungsrecht, S. 333 ff.

[332] *Papier*, Rechtsschutzgarantie (Fn. 327), § 177 Rn. 12.

[333] M. w. N. *Schmidt-Aßmann*, in: Maunz/Dürig, GG, Art. 19 IV Rn. 45 ff. und 116 ff.; *Papier*, Rechtsschutzgarantie (Fn. 327), § 177 Rn. 23 ff.

[334] So präzise *Walter Krebs*, in: v. Münch/Kunig (Hrsg.), GGK I, Art. 19 Rn. 58.

verwehrt, solche Klagen einzuführen.³³⁵ Das deutsche Recht ist in diesem Punkte enger als die meisten benachbarten Rechtsordnungen. Allerdings hat es sich mit einem weiten Verständnis der Schutznormlehre in Teilbereichen den europäischen Entwicklungstendenzen angenähert. Die exakte Fassung der einzelnen Garantieelemente ist gesetzlicher Ausgestaltung und folglich auch gesetzlicher Änderung durchaus zugänglich.³³⁶ „Art. 19 Abs. 4 GG gibt dem Gesetzgeber dabei nur die Zielrichtung und die Grundzüge der Regelung vor, lässt ihm im Übrigen aber einen beträchtlichen Gestaltungsspielraum."³³⁷

Zwischen dem *Unionsrecht* und den mitgliedstaatlichen Rechtsordnungen sind die Standards der Rechtsschutzeffektivität vielfach angenähert. Dazu hat nicht zuletzt die Rechtsprechung zu Art. 6 EMRK beigetragen. Trotzdem dürfen Unterschiede nicht übersehen werden. Sie haben in einem polyzentrischen Verfassungsverbund ihren legitimen Platz. Das bedeutet zweierlei: „Rechtsschutzlücken" des Unionsrechts dürfen nicht nach den Effektivitätsvorstellungen einer bestimmten nationalen Rechtsordnung konstruiert werden – das ist eine Mahnung an diejenigen, die das Rechtsschutzsystem der Art 251 ff. AEUV zu sehr im Lichte des Art. 19 Abs. 4 GG interpretieren wollen. Umgekehrt gilt aber auch, dass die Unionsgerichte die für das Eigenverwaltungsrecht geltenden Effektivitätsstandards nicht unbesehen auf das nationale Prozessrecht übertragen dürfen. Rechtsschutzeffektivität im europäischen Mehrebenensystem meint nicht Einheitlichkeit sondern *Kohärenz*.³³⁸ **75**

2. Die Europäisierung des deutschen Verwaltungsprozessrechts

Die Einwirkungen des Europarechts auf den Verwaltungsrechtsschutz in Deutschland gehen zum einen von **der EMRK** aus.³³⁹ Soweit verwaltungsrechtliche Streitigkeiten in den Anwendungsbereich des Art. 6 Abs. 1 EMRK fallen, wird vor allem die Notwendigkeit eines Rechtsschutzes in angemessener Zeit angemahnt.³⁴⁰ Art. 13 EMRK verpflichtet die Konventionsstaaten zudem, Rechtsschutz gegen gerichtliche Prozessverzögerungen vorzusehen.³⁴¹ **76**

Tiefergreifende Veränderungen gehen vom **EU-Recht** aus.³⁴² Das weite Kompetenzverständnis der Union gestattet es, mit der Harmonisierung eines be- **77**

---

³³⁵ Dazu *Sabine Schlacke*, Überindividueller Rechtsschutz, 2008; *Thomas Groß*, Die Klagebefugnis als gesetzliches Regulativ des Kontrollzugangs, DV, Bd. 43 (2010), S. 349 ff. Zu Ansätzen einer gegenläufigen Entwicklung in Frankreich vgl. *Nicolaus Marsch*, Subjektivierung der gerichtlichen Verwaltungskontrolle in Frankreich, 2011.
³³⁶ *BVerfGE* 100, 313 (364); 109, 279 (364).
³³⁷ *BVerfGE* 101, 106 (123).
³³⁸ → Rn. 69 und unten Rn. 80 ff.
³³⁹ Dazu *Gundel*, Verfahrensrechte (Fn. 324), § 146 Rn. 69 ff. Speziell zu § 116 Abs. 2 VwGO und einer nach Art. 6 Abs. 1 EMRK notwendigen Öffentlichkeit der Urteilsverkündung *Jan Ziekow*, Europa und der deutsche Verwaltungsprozess – Schlaglichter auf eine unendliche Geschichte, NVwZ 2010, S. 793 (796 ff.).
³⁴⁰ N. bei *Frowein/Peukert*, EMRK, Art. 6 Rn. 235 ff.; *Gundel*, Verfahrensrechte (Fn. 324), § 146 Rn. 117 ff.; *Grabenwarter*, EMRK, § 24 Rn. 68 ff.
³⁴¹ *EGMR*, NJW 2001, S. 2694 (2698).
³⁴² Dazu grundlegend *Martin Burgi*, Verwaltungsprozess und Europarecht, 1996; *Dirk Ehlers*, Die Europäisierung des Verwaltungsprozessrechts, 1999; *Oliver Dörr*, in: Sodan/Ziekow (Hrsg.), VwGO, Einleitung, EWR Rn. 349 ff.; *Rudolf Streinz*, Primär- und Sekundärrechtsschutz im Öffentlichen Recht, VVDStRL, Bd. 61 (2002), S. 300 ff.; *Martin Gellermann*, Verwaltungsrechtlicher Rechtsschutz, in: Rengeling/Middeke/Gellermann (Hrsg.), HdbRs, § 36 Rn. 3 ff.; *v. Danwitz*, Europäisches VerwR,

stimmten Rechtsgebietes den Mitgliedstaaten *durch Sekundärrecht* auch Vorgaben für eine wirksame gerichtliche Durchsetzung unionsrechtlicher Rechtspositionen zu machen. Von den EU-Richtlinien, die den Rechtsschutz gegenüber Verwaltungsentscheidungen besonders beeinflussen, sind u.a. zu nennen:
– die das Vergaberecht betreffenden sog. Nachprüfungsrichtlinien,[343]
– die das Umweltprozessrecht betreffende Richtlinie 2003/35 EG zur Umsetzung der Aarhus-Konvention, die zur breiteren Einführung von Verbandsklagen im Umweltrecht zwingt.[344]

78   Der zweite Einwirkungspfad des EU-Rechts führt über die richterrechtlich entwickelte *Einschränkung der mitgliedstaatlichen Verfahrensautonomie*:[345] Tiefgreifende Umgestaltungen hat so der vorläufige Rechtsschutz der §§ 80, 123 VwGO erfahren.[346] Dabei hat sich gezeigt, dass aus der Sicht des Unionsrechts nicht nur eine zu schwache, sondern auch eine zu starke Ausgestaltung des vorläufigen Rechtsschutzes fragwürdig sein kann.[347] Bevorzugte Zugriffsobjekte waren und sind immer wieder auch *Fristen-, Bestandskraft- und Präklusionsregelungen.*[348] Längere Zeit mutete der Europäische Gerichtshof dem mitgliedstaatlichen Prozessrecht auf diesem Wege erhebliche, gelegentlich überzogene Einschnitte zu. In jüngerer Zeit zeichnet sich eine behutsamere Linie ab:[349] Der Äquivalenzgrundsatz gebietet es danach nicht, unter mehreren verfügbaren Klagemöglichkeiten

---

S. 579 ff.; *Frenz*, HdbEuR V, Rn. 3873 ff.; *Nowak*, Rechtsschutz (Fn. 330), Rn. 79 ff.; *Klaus F. Gärditz*, Europäisches Verwaltungsprozessrecht, JuS 2009, S. 385 ff.; *Classen*, Rechtsschutz (Fn. 328), § 4 Rn. 107 ff. Speziell zum Einfluss der europäischen Rechtsschutzgarantien auf Art. 19 Abs. 4 GG *Oliver Dörr*, Der europäisierte Rechtsschutzauftrag deutscher Gerichte, 2003. Insgesamt → Bd. III *Schoch* § 50 Rn. 26 ff.

[343] RL 89/665 zur Koordinierung der Rechts- und Verwaltungsvorschriften für die Anwendung der Nachprüfungsverfahren im Rahmen der Vergabe öffentlicher Liefer- und Bauaufträge vom 21. Dezember 1989, ABl. EG 1989, Nr. L 395, S. 33 und RL 92/13 zur Koordinierung der Rechts- und Verwaltungsvorschriften für die Anwendung der Gemeinschaftsvorschriften über die Auftragsvergabe durch Auftraggeber im Bereich der Wasser-, Energie- und Verkehrsversorgung sowie im Telekommunikationssektor vom 25. Februar 1992, ABl. EG 1992, Nr. L 76, S. 14, die zur Neugestaltung des Vergaberechtsschutzes (§§ 98 ff. GWB) geführt haben; vgl. *Jost Pietzcker*, Die Zweiteilung des Vergaberechts, 2001, S. 69 ff.; *Thomas Waldner*, Bieterschutz im Vergaberecht unter Berücksichtigung der europäischen Vorgaben, 2000; → Bd. III *Schoch* § 50 Rn. 31 ff.

[344] RL 2003/35 über die Beteiligung der Öffentlichkeit bei der Ausarbeitung bestimmter umweltbezogener Pläne und Programme vom 26. Mai 2003, ABl. EU 2003, Nr. L 156, S. 17; dazu *Christian Walter*, Internationalisierung des deutschen und des Europäischen Verwaltungsverfahrens- und Verwaltungsprozessrechts – am Beispiel der Aarhus-Konvention, EuR 2005, S. 304 ff. Zu dem diese Vorgaben umsetzenden UmweltrechtsbehelfsG und seinen Unzulänglichkeiten *EuGH*, Urteil vom 3. 3. 2011, Rs. C-50/09, NVwZ 2011, S. 929 ff.; *Klaus F. Gärditz*, Klagerechte der Umweltöffentlichkeit im Umweltrechtsbehelfsgesetz, EurUP 2010, S. 210 ff.; → Bd. III *Schoch* § 50 Rn. 178 ff. und 314 ff.

[345] *Schoch*, Verwaltungsprozessrecht (Fn. 52), S. 509 ff.; *Christine Steinbeiß-Winkelmann*, Europäisierung des Verwaltungsrechtsschutzes, NJW 2010, S. 1233 ff.

[346] *Streinz*, Primär- und Sekundärrechtsschutz (Fn. 342), S. 346 f.; *Waltraud Buck*, Die Europäisierung des verwaltungsgerichtlichen vorläufigen Rechtsschutzes, 2000; *v. Danwitz*, Europäisches VerwR, S. 592 ff.; → Bd. III *Schoch* § 50 Rn. 35 ff.

[347] *EuGH*, Rs. C-217/88, Slg. 1990, I-2879, Rn. 24 ff.

[348] Dazu *Schmidt-Aßmann*, Verwaltungsverfahrensrecht (Fn. 153), S. 490 ff.; *Hans C. Röhl/Clemens Ladenburger*, Die materielle Präklusion im raumbezogenen Verwaltungsrecht, 1997; *Claas F. Germelmann*, Die Rechtskraft zwischen Mindesteffektivität und italienischem Verfassungsrecht, EuR 2010, S. 538 ff.; *v. Danwitz*, Europäisches VerwR, S. 544 ff.

[349] *EuGH*, Rs. C-246/09, NJW 2010, S. 2713 ff.; *v. Danwitz*, Europäisches VerwR, S. 480 ff. Vgl. → oben Rn. 31 zu den hier einschlägigen Geboten der Äquivalenz und der Effektivität.

C. Verfassungsstrukturbestimmungen: Rechtsstaatlichkeit und Demokratie

des nationalen Rechts die für die Durchsetzung des EU-Rechts günstigste auszuwählen. Und dem Effektivitätsgrundsatz gegenüber wird zunächst einmal die der Rechtssicherheit dienende Funktion von Klagefristen betont; Fristen erscheinen also nicht schon als solche geeignet, die Durchsetzung der vom Unionsrecht verliehenen Rechte praktisch unmöglich zu machen oder übermäßig zu erschweren. Erst vor dem Hintergrund dieser positiven Funktion stellt sich dann die konkrete Frage nach Durchsetzungshindernissen; sie zu prüfen ist die Aufgabe der nationalen Gerichte.

Spannungen werden allerdings bleiben; denn Art. 19 Abs. 4 GG und der effet-utile-Ansatz verfolgen keine identischen, sondern partiell unterschiedliche Rechtsgedanken. Das zeigt sich auch in der zentralen Frage der *Klagebefugnis und des subjektiven Rechts*.[350] Individuelle Berechtigungen des EU-Rechts zeichnen sich durch eine über das Konzept des subjektiven Rechts deutscher Prägung hinausreichende Funktionenvielfalt aus:[351] Neben Rechten, die ganz vorrangig der Konstitution eines materiellen Schutzstatus dienen und in ihrem Anliegen dem auf Personalität und Individualität ausgerichteten deutschen Recht nicht nachstehen, existieren Klageberechtigungen, die eher allgemeine Interessen, z.B. solche des Verbraucherschutzes oder des Umweltschutzes, fördern sollen. In der Literatur war längere Zeit strittig, inwieweit das Konzept der Schutznormlehre (§ 42 Abs. 2 VwGO) geeignet sei, diesen weiteren Kreis von Rechten zu erfassen. Heute wird eine solche unionsrechtlich inspirierte Erweiterung des Konzepts überwiegend bejaht.[352] Unsicherheiten bleiben bei der Behandlung von Verfahrensrechten.[353] Einen allgemeinen Normvollziehungsanspruch und entsprechende Popularklagebefugnisse vorzusehen, verlangt das EU-Recht nicht.[354]

3. Das Prinzip des kohärenten Rechtsschutzes in der Union

Die Rechtsschutzfragen der europäischen Integration erschöpfen sich jedoch nicht in der beschriebenen Europäisierung des mitgliedstaatlichen Prozessrechts. Wenn sich heute mehr und mehr ein Informations-, Handlungs- und Kontrollverbund zwischen unionalen und nationalen Verwaltungsinstanzen herausgebildet hat, dann muss auch der Verwaltungsrechtsschutz von den Gedanken des Verbundes und der Kooperation her konzipiert werden.[355] Es genügt nicht, dass auf mitgliedstaatlicher und auf nationaler Ebene jeweils für

---

[350] Dazu *Gregor Kirchhof*, Der rechtliche Schutz vor Feinstaub – subjektive Rechte zu Lasten Vierter?, AöR, Bd. 135 (2010), S. 29 ff.; → Bd. I *Masing* § 7 Rn. 91 ff.; Bd. III *Schoch* § 50 Rn. 149 ff.

[351] Dazu *Bernhard Wegener*, Rechte des Einzelnen – Die Interessentenklage im europäischen Umweltrecht, 1998; *Eckhard Pache*, Tatbestandliche Abwägung und Beurteilungsspielraum, 2001, S. 410 ff.; *Angela Schwerdtfeger*, Der deutsche Verwaltungsrechtsschutz unter dem Einfluss der Aarhus-Konvention, 2010; *v. Danwitz*, Europäisches VerwR, S. 511 ff.

[352] → Bd. III *Schoch* § 50 Rn. 149 ff. 161; *Wolfgang Kahl/Lutz Ohlendorf*, Die Europäisierung des subjektiven Rechts, JA 2011, S. 41 (43 f.); im Ergebnis auch *Steinbeiß-Winkelmann*, Europäisierung (Fn. 345), S. 1235. Ausführliche Kritik der Schutznormlehre bei *Julian Krüper*, Gemeinwohl im Prozess, 2009, bes. S. 127 ff.

[353] → Bd. II *Schmidt-Aßmann* § 27 Rn. 110 und Bd. III *Schoch* § 50 Rn. 170 und 307 ff.

[354] *v. Danwitz*, Europäisches VerwR, S. 519 (520).

[355] Vgl. *Schoch*, Verwaltungsprozessrecht (Fn. 52), S. 507 (514 f., 531 ff.); *Hofmann*, Rechtsschutz und Haftung (Fn. 107), S. 163; *Weiß*, Verwaltungsverbund (Fn. 58), S. 152 ff.; → Bd. III *Kahl* § 47 Rn. 218 ff. und *Schoch* § 50 Rn. 367 ff.

sich genommen Rechtsschutz sichergestellt ist. „Rechtsschutzeffektivität" verlangt vielmehr auch, dass auf die besonderen **Verbundprobleme** reagiert wird, die aus der vertikalen und horizontalen Verwaltungszusammenarbeit entstehen. Das setzt die Abstimmung zwischen den beteiligten Rechtsschutzgarantien und die Zusammenarbeit zwischen den beteiligten Gerichtsbarkeiten voraus. Die europäischen Rechtsschutzgarantien verbindet ein **Kohärenzgebot,** das Abstimmungslücken an den Grenzen der einzelnen Rechtsschutzzonen zu schließen anhält.[356]

81 Ein anerkannter Weg der Kooperation zwischen nationalen Gerichten und Gemeinschaftsgerichten ist das **Vorabentscheidungsverfahren** nach Art. 267 AEUV.[357] Es korrespondiert mit dem dezentralen Vollzugskonzept, demzufolge das EU-Recht zum weitaus größten Teil von den mitgliedstaatlichen Verwaltungen ausgeführt und demgemäß von den mitgliedstaatlichen Verwaltungsgerichten kontrolliert wird.[358] Diese sind es, die mit Auslegungs- und Gültigkeitsfragen an erster Stelle befasst sind. Art. 267 AEUV begründet für die mitgliedstaatlichen Gerichte die Möglichkeit und gegebenenfalls die Pflicht, zu diesen Fragen eine Entscheidung des EuGH einzuholen. Der EuGH klärt in diesem *Zwischenverfahren* Auslegungsfragen und entscheidet verbindlich über die Gültigkeit sekundären Unionsrechts. Das mitgliedstaatliche Recht ist direkt nicht sein Prüfungsgegenstand. Erst recht existiert kein Instanzenzug. Aber die Vorgaben des EuGH setzen die nationalen Gerichte in die Lage, die erforderlichen Konsequenzen zu ziehen. Auf diese Weise ist Art. 267 AEUV eine Schaltstelle zwischen den nationalen Rechtsordnungen und der Unionsrechtsordnung, indem er der Wahrung der Rechtseinheit und der Fortentwicklung des EU-Rechts, der Kontrolle des dezentralen Vollzuges und dem Individualrechtsschutz dient.[359] Der Gedanke des Verbundes wird hier im Bereich der Dritten Gewalt besonders deutlich: Die mitgliedstaatlichen Gerichte entscheiden funktional als Unionsgerichte, und der EuGH wirkt als gesetzlicher Richter im Sinne des nationalen Verfassungsrechts.[360]

82 Die Formen europäischer Verwaltungszusammenarbeit sind zu vielfältig und zu sehr in der Entwicklung begriffen,[361] als dass sich nicht immer neue Rechtsschutzkonstellationen ergäben, die mit dem Kooperationsmodell des Art. 267 AEUV allein nicht bewältigt werden können. Je mehr Verwaltungsverfahren in Vollzug von EU-Recht kooperativ, d.h. unter Beteiligung gemeinschaftlicher *und* nationaler Instanzen als „mehrstufige" oder „gemischte" Verfahren durchge-

---

[356] → Rn. 54. Vgl. auch *Eberhard Schmidt-Aßmann,* Europäische Rechtsschutzgarantien, in: FS Rudolf Bernhardt, 1995, S. 1283 (1300 ff.); *Wolfgang Hoffmann-Riem,* Kohärenz der Anwendung europäischer und nationaler Grundrechte, EuGRZ 2002, S. 473 ff. Krit. Analyse → Bd. III *Schoch* § 50 Rn. 26 ff.

[357] → Bd. III *Schoch* § 50 Rn. 381 ff.; *Frenz,* HdbEuR V, Rn. 3212 ff.; *Rainer Wernsmann,* Vorabentscheidungsverfahren, in: Ehlers/Schoch (Hrsg.), Rechtsschutz, § 11.

[358] → Rn. 19 ff.

[359] Vgl. *Andreas Middeke,* Das Vorabentscheidungsverfahren, in: Rengeling/Middeke/Gellermann (Hrsg.), HdbRs, § 10 Rn. 5 ff.; → Bd. III *Kahl* § 47 Rn. 241.

[360] Zu seiner Rolle im Rahmen des Art. 101 Abs. 1 S. 2 GG BVerfGE 73, 339 (366 f.); 75, 223 (233) und 126, 286 (315 f.). Von einem „Tandemsystem" spricht *Ulrich Haltern,* Verschiebungen im europäischen Rechtsschutzsystem, VerwArch, Bd. 96 (2005), S. 311 (313).

[361] Ausf. *Hofmann,* Rechtsschutz und Haftung (Fn. 107), S. 55 ff.; auch *Ohler,* Europäisches und nationales Verwaltungsrecht (Fn. 97), Rn. 18 ff.

C. Verfassungsstrukturbestimmungen: Rechtsstaatlichkeit und Demokratie

führt werden, desto mehr treten die spezifischen Rechtsschutzschwierigkeiten des Verbundes hervor. Die Probleme eines Rechtsschutzes gegen sich selbst vollziehende EU-Verordnungen und das Urteil des EuGH in Sachen „Pequeños Agricultores" haben das beispielhaft deutlich gemacht.[362]

Der Unionsvertrag von Lissabon versucht, dieses Problem konkret durch eine erweiternde Fassung der Klagebefugnisse Privater (Art. 263 Abs. 4 AEUV)[363] und allgemein durch eine Inpflichtnahme der Mitgliedstaaten zu lösen (Art. 19 Abs. 1 UAbs. 2 EUV): „Die Mitgliedstaaten schaffen die erforderlichen Rechtsbehelfe, damit ein wirksamer Rechtsschutz in den vom Unionsrecht erfassten Bereichen gewährleistet ist". Diese Verlagerung der Probleme auf die mitgliedstaatliche Ebene zeichnete sich in der jüngeren Judikatur bereits ab. Sie ist wegen der begrenzten Kompetenzen der Union für das allgemeine gerichtliche Verfahrensrecht sachgerecht, entbindet die Unionsorgane, insbesondere den Gerichtshof, aber nicht von jeder Verantwortung. Das gilt zum einen für sich abzeichnende Rechtsschutzprobleme im Eigenverwaltungsrecht, insbesondere gegenüber den Handlungen von Agenturen, für die ein Rückverweis an das mitgliedstaatliche Recht von vornherein nicht in Betracht kommt.[364] Es gilt aber ebenso für das Verwaltungskooperationsrecht – hier als Verantwortung für die Abgestimmtheit der Rechtsschutzinstrumente. Diese in **Art. 19 Abs. 1 EUV** insgesamt angelegte **Kohärenzverantwortung** hat selbstverständlich die Kompetenzgrenzen und die Verfahrensautonomie der Mitgliedstaaten zu achten.[365] Sie zielt auch nicht auf eine möglichst weitreichende Vereinheitlichung der nationalen Prozessordnungen. „Einheit" und „Kohärenz" des Unionsrechts sind, wie Art. 256 Abs. 2 und 3 AEUV zeigen, auseinanderzuhalten. Die Rechtsmaßstäbe, an denen sich der Kohärenzgedanke auf diesem Felde zu bewähren hat, sind nicht freischwebende Einheitsvorstellungen, sondern allein die auf einen wirksamen Rechtsschutz ausgerichteten Anforderungen des Äquivalenz- und des Effektivitätsgrundsatzes.[366]

Die Probleme des Verbundes sind nicht selten praktischer Art: Zum einen kann 83 es für den Rechtsschutzsuchenden schwierig sein zu erkennen, gegen welche Handlung welcher der beteiligten Verwaltungen er sich wenden muss. Zum anderen ist unsicher, inwieweit Fehler der einen Behörde die Rechtmäßigkeit der darauf

---

[362] *EuGH*, Rs. C-50/00, Slg. 2002, I-6677; dazu *Hans C. Röhl*, Rechtsschutz gegen EG-Verordnungen, Jura 2003, S. 830 ff.; → Bd. III *Schoch* § 50 Rn. 24, 375.

[363] Zu den erheblichen Auslegungsschwierigkeiten dieser „Rechtsakte mit Verordnungscharakter", die „keine Durchführungsmaßnahmen nach sich ziehen", erfassenden neuen Bestimmung vgl. *Wolfram Cremer*, Zum Rechtsschutz des Einzelnen gegen abgeleitetes Unionsrecht nach dem Vertrag von Lissabon, DÖV 2010, S. 58 ff.; *Alexander Thiele*, Das Rechtsschutzsystem nach dem Vertrag von Lissabon – (K)ein Schritt nach vorn?, EuR 2010, S. 30 (38 ff.); *Nowak*, Rechtsschutz (Fn. 330), § 13 Rn. 34; insgesamt positiv *Ulrich Everling*, Lissabon-Vertrag regelt Dauerstreit über Nichtigkeitsklage Privater, EuZW 2010, S. 572 ff.; dazu jetzt *EuG*, Beschl. v. 6. 9. 2011, Rs. T-18/10, Rn. 56: „Verordnungscharakter" haben alle „Rechtsakte mit allgemeiner Geltung mit Ausnahme von Gesetzgebungsakten."

[364] Anerkannt für solche Handlungen der Agenturen, die eine Rechtswirkung gegenüber Personen haben (Art. 263 Abs. 5 AEUV); vorher schon *EuG*, Rs. T-411/06, Slg. 2008, II-2771, Rn. 37 ff.; *Johannes Saurer*, Individualrechtsschutz gegen das Handeln der Europäischen Agenturen, EuR 2010, S. 51 ff. Zu Rechtsschutzlücken bei Realakten → Bd. III *Schoch* § 50 Rn. 24.

[365] Zutreffende Kritik an zu weitgehenden Kohärenzanforderungen der (älteren) Judikatur zum vorläufigen Rechtsschutz → Bd. III *Schoch* § 50 Rn. 28 ff.

[366] Dazu *Schmidt-Aßmann*, Kohärenzgedanke (Fn. 261), S. 832 f.

gestützten Entscheidungen anderer Behörden infizieren.³⁶⁷ Der EuGH geht bisher von einem **Trennungsmodell** aus.³⁶⁸ Danach sind die Union und die Mitgliedstaaten nur für die von ihnen selbst veranlassten Kooperationsbeiträge verantwortlich und nur vor ihren eigenen Gerichten zu verklagen. Die einschlägigen Rechtsschutzgarantien werden bisher im Lichte dieses Modells interpretiert: Sie ermöglichen Rechtsschutz jeweils nur in ihrem danach definierten Schutzbereich.³⁶⁹ Wenn aber alle Garantien auf einen wirksamen Rechtsschutz zielen, dann muss künftig gerade auf die Verbundzonen geachtet werden. Der Gedanke eines Verfassungsverbundes, den die europäischen Rechtsschutzgarantien (Art. 6 EMRK, Art. 19 EUV, Art. 47 GRCh, Art. 19 Abs. 4 GG) bilden,³⁷⁰ muss sich darin bewähren, dass er auch die reale Verbundstruktur europäischer Verwaltungsvorgänge erfasst. Die beteiligten Verwaltungen sollten daher auf jeden Fall verpflichtet sein, über ihre Entscheidungsbeiträge und bestehende Rechtsschutzmöglichkeiten zu informieren. Darüber hinaus ist zu überlegen, inwieweit die Exklusivität der Jurisdiktionsgewalt des einzelnen Gerichts gemildert werden kann. Das Sekundärrecht darf auch Abweichungen vom Trennungsgrundsatz festlegen, wenn diese aus Rechtsschutzgründen notwendig erscheinen.³⁷¹ Ein vorsichtiger Ansatz dazu findet sich in der Rechtsprechung des EuGH, der zufolge auch die mitgliedstaatlichen Gerichte unter strengen Voraussetzungen vorläufigen Rechtsschutz gegen den Vollzug sekundären Unionsrechts gewähren dürfen.³⁷²

V. Das Verwaltungsrecht als Garant rechtsstaatlich-demokratischer Rationalität

84 Das Rechtsstaatsprinzip erschöpft sich nicht in der Sicherung subjektiver Rechte und im punktuellen Ausgleich einzelner Rechtspositionen. Es zielt vielmehr – wie *Konrad Hesse* es formuliert hat – auf eine „Rationalisierung des öffentlichen Gesamtzustandes"³⁷³. Darin trifft es sich mit dem Anliegen des Demokratieprinzips, die öffentliche Herrschaftsordnung auf gemeinwohlfähige Entscheidungen auszurichten. Das moderne *Gesetz* erhebt einen unverzichtbaren Rationalitätsanspruch.³⁷⁴ *Verfahren* und *Organisation* sind herausragend wichtige

---

³⁶⁷ Anschaulich dazu *Michael Schramm*, Der europäische Verwaltungsverbund in der Telekommunikationsregulierung (§§ 10ff. TKG) aus dem Blickwinkel des Rechtsschutzes, DÖV 2010, S. 387 (389ff.).

³⁶⁸ *Hofmann*, Rechtsschutz und Haftung (Fn. 107), S. 163ff. Beispiele bei *Schmidt-Aßmann*, Verwaltungsverfahrensrecht (Fn. 153), S. 487 (505f.).

³⁶⁹ Art. 19 Abs. 4 GG gewähre, so sagt die ganz h. L., Schutz gegen die deutsche, aber auch *nur* gegen die deutsche öffentliche Gewalt. Vgl. Darstellung und Kritik bei *Schmidt-Aßmann*, in: Maunz/Dürig, GG, Art. 19 Abs. 4 Rn. 46ff.; *Stefan Burbaum*, Rechtsschutz gegen transnationales Verwaltungshandeln, 2003, S. 110ff.; gegen das Argument der Staatenimmunität auch → Bd. III *Schoch* § 50 Rn. 16.

³⁷⁰ Vgl. *Oliver Dörr*, Grundstrukturen eines europäischen Verwaltungsprozessrechts, DVBl 2008, S. 1401 (1402: „das europäische Rechtsschutzgrundrecht als inhaltliche Klammer").

³⁷¹ *Ohler*, Europäisches und nationales Verwaltungsrecht (Fn. 97), Rn. 20f.

³⁷² *EuGH*, verb. Rs. C-143/88 und C-92/89, Slg. 1991, I-415, Rn. 20; Rs. C-465/93, Slg. 1995, I-3761, Rn. 22.

³⁷³ *Hesse*, Rechtsstaat (Fn. 246), S. 83. Zu Begriffen und zum Stand der Rationalitätsbegriffe in staatswissenschaftlichen Zusammenhängen vgl. *Arno Scherzberg*, Rationalität – staatswissenschaftlich betrachtet, in: FS Hans-Uwe Erichsen, 2004, S. 177ff.; *Klaus König*, Zur Rationalität öffentlicher Verwaltung, in: FS Hans H. v. Arnim, 2004, S. 87ff.; → Bd. II *Pitschas* § 42 Rn. 54ff.

³⁷⁴ Dazu m. w. N. → Bd. I *Reimer* § 9 Rn. 5.

C. Verfassungsstrukturbestimmungen: Rechtsstaatlichkeit und Demokratie

Medien der Rationalisierung: Zuständigkeiten, Verfahrensphasen und Verfahrensbeteiligungen sollen so geregelt, Entscheidungsstrukturen so eingerichtet sein, dass Entscheidungen „möglichst richtig" getroffen werden.[375]

1. Distanzschutz, Transparenz, Öffentlichkeit

Wichtige prozedurale Rationalitätsgarantien enthalten die Vorschriften zur Sicherung unparteiischen neutralen Verwaltens.[376] Das Recht auf eine gute Verwaltung ist auch das Recht auf eine unparteiische Verwaltung (Art. 41 Abs. 1 GRCh). Den Kern bilden die Regeln zur *personell-individuellen* Neutralität des einzelnen Amtswalters. Sie sind gemeineuropäisches Erbe des Satzes „nemo iudex in causa sua" und gelten als allgemeines Verhaltensrecht von Amtsträgern.[377] Die *organisatorisch-institutionelle* Neutralität der befassten Behörde ist primär nach Maßgabe der Zuständigkeitsordnung zu sichern. Dass eine Behörde ihre sachlichen Zuständigkeiten wahrnimmt und in diesem Sinne für die Sache engagiert ist, macht sie noch nicht parteilich. Prekär aber sind administrative Doppelrollen, die unterschiedlichen Handlungsmustern zu folgen nötigen, z. B. als Genehmigungsbehörde *und* Eigentümer, Projektträger oder Unternehmer. Aufgerufen ist hier in erster Linie der Gesetzgeber, für funktionentrennende Entkoppelungen zu sorgen. Gefahren für die Neutralität können sich schließlich aus bestimmten Verfahrenskonstellationen, z. B. durch zu intensive einseitige Vorgespräche zwischen der verfahrensleitenden Behörde und einem engeren Kreis von Beteiligten, ergeben. Die notwendige *verfahrensbezogene Unparteilichkeit* muss z. B. durch eine Formalisierung des Kontakts oder durch Dokumentations- und Transparenzpflichten gesichert werden.[378] 85

Nach Art. 1 Abs. 2 EUV werden die Entscheidungen der Union so offen und bürgernah wie möglich getroffen. Im deutschen Recht lassen sich Sicherungen transparenten Staatshandelns dem Rechtsstaats- und dem Demokratieprinzip zuordnen. Differenziert werden u. a. die Formen der Ergebnis-, der Verfahrens-, der Inhalts- und der Verantwortungstransparenz.[379] Regelmäßig werden öffentlich ablaufende Entscheidungsverfahren und der freie Zugang zu Dokumenten staatlicher Stellen als Transparenzgaranten genannt (Art. 15 AEUV). Das sind gewiss wichtige Teilaspekte. Doch muss ein weiteres Element in die Transparenzforderungen einbezogen werden: die **Verständlichkeit von Regelungszusammenhängen**. Die Kompliziertheit und Verflochtenheit der Entscheidungsverfahren sind es, die auf nationaler und europäischer Ebene die erforderliche Transparenz verhindern und Widerstand hervorrufen. Akteneinsicht und öffentliche Sitzungen sind dagegen nur schwache Heilmittel. Das Transparenzgebot verlangt, Verfahren zu vereinfachen und überladene Mitwirkungsansprüche zu reduzieren. 86

---

[375] So BVerfGE 68, 1 (86); ausf. *Schliesky*, Souveränität (Fn. 263), S. 645 ff.
[376] Zum Folgenden grundlegend *Michael Fehling*, Verwaltung zwischen Unparteilichkeit und Gestaltungsaufgabe, 2001, bes. S. 195 ff.; *ders.*, Verwaltungsverfahren (Fn. 135), § 12 Rn. 44; → Bd. II *Schneider* § 28 Rn. 32 ff.
[377] *Tanja Maier*, Befangenheit im Verwaltungsverfahren. Die Regelungen der EU-Mitgliedstaaten im Rechtsvergleich, 2001.
[378] → Bd. II *Schneider* § 28 Rn. 35.
[379] So *Jürgen Bröhmer*, Transparenz als Verfassungsprinzip, 2004, S. 18 ff.; → Bd. II *Pitschas* § 42 Rn. 218 ff.

87 Zahlreiche Bauformen des Verfahrensrechts beruhen auf der Herstellung von **Öffentlichkeit:**[380] öffentliche Information über Beginn und Ergebnisse von Verfahren, öffentliche Auslegung, Aktenöffentlichkeit und öffentliche Verhandlungen. Diese Formen dienen der Transparenz und der verfahrensakzessorischen Partizipation. Das EU-Recht intensiviert diese Ausrichtung: Öffentlichkeit wird ganz allgemein zum Medium der Verwaltungskontrolle.[381] Prozedurale Rationalität soll dabei in einem über den individuellen Rechts- und Interessenschutz hinausgehenden Sinne wirken.

2. Richtigkeitsgewähr im Verwaltungsrecht

88 Der im rechtsstaatlichen und im demokratischen Prinzip angelegte Gedanke der Richtigkeit umgreift ein **Spektrum von Maßstäben:**[382] In seinem Zentrum liegen im fachlichen Diskurs erhärtete Kriterien, die über die Rechtmäßigkeit/Rechtswidrigkeit einer Maßnahme entscheiden. In anderen Bereichen des Spektrums sind Kriterien angesiedelt, die für eine entscheidungsbezogene rechtliche Argumentation nicht dominant, gerade für die rechtlich geleiteten Gestaltungsaufgaben der Verwaltung aber sehr wohl beachtlich sind, wie z.B. Flexibilität, Akzeptanz oder Innovationsfähigkeit einer vorgeschlagenen Lösung. Am Beispiel des Wirtschaftlichkeitskriteriums lässt sich zeigen, dass zwischen den Kriterien der Richtigkeit gleitende Übergänge bestehen.[383] Auch andere Richtigkeitsgesichtspunkte können in den Kreis der harten Rechtskriterien hineinwachsen; denn auch die Rechtsdogmatik ist kein hermetisch abgeschlossener Bestand, sondern Ergebnis eines offenen und deshalb sich wandelnden Diskurses.

89 Eine höhere Bedeutung kann man den prozedural-organisatorischen Rationalitätsgarantien nur einräumen, wenn man die bisherige deutsche Vorstellung von der (nur) „dienenden Funktion des Verfahrens" verabschiedet und in der Einhaltung des Verfahrensrechts eine Garantie für „Richtigkeitsgewähr" anerkennt.[384] Die Bedeutungsminderung des Verwaltungsverfahrensrechts, wie sie in der deutschen Beschleunigungsgesetzgebung zutage tritt, steht auch mit dem verfahrensrechtlichen Denken des EU-Rechts nicht in Einklang.[385] Es ist allerdings nicht damit getan, dem deutschen Verwaltungsrecht die volle Wirksamkeit verfahrensrechtlicher Vorkehrungen *neben* der Ausrichtung am materiellen Steuerungsprogramm anzuempfehlen. Wenn die prozeduralen Vorgaben des EU-Rechts künftig besser rezipiert werden sollen, dann ist das Zentralthema

---

[380] → Bd. II *Schneider* § 28 Rn. 26 und 104 ff., *Rossen-Stadtfeld* § 29 Rn. 72 ff.

[381] → Bd. III *Scherzberg* § 49.

[382] → Bd. II *Hoffmann-Riem* § 33 Rn. 56 ff., *Pitschas* § 42 Rn. 7 ff.; auch *Michael Fehling*, Das Verhältnis von Recht und außerrechtlichen Maßstäben, in: Trute/Groß/Röhl/Möllers, Allgemeines Verwaltungsrecht, S. 461 ff.; ferner *Friedrich Schoch*, Außerrechtliche Standards des Verwaltungshandelns als gerichtliche Kontrollmaßstäbe, dort S. 543 ff. – beide zurückhaltend gegenüber einer übergreifenden Maßstabslehre.

[383] *Schmidt-Aßmann*, Ordnungsidee, Kap. 6 Rn. 64 ff.

[384] Anders BVerwGE 100, 238 (242 ff.); 100, 370 ff.; krit. *Wilfried Erbguth*, Entwicklungslinien im Recht der Umweltverträglichkeitsprüfung: UVP-RL – UVPÄndRL – UVPG – SUP, UPR 2003, S. 321 (324); ausf. jetzt *Christian Quabeck*, Dienende Funktion des Verwaltungsverfahrens und Prozeduralisierung, 2010, bes. S. 67 ff.

[385] → Bd. III *Schoch* § 50 Rn. 297 ff.

der verwaltungsgerichtlichen Kontrolldichte einzubeziehen.[386] Solange die Verwaltungsgerichte Verwaltungsentscheidungen inhaltlich grundsätzlich vollständig kontrollieren und damit nach der „Theorie der einen richtigen Entscheidung" die volle Verantwortung für die Ergebnisrichtigkeit übernehmen,[387] kommt das Verwaltungsverfahrensrecht aus einer nur „dienenden Funktion" nicht heraus.

D. Ausstrahlungen der Verfassungszielbestimmungen auf das Verwaltungsrecht

Verfassungszielbestimmungen sollen die Richtung des politischen Handelns aufzeigen. Sie sind Staatsaufgabendeterminanten. Nationalstaaten mit einer Vielfalt gewachsener Aufgaben sind auf solche Direktiven weniger angewiesen als die zunächst als „Zweckverbände funktioneller Integration"[388] gegründeten Europäischen Gemeinschaften.[389] Das Grundgesetz kannte zunächst nur wenige Zielbestimmungen, während das europäische Recht von Anfang an einen umfangreichen Katalog besaß. Heute haben sich die Verhältnisse etwas angeglichen. Für den vorliegenden Untersuchungszusammenhang sind die auf *beiden* Ebenen anzutreffenden ökonomischen (I), sozialen (II) und ökologischen (III) Zielbestimmungen wichtig. Der Vertrag von Lissabon spricht sie bereits in der Präambel an, normiert sie dann zusammen mit weiteren Zielen in Art. 3 EUV und rückt sie in den *Querschnittklauseln* an eine prominente Stelle des Vertrages über die Arbeitsweise der Union (Art. 8–14 AEUV). Dabei wird die Aufgabe, *Kohärenz* zwischen den sektoralen Politikzielen herzustellen, besonders hervorgehoben (Art. 7 AEUV), jedoch ausdrücklich klargestellt, dass der Kohärenzauftrag für die Union niemals selbst kompetenzbegründend ist, sondern davon abhängt, was die begrenzten Einzelermächtigungen hergeben.[390] Die Unionsziele richten sich an die Organe der Union, die Mitgliedstaaten binden sie im Rahmen der Loyalitätspflichten des Art. 4 Abs. 3 EUV; Private binden sie nicht.[391] Der Ausgleich zwischen konkurrierenden und konfligierenden Unionszielen ist eine Aufgabe der Politik. Justitiabel sind Fälle der Zielverfehlung nur, wenn ein „besonders schwerer und evidenter Verstoß" vorliegt.[392]

Direkte Ableitungszusammenhänge zwischen den Verfassungszielbestimmungen und dem *Verwaltungsrecht* bestehen nicht; das ist bei den Verfassungs-

---

[386] Ebenso *Karl-Heinz Ladeur/Rebecca Prelle*, Judicial control of administrative procedural mistakes in Germany: A comparative European View of Environmental Impact Assessments, in: Karl-Heinz Ladeur (Hrsg.), The Europeanisation of Administrative Law, 2002, S. 93 ff.; *Rainer Wahl*, Verwaltungsverfahren und Verwaltungsprozessrecht (Fn. 153), S. 1291: „Man kann mit der Kontrolle nicht auf beiden Seiten maximieren, sowohl beim Verfahren wie beim materiellen Recht, jedenfalls tut dies keine Rechtsordnung der Welt." → Bd. I *Hoffmann-Riem* § 10 Rn. 101.

[387] → Bd. III *Schoch* § 50 Rn. 263.

[388] So die bekannte Charakterisierung durch *Hans P. Ipsen*, Europäisches Gemeinschaftsrecht, 1972, S. 196 ff.

[389] Vgl. *Günther Teubner*, Globale Zivilverfassungen: Alternativen zur staatszentrierten Verfassungstheorie, ZaöRV, Bd. 63 (2003), S. 1 ff.

[390] *Matthias Ruffert*, in: Calliess/Ruffert (Hrsg.), EUV/AEUV, Art. 7 AEUV Rn. 6; *Schmidt-Aßmann*, Kohärenzgedanke (Fn. 261). S. 823 ff. und 835.

[391] Vgl. *Jörg P. Terhechte*, in: Grabitz/Hilf/Nettesheim (Hrsg.), EU-Recht, Art. 3 EUV Rn. 27.

[392] *Terhechte*, ebd., Rn. 28.

strukturbestimmungen anders. Ausstrahlungswirkungen der Zielbestimmungen lassen sich nur mittelbar erkennen: Die Einflusspfade verlaufen insofern vor allem über die einzelnen Gebiete des Besonderen Verwaltungsrechts, deren Bedeutung, Umfang und Instrumentenbesatz durch die Zielbestimmungen beeinflusst werden können. Von hieraus lassen sich dann mit gebotener Vorsicht bestimmten Zielausprägungen einzelne Regulierungsstrategien[393] zuordnen. Deren rechtliche Umsetzung wiederum bedient sich bestimmter Rechts-, Handlungs- oder Bewirkungsformen.[394]

Bedeutung für den zu entscheidenden Einzelfall können die Zielbestimmungen im Rahmen von Ermessens- und Gestaltungsermächtigungen gewinnen. Entscheidend bleibt allerdings der jeweilige Ermächtigungstatbestand, der darüber Auskunft gibt, welche Gesichtspunkte legitimerweise in die jeweilige Ermessensentscheidung einbezogen werden dürfen. Eine wahllose Überformung des einfachen Rechts durch Ermessensgesichtspunkte, die sich oft nur in recht vager Argumentation aus Verfassungszielen ableiten lassen, kann es nach Maßgabe des Bestimmtheitsgebotes nicht geben.[395]

I. Wirtschaftsverfassung und Binnenmarktziel

1. Wirtschaftsverfassungs- und Wirtschaftsverwaltungsrecht unter dem Grundgesetz

91 Das Grundgesetz kennt nach überwiegender Auffassung kein in sich geschlossenes wirtschaftspolitisches Zielkonzept.[396] Es trifft jedoch eine Reihe von Festlegungen, die Gesetzgebung und Exekutive bei der Ausfüllung eines ihnen zustehenden weiten Gestaltungsrahmens beachten müssen:[397] Die Vorschriften über die Gesetzgebungskompetenzen (insbesondere Art. 74 Abs. 1 Nr. 11 GG) zeigen, welche Aufgabenbereiche bundesgesetzlich in Angriff genommen werden dürfen. Die Vorschriften über die Haushaltswirtschaft von Bund und Ländern (Art. 109 GG) und die Steuerverteilungsregeln des Art. 106 GG indizieren die hohe Bedeutung, die die Verfassung einer leistungsstarken Volkswirtschaft für die staatliche Aufgabenerfüllung zuerkennt.[398] Umgekehrt wirken die Staatsstrukturprinzipien der Rechtsstaatlichkeit und der Demokratie, das soziale und das ökologische Staatsziel und die Verfassungsentscheidung für eine offene Staatlichkeit (Art. 23, 24 GG) ihrerseits – teils aktivierend, teils begrenzend – auf die staatliche Wirtschaftspolitik ein.

---

[393] Zu Regulierungsstrategien → Bd. I *Eifert* § 19.

[394] Zu Rechts-, Handlungs- und Bewirkungsformen → Bd. II *Hoffmann-Riem* § 33; zum Ganzen auch → Bd. I *Franzius* § 4.

[395] *Schmidt-Aßmann*, Ordnungsidee, Kap. 3 Rn. 87 und 97.

[396] BVerfGE 50, 290 (336 f.); *Reiner Schmidt*, Öffentliches Wirtschaftsrecht, Allgemeiner Teil, 1990, § 3 II; ders., Staatliche Verantwortung für die Wirtschaft, in: HStR IV, § 92 Rn. 12 ff.; *Peter. M. Huber*, Öffentliches Wirtschaftsrecht, in: Schmidt-Aßmann/Schoch (Hrsg.), Bes. VerwR, Kap. 3 Rn. 17 f.; auch *David Jungbluth*, Überformung der grundgesetzlichen Wirtschaftsverfassung durch Europäisches Unionsrecht?, EuR 2010, S. 471 ff.

[397] *Peter Badura*, Staatsziele und Garantien der Wirtschaftsverfassung in Deutschland und Europa, in: FS Klaus Stern, 1997, S. 409 (414 ff.); *Matthias Ruffert*, Zur Leistungsfähigkeit der Wirtschaftsverfassung, AöR, Bd. 134 (2009), S. 197 ff.

[398] Zur Bedeutung des Finanzrechts für die Verwaltung → Bd. III *Korioth* § 44 Rn. 53 ff. und 72 ff.

D. Ausstrahlungen der Verfassungszielbestimmungen

Vorrangig aber sind es die **Grundrechte,** vor allem die Art. 12 und 14 GG sowie der den Schutz der Wettbewerbsfreiheit umfassende Art. 2 Abs. 1 GG,[399] die staatliches Handeln im Bereich der Wirtschaft dirigieren.[400] Die ihnen immanenten Gebote der Verhältnismäßigkeit und willkürfreien Sachgerechtigkeit weisen jedem staatlichen Markteingriff nach dem Regel-Ausnahme-Grundsatz mindestens Begründungslasten zu.[401] In jüngerer Zeit zeichnet sich in der Rechtsprechung allerdings eine Tendenz ab, *markttypisches staatliches Verhalten* nicht als Eingriff zu interpretieren und es damit nur reduzierten Rechtmäßigkeitsanforderungen zu unterstellen.[402] Die Gefahr einer „Erosion" der freiheitlichen Grundrechtsgehalte durch immer weitere – vorgeblich „alternativenlose" – Staatsinterventionen lässt sich nicht mehr übersehen.[403] 92

Das einfach-rechtliche öffentliche Wirtschaftsrecht ist seit langem ein integraler Bestandteil des **Verwaltungsrechts:**[404] Gewerberecht und Handwerksrecht, Agrarrecht, Bergbau-, Energie- und Verkehrswirtschaftsrecht, das Außenwirtschaftsrecht, neuerdings auch das Telekommunikations- und das Bankenaufsichtsrecht – sie und manche andere Gebiete der Wirtschaftsverwaltung – sind in der verwaltungsrechtlichen Literatur mit Aufsätzen, Gerichtsentscheidungen und Einzelstudien gut vertreten. Wirtschaftsverwaltungsrechtliche Zulassungsentscheidungen, Aufsichtsmaßnahmen und berufsständische Körperschaften gehören zum Standardrepertoire öffentlich-rechtlicher Handlungs- und Organisationsformen.[405] 93

Kritisch muss allerdings gesagt werden, dass es das öffentliche Wirtschaftsrecht bisher nicht verstanden hat, sein Erfahrungs- und Lösungspotential in nennenswertem Umfang in der Dogmatik des *allgemeinen* Verwaltungsrechts zur Geltung zu bringen.[406] Hier zeichnet sich für das Regulierungsverwaltungsrecht neuerdings eine günstigere Einschätzung ab.[407] Umgekehrt war das allgemeine Verwaltungsrecht bisher noch zu wenig erfolgreich, seinen Ordnungsauftrag gegenüber manchen korporatistischen und paternalistischen Vorstellungen des überkommenen Wirtschaftsverwaltungsrechts durchzusetzen. Viel zu lange wurde die Bedeutung des öffentlichen Vergabewesen verkannt („fiskalische Hilfsgeschäfte") und das Vergaberecht[408] dem wenig beachteten Haushaltsrecht 94

---

[399] *BVerfGE* 114, 160 (190).
[400] *Peter Badura,* Grundrechte und Wirtschaftsordnung, in: HGR II, § 29.
[401] Vgl. *Schmidt,* Öffentliches Wirtschaftsrecht AT (Fn. 396), § 3 II; *Huber,* Öffentliches Wirtschaftsrecht (Fn. 396), Rn. 37 ff.
[402] *BVerfGE* 105, 252 (265 ff.).
[403] *Ruffert,* Wirtschaftsverfassung (Fn. 397), S. 222 ff.
[404] Dazu *Reiner Schmidt* (Hrsg.), Öffentliches Wirtschaftsrecht – Besonderer Teil, Bd. 1 1995, Bd. 2 1996. Aus dem älteren Schrifttum noch immer eindrucksvoll *Ernst R. Huber,* Wirtschaftsverwaltungsrecht, 2. Aufl., Bd. 1 1953, Bd. 2 1954; ferner die Beiträge in: *Ulrich Scheuner* (Hrsg.), Die staatliche Einwirkung auf die Wirtschaft, 1971.
[405] Vgl. *Huber,* Öffentliches Wirtschaftsrecht (Fn. 396), Rn. 185 ff.
[406] Dazu *Schmidt-Aßmann,* Ordnungsidee, Kap. 3 Rn. 43 ff.
[407] Dazu → Bd. I *Eifert* § 19 Rn. 125 ff.; *Jürgen Kühling,* Sektorspezifische Regulierung in den Netzwirtschaften, 2004; sowie die Beiträge in *Matthias Ruffert/Jens-Peter Schneider* (Hrsg.), Regulierungsrecht, 2009. Systematisch überzeugend auch das Projekt, die Felder der verteilenden Verwaltung auf einer mittleren Abstraktionsebene zu einem festen Verfahrenstypus zusammenzuführen bei *Ferdinand Wollenschläger,* Verteilungsverfahren, 2010, S. 533 ff.
[408] → Bd. I *Schulze-Fielitz* § 12 Rn. 139 ff.; Bd. III *Korioth* § 44 Rn. 18, 111 ff., *Schoch* § 50 Rn. 92 ff.; *Wollenschläger,* Verteilungsverfahren (Fn. 407), S. 197 ff.

überlassen. Viel zu lange wurden zweifelhafte Subventionsvergaben rechtlich abgesichert, statt sie möglichst einzuschränken. Bis in die jüngste Zeit finden die Verwaltungsgerichte kaum die Kraft, der Expansion kommunaler Unternehmen rechtliche Grenzen entgegenzusetzen.[409] Auch die Versuche, den gegenwärtigen Aktivismus der Politik bei der sog. Finanzmarktstabilisierung rechtlich auch nur in den Grundzügen zu ordnen, sind noch nicht weit gediehen.[410]

2. Das Binnenmarktziel der Europäischen Union

95 Die Europäischen Gemeinschaften sind zunächst als Wirtschaftsgemeinschaften gegründet worden. **Marktfreiheiten,** Gewährleistung von Wettbewerb und die Perspektive auf einen Gemeinsamen Markt gehörten zu ihrer Grundausstattung – in der Montan- und Agrarpolitik allerdings schon von Anfang an gekoppelt mit einem starken supranationalen Interventionismus. Die weitere Entwicklung des Unionsrechts hat weitere Ziele hinzugefügt.[411] Heute findet sich das Binnenmarktziel in Art. 3 Abs. 3 S. 1 EUV. Der Binnenmarkt soll einen Raum ohne Binnengrenzen bilden, in dem der freie Verkehr von Waren, Personen, Dienstleistungen und Kapital gewährleistet ist (Art. 26 Abs. 2 AEUV). Seine Ausrichtung an den Grundfreiheiten ist damit klar herausgestellt.[412] Die weiteren wirtschaftsverfassungsrechtlichen Zielkonkretisierungen bringt dann Art. 3 Abs. 3 S. 2 EUV: Die Union wirkt danach auf eine nachhaltige Entwicklung Europas auf der Grundlage eines ausgewogenen Wirtschaftswachstums und von Preisstabilität, eine in hohem Maße wettbewerbsfähige soziale Marktwirtschaft, die auf Vollbeschäftigung und sozialen Fortschritt abzielt, sowie ein hohes Maß an Umweltschutz hin. Dass damit oft divergierende Optionen aufgerufen sind und das Integrationsprogramm folglich unterschiedlichen, auch wechselnden politischen Umsetzungsmaßnahmen Raum lässt, liegt auf der Hand. Das war bisher nicht anders.[413]

96 Dennoch können einige Textänderungen gegenüber dem Vertragswerk des EUV/EGV nicht übersehen werden: Auffällig ist zum einen, dass der Zielkatalog heute eine „wettbewerbsfähige soziale" Marktwirtschaft nennt, während Art. 4 EGV früher von einer „offenen Marktwirtschaft mit freiem Wettbewerb" sprach. Der Wettbewerb selbst ist nicht mehr der „unverfälschte Wettbewerb" des Art. 3 Abs. 1 lit. g EGV, sondern findet sich erst in Protokoll Nr. 27 ausführlicher behandelt. Trotzdem ist in diesen Änderungen kein Paradigmenwechsel zu

---

[409] Verfehlte Weichenstellung in *BVerwGE* 39, 329 ff.; dagegen *Eberhard Schmidt-Aßmann*, Verfassungsschranken der Kommunalwirtschaft, in: FS Peter Ulmer, 2003, S. 1025 ff. Zu Entwicklungen in der jüngeren Rechtsprechung *Wolfgang Kahl/Lutz Ohlendorf*, Das subjektive Recht – Grundlagen und aktuelle Entwicklungen im nationalen Recht, JA 2010, S. 872 (878 f.); *Thomas Jungkamp*, Rechtsschutz privater Konkurrenz gegen die wirtschaftliche Betätigung der Gemeinden, NVwZ 2010, S. 546 ff.

[410] N. zu Teilaspekten bei *Michael Uechtritz*, Bankenrettung auf dem verfassungsrechtlichen Prüfstand, NVwZ 2010, S. 1471 ff.

[411] Zur Entwicklung *Peter-Christian Müller-Graff*, Die Verdichtung des Binnenmarktrechts zwischen Handlungsfreiheit und Sozialgestaltung, EuR, Beiheft 1, 2002, S. 7 ff.

[412] Ebenso *Eckhard Pache*, Grundfreiheiten, in: Schulze/Zuleeg/Kadelbach (Hrsg.), EuropaR, § 10 Rn. 1.

[413] Vgl. die detaillierte Analyse von *Carsten Nowak*, Binnenmarktziel und Wirtschaftsverfassung der Europäischen Union vor und nach dem Reformvertrag von Lissabon, EuR, Beiheft 1, 2009, S. 129 ff. Zur bisherigen Rechtslage *Armin Hatje*, Wirtschaftsverfassung im Binnenmarkt, in: v. Bogdandy/Bast (Hrsg.), Europäisches VerfR, S. 801 ff.

sehen.[414] Dagegen sprechen die Entstehungsgeschichte des neuen Art. 3 Abs. 3 EUV ebenso wie der nach wie vor stark wettbewerbsorientierte Instrumentenbesatz des AEUV und die Wirtschaftsgrundrechte der EU-Grundrechtecharta. Art. 119 und 120 AEUV sprechen nach wie vor von einer „offenen Marktwirtschaft mit freiem Wettbewerb". Konflikte mit sozialen und ökologischen Zielen und die Notwendigkeit eines Ausgleichs gab es auch unter den früheren Verträgen. Das gilt auch für die Konkurrenz zwischen Wettbewerbsprinzip und *Diensten von allgemeinem wirtschaftlichem Interesse*: Art. 14 AEUV stellt ihre Legitimität besonders heraus, hat aber gegenüber dem alten, schon mit dem Vertrag von Amsterdam eingeführten Art. 16 EGV substantiell keine Änderungen gebracht.[415] Nüchtern wird man insgesamt eher nur von einer Akzentänderung auszugehen haben, die in der Praxis allerdings nicht allzu weit reichen dürfte.[416] Zutreffend heißt es in der Literatur:[417] „Vielmehr lassen sich viele der vorgenannten Neuerungen als ein in integrationspolitischer Hinsicht ambivalent erscheinender Versuch deuten, der Union unter weitgehender Beibehaltung des gegenwärtig geltenden binnenmarkt- und wirtschaftsverfassungsrechtlichen Koordinatensystems ein sozialeres Antlitz zu verleihen". Im Übrigen lassen die diffusen Aktionen der Politik auf die sog. Euro-Krise befürchten, dass interventionistischen Tendenzen durch die Rhetorik der „Alternativlosigkeit" stärker Vorschub geleistet wird, als es alle Textänderungen des Vertrages von Lissabon zusammen vermöchten.[418]

Schon bisher haben die wirtschaftspolitischen Ziele des Unionsrechts die überkommenen **Strukturen des deutschen öffentlichen Wirtschaftsrechts** verändert:[419] 97

– In einem erheblichen Umfang sind *Privatisierungen*[420] ehemaliger Staatsaufgaben angestoßen worden.[421] Die Entwicklung lässt sich im Blick auf das Post- und Eisenbahnwesen an den Änderungen des Art. 87 Abs. 1 GG zeigen,[422] geht aber darüber hinaus. Das traditionelle Recht der Leistungsverwaltung, insbesondere im Bereich der Daseinsvorsorge, ist auf ein Recht der Regulierungsverwaltung umgestellt worden.[423] Dienste von allgemeinem wirtschaftlichem

---

[414] Ebenso *Nowak*, Binnenmarktziel (Fn. 413), S. 182 ff.

[415] Vgl. mit anderer Akzentsetzung aber *Matthias Knauff*, Die Daseinsvorsorge im Vertrag von Lissabon, EuR 2010, S. 725 (740). Zum bisherigen Konzept ausf. *Franzius*, Gewährleistung (Fn. 131), S. 373 ff.

[416] So *Jürgen Schwarze*, Das wirtschaftsverfassungsrechtliche Konzept des Verfassungsentwurfs des Europäischen Konvents, EuZW 2004, S. 135 (136); ähnlich *Ruffert*, Wirtschaftsverfassung (Fn. 397), S. 202. Stärker das Zurücktreten des Wettbewerbsgedankens betonend aber *Frenz*, HdbEuR VI, Rn. 2122 ff.; *Knauff*, Daseinsvorsorge (Fn. 415), S. 740; *Jan-Marco Luczak*, Die Europäische Wirtschaftsverfassung als Legitimationselement europäischer Integration, 2009, S. 408.

[417] *Nowak*, Binnenmarktziel (Fn. 413), S. 192.

[418] Vgl. dazu *Peter-Christian Müller-Graff*, Finanzmarktkrise und Wirtschaftsordnungsrecht: Aufwind für den „Regulierungsstaat"?, EWS 2009, S. 201 ff.

[419] Dazu systematisch *Michael Potacs* und *Jens Kersten*, Herstellung von Wettbewerb als Verwaltungsaufgabe, in: VVdStRL, Bd. 69 (2010), S. 254 ff. und 288 ff.; *Jan Hecker*, Marktoptimierende Wirtschaftsaufsicht, 2007.

[420] → Bd. I *Voßkuhle* § 1 Rn. 58 ff., *Schulze-Fielitz* § 12 Rn. 91 ff., *Schuppert* § 16 Rn. 82 ff.

[421] Vgl. *Wolfgang Weiß*, Europarecht und Privatisierung, AöR, Bd. 128 (2003), S. 91 ff.

[422] Vgl. nur *BVerfGE* 108, 370 (388 ff.); → Bd. I *Eifert* § 19 Rn. 125 ff.

[423] Zu den Instrumenten vgl. *Franzius*, Gewährleistung (Fn. 131), S. 413 ff.; *Kersten*, Wettbewerb (Fn. 419), S. 320 ff.; → Bd. I *Eifert* § 19 Rn. 125 ff.

Interesse finden im Primärrecht zwar ausdrücklich Anerkennung (Art. 14 AEUV);[424] aber Monopole staatlicher Unternehmen sind rechtfertigungsbedürftig.[425] Rechtlich gibt es keinen Grund, mit Art. 14 AEUV gegen bisherige Privatisierungen zu Felde zu ziehen und dem Widerstand etablierter Träger der Daseinsvorsorge in den Mitgliedstaaten gegen weitere Liberalisierungen nachzugeben. Die Erfahrungen der Finanzkrise belegen keineswegs von Neuem pauschal die Legitimität der Daseinsvorsorge. „Die Unterscheidung zwischen wettbewerbsfeindlichem, subventionierten Protektionismus und berechtigtem gemeinwohlorientierten Auftrag ist oftmals schwierig".[426]

– Die Felder der *Kooperation* zwischen Staat und Wirtschaft sind deutlicher hervorgetreten und klarer geordnet worden. Unionsweite Warenverkehrs- und Dienstleistungsfreiheit verwirklicht sich nach der sog. Neuen Konzeption[427] durch systematische Nutzung privaten Sachverstandes der europäischen Normierungsorganisationen und in einem Gefüge von Akkreditierungen und Zertifizierungen. Hier ist eine neue „europäische Verwaltungsstruktur" entstanden,[428] die die Steuerungspotentiale von öffentlichem und privatem Recht im Sinne sich gegenseitig ergänzender Auffangordnungen nutzt.[429]

– Der Schutz des *freien Wettbewerbs* weist der Wettbewerbsaufsicht eine wichtige Position zu.[430] Entsprechende Kompetenzen der Europäischen Kommission waren bereits in den Römischen Verträgen verankert. Die Kartellverordnung Nr. 1/2003[431] verzahnt die Aufsichtsinstanzen der Unions- und der mitgliedstaatlichen Ebene zu einem Netzwerk gemeinsam verantwortlicher Stellen, dem „Europäischen Wettbewerbsnetz", in dem die Kommission die Zentralposition einnimmt. Hier ist eine neue Verbundstruktur entstanden.[432]

– Ähnliches zeigt sich auf dem komplementären Felde der *Beihilfeaufsicht.* Beihilfen sind im Lichte der Verfassungsziele der Union nicht Wohltaten, die es möglichst großzügig auszustreuen gilt. Sie werden vielmehr in ihrer den Wettbewerb verfälschenden Wirkung erfasst und, soweit sie den Handel zwischen Mitgliedstaaten beeinträchtigen, eingeschränkt (Art. 107–109 AEUV). Die Beihilfeverfahrensverordnung Nr. 659/1999[433] führt überzogene Vertrau-

---

[424] Dazu auch das Protokoll Nr. 26 zum Vertrag von Lissabon sowie die Mitteilung der Kommission vom 20. 11. 2007, KOM (2007) 725 endg.: Dienstleistungen von allgemeinem Interesse unter Einschluss von Sozialdienstleistungen.

[425] Ähnlich *Oppermann/Classen/Nettesheim,* EuropaR, § 21 Rn. 46: „Primat des Wettbewerbsprinzips". Dagegen im Sinne einer Gleichordnung mit Art. 106 AEUV *Terhechte,* in: Grabitz/Hilf/Nettesheim (Hrsg.), Recht der EU, Art. 14 AEUV Rn. 45.

[426] *Oppermann/Classen/Nettesheim,* EuropaR, § 21 Rn. 47.

[427] Entschließung des Rates über eine neue Konzeption auf dem Gebiet der technischen Harmonisierung und der Normung vom 7. Mai 1985, ABl. EG 1985, Nr. C 136, S. 1.

[428] Dazu grundlegend *Röhl,* Akkreditierung (Fn. 287); *Karin Bieback,* Zertifizierung und Akkreditierung, 2008. → Bd. II *Appel* § 32 Rn. 27 sowie Bd. I *Ruffert* § 17 Rn. 87, 90, *Eifert* § 19 Rn. 64 f.

[429] Dazu die Beiträge in *Hoffmann-Riem/Schmidt-Aßmann* (Hrsg.), Auffangordnungen; → Bd. I *Burgi* § 18 Rn. 30 ff.

[430] Vgl. *Jörg P. Terhechte,* Die Rolle des Wettbewerbs in der europäischen Verfassung, in: Armin Hatje/Jörg P. Terhechte (Hrsg.), Das Binnenmarktziel in der europäischen Verfassung, EuR, Beiheft 3, 2004, S. 107 (114 ff.).

[431] VO 1/2003 zur Durchführung der in den Artikeln 81 und 82 des Vertrags niedergelegten Wettbewerbsregeln vom 16. Dezember 2003, ABl. EG 2003, Nr. L 1, S. 1.

[432] Weitere N. bei *Kersten,* Wettbewerb (Fn. 419), S. 290 ff. und 303 ff.; → Rn. 25.

[433] VO 659/1999 über besondere Vorschriften für die Anwendung von Artikel 93 des EG-Vertrages vom 22. März 1999, ABl. EG 1999, Nr. L 83, S. 1.

ensschutzvorstellungen des deutschen Rechts zutreffend auf ein vernünftiges Maß zurück.
- Erst unter dem Druck des EG-Rechts ist schließlich das *Vergaberecht* in den §§ 97 ff. GWB so umgestaltet worden, dass transparente Maßstäbe und gerichtliche Kontrolle einziehen konnten.[434]
- Die Gewährleistung unionsweit wirksamer Grundfreiheiten verändert die Strukturen der Verwaltungsvorgänge. Die *gegenseitige Anerkennung* mitgliedstaatlicher Normen und Verwaltungsentscheidungen ist heute ein wesentliches Gestaltungselement in der Verwaltung des Unionsraumes.[435] Nach den Urteilen des EuGH in den Rechtssachen *Dassonville*[436] und *Cassis de Dijon*[437] stellt sich das Herkunftslandprinzip als ein konstituierendes Element des Binnenmarktes dar.[438] Das Sekundärrecht hat das Institut der Anerkennung weiter ausgeformt. Verwaltungsentscheidungen *einer* nationalen Behörde mit gemeinschaftsweiter Wirkung *(transnationale Verwaltungsakte)* gehören heute zu den Bauformen des Europäischen Verwaltungsverbundes.[439] Auf Dauer kann das Anerkennungsprinzip im Verwaltungsrecht allerdings nicht durchgehalten werden, wenn zwischen den mitgliedstaatlichen Behörden kein gegenseitiges Vertrauen in ihre Kompetenz, Neutralität und Unbestechlichkeit wachsen kann.[440]

Über diese Einzelthemen hinaus hat sich der *Wettbewerbsgedanke* als fruchtbar erwiesen, um den Instrumentenkanon des Verwaltungsrechts insgesamt in den Blick zu nehmen und zu fragen, inwieweit der Wettbewerb einerseits Schutzgut, andererseits aber auch Steuerungsmedium des Verwaltungsrechts ist. Dabei lassen sich systematisch die Formen eines optimierten, eines regulierten und eines instrumentellen Wettbewerbs unterscheiden.[441] Versteht man sie als drei unterschiedliche Ansätze zur besseren Ordnung und Verzahnung der im Fachrecht vorfindlichen Regelungen und einzelnen Instrumente, so wird zugleich die Notwendigkeit deutlich, auch das überkommene allgemein-verwaltungsrechtliche Denken zu verändern und die Verwaltungsrechtsdogmatik auf eine steuerungswissenschaftliche Grundlage zu stellen.[442] **97a**

II. Sozialstaat und soziale Dimension der Union

Beim sozialen Verfassungsziel und seiner Bedeutung für das Verwaltungsrecht steht der **Prinzipiencharakter** im Vordergrund: Die Determinationskraft in harten dogmatischen Fragen ist begrenzt. Stattdessen erweist sich das soziale Staats- und Unionsziel im breiteren rechtlichen und politischen Diskurs als au- **98**

---

[434] Weitere N. bei *Kersten*, Wettbewerb (Fn. 419), S. 308 ff.
[435] Dazu *Michaels,* Anerkennungspflichten (Fn. 229), S. 188 ff.
[436] *EuGH*, Rs. 8/74, Slg. 1974, 837 (852).
[437] *EuGH*, Rs. 120/78, Slg. 1979, 649, Rn. 7 ff.
[438] *Michaels,* Anerkennungspflichten (Fn. 229), S. 221.
[439] → Insbes. Bd. II *Bumke* § 35 Rn. 119 ff., sowie auch Bd. I *Ruffert* § 17 Rn. 142; Bd. II *Hoffmann-Riem* § 33 Rn. 84; Bd. III *Kahl* § 47 Rn. 233. Zum Rechtsschutz → Bd. III *Schoch* § 50 Rn. 377 ff. sowie auch *Huber* § 45 Rn. 100.
[440] → Rn. 25 ff.
[441] Typen- und Begriffsbildung nach *Kersten*, Wettbewerb (Fn. 419), S. 290 ff., 316 ff., 308 ff.
[442] Ähnlich *Kersten*, Wettbewerb (Fn. 419), S. 333 f.

ßerordentlich wirkmächtig.[443] „Die Vielfalt des Sozialen: – abstrakte Gewißheit, konkrete Ungewißheit", diese Formel kennzeichnet treffend die besondere Situation bei der Konkretisierung dieses Verfassungszieles.[444]

1. Das soziale Staatsziel des Grundgesetzes

99 Nach Art. 20 Abs. 1 GG ist die Bundesrepublik ein demokratischer und sozialer Bundesstaat.[445] Damit ist kein bloßer Programmsatz, sondern unmittelbar geltendes Recht formuliert. Zu seiner Konkretisierung heißt es allerdings: „Das Sozialstaatsprinzip des Grundgesetzes enthält infolge seiner Weite und Unbestimmtheit regelmäßig keine unmittelbaren Handlungsanweisungen, die durch Gerichte ohne gesetzliche Grundlage in einfaches Recht umgesetzt werden könnten."[446] Demgemäß gilt seine rechtliche Entfaltung als eine in erster Linie dem parlamentarischen Gesetzgeber obliegende Aufgabe.[447] Das Sozialrecht ist daher zu großen Teilen **Gesetzesrecht,** Ergebnis einer mehrere Jahrzehnte umgreifenden Rechtsentwicklung, die nicht nur das Sozialverfahrens-, sondern auch das materielle Leistungsrecht erfasste.[448]

Ohne gesetzliche Grundlagen kann das soziale Staatsziel aus sich heraus subjektive Rechte nicht begründen. Verfassungsunmittelbar gesichert ist nur ein Anspruch auf **Gewährung eines Existenzminimums.**[449] Er ist jedoch nicht allein und nicht einmal vorrangig auf das Sozialstaatsprinzip, sondern auf die Menschenwürdegarantie des Art. 1 GG gestützt.[450] Auch dieser Anspruch ist zudem „im Hinblick auf die sich verändernde Leistungsfähigkeit des Gemeinwesens keine feste Größe".[451] „Der Umfang dieses Anspruchs kann im Hinblick auf die Arten des Bedarfs und die dafür erforderlichen Mittel jedoch nicht unmittelbar aus der Verfassung abgeleitet werden."[452] Der Gesetzgeber besitzt auch insoweit einen Gestaltungsspielraum, der verfassungsgerichtlich nur in der zurückhaltenden Art einer „Evidenzkontrolle" überprüft werden kann.[453] Das Gesetz muss seine Festlegungen aber transparent und realitätsgerecht treffen; denn gerade das Sozialstaatsgebot soll dazu anhalten, „die soziale Wirklichkeit

---

[443] Zu den Grundlagen vgl. *Thorsten Kingreen,* Das Sozialstaatsprinzip im europäischen Verfassungsverbund, 2003; *Ulrike Davy* und *Peter Axer,* Soziale Gleichheit, VVdStRL, Bd. 68 (2008), S. 122 ff. und 177 ff.

[444] So *Hans Zacher,* Das soziale Staatsziel, in: HStR II, § 28 Rn. 68.

[445] Systematisch *Zacher,* Staatsziel (Fn. 444). Rechtsvergleichend speziell zur föderalen Seite der Sozialstaatlichkeit *Herbert Obinger/Stephan Leibfried/Francis G. Castles* (Hrsg.), Federalism and the Welfare State, 2005.

[446] BVerfGE 65, 182 (193); 71, 66 (80); aber auch 84, 90 (125 f.).

[447] *Stern,* StaatsR I, S. 631 f.; *Karl-Peter Sommermann,* in: v. Mangoldt/Klein/Starck, GG II, Art. 20 Rn. 112 ff.

[448] Bestandsaufnahme bei *Peter J. Tettinger,* Verwaltungsrechtliche Instrumente des Sozialstaats, VVDStRL, Bd. 64 (2005), S. 199 ff.

[449] *Horst Dreier,* in: ders. (Hrsg.), GG I, Art. 1 I Rn. 158 m. w. N.; auch *BVerfGE* 82, 60 (80).

[450] BVerfGE 125, 175 (222). Vgl. *Ulrich Becker,* Sozialmodell und Menschenbild in der „Hartz IV"-Gesetzgebung, in: Okko Behrends/Eva Schumann (Hrsg.), Gesetzgebung, Menschenbild und Sozialmodell im Familien- und Sozialrecht, 2008, S. 39 ff.

[451] *Sommermann,* in: v. Mangoldt/Klein/Starck, GG II, Art. 20 Rn. 117; *Karl-Jürgen Bieback,* Verfassungsrechtlicher Schutz gegen Abbau und Umstrukturierung von Sozialleistungen, 1997.

[452] *BVerfGE* 125, 175 (224).

[453] BVerfGE 125, 175 (225 f.); vgl. auch *BVerfGE* 82, 60 (93 f.); 91, 93 (111).

D. Ausstrahlungen der Verfassungszielbestimmungen

zeit- und realitätsgerecht" zu erfassen.[454] Inwieweit die Freiheitsgrundrechte individuelle Leistungsansprüche weiter verdichten können, z. B. das Recht auf körperliche Unversehrtheit (Art. 2 Abs. 2 GG) einen Anspruch auf ganz bestimmte Krankenversicherungsleistungen abzustützen vermag, ist nicht endgültig geklärt.[455]

Entsprechend eingeschränkt ist die wirklich streitentscheidende Bedeutung des Sozialstaatsgebots in der **verwaltungsgerichtlichen Judikatur**. Kläger berufen sich zwar gern auf soziale Gesichtspunkte, haben damit aber nur selten Erfolg. Die berühmte Fürsorgepflicht-Entscheidung[456] macht davon keine Ausnahme: Der Sozialstaatsgedanke wird dort nicht zur Begründung neuer Leistungspflichten herangezogen, sondern ist ein Gesichtspunkt unter anderen, der es rechtfertigt, einer bestehenden gesetzlichen Leistungspflicht auch ein subjektives Leistungsrecht des Begünstigten zu entnehmen. Wenn Ansprüche über den Gesetzeswortlaut hinaus anerkannt werden, sind es regelmäßig konkretere verfassungsrechtliche Vorgaben, z. B. solche des Art. 3 GG oder des Grundsatzes des Vertrauensschutzes,[457] die das Ergebnis rechtfertigen. In den allermeisten Fällen bewegt sich die Argumentation der Gerichte ganz auf der Ebene des einfachen Rechts. Die Gesetzesbegriffe werden nach dem immanent ermittelten Gesetzeszweck und der Gesetzessystematik ausgelegt.[458] Sozialstaatliche Gesichtspunkte sind auf diese Weise in Begriffen wie „Angemessenheit", „Zumutbarkeit" oder „Regelbedarf" kleingearbeitet und mit anderen Geboten, z. B. denen der Wirtschaftlichkeit und Sparsamkeit zusammengeführt. Einen Anspruch darauf, rechtswidrige Vorteile zu behalten, gibt es nicht.[459] Auch insoweit entscheiden die Gesetze, z. B. die Vorschriften über die Rücknahme von Verwaltungsakten, die im Sozialrecht kraft gesetzgeberischer Entscheidung für den Betroffenen günstiger sind als im allgemeinen Verwaltungsrecht.

Vor diesem Hintergrund stellt sich für die Verwaltung die Aufgabe, die Sozialstaatsklausel vornehmlich als **„eine Auslegungsmaxime und eine Ermessensrichtlinie"** zu nehmen.[460] In dieser Funktion wird sie durch die entsprechenden Gewährleistungen des Unionsrechts und durch die Europäische Sozialcharta unterstützt.[461] Allerdings können und dürfen soziale Aspekte im Ermessensrahmen nicht ubiquitär herangezogen werden. Sie müssen dazu vielmehr gemäß ihrer Nähe zum jeweiligen fachgesetzlichen Regelungszweck geeignet sein. Eine bequeme Formel, um differenzierte Regelungen der Gesetze zu nivellieren, ist das Sozialstaatsgebot nicht. Ebenso wenig dürfen soziale Aspekte zum Anlass ge-

---

[454] BVerfGE 125, 175 (224 f.).
[455] Weitreichend BVerfGE 115, 25 (44 f.); vgl. auch *Eberhard Schmidt-Aßmann*, Grundrechtsschutz und Legitimationsfragen im öffentlichen Gesundheitswesen, 2001, S. 23 ff.; zurückhaltend demgegenüber *Stefan Huster*, Anmerkung zu BVerfG v. 6. 12. 2005 – 1 BvR 347/98 (Leistungspflicht der GKV für neue Behandlungsmethoden), JZ 2006, S. 466 ff.
[456] BVerwGE 1, 159 ff.
[457] Zu einem Fall des Art. 6 Abs. 4 GG (negativ) BVerwGE 91, 130 ff.; zu Art. 12 GG mit Hinweis auf das Sozialstaatsprinzip (negativ) BVerwGE 102, 142 (147).
[458] Vgl. z. B. BVerwGE 101, 34 ff.; 101, 37 ff.; 106, 99 (102); 118, 211 (212 f.); 118, 297 (299).
[459] *Zacher,* Staatsziel (Fn. 444), § 28 Rn. 112.
[460] *Stern,* StaatsR I, S. 916.
[461] Vom 18. 10. 1961 (BGBl. II [1964], S. 1262); ferner der Internationale Pakt über wirtschaftliche, soziale und kulturelle Rechte vom 19. 12. 1966 (BGBl II [1973], S. 1570). Beide völkerrechtliche Verträge stehen im Range eines einfachen Bundesgesetzes, aber mit dem Nachdruck, den die Pflicht aller Amtsträger zu einer völkerrechtsfreundlichen Auslegung verschafft.

nommen werden, bindende Vorschriften, deren Anwendung in bestimmten Fällen zu politisch unliebsamen Härten führt, nicht zu vollziehen.[462]

102 Als Feld einer nicht auf gesetzliche Vermittlung angewiesenen administrativen Konkretisierung des sozialen Staatszieles gilt die öffentliche **Daseinsvorsorge**. Daseinsvorsorge als Erscheinungsform der Leistungsverwaltung greift jedoch über die Erfordernisse des Sozialstaatsgebots weit hinaus.[463] Staatliche Leistungsangebote sind nicht schon als solche „sozial". Einen Bezug zur Sozialstaatlichkeit erhalten sie erst, wenn und soweit durch die Vorhaltung knapper Dienste oder Güter „die Bedeutung des sozialen Gefälles in der Gesellschaft für den Zugang zu diesen Diensten und Gütern entschärft"[464] wird. Spezifisch soziale Gründe können es z. B. gestatten, bei öffentlichen Einrichtungen von der zeitlichen Reihenfolge einer Warteliste abzuweichen. Gewähr für den Erhalt öffentlicher Einrichtungen, Leistungen und Besitzstände gibt das Sozialstaatsprinzip nicht.[465] Es verhindert auch nicht die Privatisierung.[466] Ebenso wenig gibt es ein „Verbot sozialen Rückschritts"[467]. Vorhandene Einrichtungen können geschlossen, überkommene Leistungsstandards abgesenkt werden. Soweit für lebenswichtige Angebote eine staatliche Infrastrukturverantwortung besteht,[468] kann diese auch durch staatliche Regulierung privater Leistungserbringung wahrgenommen werden.[469] Für den notwendigen Umbau des überkommenen Sozialstaates spielt das **Gewährleistungsverwaltungsrecht** eine herausragende Rolle.[470]

103 Heute ist von der Verwaltung **soziale Innovation** gefordert: Sie selbst muss lernen, nicht in den überkommenen Bahnen staatlicher Erfüllungsverantwortung zu verharren, und sie muss Sozialleistungsempfänger dazu anhalten, Leistungen als Hilfe zur Selbsthilfe einzusetzen.[471] Ihre Rechts-, Handlungs- und Bewirkungsformen sind zu überdenken:[472] Der Verwaltungsakt bleibt ein wich-

---

[462] *Stern*, StaatsR I, S. 913.
[463] → Bd. I *Schulze-Fielitz* § 12 Rn. 39 ff.; systematische Darstellung bei *Wolfgang Rüfner*, Daseinsvorsorge und soziale Sicherheit, in: HStR IV, § 96; dort auch die Beiträge von *Maximilian Wallerath*, Arbeitsmarkt (§ 94) und *Peter Axer*, Gesundheitswesen (§ 95).
[464] *Zacher*, Staatsziel (Fn. 444), § 28 Rn. 66.
[465] *Josef Isensee*, Grundrechtsvoraussetzungen und Verfassungserwartungen an die Grundrechtsausübung, in: HStR V, 2. Aufl. 1999, § 115 Rn. 161. Erst recht folgt ein solches Verbot nicht aus Art. 28 Abs. 2 GG; so zutreffend *Friedrich Schoch*, Das gemeindliche Selbstverwaltungsrecht gemäß Art. 28 Abs. 2 GG als Privatisierungsverbot?, DVBl 2009, S. 1533 ff. gegen BVerwG, NVwZ 2009, S. 1305 ff.
[466] *Martin Burgi*, Privatisierung, in: HStR IV, § 75 Rn. 17.
[467] *Karl-Peter Sommermann*, in: v. Mangoldt/Klein/Starck, GG II, Art. 20 Rn. 116.
[468] Dazu grundlegend *Georg Hermes*, Staatliche Infrastrukturverantwortung, 1998, S. 323 ff.
[469] *Karl-Peter Sommermann*, in: v. Mangoldt/Klein/Starck, GG II, Art. 20 Rn. 111.
[470] *Andreas Voßkuhle*, Beteiligung Privater an der Wahrnehmung öffentlicher Aufgaben, VVDStRL, Bd. 62 (2003), S. 266 (310 ff.); zur Einordnung der Gewährleistungsverwaltung in die Modi der Aufgabenwahrnehmung → Bd. I *Schulze-Fielitz* § 12 Rn. 51 ff., *Burgi* § 18 Rn. 79 ff., *Eifert* § 19 Rn. 47 ff.
[471] *Rainer Pitschas*, Das sozialrechtliche Verwaltungsverfahren im „aktivierenden" Sozialstaat. Verfahrensrechtliche Konsequenzen der staatlichen Verantwortungspartnerschaft mit der Bürgergesellschaft, in: FS 50 Jahre Bundessozialgericht, 2004, S. 765 ff.
[472] Dazu *Stephan Rixen*, Taking Governance seriously – Metamorphosen des Allgemeinen Verwaltungsrechts im Spiegel des Sozialrechts der Arbeitsmarktregulierung, DV, Bd. 42 (2009), S. 309 ff.; *Thorsten Kingreen*, Governance im Gesundheitsrecht – Zur Bedeutung der Referenzgebiete für die verwaltungsrechtswissenschaftliche Methodendiskussion, dort S. 339 ff.; *Hinnerk Wißmann*, Zuordnung und Organisation von Verantwortung im Sozialverwaltungsrecht, dort S. 377 ff.; *Ulrich Becker*, Sozialrecht und Sozialrechtswissenschaft, ZÖR, Bd. 65 (2010), S. 607 ff. sowie → Bd. II *Hoffmann-Riem* § 33, *Bumke* § 35 Rn. 17 ff., *Sacksofsky* § 40.

tiges Gestaltungsmittel.⁴⁷³ Daneben aber sind *Rechtsformen der Kooperation* wichtig.⁴⁷⁴ Die Einsatzfelder des Verwaltungsvertrages müssen im Sozialrecht neu bestimmt werden. Im Verwaltungsverfahren sind neue Kommunikationsformen zu erschließen.⁴⁷⁵ Zugleich wird an sozialstaatlichen Aktivitäten deutlich, dass das Verwaltungshandeln über den Einzelvorgang hinausgreift.⁴⁷⁶ Die gesetzlich nur abstrakt und rahmenmäßig vorgezeichneten Verteilungsaufgaben müssen stufenweise abgearbeitet, die erforderlichen Leistungssysteme in Abstimmung mit anderen Akteuren, mit Kirchen, Verbänden und Berufsgruppen, eingerichtet werden. Schon früh ist auf die sozialstaatliche Funktion administrativer Pläne aufmerksam gemacht worden.⁴⁷⁷ Weitere Instrumente sind Konzepte und komplexe Verträge (z. B. Gesamtverträge, Rahmenverträge, Empfehlungsvereinbarungen).⁴⁷⁸

2. Die soziale Dimension im Unionsverfassungsrecht

Die zunächst nur akzessorisch zu den Marktfreiheiten ausgebildeten sozialpolitischen Aufgaben der Europäischen Gemeinschaften haben in den Vertragsrevisionen schrittweise ein eigenes Gewicht erhalten.⁴⁷⁹ Meilensteine waren der Ausbau der Gemeinschaftskompetenzen für Beschäftigungspolitik (Art. 125–130 EGV) und Sozialpolitik (Art. 136–146 EGV) im Amsterdamer Vertrag von 1997. Die Förderung des wirtschaftlichen und sozialen Fortschritts und eines hohen Beschäftigungsniveaus gehörte schon vor dem Vertrag von Lissabon gem. Art. 2 EUV a. F. zu den Zielen der Union. Unter den in Art. 3 EGV genannten Politiken wiesen die Beschäftigungspolitik (lit. i), die Sozialpolitik mit einem Europäischen Sozialfonds (lit. j) und die Gesundheitspolitik (lit. p) einen *originären* sozialpolitischen Gehalt auf. **104**

Der Vertrag von Lissabon hat die sozialpolitischen Kompetenzen der Union in Einzelpunkten fortentwickelt: „Vollbeschäftigung" und „sozialer Fortschritt" sind zu Zielen der sozialen Marktwirtschaft des Art. 3 Abs. 3 S. 2 EUV erklärt. Weitere Forderungen sozialer Programmatik (u. a. der Kampf gegen „soziale Ausgrenzung" sowie die Förderung „sozialer Gerechtigkeit" und der „Solidarität zwischen den Generationen") folgen dann im nächsten Unterabschnitt des Zielkatalogs. Eine Querschnittklausel verlangt, dass diesen Zielen auch im Rahmen der anderen Unionspolitiken Rechnung getragen wird (Art. 9 AEUV). Mit dem Inkraftsetzen der Grundrechtecharta ist eine Reihe sozialer Grundrech- **105**

---

⁴⁷³ *Stephan Rixen,* Das Sozialrecht im Spiegel der Rechtsprechung, DV, Bd. 43 (2010), S. 545 (551 ff., 560 f.).
⁴⁷⁴ *Dagmar Felix,* Verwaltungsrechtliche Instrumente des Sozialstaates, DVBl 2004, S. 1070 ff.; *Tettinger,* Instrumente (Fn. 448), S. 199 ff.; *Rixen,* Sozialrecht (Fn. 473), S. 558 ff.; → Bd. II *Bauer* § 36 Rn. 37 ff.
⁴⁷⁵ → Bd. II *Gusy* § 23 Rn. 22 f.
⁴⁷⁶ → Bd. II *Schneider* § 28 Rn. 170 ff.
⁴⁷⁷ *Thomas Würtenberger,* Staatsrechtliche Probleme politischer Planung, 1979, S. 108 ff., 387 ff.; *Felix,* Instrumente (Fn. 474), S. 1072.
⁴⁷⁸ Vgl. nur *Andreas Wahl,* Kooperationsstrukturen im Vertragsarztrecht, 2001, bes. S. 292 ff.
⁴⁷⁹ Vgl. *Kingreen,* Sozialstaatsprinzip (Fn. 443), S. 285 ff. Vgl. auch die Darstellung in BVerfGE 123, 267 (426 ff.); *Ulrich Becker,* Der Sozialstaat in der Europäischen Union, in: ders./Hans G. Hockerts/Klaus Tenfelde (Hrsg.), Sozialstaat in Deutschland – Geschichte und Gegenwart, 2010, S. 313 ff.; *Margarete Schuler-Harms,* Sozialstaatlichkeit und europäische Integration: Eine aktuelle Positionsbestimmung, JöR N. F., Bd. 59 (2011), S. 477 ff.

te hinzugekommen. Die *Zielumsetzung* ist allerdings nach wie vor dadurch eingeschränkt, dass die Union nur in einigen der originär sozialpolitischen Bereiche verbindliche Festlegungen treffen kann (vgl. Art. 4 Abs. 2 lit. b, Art. 151–161 AEUV),[480] während sie im Übrigen auf die Abstimmung der mitgliedstaatlichen Politiken durch Empfehlungen und Stellungnahmen unter Einsatz der **offenen Methode der Koordinierung** (OMK) begrenzt ist. Auf diese im politischen Alltag durchaus wirksame Möglichkeit soll erkennbar auch der neue Art. 5 Abs. 3 AEUV aufmerksam machen, ohne die OMK allerdings ausdrücklich zu nennen.[481] Für die Schaffung und Aufrechterhaltung der Sozialleistungssysteme selbst sind nach wie vor die Mitgliedstaaten zuständig.[482] „Sozialpolitik bleibt im Kern nationale Angelegenheit".[483]

106   Stärker auf das mitgliedstaatliche Sozialrecht hat in jüngerer Zeit die *Rechtsprechung* eingewirkt. Diese Einflüsse gehen zum einen von den Binnenmarktregeln aus. Die Erbringung von Sozialleistungen durch die Träger der gesetzlichen Krankenversicherung ist danach nicht durchgängig den Marktfreiheiten gegenüber immun, sondern muss sich jedenfalls bei ambulanten Leistungen zu größerer Flexibilität durchringen.[484] Im Übrigen, d.h. in den nicht solidarisch bestimmten Rechtsbeziehungen wird das Handeln von Sozialversicherungsträgern in noch weiterem Umfang durch das allgemeine Wirtschaftsrecht gesteuert. Umgekehrt beeinflusst aber auch das Sozialrecht das Binnenmarktrecht.[485] Ein Beispiel ist das Vordringen sozialer Kriterien im Vergaberecht.[486] Eine zweite wichtige Einflusszone hat der EuGH durch das erweiterte Freizügigkeitsrecht der Unionsbürger eröffnet (Art. 21 AEUV).[487] Danach muss davon ausgegangen werden, dass die Mitgliedstaaten Sozialhilfen und andere Förderleistungen künftig immer mehr unter denselben Bedingungen wie den eigenen Staatsbürgern auch ausländischen Unionsbürgern gewähren müssen.

107   Ein schon früh erkennbarer Zug war und ist die Ausrichtung auf Formen der *horizontalen Verwaltungskooperation.*[488] Im Zentrum steht das Zusammenwirken der mitgliedstaatlichen Verwaltungen; die EU-Administration ist nur in geringem Umfang einbezogen. Die schon früh flankierend zur Arbeitnehmerfreizügigkeit geschaffene Verordnung Nr. 1408/71, heute Verordnung Nr. 883/2004,[489]

---

[480] Dazu die Erklärung Nr. 31 zum AEUV, ABl. EU 2008, Nr. C 115, S. 348. Vgl. *Maximilian Fuchs* (Hrsg.), Europäisches Sozialrecht, 2010.

[481] Vgl. *Rüdiger Bandilla*, in: Grabitz/Hilf/Nettesheim (Hrsg.), Recht der EU, Art. 5 AEUV Rn. 15 ff.

[482] Vgl. *EuGH*, Rs. C-171, 172/07, EuZW 2009, S. 409 Rn. 18 zu Art. 152 Abs. 5 EGV [Art. 168 Abs. 7 AEUV].

[483] So *Oppermann/Classen/Nettesheim*, EuropaR, § 30 Rn. 35.

[484] Vgl. im Einzelnen *Ulrich Becker*, Gesetzliche Krankenversicherung im Europäischen Binnenmarkt, NJW 2003, S. 2272 ff.

[485] *Becker*, Sozialstaat (Fn. 479), S. 332 f.

[486] *Walter Frenz*, Soziale Vergabekriterien, NZBau 2007, S. 17 ff.

[487] Vgl. *EuGH*, Rs. C-413/99, Slg. 2002, I-7091, Rn. 84 ff.; Rs. C-456/02, DVBl 2005, S. 630 ff.; *Markus Krajewski*, Grenzüberschreitende Patientenmobilität in Europa zwischen negativer und positiver Integration der Gesundheitssysteme, EuR 2010, S. 165 ff.

[488] → Rn. 39.

[489] VO 1804/71 zur Anwendung der Systeme der sozialen Sicherheit auf Arbeitnehmer und deren Familien, die innerhalb der Gemeinschaft zu- und abwandern, vom 14. Juni 1971, ABl. EG 1971, Nr. L 149, S. 2 und Durchführungsverordnung 574/72 vom 21. März 1972, ABl. EG 1972, Nr. L 74, S. 1. Heute die Verordnung (EG) Nr. 883/2004 vom 29. April 2004, ABl. EU 2004, Nr. L 166, S. 1.

D. Ausstrahlungen der Verfassungszielbestimmungen

ist geradezu eine Mustersammlung für Grundformen eines europäischen Verwaltungskooperationsrechts.[490]

Unter der Überschrift „Solidarität" enthält Kapitel IV der EU-Grundrechtecharta eine Reihe von **Rechten und Grundsätzen mit sozialem Bezug**.[491] Die Aufnahme dieser Bestimmungen unterstreicht Bemühungen der jüngeren Zeit, die Union auch als „Sozialunion" auszuweisen.[492] Zahlreiche Einzelregelungen sind bereits seit längerem geltendes Recht, folgen allerdings aus unterschiedlichen Rechtsquellen, teilweise des AEUV, teilweise des Sekundärrechts oder der im Rahmen des Europarats geschaffenen Europäischen Sozialcharta vom 18. Oktober 1961.[493] Die neuen Gewährleistungen schaffen einen einheitlichen Rechtsboden, dessen Bedeutung freilich dadurch eingeschränkt ist, dass er eine Unterscheidung von Grundrechten und Grundsätzen verlangt.[494] **108**

Ob mit dem Kapitel „Solidarität" (Art. 27–38) substantiell viel gewonnen ist, erscheint zweifelhaft. Die Frage spielte auch bei der politischen Auseinandersetzung, ob überhaupt soziale Rechte in den Verfassungsentwurf aufgenommen werden sollten, eine erhebliche Rolle.[495] „Dabei ist die Erkenntnis entscheidend, dass soziale Grundrechte in ihrer begrifflichen Unschärfe nicht eine einzelne Grundrechtsfunktion (nämlich die der Leistungsrechte) besetzen, sondern letztlich als Sammelbegriff für alle Grundrechte mit sozialpolitischen Implikationen fungieren; die dogmatische Aussagekraft einer Einordnung als ‚soziales Grundrecht' ist dementsprechend gering".[496] Wo subjektive Rechte verbrieft werden, nehmen die entsprechenden Vorschriften der Grundrechtecharta immer wieder Bezug auf andere Rechtsquellen, auf das Unionsrecht sowie auf die einzelstaatlichen Rechtsvorschriften und Gepflogenheiten. Das gilt gerade auch für die **sozialrechtlichen Kernvorschriften** des Art. 34 GRCh: die Gewährleistungen sozialer Sicherheit (Abs. 1) und sozialer Unterstützung (Abs. 3). Weiterreichende leistungsrechtliche Gehalte besitzen diese Vorschriften nicht.[497] Ihre Bedeutung liegt – insofern dem grundgesetzlichen Sozialstaatsprinzip ähnlich – eher darin, dass sie der Sozialgesetzgebung Impulse geben und bei Abwägungsentscheidungen, auch im Verhältnis zu den Grundfreiheiten, Gegenpositionen markieren.[498] Die Organe der Union haben dabei strikt auf ihre Kompetenzgrenzen zu achten, denn die EU-Grundrechtecharta begründet für die Union weder neue Zuständigkeiten noch neue Aufgaben (Art. 51 Abs. 2 GRCh). **109**

Speziell **verwaltungsrechtliche Bezüge** ergeben sich nur aus wenigen Vorschriften dieses Kapitels der EU-Grundrechtecharta. Die meisten Rechte sind ar- **110**

---

[490] Vgl. *Schmidt-Aßmann*, Verwaltungskooperation (Fn. 96), S. 280 f.; *Heinz-Dietrich Steinmeyer*, Sozialrecht, in: Schulze/Zuleeg/Kadelbach (Hrsg.), EuropaR, § 40 Rn. 23 ff.
[491] Dazu *Frenz*, HdbEuR IV, Rn. 3533 ff.
[492] Weitere sozialpolitisch begründete Regelungen enthält die EU-Grundrechte-Charta in Art. 14 (Recht auf Bildung), Art. 20–26 (Gleichheitsrechte), Art. 47 Abs. 3 (Prozesskostenhilfe).
[493] Detaillierte N. in: *Heselhaus/Nowak* (Hrsg.), Hdb. EU-Grundrechte, §§ 22, 35–39.
[494] Dazu *Johannes Schmidt*, Die Grundsätze im Sinne der EU-Grundrechtecharta, 2010.
[495] Dazu *Eibe Riedel*, in: Meyer (Hrsg.), Charta, Vorbemerkungen zu Art. 27 ff. Rn. 4 ff.
[496] So *Thorsten Kingreen*, Gleichheitsgrundrechte und soziale Rechte, in: Ehlers (Hrsg.), Europäische Grundrechte, § 18 Rn. 60.
[497] *Thilo Marauhn*, Recht auf soziale Sicherheit und Unterstützung, in: Heselhaus/Nowak (Hrsg.), Hdb. EU-Grundrechte, § 22 Rn. 27.
[498] Vgl. z. B. *EuGH*, Rs. C-36/02, Slg. 2004, I-9609, Rn. 36 und Rs. C-341/05, Slg. 2007, I-11767, Rn. 95 ff.

beitsrechtlicher Art und wirken auf die Exekutive nur dort ein, wo diese selbst Arbeitgeberin ist. Im Übrigen erreichen die Grundrechte die Verwaltungsvorgänge über bestehende Ermessensklauseln, für die mitgliedstaatlichen Behörden jedoch nur, soweit sie Unionsrecht durchführen. Eine Pflicht zum positiven Handeln der Verwaltung kann dagegen das in Art. 29 GRCh verankerte individuelle Recht auf Zugang zu einem unentgeltlichen Arbeitsvermittlungsdienst zur Folge haben, soweit man in ihm kein bloßes Abwehrrecht sondern auch ein Leistungsrecht sieht.[499] Dabei ist es allerdings nicht notwendig, dass entsprechende Dienste von der Verwaltung selbst angeboten werden. Vielmehr kann die Gewährleistungspflicht auch im Wege der Regulierung oder der Organisationshilfe für privatwirtschaftlich angebotene Dienste erfüllt werden.[500] Gleiches gilt für das Recht auf Gesundheitsschutz nach Art. 35 GRCh.

III. Umweltschutz

111 Das ökologische Verfassungsziel hat sich auf deutscher und auf europäischer Ebene in zwei im Wesentlichen parallel laufenden Linien entwickelt.[501] In beiden Fällen erhielt das Ziel Verfassungsrang erst zu einem Zeitpunkt, zu dem eine umfangreiche Umweltpolitik und Umweltrechtsetzung bereits existierte: Art. 20a GG wurde nach langen Diskussionen 1994 in das Grundgesetz eingefügt. Der EG-Vertrag erhielt 1986 durch die Einheitliche Europäische Akte einen eigenen Politikbereich Umwelt (Art. 130 r–t EWGV). Der Vertrag von Maastricht 1993 nahm den Umweltschutz unter die Gemeinschaftsziele des Art. 2 EGV auf und der Vertrag von Amsterdam von 1997 erklärte den Umweltschutz zugleich zum Querschnittthema aller Gemeinschaftspolitiken (Art. 6 EGV). Im Vertrag von Lissabon erscheinen der Umweltschutz und die Verbesserung der Umweltqualität als Unionsziele (Art. 3 Abs. 3 S. 2 EUV). Die Querschnittklausel (Art. 11 AEUV) und die eigentlichen Vorschriften zum Politikbereich sind im Wesentlichen unverändert übernommen (Art. 191–193 AEUV).[502] Art. 37 GRCh nennt ein hohes Maß an Umweltschutz und die Verbesserung der Umweltqualität (erneut) als Ziel der Union, allerdings nur in der Qualität eines Grundsatzes, nicht eines Grundrechts.[503] Auf nationaler wie auf europäischer Ebene besitzt der Umweltschutz danach den Rang eines Verfassungszieles in der Gewährleistungsform eines Rechtsprinzips und damit eine gewichtige Position im politischen und

---

[499] Streitig: s. die N. bei *Christian Hilbrandt*, Recht auf Zugang zu einem Arbeitsvermittlungsdienst, in: Heselhaus/Nowak (Hrsg.), Hdb. EU-Grundrechte, § 38 Rn. 16. Vgl. zu den Dimensionen der Grundrechte auch *Achim Seifert*, Die horizontale Wirkung von Grundrechten – Europarechtliche und rechtsvergleichende Überlegungen, EuZW 2011, S. 696 ff.

[500] *Riedel*, in: Meyer (Hrsg.), Charta, Art. 29 Rn. 8.

[501] Vgl. nur *Sparwasser/Engel/Voßkuhle*, UmweltR, § 1 Rn. 95 ff. und 147 ff. m.w.N. Speziell zum EU-Recht *Wolfgang Kahl*, in: Streinz (Hrsg.), EUV/AEUV, Art. 191 AEUV Rn. 1 ff.; monographisch *ders.*, Umweltprinzip und Gemeinschaftsrecht, 1993; *Christian Calliess*, Rechtsstaat und Umweltstaat, 2001.

[502] Hinzugekommen ist der Klimaschutz; zu Einzelheiten vgl. *Kahl*, in: Streinz (Hrsg.), EUV/AEUV, Art. 191 AEUV Rn. 8.

[503] Ausf. zum Streitstand *Kahl*, ebd. Rn. 27 ff. Zu einzelnen Ansätzen subjektivrechtlicher Gehalte *Hans-Werner Rengeling/Peter Szczekalla*, Grundrechte in der Europäischen Union, 2004, Rn. 1053; *Carsten Nowak*, Grundrechtsdimensionen des Umweltschutzes, in: Heselhaus/Nowak (Hrsg.), Hdb. EU-Grundrechte, § 60 Rn. 28 ff.

D. Ausstrahlungen der Verfassungszielbestimmungen

rechtlichen Diskurs.[504] Ein absoluter oder relativer Vorrang vor anderen Staats- bzw. Unionszielen kommt ihm jedoch nicht zu.[505]

112 Textlich ist das Unionsverfassungsrecht in der Bestimmung dessen, was das Verfassungsziel des Umweltschutzes inhaltlich ausmachen soll, ausführlicher als Art. 20a GG: Erhaltungs-, Schutz- und Sanierungsziele werden ausdrücklich genannt (Art. 191 Abs. 1 AEUV), die wichtigsten Prinzipien (Vorsorge- und Verursacherprinzip) besonders herausgestellt.[506] Substantiell bleibt Art. 20a GG trotz seiner knapperen Fassung jedoch kaum dahinter zurück. Auch hier ist eine Querschnittaufgabe normiert; auch hier gehören die anerkannten Prinzipien des Umweltschutzes und die Verpflichtungen auf Nachhaltigkeit und ein hohes Schutzniveau zum mitgeschriebenen Gewährleistungsgehalt.[507] Ein generelles Verschlechterungsverbot oder ein Verbot, einmal erreichte Umweltschutzstandards zu reduzieren, folgt daraus aber nicht. Ebenso unberechtigt ist die Sorge vor einem alles dominierenden „Umweltstaat".[508] Als europäisches *und* nationales Verfassungsziel[509] bleibt der Umweltschutz eingebunden in die Verfassungsstrukturentscheidungen für Rechtsstaat und Demokratie, die er im Sinne einer **„Wechselwirkungslehre"** freilich auch seinerseits immanent mit umgestaltet und fortentwickelt.[510] Kennzeichnend sind ein breiter Gestaltungsspielraum des Gesetzgebers und sehr unterschiedliche Aufgaben der Justiz und der Exekutive bei der Konkretisierung des ökologischen Verfassungszieles: Die Gerichte sind dazu aufgerufen, an den Maßstäben des Rechts zu kontrollieren und in diesem Rahmen auch das Recht fortzubilden. Die Verwaltung hat einen Auftrag zu umfassender Umweltvorsorge durch Rechtsanwendung und Rechtsgestaltung.

113 In den zurückliegenden zwei Jahrzehnten ist das Umweltrecht zu einem Gebiet der Verzahnung unterschiedlicher Regelungsansätze geworden. Die Entwicklung ist freilich nicht immer konfliktfrei verlaufen:[511] Das deutsche Umweltrecht folgte, den Traditionen des deutschen verwaltungsrechtlichen Denkens entsprechend, zunächst einem ordnungsrechtlich geprägten Konzept, das auf fest definierte materielle Gesetzestatbestände und auf eine dadurch fixierte behördliche Vollzugsverantwortung setzte. In der EG setzte sich unter britischem

---

[504] Vgl. nur *EuGH*, Rs. C-284/95, Slg. 1998, I-4301, Rn. 36ff.; ferner (grundrechtlich) *BVerfG*, NJW 2002, S. 1638ff.

[505] *Martin Nettesheim*, in: Grabitz/Hilf/Nettesheim (Hrsg.), Recht der EU, Art. 11 Rn. 19ff.; anders m. zahlr. N. *Kahl*, in: Streinz (Hrsg.), EUV/AEUV, Art. 191 AEUV Rn. 29ff.: relativer Vorrang im Sinne einer materiellen „Präferenzregel" und einer prozeduralen „Argumentationslastregel".

[506] Konkretisierend das Sechste Umweltaktionsprogramm (2002–2012), Beschluss Nr. 1600/2002/EG des Europäischen Parlaments und des Rates vom 22. Juli 2002, ABl. EG 2002, Nr. L 242, S. 1ff.

[507] Vgl. *Astrid Epiney*, in: v. Mangoldt/Klein/Starck, GG II, Art. 20a Rn. 64, 117.

[508] Zutreffend krit. zu dieser Chiffre *Sparwasser/Engel/Voßkuhle*, UmweltR, § 1 Rn. 2.

[509] N. zu den Verfassungen anderer Mitgliedstaaten und zu EMRK-Dokumenten bei *Rengeling/Szczekalla*, Grundrechte (Fn. 503), S. 843ff., bes. Fn. 11.

[510] Anschaulich zum Einfluss des Art. 20a GG auf den vorläufigen Rechtsschutz nach Art. 19 Abs. 4 GG z. B. *VGH BW*, NuR 2003, S. 29ff. Allg. *Rudolf Steinberg*, Der ökologische Verfassungsstaat, 1998. Speziell zu Wechselwirkungen zwischen Umweltschutz und Grundfreiheiten des EGV *Peter-Christian Müller-Graff*, Umweltschutz und Grundfreiheiten, in: EUDUR I, § 10 Rn. 2ff., der neben „Spannungsverhältnissen" auch „Synergieverhältnisse" ausmacht; *Calliess*, Rechtsstaat und Umweltstaat (Fn. 501), bes. S. 253ff.

[511] Vgl. *Eberhard Bohne*, Langfristige Entwicklungstendenzen im Umwelt- und Technikrecht, in: Schmidt-Aßmann/Hoffmann-Riem (Hrsg.), Strukturen, S. 217ff.

Einfluss dagegen eine Umweltpolitik durch, die medienübergreifend angelegte offene Tatbestände und Instrumente prozeduraler Steuerung bevorzugt. Die Umsetzung der so ausgerichteten EG-Richtlinien hat das deutsche Recht oft vor erhebliche Schwierigkeiten gestellt.[512] Auf der anderen Seite sind in beachtlichem Umfang **Rechtsinnovationen** angestoßen worden. Das gilt vor allem für die administrativen Handlungsformen, für das Verwaltungsverfahrens- und das Verwaltungsprozessrecht.[513] Das Umweltrecht bildete von Anfang an eines der wichtigsten Referenzgebiete, um über eine Reform des Verwaltungsrechts nachzudenken.[514] Es verlangt, die **Wirksamkeitsdimension** des Rechts einzubeziehen. Gerade im Umweltrecht sind die oben genannten Steuerungsansätze herausgearbeitet worden, die heute Fixpunkte der verwaltungsrechtlichen Systembildung sind.[515]

Ausgewählte Literatur

Anderheiden, Michael, Gemeinwohl in Republik und Union, Tübingen 2006.
Appel, Ivo, Das Verwaltungsrecht zwischen klassischem dogmatischen Verständnis und steuerungswissenschaftlichem Anspruch, VVdStRL, Bd. 67 (2008), S. 226–285.
Auby, Jean-Bernard, La globalisation, le droit et l'État, Paris 2010.
–/*Dutheil de la Rochère, Jacqueline* (Hrsg.), Droit Administratif Européen, Paris 2007.
Axer, Peter/Grzeszick, Bernd/Kahl, Wolfgang/Mager, Ute/Reimer, Ekkehart (Hrsg.), Das Europäische Verwaltungsrecht in der Konsolidierungsphase, DV, Beiheft 10, 2010.
Biaggini, Giovanni, Die Entwicklung eines Internationalen Verwaltungsrechts als Aufgabe der Rechtswissenschaft, VVdStRL, Bd. 67 (2008), S. 413–445.
Bergmann, Jan/Kenntner, Markus (Hrsg.), Deutsches Verwaltungsrecht unter europäischem Einfluss, Stuttgart u. a. 2002.
Bogdandy, Armin v., Gubernative Rechtsetzung, Tübingen 2000.
– Verwaltungsrecht im europäischen Rechtsraum – Perspektiven einer Disziplin, in: IPE IV, § 57.
Brenner, Michael, Der Gestaltungsauftrag der Verwaltung in der Europäischen Union, Tübingen 1996.
Breuer, Rüdiger, Konkretisierungen des Rechtsstaats- und Demokratiegebotes, in: FG 50 Jahre Bundesverwaltungsgericht, Köln u. a. 2003, S. 223–253.
Calliess, Christian, Rechtsstaat und Umweltstaat, Tübingen 2001.
Cassese, Sabino, Culture et politique du droit administratif, Paris 2008.
– When Legal Orders collide: The Role of Courts, Sevilla 2010.
Classen, Claus D., Die Entwicklung eines Internationalen Verwaltungsrechts als Aufgabe der Rechtswissenschaft, VVdStRL, Bd. 67 (2008), S. 365–412.
– Unabhängigkeit und Eigenständigkeit der Verwaltung – zu einer Anforderung des Europarechts an das nationale Verwaltungsrecht, in: FS Dieter H. Scheuing, 2011, S. 293–308.
Craig, Paul, EU Administrative Law, Oxford 2006.
Curtin, Deirde, Executive Power of the European Union, Oxford 2009.
Eifert, Martin, Das Verwaltungsrecht zwischen klassischem dogmatischen Verständnis und steuerungswissenschaftlichem Anspruch, VVdStRL, Bd. 68 (2008), S. 286–333.
– Legitimationsstrukturen internationaler Verwaltung, in: Trute/Groß/Röhl/Möllers (Hrsg.), Allgemeines Verwaltungsrecht, S. 307–331.

---

[512] Vgl. nur *Rüdiger Breuer*, Konditionale und finale Rechtsetzung, AöR, Bd. 127 (2002), S. 523 ff.
[513] Dazu die Belege bei *Kahl*, in: Streinz (Hrsg.), EUV/AEUV, Art. 192 AEUV Rn. 66 ff.
[514] Grundlegend *Wolfgang Hoffmann-Riem*, Reform des allgemeinen Verwaltungsrechts als Aufgabe, AöR, Bd. 115 (1990), S. 400 ff.; abgedruckt auch in: *Hoffmann-Riem*, Offene Rechtswissenschaft, S. 811 ff.; *Rainer Wahl*, Prävention und Vorsorge, 1995; *Arno Scherzberg*, Risikosteuerung durch Verwaltungsrecht: Ermöglichung und Begrenzung von Innovationen?, VVDStRL, Bd. 63 (2004), S. 214 ff.; ferner *Schmidt-Aßmann*, Ordnungsidee, Kap. 3 Rn. 6 ff.; *Liv Jaeckel*, Gefahrenabwehrrecht und Risikodogmatik, 2010.
[515] → Rn. 63 ff. sowie → Bd. II *Sacksofsky* § 40 Rn. 1 ff. und 52 ff., *Michael* § 41 Rn. 41 ff.

Ausgewählte Literatur

Franzius, Claudio, Gewährleistung im Recht, Tübingen 2009.
Fromont, Michel, Droit administratif des États européens, Paris 2006.
Gärditz, Klaus F., Die Verwaltungsdimension des Lissabon-Vertrages, DÖV 2010, S. 453–465.
Glaser, Markus A., Internationale Verwaltungsbeziehungen, Tübingen 2010.
Groß, Thomas, Verantwortung und Effizienz in der Mehrebenenverwaltung, VVdStRL, Bd. 66 (2007), S. 152–180.
– Die öffentliche Verwaltung als normative Konstruktion, in: Trute/Groß/Röhl/Möllers (Hrsg.), Allgemeines Verwaltungsrecht, S. 349–367.
Häberle, Peter, Europäische Verfassungslehre, 6. Aufl., Baden-Baden 2009.
Hatje, Armin/Terhechte, Jörg P. (Hrsg.), Grundgesetz und Europäische Integration, EuR, Beiheft 1, 2010.
Hoffmann-Riem, Wolfgang, Methoden einer anwendungsorientierten Verwaltungsrechtswissenschaft, in: Eberhard Schmidt-Aßmann/Wolfgang Hoffmann-Riem (Hrsg.), Methoden, S. 9–72.
Hofmann, Jens, Rechtsschutz und Haftung im Europäischen Verwaltungsverbund, Berlin 2004.
Huber, Peter M., Auslegung und Anwendung der Charta der Grundrechte, NJW 2011, S. 2385–2390.
Jarass, Hans D., Bedeutung der EU-Rechtsschutzgewährleistung für nationale und EU-Gerichte, NJW 2011, S. 1393–1398.
Jansen, Oswald/Schöndorf-Haubold, Bettina (Hrsg.), The European Composite Administration, Antwerpen – Oxford 2011.
Kadelbach, Stefan, Allgemeines Verwaltungsrecht unter europäischem Einfluß, Tübingen 1999.
Kahl, Wolfgang, Über einige Pfade und Tendenzen in Verwaltungsrecht und Verwaltungsrechtswissenschaft – ein Zwischenbericht, DV, Bd. 42 (2009), S. 463–500.
– Der Europäische Verwaltungsverbund: Strukturen – Typen – Phänomene, Der Staat, Bd. 50 (2011), S. 353–387.
–/*Ohlendorf, Lutz,* Die Europäisierung des subjektiven öffentlichen Rechts, JA 2011, S. 41–48.
Kersten Jens, Herstellung von Wettbewerb als Verwaltungsaufgabe, VVdStRL, Bd. 69 (2010), S. 288–340.
–/*Lenski, Sophie-Charlotte,* Die Entwicklungsfunktion des Allgemeinen Verwaltungsrechts, DV, Bd. 42 (2009), S. 501–534.
Kingreen, Thorsten, Das Sozialstaatsprinzip im europäischen Verfassungsverbund, Tübingen 2003.
Kirchhof, Gregor, Die Allgemeinheit des Gesetzes, Tübingen 2009.
Kment, Martin, Grenzüberschreitendes Verwaltungshandeln, Tübingen 2010.
Knauff, Matthias, Der Regelungsverbund: Recht und Soft Law im Mehrebenensystem, Tübingen 2010.
Kotzur, Markus, Grenznachbarschaftliche Zusammenarbeit in Europa, Berlin 2004.
Ladenburger, Clemens, Anmerkungen zu Kompetenzordnung und Subsidiarität nach dem Vertrag von Lissabon, ZEuS 2011, S. 389–408.
Ladeur, Karl-Heinz, Die Bedeutung eines Allgemeinen Verwaltungsrechts für ein Europäisches Verwaltungsrecht, in: Trute/Groß/Röhl/Möllers (Hrsg.), Allgemeines Verwaltungsrecht, S. 795–820.
Mager, Ute, Die europäische Verwaltung zwischen Hierarchie und Netzwerk, in: Trute/Groß/Röhl/Möllers (Hrsg.), Allgemeines Verwaltungsrecht, S. 399–430.
Menzel, Jörg, Internationales Öffentliches Recht, Tübingen 2011.
Merli, Franz, Die Zukunft der Verwaltung, Wien 2010.
Michael, Lothar, Rechtsetzende Gewalt im kooperierenden Verfassungsstaat, Berlin 2002.
Möllers, Christoph, Gewaltengliederung, Tübingen 2005.
– /*Andreas Voßkuhle/Christian Walter* (Hrsg.), Internationales Verwaltungsrecht, Tübingen 2007.
Müller-Franken, Sebastian, Maßvolles Verwalten, Tübingen 2004.
Nehl, Hanns P., Europäisches Verwaltungsverfahren und Gemeinschaftsverfassung, Berlin 2002.
Oeter, Stefan, Integration und Subsidiarität im deutschen Bundesrecht, Tübingen 1998.
Pache, Eckhard, Tatbestandliche Abwägung und Beurteilungsspielraum, Tübingen 2001.
– Verantwortung und Effizienz in der Mehrebenenverwaltung, VVdStRL, Bd. 66 (2007), S. 106–151.
Peuker, Enrico, Bürokratie und Demokratie in Europa, Tübingen 2011.
Pöcker, Markus, Stasis und Wandel der Rechtsdogmatik, Tübingen 2007.
Quabeck, Christian, Dienende Funktion des Verwaltungsverfahrens und Prozeduralisierung, Tübingen 2010.
Reimer, Franz, Verfassungsprinzipien, Berlin 2001.
Röhl, Hans C., Akkreditierung und Zertifizierung im Produktsicherheitsrecht, Heidelberg – Berlin 2000.
– (Hrsg.), Wissen – Zur kognitiven Dimension des Rechts, DV, Beiheft 9, 2010.
Ruffert, Matthias, Die Globalisierung als Herausforderung an das Öffentliche Recht, Stuttgart u. a. 2004.
– Die Europäisierung der Verwaltungsrechtslehre, DV, Bd. 36 (2003), S. 293–319.

Sauer, Heiko, Jurisdiktionskonflikte in Mehrebenensystemen, Berlin u. a. 2008.
Schaffarzik, Bert, Handbuch der Europäischen Charta der kommunalen Selbstverwaltung, Stuttgart u. a. 2002.
Scherzberg, Arno, Wozu und wie überhaupt noch öffentliches Recht?, Berlin 2003.
– Das Allgemeine Verwaltungsrecht zwischen Praxis und Reflexion, in: Trute/Groß/Röhl/Möllers (Hrsg.), Allgemeines Verwaltungsrecht, S. 837–868.
Schindler, Benjamin, Verwaltungsermessen. Gestaltungskompetenzen der Verwaltung in der Schweiz, Baden-Baden 2010.
Schliesky, Utz, Souveränität und Legitimität von Herrschaftsgewalt, Tübingen 2004.
Schmidt-Aßmann, Eberhard/Schöndorf-Haubold, Bettina (Hrsg.) Der Europäische Verwaltungsverbund, Tübingen 2005.
Schneider, Jens-Peter (Hrsg.), Verwaltungsrecht in Europa, Göttingen, Bd. 1 2007. Bd. 2 2009.
Schoch, Friedrich, Die Europäisierung des verwaltungsgerichtlichen Rechtsschutzes, Berlin u. a. 2000.
– */Kloepfer, Michael,* Informationsfreiheitsgesetz, Berlin 2002.
Schöndorf-Haubold, Bettina, Die Strukturfonds der Europäischen Gemeinschaft, München 2005.
– Europäisches Sicherheitsverwaltungsrecht, Baden-Baden 2010.
Schröder, Rainer, Verwaltungsrechtsdogmatik im Wandel, Tübingen 2007.
Schulze-Fielitz, Helmuth, Staatsrechtslehre als Wissenschaft, DV, Beiheft 7, 2007.
– Zur Geltung des Rechtsstaates: Zwischen Kulturangemessenheit und universellem Anspruch, ZfVP 2011, S. 1–23.
Schuppert, Gunnar Folke, Governance und Rechtsetzung, Baden-Baden 2011.
– Der Rechtsstaat unter den Bedingungen internationaler Staatlichkeit, Baden-Baden 2011.
Schwarze, Jürgen (Hrsg.), Das Verwaltungsrecht unter europäischem Einfluß, Baden-Baden 1996.
– */Hatje, Armin* (Hrsg.), Der Reformvertrag von Lissabon, EuR, Beiheft 1, 2009.
Shirvani, Foroud, New Public Management und europäische Agenturen: Transparenzfragen bei der Modernisierung der Verwaltungsorganisation, DÖV 2008, S. 1–10.
Siegel, Thorsten, Entscheidungsfindung im Verwaltungsverbund, Tübingen 2008.
Sommer, Julia, Verwaltungskooperation am Beispiel administrativer Informationsverfahren im europäischen Umweltrecht, Berlin 2003.
Sommermann, Karl-Peter, Staatsziele und Staatszielbestimmungen, Tübingen 1997.
Streinz, Rudolf, Die Rolle des EuGH im Prozess der Europäischen Integration, AöR, Bd. 135 (2010), S. 1–28.
Sydow, Gernot, Verwaltungskooperation in der Europäischen Union, Tübingen 2004.
Stolleis, Michael, Geschichte des Sozialrechts in Deutschland, Stuttgart 2003.
Tietje, Christian, Internationalisiertes Verwaltungshandeln, Berlin 2001.
Trute, Hans-Heinrich, Die Wissenschaft vom Verwaltungsrecht, DV, Beiheft 2, 1999, S. 9–31.
– */Groß, Thomas/Röhl, Hans C./Möllers, Christoph* (Hrsg.), Allgemeines Verwaltungsrecht – Zur Tragfähigkeit eines Konzepts, Tübingen 2008.
Voßkuhle, Andreas, Die Beteiligung Privater an der Erfüllung öffentlicher Aufgaben, VVdStRL, Bd. 62 (2003), S. 266–335.
– Der europäische Verfassungsgerichtsverbund, NVwZ 2010, S. 1–8.
Wahl, Rainer, Europäisierung: Die miteinander verbundenen Entwicklungen von Rechtsordnungen als ganzen, in: Trute/Groß/Röhl/Möllers, Allgemeines Verwaltungsrecht, S. 869–898.
Weiß, Wolfgang, Der Europäische Verwaltungsverbund, Berlin 2010.
Wollenschläger, Ferdinand, Verteilungsverfahren, Tübingen 2010.

§ 6 Die demokratische Legitimation der Verwaltung

Hans-Heinrich Trute

Übersicht

	Rn.
A. Einleitung: Grundlagen und Entwicklung	1
I. Grundlagen	1
II. Zur Entwicklung der Verwaltungslegitimation	3
B. Das klassische Modell der Verwaltungslegitimation	4
I. Das Volk als Legitimationssubjekt	5
II. Staatsgewalt als Legitimationsobjekt	6
III. Die Modi der Legitimation	7
1. Die institutionell-funktionelle Legitimation	8
2. Die organisatorisch-personelle Legitimation	9
3. Die sachlich-inhaltliche Legitimation	10
IV. Das Legitimationsniveau	14
C. Die Legitimation einer differenzierten und pluralisierten Verwaltung	15
I. Das Demokratieprinzip als Prinzip	16
II. Das Volk als Legitimationssubjekt: monistisch oder pluralistisch?	17
1. Demokratie als organisatorische Konsequenz der Menschenwürde	19
2. Differenzierungen im Volksbegriff	21
3. Pluralität der Legitimationssubjekte	23
4. Das Problem demokratischer Gleichheit und die autonome Legitimation	25
III. Legitimationsobjekt: Ausübung von Staatsgewalt	27
IV. Gewaltenspezifische Legitimationsordnung	30
V. Die parlamentarische Verantwortung der Regierung	35
VI. Die Mittel der Legitimation	42
1. Die organisatorische Legitimation	43

	Rn.
2. Die personelle Legitimation	45
3. Die prozedurale Legitimation	47
4. Die sachlich-inhaltliche Legitimation	49
5. Ergänzung durch Output-Legitimation	53
6. Autonome Formen der Legitimation	54
VII. Zusammenwirken der Formen und Mittel: Legitimationsniveau	56
VIII. Legitimationsverantwortung	58
D. Einzelbereiche	60
I. Differenzierung und Pluralisierung der Verwaltung	60
1. Verselbstständigung von Verwaltungseinheiten	66
2. Pluralisierte Verwaltungseinheiten	69
3. Die privatrechtlich organisierte Verwaltung	75
II. Die Legitimation der kommunalen Selbstverwaltung	79
III. Funktionale Selbstverwaltung	82
IV. Verwaltungslegitimation im Kooperationsspektrum mit Privaten	89
1. Der Beliehene	92
2. Intermediäre Organisationen	93
3. Kooperation in Verfahren	97
E. Verwaltungslegitimation im Europäischen Verwaltungsverbund	102
I. Ausdifferenzierung der Eigenverwaltung der EU	104
1. Grundlinien der Verantwortlichkeit	105
2. Exekutivagenturen	106
3. Regulierungsagenturen	107
4. Geteilte Verwaltung	110
5. Verwaltung durch Netze nationaler Agenturen	111
II. Horizontaler und vertikaler Verwaltungsverbund	112

Leitentscheidungen

Ausgewählte Literatur

A. Einleitung: Grundlagen und Entwicklung

I. Grundlagen

1 Die Frage nach der demokratischen Legitimation der Verwaltung ist Teil der grundlegenden Frage nach der Legitimation von staatlicher Herrschaft. In der Demokratie bezieht sie sich auf die Formen der Ausübung von Staatsgewalt und ihrer Rückbindung an das Volk. Dabei **verbindet** die Frage nach der Rechtfertigung (staatlicher)[1] Herrschaft **unterschiedliche wissenschaftliche Diskurse,** von der politischen Ideengeschichte über staats- und verfassungstheoretische Aussagen bis hin zu sozialwissenschaftlichen und rechtswissenschaftlichen Aspekten. Wie viele grundlegende staatstheoretische und verfassungsrechtliche Begriffe ist der Legitimationsbegriff insoweit ein Vexierbegriff, der es erlaubt, das Problem der Rechtfertigung staatlicher Herrschaft aus ganz unterschiedlichen wissenschaftlichen Perspektiven zu beschreiben.[2] Dies eröffnet die Möglichkeit der **Rezeption** der **Erkenntnisse anderer Wissenschaften** ebenso wie die Anpassung an neue Herausforderungen der Rechtfertigung staatlicher Herrschaft. Insoweit gehen in diesen Begriff wie in andere staatsrechtliche und staatstheoretische Grundbegriffe daher Leitbilder und Vorverständnisse dessen ein, was unter den heutigen Realbedingungen als rechtfertigungsbedürftige Herrschaft anzusehen ist. Die Pluralität möglicher Beschreibungen ändert freilich nichts daran, dass Verwaltungslegitimation als staats- und verwaltungsrechtlicher Begriff zu entfalten ist, also als **normative Form** der **Rechfertigung staatlicher Herrschaft.**

2 Zu unterscheiden ist dabei zwischen der **normativen Legitimation** und der **Legitimität** als sozialer Anerkennung von Herrschaft.[3] Das Verhältnis ist freilich wechselbezüglich zu konzipieren. Legale Herrschaft kommt auf Dauer nicht

---

[1] Mit der Veränderung der Staatlichkeit durch Europäisierung und Internationalisierung einerseits, der gemeinsamen Aufgabenerledigung staatlicher Aufgaben mit Privaten andererseits, ändert sich die Reichweite des Diskurses über die Rechtfertigung von politischer Herrschaft und greift, wie sich an der Diskussion um Governance (→ Bd. I *Voßkuhle* § 1 Rn. 68 ff., *Schuppert* § 16 Rn. 20 ff.) zeigen lässt, in weitere Zusammenhänge aus. Insoweit spricht alles dafür, auf die Rechtfertigung politischer Herrschaft abzustellen; vgl. insoweit auch *Oliver Lepsius*, Braucht das Verfassungsrecht eine Theorie des Staates? – Eine deutsche Perspektive: Von der Staatstheorie zur Theorie der Herrschaftsformen, EuGRZ 2004, S. 370 (376); *Uwe Volkmann*, Setzt Demokratie den Staat voraus?, AöR, Bd. 127 (2002), S. 575 (586 f.); *Sebastian Unger*, Das Verfassungsprinzip der Demokratie, 2008, S. 9 m. Fn. 1. Das lässt sich in einem Beitrag zur Verwaltungslegitimation nur insoweit aufgreifen, wie die nationale Verwaltung in diese übergreifenden Zusammenhänge eingebunden ist.

[2] *Ernst-Wolfgang Böckenförde*, Die Eigenart des Staatsrechts und der Staatsrechtswissenschaft, in: FS Hans U. Scupin, 1983, S. 317 (320).

[3] Allgemein dazu *Hans-Joachim Menzel*, Legitimation staatlicher Herrschaft, 1980, S. 20 ff.; *Detlef Czybulka*, Die Legitimation der öffentlichen Verwaltung, 1989, S. 58 ff. Die Begriffsverwendung ist durchaus heterogen. Während zum Teil auf die Unterscheidung von Prozess (Legitimation) und Ergebnis (Legitimität) abgestellt wird (vgl. etwa *Andreas Voßkuhle/Gernot Sydow*, Die demokratische Legitimation des Richters, JZ 2002, S. 673 [674]; *Utz Schliesky*, Souveränität und Legitimität von Herrschaftsgewalt, 2004, S. 150 f.), wird hier auf die Unterscheidung von normativer Legitimation und sozialer Anerkennung (Legitimität) Bezug genommen; vgl. auch *Thomas Würtenberger*, Legitimität, Legalität, in: Otto Brunner/Werner Conze/Reinhart Koselleck (Hrsg.), Geschichtliche Grundbegriffe, Bd. III, 1982, S. 677 (735 ff.); *Sebastian Müller-Franken*, Die demokratische Legitimation öffentlicher Gewalt in Zeiten der Globalisierung, AöR, Bd. 134 (2009), S. 542 (547).

A. Grundlagen und Entwicklung

ohne soziale Anerkennung der Herrschaftsunterworfenen aus, sowenig wie letztere von der normativen Dimension unabhängig ist.[4] Demokratie als politische Form der Selbstorganisation der Gesellschaft kommt ohne Rückbezug auf die Anerkennung nicht aus, soll die Verselbstständigung der Institutionen, in denen Herrschaft für das Volk ausgeübt wird, verhindert werden. Die institutionellen Formen, mit denen die Rückbindung der Ausübung von Herrschaftsgewalt an das Volk bewirkt werden soll, sind insofern wandelbar und müssen es sein, soll dieser Rückbezug unter den jeweiligen konkreten Bedingungen gelingen. Insofern ist der Demokratie und folglich auch der Legitimation immer schon ein reflexives Moment eingeschrieben.[5] Demokratie ermöglicht Lernprozesse und die Anpassung institutioneller Arrangements im Hinblick auf die wirksame Rückbindung der Ausübung von politischer Herrschaftsgewalt. In einer pluralistischen, von vielfältigen Interessendivergenzen und Verselbstständigungen funktionaler Teilsysteme gekennzeichneten Gesellschaft ist gelingende Integration nicht etwas Vorgegebenes, sondern Aufgegebenes. Dann muss die normative Form allerdings offen genug sein, um dem politisch-administrativen System Anpassungsprozesse zu ermöglichen.[6] Das demokratische Prinzip ist – in den Grenzen der Verfassung – offen für diese Lernprozesse. Dies betrifft auch die Form der Legitimation, die immer wieder daraufhin befragt werden können muss, ob sie in der Lage ist, Anerkennungsfähigkeit im Sinne einer generalisierten Abnahmebereitschaft zu ermöglichen und zu befördern. Demokratie ist daher als ein **offenes** und **dynamisches Prinzip** zu verstehen,[7] reflexiv in dem Sinne, dass der Zurechnungszusammenhang von Volk und der Ausübung von Herrschaftsgewalt so gestaltet werden kann, dass er auch unter realen Bedingungen **wirklich** und **nicht nur normative Fiktion** ist.[8] In diesem Sinne sind normative Legitimation und soziale Anerkennung einer Herrschaftsordnung notwendig aufeinander bezogen.

II. Zur Entwicklung der Verwaltungslegitimation

Anders als die Legitimation der Ausübung von politischer Herrschaftsgewalt in der Demokratie im Allgemeinen,[9] die auf eine lange Tradition zurückblicken kann, ist die Frage nach der **demokratischen Legitimation der Verwaltung** erst in jüngerer Zeit zum Gegenstand der rechtswissenschaftlichen Debatte geworden.[10] Bis weit in die 60er Jahre hinein war die demokratische Legitimation der

---

[4] *Andreas Fisahn*, Demokratie: Aufhebung der Besonderung des Staates, in: Redaktion Kritische Justiz (Hrsg.), Demokratie und Grundgesetz – eine Auseinandersetzung mit der verfassungsgerichtlichen Rechtsprechung, 2000, S. 71 (83 ff.).
[5] Zur Reflexivität als Kategorie der Legitimität *Pierre Rosanvallon*, Demokratische Legitimität, 2010, S. 152 ff.
[6] *BVerfGE* 107, 59 (91).
[7] Ausführlich zu diesem Problemkreis *Unger*, Demokratie (Fn. 1); *Horst Dreier,* in: ders. (Hrsg.), GG II, 2006, Art. 20 (Einführung) Rn. 12.
[8] *BVerfGE* 107, 59 (91).
[9] Vgl. dazu etwa die Beiträge in *Norbert Achterberg/Werner Krawietz* (Hrsg.), Legitimation des modernen Staates, ARSP, Beiheft 15, 1981.
[10] Zur Verwaltungslegitimation aus der Vielzahl der Lit. vgl. *Ernst-Wolfgang Böckenförde*, Verfassungsfragen der Richterwahl, 1974; *ders.,* Demokratie als Verfassungsprinzip, in: HStR I, 1. Aufl. 1987, § 22, HStR II, § 24; *Janbernd Oebbecke*, Weisungs- und unterrichtsfreie Räume in der Verwaltung,

Verwaltung kein prägender Topos. Grund dafür war nicht zuletzt die Dominanz des Rechtsstaatsprinzips in Deutschland. Nach den Erfahrungen mit dem Nationalsozialismus dominierte die **rechtsstaatliche Domestizierung der Verwaltung** und ihre enge Anbindung an das Parlament die Entwicklung, einhergehend mit engen methodischen Vorstellungen der Gesetzesbindung der Verwaltung sowie einer Eingrenzung von Ermessens- und Beurteilungsermächtigungen.[11] Die Auseinandersetzung um den Vorbehalt des (verfassungsgemäßen) Gesetzes und seine Reichweite geben insoweit einen Einblick in das Misstrauen gegenüber einer wie auch immer selbstständigen Verwaltung, der eine eigenständige Funktion im Rahmen eines eng geführten Konzepts repräsentativer Demokratie kaum zuerkannt werden konnte.[12] Angesichts der Komplexität der Sachaufgaben und der Zunahme der Verwaltungsaufgaben erwies sich die

---

1986; *Michael Kleine-Cosack*, Berufsständische Autonomie und Grundgesetz, 1989; *Czybulka*, Legitimation (Fn. 3); *Ernst T. Emde*, Die demokratische Legitimation der funktionalen Selbstverwaltung, 1991; *Eberhard Schmidt-Aßmann*, Verwaltungslegitimation als Rechtsbegriff, AöR, Bd. 116 (1991), S. 329 ff.; *ders.*, Perspektiven der Europäisierung des Verwaltungsrechts, in: DV, Beiheft 10, 2010, S. 263 ff.; *Matthias Jestaedt*, Demokratieprinzip und Kondominialverwaltung, 1993; *Brun-Otto Bryde*, Die bundesrepublikanische Volksdemokratie als Irrweg der Demokratietheorie, StWStP 1994, S. 305 ff.; *ders.*, Das Demokratieprinzip des Grundgesetzes als Optimierungsaufgabe, in: Redaktion Kritische Justiz (Hrsg.), Demokratie (Fn. 4), S. 59 ff.; *Hans-Heinrich Trute*, Die Forschung zwischen grundrechtlicher Freiheit und staatlicher Institutionalisierung, 1994, S. 206 ff.; *ders.*, Funktionen der Organisation und ihre Abbildung im Recht, in: Schmidt-Aßmann/Hoffmann-Riem (Hrsg.), Verwaltungsorganisationsrecht, S. 249 (270 ff.); *ders.*, Die konstitutive Rolle der Rechtsanwendung, in: Trute/Groß/Röhl/Möllers (Hrsg.), Allgemeines Verwaltungsrecht, S. 211 ff.; *Winfried Kluth*, Funktionale Selbstverwaltung, 1997; *Thomas Groß*, Das Kollegialprinzip in der Verwaltungsorganisation, 1999, S. 165 ff.; *Fisahn*, Demokratie (Fn. 4); *Hubertus Gersdorf*, Öffentliche Unternehmen im Spannungsfeld von Demokratie- und Wirtschaftlichkeitsprinzip, 2000; *Veith Mehde*, Neues Steuerungsmodell und Demokratieprinzip, 2000; *Gabriele Britz*, Die Mitwirkung Privater an der Wahrnehmung öffentlicher Aufgaben durch Einrichtungen des öffentlichen Rechts, VerwArch, Bd. 91 (2000), S. 418 ff.; *Utz Schliesky*, Souveränität und Legitimität von Herrschaftsgewalt, 2004; *Axel Tschentscher*, Demokratische Legitimation der dritten Gewalt, 2006; *Stephan Bredt*, Die demokratische Legitimation unabhängiger Institutionen, 2006; *Jörg Schmidt*, Die demokratische Legitimationsfunktion der parlamentarischen Kontrolle, 2007; *Benito Aláez Corral*, Staatsangehörigkeit und Staatsbürgerschaft vor den Herausforderungen des demokratischen Verfassungsstaates, Der Staat, Bd. 46 (2007), S. 349 ff.; *Christian Teuber*, Parlamentarische Informationsrechte, 2007; *Unger*, Demokratie (Fn. 1); *Claus D. Classen*, Demokratische Legitimation im offenen Rechtsstaat, 2009; *Sandra Köller*, Funktionale Selbstverwaltung und ihre demokratische Legitimation, 2009. Zur Legitimation der Europäischen Union vgl. *Winfried Kluth*, Demokratische Legitimation der Europäischen Union, 1995; *Stefan Oeter*, Souveränität und Demokratie als Problem der „Verfassungsentwicklung" der Europäischen Union, ZaöRV 1995, S. 659 ff.; *Angela Augustin*, Das Volk der Europäischen Union, 2000; *Anne Peters*, Elemente einer Theorie der Verfassung Europas, 2001; *Ingolf Pernice*, Europäisches und nationales Verfassungsrecht, VVDStRL, Bd. 60 (2001), S. 148 ff.; *Gertrude Lübbe-Wolff*, Europäisches und nationales Verfassungsrecht, VVDStRL, Bd. 60 (2001), S. 246 ff.; *Christoph Möllers*, Gewaltengliederung – Legitimation und Dogmatik im nationalen und übernationalen Rechtsvergleich, 2005; *Eckhard Pache*, Verantwortung und Effizienz in der Mehrebenenverwaltung, VVDStRL, Bd. 66 (2007), S. 107 ff.; *Thomas Groß*, Verantwortung und Effizienz in der Mehrebenenverwaltung, VVDStRL, Bd. 66 (2007), S. 152 ff.; *Matthias Ruffert*, Von der Europäisierung des Verwaltungsrechts zum Europäischen Verwaltungsverbund, DÖV 2007, S. 761 ff.; *Phillip Dann*, Die politischen Organe, in: v. Bogdandy/Bast (Hrsg.), Europäisches VerfR, S. 335 (378 ff.); *Winfried Kluth*, Demokratie, in: Schulze/Zuleeg/Kadelbach (Hrsg.), EuropaR, § 5 m.w.N.; *Walter Frenz*, Verwaltungskooperation mit der Union im Lichte von Art. 197 AEUV und des Lissabon-Urteils, DÖV 2010, S. 66 ff.; *Klaus F. Gärditz*, Die Verwaltungsdimension des Lissabon-Vertrags, DÖV 2010, S. 453 ff.

[11] *Rainer Wahl*, Die zweite Phase des öffentlichen Rechts in Deutschland: die Europäisierung des öffentlichen Rechts, Der Staat, Bd. 38 (1999), S. 495 ff.; *ders.*, Herausforderungen, S. 16 ff.; → Bd. I *Voßkuhle* § 1 Rn. 8, *Hoffmann-Riem* § 10 Rn. 4, 11.

[12] Zu den Konsequenzen etwa *Dietrich Jesch*, Gesetz und Verwaltung, 1961.

Idee einer vollständig determinierten Verwaltung freilich als Illusion.[13] Die Zunahme der sozialgestaltenden Funktion der Exekutive, die Idee einer umfassenden Planung gesellschaftlicher Entwicklungen und ihrer Umsetzung durch Recht, die Erosion eines zu eng geführten Konzepts repräsentativer Demokratie ließen die **Eigenständigkeit der Verwaltung,**[14] ihre Gestaltungsfunktion[15] und damit das Politische der Verwaltung zunehmend in den Vordergrund treten. Am Beispiel der Planung hat *Rainer Wahl* exemplarisch die Veränderung der Systemsteuerung durch Planung und die Folgen für zentrale verfassungsrechtliche und verwaltungsrechtliche Kategorien aufgezeigt.[16] Die erkennbare Eigenständigkeit musste auch die Frage nach ihrer demokratischen Legitimation aufwerfen.[17] Die Betonung einer eigenständigen institutionellen demokratischen Legitimation war Konsequenz dieser Entwicklung.[18] Ungeachtet der Rückwirkungen auf zentrale verwaltungsrechtsdogmatische Figuren blieb allerdings der Einfluss der demokratischen Legitimation als Formprinzip auf die verwaltungsrechtliche Systembildung zunächst noch eher gering. Erst mit dem Aufkommen der Mitbestimmungsforderungen im öffentlichen Dienst hat die verfassungs- und verwaltungsrechtliche Durchformung der Verwaltung eingesetzt und damit das Demokratieprinzip zu einem Formprinzip der öffentlichen Verwaltung gemacht. Als einflussreich erwies sich in diesem Zusammenhang vor allem die Schrift von *Ernst-Wolfgang Böckenförde* zu Verfassungsfragen der Richterwahl, in der die Grundlinien des klassischen Modells der Verwaltungslegitimation vorgezeichnet wurden.[19] Aus dem Postulat, das Demokratieprinzip fordere, dass die Staatsgewalt nicht nur stellvertretend für das Volk ausgeübt werden dürfe, sondern dass die Ausübung der staatlichen Befugnisse und Kompetenzen durch die verschiedenen staatlichen Organe sich *konkret* vom Volk (als Staatsvolk) herleiten müsse, wurden weitreichende Folgerungen für die verfassungsrechtliche Eingrenzung der Organisationskompetenz des Gesetzgebers gezogen.[20] In der anschließenden Diskussion,[21] verstärkt noch durch die beiden grundlegenden Entscheidungen des Bundesverfassungsgerichts zum Ausländerwahlrecht,[22] haben sich mit Nuancen Grundlinien eines Modells der Verwaltungslegitimation entwickelt, das als klassisches Modell der Verwaltungslegitimation bezeichnet werden kann.[23]

---

[13] → Bd. I *Schmidt-Aßmann* § 5 Rn. 65, *Poscher* § 8 Rn. 59 f.

[14] *Horst Dreier,* Zur „Eigenständigkeit" der Verwaltung, DV, Bd. 25 (1992), S. 137 ff.; *Groß,* Kollegialprinzip (Fn. 10); → Bd. I *Hoffmann-Riem* § 10.

[15] *Winfried Brohm,* Die Dogmatik des Verwaltungsrechts vor den Gegenwartsaufgaben der Verwaltung, VVDStRL, Bd. 30 (1972), S. 245 ff.

[16] *Rainer Wahl,* Rechtsfragen der Landesplanung, Bd. 1, 1978.

[17] Rückblickend noch einmal i.d.S. *Fritz Ossenbühl,* Gedanken zur demokratischen Legitimation der Verwaltung, in: FS Walter Schmitt Glaeser, 2003, S. 103 (110).

[18] Ausführlich dazu *Fritz Ossenbühl,* Verwaltungsvorschriften und Grundgesetz, 1968, S. 187 ff.

[19] *Böckenförde,* Verfassungsfragen (Fn. 10); fortgeführt in *ders.,* Demokratie (Fn. 10); vgl. auch *Roman Herzog,* Allgemeine Staatslehre, 1971, S. 208 ff.; *Martin Kriele,* Das demokratische Prinzip im Grundgesetz, VVDStRL, Bd. 29 (1971), S. 46 ff.

[20] *Böckenförde,* Verfassungsfragen (Fn. 10), S. 73 ff. unter Bezugnahme auf *Herzog,* Staatslehre (Fn. 19), S. 208 ff.

[21] Vgl. die N. → Fn. 10.

[22] *BVerfGE* 83, 37; 83, 60; dies aufnehmend auch *BVerwGE* 106, 62 (64 ff.); aus jüngster Zeit auf Legitimationsketten abstellend vgl. *BVerfGE* 123, 39 (68 f.) und *BVerfGE* 119, 331 (366), zur Kritik daran abw. M. a.a.O. S. 392 f.

[23] Vgl. die Bezeichnung bei *Schmidt-Aßmann,* Ordnungsidee, 2. Kap. Rn. 82.

B. Das klassische Modell der Verwaltungslegitimation

4   Das **klassische Modell der Verwaltungslegitimation** besteht aus vier aufeinander bezogenen Elementen, die in ihrem Zusammenwirken die demokratische Legitimation der Verwaltung herstellen sollen: Das Volk im Sinne des Art. 20 Abs. 2 S. 1 GG als Legitimationssubjekt (1.), die Staatsgewalt als Legitimationsobjekt (2.), die Modi der Legitimation als Instrumente zur Herstellung eines Zurechnungszusammenhangs zwischen Subjekt und Objekt der Legitimation (3.) und das Legitimationsniveau (4.), das sowohl das Zusammenspiel der Legitimationsmodi wie die Effektivität des Zurechnungszusammenhangs sicherstellen soll.

I. Das Volk als Legitimationssubjekt

5   Das **Legitimationssubjekt** ist in der Demokratie das **Volk,** das nicht nur Ausgangspunkt, sondern dauerhaftes Zurechnungssubjekt der Steuerungs- und Kontrollvorgänge der Ausübung von Staatsgewalt sein muss. Insoweit ist der zentrale verfassungsrechtliche Bezugspunkt Art. 20 Abs. 2 S. 1 GG. Dieser bedarf freilich genauerer Bestimmung in personeller, sachlicher und räumlicher Hinsicht. Die Idee der Demokratie legt es zunächst nahe, eine möglichst weitgehende **Identität der Herrschaftslegitimierenden und der Herrschaftsunterworfenen** anzunehmen und daher den Volksbegriff von den Herrschaftsunterworfenen her zu bestimmen. Indes wird im klassischen Modell das Volk als Legitimationssubjekt von denjenigen her bestimmt, die Mitglieder eines politisch-kulturell bestimmten Herrschaftsverbandes sind. Von daher wird der Volksbegriff über die Regeln der Staatsbürgerschaft bestimmt, als Kollektiv der Staatsbürger.[24] Eng damit zusammen hängt die räumlich und sachlich unbestimmte Allgemeinheit als Kennzeichen des so bestimmten Volksbegriffs.[25] Wird diese zum entscheidenden Element des Volksbegriffs, stellt sich die Frage nach möglichen Differenzierungen. In einem föderal verfassten Staat muss diese an sich einheitliche Legitimationsgrundlage weiter aufgefächert werden. Legitimationssubjekt kann insoweit nur das Bundes- bzw. Landesstaatsvolk für seine jeweilige Ebene sein. Für die kommunale Selbstverwaltung bleibt angesichts der nur räumlich, nicht aber sachlich begrenzten und insofern universellen Verbandskompetenz der Bezug auf eine unbestimmte Allgemeinheit erhalten.[26] Folgerichtig hat das Bundesverfassungsgericht – von der Verfassung in Art. 28 Abs. 1 S. 2, Abs. 2 GG vorgezeichnet – das Volk in der Gemeinde als ein demokratisches Legitimationssubjekt anerkannt. Anderes gilt danach für die Mitglieder der funktionalen Selbstverwaltung.[27] Angesichts der begrenzten sachlichen

---

[24] *BVerfGE* 83, 37 (51); 83, 60 (71); *Böckenförde,* Demokratie (Fn. 10), Rn. 26; *Emde,* Legitimation (Fn. 10), S. 322 ff.; *Jestaedt,* Demokratieprinzip (Fn. 10), S. 205 ff.; *Bernd Grzeszick,* in: Maunz/Dürig, GG, Art. 20 Rn. 79.; *Classen,* Demokratische Legitimation (Fn. 10), S. 35 ff.; ausführlich dazu *Unger,* Demokratie (Fn. 1), S. 57 ff.

[25] *Böckenförde,* Demokratie (Fn. 10), Rn. 26 ff.

[26] *Böckenförde,* Demokratie (Fn. 10), Rn. 31.

[27] Ausführlich dazu *Emde,* Legitimation (Fn. 10), S. 382 ff.; *Köller,* Funktionale Selbstverwaltung (Fn. 10), S. 106 ff.

B. Klassisches Modell der Verwaltungslegitimation

Allgemeinheit und der damit verbundenen Aufbrechung des Allgemeinen in sachspezifische Interessenvertretung hat das Bundesverfassungsgericht zunächst eine deutliche Grenze gezogen und insoweit eine eher auf grundrechtliche Schichten zurückführende autonome Legitimation angenommen, die nicht von den Anforderungen der demokratischen Legitimation dieser Form der Ausübung von Staatsgewalt dispensiert.[28] Damit ist der **Ausgrenzung von sachlich oder räumlich bestimmten Teilvölkern** jedenfalls im Rahmen dieser Konzeption eine deutliche Grenze gesetzt. Sie vermitteln keine demokratische Legitimation. Ebenso wenig vermag die Partizipation von Bürgern eine solche zu vermitteln. Alle Ausdifferenzierungen aus der unbestimmten Allgemeinheit, die die Gleichheit politischer Teilhabe sichern sollen, vermitteln im Rahmen dieser Konzeption grundsätzlich keine demokratischen, sondern rechtsstaatliche Teilhaberechte.[29]

II. Staatsgewalt als Legitimationsobjekt

Der Bezug auf die **Staatsgewalt** bestimmt den Anwendungsbereich der Legitimationsdogmatik in sachlicher Hinsicht. Legitimationsbedürftig ist grundsätzlich dasjenige Handeln, das den Staatsorganen im Sinne des Art. 20 Abs. 2 S. 2 GG zugerechnet werden kann. Das Bundesverfassungsgericht hat zunächst die legitimationsbedürftige Staatsgewalt mit Bezug auf die Verwaltung als **alles Handeln mit Entscheidungscharakter** bestimmt.[30] Damit wären vorbereitende oder rein konsultative Tätigkeiten, wie die von Beiräten und Expertengremien, aus dem Zurechnungszusammenhang herausgenommen. Neuerdings betont es, dass Entscheidungen einzubeziehen seien, **die nur behördenintern die Voraussetzungen für die Wahrnehmung von Amtsaufgaben**[31] sowie für die Wahrnehmung von **Mitentscheidungsbefugnissen** einschließlich der **Ausübung von Vorschlagsrechten schaffen**.[32] Allgemeiner ist davon auszugehen, dass jedes Handeln, welches den Staatsorganen im Sinne des Art. 20 Abs. 2 S. 2 GG zurechenbar ist, auch als Staatsgewalt legitimationsbedürftig ist. Einen Bagatellvorbehalt gibt es nicht.[33] Anlass für diese Frage gibt die Rechtsprechung des Bundesverfassungsgerichts, die mit Nuancen im Einzelnen über die politische Tragweite, Unwichtigkeit einer Entscheidung oder geringen Entscheidungsgehalt zu einer Differenzierung der Legitimationsanforderungen kommen möch-

6

---

[28] *BVerfGE* 83, 37 (55) spricht insoweit von der „mitgliedschaftlich-partizipatorischen" Komponente, die es freilich von der Einheitlichkeit der demokratischen Legitimationsgrundlage im Staatsaufbau zu unterscheiden gilt. Neuerdings verankert das Gericht die funktionale Selbstverwaltung im demokratischen Prinzip und rückt damit von seiner bisherigen Konzeption ab, vgl. *BVerfGE* 107, 59 (87 ff.). Dazu ausführlich unten → Rn. 20.

[29] *Böckenförde*, Demokratie (Fn. 10), Rn. 26 ff.; zu den Grundlagen *Emde*, Legitimation (Fn. 10), S. 389 ff.

[30] *BVerfGE* 83, 60 (73); 47, 253 (273); im Ansatz auch *BVerwGE* 106, 64 (75 f.), das allerdings noch einen materialen Aspekt bei der Beteiligung Privater ergänzt: überragende Gemeinwohlbelange und Angelegenheiten Dritter. Zur Kritik *Britz*, Mitwirkung (Fn. 10), S. 425 f.; *Köller*, Funktionale Selbstverwaltung (Fn. 10), S. 38; weiterhin zum Begriff der Staatsgewalt in der Rechtsprechung des Bundesverfassungsgerichts *Schmidt*, Kontrolle (Fn. 10), S. 130 ff.

[31] *BVerfGE* 107, 59 (87); 93, 37 (68).

[32] *BVerfGE* 107, 59 (87); 83, 60 (73).

[33] Zum Begriff des Bagatellvorbehalts vgl. *Mehde*, Steuerungsmodell (Fn. 10), S. 175.; *Köller*, Funktionale Selbstverwaltung (Fn. 10), S. 40.

§ 6 Die demokratische Legitimation der Verwaltung

te.[34] Indes ist dies keine Frage legitimationsbedürftiger Staatsgewalt, sondern systematisch im Rahmen des Legitimationsniveaus zu behandeln.[35] Damit ist allerdings nur eine erste Leitlinie formuliert, die weiter präzisierungsbedürftig ist. Die Veränderung und Ausdifferenzierung der Handlungsformen der Verwaltung, die unterschiedlichen Organisationsformen, die Kooperationsbeziehungen von Staat und Gesellschaft ebenso wie die Verbundformen der Verwaltung im europäischen und internationalen Kontext bedürfen der genaueren Bestimmung.[36]

III. Die Modi der Legitimation

7   Die Modi der Legitimation sollen die Frage beantworten, mit welchen **zulässigen Mitteln die Zurechnung** der Staatsgewalt zum Volk bewirkt werden kann. Hier hat sich ein Kanon von drei Mitteln im klassischen Modell ausgeprägt: die institutionell-funktionelle (1.), die organisatorisch-personelle (2.) und die sachlich-inhaltliche Legitimation (3.), die in ihrem Zusammenwirken zugleich ein bestimmtes Legitimationsniveau bewirken sollen.

1. Die institutionell-funktionelle Legitimation

8   Die **institutionell-funktionelle Legitimation** knüpft an den verfassungsrechtlichen Befund an, dass die **Exekutive** (wie auch die anderen Gewalten) als solche **eigenständig** vom Verfassungsgeber vorgesehen ist. Ihre Betonung verdankt sich der Erkenntnis, dass die vollständig determinierte Verwaltung, wie sie lange als Modell rechtsstaatlich-demokratischer Verwaltung erschien, weder dem verfassungsrechtlichen Befund noch der Reallage entspricht.[37] Sowenig zu bezweifeln ist, dass die institutionell-funktionelle Legitimation eine Form **verfassungsrechtlicher Legitimation** ist, sowenig ist aber zu übersehen, dass sie nur die Institution und ihre Kompetenzen betrifft, aber über einen konkreten und dauerhaften Zurechnungszusammenhang nichts aussagt. Insoweit liegt sie eher auf der Ebene der Gewaltenteilung, ist also in der Stoßrichtung gegen einen aus dem Rechtsstaats- und Demokratieprinzip abgeleiteten Gewaltenmonismus gerichtet. Insofern liegt sie nicht auf der gleichen Ebene wie die übrigen Legitimationsmodi.[38] Dies nötigt gleichwohl nicht, sie aus dem Legitimationsgefüge herauszunehmen. Sie macht darauf aufmerksam, dass die Verwaltung in spezifischer Weise und mit spezifischen Aufgaben verfasst ist, die eben ihre Eigenständigkeit ausmachen. So ist im Anschluss an die Betonung der Selbstständigkeit vom Bundesverfassungsgericht immer wieder die spezifische Leistungsfähigkeit

---

[34] *BVerfGE* 9, 268 (282); 47, 253 (274); 83, 60 (74); 93, 37 (70).

[35] *Schmidt-Aßmann,* Verwaltungslegitimation (Fn. 10), S. 366 f.

[36] → Rn. 102 ff.

[37] → Rn. 3, 30 ff.

[38] Darüber dürfte weithin Einigkeit bestehen; vgl. *Schmidt-Aßmann,* Verwaltungslegitimation (Fn. 10), S. 363 ff.; *Mehde,* Steuerungsmodell (Fn. 10), S. 179 f.; *Kluth,* Selbstverwaltung (Fn. 10), S. 357; *Unger,* Demokratie (Fn. 1), S. 66 m. Fn. 271 und w. N.; sie verweist zudem auf ein anderes Legitimationssubjekt, vgl. *Köller,* Funktionale Selbstverwaltung (Fn. 10), S. 125 ff. Soweit *Köller* diesbezüglich zwischen der verfassungsrechtlichen und parlamentsgesetzlichen Institutionalisierung unterscheiden möchte, lässt sich dies im Rahmen einer komplexeren Legitimationsordnung durchaus zur Geltung bringen. → Rn. 15 ff.

B. Klassisches Modell der Verwaltungslegitimation

der Exekutive gegenüber den anderen Gewalten hervorgehoben worden, und daraus sind Folgerungen für die Anerkennung von Handlungsformen wie den normkonkretisierenden Verwaltungsvorschriften ebenso gezogen worden wie für die Anerkennung von Gestaltungsspielräumen der Exekutive. Insoweit prägt die institutionell-funktionelle Legitimation das Legitimationskonzept derart, dass nicht über die demokratische Legitimation gleichsam die Verwaltung um ihre Leistungsfähigkeit gebracht wird. In diesem Sinne führt *Eberhard Schmidt-Aßmann* aus, dass die grundgesetzliche Legitimationsordnung auf zwei Prinzipien beruht: auf der Rückbindung an den Volkswillen und auf der Eigenverantwortlichkeit der Organe und Funktionsträger, die sich in spezifischen Handlungsinstrumenten, Verfahrensweisen und Organisationsstrukturen manifestiere. Die im modernen Staat notwendig plurale Struktur der Verwaltung sei insoweit in der institutionell-funktionellen Legitimation mitverarbeitet.[39]

2. Die organisatorisch-personelle Legitimation

Im Zentrum der **organisatorisch-personellen Legitimation** steht der **einzelne Amtswalter**. Insoweit führt das Bundesverfassungsgericht in ständiger Rechtsprechung aus, die verfassungsrechtlich notwendige **Legitimationskette** erfordere eine ununterbrochene Legitimationskette vom Volk zu den mit staatlichen Aufgaben betrauten Organen.[40] Vom Volk zum Parlament, zum Bundeskanzler, den Ministern und den ihnen nachgeordneten Behörden soll diese Kette reichen und sicherstellen, dass keine Unterbrechung des Legitimationszusammenhangs erfolgt. Insoweit erweist sich dieses als Kombination von individueller Berufung[41] und Zuweisung eines bestimmten Funktionsbereichs.[42] Das Prinzip der Lückenlosigkeit, die Einsetzung und die individuelle Berufung sind wichtige Elemente dieser Legitimationsform. Dabei gibt es allerdings hinsichtlich einzelner Aspekte durchaus nicht unerhebliche Nuancen. Dies gilt etwa für die Frage von Benennungs- und Entsendungsrechten nicht legitimierter Stellen, die Mitwirkung nicht legitimierter Personen in Kollegialorganen[43] und die Mitwirkung von Verwaltungsbediensteten im Rahmen der Personalvertretung.[44] 9

3. Die sachlich-inhaltliche Legitimation

Die **sachlich-inhaltliche Legitimation** bezieht sich auf die **inhaltliche Bindung** der Staatsgewalt an das Volk bzw. seine Repräsentanten.[45] Dabei werden 10

---

[39] *Schmidt-Aßmann*, Verwaltungslegitimation (Fn. 10), S. 365; zum Ganzen auch *Trute*, Forschung (Fn. 10), S. 220 ff.; *Kluth*, Selbstverwaltung (Fn. 10), S. 357.
[40] BVerfGE 47, 253 (275); 52, 95 (130); 77, 2 (40); 83, 60 (72 f.); 93, 37 (66); 107, 59 (87); jüngst bestätigt durch BVerfGE 123, 39 (69); 119, 331 (366).
[41] Dazu schon *Herzog*, Staatslehre (Fn. 19), S. 210.
[42] *Jestaedt*, Demokratieprinzip (Fn. 10), S. 269.
[43] Während die engere Auffassung insoweit darauf abstellt, dass jedes Mitglied demokratisch legitimiert sein muss (vgl. etwa *Grzeszick*; in: Maunz/Dürig, GG, Art. 20 Rn. 212; *Jestaedt*, Demokratieprinzip [Fn. 10], S. 377 f.), geht die weitere Auffassung von der personellen demokratischen Legitimation der Mehrheit der Mitglieder aus (vgl. *Böckenförde*, Verfassungsfragen [Fn. 10], S. 74 ff.; ders., Demokratie [Fn. 10], Rn. 19, neuerdings mit der Erwägung einer doppelten Mehrheit; *Emde*, Legitimation [Fn. 10], S. 331 f.; dazu *Tschentscher*, Legitimation [Fn. 10] S. 84 ff.); vgl. insoweit auch BVerwGE 106, 64 (75).
[44] Dazu BVerfGE 93, 37 (65 ff.).
[45] *Böckenförde*, Demokratie (Fn. 10), Rn. 21.

im Wesentlichen zwei aufeinander bezogene Komponenten der sachlich-inhaltlichen Legitimation genannt: die Bindung der Verwaltung an das Gesetz[46] (Art. 20 Abs. 3 GG) einerseits, die parlamentarische Verantwortlichkeit der Regierung[47] und die sie begleitenden Instrumente der Weisung, Aufsicht, Kontrolle und Abberufung andererseits. Diese wirken zusammen und repräsentieren im klassischen Modell der Verwaltungslegitimation nicht etwa austauschbare Stränge der Legitimation, sondern zusammengehörige Bausteine der Legitimationsvermittlung.

11 Als zentraler Baustein wirkt insoweit das **parlamentarische Gesetz.** Seine zentrale Funktion als Legitimationsvermittlungsinstrument in einer parlamentarischen Demokratie ist unbestritten. Gesetzesvorbehalt[48] und Gesetzesvorrang[49] haben insoweit die aus anderen Zusammenhängen bekannte Verankerung nicht nur im Rechtsstaatsprinzip, sondern auch im Demokratieprinzip.[50] Das gilt für alle Formen und Inhalte der Gesetze, umfasst also ebenso das **Haushaltsrecht,** dessen legitimatorische Wirkung in der klassischen Lehre leicht unterschätzt wird,[51] wie auch Organisations- und Verfahrensregelungen, die erst zusammen den parlamentarischen Regelungsanspruch verkörpern.[52]

12 Verkörpert die Gesetzesbindung als solche ein weithin unstrittiges Element der Legitimationsordnung, so gilt Gleiches nicht für den zweiten Baustein, die **parlamentarische Verantwortung der Regierung.** Zweifel bestehen nicht über das Institut als solches, sondern über dessen Reichweite und die zu ziehenden Konsequenzen. Die parlamentarische Verantwortung hat ersichtlich zwei Seiten, die der parlamentarischen Kontrolle der Regierung und die der gubernativen und administrativen Steuerungsinstrumente zur Einlösung der Verantwortung. Unter den parlamentarischen Kontrollrechten versteht man üblicherweise all diejenigen Befugnisse des Parlaments, die diesem eine – regelmäßig erst ex post wirkende – Untersuchung und damit auch eine Beeinflussung der Tätigkeit von Regierung und Verwaltung ermöglichen.[53] Neben dem Budgetrecht und seinen vielfältigen Möglichkeiten zur Feinsteuerung des Verwaltungshandelns kommt insbesondere den parlamentarischen Anfragen, dem Zitier- und Interpellationsrecht und sonstigen Informationsrechten, dem Untersuchungsrecht und der Misstrauensbekundung bis hin zum Misstrauensvotum eine wichtige Funktion der Instrumentierung der Verantwortung von Seiten des Parlaments zu.[54] Decken diese Instrumente den Bereich der gesamten Exekutive ab, so ist ihr Kontrollobjekt nach klassischer Auffassung die Regierung, so dass ein direkter

---

[46] → Bd. I *Reimer* § 9 Rn. 74 ff.
[47] Exemplarisch *Böckenförde*, Demokratie (Fn. 10), Rn. 21.
[48] → Bd. I *Reimer* § 9 Rn. 23 ff.
[49] → Bd. I *Reimer* § 9 Rn. 74 ff.
[50] *Schmidt-Aßmann*, Ordnungsidee, 4. Kap. Rn. 7 ff.; ausführlich *Helmuth Schulze-Fielitz*, Theorie und Praxis parlamentarischer Gesetzgebung, 1988.
[51] Dazu bereits *Schmidt-Aßmann*, Verwaltungslegitimation (Fn. 10), S. 358 f.; *ders.*, Ordnungsidee, 2. Kap. Rn. 85; *Werner Heun*, Staatshaushalt und Staatsleitung, 1989, S. 406 ff.; *Trute*, Forschung (Fn. 10), S. 227 f.; *Mehde*, Steuerungsmodell (Fn. 10), S. 204 ff.; *Schmidt*, Parlamentarische Kontrolle (Fn. 10), S. 86 ff.; eher marginalisierend *Jestaedt*, Demokratieprinzip (Fn. 10), S. 337 ff.
[52] Zur Verknüpfung dieser Elemente vgl. unten → Rn. 57.
[53] Ausführlich im Legitimationszusammenhang *Emde*, Legitimation (Fn. 10), S. 343 ff.
[54] Dazu *Teuber*, Informationsrechte (Fn. 10); *Schmidt*, Parlamentarische Kontrolle (Fn. 10), S. 89 ff.

B. Klassisches Modell der Verwaltungslegitimation

Durchgriff auf die Verwaltung nicht möglich ist.[55] Die Gubernative wird in diesem Modell zum notwendigen Legitimationsmittler.[56]

Auf der Seite der Gubernative und Exekutive sind unterschiedliche Mechanismen wirksam. Neben dem als zentralen Element herausgehobenen **Weisungsrecht**[57] wirken das administrative Recht, also Verwaltungsvorschriften,[58] Rechtsverordnungen und Konzepte unterschiedlicher Art sowie die **Aufsichtsmittel der Rechts- und Fachaufsicht** und die sie begleitenden Instrumente sowie **Selbsteintritts- und Letztentscheidungsrechte** als Mittel zur Instrumentierung der parlamentarischen Verantwortung.[59] Für die Konzeption des klassischen Modells entscheidend ist freilich die Annahme der Verankerung der Weisung in Art. 65 S. 2 GG, verbunden mit der weiteren Annahme, dass alle Verwaltungsbereiche jeweils einem Ressort unterstellt sind. Hinzu kommt die weitergehende Vermutung, dass der Verantwortung des Ministers bzw. der Regierung dann auch das Instrument zur Durchsetzung der Verantwortung entsprechen muss. Die umfassende Weisungsgewalt und -gebundenheit erscheint insoweit als notwendiges und zugleich optimales Korrelat der parlamentarischen Verantwortlichkeit. Daraus rechtfertigt sich, mit Nuancen in der Begründung, die Annahme einer hierarchisch strukturierten Verwaltung, für die das Weisungsrecht zentrale Bedeutung hat. Zieht man dieses Modell im Demokratieprinzip zusammen, wird die **hierarchisch strukturierte Verwaltung** zum **Idealtypus** von demokratischer Verwaltung und zum Regeltypus der grundgesetzlichen Verwaltung.[60] Eine Abweichung kann – wiederum mit Nuancen im Einzelnen – nur dort gerechtfertigt werden, wo für die Abweichungen ein verfassungsrechtlicher Titel oder doch zumindest zwingende Sachgründe vorhanden sind.[61] Damit geraten die vielfältigen und sehr heterogenen Organisationsformen der Verwaltung, die vom Grundgesetz zum Teil vorgefunden worden

13

---

[55] Das ist freilich nicht durchgängig überzeugend: So nimmt etwa der Wehrbeauftragte nach Art. 45b GG die Aufgaben der parlamentarischen Kontrolle auch gegenüber den nachgeordneten Dienststellen des Bundesministers der Verteidigung wahr, der Petitionsausschuss hat ebenfalls weitgehende, nicht ministerialvermittelte Kontrollrechte. In einigen Ländern wird der Datenschutzbeauftragte dem Parlament zugeordnet (vgl. etwa Art. 74 Verf. Bbg, Art. 37 Verf. MV, Art. 77a Verf. NW, Art. 57 Sächs. Verf., Art. 63 Verf. LSA, Art. 69 Thür. Verf.), darüber hinaus werden in den Landesverfassungen in unterschiedlichem Umfang und Ausgestaltung Beauftragte und Ausschüsse des Parlaments vorgesehen, neben den Petitionsausschüssen etwa die Deputationen (Art. 129 Verf. Brem. i. V.m. DeputG Brem.) und der Bürgerbeauftragte (Art. 36 Verf. MV). Zu berücksichtigen sind außerdem der Einsatz nachrichtendienstlicher Mittel (Art. 83 Abs. 3 Sächs. Verf.) bzw. des Verfassungsschutzes (Art. 97 Thür.Verf.). Zum Grundgesetz finden sich ähnliche Gestaltungen bei der Kontrolle von Beschränkungen des Brief-, Post- und Fernmeldegeheimnisses (Art. 10 Abs. 2 GG i. V.m. G 10) und der Unverletzlichkeit der Wohnung (Art. 13 Abs. 6 GG). Ebenso finden sich auf einfachgesetzlicher Grundlage entsprechende Kontrollmöglichkeiten, vgl. etwa § 23c Abs. 8 ZFdG, § 3 BSchuWG, § 10a FMStG, hinsichtlich einer eher gestaltenden Einflussnahme vgl. § 5 BEGTPG i.V.m. § 120 TKG, um nur einige Beispiele zu nennen. Insgesamt zeigt sich darin jedenfalls die nur begrenzte Kraft einer zu einfachen Modellbildung. Zur parlamentarischen Kontrolle und der Legitimationswirkung vgl. *Schmidt*, Parlamentarische Kontrolle (Fn. 10).

[56] *Jestaedt*, Demokratieprinzip (Fn. 10), S. 335; dazu unten → Rn. 35 ff.

[57] *Böckenförde*, Demokratie (Fn. 10), Rn. 22.

[58] → Bd. I *Ruffert* § 17 Rn. 15 ff.

[59] Überblick dazu bei *Mehde*, Steuerungsmodell (Fn. 10), S. 188 ff.

[60] *Jestaedt*, Demokratieprinzip (Fn. 10), S. 329 ff.; dargestellt auch bei *Emde*, Legitimation (Fn. 10), S. 337 ff.

[61] Eher im letzteren Sinne *Böckenförde*, Demokratie (Fn. 10), Rn. 21 f.

sind, ebenso unter verfassungsrechtlichen Rechtfertigungszwang wie abweichende Gestaltungen der Landesverfassungen.

IV. Das Legitimationsniveau

14 Das **Legitimationsniveau** ist der dogmatische Ort der **Saldierung der unterschiedlichen Legitimationsmodi** und **ihrer Instrumente,** um zu prüfen, ob der Zurechnungszusammenhang zwischen der Ausübung von Staatsgewalt und dem Volk hinreichend wirksam und effektiv ist. In der maßgeblichen Formulierung des Bundesverfassungsgerichts heißt es insoweit: „Für die Beurteilung, ob dabei ein hinreichender Gehalt an demokratischer Legitimation erreicht wird, haben die (...) Formen der institutionellen, funktionellen, sachlich-inhaltlichen und der personellen Legitimation Bedeutung nicht je für sich, sondern nur in ihrem Zusammenwirken. Aus verfassungsrechtlicher Sicht entscheidend ist nicht die Form der demokratischen Legitimation staatlichen Handelns, sondern deren Effektivität; notwendig ist ein bestimmtes Legitimationsniveau. Dieses kann bei verschiedenen Erscheinungsformen von Staatsgewalt im allgemeinen und der vollziehenden Gewalt im besonderen unterschiedlich ausgestaltet sein; innerhalb der Exekutive ist dabei auch die Funktionenteilung zwischen der für die politische Gestaltung zuständigen, parlamentarisch verantwortlichen Regierung und der zum Gesetzesvollzug verpflichteten Verwaltung zu berücksichtigen."[62] Darin kommt das Zusammenwirken der Legitimationsmodi zum Ausdruck wie auch möglicherweise deren Exklusivität.[63] Dabei zeigt die Verwendung von Begriffen wie **„hinreichender" Legitimation und Effektivität** schon die Schwierigkeit des Unterfangens an, hier zu klaren Aussagen zu gelangen. Zu Recht hat *Eberhard Schmidt-Aßmann* darauf hingewiesen, dass das Bezugsraster der Entscheidung auf eine **institutionelle Wirksamkeit** ausgelegt sei und **komplexe Bewertungen** verlange,[64] die freilich nicht nach dem Muster verlaufen könnten, dass eine schwache sachlich-inhaltliche Legitimation durch eine besondere personelle Legitimation ausgeglichen werden könne. Dazu sind die Legitimationsmodi – jedenfalls ohne weitere Präzisierung ihrer jeweiligen Wirkung – zu unterschiedlich.[65] Der Sache nach wird hier an zentraler Stelle der Dogmatik ein Begriff eingefügt, der eine normative Bewertung empirischer Wirkungszusammenhänge erfordert. Die komplexe Bewertung endet allerdings häufig in empirisch nicht weiter unterfütterten Vermutungen. Die Schwierigkeiten der Operationalisierung sind offensichtlich, und hier wirkt sich dann die Auszeichnung der hierarchischen Ministerialverwaltung normativ folgenreich aus.[66] Wird sie zum Regeltypus gemacht, bestimmt sie das Legitimationsniveau. Abweichungen in der Organisationsform werden dann begründungs- und rechtfertigungs-

---

[62] BVerfGE 93, 37 (66); 83, 60 (72); BVerwGE 106, 64 (74).
[63] So deutet *Mehde*, Steuerungsmodell (Fn. 10), S. 197 f. die Rspr.; zugleich macht er darauf aufmerksam, dass die Rspr. insoweit wohl davon ausgeht, dass diese Legitimationsmodi auch das Legitimationsniveau der übrigen Gewalten bestimmen sollen; vgl. *Böckenförde*, Demokratie (Fn. 10), Rn. 22; *Jestaedt*, Demokratieprinzip (Fn. 10), S. 235, 288 ff.
[64] *Schmidt-Aßmann*, Ordnungsidee, 1. Kap. Rn. 49.
[65] Dazu schon *Schmidt-Aßmann*, Verwaltungslegitimation (Fn. 10), S. 368; anders *Böckenförde*, Demokratie (Fn. 10), Rn. 22, 24 und passim.
[66] Dazu *Mehde*, Steuerungsmodell (Fn. 10), S. 199 ff.

C. Die Legitimation einer differenzierten und pluralisierten Verwaltung

Das klassische Modell der Verwaltungslegitimation ist von Beginn an nicht ohne **Kritik** geblieben, die sich auf die staatstheoretischen Voraussetzungen, normative und empirische Aspekte gleichermaßen richtet und entweder zu grundsätzlichen Zweifeln Anlass sah oder aber Revisionen und Erweiterungen im Detail vorgenommen hat.[67] Unterschiedliche Verständnisse des demokratischen Prinzips, seines Verhältnisses zu anderen demokratiebezogenen Normen des Grundgesetzes, Veränderungen der Staatlichkeit durch Europäisierung und Internationalisierung, das Zusammenwirken öffentlicher und privater Akteure bei der Erfüllung öffentlicher Aufgaben, die Konzentration auf wenige institutionelle Elemente, deren Wirkung unterstellt, aber nicht ausgewiesen wird, dürften einige der Motive der im Einzelnen durchaus heterogenen Kritik sein. Gemeinsam ist den Stellungnahmen freilich das Unbehagen, aus einem konkretisierungsbedürftigen demokratischen Prinzip[68] ein sehr **formales,** weite Teile der hergebrachten Verwaltungsorganisation verfassungsrechtlichen Zweifeln aussetzendes **Modell** zu destillieren – und dies in dem Bereich der Verwaltungsorganisation, der wie kein anderer auf Umweltanforderungen der Verwaltung reagiert und reagieren muss, sollen die gesetzgeberischen Ziele auch erreicht werden können. In der Konzentration auf formale und statische Ableitungszusammenhänge aber liegt weniger eine Geltungssicherung des Demokratieprinzips denn seine Gefährdung durch eine Abdunkelung der eigentlichen Probleme der Sicherung demokratischer Verantwortlichkeit. Wenn es richtig ist, dass der Verwaltung ein hohes Maß an Eigenständigkeit[69] zukommen muss, dann kann diese nicht mit einfachen Modellen gesetzlicher Bindung und Weisungsrecht der Gubernative an das Parlament und darüber an das Volk rückgebunden werden. Insofern bedarf es eines Modells, dass die Eigenständigkeit der Verwaltung, ihre Differenzierung und Pluralisierung aufnimmt. Nimmt man die Veränderung der Verantwortlichkeitsbeziehungen durch die Europäisierung und Internationalisierung hinzu, zeigt sich das Bild einer netzwerkartigen Verwaltungsstruktur,[70] auf die die Legitimationsordnung Antworten geben muss.

---

[67] Mit nicht unerheblichen Unterschieden in der Konstruktion etwa *Emde*, Legitimation (Fn. 10); *Schmidt-Aßmann*, Verwaltungslegitimation (Fn. 10); *Bryde,* Volksdemokratie (Fn. 10); *Trute*, Forschung (Fn. 10); *Groß,* Kollegialprinzip (Fn. 10); *Mehde,* Steuerungsmodell (Fn. 10); *Bredt,* Legitimation unabhängiger Institutionen (Fn. 10); *Tschentscher,* Legitimation (Fn. 10); *Classen,* Demokratische Legitimation (Fn. 10), S. 9 ff.; *Unger,* Demokratie (Fn. 1); *Schmidt,* Kontrolle (Fn. 10); *Markus Pöcker*, Unabhängige Regulierungsbehörden und die Fortentwicklung des Demokratieprinzips, VerwArch, Bd. 99 (2008), S. 388 ff.

[68] → Rn. 16.

[69] → Bd. I *Hoffmann-Riem* § 10 Rn. 56 ff., 70 ff.

[70] → Bd. I *Schmidt-Aßmann* § 5 Rn. 25 ff.

I. Das Demokratieprinzip als Prinzip

16 Hinter den Vorstellungen des klassischen Modells der Verwaltung steht implizit oder explizit die Vorstellung, es handele sich bei dem Demokratieprinzip nicht um ein optimierungs- und konkretisierungsbedürftiges **Prinzip**,[71] sondern um eine **Regel**, die unmittelbar subsumtionsfähige Ergebnisse zu liefern in der Lage sei.[72] Normtheoretisch wird damit versucht, eine Vorrangrelation dergestalt zu errichten, dass Prinzipien wie andere Staatszielbestimmungen oder grundrechtliche Optimierungsgebote nicht als Relativierungen einer in diesem Sinne strikt verstandenen Regel wirken können. Allenfalls vermögen andere Verfassungsnormen ausnahmsweise einen Titel zur Abweichung von der Regel zu begründen.[73] Freilich entspricht dies nicht dem Verständnis der Staatsstrukturprinzipien.[74] Dafür spricht schon der Zusammenhang mit den anderen Staatsziel- und Strukturprinzipien, und selbst Vertreter der klassischen Konzeption behandeln das demokratische Prinzip selten in diesem Sinne als Vollregel, wie schon die Anerkennung des Legitimationsniveaus zeigt, innerhalb dessen konkurrierende Gesichtspunkte zur Geltung gebracht werden. Insoweit ist das Demokratieprinzip ein **Optimierungsgebot.** Dies gilt weitgehend unstrittig für das in Art. 20 Abs. 1 GG normierte Demokratieprinzip.[75] Mit der Anerkennung als Prinzip ist indes nicht ausgeschlossen, in konkretisierenden Normen des Verfassungsrechts Vollregelungen zu sehen.[76] Dies freilich nicht im Sinne eines Modells, das den rechtsprinzipiellen Gehalt des Demokratieprinzips dadurch einzieht, dass es ihn in ideelle Schichten verweist und so zur Deskription umdefiniert,[77] oder aber dadurch um seine Wirksamkeit bringt, dass es andere Normen, wie etwa Art. 20 Abs. 2 S. 1 GG, in einer Weise ausdehnt, dass das Prinzip um seine Wirksamkeit gebracht wird.[78] Das Verständnis als Prinzip prägt im Übrigen auch und schon immer die Rechtsprechung des Bundesver-

---

[71] Dazu *Horst Dreier*, in: ders. (Hrsg.), GG II, Art. 20 (Einführung), Rn. 12; zum Prinzipiencharakter von Verfassungsnormen *Robert Alexy*, Theorie der Grundrechte, 1985, S. 71 ff., 117 ff.

[72] Explizit betont bei *Jestaedt*, Demokratieprinzip (Fn. 10), S. 585 f., 592; *ders.*, Demokratische Legitimation – quo vadis?, JuS 2004, S. 649 (650); *Marcel Kaufmann*, Europäische Integration und Demokratieprinzip, 1999, S. 68 ff.; *Christian Waldhoff*, Manipulation von Wahlterminen durch die Zusammenlegung von Wahlen?, JZ 2009, S. 144 (146 f.).

[73] Dazu *Jestaedt*, Demokratieprinzip (Fn. 10), S. 582 ff. Freilich lässt sich nicht übersehen, dass auch die Vertreter des klassischen Legitimationskonzepts nicht ohne Anleihen bei einer prinzipienorientierten Abwägung auskommen. So hat *Böckenförde*, Verfassungsfragen (Fn. 10), S. 77 seinerzeit ausdrücklich die von ihm entwickelten Legitimationskategorien als Orientierungsmaßstab für den Gesetzgeber bezeichnet, als ein Optimum, das unter Berücksichtigung anderer, etwa gewaltengliedernder Gesichtspunkte wie auch des jeweiligen Gegenstandes und anderer miteinander abzuwägender Gesichtspunkte zu ermitteln sei.

[74] Dazu *Horst Dreier*, in: ders. (Hrsg.), GG II, Art. 20 (Einführung) Rn. 12; *Groß*, Kollegialprinzip (Fn. 10), S. 163 ff.; *Mehde*, Steuerungsmodell (Fn. 10), S. 542 ff.; *Bryde*, Demokratieprinzip (Fn. 10), S. 60 ff.; *Schliesky*, Souveränität (Fn. 10), S. 616 ff. m.w.N. zum Streitstand; *Tschentscher*, Legitimation (Fn. 10), S. 121 f., 128 f.; *Grzeszick*, in: Maunz/Dürig, GG, Art. 20 Rn. 158 ff.; allgemein *Robert Alexy*, Theorie der Grundrechte, 1994, S. 71 ff.

[75] Vgl. *Unger*, Demokratie (Fn. 1), S. 158 ff. m.w.N.

[76] Ausführliche Rekonstruktion des Prinzipienmodells, seiner Reichweite und des Verhältnisses zu anderen demokratierelevanten Normen des Grundgesetzes bei *Unger*, Demokratie (Fn. 1), S. 89 ff.; vgl. auch *Grzeszick*, in: Maunz/Dürig, GG, Art. 20 Rn. 158 ff.

[77] Vgl. etwa *Köller*, Funktionale Selbstverwaltung (Fn. 10), S. 53 ff.

[78] Zur Kritik *Unger*, Demokratie (Fn. 1), S. 164 ff.

C. Legitimation einer differenzierten und pluralisierten Verwaltung

fassungsgerichts, wie an der Entscheidung zur Mitbestimmung im öffentlichen Dienst sichtbar ist.[79] Explizit hat nunmehr das Bundesverfassungsgericht in der Entscheidung zu den nordrhein-westfälischen Wasser- und Bodenverbänden – entgegen manchen Stimmen in der Literatur –[80] durchaus folgerichtig das Demokratieprinzip nicht als subsumtionsfähige Regel entfaltet, sondern als Staatszielbestimmung und Verfassungsprinzip, das entwicklungsoffen sei und Anpassungen ermöglichen müsse.[81] Das verlagert dann, wie das Gericht zu Recht betont, die Entscheidung über Art und Umfang solcher Anpassungen – natürlich im Rahmen sonstiger verfassungsrechtlicher Grenzen – auf den Gesetzgeber, dem in erheblichem Umfang eine organisatorische Ausgestaltungsfreiheit zugestanden wird, solange aufgrund der gewählten Instrumente nur sichergestellt ist, dass ein wirksamer Zurechnungszusammenhang etabliert wird. In diesem Sinne ist das Demokratieprinzip **zukunftsoffen und dynamisch.**[82] Versteht man die Herrschaftsordnung als eine Form der Selbstorganisation der Gesellschaft, so ist durch die einmal gefundene juristische Form nicht ein für allemal gesichert, dass die Herrschaftsausübung durch besondere Organe, von denen Art. 20 Abs. 2 S. 2 GG spricht, auf die Herrschaftsunterworfenen zurückbezogen bleibt. Die Erhaltung dieser Rückbindungen ist damit eine Gestaltungsaufgabe.[83] Manche dieser Fragen sind verfassungsrechtlich entschieden, wie etwa die Form der parlamentarischen Demokratie, andere bedürfen der Gestaltung oder sind doch – innerhalb verfassungsrechtlicher Grenzen – zumindest offen. Instanz der Gestaltung ist der demokratisch legitimierte Gesetzgeber, der die unterschiedlichen normativen Aspekte zum Ausgleich zu bringen hat.

II. Das Volk als Legitimationssubjekt: monistisch oder pluralistisch?

Eng mit dem Verständnis des Demokratieprinzips als Regel oder Prinzip ist 17 ein zweites Problem verbunden, das seit geraumer Zeit unter dem Rubrum eines **monistischen** oder **pluralistischen Verständnisses** des Demokratieprinzips diskutiert wird.[84]

Nach klassischem Verständnis ist der Begriff des **Staatsvolkes** in Art. 20 Abs. 2 18 S. 1 GG als **kollektive Einheit** zu verstehen, nicht etwa als Summe der Betroffenen oder als Evokation des allgemeinen Prinzips der Volkssouveränität. Das

---

[79] BVerfGE 93, 37 (66 ff.). Zwar wird zunächst das klassische Modell in seiner ganzen Strenge als Maßstab entwickelt, dann werden aber Abweichungen vom Modell der hierarchischen Ministerialverwaltung zugelassen. Die Entwicklung des Drei-Stufen-Modells der Mitbestimmung der Beschäftigten stellt sich als eine Differenzierung der Intensität des jeweiligen Legitimationsniveaus dar, die im Grunde als ein Musterfall für die Herstellung praktischer Konkordanz zwischen den Anforderungen demokratischer Legitimation und den Belangen der Beschäftigten angesehen werden kann, einschließlich der Zuweisung von Gestaltungsspielräumen an den demokratischen Gesetzgeber (a.a.O., S. 73 f.). Vgl. die Analyse bei *Mehde*, Steuerungsmodell (Fn. 10), S. 542 ff.
[80] *Jestaedt*, Legitimation (Fn. 72), S. 652.
[81] BVerfGE 107, 59 (91).
[82] BVerfGE 107, 59 (91).
[83] → Rn. 2; vgl. auch BVerfGE 123, 267 (368 f.) zu Elementen partizipativer Demokratie in Art. 11 EUV, die zwar die auf Wahlen und Abstimmungen zurückgehende Legitimation nicht ersetzen, wohl aber ergänzen könnten; a. A. etwa *Classen*, Legitimation (Fn. 10), S. 34 f.
[84] Dazu *Bryde*, Volksdemokratie (Fn. 10), S. 305 ff.; *Groß*, Kollegialprinzip (Fn. 10), S. 163 ff.; *Alexander Hanebeck*, Bundesverfassungsgericht und Demokratieprinzip, DÖV 2004, S. 901 ff.; *Unger*, Demokratie (Fn. 1), S. 56 ff.; *Köller*, Funktionale Selbstverwaltung (Fn. 10), S. 47 ff.

Volk, die von den Staatsangehörigen gebildete und mit dem Staat unlöslich verbundene Schicksalsgemeinschaft, ist danach Ausgangs- wie Bezugspunkt der demokratischen Legitimation.[85] Volk in diesem Sinne ist die Gesamtheit der Staatsangehörigen bzw. Staatsbürger, das personale Substrat des Herrschaftsverbandes „Staat":[86] Staatsangehörigkeit und der Charakter des über die Summe der Zugehörigen hinausgehenden, rechtlich verselbstständigten Verbandes, die Einheit über der Vielheit kennzeichnen diesen Begriff.[87]

1. Demokratie als organisatorische Konsequenz der Menschenwürde

19 Die pluralistische Perspektive betont demgegenüber zum einen das Demokratieprinzip als Prinzip[88] und damit verbunden versteht sie Art. 20 Abs. 2 S. 1 GG zuvörderst und vor allem als selbstverständliches Bekenntnis zur Volkssouveränität,[89] der es nicht um nationale Homogenität, sondern um die Ablösung traditionaler Autoritäten durch das Volk als Legitimationsquelle geht. Bezugspunkt ist die Selbstherrschaft von Gleichen und Freien und daher das Prinzip individueller Selbstbestimmung.[90] Insoweit konzipiert die pluralistische Konzeption das Volk von den Freiheitsrechten, nicht von einer vorausgesetzten Einheit her, deren vorrechtliche Grundlagen immer wieder kritisiert worden sind.[91] Grundrechtliche **Freiheit,** und damit notwendig die Anerkennung des Pluralismus, der Interessengegensätze, wird zum **Bezugspunkt von Demokratie,**[92] diese zur organisatorischen Konsequenz der Menschenwürde, wie es *Peter Häberle* formuliert.[93] Ausgangspunkt der demokratischen Legitimation ist das Individuum.[94] Maßgeblicher Bezugspunkt der Demokratie ist der Einzelne. Er kann aufgrund

---

[85] → Rn. 5.
[86] *BVerfGE* 83, 60 (71) unter Hinweis auf *BVerfGE* 8, 104 (115 f.); 8, 122 (133); *Jestaedt,* Demokratieprinzip (Fn. 10), S. 207 f.; *Böckenförde,* Demokratie (Fn. 10), Rn. 26 ff.; vgl. auch *Emde,* Legitimation (Fn. 10), S. 322 ff.
[87] *Jestaedt,* Demokratieprinzip (Fn. 10), S. 208; *Classen,* Demokratische Legitimation (Fn. 10), S. 34 ff.; *Köller,* Funktionale Selbstverwaltung (Fn. 10), S. 45 ff.; *Grzeszick* in: Maunz/Dürig, GG, Art. 20 Rn. 161 ff.
[88] → Rn. 16.
[89] *Bryde,* Demokratieprinzip (Fn. 10), S. 59, 61; *Groß,* Kollegialprinzip (Fn. 10), S. 165 ff.
[90] *Görg Haverkate,* Verfassungslehre, 1992, S. 240 f.; *Werner Maihofer,* Prinzipien freiheitlicher Demokratie, HdbVerfR, § 12 Rn. 48 ff.; *Horst Dreier,* in: ders. (Hrsg.), GG II, Art. 20 (Demokratie) Rn. 67; *Helmut Steinberger,* Der Verfassungsstaat als Glied einer europäischen Gemeinschaft, VVDStRL, Bd. 50 (1991), S. 9 (23); *Friedrich Müller,* Wer ist das Volk?, 1997, S. 58; *Pernice,* Verfassungsrecht (Fn. 10), S. 160 ff.; mit Bezug auf die Legitimationsdiskussion *Emde,* Legitimation (Fn. 10), S. 384 f.; *Groß,* Kollegialprinzip (Fn. 10), S. 166; *Astrid Wallrabenstein,* Das Verfassungsrecht der Staatsangehörigkeit, 1999, S. 124 ff.; *Bryde,* Demokratieprinzip (Fn. 10), S. 63; *Lübbe-Wolff,* Verfassungsrecht (Fn. 10), S. 252 f.; *Schliesky,* Souveränität (Fn. 10), S. 678 ff.; *Hanebeck,* Demokratieprinzip (Fn. 84), S. 901 ff. m. w. N.; *Unger,* Demokratie (Fn. 1), S. 250 ff.; *Tschentscher,* Legitimation (Fn. 10), S. 114 ff.; *Corral,* Staatsangehörigkeit (Fn. 10), S. 349 ff.
[91] Ausführlich *Schliesky,* Souveränität (Fn. 10), S. 408 ff.; *Tschentscher,* Legitimation (Fn. 10), S. 119 ff.
[92] *Peter Häberle,* Offene Gesellschaft, JZ 1975, S. 297 (302); vgl. auch *Karl-Eberhard Hain,* Die Grundsätze des Grundgesetzes, 1999, S. 325; *ders.,* Autonomie als Grundlage der Verfassungsordnung des Grundgesetzes, in: Stefan Uecker/Michael Wiemer (Hrsg.), Individuum und Kollektiv, 2003, S. 35 (48 ff.).
[93] *Peter Häberle,* Die Menschenwürde als Grundlage der staatlichen Gemeinschaft, in: HStR II, § 22 Rn. 67.
[94] *Schliesky,* Souveränität (Fn. 10), S. 682 ff.; zum Zusammenhang von Menschenwürde und Demokratie jüngst auch *Möllers,* Gewaltengliederung (Fn. 10), § 1 I. 2., mit hier freilich nicht geteilten Konsequenzen; ausführliche Rekonstruktion der Debatte bei *Unger,* Demokratie (Fn. 1), S. 250 ff.

C. Legitimation einer differenzierten und pluralisierten Verwaltung

seiner Menschenwürde und der aus ihr folgenden Garantie der Selbstbestimmung ihm gegenüber ausgeübte Herrschaftsgewalt rechtfertigen. Die Menschenwürde wird zu dem letzten und ersten Grund der Volkssouveränität.[95] Damit wird die Brücke geschlagen zu den **politischen Freiheitsrechten,** deren schlechthin konstitutive Bedeutung für eine freiheitlich-demokratische Staatsordnung von Rechtsprechung[96] und Lehre immer wieder betont worden ist. Deren Bezug zum Demokratieprinzip bleibt aber so lange ambivalent, wie die Ausübung der Freiheitsrechte gleichsam eine von außen kommende Belagerung der Staatsorganisation bleibt,[97] der jede legitimierende Kraft fehlt, weil sie sich als Wahrnehmung partikularer Interessen gegenüber der demokratischen Allgemeinheit des Staatsvolkes erweist. Demgegenüber wird in pluralistisch orientierten Konzeptionen die Repräsentation des Volkes nicht auf eine vorgängige Einheit bezogen, sondern auf eine **soziale Heterogenität,** deren Integration in das Allgemeine als ein kontinuierlicher Vorgang zu verstehen ist,[98] der eingebettet ist in eine Verfassungsordnung, die über vielfältige Mechanismen der Einflussnahme, der Differenzierung von Entscheidungsträgern, Demokratie als komplexen Prozess von An- und Entkoppelungen, Verselbstständigungen und Rückbindungen ausformt. Aus diesem **Prozess kontinuierlicher Rückkoppelungen**[99] speist sich die Legitimation auch in der parlamentarischen Demokratie. Selbstbestimmung und Gleichheit werden insoweit zu Ausgangspunkten der Demokratie.[100]

In diesem Sinne lassen sich denn auch die neueren Entscheidungen des Bundesverfassungsgerichts lesen, die die **funktionale Selbstverwaltung** als organisierte Beteiligung der sachnah Betroffenen an den sie berührenden Entscheidungen im Demokratieprinzip verankern, das auf dem Bild des sich selbst bestimmenden Menschen in einer freiheitlichen Ordnung und damit in Art. 1 Abs. 1 GG gründet.[101] Der Bezug auf die freie Selbstbestimmung als ersten und letzten Grund der Demokratie erlaubt es dann auch, den Gegensatz zwischen demokratischer und körperschaftlicher Legitimation aufzugeben.[102] Insoweit ist

---

[95] *Häberle,* Menschenwürde (Fn. 93), Rn. 67; vgl. nunmehr auch *BVerfGE* 123, 267 (341): „Das Recht der Bürger, in Freiheit und Gleichheit durch Wahlen und Abstimmungen die öffentliche Gewalt personell und sachlich zu bestimmen, ist der elementare Bestandteil des Demokratieprinzips. Der Anspruch auf freie und gleiche Teilhabe an der öffentlichen Gewalt ist in der Würde des Menschen (Art. 1 Abs. 1 GG) verankert."

[96] Std. Rspr. seit *BVerfGE* 7, 198 (208); zum Zusammenhang von Wahlen und Abstimmungen und dem Raum öffentlicher Meinungsbildung vgl. jüngst *BVerfGE* 123, 267 (341 f.).

[97] Deutlich etwa bei *Jestaedt,* Demokratieprinzip (Fn. 10), S. 191 f.

[98] So in der Sache auch *Böckenförde,* Demokratie (Fn. 10), Rn. 37.

[99] *BVerfGE* 44, 125 (139 f.): „Willensbildung des Volkes und Willensbildung in den Staatsorganen vollziehen sich in vielfältiger und täglicher Wechselwirkung".

[100] *BVerfGE* 44, 125 (142); *Bryde,* Demokratieprinzip (Fn. 10), S. 63; *Uwe Volkmann,* in: Friauf/Höfling (Hrsg.), GG, Art. 20 (Demokratie) Rn. 15, 20; in der Sache ähnlich *Böckenförde,* Demokratie (Fn. 10), Rn. 37; *Unger,* Demokratie (Fn. 1), S. 250 ff.

[101] *BVerfGE* 107, 59 (91 ff.). Deutlich auch *BVerfGE* 111, 191 (216), eine Entscheidung, die nicht nur die Verortung der funktionalen Selbstverwaltung im demokratischen Prinzip ebenso betont wie den *demokratischen* Willensbildungscharakter der Entscheidungsbildung in den Körperschaften (S. 216 f.), sondern sich auch jeder Anlehnung an die früheren Entscheidungen des 2. Senats enthält. Betont wird freilich der Gestaltungsspielraum des demokratisch legitimierten Gesetzgebers und seine Verantwortung für die demokratiegerechte Ausgestaltung der Binnenorganisation (S. 219).

[102] Die Kritik von *Jestaedt,* Legitimation (Fn. 72), S. 652 entschärft diese Zusammenhänge, wenn argumentiert wird, diese Aussagen blieben auf der luftigen Höhe der Verfassungstheorie und hätten

§ 6 Die demokratische Legitimation der Verwaltung

es denn auch folgerichtig, dass das Bundesverfassungsgericht nicht mehr von Legitimationskompensationen durch andere Formen ausgeht, sondern wie selbstverständlich den körperschaftlichen Willens- und Entscheidungsbildungsprozessen demokratische Legitimation zuspricht bzw. sie ihnen abverlangt.[103] Ebenso wenig ist das Bundesverfassungsgericht auf der Suche nach Ausnahmetiteln, sondern spricht nur davon, es handele sich bei der funktionalen Selbstverwaltung um einen historisch gewachsenen, von der Verfassung zur Kenntnis genommenen und grundsätzlich anerkannten Bereich.[104]

2. Differenzierungen im Volksbegriff

21 Der nahe liegende Einwand, dies löse den Ausgangspunkt der Legitimation individualistisch auf, ist insofern ebenso richtig wie unschädlich. Denn die **Verfassungsordnung** selbst führt zur Bildung von Gemeinschaften, die in ihrer Verbundenheit dann die Ausübung von Herrschaftsgewalt legitimieren, etwa über Art. 20 Abs. 2 S. 2, Art. 28 Abs. 1 GG. Erst weitere Normen der Verfassung, wie etwa Art. 38 Abs. 1 S. 1, Abs. 2 GG (ggf. i. V.m. Art. 116 GG) oder Art. 9 EUV, Art. 22 Abs. 2 AEUV konstituieren dann relevante Ausschnitte als kollektive Legitimationssubjekte, wie eben das Wahlvolk, ohne dass dies mit dem Volk als Zurechnungssubjekt identisch ist und sein muss.

22 Insoweit kann zwischen dem **Aktivvolk**, dem **Volk als Zurechnungssubjekt** und als **Adressat von Herrschaft** unterschieden werden.[105] Das Volk als Zurechnungssubjekt ist dasjenige, dem die Ausübung der Herrschaftsgewalt in der Demokratie zugerechnet wird, das Aktivvolk ist dasjenige, welches über die Wahlen in Art. 20 Abs. 2 S. 2 GG dem Parlament die Legitimation vermittelt, und das Volk als Adressat ist die Gesamtheit derjenigen, die Adressaten der auf ei-

---

keinen verfassungsdogmatischen Wert. Sie sind nichts weniger als bloße Verfassungstheorie, sondern ersichtlich verfassungsdogmatisch folgenreich, wie sich in der Entscheidung selbst zeigt. Von daher ist die Kritik von *Böckenförde*, Demokratie (Fn. 10), Rn. 34 m. Fn. 71 konsequent, die gerade die Einordnung in das Demokratieprinzip bemängelt.

[103] *BVerfGE* 111, 191 (217 f.).

[104] Nicht zu übersehen sind insoweit gewisse Unterschiede zwischen dem Ersten und Zweiten Senat in den beiden Entscheidungen. Während letzterer immerhin noch Art. 86, 87 Abs. 2 und 3 sowie Art. 130 Abs. 3 GG als Anknüpfungspunkte nennt, in denen die Anerkennung der Selbstverwaltung zum Ausdruck komme, verzichtet der Erste Senat auf diese Nennung. Ebenso lässt sich der Erste Senat nicht mehr auf den „Überbau" der älteren Rspr. des Zweiten Senats ein, der durch eine Typenbildung nunmehr seine ältere Rspr. deutlich nuanciert, sondern bezieht sich auf seine ältere Rspr. und die in ihr schon vorgezeichnete Anerkennung der freien Selbstbestimmung als Grundlage der Demokratie. Da zugleich jede Nennung der älteren Rspr. des Zweiten Senats vermieden wird, dürfte darin mehr als eine nur vom Entscheidungsgegenstand her vorgegebene Zurückhaltung sichtbar werden.

[105] Dazu *Müller*, Volk (Fn. 90); im Ansatz auch *Janbernd Oebbecke*, Demokratische Legitimation nicht-kommunaler Selbstverwaltung, VerwArch, Bd. 81 (1990), S. 349 (360 ff.); die Kritik von *Classen*, Demokratische Legitimation (Fn. 10), S. 34 ff. wendet sich gegen jede Differenzierung im Volksbegriff, freilich ohne nähere Auseinandersetzung in der Sache. *Classen* gerät allerdings schon hinsichtlich des Art. 28 Abs. 2 S. 3 GG in Erklärungsnöte, die ihn dazu nötigen, die Unionsbürger *neben* das Volk zu stellen, diese also aus dem Legitimationszusammenhang des Volkes herauszunehmen mit erheblichen Konsequenzen für die Legitimation der kommunalen Selbstverwaltung, die nicht mehr über die Vertretungen hergestellt werden können soll, sondern über die Bindung an das Gesetz und die Aufsicht des Staates, vgl. auch a.a.O. S. 63. Ebenso wenig kann die Rechtsprechung des Bundesverfassungsgerichts zur berufsständischen Selbstverwaltung integriert werden, wie *Classen* selbst deutlich macht, a.a.O. S. 37.

C. Legitimation einer differenzierten und pluralisierten Verwaltung

nem Territorium ausgeübten Herrschaft sind. Offenkundig fallen diese Gesamtheiten auseinander und begründen so eine Spannung innerhalb des Demokratieprinzips. Auch nach der verbandlichen Staatsvolkskonzeption werden diese Unterschiede gemacht, freilich eher implizit. Denn selbstverständlich ist auch auf dieser Grundlage das Volk als Gesamtheit der Staatsangehörigen nicht das Aktivvolk, das über die Wahlen im Sinne des Art. 20 Abs. 2 S. 2 GG die Legitimation vermittelt. Und ebenso wenig kommt diese Konzeption umhin anzuerkennen, dass das Volk als Adressat ein noch einmal erweiterter Kreis ist, dessen Relevanz zwar als Bestandteil des Demokratieprinzips anerkannt wird,[106] aber zugleich normativ – jedenfalls unter Legitimationsgesichtspunkten – folgenlos bleibt.[107] Der Unterschied besteht zunächst einmal nur darin, als Bezugspunkt das Prinzip der Demokratie zu wählen und das insoweit gemeinte Volk als diejenigen zu bestimmen, die dauerhaft einer Herrschaft unterworfen sind. Dies lässt sich über die dauerhafte Residenz hinreichend sicher bestimmen. Damit ist verfassungsrechtlich noch nicht entschieden, wer von der Verfassung zum Aktivvolk gerechnet wird. In der Balancierung von demokratischer Freiheit und Gleichheit werden insoweit unterschiedliche Legitimationssubjekte konstituiert.[108] Insoweit macht die Verfassung mit der Zusammensetzung des Wahlvolks, der ihr unterworfene Gesetzgeber etwa hinsichtlich der Zusammensetzung des Wahlvolks oder der Einräumung von anderen Partizipationsrechten Unterschiede,[109] die sich auch im Lichte des Demokratieprinzips rechtfertigen lassen (müssen).[110] Der wesentliche Unterschied besteht dann zunächst darin, diese unterschiedlichen Redeweisen vom Volk als eine Spannungslage innerhalb des Demokratieprinzips zu begreifen. Insoweit kommt dem durch das Aktivvolk legitimierten Gesetzgeber die Aufgabe zu, diese Spannungslage auszutarieren und damit sektoral und punktuell die unterschiedlichen Pole einander anzunähern[111] und die **ständige Integration von Allgemeinem und Besonderem** zu vermitteln. Insoweit stellt sich dann eine wie auch immer geartete Form mehr oder weniger dauerhafter Einflussnahme Betroffener, die nicht dem Aktivvolk zugerechnet werden können, nicht als eine gleichheitswidrige Eröffnung von Einflusschancen dar, sondern als eine im Demokratieprinzip angelegte Annäherung an den nur als gedanklichen Fluchtpunkt zu denkenden Grundsatz: No taxation without representation, die politische Voraussetzung jeder Demokratie.[112]

---

[106] *BVerfGE* 83, 37 (52); *Böckenförde*, Demokratie (Fn. 10), Rn. 35 ff.

[107] Über die Grundrechte und die mit ihnen verbundene politische Dimension kommt ohnehin immer eine sich weder auf den Volksbegriff der monistischen Konzeption zurückführende, noch damit schon gleiche Einflussnahme auf die Bildung und Ausübung von Staatsgewalt zustande, vgl. nur *Böckenförde*, Demokratie (Fn. 10). Rn. 35 ff.

[108] Zu dieser Konzeption vgl. *Unger*, Demokratie (Fn. 1), S. 250 ff., 258 ff.

[109] Dazu *Augustin*, Volk (Fn. 10), S. 344. Politische Freiheitsrechte werden entweder als Jedermann-Rechte gewährt, wie etwa die für die demokratische Meinungs- und Willensbildung zentrale Meinungsbildungs- und -äußerungsfreiheit, andere sind immerhin noch über Art. 2 Abs. 1 GG gewährleistet.

[110] Vgl. insoweit auch *Adalbert Podlech*, in: AK-GG, Art. 1 Rn. 33.

[111] Insoweit bezeichnet *Groß*, Kollegialprinzip (Fn. 10), S. 178 f. dies als Basislegitimation der gesamten Staatsgewalt; *Corral*, Staatsangehörigkeit (Fn. 10), S. 353 ff. möchte die Staatsangehörigkeit für alle dauerhaft in Deutschland Lebenden (und insoweit der Staatsgewalt dauerhaft Unterworfenen) öffnen, um diese Herausforderung abzuspannen.

[112] *Adalbert Podlech*, in: AK-GG, Art. 1 Rn. 33.; so auch *Tschentscher*, Legitimation (Fn. 10), S. 119.

3. Pluralität der Legitimationssubjekte

23 Insoweit wird ein **plurales Verständnis** des Volksbegriffs sichtbar, das zudem **vertikale** wie **funktionale Differenzierungen** ermöglicht. Dies ist schon in der föderalen Struktur des Grundgesetzes angelegt,[113] die von der Garantie der kommunalen Selbstverwaltung noch ergänzt wird. Diese wird zwar auch im Rahmen des monistischen Modells anerkannt,[114] ist aber nur schwer mit ihren Annahmen der Einheitlichkeit des Legitimationssubjekts ebenso wie der Transformation des einheitlichen Volkswillens erklärbar,[115] die auf ein zentralisierendes Modell der Ausübung von Staatsgewalt ausgerichtet sind.[116] Ungeachtet dessen erkennt das Bundesverfassungsgericht in seiner älteren Konzeption ebenfalls die Existenz eines eigenständigen Legitimationssubjekts für die **kommunale Ebene** an, sieht dieses aber im Grunde als eine von der Verfassung ausdrücklich vorgesehene Ausnahme an,[117] die rückgebunden bleibt an das einheitliche Gesamtstaatsvolk des Art. 20 Abs. 2 GG. Spätestens aber mit der Einfügung des Art. 28 Abs. 1 S. 3 GG ist schwerlich die Einheitlichkeit der Legitimationsgrundlage aufrecht zu erhalten.

24 Vor diesem Hintergrund wird deutlich, dass ein pluralistisches Verständnis des Volkes vor allem die mit dem Volksbegriff verbundenen Kollektivierungen und den Rückgriff auf die unbestimmte Allgemeinheit vermeidet und diese durch den Bezugspunkt auf das **Individuum** und seine **freie Selbstbestimmung** ersetzt. Damit wird ein offeneres Verständnis zu Grunde gelegt, das sich von der **Verbindung von Demokratie und Nation** ein Stück weit löst und Demokratie als Herrschaftsform versteht, die ihren Ausgangspunkt immer nur in der individuellen Freiheit hat.[118] Dass diese kollektiv ausgeübt wird, sieht die Verfassung vor, kann aber auch durch den Gesetzgeber – im Rahmen der Verfassung – vorgesehen werden.[119] Der Einzelne wird damit ggf. mehreren Legitimationssubjekten zugeordnet – rechtlich, nicht vorrechtlich.[120] Als Mitglied des Demos, der Bundesstaatlichkeit ebenso wie Landesstaatlichkeit legitimiert, als Bürger der Gemeinde, als Mitglied unterschiedlicher funktional differenzierter Körper-

---

[113] Der älteren Rspr. des Bundesverfassungsgerichts war die Annahme einer Pluralität von Legitimationssubjekten nicht fremd, vgl. *BVerfGE* 1, 14 (50); 8, 104 (116); 8, 122 (135 ff.); 38, 258 (271).
[114] *BVerfGE* 83, 60 (74); dagegen allerdings *Classen*, Demokratische Legitimation (Fn. 10), S. 36 f.
[115] Insoweit heißt es in *BVerfGE* 83, 37 (53), das Gemeindevolk trete an die Stelle des Staatsvolks der Bundesrepublik Deutschland, ohne dass recht klar wird, was diese eher metaphorische Wendung rechtlich bedeuten soll.
[116] Zu Recht in diesem Sinne *Groß*, Kollegialprinzip (Fn. 10), S. 167 f.; *Emde*, Legitimation (Fn. 10), S. 322 f.; in *BVerfGE* 83, 60 (75) heißt es insoweit, das demokratische Prinzip lasse es nicht zu, anstelle des Gesamtvolks – dieses und das Parlament umgehend – jeweils einer durch den örtlichen Bezug verbundenen, gesetzlich gebildeten kleineren Gesamtheit von Staatsbürgern Legitimationskraft zuzuerkennen. Dies bedeute eine Ausgliederung aus der einheitlichen Staatsgewalt. Die Redeweise von der Umgehung des Parlaments ist insofern interessant, als ebendies die Ausgliederung vorgenommen hat. Insoweit kann dem offensichtlich nur die Einheitlichkeit der Legitimationsgrundlage des Bundesstaatsvolks entgegen gehalten werden, was die zentralisierenden Hintergrundvorstellungen offen legt; zu Recht krit. *Hanebeck*, Demokratieprinzip (Fn. 84), S. 906.
[117] *BVerfGE* 83, 60 (75).
[118] → Bd. I *Masing* § 7 Rn. 8 ff.
[119] Insoweit ist es unzutreffend, wenn *Classen*, Demokratische Legitimation (Fn. 10), S. 33 meint, das pluralitische Modell hätte keine Antwort auf die Frage, wie die Individuen „zusammengebracht" werden.
[120] *Schliesky*, Souveränität (Fn. 10), S. 688; *Kluth*, Demokratische Legitimation (Fn. 10), S. 36.

schaften oder als Unionsbürger in dem Mitgliedstaat, in dem er seinen Wohnsitz hat (Art. 22 Abs. 2 AEUV), nicht der Nation oder dem Staat, dem er qua Staatsangehörigkeit zugehört.[121] In diesem Sinne unterscheidet sich das pluralistische Verständnis vor allem im Ausgangspunkt von engeren Konzeptionen und eröffnet damit weitergehende Möglichkeiten der Rückbindung an das jeweilige Volk als Zurechnungssubjekt, über die bisher erörterten Formen hinaus.

4. Das Problem demokratischer Gleichheit und die autonome Legitimation

Freilich, im Zentrum der Überlegungen des klassischen Modells steht nicht nur ein bestimmtes Leitbild von Staatlichkeit und Demokratie, sondern auch das Beharren auf strikt **formaler demokratischer Gleichheit** als Grundlage jeder demokratischen Legitimation.[122] Aus dieser Perspektive müssen alle Formen ergänzender Legitimation immer als gleichheitswidrige Einflussmöglichkeiten von Partikularinteressen erscheinen.[123] Indes ist es auf der Grundlage des offenen Volksbegriffs im Rahmen der Verfassung, die ihrerseits differenziert, **Sache des Gesetzgebers,** einen Kreis Betroffener zu konstituieren und Einfluss auf die Ausübung der Staatsgewalt zu eröffnen, sofern dies von der Sache her gerechtfertigt ist und damit keine gleichheitswidrigen Einflusschancen eröffnet werden, sondern sich am Maßstab der Betroffenheit in eigenen Angelegenheiten orientiert wird. Auch dies stellt sich nicht als gleichheitswidriges Abgehen von der formalen Gleichheit dar.[124] Diese zeichnet sich vielmehr als **Basislegitimation** aus, die es freilich nicht ausschließt, auf dieser Grundlage andere Formen der Beteiligung zu schaffen. Diese sind immer durch die allgemeine Gleichheit der Gesetze vermittelt. Hinzu kommt ein Weiteres: Es geht insoweit nicht um die Legitimation der allgemeinen Gesetze, sondern unter dem Stichwort der Verwaltungslegitimation um die Einräumung von Mitwirkungsrechten an Verwaltungsentscheidungen. Diese sind – außerhalb der kommunalen Selbstverwaltung – notwendig immer Teilhaberechte, die an sektoralen und funktionalen Interessen anknüpfen und in diesem Sinne partikular. Wer die Autonomie und Selbstbestimmung als Grundlage der Demokratie anerkennt, kommt nicht umhin, ihre Aktualisierung in eigenen Angelegenheiten auch als Ausprägung derselben anzuerkennen. Dies betrifft zum einen die Ausgliederung als solche, zum anderen auch die Wahrnehmung ihrer eigenen Angelegenheiten nach Maßgabe ihrer Betroffenheit. Diese Differenzierungen sind Konsequenz der Selbstbestimmung in eigenen Angelegenheiten, nicht Abweichungen von der demokratischen Allgemeinheit.[125]

Der Sache nach wird dies – wie sich am Beispiel der neueren Rechtsprechung zur funktionalen Selbstverwaltung zeigt – auch von dem Bundesverfassungsgericht anerkannt.[126] Vermittelnde Positionen haben dies unter dem Titel **autono-**

---
[121] *Oeter,* Souveränität (Fn. 10); *Schliesky,* Souveränität (Fn. 10), S. 688 f.
[122] Deutlich *Böckenförde,* Demokratie (Fn. 10), Rn. 35 ff., 42 ff.; vgl. auch *Classen,* Demokratische Legitimation (Fn. 10), S. 31.
[123] → Rn. 5; *Böckenförde,* Demokratie (Fn. 10), Rn. 27, 23, 26 ff. m. Fn. 23.
[124] Vgl. auch → Bd. I *Masing* § 7 Rn. 188 ff.; *Unger,* Demokratie (Fn. 1), S. 258 ff.; a. A.: *Classen,* Demokratische Legitimation (Fn. 10), S. 31.
[125] Ausführlich dazu auch → Bd. I *Masing* § 7 Rn. 36, 68 f., 190 f.
[126] Vgl. dazu die N. → Rn. 21.

mer Legitimation immer schon zur Geltung gebracht.[127] Ihre gemeinsame Wurzel im Demokratieprinzip nötigt nicht dazu, sie aus der demokratischen Legitimation herauszunehmen, denn ansonsten wären auch Kompensationen nur schwer begründbar, die der Sache nach allemal anerkannt werden.[128]

III. Legitimationsobjekt: Ausübung von Staatsgewalt

27 Legitimationsobjekt ist **Staatsgewalt, die umfassend zu bestimmen** und nicht auf das Handeln mit Entscheidungscharakter zu verengen ist.[129] Die im klassischen Modell beobachtbare Verschiebung des Bezugspunktes von der Staatsgewalt zu den Amtswaltern oder dem übertragenen Amt verfehlt den Bezugspunkt. Hierfür ist nicht die Bestimmung der Staatsgewalt an sich ursächlich, sondern die Betonung der personellen Legitimation, die von der klassischen Perspektive in den Vordergrund gerückt wird.[130] Auch wenn über das verliehene Amt eine Verbindung zum Handeln der Amtswalter hergestellt wird, so ist doch – von Art. 20 Abs. 2 S. 1 GG her zwingend – der Bezugspunkt die Ausübung von Staatsgewalt, die legitimationsbedürftig ist. Die personelle Legitimation ist insoweit ein mögliches Instrument zur Herstellung des Zurechnungszusammenhangs, die in der Tat an das verliehene Amt anknüpfen kann, aber dies hat insoweit eine instrumentelle Funktion, die den eigentlichen Bezugspunkt der Legitimation nicht verdecken darf.[131] Mit dem Bezug auf Art. 20 Abs. 2 S. 1 GG ist zudem klargestellt, dass alle Staatsgewalt legitimationsbedürftig und ein **Bagatellvorbehalt** daher – ungeachtet aller Andeutungen in der Rechtsprechung des Bundesverfassungsgerichts – nicht begründungsfähig ist.[132]

28 Legitimationsbedürftig ist die Ausübung von **deutscher Staatsgewalt**. Die Bestimmung des Legitimationsobjekts beinhaltet daher die Zurechnung von Handlungen und Entscheidungen zur deutschen Staatsgewalt. Für die dem Staat zurechenbaren Organisationen ist dies ungeachtet ihrer mehr oder weniger weit reichenden Verselbstständigung im Wesentlichen unproblematisch. Dies gilt auch für **private Einrichtungen,** die vom Staat getragen werden, jedenfalls für die Eigengesellschaften. Schwierigkeiten bereiten aber die privaten Gesellschaften, bei denen Staat und Private Träger sind, also etwa die gemischtwirtschaftlichen Unternehmen.[133] Diese sind insgesamt der Verwaltungsorganisation zuzurechnen, wenn sie durch die gesellschaftsrechtlichen Beherrschungsinstrumente

---

[127] *Schmidt-Aßmann,* Verwaltungslegitimation (Fn. 10), S. 376 ff.; von einem anderen Ausgangspunkt her *Emde,* Legitimation (Fn. 10), S. 383 ff.
[128] Dagegen freilich *Böckenförde,* Demokratie (Fn. 10), Rn. 33, der – am Bsp. der sozialen Selbstverwaltung – von deren verfassungsrechtlicher Anerkennung, gleichwohl aber – von seinem Ausgangspunkt her konsequent – von einem verbleibenden Demokratiedefizit spricht. Dieses wirft die Frage auf, warum denn der Verfassungsgeber eine demokratisch defizitäre Verwaltungsorganisation überhaupt anerkannt haben sollte oder – anders gewendet – ob das diagnostizierte und für *prinzipiell* erachtete Defizit nicht ein Anzeichen dafür ist, dass dem Grundgesetz ein anderes Verständnis der Demokratie zugrunde liegt.
[129] → Rn. 6; *Oebbecke,* Legitimation (Fn. 105), S. 355.
[130] BVerfGE 93, 37 (67 f.); so auch *Tschentscher,* Legitimation (Fn. 10), S. 52.
[131] Zutreffend *Schliesky,* Souveränität (Fn. 10), S. 257.
[132] Dazu *Mehde,* Steuerungsmodell (Fn. 10), S. 174 ff.
[133] → Bd. I *Groß* § 13 Rn. 91 ff., *Jestaedt* § 14 Rn. 30.

C. Legitimation einer differenzierten und pluralisierten Verwaltung

in das staatliche Handlungsgefüge eingegliedert sind.[134] An den Grenzen des administrativen Systems können auch darüber hinaus infolge der Einbindung in Kooperationsvorgänge eigenständige Wertungen erforderlich werden.[135] Art. 20 Abs. 2 GG ist allerdings nicht als Konstitutionalisierungsinstrument gesellschaftlicher Freiheitsausübung nutzbar.[136] Werden aber öffentliche Aufgaben im Zusammenwirken von Staat und privaten Akteuren erledigt oder letztere vermittels staatlicher Ressourcen zur Herrschaftsausübung in die Lage versetzt, dann bedarf die Frage der Beantwortung, ob nur der staatliche Teil, der Kooperationsbereich insgesamt oder auch das Handeln Privater legitimationsbedürftig ist. Dies ist eine Frage der jeweiligen Konstellation.[137] Zur Sicherung gemeinwohlbezogener Ergebnisse ist hier eine Legitimationsverantwortung[138] des Staates zu aktualisieren. Diese trägt der Ausdifferenzierung der Formen politischer Herrschaft hinreichend Rechnung.

Ungeachtet aller Verflechtungen der Ausübung von **Herrschaftsgewalt im europäischen Mehrebenensystem** ist hier nicht alle Hoheitsgewalt legitimationsbedürftig, die auf dem Territorium der Bundesrepublik ausgeübt wird, sondern die der deutschen Staatsgewalt zurechenbare.[139] Allerdings bedürfen Akte der supranationalen Organisationen einer gleichsam nachwirkenden Legitimation, die sich auf den Charakter der betreffenden Organisation als demokratische Organisation ebenso bezieht wie auf die prinzipielle Gemeinwohlfähigkeit ihrer Akte.[140] Dies ist nicht gleichbedeutend mit der Übertragung deutscher Legitimationsvorstellungen in einen supranationalen Kontext, wohl aber führt dies zur Abstimmung des nationalen demokratischen Prinzips mit der verfassungsrechtlichen Entscheidung für eine offene Staatlichkeit, die auf ein Mindestmaß an Übereinstimmung nicht verzichten kann, im Übrigen aber für unterschiedliche Formen offen sein muss, will sie ihrerseits das Prinzip offener Staatlichkeit nicht leer laufen lassen.[141] Einer Zuordnung der Legitimationsstränge bedarf freilich das **Zusammenwirken der Verwaltungen** im Europäischen Verwaltungsraum.[142] Ungeachtet aller funktionalen Verflechtungen im europäischen Verwaltungsverbund drängt dann das demokratische Prinzip auf die Herstellung von Verantwortungsklarheit.[143]

IV. Gewaltenspezifische Legitimationsordnung

Art. 20 Abs. 2 S. 2 GG konkretisiert das Demokratieprinzip, indem er festlegt, wie das Volk die Staatsgewalt ausübt: durch Wahlen und Abstimmungen und

---

[134] → Bd. I *Groß* § 13 Rn. 92, *Jestaedt* § 14 Rn. 30; a. A. *Horst Dreier*, in: ders. (Hrsg.), GG I, Art. 1 III Rn. 70; *Schmidt-Aßmann*, Ordnungsidee, 5. Kap. Rn. 63.
[135] Vgl. dazu am Bsp. der Bundesärztekammer *Eberhard Schmidt-Aßmann*, Grundrechtspositionen und Legitimationsfragen im öffentlichen Gesundheitswesen, 2001, S. 101 ff.
[136] Dazu *Schmidt-Aßmann*, Verwaltungslegitimation (Fn. 10), S. 339.
[137] → Rn. 89 ff.
[138] → Rn. 58.
[139] Dazu *Schliesky*, Souveränität (Fn. 10), S. 258.
[140] Einzelheiten bei *Schmidt-Aßmann*, Verwaltungslegitimation (Fn. 10), S. 340 ff.; zur Legitimation der EU-Verwaltung → Bd. I *Schmidt-Aßmann* § 5 Rn. 60 ff.
[141] Zu den insoweit bestehenden Problemen der Übertragung von Hoheitsrechten an andere Staaten *Schmidt-Aßmann*, Verwaltungslegitimation (Fn. 10), S. 341.
[142] → Rn. 102 ff.
[143] → Bd. II *Röhl* § 30 Rn. 69, dort auch zu den Schwierigkeiten der Einlösung; → Bd. I *Schmidt-Aßmann* § 5 Rn 61.

§ 6 Die demokratische Legitimation der Verwaltung

durch besondere Organe der Gesetzgebung, der vollziehenden Gewalt und der Rechtsprechung. Damit wird neben den Wahlen und Abstimmungen insbesondere auf die Differenz der Innehabung der Volkssouveränität und deren Ausübung durch eine gewaltengeteilte Herrschaftsorganisation[144] verwiesen[145] und auf die Notwendigkeit einer **gewaltenspezifischen Legitimationsordnung** aufmerksam gemacht.[146]

31 Die **Gewalten** sind von der Verfassung als **eigenständige** ausgeformt und als solche verfassungsrechtlich legitimiert, und zwar als Funktionen mit je eigenständigen Aufgaben, Organisationsformen, Personal, Instrumenten und einer je spezifischen Leistungsfähigkeit,[147] die weder durch einen Gewaltenmonismus noch durch eine einheitliche Legitimationsordnung nivelliert werden darf. Das ist ein Thema der institutionell-funktionellen Legitimation, die ihren Entstehungsgrund nicht zuletzt der Wiederentdeckung der Eigenständigkeit der Verwaltung[148] verdankt.[149] Die immer wieder beschriebene organisatorische Pluralisierung der Verwaltung,[150] die Ausbildung vielfältiger Formen administrativer Eigensteuerung,[151] die kooperative Form der Rechtskonkretisierung erweisen die Vorstellung einer zentralen Steuerung der Verwaltung durch Gesetzbindung, Hierarchie und personelle Legitimation als zu einfach, um der Eigenständigkeit der Verwaltung Rechnung zu tragen.[152]

32 Die monistische Konzeption betont die Determination der Verwaltung durch das parlamentarische Gesetz vor allem als einen Akt der Umsetzung des Willens des parlamentarischen Gesetzgebers. Das kommt in dem Gesamtmodell der hier-

---

[144] → Bd. I *Poscher* § 8.

[145] *Horst Dreier*, in: ders. (Hrsg.), GG II, Art. 20 (Demokratie) Rn. 119 ff.

[146] Dies wird immer wieder betont, aber es ist unübersehbar, dass im Rahmen des klassischen Modells die Verwaltungslegitimation die Folie für die Legitimation der übrigen Gewalten abgibt. So soll die strenge Bindung der Justiz an das Gesetz das Korrelat der fehlenden Weisungsabhängigkeit derselben sein (*Böckenförde*, Demokratie [Fn. 10], Rn. 22, 24). Die Steigerung einer Selbstverständlichkeit, die *strenge* Gesetzesbindung, zeigt dabei nur an, dass man auf der Suche nach Kompensationen dort ist, wo es nach der Verfassungskonzeption gar keinen Bedarf für solche gibt. Die Justiz ist eben verfassungsrechtlich als unabhängig von der Politik konzipiert, das bedarf keiner Kompensation, welcher Art auch immer; vgl. nunmehr auch *Classen*, Demokratische Legitimation (Fn. 10), S. 19 ff., 55 f., der zu Recht auf die im Lichte des klassischen Modells eher schwache demokratische Legitimation verweist; ausführlich zur Legitimation der Rechtsprechung *Tschentscher*, Demokratische Legitimation (Fn. 10), der in der Übertragung des klassischen Modells auf die Rechtsprechung eine Reihe von (erwartbaren) Inkonsistenzen aufdeckt und insoweit ein eigenständiges Kontrollmodell der Legitimation der dritten Gewalt entwickelt. Insoweit wären nach hier vertetener Auffassung zudem andere Elemente, wie die Anvertrautheit der Rspr. an die Richter (Art. 92 GG), Kollegialität und Selbstkorrektur in einem Instanzenzug als wichtige Bestandteile eines umfassenderen Legitimationskonzepts zu nennen. Nichts anderes gilt für das Parlament, das inhaltlich allenfalls schwach legitimiert ist, dafür aber personell besonders stark; in der Sache ähnlich nunmehr *Classen*, Demokratische Legitimation (Fn. 10), S. 19. Ersteres ist nicht ein Defizit, welches einer besonderen Kompensation durch die personelle Komponente bedürfte, sondern beides ist Funktionsvoraussetzung des Parlamentarismus; dazu etwa *Dieter Grimm*, Repräsentation, in: StL IV, S. 878 f.

[147] BVerfGE 68, 1 (86); *Schmidt-Aßmann*, Ordnungsidee, 4. Kap. Rn. 2 ff.; *Groß*, Kollegialprinzip (Fn. 10), S. 190 ff.

[148] → Bd. I *Hoffmann-Riem* § 10 Rn. 4.

[149] → Rn. 3.

[150] Vgl. nur *Horst Dreier*, Hierarchische Verwaltung im demokratischen Staat, 1991; → Bd. I *Hoffmann-Riem* § 10 Rn. 17 ff.

[151] → Bd. I *Hoffmann-Riem* § 10 Rn. 28 ff.

[152] Zu diesen Zusammenhängen bereits *Brohm*, Dogmatik (Fn. 15), S. 267 ff.; → Bd. I *Schmidt-Aßmann* § 5 Rn. 65.

C. Legitimation einer differenzierten und pluralisierten Verwaltung

archischen Steuerung der Exekutive ebenso zum Ausdruck wie in der Formulierung, das für verfassungsrechtlich vorgegeben erachtete Weisungsrecht[153] stelle neben der Ermöglichung der einheitlichen Ausrichtung des Handelns der vollziehenden Gewalt das Handeln der vollziehenden Gewalt „im Geist der Volksvertretung" (*Lorenz von Stein*) sicher.[154] Hierin wie auch in anderen Stellungnahmen kommt ein **parlamentszentrierter Steuerungsoptimismus** zum Ausdruck. Die Verwaltung wird zum Vollzugsinstrument parlamentarischer Willensakte. Auch wenn an der zentralen Stellung des parlamentarischen Gesetzes nicht zu rütteln ist,[155] so ist dies nicht gleichbedeutend damit, die eigentlichen Leistungen der Exekutive in der Transformation des Willens des Gesetzgebers in eine Einzelfallentscheidung sehen zu müssen, die gleichsam im Gesetz vorgedacht und von der Verwaltung nunmehr im Geiste des Gesetzgebers entpackt werden müsse. Mag dieses auch eine Überspitzung des klassischen Modells sein,[156] so macht diese immerhin deutlich, wie sehr im klassischen Modell die **Komplexität der Normenproduktion und -implementation** unterschätzt wird.[157] Gerade darin äußert sich die Eigenständigkeit der Verwaltung gegenüber der Legislative, die Demokratieprobleme aufwirft.[158] In wichtigen Bereichen der Gesetzgebung – als Beispiele sind nur zu nennen das Umwelt- und Risikorecht, das Wirtschaftsverwaltungs-, Regulierungsverwaltungs- und das Gesundheitsrecht – fehlt dem Gesetzgeber ebenso wie der Verwaltungsspitze das nötige Wissen, um in einem anspruchsvollen Sinne die Verwaltung über allgemeine Normen zu steuern.[159] Verallgemeinernd kann man sagen, dass eine stabile Verknüpfung von Wissen und Handeln in komplexen Handlungsfeldern eben nicht möglich ist, das nötige Wissen eher situativ und auf Zeit generiert[160] und damit eine Vorabsteuerung über allgemeine Regelungen unrealistisch wird.[161] Insoweit kommt es dann eher zur Beobachtung, Kooperation und Revision im Lichte veränderter Wissensbestände, nicht aber kann in einem anspruchsvollen Sinne von einer Steuerung durch den **„idealen Beobachter" Gesetzgeber oder die Verwaltungsspitze** gesprochen werden.[162] Das klassische Modell arbeitet insoweit – implizit oder explizit – mit zu einfachen Annahmen über das Verhältnis von Gesetzgebung und Verwaltung.[163] Dies gilt

---

[153] *BVerfGE* 83, 60 (72); 93, 37 (66): grundsätzliche Weisungsunterworfenheit, vgl. auch *Classen*, Demokratische Legitimation (Fn. 10), S. 46 ff.

[154] *Böckenförde*, Demokratie (Fn. 10), Rn. 21; *Utz Schliesky*, Von der organischen Verwaltung Lorenz von Steins zur Netzwerkverwaltung im Europäischen Verwaltungsverbund, DÖV 2009, S. 641 f.

[155] → Bd. I *Schmidt-Aßmann* § 5 Rn. 65, *Reimer* § 9 Rn. 1, zu diesem Problemkreis auch *Trute*, Rechtsanwendung (Fn. 10), S. 213 ff.

[156] Vgl. *Böckenförde*, Demokratie (Fn. 10), Rn. 23.

[157] Zur Notwendigkeit der Selbstprogrammierung der Verwaltung bereits *Brohm*, Dogmatik (Fn. 15), S. 260; zum Ganzen vgl. auch *Trute*, Rechtsanwendung (Fn. 10), S. 211 ff.

[158] *Groß*, Kollegialprinzip (Fn. 10), S. 190 ff.

[159] *Trute*, Rechtsanwendung (Fn. 10), S. 211 ff.; *Helmuth Schulze-Fielitz*, Einheitsbildung durch Gesetz und Pluralisierung durch Vollzug, in: Trute/Groß/Röhl/Möllers (Hrsg.), Allgemeines Verwaltungsrecht, S. 135 (150 ff.).

[160] Dazu *Burkhard Wollenschläger*, Wissensgenerierung im Verfahren, 2009; → Bd. II *Röhl* § 30 Rn. 24 ff.

[161] Dazu aber *Karl-Heinz Ladeur*, Die Regulierung von Selbstregulierung und die Herausbildung einer „Logik der Netzwerke", in: DV, Beiheft 4, 2001, S. 59 (62 ff.).

[162] Vgl. *Hans-Heinrich Trute*, Wissen – Einleitende Bemerkungen, DV, Beiheft 9, 2010, S. 11 (36); *Ladeur*, Regulierung (Fn. 161), S. 76 f.; → Bd. I *Groß* § 13 Rn. 101.

[163] Dazu *Hans-Heinrich Trute*, Herstellung und Darstellung verwaltungsrechtlicher Entscheidungen, in: Schmidt-Aßmann/Hoffmann-Riem (Hrsg.), Methoden, S. 293 (304). Das ist zweifellos nichts

verschärft noch für eine **Verwaltung im europäischen Mehrebenensystem.** Eine horizontal wie vertikal pluralisierte Verwaltung – zumal im europäischen Mehrebenensystem – kann sinnvoll auch unter methodischen Gesichtspunkten nicht mehr auf ein Zentrum ausgerichtet werden, etwa auf den Willen des Gesetzgebers oder einer anderen Rechtssetzungsinstanz,[164] die dann qua Weisungsrecht und Hierarchie vereinheitlicht würde. Darin liegt zugleich die Anerkennung der Rechtsproduktionsfunktion unterschiedlicher Akteure in der Anwendung von Normen, die die Zäsur von allgemeinem Gesetz und besonderen Bedingungen des Einzelfalls verschleift.[165] Gilt dies schon innerhalb des Nationalstaates, so erst recht mit Blick auf die Europäisierung und Internationalisierung.

33 Dieser Befund mag nicht für alle Felder des Verwaltungsrechts gleichermaßen Geltung beanspruchen, weil es natürlich auch stabile Regelungsfelder gibt, die nicht in gleicher Weise auf komplexe Rechtsproduktionen unterschiedlicher Akteure angewiesen sind, aber er zeigt für wichtige Bereiche des modernen Verwaltungsrechts exemplarisch, dass eine Konstruktion des Verhältnisses von Gesetzgeber und Verwaltung, die ersteren als das Zentrum und letztere als den willigen Vollzugsakteur konzipiert, die eigentlichen Herausforderungen einer Legitimationsordnung eher ver- als aufdeckt und die damit aufgeworfenen Probleme gerade keiner Lösung zuführt. Insoweit lässt sich das Verhältnis von Gesetzgeber und Verwaltung sinnvoll nur als ein je nach Sachbereich unterschiedliches **Verhältnis** von **gesetzlicher Fremd-** und **exekutivischer Selbststeuerung** begreifen, das zudem oftmals ohne die Einbeziehung von externem Sachverstand und Wissen der Adressaten nicht auskommt.[166] Dieses Verhältnis von Fremd- und Selbststeuerung verlangt dann freilich auch eine Legitimationsordnung, die auf die Komplexität der Regelungsstrukturen eingestellt ist.[167] In ihr ist die Eigenständigkeit der Verwaltung immer schon mitgedacht und mit ihr das Problem der Verselbstständigung als Problem der Demokratie.[168]

34 Die institutionell-funktionelle Legitimation deckt diese Eigenständigkeit, aber sie deckt – als Verfassungslegitimation – nicht das Problem einer **kontinuierlichen Rückbindung der arbeitenden Verwaltung an das Volk** ab. Dazu bedarf

---

Neues und am Bsp. der Planung rekonstruiert von *Wahl,* Landesplanung (Fn. 16), der festhält: „Deshalb ist der im traditionellen System vorausgesetzte Programmierungszusammenhang zwischen generellem Gesetz und konkretisierendem Einzelakt bei Plänen nicht gegeben; die verfassungsrechtlichen Anforderungen, die dadurch im traditionellen System gesichert sind, müssen deshalb [...] neu erarbeitet werden." (a. a. O., S. 87), und er macht im Kontext der Breitenwirkung von Plänen zu Recht darauf aufmerksam, dass deshalb Überlegungen zum Demokratiegebot anzustellen seien, weil die unmittelbare verfassungsrechtliche Legitimation der Verwaltung dafür möglicherweise nicht ausreiche und durch andere repräsentative oder partizipative Formen zu ergänzen sei (a. a. O., S. 73 f.).

[164] *Schmidt-Aßmann,* Ordnungsidee, 1. Kap. Rn. 46.
[165] *Trute,* Rechtsanwendung (Fn. 10), S. 221; *Karl-Heinz Ladeur,* Methodology and European Law – Can Methodology Change so as to cope with the Multiplicity of the Law?, in: Mark van Hoecke (Hrsg.), Epistemology and Methodology of Comparative Law, 2004, S. 95 ff.
[166] *Trute,* Rechtsanwendung (Fn. 10), S. 218.
[167] Zum Begriff der Regelungsstrukturen *Hans-Heinrich Trute/Wolfgang Denkhaus/Doris Kühlers,* Governance in der Verwaltungsrechtswissenschaft, DV, Bd. 37 (2004), S. 451 (457 ff.).
[168] Zu Recht in diesem Sinne *Uwe Volkmann,* in: Friauf/Höfling (Hrsg.), GG, Art. 20 (Demokratie) Rn. 47; zweifellos besteht der Vorteil des monistischen Modells darin, über die durch das Wahlrecht vermittelten Input-Chancen formal gleich zu konzipieren, aber das löst nicht das faktische Problem des immer schon vorhandenen ungleichen Einflusses auf die Verwaltung jenseits der formal konzipierten Legitimationszüge; zu Recht *Lübbe-Wolff,* Verfassungsrecht (Fn. 10), S. 280 f.; *Groß,* Kollegialprinzip (Fn. 10), S. 196.

C. Legitimation einer differenzierten und pluralisierten Verwaltung

es mehr, und die Auseinandersetzung geht folgerichtig weder darum, die parlamentsvermittelte Legitimation aufzugeben, noch sie zu minimieren, sondern darum, nach **Mechanismen** zu suchen, die – um das Bundesverfassungsgericht noch einmal aufzugreifen – das „Ausgehen der Staatsgewalt vom Volk" für das Volk wie auch die Staatsorgane jeweils **konkret erfahrbar** und **praktisch wirksam** machen.[169] Insoweit wird das Problem in zweierlei Richtungen aufgelöst werden können. Zum einen kann nach ergänzenden Mechanismen auf Seiten des Parlaments gesucht werden.[170] Gerade wenn es um die immer wieder neue Austarierung von Fremd- und Eigensteuerung der Verwaltung geht und der Gesetzgeber wesentlich auf die Beobachtung der Eigensteuerung der Verwaltung angewiesen ist, wird man nach zusätzlichen Instrumenten der Information suchen müssen, die das Parlament in die Lage versetzen, die Eigensteuerung der Verwaltung zu beobachten, indem diese zur Offenlegung von Handlungskonzepten, Standards und Kriterien der Bearbeitung komplexer Sachverhalte gezwungen wird, an die parlamentarische Beobachtung und Kontrolle auch jenseits der parlamentarischen Verantwortlichkeit der Regierung anknüpfen kann.[171] Zum anderen aber geht es darum, die Verwaltung, insbesondere in ihren dezentralisierten Formen, an eine auch auf das Volk zurückführende Verantwortlichkeit jenseits der Regierungsverantwortlichkeit zurückzubinden. Darüber hinaus ist sicherzustellen, dass insbesondere durch die Europäisierung nicht verantwortungsfreie Herrschaftsräume geschaffen werden.[172]

V. Die parlamentarische Verantwortung der Regierung

Als Nadelöhr der klassischen Konzeption wirkt insoweit die **parlamentarische Verantwortung der Regierung.** Sie ist das Vermittlungsglied der Rückbindung der Gesetzesausführung an das Parlament, aber auch die Beschränkung seiner Befugnisse zur Modifikation der Verwaltungsorganisation. Art. 65 S. 2 GG wird dabei zur zentralen Norm, die zur Begründung des **Ministerialprinzips der Verwaltungsorganisation** dient.[173] Zum einen wird über die Wahl des Bun-

---

[169] BVerfGE 107, 59 (90).
[170] Vgl. dazu auch EuGH, Rs. C-518/07, EuZW 2010, S. 296 ff. mit Anm. *Roßnagel* S. 299 ff. (Unabhängige Datenschutzbeauftragte), der ungeachtet aller Kritik durchaus zutreffend auf die Möglichkeit und Notwendigkeit parlamentarischer Kontrolle hinweist (Rn. 39 ff.). Dazu mit erheblichen Unterschieden in der Konzeption etwa *Walter Frenz,* Datenschutz bei Privaten und Unabhängigkeit der Überwachung, EWS 2008, S. 63 ff.; *Hans P. Bull,* Die „völlig unabhängige" Aufsichtsbehörde – Zum Urteil des EuGH vom 9. 3. 2010 in Sachen Datenschutzaufsicht, EuZW 2010, S. 488 ff.; *Indra Spiecker gen. Döhmann,* Anmerkung zum Urteil des EuGH vom 9. 3. 2010 – C-518/07, JZ 2010, S. 787 ff.; *Thomas Petri/Marie-Theres Tinnefeld,* Völlige Unabhängigkeit der Datenschutzkontrolle – Demokratische Legitimation und unabhängige parlamentarische Kontrolle als moderne Konzeption der Gewaltenteilung, MMR 2010, S. 157 ff.; *Eike M. Frenzel,* „Völlige Unabhängigkeit" im demokratischen Rechtsstaat, DÖV 2010, S. 925 ff.; *Kurt Fassbender,* Die Umsetzung der EG-Datenschutzrichtlinie als Nagelprobe für das Demokratieprinzip deutscher Prägung, RDV 2009, S. 96 ff.; *Klaus F. Gärditz,* Europäisches Regulierungsverwaltungsrecht auf Abwegen, AöR, Bd. 135 (2010), S. 251 ff.
[171] Dazu bereits *Ladeur,* Regulierung (Fn. 161), S. 77; ausführlich zu den parlamentarischen Informationsrechten auch im Hinblick auf die gewandelten Verhältnisse, etwa durch Privatisierungen vgl. *Teuber,* Informationsrechte (Fn. 10); in diesem Sinne dürfte neuerdings auch EuGH, EuZW 2010, S. 296 ff. (Unabhängige Datenschutzbeauftragte) zu verstehen sein.
[172] → Rn. 102 ff.
[173] *Jestaedt,* Demokratieprinzip (Fn. 10), S. 302 ff.; *Emde,* Legitimation (Fn. 10), S. 337 ff.; *Schmidt,* Kontrolle (Fn. 10), S. 43 f.

deskanzlers und die Bestellung der Minister die personelle Legitimation der Regierung als erstem Glied der personellen Legitimationskette begründet, zum anderen wirkt insbesondere die mit der Ministerverantwortlichkeit einhergehende Einstands- und Rechenschaftspflicht als Baustein der inhaltlichen Legitimation.[174] Ministerialfreiheit[175] und andere Abweichungen werden dann verfassungsrechtlich rechtfertigungsbedürftig gegenüber diesem solchermaßen konstruierten Regeltypus. Einmal abgesehen von der Einbettung einzelner Normen in einen holistischen Gesamtzusammenhang, der eigenartig mit der zuvor getroffenen Aussage, das Grundgesetz sei in der Ausgestaltung der Verwaltungsorganisation durchaus zurückhaltend, kontrastiert,[176] lassen sich mehrere Einwände gegen eine solche Konstruktion erheben.

36 Das Anliegen dieser Konstruktion besteht nicht zuletzt darin, über eine Kombination von parlamentarischer Verantwortlichkeit, personeller Legitimation und Weisungsrecht der Minister sicherzustellen, dass die materiellen Entscheidungsprogramme über eine normativ vorhandene Kette von Weisungsmöglichkeiten an den Willen der Volksvertretung zurückgebunden werden. Indes ist diese – darauf ist vielfältig hingewiesen worden – im Regelfall des Art. 83 GG, der Ausführung von Bundesgesetzen durch die Länder, schon deshalb nicht gesichert, weil die **Weisungskette** außerhalb des Art. 85 Abs. 4 GG von vornherein **föderal unterbrochen** und durch eine landeseigene Kette ersetzt ist[177], die von einem Teilvolk des Art. 20 Abs. 2 GG ausgeht.

37 Gewichtiger erscheint der Einwand, dass die Abweichungen vom Ministerialprinzip, wie sie exemplarisch unter den Stichworten der **Ministerialfreiheit**[178] und der **weisungs- und unterrichtungsfreien Räume** erörtert werden, nicht den restriktiven Bedingungen unterliegen, wie sie im Rahmen der klassischen Legitimationskonzeption vertreten werden.[179] Abweichungen werden, so kann man die sehr heterogenen Auffassungen zusammenfassen, im Wesentlichen dann toleriert, wenn ein in der Verfassungsstruktur anzuerkennender Grund vorliegt, die Gesamtleitung der Politik unter der Kontrolle des Parlaments gewahrt bleibt und diese zudem in einem Gesetz vorgesehen ist.[180] Zu Recht weist *Walter Krebs* darauf hin, dass die Diskussion darunter leide, dass „Ministerialfreiheit" auch „parlamentarische Kontrollfreiheit" bedeute, was die Möglichkeiten parlamentarischer Kontrolle unterschätze.[181] Insoweit sei einem differenzierten Modell zu folgen, wonach die Zuordnung von Aufgaben zu mehr, weniger oder gar nicht verselbstständigten Organisationsformen zunächst den Einzelaussagen der Ver-

---

[174] *Böckenförde*, Demokratie (Fn. 10), Rn. 21.
[175] → Bd. I *Hoffmann-Riem* § 10 Rn. 53 f.
[176] *Jestaedt*, Demokratieprinzip (Fn. 10), S. 302 f.
[177] U. a. *Groß*, Mehrebenenverwaltung (Fn. 10), S. 170.
[178] → Bd. I *Hoffmann-Riem* § 10 Rn. 53 f.
[179] *Jestaedt*, Demokratieprinzip (Fn. 10), S. 404 ff.; *Böckenförde*, Demokratie (Fn. 10), Rn. 24; ausführlich auch *Schmidt*, Parlamentarische Kontrolle (Fn. 10), S. 176 ff.
[180] So *Hans P. Bull*, in: AK-GG, Art. 86 Rn. 27; vgl. im Übrigen dazu mit erheblichen Nuancen *Carl P. Fichtmüller*, Die Zulässigkeit ministerialfreien Raums in der Bundesverwaltung, AöR, Bd. 91 (1966), S. 297 ff.; *Peter Füßlein*, Ministerialfreie Verwaltung, 1972; *Gunnar Folke Schuppert*, Die Erfüllung öffentlicher Aufgaben durch verselbstständigte Verwaltungseinheiten, 1981, S. 351 ff.; *Brohm*, Dogmatik (Fn. 15), S. 294; *Oebbecke*, Räume (Fn. 10); *Martin Ibler*, in: Maunz/Dürig, GG, Art. 86 Rn. 57; *Schmidt*, Parlamentarische Kontrolle (Fn. 10), S. 176 ff.
[181] *Walter Krebs*, Verwaltungsorganisation, in: HStR III, 2. Aufl. 1996, § 69 Rn. 82; *Brohm*, Dogmatik (Fn. 15), S. 294.

C. Legitimation einer differenzierten und pluralisierten Verwaltung

fassung, den Grundrechten und schließlich der Bedeutung der Aufgabe für die Allgemeinheit zu entnehmen sei.[182] Man wird das Rechtsstaatsprinzip hinzufügen können, das seinerseits freilich durchaus ambivalente Aussagen vermitteln kann.[183] Die Spannungslage zwischen Einheit der Verwaltung und ihrer Pluralisierung – vom Grundgesetz im Übrigen ebenso vorgefunden wie die Ministerialverwaltung –[184] ist im Demokratieprinzip des Grundgesetzes selbst angesiedelt,[185] wie nicht zuletzt die neueren Entscheidungen des Bundesverfassungsgerichts zur funktionalen Selbstverwaltung zeigen.[186] Sie abzuspannen ist, zumal in der repräsentativen Demokratie des Grundgesetzes, Aufgabe des demokratisch legitimierten Gesetzgebers, der freilich daran gebunden ist, keine verantwortungsexemten Räume zu schaffen.

Ein weiteres Element ist die **Hierarchie** und darin eingeschlossen die Weisung, die im Wesentlichen als einziges Mittel der Steuerung des Verwaltungsvollzugs im Rahmen des klassischen Modells dient. Als solches ist sie zwar nicht verfassungstextlich vorgegeben, sie wird aber der Leitungskompetenz des Ministers interpretatorisch unterlegt, entweder prinzipiell oder doch zumindest grundsätzlich.[187] Zweck und Notwendigkeit der Weisungsgewalt liegen darin, über die Ermöglichung der einheitlichen Ausrichtung des Handelns der vollziehenden Gewalt auch deren Handeln im Geist der Volksvertretung, und darüber die effektive, nicht nur virtuelle Rückbindung auf das Volk zu ermöglichen.[188] Gerade hier spielen empirische Wirkungsvermutungen eine erhebliche Rolle, die nicht als solche ausgewiesen und diskutiert werden.[189] 38

Nun wird man nichts Grundsätzliches gegen Hierarchie einwenden können, man mag sogar eine besondere Korrespondenz zwischen Hierarchie der Verwaltung und parlamentarischer Verwaltung geltend machen[190] – soweit sie denn reicht. Auffällig ist dabei, dass Hierarchie offensichtlich als **Befehlshierarchie**, als Weisungskette vorgestellt wird, mit der eine Spitze ihren Willen auf jede nachgeordnete Stelle überträgt. Freilich kann man seit langem wissen,[191] dass Hierarchie eher als Einrichtung voneinander unabhängiger Ebenen zu verstehen ist, die in ausgewählten Hinsichten – und nur in diesen – miteinander verbun- 39

---

[182] *Krebs,* Verwaltungsorganisation (Fn. 181), Rn. 83.
[183] *Groß,* Kollegialprinzip (Fn. 10), S. 199 ff.; zu den Ambivalenzen *Krebs,* Verwaltungsorganisation (Fn. 181), Rn. 78 f.
[184] Auf deren Vorfindlichkeit wird immer wieder abgestellt, vgl. *Böckenförde,* Demokratie (Fn. 10), Rn. 24.
[185] *Krebs,* Verwaltungsorganisation (Fn. 181), Rn. 81.
[186] BVerfGE 107, 59 (92); ähnlich BVerfGE 111, 191 (216).
[187] Vgl. BVerfGE 83, 60 (62); 93, 37 (66).
[188] *Böckenförde,* Demokratie (Fn. 10), Rn. 21, 23 a. E., letzteres eingefügt in der 2. Aufl. mit einer deutlichen Relativierung bisheriger Aussagen in Fn. 37, deren Vereinbarkeit mit den Grundannahmen freilich noch weiterer Begründung bedürfte.
[189] Ausführlich und präzise nachgezeichnet bei *Mehde,* Steuerungsmodell (Fn. 10), S. 415 ff., 446 ff.; vgl. auch *Trute,* Funktionen (Fn. 10), S. 278 ff.; ohne nähere Auseinandersetzung etwa *Schmidt,* Parlamentarische Kontrolle (Fn. 10), S. 182: „umfassende[s] Weisungsrecht nicht durch andere Steuerungsinstrumente gleichwertig" zu ersetzen; in der Tendenz auch *Classen,* Demokratische Legitimation (Fn. 10), S. 47.
[190] Dazu bereits *Hans Kelsen,* Vom Wesen und Wert der Demokratie, 1929, S. 69 ff.; zu den historischen Bedingungen und konstitutiven Elementen dieses Modells *Dreier,* Verwaltung (Fn. 150), S. 36 ff.
[191] *Talcott Parsons,* Some Ingredients of a General Theory of Formal Organization, in: *ders.,* Structure and Process in Modern Societies, 1960, S. 59 ff.

den werden.[192] Es ist gerade die **konditionierte Autonomie auf beiden Seiten** – oben wie unten –, die Hierarchie wirksam macht, nicht aber eine unkonditionierte Freiheit oben, der eine ebensolche Unterworfenheit unten entspräche.[193]

40 Ein für jede hierarchische Organisation, verstanden als Weisungskette, unlösbares Problem besteht in der **Information der Organisationsspitze,** die entweder unter den Bedingungen der Überlastung oder Knappheit entscheiden müsste, sollte sie virtuell alles entscheiden können oder sollen.[194] Auch insoweit geht es eher um die Konditionierung der Bedingungen, unter denen Entscheidungen auf den nächst höheren Ebenen getroffen werden müssen und vor allen Dingen darum, die Informationsflüsse so zu effektivieren, dass Kontrolle möglich ist. Darüber hinaus setzt eine hierarchische Organisation eine bestimmte **Aufgabenstruktur** voraus, die näherungsweise als Zerlegbarkeit der Aufgaben umschrieben werden kann. Komplexe Aufgaben, ebenso wie eine dynamische Umwelt der Verwaltung, verlangen andere Formen der horizontalen Koordination,[195] eine Erkenntnis, die seit langem Gemeingut der Verwaltungs(rechts)wissenschaft ist, etwa wenn es um die Gestaltung planerischer Zusammenhänge geht.[196]

41 Nicht umsonst haben sich in Bereichen, in denen Organisationen stärker auf die Berücksichtigung ihrer Umwelt eingestellt werden (müssen), **fraktale Organisationsformen** entwickelt, netzwerkartige Strukturen, die durch einfache Formen von Hierarchie nicht zu integrieren sind,[197] anders formuliert: Es müssen Formen der Re-Integration von hierarchischen und nicht-hierarchischen Formen gefunden werden.[198] Für diese Bereiche ist kennzeichnend, dass die Politik in die Verwaltung eintritt,[199] und zwar nicht auf der Ebene der Regierung, sondern auf allen Ebenen der Verwaltung, und gerade deshalb kann die Legitimation in dem Input-Modell der klassischen Konzeption nicht zureichend abgebildet werden. Das eigentliche Problem besteht dann nicht zuletzt darin, die Aufgaben den Organisationsformen zuzuordnen.[200] Freilich wird man hier, zumal im Lichte der Organisationstheorie, kaum Trennschärfe erwarten können, allenfalls Hinweise, und der Rest ist *trial and error*. Dies spricht dann freilich dafür, die Gestaltung der Organisation der Verwaltung nicht schon durch den Bezug auf die parlamentarische Verantwortung der Regierung und die Ministerverantwortlichkeit als entschieden anzusehen, sondern einen hinreichenden Spielraum dort zu verorten, wo er hingehört: beim demokratisch legitimierten Gesetzgeber.[201] Im Legitimationskontext aber bedeutet dies zugleich, dass ohne zusätzliche Legitimations-

---

[192] Zum Ganzen *Dirk Baecker,* Organisation und Management, 2003, S. 26 f.; *ders.,* Organisation als System, 1999, S. 198 ff.
[193] Hierzu und zum Folgenden bereits *Trute,* Funktionen (Fn. 10), S. 276 ff.
[194] Zu diesen Problemen bereits *Brohm,* Dogmatik (Fn. 15), S. 293 ff.
[195] → Bd. I *Groß* § 13 Rn. 12.
[196] Dazu nur *Wahl,* Landesplanung (Fn. 16), S. 114 ff.; *ders.,* Die Aufgabenabhängigkeit von Verwaltung und Verwaltungsrecht, in: Hoffmann-Riem/Schmidt-Aßmann/Schuppert (Hrsg.), Reform, S. 177 (196 ff.); *Brohm,* Dogmatik (Fn. 15), S. 267.
[197] Für eine anspruchsvolle Fassung als sekundäre Hierarchisierung *Baecker,* System (Fn. 192), S. 221 ff.
[198] *Wahl,* Aufgabenabhängigkeit (Fn. 196), S. 202.
[199] Dazu *Wahl,* Aufgabenabhängigkeit (Fn. 196), S. 199 f.: „Die Vorstellung, dass die Verwaltung unpolitisch handelt und nur ausführt, was substantiell schon im Gesetz entschieden ist, erweist sich hier schon im Ansatz (nicht nur in der Durchführung) als falsch."
[200] Vgl. insoweit die Typisierung von *Wahl,* Aufgabenabhängigkeit (Fn. 196), S. 177 ff.
[201] In der Sache zustimmend *Classen,* Demokratische Legitimation (Fn. 10), S. 46.

C. Legitimation einer differenzierten und pluralisierten Verwaltung

formen der Zurechnungszusammenhang zum Volk jedenfalls für bestimmte Bereiche der Verwaltung fiktiv und nicht real wird, wenn das eigentliche Problem der Eigenständigkeit der Verwaltung nicht ernst genommen wird, der Wiedereintritt von Politik in die Verwaltung.[202]

VI. Die Mittel der Legitimation

Die **Mittel der Legitimation** dienen der Herstellung eines hinreichend wirksamen Zurechnungszusammenhangs.[203] Als Mittel wirken im Rahmen des klassischen Modells vor allem die personelle und die sachlich-inhaltliche Legitimation.[204] Übersetzt man dies zu analytischen Zwecken in eine verwaltungswissenschaftliche Terminologie, dann fällt auf, dass nur zwei Entscheidungsprämissen zu Legitimationszwecken herangezogen werden – Organisation und Verfahren fehlen oder sind doch nicht eigenständig ausgeformt. Zwar wird die Organisation bei der personellen Legitimation mit ins Spiel gebracht. Aber eine Ausarbeitung als eigenständige Dimension fehlt. Ebenso auffällig ist dies hinsichtlich der Entscheidungsprämisse Verfahren. Deren Legitimationsleistung wird zwar allenthalben betont, aber selten in den Kontext der Legitimation eingeordnet.[205] Das erstaunt umso mehr, als in vielen Verwaltungsbereichen Verfahren gegenüber materiellen Entscheidungsprämissen eine herausgehobene Stellung einnehmen. Das alles ist unter dem Stichwort der Prozeduralisierung längst gesicherter Bestandteil der Verwaltungsrechtswissenschaft.[206] Staatsgewalt wird also ebenso konstituiert wie ausgeübt über ein Zusammenspiel jedenfalls dieser Entscheidungsprämissen. Diese bilden die Governance-Struktur der Legitimation, die als solche zu bewerten und nicht in die Bewertung einzelner Teile zu zerlegen ist. Die je unterschiedliche Zuordnung dieser Entscheidungsprämissen sorgt dafür, dass der „Wille" des Parlaments praktisch durchgesetzt wird.[207] Die Mittel sind je für sich zu entwickeln; in ihrem Zusammenspiel sollen sie die Wirksamkeit der Zurechnung zum Volk sicherstellen. Insoweit geht es darum, eine den **Regelungsstrukturen angemessene Legitimationsstruktur** als Zusammenwirken unterschiedlicher Elemente zu entwickeln.

1. Die organisatorische Legitimation

Verwaltungsorganisationsrecht – gesetzliches ebenso wie administratives Recht – konstituiert und gestaltet gemeinwohlverpflichtete Akteure der öffentlichen Verwaltung.[208] Es schafft damit die Strukturen, durch die die materiellen Programme des Gesetzgebers wie der Verwaltung implementiert werden.[209] Die

42

43

---

[202] Dazu nochmals *Wahl*, Aufgabenabhängigkeit (Fn. 196), S. 202: „Die planende Verwaltung muss sich ‚politisch' in dem Sinne betätigen, dass sie sich aktiv in die Prozesse der Interessenartikulation, Interessenberücksichtigung, Konfliktentscheidung und Konsensgewinnung einschaltet."
[203] → Rn. 56.
[204] Dazu *Böckenförde*, Demokratie (Fn. 10), Rn. 16 ff.
[205] Vgl. aber *Schmidt-Aßmann*, Verwaltungslegitimation (Fn. 10), S. 168 ff.
[206] Vgl. insoweit auch *BVerfGE* 107, 59 (94 ff.); deutlicher noch *BVerfGE* 111, 191 (216); vgl. auch *BVerfGE* 111, 333.
[207] Vgl. *BVerfGE* 107, 59 (99).
[208] Zu dieser Perspektive *Trute*, Funktionen (Fn. 10), S. 249 ff.
[209] → Bd. I *Groß* § 13 Rn. 11 ff.

konkrete Ausgestaltung der jeweiligen Organisation entscheidet nicht unerheblich darüber, wie die materiellen Programme durchgeführt werden.[210] Zumal in Bereichen, in denen die materiellen Programme erhebliche Spielräume lassen oder der Gesetzgeber über materielle Programme gar nicht zugreifen kann oder doch sich zurückhalten muss oder zumindest kann, ist die Gründung und Ausgestaltung von Organisationen ein wesentliches Gestaltungsmittel zur Erreichung von Gemeinwohlzielen.[211] Als Beispiel mag das Wissenschafts- ebenso wie das Rundfunkrecht genannt werden.[212] Die neueren Entscheidungen zur funktionalen Selbstverwaltung[213] verdeutlichen dies ebenso wie die Entscheidungen zu anderen Organisationsformen.[214] Insoweit wirkt insbesondere der institutionelle, aber auch der grundrechtliche Gesetzesvorbehalt als Instrument zur Aktualisierung der Gemeinwohlverantwortung des Gesetzgebers.[215] Gerade in seiner Ausrichtung auf die Verantwortungs- und Entscheidungsstrukturen ist das Organisationsrecht eine komplementäre Form der Legitimation.[216]

44 **Typische Elemente** sind Aufgabenzuweisungen, Auswahl- und Zuständigkeitsregelungen, Bildung von Organen und Kontrastorganen,[217] Formen der Beteiligung, die Regelung von Verantwortungsbeziehungen und Kontrollrechten, Regeln über die interne Entscheidungsbildung, Informationsgenerierung und -verteilung, Distanz schützende Vorkehrungen.[218] Freilich erlauben Organisationsregeln keinen tiefenscharfen Zugriff auf die einzelne zu treffende Entscheidung. Vielmehr prägt das Organisationsrecht den Möglichkeitsspielraum von **organisationsinternen Interaktionen.**[219] Die An- und Entkoppelung von hierarchischen Entscheidungszügen, die Öffnung oder Schließung der Organisation für Interessen, deren Austarierung die Zuweisung von Entscheidungsrechten und Ressourcen verändert, prägt die binnenorganisatorischen Handlungen, ohne dass damit das Verhalten der Organisationsmitglieder im Einzelfall determiniert wird. Insoweit geht es bei der Organisationsgestaltung durch den Gesetzgeber wie der Verwaltung um die Gestaltung von Interaktionszusammenhängen. Organisationsrecht etabliert ein **Gefüge aus Einfluss- und Kontrollbeziehungen,** das in seiner Gesamtheit zu bewerten ist.[220] Die besondere Funktionsweise von Organisationsnormen mindert ihre Bedeutung für die Legi-

---

[210] → Bd. I *Schuppert* § 16 Rn. 5.
[211] → Bd. I *Schulze-Fielitz* § 12 Rn. 151.
[212] Dazu *Trute,* Forschung (Fn. 10); *Thomas Vesting,* Prozedurales Rundfunkrecht, 1996.
[213] N. in → Fn. 206.
[214] Vgl. *BremStGH, NVwZ* 2003, S. 81 ff.; auch *BVerfGE* 83, 130 (148 ff.); 83, 238 (334 f.).
[215] Deutlich bereits *BVerfGE* 33, 125 (158 f.); daran anknüpfend die in → Fn. 206 genannten Entscheidungen. Freilich erschöpfen die Gesetzesvorbehalte weder die parlamentarischen Kontrollmöglichkeiten noch sind es allein die Organisationsgesetze, sondern selbstverständlich auch die administrativen Rechtsakte, die für die Konstitution und Ausgestaltung der Organisation Bedeutung haben, auch unter legitimatorischen Gesichtspunkten; vgl. auch *Eberhard Schmidt-Aßmann,* Verwaltungsorganisationsrecht als Steuerungsressource, in: ders./Hoffmann-Riem (Hrsg.), Verwaltungsorganisationsrecht, S. 9 (61).
[216] Vgl. bereits *Schmidt-Aßmann,* Verwaltungsorganisationsrecht (Fn. 215), S. 62; → Bd. I *Schmidt-Aßmann* § 5 Rn. 61 zur Bedeutung des Organisationsrechts zur transparenten Strukturierung des europäischen Verwaltungsverbundes.
[217] → Bd. I *Wißmann* § 15 Rn. 40.
[218] *Schmidt-Aßmann,* Verwaltungsorganisationsrecht (Fn. 215), S. 63.
[219] Dazu allgemein *Trute,* Funktionen (Fn. 10), S. 256 ff.
[220] Im Kontext des Art. 5 Abs. 3 GG *BVerfGE* 111, 333.

C. Legitimation einer differenzierten und pluralisierten Verwaltung

timation der Verwaltung nicht. Sie ist vielmehr eine notwendige Voraussetzung und gestaltet die Rückbindung an das Parlament oftmals intensiver, als es die klassische Konzeption sichtbar werden lässt.

2. Die personelle Legitimation

Die personelle Legitimation wird im klassischen Modell über die bekannte auf das Parlament zurückführende **ununterbrochene Kette von Ernennungen** gewährleistet, so dass – sieht man von den Sonderproblemen der Kollegialorgane ab –[221] im Prinzip gewährleistet sein soll, dass jeder Amtsträger durch einen Ernennungsakt eines demokratisch legitimierten Organs oder einer Stelle sein Amt übertragen bekommt. Dies steht im engen Zusammenhang mit dem Ministerialprinzip, weil auch hier der Minister über die Personal- und Organisationsgewalt letztlich die Verantwortung auch für die Personalauswahl und die Ernennung trägt.[222] Dienen die Mittel der Legitimation dazu, die Vollziehung der Gesetze „im Geist der Volksvertretung" sicherzustellen, dann ließe sich eigentlich erwarten, dass der Minister die Entscheidungsprämisse Personal nutzen kann, um genau dies sicherzustellen. Das ist bekanntlich nur in engen Grenzen möglich, etwa bei politischen Beamten, Neueinstellungen oder Kollegialorganen mit zeitlich begrenzter Besetzung und staatlicher Auswahlkompetenz. Aber eine Gleichgerichtetheit des Willens lässt sich nicht durchgängig begründen, ungeachtet der föderalen Brechungen, der Ernennungskompetenz des Bundespräsidenten und anderer Einwände, die in der Sache darauf hinauslaufen, dass hier ebenso wenig ein kontinuierlicher Ableitungszusammenhang auf das einheitlich gedachte Legitimationssubjekt möglich ist wie bei der Weisungsgewalt.[223] Von daher wundert es nicht, dass **funktionale Erwägungen** an entscheidender Stelle auftauchen, die auf **Neutralität, Objektivität und Distanz** zum von partikularen Interessen bestimmten politischen Prozess abstellen und den Amtsstatus in den Vordergrund rücken.[224] Nimmt man diese einmal zum Ausgangspunkt, dann ist offen, was eine ununterbrochene Kette von Ernennungen dazu beiträgt. Gewiss, die Ernennung fungiert, organisationstheoretisch gesprochen, als Verleihung der Mitgliedschaftsrolle, an die bestimmte Erwartungen geknüpft werden können. Die Kette der Ernennung sichert, dass die Auswahl und Ernennung innerhalb der Verwaltungsorganisation liegt.[225] Aber selbst dazu bedürfte es der Kette an sich nicht. Die ununterbrochene Kette sichert also die Grenze der Verwaltungsorganisation innerhalb der Gewaltenteilung und zur Gesellschaft hin. Ihr Vorlie-

45

---

[221] → Rn. 69; zu kollegialer Organisation → Bd. I *Groß* § 13 Rn. 52 ff.

[222] Deutlich *Jestaedt,* Demokratieprinzip (Fn. 10), S. 330 ff.

[223] Von daher entkoppelt *Tschentscher,* Demokratische Legitimation (Fn. 10), S. 130 ff. die Sachentscheidung und die personelle Legitimation und weist letzterer nur dort eine Bedeutung zu, wo die Sachentscheidung normativ nicht determiniert ist. Indes sind die methodischen Voraussetzungen dieser Konzeption nicht ohne Zweifel (vgl. → Rn. 12, 42 und 57), zudem kann die personelle Legitimation durchaus funktional reformuliert werden. Freilich bleibt auch dann richtig, dass sie zur sachlichen Legitimation direkt nichts beiträgt. Auf die Bedeutung personeller Legitimation dort, wo der Verwaltung Spielräume bleiben, stellt ab *Classen,* Demokratische Legitimation (Fn. 10), S. 52.

[224] Deutlich nochmals *Jestaedt,* Demokratieprinzip (Fn. 10), S. 332 f.

[225] Streng genommen bedürfte es auch dazu nicht der Ernennungsketten, sondern nur des Grundsatzes, dass Auswahl und Ernennung nur von Stellen innerhalb der Verwaltungsorganisation vorgenommen werden dürfen.

gen mag dafür sprechen, dass die individuelle Auswahl anhand der für das Amt notwendigen Qualifikationsvoraussetzungen – beurteilt anhand des Art. 33 Abs. 2 GG – gegeben ist. Notwendig wäre eine solche Kette nur dann, wenn zusätzlich die Gemeinwohlorientierung der Amtswalter dadurch gesichert würde. Das ist freilich nicht der Fall, vielmehr begünstigt die Konzeption der Ernennungsketten Vorstellungen, wonach die unmittelbare Legitimation eine höhere demokratische Dignität vermittelt als entfernte mittelbare Legitimation.[226] Das lässt sich mit guten Gründen bezweifeln.[227]

46 Die **Gemeinwohlorientierung des Personals** muss vielmehr durch eine Reihe weiterer Voraussetzungen gesichert werden,[228] und zwar sowohl gegenüber Eigeninteressen wie auch hinsichtlich etwaiger Abhängigkeiten gegenüber externen Dritten.[229] Hier haben die im traditionellen **Amtsethos** zum Ausdruck kommenden Verpflichtungen ihren Bezugspunkt. Sie sind ausformuliert in einer Reihe von gesetzlichen Verpflichtungen: die parteipolitische Neutralität der Amtsführung, die zeitliche Begrenzung der Ämter, normative Sicherungen der Unabhängigkeit etc. Insoweit geht es um die institutionelle Gestaltung der Amtsausübung, die über die allgemeinen Anforderungen hinaus für bestimmte Bereiche verstärkt,[230] aber auch durch **funktionale Äquivalente** ersetzt werden kann, etwa die Stärkung professioneller Handlungsorientierungen, die Ausbalancierung von Interessenbindungen, wo der Sachbereich gerade nicht durch eine klassische bürokratische Verwaltung administriert werden kann oder soll.[231] In diesem Sinne muss auch die Eröffnung gesellschaftlichen Einflusses auf die Auswahl von Amtswaltern nicht stets von Vermutungen eines Legitimationsdefizits begleitet werden. Sie kann im Gegenteil gerade der Tatsache Rechnung tragen, dass bestimmte Sachaufgaben zwar in staatlicher Verantwortung durchgeführt werden sollen, aber gleichwohl eine Neutralisierung und Entpolitisierung erforderlich oder doch zumindest sinnvoll sein kann.[232] Insoweit kann gerade in der Eröffnung gesellschaftlichen Einflusses auch eine Rationalisierung der Aufgabenerfüllung liegen.[233] Es geht also gerade nicht um eine Abschwächung der Anforderungen, sondern darum, durch eine Rückbesinnung auf das, was Legitimation eigentlich bewirken soll, für eine den gegenwärtigen Verwaltungsaufgaben angemessene institutionelle Struktur zu sorgen.[234] Insoweit wirken organisatorische und personelle Legitimation zusammen, aber aus je unterschiedlicher Perspektive.

---

[226] *Böckenförde,* Demokratie (Fn. 10), Rn. 16.
[227] Dazu *Ossenbühl,* Legitimation (Fn. 17), S. 103, 116 ff.; *Britz,* Mitwirkung (Fn. 10), S. 423; a. A. *Kluth,* Selbstverwaltung (Fn. 10).
[228] Vgl. dazu bereits *Trute,* Funktionen (Fn. 10), S. 254 ff.
[229] Dazu von unterschiedlichen Ansatzpunkten aus etwa *James S. Coleman,* Grundlagen der Sozialtheorie, Bd. 2: Körperschaften und die moderne Gesellschaft, 1990, S. 128 ff.; *Georg Ulrich,* Politische Steuerung, 1995, S. 76.
[230] Ein bisher wenig in diesem Zusammenhang erörterter Gesichtspunkt ist die zusätzliche Sicherung in korruptionsanfälligen Bereichen, die ein evidentes Problem der Gemeinwohlorientierung des Personals darstellen können.
[231] *BVerfGE* 83, 130 (149 ff.); 83, 238 (334 f.).
[232] Dazu *Trute,* Funktionen (Fn. 10), S. 275.
[233] Dazu etwa *Pöcker,* Unabhängige Regulierungsbehörden (Fn. 67), S. 380 ff.
[234] Ähnlich *Ossenbühl,* Legitimation (Fn. 17), S. 103, 118, freilich mit hier nicht geteilter Konzentration auf die sachlich-inhaltliche Dimension.

3. Die prozedurale Legitimation

In einem weiten Sinne ist demokratische Legitimation **prozedural**. Aber das ist nicht mehr als eine Beschreibung des prozeduralen Charakters von Demokratie. In einem engeren Sinne wird demokratische Legitimation durch gesetzlich und administrativ gestaltete Verfahren vermittelt. Ihre normative,[235] Legitimation stiftende Wirkung zu betonen, erscheint in gewisser Hinsicht trivial, da sie an derjenigen von Gesetzen und ggf. abgeleiteten administrativen Normen teilnimmt. Aufgrund der Nähe zu Partizipation, Öffentlichkeit und Akzeptanz ist aber die Redeweise von Legitimation durch Verfahren durch eine Nähe zu Betroffenheit belastet, die wegen ihres fehlenden Bezugs auf die unbestimmte Allgemeinheit des Staatsvolks keine Legitimation vermitteln soll.[236] Ungeachtet dessen kann kein Zweifel daran sein, dass **Verfahren** über ihre gesetzliche Ausgestaltung eine demokratische Legitimation vermittelnde Wirkung haben. Ihre hervorgehobene Bedeutung spiegelt sich in ihrer **Funktion für die Gesetzeskonkretisierung** in vielen Bereichen des modernen Verwaltungsrechts und findet in der Entwicklung des Verfahrensgedankens selbst ihren Ausdruck.[237] Nicht umsonst werden komplexe **Verwaltungsverfahren** als politische Verfahren bezeichnet,[238] die nur der Entwicklung Rechnung tragen, dass in vielen Verfahren – im Umwelt-, Planungs- und Regulierungsverwaltungsrecht – politische Gestaltung in die Gesetzeskonkretisierung wieder eintritt und daher die Verwaltung umfassende Informationsgenerierung anreizen und Interessenklärung und -balancierung sowie Akzeptanzsicherung in und durch Verfahren bewerkstelligen muss.[239] Insoweit bezeichnet die Prozeduralisierung des Rechts nicht nur eine Verfahrensabhängigkeit, sondern macht zugleich auf die eigenständige Dimension des Verfahrens aufmerksam.

Diese Bedeutung spiegelt sich in der Entwicklung der **Wesentlichkeitslehre**[240] und ihrer Umstellung auf eine prozeduralisierte Konzeption, die die nötige Flexibilisierung und Dynamisierung berücksichtigt, die regelmäßig nur durch die Gestaltung von Verfahren bewirkt werden kann.[241] Wenn das Bundesverfassungsgericht in einer jüngeren Entscheidung zur funktionalen Selbstverwaltung für die Herausbildung von Kriterien der Ressourcenzuteilung die Institutionalisierung eines Verfahrens anmahnt, in dem diese Kriterien erst generiert werden, um so der Ungewissheit über sachgerechte Kriterien auch in der internationalen Diskussion Rechnung zu tragen, wird diese Umstellung auf Verfahren wie auch deren eigenständige Bedeutung deutlich.[242] Ein materieller Rahmen ist insoweit nur noch sehr zurückgenommen, wenn überhaupt, erkennbar. Die eigentliche Leistung wird innerhalb von Verfahren erbracht, die eben

---

[235] Insoweit geht es nicht um eine soziologische Beschreibung von Verfahren und ihren Funktionen, wie sie *Niklas Luhmann*, Legitimation durch Verfahren, 1970 vorgelegt hat.
[236] → Rn. 5.
[237] Dazu *Trute*, Rechtsanwendung (Fn. 10), S. 226; *Schmidt-Aßmann*, Ordnungsidee, 6. Kap. Rn. 49 ff.; auf die Bedeutung von Verfahrensgarantien verweist auch *Tschentscher*, Demokratische Legitimation (Fn. 10), S. 136 f.
[238] *Schmidt-Aßmann*, Ordnungsidee, 6. Kap. Rn. 50 unter Hinweis auf rechtsvergleichende Lit.
[239] → Rn. 3, 32.
[240] → Bd. I *Reimer* § 9 Rn. 47 f.
[241] Ausführlich *Karl-Heinz Ladeur/Tobias Gostomzyk*, Gesetzesvorbehalt im Gewährleistungsstaat, DV, Bd. 36 (2003), S. 141 ff.
[242] *BVerfGE* 111, 333.

deswegen vorzustrukturieren sind und von denen deshalb auch eigenständige legitimatorische Wirkungen ausgehen. Diese können – aufgrund der Eigenständigkeit der Leistungen – nicht durchgängig als Verbesserung der sachlich-inhaltlichen Legitimation durch eine gleichsam innere Aufbereitung der materiellen Entscheidungsprogramme angesehen werden.[243] Das mag im Einzelfall so sein, setzt aber auf die Breite des Verwaltungsrechts genau das voraus, was der Sache nach vielfach nicht gegeben ist: ein in diesem Sinne nur aufbereitungsbedürftiges materielles Entscheidungsprogramm. Vielmehr liegt hier eine Vermittlungsleistung vor, die besser von der Selbstbestimmung der Beteiligten her strukturierbar ist. Dies nötigt dann auch nicht, Partizipation, Akzeptanz und Öffentlichkeitsbeteiligung aus dem demokratischen Prinzip herauszunehmen. Insoweit ist der **Vergleich zur funktionalen Selbstverwaltung** instruktiv, denn es ist nicht zu übersehen, dass zwischen beiden, der Beteiligung in der funktionalen Selbstverwaltung und derjenigen in Verfahren, eine strukturelle Vergleichbarkeit liegt,[244] denn in jedem Fall geht es um eine Eröffnung von Einflussnahmemöglichkeiten auf Verwaltungsentscheidungen, in der funktionalen Selbstverwaltung verdichtet zu (Mit-)Entscheidungsmöglichkeiten, die nicht in der unbestimmten Allgemeinheit der Staatsbürger ihre Wurzel haben, sondern in einem gesetzlich umschriebenen Bereich von in ihren Angelegenheiten Betroffenen, die von ihrer Selbstbestimmung Gebrauch machen.[245] Der Unterschied liegt freilich darin, dass in der funktionalen Selbstverwaltung diese Einflussnahme auf Dauer eingestellt ist, jedenfalls solange die Mitgliedschaftsrolle besteht, wohingegen Verfahren jeweils punktuelle Ereignisse sind. Aber das nötigt unter legitimatorischen Gesichtspunkten nicht zu Differenzierungen, zumal dann nicht, wenn man sie im Demokratieprinzip verankert sieht – und sei es auch nur in dessen ideellen Schichten.[246] In beiden Fällen kommt es notwendig zu einer gesetzlichen Vermittlung zwischen der Allgemeinheit und den je besonderen, zur Selbstbestimmung innerhalb staatlicher Organisation oder Verfahren ermächtigten Interessen, die die Legitimationsverantwortung für den Gesetzgeber aktualisiert,[247] der damit eine Zuordnung von allgemeiner, über die demokratische Willensbildung vermittelter Legitimation und einer ebenfalls im demokratischen Prinzip wurzelnden autonomen Legitimation[248] vornimmt und vornehmen muss. Die Folge dürfte freilich sein, dass die Gestaltung von Verfahren ebenso wie ihre Wirkung mehr als bisher auch unter dem Gesichtspunkt gleichmäßiger Interessenwahrnehmung und Neutralitätssicherung zu beobachten sein werden und von daher auch ihre Durchformung aus dem Demokratieprinzip erfahren.[249]

---

[243] So in der Tendenz eher *Schmidt-Aßmann*, Ordnungsidee, 2. Kap. Rn. 111.
[244] Dazu für Partizipation auch *Schmidt-Aßmann*, Ordnungsidee, 2. Kap. Rn. 111.
[245] → Rn. 25.
[246] Dazu und zu den nötigen Differenzierungen *Schmidt-Aßmann*, Ordnungsidee, 2. Kap. Rn. 102 ff.
[247] → Rn. 58.
[248] → Rn. 54.
[249] → Rn. 99; zur Notwendigkeit der Aktualisierung der Legitimationsverantwortung auch *Schmidt-Aßmann*, Ordnungsidee, 2. Kap. Rn. 111; ausführlich unter dem Gesichtspunkt von Unabhängigkeitssicherung *Michael Fehling*, Verwaltung zwischen Unparteilichkeit und Gestaltungsaufgabe, 2001, S. 292 ff.; zu Einzelheiten in Kooperationsverfahren *Hans-Heinrich Trute*, Vom Obrigkeitsstaat zur Kooperation, UTR, Bd. 48 (1998), S. 13 (26 ff.).

C. Legitimation einer differenzierten und pluralisierten Verwaltung

4. Die sachlich-inhaltliche Legitimation

Die sachlich-inhaltliche Legitimation wird vor allem durch die **Bindung der Exekutive an das Parlamentsgesetz**[250] vermittelt, hier bezogen auf die materiellen Entscheidungsprogramme und das Haushaltsgesetz einschließlich des Haushaltsplans, und sie wird ergänzt durch die Instrumente der parlamentarischen Verantwortlichkeit der Regierung und weitere Kontrollmechanismen.

49

Zu Recht wird insoweit auf das Zusammenwirken von präventiven und nachträglichen, direkten und indirekten Mechanismen der Zurechnung hingewiesen, die ein eigenständiges Subsystem bilden.[251] Unstrittig nimmt das Parlamentsgesetz eine Schlüsselstellung in der Vermittlung inhaltlicher Legitimation ein. Angesichts seiner Konkretisierungsbedürftigkeit kommt es freilich auch insoweit zu einem Zusammenspiel von Fremdsteuerung der Exekutive durch das Parlamentsgesetz und Selbststeuerung der Exekutive durch administrative Normsetzung unterschiedlicher Art,[252] die nicht nur über die klassischen Anforderungen der Delegationsermächtigung, sondern auch durch weitere Mechanismen an das Parlament zurückgebunden werden,[253] für die die parlamentarischen Einflussnahmen auf Rechtsverordnungen nur ein sichtbarer Ausdruck sind.[254] Sie reichen – ohne Anspruch auf Vollständigkeit – von der Zustimmung über Anhörungsvorbehalte, Änderungs- und Ablehnungsvorhalte bis hin zur nicht unproblematischen Beteiligung von Parlamentsausschüssen.[255] Sie zeigen ein differenzierteres Bild, als es die allein auf die parlamentarische Verantwortlichkeit der Regierung abstellende klassische Legitimationskonzeption aufscheinen lässt.[256] Ebenso zeigen sich vielfältige parlamentarische Einflussnahmen auf andere Formen exekutivischer Rechtsakte, etwa bei den (Ziel-)Vereinbarungen im Hochschulbereich,[257] bei denen es zu einer intensiven Einbindung der Fachausschüsse des Parlaments kommen kann. Darüber hinaus werden über Gremien oder Entsendungsrechte des Parlaments in Gremien der Verwaltung laufende Beobachtungsmöglichkeiten begründet,[258] die durch Berichtspflichten ergänzt werden können, durch die zugleich die Öffentlichkeit der Verwaltung und ihrer Praxis verstärkt wird. Eine Systematisierung dieser Formen jenseits der Einflussnahme auf Verordnungsermächtigungen steht noch aus, dürfte aber zu einem durchaus differenzierten Bild der sachlich-inhaltlichen Legitimationsvermittlung beitragen, die sich in einer differenzierten Zuordnung von legislativer Fremdsteuerung und administrativer Eigensteuerung zeigt.[259]

50

---

[250] → Bd. I *Reimer* § 9 Rn. 74 ff.
[251] *Schmidt-Aßmann*, Ordnungsidee, 2. Kap. Rn. 83 ff.
[252] *Trute*, Rechtsanwendung (Fn. 10), S. 211 ff.
[253] Dazu bereits *Brohm*, Dogmatik (Fn. 15), S. 269.
[254] Dazu *Arnd Uhle*, Parlament und Rechtsverordnung, 1999; zur Typologie *Fritz Ossenbühl*, Rechtsverordnung, in: HStR III, 2. Aufl. 1996, § 64 Rn. 51 f.
[255] Zum Streitstand hinsichtlich der Zulässigkeit etwa *Michael Brenner*, in: v. Mangoldt/Klein/Starck, GG II, Art. 80 Rn. 95 ff.
[256] Vgl. dazu bereits oben → Rn. 34.
[257] Dazu *Hans-Heinrich Trute*, Zielvereinbarungen und Leistungsverträge im Hochschulbereich, WissR, Bd. 33 (2000), S. 134 ff.
[258] Vgl. die N. oben → Fn. 55.
[259] Zu deren Notwendigkeit vgl. oben → Rn. 32 ff. sowie *Trute*, Herstellung (Fn. 163), S. 305 f.; auch *Brohm*, Dogmatik (Fn. 15), S. 263 ff.

51 Das **Haushaltsrecht** erweist sich als ergänzendes, aber gerade in den gesetzlich schwach determinierten Bereichen gleichsam substituierendes Instrument parlamentarischer Einflussnahme auf die Exekutive, deren Wirkung im klassischen Modell der Legitimationsvermittlung deutlich unterschätzt wird. Zumal mit dem tief gestaffelten Recht des Haushaltsvollzugs hier ein ergänzendes Instrumentarium besteht, das in seinen Steuerungswirkungen gar nicht überschätzt werden kann, aber natürlich von dessen sachbereichsspezifischer Aktualisierung abhängt. Dies gilt etwa für die Sperrvermerke und Zustimmungsvorbehalte des Parlaments oder des Haushaltsausschusses.[260] Die funktionale Selbstverwaltung – zumal die der Hochschulen – legt ein ebenso beredtes wie oftmals beklagtes Zeugnis für diese Wirkungen ab. Insgesamt ergibt sich ein sehr komplexes Gefüge, das in seinen Wirkungen sachbereichsspezifisch zu erfassen ist, dessen legitimatorische Wirkung indes nicht unterschätzt werden darf.[261] Nimmt man die Umstellung auf das Neue Steuerungsmodell,[262] wie immer differenziert ihre Einführung auch in den unterschiedlichen Verwaltungsbereichen zu beurteilen sein mag, hinzu, dann dürfte diese Wirkung eher noch verstärkt als geschwächt worden sein.[263]

52 Davon sind zumindest analytisch die ex post wirksamen **Kontroll- und Korrekturrechte** zu unterscheiden, die zugleich auch eine präventive Wirkung entfalten können. Klassisch sind dies die parlamentarischen Kontrollrechte ebenso wie die Aufsicht, der als Rechtsaufsicht eine zentrale Bedeutung zukommt. Freilich gilt auch hier, dass sich Selbst- und Fremdkontrolle ergänzen und einander zugeordnet werden müssen, will man ein normativ realistisches Bild der Kontrolle der Verwaltung gewinnen.[264] Dabei zeigt sich auch hier ein nach Sachbereichen unterschiedliches, höchst differenziertes Instrumentarium. Eine besondere Bedeutung kommt insoweit der **Rechnungsprüfung** und **Rechnungshofkontrolle** zu, die sich gewandelt hat von einer eher punktuellen zu einer prozesshaft das Staatshandeln in seinen strukturellen Dimensionen begleitenden Kontrolle.[265] Sie zeigt zugleich exemplarisch, dass Kontrolle der Verwaltung durch unabhängige Organe, durch Kontrastorgane ebenso eine Option wirksamer Kontrolle ist,[266] dass Kontrolle und ihre legitimatorische Wirkung nicht auf einfache Ableitungszusammenhänge reduziert werden können.

5. Ergänzung durch Output-Legitimation

53 Der Zurechnungszusammenhang zwischen der Ausübung von Staatsgewalt und dem Volk muss dauerhaft und wirklich sein. Insoweit kommt es nicht nur

---

[260] Ausführlich *Heun*, Staatshaushalt (Fn. 51), S. 457 ff., 461 ff.

[261] Dazu auch *Mehde*, Steuerungsmodell (Fn. 10), S. 433 ff.; eher zurückhaltend *Gunnar Folke Schuppert*, Die Steuerung des Verwaltungshandelns durch Haushaltsrecht und Haushaltskontrolle, VVDStRL, Bd. 42 (1984), S. 218 ff.

[262] → Bd. I *Voßkuhle* § 1 Rn. 53 ff.

[263] Zum Ganzen ausführlich *Mehde*, Steuerungsmodell (Fn. 10), S. 572 ff. (Ziel-)Vereinbarungen zeigen sich mittlerweile in vielen Bereichen, vgl. nur die Regelungen zwischen den Trägern und Leistungserbringern im Sozialbereich (Rn. 96); ähnlich jetzt auch *Classen*, Demokratische Legitimation (Fn. 10), S. 76 f.

[264] Dazu und zu den einzelnen Formen die Beiträge in Schmidt-Aßmann/Hoffmann-Riem (Hrsg.), Verwaltungskontrolle.

[265] Ausführlich *Helmuth Schulze-Fielitz*, Kontrolle der Verwaltung durch Rechnungshöfe, VVDStRL, Bd. 55 (1996), S. 231 (257 ff.); auch *Teuber*, Informationsrechte (Fn. 10), S. 104 ff.; *Classen*, Demokratische Legitimation (Fn. 10), S. 57 ff.

[266] Allgemein auch *Tschentscher*, Demokratische Legitimation (Fn. 10), S. 113 ff.

C. Legitimation einer differenzierten und pluralisierten Verwaltung

darauf an, dass formale Ableitungszusammenhänge konstituiert werden, sondern dass diese so eingerichtet sind, dass die mit der Ausübung von Staatsgewalt verfolgten Zwecke auch erreicht werden können. Das ist der Kern der Frage, ob neben die input-orientierten formalen Ableitungszusammenhänge auch und ergänzend die **Output-Legitimation** treten kann.[267] Diese Frage ist aber mit Unklarheiten über das Konzept wie auch den Bezugspunkt der Output-Legitimation belastet. Im politischen ebenso wie im rechtswissenschaftlichen Diskurs finden sich sehr unterschiedliche Begriffsverwendungen. Zum Teil wird auf das Ergebnis des politischen Prozesses, zum Teil auf die Bewährung einer Norm, zum Teil auf ihre Akzeptanz abgestellt, wieder andere verbinden die Output-Legitimation mit der Ausrichtung auf Herrschaftszwecke.[268] Auch wird die Unterscheidung von Ex-Ante- und Ex-Post-Legitimation mit dem Ziele einer klareren Unterscheidung verwendet.[269] Ohne das hier im Detail zu entfalten, kann zunächst einmal gesagt werden, was nach dem hier vertretenen Konzept nicht gemeint ist, nämlich das Abstellen auf **faktische Bewährung, Akzeptanz** oder die Ergebnisse *politischen* Handelns.[270] Diese sind zwar wichtige Realbedingungen der Legitimität einer Rechtsordnung, tragen aber für ein *normatives* Konzept der Verwaltungslegitimation unmittelbar wenig bei.[271] Insoweit lohnt es noch einmal auf denjenigen zurückzugehen, der die Unterscheidung im Kontext der Demokratietheorie fruchtbar gemacht hat – *Fritz Scharpf*.[272] Dieser verwendet im Anschluss an die ältere Systemtheorie die Begrifflichkeit, um verschiedene Stränge der Demokratietheorie danach zu rekonstruieren, ob diese das politische System – verstanden als System, das politische Inputs (artikulierte Interessen) aus seiner Umwelt aufnimmt und zu Outputs (verbindliche Entscheidungen) verarbeitet – eher von der Seite der Inputs oder der Outputs zu rationalisieren versuchen. Das erhellt, dass es nicht, jedenfalls nicht unmittelbar,

---

[267] Dazu auch *Bredt*, Legitimation unabhängiger Institutionen (Fn. 10), S. 273 ff., *ders.*, Constitutional Economics und gewaltenteiliges Demokratieverständnis, Der Staat, Bd. 46 (2007), S. 589 ff.; *Pöcker*, Unabhängige Regulierungsbehörden (Fn. 67), S. 380 (385 ff.); *Niels Petersen*, Demokratie und Grundgesetz, JöR N. F., Bd. 58 (2010), S. 137 (144 ff.); *Classen*, Demokratische Legitimation (Fn. 10), S. 27 f., 37 ff.

[268] *Schliesky*, Souveränität (Fn. 10), S. 601 ff.

[269] *Peters*, Verfassung (Fn. 10), S. 521 ff.

[270] Anders *Peters*, Verfassung (Fn. 10), S. 521 ff., die die Legitimation einer Verfassung begründen möchte. In diesem Zusammenhang mag der Ex-Post-Legitimation in der Tat eine erhöhte Bedeutung zukommen, weil diese sich – will man nicht naturrechtlich argumentieren – über das Verfahren ihrer Inkraftsetzung ebenso wie die Anerkennung der Herrschaftsunterworfenen zu legitimieren vermag. Verwaltungslegitimation ist freilich eine Kategorie des Rechts innerhalb der Verfassung; vgl. insoweit auch die Differenzierung bei *Peters*, a.a.O., S. 523 f.; auch *Möllers*, Gewaltengliederung (Fn. 10), § 1 III, konfundiert Output-Legitimation mit außerrechtlicher Anerkennung und scheidet deswegen diese aus den rechtlichen Legitimationsformen aus. Abgesehen von dem hier anders konzipierten Zusammenhang von normativer Rechtfertigung und ihrer sozialen Anerkennung (→ Rn. 2) trifft die Argumentation jedenfalls nicht die hier entfaltete Legitimationskonzeption, die Output-Legitimation auf eine normativ wünschbare Qualität von Entscheidungen bezieht und eben nicht auf deren faktische Anerkennung.

[271] Abgesehen von dem nahe liegenden Argument, die Output-Legitimation könne auch von einer Diktatur geltend gemacht werden, sofern sie denn nur genügend akzeptable Ergebnisse im Sinne der Förderung der Wohlfahrt aller vorzeigen könne, ein Argument, das freilich im Kontext demokratischer Legitimation, die notwendig immer Input- und Output-Legitimation verbinden muss, nicht den durchschlagenden Charakter hat, der ihm gelegentlich beigemessen wird; zu Recht krit. insoweit auch *Schliesky*, Souveränität (Fn. 10), S. 603 ff.; ausführlich zum Ganzen *ders.*, a. a. O., S. 623 ff., 659 ff.

[272] *Fritz Scharpf*, Demokratietheorie zwischen Utopie und Anpassung, 1970.

um die faktischen Ergebnisse, den Outcome geht,[273] sondern um die **wünschbare Qualität von Entscheidungen**.[274] Ausgangspunkt ist daher die Frage, wie Entscheidungszusammenhänge zu verfassen sind, um eine bestimmte Qualität zu erreichen.[275] Folglich erscheinen dann auch die Gewaltenteilung, die Grundrechte (zumindest partiell), die inhaltliche Rationalität ebenso wie bestimmte materielle Ziele als der Output-Legitimation zurechenbar.[276] Normativ gewendet kann Verwaltungslegitimation nicht auf die Kriterien faktischen Legitimationsglaubens – so wichtig er für eine legitime Ordnung ist – gegründet werden, wohl aber kann und muss die Entscheidungsstruktur daran ausgerichtet werden, eben diesen zu erhalten und zu fördern dadurch, dass die Ziele des Handelns der Staatsgewalt auch erreicht werden können. Output-Legitimation vermittelt also die Gründe, Entscheidungszusammenhänge so auszurichten, dass legitime Gemeinwohlziele auch erreicht werden können.[277] Das ist in der bisherigen Legitimationsdiskussion nichts grundsätzlich Neues.[278] So werden die objektiv-rechtlichen Dimensionen der Grundrechte, insbesondere bei der Verfassung von Einrichtungen der funktionalen Selbstverwaltung,[279] Staatsziele und Staatsstrukturprinzipien, die Aufgabenadäquanz von Organisationen, die funktionsgerechte Organstruktur,[280] rechtsstaatliche Rationalität[281] oder auch zwingende oder triftige Sachgründe[282] als legitime Argumente zur Modifikation überkommener Organisations- und Entscheidungszusammenhänge verwendet, nicht zuletzt im Sinne einer Entkoppelung von den parlamentarischen Einfluss- und Kontrollrechten, wie nicht zuletzt selbst das ansonsten auf eine Input-Legitimation setzende Maastricht-Urteil des Bundesverfassungsgerichts zeigt.[283]

---

[273] Zur Unterscheidung zwischen Input, Output und Outcome → Bd. I *Voßkuhle* § 1 Rn. 32, *Franzius* § 4 Rn. 70 ff.
[274] Darauf stellt jetzt, ungeachtet seiner Kritik an der Konzeption einer Output-Legitimation, auch *Classen*, Demokratische Legitimation (Fn. 10) ab, der allerdings die wünschbare Qualität der Entscheidungen im Rechtsstaatsprinzip verorten möchte, ihr indes gleichwohl Auswirkungen auf das Legitimationsniveau zuerkennen möchte, vgl. a.a.O., S. 39. Die Unterschiede zur hier vertetenen Konzeption dürften eher gering sein; ohne Auseinandersetzung in der Sache und hinreichende Differenzierung krit. *Markus Ludwigs*, Die Bundesnetzagentur auf dem Weg zur Independent Agency, DV, Bd. 44 (2011), S. 41 (49).
[275] *Scharpf*, Demokratietheorie (Fn. 272), S. 21 ff.; klar gesehen bei *Peters*, Verfassung (Fn. 10), S. 522.
[276] *Scharpf*, Demokratietheorie (Fn. 272), S. 21 ff.; konsequent daher auch *Schliesky*, Souveränität (Fn. 10), S. 601 ff., der materielle Zwecke als Charakteristikum der Output-Legitimation bestimmt. Zuzugeben ist freilich, dass das Konzept später verstärkt an den Kriterien der Legitimation im Sinne der faktischen Leistungsfähigkeit oder Problemlösungskompetenz politischer Systeme ausgerichtet worden ist; zum Ganzen *Fritz Scharpf*, Demokratische Politik in der internationalisierten Ökonomie, in: Michael T. Greven (Hrsg.), Demokratie – eine Kultur des Westens?, 1998, S. 81 (88 ff.); vgl. *ders.*, Legitimationskonzepte jenseits des Nationalstaats, Max-Planck-Institut für Gesellschaftsforschung (MPIfG), Working Paper 04/6, November 2004.
[277] → Rn. 2.
[278] Insbes. der Bezug auf die institutionelle Legitimation der Verwaltung trägt eine Reihe der hier in der Output-Legitimation zur Geltung gebrachten Aspekte; vgl. *Schmidt-Aßmann*, Ordnungsidee, 2. Kap. Rn. 96: zur rechtsstaatlichen tritt die demokratische Rationalität.
[279] → Rn. 82.
[280] *Groß*, Kollegialprinzip (Fn. 10), S. 200 ff.
[281] *Helmuth Schulze-Fielitz*, Rationalität als rechtsstaatliches Prinzip für den Organisationsgesetzgeber, in: FS Klaus Vogel, 2000, S. 311 (326 ff.).
[282] *Böckenförde*, Demokratie (Fn. 10), Rn. 22.
[283] BVerfGE 89, 155 (208 f.), freilich explizit begrenzt auf diesen Ausnahmefall; dazu bereits *Scharpf*, Politik (Fn. 276), S. 95; auch *Schliesky*, Souveränität (Fn. 10), S. 602 f.

C. Legitimation einer differenzierten und pluralisierten Verwaltung

Auch die Entscheidungen zur funktionalen Selbstverwaltung verwenden diese Argumente, ohne sie als solche einer Output-Legitimation zu kennzeichnen, die sie der Sache nach freilich sind.[284] Insoweit geht es hier nur darum, dass neben der input-orientierten Dimension immer schon auch eine Output-Dimension mitgedacht ist, die hier nur generalisiert wird. Dies führt zu Überschneidungen mit dem Rechtsstaatsprinzip. Das ist der Sache nach nicht verwunderlich, weil das Rechtsstaatsprinzip in der Tat daran ausgerichtet ist, bestimmte Mindestbedingungen der Qualität von Entscheidungen normativ sicherzustellen.[285] Output-Legitimation reicht freilich darüber hinaus, weil der Gesetzgeber – im Rahmen der Verfassung – die Entscheidungszusammenhänge daran ausrichten kann, dass die legitimen Gemeinwohlzwecke, die er mit seiner Regelung verfolgt, auch erreicht, jedenfalls befördert werden. Insoweit spricht *Utz Schliesky* zutreffend von einer neben die Input-Legitimation tretenden Output-Legitimation als Kontroll- und Verantwortungszusammenhang[286] zur Erreichung legitimer Gemeinwohlzwecke. Soll Output-Legitimation nicht zu einem Titel für Beliebigkeit werden, sind dann auch Anforderungen an die Rechtfertigung zu stellen. Die immer wieder genannten sachlichen Gründe des Gesetzgebers wären dann auch im Hinblick auf die gewählte Form und deren Gestaltung zu operationalisieren.[287]

6. Autonome Formen der Legitimation

Der Begriff der **autonomen Legitimation**[288] hat in dem überkommenen Legitimationsmodell im Grunde eine Auffangfunktion. Verengt das überkommene Modell das Legitimationssubjekt demokratischer Legitimation auf das zur Einheit zusammengefasste Staatsvolk im Sinne des Art. 20 Abs. 2 GG, von dem allein demokratische Legitimation vermittelt werden kann, dann werden partizipative Formen in eine Grauzone gerückt.[289] Selbst wenn man sie als verfas-

54

---

[284] *BVerfGE* 107, 59 (92 f.): „Mit der Übertragung der Wahrnehmung öffentlicher Aufgaben darf der Gesetzgeber zum anderen das Ziel verfolgen, einen sachgerechten Interessenausgleich zu erleichtern, und so dazu beitragen, dass die von ihm beschlossenen Zwecke und Ziele effektiver erreicht werden." Dem kann im Übrigen auch die Mitbestimmung im öffentlichen Dienst dienen, die zwar – als Sicherung der Rechte der Arbeitnehmer durch kollektive Formen der Interessenvertretung – eher der autonomen Legitimation zurechenbar ist. Insoweit handelt es sich aber nicht um die Einbeziehung etwa von Entscheidungsbetroffenen; vielmehr dient sie der Optimierung der Aufgabenerfüllung durch die angemessene Gestaltung der Arbeitsbedingungen; deutlich insoweit *BVerfGE* 107, 59 (89 ff.). Insoweit ist es Aufgabe des Gesetzgebers, einen Ausgleich zu schaffen, der freilich nicht zu einer Legitimationsstörung (→ Rn. 57) führen darf, also dazu, den Personalvertretungen Mitbestimmung an der Sachaufgabe einzuräumen. Jenseits dessen kommt dem Gesetzgeber ein erheblicher Gestaltungsspielraum zu, den zwar auch das Bundesverfassungsgericht anerkennt, in der Entscheidung zum Mitbestimmungsgesetz Schleswig-Holstein dann freilich durch die konkreten Vorgaben weitgehend verengt; vgl. *BVerfGE* 93, 37 (69).
[285] So im Ergebnis auch *Classen*, Demokratische Legitimation (Fn. 10), S. 39.
[286] *Schliesky*, Souveränität (Fn. 10), S. 667; zur Notwendigkeit einer Output-Legitimation am Bsp. der damaligen Regulierungsbehörde für Telekommunikation und Post (RegTP) bereits *Hans-Heinrich Trute*, Regulierung – am Beispiel des Telekommunikationsrechts, in: FS Winfried Brohm, 2002, S. 169 (183 ff.).
[287] Aus rechtsstaatlicher Perspektive *Schulze-Fielitz*, Rationalität (Fn. 281), S. 328 ff.
[288] Systematisch *Schmidt-Aßmann*, Verwaltungslegitimation (Fn. 10), S. 376 ff.
[289] → Rn. 5; dazu *Schmidt-Aßmann*, Verwaltungslegitimation (Fn. 10), S. 329, 384 ff.; zur Kritik auch *Volker Neumann*, Verantwortung, Sachkunde, Betroffenheit, Interesse: Zur demokratischen Legitimation der Richtlinien des Gemeinsamen Bundesausschusses, NZS 2010, S. 593 (594 ff.).

sungsrechtlich im Grundsatz anerkannte Formen der Mitwirkung und Mitentscheidung der Bürger in den eigenen Angelegenheiten versteht, ändert dies nichts daran, dass sie in der Perspektive des überkommenen Modells unter **Defiziten** sachlich-inhaltlicher und personeller Legitimation leiden. Unterschiedliche **Wege** sind **aus diesem Dilemma** gesucht worden: ihre Verankerung im Demokratieprinzip durch die Anerkennung funktional und territorial differenzierter Teilvölker,[290] die Unterwerfung der autonomen Legitimation unter Prinzipien einer kompensierend wirkenden strikt demokratischen Gleichheit Betroffener,[291] die Ausweisung ihres demokratisch defizitären Charakters, der nur verfassungsrechtlich gerechtfertigt werden kann,[292] wenn dafür ein Titel in der Verfassung erkennbar ist, wie bei der grundrechtlichen Selbstverwaltung oder der sozialen Selbstverwaltung,[293] oder der Versuch, die Besonderheit der Selbstregierung der Betroffenen grundrechtlich aufzufangen und sie zugleich in den ideellen Schichten des Demokratieprinzips zu verankern.[294] Letzteres führt zu einer Stufung des Demokratieprinzips in Schichten unterschiedlicher Verbindlichkeit einerseits und ermöglicht Differenzierungen nach der Dichte grundrechtlicher Vorzeichnungen andererseits. Dies ermöglicht dann flexible Zuordnungen im Kooperationsbereich von Staat und Privaten, je nachdem welcher der Referenzpunkte dominiert. Im Ausgangspunkt ist das richtig. Die Metamorphose individueller in demokratische Freiheit[295] wird durch ein strukturierendes Modell ersetzt. Berichtigt man die Anknüpfungspunkte, indem man den Prinzipiencharakter der Demokratie anerkennt und zugleich die individuelle Selbstbestimmung als ihren Ausgangspunkt nimmt,[296] dann kann an der Zuordnung autonomer Formen der Legitimation zum demokratischen Prinzip kein Zweifel sein.[297] Ihre Bezeichnung als Form autonomer Legitimation macht dann nur noch deutlich, dass es sich um eine Zuordnung der allgemeinen, über das Parlament vermittelten und einer von diesem durch Bestimmung eines Kreises Betroffener begründeten Legitimation handelt.[298]

55 Die **Formen autonomer Legitimation** sind nach der Intensität der Mitwirkung an den Entscheidungen unterschiedlich: Mitentscheidung, für die die Selbstverwaltung charakteristisch ist, partizipative Formen der Beteiligung Betroffener und Beteiligung der allgemeinen Öffentlichkeit in Verfahren,[299] die ihrerseits wiederum je unterschiedlich ausgestaltet sind.[300] Die Selbstverwaltung charakte-

---

[290] Vgl. etwa *Grzeszick*, in: Maunz/Dürig, GG, Art. 20 Rn. 88; *Winfried Brohm*, Strukturen der Wirtschaftsverwaltung, 1969, S. 253 ff.; *Oebbecke*, Legitimation (Fn. 105).
[291] *Emde*, Legitimation (Fn. 10), S. 382 ff.
[292] In diesem Sinne wieder *Köller*, Funktionale Selbstverwaltung (Fn. 10), S. 321 ff.
[293] *Jestaedt*, Demokratieprinzip (Fn. 10), S. 425 ff., 490 ff. Deutlich *Böckenförde*, Demokratie (Fn. 10), Rn. 33 ff., der dann der funktionalen Selbstverwaltung enge Grenzen durch weitgehende inhaltliche Vorzeichnung durch den Gesetzgeber und der Limitierung der Gründe für ihre Einrichtung ziehen möchte, wobei allerdings offen bleibt, was die Gründe angesichts der gewählten Ausgangspunkte für das Modell eigentlich verfassungsrechtlich rechtfertigen kann. Insoweit wird die Reinheit des Modells eher pragmatisch aufgegeben.
[294] So der Ansatz von *Schmidt-Aßmann*, Verwaltungslegitimation (Fn. 10), S. 329, 331 ff., 376 ff.
[295] *Böckenförde*, Demokratie (Fn. 10), Rn. 37 ff.
[296] → Rn. 19.
[297] *Schmidt-Aßmann*, Grundrechtspositionen (Fn. 135), S. 79.
[298] → Rn. 25; → Bd. I *Masing* § 7 Rn. 8 ff.
[299] Dazu bereits *Brohm*, Dogmatik (Fn. 15), S. 269.
[300] → Bd. II *Rossen-Stadtfeld* § 29.

risiert eine duale Ordnung zwischen einer parlamentsvermittelten allgemeinen Legitimation und der aus dem Eigeninteresse folgenden autonomen Legitimation. Diese kann danach typisiert werden, inwieweit und mit welcher Intensität das Eigeninteresse institutionell abgrenzbar ist oder sich zu einer dezentralisierten Wahrnehmung von Fremdinteressen verflüchtigt. An einer Zwischenstelle steht die kommunale Selbstverwaltung, weil sie – in der Terminologie des überkommenen Modells – am ehesten der in diesem Rahmen geforderten unbestimmten Allgemeinheit genügt – in einem territorial begrenzten Rahmen. Ihre Anbindung an die demokratische Egalität und die daraus folgenden Prinzipien – wie sie von Art. 28 Abs. 1 S. 2 GG vorgegeben sind – machen denn auch den besonderen Charakter der Kommunen im Verwaltungsgefüge aus.[301]

VII. Zusammenwirken der Formen und Mittel: Legitimationsniveau

Art. 20 Abs. 2 S. 1 GG verlangt, dass alle Staatsgewalt vom Volke ausgeht, ohne etwas über die Formen zu sagen, in denen diese Zurechnung zu bewirken ist.[302] Sie muss eine hinreichend wirksame Rückbindung sicherstellen. Es kommt also grundsätzlich auf die **Effektivität des Zurechnungszusammenhangs**,[303] nicht auf seine Form an – innerhalb verfassungsrechtlicher Vorgaben. Die Wirksamkeit des Zurechnungszusammenhangs bestimmt sich nach den zur Verfügung stehenden Mitteln der Legitimation, das Maß nach dem zu erreichenden **Legitimationsniveau.** Dieser Zurechnungszusammenhang muss nicht nur dauerhaft, sondern auch unter realen Bedingungen wirklich und nicht nur eine normative Fiktion sein.[304] Insoweit spricht das Bundesverfassungsgericht davon, dass das „Ausgehen der Staatsgewalt" vom Volk für das Volk wie auch die Staatsorgane jeweils konkret erfahrbar und praktisch wirksam sein müssen.[305] 56

Das Legitimationsniveau ist der Ort der **Saldierung der unterschiedlichen Formen und Mittel der Legitimation,** ohne dass freilich bisher eine Operationalisierung dessen gelungen wäre, was es heißt, dass nicht die Form der demokratischen Legitimation staatlichen Handelns, sondern deren Effektivität entscheidend sei.[306] Versteht man die Mittel der Legitimation als mögliche Entscheidungsprämissen,[307] dann leuchtet es zunächst ein, in ihnen funktionale Äquivalente zu sehen, die allerdings aufgrund ihrer je unterschiedlichen Wirkungsweise nur begrenzt austauschbar sind. Organisation kann schon aufgrund ihrer Wirkung kaum eine Entscheidung determinieren,[308] Personal ist eine sehr generalisierte Entscheidungsprämisse für künftige Entscheidungen, die nur in geringem Maß variabel eingesetzt werden kann,[309] prozedurale Legitimation ersetzt weder Personal noch Organisation, kann aber als Äquivalent sachlich-inhaltlicher Legitimation genutzt werden, wie die Debatte um Prozeduralisie- 57

---

[301] → Rn. 79 ff.
[302] Zutreffend *Mehde,* Steuerungsmodell (Fn. 10), S. 554; vgl. bereits *Trute,* Forschung (Fn. 10), S. 554.
[303] *BVerfGE* 83, 60 (72); 93, 37 (67); 107, 59 (87).
[304] → Rn. 2.
[305] *BVerfGE* 107, 59 (91).
[306] *BVerfGE* 83, 60 (72); 93, 37 (67); 107, 59 (87).
[307] → Rn. 42.
[308] → Rn. 43.
[309] → Rn. 45.

rung deutlich macht. Von daher mag man wohl von einer **begrenzten Ausgleichsfähigkeit, nicht aber gänzlichen Austauschbarkeit** ausgehen,[310] wobei alle Legitimationsformen einzubeziehen sind, auch die autonome Legitimation und die Output-Legitimation. Letztere verdeutlicht, dass – je nach Aufgabe – bestimmte Mittel nicht oder nur begrenzt zur Verfügung stehen, ohne dass Kompensationsmöglichkeiten bestehen müssen, etwa hinsichtlich der Personalauswahl bei Kollegialorganen. Das erhellt die Schwierigkeiten der Operationalisierung, zugleich befördert die Redeweise von dem *Niveau* Vorstellungen, es gebe ein aufgabenunabhängiges Regelniveau, gleichsam als Legitimationsoptimum, von dem her dann alle Abweichungen rechtfertigungsbedürftig oder durch geeignete Maßnahmen an das Regelniveau anzupassen seien.[311] Indessen kommt es darauf an, durch geeignete institutionelle Vorkehrungen die Gemeinwohlorientierung der Verwaltung zu erhalten. Sondereinflüsse sind darzulegen und auf das Gemeinwohl auszurichten, und es muss verhindert werden, dass sich verantwortungsfreie Bereiche staatlicher Herrschaftsausübung bilden.[312] Diese können in unzureichender Rückbindung an das Volk liegen (**Legitimationsunterbrechung**), sie können aber auch in der unzureichenden Abstimmung unterschiedlicher Legitimationsstränge pluraler Legitimationssubjekte liegen, die dazu führen, dass eine Verantwortungszurechnung nicht oder nicht mehr zureichend möglich ist (**Legitimationsstörung**). Während Legitimationsunterbrechungen vor allem bei den Verselbstständigungen der Verwaltung und in den Kooperationsverhältnissen von Staat und Privaten eine Rolle spielen, dürften letztere vor allem im Verhältnis von Bund und Ländern,[313] von parlamentsvermittelter und kommunaler und autonomer Legitimation und von europäischer und nationaler Legitimation anzutreffen sein.[314] Zu Recht betont das Bundesverfassungsgericht daher in jüngeren Entscheidungen den Aspekt der Verantwortungsklarheit: Der Bürger müsse wissen können, „wen er wofür – auch durch Vergabe oder Entzug seiner Wählerstimme – verantwortlich machen" könne.[315]

Im Einzelnen hängt jeweils von der konkreten Ausgestaltung des institutionellen Arrangements und der jeweiligen Aufgabe ab, ob von einer Legitimationsunterbrechung oder einer Legitimationsstörung gesprochen werden kann. Es ist zuvörderst **Sache des Gesetzgebers,** im Rahmen seiner Legitimationsverantwortung[316] für eine angemessene Ausgestaltung der Rückbindung an das Volk zu sorgen. Da es insoweit auf die **Wirksamkeit institutioneller Arrangements** ankommt, steht ihm diesbezüglich eine **Einschätzungsprärogative** zu, verbunden mit der Pflicht zur Nachbesserung dort, wo sich Legitimationsdefizite zeigen.

---

[310] *Schmidt-Aßmann,* Ordnungsidee, 2. Kap. Rn. 98; ohne Weiteres von „kommunizierenden Röhren" ausgehend *Ludwigs,* Bundesneztagentur (Fn. 274), S. 49 f.

[311] Zu Recht krit. *Schmidt-Aßmann,* Ordnungsidee, 2. Kap. Rn. 99.

[312] Ähnlich wohl auch *Schmidt-Aßmann,* Ordnungsidee, 2. Kap. Rn. 99.

[313] Die üblicherweise unter dem Problem der Mischverwaltung von Bund und Ländern erörterten Probleme dürften sich insoweit als Legitimationsstörungen darstellen lassen; dazu *Hans-Heinrich Trute,* in: v. Mangoldt/Klein/Starck, GG III, Art. 83 Rn. 28 ff.; prominentes Bsp. für eine solche Legitimationsstörung war seinerzeit § 44b SGB II; vgl. dazu *BVerfGE* 119, 331 ff.

[314] → Rn. 102 ff.

[315] *BVerfGE* 119, 331 (366).

[316] → Rn. 59.

VIII. Legitimationsverantwortung

Die Legitimationsordnung des Grundgesetzes für die Verwaltung lässt erhebliche Spielräume gesetzgeberischer Gestaltung erkennen. Insbesondere ist die Organisation in wesentlichen Teilen einer gesetzlichen Gestaltung zugänglich. Dies gilt für die Verselbstständigung von Verwaltungseinheiten ebenso wie für die sachgerechte Ausgestaltung von Organisationen oder die Eröffnung von Mitwirkungs- und Mitentscheidungsmöglichkeiten. In der Konsequenz trifft den Gesetzgeber freilich eine **Legitimationsverantwortung** für die Einhaltung der oben herausgearbeiteten Anforderungen der demokratischen Legitimation. Er hat – im Rahmen der sonstigen verfassungsrechtlichen Anforderungen – sicherzustellen, dass eine hinreichend effektive Rückbindung der Ausübung von Staatsgewalt an das Volk wirklich ist und nicht nur normative Fiktion. Das trifft sich im Wesentlichen mit den Anforderungen des **institutionellen Gesetzesvorbehalts**,[317] der die Aufgabe hat, Verantwortungsklarheit und Legitimation zu sichern.[318] Insoweit wird der institutionelle Gesetzesvorbehalt auf die Sicherung der Legitimationsanforderungen ausgerichtet.[319] Soweit der Gesetzgeber Private in staatliche Entscheidungszusammenhänge inkorporiert, ihnen Einflussmöglichkeiten eröffnet, hat er die Gemeinwohlorientierung der Entscheidungen ebenso sicherzustellen wie die Gleichheit der Einflussnahmemöglichkeiten. Zu den materiellen Mindestanforderungen wird man insoweit die Trias von sachgerechter Aufgabenerledigung, gleichmäßiger Interessenberücksichtigung und hinreichender institutioneller Neutralitätssicherung ansehen können. Diese zunächst für den Kooperationsbereich entwickelten Anforderungen gelten auch dort, wo der Gesetzgeber innerhalb der Verwaltungsorganisation oder in Verfahren Einflussnahmemöglichkeiten eröffnet, freilich bezogen auf die jeweilige Aufgabenstellung.[320] Allerdings greift die Legitimationsverantwortung über den staatlichen Organisationsbereich hinaus. Insoweit trifft den Gesetzgeber eine im demokratischen Prinzip wurzelnde **überwirkende Legitimationsverantwortung**, die vor allem im Kooperationsbereich von staatlichen und privaten Akteuren aktualisiert wird. Sie ist darauf gerichtet, die Gemeinwohlanforderungen auch dort sicherzustellen, wo eine Zusammenarbeit staatlicher mit privaten Akteuren stattfindet,[321] soll also das hinreichende Maß an Legitimation in den Kooperationsstrukturen selbst garantieren. Der Schutzdimension der Grundrechte nicht unähnlich, ist insbesondere dem Gesetzgeber, aber auch der Verwaltung – etwa bei der vertraglichen Einbeziehung Privater in die Aufgabenerledigung – aufgegeben, die institutionellen Rahmenbedingungen der Kooperation so zu ge-

58

---

[317] → Bd. I *Reimer* § 9 Rn. 37 f.
[318] *Schmidt-Aßmann*, Ordnungsidee, 4. Kap. Rn. 20.
[319] Einzelheiten dazu bei *Groß*, Kollegialprinzip (Fn. 10), S. 239 ff.; in der Sache zustimmend *Classen*, Demokratische Legitimation (Fn. 10), S. 46.
[320] Mit Nuancen im Einzelnen *Hans-Heinrich Trute*, Wechselseitige Verzahnungen zwischen Privatrecht und öffentlichem Recht, in: Hoffmann-Riem/Schmidt-Aßmann (Hrsg.), Auffangordnungen, S. 167 (197 ff.); *ders.*, Funktionen (Fn. 10), S. 290; *Schmidt-Aßmann*, Ordnungsidee, 2. Kap. Rn. 101 f., 5. Kap. Rn. 60; *Hans C. Röhl*, Staatliche Verantwortung in Kooperationsstrukturen, DV, Bd. 29 (1996), S. 487 ff.; *Groß*, Kollegialprinzip (Fn. 10), S. 233 ff.; *Martin Burgi*, Funktionale Privatisierung und Verwaltungshilfe, 1999, S. 378 ff.; *Fehling*, Verwaltung (Fn. 249), S. 351 ff.
[321] → Bd. I *Schulze-Fielitz* § 12 Rn. 148 ff.

stalten, dass ein hinreichend gemeinwohlorientiertes Ergebnis erwartet werden kann.[322] Insoweit wird man weiter danach unterscheiden können, ob die Legitimationsanforderungen vorwirkend zur Absicherung einer vorhandenen staatlichen Letztentscheidungskompetenz dienen, oder nachwirkend sicherstellen sollen, dass Gemeinwohlorientierungen auch dort beachtet werden, wo eine solche Letztentscheidungskompetenz nicht besteht, aber gleichwohl durch staatliches Handeln eine Form des *private interest governments* institutionalisiert oder unterstützt wird.[323] Beide Formen dienen dazu, den Status privater Akteure ihrer Funktion für die Erledigung öffentlicher Aufgaben anzupassen, um so die mangelnde Ereignisbeherrschung des Staates zu kompensieren.[324] Jenseits der Reichweite der gesetzlichen Legitimationsverantwortung unterliegt die Verwaltung ebenfalls inhaltlich diesen Anforderungen, was insbesondere bei der Gestaltung von Kooperationsbeziehungen, aber auch von Verfahren Bedeutung gewinnt.

59 Dem **Gesetzgeber** kommt insbesondere bei der Beurteilung der Eignung einer organisatorischen Gestaltung, ihrer Ausgestaltung und der hinreichend effektiven Gestaltung des Zurechnungszusammenhangs eine **Einschätzungsprärogative** zu, die mit einer Beobachtungs- und Nachbesserungspflicht verbunden ist, bei Legitimationsstörungen oder -unterbrechungen für eine hinreichend wirksame Ausgestaltung des institutionellen Arrangements zu sorgen.[325] Dabei ist zu berücksichtigen, dass es hier im Regelfall um die Beurteilung komplexer institutioneller Arrangements geht. Diese sind in Grenzen offensichtlicher Unzulänglichkeit dem Gesetzgeber zu überlassen.[326]

D. Einzelbereiche

I. Differenzierung und Pluralisierung der Verwaltung

60 Die Differenzierung und Pluralisierung der Verwaltung ist ein altes Thema der Verwaltungs(rechts)wissenschaft,[327] das durch die Legitimationsdiskussion einen neuen übergreifenden Bezugspunkt gefunden hat. Wo die hierarchische Ministerialverwaltung zum Ausgangspunkt und normativen Maßstab genommen wird, ist die organisatorische Ausdifferenzierung der Verwaltung tendenziell in Gefahr, sich von der parlamentarisch vermittelten Gemeinwohldefinition und -konkretisierung zu entfernen. Zu Recht weist *Eberhard Schmidt-Aßmann* freilich darauf hin, dass Vorstellungen der **Einheit der Verwaltung** eher **nachträgliche Konstrukte** angesichts einer ausdifferenzierten und pluralisierten Verwaltung waren, nicht aber entsprach die Einheit der Verwaltung einem ursprünglichen Bauprinzip.[328] Zumal gilt in der verwaltungswissenschaftlichen Literatur die **organisatorische Ausdifferenzierung** freilich seit langem als mehr oder weniger adäquate Reaktion auf die Umweltkomplexität des politisch-admi-

---

[322] → Rn. 89 ff.
[323] Zu dieser Unterscheidung bereits *Trute*, Funktionen (Fn. 10), S. 290 ff.
[324] *Trute*, Funktionen (Fn. 10), S. 290; *Schmidt-Aßmann*, Ordnungsidee, 2. Kap. Rn. 101.
[325] In diesem Sinne *BVerfGE* 107, 59 (99 f.); 93, 37 (69, 74).
[326] In der Tendenz ähnlich *Groß*, Kollegialprinzip (Fn. 10), S. 239 ff.
[327] Vgl. auch → Bd. I *Poscher* § 8 Rn. 56 f.; *Hoffmann-Riem* § 10 Rn. 17 ff.; *Groß* § 13 Rn. 63 ff.
[328] *Schmidt-Aßmann*, Ordnungsidee, 5. Kap. Rn. 34; vgl. auch → Bd. I *Groß* § 13 Rn. 95.

D. Einzelbereiche

nistrativen Systems und daher als notwendige Folge einer Verwaltung, der planende, verteilende, lenkende und präventionsorientierte Aufgaben zugewiesen werden.[329] Hinzu kommt heute die durch die **Europäisierung der Verwaltung**[330] bewirkte Einbindung derselben in horizontale und vertikale Einflussbeziehungen zu den anderen Mitgliedstaaten und der europäischen Verwaltung, die jeweils mit einer mehr oder weniger starken Verselbstständigung der Verwaltungseinheiten einhergeht.[331] Diese wird durch die Internationalisierung der Verwaltungen noch einmal verstärkt werden.[332]

Nichts anderes gilt für die **Pluralisierung der Verwaltung,** wenn man darunter deren Öffnung für gesellschaftliche Interessen und deren Inklusion in Verwaltungsvorgänge verstehen will. Sie lassen sich ebenfalls nicht durchgängig als Verlust staatlicher Steuerungskompetenz deuten, sondern eher als wechselseitige Nutzung von Wissensressourcen und Verwaltungskompetenz, die einerseits staatliche Einflussnahme auf gesellschaftliche Felder, andererseits Staatsentlastung beinhaltet.[333] Die Inklusion über Organisation erweist sich dabei in besonderer Weise als funktional, weil Organisationen in gewisser Weise als Äquivalente von Programmstrukturen wirken.[334] In ihnen lassen sich unterschiedliche Interessen und Handlungsrationalitäten vermitteln und auf bestimmte Ziele ausrichten, also Prozesse des Interessenausgleichs auf Dauer stellen, was freilich jeweils ein mehr oder weniger großes Maß an Eigenständigkeit verlangt. Im Ergebnis führen die Prozesse der Ausdifferenzierung und Pluralisierung denn auch dazu, dass das Bild der **Verwaltung** heute angemessener mit einem **Netzwerk unterschiedlicher Verwaltungseinheiten** je unterschiedlicher Eigenstruktur beschreibbar ist[335] als mit dem Bild hierarchischer, auf ein Zentrum ausgerichteter und geschlossener Verwaltung. 61

Stellt die Ausdifferenzierung und Pluralisierung der Verwaltung einen angemessenen Realbefund dar, dann ist damit über deren Verfassung unter Legitimationsgesichtspunkten noch nicht befunden, da sie mit der **Gefahr einer Verantwortungsdiffusion** verbunden sind. Entkoppelungen sind allerdings nicht von vornherein Anomalien, sondern immer schon auch verfassungsrechtlich anerkannter Teil der Organisationsstruktur der Verwaltung gewesen, wie die kommunale Verwaltung, die immer wieder zitierte verfassungsrechtlich und europarecht- 62

---

[329] Dazu etwa *Brohm,* Dogmatik (Fn. 15), S. 261 ff.; *Rudolf Steinberg,* Politik und Verwaltungsorganisation, 1979, S. 264 ff.; *Schuppert,* Verwaltungseinheiten (Fn. 180), S. 191 ff., 350 ff.; *Brun-Otto Bryde,* Die Einheit der Verwaltung als Rechtsproblem, VVDStRL, Bd. 46 (1988), S. 181 (182 ff.); *Dreier,* Verwaltung (Fn. 150), S. 211 ff.; *Rainer Wahl* (Hrsg.), Prävention und Vorsorge, 1995; *Trute,* Funktionen (Fn. 10), S. 261 ff.; *Groß,* Kollegialprinzip (Fn. 10), S. 149 ff.; *Schmidt-Aßmann,* Ordnungsidee, 5. Kap. Rn. 34.

[330] → Bd. I *Schmidt-Aßmann* § 5 Rn. 25 ff.; 30 ff., *Groß* § 13 Rn. 24 f.

[331] Dazu am Bsp. der seinerzeitigen Regulierungsbehörde für Telekommunikation und Post und heutigen Bundesnetzagentur *Trute,* Regulierung (Fn. 286), S. 183 ff.

[332] Zur Internationalisierung der Verwaltung vgl. *Christian Tietje,* Internationalisiertes Verwaltungshandeln, 2001; *Eberhard Schmidt-Aßmann,* Die Herausforderung der Verwaltungsrechtswissenschaft durch die Internationalisierung der Verwaltungsbeziehungen, Der Staat, Bd. 45 (2006), S. 315 ff.; *Armin v. Bogdandy* u. a. (Hrsg.), The Exercise of Public Authority by International Institutions, 2010; *Markus A. Glaser,* Internationale Verwaltungsbeziehungen, 2010.

[333] Vgl. etwa BVerfGE 107, 59 (92).

[334] *Uwe Schimank,* Theorien gesellschaftlicher Differenzierung, 1996, S. 170 ff.

[335] Dazu *Dreier,* Verwaltung (Fn. 150), S. 211 ff.; zur europäischen Dimension → Bd. I *Schmidt-Aßmann* § 5 Rn. 25 ff.

lich anerkannte Unabhängigkeit der Zentralbanken (Art. 130 AEUV, Art. 88 GG), die Anerkennung der Anstalten, Körperschaften und Stiftungen und der anderen Träger der Selbstverwaltung, die auf der Ebene der Landesverfassungen zum Teil als selbstverständlicher Bauplan einer Verwaltung ohne Vorrangrelation der Ministerialorganisation anerkannt werden[336] und die nicht prinzipiell zu bezweifelnde Verfassungsmäßigkeit der privatrechtsförmigen Verwaltung zeigen. Die Legitimationsordnung hat es daher nicht mit einer präexistenten Einheit der Verwaltung zu tun, sondern mit der Herstellung von Verantwortlichkeit in einer differenzierten und pluralisierten Verwaltung. Entkoppelnde wie reintegrierende Faktoren sind gleichermaßen Bestandteil der Legitimationslehre.[337] Entscheidend kommt es darauf an, dass ein hinreichend wirksamer Zurechnungszusammenhang zwischen dem Volk und der Ausübung von Staatsgewalt besteht.[338]

63 Ausgangspunkt der Legitimationsordnung ist das Gesetz.[339] Jede Form der Ausgliederung und Verselbstständigung, die das Entscheidungs- und Kontrollsystem der Verwaltung mehr als nur unwesentlich ändert, dürfte den **institutionellen Gesetzesvorbehalt** auslösen.[340] Die Verselbstständigung von Organisationen schafft eigenständige korporative Akteure,[341] eigenständige Kommunikations-, Handlungs- und Entscheidungszusammenhänge und damit die Grundlage für eine mehr oder weniger eigenständige Wahrnehmung der Gemeinwohlaufgaben.[342] In dieser Verselbstständigung der Orientierung und Aufgabenwahrnehmung liegt denn auch ein Grund für die Aktualisierung des institutionellen Gesetzesvorbehalts, der zugleich eine Aktualisierung der gesetzgeberischen Legitimationsverantwortung ist.[343] Insoweit wirkt das Gesetz, wie *Eberhard Schmidt-Aßmann* zutreffend formuliert, unmittelbar dadurch, dass es eine bestimmte parlamentarische Organisationsentscheidung ausdrückt, und mittelbar, indem es Verwaltungsstrukturen schafft, in denen sich demokratische Legitimation fortlaufend ereignen kann.[344]

64 Darüber hinaus muss **dauerhaft sichergestellt** werden, dass diese Einrichtungen die ihnen übertragenen Aufgaben im Rahmen der ihnen vorgegebenen Gemeinwohlziele erfüllen.[345] Insoweit kann sich die Erfüllung der Verwaltungsaufgaben von dem entfernen, was mit der Institutionalisierung erwartet war: Durch die Ausbildung von institutionellen Eigeninteressen, durch Entscheidungsblockaden wegen suboptimaler Entscheidungsregeln, durch die Umdefinition von Gemeinwohlzielen infolge einer zu starken Klientelorientierung, durch Interessenkonflikte bei plural zusammengesetzten Einrichtungen.

---

[336] Vgl. nur Art. 83 SächsVerf; zum Ganzen auch *Kluth*, Selbstverwaltung (Fn. 10), S. 15 f.
[337] *Schmidt-Aßmann*, Ordnungsidee, 5. Kap. Rn. 35.
[338] → Rn. 56; zu dieser Perspektive bereits *Dreier*, Verwaltung (Rn. 150), S. 283 ff.; *Karl-Heinz Ladeur*, Von der Verwaltungshierarchie zum administrativen Netzwerk?, DV, Bd. 26 (1993), S. 137 ff.
[339] → Rn. 58.
[340] Dazu *Schmidt-Aßmann*, Ordnungsidee, 4. Kap. Rn. 27; → Bd. I *Reimer* § 9 Rn. 37 f.
[341] In der schönen Formulierung von *Schuppert*, Verwaltungswissenschaft, 2000, S. 584: „Schaffung von Organisation ist nicht das mechanische Bedienen eines Schalthebels, sondern bedeutet, einen korporativen Akteur ‚in Marsch' zu setzen."
[342] Dazu *Trute*, Funktionen (Fn. 10), S. 254 ff.; *Schuppert*, Verwaltungswissenschaft (Fn. 341), S. 582 ff.; *Schmidt-Aßmann*, Verwaltungsorganisationsrecht (Fn. 215), S. 19.
[343] → Rn. 58.
[344] *Schmidt-Aßmann*, Ordnungsidee, 4. Kap. Rn. 26; die zentrale Rolle des Gesetzes wird auch betont bei *Dreier*, Verwaltung (Fn. 150), S. 285 ff.
[345] → Bd. I *Schulze-Fielitz* § 12 Rn. 148 ff.

D. Einzelbereiche

Insoweit bedarf es jeweils einer **Analyse** der **bereichsspezifischen** und **organisationstypischen Gefährdungslagen,** die mit Verselbstständigungen verbunden sind.³⁴⁶ Mehrere Problemkreise sind dabei typisch für Verselbstständigungen: Die Notwendigkeit der Einbindung in die Gesamtpolitik,³⁴⁷ also das Koordinationsproblem, die permanente Ausrichtung der Organisation auf ihre **Aufgabenstellung** und die Verhinderung ihrer Vereinnahmung durch die Klienten dieser Einrichtungen.³⁴⁸ Dazu bedarf es also eines institutionellen Arrangements, das die Re-Integration der Einrichtungen sicherstellt. Dieses ist nicht vordringlich mit weisungsgesteuerten Hierarchiebeziehungen der Rechts- und Fachaufsicht zu bewerkstelligen, deren Voraussetzungen und Leistungsgrenzen oben beschrieben sind.³⁴⁹ Sie stehen in Gefahr, die eigentlichen Vorteile der Verselbstständigung wieder einzuziehen.³⁵⁰ Von daher bedarf es eines differenzierten Arrangements der Entkoppelung und Re-Integration, das den Aufgaben und dem gewählten Organisationstyp angemessen ist.

1. Verselbstständigung von Verwaltungseinheiten

Für die Bewertung der Verselbstständigung kommt es nicht entscheidend auf die Rechtsfähigkeit an, sie ist allenfalls ein Indiz. Es gibt selbstständige Anstalten, die sehr eng an die Ministerialverwaltung angebunden sind,³⁵¹ es gibt nichtrechtsfähige Anstalten, die ein erhebliches Maß an Autonomie haben.³⁵² Im Ausgangspunkt ist entscheidend, dass – sofern nicht die Verselbstständigung durch verfassungsrechtliche Titel gerechtfertigt ist – **Sachgründe** vorliegen, die Verselbstständigung also durch die Output-Dimension der Legitimation gestützt wird.³⁵³ Die Funktionalität rechtfertigt die Verselbstständigung, es wird die erwartbare Entscheidungsqualität berücksichtigt.³⁵⁴ Das Problem der Re-Integra-

---

³⁴⁶ Zu Recht *Schuppert*, Verwaltungswissenschaft (Fn. 341), S. 620; zustimmend *Schmidt-Aßmann*, Ordnungsidee, 5. Kap. Rn. 35 mit Fn. 72.

³⁴⁷ *Brohm*, Dogmatik (Fn. 15), S. 298 ff.

³⁴⁸ Klassisch zum *clientele capture Samuel P. Huntington*, The Marasmus of the ICC, Yale Law Journal 1952, S. 467–509; modifizierend *Paul Sabatier*, Social Movements and Regulatory Agencies: Towards a More Adequate – and Less Pessimistic – Theory of Clientele Capture, Policy Sciences 6 (1975), S. 301–342; zum Ganzen *Schuppert*, Verwaltungswissenschaft, S. 574 f.; *Dietmar Braun*, Die politische Steuerung der Wissenschaft, 1998, S. 59 ff.

³⁴⁹ → Rn. 40.

³⁵⁰ Zu Recht weist *Dreier*, Verwaltung (Fn. 150), S. 245 m. Fn. 136 bei Anstalten auf einen möglichen Verlust des Entlastungseffekts hin; den begrenzten Effekt von Rechtsaufsicht betonend auch a.a.O., S. 288 f.; vgl. auch *Klaus Lange*, Die öffentlich-rechtliche Anstalt, VVDStRL, Bd. 44 (1986), S. 169 (199 f.); *Schmidt-Aßmann*, Ordnungsidee, 5. Kap. Rn. 37.

³⁵¹ Wie etwa die Bundesanstalt für Immobilienaufgaben, die der Rechts- und Fachaufsicht unterliegt, deren Organe im Wesentlichen vom Bundesminister der Finanzen bestellt werden, deren Satzung von diesem ebenso erlassen wird wie die Geschäftsordnung des Verwaltungsrats. Ähnliches gilt für die Bundesanstalt für Finanzmarktstabilisierung – FMSA: gem. § 3 a Finanzmarktstabilisierungsfondsgesetz wird deren Leitungsausschuss vom BMF ernannt, deren Lenkungsausschuss ist ein interministerieller Ausschuss, deren Satzung wird durch Rechtsverordnung des BMF erlassen und sie unterliegt im Übrigen den vielfältigen Einflussmöglichkeiten des BMF.

³⁵² Wie etwa die Ressortforschungseinrichtungen des Bundesministeriums für Ernährung, Landwirtschaft und Verbraucherschutz, bei denen der Zugriff des Ministeriums über einen Senat mediatisiert wird und die Einrichtungen zudem partiell „Mitverwaltungsrechte" haben.

³⁵³ → Rn. 54.

³⁵⁴ *Schmidt-Aßmann*, Ordnungsidee, 5. Kap. Rn. 35, 2. Kap. Rn. 99; ähnlich *Dreier*, Verwaltung (Fn. 150), S. 289 f.

tion in die Gesamtpolitik ist durch die bekannten Instrumente zu lösen. Zum einen können durch den Akt der Institutionalisierung hinreichend genau ihre Struktur, die Anforderungen an das Personal, die Sachaufgabe und die Verfahren der Entscheidungsbildung vorgezeichnet, durch die Wahl des Leitungspersonals und dessen Rückbindung an den Träger sowie durch die Möglichkeiten einer Ex-Ante-Einflussnahme und einer Ex-Post-Kontrolle im Prinzip hinreichend sicher eine Re-Integration in die Gesamtpolitik gesichert werden, ohne die Einrichtung so eng an die Ministerialorganisation anbinden zu müssen, dass der Gewinn der Verselbstständigung wieder verloren geht. Die Organisationsgestaltung zeigt insoweit eine Vielfalt von Möglichkeiten der **Ex-Ante-Bindung** und **Ex-Post-Kontrolle** jenseits der sterilen Diskussion um Weisungsbindung: die Abstimmung von mehrjährigen Arbeitsprogrammen und jährlichen Arbeitsplänen mit dem Verwaltungsträger, der Abschluss von Zielvereinbarungen, deren Monitoring und Anpassung, nachträgliche Berichte, externes Monitoring und daran anknüpfende Formen der Kontrolle, das Haushaltsrecht und die Instrumente des Haushaltsvollzugs. Hinzu kommt die Rechtsaufsicht, die im Regelfall zur Sicherung der Gesetzmäßigkeit der Verwaltung erforderlich ist.

67 **Weitergehende Verselbstständigungen** zeigen sich etwa bei den an sich vom Verwaltungstypus her der bundeseigenen Verwaltung zuzurechnenden oberen Bundesbehörden, selbstständigen Bundesoberbehörden, Zentralstellen und Beauftragten, die phänotypisch an sich durch die umfassende Direktionsmacht des Bundes und damit durch die Zuordnung zur Ministerialverwaltung gekennzeichnet sind, also der Rechts-, Fach- und Dienstaufsicht des Bundes unterfallen.[355] So untersteht die selbstständige **Bundesoberbehörde „Umweltbundesamt"** nicht nur der Rechts-, sondern auch der Fachaufsicht der jeweils beauftragenden obersten Bundesbehörden.[356] Wenn das Umweltbundesamt gleichwohl als Aufgabe die Durchführung wissenschaftlicher Forschung übertragen bekommen hat,[357] dann schließt dies notwendig fachliche Weisungen im Hinblick auf Methoden und Ergebnisse wissenschaftlicher Tätigkeit aus.[358] Das ist nicht eine wie auch immer zu kompensierende Legitimationsverdünnung, sondern Ausdruck der *Output*-Legitimation:[359] ohne eine entsprechende Unabhängigkeit keine sachgerechte Aufgabenerfüllung.

68 Besonders deutlich ist das bei den selbstständigen Bundesoberbehörden, die dem Typus von Regulierungsbehörden zugerechnet werden, wie dies etwa für die ehemalige **Regulierungsbehörde für Telekommunikation und Post, jetzt Bundesnetzagentur,**[360] der Fall ist. Hier wird regelmäßig – wie auch beim Bundeskartellamt – die Beschränkung des Weisungsrechts auf **allgemeine Weisun-**

---

[355] Dazu *Martin Burgi*, in: v. Mangoldt/Klein/Starck, GG III, Art. 86 Rn. 44 ff.

[356] Vgl. § 3 Gesetz über die Errichtung eines Umweltbundesamtes; auch § 3 Gesetz über die Errichtung eines Bundesamtes für Strahlenschutz.

[357] § 2 Abs. 2 Gesetz über die Errichtung eines Umweltbundesamtes; auch § 2 Abs. 3 Gesetz über die Errichtung eines Bundesamtes für Strahlenschutz.

[358] Konsequent insoweit § 8 Abs. 1 BfRG für das Bundesinstitut für Risikobewertung, einer rechtsfähigen Anstalt.

[359] → Rn. 54.

[360] Gesetz über die Bundesnetzagentur für Elektrizität, Gas, Telekommunikation, Post und Eisenbahn (Art. 2, Zweites Gesetz zur Neuregelung des Energiewirtschaftsrechts v. 7. 7. 2005), BGBl I (2005), S. 1970; → Bd. I *Eifert* § 19 Rn. 139 ff.

gen – wiewohl nicht unbestritten –[361] in den Vordergrund der Legitimationsüberlegungen gestellt.[362] Diese lässt sich indes durch die quasi-justizielle Funktion des Beschlusskammerverfahrens rechtfertigen, wie beim Bundeskartellamt auch.[363] Ungeachtet dessen sieht das Europarecht nunmehr die Weisungsfreiheit der Einrichtungen zumindest partiell vor.[364] Allerdings vermag erst eine ausführliche Analyse der institutionellen Struktur das Ausmaß der funktionellen und politischen Unabhängigkeit[365] auszuweisen. Unabhängig davon, dass diese partiell europarechtlich vorgegeben ist, lässt sie sich dadurch rechtfertigen, dass andernfalls das Vertrauen der regulierten Marktteilnehmer schwerlich erreichbar, dieses aber Voraussetzung einer erfolgreichen Regulierung ist.[366] Gerade die geringe materielle Dichte der Vorgaben erlaubte ansonsten Interventionen zugunsten einzelner Marktteilnehmer; dies gilt zumal im europäischen Binnenmarkt, bei dem nationale Politik immer in der Versuchung ist, nationale Champions zuungunsten anderer zu bevorteilen. Verallgemeinernd kommt darin zum Ausdruck, dass es zur sachgerechten Aufgabenerledigung notwendig oder doch zumindest sinnvoll sein kann, Distanz schaffende Entkoppelungen vorzusehen.[367] In diesem Sinne können Einrichtungen geschaffen werden, die dem üblichen politischen Zyklus enthoben sind und deren Aufgabe es gerade ist, jenseits dessen eine Regulierungspolitik zu entwerfen und zu implementieren.[368] Dies ist

---

[361] Ausführlich zum TKG 1996 *Klaus Oertel*, Die Unabhängigkeit der Regulierungsbehörde nach §§ 66 ff. TKG, 2000, S. 397 ff., 420 f.; *Hans-Heinrich Trute*, in: ders./Wolfgang Spoerr/Wolfgang Bosch, TKG mit FTEG, § 66 Rn. 30 f.; zu unabhängigen Regulierungsagenturen vgl. ausführlich *Ruffert*, Verselbständigte Verwaltungseinheiten: Ein europäischer Megatrend im Vergleich, in: Trute/Groß/Röhl/Möllers, Allgemeines Verwaltungsrecht, S. 431 ff.; *Johannes Masing*, Organisationsdifferenzierung im Zentralstaat - unabhängige Verwaltungsbehörden in Frankreich, ebd., S. 399 ff.; *ders.*, Die Regulierungsbehörde im Spannungsfeld von Unabhängigkeit und parlamentarischer Verantwortung, in: FS Reiner Schmidt, 2006, S. 521 ff.; *Gärditz*, Regulierungsverwaltungsrecht (Fn. 170), AöR, Bd. 135 (2010), S. 251 ff.; *Ludwigs*, Bundesnetzagentur (Fn. 274); allgemein zu unabhängigen Institutionen vgl. *Bredt*, Legitimation unabhängiger Institutionen (Fn. 10).

[362] Zu Recht zurückhaltend im Hinblick auf die Bedeutung der Reduktion *Schmidt-Aßmann*, Ordnungsidee, 5. Kap. Rn. 37 m. Fn. 75.

[363] Vgl. auch BVerwGE 130, 39 (49) zur Gestaltungsaufgabe der Mitglieder der Beschlusskammern; *Masing*, Regulierungsbehörde im Spannungsfeld (Fn. 361), S. 521 (533); ein Weisungsrecht des Präsidenten gegenüber den Beschlusskammern, wie es *Ludwigs*, Bundesnetzagentur (Fn. 274), S. 51 annimmt, verträgt sich zudem kaum mit den Annahmen des Bundesverwaltungsgerichts zu Beurteilungsspielräumen der Bundesnetzagentur.

[364] Vgl. Art. 3 Abs. 3 a S. 1 Richtlinie 2002/21/EG des Europäischen Parlaments und des Rates vom 7. März 2002 über einen gemeinsamen Rechtsrahmen für elektronische Kommunikationsnetze und -dienste (ABl. EG 2002, Nr. L 108, S. 33), zuletzt geändert durch Art. 1 ÄndRL 2009/140/EG vom 25. 11. 2009 (ABl. EU 2009, Nr. L 337, S. 37). Der Sache nach bezieht sich diese Weisungsfreiheit sowohl auf Einzelweisungen wie allgemeine Weisungen und zudem dürfte sich der Vorbehalt der Aufsicht nach der nationalen Verfassungsordnung auf die gerichtliche und parlamentarische Kontrolle beziehen, wie der Zusammenhang mit Art. 3 Abs. 3 a S. 3 RRL (vgl. oben) ergibt; so auch *Ludwigs*, Bundesnetzagentur (Fn. 274), S. 45 f.

[365] *Oertel*, Unabhängigkeit (Fn. 361), S. 154 ff., 187 ff.

[366] Zum Ganzen *Trute*, Regulierung (Fn. 286), S. 183 ff.

[367] Am wenigsten Probleme werfen insoweit diejenigen Einrichtungen auf, deren Entkoppelung verfassungsrechtlich vorgegeben ist, wie die der Zentralbanken (Art. 130 AEUV, Art. 88 GG), aber es ist wichtig zu sehen, dass darin nur ein allgemeiner Gedanke der Output-Legitimation zum Ausdruck kommt, also verfassungsrechtliche Ausnahmetitel nicht erforderlich sind; zu Recht in diesem Sinne *Schmidt-Aßmann*, Ordnungsidee, 5. Kap. Rn. 37 f., der auf das Vorhandensein von Sachgründen verweist.

[368] Zu den erweiterten Spielräumen für eine eigenständige Regulierungspolitik im neuen Rechtsrahmen *Hans-Heinrich Trute*, Der europäische Regulierungsverbund in der Telekommunikation – ein

nicht gleichbedeutend mit Kontrollfreiheit. Ihre Einbindung erfährt die Regulierungsbehörde etwa durch Berichtspflichten (§ 122 Abs. 1 TKG), durch vorwirkende Einflussmöglichkeiten und Kontrollrechte des Beirates (§ 120 TKG i.V.m. § 5 BEGTPG), der zugleich Ansatzpunkte für eine parlamentarische Kontrolle vermittelt,[369] durch die Verbindung der Regulierungsaufgabe mit wissenschaftlicher Expertise,[370] durch den Vorhabenplan (§ 122 Abs. 2 TKG) und nicht zuletzt und vor allem durch eine Kontrolle durch andere Behörden, wie etwa das Bundeskartellamt und durch die Einbindung in den europäischen Regulierungsverbund, der sie bei wichtigen Maßnahmen gleichsam einem „peer review" durch die anderen europäischen Regulierungsbehörden und vor allem durch die Europäische Kommission aussetzt. Damit wird ein Maß an Verwaltungstransparenz und Öffentlichkeitsbeteiligung schon im Vorfeld von Entscheidungen geschaffen, die hohe Darlegungs- und Rechtfertigungslasten für die Regulierungsbehörde in jedem einzelnen Verfahren schaffen. Insoweit ist zudem durch das Zusammenwirken nationaler und europäischer Verfahrensanforderungen ein **hohes Maß an prozeduraler Legitimation**[371] gewährleistet. Dieses institutionelle Arrangement lässt erwarten, dass sich die Regulierungsbehörde im Rahmen des Regulierungsauftrags hält, und dürfte gegenüber klassischen Einfluss- und Kontrollrechten, deren Wirksamkeit in traditionellen Lehren zur Verwaltungslegitimation eher unterstellt denn begründet wird, in seiner Wirksamkeit eher gesteigert sein. Verallgemeinert man dies, dann zeigt sich, dass Verwaltungslegitimation von Verselbstständigung nicht auf einer einfachen Gleichung aufbauen kann, wonach einer geringen materiellen Vorzeichnung eine verstärkte Anbindung an die Ministerialverwaltung entsprechen muss. Ebenso wenig kann das Kontrollinstrumentarium auf die klassischen Mittel von Weisung und Rechtsaufsicht beschränkt werden, sondern es kommt darauf an, dass ein institutionelles Arrangement geschaffen wird, das hinreichend sicherstellt, dass den oben genannten Gefahren der Verselbstständigung entgegengewirkt wird. Dazu können ebenso Berichtspflichten, Kontrastorgane, Evaluationen, Kontrollverbünde von konkurrierenden Behörden oder Beiräte, die vorwirkend parlamentarische Einfluss- und Kontrollrechte aktualisieren, wie auch Gremien und Ausschüsse als Anknüpfungspunkte parlamentarischer Kontrollen dienen.[372] Erst aus ihrem Zusammenwirken lässt sich erkennen, ob insoweit eine hinreichende, der Aufgabe entsprechende Rückbindung an das Parlament erfolgt.

---

neues Modell europäisierter Verwaltung, in: FS Peter Selmer, 2004, S. 565 ff.; *Masing*, Regulierungsbehörde im Spannungsfeld (Fn. 361), S. 521 ff.; krit. *Gärditz*, Regulierungsverwaltungsrecht (Fn. 170), S. 251 ff.; *Ludwigs*, Bundesnetzagentur (Fn. 274).

[369] Auf die Einbindung in parlamentarische Kontrolle weist ebenfalls die Entscheidung des *EuGH* zu den unabhängigen Datenschutzbeauftragten hin, vgl. *EuGH*, EuZW 2010, S. 296 ff.; im Hinblick auf die Regulierungsbehörden auch *Ludwigs*, Bundesnetzagentur (Fn. 274), S. 52 ff.; vorsichtig in diese Richtung auch *Gärditz*, Regulierungsverwaltungsrecht (Fn. 170), S. 252 (280 f.).

[370] Dazu als Voraussetzung gemeinwohlorientierter Regulierung *Dietmar Braun*, Gemeinwohlorientierung im modernen Staat, in: Raymund Werle/Uwe Schimank (Hrsg.), Gesellschaftliche Komplexität und kollektive Handlungsfähigkeit, 2000, S. 125 (139 ff.); vgl. auch BVerwGE 130, 39 (49).

[371] → Rn. 47.

[372] Dazu auch *Jens-Peter Schneider*, Verwaltungskontrollen und Kontrollmaßstäbe in komplexen Verwaltungsstrukturen, in: Schmidt-Aßmann/Hoffmann-Riem (Hrsg.), Verwaltungskontrolle, S. 271 (280 ff.); vgl. dazu auch die N. oben → Fn. 55.

D. Einzelbereiche

2. Pluralisierte Verwaltungseinheiten

Andere Probleme zeigen sich bei den **Kollegialorganen**,[373] sei es bei den **Verwaltungsräten** oder **Beiräten** verselbstständigter Einrichtungen, sei es bei den regelmäßig **weisungsfreien Gremien der Ministerialverwaltung**. Für diese ist neben der Verselbstständigung die Inkorporation Privater kennzeichnend.[374] Diese Kollegialgremien finden sich in großer Zahl,[375] aus unterschiedlichen Sachgründen und mit unterschiedlichen Funktionen.[376] Typologisch kann man sie – ohne Anspruch auf vollständige Trennschärfe – nach den Gründen der Beteiligung Privater unterscheiden: partizipative, korporative und professionelle Gremien.[377] 69

Partizipative Gremien sind solche, bei denen die Mitwirkung der von Sachentscheidungen Betroffenen oder deren Repräsentanten im Vordergrund steht. Bei **korporativen Modellen** werden organisierte Interessen in die Verwaltungstätigkeit derart einbezogen, dass ihren Vertretern Mitwirkungs- oder institutionell verfestigte Mitentscheidungsrechte eingeräumt werden. Anders als bei diesen auf Interessenvermittlung ausgerichteten Strukturtypen steht bei dem **professionellen Modell** die Inkorporation professioneller Handlungsorientierungen, Standards und Expertise im Vordergrund. Die Intensität ihrer Beteiligung reicht von Beratungs- über Mitwirkungs- bis hin zu Entscheidungsrechten. 70

Die **Beteiligung Privater** führt zu einer Ausdünnung staatlicher Entscheidungsbeherrschung, sei es dadurch, dass der Staat mehr oder weniger auf die Personalauswahl verzichtet, sei es, dass diese Gremien weisungsfrei gestellt werden, was in aller Regel der Fall ist, sei es, dass eine Informations- oder Wissensasymmetrie Einfluss auf staatliche Entscheidungen vermittelt, wie es insbesondere für sachverständige Gremien der Fall ist. Zugleich ist oftmals die gerichtliche Kontrolle bei pluralistischen Gremien durch die Annahme einer Beurteilungsermächtigung oder eines Standardisierungsspielraums verringert. Insoweit wird hier typischerweise eine **staatliche Legitimationsverantwortung** aktualisiert.[378] 71

Ausgangspunkt ist auch hier das **parlamentarische Gesetz**, das die notwendige **Basislegitimation** ihrer Institutionalisierung vermittelt. Nimmt man an, dass der institutionelle Gesetzesvorbehalt auch dann ausgelöst wird, wenn we- 72

---

[373] Zu diesen vgl. → Bd. I *Hoffmann-Riem* § 10 Rn. 24; *Groß* § 13 Rn. 52 ff.

[374] Behandelt werden hier daher nicht die sog. kooperativen Gremien, die der Zusammenarbeit verschiedener Verwaltungsträger dienen oder bei denen verschiedene Behörden zusammenarbeiten oder Vertreter in den Verwaltungsrat von Anstalten senden; vgl. zu diesem Typus von Kollegialgremien *Groß*, Kollegialprinzip (Fn. 10), S. 102 ff. Unter Legitimationsgesichtspunkten werfen diese im Wesentlichen nur dann Probleme auf, wenn in den Kollegialgremien unterschiedliche Legitimationsstränge aufeinander abgestimmt werden müssen, wie es bei der kommunalen Zusammenarbeit der Fall sein kann. Ebenso wenig werden die funktionale Selbstverwaltung und die Gremien in privater Trägerschaft behandelt; dazu unten → Rn. 82, 93.

[375] Einen Überblick über Zahl und Zusammensetzung der Gremien auf Bundesebene bietet der 4. Gremienbericht der Bundesregierung über den Anteil von Frauen in wesentlichen Gremien im Einflussbereich des Bundes, 2007, nach § 9 des Bundesgremienbesetzungsgesetzes (BGremBG) v. 24. Juni 1994, BGBl I, S. 1406 (1413).

[376] Ausführlich dazu *Oebbecke*, Räume (Fn. 10); *Groß*, Kollegialprinzip (Fn. 10), S. 61 ff.; *Karl-Peter Sommermann* (Hrsg.), Gremienwesen und staatliche Verantwortung, 2001.

[377] Hierzu und zum Folgenden *Groß*, Kollegialprinzip (Fn. 10), S. 61 ff.

[378] → Rn. 58.

sentliche Entscheidungsstrukturen dergestalt geändert werden, dass die parlamentarische Kontrolle der betreffenden Entscheidungen modifiziert wird, so gilt er grundsätzlich auch für die Einführung abweichender Koordinationsmechanismen.[379] Während die traditionelle Auffassung vor allem entlang der Unterscheidung von Beratung und Entscheidung wesentliche Teile der beratenden Tätigkeit aus der Legitimationsordnung entlassen wollte, kommt es entscheidend auf den Einfluss auf staatliche Entscheidungen an. Insbesondere dort, wo Beratungsgremien Expertise bereitstellen, der auf staatlicher Seite typischerweise aus sachlichen wie rechtlichen Gründen keine oder keine ausreichende Kontrollmöglichkeit hinsichtlich der Ergebnisse der Expertise gegenübersteht,[380] werden die Anforderungen des institutionellen Gesetzesvorbehalts auch bei Beratungsfunktionen zu gelten haben. Unterhalb dessen reicht die Annahme einer überwirkenden Legitimationsverantwortung aus.[381] Das Gesetz muss den Aufgabenbereich präzise beschreiben und darf dies nicht ihrerseits der Exekutive überlassen. Dies gilt in gleicher Weise für die Überweisung zusätzlicher Aufgaben, sofern sie ihrerseits die oben genannte Qualität haben.[382] Das schließt entsprechende Verordnungsermächtigungen nicht aus, sofern diese den Anforderungen des Art. 80 GG genügen.[383] Angesichts der Reduktion der sachlich-inhaltlichen Legitimation kommt so der personellen und prozeduralen Legitimation der Gremien eine besondere Bedeutung zu.

73 Dabei steht freilich nicht die von der traditionellen Konzeption immer wieder berufene Legitimationsvermittlung durch den Ernennungsakt staatlicher Stellen im Vordergrund.[384] Ein **staatliches Auswahlrecht** ist weder stets erforderlich noch sinnvoll. Partizipative Gremien, etwa die Beteiligung von Schülern und Eltern in Schulangelegenheiten, dienen ohnehin der Vermittlung autonomer Legitimation. Korporative Beteiligung erfolgt oftmals um der wirksamen Interessenvertretung willen, soll also gerade eine wirksame Rückkopplung an beteiligte Kreise vermitteln, zu der dann regelmäßig auch die Personalauswahl gehört.[385] Insoweit bedarf es allerdings einer gesetzlichen Regelung bezüglich der Zusammensetzung des jeweiligen Gremiums, die sich an dem jeweiligen Typus orientieren muss, um eine gleichheitsgerechte Eröffnung von Partizipationschancen oder interessenadäquate Zusammensetzung des Gremiums sicherzustellen. Soweit die Einrichtungen nicht dem institutionellen Gesetzesvorbehalt unterfallen, gelten diese Anforderungen auch für die administrative Einrichtung solcher Gremien.[386] Relativ gering sind die Anforderungen, wo der Kreis der Betroffenen bereits von der Sachaufgabe her festlegt, wie es etwa bei der Elternmitbestimmung in der Schule der Fall ist. Hier kann es freilich erforderlich sein

---

[379] Dazu auch *Thomas Groß*, Gremienwesen und demokratische Legitimation, in: Sommermann (Hrsg.), Gremienwesen (Fn. 376), S. 17 (28 ff.).

[380] Evident ist dies, wenn bei Abweichungen des Staates Begründungspflichten angenommen werden, wie dies bei der Zentralen Kommission für die Biologische Sicherheit der Fall ist (vgl. § 4 i.V.m. § 10 Abs. 7 S. 4 GenTG). Bedeutsam wird dies freilich auch in anderen Bereichen des Umwelt- und Technikrechts; ausführlich dazu *Irene Lamb*, Kooperative Gesetzeskonkretisierung, 1995.

[381] → Rn. 58.

[382] In der Sache ähnlich *Groß*, Gremienwesen (Fn. 379), S. 28 f.

[383] In diesem Sinne auch *BVerfGE* 83, 130 (151 f.); *Groß*, Gremienwesen (Fn. 379), S. 29.

[384] → Rn. 45.

[385] Ausführlich zu den Bestellungsmodalitäten *Groß*, Kollegialprinzip (Fn. 10), S. 55 ff.

[386] → Rn. 58.

festzulegen, wie Repräsentation bewirkt wird, wenn nicht alle Betroffenen selbst beteiligt werden können. Weitergehende Anforderungen gelten dort, wo pluraler Sachverstand oder eine Wertepluralität institutionalisiert werden sollen. Insoweit kommt es darauf an, dass die in den beteiligten Kreisen vertretenen Auffassungen möglichst vollständig erfasst werden. Die offensichtlichen Schwierigkeiten der Operationalisierung führen nicht dazu, sie der freien Einschätzung des Gesetzgebers zu überlassen.[387] Insoweit ergeben sich aber Unterschiede hinsichtlich der jeweiligen Typen von Gremien. Hinsichtlich gruppenpluralistischer Gremien sind die für den Sachbereich und die zu treffenden Entscheidungen relevanten Gruppen oder Personen zu berücksichtigen, soll eine sachgerechte Aufgabenerfüllung und Interessenvermittlung erfolgen.[388] Bei der Inkorporation von professionellen Handlungsorientierungen, Sachverstand und Expertise wirkt innerhalb gewisser Grenzen schon die professionelle Handlungsorientierung und Bindung an professionelle Reputationsmechanismen auf eine Distanzierung und Mediatisierung von Interessenbindungen und auf eine sachgerechte Aufgabenerledigung hin, so dass es auf den ersten Blick ausreichend erscheint, dass der Gesetzgeber die Bereiche benennt, aus denen die Expertise zu rekrutieren ist.[389]

Allerdings kann es auch hier erforderlich sein, **ergänzende institutionelle Vorkehrungen** vorzusehen,[390] um einseitigen Interessenbindungen zur Politik oder gesellschaftlichen Kreisen entgegenzuwirken.[391] Die Festlegung von Qualifikationsvoraussetzungen ist nicht allgemein, sondern vor allem dort notwendig, wo es um Gremien professionellen Typs geht. In den anderen Fällen kommt es regelmäßig auf die Qualifikation nicht an.[392] Weitere prozedurale Regelungen können vor allem für pluralistische und professionelle Gremien erforderlich werden. Bei pluralistischen Gremien muss sichergestellt werden, dass sich auch im Entscheidungsprozess hinreichend die pluralistische Orientierung durchsetzt, also dass nicht durch eine selektive Verfahrensgestaltung Einfluss auf den Inhalt der Entscheidung genommen werden kann. Dafür können Beteiligungspflichten, Quoren oder Minderheitenvoten erforderlich sein.[393] Sofern es nicht um Interessenvertretung, sondern eine die Interessen nutzende gesellschaftliche Repräsentanz geht, sind Regelungen erforderlich, die eine Transformation des Rollenverständnisses begünstigen,[394] zu denen dann nicht nur Regelungen über die Unabhängigkeit von den Interessen gehören, sondern ggf. auch weitergehende institutionelle Vorkehrungen, die die Ausrichtung auf die Sachaufgabe sicherstellen. Besondere Bedeutung bekommt dies bei den professionellen Gremien wie auch bei Gremien wissenschaftlicher Expertise.[395] Hier kommt es vor

74

---

[387] Anders wohl *Groß*, Gremienwesen (Fn. 379), S. 29 f., der sich freilich zu Unrecht auf *BVerfGE* 83, 130 (153) beruft.
[388] Dazu auch *BVerfGE* 83, 130 (150 f.).
[389] Vgl. etwa § 4 GenTG.
[390] Dazu unten → Fn. 395.
[391] Hier zeigt sich auch, dass ein Auswahlrecht, das bei Gremien diesen Typs regelmäßig gegeben sein wird, durchaus ambivalent ist, weil es ebenfalls zur selektiven Auswahl führen kann und damit dem Ziel der Inkorporation neutraler Expertise entgegenwirkt.
[392] Vgl. etwa *BVerfGE* 83, 130 (152).
[393] Vgl. dazu *BVerfGE* 83, 130 (152 f.).
[394] *BVerfGE* 83, 238 (334 f.).
[395] Zur ausufernden Diskussion der Neutralität von Experten vgl. *Peter Weingart*, Die Stunde der Wahrheit, 2001, S. 127 ff.; *Dietmar Braun*, Der Einfluss von Ideen und Überzeugungssystemen auf die

allem darauf an, dass das institutionelle Umfeld eine diskursive Auseinandersetzung begünstigt, dass die vertretenen Positionen im Diskurs zu bewähren sind und so einen Schleier der Indifferenz gegenüber Interessenbindungen errichten oder doch begünstigen.[396] Dazu rechnen etwa die Sicherung der Unabhängigkeit gegenüber bestimmten Interessenfeldern, Erklärungen über mögliche Interessenkonflikte, die auch veröffentlicht werden, die Veröffentlichung von Beratungsergebnissen und ihre Begründung, die eine Rückkoppelung zu den professionellen Gemeinschaften ermöglichen, sowie Mechanismen zur Klärung und Darstellung offener Fragen, Minderheitenvoten und die Transparenz der Verfahren, ggf. auch ihre Öffentlichkeit.[397]

3. Die privatrechtlich organisierte Verwaltung

75 Schwierigere Fragen wirft die **privatrechtlich organisierte Verwaltung**[398] auf. Hier entfällt in der Regel schon die Basislegitimation durch das Gesetz, jedenfalls dann, wenn man der wohl herrschenden Auffassung folgen will, dass die Ausgliederung von privatrechtlichen Trabanten nicht dem institutionellen Gesetzesvorbehalt unterliegt.[399] Darüber hinaus – und insoweit besteht weitreichende Einigkeit – führt die Verwendung privatrechtlicher Organisationsformen zu einer je nach Rechtsform, Struktur der Beteiligten, Mitbestimmungsart und Ausgestaltung der Satzung unterschiedlichen **Abnahme externer Steuerungsintensität,** also ihrer Rückbindung unter Gesichtspunkten der Verwaltungslegitimation.[400] Kann im Falle der GmbH über das Weisungsrecht der Gesellschafter an die Geschäftsführung ein vergleichsweise detailscharfer Einfluss auf die Geschäftsführung angenommen werden, so führt die Wahl der Aktiengesellschaft zwangsläufig über die gesellschaftsrechtlich vorgesehene Eigenständigkeit des Vorstandes zu einer deutlichen Abkoppelung vom Träger. Greifen die Regelungen über die Unternehmensmitbestimmung ein, werden zudem Mitbestimmungsmöglichkeiten über wesentliche Fragen begründet. Die Möglichkeiten der Konzernierung und der Verschachtelung privater und öffentlich-rechtlicher Organisationsformen[401] tun ein Übriges, um Konstellationen organisierter Unver-

---

politische Problemlösung, PVS, Bd. 38 (1998), S. 844 ff.; *Ulrich Beck/Wolfgang Bonß* (Hrsg.), Weder Sozialtechnologie noch Aufklärung?, 1989; *Winfried Brohm*, Sachverständige Beratung des Staates, in: HStR II, 1. Aufl. 1987, § 36 Rn. 13 ff.

[396] Zu einem solchen als Mechanismus der Sicherstellung von Gemeinwohlorientierung *Braun*, Gemeinwohlorientierung (Fn. 370), S. 133 ff., 142 f.

[397] Vor allem die Diskussion auf der Ebene der EU und die dort mittlerweile entwickelten Grundsätze bieten eine Vielzahl von institutionellen Gestaltungsmöglichkeiten, die insbesondere auf die Transparenz von Verfahren und Ergebnissen, deren Begründung sowie Öffentlichkeit zielen und damit aufzeigen, dass Verselbstständigung und Kontrolle keineswegs unvereinbar sind, sondern im Sinne von Verantwortlichkeit ausgestaltet werden können und müssen. Dazu auch *Hans-Heinrich Trute*, Democratizing Expertise – Expertise and Participation in Administrative Decision-Making, in: Helga Nowotny u. a., The Public Nature of Science under Assault, 2005, S. 87 (100 ff.).

[398] → Bd. I *Schulze-Fielitz* § 12 Rn. 109, 118 ff.; *Groß* § 13 Rn. 77 ff.

[399] Dazu etwa *Maurer*, VerwR, § 3 Rn. 9; *Wolff/Bachof/Stober*, VerwR III, § 91 Rn. 15; *Hans P. Bull*, Über Formenwahl, Formwahrheit und Verantwortungsklarheit in der Verwaltungsorganisation, in: FS Hartmut Maurer, 2001, S. 545 (554 ff.).

[400] Vgl. etwa *Axel Pfeiffer*, Möglichkeiten und Grenzen der Steuerung kommunaler Aktiengesellschaften durch ihre Gebietskörperschaften, 1991, S. 106 ff.; *Gersdorf*, Unternehmen (Fn. 10), S. 267 ff.; *Brigitte Strobel*, Weisungsfreiheit oder Weisungsgebundenheit kommunaler Vertreter in Eigen- und Beteiligungsgesellschaften?, DVBl 2005, S. 77 ff.

[401] Dazu *Benedikt Wolfers/Marcel Kaufmann*, Private als Anstaltsträger, DVBl 2002, S. 507 ff.

antwortlichkeit entstehen zu lassen, denen entgegenzuwirken Aufgabe der Verwaltungslegitimation ist.

Traditionelles Instrument der Rückbindung ist die Konstruktion einer **Einwirkungspflicht,** die das Gebot an den Träger beinhaltet, die im Gesellschaftsrecht vorhandenen Möglichkeiten zu nutzen, um die Gemeinwohlziele der Organisation auch zu erreichen.[402] Allerdings mag man zweifeln, ob damit die Einflussverluste wirklich kompensiert werden. Versuche, die Grundprinzipien des öffentlich-rechtlichen Organisationsrechts über die Konzeption eines **Verwaltungsgesellschaftsrechts** unmittelbar zu inkorporieren,[403] sind schwer begründbar, weil sie der Sache nach dazu dienen, von zwingenden gesellschaftsrechtlichen Bindungen abzuweichen.[404]

76

Allerdings zeigen sich hier **Kompensationstendenzen,** wie die Beteiligungsberichte[405] und mit Durchsetzung des Neuen Steuerungsmodells auch Formen des Konzern-Controlling, die eine wirksamere Anbindung ermöglichen können,[406] deren Bewährung und Durchsetzung in der Praxis aber eher zurückhaltend zu beurteilen ist.[407] Von daher wird man denn auch den institutionellen Gesetzesvorbehalt[408] für diese Einrichtungen jedenfalls im Grundsatz aktivieren müssen, um ihnen ein hinreichendes Maß an Basislegitimation zuführen zu können.[409] Freilich kann dies nach Sachbereich und Aufgabenstellung differenziert erfolgen.[410] Ein Beispiel für eine partielle gesetzliche Vorzeichnung sind die im kommunalen Wirtschaftsrecht ausgeformten Grundprinzipien oder die neuerdings auf Druck der Europäischen Kommission vorgesehenen Regelungen über wirtschaftliche Unternehmen der öffentlich-rechtlichen Rundfunkanstalten.[411] Sowenig der Erwerb und die Veräußerung einzelner Beteiligungen einem solchen Vorbehalt unterliegen, so ist auf der anderen Seite unverzichtbar, dass größere Verwaltungsaufgaben nur dann in Privatrechtsform ausgeführt werden, wenn eben deren Rückbindung institutionell über das Gesetz legitimiert wird.

77

Im Übrigen ist nach den jeweiligen Aufgaben zu unterscheiden. Die Rückbindungen an den Träger sind – wie sich auch bei den öffentlich-rechtlichen Organisationsformen zeigt – nicht in gleicher Weise für alle Aufgaben gleich geeignet.

78

---

[402] Grundlegend *Günter Püttner,* Die Einwirkungspflicht, DVBl 1975, S. 353 ff.; ausführlich *Dirk Ehlers,* Die Verwaltung in Privatrechtsform, 1984, S. 124 ff.

[403] *Thomas v. Danwitz,* Vom Verwaltungsprivatrecht zum Verwaltungsgesellschaftsrecht, AöR, Bd. 120 (1995), S. 595 ff.; *Walter Krebs,* Notwendigkeit und Struktur eines Verwaltungsgesellschaftsrechts, DV, Bd. 29 (1996), S. 309 ff.

[404] *Jörn A. Kämmerer,* Privatisierung, 2000, S. 226 ff.; *Schmidt-Aßmann,* Ordnungsidee, 5. Kap. Rn. 52.

[405] *Brigitte Strobel,* Der Beteiligungsbericht als Informationsinstrument des Gemeinderates, DÖV 2004, S. 477 ff.

[406] *Rüdiger Loitz/Michael Pradel,* „Konzern"controlling – Überlegungen zu einer Zusammenführung des Controlling von öffentlichen Unternehmen und Verwaltung, ZögU, Bd. 20 (1997), S. 99 ff.

[407] → Bd. I *Groß* § 13 Rn. 32.

[408] → Bd. I *Reimer* § 9 Rn. 37 f.

[409] Dafür u. a. *Walter Krebs,* Neue Bauformen des Organisationsrechts und ihre Einbeziehung in das Allgemeine Verwaltungsrecht, in: Schmidt-Aßmann/Hoffmann-Riem (Hrsg.), Verwaltungsorganisationsrecht, S. 339 (353); *Groß,* Kollegialprinzip (Fn. 10), S. 233 ff.; *Schmidt-Aßmann,* Ordnungsidee, 5. Kap. Rn. 28; *Trute,* Forschung (Fn. 10), S. 242 ff.

[410] Dafür *Schmidt-Aßmann,* Ordnungsidee, 5. Kap. Rn. 28; *Trute,* Forschung (Fn. 10), S. 242 ff.; → Bd. I *Groß* § 13 Rn. 79.

[411] Vgl. §§ 16 b ff. RStV; dazu *Reinhard Hartstein* u. a., RStV Kommentar, Bd. II, Loseblatt., § 16 b Rn. 1 ff.

So kann die Reduktion der Einflussmöglichkeiten dort nicht nur hingenommen werden, sondern ist in besonderer Weise naheliegend, wo die private Organisationsform Grundrechtsausübung ermöglichen soll, wie etwa im Forschungsbereich.[412] Öffentliche Unternehmen sollen wirtschaftlich handeln können, also am Markt sich nach dessen Rationalität, wenn auch innerhalb ihrer öffentlichen Zwecksetzung, orientieren können, was dann entsprechende Flexibilität und Dispositionsmöglichkeiten voraussetzt. Nicht anders als bei öffentlich-rechtlichen Organisationsformen legitimiert dies dann auch größere Spielräume eigenverantwortlichen Handelns. Ähnliches dürfte für private Mittlerorganisationen im Kulturbereich gelten. Verwaltungslegitimation dient einer der Aufgabe entsprechenden hinreichenden Rückbindung an den Träger, nicht aber dazu, die Erfüllung der Aufgaben zu erschweren oder gar unmöglich zu machen. Insoweit können Gesetzgeber und Verwaltung dann auch Formen wählen, die den zu erfüllenden Aufgaben adäquat sind.[413]

II. Die Legitimation der kommunalen Selbstverwaltung

79 Die Legitimation der kommunalen Selbstverwaltung[414] zeigt eine **Pluralität an Formen der Verwaltungslegitimation,** die über die immer wieder genannte zweifache Legitimation von parlamentsvermittelter und durch das Gemeindevolk (Art. 28 Abs. 1 S. 2 GG) vermittelter Legitimation noch deutlich hinausweist. Schon die Redeweise von parlamentsvermittelter Legitimation ist undeutlich darin, dass das Parlament hier sowohl den Bundestag als auch das Landesparlament meinen kann, vor allem, dass beide zusammenwirken und folglich insoweit die Legitimationssubjekte auseinanderfallen. Bundesgesetze, die die sachlich-inhaltliche, Landesgesetze, die die organisatorische, prozedurale, vielleicht auch ergänzend sachlich-inhaltliche, und das Gemeindevolk, das die personelle Legitimation nicht nur des Vertretungsorgans, sondern auch des Bürgermeisters und – ggf. konkretisierend – sachlich-inhaltliche Legitimation vermitteln, sind dann gleichsam der Normalfall einer pluralisierten Verwaltungslegitimation, der zeigt, wie wenig ein Konzept, das die parlamentsvermittelte Legitimation der Verwaltung an sich auf ein Parlament zurückführen muss, die Realität der Verwaltungslegitimation auf der kommunalen Ebene einfangen kann.[415] Darüber hinaus handelt mit dem Gemeindevolk ein Legitimationssubjekt, das durch den Einbezug der Unionsbürger normativ anders zusammengesetzt ist.[416] Hinzukommen noch **gesetzlich vermittelte Formen direkter Demokratie,** die entweder, wie Bürgerantrag, -begehren oder Bürgerentscheid, das Gemeindevolk aktivieren oder, wie bei Einwohnerversammlungen und -anträgen, sachkundiger Mitwirkung in den Ausschüssen, an den **Einwohner-,** nicht an den **Bürgerstatus** anknüpfen. Auch insoweit zeigt sich ein erweiterter

---

[412] *Trute,* Forschung (Fn. 10), S. 242 ff.
[413] I.d.S. für die öffentlichen Unternehmen auch *Schmidt-Aßmann,* Ordnungsidee, 5. Kap. Rn. 52.
[414] → Bd. I *Reimer* § 9 Rn. 39; *Schulze-Fielitz* § 12 Rn. 41 f.; *Groß* § 13 Rn. 41 f., 67 f.
[415] Dazu *Hans-Günter Hennecke,* Selbst-Verwaltung in Gemeinden und Kreisen als Pluralisierungsfaktor, in: Trute/Groß/Röhl/Möllers (Hrsg.), Allgemeines Verwaltungsrecht, S. 17 ff.
[416] Vgl. dazu bereits oben → Rn. 5. Die gemeindliche Organisation ist ihrerseits weiter differenziert und mit eigenständigen Legitimationszügen ausgestaltet, wie etwa die Ortschafts- und Stadtteilverfassungen zeigen.

D. Einzelbereiche

Kreis von Trägern politischer Partizipationsrechte.[417] Insgesamt kennzeichnet die kommunale Ebene also ein Geflecht **unterschiedlicher Legitimationsstränge**, das von vornherein ihre Eigenständigkeit im Legitimationsgefüge verdeutlicht.[418]

Folgerichtig zeigen sich **Legitimationsprobleme** bei der Zuordnung der Legitimationsstränge, weniger bei der hinreichenden Rückbindung, wie sie mit den Verselbstständigungen verbunden sein kann. Exemplarisch dafür ist die Abstimmung der über das parlamentarische Gesetz vermittelten Steuerung und der Legitimation durch das Volk der Gemeinde. Das zeigt sich vor allem bei der Frage nach dem Umfang des **Gesetzesvorbehalts für Eingriffe durch Satzungen** der Gemeinden. Die wohl herrschende Auffassung verlangt nach wie vor eine im Wesentlichen den Anforderungen für die Rechtsverordnungen entsprechende parlamentarische Regelung.[419] Indessen ist dies weder aus den rechtsstaatlichen noch aus den hier entscheidenden demokratischen Schichten des Gesetzesvorbehalts geboten. Den möglichen Distanzverlusten gemeindlicher Demokratie, die gelegentlich hinter diesen Begründungen aufscheinen, steht eine deutlich größere Sachnähe und vor allem eine klare Verantwortungszurechnung gegenüber. Von daher kann, sofern nur das Aufgabenfeld hinreichend bestimmt ist, die Gemeinde auch ohne weitere Spezifizierung in einer parlamentarischen Gesetzesgrundlage eingreifende Satzungen erlassen.[420] 80

Strukturell ähnliche Probleme zeigen sich bei der **Zuordnung von Kompetenzen von Gebietsgliederungen** innerhalb der Gemeinden, etwa bei der Zuordnung von Ortschaftsverfassung und Gemeinderatskompetenzen. Hier darf jedenfalls, ungeachtet etwaiger gesetzlicher Ausgestaltungen, die Reichweite der Kompetenzen der Sache nach nicht wesentlich über den Kreis der eigenen räumlichen Aufgaben hinaus erstreckt werden. Der Grundsatz der Kongruenz von Mitgliedern und Aufgabenzuschnitt wird vor allem in **höherstufigen Formen der kommunalen Zusammenarbeit** bedeutsam, mit denen die Inkongruenz von Aufgabenverflechtung und Verwaltungsraum bewältigt werden soll. Hier müssen die Legitimationsstränge vom personellen Substrat der jeweiligen Körperschaften und Organe so aufeinander abgestimmt werden, dass aus der Selbstverwaltung keine Fremdbestimmung wird. 81

III. Funktionale Selbstverwaltung

Die funktionale Selbstverwaltung ist durch die Zuweisung von **staatlichen Entscheidungsbefugnissen an verselbstständigte Rechtsträger** in eigenen Angelegenheiten gekennzeichnet.[421] Das Zusammenspiel von parlamentarisch vermittelter Legitimation und autonomer Legitimation charakterisiert diesen 82

---

[417] Zu der Spannung von Herrschaftsunterworfenen und Legitimationssubjekten vgl. oben → Rn. 22.
[418] *Mehde*, Steuerungsmodell (Fn. 10), S. 256 ff.
[419] *Helmuth Schulze-Fielitz*, in: Dreier (Hrsg.), GG I (1998), Art. 20 (Rechtsstaat) Rn. 128; *Fritz Ossenbühl*, Satzung, in: HStR III, 2. Aufl. 1996, § 66 Rn. 31; zurückhaltender *Schmidt-Aßmann*, Ordnungsidee, 2. Kap. Rn. 89.
[420] In diese Richtung auch *Janbernd Oebbecke*, Selbstverwaltung angesichts von Europäisierung und Ökonomisierung, VVDStRL, Bd. 62 (2003), S. 366 (398) m.w.N.
[421] *Kluth*, Selbstverwaltung (Fn. 10), S. 24 f.; ähnlich *Jestaedt*, Demokratieprinzip (Fn. 10), S. 69.

Typus.⁴²² **Eigenverantwortung** innerhalb gesetzlicher Organisations-, Verfahrens- und Aufgabennormen ist daher für diese Einrichtungen prägend. Ihre Erscheinungsformen sind vielfältig und durchaus heterogen. Sie reichen – weit gefasst – von der grundrechtsgegründeten und -getragenen Selbstverwaltung der Hochschulen und Rundfunkanstalten,⁴²³ ggf. auch der Landesmedienanstalten, den zwar grundrechtlich beeinflussten, aber nicht im eigentlichen Sinne fundierten Einrichtungen der berufsständischen Selbstverwaltung, also den Ärztekammern, Rechtsanwaltskammern, Notarkammern, Wirtschaftsprüferkammern und anderen Einrichtungen, über gruppenplurale Selbstverwaltungseinrichtungen, wie den Industrie- und Handwerkskammern und Landwirtschaftskammern, bis hin zu den Realkörperschaften, wie etwa den Wasser- und Bodenverbänden, Waldwirtschaftskammern und Fischereigenossenschaften, und den Einrichtungen der sozialen Selbstverwaltung.⁴²⁴ Die Rechtsformen sind ebenso vielfältig wie die Gründe für ihre Einrichtung. In ihnen zeigt sich die Ambivalenz von staatlicher Disziplinierung von Sozialbereichen bei gleichzeitiger Entlastung des Staates von unmittelbarer Wahrnehmung der Aufgaben einerseits, der Eröffnung gesellschaftlicher Einflussnahme und Demokratisierung der Interessenvertretung andererseits.⁴²⁵ Dies kann einhergehen mit der Gewährleistung einer gewissen Distanz zum Staat und damit der Sicherung von Grundrechtsausübung, wie es für die Universitäten, Forschungseinrichtungen und öffentlich-rechtlichen Rundfunkanstalten⁴²⁶ evident ist. Heterogen ist auch die Art der Einbeziehung gesellschaftlicher Interessen. Sie reicht von einer homogenen Interessenstruktur über gruppenplurale, in sich aber wiederum homogene, bis hin zu einer dem Ausgleich unterschiedlicher, eher gegenläufiger Interessen dienenden Binnenstruktur. Ihre Ziele sind ebenfalls heterogen. Sie ermöglichen Partizipation, Gemeinwohlkonkretisierung durch die Betroffenen und sie dienen der genossenschaftlichen oder solidarischen Bearbeitung bestimmter Problemstellungen in eigener Verantwortung.

83 Ist die eigenverantwortliche Wahrnehmung staatlicher Entscheidungsbefugnisse in eigenen Angelegenheiten für diesen Typus prägend, so muss die Legitimationsordnung darauf ausgerichtet werden. Unvermeidlich wird in der funktionalen Selbstverwaltung gesetzlich⁴²⁷ die Entscheidungsbefugnis eines Kreises funktional Betroffener über eigene Angelegenheiten konstituiert,⁴²⁸ die ihre Legitimation autonom erlangen.⁴²⁹ Zugleich wird die sachlich-inhaltliche Legitima-

---

⁴²² → Rn. 54.

⁴²³ Mit guten Gründen für eine Herausnahme aus dem Bereich der funktionalen Selbstverwaltung *Kluth*, Selbstverwaltung (Fn. 10), S. 75 ff.; in der Sache auch *Jestaedt*, Demokratieprinzip (Fn. 10), S. 100 f.

⁴²⁴ Ausführliche Darstellung und Typologie bei *Kluth*, Selbstverwaltung (Fn. 10), S. 30 ff.; vgl. auch *Winfried Brohm*, Selbstverwaltung in wirtschafts- und berufsständischen Kammern, in: FG Georg C. v. Unruh, 1983, S. 377 f.

⁴²⁵ Dazu *Kluth*, Selbstverwaltung (Fn. 10), S. 220 ff.; *Kleine-Cosack*, Autonomie (Fn. 10), S. 126 ff.

⁴²⁶ Wenn man sie denn diesem Typus zurechnen möchte. Vgl. dazu oben → Fn. 423.

⁴²⁷ → Bd. I *Reimer* § 9 Rn. 41.

⁴²⁸ Vgl. dazu auch die Bemerkung in *BVerfGE* 33, 125 (157); präzise nachgezeichnet bei *Emde*, Legitimation (Fn. 10), S. 49 ff. Dabei kann die Zuordnung von staatlicher Ingerenz und Eigenverantwortung im Rahmen verfassungsrechtlicher Vorgaben variieren, ist also nicht etwa durch einen Begriff der funktionalen Selbstverwaltung vorgegeben; *Emde*, a. a. O.

⁴²⁹ Insoweit spricht *Emde* zutreffend davon, hier werde das personelle Substrat ausgetauscht, *Emde*, Legitimation (Fn. 10), S. 49 f.: „Das Staatsvolk räumt das Feld, das Verbandsvolk rückt nach".

D. Einzelbereiche

tion durch die Zuweisung eigenverantwortlicher Aufgabenerledigung verändert. Je nach Konzeption werden unterschiedliche Antworten auf diese Veränderungen gegeben. Sie reichen von der Verallgemeinerung verfassungsrechtlicher Ausnahmetatbestände als Rechtfertigung, die in den Art. 86, 87 Abs. 3 S. 1[430], 130, 73 Ziff. 8 GG gesehen werden,[431] über die Anerkennung funktional differenzierter Verbandsvölker,[432] das Abstellen auf Betroffenheit als Legitimationsgrund[433] und korporatistische Konzeptionen,[434] bis hin zu einer durch den gesetzlichen Gründungsakt vermittelten generellen personellen Legitimation.[435] Ungeachtet der Tatsache, dass sich den bundes- wie landesverfassungsrechtlichen Titeln die Anerkennung der Selbstverwaltung als einer weiteren Säule der Verwaltung entnehmen lässt und das Bundesverfassungsgericht insoweit zu Recht von einem historisch gewachsenen, von der Verfassung zur Kenntnis genommenen und grundsätzlich anerkannten Bereich spricht,[436] ist die **autonome Legitimation** Teil des demokratischen Prinzips,[437] das diese Veränderungen legitimiert.[438] Sie beruht auf der demokratischen Gleichheit des parlamentsbeschlossenen Gesetzes.[439] Die binnenorganisatorische Differenzierung nach Maßgabe der Betroffenheit in eigenen Angelegenheiten ist Konsequenz der **Selbstbestimmung in *eigenen* Angelegenheiten.** Jedenfalls dann, wenn inhomogene Interessen zusammengeschlossen werden, kann und muss ggf. nach Maßgabe ihrer Betroffenheit auch differenziert werden.[440] In die gleiche Richtung weisen dann auch grundrechtlich begründete Differenzierungen.[441]

Die **parlamentarische Legitimation** erfolgt in Form der organisatorischen, verfahrensmäßigen und materiellen Regeln und der Vorzeichnung des personellen Substrats, also der **Abgrenzung des Kreises der Mitglieder** und etwaiger weiterer Regeln, etwa über die Qualifikationsvoraussetzungen von Organwaltern. Ergänzt wird diese institutionelle Legitimation der Einrichtung durch Auf-

84

---

[430] Für die Verfassungswidrigkeit der funktionalen Selbstverwaltung ohne einen expliziten verfassungsrechtlichen Titel *Köller*, Funktionale Selbstverwaltung (Fn. 10), S. 321 ff.

[431] Im Ansatz auch *Emde*, Legitimation (Fn. 10), S. 364 ff., der allerdings diese an das Demokratieprinzip rückbindet mit der Anerkennung einer autonomen demokratischen Legitimation (a.a.O., S. 383 ff.); restriktiv demgegenüber *Jestaedt*, Demokratieprinzip (Fn. 10), S. 538 ff., freilich mit der Folge, dass die Selbstbestimmung in eigenen Angelegenheiten keine eigenständige Legitimationsleistung erbringt, sondern die vorgebliche Abschwächung demokratischer Legitimation als verfassungsrechtlich gewollt hingenommen werden muss (a.a.O., S. 548 ff.); sie bleibt als „mitgliedstaatliche Legitimation" ohne Bedeutung; zu Recht krit. *Andreas Wahl*, Kooperationsstrukturen im Vertragsarztrecht, 2001, S. 417 ff.

[432] In dieser Richtung seit langem *Brohm*, Strukturen (Fn. 290), S. 253 ff.; *Oebbecke*, Legitimation (Fn. 105), S. 356 ff.; *Dirk Ehlers*, Staatsgewalt in Ketten, in: FS Ekkehard Stein, 2002, S. 125 (131 ff.).

[433] *Bryde*, Demokratieprinzip (Fn. 10), S. 59 (63 ff.).

[434] *Max-Emanuel Geis*, Selbstverwaltung in der Sozialversicherung, in: Friedrich E. Schnapp (Hrsg.), Funktionale Selbstverwaltung und Demokratieprinzip am Beispiel der Sozialversicherung, 2000, S. 65 (85 ff.).

[435] *Kluth*, Selbstverwaltung (Fn. 10), S. 379 ff.

[436] BVerfGE 107, 59 (89 f.); 111, 191 (216), im Hinblick auf Art. 87 Abs. 2 GG krit. *Neumann*, Verantwortung (Fn. 289), S. 594.

[437] → Rn. 54.

[438] Vgl. auch *Emde*, Legitimation (Fn. 10), S. 384 f., freilich mit hier nicht geteilten Konsequenzen hinsichtlich der formalen Gleichheit der Partizipationsrechte.

[439] → Rn. 25.

[440] Im Ergebnis ähnlich, wenn auch mit anderer Begründung *Kluth*, Selbstverwaltung (Fn. 10), S. 453 ff.

[441] *Kluth*, Selbstverwaltung (Fn. 10), S. 460 ff.

sichts- und Einflussnahmerechte der unmittelbar über das Parlament legitimierten Amtswalter, die sicherstellen, dass das Handeln der Organe der Einrichtungen im Rahmen des Gründungsaktes verbleibt.[442] Hierzu wird man auch die **neueren Instrumente,** wie etwa Zielvereinbarungen, Berichtspflichten oder Eigenkontrollen, die an die Fremdkontrollen ansetzen, rechnen können. Schon dies bedingt, verkürzt man die Betrachtung nicht auf die klassische Legitimationskonzeption zu Lasten der Breite der legitimationsvermittelnden Instrumente,[443] ein hohes Maß an Legitimation, das durch die autonome Legitimation noch verstärkt wird.[444]

85   Die autonome Legitimation ist auf den **Zusammenhang zwischen Aufgabe, personellem Substrat und Entscheidungswirkungen** bezogen.[445] Es geht um die Selbstbestimmung in eigenen Angelegenheiten, nicht um die gesetzliche Institutionalisierung von Fremdbestimmung. Dies erfordert eine **sachgerechte Abgrenzung des Mitgliederkreises,** was insbesondere bei gruppenpluraler oder gar gruppenantagonistischer Zusammensetzung Bedeutung erlangen kann. Grundsätzlich gilt, wie bei aller partikularen Eröffnung von Einflussnahmechancen auf das Handeln der öffentlichen Gewalt, der **Grundsatz gleichmäßiger Interessenberücksichtigung,**[446] bezogen auf die Aufgaben der jeweiligen Einrichtung und deren rechtliche Prägung.[447] Im Grundsatz gilt insoweit, dass der Gesetzgeber durch die Regelungen der Institutionalisierung dafür sorgen muss, dass eine faire Chance aller Betroffenen zur Durchsetzung ihrer Interessen besteht. Insoweit bedarf es zunächst eines durch die Sachaufgabe gerechtfertigten Bezugs der Einbeziehung der jeweiligen Interessen.[448] Differenzierungen müssen sich aus dem Bezug zur Aufgabenstellung und der Betroffenheit in eigenen Angelegenheiten rechtfertigen lassen.[449] Der Zusammenschluss heterogener Interessen darf nicht zu einer Fremdbestimmung in eigenen Angelegenhei-

---

[442] *BVerfGE* 107, 59 (94); *Dreier,* Verwaltung (Fn. 150), S. 285 ff.

[443] → Rn. 42 ff.

[444] Zu Recht *Kluth,* Selbstverwaltung (Fn. 10), S. 382.

[445] *Schmidt-Aßmann,* Grundrechtspositionen (Fn. 135), S. 76 f.: Korrespondenzgebot.

[446] → Rn. 58; zustimmend *Neumann,* Verantwortung (Fn. 289), S. 597 f.

[447] → Rn. 53; *Edith Schreyer,* Pluralistische Entscheidungsgremien im Bereich sozialer und kultureller Staatsaufgaben, 1982, S. 99; *Groß,* Kollegialprinzip (Fn. 10), S. 258; ausführlich auch *Kluth,* Selbstverwaltung (Fn. 10), S. 460 ff.; *Peter J. Tettinger,* Das Demokratieprinzip im Kammerwesen, in: Schnapp (Hrsg.), Selbstverwaltung (Fn. 434), S. 89 (99 f.); *Neumann,* Verantwortung (Fn. 289), S. 599.

[448] Nach wie vor erhebliche Zweifel ergeben sich hinsichtlich der Beteiligung der Arbeitgeber in den Einrichtungen der sozialen Selbstverwaltung, insbes. bei den Krankenkassen; dazu deutlich *Haverkate,* Verfassungslehre (Fn. 90), S. 300 f., der zutreffend auf die Folgen für die Wahrnehmung der eigenen Angelegenheiten hinweist; ausführlich *Wahl,* Kooperationsstrukturen (Fn. 431), S. 181 ff., 436, der zugleich darauf hinweist, dass umgekehrt die Repräsentanz der Versicherteninteressen eher defizitär ist, beides zusammen bewirkt eine deutlich ungleichmäßige Repräsentanz der Interessen. Offener und auf den Linien der frühen Rspr. des Bundesverfassungsgerichts (vgl. *BVerfGE* 11, 105 [113]; 14, 312 [317]) *Groß,* Kollegialprinzip (Fn. 10), S. 260; dazu auch *Neumann,* Verantwortung (Fn. 289), S. 598 ff. Die Einbeziehung Dritter, deren Interessen nicht auf die jeweilige Aufgabe bezogen sind, wie etwa des Personals der Einrichtungen, rechtfertigt sich nicht schon daraus, dass es sich um eine mehr oder weniger homogene Gruppe handelt, sondern richtet sich nach allgemeinen Grundsätzen, stellt also kein spezifisches Problem der funktionalen Selbstverwaltung dar (→ Rn. 57). Zweifelhaft sind insoweit die Aussagen des BVerfG zum nichtwissenschaftlichen Personal in *BVerfGE* 35, 79 (126), die nur insoweit gerechtfertigt sind, wie die moderne Forschung in vielerlei Hinsicht eine Verschleifung der Aufgaben von wissenschaftlichem und nichtwissenschaftlichem Personal erkennen lässt, nicht aber undifferenziert die Gruppe des nichtwissenschaftlichen Personals betrifft.

[449] Ähnlich *Groß,* Kollegialprinzip (Fn. 10), S. 259 ff.; *Kleine-Cosack,* Autonomie (Fn. 10), S. 206.

D. Einzelbereiche

ten führen. Eine Homogenität der Interessen ist nicht erforderlich,[450] wohl aber muss gegebenenfalls durch Anforderungen an die Homogenität der jeweils vertretenen Gruppen wie auch die Austarierung ihrer Einflusschancen eine auf die Aufgabenstellung bezogene interessengerechte Binnenstruktur sichergestellt werden. Dazu können minderheitenschützende Quoren in bestimmten Sachfragen[451] ebenso gehören wie die Bildung von Kontrastorganen, die bestimmte Minderheitenanliegen wahrnehmen sollen. Innerhalb dieses Rahmens kommt dem Gesetzgeber hinsichtlich der institutionellen Mechanismen ein breiter Gestaltungsspielraum zu.[452]

Der Zusammenhang von Aufgabe und eigenem Interesse prägt auch die Frage, **86** inwieweit Regelungen der **Angelegenheiten externer Dritter** durch die funktionale Selbstverwaltung möglich sind. Insoweit gibt es nicht nur *spill over*-Effekte mittelbarer Art, vielmehr ist – wie die berufsständische Selbstverwaltung deutlich macht – schon aufgrund des Umweltbezuges von Organisationen und ihres naturgemäß begrenzten Aufgabenspektrums immer eine in ihrer Intensität durchaus nicht nur marginale Auswirkung auf die Interessen nicht repräsentierter Dritter vorhanden.[453] Hier trifft den Gesetzgeber in erster Linie eine Organisationsverantwortung, durch die Gestaltung der innerorganisatorischen Entscheidungsverfahren eine hinreichende Responsivität für Drittinteressen sicherzustellen, etwa durch materielle Vorgaben, Kontrastorgane etc.[454] Insofern ist schon angesichts der institutionellen Legitimation eine solche Überwirkung auch in Form von Regelungen nicht prinzipiell ausgeschlossen.[455] Im Einzelnen ist dies nach der Art der Regelung, ihrer Wirkung und dem Zusammenhang mit der Aufgabe der Einrichtungen und der Bedeutung der Drittinteressen abzustufen.

Autonome Legitimation setzt einen wirksamen **Zurechnungszusammenhang** **87** **zwischen Repräsentierten und Amtsträgern** voraus.[456] Soweit es um die Verteilung der binnenorganisatorischen Kompetenzen geht, dürften daher die Grundsatzfragen dem Repräsentativorgan zugewiesen[457] und zudem durch hinreichende Mechanismen der Rückkoppelung ein kontinuierlicher Einfluss auch sichergestellt werden müssen, soll autonome Legitimation wirksam vermittelt werden. Dies hindert neuere Formen der Professionalisierung nicht, wie sie in Übernahme der Grundsätze des *New Public Managements*[458] etwa in der sozia-

---

[450] A. A. *Haverkate*, Verfassungslehre (Fn. 90), S. 300; *Andreas Hänlein*, Rechtsquellen im Sozialversicherungsrecht, 2001, S. 322 (487, 498); *Martin Burgi*, BA-Verwaltungsrat und GKV-Bundesausschuss: Hund und Katz in Selbstverwaltung, NJW 2004, S. 1365 (1366); *Timo Hebeler*, Verfassungsrechtliche Probleme „besonderer" Rechtssetzungsformen funktionaler Selbstverwaltung, DÖV 2002, S. 936 (941 f.).

[451] Vgl. dazu nur die Anforderungen in *BVerfGE* 35, 79 (124 ff.) für die Gruppenuniversität, die ungeachtet ihrer verfassungsrechtlichen Vorprägung stets den Bezug zur jeweiligen Aufgabe und der Betroffenheit in eigenen Angelegenheiten herstellen und insofern verallgemeinerungsfähige Strukturaussagen zu gruppenpluralen Einrichtungen aufzeigen.

[452] I. d. S. auch *BVerfGE* 107, 59 (93); vgl. auch *Groß*, Kollegialprinzip (Fn. 10), S. 259 ff.

[453] Ausführlich zu diesem Grunddilemma der funktionalen Selbstverwaltung *Wahl*, Kooperationsstrukturen (Fn. 431), S. 423 ff.

[454] Zutreffend *Wahl*, Kooperationsstrukturen (Fn. 431), S. 427 ff.

[455] Vgl. auch *BVerfGE* 107, 59 (94): in allerdings begrenztem Umfang; zu Recht auf die institutionelle Legitimation abstellend *Kluth*, Selbstverwaltung (Fn. 10), S. 504; ausführlich auch *Matthias Papenfuß*, Die personellen Grenzen der Autonomie öffentlich-rechtlicher Körperschaften, 1991, S. 148 ff.

[456] Dazu *Trute*, Forschung (Fn. 10), S. 229 ff. m. w. N.

[457] Dazu *Kluth*, Selbstverwaltung (Fn. 10), S. 474 ff.

[458] → Bd. I *Voßkuhle* § 1 Rn. 50 ff.

len Selbstverwaltung und den Hochschulen deutlich erkennbar sind.[459] Sie mögen zu einer Verlagerung der Aufgaben zwischen den Organen führen, insbesondere im Hinblick auf Allokationsentscheidungen für knappe Ressourcen. Dies ist solange unschädlich, wie das handelnde Organ über hinreichende Kontrollmechanismen an das Repräsentativorgan gebunden bleibt.[460] Darüber hinaus obliegt es dem Gesetzgeber – im Rahmen anderer verfassungsrechtlicher Vorgaben, insbesondere der einzelne Einrichtungen prägenden Grundrechte – Effizienz sichernde Managementfunktionen in den entsprechenden Einrichtungen auszuprägen,[461] zumal diese zugleich einen wirksamen Distanzschutz durch Professionalisierung und wechselseitige *checks and balances* bieten können.[462]

88 Eine **Grenze** – jedenfalls der Vermittlung autonomer Legitimation – wird dort erreicht, wo es sich der Sache nach um eine **Abkoppelung von den Repräsentativorganen** handelt, also verselbstständigte Organisationseliten geschaffen werden.[463] Dies muss nicht notwendig die Unzulässigkeit einer solchen Gestaltung bedeuten, jedenfalls aber wird dann keine autonome Legitimation mehr vermittelt. Insofern kommt es allerdings darauf an, dass diese Verselbstständigungen nicht ihrerseits durch die Raster beider Legitimationsstränge fallen. Nicht anders als im sonstigen staatlichen Bereich kann aber auch in der funktionalen Selbstverwaltung keine verantwortungs- und kontrollfreie Ausübung staatlicher Hoheitsgewalt zugelassen werden. Das hat Auswirkungen auf die **vertikale Entkoppelung von Entscheidungszuständigkeiten,** wie sie in einer mehrstufigen Selbstverwaltung mit Verbandsstrukturen, insbesondere in der sozialen Selbstverwaltung, anzutreffen ist.[464] **Verbandsstrukturen** sind nicht unzulässig,[465] wohl aber ist an dem Vorliegen einer autonomen demokratischen Legitimation zu zweifeln, wenn eine **wirksame Rückkoppelung** zu den repräsentierten Interessen nicht mehr gegeben ist. Dies gilt umso mehr dann, wenn zugleich die repräsentierten Interessen sehr heterogen sind.[466] Maßgeblich kommt es darauf an, dass die Entscheidungsstrukturen und -gehalte der jeweiligen Ebene der Ver-

---

[459] *Wahl,* Kooperationsstrukturen (Fn. 431), S. 190 ff., 436; zu Letzteren *Hans-Heinrich Trute/Wolfgang Denkhaus/Bärbel Bastian/Kendra Hoffmann,* Governance Modes in University Reform in Germany – From the Perspective of Law, in: Dorothe Jansen (Hrsg.), New Forms of Governance in Research Organizations – Disciplinary Approaches, Interfaces and Integration, 2007, S. 155 ff.; *Simon Sieweke,* Managementstrukturen und outputorientierte Finanzierung im Hochschulbereich, 2010.

[460] *BVerfGE* 111, 333 (356 ff.); zu den Grenzen neuerdings *BVerfG,* Beschl. v. 20. 7. 2011, Az.: 1 BvR 748/06, NVwZ 2011, S. 224 (231).

[461] Für die Hochschulen vgl. etwa *BVerfGE* 111, 333 (356 ff.).

[462] *Trute,* Funktionen (Fn. 10), S. 286.

[463] Dazu auch *Kleine-Cosack,* Autonomie (Fn. 10), S. 201 ff. Nach wie vor umstritten ist die Zulässigkeit von „Friedenswahlen", wie sie sich v. a. in der Sozialversicherung (§ 46 SGB IV) finden. Sie vermitteln grds. jedenfalls keine autonome Legitimation, wenn die Mitglieder nicht durch eigene Listen den Konsens der Verbandsoligarchien in Frage stellen, sind aber schon aufgrund der von ihnen ausgehenden Effekte bedenklich; zur Unzulässigkeit *Kleine-Cosack,* a. a. O., S. 202; *Emde,* Legitimation (Fn. 10), S. 439 f.; *Oebbecke,* Legitimation (Fn. 105), S. 363 f.; *Neumann,* Verantwortung (Fn. 289), S. 598; differenzierend *Stefan Muckel,* Friedenswahlen in der Sozialversicherung, in: Schnapp (Hrsg.), Selbstverwaltung (Fn. 434), S. 151 (163 ff.).

[464] *Wahl,* Kooperationsstrukturen (Fn. 431), S. 439 ff.

[465] Vgl. für die soziale Selbstverwaltung aber *Günther Schwerdtfeger,* Verfassungsrechtliche Grenzen der Freiheit und Bindung bei der Leistungserbringung im Gesundheitswesen, SDSRV 1994, S. 25 (45); *Peter Krause,* Möglichkeiten, Grenzen und Träger des Autonomen Sozialrechts, VSSR 1990, S. 107 (117).

[466] Zu Recht krit. *Schmidt-Aßmann,* Ordnungsidee, 5. Kap. Rn. 43.

bandsstrukturen so verfasst sind, dass eine hinreichende Responsivität für die Mitgliederinteressen gegeben ist.[467] Besondere Probleme ergeben sich im Hinblick auf die so genannte **gemeinsame Selbstverwaltung** von Kassenärztlichen Vereinigungen und Krankenkassen. Bestehen schon bei den Kassen im Hinblick auf die repräsentierten (Arbeitgeber) und nicht repräsentierten Interessen (Patienten) Zweifel an der Vermittlung autonomer Legitimation, werden diese verstärkt durch die verbandliche Struktur. Dies gilt erst recht für die aufgrund dieser Struktur gebildeten **Gremien der gemeinsamen Selbstverwaltung,** wie etwa den Gemeinsamen Bundesausschuss nach § 91 SGB V. Etwaige Legitimationsdefizite, die schon aufgrund der fehlenden Interessenrepräsentanz naheliegen, teilen sich dann auch den erlassenen Rechtsnormen mit.[468]

IV. Verwaltungslegitimation im Kooperationsspektrum mit Privaten

Die demokratische Legitimation der Verwaltung findet ihre Grenze dort, wo Handlungen oder Organisationen und deren Tätigkeit nicht mehr dem Staat zurechenbar sind.[469] Nicht erst neuerdings, wohl aber zunehmend werden indes Regelungsstrukturen geschaffen, die auf eine **Kooperation von staatlichen und privaten Akteuren** hinauslaufen.[470] Im Umwelt- und Technikrecht, dem Städtebaurecht, traditionell schon im Wissenschafts-[471], Sozial-[472] und Gesundheitsrecht[473] sowie in weiten Teilen des Wirtschaftsverwaltungsrechts[474] finden sich Kooperationen in unterschiedlichen Intensitäten und Formen. Vor allem – und das ist für die Legitimationsproblematik bedeutsam – kann die Rolle des Staates in den Kooperationsvorgängen sehr unterschiedlich ausgestaltet sein, worauf die heuristische Terminologie der Verantwortungsstufen verweist,[475] die für sich gesehen jedoch normative Aussagen nicht ermöglicht, wohl aber zu strukturieren hilft.[476] 89

Ein **Trennungsgebot,** welches die staatlichen Beiträge den demokratischen Legitimationsanforderungen unterwirft und die privaten Handlungen als Ausübung gesellschaftlicher Freiheitsbetätigung ansieht, wird den realen Verflechtungen nicht gerecht, sondern läuft Gefahr, die sich aus den Verflechtungstatbeständen ergebenden Gemeinwohlprobleme unbearbeitet zu lassen. Allerdings bestimmt das Trennungsgebot gleichsam den Ausgangspunkt, insofern es auf 90

---

[467] So im Ergebnis *Wahl*, Kooperationsstrukturen (Fn. 431), S. 440 f., der freilich sehr stark auf generalisierte Aspekte, nicht auf konkrete Einflussmöglichkeiten abstellt.
[468] Zum Ganzen *Schmidt-Aßmann*, Grundrechtspositionen (Fn. 135), S. 88 ff., *Neumann*, Verantwortung (Fn. 289), S. 593 ff.
[469] → Rn. 28.
[470] → Bd. I *Schulze-Fielitz* § 12 Rn. 64 ff.; *Eifert* § 19 Rn. 52 ff.
[471] Dazu *Trute*, Forschung (Fn. 10).
[472] *Volker Neumann*, Freiheitsgefährdung im kooperativen Sozialstaat, 1992; *Wahl*, Kooperationsstrukturen (Fn. 431).
[473] *Schmidt-Aßmann*, Grundrechtspositionen (Fn. 135).
[474] Klassisch schon *Brohm*, Strukturen (Fn. 290).
[475] Dazu *Eberhard Schmidt-Aßmann*, Zur Reform des Allgemeinen Verwaltungsrechts – Reformbedarf und Reformansätze, in: Hoffmann-Riem/Schmidt-Aßmann/Schuppert (Hrsg.), Reform, S. 11 (30, 43 f.); *Wolfgang Hoffmann-Riem*, Öffentliches Recht und Privatrecht als wechselseitige Auffangordnungen – Systematisierung und Entwicklungsperspektiven, in: Hoffmann-Riem/Schmidt-Aßmann (Hrsg.), Auffangordnungen, S. 261 (266 f.).
[476] Dazu *Trute*, Verzahnungen (Fn. 320), S. 198.

§ 6 Die demokratische Legitimation der Verwaltung

die Selbstverständlichkeit aufmerksam macht, dass die staatlichen Handlungsbeiträge legitimationsbedürftig sind,[477] und dass die Privaten auch dort, wo sie in Kooperationsbeziehungen zur öffentlichen Verwaltung stehen, selbstverständlich von ihrer Freiheit Gebrauch machen. Kooperation ist also durch das Zusammenspiel unterschiedlicher Handlungslogiken gekennzeichnet.[478]

91 Der Versuch, die Problematik über die Betonung einer **staatlichen Letztverantwortung** in den Griff zu bekommen,[479] ist seinerseits unterkomplex; dies vor allem, weil er die Frage nach der Wirksamkeit derselben unbeantwortet lässt. Diese Frage stellt sich insbesondere dort, wo die Verwaltung von den Wissensbeständen Privater abhängig ist. Hier lässt sich oftmals nur durch ein komplexes institutionelles Arrangement sicherstellen, dass das für die Regulierung nötige Wissen generiert wird, wiederum kaum ohne eine Zusammenarbeit mit Privaten.[480] Darüber hinaus ist keineswegs überall eine staatliche Letztentscheidung vorgesehen und verfassungsrechtlich begründbar. So zeigt etwa der Sozialbereich mit der Integration der freien Träger in die staatliche Leistungserbringung eine fortwirkende Aufgabenerfüllungsverantwortung des Staates, aber keineswegs eine staatliche Letztentscheidungsverantwortung. Die freien Träger erbringen die Leistungen in eigener Verantwortung und zwar nicht (allein) aus Gründen der Staatsentlastung, sondern ebenso um etwa eine Wertepluralität zu sichern. Gleichwohl ist damit nicht ausgeschlossen, dass Private staatlich vermittelte Herrschaft ausüben oder auf die Ausübung von Herrschaft erheblichen Einfluss nehmen.[481] Dem ist durch die Annahme einer aus dem demokratischen Prinzip folgenden staatlichen Legitimationsverantwortung, die sich hier als eine **überwirkende,** also über den genuin staatlichen Bereich hinausreichende **Legitimationsverantwortung** äußert,[482] Rechnung zu tragen.

1. Der Beliehene

92 Bereits an dem **Beliehenen** als der **klassischen Figur der Staatsentlastung** durch die Einbeziehung privater Sachkenntnis, Initiative, finanzieller, organisatorischer und personeller Ressourcen,[483] kommt die Legitimationsverantwortung auch bisher schon zum Tragen. Das zeigt sich nicht allein in dem Erfordernis eines institutionellen Gesetzesvorbehalts für Beleihungsvorgänge, durch die Art und Umfang der übertragenen Befugnisse geregelt werden müssen.[484] Zwar

---

[477] → Rn. 28.
[478] *Hans-Heinrich Trute,* Die Verwaltung und das Verwaltungsrecht zwischen gesellschaftlicher Selbstregulierung und staatlicher Steuerung, DVBl 1996, S. 950 ff.; *ders.,* Verantwortungsteilung als Schlüsselbegriff eines sich verändernden Verhältnisses von öffentlichem und privatem Sektor, in: Gunnar Folke Schuppert (Hrsg.), Jenseits von Privatisierung und schlankem Staat, 1999, S. 13 (31 ff.); → Bd. I *Eifert* § 19 Rn. 52.
[479] Vgl. aus der älteren Lit. vor allem *Matthias Schmidt-Preuß,* Die Verwaltung und das Verwaltungsrecht zwischen staatlicher Steuerung und gesellschaftlicher Selbstregulierung, VVDStRL, Bd. 56 (1996), S. 160 (181 ff.); zur Kritik *Trute,* Verantwortungsteilung (Fn. 478), S. 32 ff.
[480] Am Bsp. der gentechnisch veränderten Mechanismen vgl. *Trute,* Expertise (Fn. 397), S. 100 ff.; *ders.,* Wissen (Fn. 162), S. 11 (29); *Roland Broemel,* Strategisches Verhalten in der Regulierung, 2010.
[481] Dazu *Trute,* Funktionen (Fn. 10), S. 293 f.
[482] → Rn. 58.
[483] → Bd. I *Schulze-Fielitz* § 12 Rn. 106, *Groß* § 13 Rn. 89 f., *Jestaedt* § 14 Rn. 31, *Eifert* § 19 Rn. 81.
[484] Statt vieler *Schmidt-Aßmann,* Ordnungsidee, 5. Kap. Rn. 57; *Martin Burgi,* Der Beliehene – ein Klassiker im modernen Verwaltungsrecht, in: FS Hartmut Maurer, 2001, S. 581 (588 ff.); zu anderen

D. Einzelbereiche

wird dadurch der Beliehene Teil der öffentlichen Verwaltung, so dass die Rechtmäßigkeitsanforderungen der öffentlichen Verwaltung auch für diesen gelten.[485] Seine Handlungsrationalität soll die der öffentlichen Verwaltung sein.[486] Diese formale Klassifizierung ist aber noch unzureichend, weil der Beliehene zugleich Teil der gesellschaftlichen Sphäre bleibt. Wird der Private gerade um seiner spezifischen Handlungskompetenzen und Ressourcen willen eingebunden, bleiben seine Verbindungen zu anderen Interessen gleichwohl im Zweifel erhalten. Hieraus können **Konflikte zwischen** der ihm abverlangten **Gemeinwohlorientierung** und seinen sonstigen **Interessenbindungen** entstehen. Folgerichtig sind denn auch Anforderungen an die Ausgestaltung der Beziehung zwischen dem Beleihenden und dem Beliehenen zu formulieren, die dieser Konfliktlage Rechnung tragen.[487] Dazu gehört einerseits die Ausgestaltung der Aufsicht und Kontrolle, die faktisch und normativ wirksam sein muss, um die sachgerechte, d.h. den rechtsstaatlichen und demokratischen Anforderungen entsprechende Aufgabenerledigung gemäß der für die übertragene Aufgabe geltenden Maßstäbe sicherzustellen.[488] Nicht erforderlich ist dagegen die Übertragung der Anforderungen der personellen Legitimation nach Maßgabe der klassischen Legitimationsketten auf die Beschäftigten des Beliehenen.[489] Über die klassischen Aufsichtsmittel hinaus können dazu auch die Beteiligung in beliehenen Gesellschaften, Stimmrechtsbindungsverträge, aufgabenspezifische Kooperationsverträge oder die Schaffung von eigenständigen Kooperationsorganen in Betracht kommen. Darüber hinaus aber sind – je nach Aufgabenfeld unterschiedlich – Anforderungen zu stellen, die Interessenkonflikte ausschließen, also hinreichende Neutralitätssicherungen abgeben. Hierzu können Transparenzgebote, institutionelle Unabhängigkeitssicherungen gegenüber anderen Aufgabenfeldern der beliehenen Organisation, das Verbot als Antragsteller für Subventionen aufzutreten rechnen. Das bemisst sich im Einzelnen nach den möglichen Konfliktfeldern zwischen staatlicher Aufgabenwahrnehmung und eigenem Interesse.[490]

Formen der Beleihung vgl. *Britta Wiegand*, Die Beleihung des Verbands der privaten Krankenversicherung mit Umsetzungskompetenzen durch das GKV-Wettbewerbsverstärkungsgesetz, GesR 2008, S. 237 ff.; *Klaus Rennert*, Beleihung zur Rechtssetzung?, JZ 2009, S. 976 ff.

[485] Von diesem Ausgangspunkt her überträgt StGH Nds, Urt v. 5.12.2008, Az.: StGH 2/07, NdsVBl. 2009, S. 77 (82 ff.) auf der Grundlage des klassischen Legitimationsmodells insbesondere dessen Anforderungen an die personelle Legitimation auf Beschäftigte von psychiatrischen Einrichtungen, die Aufgaben des Maßregelvollzugs und der Unterbringung als Beliehene übernehmen, mit der Folge der Verfassungswidrigkeit der Übertragung ohne entsprechende staatliche Bestellungsakte; dagegen auch *Classen*, Demokratische Legitimation (Fn. 10), S. 14 f.

[486] *Schmidt-Aßmann*, Ordnungsidee, 5. Kap. Rn. 57.

[487] Deutlich *BremStGH*, NVwZ 2003, S. 81 ff.

[488] BVerfGE 106, 275 (305 f.); *BremStGH*, NVwZ 2003, S. 81 (84 f.). Dem *StGH Nds*. ist immerhin darin zu folgen, dass der Beliehene mit eigenen Grundrechten ausgestattet ist, das eine gesetzliche Explizierung der Ingerenzrechte erforderlich macht; vgl. StGH Nds, Urt. v. 5.12.2008, Az.: StGH 2/07, NdsVBl. 2009, S. 77 (84). Unabhängig davon unterliegt die Beleihung dem institutionellen Gesetzesvorbehalt; vgl dazu oben → Rn. 92; zur Reichweite vgl. BVerwG, DVBl 2010, S. 1434 (1437 ff.).

[489] *BremStGH*, NVwZ 2003, S. 81 (83); *Classen*, Demokratische Legitimation (Fn. 10), S. 14 f. Anders insoweit *StGH Nds*, Urt. v. 5.12.2008, Az: StGH 2/07, NdsVBl. 2009, S. 77 (82 ff.).

[490] Dazu etwa am Bsp. der Projektträger in der Forschungsförderung *Trute*, Forschung (Fn. 10), S. 623 ff.

2. Intermediäre Organisationen

93 Intermediäre Organisationen sind **Organisationen des gesellschaftlichen Bereichs,** die freilich staatlicher Einflussnahme unterliegen. Sie bilden sich an der Schnittstelle von Staat und anderen gesellschaftlichen Teilsystemen und dienen einerseits dazu, gesellschaftliche Teilsysteme vor einem direkten staatlichen Zugriff abzuschirmen, zum anderen ermöglichen sie die Nutzung und Mobilisierung von Unterstützung und Ressourcen für staatliche Zwecke.[491] Wurden sie lange in der wissenschaftlichen Diskussion unter demokratietheoretischen und verwaltungswissenschaftlichen Gesichtspunkten als Staatsentlastung oder Interessenvertretung gegenüber dem Staat gesehen, so tritt in jüngster Zeit deutlicher als bisher ein dritter Aspekt hinzu: ihre Fähigkeit zu sozialer Integration.[492]

94 Je nach **Ausgestaltung des Verhältnisses zum Staat** wird eher die staatliche Einflussnahme oder die Autonomie der Einrichtung im Vordergrund stehen. Soweit Einrichtungen dem gesellschaftlichen Bereich zurechenbar sind, können Gemeinwohlprobleme als Legitimationsprobleme nur dort entstehen, wo der Staat sich ihre Leistungen nutzbar macht, wie etwa im Bereich der technischen Normung,[493] oder sie in die Leistungserbringung einbindet, wie es im Sozialbereich insbesondere mit freien Trägern erfolgt,[494] oder wo diesen Einrichtungen durch staatliche Institutionalisierungshilfe und Ressourcenzuwendung eine Machtposition gegenüber anderen gesellschaftlichen Akteuren eingeräumt wird und diese Einrichtungen zugleich Gemeinwohlziele umsetzen sollen.[495]

95 In der älteren Diskussion standen gerade bei intermediären Einrichtungen in der pluralistischen oder korporatistischen Literatur die **Einflussnahmen auf die staatliche Willensbildung** im Vordergrund.[496] Die diagnostizierte Inkorporation in die Politik geht freilich einher mit ihrer Funktion, die Folgebereitschaft ihrer Mitglieder für die ausgehandelten Lösungen sicherzustellen. Diese Einflussnahme ist nicht schon per se problematisch, ungeachtet der Tatsache, dass sie für die

---

[491] Dazu *Braun*, Steuerung (Fn. 348), S. 47 ff.; *Trute*, Funktionen (Fn. 10), S. 266 ff. m. w. N. Insoweit wird hier der Begriff der intermediären Organisation enger verwendet als in der politikwissenschaftlichen Lit., die darunter auch die verselbstständigten und pluralisierten Träger fasst, die der Staatsorganisation zurechenbar sind, gleichwohl aber einen Unterschied hinsichtlich staatlicher Einflussnahme wohl anerkennt; vgl. statt vieler *Braun*, a. a. O., S. 48 f. m. Fn. 19. Ungeachtet der Spiegelbildlichkeit beider Problemlagen macht es aus normativer Sicht freilich einen Unterschied, ob die Einrichtungen dem Staat zurechenbar sind oder nicht. In diesem Sinne auch das Verständnis intermediärer Einrichtungen bei *Schmidt-Aßmann*, Ordnungsidee, 5. Kap. Rn. 59.

[492] Ausführlich zum neueren Diskussionsstand *Karl Birkhölzer/Ansgar Klein/Eckhard Priller/Annette Zimmer* (Hrsg.), Dritter Sektor/Drittes System, 2005.

[493] Exemplarisch immer wieder erörtert am Deutschen Institut für Normung e. V. (DIN); dazu ausführlich *Helmut Voelzkow*, Private Regierungen in der Techniksteuerung, 1996, S. 95 ff., 185 ff., 219 ff.

[494] Dazu grundlegend *Neumann*, Freiheitsgefährdung (Fn. 472); zu Anforderungen an die Kooperation *Trute*, Verzahnungen (Fn. 320), S. 208 ff.

[495] Wie etwa bei den Mittlereinrichtungen im Forschungsbereich, etwa der Deutschen Forschungsgemeinschaft (DFG); dazu *Trute*, Forschung (Fn. 10), S. 521 ff., 677 ff., soweit man diese nicht dem Staat zurechnen will, wie etwa *Claus D. Classen*, Wissenschaftsfreiheit außerhalb der Hochschule, 1994, S. 139 ff.; dafür aufgrund der Steigerung der staatlichen Repräsentanz in den Gremien und der Veränderung der Gutachterauswahl *Sigrid Salaw-Hanslmaier*, Die Rechtsnatur der Deutschen Forschungsgemeinschaft, 2003, S. 185 ff.; offengelassen bei *Helmuth Schulze-Fielitz*, Rechtliche Rahmenbedingungen von Ombuds- und Untersuchungsverfahren zur Aufklärung wissenschaftlichen Fehlverhaltens, in: Deutsche Forschungsgemeinschaft (Hrsg.), Wissenschaftliches Fehlverhalten – Erfahrungen von Ombudsgremien, 2004, S. 19 (26 f.).

[496] Dazu *Klaus v. Beyme*, Interessengruppen in der Demokratie, 1970.

D. Einzelbereiche

Administration weithin unvermeidbar ist, um Gemeinwohlziele in bestimmten Politikfeldern durchzusetzen. Sie ist aus der Perspektive eines nicht verengten Demokratieverständnisses eine legitime Form der Partizipation und aus der Perspektive des Staates eine notwendige Form der Interessenvermittlung.[497] Freilich, und darauf hat die Literatur zur Verbändeforschung vielfach hingewiesen,[498] liegt das Problem wesentlich darin, dass die relevanten Interessen auch organisiert sind und Zugang zu den Vermittlungsarenen haben, sich also auch wechselseitig ausbalancieren können. Die **staatliche Legitimationsverantwortung** ist dann darauf gerichtet, den gleichmäßigen Zugang der Interessen zu den Verhandlungsarenen sicherzustellen, also die Regeln der Beteiligung und Interessenvermittlung zu formulieren. Dies kann sich mit der Logik des korporatistischen Arrangements brechen. Gleichwohl kann das solchermaßen entstehende Demokratiedefizit normativ nicht sanktioniert werden, sondern beschreibt dann eine Grenze solcher Interessenvermittlungen. Kann eine gleichmäßige Interessenberücksichtigung nicht garantiert werden, ggf. dadurch, dass staatlicherseits – etwa unter Nutzung der internen staatlichen Differenzierung und den damit verbundenen Ressorteigeninteressen –[499] die verbandlich nicht repräsentierten Interessen vertreten werden, besteht dann normativ eine Grenze korporatistischer Interessenvermittlung.[500] Die **Mittel der Gewährleistung einer angemessenen Interessenberücksichtigung** sind vielfältig. Sie können – neben der staatlichen Repräsentanz ansonsten ausgeschlossener Interessen – in einer internen Pluralisierung der intermediären Organisation,[501] in der Institutionalisierungshilfe für ausgeschlossene Interessen, in der Einräumung von Vetorechten, der Einrichtung von Kontrastorganen oder Klagerechten liegen.[502] Funktional äquivalent zu einer internen Pluralisierung sind Mechanismen der Eigenlegitimation von Organisationen, die dazu führen, dass eine Organisation an die hinreichend repräsentierten Interessen eines bestimmten Feldes zurückgebunden bleibt, sofern die Eigenlegitimation auch durch eine hinreichende Responsivität gewährleistet ist.[503]

---

[497] *Groß*, Kollegialprinzip (Fn. 10), S. 158 ff. m. w. N.

[498] *Mancur Olson,* Die Logik kollektiven Handelns, 2. Aufl. 1992, S. 109 ff.; *Gunther Teubner,* Organisationsdemokratie und Verbandsverfassung, 1978, S. 73 ff.; ein Überblick über die aufgeworfenen Demokratieprobleme findet sich bei *Roland Czada,* Konjunkturen des Korporatismus: Zur Geschichte eines Paradigmenwechsels in der Verbändeforschung, in: Wolfgang Streeck (Hrsg.), Staat und Verbände, PVS Sonderheft 25/1994, S. 37 (49 ff.); *Renate Mayntz* (Hrsg.), Verbände zwischen Mitgliederinteressen und Gemeinwohl, 1992.

[499] Dazu *Trute*, Funktionen (Fn. 10), S. 292.

[500] Ein Bsp. ist das Problem des Zugangs neuer Initiativen zum Verhandlungssystem von Staat und freien Wohlfahrtsverbänden, die erst mit der Mitgliedschaft im Paritätischen Wohlfahrtsverband eine Lösung gefunden haben mag. Ob diese zureichend ist, bleibt eine empirische Frage; zu dem Problem *Holger Backhaus-Maul,* Wohlfahrtsverbände als korporative Akteure, in: APuZ, Bd. 26/27 (2000), S. 22 ff.

[501] Diese kann in bestimmten Bereichen, bei denen es auf eine Trägerpluralität etwa zur Gewährleistung einer Wertepluralität ankommt, durch eine Außenpluralität ersetzt werden; ein Bsp. dafür ist der Sozialbereich, vgl. etwa § 5 SGB XII und § 3 SGB VIII.

[502] Zu den durch eine Abstimmung von positiver Koordination durch Beteiligung und negativer Koordination durch die Einräumung von Abstimmungspflichten zu erzielenden Wohlfahrtseffekten *Fritz Scharpf,* Die Handlungsfähigkeit des Staates am Ende des 20. Jahrhunderts, in: Beate Kohler-Koch (Hrsg.), Staat und Demokratie in Europa, 1992, S. 93 (97 ff.); dazu auch am Bsp. des DIN e. V. *Trute,* Verzahnungen (Fn. 320), S. 210 f.

[503] Am Bsp. der DFG vgl. *Trute,* Forschung (Fn. 10), S. 661 ff.; zu neueren Entwicklungen vgl. N. in → Fn. 495.

96 Weitere Anforderungen sind dort zu formulieren, wo die betreffenden Organisationen eigenständig **Leistungen gegenüber Dritten** erbringen, wie es im Sozialbereich, aber auch in der Kultur- oder Forschungsförderung der Fall ist. Besteht hier eine weiterwirkende Aufgabenverantwortung des Staates, wie sie sich etwa verbreitet im Sozialrecht findet,[504] muss eine sachgerechte Aufgabenerfüllung gegenüber den Leistungsempfängern auch durch normative Vorkehrungen sichergestellt werden. Anschauungsmaterial für die dazu verwendeten Instrumente findet sich vielfältig im Sozialrecht. Die staatliche Anerkennung als Leistungserbringer[505] sichert eine bestimmte Mindestqualifikation für die Aufgabenerfüllung, die konkretisiert wird durch ein Netz von Vereinbarungen, die Inhalt, Umfang und Qualität der Leistungen ebenso betreffen, wie die Entgelte, Grundsätze und Maßstäbe für die Bewertung der Qualität und die Einrichtung von Qualitätssicherungssystemen. Diese bewirken eine tief gestaffelte Einflussnahme auf die Leistungserbringung,[506] die weniger das Problem einer hinreichenden Wahrnehmung der Legitimationsverantwortung, denn eher rechtsstaatliche Probleme der staatlichen Überdeterminierung durch Standardisierung eines Bereichs aufwirft, der auf die Pluralität der Leistungsträger und ihrer Orientierungen ausgerichtet ist.[507] Neben vertraglichen oder über Zuwendungsbescheide vermittelten Bindungen kommen etwa die Beteiligung staatlicher Vertreter in den Organen und Gremien der intermediären Organisationen, die Einrichtung von Qualitätssicherungsverfahren, die an die professionelle Eigenkontrolle eines bestimmten Bereichs anknüpfen kann, sowie die Etablierung von Berichts- und Monitoringverpflichtungen in Betracht. Je nach Bereich können Vorkehrungen gegen Interessenkonflikte in Betracht kommen, wie sie oben hinsichtlich des Beliehenen erörtert werden. Auch insoweit kommt es weniger auf die Instrumente im Einzelnen an, als darauf, dass die Anforderungen sachgerechter Aufgabenerfüllung und hinreichender Neutralitätssicherung durch das institutionelle Arrangement insgesamt gewährleistet werden. Bei der Bestimmung der Angemessenheit ist freilich auch darauf zu achten, dass die – oftmals grundrechtlich geschützte – Distanz des Staates gegenüber bestimmten Sachbereichen, wie im Wissenschafts- und Kulturbereich, nicht durch die Anforderungen einer überwirkenden Legitimationsverantwortung überspielt wird. Dies kann zu Absenkungen der Anforderungen führen, die ihren verfassungsrechtlichen Titel dann im Zweifel in objektiv-rechtlichen Dimensionen der Grundrechte finden und zu einem Vorrang der Selbstregulierung entsprechend der Maßstäbe des jeweiligen Bereichs führen. Insoweit sind dann prozedurale Arrangements zur Sicherung der Aufgabenerfüllung, die die professionelle Eigenrationalität des betreffenden Bereichs schützen, ebenso hinreichend wie im Einzelnen auch geboten.

3. Kooperation in Verfahren

97 Vergleichbare Problemlagen ergeben sich in **Verfahren der Kooperation zwischen Staat und Privaten,** wie sie im Umwelt- und Technikrecht und dem Städ-

---

[504] Vgl. etwa § 5 Abs. 5 S. 2 SGB XII; § 3 Abs. 2 S. 2, § 76 Abs. 2 SGB VIII; allgemein § 17 Abs. 3 SGB I.
[505] Vgl. § 75 i. V. m. § 74 Abs. 1 SGB VIII.
[506] Vgl. etwa §§ 78a ff. SGB VIII; §§ 72, 113 ff. SGB XI, §§ 75 ff. SGB XII.
[507] Zu den daraus entstehenden Problemen vgl. *Backhaus-Maul,* Wohlfahrtsverbände (Fn. 500).

tebaurecht vielfach zu beobachten sind. Verfahren vermitteln, wie dargelegt,[508] Legitimation durch die Partizipation Betroffener oder der allgemeinen Öffentlichkeit. Insoweit ist also die Partizipation als solche noch kein Tatbestand, der eine überwirkende Legitimationsverantwortung aktualisieren könnte. Zudem finden sie regelmäßig unter der **Letztentscheidungsverantwortung der Verwaltung** statt, die verbreiteter Ansicht nach eine Legitimationssicherungsfunktion übernimmt. Gleichwohl gibt es mehrere miteinander zusammenhängende Gründe, eine Legitimationsverantwortung zu aktualisieren. Wenn, wie dargelegt,[509] der Steuerungszusammenhang zwischen materiellem Entscheidungsprogramm und Verwaltungsentscheidung in Teilbereichen des Verwaltungsrechts dergestalt gelockert wird, dass das Verfahren nicht mehr als gleichsam innere Aufbereitung des materiellen Entscheidungsprogramms verstanden werden kann, sondern Entscheidungsprämissen in Verfahren im Zusammenwirken von Adressaten und Betroffenen gleichsam generiert und stabilisiert werden müssen, dann wird die über das materielle Entscheidungsprogramm vermittelte Legitimation ausgedünnt, und das Verfahren trägt die Last der Zuführung von Legitimation.

Dies gilt umso mehr dann, wenn die Verwaltung zur Durchführung der Programme auf **Wissen** angewiesen ist, das ihr nicht zur Verfügung steht, sondern im Rahmen des Verfahrens generiert werden muss oder auf in anderen Verfahren generiertes Wissen zurückgreifen muss, wie es im Umwelt- und Risiko-, zunehmend auch im Regulierungsverwaltungsrecht der Fall ist. Insoweit trägt zwar der Gesetzgeber schon eine Verantwortung für die Strukturierung des Verfahrens,[510] die zugleich gesetzliche Legitimation vermittelt. Indes ist die Abschichtungsleistung angesichts der notwendigen situativen Spielräume der Verfahrensgestaltung zu groß, um allein in dem Austausch der materiellen Programmierung durch eine Verfahrensprogrammierung die entscheidenden Legitimationsverstärkungen sehen zu können. Dies erhellt zugleich, dass und warum die Sicherung der Legitimation über eine Letztentscheidungsverantwortung des Staates unzureichend ist.[511] **98**

Zusätzliche Legitimation wird freilich nur dann zugeführt werden können, wenn das Verfahren auch selbst den entsprechenden Anforderungen genügt. Insoweit geht es um die **gleiche Verfahrensteilhabe** und **chancengleiche Einflussmöglichkeiten** in einem regelmäßig mehrpoligen Verfahrensrechtsverhältnis.[512] Vom materiellen Recht und der gesetzlichen prozeduralen Gestaltung nicht vorgegebene Asymmetrien des Interessenausgleichs müssen vermieden oder durch staatliches Handeln ausgeglichen und kompensiert werden.[513] Insoweit geht es nicht um eine formale Gleichbehandlung, sondern um eine die materielle und prozedurale Vorzeichnung berücksichtigende Gleichbehandlung im Verfahren, die dann nach Maßgabe der Betroffenheit differenzieren kann und muss. **99**

---

[508] → Rn. 25, 48, 54.
[509] → Rn. 54.
[510] → Rn. 58.
[511] → Rn. 91.
[512] Zu Recht aus der Perspektive von Neutralitäts- und Fairnessgeboten formuliert bei *Fehling*, Verwaltung (Fn. 249), S. 297.
[513] Dazu bereits *Trute*, Selbstregulierung (Fn. 478), S. 958.

§ 6 Die demokratische Legitimation der Verwaltung

100 Das wirkt sich auf die Gestaltung von Verwaltungsverfahren in allen seinen Phasen aus, wobei hier nur die **Legitimation vermittelnde Seite der Verfahrensgestaltung,** nicht die der rechtsstaatlichen Verpflichtung der Verwaltung zu thematisieren ist,[514] wiewohl beide sich auch insoweit ergänzen. So ist bei der **Sachverhaltsermittlung,** die gerade in komplexen Verfahren des Umwelt-, Risiko- und Regulierungsrechts gleichsam teilprivatisiert ist, zwar weithin eine nachvollziehende Amtsermittlung der Behörde vorgesehen.[515] Diese muss freilich angesichts der evidenten Informationsasymmetrien so ausgefüllt werden, dass die Interessen der Allgemeinheit und Dritter nicht schon bei der Sachverhaltsermittlung durch eine selektive Auswahl und einseitige Bewertung in den Hintergrund gedrängt werden.[516] Das kann die Inklusion neutralen Sachverstands ebenso wie die Pluralisierung sachverständigen Wissens erforderlich machen. Im Einzelnen ist dies abhängig von der Gestaltung des gesamten institutionellen Arrangements. Wo bereits durch die Zuordnung von Kontrastinformationen, durch die Generierung von Wissen in eigenständigen Verfahren, die eine Gewähr für eine hinreichende Interessenrepräsentanz und Neutralität bieten, oder durch Transparenz und Kontrollierbarkeit für eine umfassende Informationsgewinnung gesorgt ist, mag die nachvollziehende Amtsermittlung hinreichende Sicherungen bieten. Ansonsten bedarf es weitergehender Sicherungen durch die Gestaltung des Verfahrens. Ebenso darf die Behörde bei der **Gestaltung der Auskunfts- und Beratungspflichten** diese nicht selektiv in der Weise handhaben, dass damit eine Verzerrung der Interessen befördert wird, sondern hat sich an dem Postulat der gleichen Verfahrensteilhabe zu orientieren, was Darstellungshilfen nicht ausschließt, soweit sie gerade darauf gerichtet sind, die nach dem jeweiligen materiellen und Verfahrensrecht zu berücksichtigenden Interessen zur Sprache zu bringen.[517] Ähnliches gilt für die Gestaltung von Erörterungsterminen, die freilich mit besonderen Schwierigkeiten verbunden sind, weil die Verkoppelung von Öffentlichkeit, Expertise und Gegenexpertise und administrativer Entscheidung stets in Gefahr ist, das administrative Verfahren zu überlasten.[518] Dies freilich entbindet die Behörde nicht von den Vorkehrungen zur Sicherung gleichmäßiger Interessenberücksichtigung.

101 Schwierige Probleme entstehen bei dem **informalen Verwaltungshandeln,** insbesondere im Zusammenhang mit Vorverhandlungen zwischen der Verwaltung und einem Verfahrensbeteiligten. Im Ausgangspunkt können informale Vorverhandlungen schon deshalb keine zusätzliche prozedurale Legitimation vermitteln, weil es an einer Darstellung der relevanten Interessen des Sachbereichs durch die Betroffenen fehlt. Probleme entstehen dann, wenn die Ergebnisse informaler Vorverhandlungen das nachfolgende Verfahren beeinflussen und mit der **Gefahr selektiver Interessenberücksichtigung** belastet sein können. Ein solches Zu-

---

[514] Stärker an dieser orientiert die Analyse von *Fehling,* Verwaltung (Fn. 249), S. 302 ff.
[515] Dazu grundlegend *Jens-Peter Schneider,* Nachvollziehende Amtsermittlung, 1991.
[516] Dazu *Trute,* Wissen (Fn. 162), S. 11 (29); *Ernst-Hasso Ritter,* Organisationswandel durch Expertifizierung und Privatisierung im Ordnungs- und Planungsrecht, in: Schmidt-Aßmann/Hoffmann-Riem (Hrsg.), Verwaltungsorganisationsrecht, S. 207 (241); *Trute,* Obrigkeitsstaat (Fn. 249), S. 31 f.; *Fehling,* Verwaltung (Fn. 249), S. 305.
[517] *Fehling,* Verwaltung (Fn. 249); *Friedhelm Hufen,* Fehler im Verwaltungsverfahren, 3. Aufl. 1998, Rn. 62, 188, 226 f.
[518] Dazu und zu den Gründen *Trute,* Expertise (Fn. 397).

sammenspiel von informalen oder – wie etwa beim scoping –[519] teilformalisierten Vorverhandlungen und anschließenden formalen Verfahren kann nur dann Legitimation stiften, wenn durch die Gestaltung der Vorverhandlungen und durch die Einführung ihrer Ergebnisse in das Verfahren eine angemessene Darstellung und Verarbeitung aller betroffenen Interessen möglich ist.[520] Dies wird eher dann der Fall sein können, wenn der Gesetzgeber durch Verfahrensregelungen das Zusammenspiel von Vorverhandlungen und Beteiligungen im Sinne phasenspezifischer Verantwortung ausgestaltet, ohne zu einer letztlich wenig ergiebigen Formalisierung des Informalen zu greifen.[521] Die Darstellung der betroffenen Interessen durch den Ressortpluralismus in Antragskonferenzen, die Transparenz und Dokumentation der Ergebnisse von Vorverhandlungen, die nachfolgende Einschaltung von Mittlern etc. können als Indizien einer Verfahrensgestaltung angesehen werden, die auch eine umfassende Interessenberücksichtigung ermöglicht. Wo dies nicht hinreichend gewährleistet ist, kann das Verfahren selbst nichts zum Legitimationsniveau der Entscheidung beitragen. Das beinhaltet nicht notwendig die Aussage, diese sei demokratisch defizitär. Vielmehr muss die Angemessenheit der demokratischen Legitimation dann unabhängig von dem Verfahren bestimmt werden, was insbesondere dort zu Problemen führen kann, wo die Konkretisierung der materiellen Entscheidungsmaßstäbe in besonderer Weise auf die umfassende Interessenverarbeitung in Verfahren angewiesen ist.

E. Verwaltungslegitimation im Europäischen Verwaltungsverbund

Als Kern des **Europäischen Verwaltungsraums** kann das Zusammenspiel von EU-Administration und mitgliedstaatlichen Verwaltungen in je unterschiedlich dichter vertikaler wie horizontaler Verknüpfung unter dem Dach der Europäischen Union[522] angesehen werden.[523] Das mitgliedstaatliche Verwaltungsrecht, das Eigenverwaltungsrecht der EU-Administration und das Unionsverwaltungsrecht werden in diesem Verwaltungsraum aufgabenspezifisch zu Regelungsstrukturen verknüpft, in denen die Verwaltungsträger untereinander und gegenüber dem Bürger handeln. Die **Verwaltungslegitimation** im Europäischen Verwaltungsverbund ist daher notwendig **mehrdimensional,** europäische und mitgliedstaatliche Legitimationsstränge werden miteinander verknüpft.

102

---

[519] Vgl. § 5 UVPG; § 2a 9. BImschV sowie § 71 Abs. 2 VwVfG.
[520] Zu möglichen Instrumenten *Fehling,* Verwaltung (Fn. 249), S. 319 ff.
[521] Dazu *Trute,* Obrigkeitsstaat (Fn. 249), S. 27 ff.
[522] Die Legitimation der EU ist nicht Gegenstand der nachfolgenden Ausführungen, sondern allein die der Legitimationsverschränkung zwischen den Verwaltungen im Europäischen Verwaltungsraum. Zur Legitimation der EU vgl. *Marcus Höreth,* Die Europäische Union im Legitimationstrilemma, 1999; *Augustin, Volk* (Fn. 10); *Peters,* Verfassung (Fn. 10); *Oeter,* Souveränität (Fn. 10); *Schliesky,* Souveränität (Fn. 10); *Lübbe-Wolff,* Verfassung (Fn. 10); *Kluth,* Legitimation (Fn. 10); allgemein zu Legitimationsstrukturen in Mehrebenenrechtsordnungen *Möllers,* Gewaltengliederung (Fn. 10), §§ 6 f.; *Rupert Scholz,* in: Maunz/Dürig, GG, Art. 23 Rn. 73 ff.; *Walter Frenz,* Nicht hinreichend demokratische EU?, EWS 2009, S. 441 ff.; *Classen,* Demokratische Legitimation (Fn. 10), S. 87 ff.; *Claudio Franzius,* Europäisches Verfassungsrechtsdenken, 2010, S. 94 ff.; *Armin Hatje,* Demokratische Kosten souveräner Staatlichkeit im europäischen Verfassungsverbund, EuR, Beiheft 1, 2010, S. 123 ff.; *Johann Schoo,* Das neue institutionelle Gefüge der EU, EuR, Beiheft 1, 2009, S. 51 ff.; *Alexis von Komorowski,* Demokratieprinzip und Europäische Union, 2010.
[523] *Schmidt-Aßmann,* Ordnungsidee, 7. Kap. Rn. 1; → Bd. I *Schmidt-Aßmann* § 5 Rn. 16 ff.

103 Im Ausgangspunkt beruht die Verwaltung des Unionsraumes auf der Teilung der Aufgaben zwischen den mitgliedstaatlichen Verwaltungsträgern und den Verwaltungsorganen der EU.[524] Das **Trennungsprinzip** geht davon aus, dass das EU-Recht entweder durch die Unionsorgane im Wege des direkten Vollzugs oder durch die mitgliedstaatlichen Verwaltungen im Wege des indirekten Vollzugs „ausgeführt" wird.[525] Die naheliegende Konsequenz einer je eigenständigen Legitimationsbasis für die getrennten Verwaltungsräume ist nur im Ausgangspunkt richtig, etwa im Falle eines direkten Vollzugs des EU-Rechts durch Unionsorgane.[526] Im Übrigen ergeben sich schon im einfachen vertikalen Verhältnis zwischen EU und Mitgliedstaaten Legitimationsverschränkungen bei dem unmittelbaren ebenso wie dem mittelbaren Vollzug dadurch, dass die materielle Legitimation ganz oder teilweise europäisch vermittelt, organisatorisch und personell aber durch die Mitgliedstaaten gesichert wird. Diese Verschränkung wird dort intensiviert, wo durch intensivere Formen der Verwaltungskooperation horizontal und vertikal verflochtene Netzwerke von Verwaltungsträgern entstehen.[527] Hier treffen die Grundannahmen des Modells „Trennungsprinzip" nicht mehr zu:[528] Die Verwaltungen werden zu einem Verbund integriert.[529]

I. Ausdifferenzierung der Eigenverwaltung der EU

104 Die Eigenverwaltung der EU unterliegt einem **Ausdifferenzierungsprozess**.[530] Diese Ausdifferenzierung ist angesichts der gestiegenen Aufgaben der

---

[524] Zum Trennungsprinzip *Eberhard Schmidt-Aßmann*, Strukturen des Europäischen Verwaltungsrechts: Einleitende Problemskizze, in: ders./Hoffmann-Riem (Hrsg.), Strukturen, S. 9 (17 ff.); *Hans-Werner Rengeling*, Rechtsgrundsätze beim Verwaltungsvollzug des Europäischen Gemeinschaftsrechts, 1977, S. 9 ff.; *Schwarze*, Europäisches VerwR I, S. 25 ff.; *Joachim Suerbaum*, Die Kompetenzverteilung beim Verwaltungsvollzug des Europäischen Gemeinschaftsrechts in Deutschland, 1998, S. 116 ff.

[525] Dazu *Schmidt-Aßmann*, Ordnungsidee, 7. Kap. Rn. 6 ff.; *Rengeling*, Rechtsgrundsätze (Fn. 524), S. 9 ff.; *Schwarze*, Europäisches VerwR I, S. 25 ff.; *Trute*, in: v. Mangoldt/Klein/Starck, GG III, Art. 83 Rn. 57 ff.; → Bd. I *Schmidt-Aßmann* § 5 Rn. 18.

[526] Wenngleich auch hier vielfältige Formen der Unterstützung vorfindbar sind, von der allgemeinen Pflicht zur Hilfeleistung aus Art. 4 Abs. 3 EUV einmal abgesehen; *Streinz*, EuropaR, Rn. 533.

[527] Systematisch dazu *Schmidt-Aßmann*, Strukturen (Fn. 524), S. 17 ff.; → Bd. I *Schmidt-Aßmann* § 5 Rn. 25 ff.

[528] Dazu *Gernot Sydow*, Verwaltungskooperation in der Europäischen Union, 2004, S. 1 ff.

[529] Dieser dürfte entgegen anderslautender Annahmen, etwa bei *Gärditz*, Verwaltungsdimension (Fn. 10), S. 453 (462 f.), seine Anerkennung in Art. 197 AEUV gefunden haben; *Matthias Ruffert*, Institutionen, Organe, Kompetenzen – der Abschluss eines Reformprozesses als Gegenstand der Europawissenschaft, EuR, Beiheft 1, 2009, S. 31 (46). Allgemein dazu → Bd. I *Schmidt-Aßmann* § 5 Rn. 16 ff. sowie die Beiträge in *Schmidt-Aßmann/Schöndorf-Haubold* (Hrsg.), Europäischer Verwaltungsverbund; darüber hinaus mit Nuancen *Trute*, Regulierungsverbund in der Telekommunikation (Fn. 368), S. 565 ff.; *Gabriele Britz*, Vom Europäischen Verwaltungsverbund zum Regulierungsverbund? – Europäische Verwaltungsentwicklung am Beispiel der Netzzugangsregulierung bei Telekommunikation, Energie und Bahn, EuR 2006, S. 46 (53 ff.); *Gernot Sydow*, Vollzug des europäischen Unionsrechts im Wege der Kooperation nationaler und europäischer Behörden, DÖV 2006, S. 66 ff.; *Thorsten Siegel*, Entscheidungsfindung im Verwaltungsverbund, 2009, S. 224 ff.; *Ruffert*, Europäisierung des Verwaltungsrechts (Fn. 10), S. 761 ff.; *ders.*, Kohärente Europäisierung: Anforderungen an Verfassungs- und Verwaltungsverbund, in: Hoffmann-Riem, Offene Rechtswissenschaft, S. 1397 (1408 ff.); *Karsten Herzmann*, Konsultationen, 2010; *Arne Pilniok*, Governance im europäischen Forschungsförderverbund: eine rechtswissenschaftliche Analyse der Forschungspolitik und Forschungsförderung im Mehrebenensystem, 2011.

[530] Überblick dazu bei *Michael H. Koch*, Die Externalisierungspolitik der Kommission, 2004, S. 56 ff.; → Bd. I *Schmidt-Aßmann* § 5 Rn. 22 ff.

E. Verwaltungslegitimation im Europäischen Verwaltungsverbund

Kommission ebenso unvermeidlich, wie sie auf der Rückseite das **Problem der Re-Integration** und damit ein zentrales Thema der Legitimation aufwirft. Die Krise der Kommission Ende der 90er Jahre war insoweit auch Konsequenz eines normativen Rahmens, der keine hinreichende Verantwortlichkeit und entsprechende Kontrollinstrumente vorsah und insofern für Missmanagement, Betrug und korruptive Praktiken anfällig war.[531] Das machte schon seinerzeit die Bedeutung eines normativen Rahmens für eine differenzierte und pluralisierte Verwaltung deutlich, mit dem Verantwortlichkeit konstituiert und sanktionierbar gemacht wird. Dies gilt umso mehr in einem Netz von Verwaltungen in Europa, das mit heterogenen Verwaltungskulturen rechnen muss und daher mit der Gefahr der Diffusion der Verantwortung[532] in der Gemengelage von europäischen und nationalen Interessen verbunden ist. Durch die seinerzeit auf den Weg gebrachten Reformen wurden Grundprinzipien eines auf Erhaltung von Verantwortlichkeit und Kontrolle ausgerichteten Allgemeinen Verwaltungsrechts einer ausdifferenzierten Administration erkennbar. Nicht anders als in der Entwicklung des nationalen Verwaltungsrechts bilden sich zwischen den Primärverträgen sowie den konkreten Normativakten und Verwaltungsvorgängen Schichten eines an allgemeinen Prinzipien ausgerichteten Verwaltungsrechts. *Paul Craig* spricht insoweit treffend von einer **Konstitutionalisierung der EU-Administration.**[533]

Durch den **Vertrag von Lissabon** ist die an sich eher zurückhaltend thematisierte **administrative Seite der Union** stärker als bisher primärrechtlich verankert.[534] Im Hinblick auf die demokratische Legitimation der Union wird zunächst deren Verankerung in einem Konzept der repräsentativen Demokratie (Art. 10 Abs. 2 EUV) gesehen, das auf den beiden Säulen der europäischen Legitimation aufgebaut ist: Auf der einen Seite die unmittelbare Vertretung der Unionsbürger im Europäischen Parlament, auf der anderen Seite die demokratische Rückkoppelung der nationalen Regierungen im Europäischen Rat bzw. im Rat an die nationalen Parlamente bzw. Aktivbürger (Art. 10 Abs. 3 EUV).[535] Darüber hinaus wird die doppelzügige Legitimation ergänzt um weitere Elemente partizipativer Demokratie, die noch einmal verdeutlichen, dass jedenfalls das traditionell enge Ver- **104a**

---

[531] Ausführlich dazu *Committee of Independent Experts*, First Report on Allegations Regarding Fraud, Missmanagement and Nepotism, 1999; *dass.*, Second Report on Reform of the Commission: Analysis of Current Practice and Proposals for Tackling Missmanagement, Irregularities and Fraud, 1999.

[532] Dazu *Lübbe-Wolff*, Verfassungsrecht (Fn. 10), S. 267 ff., freilich zu einem Zustand vor der Reform der EU-Administration.

[533] *Paul Craig*, The Constitutionalisation of Community Administration, EL Rev, Bd. 28 (2003), S. 840 ff.; → Bd. I *Schmidt-Aßmann* § 5 Rn. 60 ff.

[534] Dazu *Ruffert*, Institutionen (Fn. 529), S. 34 f., 39 f.; *Schoo*, Das neue institutionelle Gefüge der EU (Fn. 522), S. 58 ff.; *Gärditz*, Verwaltungsdimension (Fn. 10); *Schmidt-Aßmann*, Perspektiven (Fn. 10), S. 263 ff.

[535] Zu der Verengung der doppelzügigen Legitimation auf einen Vorrang mitgliedstaatlicher Legitimation durch BVerfGE 123, 267 (339 ff.) vgl. mit Nuancen im Einzelnen krit. *Erik O. Eriksen/John E. Fossum*, Bringing European Democracy Back In – Or How to Read the German Constitutional Court's Lisbon Treaty Ruling, ELJ, Bd. 17 (2011), S. 153 ff.; *Classen*, Legitime Stärkung des Bundestages oder verfassungsrechtliches Prokrustesbett?, JZ 2009, S. 881 ff.; *Jörg P. Terhechte*, Souveränität, Dynamik und Integration – making up the rules as we go along?, EuZW 2009, S. 724 ff.; *Eckhard Pache*, Das Ende der europäischen Integration?, EuGRZ 2009, S. 285 ff.; *Schmidt-Aßmann*, Perspektiven (Fn. 10), S. 266 f.; allgemein *Ruffert*, Institutionen (Fn. 529), S. 34 f., 39 f.; *Schoo*, Das neue institutionelle Gefüge der EU (Fn. 522), S. 58 ff.

ständnis von Verwaltungslegitimation[536] nicht das Konzept des EUV ist.[537] Vielmehr ist auch auf europäischer Ebene von dem Konzept einer pluralen Legitimation auszugehen.[538] Die nationalen Parlamente werden zudem über Art. 12 EUV in die Arbeitsweise der Union eingebunden. In der netzwerkartigen Verwaltung des Europäischen Verwaltungsraumes tritt selbstverständlich noch die nationale Legitimation der beteiligten Verwaltungen hinzu. Deutlicher als bisher wird auch die parlamentarische Verantwortlichkeit der europäischen Exekutivspitze, also der Kommission ausgeformt (Art. 17 EUV) und ihre Koordinierungs-, Exekutiv- und Verwaltungsfunktion betont (Art. 17 Abs. 1 S. 5 EUV). Der eigenständige Verwaltungsunterbau wird darüber hinaus in Art. 298 AEUV erwähnt, wonach sich die Organe, Einrichtungen oder sonstigen Stellen der Union auf eine offene, effiziente und unabhängige Verwaltung stützen, ergänzt durch eine Rechtsetzungsermächtigung für übergreifende verwaltungsrechtliche Regelungen.[539] Überhaupt werden die Gesetzgebungs- und Durchführungskompetenzen geschärft (Art. 2 ff. AEUV), wenngleich diese zur Strukturierung der Verflechtungsbeziehungen eher weniger beitragen.[540] Die Unterscheidung von Gesetzgebung und delegierter Rechtsetzung einschließlich des Vorbehalts der wesentlichen Fragen für die Gesetzgebung (Art. 289 f. AEUV) balanciert das institutionelle Gefüge gesetzgebungsbezogener und transparenter. Die Durchführungsbefugnis liegt grundsätzlich bei den Mitgliedstaaten (Art. 291 Abs. 1 AEUV).[541] Sie ergreifen alle zur Durchführung verbindlicher Rechtsakte der Union erforderlichen Maßnahmen nach innerstaatlichem Recht – eine explizite Normierung eines Regel-Ausnahmeverhältnisses. Nur sofern ein Bedarf an einheitlichen Durchführungsbefugnissen besteht, werden diese durch die Rechtsakte der Kommission oder in Sonderfällen dem Rat übertragen. In diesen Fällen legen die Gesetzgebungsakte in allgemeinen Regeln und Grundsätzen fest, wie die Wahrnehmung der Durchführungsbefugnisse der Unionsorgane von den Mitgliedstaaten kontrolliert werden kann. Unübersehbar wird damit eine Verflechtung erzeugt, auch unter legitimatorischen Gesichtspunkten. In der Sache wird ohne ein hinreichendes Maß an Kooperation die Durchführung in den Netzwerken des Europäischen Verwaltungsraumes kaum möglich sein. Insofern ist es konsequent, wenn Art. 197 Abs. 1 AEUV unter dem allgemeinen Titel der Verwaltungszusammenarbeit die effektive Durchsetzung des Unionsrechts als eine Frage des gemeinsamen Interesses ansieht. Überhaupt ist nicht zu übersehen, dass zwar durch die Vorschrift des Art. 197 Abs. 1 AEUV ein Vorrang des dezentralen Vollzugs die Verwaltungsseite der Mitgliedstaaten stärkt, zugleich aber die Notwendigkeit einer Ausbalancierung durch die erforderlichen wirksamen Aufsichtsbefugnisse der Union besteht (Art. 17 Abs. 1 EUV).[542] Ergänzend mag Art. 41 GrCh hinzutreten, der zwar in

---

[536] Vgl. dazu oben → Rn. 4 ff.

[537] Das wird mindestens im Ausgangspunkt auch vom Bundesverfassungsgericht anerkannt, vgl. *BVerfGE* 123, 267 (369): Solche Elemente können aber ergänzende Funktion bei der Legitimation europäischer Hoheitsgewalt übernehmen.

[538] *Annete Guckelberger*, Die Europäische Bürgerinitiative, DÖV 2010, S. 745 ff.; → Bd. I *Schmidt-Aßmann* § 5 Rn. 60.

[539] *Ruffert*, Institutionen (Fn. 529), S. 45.

[540] Zu Recht krit. *Schmidt-Aßmann*, Perspektiven (Fn. 10), S. 266 f.

[541] Zur Verstärkung der dezentralen Struktur *Ruffert*, in: Callies/Ruffert, EUV/AEUV, Art. 291 Rn. 2.

[542] Zu Recht in diesem Sinne *Schmidt-Aßmann*, Perspektiven (Fn. 10), S. 266.

E. Verwaltungslegitimation im Europäischen Verwaltungsverbund

seiner unmittelbaren Bindung auf die Unionsorgane begrenzt bleibt, aber in der Sache gemeineuropäische Prinzipien und Grundsätze guten Verwaltens umfasst, die oftmals verfassungsrechtlich oder doch zumindest einfachrechtlich kodifiziert sind.[543]

1. Grundlinien der Verantwortlichkeit

Eine verstärkte Strukturierung zeigt sich vor allem in dem Zusammenspiel von Normativakten über den Haushaltsvollzug, den Rahmenverordnungen für einen bestimmten Typus von Organisationen, den Gründungsakten von Verwaltungseinheiten und den Basisrechtsakten, die die auszuführenden Programme formulieren oder sonst die Grundlage für die Tätigkeit der Verwaltungseinrichtungen abgeben. Für diejenigen Verwaltungseinheiten, die in den Haushaltsvollzug eingebunden sind, vermittelt insbesondere die **Europäische Haushaltsordnung (EHO)**[544] eine Blaupause möglicher Ausdifferenzierungen und ihrer institutionellen Ausgestaltung – soweit es den Haushaltsvollzug und die Bewirtschaftung der Mittel angeht.[545] Art. 53 EHO unterscheidet insoweit zwischen drei möglichen Formen des Haushaltsvollzugs bzw. der Mittelbewirtschaftung:[546] dem Prinzip der zentralen Mittelverwaltung, der geteilten oder dezentralen Verwaltung und der gemeinsamen Verwaltung mit internationalen Orga-

105

---

[543] Zu diesen Prinzipien vgl. Principles of Good Administration in the Member States of the European Union, Statskontoret, 2005, S. 19 ff. (www.statskontoret.se/upload/Publikationer/2005/200504.pdf); *Kai-Dieter Classen*, Gute Verwaltung im Recht der Europäischen Union, 2008; *Pavlos-Michael Efstratiou*, Der Grundsatz der guten Verwaltung als Herausforderung an die Dogmatik des nationalen und europäischen Verwaltungsrechts, in: Trute/Groß/Röhl/Möllers, Allgemeines Verwaltungsrecht, S. 281 ff.; *Schmidt-Aßmann*, Perspektiven (Fn. 10), S. 266; *Ruffert*, Kohärente Europäisierung (Fn. 529), S. 1411; mit etwas anderer Nuancierung: *Parliamentary and Health Service Ombudsman*, Principles of Good Administration (www.ombudsman.org.uk/__data/assets/pdf_file/0013/1039/Principles-of-Good-Administration.pdf). Zum „Code of Good administrative Behaviour" der Kommission vgl. http://ec.europa.eu/civil_society/code/general_en.htm. Zur Reichweite einer etwaigen Normgebung auf der Grundlage von Art. 298 AEUV vgl. *Clemens Ladenburger*, Evolution oder Kodifikation eines allgemeinen Verwaltungsrechts in der EU, in: Trute/Groß/Röhl/Möllers (Hrsg.), Allgemeines Verwaltungsrecht, S. 107 (118 ff.).

[544] VO (EG, Euratom) Nr. 1605/2002 des Rates vom 25. Juni 2002, ABl. EG 2002, Nr. L 248, S. 1. Um die Anpassung an den Vertrag von Lissabon vorzunehmen sowie zwischenzeitlich gemachte Erfahrungen zu verarbeiten, hat die Kommission einen Vorschlag für eine Verordnung des Europäischen Parlaments und des Rates über die Haushaltsordnung für den Jahreshaushaltsplan der Europäischen Union vorgelegt (KOM (2010) 815 endg. v. 22. 12. 2010 – im Folgenden **Entwurf EHO**). Die Arten des Haushaltsvollzugs (vgl. Art. 55 Entwurf EHO) werden im Wesentlichen beibehalten und ebenso die daran anknüpfende Strukturierung der Verantwortung der beteiligten Akteure.

[545] In diesem Sinne *Wolfgang Schenk*, Die Leistungsverwaltung der EG als Herausforderung für das Europäische Verwaltungsrecht, in: Schmidt-Aßmann/Schöndorf-Haubold (Hrsg.), Verwaltungsverbund, S. 265 (269); freilich hat dies Rückwirkungen auf die Administration im Allgemeinen; so i. E. auch *Craig*, Constitutionalisation (Fn. 533), S. 841.

[546] Der Haushaltsvollzug ist aufgrund von Art. 317 Abs. 1 AEUV alleinige Verantwortung der Kommission, dieser kann nicht, auch nicht zur Ausübung, auf andere Stellen delegiert werden; dazu *Schenk*, Leistungsverwaltung der EG (Fn. 545), S. 272 ff. Dies hindert freilich nicht, die Bewirtschaftung der Unionsmittel auf Dritte zu übertragen und damit eine Kongruenz von Verwaltungsvollzug und Mittelbewirtschaftung zu erreichen (*Schenk*, a. a. O.), solange die Kommission die Verantwortung für den Haushaltsvollzug gegenüber dem Europäischen Parlament einlösen kann. Das bedingt entsprechende Zurechnungsmechanismen, insbes. eine wirksame Kontrolle. Aufgrund des unlösbaren Zusammenhangs von Verwaltungskompetenz und Finanzierung trägt dies auch zu einer wirksameren Rückbindung des Verwaltungsvollzugs an die Kommission bei, ebenso wie sich die strukturprägenden Vorgaben der Mittelbewirtschaftung auf die Wahrnehmung der Sachaufgaben auswirken.

nisationen; letztere kann im Folgenden dahinstehen. Für das **Prinzip der zentralen Verwaltung** durch die Kommission wird wiederum zwischen der direkten Verwaltung durch die Dienststellen der Kommission[547] und der indirekten Verwaltung durch mehr oder weniger verselbstständigte Verwaltungsträger unterschieden. Zu diesen gehören die Exekutivagenturen (Art. 55 EHO),[548] die Regulierungsagenturen (Art. 56 i. V. m. Art. 54 Abs. 2 lit. b) EHO),[549] mitgliedstaatliche Einrichtungen oder öffentliche bzw. privatrechtliche Einrichtungen, soweit sie im öffentlichen Auftrag tätig werden[550] oder Personen, die mit der Durchführung bestimmter Maßnahmen im Rahmen von Titel V des Vertrages über die Europäische Union betraut sind.[551] Bei der **geteilten Verantwortung** überträgt die Kommission den Mitgliedstaaten Haushaltsvollzugskompetenzen nach Maßgabe der Art. 148 ff. EHO.[552] Mustert man die Anforderungen durch, werden eine Reihe von Prinzipien und institutionellen Mechanismen der **Rückbindung an die Unionsexekutive** und an das **Europäische Parlament** sichtbar, die an den Prinzipien des Neuen Steuerungsmodells[553] orientiert und daher darauf gerichtet sind, klare Verantwortungsstrukturen und Rechenschaftspflichten zu institutionalisieren:[554] die Begrenzung der Delegation von Durchführungsbefugnissen durch die Kommission, sofern mit diesen Befugnissen ein großer Ermessensspielraum für politische Optionen verbunden ist (Art. 54 Abs. 1 EHO)[555], Selbst- und Fremdkontrollmechanismen, die geeignet sind, sicherzustellen, dass die zu finanzierenden Maßnahmen ordnungsgemäß durchgeführt werden, Maßnahmen zur Verhinderung von Unregelmäßigkeiten und Betrug, transparente Vergabe- und Finanzhilfeverfahren, die jeglichen Interessenkonflikt verhindern müssen, effiziente Systeme der internen Kontrolle, Anforderungen an die Buchführung, unabhängige externe Kontrollen und öffentlicher Zugang zu Informationen (Art. 56 Abs. 1 EHO).[556] Ergänzt wird dies durch zusätzliche institutionelle Anforderungen an mitgliedstaatliche und private Einrichtungen, die in den Vollzug eingebunden sind und bei denen mögliche Interessenkonflikte aus der Sicht des europäischen Gemeinwohls besonders nahe liegen, sowie durch organisatorische Anforderungen an das System interner Kontrolle (Art. 59 ff., Art. 85 ff. EHO). Damit sind Grundprinzipien für die Mittelbewirtschaftung getroffen, die ergänzt werden durch Anforderungen an die Organisation,[557] die ihrerseits Rückwirkungen auf den Verwaltungsvollzug haben.

---

[547] Dazu *Schenk*, Leistungsverwaltung der EG (Fn. 545), S. 276 ff.; *Jens-Peter Schneider*, Verwaltungsrechtliche Instrumente des Sozialstaates, in: VVDStRL, Bd. 64 (2005), S. 239 (249 ff.).
[548] Art. 55 Abs. 1 a i. V. m. Art. 59 Entwurf EHO.
[549] Art. 55 Abs. 1 b (v) i. V. m. Art. 200 Entwurf EHO.
[550] Art. 55 Abs. 1 b (vi, vii) Entwurf EHO.
[551] Art. 55 Abs. 1 b (viii) Entwurf EHO.
[552] Art. 167 ff. Entwurf EHO. Die geteilte Mittelverwaltung umfasst auch die Fonds für den Raum der Freiheit, der Sicherheit und des Rechts.
[553] → Bd. 1 *Voßkuhle* § 1 Rn. 53 ff.
[554] Dazu auch die Bewertung bei *Schneider*, Instrumente (Fn. 547), S. 251 f.
[555] Art. 55 Abs. 3 Entwurf EHO.
[556] Art. 56 ff. Entwurf EHO.
[557] Auf die Kompetenzprobleme dieser Verbindung von Mittelbewirtschaftung und Organisationsanforderungen verweist *Schenk*, Leistungsverwaltung der EG (Fn. 545), S. 276, die freilich in der Logik der Sache liegen. Ohne Organisationsregelungen lässt sich die Mittelverwaltung bei Ausdifferenzierungen kaum wirksam kontrollieren, aber damit sind notwendig Rückwirkungen auf den Verwaltungsvollzug verbunden (vgl. auch *ders.*, a. a. O., S. 281).

2. Exekutivagenturen

Als ein besonderes Instrument der Rationalisierung des Verwaltungsvollzugs **106** erweisen sich die **Exekutivagenturen**, die im Zuge der Restrukturierung die früheren Büros für technische Unterstützung ersetzen und zugleich eine wirksame Bindung der Mittelbewirtschaftung an die Haushaltsverantwortung der Kommission gewährleisten sollen.[558] Exekutivagenturen sind von der Kommission geschaffene juristische Personen des Unionsrechts, die beauftragt werden können, für Rechnung und unter Aufsicht der Kommission ein gemeinschaftliches Programm oder Vorhaben ganz oder teilweise durchzuführen.[559] Sie sollen dazu beitragen, dass einerseits der Vollzug der Unionsprogramme rationalisiert und optimiert, zugleich aber die Kommission von wesentlichen Verwaltungsaufgaben entlastet wird und sich auf die strategischen Aspekte konzentrieren kann. Vorgeprägt in der VO (EG) Nr. 1605/2002,[560] werden diese durch das Statut der Exekutivagenturen institutionell ausgeformt.[561] Diese sind überaus eng an die Kommission gebunden. Das vom Rat verabschiedete Statut prägt die Organisation, die Aufgaben und vor allem die Einflussmöglichkeiten der Kommission so detailliert vor, dass die konkreten, durch Beschluss der Kommission im Komitologieverfahren[562] getroffenen Einrichtungsbeschlüsse sich auf wenige zusätzliche Aspekte beschränken können, die vor allem die Aufgaben der Exekutivagenturen betreffen.[563] Insgesamt wird an dem Zusammenspiel der verschiedenen Normativakte deutlich, dass die Exekutivagenturen zwar eine operative Verwaltungsautonomie haben, ihre Aufgabenwahrnehmung aber sehr eng durch die Kommission geführt werden kann, so dass in der Tat – zumindest normativ – ein institutioneller Rahmen gewährleistet ist, der die Verantwortlichkeit der Kommission auch einlöst. Ihre Stellung kommt weniger in dem Status als eigenständige Rechtspersönlichkeiten zum Ausdruck, als in der engen Bindung an die Kommission in sachlicher, organisatorischer, personeller und finanzieller Hinsicht. Sie sind der Kommission nachgeordnete Verwaltungsträger mit einer gewissen operativen Autonomie.[564] Sie werfen in der klaren Zuordnung zur Kommission denn auch – zumindest derzeit – keine Legitimationsprobleme

---

[558] Zu ihnen *Craig*, Constitutionalisation (Fn. 533); *Sydow*, Verwaltungskooperation (Fn. 528), S. 68 ff.; *Schenk*, Leistungsverwaltung der EG (Fn. 545), S. 281 ff.; *Koch*, Externalisierungspolitik (Fn. 530), S. 80 ff.

[559] Art. 55 EHO; Art. 59 Entwurf EHO.

[560] Art. 54 Abs. 2 lit. a), Art. 55 EHO; Art. 55 Abs. 1a Entwurf EHO. Ergänzt wird dies durch die VO (EG) Nr. 1653/2004 der Kommission v. 21. 9. 2004 betreffend die Standardhaushaltsordnung für Exekutivagenturen gemäß der VO (EG) Nr. 58/2003 des Rates zur Feststellung des Status der Exekutivagenturen, die mit bestimmten Aufgaben bei der Verwaltung von Gemeinschaftsprogrammen beauftragt werden, ABl. EU 2004, Nr. L 297, S. 6.

[561] VO (EG) Nr. 58/2003 des Rates v. 19. 12. 2002 zur Feststellung des Status der Exekutivagenturen, die mit bestimmten Aufgaben bei der Verwaltung von Gemeinschaftsprogrammen beauftragt werden, ABl. EG 2003, Nr. L 11, S. 1.

[562] Art. 5, 7 des Beschlusses 1999/468/EG; Art. 3 Abs. 3, Art. 24 VO (EG) Nr. 58/2003.

[563] In dem Beschluss der Kommission v. 23. 12. 2003 zur Einrichtung einer als „Exekutivagentur für intelligente Energie" bezeichneten Exekutivagentur für die Verwaltung von Gemeinschaftsmaßnahmen im Energiebereich gemäß VO (EG) Nr. 58/2003, ABl. EG 2003, Nr. L 11, S. 1 ist vor allem Art. 4, die Bestimmung über die Aufgaben, bedeutsam, die freilich auf die zugrunde liegenden Basisrechtsakte Bezug nimmt. Ansonsten finden sich im Wesentlichen Referenzen auf die Regelungen des Statuts der Exekutivagenturen.

[564] Ähnlich das Fazit bei *Schenk*, Leistungsverwaltung der EG (Fn. 545), S. 285.

durch Verschränkung mit den mitgliedstaatlichen Verwaltungen auf, können aber ihrerseits durch die enge Anbindung an die Kommission und Dominanz bürokratischer Rationalität in Konflikt mit besonderen Aufgabenstellungen geraten.[565]

3. Regulierungsagenturen

107 Ebenso sind die Regulierungsagenturen als **Einrichtungen der europäischen Administration** ausgestaltet,[566] wie sich nicht zuletzt aus Art. 54 Abs. 2 lit. b), Art. 56, Art. 185 EHO[567] ergibt. Im Unterschied zu den Exekutivagenturen sind sie nicht in gleicher Weise an die Kommission und das Parlament rückgebunden. Ihre Aufgaben und Kompetenzen sind sehr unterschiedlich ausgeprägt.[568] Manche der Agenturen können in Anwendung anerkannter EU-Standards unmittelbar wirksame Entscheidungen treffen, andere verfügen über technische Expertise oder dienen vor allem der Koordination und Vernetzung anderer Behörden.[569] Als Re-

---

[565] Dazu am Beispiel des Europäischen Forschungsrates *Groß*, Der Europäische Forschungsrat – ein neuer Akteur im europäischen Forschungsraum, EuR 2010, S. 299 ff.; ausführlich auch *Thomas Groß/Remzi N. Karaalp/Anke Wilden*, Regelungsstrukturen der Forschungsförderung, 2010, S. 95 ff.

[566] Allerdings heißt es auf einer Webseite des Haushaltskommissars zumindest missverständlich: ... „stehen die dezentralen Agenturen unter der direkten Kontrolle der Mitgliedstaaten und nicht unter der Kontrolle der Kommission." (http://ec.europa.eu/budget/biblio/documents/regulations/regulations_de.cfm#agencies). Faktisch hat dies einiges für sich, bezeichnet aber auch das Problem der Agenturen (dazu unten → Rn. 111).

[567] Art. 55 Abs. 1 b (v) i. V. m. Art. 200 Entwurf EHO.

[568] Vgl. dazu Mitteilung der Kommission an das Europäische Parlament und den Rat, Europäische Agenturen – Mögliche Perspektiven v. 11. 3. 2008, KOM (2008) 135 endg. Ausführlich zu diesen Einrichtungen *Dorothee Fischer-Appelt*, Agenturen der Europäischen Gemeinschaft, 1999; *Koch*, Externalisierungspolitik (Fn. 530), S. 56 ff.; *Daniel Riedel*, Die Europäische Agentur für Flugsicherheit im System der Gemeinschaftsagenturen, in: Schmidt-Aßmann/Schöndorf-Haubold, Europäischer Verwaltungsverbund, S. 103 ff.; *Groß*, Die Kooperation zwischen europäischen Agenturen und nationalen Behörden, EuR 2005, S. 54 ff.; *Möllers*, Gewaltengliederung (Fn. 10), § 7 I. 5. b., der zu Recht auf die Pluralität möglicher rechtlicher Abhängigkeiten als Charakteristikum hinweist; *Georg Hermes*, Gemeinschaftsrecht, „neutrale" Entscheidungsträger und Demokratieprinzip, in: FS Manfred Zuleeg, 2. Aufl. 2007, S. 410 ff.; *Michaela Wittinger*, „Europäische Satelliten": Anmerkungen zum Europäischen Agentur(un)wesen und zur Vereinbarkeit Europäischer Agenturen mit dem Gemeinschaftsrecht, EuR 2008, S. 609 ff.; *Christoph Görisch*, Demokratische Verwaltung durch Unionsagenturen, 2009; *Arndt Wonka/Berthold Rittberger*, Credibility, Complexity and Uncertainty: Explaining the Institutional Independence of 29 EU Agencies, West European Politics, Bd. 33 (2010), S. 730 ff.; zu einzelnen Behörden und Agenturen vgl. *Michael Fehling*, Europäische Verkehrsagenturen als Instrumente der Sicherheitsgewährleistung und Marktliberalisierung insbesondere im Eisenbahnwesen, EuR, Beiheft 2, 2005, S. 41 ff.; *Andreas Fischer-Lescano/Timo Tohidipur*, Europäisches Grenzkontrollregime. Rechtsrahmen der europäischen Grenzschutzagentur FRONTEX, ZaöRV, Bd. 67 (2007), S. 1219 ff.; *Stefanie Neveling*, Verschärfte Regulierung der Strom- und Gasmärkte in der EU – Vorschläge der Kommission für ein 3. Richtlinienpaket, ZNER 2007, S. 378 (379 ff.); *Schöndorf-Haubold*, Europäisches SicherheitsR, Rn. 37 ff.; *Johannes Pollak/Peter Slominski*, Experimentalist but not Accountable Governance? The Role of Frontex in Managing the EU's External Borders, West European Politics, Bd. 32 (2009), S. 904 ff.; *Jan B. Ingerowski*, Die REACH-Verordnung, 2010, S. 300 ff.; *Matthias Lehmann/Cornelia Manger-Nestler*, Die Vorschläge zur neuen Architektur der europäischen Finanzaufsicht, EuZW 2010, S. 87 ff. Allgemein auch *Britz*, Vom Verwaltungsverbund zum Regulierungsverbund? (Fn. 529), S. 53 ff.; *Gärditz*, Regulierungsverwaltungsrecht (Fn. 170), S. 251 ff.; *Schmidt-Aßmann*, Perspektiven (Fn. 10), S. 274 f.; *Masing*, Regulierungsbehörde im Spannungsfeld (Fn. 361), S. 521 ff.; *Ruffert*, Verselbständigte Verwaltungseinheiten (Fn. 361), S. 430.

[569] Ausführlich zu ihrer Klassifikation auf dem Stand von 2008 vgl. die Mitteilung der Kommission (Fn. 568), S. 8.

gulierungsagenturen werden von der Kommission Einrichtungen bezeichnet, deren Aufgabe es ist, durch Handlungen, die zur Regulierung eines bestimmten Sektors beitragen, aktiv an der Exekutivfunktion mitzuwirken.[570] Die eher undeutliche Begriffsbestimmung spiegelt nur wider, dass es sich bei diesen Einrichtungen um eine sehr heterogene Gruppe von Verwaltungseinrichtungen handelt, die nicht nach einer klar umrissenen Typologie von Verwaltungsaufgaben und entsprechender Organisation und Befugnissen gebildet worden sind. Der Vereinheitlichung der Gründungsprinzipien und Organisation diente der Vorschlag der Kommission für eine interinstitutionelle Vereinbarung, mit der die Strukturen der Agenturen vereinheitlicht und an bestimmten Prinzipien ausgerichtet werden sollen, die dann auch sukzessive auf die bestehenden Einrichtungen ausgedehnt werden sollen.[571] Ihre besondere Stellung zwischen Unionsinteresse und mitgliedstaatlicher Verwaltung, zwischen Koordination und echten Verwaltungsbefugnissen spiegelt sich in ihrer Organisation wider. Daraus folgen denn auch ihre **Legitimationsprobleme.** Als Unionseinrichtungen sind sie der Wahrnehmung der Unionsinteressen verpflichtet, müssen also ihre Legitimation wesentlich von den Unionsorganen ableiten können, zugleich sind sie aufgrund ihrer Aufgabenstellung auf die Kooperation mit mitgliedstaatlichen Verwaltungen angewiesen und erbringen für diese Leistungen im Rahmen ihrer Aufgabenstellung. Aufgrund ihrer Funktion bedürfen sie in vielen Fällen einer **spezifischen Unabhängigkeit** von der Politik wie auch von Interessengruppen, um glaubwürdig ihre Aufgaben erfüllen zu können. Für die mit wissenschaftlich-technischer Expertise beauftragten Einrichtungen ist ihre Unabhängigkeit Funktionsvoraussetzung, die dann freilich komplementäre Sicherungen der Verantwortlichkeit und Transparenz erforderlich machen. Daran wird die Komplexität des Legitimationsproblems ebenso sinnfällig wie die Gefahr, Einrichtungen zu schaffen, die gleichsam durch die Maschen der nationalen und unionalen Zurechenbarkeit und Verantwortlichkeit fallen. Fast schon resignativ stellt die Kommission in ihrer Mitteilung fest, dass die Probleme nach dem Scheitern der interministeriellen Vereinbarung naturgemäß fortbestehen: „Die Unterschiede in Rolle, Struktur und Profil der Regulierungsagenturen führen zu einem Mangel an Transparenz und lassen Zweifel an ihrer Rechenschaftslegung und Legitimität entstehen."[572]

Am leichtesten fällt noch die **Rechtfertigung ihrer Unabhängigkeit** gegenüber operativen Einflussnahmen der europäischen Organe.[573] Dabei freilich ist vor **108**

---

[570] Mitteilung der Kommission, Rahmenbedingungen für die europäischen Regulierungsagenturen, KOM (2002) 718 endg., S. 4; zur Kritik an dieser Begriffsbestimmung *Groß*, Kooperation (Fn. 568), S. 56 f.
[571] Entwurf der Europäischen Kommission für eine interinstitutionelle Vereinbarung zur Festlegung von Rahmenbedingungen für die Europäischen Regulierungsagenturen, KOM (2005) 59 endg. Die Kommission wollte zwischen Agenturen mit Entscheidungsbefugnissen im Einzelfall und rechtlicher Bindungswirkung gegenüber Dritten, solchen mit einer technischen und wissenschaftlichen Unterstützungsfunktion und der Erstellung von Inspektionsberichten betrauten Einrichtungen sowie Einrichtungen, die der Vernetzung und Organisation der Zusammenarbeit im Interesse der Gemeinschaft zwischen den nationalen Behörden und der Gemeinschaft dienen, unterscheiden. *Cum grano salis* lassen sich die derzeitigen Einrichtungen ebenfalls entlang dieser Unterteilung analysieren; vgl. *Groß*, Kooperation (Fn. 568), S. 56 ff.
[572] Vgl. die Mitteilung der Kommission (Fn. 568), S. 7.
[573] Art. 298 AEUV nennt ausdrücklich eine offene, effiziente und unabhängige Verwaltung als Träger der Verwaltungsaufgaben der Union.

Missverständnissen zu warnen, die sich aus der Verwendung des Begriffs unabhängiger Regulierungsagenturen ergeben können. Das Maß der Unabhängigkeit ist, anders als es in manchen eher generalisierenden Stellungnahmen aufscheint, sehr unterschiedlich ausgeformt und bedarf einer genauen Analyse der Organisationsstrukturen und der Einbindung in das institutionelle Gefüge im Einzelfall. Regulierungsagenturen sind heute primärrechtlich in ihrer Existenz anerkannt.[574] Ferner verfügen sie über die Basislegitimation durch die Gründungsverordnung des Unionsgesetzgebers. Zudem sind die materiellen Grenzen der Delegation von Entscheidungskompetenzen aus Art. 54 Abs. 1 EHO einzuhalten und soweit ersichtlich auch eingehalten, da keine der Einrichtungen über große Ermessensspielräume für politische Optionen verfügt.[575] Darüber hinaus werden die in dieser Verordnung vorgesehenen Finanzkontrollmechanismen ebenfalls auf diese Einrichtungen erstreckt, wenn auch mit den in Art. 185 EHO vorgesehenen Modifikationen.[576] Auch ist nicht zu übersehen, dass infolge der Veränderung des institutionellen Gefüges aufgrund des Lissabon-Vertrages[577], insbesondere aber durch die größere Transparenz der Gesetzgebungsakte und der Normsetzung infolge von Delegation oder Durchführungsbefugnissen bei neueren Agenturen durchaus ein höheres Maß an Transparenz der Aufgabenwahrnehmung und eine klarere Zuordnung von Verantwortung möglich ist.[578] Zudem ist in unterschiedlichem Umfang und unterschiedlichen Zeiträumen eine unabhängige externe Bewertung der Arbeit der Agenturen vorgesehen.[579] Darüber hinaus sind die Agenturen teilweise dem Rat und dem Europäischen Parlament berichtspflichtig.[580] Bei einzelnen Agenturen ist ferner eine enge Rückbindung an die Kommission erkennbar, wie etwa bei der Europäischen Agentur für Wiederaufbau,[581] bei der die Kommission den Vorsitz im Verwaltungsrat führt und der Direktor der Agentur auf Vorschlag der Kommission vom Verwaltungsrat ernannt wird, die Tätigkeit der Agentur im Einklang mit den Beschlüssen der Kommission steht und die Kommission die ausgearbeiteten Projekte und Programme genehmigen muss.[582] Teilweise nimmt die Kommission einen verstärkten Einfluss auf die Ausarbeitung des jährlichen Arbeitsprogramms der Einrichtungen und stellt damit einen Gleichklang mit den allgemeinen politischen Anforderungen der Union her.[583] Im Übrigen haben die Agenturen einen jährlichen Tätigkeitsbericht zu erstellen, unterliegen also auch insoweit einer Eva-

---

[574] Art. 263 Abs. 1 S. 2, Abs. 5, Art. 298 Abs. 1 AEUV.

[575] Eine ausführliche Analyse der Delegationsproblematik findet sich bei *Fischer-Appelt*, Agenturen (Fn. 568), S. 99 ff.

[576] Vgl. VO (EG, Euratom) Nr. 2343/2002 der Kommission betreffend die Rahmenfinanzregelung nach Art. 185 der Haushaltsordnung, ABl. EG 2002, Nr. L 357, S. 72.

[577] Vgl. dazu oben → Rn. 104 a.

[578] Dies trifft etwa für die drei neuen Agenturen der Finanzmarktaufsicht hinsichtlich des Erlasses von technischen Regulierungsstandards zu; vgl. Art. 10 ff. VO (EU) Nr. 1093/2010; Art. 10 ff. VO (EU) 1094/2010; Art. 10 ff. VO (EU) Nr. 1095/2010.

[579] Vgl. nur Art. 26 VO (EG) Nr. 2454/1999; Art. 51 VO (EG) Nr. 1592/2002; Art. 61 VO (EG) Nr. 178/2002; Art. 31 VO (EG) Nr. 851/2004; Art. 86 VO (EG) Nr. 726/2004; Art. 33 VO (EG) Nr. 2007/2004; Art. 43 VO (EG) Nr. 881/2004; Art. 34 VO (EG) 713/2009; Art. 81 VO (EU) 1095/2010.

[580] Vgl. etwa bei den neueren Finanzmarktagenturen Art. 50 VO (EU) Nr. 1095/2010; Art. 50 VO (EU) Nr. 1093/2010; Art. 50 VO (EU) 1094/2010.

[581] VO (EG) Nr. 2454/1999.

[582] Art. 17 Abs. 4, 18 Abs. 1, 12 Abs. 2, 15 Abs. 1 VO (EG) Nr. 2454/1999.

[583] Vgl. Art. 25 Abs. 2 lit. c) VO (EG) Nr. 881/2004.

E. Verwaltungslegitimation im Europäischen Verwaltungsverbund

luation.[584] Sie haben schon gemäß Art. 25 Abs. 4 der Rahmenfinanzregelung für die Gemeinschaftseinrichtungen[585] eine regelmäßige *Ex-Ante-* und *Ex-Post-*Bewertung aller ausgabenintensiven Programme und Maßnahmen vorzunehmen, an die dann die externe Evaluation über die Kommission und die anderen Unionsorgane anknüpfen kann.[586] Insoweit ist ein nach Einrichtungen unterschiedliches institutionelles Arrangement erkennbar, das Ex-Ante-Einflussnahmen und Kontrollen der Einrichtungen durch die Kommission und andere Unionsorgane ermöglicht, die verbunden werden mit Formen der Selbststeuerung und -kontrolle der Einrichtungen, an denen die externen Kontrollen dann wiederum ansetzen können. Ungeachtet dessen verfügen die Einrichtungen über einen erheblichen operativen Spielraum. Der Legitimationsbedarf kann insoweit nicht schon mit dem Argument verneint werden, dass diese in der überwiegenden Mehrzahl nicht über Befugnisse zu rechtsverbindlichen Entscheidungen verfügen.[587] Hier kann im Wesentlichen auf die zur Output-Legitimation entwickelten Grundsätze verwiesen werden.[588] Für die mit quasi justiziellen Funktionen und wissenschaftlich-technischer Expertise betrauten Einrichtungen ist das offensichtlich, nichts anderes gilt aber für Einrichtungen, die Regulierungsfunktionen wahrnehmen.[589] Insoweit reichen die sehr differenzierten Einfluss- und Kontrollmechanismen, die oftmals über das hinausgehen, was im nationalen Verwaltungsrecht an Rückbindungsmechanismen vorgehalten wird, im Grundsatz aus, um eine Kontrolle durch die Kommission und andere Unionsorgane sicherzustellen.[590]

109 Als neuralgischer Punkt einer wirksamen Steuerung und Kontrolle erweist sich freilich die **Zusammensetzung der Organe**.[591] Grundsätzlich ist für alle Einrichtungen ein Zusammenspiel zwischen dem für die operative Arbeit eigenverantwortlichen Direktor und dem für die strategische Ausrichtung und Eigenkontrolle zuständigen Verwaltungsrat der Einrichtungen (dualistische Leitungsstruktur) vorgesehen, das noch ergänzt werden kann durch regelmäßig unabhängige Ausschüsse, die die eigentliche wissenschaftlich-technische Expertise verkörpern. Der **Verwaltungsdirektor** wird in der Regel auf Vorschlag der Kommission von dem Verwaltungsrat ernannt,[592] erfährt seine Legitimation in personeller Hinsicht also gleichermaßen von der Kommission wie von dem **Verwaltungsrat**. Der Verwaltungsrat wird freilich im Wesentlichen durch von den Mitgliedstaaten entsandte – wiewohl teilweise vom Rat ernannte – Vertreter gebildet. Die Kommissionsvertre-

---

[584] Vgl. etwa Art. 25 Abs. 8 UAbs. 2 VO (EG) Nr. 178/2002; Art. 26 Abs. 2 lit. b) VO (EG) Nr. 881/2004; Art. 24 Abs. 2 lit. c) VO (EG) Nr. 1592/2002.
[585] VO (EG, Euratom) Nr. 2343/2002.
[586] Dazu *Kommission,* Interinstitutionelle Vereinbarung (Fn. 571), Ziff. 27.
[587] Ohnehin kann dies nicht für Agenturen mit Entscheidungsbefugnissen oder Befugnissen, die solchen gleichkommen, gelten, wie das Markenamt, die Agentur für Flugsicherheit oder die Agentur für Arzneimittelsicherheit; dazu *Riedel,* Flugsicherheit (Fn. 568), S. 110 ff.
[588] → Rn. 53.
[589] → Rn. 68.
[590] Externalisierung ist daher weder auf der europäischen Ebene noch auf der nationalen Ebene für sich gesehen das Problem, sondern die Etablierung klarer Verantwortungsstrukturen; vgl. aber *Lübbe-Wolff,* Verfassungsrecht (Fn. 10), S. 267 ff.
[591] Ausführlich dazu *Fischer-Appelt,* Agenturen (Fn. 568), S. 220; *Schmidt-Aßmann,* Perspektiven (Fn. 10), S. 278.
[592] Vgl. etwa Art. 17 VO (EG) Nr. 851/2004; Art. 18 VO (EG) Nr. 2454/1999; Art. 30 VO (EG) Nr. 1592/2002; Art. 64 VO (EG) Nr. 726/2004; Überblick dazu bei *Koch,* Externalisierungspolitik (Fn. 530), S. 103 ff.

ter stellen eine Minderheit dar, ebenso teilweise die Vertreter des Europäischen Parlaments oder die Repräsentanten beteiligter Kreise. Von daher nehmen die Mitgliedstaaten erheblichen Einfluss auf die operative Arbeit der Einrichtungen und vor allem auf die Kontrolle der Arbeit der Einrichtungen, können deren strategische Ausrichtung wie auch die Alltagsarbeit beeinflussen. Dies wird noch verstärkt, wo die Einrichtungen Aufsichts-, Regulierungs- oder sonstige Räte haben, die wiederum regelmäßig aus den Vertretern der mitgliedstaatlichen Verwaltungen gebildet werden.[593] Mag dies aus den Kooperationsaufgaben heraus auf den ersten Blick plausibel sein und unter Aspekten demokratischer Legitimation diesen Einrichtungen zusätzliche und angesichts ihrer erheblichen Unabhängigkeit durchaus wichtige kompensatorische Legitimation durch die mitgliedstaatlichen Vertreter zuführen,[594] so ist gleichwohl nicht zu übersehen, dass damit eine Störung im Legitimationsgefüge ins Werk gesetzt wird, die sich in einer Verantwortungsdiffusion niederschlagen kann. Es ist eben keineswegs so, dass mit einer Verstärkung der mitgliedstaatlichen Legitimationszüge auch deren Transparenz und Verantwortlichkeit steigt. Die Störung im Legitimationsgefüge wird noch verstärkt, wo beteiligte und interessierte Kreise im Verwaltungsrat mit Mitgliedern vorgesehen sind, die oftmals an Zahl die Kommissionsvertreter übersteigen. In manchen Einrichtungen wird zudem das interne Gefüge durch Unabhängigkeitsregelungen fragmentiert, wie bei den Finanzmarktaufsichtsagenturen.[595] Dafür mag es im Einzelnen durchaus beachtliche Gründe geben, aber es muss gleichwohl erkennbar werden, wie in solchen Fällen Verantwortlichkeit instrumentiert werden kann. Zwar ist die Kommission für die Einrichtungen politisch verantwortlich, aber sie kann diese Verantwortlichkeit über den Verwaltungsrat nicht wirksam operationalisieren. Die Mitgliedstaaten sind zwar operativ einflussreich, verantworten diesen Einfluss aber allenfalls – wenn überhaupt – national, ohne dass daraus politische Konsequenzen erwachsen können und müssen. Zwar kann man nach der Stellung der Einrichtungen dergestalt unterscheiden, dass bei Unterstützung einer stark integrierten Unionspolitik der Einfluss der Unionsorgane verstärkt wird, bei einem Forumscharakter der der Mitgliedstaaten erhalten bleibt.[596] Aber – und darin zeigt sich die Problematik der angemessenen Verfassung von Einrichtungen dieser Art – auch dies ist nur eine sehr allgemeine Leitlinie. Denn einerseits wirkt die Beteiligung aller Mitgliedstaaten als wichtige zusätzliche Legitimationsquelle dort, wo die Einrichtungen unionsweit verbindliche Zulassungen, Genehmigungen und Zertifikate erteilen oder in deren Erteilung mit wesentlichen Beiträgen eingebunden sind.[597] Auf der anderen Seite zeigen verschiedene Einrichtungen, dass auch dort, wo der Forumscharakter eine ihrer wesentlichen Funktionen ist, andere Beteiligungsformen der Mitgliedstaaten denkbar sind.[598] Für die Wirksamkeit der Kontrolle ist indes ein kleineres

---

[593] Vgl. etwa Art. 15 f. VO (EG) 713 (2009); Art. 40 VO (EU) 1095/2010.

[594] Das läge etwa auf der Linie von *BVerfGE* 123, 267 (364, 368) zum Vorrang der mitgliedstaatlichen Legitimationszüge, wollte man dies auf die Verwaltungslegitimation übertragen. Krit. dazu *Schmidt-Aßmann*, Perspektiven (Fn. 10), S. 266.

[595] Art. 42, 46, 49, 52, 59 VO (EU) Nr. 1093/2010, 1094/2010, 1095/2010.

[596] Dazu *Fischer-Appelt*, Agenturen (Fn. 568), S. 226 ff.

[597] Vgl. etwa Art. 8 VO (EG) Nr. 1592/2002; Art. 13 VO (EG) Nr. 726/2004.

[598] Vgl. etwa Art. 25 Abs. 1, Art. 27 VO (EG) Nr. 178/2002, wo nur 14 vom Rat ernannte Mitglieder, zu denen auch Vertreter beteiligter Kreise gehören, den Verwaltungsrat bilden und die Mitgliedstaaten über den Beirat vertreten sind.

Gremium ebenso unabdingbar[599] wie eine nach Maßgabe der Stellung und Aufgabe differenzierte stärkere Beteiligung der Unionsorgane. Insoweit bedarf es im Interesse der Verantwortungsklarheit anderer institutioneller Lösungen,[600] die es ermöglichen, das Unionsinteresse klarer zu formulieren und die Kontrollen der Union über ihre Einrichtungen wirksamer zu machen. **Verantwortungsklarheit** ist – wie die Erfahrungen des Bundesstaates zeigen –[601] schwer einzulösen in einer Gemengelage verschiedener Ebenen. Aber sie ist Voraussetzung einer wirksamen demokratischen Legitimation.[602]

4. Geteilte Verwaltung

Die geteilte Verwaltung – für die der Europäische Ausrichtungs- und Garantiefonds für die Landwirtschaft (Abteilung Garantie), die Strukturfonds und die Forschungsförderung Beispiele sind – erweist sich als ein **eigener Verwaltungstyp,** der durch eine besonders intensive Kooperation von unionaler und mitgliedstaatlicher Verwaltung in vertikaler Hinsicht gekennzeichnet ist. Schon die Haushaltsordnung lässt in Grundzügen die Zuordnung beider erkennen. Bei diesem Verwaltungstyp überträgt die Kommission Mitgliedstaaten Haushaltsvollzugsaufgaben, ohne freilich aus der obersten Verantwortung für den Haushaltsvollzug entlassen zu werden.[603] Den Mitgliedstaaten obliegt es regelmäßig zu überprüfen, ob die aus dem Unionshaushalt zu finanzierenden Maßnahmen ordnungsgemäß durchgeführt wurden. Sie haben dementsprechend Maßnahmen zur Verhinderung von Unregelmäßigkeiten durchzuführen, während die Kommission für das Rechnungsabschluss- und Finanzkorrekturverfahren zuständig ist.[604] Schon dies zeigt eine **Hierarchisierung zwischen Kommission und mitgliedstaatlicher Verwaltung** an, die freilich durch vielfältige **Kooperationsmechanismen** durchbrochen wird. Erzeugt wird damit eine erhebliche Komplexität der Verwaltungsstruktur. Ein hervorragendes Beispiel ist die mehrstufige Verwaltung der Strukturfonds.[605] Die finanziellen Vorentscheidungen werden im Wesentlichen durch den Rat, also im Wege der intergouvernementalen Abstimmung getroffen, deren Ergebnisse durch die Kommission in einer Entscheidung an alle Mitgliedstaaten umgesetzt werden.[606] Unter Legitimationsgesichtspunkten werden also die grundlegenden finanziellen Entscheidungen auf der Grundlage der Legitimation der Unionsorgane getroffen. Die eigentliche kooperative Verwaltung liegt in der Planungs- und Vollzugsphase. Die Planungsphase ist dabei die eigentlich unionale Verwaltung, die die grundlegenden Programmentscheidungen trifft, auf deren Grundlage dann die Mitgliedstaaten die konkreten Förderentscheidungen treffen. In der Pla-

110

---

[599] Vgl. dazu den Bericht der Europäischen Kommission, Meta-Evaluation on the Community Agency System vom 15. 9. 2003.
[600] Vgl. dazu *Kommission,* Interinstitutionelle Vereinbarung (Fn. 571), Erwgrd. 8, Ziff. 11, 12.
[601] Zu deren Vorbildwirkung *Groß,* Verantwortung (Fn. 10), S. 155.
[602] Vgl. auch die Kritik an der Vielzahl der Ordnungselemente ohne klar erkennbares Konzept bei → Bd. I *Schmidt-Aßmann* § 5 Rn. 61.
[603] Art. 53b Abs. 1, 4 EHO, Art. 56 Entwurf EHO.
[604] Art. 53b Abs. 4, 2 EHO, Art. 56 Entwurf EHO.
[605] Ausführlich dazu und zum Folgenden *Bettina Schöndorf-Haubold,* Die Strukturfonds der Europäischen Gemeinschaft, 2005; Überblick auch bei *Schneider,* Instrumente (Fn. 547), S. 259 ff.; *Groß,* Verantwortung (Fn. 10), S. 159 und *Hans C. Röhl,* Verantwortung und Effizienz in der Mehrebenenverwaltung, DVBl 2006, S. 1070 (1075) sprechen von „gemeinsamer Verwaltung".
[606] Dazu im Einzelnen *Schöndorf-Haubold,* Strukturfonds (Fn. 605), S. 129 ff.

nungsphase erfolgt die Abstimmung von unionalem und mitgliedstaatlichem Interesse. Es ist das mehrstufige Organisations-, Entscheidungs- und Finanzierungsverfahren zur mehrjährigen Durchführung der gemeinsamen Aktion der Union und der Mitgliedstaaten, welches die Ziele der Strukturfondsverordnung verwirklichen soll.[607] Diese Mehrstufigkeit ist gekennzeichnet durch eine unterschiedliche Verteilung von inhaltlichen Prärogativen und Entscheidungsrechten zwischen Kommission und Mitgliedstaaten. Erst daran schließt sich die Durchführung der Programme als geteilte Verwaltung an, in der mitgliedstaatliche Verwaltungen die Unionsmittel zur Kofinanzierung von konkreten Fördermaßnahmen verwenden. Diese erfolgt grundsätzlich nach Maßgabe nationaler Vorschriften, freilich im Rahmen der unionsrechtlichen Vorgaben und Kontrollen. Schon um die Verantwortung der Kommission nach Art. 317 AEUV im Einklang mit den haushaltsrechtlichen Vorschriften zu instrumentieren, ist daher ein ausgefeiltes Instrumentarium von kontinuierlicher Begleitung, Zwischenbewertung, Evaluation, zweistufiger Kontrolle durch Mitgliedstaaten und Kommission und anschließendem Korrekturverfahren institutionalisiert. Insoweit ist bemerkenswert – was auch in anderen Bereichen zu beobachten ist –, dass der Kommission erhebliche Kontroll- und Aufsichtsrechte zur Verfügung stehen, die die immer wieder in der Literatur geäußerte und an der Trennung der Verwaltungsräume orientierte Aussage, dass es wenig oder keine hierarchischen Aufsichtsrechte gäbe, als zweifelhaft erscheinen lässt. Wiewohl in seiner Architektur außerordentlich komplex angelegt, zeigt sich in diesem Bereich sehr deutlich, dass die von der Sache her gebotene und legitime Kooperation von Mitgliedstaaten und EU-Administration nicht in einem Geflecht organisierter Unverantwortlichkeit enden muss, sondern durchaus zu einer durch das Recht strukturierten Kooperation mit klaren Verantwortlichkeiten ausgeformt werden kann.[608] Unter Legitimationsgesichtspunkten ist deutlich, dass dieser Verwaltungstypus – je nach Ausgestaltung – nicht einer einfachen Legitimationskonzeption der Zuordnung einer Verwaltungsebene folgt, vielmehr ist eine **variable Zuordnung zu beiden Verwaltungsebenen** im Einzelfall auf den jeweiligen Stufen und in den jeweiligen Phasen erforderlich, aber eben auch möglich. Zugleich zeigt sich daran, dass dieser Rahmen in gewissem Umfang doppelt funktional ist, weil er einerseits die Verantwortung der Kommission nach Art. 317 AEUV sicherstellen soll und ersichtlich in transparenter Weise auch kann, andererseits aber den Mitgliedstaaten über ihre eigenen Kontrollsysteme hinaus weitere Kontrollansätze und Daten zur Ausführung liefert. Der geteilten Verwaltung entspricht insoweit auch eine geteilte, sich gleichzeitig wechselseitig ergänzende und verstärkende Legitimation.

5. Verwaltung durch Netze nationaler Agenturen

111   Bisher eher begrenzte Bedeutung hat die Verwaltung von Unionsprogrammen über ein **Netz nationaler Agenturen** erlangt.[609] Erste Modellversuche finden sich

---

[607] Art. 9 lit. a) VO (EG) Nr. 1260/1999.

[608] Allerdings verhindert auch dieser elaborierte Rahmen nicht finanzielle Unregelmäßigkeiten und bedarf deshalb der Überprüfung auf seine Angemessenheit; vgl. *Schneider*, Instrumente (Fn. 547), S. 266 ff.

[609] Dazu die Mitteilung der Kommission zur Verwaltung der Gemeinschaftsprogramme über ein Netz nationaler Agenturen, KOM (2001) 648 endg.; Hinweise dazu bei *Koch*, Externalisierungspolitik (Fn. 530), S. 106 ff.

E. Verwaltungslegitimation im Europäischen Verwaltungsverbund

in den Bereichen Aus- und Fortbildung, Jugend und Statistik.[610] Das eigentliche Problem dieser Verwaltung liegt in der Einschaltung der nationalen Agenturen und ihrer Rückbindung an die Kommission, die dann auch die schon mehrfach erörterten Probleme der Rückbindung aufwerfen werden. Insoweit unterscheiden sich diese in ihrer Legitimationsproblematik nicht grundsätzlich von den bisher erörterten Fallkonstellationen. Entsprechend schlägt die Kommission ein wiederum an dem Neuen Steuerungsmodell[611] orientiertes Set von Instrumenten vor.

II. Horizontaler und vertikaler Verwaltungsverbund

Die Verschränkung der Legitimationsstränge infolge der Verflechtung zwischen den Verwaltungen im Europäischen Verwaltungsraum ist nach dem Vorstehenden nicht als solche problembehaftet, wohl aber dann, wenn sie nicht Verantwortungsklarheit, sondern -diffusion zur Folge hat. Dies gilt auch für einfache Formen des mitgliedstaatlichen Vollzugs. Schon beim indirekten mitgliedstaatlichen Vollzug ist die Legitimation im Ausgangspunkt immer eine geteilte. Der materiellen Legitimation, vermittelt durch die europäische Gesetzgebung, ist immer schon eine organisatorische, prozedurale und personelle Legitimation durch die Mitgliedstaaten an die Seite gestellt. Dabei variiert schon in dem einfachen Modell des isoliert einzelstaatlichen Vollzugs die Zuordnung der Legitimationsbausteine nicht unerheblich, je nachdem, ob verstärkte Einflussnahmen der europäischen Ebene in dem jeweiligen Feld vorfindbar sind oder nicht. Nicht anders als beim direkten Vollzug finden sich insoweit **vielfältige Formen der Verwaltungszusammenarbeit,** die durch eine unklare Zuordnung von europäischer Ebene und nationaler Ebene und entsprechenden Verantwortungsstrukturen Legitimationsstörungen auslösen können. Verstärkte Einflussnahmen der europäischen Ebene sind daher auch nicht ohne weiteres und durchgängig als Legitimationsverstärkung, etwa durch eine Hierarchisierung zwischen Unionsexekutive und mitgliedstaatlicher Verwaltung, auszuweisen. Vielmehr kommt es hier, nicht anders als im Bereich der geteilten Verantwortung im Rahmen des direkten Vollzugs, darauf an, dass die Verantwortungszurechnungen klar gehalten werden.[612] **112**

Umgekehrt ist nicht schon jede Verstärkung der mitgliedstaatlichen Einflüsse per se eine Legitimationsverstärkung.[613] Auch hier kommt es letztlich darauf an, dass nicht autonome Formen der Verwaltung entstehen, die im Hinblick auf Verantwortlichkeit und Transparenz nicht hinreichend klar zuzurechnen sind. **112a**

---

[610] Mitteilung der Kommission zur Verwaltung der Gemeinschaftsprogramme über ein Netz nationaler Agenturen, KOM (2001) 648 endg., Anhang 1, 2; vgl. als ein Exempel Beschluss 1720/2006/EG des Europäischen Parlaments und des Rates v. 15. 11. 2006 über ein Aktionsprogramm im Bereich lebenslangen Lernens, ABl. EU, Nr. L 327, S. 45.

[611] → Bd. I *Voßkuhle* § 1 Rn. 53 ff.

[612] Spiegelbildlich ist dies natürlich auch für den Rechtsschutz im Europäischen Verwaltungsraum bedeutsam. Sowenig es sein kann, dass nationale und europäische Gerichte gleichermaßen die Zuständigkeit mit Verweis auf die jeweils andere Gerichtsbarkeit verneinen, sowenig kann die Einforderung von Verantwortung durch Diffusion klarer Zurechnungsmechanismen obsolet gemacht werden; dazu *Antje David*, Inspektionen als Instrument der Verwaltungskontrolle, in: Schmidt-Aßmann/Schöndorf-Haubold (Hrsg.), Europäischer Verwaltungsverbund, S. 237 (257 ff.).

[613] Zu Recht in diesem Sinne *Schmidt-Aßmann*, Perspektiven (Fn. 10), S. 266.

Einen schon traditionellen Baustein der Verflechtung in vertikaler und horizontaler Hinsicht stellen insoweit die **Ausschüsse der EU** dar, also insbesondere die **Komitologie-Ausschüsse,** aber auch andere Formen von **Ausschüssen mit Experten** sowie Ausschüsse des Rates.[614] Mit ihnen wird eine Form der Institutionalisierung von Gremien bezeichnet, in denen die Mitgliedstaaten an der Verwaltung der Kommission mitwirken.[615] Sie sind für Mehrebenensysteme typische Formen der Koordinierung der Verwaltungstätigkeit – auch im Bundesstaat.[616] Primärrechtlich nicht eigens vorgesehen,[617] wurden sie auf der Grundlage des Komitologie-Beschlusses[618] durch die jeweiligen Basisrechtsakte eingerichtet, die zugleich die jeweilige Verfahrensart und damit die Konsequenzen der Mitwirkung festlegen. Nunmehr geschieht dies auf der Grundlage der Komitologie-Verordnung nach Art. 291 Abs. 3 AEUV,[619] die nur noch zwei unterschiedliche Verfahrensarten vorsieht: das **Beratungsverfahren** und das **Prüfverfahren.**[620] Die Ausschüsse werden regelmäßig durch je einen Vertreter des Mitgliedstaates und einen Vertreter der Kommission gebildet und können zu allen Maßnahmen Stellung nehmen, die unter den Begriff der Durchführungsbefugnisse fallen. Auf der Grundlage der bisherigen Komitologie-Beschlüsse

---

[614] Ausführlich zu diesem klassischen Thema der Verwaltung des Gemeinschaftsraums vgl. *Christian Joerges/Ellen Vos* (Hrsg.), EU Committees: Social Regulation, Law and Politics, 1999; *Christian Joerges/Josef Falke* (Hrsg.), Das Ausschusswesen in der Europäischen Union, 2000; *Klaus Knipschild,* Wissenschaftliche Ausschüsse der EG im Bereich der Verbrauchergesundheit und Lebensmittelsicherheit, ZLR 2000, S. 693 ff.; *Maria M. Fuhrmann,* Neues zum Komitologieverfahren, DÖV 2007, S. 464 ff.; *Siegel,* Verwaltungsverbund (Fn. 529), S. 300 ff.; ausführliche Analyse am Beispiel der Forschungs(förder)verwaltung *Pilniok,* Governance (Fn. 529), S. 115 ff.

[615] *Deirdre Curtin,* Holding (Quasi-)Autonomous EU Administrative Actors to Public Account, ELJ, Bd. 13 (2007), S. 523 (529).

[616] *Pilniok,* Governance (Fn. 529), S. 116 bezeichnet ihre derzeitige Zahl mit ca. 270, was allein die typischen Komitologie-Ausschüsse betrifft. Darüber hinaus finden sich weitere Ausschüsse, die zum Teil sekundärrechtlich verankert sind, zum Teil aber auch ad hoc gebildet werden. Hier wird nur die institutionalisierte Variante behandelt.

[617] Allerdings wird der Vertrag von Lissabon durch die Art. 290 f. AEUV durchaus erhebliche Folgewirkungen auf die Ausgestaltung der Komitologie haben. Künftig beschließen Rat und Parlament gemeinsam über die Festlegung von Regeln und Grundsätzen, nach denen die Mitgliedstaaten die Wahrnehmung der Durchführungsbefugnisse durch die Kommission kontrollieren (Art. 291 Abs. 3 AEUV); vgl. VO (EU) 182/2011 v. 16. 2. 2011, ABl. EU, Nr. L 55, S. 13.

[618] Beschluss des Rates v. 28. 6. 1999 zur Festlegung der Modalitäten für die Ausübung der der Kommission übertragenen Durchführungsbefugnisse (1999/468/EG), geändert durch den Beschluss des Rates 2006/512/EG vom 17. 7. 2006, ABl. EU, Nr. L 200, S. 11.

[619] VO (EU) 182/2011 v. 16. 2. 2011, ABl. EU, Nr. L 55, S. 13.

[620] Das Beratungsverfahren ermöglicht die Stellungnahme des Ausschusses mit einfacher Mehrheit, die von der Kommission bei der Entscheidung soweit wie möglich zu berücksichtigen ist (Art. 4 VO [EU] 182/2011). Das Prüfverfahren des Art. 5 VO (EU) 182/2011 setzt demgegenüber im Ausgangspunkt eine befürwortende Stellungnahme des Ausschusses mit der qualifizierten Mehrheit nach Art. 16 Abs. 4, 5 EUV und ggf. nach Art. 238 Abs. 3 AEUV voraus. Abgesehen von Eilentscheidungsbefugnissen (Art. 7) wird das Verfahren insofern flexibilisiert, als bei einer ablehnenden Stellungnahme die Kommission zwar den Akt nicht erlassen, aber dem Ausschuss einen neuen Entwurf vorlegen oder einen Berufungsausschuss anrufen kann (Art. 5 Abs. 3 i. V.m. Art. 6). Für den Fall, dass keine Stellungnahme abgegeben wird, kann die Kommission den Akt außer in bestimmten Fällen erlassen. Der Berufungsausschuss wird nach denselben Regeln gebildet, wie auch die anderen Ausschüsse. Eine Intervention des Rates und des Parlaments ist nur noch insofern vorgesehen, als beide Institutionen die Kommission darauf hinweisen können, dass sie der Auffassung sind, dass ein Durchführungsakt die Ermächtigungsgrundlagen überschreitet und die Kommission dann beide Institutionen über ihr weiteres Vorgehen zu unterrichten hat (Art. 11).

hatten die Ausschüsse nicht etwa eine Letztentscheidungskompetenz, sondern nur eine beratende Funktion. Indes vermochte schon seinerzeit eine Analyse der Handlungslogik der Ausschüsse zu zeigen, dass in der Sache der Einfluss der Ausschüsse durchaus weiter reichte.[621] Dieser ist durch die Verordnung (EU) Nr. 182/2011 insofern verstärkt worden, als die Ausschüsse Durchführungsmaßnahmen der Kommission im Prüfverfahren verhindern können. Sie sind schon nach altem Recht richtigerweise als institutionelle Verhandlungssysteme beschrieben worden, die in ein Netzwerk europäischer und nationaler Akteure eingebettet sind.[622] Neben der **Informationsfunktion** für die Kommission und die anderen Mitgliedstaaten und der mit ihnen verbundenen **Europäisierung der Mitglieder** der Ausschüsse, die diese partiell aus ihren Organisationszusammenhängen herauslöst und in eine europäische Perspektive einbettet,[623] dominiert der konsensuale Verhandlungsstil die Arbeit der Ausschüsse, so dass es de facto bisher kaum zu streitigen Entscheidungen gekommen ist. Von daher erfährt die Durchführung der europäischen Rechtsakte hier hinsichtlich der Durchführungsbefugnisse der Kommission einen gleichsam konsensualen Rahmen, der von dem institutionellen Design der Ausschüsse befördert wird.[624] Allerdings ist nicht zu übersehen, dass es sich bei den Ausschüssen um **eine Form geteilter Verantwortung** handelt. Insoweit stellen sich insbesondere Fragen nach der Verantwortungsklarheit sowohl im nationalen wie auch im europäischen Kontext. Dabei ist nicht zu übersehen, dass Transparenz, die Voraussetzung von Verantwortlichkeit[625] und ein wichtiger Baustein im Legitimationskontext der EU ist,[626] anders als in früheren Zeiten deutlich gesteigert worden ist, auch wenn hier durchaus im Interesse insbesondere der nationalen Kontrolle weiterhin Verbesserungen möglich erscheinen.[627] Im Übrigen ist hinsichtlich der Verantwortlichkeit zu unterscheiden, zum einen die Verantwortlichkeit gegenüber Institutionen der EU, zum anderen gegenüber nationalen Instanzen. Soweit es um die Verantwortlichkeit gegenüber den Einrichtungen der EU geht, dürften in der Sache weniger Probleme bestehen. Als Foren der Verhandlung mit der Kommission über die Ausübung von Durchführungsbefugnissen ist es Sache der Kommission nach Maßgabe der in der Verordnung (EU) Nr. 182/2011 niedergelegten Regeln diese Vorschläge zu akzeptieren oder nicht und andernfalls Kontrollmechanismen in Gang zu setzen.[628] Insoweit handelt die Kommission aufgrund der in den Basisrechtsakten aufgeführten Bedingungen als Agent von Parlament und Rat und bezieht von daher ihre Legitimation. Angesichts der bisherigen Praxis und der neuen Rechtslage ist dies jedoch unzureichend, da die

---

[621] Vgl. dazu die ausführliche Analyse bei *Pilniok*, Governance (Fn. 529), S. 115 ff.
[622] *Arthur Benz*, Entwicklung von Governance im Mehrebenensystem der EU, in: Ingeborg Tömmel (Hrsg.), Die Europäische Union: Governance und Policy-Making, 2008, S. 36 (45).
[623] Zu diesen Aspekten *Pilniok*, Governance (Fn. 529), S. 177 ff.
[624] Der konsensuale Stil wird auch in Erwgrd. 13 f. der VO (EU) 182/2011 betont und findet seinen Niederschlag etwa in Art. 3 Abs. 4 UAbs. 2, Art. 6 Abs. 2 UAbs. 2 VO (EU) 182/2011.
[625] Vgl. dazu *Pilniok*, Governance (Fn. 529), S. 182; *Curtin*, Public Account (Fn. 615), S. 532 ff.; *Gijs J. Brandsma/Deirdre Curtin/Albert Meijer*, How Transparent are EU „Comitology" Committees in Practice, ELJ, Bd. 14 (2008), S. 819 ff.
[626] Vgl. dazu oben → Rn. 102.
[627] Dazu *Pilniok*, Governance (Fn. 529), S. 183; zu den Transparenzinstrumenten vgl. Art. 10 VO (EU) 182/2011.
[628] Vgl. oben → Fn. 620.

Mitgliedstaaten erheblichen Einfluss auf die Durchführung des Unionsrechts nehmen. Dies mag man mit dem Bundesverfassungsgericht als eine Stärkung der Legitimation durch einen Vorrang der mitgliedstaatlichen Legitimation ansehen,[629] setzt aber voraus, dass dies hinreichend durch die Kontrolle der handelnden Personen auch vermittelt wird. Mag man in Fällen der Ministerialverwaltung des Bundes dies für gegeben erachten, so stellen sich in Fällen föderaler Arbeitsteilung nicht unerhebliche Probleme der Rückbindung an die parlamentarische Kontrolle, die ihrerseits kaum in föderaler Arbeitsteilung wahrgenommen werden dürfte.[630] Auch dies zeigt einmal mehr, dass die eigentlichen Probleme der Verwaltungslegitimation im Verbund dort auftreten, wo die unionale und mitgliedstaatliche Kontroll- und Verantwortungszuschreibung klarer Zuordnungen ermangelt.[631] Zugleich wird daran deutlich, dass allein formale Ableitungen von Legitimationszusammenhängen wenig dazu beitragen, hinreichend etwas über wirksame Legitimationszusammenhänge auszusagen.

113 Allerdings tritt in vielen Fällen eine weitere Dimension hinzu, die der **horizontalen Zusammenarbeit** und den daraus folgenden Problemen, wie sie insbesondere – aber nicht nur – mit dem **Transnationalitätsmodell** und dem **Referenzmodell des Vollzugs** verbunden sind.[632] Wird bei dem Transnationalitätsmodell die Entscheidungskompetenz eines Mitgliedstaates für die anderen etabliert, hat also die Verwaltungsentscheidung *ipso iure* verbindliche Wirkung in allen Mitgliedstaaten, so wird beim Referenzentscheidungsmodell zwar auch eine solche Entscheidungszuständigkeit bei einem Mitgliedstaat konzentriert, die transnationale Wirkung freilich wird an ein Anerkennungsverfahren in dem jeweiligen Mitgliedstaat gekoppelt. Verbunden werden kann dies mit Zuständigkeiten der Unionsexekutive für spezifische Situationen oder Teile einer Entscheidung, also eine partielle Hierarchisierung. Die Architektur der europäischen Verwaltung ist insoweit durch eine **variable Geometrie** gekennzeichnet,[633] die zwischen die vertikale Dimension des direkten und indirekt einzelstaatlichen Vollzugs eine horizontale Dimension der Konzentration von Entscheidungszuständigkeiten einer nationalen Verwaltung für den Unionsraum unter dem Dach des europäischen Primär- und Sekundärrechts einzieht. Lässt sich die isolierte vertikale Dimension des direkten oder indirekt einzelstaatlichen Vollzugs noch einigermaßen nach Ebenen der Verwaltungsverantwortung strukturieren, kann Verflechtung durch die horizontale Dimension so nicht mehr rekonstruiert werden. Die Legitimation der Entscheidungen muss dann innerhalb des jeweiligen aufgabenbezogenen, von Verfahrensregeln konstituierten Netzwerkes von Verwaltungen geleistet werden.[634]

113a Die variable Geometrie entscheidungsbezogener Verbünde ist zur Analyse des Netzwerkes der Verwaltungen indes allein noch unzureichend. Vielmehr zeigt

---

[629] Vgl insoweit oben → Fn. 535.

[630] *Pilniok*, Governance (Fn. 529), S. 183 ff.

[631] In der Sache ähnlich → Bd. I *Schmidt-Aßmann* § 5 Rn. 61.

[632] Zur Modellbildung vgl. *Sydow*, Verwaltungskooperation (Fn. 528), S. 122 ff.; *Ruffert*, Europäisierung des Verwaltungsrechts (Fn. 10), S. 761 (762 f.); *Siegel*, Verwaltungsverbund (Fn. 529), S. 324 ff. und 331 ff.

[633] *Sydow*, Verwaltungskooperation (Fn. 528), S. 122 ff.; weiterentwickelt von *Ruffert*, Europäisierung des Verwaltungsrechts (Fn. 10), S. 767.

[634] *Sydow*, Verwaltungskooperation (Fn. 528), S. 248 ff.; *Masing*, Regulierungsbehörde im Spannungsfeld (Fn. 361), S. 524.

E. Verwaltungslegitimation im Europäischen Verwaltungsverbund

sich auch in anderen Bereichen eine Evolution von Netzwerken aus informationellen, mehr oder weniger informellen Kooperationsformen, die sich über die Zeit ganz oder auch nur zum Teil zu auch formal strukturierten Entscheidungszusammenhängen verdichten können. Als solche lassen sie sich den Formen des Einzelvollzugs, Referenzentscheidungs- oder Transnationalitätsmodells nicht zuordnen, werfen indes oftmals nicht unerhebliche Probleme der Zurechnung auf, die nicht nur unter Rechtsschutzgesichtspunkten sondern auch aus der Perspektive der demokratischen Legitimation bedeutsam sind. Ein hervorragendes Beispiel ist insofern das europäische Sicherheitsverwaltungsrecht, das zunächst auf intergouvernementaler Grundlage errichtet, zunehmend aber durch die schrittweise Ausbildung europäischer Akteure und Verfahren der Kooperation, ungeachtet der auch primärrechtlich deutlich festgeschriebenen Zuständigkeit der Mitgliedstaaten (Art. 4 Abs. 2 S. 2, 3 EUV, Art. 72 AEUV), einen vertikalen Überbau unionseigener Sicherheitsverwaltung erhält und damit rechtlich wie faktisch in eine nur schwer zu strukturierende Gemengelage intergouvernementaler und unionaler Kooperation gerät. Auch hier ist die Herstellung der Klarheit der Verantwortungszurechnung nicht nur unter rechtsstaatlichen Gesichtspunkten sondern auch aus Gründen der demokratischen Legitimation ein wichtiges Desiderat.[635]

114 Ungeachtet der Tatsache, dass der Europäische Verwaltungsraum immer auch ein gewisses Maß an **Vollzugspluralität der Mitgliedstaaten** einschließt, das durch die Verwaltungskultur der Mitgliedstaaten, die Heterogenität ihrer Verwaltungsorganisation und Selbstverständnisse bedingt ist, setzt das Primärrecht insoweit einen gemeinsamen rechtsstaatlichen und demokratischen **Mindeststandard der Verwaltungen** voraus, der seinen Ausdruck in Art. 2, 9 ff. EUV findet. Zusammen mit den sich aus Art. 4 Abs. 3 EUV ergebenden Verpflichtungen zu loyaler Zusammenarbeit ist im Ausgangspunkt sichergestellt, dass die europäischen Gemeinwohlziele auch im dezentralen Vollzug erreicht werden. Dieses gemeinsame Dach, insbesondere Art. 4 Abs. 3 EUV (ggf. i. V. m. spezielleren Vorschriften, insbesondere den Grundfreiheiten), deckt in gewissem Umfang auch horizontale Formen der Kooperation zwischen den Mitgliedstaaten zur Ausführung des Unionsrechts, und erfordert diese zugleich.[636] In dem europäischen Verwaltungsraum können die mitgliedstaatlichen Verwaltungen nicht als Verwaltungsmonaden konzipiert werden.[637] Unter diese Formen der Kooperation fallen nicht nur gegenseitige Informationspflichten, sondern im Grundsatz auch – wie die Rechtsprechung des EuGH zu den Grundfreiheiten zeigt – die Anerkennung etwa der Produktzulassungen anderer Mitgliedstaaten[638] insofern als administrative Kontroll- und Zulassungsmaßnahmen, die im Herkunftsland vorgenommen worden sind, im Rahmen entsprechender Maßnahmen durch den Zielstaat zu berücksichtigen und nicht erforderliche Doppelbelastungen kumulativer Verfahren zu vermeiden sind.[639] Verdeutlicht wird damit, dass zwar nicht schon die transnationale Wirkung von Verwaltungsakten durch die allgemeinen primärrechtlichen Vorschriften gerechtfertigt wird, wohl aber, dass horizontale Wirkungen mitgliedstaatlicher Handlungen auch im traditionellen Konzept der

---

[635] Ausführliche Analyse dazu bei *Schöndorf-Haubold*, Europäisches SicherheitsR.
[636] Dazu *Geiger/Khan/Kotzur*, EUV / AEUV, Art. 4 EUV Rn. 5.
[637] *Schmidt-Aßmann*, Perspektiven (Fn. 10), S. 267.
[638] *Siegel*, Entscheidungsfindung (Fn. 529), S. 232 ff.
[639] *Sydow*, Verwaltungskooperation (Fn. 528), S. 30.

unionalen Integration immer schon mitgedacht sind. Sie gründen, jenseits der spezielleren primärrechtlichen Grundlagen, auf der Vermutung eines gemeinsamen rechtsstaatlichen und demokratischen Mindeststandards der mitgliedstaatlichen Verwaltungen, ohne die diese begrenzte Anerkennung weder gedacht noch zugemutet werden könnte.[640] Diese werden abgestützt durch den Prozess der Europäisierung, die über die gemeinsamen Vollzugserfahrungen die mitgliedstaatlichen Verwaltungen auf ihr Handeln im gemeinsamen Verwaltungsraum ausrichtet, verstärkt durch die harmonisierende Wirkung der Rechtsprechung des EuGH. Insoweit kann man von vornherein nicht mehr von ausschließlich introvertierten nationalen Verwaltungskulturen und den ihnen entsprechenden nationalen Legitimationszurechnungen ausgehen, sondern von einem Bestand gemeinsamer europäischer Erfahrungen und normativer Orientierungen im Europäischen Verwaltungsraum. Daher ist auch insoweit die Annahme einer *Basislegitimation* des Europäischen Verwaltungsraumes gerechtfertigt, die sich nicht nur aus der Legitimation der EU-Administration und der der mitgliedstaatlichen Administration speist, gleichsam in ihrem auf den indirekten, isoliert-einzelstaatlichen Vollzug bezogenen Verwalten, sondern auch ihre horizontale Ausprägung und damit eine in der Intensität allerdings begrenzte horizontale Wirkung und darauf bezogene Kooperation umfasst, ohne dass hier Legitimationskompensationen welcher Art auch immer herangezogen werden müssen. Dies wird unterstützt durch die doppelzügige Legitimation des europäischen Sekundärrechts, die auch der Zusammenarbeit der Verwaltungen eine materielle Legitimationsbasis vermittelt. Insoweit ist es nicht realistisch anzunehmen, dass transnationale Wirkungen ohne Rückbindung an das jeweils mitgliedstaatliche Volk als Legitimationssubjekt bleiben, in dem die Entscheidung Wirkungen entfaltet.[641] Sie ist freilich gebunden an das Vertrauen in die Beachtung elementarer Standards rechtsstaatlichen und demokratischen Verwaltens, also an eine hinreichend ausgebildete und ausgestattete, kompetente, unparteiische und loyale Verwaltung.[642]

115 Generalisiert wird man darüber hinaus annehmen müssen, dass die Mitgliedstaaten über ihre Vertretung im Rat einer transnationalen Verwaltung nur dort zustimmen, wo eine hinreichende Gewähr für eine unionsweit akzeptable Durchführung des europäischen Rechts besteht. Das verdeutlicht zugleich, dass ein wesentlicher Aspekt in dem wechselseitigen **Vertrauen** in die **rechtsstaatliche und demokratische Struktur der mitgliedstaatlichen Verwaltungen** steckt, ohne die eine geteilte Verwaltung des Unionsraumes undenkbar wäre. Insoweit geht es – nicht anders als in dem Konzept der überwirkenden Legitimationsverantwortung –[643] darum, auf die Wahrnehmung des europäischen Gemeinwohls ausgerichtete Strukturen in den Mitgliedstaaten zu schaffen – also um eine strukturelle Europäisierung derjenigen Einrichtungen, die europäisches Recht umsetzen. An diese kann dann das wechselseitige Vertrauen anknüpfen.[644] Die-

---

[640] Allgemein *Schmidt-Aßmann,* Ordnungsidee, 7. Kap. Rn. 25; → Bd. I *Schmidt-Aßmann* § 5 Rn. 56; *ders.,* Perspektiven (Fn. 10), S. 270 ff.
[641] So im Ausgangspunkt *Sydow,* Verwaltungskooperation (Fn. 528), S. 243.
[642] Zu Recht in diesem Sinne *Schmidt-Aßmann,* Perspektiven (Fn. 10), S. 270.
[643] → Rn. 58.
[644] Dazu *Hans C. Röhl,* Akkreditierung und Zertifizierung im Produktsicherheitsrecht, 2000, S. 48 ff.; weiterentwickelt in *ders.,* Konformitätsbewertung im Europäischen Produktsicherheitsrecht,

ses kann freilich nicht von vornherein einfach als gegeben unterstellt werden, sondern muss erforderlichenfalls durch institutionelle Arrangements her- und sichergestellt werden.[645] Insoweit hängt die Legitimation letztlich auch davon ab, inwieweit eine europäische Gemeinwohlausrichtung der nationalen Verwaltung für die jeweilige Aufgabe unterstellt werden kann. Dies dürfte wesentlich von der Bedeutung der jeweiligen Verwaltungsentscheidung, ihren Wirkungen und der vorhandenen institutionellen Struktur abhängen. Unter Legitimationsgesichtspunkten wird dies dort unproblematisch sein, wo diese Entscheidungen von ihrer Reichweite und Bedeutung her eher gering sind, die Vorprägung durch das Unionsrecht hinreichend dicht ist und sich eine eingespielte, die rechtsstaatlichen und demokratischen Standards beachtende, Verwaltungspraxis ergeben hat.

Das eigentliche Problem besteht dort, wo diese wechselseitige Unterstellung der Orientierung an einem europäisch verstandenen Gemeinwohl nicht ausreicht, weil die Entscheidung zu bedeutsam ist, die nationalen Interessen divergent sind, mit der Vermutung der Bevorzugung nationaler Interessen zu Lasten anderer Unionsbürger und Mitgliedstaaten gerechnet werden muss oder schlicht die hinreichende Verwaltungskultur zur wechselseitigen Anerkennung nicht besteht. Hier liegt dann auch die Bedeutung der **kompensatorischen Mechanismen wechselseitiger Einflussnahmen** in vertikaler und horizontaler Hinsicht, die je nach Modell variiert werden können: Verstärkung der Einflussnahmen der Unionsexekutive oder verstärkte horizontale Einflussrechte, wie die Verwaltungskooperation vor der Entscheidung oder Aussetzungs- und Vetorechte nach der Entscheidung, ggf. verbunden mit europäisierten Divergenzbereinigungsverfahren.[646] Die Zuordnung dieser Instrumente einer nationalen oder unionalen Legitimationsverstärkung ist als solches nicht vorgegeben. Sie müssen aber sicherstellen, dass die Ausrichtung der nationalen Verwaltung an dem europäischen Gemeinwohl hinreichend gewährleistet ist. Ihre Nutzung kann freilich die **Effizienz von Verwaltungsvorgängen** deutlich mindern und damit auch die Akzeptanz von Entscheidungen im europäischen Unionsraum. Dies ist ein *trade-off*, der sich auf Dauer nur dadurch balancieren lässt, dass die institutionellen Mechanismen zur Ausbildung wechselseitigen Vertrauens verbessert werden.[647] Wo dieses aber nicht gegeben ist, lässt sich der europäische Verwaltungsraum nicht über die wechselseitige Anerkennung einer Basislegitimation aufspannen, sondern nur durch die Ausbildung von institutionellen Arrangements, die den Defiziten Rechnung tragen und diese nicht camouflieren.[648]

116

---

in: Schmidt-Aßmann/Schöndorf-Haubold, Europäischer Verwaltungsverbund, S. 153 (170 ff.); bestätigt in *ders.*, Verantwortung und Effizienz (Fn. 605), S. 1079; daran anschließend *Sydow*, Verwaltungskooperation (Fn. 528), S. 248 ff.

[645] Zutreffend *Rainer Wahl/Detlef Groß*, Die Europäisierung des Genehmigungsrechts am Bsp. der Novel-Food Verordnung, DVBl 1998, S. 2 (3).

[646] Dazu ausführlich *Sydow*, Verwaltungskooperation (Fn. 528), S. 118 ff., unter Legitimationsgesichtspunkten a. a. O., S. 242 ff.

[647] Dazu die N. in → Fn. 644.

[648] In diesem Sinne *Schmidt-Aßmann*, Perspektiven (Fn. 10), S. 272 f.

§ 6 Die demokratische Legitimation der Verwaltung

Leitentscheidungen

BVerfGE 83, 37; 83, 60 (Ausländerwahlrecht)
BVerfGE 93, 37 (Mitbestimmung)
BVerfGE 107, 59 (Wasserverbände)
BVerfGE 111, 191 (Notarkammer)
BVerfGE 111, 333 (Hochschulgesetz Brandenburg)
BVerfGE 119, 331 (Arbeitsgemeinschaften gemäß § 44b SGB II)
BVerfGE 123, 267 (Zustimmungsgesetz zum Vertrag von Lissabon)
BVerwGE 106, 64 (Wasserverband)

Ausgewählte Literatur

Augustin, Angela, Das Volk der Europäischen Union, Berlin 2000.
Böckenförde, Ernst-Wolfgang, Verfassungsfragen der Richterwahl, Berlin 1974.
– Das Demokratieprinzip des Grundgesetzes als Optimierungsaufgabe, in: Redaktion Kritische Justiz (Hrsg.), Demokratie und Grundgesetz: eine Auseinandersetzung mit der verfassungsgerichtlichen Rechtsprechung, 2000, S. 59–70.
Bryde, Brun-Otto, Die bundesrepublikanische Volksdemokratie als Irrweg der Demokratietheorie, StWStP 1994, S. 305–330.
Classen, Claus-Dieter, Demokratische Legitimation im offenen Rechtsstaat, Tübingen 2009.
Czybulka, Detlef, Die Legitimation der öffentlichen Verwaltung, Heidelberg 1989.
Emde, Ernst T., Die demokratische Legitimation der funktionalen Selbstverwaltung, Berlin 1991.
Franzius, Claudio, Europäisches Verfassungsrechtsdenken, Tübingen 2009.
–/*Mayer, Franz C./Neyer, Jürgen* (Hrsg.), Strukturfragen der Europäischen Union, Baden-Baden 2011.
Gersdorf, Hubertus, Öffentliche Unternehmen im Spannungsfeld von Demokratie- und Wirtschaftlichkeitsprinzip, Berlin 2000.
Groß, Thomas, Das Kollegialprinzip in der Verwaltungsorganisation, Tübingen 1999.
– Verantwortung und Effizienz in der Mehrebenenverwaltung, VVDStRL, Bd. 66 (2007), S. 152–180.
Jestaedt, Matthias, Demokratieprinzip und Kondominialverwaltung, Berlin 1993.
Kleine-Cosack, Michael, Berufsständische Autonomie und Grundgesetz, Baden-Baden 1989.
Kluth, Winfried, Demokratische Legitimation der Europäischen Union, Berlin 1995.
– Funktionale Selbstverwaltung: verfassungsrechtlicher Status – verfassungsrechtlicher Schutz, Tübingen 1997.
Lübbe-Wolff, Gertrude, Europäisches und nationales Verfassungsrecht, VVDStRL, Bd. 60 (2001), S. 246–289.
Mehde, Veith, Neues Steuerungsmodell und Demokratieprinzip, Berlin 2000.
Müller-Franken, Sebastian, Die demokratische Legitimation öffentlicher Gewalt in den Zeiten der Globalisierung, AöR, Bd. 134 (2009), S. 542–571.
Oebbecke, Janbernd, Weisungs- und unterrichtungsfreie Räume in der Verwaltung, Köln 1986.
Oeter, Stefan, Souveränität und Demokratie als Problem der „Verfassungsentwicklung" der Europäischen Union, ZaöRV, Bd. 55 (1995), S. 659–712.
Pache, Eckhard, Verantwortung und Effizienz in der Mehrebenenverwaltung, VVDStRL, Bd. 66 (2007), S. 107–151.
Pernice, Ingolf, Europäisches und nationales Verfassungsrecht, VVDStRL, Bd. 60 (2001), S. 148–193.
Peters, Anne, Elemente einer Theorie der Verfassung Europas, Berlin 2001.
Petersen, Niels, Demokratie und Grundgesetz, JöR N. F., Bd. 58 (2010), S. 137–171.
Redaktion Kritische Justiz (Hrsg.), Demokratie und Grundgesetz: eine Auseinandersetzung mit der verfassungsgerichtlichen Rechtsprechung, Baden-Baden 2000.
Röhl, Hans C., Akkreditierung und Zertifizierung im Produktsicherheitsrecht, Berlin 2000.
– (Hrsg.), Wissen – zur kognitiven Dimension des Rechts, DV, Beiheft 9, 2010.
Rosanvallon, Pierre, Demokratische Legitimität- Unparteilichkeit, Reflexivität, Nähe, Hamburg 2010.
Schliesky, Utz, Souveränität und Legitimität von Herrschaftsgewalt, Tübingen 2004.
Schmidt-Aßmann, Eberhard, Verwaltungslegitimation als Rechtsbegriff, AöR, Bd. 116 (1991), S. 329–390.

Ausgewählte Literatur

Schmidt-Aßmann, Eberhard/Schöndorf-Haubold, Bettina (Hrsg.), Der europäische Verwaltungsverbund, Tübingen 2005.
Schöndorf-Haubold, Bettina, Europäisches Sicherheitsverwaltungsrecht, Baden-Baden 2010.
Sydow, Gernot, Verwaltungskooperation in der Europäischen Union, Tübingen 2004.
Tschentscher, Axel, Demokratische Legitimation der dritten Gewalt, Tübingen 2006.
Trute, Hans-Heinrich, Die Forschung zwischen grundrechtlicher Freiheit und staatlicher Institutionalisierung, Tübingen 1994.
– Funktionen der Organisation und ihre Abbildung im Recht, in: Schmidt-Aßmann/Hoffmann-Riem (Hrsg.), Verwaltungsorganisationsrecht, S. 249–295.
– Die konstitutive Rolle der Rechtsanwendung, in: Trute/Groß/Röhl/Möllers (Hrsg.), Allgemeines Verwaltungsrecht, S. 211–232.
– Wissen – Einleitende Bemerkungen, DV, Beiheft 9, 2010, S. 11–38.
Unger, Sebastian, Das Verfassungsprinzip der Demokratie, Tübingen 2008.

§ 7 Der Rechtsstatus des Einzelnen im Verwaltungsrecht

Johannes Masing

Übersicht

	Rn.
A. Problemaufriss: Die Rekonstruktion eines „Rechtsstatus des Einzelnen" im Kontext der modernen Verwaltungsrechtswissenschaft	1
B. Theoretische Grundlegung: Das Individuum als letzter Grund und Bezugspunkt des Rechts	8
I. Das Individuum als Grundlage der Rechtsordnung und Gegenstand der Steuerungsdebatte	8
1. Der Einzelne als Ausgangspunkt und Ziel des Verwaltungsrechts	8
2. Der Einzelne als Gegenstand verwaltungsrechtlicher Handlungsstrategien	12
3. Verschränkung beider Perspektiven	15
II. Gemeines Wohl und individuelles Interesse	21
1. Die gemeinbezogene Bedeutung privater Interessenverfolgung	22
2. Demokratische Steuerung unter Berufung auf das Gemeinwohl	24
a) Offenheit des Gemeinwohlbegriffs und demokratische Legitimation	24
b) Sozialer Ausgleich und Marktprinzip	26
c) Gemeinwohlverfolgung durch Regulierungsregime	30
III. Bürgerliche Freiheit und staatsbürgerliche Teilhabe	33
C. Verfassungsrechtliche Grundlegung: Gewährleistung von bürgerlicher und politischer Freiheit	37
I. Die Grundrechte: Bürgerliche Freiheit und Integrität	37
1. Die Grundrechte als verfassungsrechtliche Fundierung der Rechtsstellung des Einzelnen gegenüber der Verwaltung	37
a) Grundrechte als individuelle Rechte	37
b) Die Rechtsstellung des „Einzelnen": Der persönliche Schutzbereich der Grundrechte	40
c) Grundrechtsverpflichtung der „Verwaltung"	43
2. Schichten des Grundrechtsschutzes gegenüber der Verwaltung	46
a) Grundrechte als Abwehrrechte: Die Verbürgung des *status negativus*	46
b) Die objektivrechtliche Dimension der Grundrechte gegenüber der Verwaltung	51
c) Die verfahrensrechtliche Dimension der Grundrechte	53
d) Grundrechtliche Schutzansprüche	56
e) Grundrechtliche Teilhabeansprüche	59
3. Die Grundrechte als nur begrenzte Fundierung des individuellen Rechtsstatus	61
II. Politische Rechte: Staatsbürgerliche Teilhabe	65
1. Politische Rechte gegenüber der Verwaltung	65
2. Offenheit der Verfassung für einen *status procuratoris*	68
III. Die maßgebliche Formgebung und Erweiterung des Rechtsstatus durch Gesetz	70
1. Gesetzliche Ordnung der Verwaltung-Bürger-Beziehungen im Grundrechtsbereich	71
a) Freiheitsrechte und Gesetz	71
b) Ausgestaltung des Grundrechtsschutzes außerhalb der Abwehrdimension	73
c) Gesetzlicher Schutz bürgerlicher Freiheit und Integrität außerhalb der Grundrechte	76
2. Gesetzliche Ordnung und staatsbürgerliche Teilhabe	79

	Rn.
3. Inkongruenz zwischen gesetzesvermitteltem Rechtsstatus des Einzelnen und gesetzesvermitteltem Handlungsprogramm der Verwaltung	83
IV. Verwaltung-Bürger-Verhältnis außerhalb gesetzlicher Strukturierungen	85
D. Europarechtliche Grundlegung: Grundrechtlicher Schutz und Mobilisierung des Bürgers für die Effektivierung des Unionsrechts	88
I. Grundrechtlicher Schutz	88
II. Gemeinorientierte Funktionalisierung individueller Befugnisse	91
E. Der Einzelne als Träger von Rechten	98
I. Die subjektiv-öffentlichen Rechte	98
1. Die Anerkennung subjektiv-öffentlicher Rechte – Tradition und Öffnung	98
a) Subjektiv-öffentliche Rechte als Grundlage der Verwaltung-Bürger-Beziehung	98
b) Rechte im individuellen Interesse und im öffentlichen Interesse	102
c) Die Ermittlung öffentlicher Rechte durch Gesetzesinterpretation	106
2. Typen subjektiv-öffentlicher Rechte auf der Primärebene	108
a) Privatnützige Rechte	109
b) Prokuratorische Rechte und prokuratorische Extension individualschützender Rechte	112
c) Demokratische Mitentscheidungsrechte und der staatsbürgerliche Zugang zu öffentlichen Ämtern	116
3. Selbstständige subjektiv-öffentliche Prozessrechte	119
II. Rechtsverhältnislehre	120
III. Recht und Rechtsbewährung	124
1. Rechtsdurchsetzung	125
a) Rechte und Rechtsschutz gem. Art. 19 Abs. 4 GG	125
b) Rechtsschutz durch Gerichte und anderweitige Formen des Schutzes von Rechten	131
2. Wiedergutmachungs- und Ersatzansprüche	133
F. Freiheit als Grundlage von Rechten und Pflichten	137
I. Die rechtsstaatliche Asymmetrie	137

	Rn.
II. Rechtsstaatliche Auferlegung von Pflichten	142
1. Begrenzte Verantwortlichkeit im Rahmen von Hoheitsunterworfenheit	143
2. Verantwortlichkeit in Anknüpfung an Freiheit	147
III. Die allgemeine Einbindung des Einzelnen in ein rechtlich geordnetes Gemeinwesen	151
G. Die Pflichtenstellung des Einzelnen	152
I. Hoheitsunterworfenheit	153
1. Einseitige Anordnungsgewalt	154
2. Materielle Unterscheidungen hoheitlicher Inpflichtnahme	156
a) Inpflichtnahme zur Verhinderung schädlicher Auswirkungen privater Freiheitsentfaltung	157
b) Inpflichtnahme durch sozialgestaltende Maßgaben privater Freiheitsentfaltung	158
c) Prinzipiell-allgemeine Inpflichtnahmen	159
3. Modale Unterscheidungen hoheitlicher Inpflichtnahme	162
a) Die individualisierte Inanspruchnahme im Nachgang privater Freiheitsausübung	163
b) Vorbehalt einer Genehmigung durch die Verwaltung – Genehmigungstypen	165
II. Pflichtenstellung in Anknüpfung an die Freiheit des Einzelnen	172
1. Vertragliche und vertragsähnliche Pflichten	173
2. Freiheit und staatliche Lenkung	176
3. Exkurs: Verlagerung der Verantwortlichkeit in das Zivilrecht	180
H. Die Gleichheit	181
I. Der Rechtsstatus des Einzelnen zwischen Freiheit und Gleichheit	181
II. Gleichheit vor der Verwaltung und Gleichheit zwischen Bürgern	185
III. Demokratische Gleichheit	188
IV. Die bürgerliche Rechtsgleichheit	192
1. Art. 3 Abs. 1 GG als relativer Gleichheitsschutz	192
2. Bürgerliche Gleichheit als strikte Gleichheit	196
a) Die Differenzierungsverbote des Art. 3 Abs. 3 GG	196
b) Die Gleichberechtigung von Männern und Frauen	197

Übersicht

	Rn.		Rn.
c) Das Diskriminierungsverbot des Art. 18 AEUV	198	III. Unterschiedliche Ausgestaltung der Rechte und Inpflichtnahmen	203
I. Der Rechtsstatus juristischer Personen	199	J. Schluss	205
I. Abgeleiteter Rechtsstatus	199	Leitentscheidungen	
II. Weitgehende Entsprechung von Rechtsstatus juristischer Personen und Rechtsstatus des Einzelnen	201	Ausgewählte Literatur	

A. Problemaufriss: Die Rekonstruktion eines „Rechtsstatus des Einzelnen" im Kontext der modernen Verwaltungsrechtswissenschaft

1   Die Rekonstruktion eines Rechtsstatus des Einzelnen im Verwaltungsrecht setzt die Vorstellung voraus, dass es für das Verwaltungsrecht eine allgemeine Rechtsstellung des Bürgers gibt, ein **übergreifendes Grundverhältnis zwischen dem Einzelnen und der Verwaltung.** Sie fasst die Vielheit privater Akteure unter den Begriff „der Einzelne" zusammen und sucht im Verhältnis zu all dem, was als „Verwaltung" zusammengezogen wird, nach einer Basisrelation, welche die Verschiedenartigkeit der einzelnen Rechtsbeziehungen strukturiert und systematisch ordnet. Unsicher geworden ist heute schon, ob eine solche auf prinzipielle Kategorien und Unterscheidungen gerichtete Fragestellung einem modernen Verständnis des Verwaltungsrechts noch adäquat ist.

2   In **traditioneller Perspektive**[1] bildet die Frage nach dem Rechtsstatus des Einzelnen den Dreh- und Angelpunkt der gesamten Konstruktion des Verwaltungsrechts: Sie verweist auf die Freiheit des Einzelnen als Subjekt und deren rechtsstaatliche Gewährleistung. Aus dem abwehrrechtlich verstandenen Freiheitsstatus bestimmt sich danach das Grundverhältnis des Bürgers zur Verwaltung insgesamt. Der Einzelne unterliegt nur in rechtsstaatlich begrenzter und gebundener Weise und vermittelt durch das demokratische Gesetz einer verwaltungsrechtlichen Verantwortung. Das Verwaltungsrecht zielt auf die Realisierung dieser Freiheit als seinen eigentlichen Zweck. Es sichert Freiheit, Gleichheit und Eigentum als Rechte. Seine Perspektiven sind der Rechtsschutz gegenüber staatlichen Eingriffen in Freiheit, gegen die Vorenthaltung von Rechten und gegen Gleichheitsverletzungen seitens der Exekutive – ausgehend von dem Anspruch des Individuums auf Gewährleistung seiner individuellen Freiheit und Integrität. Zu seinen zentralen Kategorien gehören dementsprechend die individualschützenden subjektiv-öffentlichen Rechte der Bürger sowie rechtsschutzverbürgende Formen des Verwaltungshandelns. Und von dieser Perspektive des Verwaltungsrechts war auch dessen wissenschaftliche Durchdringung geprägt.[2]

3   Inzwischen hat sich diese **Perspektive gedreht:** Gerade die akademische Beschäftigung mit dem Verwaltungsrecht zielt nicht mehr allein auf eine Entfaltung der verwaltungsrechtlichen Schutzmechanismen, sondern – nun auch verwaltungswissenschaftliche Fragestellungen aufnehmend – auf die Erfassung übergreifender Wirkzusammenhänge.[3] Verwaltungsrecht wird zunehmend nicht mehr allein oder auch nur primär als Recht zum Schutz von Einzelnen verstanden, sondern als Handlungsinstrument zur Erreichung von Zielen. Die wissenschaftliche Beschäftigung mit ihm ist zur Steuerungswissenschaft geworden.[4]

---

[1] → Bd. I *Voßkuhle* § 1 Rn. 8.

[2] Vgl. zu den Etappen der Diskussion aus der Perspektive einer Reform der Verwaltungswissenschaft: *Rainer Wahl,* Die zweite Phase des öffentlichen Rechts in Deutschland: die Europäisierung des Öffentlichen Rechts, Der Staat, Bd. 38 (1999), S. 495 ff.; *Christian Bumke,* Die Entwicklung der verwaltungsrechtswissenschaftlichen Methodik in der Bundesrepublik Deutschland, in: Schmidt-Aßmann/Hoffmann-Riem (Hrsg.), Methoden, S. 73 ff.; *Thomas Vesting,* Nachbarwissenschaftlich informierte und reflektierte Verwaltungsrechtswissenschaft. Verkehrsregeln und Verkehrsströme, ebd., S. 253 ff.

[3] Zur Programmatik einer „Neuen Verwaltungsrechtswissenschaft" → Bd. I *Voßkuhle* § 1 Rn. 16 ff.

[4] Vgl. Darstellung bei → Bd. I *Franzius* § 4.

A. Problemaufriss

Damit ist die Perspektive auf die gesamte Gesellschaft gerichtet und wesentlich komplexer. Ihr Anliegen gilt der Gewährleistung kollektiver Ziele und ihre Fragerichtung ist überindividuell. Ihre zentralen Kategorien sind von Einzelentscheidungen unabhängige Wirkzusammenhänge und Effizienz.

Diese wirksamkeitsbezogene Perspektive hat folgerichtig auch zu einer wirklichkeitsbezogenen Analyse der rechtlichen Kategorien geführt. In – teils bewusster, teils unbewusster – Ineinanderführung von normativen und faktischen Gesichtspunkten sucht man dabei rechtliche Kategorien grundsätzlich neu zu beschreiben und zu verstehen: Unter Verweis auf Verschränkungen und Paralleleffekte im Realbereich werden folglich normative Grundbegriffe, die im traditionellen Verständnis des Rechts als Freiheitsschutz des Einzelnen gegenüber der Verwaltung zentral sind, für obsolet erklärt bzw. deren prinzipielle Unterscheidungskraft in Frage gestellt. Umgekehrt werden demgegenüber Begriffe geprägt, die bewusst eine prinzipielle **Unterscheidung zwischen „dem Einzelnen" und „der Verwaltung" unsicher** machen. So ist für das Verhältnis zwischen Privaten und öffentlicher Hand von „Verantwortungsteilung"[5] und Kooperation die Rede.[6] Der staatlichen Regulierung wird im Begriff der „regulierten Selbstregulierung" die Selbstregulierung Privater als scheinbar parallele Form der Regulierung zur Seite gestellt[7] und zugleich Gruppenverantwortlichkeiten mit faktischen Herrschafts- und internen Bestimmungsrechten postuliert. Zum Teil wird die Unterscheidung zwischen öffentlichem Recht und Privatrecht auch grundsätzlich in Frage gezogen.[8] Dem entspricht eine Erweiterung des Demokratiebegriffs,[9] die die nationalstaatliche Konstruktion der Demokratie vom Staatsvolk her ergänzen oder zum Teil, diese als „volksdemokratisch" angreifend, ablösen will.[10]

Ausgehend von diesen Ansätzen lässt sich fragen, ob es sinnvoll ist, nach einem „Rechtsstatus des Einzelnen" im Verwaltungsrecht noch zu suchen. Gebietet die Diskussion nicht einen avantgardistischen Schritt, der die Vorstellung eines solchen Rechtsstatus endgültig zerstört? Das **Gegenmodell** läge in der These, dass es weder so etwas wie „Verwaltung" noch „Einzelner" als rechtlich

---

[5] → Bd. I *Baer* § 11 Rn. 58.
[6] *Gunnar Folke Schuppert* (Hrsg.), Jenseits von Privatisierung und „schlankem" Staat. Verantwortungsteilung als Schlüsselbegriff eines sich verändernden Verhältnisses von öffentlichem und privatem Sektor, 1999; *Martin Burgi,* Die Funktion des Verfahrensrechts in privatisierten Bereichen. Verfahren als Gegenstand der Regulierung nach Verantwortungsteilung, in: Hoffmann-Riem/Schmidt-Aßmann (Hrsg.), Verwaltungsverfahren, S. 155 (162f.); *Andreas Voßkuhle,* „Schlüsselbegriffe" der Verwaltungsrechtsreform. Eine kritische Bestandsaufnahme, VerwArch, Bd. 92 (2001), S. 184 (203ff.); *Kay Waechter,* Kooperationsprinzip, gesellschaftliche Eigenverantwortung und Grundpflichten, Der Staat, Bd. 38 (1999), S. 279ff.
[7] Zum Begriff und den Referenzgebieten vgl. die Beiträge in: Regulierte Selbstregulierung als Steuerungskonzept des Gewährleistungsstaates, DV, Bd. 34 (2001), Beiheft 4.
[8] Vgl. etwa *Reinhard Damm,* Risikosteuerung im Zivilrecht, in: Hoffmann-Riem/Schmidt-Aßmann (Hrsg.), Auffangordnungen, S. 85 (129ff.); aus Sicht der ökonomischen Theorie *Christian Kirchner,* Regulierung durch öffentliches Recht und/oder Privatrecht aus der Sicht der ökonomischen Theorie des Rechts, ebd., S. 63ff.; *Eberhard Schmidt-Aßmann,* Öffentliches Recht und Privatrecht: Ihre Funktionen als wechselseitige Auffangordnungen, ebd., S. 7 (23ff.). Vgl. dazu → Bd. I *Burgi* 18.
[9] Dazu näher → Bd. I *Trute* § 6 Rn. 17ff.
[10] *Brun-Otto Bryde,* Die bundesrepublikanische Volksdemokratie als Irrweg der Demokratietheorie, StWStP 1994, S. 30ff.; vgl. weiter die Beiträge im Sonderheft „Demokratie und Grundgesetz" der Redaktion Kritische Justiz, 2000.

sinnvoll zu unterscheidende Begriffe gibt, sondern vielmehr eine Vielzahl von Akteuren, die mehr oder weniger Verantwortung für ein funktionierendes Gemeinwesen tragen. Ausgehend von den Thesen zur Auflösung von Staatlichkeit als strukturbildender Kategorie[11] müsste insoweit besser von einem Nebeneinander unterschiedlich Handelnder mit je verschiedener privater bzw. öffentlicher Relevanz die Rede sein. An die Stelle eines Rechtsstatus des Einzelnen im Verwaltungsrecht träte dann ein **Netzwerk von Akteuren mit unterschiedlichem Gemeinwohlbezug** und dementsprechend verschiedenen Berechtigungen, in denen Recht und Kompetenz sowie Amt und Privathandeln ineinander aufgehoben sind. Man könnte dieses auch als eine Radikalisierung des Common-Law-Konzeptes verstehen – als Ineinander von verschiedenen Rechten und Berechtigungen.

6 Die Frage nach dem Rechtsstatus des Einzelnen liegt somit im **Zentrum des Verhältnisses der klassischen Verwaltungsrechtsdogmatik zu der neueren steuerungswissenschaftlichen Sicht** und bildet die Schnittstelle, an der sich deren Kompatibilität entscheidet. Mit ihr geht es zugleich um das methodisch auch innerhalb der steuerungswissenschaftlichen Diskussion weithin ungeklärte Verhältnis von rechtstatsächlicher Erkenntnis und rechtsnormativem Geltungsanspruch: Lässt sich Recht, insbesondere das Verwaltungsrecht, noch in aufklärerisch-idealistischer Tradition von der Freiheit des Subjekts her normativ konstruieren oder muss es heute in quasi-ontologischen Kategorien der Wirklichkeitsanalyse abgewonnen werden? Ist die steuerungswissenschaftliche Perspektive eine Alternative oder Erweiterung, müssen sich in ihrer Konsequenz die individualbezogen-rechtsstaatlichen Kategorien auflösen oder lassen sie sich verbinden?

7 Vorliegender Beitrag hält an der Vorstellung eines Rechtsstatus des Einzelnen fest und sieht in ihr eine Konstruktion des Rechts aus der Idee der Freiheit, die nicht relativierbar ist. Er sucht diesen Status aber in einer Weise zu konstruieren, die der Perspektivenerweiterung der Verwaltungsrechtswissenschaft Rechnung trägt und für sie Raum lässt. Die verwaltungswissenschaftliche Reflexion ist gerade dann fruchtbar, wenn durch sie Unterscheidungen wie die zwischen Sein und Sollen oder zwischen **privat und Staat bzw. Verwaltung nicht aufgehoben, sondern in ihrer Differenz miteinander verschränkt** werden. Insoweit kann und muss auch in einem modernen Verwaltungsrecht rechtlich-normativ zwischen Einzelnem und Verwaltung unterschieden werden und das Subjekt als Ausgangspunkt und Ziel des Rechts ernst genommen werden. Die freiheitssichernde Dimension des Rechts setzt die Differenz zwischen normativem Anspruch und Wirklichkeit voraus. Die steuerungswissenschaftliche Perspektive macht aber deutlich, dass gegenüber der **traditionellen Bestimmung** des Rechtsstatus des Einzelnen eine **radikale Erweiterung geboten** ist: Der Rechtsstatus des Einzelnen lässt sich nicht allein von der Sicherung seiner privaten, selbstbezogenen Belange erfassen, ist also nicht allein auf die Wahrung der Integrität der Person gerichtet, sondern muss auch Mit- und Einwirkungsbefugnisse des Einzelnen auf das Gemeinwohl und auf die Realisierung von Verwal-

---

[11] Besonders prägnant *Thomas Vesting*, Die Staatsrechtslehre und die Veränderung ihres Gegenstandes, in: VVDStRL, Bd. 63 (2004), S. 41 (66). In der Konsequenz dieser Sichtweise kann die Lehre eines Rechtsstatus des Einzelnen nicht mehr aufrechterhalten werden.

tungszwecken reflektieren.¹² Der Rechtsstatus kann so nicht allein von der Wahrung der Integrität der Person her bestimmt werden. Er muss vielmehr auch die aktive Teilhabe des Einzelnen an der Verwirklichung des Gemeinwohls als konstitutives Grundelement des Verwaltung-Bürger-Verhältnisses in sich aufnehmen.

B. Theoretische Grundlegung: Das Individuum als letzter Grund und Bezugspunkt des Rechts

I. Das Individuum als Grundlage der Rechtsordnung und Gegenstand der Steuerungsdebatte

1. Der Einzelne als Ausgangspunkt und Ziel des Verwaltungsrechts

„Die Würde des Menschen ist unantastbar" – mit dieser Grundsatzproklamation umreißt Art. 1 des Grundgesetzes und nun auch der Europäischen Grundrechtscharta das Grundverhältnis von Individuum und Staatlichkeit.[13] Diese Bestimmung, der dann individuelle Grundrechte folgen, ist nicht allein ein Neuanfang nach der Diktatur der Nationalsozialisten, sondern verweist auf die theoretischen Grundlagen des modernen Verfassungsstaates.[14] Der Staat hat seine Rechtfertigung in der Freiheit seiner Bürger, aus der allein er sich legitimiert, er ist nur um ihretwillen da. Staatlichkeit – damit auch jede exekutive Kompetenz – zielt letztlich allein auf die Freiheit und eigenverantwortliche Entfaltung des Einzelnen in der von ihm selbst definierten Inbezugsetzung zu seiner Umwelt. Befreit aus korporativen Bindungen ist der Einzelne die Grundlage und das Ziel der rechtlichen Ordnung. Das **freie Subjekt ist das *a priori* des modernen Verfassungsstaates** und letzte Instanz jeglicher Legitimität. Von diesem voraussetzungsvollen Ausgangspunkt der Aufklärung und der Philosophie des Idealismus aus ruht das Grundverhältnis der Bürger zueinander und zu der von ihnen organisierten Staatsgewalt in der Freiheit und Gleichheit aller Bürger.[15] Der freiheitliche Staat ist egalitär und emanzipativ. In der säkularen Trennung von Moral und Recht anerkennt er die Selbstbestimmung des Einzelnen als der Rechtsordnung grundsätzlich vorausliegend. Letzter Bezugspunkt ist der für sich entscheidende Einzelne allein. Selbstverständlich schließt die Ausrichtung der Rechtsordnung auf die Selbstentfaltung des Einzelnen die „Entfaltung der

8

---

[12] Zur Beteiligung des Einzelnen an der Gemeinwohlverwirklichung *Stephan Kirste,* Die Realisierung von Gemeinwohl durch verselbstständigte Verwaltungseinheiten, in: Winfried Brugger/Stephan Kirste/Michael Anderheiden (Hrsg.), Gemeinwohl in Deutschland, Europa und der Welt, 2002, S. 327 (348 f.).
[13] Zur Vielschichtigkeit des Schutzes der Personalität als Grundlage der Rechtsordnung *Horst Dreier,* in: ders. (Hrsg.), GG I, Vorbem. Rn. 24–62.
[14] Umfassend *Christoph Enders,* Die Menschenwürde in der Verfassungsordnung. Zur Dogmatik des Art. 1 GG, 1997, insbes. S. 290 ff.; *ders.,* in: Friauf/Höfling (Hrsg.), GG, Vorbem. Art. 1 Rn. 1 ff., 12 ff.
[15] Zur Grundannahme einer „natürlichen Freiheit" abwägend *Dreier,* in: ders. (Hrsg.), GG I, Vorbem. Rn. 120; *Gertrude Lübbe-Wolff,* Grundrechte als Eingriffsabwehrrechte, 1988, S. 42 ff., 78 ff., speziell S. 98 ff.; *Bernhard Schlink,* Freiheit durch Eingriffsabwehr. Rekonstruktion der klassischen Grundrechtsfunktion, EuGRZ 1984, S. 457 (467 f.).

Menschen durch die Menschen"[16] nicht aus, sondern setzt sie – anthropologisch notwendig – voraus. Dem kann und muss auch die Gestaltung der Rechtsordnung Rechnung tragen, die auf die Bedingungen individueller Freiheitsentfaltung und, mehr noch, schon auf die Definition dessen, was individuell als Freiheit wahrgenommen wird, institutionell tief greifenden Einfluss nimmt.[17] Nach dem individualbezogenen Verständnis des freiheitlichen Staates definiert seine Beziehungen zur Umwelt der Einzelne subjektiv letztlich aber wieder nur selbst.

9 Die Grundannahmen der Freiheit und Gleichheit ruhen verfassungsgeschichtlich-philosophisch auf **erkenntnistheoretischem Hintergrund** und verstehen sich nicht als Wirklichkeitsbeschreibung, sondern als normative Maßstäbe für die Legitimation von Recht.[18] Auf theoretischer Ebene geht es insoweit um Herleitung, Begründung und Grenzen von Herrschaftsbefugnissen. Dies gilt auch für das aus ihnen folgende Grundverhältnis von Einzelnem und Staat bzw. Verwaltung. Dabei liegen in dem von dem Postulat der Freiheit und Gleichheit her bestimmten Grundverhältnis zwei prinzipielle Konsequenzen.

10 Zum einen müssen Maßgaben für staatliche Herrschaft an dem je Einzelnen ausgerichtet sein und ihm Schutz gewährleisten. Rechtsstaatliche Sicherungen müssen von der Freiheit des Subjekts ausgehen, von ihr aus konstruiert und auf sie rückbezogen sein. In der staatlichen Anerkennung der Freiheit als dem Staat substanziell vorausliegende Freiheit der einzelnen Person liegt das Verständnis mit begründet, dass jede nicht privatautonom selbst begründete Inpflichtnahme aus der Sicht des Einzelnen als von „außen" kommend erscheint. Durch die Freiheit des Subjekts als teleologischen Fluchtpunkt wird jeder verpflichtende Akt der Exekutive begründungsbedürftig und erscheint als Begrenzung. Von daher liegt die zentrale Perspektive des klassischen Verwaltungsrechts in dem abwehrrechtlich konstruierten Schutz vor ungerechtfertigten Eingriffen.[19] Diese individualbezogene Perspektive ist hochidealistisch; sie bleibt aber eine nicht hintergehbare Grundlage der grundgesetzlichen Ordnung und ist für das Verhältnis Bürger-Verwaltung fundamental. Wie das Postulat der Freiheit selbst ist sie aber nur ein Ausgangspunkt und bleibt nicht bei sich selbst. Die hoch fiktive Abstraktion der individuellen Freiheit bedarf einer Vermittlung in die Welt und mit der Freiheit der anderen, die allein die allgemeinen Gesetze oder das Privatrecht nicht leisten können. Das Verwaltungsrecht hat dementsprechend seine Kategorien längst erheblich ausgebaut und bezieht über die Eingriffsabwehr hinaus Leistungs- und Teilhabeansprüche ebenso wie die Verschränkung der Bürger-Verwaltung-Beziehungen in mehrpoligen Rechtsverhältnissen in den

---

[16] *Dieter Suhr,* Entfaltung der Menschen durch die Menschen, 1976.
[17] → Rn. 151.
[18] *Georg W. F. Hegel,* Grundlinien der Philosophie des Rechts, hrsg. von Johannes Hoffmeister, 4. Aufl. 1962, § 3 f.; *Immanuel Kant,* Metaphysik der Sitten, hrsg. von Karl Vorländer, 1959, S. 23 f.; vgl. ebenfalls die apriorischen Herleitungen bei *Hobbes, Locke* und *Rousseau.* Vgl. *Wolfgang Kersting,* Wohlgeordnete Freiheit, 3. Aufl. 2007, S. 94 ff.; *Ernst-Wolfgang Böckenförde,* Freiheit und Recht, Freiheit und Staat, in: ders. (Hrsg.), Recht, Staat, Freiheit, 2. Aufl. 1992, S. 42 ff.; *Jan Schapp,* Freiheit, Moral und Recht, 1994, insbes. S. 83 ff.
[19] Dies manifestiert sich insbes. in der ursprünglichen Fixierung des Verwaltungsrechts auf die Rechtsformenlehre wie den Verwaltungsakt und den diesbezüglichen Rechtsschutz durch Anfechtungs- und Verpflichtungsklage, wobei auch die Verpflichtungsklage in erster Linie eine Form der „Abwehr" von ungerechtfertigten Freiheitseingriffen war, da sie vor allem der Erstreitung von Genehmigungen in Form einer Kontrollerlaubnis diente.

freiheitsbezogenen Grundstatus des Einzelnen mit ein. All diese Erweiterungen bleiben aber insoweit zunächst bezogen auf die Idee der Freiheit des Einzelnen. Sie suchen den Schutz selbstdefinierter, d.h. auch potentiell selbstbezogener Freiheitsverwirklichung normativ vom Einzelnen her zu konstruieren.

Die weitere Konsequenz aus der Rückführung der Rechtsordnung auf den Einzelnen erstreckt sich auf die **Legitimität kollektiven Handelns**. Die Autorität, im Namen aller zu handeln, kurz: die Legitimität staatlicher Entscheidungen, muss sich auf die formalisiert gleiche Freiheit aller stützen, d.h. die organisierte mehrheitliche **Zustimmung aller Herrschaftsunterworfenen**. Wenigstens von den Grundentscheidungen her darf sich Verwaltung nicht auf die Einsicht in das Gute oder die Erkenntnis der Wahrheit bzw. von Funktionszusammenhängen stützen, sondern auf demokratische Zustimmung. Es gilt die demokratische Version des Satzes *„auctoritas non veritas facit legem"*. Administrative Steuerung muss damit von ihrer Legitimation her anders als in Fachkompetenz normativ fundiert sein.[20] Die Ausrichtung der Rechtsordnung an dem Einzelnen ist damit in ihrer Substanz **anti-technokratisch**. 11

2. Der Einzelne als Gegenstand verwaltungsrechtlicher Handlungsstrategien

Die neuzeitliche Ersetzung der Wahrheitsfrage durch die Frage nach der Legitimation und damit durch die selbstbestimmt-demokratische Entscheidung als Setzung hat dazu geführt, dass die Rechtswissenschaft, insbesondere auch die Verwaltungsrechtswissenschaft, ihre **Perspektive auf die Rekonstruktion und Anwendung gesetzten Rechts verengte** – geleitet von der Frage: Wie weit und unter welchen Maßgaben darf die Verwaltung die Freiheit des Einzelnen begrenzen. Fortwirkende Traditionsstränge aus der Zeit des deutschen Konstitutionalismus, in der allgemein politische Gestaltungsaufträge der monarchischen Exekutive vorbehalten waren, haben diese Tendenz in Deutschland noch verstärkt.[21] Demgegenüber bedarf es eines weiteren Verständnisses von Verwaltungsrechtswissenschaft, das es erlaubt, auch einen Blick auf tatsächliche Wirkzusammenhänge zu richten und damit gesellschaftliche, wirtschaftliche und technisch bedingte Problemlagen politisch zu bewältigen. Die Verwaltungsrechtswissenschaft ist nicht allein eine Wissenschaft, die normativ die Bindungen der Verwaltung gegenüber dem Bürger expliziert, sondern ist auch Handlungswissenschaft.[22] Entsprechend dem Auftrag der Verwaltung muss Verwaltungsrecht auch als Handlungsinstrument des Staates zur Erreichung von politisch zu definierenden Zielen verstanden werden. Da Verwaltungsrecht eine gestaltbare Materie ist, bedarf es der Analyse der **Wechselwirkung zwischen rechtlichen Strukturen und vorrechtlichen Gegebenheiten,** um seine Wirkbedingungen adäquat erfassen und Lösungsstrategien handlungsleitend entwickeln zu können. 12

Die handlungs- bzw. steuerungswissenschaftliche Perspektive impliziert dabei freilich auch eine **andere Perspektive** auf den Einzelnen. Der Bürger ist hier 13

---

[20] Zur Möglichkeit der demokratischen Mobilisierung von privater Fachkompetenz s.u. → Rn. 102 ff.
[21] *Johannes Masing,* Die Mobilisierung des Bürgers für die Durchsetzung des Rechts, 1997, S. 62; *Hartmut Bauer,* Geschichtliche Grundlagen der Lehre vom subjektiv-öffentlichen Recht, 1986, S. 94 ff.
[22] → Bd. I *Voßkuhle* § 1 Rn. 15.

nicht Ausgangspunkt, sondern Gegenstand der Betrachtung. Sein Verhalten interessiert nun zuvörderst als Faktor in Bezug auf Zielsetzungen, die typischerweise überindividuell und kollektiv orientiert sind. Erkenntnisinteresse ist die Steuerung von Verhalten, z. B. der Nutzer bzw. Verbraucher, der Anbieter oder auch der Regulierer, Ziel ist die Gewährleistung gemeinbezogener Güter, sei es ein Universaldienst, eine hohe Luft- oder Wasserqualität, eine umwelt- oder sozialverträgliche Raumverteilung, sei es ein hinreichendes Steueraufkommen. Unmittelbarer Maßstab ist nicht die individuelle Freiheit, sondern die Effizienz in der Gesamtsaldierung. Die Betrachtungsweise ist strukturell output-orientiert.[23] Das gilt auch, soweit eine starke Strömung der steuerungswissenschaftlichen Ansätze Lösungsstrategien in Marktmechanismen sucht, und damit gerade individuelle Freiheit als effizienten Faktor einer funktionierenden öffentlichen Ordnung begreift;[24] die steuerungswissenschaftliche Perspektive ist in Bezug auf die mit ihr begründbaren Handlungsmodelle – ob eher liberal oder ob eher sozial ausgleichend – methodisch neutral. Aber ihre ergebnisorientierte Fragerichtung zielt auf Wirkbedingungen, in denen die Freiheit des Einzelnen nicht Maßstab, sondern Gesichtspunkt ist. Für jede kybernetische Analyse kommt es darauf an, die Unberechenbarkeit der Freiheit zu eliminieren. Unter Rückgriff auf soziologische Beobachtungen, wirtschaftliche Anreizmodelle und Statistik muss eine steuerungswissenschaftliche Sicht die Freiheitsbetätigung der Bürger in verallgemeinerter Art erfassen und in Kausalitätszusammenhänge einordnen.

14   Die steuerungswissenschaftliche Perspektive konterkariert auch die antitechnokratische, auf formalisiert legitimierte Entscheidungen abstellende Ausrichtung des traditionellen Verwaltungsrechts. Ihr Ausgangspunkt ist nicht ein unmittelbar rechtsnormativer, sondern ein rechtstatsächlicher. Er verlässt die vom individuellen Recht ausgehende normative Betrachtung des Verwaltungsrechts und stellt an ihre Stelle eine **realbezogene Analyse**[25] der Wirksamkeitszusammenhänge. Ihre handlungsleitenden Erkenntnisse bezieht diese Perspektive damit nicht aus einem Rekurs auf formalisierte Legitimität, sondern auf Fachkenntnis und Einsicht.

3. Verschränkung beider Perspektiven

15   Die vom Subjekt ausgehende rechtsnormative Perspektive und die auf Wirkungszusammenhänge bezogene steuerungswissenschaftliche Perspektive sind trotz ihrer prinzipiellen Differenzen strukturell **kompatibel.** Sie widersprechen sich nicht, sondern ergänzen einander. Erforderlich ist hierfür allerdings, beide Perspektiven zu verschränken, ohne sie ineinander aufzuheben.

16   Die Grundlegung der Verwaltungsrechtsbeziehungen in der Subjektstellung des Einzelnen hindert nicht, die Wirkmechanismen, in denen sich Freiheit in gesellschaftlichen Zusammenhängen verwirklicht, zu beobachten, zu analysieren und – etwa ausgehend von Anreizsystemen – zu prognostizieren. Es ist vielmehr originäre Aufgabe von Staat und insbesondere Verwaltung, auf solche Ergebnis-

---

[23] Zu den Kategorien „input", „output" und „outcome" → Bd. I *Voßkuhle* § 1 Rn. 32, *Franzius* § 4 Rn. 70 ff.

[24] Vgl. etwa *Wolfgang Hoffmann-Riem*, Effizienz als Herausforderung an das Verwaltungsrecht, in: Hoffmann-Riem/Schmidt-Aßmann (Hrsg.), Effizienz, S. 11 (54 f.).

[25] Zur Realbereichsanalyse → Bd. I *Voßkuhle* § 1 Rn. 29 ff.

B. Theoretische Grundlegung

se zu reagieren und korrigierend einzugreifen.[26] Das Freiheitskonzept des Grundgesetzes reduziert Freiheit nicht auf ein formales Postulat, sondern will Freiheit auch in einem materiellen Sinn ermöglichen. Gerade hierzu handlungsleitend beizutragen ist Anliegen der steuerungswissenschaftlichen Methode. Freilich bleibt es dabei, dass die Spannung zwischen kollektiv definierten Handlungsprogrammen und der Freiheit des Einzelnen wenigstens dem Grunde nach in bestimmten formalisierten Verfahren demokratisch legitimiert sein und rechtsstaatlichen Grundsätzen genügen muss. Die steuerungswissenschaftliche Perspektive muss das – wenn sie methodisch korrekt bleibt – aber auch nicht in Frage stellen. Zwar entwickelt auch sie handlungsanleitende und in diesem Sinne „normative" Modelle. Sie kann für diese aber außerhalb bestehender Gesetze keine rechtsnormative Geltung beanspruchen, sondern nur ein **(verwaltungs-)politisches Sollen aus fachlicher Notwendigkeit** aufzeigen. Deren Umsetzung in geltendes Recht steht dann unter der selbstverständlichen Voraussetzung, dass die rechtsstaatlich normativen Vorgaben der Verfassung zum Schutz des Einzelnen ebenso beachtet werden wie die formalisierten demokratischen Voraussetzungen für die Inkraftsetzung. Entsprechende Vorgaben, insbesondere also Verfassungsrecht, müssen dabei als gesetztes Recht ernst genommen werden und lassen sich nicht durch funktionale Erwägungen beiseite schieben. Steuerungswissenschaftliche Ansätze sind nicht primär auf den Individualschutz bezogen, sondern haben ihre Berechtigung gerade in der Globalperspektive. Sie können und müssen dabei aber die normativen Vorgaben beachten und sich auf deren Eigenlogik mit Respekt einlassen.

Die Spannung der beiden Perspektiven auszuhalten, ist anspruchsvoll. Ihr Nebeneinander gerät leicht in **Gefahr, ineinander aufgehoben zu werden.** Die Versuchung, aus dem elitären Anspruch besserer Erkenntnis das Recht – an den Mühlen politischer Mehrheitsfindung vorbei – unmittelbar zu gestalten und umzugestalten ist ebenso groß wie die Neigung, von Realitätsanalysen aus auf rechtliche Strukturen zu schließen.[27] Missverständlich und zum Teil vielleicht bewusst schillernd sind insoweit Begriffe wie Verantwortungsteilung[28], kooperative Verwaltung oder Selbstregulierung.[29] All diese Begriffe sind als Ordnungsbegriffe zur Beschreibung der Wirklichkeit ohne weiteres zutreffend und können bei entsprechender Differenzierung auch adäquat das Ineinander von amtlicher und privater Gemeinwohlgestaltung abbilden. Werden sie aber in einem normativen Sinne umgedeutet, um von ihnen aus Amtshandeln und privates Handeln auch rechtlich ineinander zu führen und etwa amtsähnliche Inpflichtnahmen Privater zu begründen bzw. privaten Regelungen hoheitsrechtliche Qualität zuzuschreiben, so verwischen sie die rechtlich und verfassungsrechtlich kategori-

17

---

[26] Vgl. näher → Bd. I *Voßkuhle* § 1 Rn. 22 ff.
[27] Vgl. in der Tendenz etwa *Rainer Pitschas*, Allgemeines Verwaltungsrecht als Teil der öffentlichen Informationsordnung, in: Hoffmann-Riem/Schmidt-Aßmann/Schuppert (Hrsg.), Reform, S. 219 ff.; *Wolfgang Hoffmann-Riem*, Methoden einer anwendungsorientierten Verwaltungsrechtswissenschaft, in: Schmidt-Aßmann/Hoffmann-Riem (Hrsg.), Methoden, S. 9 (46 ff.); *ders.*, Gesetz und Gesetzesvorbehalt im Umbruch, AöR, Bd. 130 (2005), S. 5 (12 ff.); *Vesting*, Verwaltungsrechtswissenschaft (Fn. 2), S. 253 (275 ff.).
[28] → Bd. I *Baer* § 11 Rn. 58.
[29] → Bd. I *Voßkuhle* § 1 Rn. 40 ff., referierend *ders.*, Schlüsselbegriffe (Fn. 6), S. 184; kritisch zu einer Verwendung als bloße „Assoziationstopoi" *Johannes Masing*, Grundstrukturen eines Regulierungsverwaltungsrechts, DV, Bd. 36 (2003), S. 1 (4).

sche Unterscheidung zwischen privatem Handeln und Amtshandeln.[30] Sie verwischen damit sowohl die Konturen des Rechtsstatus des Einzelnen gegenüber der Verwaltung wie umgekehrt die demokratischen Anforderungen an das Amtshandeln der Verwaltung. Zugleich uniformieren sie die Verschiedenartigkeit verwaltungsrechtlicher Instrumente. Letztlich heben sie damit auch den eigenen Ausgangspunkt auf. Denn gerade moderne Regulierungskonzepte wie die Netzregulierung leben von der **strukturellen Differenz der verschiedenen Verantwortlichkeiten** und nehmen hierbei maßgeblich auf den gegenüber der Verwaltung eigenständigen Rechtsstatus Privater Rekurs.

18 Bleiben die analytische und rechtsnormative Ebene demgegenüber unterschieden, liegt in ihrer verschränkenden Kombination ein großer Gewinn.[31] Indem sie die Aufmerksamkeit nicht nur der Rechtsanwendung, sondern auch der Rechtsgestaltung zuwendet, führt sie die **Rechtssetzung heraus aus dem Niemandsland eines blanken Dezisionismus** und bindet sie in einen fachlichen Diskurs, der in dieser Weise sonst von keiner anderen Disziplin geleistet werden kann. Der Primat der Politik hingegen bleibt hierdurch unberührt.[32]

19 Eine unterscheidende Verschränkung beider Perspektiven hindert auch nicht, dass es **gemeinsame Berührungspunkte** gibt und Erkenntnisse aus der einen für die andere fruchtbar gemacht werden. So kann eine genaue Analyse der Wirkzusammenhänge maßgeblich auf die Rechtfertigungsstrukturen bei Grundrechtseingriffen zurückwirken. Wie weit Eingriffe oder sonstige Grundrechtsausgestaltungen durch den Gesetzgeber gerechtfertigt und insbesondere verhältnismäßig sind, liegt insbesondere auch an einer genaueren Kenntnis der Folgen solcher Einschränkungen, der Auswirkungen auch auf andere Fragen sowie an einer Beurteilung von möglichen Regelungsalternativen. Insoweit kann gerade auch die steuerungswissenschaftliche Diskussion auf die rechtsnormative Beurteilung zurückwirken und etwa weitere Grundrechtseinschränkungen rechtfertigen bzw. vorhandene Einschränkungen fraglich werden lassen. Auch können kybernetische Erwägungen für die Auslegung von Vorschriften relevant werden, wenn diese in sich unbestimmt, diesbezüglich offen oder ihrerseits von kybernetischen Modellen angeleitet sind. Insoweit kann auch der Rückgriff auf ein steuerungswissenschaftliches Verständnis von Normen im Rahmen der Beziehung des Einzelnen zur Verwaltung unmittelbare Relevanz bekommen.

20 Zusammenfassend wird damit deutlich, dass der Rechtsstatus des Einzelnen gegenüber der Verwaltung gegenüber steuerungswissenschaftlichen Erwägungen einen **normativen Eigenstand** hat, diese damit aber **nicht delegitimiert.** Im Gegenteil: Unter Umständen kann auch die auf den Schutz des Individuums bezogene Verwaltungsrechtsdogmatik durch solche Erkenntnisse gewinnen. Die Rechtsstellung des Einzelnen und steuerungswissenschaftliche Erkenntnisse zu den Handlungsbedingungen der Verwaltung stehen demgegenüber aber nicht im Verhältnis der Reziprozität.

---

[30] → Rn. 40.
[31] → Bd. I *Voßkuhle* § 1 Rn. 22 ff., 28.
[32] Vgl. dazu angesichts der besonderen Herausforderungen des Regulierungsverwaltungsrechts *Hinnerk Wißmann*, Art. Regulierung/Deregulierung, EvStL, S. 1977 ff.

II. Gemeines Wohl und individuelles Interesse

Die Fundierung der Rechtsordnung in der Freiheit des Subjekts begründet zugleich ein **dialektisches Verhältnis** von gemeinem Wohl und individuellem Interesse.[33] Nicht einzugehen ist hierbei auf naive oder politisch-rhetorische Debatten, die dieses Begriffspaar als einen Zuteilungsmodus diskutieren, der das, was von „privatem Interesse" ist, dem Einzelnen, das aber, was für das „gemeine Wohl" von Bedeutung ist, dem Staat zuweise, oder auf Vorstellungen, die das gemeine Wohl als materiell determinierten Titel individueller Freiheit entgegensetzen. Solche Dichotomien sind auch geschichtlich in dieser Form nie anerkannt gewesen und sind mehr zur Falsifizierung errichtete Konstrukte als ernsthafte Konzepte. Demgegenüber lässt sich an diesem Begriffspaar sachhaltig zeigen, wie der auf dem Prinzip der Freiheit errichtete Rechtsstatus des Einzelnen in die Wirklichkeit hineinwirkt, dort rechtlich aufgefangen werden muss und dies auf den Einzelnen wieder zurückwirkt.

1. Die gemeinbezogene Bedeutung privater Interessenverfolgung

Mit der Fundierung der Rechtsordnung in der Freiheit des Subjekts ist die **Freiheit zugleich als Motor der Entwicklung des Gemeinwesens** anerkannt. Es ist Prämisse des freiheitlichen Staates, dass die Verfolgung privater Interessen seitens der Bürger insgesamt das Gemeinwesen zum gemeinen Wohl ordnet, mehr noch, dass sie selbst das zentrale Interesse des Gemeinwesens ist.[34] Dieses war Grundlage schon der Anerkennung der Eigentums- und Gewerbefreiheit wie überhaupt des modernen Staates seit der amerikanischen Unabhängigkeitserklärung und der französischen Revolution. Auch das Modell des deutschen Konstitutionalismus, das den Bereich des „Öffentlichen" und der Politik dem der Gesellschaft kompetenz- und legitimationsmäßig entgegensetzte,[35] wollte dieses vom Grundsatz her nicht leugnen. Dass die zentralen und zukunftsentscheidenden Entwicklungen des Gemeinwesens in sich selbst formierenden, dy-

---

[33] Staatsrechtliche Fundierung einerseits bei *Peter Häberle*, Öffentliches Interesse als juristisches Problem, 2. Aufl. 2006, sowie *Alfred Rinken*, Das Öffentliche als verfassungstheoretisches Problem, 1969, sowie andererseits *Wolfgang Martens*, Öffentlich als Rechtsbegriff, 1969; *Hans Ryffel*, Öffentliche Interessen und Gemeinwohl, in: Wohl der Allgemeinheit und öffentliche Interessen, Vorträge und Diskussionsbeiträge der 36. Staatswissenschaftlichen Fortbildungstagung der Hochschule für Verwaltungswissenschaften Speyer, 1968, S. 13 ff.; *Roman Schnur*, Gemeinwohl und öffentliche Interessen, ebd., S. 57 ff. Zur kritischen Rekonstruktion näher *Johannes Masing*, Parlamentarische Untersuchungen privater Sachverhalte, 1998, S. 204 ff. Zur Freiheit und Selbstbestimmung des Individuums als Verfassungsaufgabe *Stern*, StaatsR I, S. 94; zum Verhältnis von „Gemeinwohl" und „Privatwille" *Werner Maihofer*, Kulturelle Aufgaben des modernen Staates, in: HdbVerfR, § 12 Rn. 21; zum Verhältnis von grundrechtlicher Individualfreiheit und gesellschaftlichem System *Hans H. Rupp*, Die Unterscheidung von Staat und Gesellschaft, in: HStR II, § 31 Rn. 34 ff.; zu Freiheit und Allgemeinwohl als Staatszweck *Winfried Brugger*, Staatszwecke im Verfassungsstaat, NJW 1989, S. 2425 (2427); zum Gemeinwohl als Leitidee des Staates sowie zu Funktion und Begriff *ders.*, Gemeinwohl als Integrationskonzept von Rechtssicherheit, Legitimität und Zweckmäßigkeit, in: ders./Kirste/Anderheiden (Hrsg.), Gemeinwohl (Fn. 12), S. 17 (17 ff.).

[34] Von der Ordnungsfunktion der Verfassung her gedacht bei *Paul Kirchhof*, Die Aufgaben des Bundesverfassungsgerichts in Zeiten des Umbruchs, NJW 1996, S. 1497 (1498); gegen die Gleichsetzung von Gemeinwohl und Summe der Einzelinteressen *Kirste*, Gemeinwohl (Fn. 12), S. 343 f. Umfassend *Masing*, Untersuchungen (Fn. 33), S. 190 ff.

[35] Vgl. die N. bei *Masing*, Mobilisierung (Fn. 21), S. 58 f.

§ 7 Der Rechtsstatus des Einzelnen im Verwaltungsrecht

namischen gesellschaftlichen Entwicklungen und damit privater Interessenverfolgung ruhen, liegt in der Natur des freiheitlichen Staates. Ebenso ist es zumindest heute selbstverständlicher Bestandteil der freien Gesellschaft, dass Bürger nicht nur private Interessen, sondern auch öffentliche Interessen als solche verfolgen und sich für sie einsetzen können. Die freie Gesellschaft trägt zum gemeinen Wohl sowohl durch die je eigene Interessenverfolgung als auch durch je individuell definierten Gemeinsinn bei.

23   Die Gemeinwohlrelevanz privaten Handelns ist dabei rechtlich allerdings irrelevant. Der Rechtsstatus des Einzelnen ist unabhängig davon, als wie gemeinwohlrelevant sich sein Handeln darstellt. Rechte werden als äußerliche Rechte eingeräumt zur Wahrnehmung in Freiheit.[36] Ebenso wenig gibt es umgekehrt einen rechtserweiternden prinzipiellen Anspruch auf Anerkennung einer besonderen öffentlichen Bedeutung privaten Handelns. Das Gegenstück der Freiheit ist die Gleichheit und der **Preis der Freiheit** ist die **Isolierung und Neutralisierung individuellen Handelns als Privathandeln.** Eine für den Status relevante Bewertung privaten Handelns kann es im freiheitlichen Staat nicht geben.[37] Die Berufung auf das gemeine Wohl verleiht dem einzelnen Bürger aus sich heraus kein *prae* gegenüber anderen.

2. Demokratische Steuerung unter Berufung auf das Gemeinwohl

a) Offenheit des Gemeinwohlbegriffs und demokratische Legitimation

24   Auch wenn sich das gemeine Wohl in einem deskriptiven Sinne im Kern aus der privaten Interessenverfolgung der Bürger ergibt, entspricht es gleichfalls einer Grundannahme des Verfassungsstaats, dass diese Freiheit der rechtlichen Kanalisierung und Begrenzung bedarf. Berufen sind hierzu der demokratisch legitimierte Gesetzgeber und die gleichfalls demokratisch verantwortliche Verwaltung nach Maßgabe der grundgesetzlichen Bestimmungen. Der maßgebliche Rechtfertigungsgrund für jede Ingerenz liegt dabei im **„gemeinen Wohl"** bzw. dem **„öffentlichen Interesse".** Diese Begriffe verstehen sich nicht als rechtsdogmatische, sondern als theoretische Begriffe. Insbesondere rekurrieren sie nicht auf einen materiell vorgegebenen Inhalt oder einen objektivierend erfassbaren faktischen Zustand. Der Begriff des Gemeinwohls bezeichnet vielmehr eine **innere Ausrichtung** der Maßnahme, er ist Maxime: Was das „gemeine Wohl" verlangt, definieren frei die demokratisch legitimierten Organe.[38] Sie haben sich hierbei nun aber nicht an Eigen- bzw. isolierten Einzelinteressen auszurichten, sondern an einem „guten" Zustand des Gemeinwesens als Ganzem.[39]

---

[36] Grds. dazu *Enders*, Menschenwürde (Fn. 14), S. 220 ff.

[37] Die Rechtsordnung kann demgegenüber selbstverständlich in allgemeiner Weise bestimmtes Verhalten verschieden sanktionieren und durch Schaffung vielfältig gestufter Rechtsgestaltung fördern (s.u. → Rn. 98 ff., 152 ff.). All dies ist aber eine Frage der gemeinbezogenen Ausgestaltung der Rechtsordnung, nicht aber eine Alterierung des Rechtsstatus selbst.

[38] Vgl. für den verwaltungsrechtlichen Zusammenhang *Schmidt-Aßmann*, Ordnungsidee, Kap. 3 Rn. 76 f.

[39] Vgl. im Einzelnen die Beiträge in: *Herfried Münkler/Karsten Fischer* (Hrsg.), Gemeinwohl und Gemeinsinn im Recht, 2002; *Brugger/Kirste/Anderheiden* (Hrsg.), Gemeinwohl (Fn. 12). Eine ökonomische Analyse des Verwaltungshandelns, die – wie zum Teil die „public choice" Debatte – das Handeln von Amtsträgern als allein von individualbezogenen Anreizen geleitet versteht, muss dies freilich schon prinzipiell leugnen, vgl. dazu nur *Johannes Masing*, Die US-amerikanische Tradition der Regu-

Letztlich verweist dabei freilich auch solche Ausrichtung am gemeinen Wohl auf die individuelle Interessenverfolgung zurück: Das gemeine Wohl findet seinen letzten Bezugspunkt in der Möglichkeit einer realen Selbstverwirklichung aller Staatsbürger. Es bildet aber eine Brücke für eine nun kollektiv und nicht mehr individuell organisierte Reflexion und Gestaltung dieses Anliegens.

Einwirkungen auf die private Interessenverfolgung unter Berufung auf das gemeine Wohl korrigieren, ändern und strukturieren die private Interessenverfolgung.[40] Sie verschieben private Gewichte, fördern die Interessenverfolgung des einen und erschweren die Interessenverfolgung des anderen. Es liegt damit im Wesen des Gemeinwohlbegriffs, die abstrakt-formale Gleichheit hinter sich zu lassen und **für materielle Erwägungen Raum** zu geben. Der verfassungsrechtliche Rechtsstatus des Einzelnen wird hierdurch nicht berührt, wohl aber – bei Beachtung der sich aus ihm ergebenden Grenzen – dessen konkrete Handlungsmöglichkeiten. Werden Gemeinwohlziele in der Regel über Gesetze grundgelegt, so obliegt deren Realisierung in vielen Fällen der Verwaltung.[41] Auch diese muss sich von „Gemeinwohlbelangen" leiten lassen. Was in diesem Sinne unter „Gemeinwohl" zu verstehen ist, kann sich dabei **je nach Kontext** erheblich unterscheiden: Es kann sich allgemein um den Ausgleich von übergreifenden Gesamtinteressen handeln, in denen die Einzelinteressen nur noch mittelbar eine Rolle spielen, es kann sich um eine Berücksichtigung hochkomplex-technischer Zusammenhänge handeln oder es kann sich um eine Befriedung von Einzel- oder Gruppenkonflikten bzw. schließlich auch um die Förderung nur Einzelner handeln. Was im Sinne aller konkret die zutreffende Entscheidungsmaxime ist, kann nicht abstrakt-generell festgelegt werden. Eine maßgebende Abschichtung obliegt insoweit dem Gesetz. 25

b) Sozialer Ausgleich und Marktprinzip

In dem Auftrag des Staates, private Interessenverfolgung mit Blick auf das Gemeinwohl in Rahmen zu setzen und zu korrigieren, liegt mehr als die staatliche Gewährleistung einer immanenten Freiheitsgrenze nach dem Grundsatz *neminem laedere*. Er ist vielmehr Ausdruck des Sozialstaatsprinzips, das das **notwendige Ausgleichsprinzip** gegenüber den Prinzipien der Freiheit, rechtlichen Gleichheit und dem Eigentumsschutz ist.[42] Es bezieht seine innere Legitimation nicht aus der *caritas* und damit der Linderung nur von besonderer Bedürftigkeit, sondern ist **konstitutives Element** einer Ordnung, die die **freie Selbstentfaltung der Person** nicht nur in einem formalen, sondern auch **in einem substanziellen Sinne ermöglichen** will. Es zielt darauf, durch Umverteilung, richtiger: durch Rückverteilung, die exponentielle Verfestigung von materiellen Ungleich- 26

---

lated Industries und die Herausbildung eines europäischen Regulierungsverwaltungsrechts, AöR, Bd. 128 (2003), S. 558 ff. (562 ff.).

[40] *Masing*, Mobilisierung (Fn. 21), S. 221 ff.

[41] → Bd. I *Hoffmann-Riem* § 10 Rn. 17.

[42] Zur entsprechenden Einbindung der Grundrechte in die Verfassungsordnung BVerfGE 93, 121 (149) (Sondervotum); *Ernst-Wolfgang Böckenförde*, Die sozialen Grundrechte im Verfassungsgefüge, in: ders. (Hrsg.), Staat, Verfassung, Demokratie, 2. Aufl. 1992, S. 146 ff., unter Rückbezug auf *Lorenz v. Stein*, vgl. dazu auch *Ernst-Wolfgang Böckenförde*, Lorenz von Stein als Theoretiker der Bewegung von Staat und Gesellschaft zum Sozialstaat, in: ders. (Hrsg.), Recht (Fn. 18), S. 170 ff.; *Hans F. Zacher*, Das soziale Staatsziel, in: HStR II, § 28 insbes. Rn. 25 ff. Vgl. auch → Bd. I *Wißmann* § 15 Rn. 13.

heiten aufgrund der Freiheitsbetätigung – insbesondere über Generationen – aufzufangen und damit zu verhindern, dass die formal subjektive Freiheit und Gleichheit der Staatsbürger zur Hohlformel wird.

27 Auch wenn die freie Gesellschaft in ihrem Kern auf privater Interessenverfolgung beruht, ist der Staat folglich **nicht prinzipiell auf das Marktprinzip verpflichtet,** sondern kann diesem für bestimmte Bereiche andere Ordnungsformen zur Herstellung des *bonum commune* entgegensetzen.[43] Dies gilt insbesondere für die verwaltungsrechtliche Organisation von öffentlich bedeutsamen Dienstleistungen oder Gütern. Die Gemeinwohlgebundenheit der öffentlichen Hand verlangt hier eine Gestaltung mit Gründen, gibt aber kein apriorisches Prinzip vor. Sie kann für die Verwirklichung ihrer Zwecke auf marktwirtschaftliche Prinzipien zurückgreifen und sie durch deren regulierende Strukturierung sicherzustellen versuchen. Die neueren Konzepte eines Regulierungsrechts[44] haben diesbezüglich die Instrumentarien wesentlich erweitert. Sie ist hierzu aber von Verfassungs wegen nicht prinzipiell verpflichtet.

28 Ein **Vorrang des Marktprinzips** ergibt sich allerdings heute für weite Bereiche aus dem **Europarecht.** Die europäischen Verträge beziehen ihre Triebkraft aus dem Ziel, einen einheitlichen Markt herzustellen, und dieses Ziel hat über die Zusammenlegung der Märkte hinaus längst den Charakter eines allgemeinen Ordnungsziels erhalten.[45] Über die mit Vorrang ausgestatteten Rechtsinstrumente der Union[46] überlagert dieses heute weithin die Gestaltungsoffenheit des Grundgesetzes.

29 Im Zuge der Europäisierung und Internationalisierung der Rechtsordnungen steht die Austarierung individueller Interessenverfolgung durch einen gemeinbezogenen sozialen Ausgleich **vor neuen Herausforderungen.** Um- bzw. Rückverteilung müssen kollektiv getragen werden. Dieses war im Rahmen des traditionellen nationalstaatlichen Konzepts vom Grundsatz her wenig problematisch. Die Kosten mussten innerstaatlich gemeinsam und unter gleichen Bedingungen getragen werden und konnten unter gleichen Bedingungen in die Wirtschaftskreisläufe integriert werden. Dies ist nicht mehr der Fall, wenn man entsprechenden Kosten in einem einheitlichen Wirtschaftsraum ausweichen und damit Konkurrenzvorteile erwirtschaften kann. Das Moment des gemeinbezogenen Ausgleichs muss dementsprechend insbesondere auch **auf europäischer Ebene nachwachsen** und wächst dort auch nach. Angesichts der Kompetenzen und Entscheidungsstrukturen der Union hinkt dieser Prozess aber erheblich hinterher. Die Möglichkeiten eines sozialen Ausgleichs – zumal unter den Bedingungen der World Trade Organisation – werden eine der größten Herausforderungen der Zukunft sein. Für ihre rechtstheoretische wie rechtspraktische Bewältigung ist **noch wenig ersichtlich.**

---

[43] *BVerfGE* 4, 7 (17 f.); 7, 377 (400); 14, 19 (23); 30, 292 (315); 50, 290 (336 ff.); s. *Gerrit Manssen*, in: v. Mangoldt/Klein/Starck, GG I, Art. 12 Rn. 32 ff.

[44] → Rn. 30 ff.

[45] Vgl. etwa *EuGH*, Rs. 167/73, Slg. 1974, 359 (369 f.); Rs. 80/77 u. 81/77, Slg. 1978, 927; Rs. 126/86, Slg. 1987, 3697 (3715); *Manfred Zuleeg*, in: v. d. Groeben/Schwarze (Hrsg.), EU-/EG-Vertrag, Art. 1 EG Rn. 47, Art. 2 EG Rn. 1.

[46] Für die – nach damaliger Terminologie – erste Säule: *EuGH*, Rs. C-55/94, Slg. 1995, I-44165, Rn. 37, vgl. jetzt Art. I–6 des Vertrages über eine Verfassung für Europa, ABl. EU 2004, Nr. C 310, S. 1. Vgl. nur *Bernhard Wegener*, in: Calliess/Ruffert (Hrsg.), EU-/EG-Vertrag, Art. 220 EG Rn. 27 ff.

B. Theoretische Grundlegung

c) Gemeinwohlverfolgung durch Regulierungsregime

Die Verschränkung zwischen privater Interessenverfolgung und staatlicher Gemeinwohlimplementierung wird insbesondere in den neueren verwaltungswissenschaftlichen Konzepten eines **Regulierungsverwaltungsrechts** deutlich.[47] Diese Konzepte zielen auf eine **optimierende Verklammerung** von einerseits privater, insbesondere privatwirtschaftlicher Freiheit und andererseits staatlicher Gemeinwohlverantwortung. Ihre Perspektive ist darauf gerichtet, den gemeinwohlzuträglichen Aspekt privater Aktivität nicht nur – wie nach traditioneller Perspektive – hinzunehmen und bei sich selbst zu belassen, sondern ihn positiv zu erfassen und lenkend zu nutzen. In der Substanz greift dieses Verständnis in maßgeblichen Teilen auf traditionelles Ordnungsrecht zurück, das gemeinwohlbezogene Vorgaben des Staates als Ordnungsrahmen für die freie Gesellschaft verstand und versteht. Im Unterschied zu jenem aber versteht sich das Regulierungsverwaltungsrecht nicht als nur korrigierende bzw. die Außenparameter vorgebende Stützung eines in sich stabilen Prozesses privater Gemeinwohlgenerierung, sondern setzt **Recht** bewusst **als Steuerungsinstrument** ein, das Märkte zum Teil erst konstruiert[48] bzw. durch allgemeine Rahmenparameter differenzierend lenkt. Es zielt zum einen auf eine Erweiterung des Freiraums privater Interessenverfolgung, verbindet sich zum anderen aber mit der Einsicht, dass sich das gemeine Wohl hierbei nicht von selbst, sondern weithin nur nach Maßgabe staatlicher Strukturierung herstellt. Das Regulierungsverwaltungsrecht nimmt damit privates Handeln nicht nur hin, sondern versucht, es im öffentlichen Interesse zu nutzen und durch möglichst indirekte Steuerungsmechanismen mit dem gemeinen Wohl kompatibel zu halten. Die staatliche Verantwortung wird insoweit eher ergebnisbezogen (outputorientiert) und damit als zurückgenommen verstanden. Dieses aufgreifend, aber – da den Anspruch des Konzepts überfordernd – sprachlich wenig glücklich, wird das Regulierungsverwaltungsrecht auch als Gewährleistungsverwaltungsrecht bezeichnet.

Maßgebliches Referenzgebiet für die Entwicklung des Konzepts eines Regulierungsverwaltungsrechts waren zunächst die Bereiche Telekommunikation, Post, Energie und Bahn, die früher auf der Grundlage staatlicher Unternehmen mit Monopolstellung organisiert waren. Das Konzept des Regulierungsverwaltungsrechts geht aber über diese Bereiche der Netzregulierung hinaus und greift zunehmend weitere Bereiche auf.[49] Es ist der Versuch einer **verwaltungswissenschaftlichen Antwort auf eine zunehmende gesellschaftliche Differenzierung**

---

[47] Zur Orientierung *Masing*, Grundstrukturen (Fn. 29), S. 1 ff.; *Wißmann*, Regulierung/Deregulierung (Fn. 32); *Matthias Ruffert*, Regulierung im System des Verwaltungsrechts. Grundstrukturen des Privatisierungsfolgerechts der Post und Telekommunikation, AöR, Bd. 124 (1999), S. 237 ff. Vgl. zum parallelen Konzept eines „Gewährleistungsverwaltungsrechts" *Andreas Voßkuhle*, Beteiligung Privater an der Wahrnehmung öffentlicher Aufgaben und staatliche Verantwortung, in: VVDStRL, Bd. 62 (2003), S. 277 ff.; *Schmidt-Aßmann*, Ordnungsidee, Kap. 3 Rn. 49 ff., 114 ff.; weiter *Martin Eifert*, Grundversorgung mit Telekommunikationsleistungen im Gewährleistungsstaat, 1998; *Jens-Peter Schneider*, Liberalisierung der Stromwirtschaft durch regulative Marktorganisation, 1999; → Bd. I *Eifert* § 19 Rn. 125 ff.
[48] → Bd. I *Eifert* § 19 Rn. 110 ff.
[49] → Bd. I *Voßkuhle* § 1 Rn. 57; vgl. zum allgemeinen Anspruch des Konzepts *Masing*, Grundstrukturen (Fn. 29), S. 4 ff.; *Wißmann*, Regulierung/Deregulierung (Fn. 32); zu den Zielen: *Voßkuhle*, Schlüsselbegriffe (Fn. 6), S. 196 ff.

in den immer komplexer werdenden Verflechtungen technischer, informationeller, wirtschaftlicher und politischer Entwicklungen. Angeleitet durch eine steuerungswissenschaftliche Perspektive werden mit ihm private Interessenverfolgung und die Verfolgung öffentlicher Interessen detaillierend und differenzierend aufeinander bezogen. Trotz solcher Verschränkung – genauer: gerade auch in ihr – bleibt der **Rechtsstatus des Einzelnen** gegenüber der Verwaltung in seiner Substanz jedoch **unverändert:** Er wird anerkannt als privates Rechtssubjekt, das auf der Basis von Freiheit und Gleichheit nach selbst definierten Maximen selbstbestimmte Ziele verfolgt. Auch im Rahmen von Regulierungsregimen wird von privaten Rechtssubjekten nichts anderes erwartet, als dass sie ihre eigenen Interessen im Rahmen der gesetzlichen Bindung verfolgen. Dadurch, dass privates Handeln im Rahmen eines Regulierungsregimes etwa als Dienstleistung im öffentlichen Interesse Anerkennung findet und besonderen Steuerungsmechanismen unterliegt, wird es nicht in eine politische Pflicht genommen wie das Handeln von Amtswaltern. Es bleibt grundrechtsgeschützt (und nicht -verpflichtet), ist nur rechtlich, nicht aber auch nach dem Kriterium gemeinbezogener Zweckmäßigkeit politisch zu verantworten und kann sich an eigenen Interessen orientieren. So soll gerade in Regulierungsregimen das eigennützige Gewinninteresse die effiziente Dienstleistungserbringung sichern. Wenn insoweit von „Selbstregulierung" die Rede ist, meint dies selbst initiierte und in Freiheit gestaltete Koordination auf der Ebene der Gleichheit bzw. die spontan sich selbst herstellende Ordnung des Marktes, nicht aber das Moment autoritativer Rechtssetzung gegenüber anderen. Private Interessenverfolgung und rechtliches Handeln, angeleitet durch auf das Gemeinwohl gerichtete Maximen und Gesetze bleiben ein *aliud*.

32   Freilich können Privaten, deren Handeln besondere Bedeutung für die Allgemeinheit hat, durch Gesetz auch **besondere Pflichten** auferlegt werden. Der Freiheitsstatus hindert nicht, dass besonders sozialrelevantes Handeln in den Formen und Grenzen rechtsstaatlicher Maßgaben in besonderer Weise in Verantwortung genommen werden kann. Insoweit lassen sich amtliche und private Verantwortung gesetzlich annähern und die praktische Bedeutung des Freiheitsstatus gerade für hervorgehoben gemeinrelevante Tätigkeiten erheblich zurückbauen. Die **Grundstruktur der Rechtsstellung** und die prinzipielle Unterschiedenheit gegenüber amtlichem Handeln werden dadurch aber **nicht aufgehoben.** Auf diese Distanz zur Wahrung individueller Freiheit ebenso wie zur Wahrung demokratischer Verantwortlichkeit ist auch rechtspolitisch zu achten.[50] Eine zu weit gehende Ineinanderführung von privat und öffentlich kann sonst leicht in Gefahr geraten, auch elementare rechtsstaatliche Garantien zu unterlaufen. Die Nutzung privater Agenturen zur Gefangenenüberwachung und -vernehmung in militärischen Zusammenhängen (wie im zweiten Irakkrieg der USA) ist hierfür ein Beispiel.

III. Bürgerliche Freiheit und staatsbürgerliche Teilhabe

33   Wenn der Status des Einzelnen gegenüber Staat und Verwaltung vom Prinzip der Freiheit bestimmt ist, folgt hieraus für die Rechtsstellung des Einzelnen aber

---

[50] → Rn. 149.

nicht eine allein abwehrrechtliche Grundkonstruktion, wie sie im Verwaltungsrecht lange zugrunde gelegt wurde. Da die Subjektivität des Einzelnen nicht nur Bezugspunkt, sondern auch die legitimatorische Basis von Staatlichkeit ist, kann seine Rechtsstellung nicht nur individual-schützend bestimmt werden, sondern umfasst auch den gemeinbezogenen Aspekt. Die Anerkennung **bürgerlicher Freiheit** und **staatsbürgerlicher Mitwirkung** ergänzen sich als **komplementäre Pfeiler** des Rechtsstatus des Einzelnen.

Auf **staatsrechtlicher** Ebene ist dies seit langem Gemeingut.[51] In wesentlichen Grundlinien findet sich dieses bereits in *Georg Jellineks* Statuslehre, die freilich noch nicht auf dem gesicherten Fundament der Demokratie ausgearbeitet wurde, sondern überhaupt erst die Möglichkeit von subjektiven Rechten gegenüber dem Staat begründen musste.[52] Hinter der von ihm entwickelten Dreiteilung in *status negativus, status positivus* und *status activus* lässt sich der Sache nach eine **Zweiteilung** erkennen, nämlich die **zwischen Privatschutz und öffentlicher Teilhabe**. *Status negativus* und *status positivus*, zu dem alle – damals freilich noch sehr eng gefassten – Ansprüche des Einzelnen gegenüber der Verwaltung gehören, sowie insbesondere auch der Anspruch auf Rechtsschutz, lassen sich dabei zusammenfassen als die Rechtsstellung des Einzelnen, die dieser in Anerkennung seiner privaten Person und Freiheit genießt. Heute gehören dazu neben dem Schutz vor unberechtigten Eingriffen – zumal unter den Bedingungen hochdifferenzierter rechtlicher Regelungsmodelle – auch die vielfältigen Schutz-, Teilhabe- und Leistungsrechte, die die Rechtsordnung einräumt. Der *status negativus* bleibt dabei freilich rechtskonstruktiv das elementarere Element, weil er die Achtung des Individuums in seinen konkret vorfindlichen Möglichkeiten zum Ausdruck bringt und damit die Freiheit des Einzelnen in ihrer realen Subjektivität als Ausgangspunkt ernst zu nehmen zwingt. Angesichts der Abhängigkeit des Einzelnen von komplex organisierten Dienstleistungen, Informationen und sozialen Sicherungssystemen in der modernen Welt steht der *status positivus* dem in seiner realen Bedeutung aber nicht nach. Negativer und positiver Status rücken so als komplementäre Verhältnisbestimmungen zur Wahrung bürgerlicher Freiheit und Integrität eng zusammen. Eine prinzipiell hiervon zu unterscheidende Dimension ist demgegenüber der von *Jellinek* so bezeichnete *status activus*. Er zielt auf politische Teilhabe am Gemeinwesen, manifest insbesondere im Wahlrecht und im Recht auf gleichen Zugang zu öffentlichen Ämtern.

Auf **verwaltungsrechtlicher** Ebene hat diese Doppelgesichtigkeit des Rechtsstatus des Einzelnen demgegenüber bisher nur geringe Prägekraft entfaltet. Das Verständnis der Rechtsbeziehungen zwischen Verwaltung und Einzelnem hat sich hier im Wesentlichen auf den Individualschutz konzentriert, und ihre Ausgestaltung galt ganz primär nur der Rechtsstellung des Einzelnen als privater Bürger (*bourgeois*), nicht aber als Staatsbürger (*citoyen*).[53] Staatsbürgerliche Teilhabe gab es allerdings – auch mit großer Bedeutung – in den demokratischen

---

[51] Zur Unterscheidung von echter Teilhabe durch die staatsbürgerlichen Aktivrechte und Freiheit zur Teilnahme durch die politischen Freiheitsrechte *Horst Dreier*, in: ders. (Hrsg.), GG I, Vorbem. Rn. 80, 89.
[52] *Georg Jellinek*, System der subjektiven öffentlichen Rechte, 2. unveränd. Nachdruck 1963, S. 87 f.
[53] Hierzu wie zum Folgenden grds. *Masing*, Mobilisierung (Fn. 21), S. 155 ff., 219 ff.; *Bauer*, Lehre vom subjektiv-öffentlichen Recht (Fn. 21), S. 43 ff.

§ 7 Der Rechtsstatus des Einzelnen im Verwaltungsrecht

Elementen der **Kommunalverwaltung**.[54] Im Verhältnis zur Staatsverwaltung gab es sie demgegenüber lange praktisch nicht. Dies hat seinen Grund zum einen in vordemokratischen Unterscheidungen der deutschen Staatsrechtslehre des 19. Jahrhunderts, die sich – kaum bemerkt bzw. reflektiert – mit der **Lehre vom subjektiv-öffentlichen Recht** auch in die Ordnung des Grundgesetzes tradierten und nur langsam an Prägekraft verloren.[55] Zum anderen stand die Reduktion der Verwaltung-Bürger-Beziehungen auf den Individualschutz unter dem Anspruch, eine entpolitisierte, in fachlicher Distanz stehende Verwaltung zu sichern.[56] Schließlich fehlte es auch an Kategorien, eine politische Teilhabe an der Verwaltung zu konstruieren, ohne damit die demokratische Legitimation der Verwaltung zu konterkarieren: Solange Teilhabe nur als ein Mitwirkungsakt mit Bestimmungsmacht (wie das Wahlrecht) verstanden werden konnte, mussten staatsbürgerrechtliche Teilhaberechte Einzelner von vornherein ausgeschlossen erscheinen.[57]

36 **Heute** kann und muss demgegenüber die Rechtsstellung des Einzelnen auch gegenüber der Verwaltung von vornherein unter **Einbeziehung seiner staatsbürgerlichen Teilhaberechte** verstanden werden.[58] Dem Bürger kommt auch die Aufgabe zu, die Verwaltung zu kontrollieren, von ihr Rechenschaft zu fordern, ihr für ihre Maßnahmen Anstöße und Informationen zu vermitteln sowie insgesamt darauf hinzuwirken, dass sie objektiv rechtmäßig und in der Sache zweckmäßig, d.h. politisch „gut" handelt. Solche Einflussnahme lässt dabei letztlich den eigenen Auftrag der Verwaltung unberührt und kann deren demokratische Legitimation zur Entscheidung nicht außer Kraft setzen. Die Teilhabe des Bürgers an der Verwaltung ist folglich keine verbestimmende, sondern eine kommunikative bzw. indirekte. Um sie damit von der unmittelbaren Teilhabe, wie sie *G. Jellinek* im *status activus* zusammengefasst hat, zu unterscheiden, kann diese Stellung des Einzelnen gegenüber der Verwaltung als *status procuratoris* bezeichnet werden.[59] Er umfasst etwa allgemeine Informationsansprüche gegenüber der Verwaltung,[60] partizipative Mitwirkungsrechte an Planungs- oder öffentlichen Genehmigungsentscheidungen, über den Individualschutz hinausgehende Rechtsbehelfe und Klagebefugnisse. Insbesondere auch durch das Recht der Europäischen Union wurde solche Stellung des Bürgers als Wächter

---

[54] Zur Entstehung der kommunalen Selbstverwaltung als demokratische Teilhabe *Wolfgang Kahl*, Die Staatsaufsicht, 2000, S. 69ff.

[55] *Masing*, Mobilisierung (Fn. 21), S. 55ff., s. a. u. → Rn. 98ff.

[56] Zur parallelen Reorganisation der Beamtenschaft *Horst Dreier*, Hierarchische Verwaltung im demokratischen Staat, 1991, S. 49ff.

[57] Die früheren Schwierigkeiten, den Begriff der Partizipation einzuordnen, zeigen das; vgl. dazu *Schmidt-Aßmann*, Ordnungsidee, Kap. 2 Rn. 106ff.

[58] Dieses Verständnis gewann erstmals deutliche Schubkraft mit der Entdeckung des Planungsrechts und der hiermit eng verknüpften Partizipationsdebatte; vgl. dazu grundlegend *Rainer Wahl*, Rechtsfragen der Landesplanung und Landesentwicklung, 1978; *Thomas Würtenberger*, Staatsrechtliche Probleme politischer Planung, 1979; *Anna-Bettina Kaiser*, Die Kommunikation der Verwaltung, 2009, § 6, S. 136ff.

[59] *Masing*, Mobilisierung (Fn. 21), S. 225; s. etwa auch *Stefan Kadelbach*, Allgemeines Verwaltungsrecht unter europäischem Einfluß, 1999, S. 384f.; *Stephan Neidhardt*, Nationale Rechtsinstitute als Bausteine europäischen Verwaltungsrechts, 2008, S. 98; *Claudio Franzius*, Gewährleistung im Recht, 2009, S. 119.

[60] *Johannes Masing*, Transparente Verwaltung: Konturen eines Informationsverwaltungsrechts, in: VVDStRL, Bd. 63 (2004), S. 377 (381ff., insbes. 383); vgl. ähnlich auch *Rolf Gröschner*, ebd., S. 344 (361ff.).

des (Unions-)Rechts und öffentlicher Interessen systematisch benutzt und ausgebaut.[61] Rechtsbeziehungen zwischen Verwaltung und Bürger erfassen dabei oftmals Anerkennung der individual- und der gemeinbezogenen Dimension gleichermaßen, so dass beide ineinander übergehen können. Auch die **staatsbürgerliche Teilhabe an der Verwaltung** gehört heute dabei aber zu einem **eigenständigen Element** der Verwaltung-Bürger-Beziehung.

C. Verfassungsrechtliche Grundlegung: Gewährleistung von bürgerlicher und politischer Freiheit

I. Die Grundrechte: Bürgerliche Freiheit und Integrität

1. Die Grundrechte als verfassungsrechtliche Fundierung der Rechtsstellung des Einzelnen gegenüber der Verwaltung

a) Grundrechte als individuelle Rechte

Der verfassungsrechtliche Grundpfeiler für den Rechtsstatus des Einzelnen gegenüber der Verwaltung sind die **Grundrechte.** Sie sind subjektive Rechte, auf die sich der Bürger unmittelbar berufen kann und die gerichtlich wie verfassungsgerichtlich einforderbar sind.[62] Ihre Geltung bestimmt sich nicht nur nach Maßgabe der Gesetze, sondern unmittelbar von Verfassung wegen.[63] Sie verpflichten die gesamte öffentliche Gewalt (Art. 1 Abs. 3 GG) und bilden damit insbesondere auch einen Titel des Einzelnen gegenüber der Verwaltung, der sich durch alle Rechtsbeziehungen zieht. 37

Der Rechtsstatus des Einzelnen gegenüber der Verwaltung erhält damit eine ihn nicht erschöpfende aber **zentral prägende Grundstrukturierung.**[64] Sie ist gerichtet auf die Sicherung von individueller Freiheit, Schutz der persönlichen Integrität und der Gleichheit.[65] Der Schutz der Freiheit findet seinen elementarsten Ausdruck in den klassischen Freiheitsrechten einschließlich der subsidiären allgemeinen Handlungsfreiheit des Art. 2 Abs. 1 GG.[66] Ausdrückliche Schutzrechte enthält die Verfassung insbesondere in Art. 6 GG, aber auch in Art. 16 und 16a GG; hinzu kommt die Verbürgung der Gleichheit in Art. 3 GG. Die Schutzrichtung zielt auf das einzelne Subjekt und die Ermöglichung der **selbstdefinierten persönlichen Entfaltung.** 38

Mit der Fundierung in Grundrechten wird für die Verwaltung-Bürger-Beziehung die persönliche Freiheit des Einzelnen an den Anfang gestellt: Die selbstbestimmte Entfaltung des Einzelnen ist Ausgangspunkt, der gegenüber jede Inpflichtnahme durch die Verwaltung rechtfertigungs- und begründungsbedürf- 39

---

[61] → Rn. 88 ff.; → Bd. I *Schmidt-Aßmann* § 5 Rn. 78.

[62] *BVerfGE* 25, 167; 53, 109 (113 f.). Statt aller *Horst Dreier,* in: ders. (Hrsg.), GG I, Vorbem. Rn. 66 ff.

[63] Das erkennt auch *Rainer Wahl* in seiner Trennung von Verfassungs- und Verwaltungsrechtskreis an, vgl. *Rainer Wahl,* in: Schoch/Schmidt-Aßmann/Pietzner (Hrsg.), VwGO, Vorbem. § 42 Abs. 2 Rn. 54 und 75 ff.

[64] Vgl. dazu umfassend *Bernd Grzeszick,* Rechte und Ansprüche, 2002; *Philip Kunig,* Das Rechtsstaatsprinzip, 1986, S. 316 ff.

[65] Systematisch zu den dynamisch entwickelten Bedeutungsschichten der Grundrechte *Stern,* StaatsR III/1, S. 473 ff.; *Schmidt-Aßmann,* Ordnungsidee, Kap. 2 Rn. 33 ff.

[66] Siehe u. → Rn. 46.

tig ist. Während für den Einzelnen die Vermutung der Freiheit gilt und die Verwirklichung dieser Freiheit durch die Verwaltung zu schützen ist, obliegen der Verwaltung formale wie inhaltliche Maßgaben. Mit den Grundrechten gilt in diesem Sinne gegenüber der Verwaltung das **rechtsstaatliche Verteilungsprinzip**.[67] Dieses versteht sich dabei freilich nicht als Wirklichkeitsbeschreibung und auch nicht als materielle Norm bei der Zuteilung von Freiheit und Bindung. Es ist vielmehr ein heuristisches Prinzip, das rechtskonstruktiv die Legitimationsanforderungen an Verwaltung strukturiert.

b) Die Rechtsstellung des „Einzelnen": Der persönliche Schutzbereich der Grundrechte

40 Die Grundrechte schützen den Bürger gegenüber dem Staat. Indem Art. 1 Abs. 3 GG die Staatsgewalt auf die Grundrechte verpflichtet und umgekehrt die Bürger durch die Grundrechte gegenüber der Staatsgewalt berechtigt sind und spezifischen Rechtsschutz genießen (Art. 19 Abs. 4 GG, Art. 93 Abs. 1 Nr. 4a i. V. m. § 90 BVerfGG) **unterscheidet das Grundgesetz zwischen amtlicher und privater Rechtsstellung**.[68] Der Rechtsstatus des Einzelnen ist derjenige des Bürgers als Privatperson gegenüber dem Staat, insbesondere gegenüber der Exekutive und damit der Verwaltung. Rechtstatsächlich ist freilich für die Erreichung von Verwaltungszwecken und die Wahrung öffentlicher Interessen insbesondere aus steuerungswissenschaftlicher Perspektive eine Auflösung solcher Dichotomien behauptet bzw. eingefordert worden.[69] In der Tat mögen sie für eine Wirklichkeitsbeschreibung wenig ergiebig sein und kann die Differenzierung zwischen Grundrechtsberechtigung und Grundrechtsverpflichtung das tatsächliche Ineinanderwirken von privater und öffentlicher Verantwortung bei der Erreichung von staatlich definierten Zielen – und erst recht von soziologisch bestimmten Systemzusammenhängen – nicht widerspiegeln. Für die Bestimmung des Rechtsstatus des Einzelnen hingegen, der das Verhältnis zur Verwaltung **rechtlich-normativ** abbildet, bleibt die Unterscheidung verfassungsrechtlich vorgegeben und grundlegend. Ein Rechtsstatus des Einzelnen kann nur deshalb sinnvoll rechtlich erörtert und bestimmt werden, weil es sich um die Stellung des privaten Bürgers gegenüber der organisierten Staatlichkeit bzw. gegenüber amtlichem Verwaltungshandeln handelt.[70]

41 Der Rechtsstatus des „Einzelnen" ist eine abstrakte Beschreibung der Stellung eines jeden, der der staatlichen Verwaltung unterworfen ist. Das Grundgesetz unterscheidet freilich zwischen **Jedermannsrechten** und **Deutschenrechten**.[71] Einige Grundrechte genießen nur deutsche Staatsbürger. Im Bereich der Europäischen Verträge sind wegen Art. 18 AEUV EU-Ausländer im Ergebnis gleichzu-

---

[67] Siehe u. → Rn. 46.
[68] Vgl. nur *Rupp*, Staat und Gesellschaft (Fn. 33), Rn. 29 ff. Zur äquivalenten Abgrenzung aus Sicht der Verwaltung → Bd. I *Wißmann* § 15 Rn. 15.
[69] Für eine Verzahnung von Privatrecht und öffentlichem Recht *Hans-Heinrich Trute*, Die Verwaltung und das Verwaltungsrecht zwischen gesellschaftlicher Selbstregulierung und staatlicher Steuerung, DVBl 1996, S. 950 (958 ff.); *ders.*, Verzahnungen von öffentlichem und privatem Recht, in: Hoffmann-Riem/Schmidt-Aßmann (Hrsg.), Auffangordnungen, S. 167 (169).
[70] Zur Negativabgrenzung gegenüber Amtskompetenzen *Hinnerk Wißmann*, Funktionsfreiheiten in der öffentlichen Verwaltung, ZBR 2003, S. 293 ff.
[71] *Wolfgang Rüfner*, Grundrechtsträger, in: HStR V, 1. Aufl. 1992, § 116 Rn. 3 ff. Aus der Perspektive des Art. 19 Abs. 4 GG *Eberhard Schmidt-Aßmann*, in: Maunz/Dürig, GG, Art. 19 Abs. 4 Rn. 38 f.

stellen.⁷² Ausländern aus Drittstaaten hingegen stehen bestimmte Grundrechte wie etwa die Versammlungsfreiheit oder die Berufsfreiheit nicht zu. Solche Differenzierungen ändern jedoch unmittelbar an dem Rechtsstatus der verschiedenen Gruppen nichts. Zwar ändert sich der Umfang der einzelnen Rechte. Das Grundverhältnis zwischen Verwaltung und Bürger bleibt in seiner Substanz aber gleich. Durch den Schutz der Jedermannsgrundrechte unterfallen auch Ausländer dem rechtsstaatlichen Verteilungsgrundsatz und stehen der Verwaltung als Person mit Anspruch auf Beachtung der eigenen Freiheit und Integrität gegenüber. Deutlich wird das vor allem in dem subsidiären Rückgriff der Rechtsprechung auf andere Grundrechte – insbesondere auf Art. 2 Abs. 1 GG –, wenn Deutschengrundrechte nicht greifen.⁷³

Der Rechtsstatus des Einzelnen wird auch nicht durch eine theoretisch mögliche **Grundrechtsverwirkung** nach Art. 18 GG in Frage gestellt. Auch hier wird der Umfang der Rechte, auf den sich der Einzelne berufen kann, zurückgenommen, nicht aber seine Rechtsstellung gegenüber der Verwaltung als in ihrer Freiheit geschützte Person. Ähnlich liegt es bei der Frage des so genannten „Grundrechtsverzichts".⁷⁴ Im eigentlichen Sinne verzichtet auch hier der Einzelne nicht auf seine Grundrechte, sondern auf deren Ausübung. Dieses aber ändert an der Rechtsstellung des Einzelnen gegenüber der Verwaltung nichts. **42**

c) Grundrechtsverpflichtung der „Verwaltung"

Den Status der Freiheit verbürgen die Grundrechte dem Einzelnen umfassend gegenüber der öffentlichen Gewalt, namentlich gegenüber der gesamten „Verwaltung". Unter in diesem Sinne „staatlicher Verwaltung" ist grundsätzlich jede Aufgabenwahrnehmung zu verstehen, die in demokratisch-politischer Verantwortung organisiert wird und somit dem Bund, einem Land oder ihnen eingegliederten Einheiten als deren Handeln zuzurechnen ist. Die Grundrechtsverpflichtung betrifft damit die Handlungseinheiten, die den Anspruch erheben, unabhängig von einer privatautonomen Selbstbindung der jeweiligen Bürger als Kollektiv für diese sprechen, handeln und entscheiden zu können. Die Grundrechtsbindung **entspricht** damit der **demokratischen Legitimationsbedürftigkeit**⁷⁵ und erfasst das staatliche Handeln insgesamt. Sie gilt auch für verselbstständigte Verwaltungseinheiten wie Gemeinden oder öffentlich-rechtliche Körperschaften und ist unabhängig von der Rechtsform. Von daher wird der Rechtsstatus des Einzelnen in seiner Substanz⁷⁶ auch gegenüber der privatwirtschaftlich handelnden Verwaltung nicht aufgehoben. Auch staatlich beherrschte gemischtwirtschaftliche Unternehmen unterliegen der unmittelbaren Grundrechtsbindung, wobei das Kriterium der Beherrschung nicht auf konkrete Ein- **43**

---

⁷² Zum v.a. konstruktiven Problemkreis zusammenfassend *Horst Dreier,* in: ders. (Hrsg.), GG I, Vorbem. Rn. 115f.

⁷³ *BVerfGE* 9, 73 (77) und 338 (343); 21, 227 (234); 30, 292 (335f.); 104, 337 (345f.) – Schächten.

⁷⁴ Zum Begriff des Grundrechtsverzichts: *Jost Pietzcker,* Die Rechtsfigur des Grundrechtsverzichts, Der Staat, Bd. 17 (1987), S. 527 (531); *Gerd Sturm,* Probleme eines Verzichts auf Grundrechte, in: FS Willi Geiger, 1974, S. 173 (183f.); *Stern,* StaatsR III/2, S. 887ff.; aktuellerer Überblick bei *Gerhard Spieß,* Der Grundrechtsverzicht, 1997, S. 38ff.

⁷⁵ *Ernst-Wolfgang Böckenförde,* Demokratie als Verfassungsprinzip, in: HStR II, § 24 insbes. Rn. 11ff., 35ff.

⁷⁶ Auf der Ebene der Gleichordnung entfaltet er freilich kaum praktische Relevanz; vgl. näher *Johannes Masing,* Post und Telekommunikation, in: HStR IV, § 90 Rn. 29ff.

wirkungsbefugnisse, sondern auf die Gesamtverantwortung für das jeweilige Unternehmen abstellt, die in der Regel bei einer Anteilsmehrheit der öffentlichen Hand gegeben ist.[77] Ihnen fehlt damit auch die Berechtigung, sich gegenüber Privaten auf eigene Grundrechte zu berufen.[78]

44 Die Strukturierung des Rechtsstatus des Einzelnen durch die Polarität von privater Freiheit und amtlicher Bindung kommt in Randbereichen freilich auch an **Grenzen**.[79] Für die Rundfunk- und Wissenschaftsfreiheit ist individuelle Freiheit nicht nur im Gegenüber, sondern auch in Ausübung amtlichen Handelns anzuerkennen:[80] Universitäten und Hochschullehrer können sich ungeachtet ihrer Bindung und Einbindung in Staat und Amt auf Art. 5 Abs. 3 GG ebenso berufen wie die Rundfunkanstalten auf Art. 5 Abs. 1 Satz 2 GG.[81] Hier wird individuelle Freiheit in amtlicher Ummantelung freigesetzt. Sie wird staatlich organisiert und dadurch erst ermöglicht bzw. mit spezifischer Wirksamkeit ausgestaltet, soll aber doch als echte, d.h. subjektiv-individuelle Freiheit wirksam werden. Gerade dadurch, dass Amtshandeln hier in bestimmten Aspekten als selbstverantwortlich-frei, d.h. inhaltlich nicht rechtfertigungsbedürftig konstituiert wird, soll dieses über die Privatnützigkeit hinaus zugleich auch seine Bedeutung im Gemeinwesen als Ganzen entfalten.

45 Diese Konfusion von Amt und Freiheit ist allerdings eine **Ausnahme, nicht aber ein Modell** für eine offen ausbaubare Funktionalisierung der Grundrechtsinterpretation unter Aufhebung der prinzipiellen Polarität von individueller Freiheit und amtlicher Bindung. Ihre Anerkennung knüpft an spezifische historische Konfliktlagen an und ist dabei inhaltlich wie sachlich begrenzt: Sie bleibt beschränkt auf einige wenige Sonderkonstellationen[82] und eröffnet auch insoweit nicht den vollen Grundrechtsstatus insgesamt, sondern nur die Berufung auf einzelne, in einem besonderen Kräftefeld stehende Grundrechte.

2. Schichten des Grundrechtsschutzes gegenüber der Verwaltung

a) Grundrechte als Abwehrrechte: Die Verbürgung des *status negativus*

46 Die Grundrechte verbürgen dem Einzelnen gegenüber der Verwaltung für den jeweiligen Schutzbereich Freiheit und damit zunächst und primär Schutz vor ungerechtfertigten Eingriffen. In den verschiedenen Grundrechten wird für verschiedene Bereiche je unterschiedlich der Umfang der gewährleisteten Freiheit bestimmt bzw. die Maßgaben für die Rechtfertigungen von Eingriffen fest-

---

[77] *BVerfG*, Urt. v. 22. 2. 2011, Az.: 1 BvR 699/06 – Fraport, Rn. 53 f.; kritisch abw. Votum *Wilhelm Schluckebier*, ebd., Rn. 113, das darüber hinaus eine rechtlich verbindliche Koordination der Einflusspotentiale der öffentlichen Anteilseigner oder sonstige Sicherstellung des Interessengleichlaufs verlangt.

[78] *BVerfG*, Urt. v. 22. 2. 2011, Az.: 1 BvR 699/06 – Fraport, Rn. 54, 56, 58; vgl. *BVerfG*, Beschl. v. 18. 5. 2009, Az.: 1 BvR 1731/05, Rn. 16 f. S. zur Problematik auch *Horst Dreier*, in: ders. (Hrsg.), GG I, Art. 19 Abs. 3 Rn. 72 ff. → Rn. 202.

[79] → Bd. I *Wißmann* § 15 Rn. 15 f.

[80] *Michael Fehling*, in: BK, Art. 5 Abs. 3 Rn. 18 ff.

[81] *Michael Fehling*, in: BK, Art. 5 Abs. 3 Rn. 108 ff.; *Helmuth Schulze-Fielitz*, in: Dreier (Hrsg.), GG I, Art. 5 Abs. 1, 2 Rn. 99 ff.

[82] Zur „Ausnahmetrias" der Grundrechtsberechtigung öffentlich-rechtlicher Körperschaften, zu der auch die – ohnehin nur in einem äußerlichen Sinne als „öffentlich-rechtlich" zu qualifizierenden – korporierten Religionsgemeinschaften gezählt werden, *Horst Dreier*, in: ders. (Hrsg.), GG I, Art. 19 Abs. 3 Rn. 59 ff., dort aber auch Rn. 53, 63.

C. Verfassungsrechtliche Grundlegung

gelegt. Der *status negativus* wird in einem umfassenden Sinne letztlich durch Art. 2 Abs. 1 GG und dessen Interpretation als allgemeine Handlungsfreiheit gewährleistet: Von ihr aus ergibt sich, dass **Eingriffe aller Art** rechtsstaatlichen Maßgaben unterliegen und rechtfertigungsbedürftig sind.[83] In Art. 2 Abs. 1 GG liegt so die dogmatische Ausfaltung des **rechtsstaatlichen Verteilungsgrundsatzes**:[84] Nicht der Einzelne bedarf gegenüber der Verwaltung eines Titels zu handeln, sondern die Verwaltung bedarf eines solchen Titels gegenüber dem Einzelnen.[85]

Die Rechtfertigungsbedürftigkeit besteht im Verhältnis zwischen Einzelnem und Verwaltung ungeachtet der Gründe für solche Eingriffe. Insbesondere auch soweit die Verwaltung die **Eingriffe zum Schutz Dritter** vornimmt, müssen sie rechtsstaatlich eingebunden sein, d. h. auf ausdrücklichen gesetzlichen Grundlagen beruhen, grundrechtlichen Maßgaben entsprechen und rechtsstaatliche Anforderungen wie die Beachtung des Verhältnismäßigkeitsgrundsatzes erfüllen.[86] Ungeachtet multipolarer Interessenkonflikte muss so der jeweilige Eingriff im bipolaren Verhältnis von Einzelnem und Verwaltung zu rechtfertigen sein. Der Freiheitsstatus des Einzelnen gewährleistet damit auch in komplexen Konfliktlagen eine auf den Einzelnen bezogene Rationalisierung des Verwaltungshandelns. 47

Die insoweit geschützte Freiheit des Einzelnen ist die **Freiheit, nach eigenen Möglichkeiten und eigener Entscheidung** subjektiv zu handeln. Dementsprechend erstreckt sich die abwehrrechtliche Dimension primär auf die Abwehr von „klassischen" Eingriffen, d. h. auf final und unmittelbar verpflichtende Ge- oder Verbote.[87] Der *status negativus* anerkennt das Individuum in seinen persön- 48

---

[83] BVerfGE 6, 32 – Elfes; 80, 137 – Reiten im Walde. Vgl. *Rupert Scholz*, Das Grundrecht der freien Entfaltung der Persönlichkeit in der Rechtsprechung des Bundesverfassungsgerichts, AöR, Bd. 100 (1975), S. 80 ff.

[84] Siehe schon *Carl Schmitt*, Verfassungslehre (1928), 5. unveränd. Aufl. 1970, S. 126 f.; *Ernst-Wolfgang Böckenförde*, Grundrechtstheorie und Grundrechtsinterpretation, NJW 1974, S. 1529 (1530 ff.). Umfassende Rekonstruktion bei *Enders*, Menschenwürde (Fn. 14); *Lübbe-Wolff*, Eingriffsabwehrrechte (Fn. 15), S. 33 ff.; *Johannes Hellermann*, Die so genannte negative Seite der Freiheitsrechte, 1993; *Thorsten Koch*, Der Grundrechtsschutz des Drittbetroffenen, 2000; *Martin Gellermann*, Grundrechte in einfachgesetzlichem Gewande, 2000; *Ralf Poscher*, Grundrechte als Abwehrrechte, 2003. Vgl. *Wolfram Cremer*, Freiheitsgrundrechte, 2003; *Herbert Bethge*, Der Grundrechtsbegriff, in: VVDStRL, Bd. 57 (1998), S. 7 (14); *Horst Dreier*, in: ders. (Hrsg.), GG I, Vorbem. Rn. 70; *Helge Sodan*, Verfassungsrechtsprechung im Wandel: am Beispiel der Berufsfreiheit, NJW 2003, S. 257 (257); *Johannes Masing*, Auslegung oder Auslegungsverweigerung? Zum Parteienfinanzierungsurteil des VG Berlin, NJW 2001, S. 2353 (2357). Zur Ausgestaltung der Grundrechtsschranken *Christian Bumke*, Der Grundrechtsvorbehalt, 1998.

[85] Siehe auch BVerfG, Urt. v. 22. 2. 2011, Az.: 1 BvR 699/06 – Fraport, Rn. 48 („Art. 1 Abs. 3 GG liegt [...] eine elementare Unterscheidung zugrunde: Während der Bürger prinzipiell frei ist, ist der Staat prinzipiell gebunden."), 59 („prinzipielle[ ] Rechenschaftspflicht gegenüber dem Bürger").

[86] *Rainer Wahl/Johannes Masing*, Schutz durch Eingriff, JZ 1990, S. 553 ff.; *Andreas v. Arnauld*, Die Freiheitsrechte und ihre Schranken, 1999, S. 222 ff. Zum Gesetzesvorbehalt näher → Bd. I *Reimer* § 9 Rn. 23 ff.

[87] Vgl. zum Grundrechtseingriff „im herkömmlichen Sinne" BVerfGE 105, 279 (300) – Glykol („rechtsförmiger Vorgang [...], der unmittelbar und gezielt (final) durch ein vom Staat verfügtes, erforderlichenfalls zwangsweise durchzusetzendes Ge- oder Verbot, also imperativ, zu einer Verkürzung grundrechtlicher Freiheiten führt"). Zu diesem Ordnungsmodell *Josef Isensee*, Das Grundrecht als Abwehrrecht und als staatliche Schutzpflicht, in: HStR V, 1. Aufl. 1992, § 111 Rn. 58 ff.; zum Eingriffsbegriff ferner *Lübbe-Wolff*, Eingriffsabwehrrechte (Fn. 15), S. 42 ff.; *Horst Dreier*, in: ders. (Hrsg.), GG I, Vorbem. Rn. 124.

lichen Fähigkeiten und seinem persönlichen Vermögen, will diese aber nicht schaffen. Es handelt sich insoweit nicht um die Gewährleistung realer Freiheit, sondern um die Gewährleistung rechtlicher Freiheit. Dementsprechend schützt die abwehrrechtliche Dimension ihrem ursprünglichen Konzept nach grundsätzlich nicht vor einem Realhandeln der Verwaltung, zu dem sich der Einzelne formal frei verhalten kann: Freiheit meint insoweit zunächst die **Freiheit von staatlichem Zwang,** nicht aber Freiheit von der Kontingenz individueller Handlungsmöglichkeiten angesichts der eigenen Endlichkeit, angesichts sozialer Einbindungen und Zwänge oder angesichts der Effekte kollektiver Kommunikation[88] – auch wenn in diese staatliche Einflüsse stets eingebildet sind.

49 In der Grundrechtsdogmatik wird die abwehrrechtliche Dimension in bestimmtem Umfang darüber hinaus aber auch auf den Schutz vor so genannten **„mittelbaren Eingriffen"** beziehungsweise **„faktischen Eingriffen"** erstreckt.[89] Die Abwehrdimension der Grundrechte wird damit in Bezug auf dem Staat zuzurechnende Einwirkungen ausgeweitet.[90] Der Umfang solcher Ausweitung ist dabei nicht mehr allein nach formalen Kriterien zu bestimmen und sowohl hinsichtlich seiner dogmatischen Verordnung als auch hinsichtlich seiner Kriterien umstritten. Zum Teil sucht man Begründung und Grenzen solcher Ausweitung in der Natur des Staatshandelns und erkennt als „faktischen Eingriff", wenn Maßnahmen „final", ihrer „objektiven Gerichtetheit nach" oder „unmittelbar" auf die Handlungsmöglichkeit des Einzelnen einwirken, zum Teil sucht man Maß in einer materiell strukturierenden Bestimmung des Schutz- bzw. Gewährleistungsbereichs des jeweiligen Grundrechts.[91] Der Sache nach handelt es sich bei diesen Ausweitungen der Eingriffsabwehr um einen **Schritt der Materiali-**

---

[88] *BVerfGE* 105, 252 – Glykol; zur Entwicklung *Bethge,* Grundrechtsbegriff (Fn. 84); *Horst Dreier,* in: ders. (Hrsg.), GG I, Vorbem. Rn. 123 ff. S. auch unten → Rn. 85–87, 178.

[89] Grundlegend *Hans-Ullrich Gallwas,* Faktische Beeinträchtigungen im Bereich der Grundrechte, 1970; *Paul Kirchhof,* Verwalten durch „mittelbares" Einwirken, 1977, S. 47 ff., 189 ff.; *Ulrich Ramsauer,* Faktische Beeinträchtigungen des Eigentums, 1980; umfassender Überblick bei *Stern,* StaatsR III/1, § 72, III/2, § 78; *Wolfgang Roth,* Faktische Eingriffe in Freiheit und Eigentum, 1994, S. 65 ff. Insbes. zum Bereich staatlichen Informationshandelns *Udo Di Fabio,* Risikoentscheidungen im Rechtsstaat, 1994, S. 398 ff.; *Thomas v. Danwitz,* Verfassungsfragen staatlicher Produktempfehlungen, 2003, S. 17 ff.; für eine umfassende Neubewertung der „grundrechtlichen Sensibilisierung des Verwaltungsrechts" in diesem Zusammenhang *Schmidt-Aßmann,* Ordnungsidee, Kap. 2 Rn. 48 ff., 52 ff.

[90] Das Bundesverfassungsgericht hat sich einer solchen Erstreckung des Eingriffsbegriffs nur für einen vergleichsweise eng gefassten Bereich *eingriffsgleicher Grundrechtsbeeinträchtigungen* (oder „funktionaler Äquivalente" von Eingriffen) angeschlossen, die in Zielrichtung und Wirkungen Eingriffen gleichkommen; *BVerfGE* 105, 252 (273) – Glykol; 110, 177 (191 f.) – Spätaussiedler (Ausschluss von Hilfe zum Lebensunterhalt bei Wohnortwechsel); 113, 63 (76 f.) – Junge Freiheit (Aufnahme in Verfassungsschutzbericht); 116, 202 (222) – Tariftreueerklärungen; 120, 378 (406) – Kennzeichenerfassung. S. auch unten → Rn. 85–87, 178. Für anderweitige Grundrechtsbeeinträchtigungen geht es hingegen von Anforderungen an die Verfassungsmäßigkeit aus, die von denen für Grundrechtseingriffe (insbesondere hinsichtlich des Erfordernisses einer gesetzlichen Grundlage) abweichen; *BVerfG,* Beschl. v. 17. 8. 2010, Az.: 1 BvR 2585/06 – Bundeszentrale für politische Bildung, Rn. 23 ff.; kritisch: *Friedrich Schoch,* Die Schwierigkeiten des BVerfG mit der Bewältigung staatlichen Informationshandelns, NVwZ 2011, S. 193 ff.

[91] Zum Stand der Debatte *Ernst-Wolfgang Böckenförde,* Schutzbereich, Eingriff, verfassungsimmanente Schranken, Der Staat, Bd. 42 (2003), S. 165 ff.; *Christian Bumke,* Publikumsinformation, DV, Bd. 37 (2004), S. 3 ff.; *Wolfgang Kahl,* Vom weiten Schutzbereich zum engen Gewährleistungsbereich, Der Staat, Bd. 43 (2004), S. 167 ff.; *Wolfgang Hoffmann-Riem,* Grundrechtsanwendung unter Rationalitätsanspruch, Der Staat, Bd. 43 (2004), S. 203 ff.; *Benjamin Rusteberg,* Der grundrechtliche Gewährleistungsgehalt, 2009.

sierung des Grundrechtsschutzes, der mit der Anerkennung weiterer Grundrechtswirkungen wie insbesondere der objektivrechtlichen Dimension eng verbunden ist. Ungeachtet dessen bleibt die Abwehrdimension der Grundrechte dabei aber begrenzt: Sie schützt nur vor bestimmten, qualifiziert staatlich verantworteten Einwirkungen auf die realen Freiheitsmöglichkeiten des Einzelnen. Einen allgemeinen Schutz vor indirekten Eingriffen, etwa vor den ubiquitären Einwirkungen auf die allgemeine Handlungsfreiheit, vermittelt sie nicht. Die Grundrechte als Abwehrrechte schützen so den Einzelnen in seinen konkreten individuellen Möglichkeiten, über die dieser vermittelt und begrenzt durch seine gesellschaftlichen Einbindungen verfügt, vor staatlichen Interventionen.

Die Abwehrdimension der Grundrechte gegenüber der Verwaltung setzt sich *in concreto* durch die vielfach differenzierten Rechtsschutzinstrumente des **Verwaltungsrechts** um. Dogmatisch wird sie und der mit ihr begründete *status negativus* dabei insbesondere durch das Erfordernis einer Ermächtigungsgrundlage für belastendes Verwaltungshandeln,[92] die Vertypung eingreifenden Verwaltungshandelns in der Form des Verwaltungsakts,[93] der hieran geknüpfte Verfahrensschutz sowie die sich anschließenden Rechtsschutzmöglichkeiten,[94] insbesondere die Anfechtungsklage, sichergestellt. Der Schutz auch vor mittelbaren Eingriffen spiegelt sich verwaltungsrechtlich insbesondere in den Lehren vom Drittschutz, nach denen der Bürger auch durch an Dritte und nicht an ihn selbst adressierte Maßnahmen in eigenen Rechten verletzt sein kann.[95]

b) Die objektivrechtliche Dimension der Grundrechte gegenüber der Verwaltung

Neben der abwehrrechtlichen Dimension erkennt die Rechtsprechung in den Grundrechten eine so genannte „objektivrechtliche" Dimension.[96] Gemeint ist damit nicht die verwaltungsrechtliche Unterscheidung zwischen subjektivem Recht und objektivem Recht, sondern eine gewisse Materialisierung der Freiheitsgarantie: Die Freiheitsgarantien seien nicht nur Abwehrrechte, sondern auch die Gewährleistung von, wie es früher hieß, **„Werten",**[97] oder, wie es heute überwiegend heißt, **„objektiven Prinzipien"**[98] oder **wertentscheidenden Grundsatznormen.**[99] Die Grundrechte verbürgen danach nicht nur die formelle Freiheit des Einzelnen, sondern zielen auch auf deren Realisierung in einem materiellen Sinne. Die Wahrnehmung der entsprechenden Freiheiten soll nicht nur erlaubt, sondern im Gemeinwesen substanziell ermöglicht und verwirklicht werden.[100]

---

[92] → Bd. I *Reimer* § 9 Rn. 33 und 60.
[93] → Bd. II *Bumke* § 35. S. zur rechtsstaatlichen Bedeutung der Konkretisierung gesetzlicher Pflichten durch Verwaltungsakt auch *BVerfGE* 122, 342 (363 f.) – BayVersG.
[94] → Bd. III *Schoch* § 50.
[95] Zu diesem Zusammenhang *Horst Dreier,* in: ders. (Hrsg.), GG I, Art. 2 Abs. 1 Rn. 51; *Helmuth Schulze-Fielitz,* in: Dreier (Hrsg.), GG I, Art. 19 Abs. 4 Rn. 70 f.
[96] *BVerfGE* 33, 303 (330); 49, 89 (141 f.); vgl. *Horst Dreier,* in: ders. (Hrsg.), GG I, Vorbem. Rn. 94.
[97] *BVerfGE* 7, 198 (205); 33, 303 (330); 49, 89 (141 f.).
[98] *BVerfGE* 115, 320 (358).
[99] Siehe nur *BVerfG*, Urt. v. 20. 7. 2010, Az.: 1 BvR 748/06, Rn. 88; Urt. v. 24. 11. 2010, Az.: 1 BvF 2/05, Rn. 145; Urt. v. 25. 1. 2011, Az.: 1 BvR 918/10, Rn. 46.
[100] Vgl. nur *Horst Dreier,* Dimensionen der Grundrechte, 1993, m.w.N.; *Schmidt-Aßmann,* Ordnungsidee, Kap. 2 Rn. 32 ff.; vgl. weiter → Rn. 61.

52 Die Stoßrichtung dieser Rechtsprechung lag zunächst in der Einwirkung der Grundrechte auf das Zivilrecht. Es sollte über sie eine „mittelbare Drittwirkung", d.h. eine indirekte Wirkung der Grundrechte auch auf die Beziehungen zwischen Privaten begründet werden.[101] Gegenüber der Verwaltung ist die objektivrechtliche Dimension der Grundrechte demgegenüber eher von untergeordneter Bedeutung.[102] Weithin steht die Verwaltung dem Einzelnen einseitig handelnd gegenüber und lassen sich die Verwaltung-Bürger-Beziehungen unter Rückgriff auf die – durch Weiterungen extensiv ausgelegte – abwehrrechtliche Dimension der Grundrechte hinreichend lösen. Hier notwendig erscheinende Materialisierungen der Freiheitsverbürgungen wurden primär mit der Figur des mittelbaren Eingriffs gelöst (die als rechtsgutbezogene Ausweitung des Grundrechtsschutzes auch als Form einer objektivrechtlichen Argumentation verstanden werden kann).[103] In manchen Konstellationen erweitert die **objektivrechtliche Dimension** die Rechtsstellung des Einzelnen aber doch **auch gegenüber der Verwaltung:** So gewähren Freiheitsrechte wie die Demonstrationsfreiheit in einem abwehrrechtlichen Verständnis nur Schutz vor einschränkenden Verboten oder Behinderungen. Demgegenüber kann aus der objektivrechtlichen Dimension dieser Grundrechte unter Umständen auch ein Anspruch auf zumindest eine fehlerfreie Ermessensentscheidung darüber folgen, ob die öffentliche Hand auch zu den materiellen Voraussetzungen der Freiheitsausübung, etwa durch Nutzungserlaubnis eines nicht in Gemeingebrauch stehenden öffentlichen Grundstücks, beizutragen hat.[104] Bereits in ihrer abwehrrechtlichen Dimension verbürgt die Versammlungsfreiheit allerdings die Durchführung von Versammlungen dort, wo ein allgemeiner öffentlicher Verkehr eröffnet ist, was im öffentlichen Straßenraum sowie in sonstigen öffentlichen Foren wie Einkaufszentren, Ladenpassagen oder sonstigen Begegnungsstätten der Fall sein kann.[105]

c) Die verfahrensrechtliche Dimension der Grundrechte

53 Die Grundrechte schützen die Freiheit des Einzelnen auch in Form von Verfahrensrechten.[106] Diese verfahrensrechtlichen Gewährleistungen sind eine notwendige Substantialisierung des Freiheitsversprechens und bilden einen spezifischen Ausdruck der Anerkennung des Bürgers als Rechtsperson: Der Einzelne ist gegenüber der Verwaltung nicht Gegenstand, sondern **Subjekt in einem Kommunikationsprozess.** Verfahrensrechtliche Gewährleistungen finden sich dabei zunächst in **selbstständigen Vorschriften** wie in Art. 19 Abs. 4, 101, 103 oder 104 GG. Daneben wurden von der Rechtsprechung zahlreiche weitere selbstständige Verfahrensrechte aus dem **Rechtsstaatsprinzip** entwickelt. Hierzu

---

[101] *BVerfGE* 7, 198 (205 ff.); 84, 192 (195), std. Rspr.
[102] Zu den Schutzpflichten siehe unten → Rn. 56.
[103] Siehe oben → Rn. 49.
[104] *BVerwGE* 91, 135 (139 f.) – Hofgartenwiese; *BVerwG,* NJW 1990, S. 134 – Vergabe eines Saales im Hamburger Congress Centrum.
[105] *BVerfG,* Urt. v. 22. 2. 2011, Az.: 1 BvR 699/06 – Fraport, Rn. 66 ff.; ablehnend abw. Meinung *Wilhelm Schluckebier,* ebd., Rn. 121 ff. Vgl. zu dieser auf die demokratische Bedeutung des Grundrechts abstellenden Interpretation seines Schutzbereichs auch *Christoph Enders* u.a., Arbeitskreis Versammlungsrecht, Musterentwurf eines Versammlungsgesetzes, 2011, S. 60–63 m.w.N.
[106] Übersicht bei *Horst Dreier,* in: ders. (Hrsg.), GG I, Vorbem. Rn. 105; *Erhard Denninger,* Staatliche Hilfe zur Grundrechtsausübung durch Verfahren, Organisation und Finanzierung, in: HStR V, 1. Aufl. 1992, § 113 Rn. 5 ff., 19 ff.; *Gellermann,* Grundrechte (Fn. 84), S. 255 ff.

gehören etwa das Recht auf Gehör vor der Verwaltung, auf anwaltlichen Beistand, auf Akteneinsicht oder auf Begründung von Verwaltungsentscheidungen.[107] Zum großen Teil wurden diese Rechte von der Rechtsprechung – insbesondere den Verwaltungsgerichten – im Vorgriff auf ihre gesetzliche Normierung in den VwVfG unmittelbar aus der Verfassung hergeleitet,[108] insbesondere als rechtsstaatliche Konkretisierung der Eingriffsabwehr und damit als Konsequenz des *status negativus*. Die Gewährleistung individueller Freiheit findet so im Vorfeld und Nachgang von Grundrechtseingriffen durch allgemein rechtsstaatliche Verfahrensrechte eine Absicherung.

Darüber hinaus hat die Rechtsprechung verfahrensrechtliche **Vorwirkungen auch aus den Grundrechten** abgeleitet.[109] Aus Sicht des Einzelnen handelt es sich um die verfahrensrechtliche Ausprägung individueller Rechte. Sie sind damit Spiegelbild seiner materiellen Rechtsstellung. Relevant ist diese Dogmatik etwa im Prüfungsrecht,[110] im Technologierecht für den Umgang mit Risiken oder für Entscheidungen unter Ungewissheit,[111] im Hochschulrecht,[112] bei Fürsorgemaßnahmen zum Kindeswohl[113] oder auch – in bestimmten Konstellationen – in Form von Auskunftsansprüchen[114]. 54

Die Verfahrensgarantien der Verfassung werden in der Regel **vermittelt** durch das **einfache Recht**.[115] Das Verwaltungsrecht stellt sie für die Verwaltung-Bürger-Beziehung primär durch bereichsspezifisch differenzierte und im Übrigen durch subsidiäre allgemein festgelegte Verfahrensregeln wie in den Verwaltungsverfahrensgesetzen sicher. Eine prozedural gegliederte Interaktion zwischen Verwaltung und Bürger „in der Zeit" gehört damit zum verfassungsrechtlich garantierten Grundbestand der Verwaltung-Bürger-Beziehung. Aus individueller Sicht, d.h. formuliert in Bezug auf den Rechtsstatus des Einzelnen, handelt es sich hierbei um eine Verstärkung des Individualschutzes. Aus steuerungswissenschaftlicher Sicht ergibt sich dies aus der Einsicht in die Relativität von Rechtspositionen angesichts der Interdependenz gesellschaftlicher Beziehungen und der Unzulänglichkeit menschlichen Wissens. Die normative Konstruktion des Rechtsstatus des Einzelnen und die Erkenntnisse rechtstatsächlicher, eher handlungsorientierter Fragestellungen konvergieren hier in besonderer Weise. 55

d) Grundrechtliche Schutzansprüche

In Anknüpfung an die objektivrechtliche Dimension der Grundrechte hat die Rechtsprechung aus den Grundrechten auch Schutzpflichten des Staates abgelei- 56

---

[107] *BVerfGE* 52, 380 (389); 57, 250 (256f.); 60, 295; 61, 83; 69, 82 (110); 84, 34; 86, 288 (317).
[108] Vgl. etwa *BVerwGE* 22, 215 (217) – Begründungserfordernis; 30, 154 (157) – Akteneinsicht; zur grundrechtlichen Einbindung *Horst Dreier*, in: ders. (Hrsg.), GG I, Vorbem. Rn. 105 m.w.N.
[109] *BVerfGE* 69, 315 (355); 35, 79 (120ff.); 53, 30 (59f.); 56, 216 (236f.). Systematisierend *Schmidt-Aßmann*, Ordnungsidee, Kap. 2 Rn. 42ff.
[110] *BVerfGE* 52, 380 (388ff.); 84, 34 (45f.).
[111] *Ivo Appel*, Methodik des Umgangs mit Ungewissheit, in: Schmidt-Aßmann/Hoffmann-Riem (Hrsg.), Methoden, S. 327ff.; grundlegend *Di Fabio*, Risikoentscheidungen (Fn. 89), S. 398ff.
[112] *Horst Dreier*, in: ders. (Hrsg.), GG I, Vorbem. Rn. 106.
[113] *BVerfGE* 99, 154 (157).
[114] *BVerfGE* 120, 351 (362–365) (gesetzgeberische Verpflichtung zur Schaffung eines Auskunftsrechts für den von einer Datensammlung Betroffenen aus dem Grundrecht auf informationelle Selbstbestimmung i. V. mit Art. 19 Abs. 4 GG); *BVerwG*, NVwZ 2003, S. 1114 (1115).
[115] *Hufen*, Fehler, Rn. 17ff. S. näher → Bd. II § 27ff.

tet.[116] Diese Schutzpflichten sind vom Grundsatz her auch subjektiviert, d.h. sie wirken auch auf das Verhältnis Verwaltung-Bürger durch: Aus den Grundrechten können sich **Ansprüche auf Schutz durch die Verwaltung** ergeben. Verbunden ist damit insbesondere auch der Anspruch auf Schutz vor Beeinträchtigungen durch Dritte. Wie für das Zivilrecht durch die Lehre von der objektiven Prinzipienwirkung können hierdurch gesellschaftliche Konflikte auch in der vom Einzelnen ausgehenden Verwaltung-Bürger-Beziehung mit abgebildet und verarbeitet werden: Der Einzelne hat gegenüber der Verwaltung Anspruch auf Schutz gegenüber einem Dritten, der seinerseits gegenüber der Verwaltung aber denselben Rechtsstatus beansprucht wie der zu Schützende. Die bipolare Bestimmung des Rechtsstatus des Einzelnen gegenüber der Verwaltung erweist sich damit erneut nicht als realitätsblinde Wirklichkeitsverengung, sondern als rationalisierende Abstraktion, die die gesellschaftlichen Wechselwirkungen des Handelns der Verwaltung in sich aufnimmt. Der „Dritte" wird im Verwaltung-Bürger-Verhältnis damit dogmatisch auf verschiedenen Ebenen abgearbeitet: zum einen als Rechtfertigungselement für verwaltungsrechtliche Eingriffe in die Freiheit[117], zum anderen in der Lehre vom Schutz vor mittelbaren Eingriffen, d.h. in der Lehre vom Drittschutz[118] und hier nun schließlich auch in der Lehre von den Schutzansprüchen.

57 Allerdings reduziert die Rechtsprechung – jedenfalls außerhalb von gesetzlich vermittelten Schutzansprüchen – die unmittelbar aus den Grundrechten herleitbaren **Schutzansprüche des Einzelnen** auf ein Minimum.[119] Dies entspricht dem Verständnis der Verfassung als Rahmenordnung und der Grundrechte als spezifisch begrenzter Garantien, die nicht *in nuce* die gesamte Rechtsordnung enthalten, sondern nur spezifischen Gefährdungen begegnen wollen.[120] Nichtsdestoweniger ist das Verwaltung-Bürger-Verhältnis prinzipiell auch durch grundrechtliche Schutzansprüche des Einzelnen gegenüber der Verwaltung mitgeprägt.[121]

58 **Verwaltungsrechtlich** entsprechen der Subjektivierung der Schutzpflichten insbesondere Leistungsrechte wie etwa die Ansprüche auf Sozialleistungen, die geschichtlich lange als lediglich im öffentlichen Interesse gewährte Leistungen verstanden wurden, auf die kein subjektives Recht bestand.[122] Der Anspruch auf Schutz vor Rechtsbeeinträchtigungen Dritter spiegelt sich in der Dogmatik des

---

[116] *BVerfGE* 39, 1 (42) – Schwangerschaftsabbruch I; 46, 160 – Schleyer; 49, 89 – Kalkar I; 81, 242 (253 ff.) – Handelsvertreter; 88, 203 (251 ff.) – Schwangerschaftsabbruch II; 92, 26 (46) – Zweitregister. Auf die dogmatisch umstrittene Begründung, ob Schutzpflichten Bestandteil der objektiv-rechtlichen Dimension der Grundrechte oder ein *tertium* sind, kommt es vorliegend nicht an. Vgl. zum Ganzen grundlegend *Georg Hermes*, Das Grundrecht auf Schutz von Leben und Gesundheit, 1987; *Michael Dolderer*, Objektive Grundrechtsgehalte, 2000; *Peter Unruh*, Zur Dogmatik der grundrechtlichen Schutzpflichten, 1996; *Johannes Dietlein*, Die Lehre von den grundrechtlichen Schutzpflichten, 2. Aufl. 2005.
[117] → Rn. 47.
[118] → Rn. 50.
[119] Vgl. zum „Grundrecht auf Gewährleistung eines menschenwürdigen Existenzminimums" *BVerfGE* 125, 142 (222 ff.) – Hartz IV.
[120] Zur Rolle des Gesetzgebers in diesem Zusammenhang näher *Ernst-Wolfgang Böckenförde*, Grundrechte als Grundsatznormen, Der Staat, Bd. 29 (1990), S. 1 (19 ff.).
[121] Darstellung der Dogmatik bei *Horst Dreier*, in: ders. (Hrsg.), GG I, Vorbem. Rn. 101 ff.
[122] *Michael Stolleis*, Geschichte des Sozialrechts in Deutschland, 2003, S. 216 f.; → Bd. I *Stolleis* § 2 Rn. 108.

Verwaltungsrechts vor allem im Drittschutz und hierbei insbesondere auch in dem Anspruch auf Einschreiten.[123]

e) Grundrechtliche Teilhabeansprüche

Mehr eine Gleichheitsgewährleistung[124] als eine Form materiellen Freiheitsschutzes liegt in der Anerkennung grundrechtlicher Teilhabeansprüche: Zur Verwirklichung seiner grundrechtlich gewährleisteten Freiheit kann dem Einzelnen ein **Recht auf Teilhabe an staatlichen Leistungen oder Einrichtungen** erwachsen.[125] Die Rechtsprechung versteht solche Ansprüche primär nur als Folgeansprüche in Bezug auf zunächst „freiwillige", d.h. rechtlich nicht unmittelbar gebotene Leistungen und Einrichtungen des Staates. Sie begründen damit als solche nicht materiell eine „Grundrechtsförderungspflicht", sondern beschränken sich – im Blick freilich auf den materiellen Gehalt der Grundrechte – auf die Gewährleistung einer chancen- und qualifikationsgleichen Teilhabe. Vereinzelt weist die Rechtsprechung allerdings darüber hinaus auch Elemente auf, die quasi in überschießender Tendenz hinter den Teilhaberechten liegende materielle Verschaffungsansprüche andeuten.[126] Soweit sich solche Ableitungen tatsächlich begründen lassen, verstärken auch die Teilhaberechte die Schutzfunktion der Grundrechte als – materiell verstandene – Gewährleistung bürgerlicher Freiheit und Integrität. 59

Auch Teilhabeansprüche bedürfen der **Umsetzung in verwaltungsrechtliche Fachgesetze.** Ihre Gewährleistung wird bereichsspezifisch differenziert durch ganz verschiedene Institute umgesetzt, wie etwa die straßenrechtlichen Vorschriften zum Gemeingebrauch, die kommunalrechtlichen Regeln über die Nutzung öffentlicher Einrichtungen, das Hochschulzulassungsrecht oder die Vorschriften zum Zugang von Märkten. In allgemeinster Hinsicht werden solche Rechte durch Antragsbefugnisse, Begründungspflichten, eine Ermessenskontrolle und entsprechende prozessuale Institute – wie insbesondere das Bescheidungsurteil – in die Rechtspraxis transformiert. 60

3. Die Grundrechte als nur begrenzte Fundierung des individuellen Rechtsstatus

Mit den Grundrechten ist der Rechtsstatus des Einzelnen nicht in seiner ganzen Breite, sondern nur ausschnittsweise erfasst. Die Grundrechte sichern gegenüber der Verwaltung im Wesentlichen nur **private Freiheit und individuelle Integrität.** Sie sind Freiheitsrechte zur selbstverantwortlichen Entfaltung der eigenen Person. Diese Freiheit umfasst freilich auch die **Freiheit, sich politisch und gemeinbezogen** zu engagieren. Organisationsrechtlich haben einige Freiheitsrechte – insbesondere die Meinungs- und Pressefreiheit sowie die Versammlungs- und Vereinigungsfreiheit – eine für die Demokratie konstituierende Bedeutung und schützen den Einzelnen so nicht nur als Bürger, sondern auch 61

---

[123] Vgl. *Maurer,* VerwR, § 8 Rn. 15 m.N.z. Rspr.; *Rainer Wahl/Peter Schütz,* in: Schoch/Schmidt-Aßmann/ Pietzner (Hrsg.), VwGO, § 42 Abs. 2 Rn. 50.
[124] → Rn. 181 ff.
[125] *Dietrich Murswiek,* Grundrechte als Teilhaberechte, soziale Grundrechte, in: HStR V, 1. Aufl. 1992, § 112 Rn. 5 ff., 66 ff.
[126] *BVerfGE* 33, 303 – Numerus clausus I.

als Staatsbürger.¹²⁷ Die Beziehung zwischen Verwaltung und Einzelnem ist aber auch insoweit im Wesentlichen begrenzt auf die Wahrung der individuellen Freiheit.¹²⁸ Demgegenüber begründet der durch die Grundrechte fundierte Status des Einzelnen keine Rechtsbeziehungen im Sinn einer Teilhabe an Verwaltungsentscheidungen. Gewährleistet wird die private Freiheit, der Schutz der Person, der Ehe und Familie sowie des Eigentums. Demgegenüber folgen unmittelbar **gemeinbezogene Partizipationsansprüche** aus den Grundrechten nicht. Auch die aus den Grundrechten abgeleiteten Verfahrensrechte verstehen sich als vorgelagerter Individualschutz. Selbst etwa Art. 5 Abs. 1 Satz 2 GG gewährleistet mit der Garantie, sich aus allgemein zugänglichen Quellen ungehindert zu unterrichten, keinen Anspruch auf allgemeinen Aktenzugang, der dem Bürger eine generelle Kontroll- oder Teilhabefunktion in Bezug auf Einzelvorgänge der Verwaltung zuspräche.¹²⁹ Die Grundrechtsdogmatik ist deshalb, wie gezeigt wurde,¹³⁰ nicht blind gegenüber multipolaren Rechtskonstellationen, in denen die Verwaltung stets handelt, und bezieht die Dialektik von Schutz und Eingriff im Verhältnis der Bürger mit ein. Ihr Fluchtpunkt bleibt aber der Schutz des je einzelnen Subjekts.¹³¹

62 Die grundrechtliche **Fundierung des individuellen Rechtsstatus** ist auch **sachlich begrenzt.** Grundrechte sichern in spezifischer Weise nur bestimmte elementare Rechte. Ihr Schutz gilt nur spezifischen Sach- und Lebensbereichen, die aufgrund historischer Erfahrung als besonders schutzbedürftig erschienen. Die Grundrechte sind damit kein geschlossenes Gewebe, das dem Einzelnen in jeder Hinsicht verfassungsrechtlichen Schutz verspricht. Zwar können alte Gewährleistungen angesichts neuer Gefährdungen neue Relevanz erhalten und müssen im Wege der Neuinterpretation aktualisiert und konkretisiert werden.¹³² Dies bedeutet jedoch nicht, dass der Grundrechtskatalog als materiell flächendeckendes Fundament der gesamten Rechtsordnung bzw. des gesamten Individualschutzes verstanden werden dürfte. Das Verständnis des Art. 2 Abs. 1 GG als Gewährleistung der allgemeinen Handlungsfreiheit fundiert dabei den Freiheitsstatus als solchen, verstanden in seinem elementaren Kern als Schutz vor adressierten Eingriffen, allerdings in seiner Struktur doch umfassend.¹³³ Materiell gesehen ist diese umfassende Freiheitsgarantie dann aber wenig gehaltvoll: Sie verweist die Verwaltung auf ein rechtsstaatlichen Anforderungen genügendes Gesetz und verbürgt – insbesondere über den Verhältnismäßigkeitsgrundsatz – eine elementare Form von Rationalisierung. Diese Gewährleistung ist grundle-

---

¹²⁷ *Böckenförde*, Demokratie als Verfassungsprinzip (Fn. 75), insbes. Rn. 3 ff., 41 ff.
¹²⁸ Vgl. dazu genauer *Masing*, Mobilisierung (Fn. 21), S. 151 ff.
¹²⁹ *Masing*, Mobilisierung (Fn. 21), S. 134; *ders.*, Verwaltung (Fn. 60), S. 382 f. A. A. etwa *Bernhard Wegener*, Der geheime Staat. Arkantradition und Informationsfreiheit in Deutschland, 2006; zu einfachgesetzlichen Ansprüchen s. u. → Rn. 112 f.
¹³⁰ → Rn. 48, 50.
¹³¹ Gegen diese individuelle Lesart der Grundrechte *Vesting*, Verwaltungsrechtswissenschaft (Fn. 2), S. 253 ff.; *ders.*, Subjektive Freiheitsrechte als Elemente von Selbstorganisations- und Selbstregulierungsprozessen in der liberalen Gesellschaft, in: Regulierte Selbstregulierung als Steuerungskonzept des Gewährleistungsstaats, DV, Beiheft 4 (2001), S. 21 (36 ff.).
¹³² Vgl. nur *Johannes Masing*, Zwischen Kontinuität und Diskontinuität: Die Verfassungsänderung, Der Staat, Bd. 44 (2005), S. 1 ff.; *Ernst-Wolfgang Böckenförde*, Anmerkungen zum Begriff Verfassungswandel (1993), in: ders. (Hrsg.), Staat, Nation, Europa, 1999, S. 141 ff.
¹³³ BVerfGE 7, 198; 49, 15 (23); dazu Ausarbeitung bei *Horst Dreier*, in: ders. (Hrsg.), GG I, Art. 2 Abs. 1 Rn. 22. Zur Kritik Sondervotum Grimm bei Reiten im Walde – BVerfGE 80, 137 (164 ff.).

C. Verfassungsrechtliche Grundlegung

gend und höchst bedeutungsvoll. Sie begründet aber nicht eine „Vergrundrechtlichung" der gesamten Verwaltung-Bürger-Beziehung.

Keineswegs können deshalb die Grundrechte als Fluchtpunkt angesehen werden, auf den hin das gesamte Verwaltungsrecht ausgerichtet ist. Das **Verwaltungsrecht erschöpft sich nicht in der Konkretisierung der Grundrechte** und erschließt sich hierüber nicht. Es findet in den Grundrechten lediglich ein Maß.[134] Die Grundrechte sind verbindliche Maßgaben für bestimmte Konfliktkonstellationen. Selbstverständlich zwar sind sie – in der Regel durch Gesetze abgearbeitet – für die gesamte Verwaltung verbindlich, und auch kann heute für praktisch jede Verwaltungsmaßnahme angesichts der Weiterungen der Grundrechtsdogmatik irgendein grundrechtlicher „Bezug" – zumindest zu der objektiv-rechtlichen Dimension der Grundrechte – hergestellt werden. Weder der Verwaltungsrechtsgesetzgeber noch die Verwaltung selbst entwickeln deshalb aber ihre Handlungsprogramme in Ausrichtung an individuellen Grundrechten. Vielmehr sind diese primär von überindividuellen Strategien und Zielsetzungen bestimmt. Die Grundrechte enthalten diesbezüglich in der Regel auch weder faktisch noch normativ eine relevante Direktionskraft. Sie geben keinen Inhalt und weithin auch keine Richtung von Verwaltungspolitiken an und sind für die Präferenzentscheidungen der Verwaltung nur gelegentlich die entscheidende Richtschnur. Die Verwaltung geht grundsätzlich vom Sachproblem aus. Sie knüpft an an das, was als sicherheitspolitisch, sozial- oder wirtschaftspolitisch bzw. auch allgemeinpolitisch lösungsbedürftig erscheint. Als demokratisch legitimierte Verwaltung[135] hat sie hierbei vom Ausgangspunkt her nicht primär rechtlichen, auch nicht grundrechtlichen, Kriterien zu folgen, sondern solchen der Zweckmäßigkeit. Das Recht ist insoweit Handlungsinstrument zur Verfolgung politischer Ziele – und gerade an diesem Verständnis knüpft die steuerungswissenschaftliche Perspektive der Verwaltungswissenschaften an. Die Grundrechte sichern hierbei Grundstrukturen für besonders empfindliche Bereiche und geben für die Umsetzung der Verhandlungsprogramme ein bestimmtes Verhältnis der Verwaltung zum Bürger vor. Sie sind jedoch kein Katechismus für die metaphysische Überhöhung demokratisch-politischer Programme. Weder Gesetzgeber noch Verwaltung können deshalb aber auf die Rolle der Konkretisierung vorgegebenen Rechts reduziert werden, sondern haben Realprobleme mit Mitteln und nach Maßgaben des Rechts zu lösen. **Verwaltungsrecht** ist insoweit **nicht konkretisiertes Verfassungsrecht.**[136]

Zusammenfassend sichern so die Grundrechte dem Einzelnen als Person private Freiheit und persönliche Integrität. Sie sichern seinen *status negativus*, der gegenüber staatlichen Eingriffen umfassend ist und diese spezifisch rechtsstaatlichen Rationalisierungsanforderungen unterwirft, und bringen den Einzelnen darüber hinaus gegenüber der Verwaltung in eine Stellung, aus der heraus er

---

[134] Dies spiegelt die Diskussion um die Verfassung als Rahmenordnung wider, vgl. die Darstellung bei *Josef Isensee*, Verfassungsrecht als „politisches" Recht, in: HStR VII, 1. Aufl. 1992, § 162 Rn. 43 ff.; s. a. Fn. 160.

[135] → Bd. I *Trute* § 6.

[136] Das viel zitierte Diktum von *Fritz Werner*, „Verwaltungsrecht als konkretisiertes Verfassungsrecht", DVBl 1959, S. 527 ff., ist ein Beispiel für die Gefahr von Irreführungen durch rhetorisch einprägsame Floskeln; *Werner* meinte das, was sein Titel behauptete, schon selbst nicht, sondern wandte sich vielmehr nur gegen eine Immunisierung des Verwaltungsrechts gegenüber der Verfassung.

Schutz für Freiheit, Eigentum und seine Person sowie Gleichbehandlung verlangen kann. Grundrechtsschutz birgt aber nicht eine im Individuum lozierte flächendeckende Entsprechung zur Verwaltungstätigkeit insgesamt. Die grundrechtlich bestimmten Beziehungen zwischen Verwaltung im Einzelnen erfassen nur einen Teil der Verwaltungstätigkeit. In Bezug auf viele Verwaltungsaktivitäten – insbesondere wenn in ihnen kein Eingriff liegt – begründen die Grundrechte keine individualisierten Rechtsbeziehungen. Insbesondere vermitteln sie keine Teilhabe an der Verwaltung.

II. Politische Rechte: Staatsbürgerliche Teilhabe

1. Politische Rechte gegenüber der Verwaltung

65   Die Subjektstellung des Einzelnen als letzter Bezugspunkt der gesamten Staatlichkeit stellt den Einzelnen nicht nur gegenüber der Staatsgewalt frei und unter Schutz, sondern begründet auch seine **Verantwortung** und **Teilhabe** für diese. Jedenfalls gegenüber der Staatsgewalt insgesamt gehört deshalb zu dem Rechtsstatus des Einzelnen auch sein Anspruch auf staatsbürgerliche Teilhabe, von G. *Jellinek* „aktiver Status" genannt.[137] In Abgrenzung zu der Rechtsstellung, die dem Einzelnen in Blick auf seine individualbezogene Freiheit eingeräumt ist, lässt sich insoweit auch von „politischem Status" sprechen.[138] **Auf staatsrechtlicher Ebene** verbürgt die Verfassung insoweit das Wahlrecht (Art. 38 GG) und ergänzt dieses durch verfassungsrechtliche Öffentlichkeitsstrukturen, insbesondere die Öffentlichkeit der Parlamentsverhandlungen (Art. 42 Abs. 1 GG), der Beweisaufnahme von Untersuchungsausschüssen (Art. 44 Abs. 1 GG) oder auch die Rechenschaftspflicht der Parteien über ihr Vermögen (Art. 21 Abs. 1 GG). Eine individuell strukturierte Rechtsbeziehung liegt dabei allein im Wahlrecht und – in den Ländern – im Abstimmungsrecht.[139] Die allgemeine Rechenschaftspflicht der Regierung gegenüber dem Volk als der Summe der Staatsbürger wird dabei aber durch allgemeine Vorschriften in einer Weise ausgestaltet, die eine öffentliche Kommunikation zwischen Bürgern und Regierung herstellt. Sie ist auf eine Verantwortung der Regierung vor dem Volk und damit umgekehrt auf die öffentliche Teilhabe der Bürger an der Regierung hin angelegt.[140]

66   **Gegenüber der Verwaltung** bestehen unmittelbar durch die Verfassung gewährleistete Rechtsbeziehungen dieser Art **grundsätzlich nicht**.[141] Eine Teilhabe des Bürgers an den Verwaltungsgeschäften sieht das Grundgesetz nicht vor. Die

---

[137] *Jellinek*, System (Fn. 52), S. 139, als Kurzform des „Status der aktiven Zivität".

[138] *Jellinek*, System (Fn. 52), S. 136, spricht von „politischen Rechten", die der Einzelne durch seine Eingliederung in den Staat erhält; hierzu zählen etwa auch die Monarchen-/Regentenrecht.

[139] Das Bundesverfassungsgericht leitet daneben aus Art. 146 GG ein Teilhaberecht auf Verfassungsgebung ab, das etwa für den Beitritt zu einem europäischen Bundesstaat gelte und dessen Verletzung i. V. mit Art. 38 Abs. 1 GG (mittelbar) mit der Verfassungsbeschwerde gerügt werden könne; vgl. *BVerfGE* 123, 267 (332) – Lissabon.

[140] *Masing*, Untersuchungen (Fn. 33), S. 315 ff.; *ders.*, Politische Verantwortlichkeit und rechtliche Verantwortlichkeit, ZRP 2001, S. 36 ff.

[141] Für das Beispiel eines verfassungsrechtlichen Informationszugangsrechts *Masing*, Verwaltung (Fn. 60), S. 377 ff. (379) m. N. zu abw. Auffassungen; *Wegener*, Staat (Fn. 129); *Arno Scherzberg*, Die Öffentlichkeit der Verwaltung, 2000; *Matthias Jestaedt*, Das Geheimnis im Staat der Öffentlichkeit, Was darf der Verfassungsstaat verbergen?, AöR, Bd. 126 (2001), S. 204 ff. Zu grundrechtlich induzierten Auskunftsansprüchen s. oben → Rn. 54.

C. Verfassungsrechtliche Grundlegung

politische Verantwortung der Verwaltung, die selbstverständlich Ausfluss des Demokratieprinzips ist, wird verfassungsrechtlich durch die Verantwortung der Regierung vor dem Parlament[142] und der Öffentlichkeit hergestellt. Die administrative Fachebene wird demgegenüber von der politischen Ebene unterschieden: Die Verwaltung-Bürger-Beziehungen bestimmen sich verfassungsrechtlich im Wesentlichen von den Grundrechten und damit vom Schutz des Einzelnen her, nicht aber vom Gedanken der Partizipation.[143] Selbstverständlich ermöglichen die Freiheitsgarantien der Grundrechte auch eine politische und staatsbürgerliche Diskussion der Verwaltungsgeschäfte. Sie sichern insoweit aber nicht mehr als die individuelle Freiheit, sich aller Themen in beliebiger Weise anzunehmen. Eine konkretisierte Rechenschaftspflicht der Verwaltung als Verwaltung oder irgendwelche **Kommunikations- oder Mitwirkungsstrukturen zwischen Bürger und Verwaltung** folgen hieraus nicht. Einen gewissen partizipatorischen Einschlag hat dabei allerdings das **Petitionsrecht**, das nicht nur gegenüber dem Parlament, sondern auch gegenüber der Verwaltung gilt. Entgegen verbreiteter Lesweisen beschränkt sich dieses nicht auf die „menschliche Purgationsfunktion des ‚Herzausschüttenkönnens'" und ist mehr als das ganz unformale primitive menschliche Notrufrecht.[144] Mit ihm ist vielmehr ein Recht gegeben, das die angegangenen Behörden allgemein gegenüber jedermann verpflichtet, Eingaben auch mit öffentlichen Anliegen nicht nur entgegenzunehmen, sondern sie auch inhaltlich zur Kenntnis zu nehmen und sachlich zu verbescheiden.[145] Freilich ist dieser schwache Keim einer politischen Beziehung zwischen dem Einzelnen und der Verwaltung zu schwach, als dass von ihm aus eine allgemeine politische Dimension des Rechtsstatus des Einzelnen gegenüber der Verwaltung abgeleitet werden könnte.

Eine bedeutsame Ausnahme im Sinne einer verfassungsrechtlich unmittelbar garantierten politischen Beziehung zwischen Bürgern und Verwaltung ergibt sich allerdings **über Art. 28 Abs. 1 Satz 2, Abs. 2 GG.** Danach müssen auf **Kommunalebene** unmittelbar von den Bürgern gewählte kollektive Vertretungsorgane gewählt werden, die an den Verwaltungsgeschäften, die Selbstverwaltungsaufgaben sind, maßgeblich mitwirken. Als in die Landesverfassung eingegliederte Einheiten, die sowohl ihre Form als auch ihren Zuschnitt und damit ihre konkrete Rechtspersönlichkeit dem Landesverfassungsrecht verdanken, zählen sie formell zur Verwaltung und sind nicht Parlamente auf einer eigenen staatlichen Ebene.[146] Freilich sind ihre Form und ihre Struktur dem Modell der allgemeinen staatspolitischen Verantwortung angenähert. Dem Zuschnitt der kommunalen Aufgaben nach geht es hierbei aber doch auch um anderes als um eine Art Regierungsverantwortung auf unterer Ebene: Es geht hier tatsächlich um die Teilnahme Einzelner an konkreten Verwaltungsaufgaben. Dies ist um so deutlicher, wenn schon die Landesverfassung auch unmittelbare Bürgerentscheidungen mit garantiert.[147] Und jedenfalls durch einfachgesetzliche

---

[142] → Bd. I *Trute* § 6 Rn. 12, 35.
[143] Vgl. zu den abw. Akzenten in der demokratietheoretischen Debatte → Bd. I *Trute* § 6 Rn. 19 ff.
[144] *Günter Dürig*, in: Maunz/Dürig, GG, Art. 17 (Erstbearbeitung) Rn. 1.
[145] BVerfGE 2, 225. Vgl. zur Funktion der Petition umfassend *Michael Hornig*, Die Petitionsfreiheit als Element der Staatskommunikation, 2001; für den vorliegenden Zusammenhang *Masing*, Mobilisierung (Fn. 21), S. 165 ff.
[146] → Bd. I *Wißmann* § 15 Rn. 29 ff.
[147] Art. 12 Abs. 3 S. 1 BayVerf.

Vorschriften ist eine solche unmittelbare Mitwirkung der Bürger in der Kommunalverwaltung heute ohnehin praktisch durchgehend vorgesehen.[148]

2. Offenheit der Verfassung für einen *status procuratoris*

68 Die Verfassung unmittelbar sieht somit gegenüber der Verwaltung – anders als gegenüber der Regierung – nur in begrenztem Umfang politische Beziehungen vor. Sie beschränken sich im Wesentlichen auf die Kommunalverwaltung. Im Übrigen belässt das Grundgesetz dem Gesetzgeber die Möglichkeit, den Rechtsstatus des Einzelnen gegenüber der Verwaltung im Kern **auf den Privatschutz zu beschränken.** Dieses entspricht der traditionellen Sicht, nach der die einzelnen Verwaltungsgeschäfte in entpolitisierter Form und fachlicher Distanz durchgeführt werden sollten.

69 Wenn die Verfassung das Verwaltung-Bürger-Verhältnis nicht von vornherein als eines der politischen Teilhabe ausgestaltet, bedeutet das aber nicht, dass sie einer entsprechenden Ausgestaltung durch den Gesetzgeber entgegenstünde.[149] Die **Verfassung** ist gegenüber einer Aufnahme partizipativer und prokuratorischer Rechte vielmehr **offen.** Tatsächlich ist der Rechtsstatus des Einzelnen gegenüber der Verwaltung heute durch den Gesetzgeber in erheblichem Umfang um staatsbürgerliche Teilhaberechte erweitert worden.[150] Solche Erweiterungen sind dabei zugleich **gesetzgeberische Ausgestaltungen des Demokratieprinzips.** Von der Verfassung geboten sind sie in ihren konkreten Formen deshalb zwar nicht. Die Ausgestaltung etwa bürgerlicher Teilnahme an Planungsentscheidungen, der Einrichtung funktionaler Selbstverwaltungskörperschaften oder die Einräumung von so oder anders ausgestalteten allgemeinen Informationsrechten bzw. administrativen Berichtspflichten ist verfassungsrechtlich im Einzelnen nicht vorgezeichnet; das grundgesetzliche Demokratieprinzip ist insoweit gestaltungsbedürftig und -fähig. Zu einem modernen Verwaltungsrecht gehört das Element staatsbürgerlicher Teilhabe aber heute auf der Grundlage gesetzgeberischer Entscheidungen und supra- wie internationaler Einflüsse längst dazu.

III. Die maßgebliche Formgebung und Erweiterung des Rechtsstatus durch Gesetz

70 Der Rechtsstatus des Einzelnen ist durch die verfassungsrechtlichen Vorgaben nur ausschnittsweise vorgeprägt und hierbei in seinen verschiedenen Aspekten unterschiedlich genau. Wie deutlich wurde, ist der auf Eingriffsabwehr gerichtete Freiheitsstatus des Einzelnen als zentrales Element der Rechtsstaatlichkeit unmittelbar von Verfassungs wegen grundgelegt und dabei um Verfahrens-,

---

[148] Zu den Regelungen in den Gemeindeordnungen Überblick bei *Stefan Muckel,* Bürgerbegehren und Bürgerentscheid: wirksame Instrumente unmittelbarer Demokratie in den Gemeinden?, NVwZ 1997, S. 223 ff.; *Eberhard Schmidt-Aßmann/Hans C. Röhl,* Kommunalrecht, in: Schmidt-Aßmann (Hrsg.), Bes. VerwR, 1. Kap. Rn. 62 f.
[149] Vgl. in Bezug auf die kommunale Ebene *Horst Dreier,* in: ders. (Hrsg.), GG II, Art. 28 Rn. 77. Zulässigkeitsmaßstäbe bei *Rudolf Streinz,* Bürgerbegehren und Bürgerentscheid, DV, Bd. 16 (1983), S. 293 ff. (300 ff.).
[150] → Rn. 112 f.

C. Verfassungsrechtliche Grundlegung

Schutz- und Teilhabeansprüche wenigstens dem Grunde nach ergänzt. Verfassungsrechtlich kaum vorstrukturiert erwies sich demgegenüber der Rechtsstatus in Bezug auf eine **politische Teilhabe an der Verwaltung;** das Grundgesetz ist hierfür aber offen. In allen Aspekten kommt es für die Durch- und Ausformung des in dieser Weise grundgelegten Rechtsstatus sowie für die Möglichkeiten seiner Ergänzung und seines Ausbaus weitgehend auf das Gesetz an. Der Rechtsstatus des Einzelnen ist damit **maßgeblich gesetzesvermittelt.** Das gilt sowohl für das Moment der Sicherung und des Schutzes bürgerlicher Freiheit, Integrität und Gleichheit (1.) als auch für das Moment staatsbürgerlicher Teilhabe (2.). Verwaltungsgesetze gehen in solcher Ausgestaltung des individuellen Rechtsstatus aber nicht auf und haben hierin auch nicht ihren Hauptzweck (3.).

1. Gesetzliche Ordnung der Verwaltung-Bürger-Beziehungen im Grundrechtsbereich

a) Freiheitsrechte und Gesetz

Auf der ersten und grundlegendsten Stufe des Freiheitsschutzes tritt das Gesetz allerdings in einen zumindest konstruktiv nachgeordneten Rang. Für die Begründung des allgemeinen Freiheitsstatus in seiner elementaren abwehrrechtlichen Dimension hat das Gesetz nicht konstitutive, sondern nur regulative Bedeutung: Das Gesetz schafft nicht dieses Grundverhältnis, sondern bestimmt nur dessen inhaltliche Ausfüllung. Für Eingriffe in die Freiheit des Einzelnen transformiert so das Grundgesetz das axiomatische Postulat der Rechtfertigungs- und Legitimationsbedürftigkeit allen Staatshandelns *qua* negatorischer Abwehrrechte in subjektive Rechte. Diese grundlegende Gewährleistung des Freiheitsstatus wird – aller gesetzlichen Gestaltung vorausliegend – **unmittelbar durch die Verfassung** selbst verbrieft.[151]

71

Freilich bleibt die Rechtsstellung des Einzelnen selbst auf dieser Ebene letztlich **maßgeblich doch auch vom Gesetz abhängig** – und das gilt erst recht für die konkreten Abhilfemöglichkeiten. Gegenüber der Verwaltung ist das Grundrecht zwar die unmittelbare Basis aller Ansprüche. Deren Reichweite aber bestimmt sich selbst in der elementaren Form der Abwehrrechte erst durch Gesetz. Ebenso wie sich die Verwaltung gegenüber dem Einzelnen grundsätzlich auf das Gesetz stützt, muss sich so der Einzelne gegenüber der Verwaltung gegebenenfalls unter Auseinandersetzung mit diesem Gesetz zur Wehr setzen.[152] Dies ist besonders offensichtlich, soweit sich der Einzelne letztlich auf die unbenannte allgemeine Handlungsfreiheit aus Art. 2 Abs. 1 GG beruft, gilt aber vom Grundsatz her auch bei allen anderen Grundrechten – bis hin zu den vorbehaltlos gewährleisteten Grundrechten, die nur unter Berufung auf andere verfassungsrechtliche Prinzipien einschränkbar sind: Der Konzeption nach soll primär der Gesetzgeber die Beziehungen zwischen Bürger und Verwaltung regeln. Der maßgebliche normative Referenzpunkt liegt so im Gesetz. Das Grundrecht strukturiert die der gesetzlichen Regelung unterliegenden Grundbeziehungen.

72

---

[151] Grds. kritisch *Vesting*, Freiheitsrechte (Fn. 131), S. 36 ff.
[152] So insbes. pointiert *Rainer Wahl*, in: Schoch/Schmidt-Aßmann/Pietzner (Hrsg.), VwGO, Vorbem. § 42 Abs. 2 Rn. 75 ff. S. weiter *Gerd Morgenthaler*, Freiheit durch Gesetz, 1999; *Matthias Jestaedt*, Grundrechtsentfaltung im Gesetz, 1999.

b) Ausgestaltung des Grundrechtsschutzes außerhalb der Abwehrdimension

73 Erst recht bestimmt sich die Rechtsstellung des Einzelnen hinsichtlich der **anderen Bedeutungsschichten der Grundrechte** in Abhängigkeit vom Gesetz. Wie weit sich aus den grundrechtlichen Bestimmungen gegenüber der Verwaltung objektivrechtliche Förderungsansprüche, Schutzansprüche oder Teilhabeansprüche ergeben bzw. gegenüber Behörden verfahrensrechtliche Mitwirkungsansprüche aus dem Gesichtspunkt des vorgelagerten Grundrechtsschutzes bestehen, richtet sich nicht unmittelbar nach der Verfassung, sondern erst nach deren gesetzlicher Ausgestaltung. Auch die Wesentlichkeitstheorie, die den Gesetzesvorbehalt erweitert, verlangt für grundrechtsrelevante Konflikte außerhalb des Eingriffsbereichs eine Entscheidung des Gesetzgebers für die Regelung der Beziehungen zwischen Einzelnen und der Verwaltung.[153] Anders als in Bezug auf die Abwehrdimension der Grundrechte ist hier die Rechtsstellung des Bürgers **weithin schon konstitutiv von einem Gesetz abhängig:** Gegenüber einer konkreten Verwaltungsbehörde wird etwa die Schutz- bzw. Teilhabedimension eines Grundrechts in der Regel erst nach Maßgabe einer konkretisierenden gesetzlichen Entscheidung wirksam.

74 Diese Verwiesenheit auf einen rechtsbegründenden Akt des Gesetzgebers ergibt sich zunächst schon materiell aus der **Offenheit der Grundrechtsnormen** und damit verbunden dem großen Gestaltungsspielraum des Gesetzgebers.[154] Der objektiv-rechtlichen Prinzipienwirkung eines Grundrechts kann der Gesetzgeber durch ganz verschiedene Aspekte Rechnung tragen und hierbei hat er weitestgehende Gestaltungsfreiheit, ob er den betreffenden Grundrechten durch Verfahrensrechte, durch Teilhaberechte oder Schutzrechte Rechnung tragen will. Der Pflicht der öffentlichen Gewalt zur Gewährleistung eines hinreichenden Grundrechtsschutzes entspricht deshalb nicht auch ein Anspruch gegenüber jeder Verwaltungsbehörde auf eine sich aus dem grundrechtlichen Rechtsschutz ergebende bestimmte Form des Handelns.

75 Selbst soweit sich aus den Grundrechten aber gegenüber der Verwaltung materielle Ansprüche ergeben, die gegenüber den gesetzlichen Regeln **Vorrang** beanspruchen, bleibt für die Verwaltung-Bürger-Beziehung das Gesetz bedeutsam. Zwar kann sich dann der Bürger gegenüber der Verwaltung auf sein Grundrecht als subjektives Recht berufen und ist die Verwaltung dann nach Art. 1 Abs. 3 GG an dieses auch gebunden. Die Umsetzung dieser Bindung bleibt aber auch dann über das Gesetz noch maßgeblich vermittelt. So **wirken die Grundrechte** in diesen Fällen vorwiegend **„normintern":**[155] Sie wirken über die verfassungskonforme Auslegung in die Norm durch. Unter Rückgriff auf die objektivrechtliche Bedeutung beziehungsweise die „Ausstrahlungswirkung" der Grundrechte werden deren Maßgaben dann über unbestimmte Rechtsbegriffe, eine Konkretisierung der Ermessensmaßstäbe, teleologische Reduktion oder Erweiterung, die Fortentwicklung fachrechtlicher allgemeiner Rechtsgrundsätze oder Analogieschlüsse in die Verwaltung-Bürger-Beziehungen transportiert. Eine **normexterne Wirkung** der Grundrechte, d.h. eine unmittelbare Berufung des Einzelnen ge-

---

[153] → Bd. I *Reimer* § 9 Rn. 47 f.
[154] *Wahl/Masing*, Eingriff (Fn. 86), S. 553 (559). Zum Gesetz „als politisches Instrument" *Fritz Ossenbühl*, Gesetz und Recht, in: HStR V, § 100 Rn. 21 ff.
[155] Vgl. etwa *Eberhard Schmidt-Aßmann*, in: Maunz/Dürig, GG, Art. 19 Abs. 4 Rn. 122 ff.

genüber der Verwaltung auf aus Grundrechten abgeleitete Forderungen (außerhalb der Abwehransprüche) ist demgegenüber auf der Primärebene **unmittelbar gegenüber der Verwaltung nur ganz ausnahmsweise** denkbar. Sie kommt nur in Betracht, wenn ein Gesetz nicht entgegensteht, d.h. etwa bei – eher theoretisch als praktisch denkbaren – Leistungsansprüchen.[156] Steht demgegenüber grundrechtlichen Ansprüchen des Einzelnen ein Gesetz entgegen, das nicht im Wege der verfassungskonformen Auslegung „korrigiert" werden kann, so kann sich der Einzelne gegenüber der Verwaltung zwar auf seine Grundrechte berufen, es fehlt dieser aber an einer Verwerfungskompetenz des Gesetzes.[157] Die Ansprüche des Einzelnen können insoweit nicht unmittelbar gegenüber der Verwaltung selbst realisiert werden, sondern **nur mittels der Gerichte**: Entweder indem (theoretisch) die Verwaltung das entsprechende Gesetz über die Regierung dem Bundesverfassungsgericht (bzw. einem Landesverfassungsgericht) vorlegt, oder indem der – zunächst gegenüber der Verwaltung erfolglose – Bürger seine Grundrechte selbst über die Gerichtsbarkeit einfordert. Entsprechendes gilt, wenn grundrechtliche Gewährleistungen mit denen des Vorbehalts des Gesetzes – insbesondere weil sie in Wechselwirkungen mit Grundrechtseinschränkungen gegenüber Dritten stehen – konfligieren: Auch hier bedarf es konstruktiv der Gestaltung durch Gesetz.[158] Hier wie dort sind folglich die Rechtsbeziehungen des Einzelnen gegenüber der Verwaltung auch dort maßgeblich über die Gesetze gesteuert, wo die Grundrechte Geltung beanspruchen.

c) Gesetzlicher Schutz bürgerlicher Freiheit und Integrität außerhalb der Grundrechte

Der Rechtsstatus des Einzelnen ist nicht nur und auch nicht primär durch – in einem substanziellen Sinne – grundrechtsgeleitete Gesetze bestimmt. Weithin ergeben sich die Beziehungen zwischen Einzelnem und Verwaltung auf der Grundlage von **Gesetzen, die – grundrechtlich nicht determiniert – in freier politischer Verantwortung** verabschiedet wurden und geändert werden können. Dies ergibt sich nicht nur für Leistungsrechte wie Ansprüche auf Sozialleistungen oder den Bereich des Gesundheitswesens, sondern auch für die Daseinsvorsorge oder für Rechtsbeziehungen im Rahmen der staatlichen Wirtschaftsförderung. All diese Rechtsbeziehungen haben in einem staatstheoretischen Sinne selbstverständlich letztlich das Ziel, den Bürgern jeweils eine selbstbestimmte Entfaltung der eigenen Person in ihrem gesellschaftlichen Umfeld zu ermöglichen. Sie sind deshalb aber nicht auf die Bedeutung konkretisierender Grundrechtsgestaltung zu begrenzen. Freilich ist die Abgrenzung zu grundrechtsgeprägten Normbereichen fließend: Ausgehend von einem weiten Verständnis der Grundrechte als objektive Prinzipiennormen lässt sich ein „Bezug" zu einem grundrechtlich geschützten Rechtsgut in irgendeiner Weise meistens herstellen. Dieses rechtfertigt jedoch nicht, das gesamte gesetzlich gebundene Verwaltungshandeln als Grund-

76

---

[156] Eine von einem solchen verfassungsunmittelbaren Anspruch zu unterscheidende, gleichsam gesetzesvertretende Anordnung (übergangsweiser Anspruch auf laufenden besonderen Bedarf für das Existenzminimum bis zum Erlass einer gesetzlichen Regelung) hat das BVerfG in *BVerfGE* 125, 175 (177, 252–255, 260) – Hartz IV, erlassen.
[157] Detailliert *Wolff/Bachof/Stober/Kluth*, VerwR I, § 28 Rn. 23 ff.
[158] *Wahl/Masing*, Eingriff (Fn. 86), S. 553 (557 ff.).

rechtskonkretisierung aufzufassen.¹⁵⁹ Eine solche Sichtweise perpetuiert nicht nur in neuem Gewand die normativistisch verengte Sichtweise der alten Verwaltungsrechtslehre, sondern verkennt auch den Charakter der **Verfassung als Rahmenordnung**¹⁶⁰ und die mit ihr begründete politische Freiheit in der demokratischen Ordnung. Sie ist nicht nur Grundrechtsteleologie, sondern eine säkularisierte Form von Grundrechtstheologie.

77 Es ist ein Verdienst insbesondere auch der steuerungswissenschaftlichen Orientierung des modernen Verwaltungsrechts, Gesetze und die auf ihnen gründenden Verwaltungsmaßnahmen als Handlungsprogramme zu verstehen, die in Relation zu **politischen Zielen** insbesondere nach Effizienzgesichtspunkten beurteilt werden. Die entsprechenden Gesetze sind auch rechtstatsächlich in der Regel weder final auf eine Grundrechtsoptimierung hin ausgerichtet, noch erhalten sie durch irgendeinen Grundrechts„bezug" grundsätzlich einen normativen Mehrwert. In politischer Verantwortung vor dem Volk reagiert mit ihnen der Gesetzgeber, und konkretisierend dann die Verwaltung, vielmehr auf politisch definierte Sachnotwendigkeiten oder etwa auch völkerrechtliche bzw. europarechtliche Umsetzungsverpflichtungen und trägt hierdurch zu einer **Gestaltung des „Gemeinwohls"** bei. Dieses Gemeinwohl ist dabei aber nicht durch verfassungsrechtliche Wertprinzipien umfassend prädeterminiert, sondern nur auf die Beachtung bestimmter, nicht abschließend vorgegebener Grundprinzipien verpflichtet.¹⁶¹ Es bleibt eine gültige Erkenntnis der Aufklärung, dass Freiheit bei deren kollektiver Verwirklichung nicht mehr auf eine kohärente Ordnung von metaphysischen Prinzipien zurückgreifen kann. Die Rechtswissenschaft sollte dieses auch bei der Rekonstruktion der rechtlichen Vorschriften nicht versuchen.

78 Die verfassungsrechtliche Grundlegung des Rechtsstatus des Einzelnen spiegelt, so lässt sich **zusammenfassen,** die Beziehungen zwischen Einzelnem und Verwaltung nur zu einem Teil. Die Stellung des Einzelnen ist bezüglich des Schutzes seiner bürgerlichen Freiheit und Integrität durch die Grundrechte zwar rechtsstaatlich formalisiert vorstrukturiert und inhaltlich in Ausschnitten vorgeprägt. Die Rechtsstellung als Ganze ergibt sich aber erst aus den Gesetzen – wobei sie wiederum ihrerseits nicht das Ganze der Gesetze ist.

2. Gesetzliche Ordnung und staatsbürgerliche Teilhabe

79 Wie schon das Verwaltung-Bürger-Verhältnis in Bezug auf den Schutz bürgerlicher Freiheit und Integrität maßgeblich durch Gesetze vermittelt wird, so wird es dies um so mehr in Bezug auf eine staatsbürgerliche Teilhabe an der Verwaltung. Unmittelbar durch die Verfassung gewährleistet ist hier nur – den *status activus* betreffend – das Wahlrecht auf Kommunalebene,¹⁶² dessen nähere Ausgestaltung und damit Wirkung in den Händen der (Landes-)Gesetzgeber liegt. Alle darüber hinausgehenden direkten politischen Mitwirkungsrechte der Bürger in der Kommunalverwaltung – etwa Bürgerversammlung, Bürgerbegehren und Bürgerentscheid – stehen nicht nur in Bezug auf die Ausgestaltung, sondern

---

¹⁵⁹ Vgl. oben Fn. 136.
¹⁶⁰ Vgl. *Norbert Manterfeld,* Die Grenzen der Verfassung, 2000, unter breitem Rückgriff auf die Arbeiten *Böckenfördes;* s. a. Fn. 134.
¹⁶¹ → Rn. 21 ff.
¹⁶² → Rn. 65 ff.

C. Verfassungsrechtliche Grundlegung

auch auf deren Einrichtung selbst **in der überwiegend freien Entscheidung des Gesetzgebers.**[163]

Praktisch ganz in der politischen Verantwortung des Gesetzgebers steht schließlich die Entscheidung, ob dem einzelnen Bürger gegenüber der Verwaltung unterhalb der förmlichen Mitentscheidungsrechte im Sinne von Kommunalwahlen und Mitwirkung an Abstimmungen staatsbürgerliche Einwirkungsrechte auf die Verwaltung im Sinne eines *status procuratoris* eingeräumt werden.[164] Es liegt hier grundsätzlich in der **Entscheidung des Gesetzgebers,** wie weit das Verhältnis zwischen der Verwaltung und den Bürgern entpolitisiert nach dem Modell einer in fachlicher Distanz agierenden Exekutive gestaltet wird oder als politisch rückgekoppelt und damit den verschiedenen gesellschaftlichen Einflüssen einschließlich deren Machtstrukturen stärker ausgesetzt wird.[165] Solche Entscheidungen, die auch die Art der demokratischen Rückkopplung mit der Verwaltung mitgestalten, stehen dabei freilich nicht im leeren Raum beliebiger Dezision. Sie sind – auf der Grundlage demokratischer Entscheidungsprozesse – an die strukturellen Notwendigkeiten einer effektive Verwaltung, das europäische wie internationale Umfeld und die demokratische Kultur anzupassen.

80

Gerade das Verwaltung-Bürger-Verhältnis unterlag denn auch **geschichtlich einer sehr unterschiedlichen Ausgestaltung.** Lange wurden die Beziehungen zwischen Einzelnem und Verwaltung dabei konsequent individualisierend und entpolitisierend ausgeformt: Eine Teilhabe an der Verwaltung wurde als Bedrohung administrativer Unparteilichkeit und Distanz vermieden und zur Verhinderung partikular-interessierter Einflussmöglichkeiten zurückgedrängt. Eine rechtlich ausgeformte Stellung des Bürgers wurde folglich streng an die Verfolgung in sich begrenzter, spezifisch geschützter Individualbelange geknüpft und auf sie begrenzt.[166] In Deutschland wurde diese Linie durch das Erbe des deutschen Konstitutionalismus verstärkt. Indem dieser die Exekutive insgesamt dem Monarchen zuordnete,[167] war diese nicht nur staatsrechtlich dem Parlament, sondern in Blick auf ihre politische Funktion einer Verantwortung gegenüber den Bürgern grundsätzlich entzogen. Unter diesen Bedingungen bildete sich mit der Lehre vom subjektiv-öffentlichen Recht ein Verwaltung-Bürger-Verhältnis heraus, das jedenfalls äußerlich einen Zugriff auf das „öffentliche Interesse" bzw. „das Politische" zu vermeiden suchte und sich – analog zum Verständnis des Parlaments als Schutzschild für Freiheit und Eigentum – ganz vom Schutz individueller, als privatnützig definierter Rechte bestimmte. Anders als etwa in Frankreich, das allgemeine Verwaltungskontrolle und Rechtsschutz ineinander aufhob,[168] tradierte

81

---

[163] Vgl. bereits oben Fn. 147. Art. 12 Abs. 3 BayVerf richtet Mitwirkungsrechte der Bürger auf kommunaler Ebene ein. Die Verfassungen der Länder Brandenburg (Art. 24) und Sachsen-Anhalt (Art. 19) verankern ein Petitionsrecht auf kommunaler Ebene.
[164] → Rn. 68 ff.
[165] Vgl. z.B. im Hinblick auf Informationsrechte *Masing,* Verwaltung (Fn. 60), insbes. S. 418 ff.; *Friedrich Schoch,* Informationsfreiheitsgesetz für die Bundesrepublik Deutschland, DV, Bd. 35 (2002), S. 149 ff.; *Matthias Rossi,* Informationszugangsfreiheit und Verfassungsrecht, 2004. In Hinblick auf die Verwaltungsreformen *Hinnerk Wißmann,* Staatliche Mittel- und Sonderbehörden – eine Altlast der Verwaltungslandschaft?, DÖV 2004, S. 197 ff.
[166] *Masing,* Mobilisierung (Fn. 21), S. 62 ff.; *Bauer,* Lehre (Fn. 21), passim.
[167] → Bd. I *Stolleis* § 2 Rn. 46.
[168] *Masing,* Mobilisierung (Fn. 21), S. 84 ff., 196 ff.; *Claus D. Classen,* Strukturunterschiede zwischen deutschem und europäischem Verwaltungsrecht, NJW 1995, S. 2457 (2461); dazu → Bd. I *Hoffmann-*

sich hierüber bis lange unter das Grundgesetz eine pointiert entpolitisierende Ausgestaltung des Verwaltung-Bürger-Verhältnisses. Politische Teilhabe und Partizipation wurden erst allmählich und unter mühsamen Diskussionen, befördert insbesondere durch die Entdeckung des Planungsrechts, in das Verwaltungsrecht aufgenommen.[169] Heute können solche Mitwirkungsrechte hingegen als gesicherter – wenngleich dogmatisch und systematisch noch nicht voll integrierter –[170] Bestandteil des Verwaltungsrechts angesehen werden. Das Nachhinken der deutschen Rechtsordnung gegenüber dem Ausland bei der Einräumung eines allgemeinen Datenzugangsrechts zeigt allerdings, dass auch die alten Traditionen noch nachwirken.[171]

82   Es ist ein Gewinn der Perspektiven modernerer verwaltungswissenschaftlicher Ansätze, dass die **rechtspolitische Notwendigkeit** solcher **politischer Teilhabe** an der Verwaltung und die diesbezügliche Gestaltungsfähigkeit mit zum Thema wissenschaftlicher Behandlung gemacht werden kann, ohne sie als rechtliche Sollensgebote normativ begründen zu müssen. Auf diese **methodische Differenz** zwischen steuerungsrechtlicher und rechtsauslegender Perspektive muss – entgegen manchen Unklarheiten der derzeitigen Diskussion – insistiert werden: Die rechtswissenschaftliche Einsicht in die fachlich begründbare Notwendigkeit erweiterter Befugnisse der Bürger ersetzt nicht die verfassungsrechtlich normative Notwendigkeit, dass solche Überzeugungen vom formal legitimierten Gesetzgeber übernommen werden. Gerade an Hand der staatsbürgerlichen Teilhabe des Einzelnen an der Verwaltung wird damit deutlich, dass der Rechtsstatus des Einzelnen sich nicht allein durch die Verfassung, sondern maßgeblich auch durch Gesetz entscheidet.

3. Inkongruenz zwischen gesetzesvermitteltem Rechtsstatus des Einzelnen und gesetzesvermitteltem Handlungsprogramm der Verwaltung

83   Wenn sich der Rechtsstatus des Einzelnen gegenüber der Verwaltung weithin erst aus dem Gesetz und nicht schon aus der Verfassung ergibt, bedeutet dieses nicht im Umkehrschluss, dass das Gesetz seine primäre Ausrichtung in der Ausgestaltung des Status des Einzelnen hat. Das Gesetz ist zwar die entscheidende Brücke zwischen Verwaltung und Bürger: In ihm treffen sowohl die Handlungsperspektive der Verwaltung als auch die Individualperspektive des Einzelnen zusammen. Beide Aspekte sind aber nicht kongruent: **Gesetze regeln mehr und anderes als den Rechtsstatus des Einzelnen.**[172] Sie sind überwiegend final und instrumentell ausgerichtet an der Erreichung von gemeinbezogenen Verwaltungszwecken. Die Gesetze gestalten dabei den Rechtsstatus des Einzelnen mit, stehen aber strukturell eher in Gefahr, Einzelbelange gegenüber Gemeinbelan-

---

Riem § 10 Rn. 6 f.; *Nikolaus Marsch*, Subjektivierung der gerichtlichen Verwaltungskontrolle in Frankreich, Eilverfahren und Urteilsimplementation im objektiv-rechtlich geprägten Kontrollsystem, 2011, S. 33 ff.

[169] *Ulrich Battis*, Partizipation im Städtebaurecht, 1976; *Wahl*, Landesplanung (Fn. 58); *Thomas Würtenberger*, Akzeptanz durch Verwaltungsverfahren, NJW 1991, S. 257 ff.; näher *Masing*, Mobilisierung (Fn. 21), S. 138 ff.; *Schmidt-Aßmann*, Ordnungsidee, Kap. 2 Rn. 106 ff. m. w. N.

[170] *Masing*, Mobilisierung (Fn. 21), S. 111 ff.

[171] *Masing*, Verwaltung (Fn. 60), S. 381 ff.

[172] Zu Funktionen des Gesetzes → Bd. I *Reimer* § 9 Rn. 1 ff.

C. Verfassungsrechtliche Grundlegung

gen hintanzustellen. Gerade deshalb ist die grundrechtliche Fundierung des Rechtsstatus des Einzelnen von großer Bedeutung: Die Spannung zwischen Individualschutz und kollektiv gestalteter wie orientierter Verwaltungspolitik wird nicht aufgehoben, sondern ausgetragen. Die Gestaltung des Rechtsstatus des Einzelnen ist nur ein Teil der Verwaltungsgesetze und verwaltungsrechtlicher Maßnahmen. Umgekehrt lassen sich von der Perspektive des Individuums allein Gesetze nicht erfassen. Die individuellen Verwaltung-Bürger-Beziehungen und erst recht der Aspekt des Individualschutzes spiegeln nicht Inhalt und Wirkung der Gesetzesgebundenheit der Verwaltung. Dem entspricht die **Unterscheidung zwischen objektivem und subjektivem Recht:** Nicht jede Gesetzesbindung vermittelt dem Bürger Rechte und setzt ihn damit in ein rechtliches Verhältnis zur Verwaltung.[173] Zahlreiche Gesetzesvorschriften steuern das Handeln der Verwaltung zur Erreichung von übergeordneten Verwaltungszielen, die als solche keinen spezifischen Bezug auf individualisierbare einzelne Bürger haben. Sie dienen dem „öffentlichen Interesse" bzw. „der Allgemeinheit" und sind Mittel verwaltungspolitischer Gestaltung. Als objektives Recht sind sie nicht weniger verbindlich und als Steuerungselement nicht weniger bedeutsam als Gesetze, die Rechte des Bürgers berühren oder begründen. Gerade dieser doppelten Perspektive der Verwaltungsgesetze und damit des Verwaltungshandelns muss dementsprechend auch die Verwaltungsrechtswissenschaft Rechnung tragen.

Indem der Rechtsstatus des Einzelnen sich nach Gesetzen bestimmt, die ihrerseits durch verwaltungspolitische Handlungsprogramme motiviert sind, gerät **auch der individuelle Rechtsstatus selbst** in die **Perspektive von funktionalen Strategien** wie etwa eine Mobilisierung der Bürger für die Implementierung von Gemeinbelangen.[174] Da seine Ausgestaltung politischer Entscheidung unterliegt, kann er im Blick auf Wirksamkeitszusammenhänge, erwartete Effekte und Kosten hin seine maßgebliche Form bekommen. Die Ausgestaltung folgt damit möglicherweise Zwecksetzungen, die nicht ihrerseits ihren Zweck im Rechtsstatus, sondern in einem weiteren Handlungsprogramm der Verwaltung haben. Das Gesetz kann somit auch im Blick auf den Rechtsstatus des Einzelnen ein Gestaltungsmittel zur Erreichung übergreifender Verwaltungsziele sein. Der verfassungsrechtlich unmittelbar gewährleistete *status negativus* sowie die über die objektivrechtlichen Grundrechtswirkungen mittelbar verbürgten Elemente des *status positivus* verhindern dabei, dass der Einzelne insoweit nur mehr als Instrument zum Objekt strategischer Erwägungen wird. Soweit die Einräumung individueller Rechte aber grundrechtlich nicht gebunden ist, ist deren Einräumung damit stets auch eine **kybernetisch bedeutsame Allokationsentscheidung.** Eine konstruktive Verbindung solcher Effizienzüberlegungen mit der normativen Rekonstruktion der Verwaltung-Bürger-Beziehungen aus Sicht des Rechtsstatus des Einzelnen ist dabei aber nur auf der Grundlage eines Verständnisses der Verwaltungsrechtswissenschaft möglich, das sowohl die steuerungs-

84

---

[173] Zu dieser Unterscheidung grundlegend *Otto Bachof*, Reflexwirkungen und subjektive Rechte im öffentlichen Recht, in: GS Jellinek, 1955, S. 287 ff., und bereits *Jellinek,* System (Fn. 52), S. 41 ff., 68 ff.; vgl. *Maurer,* VerwR, § 8 Rn. 2 f.; *Eberhard Schmidt-Aßmann,* in: Maunz/Dürig, GG, Art. 19 Abs. 4 Rn. 118 ff.
[174] Vgl. *Masing,* Mobilisierung (Fn. 21), S. 19 ff.; zur europarechtlich beförderten Dynamik dieser Perspektive auch u. → Rn. 88 ff.

wissenschaftliche Perspektive als auch die traditionell rechtsanwendende Perspektive kennt und anerkennt und – beide unterscheidend – ineinander verschränkt.

IV. Verwaltung-Bürger-Verhältnis außerhalb gesetzlicher Strukturierungen

85 Handlungskreise der Verwaltung und der Bürger berühren sich auch unabhängig von Verfassungs- und gesetzlichen Grundlagen. Auch unabhängig von normativ ausgestalteten Rechtsbeziehungen bleibt der Bürger somit Staatlichkeit und ihrer Verwaltung ausgesetzt. Er steht – eingebunden in ein staatlich organisiertes Gemeinwesen – somit schon vom Grundsatz her nicht in einem staatsfreien Raum, sondern ist **auch unabhängig von Normen mit der Verwaltung und den Auswirkungen ihrer Politik konfrontiert.** Diese Grundbefindlichkeit ist von der Verfassung vorausgesetzt und kann rechtlich nicht abgewehrt werden: Weder kann der Einzelne sich unter Berufung auf fehlende rechtliche Grundlagen gegen jede ihn faktisch betreffende Verwaltungsaktivität zur Wehr setzen, noch ist es der Exekutive als demokratischer Exekutive grundsätzlich versagt, außerhalb gesetzlicher Aufträge überhaupt tätig zu werden. Der verfassungsrechtliche Gesetzesvorbehalt versteht sich **nicht als Totalvorbehalt.**[175] Die Verwaltung hat vielmehr teil an der virtuellen Allzuständigkeit des Staates, die durch Kompetenznormen nur auf verschiedene Träger verteilt, nicht aber begründet wird.[176]

86 Der **gesetzesfreie Aktionsradius** der Verwaltung ist dabei freilich **beschränkt.** Insbesondere die dem Individualschutz dienenden rechtsstaatlichen Garantien begrenzen solche Optionen erheblich. Der Vorbehalt des Gesetzes erfasst heute nicht nur mittelbare wie unmittelbare Eingriffe, sondern auch die Regelung von Grundrechtskonflikten im Rahmen anderer Grundrechtswirkungen sowie nach der Wesentlichkeitstheorie überhaupt Maßnahmen, die für die Grundrechtsausübung wesentlich sind.[177] Über den verfassungsrechtlichen Gesetzesvorbehalt hinaus scheidet ein gesetzesfreies Verwaltungshandeln auch dort aus, wo der Gesetzgeber von sich aus Verwaltungshandeln abschließend geregelt bzw. in Rahmen gesetzt hat. Dennoch bleibt das gesetzesfreie Handeln der Verwaltung von erheblicher Bedeutung und hat der Sache nach für den einzelnen Bürger große Wirkung. So können nach herrschender Lehre nicht nur Subventionen und sonstige Leistungen in gewissem Umfang ohne nähere gesetzliche Grundlage zugewiesen werden,[178] sondern erfasst der Raum des gesetzesfreien Handelns viele Realmaßnahmen der Verwaltung, die unter dem Stichwort „informelles Verwaltungshandeln" zunehmende Bedeutung bekommen und insbesondere

---

[175] *Fritz Ossenbühl*, Vorrang und Vorbehalt des Gesetzes, in: HStR V, § 101 Rn. 63 ff. A. A. *Dietrich Jesch*, Gesetz und Verwaltung, 1961. S. näher → Bd. I *Reimer* § 9 Rn. 45.

[176] Vgl. *Albrecht Randelzhofer*, Staatsgewalt und Souveränität, in: HStR II, § 17 insbes. Rn. 38.

[177] → Bd. I *Reimer* § 9 Rn. 47 f.

[178] Zum Streitstand *Andreas Roth*, Verwaltungshandeln mit Drittbetroffenheit und Gesetzesvorbehalt, 1991, S. 345 ff. Aus der Rspr. BVerwGE 6, 282 (287 f.); 90, 112 (126); BVerwG, NJW 1977, S. 1838, std. Rspr.; vgl. weiter *Wolff/Bachof/Stober/Kluth*, VerwR I, § 18 Rn. 16 ff., 19 f. Dagegen siehe z. B. *Maurer*, VerwR, § 6 Rn. 19 ff.; *Karl-Peter Sommermann*, in: v. Mangoldt/Klein/Starck, GG II, Art. 20 Rn. 262 f.; *Schmidt-Aßmann*, Ordnungsidee, Kap. 3 Rn. 23.

auch die Informationspolitik – solange die Informationen nur sachlich und richtig sind[179] – umfassen.[180] Im Übrigen zählt hierzu auch der freie Rückgriff der Verwaltung auf das Privatrecht, d.h. die Fähigkeit der Verwaltung mit den Bürgern unter Rückgriff auf deren Freiheit privatrechtliche Verträge zu schließen.[181]

Der Rechtsstatus des Einzelnen hat insoweit **wenig spezifische Konturen:** 87 Aus Sicht des Einzelnen ist hier die rechtliche Freiheit definitionsgemäß gewahrt – ausgehend von einem rechtlichen Verständnis von Freiheit, das nicht prinzipiell davor schützt, bei der Freiheitsbetätigung den Einflüssen anderer ausgesetzt zu sein. Die Rechtsbeziehungen zwischen Verwaltung und Bürger lassen sich hier am ehesten – wenngleich auch insoweit nur in Grenzen – analog zu privatautonomen Beziehungen innerhalb der Gesellschaft erklären.[182] Die Verwaltungsrechtswissenschaft hat sich hierfür dementsprechend lange wenig interessiert und allenfalls mit einer Erweiterung des Rechtsschutzes auch gegenüber indirekten Einflussnahmen reagiert. Durch die steuerungswissenschaftliche Perspektive ist es dem modernen Verwaltungsrecht gelungen, die hiermit verbundenen Handlungsmöglichkeiten der Verwaltung prospektiv zu analysieren und von daher auch die Verwaltung-Bürger-Beziehung, die sich nicht auf eine individuelle Rechte- und Pflichtenstellung des Einzelnen zurückführen lässt, zu erfassen.[183]

D. Europarechtliche Grundlegung: Grundrechtlicher Schutz und Mobilisierung des Bürgers für die Effektivierung des Unionsrechts

I. Grundrechtlicher Schutz

Für die Verwaltung-Bürger-Beziehungen nach dem Recht der Europäischen 88 Union ist ein übergreifender **Rechtsstatus** des Einzelnen **nicht in vergleichbarer Differenzierung ausgebaut** und gesichert. Als supranationale Gemeinschaft mit Hoheitsbefugnissen, die zur Erreichung bestimmter Ziele nach dem Prinzip der begrenzten Einzelermächtigung vertraglich übertragen wurden, stand eine prinzipielle Fundierung eines Rechtsstatus des Einzelnen nicht im Vordergrund. Anders als nach dem gescheiterten Projekt einer europäischen politischen Gemeinschaft 1954[184] zielten die europäischen Verträge primär auf die Erreichung wirtschaftlicher Ziele in Überwindung nationalstaatlicher Einzelinteressen,[185] nicht aber auf einen europaweiten Ausbau rechtsstaatlicher Gewährleistungen. Zunächst waren Grundrechte deshalb gar nicht vorgesehen, und sie wurden in

---

[179] *BVerfGE* 105, 252 – Glykol.
[180] → Rn. 176 ff.
[181] → Rn. 173 ff.
[182] → Rn. 176 ff.
[183] → Bd. I *Voßkuhle* § 1 Rn. 23 f.
[184] Die europäische politische Gemeinschaft war eng verbunden mit dem Projekt der europäischen Verteidigungsgemeinschaft, vgl. den Entwurf für eine Europäische Gemeinschaft in: Europa-Archiv, Bd. 8 (1954), S. 5669 ff.
[185] Zum Binnenmarktziel vgl. → Bd. I *Schmidt-Aßmann* § 5 Rn. 95 ff.

Gestalt der Europäischen Grundrechtscharta[186] erst mit dem Inkrafttreten des Lissabonner Vertrags am 1. Dezember 2009 bindendes Recht.[187]

89 Dennoch war die **rechtsstaatliche Grundstruktur** des Verhältnisses von individueller Freiheit und staatlicher Mäßigung die **selbstverständlich vorausgesetzte Grundlage** auch der Europäischen Union und schon zuvor längst in das Europarecht hineingewachsen. Über die Entwicklung von „allgemeinen Rechtsgrundsätzen" hatte der Europäische Gerichtshof unter Rückgriff auf die gemeinsame Verfassungstradition der Mitgliedstaaten und die EMRK rechtsstaatliche Maßgaben in das Unionsrecht eingezogen, die sowohl für die Rechtssetzung als auch die Rechtsanwendung von Unionsrecht verbindlich waren und Vorrang beanspruchten.[188] Der Sache nach handelte es sich dabei um eine grundrechtssubstituierende Form des Schutzes bürgerlicher Freiheit und Integrität. So hatte der Gerichtshof sowohl spezifische Freiheiten wie die Berufsfreiheit, die Religionsfreiheit, das Eigentumsrecht oder die Unverletzlichkeit der Wohnung anerkannt als auch Grundsätze der Rechtsstaatlichkeit wie das Recht auf Gehör, auf Akteneinsicht, auf Rechtssicherheit und insbesondere – wenngleich freilich mit anderer Prüfungsdichte als im innerstaatlichen Recht – den Grundsatz der Verhältnismäßigkeit. Die prinzipielle Anerkennung der subjektiven Freiheit des Bürgers als Kern seiner Rechtsstellung gegenüber Staat und Verwaltung spiegelte sich somit auch schon vor Inkrafttreten der Charta im europäischen Recht. Die Europäische Grundrechtscharta, die individuelle Rechte umfassend gegenüber allen Hoheitsträgern, die mit der Anwendung europäischen Rechts betraut sind, gewährleistet und hierbei den Gesetzesvorbehalt sowie den Grundsatz der Verhältnismäßigkeit anerkennt (Art. 51 Abs. 1, 52 GrCh), verdeutlicht die gemeinsame Grundkonzeption des Bürger-Verwaltung-Verhältnisses nach nationalem und europäischem Recht.

90 Trotz solcher Kongruenz enthält das Europarecht demgegenüber bislang **keine der deutschen Grundrechtsdogmatik vergleichbare prinzipielle Fundierung** oder dogmatisch ausdifferenzierte Ausarbeitung des Rechtsstatus des Einzelnen. Hierfür fehlt es jedenfalls bis zu dem gemäß Art. 6 Abs. 2 EUV gebotenen Beitritt der Union zur EMRK schon an den institutionellen Voraussetzungen eines mit entsprechenden Kompetenzen ausgestatteten Gerichts,[189] und erst recht verhindert dies der supranationale Charakter der europäischen Rechtsprechung. Diese muss Entscheidungen hervorbringen, die anschlussfähig sind an die Vielzahl der Gestaltungen, mit denen die Mitgliedstaaten – zugleich verschieden elaboriert und stringent – das Postulat der Freiheit in ihren Rechtsordnungen zur Geltung bringen. Ein streng durchgearbeitetes Grundmodell der

---

[186] ABl. EU 2007, Nr. C 303, S. 1.
[187] Näher etwa *Jürgen Kühling*, Grundrechte, in: v. Bogdandy/Bast (Hrsg.), Europäisches VerfR, S. 583 (592 ff.); *Udo Di Fabio*, Die europäische Charta, JZ 2000, S. 737 ff.; *Armin v. Bogdandy*, Grundrechtsgemeinschaft als Integrationsziel, JZ 2001, S. 157 ff.; *Juliane Kokott/Christoph Sobotta*, Die Charta der Grundrechte der Europäischen Union nach Inkrafttreten des Vertrags von Lissabon, EuGRZ 2010, S. 265 ff.
[188] Zur Entwicklung *Kühling*, Grundrechte (Fn. 187), S. 662 ff. S. auch zu Art. 236 Abs. 4 AEUV *Wolfram Cremer*, Zum Rechtsschutz des Einzelnen gegen abgeleitetes Unionsrecht nach dem Vertrag von Lissabon, DÖV 2010, S. 58 ff.
[189] So kennt der Europäische Gerichtshof kein spezifisches Individualschutzverfahren; der Einzelne kann das Europäische Gericht in der Regel nicht anrufen; Individualschutz stellt sich eher mittelbar über das Vorlageverfahren nach Art. 267 AEUV her.

D. Europarechtliche Grundlegung

Verwaltung-Bürger-Beziehungen stößt insoweit schon für die europäische Ebene selbst – zumal angesichts deren diverser Verschränkungen mit nationalem Recht – auf große Schwierigkeiten. Die Suche nach einer theoretischen Konstruktion eines solchen Verhältnisses für das Europarecht hat dann auch in der Literatur noch kaum begonnen; allerdings hat sie durch die Inkraftsetzung der Grundrechtscharta einen neuen Schub erhalten.[190] Erst recht birgt das Europarecht bisher keine prinzipiengeleiteten Rechtsvorgaben für die innerstaatliche Konstruktion dieses Verhältnisses. Anforderungen werden hier vielmehr pragmatisch ergebnisorientiert entwickelt und zielen problembezogen auf die praktische Wirksamkeit der Verträge. Ob der Bürger unionsrechtliche Gewährleistungen durch subjektive Rechte oder durch objektivrechtliche Verfahrensbefugnisse i.V.m. dem allgemeinen Gesetzmäßigkeitsprinzip durchsetzen kann, wird insoweit ebenso wenig vorgegeben wie etwa die Frage, ob bzw. wie weit die Verwaltung den Bürger durch einseitige Verwaltungsmaßnahmen oder erst auf der Grundlage von gerichtlichen Entscheidungen in Pflicht nehmen kann. Entsprechendes gilt jedenfalls dem Grundsatz nach für die Unterscheidung von staatlich und privat, die das Europarecht nicht selten respektlos beiseite schiebt.[191] Zumindest soweit solche Rechtsprechung auf die Durchsetzung materieller Vertragsprinzipien wie die Grundfreiheiten oder das Wettbewerbsrecht zielt, ist sie nur konsequent:[192] Für den Umfang vertraglicher Pflichten kann es nicht auf die innerstaatliche Qualifizierung als öffentlich oder privat ankommen. Vor allem steht sie einer innerstaatlich freiheitlichen Strukturierung des Rechtsstatus des Einzelnen in der Regel nicht im Wege: Gerade weil das Europarecht hinsichtlich der Grundsatzbestimmungen indifferent ist,[193] bleibt es im Kern Aufgabe der Mitgliedstaaten, den Rechtsstatus des Einzelnen in sich konsequent auszugestalten. Vorgaben des Europarechts sind insoweit systemgerecht und ohne den Unterschied zwischen privatem und amtlichem Handeln aufzuheben in das deutsche Recht zu integrieren.[194]

---

[190] Vgl. den „Beginn einer dritten Phase der Diskussion um subjektiv-öffentliche Rechte des Unionsrechts" feststellend bereits *Martin Nettesheim*, Subjektive Rechte im Unionsrecht, AöR, Bd. 132 (2007), S. 333 (339); s. ferner die N. bei Meyer (Hrsg.), Charta, m.w.N. In der Perspektive eines „Europäischen Verfassungsrechts" *Stefan Kadelbach*, Unionsbürgerschaft, in: v. Bogdandy/Bast (Hrsg.), Europäisches VerfR, S. 611 ff.

[191] Vgl. etwa Art. 51 oder Art. 106 AEUV (Art. 45 oder Art. 86 EG) sowie die diesbezügliche Rspr.; vgl. dazu die N. bei *Jürgen Bröhmer*, in: Calliess/Ruffert (Hrsg.), EU-/EG-Vertrag, Art. 45 EG Rn. 4ff.; *Christian Jung*, in: Calliess/Ruffert (Hrsg.), EU-/EG-Vertrag, Art. 86 EG Rn. 12 f. Eine grundsätzliche Untersuchung zu der Relativierung dieser Kategorien durch das Europarecht und deren kritische Analyse im Blick auf Legitimationskonzepte steht noch am Anfang; vgl. aber *Martin Bullinger*, Die funktionelle Unterscheidung von öffentlichem Recht und Privatrecht als Beitrag zur Beweglichkeit von Verwaltung und Wirtschaft in Europa, in: Hoffmann-Riem/Schmidt-Aßmann (Hrsg.), Auffangordnungen, S. 239 ff.

[192] Kritisieren lässt sich diese Rspr. nicht im Blick auf eine dahinter liegende Konzeption des Staat-Bürger-Verhältnisses, sondern nur – nach Einzelfall – im Blick auf eine mögliche Überdehnung der jeweiligen Normen und die damit verbundene interpretative Ausweitung der materiellen Gewährleistungen.

[193] → Bd. I *Burgi* § 18 Rn. 30 f.

[194] Vgl. z.B. die Europäische Datenschutzrichtlinie, 2002/58/EG; ABl. EG 2002, Nr. L 201, S. 37 ff., die selbst nicht zwischen dem Datenschutz öffentlicher und privater Stellen unterscheidet, die den Mitgliedstaaten diesbezüglich aber gebotene Differenzierungen ermöglicht, dazu näher *Masing*, Verwaltung (Fn. 60), S. 434.

II. Gemeinorientierte Funktionalisierung individueller Befugnisse

91   Stellte sich die europäische Entwicklung eines Grundrechtsschutzes im Verhältnis zum deutschen Recht jedenfalls bislang eher als Aufholen dar, so gehen vom Europarecht in anderer Hinsicht weitreichende **neue Impulse** aus: Es öffnet den Blick auf die **Gemeinrelevanz individueller Befugnisse** und die Möglichkeit, solche Befugnisse für übergreifende öffentliche Interessen bewusst einzusetzen.[195] Mit dieser Perspektivenerweiterung hat es den Anstoß zu einem grundsätzlich erweiterten Verständnis der Rechtsstellung des Einzelnen gegenüber der Verwaltung gegeben: Der Bürger hat Rechte gegenüber der Verwaltung nicht nur zur Wahrung seiner individuellen Freiheit und Integrität, sondern auch prokuratorisch zur gemeinbezogenen Teilnahme an den Verwaltungsgeschäften. Wenn heute die prokuratorischen Befugnisse als vollwertige Form subjektiver Rechte aufgefasst werden können,[196] so hat das Europarecht hierzu maßgeblich beigetragen.

92   Grundlage dieser Entwicklung ist das europäische Konzept der **Mobilisierung von Bürgern** für die Durchsetzung des Rechts und, als ein wesentlicher Teilausschnitt hieraus, die „**funktionale Subjektivierung**".[197] Es hat seinen Ausgangspunkt in der zentralen Herausforderung der Union, eine effektive Implementierung und Umsetzung europäischen Rechts über Grenzen hinweg gegen zum Teil träge und auch widerstrebende staatliche Verwaltungen sicherzustellen. Einer der Wege hierzu wurde in der dezentralen Dynamik privater Interessenverfolgung und privaten Engagements gefunden: Durch Herstellung von Öffentlichkeit, Begründung von Informationsrechten, Einräumung von Partizipationsmöglichkeiten, Schaffung gerichtlich einforderbarer Individualrechte und Anerkennung von Haftungsansprüchen werden Bürger als Prokuratoren des Europarechts mobilisiert. Treibendes Moment ist hier nicht – jedenfalls nicht primär – die Gewährleistung der individuellen Selbstentfaltung des je Einzelnen, sondern das gemeinbezogene Anliegen einer effektiven Implementierung des europäischen Rechts.

93   Ein erster und besonders prominenter Schritt auf diesem Weg war die Entscheidung van Gend & Loos, in der der EuGH entschied, dass die europäischen Verträge **unmittelbare Wirkung** in den Mitgliedstaaten entfalten können.[198] Die wichtigste und intendierte Folge solcher unmittelbaren Wirkung war nicht nur die unmittelbare Verpflichtungskraft gegenüber den Behörden, sondern mehr noch die Möglichkeit der Bürger, sich auf europäisches Primärrecht berufen zu können. Entscheidender Faktor dieser Rechtsprechung war die Kontrollfunk-

---

[195] *Masing,* Mobilisierung (Fn. 21), S. 19 ff., 175 ff.; *Thomas v. Danwitz,* Verwaltungsrechtliches System und europäische Integration, 1996, S. 246 ff.; *Matthias Ruffert,* Subjektive Rechte im Umweltrecht der EG, 1996, S. 292 ff.; *Claus D. Classen,* Die Europäisierung der Verwaltungsgerichtsbarkeit, 1996, S. 82 ff.; *ders.,* Der Einzelne als Instrument zur Durchsetzung des Gemeinschaftsrechts?, VerwArch, Bd. 88 (1997), S. 645 ff.; vgl. auch unten Fn. 233 f.

[196] → Rn. 112 ff.

[197] *Friedrich Schoch,* Die Europäisierung des Verwaltungsprozessrechts, in: FG 50 Jahre BVerwG, 2003, S. 507 (517 ff.); → Bd. III *Schoch* § 50 Rn. 154 ff.; *Ruffert,* Subjektive Rechte (Fn. 195), S. 188 f., 223 ff.; *ders.,* Europäisiertes Allgemeines Verwaltungsrecht im Verwaltungsverbund, DV, Bd. 41 (2008), S. 543 (561).

[198] *EuGH,* Rs. 26/62, Slg. 1963, 1 (25 f.) – van Gend & Loos.

D. Europarechtliche Grundlegung

tion, die damit den Bürgern zuwuchs: „Die Wachsamkeit der an der Wahrung ihrer Rechte interessierten Einzelnen stellt eine wirksame Kontrolle dar, welche die durch die Kommission und die Mitgliedstaaten gemäß den Art. 169 und Art. 170 ausgeübte Kontrolle ergänzt".[199] Das Konzept der „funktionalen Subjektivierung" ist so bereits 1963 deutlich artikuliert. Die weitere Rechtsprechung des Gerichtshofs baut dieses Konzept dann konsequent fort: **Unmittelbare Wirkung** wird nicht nur dem Primärrecht, sondern vielfach auch den Verträgen der Union mit Drittstaaten und schließlich in bestimmten Fällen auch Richtlinien[200] zuerkannt. Auch hier stützt sich die Anerkennung von einforderbaren Rechtspositionen der Bürger maßgeblich auf die Erwägung, dass so die „praktische Wirksamkeit" des Unionsrechts erhöht werde und die Wirksamkeit als „Sanktion" gegenüber den säumigen Mitgliedstaaten gerechtfertigt sei.[201] Eine weitere Zuspitzung erfährt diese Rechtsprechung durch die Schöpfung eines **europäischen Staatshaftungsanspruchs,** der den Bürgern darüber hinaus bei der Nichtumsetzung bzw. Nichtbeachtung von Unionsrecht Schadensersatzansprüche gegenüber dem unionsrechtswidrig handelnden Staat einräumt.[202] Dieser Schadensersatz ist mehr als eine Wiedergutmachung: Er soll „Anreiz" und „Belohnung"[203] für die dezentrale Kontrolle durch den Bürger sein und Strafsanktion gegenüber dem säumigen Staat.[204] Der unionsrechtlich erstrebte Sanktionscharakter von Wiedergutmachungsleistungen wird nicht zuletzt auch in der Rechtsprechung zu den Klagen von Bürgern gegen gleichheitswidrige Versagungen von Sozialleistungen deutlich: Auch hier wählt der Gerichtshof stets Lösungen, die sich nicht allein an dem Gedanken der Wiedergutmachung orientieren, sondern auch daran, dass sich mit ihr eine Sanktionswirkung wegen der Rechtsverletzung ergibt. **Schadensersatzansprüche wegen Diskriminierung** müssten eine „abschreckende Wirkung" haben.[205] Entsprechend bestimmt das Konzept der funktionalen Subjektivierung auch die vom EuGH entwickelten Grundsätze für die **Umsetzung von Richtlinien.** Die Mitgliedstaaten müssen diese nicht nur so umsetzen, dass die mit ihnen vorgegebenen Ziele im Ergebnis erreicht werden, sondern auch so, dass sich Bürger auf die entsprechenden Rechtsnormen wirksam berufen können.[206] So dürften Grenzwerte aus Richtlinien für Luftverschmutzungen **nicht in Form von Verwaltungsvorschriften** umgesetzt werden,

---

[199] *EuGH,* Rs. 26/62, Slg. 1963, 1 (26) – van Gend & Loos.
[200] → Bd. I *Schmidt-Aßmann* § 5 Rn. 68.
[201] *EuGH,* Rs. 6/64, Slg. 1964, 1251 (1270) – Costa/E.N.E.L.; *EuGH,* Rs. 9/70, Slg. 1970, 825 (838) – Finanzamt Traunstein; *EuGH,* Rs. 33/70, Slg. 1970, 1213 (1223f.) – S.P.A. SACE; *EuGH,* Rs. 51/76, Slg. 1977, 113 (126f.) – Nederlandse Ondernemingen; *EuGH,* Rs. 106/77, Slg. 1978, 629 (644f.) – Simmenthal; *EuGH,* Rs. 8/81, Slg. 1982, 53 (70) – Becker; siehe auch *BVerfG,* Urt. v. 6.7.2010, Az.: 2 BvR 2661/06 – Honeywell, Rn. 77.
[202] *EuGH,* Rs. C-6/90 u. C-9/90, Slg. 1991, I-5357 (5413ff.) – Francovich. Bestätigt in *EuGH,* Rs. C-334/92, Slg. 1993, I-6911 (6931ff.) – Wagner Miret; *EuGH,* Rs. C-91/92, Slg. 1994, I-3325 (3357) – Faccini Dori; *EuGH,* Rs. C-46/93 u. C-48/93, Slg. 1996, I-1029 (1141ff.) – Brasserie du pêcheur und Factortame; *EuGH,* Rs. C-192/94, Slg. 1996, I-1281 (1304) – El Corte Inglés.
[203] *Claus-Dieter Ehlermann,* Ein Plädoyer für die dezentrale Kontrolle der Anwendung des Gemeinschaftsrechts durch die Mitgliedstaaten, in: FS Pierre Pescatore, 1987, S. 205 (220); *Masing,* Mobilisierung (Fn. 21), S. 49.
[204] *Hans-Joachim Prieß,* Die Haftung der EG-Mitgliedstaaten, NVwZ 1993, S. 118 (120); *Burkhart Goebel,* Gemeinschaftsrechtlich begründete Staatshaftung, UPR 1994, S. 361.
[205] *EuGH,* Rs. 14/83, Slg. 1984, 1891, Rn. 23 – Sabine v. Colson.
[206] *EuGH,* Rs. C-361/88, Slg. 1991, I-2567 (2601) – Kommission/Deutschland.

sondern nur in Form von Außenrecht, auf das sich die Betroffenen in allen Fällen zweifelsfrei berufen könnten. Eine effektive Umsetzung, so ist auch hier der Leitgedanke, ist erst dann gegeben, wenn die Bürger in die Kontrolle der Normen wirksam mit einbezogen sind.[207] Entsprechende **Vorgaben für den Rechtsschutz** finden sich darüber hinaus in zahlreichen Richtlinien. So gelten sie insbesondere auch für das Vergaberecht, das eine Diskriminierungsfreiheit der bedeutsamen öffentlichen Aufträge europaweit sicherstellen soll. Auf dieser Linie liegt aber etwa auch das Janecek-Urteil des EuGH zur **Feinstaubproblematik**, nach welchem Art. 7 Abs. 3 der Luftqualitätsrahmenrichtlinie[208] verlangt, dass Einzelne die Aufstellung eines Aktionsplans erwirken können müssen, wenn die Gefahr einer Grenzwertüberschreitung besteht.[209]

93a   Der Gedanke der funktionalen Subjektivierung prägt namentlich auch die vieldiskutierten Regelungen zum Gerichtszugang von **Umweltschutzorganisationen** in Art. 10a **UVP-Richtlinie**[210] und Art. 16 **IVU-Richtlinie**,[211] die in Umsetzung des Art. 9 Abs. 2 der Aarhus-Konvention[212] durch die Öffentlichkeitsbeteiligungsrichtlinie[213] eingeführt wurden. Die nach nationalem Recht anerkannten Umweltschutzorganisationen zählen danach zu den Mitgliedern der betroffenen Öffentlichkeit,[214] denen ermöglicht werden muss, „die materiellrechtliche und verfahrensrechtliche Rechtmäßigkeit" der Entscheidungen, Handlungen oder Unterlassungen anzufechten, für die die Richtlinien gelten.[215]

---

[207] Siehe etwa zur Bedeutung der dezentralen Vollzugskontrolle in der EuGH-Rechtsprechung zur Richtlinienumsetzung im Umweltrecht die Analyse bei *Angela Schwerdtfeger*, Der deutsche Verwaltungsrechtsschutz unter dem Einfluss der Aarhus-Konvention – Zugleich ein Beitrag zur Fortentwicklung der subjektiven öffentlichen Rechte unter besonderer Berücksichtigung des Gemeinschaftsrechts, 2010, S. 148–171 (170 f.), 171–188 (186 f.), sowie *Gabriele Oestreich*, Individualrechtsschutz im Umweltrecht nach dem Inkrafttreten der Aarhus-Konvention und dem Erlass der Aarhus-Richtlinie, DV, Bd. 39 (2006), S. 29 (45–47, 50–56).

[208] RL 96/62/EG; s. jetzt Art. 24 Abs. 1 der Luftqualitätsrichtlinie (RL 2008/50/EG).

[209] *EuGH*, Rs. C-237/07, Slg. 2008, I-6221 (6236 ff., Rn. 34 ff., 39) – Janecek; *BVerwGE* 128, 278 (Vorlage); 129, 296 (zum Anspruch auf planunabhängigen Maßnahmen). S. näher (auch zur nachfolgenden Entwicklung) *Ina E. Klingele*, Umweltqualitätsplanung. Zur Integration der gemeinschaftsrechtlichen Luftreinhalte- und Wasserbewirtschaftungsplanung in das nationale Umweltrecht, Diss. Freiburg i. Br. 2011, § 3 I. Vgl. ferner nur *Jan Ziekow*, Europa und der deutsche Verwaltungsprozess – Schlaglichter auf eine unendliche Geschichte, NVwZ 2010, 793 (793 f.); *Kurt Fassbender*, Neues zum Anspruch des Bürgers auf Einhaltung des europäischen Umweltrechts, EuR 2009, 400 ff.; *Matthias Ruffert*, Europäisiertes Allgemeines Verwaltungsrecht im Verwaltungsverbund, DV, Bd. 41 (2008), S. 543 ff. (559–562); *Wolfgang Kahl/Lutz Ohlendorf*, Die Europäisierung des subjektiven öffentlichen Rechts, JA 2011, 41 (45); *Holger Wöckel*, Der Feinstaubschleier lichtet sich – rechtlich II, NuR 2008, 32 ff.; *Daniel Couzinet*, Die Schutznormtheorie in Zeiten des Feinstaubs, Zur Dogmatik der Schutznormtheorie im Kontext der Subjektivierung von Aktionsplänen und planunabhängigen Maßnahmen, DVBl 2008, S. 754 ff. S. aber auch zum Erfordernis der Bestimmtheit der aus der jeweiligen Norm folgenden Verpflichtungen als Voraussetzung einer individuellen Klageberechtigung *EuGH*, verb. Rs. C-165-167/09, Urt. v. 26. 5. 2011 – Stichting Natuur en Milieu, Rn. 92 ff. (NEC-Richtlinie), sowie dazu: *Bernhard Wegener*, Die europäische Umweltverbandsklage, ZUR 2011, S. 363 (367).

[210] RL 85/337/EWG.

[211] RL 2008/1/EG (integrierte Vermeidung und Verminderung der Umweltverschmutzung; zuvor: RL 96/61/EG).

[212] (13. UNECE-)Übereinkommen über den Zugang zu Informationen, die Öffentlichkeitsbeteiligung an Entscheidungsverfahren und den Zugang zu Gerichten in Umweltangelegenheiten vom 25. Juni 1998 (ABl. EU 2005, Nr. L 124, S. 4).

[213] RL 2003/35/EG.

[214] Art. 1 Abs. 2 UVP-Richtlinie, Art. 2 Nr. 15 IVU-Richtlinie.

[215] Art. 10a Abs. 1 UVP-Richtlinie, Art. 16 Abs. 1 IVU-Richtlinie.

D. Europarechtliche Grundlegung

Dazu müssen sie entweder ein „ausreichendes Interesse" haben „oder alternativ ... eine Rechtsverletzung geltend machen", soweit das nationale Prozessrecht dies als Voraussetzung erfordert.[216] „Was als ausreichendes Interesse und als Rechtsverletzung gilt", haben die Mitgliedstaaten „im Einklang mit dem Ziel" zu bestimmen, der betroffenen Öffentlichkeit einen **„weiten Zugang" zu den Gerichten** zu gewähren.[217] „Zu diesem Zweck gilt" nicht nur das Interesse der Naturschutzorganisationen als ausreichend,[218] sondern derartige Organisationen „gelten auch als Träger von Rechten", die im Sinne dieser Bestimmungen „verletzt werden können".[219] Nach Wortlaut, Entstehungsgeschichte, Systematik und Sinn und Zweck sollen diese Bestimmungen eine Privilegierung der Verbände gegenüber privaten Einzelnen bewirken, indem sie dazu verpflichten, eine **in sich selbst gegründete Verbandsklageberechtigung** zu schaffen, und zwar gleichgerichtet sowohl in Rechtsordnungen mit Interessentenklage als auch in subjektiv-rechtlich orientierten Rechtsordnungen.[220] In letzteren sind die notwendigen subjektiven Rechte zu schaffen oder zu fingieren, sei es als materielle prokuratorische Rechte, sei es in Gestalt eines – ebenfalls prokuratorischen – selbständigen prozessualen Verbandsklagerechts.[221] Ein lediglich schutznormakzessorisches Klagerecht, wie es § 2 Abs. 1 Nr. 1, § 2 Abs. 5 Nr. 1 UmwRG normiert, genügt dem nicht.[222]

---

[216] Art. 10a Abs. 1 UVP-Richtlinie, Art. 16 Abs. 1 IVU-Richtlinie.
[217] Art. 10a Abs. 3 S. 1 UVP-Richtlinie, Art. 16 Abs. 3 S. 1 IVU-Richtlinie.
[218] Art. 10a Abs. 3 S. 2 UVP-Richtlinie, Art. 16 Abs. 3 S. 2 IVU-Richtlinie.
[219] Art. 10a Abs. 3 S. 3 UVP-Richtlinie, Art. 16 Abs. 3 S. 3 IVU-Richtlinie.
[220] *EuGH*, Rs. C-115/09, Urt. v. 12. 5. 2011 – Trianel, Rn. 41–50; *Schlussanträge der Generalanwältin Eleanor Sharpston* vom 16. 12. 2010 in der Rs. C-115/09, Rn. 49–85. Zum Trianel-Urteil vgl. näher (zust.): *Dietrich Murswiek/Lena Ketterer/Oliver Sauer/Holger Wöckel*, Ausgewählte Probleme des Allgemeinen Umweltrechts – Subjektivierungstendenzen; Umweltinformationsrecht, DV, Bd. 44 (2011), S. 235 (244 ff.).; *Wegener*, Umweltverbandsklage (Fn. 209), S. 363 ff.
Aus der vorangehenden Diskussion in diesem Sinne z. B. bereits: *Hans-Joachim Koch*, Die Verbandsklage im Umweltrecht, NVwZ 2007, S. 369 (378 f.); → Bd. III Schoch § 50 Rn. 181; *Foroud Shirvani*, Öffentlichkeitsbeteiligung bei integrierten Vorhabengenehmigungen nach der IVU-RL, NuR 2010, S. 383 (385 f.); *Schwerdtfeger*, Aarhus-Konvention (Fn. 207), S. 266–272; *Anja Kleesiek*, Zur Problematik der unterlassenen Umweltverträglichkeitsprüfung, Zugleich eine Untersuchung der Vereinbarkeit des § 46 VwVfG mit dem europäischen Gemeinschaftsrecht, 2010, S. 249–257, alle m. w. N.
Für die *Gegenauffassung* siehe nur: *Thomas v. Danwitz*, Zur Umsetzung der Richtlinie 2003/35/EG und der sog. Aarhus-Konvention durch das Umwelt-Rechtsbehelfsgesetz, UTR, Bd. 93 (2007), S. 31 (39–57); *ders.*, Europäisches VerwR, S. 521 f.; *Wolfgang Kahl*, Neuere höchstrichterliche Rechtsprechung zum Umweltrecht – Teil 1, JZ 2010, S. 668 (673); *Markus Karge*, Das Umweltrechtsbehelfsgesetz im System des deutschen Verwaltungsprozessrechts, 2010, S. 36–40, 47–49; *Silvia Pernice-Warnke*, Effektiver Zugang zu Gericht, Die Klagebefugnis für Individualkläger und Verbände in Umweltangelegenheiten unter Reformdruck, 2009, S. 138–142; *Dirk Rüffel*, Das Institut der Klagebefugnis zur Verfolgung von Umweltinteressen, 2008, S. 176–189, 202–204.
[221] Siehe zu beiden Kategorien näher unten → Rn. 112 f., 119. Zur prokuratorischen Zielsetzung der Aarhus-Konvention (Fn. 212) s. deren 18. Erwägungsgrund („mit dem Anliegen, dass die Öffentlichkeit, einschließlich Organisationen, Zugang zu wirkungsvollen gerichtlichen Mechanismen haben soll, damit ihre berechtigten Interessen geschützt werden und das Recht durchgesetzt wird"); vgl. auch *Murswiek/Ketterer/Sauer/Wöckel*, Ausgewählte Probleme des Allgemeinen Umweltrechts (Fn. 220), S. 249 f.
[222] *Ferdinand Gärditz*, Klagerechte der Umweltöffentlichkeit im Umweltrechtsbehelfsgesetz, EurUP 2010, S. 210 (213–215 m. w. N., auch zur Gegenauffassung, in Fn. 59); *Jan Ziekow*, Das Umwelt-Rechtsbehelfsgesetz im System des deutschen Rechtsschutzes, NVwZ 2007, S. 259 (260); *Schwerdtfeger*, Aarhus-Konvention (Fn. 207), S. 273–279.

93b Zentrales Charakteristikum dieser Rechtsprechung und -setzung ist die bewusste Indienstnahme individueller Befugnisse für die Durchsetzung des europäischen Rechts und damit für übergreifende öffentliche Interessen. Die anleitende Idee liegt nicht primär in der Anerkennung der bürgerlichen Freiheit und Integrität des Einzelnen, sondern in dem Geltungsanspruch des Rechts als solchen. Die damit verbundene individuelle Vergünstigung ist dessen Teil, hat aber keine grundlegend eigene Wertigkeit. Die unionsrechtlichen Rechte des Einzelnen setzen daher nicht zwingend einen Zusammenhang zur Förderung personaler Schutzgüter wie Leib, Leben oder Gesundheit voraus.[223] Sie können nicht nur im Bereich der Vorsorge für Individualrechtsgüter bestehen,[224] sondern, je nach Regelungsgegenstand und -umfang der jeweiligen Vorschrift, darüber hinaus auch dem Schutz reiner Gemeinwohlbelange durch den Einzelnen dienen. Ähnlich wie nach dem Grundverständnis des französischen Verwaltungsrechtsschutzkonzepts wird dem Einzelnen insoweit eine prokuratorische Stellung zugedacht.[225]

94 Der prokuratorischen Stellung des Einzelnen entspricht – dem Rechtsschutz vorgelagert – auch die Gestaltung der **Verwaltung-Bürger-Beziehung unmittelbar,** wie sie in vielen Rechtsakten der Union vorgezeichnet ist. Die Verwaltung wird auf einen Kommunikationsprozess mit interessierten Öffentlichkeiten verwiesen, so dass Bürgerinteresse und Bürgerengagement Einfluss auf die Entscheidungsfindung haben kann und ihr gegenüber eine kritische Kontrollinstanz bildet. So werden der Verwaltung **Berichtspflichten** auferlegt, die in detailliertspezifizierter Weise über ihre Tätigkeiten, den Zustand der Umwelt oder bestimmte gesellschaftliche Umstände Auskunft[226] geben. Weiterhin verpflichten

---

[223] Der EuGH hat diese Frage bislang nicht ausdrücklich geklärt; vgl. aber zu der Konstellation der Verbandsklagerechte gemäß Art. 10a Abs. 3 S. 3 UVP-Richtlinie *EuGH*, Rs. C-115/09, Urt. v. 12. 5. 2011 – Trianel, Rn. 46 f.; *Schlussanträge der Generalanwältin Eleanor Sharpston* vom 16. 12. 2010 in der Rs. C-115/09, Rn. 39 f. (Umweltschutz „unabhängig vom Schutz der menschlichen Gesundheit"). Im Schrifttum ist die Deutung des Unionsrechts str., ähnlich wie hier etwa die Deutungen bei *Hufen*, VerwaltungsprozessR, § 14 Rn. 80, S. 239 f. („scheint […] auf eine allgemeine Interessen- oder ‚Schutzwirkungstheorie', ja auf die Mobilisierung […] für öffentliche Belange […] hinauszulaufen"); *Würtenberger*, VerwaltungsprozessR, § 4 Rn. 71 (typisierte Interessen der Allgemeinheit reichen aus). Für eine Begrenzung auf personalisierte Rechtsgüter demgegenüber etwa *Nettesheim*, Subjektive Rechte (Fn. 190), S. 359 f., 369 f., 373 f., 376, 385, 388 f. („Sicherung der unmittelbaren eigenen Lebenssphäre"), der eine darüber hinausreichende prokuratorische Rolle des Unionsbürger lediglich in „bislang singuläre[n] Entscheidungen" des Richtliniengebers (ebd., S. 391) begründet sieht (vgl. ebd., S. 354 f., 384, 389 [mit Fn. 215], 391); *Friedrich Schoch*, Individualrechtsschutz im deutschen Umweltrecht unter dem Einfluss des Gemeinschaftsrechts, NVwZ 1999, S. 457 (465) (Schutz personaler Rechtsgüter); → Bd. III *Schoch* § 50 Rn. 161. S. auch *Kahl/Ohlendorf*, Europäisierung des subjektiven öffentlichen Rechts (Fn. 209), S. 42 f. m. w. N. („individualisierbare[ ] Interessen der Allgemeinheit").

[224] Siehe dazu nur *Oestreich*, Individualrechtsschutz (Fn. 207), S. 45 ff., 56 ff.

[225] Vgl. zu dessen Verdeutlichung pointiert *René Chapus:* „Auch wenn ein Kläger, der das Verwaltungsprozessrecht nicht kennt, meint, er klage in eigenem Interesse, also egoistisch, so handelt er in Wirklichkeit doch nur als Verteidiger der Gesetzmäßigkeit, also als Anwalt des Rechts. Er nimmt ein öffentliches Amt wahr: Seine Klage setzt eine Verwaltungskontrolle in Gang, und wenn der Richter die angegriffene Entscheidung aufhebt, tut er es weniger, um Unrecht gegenüber dem Kläger wieder gutzumachen, als vielmehr, um die missachtete Gesetzmäßigkeit wieder herzustellen"; *René Chapus*, Droit administratif général I, 15. Aufl. 2001, Rn. 999. S. aber auch zu gewissen Konvergenzen zwischen deutschem und französischem System in jüngerer Zeit, insbesondere aufgrund von Reformen im Bereich von Eilverfahren und Urteilsimplementation: *Marsch*, Subjektivierung (Fn. 168), S. 217 ff., 354 ff.

[226] Z. B. Art. 10 RL 2004/23/EG (Gewebe und Zellen); Art. 12 RL 2002/96/EG (Altgeräte); Art. 15 RL 1999/31/EG (Abfalldeponien); Art. 11 RL 1999/62/EG (Wegekosten); Art. 12 RL 79/1072/EWG

D. Europarechtliche Grundlegung

Rechtsakte der Union vielfältig dazu, Verwaltungsentscheidungen auf eine partizipative Bürgerbeteiligung zu stützen, wie insbesondere in den – schrittweise ausgeweiteten – Vorgaben zur Umweltverträglichkeitsprüfung manifest ist.[227] Als Ergänzung des Verwaltungsvollzugs ist auch die Öffentlichkeitsbeteiligung etwa in der **Öko-Audit-Verordnung** angelegt.[228] Von besonderer und grundlegender Bedeutung für die Einbeziehung der Bürger als Teilhaber an der Verwaltung ist schließlich auch die Gestaltung der **Informationsbeziehungen**.[229] Grundlegend sind hier die Rechtsakte der Union, die einen Jedermannzugang zu grundsätzlich allen Umweltinformationen der Verwaltung verlangen. Der freie Datenzugang soll, wie die Kommission darlegt, „die Beteiligung der Bürger an den Verfahren zur Kontrolle der Umweltverschmutzung und zur Verhütung von Umweltbeeinträchtigung verstärken und ... damit wirksam zur Erreichung der Ziele der Gemeinschaftsaktion im Bereich des Umweltschutzes ... beitragen"[230]. Die – über das Europarecht hinausreichende – **Aarhus-Konvention** erweitert dieses und verstärkt sich hieran anschließende Beteiligungsrechte – eine **Stärkung des Verfahrensrechts,** die durch den Gesetzgeber in § 4 Abs. 1 UmwRG bislang nur unzureichend umgesetzt wurde.[231] In der Transparenzverordnung schließlich wird der voraussetzungslose Datenzugang über das Umweltrecht hinaus ausgeweitet und gegenüber allen europäischen Behörden zum Normalfall gemacht.[232]

(Umsatzsteuern); Art. 12 RL 79/409/EWG (Vogelschutz); Art. 20 u. 21 RL 85/374/EWG (Produkthaftung); Art. 16 u. 17 RL 87/102/EWG (Verbraucherkredit); Art. 9 RL 93/13/EWG (Verbraucherverträge); Art. 35 u. 45 VO (EG) 1798/2003 (Mehrwertsteuer); Art. 6 VO (EWG) 1868/77 (Bruteier). S. auch → Bd. II *v. Bogdandy* § 25 Rn. 55, 59.

[227] Art. 6 RL 85/337/EWG, geändert durch Art. 1 Nr. 8 RL 97/11/EG u. Art. 3 Nr. 4 RL 2003/35/EG. Die UVP-Richtlinie wurde umgesetzt durch Gesetz vom 12. Februar 1990, BGBl I 1990, S. 205, geändert durch Gesetz vom 27. Juli 2001, BGBl I 2001, S. 1950. Ausführlich zur Öffentlichkeitsbeteiligung in der UVP-Richtlinie *Masing,* Mobilisierung (Fn. 21), S. 23 ff. m.w.N. S. auch oben → Rn. 93.

[228] Art. 1 Abs. 2, Art. 3 bis 5 VO (EWG) 1836/93, ersetzt durch Art. 1 Abs. 2, Art. 3 bis 6 VO (EG) 761/2001, geändert durch Beitrittsakte, ABl. EG 2003, Nr. L 236, S. 703.

[229] *Friedrich Schoch,* Öffentlich-rechtliche Bedingungen einer Informationsordnung, in: VVDStRL, Bd. 57 (1998), S. 289 ff. Vgl. zum Bereich der Umweltinformation RL 90/313/EWG, umgesetzt durch Gesetz vom 16. Juli 1994, BGBl I 1994, S. 1490; ersetzt durch RL 2003/4/EG, umgesetzt durch Gesetz vom 22. Dezember 2004, BGBl I 2004, S. 3704; Aarhus-Konvention (Fn. 212); Transparenz: VO (EG) 2001/1049; Öffentlichkeitsbeteiligung: RL 2003/35/EG. → Bd. II *v. Bogdandy* § 25.

[230] Begründung der Kommission, ABl. EG 1988, Nr. C 335, S. 5.

[231] So auch die ganz überwiegende Auffassung im Schrifttum; vgl. statt aller: *Murswiek/Ketterer/Sauer/Wöckel,* Ausgewählte Probleme des Allgemeinen Umweltrechts (Fn. 220), S. 250 ff.; *Shirvani,* Öffentlichkeitsbeteiligung (Fn. 220), S. 388; *Sabine Schlacke,* in: dies./Christian Schrader/Thomas Bunge, Informationsrechte, Öffentlichkeitsbeteiligung und Rechtsschutz im Umweltrecht, Aarhus-Handbuch, 2010, § 3 Rn. 178; *Schwerdtfeger,* Aarhus-Konvention (Fn. 207), S. 263–265; *Kleesiek,* Umweltverträglichkeitsprüfung (Fn. 220), S. 263–266; *Bilun Müller,* Die Öffentlichkeitsbeteiligung im Recht der Europäischen Union und ihre Einwirkungen auf das deutsche Verwaltungsrecht am Beispiel des Immissionsschutzrechts, 2010, S. 235–237; s. auch *Friederike Bauer,* Die Durchsetzung des europäischen Umweltrechts in Deutschland, 2011, S. 98–105 (105) („fraglich"); *Kahl,* Rechtsprechung (Fn. 220), S. 674 („deutliche Zweifel"); → Bd. III *Kahl* § 47 Rn. 143 („sehr fraglich"; i. Ü. rechtspolitisch „zu kurzsichtig-defensiv, ein [...] Dogma zu konservieren, dass letztlich wohl ohnehin nicht ,zu retten' ist"). Zum *Wells*-Urteil des EuGH (*EuGH,* Slg. 2004, I-723) und ersten Reaktionen des BVerwG (*BVerwGE* 130, 83 – Memmingen; 132, 123 und 151 – Weeze-Laarbruch) s. näher *Murswiek/Ketterer/Sauer/Wöckel,* Ausgewählte Probleme des Allgemeinen Umweltrechts (Fn. 220), S. 250 ff., 257 („Schwenk auf leisen Sohlen").

[232] Begründung der Kommission, ABl. EG 1988, Nr. C 335, S. 5.

95 Die bewusste und instrumentell reflektierte Einbeziehung von Bürgern in die Verwaltungsgeschäfte traf einen **wunden Punkt der traditionellen deutschen Konzeption des subjektiv-öffentlichen Rechts:** Denn diese enthielt – mehr verschüttet als bewusst, gleichwohl aber wirksam – Engführungen, die einer solchen Reflexionsebene ebenso wie dem damit verbundenen Verständnis des Verwaltung-Bürger-Verhältnisses prinzipiell entgegenstanden. Die Herausforderungen des Europarechts liegen dabei freilich nicht auf einer äußeren Ebene, die in einem förmlichen Sinne den Rechtsschutz des deutschen Verwaltungsrechts in Frage stellen würde:[233] Das Unionsrecht unterminiert nicht grundsätzlich eine Verwaltungsgerichtsbarkeit, die – wie in Deutschland – von materiellen subjektiven Rechten her konstruiert ist. Wenn das europäische Recht den Bürger auch als Sachwalter der Allgemeinheit versteht, liegt hierin keine Präferenz für ein objektivrechtliches System, in dem – etwa nach französischem Vorbild – die Verwaltungsgerichtsbarkeit die Gesetzmäßigkeit der Verwaltung als solche kontrolliert und Klagemöglichkeiten von Bürgern generell als prokuratorische Prozessführungsbefugnisse verstanden werden.[234] Schon gar nicht gerät das Europarecht in Konflikt mit Vorgaben des deutschen Verfassungsrechts. Aus diesem folgen Grenzen für die Einräumung von Rechten und Rechtsbehelfen, auch wenn diese prokuratorisch sind, praktisch nicht.[235] Dennoch berührte das europäische Konzept einen Nerv des deutschen Verwaltungsrechts. Es rüttelt an einem Grundverständnis des Verwaltung-Bürger-Verhältnisses, das tief in die Systematik des deutschen Verwaltungsrechts eingegraben ist und durch lange Traditionen verfestigte Engführungen der Lehre vom subjektiv-öffentlichen Recht fortträgt: Die Vorstellung, dass der Bürger sich der Verwaltung gegenüber grundsätzlich nur auf eigene Belange berufen kann und auch nur diesbezüglich Rechte haben kann.[236] Ausgehend von diesem Grundverständnis blendete das

---

[233] Auf dieser Ebene argumentieren *Hans Jarass,* Grundfragen der innerstaatlichen Bedeutung des EG-Rechts, 1994, S. 58 f.; *Martin Gellermann,* in: *Rengeling/Middeke/Gellermann,* HdbRs, § 36 Rn. 11 f.; *Christoph Engel,* Die Einwirkungen des europäischen Gemeinschaftsrechts auf das deutsche Verwaltungsrecht, DV, Bd. 25 (1992), S. 437 (459); ebenfalls kein Problem der Konzeption des Individualrechtsschutzes, sondern ein Problem deren konkreter Handhabung sieht *Classen,* Verwaltungsgerichtsbarkeit (Fn. 195), S. 84 ff.; *ders.,* Durchsetzung (Fn. 195), S. 645 ff.; *ders.,* Das nationale Verwaltungsverfahren im Kraftfeld des Europäischen Gemeinschaftsrechts, DV, Bd. 31 (1998), S. 307 (312 f.). Tatsächlich lassen sich in einem äußeren Sinne die europarechtlichen Anforderungen akzeptabel in das deutsche Verwaltungsrecht einbauen (vgl. ähnlich auch *Masing,* Mobilisierung [Fn. 21], S. 221 ff., 225 ff.). Die Provokation für die Grundlagen des deutschen Verwaltungsrechts wird durch die Beschränkung auf diese Perspektive jedoch verdeckt.

[234] *Jürgen Schwarze,* Der Schutz des Gemeinschaftsbürgers durch allgemeine Verwaltungsgrundsätze im EG-Recht, NJW 1986, S. 1067 f.; *Ulrich Everling,* Auf dem Wege zu einem europäischen Verwaltungsrecht, NVwZ 1987, S. 1 (5, 9); *Stefan Kadelbach,* Der Einfluß des EG-Rechts auf das nationale Allgemeine Verwaltungsrecht, in: Thomas v. Danwitz u. a. (Hrsg.), Auf dem Wege zu einer europäischen Staatlichkeit, Tagungsband der 33. Assistententagung „Öffentliches Recht", 1993, S. 131 (142); *Hans-Werner Rengeling,* Deutsches und Europäisches Verwaltungsrecht. Wechselseitige Einwirkungen, in: VVDStRL, Bd. 53 (1994), S. 202 (215); *v. Danwitz,* System (Fn. 195), S. 175 ff.; *Masing,* Mobilisierung (Fn. 21), S. 196 ff.

[235] Siehe zur gesetzgeberischen Freiheit zur Gewährung subjektiver Rechte auch *Nettesheim,* Subjektive Rechte (Fn. 190), S. 387 f.

[236] Grundsätzlich dazu *Wilhelm Henke,* Das subjektive öffentliche Recht, 1968, S. 4 ff.; *Bauer,* Lehre (Fn. 21), S. 43 ff.; *Reiner Schmidt,* Öffentliches Wirtschaftsrecht, Allgemeiner Teil, 1990, S. 448 ff.; *Peter M. Huber,* Konkurrenzschutz im Verwaltungsrecht, 1991, S. 100 ff.; *Masing,* Mobilisierung (Fn. 21), S. 55 ff., 128 ff.

D. Europarechtliche Grundlegung

deutsche Verwaltungsrecht die Wirkungen individueller Befugnisse für das Gemeinwesen bewusst aus. Die Relevanz subjektiver Rechte für das gemeine Wohl sollte gerade kein Kriterium der Rechtsanwendung sein, und ebenso wenig sollte diese Relevanz ein Gesichtspunkt für die Gesetzgebung sein. Geleitet von dem Bild einer entpolitisierten Verwaltung einerseits und andererseits durch geschichtliche Kontingenzen gefesselt war das Leitbild des deutschen Verwaltungsrechts nur der Bürger als *bourgeois* nicht aber auch als *citoyen*.

Selbstverständlich trafen die europäischen Impulse auf eine Situation, in der diese Engführung an vielen Stellen bereits aufgebrochen war. Die spannungsreichen Diskussionen zur Partizipation und Verbandsklage in Deutschland sind hierfür ein Beispiel.[237] Als punktuelle Ergänzungen und Besonderheiten hatten solche Elemente bereits Eingang in das Recht gefunden. Das Europarecht macht nun aber deutlich, dass hier eine **grundsätzliche Erweiterung der deutschen Konzeption des Verwaltung-Bürger-Verhältnisses** geboten ist. Rechte, die Bürgern im Blick auf eine Kontrolle der Verwaltung oder zur Förderung des gemeinen Wohls eingeräumt sind, können nicht mehr als nur „formell subjektiv-öffentliche Rechte" aufgefasst werden,[238] sind nicht bloße *errata*, Sonderfälle oder Ausnahmen, sondern müssen heute als reguläre und vollwertige subjektive Rechte aufgefasst werden. Als subjektiv-öffentliches Recht ist nicht nur eine Befugnis aufzufassen, die dem Einzelnen zum Schutz seiner individuellen Belange eingeräumt ist, sondern auch ein Recht, das ihm im Blick auf das Gemeinwohl eingeräumt ist. Dies hat Konsequenzen für die Schutznormtheorie, das Verständnis der Rechtsschutzgarantie sowie insgesamt für die Systematik des Verwaltungsrechts. Vorliegender Beitrag versucht dieses in Grundzügen zu entfalten.

Die Impulse des Europarechts wirken damit nicht nur auf das Verwaltungsrecht selbst ein, sondern auch auf die Verwaltungsrechtswissenschaft als Disziplin: Indem sie die Perspektive für die funktionelle Dimension individueller Befugnisse eröffnen, **öffnen** sie zugleich **ein Verständnis der Verwaltungsrechtswissenschaft als Handlungs- und Steuerungswissenschaft**.[239] Die methodischen Weiterungen der Disziplin und die europäischen Impulse gehen so Hand in Hand.

---

[237] Zur Partizipation: → Bd. II *Schneider* § 28 Rn. 69 ff.; *Robert Walter*, Partizipation an Verwaltungsentscheidungen, in: VVDStRL, Bd. 31 (1972), S. 147 ff.; *Walter Schmitt-Glaeser*, Partizipation an Verwaltungsentscheidungen, ebd., S. 179 ff.; *Kaiser*, Kommunikation (Fn. 58), § 6, S. 136 ff. Zur Verbandsklage: *Felix Weyreuther*, Verwaltungskontrolle durch Verbände?, Argumente gegen die verwaltungsgerichtliche Verbandsklage im Umweltrecht, 1975; *Eckard Rehbinder*, Argumente für die Verbandsklage im Umweltrecht, ZRP 1976, S. 157 ff.; *Carl Ule/Hans-Werner Laubinger*, Empfehlen sich unter dem Gesichtspunkt der Gewährleistung notwendigen Umweltschutzes ergänzende Regelungen im Verwaltungsverfahrens- und Verwaltungsprozeßrecht?, Gutachten B für den 52. Deutschen Juristentag, in: Verhandlungen des 52. Deutschen Juristentages, 1978, Bd. 1, S. B 100 f.; vgl. auch die entsprechenden Beschlüsse des Plenums Nr. I. 2 und II. 5, ebd., Bd. 2, S. K 215 ff.; *Rüdiger Breuer*, Wirksamerer Umweltschutz durch Reform des Verwaltungsverfahrens- und Verwaltungsprozeßrechts?, NJW 1987, S. 1558 (1562 f.); *Ferdinand Kopp*, Verfahrensregelungen zur Gewährleistung eines angemessenen Umweltschutzes, BayVBl. 1980, S. 97 ff.; *Eberhard Schwerdtner*, Die Verbandsklage: Gefahr oder Chance?, VBlBW 1983, S. 321 ff. Übersicht zur Diskussion bei *Masing*, Mobilisierung (Fn. 21), S. 121 ff. m.w.N.

[238] Zur „veritable[n] Systemveränderung für die gesamte Struktur des bisherigen Verwaltungsrechts" durch subjektive Unionsrechte vgl. *v. Danwitz*, System (Fn. 195), S. 242 ff. (246). Zur prinzipiellen Gegenläufigkeit des europäischen und deutschen Konzepts im theoretischen Ansatz vgl. *Masing*, Mobilisierung (Fn. 21), S. 175 ff. Anderer Auffassung auf der Grundlage einer engeren Deutung des Unionsrechts etwa *Nettesheim*, Subjektive Rechte (Fn. 190), S. 389 f. und passim.

[239] → Bd. I *Voßkuhle* § 1 Rn. 15.

E. Der Einzelne als Träger von Rechten

I. Die subjektiv-öffentlichen Rechte

1. Die Anerkennung subjektiv-öffentlicher Rechte – Tradition und Öffnung

a) Subjektiv-öffentliche Rechte als Grundlage der Verwaltung-Bürger-Beziehung

98 Der Rechtsstatus des Einzelnen gegenüber der Verwaltung materialisiert sich nach deutscher Tradition in der Anerkennung subjektiv-öffentlicher Rechte als Grundlage der Verwaltung-Bürger-Beziehung.[240] Mit der Anerkennung von Rechten wird der Einzelne mit der Fähigkeit ausgestattet, **die Rechtsordnung aus eigener Freiheit in Bewegung zu setzen.**[241] Er steht als Träger von Rechten damit in einer rechtlich geordneten Beziehung gegenüber der Verwaltung. Er ist nicht Untertan, sondern Bürger. Das Innehaben von Rechten begründet zwischen Verwaltung und ihm eine Kommunikationsstruktur. Im Wechselspiel von Verlangen-Können und Entsprechen-Müssen realisieren subjektiv-öffentliche Rechte verwaltungsrechtliche Bindungen, Maßstäblichkeit, Mäßigung und Kontrolle. Sie sind Ausdruck der Anerkennung der Person in ihren Eigenbelangen und in ihrer Teilhabe am öffentlichen Leben.

99 Subjektiv-öffentliche Rechte unterscheiden sich substanziell von den subjektiv-privaten Rechten. Die **subjektiven Rechte des Privatrechts** begründen Rechtsbeziehungen, die auf der Ebene der Gleichordnung liegen und bei denen alle Beteiligten in dem gleichen Rechtsstatus stehen. Als gleichermaßen Private und Freie werden dabei die Einzelnen in eine übergreifende staatliche Rechtsordnung eingebunden, die ihre Rechte übergreifend, d.h. aus einer anderen Rechtsstellung als der der Gleichheit, garantiert. **Subjektiv-öffentliche Rechte** regeln demgegenüber die Rechtsbeziehungen zwischen dem Einzelnen und dem Staat. Sie setzen dabei zunächst eine positive Anerkennung solcher Rechte durch den Staat selbst voraus. Der Staat ist damit zugleich rechtsgewährend wie rechtsgebunden. *Georg Jellinek* hat dieses zutreffend als Form der Selbstbindung des Staates – wie zu ergänzen ist: in demokratischer Anerkennung eines vorstaatlichen Anspruchs des Einzelnen auf Rechtlichkeit – gefasst.[242] Der Sache nach wird die abstrakte Identität von rechtsanerkennender und rechtsgebundener Instanz im Übrigen durch die funktionale Gliederung des Staates relativiert.

---

[240] Zur Subjektivierung der Staat-Bürger-Beziehung *Schmidt-Aßmann*, Ordnungsidee, Kap. 2 Rn. 69 ff., insbes. Rn. 70; *Peter Häberle*, Die Menschenwürde als Grundlage der staatlichen Gemeinschaft, in: HStR II, § 22. Vgl. zu einer anderen Formgebung die französische Tradition, in der subjektiv-öffentliche Rechte im hier verstandenen Sinne zwar der Sache nach auch bestehen, aber systematisch nicht die gleiche konstitutive Bedeutung für das Verwaltungsrecht haben, *Masing*, Mobilisierung (Fn. 21), S. 196 ff.; *Marsch*, Subjektivierung (Fn. 168).

[241] Diese Definition greift auf die berühmte Formel von *Jellinek*, System (Fn. 52), S. 51, zurück, unterscheidet sich von dieser aber in einem substanziellen Punkt: Sie stellt nicht mehr darauf ab, dass die Rechtsordnung „im individuellen Interesse" in Bewegung gesetzt wird und verzichtet damit auf die Privatnützigkeit als definiens des subjektiv-öffentlichen Rechts, vgl. näher → Rn. 91 ff., 96 und 102 ff.

[242] *Jellinek*, System (Fn. 52), S. 195 ff., 234 ff.

E. Der Einzelne als Träger von Rechten

In der Ordnung des Grundgesetzes gehört diese Form der Anerkennung von subjektiv-öffentlichen Rechten zu den durch das Rechtsstaats- und das Demokratieprinzip begründeten Voraussetzungen legitimer Herrschaft.[243]

Der Umfang der Rechte ist vom Grundsatz her weitgehend eine Frage der Ausgestaltung der Rechtsordnung, die in demokratischer Verantwortung dem Gesetzgeber obliegt. Ein Grundbestand von subjektiv-öffentlichen Rechten ist durch die **Grundrechte** gewährleistet. Indem durch sie insbesondere alle Rechte aus dem *status negativus* und vielfältige Rechte des *status positivus* garantiert sind,[244] liegt in ihnen die Verbürgung eines Fundaments einer durch Rechte geordneten Verwaltung-Bürger-Beziehung.[245] Darüber hinaus aber ist der Gesetzgeber in der Frage, inwieweit er mit seinen Normen auch subjektive öffentliche Rechte begründen will, frei.[246] Insbesondere ist er auch nicht etwa verpflichtet, jede Norm, die Einzelne begünstigt, als subjektiv-öffentliches Recht zu gestalten.[247] Er kann vielmehr bewusst auch Normen schaffen, die die Verwaltung objektiv binden, subjektiv-rechtlich aber nicht einforderbar sind und hat damit – bis zur Grenze der Rechtsstaatswidrigkeit – erhebliche Handlungsspielräume. Die Verwaltung-Bürger-Beziehungen können so im Spannungsfeld von Rechtsschutz und administrativer Entscheidungsdynamik flexibel gestaltet werden. Soweit der Gesetzgeber allerdings keine ausdrückliche Entscheidung zur Qualifizierung von Normen als subjektive Rechte trifft, ist unter dem Grundgesetz davon auszugehen, dass Normen, die ein spezifisches Interesse Einzelner schützen, diesen auch subjektiv-öffentliche Rechte einräumen. Diese Vermutung ist Ausdruck des individualschutzfreundlichen Grundcharakters des Grundgesetzes.[248]

In der Konsequenz der Einräumung spezifisch begrenzter subjektiv-öffentlicher Rechte liegt damit umgekehrt die grundsätzliche **Unterscheidung von objektivem Recht und subjektiven Rechten:**[249] Spezifische Kommunikationsbeziehungen zwischen Verwaltung und Bürger bestehen nur nach Maßgabe subjektiv-öffentlicher Rechte. Nicht jede objektiv verbindliche Norm kann durch den Bürger im Sinne konkretisierter Einzelbeziehungen von der Verwaltung eingefordert werden. Dies lässt unbeschadet, dass die Verwaltung gegenüber den Bürgern als Allgemeinheit auch außerhalb subjektiv-rechtlich gestalteter Rechtsbeziehungen verpflichtet ist, alle Vorschriften zu beachten. Dies ergibt sich positivrechtlich schon aus dem Vorrang des Gesetzes,[250] seinen inneren

---

[243] Grundlegende Kritik für den Zusammenhang zwischen Freiheitsrechten und subjektiv-öffentlichem Recht bei *Vesting*, Freiheitsrechte (Fn. 131), S. 36 ff.

[244] → Rn. 46 ff.

[245] *Hans-Detlef Horn*, Die grundrechtsunmittelbare Verwaltung, 1999.

[246] *Eberhard Schmidt-Aßmann*, in: Maunz/Dürig, GG, Art. 19 Abs. 4 Rn. 116 ff., 129; N. im Einzelnen bei *Kopp/Schenke*, VwGO, § 42 Rn. 83 ff.

[247] *Rainer Wahl*, in: Schoch/Schmidt-Aßmann/Pietzner (Hrsg.), VwGO, Vorbem. § 42 Abs. 2 Rn. 56–60, 61 a. E.; *Kopp/Schenke*, VwGO, § 42 Rn. 159. Vgl. zudem BVerwGE 39, 235 (237); *VG Freiburg*, DVBl 1986, S. 1168 (1169); OVG NW, DÖV 1987, S. 698.

[248] Dies ist der dogmatische Kern der sog. „Schutznormlehre"; zusammenfassend *Eberhard Schmidt-Aßmann*, in: Maunz/Dürig, GG, Art. 19 Abs. 4 Rn. 127 ff., s. weiter *Matthias Schmidt-Preuß*, Kollidierende Privatinteressen im Verwaltungsrecht, 2. Aufl. 2005; aus der Rspr. BVerwGE 98, 118 (120); 107, 215 (220); 111, 276 (280).

[249] Zur Unterscheidung von subjektiven Rechten und objektivem Recht statt aller *Maurer*, VerwR, § 8 Rn. 3.

[250] Dazu → Bd. I *Reimer* § 9 Rn. 73 ff.

§ 7 Der Rechtsstatus des Einzelnen im Verwaltungsrecht

Grund hat es in dem Grundverständnis der Verwaltung als demokratisches Amtshandeln.

b) Rechte im individuellen Interesse und im öffentlichen Interesse

102 Subjektiv-öffentliche Rechte können in einem modernen Verwaltungsrecht **sowohl im individuellen Interesse als auch zur Durchsetzung von öffentlichen Interessen,** genauer von Allgemeinbelangen, eingeräumt werden.[251] Beide Aspekte können – etwa durch steuerungswissenschaftliche Erwägungen angeleitet und gestaltet – verbunden werden, so dass individuelle Rechtsverfolgung bewusst zur Implementierung von Allgemeinbelangen ermöglicht und evtl. auch durch Anreize verstärkt wird. Subjektiv-öffentliche Rechte dienen somit zum einen der Garantie individueller Integrität und Selbstbestimmung wie zum anderen der Mobilisierung des Bürgers für die Durchsetzung bzw. Förderung öffentlicher Interessen, insbesondere der Durchsetzung geltenden Rechts. Ihre Verbürgung sichert nicht nur die Stellung des Einzelnen als *bourgeois*, sondern auch als *citoyen*.[252]

103 Dieses Verständnis der subjektiv-öffentlichen Rechte entspricht allerdings nicht der traditionellen Sicht.[253] **Die überkommene Lehre vom subjektiv-öffentlichen Recht** sieht ein zumindest typisches Wesensmerkmal subjektiv-öffentlicher Rechte darin, dass sie dem individuellen Interesse dienen, also **privatnützig** sind. Diese Lehre geht zurück auf *Georg Jellinek,* der in Anlehnung an zivilrechtliche Konstruktionen die Möglichkeiten individueller öffentlicher Rechte unter den verfassungsrechtlichen Bedingungen des deutschen Konstitutionalismus zu begründen suchte.[254] Er hatte dabei anzuknüpfen an das staatsrechtliche Grundmodell der Zeit, das für den Schutz der bürgerlichen Privatheit – zusammengefasst in der Formel vom Schutz von Freiheit und Eigentum – eine parlamentsgesetzliche Bindung staatlicher Befugnisse anerkannte, für den überindividuellen, d.h. „öffentlichen" bzw. „politischen" Bereich hingegen eine rechtliche Verantwortung zurückwies.[255] Entsprechend dieser Unterscheidung blieb nach seiner Lehre die Anerkennung von subjektiv-öffentlichen Rechten vom Grundsatz her auf den Schutz individueller Interessen beschränkt. Als Surrogat eines politischen Verständnisses von Verwaltung hat sich unter diesem Vorzeichen im Laufe der Zeit ein intensiver Individualrechtsschutz herausgebildet, der – nach 1945 verstärkt als Reaktion auf die Erfahrungen mit dem Nationalsozialismus – als besondere Errungenschaft des deutschen Verwaltungsrechts begriffen werden kann. Bis heute haftet diesem Konzept jedoch die Verengung an, politische Teilhaberechte nicht oder allenfalls mühsam erfassen zu können. Die traditionelle Lehre vom subjektiv-öffentlichen Recht konstruiert das Verwaltung-Bürger-Verhältnis entpolitisiert

---

[251] Zum Gegensatz von privaten Interessen und staatlichen Zwecken *Schmidt-Aßmann*, Ordnungsidee, Kap. 2 Rn. 63 ff., entsprechend kritisch zu einer Erweiterung innerhalb der Figur des subjektiv-öffentlichen Rechts, ebd., Kap. 2 Rn. 74.; vgl. aber auch ebd., Kap. 3 Rn. 63 ff.

[252] *Masing,* Mobilisierung (Fn. 21), insbes. S. 128 ff.; vgl. auch schon *Rudolf Smend,* Bürger und Bourgeois im deutschen Staatsrecht, in: ders. (Hrsg.), Staatsrechtliche Abhandlungen, 1955, S. 309 ff. (314 ff.).

[253] Vgl. zum Folgenden grds. *Bauer,* Lehre (Fn. 21), insbes. S. 22 ff.; *Masing,* Mobilisierung (Fn. 21), S. 56 ff.

[254] *Jellinek,* System (Fn. 52), S. 45 ff.

[255] → Rn. 81.

E. Der Einzelne als Träger von Rechten

und allein auf den Schutz des Einzelnen hin bezogen. Prokuratorische und partizipatorische Rechte bleiben von ihr aus ein Fremdkörper.

Diese **traditionelle Verengung** ist heute als **überholt** anzusehen. Schon *Georg Jellinek* selbst bedurfte als Korrektiv zu seiner Lehre der Kategorie der bloß „formellen" subjektiv-öffentlichen Rechte, die Rechtsmacht verliehen, ohne hierbei individuelle Interessen zu schützen.[256] Die Verwaltungsrechtsentwicklung unter dem Grundgesetz hat solche individuellen Befugnisse zunehmend ausgebaut und versteht sie – wenngleich bisher nur mit konzeptionellen Brüchen und Schmerzen – zum Teil auch bereits als subjektiv-öffentliche Rechte. Dem ist nun auch prinzipiell Rechnung zu tragen. Subjektiv-öffentliche Rechte sind heute von vornherein nicht mehr dadurch definiert, dass sie individuelle Interessen schützen, sondern können gleichermaßen auf die Einräumung einer prokuratorischen Rechtsstellung gerichtet sein.[257] Dieses entspricht einem nunmehr auch die Verwaltung-Bürger-Beziehungen erfassenden weiteren Demokratieverständnis,[258] einer geringeren Steuerungsfähigkeit der Gesetze unter den Bedingungen moderner Gesellschaften,[259] einer unter diesen Bedingungen zugleich zunehmenden Überforderung des Staates und seines alten Modells einer entpolitisierten Rechtsimplementierung sowie der Internationalisierung des Rechts und den Impulsen der Europäischen Union.[260] Gerade das Europarecht lässt nicht nur die in der deutschen Lehre liegende Perspektivenverengung deutlich werden, sondern erschließt auch den verwaltungswissenschaftlichen Gewinn einer prinzipiellen Erweiterung: Die Gewährung von Rechten kann nun nicht mehr nur vom Individuum her erfasst, sondern auch in steuerungswissenschaftlicher Perspektive reflektiert werden. **104**

Sind demnach subjektiv-öffentliche Rechte nicht nur solche, die individuelle Interessen schützen, sondern auch solche, die – in Anerkennung einer prokuratorischen Rechtsstellung des Einzelnen – übergreifende Gemeinwohlbelange durchsetzen sollen, sind sie andererseits aber von Befugnissen abzugrenzen, die staatlichen Funktionsträgern zukommen.[261] **Keine echten subjektiv-öffentlichen Rechte** sind **Kompetenzen** öffentlich-rechtlicher Körperschaften wie die Garantie der kommunalen Selbstverwaltung[262] oder administrative Beanstandungsrechte etwa von funktionalen Selbstverwaltungskörperschaften.[263] Ebenso wenig sind **organschaftliche „Rechte"**, wie sie von Abgeordneten, Fraktionen, Gemeinderatsmitgliedern oder Funktionsträgern von Berufskammern in zunehmendem Umfang gerichtlich geltend gemacht werden können,[264] subjektiv-öffentliche **105**

---

[256] *Jellinek*, System (Fn. 52), S. 70 ff.
[257] Zusammenfassend *Masing*, Mobilisierung (Fn. 21), S. 100; *ders.*, Verwaltung (Fn. 60), S. 381 ff. Vgl. auch *Arno Scherzberg*, in: Erichsen/Ehlers (Hrsg.), VerwR, § 12 Rn. 11, 45.
[258] → Bd. I *Trute* § 6 Rn. 3.
[259] → Bd. I *Reimer* § 9 Rn. 84 ff., zu den Steuerungsleistungen unterschiedlicher Formangebote vgl. → Bd. I *Franzius* § 4 Rn. 37 ff.
[260] → Bd. I *Schmidt-Aßmann* § 5 Rn. 76 ff., insbes. 78 f.; s. auch oben → Rn. 91 ff.
[261] Zu dieser Unterscheidung näher *Wißmann*, Funktionsfreiheiten (Fn. 70), S. 304 f.
[262] *Stern*, StaatsR II, S. 409 f.; *Theodor Maunz*, in: Maunz/Dürig, GG, Art. 28 Rn. 56 ff.; a. A. BayVGH, BayVBl. 1976, S. 590; vgl. auch *Hartmut Bauer*, Subjektive Öffentliche Rechte des Staates, DVBl 1986, S. 208 (214).
[263] Zur Konstruktion der Aufsichtsrechte umfassend *Kahl*, Staatsaufsicht (Fn. 54), insbes. S. 402 ff.
[264] Im Zusammenhang *Thomas Groß*, Das Kollegialprinzip in der Verwaltungsorganisation, 1999, S. 315 ff.

Rechte im eigentlichen Sinne, und entsprechendes gilt auch für einklagbare **Funktionsrechte** von Amtsträgern, wie sie in der Literatur etwa für die pädagogische Freiheit der Lehrer oder für Mitglieder von Kollegialorganen gefordert werden.[265] Zwar können auch solche Befugnisse rechtsähnlich ausgestaltet sein. Ihnen kann – wie in § 42 Abs. 2, 1. HS VwGO vorgesehen – vor Gerichten eine ähnliche Wirkung wie subjektiv-öffentlichen Rechten zuerkannt werden. Auch liegt hier steuerungswissenschaftlich ein wichtiges und vielfältig gestaltbares Instrumentarium, das zu einer effektiven Aufgabenwahrnehmung einer in sich differenzierten Verwaltung beitragen kann. Jedoch geht es in all diesen Fällen nicht um Rechte, die in individueller Freiheit ausgeübt werden, sondern um Befugnisse in kompetenzrechtlicher Gebundenheit. Mit solchen Befugnissen gestaltet der Gesetzgeber nicht die Rechtsstellung des Einzelnen gegenüber der Verwaltung, sondern organisiert die Verwaltung selbst. Es handelt sich insoweit um ein Moment der Verwaltungsorganisation.[266] Die Parallelisierung solcher Befugnisse mit subjektiv-öffentlichen Rechten bleibt lediglich eine Analogie.

c) Die Ermittlung öffentlicher Rechte durch Gesetzesinterpretation

106 Die Frage, ob eine Norm des objektiven Rechts dem Einzelnen subjektiv-öffentliche Rechte vermittelt, beantwortet sich nach hergebrachtem Verständnis durch die **Schutznormtheorie**.[267] Nach ihr ist ein subjektives Recht immer dann gegeben, wenn eine Rechtsvorschrift nicht nur dem öffentlichen Interesse, sondern – zumindest auch – dem Interesse einzelner Bürger zu dienen bestimmt ist.[268] Inhaber des Rechts sind dabei diejenigen, deren Interessen unter den konkreten Umständen gesetzlich geschützt sein sollen. Da heute, wie dargelegt, der Begriff des subjektiv-öffentlichen Rechts richtigerweise nicht mehr auf die Wahrung individueller Interessen begrenzt werden kann, muss jedoch auch die Schutznormtheorie ergänzt und reformuliert werden.

107 Am normtheoretischen Ausgangspunkt der Schutznormtheorie ist dabei allerdings festzuhalten: Die Schutznormtheorie weist der Sache nach auf die Entscheidung des Gesetzgebers als der letzten maßgeblichen Instanz für die Gewährung von Rechten.[269] Sie stützt sich auf die Vermutung, dass der Gesetzgeber denjenigen, deren Interessen er durch sein Regelwerk schützt, auch subjektiv-öffentliche Rechte zusprechen will. Diese Vermutung entspricht der starken Akzentuierung des Rechtsstaatsprinzips und des Individualschutzes im Grundgesetz und knüpft an die deutsche Tradition der Verwaltungsgerichtsbarkeit an.[270] Sie bleibt auch weiterhin gültig. Diese Vermutung ist aber weder unwiderleglich – der Gesetzgeber kann auch individualschützende Normen ohne die Qualität subjektiv-öffentlicher Rechte schaffen[271] – noch ausschließend:

---

[265] Dazu umfassend am Beispiel der pädagogischen Freiheit *Hinnerk Wißmann*, Pädagogische Freiheit als Rechtsbegriff, 2002.

[266] → Bd. I *Wißmann* § 15 Rn. 15.

[267] *Hartmut Bauer*, Altes und Neues zur Schutznormlehre, AöR, Bd. 113 (1988), S. 582 ff.; vgl. Fn. 248.

[268] BVerwGE 1, 83; 81, 329 (334); 92, 313 (317); vgl. auch *Rainer Wahl*, in: Schoch/Schmidt-Aßmann/Pietzner (Hrsg.), VwGO, Vorbem. § 42 Abs. 2 Rn. 94 ff.

[269] → Rn. 100.

[270] *Eberhard Schmidt-Aßmann*, in: Maunz/Dürig, GG, Art. 19 Abs. 4 Rn. 129 f.

[271] → Rn. 100.

Auch Normen, die keine Individualinteressen schützen, können zur Schaffung prokuratorischer Rechte gesetzlich als subjektiv-öffentliche Rechte ausgestaltet werden.[272] Angesichts der strukturell entgrenzenden Wirkung prokuratorischer Befugnisse ist von einer solchen Subjektivierung von Normen über den Individualschutz hinaus freilich nur auszugehen, wenn diese vom Gesetzgeber erkennbar gewollt ist. Diese Möglichkeit muss bei der Auslegung von Normen aber prinzipiell berücksichtigt werden. Die **Formel** der **Schutznormtheorie** ist somit **grundsätzlich zu erweitern**: Normen vermitteln dann subjektiv-öffentliche Rechte, wenn sie entweder dem Interesse einzelner Bürger zu dienen bestimmt sind oder sie den Bürger final als Anwalt gemeiner Belange anerkennen, d.h. in eine prokuratorische Rechtsstellung bringen. Man mag diesen Ansatz als **„erweiterte Schutznormtheorie"** bezeichnen.

2. Typen subjektiv-öffentlicher Rechte auf der Primärebene

Entsprechend dem erweiterten Begriff des subjektiv-öffentlichen Rechts können solche Rechte verschiedenen Anliegen dienen. Anknüpfend hieran lassen sie sich als verschiedene Typen von Rechten beschreiben: Sie können im herkömmlichen Sinne privatnützig konzipiert sein und dem Privatschutz dienen (a), sie können als prokuratorische Rechte, insbesondere als partizipative Rechte ausgestaltet sein (b) oder sie können echte demokratische Entscheidungsrechte wie das Wahlrecht sein (c). Eine solche **Typologie** hat dabei primär **systematisierende Bedeutung.** Sie bezeichnet keine kategorische oder substanzielle Differenz und hat – abgesehen von den demokratischen Entscheidungsrechten, die besonderen Gleichheitsanforderungen unterliegen[273] – keine dogmatischen Konsequenzen. Insbesondere die Möglichkeit, privatnützige Rechte als Teile übergreifender Verwaltungsstrategien anzuerkennen, macht deutlich, dass die Grenzziehungen solcher Typenbildung fließend sind. Sie ermöglicht es aber, den Rechtsstatus des Einzelnen gegenüber der Verwaltung in seinen verschiedenen grundsätzlichen Dimensionen genauer zu erfassen.

a) Privatnützige Rechte

Der **Prototyp** subjektiv-öffentlicher Rechte, wie sie die überlieferte Lehre definiert hat, sind und bleiben die privatnützigen Rechte, d.h. solche Rechte, die dem Einzelnen **im individuellen Interesse** eingeräumt sind. Dies können sowohl Abwehr- und Unterlassungsrechte als auch Leistungs-, Teilhabe- oder Feststellungsansprüche sein.[274] Ein Anspruch kann dabei absolut oder relativ gewährleistet sein und unter Umständen auch nur eine ermessensfehlerfreie Entscheidung der Verwaltung verbürgen. Auch Verfahrensrechte können echte subjektive öffentliche Rechte sein. Allerdings ist hier zu unterscheiden: Je nach Ausgestaltung des Gesetzgebers können Verfahrensrechte als selbständige oder unselbständige Rechte eingeräumt werden. Werden sie als unselbständige Rechte gefasst, sind sie Hilfsrechte in Bezug auf ein ihnen vorgeordnetes Recht und kann deren Geltendmachung mit dem Hauptrecht verknüpft werden.[275]

---

[272] → Rn. 102.
[273] → Rn. 188.
[274] Zur Typenbildung aus grundrechtlicher Perspektive *Horst Dreier,* in: ders. (Hrsg.), GG I, Vorbem. Rn. 83 ff.
[275] → Rn. 127.

110 Subjektiv-öffentliche Rechte sind solche zwischen Staat und Bürger und damit ihrer unmittelbaren Konstruktion nach grundsätzlich **bipolar.** Sie gestalten die Rechtsbeziehungen zwischen Verwaltung und Bürger. In der Sache können sie dabei aber **auch multipolare Rechtsbeziehungen bewältigen.** Der Großteil verwaltungsrechtlicher Normen – vom Bau- über das Planungs- bis zum Wirtschaftsrecht hin – hat seinen Regelungsgegenstand in der Steuerung, Regelung und Regulierung interdependenter Beziehungen gesellschaftlicher Prozesse und beschränkt sich nicht auf die isolierte Beziehung zwischen dem Einzelnen und der Verwaltung. Die Lehre vom subjektiv-öffentlichen Recht reflektiert dieses, ausgebaut in einem langen Entwicklungsprozess, durch die Anerkennung von Drei- und Mehrecksbeziehungen.[276] Subjektive Rechte umfassen heute selbstverständlich auch Rechte gegenüber der öffentlichen Hand in Bezug auf deren Entscheidung gegenüber Dritten wie etwa den Schutz vor drittadressierten Verwaltungsakten,[277] den Anspruch auf Einschreiten gegenüber Dritten,[278] den Schutz vor Vergünstigungen Dritter oder die Mitwirkung in den Einzelnen betreffenden komplexen Planungsverfahren.[279] Die Anerkennung eines Rechtsstatus des Einzelnen mit individualisierten subjektiv-öffentlichen Rechten nimmt damit die Einzelperspektive – den Bürger als Individuum ernst nehmend – zum Ausgangspunkt, isoliert den Einzelnen aber nicht aus seinen gesellschaftlichen Zusammenhängen, in denen die öffentliche Hand stets interagiert.

111 Die Frage, wann sich der Einzelne zur Wahrung seiner Interessen auf subjektiv-öffentliche Rechte berufen kann, d.h. in welchem Umfang ihm privatnützige Rechte zustehen, richtet sich nach **Bestand und Auslegung der Normen,** die diese Interessen schützen. Im unmittelbar bipolaren Verhältnis von Verwaltung und Bürger ist dem Einzelnen schon durch die Grundrechte – und hierbei letztlich insbesondere durch Art. 2 Abs. 1 GG in seinem Verständnis als die Verbürgung der allgemeinen Handlungsfreiheit – gewährleistet, dass subjektiv-rechtlich gewährleistete Abwehransprüche jedenfalls immer dann entstehen, wenn er **Adressat eines ihn belastenden Verwaltungsaktes,** d.h. einer ihn konkret und individuell belastenden verbindlichen Regelung, ist.[280] Im Übrigen, insbesondere in Bezug auf Mehrecksbeziehungen, kommt es auf eine Auslegung der Norm nach der **Schutznormtheorie** an. Die Schutznormtheorie fordert dabei eine Auslegung des jeweiligen Normprogramms unter dem Gesichtspunkt, wessen Interessen in Abgrenzung zu welchen anderen Interessen geschützt werden.[281] Soweit der ent-

---

[276] *Huber,* Konkurrenzschutz (Fn. 236); *Schmidt-Preuß,* Privatinteressen (Fn. 220); *Kopp/Schenke,* VwGO, § 42 Rn. 70 ff.

[277] BVerwGE 27, 29 (32 f.); 30, 191 ff.; 32, 173 (177); zum richterrechtlich entfalteten drittschützenden Gebot der Rücksichtnahme BVerwGE 52, 122 (128 ff.); *Kopp/Schenke,* VwGO, § 42 Rn. 98 ff.

[278] BVerwGE 11, 95; 37, 112; 68, 62.

[279] BVerwGE 56, 110 (133); 71, 150 (160); *Helmuth Schultze-Fielitz,* in: Dreier (Hrsg.), GG I, Art. 19 Abs. 4 Rn. 65; *Eberhard Schmidt-Aßmann,* in: Maunz/Dürig, GG, Art. 19 Abs. 4 Rn. 149 ff.; *Battis,* Partizipation (Fn. 169), S. 214 ff., 219.

[280] So genannte „Adressatentheorie" – dies als „Theorie" zu bezeichnen, ist freilich eine sprachliche Verirrung. Kritisch auch *Elke Gurlit,* Die Klagebefugnis des Adressaten im Verwaltungsprozeß, DV, Bd. 28 (1995), S. 449 ff.

[281] Dies erfolgt in zwei Stufen: Zunächst kommt es darauf an, ob dem Normprogramm nach überhaupt individuelle Interessen geschützt werden, und anschließend ist zu fragen, ob der Kläger den konkreten Umständen nach zu dem geschützten Personenkreis gehört; vgl. zur grundrechtlichen Rückbindung der Schutznormtheorie *Eberhard Schmidt-Aßmann,* in: Maunz/Dürig, GG, Art. 19 Abs. 4 Rn. 121 ff. S. zur Schutznormtheorie weiter → Rn. 106 f.

sprechende Schutz grundrechtlich geboten ist, ergibt sich schon hieraus, dass die entsprechenden Normen auch die Qualität subjektiv-öffentlicher Rechte haben. Im Übrigen gilt die widerlegliche Vermutung, dass individualschützende Normen dem Betroffenen auch subjektive Rechte verleihen sollen.

b) Prokuratorische Rechte und prokuratorische Extension individualschützender Rechte

112 Einen anderen Typus subjektiv-öffentlicher Rechte bilden die prokuratorischen Rechte. Sie werden den Berechtigten nicht zur Wahrung individueller Interessen eingeräumt, sondern unabhängig von einer solchen privatnützigen Schutzrichtung im öffentlichen Interesse gewährt.[282] Die Befugnis, „die Rechtsordnung aus eigener Freiheit in Bewegung zu setzen" anerkennt eine in privater Freiheit ausgeübte **Sachwalterstellung des Einzelnen** und damit einen *status procuratoris*.[283] Das Gewaltmonopol der Verwaltung, oder allgemeiner: die staatliche Monopolisierung der Befugnis, im Namen aller autoritative Entscheidungen zu treffen, wird hierdurch nicht in Frage gestellt. Prokuratorische Rechte zielen nicht auf eine materielle Letztentscheidung der privaten Rechtsträger, sondern bleiben im Vorfeld staatlicher Entscheidungen. Sie zielen auf eine Verbreiterung der verwaltungsrechtlichen Entscheidungsbasis, auf Rationalisierung durch Reflexion und administrative Selbstkontrolle, auf Kommunikation, Befriedung und Akzeptanz, auf Entscheidungspflichten der Behörden oder auf die Auslösung verwaltungsinterner oder gerichtlicher Kontrollen.[284] Demzufolge tragen sie oft den Charakter von verselbständigten Verfahrensrechten. Die Mobilisierung privater Freiheit und öffentlicher Teilhabe wirkt so in die administrativen Entscheidungsabläufe hinein und transformiert diese in Kommunikationsprozesse, die sich indirekt steuernd dann auch materiell auf die Aufgabenwahrnehmung der Verwaltung auswirken. Diese **indirekte Wirkung** marginalisiert solche Befugnisse nicht. Es entspricht vielmehr den Erkenntnissen der modernen Verwaltungsrechtswissenschaften, dass Entscheidungswege und Kommunikationsprozesse für die Aufgabenwahrnehmung der Verwaltung oftmals wirkmächtiger sind als materielle Maßgaben. Ihre prinzipielle Begrenztheit auf eine indirekte Wirkung unterscheidet die prokuratorischen Rechte aber kategorisch von Kompetenzen, die in amtlicher Gebundenheit ausgeübt werden, und zugleich sowohl von privatnützigen Rechten als auch den echten politischen Mitentscheidungsrechten des Bürgers wie dem Wahlrecht und dem Abstimmungsrecht.

113 Prokuratorische Rechte kennt das **geltende Verwaltungsrecht** etwa in Form der Popularbeteiligung bei **Planungsverfahren**.[285] Sowohl für Planungsverfahren, die auf Entscheidungen in Form von Rechtsnormen (Satzungen) zielen, als auch in solchen, die auf Entscheidungen in Form von Verwaltungsakten (Planfeststellungsbeschlüssen) zielen, gewährleistet das geltende Recht – vom Bau- über das Atom- bis zum Immissionsschutzrecht – Mitwirkungsbefugnisse, die allen Bürgern offen stehen. Diese Rechte reichen in der Regel nicht weit: Sie um-

---

[282] *Masing*, Mobilisierung (Fn. 21), S. 50 ff., 221 ff.
[283] → Rn. 68 ff.
[284] Näher entfaltet bei *Masing*, Mobilisierung (Fn. 21), S. 225 ff.; vgl. insbes. die Literatur zur Partizipation und zum Planungsrecht, s. Fn. 169.
[285] *Kopp/Ramsauer*, VwVfG, § 73 Rn. 63 ff.

fassen im Prinzip lediglich den Anspruch auf Einsicht in die öffentlich ausgelegten Planungsunterlagen und die Befugnis, Einwendungen zu erheben. Eine individualisierte Reaktionspflicht der Behörde besteht demgegenüber nicht,[286] und erst recht besteht kein Recht, die Planungsentscheidung materiell gerichtlich überprüfen zu lassen. Nichtsdestoweniger handelt es sich auch bei solch schwachen Beteiligungsrechten aber um rudimentäre prokuratorische Rechte, denn auch hier werden gesetzliche Einwirkungsrechte Privater geschaffen. Weitere Beispiele für prokuratorische Rechte finden sich im Naturschutzrecht, wo bestimmten **Naturschutzverbänden Verfahrensrechte** zur Implementation von Umweltrechtbelangen eingeräumt sind.[287] Ein weitreichendes Recht dieser Art liegt auch in dem Anspruch auf **Umweltinformationen,** der jedermann durch das Umweltinformationsgesetz eingeräumt ist.[288] Darüber hinaus kann auch das Recht zur **Verwaltungspetition** hier eingeordnet werden. Es gibt dem Einzelnen nicht allein zur Verfolgung individueller Belange, sondern auch aus öffentlichem Engagement die Möglichkeit, an die Verwaltung mit Vorschlägen und Bitten heranzutreten und verspricht hierauf auch eine individuelle Einlassung der Behörde – die freilich formal gehalten sein kann.[289] Prokuratorisch sind auch die – unter der Bedingung der Erreichung bestimmter Quoren stehenden – Ansprüche von Gemeindebürgern auf Behandlung bestimmter Themen durch den Gemeinderat im **Kommunalrecht** zu qualifizieren (Einwohnerantrag oder Bürgerantrag).[290] Ein prinzipieller Schritt beim Ausbau der prokuratorischen Rechtsstellung des Einzelnen ist schließlich die Einführung eines **allgemeinen Informationsrechts** durch das am 1. Januar 2006 in Kraft getretene Informationsfreiheitsgesetz des Bundes (§ 1 Abs. 1 IFG).[291] Durch ein Jedermannsrecht kann der Einzelne gegenüber der Verwaltung ohne Nachweis eines spezifischen Interesses unmittelbaren Zugang zu grundsätzlich allen Informationen verlangen. Durch ein solches Recht erweitert sich das Verwaltung-Bürger-Verhältnis prinzipiell: In ihm liegt die Anerkennung einer generellen Teilhabe des Einzelnen an prinzipiell allen Verwaltungsvorgängen in Form zumindest der Informationsteilhabe. Ein solches Recht ist damit Ausdruck einer über die Beachtung individueller Interessen hinausreichenden Kommunikationsstruktur der Verwaltung insgesamt und trägt der demokratischen Rechenschaftspflicht der Verwal-

---

[286] Anderes gilt aber hinsichtlich der prozeduralen Einbindung in den Erörterungstermin; vgl. *Kopp/Ramsauer,* VwVfG, § 73 Rn. 100.

[287] Zur näheren Unterscheidung → Rn. 119.

[288] Siehe nur *Olaf Reidt/Gernot Schiller,* in: Landmann/Rohmer, UmwR I, § 3 UIG Rn. 1 ff.

[289] Die „sonstigen Rechtsbehelfe" Gegenvorstellung, Aufsichtsbeschwerde und Dienstaufsichtsbeschwerde, dazu *Schenke,* VerwaltungsprozessR, Rn. 2 ff., können jedoch verwaltungspolitisch, also faktisch, weit über ihre beschränkte rechtliche Stellung hinaus Einfluss erlangen.

[290] Vgl. z. B. Art. 18b BayGO; § 20b GemO BW; § 19 Bbg GO; § 22a Nds. GO; § 25 NW GO; § 17 GemO RP; § 24 GO LSA; § 17 ThürKO.

[291] Einen „Paradigmenwechsel" sehen darin etwa zu Recht sowohl *Friedrich Schoch,* Das Informationsfreiheitsrecht in der gerichtlichen Praxis, VBlBW 2010, S. 333 (333), als auch *Matthias Rossi,* Das Informationsfreiheitsrecht in der gerichtlichen Praxis, DVBl 2010, S. 554 (555). Siehe auch *Friedrich Schoch/Michael Kloepfer,* Informationsfreiheitsgesetz (IFG-ProfE). Entwurf eines Informationsfreiheitsgesetzes für die Bundesrepublik Deutschland, 2002. Zur grundsätzlichen Dimension *Wegener,* Staat (Fn. 129); *Scherzberg,* Öffentlichkeit (Fn. 141); *Dieter Kugelmann,* Die informatorische Rechtsstellung des Bürgers, 2001; *Rossi,* Informationszugangsfreiheit (Fn. 165); *Masing,* Verwaltung (Fn. 60); *Gröschner* (ebd.); *Marion Albers,* Information als neue Dimension im Recht, Rechtstheorie, Bd. 33 (2002), S. 61 ff.; → Bd. II *Gusy* § 23 Rn. 82 ff.

tung Rechnung. Dass die deutsche Verwaltungsrechtsordnung ein solches Recht zunächst nur in einigen Bundesländern und erst spät auf Bundesebene anerkannte – bis heute gibt es ein solches Recht noch immer nicht in allen Bundesländern – und so zumindest im internationalen Vergleich lange Zeit deutlich hinterherhinkte, ist Ausdruck der überkommenen Verengung der Lehre vom subjektiv-öffentlichen Recht.[292] Durch die Anerkennung prokuratorischer Rechte als vollwertige Form subjektiv-öffentlicher Rechte finden solche Befugnisse demgegenüber nunmehr ihren adäquaten Platz.

Die Unterscheidung von prokuratorischen Rechten und privatnützigen Rechten ist eine **Unterscheidung nach Idealtypen.** Der Sache nach überschneiden sie sich sowohl von der Zielsetzung des Gesetzgebers her als auch in ihrer Wirkweise weitgehend. Auch prokuratorische Rechte werden weitgehend dadurch wirksam, dass sie – was ihrer Natur nach nicht ausgeschlossen ist – in Verbindung mit individuellen Interessen verfolgt und genutzt werden sowie umgekehrt privatnützige Rechte vielmals zu einer Kontrolle der Verwaltung führen, die insbesondere auch für die Sicherstellung übergreifender Gemeinwohlbelange förderlich ist und im Rahmen von administrativen Regelungsstrategien instrumentell genutzt werden kann. Auch sind die Grenzen zwischen beiden Typen subjektiv-öffentlicher Rechte zum Teil fließend. Als Beispiel seien hierfür die Einsichtsrechte in öffentliche Register genannt, die zum Teil formal von einem berechtigten Interesse abhängen, der Sache nach hierunter aber auch das Interesse der Information der Öffentlichkeit etwa durch die Presse verstehen.[293] Ähnlich liegt es bei Planungsverfahren, die zwar keine Popularbeteiligung aber eine Betroffenenbeteiligung kennen, hiermit aber mehr eine praktikable Begrenzung des Beteiligtenkreises bezwecken als eine strenge Ausrichtung auf den Schutz spezifisch betroffener Individualbelange. Dass prokuratorische Rechte dabei naturgemäß nicht in gleichem Umfang anerkannt werden wie privatnützige Rechte, ist selbstverständlich: Da sie die Rechtsbeziehungen zwischen Verwaltung und Bürger strukturell entgrenzen, können sie nur in sachlich näher konturierten Hinsichten gewährt werden. **114**

Durch die Verfassung sind prokuratorische Befugnisse nicht unmittelbar vorgesehen.[294] Ihre Anerkennung obliegt dem Gesetzgeber. Der Gesetzgeber kann dabei eine prokuratorische Funktion auch privatnützigen Rechten zuordnen und damit auch **individualschützende Normen funktionalisieren.** Lässt der Gesetzgeber dieses – etwa im Bereich des Vergaberechts oder des Konkurrenzschutzes[295] – erkennen, so muss das bei der Auslegung entsprechender Normen berücksichtigt werden. Die Entscheidung, ob eine Norm subjektiv-öffentliche Rechte verleiht, beantwortet sich dann nicht nur danach, ob diese individuelle Interessen schützt, sondern auch danach, wie eine effektive Durchsetzung des Regelungsregimes gewährleistet wird. Die Schutznormtheorie ist um diesen Aspekt zu erweitern.[296] Eine extensive Herleitung von subjektiv-öffentlichen Rechten in diesem Sinne ist freilich nur gerechtfertigt, wenn sich hierfür in den jewei- **115**

---

[292] *Masing,* Verwaltung (Fn. 60), insbes. S. 381 ff.
[293] *OLG Hamm,* NJW 1988, S. 2482; *BVerfG,* Beschluss v. 28. 8. 2000, Az.: 1 BvR 1307/91, Rn. 19 ff.
[294] → Rn. 68 ff.
[295] Dazu *Huber,* Konkurrenzschutz (Fn. 236), S. 284 ff.; *Schmidt-Preuß,* Privatinteressen (Fn. 248), S. 213 ff.
[296] → Rn. 107.

ligen Normen bzw. dem Regelungskontext positive Anhaltspunkte aufweisen lassen. Eine prinzipielle Vermutung, dass der Gesetzgeber dem Einzelnen in der Regel auch eine prokuratorische Stellung einräumen will, gibt es nicht. Sie verbietet sich wegen des entgrenzenden Charakters solcher Rechte und ist sachlich nicht gerechtfertigt: Die Anerkennung prokuratorischer Befugnisse beinhaltet stets eine **Politisierung** nicht nur der Verwaltung-Bürger-Beziehungen, sondern auch der Beziehungen der Bürger untereinander und ist damit prinzipiell **ambivalent.** Der Grad solcher Politisierung bedarf deshalb einer Maß gebenden positiven Ausgestaltung und Begrenzung. In Betracht kommt eine prokuratorisch extendierende Interpretation von Normen aber etwa dann, wenn diese europarechtliche Wurzeln haben. Die gezielte Mobilisierung der Bürger für die Durchsetzung des Unionsrechts ist ein eigenständiger Bestandteil europäischer Rechtsimplementierung. Insofern kann diesem Gesichtspunkt auch innerstaatlich im Sinne einer europarechtskonformen Auslegung als eigenes Kriterium Rechnung zu tragen sein.[297]

c) Demokratische Mitentscheidungsrechte und der staatsbürgerliche Zugang zu öffentlichen Ämtern

116 Von sowohl den privatnützigen als auch den prokuratorischen Rechten nicht nur typologisch, sondern **auch dogmatisch zu unterscheiden** sind die demokratischen Mitentscheidungsrechte und das Recht auf Zugang zu öffentlichen Ämtern.[298] Beide lassen die bisher zugrunde gelegte Hypostasierung von individueller Freiheit und amtlicher Bindung als je für sich bleibenden Rechtsstatus hinter sich und beziehen sich auf deren Verbindung. Sie sind deshalb Rechte, die – ausgehend von dem Verständnis des Staats als Personalverband – prinzipiell den Staatsangehörigen vorbehalten sind, beziehungsweise heute – auf dem Weg zu einem politisch geeinten Europa – zum Teil auch auf Angehörige anderer EU-Staaten ausgedehnt werden.[299] Dabei unterliegen sie zugleich besonders formalisierten Gleichheitsgarantien.[300]

117 Besonders deutlich ist dies für das Wahlrecht und das Abstimmungsrecht als den maßgeblichen Formen demokratischer Mitentscheidung: Sie sind kollektiv gebunden und können nur gleichzeitig in staatlich veranstalteter Form wahrgenommen werden. Auf der Grundlage der strikten Egalität aller Staatsbürger sind sie dafür aber definitive Entscheidungsrechte: In ihrer Ausübung entscheidet der Einzelne mit letztverbindlicher Autorität. Die Wahl- und Abstimmungsrechte gehören dabei im Wesentlichen freilich der Ebene des Staatsrechts an. Im Rahmen der Dezentralisierung der Verwaltung entfalten sie Relevanz aber auch im Verwaltungsrecht und damit für die Rechtsstellung des Einzelnen gegenüber der Verwaltung. Dies gilt nicht nur für die **Wahl der kommunalen Repräsenta-**

---

[297] Vgl. nur *Ruffert*, Rechte (Fn. 195), S. 298 ff.
[298] → Bd. I *Wißmann* § 15 Rn. 50.
[299] Zur Exklusivität des Staatsvolkes *BVerfGE* 83, 37 (53 ff.); 83, 60 (71 ff.). Zur vorerst begrenzt wirkenden Erweiterung in Art. 28 Abs. 1 S. 3 GG *Horst Dreier*, in: ders. (Hrsg.), GG II, Art. 28 Rn. 78 ff.
[300] Zur Differenz zwischen dem Gewährleistungsgehalt des allgemeinen Gleichheitssatzes und dem der formalen Gleichheit staatsbürgerlicher Gewährleistungen in Bezug auf die Wahlrechtsgleichheit *BVerfGE* 11, 266 (272); 95, 408 (417) – std. Rspr. Vgl. zu systematischen Fragen *Walter Pauly*, Das Wahlrecht in der neueren Rechtsprechung des Bundesverfassungsgerichts, AöR, Bd. 123 (1998), S. 232 ff.

tivkörperschaften und Repräsentanten,** sondern auch für die **Initiierung von Bürgerbegehren** und die **Teilnahme an Abstimmungen.**[301] Insoweit haben echte Mitentscheidungsrechte gerade auch im Verwaltungsrecht große praktische Relevanz. Erweitert werden solche Mitentscheidungsrechte im Rahmen der **funktionellen Selbstverwaltung.** Mitentscheidungsrechte werden hier freilich durch den Gesetzgeber erst delegiert, ausgestaltet und ausgeformt und unterliegen dabei nicht der gleichen formalisiert demokratischen Egalität und Dignität wie der Wahl- bzw. Abstimmungsakt als Ausdruck unmittelbar demokratischer Legitimation auf der Ebene der allgemeinen Gebietskörperschaften.[302]

Nicht ein Recht auf unmittelbar autoritative (Mit-)Entscheidung, sondern das Recht, amtliche Entscheidungsbefugnisse grundsätzlich übernehmen zu können, gewährleisten das **passive Wahlrecht** und das Recht auf **Zugang zu allen öffentlichen Ämtern bzw. zum Militär.**[303] Die Substanz dieser Rechte beschränkt sich im Wesentlichen auf die Gewährleistung formalisierter Gleichheit: Für das passive Wahlrecht ist dieses evident, für den Zugang zu öffentlichen Ämtern liegt eine relative Formalisierung der Gleichheit in der Begrenzung der Auswahlkriterien auf die Gesichtspunkte der Eignung, Befähigung und fachlicher Leistung (Art. 33 Abs. 2 GG). Es handelt sich auch hier um grundlegende Rechtsbeziehungen, die sich aus der vollwertigen und gleichberechtigten Mitgliedschaft im Staatswesen ergeben. Sowohl das Wahlrecht als auch der Zugang zu öffentlichen Ämtern weisen so über die Struktur privatnütziger oder auch prokuratorischer Rechte hinaus: Sie erkennen dem Einzelnen die Fähigkeit zu, auch im Blick auf die Gesamtheit verbindliche Entscheidungen zu treffen – sei es in der autoritativen Form der Wahl bzw. Abstimmung, sei es in Form der demokratisch-amtlichen Bindung. **118**

3. Selbständige subjektiv-öffentliche Prozessrechte

Schwierigkeiten bereitet die Einordnung selbständiger Prozessrechte wie etwa der **Verbandsklage.** Hier liegt kein zunächst für sich begründetes Recht auf der Primärebene vor, das dann gerichtlich eingefordert werden könnte. Während nach deutschem Verwaltungsrecht im Allgemeinen das Bestehen eines Rechts und dessen Durchsetzung – im Unterschied zu aktionenrechtlichen Konzepten – getrennt werden und auch etwa prokuratorische Rechte wie der Umweltinformationsanspruch oder Beteiligungsrechte im Verwaltungsverfahren zunächst unabhängig von deren Durchsetzung konstituiert werden, wird hier ein selbständiges prozessuales Recht geschaffen, das von vorhergehenden Rechtsansprüchen losgelöst ist. Dem Bürger wird mit ihm die Möglichkeit eingeräumt, eine Gerichtskontrolle direkt, das heißt ohne Bezugnahme auf vorausliegende Rechte, auszulösen. Ausgehend von der klassischen Unterscheidung zwischen Recht einerseits und Durchsetzung andererseits sind verselbständigte Prozessrechte keine subjektiv-öffentlichen Rechte.[304] Sie sind vielmehr prozessuale Be- **119**

---

[301] Vgl. oben → Rn. 79.
[302] Näher → Bd. I *Trute* § 6 Rn. 20 f., 82 ff., *Reimer* § 9 Rn. 41.
[303] Vgl. *Monika Jachmann,* in: v. Mangoldt/Klein/Starck, GG II, Art. 33 Rn. 11 ff.; *Hans Meyer,* Wahlgrundsätze, Wahlverfahren, Wahlprüfung, in: HStR III, § 46 Rn. 14. Zum Ausschluss eines NPD-Funktionärs aus dem Grundwehrdienst als Grenze staatsbürgerlicher Gleichheit B*VerwG,* NJW 2005, S. 85 ff.; → Bd. I *Wißmann* § 15 Rn. 50.
[304] So die h. L.; vgl. *Eberhard Schmidt-Aßmann,* in: Maunz/Dürig, GG, Art. 19 Abs. 4 Rn. 149.

fugnisse, die von subjektiv-öffentlichen Rechten gerade abgelöst sind. Ausgehend von dem mehrgesichtigen Rechtsstatus des Einzelnen, der sich nicht nur in privatnützigen, sondern auch in prokuratorischen Rechten materialisiert, können solche Befugnisse mit den subjektiv-öffentlichen Rechten aber weithin parallelisiert werden. Auch hier nämlich geht es um eine Befugnis des Einzelnen, die Rechtsordnung aus eigener Freiheit in Bewegung zu setzen. Sie geben dem Einzelnen das Recht, *via* Verwaltungsgerichtsbarkeit kontrollierend auf die Verwaltung einzuwirken. Von daher können solche selbständigen Prozessrechte als **subjektiv-öffentliche Rechte im weiteren Sinne** bezeichnet werden. Sie erkennen den Einzelnen als Sachwalter allgemeiner Belange an und sind Ausdruck seines *status procuratoris*. Dabei können auch diese Rechte verschieden ausgestaltet sein. Sie können sich entweder als begrenzte Subjektivierung der allgemeinen Gesetzesvollziehungspflicht zu einem Gesetzesvollziehungsanspruch darstellen oder sie können den Einzelnen – wie in den naturschutzrechtlichen Verbandsklagen des Bundes – nur zum Sachwalter spezifischer Belange und der diese Belange spezifisch schützenden Rechtsvorschriften ausgestalten. Sie sind den prokuratorischen subjektiv-öffentlichen Rechten im hier verstandenen Sinne damit strukturell sehr ähnlich.

II. Rechtsverhältnislehre

120 Subjektiv-öffentliche Rechte isolieren einzelne Ansprüche als je für sich gewährleistete Verbürgungen. Sie haben ihren freiheitlichen Gehalt durch ihre **Asymmetrie im Verhältnis zu rechtlichen Pflichten:** Sie entkoppeln das „Verlangen-Können" des Einzelnen von einer ganzheitlichen Betrachtung, die alle Folgen, Konsequenzen und Einbindungen in Blick nähme und knüpft Rechte an relativ statische äußerlich zu bestimmende Voraussetzungen.[305] Die Berechtigung im Einzelfall ist nicht bedingt durch eine allgemeine Pflichtigkeit, sie muss nicht „verdient" sein oder sich in einer Gesamtbetrachtung der Rechtsbeziehungen zwischen öffentlicher Hand und Einzelnem zunächst als valide erweisen. Recht und Pflicht – das ist Grundelement des Freiheitsstatus des Bürgers – stehen nicht im Verhältnis der Reziprozität.[306]

121 Unbeschadet solcher prinzipiellen Entkopplung von Recht und Pflicht lässt sich die Rechtsstellung des Einzelnen gegenüber den Verwaltungsbehörden oft nicht isoliert allein von der Frage des Vorliegens oder Nichtvorliegens eines Rechtes her erfassen. Die Anerkennung von Rechten führt vielmehr zu einem **Kommunikationsverhältnis zwischen Behörden und Einzelnen.** Bei der Gestaltung von Rechten muss der Gesetzgeber diesem Kommunikationscharakter Rechnung tragen. Die Vorstellung allein punktueller Behördenkontakte, die sich auf eine Ja-Nein-Kommunikation in Bezug auf isolierte Ansprüche beschränken, ist heute verfehlt. Ein Großteil der Verwaltung-Bürger-Beziehungen – vom Umweltrecht über das Planungsrecht bis hin zum Wirtschaftsrecht – ist vielmehr in dauerhafte und komplexe Kommunikationsstrukturen eingebunden.[307]

---

[305] *Niklas Luhmann,* Zur Funktion der „subjektiven Rechte" (1970), in: ders. (Hrsg.), Ausdifferenzierung des Rechts, 1999, S. 360 f.
[306] Rn. 137 ff.
[307] Zur Bedeutung der Kommunikation im Einzelnen → Bd. II *Vesting* § 20, *Gusy* § 23.

E. Der Einzelne als Träger von Rechten

Die Notwendigkeit sukzessiver Entscheidungsfindung, der Bedarf nach Information, das Erfordernis, Informationen zu verifizieren, zu begrenzen und zu interpretieren sowie infolgedessen die Herausbildung komplexer Kommunikationsstrukturen bringen Behörden und Bürger in eine dynamische Wechselbeziehung. Sie stellen Aktion und Reaktion der Akteure in ein zeitlich gestrecktes Konnexitätsverhältnis, das die Herausbildung von Obliegenheiten, Neben- und Hauptpflichten mit sich bringt und in äußerer Hinsicht manche Parallelen mit Vertragsbeziehungen des Zivilrechts hat. Tatsächlich lassen sich deshalb die Verwaltung-Bürger-Beziehungen, wie es die Rechtsverhältnislehre herausgearbeitet hat, oftmals treffend als **Verwaltungsrechtsverhältnisse** beschreiben.[308]

122 Für die Erfassung des Rechtsstatus des Einzelnen ergibt sich aus dieser Beobachtung der Rechtsverhältnislehre allerdings nur ein **geringer Mehrwert.** Dass subjektiv-öffentliche Rechte ihrerseits vielschichtig eingebunden und gestuft sowie durch Verfahrensrechte flankiert sind, ergibt sich der Sache nach bereits aus der Gestaltungsmöglichkeit und den Gestaltungserfordernissen des Gesetzgebers bei der Ausgestaltung subjektiver Rechtspositionen.[309] Es ergibt sich bereits aus dem Konzept der subjektiv-öffentlichen Rechte selbst, dass der Gesetzgeber diese hinreichend differenziert gestalten und hierbei eine realitätsbezogen praktikable sowie rechtsstaatlichen Anforderungen entsprechende Kommunikation zwischen Verwaltung und Bürger – wie etwa in den Verwaltungsverfahrensgesetzen – etablieren muss. Die Abstraktion auf die Figur des „Rechtsverhältnisses" macht solche Ausgestaltungserfordernisse auch nicht etwa entbehrlich. Sie verdeutlicht vielleicht, dass die Einbindung von Rechten in einen Kommunikationsprozess gegenüber den konkreten Behörden im Einzelfall auch ungeschriebene Pflichten wie die Beachtung von Treu und Glauben voraussetzt. Die Asymmetrie zwischen einerseits amtsgebundener Verwaltung und andererseits privatem Freiheitsanspruch, verbunden mit dem Fehlen einer auf das Gemeinwohl bezogenen Grundpflichtigkeit, wird damit aber ebenso wenig in Frage gestellt wie die Notwendigkeit einer differenzierenden Formalisierung der Rechte-Pflichten-Beziehungen auf der Grundlage von Gesetzen.[310]

123 **Abzulehnen** ist die Rechtsverhältnislehre, soweit sie sich **als theoretisch-fundamentale Neubestimmung des Staat-Bürger-Verhältnisses überhaupt** versteht und dieses auf der Ebene substanzieller Gleichordnung von Einzelnem und Staat zu konstruieren sucht.[311] Die Vorstellung, dass der Bürger, wenn er sich auf subjektive Rechte beruft, quasi in einen vorstaatlichen Zustand tritt und dem Staat sein naturgegebenes Eigenrecht entgegensetzen könne, verkennt die prinzipiell kollektive Gestaltungs- und Organisationsbedürftigkeit von Recht und privatisiert dieses.[312] Recht, auf das sich der Einzelne gegenüber anderen

---

[308] Grundlegend *Hans H. Rupp*, Grundfragen der heutigen Verwaltungsrechtslehre, 2. Aufl. 1991, S. 15 ff.; *Norbert Achterberg*, Rechtsverhältnisse als Strukturelemente der Rechtsordnung, Rechtstheorie, Bd. 9 (1978), S. 385 ff.; *Rolf Gröschner*, Das Überwachungsrechtsverhältnis, 1992, S. 67 ff.; *Hartmut Bauer*, Verwaltungsrechtslehre im Umbruch?, DV, Bd. 25 (1992), S. 301 (315 f.); vgl. zuletzt in Bezug auf die Reform des Verwaltungsrechts *Friedrich Schoch*, Der Verwaltungsakt zwischen Stabilität und Flexibilität, in: Hoffmann-Riem/Schmidt-Aßmann (Hrsg.), Innovation, S. 199 (211 ff.).

[309] Vgl. → Rn. 71 ff.

[310] → Rn. 142 ff.

[311] Vgl. *Henke*, Recht (Fn. 236), insbes. S. 40 ff.

[312] *Rupp*, Staat und Gesellschaft (Fn. 33), insbes. Rn. 20; *Masing*, Post (Fn. 76), insbes. Rn. 29 ff.; *Wißmann*, Regulierung/Deregulierung (Fn. 32).

§ 7 Der Rechtsstatus des Einzelnen im Verwaltungsrecht

mit Konsequenzen berufen kann – also die Möglichkeit, die Rechtsordnung in Bewegung zu setzen – ist immer staatliches Recht. Dieses kann von der moralischen Überzeugung getragen sein, überpositiven Geboten oder der Natur des Menschen entsprechen zu müssen. Es gilt aber nur auf der Grundlage demokratischer Anerkennung in staatlich organisierten Formen, d.h. auf der Grundlage der formal gleichen Freiheit aller.[313] Beruft sich der Einzelne auf sein Recht, tritt er nicht aus dem Staatsverband heraus, sondern aktualisiert Verwaltungsrecht als Form demokratisch-staatlich organisierter Herrschaft.

III. Recht und Rechtsbewährung

124 Die Bestimmung der subjektiv-öffentlichen Rechte als Fähigkeit, die Rechtsordnung aus eigener Freiheit in Bewegung zu setzen, ist abstrakt: Aus ihr folgt begrifflich zunächst nur ein Kommunikationsprozess zwischen Bürger und Verwaltung in der Struktur eines „Verlangen-Könnens" und eines „Entsprechen-Müssens". Damit diese Struktur über ein bloßes Postulat hinaus Realität gewinnt, bedarf es der **Rechtsbewährung** in Form der Rechtsdurchsetzung sowie der Einräumung von Wiedergutmachungs- und Ersatzansprüchen im Fall der Rechtsverletzung.

1. Rechtsdurchsetzung

a) Rechte und Rechtsschutz gem. Art. 19 Abs. 4 GG

125 Mit der Gewährung subjektiv-öffentlicher Rechte ist im Grundgesetz zugleich die Garantie einer **richterlichen Kontrolle** und Einforderbarkeit dieser Rechte verbunden. Nach Art. 19 Abs. 4 GG ist im Fall einer behaupteten Rechtsverletzung durch die öffentliche Hand der Rechtsweg von Verfassung wegen eröffnet. Das Grundgesetz verspricht damit einen institutionell spezifisch gesicherten und verfahrensmäßig effektiven Rechtsschutz.[314]

126 Die Rechtsschutzgarantie des Art. 19 Abs. 4 GG setzt dabei die zu schützenden subjektiv-öffentlichen Rechte voraus, schafft sie aber nicht.[315] Sie steht so in einer spezifischen Wechselwirkung mit der dem Gesetzgeber obliegenden Aufgabe, über Umfang und Inhalt subjektiv-öffentlicher Rechte zu entscheiden: Während den Umfang dieser Rechte grundsätzlich der Gesetzgeber bestimmt, ergibt sich der Standard für deren Durchsetzung aus der verfassungsrechtlichen Rechtsschutzgarantie. Ein – im Blick auf den Individualschutz auch weitreichender – Grundbestand von Rechten ist dem Bürger freilich schon durch die Grundrechte und damit auch unabhängig von dem Gesetzgeber verfassungsrechtlich gewährleistet. Im Übrigen aber ist die Rechtsschutzgarantie der gesetzlichen Entscheidung über Rechte nachgelagert. Über das „Ob" solcher Rechte entscheidet der Gesetzgeber außerhalb der Verfassung frei. **Art. 19 Abs. 4 GG gewährleistet** dann nur die **Folgerichtigkeit**: Wenn Rechte eingeräumt werden, dann müssen sie auch effektiv durchsetzbar sein. Subjektiv-öffentliche Rechte

---

[313] → Rn. 8 ff.
[314] → Bd. III *Schoch* § 50.
[315] *Peter M. Huber,* in: v. Mangoldt/Klein/Starck, GG I, Art. 19 Rn. 386; *Helmuth Schulze-Fielitz,* in: Dreier (Hrsg.), GG I, Art. 19 Abs. 4 Rn. 61; → Rn. 100.

als *lex imperfecta* – und damit die Gefahr leerer Versprechungen – sollen ausgeschlossen sein.

Rechte im Sinne des Art. 19 Abs. 4 GG sind damit alle subjektiv-öffentlichen **127** Rechte.[316] Dies gilt zunächst und vor allem für die **Grundrechte** selbst, deren Schutz Art. 19 Abs. 4 GG vorrangig intendiert.[317] Es gilt aber auch für **alle anderen privatnützigen** Rechte, mit denen der Gesetzgeber die Grundrechte ausgestaltet oder die er dem Einzelnen sonst zum Schutz von dessen Belangen, respektive zum Schutz individueller Freiheit und Integrität, zur Seite stellt.[318] Die Rechtsschutzgarantie gilt dabei vom Grundsatz her auch für Verfahrensrechte.[319] Insoweit ist nach allgemeiner Meinung allerdings die Möglichkeit des Gesetzgebers anzuerkennen, Verfahrensrechte als bloße unselbständige Rechtspositionen im Verhältnis zu materiellen Rechtspositionen auszugestalten, so dass sie nicht für sich oder isoliert nach Art. 19 Abs. 4 GG geltend gemacht werden können.[320] Demgegenüber unterfallen selbständige Verfahrensrechte der Garantie des Art. 19 Abs. 4 GG ebenso wie materielle Rechte.[321]

Auch **prokuratorische Rechte** wie etwa allgemeine Informationsansprüche **128** oder – soweit sie denn reichen – Partizipationsrechte fallen unter die Rechtsschutzgarantie.[322] Indem Art. 19 Abs. 4 GG sich nicht auf den Grundrechtsschutz beschränkt, sondern auch alle einfachgesetzlich geschaffenen Rechte schützt, sind damit auch nicht individualschützende Rechte umfasst. Auch hier kommt das rechtsstaatliche Anliegen zum Tragen, eine Diskrepanz zwischen Rechtsverheißung und Rechtsschutz zu verhindern; Art. 19 Abs. 4 GG ist mit dieser Zielrichtung nicht auf den Privatschutz beschränkt.

Vom Grundsatz her unterfallen schließlich auch die **demokratischen Mitent- 129 scheidungsrechte** der Rechtsschutzgarantie, also grundsätzlich auch das Recht auf Teilnahme etwa an kommunalen Abstimmungen und Wahlen.[323] Eine Besonderheit gilt hier aber für das Wahlrecht zu den Parlamenten: Das Grundgesetz bzw. die Landesverfassungen überlagern und relativieren hier die Rechtsschutzgarantie durch Sonderregelungen zur Wahlprüfung, die in traditionsgeleiteter Anerkennung des Selbstkonstituierungsrechts des Parlaments eine Prüfung von Wahlrechtsverletzungen weithin in dessen Hände legt.[324]

Einen Sonderfall bilden die **selbständigen subjektiv-öffentlichen Prozess- 130 rechte** wie vor allem die Verbandsklage. Diese realisieren nicht vorausliegende, von ihnen unterschiedene subjektiv-öffentliche Rechte und sind selbst von

---

[316] *Rainer Wahl*, in: Schoch/Schmidt-Aßmann/Pietzner (Hrsg.), VwGO, Vorbem. § 42 Abs. 2 Rn. 14; *Eberhard Schmidt-Aßmann*, in: Maunz/Dürig, GG, Art. 19 Abs. 4 Rn. 116 ff.

[317] *Eberhard Schmidt-Aßmann*, in: Schoch/Schmidt-Aßmann/Pietzner (Hrsg.), VwGO, Einl. Rn. 18.

[318] *Helmuth Schulze-Fielitz*, in: Dreier (Hrsg.), GG I, Art. 19 Abs. 4 Rn. 61; *Eberhard Schmidt-Aßmann*, in: Maunz/Dürig, GG, Art. 19 Abs. 4 Rn. 131.

[319] *Helmuth Schulze-Fielitz*, in: Dreier (Hrsg.), GG I, Art. 19 Abs. 4 Rn. 65.

[320] *Helmuth Schulze-Fielitz*, in: Dreier (Hrsg.), GG I, Art. 19 Abs. 4 Rn. 72 f.; vgl. auch § 44 a VwGO.

[321] *Eberhard Schmidt-Aßmann*, in: Maunz/Dürig, GG, Art. 19 Abs. 4 Rn. 149 ff.

[322] Vgl. *Martin Bauer/Thomas Böhle/Christoph Masson/Rudolf Samper*, Bayerische Kommunalgesetze, Art. 18 b BayGO Rn. 13 (zu Mitwirkungsbefugnissen); *Olaf Reidt/Gernot Schiller*, in: Landmann/Rohmer, UmwR I, § 3 UIG Rn. 1 ff. (zu Informationsansprüchen).

[323] Vgl. *Norbert Achterberg/Martin Schulte*, in: v. Mangoldt/Klein/Starck, GG II, Art. 38 Rn. 123; *Julius Widtmann/Walter Grasser*, Bayerische Gemeindeordnung, Exkurs Art. 17 Rn. 6; *BayVerfGH*, BayVBl. 1969, S. 129.

[324] *Meyer*, Wahlgrundsätze (Fn. 303), Rn. 59 ff.

Art. 19 Abs. 4 GG folglich nicht geboten.[325] Da sie den Zugang zu den Gerichten schon unmittelbar selbst eröffnen, erledigt sich hier auch der Sache nach das Problem einer richterlichen Kontrolle. Allerdings sind die aus Art. 19 Abs. 4 GG von der Rechtsprechung hergeleiteten Anforderungen an die Effektivität der gerichtlichen Kontrolle[326] auch auf diese Prozessrechte anzuwenden: Soweit eine Verbandsklage anerkannt wird, handelt es sich um ein subjektiv-öffentliches Recht im weiteren Sinne, nämlich um ein subjektiv-öffentliches Prozessrecht.[327] Auch für diese gilt, dass, wenn sie der Gesetzgeber denn einräumt, sie auch wirksam geltend gemacht werden können müssen. Art. 19 Abs. 4 GG stellt auch diesbezüglich sicher, dass Rechtsversprechen nicht wirkungslose Verheißungen bleiben dürfen, sondern der rechtlichen Bewährung bedürfen.

b) Rechtsschutz durch Gerichte und anderweitige Formen des Schutzes von Rechten

131   Inhaltlich verbrieft Art. 19 Abs. 4 GG effektiven Rechtsschutz durch Gerichte. Damit verbinden sich zahlreiche **Anforderungen** sowohl **institutioneller** als auch **organisatorischer** Art sowie weiterhin insbesondere auch Maßgaben für die **Dichte der gerichtlichen Kontrolle**.[328] Im Einzelnen besteht hierbei ein weiter Gestaltungsspielraum des Gesetzgebers. Die Gewährleistung des Schutzes subjektiv-öffentlicher Rechte schließt dabei nicht aus, dass daneben in gleicher Weise auch kompetenzrechtliche Befugnisse[329] dem Schutz der Gerichte unterstellt werden. Die Aufgabe der Gerichtsbarkeit kann gesetzlich damit auch objektiv-rechtlich ausgestaltet werden. Sie muss einen wirksamen Schutz der subjektiv-öffentlichen Rechte jedoch stets umfassen.

132   Subjektiv-öffentliche Rechte können darüber hinaus auch unabhängig von der durch Art. 19 Abs. 4 GG gewährleisteten Gerichtskontrolle geschützt werden. Ob Rechte des Einzelnen wirksam werden können, ist **nicht allein eine Frage des Gerichtsschutzes,** sondern primär schon eine Frage ihrer Implementierung in das rechtliche und tatsächliche Umfeld. Entscheidend ist hierfür zunächst eine reflektierte Gestaltung schon der Rechte selbst, dann aber auch der mit ihnen konfligierenden Rechte Dritter, der Verwaltungsorganisation, des Verfahrens sowie der Einräumung von Sekundäransprüchen. Für die Rechtsbewährung maßgeblich sind des Weiteren nicht zuletzt auch Verfahren außerhalb des Prozessrechts und des formalen Gerichtsschutzes wie Widerspruchsverfahren, Dienstaufsichtsverfahren, Mediationsverfahren oder die Einbeziehung von Schiedsstellen. Das Verständnis der Verwaltungsrechtswissenschaft als Steuerungswissenschaft öffnet die Möglichkeit, auch diese Ebene wissenschaftlich analytisch zu erfassen und – für die Rechtsstellung des Einzelnen zum Teil vielleicht bedeutsamer als manche dogmatische Ableitung – in die Prozesse der Rechtserzeugung einzubringen.

2. Wiedergutmachungs- und Ersatzansprüche

133   Zur Rechtsbewährung zählt weiterhin die Anerkennung von Wiedergutmachungs- und Ersatzansprüchen, wenn Rechte verletzt wurden. Solche Ansprü-

---
[325] *Helmuth Schulze-Fielitz*, in: Dreier (Hrsg.), GG I, Art. 19 Abs. 4 Rn. 48.
[326] → Bd. III *Schoch* § 50.
[327] → Rn. 119.
[328] → Bd. III *Schoch* § 50.
[329] → Rn. 105.

che sind eigene Rechte, die erfolgte Rechtsverletzungen auch auf einer **Sekundärebene** beseitigen bzw. durch Kompensation soweit wie möglich ausgleichen sollen. Gegenüber der Durchsetzung der Primärrechte sind sie grundsätzlich nachrangig.[330] Sie bewehren und bewähren damit das verletzte Recht in der Form von Sekundäransprüchen, die den Einzelnen materiell schadlos stellen bzw. auch immaterielle Genugtuung verschaffen und die umgekehrt die Verwaltung auch nach einer Rechtsverletzung in der Pflicht halten. Durch solche Wiedergutmachungs- bzw. Ersatzansprüche setzt sich die durch das Primärrecht begründete Verwaltung-Bürger-Beziehung auf anderer Ebene fort.

Zu diesen Sekundäransprüchen gehört zunächst der **Folgenbeseitigungsanspruch,** der einem Abwehranspruch ähnlich ist, aber im Unterschied zu diesem sich nicht gegen die Rechtsverletzung selbst, sondern gegen die fortdauernden Folgen einer bereits abgeschlossenen Rechtsverletzung richtet.[331] Darüber hinaus gehören zu diesen Ansprüchen vor allem aber auch solche aus **Amtshaftungsrecht**[332] sowie aus **enteignungsgleichem und aufopferungsgleichem Eingriff.**[333] Weitere Ausgleichsansprüche finden sich zum Teil etwa im Landesrecht (vgl. § 39 Abs. 1 lit. a OBG-NRW).[334] All diese dienen dem Ausgleich für erlittene Rechtsbeeinträchtigungen und bestätigen damit die in Rechten strukturierte Verwaltung-Bürger-Beziehung auch für den Fall ihres Scheiterns.

Wiedergutmachungs- und Ersatzansprüche sind für sich betrachtet selbst reguläre **subjektiv-öffentliche Rechte.**[335] Im Wesentlichen handelt es sich um **privatnützige Rechte:** In Respekt vor der Rechtsstellung des Einzelnen dienen sie der Wahrung seiner persönlichen Integrität. Im Amtshaftungsrecht ergibt sich dies von den Haftungsvoraussetzungen her schon aus dem Kriterium der Drittbezogenheit[336] und im Recht des enteignungsgleichen bzw. aufopferungsgleichen Eingriffs aus den geschützten Rechtsgütern.[337] Die Kriterien des Schadens

---

[330] *Johannes Masing,* in: Umbach/Clemens (Hrsg.), GG, Art. 34 Rn. 128; *Hinnerk Wißmann,* Amtshaftung als Superrevision der Verwaltungsgerichtsbarkeit, NJW 2003, S. 3455 (3456); *Hans-Jürgen Papier,* in: Kurt Rebmann u. a. (Hrsg.), Münchener Kommentar zum BGB, 5. Aufl. 2009, § 839 Rn. 330.

[331] *Friedrich Schoch,* Folgenbeseitigung und Wiedergutmachung im öffentlichen Recht, VerwArch, Bd. 79 (1988), S. 1 (44 ff.); *Ossenbühl,* StaatshaftungsR, S. 301 ff.; *Bernd Grzeszick,* Staatshaftungsrecht, in: Erichsen/Ehlers (Hrsg.), VerwR, § 45 Rn. 111 ff.; *Maurer,* VerwR, § 30 Rn. 11 ff.; *Papier,* in: Münchener Kommentar zum BGB (Fn. 330), § 839 Rn. 80 ff.

[332] *Prodromos Dagtoglou,* in: BK, Art. 34 Rn. 77 ff.; *Ossenbühl,* StaatshaftungsR, S. 10 ff.; *Grzeszick,* Staatshaftungsrecht (Fn. 331), § 44; *Johannes Masing,* in: Umbach/Clemens (Hrsg.), GG, Art. 34 Rn. 70 ff.; *Maurer,* VerwR, § 26; *Papier,* in: Münchener Kommentar zum BGB (Fn. 330), § 839 Rn. 129 ff.

[333] *Prodromos Dagtoglou,* in: BK, Art. 34 Rn. 53 ff.; *Ossenbühl,* StaatshaftungsR, S. 133 ff., 213 ff.; *Grzeszick,* Staatshaftungsrecht (Fn. 331), § 45 Rn. 62 ff.; *Maurer,* VerwR, § 27 Rn. 87 ff., § 28 Rn. 4; *Papier,* in: Münchener Kommentar zum BGB (Fn. 330), § 839 Rn. 26 ff., 56 ff.

[334] Zur modifizierten Fortgeltung des Staatshaftungsgesetzes der DDR vgl. *Ossenbühl,* StaatshaftungsR, S. 472 ff., 213 ff.; *Grzeszick,* Staatshaftungsrecht (Fn. 331), § 46 Rn. 27 ff. Zu sonstigem Landesrecht vgl. *Friedrich Schoch,* Polizei- und Ordnungsrecht, in: Schmidt-Aßmann (Hrsg.), Bes. VerwR, Rn. 291 ff.; *Papier,* in: Münchener Kommentar zum BGB (Fn. 330), § 839 Rn. 59.

[335] *Stern,* StaatsR III/1, S. 671 ff., 683 ff. Dass ihre Geltendmachung oft vor den Zivilgerichten erfolgt, ändert nichts an dem öffentlich-rechtlichen Charakter dieser Ansprüche, deren Zuweisung an die Zivilgerichtsbarkeit im Wesentlichen historische Gründe hat.

[336] *Prodromos Dagtoglou,* in: BK, Art. 34 Rn. 148 ff.; *Ossenbühl,* StaatshaftungsR, S. 57 ff.; *Grzeszick,* Staatshaftungsrecht (Fn. 331), § 44 Rn. 16 ff.; *Johannes Masing,* in: Umbach/Clemens (Hrsg.), GG, Art. 34 Rn. 88 ff.; *Maurer,* VerwR, § 26 Rn. 16 ff.; *Papier,* in: Münchener Kommentar zum BGB (Fn. 330), § 839 Rn. 227 ff.

[337] *Ossenbühl,* StaatshaftungsR, S. 133 ff., 242 ff.; *Maurer,* VerwR, § 27 Rn. 89, 42 ff., 7 ff., § 28 Rn. 3, 12; *Papier,* in: Münchener Kommentar zum BGB (Fn. 330), § 839 Rn. 26, 57.

§ 7 Der Rechtsstatus des Einzelnen im Verwaltungsrecht

bzw. der Entschädigung verstärken diese Individualbezogenheit. Und solche Individualbezogenheit würde selbst für Schadenersatzansprüche gelten, die aus der Verletzung von prokuratorischen Rechten resultieren.

136 Allerdings können auch Sekundäransprüche **prokuratorisch extendiert** werden und dem Geschädigten bei Geltendmachung von Schadensersatzansprüchen eine spezifisch gemeinbezogene Funktion für die Durchsetzung des Rechts zuweisen, indem Ersatzansprüche gewährt werden, die über materielle Restitution hinausreichen. Eine Einführung von Haftungsnormen, die etwa Gedanken der US-amerikanischen *punitive damages* aufnehmen, ist für das deutsche Verwaltungsrecht nicht von vornherein ausgeschlossen. Der Europäische Gerichtshof leitet im Übrigen zum Teil auch aus dem Unionsrecht ab, dass der Schadensausgleich nicht allein nach Institutionskriterien berechnet werden darf, sondern zugleich die Sanktionswirkung des Schadenersatzanspruchs berücksichtigen muss.[338] Die deutsche Rechtsordnung weist hier – anknüpfend an ein verengtes Konzept der subjektiv-öffentlichen Rechte – bisher allerdings äußerste Zurückhaltung auf.

F. Freiheit als Grundlage von Rechten und Pflichten

I. Die rechtsstaatliche Asymmetrie

137 Die Anerkennung von Rechten aller Art hat einen gemeinsamen Fokus: Sie befähigt den Einzelnen nach Maßgabe seiner privaten Entscheidung als Rechtssubjekt an der Rechtsordnung als freies Subjekt teilzunehmen. Rechte stehen dem Bürger in Freiheit zu. Ihr Gebrauch oder Nichtgebrauch ist nicht verschränkt mit einer auf gleicher Ebene bestehenden Pflichtenstellung des Einzelnen. Ausgestattet mit subjektiven Rechten steht der Bürger der Verwaltung in allen *status* in Freiheit gegenüber und **nicht in einer auf Gegenseitigkeit angelegten Rechte-Pflichten-Balance**. Selbstverständlich zwar kann der Einzelne in Pflicht genommen werden oder mit spezifischen Pflichten belegt werden, und erst recht ist er zum Gesetzesgehorsam verpflichtet. Die Wahrnehmung von Rechten, respektive die Verwirklichung von Freiheit, wird jedoch nicht durch einen korrespondierenden Pflichtenstatus eingefangen. Eine generelle Grundpflichtigkeit, die die individuelle Freiheit durch eine gemeinbezogene Gesamtverantwortung konterkarierte, ist mit dem Prinzip der Freiheit nicht verträglich.[339] Wie *Hasso Hofmann* schreibt, kann nicht „ein und dasselbe von zwei Prinzipien prinzipiiert werden"[340].

---

[338] → Rn. 93.
[339] Ebenso *Josef Isensee*, Staat und Verfassung, in: HStR II, § 15 Rn. 175, der darauf hinweist, dass die Pflichtigkeit des Einzelnen stets nur durch das einfache Gesetz konkretisiert wird. Demgegenüber für eine Lehre von „Grundpflichten" *Otto Luchterhand*, Grundpflichten als Verfassungsproblem in Deutschland, 1988. Zur verfassungsunmittelbaren Ableitung einzelner Grundpflichten *Hasso Hofmann*, Grundpflichten und Grundrechte, in: HStR V, 1. Aufl. 1992, § 114 insbes. Rn. 17 ff.; vgl. grds. aber wie hier Rn. 38 ff. Vermittelnd *Ralf Gröschner*, Die Republik, in: HStR II, § 23 Rn. 48; umfassend *Rolf Stober*, Grundpflichten und Grundgesetz, 1979.
[340] *Hasso Hofmann*, Grundpflichten als verfassungsrechtliche Dimension, in: VVDStRL, Bd. 41 (1983), S. 42 (54).

F. Freiheit als Grundlage von Rechten und Pflichten

Für die **Verwaltung-Bürger-Beziehungen** spiegelt sich diese rechtsstaatliche **138** Asymmetrie von Rechten- und Pflichtenstatus in der **bipolaren Struktur** dieser Beziehungen. Sie stehen in der Spannung von Privatheit und Amt, Recht und Kompetenz, Freiheit und Pflicht. **Administrative Aufgabenwahrnehmung** ist prinzipiell gebunden. Der Verwaltung sind ihre Handlungstitel in Form von Kompetenzen verliehen und zum treuhänderischen Gebrauch nur anvertraut. Sie stehen in einer prinzipiellen Ausrichtung auf das gemeine Wohl und sind nicht nur rechtlich korrekt, sondern auch politisch verantwortlich und klug auszuüben. Staatsrechtlich entspricht dem eine dem Anspruch nach umfassende demokratische Rechenschaftspflicht, die – ohne begrenzende Unschulds- und Freiheitsvermutungen – durch verwaltungsinterne Maßnahmen und letztlich durch das Parlament jederzeit geltend gemacht werden kann.[341] Demgegenüber handelt der **Bürger** in der Ungebundenheit der Freiheit. Freiheit ist ihm nicht fiduziarisch verliehen, sondern um ihrer selbst willen anerkannt.[342] Eine prinzipielle Rechenschafts- oder Rechtfertigungspflicht in Bezug auf deren Wahrnehmung gibt es ebenso wenig wie eine Pflicht zu deren gemeinwohlorientierter Ausübung. Mit der Trennung von Recht und Moral ist die sittliche Verpflichtung, die sich philosophisch-ethisch mit der Idee der Freiheit verbindet und verbinden muss, aus den Staat-Bürger-Beziehungen herausgenommen. Auf sie kann die Verwaltung nicht zurückgreifen. Die Inanspruchnahme und Inpflichtnahme des Einzelnen ist um der Freiheit willen strukturell veräußerlicht.[343]

Die **Ungebundenheit individueller Freiheit** gilt zunächst für die Rechtsstel- **139** lung des Einzelnen, wie sie sich aus den **Grundrechten** ergibt. Wenn diese in der Idee der selbstbestimmten, d.h. gegenüber dem Staat privatisierten Entfaltung des Einzelnen ihren letzten Bezugspunkt haben und in diesem Sinne individuelle Freiheit gewährleisten, liegt hierin die Veräußerlichung der Rechtsbeziehungen zwischen Staat, respektive Verwaltung und Bürger mit beschlossen. Entsprechendes gilt **für alle weiteren Rechte des *status negativus* und des *status positivus***, die in Ausgestaltung der Grundrechte oder auch darüber hinaus durch einfaches Gesetz dem Bürger zur Gewährleistung seiner bürgerlichen Integrität und Freiheit eingeräumt sind, d.h. insbesondere alle privatnützigen Rechte.

Die Unterscheidung zwischen Freiheit und Amt hat ihren Ausgangspunkt da- **140** bei **unabhängig von der Bedeutung privaten Handelns für das Gemeinwesen**.[344] Auch wenn Private „öffentliche" Aufgaben wahrnehmen – was in einem materiellen Sinne ohnehin der Normalfall ist – und selbst wenn sie bewusst zur Erreichung bestimmter staatlicher Zwecksetzungen eingebettet in bestimmte Regulierungsregime handeln, nehmen sie Freiheit in prinzipieller Ungebunden-

---

[341] *Wilhelm Hennis*, Parlamentarische Opposition und Industriegesellschaft (1956), in: Hans-Gerd Schumann (Hrsg.), Die Rolle der Opposition in der Bundesrepublik Deutschland, 1976, S. 88 ff.; *Masing*, Untersuchungen (Fn. 33), S. 306 ff.; *ders.*, Politische Verantwortlichkeit (Fn. 140), S. 36 ff. Näher, auch zu den Einschränkungen dieser Konzeption → Bd. I *Trute* § 6 Rn. 35 ff.
[342] Auch die Verpflichtung der Eltern aus Art. 6 GG zielt nicht auf eine staatsgerichtete Pflichtenstellung. Zum Konzept der fiduziarischen Freiheit für den Bereich der Ämterkompetenzen *Wißmann*, Pädagogische Freiheit (Fn. 265), S. 112 ff., 130 ff.
[343] Siehe auch BVerfGE 124, 300 (333) – Wunsiedel.
[344] Zum Begriff des Amtes *Wolfgang Hennis*, Amtsgedanke und Demokratiebegriff, in: FS Rudolf Smend, 1962, S. 51 ff.; *Ralf Dreier*, Art. Amt, öffentlich-rechtlich, in: StL I, Sp. 128 ff. Zur prinzipiellen Verschiedenheit *Wißmann*, Funktionsfreiheiten (Fn. 70), insbes. S. 298.

heit wahr. Sie können hierbei besonderen Rechtsregeln und -pflichten unterstellt werden, rücken – bis zum förmlichen Umschlag in Form der Beleihung[345] – deshalb jedoch nicht in die demokratische Treuhandstellung des öffentlichen Amtes ein.[346] Vom Grundsatz her entspricht diese Differenz auch steuerungswissenschaftlichen Funktionskriterien, da mit der Verschränkung von privaten und administrativen Handlungsebenen gerade die Verschiedenartigkeit von deren Handlungsbedingungen genutzt werden soll. Aber auch unabhängig davon darf diese Differenz in ihrer Substanz nicht aufgehoben werden. Die ungenaue Rede von der „Verantwortungsteilung" im Regulierungsrecht[347] ändert nichts daran, dass Verantwortung von Amtsträgern und Privaten rechtlich etwas je Grundverschiedenes meint. Dies schließt allerdings nicht aus, dass Private möglicherweise – etwa aufgrund mittelbarer Drittwirkung oder sonstiger Schutz- oder Gewährleistungspflichten – in einzelnen Bereichen „ähnlich oder genauso weit durch die Grundrechte in Pflicht genommen werden" wie der Staat, „insbesondere wenn sie in tatsächlicher Hinsicht in eine vergleichbare Pflichten- oder Garantenstellung hineinwachsen".[348]

141 Die Ungebundenheit individueller Freiheit gilt auch für die politischen Rechtsbeziehungen, d.h. für die **prokuratorischen Rechte** und die **demokratischen Mitentscheidungsrechte.** Für letztere ergibt sich dies schon aus den Wahlrechtsgrundsätzen, die nicht nur die Freiheit, sondern auch die Geheimheit der Wahl gewährleisten. Sie verstehen damit das Wahlrecht, dem in Deutschland keine Wahlpflicht entspricht,[349] nicht als eine amtsähnliche rechenschaftsbedürftige Kompetenz, wie noch das öffentliche Wahlrecht zur Paulskirchenverfassung, sondern als echte Freiheitsausübung. Dass die Verfassung der Sache nach darauf verwiesen ist, dass der Bürger in der Wahl nicht allein im Blick auf seine persönlichen Interessen und Vorteile hin, sondern im Sinne des Ganzen entscheidet, ist damit nicht geleugnet.[350] Doch diese Erwartung ist eine vorrechtliche Erwartung, die – wiederum um der Freiheit willen – rechtlich keine Abbildung mehr findet und finden kann. In echter Freiheit gewährleistet sind auch die prokuratorischen Rechte. Auch sie mobilisieren privates, nicht aber amtliches Handeln für die Implementation oder Durchsetzung öffentlicher Belange. Weder kann der Berechtigte eine gesteigerte Legitimation für sich in Anspruch nehmen, weil er unabhängig von Eigeninteressen handelt, noch kann er aus diesem Grund in weiterem Umfang in Anspruch genommen werden als sonst. Prokuratorisches Handeln bleibt politisch wie moralisch gegenüber dem Staat unverantwortetes Handeln in Freiheit – weshalb denn auch die Frage, ob oder wie weit sich dabei im Einzelnen private Gründe und Eigeninteressen mit tatsächlichen oder vorgeschobenen gemeinnützigen Anliegen verbinden, unerheblich ist. Vielfach liegt gerade in der Mobilisierung spezifisch privat-spontaner Impulse der erstrebte Gewinn solcher Befugnisse, die auch aus diesem Grund nicht durch eine Überstülpung von Verantwortlichkeitspostulaten publifiziert werden

---

[345] → Bd. I *Trute* § 6 Rn. 92, *Schulze-Fielitz* § 12 Rn. 106, *Groß* § 13 Rn. 89 ff., *Jestaedt* § 14 Rn. 31, *Eifert* § 19 Rn. 81.
[346] *Masing*, Untersuchungen (Fn. 33), S. 246 ff.
[347] Siehe o. → Fn. 6.
[348] *BVerfG*, Urt. v. 22. 2. 2011, Az.: 1 BvR 699/06 – Fraport, Rn. 56.
[349] Zur verfassungsrechtlichen Dimension *Martin Morlok*, in: Dreier (Hrsg.), GG II, Art. 38 Rn. 83.
[350] *Böckenförde*, Demokratie (Fn. 75), Rn. 74 ff.

F. Freiheit als Grundlage von Rechten und Pflichten

dürfen. Ihre Grenzen finden solche Befugnisse nicht in einer prinzipiellen Gemeinwohlgebundenheit, sondern allein in der Reichweite und im Inhalt der eingeräumten Rechte selbst. Sie müssen vom Gesetzgeber in sich begrenzt gefasst werden und können nie als letzte Instanz einer autoritativen Entscheidung gegenüber Dritten ausgestaltet sein.

II. Rechtsstaatliche Auferlegung von Pflichten

Der Freiheitsstatus hindert nicht, dass der Einzelne auch in einer **Pflichtenstellung** gegenüber der Verwaltung steht. Die Begründung von Rechtspflichten muss der **rechtsstaatlichen Asymmetrie** jedoch **Rechnung tragen.** Soweit Pflichten dem Einzelnen staatlich-hoheitlich auferlegt werden,[351] spiegelt sich diese in rechtsstaatlichen Maßgaben, mit denen die Veräußerlichung der Rechtsbeziehungen zwischen Verwaltung und Bürger formalisierend konkretisiert werden: Die Verantwortlichkeit des Einzelnen muss in sich begrenzt auf der Grundlage demokratisch verantworteter Gesetze vorhersehbar festgelegt sein (1.). Darüber hinaus kann eine verwaltungsrechtliche Inpflichtnahme und Verantwortlichkeit des Einzelnen aber auch an dessen Freiheit selbst anknüpfen.[352] Vergleichbar formalisierte Rechtsgarantien wie bei einseitig hoheitlicher Inanspruchnahme kann es insoweit freilich nicht geben. Rechtsstaatliche Anforderungen können solche Inpflichtnahme nur allgemein strukturieren und bleiben weitgehend abstrakt; Grenzen und Maßgaben können hier nur bereichsspezifisch gesucht werden (2.).

142

1. Begrenzte Verantwortlichkeit im Rahmen von Hoheitsunterworfenheit

Die rechtsstaatliche Asymmetrie zwischen Freiheit und Inpflichtnahme wird durch die Rolle des Gesetzes konkretisiert. Einseitig können Pflichten des Bürgers allein durch oder aufgrund eines Gesetzes statuiert werden. Dieser **Vorbehalt des Gesetzes**[353] findet seine normative Verankerung in den Grundrechten und letztlich in Art. 2 Abs. 1 GG in seiner Auslegung als allgemeine Handlungsfreiheit.[354] Die Begrenzung der Inpflichtnahme des Einzelnen auf das formalisierende Maß des Gesetzes ist dabei Ausdruck der **rechtsstaatlichen Veräußerlichung der Rechtsbeziehungen** zwischen Verwaltung und Bürger: Gesetze stehen unter dem Gebot der Bestimmtheit und Rechtsklarheit, um so für den Einzelnen vorhersehbar und begrenzend das Ausmaß seiner Verantwortlichkeit und Inpflichtnahme zu bestimmen. Förmlich ausgefertigt und verkündet legen sie verobjektiviert und grundsätzlich abstrahierend die Handlungserwartung des Bürgers fest und haben hierbei – durch Art. 19 Abs. 1 S. 1 GG speziell gesichert – der substanziellen Gleichheit aller Bürger Rechnung zu tragen[355]. Im Ein-

143

---

[351] → Rn. 153 ff.
[352] → Rn. 172 ff.
[353] → Bd. I *Reimer* § 9 Rn. 23 ff. Zu dessen Geltung für einseitig verbindliches unmittelbar grundrechtsgebundenes Handeln im Bereich des Privatrechts (Verbot, im Frankfurter Flughafen Versammlungen durchzuführen) s. *BVerfG*, Urt. v. 22. 2. 2011, Az.: 1 BvR 699/06 – Fraport, Rn. 79 ff.
[354] Siehe o. → Rn. 46.
[355] Dies schließt situationsbezogene Gesetze, die zum Teil nur kleine Gruppen von Bürgern betreffen, und letztlich auch Einzelfallgesetze nicht von vornherein aus. Vgl. umfassend *Christian Starck*, Die Allgemeinheit des Gesetzes, 1987; *Karl Zeidler*, Maßnahmegesetz und „klassisches" Gesetz, 1961; *Horst Dreier*, in: ders. (Hrsg.), GG I, Art. 19 Abs. 1 Rn. 9 ff.

zelnen sind durch die Grundrechte und das abgestufte Geflecht der grundrechtlichen Schrankenregelungen Form und Umfang möglicher Inpflichtnahme des Einzelnen näher ausdifferenziert und insbesondere auch inhaltlich weiter eingeschränkt.[356]

144 Durch Maßgaben der Verfassung lässt sich freilich nur begrenzt gewährleisten, dass der Gesetzgeber dann selbst die rechtsstaatliche Differenz zwischen außen und innen materiell auch im Rahmen der Ausgestaltung der Rechtsordnung anerkennt. Tatsächlich ist heute eine tendenziell auch auf den Innenbereich zugreifende Statuierung von entgrenzenden Grundpflichten, und sei es auch nur reduziert auf eine eher symbolisch gemeinte Rechtssetzung, zunehmend zu beobachten. Vor einer solchen Remoralisierung des Rechts ist indes zu warnen. In der Demokratie kann die freiheitsverbürgende Kraft rechtsstaatlicher Veräußerlichung und Distanz nicht alleine durch die Verfassung gewährleistet werden, sondern setzt ihre Anerkennung auch durch den Gesetzgeber voraus.

145 Die freiheitsschonenden Maßgaben privater Inpflichtnahme setzen sich auf **Rechtsanwendungsebene** fort und strukturieren die Beziehungen zwischen Verwaltung und Einzelnem bei der Konkretisierung individueller Verantwortlichkeit. Zu nennen sind hier zum einen die Beachtung der **Kompetenzvorschriften** sowie zum anderen die Einhaltung eines **rechtsstaatlichen Verfahrens,** das mit Respekt vor dem Einzelnen als Rechtsperson Kommunikation in distanzierter Unvoreingenommenheit,[357] Transparenz, Rationalität, Einzelfallgerechtigkeit und Rechtsklarheit zu gewährleisten hat. Zu den wesentlichen Anforderungen zählen hierbei das Recht auf Gehör, auf Zugang zu den Verwaltungsvorschriften[358], auf Akteneinsicht, auf Geheimhaltung personenbezogener Daten, auf anwaltlichen Beistand, auf Klarheit der Verwaltungsentscheidungen und sachhaltige Begründung sowie die Gewährleistung eines gewissen Vertrauensschutzes.[359] Insgesamt muss das Verfahren fair, möglichst zeitnah und in hinreichender Distanz – insbesondere durch unbefangene Personen – durchgeführt werden.[360] Diese in ihrem Kern weitgehend schon durch die Grundrechte und das Rechtsstaatsprinzip gewährleisteten Verfahrensgarantien werden gesetzlich

---

[356] Eine echte Sonderheit liegt insoweit im öffentlichen Schulwesen und dem staatlichen Erziehungsauftrag begründet. Hier ist die dauernde, weitgehende Einflussnahme auf Schüler bereits prinzipiell darauf angelegt, diese auch in ihrem Inneren zu formen. Die dialektische Verschränkung von individueller Freiheit und gesellschaftlichen Anforderungen muss hier in besonderer Weise rechtsstaatlich rückgebunden werden, vgl. dazu umfassend *Wißmann*, Pädagogische Freiheit (Fn. 265), insbes. S. 96 ff.

[357] Siehe *BVerfG*, Beschl. v. 17. 8. 2010, Az.: 1 BvR 2585/06 – Bundeszentrale für politische Bildung, Rn. 23 ff. → Rn. 49 (Fn. 90), 86.

[358] Die von der Rspr. und der h. L. formulierten Kompromisse spiegeln den Streit um die Rechtsnatur von Verwaltungsvorschriften wider; vgl. näher *Rainer Wahl*, Verwaltungsvorschriften: Die ungesicherte dritte Kategorie des Rechts, in: FG 50 Jahre BVerwG, 2003, S. 571 ff.; *Schmidt-Aßmann*, Ordnungsidee, Kap. 6 Rn. 88 ff.; zum Streitstand *Werner Heun*, in: Dreier (Hrsg.), GG I, Art. 3 Rn. 57.

[359] Zum Vertrauensschutz *BVerfG*, NJW 2003, S. 1928; zur Begründungspflicht *BVerfGE* 6, 32 (44 f.); 40, 276 (286); 50, 287 (289); zur Akteneinsicht *BVerwGE* 84, 375 (377 f., 386 f.); zum Zugang zu Vorschriften *BVerwGE* 61, 40 (43); zum anwaltlichen Beistand *BVerfGE* 66, 313 (318); *BVerwGE* 62, 169 (173); zum Anspruch auf rechtliches Gehör *Eberhard Schmidt-Aßmann*, Verfahrensfehler als Verletzungen des Art. 103 Abs. 1 GG, DÖV 1987, S. 1029; *Christian-Dietrich Bracher*, Nachholung der Anhörung bis zum Abschluß des verwaltungsgerichtlichen Verfahrens, DVBl 1997, S. 534 (535); zum Ganzen siehe *Katharina Sobota*, Das Prinzip Rechtsstaat, 1997, S. 484 ff.

[360] Vgl. umfassend *Michael Fehling*, Verwaltung zwischen Unparteilichkeit und Gestaltungsaufgabe, 2001, insbes. S. 195 ff.

auf verschiedenen Ebenen konkretisiert und – bereichsspezifisch differenziert – verfeinert.

Die rechtsstaatlichen Sicherungen individueller Inpflichtnahme werden verfassungsunmittelbar durch ein weiteres übergreifendes Korrektiv ergänzt: Den **Verhältnismäßigkeitsgrundsatz**.[361] Die rechtsstaatliche Asymmetrie findet in ihm einen dogmatischen Spiegel: An seinem Ausgangspunkt steht die individuelle Freiheit, gegenüber der jede verwaltungsrechtliche Inpflichtnahme als geeignet, erforderlich und angemessen begründet werden und sich so als im Einzelnen rechtfertigungsbedürftig erweisen muss. Die Verhältnismäßigkeit ist eine Anforderung zunächst schon an das jeweilige Gesetz, sie ist aber insbesondere auch eine Maßgabe für die Anwendung des Gesetzes im Einzelfall.

2. Verantwortlichkeit in Anknüpfung an Freiheit

Pflichten des Einzelnen gegenüber der Verwaltung können nicht nur in einseitigen Hoheitsakten gründen, sondern auch in **Anknüpfung an die Freiheit** des Einzelnen selbst. Gerade moderne Formen administrativer Aufgabenwahrnehmung führen sich vielfach auf Absprachen oder interdependente Kommunikationsvorgänge zurück, die es verbieten, die Rechtsstellung des Einzelnen gegenüber der Verwaltung allein von der einseitigen Inanspruchnahme her zu erfassen.[362] Sie ist dann freilich **nicht mehr grundsätzlich auf die Maßgaben rechtsstaatlicher Veräußerlichung gebaut:** Da hier die Verwaltung der Freiheit des Einzelnen nicht entgegentritt, sondern sie aufgreift und auf die freiwillige Selbstverpflichtung bzw. Mitwirkung setzt, verlieren nun die in der rechtsstaatlichen Asymmetrie begründeten Schutzmechanismen einen wesentlichen Teil ihrer Stringenz. Es ist nun vom Grundsatz her kein rechtfertigungsbedürftiger Zugriff auf, sondern Resultat aus der Freiheit des Einzelnen, dass er gegenüber der Verwaltung – etwa auf der Grundlage eines privaten oder öffentlich-rechtlichen Vertrages – in eine Pflichtenstellung tritt.

Durch solche Aufhebung der prinzipiellen Differenz von Freiheit und Inpflichtnahme **entformalisieren** und **erweitern sich die Verwaltung-Bürger-Beziehungen** grundlegend. Zum einen flexibilisiert und erweitert dieses die Handlungsmöglichkeiten der Verwaltung, und zum anderen eröffnet es dem Einzelnen Wege, aus dem Kontakt mit der Verwaltung ihm gesetzlich nicht unmittelbar zustehende Vorteile zu ziehen. Indem die Entformalisierung der Verwaltung rechtlich nicht vorstrukturierte Einflussmöglichkeiten einräumt, gerät die Verwaltung-Bürger-Kommunikation in ein Koordinatensystem von Macht und Gegenmacht, Anreizen und Drohpotential. Sie ist unaufhebbar mit der Möglichkeit verbunden, Einwirkung und Druck auszuüben auf Verhaltensweisen und Engagement, das gesetzlich nicht hätte erwirkt werden können und dürfen. Die Veräußerlichung privater Inpflichtnahme wird aufgehoben – oder zumindest relativiert. Dieses ist vom Grundsatz her kein Einwand, sondern liegt im Prinzip der Anknüpfung an private Freiheit: Freiheitsausübung steht immer in Interdependenz mit einem fordernden Umfeld; die individuelle Entschei-

---

[361] Vgl. nur *BVerfGE* 7, 198 (205 ff.); 105, 61 (71). Grundlegend *Peter Lerche*, Übermaß und Verfassungsrecht, 1961; *Bernhard Schlink*, Der Grundsatz der Verhältnismäßigkeit, in: FS 50 Jahre BVerfG, 2001, Bd. II, S. 405 ff.; *Horst Dreier*, in: ders. (Hrsg.), GG I, Vorbem. Rn. 145 ff.

[362] → Rn. 172 ff.

dung, sich für Überzeugungen oder Vorteile weitgehend und eventuell mit weitreichenden persönlichen Konsequenzen zu binden, gehört ihr notwendig zu. Dass die Verwaltung solche Verpflichtungsbereitschaft nutzt, durch Anreize stimuliert und durch die Versagung von rechtlich nicht geschuldeten Vorteilen dann auch Druck ausübt, ist vom Ausgang der Freiheit her grundsätzlich nur konsequent.

149 Dennoch liegt in solcher Entgrenzung der Verwaltung-Bürger-Beziehungen auch ein Problem. Unter Bedingungen, in denen die Verwaltung ihre Aufgaben vielfach in Form von Maßnahmen, insbesondere Dienstleistungen, erledigt, welche nicht unmittelbar geboten sind, liegt hierin die **Gefahr,** dass der **Status der Freiheit von innen erodiert** und die freiheitliche Distanz der Rechtsstaatlichkeit unterlaufen wird.[363] Dies ist umso mehr der Fall, je mehr die Verwaltung zwar nicht auf unmittelbaren Zwang zurückgreift, dem Einzelnen aber in struktureller Übermacht gegenübertritt. Eine Anknüpfung an die freiheitliche Zustimmung des Einzelnen kann damit materiell schnell an Aussagekraft verlieren. Die Entformalisierung der Inpflichtnahme kann so unter formeller Wahrung, und mehr noch: unter Nutzung individueller Freiheit die Freiheitsausübung in einem materiellen Sinne gefährden und Zugriff auch auf den persönlichen Innenbereich gewinnen. Zugleich läuft damit auch die bürgerliche Gleichheit vor der Verwaltung Gefahr, relativiert zu werden.

150 Allgemeine rechtliche Maßgaben, die dieses Dilemma lösen und die Freiheit des Einzelnen gegenüber der paktierenden und indirekt steuernden Verwaltung garantieren, gibt es nicht. Sie können **nicht in allgemein-formalen Anforderungen** gesucht werden, da es insoweit eben nicht um die Wahrung einer abstrakt fassbaren, formellen Freiheit, sondern um materielle Freiheit im jeweiligen Kontext geht. Generelle rechtsstaatliche Anforderungen an die Verwaltung können hier die Freiheit des Einzelnen nur auf einer allgemeinen Ebene und in der Regel auch nur objektivrechtlich sichern helfen, etwa durch Anforderungen an Gleichbehandlung, Sachlichkeit und Unparteilichkeit und die Beachtung der Kompetenzen.[364] Substanzielle Lösungen können hier nur bereichsspezifisch gesucht werden und bedürfen möglichst der gesetzlichen Ausformung.[365] Regelungen wie das – freilich auch als solches noch abstrakt bleibende – Koppelungsverbot für öffentlich-rechtliche Verträge[366] oder Anforderungen an das Vergaberecht[367] sind hierfür ein Beispiel. Prozeduralisierungen und organisationsrechtliche Vorkehrungen können hierbei weitere Instrumente sein.[368] Die Materialisierung des Grundrechtsschutzes[369] bietet hier gleichfalls eine Hilfe. Da im Spannungsfeld formeller und materieller Freiheit gelegen, bedarf es hierfür realitätsbezogener Analysen, die sowohl den Bedingungen des Verwaltungshandelns als auch denen des Privathandelns Rechnung tragen. Die modernere Verwaltungsrechts-

---

[363] *Wißmann,* Pädagogische Freiheit (Fn. 265), S. 111 ff.

[364] → Rn. 178.

[365] In Grenzen kann sich dies auch aus dem Vorbehalt des Gesetzes ergeben; vgl. → Bd. I *Reimer* § 9 Rn. 59 f.

[366] *Kopp/Ramsauer,* VwVfG, § 56 Rn. 16 ff.

[367] → Bd. I *Schulze-Fielitz* § 12 Rn. 139 ff.

[368] Zum Zusammenhang mit der partiellen Entmaterialisierung des Rechts *Appel,* Methodik (Fn. 111), S. 354 ff.

[369] → Rn. 49 ff.

wissenschaft mit ihrer programmatischen Hinwendung auch zu gesellschaftswissenschaftlichen Zusammenhängen hat hierzu beizutragen. Sie darf sich hierbei allerdings nicht allein an dem Ziel einer möglichst effektiven Erreichung von Verwaltungsinteressen ausrichten, sondern auch an der Idee der gleichen Freiheit als substanzieller Kategorie.

III. Die allgemeine Einbindung des Einzelnen in ein rechtlich geordnetes Gemeinwesen

Außerhalb von Rechtspflichten gegenüber der Verwaltung ist der Einzelne **151** stets in die allgemeine Rechtsordnung eingebunden, die durch die Gestaltung der Rechtsbeziehungen zwischen den Bürgern, die Bereitstellung von öffentlich-rechtlichen wie privatrechtlichen Rechtsinstituten, die Ermöglichung einer weit verzweigten Kommunikation der politischen und administrativen Akteure, durch Schaffung von Infrastrukturen und vieles mehr ständig grundlegenden Einfluss auf die realen Bedingungen und Möglichkeiten individueller Freiheitsverwirklichung nimmt. Solche allgemeinen Überformungen betreffen jedoch nicht mehr die individualisierbaren Beziehungen zwischen Verwaltung und Bürger und verlassen damit die Frage nach dem individuellen Rechtsstatus. Die **Rekonstruktion eines Rechtsstatus** des Einzelnen im Verwaltungsrecht betrifft dessen rechtliche Stellung im Blick auf seine Rechte und Pflichten gegenüber der Verwaltung, ist aber **keine Gesamtdeutung des Verhältnisses von Individuum und Recht bzw. Staat:** Der pointierten Hervorhebung der Freiheit als Grundmodus dieser Rechtsstellung unterliegt weder rechtstheoretisch noch gar philosophisch die Vorstellung eines autarken, sich grundsätzlich im staatsfreien Raum verwirklichenden Subjekts, auf das Recht und Verwaltung nur als veräußerlichte Inpflichtnahmen einwirken würden: Freiheit und Recht – als eine wesentliche Form kollektiver Einbindung – stehen vielmehr in einer **unauflöslichen Dialektik.** Insoweit prägt staatliches Recht individuelle Freiheit notwendig auch inwendig und darf bzw. muss sogar daraufhin gestaltet werden. Die Durchbildung eines begrenzten Rechte- und Pflichtstatus für die konkreten Rechtsbeziehungen zwischen Einzelnem und Verwaltung ist hiervon jedoch zu trennen.

G. Die Pflichtenstellung des Einzelnen

Freiheit und verwaltungsrechtliche Verantwortlichkeit des Einzelnen liegen, **152** wie dargelegt, auf verschiedenen Ebenen. Während die Freiheit als Prinzip am Anfang steht, ist jede Inpflichtnahme rechtsstaatlich veräußerlicht oder muss ihre Anknüpfung an diese Freiheit suchen. Diese theoretisch-prinzipielle und dogmatisch folgenreiche Nachordnung will indessen eine im Ergebnis **substanzielle Verantwortlichkeit des Einzelnen** nicht hindern. In Entsprechung seiner unentrinnbaren Einbindung in ein vielfältig interdependentes Gemeinwesen steht der Bürger der Verwaltung in einer weitreichenden Pflichtenstellung gegenüber. Diese findet Ausdruck in seiner Hoheitsunterworfenheit (I.) sowie in seiner Pflichtenstellung in Anknüpfung an seine Freiheit (II.).

I. Hoheitsunterworfenheit

153 Die rechtsstaatlichen Maßgaben einseitiger Inpflichtnahme gewährleisten eine Veräußerlichung der Verwaltung-Bürger-Beziehungen und hegen die Verantwortlichkeit des Bürgers zum Schutze der Freiheit durch formalisierende Begrenzungen ein. Umgekehrt ist der Einzelne im Rahmen solcher Maßgaben dann der Verwaltung aber in einer Weise verantwortlich, die den umfassenden **sozialstaatlichen Gestaltungsauftrag** sowie die **exekutive Machtfülle** spiegelt und damit zugleich auch von daher die notwendige Rigidität der rechtsstaatlichen Anforderungen verdeutlicht: Seine Inpflichtnahme ist einseitig möglich, kann der Durchsetzung weit verstandener sozialstaatlicher Zielsetzungen dienen und umfasst von den Modalitäten her ein verzweigtes Instrumentarium.

1. Einseitige Anordnungsgewalt

154 Die Inpflichtnahme des Bürgers durch die Verwaltung kann einseitig erfolgen. Der Einzelne ist gegenüber der Verwaltung hoheitsunterworfen und damit außerhalb von Gegenseitigkeitsbeziehungen ihrer Entscheidungs- und Anordnungsbefugnis ausgesetzt. Dies ist Ausdruck seiner Einbettung in ein staatlich verfasstes Gemeinwesen, das in der staatlichen Exekutive das Gewaltmonopol konzentriert und sich als entscheidungs- und durchsetzungsfähige Handlungseinheit organisiert. Die Unterworfenheit unter die verwaltungsrechtliche **Entscheidungs- und Zwangsgewalt** kennzeichnet dabei den Einzelnen in seinem *status passivus*.[370]

155 Verwaltungsrechtliche Inanspruchnahme kann dabei zum einen **unmittelbar durch die Setzung von Recht** erfolgen. Dies ist der Fall, wenn Normen, die im Wege gesetzlicher Delegation als Rechtsverordnungen oder Satzungen auch von der Verwaltung erlassen werden können, unmittelbar aus sich selbst heraus verpflichtende Regelungen treffen.[371] Im Übrigen erfolgt die verbindliche Inanspruchnahme des Einzelnen auf der Grundlage solcher Normen durch Einzelfallentscheidung mittels **Verwaltungsakt** oder **Realakt**.[372] Die Einseitigkeit verwaltungsrechtlicher Entscheidungsgewalt setzt sich fort in der **einseitigen Durchsetzung und Vollstreckung** solcher Entscheidungen durch die Verwaltung bis hin zur Ausübung unmittelbaren Zwangs.[373] Lediglich die Freiheitsentziehung[374] und besonders schwerwiegende Grundrechtseingriffe[375] bedürfen

---

[370] Unterteilung der *status* bei *Jellinek*, System (Fn. 52), passim. Zu den Funktionen des Verwaltungsakts in diesem Zusammenhang *Schoch*, Verwaltungsakt (Fn. 308), insbes. S. 222 ff.

[371] Das sind solche Regeln, die als „selbst, unmittelbar und gegenwärtig" beschwerende Normen auch vor dem BVerfG angegriffen werden können; *BVerfGE* 1, 97 (101 f.). Vgl. dazu näher *Stefan Ruppert*, in: Dieter Umbach/Thomas Clemens/Franz-Wilhelm Dollinger (Hrsg.), BVerfGG, 2. Aufl. 2005, § 90 Rn. 71 ff.

[372] → Bd. II *Bumke* § 35, *Fehling* § 38, *Hermes* § 39.

[373] *Ralf Poscher*, Verwaltungsakt und Verwaltungsrecht in der Vollstreckung, VerwArch, Bd. 89 (1998), S. 111 ff.; *Maurer*, VerwR, § 20.

[374] Näher *Christoph Gusy*, in: v. Mangoldt/Klein/Starck, GG III, Art. 104 Rn. 37 ff., für die Unterscheidung zwischen vorgängiger und nachträglicher richterlicher Entscheidung über die Freiheitsentziehung und die weiteren richterlichen Mitwirkungserfordernisse.

[375] Siehe Art. 13 Abs. 2–4 GG sowie *BVerfGE* 109, 279 (357 ff.) – Wohnraumüberwachung; 120, 274 (331 ff.) – Online-Durchsuchung; 125, 260 (337 ff.) – Vorratsdatenspeicherung.

prinzipiell der vorherigen richterlichen Anordnung. In Eilfällen kann aber auch diese aufgeschoben werden. Hoheitsunterworfenheit und die Verbürgung des individuellen Freiheitsstatus mit der Anerkennung subjektiver Rechte stehen dabei in unmittelbarer Interdependenz. Der Unbedingtheit der Inpflichtnahme des Einzelnen korrespondiert die rechtsstaatliche Strenge der sie begrenzenden und veräußerlichenden Maßgaben. Wenn das Grundgesetz den Rechtsstatus des Einzelnen in seiner privatschützenden Dimension unmittelbar selbst gewährleistet und ihn so – anders als die Einräumung und Ausgestaltung der prokuratorischen Rechtsstellung des Bürgers gegenüber der Verwaltung – nicht dem einfachen Gesetzgeber überlässt, hat das in der Unausweichlichkeit staatlicher Hoheitsgewalt und dem hierin liegenden Gefährdungspotential seinen Grund. Die Einräumung freiheitsschützender Rechte kann der Hoheitsgewalt dabei zwar nicht ihren zwingenden Charakter nehmen. Sie flankiert diesen aber durch die Möglichkeit des Einzelnen, deren Mäßigung in rechtsstaatlich gestalteten Formen einzufordern.

2. Materielle Unterscheidungen hoheitlicher Inpflichtnahme

Wenn die individuelle Freiheit als Ausgangspunkt für die innere Herleitung der Legitimation ebenso wie für die äußere Konstruktion von Recht und rechtlicher Inpflichtnahme bestimmt wurde, widerspricht dies nicht der Einsicht, dass – zumal in einer enger werdenden Welt – individuelle Freiheit praktisch umfassender staatlicher Einbindung bedarf. In tatsächlicher Hinsicht ist Freiheit immer mehr auf kollektiv zu gestaltende Voraussetzungen verwiesen und wirkt sich ihr Gebrauch immer zugleich auch auf die Freiheit anderer aus. Sie bedarf nicht nur am Rande, sondern prinzipiell des Abgleichs. Hierin liegt eine Aufgabe der Rechtsordnung insgesamt, insbesondere auch des Zivilrechts, und ihr entspricht die **virtuelle Allzuständigkeit des Staates** – aufgeteilt freilich auf verschiedene Ebenen. Das Verwaltungsrecht spiegelt diese Aufgabe in verschiedenartigen Typen individueller Inpflichtnahme. Dem umfassenden Freiheitsstatus steht mit ihnen – freilich in bemessenen Formen und damit diesen nicht aufhebend – eine materiell weitreichende Sozialpflichtigkeit des Einzelnen gegenüber. 156

a) Inpflichtnahme zur Verhinderung schädlicher Auswirkungen privater Freiheitsentfaltung

Eine elementare Form verwaltungsrechtlicher Inpflichtnahme des Einzelnen liegt in der **Abwehr schädlicher Auswirkungen privater Freiheitsentfaltung.** Ihr traditionelles Referenzgebiet hat sie zunächst im Sicherheitsrecht mit der Gefahrenabwehr. Sie scheint hier zunächst sehr begrenzt: Im gesetzlich nicht näher ausgestalteten, durch die sicherheitsrechtliche Generalklausel nur allgemein grundgelegten Verwaltung-Bürger-Verhältnis kommt eine Verantwortung des Einzelnen danach nur für konkrete Gefahren in Betracht. In der Tat ergibt sich dies zwangsläufig aus dem Freiheitsstatus, der die Unberechenbarkeit der Freiheitswahrnehmung zu seinem Ausgangspunkt hat und damit der Verwaltung nicht erlaubt, im Einzelfall ohne nähere Maßgaben gegen privates Handeln allein unter Berufung auf dessen bloß abstrakte Gefährlichkeit vorzugehen. Dies bedeutet jedoch nicht, dass die Verwaltung-Bürger-Beziehung für den Bereich 157 der Gefahrenabwehr auf die punktuelle Abwehr konkreter Gefahren beschränkt wäre oder außerhalb bestimmter schwerwiegender Grundrechtseingriffe[376] auch nur auf ein solches Prinzip verpflichtet wäre. Nach Maßgabe gesetzlicher und dann auch untergesetzlicher Gestaltung wird der Einzelne vielmehr heute in den verschiedensten Formen, Verfahren und Zusammenhängen verwaltungsrechtlich auch in Pflicht genommen, um Gefahren bereits im Vorfeld zu verhindern und allgemeine schädliche Auswirkungen seiner Freiheitsentfaltung abzufedern. Anscheinsgefahren, Gefahrenverdacht, abstrakte Gefahren wie auch verschiedene Stufen von Belästigungen und ebenso die präventive Strategie der bloßen Gefahrenvorsorge gestatten – in rechtsstaatlich bemessenen Formen – grundsätzlich die verbindliche Inanspruchnahme des Einzelnen.[377] Verwaltungsrecht ist **schon in dieser Hinsicht nicht reaktives, sondern gestaltendes Recht.** Es ist dabei, auch soweit es nur das Gefährdungspotential privater Freiheit einhegen will, weder dem Inhalt noch den Instrumenten nach auf einen Grundtypus beschränkt. Exemplarisch zeigt dies mit vielfältigen Regelungsinstrumenten das Umweltrecht, das zum Schutz vor umweltgefährdenden Folgen – d.h. zur Einhegung der schädlichen Auswirkungen privater Freiheitsentfaltung – sowohl den polizeirechtlichen Gefahrenbegriff als auch die polizeirechtlichen Handlungsformen weit hinter sich gelassen hat.[378]

b) Inpflichtnahme durch sozialgestaltende Maßgaben privater Freiheitsentfaltung

158 Inpflichtnahmen des Einzelnen beschränken sich nicht darauf, schädliche Auswirkungen privater Freiheitsentfaltung den Verursachern zuzuordnen und dann verwaltungsrechtlich abzufangen. Verwaltungsrecht ist vielmehr allgemein **wirtschafts- und sozialgestaltendes Recht,** das nach Maßgabe politisch zu verantwortender Grundentscheidungen steuernd und umverteilend auf die gesellschaftlich bzw. marktwirtschaftlich frei sich bildenden Kräfteverhältnisse korrigierend einwirkt. Auch aus solchen übergreifenden Gemeinwohlkonzepten heraus ist der Einzelne vielfältigen verwaltungsrechtlichen Inpflichtnahmen ausgesetzt.[379] Von punktuellen Maßgaben, wie der Beschäftigung von Schwerbehinderten, über die Auferlegung von marktkorrigierenden Leistungen, wie

---

[376] Siehe dazu Art. 11 Abs. 2, Art. 13 Abs. 2 S. 1, Art. 13 Abs. 4 S. 1 GG; *BVerfGE* 109, 190 (242) – Sicherungsverwahrung (gegenwärtige erhebliche Gefahr); 69, 315 (353 f., 367 f.) – Brokdorf (unmittelbare Gefahr); 115, 320 (360 ff.) – Rasterfahndung (konkrete Gefahr); 120, 274 (325 ff.) – Online-Durchsuchung; 122, 342 (372 f.) – BayVersG; 125, 260 (330 f.) – Vorratsdatenspeicherung (konkrete Gefahr); *Ralf Poscher*, Eingriffsschwellen im Recht der Inneren Sicherheit – Ihr System im Licht der neueren Verfassungsrechtsprechung, DV, Bd. 41 (2008), S. 345 ff.

[377] Vgl. nur *Ralf Poscher*, Gefahrenabwehr, 1999, insbes. S. 112 ff.; *Marion Albers*, Die Determination polizeilicher Tätigkeit in den Bereichen der Straftatenverhütung und Verfolgungsvorsorge, 2001, insbes. S. 32 ff.

[378] Zur Systematik der Instrumente des Umweltrechts *Sparwasser/Engel/Voßkuhle*, UmweltR, § 2 Rn. 57 ff.; *Kloepfer*, UmweltR, § 5 Rn. 1 ff.; grundlegend zum Wandel der Dogmatik des Öffentlichen Rechts am Beispiel des Konzepts der nachhaltigen Entwicklung im Umweltrecht *Ivo Appel*, Staatliche Zukunfts- und Entwicklungsvorsorge, 2005, S. 408 ff., 490 ff.

[379] Dieses spiegelt sich grundsätzlich in der Prüffolge des Verhältnismäßigkeitsgrundsatzes, die jedes durch die Verfassung nicht verbotene vernünftige Ziel des Gemeinwohls als Eingriffstitel in die allgemeine Handlungsfreiheit anerkennt; vgl. *Horst Dreier*, in: ders. (Hrsg.), GG I, Vorbem. Rn. 146; *Bodo Pieroth/Bernhard Schlink*, Grundrechte, 26. Aufl. 2010, Rn. 290 ff.; *Robert Uerpmann*, Das öffentliche Interesse, 1999, S. 62 ff., 303 ff.

etwa Universaldiensten im Regulierungsrecht oder der Abnahmepflicht alternativer Energien im Energiewirtschaftsrecht, bis hin zu allgemeinen Vorgaben zur Strukturierung ganzer gesellschaftlicher Sektoren nimmt das Verwaltungsrecht den Bürger in die Verantwortung für das – politisch definierte – *bonum commune*. Es knüpft an den jeweiligen gesellschaftlichen Kontext privaten Handelns an und belegt dieses mit sozialgestaltenden Maßgaben.[380] Je stärker, potenter oder leistungsfähiger der Einzelne im jeweiligen Sozialzusammenhang ist, desto mehr kann er sozialpflichtig gemacht werden. In solcher – selbstverständlich rechtsstaatlich bemessenen und begrenzten – Unterworfenheit unter kollektive Gestaltungskonzepte und deren verwaltungsrechtliche Umsetzung spiegelt sich aus der Perspektive des Einzelnen das, was aus der Perspektive des Staatsrechts der Gestaltungsauftrag des Sozialstaatsprinzips ist.

c) Prinzipiell-allgemeine Inpflichtnahmen

Die verwaltungsrechtliche Inpflichtnahme des Einzelnen geht über die gestaltende Verknüpfung von sozialausgleichenden Maßgaben mit privater Freiheitsentfaltung noch hinaus. Die Verwaltung kann in bestimmten Hinsichten **den Bürger auch ohne jede Anknüpfung an dessen Handeln in Pflicht nehmen.** Dies ist etwa der Fall, wenn Hand- und Spanndienste auferlegt werden, wenn Einzelne als Notstandspflichtige herangezogen werden oder wenn Bürgern **Aufopferungslagen** zugemutet werden und sie insbesondere Enteignungsmaßnahmen hinnehmen müssen. Zwar sind auch solche Inpflichtnahmen von den Voraussetzungen her rechtsstaatlich näher zu bemessen und als Sonderopfer zumindest wertmäßig auszugleichen.[381] Ungeachtet dessen kann der Einzelne hier aber ohne jede Anknüpfung an ein Verantwortlichkeit ingerierendes Verhalten „zum Wohle der Allgemeinheit" (Art. 14 Abs. 3 S. 1 GG) mit einschneidenden Maßnahmen belegt werden.

159

Eine weitere im Kern verhaltensunabhängige Inpflichtnahme des Bürgers ist die **Steuerpflicht.** Steuererklärung und Steuern werden – rechtsstaatlich bemessen und durch das Kriterium der Leistungsfähigkeit eingehegt – grundsätzlich jedermann unabhängig vom jeweiligen gesellschaftlichen Kontext auferlegt. Sie sind Ausdruck der statusmäßigen Eingebundenheit des Individuums in ein Gemeinwesen, das zur Sicherung der realen Freiheit aller auf eine staatliche Um- bzw. Rückverteilung der Früchte privater Freiheitsentfaltung verwiesen ist.

160

Eine weitere unbedingte und in ihrer Intensität die potentiell tiefgreifendste Inpflichtnahme ist schließlich die **Wehrpflicht,** die zwar derzeit weitgehend ausgesetzt (§ 2 WehrpflichtG), aber nach Art. 12a GG jederzeit wieder aktualisierbar ist. Sie betrifft prinzipiell bedingungslos jeden Mann und spiegelt die existentielle Dimension und Unentrinnbarkeit der kollektiven Einbindung des Einzelnen auch im demokratischen Staat.[382] Die Möglichkeit der Exemtion für Kriegsdienstverweigerer aus Gewissensgründen löst dabei den Konflikt zwi-

161

---

[380] Vgl. zum sozialstaatlichen Auslegungs- und Gestaltungsprinzip *Rolf Gröschner*, in: Dreier (Hrsg.), GG II, Art. 20 (Sozialstaat) Rn. 32, 34, 37 ff.; *Karl-Peter Sommermann,* in: v. Mangoldt/Klein/Starck, GG II, Art. 20 Abs. 1 Rn. 112 ff., 115 ff.

[381] *Ossenbühl*, StaatshaftungsR, S. 134 ff., 139 ff.; *Maurer*, VerwR, § 27; *Grzeszick*, Staatshaftungsrecht (Fn. 331), § 45, Rn. 91, 109 f.; *Rüfner*, Entschädigungsleistungen (Fn. 331), § 48 Rn. 82 ff.

[382] Zu den wachsenden Problemen der Wehrgerechtigkeit vgl. BVerfGE 38, 154 (167 f.); 48, 127 (163); VG Köln, NJW 2004, S. 2609; BVerwG, NJW 2005, S. 1525.

schen individueller Moralität und staatlicher Inpflichtnahme zugunsten des Einzelnen.[383] Allerdings kann dieser im Gegenzug – verfassungsrechtlich legitimiert – mit Ersatzpflichten belegt werden und wird es auch. Auf patriarchalische Grundstrukturen geht dabei die Begrenzung dieser Pflicht auf Männer zurück. Für die fortdauernden Benachteiligungen der Frauen mag dies allerdings auch unter den Maßgaben der Gleichberechtigung kompensatorisch gerechtfertigt sein.[384]

3. Modale Unterscheidungen hoheitlicher Inpflichtnahme

162 Der Form nach ist die Inpflichtnahme des Einzelnen eingebunden in eine offene Vielzahl verschiedener verwaltungsrechtlicher Regelungsinstrumente und Handlungsformen. Die Stellung des Einzelnen gegenüber der Verwaltung in modaler Hinsicht lässt sich dabei **nicht in schlichter Spiegelbildlichkeit zu der reinen Formalstruktur dieser Instrumente** strukturieren. Manche Handlungsformen wie der Verwaltungsakt sind zu abstrakt, um prinzipielle Unterschiede der modalen Verwaltung-Bürger-Beziehungen erkennen zu lassen, andere dagegen sind nur Bausteine im verwaltungsrechtlichen Instrumentierungskasten, die rechtstechnisch vielfältig variiert werden können, ohne damit das Grundverhältnis zwischen Behörden und Bürgern zu alterieren. In der Vielfalt verschiedenartiger Formen lässt sich aber eine Grundunterscheidung ausmachen, die prinzipielle Strukturen erkennbar macht: Die individualisierte Inanspruchnahme einerseits im Nachgang und andererseits im Vorgriff privater Freiheitsausübung.

a) Die individualisierte Inanspruchnahme im Nachgang privater Freiheitsausübung

163 Im Normalfall erfolgt eine hoheitliche Inanspruchnahme des Einzelnen im Nachgang privater Freiheitsausübung. Initiative und Verantwortung für jede Form privater Aktivität liegen so – in Materialisierung des rechtsstaatlichen Verteilungsprinzips – grundsätzlich beim Bürger. Der Einzelne kann ohne staatlichen Gewährungsakt frei tätig werden. Er hat dabei sein Handeln von sich aus auf die Übereinstimmung mit der Rechtsordnung einzurichten und ist so für die Beachtung aller rechtlichen Maßgaben grundsätzlich selbst verantwortlich. Eine individualisierende Inpflichtnahme durch die Verwaltung erfolgt demgegenüber **erst im Konfliktfall.** Sie setzt ein, wenn der Einzelne dieser Verantwortung nicht nachkommt, dieses bemerkbar wird und hierdurch Entscheidungsdruck der Verwaltung entsteht.

164 Dem liegt freilich nicht ein auch in materieller Hinsicht dem Liberalismus verpflichtetes Grundmodell zugrunde, das verwaltungsrechtliche Inanspruchnahme grundsätzlich nur als die punktuelle Korrektur sich selbst ordnender Freiheit verstünde. Vielmehr bergen die vom Einzelnen zu beachtenden verwaltungsrechtlichen Maßgaben vielfach eine rechtlich schon prinzipiell gestaltete Vorstrukturie-

---

[383] Vgl. Art. 4 Abs. 3 GG; dazu *Christian Starck*, in: v. Mangoldt/Klein/Starck, GG I, Art. 4 Abs. 3 Rn. 162; *Martin Morlok*, in: Dreier (Hrsg.), GG I, Art. 4 Rn. 156.

[384] Vgl. Art. 12a Abs. 4 S. 2 GG; *Gilbert Gornig*, in: v. Mangoldt/Klein/Starck, GG I, Art. 12a Abs. 1 Rn. 25; *Niklas Görlitz*, Die Beschränkung der Wehrpflicht auf Männer und europarechtliche Diskriminierungsverbote, DÖV 2002, S. 607 (613); *Werner Heun*, in: Dreier (Hrsg.), GG I, Art. 12a Rn. 3 ff. m.w.N.

rung gesellschaftlicher Kommunikation und Aktivitäten. Sie beschränken sich **nicht** auf **eine Konkretisierung des Grundsatzes** *neminem laedere,* sondern umfassen – das gesamte Spektrum moderner, auch indirekt wirkender Rechtspflichten mit in sich aufnehmend – etwa Erklärungs-, Informations- und Abgabepflichten, die Beachtung technischer Standards und Organisationsvorgaben oder die Befolgung von Preisbildungsvorschriften im Regulierungsrecht.[385] Verwaltungsrechtlich eingebunden ist damit privates Handeln stets in großem Umfang. Eine individualisierende Inpflichtnahme des Einzelnen durch die Verwaltungsbehörde hingegen erfolgt in der Regel erst im Nachgang privater Freiheitsausübung.

b) Vorbehalt einer Genehmigung durch die Verwaltung – Genehmigungstypen

Für bestimmte Bereiche ist eine selbstbestimmt unkontrollierte Aufnahme privater Aktivitäten demgegenüber verboten. Es bedarf hier zunächst einer **individualisierenden Verwaltungsentscheidung,** mit der das begehrte Handeln **freigegeben** wird, also – in einem weit verstandenen Sinne – „genehmigt" wird. Die Verantwortung für die Vereinbarkeit solcher Handlungen wird hier nicht zunächst allein dem Einzelnen überlassen, sondern durch eine Vorabentscheidung von vorneherein (auch) der Verwaltung übertragen. Ob und wieweit durch solche Verantwortungsübernahme der Verwaltung der Einzelne zugleich entlastet wird, ist damit nicht grundsätzlich-allgemein entschieden, sondern liegt an der jeweiligen gesetzlichen Ausgestaltung der Normen.[386] Ohne eine genehmigende Verwaltungsentscheidung ist hier jedoch privates Handeln rechtlich ausgeschlossen. **165**

Hinter solchem Vorbehalt einer Verwaltungsgenehmigung verbergen sich der Sache nach **verschiedene Typen** der Verwaltung-Bürger-Beziehung. In der traditionellen Lehre werden sie auf zwei Grundformen reduziert: Das präventive Verbot mit Kontrollerlaubnis und das repressive Verbot mit Befreiungsvorbehalt.[387] Diese Typisierung ist jedoch zu eng und erfasst die verschiedenen Genehmigungsmuster des modernen Verwaltungsrechts nicht mehr. Zu unterscheiden sind heute vielmehr – nicht notwendig abschließend – vier Grundtypen an genehmigungsrechtlich ausgestalteten Verwaltung-Bürger-Beziehungen. Maßgeblich ist für deren Unterscheidung nicht eine rein auf die Rechtstechnik (Anspruch oder Ermessen) gerichtete Formalbetrachtung[388], sondern der in der Genehmigung liegende Entscheidungsgehalt. **166**

Ein grundlegendes Genehmigungsregime bleibt die traditionelle Form des **präventiven Verbots mit Erlaubnisvorbehalt,** auch Kontrollerlaubnis ge- **167**

---

[385] → Rn. 85.

[386] Vgl. *Ivo Appel/Rainer Wahl,* Prävention und Vorsorge, in: Rainer Wahl (Hrsg.), Prävention und Vorsorge, 1995, S. 1 ff.; *Georg Hermes,* Genehmigung zwischen Bestandsschutz und Flexibilität, ebd., S. 217 ff.

[387] *Athanasios Gromitsaris,* Die Unterscheidung zwischen präventivem Verbot mit Erlaubnisvorbehalt und repressivem Verbot mit Befreiungsvorbehalt, DÖV 1997, S. 401 ff.; *Maurer,* VerwR, § 9 Rn. 51 ff.

[388] Krit. insoweit zu Recht *Gromitsaris,* Unterscheidung (Fn. 387), S. 406, 408 f.; *Eberhard Bohne,* Die integrierte Genehmigung als Grundlage der Vereinheitlichung und Vereinfachung des Zulassungsrechts und seiner Verknüpfung mit dem Umweltaudit, in: Hans-Werner Rengeling (Hrsg.), Integrierter und betrieblicher Umweltschutz, 1996, S. 105 ff.; zur Unterscheidung von materiellem und formalem Gehalt der Genehmigungen auch *Maurer,* VerwR, § 9 Rn. 52 f.

nannt.[389] Das begehrte Handeln ist hier nicht allgemein verboten, sondern grundsätzlich erlaubt, soll aber im Vorfeld einer verwaltungsrechtlichen Kontrolle unterzogen werden. Die Genehmigungsvoraussetzungen, respektive der Gegenstand dieser Kontrolle, können dabei sehr verschieden ausgestaltet sein: Zum Teil beziehen sie sich auf schlichte äußerliche Parameter, zum Teil auf die Erfüllung von weitreichend dynamisierten Grundpflichten. In jedem Fall korrespondiert dem präventiven Verbot aber ein Anspruch auf Genehmigung, wenn alle Bedingungen erfüllt sind. Stellt der Bürger sicher, dass sein Handeln den rechtlichen Maßgaben genügt, wird die Genehmigung erteilt. Die Frage hierüber liegt folglich grundsätzlich in seiner Hand. Zu dieser Form der Genehmigung gehören nicht nur zahlreiche aus dem alten Gewerberecht hervorgegangene umweltrechtliche Genehmigungen, sondern auch die Lizenzen im Regulierungsverwaltungsrecht.[390] Als eine eigene Unterform dieses Genehmigungstyps kann auch die *ex ante*-Preisregulierung im Bereich der Netz- und Monopolregulierung aufgefasst werden.

168 Von dem präventiven Verbot mit Erlaubnisvorbehalt zu unterscheiden ist das **suspensive Verbot mit Distributionsvorbehalt.** Auch hier ist die begehrte Handlung nicht grundsätzlich verboten, sondern prinzipiell erlaubt. Sie bedarf aber einer prinzipiellen Begrenzung angesichts knapper Ressourcen. Die Genehmigung soll in diesen Fällen nicht eine abstrakte Kontrollfunktion haben, sondern die staatliche Bewirtschaftung und Zuteilung der knappen Ressourcen ermöglichen. Das Verbot hat so weder präventiv rechtssichernde noch repressive, sondern suspensive Wirkung: Die Frage der Zulässigkeit des begehrten Handelns wird in eine Schwebelage gebracht, damit eine verantwortete Distributionsentscheidung zur Ressourcennutzung getroffen werden kann.[391] Dem entspricht, dass der Einzelne keinen Anspruch auf Genehmigung hat und er durch eigenes Tun eine solche Genehmigung auch nicht sicherstellen kann. Seine Rechtsstellung umfasst aber Ansprüche auf Gleichbehandlung und auf die rechtsstaatlich-rationale Gestaltung der Verteilungsentscheidung, die das begehrte Handeln nicht verhindern, sondern in das Handeln anderer einbinden soll.[392] Ein Beispiel für ein solches Genehmigungsregime findet sich etwa im Wasserhaushaltsrecht sowie im Regulierungsrecht etwa für die Zuteilung von Frequenzen.[393]

169 Ein davon wiederum zu unterscheidendes Genehmigungsregime bildet das **dilatorische Verbot mit Planungsvorbehalt.** Das begehrte Handeln ist hier zunächst weder grundsätzlich erlaubt noch grundsätzlich verboten: Die Frage seiner Zulässigkeit ist aufgeschoben bis zu einer Verwaltungsentscheidung, die in einem Planungs- bzw. multipolaren Abwägungsprozess über das Vorhaben ent-

---

[389] *Karl H. Friauf,* Das Verbot mit Erlaubnisvorbehalt, JuS 1962, S. 422 ff.; *Christoph Gusy,* Verbot mit Erlaubnisvorbehalt, Verbot mit Dispensvorbehalt, JA 1981, S. 80 ff.; *Maurer,* VerwR, § 9 Rn. 51 ff.

[390] Z. B. § 2 GastG; § 7 AtG; § 3 EnWG; § 32 KWG; § 1 ApoG; § 2 PBefG; § 4 BImSchG; § 11 TierSchG; § 50 KrW-/AbfG; § 4 StromStG; § 8 GenTG; § 5 PostG.

[391] Die herrschende Auffassung begnügt sich weithin mit der typisierenden Abgrenzung von präventivem und repressivem Verbot, die gelegentlich durch die sog. „Erlaubnis mit Verbotsvorbehalt" und das „Verbot mit Anzeigevorbehalt" erweitert wird; diese stehen jedoch noch unterhalb der Beschwer des Verbots mit Erlaubnisvorbehalt; vgl. dazu *Maurer,* VerwR, § 9 Rn. 51 ff.

[392] Vgl. *Michael Fehling,* Gemeingebrauch und Sondernutzung im System des allgemeinen Verwaltungsrechts und des Wirtschaftsverwaltungsrechts, JuS 2003, S. 246 ff.

[393] Z. B. § 2 WHG; § 55 Abs. 1 TKG.

scheidet. Die Kriterien hierfür sind heterogen und konfligieren miteinander. Die Entscheidung ist damit normativ nur schwach determiniert. Unabhängig davon, ob rechtstechnisch die Genehmigung als Ermessens- oder gebundene Entscheidung ausgestaltet ist, handelt es sich der Sache nach um eine Gestaltungsentscheidung der Verwaltung, die ein erhebliches nicht vertretbares und ergebnisoffenes Element enthält.[394] Genehmigungsregime dieser Art finden sich im Planfeststellungsrecht oder zum Teil im Baurecht.[395]

Eine klassische Form eines verwaltungsrechtlichen Genehmigungsregimes ist schließlich das **repressive Verbot mit Befreiungsvorbehalt**.[396] Hier untersagt die Rechtsordnung durch das Verbot das begehrte Handeln aus gemeinbezogenen Gründen grundsätzlich.[397] Die betreffenden Aktivitäten sind in der Rechtsordnung grundsätzlich unerwünscht und sollen nicht durch allgemeine Genehmigungsvoraussetzungen kanalisiert, sondern eigentlich ganz verhindert werden. Wenn im Einzelnen dennoch für solches Handeln eine Genehmigung erteilt werden kann – der Begriff der „Genehmigung" wird für diese Fälle vielfach begrifflich bewusst vermieden –, so versteht sich dieses nur als Befreiungsmöglichkeit. Es handelt sich insoweit um eine Öffnungsklausel für untypische Fälle, in denen ausnahmsweise das prinzipielle Verbot keiner Durchsetzung bedarf. In diesem Genehmigungsregime steht die Erteilung der Genehmigung, genauer der Befreiung im Ermessen der Verwaltung, die sich im Zweifel auf die repressive Funktion des Verbots als solches berufen kann. Ein durch reguläre Kriterien konturierter Anspruch des Einzelnen auf Befreiung besteht hier nicht.[398] **170**

In allen Genehmigungsregimen bleiben die Verwaltung-Bürger-Beziehungen dabei auch von den **Grundrechten** mit dirigiert. Dies gilt nicht nur im Fall des präventiven Verbots mit Erlaubnisvorbehalt, sondern auch in den Fällen des suspensiven Verbots mit Distributionsvorbehalt und des dilatorischen Verbots mit Planungsvorbehalt. Auch hier wird das begehrte Handeln nicht schon *per se* untersagt, sondern bleibt – durch die Freiheitsrechte bzw. das Eigentumsrecht verfassungsrechtlich gestützt – grundsätzlich erlaubt. Es wird lediglich in begrenzten Formen durch Abwägungs- und Distributionsentscheidung kollektiv verträglich eingeschränkt und eingebunden. Der Grundrechtsschutz behält sogar auch im Regime des repressiven Verbots mit Befreiungsvorbehalt seine Bedeutung: Auch wenn entsprechendes Handeln schon grundsätzlich verboten ist und der diesbezügliche Grundrechtseingriff dabei allgemein gerechtfertigt ist, kann die Befreiungsmöglichkeit gerade dann an Bedeutung gewinnen, wenn die entsprechende Grundrechtseinschränkung im Einzelfall unverhältnismäßig ist.[399] Auch wenn vom Grundsatz her ein Anspruch auf Befreiung nicht besteht, kann sich im Einzelfall aus grundrechtlicher Sicht das Ermessen der Behörde **171**

---

[394] *Bohne*, Genehmigung (Fn. 388), S. 114 ff.
[395] Genehmigungsbedürftige Einzelvorhaben etwa nach §§ 4 ff. BImSchG; § 35 Abs. 2 ff. BauGB.
[396] Z. B. § 31 BauGB, § 46 StVO, § 23 LadSchlG.
[397] *Maurer*, VerwR, § 9 Rn. 55. Vgl. weiter *Jürgen Schwabe*, Das sog. repressive Verbot, in: FS Hans-Ernst Folz, 2003, S. 305 ff.
[398] BVerfGE 27, 297; 60, 16 (41 f); 69, 161 (169); BVerwGE 84, 322 (334); 94, 202 (204). Jedoch besteht ein Anspruch auf fehlerfreie Ermessensausübung, vgl. *Albrecht Randelzhofer*, Der Anspruch auf fehlerfreie Ermessensentscheidung in Rechtslehre und Rechtsprechung, BayVBl. 1975, S. 573 (607); *Eberhard Schmidt-Aßmann*, in: Maunz/Dürig, GG, Art. 19 Abs. 4 Rn. 135; *Rainer Wahl/Peter Schütz*, in: Schoch/Schmidt-Aßmann/Pietzner (Hrsg.), VwGO, § 42 Abs. 2 Rn. 82 ff.
[399] Dazu näher *Andreas Voßkuhle*, Das Kompensationsprinzip, 1999, S. 347 ff.

auch hier so weit reduzieren, dass der Bürger die Befreiung auch rechtlich verlangen kann.

II. Pflichtenstellung in Anknüpfung an die Freiheit des Einzelnen

172 Die Pflichtenstellung des Einzelnen gegenüber der Verwaltung **reicht über seine Hoheitsunterworfenheit weit hinaus.** Tatsächlich steht der Einzelne der Verwaltung seit jeher – und heute mehr denn je – auch unabhängig von einseitiger Inpflichtnahme als Träger von Pflichten und als verantwortliches Subjekt gegenüber. Grundlage solcher weitergehenden Pflichtenstellung ist hier nicht die antithetische Begrenzung von Freiheit, sondern die Anknüpfung an die Freiheit selbst: Der Einzelne bindet sich hier freiwillig, d.h. in **Ausübung seiner Freiheit.** Es gibt keinen Grund, die Möglichkeit solcher Bindungen – sofern diese nicht den Rechtsstatus selbst aufheben – gegenüber dem Staat prinzipiell auszuschließen. Ungeachtet des – mit besonderen Schwierigkeiten behafteten – Erfordernisses, auch diesbezüglich rechtsstaatliche Maßgaben zu entwickeln, werden hierdurch nicht nur die Möglichkeiten der Verwaltung adäquat erweitert und flexibilisiert, sondern auch das Feld der Freiheitswahrnehmung des Bürgers erweitert. Vor allem wirkt diese Form der Verwaltungsbeziehungen auf die Kommunikation zwischen Bürger und Verwaltung insgesamt zurück und kann ein kooperativ-gemeinsames Suchen nach Sachlösungen befördern, das je nach Sachbereich inadäquate Formalisierungen im gleichzeitig gemeinsamen und individuellen öffentlichen Interesse einzelfallbezogen überwinden kann. In Blick zu nehmen sind hierbei nicht nur die **öffentlich-rechtlichen,** sondern **auch privatrechtliche Bindungen:** Der Rückgriff auf das Privatrecht macht die Verwaltung nicht zur Privatperson, sondern erweitert nur deren Handlungsinstrumentarium. Auch in privatrechtlichen Rechtsbeziehungen geht es um die Rechtsstellung des Einzelnen als freies Subjekt gegenüber der Verwaltung als amtsgebundene Exekutive.[400]

1. Vertragliche und vertragsähnliche Pflichten

173 Zu den Pflichten in Anknüpfung an die Freiheit des Einzelnen gehören zunächst die vertraglichen Pflichten.[401] Typisiert sind solche **Vertragsbeziehungen** in allgemeiner Weise etwa in den Verwaltungsverfahrensgesetzen für öffentlich-rechtliche Verträge, die dabei spezialgesetzlich vielfältig ergänzt und überlagert werden. Für die öffentlich-rechtlichen Beziehungen ist so die Möglichkeit vertraglicher Verwaltung-Bürger-Beziehungen grundsätzlich und gesetzlich ausdrücklich eröffnet. Praktisch bedeutsamer noch sind privatrechtliche Verträge zwischen Bürgern und der öffentlichen Hand. Diesbezüglich gibt es keine ausdrückliche gesetzliche Regelung, sondern nur die – in begrenztem prozessrechtlichen Kontext entstandene – Lehre von der Wahlfreiheit der öffentlichen

---

[400] Besonders deutlich wird dies in der umfassenden Grundrechtsbindung nach Art. 1 Abs. 3 GG, vgl. nur *Johannes Masing,* Die Verfolgung öffentlicher Interessen durch Teilnahme des Staates am Wirtschaftsverkehr, EuGRZ 2004, S. 395 (397); *Horst Dreier,* in: ders. (Hrsg.), GG I, Art. 1 Abs. 3 Rn. 65 ff. m. w. N. → Rn. 43.

[401] Ausführlich *Volker Schlette,* Die Verwaltung als Vertragspartner, 2000; *Elke Gurlit,* Verwaltungsvertrag und Gesetz, 2000.

G. Pflichtenstellung des Einzelnen

Hand.[402] Mit ihr wird die tradierte Befugnis der öffentlichen Hand, sich des Privatrechts zu bedienen und folglich unter Anerkennung der Privatautonomie des Einzelnen private Verträge und Vertragspflichten zu begründen, in einen Lehrsatz gegossen. Tatsächlich liegt hierin die Brücke für die Teilnahme der öffentlichen Hand am allgemeinen Wirtschaftsverkehr und für die privatrechtliche Verpflichtung von Bürgern. Die Rechtsbeziehungen zwischen dem Einzelnen und der Verwaltung erweitern sich hierdurch erheblich: Einzelne nehmen so etwa im Rahmen von *public private partnership*-Verträgen[403] an Aktivitäten der Verwaltung teil, verpflichten sich als Dienstleister dazu, mehr oder weniger große Module an Verwaltungsleistungen zu erbringen *(outsourcing),* erstellen umfangreiche Werke für die öffentliche Hand oder versorgen sie im Rahmen von fiskalischen Hilfsgeschäften.[404] Im Bezug auf den Rechtsstatus des Einzelnen gegenüber der Verwaltung konvergieren alle diese Pflichtenstellungen in dem entscheidenden Punkt: Sie gründen nicht in einer rechtsstaatlich formalisierten, einseitigen Inpflichtnahme von außen, sondern beruhen auf individuellem Freiheitsgebrauch. Entsprechendes gilt für vertragsähnliche Pflichten, wie sie etwa durch **„Verwaltungsakt auf Unterwerfung"**[405] oder sonst im Rahmen z.B. von Subventionsverhältnissen begründet werden.[406]

174 Die freiheitsbegründeten Verpflichtungsmöglichkeiten erweitern die Verwaltung-Bürger-Beziehungen nicht nur modal, sondern auch qualitativ. Die hier begründeten Pflichten können weit **über das hinausgehen, was durch einseitige Inpflichtnahme möglich wäre.** So können im Rahmen der Auftragsvergabe etwa gesetzlich nicht fixierte technische Standards oder in gewissem Umfang auch die Erfüllung „vergabefremder" Gesichtspunkte verlangt werden, ohne hierfür aufwändige Rechtssetzungsverfahren durchlaufen zu müssen.[407] Im Vergleichsvertrag können Unklarheiten hinsichtlich der Gesetzeslage im Konsens gelöst werden, womit letztlich sogar die Gesetzesbindung relativiert wird.[408] Durch Verträge im Rahmen des *outsourcing* oder der *public private partnership* kann schließlich die Pflichtenstellung des Privaten sehr nahe an den Pflichtenstatus der öffentlichen Hand angenähert werden. Letztlich hebt sich so im freiheitsgründenden Vertrag potentiell auch die Trennung von „außen" und „innen" auf: Gerade die intrinsische Motivation kann in Verträgen aufgegriffen, gefördert und – beispielhaft in „Zielvereinbarungen" – dann auch gelenkt werden.

175 Die Anknüpfung an die Freiheit des Einzelnen wie schon der Rückgriff auf die Form des Vertrags erinnert an die Rechtsbeziehungen zwischen Privaten und die dort wirksame Idee der Gleichordnung auf der Basis wechselseitiger Privatau-

---

[402] → Bd. I *Schulze-Fielitz* § 12 Rn. 130, *Groß* § 13 Rn. 47, *Wißmann* § 15 Rn. 4; BVerwGE 13, 47 (54); 94, 229 (231 f.); *Masing*, Wirtschaftsverkehr (Fn. 400), S. 395 (396 f.).

[403] Zu einer gesetzlichen Regelung der PPP → Bd. I *Schuppert* § 16 Rn. 94 f.

[404] Vgl. zur äquivalenten Perspektive → Bd. I *Wißmann* § 15 Rn. 14. Zum „Kooperationsspektrum" staatlicher und privater Aufgabenerfüllung ausführlich *Schuppert*, Verwaltungswissenschaft, S. 420 ff.

[405] Dazu ausführlich *Albrecht Schleich,* Nebenbestimmungen in Zuwendungsbescheiden des Bundes und der Länder, NJW 1988, S. 236 (237).

[406] Vgl. ausführlich *Michael Rodi,* Die Subventionsrechtsordnung, 2000.

[407] Vgl. nur *Hartmut Bauer,* Anpassungsflexibilität im öffentlich-rechtlichen Vertrag, in: Hoffmann-Riem/Schmidt-Aßmann (Hrsg.), Innovation, S. 245 ff.; *Kopp/Ramsauer,* VwVfG, § 54 Rn. 11 ff.

[408] *Kopp/Ramsauer,* VwVfG, § 54 Rn. 11 b; zum Ermessenselement *dies.,* VwVfG, § 55 Rn. 14 ff.; *Schlette,* Vertragspartner (Fn. 401), S. 486 ff.

tonomie. Die Parallele hierzu bleibt jedoch eine bloße Analogie mit begrenztem Problemlösungspotential.[409] Auch soweit die öffentliche Hand auf Vertragsrecht zurückgreift, bleibt sie kompetenzgebundene Verwaltung in demokratisch-amtlichen Bindungen und kann sich selbst **nicht auf Privatautonomie i.S. privater Freiheit berufen.** Die Vorstellung einer prästabilisierten Gleichordnung ist soweit hier noch weniger zutreffend als schon im Zivilrecht. Für den öffentlichen subordinationsrechtlichen Vertrag ist dieses definitionsgemäß evident, Entsprechendes gilt – in verschiedenen Abstufungen – aber auch sonst. Die fehlende Gleichordnung hindert die öffentliche Hand deshalb nicht, in Anerkennung privater Freiheit diese zur Grundlage von Pflichten zu machen und hierfür grundsätzlich das Instrumentarium des Zivilrechts zu nutzen. Sie gebietet aber, die Reichweite solcher Gestaltungsmöglichkeiten in Rücksicht auf die besonderen Beziehungen von Verwaltung und Einzelnem zu bedenken und erforderlichenfalls – wie etwa inzwischen für das Vergaberecht – eigens zu gestalten. Die Verwaltungsrechtswissenschaft hat hier noch anspruchsvolle Aufgaben vor sich.

2. Freiheit und staatliche Lenkung

176 Nicht im engeren Sinne Teil der Pflichtenstellung, wohl aber Ausdruck **verwaltungsrechtlicher Verantwortlichkeit** sind die **indirekten Reaktionen** bzw. **„Sanktionen",** die der Einzelne als Element einer freiheitsgetragenen Interaktion mit der Verwaltung hinnehmen muss. Auch diese bewegen sich nicht im rechtsfreien Raum und müssen für eine realitätsgerechte Erfassung der Rechtsstellung des Einzelnen gegenüber der Verwaltung erfasst und rechtlich verarbeitet werden.

177 Zu nennen ist hier zunächst – als Kehrseite der vertraglichen Verpflichtungsbefugnis – die Möglichkeit der öffentlichen Hand, **Leistungen zu verweigern** und **Verträge nicht abzuschließen.** Die Verwaltung kann hierüber die Verantwortung des Einzelnen für sein Handeln in oft weitestgehend entformalisierter Form realisieren: Sind die Erfahrungen mit einem Anbieter – vermeintlich oder wirklich – schlecht, wird ein Auftrag an den Betreffenden nicht bzw. nicht mehr erteilt. Zwar stehen solche Entscheidungen unter der Maßgabe des Art. 3 Abs. 1 GG,[410] und auch werden sowohl die Leistungs- als auch die Vertragsbeziehungen zu Recht zunehmend gesetzlich geregelt und damit formalisiert. Nichtsdestoweniger bleibt hier, wo die Verwaltung an privates freiheitliches Engagement und dessen Beurteilung nach Verwaltungszwecken anknüpft, ein erheblicher entformalisierter Wertungsfreiraum, den der Bürger als Kehrseite seiner Freiheitsausübung hinnehmen muss.[411]

178 Ein weiteres Paradigma rechtlich weitgehend nicht formalisierter Verantwortlichkeit des Einzelnen liegt in den Kompetenzen der öffentlichen Hand, **Informationen** und **Warnungen** auszugeben. Ebenso wie der Einzelne die Lenkungswirkung allgemeiner Öffentlichkeitsarbeit der Verwaltung hinnehmen muss, hat er grundsätzlich auch hinzunehmen, dass sie konkret über sein in die Öffent-

---

[409] Vgl. zu den Sonderbindungen und zur gesetzesdirigierten Vertragsgestaltung *Schmidt-Aßmann*, Ordnungsidee, Kap. 6 Rn. 114 ff.
[410] *BVerfGE* 116, 135 (146 ff.) – Vergaberecht.
[411] Problematisch ist schon, inwieweit hier überhaupt subjektiv-öffentliche Rechte entstehen; s.o. → Rn. 83. Darüber hinaus ist eine Ermessensprüfung in vielen Sachgebieten hier auch der Sache nach vielfach kaum möglich.

lichkeit getragenes Handeln informiert, es an administrativ definierten legitimen Gemeinwohlzielen beurteilt und in Gefahrensituationen auch Warnungen ausspricht. Die – insoweit freilich hoch umstrittene –[412] Rechtsprechung betrachtet diese Maßnahmen vom Grundsatz her nicht als Freiheitseingriff, der prinzipiell nur begrenzt und unter den formalisierten Maßgaben einseitiger Inanspruchnahme möglich ist, sondern als offen Kommunikationsprozess in Spiegelung öffentlicher Freiheitswahrnehmung.[413] Dass der Einzelne in Form eines Diskurses den – auch kompetenzentgrenzenden – Reaktionen nicht nur der Bürger, sondern auch der Verwaltung ausgesetzt ist, wird als freiheitsinhärentes Element einer responsiven Verwaltung-Bürger-Beziehung verstanden. Schutz kann danach der Einzelne erst dann verlangen, wenn die Verwaltung objektiv falsch, unsachlich oder willkürlich informiert.

179 Der Einzelne steht folglich der Verwaltung auch als informell handelnder Instanz gegenüber, die an administrativen Zweckmäßigkeitserwägungen orientiert und von politischen Zielsetzungen geleitet **indirekt steuert.** Die Verwaltung kann sich hierfür zwar nicht auf private Freiheit, dafür aber auf ein demokratisches Mandat berufen. Die Verwaltung-Bürger-Beziehungen sind damit nicht die gleichen wie die zwischen Privaten. Soweit die Verwaltung dem Einzelnen in Respekt und Anknüpfung seiner Freiheit entgegentritt, sind sie aber auch nicht nach dem Muster der Hoheitsunterworfenheit formalisiert. Einer indirekten administrativen Steuerung auch im Rahmen der Freiheitsausübung kann der Einzelne somit nicht prinzipiell entgegentreten – er ist insoweit vielmehr „**lenkungs-**" oder allgemeiner „**politikunterworfen**".

3. Exkurs: Verlagerung der Verantwortlichkeit in das Zivilrecht

180 Administrative Zwecke sind gemeinorientierte Zwecke, die vielfach den Schutz bestimmter Dritter bewirken. Solche lassen sich zum Teil auch durch eine **Verlagerung individueller Verantwortung in das Verhältnis unmittelbar zwischen Privaten** erreichen: Wenn begrenzte Konfliktsituationen zwischen Einzelnen, z. B. im Baunachbarrecht, ohne Zwischenschaltung der Verwaltung geregelt werden, werden diese auf der Grundlage des Zivil- und Zivilprozessrechts allein zwischen Bürgern gelöst.[414] Entsprechendes gilt für Sanktionierungen der Verletzung von eventuell primär noch verwaltungsrechtlichen Pflichten durch privatrechtliche Haftungsansprüche Dritter. Die Verantwortlichkeit des Einzelnen ist hier eine Verantwortlichkeit gegenüber Privaten, nicht mehr aber gegenüber der Verwaltung. Die Frage nach dem Rechtsstatus des Einzelnen im Verwaltungsrecht ist damit verlassen. Es wird hieran aber deutlich, dass nicht nur staatliche Problemlösungsstrategien die Form des Privat- und Verwaltungsrechts übergreifen können, sondern auch, dass der Rechtsstatus gegenüber der Verwaltung nicht mit dem Rechtsstatus des Einzelnen im freiheitlichen Staat

---

[412] Vgl. nur *Dietrich Murswiek*, Das Bundesverfassungsgericht und die Dogmatik mittelbarer Grundrechtseingriffe, NVwZ 2003, S. 1 ff.; *Peter M. Huber*, Die Informationstätigkeit der öffentlichen Hand: ein grundrechtliches Sonderregime aus Karlsruhe?, JZ 2003, S. 290 ff.; zusammenfassend *Horst Dreier*, in: ders. (Hrsg.), GG I, Vorbem. Rn. 128. S. ferner auch die Kritik bei *Schoch*, Bewältigung staatlichen Informationshandelns (Fn. 90), S. 193 ff. → Rn. 48 f., 85–87.
[413] BVerfGE 105, 252 – Glykol. Näher *Bumke*, Publikumsinformation (Fn. 91), S. 3 ff.
[414] Zum Verhältnis von öffentlichem zu privatem Baunachbarrecht vgl. etwa *Ulrich Battis*, Öffentliches Baurecht und Raumordnungsrecht, 5. Aufl. 2006, S. 243 ff.

identisch ist. Mit der Form der Aufgabenwahrnehmung kann der Staat auch über den Rechtsstatus, in dem der Einzelne hierbei betroffen ist, mitentscheiden.

H. Die Gleichheit

I. Der Rechtsstatus des Einzelnen zwischen Freiheit und Gleichheit

181 Der Rechtsstatus des Einzelnen umfasst gegenüber der Verwaltung einen prinzipiellen Anspruch auf Gleichbehandlung. Im Verhältnis zu anderen Bürgern steht damit der Einzelne der Verwaltung auch im **Status der Gleichheit** gegenüber.

182 In der Gleichheit liegt dabei zunächst ein ergänzendes und verstärkendes Element der Freiheit: Wenn der Einzelne als Individuum frei ist, und diese Freiheit jedem Einzelnen zukommt, so stehen die gleichermaßen Freien dem Staat als Gleiche gegenüber. In dieser Herleitung als „**Gleichheit in der Freiheit**" ist Gleichheit nur die Verlängerung der Freiheit. Sie ist dabei eine formalisierte Gleichheit, die die Formalisierung der Freiheit reflektiert: Geboten ist eine undifferenzierte Gleichheit aller Bürger allein dahingehend, dass alle den gleichen Anspruch auf Anerkennung ihrer Freiheit haben.

183 Solche formalisierte Gleichheit erschöpft die verfassungsgeschichtliche Gleichheitsidee jedoch nicht.[415] Würde Gleichheit in diesem Sinne allein und konsequent als strikte Gleichheit in der Formalgewähr der Freiheit verstanden, läge in ihr die Immunisierung der Freiheit gegenüber sozialausgleichenden und rückverteilenden staatlichen Maßnahmen: Indem sie die strikt gleiche formale Freiheit aller sicherte, führte sie notwendig zu materieller Ungleichheit und verfestigte sie. Gerade hierüber zielte die Forderung nach Gleichheit aber hinaus und erstrebte stets **auch eine materielle Beurteilung.** Die damit begründete Spannung zwischen formeller und materieller Gleichheit – und damit auch die Spannung zur Freiheit – ist ein Grundproblem der rechtsstaatlichen Gleichheitsgewähr.

184 Das **Grundgesetz** gewährleistet hieran anknüpfend **zwei kategorial unterschiedene Formen von Gleichheit**: Die **demokratische Gleichheit** als strikt formalisierte Gleichheit, die jedem Staatsbürger unabhängig von jedweder gesellschaftlichen Verbesonderung allein im Blick auf seinen Freiheitsanspruch als Person zusteht, und die **bürgerliche Gleichheit,** welche die Einbeziehung einer materiellen Betrachtungsweise gebietet. Der Grundmodus für das Verwaltung-Bürger-Verhältnis ist dabei die allgemeine bürgerliche Rechtsgleichheit: Der Bezug der Gleichheit ist hier nicht die abstrakte Freiheit des Individuums, sondern liegt in der Vielfalt der gesellschaftlichen Verhältnisse als Ergebnis solcher Freiheitsausübung. Gleichheit erlaubt und verspricht in gewissem Umfang einen materiellen Ausgleich zur Wiederherstellung von Chancengleichheit in Reaktion auf die sich aus der Freiheitswahrnehmung ergebenden Ungleichheiten. Indem der Gleichheitssatz auf die tatsächlichen Umstände abstellt, d.h. indem er in Überwindung der undifferenziert abstrakten Freiheit aller sein Maß an den realen Handlungsbedingungen der Einzelnen nimmt und im Blick hierauf Differenzie-

---

[415] Zur Lehre der Gleichheit *Werner Heun,* in: Dreier (Hrsg.), GG I, Art. 3 Rn. 1 ff.

rungen erlaubt bzw. eventuell sogar gebietet, bietet er ein Korrektiv zur formalen Freiheit. Er eröffnet sozialstaatliche Gestaltung und kann sie – in Grenzen – sogar gebieten.[416] Im Gleichheitsstatus spiegelt sich damit die **stets neu zu aktualisierende Aufgabe,** eine friedenstaugliche Gesellschaftsstruktur zu schaffen, die den Freiraum des isolierten Einzelnen übergreift. Im Prinzip der Gleichheit liegt damit ein dynamisches, auf allgemeine Gerechtigkeitsfragen bezogenes Element, das nur im Rahmen einer differenzierten Ordnung nach Maßgabe politisch verantworteter Entscheidungen des Gesetzgebers ausgestaltet werden kann.[417]

II. Gleichheit vor der Verwaltung und Gleichheit zwischen Bürgern

Der Anspruch auf Gleichbehandlung ist ein spezifischer **Anspruch des Einzelnen gegenüber dem Staat,** respektive der Verwaltung. Er hat seinen Grund in der Polarität von demokratisch-autoritativem Amtshandeln einerseits und privater Freiheit andererseits. Den Rechtsstatus des Einzelnen kennzeichnet dementsprechend ein prinzipieller Anspruch auf Achtung der Gleichheit: Die Verwaltung hat sich bei ihrem gesamten Handeln an der Maxime der Gleichbehandlung zu orientieren und ist für jede Ungleichbehandlung grundsätzlich begründungs- und rechenschaftspflichtig.[418] Demgegenüber **besteht ein prinzipieller Anspruch auf Gleichbehandlung zwischen Privaten nicht.** Auf der Ebene der Gleichordnung im jeweils gleichen Rechtsstatus gilt das Prinzip der Freiheit: Soweit Handeln privat bleibt, ist es grundsätzlich nicht auf eine handlungsleitende – und damit notwendig innere – Maxime der Gleichbehandlung verpflichtet. Gleichheit materialisiert sich hier vielmehr in der formal gleichen Freiheit privatautonomen Handelns. Der notwendige Ausgleich der aus der Freiheit erwachsenden Ungleichheit erfolgt veräußerlicht durch allgemeine Maßgaben der staatlichen Gesetze. Diese werden aber nicht durch einen grundsätzlichen Gleichbehandlungsanspruch wie im Verwaltung-Bürger-Verhältnis ergänzt und überlagert.

185

Allerdings setzt ein freiheitlich verfasstes Gemeinwesen die **Anerkennung substanzieller Gleichheit auch zwischen den Bürgern** voraus: Die Anerkennung der Würde eines jeden und der grundsätzlichen Gleichberechtigung in der Freiheitsausübung ist eine notwendige *allgemeine* Basis jeder freiheitlichen Ordnung – und musste sowohl nach der Französischen Revolution und ihrer Abschaffung der Adelsprivilegien als auch in der amerikanischen Geschichte im Nachgang an die Aufhebung der Sklaverei erst mühsam errungen werden.[419] Der Gesetzgeber – angehalten auch durch Vorgaben des Unionsrechts – versucht heute, solch ein elementares Grundverständnis etwa durch Antidiskriminierungsgesetze sicherzustellen.[420] Gleichbehandlung wird hier punktuell auch als

186

---

[416] → Rn. 57.

[417] Hierauf zielt auch die Ablehnung unmittelbarer Schutzpflichten aus Art. 3 Abs. 1 GG bei *Werner Heun,* in: Dreier (Hrsg.), GG I, Art. 3 Rn. 66 ff.

[418] *Werner Heun,* in: Dreier (Hrsg.), GG I, Art. 3 Rn. 25, mit Darstellung der abwehrrechtlichen Konstruktion des Gleichheitssatzes in Rn. 17 ff.

[419] *Werner Heun,* in: Dreier (Hrsg.), GG I, Art. 3 Rn. 4 f.

[420] Vgl. aus der Diskussion nur *Jörg Neuner,* Diskriminierungsschutz durch Privatrecht, JZ 2003, S. 57 ff. S. auch § 611 a BGB; *Matthias Jestaedt, Gabriele Britz,* Diskriminierungsschutz und Privatautonomie, in: VVDStRL, Bd. 64 (2004), S. 298 ff., S. 355 ff.; *Susanne Baer,* Würde oder Gleichheit?, Zur an-

Maxime privaten Handelns eingefordert. Solche Vorschriften müssen dabei aber auf die Postulierung nur eines Respekts substanzieller Gleichheit beschränkt bleiben, wenn sie nicht zu einer freiheitsfeindlichen Remoralisierung des Rechts entarten sollen.[421] Die prinzipielle Differenz zu dem statusmäßig fundierten, umfassenden Gleichbehandlungsanspruch des Einzelnen gegenüber der Verwaltung darf durch solche Vorschriften nicht aufgehoben werden.

187 Da der Anspruch des Einzelnen auf Gleichbehandlung statusmäßig begründet ist, gilt er gegenüber der **Verwaltung insgesamt.** Daran ändert sich nichts, wenn diese **in privatrechtlichen Formen** äußerlich wie Private am Markt teilnimmt.[422] Auch hier handelt Verwaltung nicht in selbstbezogener Freiheit wie Privatpersonen, sondern in amtlicher Gebundenheit. Sie bleibt auch insoweit durch Art. 1 Abs. 3 GG an die Grundrechte, und damit insbesondere auch an den Gleichheitssatz gebunden. Die praktische Bedeutung solcher Bindung gegenüber den Marktteilnehmern bleibt freilich inhaltlich begrenzt und zwingt öffentliche Unternehmen nicht in ein Regime, das sie von anderen Unternehmen grundsätzlich unterschiede: Art. 3 Abs. 1 GG verbietet nur solche Differenzierungen, die sachlich nicht gerechtfertigt sind. Innerhalb von Marktbeziehungen sind wirtschaftliche Kriterien, wie sie auch von anderen Unternehmen angelegt werden müssen, grundsätzlich sachgerecht.[423]

III. Demokratische Gleichheit

188 Gleichheit im *status activus* unterscheidet sich grundsätzlich von der Gleichheit in den anderen *status*.[424] Hier, wo es um die Legitimation der Verwaltung als staatlicher Herrschaft geht, gilt die demokratische Gleichheit. Sie wird **streng formalisiert** gewährleistet und ohne Ansehung der tatsächlichen Verhältnisse und Umstände wie etwa Bildung, Steuerpflicht oder öffentliches Engagement.[425] Gleichheit aktualisiert in diesem Fall die abstrakte Gleichheit der einzelnen Bürger als freie Individuen: Da Herrschaft im säkularen Staat nicht mehr aus Wahrheit oder Erkenntnis begründet werden kann, kann sie nur noch im Rückgriff auf das formal freie Subjekt legitimiert werden.[426] Hinsichtlich der legitimatorischen Grundlagen der Verwaltung sind damit – unter dem Vorbehalt der Mün-

---

gemessenen grundrechtlichen Konzeption von Recht gegen Diskriminierung am Beispiel sexueller Belästigung am Arbeitsplatz in der Bundesrepublik Deutschland und den USA, 1995.

[421] Denkbar sind hier auch gesetzliche Abstufungen von Gleichbehandlungsgeboten je nach sozialer Macht; u. a. darauf zielt die Debatte um den „Dritten Sektor"; vgl. dazu breit *Schuppert*, Verwaltungswissenschaft, S. 354 ff.

[422] → Bd. I *Burgi* § 18 Rn. 49.

[423] Spezifische Bindungen öffentlicher Unternehmen, die wie Private agieren, ergeben sich damit nur in Ausnahmefällen. Sie betreffen Konstellationen wie die Gestaltung von Geschäftsbeziehungen nach moralischen, religiösen oder politischen Überzeugungen; vgl. näher *Masing*, Post (Fn. 76), Rn. 33 ff.; s. auch *BVerfG*, Urt. v. 22. 2. 2011, Az.: 1 BvR 699/06 – Fraport, Rn. 57 f. (kein Verbot von „Differenzierungen […], die an marktrelevante Kriterien wie Produktqualität, Zuverlässigkeit und Zahlungsfähigkeit anknüpfen"; aber: „Verpflichtung zu rechtsstaatlicher Neutralität bei der Gestaltung ihrer Vertragsbeziehungen").

[424] *BVerfGE* 99, 1.

[425] *BVerfGE* 6, 84 (91); 71, 81 (94) – std. Rspr.; *Martin Morlok,* in: Dreier (Hrsg.), GG II, Art. 38 Rn. 57, 94; *Meyer,* Wahlgrundsätze (Fn. 303), Rn. 20 ff.

[426] → Rn. 11.

digkeit – grundsätzlich alle Individuen als Individuen gleich. Einzelne Durchbrechungen wie wahlsystembezogene Ungleichheiten lassen sich zwar auch bei einem solch formalen Verständnis von Gleichheit nicht ganz vermeiden. Sie knüpfen aber anders als die bürgerliche Rechtsgleichheit nicht an der gesellschaftlichen Vielfalt als Niederschlag individueller Freiheit an und suchen nicht insoweit entstandenen Ungleichheiten Rechnung zu tragen, sondern dienen – von solchen gerade unabhängig – nur einer funktional effektiven Organisation der Legitimationszusammenhänge.

Demokratische Gleichheit bezieht sich allein auf die **Mitglieder der jeweiligen als Personenverband konstituierten Legitimationseinheit.** Auf Bundesebene sind das die deutschen Staatsangehörigen, auf Landes- bzw. Kommunalebene die Bürger des Landes bzw. der jeweiligen Gebietskörperschaft als Ausschnitt der deutschen Staatsangehörigen, wobei auf den unteren Ebenen – im Blick auf das zusammenwachsende Europa als eine übergreifende Ebene – auch andere EU-Angehörige mit einbezogen werden.[427] Gleichheit ist damit in Entsprechung zu den verschiedenen Ebenen der Staatsorganisation gestuft gewährleistet: Sie gilt nur im Verhältnis zu den Bürgern, mit denen der Einzelne auf gleicher Ebene im Rahmen staatlicher Organisation eine Verantwortungsgemeinschaft bildet.[428] **189**

Die strikte Formalisierung der Gleichheit kommt nur zum Tragen, soweit es um originäre Legitimationszusammenhänge geht, in denen staatliches Handeln durch eine territorial bezogene unbestimmte Allgemeinheit legitimiert wird. Sie gilt demgegenüber nicht in gleicher Weise für demokratisch nur **abgeleitete Mitentscheidungsrechte** etwa im Rahmen der **funktionellen Selbstverwaltung.** Solche Rechte können – da sie Legitimation erst auf einer Sekundärebene vermitteln – je nach Umständen auch unter Rückgriff auf gesellschaftliche und tatsächliche Differenzierungen ausgestaltet werden.[429] Der Einzelne hat hier einen Anspruch nicht auf Gleichbehandlung als Ausfluss seiner formal gleichen Freiheit, sondern nur nach Maßgabe von an der Realität orientierten Sachgesichtspunkten. **190**

Im *status procuratoris* gilt demgegenüber nicht die formalisierte demokratische Gleichheit, sondern die **allgemeine bürgerliche Rechtsgleichheit.** Befugnisse, die hier eingeräumt werden, sind keine definitiven Entscheidungsbefugnisse, sondern nur Einwirkungsbefugnisse: Sie eröffnen eine Teilhabe nur als Vorfeldbeeinflussung und lassen die definitiven Entscheidungskompetenzen der Verwaltung unberührt.[430] Von daher liegt in ihnen nicht der Rekurs auf den Einzelnen als letzter Grund staatlicher Legitimation, sondern die disponible Einräumung einer Rechtsstellung, die je nach Kontext ausgestaltet werden kann und muss. Gerade die Zuerkennung prokuratorischer Rechte bedarf wegen ihrer tendenziell entgrenzenden Wirkung einer realitätsbezogenen Berücksichtigung der Wirkungen je nach Umständen, Sachbereich und berechtigter Personengruppe. Die Differenzierungsmöglichkeiten des allgemeinen Gleichheitssatzes **191**

---

[427] Art. 28 Abs. 1 S. 3 GG.
[428] Diese Stufung entfaltet Wirkung etwa in Hinblick auf die Gleichheit der Wahl. Zwischen verschiedenen Hoheitsträgern gilt entsprechend auch Art. 3 Abs. 1 GG nicht; vgl. *Werner Heun,* in: Dreier (Hrsg.), GG I, Art. 3 Rn. 44.
[429] → Bd. I *Trute* § 6 Rn. 83 ff.
[430] → Rn. 112.

IV. Die bürgerliche Rechtsgleichheit

1. Art. 3 Abs. 1 GG als relativer Gleichheitsschutz

192 Gegenüber der demokratischen Gleichheit ist die in Art. 3 Abs. 1 GG gewährleistete allgemeine bürgerliche Rechtsgleichheit **von vornherein relativ:** Sie ist auf eine Bewertung der Lebenswirklichkeit verwiesen und muss mit der Idee der Freiheit wägend in Ausgleich gebracht werden.[431] Die allgemeine Rechtsgleichheit verleiht dem Einzelnen in diesem Sinne Schutz vor ungerechtfertigter Ungleichbehandlung.

193 Die gegenläufigen Perspektiven dieses allgemeinen Gebots sind dabei in der **Doppelformel** zusammengeführt, dass ohne ausreichende Rechtfertigung Gleiches nicht ungleich und Ungleiches nicht gleich behandelt werden darf.[432] Da es bei dieser Grundregel notwendigerweise an feststehenden Kriterien fehlt, muss zunächst ein Modus gefunden werden, anhand dessen eine rechtliche Ungleichbehandlung festgestellt werden kann. Hierzu wird – immer in der Gefahr einer Tautologie – die Feststellung der Gleichheit von Vergleichsgruppen von der folgenden Feststellung einer Ungleichbehandlung dieser Gruppen getrennt.[433] Die Festlegung der Merkmale, die Gruppen „gleich" erscheinen lassen, kann dabei nur in Bezug auf den konkreten streitigen Umstand erfolgen, wobei oftmals das vorgefundene Ergebnis der Ungleichbehandlung vor einer echten Prüfung der Vergleichbarkeit bereits einer Rechtfertigungsprüfung unterzogen wird.[434]

194 Festgestellte Ungleichbehandlungen unterliegen einer **Rechtfertigungspflicht** im Sinne einer Differenzierungserlaubnis oder ausnahmsweise sogar eines Differenzierungsgebots.[435] Die dabei formulierten Maßstäbe von Willkürprüfung, „Neuer Formel" und allgemeiner Verhältnismäßigkeitsprüfung sind fließender als gemeinhin angenommen.[436] Zu Recht wird dabei für die gerichtliche Überprüfung von Ungleichbehandlungen die Zuordnung der betroffenen materiellen Verfassungsrechtspositionen gefordert.[437]

195 In Bezug auf die Bindung des Gesetzgebers ist insbesondere sein demokratisch legitimierter **Gestaltungsspielraum** als grundsätzliche Gegengröße zum

---

[431] → Rn. 181.
[432] *BVerfGE* 3, 58 (135 f.); 42, 64 (72) – std. Rspr. Vgl. *Werner Heun,* in: Dreier (Hrsg.), GG I, Art. 3 Rn. 19 ff., zu den differenzierenden Ausgestaltungen in der Judikatur.
[433] *Wolfgang Rüfner,* in: BK, Art. 3 Rn. 11 ff.; *Werner Heun,* in: Dreier (Hrsg.), GG I, Art. 3 Rn. 23 f.
[434] Dazu *Werner Heun,* in: Dreier (Hrsg.), GG I, Art. 3 Rn. 23 f.
[435] Kategorisierung bei *Christian Starck,* in: v. Mangoldt/Klein/Starck, GG I, Art. 3 Rn. 16 ff.; *Manfred Gubelt,* in: v. Münch/Kunig, GGK I, Art. 3 Rn. 20; *Paul Kirchhof,* Allgemeiner Gleichheitssatz, in: HStR VIII, § 181; Übersicht bei *Hans Jarass,* in: ders./Pieroth, GG, Art. 3 Rn. 2a, 16 m.w.N.
[436] *Manfred Gubelt,* in: v. Münch/Kunig, GGK I, Art. 3 Rn. 22 ff.; *Christoph Gusy,* Der Gleichheitssatz des Grundgesetzes, JuS 1982, S. 30 (34); *ders.,* Der Gleichheitssatz, NJW 1988, S. 2505 (2507); *Kirchhof,* Gleichheitssatz (Fn. 435), Rn. 161 ff.; *Christoph Brüning,* Gleichheitsrechtliche Verhältnismäßigkeit, JZ 2001, S. 669 (670); *Pieroth/Schlink,* Grundrechte (Fn. 379), Rn. 472.
[437] *Werner Heun,* in: Dreier (Hrsg.), GG I, Art. 3 Rn. 19 ff. Vgl. *Reinhold Zippelius/Georg Müller,* Der Gleichheitssatz, in: VVDStRL, Bd. 47 (1988), S. 7 ff., 37 ff.; *Kirchhof,* Gleichheitssatz (Fn. 435), Rn. 95 f.

Gebot der Gleichbehandlung anzuführen.[438] Als Synthese ist vor allem eine prozedurale Rechenschafts- und Begründungspflicht des Gesetzgebers bei Ungleichbehandlungen einzufordern, die transparente und kommunikative Argumentationslasten mit sich bringt.[439] Für die Durchsetzung der Rechtsanwendungsgleichheit „vor dem Gesetz" ist parallel dazu an Transparenzverpflichtungen zu denken: Mit der Offenlegung und öffentlichen Kontrolle der Entscheidungsprofile entsteht ein unmittelbar wirksamer Anreiz zur Gleichbehandlung.[440] Dieser Ansatz kann auch in den Bereichen wirken, in denen die Steuerungskraft gering bleibt und Handlungsspielräume der Verwaltung anders strukturiert werden müssen.

2. Bürgerliche Gleichheit als strikte Gleichheit

a) Die Differenzierungsverbote des Art. 3 Abs. 3 GG

Eine besondere und von den Kriterien her **strikte Form der bürgerlichen Rechtsgleichheit** gewährleistet Art. 3 Abs. 3 GG:[441] Die hier genannten Merkmale rechtfertigen von vornherein Ungleichbehandlungen nicht. Vor der Verwaltung sind alle Bürger ohne Ansehung von Abstammung, Geschlecht, Rasse, Sprache, Heimat, Herkunft oder religiösen bzw. politischen Anschauungen zu behandeln. Da besonders eng mit der Menschenwürde verbunden oder nach historischen Erfahrungen gefährdet, ist die Anknüpfung an diese Merkmale grundsätzlich unzulässig. Trotz ihrer spezifisch strikten Verbürgung können allerdings auch diese Gleichheitsgebote, anders als die demokratische Gleichheit, ihrer Einbindung in die Vielschichtigkeit gesellschaftlicher Differenzierungen nicht entkommen und verlangen als Element der bürgerlichen Gleichheit eine Rückbindung an deren materielle Perspektive: In Ausnahmefällen kann eine Anknüpfung an die Merkmale des Art. 3 Abs. 3 GG jedes diskriminierenden Charakters entbehren und im Blick auf bestimmte gesellschaftliche Umstände gerechtfertigt sein.[442] Eine Lösung kann hier nur in einer Wertung liegen, die die prinzipielle Strenge der Norm ernst nimmt und Ungleichbehandlungen nur nach engen, substanzielle Neutralität gewährleistenden Kriterien erlaubt, etwa „wenn sie zur Verfolgung überragend wichtiger Gemeinwohlinteressen zwingend erforderlich sind"[443] und bei denen es sich zugleich um Güter von Verfassungsrang handelt.[444] Da auch der allgemeine Gleichheitssatz in seiner Strenge

196

---

[438] *Manfred Gubelt*, in: v. Münch/Kunig, GGK I, Art. 3 Rn. 23 ff.; *Herner Heun*, in: Dreier (Hrsg.), GG I, Art. 3 Rn. 50–54. Zur Gestaltungsfreiheit des Gesetzgebers im Rahmen des Art. 3 GG *BVerfGE* 3, 162 (182); 78, 249 (287); 90, 22 (26).

[439] Hier liegt der Kern der Anforderungen an Systemgerechtigkeit, Folgerichtigkeit und Differenzierungstechnik, die durch das BVerfG an den Gesetzgeber gestellt werden; vgl. die Darstellung bei *Cornelia Paehlke-Gärtner*, in: Umbach/Clemens (Hrsg.), GG, Art. 3 Abs. 1 Rn. 175 ff.

[440] Vgl. *Masing*, Verwaltung (Fn. 60), S. 377 ff.

[441] Im Einzelnen *Werner Heun*, in: Dreier (Hrsg.), GG I, Art. 3 Rn. 116 ff.

[442] Die Dogmatik hierzu ist im Einzelnen umstritten; vgl. zur Unterscheidung von Differenzierungsverbot, Anknüpfungsverbot und Begründungsverbot *Werner Heun*, in: Dreier (Hrsg.), GG I, Art. 3 Rn. 118 ff.

[443] *Ute Sacksofsky*, in: Umbach/Clemens (Hrsg.), GG, Art. 3 Rn. 313; vgl. *Werner Heun*, in: Dreier (Hrsg.), GG I, Art. 3 Rn. 124.

[444] Vgl. zur Begrenzung der Rechtfertigung auf kollidierendes Verfassungsrecht: *BVerfGE* 92, 91 (109) – Feuerwehrabgabe; 114, 357 (368 ff.) – Aufenthaltserlaubnis; 121, 241 (257) – Versorgungsabschlag; *BVerfGK* 2, 36 (41).

abhängig ist von den jeweils betroffenen Grundrechten, kann so Art. 3 Abs. 3 GG als letzte und strengste Stufe eines gleitenden Maßstabs verstanden werden.[445] Die bürgerliche Rechtsgleichheit hat damit – gerade in ihrer strikten Form – für das Verwaltung-Bürger-Verhältnis eine tiefe Spannung aufzufangen. Sie soll einerseits die strikte Anerkennung aller als qua Menschenwürde und grundrechtlicher Freiheiten substanziell Gleiche gewährleisten, zugleich aber auch tatsächlichen Ungleichheiten Rechnung tragen: In ihr liegt die Vermittlung eines idealistisch abstrakten Anspruches eines jeden auf Gleichheit und Freiheit mit der konkreten Lebenswirklichkeit.

b) Die Gleichberechtigung von Männern und Frauen

197 Die gleiche Grundspannung betrifft auch die Anforderungen an die Gleichbehandlung von Männern und Frauen. Das strikte Gleichheitsgebot des Art. 3 Abs. 3 GG wird dabei ergänzt durch Art. 3 Abs. 2 GG. Die überzeugendste Interpretation dieser hoch umstrittenen Vorschrift dürfte in dem Verständnis als **gruppenbezogenes Dominierungsverbot** liegen.[446] Als solches soll es, unter besonderer Einbeziehung der gesellschaftlichen Wirklichkeit, benachteiligende Wirkungen von Regelungen für die geschützte Gruppe – d.h. für Frauen – verhindern. Es räumt damit einen spezifischen Abwehranspruch auch gegenüber indirekten Diskriminierungen ein. Unter Einbeziehung einer materiellen Betrachtungsweise erlaubt Art. 3 Abs. 2 S. 2 GG der Verwaltung überdies grundsätzlich und eigens auch Fördermaßnahmen zur Gleichstellung von Frauen. Überformt werden die Normen durch europarechtliche Maßgaben, die dieses Grundverständnis von Verwaltung und Bürger in Bezug auf die Geschlechter grundsätzlich bestätigen, sie dabei aber mit näheren Maßgaben im Einzelfall flankieren.[447]

c) Das Diskriminierungsverbot des Art. 18 AEUV

198 Eine Anknüpfung an die Staatsangehörigkeit ist im Verwaltung-Bürger-Verhältnis nach Maßgabe des allgemeinen Gleichheitssatzes grundsätzlich nicht verboten. Im zusammenwachsenden Europa ergibt sich jedoch **für Unionsbürger** aus Art. 18 AEUV (ex Art. 12 EGV) ein besonderes und **striktes Gleichbehandlungsgebot:** Soweit Maßnahmen in den Anwendungsbereich der Verträge (EUV und AEUV) fallen, sind alle Angehörigen von Mitgliedstaaten der Union gleich zu behandeln.[448] Dieses „Diskriminierungsverbot" gilt mit europarechtlichem Vorrang und betrifft auch die Grundrechte, deren Unterscheidung von Deutschen- und Jedermannsgrundrechten insoweit überspielt wird.[449] Erweitert

---

[445] *Ute Sacksofsky,* in: Umbach/Clemens (Hrsg.), GG, Art. 3 Rn. 293.
[446] *Ute Sacksofsky,* Das Grundrecht auf Gleichberechtigung, 2. Aufl. 1996, S. 305ff.; ähnlich *Werner Heun,* in: Dreier (Hrsg.), GG I, Art. 3 Rn. 99ff. A. A. aus der Perspektive eines absoluten Anknüpfungsverbots *Michael Sachs,* Grenzen des Diskriminierungsverbots, 1987, S. 421ff.
[447] Insbes. verlangt der EuGH bei der Festsetzung von Frauenquoten eine hinreichende Elastizität der Regelungen; vgl. *EuGH,* Rs. C-450/93, Slg. 1995, I-3051 – Kalanke; *EuGH,* Rs. C-13/94, Slg. 1996, I-2143 – Cornwall County Council. Umfangreich *Christine Langenfeld,* Die Gleichbehandlung von Mann und Frau im Europäischen Gemeinschaftsrecht, 1990; *Sebastian Krebber,* in: Calliess/Ruffert (Hrsg.), EU-/EG-Vertrag, Art. 141 EG Rn. 2ff.
[448] *Astrid Epiney,* in: Calliess/Ruffert (Hrsg.), EU-/EG-Vertrag, Art. 12 EG Rn. 1ff.
[449] → Rn. 41.

werden solche Gleichbehandlungsgebote im Übrigen durch Assoziierungsabkommen. Das europäische Diskriminierungsverbot begründet – ähnlich wie Art. 3 Abs. 3 GG – ein striktes Anknüpfungsverbot. Es kann allenfalls unter strengen Rechtfertigungsbedingungen überwunden werden: Von den Mitgliedstaaten, d.h. im vorliegenden Kontext von der Verwaltung, sind alle Unionsbürger ohne Ansehung ihrer Staatsangehörigkeit gleich zu behandeln.

I. Der Rechtsstatus juristischer Personen

I. Abgeleiteter Rechtsstatus

Die Rekonstruktion eines Rechtsstatus des „Einzelnen" hat ihren Bezugspunkt 199 in dem Individuum als natürlicher Person. Sie knüpft an der Freiheit des Bürgers als Ausgangspunkt und Ziel der staatlichen Ordnung an. Juristische Personen genießen eine solche **apriorische Rechtsstellung als eigene Subjekte nicht.** Sie sind Hervorbringungen aus der Willensmacht der hinter ihnen stehenden (letztlich) natürlichen Personen und tragen ihren Zweck nicht in sich, sondern nur begrenzt und in Abhängigkeit von sie definierenden Statuten oder Verträgen. Im theoretischen Ausgangspunkt unterscheidet sich die Rechtsstellung einer juristischen Person damit von der einer natürlichen Person grundlegend: Sie stellt sich dar als Verlängerung der – grundsätzlich kollektiv koordinierten – Freiheit anderer. Ihr Rechtsstatus bleibt, substanziell betrachtet, stets ein abgeleiteter.[450]

Auswirkungen hat dies für den *status activus* und damit für die Anerkennung 200 **demokratischer Mitentscheidungsrechte:** Solche demokratischen Rechte knüpfen als die letztbegründenden Legitimationsakte unmittelbar an die Egalität aller Staatsbürger als formal vernunftbegabte Subjekte an.[451] Sowohl der hierin liegende Rückgriff auf das Individuum als apriorischen Ausgangspunkt als auch die damit verbundene streng formalisierte Gleichheit schließen die Zuerkennung von Wahl- und Abstimmungsrechten an juristische Personen oder sonstige Personenvereinigungen von vorneherein aus:[452] Als nur abgeleiteter Rechtsträger kommt ihnen eine eigene Legitimationskraft nicht zu und würden sie den hinter ihnen stehenden Personen notwendig ungleiche Einflussmöglichkeiten vermitteln.

II. Weitgehende Entsprechung von Rechtsstatus juristischer Personen und Rechtsstatus des Einzelnen

Die nur abgeleitete Rechtsstellung juristischer Personen hat demgegenüber 201 keine Rückwirkung auf die grundlegende Polarität des Verwaltung-Bürger-Verhältnisses zwischen Freiheit und amtlicher Bindung: Aktivitäten privater Verei-

---

[450] *Herbert Bethge,* Die Grundrechtsberechtigung juristischer Personen nach Art. 19 Abs. 3 GG, 1985, S. 25 ff.; *Peter M. Huber,* in: v. Mangoldt/Klein/Starck, GG I, Art. 19 Rn. 235 ff.; s. auch *BVerfGE* 118, 168 (203) – Kontostammdaten („bloße Zweckgebilde der Rechtsordnung"); *BVerfG,* Urt. v. 22. 2. 2011, Az.: 1 BvR 699/06 – Fraport.
[451] → Rn. 116.
[452] *Horst Dreier,* in: ders. (Hrsg.), GG I, Art. 19 Abs. 3 Rn. 39.

nigungen bleiben – nun in der Regel kollektiv gebunden – Freiheitswahrnehmung, Aktivitäten von juristischen Personen der öffentlichen Hand bleiben demokratisch gebundene Aufgabenwahrnehmung. Außerhalb des *status activus* kommt deshalb privaten Vereinigungen, d. h. juristischen Personen und sonstigen verselbständigten Personenmehrheiten, der nämliche Rechtsstatus zu wie dem einzelnen Bürger: Sie werden von der Rechtsordnung den natürlichen Personen ganz oder teilweise gleichgestellt und genießen damit – und hiervon abhängig – als verlängerte Freiheitsausübung auch die **entsprechende Rechtsstellung:** Sie sind Träger von subjektiv öffentlichen Rechten, sie sind nur nach Maßgabe rechtsstaatlicher, veräußerlichend-distanzgewährleistender Grundsätze hoheitsunterworfen und können unter Rückgriff auf ihre Freiheit gegenüber der öffentlichen Hand in eine Pflichtenstellung treten und Verantwortung übernehmen. Nach Maßgabe näherer gesetzlicher Ausgestaltung stehen sie dabei der Verwaltung nicht nur in einem *status negativus* und *positivus*, sondern auch in einem *status procuratoris* gegenüber, wie die Einwirkungs- bzw. Klagebefugnisse etwa von Naturschutz- oder Verbraucherschutzverbänden exemplifizieren.[453] Die prinzipielle Gleichstellung im Rechtsstatus auf verfassungsrechtlicher Ebene wird dabei durch Art. 19 Abs. 3 GG gewährleistet.[454] Die „Soweit"-Klausel relativiert diese Gleichstellung entgegen dem äußeren Anschein nicht prinzipiell: Da sich juristische Personen jedenfalls auf die allgemeine Handlungsfreiheit des Art. 2 Abs. 1 GG und damit verbunden auf alle korrespondierenden rechtsstaatlichen Maßgaben berufen können, ist jedenfalls ihr allgemeiner Freiheitsanspruch gewährleistet.[455] Die unterschiedliche Anwendbarkeit der einzelnen Grundrechte betrifft insoweit nicht den Rechtsstatus selbst, sondern den Umfang der konkreten Rechte.

202 Die Unterscheidung zwischen Freiheiten und amtlicher Bindung trägt auch für das Problem der **Grundrechtsträgerschaft von juristischen Personen des öffentlichen Rechts oder solchen in öffentlicher Hand:** Grundsätzlich sind juristische Personen, die von der öffentlichen Hand beherrscht werden, unabhängig von ihrer formalen Rechtsform grundrechtsverpflichtet, nicht aber grundrechtsberechtigt.[456] Dies schließt auf einfachrechtlicher Ebene eine weitgehende Gleichstellung etwa öffentlicher Unternehmen für die Teilnahme am allgemeinen Wirtschaftsverkehr nicht aus;[457] die elementare Differenz im Rechtsstatus zwischen Privaten und der öffentlichen Hand – zumal gegenüber dem Gesetzgeber – kann damit jedoch nicht aufgehoben werden. Demgegenüber bildet die Grundrechtsträgerschaft der Universitäten und der öffentlich-rechtlichen Rund-

---

[453] → Rn. 119.

[454] Diese prinzipielle Unterscheidung wird über die Grundrechtsberechtigung des Art. 19 Abs. 3 GG konkretisiert; vgl. dazu *BVerfGE* 45, 63 (80); *Bethge*, Grundrechtsberechtigung (Fn. 450), S. 103; *Christoph Möllers*, Staat als Argument, 2000, S. 319 ff.

[455] In Bezug auf die allgemeine Handlungsfreiheit *BVerfGE* 10, 89 (90); 19, 206 (215); 20, 323 (336); 23, 12 (30) u. 208 (223); 29, 260 (265 f.); 44, 353 (372); *Masing*, Untersuchungen (Fn. 33), S. 135 ff.; *Peter M. Huber*, in: v. Mangoldt/Klein/Starck, GG I, Art. 19 Rn. 328 f.

[456] *BVerfGE* 45, 63 (78); 68, 193 (206 ff.); 75, 192 (196 ff.); *BVerfG*, NJW 1995, S. 582 f. Vgl. *Peter Badura*, Die Unternehmensfreiheit der Handelsgesellschaften: Ein Problem des Grundrechtsschutzes juristischer Personen des Privatrechts, DÖV 1990, S. 353 (354); *Bethge*, Grundrechtsberechtigung (Fn. 450), S. 61 ff. S. auch oben → Rn. 43 mit den dortigen N.

[457] *BVerfG*, Urt. v. 22. 2. 2011, Az.: 1 BvR 699/06 – Fraport, Rn. 57 f.; *Masing*, Wirtschaftsverkehr (Fn. 400), S. 397.; *ders.*, Post (Fn. 76), Rn. 30 ff. → Rn. 187.

funkanstalten, die private Freiheitsausübung in staatlicher Einkleidung organisieren, eine historisch kontingente Ausnahme.[458]

III. Unterschiedliche Ausgestaltung der Rechte und Inpflichtnahmen

Wenn natürliche und juristische Personen gegenüber der Verwaltung weitgehend im gleichen Rechtsstatus stehen, bedeutet dieses nicht, dass sie grundsätzlich die gleichen **Rechte** haben. Schon für die Grundrechte ergeben sich hier aus Art. 19 Abs. 3 GG erhebliche **Unterschiede:**[459] Juristische Personen können sich ihrer Natur nach nicht auf die Menschenwürde berufen, haben keinen Anspruch auf Leben oder Freiheit der Person, sie genießen keine Gewissensfreiheit und können nach richtiger Auffassung auch kein Persönlichkeitsrecht für sich beanspruchen.[460] Liegen diese Differenzen schon „in der Natur" des Unterschieds von natürlicher und juristischer Person, so können durch den Gesetzgeber einfachrechtlich auch unabhängig von begriffsnotwendigen Unterscheidungen die Rechte von natürlichen und juristischen Personen verschieden ausgestaltet werden. Im Rahmen politischer Gestaltung und Wertung kann den Unterschieden oder der verschiedenen gesellschaftlichen Bedeutung bzw. Einbindung juristischer Personen im Verhältnis zu natürlichen Personen Rechnung getragen werden. Solche Differenzierungen unterliegen nur den allgemeinen Maßgaben, insbesondere dem Gleichheitssatz des Art. 3 Abs. 1 GG und weisen zu Differenzierungen der anderen Kriterien keine Besonderheit auf: Der Gesetzgeber und in ihrem Handlungsrahmen die Verwaltung können besondere Rechte und Pflichten ebenso gut nur bestimmten Gruppen von juristischen Personen oder umgekehrt bestimmten Personengruppen unabhängig von der Eigenschaft als juristische Person auferlegen. Auch insoweit erweist sich, dass bei allen möglichen Unterschieden in den Rechten kein kategorialer Unterschied im Rechtsstatus zwischen natürlichen und juristischen Personen besteht.

203

Freilich wird so für natürliche und juristische Personen gleichermaßen deutlich, dass die Rekonstruktion eines „**Rechtsstatus des Einzelnen**" und dessen Differenzierung in verschiedene *status* **auf hohem Abstraktionsniveau** erfolgt. Sie ist deshalb nicht unwichtig: Sie leistet nicht nur eine systematisierende Funktion, sondern leitet Grundvorstellungen an, die tief in die Dogmatik hineinreichen. Gerade die Verengungen, die das tradierte Konzept noch aufweist, belegen die Wirkmacht solcher Konzepte sowohl für die Rechtsetzung als auch für die Rechtsanwendung. Demgegenüber lassen sich die genauen Rechte zwischen Verwaltung und Einzelnen aus dem Verständnis einer Statuslehre nicht ableiten. Solche Rechte sind in allen *status* bereichsspezifisch gestuft und unendlich vielfältig. Sie sind einheitlich nicht zu erfassen. Einer hoch differenzierten Gesellschaft ist das nur adäquat.

204

---

[458] → Rn. 44f.
[459] Siehe im Einzelnen *Horst Dreier*, in: ders. (Hrsg.), GG I, Art. 19 Abs. 3 Rn. 34ff.; *Peter M. Huber*, in: v. Mangoldt/Klein/Starck, GG I, Art. 19 Rn. 324f. m.w. N.
[460] *Horst Dreier*, in: ders. (Hrsg.), GG I, Art. 19 Abs. 3 Rn. 30ff. m.w. N.; *Masing*, Untersuchungen (Fn. 33), S. 135ff.; zu dem allein auf Art. 2 Abs. 1 GG, nicht auf Art. 1 Abs. 1 GG gestützten Schutz nichtpersonaler Aspekte des Rechts am Wort und des Rechts auf informationelle Selbstbestimmung s. *BVerfGE* 106, 28 (43f.) – Mithörvorrichtung; 118, 168 (203f.) – Kontostammdaten.

J. Schluss

205 Auch eine moderne Verwaltungsrechtswissenschaft kann und muss für die theoretische Erfassung der Verwaltung-Bürger-Beziehungen einen übergreifenden Rechtsstatus des Einzelnen zu Grunde legen. Das Fundament dieses *status* liegt in der Polarität von individueller Freiheit und amtlicher Bindung. Er ist damit Ausdruck der demokratischen Legitimationsbedürftigkeit jedes Verwaltungshandelns: Verwaltung legitimiert sich – juristisch betrachtet – nicht aus einem „richtigen" Ergebnis, aus dem Sein, sondern aus deren Rückbindung an die Subjektivität der Bürger, aus der Freiheit. Das Verständnis der Verwaltungsrechtswissenschaft als auch rechtstatsachenorientierter und handlungsanleitender Wissenschaft steht dem nicht entgegen, sondern ermöglicht vielmehr erst, diesen Rechtsstatus voll zu erfassen und in seiner Gestaltungsfähigkeit zu begreifen. Dabei ergibt sich allerdings, wie insbesondere auch das Europarecht verdeutlicht, dass die **traditionelle Konzeption grundlegend zu erweitern** ist: Der Rechtsstatus des Einzelnen gegenüber der Verwaltung kann nicht länger grundsätzlich allein vom Schutz der je individuellen Belange her bestimmt werden, sondern muss auch die politische Teilhabe sowie die freiheitsgestützten Beziehungen zwischen Verwaltung und Bürger erfassen. Die Rekonstruktion eines solch erweiterten Verwaltung-Bürger-Verhältnisses hat, wie gezeigt wurde, weitreichende Konsequenzen. Sie verlangt sowohl eine Ergänzung der Statuslehre als auch eine Öffnung der Lehre vom subjektiv-öffentlichen Recht. Sie führt darüber zugleich zu einer Erweiterung der Schutznormtheorie, einer neuen Typologie subjektiver Rechte und verlangt Konsequenzen im Rahmen der Interpretation des Art. 19 Abs. 4 GG. Insgesamt zeigt sich der Rechtsstatus des Einzelnen im Verwaltungsrecht damit nicht nur vielseitiger und komplexer als traditionell wahrgenommen und dogmatisch verarbeitet, sondern erweist sich auch als in erheblichem Maße gestaltungsfähig. Es wird eine zentrale Herausforderung der Verwaltungsrechtswissenschaft bleiben, diese Gestaltungsfähigkeit im Sinne der Freiheit des Einzelnen und einer effizienten Verwaltung nutzbar zu machen.

Leitentscheidungen

EuGH, Rs. C-26/62, Slg. 1963, S. 1 – van Gend & Loos (unmittelbare Wirkung und Vorrang des europäischen Primärrechts – die Bürger als Wächter des Unionsrechts).

EuGH, Rs. C-6 und 9/90, Slg. 1991, I-5357 – Francovich (Staatshaftungsansprüche von Bürgern als Sanktion gegen Versäumnisse bei der Umsetzung von Richtlinien).

EuGH, Rs. C-41/74, Slg. 1974, I-1337 – van Duyn (unmittelbare Wirkung von Richtlinien – der Bürger kann sich gegenüber dem umsetzungssäumigen Staat unmittelbar auf Richtlinien berufen).

EuGH, Rs. C-361/88, Slg. 1991, I-2567 – TA Luft (Pflicht zur Umsetzung von Richtlinien durch verbindliche Vorschriften des Außenrechts, auf die sich Bürger gegenüber der Verwaltung und den Gerichten berufen können).

EuGH, Rs. C-237/07, Slg. 2008, I-6221 – Janecek (Feinstaub – Anspruch auf Planaufstellung).

EuGH, Rs. C-115/09, Urt. v. 12. 5. 2011 – Trianel (Verbandsklagerecht von Umweltverbänden nach Art. 10a UVP-Richtlinie).

BVerfGE 6, 32 – Elfes (Gewährleistung der allgemeinen Handlungsfreiheit und einer umfassenden rechtsstaatlichen Kontrolle im Rahmen der Eingriffsabwehr).

BVerfGE 16, 194 – Liquorentnahme (materiell sachhaltige Entfaltung des Verhältnismäßigkeitsgrundsatzes).
BVerfGE 49, 89 – Kalkar I (wesentliche Entscheidungen, zumal im Grundrechtsbereich, nur durch den Gesetzgeber).
BVerfGE 53, 30 – Mülheim-Kärlich (verfahrensrechtliche Dimension der Grundrechte).
BVerfGE 76, 1 – Familiennachzug (Gewährleistung des Schutzes auch vor mittelbaren Grundrechtseingriffen).
BVerfGE 105, 252 – Glykol (Grundrechtsschutz gegenüber staatlichem Informationshandeln).
BVerfGE 113, 63 – Junge Freiheit (Grundrechtsschutz gegenüber staatlichem Informationshandeln).
BVerfG, Urt. v. 22. 2. 2011, Az.: 1 BvR 699/06 – Fraport (Grundrechtsbindung gemischtwirtschaftlicher Unternehmen).
BVerwGE 22, 215 (Begründungspflicht staatlicher Entscheidungen).
BVerwGE 30, 154 (Anspruch auf rechtliches Gehör und Akteneinsicht).
BVerwGE 30, 313 (Entfaltung des Verhältnismäßigkeitsgrundsatzes als Maßgabe staatlichen Handelns).
BVerwGE 87, 62 (Beteiligungsrecht und Klagebefugnis von Naturschutzverbänden als subjektiv-öffentliches Recht).

Ausgewählte Literatur

Achterberg, Norbert, Rechtsverhältnisse als Strukturelemente der Rechtsordnung, Rechtstheorie, Bd. 9 (1978), S. 385–410.
Bachof, Otto, Reflexwirkungen und subjektive Rechte im öffentlichen Recht, in: GS Walter Jellinek, München 1955, S. 287–307.
Bauer, Hartmut, Geschichtliche Grundlagen der Lehre vom subjektiv öffentlichen Recht, Berlin 1986.
– Altes und Neues zur Schutznormlehre, AöR, Bd. 113 (1988), S. 582–631.
Böckenförde, Ernst-Wolfgang, Freiheit und Recht, Freiheit und Staat, in: ders., Recht, Staat, Freiheit, 2. Aufl., Frankfurt/Main 1992, S. 42–57 (unter Mitarbeit von *Christoph Enders*).
Classen, Claus D., Die Europäisierung der Verwaltungsgerichtsbarkeit, Tübingen 1996.
– Der Einzelne als Instrument zur Durchsetzung des Gemeinschaftsrechts?, VerwArch, Bd. 88 (1997), S. 645–678.
v. Danwitz, Thomas, Verwaltungsrechtliches System und europäische Integration, Tübingen 1996.
Enders, Christoph, Die Menschenwürde in der Verfassungsordnung – Zur Dogmatik des Art. 1 GG, Tübingen 1997.
Gerber, Carl F., Über öffentliche Rechte, Tübingen 1913.
Henke, Wilhelm, Das subjektive öffentliche Recht, Tübingen 1968.
Hennis, Wilhelm, Amtsgedanke und Demokratiebegriff, in: FG Rudolf Smend, Tübingen 1962, S. 51–70.
Hofmann, Hasso, Grundpflichten als verfassungsrechtliche Dimension, VVDStRL, Bd. 41 (1983), S. 42–86.
– Grundpflichten und Grundrechte, in: HStR V, § 114.
Hornig, Michael, Die Petitionsfreiheit als Element der Staatskommunikation, Baden-Baden 2001.
Jellinek, Georg, Das System der subjektiven öffentlichen Rechte, 2. Aufl., Tübingen 1919.
Kunig, Philip, Das Rechtsstaatsprinzip, Tübingen 1986.
Masing, Johannes, Die Mobilisierung des Bürgers für die Durchsetzung des Rechts, Berlin 1997.
– Politische Verantwortlichkeit und rechtliche Verantwortlichkeit, ZRP 2001, S. 36–42.
Nettesheim, Martin, Subjektive Rechte im Unionsrecht, AöR, Bd. 132 (2007), S. 333–392.
Rupp, Hans H., Die Unterscheidung von Staat und Gesellschaft, in: HStR II, § 31.
Ruffert, Matthias, Subjektive Rechte im Umweltrecht der EG, Heidelberg 1996.
Schlacke, Sabine, Überindividueller Rechtsschutz: Phänomenologie und Systematik überindividueller Klagebefugnisse im Verwaltungs- und Gemeinschaftsrecht, insbesondere am Beispiel des Umweltrechts, Tübingen 2008.
Schoch, Friedrich, Die Europäisierung des Verwaltungsprozessrechts, in: FG 50 Jahre BVerwG, Köln u. a. 2003, S. 507–533.
Smend, Rudolf, Bürger und Bourgeois im deutschen Staatsrecht, in: ders., Staatsrechtliche Abhandlungen, Berlin 1955, S. 309–325.

Vesting, Thomas, Nachbarwissenschaftlich informierte und reflektierte Verwaltungsrechtswissenschaft – Verkehrsregeln und Verkehrsströme, in: Schmidt-Aßmann/Hoffmann-Riem (Hrsg.), Methoden, S. 253–292.
– Die Staatsrechtslehre und die Veränderung ihres Gegenstandes, VVDStRL 63, 2004, S. 41–70.
Voßkuhle, Andreas, Beteiligung Privater an der Wahrnehmung öffentlicher Aufgaben und staatliche Verantwortung, VVDStRL, Bd. 62 (2003), S. 266–328.
Wegener, Bernhard W., Rechte des Einzelnen: die Interessentenklage im europäischen Umweltrecht, Baden-Baden 1998.
Wißmann, Hinnerk, Funktionsfreiheiten in der öffentlichen Verwaltung, ZBR 2003, S. 293–305.

§ 8 Funktionenordnung des Grundgesetzes

Ralf Poscher

Übersicht

	Rn.		Rn.
A. Der Grundsatz der Gewaltenteilung	1	1. Kontrolle	24
I. Von der Gewaltenteilung zur reinen Funktionenordnung	2	2. Formgebung	27
1. Antike Mischverfassungslehren	3	3. Funktionsadäquate Aufgabenwahrnehmung	28
2. Mittelalterliche Zersplitterung von Herrschaft	4	V. Die Dogmatik der Gewaltenteilung unter dem Grundgesetz	30
3. Gewaltenteilung in der Theorie des modernen Staates	5	1. Summatives Verständnis	31
4. Gewaltenteilung im deutschen Konstitutionalismus	9	2. Das Regel-Ausnahme-Kernbereichs-Modell	32
5. Gewaltenteilung und die Demokratisierung der Herrschaft	11	3. Neuere materielle Definitionsversuche	35
II. Gewaltenteilung als Element der Gewaltengliederung	15	B. Die drei Hauptfunktionen unter dem Grundgesetz	40
1. Föderalismus	16	I. Legislative	43
2. Übertragung von Hoheitsrechten	17	II. Judikative	51
3. Gesellschaftliche „Gewalten"	18	III. Exekutive	56
III. Die rechtsstaatliche und demokratische Bedeutung des Gewaltenteilungsprinzips	19	C. Gewaltengliederung und Europäische Union	65
IV. Die Funktionenordnung als Garant von Rationalität	23	Leitentscheidungen Ausgewählte Literatur	

A. Der Grundsatz der Gewaltenteilung

1   In einem ersten Zugriff kann der Grundsatz der Gewaltenteilung als eine historisch voraussetzungsvolle und spezifische Form der Organisation, Kontrolle und Mäßigung politischer Herrschaft verstanden werden, die von anderen historischen (I.) und aktuellen (II.) Formen der Organisation, Kontrolle, Mäßigung und Gliederung politischer Herrschaft zu unterscheiden ist. Der so gewonnene allgemeine Grundsatz der Gewaltenteilung lässt sich dann auf seine Funktionen befragen (III. und IV.) und in seiner konkreten dogmatischen Ausprägung unter dem Grundgesetz beschreiben (V.).

I. Von der Gewaltenteilung zur reinen Funktionenordnung

2   Mit dem Grundsatz der Gewaltenteilung werden eine ganze Reihe historischer Phänomene in Verbindung gebracht, in denen zum Teil der Grundsatz oder Vorläufer der Gewaltenteilung gesehen werden. Werden diese historischen Phänomene genauer in den Blick genommen, so gewinnt der Grundsatz der Gewaltenteilung zum einen gerade auch in Abgrenzung zu ihnen an Schärfe und zeigt sich zum anderen selbst als ein dynamisches Phänomen, dessen Entwicklung sich als eine beschreiben lässt, in der die Aufteilung politischer Herrschaft auf unterschiedliche gesellschaftliche Herrschaftsträger gegenüber einer reinen Funktionenordnung zurücktritt.

1. Antike Mischverfassungslehren

3   Zum Teil werden schon in den antiken Mischverfassungslehren etwa des Polybios[1] oder des Aristoteles[2] Vorläufer der Gewaltenteilung gesehen.[3] Neben Unterschieden im Einzelnen[4] hat *Herfried Münkler* auf den entscheidenden Unterschied der antiken und modernen Staatslehre hingewiesen, die Polybios und auch noch Machiavelli[5] von Montesquieu und anderen modernen Staatstheoretikern unterscheiden: „Will Polybios mit der Mischverfassung die Sicherheit der Bürger durch die Dauerhaftigkeit der staatlichen Instanzen gewährleisten, so geht es Montesquieu ... um die Sicherheit der Bürger vor den staatlichen Instanzen. ... Es ist, um es auf den Begriff zu bringen, zugleich die Differenz zwischen der klassischen und der modernen politischen Theorie: die zentrale Frage der politischen Theorie der Moderne nach dem Schutz des in der Sphäre der Gesell-

---

[1] *Edwin Graeber*, Die Lehre von der Mischverfassung bei Polybios, 1968; *Gerhard J. D. Aalders*, Die Theorie der gemischten Verfassung im Altertum, 1968, S. 85 ff.

[2] *Christoph Maier*, Gewaltenteilung bei Aristoteles und in der Verfassung Athens, 2006, S. 132 ff.

[3] *Ernst v. Hippel*, Geschichte der Staatsphilosophie, Bd. 1, 1955, S. 188; *Ernst Forsthoff*, Gewaltenteilung, in: Roman Herzog/Hermann Kunst/Klaus Schlaich/Wilhelm Schneemelcher (Hrsg.), Evangelisches Staatslexikon, Bd. 1, 3. Aufl. 1987, Sp. 1126/1127.

[4] Zu diesen *Kurt Weigand*, Montesquieu und die höhere Gesetzlichkeit, in: Montesquieu, Vom Geist der Gesetze, (übersetzt von Kurt Weigand), 1974, S. 45.

[5] *Niccolò Machiavelli*, Denkschrift über die Reform des Staates von Florenz, geschrieben auf Verlangen des Papstes Leo X, in: Johannes Ziegler (Hrsg.), Niccolò Machiavelli, Sämtliche Werke, Bd. 2, 1833, S. 100 ff.; *ders.*, Vom Staate (1531), in: Alexander Ulfig (Hrsg.), Niccolò Machiavelli, Hauptwerke in einem Band, 2000, § 4, S. 40.

schaft seine privaten Ziele verfolgenden Bürgers vor staatlichen Eingriffen war der klassischen politischen Theorie unbekannt, für die Staat und Gesellschaft allemal eins waren."[6] Bei allen strukturellen Parallelen unterscheiden sich die klassischen Mischverfassungslehren von den modernen Gewaltenteilungstheorien in dem Problem, vor dessen Hintergrund sie entwickelt wurden, und in dem Zweck, den sie verfolgen.[7]

2. Mittelalterliche Zersplitterung von Herrschaft

Die Verteilung von Herrschaftsgewalt auf unterschiedliche Herrschaftsträger ist ein Kennzeichen mittelalterlicher Herrschaftsverfassungen. Doch die funktionale Differenzierung zwischen einer gesetzgebenden, einer vollziehenden und einer rechtsprechenden Gewalt war dieser Herrschaftsverfassung nicht nur deshalb unbekannt, weil sie erst allmählich begann, Rechtssetzung nicht als Rechtserkenntnis, sondern als Gesetzgebung zu begreifen[8] sowie Verwaltung und Rechtsprechung zu unterscheiden,[9] sondern auch, weil eine funktionale Unterscheidung quer zu ihrer sachlichen Verteilung einzelner Herrschaftsrechte gelegen hätte. Im gestaffelten Lehnssystem der mittelalterlichen Herrschaft hielten die Lehnsnehmer von einzelnen Arten der Gerichtsbarkeit bis zu Münzregalen und Marktrechten reichende Herrschaftssplitter, die sich in den einzelnen Herrschaftsunterworfenen überlagerten und erst sehr langsam in einem Prozess zunehmender Territorialisierung und Zentralisierung in der Hand der Fürsten bündelten. Erst nachdem die zuvor sachlich verteilte Herrschaftsgewalt in den Händen absolutistischer Fürsten vereinigt war, war die Voraussetzung dafür geschaffen, über ihre funktionale Neugliederung nachzudenken. Die moderne Lehre der Gewaltenteilung setzt die Modernisierungsleistung des Absolutismus, gegen den sie historisch antrat, voraus.

3. Gewaltenteilung in der Theorie des modernen Staates

An den Theoretikern des modernen Staates lässt sich der konzeptionelle Zusammenhang zwischen absoluter Staatsgewalt und ihrer funktionalen Gliederung ablesen. Während Thomas Hobbes die Theorie des modernen Staates mit dem Leviathan auf den absolutistischen Begriff bringt, zeigen sich bereits bei zeitgenössischen englischen Autoren, besonders auch bei John Locke,[10] erste Ansätze zur funktionalen Aufteilung der modernen staatlichen Herrschaft, mit denen sie die heraufziehende konstitutionelle Entwicklung begleiteten. In ihrer klassischen Formulierung bei Montesquieu treten dann die drei Ebenen der Gewaltenteilungslehre deutlich hervor, die die nachfolgende Entwicklung bestimmen. Montesquieu unterscheidet zunächst analytisch drei Gewalten: „In jedem Staat gibt es drei Arten von Gewalt: die gesetzgebende Gewalt, die vollziehende

---

[6] *Herfried Münkler*, Machiavelli, (1982) 1995, S. 421.
[7] Zur begriffsgeschichtlichen Diskontinuität *Hans Fenske*, Gewaltenteilung, in: Otto Brunner/Werner Conze/Reinhart Koselleck (Hrsg.), Geschichtliche Grundbegriffe, Bd. 2, 1975, S. 923f.
[8] *Fenske*, Gewaltenteilung (Fn. 7), S. 925.
[9] *Peter Moraw*, Organisation und Funktion von Verwaltung im ausgehenden Mittelalter (ca. 1350 bis 1500), in: Jeserich/Pohl/v. Unruh (Hrsg.), Verwaltungsgeschichte I, S. 21 (46ff.); *Fleiner*, Institutionen des VerwR, S. 29.
[10] *Locke*, Zwei Abhandlungen über die Regierung, 6. Aufl. 1995, II. §§ 143 ff., S. 291 ff.; zu den Vorläufern, Zeitgenossen und Nachfolgern *Fenske*, Gewaltenteilung, (Fn. 7), S. 927 ff.

Gewalt ... Vermöge der dritten straft er Verbrechen oder spricht das Urteil. Ich werde die letztere richterliche Gewalt ... nennen."[11] Die funktionalen Schnitte, die Montesquieu durch die Staatsgewalt legt, sind – wenn auch nicht unangefochten[12] und mit unterschiedlichen Besetzungen im Einzelnen – bis heute wirkmächtig geblieben. An diesen funktionalen Zuschnitt knüpft auch das Grundgesetz in Art. 20 Abs. 2 Satz 2 GG an. Auf die Analyse der unterschiedlichen Staatsfunktionen folgt bereits bei Montesquieu die Forderung, die analysierten Gewalten organisatorisch und personell zu trennen: „Wenn dieselbe Person ... die gesetzgebende Gewalt mit der vollziehenden vereinigt, gibt es keine Freiheit."[13] Als dritte Ebene der Gewaltenteilungsidee schließt sich die Forderung an, die funktionellen Gewalten auf die verschiedenen politischen und gesellschaftlichen Mächte zu verteilen. Die Gesetzgebung wird dem Volk unter Mitwirkung des Adels in einem Zweikammersystem zugeordnet; das Königtum sieht er für die vollziehende Gewalt vor.[14] Montesquieu sieht auch, dass die Machtbalance zwischen gesetzgebender und vollziehender Gewalt strukturell zu Gunsten der gesetzgebenden Gewalt verschoben ist, deren Anordnungen die vollziehende Gewalt binden.[15] Zur Kompensation erkennt Montesquieu dem Monarchen ein Vetorecht zu und verweigert der Legislative das Selbstversammlungsrecht.[16] Ebenso räumt er der Legislative gegenüber Geschworenengerichten die Stellung eines notwendigen Gerichts ein,[17] soweit diese gesetzliche Sanktionen nicht an den Einzelfall anpassen dürfen.[18]

6 Systematisch sind bei Montesquieu zwei Dinge bemerkenswert: Zum einen trennt er die unterschiedlichen Funktionen nicht nur organisatorisch und personell, sondern auch sozial. Es wird deutlich, dass bei der Diskussion der Gewaltenteilung drei Ebenen – eine funktionelle, eine organisatorisch-personelle und eine soziale – auseinander gehalten werden müssen. Zum anderen zeigt sich bei Montesquieu, dass Gewaltenteilung nicht beziehungslose Trennung bedeutet.[19] Im Wesen der funktionalen Aufteilung der Hoheitsgewalt liegt vielmehr ihre gegenseitige Verwiesenheit. Die vollziehende Gewalt vollzieht Gesetze der gesetzgebenden Gewalt und wäre ohne solche keine, und die gesetzgebende Ge-

---

[11] *Charles de Secondat Montesquieu*, Vom Geist der Gesetze (1748), hrsg. von Ernst Forsthoff, 1951, Buch XI, Kap. 6, S. 214 f.
[12] Zu alternativen Aufteilungsvorschlägen etwa *Dolf Sternberger*, Gewaltenteilung und parlamentarische Regierung in der Bundesrepublik Deutschland, PVS, Bd. 1 (1960), S. 22 (34 ff.).
[13] *Montesquieu*, Geist (Fn. 11), S. 215 f.
[14] *Montesquieu*, Geist (Fn. 11), S. 218 ff.
[15] Kritisch in Bezug auf die Aktualität dieser Einschätzung angesichts der kognitiven und besonders auch außenpolitischen Dominanz der Exekutive *Alois Riklin*, Was Montesquieu noch nicht wissen konnte, in: Edgar Mass (Hrsg.), Montesquieu zwischen den Disziplinen, 2010, S. 239 ff.
[16] *Montesquieu*, Geist (Fn. 11), S. 221.
[17] *Montesquieu*, Geist (Fn. 11), S. 225.
[18] Dazu, dass dies für Montesquieu keine der richterlichen Gewalt notwendige Beschränkung ist und zu den Fehlinterpretationen der entsprechenden Stellen – Gerichte als „en quelque façon nulle", „la bouche qui prononce les paroles de la loi", De l'esprit des lois (1768), Bd. 1, hrsg. von Gonzague Truc, 1961, S. 168, 171 – *Regina Ogorek*, De l'Esprit des légendes oder wie gewissermaßen aus dem Nichts eine Interpretationslehre wurde, Rechtshistorisches Journal, Bd. 2 (1983), S. 275 ff.; s.a. *Hans-Jürgen Papier*, Rechtsprechung zwischen Subsumtion und Gesetzessurrogation, in: Mass (Hrsg.), Montesquieu (Fn. 15), S. 15/16 f.
[19] Darauf zielt die Kritik des Begriffs bei *Norbert Achterberg*, Probleme der Funktionenlehre, 1970, S. 111 ff.

A. Grundsatz der Gewaltenteilung

walt ist bei der Umsetzung ihrer Anordnungen auf die vollziehende Gewalt angewiesen. Zudem ordnet er den Gedanken der sozialen Machtbalance der organisatorisch-personellen Trennung der einzelnen Staatsfunktionen vor. Daraus ergeben sich bereits bei Montesquieu Gewaltenverschränkungen, die über die gegenseitige funktionale Angewiesenheit der drei Gewalten hinausgehen.

In der deutschen Staatstheorie wurde die Gewaltenteilungslehre prominent von Immanuel Kant rezipiert. „Die drei Gewalten im Staat sind also erstlich einander, so viel moralische Personen, beigeordnet ..., d.i. die eine ist das Ergänzungsstück der anderen zur Vollständigkeit ... der Staatsverfassung; aber, zweitens, auch einander untergeordnet..., so, dass eine nicht zugleich die Funktion der anderen, der sie zur Hand geht, usurpieren kann, sondern ihr eigenes Prinzip hat, das ist zwar in der Qualität einer besonderen Person, aber doch unter der Bedingung des Willens einer oberen gebietet; drittens, durch Vereinigung beider jedem Untertan sein Recht erteilend sein."[20] Auch bei Kant wird die funktionale Verwiesenheit der einzelnen Gewalten noch einmal deutlich, die zu einem gegenseitigen Unterwerfungs- und Kontrollzusammenhang führt, aus dessen Ergebnis sich erst die Rechtsposition des Untertans ergibt. Den Kern erblickt er in einem Usurpationsverbot, das das „eigene Prinzip" der einzelnen Gewalten schützt.

Der Gedanke einer funktionalen Teilung der Staatsgewalt fand früh Eingang in Verfassungsurkunden und damit – wenn auch gebrochen – in die Verfassungswirklichkeit. Bereits 1653 sah Oliver Cromwells „Instrument of Government" eine Teilung der gesetzgebenden und der vollziehenden Gewalt vor.[21] Die „Bill of Rights of Virgina" von 1776 statuierte in Art. 5 bereits ausdrücklich: „That the legislative and executive powers of the state should be separate and distinct from the judicative". Dass sich diese Regelung der Gewaltenteilung in einer Grundrechtserklärung fand, unterstreicht die enge Verbindung der Gewaltenteilung mit dem modernen individuellen Freiheitsbegriff[22]. In der französischen „Erklärung der Menschen- und Bürgerrechte" von 1789 hieß es dann: „Toute société dans laquelle la garantie des droits n'est pas assurée, ni la séparation des pouvoirs déterminée, n'a pas de constitution."[23] Freiheitsrechte, Gewaltenteilung und ihre Verbindung werden zu konstitutiven Elementen des modernen Verfassungsbegriffs.

4. Gewaltenteilung im deutschen Konstitutionalismus

In Deutschland ist der Gedanke der Gewaltenteilung mit der bedeutenden, aber insoweit nicht wirkmächtigen Ausnahme Kants und einiger weniger zeitgenössischer Staatsrechtler – etwa Johann Heinrich Gottlob von Justi,[24] Johann

---

[20] *Immanuel Kant*, Die Metaphysik der Sitten (1797/98), in: ders., Werkausgabe, hrsg. von Wilhelm Weischedel, Bd. 8, 1977, § 48, S. 434 f.; zu Parallelen zwischen der Gewaltenteilung und der Konstitution des moralisch handelnden Subjekts *Jan C. Joerden*, Staatswesen und rechtsstaatlicher Anspruch, 2008, S. 33 ff.
[21] Art. 2–4 Commonwealth Instrument of Government, 1653.
[22] → Bd. I *Masing* § 7 Rn. 37 ff.
[23] Art. 16 der Erklärung der Menschen- und Bürgerrechte.
[24] *Johann H. G. v. Justi*, Abhandlung von der Anordnung und dem Gleichgewichte der Hauptzweige der obersten Gewalt worauf die Glückseligkeit und Freiheit des Staats hauptsächlich ankommt, in: ders., Gesammelte politische und Finanzschriften über wichtige Gegenstände der Staatskunst, der Kriegswissenschaften und des Kameral- und Finanzwesens, Bd. 2, 1761 (Nachdruck 1970), S. 3 (14 ff.); *Johann F. v. Pfeiffer*, Grundriss der wahren und falschen Staatskunst, Bd. 2, 1779, S. 27 ff.

Friedrich von Pfeiffer[25] – zunächst nicht heimisch geworden. In der Tradition der Staatsrechtslehre des Alten Deutschen Reiches wurde der Schutz vor Machtmissbrauch vom Schutz einzelner wohl erworbener feudaler Rechte her gedacht. Unter den staatsrechtlich zersplitterten Verhältnissen des Alten Reiches fehlte es an einer einheitlich starken Ausprägung der Stände, die sie als Träger eines institutionellen Ansatzes empfohlen hätte.[26] Im aufgeklärten Absolutismus wurde zudem die Notwendigkeit institutioneller Sicherungen bestritten.[27] Dezidierte Ablehnung der Gewaltenteilungslehre rief besonders das Missverständnis hervor, dass die Gewaltenteilung nicht nur eine funktionale Gliederung der einheitlichen Staatsgewalt, sondern ihre gegenständliche Aufteilung und damit erneute Zersplitterung fordere und damit den Modernisierungsgewinn des Absolutismus preisgebe.[28] Auch in Rezeptionen, die von diesem Missverständnis frei waren, überwogen die Bedenken, die sich auf die Instabilität und die mangelnde Schnelligkeit und Sicherheit der staatlichen Entscheidungen richteten, die sie nur in der unumschränkten Monarchie gewahrt sahen.[29]

10 Im Konstitutionalismus bot die Gewaltenteilungslehre und ihr begriffliches Instrumentarium dann aber eine geeignete Folie, den Dualismus des Verfassungssystems abzubilden.[30] Dabei wurden die Spannungen des konstitutionellen Verfassungssystems in die Gewaltenteilungslehren und ihre Begriffe hineingetragen. Je nach politischem, methodischem und staatstheoretischem Vorverständnis wurden die einzelnen Gewalten unterschiedlich ins Verhältnis gesetzt und den einzelnen Staatsfunktionen unterschiedliche Inhalte zugeordnet. Aus systematischer Perspektive ist die konstitutionelle Diskussion um die Gewaltenteilung zum einen interessant, weil sie deutlich macht, dass es sich bei der Idee der Gewaltenteilung um ein begriffliches Schema handelt, das in unterschiedlicher Weise ausgestaltet werden kann. Welche materiellen Inhalte der gesetzgebenden Gewalt im Einzelnen zugeordnet wurden, wie sie sich zu den Kompetenzen des Monarchen verhielten, wie der Begriff des Gesetzes im Einzelnen zu fassen war, folgte nicht aus staats- oder rechtstheoretischen Überlegungen, sondern wesentlich aus den unterschiedlichen Zugängen der einzelnen Autoren und den realpolitischen Gegebenheiten.[31] Zum anderen hatte die Gewaltenteilung im Konstitutionalismus neben der funktionellen, organisatorisch-personellen und sozialen Dimension auch eine legitimatorische. Während die dem Monarchen zugeordnete Exekutivgewalt sich auf das monarchische Prinzip und Gottesgnadentum stützte, beruhte die Mitwirkung der Parlamente an der Gesetzgebung zunehmend auf dem Prinzip der Volkssouveränität.

---

[25] *Fenske,* Gewaltenteilung (Fn. 7), S. 939.
[26] *Fenske,* Gewaltenteilung (Fn. 7), S. 933 ff.
[27] *Fenske,* Gewaltenteilung (Fn. 7), S. 936 ff.
[28] *Ernst-Wolfgang Böckenförde,* Gesetz und gesetzgebende Gewalt, 2. Aufl. 1981, S. 37; *Fenske,* Gewaltenteilung (Fn. 7), S. 937 ff.
[29] Siehe etwa *Carl G. Svarez,* Über den Einfluss der Gesetzgebung in der Aufklärung (1789), in: Hermann Conrad/Gerd Kleinheyer (Hrsg.), Vorträge über Recht und Staat, 1960, S. 469 (474).
[30] Zur Wirkungsgsgeschichte Montesquieus im Frühkonstitutionalismus *Stefan Korioth,* „Monarchisches Prinzip" und Gewaltenteilung – unvereinbar?, Der Staat, Bd. 37 (1998), S. 27 ff.; zu den Autoren des Vormärz *Michael Racky,* Die Diskussion über Gewaltenteilung und Gewaltentrennung im Vormärz, 2005.
[31] *Böckenförde,* Gesetz (Fn. 28), S. 331 ff.

A. Grundsatz der Gewaltenteilung

5. Gewaltenteilung und die Demokratisierung der Herrschaft

Dies änderte sich mit der Demokratisierung staatlicher Herrschaft. Für Republiken gilt, was Art. 1 Abs. 2 WRV dann auch formulierte: „Die Staatsgewalt geht vom Volke aus." Die Staatsgewalt wird nicht mehr verschiedenen sozialen Mächten und unterschiedlichen Legitimationsprinzipien zugeordnet, sondern wie es das Grundgesetz in Art. 20 Abs. 2 Satz 1 GG noch deutlicher sagt: *„Alle* Staatsgewalt geht vom Volke aus." Es gibt nur noch einen kollektiven Träger aller Staatsgewalt, das Volk, und nur noch ein Legitimationsprinzip, die Volkssouveränität.[32] Diese Entwicklung wurde zum Teil so gedeutet, dass damit die Gewaltenteilung ihren Sinn verloren hätte.[33] „Man vergisst…, dass in der Gewaltenteilung zugleich eine Entscheidung über höchst reale Machtansprüche und über die Legitimation zur politischen Herrschaft wirksam ist. Dieses Vergessen kann dazu führen, dass man von verfassungswegen ‚Gewalten' teilt, die keine sind, aus deren leer gewordenen Gehäusen sich die eigentlichen Machtauseinandersetzungen in parakonstitutionelle Räume zurückgezogen haben … das 19. Jahrhundert indessen hatte in dieser Hinsicht noch klare Verhältnisse. Hier standen sich echte politische Potenzen gegenüber. Sie hatten sich in Legislative und Exekutive den politischen Machtbesitz geteilt".[34]

11

Soweit das Wesen der Gewaltenteilung in ihrem sozialen Aspekt, im Ausbalancieren unterschiedlicher „echter politischer Potenzen" gesehen wird, trifft diese Beschreibung zu. Mit der Demokratisierung der Staatsgewalt verliert ihre Teilung diese soziale und legitimatorische Dimension.[35] Die funktionellen Aspekte der Staatsgewalt werden nicht mehr auf unterschiedliche soziale Gruppen, die sich auf unterschiedliche Legitimationsprinzipien berufen, – Monarchie, Adel, Bürgertum – verteilt, sondern alle funktionellen Aspekte der Staatsgewalt werden sozial auf die Einheit des Volkes zurückgeführt und einheitlich durch die Volkssouveränität legitimiert. Gegenstand der Gewaltenteilung ist nur noch die staatsorganisatorische Zuordnung unterschiedlicher Staatsfunktionen zu unterschiedlichen Organisationseinheiten.[36] Um diesen – zum Teil als technisch denunzierten – Wandel des Gewaltenteilungsprinzips zum Ausdruck zu bringen, kann von einer Entwicklung der Gewaltenteilung hin zu einer reinen Funktionenordnung gesprochen werden. Mit dem Wegfall der sozialen Dimension der Gewaltenteilung verschiebt sich der Fokus des Machtmissbrauchsmotivs. Besonders der Monarch sollte durch die Verwiesenheit auf die anderen sozialen Machtfaktoren von einem Missbrauch zu deren Lasten abgehalten werden. Mit der Demokratisierung der Herrschaft richtet sich der Verdacht nicht mehr gegen „echte politische Potenzen", doch er richtet sich immer noch gegen die mit Hoheitsgewalt betrauten Amtsträger. Der Wegfall der sozialen Dimension der Ge-

12

---

[32] → Bd. I *Trute* § 6 Rn. 5 und 17 ff.

[33] Zur Montesquieu-Rezeption in den Verfassungsberatungen nach 1945 *Paul-Ludwig Weinacht*, Montesquieu und die Wiederherstellung des Rechtsstaates, in: Mass (Hrsg.), Montesquieu (Fn. 15), S. 375 ff.

[34] *Werner Weber*, Die Teilung der Gewalten als Gegenwartsproblem, in: FS Carl Schmitt, 1959, S. 253 (255 f.).

[35] *Horst Dreier*, Hierarchische Verwaltung im demokratischen Rechtsstaat, 1991, S. 175 f.

[36] *Fritz Ossenbühl*, Aktuelle Probleme der Gewaltenteilung, DÖV 1980, S. 545 (547); *Forsthoff*, Gewaltenteilung (Fn. 3), Sp. 1132.

§ 8 Funktionenordnung des Grundgesetzes

waltenteilung bedeutet lediglich eine Verschiebung des Gegenstands der Missbrauchsprävention, nicht seinen Wegfall.[37]

13 Geht die Demokratisierung wie in Weimar und in der Bundesrepublik mit der Parlamentarisierung der Regierung einher, ergeben sich besonders in politologischer Perspektive charakteristische Veränderungen im Verhältnis von Exekutive und Legislative. Aufgrund der politischen Abhängigkeit der Regierung von der parlamentarischen Mehrheit kommt es zwischen beiden zu einer engen Kooperation, bei der nicht selten die Regierung wegen ihrer administrativen Ressourcen eine Führungsrolle übernimmt. Die Kooperation geht zum Teil so weit, dass in der politologischen und rechtswissenschaftlichen Literatur die gewaltenteilige Gegenüberstellung von Exekutive und Legislative als unfruchtbar erachtet wird.[38] Um die politische Dynamik des parlamentarischen Systems erfassen zu können, wird die Umstellung von der gewaltenteiligen Betrachtung auf andere Gegenüberstellungen – etwa der von beratender und entscheidender Gewalt oder Regierung und Opposition – empfohlen.[39] So fruchtbar diese Perspektiven für eine sozialwissenschaftliche Beschreibung des politischen Systems sein mögen, so können sie angesichts der verfassungsrechtlichen Vorgabe in Art. 20 Abs. 2 Satz 2 GG die juristische Anknüpfung an die klassischen Funktionen nicht verdrängen. Juristisch kann nur beobachtet werden, wie sich die mit der Parlamentarisierung verbundenen politischen Verschiebungen auf die rechtliche Ausgestaltung des Verhältnisses der einzelnen Funktionen auswirkt. Charakteristisch ist insoweit etwa die Lockerung der Inkompatibilitäten zwischen Legislative und Exekutive, die bezeichnender Weise der späten Parlamentarisierung des Kaiserreichs unmittelbar auf den Fuß folgte.[40]

14 Unter einer demokratischen Verfassung bedeutet Gewaltenteilung die Zuordnung unterschiedlicher Staatsfunktionen zu unterschiedlichen organisatorischen Einheiten einer einheitlichen Staatsgewalt, die einheitlich dem Volk zugerechnet[41] und einheitlich durch das Volk legitimiert wird. In der funktionellen Aufteilung der Staatsgewalt auf unterschiedliche Organe konstituiert sich die staatliche Einheit des Volkes.[42] Wie die einzelnen Staatsfunktionen bestimmt werden, was zur gesetzgebenden, vollziehenden und rechtsprechenden Gewalt gehören soll, wie die einzelnen organisatorischen Träger der Funktionen zueinander in Verhältnis gesetzt werden, ist unter anderem auch von der Verfassungstradition und der Ausgestaltung des Regierungssystems abhängig und lässt sich nicht mehr der allgemeinen Staatstheorie, sondern nur der konkreten Verfassung entnehmen.

---

[37] *Rupert Stettner,* Not und Chance der grundrechtlichen Gewaltenteilung, JöR, Bd. 35 (1986), S. 58 (76).

[38] Siehe etwa *Hans D. Jarass,* Politik und Bürokratie, 1975, der Regierung und Verwaltung als neue Elemente der Gewaltenteilung vorschlägt.

[39] *Sternberger,* Gewaltenteilung (Fn. 12), S. 34 ff.

[40] Art. 21 der Reichsverfassung von 1871, nach dem ein Abgeordneter des Reichstags seinen Sitz verlor, sobald er ein Reichs- oder Staatsamt annahm, wurde Ende Oktober 1918 aufgehoben, § 1 des Gesetzes zur Abänderung der Reichsverfassung und des Gesetzes betreffend die Stellvertretung des Reichskanzlers vom 17. März 1878 vom 28. 10. 1918, RGBl 1918, 2, S. 1273; dazu *Ernst R. Huber,* Deutsche Verfassungsgeschichte seit 1789, Bd. V, 1978, S. 588.

[41] Dazu → Bd. I *Trute* § 6 Rn. 56 ff.

[42] *Hesse,* Grundzüge, Rn. 482 f.

II. Gewaltenteilung als Element der Gewaltengliederung

Als einer der zentralen Verfassungsgrundsätze stehen mit der Gewaltenteilung eine Fülle von Grund- und Einzelfragen des Verfassungs- und des Verwaltungsrechts[43] in Verbindung. Um einen Verfassungsgrundsatz, der so reich an Bezügen ist, rechtsdogmatisch zu profilieren, kann er zunächst zu anderen Organisationsgrundlagen hoheitlicher Gewalt ins Verhältnis gesetzt und abgegrenzt werden. Die Organisation hoheitlicher Gewalt wird nicht allein durch das bislang nur staatstheoretisch umrissene Prinzip funktionaler Gewaltenteilung bestimmt. Hoheitliche Gewalt kann auch nach anderen Prinzipien organisiert und geteilt werden. Neben die funktionale Aufteilung der Hoheitsgewalt kann eine föderale und supranationale treten. Diese anderen Prinzipien können neben der Gewaltenteilung stehen, sich mit ihr verbinden und kreuzen. In einer verfassungstheoretischen Perspektive können die einzelnen rechtsdogmatischen Grundsätze, nach denen Hoheitsgewalt einzelnen Trägern zugeordnet wird, unter dem Oberbegriff der „Gewaltengliederung" zusammengefasst werden.[44] Er bringt zum Ausdruck, dass Hoheitsgewalt nicht monolithisch, sondern nach unterschiedlichen Grundsätzen funktionaler, föderaler und supranationaler Art gegliedert begegnet. Er betont zudem, dass die unterschiedlichen Gliederungsprinzipien nicht unverbunden neben-, sondern in Wechselwirkung zueinander stehen. Die unter dem Begriff der Gewaltengliederung mögliche, umfassendere verfassungstheoretische Perspektive sollte jedoch nicht dazu führen, den jeweils eigenständigen Gehalt der unter ihr vereinten positiv-rechtlichen Prinzipien in ihr aufgehen zu lassen.[45] „Gewaltenteilung" bezeichnet auch in der Perspektive der Gewaltengliederung weiterhin die funktionale Aufteilung hoheitlicher Gewalt, die einer eigenständigen dogmatischen Ausgestaltung bedarf. Die Perspektive der Gewaltengliederung macht jedoch darauf aufmerksam, dass die funktionale Gewaltenteilung in Beziehung zu anderen Grundsätzen der Aufteilung hoheitlicher Gewalt steht, die nicht ohne Rückwirkung auf die funktionale Unterscheidung bleiben.

1. Föderalismus

Ein allgemeines Organisationsprinzip, das unter dem Grundgesetz auf einer ähnlichen Abstraktionshöhe neben die Gewaltenteilung tritt, ist das Bundesstaatsprinzip. Auch durch das Bundesstaatsprinzip wird staatliche Hoheitsgewalt organisiert und damit auch geteilt. Dabei könnte die bundesstaatliche Teilung der Staatsgewalt nach gänzlich anderen Kriterien erfolgen, als diejenige nach dem Gewaltenteilungsgrundsatz. So könnten nach dem Bundesstaatsprinzip bestimmte Gegenstände hoheitlicher Gewalt in allen ihren funktionalen Dimensionen der Bundes- oder der einzelstaatlichen Ebene zugeordnet werden. Die Gewaltenteilung wäre für jeden Gegenstandsbereich auf jeder föderalen Ebene gesondert zur Geltung zu bringen. Bundesstaatsprinzip und Gewaltenteilungsprinzip stünden dann nebeneinander.[46] Unter dem Grundgesetz findet sich

---
[43] Zum Begriff des Verwaltungsrechts → Bd. I *Möllers* § 3 Rn. 3 ff.
[44] → Bd. I *Hoffmann-Riem* § 10 Rn. 39; Christoph *Möllers*, Gewaltengliederung, 2005.
[45] *Stettner*, Gewaltenteilung (Fn. 37), S. 77.
[46] Die Bundesstaatlichkeit in den USA verfolgt weitgehend dieses Modell, dazu *Möllers*, Gewaltengliederung (Fn. 44), S. 341; Laurence H. *Tribe*, American constitutional law, Bd. 1, 3. Aufl. 2000,

dieses Nebeneinander beim Vollzug von Bundesgesetzen durch die Bundesverwaltung und weitgehend beim Vollzug von Landesrecht, mit Ausnahme einiger Rechtsprechungskompetenzen. Unter dem Grundgesetz ist das Verhältnis von Gewaltenteilung und Bundesstaat aber dadurch komplexer, dass sich auch das Bundesstaatsprinzip unter anderem an den Kriterien orientiert, an denen die Gewaltenteilung ausgerichtet ist. Im Bundesstaatsprinzip kreuzen sich gegenstands- und funktionsbezogene Verteilungskriterien. So wird etwa der Vollzug von gegenständlich dem Bundesgesetzgeber zugeordneten Materien den Ländern zugewiesen, und zum Teil verfügen die Bundesgerichte über die Rechtsprechung bezüglich landesrechtlicher Fragen.[47] Bei der Ausführung von Bundesgesetzen durch die vollziehende Gewalt der Länder kommen föderales und Gewaltenteilungsprinzip kumulativ zum Einsatz. Die Hoheitsgewalt wird gleichsam in zwei Ebenen geteilt, die sich kreuzen. Das Bundesverfassungsgericht spricht davon, dass das Bundesstaatsprinzip „zugleich ein Element zusätzlicher funktionaler Gewaltenteilung"[48] sei. Obwohl das föderale Prinzip wie das gewaltenteilige Hoheitsgewalt organisiert und verteilt, handelt es sich aber nicht einfach um einen Aspekt der funktionell angelegten Gewaltenteilung, sondern um ein selbstständiges Organisationsprinzip, das unabhängig von der Gewaltenteilung eingesetzt werden und sich auf unterschiedliche Weise mit ihm verbinden kann. Dies spricht dagegen, es als ein Element der Gewaltenteilung im Sinn von Art. 20 Abs. 2 GG zu betrachten,[49] aber dafür, in ihm ein Element der Gewaltengliederung zu sehen.

2. Übertragung von Hoheitsrechten

17   Hoheitsgewalt wird im Grundgesetz nicht nur nach unterschiedlichen Grundsätzen verteilt, sondern kann nach Art. 23 Abs. 1 Satz 2 und Art. 24 Abs. 1 GG auch auf zwischenstaatliche Einrichtungen „übertragen" werden.[50] Auch durch Übertragung von Hoheitsgewalt wird Hoheitsgewalt geteilt. Für den besonders bedeutenden Fall der Übertragung von Hoheitsrechten auf die Europäische Union sieht das Grundgesetz in Art. 23 GG eine eigene Regelung vor.[51] Die Übertragung von Hoheitsrechten ist neben dem Föderalismus ein weiterer Aspekt der Gewaltengliederung. Durch die Übertragung von Hoheitsgewalt auf supranationale Akteure wird das bereits im Bundesstaat angelegte Mehrebenensystem um eine weitere Ebene ergänzt.[52] Wie im Fall des Bundesstaatsprinzips steht die Übertragung von Hoheitsgewalt nicht beziehungslos neben ihrer funktionalen Aufteilung im Rahmen der Gewaltenteilung. Auch im Fall der Übertragung von Hoheitsrechten kommt es zu einer Kumulation beider Organisations-

---

§§ 2–4, S. 132 ff.; *Winfried Brugger*, Einführung in das öffentliche Recht der USA, 2001, 3. Abschnitt § 3 I, S. 13.

[47] Vgl. § 137 Abs. 1 Nr. 2 VwGO.

[48] BVerfGE 55, 274 (318 f.); s. a. *Detlef Merten*, Bundesstaatlicher Föderalismus als vertikale Gewaltenteilung, in: Mass (Hrsg.), Montesquieu (Fn. 15), S. 27 ff.

[49] Vgl. aber *Ulrich Fastenrath*, Gewaltenteilung, JuS 1986, S. 194 (197 f.); *Udo Di Fabio*, Gewaltenteilung, in: HStR II, § 27 Rn. 11 ff.

[50] Zur Übertragung von Hoheitsgewalt *Thomas Flint*, Die Übertragung von Hoheitsrechten, 1998; *Hermann Mosler*, Die Übertragung von Hoheitsgewalt, in: HStR VII, 1. Aufl. 1992, § 175.

[51] Zu anderen Fällen Nachweise bei *Ingolf Pernice*, in: Dreier (Hrsg.), GG II, Art. 24 Rn. 15; *Claus D. Classen*, in: v. Mangoldt/Klein/Starck, GG II, Art. 24 Abs. 1 Rn. 59 ff.

[52] Siehe auch → Bd. I *Ruffert* § 17 Rn. 121 ff. und 171 ff.

A. Grundsatz der Gewaltenteilung

instrumente, wenn etwa Unionsrecht wie im Fall der Richtlinie durch den nationalen Gesetzgeber umgesetzt werden muss oder unmittelbar geltendes Unionsrecht durch die nationale Verwaltung vollzogen wird. Die Übertragung von Hoheitsbefugnissen an die Europäische Union ist auch nicht ohne Rückwirkung auf die Gewaltenteilung zwischen den Trägern der einzelnen Staatsfunktionen.[53] Aufgrund der überlegenen Einflussmöglichkeiten der Regierungen auf unionsrechtliche Rechtssetzungsprozesse, die dann auch die mitgliedstaatlichen Gesetzgeber binden, verschieben sich die Gewichte nachhaltig zu Lasten der Letzteren.[54] Ebenso wirkt sie auf den Föderalismus zurück, indem sie die Bedeutung des Bundes als dem wesentlichen nationalen Akteur auf der Ebene des Unionsrechts gegenüber den Ländern stärkt.

3. Gesellschaftliche „Gewalten"

Zum Teil wird versucht, dem Gewaltenteilungsgrundsatz wieder eine soziale Dimension zu verleihen, indem bestimmte gesellschaftliche Institutionen unter dem Gewaltenteilungsgrundsatz mit in den Blick genommen werden. Wegen ihrer Kontrollfunktion gegenüber allen Formen der staatlichen Gewalt ist etwa von der Presse als der „vierten Gewalt" die Rede.[55] Wegen ihres informellen Einflusses auf den Gesetzgebungsprozess werden auch Parteien, Lobbyorganisationen und Verbände als weitere Gewalten ins Spiel gebracht.[56] Besonders im internationalen Kontext finden insoweit gemeinnützige Nichtregierungsorganisationen zunehmend Beachtung.[57] So wichtig der Hinweis auf den politischen Einfluss nichtstaatlicher Organisationen ist, und so bedeutsam ihr Einfluss im Sinn von Komplementarität für die Lebensfähigkeit der Gewaltenteilung sein kann,[58] unterscheidet sich dieser Einfluss jedoch für die rechtliche Betrachtung maßgeblich von dem staatlicher Organisationseinheiten dadurch, dass ihnen keine Hoheitsgewalt übertragen ist.[59] Aus politologischer Perspektive unterliefe die Einbeziehung gesellschaftlicher Gewalten zudem eine Funktion der Gewaltenteilung: Die staatlichen Institutionen sind zwar auf die politischen Leistungen der nichtstaatlichen Organisationen angewiesen, doch besteht die Funktion der Gewaltenteilung gerade auch darin, eine über Legislative, Exekutive und Judikative zunehmende Distanzierung von unmittelbar partei- und tagespolitischen Einflüssen zu gewährleisten.[60] Die fehlende Einbeziehung der nichtstaatlichen Akteure in das Gewaltenteilungsschema soll nicht deren politische Bedeutung verkennen, sondern beruht gerade auf ihr: Ihre Einbeziehung würde das

18

---

[53] Dazu i.e. unten C.
[54] *Di Fabio*, Gewaltenteilung (Fn. 49), § 27 Rn. 65; allgemein *Armin v. Bogdandy*, Gubernative Rechtsetzung, 2000, S. 2.
[55] *Martin Löffler*, Der Verfassungsauftrag der Presse – Modellfall Spiegel, 1963, S. 4f.
[56] *Jürgen Becker*, Gewaltenteilung im Gruppenstaat, 1986, S. 101 ff. m.w.N.
[57] *Dianne Otto*, Nongovernmental Organizations in the United Nations System, HRQ, Bd. 18 (1996), S. 107 ff.; *Stephan Hobe*, Der Rechtsstatus der Nichtregierungsorganisationen nach gegenwärtigem Völkerrecht, AVR, Bd. 37 (1999), S. 152 ff.; *Knut Ipsen*, Völkerrecht, 5. Aufl. 2004, § 6 Rn. 19 ff.
[58] *Eberhard Schmidt-Aßmann*, Der Rechtsstaat, in: HStR I, § 26 Rn. 68.
[59] *Di Fabio*, Gewaltenteilung (Fn. 49), Rn. 14; *Christoph Möllers*, Dogmatik der grundgesetzlichen Gewaltengliederung, AöR, Bd. 132 (2007), S. 493 (501 f.).
[60] *Niklas Luhmann*, Funktionen der Rechtsprechung im politischen System, in: ders., Politische Planung, 1971, S. 46 (48 f.).

III. Die rechtsstaatliche und demokratische Bedeutung des Gewaltenteilungsprinzips

19 Der Gewaltenteilungsgrundsatz steht im Grundgesetz in demselben Artikel wie das Rechtsstaatsgebot und das Demokratieprinzip. Der enge textliche Zusammenhang beruht zum einen auf dem vergleichbaren Grad an Grundsätzlichkeit und Abstraktheit der drei Prinzipien. Zum anderen stehen Gewaltenteilung, Rechtsstaat und Demokratie nicht nur auf derselben Abstraktionsstufe nebeneinander, sondern weisen auch inhaltliche Bezüge auf. Gewaltenteilung ist zwar theoretisch auch ohne Rechtsstaat und Demokratie denkbar, doch Rechtsstaat und Demokratie sind, soweit sie praktisch werden wollen, auf Gewaltenteilung verwiesen[61].

20 Rechtsstaat bedeutet zunächst Herrschaft gemäß dem Recht. Er setzt damit rechtliche Maßstäbe für die Ausübung von Herrschaftsgewalt voraus und, dass die öffentliche Gewalt gemäß diesen rechtlichen Maßstäben ausgeübt wird. Damit muss die Gewalt, die rechtliche Maßstäbe setzt, funktional notwendig von der rechtlichen Gewalt unterschieden sein, die gemäß der Maßstäbe handeln soll. Damit ergeben sich für jeden Rechtsstaat bereits die Funktionen der Rechtssetzung und der Rechtsanwendung. Soweit aus dem Rechtsstaat auch noch – jedenfalls grundsätzlich – die rechtliche Überprüfung der Rechtsanwendung gefolgert wird,[62] ergibt sich aus dem Rechtsstaatsgebot auch die Funktion der Rechtsprechung. Bereits in einem formell verstandenen Rechtsstaatsgebot sind diejenigen Funktionen angelegt, auf die der Gewaltenteilungsgrundsatz zugreift.

21 Ein ähnlich strukturierter Zusammenhang besteht zwischen der Gewaltenteilung und dem Demokratieprinzip. Demokratie ist auf Organisation angewiesen.[63] Dies gilt schon für die Willensbildung und erst recht für die Umsetzung demokratischer Entscheidungen. Dabei verstärken sich die gewaltenteiligen Bezüge des Rechtsstaats- und Demokratieprinzips: Demokratische Legitimation wird in sachlicher Hinsicht auch wesentlich dadurch vermittelt, dass die vollziehende Gewalt über das Gesetz an die demokratisch legitimierte Gesetzgebung rückgebunden ist. Sowohl der demokratische Legitimationszusammenhang als auch die Struktur des formellen Rechtsstaats sind so auf das Gewaltenteilungsprinzip verwiesen.

22 Trotz dieser systematischen Zusammenhänge handelt es sich beim Rechtsstaats- und Demokratieprinzip um jeweils unterschiedliche und vom Gewaltenteilungsgebot zu unterscheidende Grundsätze. Nicht alle Fragen des Rechtsstaats- oder Demokratieprinzips sind auch Fragen der Gewaltenteilung und nicht alle der Gewaltenteilung auch solche des Rechtsstaats und der Demokratie. Rechtsdogmatisch sind möglichst eindeutige Problemzuordnungen anzu-

---

[61] So auch *Möllers*, Dogmatik (Fn. 59), S. 496.
[62] *Helmuth Schulze-Fielitz*, in: Dreier (Hrsg.), GG I, Art. 19 IV Rn. 27; *Friedrich E. Schnapp*, in: v. Münch/Kunig, GGK II, Art. 20 Rn. 28; *Karl-Peter Sommermann*, in: v. Mangoldt/Klein/Starck, GG II, Art. 20 Abs. 3 Rn. 321.
[63] *Stettner*, Gewaltenteilung (Fn. 37), S. 77; *Di Fabio*, Gewaltenteilung (Fn. 49), Rn. 11.

A. Grundsatz der Gewaltenteilung

streben, was nicht ausschließt, dass häufig unterschiedliche Aspekte einer Frage mehrere Grundsätze berühren.

IV. Die Funktionenordnung als Garant von Rationalität

Der Gewaltenteilungsgrundsatz weist nicht nur Bezüge zu weiteren verfassungsrechtlichen Grundsätzen wie Rechtsstaat und Demokratie auf, sondern auch zu allgemeinen Rationalitätsstandards[64], die in das Verständnis und die Interpretation des Gewaltenteilungsgrundsatzes Eingang gefunden haben.

1. Kontrolle

Ein für das Gewaltenteilungsprinzip konstitutiver Gehalt ist die in ihm auf mehreren Ebenen angelegte Kontrolle der Ausübung hoheitlicher Macht. Kontrolle setzt Kontrollmaßstäbe[65] voraus und verwirklicht, indem sie zur Maßstabsorientierung öffentlicher Gewalt beiträgt, gegenüber ihrer willkürlichen Handhabung bereits als solche ein höheres Rationalitätsniveau. Darüber hinaus trägt Kontrolle dazu bei, die in den Kontrollmaßstäben gespeicherte Rationalität zur Geltung zu bringen. Die Rationalität der Kontrolle ist insoweit relativ zu den unterschiedlichen Kontrollmaßstäben, die im Gewaltenteilungsgrundsatz angelegt sind.[66] Allein anhand weniger Kontrollparameter – Akteure, Maßstäbe, Sanktionen –[67] lassen sich in einem groben Gewaltenteilungsschema bereits eine Reihe unterschiedlicher Kontrollformen erkennen. So kontrolliert der Gesetzgeber die Umsetzung seiner Gesetze durch die Verwaltung anhand von Rechtmäßigkeit und Zweckmäßigkeit. Dafür stehen ihm besondere Kontrollinstrumente zur Verfügung und in einem parlamentarischen Regierungssystem auch besondere Kontrollsanktionen bis hin zur Absetzung der Regierung.[68] Darüber hinaus führt der Gesetzgeber die Finanzkontrolle über das Haushaltsgesetz und die Entlastung der Regierung (Art. 114 Abs. 1 GG) durch.[69] Auf der anderen Seite kontrolliert die Rechtsprechung die Verwaltung anhand des Rechtmäßigkeitsmaßstabs, der wiederum durch den Gesetzgeber vorgegeben wird. Der Gesetzgeber seinerseits wird durch die Rechtsprechung im Rahmen der Verfassungsgerichtsbarkeit am Maßstab der Verfassung kontrolliert. Die Gerichte unterliegen wiederum einer politischen Kontrolle durch den Gesetzgeber, der ihm politisch inopportun erscheinende rechtsdogmatische Entwicklungen mit dem Instrument des Gesetzes steuern kann. Die einzelnen Gewalten stehen nicht in einer

---

[64] Zum Rationalitätsbegriff → Bd. I *Voßkuhle* § 1 Rn. 5 mit Fn. 26, *Reimer* § 9 Rn. 4.

[65] → Bd. II *Pitschas* § 42.

[66] Zum Zusammenhang von Kontrolle und Rationalität *Walter Krebs*, Kontrolle in staatlichen Entscheidungsprozessen, 1984, S. 49 f.; *Andreas Voßkuhle*, Rechtsschutz gegen den Richter, 1993, S. 262 ff.; *Schmidt-Aßmann*, Ordnungsidee, 4. Kap. Rn. 57.

[67] Zu weiteren *Schmidt-Aßmann*, Ordnungsidee, 4. Kap. Rn. 87; *Peter Eichhorn/Peter Friedrich*, Verwaltungsökonomie, Bd. I, 1976, S. 252 ff.; speziell zu unterschiedlichen Kontrollintensitäten *Wolfgang Hoffmann-Riem*, Verwaltungskontrolle – Perspektiven, in: Schmidt-Aßmann/Hoffmann-Riem (Hrsg.), Verwaltungskontrolle, S. 345.

[68] Speziell zum Kontrollbegriff für parlamentarische Untersuchungen *Johannes Masing*, Parlamentarische Untersuchungen privater Sachverhalte, 1998, S. 307 ff.

[69] Zur Lenkungswirkung des Haushaltsgesetzes, die die These von der kooperativen Staatsleitung von Regierung und Parlament unterstütze, *Werner Heun*, Staatshaushalt und Staatsleitung, 1989, S. 434 ff., 517 ff.

strikten Kontrollhierarchie mit einer Gewalt an der Spitze einer Kontrollpyramide, sondern in gegenseitigen Kontrollbeziehungen, die sich eher als Kontrollkreislauf beschreiben ließen. In diesem Kontrollkreislauf ist die Verwaltung einem besonders intensiven und vielfältigen, nicht nur rechtlichen Kontrollregime ausgesetzt, zu dem noch die verwaltungsinternen Kontrollmechanismen hinzutreten.[70]

25   Das dem Kontrollbegriff inhärente Distanzgebot verlangt eine Grenzziehung zwischen der Kontrollinstanz, dem zu kontrollierenden Vorgang und den Kontrollierten.[71] Gewaltenteilige Kontrolle leistet diese Distanz durch eine organisatorische und auch personelle Trennung zwischen Kontrolliertem und Kontrollorgan. So bilden Gesetzgeber, Verwaltung und Gerichte nicht nur unterschiedliche Organisationseinheiten, zwischen ihnen bestehen auch weitgehende personelle Inkompatibilitäten.[72] Die Distanz zum Kontrollgegenstand wird besonders durch eine Differenzierung zwischen Handlungs- und Kontrollmaßstäben[73] erreicht. So müssen Gesetzgebung und Verwaltung ihr Handeln nicht nur nach rechtlichen Maßstäben ausrichten, während sich die gerichtliche Kontrolle beider Gewalten nur auf ebensolche erstreckt. Nicht zuletzt wegen der besonderen Distanz zwischen den einzelnen Gewalten gilt die gewaltenteilige Kontrolle als Paradigma für andere Kontrollregime.[74]

26   Kontrolle verwirklicht ihren machtbegrenzenden Effekt dadurch, dass verschiedene Akteure erst durch ihr Zusammenwirken öffentliche Gewalt in verbindlicher Weise in Anspruch nehmen können.[75] Für Kontrolle ist kennzeichnend, dass das kontrollierende Organ die Entscheidung des kontrollierten Organs nicht einfach wiederholt, sondern über besonders strukturierte Entscheidungskompetenzen verfügt, die sich von denen des kontrollierten Organs unterscheiden.[76] Erst dadurch, dass mehrere Entscheidungsträger zusammenwirken müssen, um öffentliche Gewalt verbindlich einzusetzen, ergibt sich der macht- und missbrauchmäßigende Charakter des der Gewaltenteilung inhärenten Kontrollelements[77]. Die Differenz der Entscheidungsstrukturen wird besonders deutlich, wenn die Entscheidungsmaßstäbe voneinander abweichen. Im Verhältnis zwischen Rechtsprechung und Verwaltung ist dies dort der Fall, wo der Verwal-

---

[70] Zur Gewaltenteilung in der Verwaltung *Bernhard Schlink*, Die Amtshilfe, 1982; zu den rechtlichen, verwaltungswissenschaftlichen und ökonomischen Aspekten verwaltungsinterner Kontrollen die Beiträge in: Schmidt-Aßmann/Hoffmann-Riem (Hrsg.), Verwaltungskontrolle.

[71] *Ulrich Scheuner*, Verantwortung und Kontrolle in der demokratischen Verfassungsordnung, in: FS Gebhard Müller, 1970, S. 379 (392); *Eberhard Schmidt-Aßmann*, Verwaltungskontrolle – Einleitende Problemskizze, in: ders./Hoffmann-Riem (Hrsg.), Verwaltungskontrolle, S. 10 f.; *Hoffmann-Riem*, Verwaltungskontrolle (Fn. 67), S. 326.

[72] Art. 55, 66, 94 Abs. 1, Art. 137 Abs. 1 GG, §§ 28, 29 BBG, §§ 4, 21, 36 DRiG; §§ 5 Abs. 1, 8 Abs. 1 AbgG.

[73] Siehe auch → Bd. I *Franzius* § 4 Rn. 2 ff.

[74] *Schmidt-Aßmann*, Verwaltungskontrolle (Fn. 71), S. 36 f.; vgl. auch *Hoffmann-Riem*, Verwaltungskontrolle (Fn. 67), S. 326, zur verwaltungsinternen Kontrolle ebd., S. 357 f.

[75] Vgl. zur Gewaltenteilung bereits *Kant*, Metaphysik (Fn. 20): „durch Vereinigung ... jedem Untertan sein Recht erteilend".

[76] *Voßkuhle*, Rechtsschutz (Fn. 66), S. 258 ff.; vgl. *Hoffmann-Riem*, Verwaltungskontrolle (Fn. 67), S. 340: Verantwortungsteilung und -stufung als die die Gewaltenteilung prägende Grundidee.

[77] Dies gilt auch gegenüber der von *Karl A. Schachtschneider*, Prinzipien des Rechtsstaates, 2006, S. 176 ff., perhorreszierten Unterwanderung des Kontrollaspekts der Gewaltenteilung durch parteipolitische Loyalitäten der Amtsträger.

tung etwa im Rahmen des Ermessens ein eigener Entscheidungsspielraum zugebilligt wird, der nicht durch eine Entscheidung der Gerichte ersetzt werden kann. Doch ist der Kontrolle auch jenseits unterschiedlicher Entscheidungsmaßstäbe eine Differenz inhärent, da der Kontrollierende immer eines Kontrollgegenstands bedarf, der erst durch den Kontrollierten geschaffen werden muss, und kein Kontrollmaßstab alle Einzelheiten des Kontrollgegenstands determinieren kann. So ist die verwaltungsgerichtliche Kontrolle regelmäßig auf eine Entscheidung der Verwaltung als Kontrollgegenstand angewiesen, die auch im Bereich der rechtlich gebundenen Verwaltung nicht in allen ihren Einzelheiten und Umständen durch die rechtlichen Vorgaben festgelegt sein kann. Auch im Rahmen der rechtlich gebundenen Verwaltung ergeben sich durch die verwaltungsgerichtliche Kontrolle die macht- und missbrauchmäßigenden Effekte, die für die Gewaltenteilung typisch sind und rationalitätssteigernd wirken.

2. Formgebung

Indem der Gewaltenteilungsgrundsatz die Aufteilung unterschiedlicher Staatsfunktionen auf unterschiedliche organisatorische Einheiten verlangt, enthält er in ganz grundsätzlicher Weise einen Formgebungsauftrag: Es müssen organisatorisch zu unterscheidende Einheiten geschaffen werden, die unterschiedliche Funktionen hoheitlicher Gewalt ausfüllen. Formgebung ist notwendig mit der Reflexion und Rationalisierung des Gegenstands der Formgebung – im Fall der Gewaltenteilung der Anwendung hoheitlicher Gewalt – verbunden. Die Umsetzung der Gewaltenteilung führt notwendig nicht nur zu unterschiedlichen Organisationsformen für unterschiedliche Funktionen der Hoheitsgewalt, sondern auch zu unterschiedlichen Handlungsformen:[78] So handelt der Gesetzgeber wesentlich in Form des Gesetzes; für die Verwaltung wurde etwa der Verwaltungsakt[79], die Rechtsverordnung und der Plan[80] entwickelt und die Rechtsprechung entscheidet durch Urteile und Beschlüsse. Dabei haben die einzelnen Handlungsformen jeweils unterschiedliche formelle und materielle Voraussetzungen, unterschiedliche Rechtsfolgen und stehen unter unterschiedlichen Fehlerregimen.[81] Alle diese Elemente der Formgebung tragen dazu bei, die einzelnen Gewalten und ihr Handeln unterscheidbar zu machen und in einer den Legitimationsbedingungen[82] und der Struktur der jeweiligen Organe angemessenen Weise zu formalisieren.

27

3. Funktionsadäquate Aufgabenwahrnehmung

Besonders für eine Verwaltungsrechtswissenschaft, die sich als Handlungs- und Entscheidungswissenschaft versteht,[83] gewinnt ein funktionaler Blick auf die Gewaltenteilung an Bedeutung. Gewaltenteilung dient in dieser Perspektive auch dazu, dass die unterschiedlichen staatlichen Aufgaben durch Organe wahr-

28

---

[78] Zur Formgebung *Schmidt-Aßmann*, Ordnungsidee, 4. Kap. Rn. 1 ff.; *Voßkuhle*, Rechtsschutz (Fn. 66), S. 47.
[79] → Bd. II *Bumke* § 35.
[80] → Bd. II *Köck* § 37.
[81] Zu den unterschiedlichen Fehlerregimen *Hufen*, Fehler; *Dirk Heckmann*, Geltungskraft und Geltungsverlust von Rechtsnormen, 1997.
[82] → Bd. I *Trute* § 6 Rn. 30 ff.
[83] → Bd. I *Voßkuhle* § 1 Rn. 15, *Hoffmann-Riem* § 10 Rn. 13.

genommen werden, deren Struktur zu einer funktionsadäquaten Aufgabenwahrnehmung[84] führt, dass die einzelnen staatlichen Entscheidungen und Handlungen den einzelnen Staatsorganen so zugeordnet werden, dass eine möglichst weitgehende Effektivität und Effizienz[85] gewährleistet wird. In einem weiten, nicht nur ökonomischen, sondern auf die „Gesamtheit der Bausteine einer freiheitlich demokratischen Grundordnung"[86] bezogenen Sinn, wird in der Effektivität und Effizienz der Staatsorganisation der maßgebliche Orientierungspunkt der Funktionenordnung gesehen.[87] So ist das Parlament mit seinem offenen, diskursiven Verfahren und seiner unmittelbaren demokratischen Legitimation strukturell besonders für grundsätzliche Entscheidungen und die Verabschiedung abstrakt-genereller Regelwerke mit großer Reichweite geeignet.[88] Aufgrund ihrer im Kern hierarchischen Entscheidungsstruktur, ihrer „Permanenz, Ubiquität, Präsenz"[89] und des in ihr gesammelten, besonders auch lokalen Sachverstands ist die vollziehende Gewalt zur Umsetzung konkreter Entscheidungen vor Ort ebenso geeignet wie zur flexiblen Anpassung grundsätzlicher Entscheidungen an sich schnell verändernde Umstände.[90] In der Rechtsprechung des Bundesverfassungsgerichts wird diese Perspektive auf die Gewaltenteilung auch normativ gewendet:[91] „Die dort als Grundsatz normierte organisatorische und funktionelle Unterscheidung und Trennung der Gewalten ... zielt auch darauf ab, dass staatliche Entscheidungen möglichst richtig, das heißt von den Organen getroffen werden, die dafür nach ihrer Organisation, Zusammensetzung, Funktion und Verfahrensweise über die besten Voraussetzungen verfügen".[92]

29 Der mäßigende Aspekt der Gewaltenteilung und ihr Effektivität und Effizienz steigernder funktionaler Aspekt scheinen der Gewaltenteilung einen paradoxen Charakter zu geben: Einerseits soll sie staatliche Hoheitsgewalt mäßigen, andererseits aber zu ihrer Effektivität und Effizienz beitragen. Die beiden Aspekte der Gewaltenteilung müssen aber nicht in Widerspruch zueinander stehen. Gemäßigt werden soll nicht staatliche Gewalt als solche, sondern ihr willkürlicher und damit auch funktionsinadäquater Gebrauch. Indem die Gewaltenteilung zu einer funktionsadäquaten Wahrnehmung staatlicher Aufgaben beiträgt, mäßigt sie die inadäquate Ausübung staatlicher Gewalt, der auch der Kontrollaspekt der Gewaltenteilung gilt.[93]

---

[84] Zur aufgabenadäquaten Verwaltungsorganisation → Bd. I *Wißmann* § 15 Rn. 33 ff.

[85] Zu dem auf den Grad der Zweckerreichung bezogenen Effektivitätsbegriff und dem auf den Ressourceneinsatz bezogenen Effizienzbegriff s. *Wolfgang Hoffmann-Riem*, Effizienz als Herausforderung an das Verwaltungsrecht – Einleitende Problemskizze, in: Hoffmann-Riem/Schmidt-Aßmann (Hrsg.), Effizienz, S. 16.

[86] *Voßkuhle*, Rechtsschutz (Fn. 66), S. 139.

[87] *Voßkuhle*, Rechtsschutz (Fn. 66), S. 139; vgl. auch *Peter Häberle*, Effizienz und Verfassung, in: ders., Verfassung als öffentlicher Prozeß, 1978, S. 290/297 ff.

[88] *Möllers*, Gewaltengliederung (Fn. 44), S. 105 ff. und 403 ff.; *Gerhard Zimmer*, Funktion–Kompetenz–Legitimation, 1979, S. 332 ff.

[89] *Fritz Ossenbühl*, Verwaltungsvorschriften und Grundgesetz, 1968, S. 196.

[90] *Voßkuhle*, Rechtsschutz (Fn. 66), S. 135 ff.; vgl. auch zur Effizienz der Verwaltung bereits *Rainer Wahl* und *Jost Pietzcker*, Verwaltungsverfahren zwischen Verwaltungseffizienz und Rechtsschutzauftrag, VVDStRL, Bd. 41 (1983), S. 157 (160 f. bzw. 196 ff.).

[91] Kritisch zur Aussagekraft der Formel *Möllers*, Gewaltengliederung (Fn. 44), S. 399.

[92] BVerfGE 68, 1 (86); vgl. auch BVerfGE 95, 1 (15).

[93] Vgl. *Möllers*, Gewaltengliederung (Fn. 44), S. 40 ff., der jedoch den Widerspruch und das Spannungsverhältnis betont, S. 69 f.

V. Die Dogmatik der Gewaltenteilung unter dem Grundgesetz

In Kontrast zu den verfassungstheoretischen Ehrbezeugungen, die dem Grundsatz der Gewaltenteilung regelmäßig erwiesen werden,[94] steht die Schärfe seines dogmatischen Profils. Im Einzelnen werden unterschiedliche Ansätze verfolgt, die besonders in der Rechtsprechung teils nebeneinander stehen, teils ineinander übergehen. 30

1. Summatives Verständnis

Zum Teil hat der prinzipielle Charakter der Gewaltenteilung die Tendenz, die eigenständige Bedeutung von Art. 20 Abs. 2 Satz 2 GG hinter den staatsorganisatorischen Kompetenzbestimmungen zurücktreten zu lassen.[95] Gewaltenteilung lebt konkret von der positivierten Kompetenzordnung einer Verfassung.[96] Es liegt daher nicht fern, in der in Art. 20 Abs. 2 Satz 2 GG angeordneten Gewaltenteilung einen Sammelbegriff für die Kompetenzordnung des Grundgesetzes zu sehen. An ein solches Verständnis des Gewaltenteilungsgrundsatzes rückt die Rechtsprechung des Bundesverfassungsgerichts besonders dann heran, wenn sie die Balancefunktion des Gewaltenteilungsgrundsatzes betont: „wie ... wiederholt ausgeführt ..., besteht der Sinn der Gewaltenteilung darin, dass die Organe der Legislative, Exekutive und Justiz sich gegenseitig kontrollieren und begrenzen, damit die Staatsmacht gemäßigt und die Freiheit des einzelnen geschützt wird. Die *in der Verfassung vorgenommene Verteilung der Gewichte* zwischen den drei Gewalten muss aufrechterhalten bleiben".[97] Nur soweit durch ein solch summatives Verständnis[98] von Art. 20 Abs. 2 Satz 2 GG zum Ausdruck gebracht wird, dass Gewaltenteilung auf Ausgestaltung angewiesen ist, vermag es zu überzeugen. Es wird jedoch Art. 20 Abs. 2 GG besonders im Hinblick auf Art. 79 Abs. 3 GG nicht gerecht, nach dem der Gewaltenteilungsgrundsatz auch eine Grenze gegenüber dem verfassungsändernden Gesetzgeber statuiert, die in einem summativen Verständnis nicht abgebildet werden kann. 31

2. Das Regel-Ausnahme-Kernbereichs-Modell

Neben der Tendenz zu einem summativen Ansatz findet sich in der Rechtsprechung des Bundesverfassungsgerichts, aber auch verbreitet in der Literatur ein Verständnis von Art. 20 Abs. 2 Satz 2 GG, das auf einer Regel-Ausnahme-Kernbereichs-Dogmatik aufbaut. Danach werden zunächst drei Staatsfunktionen idealtypisch beschrieben, deren Wahrnehmung durch bestimmte Staatsorgane 32

---

[94] *BVerfGE* 2, 307 (329); 3, 225 (247); 67, 100 (130); *Helmuth Schulze-Fielitz*, in: Dreier (Hrsg.), GG II, Art. 20 (Rechtsstaat) Rn. 67; *Karl-Peter Sommermann*, in: v. Mangoldt/Klein/Starck, GG II, Art. 20 Abs. 2 Rn. 205 ff.; *Michael Sachs*, in: Sachs (Hrsg.), GG, Art. 20 Rn. 81; *Stern*, StaatsR II, S. 520 f.

[95] So etwa die resignativen Überlegungen bei *Stettner*, Gewaltenteilung (Fn. 37), S. 74 m.w.N., denen sich Stettner selbst allerdings letztlich nicht anschließt.

[96] Siehe etwa den insoweit instruktiven Verfassungsrechtsvergleich bei *Kay Windthorst*, Gewaltenteilung im deutschen und amerikanischen Verfassungsrecht, in: FS Herbert Bethge, S. 105 ff.; eine Skizze eines historischen Vergleichs bei *Christoph Möllers*, Die drei Gewalten, 2008, S. 19 ff.

[97] *BVerfGE* 22, 106 (110) – Hervorhebung durch Verf.; vgl. auch *BVerfGE* 9, 268 (279).

[98] Dazu *Möllers*, Gewaltengliederung (Fn. 44), S. 79 ff.; vgl. für das Rechtsstaatsprinzip *Philip Kunig*, Das Rechtsstaatsprinzip, 1986, S. 75 ff.; *Schmidt-Aßmann*, Rechtsstaat (Fn. 58), Rn. 7.

allein der von Art. 20 Abs. 2 Satz 2 GG geforderten Regel entspricht. So wird etwa den Parlamenten als Gesetzgeber grundsätzlich die Funktion des Erlasses abstrakt-genereller Rechtsnormen zugesprochen und der Erlass von Rechtsnormen durch die Verwaltung als Ausnahme von dieser durch den Gewaltenteilungsgrundsatz geforderten Regel verstanden. Das Bundesverfassungsgericht spricht insoweit sogar von „Durchbrechungen" des Gewaltenteilungsgrundsatzes.[99] Die Exekutive wird nach diesem Verständnis grundsätzlich auf die Vollziehung der Gesetze im Einzelfall reduziert[100] und die Rechtsprechung auf die Entscheidung von Rechtsstreitigkeiten.[101] In einigen Entscheidungen des Gerichts wird mit der Inanspruchnahme einer Ausnahme eine Rechtfertigungslast verknüpft.[102] Die Ausnahmen finden ihre Grenzen in der Vorstellung eines Kernbereichs der jeweiligen Gewalt, auf den die jeweils anderen Gewalten unter keinem Gesichtspunkt zugreifen dürfen.[103] Wie bei entsprechenden Kernbereichsdogmatiken im Bereich der Grundrechte und der kommunalen Selbstverwaltungsgarantie ist dabei aber schon unklar, ob dieser Kernbereich mit Blick auf das Gesamt der Aufgaben einer Gewalt oder allein mit Blick auf den konkreten Fall zu bestimmen ist. In erstere Richtung weisen Formulierungen des Gerichts, die davon sprechen, dass „damit ausgeschlossen ‚ist', dass eine der Gewalten die ihr von der Verfassung zugeschriebenen typischen Aufgaben *preisgibt*."[104] In die andere Richtung weisen Überlegungen, bei denen sich das Gericht an negativen Idealtypen orientierte. So sah es etwa in der Übertragung richterlicher Aufgaben an einen Spruchkörper, dessen persönliche Unabhängigkeit nicht gesichert war, eine Verletzung des Kernbereichs der rechtsprechenden Gewalt.[105] In der Literatur werden beide Aspekte auch kumulativ angeführt.[106]

33 Aus historischer Perspektive ist das Modell bereits vielfach in die Kritik geraten. Die in ihm angelegte scharfe Trennung zwischen parlamentarischer Gesetzgebung und vollziehender Gewalt hätte zwar für den gesellschaftlichen und legitimatorischen Dualismus der konstitutionellen Monarchie einige Plausibilität gehabt, sei aber unter demokratischen Bedingungen nicht in der Lage, besonders parlamentarische Regierungssysteme adäquat abzubilden.[107] Im Lichte der Regel-Ausnahme-Vorstellung erscheinen auch die für parlamentarische Regierungssysteme konstitutiven Kompetenzverteilungen und -verschränkungen als Durchbrechungen eines Verfassungsprinzips. Parlamentarische Demokratie ist danach unter dem Gesichtspunkt der Gewaltenteilung deviant. Zu Recht wird demgegenüber ein Gewaltenteilungsverständnis eingefordert, das die parlamentarische Demokratie nicht als Durchbrechung eines Verfassungsgrundsatzes begreift.[108]

---

[99] *BVerfGE* 18, 52 (59).
[100] *BVerfGE* 95, 1 (15); 93, 37 (67); 83, 60 (72).
[101] *Helmuth Schulze-Fielitz*, in: Dreier (Hrsg.), GG III, Art. 92 Rn. 28.
[102] *BVerfGE* 30, 1 (27 f.), wo das Gericht eine Verfassungsänderung, die eine Ausnahme von der Rechtskontrolle durch Gerichte vorsieht, jedenfalls für den Fall rechtfertigt, „in dem ein zwingender, sachlich einleuchtender Grund es erfordert"; einen bes. Rechtfertigungsbedarf für nicht in der Verfassung selbst vorgesehene Verschränkungen sieht auch *Di Fabio*, Gewaltenteilung (Fn. 49), Rn. 45.
[103] *Stern*, StaatsR II, S. 541.
[104] *BVerfGE* 34, 52 (59) – Hervorhebung durch Verf.
[105] *BVerfGE* 4, 331 (346 f.).
[106] *Stern*, StaatsR II, S. 541 ff.; *Schmidt-Aßmann*, Rechtsstaat (Fn. 58), Rn. 56 f.
[107] *Zimmer*, Funktion, (Fn. 88), S. 26 ff.
[108] *Stettner*, Gewaltenteilung (Fn. 37), S. 64; *Zimmer*, Funktion (Fn. 88), S. 26.

A. Grundsatz der Gewaltenteilung

Dogmatisch spricht gegen das Modell, dass die Ausnahmen die Regel dominieren. Allein im Grundgesetz gelangt man bei konservativer Zählung auf fast zwei dutzend Ausnahmen.[109] Vor dem Hintergrund einer so großen Zahl von Ausnahmen verblasst die Regel – dies jedenfalls dann, wenn die Aussagen zum Kernbereich so konturlos bleiben, wie dies zumeist der Fall ist. Das Spiel der Argumente um Regel, Ausnahmen und Kernbereich wird zum rhetorischen Ablenkungsmanöver, das die Offenheit der mit Art. 20 Abs. 2 Satz 2 GG aufgegebenen materiellen Definition der einzelnen Gewalten zu verdecken sucht.[110] 34

3. Neuere materielle Definitionsversuche

Einen anderen Weg gehen Versuche, eine materielle[111] Definition der einzelnen in Art. 20 Abs. 2 Satz 2 GG genannten Funktionen zu entwickeln, die sich nicht in einem Regel-Ausnahmemodell abnutzt.[112] Ein solcher Zugang ist besonders anspruchsvoll, weil er trotz der Vielgestaltigkeit der zu ordnenden Phänomene und historisch kontingenten Aufteilung staatlicher Befugnisse eine allgemeine Aussage zu den jeweiligen Gewalten treffen muss, die einerseits ausgrenzt, andererseits aber auch Gestaltungsspielräume und -freiheit wahrt. Für ihn sprechen aber etwa auch die Regelungen in einzelnen Landesverfassungen, die einzelne Funktionen exklusiv bestimmten Staatsorganen zuschreiben[113] und damit deutlich machen, dass das Gewaltenteilungskonzept von einer Zuordnung materiell bestimmter Funktionen zu einzelnen Staatsorganen ausgeht. Wenn es in Art. 5 Abs. 1 Verfassung des Freistaates Bayern heißt: „Die gesetzgebende Gewalt steht ausschließlich dem Volk und der Volksvertretung zu.", muss gesagt werden, was mit dieser ausschließlich Volk und Volksvertretung zugeordneten Gewalt bezeichnet ist. 35

Entsprechende Anstrengungen gehen dahin, ein spezifisches Charakteristikum der einzelnen Gewalten zu beschreiben, das exklusiv nur bei einer Gewalt verortet ist und von keiner anderen Gewalt usurpiert werden darf. Dabei müssen nicht alle Äußerungen der einzelnen Gewalten dieses Charakteristikum aufweisen.[114] Art. 20 Abs. 2 Satz 2 GG teilt nach dieser Lesart nicht alle Gegenstände der Staatsgewalt in legislative, exekutive und judikative ein, sondern kennzeichnet nur bestimmte Äußerungsformen als legislativ, exekutiv und judi- 36

---

[109] Eine Aufzählung der unterschiedlichen „Verschränkungen" etwa bei *Stern*, StaatsR II, S. 540.

[110] Vgl. die Kritik bei *Zimmer*, Funktion (Fn. 88), S. 341 ff.; *Roman Herzog*, in: Maunz/Dürig, GG III, Art. 20 V Rn. 11.

[111] Im Gegensatz zu formellen Funktionsdefinitionen, die von der Ausübung einer Funktion durch ein bes. Organ auf die Art der Funktion schließen, damit aber jegliche normative Steuerungskraft der Gewaltenteilung aufgeben. Zum Unterschied zwischen formeller und materieller Funktionsbestimmung *Stern*, StaatsR II, S. 526.

[112] Vgl. bereits *Achterberg*, Funktionenlehre (Fn. 19), S. 230.

[113] So ausdrücklich Art. 5 Abs. 1 BayVerf für die Gesetzgebung; vgl. aber auch die expliziten Funktionenzuordnungen in Art. 25 BadWürttVerf, Art. 5 BayVerf, Art. 67 BremVerf, Art. 3 NWVerf, Art. 77 Abs. 1 RheinlPfalzVerf.

[114] Vgl. etwa *Möllers*, Gewaltengliederung (Fn. 44), S. 406, für die rechtsprechende Gewalt: „der materielle Begriff beschränkt zugleich die Anwendbarkeit bestimmter auf die Rechtsprechung bezogener Normen gegenüber einer Anknüpfung an die Gerichtsorganisation. So bezieht sich die Unabhängigkeit der Richter auf die Ausübung materieller Rechtsprechung, nicht auf jedwedes durch Richter ausgeübte hoheitliche Handeln. Die Ernennung von Richtern ist deswegen – anders als ihre Entlassung – jenseits allgemeiner Fragen der Personalgewalt nicht durch die Gewaltengliederung rechtlich geprägt."

kativ und ordnet diese bestimmten Organen zu, die exklusiv über sie verfügen. Art. 20 Abs. 2 Satz 2 GG fordert danach zum einen diese Exklusivität und zum anderen, dass alle Staatsgewalt von Organen ausgeübt wird, die über eine der exklusiven Äußerungsformen verfügen.

37   Ein entsprechender Versuch einer materiellen Definition wurde etwa von *Gerhard Zimmer* vorgelegt, der die einzelnen Gewalten anhand der ihnen zugeordneten Entscheidungswirkungen charakterisiert. Jeder Gewalt werden spezifische Entscheidungswirkungen zugeordnet, die nur durch diese Gewalt hervorgerufen werden können. Nicht alle Äußerungsformen der einzelnen Gewalten müssen diese Entscheidungswirkungen aufweisen, doch können die spezifischen Entscheidungswirkungen nur durch die Gewalt hervorgerufen werden, der sie zugeordnet sind. Danach steht etwa nicht fest, dass die Wahlprüfung eine gerichtliche Aufgabe ist. Doch mit Rechtskraftwirkung darf sie nur von einem Gericht, nicht aber von einem parlamentarischen Gremium übernommen werden.[115] Einzelnen Staatsaufgaben steht danach nicht auf der Stirn, dass sie durch eine bestimmte Gewalt zu erledigen sind. Doch soweit sie mit einer bestimmten Entscheidungswirkung erledigt werden sollen, die einer bestimmten Gewalt exklusiv zusteht, muss eine entsprechende Zuordnung erfolgen. Dies bedeutet nicht, dass sich nicht auch noch aus anderen Regelungen als Art. 20 Abs. 2 Satz 2 GG eine Zuordnung ergeben kann. So hat das Bundesverfassungsgericht in einer Reihe von Entscheidungen besonders schwerwiegende Grundrechtseingriffe nur deshalb für verfassungsmäßig erachtet, weil für sie ein Richtervorbehalt vorgesehen war.[116] Wie allgemein schon der grundrechtliche Gesetzesvorbehalt, greifen die Grundrechte auf die Strukturen der Gewaltenteilung zurück, um so ihr Schutzniveau zu gewährleisten und tragen damit – wie viele Regelungen des Grundgesetzes – zur Konkretisierung der in Art. 20 Abs. 2 Satz 2 GG gewährleisteten Gewaltenteilung bei. In eine ähnliche Richtung wie die Überlegungen *Zimmers* weist der legitimationstheoretisch angeleitete Ansatz von *Christoph Möllers*, der die einzelnen Gewalten anhand des Konkretisierungsgrades der erzeugten Rechtsakte, ihrer Zeitstruktur und dem Grad der rechtlichen Determination der Entscheidung charakterisiert.[117]

38   Neben den exklusiven Funktionsrechten räumen alle Ansätze den einzelnen Gewalten einen Bereich organisatorischer Selbstverwaltung ein, der dem Zugriff der anderen Gewalten entzogen sein soll.[118] Als Mindestmaß an Organisationsautonomie wird die organinterne Entscheidungsvorbereitung anerkannt.[119] Jede Gewalt soll davor gesichert sein, dass Organe einer anderen Gewalt schon im Stadium der internen Entscheidungsbildung auf Entscheidungsprozesse einwirken.[120] Systematisch wichtiger als dieser Mindestschutz ist, dass eine Reihe verfassungsrechtlicher Regelungen als Ausdruck der Ausgestaltung des organisato-

---

[115] Vgl. *BVerfGE* 103, 111 (137 f.); auch *Möllers*, Gewaltengliederung (Fn. 44), S. 406 ff.
[116] *BVerfGE* 76, 83 ff.; 107, 299 ff.; 109, 279 ff.
[117] Vgl. *Möllers*, Gewaltengliederung (Fn. 44), S. 403 ff.
[118] *Zimmer*, Funktion (Fn. 88), S. 269 f.; *Möllers*, Gewaltengliederung (Fn. 44), S. 407 f.
[119] *Roman Herzog*, in: Maunz/Dürig, GG, Art. 20 Rn. 6; *Möllers*, Gewaltengliederung (Fn. 44), S. 409; *Helmuth Schulze-Fielitz*, in: Dreier (Hrsg.), GG II, Art. 20 Rn. 71; kritisch etwa *Hartmut Maurer*, Der Verwaltungsvorbehalt, VVDStRL, Bd. 43 (1985), S. 168; zurückhaltend *Friedrich E. Schnapp*, ebd., S. 200: „Für Art. 20 Abs. 2 GG verbleibt insoweit nur eine rudimentäre Andeutungsfunktion."
[120] *Zimmer*, Funktion (Fn. 88), S. 342 f.; *Möllers*, Gewaltengliederung (Fn. 44), S. 409.

rischen Eigenbereichs einzelner Gewalten verstanden werden können. Traditionell weit reicht der organisatorische Autonomiebereich des Parlaments. So garantiert Art. 40 Abs. 1 Satz 2 GG dem Bundestag die Geschäftsordnungsautonomie.[121]

Auf der personellen Ebene sichern Inkompatibilitäten die organisatorische Trennung der Gewalten. Das Grundgesetz ermächtigt den Gesetzgeber in Art. 137 GG, die Wählbarkeit von öffentlichen Bediensteten und Richtern zu beschränken. Auch wenn Art. 137 GG dem Gesetzgeber die Regelung der Inkompatibilität überlässt, sieht das Bundesverfassungsgericht einen gewissen Grad personeller Überschneidungsfreiheit von Exekutive und Legislative wohl auch durch Art. 20 Abs. 2 Satz 2 GG garantiert. „Es lässt sich sogar fragen, ob das in Bund und Ländern zu beobachtende unverhältnismäßig starke Anwachsen der Zahl der aktiven und inaktiven Angehörigen des öffentlichen Dienstes unter den Abgeordneten (,Verbeamtung der Parlamente') …, noch mit den Anforderungen eines materiell verstandenen Gewaltenteilungsprinzips vereinbar ist."[122] 39

B. Die drei Hauptfunktionen unter dem Grundgesetz

Wie werden nun die Gewalten im Einzelnen bestimmt? Für die Adäquanz der einzelnen Vorschläge stehen jedenfalls zwei Kontrollüberlegungen zur Verfügung, die sich aus der grundgesetzlichen Systematik der Gewaltenteilung ergeben. Zunächst spricht für eine hinreichend zurückhaltende und abstrakte materielle Beschreibung des Regelungsgehalts von Art. 20 Abs. 2 Satz 2 GG, dass das Grundgesetz „die Gewaltenteilung" nicht in Art. 20 Abs. 2 Satz 2 GG, sondern in einer Fülle von Bestimmungen regelt. Wie die staatlichen Funktionen im Einzelnen aufgeteilt und einander zugeordnet werden, ergibt sich erst aus dem Gesamt der Kompetenzordnung einer Verfassung, die damit gleichzeitig auch die organisatorischen Träger der einzelnen Gewalten konstituiert.[123] Daraus ergibt sich eine erste Vorgabe für jeden Versuch der Bestimmung der charakteristischen Merkmale der einzelnen Gewalten im Rahmen von Art. 20 Abs. 2 Satz 2 GG: Schon aus Gründen der Verfassungssystematik müssen sich die konkreten verfassungsrechtlichen Kompetenztitel – jedenfalls die des Grundgesetzes in seiner ursprünglichen Fassung – entweder als Ausdruck der in Art. 20 Abs. 2 Satz 2 GG geforderten materiellen Gewaltenteilung verstehen lassen oder es muss gezeigt werden, dass sie die dort geforderte Gewaltenteilung nicht berühren. Die systematische Überlegung hat auch Bedeutung für die Behandlung der Einzelfragen: Nicht jede Einzelfrage der Gewaltenteilung muss ihre Antwort in Art. 20 Abs. 2 Satz 2 GG finden. Eine ganze Reihe von Einzelfragen wird sich vielmehr zutreffend und erschöpfend anhand konkreter verfassungsrechtlicher Kompetenzzuweisungen an einzelne Organe diskutieren lassen. 40

---

[121] Zu der verfassungsrechtlich daher fragwürdigen neueren Tendenz, Materien der Geschäftsordnung in Gesetzesform zu regeln, s. die abw. Meinungen von *Ernst G. Mahrenholz*, BVerfGE 70, 366 (376 ff.), und *Ernst-Wolfgang Böckenförde*, BVerfGE 70, 380 (386 ff.); großzügiger jedoch BVerfGE 70, 324 (361 f.); *Martin Morlok*, in: Dreier (Hrsg.), GG II, Art. 40 Rn. 16 m. w. N.
[122] BVerfGE 40, 296 (321); zu Art. 137 GG ferner BVerfGE 12, 73 (77); 18, 172 (183); 38, 326 (338); 48, 64 (72).
[123] *Hesse*, Grundzüge, Rn. 482; so auch *Stettner*, Gewaltenteilung (Fn. 37), S. 78; *Schmidt-Aßmann*, Rechtsstaat (Fn. 58), Rn. 50.

41 Neben dieser systematischen Vorgabe ist für das Grundgesetz die normhierarchische Besonderheit zu berücksichtigen, dass Art. 79 Abs. 3 GG den Gewaltenteilungsgrundsatz in Art. 20 Abs. 2 Satz 2 GG und damit auch die für ihn entwickelten materiellen Gewaltendefinitionen einer Verfassungsänderung entzieht. Die materiellen Beschreibungen der Gewalten im Rahmen von Art. 20 Abs. 2 Satz 2 GG müssen so ausfallen, dass die mit ihnen verbundenen Ausschlusswirkungen auch für den verfassungsändernden Gesetzgeber überzeugen.

42 Für die Systematik der Behandlung der einzelnen Gewalten ergibt sich daraus, dass jeweils zunächst geklärt werden muss, welche Organe die „besonderen Organe" sind, von denen Art. 20 Abs. 2 Satz 2 GG spricht. Nach der Identifikation des besonderen oder der besonderen Organe kann dann die in Art. 20 Abs. 2 Satz 2 GG vorgenommene Zuweisung untersucht werden, die in ein Verhältnis zu dem jeweiligen systematischen und zu dem allgemeinen normhierarchischen Befund zu setzen ist. Abschließend lassen sich dann jeweils konkrete Einzelfragen erörtern.

I. Legislative

43 An der Gesetzgebung sind im Bund eine ganze Reihe von Organen beteiligt. Initiativberechtigt sind die Bundesregierung, Mitglieder des Bundestages und der Bundesrat. Die Gesetze durchlaufen Abstimmungsverfahren im Bundestag, im Bundesrat und im Vermittlungsausschuss. Sie werden von den zuständigen Mitgliedern der Bundesregierung gegengezeichnet und vom Bundespräsidenten[124] ausgefertigt. Von allen Organen, die an der Gesetzgebung beteiligt sind, sind aber nur der Bundestag und der Bundesrat auf Bundesebene und die Landesparlamente auf Landesebene die besonderen Organe der Gesetzgebung, von denen Art. 20 Abs. 2 Satz 2 GG spricht. Dies ergibt sich nicht nur aus der zentralen verfahrensrechtlichen Stellung der Parlamente, nicht nur daraus, dass kein Gesetz ohne einen entsprechenden Parlamentsbeschluss in Kraft treten kann, sondern auch aus ihrer besonderen, unmittelbar demokratischen Legitimation, die in einer Demokratie den umfassenden Bindungsanspruch des Gesetzes rechtfertigt.[125]

44 Das Bundesverfassungsgericht hat die exklusive Funktion des Parlaments wiederholt umschrieben. „Im freiheitlich-demokratischen System des Grundgesetzes fällt dem Parlament als Legislative die verfassungsrechtliche Aufgabe der Normsetzung zu. Nur das Parlament besitzt hierfür die demokratische Legitimation."[126] „Nur das Parlament besitzt die demokratische Legitimation zur politischen Leitentscheidung."[127] Spannt man beide Gesichtspunkte, den der Normsetzung und den der politischen Leitentscheidung zusammen, so weisen die Formulierungen des Bundesverfassungsgerichts in dieselbe Richtung wie die Überlegungen in der Literatur, mit denen versucht wird, die exklusive Kompe-

---

[124] Zu gewaltenteiligen Aspekten der Mitwirkung des Bundespräsidenten aus politologischer Sicht Roland Lhotta, Der Bundespräsident als „Außerparlamentarische Opposition"?, ZParl 2008, S. 119 ff.

[125] Möllers, Gewaltengliederung (Fn. 44), S. 94 ff. u. S. 403 ff.; vgl. auch Di Fabio, Gewaltenteilung (Fn. 49), Rn. 11 ff.: „das Parlament in den Mittelpunkt der Aufmerksamkeit zu rücken, wenn von Gesetzgebung die Rede ist".

[126] BVerfGE 95, 1 (15); vgl. auch BVerfGE 34, 52 (59); 49, 89 (124 ff.); 68, 1 (87).

[127] BVerfGE 34, 52 (59).

tenz der gesetzgebenden Gewalt zu beschreiben. Der Gesetzgeber hat danach kein Monopol der Normsetzung, aber ein Monopol gesetzlicher Regelung.[128] Das Parlament hat das Monopol, Normen unterhalb der Verfassung zu setzen,[129] denen insoweit eine politische Leitungsfunktion zukommt, als sie sich gegenüber anderen Formen der Normsetzung[130] durchsetzen und zu anderen Formen der Normsetzung ermächtigen können.[131] Diesem Wirkungsbereich des Gesetzgebers entspricht seine Legitimations- und Entscheidungsstruktur. „Eine materielle Bestimmung der Gesetzgebung folgt aus ihrem Bezug auf die demokratische Selbstbestimmung. Gesetzgebung soll eine zukunftsorientierte, mit einem möglichst hohen Allgemeinheitsgrad regelnde Form des Rechts sein, die aus einem offenen und allgemeinen Repräsentationsverfahren hervorgehen muss."[132]

Werden diese Beschreibungen der gesetzgebenden Gewalt an die einzelnen Kompetenzvorschriften des Grundgesetzes herangetragen, so fällt zunächst auf, dass das Grundgesetz dem Bundestag neben der so umschriebenen Gesetzgebung in Art. 76 ff. GG noch eine ganze Reihe weiterer Kompetenzen zuerkennt.[133] Der Bundestag ist nicht nur besonderes Organ der Gesetzgebung, sondern auch Kreations- und Kontrollorgan der Regierung (Art. 63, 43, 44 GG). Ihm obliegt die Wahlprüfung (Art. 41 GG). Über den Bundestagspräsidenten ist dem Bundestag die Polizeigewalt im Bundestag zugeordnet (Art. 40 Abs. 2 Satz 1 GG). Er muss nicht nur völkerrechtlichen Verträgen zustimmen, die seine Gesetzgebungskompetenzen betreffen, sondern auch solchen, die die politischen Beziehungen des Bundes regeln (Art. 59 Abs. 2 Satz 1 GG).[134] Er stellt den Spannungsfall (Art. 80a Abs. 1 Satz 1 GG) und gemeinsam mit dem Bundesrat den Verteidigungsfall (Art. 115a Abs. 1 Satz 1 GG) fest. Er ist an der Präsidentenanklage (Art. 61 GG) und an der Ernennung von Bundesrichtern und ihrer außerordentlichen Versetzung (Art. 94 Abs. 1 Satz 2, 95 Abs. 2, Art. 98 Abs. 2 GG) beteiligt. Er beschließt den Haushaltsplan (Art. 110 GG) und entlastet die Bundesregierung (Art. 114 GG). Schließlich wirkt er in Angelegenheiten der Europäischen Union mit (Art. 23 Abs. 2–3 GG). Wird die dem Bundestag durch Art. 20 Abs. 2 Satz 2 GG zugewiesene gesetzgeberische Funktion als eine gegenüber den anderen beiden Gewalten exklusive, aber nicht als für den Bundestag ausschließliche verstanden, müssen die weiteren Funktionen des Bundestages nicht als Durchbrechungen oder Widerspruch zu der in Art. 20 Abs. 2 Satz 2 GG geforderten Gewaltenteilung begriffen werden. Soweit sich die weiteren Kompetenzen des Bundestages nicht schon in die durch Art. 20 Abs. 2 Satz 2 GG geforderte Zuweisung einfügen, finden sie ihre Grenze erst in den exklusiven Kompetenzen der beiden anderen Gewalten.

---

[128] *Zimmer*, Funktionen (Fn. 88), S. 327.
[129] Zum Verhältnis zwischen Verfassungsrecht und einfachem Recht → Bd. I *Ruffert* § 17 Rn. 48 ff.
[130] Zum selbstgesetzten Recht der Exekutive → Bd. I *Ruffert* § 17 Rn. 58 ff.
[131] Zu Funktionen des Gesetzes → Bd. I *Reimer* § 9 Rn. 4 ff.
[132] *Möllers*, Gewaltengliederung (Fn. 44), S. 94 ff. u. S. 404 ff.
[133] Nicht grds. anders verhält es sich mit den Kompetenzen der Landesparlamente. Zu den Kompetenzen der Landesparlamente: z. B. Art. 65 ff. NWVerf; Art 45 ff. BerlinVerf.
[134] Vgl. auch BVerfGE 90, 286 (381 ff.). Mit beachtlichen gewaltenteiligen Argumenten für eine Angleichung des Gesetzesvorbehalts in Art. 59 GG an den für innerstaatliche Regelungsmaterien geltenden *Möllers*, Dogmatik (Fn. 59), S. 493, 529. Danach erfasst er besonders auch wesentliche Fortentwicklungen völkerrechtlicher Verträge ohne formelle Vertragsänderungen durch die Praxis der Vertragsorganisationen; großzügig insoweit BVerfGE 104, 151; 118, 244.

46 In die Vorgabe einer exklusiven organisatorischen Kompetenz des Bundestages fügen sich die Regelungen über die Polizeigewalt des Bundestagspräsidenten, die Geschäftsordnungsautonomie und die Wahlprüfung ein.[135] Nicht alle diese verfassungsrechtlichen Konkretisierungen sind durch Art. 20 Abs. 2 Satz 2 GG zwingend vorgezeichnet – so könnte die Wahlprüfung auch ein Gericht übernehmen –, doch handelt es sich um verfassungsrechtliche Konkretisierungen des von Art. 20 Abs. 2 Satz 2 GG grundsätzlich geforderten und in unterschiedlichen Ausgestaltungen zulässigen organisatorischen Vorbehaltsbereichs der Legislative. Neben der Gewaltenteilungsforderung aus Art. 20 Abs. 2 Satz 2 GG stehen die Kompetenzen des Bundestages aus Art. 63, 43, 44 GG. Die Kreations- und Kontrollaufgaben des Parlaments gegenüber der Bundesregierung konstituieren das parlamentarische Regierungssystem und verhalten sich in dem Sinn neutral gegenüber dem Gewaltenteilungsgrundsatz in Art. 20 Abs. 2 Satz 2 GG, als sie ihn weder durchbrechen noch relativieren, aber auch nicht von ihm gefordert werden. Die Regelungen des Regierungssystems beeinflussen zwar das Kräfteverhältnis der Gewalten und sind somit Teil der konkreten Gewaltenteilung durch das Grundgesetz, die sind aber nicht Teil des verfassungsänderungsfesten Gewaltenteilungsgrundsatzes in Art. 20 Abs. 2 Satz 2 GG. Die Einführung eines Präsidialsystems würde nicht an Art. 20 Abs. 2 Satz 2 GG scheitern. Ähnliches gilt für die Kreations- und Kontrollbefugnisse des Bundestages gegenüber den Gerichten und der Beteiligung bei der Präsidentenanklage. Auch sie sind Element der konkreten Ausgestaltung der Gewaltenbalance durch das Grundgesetz, aber jenseits der änderungsfesten Vorgaben aus Art. 20 Abs. 2 Satz 2 GG.

47 Nicht mehr so einfach ist die Beurteilung der Einzelfallentscheidungskompetenzen des Bundestages.[136] Ihre Einordnung hängt nicht zuletzt an dem Verständnis der mit der Gesetzgebungsfunktion häufig verknüpften Allgemeinheit. Ein Vorschlag geht dahin, die Allgemeinheit materiell im Sinn einer politischen Leitentscheidung zu verstehen, wie sie auch das Bundesverfassungsgericht für den Bundestag reklamiert. In diesem Sinn allgemein wären dann alle Fragen von allgemeiner politischer Bedeutung, auf die dem Bundestag jedenfalls ein Zugriffsrecht durch Art. 20 Abs. 2 Satz 2 GG garantiert wäre. Die Schwierigkeit, die allgemeine politische Bedeutung einer Entscheidung materiell zu definieren, wird durch ein prozedurales Kriterium gelöst: Alle Entscheidungen, die die Aufmerksamkeitsschwelle des parlamentarischen Gesetzgebungsverfahrens passieren, haben sich dadurch als solche von allgemeiner politischer Bedeutung qualifiziert.[137] Nach diesem Verständnis stehen weder die Haushaltsgesetzgebungskompetenz noch die Zustimmungskompetenz zu völkerrechtlichen Verträgen über politische Beziehungen noch die Entscheidungen über den Spannungs- oder Verteidigungsfall in Widerspruch zu Art. 20 Abs. 2 Satz 2 GG. In diesem Sinn ist auch das Bundesverfassungsgericht zu verstehen: „Soweit es sich nicht um ‚Kernbereiche exekutivischer Eigenverantwortung' der Regierung handelt …, vermag das Parlament grundlegende Fragen auch selbst zu ent-

---

[135] Auch die einfach-rechtlich dem Bundestag zugewiesenen Aufgaben im Rahmen der Kontrolle der Parteienfinanzierung nach §§ 18, 19 PartG lassen sich noch als Ausdruck des organisatorischen Eigenbereichs des Parlaments begreifen, kritisch *Di Fabio*, Gewaltenteilung (Fn. 49), Rn. 42 f.
[136] Für eine Abstufung nach dem Grundrechtsbezug *Möllers*, Gewaltengliederung (Fn. 44), S. 120.
[137] *Zimmer*, Funktion (Fn. 88), S. 263 ff.

scheiden. Dies gilt im Besonderen kraft des dem Parlament historisch zukommenden Haushaltsbewilligungsrechts".[138]

Die Frage nach der Einzelfallentscheidungskompetenz des Bundestages betrifft die Frage, was der Gesetzgeber regeln darf, die nach den Delegationsbefugnissen des Parlaments diejenige, was es entscheiden muss. Auch insoweit sollten die aus Art. 20 Abs. 2 Satz 2 GG abgeleiteten Grenzen zurückhaltend bestimmt werden. Für die abstrakt-generellen Normsetzungen durch die Exekutive hält zunächst Art. 80 GG eine Sonderregelung bereit, nach der die Verwaltung zum Erlass abstrakt-genereller Rechtsverordnungen durch ein parlamentarisches Gesetz ermächtigt werden kann. Schon vor dem Hintergrund dieser Sonderregelung erregt jedoch die Praxis Bedenken, dem Bundestag – jenseits der im Grundgesetz ausdrücklich vorgesehenen Mitwirkungsrechte bei der Verordnungsgebung –[139] im Wege der „Autodelegation" die Befugnis einzuräumen, Rechtsverordnungen abzulehnen oder zu verändern.[140] 48

Der Bereich exklusiver gesetzgeberischer Kompetenzen wird auch durch eine Delegation von Einzelfallentscheidungen im Rahmen weitgefasster gesetzlicher Tatbestände, die Exekutive und Judikative große Konkretisierungsspielräume eröffnen, nicht gefährdet, da sich das Parlament eben für die gesetzliche Delegation entschieden hat.[141] Für eine Pflicht zur gesetzlichen Regelung wird daher zu Recht stärker auf die Grundrechte und das Rechtsstaats- und Demokratieprinzip abgestellt.[142] So beurteilt das Bundesverfassungsgericht den Parlamentsvorbehalt im Rahmen der von ihm entwickelten Wesentlichkeitstheorie[143] maßgeblich anhand der Grundrechtsrelevanz einer Entscheidung.[144] 49

Die durch Art. 20 Abs. 2 Satz 2 GG geschützte exklusive Kompetenz des Parlaments ist erst dann betroffen, wenn sein Entscheidungsrecht über Rechtssetzungsakte mit Gesetzesqualität eingeschränkt wird. So ist das Entscheidungsrecht des Parlaments im Bund noch nicht durch das Gesetzesinitiativrecht der Bundesregierung oder des Bundesrates aus Art. 76 Abs. 1 GG berührt. Zum einen räumt Art. 76 Abs. 1 GG dem Bundestag selbst ein Initiativrecht ein. Zum anderen bleibt dem Bundestag auch bei Gesetzen, die durch die Bundesregierung oder den Bundesrat eingebracht werden, die Entscheidung über den Beschluss des Gesetzes vorbehalten (Art. 77 Abs. 1 Satz 1 GG). Eingeschränkt wird die Entscheidungshoheit des Parlaments über Gesetze im Bund jedoch durch die Beteiligung des Bundesrates bei Zustimmungsgesetzen. Anders als die an der Ausfertigung und Verkündung des Gesetzes beteiligten Organe der vollziehenden Gewalt kann der Bundesrat die Zustimmung aufgrund einer eigenen politi- 50

---

[138] *BVerfGE* 95, 1 (16).
[139] Art. 109 Abs. 4 S. 4 GG; entsprechende Regelungen finden sich auch in Landesverfassungen etwa Art. 9 Abs. 2 S. 2 BayVerf; Art. 47 Abs. 1 S. 2 BerlinVerf.
[140] Grds. Bedenken äußern etwa auch *Di Fabio*, Gewaltenteilung (Fn. 49), Rn. 44; *Möllers*, Gewaltengliederung (Fn. 44), S. 203 f.; lediglich einen Rechtfertigungsbedarf im Einzelfall sehen *BVerfGE* 8, 274 (322); *BVerwGE* 59, 48 (49 f.); *Fritz Ossenbühl*, Rechtsverordnung, in: HStR III, 1. Aufl. 1988, § 64 Rn. 50 ff., 56: „Die Zustimmungsverordnung ist … eine neue dritte Form der Rechtssetzung zwischen förmlichem Gesetz einerseits und der exekutiven Verordnungsgebung anderseits."
[141] *Möllers*, Gewaltengliederung (Fn. 44), S. 205 f.
[142] *BVerfGE* 40, 237 (249); 101, 1 (34); *Ulfried Hemmerich* in: v. Münch/Kunig, GGK I, Art. 7 Rn. 9; *Michael Sachs*, in: Sachs (Hrsg.), GG, Art. 20 Rn. 117.
[143] Dazu → Bd. I *Reimer* § 9 Rn. 47 f.
[144] *BVerfGE* 49, 89 (127); 101, 1 (34).

schen Leitentscheidung verweigern.[145] Wenn sinnvoll von einer Durchbrechung des grundgesetzlichen Gewaltenteilungsgedankens durch ursprüngliches Verfassungsrecht geredet werden kann, dann hinsichtlich der Zustimmungskompetenz des Bundesrates. Obwohl es sich bei dem Bundesrat formal um ein Gesetzgebungsorgan des Bundes handelt (vgl. Art. 59 Abs. 2 GG),[146] ist er personalidentisch mit den Vertretern der Exekutiven, die die Gesetze vollziehen, denen die Zustimmungspflicht gilt.[147] Letztlich liegt damit zumindest die negative Gesetzgebung auch bei den Exekutiven. Diese starke Form der Beteiligung eines von Länderexekutiven beschickten Organs an der Gesetzgebung kann nur durch das in Art. 20 GG ebenfalls änderungsfest geschützte Bundesstaatsprinzip erklärt werden.

II. Judikative

51 Die besonderen Organe der Rechtsprechung identifiziert Art. 92 Halbs. 1 GG: „Die rechtsprechende Gewalt ist den Richtern anvertraut". Anders als die Gesetzgebung ist die Rechtsprechung nicht einem Organ, sondern in einer Mehrzahl von Gerichtszweigen und einer Vielzahl im Einzelnen unterschiedlich besetzter, strukturierter und zueinander in einer hierarchischen Ordnung stehender Gerichte organisiert. Doch der Träger der rechtsprechenden Gewalt ist klar benannt, es sind die Richter, die die unterschiedlichen Gerichte besetzen. Dabei sind die Richter durch ihren besonderen rechtlichen Status von den Organen der anderen Staatsgewalten abgehoben. Richter unterliegen einer exklusiven Rechtsbindung. Andere Handlungsmaßstäbe stehen ihnen grundsätzlich nicht zur Verfügung.[148] Der durchgehenden rechtlichen Bindung des Richters korrespondiert seine sachliche und persönliche Unabhängigkeit (Art. 97 Abs. 1 GG),[149] die nicht nur den Inhalt der richterlichen Entscheidung, sondern auch die Umstände sowie Art und Weise der Entscheidungsfindung umfasst.[150]

52 Auch in der Beschreibung des funktionalen Vorbehaltsbereichs der rechtsprechenden Gewalt zeigen sich in Rechtsprechung und Literatur weitgehende Parallelen. Im Mittelpunkt steht beim Bundesverfassungsgericht die rechtsverbindliche Entscheidung über die Rechtsanwendung. „In funktioneller Hinsicht handelt es sich … um Rechtsprechung, wenn der Gesetzgeber … den dort zu treffenden Entscheidungen eine Rechtswirkung verleiht, die nur unabhängige

---

[145] Zur Ablehnung eines politischen Prüfungsrechts bei der Gegenzeichnung von Gesetzen *Hartmut Maurer*, in: BK, Art. 82 Rn. 60 ff., bei der Ausfertigung *Hartmut Bauer*, in: Dreier (Hrsg.), GG II, Art. 82 Rn. 12 ff.; *Stern*, StaatsR II, S. 234 f.

[146] *BVerfGE* 1, 299 (311); 8, 104 (120); 106, 310 (330); *Hartmut Bauer*, in: Dreier (Hrsg.), GG II, Art. 50 Rn. 17; *Maurer*, StaatsR, § 16 Rn. 3; *Stein/Frank*, StaatsR, S. 5.

[147] *Möllers*, Gewaltengliederung (Fn. 44), S. 421.

[148] Zur bes. Rechts- und Gesetzesunterworfenheit als Charakteristikum der rechtsprechenden Gewalt vgl. *Voßkuhle*, Rechtsschutz (Fn. 66), S. 119; *Klaus J. Grigoleit*, Bundesverfassungsgericht und deutsche Frage, 2004, S. 42 f.; aus soziologischer Perspektive *Luhmann*, Funktionen (Fn. 60), S. 48 f.

[149] *Voßkuhle*, Rechtsschutz (Fn. 66), S. 120 ff.; *Grigoleit*, Bundesverfassungsgericht (Fn. 148), S. 42 f.

[150] Vgl. BVerfGE 29, 279 (94); *Dieter Leuze*, Richterliche Unabhängigkeit, DÖD 2005, S. 78 (80); *Wolfgang Meyer*, in: v. Münch/Kunig, GGK III, Art. 97 Rn. 5 a. E.; *Helmuth Schulze-Fielitz*, in: Dreier (Hrsg.), GG III, Art. 97 Rn. 29 und 30; zu der Beeinflussung der richterlichen Tätigkeit durch Standardisierungsmaßnahmen im Bereich der Datenverarbeitung *Thorsten Siegel*, Neue Querschnittsaufgaben und Gewaltenteilung, Der Staat, Bd. 49 (2010), S. 299 (314 ff.).

B. Hauptfunktionen unter dem Grundgesetz

Gerichte herbeiführen können. Zu den wesentlichen Begriffsmerkmalen der Rechtsprechung in diesem Sinne gehört das Element der Entscheidung, der letztverbindlichen, der Rechtskraft fähigen Feststellung und des Ausspruchs dessen, was im konkreten Fall rechtens ist."[151] Die Rechtskraft wirkt auch gegenüber den anderen Gewalten.[152] Der Gesetzgeber kann eine durch Urteil entschiedene Frage zwar neu regeln – innerhalb der Grenzen des Vertrauensschutzes unter Umständen auch rückwirkend –, eine Korrektur der Rechtsanwendung eines Gerichts steht ihm jedoch nicht zu Gebote. Gegenüber der Exekutive bedeutet der Vorrang der Rechtsprechung bei der Anwendung rechtlicher Maßstäbe, dass die Gerichte nicht an die Rechtsanwendung einer Behörde gebunden sein können.[153] Dies bedeutet jedoch nicht, dass die Gerichte hinsichtlich jeglicher Rechtsanwendungsfragen mit Entscheidungskompetenzen ausgestattet sein müssen. Es ist gerade ein Charakteristikum der Rechtsprechung, dass der Gesetzgeber zunächst einen Rechtsweg schaffen muss und die Gerichte selbst dann grundsätzlich nicht initiativ tätig werden können.[154] Das Ausmaß, in dem der Rechtsweg zu den Gerichten geschaffen werden muss, ergibt sich unter dem Grundgesetz vorrangig nicht aus dem Gewaltenteilungsprinzip, sondern aus rechtsstaatlichen Garantien besonders der Art. 19 Abs. 4[155] u. Art. 20 Abs. 3 GG.[156]

Auch die zum Teil im Grundgesetz selbst und daneben einfach-rechtlich vorgesehenen Richtervorbehalte, die den Gerichten Entscheidungen jenseits der klassischen Streitentscheidung übertragen, werfen vor Art. 20 Abs. 2 Satz 2 GG keine grundsätzlichen Schwierigkeiten auf.[157] Der durch Art. 20 Abs. 2 Satz 2 GG geschützte funktionelle Eigenbereich der Rechtsprechung wird solange nicht berührt, wie die im Rahmen der Richtervorbehalte getroffenen Entscheidungen der Gerichte an der für die Rechtsprechung charakteristischen Letztverbindlichkeit gegenüber den anderen Gewalten teilhaben. Die Übertragung der Eingriffsentscheidungen durch Richtervorbehalt auf die Gerichte hat vor Art. 20 Abs. 2 Satz 2 GG die Konsequenz, dass die durch die Gerichte getroffenen Entscheidungen durch kein Organ der beiden anderen Gewalten, besonders auch nicht durch die Verwaltungsinstanz, der sie ohne die Übertragung oblägen, aufgehoben werden können. Die sitzungspolizeilichen und die Vollstreckungsbefugnisse der Gerichte lassen sich wieder durch die jeder Gewalt zukommende organisa-

53

---

[151] *BVerfGE* 103, 111 (137).

[152] *Zimmer*, Funktion (Fn. 88), S. 290; zurückhaltender mit Blick auf die vergleichbare Bestandskraft von Verwaltungsakten *Voßkuhle*, Rechtsschutz (Fn. 66), S. 77 f.; doch anders als Verwaltungsakte können Urteile gerade nicht durch Organe einer anderen Gewalt aufgehoben werden.

[153] Dies schließt nicht aus, dass der Gesetzgeber die Entscheidung einer Behörde als solche zu einem Tatbestandsmerkmal macht, vgl. *BVerfGE* 80, 244 (256); 87, 399 (407).

[154] *Zimmer*, Funktion (Fn. 88), S. 307; *Voßkuhle*, Rechtsschutz (Fn. 66), S. 168; *Helmuth Schulze-Fielitz*, in: Dreier (Hrsg.), GG III, Art. 92 Rn. 27 m.w.N.; kritisch *Grigoleit*, Bundesverfassungsgericht (Fn. 148), S. 46 f., unter Hinweis auf bes. Verfahrensgestaltungen in der freiwilligen Gerichtsbarkeit.

[155] → Bd. I *Masing* § 7 Rn. 125 ff.

[156] Dies nimmt dem Zirkularitätsargument von *Voßkuhle*, Rechtsschutz (Fn. 66), S. 77 f., die Spitze: Das auf die Rechtskraft abstellende gewaltenteilige Verständnis der Rspr. bringt sie zwar in Abhängigkeit zum Gesetzgeber, doch ist dieser bei der Einräumung von Rechtsschutz durch andere Vorgaben der Verfassung soweit gebunden, dass es unter dem Grundgesetz auf eine genauere Bestimmung der durch den Gewaltenteilungsgrundsatz gesicherten Mindestzugriffsrechte der Gerichte nicht ankommt.

[157] *BVerfGE* 107, 395 (406).

torische Eigenständigkeit erklären, die nicht durch Art. 20 Abs. 2 Satz 2 GG vorgegeben ist, als deren Ausdruck sich aber die über die bloßen Entscheidungsbefugnisse der Gerichte hinausgehenden Kompetenzen der rechtsprechenden Gewalt verstehen lassen.

54   Auch die Rechtsprechung muss die Eigenbereiche der beiden anderen Gewalten wahren. Gegenüber der Legislative führt nicht schon die methodologische Erkenntnis, dass mit der Rechtsanwendung – jedenfalls in den die Juristen beschäftigenden Fällen der Obergerichte – regelmäßig auch eine Rechtssetzung verbunden ist,[158] zu einer Usurpation gesetzgeberischer Funktionen durch die Judikative[159]. Die Rechtssetzung der Gerichte unterscheidet sich in vielerlei Hinsicht von der Rechtssetzung durch den Gesetzgeber. Vor allem handelt es sich um Rechtssetzung anlässlich und in einem Einzelfall. Ferner steht die Rechtssetzung durch die Gerichte im Einzelfall unter einer anderen Methode als die Rechtssetzung durch den Gesetzgeber. Während die Rechtssetzung durch den Gesetzgeber durch eine offene „rechtspolitische" Methode gekennzeichnet ist, die sich gerade auch von tages- und parteipolitischen Opportunitäten leiten lassen muss, orientiert sich die Rechtssetzung durch die Gerichte an einer spezifisch juristischen Methode. Die juristische Methode[160] steht unter besonderen argumentativen Restriktionen – die etwa tages- und parteipolitische Argumente ausschließen –; an sie werden besondere Konsistenzanforderungen gerichtet, die sich besonders auch auf die Einbindung früherer Entscheidungen beziehen, und sie schafft systemeigene Abhängigkeiten, die quer zu rechtspolitischen Positionen liegen können.[161] Juristische Dogmatik kann und sollte sich zwar auch inter- und transdisziplinären Erkenntnissen öffnen, muss sie aber immer ihrer eigenen Rationalität anverwandeln.[162] Diese dogmatische Eigenrationalität macht den Eigenstand der Rechtsdogmatik auch gegenüber der Rechtspolitik aus. Auch hinsichtlich der Methoden kann deshalb davon gesprochen werden, dass die Gesetzgebung durch Allgemeinheit, Zukunftsbezogenheit, Offenheit und die Rechtsprechung durch Einzelfallbezogenheit, Retrospektivität, rechtliche Determination gekennzeichnet ist.[163] Die Konkretisierung des Rechts, seine Fort-

---

[158] Seit der methodologischen Diskussion in den Jahrzehnten um die Wende zum 20. Jh. – einige Texte bei *Gängel/Molnau* (Hrsg.), Gesetzesbindung und Richterfreiheit, 1992 – und den Beiträgen der 50er und 60er Jahre – etwa *Josef Esser,* Grundsatz und Norm in der richterlichen Fortbildung des Privatrechts, 1956; *Franz Wieacker,* Zur rechtstheoretischen Präzisierung des § 242 BGB, 1956; *Friedrich Müller,* Normstruktur und Normativität, 1966; *Martin Kriele,* Theorie der Rechtsgewinnung, 1967 – ist diese Erkenntnis in das allgemeine Methodenverständnis eingegangen; auch das Bundesverfassungsgericht, *BVerfGE* 34, 269 (287); 96, 375 (394 f.), hat die rechtsgestaltende Funktion der Rechtsanwendung grundsätzlich anerkannt.

[159] Für das Verhältnis von Bundesverfassungsgericht und Gesetzgeber so auch *Papier,* Rechtsprechung (Fn. 18), S. 15 ff.

[160] Dazu → Bd. I *Voßkuhle* § 1 Rn. 2 ff., *Möllers* § 3 Rn. 23 ff., zur Entwicklung → Bd. I *Stolleis* § 2 Rn. 26 ff.

[161] *Ralf Poscher,* Rechtsprechung und Verfassungsrecht, in: Wilfried Erbguth/Johannes Masing (Hrsg.), Die Bedeutung der Rechtsprechung im System der Rechtsquellen: Europarecht und nationales Recht, 2005, S. 127 (134 ff.); *ders.,* Geteilte Missverständnisse, in: FS Rainer Wahl, 2011.

[162] Zur Interdisziplinarität → Bd. I *Möllers* § 3 Rn. 42 ff.; zur Intra-, Multi-, Trans- und Interdisziplinarität der „neuen Verwaltungsrechtswissenschaft" → Bd. I *Voßkuhle* § 1 Rn. 37 ff. Zu den dabei auftretenden Risiken *Andreas Voßkuhle,* Methode und Pragmatik im Öffentlichen Recht, in: Hartmut Bauer/Detlef Czybulka/Wolfgang Kahl/Andreas Voßkuhle (Hrsg.), Umwelt, Wirtschaft und Recht, 2002, S. 171 (182 ff.).

[163] *Möllers,* Gewaltengliederung (Fn. 44), S. 94 ff.

B. Hauptfunktionen unter dem Grundgesetz

entwicklung, die Vereinheitlichung der Rechtsanwendung (Art. 95 Abs. 3 GG), alle diejenigen Phänomene, die mit dem Begriff des Richterrechts in Verbindung gebracht werden, finden ihre Grenze vorrangig nicht im Gewaltenteilungsgrundsatz,[164] sondern in der Gesetzesbindung (Art. 20 Abs. 3 GG), die letztlich durch die methodischen Standards und Traditionen einer Rechtskultur bestimmt wird. Nicht einmal die Einführung einer unserer Rechtskultur fremden Präjudizeinbindung würde mit Art. 20 Abs. 2 Satz 2 GG kollidieren.[165] Da der Gesetzgeber grundsätzlich jede Entscheidung der Rechtsprechung durch Gesetz korrigieren kann, bliebe seine exklusive Rechtssetzungskompetenz gewahrt.

Eine nur scheinbare Ausnahme zur Suprematie der legislativen Rechtssetzung 55 bildet die Verfassungsgerichtsbarkeit, soweit ihr nach dem Grundgesetz etwa aufgrund von Art. 100 GG eine Kontrollkompetenz gegenüber Parlamentsgesetzen eingeräumt ist. Zum einen ist der Gesetzgeber nur dem Kontrollmaßstab der Verfassung ausgesetzt. Zum anderen kann er auch die Verfassungsbindung, die durch die Verfassungsgerichtsbarkeit konkretisiert wird, durch eine qualifizierte Mehrheit überwinden.[166] Lediglich gegenüber Art. 79 Abs. 3 GG vermag sich nur der Souverän selbst durch einen Akt der Verfassungsgebung durchzusetzen. Die Verfassungsgerichtsbarkeit ist eine durch das Grundgesetz selbst vorgesehene Ausgestaltung der Gewaltenteilung, die zu Art. 20 Abs. 2 Satz 2 GG in keinem Spannungsverhältnis steht – durch ihn jedenfalls in dem zur Zeit durch das Grundgesetz vorgesehenen Umfang aber auch nicht gefordert ist. Bevor die Verfassungsgerichtsbarkeit die in Art. 20 Abs. 2 Satz 2 GG garantierte Gewaltenteilung berührte, geriete sie mit dem Demokratieprinzip in Konflikt.[167]

III. Exekutive

Angesichts der Vielgestaltigkeit der Verwaltungsaufgaben[168] sind auch die be- 56 sonderen Organe der vollziehenden Gewalt nicht nur durch ihre Vielzahl, sondern ebenfalls durch ihre Vielgestaltigkeit gekennzeichnet.[169] Die Vielgestaltigkeit der Organe der vollziehenden Gewalt ist so groß, dass jeder Versuch ihrer positiven Charakterisierung aussichtslos erscheint. Alle Organe der vollziehenden Gewalt verbindet jedoch negativ, dass sie weder Teil des besonderen Organs der Gesetzgebung noch Teil der besonderen Organe der Rechtsprechung sind. Die darauf abstellende Definition ist nicht rein negativ.[170] Positives Element der

---

[164] Auch dort, wo das Bundesverfassungsgericht die Gewaltenteilung im Hinblick auf die richterliche Rechtsfindung thematisiert, fordert es letztlich nur „Respekt für die Entscheidungen des Gesetzgebers" ein, *BVerfGE* 122, 248 (268).
[165] Unklar *Zimmer*, Funktion (Fn. 88), S. 331.
[166] Zu den Reaktionsmöglichkeiten des Gesetzgebers auch *Papier*, Rechtsprechung (Fn. 18), S. 23 ff.
[167] Zu Recht wird für die Frage der Verfassungsgerichtsbarkeit daher vornehmlich unter dem Gesichtspunkt der Demokratietheorie diskutiert. Zur Entwicklung der Diskussion *Klaus Schlaich/Stefan Korioth*, Das Bundesverfassungsgericht, 8. Aufl. 2010, Rn. 503 ff.; aus der amerikanischen Diskussion zur „counter majoritarian difficulty" s. *Tribe*, Constitutional Law (Fn. 46), S. 302 m. w. N. auf die amerikanische Lit.; *Brugger*, Einführung (Fn. 46), 2. Abschnitt, § 2 III, S. 12.
[168] → Bd. I *Baer* § 11, *Schulze-Fielitz* § 12.
[169] → Bd. I *Hoffmann-Riem* § 10 Rn. 17 ff., *Groß* § 13 Rn. 34 ff. und 60 ff.
[170] → Bd. I *Möllers* § 3 Rn. 4 f., *Hoffmann-Riem* § 10 Rn. 38, *Groß* § 13 Rn. 6 ff., zur negativen Definition der Exekutive vgl. auch *Möllers*, Gewaltengliederung (Fn. 44), S. 112; Kritisch zu – rein – negativer Definition *Maximilian Herberger/Dieter Simon*, Wissenschaftstheorie für Juristen, 1980, S. 314 f.

Definition ist die Zurechnung des Verhaltens zum Staat und, dass staatliches Handeln entweder von der Legislative, der Judikative oder der Exekutive ausgehen muss. Positiv ist auch die Bestimmung der Alternativen. Durch die positive Bestimmung der Alternativen wird die negative Bestimmung auch dogmatisch leistungsfähig. Zum einen ist sie praktisch leicht handhabbar: Gegenüber der Legislative versteht sich die Abgrenzung aufgrund ihrer Organeinheit von selbst; gegenüber der Judikative ist der besondere rechtliche Status der Richter ausreichend abgrenzungsscharf. Zum anderen ist sie auch ausreichend diskriminierend, da sie in Verbindung mit den funktionellen Eigenbereichen der beiden anderen Gewalten nicht jede Organisationsform als Teil der Exekutive erlaubt. So wäre etwa eine nicht sachlich und persönlich unabhängige Stelle zur Vereinheitlichung der Rechtsprechung weder Teil der Legislative noch der Judikative, aber auch kein zulässiges Organ der vollziehenden Gewalt. Besondere Organe der vollziehenden Gewalt können nur solche sein, die weder zur Legislative noch zur Judikative gehören und die deren Eigenbereich respektieren. Im Rahmen einer Interpretation von Art. 20 Abs. 2 Satz 2 GG, die seiner besonderen verfassungshierarchischen Position Rechnung trägt, erweist sich eine gegenüber der Freiheit der Wahl unterschiedlicher Organisationsformen zurückhaltende negative Bestimmung des organisatorischen Elements der vollziehenden Gewalt als angemessen. Die organisatorische Offenheit des verfassungsrechtlichen Begriffs der vollziehenden Gewalt gibt der Verwaltung Raum für organisatorische Anpassungen an sich ändernde Umstände, Anforderungen und neue Steuerungskonzeptionen[171], wie sie in der Abkehr von durchgängig hierarchisierten Strukturen hin zu dezentraler Aufgabenerledigung, unterschiedlichen Formen der regulierten Selbstregulierung[172] und der Privatisierung[173] zum Ausdruck gekommen sind. Organisatorisch ist der verfassungsrechtliche Begriff der vollziehenden Gewalt damit offen für alternative Steuerungskonzepte[174] wie das Neue Steuerungsmodell oder New Public Management.[175] Gerade auch diese organisatorischen Reformbemühungen stehen im Fokus neuerer Ansätze der Verwaltungsrechtswissenschaft.[176]

57   Unter den Organisationsformen der Exekutive finden sich besonders auch solche, die jedenfalls in sachlicher Hinsicht nicht durchgängig ministerieller Weisung unterliegen. An erster Stelle ist hier die in Art. 28 Abs. 2 GG geschützte kommunale Selbstverwaltung zu nennen. Daneben existiert aber auch eine Vielzahl von Trägern funktionaler Selbstverwaltung und von Gremien ministerialfreier Verwaltung, die ebenfalls nicht in die Verwaltungshierarchie einbezogen sind.[177] Während diese besonderen Erscheinungsformen der Verwaltung im Hinblick auf das Demokratieprinzip nachhaltig kontrovers diskutiert werden,[178]

---

[171] Zum steuerungstheoretischen Ansatz in der Verwaltungsrechtswissenschaft → Bd. I *Voßkuhle* § 1 Rn. 17 ff.

[172] → Bd. I *Schuppert* § 16 Rn. 96 ff., *Eifert* § 19 Rn. 52 ff.

[173] → Bd. I *Voßkuhle* § 1 Rn. 58 ff., *Schuppert* § 16 Rn. 82 ff., *Schulze-Fielitz* § 12 Rn. 108 ff.

[174] Siehe a. → Bd. I *Schuppert* § 16.

[175] Dazu → Bd. I *Voßkuhle* § 1 Rn. 50 ff., 53 ff., *Schuppert* § 16 Rn. 112 ff.

[176] Dazu → Bd. I *Hoffmann-Riem* § 10 Rn. 55.

[177] Eine Zusammenstellung und Typologie bei *Thomas Groß*, Das Kollegialprinzip in der Verwaltungsorganisation, 1999, S. 51 ff.

[178] *Gunnar Folke Schuppert*, Die Erfüllung öffentlicher Aufgaben durch verselbständigte Verwaltungsträger, 1984, S. 66 f.; *Matthias Jestaedt*, Demokratieprinzip und Kondominialverwaltung, 1993,

erscheinen sie unter dem Gesichtspunkt der Gewaltenteilung nicht in demselben Maße problematisch.[179] Das Verhältnis dieser Verwaltungseinheiten zur Rechtsprechung wird durch ihre fehlende Einbindung in die Verwaltungshierarchie nicht berührt. Die Rechtskontrolle durch die Gerichte wird durch die fehlende Weisungsabhängigkeit der kontrollierten Verwaltungsträger grundsätzlich nicht eingeschränkt. Akte der Kommunalverwaltung sind ebenso gerichtlich überprüfbar, wie solche der Landes- oder Bundesbehörden. Den ministerialfreien Verwaltungseinheiten stehen keine gesetzlichen Regelungsbefugnisse offen. Sie tasten die gesetzlichen Entscheidungsbefugnisse der Parlamente nicht an. Wie die grundgesetzlichen Regelungen, die die ministerialfreie Verwaltung schützen (z. B. Art. 5 Abs. 3 und Art. 28 Abs. 2 GG) oder in den traditionellen Formen der funktionalen Selbstverwaltung anerkennen (Art. 86, 87 Abs. 2, 3, Art. 130 Abs. 3 GG[180]) zeigen, kann sich das Grundgesetz ein Verhältnis von Gesetzgebung und Verwaltungseinheiten vorstellen, das auf die besonderen – im parlamentarischen Regierungssystem angelegten – Kontroll- und Sanktionsbefugnisse des Gesetzgebers verzichtet und sich allein auf eine Kontrolle über das Gesetz beschränkt. Auch die unterschiedlichen Formen der Verwaltungsprivatisierung[181] können bisherige Verwaltungsaufgaben[182] aus der Verwaltungshierarchie entlassen. Soweit die unterschiedlichen Formen der Privatisierung der Verwaltung[183] überhaupt zu einem geringeren Einfluss der Verwaltung zugunsten privater Aufgabenwahrnehmung führen, ist nicht das Verhältnis der Gewalten zueinander betroffen, sondern das Verhältnis von Staat und Gesellschaft, das anderen Verfassungsnormen unterliegt.[184]

Worin besteht nun die funktionelle Besonderheit der vollziehenden Gewalt? **58** Eine negative Definition steht hier nicht so offenkundig zur Verfügung wie bei der Bestimmung ihrer organisatorischen Träger. Auch die vollziehende Gewalt wendet Recht im Einzelfall an und erlässt abstrakt-generelle Rechtsnormen (Art. 80 GG[185]). Die negative Besonderheit ergibt sich erst auf den zweiten Blick: Sowohl bei der Rechtsanwendung als auch bei der Rechtssetzung ist der vollziehenden Gewalt eine der beiden anderen Gewalten in spezifischer Weise vorgeordnet. Gegenüber der rechtsprechenden Gewalt kann die Verwaltung nicht letztverbindlich über die Auslegung des Rechts entscheiden. Zwar kann der Verwaltung dort, wo kein Rechtsweg eröffnet ist, auch einmal die letzte Entscheidung zukommen, doch schützt sie – anders als die Rechtsprechung – die ihr durch Art. 20 Abs. 2 Satz 2 GG zugewiesene Position nicht davor, dass einer anderen Gewalt – in ihrem Fall der Rechtsprechung – eine solche Entschei-

---

S. 369 ff.; *Winfried Kluth,* Funktionale Selbstverwaltung, 1997, S. 342 ff.; *Groß,* Kollegialprinzip (Fn. 177), S. 163 ff.

[179] Zu einer gewaltenteiligen Perspektive auf die ministerialfreie Verwaltung *Groß,* Kollegialprinzip (Fn. 177), S. 190 ff.

[180] *BVerfGE* 107, 59 (89 f.).

[181] Zu den unterschiedlichen Formen der Verwaltungsprivatisierung *Martin Burgi,* Verwaltungsorganisationsrecht, in: Erichsen/Ehlers (Hrsg.), VerwR, § 54 Rn. 7 ff.; *ders.,* Funktionale Privatisierung und Verwaltungshilfe, 1999, S. 71 ff.

[182] Zu Verwaltungsaufgaben → Bd. I *Baer* § 11.

[183] → Bd. I *Schulze-Fielitz* § 12 Rn. 108 ff.

[184] Zu den verfassungsrechtlichen Vorgaben der funktionalen Privatisierung *Burgi,* Privatisierung (Fn. 181), S. 175 ff.

[185] Zu Art. 80 GG → Bd. I *Reimer* § 9 Rn. 69 ff.

dungskompetenz eingeräumt wird. Gegenüber der Gesetzgebung wiederum bleibt die vollziehende Gewalt jedenfalls vor dem Hintergrund von Art. 80 GG auf eine Ermächtigung des Gesetzgebers verwiesen und kann ihre Rechtssetzung weder gegen den Gesetzgeber durchsetzen, noch gegenüber seinen Eingriffen aufrechterhalten.[186] Insoweit ist die Position der vollziehenden Gewalt zu Recht als eine Mittelstellung zwischen Legislative und Judikative beschrieben worden.[187]

59 Diese Mittelstellung zwischen Legislative und Judikative bedeutet nicht, dass der Eigenstand der Exekutive zwischen den beiden anderen Gewalten zerrieben wird. Die „vollziehende Gewalt" erschöpft sich nicht im bloßen Vollzug von Gesetzen, die ihr durch die gesetzgebende vorgegeben werden und über deren Anwendung die rechtsprechende letztverbindlich entscheidet. Die Mitte, die die vollziehende Gewalt einnimmt, ist vielmehr ein – relativ – eigenständiger[188] Raum, der ihr Gestaltungsmöglichkeiten bietet. Zum einen werden die Gestaltungsmöglichkeiten der vollziehenden Gewalt – besonders der Regierung – verfassungsrechtlich garantiert. Nach Art. 65 GG bestimmt der Bundeskanzler die Richtlinien der Politik, und leiten die Fachminister ihre Ressorts. Auch nicht durch ein Gesetz könnte der Bundestag die Richtlinien der Politik vorschreiben oder Maßgaben für die Leitung einzelner Fachministerien erlassen. Der Regierung steht ferner das Gesetzes- (Art. 76 Abs. 1 GG) und Haushaltsinitiativrecht (Art. 110, 113 GG) zu. Art. 59 GG macht deutlich, dass die auswärtige Politik in der Vertretung und Initiative der vollziehenden Gewalt liegt. Auf das Recht zum Erlass von Rechtsverordnungen nach Art. 80 GG wurde bereits hingewiesen. Auch die Selbstverwaltungsgarantie aus Art. 28 Abs. 2 GG gewährleistet der kommunalen Verwaltung einen spezifischen Eigenstand gegenüber dem Gesetzgeber. Art. 87 ff. GG sehen für zentrale Bereiche der Hoheitstätigkeit wie dem des auswärtigen Dienstes, der Bundeswehr, des Grenzschutzes, des Nachrichtenwesens, der zentralen Verkehrswege zu Lande, zu Wasser und in der Luft, der Post- und Telekommunikationsregulierung und der Notenbank nicht nur eine föderale Kompetenz des Bundes, sondern auch eine funktionale Kompetenz der Verwaltung vor.

60 Auch der Vorrang der rechtsprechenden Gewalt bei der Rechtsanwendung darf nicht mit einer vollständigen rechtlichen Determination der Verwaltung verwechselt werden.[189] Ein negativer Gestaltungsspielraum der Verwaltung folgt schon daraus, dass keine Vollzugshandlung der Exekutive rechtlich so determiniert sein kann, dass der Exekutive kein Handlungsspielraum mehr verbleibt. Auch wenn das Polizeirecht vorschreiben sollte, dass jemand in Gewahrsam zu nehmen ist, hat die Polizei einen Handlungsspielraum, der sich auf den genauen Zeitpunkt und Ort der Festnahme bezieht, und auch dann, wenn die sofortige Festnahme vorgegeben sein sollte, hat sie einen Spielraum, ob sie dabei in Uniform oder in Zivil auftritt etc.[190] Darüber hinaus kann der Gesetzgeber der Verwaltung positiv etwa über Ermessens-, Planungs- und Beurteilungsspiel-

---

[186] Zur Legitimationswirkung des Parlamentsgesetzes → Bd. I *Trute* § 6 Rn. 10 ff.
[187] *Möllers*, Gewaltengliederung (Fn. 44), S. 407.
[188] → Bd. I *Hoffmann-Riem* § 10.
[189] Vgl. → Bd. I *Schmidt-Aßmann* § 5 Rn. 65 ff.
[190] *Kelsen*, Zur Theorie der Interpretation (1934) in: Hans Klecatsky/René Marcic/Herbert Schambeck (Hrsg.), Die Wiener rechtstheoretische Schule, Bd. 2, 1968, S. 1363 (1364).

räume weitere Gestaltungsbefugnisse eröffnen.[191] Aus der Handlungsperspektive ergeben sich für die Verwaltung zudem Gestaltungsspielräume bei der Rechtsanwendung, die auf allgemeinen methodischen Grundlagen beruhen. Fast jede Rechtsanwendung ist mit Rechtssetzung verbunden. Tatbestandsmerkmale sind allenfalls in einem unterschiedlichen Maß unbestimmt in dem Sinn, dass ihre Anwendung in Grenzfällen nicht feststeht, sondern – mit Argumenten – festgelegt werden muss.[192] Aus der Handlungsperspektive ist zunächst die Verwaltung zur Ausgestaltung auch der rechtsdogmatischen Gestaltungsspielräume berufen. Die Handlungsperspektive ist nicht zuletzt deshalb von großer praktischer Bedeutung, weil die Verwaltung regelmäßig über die Initiative der Rechtsanwendung entscheidet und sie ihr als ubiquitäres Massengeschäft obliegt. Die rechtsdogmatischen Gestaltungsspielräume, die sich jedenfalls bei jeder forensisch relevanten Rechtsanwendung ergeben, dürfen jedoch nicht mit den Gestaltungsspielräumen jenseits der rechtlichen Bindung verwechselt werden, die der Verwaltung durch die negativen und positiven Zuweisungen des Gesetzgebers eröffnet sind. Wie weit welche Art des Gestaltungsspielraums reicht, ist, soweit durch unbestimmte Rechtsbegriffe und Ermessenstatbestände Gestaltungsspielräume vom Gesetzgeber an die Verwaltung delegiert werden können, durch Interpretation der einzelnen Rechtsgrundlagen unter Berücksichtigung etwa der aus dem Gesetzesvorbehalt folgenden verfassungsrechtlichen Vorgaben zu ermitteln.

Was sich aus der Handlungsperspektive[193] als eine Frage des Gestaltungsspielraums der Verwaltung stellt, stellt sich aus der Kontrollperspektive als Frage des Letztentscheidungsrechts. Wie alle Fragen der Kontrolle ist auch die Frage des Letztentscheidungsrechts der Verwaltung relativ zu der Art der Kontrolle, die in den Blick genommen wird. Während einige Kontrollregime – wie das des Gesetzgebers und der Aufsichtsbehörden – auch über politische, haushaltsrechtliche, personalrechtliche und sonstige aufsichtsrechtliche Kontrollmaßstäbe verfügen und, soweit sie reichen, einem Letztentscheidungsrecht der Verwaltung entgegenstehen, beschränkt sich die gerichtliche Kontrolle der Verwaltung von vornherein nur auf eine Rechtskontrolle. Gegenüber der Rechtsprechung kommt der Verwaltung daher das Letztentscheidungsrecht über die Wahrnehmung der Gestaltungsspielräume zu[194], die ihr dadurch entstehen, dass das Recht sie negativ oder positiv freistellt. Anders stellt sich die Situation für die Wahrnehmung der rechtsdogmatischen Gestaltungsspielräume dar. Die Wahrnehmung der rechtsdogmatischen Gestaltungsspielräume vollzieht sich nach anderen methodischen Regeln als die Entscheidung jenseits der rechtlichen

61

---

[191] Eine andere anhand von Art. 80 GG zu diskutierende, kontroverse und im Ergebnis zu verneinende Frage ist es, ob diese Gestaltungsspielräume durch die Rechtsform der Verwaltungsvorschrift außenwirksam genutzt werden können: BVerwGE 72, 300 (320); *v. Bogdandy*, Rechtssetzung (Fn. 54), S. 453 ff.; *Fritz Ossenbühl*, Rechtsquellen und Rechtsbindungen der Verwaltung, in: Erichsen/Ehlers (Hrsg.), VerwR, § 6 Rn. 53 f.; *Hermann Hill*, Normkonkretisierende Verwaltungsvorschriften, NVwZ 1989, S. 401 ff.; *Wilfried Erbguth*, Normkonkretisierende Verwaltungsvorschriften, DVBl 1989, S. 473 ff.; *Udo Di Fabio*, Verwaltungsvorschriften als ausgeübte Beurteilungsermächtigung, DVBl 1992, S. 1338 ff.
[192] Zu Anforderungen an die Bestimmtheit von Gesetzen → Bd. I *Reimer* § 9 Rn. 61 ff.
[193] Zur Unterscheidung zwischen Handlungs- und Kontrollperspektive s. → Bd. I *Hoffmann-Riem* § 10 Rn. 13, 29 ff.
[194] → Bd. I *Hoffmann-Riem* § 10 Rn. 86 ff.

§ 8 Funktionenordnung des Grundgesetzes

Vorgaben.[195] Art. 19 Abs. 4 GG verlangt, dass die rechtlichen Vorgaben für Eingriffe in Grundrechte letztverbindlich im Rechtsweg konkretisiert werden.[196] Gerade für die Rechtsprechung sieht das Grundgesetz die Aufgabe der „Einheitlichkeit" der Rechtsanwendung vor (Art. 95 Abs. 3 Satz 1 GG). Für die einheitliche dogmatische Entfaltung des Rechts ist keine andere Gewalt funktionell so ausgestattet wie die Rechtsprechung. Die Unabhängigkeit schirmt sie vor unmittelbaren politischen Durchgriffen ab; ihr durchgehend juristisch professionalisiertes Personal[197] gibt ihr einen jedenfalls gegenüber den meisten Verwaltungsstellen überlegenen juristischen Sachverstand; ihre Bibliotheken und Informationssysteme statten sie mit besonderen sachlichen Ressourcen aus; ihr Instanzenzug gewährleistet gerade auch hinsichtlich der zeitlichen Ressourcen eine ansteigende Systematisierungs- und Vereinheitlichungskapazität. Keine Gewalt bietet unter funktionell-rechtlichen Gesichtspunkten eine so große Gewähr für die Wahrung der Eigenrationalität des Rechts wie die Rechtsprechung, die Art. 92 GG den Richtern anvertraut.[198] Mit dem Letztentscheidungsrecht über die dogmatische Ausgestaltung des Rechts bestimmt die Rechtsprechung auch die Grenzen der positiven Gestaltungsspielräume, die der Verwaltung über Ermessens- und Beurteilungstatbestände zugewiesen werden. Auch das Letztentscheidungsrecht über das Letztentscheidungsrecht der Verwaltung liegt bei den Gerichten.

62 Das rechtsdogmatische Letztentscheidungsrecht der Gerichte darf jedoch nicht dazu führen, das Handeln der Verwaltung nur aus der gerichtlichen Kontrollperspektive wahrzunehmen.[199] Dies schon deshalb nicht, weil die gerichtliche Kontrolle der Verwaltung immer nur einen Ausschnitt der Handlungsmaßstäbe der Verwaltung erfasst und auch nur dort greifen kann, wo überhaupt ein Rechtsweg eingerichtet und wahrgenommen wird. Die Rechtsbindung der Verwaltung reicht weit über den Bereich der gerichtlichen Kontrolle hinaus. So unterliegt die Verwaltung organisations-, verfahrens-, aufsichts-, haushalts- und personalrechtlichen Bindungen, die in gerichtlichen Verfahren nicht überprüft werden.[200] Auch insoweit bedeutet rechtliche Bindung aber nicht den Ausschluss von Gestaltungsmöglichkeiten, die auch im Rahmen der Anwendung haushaltsrechtlicher und dienstrechtlicher Vorschriften bestehen.

63 Auf eine andere Besonderheit der vollziehenden Gewalt hat Hans Kelsen hingewiesen. Während sich die Tätigkeiten der Organe der Legislative und Judikative fast ausschließlich im Bereich des Normativen bewegen, indem sie auf die eine oder andere Art Rechtsfolgen setzen,[201] wirkt die Exekutive darüber hinaus in vielfältiger Weise faktisch auf die gesellschaftliche Wirklichkeit ein. „In der Verwaltung kann sich aber ... der Staat nicht bloß darauf beschränken, die Un-

---

[195] Siehe o. B. I.
[196] Vgl. auch BVerfGE 15, 275 (282); 88, 40 (56 ff.); ebenso BVerwGE 94, 64 (68); 307 (309); *Schmidt-Aßmann*, Verwaltungskontrolle (Fn. 71), S. 10; *Helmuth Schulze-Fielitz*, in: Dreier (Hrsg.), GG I, Art. 19 IV Rn. 87; *Walter Krebs* in: v. Münch/Kunig, GGK I, Art. 19 Rn. 65.
[197] Zur bes. Professionalisierung der Gerichte *Voßkuhle*, Rechtsschutz (Fn. 66), S. 125.
[198] Zu dieser Begriffswahl des Grundgesetzes: *Grigoleit*, Bundesverfassungsgericht (Fn. 148), S. 50 ff.
[199] Zum Unterschied zwischen Handlungs- und Kontrollperspektive → Bd. I *Hoffmann-Riem* § 10 Rn. 13, 29 ff.
[200] Zu den Bindungen der Verwaltung i. e. → Bd. I *Hoffmann-Riem* § 10 Rn. 57 ff.
[201] Vgl. *Möllers*, Gewaltengliederung (Fn. 44), S. 82, der darin in Anlehnung an Hans Kelsen das Besondere der staatlichen Gewalt überhaupt sieht.

tertanen zu einem bestimmten ... Verhalten zu verpflichten, den Verwaltungszweck also nur mittelbar zu verfolgen, er kann unmittelbar selbst die den Kultur- oder Machtzweck fördernden Tatbestände setzen. Er kann Spitäler bauen und in diesen Kranke heilen, Schulen errichten und Unterricht erteilen, Eisenbahnen betreiben usw."[202] Zu den besonderen faktischen Handlungsmöglichkeiten der Verwaltung gehört auch das Potenzial an überlegener faktischer Gewalt, das ein Proprium der Verwaltung ausmacht. Mit dem aus dem Militär und unterschiedlichen Polizeikräften bestehenden faktischen Gewaltpotenzial steht die Exekutive letztlich für den Vollzug des Rechts und seine Durchsetzung im Konfliktfall ein. Sie ist insoweit in einem faktischen Sinn „vollziehend" und „Gewalt". Auch wenn die Rechtsprechung das Recht letztverbindlich konkretisiert,[203] die Durchsetzung des von der Rechtsprechung konkretisierten Rechts wird letztlich durch das Macht- und Gewaltpotenzial der vollziehenden Gewalt abgesichert (vgl. etwa § 758 Abs. 3 ZPO). Dies schließt nicht aus, dass der Rechtsprechung als Ausdruck ihrer organisatorischen Autonomie auch ein eigener Vollzugsapparat zugeordnet wird. Doch aufgrund der verfassungsrechtlichen Zuordnung des Militärs und der Polizeikräfte zur Exekutive liegt der Vollzug des Rechts in letzter Konsequenz in der Verantwortung der vollziehenden Gewalt.[204] Jedenfalls im extremen Konfliktfall ist auch die Rechtsprechung wieder an die vollziehende Gewalt rückgebunden.[205] In letzter Konsequenz liegt der Vollzug des Rechts damit bei der vollziehenden Gewalt.[206]

Der Eigenstand der Mittelstellung der Verwaltung zwischen gesetzgebender **64** und rechtsprechender Gewalt ist ein an einzelnen Stellen des Grundgesetzes rechtlich fixierter. Er ist aber vor allem auch ein faktischer, der durch das gewaltenteilige Profil der beiden anderen Gewalten abgesichert ist. Weder der Gesetzgeber noch die Gerichte eignen sich aufgrund ihrer institutionellen Ausstattung, die auf die ihnen spezifische Ausübung von Hoheitsgewalt zugeschnitten ist, dazu, Aufgaben der Verwaltung in einem nennenswerten Umfang zu übernehmen. Weder eignen sie sich für die für die Verwaltung typischen ubiquitären Entscheidungs-, Planungs- und Gestaltungs- noch für die faktischen Bewirkungsaufgaben. Die Mittelstellung der Verwaltung ist nicht umfassend davor geschützt, dass andere Gewalten im Einzelfall Entscheidungen treffen, die in der Regel der Verwaltung zugeordnet sind. Die Planungsentscheidung für einen Straßenbau kann unter besonderen politischen Bedingungen auch einmal der

---

[202] *Hans Kelsen*, Die Lehre von den drei Gewalten oder Funktionen des Staates, in: Klecatsky/Marcić/Schambeck (Hrsg.), Schule (Fn. 190), S. 1625 (1640 f.).
[203] Die Rspr. „regelt den Zugang der für die Politik zu problematischen physischen Gewalt" (*Luhmann*, Funktionen [Fn. 60], S. 50), aber sie selbst kann sie in letzter Konsequenz nicht ausführen, sondern ist insoweit in die Exekutive rückgebunden.
[204] Darin sah auch *Kant*, Metaphysik (Fn. 20), § 49, S. 434 f., das „eigene Prinzip" der Exekutive; zur Straffreiheit des Regenten bemerkt er: „Der König, d.i. die oberste ausübende Gewalt, kann nicht unrecht tun ...; denn das wäre wiederum ein Akt der Ausübung der Gewalt, der zu oberst das Vermögen, *dem Gesetz gemäß zu zwingen*, zusteht, die aber selbst einem Zwang unterworfen wäre; welches sich widerspricht." – Hervorhebung durch Verf.
[205] Vgl. etwa die Diskussion um die bes. Vollzugsabhängigkeit der Verfassungsgerichtsbarkeit, dazu m.w.N. *Grigoleit*, Bundesverfassungsgericht (Fn. 148), S. 85 f.
[206] Dies spricht dagegen, die Gewaltenteilung allein auf die „Erzeugung von Recht" zu beziehen – so der Vorschlag bei *Möllers*, Dogmatik (Fn. 59), S. 493, 508 f. S. aber auch ebd. S. 515, wo die Vollstreckung in der zeitlichen Perspektive als „Vergegenwärtigung von Recht" der Exekutive zugeschrieben wird.

Gesetzgeber treffen.²⁰⁷ Doch sie ist schon faktisch davor geschützt, dass der Gesetzgeber ihr entsprechende Planungsentscheidungen in nennenswertem Umfang aus der Hand nimmt.

C. Gewaltengliederung und Europäische Union

65   Die Europäische Union steht in drei unterschiedlichen Beziehungen zur Gewaltengliederung. Erstens wird durch die Europäische Union eine weitere, supranationale Ebene in das national wesentlich funktional und föderal ausdifferenzierte System der Gewaltengliederung eingezogen. Hoheitsgewalt wird nicht nur auf unterschiedliche Funktionsträger und zwischen Bund und Ländern, sondern auch zwischen den nationalen Hoheitsträgern und der Europäischen Union aufgeteilt. Die Gewaltengliederung bekommt mit der Europäischen Union eine dritte Dimension.

66   Zweitens beeinflusst die Europäische Union auch die Ausprägung der beiden anderen Gliederungsprinzipien auf mitgliedstaatlicher Ebene. Die supranationale Ebene tritt nicht lediglich von außen zu den anderen Gliederungsprinzipien hinzu, sondern dringt in sie ein.²⁰⁸ Dies gilt für den Föderalismus, der im Sinne einer Stärkung der Bundesebene modifiziert wird. Der Bund kann sich auch hinsichtlich der durch die Europäische Union geregelten Materien, die nach dem Grundgesetz den Ländern zugeordnet sind, stärker einbringen als dies nach der föderalen Kompetenzverteilung des Grundgesetzes vorgesehen ist. Art. 23 Abs. 5 und 6 GG versucht, die föderalen Verschiebungen über Beteiligungsrechte des Bundesrates zu kompensieren.²⁰⁹ Im Zuge der Ratifikation des Vertrags von Lissabon und der zum Lissabon-Vertrag ergangenen Entscheidung des Bundesverfassungsgerichts²¹⁰ wurden diese Kompensationsmechanismen im Integrationsverantwortungsgesetz²¹¹ durch eine Erweiterung der Mitwirkungskompetenzen des Bundesrats bei der dynamischen Fortentwicklung der Verträge gestärkt. Ferner wurden die Informations- und Unterrichtungspflichten der Bundesregierung gegenüber dem Bundesrat ausgebaut²¹² und der Bundesrat in die Mechanismen zur Kontrolle des Subsidiaritätsgrundsatzes einbezogen.²¹³

67   Verschiebungen ergeben sich aber auch für die funktionale Gewaltenteilung. Hier kommt es zu einer Stärkung der Exekutive im Verhältnis zur Legislative. Auf der Ebene des supranationalen Primärrechts wird das Parlament in erster

---

²⁰⁷ *BVerfGE* 95, 1 (15 ff.).
²⁰⁸ → Bd. I *Schmidt-Aßmann* § 5 Rn. 30 ff.
²⁰⁹ *Rupert Scholz*, Europäische Union und deutscher Bundesrat, NVwZ 1993, S. 817 ff.; *Rudolf Morawitz/Wilhelm Kaiser*, Die Zusammenarbeit von Bund und Ländern bei Vorhaben der Europäischen Union, 1994; *Christian Schede*, Bundesrat und Europäische Union, 1994; *Michael Paul*, Die Mitwirkung der Bundesländer an der Rechtsetzung der Europäischen Gemeinschaften de lege lata und de lege ferenda, 1996; *Ruth Lang*, Die Mitwirkungsrechte des Bundesrates und des Bundestages in Angelegenheiten der Europäischen Union gemäß Art. 23 Abs. 2 bis 7 GG, 1997.
²¹⁰ *BVerfGE* 123, 267–437.
²¹¹ Gesetz über die Wahrnehmung der Integrationsverantwortung des Bundestages und des Bundesrates in Angelegenheiten der Europäischen Union vom 22. 9. 2009, BGBl I, S. 3022; dazu etwa *Martin Nettesheim*, Die Integrationsverantwortung, NJW 2010, S. 177 ff.
²¹² Gesetz über die Zusammenarbeit von Bund und Ländern in Angelegenheiten der Europäischen Union vom 12. 3. 1993, BGBl I, S. 313.
²¹³ § 11 IntVG und Art. 23 Abs. 1a GG, § 12 IntVG.

C. Gewaltengliederung und Europäische Union

Linie nach Art. 23 Abs. 2 GG an der Ausgestaltung beteiligt und ist weitgehend auf seine Ratifikationskompetenzen aus Art. 23 Abs. 1 Satz 2 GG beschränkt. Hinzu treten in der Folge des Lissabon-Urteils parlamentarische Mitwirkungskompetenzen bei den verschiedenen im Vertrag von Lissabon vorgesehenen Instrumenten zur dynamischen Fortentwicklung der Verträge nach dem Integrationsverantwortungsgesetz, das die Zustimmung der deutschen Vertreter im Rat zu einer Änderung der Unionskompetenzen von einer gesetzlichen Grundlage oder zumindest einem entsprechenden Beschluss des Bundestages abhängig macht. Ferner wirken die mitgliedstaatlichen Parlamente an der Überwachung des Subsidiaritätsgrundsatzes mit, indem sie zum einen bereits vor Erlass eines Unionsakts nach dem Subsidiaritätsprotokoll zum Lissaboner Vertrag[214] die Verletzung des Subsidiaritätsgrundsatzes rügen und zum anderen nach dem Erlass eines Rechtsakts einen Verstoß gegen den Grundsatz aus Art. 5 EUV vor dem Europäischen Gerichtshof geltend machen können (Art. 263 AEUV, Art. 23 Abs. 1a GG, § 12 IntVG). Jenseits der Überwachung der Integrationsgrenzen kommen dem Bundestag aber bei der Setzung des weite Teile der Rechtsordnung prägenden Sekundärrechts der Europäischen Union keine Entscheidungskompetenzen mehr zu. Er wirkt zwar noch nach Art. 23 Abs. 2 und 3 GG an der Setzung des Sekundärrechts mit, doch die Entscheidungskompetenz im Rahmen der Europäischen Union liegt letztlich bei den mitgliedstaatlichen Regierungen. Aufgrund der unmittelbaren Rechtswirkung von Sekundärrechtsakten der Europäischen Union[215] sowie dem aus der Logik der Supranationalität folgenden und von der Europäischen Union beanspruchten Geltungsvorrang des Unionsrechts gegenüber Akten der nationalen Gesetzgeber verlieren die Parlamente insoweit das ihnen im nationalen Kontext zugewiesene Gesetzgebungsrecht. Zum einen wandeln sich die Entscheidungsbefugnisse der Parlamente durch die Supranationalität zu bloßen Konsultationsrechten gegenüber den national und supranational allein mitentscheidungsbefugten Exekutiven. Zum anderen geraten die Parlamente durch das unionsrechtliche Richtlinienrecht in die Rolle eines Vollzugsorgans, das die unionsrechtlichen Vorgaben nur noch umsetzen kann, statt originär sozialgestaltend tätig zu werden.[216] Die Rückkoppelung an den innerstaatlichen parlamentarischen Prozess erschöpft sich insoweit in den grundsätzlich revidierbaren[217] Delegationsentscheidungen des Bun-

---

[214] ABl. EU 2007, Nr. C 306, S. 150; § 11 IntVG.

[215] Zur unmittelbaren Wirkung von Verordnungen der Union s. Art. 288 AEUV; zur unmittelbaren Wirksamkeit von Richtlinien: *EuGH*, Rs. 9/70, Slg. 1970, 825 (837) (Franz Grad/Finanzamt Traunstein); Rs. 33/70, Slg. 1970, 1213 ff., Rn. 13 ff. (Spa SACE/Finanzministerium der italienischen Republik); Rs. 41/74, Slg. 1974, 1337, Rn. 9/10 ff. (Yvonne van Duyn/Home Office); *Matthias Ruffert*, in: Calliess/Ruffert (Hrsg.), EU-/EG-Vertrag, Art. 249 EU Rn. 41 ff.

[216] Zur gewandelten Rolle des Gesetzes → Bd. I Reimer § 9 Rn. 13 und 86; s. auch *Thilo Brandner*, Gesetzesänderung, 2004, S. 97, danach waren 20% aller in der 13. Legislaturperiode des Bundestages erlassenen Gesetze auch zum Vollzug des Gemeinschaftsrechts ergangen.

[217] Nun auch ausdrücklich in Art. 50 EUV durch die Anerkennung des Austrittsrechts im Primärrecht ratifiziert. Zu der Diskussion auf der Grundlage des früheren Vertragsstands BVerfGE 75, 223 (242); 89, 155 (190); *Helmut Steinberger*, Der Verfassungsstaat als Glied einer europäischen Gemeinschaft, VVDStRL, Bd. 50 (1991), S. 9 (16 f. Fn. 21); *Eckart Klein*, ebd., S. 55 (59); *Mosler*, Übertragung (Fn. 50), § 175 Rn. 23 f.; *Paul Kirchhof*, Der deutsche Staat im Prozess der europäischen Integration, in: HStR VII, 1. Aufl. 1992, § 183 Rn. 46; gegen ein Austrittsrecht *Ingolf Pernice*, in: Dreier (Hrsg.), GG II, Art. 23 Rn. 22; *Ulrich Everling*, Sind die Mitgliedstaaten der Europäischen Gemeinschaft noch Herren der Verträge?, in: FS Hermann Mosler, 1983, S. 173 (183 f.).

destages im Rahmen der Erzeugung und Fortentwicklung des Primärrechts der Union.

Für die Länderparlamente kumulieren hingegen im Unionsrecht föderale und supranationale Einschränkungen ihrer Gestaltungsmöglichkeiten. Anders als die Exekutiven der Länder, die über ihre Vertreter im Bundesrat an der europäischen Rechtsetzung nach Art. 23 Abs. 2, 4, 6 und 7 GG mitwirken können, sind sie weder an der Übertragung der Hoheitsrechte nach Art. 23 Abs. 1 Satz 2 GG noch an den Konsultationsverfahren beteiligt. Innerhalb der vollziehenden Gewalt gewinnen besonders die an unionsrechtlichen Akten beteiligten Regierungen[218] an Bedeutung. Organisatorisch zeigt sich dies etwa im Ausbau der Staatskanzleien und eigener Europaabteilungen in den Ministerien.

68 Drittens gerät – über den Gegenstand des Abschnitts hinausweisend[219] – die funktionale Gewaltenteilung der Europäischen Union selbst in den Blick. Auch wenn die Europäische Union mit einem Parlament, dem Rat, der Kommission und dem Europäischen Gerichtshof scheinbar über Institutionen verfügt, die einer üblichen institutionellen Ausgestaltung der Gewaltenteilung entsprechen, ist die Aufgabenzuweisung doch eine so eigene, dass sie keine einfache Übertragung des Gewaltenteilungsgedankens erlaubt.[220] Lässt sich die rechtsprechende Gewalt noch beim Europäischen Gerichtshof verorten, sind die Verhältnisse hinsichtlich der gesetzgebenden[221] und der vollziehenden Gewalt komplexer. Während dem Parlament bei der Gesetzgebung immer noch eine relativ schwache Stellung zukommt, finden sich besonders im Rat, aber auch in der Kommission legislative und exekutive Funktionen vereint, die es nicht erlauben, insoweit von einer funktionalen Teilung zu sprechen.[222]

69 Für die Europäische Union hat der Europäische Gerichtshof den Gedanken des „institutionellen Gleichgewichts" formuliert: „Die Verträge haben ein institutionelles Gleichgewicht geschaffen, indem sie ein System der Zuständigkeitsverteilung zwischen den verschiedenen Organen der Gemeinschaft errichtet haben, das jedem Organ seinen eigenen Auftrag innerhalb des institutionellen Gefüges der Gemeinschaft und bei der Erfüllung der dieser übertragenen Aufgaben zuweist. Die Wahrung dieses Gleichgewichts gebietet es, dass jedes Organ seine Befugnisse unter Beachtung der Befugnisse der anderen Organe ausübt."[223] Das institutionelle Gleichgewicht greift den Balance-Gedanken des Gewaltenteilungsgrundsatzes[224] auf, ohne ihn an eine funktionale Gewaltentrias zu

---

[218] Zur Bedeutung der Unterscheidung von Regierung und Verwaltung → Bd. I *Hoffmann-Riem* § 10 Rn. 47 ff.

[219] Die gewaltenteilige Organisation der Europäischen Union wird weder von Art. 20 Abs. 2 S. 2 GG noch von Art. 23 Abs. 1 S. 1 GG gefordert. Das Homogenitätsgebot listet den Gewaltenteilungsgrundsatz – anders als etwa das Demokratieprinzip oder den Rechtsstaatsgrundsatz – nicht auf.

[220] → Bd. I *Schmidt-Aßmann* § 5 Rn. 60 f.

[221] Zur Entfaltung des Demokratieprinzips im europäischen Rahmen → Bd. I *Schmidt-Aßmann* § 5 Rn. 52 ff., *Trute* § 6 Rn. 102 ff.

[222] *Möllers*, Gewaltengliederung (Fn. 44), S. 253 ff.

[223] *EuGH*, Rs. C-70/88, Parlament/Rat, Slg. 1990, I-2041, Leitsatz 1; s.a. *EuGH*, Rs. C-133/06, Parlament/Rat, Slg. 2008, I-3189, Leitsatz 2.

[224] Zu Ansätzen der Wahrung einer organisatorischen Autonomie allerdings ohne Bezugnahme auf das institutionelle Gleichgewicht *EuGH*, Rs. 230/81, Luxemburg/Parlament, Slg. 1983, 255, Rn. 9; Rs. C-213/88 und C-345/95, Frankreich/Parlament, Slg. 1991, I-5643, Rn. 29; ein Ansatz für ein Usurpationsverbot in *EuGH*, Rs. 25/70, Einfuhr- und Vorratsstelle/Köster, Slg. 1970, 1161, Tz. 8 f.; dazu *Möllers*, Gewaltengliederung (Fn. 44), S. 258.

C. Gewaltengliederung und Europäische Union

knüpfen.²²⁵ Es bezieht ihn vielmehr auf die in den Verträgen konkretisierte Verteilung der Kompetenzen zwischen den einzelnen Organen der Europäischen Union. Dennoch läuft der Grundsatz des institutionellen Gleichgewichts neben den Kompetenzvorschriften nicht leer, sondern wird vom Europäischen Gerichtshof als Argument für den prozessualen Schutz von Kompetenzen und zur Begründung der Rechtsfolgen von Kompetenzverletzungen herangezogen. Bislang hat der Europäische Gerichtshof den Gedanken des institutionellen Gleichgewichts besonders zum Schutz der Kompetenzen des Europäischen Parlaments in Anschlag gebracht.²²⁶ So hat er dem Parlament ein im Wortlaut der Verträge nicht vorgesehenes Recht zur Erhebung der Nichtigkeitsklage zuerkannt, wenn das Parlament seine Mitwirkungsrechte im Rahmen eines Rechtssetzungsverfahrens missachtet sieht.²²⁷ Unter Hinweis auf das institutionelle Gleichgewicht hat der Europäische Gerichtshof ferner Rechtsakte, die ohne die erforderliche Mitwirkung des Parlaments zu Stande kamen, wegen Verletzung „wesentlicher Formvorschriften" für nichtig erklärt.²²⁸

Die Institutionen der Union sind ihrerseits wieder funktional ebenenübergreifend mit den mitgliedstaatlichen Gewalten verzahnt: Nicht nur der Europäische Gerichtshof spricht Recht zu Fragen des Unionsrechts, sondern auch die mitgliedstaatlichen Gerichte sind zur Rechtsprechung in Unionsrechtsfragen aufgerufen. Die mitgliedstaatlichen Gesetzgeber erlassen die in Richtlinien vorgesehenen Normen und die mitgliedschaftlichen Exekutiven wirken zum einen über den Rat an der unionsrechtlichen Rechtssetzung mit; zum anderen sind ihre Verwaltungen über die Ausschüsse der Komitologieverfahren²²⁹ am Erlass von Durchsetzungsrechtsakten der Kommission nach Art. 290 AEUV beteiligt. Nicht anders ist das Bild der Verwaltung der Union dort, wo sie durch ihre Agenturen handelt. Die Verwaltungsräte der Agenturen sind ähnlich wie die Komitologie-Ausschüsse auch mit Vertretern der Mitgliedstaaten besetzt. Ganz überwiegend liegt der Vollzug des Unionsrechts ohnehin in den Händen der Mitgliedstaaten. Doch auch dort, wo die Verwaltung bei den Mitgliedstaaten liegt, ist sie mit der der Union verzahnt. Zum einen dadurch, dass nicht nur die Mitgliedstaaten die Union bei der Verwaltung unterstützen, sondern auch umgekehrt, die Unionsorgane die mitgliedstaatlichen Verwaltungen. Zum anderen dadurch, dass die Kommission zwar nicht formell weisungsbefugt gegenüber den mitgliedstaatlichen Verwaltungen ist, aber etwa über das Rechnungsabschlussverfahren²³⁰, in dem über die Erstattung von Beihilfezahlungen entschieden wird, über erhebliche indirekte

70

---

²²⁵ Ein struktureller Vergleich bei *Thorsten Siegel*, Das Gleichgewicht der Gewalten in der Bundesrepublik Deutschland und in der Europäischen Gemeinschaft, DÖV 2010, S. 1 ff.
²²⁶ *Di Fabio*, Gewaltenteilung (Fn. 49), Rn. 87; *Hanna Goeters*, Das institutionelle Gleichgewicht – seine Funktion und Ausgestaltung im Europäischen Gemeinschaftsrecht, 2008, S. 205 ff.
²²⁷ *EuGH*, Rs. C-70/88, Parlament/Rat, Slg. 1990, I-2041, Rn. 21 ff.
²²⁸ *EuGH*, Rs. C-65/93, Parlament/Rat, Slg. 1995, I-643, Rn. 21; *EuGH*, Rs. 138/79, Roquette Frères/Rat, Slg. 1980, 3333, Rn. 33; *EuGH*, Rs. 70/88, Tschernobyl/Rat, Slg. 1990, I-2041, Rn. 21 ff.; *EuGH*, Rs. C-392/95, Parlament/Rat, Slg. 1997, I-3213, Rn. 14; *EuGH*, Rs. C-21/94, Parlament/Rat, Slg. 1995, I-1827, Rn. 17; *EuGH*, Rs. 139/79, Maizena/Rat, Slg. 1980, 3393, Rn. 34.
²²⁹ Beschluss des Rates vom 28. Juni 1999 zur Festlegung der Modalitäten für die Ausübung der der Kommission übertragenen Durchführungsbefugnisse (1999/468/EG), ABl. EG 1990, Nr. L 184, S. 23, geändert durch Beschluss des Rates vom 17. Juli 2006 (2006/512/EG), ABl. EU 2006, Nr. L 200, S. 11.
²³⁰ VO 1290/2005 des Rates vom 21. 6. 2005, ABl. EU 2005, Nr. L 209, S. 1.

Einflussmöglichkeiten verfügen kann. Doch auch dort, wo die Union über eigene Vollzugskompetenzen verfügt, ist sie letztlich auf die Unterstützung der Mitgliedstaaten bei der faktischen Durchsetzung ihrer Befugnisse angewiesen.[231] Für die fortbestehende Bedeutung der Nationalstaaten ist nicht zuletzt bezeichnend, dass die Mitgliedstaaten der Europäischen Union zwar die Kompetenz eingeräumt haben, weite Bereiche ihrer Rechtsordnungen zu gestalten, aber keine Institution der Europäischen Union über ein eigenes Potential physischer Gewalt verfügt. Im Geltungsbereich des Grundgesetzes liegt der Vollzug des Unionsrechts – wie der des nationalen – in letzter Konsequenz immer noch bei der „vollziehenden Gewalt" des Art. 20 Abs. 2 Satz 2 GG.

Leitentscheidungen

EGMRGH 13, 39 – Ringeisen (zum Begriff des Gerichts nach der EMRK).
EGMRGH 132, 29 – Belilos (zur personellen Inkompatibilität exekutiver und judikativer Funktionen).
EuGH, Rs. 9/56, Slg. 1958, 1 – Meroni I und Rs. 10/56, Slg. 1958, 51 (82) – Meroni II (Gleichgewicht der Gewalten grundlegende Garantie).
EuGH, Rs. 138/79, Slg. 1980, 3333 – Roquette Frères-Isoglucose/Rat (Effektive Teilhabe des Parlaments am legislativen Prozess als Bestandteil des institutionellen Gleichgewichts).
EuGH, Rs. C-70/88, Slg. 1990, I-2041 – Parlament/Rat (Pflicht zur Rücksichtnahme auf die Befugnisse anderer Organe).
EuGH, Rs. C-65/93, Parlament/Rat, Slg. 1995, I-643 (Effektive Teilhabe des Parlaments am legislativen Prozess als Bestandteil des institutionellen Gleichgewichts).
EuGH, Rs. C-21/94, Slg. 1995, I-1827 – Parlament/Rat (Effektive Teilhabe des Parlaments am legislativen Prozess als Bestandteil des institutionellen Gleichgewichts).
BVerfGE 3, 225 – Art. 117 GG (Gewaltenteilung tragendes Organisationsprinzip des Grundgesetzes zur Mäßigung der Staatsherrschaft; keine reine Verwirklichung eines Trennungsprinzips).
BVerfGE 7, 183 – Rechtshilfeersuchen (Gewaltenteilung zur gegenseitigen Kontrolle der Staatsgewalten).
BVerfGE 8, 274 – Preisgesetz (Hinreichende Bestimmtheit exekutivischer Vollmachten).
BVerfGE 9, 268 – Bremisches Personalvertretungsgesetz (Gewaltenteilung garantiert Kernbereich autonomer Zuständigkeit).
BVerfGE 30, 1 – G 10 (Rechtsschutz durch parlamentarische Kontrollkommission).
BVerfGE 34, 52 – Prüfungsgebühren (Keine pauschale Übertragung von normsetzender Gewalt auf die Exekutive).
BVerfGE 49, 89 – Kalkar (Wesentlichkeitslehre).
BVerfGE 67, 100 – Flick-Ausschuss (Gewaltenteilung tragendes Organisationsprinzip des Grundgesetzes zur Mäßigung der Staatsherrschaft).
BVerfGE 68, 1 – Pershing (Gewaltenteilung zielt auch auf möglichst richtige Entscheidung).
BVerfGE 95, 1 – Südumfahrung Stendal (Einzelfallregelung durch Gesetzgeber).
BVerfGE 96, 375 – Kind als Schaden (Keine strikte Gewaltentrennung, wohl aber Ausschluss der Gerichte von Rechtssetzung).
BVerfGE 98, 218 – Rechtschreibreform (Gewaltenteilung zielt auch auf möglichst richtige Entscheidung).

Ausgewählte Literatur

Achterberg, Norbert, Probleme der Funktionenordnung, München 1970.
Arnauld, Andreas v., Gewaltenteilung jenseits der Gewaltentrennung. Das gewaltenteilige System in der Bundesrepublik Deutschland, ZParl 2001, S. 678–698.

---

[231] Siehe etwa Art. 20 Abs. 6 VO 1/2003 des Rates (KartellVerfahrensVO) vom 16. 12. 2002, ABl. EG 2003, Nr. L 1, S. 1.

Ausgewählte Literatur

Baer, Susanne, Vermutungen zu Kernbereichen der Regierungen und Befugnissen des Parlaments, Der Staat, Bd. 40 (2001), S. 525–552.
Baumann, Robert, Der Einfluss des Völkerrechts auf die Gewaltenteilung, Zürich, Basel, Genf 2002.
Becker, Jürgen, Gewaltenteilung im Gruppenstaat. Ein Beitrag zum Verfassungsrecht des Parteien- und Verbändestaates, Baden-Baden 1986.
Burmeister, Joachim, Stellung und Funktion des Bundesverfassungsgerichts im System der Gewaltengliederung, in: Pierre Koenig (Hrsg.), Die Kontrolle der Verfassungsmäßigkeit in Frankreich und Deutschland, Köln 1985, S. 33–70.
Danwitz, Thomas v., Der Grundsatz funktionsgerechter Organstruktur, Der Staat, Bd. 35 (1996), S. 329–350.
Demel, Michael u. a. (Hrsg.), Funktionen und Kontrolle der Gewalten. 40. Tagung der Wissenschaftlichen Mitarbeiterinnen und Mitarbeiter der Fachrichtung „Öffentliches Recht", Stuttgart 2001.
Di Fabio, Udo, Gewaltenteilung, in: HStR II, § 27, S. 613–658.
Dreier, Horst, Die drei Staatsgewalten im Zeichen von Europäisierung und Privatisierung, DÖV 2002, S. 537–547.
Ende, Monika, Entwicklungslinien des Europäischen Verfassungsrechts in der Rechtsprechung des europäischen Gerichtshofs, Aachen 1999.
Fastenrath, Ulrich, Gewaltenteilung – Ein Überblick, JuS 1986, S. 194–201.
Goeters, Hanna, Das institutionelle Gleichgewicht – seine Funktion und Ausgestaltung im Europäischen Gemeinschaftsrecht, Berlin 2008.
Hahn, Hugo J., Funktionenteilung im Verfassungsrecht europäischer Organisationen, Baden-Baden 1977.
Hain, Karl-Eberhard, Die Grundsätze des Grundgesetzes, Baden-Baden 1999.
Heun, Werner, Staatshaushalt und Staatsleitung: das Haushaltsrecht im parlamentarischen Regierungssystem des Grundgesetzes, Baden-Baden 1989.
Horn, Hans D., Gewaltenteilige Demokratie, demokratische Gewaltenteilung, AöR, Bd. 127 (2002), S. 427–459.
Huber, Peter M., Das institutionelle Gleichgewicht zwischen Rat und Europäischem Parlament in der künftigen Verfassung für Europa, EuR 2003, S. 574–599.
Isensee, Josef (Hrsg.), Gewaltenteilung heute. Symposium aus Anlaß der Vollendung des 65. Lebensjahres von Fritz Ossenbühl, Heidelberg 2000.
– Über den Grundsatz der Gewaltenteilung in Deutschland und Europa, JöR, Bd. 49 (2001), S. 287–298.
Jarass, Hans D., Politik und Bürokratie als Element der Gewaltenteilung, München 1975.
Kägi, Werner, Von der klassischen Dreiteilung zur umfassenden Gewaltenteilung. Erstarrte Formeln – bleibende Ideen – neue Formen, in: Verfassung und Verfassungswirklichkeit, Festschrift für Hans Huber zum 60. Geburtstag, Bern 1961, S. 151 ff.
Läufer, Thomas, Die Organe der EG – Rechtsetzung und Haushaltsverfahren zwischen Kooperation und Konflikt. Ein Beitrag zur institutionellen Praxis der EG, Bonn 1990.
Leisner, Walter, Die quantitative Gewaltenteilung, DÖV 1969, S. 405–411.
Lorz, Ralph A., Interorganrespekt im Verfassungsrecht. Funktionenzuordnung, Rücksichtnahmegebote und Kooperationsverpflichtungen. Eine rechtsvergleichende Analyse anhand der Verfassungssysteme der Bundesrepublik Deutschland, der Europäischen Union und der Vereinigten Staaten, Tübingen 2001.
Maurer, Hartmut, Der Verwaltungsvorbehalt, VVDStRL, Bd. 43 (1985), S. 135–171.
Merten, Detlef (Hrsg.), Gewaltentrennung im Rechtsstaat. Zum 300. Geburtstag von Charles de Montesquieu. Vorträge und Diskussionsbeiträge der 57. Staatswissenschaftlichen Fortbildungstagung 1989 der Hochschule für Verwaltungswissenschaften Speyer, 2. Aufl., Berlin 1997.
Möllers, Christoph, Gewaltengliederung, Tübingen 2005.
– Dogmatik der grundgesetzlichen Gewaltengliederung, AöR, Bd. 132 (2007), S. 493–538.
– Die drei Gewalten. Legitimation der Gewaltengliederung in Verfassungsstaat, Europäischer Integration und Internationalisierung, Göttingen 2008.
Peters, Hans, Die Gewaltentrennung in moderner Sicht, Köln 1954.
Petzold, Herbert, Die Gewaltenteilung in den Europäischen Gemeinschaften, Göttingen 1966.
Rausch, Heinz (Hrsg.), Zur heutigen Problematik der Gewaltentrennung, Darmstadt 1969.
Reimer, Franz, Verfassungsprinzipien. Ein Normtyp im Grundgesetz, Berlin 2001.
Sachße, Christoph, Die Kompetenzen des Europäischen Parlaments und die Gewaltenteilung in den Europäischen Gemeinschaften, Baden-Baden 1977.

Schnapp, Friedrich E., Der Verwaltungsvorbehalt, VVDStRL, Bd. 43 (1985), S. 172–201.
Schodder, Thomas F., Föderative Gewaltenteilung in der Bundesrepublik Deutschland, Frankfurt a. M. 1988.
Seiler, Hansjörg, Gewaltenteilung: Allgemeine Grundlagen und schweizerische Ausgestaltung, Bern 1994.
Sinemus, Burkhard, Der Grundsatz der Gewaltenteilung in der Rechtsprechung des Bundesverfassungsgerichts, Frankfurt a. M. 1982.
Stettner, Rupert, Not und Chance der grundgesetzlichen Gewaltenteilung, JöR, Bd. 35 (1986), S. 57–81.
Vogel, Hans-Jochen, Gewaltenvermischung statt Gewaltenteilung? Zu neueren Entwicklungen im Verhältnis der Verfassungsorgane untereinander, NJW 1996, S. 1505–1511.
Voßkuhle, Andreas, Rechtsschutz gegen den Richter, München 1993.
Weber, Werner, Die Teilung der Gewalten als Gegenwartsproblem, in: Hans Barion (Hrsg.), Festschrift für Carl Schmitt zum 70. Geburtstag dargebracht von Freunden und Schülern, Berlin 1959, S. 253–272.
Wrege, Wolf R., Das System der Gewaltenteilung des Grundgesetzes, Jura 1996, S. 436–440.
Zimmer, Gerhard, Kompetenz – Funktion – Legitimation, Berlin 1979.

§ 9 Das Parlamentsgesetz als Steuerungsmittel und Kontrollmaßstab

Franz Reimer

Übersicht

	Rn.		Rn.
A. Funktionen und Facetten des Parlamentsgesetzes	1	b) Abgabenrechtliche Gesetzesvorbehalte	34
I. Grundfunktionen	1	c) Finanzverfassungsrechtliche Gesetzesvorbehalte	35
1. Steuerungsfunktion	1	d) Ratifikations- und integrationsrechtliche Gesetzesvorbehalte	36
2. Kontrollfunktion	2	e) Organisationsrechtliche oder institutionelle Gesetzesvorbehalte	37
II. Formspezifische Funktionen	4	f) Selbstverwaltungsrechtliche Gesetzesvorbehalte	39
1. Rationalitätsfunktion	4	g) Rechtsetzungsrechtliche Gesetzesvorbehalte	42
a) Rationalitätsbegriff	4	h) Statusrechtliche Gesetzesvorbehalte	43
b) Rationalität des Gesetzes und Rationalität durch Gesetz	5	i) Sonstige spezielle Gesetzesvorbehalte	44
c) Rationalität als Verfassungsmaßstab?	6	j) Allgemeiner Gesetzesvorbehalt (Grundsatz vom Vorbehalt des Gesetzes)	45
d) Rationalitätsdefizite und -verluste	7	II. Die so genannte Wesentlichkeitstheorie	47
2. Legitimationsfunktion	10	Inkurs: Unionsrechtliche Normvorbehalte und Wesentlichkeitstheorie	49
a) Legitimation durch Gesetz	10	III. Abschied von der Wesentlichkeitstheorie	50
b) Legitimation des Gesetzes	12	1. Modifikationen	51
3. Koordinationsfunktion	13	a) Sonderbereiche	51
4. Informations- und Kommunikationsfunktion	14	b) Neue Eingriffsformen	52
III. Facetten des Parlamentsgesetzes	15	c) Gebot normativer Qualitätssicherung?	54
1. Heterogenität der Gesetze	15	d) Unwesentlichkeitsverbot?	55
a) Gesetzesformen im Grundgesetz	15	2. Die „umgekehrte Wesentlichkeitstheorie"	56
b) Gesetzesformen in den Landesverfassungen	16	3. Abschied von der Wesentlichkeitstheorie	57
c) Gesetz im europäischen Verfassungsrecht	17		
2. Heterogenität der Leitbilder	21	C. Bestimmtheit des Gesetzes	61
B. Vorbehalt des Gesetzes	23	I. Allgemeine Bestimmtheitsanforderungen	61
I. Gesetzesvorbehalte	24	1. Vielfalt der Bestimmtheitsgebote	61
1. Vorbehalt des Gesetzes – Gesetzesvorbehalt – Gesetzesvorbehalte	24		
2. Vorbehaltswirkungen	26		
3. Funktionen der Gesetzesvorbehalte	30		
4. Quellen der Gesetzesvorbehalte	31		
5. Gruppen verfassungsrechtlicher Gesetzesvorbehalte	32		
a) Grundrechtliche Gesetzesvorbehalte	33	2. Vielfalt der Bestimmtheitsniveaus	63

§ 9 Das Parlamentsgesetz als Steuerungsmittel und Kontrollmaßstab

	Rn.
3. Gesetzesbestimmtheit und Gesetzesflexibilität	65
II. Die Delegationsdoktrin des Art. 80 GG	69
1. Art. 80 GG als Ausdruck arbeitsteiliger Rechtsetzung	69
2. Die Bestimmtheitsanforderungen des Art. 80 Abs. 1 S. 2 GG	71
D. Vorrang des Gesetzes	73
I. Rechtsbindung als Selbstverständlichkeit	74
1. Rechtsbindung der Verwaltung	74
2. Rechtsbindung der Verwaltungsgerichtsbarkeit	77
II. Wandlungen der Rechtsbindung	78
1. Lockerungen	79
a) Freistellungen und Sanktionsverzichte	79
b) Selbstherabstufung des Gesetzes	80
2. Relativierungen	81
a) Unternormierung und Zuweisung von Spielräumen	81
b) Übernormierung	82
c) Punktualisierung des einfachen Rechts	83
E. Steuerungskraft des Gesetzes	84
I. Nachlassende Steuerungskraft des Gesetzes?	84
1. Lokalisierung des Problems	84
a) Gewachsene Steuerungserwartungen	85
b) Partielles Nachlassen des gesetzgeberischen Steuerungsanspruchs	86
c) Programmfehler	87
d) Vollzugsdefizite	88

	Rn.
2. Nachlassende Steuerungskraft des Gesetzes als Handlungsnorm?	89
3. Nachlassende Steuerungskraft des Gesetzes als Kontrollnorm?	91
II. Erklärungsansätze und Gegenstrategien	95
1. Krise des regulativen Rechts	96
2. Komplexität der Gesellschaft	97
3. Komplexität des Rechtssystems	98
a) Rechtsverdichtung	99
b) Rechtsverflüssigung	100
4. Punktualisierung des Rechts	102
5. Zunehmende Vorgaben höherrangigen Rechts	103
6. Mediatisierung des einfachen Rechts	104
7. Suboptimale Rechtsetzung	105
a) Rechtsetzungsformen und -verfahren	105
aa) Formenlehre	106
bb) Steuerungsverbünde	107
cc) Rechtsetzungsverfahren	108
b) Gesetzesinhalte	109
aa) Von der Gesetzgebungslehre zur Rechtsänderungslehre	109
bb) Von der Gesetzesfolgenabschätzung zur Rechtswirkungsforschung	110
cc) Vom fragmentierten zum transparenten Gesetz	111
dd) Veränderung der Regelungsarrangements	112
8. Suboptimale Rechtsanwendung	113
9. Suboptimale Rechtsbeobachtung	114

Leitentscheidungen
Ausgewählte Literatur
Materialien

A. Funktionen und Facetten des Parlamentsgesetzes

I. Grundfunktionen

1. Steuerungsfunktion

Das Parlamentsgesetz ist ein mehrdimensionaler Freiheitsschutz[1] und zugleich „eines der wichtigsten Steuerungsinstrumente, die der moderne Staat und seine Verfassung zu vergeben haben."[2] Instrumentelle Bedeutung hat das Gesetz keineswegs nur für die Legislative: Der Verwaltung ist es zwar Grundlage und Grenze, aber auch Hilfsmittel und Werkzeug der täglichen Arbeit. Es entlastet sie, weil es in seiner Steuerungsfunktion ein maßgebender Informations- und Anreizträger ist und Macht- und Drohpotential gegenüber Privaten und (anderen) Verwaltungsträgern bietet. Zwar leistet das Gesetz dabei nur eine **Vorsteuerung,** die durch die Konkretisierung (als **Nach- und Feinsteuerung durch die Rechtsanwender**) vervollständigt wird. Auf weiten Strecken ist diese sogar durch Rechtsverordnungen und Verwaltungsvorschriften formalisiert, das verwaltungsrechtliche Gesetz also mediatisiert.[3] Die Vorsteuerung durch den Gesetzgeber bleibt aber „unerlässlich, damit Gerichte oder Implementatoren die Nachsteuerung zielgerichtet vornehmen können."[4] Allen Abgesängen zum Trotz kommt dem Parlamentsgesetz hierbei nach wie vor Effektivität zu.[5] Sie verdankt sich institutionellen Bedingungen wie seiner abstrakt-generellen Wirkung, seiner „Vorzugsstellung"[6] in der Rechtsordnung (Vorrang und Vorbehalt des Gesetzes) und seiner erschwerten Verwerfbarkeit.[7]

1

2. Kontrollfunktion

Die Kontrollfunktion flankiert die Steuerungsfunktion. Das Gesetz dient zahlreichen Kontrollinstanzen als Maßstab für eine nachlaufende Überprüfung: den Anwendern bei etwaiger **Selbstkontrolle;** Widerspruchsbehörden, Petitionsadressaten (Parlamenten und anderen Stellen), Aufsichtsbehörden im Rahmen von

2

---

[1] Zusammenfassend *Hesse,* Grundzüge, Rn. 506. Klassisch zur Freiheitssicherung durch Gesetz *John Locke,* Über die Regierung (The Second Treatise of Government, 1690), 1974, Kap. 6, § 57.

[2] *Roman Herzog,* in: Maunz/Dürig, GG, Art. 20 VI (Vorkommentierung, Sept. 1980) Rn. 45.

[3] → Rn. 104.

[4] *Klaus v. Beyme,* Der Gesetzgeber. Der Bundestag als Entscheidungszentrum, 1997, S. 361. – Überblicksweise zu Mitteln der Nachsteuerung: *Markus Pöcker,* Das Parlamentsgesetz im sachlich-inhaltlichen Steuerungs- und Legitimationsverbund, Der Staat, Bd. 41 (2002), S. 616 (624 ff.).

[5] → Rn. 84 ff.

[6] *Brun-Otto Bryde,* in: v. Münch/Kunig, GGK III, Art. 80 Rn. 3; differenzierend zum „Privileg des Parlamentsgesetzes" *Martin Hochhuth,* Zur Normativen Verpflichtungslehre im Immissionsschutzrecht, JZ 2004, S. 283 (291 f.).

[7] Z. B. durch Art. 100 Abs. 1 GG, der die Gesetze durch das bundesverfassungsgerichtliche Verwerfungsmonopol schützt, durch die Verwerfungsmöglichkeit aber auch das Gesetzesvertrauen stärkt: *Dieter Grimm,* Bedingungen demokratischer Rechtsetzung, in: FS Jürgen Habermas, 2001, S. 489 (504). – Die erschwerte Überprüfbarkeit der Legalplanung im Gegensatz zur Administrativplanung betrachtet als „Rechtsschutzdefizit" *Fritz Ossenbühl,* Der Gesetzgeber als Exekutive. Verfassungsrechtliche Überlegungen zur Legalplanung, in: FS Werner Hoppe, 2000, S. 183 (192).

Staats-, Dienst- und Behördenaufsicht, Beauftragten, Rechnungshöfen, Schlichtungsstellen und Gerichten bei der **Fremdkontrolle**.[8] Dabei stellt sich die Frage nach Kontrollzugang und Kontrollintensität.[9]

3 Von diesen beiden Funktionen, die die Gesetze mit allen Rechtsnormen gemein haben, sind die spezifischen Funktionen der Gesetzesform zu unterscheiden: Rationalisierung, Legitimation, Koordination und Kommunikation.

II. Formspezifische Funktionen

1. Rationalitätsfunktion

a) Rationalitätsbegriff

4 Die „unerschöpfliche begriffliche Vielfalt" des Rationalitätsbegriffs[10] legt nahe, Rationalität in erster Annäherung[11] (negativ) als Verringerung oder Einhegung emotionaler, dezisionistischer, „irrationaler" Entscheidungselemente zu verstehen.[12] Positiv bezeichnet Rationalität ein **Anforderungsbündel,** das zumindest aus den Komponenten Konsistenz, Kohärenz, Begründbarkeit, empirische Wahrheit,[13] Effektivität, Optimierung und Reflexivität,[14] unter Ungewissheitsbedingungen auch Revisibilität[15] besteht. Deren Verhältnis zueinander ist nicht fix; etwaige Kompensationen und Substitutionen müssen aber ihrerseits nach obigen Kriterien begründbar sein. Rationalität kann sich dabei auf Handlungsziele (Wertrationalität) wie auf Handlungsmittel (Zweckrationalität) beziehen.[16]

---

[8] → Bd. III *Kahl* § 47, *Schiedermair* § 48, *Schoch* § 50.

[9] → Rn. 91 ff.

[10] *Helmuth Schulze-Fielitz*, Rationalität als rechtsstaatliches Prinzip, in: FS Klaus Vogel, 2000, S. 311 (320). Vgl. auch *Hans P. Bull*, „Vernunft" gegen „Recht"? Zum Rationalitätsbegriff der Planungs- und Entscheidungslehre, in: FS Klaus König, 2004, S. 179.

[11] Näher im Zusammenhang mit der Gesetzgebung *Helmuth Schulze-Fielitz*, Theorie und Praxis parlamentarischer Gesetzgebung, besonders des 9. Deutschen Bundestages (1980–1983), 1988, S. 454 ff.; *Klaus Meßerschmidt*, Gesetzgebungsermessen, 2000, S. 796 ff.; ferner *Arno Scherzberg*, Rationalität – staatswissenschaftlich betrachtet. Prolegomena zu einer Theorie juristischer Rationalität, in: FS Hans-Uwe Erichsen, 2004, S. 177 ff. – Skeptisch gegenüber „Rationalität" als Brückenbegriff zwischen den Disziplinen *Bull*, Vernunft (Fn. 10), S. 179 (199).

[12] Weiterführend unter Hinweis auf das Eingebettetsein von Rationalität in eine affektiv-emotionale Struktur: *Scherzberg*, Rationalität (Fn. 11), S. 177 (203 f.).

[13] Hierunter ließe sich (auch) die Vollständigkeit der Erhebung und Verarbeitung relevanter Informationen und die Sachangemessenheit der Bestimmung dessen fassen, was *in casu* „relevant" ist.

[14] Eher Ausdruck als Voraussetzung von Rationalität ist die „Akzeptabilität", die nach *Wolfgang Hoffmann-Riem* (Ermöglichung von Flexibilität und Innovationsoffenheit im Verwaltungsrecht, in: ders./Schmidt-Aßmann [Hrsg.], Innovation, S. 9 [27 f.]) als Richtigkeitsmaßstab für Verwaltungshandeln neben Rechtmäßigkeit und „Optimalität (Optimierung bei der Verwirklichung von Zwecken im Rahmen der rechtlichen Vorgaben unter Einschluß der Sicherung einer Folgenverantwortung)" steht. – Diff. *Schmidt-Aßmann*, Ordnungsidee, 2. Kap. Rn. 103 ff.; *Schulze-Fielitz*, Rationalität (Fn. 10), S. 311 (315).

[15] *Scherzberg*, Rationalität (Fn. 11), S. 177 (205).

[16] Unterscheidung: *Max Weber*, Wirtschaft und Gesellschaft, 5. Aufl. 1972, § 2; hierzu *Scherzberg*, Rationalität (Fn. 11) S. 177 (182 f.).

A. Funktionen und Facetten des Parlamentsgesetzes

b) Rationalität des Gesetzes und Rationalität durch Gesetz

Das Parlamentsgesetz erhebt stets den Anspruch der Rationalität.[17] Es stellt den klassischen Modus rationaler gesellschaftlicher Problemlösung dar und soll gleichermaßen die Wert- und die Zweckrationalität von Konfliktvorbeugung und -austragung sichern helfen.[18] Dies lässt sich auf drei Stufen beobachten. Zum einen entfaltet das – von strenger Förmlichkeit geprägte[19] – **Gesetzgebungsverfahren** seine Vorwirkungen, indem es Konflikte durch frühzeitige Unterrichtung[20] und Anhörung Betroffener,[21] durch Einspeisung von Sachverstand,[22] durch freien[23] und öffentlichen[24] Diskurs sowie durch Prüfungs-,[25] Darlegungs-[26] und Begründungspflichten[27] rationalisiert. Es moderiert und kanalisiert Entscheidungsprozesse durch gestuftes[28] Ausscheiden und Abarbeiten von Kriterien.[29]

---

[17] Prononciert *Schulze-Fielitz,* Theorie (Fn. 11), S. 458.

[18] *Claus Pegatzky,* Parlament und Verordnungsgeber. Rechtsverordnungen im Spannungsfeld zwischen kompetenzrechtlicher Zuweisung und materieller Funktionenordnung, 1999, S. 43, spricht von „Optimierung des Norminhalts" durch das parlamentarische Verfahren.

[19] BVerfGE 120, 56 (78).

[20] Z. B. Art. 39 Abs. 1 S. 1 MecklenbVorpVerf; wortgleich Art. 22 Abs. 1 S. 1 SchlHolVerf; ähnlich Art. 67 Abs. 4 ThürVerf.

[21] Vgl. verfassungsunmittelbare Anhörungspflichten: Art. 29 Abs. 2 S. 2 GG; Art. 71 Abs. 4 BadWürttVerf, wortgleich Art. 84 Abs. 2 SachsVerf; ähnlich Art. 91 Abs. 4 ThürVerf; ferner Art. 83 Abs. Abs. 7 BayVerf; Art. 68 Abs. 1 BerlinVerf; Art. 68 S. 2 RheinlPfalzVerf; Art. 41 Abs. 2 BremVerf.

[22] Durch die Ministerialbürokratie, durch die Wissenschaftlichen Dienste der Parlamente (allein im Falle des Deutschen Bundestages etwa 500 Mitarbeiter), durch die Einbeziehung externer Experten oder Interessenvertreter (vgl. etwa § 47 Abs. 3 GGO), durch die Struktur der Ausschussarbeit, §§ 54 ff. GOBT (insbes. §§ 56, 70) etc. – Näher *Andreas Voßkuhle,* Sachverständige Beratung des Staates, in: HStR III, § 43 Rn. 3 m. w. N.; *Florian Becker,* Kooperative und konsensuale Strukturen in der Normsetzung, 2005, S. 91 ff.

[23] Vgl. insbes. Art. 38 Abs. 1 S. 2, Art. 46 GG; ferner insbes. §§ 78 ff. GOBT.

[24] Z. B. Art. 42 Abs. 1 S. 1, 52 Abs. 3 S. 3 GG (hierzu als Grenze für die Tätigkeit des Vermittlungsausschusses BVerfGE 120, 56 [73 ff.], 125, 104 [121 ff.]); für die Ausschüsse vgl. aber §§ 69 a GOBT. – Zum Glauben an Öffentlichkeit und Diskussion (im Sinne eines Kampfes der Meinungen, nicht der Interessen) als kulturelle Voraussetzung des Parlamentarismus vgl. die Kontroverse zwischen *Carl Schmitt,* Die geistesgeschichtliche Lage des heutigen Parlamentarismus (1923), 8. Aufl. 1996, *passim,* und *Richard Thoma,* Zur Ideologie des Parlamentarismus und der Diktatur, Archiv für Sozialwissenschaften und Sozialpolitik, Bd. 53 (1925), S. 212 ff., auch in: Kurt Kluxen (Hrsg.), Parlamentarismus, 1969, S. 54 ff.; dazu *Hasso Hofmann,* Legitimität gegen Legalität, 1964, S. 94 ff.; *Matthias Kaufmann,* Recht ohne Regel?, 1988, S. 153 ff.; *Martin Kriele,* Einführung in die Staatslehre, 5. Aufl. 1994, S. 246 ff.; *Christian Schüle,* Die Parlamentarismuskritik bei Carl Schmitt und Jürgen Habermas. Grundlagen, Grundzüge und Strukturen, 1998, S. 132 ff.; *Hartmuth Becker,* Die Parlamentarismuskritik bei Carl Schmitt und Jürgen Habermas, 2. Aufl. 2003, S. 44 ff., 60 ff.

[25] Vgl. z. B. §§ 43 f., 46 GGO.

[26] Auf Verfassungsebene vgl. Art. 68 Abs. 1 NiedersachsVerf; ferner § 44 GGO.

[27] Für Entwürfe bzw. Vorlagen für Parlamentsgesetze: § 76 Abs. 2 GOBT, § 43 GGO; entspr. für Volksgesetze: Art. 59 Abs. 2 S. 1 BadWürttVerf; Art. 74 Abs. 2 BayVerf. Vgl. für Anträge im Bundesrat §§ 24, 26 Abs. 3 GOBR. Zur Frage der Begründung in Gesetzen → Rn. 108.

[28] Zum Erfordernis mehrerer Lesungen vgl. § 78 Abs. 1 S. 1 Alt. 1 GOBT; verfassungskräftig angeordnet z. B. in Art. 59 Abs. 4 BerlinVerf; ähnlich Art. 49 HambVerf. Erfordernis von „Grundsatzberatung" und „Einzelberatung" in Art. 55 Abs. 2 MecklenbVorpVerf; hierzu *Christoph Gröpl,* Verzicht auf die „Erste Lesung" bei Änderung von Gesetzentwürfen?, LKV 2004, S. 438 ff.

[29] Gegen eine Antinomie von zu eliminierender Irrationalität der Politik und erstrebter Rationalität der Gesetzgebung zutreffend *Schulze-Fielitz,* Theorie (Fn. 11), S. 456. Trotzdem besteht ein gewisses Kompensationsverhältnis, insofern das Gesetzgebungsverfahren „Vorkehrungen enthält, die geeignet erscheinen, die ‚Unsicherheit' oder Offenheit des allgemeinen Erkenntnisprozesses zu kompen-

Dann schafft das Gesetz durch die öffentliche, diskursgeprägte Genese und die Verkündung[30] sowie seine idealtypischen Eigenschaften, insbesondere **Konformität mit höherem Recht,** interne Konsistenz, Stabilität[31] und Allgemeinheit[32] einen dem Anspruch nach rationalen Entscheidungsmaßstab für die von ihm geregelten Konflikte. Und schließlich wird dieser Maßstab in der Anwendung durch Dritte – Exekutive und Judikative – seinerseits methodengebunden fortentwickelt, überprüft, partiell korrigiert und in diesem Sinne weiter rationalisiert.[33]

c) Rationalität als Verfassungsmaßstab?

6 Die meisten der skizzierten Rationalitätsanforderungen haben freilich einen schwachen normativen Status: Die Verfahrenserfordernisse sind überwiegend im Geschäftsordnungsrecht verankert,[34] unterliegen damit der autonomen Verfügung der Parlamente[35] und lassen Verstöße verfassungsrechtlich (großenteils) sanktionslos. Das ist interpretatorisch zu respektieren, so dass sich eine allgemeine Hochzonung des Geschäftsordnungsrechts durch die Blankettbegriffe der Verfassung verbietet.[36] Auch die materialen Konkretisierungen von „Rationalität" sind als solche keine verfassungsrechtlichen Prüfungsmaßstäbe. Zwar enthalten vor allem allgemeiner Gleichheitssatz und Rechtsstaatsprinzip, Verhältnismäßigkeitsgrundsatz und Wirtschaftlichkeitsgebot[37] einzelne Rationalitätsverbürgungen.[38] Es gibt aber kein allgemeines Rationalitätsgebot, etwa als

---

sieren [...] Nicht weil die Mehrheit oder der Konsens die ‚Richtigkeit' wahrscheinlich macht oder gar verbürgt, sondern weil ein derartiges Verfahren zu weniger Unrecht führt [...]: Volenti non fit iniuria." (*Hans-Martin Pawlowski,* Die drei Funktionen des staatlichen Gesetzes, Rechtstheorie, Bd. 12 [1981], S. 9 [16]). Tendenziell a. A. mit Betonung der „Bewältigung des erkenntnistheoretischen Unvermögens des Menschen durch Parlamente": *Oliver Lepsius,* Die erkenntnistheoretische Notwendigkeit des Parlamentarismus, in: Martin Bertschi u. a. (Hrsg.), Demokratie und Freiheit, 1999, S. 123 (insbes. 149 ff.).

[30] Z. B. Art. 82 Abs. 1 S. 1 GG; ferner § 60 GGO.
[31] *Becker,* Strukturen (Fn. 22), S. 298.
[32] → Rn. 21.
[33] Vgl. *Hesse,* Grundzüge, Rn. 506.
[34] Für ein differenziertes Bild → Fn. 20 ff.; zu weitgehend BVerfGE 125, 175 (225 f.), krit. hierzu statt aller *Philipp Dann,* Verfassungsgerichtliche Kontrolle gesetzgeberischer Rationalität, Der Staat, Bd. 49 (2010), S. 630 (637): „ein letztlich vorrechtliches Verständnis von Vernünftigkeit und Kohärenz".
[35] *Johannes Saurer,* Die Funktionen der Rechtsverordnung, 2005, S. 84. Dies gilt freilich in gesteigerter Form für die Verordnungsgebung (*ders.,* a. a. O.).
[36] Vgl. für das Parlamentsrecht der Länder aber auch den von *Cancik* gezeichneten „Verrechtlichungspfad": Konflikt – Organstreit – Entscheidung – Positivierung, insbes. im Landesverfassungsrecht: *Pascale Cancik,* Entwicklungen des Parlamentsrechts, DÖV 2005, S. 577 ff.
[37] *Hans H. v. Arnim,* Wirtschaftlichkeit als Rechtsprinzip, 1986, S. 67 ff. (Wirtschaftlichkeit als Verfassungsprinzip); *Schmidt-Aßmann,* Ordnungsidee, 6. Kap. Rn. 66.
[38] Etwa: Willkürverbot; Verhältnismäßigkeitsgebot (*BVerfGE* 19, 342 [348 f.]); Irreführungs- und Widerspruchsverbot (*BVerfGE* 1, 14 [45]); Bestimmtheitsgebot (*BVerfGE* 102, 254 [337]); Abwägungsgebot (Art. 14 Abs. 3 S. 3 GG; zu einem allgemeinen planungsrechtlichen Abwägungsgebot: BVerwGE 34, 301 [307 ff.], 48, 56 [63]; *Katharina Sobota,* Das Prinzip Rechtsstaat. Verfassungs- und verwaltungsrechtliche Aspekte, 1997, S. 514). Methodisch treffend zur Gewährleistung von Rationalität durch Rechtsstaatselemente *Schmidt-Aßmann,* Ordnungsidee, 2. Kap. Rn. 75 ff.; weitergehend *Voßkuhle,* Sachverständige Beratung (Fn. 22), § 43 Rn. 1: „Das Rechtsstaatsprinzip legt das staatliche Handeln im demokratischen Verfassungsstaat auf Rationalität fest."

Subprinzip des Rechtsstaatsprinzips[39] – dies wäre eine Einladung zur Kanonisierung des interpreteneigenen Rationalitätsbildes.[40]

d) Rationalitätsdefizite und -verluste

Das idealistische Bild des rational zu Stande kommenden, inhaltlich rationalen und folglich Konflikte rationalisierenden Gesetzes zeigt Risse.[41] Parlamentarische Gesellschaftssteuerung erscheint nicht selten als Anmaßung von Wissen:[42] Der Gesetzgeber übernimmt sich kognitiv, wo er in Märkte, Netzwerke oder andere bewegliche Geflechte („Mobiles") interveniert.[43] Das mindert die Legitimation des Parlamentsgesetzes[44] und führt zur Frage, wo die „Einschätzungsprärogative" des Gesetzgebers gegenüber anderen Staatsorganen durch eine Einschätzungsprärogative der Gesellschaft (der Grundrechtsträger) gegenüber dem Gesetzgeber temperiert werden muss.[45] 7

Zu Zweifeln an den Fähigkeiten des „heutigen Parlamentarismus"[46] kommen konkrete Beobachtungen, die **Mutationen der Gesetzgebungspraxis** konstatieren:[47] gubernative Präponderanz,[48] der Einfluss externer Akteure, das Auseinandertreten von Deliberation und Entscheidung durch die Bedeutungszunahme von an der Gesetzgebung beteiligten Privaten,[49] die Verwandlung parlamentari- 8

---

[39] Zu Recht zurückhaltend *Sobota*, Rechtsstaat (Fn. 38), S. 485; a. A. offenbar *Hans H. v. Arnim*, Staatslehre der Bundesrepublik Deutschland, 1984, S. 232 ff.; *Gerhard Hoffmann*, Das verfassungsrechtliche Gebot der Rationalität im Gesetzgebungsverfahren, ZG, Bd. 5 (1990), S. 97 ff. – Differenzierend *Meßerschmidt*, Gesetzgebungsermessen (Fn. 11), S. 777 ff., insb. 789 ff. (für Verfahrensrationalität als Obliegenheit: S. 875 ff.). – Allgemein zu den methodischen Anforderungen an die Bildung von Subprinzipien: *Franz Reimer*, Verfassungsprinzipien, 2001, S. 484 ff.

[40] So für das BVerfG explizit *Dann*, Verfassungsgerichtliche Kontrolle (Fn. 34), S. 638, 643 f.

[41] Unter Hinweis auf den Kompromisscharakter des Gesetzes von vornherein krit. *Dann*, Verfassungsgerichtliche Kontrolle (Fn. 34), S. 638 ff.

[42] D. h. als zum Scheitern verurteilter Versuch der Anwendung zentralisierten Expertenwissens anstatt der Nutzung dezentralen Erfahrungswissens; hierzu *Friedrich A. v. Hayek*, Die Anmaßung von Wissen (Nobelpreis-Rede v. 11. Dezember 1974), in: *ders.*, Die Anmaßung von Wissen. Neue Freiburger Studien, hrsg. v. Wolfgang Kerber, 1996, S. 3 ff. Vgl. *Karl-Heinz Ladeur*, Kritik der Abwägung in der Grundrechtsdogmatik. Plädoyer für eine Erneuerung der liberalen Grundrechtstheorie, 2004, S. 17: „Der moderne Interventionsstaat greift bei seinen Maßnahmen der ‚Gesellschaftssteuerung' vielfach auf ein Expertenwissen zurück, dessen Überlegenheit gegenüber dem in praktischen Beziehungsnetzwerken zwischen den Individuen akkumulierten Erfahrungswissen zweifelhaft ist".

[43] → Rn. 110.

[44] So spricht *Ladeur*, Kritik (Fn. 42), S. 16, von einer „Überschätzung der Legitimationswirkung parlamentarischen Entscheidens in der Zuordnung unterschiedlicher Grundrechtsdimensionen".

[45] Wie (und durch wen) auch immer diese dann zu sanktionieren ist. Zur Kritik der gesetzgeberischen (und staatlichen) Einschätzungsprärogative vgl. *Ladeur*, Kritik (Fn. 42), S. 17, 41 f., 52.

[46] Vgl. oben Fn. 24.

[47] Zu bestimmten Formen der Gesetzgebungskritik als versteckter Form der Parlamentarismus-Kritik *Lepsius*, Notwendigkeit (Fn. 29), S. 123 (128 f.).

[48] *Eckart Klein*, Gesetzgebung ohne Parlament?, 2004, S. 11 ff.

[49] Etwa: der mit der Ausarbeitung von Gesetzentwürfen betrauten Anwaltskanzleien, hierzu krit. auf der Basis des Postulats einer „Allgemeinheit des Gesetzgebers" *Julian Krüper*, Lawfirm – legibus solutus?, JZ 2010, S. 655 ff.; laxer *Michael Kloepfer*, Gesetzgebungsoutsourcing, NJW 2011, S. 131 ff.; vgl. ferner die Beiträge in: *ders.* (Hrsg.), Gesetzgebungsoutsourcing, 2011. Zur Beteiligung Privater an der Normsetzung: *Becker*, Strukturen (Fn. 22); schwerpunktartig zu Absprachen *Lothar Michael*, Rechtsetzende Gewalt im kooperierenden Verfassungsstaat, 2002.

scher Gestaltungsentscheidungen in Ratifikationsentscheidungen,[50] „Gesetzgebung on demand"[51] und Eilgesetzgebung.[52] Aus solchen Feststellungen lassen sich keine pauschalen Schlüsse ziehen. Denn Gesetzgebungsverfahren und Gesetzesform behalten auch angesichts dieser Umschichtungen einen Sinn:[53] Die Verfahrenserfordernisse zügeln weiterhin, sie schützen Minderheiten und stellen Öffentlichkeit her; informelles Vorgehen bleibt auf die formellen Verfahren und Formen bezogen. Diese sind nach wie vor juristischer Prüfungsmaßstab *ex post* und Teil der politischen Orientierungskriterien *ex ante*. Insofern besteht kein Anlass, den Rationalitätsanspruch an Gesetz und Gesetzgebung aufzugeben.[54] Vielmehr sind die Rationalität der Gesetzesform und die Rationalität der Gesetzesinhalte unter den veränderten Bedingungen zu sichern.[55]

9 Schließlich darf die Gesetzesanwendung nicht durch Verfolgung eigener Rationalitäten die Entscheidung des Gesetzgebers und damit die Rationalität des Gesetzgebungsverfahrens konterkarieren.[56]

2. Legitimationsfunktion

a) Legitimation durch Gesetz

10 Das Parlamentsgesetz ist als Medium von Demokratie und Rechtsstaatlichkeit[57] das **klassische staatliche Legitimationsmittel**.[58] Als Frucht egalitärer Repräsentation[59] verleiht es den Maßnahmen der Exekutive (die im Grundgesetz wie in den meisten Landesverfassungen als „vollziehende Gewalt" gerade

---

[50] *Matthias Herdegen*, Informalisierung und Entparlamentarisierung politischer Entscheidungen als Gefährdungen der Verfassung?, VVDStRL, Bd. 62 (2003), S. 7 (15); für kooperative Rechtsetzung *Grimm*, Bedingungen demokratischer Rechtsetzung (Fn. 7), S. 489 (503); für föderal präfigurierte Rechtsetzung *Thomas Ellwein*, Gesetzgebung, Regierung, Verwaltung, in: HdbVerfR, 1. Aufl. 1983, S. 1093 (1119). Näher → Rn. 13.

[51] Begriff und Beispiel bei *Winfried Kluth*, Peer Review auf dem verfassungsrechtlichen Prüfstand, DStR 2000, S. 1927.

[52] *Klein*, Gesetzgebung (Fn. 48), S. 18 f.; tatsächliche Eile im Gesetzgebungsverfahren ist ohne das Hinzutreten besonderer Umstände unschädlich: BVerfGE 123, 186 (234). Auch Eilbedürftigkeit ist kein verfassungsrechtliches Argument; dies legt schon die Tatsache nahe, dass sie z.T. als Legitimation für Gesetzgebungsoutsourcing (*Kloepfer*, Gesetzgebungsoutsourcing [Fn. 49], S. 133), z.T. als dessen Grenze (*Krüper*, Lawfirm [Fn. 49], S. 662) angesehen wird.

[53] *Grimm*, Bedingungen (Fn. 7), S. 489 (494): „Allerdings bringen diese Veränderungen […] das verfassungsrechtlich vorgesehene Verfahren der Rechtsetzung nicht völlig um seinen Sinn, sondern führen auf Umwegen immer noch zum Ziel. Die Deliberation fällt nicht aus, sondern verlagert und fragmentiert sich. Sie wird vornehmlich in Parteigremien geführt. Da das Ergebnis jedoch das parlamentarische Verfahren durchlaufen muss, um Gesetzeskraft zu erlangen, bleibt die Beratung auf dieses bezogen."

[54] *Pawlowski*, Die drei Funktionen (Fn. 29), S. 9 (18).

[55] → Rn. 105 ff.

[56] Vgl. den Hinweis von *Helmuth Schulze-Fielitz*, Zeitoffene Gesetzgebung, in: Hoffmann-Riem/Schmidt-Aßmann (Hrsg.), Innovation, S. 139 (149), auf den „Rationalitätsverlust des Rechtsstaats, politische Entscheidungen des Gesetzgebers, die im Gesetzgebungsverfahren als einem besonders aufwendigen Entscheidungsverfahren getroffen worden sind, auf der Ebene des Vollzugs bzw. der Gesetzesumsetzung zu konterkarieren". Zur Folge für die Interpretation → Rn. 113.

[57] Das Gesetz als „das Mittel, über welches sich sowohl Demokratie als auch Rechtsstaat verwirklichen": *Grimm*, Bedingungen (Fn. 7), S. 489 (498).

[58] Einbettung in andere Legitimationsformen: *Weber*, Wirtschaft (Fn. 16), S. 19 f., 124. Zur Pluralität der Legitimationsbegriffe und -konzepte → Bd. I *Trute* § 6 Rn. 1 ff.

[59] *Klein*, Gesetzgebung (Fn. 48), S. 24.

A. Funktionen und Facetten des Parlamentsgesetzes

durch ihren Bezug auf die Gesetzgebung[60] definiert ist) ihre Legitimation.[61] Abgeschwächt gilt dies auch für die Rechtsprechung, deren Entscheidungsrahmen auf weiten Strecken das förmliche Gesetz bildet.[62] Für zahlreiche sensible Bereiche hebt das Grundgesetz diese Legitimationsfunktion hervor, indem es Handeln ausdrücklich nur durch Gesetz erlaubt (Gesetzesvorbehalt[63]). Jenseits dieser vorbehaltenen Felder legitimiert das Gesetz staatliches und privates Handeln (Gesetzesvorrang[64]). Diese Legitimation ist freilich relativ. Sie verdankt sich der Verfassung und tritt demgemäß hinter ihr,[65] hinter Unionsrecht[66] und hinter den allgemeinen Regeln des Völkerrechts[67] zurück, partizipiert damit umgekehrt aber auch an der Autorität dieser übergeordneten Normschichten. Auch in anderer Hinsicht ist das (verwaltungsrechtliche) Gesetz meist nicht isoliert, sondern Teil eines Steuerungsverbundes[68] und Steuerungskreislaufs[69] – geprägt durch völker-, europa- und verfassungsrechtliche Vorgaben, angewiesen auf untergesetzliche Umsetzung, der Konkretisierung durch Exekutive und Judikative bedürftig und Rückkoppelungen ausgesetzt.

Auch diesseits der in der Literatur gezeichneten Verfallsszenarien[70] hat das Gesetz als Legitimationsmittel **Grenzen**. So ist es bisher nicht darauf ausgelegt, staatliches Unterlassen zu rechtfertigen. Ferner ist es keineswegs das einzige staatliche Legitimationsmittel, was schon daraus ersichtlich ist, dass im deutschen Recht kein Totalvorbehalt besteht.[71] Alternativen zum Gesetz – und in bisheriger Sichtweise Konkurrenten – sind in einem engen Korridor[72] andere Rechtsetzungsformen, insbesondere Rechtsverordnungen. Auch steht dem Ge-

11

---

[60] Freilich nicht nur durch Gesetzesvollzug, sondern auch durch Gesetzesvorbereitung und gesetzesfreie Verwaltung, vgl. die Gruppierung bei *Hartmut Maurer*, Der Verwaltungsvorbehalt, VVDStRL, Bd. 43 (1985), S. 135 (155 ff.). – Mit der Betonung der Vollzugsaufgabe soll auch die Rechtsetzungsaufgabe der Exekutive nicht geleugnet sein; hierzu *Eberhard Schmidt-Aßmann*, Die Rechtsverordnung in ihrem Verhältnis zu Gesetz und Verwaltungsvorschrift, in: FS Klaus Vogel, 1997, S. 477 (485 f.); *Horst Dreier*, Zur „Eigenständigkeit" der Verwaltung, in: DV, Bd. 25 (1992), S. 137 (149): „Die Fein- und Nachsteuerung wird der Exekutive als der geborenen Konkretisierungsinstanz überlassen, die sich zum Teil selbst programmiert"; ferner *Rainer Wahl*, Zur Lage der Verwaltung Ende des 20. Jahrhunderts, in: Jeserich/Pohl/v. Unruh (Hrsg.), Verwaltungsgeschichte V, S. 1197 (1210).

[61] Vgl. *Eberhard Schmidt-Aßmann*, Verwaltungsverantwortung und Verwaltungsgerichtsbarkeit, VVDStRL, Bd. 34 (1976), S. 221 (231): „gesetzesdirigierte Verwaltung"; zum Gesetz als „Führungsmittel gegenüber der Verwaltung": *Thomas Ellwein*, Geschichte der öffentlichen Verwaltung, in: Klaus König/Hans Joachim v. Oertzen/Frido Wagener (Hrsg.), Öffentliche Verwaltung in der Bundesrepublik Deutschland, 1981, S. 37 (49); ähnlich *Ulrich Scheuner:* Das Gesetz als Auftrag der Verwaltung, DÖV 1969, 585 (insbes. S. 592); dazu *Schuppert*, Verwaltungswissenschaft, S. 461 ff.

[62] → Rn. 77.

[63] → Rn. 23 ff.

[64] → Rn. 74 ff.

[65] Z. B. Art. 1 Abs. 3, 20 Abs. 3 Hs. 1 GG.

[66] Vgl. *EuGH*, Rs. 6/64, Slg. 1964, 1259 (1269 f.); das geltende Primärrecht hat den entsprechenden Regelungsvorschlag des Art. I-10 Abs. 1 VVE nicht aufgegriffen; näher z. B. *Rudolf Geiger*, in: ders./Khan/Kotzur, EUV/AEUV, Art. 4 EUV Rn. 21.

[67] Art. 25 Abs. 1 S. 2 GG; ähnlich Art. 84 BayVerf; Art. 122 BremVerf; weiter Art. 67 HessVerf.

[68] Begriff z. B. bei *Armin v. Bogdandy*, Gubernative Rechtsetzung. Eine Neubestimmung der Rechtsetzung und des Regierungssystems unter dem Grundgesetz in der Perspektive gemeineuropäischer Dogmatik, 2000, S. 415 f. u. ö.; näher → Rn. 70, 107.

[69] Hierzu *Schmidt-Aßmann*, Ordnungsidee, 4. Kap. Rn. 34.

[70] Etwa *Walter Leisner*, Krise des Gesetzes, 2001, S. 117 f.

[71] → Rn. 45; zur Auswirkung auf den Rechtsstatus des Einzelnen vgl. → Bd. I *Masing* § 7 Rn. 85 ff.

[72] → Rn. 23.

setz „als wichtigstem Instrument staatlicher Regelung" der Vertrag „als wichtigster Regelungsmechanismus der Selbststeuerung" gegenüber.[73] Allerdings stellt dieser seinerseits nur ein relatives Legitimationsmittel dar, indem er keinen Publizitätspflichten unterworfen ist, den Verhandlungspartnern Vetopositionen einräumt, potentiell Interessen Dritter gefährdet, die Reaktionsfähigkeit des Staates einschränkt,[74] nur *inter partes* wirkt und erschwert durchsetzbar ist. Zum Konkurrenten des Gesetzes werden schließlich zunehmend Formen entstaatlichter Regelsetzung.[75] Ihnen gegenüber muss das staatliche Recht – und in seinem Zentrum das Parlamentsgesetz als Koordinator und Transformator[76] – seine Tauglichkeit bewähren.[77]

b) Legitimation des Gesetzes

12   Legitimation durch Gesetz setzt Legitimation des Gesetzes voraus. Das Parlamentsgesetz bezieht seine **formelle Legitimation** erstens aus der Zuständigkeit seiner Urheber: Es fügt sich einerseits der „vertikalen" – föderalen – Gewaltenteilung ein (Verbandszuständigkeit), ist andererseits demokratisch legitimiert (Organzuständigkeit). Als zweites formelles Legitimationselement tritt das rationalitätssichernde Verfahren[78] hinzu. Dritter formeller Legitimationsfaktor ist die Form;[79] zu ihr zählen insbesondere[80] Publizitäts-[81] und Zitiergebote.[82] Die Mindestanforderung der **materiellen Legitimation** des Gesetzes ist seine Konformität mit höherrangigem Recht, insbesondere mit europäischem und deutschem Verfassungsrecht. Hinzu treten die durch die Gesetzesform bereits mitbeanspruchte Rationalität, die Beachtung legistischer Anforderungen wie

---

[73] *v. Arnim*, Staatslehre (Fn. 39), S. 64.
[74] Hierzu nachdrücklich *Becker*, Strukturen (Fn. 22), S. 294, für den Gesetzgebungsvertrag.
[75] Instruktive Typologie (am Beispiel des Kapitalmarktrechts) *Steffen Augsberg*, Rechtsetzung zwischen Staat und Gesellschaft. Möglichkeiten differenzierter Steuerung des Kapitalmarktes, 2003, S. 127–315; vgl. auch *Irene Lamb*, Kooperative Gesetzeskonkretisierung. Verfahren zur Erarbeitung von Umwelt- und Technikstandards, 1995, S. 71 ff., 97 ff.
[76] → Rn. 13.
[77] Zum Wettbewerb zwischen den (potentiellen) Normgebern *Wolfgang Hoffmann-Riem*, Gesetz und Gesetzesvorbehalt im Umbruch. Zur Qualitäts-Gewährleistung durch Normen, AöR, Bd. 130 (2005), S. 5 (57 ff.).
[78] → Rn. 5.
[79] Als „die geschworene Feindin der Willkür, die Zwillingsschwester der Freiheit": *Rudolph v. Jhering*, Geist des römischen Rechts auf den verschiedenen Stufen seiner Entwicklung, Bd. 2/2, 8. Aufl., Basel o.J., S. 471; vgl. auch *Schmidt-Aßmann*, Ordnungsidee, 2. Kap. Rn. 2: „jede Geringschätzung der Form verfehlt".
[80] Ferner z.B. die detaillierten Vorschriften des Art. 110 GG und seiner landesrechtlichen Pendants (z.B. Art. 79 BadWürttVerf); schließlich die Anforderungen nach dem „Handbuch der Rechtsförmlichkeit" (BMJ [Hrsg.], Handbuch der Rechtsförmlichkeit, 2. Aufl. 1999), das durch § 42 Abs. 4 GGO, auch i.V.m. § 62 Abs. 2 GGO, normative Bedeutung hat.
[81] → Fn. 30. Zu Publizitätsgefährdungen durch Spezialisierung *Ellwein*, Gesetzgebung (Fn. 50), S. 1093 (1114): „Spezialisierung bedeutet immer einen Rückzug aus der Öffentlichkeit."
[82] Grundrechtliche Zitiergebote: Art. 19 Abs. 1 S. 2 GG (hierzu *BVerfGE* 120, 274 [343f.]), Art. 5 Abs. 2 S. 3 BrandenbVerf, Art. 37 Abs. 1 S. 2 SachsVerf, Art. 20 Abs. 1 S. 2 SachsAnhVerf, Art. 42 Abs. 3 S. 2 ThürVerf; verordnungsrechtliche Zitiergebote: Art. 80 Abs. 1 S. 3 GG, Art. 61 Abs. 1 S. 3 BadWürttVerf, Art. 64 Abs. 1 S. 3 BerlinVerf, Art. 80 S. 3 BrandenbVerf, Art. 53 Abs. 2 S. 1 HambVerf, Art. 57 Abs. 1 S. 3 MecklenbVorpVerf, Art. 43 Abs. 2 S. 1 NiedersachsVerf, Art. 70 S. 3 NWVerf, Art. 110 Abs. 1 S. 3 RheinlPfalzVerf, Art. 104 Abs. 1 S. 3 SaarlVerf, Art. 75 Abs. 1 S. 3 SachsVerf, Art. 79 Abs. 1 S. 3 SachsAnhVerf, Art. 38 Abs. 1 S. 3 SchlHolVerf, Art. 84 Abs. 1 S. 3 ThürVerf.

(normimmanent) seine Widerspruchsfreiheit und Konsistenz[83] und (normtranszendent) die Gegenstands- oder Sachangemessenheit des Gesetzes,[84] und schließlich – teilweise konstitutionalisiert – seine Allgemeinheit.[85]

3. Koordinationsfunktion

Immer weniger werden die anderen Rechtsetzungsformen vom Gesetz, immer häufiger wird das Gesetz von den anderen Rechtsetzungsformen her bestimmt.[86] Denn die Verbandskompetenzen der Gesetzgeber schrumpfen, und innerhalb der Zuständigkeitskorridore sinken ihre Gestaltungsfreiheiten: durch die zunehmenden Vorgaben höherrangiger Rechtsschichten[87] ebenso wie durch – vermeintliche oder wirkliche – technische Sachzwänge, die sich im exekutiven Recht niederschlagen.[88] So ist die Rechtsverordnung, Form „des rechtspraktischen Kompromisses",[89] in der Praxis dominant[90] und in der Wissenschaft hoffähig[91] geworden. Gesetzgebung nimmt häufig nachvollziehenden – ratifizierenden, transformierenden oder kontrollierenden – Charakter an,[92] der Gesetz-

13

---

[83] N. zur Systemtreue bei *Uwe Kischel*, Systembindung des Gesetzgebers und Gleichheitssatz, AöR, Bd. 124 (1999), S. 174 (175 Fn. 2).

[84] Normativ relevant z.B. im Prüfungselement „Eignung" als Teil des Verhältnismäßigkeitsgrundsatzes.

[85] → Rn. 21.

[86] Vgl. die überzeugende Einschätzung von *Saurer*, Rechtsverordnung (Fn. 35), S. 188: Rechtsverordnung als „quantitativ und qualitativ-funktional dominierende Rechtsform". Tendenziell a.A. *Horst Dreier*, Hierarchische Verwaltung im demokratischen Staat. Genese, aktuelle Bedeutung und funktionelle Grenzen eines Bauprinzips der Exekutive, 1991, S. 160.

[87] In der ersten Phase des Öffentlichen Rechts der Bundesrepublik vor allem das nachdrücklich entfaltete Bundesverfassungsrecht; in der zweiten Phase Europa- und Völkerrecht, hierzu *Rainer Wahl*, Die zweite Phase des öffentlichen Rechts in Deutschland: die Europäisierung des öffentlichen Rechts, Der Staat, Bd. 38 (1999), S. 495 ff. – Zur gemeinschaftsrechtlichen Veranlassung von Gesetzgebungsakten: *Michael F. Feldkamp*, Datenhandbuch zur Geschichte des Deutschen Bundestages 1994 bis 2003, Baden-Baden 2005, S. 601 f. (sowie http://www.bundestag.de/bic/dbuch/Datenhandbuch.pdf); *Annette E. Töller*, Dimensionen der Europäisierung – Das Beispiel des Deutschen Bundestags, in: ZParl 2004, S. 25 (30 ff.); *Dietrich Murswiek*, Der Europabegriff des Grundgesetzes, in: FS Georg Ress, 2005, S. 657 (677) m.w.N. – Auch die Normsetzungstätigkeit der Union ihrerseits ist partiell „von außen" determiniert; so sollen sich 30% der Rechtsetzungsinitiativen der Kommission aus internationalen Verpflichtungen der EU ergeben: BMI (Hrsg.), Der Mandelkern-Bericht. Auf dem Weg zu besseren Gesetzen (Abschlussbericht vom 13. November 2001), 2002, S. 66.

[88] Hierzu z.B. *Fritz Ossenbühl*, Die Not des Gesetzgebers im naturwissenschaftlich-technischen Zeitalter, 2000, insbes. S. 11 ff.; krit. *Saurer*, Rechtsverordnung (Fn. 35), S. 208 ff. u.ö.

[89] *Saurer*, Rechtsverordnung (Fn. 35), S. 438. Instruktiv der Hinweis auf die Ventilfunktion der Rechtsverordnungsermächtigung, wo das Gesetz zum Formelkompromiss gerät (*Saurer*, a.a.O., S. 439).

[90] Während die Zahl der pro Legislaturperiode verkündeten Gesetze über die Legislaturperioden etwa konstant blieb, hat sich die Zahl der jeweils verkündeten Rechtsverordnungen in der dreizehnten gegenüber der ersten Legislaturperiode verdoppelt (*Hans Schneider*, Gesetzgebung, 3. Aufl. 2002, nach Rn. 156). Hinzu kommen die zahlreichen Rechtsverordnungen des (Artikel-)Gesetzgebers; zu ihnen sehr krit. *Paul Kirchhof*, in: ders. (Hrsg.), EStG, 9. Aufl. 2010, § 51 Rn. 15 ff. (Qualifikation als Gesetze); → Rn. 80.

[91] Zur bisherigen „Verordnungsphobie der deutschen Staatsrechtslehre" *Fritz Ossenbühl*, Gesetz und Verordnung im gegenwärtigen Staatsrecht, in: Gunnar Folke Schuppert (Hrsg.), Das Gesetz als zentrales Steuerungsinstrument, S. 27 (32); *ders.*, Gesetz und Verordnung im gegenwärtigen Staatsrecht, in: ZG, Bd. 12 (1997), S. 305 (309).

[92] Das Bild vom „Gesetzgeber in der Klemme" drängt sich auf – einer Klemme nicht nur zwischen polaren verfassungsrechtlichen Vorgaben (vgl. *Karl-Eberhard Hain*, Der Gesetzgeber in der Klemme

geber wird vom Gestalter zum Vermittler.[93] Anstelle von Gestaltung „in normativer Freiheit"[94] erhält das **Gesetz als Koordinationsmittel** die Aufgabe der Verarbeitung vielfältiger konkurrierender und konfligierender Vorgaben. Dies gilt auch diachron: Denn das typische Gesetz ist derzeit das Änderungsgesetz.[95] Dieser Wandel des Anforderungsprofils nimmt dem Gesetz nichts von seiner Dignität,[96] doch muss er verarbeitet werden.[97]

4. Informations- und Kommunikationsfunktion

14   Während die Anreizfunktion des Gesetzes stets viel Aufmerksamkeit gefunden hat, scheinen seine (vorgelagerten) Dimensionen von **Information und Kommunikation** selbstverständlich.[98] Sie sind es nicht. Insbesondere stellt die Verkündung des Gesetzes für sie nur eine notwendige Bedingung dar. Denn in Zeiten mehrdimensionaler Ausdehnung des Rechts, seiner Ausdifferenzierung in Ebenen und seiner Binnenverdichtung kann Kenntnis der Adressaten von den Einzel- und Gesamtanforderungen der Gesetze, erst recht ihr Verständnis nicht einfach unterstellt werden.[99] Die gegenseitigen Überlagerungen verwaltungsrechtlicher Gesetze und die Mediatisierung durch exekutives Recht und Verwaltungsvorschriften bewirken Informationsverluste, die bis zur Unanwendbarkeit eines Gesetzes führen können. Steuerungsprobleme haben daher neben ihrer bekannten volitiven auch eine weniger beachtete kognitive Dimension. Eine **„soziale Epistemologie"**[100] muss sich daher der Parlamentsgesetze als Informationsverarbeiter und -träger, als Kommunikationsergebnis und Kommunikationsmittel annehmen.[101]

---

zwischen Übermaß- und Untermaßverbot, in: DVBl 1993, S. 982), sondern auch zwischen Anforderungen „von oben" (durch übergeordnetes Recht) und „von unten" (durch Sachzwänge).

[93] → Rn. 86.

[94] So die appellative Formel des Bundesverfassungsgerichts: *BVerfG*, NJW 2005, S. 2289 (2296) – Europäischer Haftbefehl; ferner abw. M. *Broß*: „in völliger normativer Freiheit" (S. 2298).

[95] Vgl. *Ellwein*, Gesetzgebung (Fn. 50), S. 1093 (1116) für das nw. Landesrecht; *Michael Kloepfer*, Der Vorbehalt des Gesetzes im Wandel, JZ 1984, S. 685 (688 f.); *Erika Müller*, Gesetzgebung im historischen Vergleich. Ein Beitrag zur Empirie der Staatsaufgaben, 1989, S. 163, 168; *v. Beyme*, Gesetzgeber (Fn. 4), S. 63; *Christoph Gusy*, Was bewirken Gesetze? Zusammenfassende Thesen, in: Hagen Hof/Gertrude Lübbe-Wolff (Hrsg.), Wirkungsforschung zum Recht I, 1999, S. 289 (290); *Thilo Brandner*, Gesetzesänderung. Eine rechtstatsächliche und verfassungsrechtliche Untersuchung anhand der Gesetzgebung des 13. Deutschen Bundestages, 2004, S. 2 f.

[96] Vgl. z. B. die Beschreibung des UGB-KomE als „Delegationsgesetz" und „Umsetzungsgesetz" bei *Peter-Christoph Storm*, Umweltgesetzbuch (UGB-KomE): Einsichten in ein Jahrhundertwerk, NVwZ 1999, S. 35 (39 f.). Kritischer *Rainer Pitschas*, Diskussionsbeitrag, in: Schuppert (Hrsg.), Gesetz (Fn. 91), S. 74.

[97] → Rn. 109 ff.

[98] Zum „Recht als Kommunikationsform" *Rainer Pitschas*, Allgemeines Verwaltungsrecht als Teil einer öffentlichen Informationsordnung, in: Hoffmann-Riem/Schmidt-Aßmann/Schuppert (Hrsg.), Reform, S. 219 (228).

[99] In Teilbereichen von der Lehre immer schon erörtert (vgl. etwa für das Steuerrecht die Qualifikation des Geflechts aus Gesetzen, Verwaltungsvorschriften und Gerichtsentscheidungen als „Informationslawine" bei *Klaus Tipke*, Die Steuerrechtsordnung, Bd. 3, 1993, S. 1470), scheint nun auch die Rspr. das Problem aufzugreifen, etwa BVerfGE 102, 254 (337); 110, 33 (61 ff.). – Zur Erkennbarkeit des Rechts, insbes. im Öffentlichen Recht, *Andreas v. Arnauld*, Die Rechtssicherheit. Perspektivische Annäherungen an eine *idée directrice* des Rechts, 2006, S. 167 ff.

[100] *Ladeur*, Kritik (Fn. 41), S. 27 ff.

[101] → Rn. 111.

III. Facetten des Parlamentsgesetzes

1. Heterogenität der Gesetze

a) Gesetzesformen im Grundgesetz

Das Gesetz im formellen Sinne[102] ist in der grundgesetzlichen Ordnung **inhaltsindifferent**[103] und damit außerordentlich **vielgestaltig**. Bei typologischer Betrachtungsweise[104] lassen sich unterscheiden

– nach der Normstufe: verfassungsändernde und „einfache" Gesetze, unter ihnen wiederum Grundlagengesetze, Grundsätzegesetze, Rahmengesetze und Maßstäbegesetze[105] sowie Vollzugsgesetze;[106] ferner Gesetze mit Verordnungsrang[107] und verordnungsvertretende[108] sowie satzungsvertretende[109] Gesetze,

– nach dem Regelungsinhalt: Organisations- und Verfahrensgesetze, Vertragsgesetze, Kollisionsrecht[110] und Sachgesetze; unter die letzteren fallen Eingriffsgesetze, Eingriffsgrundlagen, Leistungsgesetze, Leistungsversprechungsgesetze[111] und Statusgesetze[112],

---

[102] Seltener spricht das GG vom Gesetz im materiellen Sinne, so z. B. in Art. 20 Abs. 3 (→ Rn. 74); 20a; 93 Abs. 1 Nr. 4b; 97 Abs. 1; im Plural: Art. 14 Abs. 1 S. 2; 28 Abs. 2 S. 1, 2; 83ff.; 86; 93 Abs. 1 Nr. 4b; 97 Abs. 2 S. 1; ferner Art. 101 Abs. 1 S. 2; 140 i. V. m. Art. 138 Abs. 1 S. 1 WRV und Art. 139 WRV; synonym insoweit: „Rechtsvorschriften" (Art. 80a; Art. 129); „Recht" (Art. 117 Abs. 1; Art. 123 ff.); „Bundesrecht" (Art. 25 S. 1; Art. 31; Art. 93 Abs. 1 Nr. 2, 3; Art. 100 Abs. 2; Art. 124 ff.; Art. 129). – Für einen einheitlichen Gesetzesbegriff des Grundgesetzes *Hesse,* Grundzüge, Rn. 506 f., der offenbar einen pejorativen Begriff des formellen Gesetzes unterstellt. – Zur Lehre vom doppelten Gesetzesbegriff: *Ernst-Wolfgang Böckenförde,* Gesetz und gesetzgebende Gewalt, 2. Aufl. 1981, S. 226 ff.; *Christian Starck,* Der Gesetzesbegriff des Grundgesetzes, 1970, S. 77 ff., insbes. S. 89 ff.

[103] Es lässt sich (in Anlehnung an Art. 63 Abs. 2 der Verfassung des Landes Hessen v. 1. 12. 1946, GVBl I, S. 229, zuletzt geändert durch G v. 18. 10. 2002, GVBl I, S. 626 ff.) definieren als eine von Volk oder Volksvertretung beschlossene allgemeinverbindliche Anordnung. Materiell aufgeladen bei *Starck,* Gesetzesbegriff (Fn. 102), S. 241: „ein in einem besonders qualifiziertem Verfahren erzeugter grundlegender und wichtiger Rechtssatz." – Wenn formelle Begriffsbestimmungen immer wieder auf Kritik stoßen (etwa bei *Friedrich A. v. Hayek,* Recht, Gesetz und Freiheit, 2003, S. 408; *Albert Janssen,* Über die Grenzen des legislativen Zugriffsrechts, 1990, S. 45 ff.), dann in Verkennung der Tatsache, dass eine formelle Definition auch den Sinn hat, mehr Rechtsakte zum Gegenstand von materiellen, insbes. von Rechtmäßigkeitsanforderungen zu machen.

[104] Zu Sinn und Kriterien einer Gesetzestypologie für das Grundgesetz sowie mit Pioniervorschlägen: *Schulze-Fielitz,* Theorie (Fn. 11), S. 39 ff.; für eine differenzierte Gesetzestypenlehre auch *Winfried Brohm,* Situative Gesetzesanpassung durch die Verwaltung, NVwZ 1988, S. 794; weiterführend *Hoffmann-Riem,* Gesetz (Fn. 77), S. 5 (49).

[105] → Rn. 106.

[106] Zur Diskussion um die Gesetze über die kommunale Gebietsreform: *Fritz Ossenbühl,* Rechtliches Gehör und Rechtsschutz im Eingemeindungsverfahren, DÖV 1969, S. 548 ff.; *Günter Püttner,* Unterschiedlicher Rang der Gesetze?, DÖV 1970, S. 322 ff.; *Rüdiger Breuer,* Selbstbindung des Gesetzgebers durch Programm- und Plangesetze?, DVBl 1970, S. 101 ff.

[107] So Artikelgesetze, die Rechtsverordnungen unter „Rückkehr zum einheitlichen Verordnungsrang" ändern; hierzu näher unten → Rn. 80.

[108] Vgl. Art. 80 Abs. 4 GG, hierzu z. B. *Peter Schütz,* Der neue Art. 80 IV GG – Gesetzgebung an Verordnungs Statt, NVwZ 1996, S. 37 ff.; *Edgar Wagner/Lars Brocker,* Das „verordnungsvertretende Gesetz" nach Art. 80 IV GG, NVwZ 1997, S. 759 ff.

[109] Vgl. die Öffnungsklausel in § 246 Abs. 2 BauGB.

[110] → Bd. I *Ruffert* § 17 Rn. 169.

[111] Begriff und Beispiel bei *Franz-Joseph Peine,* Systemgerechtigkeit. Die Selbstbindung des Gesetzgebers als Maßstab der Normenkontrolle, 1985, S. 168.

[112] Z. B. die Beamten-, Richter- und Ministergesetze sowie das Gesetz zur Ausgestaltung der Rechte der Sorben (Wenden) im Land Brandenburg (Sorben [Wenden]-Gesetz nach Art. 25 BrandenbVerf).

- nach dem Abstraktionsgrad: Regelungen von großer Allgemeinheit, Einzelfallgesetze, Einzelbereichsgesetze,[113] Maßnahmegesetze, Planungsgesetze[114] und Kodifikationen,[115]
- nach dem Regelungsimpuls: gestaltende und reagierende Gesetzgebung,[116]
- nach der Regulierungsdichte: Detailregelungen und Generalklauseln[117] bzw. kompakte und diffuse Normen,[118]
- nach den Adressaten: Gesetze, die primär Private adressieren,[119] und solche, die sich zunächst an Träger der öffentlichen Gewalt richten;[120] dabei wird für verwaltungsadressierende Gesetze je nach Determinationsgrad die Auffächerung in „Gesetzesbefehl", „Gesetzesauftrag", „gesetzliche Handlungsermächtigung" und „gesetzliche Grenzbestimmung" vorgeschlagen,[121]
- nach der Umsetzungsbedürftigkeit: nicht vollzugsbedürftige Gesetze und vollzugsbedürftige Gesetze, ferner autonome Gesetze und solche, die der Einbettung in untergesetzliche Regelungen bedürfen, sowie Gesetze, die das Handeln des staatlichen oder des privaten Beteiligten im Kooperationsverbund regeln,
- nach der Regelungswirkung: effektive, suggestive und symbolische Gesetze,[122]
- nach dem Regelungsmodus: Konditional-, Final-[123] und Relationalprogramme sowie Programmkombinationen,[124]
- nach der (zeitlichen wie inhaltlichen) Priorität: Vorschalt-[125] und Leitgesetze sowie Folgegesetze, letztere unterfallen in Einführungsgesetze, Ausführungsgesetze, Verlängerungsgesetze, Ablösegesetze und Abwicklungsgesetze,[126]

---

[113] Begriff und Beispiele (schwerpunktartig aus dem Bereich des Staatsrechts) bei *Schulze-Fielitz,* Theorie (Fn. 11), S. 41 f.

[114] *Thomas Würtenberger,* Staatsrechtliche Probleme politischer Planung, 1979, S. 195 ff.

[115] → Rn. 22.

[116] *Brandner,* Gesetzesänderung (Fn. 95), S. 94 ff.; Fallgruppen reagierender Gesetzgebung: Verfassungsgebotene Gesetze, Gesetze zur Umsetzung internationaler Vereinbarungen, Gesetze als Reaktion auf die Rspr. des *BVerfG* und des *EuGH;* Gesetze als unmittelbare Reaktion auf äußere Ereignisse ökonomischer oder gesellschaftlicher Natur, rechtsprechungsbedingte Gesetzgebung, kursbestätigende, -modifizierende oder -umsteuernde Gesetzgebung.

[117] → Rn. 66.

[118] *Roman Herzog,* in: Maunz/Dürig, GG, Art. 20 VI (Vorkommentierung, Sept. 1980) Rn. 48.

[119] Ausgehend v. der nw. Gesetz- und Verordnungsgebung der Jahre 1978–1980 schätzt *Ellwein,* Gesetzgebung (Fn. 50), S. 1093 (1116), den Anteil der bürgeradressierenden Gesetze auf nur ein Drittel.

[120] Zu „Organgesetzen" *Albert v. Mutius,* Die Steuerung des Verwaltungshandelns durch Haushaltsrecht und Haushaltskontrolle, VVDStRL 42 (1984), S. 147 (162). Vgl. auch *Manfred Rehbinder,* Rechtssoziologie, 7. Aufl. 2009, Rn. 180: Primärnormen (Handlungsnormen) vs. Sekundärnormen (Entscheidungsnormen und Verwaltungsnormen); offenbar in Anlehnung an *Herbert L. A. Hart,* The Concept of Law, 1961, S. 89 ff.

[121] *Winfried Brohm,* Verwaltung und Verwaltungsgerichtsbarkeit als Steuerungsmechanismen, DÖV 1987, S. 265 (270); ähnlich *ders.,* Alternative Steuerungsmöglichkeiten, in: Hermann Hill (Hrsg.), Zustand und Perspektiven der Gesetzgebung, 1989, S. 217 (229 f.).

[122] Vgl. *Rehbinder,* Rechtssoziologie (Fn. 120), Rn. 205; *Rainer Hegenbarth,* Symbolische und instrumentelle Funktionen moderner Gesetze, ZRP 1981, S. 201 ff.; zur – von symbolischen Gesetzen unterschiedenen – symbolischen Gesetzgebung vgl. den gleichnamigen Beitrag von *Harald Kindermann,* in: Jahrbuch für Rechtssoziologie und Rechtstheorie, Bd. 13 (1988), S. 222 ff.

[123] → Bd. I *Franzius* § 4 Rn. 13 ff.

[124] *Georg Müller,* Elemente einer Rechtssetzungslehre, 1999, S. 47 f. m. w. N.

[125] Zu ihnen *Peine,* Systemgerechtigkeit (Fn. 111), S. 167 f.

[126] *Schulze-Fielitz,* Theorie (Fn. 11), S. 52 f., der auch die Vertragsgesetze zu den Folgegesetzen zählt. Diese Qualifikation erscheint problematisch, weil kein anderes Gesetz (sondern ein völkerrechtlicher Vertrag) den Leitakt darstellt.

– nach dem Regelungsimpetus: Initialgesetze (erstmalig positivierende Gesetze), Änderungs-[127] bzw. „Anpassungsgesetze"[128] sowie periodische Gesetze (Haushaltsgesetze u. a.),
– und, damit in Zusammenhang stehend, nach der Geltungsdauer: Dauergesetze und befristete oder Zeitgesetze, insbesondere Experimentiergesetze.[129]

Kurz: Der Begriff des Gesetzes verheißt eine Homogenität, die Verfassungsrecht und Staatspraxis nicht einlösen.[130] Keine Rechtsetzungsform ist so heterogen wie das Parlamentsgesetz.

b) Gesetzesformen in den Landesverfassungen

Dieser Befund wird auf der Ebene der Landesverfassungsrechte[131] bestätigt. **16** So wird der Begriff des Gesetzes auch hier teils materiell,[132] teils formell verwendet.[133] Das Landesgesetz ist freilich nicht auf das Parlamentsgesetz reduziert, sondern schließt **Volksgesetze** ein.[134] Insofern lässt sich das förmliche Gesetz als „eine vom Volk oder von der Volksvertretung beschlossene allgemeinverbindliche Anordnung"[135] definieren. Das Element einseitig-hoheitlicher Setzung tritt hervor, wenn das „Gesetz" als Gegenbegriff zu kooperativer[136] oder gewohnheitsrechtlicher[137] Rechtsbegründung gebraucht wird. In der Folge der Unterscheidung von Landtags- und Volksgesetzen bereichern die plebiszitären Elemente in den Landesverfassungen die Typologie des formellen Gesetzes um

---

[127] Zu ihnen *Brandner,* Gesetzesänderung (Fn. 95), *passim.*
[128] *Schulze-Fielitz,* Theorie (Fn. 11), S. 47 (Euphemismus), 65 (Gegenbegriff zum „Gestaltungsgesetz").
[129] Zu ihnen *Luzius Mader,* Experimentelle Gesetzgebung, in: Gesetzgebungstheorie und Rechtspolitik, Jahrbuch für Rechtssoziologie und Rechtstheorie, Bd. 13 (1988), S. 211 ff.; *Hans-Detlef Horn,* Experimentelle Gesetzgebung unter dem Grundgesetz, 1989; *Wolfgang Hoffmann-Riem,* Experimentelle Gesetzgebung, in: FS Werner Thieme, 1993, S. 55 ff.
[130] *Schulze-Fielitz,* Theorie (Fn. 11), S. 72, spricht von einer „Zerfaserung eines einheitlichen Gesetzesverständnisses. Es kann selbst *den* Gesetzesbegriff nicht mehr geben, der auf eine bestimmte konkrete, allen Gesetzen gemeinsame Eigenart abstellen will."
[131] Diese bilden nicht nur konkrete Maßstäbe für einen beachtlichen Teil des einfachen Gesetzesrechts, sondern auch eine Kontrollfolie, einen Fundus verfassungsrechtlicher Problemlösungsvorschläge und – je nach Perspektive – eine Verlustliste.
[132] Deutlich Art. 57 Abs. 1 BadWürttVerf, Art. 63 Abs. 1 S. 1, Abs. 2 S. 1 NWVerf; Art. 4 HessVerf; wie Art. 97 Abs. 1 GG etwa Art. 65 Abs. 2 BadWürttVerf; Art. 85 BayVerf; ferner Art. 99 S. 2, 101, 117, 118 Abs. 1, 5 BayVerf; vgl. auch Art. 33a BayVerf; Art. 87 Abs. 1 S. 1 NWVerf.
[133] Explizit z. B. in Art. 139 Abs. 2 S. 2, 141 S. 2 HessVerf; ferner Art. 70 BayVerf. Sonst ergibt sich der Charakter als formelles Gesetz meist unzweideutig aus dem Kontext.
[134] Z. B. Art. 72 Abs. 1 BayVerf; Art. 59 Abs. 3 BadWürttVerf (anders das Neugliederungsgesetz nach Art. 29 Abs. 2 S. 1 GG). – Das gubernative Gesetz ist demgegenüber den deutschen Rechtsordnungen fremd; vgl. dagegen Art. 82 spanVerf, Art. 76 ital. Verf.; hierzu *v. Bogdandy,* Gubernative Rechtsetzung (Fn. 68), S. 251 ff.
[135] Vgl. die Bestimmung des Schrankengesetzes in Art. 63 Abs. 2 HessVerf: „Gesetz im Sinne solcher grundrechtlicher Vorschriften ist nur eine vom Volk oder von der Volksvertretung beschlossene allgemeinverbindliche Anordnung, die ausdrückliche Bestimmungen über die Beschränkung oder Ausgestaltung des Grundrechts enthält. Verordnungen, Hinweise im Gesetzestext auf ältere Regelungen sowie durch Auslegung allgemeiner gesetzlicher Ermächtigungen gewonnene Bestimmungen genügen diesen Erfordernissen nicht."
[136] So bereits Art. 138 Abs. 1 S. 1 WRV (auch i. V. m. Art. 140 GG); fast wortgleich Art. 52 HessVerf („Gesetz, Vertrag oder besonderen Rechtstiteln"); Art. 145 BayVerf; ähnlich Art. 7 Abs. 2, 3 BadWürttVerf; Art. 50 Abs. 1 HessVerf.
[137] Art. 2 Abs. 1 S. 1 HambVerf: „durch Herkommen und Gesetz".

§ 9 Das Parlamentsgesetz als Steuerungsmittel und Kontrollmaßstab

die Dichotomie finanzwirksamer und nicht finanzwirksamer Gesetze.[138] Ferner unterscheiden einige Landesverfassungen nach der für die Verabschiedung erforderlichen Mehrheit.[139] Von punktuellen Ausnahmen abgesehen,[140] findet sich die ganze Breite der auf Bundesebene begegnenden Gesetzestypen auch auf Landesebene.

c) Gesetz im europäischen Verfassungsrecht

17 Dass das geltende Primärrecht den Begriff des „Gesetzes" bemüht vermeidet,[141] entbindet bei einem „sich evolutionär entwickelnde[n] Gegenstand" wie den europarechtlichen Handlungsformen[142] nicht von einer weiteren Vergewisserung, zumal schon bisher die intensive **Rechtsetzungstätigkeit** der Gemeinschaftsorgane **funktionell Gesetzgebung**[143] darstellte, d.h. eine der zentralisierten mitgliedstaatlichen Normsetzung funktional äquivalente Produktion von rechtlichen Handlungs- und Kontrollmaßstäben, und das Primärrecht nun bewusst den Begriff „Gesetzgebung" übernimmt.[144]

18 Unter den von Art. 288 AEUV nicht erschöpfend[145] aufgezählten Rechtsetzungsformen hat vor allem die **Verordnung** bestimmte Züge des formellen Gesetzes.[146] Sie ist die Rechtsetzungsform, die „virtuell ‚alles' kann, was in der Rechtsmacht der Union steht".[147] Ihre Qualifizierung als „Europäisches Gesetz"[148]

---

[138] Vgl. Art. 60 Abs. 6 BadWürttVerf; Art. 76 Abs. 2 BrandenbVerf; Art. 70 Abs. 2 BremVerf; Art. 124 Abs. 1 S. 3 HessVerf; Art. 60 Abs. 2 S. 1 MecklenbVorpVerf; Art. 48 Abs. 1 S. 3 NiedersachsVerf; Art. 68 Abs. 1 S. 4 NWVerf; Art. 109 Abs. 3 S. 2 RheinlPfalzVerf; Art. 99 Abs. 1 S. 3 SaarlVerf; Art. 73 Abs. 1 SachsVerf; Art. 41 Abs. 2 SchlHolVerf; Art. 68 Abs. 2 (Bürgerantrag) und Art. 82 Abs. 2 ThürVerf; ähnlich Art. 73 BayVerf (nach BayVerfGHE 29, 244 [267 ff.] extensiv zu interpretieren). Zu Finanzausschlussklauseln näher *Christian Waldhoff*, Finanzwirtschaftliche Entscheidungen in der Demokratie, in: Bertschi u.a. (Hrsg.), Demokratie (Fn. 29), S. 181 (191 ff., 197 ff.).

[139] Vgl. etwa Art. 15 Abs. 2 BadWürttVerf; Art. 19 Abs. 2 SaarlVerf.

[140] So wird der Haushaltsplan in Hamburg nicht durch Gesetz, sondern „durch Beschluss der Bürgerschaft" festgestellt, Art. 66 Abs. 2 S. 1 HambVerf (vgl. dazu § 58 Abs. 2 S. 3 HGrG; *Klaus David*, Verfassung der Freien und Hansestadt Hamburg, 2. Aufl. 2004, Art. 66 Rn. 26 ff.).

[141] Art. 289 Abs. 3 AEUV: „Rechtsakte, die gemäß einem Gesetzgebungsverfahren angenommen werden, sind Gesetzgebungsakte"; näher zum „inkonsequente[n] Umgang" mit dem Gesetzesbegriff → Bd. I *Ruffert* § 17 Rn. 39.

[142] *Jürgen Bast*, Handlungsformen, in: v. Bogdandy (Hrsg.), Europäisches VerfR, 1. Aufl. 2003, S. 479 (492).

[143] Vgl. z.B. Art. 207 Abs. 3 UAbs. 2 S. 2, 4 EGV: Rat „als Gesetzgeber/acting in its legislative capacity/agissant en sa qualité de législateur"; vom „Gemeinschaftsgesetzgeber" sprach der *EuGH* in std. Rspr., z.B. Rs. 25/70, Slg. 1970, 1161, Rn. 26; Rs. C-315/93, Slg. 1993, I-913, Rn. 24 ff.; Rs. C 212/91, Slg. 1994, I-171, Rn. 28, 39; ebenso verb. Rs. C-20/00 und C-64/00, Slg. 2003, I-7411, Rn. 58, 85 (für den Richtliniengeber). Die Rede vom „Gemeinschaftsgesetzgeber" hatte nicht nur terminologische Bedeutung, sondern erleichterte dem *EuGH* auch die Reduktion der Kontrolldichte (→ Fn. 159).

[144] Art. 12 lit. a EUV: „Gesetzgebungsakten der Union"; Art. 14 EUV: „Das Europäische Parlament wird gemeinsam mit dem Rat als Gesetzgeber tätig [...]."; Art. 289 AEUV: ordentliches und besonderes „Gesetzgebungsverfahren" etc.

[145] *Bast*, Handlungsformen und Rechtsschutz, in: v. Bogdandy/Bast (Hrsg.), Europäisches VerfR, S. 489 (545).

[146] So für die alte Rechtslage *Bernd Biervert*, in: Schwarze (Hrsg.), EU, Art. 249 EG Rn. 17: „kann als ‚europäisches Gesetz' bezeichnet werden"; vgl. auch *Bast*, Handlungsformen (Fn. 145), S. 543, der vom „gesetzesgleichen Wirkungsmodus" der Verordnung spricht. Näher → Bd. I *Ruffert* § 17 Rn. 34.

[147] *Bast*, Handlungsformen (Fn. 145), S. 544.

[147] → Bd. I *Ruffert* § 17 Rn. 3.

[148] So dann Art. I-32 Abs. 1, I-33 VVE (European Law/loi européenne/legge europea); → Bd. I *Ruffert* § 17 Rn. 39.

A. Funktionen und Facetten des Parlamentsgesetzes

verhinderte anfangs „das Gewaltenteilungsdogma mit seiner Zuordnung des Gesetzes zu einem parlamentarischen Erlassverfahren",[149] im Lissabon-Vertrag dann die politische Notwendigkeit „semantische[r] Abrüstung".[150] Immerhin durchläuft die Verordnung in der Regel[151] ein semiparlamentarisches,[152] insbesondere öffentliches (Art. 16 Abs. 8 EUV, Art. 15 Abs. 2 AEUV) Verfahren (i.d.R. nach Art. 294 AEUV), wird begründet (Art. 296 UAbs. 2 AEUV) und verkündet (Art. 297 Abs. 1 AEUV). Ihr Anspruchsprofil kommt damit in Rationalität, Publizität, Stabilität und teilweise in parlamentarischer Dignität dem des förmlichen Gesetzes nahe.[153] Wie das mitgliedstaatliche Gesetz ist auch die Verordnung weniger durch inhaltliche Generalität[154] als durch Multifunktionalität[155] gekennzeichnet. Die gesetzescharakteristische hierarchische Placierung zwischen Verfassungsrecht und exekutivem Recht weist die Verordnung auf: Sie unterliegt dem Primärrecht als potentieller Prüfungsgegenstand[156] und ist zwar nicht der Richtlinie,[157] wohl aber delegierten Verordnungen nach Art. 290 AEUV und Durchführungsverordnungen nach Art. 291 AEUV übergeordnet.[158] Ein weiter Ermessensspielraum soll dem Unionsgesetzgeber freilich gegenstandsbezogen, nicht handlungsformabhängig zukommen.[159] Das Unionsrecht fixiert keine mi-

---

[149] *Bast*, Handlungsformen (Fn. 145), S. 496.

[150] So die drastische Formel bei *Bast*, Handlungsformen (Fn. 145), S. 546.

[151] Dies gilt z. B. nicht für die Verordnungen der EZB, vgl. Art. 132 Abs. 1 AEUV.

[152] Zur Einordnung der EU als „semi-parlamentarische Demokratie" *Philipp Dann*, Die politischen Organe, in: v. Bogdandy/Bast (Hrsg.), Europäisches VerfR, S. 335 (384 f.).

[153] So für die im Mitentscheidungsverfahren beschlossenen Akte *Herwig Hofmann*, Normenhierarchien im europäischen Gemeinschaftsrecht, 2000, S. 113 ff.

[154] „Allgemeine Geltung" (Art. 288 Abs. 2 S. 1 AEUV) bezeichnet den *Geltungs*anspruch der Rechtsetzungsform, keinesfalls aber den *Regelungs*anspruch im Sinne eines notwendigen Inhalts der Verordnung. Einzelfallverordnungen sind mithin zulässig.

[155] Beispiele für vom *EuGH* akzeptierte Verordnungsfunktionen bei *Bast*, Handlungsformen (Fn. 145), S. 497: Genehmigung von Abkommen, Erlass interner Regularien, autonome Vertragsänderungen.

[156] Zur geringeren Hierarchisierung zwischen Primär- und Sekundärrecht aber *Christoph Schönberger*, Normenkontrollen im EG-Föderalismus. Die Logik gegenläufiger Hierarchisierungen im Gemeinschaftsrecht, EuR 2003, S. 600 (601, 613 ff., 624 ff.); *Christoph Möllers*, Verfassunggebende Gewalt – Verfassung – Konstitutionalisierung, in: v. Bogdandy/Bast (Hrsg.), Europäisches VerfR, S. 227 (262 f.).

[157] So ändert – gelegentlich – nach der Gemeinschaftspraxis eine Richtlinie eine Verordnung ab, vgl. *Bast*, Handlungsformen (Fn. 145), S. 533. Gegen eine solche Derogation *Martin Nettesheim*, in: Grabitz/Hilf (Hrsg.), EU-/EG-Vertrag, Art. 249 EG Rn. 235; ein „wechselseitiges Derogationsvermögen von Akten in unterschiedlichen Handlungsformen" bekräftigt ausdrücklich *Bast*, Handlungsformen (Fn. 145), S. 533.

[158] So zur alten Rechtslage (Art. 202, 211 EGV) *Jacqueline Dutheil de la Rochère*, La hiérarchie des normes, in: Philippe Manin (Hrsg.), La Révision du Traité sur l'Union Européenne. Perspectives et réalités, 1996, S. 41 (46 f.) unter Verweis auf *EuGH*, Rs. C 212/91, Slg. 1994, I-00171. *Bast*, Handlungsformen (Fn. 145), S. 534 ff. betont, dass der Nachrang des Durchführungsrechts gegenüber dem Basisrechtsakt keine eigene Rangstufe (im Verhältnis zu dritten Rechtsakten) bedeutet.

[159] Für einen „weiten Ermessensspielraum" des „Gemeinschaftsgesetzgebers" in der Agrarpolitik z.B. *EuGH*, Rs. 138/78, Slg. 1979, 713, Rn. 7 (Verordnung); Rs. 179/84, Slg. 1985, 2301, Rn. 30 (Verordnung); verb. Rs. C-267/88–285/88, Slg. 1990, I-435, Rn. 14 (Verordnung); Rs. C-311/90, Slg. 1992, I-2061, Rn. 13 f. (Verordnung); C-315/93, Slg. 1995, I-913 Rn. 26 (Richtlinie); verb. Rs. C-20/00 und C-64/00, Slg. 2003, I-7411, Rn. 85 (Richtlinie); dem weiten Ermessen entspricht eine stark eingeschränkte Prüfungsdichte der Gerichte, vgl. *EuGH*, Rs. C-14/01, Slg. 2003, I-2279, Rn. 39: Prüfung auf „offensichtlichen Beurteilungsfehler oder Ermessensmissbrauch […] oder ob die Gemeinschaftsorgane die Grenze ihres Ermessens offensichtlich überschritten haben".

nimalen oder maximalen Regelungsdichten für die Verordnung im Verhältnis zu den anderen Rechtsetzungsformen.[160] Richtlinien- und Verordnungsvorbehalte finden sich nur gelegentlich.[161] Die **unionsrechtliche Handlungsformenindifferenz**[162] schlägt sich ferner darin nieder, dass auch der Rechtsschutz nicht an bestimmte Handlungsformen anknüpft.[163]

19 Zu den unionalen Gesetzgebungsakten zählt ferner die (Basis-)**Richtlinie**. Obwohl sie ihrem Leitbild nach in ihrer Verbindlichkeit doppelt eingeschränkt ist, nämlich nur die Mitgliedstaaten und diese nur hinsichtlich des zu erreichenden Ziels bindet (Art. 288 Abs. 3 AEUV),[164] weisen zahlreiche Richtlinien eine so hohe normative Dichte auf, dass sie dem Mitgliedstaat keinen nennenswerten Umsetzungsspielraum mehr lassen.[165] Dies ist – besonders im deutschen Schrifttum – immer wieder auf Kritik gestoßen,[166] die in Rechtsetzung und Rechtsprechung aber ohne Auswirkung geblieben ist.[167] Da Verordnung und Richtlinie ferner in keinem hierarchischen Verhältnis zueinander stehen,[168] hat auch die Richtlinie Züge eines Gesetzes; der VVE nannte sie konsequent „Rahmengesetz".

20 Nach wie vor von zentraler Bedeutung ist im europäischen Recht die Unterscheidung von Basisrechtsakt (Habilitationsakt) und habilitiertem Rechtsakt. Terminologisch stehen nun den „Gesetzgebungsakten" (Art. 289 Abs. 3 AEUV) die übrigen Rechtsakte gegenüber, namentlich delegierte (Art. 290 AEUV) und Durchführungsrechtsakte (Art. 291 AEUV). Waren den Basisrechtsakten bisher durch die Rechtsprechung die „wesentlichen Grundzüge der zu regelnden Materie" vorbehalten,[169] so treffen nun Art. 290 ff. AEUV ausdrückliche Regelungen: **Delegierte Rechtsakte** sind solche „ohne Gesetzescharakter mit allgemeiner Geltung zur Ergänzung oder Änderung bestimmter nicht wesentlicher Vorschriften des betreffenden Gesetzgebungsaktes" (Art. 290 Abs. 1 AEUV).[170] **Durchführungsrechtsakte** dienen der „Durchführung der verbindlichen Rechtsakte der Union" (Art. 291 Abs. 1 AEUV) und ergehen grundsätzlich durch die Mitgliedstaaten, nur ausnahmsweise durch die Union (Art. 291 Abs. 2 AEUV).[171] Delegierte und Durchführungsrechtsakte müssen explizit als solche gekenn-

---

[160] *Bast*, Handlungsformen (Fn. 142), S. 529.

[161] Richtlinienvorbehalte bspw. Art. 115, 116 UAbs. 2 AEUV; Verordnungsvorbehalte z. B. Art. 109, 118 UAbs. 2 S. 1 AEUV zugunsten der Ratsverordnung; Art. 45 Abs. 3 lit. d AEUV zugunsten der Kommissionsverordnung; Art. 261 AEUV für die Verordnung von Rat oder Rat und Parlament gemeinsam.

[162] „Unabhängigkeit der Handlungsformen von korrespondierenden Erlassorganen und -verfahren": *Bast*, Handlungsformen (Fn. 145), S. 536; exakter wäre von einer Indifferenz gegenüber den Rechtsformen des Unionshandelns zu sprechen; zur Unterscheidung von Handlungsform und Rechtsform → Bd. II *Hoffmann-Riem*, § 33 Rn. 9 ff. – Rechtspolitische Empfehlungen zur Instrumentenwahl: Mandelkern-Bericht (Fn. 87), S. 67.

[163] *Bast*, Handlungsformen (Fn. 145), S. 494; näher S. 515 ff. (522: „Formenblindheit des Systems von Rechtsschutz und Rechtskontrolle durch die Gemeinschaftsgerichte").

[164] Auch → Bd. I *Ruffert* § 17 Rn. 39.

[165] *Matthias Ruffert*, in: Calliess/Ruffert (Hrsg.), EUV/AEUV, Art. 288 Rn. 25.

[166] Monographisch *Kai H. Prokopf*, Das gemeinschaftsrechtliche Rechtsinstrument der Richtlinie, 2007, S. 66 ff.: zwingend reduzierte Regelungsintensität der Richtlinie.

[167] Für N. s. *Bast*, Handlungsformen (Fn. 145), S. 504 f.

[168] *Bast*, Handlungsformen (Fn. 145), S. 532 ff.

[169] EuGH, Rs. 25/70, Slg. 1970, 1161, Rn. 6; hierzu → Rn. 49.

[170] Näher → Bd. I *Ruffert* § 17 Rn. 81 f.

[171] → Bd. I *Ruffert* § 17 Rn. 83.

A. Funktionen und Facetten des Parlamentsgesetzes

zeichnet werden (Art. 290 Abs. 3, 291 Abs. 4 AEUV). An die Stelle einer vollständigen Hierarchisierung der Rechtsetzungsformen tritt in der Union damit namentlich der Gedanke abgeschichteter Problembewältigung durch gestufte Normkonkretisierung.[172]

2. Heterogenität der Leitbilder

Der Heterogenität des Gesetzes korrespondiert eine Heterogenität seiner Leitbilder. Unangefochten liegen dem Paradigma des Parlamentsgesetzes nach wie vor die Ideale von Rationalität und Publizität zugrunde. Stärker als bisher tritt jedoch in der bundesrepublikanischen Wahrnehmung die Instrumentalität des Gesetzes in den Vordergrund.[173] **Maßnahme- und Planungsgesetze,**[174] als Notwendigkeit der Industriegesellschaft verteidigt,[175] stehen unter dem Vorbehalt jederzeitiger Nach- oder Umsteuerung.[176] Infolgedessen schwindet mit ihrer Generalität auch ihre Stabilität (diachrone Allgemeinheit): Gesetzgebung erweist sich „als Teil des politischen Prozesses, nicht mehr als dessen jeweiliges Ende."[177] Diese Veränderungen rufen bewusste und unbewusste Gegenstrategien hervor. So geht mit der Destabilisierung des Gesetzesrechts eine materielle Bedeutungszunahme von Verfassung[178] und überstaatlichem Recht einher; auch werden verfassungsrechtliche Kontinuitätsgebote herausgearbeitet.[179] Mit der verringerten Allgemeinheit des Gesetzes (im geltenden Verfassungsrecht nur punktuell gefordert[180]

21

---

[172] *Bast*, Handlungsformen (Fn. 145), S. 537.

[173] Gesetzesbegriff und -wirklichkeit waren nie allein durch das Rechtsgesetz geprägt, vgl. z.B. *Hasso Hofmann*, Das Postulat der Allgemeinheit des Gesetzes, in: Christian Starck (Hrsg.), Die Allgemeinheit des Gesetzes, 1987, S. 9 ff.; *Horst Dreier*, in: ders. (Hrsg.), GG I, Art. 19 Abs. 1 Rn. 2; für das 19. Jh. etwa *Rolf Grawert*, Gesetzgebung im Wirkungszusammenhang konstitutioneller Regierung, in: Gesetzgebung als Faktor der Staatsentwicklung, Der Staat, Beiheft 7, 1984, S. 113 (insbes. 142 f.); ferner *Rainer Holtschneider*, Normenflut und Rechtsversagen. Wie wirksam sind rechtliche Regelungen?, 1991, S. 91 m.w.N. Aus der Verlustperspektive demgegenüber *Leisner*, Krise des Gesetzes (Fn. 70), S. 58 ff. – Zur Instrumentalität des Gesetzes *Fritz Ossenbühl*, Gesetz und Recht – Die Rechtsquellen im demokratischen Verfassungsstaat, in: HStR V, § 100 Rn. 22; ähnlich *Schulze-Fielitz*, Theorie (Fn. 11), S. 375 ff.; von „doppelter Instrumentalität" des (Wirtschafts-)Rechts als Organisationsrecht und Interventionsmedium spricht *Norbert Reich*, Markt und Recht, 1977, S. 64 ff.

[174] Zur Abgrenzung: *Würtenberger*, Staatsrechtliche Probleme (Fn. 114), S. 195 ff. Zum Maßnahmegesetz insbes. *Ernst Forsthoff*, Über Maßnahme-Gesetze, GS Walter Jellinek, 1952, S. 221 ff.; *Christian-Friedrich Menger*, Das Gesetz als Norm und Maßnahme, VVDStRL, Bd. 15 (1957), S. 3 ff.; zur Abgrenzung von Maßnahme- und Einzelfallgesetz: *Schneider*, Gesetzgebung (Fn. 90), Rn. 198. Den Begriff des Maßnahmegesetzes hält verfassungsrechtlich für irrelevant BVerfGE 25, 371 LS 1; dagegen *Janssen*, Grenzen (Fn. 103), S. 50.

[175] Z.B. von *Roman Herzog*, Allgemeine Staatslehre, 1971, S. 326.

[176] Vgl. *Ossenbühl*, Gesetz (Fn. 173), § 100 Rn. 23.

[177] *Ellwein*, Gesetzgebung (Fn. 50), S. 1093 (1119). Zur Rechtsverflüssigung → Rn. 100.

[178] Nach *Ulrich Scheuner*, Die Funktion des Gesetzes im Sozialstaat, in: FS Hans Huber, 1981, S. 127 (140), „findet die alte Forderung nach Beständigkeit und Sicherheit des Rechts in der höheren Ebene der Verfassung ihre Erfüllung." Dem entspricht die Beteiligung des Bundesverfassungsgerichts an der Gesetzgebung. Zur Funktion des BVerfG als Zweiter Kammer *Hans H. Rupp*, Zweikammersystem und Bundesverfassungsgericht, Ordo, Bd. 30 (1979), S. 95 (100).

[179] Etwa *Meßerschmidt*, Gesetzgebungsermessen (Fn. 11), S. 793 unter Verweis auf *Michael Kloepfer*, Vorwirkung von Gesetzen, 1974, S. 193 ff.; ders., Gesetzgebung im Rechtsstaat, VVDStRL, Bd. 40 (1982), S. 63 (86 f.); ähnlich *v. Arnim*, Staatslehre (Fn. 39), S. 57; undeutlich insoweit *Reinhold Zippelius*, Rechtsphilosophie, 5. Aufl. 2011, § 23 IV. Dagegen *Brandner*, Gesetzesänderung (Fn. 95), S. 302 ff. – Zur (rechtspolitisch) notwendigen Verstetigung des Gesetzesrechts → Rn. 101, 111.

[180] Vgl. die Allgemeinheitsgebote für grundrechtseinschränkende Gesetze: Art. 19 Abs. 1 S. 1 GG (hierzu mit Differenzierung zwischen dessen beiden Gliedern – verbindliches, aber nichtjustitiables

und vom Bundesverfassungsgericht zu lax gehandhabt[181]) geht eine verstärkte Prüfung nach allgemeinem Gleichheitssatz und Verhältnismäßigkeitsgrundsatz[182] einher. Diese Ersatzmaßstäbe haben eine grundlegend andere Funktion und Wirkungsweise, surrogieren aber doch partiell den weithin wegfallenden Prüfungsmaßstab der Allgemeinheit.[183] Befürworter einer Orientierung am klassischen **Rechtsgesetz** betonen seine sozialethische und freiheitsschützende Funktion[184] und heben den positiven Gestaltungsauftrag des Parlamentsgesetzgebers als Erstadressat zur Grundrechtskonkretisierung hervor.[185]

22   Auch auf gesetzestechnischer Ebene ist das Bild uneinheitlich. Der apodiktischen These, die Zeit der großen **Kodifikationen** sei vorbei,[186] stehen diametral entgegengesetzte Einschätzungen entgegen.[187] Für das Verwaltungsrecht spre-

---

Allgemeinheitsgebot und justitiables Einzelfallverbot – *Gregor Kirchhof*, Die Allgemeinheit des Gesetzes, 2009, S. 207 ff., 377 ff.); ferner Art. 37 Abs. 1 S. 1 SachsVerf; Art. 20 Abs. 1 S. 1 SachsAnhVerf; Art. 42 Abs. 3 S. 1 ThürVerf; spezielle Allgemeinheitspostulate im Meinungsäußerungsrecht (Art. 5 Abs. 2 GG), Staatskirchenrecht (Art. 140 GG i. V. m. Art. 137 Abs. 3 WRV; entsprechend in zahlreichen Bundesländern, z. B. Art. 41 Abs. 3 RheinlPfalzVerf; ähnlich für Vereinigungsfreiheit an Hochschulen Art. 39 Abs. 4 RheinlPfalzVerf) und Amnestierecht (Art. 121 Abs. 2 BremVerf: „Allgemeine Straferlasse und die Niederschlagung einer bestimmten Art gerichtlich anhängiger Strafsachen bedürfen eines Gesetzes. Die Niederschlagung einer einzelnen gerichtlich anhängigen Strafsache ist unzulässig."; ähnlich Art. 109 Abs. 3 HessVerf). Anders der Wortgebrauch in Art. 91 a Abs. 2 S. 2, Art. 103 Abs. 3 GG.

[181] Vgl. die Rspr. zu Art. 19 Abs. 1 S. 1 GG: BVerfGE 10, 234 (244 f.); 13, 225 (228 f.); 25, 371 (LS 1, 2 und 398); 85, 360 (374); 99, 367 (400); zu Recht krit. *Roman Herzog*, in: Maunz/Dürig, GG, Art. 19 Abs. 1 (Vorkommentierung, 1981) Rn. 21 ff.; *G. Kirchhof*, Allgemeinheit (Fn. 180), S. 196 ff.; großzügiger *Barbara Remmert*, in: Maunz/Dürig, Art. 19 Abs. 1 Rn. 14 ff.: Norm als „überwindbares Gleichbehandlungsgebot" (Rn. 21). Zum geistesgeschichtlichen Kontext *Klaus Vogel*, Gesetzgeber und Verwaltung, VVDStRL, Bd. 24 (1966), S. 125 (142 f.). – Art. 3 Abs. 1 GG ist ganz überwiegend als Gebot individualisierender, nicht generalisierender Gleichheit aktiviert worden.

[182] Hierzu grundlegend *Peter Lerche*, Übermaß und Verfassungsrecht (1961), 2. Aufl. 1999; zur Entfaltung des Verhältnismäßigkeitsgrundsatzes z. B. *Michael Kloepfer*, Die Entfaltung des Verhältnismäßigkeitsprinzips, in: FG 50 Jahre Bundesverwaltungsgericht, 2003, S. 329 ff.; zur Verhältnismäßigkeit i. e. S. (restriktiv) *Martin Hochhuth*, Relativitätstheorie des Öffentlichen Rechts, 2000, S. 86 ff.: der Wesensgehaltsgarantie benachbart und wie diese aporetisch.

[183] In diese Richtung bereits die Beobachtung *Peter Lerches* zur intensivierten Übermaßkontrolle bei Maßnahmegesetzen: ders., Übermaß (Fn. 182), S. 56 f. – Augenfällig wird der Maßstabswandel in der Brandenburgischen Verfassung vom 20. 8. 1992, deren Art. 5 Abs. 2, 3 dem Art. 19 Abs. 1–3 GG nachgebildet ist, dabei aber das Gebot der Allgemeinheit durch eine Positivierung des Verhältnismäßigkeitsgrundsatzes ersetzt: „Soweit nach dieser Verfassung ein Grundrecht durch Gesetz oder aufgrund eines Gesetzes eingeschränkt werden kann, ist der Grundsatz der Verhältnismäßigkeit zu wahren." (Art. 5 Abs. 2 S. 1 BrandenbVerf). Komplementäre Anforderungen in Art. 20 Abs. 1, 2 SachsAnhVerf; Art. 42 Abs. 3 S. 1, Abs. 4 S. 1 ThürVerf.

[184] Hervorhebung der Ordnungs- gegenüber der Planungs- und Lenkungsfunktion: *Dieter Suhr*, Rechtsstaatlichkeit und Sozialstaatlichkeit, Der Staat, Bd. 9 (1970), S. 67 (78); *Janssen*, Grenzen (Fn. 103), insbes. S. 235 ff.; *Gerd Morgenthaler*, Freiheit durch Gesetz. Der parlamentarische Gesetzgeber als Erstadressat der Freiheitsgrundrechte, 1999, S. 263 u. ö.

[185] *Morgenthaler*, Freiheit (Fn. 184), passim, z. B. S. 217.

[186] So *Ossenbühl*, Gesetz (Fn. 173), § 100 Rn. 22; ähnlich bereits *Friedrich Kübler*, Kodifikation und Demokratie, JZ 1969, S. 645 (648); vgl. auch *Friedhelm Hufen*, Gesetzesgestaltung und Gesetzesanwendung im Leistungsrecht, VVDStRL, Bd. 47 (1989), S. 142 (154).

[187] *Harald Kindermann*, Überlegungen zu einem zeitgemäßen Verständnis der Kodifikation, Rechtstheorie, Bd. 10 (1979), S. 357 ff.; *Karsten Schmidt*, Die Zukunft der Kodifikationsidee. Rechtsprechung, Wissenschaft und Gesetzgebung vor den Gesetzeswerken des geltenden Rechts, 1985, passim; *Rolf Stürner*, Der hundertste Geburtstag des BGB – nationale Kodifikation im Greisenalter?, JZ 1996, S. 741 (750 f.); *Jürgen Basedow*, Das BGB im künftigen europäischen Privatrecht: Der hybride Kodex, AcP, Bd. 200 (2000), S. 445 (490); *G. Kirchhof*, Allgemeinheit (Fn. 180), S. 20 u. ö.; den prozeduralen Ei-

chen der kontinuierliche Ausbau des Sozialgesetzbuches,[188] die Entwürfe zu einem Umweltgesetzbuch[189] und einem Informationsgesetzbuch[190] sowie die Vorarbeiten zu einem Steuergesetzbuch[191] und zur Rekodifizierung des Gewerberechts[192] eine deutliche Sprache.[193] Hier ist die Zeit der großen Kodifikationen nicht vorbei.[194]

B. Vorbehalt des Gesetzes

Der Grundsatz vom Vorbehalt des Gesetzes und die Gesetzesvorbehalte geben Antwort auf die Frage nach dem Anwendungsbereich des Gesetzes – freilich nur eine Teilantwort. Denn das dem Gesetzgeber zugängliche Feld ergibt sich auch aus Tabuzonen, d.h. rechtlichen oder faktischen Vorbehalten zugunsten anderer Einheiten, anderer Gewalten oder anderer Rechtsetzungsformen. Zu ihnen lassen sich Unionsrechtsvorbehalte (kraft Anwendungsvorrang des Unions-

23

---

genwert des Kodifikationsprozesses betont *Andreas Voßkuhle,* Kodifikation als Prozeß, in: Hans Schlosser (Hrsg.), Bürgerliches Gesetzbuch 1896–1996, 1997, S. 77 (85ff.); *Schneider,* Gesetzgebung (Fn. 90), Rn. 432; *Andreas v. Arnauld,* Überregulierung, in: ders. (Hrsg.), Recht und Spielregeln, 2003, S. 263 (270); diff. *Ursula Köbl,* Kodifikation nicht nur bei Gelegenheit dringlicher Sachreform!, in: FS Hans Zacher, 1998, S. 389 (insbes. 403ff.). Instruktiv zu Funktionen und Gefahren der Kodifikationsidee in der Gegenwart: *Wolfgang Kahl,* Das Verwaltungsverfahrensgesetz zwischen Kodifikationsidee und Sonderrechtsentwicklungen, in: Hoffmann-Riem/Schmidt-Aßmann (Hrsg.), Verwaltungsverfahren, S. 67 (89ff.).
[188] Das „mit Abstand umfassendste, langwierigste und schwierigste Kodifikationsvorhaben der deutschen Gesetzgebungsgeschichte": *Eberhard Eichenhofer,* Social Security Code – Code de la sécurité sociale – Sozialgesetzbuch, FS Zacher (Fn. 187), S. 137 (138); kritische Zwischenbilanz: *Werner Thieme,* Das halbgescheiterte Sozialgesetzbuch, in: FS Zacher (Fn. 187), S. 1101 ff.
[189] Überblick zu den Kodifikationsbemühungen und ihrem vorläufigen Scheitern: *Schmidt/Kahl,* UmweltR, § 1 Rn. 4 ff; gegenläufige Bewertung der Nichtverabschiedung des UGB im Jahre 2009 bei *Bernhard Weber/Daniel Riedel,* Brauchen wir das Umweltgesetzbuch noch?, NVwZ 2009, S. 998 ff.
[190] Zu den Arbeiten: *Michael Kloepfer,* Informationsgesetzbuch – Zukunftsvision?, K&R 1999, S. 241 ff.; konkreter Beitrag: *Friedrich Schoch/Michael Kloepfer,* Informationsfreiheitsgesetz (IFG-ProfE), 2002; dazu z.B. *Marius Raabe/Niels Helle-Meyer,* Informationsfreiheit und Verwaltungsverfahren – Zum Verhältnis neuer und klassischer Informationsrechte gegenüber der Verwaltung, NVwZ 2004, S. 641 (642 u. ö.).
[191] Dafür etwa: *Klaus Tipke,* Steuerrechtsordnung, Bd. 2, 1993, S. 1047 ff., Bd. 3, 1993, S. 1498 f.; Entwürfe: *Joachim Lang,* Entwurf eines Steuergesetzbuchs, Schriftenreihe des BMF, Heft 49, 1993 (dazu: *Klaus Tipke,* Gedanken zu einem Steuergesetzbuch, StuW 2000, S. 309 ff.); ferner *Paul Kirchhof* u.a., Dokumentation: Karlsruher Entwurf zur Reform des Einkommensteuergesetzes, DStR 2001, S. 917 ff.; hierzu: *Paul Kirchhof,* a.a.O., S. 913 f.; *Franz Wassermeyer,* a.a.O., S. 920 f.; *Klaus Tipke,* Der Karlsruher Entwurf zur Reform der Einkommensteuer, StuW 2002, S. 148 ff. – Zu den Arbeiten der „Forschungsgruppe Bundessteuergesetzbuch": www.bundessteuergesetzbuch.de.
[192] *Rolf Stober,* Gewerbeordnung 21 – Diskussionsentwurf eines Allgemeinen Teils, NVwZ 2003, S. 1349 f.
[193] Vgl. ferner landesrechtliche Kodifikationen wie das Sächsische Justizgesetz v. 24. 11. 2000 (sächs. GVBl, S. 482); ferner zahlreiche Kodifikationsüberlegungen: so zum europäischen Verwaltungsverfahrensrecht bei *Kahl,* Verwaltungsverfahrensgesetz (Fn. 187), S. 67 (123 ff.); zum allgemeinen Subventions- und allgemeinen Verkehrswegeplanungsrecht bei *Böckenförde,* Gesetz (Fn. 102), S. 400; für ein Subventionsgrundsätzegesetz auch *Hartmut Bauer,* Der Gesetzesvorbehalt im Subventionsrecht, DÖV 1983, S. 53 ff.; *Dirk Ehlers,* Rechtsprobleme der Rückforderung von Subventionen, GewArch 1999, S. 305 (320); zum Gewährleistungsverwaltungsrecht bei *Andreas Voßkuhle,* Beteiligung Privater an der Wahrnehmung öffentlicher Aufgaben und staatliche Verantwortung, VVDStRL, Bd. 62 (2003), S. 266 (327 f.).
[194] Vgl. auch unten → Rn. 111.

rechts)[195], Verfassungsvorbehalte,[196] Regierungsvorbehalte,[197] Verwaltungsvorbehalte,[198] Justizvorbehalte[199] und Geschäftsordnungsvorbehalte[200] zählen. Insofern hat das Parlament kein pauschales Zugriffsrecht auf die Gesetzesform.[201] Für den ihm verbleibenden Korridor muss die Theorie der Wahl rechtlicher Regelungsformen *(regulatory choice)*[202] rezipiert und ausgebaut werden.[203]

I. Gesetzesvorbehalte

1. Vorbehalt des Gesetzes – Gesetzesvorbehalt – Gesetzesvorbehalte

24 Zum Teil wird inhaltlich zwischen dem Grundsatz vom „Vorbehalt des Gesetzes" und den „Gesetzesvorbehalten" differenziert.[204] Das überzeugt nicht:[205] In allen Fällen eröffnet erst das Gesetz der Verwaltung die (durch das Gesetz um-

---

[195] → Bd. I *Ruffert* § 17 Rn. 121 ff.

[196] Zu ihnen *Josef Isensee,* Vorbehalt der Verfassung. Das Grundgesetz als abschließende und als offene Norm, in: FS Walter Leisner, 1999, S. 359 ff.

[197] Vgl. die Beispiele bei *Fritz Ossenbühl,* Vorrang und Vorbehalt des Gesetzes, in: HStR V, § 101 Rn. 67: zugriffsfeste Bereiche bei Personalhoheit, interner Willensbildung, Außenpolitik; i. E. ähnlich *Christian Schneller,* Objektbezogene Legalplanung, 1999, S. 125 f.; zur Personalhoheit BVerfGE 9, 268 (281 ff.); diese „Querschnittsaufgabe" als Sonderfall betrachtend: *Roman Herzog,* in: Maunz/Dürig, GG, Art. 65 Rn. 106.

[198] → Bd. I *Hoffmann-Riem* § 10 Rn. 46. Kein Verwaltungsvorbehalt ergibt sich aus der Kehrseite der Wesentlichkeitstheorie, etwa des Sinnes, dass für unwesentliche Entscheidungen eine originäre Rechtsetzungsbefugnis der Exekutive bestünde, vgl. *Maurer,* Verwaltungsvorbehalt (Fn. 60), S. 135 (162); a. A. *Gunter Kisker,* Neue Aspekte im Streit um den Vorbehalt des Gesetzes, NJW 1977, S. 1313 (1318 Fn. 36).

[199] Im normativen Sinne und als gegenüber dem Gesetzgeber zugriffsfest verstanden. Derartige „Justizvorbehalte" (etwa Art. 92 GG; betont in Art. 126 Abs. 1 HessVerf, Art. 109 Abs. 1 SaarlVerf.) überschneiden sich zum Teil mit „Richtervorbehalten" i. S. v. Reservaten, in denen Richter eine prospektive Entscheidung zu treffen haben. Diese können im Verfassungsrecht (wie Art. 13 Abs. 2–5 und 104 Abs. 2 GG) oder auch im einfachen Recht wurzeln (§§ 23 Abs. 2, 31 Abs. 3 PolG Bad.-Württ.). Näher *Henner Wolter,* Die Richtervorbehalte im Polizeirecht, DÖV 1997, S. 939 ff.; *Thomas Würtenberger/Dirk Heckmann,* Polizeirecht, 6. Aufl., 2005, Rn. 576 ff.; BVerfGE 103, 142 (151 ff.).

[200] Z. B. Art. 42 Abs. 2 S. 2, 53a Abs. 1 S. 4 GG; Art. 44 Abs. 3 BerlinVerf; verschiedene Regelungsformen erlaubt Art. 43 Abs. 2 S. 2 BerlinVerf. Einen Vorrang des parlamentarischen Geschäftsordnungsrechts für autonome Parlamentsregelungen erwägt *Hanno Kube,* Vom Gesetzesvorbehalt des Parlaments zum formellen Gesetz der Verwaltung?, NVwZ 2003, S. 57 (59), zweifelnd daher zur gesetzlichen Regelung der Abgeordnetenentschädigungen und Funktionszulagen in den Abgeordnetengesetzen sowie zu Teilen des Untersuchungsausschussgesetzes des Bundes.

[201] So aber *Vogel,* Gesetzgeber (Fn. 181), S. 125 (168 ff., hier: S. 175); wohl auch *Christoph Möllers,* Wandel der Grundrechtsjudikatur, NJW 2005, S. 1973 (1979); wie hier nachdrücklich *Janssen,* Grenzen (Fn. 103), insbes. S. 223 ff.

[202] Und in der Folge der Wahl möglicher Normgeber. Für einen Primat *dieses* Anknüpfungspunkts offenbar *Hoffmann-Riem,* Gesetz (Fn. 77), S. 5 (57 ff.).

[203] Instruktiver Überblick bei *Schuppert,* Staatswissenschaft, S. 591 ff.; *ders.,* Gute Gesetzgebung. Bausteine einer kritischen Gesetzgebungslehre, ZG, Jg. 18, 2003, Sonderheft, S. 31 ff. (insbes. 43 ff.); für die Rechtsverordnung: *Saurer,* Rechtsverordnung (Fn. 35), S. 237 ff., 240 ff.

[204] *Michael Sachs,* in: ders. (Hrsg.), GG, Art. 20 Rn. 113; a. a. O. Art. 86 Rn. 24 Fn. 37 und 39, Rn. 37; *ders.,* in: Stern, Staatsrecht, III/2, S. 369 ff.; diff. und relativierend *Hans-Detlef Horn,* Die grundrechtsunmittelbare Verwaltung, 1999, S. 33 f.

[205] Wie hier *Hans D. Jarass,* in: Jarass/Pieroth, GG, Art. 20 Rn. 45: synonyme Verwendung (*Ossenbühl,* Vorrang und Vorbehalt [Fn. 197], § 101 Rn. 17) vertretbar; ähnlich *Schmidt-Aßmann,* Ordnungsidee, 4. Kap. Rn. 15 Fn. 42; *Isensee,* Vorbehalt (Fn. 196), S. 359 (361); so auch das BVerfG, vgl. BVerfGE 49, 89 (126 f.); 95, 267 (307); 115, 118 (152).

B. Vorbehalt des Gesetzes

schriebenen und damit begrenzten) Handlungsmöglichkeiten. Daher wird im Folgenden unter **Gesetzesvorbehalt** ein (bisher durch die Wesentlichkeitslehre ausgefüllter) Parlamentsgesetzesvorbehalt verstanden, also eine Regelung von Organkompetenz *und* Rechtsetzungsform. Der Begriff des **Parlamentsvorbehalts** sollte wörtlich aufgefasst werden, d. h. reserviert bleiben für die bloße Organkompetenzzuweisung.[206] Denn der „exklusiven normativen Zuordnung der Handlungsform des Gesetzes an das Parlament"[207] korrespondiert keine exklusive normative Zuordnung des Parlaments an die Handlungsform des Gesetzes: Weil dem Parlament auch „einfache" Parlamentsbeschlüsse und das Geschäftsordnungsrecht zur Verfügung stehen,[208] ist der „Parlamentsvorbehalt" ein Problembegriff.[209] Allerdings suggeriert auch die Rede vom „Gesetzesvorbehalt" (im Singular) eine Einheitlichkeit, die nicht besteht. Der Begriff nivelliert die unterschiedlichen Quellen und Anforderungen der jeweiligen Gesetzespflichtigkeit.[210] Dass es damit um **„Gesetzesvorbehalte"** (im Plural) geht, präjudiziert nicht die Frage, ob aus ihnen nicht schließlich doch ein juristisch operabler oder heuristisch sinnvoller (allgemeiner) Grundsatz vom Vorbehalt des Gesetzes[211] folgt.

Mit „Gesetzesvorbehalten" sind alle Regelungen gemeint, für die ein formelles Gesetz als Handlungsvoraussetzung rechtlich gefordert ist – unabhängig davon, welche Anforderungen im Einzelnen an dieses Gesetz gestellt werden. Während Gesetzgebungsaufträge eine kategorische Gesetzespflichtigkeit begründen, können Gesetzesvorbehalte den Gesetzeserlass kategorisch oder hypothetisch anordnen. Entscheidend ist die in ihnen liegende **Handlungssperre bis zur gesetzlichen Regelung.**[212] Insofern können sich Gesetzgebungsaufträge und Gesetzesvorbehalte überschneiden; gleiches dürfte für Ausgestaltungsaufträge gelten.[213] Neben diesen **Regelungsvorbehalten** begegnen **Einschränkungsvorbehalte** (bei denen die Verfassungsregelung als Leitbild dient und Abweichun-

25

---

[206] Zum (*de constitutione lata* fragwürdigen) wehrverfassungsrechtlichen Parlamentsvorbehalt *BVerfGE* 90, 286 (381 ff.); 121, 135 (153 ff.). Nicht gesperrt werden soll mit der Rede vom Parlamentsvorbehalt die – in den Landesverfassungsrechten verbreitete – plebiszitäre Gesetzgebung. Sie muss ggf. wie Parlamentsgesetze eine erhöhte Regelungsdichte aufweisen (*Heinzgeorg Neumann*, Die Niedersächsische Verfassung, Handkommentar, 3. Aufl. 2000, Art. 41 Rn. 5).

[207] *Kube*, Gesetzesvorbehalt (Fn. 200), S. 57 (59).

[208] Zu eng daher *Thomas Mann,* in: Sachs (Hrsg.), GG, Art. 80 Rn. 21 Fn. 56.

[209] „Verdrängung des Gesetzesvorbehalts durch den Parlamentsvorbehalt": *Kube*, Gesetzesvorbehalt (Fn. 200), S. 57 (59). Hierzu im Zusammenhang mit der Entscheidung über Parlaments- und Regierungssitz *Friedhelm Hufen*, Entscheidung über Parlaments- und Regierungssitz der Bundesrepublik Deutschland ohne Gesetz?, NJW 1991, S. 1321 (1326): „Außer in dem im Grundgesetz vorgesehenen Fällen und dem Bereich der Selbstorganisation darf selbst das Parlament das Gesetzgebungsverfahren nicht gegen ein bloßes Beschlußverfahren austauschen". – Terminologisch anders, nämlich zum „Parlamentsvorbehalt im Sinne eines generellen oder grundsätzlichen Verbots der Rechtsetzungsdelegation" *BVerfGE* 106, 1 (22).

[210] → Rn. 31 ff.

[211] *BVerfGE* 8, 155 (165 f.) spricht griffig vom „Allgemeinvorbehalt".

[212] Näher → Rn. 26. Ein Zugriffsrecht im Eilfall kann daher nicht bejaht werden; a. A. *Michael Kloepfer*, Wesentlichkeitstheorie als Begründung oder Grenze des Gesetzesvorbehalts?, in: Hill (Hrsg.), Zustand (Fn. 121), S. 187 (204); *Karl-Heinz Ladeur/Tobias Gostomzyk*, Der Gesetzesvorbehalt im Gewährleistungsstaat, DV, Bd. 36 (2003), S. 141 (155).

[213] Art. 21 Abs. 3 GG („Das Nähere regeln Bundesgesetze") soll zwar kein Gesetzesvorbehalt sein (*Hans H. Klein*, in: Maunz/Dürig, GG, Art. 21 Rn. 143), durchaus aber zu Beschränkungen des Status der Parteien ermächtigen (a. a. O., Rn. 146) und deshalb einen „Parlamentsvorbehalt", d. h. einen „Vorbehalt des förmlichen Gesetzes" statuieren (a. a. O., Rn. 147).

gen rechtfertigungsbedürftige Einschränkungen sind[214]) und **Abweichungsvorbehalte** (wenn die Verfassungsregelung als widerlegliche Vermutung dient[215]). Keine eigene Kategorie dürften demgegenüber die neutral formulierten Vorbehalte bilden, die nur die Gesetzesform zu fordern scheinen;[216] hinter ihnen verbergen sich entweder Einschränkungs- oder Abweichungsvorbehalte. Alle Gesetzesvorbehalte sind mit anderen Worten „qualifiziert":[217] durch inhaltliche[218] oder prozedurale Anforderungen.[219]

2. Vorbehaltswirkungen

26   Für die **Verwaltung** besteht der Kern der Gesetzesvorbehalte in der Handlungssperre – keineswegs nur einer Rechtsetzungssperre[220] – bei Fehlen eines Parlamentsgesetzes. Danach darf kein Verwaltungsträger ohne parlamentsgesetzliche Ermächtigung im Vorbehaltsbereich tätig werden. Ausgeschlossen sind damit sowohl untergesetzliche als auch nachkonstitutionelle gewohnheitsrechtliche[221] Ermächtigungen.[222] Eine Voranwendung rückwirkender Gesetze, die mit hoher Wahrscheinlichkeit zu erwarten sind, erscheint demgegenüber möglich.[223]

27   Für den **Gesetzgeber** ergibt sich aus der Handlungssperre zulasten der Verwaltung reflexartig (d.h. als hypothetischer Imperativ) die Einräumung einer Organzuständigkeit[224] und die Zuweisung einer Rechtsetzungsform: Will er be-

---

[214] So der Normalfall grundrechtlicher Gesetzesvorbehalte; zu ihnen → Rn. 33. Von paradoxer Deutlichkeit Art. 3 SaarlVerf: „Die Freiheit der Person ist unantastbar. Nur durch Gesetz kann sie eingeschränkt werden."

[215] Art. 84 Abs. 1 Hs. 2 GG; Art. 59 Abs. 2 S. 1 HambVerf; Art. 135 Abs. 2 S. 2 RheinlPfalzVerf; Art. 88 NWVerf; gegen eine Etikettierung solcher Vorbehalte als Gesetzesvorbehalte offenbar *Peter Lerche*, in: Maunz/Dürig, GG, Art. 86 (Vorkommentierung, Dez. 1989) Rn. 102; gegen ihn wiederum *Michael Sachs*, in: ders. (Hrsg.), GG, Art. 86 Rn. 24 Fn. 37. – Der Abweichungsvorbehalt begegnet nicht bei Grundrechten; so für das Grundgesetz: *Christian Bumke*, Der Grundrechtsvorbehalt, 1998, S. 207.

[216] Etwa Art. 8 Abs. 2 GG; Art. 14 Abs. 2 HessVerf; Art. 44 Abs. 2 S. 1 HambVerf.

[217] A. A. mit Blick auf den Ausgestaltungsvorbehalt bei Grundrechten: *Bumke*, Grundrechtsvorbehalt (Fn. 215), S. 181 ff., 207.

[218] Unterscheiden lassen sich hierbei wiederum formelle Anforderungen (Allgemeinheit, Art. 19 Abs. 1 S. 1 GG); Themengebote (z. B. Art. 14 Abs. 3 S. 2 Hs. 2 GG) und materiale Anforderungen (Verhältnismäßigkeit, auch in speziellen Ausprägungen wie i. F. v. Art. 12 Abs. 1 GG; Wesensgehaltssperre, Art. 19 Abs. 2 GG etc.).

[219] Vgl. etwa die Einschränkung des Brief-, Post- und Fernmeldegeheimnisses durch Art. 16 Abs. 2 BrandenbVerf: „Eingriffe sind nur aufgrund eines Gesetzes zulässig, das eine parlamentarische Kontrolle vorsehen kann und eine mindestens nachträgliche richterliche Kontrolle vorsehen muß." Zu Anhörungspflichten, etwa zugunsten von Selbstverwaltungsträgern, vgl. z. B. Art. 84 Abs. 2 SachsVerf.

[220] Zutreffend *Herbert Bethge*, Parlamentsvorbehalt und Rechtssatzvorbehalt für die Kommunalverwaltung, NVwZ 1983, S. 577 (578).

[221] *Dietrich Jesch*, Gesetz und Verwaltung. Eine Problemstudie zum Wandel des Gesetzmäßigkeitsprinzips, 1961, S. 114; so für Art. 80 GG auch *Gerhard Huwar*, Der Erlaß von Rechts- und Verwaltungsverordnungen durch den Bundespräsidenten, 1967, S. 105 ff.; ferner *Jürgen Staupe*, Parlamentsvorbehalt und Delegationsbefugnis, 1986, S. 231 f. – Freilich kann Gewohnheitsrecht Blankettermächtigungen zulässig konkretisieren; so für Kommunalaufsichtsmaßnahmen *Wolfgang Kahl*, Die Staatsaufsicht, 2000, S. 505.

[222] Zur Frage des Analogieverbots → Rn. 29; zur Rechtsentwicklungskompetenz → Rn. 75.

[223] *Kloepfer*, Vorwirkung (Fn. 179), S. 121 ff. (mit weiteren Differenzierungen).

[224] Nicht auch einer Verbandskompetenz, vgl. *Christian Pestalozza*, Der Schutz vor der Rundfunkfreiheit in der Bundesrepublik Deutschland, NJW 1981, S. 2158 (2162).

B. Vorbehalt des Gesetzes

stimmte Sachbereiche regeln, muss er dies selbst und ausdrücklich[225] in Gesetzesform tun. Die vom Vorbehaltsbereich erfassten Entscheidungen müssen durch das Parlament[226] getroffen werden. Das darin liegende Delegationsverbot[227] wirkt jedoch nur nach unten; Regelungen durch den verfassungsändernden Gesetzgeber bleiben möglich. Durch das Formgebot sind nicht nur untergesetzliche Normen der Exekutive, sondern auch Geschäftsordnungsregelungen und einfache Parlamentsbeschlüsse als Regelungsmittel ausgeschlossen. Über die Zuständigkeits- und Formdimension hinaus reichern sich die Gesetzesvorbehalte durch Vorgaben bezüglich der Regelungsdichten an[228] und entfalten auch darüber hinaus inhaltliche Wirkungen.[229]

Die **Rechtsprechung** („en quelque façon nulle") galt ursprünglich nicht als Adressatin des Vorbehaltsgrundsatzes.[230] Je mehr ihr Beitrag zur Rechtsetzung aber wahrgenommen wird,[231] desto mehr hilft die Vorbehaltslehre, ihr Verhältnis zum parlamentarischen Gesetzgeber zu klären.[232] Dabei kann für die Gerichte angesichts des Rechtsverweigerungsverbots aus einem Gesetzesvorbehalt keine Handlungssperre im strengen Sinne folgen.[233] Fraglich ist demnach nur, ob sich der Vorbehaltsgrundsatz in Rechtsfortbildungs- und Analogieverboten niederschlägt. Dagegen spricht, dass die **Rechtsfortbildung** – verfassungsrechtlich unbedenklich – zu den Aufgaben der Gerichte gehört.[234] Überdies wirkt die ge-

28

---

[225] So jedenfalls die Forderung in *BVerfGE* 108, 282 (313): Die Einführung bestimmter Dienstpflichten für Lehrer bedürfe einer „ausdrücklichen gesetzlichen Regelung".

[226] Und hier durch das Plenum, vgl. etwa Art. 77 Abs. 1 S. 1 GG und *arg.* Art. 43 GG (näher *Thomas Mann*, in: Sachs, GG, Art. 77 Rn. 5); ein explizites Verbot der Delegation an Ausschüsse findet sich in Art. 70 BayVerf. Anders die Rechtslage in Italien, vgl. Art. 72 Abs. 3 ital. Verf., dazu *v. Bogdandy*, Gubernative Rechtsetzung (Fn. 68), S. 173 Fn. 96.

[227] Vgl. *Kloepfer*, Vorbehalt (Fn. 95), S. 685 (690): „Die Wesentlichkeitstheorie gerät so zum partiellen Delegationsverbot für den parlamentarischen Gesetzgeber."

[228] Zur Wesentlichkeitstheorie → Rn. 47 ff.; rechtsvergleichende Hinweise bei *v. Bogdandy*, Gubernative Rechtsetzung (Fn. 68), S. 177 Fn. 115 (Frankreich), S. 178 ff. (Italien), S. 180 ff. (Spanien).

[229] *Meßerschmidt*, Gesetzgebungsermessen (Fn. 11), S. 794: „Aus dem Gesetzesvorbehalt ist […] zugleich ein Vorbehalt des rationalen Gesetzes geworden." – Zum Gesetzesvorbehalt als verfassungsrechtlichem Auftrag an den Gesetzgeber zur inhaltlichen Ausgestaltung grundrechtlicher Schutzbereiche: *Albert v. Mutius*, Zur „Verwaltungsaktbefugnis", in: FS Hans-Uwe Erichsen, 2004, S. 135 (153).

[230] Außer dort, wo sie nicht gerichtlich (retrospektiv-urteilend), sondern verwaltungsähnlich handelt, wie etwa im Fall von verfahrensleitenden Anordnungen; vgl. etwa *BVerfGE* 34, 293 (301 f.): Ausschluss eines teilnahmeverdächtigen Rechtsanwalts als Verteidiger durch Gerichtsbeschluss.

[231] Nach *Dreier*, Verwaltung (Fn. 86), S. 174 unter Hinweis auf Reinhard Mußgnug, Verschiebungen im Verhältnis von Parlament, Regierung und Verwaltung, in: Jeserich/Pohl/v. Unruh (Hrsg.), Verwaltungsgeschichte Bd. V, S. 100 (116) wird die Verwaltungsgerichtsbarkeit „zum eigentlichen Dirigenten und Kontrolleur der Verwaltung".

[232] Befürwortend *BVerfGE* 88, 103 (116 f.); ferner *Ralf Poscher*, Grundrechte als Abwehrrechte, 2003, S. 322 ff. m. w. N.; *Bodo Pieroth/Bernhard Schlink*, Grundrechte, 26. Aufl. 2010, Rn. 279; *Christian Hillgruber*, Richterliche Rechtsfortbildung als Verfassungsproblem?, JZ 1996, S. 118 (123); offenbar auch *Bodo Pieroth/Tobias Aubel*, Die Rechtsprechung des Bundesverfassungsgerichts zu den Grenzen richterlicher Entscheidungsfindung, JZ 2003, S. 504 (509); vorsichtig bejahend *Ossenbühl*, Vorrang und Vorbehalt (Fn. 197), § 101 Rn. 60; diff. *Claus D. Classen*, Gesetzesvorbehalt und Dritte Gewalt, JZ 2003, S. 693 (697 ff.); tendenziell a. A. *Andreas Voßkuhle/Gernot Sydow*, Die demokratische Legitimation des Richters, JZ 2002, S. 673 (678); *Christian Bumke*, Der Gesetzesvorbehalt heute, BDVR-Rundschreiben 02/2004, S. 76 (80 f.); abl. *Ulrich Haltern/Franz Mayer/Christoph Möllers*, Wesentlichkeitstheorie und Gerichtsbarkeit. Zur institutionellen Kritik des Gesetzesvorbehalts, DV, Bd. 30 (1997), S. 51 (62 ff.).

[233] Ähnlich *Classen*, Gesetzesvorbehalt (Fn. 232), S. 693 (699).

[234] Vgl. § 132 Abs. 4 GVG, § 45 Abs. 4 ArbGG, § 11 Abs. 4 VwGO, § 11 Abs. 4 FGO, § 41 Abs. 4 SGG; wie hier *Classen*, Gesetzesvorbehalt (Fn. 232), S. 693; für das Steuerrecht *Rainer Barth*, Richterliche

richtliche Entscheidung – außer im Falle von § 31 BVerfGG[235] – nur *inter partes*, wird also nach dem Kriterium der Größe des Adressatenkreises[236] in der Regel unter der Wesentlichkeitsschwelle bleiben. Schließlich hat das Bundesverfassungsgericht im Falle der gesetzgeberischen Nichtumsetzung eines Verfassungsauftrages einen subsidiären Funktionszuwachs der Rechtsprechung angenommen;[237] jedenfalls in solchen und ähnlichen Fällen könnten die Gerichte überbrückend und tentativ Recht fortbilden.[238] Unzulässig dürfte dagegen Rechtsfortbildung sein, die auf dem Kontinuum zwischen Rechtsanwendung und Rechtssetzung letzterer näher kommt, d.h. eher politisch gestaltet als rechtlich weiterdenkt.[239] Das ist der Fall, wenn Alternativen nicht nach einfachrechtlichen Orientierungspunkten, sondern nach verfassungsrechtlichen Vorgaben ausgewählt oder ausgefüllt werden.

29 Das Gesagte legt bereits nahe, dass **kein pauschales verwaltungsrechtliches Analogieverbot** besteht.[240] Gegen ein solches Verbot spricht neben einem schlichten Gegenschluss aus Art. 103 Abs. 2 GG die Erkenntnis, dass dem an die Rechtsprechung gerichteten Analogieverbot das „an den Gesetzgeber gerichtete Bestimmtheitsgebot korrespondiert"[241], dieses seinerseits aber (nur) vielfach abgestuft gilt.[242] Grund ist die „Unhaltbarkeit einer Dichotomie von Recht und seiner Anwendung zugunsten eines Kontinuums des Rechtskonkretisierungsprozesses [...]. Die erforderliche Abschichtung parlamentarischer von exekutivischer bzw. richterlicher Rechtsetzung kann nur bereichs- und regelungsspezifisch erfolgen."[243] Hierbei helfen konstitutionelle Traditionsbestän-

---

Rechtsfortbildung im Steuerrecht, 1996, insbes. S. 590 ff. (Möglichkeit der „gesetzesimmanenten richterlichen Rechtsfortbildung").

[235] Das Bundesverfassungsgericht ist insoweit von Restriktionen durch einen Vorbehaltsgrundsatz exemt, als es Verfassungsrecht entfaltet.

[236] Dazu als Indikatoren für Wesentlichkeit: *Staupe*, Parlamentsvorbehalt (Fn. 221), S. 251; *Winfried Kluth*, Funktionale Selbstverwaltung, 1997, S. 491.

[237] *BVerfGE* 25, 167 (180 ff.).

[238] A. A., aber zu rigide *Hillgruber*, Rechtsfortbildung (Fn. 232), S. 118 (124): „Für richterrechtliche Rechtsfortbildung ist daher im Hinblick auf den Vorbehalt des Gesetzes überhaupt nur bei ausschließlich begünstigenden staatlichen Maßnahmen Raum." – Vgl. auch *Georg Hermes*, Verfassungsrecht und einfaches Recht – Verfassungsgerichtsbarkeit und Fachgerichtsbarkeit, VVDStRL, Bd. 61 (2002), S. 115 (137 ff.).

[239] Vgl. z. B. BVerwGE 116, 347 (349 ff.) (niedersächsische Gefahrtier-VO) zur Notwendigkeit der Unterscheidung von Gefahr und Gefahrverdacht/Risikovorsorge: Risikobewertung sei eine politische Entscheidung, die über einen „Rechtsanwendungsvorgang weit hinausgeht" (S. 352). Daher sei „es Sache des zuständigen Gesetzgebers, sachgebietsbezogen darüber zu entscheiden, ob, mit welchem Schutzniveau und auf welche Weise Schadensmöglichkeiten vorsorgend entgegengewirkt werden soll [...]" (S. 353).

[240] Präziser Überblick über den Streitstand bei *Ralf-Peter Schenke*, Die Rechtsfindung im Steuerrecht, 2007, S. 194 ff. – Für ein Analogieverbot z. B. *BVerfG*, NVwZ 1997, S. 53 = DVBl 1997, S. 351 m. krit. Anm. *Jürgen Schwabe* (S. 352 f.); *Jesch*, Gesetz (Fn. 221), S. 33; *Hillgruber*, Rechtsfortbildung (Fn. 232), S. 118 (123 f.); *Olaf Konzak*, Analogie im Verwaltungsrecht, NVwZ 1997, S. 872 ff.; offen *BVerfGE* 116, 69 (83); tendenziell anders *BVerfGE* 108, 150 (159 f.); gegen ein Analogieverbot auch *Alfons Gern*, Analogie im Verwaltungsrecht, DÖV 1985, S. 558 ff.; *Thomas Pfitzner*, Analogieverbot im Sozialleistungsrecht?, NZS 1999, S. 222 (224) für das Sozialrecht; *Ulrich Stelkens*, Die Stellung des Beliehenen innerhalb der Verwaltungsorganisation, NVwZ 2004, S. 304 (307 m. w. N.) für das Staatshaftungsrecht („Bürgerhaftung"); *Klaus Tipke*, Die Steuerrechtsordnung, Bd. 1, 2. Aufl. 2000, S. 177 ff., insbes. S. 197 ff.; *Schenke*, a. a. O., S. 423 f., für das Steuerrecht.

[241] So *BVerfG*, NJW 2003, S. 1030 für das spezielle Bestimmtheitsgebot aus Art. 103 Abs. 2 GG.

[242] → Rn. 63 ff.

[243] *Schulze-Fielitz*, Theorie (Fn. 11), S. 177.

B. Vorbehalt des Gesetzes

de.[244] Die der richterlichen Rechtsfortbildung gesetzte Grenze dürfte solange nicht überschritten sein, wie dem Fall ein atypischer, nicht breitenwirksamer Sachverhalt zugrunde liegt und die Entscheidung weder besonders grundrechts- noch finanzintensiv ist.

3. Funktionen der Gesetzesvorbehalte

Gesetzesvorbehalte im hier gebrauchten Sinne einer Organ- *und* Formzuweisung sichern der jeweiligen Entscheidung demokratische Legitimation,[245] die Vorzüge des parlamentarischen Verfahrens mit seinen Publizitäts- und Rationalitätsanforderungen,[246] Residuen des Generalitäts- und Stabilitätsanspruchs des Gesetzes[247], rechtsstaatliche Formenstrenge und nicht zuletzt föderale Balancierung.[248] Gelegentlich treten Nebenzwecke hinzu.[249] Trotz der gegenüber ihrer Entstehungszeit radikal geänderten Rahmenbedingungen stehen die Gesetzesvorbehalte damit nach wie vor im Dienste der **Freiheitssicherung**,[250] gelegentlich auch der zusätzlichen **Gleichheitssicherung**.[251] Das bedeutet zugleich, dass die Gesetzesvorbehalte im Interesse ihres Sinnes überprüft und gegebenenfalls dogmatisch neu justiert werden müssen.[252]

30

4. Quellen der Gesetzesvorbehalte

Gesetzesvorbehalte können sich aus Völkerrecht, Europarecht und Verfassungsrecht ergeben. Da sich Völker- und Europarecht in der Regel nicht für die innerstaatliche Kompetenzverteilung interessieren und daher meist (nur) Rechtssatzvorbehalte vorsehen,[253] beschränkt sich die folgende Darstellung auf Gesetzesvorbehalte qua Verfassungsrecht. Verfassungsrechtlich unmaßgeblich – wenn auch perspektivgebend – sind historische Entwicklungslinien oder eine „Verfassungsstruktur".[254] Vielmehr bilden die expliziten Gesetzesvorbehalte des

31

---

[244] So steht fest, dass sich völlig neue Steuerpflichten nicht durch Analogie begründen lassen: *Klaus Vogel/Christian Waldhoff*, in: BK, vor Art. 104a GG Rn. 484.

[245] *BVerfGE* 105, 279 (303): „nicht nur im Interesse des Schutzes subjektiver Rechte, sondern auch zur Stärkung der parlamentarischen Verantwortung und damit der demokratischen Legitimation staatlichen Handelns".

[246] *BVerfGE* 85, 386 (403). Von den „Ordnungsfunktionen des parlamentarischen Gesetzgebers" spricht mit Blick auf die kommunalrechtlichen Gesetzesvorbehalte *Eberhard Schmidt-Aßmann/Hans C. Röhl*, Kommunalrecht, in: ders. (Hrsg.), Bes. VerwR, Kap. 1 Rn. 95.

[247] Klassische Ausnahme: das „nur-formelle" Gesetz (wie die Haushaltsgesetze).

[248] → Bd. I *Schmidt-Aßmann* § 5 Rn. 63.

[249] So beim enteignungsrechtlichen Gesetzesvorbehalt des Art. 14 Abs. 3 S. 2 GG mit der Junktim-Klausel die Sicherung des parlamentarischen Budgetrechts (vgl. *Hans-Jürgen Papier*, in: Maunz/Dürig, GG, Art. 14 Rn. 548).

[250] *Hoffmann-Riem*, Gesetz (Fn. 77), S. 5 (10, 42). Zum Freiheitsschutz gehört auch der Schutz vor privater Macht: *BVerfGE* 33, 125 (160); vgl. auch *Hoffmann-Riem*, a.a.O., S. 44f.

[251] So die amnestierechtlichen Gesetzesvorbehalte, → Rn. 44. Dass auch die primär freiheitssichernden Gesetzesvorbehalte qua Gesetzesform (und insbes. nach Art. 19 Abs. 1 S. 1 GG, zu ihm → Rn. 21, 102) Gleichheitswirkung haben, versteht sich von selbst. Ausführlich zum Sinn der grundrechtlichen Gesetzesvorbehalte: *Michael Sachs*, in: Stern, Staatsrecht, Bd. III/2, S. 383 ff.

[252] *Hoffmann-Riem*, Gesetz (Fn. 77), S. 5 (7 ff.) und *passim*.

[253] Vgl. für den völkervertragsrechtlichen Menschenrechtsschutz – unter Einschluss der GrCh – *Bardo Fassbender*, Der Gesetzesvorbehalt in internationalen Menschenrechtsverträgen, in: Eckart Klein (Hrsg.), Gewaltenteilung und Menschenrechte, 2006, S. 73 (76 u.ö.).

[254] Dies der normative Hebel bei *Jesch*, Gesetz (Fn. 221), S. 1, 6, 66 f., 74 ff., 171 ff., 204 ff. *(passim)*; z.T. auch „Staatsstruktur" (der Bundesrepublik Deutschland) genannt: S. 2.

§ 9 Das Parlamentsgesetz als Steuerungsmittel und Kontrollmaßstab

positiven Verfassungsrechts Ausgangspunkte und Ecksteine einer jeden Dogmatik vom Vorbehalt des Gesetzes. Erst in zweiter Linie kommen Verfassungsprinzipien[255] (nämlich das verlässliche Rechtsformen fordernde Rechtsstaatsprinzip[256] und das parlamentarische Legitimation gebietende Demokratieprinzip[257]) zur Entfaltung – aus denen sich dann eine Verfassungsstruktur (ohne normativen Eigenwert) erschließen lässt. Dementsprechend sind die „besonderen Gesetzesvorbehalte" nicht lediglich „Ausprägungen"[258] eines überwölbenden Grundsatzes vom Vorbehalt des Gesetzes, sondern genießen Eigenstand.[259] Ihre Normativität verdanken die „Spezialvorbehalte"[260] nicht dem Grundsatz, sondern dieser bezieht umgekehrt seine Geltungskraft aus ihnen. Wegen der Verfassungstextnähe ist Einzel- und Gesamtanalogien (soweit sie möglich sind) Vorrang vor der Prinzipienanwendung einzuräumen.[261]

5. Gruppen verfassungsrechtlicher Gesetzesvorbehalte

32   Die deutschen Verfassungsordnungen kennen keine Kataloge der Vorbehaltsbereiche.[262] Gruppieren lassen sich die verfassungsrechtlichen[263] Gesetzesvorbehalte (mit vielfachen Überschneidungen) als grundrechtliche (a), abgabenrechtliche (b), finanzverfassungsrechtliche (c), ratifikationsrechtliche (d), organisationsrechtliche (e), selbstverwaltungsrechtliche (f), rechtsetzungsrechtliche (g), statusrechtliche (h), sonstige spezielle Gesetzesvorbehalte (i) und schließlich als allgemeiner Grundsatz vom Vorbehalt des Gesetzes (j).

a) Grundrechtliche Gesetzesvorbehalte

33   Am bedeutsamsten dem Gewicht, wenn auch keineswegs der Zahl nach[264] sind die grundrechtlichen Gesetzesvorbehalte. Sie zerfallen in allgemeine – vor

---

[255] Zum Anwendungsvorrang der Verfassungseinzelnormen gegenüber den Prinzipien *Reimer*, Verfassungsprinzipien (Fn. 39), S. 305 f.; konkret *Hans D. Jarass*, Der Vorbehalt des Gesetzes bei Subventionen, NVwZ 1984, S. 473 (475); ders., in: Jarass/Pieroth, GG, Art. 20 Rn. 44; *Schulze-Fielitz*, in: Dreier, GG I, Art. 20 R Rn. 96, 114.
[256] Ein derartiges Prinzip – allzu textpositivistisch – verneinend *Philip Kunig*, Das Rechtsstaatsprinzip. Überlegungen zu seiner Bedeutung für das Verfassungsrecht der Bundesrepublik Deutschland, 1986, *passim*; dagegen z. B. *Reimer*, Verfassungsprinzipien (Fn. 39), S. 386 f.
[257] Näher zur möglichen Begründung eines Grundsatzes vom Vorbehalt des Gesetzes → Rn. 46.
[258] So aber BVerfGE 49, 89 (127).
[259] Es geht also um die Vermeidung „jener verfehlten Entdifferenzierung [...], durch die möglichst vielen Rechtsinstituten über ihren eigentlichen Anwendungsbereich hinaus möglichst viele Zusatzaufgaben aufgebürdet werden. Durch solche Übersicherungen wird wenig gewonnen, aber viel verloren. Verloren geht das jeweils Spezifische eines Instituts. Eine Verfassung lebt vom Zusammenspiel ihrer je besonderen Institute." (*Eberhard Schmidt-Aßmann*, in: Maunz/Dürig, GG, Art. 19 Abs. 4 Rn. 13, zu dem aus der Rechtsweggarantie hergeleiteten „Verrechtlichungsgebot"). Umgekehrt zum hier vertretenen Ansatz *Christian Seiler*, Der einheitliche Parlamentsvorbehalt, 2000, S. 189 ff., der von der Basis der Wesentlichkeitslehre aus den Anwendungsbereich des Art. 80 gegenüber seinem Wortlaut beschränkt.
[260] Begriff bei *Jesch*, Gesetz (Fn. 221), S. 32 für die grundrechtlichen Vorbehalte.
[261] *Reimer*, Verfassungsprinzipien (Fn. 39), S. 450 ff.
[262] Anders z. B. Art. 34 frz. Verfassung v. 4. 10. 1958; zu ihm *v. Bogdandy*, Gubernative Rechtsetzung (Fn. 68), S. 170 f.
[263] Einfachrechtlich vgl. § 31 SGB I (explizit); § 38 AO (implizit).
[264] Vgl. die lange Kette der außergrundrechtlichen Vorbehalte im Grundgesetz nach *Vogel*, Gesetzgeber (Fn. 181), S. 125 (156 Fn. 37).

die Klammer gezogene – Vorbehalte[265] und einzelgrundrechtliche, spezielle Vorbehalte.[266] Diese müssen nicht verfassungstextlich ausgewiesen sein.[267] Wenn generell „Eingriffe in Freiheitsrechte grundsätzlich nur auf gesetzlicher Grundlage möglich" sind[268], so behalten die einzelgrundrechtlichen Vorbehalte doch dadurch einen Sinn, dass sie als Anknüpfungspunkte für die immer wieder vorgeschlagene inhaltliche Konturierung der Gesetzesvorbehalte dienen: Das einzelne Grundrecht in seiner Eigenart kann mehr als eine Großformel (wie „Wesentlichkeit") die Anforderungen an die Schrankenregelung bestimmen.[269]

b) Abgabenrechtliche Gesetzesvorbehalte

Für Abgaben besteht nur ausnahmsweise ein expliziter Gesetzesvorbehalt.[270] **34** Das Fehlen ausdrücklicher Regelungen erlaubt Abstufungen. So fordert der „Steuergesetzesvorbehalt"[271], unter dem Grundgesetz aus den speziellen Freiheitsrechten und aus Art. 2 Abs. 1 GG, aber auch aus einer Kompensationsmechanik für das weitgehende Wegfallen des Verhältnismäßigkeitsgrundsatzes hergeleitet,[272] ein Parlamentsgesetz für die Auferlegung von Steuern und wohl auch für Ermäßigungen und Befreiungen.[273] Die nichtsteuerlichen Geldleistungspflichten sind dagegen „nicht in der für die Steuern geltenden Weise an das Gesetz gebunden"[274]. So können Gebühren auch durch Rechtsverordnung geregelt werden.[275]

---

[265] Z. B. Art. 98 BayVerf; Art. 58 BadWürttVerf; Art. 59 Abs. 1 BerlinVerf; Art. 3 Abs. 2, 3 BremVerf; Art. 2 RheinlPfalzVerf; Art. 2 S. 1 SaarlVerf.

[266] Wie Art. 2 Abs. 2 S. 3, 4 Abs. 3 S. 2, 6 Abs. 3, 8 Abs. 2 GG etc.; Art. 2 S. 2 f. SaarlVerf; hierher zählen insbes. auch die strafrechtlichen Gesetzesvorbehalte, etwa Art. 103 Abs. 2 GG; Art. 104 BayVerf; anders dagegen Art. II-49 Abs. 1 S. 1 VVE: „Niemand darf wegen einer Handlung oder Unterlassung verurteilt werden, die zur Zeit ihrer Begehung nach innerstaatlichem oder internationalem Recht nicht strafbar war." – Zur Entwicklung des strafrechtlichen Gesetzesvorbehalts: *Jesch*, Gesetz (Fn. 221), S. 102 ff.

[267] Einerseits betrifft dies die Konkretisierung verfassungsimmanenter Grenzen – zur Notwendigkeit einer parlamentsgesetzlichen Regelung z. B. *BVerfGE* 83, 130 (142); 108, 282 (297, 302, 311) –, andererseits richterrechtlich entwickelte Grundrechte. So unterliegt das Recht auf informationelle Selbstbestimmung im GG einem qualifizierten Gesetzesvorbehalt, vgl. *BVerfGE* 65, 1 (43 ff.); explizite Regelungen z. B. in Art. 11 BrandenbVerf; Art. 33 BerlinVerf; Art. 2 S. 2 f. SaarlVerf; Art. 33 SachsVerf.

[268] *BVerfGE* 33, 1 (16 f.): das „herrschende Grundrechtsverständnis". Zu Gleichheitsrechten → Fn. 460.

[269] Und dies zweifach: Einerseits hinsichtlich des Typs der Schrankennorm („durch Gesetz"/„aufgrund eines Gesetzes" etc.; hierzu *Staupe*, Parlamentvorbehalt [Fn. 221], S. 194 f.); andererseits hinsichtlich der inhaltlichen Anforderungen. In diese Richtung z. B. *BVerwGE* 10, 164 (165): „Dem Sinne des Gesetzesvorbehalts in Art. 12 Abs. 1 Satz 2 GG widerstreitet es aber, eine so weitgespannte Generalklausel […] zu verwenden". Äußerste Grenzen setzen „Wesensgehalt" oder „Grundgedanken" (Art. 36 Abs. 2 BerlinVerf). Den jeweiligen grundrechtlichen Gewährleistungsgehalt betont *Hoffmann-Riem*, Gesetz (Fn. 77), S. 52 ff.

[270] So Art. 87 Abs. 1 BerlinVerf: „Ohne gesetzliche Grundlage dürfen weder Steuern oder Abgaben erhoben noch Anleihen aufgenommen oder Sicherheiten geleistet werden."

[271] Begriff (und Details) bei *Klaus Vogel/Christian Waldhoff*, in: BK, vor Art. 104 a GG, Rn. 472 ff.

[272] *Hans-Jürgen Papier*, Die finanzrechtlichen Gesetzesvorbehalte und das grundgesetzliche Demokratieprinzip, 1973, S. 63 ff.; *Klaus Vogel/Christian Waldhoff*, in: BK, vor Art. 104 a, Rn. 477, 480 ff.

[273] So *Hans-Jürgen Papier*, in: Maunz/Dürig, GG, Art. 14 Rn. 341.

[274] *Klaus Vogel/Christian Waldhoff*, in: BK, vor Art. 104 a GG, Rn. 485.

[275] *BVerfGE* 20, 257 (269); *Papier*, Gesetzesvorbehalte (Fn. 272), S. 114 ff.

c) Finanzverfassungsrechtliche Gesetzesvorbehalte

35 Betreffen die abgabenrechtlichen Gesetzesvorbehalte die finanzielle Inpflichtnahme Privater, so regeln die (innerstaatlichen[276]) finanzverfassungsrechtlichen Gesetzesvorbehalte vornehmlich, aber nicht ausschließlich die Ausgabenseite. Insoweit haben sie ihren Grund im parlamentarischen Budgetrecht[277], können aber auch bundesstaatlich motiviert sein.[278] Die Unterwerfung der Kreditaufnahme und Übernahme von Gewährleistungen unter die Gesetzesform[279] hat Signal-, Publizitäts- und Disziplinierungsfunktion.

d) Ratifikations- und integrationsrechtliche Gesetzesvorbehalte

36 Einige Verfassungen sehen für den Abschluss bestimmter Verträge parlamentarische Mitwirkung in Gesetzesform vor.[280] Mehrheitlich genügt indes eine „Zustimmung" ohne Festlegung auf ein Gesetz.[281] Teils ist dabei eine frühzeitige Unterrichtung des Parlaments normiert.[282] Thematisch verwandt sind (weitere) außenpolitische Gesetzesvorbehalte. Deren wichtigster[283] ist der Gesetzesvorbehalt für die europäische Integration nach Art. 23 Abs. 1 S. 2 GG.[284]

---

[276] Im Gemeinschaftsrecht gilt der „Grundsatz, dass die Vornahme von Ausgaben für alle bedeutenden Gemeinschaftsausgaben [sic!] nicht nur der Ausweisung der entsprechenden Mittel im Haushaltsplan bedarf, sondern auch den vorherigen Erlass eines Basisrechtsakts zur Bewilligung dieser Ausgaben voraussetzt": *Meinhard Hilf/Kai-Dieter Classen,* Der Vorbehalt des Gesetzes im Recht der Europäischen Union, in: FS Peter Selmer, 2004, S. 71 (81).

[277] Zur Feststellung des Haushaltsplans durch Gesetz vgl. Art. 110 Abs. 2 S. 1, 115 Abs. 1 S. 1 GG; Art. 79 Abs. 2 S. 1 BadWürttVerf; Art. 78 Abs. 3 BayVerf; Art. 85 Abs. 1 S. 1 BerlinVerf; Art. 101 Abs. 3 S. 1 BrandenbVerf; Art. 139 Abs. 2 S. 2 HessVerf; Art. 61 Abs. 2 MecklenbVorpVerf; Art. 65 Abs. 4 NiedersachsVerf; Art. 81 Abs. 3 S. 1 NWVerf; Art. 116 Abs. 2 S. 1 RheinlPfalzVerf; Art. 105 Abs. 1 S. 3 SaarlVerf; Art. 93 Abs. 2 S. 1 SachsVerf; Art. 93 Abs. 2 S. 1 SachsAnhVerf; Art. 50 Abs. 2 SchlHolVerf; Art. 99 Abs. 1 S. 1 ThürVerf; abweichend aber Art. 66 Abs. 2 S. 1 HambVerf; dazu § 58 Abs. 2 S. 3 HGrG; *David,* Verfassung Hamburg (Fn. 140), Art. 66 Rn. 26 ff.

[278] So mit Blick auf das Zustimmungsgesetz nach Art. 105 Abs. 3 GG *Klaus Vogel/Christian Waldhoff,* in: BK, vor Art. 104a, Rn. 477.

[279] Z. B. Art. 115 Abs. 1 S. 1 GG; Art. 83 S. 1 NWVerf; Art. 117 S. 1 RheinlPfalzVerf; Art. 108 Abs. 1 SaarlVerf; Art. 95 S. 1 SachsVerf. – Zum Verlust des Gesetzesvorbehalts bei der Schuldenbremse in der Hessischen Verfassung (Art. 141 HessVerf n. F.) vgl. Stellungnahme des Hessischen Rechnungshofs, v. 26. 10. 2010, S. 10 Fn. 41, in: Ausschussvorlage HAA/18/10 und HHA/18/51, Teil 4, S. 316 (325), zugänglich über www.hessischer-landtag.de; ferner *Henning Tappe,* Das Parlament wird entmündigt, FAZ v. 23. 3. 2011, sowie *ders.,* Ausschussvorlage HAA/18/10 und HHA/18/51, Teil 2, S. 237.

[280] Art. 101 S. 2 RheinlPfalzVerf; Art. 95 Abs. 2 S. 1 SaarlVerf; diff. Art. 59 Abs. 2 S. 1 Hs. 2 GG; Art. 47 Abs. 2 MecklenbVorpVerf. – Zur Lage unter dem Grundgesetz *Meinulf Dregger,* Die antizipierte Zustimmung des Parlaments zum Abschluß völkerrechtlicher Verträge, die sich auf Gegenstände der Bundesgesetzgebung beziehen, 1989.

[281] Art. 50 S. 2 BadWürttVerf; Art. 65 Abs. 2 SachsVerf; Art. 50 Abs. 1 S. 4 BerlinVerf; Art. 91 Abs. 2 BrandenbVerf; Art. 103 Abs. 2 HessVerf; Art. 35 Abs. 2 NiedersachsVerf; Art. 66 S. 2 NWVerf; Art. 69 Abs. 2 SachsAnhVerf; Art. 77 Abs. 2 ThürVerf; anders Art. 30 Abs. 2 SchlHolVerf; ähnlich Art. 43 S. 2 f. HambVerf.

[282] Art. 50 Abs. 1 S. 3 BerlinVerf.

[283] Vgl. bspw. Art. 24 Abs. 1 GG.

[284] Hierzu *BVerfGE* 123, 267 (355): „zur Wahrung der Integrationsverantwortung und zum Schutz des Verfassungsgefüges so auszulegen, dass jede Veränderung der textlichen Grundlagen des europäischen Primärrechts erfasst wird." Hierzu *Christoph Ohler,* Herrschaft, Legitimation und Recht in der Europäischen Union, AöR, Bd 135 (2010), S. 153 (158 f.; krit. *Claus D. Classen,* Legitime Stärkung des Bundestages oder verfassungsrechtliches Prokrustesbett?, JZ 2009, S. 881 (884).

e) Organisationsrechtliche oder institutionelle Gesetzesvorbehalte[285]

Organisationsrechtliche[286] Gesetzesvorbehalte[287] umfassen verwaltungs- und justizbezogene Vorbehalte. Die **verwaltungsbezogenen Gesetzesvorbehalte** werden hier eng verstanden, sie klammern staatsorganisationsrechtliche, finanzverfassungsrechtliche, selbstverwaltungsrechtliche und statusrechtliche Vorbehalte aus. Einen Sonderfall bilden gebietsrechtliche Gesetzesvorbehalte (Neugliederungsvorbehalte[288] und Auflösungsvorbehalte[289]). Geringe Bedeutung haben schließlich ernennungsrechtliche Gesetzesvorbehalte[290]. Verwaltungsbezogene Gesetzesvorbehalte i. e. S. – im Landesverfassungsrecht breit verankert[291] – betreffen daher insbesondere die Bildung von Verwaltungseinheiten[292], ihren Aufbau, die räumliche Gliederung, die Zuständigkeitsverteilung und die Organbestellung.[293] Unter dem Grundgesetz, das wesentlich zurückhaltender normiert,[294] gibt es keinen allgemeinen Gesetzesvorbehalt für Verfahren und Zuständigkeiten der

37

---

[285] Näher → Bd. I *Wißmann* § 15 Rn. 35 ff.

[286] *BVerfGE* 106, 1 (22): „organisatorische Gesetzesvorbehalte" (zu Art. 108 Abs. 1, 2, 4 GG); vgl. zur Terminologie auch *Sonja Rademacher/Norbert Janz*, Hochschulen in der Hand des Verordnungsgebers – Überlegungen zum neuen Brandenburgischen Hochschulgesetz, LKV 2001, S. 148 (150 Fn. 17).

[287] Wegen der Ausgliederung finanzverfassungsrechtlicher und statusrechtlicher Vorbehalte eng verstanden; großzügiger *Christian Starck*, Diskussionsbeitrag, in: Volkmar Götz/Hans H. Klein/Christian Starck (Hrsg.), Die öffentliche Verwaltung zwischen Gesetzgebung und richterlicher Kontrolle, 1985, S. 93.

[288] Art. 29 Abs. 2 S. 1 GG; Art. 4 Abs. 2 S. 2 BerlinVerf; Art. 59 Abs. 2 S. 1 NiedersachsVerf; Art. 88 Abs. 2 SachsVerf; Art. 90 S. 1 SachsAnhVerf: „durch Gesetz oder auf Grund eines Gesetzes"; Art. 92 Abs. 2 S. 1, Abs. 3 S. 1 ThürVerf; sie überschneiden sich teils mit selbstverwaltungsrechtlichen Gesetzesvorbehalten.

[289] Z. B. Art. 88 Abs. 2 S. 2, Abs. 3 S. 2 SachsVerf; Art. 92 Abs. 2 S. 2, Abs. 3 S. 2 ThürVerf; diff. Art. 74 Abs. 2, Abs. 3 S. 2 BadWürttVerf.

[290] Gelegentlich wird die Übertragung von Ernennungsrechten an ein Gesetz gekoppelt, z. B. Art. 66 SachsVerf, ähnlich Art. 51 BadWürttVerf; anders Art. 102 RheinlPfalzVerf; Möglichkeit formfreier Delegation in Art. 92 SaarlVerf und Art. 78 Abs. 1, 3 ThürVerf.

[291] Vgl. z. B. Art. 77 BayVerf; ähnlich Art. 77 NWVerf; Art. 112 S. 1 SaarlVerf; mit Verfahren: Art. 45 Abs. 2 SchlHolVerf; Art. 83 Abs. 1 S. 1 SachsVerf; ähnlich Art. 86 Abs. 2 SachsAnhVerf; Art. 56 Abs. 2 NiedersachsVerf; Art. 90 S. 2–4 ThürVerf; prinzipiell anders Art. 38 Abs. 1 NiedersachsVerf („Die Landesregierung beschließt über die Organisation der öffentlichen Verwaltung, soweit nicht Gesetze die Organisation regeln", hierbei soll „der Landesregierung noch eine hinreichende Kompetenz zu lassen" sein: *Neumann*, Niedersächsische Verfassung [Fn. 206], Art. 38 Rn. 5). – Daneben kommen im Einzelfall auch ungeschriebene Gesetzesvorbehalte in Betracht. Explizit für einen gewohnheitsrechtlichen Vorbehalt bezüglich Errichtung und Schließung von Hochschulen und Hochschulstandorten (im Fall Brandenburgs): *Rademacher/Janz*, Hochschulen (Fn. 286), S. 148 (150).

[292] Hierzu auf Bundesebene Art. 87 Abs. 1 und 3, 108 Abs. 1 S. 2 GG. Es besteht danach unter dem Grundgesetz kein allgemeiner Errichtungsvorbehalt, vgl. etwa *Peter Lerche*, in: Maunz/Dürig, GG, Art. 86 (Vorkommentierung, 1989) Rn. 81; a. A. *Schulze-Fielitz*, in: Dreier, GG I, Art. 20 R Rn. 125 f., dessen methodischem Ansatz aber nicht gefolgt werden kann (z. B. Rn. 126: Ableitung institutioneller Gesetzesvorbehalte „insbesondere aus dem Demokratieprinzip oder dem Rechtsstaatsprinzip" unter Hinweis auf „Wesentlichkeit").

[293] Nach *NWVerfGH*, Urt. v. 9. 2. 1999, NJW 1999, S. 1243, unterliegt die Zusammenlegung von Innen- und Justizministerium einem ungeschriebenen Gesetzesvorbehalt aufgrund von Wesentlichkeit; krit. zu Recht z. B. *Ernst-Wolfgang Böckenförde*, Organisationsgewalt und Gesetzesvorbehalt, NJW 1999, S. 1235 f.

[294] Vgl. Art. 87 Abs. 1 und 3, 87 b, 87 d, 91 a Abs. 2, 108 Abs. 1 S. 2, Abs. 2 S. 2, Abs. 4 S. 1 GG. Abweichungsvorbehalte finden sich in Art. 84 f.; auch *BVerfGE* 106, 1 (22) spricht insofern von „Vorbehalte(n)".

§ 9 Das Parlamentsgesetz als Steuerungsmittel und Kontrollmaßstab

Verwaltung,[295] schon gar nicht im Sinne einer Regelung „bis in alle Einzelheiten".[296] So unterlagen traditionell die Verfahren der Leistungsverwaltung keinem Gesetzesvorbehalt.[297] Neben eingriffsartigen Organisationsentscheidungen – wie Beleihung, Begründung von Pflichtmitgliedschaften – bedarf die Einrichtung von weisungsfreien Räumen sowie von pluralistischen Gremien innerhalb der Verwaltung des Gesetzes.[298] Bei Privatisierungen ist zu differenzieren.[299] Darin wird ein heuristisches „Verteilungsprinzip zwischen notwendiger parlamentarischer Grundlagenklärung und administrativen Handlungsbefugnissen"[300] sichtbar. Eine für Zuständigkeiten auf „Wesentlichkeit" abstellende Lehre[301] begegnet in erhöhtem Maße den Bedenken, die sich gegen die Wesentlichkeitstheorie ohnehin richten.[302]

38 **Justizorganisationsgesetzesvorbehalte** sind auf Bundes- wie auf Landesebene nur rudimentär geregelt. Meist betreffen sie die Organisation der Verfassungsgerichtsbarkeit,[303] die Bildung der Gerichte[304] und Gemeinsamen Senate,[305] die Zuständigkeiten[306], die Stellung der Richter.[307] Zugrunde liegt das in den meisten Verfassungen explizit, im übrigen kraft des Rechtsstaatsprinzips verankerte Gebot des gesetzlichen Richters,[308] das eine präzise gesetzliche Zuständigkeitssteuerung verlangt. Vor diesem Hintergrund können Herkommen, Gewaltenteilungs- und Rechtsstaatsprinzip weitere Gesetzesvorbehalte hervorbringen. So hat das Bundesverfassungsgericht Änderungen von Gerichtsbezirken dem Parlamentsgesetzgeber zugewiesen.[309]

---

[295] *BVerwGE* 120, 87 (96); diff. *Günter C. Burmeister*, Herkunft, Inhalt und Stellung des institutionellen Gesetzesvorbehalts, 1991, insbes. S. 113 ff. Für einen institutionellen Gesetzesvorbehalt bei Zuständigkeitsentscheidungen: *Rupert Stettner*, Grundfragen einer Kompetenzlehre, 1983, S. 350 ff.

[296] *BVerfGE* 40, 237 (250 f.).

[297] *BVerfGE* 8, 155 (165 ff.); Modifikationen dieser Entscheidung wegen der gewandelten Verhältnisse erwägend: *Peter Lerche*, in: Maunz/Dürig, Art. 86 Rn. 78 Fn. 24. Die Frage relativiert sich durch den Ausbau des SGB. – Eine Tendenz hin zum Gesetzesvorbehalt für Organisation und Verfahren für die Eingriffsverwaltung sieht *Christian Starck* (Fn. 287), S. 93.

[298] *Schmidt-Aßmann*, Ordnungsidee, 5. Kap. Rn. 27, 46.

[299] Näher *Schmidt-Aßmann*, Ordnungsidee, 5. Kap. Rn. 28 f.

[300] *Schmidt-Aßmann*, Ordnungsidee, 4. Kap. Rn. 19; nach ihm sollen die „Grundstrukturen der Staatsorganisation (im weiteren Sinne) ... durch die Exekutive dauerhaft weder neu gestaltet noch grundlegend umgestaltet werden, ohne dass der Gesetzgeber selbst die Eckpunkte und Grundlinien der Lösung vorzeichnet."

[301] *Stettner*, Grundfragen (Fn. 295), S. 349 ff.

[302] → Rn. 57 ff.

[303] Art. 94 Abs. 2 GG; Art. 68 Abs. 4 BadWürttVerf; Art. 67, 69 BayVerf; Art. 84 Abs. 3 BerlinVerf; Art. 76 SachsAnhVerf etc.

[304] Art. 65 Abs. 1 BadWürttVerf; Art. 109 Abs. 1 SaarlVerf; ähnlich Art. 77 Abs. 1 SachsVerf.

[305] Art. 95 Abs. 3 GG.

[306] Art. 97 Abs. 5; 67 Abs. 2, 4 GG.

[307] Vgl. etwa Art. 97 Abs. 2 S. 1 f., 98 GG; Art. 66 BadWürttVerf; Art. 87, 88 BayVerf. Überschneidungen ergeben sich zu den hier sog. „statusrechtlichen" Gesetzesvorbehalten (→ Rn. 43).

[308] Art. 101 Abs. 1 S. 2 GG; Art. 86 BayVerf; Art. 15 Abs. 5 BerlinVerf; Art. 52 Abs. 1 BrandenbVerf; Art. 6 Abs. 1 BremVerf; Art. 20 Abs. 1 HessVerf; Art. 6 Abs. 1 RheinlPfalzVerf; Art. 14 Abs. 1 SaarlVerf; Art. 78 Abs. 1 SachsVerf; Art. 21 Abs. 3 SachsAnhVerf; Art. 87 ThürVerf.

[309] *BVerfGE* 2, 307 (316 ff.); näher zum Problemfeld *Fabian Wittreck*, Die Verwaltung der Dritten Gewalt, 2006, S. 95 ff.

B. Vorbehalt des Gesetzes

f) Selbstverwaltungsrechtliche Gesetzesvorbehalte

Regelungsbedürftig ist im Dreieck von Staat, Selbstverwaltungsträgern und Privaten sowohl das Verhältnis des Selbstverwaltungsträgers zum Staat als auch zu den Privaten (Mitgliedern wie Dritten). Die **kommunale Selbstverwaltung** ist gegen den Staat durch allgemeine Gesetzesvorbehalte wie Art. 28 Abs. 2 GG[310] abgegrenzt, der den Gesetzgeber „zur Ausformung des Garantiegehalts, zur Fixierung immanenter Grenzen, aber auch zu Eingriffen in verfassungsunmittelbare Garantiebereiche ermächtigt".[311] Dieser allgemeine Schutz wird flankiert durch spezielle Auflösungsvorbehalte,[312] Aufgabenentzugs-[313] oder Aufgabenzuweisungsvorbehalte[314] und Aufsichtsvorbehalte.[315] Die Verbürgungen werden z.T. einfachrechtlich zu einer arrondierten Position mit einheitlichem Gesetzesvorbehalt zusammengezogen.[316] Gegenüber Privaten unterliegt die Satzungsgewalt kommunaler Selbstverwaltungsträger nicht den für Rechtsverordnungen geltenden Verfassungsbestimmungen.[317] Die Qualifikation bestimmter Verwaltungsträger als „Selbstverwaltung" dispensiert indes nicht davon, ihre Normsetzung rechtlich (und das heißt primär: gesetzlich) zu kanalisieren. Insofern bedürfen auch kommunale Satzungen einer parlamentsgesetzlichen Grundlage, die allerdings nicht spezifiziert sein muss.[318] Der Gesetzesvorbehalt erhält hier wegen der besonderen Legitimation der Satzungsgebung eine kommunalspezifische Fassung,[319] dem die allgemeinen Satzungsklauseln in den Gemeindeordnungen genügen. Für Satzungen mit Eingriffswirkung gelten nach überwiegender Ansicht die grundrechtlichen Gesetzesvorbehalte.[320] Spezialgesetzliche Grundlagen sollen auf dem Boden der Wesentlichkeitslehre auch in Zwischenzonen, d.h. für eingriffsnahe, besonders konfliktträchtige Satzungsre-

39

---

[310] Parallel (mit Unterschieden i.e.): Art. 71 Abs. 1 BadWürttVerf; Art. 10 Abs. 2, 11 Abs. 2 BayVerf; Art. 97 Abs. 2 BrandenbVerf; Art. 144 S. 2 Hs. 2 BremVerf; Art. 82 Abs. 2 S. 2 SachsVerf.
[311] *Schmidt-Aßmann/Röhl*, Kommunalrecht (Fn. 246), Kap. 1 Rn. 20.
[312] Z.B. Art. 74 Abs. 2 S. 2, Abs. 3 S. 2 BadWürttVerf; Art. 98 Abs. 2 S. 2 BrandenbVerf; hierzu *brandenb. VerfG*, LKV 1995, S. 365 (366).
[313] Z.B. Art. 71 Abs. 2 S. 1 BadWürttVerf; qualifizierter Vorbehalt in Art. 49 Abs. 1 S. 2 RheinlPfalzVerf.
[314] Z.B. Art. 71 Abs. 3 S. 1 BadWürttVerf, wie hier (S. 2) häufig mit einer Junktim-Klausel, etwa Art. 57 Abs. 4 NiedersachsVerf; ähnlich Art. 78 Abs. 3 NWVerf; anders Art. 49 Abs. 4 RheinlPfalzVerf; Art. 120 Abs. 1 SaarlVerf.
[315] Z.B. Art. 75 Abs. 2 BadWürttVerf; Art. 78 Abs. 4 S. 2 NWVerf. Zur Frage, ob es für Aufsichtsmaßnahmen konkreter gesetzlicher Ermächtigungen bedarf: *Kahl*, Staatsaufsicht (Fn. 221), S. 501 ff.
[316] § 4 Abs. 1 S. 1 GemO Bad.-Württ., analog nach § 2 Abs. 5 S. 1 LKrO Bad.-Württ. für den Landkreis. – Zur Frage nach dem Vorrang bzw. der Bindungswirkung institutioneller Gesetze → Rn. 106.
[317] Für Art. 80 GG BVerfGE 97, 332 (343); *Michael Nierhaus*, in: BK, Art. 80 Abs. 1 Rn. 164; *Schmidt-Aßmann/Röhl*, Kommunalrecht (Fn. 246), Kap. 1 Rn. 95; *Bethge*, Parlamentsvorbehalt (Fn. 220), NVwZ 1983, S. 577 (579); die Unanwendbarkeit von Art. 80 GG auf die funktionale Selbstverwaltung bestätigend: BVerfGE 33, 125 (157f.). Für Art. 70 NWVerf: *Thomas Mann*, in: Wolfgang Löwer/Peter J. Tettinger (Hrsg.), Kommentar zur Verfassung des Landes Nordrhein-Westfalen, Art. 70 Rn. 6; vgl. ferner *Theodor Meder*, Die Verfassung des Freistaates Bayern, Handkommentar, 4. Aufl. 1992, Art. 55 Rn. 13.
[318] *Christian Waldhoff*, Satzungsautonomie und Abgabenerhebung, in: FS Vogel (Fn. 10), S. 495 (510ff.); *Schmidt-Aßmann*, Ordnungsidee, 2. Kap. Rn. 89, 4. Kap. Rn. 31; *Michael Nierhaus*, in: BK, Art. 80 Abs. 1 Rn. 166; strenger wohl *Bethge*, Parlamentsvorbehalt (Fn. 220), S. 577 (578f.).
[319] → Rn. 51.
[320] → Rn. 33.

gelungen erforderlich sein.³²¹ So kommt es in vielen Fällen zu einer „Doppelschaltung von staatlichem Parlamentsvorbehalt und kommunalem Rechtssatzvorbehalt".³²²

40 Einen Sonderfall bildet die **regionale Selbstverwaltung**. Die Zuweisung spezieller Selbstverwaltungsrechte für bestimmte Landesteile hat eminent politischen Charakter; hier bietet sich die Gesetzesform aus Gründen der Staatsklugheit an.³²³

41 Die **funktionale Selbstverwaltung** wird im Grundgesetz nicht und in den Landesverfassungen rudimentär normiert, etwa indem die für Gemeinden, Gemeindeverbände und/oder Zweckverbände geltenden Garantien auf andere öffentlich-rechtliche Körperschaften und Anstalten übertragen werden.³²⁴ Die Errichtung der Selbstverwaltungsträger erfordert ein Gesetz³²⁵ – wo nicht kraft ausdrücklicher verfassungsgesetzlicher Bestimmung,³²⁶ da wegen der Ausgliederung aus der staatlichen Verwaltungsorganisation³²⁷ kraft Demokratie- und Rechtsstaatsprinzips.³²⁸ Im Verhältnis zu ihren Mitgliedern sind wie im Falle der kommunalen Selbstverwaltung insbesondere Grund und Grenze der Rechtsetzungskompetenzen der Selbstverwaltungskörperschaften problematisch.³²⁹ Die Rechtsprechung des Bundesverfassungsgerichts hat zu einer Ausdehnung der gesetzlichen Determinierung des Binnenrechts geführt,³³⁰ die in der Literatur zum Teil als paradox empfunden wird, weil sie das Satzungsrecht seiner Substanz entleere.³³¹

g) Rechtsetzungsrechtliche Gesetzesvorbehalte

42 Verfassungsänderungen sind, wo nicht auch plebiszitär möglich³³², ganz überwiegend dem Gesetz – einem qualifizierten Gesetz – vorbehalten.³³³ Dass einfa-

---

[321] Näher *Schmidt-Aßmann/Röhl*, Kommunalrecht (Fn. 246), Kap. 1 Rn. 96 m.w.N.
[322] Begriff bei *Bethge*, Parlamentsvorbehalt (Fn. 220), S. 580.
[323] Art. 78 Abs. 2 RheinlPfalzVerf: „Über Selbstverwaltungsrechte der einzelnen Landesteile, insbesondere der Pfalz, befindet das Gesetz."
[324] Z.B. Art. 71 Abs. 1 S. 3 BadWürttVerf; hierzu *Kluth*, Selbstverwaltung (Fn. 236), S. 15 mit Fn. 20; zur Legitimation → Bd. I *Trute* § 6 Rn. 82 ff.
[325] Dieses muss den Selbstverwaltungsträger aber nicht selbst errichten; möglich ist auch eine Ermächtigung zur Gründung durch Beschluss der Beteiligten. Vgl. dazu die Beispiele bei *Kluth*, Selbstverwaltung (Fn. 236), S. 231 f.
[326] Etwa nach Art. 87 Abs. 5 SachsAnhVerf; ähnlich Art. 82 Abs. 3 SachsVerf.
[327] *Maurer*, VerwR, § 21 Rn. 66. Im Gesetz müssen „Aufgaben und Handlungsbefugnisse der Organe [...] ausreichend vorherbestimmt" sein: BVerfGE 107, 59 (94).
[328] → Bd. I *Trute* § 6 Rn. 5.
[329] Zur Frage originärer vs. delegierter Rechtsetzungsgewalt vgl. *Bernhard Busch*, Das Verhältnis des Art. 80 Abs. 1 Satz 2 GG zum Gesetzes- und Parlamentsvorbehalt, 1992, S. 57 f.; *Kluth*, Selbstverwaltung (Fn. 236), S. 488 m. Fn. 8. – Zum Ganzen auch *Raimund Wimmer*, Grenzen der Regelungsbefugnis in der vertragsärztlichen Selbstverwaltung, NZS 1999, S. 113 ff.
[330] Details bei *Kluth*, Selbstverwaltung (Fn. 236), S. 499 ff.
[331] Z.B. *Rolf Stürner/Jens Bormann*, Der Anwalt – vom freien Beruf zum dienstleistenden Gewerbe? Kritische Gedanken zur Deregulierung des Berufsrechts und zur Aushöhlung der anwaltlichen Unabhängigkeit, NJW 2004, S. 1481 (1489), die für die anwaltliche Selbstverwaltung die Frage einer „[n]eue[n] Abhängigkeit vom Staat" aufwerfen. Bei Zuweisung aller wesentlichen Fragen an das Parlament sieht auch *Kluth*, Selbstverwaltung (Fn. 236), S. 503, die „Paradoxie, daß die ureigensten eigenen Angelegenheiten der Selbstverwaltung entzogen werden."
[332] Und auch hier ist die Gesetzesform z.T. zulässig, vgl. Art. 64 Abs. 3 S 2 f. BadWürttVerf.
[333] Besonders deutlich Art. 75 Abs. 1 S. 1 BayVerf: „Die Verfassung kann nur im Wege der Gesetzgebung geändert werden."; ferner Art. 79 Abs. 1, 2 GG (fast wortgleich z.B. Art. 79 S. 1 BrandenbVerf; Art. 56 Abs. 1 S. 1 MecklenbVorpVerf; Art. 46 Abs. 1 NiedersachsVerf; Art. 69 Abs. 1 S. 1 NWVerf; Art. 101 Abs. 1 S. 1 SaarlVerf; Art. 74 Abs. 1 S. 1 SachsVerf; Art. 78 Abs. 1 SachsAnhVerf; Art. 40 Abs. 1 S. 1

B. Vorbehalt des Gesetzes

che Gesetze nicht durch untergesetzliches Recht, sondern ebenfalls nur durch Gesetz geändert (oder aufgehoben) werden können – Prinzip des „parallélisme des formes"[334] –, gilt als normhierarchische Selbstverständlichkeit[335] und findet Bestätigung in explizit normierten Ausnahmen.[336] Gegenüber diesen wenig brisanten Fällen ist die Einordnung der verordnungsrechtlichen Gesetzesvorbehalte[337] streitig. Denn die „Neubestimmung des legislativen Vorbehaltsbereichs im Zuge der sogenannten ‚Wesentlichkeitstheorie' hat die Rolle der nichtparlamentarischen Rechtsetzung durch Rechtsverordnungen in ein unklares Licht gerückt."[338] Hierauf ist insbesondere für Art. 80 GG zurückzukommen.[339] Die nach ihm und seinen landesverfassungsrechtlichen Parallelnormen für Rechtsverordnungen geltenden Regeln sind auf Satzungen nicht analog anzuwenden: Die Satzungsautonomie ist Ausfluss der Autonomie des Selbstverwaltungsträgers; sie muss gesetzlich bestätigt und umrissen werden. Dabei gelten andere Bestimmtheitserfordernisse als im Fall der Rechtsverordnungen.[340]

h) Statusrechtliche Gesetzesvorbehalte

Es liegt nahe, dass auch bestimmte statusrechtliche Fragen – insbesondere bei Bürgerstatus und Amt – einer gesetzlichen Ausformung vorbehalten bleiben. Dementsprechend begegnen Gesetzesvorbehalte im Bereich der Staatsangehörigkeit,[341] der Stellung der Beamten,[342] Richter[343] und Regierungsmitglieder[344] sowie zu querschnittsartigen Statusfragen.[345]

43

SchlHolVerf; Art. 83 Abs. 1 ThürVerf); Art. 64 Abs. 1 BadWürttVerf; Art. 51 HambVerf; Art. 123 Abs. 1 HessVerf; Art. 129 Abs. 1 RheinlPfalzVerf; anders Art. 100 BerlinVerf; Art. 125 BremVerf.

[334] Vgl. *Theodor Schilling*, Rang und Geltung von Normen in gestuften Rechtsordnungen, 1994, S. 190.
[335] Zur Frage der Gesetzesbindung der Gesetzgebung aber → Fn. 579.
[336] Z. B. Art. 119 S. 1 GG (anders Art. 115k Abs. 1 S. 1 GG: „setzen ... Verordnungen ... entgegenstehendes Recht außer Anwendung": *Theodor Maunz*, in: Maunz/Dürig, GG, Art. 115k Rn. 37).
[337] Art. 80 GG; ähnlich Art. 61 BadWürttVerf; Art. 64 BerlinVerf; Art. 80 BrandenbVerf; Art. 53 HambVerf; Art. 57 MecklenbVorpVerf; Art. 43 NiedersachsVerf; Art. 70 NWVerf; Art. 110 RheinlPfalzVerf; Art. 104 SaarlVerf; Art. 75 SachsVerf; Art. 79 SachsAnhVerf; Art. 38 SchlHolVerf; Art. 84 ThürVerf; einige Landesverfassungen unterscheiden zwischen Ausführungs- und sonstigen Rechtsverordnungen, so Art. 61 Abs. 2 BadWürttVerf; Art. 55 Nr. 2 BayVerf; Art. 124 BremVerf. Vgl. ferner Art. 107, 118 HessVerf („Durch Gesetz kann der Landesregierung die Befugnis zum Erlaß von Verordnungen über bestimmte einzelne Gegenstände, aber nicht die Gesetzgebungsgewalt im ganzen oder für Teilgebiete übertragen werden"). – Die aus Art. 80 Abs. 1 GG über Art. 20, 28 Abs. 1 S. 1 GG fließenden Homogenitätsanforderungen des Grundgesetzes an das Landesverfassungsrecht sieht das Bundesverfassungsgericht uneinheitlich: laxer in *BVerfGE* 34, 52 (58ff.) mit Bestätigung der Art. 107, 118 HessVerf; strenger in *BVerfGE* 41, 251 (265f.) und 55, 207 (225f.): Geltung des Gebots „näherer" bzw. „hinreichender" Bestimmung der Ermächtigung nach Inhalt, Zweck und Ausmaß; *BVerfGE* 102, 197 (222) für das Gebot „hinreichender" Bestimmtheit. Für eine *de facto* unmittelbare Anwendung des Art. 80 Abs. 1 GG auf die Landesgesetzgebung: Michael Nierhaus, in: BK, Art. 80 Abs. 1 Rn. 68; a. A. Brun-Otto Bryde, in: v. Münch/Kunig, GGK III, Art. 80 Rn. 2a.
[338] *Busch*, Art. 80 (Fn. 329), S. 143.
[339] → Rn. 69.
[340] → Rn. 39.
[341] Vgl. den Abweichungsvorbehalt in Art. 116 Abs. 1 („vorbehaltlich anderweitiger gesetzlicher Regelung") und den Regelungsvorbehalt in Art. 75 Abs. 2 RheinlPfalzVerf.
[342] Implizit Art. 33 Abs. 5 GG; explizit Art. 95 Abs. 1 BayVerf; ähnlich Art. 114 SaarlVerf. Kontrovers zum erforderlichen Gehalt beamtenrechtlicher Gesetze mit Blick auf die Freiheitsrechte des Beamten: *BVerfGE* 108, 282 (296ff.) einerseits; abw. M. *Jentsch, Di Fabio, Mellinghoff*, S. 314 (315ff.) andererseits.
[343] Z. B. Art. 98 Abs. 1 GG; Art. 89 Abs. 1 ThürVerf.
[344] Z. B. Art. 62 Abs. 1 SachsVerf; Art. 67 Abs. 2 SachsAnhVerf; Art. 33 Abs. 2 SchlHolVerf.
[345] Wie der Beschränkung der Wählbarkeit von Beamten, Soldaten und Richtern: Art. 137 Abs. 1 GG.

i) Sonstige spezielle Gesetzesvorbehalte

44 Weitere Gesetzesvorbehalte haben punktuellen Charakter. So erfordert die Festlegung von Staatssymbolen in einigen Ländern die Gesetzesform,[346] ferner die Änderung des Anwendungsbereichs von Landesrecht[347] sowie Amnestien[348]. Schließlich begegnen sporadisch Gesetzgebungsaufträge zu Gewährleistungen, die ein Vorbehaltsmoment enthalten.[349]

j) Allgemeiner Gesetzesvorbehalt (Grundsatz vom Vorbehalt des Gesetzes)

45 Die einzelnen Gesetzesvorbehalte ergänzt ein allgemeiner (normativer) Grundsatz vom Vorbehalt des Parlamentsgesetzes.[350] Damit ist **kein Totalvorbehalt** gemeint.[351] Ein solcher besteht in keiner geltenden deutschen Verfassungsordnung.[352] In der Gestalt, die der Vorbehaltsgrundsatz durch die Wesentlichkeitslehre angenommen hat, kommt er allerdings einem Totalvorbehalt mit Bagatellschwelle nahe, freilich ohne dessen Rechtssicherheit. Dabei dient das Wesentlichkeitskriterium sowohl zur Bestimmung der Vorbehaltsmaterie (Auslöser für die **Gesetzesform**) als auch innerhalb dieser Materie als Kriterium für die **Regelungsdichte** (Bestimmung des Gesetzesinhalts): „Der Vorbehalt des Gesetzes erschöpft sich nicht in der Forderung nach einer gesetzlichen Grundlage für Grundrechtseingriffe. Er verlangt vielmehr auch, dass alle wesentlichen Fragen vom Parlament selbst entschieden und nicht anderen Normgebern überlassen werden."[353] Die Literatur bemüht sich zur Erfassung der Vorbehaltsmaterien um eine Fallgruppenbildung. Dabei befürworten viele Stimmen eine Erstre-

---

[346] Z.B. Art. 24 Abs. 2 BadWürttVerf (Landeswappen); ähnlich Art. 1 Abs. 3 S. 2 MecklenbVorpVerf; Art. 74 Abs. 3 RheinlPfalzVerf; Art. 62 Abs. 2 SaarlVerf; abgestuft Art. 2 Abs. 3 SachsVerf; Art. 1 Abs. 2 SachsAnhVerf.

[347] Art. 58 Abs. 2 SchlHolVerf. Zu (sonstigen) gebietsbezogenen Gesetzesvorbehalten → Rn. 39 f.

[348] Z.B. Art. 121 Abs. 2 BremVerf; ähnlich Art. 44 Abs. 2 HambVerf; Art. 49 Abs. 2 MecklenbVorpVerf; Art. 36 Abs. 2 NiedersachsVerf; anders Art. 109 Abs. 3 HessVerf (Zustimmung des Landtags).

[349] Art. 25 BerlinVerf; ferner Art. 140 GG i.V.m. Art. 139 WRV. Hier verblasst das vorbehaltstypische Moment der Handlungssperre.

[350] Statt aller: *Michael Sachs*, in: ders. (Hrsg.), GG, Art. 20 Rn. 114. Dagegen: *Vogel*, Gesetzgeber (Fn. 181), S. 125 (147 ff.); ähnlich: *Bernhard Schlink*, Die Amtshilfe. Ein Beitrag zu einer Lehre von der Gewaltenteilung in der Verwaltung, 1982, S. 134 f. m.w.N.; *Janssen*, Grenzen (Fn. 103), S. 224 ff.; *Hans-Jürgen Papier*, Der Vorbehalt des Gesetzes und seine Grenzen, in: Götz/Klein/Starck (Hrsg.), Verwaltung (Fn. 287), S. 46 ff., 54 ff.

[351] Dagegen für das Grundgesetz *BVerfGE* 68, 1 (109); vgl. ferner *BVerfGE* 98, 218 (246).

[352] Vgl. aber für Österreich Art. 18 Abs. 1 Bundesverfassungsgesetz (B-VG): „Die gesamte staatliche Verwaltung darf nur auf Grund der Gesetze ausgeübt werden."; für Deutschland nach *Jesch*, Gesetz (Fn. 221), S. 128 Fn. 121 und S. 129 Fn. 125, nur Art. 62 der Verfassung Hamburgs v. 13. 10. 1879. Zu unter dem Grundgesetz unterstellten Ausweitungen in Richtung auf einen umfassenden Vorbehalt: *Walter Mallmann*, Schranken nichthoheitlicher Verwaltung, VVDStRL, Bd. 19 (1961), S. 165 (184 ff.), allerdings mit teilweise erheblicher Absenkung der Anforderungen an das ermächtigende Gesetz (S. 188 ff.); *Christian-Friedrich Menger*, Höchstrichterliche Rechtsprechung zum Verwaltungsrecht, VerwArch, Bd. 52 (1961), S. 196 ff.; *Jesch*, a.a.O., insbes. S. 171 ff., 204 f. (einschränkend aber S. 171); *Hans H. Rupp*, Grundfragen der heutigen Verwaltungsrechtslehre (1965), 2. Aufl. 1991, S. 117 ff.; *Achterberg*, VerwR, § 18 Rn. 29.

[353] *BVerfGE* 95, 267 (307); zu den beiden Gehalten der Wesentlichkeitslehre Rn. 47. – Die bundesverfassungsgerichtliche Rechtsprechung ist, soweit ersichtlich, von den Verfassungsgerichten in den Ländern rezipiert worden, vgl. z.B. *VerfGH NW*, NVwZ-RR 1998, S. 478 ff.

B. Vorbehalt des Gesetzes

ckung des Vorbehalts auf die leistende Verwaltung.[354] Richtig erscheint eine differenzierende Behandlung.[355]

Auch über die Verortung des Grundsatzes vom Vorbehalt des Gesetzes besteht Uneinigkeit. Die Verankerungsfrage erlaubt die Klärung, ob es einen allgemeinen Grundsatz vom Vorbehalt des Gesetzes überhaupt gibt; sie konturiert bejahendenfalls einen solchen Grundsatz; und sie entscheidet (mit) über einen etwaigen Ewigkeitsschutz aus Art. 79 Abs. 3 GG.[356] Insofern wandert der Blick zwischen möglichen Wurzeln des Vorbehaltsgrundsatzes und seinem Zuschnitt hin und her.[357] Als Wurzeln des Vorbehaltsgrundsatzes werden zutreffend **Demokratie- und Rechtsstaatsprinzip** genannt[358] (einmal mit stärkerer Betonung des Demokratieprinzips[359], dann wieder mit Hervorhebung des Rechtsstaatsprinzips[360]), speziell der Grundsatz der Gewaltenteilung[361] bzw. Art. 20 Abs. 3 GG[362] oder gar Verfassungsgewohnheitsrecht, das dem Prinzip der Gewaltenteilung in Art. 20 Abs. 2 S. 2 GG zuzuordnen sei.[363] Als weitere Säule kommen die

46

---

[354] Für einen Subventionsgesetzesvorbehalt: (diff.) *Klaus Stern*, Rechtsfragen der öffentlichen Subventionierung Privater, JZ 1960, S. 518 ff.; *Klaus Vogel*, Gesetzgeber (Fn. 181), S. 125 (151 ff.); *Georg Müller*, Inhalt und Formen der Rechtssetzung als Problem der demokratischen Kompetenzordnung, 1979, S. 71 ff.; *Bauer*, Gesetzesvorbehalt (Fn. 193), S. 53 (55 ff.); *Maurer*, StaatsR, § 8 Rn. 22; *ders.*, VerwR, § 6 Rn. 12 ff.; krit. *Fritz Ossenbühl*, Verwaltungsvorschriften und Grundgesetz, 1968, S. 244 ff.; *Rolf Stober*, Allgemeines Wirtschaftsverwaltungsrecht, 16. Aufl. 2008, S. 51 f.

[355] Anknüpfungspunkt ist dann weniger „die Leistungsverwaltung" als vielmehr der jeweilige Leistungsvorgang; als gesetzesbedürftige Fallgruppen kommen in Betracht: Verursachung erheblicher Abhängigkeit des Leistungsempfängers oder greifbarer Beeinträchtigung Dritter, Schaffung neuer Leistungssysteme mit weitreichenden finanzwirtschaftlichen Folgen sowie Unzulänglichkeiten von Subventionsvollzug und -kontrolle: überzeugend *Schmidt-Aßmann*, Ordnungsidee, 4. Kap. Rn. 23 m. w. N.; ferner *ders.*, in: HStR II, § 26 Rn. 65. Diff. auch *Papier*, Vorbehalt (Fn. 350), S. 36 (57 ff.).

[356] Hierzu etwa *Roman Herzog*, in: Maunz/Dürig, GG, Art. 20 VI Rn. 80. Gegen eine Verewigung bestimmter Theorien (und damit eine Festschreibung z. B. von Art. 80 Abs. 1 S. 2 GG) spricht neben prinzipiellen Erwägungen, dass Art. 79 Abs. 3 GG ausdrücklich nur „die in den Artikeln 1 und 20 niedergelegten Grundsätze" schützt, also nur einen Teilgehalt von Art. 1 und 20, nämlich nur die dort niedergelegten „Grundsätze". Zu deren stark zurückgenommener Regelungsdichte *Reimer*, Verfassungsprinzipien (Fn. 39), S. 242 ff. (244).

[357] So ließe sich ein allgemeiner Parlamentsgesetzesvorbehalt für wesentliche Fragen kaum ohne das Demokratieprinzip herleiten (vgl. in der Tat *Karl-Peter Sommermann*, in: v. Mangoldt/Klein/Starck [Hrsg.], GG, Art. 20 Abs. 2 Rn. 186, Abs. 3 Rn. 273; dagegen *BVerfGE* 49, 89 [124 f.]; 68, 1 [108 f.]; *Hans Jarass*, in: Jarass/Pieroth, GG, Art. 20 Rn. 52; *Helmuth Schulze-Fielitz*, in: Dreier [Hrsg.], GG II, Art. 20 R Rn. 114). Ein schmaler, hinter die Einzelausprägungen zurücktretender Vorbehaltsgrundsatz dürfte dagegen den Rückgriff auf Prinzipien weitgehend erübrigen (folgerichtig *Hans D. Jarass*, in: Jarass/Pieroth, GG, Art. 20 Rn. 52; ähnliche Tendenz bei *Schulze-Fielitz*, a. a. O.).

[358] Z. B. *BVerfGE* 83, 130 (142); 105, 279 (304); *BVerwGE* 47, 201 (LS 1); zum Gesetzesvorbehalt als „Knotenpunkt, in dem die grundlegenden Verfassungsprinzipien ineinander verschlungen sind": *Ossenbühl*, Verwaltungsvorschriften (Fn. 354), S. 210. Instruktiver Überblick über die Herleitungen: *Andreas v. Arnauld*, Die Freiheitsrechte und ihre Schranken, 1999, S. 145 ff.

[359] Z. B. *Jesch*, Gesetz (Fn. 221), S. 171 ff., 205; *Karl-Peter Sommermann*, in: v. Mangoldt/Klein/Starck, GG, Art. 20 Abs. 2 Rn. 176, Abs. 3 Rn. 263; tendenziell auch *BVerfGE* 85, 386 (403); 105, 279 (303).

[360] Etwa: *BVerfGE* 7, 282 (302); *Helmuth Schulze-Fielitz*, in: Dreier (Hrsg.), GG II, Art. 20 R Rn. 95; *en passant* auch *BVerfGE* 98, 218 (261).

[361] *BVerfGE* 34, 52 (59 f.), daneben das Rechtsstaatsprinzip heranziehend.

[362] *BVerfGE* 40, 237 (248); 49, 89 (126); *BVerwGE* 72, 265 (266); *BVerfG*, NJW 1998, S. 669 (670); krit. *Jesch*, Gesetz (Fn. 221), S. 190; *Roman Herzog*, in: Maunz/Dürig, GG, Art. 20 VI 51, 77.

[363] *Roman Herzog*, in: Maunz/Dürig, GG, Art. 20 VI Rn. 79 f.

Grundrechte in Betracht.³⁶⁴ Darüber hinaus wird auf eine (partielle) bundesstaatliche Radizierung hingewiesen.³⁶⁵

II. Die so genannte Wesentlichkeitstheorie

47 Die Gesetzesvorbehalte liefen weitgehend leer, wenn sie nicht inhaltliche Mindestanforderungen an die gesetzliche Ermächtigung stellen würden.³⁶⁶ Das Bundesverfassungsgericht hat solche Erfordernisse früh unter Verwendung von Begriffen wie „entscheidend" und „wesentlich" in der Selbstentscheidungs- und Voraussehbarkeitsformel aufzustellen versucht.³⁶⁷ Später hat es den Gesetzesvorbehalt – explizit vom Eingriff gelöst – „in bestimmten grundlegenden Bereichen" geltend gesehen.³⁶⁸ Der Begriff der Wesentlichkeit, ursprünglich heuristisch,³⁶⁹ erlangte Eigendynamik und erstarkte über eine Theorie³⁷⁰ zu einem unmittelbar anwendbaren verfassungsrechtlichen Kriterium.³⁷¹ Nach ihm muss der parlamentarische Gesetzgeber wesentliche Rechtsbereiche selbst regeln³⁷² **(Kompetenzzuweisung)** und in ihnen „die wesentlichen normativen Grundlagen des zu regelnden Rechtsbereichs selbst festgelegt" haben³⁷³ **(Regelungsdichteanweisung)**. Weil Wesentlichkeit keine abgegrenzten Sach- oder Lebensberei-

---

³⁶⁴ Hierzu *Dieter C. Umbach*, Das Wesentliche an der Wesentlichkeitstheorie, in: FS Hans-Joachim Faller, 1984, S. 111 (115).

³⁶⁵ *Klaus Vogel/Christian Waldhoff*, in: BK, vor Art. 104a ff. Rn. 477.

³⁶⁶ Vgl. bereits *Hans Peters*, Die Verwaltung als eigenständige Staatsgewalt, Rektoratsrede, 1965, S. 15: Gefahr, dass bei Ausdehnung des Gesetzeserfordernisses das Anforderungsniveau an das Gesetz sinkt, z. B. Umdeutung von Kompetenz- in Befugnisnormen; ähnlich die Kritik *Fritz Ossenbühls* an *Dietrich Jesch*, der den Totalvorbehalt abmildere, indem er das Haushaltsgesetz als Ermächtigungsgrundlage ausreichen lasse (Verwaltungsvorschriften, Fn. 354, S. 225).

³⁶⁷ Vgl. zunächst *BVerfGE* 2, 307 (320), hierzu *Dieter Hömig*, Grundlagen und Ausgestaltung der Wesentlichkeitslehre, FG BVerwG (Fn. 182), S. 273 (281 f.); ferner *BVerfGE* 7, 282 (301 f.); von der anderen Seite her kommend – Verbot der Verwendung „einer vagen Generalklausel" durch den Gesetzgeber – *BVerfGE* 6, 32 (42); diese Entscheidung wird später häufig in Bezug genommen. – Krit. Überblick zur Rspr. des Bundesverfassungsgerichts bei *Michael Nierhaus*, in: BK, Art. 80 Abs. 1 Rn. 96 ff. – Zur Anknüpfung des Zustimmungsbedürfnisses an das materielle Gewicht von Gesetzen (z. B. durch das Kriterium der „Bedeutsamkeit") am Beispiel Badens ab 1818 vgl. *Rolf Grawert*, Gesetz, in: Brunner, Otto (Hrsg.), Geschichtliche Grundbegriffe, Bd. 2, 1975, S. 863 (905 f.); für Preußen *Adolf Arndt*, Der Anteil der Stände an der Gesetzgebung in Preußen von 1823–48, AöR, Bd. 17 (1902), S. 574 ff.; zusammenfassender Überblick über Kriterien der spätkonstitutionellen Staatsrechtslehre bei *Böckenförde*, Gesetz (Fn. 102), S. 385 f.

³⁶⁸ *BVerfGE* 40, 237 (249).

³⁶⁹ *Helmut Simon* und *Thomas Oppermann*, 51. DJT, II, S. M 108, 115; für ein Vorgehen „mit großer Behutsamkeit" wegen der „Gefahren einer zu weitgehenden Vergesetzlichung": *BVerfGE* 47, 46 (79).

³⁷⁰ So zuerst *Thomas Oppermann*, Nach welchen Grundsätzen sind das öffentliche Schulwesen und die Stellung der an ihm Beteiligten zu ordnen?, Gutachten C zum 51. DJT, 1976, S. 49 Fn. 104.

³⁷¹ Z. B. *BVerfGE* 95, 267 (309): Der Gesetzesvorbehalt verlange „auch, daß alle wesentlichen Fragen vom Parlament selbst entschieden und nicht anderen Normgebern überlassen werden." – Ähnlich großzügig Teile der Lehre, vgl. z. B. *Maurer*, StaatsR, § 8 Rn. 21.

³⁷² *BVerfGE* 83, 130 (152); *Hans-Heinrich Trute*, Das Kultur- und Bildungswesen in der Sächsischen Verfassung, in: Christoph Degenhart/Claus Meissner (Hrsg.), Handbuch der Verfassung des Freistaates Sachsen, 1997, § 8 Rn. 13. Der das „Ob" einer gesetzlichen Regelung betreffende Aussagegehalt wird z. T. nicht als Funktion der Wesentlichkeitslehre gesehen (z. B. *Fritz Ossenbühl*, Diskussionsbeitrag, in: Götz/Klein/Starck [Hrsg.], Verwaltung [Fn. 287], S. 97) – insofern verständlich, als zahlreiche Fälle durch die expliziten Gesetzesvorbehalte bereits geklärt sind.

³⁷³ *BVerfGE* 49, 89 (127). Zur Wesentlichkeitslehre als „Gleitformel" *Ladeur/Gostomzyk*, Gesetzesvorbehalt (Fn. 212), S. 141 (149).

che, sondern Querschnittsfragen bezeichnet, kann es unwesentliche Einzelheiten in wesentlichen Materien geben.[374]

Gelegentlich legt das Bundesverfassungsgericht die „Wesentlichkeit" sogar so aus, als müsse das Parlament Wesentliches nur „im Wesentlichen" regeln.[375] Auch in anderer Hinsicht ist das Bild der Rechtsprechung uneinheitlich. So hat das Bundesverfassungsgericht die Wesentlichkeit mit den Worten relativiert, das Grundgesetz kenne keine „Kompetenzregel, die besagte, dass alle ‚objektiv wesentlichen' Entscheidungen vom Gesetzgeber zu treffen wären."[376] Zu einem „leisen Abschied"[377] von der Wesentlichkeitstheorie ist es allerdings ebenso wenig gekommen[378] wie (umgekehrt) zu einer Herausbildung verlässlicher Konturen oder Fallgruppen. In der Lehre sind zwar positive und negative **Kriterien** herausgearbeitet worden. Danach sollen den Parlamentsvorbehalt insbesondere[379] auslösen:[380] **48**
– Grundrechtsrelevanz,[381]
– Größe des Adressatenkreises,
– Langfristigkeit der Festlegung,
– gravierende finanzielle Auswirkungen,
– Auswirkungen auf das Staatsgefüge,
– Konkretisierung offenen Verfassungsrechts,
– politische Wichtigkeit oder Umstrittenheit[382].

Umgekehrt werden als „Indikatoren für die Delegierbarkeit von Regelungen"[383] genannt:[384]
– Erforderlichkeit flexibler Regelungen,

---

[374] *Seiler*, Parlamentsvorbehalt (Fn. 259), S. 189.

[375] *BVerfGE* 83, 130 (142): „die für die Grundrechtsverwirklichung maßgeblichen Regelungen im wesentlichen selbst zu treffen"; vgl. auch S. 152: „Zu der danach vom Gesetzgeber in ihren wesentlichen Leitlinien zu regelnden Materie zählt auch [...]."

[376] *BVerfGE* 68, 1 (109); ähnlich *BVerfGE* 49, 89 (124): Es gebe zugunsten des Parlaments „keinen allumfassenden Vorrang bei grundlegenden Entscheidungen".

[377] Anzeichen hierfür sah *Umbach*, Wesentlichkeitstheorie (Fn. 364), S. 111 (130).

[378] Vgl. z. B. *BVerfGE* 108, 282 (310 ff.); 116, 24 (58); *BVerwGE* 121, 103 ff. = JZ 2005, S. 246 ff. m. Anm. *Ulrich Battis* (S. 250 f.).

[379] *Staupe*, Parlamentsvorbehalt (Fn. 221), S. 252 ff. zufolge ferner: Regelungen mit Prognose- und Experimentiercharakter, Alternativentscheidungen (d.h. gesellschaftliche Weichenstellungen), bestimmte Rechtsänderungen, Verdrängung von Gewohnheitsrecht u.a. – so dass unwesentliche Fragen zumindest in dieser Sicht *de facto* Ausnahmecharakter haben.

[380] Nach *Staupe*, Parlamentsvorbehalt (Fn. 221), S. 236 ff. und *Busch*, Art. 80 (Fn. 329), S. 51 f.; ihnen überwiegend folg. *Kluth*, Selbstverwaltung (Fn. 236), S. 491 f. – Instruktiv auch *Müller*, Rechtssetzung (Fn. 354), S. 111 ff.; Formulierung einer „Relevanztrias" bei *Umbach*, Wesentlichkeitstheorie (Fn. 364), S. 111 (127). Eine Trias von Kriterien auch in *NWVerfGH*, NJW 1999, S. 1243 (1245).

[381] Dies ist insbes. Freiheitsrelevanz („die Einschränkung von grundrechtlichen Freiheiten und den Ausgleich zwischen kollidierenden Grundrechten": *BVerfGE* 85, 386 [403]; im einzelnen diff. *Staupe*, Parlamentsvorbehalt [Fn. 221], S. 239 ff.); zur Gleichheitsrelevanz *BVerfGE* 108, 282 (312 f.) sowie → Fn. 460. – Nach *NWVerfGH*, NJW 1999, S. 1243 (1245) auch die „Bedeutung für andere tragende Prinzipien der Verfassung und deren Verwirklichung".

[382] Dagegen allerdings *BVerfGE* 49, 89 (126); zurückhaltend *BVerfGE* 98, 218 (251); 108, 282 (312); *Umbach*, Wesentlichkeitstheorie (Fn. 364), S. 111 (126 f.); *Papier*, Vorbehalt (Fn. 350), S. 36 (43); a. A. wiederum *Staupe*, Parlamentsvorbehalt (Fn. 221), S. 249 f.

[383] *Staupe*, Parlamentsvorbehalt (Fn. 221), S. 261 ff.; ihm wiederum folg. *Kluth*, Selbstverwaltung (Fn. 236), S. 493 f.

[384] *Kluth*, Selbstverwaltung (Fn. 236), S. 493 f. in Anlehnung an *Staupe*, Parlamentsvorbehalt (Fn. 221), S. 262 ff.

– Vorliegen entwicklungsoffener Sachverhalte,
– Verwirklichung einer Entlastungsfunktion zugunsten des Parlaments,
– Bedürfnis nach dezentraler Regelung und bundesstaatlicher Koordinierung,
– Einräumung von Beteiligungsrechten für die von der Regelung Betroffenen,
– fehlender Sachverstand des Parlaments.[385]

Über diese Kriterien herrscht aber weder im einzelnen noch hinsichtlich ihres Verhältnisses zueinander Klarheit. Ferner scheint ungewiss, ob sich die „Gesetzespflichtigkeit"[386] nur auf den Erlass *allgemeiner* Gesetze bezieht, oder ob die Wesentlichkeitstheorie den Gesetzgeber auch zur Legalplanung (etc.) berufen kann.[387] So bleibt der Eindruck, die Wesentlichkeitslehre diene der „Bemäntelung richterlicher Dezision."[388]

Inkurs: Unionsrechtliche Normvorbehalte und Wesentlichkeitstheorie

49 Das Primärrecht kennt einen allgemeinen Normvorbehalt,[389] der in Art. 52 Abs. 1 S. 1 GRCh (mit der Formulierung „gesetzlich vorgesehen") Niederschlag gefunden hat, sowie einzelne Richtlinien- und Verordnungsvorbehalte[390]; infolge der Handlungsformenindifferenz des Unionsrechts[391] sind jedoch die Vorbehalte zugunsten von **Basisrechtsakten** – im Gegensatz zu delegierten Rechtsakten und Durchführungsrechtsakten – von größerem Interesse. Insoweit finden sich die unionsrechtlichen Modelle zur Verteilung der Rechtsetzungskompetenzen in Art. 290 Abs. 1, 291 AEUV. Nach der bisherigen Rechtsprechung des EuGH musste der Basisrechtsakt die „wesentlichen Grundzüge der zu regelnden Materie" enthalten.[392] Zwar war insofern von „Wesentlichkeitsrechtsprechung" des EuGH die Rede.[393] Ein großer Unterschied zur deutschen Rechtslage lag aber darin, dass die Wesentlichkeit nicht der Grundrechtsausübung gelten musste, sondern auf die zu regelnde Materie bezogen war.[394] Dies dürfte unter Art. 290 Abs. 1 AEUV weiter gelten.[395] Bisher ist – soweit ersichtlich – kein Rechtsakt we-

---

[385] Insoweit a. A. *Staupe,* Parlamentsvorbehalt (Fn. 221), S. 276 f.

[386] Begriff in *BVerfGE* 68, 1 (109).

[387] So offenbar *Michael Ronellenfitsch,* Das atomrechtliche Genehmigungsverfahren, 1983, S. 159; gegen eine Anwendbarkeit des Vorbehalts des Gesetzes auf die Einzelfallbewältigung deutlich *VerfGH NW,* NVwZ-RR 1998, S. 478 (480 f.) – Garzweiler II; a. A. wohl *brandenb. VerfG,* LKV 1995, S. 365 (366) – Horno; krit. dazu *Christoph Degenhart,* Braunkohletagebau unter Gesetzesvorbehalt? Zum „Horno-Urteil" des Verfassungsgerichts Brandenburg, DVBl 1996, S. 771 (780 ff.).

[388] *Gerd Roellecke,* Die Verwaltungsgerichtsbarkeit im Grenzbereich zur Gesetzgebung, NJW 1978, S. 1776 (1779); *Kloepfer,* Vorbehalt (Fn. 95), S. 685 (692). Zu Beispielen für Indienstnahmeversuche in politischen Auseinandersetzungen → Fn. 431.

[389] Nach *EuGH,* verb. Rs. 46/87 u. 227/88, Slg. 1989, 2859, Rn. 19: „bedürfen Eingriffe der öffentlichen Gewalt in die Sphäre der privaten Betätigung jeder – natürlichen oder juristischen – Person einer Rechtsgrundlage"; detailliert zum Vorbehalt des Gesetzes im Gemeinschaftsrecht *Henning Rieckhoff,* Der Vorbehalt des Gesetzes im Europarecht, 2007, insbes. S. 123 ff.

[390] → Fn. 161.

[391] → Rn. 18.

[392] *EuGH,* Rs. 25/70, Slg. 1970, 1161, Rn. 6; hierzu z. B. *Hofmann,* Normhierarchien (Fn. 153), S. 116 ff.; *Hilf/Classen,* Vorbehalt (Fn. 276), S. 71 (79 f.).

[393] *Hilf/Classen,* Vorbehalt (Fn. 276), S. 71 (80); vgl. ferner *Jan-Peter Hix,* in: Schwarze (Hrsg.), EU, Art. 202 EGV Rn. 13 f.

[394] Vgl. z. B. *EuGH,* Rs. C-240/90, Slg. 1992, I-5383, LS 2.

[395] Vgl. *Matthias Ruffert,* in: Calliess/Ruffert, EUV/AEUV, Art. 290 Rn. 10 m. w. N.: „nicht rechtsstaatlich-grundrechtsbezogen, sondern demokratisch-politisch" zu verstehen; näher zur Exekutivrechtsetzung in der Union insgesamt → Bd. I *ders.* § 17 Rn. 81 ff.

B. Vorbehalt des Gesetzes

gen Verletzung des Wesentlichkeitskriteriums kassiert worden.[396] Der europäische Gesetzgeber kann nach Art. 290 Abs. 2 AEUV die Übertragung widerruflich gestalten oder mit einem Kontrollvorbehalt verbinden. Die Übertragung von Durchführungsbefugnissen an Kommission oder Rat ist nach Art. 291 Abs. 2 AEUV die (nicht auf Gesetzgebungsakte beschränkte) Ausnahme.

III. Abschied von der Wesentlichkeitstheorie

Die frühere „Keule der Wesentlichkeitstheorie"[397] ist bereits zu einer differenzierteren Waffe geworden: Zahlreiche Entwicklungen haben Anstöße zu Modifikationen und Rekonstruktionen gegeben und tun es weiter. Denn der Vorbehaltsgrundsatz und die ihn ausfüllende Wesentlichkeitstheorie bedürfen der Überprüfung, um wirksam bleiben zu können.[398] 50

1. Modifikationen

a) Sonderbereiche

Zunächst begegnen Modifikationen in bestimmten Sonderbereichen. So gilt der Gesetzesvorbehalt nach zutreffender Auffassung im **Kommunalrecht** nur eingeschränkt.[399] Wegen der grundrechtssichernden Funktion der Selbstverwaltung[400] und der eigenständigen demokratischen Legitimation der Satzung[401] sind die Anforderungen an die gesetzliche Grundlage für kommunales Eingriffshandeln abgesenkt, etwa für Kommunalabgaben im Vergleich zum generellen Steuergesetzesvorbehalt.[402] Die Gewährung von Satzungsautonomie, insbesondere durch die Gemeindeordnungen, dürfte als Basis satzungsrechtlicher Grundrechtseingriffe aber nicht mehr genügen.[403] Für das **Umweltrecht** sind bereichsspezifische Lockerungen der Wesentlichkeitslehre eher aus faktischen Zwängen denn aus rechtlichen Erwägungen bejaht worden.[404] Unter dem Stichwort der umgekehrten Wesentlichkeit ist hier sogar partiell eine faktische Freistellung von den Anforderungen an die gesetzliche Regelungsdichte eingetreten.[405] Ein flächiger Dispens wird schließlich z.T. auch für Verwaltungshandeln 51

---

[396] *Georg Haibach*, Komitologie nach Amsterdam. Die Übertragung von Rechtsetzungsbefugnissen im Rechtsvergleich, VerwArch, Bd. 90 (1999), S. 98 (105 m. w. N.) und eigene Recherche.
[397] *Roman Herzog*, Gesetzgebung und Einzelfallgerechtigkeit, NJW 1999, S. 25 (26).
[398] Vgl. bereits *Herzog*, Staatslehre (Fn. 175), S. 271.
[399] Dazu *Eberhard Schmidt-Aßmann*, 58. DJT 1990, S. N 8, 15 f.; *ders./Röhl*, Kommunalrecht (Fn. 246), Kap. 1 Rn. 95 ff.; *ders.*, Ordnungsidee, 2. Kap. Rn. 89; *Waldhoff*, Satzungsautonomie (Fn. 318), S. 495 (510 ff.); strenger *Bethge*, Parlamentsvorbehalt (Fn. 220), S. 577 (578 ff.).
[400] *Bethge*, Parlamentsvorbehalt (Fn. 220), S. 577 (578), der zugleich auf die „grundrechtsbegrenzte Funktion von Selbstverwaltung" hinweist.
[401] Vgl. *Ernst-Wolfgang Böckenförde*, Demokratie als Verfassungsprinzip, in: HStR II, § 24 Rn. 31 f.
[402] *Waldhoff*, Satzungsautonomie (Fn. 318), S. 495 (510 ff.).
[403] *Bethge*, Parlamentsvorbehalt (Fn. 220), S. 577 (578 ff.); *Waldhoff*, Satzungsautonomie (Fn. 318), S. 495 (511 f.) m.w.N.; *Schmidt-Aßmann/Röhl*, Kommunalrecht (Fn. 246), Kap. 1 Rn. 96; a.A. z.B. *Jesch*, Gesetz (Fn. 221), S. 33, 209; a. A. *Monika Böhm*, Autonomes kommunales Satzungsrecht, in: Gertrude Lübbe-Wolff u.a. (Hrsg.), Umweltschutz durch kommunales Satzungsrecht, 3. Aufl. 2002, S. 413 ff.
[404] *Jürgen Salzwedel*, Umweltschutz, in: HStR IV, § 97 Rn. 19 f. – Hinweis auf eine ähnliche Situation im Sozialrecht bei *Ladeur/Gostomzyk*, Gesetzesvorbehalt (Fn. 212), S. 141 (163): Entscheidung durch Gremien ohne materielle Vorstrukturierung der Entscheidungskriterien.
[405] → Rn. 56.

kraft **Unionrechts** angenommen. Verordnungen (Art. 288 AEUV), möglicherweise auch staatengerichtete Beschlüsse könnten danach ohne konkret-gesetzliche Abstützung Rechtsgrundlage für belastende Verwaltungsakte darstellen.[406] Für Ermächtigungsgrundlagen, auf deren Grundlage europarechtlich induzierte Rechtsverordnungen ergehen (wie § 57 KrW-/AbfG), sollen abgeschwächte Bestimmtheitsanforderungen gelten.[407] Eine Erstreckung des Gesetzesvorbehalts wird für Normsetzung im gesellschaftlichen Raum erwogen.[408]

b) Neue Eingriffsformen

52 Lockerungen des Gesetzesvorbehalts kommen auch **außerhalb klassischer Eingriffe** in Betracht. Bei komplexen Verwaltungsentscheidungen, die nicht mehr durch punktuelle bipolare Eingriffe gekennzeichnet sind, besteht die Gefahr, dass der Gesetzesvorbehalt leer läuft. Der Gesetzgeber kann dem Gesetzesvorbehalt „bei **komplexen Risikoentscheidungen** nur dann noch genügen, wenn er die Grundlinien von Rechtsgüterabwägungen vorentscheidet, Entscheidungsfreiräume der Verwaltung präzisiert, die Mindestvoraussetzungen für eine geordnete Entscheidungsfindung im Verwaltungsverfahren gesetzlich anordnet und organisatorische Voraussetzungen für eine hinreichend transparente Beteiligung von Sachverständigengremien schafft. Dem verfassungsrechtlich geforderten Gesetzesvorbehalt wird dann nicht mehr durch eine Einzeleingriffsermächtigung genügt, sondern durch ein abgestimmtes Normsystem, bestehend aus Abwägungsdirektiven, Organisations- und Verfahrensvorschriften."[409] Denn wo das Rechtssystem im Zeitpunkt parlamentarischer Entscheidung keine Vollverantwortung übernehmen konnte, kann es durchaus die Möglichkeit haben, „eine verstärkte Verantwortung auf der Anwendungsebene wahrzunehmen."[410]

53 Lockerungen werden – nach der Erweiterung des Eingriffsbegriffs – insbesondere für **mittelbar-faktische Eingriffe** erwogen.[411] Nach hier vertretener Ansicht

---

[406] *Bast*, Handlungsformen (Fn. 142), S. 532; näher *Arno Scherzberg*, Verordnung – Richtlinie – Entscheidung. Zum System der Handlungsformen im Gemeinschaftsrecht, in: Heinrich Siedentopf (Hrsg.), Europäische Integration und nationalstaatliche Verwaltung, 1991, S. 17 (37).

[407] *Christian Calliess*, Die verfassungsrechtliche Zulässigkeit von fachgesetzlichen Rechtsverordnungsermächtigungen zur Umsetzung von Rechtsakten der EG, NVwZ 1998, S. 8 (10, 12 f.); *Bodo Pieroth*, in: Jarass/Pieroth, GG, Art. 80 Rn. 12 b; a. A. *Fritz Ossenbühl*, Der verfassungsrechtliche Rahmen offener Gesetzgebung und konkretisierender Rechtsetzung, DVBl 1999, S. 1 (6 f.); *Sebastian Weihrauch*, Pauschale Verordnungsermächtigungen zur Umsetzung von EG-Recht, NVwZ 2001, S. 265 ff.; krit. auch *Saurer*, Rechtsverordnung (Fn. 35), S. 317: „Hier findet interessanterweise die Form der Pauschalermächtigung wieder Verwendung, die in der Folge der Südweststaats-Entscheidung des Bundesverfassungsgerichts aus der Gesetzgebung verschwunden war."; für strengere Anforderungen gar *Rüdiger Breuer*, BT-Ausschuss-Drucks. 13/119, Teil 4, S. 9 ff., hier zit. nach *Michael Nierhaus*, in: BK, Art. 80 Abs. 1 Rn. 310 m. w. N.

[408] Hierzu *Hoffmann-Riem*, Gesetz (Fn. 77), S. 5 (44 f.) m. w. N. – Dagegen könnte sprechen, dass das Ob und Wie der Disziplinierung privater Macht typischerweise eine politische Aufgabe des Gesetzgebers ist. Eine allgemeine verfassungsrechtliche Aufladung qua Gesetzesvorbehalt kann den eminent politischen Charakter dieser Fragen verhüllen. Die Extremfälle privater Machtausübung werden verfassungsrechtlich durch grundrechtliche Schutzpflichten aufgefangen.

[409] *Udo Di Fabio*, Risikoentscheidungen im Rechtsstaat, 1994, S. 465; vgl. auch dem Vorschlag von *Ladeur/Gostomzyk*, Gesetzesvorbehalt (Fn. 212), S. 141 (160), die Wesentlichkeitslehre „von ihrer Staatsfixierung und ihrer materiell-rechtlichen Ausrichtung zu lösen und kompensatorisch auf verfahrens- und organisatorische [sic] Elemente umzubauen".

[410] *Hoffmann-Riem*, Gesetz (Fn. 77), S. 5 (34).

[411] *BVerfGE* 105, 279 (303 ff.); *Wolfgang Hoffmann-Riem*, Grundrechtsanwendung unter Rationalitätsanspruch, Der Staat, Bd. 43 (2004), S. 203 (222 f.); dagegen nachdrücklich *Jan H. Klement*, Der Vor-

sollte für alle im weiten Sinne finalen (d.h. bezweckten, vorhergesehenen oder vorhersehbaren) Grundrechtsbeeinträchtigungen unabhängig vom Wirkungsmodus am Erfordernis einer parlamentsgesetzlichen Ermächtigungsgrundlage festgehalten[412] und die Regelungsdichte (wie in anderen Bereichen auch) nach faktischer Regelbarkeit des jeweiligen Sachgebietes aufgefächert werden.[413] Denn auch von materiellrechtlich generalklauselartigen, aber prozedural mitsteuernden Normen[414] dürfte eine disziplinierende Wirkung ausgehen.[415] Das Erfordernis einer formellgesetzlichen Grundlage ist allenfalls dann entbehrlich, wenn wegen der Eigenart (auch: Nichttypisierbarkeit) der zu regelnden Fälle eine gesetzliche Normierung sinnlos ist.[416]

c) Gebot normativer Qualitätssicherung?

Ob sich „der Gesetzesvorbehalt von einem Prinzip begrenzter Eingriffsermächtigung zu einem **Gebot normativer Qualitätssicherung** durch inhaltliche, prozedurale und organisationelle Steuerung" wandelt,[417] erscheint trotz der notwendigen Fortschreibungen fraglich. Denn es wäre zu gewärtigen, dass der abwägungsfeste Vorbehalt des Gesetzes[418] zu einem Geflecht filigraner Kompensationsmechanismen mutiert, die – hinsichtlich des gebotenen „Qualitätsniveaus" und der Tauglichkeit der (alternativen oder kumulativen?) „Qualitätssicherungsmittel" – in einem grundrechtssensiblen Bereich mehr Unsicherheiten schaffen als beseitigen.

d) Unwesentlichkeitsverbot?

Entwickelt man die Wesentlichkeitstheorie zu einem **Unwesentlichkeitsverbot** für den Gesetzgeber fort, so müsste das Gesetz bestimmte Materien in einer bestimmten Dichte regeln und dürfte die komplementären – unwesentlichen –

---

behalt des Gesetzes für das Unvorhersehbare. Argumente gegen zu viel Rücksicht auf den Gesetzgeber, DÖV 2005, S. 507 ff.

[412] *Andreas Roth*, Verwaltungshandeln mit Drittbetroffenheit und Gesetzesvorbehalt, 1991, S. 233 ff., 336 ff. (mit engerem Finalitätsbegriff); *Josef Isensee*, Das Grundrecht als Abwehrrecht und als staatliche Schutzpflicht, in: HStR V, 1992, § 111 Rn. 68 m.w.N.; *Eberhard Schmidt-Aßmann*, Grundrechtswirkungen im Verwaltungsrecht, in: FS Konrad Redeker, 1993, S. 225 (238). Eine Differenzierung von Normierungs- und Parlamentsvorbehalt erwägend: *Hoffmann-Riem*, Gesetz (Fn. 77), S. 5 (43). Für eine Freistellung „faktischer grundrechtswidriger Effekte" vom Vorbehalt des Gesetzes: *Josef F. Lindner*, „Grundrechtseingriff" oder „grundrechtswidriger Effekt"?, DÖV 2004, S. 765 (773). Gegen eine Differenzierung anhand des Kriteriums der Finalität z.B. *Michael Sachs*, in: Stern, Staatsrecht III/2, S. 392; *Klement*, Vorbehalt (Fn. 411).

[413] In diese Richtung auch *Schmidt-Aßmann*, Ordnungsidee, 4. Kap. Rn. 17.

[414] Für hoheitliches Informationshandeln etwa: § 10 Geräte- und Produktsicherheitsgesetz (GPSG, bisher: § 8 ProdSG); § 40 LFGB; § 13 ff. AG LMBG Bad.-Württ.

[415] A. A. *Ladeur/Gostomzyk*, Gesetzesvorbehalt (Fn. 212), S. 141 (157).

[416] Mögliches Beispiel aus dem Bereich staatlichen Informationshandelns: Warnungen des Auswärtigen Amtes vor Reisen in terrorgefährdete Länder. Von Umsatzrückgängen betroffene Reiseunternehmer sollten das Fehlen einer parlamentsgesetzlichen Eingriffsgrundlage nicht mit Aussicht auf Erfolg rügen können.

[417] *Arno Scherzberg*, Risikosteuerung durch Verwaltungsrecht, VVDStRL, Bd. 63 (2004), S. 214 (257); ihm teilweise folgend *Hoffmann-Riem*, Gesetz (Fn. 77), S. 5 (45 ff.).

[418] Vgl. *Christian Hillgruber*, Richterliche Rechtsfortbildung als Verfassungsproblem, JZ 1996, S. 118 (123) für den grundrechtlichen Gesetzesvorbehalt.

Materien nicht normieren.[419] Dieser Vorschlag ist sinnvoll, etabliert allerdings nur eine Klugheitsregel, kein Verfassungsgebot.[420]

2. Die „umgekehrte Wesentlichkeitstheorie"

56   Es schien eine „Provokation [...], dass es im Umweltrecht offenbar eine umgekehrte Wesentlichkeitstheorie gibt; das Wesentliche, insbesondere die Grenzwerte, findet sich nicht im Gesetz, sondern in den Verwaltungsvorschriften, in den Technischen Anleitungen und den DIN-Normen."[421] Das Abwandern wichtiger Entscheidungen aus dem Parlamentsgesetz war freilich keineswegs nur Folge gesetzgeberischer Bequemlichkeit: Wo Aussagen zum Rechtsgüterschutz aufgrund ungesicherten Erkenntnisstands nur vorläufig möglich sind, kann das Bedürfnis nach effektivem – und damit dynamischem – Grundrechtsschutz eine nähere Ausgestaltung des betreffenden Sachbereichs durch den (gegenüber dem Gesetzgeber flexibleren) Verordnungsgeber nahe legen.[422] Dennoch herrscht keine Einigkeit darüber, ob die Umkehrung ihre Begründung in den Widrigkeiten des Regelungsgegenstandes oder im Versagen von Rechtsetzung und Rechtsprechung findet. Wo der Gesetzgeber „auf sachstrukturelle Grenzen der Regelbarkeit oder auf Sachbereiche ohne Regelungsreife trifft"[423], so dürfte er exkulpiert sein; zum Teil wird darüber hinaus gar eine Mutation des Delegationsverbots zu einem Delegationsgebot konstatiert.[424] Nach anderer Auffassung ist die Umkehrung der Wesentlichkeit unter Demokratiegesichtspunkten inakzeptabel.[425] Diese Spannungsverhältnisse und die Unvorhersehbarkeit der verfassungsgerichtlichen Rechtsprechung legen die Frage nahe, ob die Wesentlichkeitstheorie überhaupt ein tauglicher Verfassungsmaßstab ist.

3. Abschied von der Wesentlichkeitstheorie

57   Bei all ihren Verdiensten[426] leidet die Wesentlichkeitslehre an **praktischen Schwächen.** Erstens hat sich keine Einigkeit herstellen lassen, ob sie überhaupt das

---

[419] *Kisker,* Aspekte (Fn. 198) S. 1313 (1318 Fn. 36); *Karl-Peter Sommermann,* in: v. Mangoldt/Klein/Starck, GG, Art. 20 III Rn. 274; *G. Kirchhof,* Allgemeinheit (Fn. 180), S. 246 ff.; erwägend *Staupe,* Parlamentsvorbehalt (Fn. 221), S. 212; ähnlich offenbar *v. Bogdandy,* Gubernative Rechtsetzung (Fn. 68), S. 209; i. E. vergleichbar durch Wahl eines engen Gesetzesbegriffes *Starck,* Gesetzesbegriff (Fn. 102), *passim* (z. B. S. 194). Für die Schweiz gegen die h. M. befürwortend *Müller,* Rechtssetzungslehre (Fn. 124), Rn. 210 (S. 120 f.) m. w. N. zum Meinungsstand.

[420] *Eberhard Schmidt-Aßmann,* Der Rechtsstaat, in: HStR II, § 26 Rn. 35 m. w. N.; vgl. auch *Kloepfer,* Vorbehalt (Fn. 95), S. 685 (695), anders *G. Kirchhof,* Allgemeinheit (Fn. 180), S. 248: verbindliche, aber kaum justitiable Vorgabe.

[421] *Rainer Wahl,* Verwaltungsverantwortung und Verwaltungsgerichtsbarkeit, VBlBW 1988, S. 387 (391) unter Hinweis auf Gespräche mit *Jürgen Salzwedel.* Ähnlich, auf die Leistungsverwaltung gemünzt, die Begriffe „Umkehrung der Wesentlichkeitstheorie" und „Umkehrung der Wesentlichkeitsdoktrin" bei *Görg Haverkate,* Gesetzesgestaltung und Rechtsanwendung im Leistungsrecht, NVwZ 1988, S. 769 (771 f.). – Zum Ganzen *Ossenbühl,* Not des Gesetzgebers (Fn. 88), S. 24 ff.

[422] BVerfGE 49, 89 (134 ff.); 101, 1 (35 f.).

[423] *Di Fabio,* Risikoentscheidungen (Fn. 409), S. 8 Fn. 25; vgl. die Kategorien bei *Fritz Ossenbühl,* Der Vorbehalt des Gesetzes, in: Götz/Klein/Starck (Hrsg.), Verwaltung (Fn. 287), S. 9 (33 f.).

[424] Z. B. *Michael Nierhaus,* in: BK, Art. 80 Abs. 1 Rn. 132 Fn. 257 a. E.

[425] *Dietrich Murswiek,* Dynamik der Technik und Anpassung des Rechts, in: FS Martin Kriele, 1997, S. 651 (666).

[426] Zu ihnen etwa *v. Bogdandy,* Gubernative Rechtsetzung (Fn. 68), S. 184 ff.

B. Vorbehalt des Gesetzes

„Ob" oder lediglich das „Wie" einer gesetzlichen Regelung betrifft.[427] Zweitens hat sich das extrem unbestimmte[428] Wesentlichkeitskriterium kaum konturieren lassen.[429] Das ist rechtlich problematisch, weil Zuständigkeitsregelungen besonders präzisionsbedürftig sind,[430] politisch wenig sinnvoll, weil die Wesentlichkeitslehre nicht befriedet, sondern eine Hoffnungs- und Enttäuschungsformel ist.[431] Drittens hat die Wesentlichkeitslehre ihren Zweck insofern nicht erfüllt, als außerhalb der leicht normierbaren besonderen Gewaltverhältnisse grundrechtswesentliche Sach- und Rechtsgebiete ohne gesetzliche Regelung geblieben sind.[432] Trotz theoretischer Anerkennung der Wesentlichkeitstheorie ist es nicht gelungen, sie ihrem Anspruch entsprechend umzusetzen.[433] Viertens erscheint es sehr zweifelhaft, ob sich gesetzgeberische Regelungsdichten überhaupt fixieren lassen.[434] Schließlich

---

[427] Vgl. → Fn. 372. – Genau gegenteilig offenbar *Umbach*, Wesentlichkeitstheorie (Fn. 364), S. 111 (128). Einen zusätzlichen dritten Regelungsgehalt sieht *Gunnar Folke Schuppert* neben dem „Ob" und dem „Wie" der Regelung in ihrem Gegenstand (z. B. Erstreckung auf Organisation und Verfahren, vgl. Verwaltungswissenschaft, S. 481, unter Verweis auf *BVerfGE* 84, 130 [152]). – Apodiktisch zum Anwendungsbereich der Wesentlichkeitstheorie: *Maurer*, VerwR, § 6 Rn. 11 a.

[428] Vgl. *Herzog*, Gesetzgebung (Fn. 397), S. 25 (26), dem zufolge „‚Wesentlichkeit' einer der unbestimmtesten Begriffe ist, die man sich überhaupt ausdenken kann". – Polemisch *Wilhelm A. Scheuerle*, Das Wesen des Wesens. Studien über das so genannte Wesensargument im juristischen Begründen, AcP, Bd. 163 (1964), S. 429 ff.

[429] *Hoffmann-Riem*, Gesetz (Fn. 77), S. 5 (50 f.) – Zu paradigmatischen politischen Kontroversen → Fn. 431.

[430] *Herzog*, Gesetzgebung (Fn. 397), S. 25 (26), nach dem „die Wesentlichkeitstheorie eigentlich Antwort auf eine Zuständigkeitsfrage gibt", obwohl „Zuständigkeitsvorschriften zu den Vorschriften gehören, die so klar wie irgend nur möglich sein sollten".

[431] Vgl. ihre Bedeutung in politischen Kontroversen: zur Nachrüstung *Umbach*, Wesentlichkeitstheorie (Fn. 364), S. 111 (130 m.w.N. in Fn. 96). – Zur Hauptstadtfrage (bejahend) *Hufen*, Entscheidung (Fn. 209), S. 1321 (1324 f.), (verneinend) *Joachim Wieland*, Verfassungsrechtliche Probleme der Entscheidung über die künftige deutsche Hauptstadt, Der Staat, Bd. 30 (1991), S. 231 (241 f.); *Philip Kunig*, Berlin, Hauptstadt, LKV 1999, S. 337 (339). – Zur Rechtschreibreform: Betonung der Wesentlichkeit der Änderungen bei *Wolfgang Kopke*, Rechtschreibreform und Verfassungsrecht. Schulrechtliche, persönlichkeitsrechtliche und kulturverfassungsrechtliche Aspekte einer Reform der deutschen Orthographie, 1995, S. 148 ff., 177 ff.; *ders.*, Rechtschreibreform auf dem Erlaßwege?, JZ 1995, S. 874 (876 ff.); *ders.*, Die verfassungswidrige Rechtschreibreform, NJW 1996, S. 1081; *Bernhard Wegener*, Rechtschreibreform und Verfassungsrecht, JURA 1999, S. 185 (189 f.); dagegen *Ulrich Hufeld*, Verfassungswidrige Rechtschreibreform?, JuS 1996, S. 1072 (1076); *Friedhelm Hufen*, Rechtschreibreform: Karlsruhe locuta …, Recht der Jugend und des Bildungswesens 1998, S. 472 (476 ff.); zutreffend der Befund von *Hartmut Bauer/Christoph Möllers*, Die Rechtschreibreform vor dem Bundesverfassungsgericht, JZ 1999, S. 697 (700), „wie wenig von einem durchgebildeten, anwendungssicheren und damit erwartungsstabilisierenden Vorbehaltsverständnis die Rede sein kann." – Zum Kopftuchstreit: *BVerfGE* 108, 282 mit senatsinterner Uneinigkeit: Senatsmehrheit (S. 296 ff.) einerseits; abw. M. *Jentsch, Di Fabio, Mellinghoff* (S. 314 [315 ff., 335 ff.]) andererseits – mit Qualifikation der Einführung des parlamentarischen Gesetzesvorbehalts durch den Senat als „Überraschungsentscheidung" (S. 338). – Zum nationalen Allokationsplan (vgl. § 7 TEHG) unter dem Gesichtspunkt bloßer Ratifikation krit. *Saurer*, Rechtsverordnung (Fn. 35), S. 463 ff.; vgl. ferner z. B. *Martin Burgi*, Grundprobleme des deutschen Emissionshandelssystems, NVwZ 2004, S. 1162 (1166 f.); *Charlotte Kreuter-Kirchhof*, Die europäische Emissionshandelsrichtlinie und ihre Umsetzung, EuZW 2004, S. 711 (715 f.).

[432] Vgl. *Friedhelm Hufen*, Über Grundlagengesetze, in: Gunnar Folke Schuppert (Fn. 91), S. 11 (18): „das nun schon Jahrzehnte dauernde ‚Kneifen' des Gesetzgebers vor der Regelung wenigstens der ‚grundrechtswesentlichsten' Rahmenbedingungen des Tarif- und Arbeitsrechts"; ebenso *Josef Isensee*, Tabu im freiheitlichen Staat, 2003, S. 52.

[433] Vgl. *Hoffmann-Riem*, Gesetz (Fn. 77), S. 5 (50 f.).

[434] Dass man den Gesetzgeber gewissermaßen nicht zum Jagen tragen kann, zeigt auch das auf *BVerfGE* 101, 158 (215 ff.) erlassene Maßstäbegesetz v. 9. 9. 2001 (BGBl I, 2302); hierzu z. B.

§ 9 Das Parlamentsgesetz als Steuerungsmittel und Kontrollmaßstab

ist die legitimierende[435] und freiheitsschützende[436] Wirkung der Wesentlichkeitstheorie unklar.

58   Hinzu treten **grundsätzliche Zweifel.** Sie zeigen sich, wenn man versucht, auch die Wesentlichkeitslehre verfassungsrechtlich zu verorten. Denn ihre zentrale Abstützung, das Demokratieprinzip, kann allenfalls als Spielbein, nicht als Standbein dienen. Das hat zunächst methodisch seinen Grund im Vorrang der Verfassungseinzelnormen. Der Spezialvorbehalte in Grundgesetz und Landesverfassungen sind Legion.[437] Sie dürfen weder in ihrem jeweiligen Anwendungsbereich durch einen luftigen, erhöht vorverständnisabhängigen Verfassungsgrundsatz überspielt[438] noch dürfen ihre je eigenen Wertungen für benachbarte und verwandte Fälle übersehen werden.[439] Der Tauglichkeit des Demokratieprinzips begegnen aber auch inhaltlich Bedenken.[440] Es ist nicht einsichtig, warum das Demokratieprinzip eine Verengung des parlamentarischen Entscheidungsraums bewirken sollte. Denn „Kompetenzverlust"[441] und „Selbstentmachtung"[442] des Gesetzgebers liegen in einer Blankoermächtigung zugunsten des Verordnungsgebers gerade nicht. Diese ist **kein Kompetenzverzicht,** sondern **Kompetenzausübung.** Sie mag – im Rahmen des rechtsstaatlich Zulässigen[443] – unvernünftig sein; unumkehrbar ist sie jedoch nicht. Das Parlament kann sie jederzeit[444] auf verschiedenen Wegen revidieren oder korrigie-

---

Jörn A. Kämmerer, Maßstäbe für den Bundesfinanzausgleich? – Dramaturgie einer verhinderten Reform, JuS 2003, S. 214 (215 f.): „Scheinkapitulation der Legislative vor dem Karlsruher ‚Ersatzgesetzgeber'".

[435] Vgl. die rechtsvergleichend gestützte Vermutung von *Haltern/Mayer/Möllers,* Wesentlichkeitstheorie (Fn. 232), S. 51 (71), „daß ein strikter Gesetzesvorbehalt mit voller gerichtlicher Überprüfung eher delegitimierende Effekte zeitigen könnte".

[436] Zur Kontraproduktivität einer zu großen Vergesetzlichung: *Frido Wagener,* Der öffentliche Dienst im Staat der Gegenwart, VVDStRL, Bd. 37 (1979), S. 214 (244 ff., 253); am Beispiel des AFG: *Erhard Blankenburg/Uta Krautkrämer,* Ein Verwaltungsprogramm als Kaskade von Rechtsvorschriften, in: Renate Mayntz (Hrsg.), Implementation politischer Programme, Bd. 1, 1980, S. 138 (143); ferner *Wolfgang Zeh,* Wille und Wirkung der Gesetze. Verwaltungswissenschaftliche Untersuchung am Beispiel des Städtebauförderungsgesetzes, Bundesimmissionsschutzgesetzes, Fluglärmgesetzes und Bundesausbildungsförderungsgesetzes, 1984, S. 544; *Wahl,* Verwaltung (Fn. 60), S. 1197 (1208); *Friedhelm Hufen,* Die Grundrechte und der Vorbehalt des Gesetzes, in: Dieter Grimm (Hrsg.), Wachsende Staatsaufgaben – sinkende Steuerungsfähigkeit des Rechts, 1990, S. 273 (281) mit Hinweis auf den Machtzuwachs der Fachbürokratie bei Überdetaillierung und Spezialisierung der Gesetze; *Faber,* VerwR, S. 79; ähnlich *Dreier,* Verwaltung (Fn. 86), S. 173 m.w.N.; *Schneider,* Gesetzgebung (Fn. 90), Rn. 431; das Problem erwägend bereits *Rudolf Steinberg,* Faktoren bürokratischer Macht, DV, Bd. 11 (1978), S. 309 (310).

[437] → Rn. 32–44.

[438] Skepsis zu Recht auch bei *Staupe,* Parlamentsvorbehalt (Fn. 221), S. 184; *Papier,* Vorbehalt (Fn. 350), S. 36 (46).

[439] Zur methodologischen Prämisse vgl. auch → Rn. 60. Vgl. mit ähnlicher Tendenz BVerfGE 68, 1 (109): abschließende Regelung der Einzelvorbehalte; zu Recht gegen eine Nivellierung des Art. 59 Abs. 2 GG auch *BVerfGE* 77, 170 (231).

[440] Hierzu mit gleichem Ergebnis näher *Staupe,* Parlamentsvorbehalt (Fn. 221), S. 167 ff.

[441] *Busch,* Art. 80 (Fn. 329), S. 131.

[442] *Busch,* Art. 80 (Fn. 329), S. 132.

[443] Zur insoweit notwendigen Bestimmtheit → Rn. 62.

[444] D.h. unter den Verzögerungen, die das Gesetzgebungsverfahren impliziert, die ihre eigene Berechtigung haben (→ Rn. 5) und die bei Umsteuerungen unter der Geltung eines strengen Gesetzesvorbehalts ebenso anfallen. Faktische Verfestigungen, die der Ausübung dieses Korrektur- und Rückholrechts entgegenstünden, sind nicht ersichtlich. Zu Grenzen der Nachsteuerung *Hoffmann-Riem,* Gesetz (Fn. 77), S. 5 (56 m. Fn. 207).

B. Vorbehalt des Gesetzes

ren.[445] Das Demokratieprinzip fordert ein Freihalten der parlamentarischen Zugriffsoptionen und Rückholrechte, es enthält aber kein Gebot bestimmter Regelungsdichten oder (kehrseitig) das Verbot von Normen, die vom demokratischen Schönheitsideal abweichen.[446] Zweifelhaft ist ferner, warum das Demokratieprinzip, wie teilweise nahe gelegt, die Wahrnehmung der politischen Staatsleitung durch das Parlament[447] oder speziell den Gesetzgeber[448] erzwingen sollte. Angesichts des weitgehenden parlamentarischen Zugriffsrechts ist die Vorstellung von einem „politischen Parlamentsvorbehalt"[449] eine Kuriosität – erklärbar wohl nur aus der Politikferne der bundesrepublikanischen Gesellschaft.[450] Dem Demokratieprinzip bleibt angesichts der parlamentarisch-demokratischen Entscheidung für die jeweilige Rechtsetzungsermächtigung, angesichts der demokratischen Legitimation der Verwaltung[451], angesichts der jederzeitigen parlamentarischen **Korrektur- und Rückholrechte**,[452] des Frage-, Debatten- und Entschließungsrechts und der Kontroll- und Haushaltsbefugnisse[453] kein nennenswerter Begründungsgehalt für die Aufladung des Vorbehaltsgrundsatzes.[454]

Stehen aber Alternativen zur Wesentlichkeitstheorie bereit? Angesichts der ausladenden Indizienkataloge für Wesentlichkeit[455] scheint die Hoffnung auf eine maßvolle Konturierung des Parlamentsgesetzesvorbehalts wenig Erfolg versprechend. Aussichtsreicher dürfte es demgegenüber sein, aus den zahlrei-

---

[445] Durch gesetzgeberische Änderung (einschränkend nun *BVerfG,* NVwZ 2006, S. 191 [196 f.]) oder Aufhebung der Verordnung oder durch Aufhebung oder Änderung der Ermächtigungsgrundlage (zu den Folgen i. e. *Michael Nierhaus,* in: BK, Art. 80 Abs. 1 Rn. 395 ff.).

[446] Deutlicher *Ulrich M. Gassner,* Gesetzgebung und Bestimmtheitsgrundsatz, ZG, Bd. 11 (1996), S. 37 (48) mit dem Hinweis, „dass es widersprüchlich ist, zur Beschränkung legislatorischer Kompetenzen auf die höhere demokratische Legitimation des Parlaments zu verweisen."

[447] So aber *Papier,* Gesetzesvorbehalte (Fn. 272), S. 93.

[448] *Ronellenfitsch,* Genehmigungsverfahren (Fn. 387), S. 158: „nicht einzusehen, weshalb wesentliche Entscheidungen des Parlaments gerade in Gesetzesform ergehen müssen. Immerhin erfolgen so wesentliche Entscheidungen wie die Festlegung des Spannungs- (Art. 80a Abs. 1 S. 1 GG) und des Verteidigungsfalls (Art. 115a Abs. 1) durch Parlamentsbeschluss."

[449] Fragend *Papier,* Gesetzesvorbehalte (Fn. 272), S. 101.

[450] Ähnlich *Kloepfer,* Vorbehalt (Fn. 95), S. 685 (690 f.). Instruktiv der Vergleich mit den sehr viel weiteren US-amerikanischen Maßstäben: *David P. Currie,* Der Vorbehalt des Gesetzes: Amerikanische Analogien, in: Götz/Klein/Starck (Hrsg.), Verwaltung (Fn. 287), S. 68 (71 ff.). Offenbar ist die Wesentlichkeitstheorie Teil des „Übergangs vom parlamentarischen Gesetzgebungsstaat zum verfassungsvollziehenden Jurisdiktionsstaat" (Begriffe bei *Böckenförde,* Gesetz [Fn. 102], S. 402). – Grds. a. A. *Schulze-Fielitz,* Theorie (Fn. 11), S. 174.

[451] *Staupe,* Parlamentsvorbehalt (Fn. 221), S. 167 ff.; diff. *Roellecke,* Verwaltungsgerichtsbarkeit (Fn. 388), S. 1776 (1781).

[452] Zu den Möglichkeiten → Fn. 445. Zutreffend *Horn,* Verwaltung (Fn. 204), S. 64: „Die Exekutive bleibt eine durch Gesetz beschränkbare und bindbare Funktion. Der Primat des gesetzgebenden Parlaments bleibt gewahrt ... Im übrigen besteht unverändert die Kontrollbefugnis des Gesetzgebers nach Maßgabe seines Zugriffsrechts. Exekutivische Funktionsausübung ist entweder kraft des Gesetzesvorrangs jederzeit derogierbar oder kraft eines im Einzelfall geltenden Gesetzesvorbehalts vorläufig gesperrt."

[453] *BVerfGE* 68, 1 (109); 70, 324 (356).

[454] A. A. *Bumke,* Gesetzesvorbehalt (Fn. 232), S. 76 (78 f.); *Gassner,* Gesetzgebung (Fn. 446), S. 37 (47 ff.), dessen Betonung der qualitätssteigernden Funktion des parlamentarischen Verfahrens aber in einen Zirkel führt: Denn eine der Verwaltung großzügig ermächtigendes Gesetz hätte ja ebenfalls die Wohltaten dieses Verfahrens erfahren. – Vgl. auch die Umnutzung des Parlamentsvorbehalts mit dem Ziel, dem Demokratieprinzip Leben einzuhauchen, in *BVerfGE* 105, 279 (303).

[455] → Rn. 48.

chen Spezialvorbehalten im Wege der Induktion[456] einen in sich gegliederten, differenzierten und daher **differenzierenden Vorbehaltsgrundsatz** zu bilden,[457] zu dem der ebenfalls bereichsspezifisch zu konkretisierende rechtsstaatliche Bestimmtheitsgrundsatz tritt. Die unterschiedlich nuancierten Einzelvorbehalte erlauben keine Annahme eines monolithischen Wesentlichkeitsprinzips; andererseits dürfen die im Detail abweichenden Teleologien und Weisungsgehalte (z.B. hinsichtlich des jeweils geforderten Bestimmtheitsniveaus) den Blick auf die grundlegenden Gemeinsamkeiten der Teilgrundsätze nicht verstellen, insbesondere auf den Rekurs auf die rationalitäts- und legitimationsfördernde, freiheits- und gleichheitssichernde Gesetzesform. Dieser gemeinsame[458] Weisungsgehalt ist deutlich; in ihm – der sperrbewehrten Bindung an die Gesetzesform und den damit gesicherten Grundrechtsschutz – verwirklicht sich zugleich das Rechtsstaatsprinzip.[459] Insofern tritt von den Freiheitsrechten aus[460] ein durchgängiger Rechtsgedanke ans Licht, der mehr ist als eine bloße Strukturparallele: **Eingriffe**

---

[456] Erschöpfend hierzu *Reimer*, Verfassungsprinzipien (Fn. 39), S. 404–428.

[457] Ähnlich *Hansgeorg Frohn*, Aktuelle Probleme des Gesetzesvorbehalts, in: ZG, Bd. 5 (1990), S. 117 (127 ff.); *Bumke*, Gesetzesvorbehalt (Fn. 232), S. 76 (78); *Hoffmann-Riem*, Gesetz (Fn. 77), S. 5 (54) mit der Beobachtung, dass die h. M. (im Gegensatz zum GG) auf ein „allgemeines Freiheitsrecht mit dem umfassenden Beschränkungsvorbehalt der Verhältnismäßigkeit und einem durch das Merkmal der Wesentlichkeit markierten Gesetzesvorbehalt" hinausläuft. Krit. gegenüber dem Gesetzesvorbehalt insgesamt: *Heiko Faber*, Diskussionsbeitrag, in: Götz/Klein/Starck (Hrsg.), Verwaltung (Fn. 287), S. 106: „institutioneller Mantel, dessen Inhalte im Absterben begriffen sind."

[458] Die Freiheitsrechte ohne expliziten Gesetzesvorbehalt (vorbehaltlos gewährte Grundrechte; Art. 2 Abs. 1; Art. 6 Abs. 2, 3 GG etc.) würden eine Induktion, wenn man den Normtext beim Worte nehmen müsste, eigentlich sperren. In fast allen Fällen lässt sich jedoch zeigen, dass sie auf eine parlamentsgesetzliche Eingriffsermächtigung nicht verzichten (für die vorbehaltlos gewährten Grundrechte → Rn. 33; für Art. 6 Abs. 2, 3 z.B. *Peter Badura*, in: Maunz/Dürig, GG, Art. 6 Rn. 98). Anders demgegenüber im Falle des Art. 2 Abs. 1 GG: Seine offene Formulierung erlaubt, erzwingt aber nicht die Annahme eines (gesetzesdispensierenden) Rechtsvorbehalts (N. zum Streitstand bei *Udo Di Fabio*, in: Maunz/Dürig, GG, Art. 2 Abs. 1 Rn. 38). Insofern blockiert er die Induktion nicht, sondern stellt umgekehrt einen Fall dar, in dem der überschießende Gehalt des Prinzips für die konkrete Normauslegung fruchtbar gemacht werden kann.

[459] Insofern erweist sich der Vorbehalt des Gesetzes als Subprinzip des Grundsatzes der Gesetzmäßigkeit der Verwaltung (so nun *BVerfGE* 107, 59 [102]); krit. *Staupe*, Parlamentsvorbehalt (Fn. 221), S. 178 ff., weil auch ein Rechtssatzvorbehalt den „Hauptanliegen des Rechtsstaatsprinzip" genüge (S. 181). In der Tat fragt sich, in welchem Maße die Zuordnung der Regelungsebene (Gesetz/Rechtsverordnung) überhaupt konstitutionalisiert ist (→ Fn. 462). – *Staupes* Gegenvorschlag einer Zuweisung nach Organ-, Verfahrens- und Regelungsstruktur der Rechtsetzungsformen aufgrund verfassungsrechtlicher „Proportionalität von Form und Inhalt" (S. 233) stuft eine legistische Klugheitsregel zum Verfassungsgebot auf.

[460] „Eingriffe in Freiheitsrechte grundsätzlich nur auf gesetzlicher Grundlage möglich": *BVerfGE* 33, 1 (16 f.). Gleiches dürfte für Grundrechts*ausgestaltungen* gelten (*Helmuth Schulze-Fielitz*, in: Dreier [Hrsg.], GG II, Art. 20 R Rn. 111; *Hans D. Jarass*, in: Jarass/Pieroth, GG, Art. 20 Rn. 48), schon weil sie sich nie trennscharf von Eingriffen abgrenzen lassen. – Den Gleichheitsrechten lässt sich ein Gesetzesvorbehalt nicht unmittelbar entnehmen; ein gesetzespflichtiger Eingriff – wie in Freiheitsrechte – dürfte aber jedenfalls in Ungleichbehandlungen um externer Zwecke willen liegen (zur Unterscheidung: *Stefan Huster*, Rechte und Ziele, 1993, S. 165 ff.), ferner bei Ungleichbehandlungen im Bereich spezieller Gleichheitsgrundrechte (*Hans D. Jarass*, in: Jarass/Pieroth, GG, Art. 20 Rn. 48; diff. *ders.*, Art. 3 Rn. 93, 120; so offenbar auch *BVerfGE* 108, 282 [312 f.]; dagegen abw. M. *Jentsch/Di Fabio/Mellinghoff*, S. 314 (315 ff., 318 f.), mit Hinweis auf Leistungs- statt Eingriffsdimension sowie isolierte Geltendmachung des Gleichheitsrechts). Darüber hinaus fragt sich, wie weit die Kriterien für Ungleichbehandlungen im Bereich des allgemeinen Gleichheitssatzes gesetzlich vorstrukturiert werden müssen. Hier dürften ähnliche Grundsätze wie die zur Bestimmtheit von steuerrechtlichen Normen geltenden Anwendung finden.

B. Vorbehalt des Gesetzes

in den Rechts- oder Kompetenzkreis natürlicher oder juristischer Personen sind durch Parlamentsgesetz zu rechtfertigen.[461] Dahinter steht die heuristische Formel, dass Abweichungen von verfassungsrechtlichen Verteilungsprinzipien, Regelungen also, die von einer im Verfassungsrecht festgelegten Normallage abgehen, unmittelbarer parlamentsgesetzlicher Legitimation bedürfen.[462]

Der teilbereichsspezifische Grundsatz vom Vorbehalt des Gesetzes kommt **60** nach dem methodischen Grundsatz des Vorrangs der Einzelnorm (Subsidiarität des Prinzips) nur dann zur Anwendung, wenn die verfassungsrechtlichen Einzelvorbehalte nicht greifen und eine Einzel- oder Gesamtanalogie untunlich ist. Insofern ist – was der auch als Interpretationsbremse wirkende Art. 79 Abs. 3 GG erlaubt –[463] die **Wesentlichkeitslehre zu verabschieden**.[464] Die Rechtsmaßstäbe sind vorrangig dem jeweilig einschlägigen oder sachnächsten Gesetzesvorbehalt zu entnehmen.[465] Art. 2 Abs. 1 GG bleibt bei belastendem Staatshandeln das „Grundrecht auf Beachtung des Vorbehalts des Gesetzes durch Gesetzgeber und Verwaltung".[466]

---

[461] Vgl. *Kahl*, Staatsaufsicht (Fn. 221), S. 503 f.; ähnlich bereits (für kommunale Rechtsaufsicht) *Konrad Reuter*, Rechtsaufsicht über die Gemeinden und Opportunitätsprinzip, 1967, S. 46, 50 f.

[462] Vgl. etwa *Utz Schliesky*, in: Knack, VwVfG, § 1 Rn. 79 („Als bedeutsame Abweichungen von dem Prinzip der Einheit der Staatsorganisation unterfallen Beleihungen dem institutionellen, organisationsrechtlichen Gesetzesvorbehalt"); NWVerfGH, NJW 1999, S. 1243 (1247) für die Zusammenlegung von Justiz- und Innenministerium; weiteres Bsp.: Gesetzesvorbehalt für erwerbswirtschaftliche Tätigkeit der öffentlichen Hand angesichts der Grundentscheidung für eine Privatwirtschaft: *Albert Krölls*, Grundrechtliche Schranken der wirtschaftlichen Betätigung der öffentlichen Hand, GewArch 1992, S. 281 (283 f.); *Stober*, Wirtschaftsverwaltungsrecht (Fn. 354), S. 52. – Mit diesen Kriterien wird die Wahl der Regelungsebene bewusst weitgehend dekonstitutionalisiert; dafür auch *Ossenbühl*, Der verfassungsrechtliche Rahmen (Fn. 407), S. 1 (3).

[463] Denn weder der Grundsatz vom Vorbehalt des Gesetzes ist in Art. 20 GG „niedergelegt" (Art. 79 Abs. 3 GG) – insbes. ergibt er sich nicht aus dem Vorrang des Gesetzes nach Art. 20 Abs. 3 GG (a. A. BVerfGE 40, 237 [248 f.]; dagegen zutreffend *Roman Herzog*, in: Maunz/Dürig, GG, Art. 20 VI [Vorkommentierung, Sept. 1980] Rn. 77) – noch das überwölbende Rechtsstaatsprinzip als solches (BVerfGE 30, 1 [24 f.]). Insofern kommt dem Vorbehaltsgrundsatz über einen eng begrenzten, in Art. 1 Abs. 3 GG wurzelnden grundrechtlichen Kern hinaus *kein* Ewigkeitsschutz zu.

[464] Krit. zum Wesentlichkeitskriterium bereits *Kisker*, Aspekte (Fn. 198), S. 1317 f.; *Hans-Uwe Erichsen*, Höchstrichterliche Rechtsprechung zum Verwaltungsrecht, VerwArch, Bd. 69 (1978), S. 387 (395 f.); *Walter Krebs*, Zum aktuellen Stand der Lehre vom Vorbehalt des Gesetzes, JURA 1979, S. 304 (308 f.); ausführlich *Kloepfer*, Vorbehalt (Fn. 95), S. 689 ff. A. A. die ganz h. M.; vgl. zur Auseinandersetzung insbes. *Hinnerk Wißmann*, Generalklauseln, 2008, S. 158 ff., der die Wesentlichkeitslehre als „klassische Analogie" zu den Einzelvorbehalten sieht (S. 159). Hier ist zurückzufragen, ob methodisch nicht ein Gegenschluss näher läge, und ob für den Fall einer Analogie kein geeigneteres Kriterium als das der Wesentlichkeit bereitstünde.

[465] Vgl. *Schmidt-Aßmann*, Rechtsstaat (Fn. 420), § 26 Rn. 65: „Der Weg weist zurück zu den Spezialvorbehalten, um aus ihren Systemgedanken in vorsichtiger Erweiterung den Kreis notwendiger Vorbehaltsaufgaben zu ermitteln"; für eine „spezifische Ausrichtung der Anforderungen auch an dem betroffenen Grundrecht" statt einer schematischen Übernahme des klassischen Gesetzesvorbehalts bei Eingriffsäquivalenten auch *Hoffmann-Riem*, Grundrechtsanwendung (Fn. 411), S. 203 (223); a. A. *Michael Nierhaus*, in: BK, Art. 80 Abs. 1 Rn. 134 (Festhalten am Wesentlichkeitskriterium, aber Bestimmung unter Rückgriff auf Art. 80 Abs. 1 S. 2 GG als einziger Norm mit einschlägigem Weisungsgehalt).

[466] So – erwägend – *Roman Herzog*, in: Maunz/Dürig, GG, Art. 20 VI (Vorkommentierung, Sept. 1980) Rn. 57; bestätigend BVerfGE 98, 218 (261).

C. Bestimmtheit des Gesetzes

I. Allgemeine Bestimmtheitsanforderungen

1. Vielfalt der Bestimmtheitsgebote

61 Die Bestimmtheit einer Norm[467] lässt sich als Abgegrenztheit ihres Regelungsgehalts mit der Folge der Berechenbarkeit der Rechtsfolgenauslösung verstehen. Dabei sind Bestimmtheit und Unbestimmtheit relative Begriffe,[468] denn jedes Gesetz „enthält offene und verdeckte Konkretisierungsräume"[469]. Entsprechend fordern verschiedene **Einzelverbürgungen** die Bestimmtheit von Parlamentsgesetzen in sehr unterschiedlichem Grade: Strenge Anforderungen stellen das strafrechtliche,[470] das freiheitsentziehungsrechtliche[471] und das gerichtsverfassungsrechtliche[472] Bestimmtheitsgebot. Neben den (noch näher zu erörternden) Verfassungsnormen über den Erlass von Rechtsverordnungen[473] verlangen einzelne Vorschriften zur Enteignungsentschädigung[474], zu Haushaltsplan,[475] Kre-

---

[467] Gegenstand der Bestimmtheitsprüfung ist die Norm, nicht der Normtext, vgl. etwa *BVerfGE* 110, 33 (56f., 61).

[468] Alle Normen sind m.a.W. schon durch die Verwendung von Wörtern unbestimmt. Tendenziell a. A. *Hans-Jürgen Papier/Johannes Möller*, Das Bestimmtheitsgebot und seine Durchsetzung, AöR, Bd. 122 (1997), S. 177 (201), nach denen „für jede Unbestimmtheit eine Rechtfertigung verlangt" werden sollte. Ähnlich S. 210 mit der „fast banalen Erkenntnis, daß die Unbestimmtheit des Rechts in unserer Verfassungsordnung die rechtfertigungsbedürftige Ausnahme bleiben muß."

[469] *Schmidt-Aßmann*, Rechtsstaat (Fn. 420), § 26 Rn. 60.

[470] Art. 103 Abs. 2 GG (hierzu statt aller: *Eberhard Schmidt-Aßmann*, in: Maunz/Dürig, GG, Art. 103 Abs. 2 Rn. 178ff.) und seine landesverfassungsrechtlichen Pendants: Art. 104 Abs. 1 BayVerf; Art. 15 Abs. 2 BerlinVerf; Art. 53 Abs. 1 BrandenbVerf; Art. 7 Abs. 1 S. 1 BremVerf; Art. 88 Abs. 2 ThürVerf.

[471] Art. 104 Abs. 1 S. 1 GG, der „für den Bereich der Freiheitsentziehung die sich aus dem Rechtsstaatsprinzip ergebenden Bestimmtheitsanforderungen" konkretisiert (*BVerfGE* 109, 133 [188]); Art. 9 Abs. 1 S. 1 BrandenbVerf; Art. 5 Abs. 3 BremVerf; Art. 5 Abs. 1 S. 1 RheinlPfalzVerf; Art. 13 Abs. 1 SaarlVerf.; Art. 17 Abs. 1 S. 1 SachsVerf; Art. 23 Abs. 1 S. 1 SachsAnhVerf; Art. 4 Abs. 1 ThürVerf; ähnlich i. E. Art. 8 Abs. 1 BerlinVerf.

[472] Art. 101 Abs. 1 S. 2 GG (hierzu z. B. *Christoph Degenhart*, in: Sachs [Hrsg.], GG, Art. 101 Rn. 5; *Roland Geitmann*, Bundesverfassungsgericht und „offene" Normen. Zur Bindung des Gesetzgebers an Bestimmtheitserfordernisse, 1971, S. 72ff.); Art. 86 Abs. 1 S. 2 BayVerf; Art. 15 Abs. 5 S. 2 BerlinVerf; Art. 52 Abs. 1 S. 2 BrandenbVerf; Art. 6 Abs. 1 BremVerf; Art. 20 Abs. 1 S. 1 HambVerf; Art. 6 Abs. 1 S. 1 RheinlPfalzVerf; Art. 14 Abs. 1 und Art. 109 Abs. 1 SaarlVerf.; Art. 21 Abs. 3 SachsAnhVerf; Art. 78 Abs. 1 SachsVerf; Art. 87 Abs. 3 ThürVerf.

[473] So jedenfalls die h.M.; zu Art. 80 Abs. 1 S. 2 GG sogleich → Rn. 69ff.; ihm vergleichbar Art. 61 BadWürttVerf; Art. 64 BerlinVerf; Art. 80 BrandenbVerf; Art. 53 HambVerf; Art. 57 MecklenbVorpVerf; Art. 43 NiedersachsVerf; Art. 70 NWVerf; Art. 110 RheinlPfalzVerf; Art. 104 SaarlVerf; Art. 75 Abs. 1 SachsVerf; Art. 79 SachsAnhVerf; Art. 38 Abs. 1 SchlHolVerf; Art. 84 ThürVerf; diff. Art. 55 Nr. 2 BayVerf; anders demgegenüber Art. 124 BremVerf sowie Art. 118 HessVerf.

[474] Art. 14 Abs. 3 S. 2, 3 GG (hierzu *Hans-Jürgen Papier*, in: Maunz/Dürig, GG, Art. 14 Rn. 563); Art. 41 Abs. 4 S. 2, 3 BrandenbVerf; Art. 32 Abs. 1 S. 2 SachsVerf; Art. 18 Abs. 3 S. 2, 3 SachsAnhVerf; Art. 34 Abs. 3 S. 2, 3 ThürVerf.

[475] Art. 110 Abs. 2, 4 GG (zu letzterem als „spezieller Bestimmtheitsregel" *Schmidt-Aßmann*, Ordnungsidee, 4. Kap. Rn. 31); Art. 79 Abs. 2, 3 BadWürttVerf; Art. 78 Abs. 1, 2 BayVerf; Art. 85 Abs. 1 S. 1 BerlinVerf; Art. 101 Abs. 2, 3 BrandenbVerf; Art. 139 Abs. 2, 3 HessVerf; Art. 61 Abs. 1, 3 MecklenbVorpVerf; Art. 65 Abs. 1, 5 NiedersachsVerf; Art. 81 Abs. 2, 3 NWVerf; Art. 116 Abs. 1, 3 RheinlPfalzVerf; Art. 105 Abs. 1, 2 SaarlVerf; Art. 93 Abs. 2, 3 SachsVerf; Art. 93 Abs. 2, 4, 5 SachsAnhVerf; Art. 50 Abs. 1, 4 SchlHolVerf; Art. 99 Abs. 1 S. 1 ThürVerf; unspezifischer Art. 66 HambVerf.

C. Bestimmtheit des Gesetzes

ditaufnahme[476] und Datenschutz[477] Gesetzesbestimmtheit, zum Teil zurückgenommen auf ein Erfordernis der Zweckfestlegung im Gesetz.[478]

Jenseits dieser Einzelnormen hat die Rechtsprechung, gestützt auf das Rechtsstaatsprinzip, einen **allgemeinen Grundsatz der Normenbestimmtheit** anerkannt[479] und mit zunehmender Entschlossenheit angewendet.[480] Er hat drei **Funktionen**: dem Betroffenen die Möglichkeit zu geben, sich auf die Regelung einzustellen; der Verwaltung steuernde und begrenzende Maßstäbe an die Hand zu geben; und den Gerichten die Kontrolle zu ermöglichen.[481] Als „rechtlich unabhängig" wird das vorbehaltsrechtliche Bestimmtheitsgebot betrachtet[482], dessen Motiv nicht vorrangig in der Gewährleistung eindeutiger, rechtssicherer normativer Aussagen, sondern „vor allem auf kompetenzrechtlichem Gebiet", d.h. in der (primär demokratisch motivierten) Inpflichtnahme des Parlamentsgesetzgebers liegt.[483] Wenn freilich die am Kriterium der Wesentlichkeit orientierte Aufladung des Gesetzesvorbehalts entfällt, verliert die vorbehaltsrechtliche Bestimmtheit ihre eigenständige Bedeutung. An die Bestimmtheitsgebote grenzt, teils konvergierend[484], teils konfligierend, das Erfordernis der Normenklarheit an, das das Bundesverfassungsgericht häufig separat,[485] zunehmend aber auch einheitlich als „Normenbestimmtheit und Normenklarheit" prüft.[486]

62

---

[476] Art. 115 Abs. 1 S. 1 GG; Art. 65 Abs. 1 MecklenbVorpVerf; Art. 83 S. 1 NWVerf; Art. 117 RheinlPfalzVerf; Art. 53 S. 1 SchlHolVerf; Art. 99 Abs. 1 SachsAnhVerf; Art. 98 Abs. 2 ThürVerf; strenger Art. 103 Abs. 1 S. 1 BrandenbVerf.

[477] Art. 6 Abs. 1 SachsAnhVerf; für das Grundgesetz BVerfGE 65, 1 (45): „Ein Zwang zur Angabe personenbezogener Daten setzt voraus, daß der Gesetzgeber den Verwendungszweck bereichsspezifisch und präzise bestimmt und daß die Angaben für diesen Zweck geeignet und erforderlich sind."

[478] So z.B. Art. 11 Abs. 2 BrandenbVerf für das Recht auf informationelle Selbstbestimmung; die strenge Zweckbindung ist offenbar der Volkszählungsentscheidung, BVerfGE 65, 1 (46), entlehnt. – Vgl. für Arbeits- und Dienstpflichten Art. 49 Abs. 2 BrandenbVerf.

[479] Anfangs negativ, vgl. BVerfGE 1, 14 (45): Nichtigkeit „in extremen Fällen"; BVerfGE 17, 67 (82): „Grundsätzlich kann nur ausnahmsweise wegen Unbestimmtheit der Verstoß eines Gesetzes gegen rechtsstaatliche Grundsätze festgestellt werden." – Zu alternativen Begründungssträngen der Literatur vgl. den präzisen Überblick bei *Moris Lehner,* Zur Bestimmtheit von Rechtsnormen, NJW 1991, S. 890 (892). Krit. gegenüber einem allgemeinen, selbständigen Grundsatz der Bestimmtheit: *Geitmann,* Bundesverfassungsgericht (Fn. 472), S. 88 ff.

[480] Z. B. BVerfGE 35, 382 (399 f.); 49, 168 (180 ff.); 65, 1 (44, 54); 83, 130 (145); 102, 254 (337); 107, 104 (122 ff.); 110, 33 (52 ff.); 113, 348 (375 ff.); 118, 168 (186 ff.); 120, 274 (315 ff.). – Zur „effektiveren Durchsetzung des Bestimmtheitsgebots" in den letzten Jahren: *Papier/Möller,* Bestimmtheitsgebot (Fn. 468), S. 177 (178, ähnlich 197 f.). Die Feststellung *Tipkes,* Steuerrechtsordnung (Fn. 240), S. 138, dass das BVerfG lediglich *eine* (strafrechtliche) Norm wegen Unbestimmtheit für verfassungswidrig erklärt habe, ist nun überholt, vgl. BVerfGE 107, 104; 110, 33.

[481] BVerfGE 110, 33 (53 ff.); ähnlich 114, 1 (53 f.).

[482] *Staupe,* Parlamentsvorbehalt (Fn. 221), S. 141; *Lehner,* Bestimmtheit (Fn. 479), S. 890 (892 f.). – Zur internen Differenzierung der Bestimmtheit von Art. 80 GG in Abhängigkeit von weiteren Parametern: *Michael Nierhaus,* in: BK, Art. 80 Abs. 1 Rn. 290 ff.

[483] *Staupe,* Parlamentsvorbehalt (Fn. 221), S. 141; ähnlich *Kloepfer,* Vorbehalt (Fn. 95), S. 685 (691). Nach BVerfGE 56, 1 (13) berühren sich Bestimmtheit und Gesetzesvorbehalt.

[484] „Was nicht zu verstehen ist, kann weder auf Verständnis hoffen noch auf Befolgung": *Herzog,* Gesetzgebung (Fn. 397), S. 25 f.

[485] „Grundsatz der Normenklarheit": BVerfGE 21, 73 (79); 65, 1 (44 u.ö.); 78, 214 (226); vgl. auch BVerfGE 108, 169 (LS und 181): „die rechtsstaatlichen Grundsätze der Normenklarheit und Widerspruchsfreiheit".

[486] BVerfGE 110, 33 (52) mit grundrechtlicher Radizierung S. 52 und rechtsstaatlicher Radizierung S. 53; ferner BVerfGE 113, 348 (375); 118, 168 (186 ff.); 120, 274 (315 ff.). – Gleichsetzung der beiden

Dieser integrierte Maßstab ist insofern sinnvoll,[487] als ein isoliertes Bemühen um Bestimmtheit gerade zu Verunklarung der jeweiligen Norm führen kann.[488] Bei Alternativität von verständlicher Generalklausel und unverständlicher Detailregelung stellt „im Zweifelsfall die Gefahr der Unverständlichkeit der Rechtsordnung die größere, schwerer wiegende Gefahr" dar.[489] Eine Temperierung der Bestimmtheitsanforderungen bewirken ferner **Unbestimmtheitsgebote:** So sind Spielräume zugunsten der Verwaltung zum Teil legitim und mit Blick auf Flexibilität des Verwaltungshandelns erwünscht,[490] zum Teil verfassungsrechtlich geboten, etwa bei Vollzugskompetenz der Länder[491] oder kommunaler Selbstverwaltung.[492] Daher ist eine apriorische Tribunalisierung „der Unbestimmtheit" unangebracht.[493]

2. Vielfalt der Bestimmtheitsniveaus

63   Die Bestimmtheitsanforderungen an das Gesetz variieren auch innerhalb des allgemeinen rechtsstaatlichen Bestimmtheitsgebots „nach der Eigenart des zu ordnenden Lebenssachverhalts mit Rücksicht auf den Normzweck".[494] Sie bilden eine „gleitende Skala der Normbestimmtheit und -unbestimmtheit".[495] Daher bedarf es trotz gelegentlich missverständlicher Formulierungen[496] keiner maximalen – größtmöglichen – Bestimmtheit. Vielmehr genügt es,[497] wenn der Ge-

---

Glieder offenbar in *BVerfGE* 65, 1 (54); ferner bei *Udo Di Fabio*, in: Maunz/Dürig, GG, Art. 2 Abs. 1 Rn. 41: „Normenklarheit (Bestimmtheit)".

[487] Kritik an einer Vermengung der beiden Kriterien bei *Jörg Lücke*, Die Allgemeine Gesetzgebungsordnung, ZG, Bd. 16 (2001), S. 1 (9 f.).

[488] Hierzu *Schneider*, Gesetzgebung (Fn. 90), Rn. 80. Kritik aus der Praxis an übergroßer Detaillierung und Komplexität der Gesetze (auf dem Gebiet des Steuerrechts) z.B. bei PräsBFH *Iris Ebling*, NJW 51/2003, S. XII f. (Umschlagseite).

[489] So *Herzog*, Gesetzgebung (Fn. 397), S. 25 (26).

[490] *Maurer*, Verwaltungsvorbehalt (Fn. 60), S. 135 (160 f.), freilich mit dem Zugeständnis, dass eine Nichtigerklärung wegen „mangelnder Unbestimmtheit" des Gesetzes „nur in extremen Ausnahmefällen in Betracht kommen kann, etwa wenn eindeutig die Grenzen des praktisch Möglichen erreicht sind" (S. 161). Vgl. auch *Dreier*, Verwaltung (Fn. 86), S. 171: „Die notgeborene Offenheit gesetzlicher Vorgaben entpuppt sich in gewisser Weise als eine Tugend"; ähnlich *Schulze-Fielitz*, Theorie (Fn. 11), S. 212.

[491] *Maurer*, Verwaltungsvorbehalt (Fn. 60), S. 135 (161); *Hasso Hofmann*, Rechtsfragen der atomaren Entsorgung, 1981, S. 95; *Ronellenfitsch*, Genehmigungsverfahren (Fn. 387), S. 161.

[492] *Schmidt-Aßmann*, Ordnungsidee, 4. Kap. Rn. 29.

[493] A. A. offenbar *Papier/Möller*, vgl. die Zitate oben Fn. 468. Damit würden auch sämtliche sprachförmige Normbestandteile rechtfertigungsbedürftig, und das Rechtfertigungserfordernis verlöre seine Kraft. – Wie hier dezidiert *Schmidt-Aßmann*, Ordnungsidee, 4. Kap. Rn. 29.

[494] *BVerfGE* 102, 254 (337); ähnlich für das österreichische Verfassungsrecht *Rudolf Thienel*, Verwaltungsverfahrensrecht, 2004, S. 43 zum „differenzierten Legalitätsprinzip" aus Art. 18 Bundesverfassungsgesetz (B-VG).

[495] *BVerfG*, NVwZ 2010, S. 435 (437).

[496] *BVerfGE* 102, 254 (337): „Der Gesetzgeber ist gehalten, seine Regelungen so bestimmt zu fassen, wie dies nach der Eigenart des zu ordnenden Lebenssachverhalts mit Rücksicht auf den Normzweck möglich ist." Nach *Saurer*, Rechtsverordnung (Fn. 35), S. 281 ff., stellt das Möglichkeitskriterium in der Rspr. des BVerfG zu Art. 80 Abs. 1 S. 2 GG *geringere* Anforderungen an die Bestimmtheit der Ermächtigungsgrundlage als das Kriterium hinreichender Bestimmtheit. Ziehe man dieses letztere heran, stelle „sich die verfassungsrechtliche Stabilität vieler Verordnungsermächtigungen insbesondere im Bereich des Einsatzes neuer Technologien ungleich prekärer dar." (S. 284).

[497] Bzw. – folgt man *Saurer* (vgl. Fn. 496) – ist im Falle des Art. 80 Abs. 1 S. 2 GG den Anforderungen *erst dann* genügt.

C. Bestimmtheit des Gesetzes

setzgeber die Regelungen mit **„hinreichender Bestimmtheit"**[498] oder „hinreichender Genauigkeit"[499] trifft. Diesen Präzisionsgrad muss das Gesetz für alle Normanwender in ihrer jeweiligen Funktion haben. Das erfordert (kumulativ), „dass der betroffene Bürger sich darauf einstellen kann, dass die gesetzesausführende Verwaltung für ihr Verhalten steuernde und begrenzende Handlungsmaßstäbe vorfindet und dass die Gerichte die Rechtskontrolle durchführen können."[500] Mindestanforderung hierfür ist die **Erkennbarkeit des Normgehalts**: Der Normadressat muss unter Anwendung zumutbaren Aufwands[501] – d. h. nach Auslegung,[502] unter Zuhilfenahme weiteren greifbaren Normmaterials und ggf. mit rechtskundiger Hilfe – den Aussage- oder Weisungsgehalt der Norm erschließen und danach handeln können.[503] Die Streuweite des Normgehalts wird vom **„gesetzestechnisch Möglichen"**[504] begrenzt.

Wichtigster Differenzierungsgesichtspunkt innerhalb dieses Rahmens ist die **Grundrechtsintensität** der Regelung: Die Anforderungen des rechtsstaatlichen Bestimmtheitsgebotes sind „um so strenger, je intensiver der Grundrechtseingriff ist"[505]. Hierbei differenziert das Bundesverfassungsgericht offenbar zwischen einzelnen Grundrechten.[506] Freilich können nicht nur individualrechtliche Positionen, sondern auch Belange der Allgemeinheit eine bestimmtheitsschärfende Rolle spielen.[507] In beiden Fällen hängt „der verfassungsrechtlich gebotene Grad

64

---

[498] *BVerfGE* 111, 54 (96) Parteienfinanzierung; 107, 104 (120): „Erforderlich ist ein hinreichend bestimmtes Gesetz, wobei die Anforderungen an hinreichende Bestimmtheit umso strenger sind, je schwerer die Auswirkungen der Regelung wiegen". Vgl. auch das Kriterium „hinreichend deutlich" in *BVerfGE* 27, 1 (8).

[499] So für Steuerrechtsnormen *BVerfGE* 21, 209 (215).

[500] So ausdrücklich *BVerfGE* 110, 33 (53). Die näheren Kriterien hat das Gericht unter Rückgriff auf das Volkszählungsurteil für „die spezielle Garantie in Art. 10 GG" entwickelt; der zitierte Passus dürfte aber auf das allgemeine rechtsstaatliche Bestimmtheitsgebot für bürgeradressierende Normen übertragbar sein.

[501] Vgl. *BVerfGE* 102, 254 (337): „Die Rechtsunterworfenen müssen in zumutbarer Weise erkennen können, ob die tatsächlichen Voraussetzungen für die in der Rechtsnorm ausgesprochenen Rechtsfolgen vorliegen."

[502] Dass die „Notwendigkeit der Auslegung" kein Einwand gegen hinreichende Normbestimmtheit ist, stellt *BVerfGE* 21, 245 (261) – offenbar von einem emphatischen Auslegungsbegriff ausgehend – klar. Vgl. auch → Fn. 468.

[503] *BVerfGE* 21, 73 (79). Dass Normen „so klar formuliert" sein müssen, „dass die davon Betroffenen die Rechtslage erkennen und ihr Verhalten danach bestimmen können", hatte *BVerfGE* 17, 306 (314) speziell gesetzlichen Verboten abverlangt; es muss aber für alle verhaltenssteuernden Normen gelten. A. A. *Hans-Martin Pawlowski*, Das Gesetz als Mittel der gesellschaftlichen Steuerung im pluralistischen Staat, in: FS Rudolf Wildenmann, 1986, S. 172 (180 f.).

[504] Begriff bei *Papier/Möller*, Bestimmtheitsgebot (Fn. 468), S. 177 (200) mit bewusster Absetzung vom sprachlich Möglichen (aber ggf. Unpraktikablen); freilich nicht als Rahmen, sondern – strenger – als Maßstab, der Abweichungen rechtfertigungsbedürftig macht. Wie hier (für die Einschätzung der Rspr. des BVerfG) *Saurer*, Rechtsverordnung (Fn. 35), S. 281 ff.

[505] *BVerfGE* 86, 288 (311); ähnlich *BVerfGE* 110, 33 (55); krit. *Schmidt-Aßmann*, Ordnungsidee, 4. Kap. Rn. 33, der sich gegen eine „automatische Steigerung" der Bestimmtheitsanforderungen nach Eingriffsintensität wendet. Dies dürfte aber nicht den Sinn der verfassungsgerichtlichen Rspr. treffen, in der die Grundrechtsintensität nur einen der relevanten Parameter darstellt und i. E. durch andere Gesichtspunkte überlagert werden kann.

[506] Zu Eingriffen in das Fernmeldegeheimnis: *BVerfGE* 100, 313 (359 f., 372); 110, 33 (52 ff.).

[507] *BVerwGE* 96, 189 (195): „Dabei sind die Anforderungen an die Bestimmtheit der Ermächtigung um so höher, je empfindlicher die freie berufliche Betätigung beeinträchtigt wird und je stärker die Interessen der Allgemeinheit von der Art und Weise der Tätigkeit berührt werden. Einschneidende, das Gesamtbild der beruflichen Betätigung wesentlich prägende Vorschriften über die Ausübung

§ 9 Das Parlamentsgesetz als Steuerungsmittel und Kontrollmaßstab

der Bestimmtheit von der Besonderheit des jeweiligen Tatbestands und von den Umständen ab [...], die zu der gesetzlichen Regelung führen".[508] Insofern entfalten die **"Sachstrukturen des Regelungsbereichs"**[509] Bedeutung: Der erforderliche Bestimmtheitsgrad kann sinken, wenn der Sachbereich einer gesetzlichen Differenzierung oder Typisierung unzugänglich ist, wie etwa auf dem Feld politischer Planung;[510] er kann umgekehrt in freiheitssensiblen und normierungsfreundlicheren Sachbereichen steigen.[511] Auch die legitime Wahl des Gesetzgebers zwischen verschiedenen Programmierungsarten kann Auswirkungen auf die Bestimmtheitsanforderungen haben.[512] Was freilich legitim – wie breit mit anderen Worten der dem Gesetzgeber offen stehende Korridor – ist, wird auch durch die Bestimmtheitsgebote selbst begrenzt; insofern bestehen Wechselwirkungen zwischen Bestimmtheitsniveau und Normprogramm. Ob die Bestimmtheitsanforderungen dagegen nach **Adressaten** variieren, ist zweifelhaft. Keine pauschalen Lockerungen gelten beispielsweise für primär justiz- oder verwaltungsgerichtete Normen; denn auch sie können die Bürger in wichtigen Positionen betreffen.[513] Insbesondere bedürfen Zuständigkeitsnormen einer großen Präzision.[514] Erleichterungen gelten demgegenüber, wo der Gesetzgeber in **Ungewissheitsbereichen** zu regeln gezwungen ist.[515] Wenn als weitere Fallgruppe gelockerter Bestimmtheitsanforderungen Umgehungsverbotsnormen genannt werden, d.h. Gesetze, die ein Ausweichverhalten der Normunterworfenen verhindern sollen,[516] so ist dies ein Fall der Unbestimmtheit qua „Vielgestaltigkeit des Lebens"[517]. Zulässig sind (notwendig unpräzise) Umgehungsverbotsnormen deshalb, weil sie indirekt konkrete Normen in Bezug nehmen. In gewisser Weise

---

des Berufs sind auch hier dem Gesetzgeber vorzubehalten", unter Verweis auf BVerfGE 33, 125 (160); 76, 170 (185); ähnlich BVerwGE 90, 59 (363).

[508] BVerfGE 86, 288 (311).

[509] *Schmidt-Aßmann*, Rechtsstaat (Fn. 420), § 26 Rn. 60. Daher gelten für Unbestimmtheit durch Sachzwänge andere Maßstäbe als für Unbestimmtheit durch politische Nichteinigung: *Brohm*, Verwaltung (Fn. 121), S. 265 (266, 268); großzügiger mit Verweis auf die Schwierigkeiten parlamentarischer Arbeit *Hoffmann-Riem*, Gesetz (Fn. 77), S. 5 (38 ff.).

[510] Beispiel bei *Schmidt-Aßmann*, Rechtsstaat (Fn. 420), § 26 Rn. 60.

[511] So für Teile des Steuerrechts *Klaus Vogel/Christian Waldhoff*, BK, vor Art. 104 a Rn. 482: „daß an die Bestimmtheit der Steuertatbestände strengere Anforderungen als sonst bei verwaltungsrechtlichen Eingriffsermächtigungen zu stellen sind."; a. A. *Lerke Osterloh*, Gesetzesbindung und Typisierungsspielräume bei der Anwendung der Steuergesetze, 1992, S. 139 ff. (zusammenfassend 160 f., 166 f.).

[512] *Schmidt-Aßmann*, Ordnungsidee, 4. Kap. Rn. 26 unter Hinweis auf die Kategorisierung bei *Brohm*, Steuerungsmöglichkeiten (Fn. 121), S. 217 (229 f.): „Gesetzesbefehl", „Gesetzesauftrag", „Handlungsermächtigung", „Schranken"; nach Regelungstyp diff. ebenfalls *Hoffmann-Riem*, Gesetz (Fn. 77), S. 40 f.

[513] Auch innerhalb der Gruppe der Privaten begegnen Abstufungen Bedenken; so sind unter dem Gesichtspunkt der Gesetzesbestimmtheit juristische Personen (etwa große Kapitalgesellschaften bei Produktzulassung oder Anlagengenehmigung) nicht *per se* weniger schutzbedürftig als natürliche Personen; auch dass ihnen typischerweise ein Apparat zur Bewältigung von Rechtsfragen zur Verfügung steht, begründet keine Lockerung der Bestimmtheitsanforderungen: Diese Folge rechtlicher Komplexität sollte nicht als Rechtfertigung neuer rechtlicher Komplexität gewertet werden.

[514] Speziell zum gerichtsverfassungsrechtlichen Bestimmtheitsgebot → Fn. 472.

[515] Zu weit aber *Papier/Möller*, Bestimmtheitsgebot (Fn. 468), S. 177 (200): „beim Betreten gesetzgeberischen Neulands".

[516] *Papier/Möller*, Bestimmtheitsgebot (Fn. 468), S. 177 (187, 200) mit dem Beispiel des § 42 AO.

[517] BVerfGE 92, 1 (12, 19); berechtigte Vorbehalte gegen die Formel bei *Papier/Möller*, Bestimmtheitsgebot (Fn. 468), S. 177 (186).

stellen sich die Umgehungsverbotsnorm daher als Auffangklausel, die Bezugsnormen als gesetzliche Beispiele dar. Demgegenüber ist der übergeordnete Topos der **„Vielgestaltigkeit des Lebens"** nur in dem Maße ein zulässiger Lockerungsgrund, in dem für das Regelungsziel des Gesetzgebers sinnvolle Typisierungen unmöglich oder untunlich sind, soweit also als Alternative nur eine Häufung von Einzelfallnormierungen in Frage käme. Einzelfall- und Maßnahmegesetze, soweit nach anderen Gesichtspunkten zulässig, müssen einen wesentlich höheren Grad an Bestimmtheit als allgemeine Gesetze aufweisen. Gleiches dürfte für alle Gesetze gelten, die ohne konkretisierenden Zwischenakt der Verwaltung[518] auf den Bürger einwirken. Umgekehrt sinken die Bestimmtheitsanforderungen an Gesetze, die konsensual umgesetzt werden.[519] Jedes Bestimmtheitsgebot ist ein „hochkomplexes mehrdimensionales Regulativ."[520]

3. Gesetzesbestimmtheit und Gesetzesflexibilität

Gesetzesbestimmtheit und Gesetzesflexibilität werden meist als antagonistisch aufgefasst. Konkretisiert man die hinter ihnen stehenden Verfassungsprinzipien behutsam, ergibt sich **kein generelles Vorrangverhältnis** zwischen den beiden Zielen. Während Gesetzesbestimmtheit die Verständlichkeit der Normen, die Stabilität der hinter ihnen stehenden Verhaltenserwartungen und die Linearität staatlichen Handelns sichert, soll Normflexibilität dessen Effektivität – und damit die Erfüllung von Schutzpflichten und anderen Handlungsaufträgen (etwa aus Staatszielbestimmungen, gemeinschaftsrechtlichen oder völkerrechtlichen Vorgaben) – in sich wandelnden Umständen gewährleisten. Daher müssen Bestimmtheitsanforderungen und Flexibilitätserwartungen anhand der verschiedenen Gesetzestypen dekliniert werden. So bedarf es einer (diachronen) Flexibilität nur bei abstrakt-generellen Gesetzen. Legalplanungen müssen demgegenüber höchst präzise regeln; ihre Flexibilität würde verfassungsrechtlichen Bedenken begegnen. 65

Nach den vorstehend skizzierten Kriterien (und ständiger Rechtsprechung) sind **unbestimmte Rechtsbegriffe**[521] und **Generalklauseln**[522] grundsätzlich zulässig. Insbesondere die Generalklausel ist unabdingbar[523] als „normative Öffnung für soziologisch Neues".[524] Sie lässt in erhöhtem Maße zu, was ein verwal- 66

---

[518] Instruktiv zu den Bestimmtheitsanforderungen an Einzelakte: *Michael Sachs,* in: ders. (Hrsg.), GG, Art. 20 Rn. 130.

[519] Hierzu *Schmidt-Aßmann,* Ordnungsidee, 4. Kap. Rn. 34; instruktive Zusammenstellung weiterer Differenzierungskriterien bei *Schulze-Fielitz,* Gesetzgebung (Fn. 56), S. 139 (181 f.).

[520] *Gassner,* Gesetzgebung (Fn. 446), S. 37 (55), über das allgemeine Bestimmtheitsgebot.

[521] Z. B. BVerfGE 21, 73 (79); häufig bildet das BVerfG bei der Zulassung das Begriffsdoppel „Generalklauseln und unbestimmte Begriffe", so etwa *BVerfGE* 8, 274 (326); 13, 153 (161); ähnlich *BVerfGE* 106, 1 (19). Vgl. nun *BVerfGE* 110, 33 (57 f.) zur Kumulation der Unbestimmtheit bei mehreren unbestimmten Rechtsbegriffen.

[522] Zu ihrer Zulässigkeit z. B. BVerfGE 8, 274 (326); 49, 168 (181); 106, 1 (19), 116, 24 (54) und std. Rspr.; Beispiel für den unzulässigen Einsatz einer Generalklausel (§ 101 Abs. 1 S. 1 StPO): *BVerfGE* 109, 279 (366). – Aus der Literatur insbes. *Wißmann,* Generalklauseln (Fn. 464); ferner *Hansjürgen Garstka,* Generalklauseln, in: Hans-Joachim Koch (Hrsg.), Juristische Methodenlehre und analytische Philosophie, 1976, S. 96 ff.; *Geitmann,* Bundesverfassungsgericht (Fn. 472), S. 51 f.; *Hermann Butzer,* Flucht in die polizeiliche Generalklausel?, VerwArch, Bd. 93 (2002), S. 506 ff.

[523] BVerfGE 33, 1 (11).

[524] *Günter Dürig,* in: Maunz/Dürig, GG, Art. 3 Abs. 1 Rn. 328 Fn. 1.

tungsrechtliches Gesetz stets erlaubt (und erfordert): eine – jederzeit gesetzgeberischer Korrektur zugängliche – Rechtsentwicklung durch die Verwaltung.[525] Weniger problematisiert werden unter dem Gesichtspunkt der Bestimmtheit **Rezeptionsklauseln**.[526] Hierzu zählen gesetzliche Formeln wie „Stand der Technik", „Stand von Wissenschaft und Technik", „gute fachliche Praxis", „Stand der medizinischen Wissenschaft"[527] oder „allgemein anerkannter Stand der medizinischen Erkenntnisse"[528]. Sie bilden dynamische Verweisungen auf außerrechtliche Standards. Sind diese ihrerseits dem Normanwender identifizierbar, zugänglich und hinreichend bestimmt, können (unter Bestimmtheitsgesichtspunkten) Rezeptionsklauseln eingesetzt werden.[529] Ansonsten müssen sie – wie Generalklauseln – differenziert behandelt werden. Dabei kann das Ziel dynamischen Grundrechtsschutzes[530] Unbestimmtheiten (d.h. andere als die präzisestmögliche Gesetzesfassung) rechtfertigen. Hierzu zählen insbesondere **Beurteilungs-, Prognose- und Abwägungsermächtigungen** für die Verwaltung.[531] Die Verwendung unbestimmter Gesetzesbegriffe kann die Einräumung solcher Spielräume indizieren, erlaubt allein aber keinen dahingehenden Schluss.[532]

67 Gesetzliche Unbestimmtheiten können eher hingenommen werden, wenn der Gesetzgeber **Kompensationsmöglichkeiten** mobilisiert.[533] Als derartige Ausgleichsmechanismen bieten sich häufig organisationsrechtliche und prozedurale Regelungselemente an.[534] Ferner kann der Gesetzgeber für eine Erprobungsphase unbestimmte Normen erlassen und sie – durch Verwaltung und Rechtsprechung[535] – nachpräzisieren lassen oder selbst nachpräzisieren.[536] Zweifelhaft ist dagegen, ob im Einzelfall feinsteuernde verfassungsrechtliche Grundsätze eine

---

[525] Begriff der „Rechtsentwicklung" bei *Winfried Brohm*, Verwaltung und Verwaltungsgerichtsbarkeit (Fn. 121), S. 265 (270). Näher → Rn. 75.

[526] *Schmidt-Aßmann*, Ordnungsidee, 4. Kap. Rn. 30.

[527] § 4 S. 1 Nr. 2, § 5 Abs. 1 S. 1, Abs. 3 S. 1, § 7 Abs. 1, § 8 Abs. 1, Abs. 2 Nr. 3, 4, § 9 S. 1, § 12 f., § 15, § 18 TransfusionsG; die konkretisierenden Richtlinien der Bundesärztekammer entfalten insoweit Vermutungswirkung nach § 12 Abs. 2, § 18 Abs. 2 und werden deshalb an das Einvernehmen der zuständigen Bundesoberbehörde gekoppelt. Anders für die den „Stand der Erkenntnisse der medizinischen Wissenschaft" konkretisierenden Richtlinien nach TPG, z. B. § 16 Abs. 1 S. 2 TPG; krit. hierzu *Jochen Taupitz*, Richtlinien in der Transplantationsmedizin, NJW 2003, S. 1145 (1150).

[528] § 2 Abs. 1 S. 3 SGB V.

[529] Zu den – hier nicht behandelten – Fragen demokratischer Legitimation diff. *Voßkuhle*, Beratung (Fn. 22), Rn. 59.

[530] Topos aus *BVerfGE* 49, 89 (137).

[531] → Rn. 93.

[532] *BVerfG*, NVwZ 2010, 435 (437).

[533] Zum Gedanken der Kompensation im Öffentlichen Recht umfassend *Andreas Voßkuhle*, Das Kompensationsprinzip. Grundlagen einer prospektiven Ausgleichsordnung für die Folgen privater Freiheitsbetätigung – Zur Flexibilisierung des Verwaltungsrechts am Beispiel des Umwelt- und Planungsrechts, 1999, S. 16 ff.

[534] Hierzu am Beispiel des Planungsrechts: *Schuppert*, Verwaltungswissenschaft, S. 478 ff. unter Anlehnung an *Peter Badura* (S. 479: Regelung der Planungszuständigkeit, des Planungsverfahrens, der Planungsaufgabe und Aufstellung der für die planerische Abwägung maßstäblichen Grundsätze).

[535] Diese ist unter Bestimmtheitsgesichtspunkten vorrangig zur „Tatbestandsbildung", hilfsweise zur „Fallgruppenbildung" und höchst hilfsweise zur Entwicklung eines „beweglichen Systems" angehalten: *Papier/Möller*, Bestimmtheitsgebot (Fn. 468), S. 177 (207 ff.) mit (missverständlichem) Hinweis auf *Claus-Wilhelm Canaris*, Systemdenken und Systembegriff in der Jurisprudenz, entwickelt am Beispiel des deutschen Privatrechts, 1969, S. 82.

[536] Instruktiv hierzu *Papier/Möller*, Bestimmtheitsgebot (Fn. 468), S. 177 (189 f.) unter Hinweis auf *BVerfGE* 90, 145 (191).

Relativierung der Bestimmtheitsanforderungen rechtfertigen.⁵³⁷ Weil derartige Prinzipien in aller Regel ihrerseits kaum verlässlich konkretisierbar sind,⁵³⁸ kommt eine solche Kompensation nur in Frage, wo es sich (ausnahmsweise) um einen stark vorkonturierten Grundsatz handelt.

Methodische Ansatzpunkte für die Ermittlung hinreichender Bestimmtheit eines Gesetzes sind – angesichts der Vielzahl mitsteuernder Gesichtspunkte⁵³⁹ – die Frage nach einer sinnvollen Anwendbarkeit des Verhältnismäßigkeitsgrundsatzes⁵⁴⁰ sowie die **Alternativenprüfung:** Könnte der Gesetzgeber das Gesetz im Rahmen seiner legitimen Regelungsanliegen ohne unverhältnismäßigen Verlust an Normverständlichkeit, zulässiger Flexibilität⁵⁴¹ und Stabilität bestimmter gestalten? Die Frage nach möglichen Alternativen öffnet zugleich den Blick für **legistische Techniken** zur Erhöhung der Bestimmtheit und zu ihrer Balancierung mit anderen Anforderungen an das Gesetz. Hier kommen der Wissenschaft vom Öffentlichen Recht als rechtsetzungsorientierter Handlungs- und Entscheidungswissenschaft⁵⁴² Aufgaben zu, die bisher wenig wahrgenommen wurden.⁵⁴³ **68**

II. Die Delegationsdoktrin des Art. 80 GG

1. Art. 80 GG als Ausdruck arbeitsteiliger Rechtsetzung

Hinter den Unsicherheiten über die Auslegung des Art. 80 Abs. 1 S. 2 GG⁵⁴⁴ steht die **Uneinigkeit über die Perspektive,** d.h. das Verständnis der grundgesetzlichen Verteilung der Rechtsetzung auf die Funktionen und Organe: Sieht man die Rechtsetzung beim souverän verstandenen Parlament⁵⁴⁵ monopolisiert,⁵⁴⁶ kann es sich beim exekutiven Recht nur um eng begrenzte und eng zu **69**

---

⁵³⁷ So *Papier/Möller,* Bestimmtheitsgebot (Fn. 468), S. 177 (187) unter Hinweis auf das Gebot der Besteuerung nach individueller Leistungsfähigkeit.

⁵³⁸ Näher *Reimer,* Verfassungsprinzipien (Fn. 39), S. 473 ff.

⁵³⁹ Vgl. *Papier/Möller,* Bestimmtheitsgebot (Fn. 468), S. 177 (199) mit der plastischen Beschreibung der Gefahr, zwischen den Polen der Schutzbedürfnisse der Grundrechtsträger und der Schwierigkeiten des Gesetzgebers „in eine Beliebigkeit zu geraten, mit der in beide Richtungen mühelos Argumente aufgehäuft werden könnten, die schließlich jeden ‚Mittelweg' gerechtfertigt erscheinen lassen".

⁵⁴⁰ Vgl. *BVerfGE* 110, 33 (55): „Mängel hinreichender Normenbestimmtheit und -klarheit beeinträchtigen insbesondere die Beachtung des verfassungsrechtlichen Übermaßverbots."

⁵⁴¹ Der Flexibilitätsbedarf rechtfertigt nach Meinung von *Papier/Möller,* Bestimmtheitsgebot (Fn. 468), S. 177 (205 f.), z. T. eine höchstrichterliche im Gegensatz zu einer gesetzgeberischen Tatbestandsbildung.

⁵⁴² → Bd. I *Voßkuhle* § 1 Rn. 15.

⁵⁴³ Hinweise etwa bei *Schneider,* Gesetzgebung (Fn. 90), Rn. 68, 71 ff., 362 f. – Für einen Vergleich von *Anwendungs*methoden für Unbestimmtheitsfälle s. *Papier/Möller,* Bestimmtheitsgebot (Fn. 468), S. 177 (202 ff.).

⁵⁴⁴ Vgl. statt aller die monumentale Kommentierung von *Michael Nierhaus,* BK, Art. 80 Abs. 1, insbes. Rn. 59 ff.

⁵⁴⁵ Zur Parlamentssouveränität *Jesch,* Gesetz (Fn. 221), S. 99; dagegen zutreffend *Schulze-Fielitz,* Theorie (Fn. 11), S. 456 f.; krit. ferner *Friedrich E. Schnapp,* Der Verwaltungsvorbehalt, VVDStRL, Bd. 43 (1985), S. 172 (181 ff.).

⁵⁴⁶ In diese Richtung *BVerfGE* 34, 52 (59 f.); unter unzutreffendem Verweis darauf zuspitzend *BVerfGE* 95, 1 (15 f.): „Im freiheitlich-demokratischen System des Grundgesetzes fällt dem Parlament als Legislative die verfassungsrechtliche Aufgabe der *Normsetzung* zu. Nur das Parlament besitzt *hierfür* die demokratische Legitimation" (Hervorhebungen nur hier). Die in *BVerfGE* 95, 1 (16) ebenfalls in Bezug genommene Kalkar-Entscheidung hatte ein parlamentarisches Entscheidungsmonopol

begrenzende Ausnahmen handeln.⁵⁴⁷ Umgekehrt hat die wachsende Distanz zu historischen Missbräuchen der Verordnung,⁵⁴⁸ die Domestikation der besonderen Gewaltverhältnisse, die Wahrnehmung eines deutlichen Drucks technischer Sachzwänge wie auch eine gewisse Ernüchterung hinsichtlich der Wirkungen und der Leistungskraft des Parlamentsgesetzes angesichts der Vergesetzlichungsfolgen eine Aussöhnung mit der Rechtsverordnung befördert und die These vom (jedenfalls partiell) originären Verordnungsrecht der Verwaltung hervorgebracht:⁵⁴⁹ Verordnungsgebung sei „keine, auch keine delegierte Gesetzgebung, sondern ein aliud, Ausübung eigener Staatsfunktion."⁵⁵⁰ Damit wird freilich eine Übertreibung durch eine gegenläufige bekämpft und das Konkurrenzverhältnis zwischen Gesetz und Verordnung prolongiert.

70 Eine unbefangene Betrachtung der grundgesetzlichen Vorschriften⁵⁵¹ legt eher eine Arbeitsteilung im Normerlass nahe. Die Koordinaten zur Einordnung von Art. 80 Abs. 1 GG sind Vorrang des in Einzelnormen konkretisierten Verfassungsrechts,⁵⁵² sodann Eigenständigkeit der Exekutive, Gesetzesvorbehalt und parlamentarisches Zugriffsrecht⁵⁵³ statt Parlamentsmonismus⁵⁵⁴. Die **Konkurrenz verschiedener Rechtsetzungsformen,** bei der Regelungsbefugnisse in einem Nullsummenspiel entweder dem Parlament oder aber der Verwaltung zugeschoben werden, wird zur **Konvergenz:** einerseits durch Nutzung zahlreicher Ver-

---

gerade verneint und demokratische Legitimation der Verwaltung wie Arbeitsteiligkeit der Rechtsetzung betont: *BVerfGE* 49, 89 (125 ff.).

⁵⁴⁷ Von einem „Generalverdacht gegen jede Form exekutivischer, d.h. nicht-parlamentarischer Rechtssetzung" spricht *Rainer Wahl,* Verwaltungsvorschriften: Die ungesicherte dritte Kategorie des Rechts, in: FG BVerwG (Fn. 182), S. 577 (594). Zur (früheren) „Verordnungsphobie der deutschen Staatsrechtslehre" (*Ossenbühl*) → Fn. 88.

⁵⁴⁸ Vgl. z. B. *Seiler,* Parlamentsvorbehalt (Fn. 259), S. 163 f.; zur Distanz gegenüber den historischen Entstehungsbedingungen vgl. auch *Horn,* Verwaltung (Fn. 204), insbes. S. 66.

⁵⁴⁹ Vgl. bereits *Ossenbühl,* Verwaltungsvorschriften (Fn. 354), S. 510; *ders.,* Vorrang und Vorbehalt (Fn. 197), § 101 Rn. 62, 73; *ders.,* Rechtsverordnung, in: HStR V, § 103 Rn. 19; ähnlich *Böckenförde,* Gesetz (Fn. 102), S. 393 ff. (397: „Von einem selbständigen Verordnungsrecht der Exekutive, wie es die konstitutionelle Monarchie kannte, unterscheidet sich die hier in Frage stehende Befugnis zur außenwirksamen, gesetzeskonkretisierenden und -spezifizierenden Normsetzung dadurch, daß sie nicht originär, sondern nur gesetzesabhängig besteht. Sie setzt das Gesetz, das die wesentlichen Fragen des zu ordnenden Rechtsverhältnisses oder Lebensbereichs regelt, voraus und lehnt sich daran an."); *Horn,* Verwaltung (Fn. 204), insbes. S. 62 ff. (65: „*Exekutivfunktion* für nicht-wesentliche Rechtsetzung […] eine originäre, d.h. eine nicht vom Gesetzgeber delegierte und abgeleitete, sondern ihrem Funktionsbereich von Verfassungs wegen zugehörige Rechtsetzungsgewalt der Exekutive"); *Seiler,* Parlamentsvorbehalt (Fn. 259), insbes. S. 185 ff.; aus Schweizerischer Sicht: *Müller,* Rechtsetzung (Fn. 354), S. 161 ff. – Unstreitig ist bei allem die Existenz eines außerordentlichen eigenständigen Verordnungsrechts kraft grundgesetzlicher Anordnung nach Art. 119 S. 1, Art. 127, Art. 132 Abs. 4 GG.

⁵⁵⁰ *Horn,* Verwaltung (Fn. 204), S. 66. – Für eine Typologie der Verordnungen vgl. etwa *Huwar,* Rechts- und Verwaltungsverordnungen (Fn. 221), S. 36 ff.

⁵⁵¹ Instruktiv in dieser Hinsicht *Seiler,* Parlamentsvorbehalt (Fn. 259), S. 188 f.

⁵⁵² → Rn. 58 ff. Das verbietet es, von einem „Institut des Gesetzesvorbehalts" aus die Tatbestandsmerkmale des Art. 80 GG (um)zuinterpretieren (so aber *Busch,* Art. 80 [Fn. 329], S. 137).

⁵⁵³ *Schmidt-Aßmann,* Rechtsverordnung (Fn. 60), S. 477 (484).

⁵⁵⁴ Gegen ihn *BVerfGE* 49, 89 (124 ff.). – Des Rückgriffs auf den „Grundsatz der funktionsgerechten Organstruktur" bedarf es nicht. Begriff schon bei *Otto Küster,* Das Gewaltenproblem im modernen Staat, AöR, Bd. 75 (1949), S. 397 (402); der Sache nach dann in *BVerfGE* 68, 1 (86 f.); 98, 218 (252); vgl. weiter *Thomas v. Danwitz,* Der Grundsatz der funktionsgerechten Organstruktur. Verfassungsvorgaben für staatliche Entscheidungsstrukturen und ihre gerichtliche Kontrolle, Der Staat, Bd. 35 (1996), S. 329 ff. – Der Topos legitimiert ohnehin „nicht zwanglos eine prima facie aufgabenadäquate Formenzuweisung": so zutreffend *Kube,* Gesetzesvorbehalt (Fn. 200), S. 57 (59).

C. Bestimmtheit des Gesetzes

ordnungstypen mit Parlamentsbeteiligung,[555] andererseits durch das Verständnis von Gesetz und Verordnung als Teile *eines* Steuerungsverbundes.[556] Art. 80 GG ist „Scharnier kooperativer Normsetzung"[557]. Die Rechtsverordnung basiert auf dem Gesetz und ergänzt es, stellt aber nicht bloß delegierte Rechtsetzung dar,[558] wenn mit Delegation die Herabverlagerung einer dem Delegatar zustehenden Kompetenz gemeint ist.[559] Das Erfordernis einer Ermächtigung bleibt unberührt: Art. 80 GG fordert sie durchgehend,[560] also auch für Verordnungen ohne Außenwirkung,[561] für außenwirksame, aber nichtbelastende Verordnungen[562] und für Ausführungsrechtsverordnungen.[563] Das Ermächtigungserfordernis macht die Verordnungsgebung aber nicht zu verfassungsrechtlich irregulärer Rechtsetzung. Es erlaubt vielmehr die formgebundene und begrenzte Freigabe einer vom Grundgesetz präventiv arretierten Verwaltungskompetenz.[564]

2. Die Bestimmtheitsanforderungen des Art. 80 Abs. 1 S. 2 GG

Bei nüchterner, wortlautorientierter Lesart der Norm, die umso mehr angezeigt ist, als über Kompetenzen disponiert wird, sind die Anforderungen teils   71

---

[555] Überblick bei *Michael Nierhaus,* in: BK, Art. 80 Abs. 1 Rn. 188 ff.; näher *Arnd Uhle,* Parlament und Rechtsverordnung, 1999, S. 81 ff. und *passim;* krit. *Pegatzky,* Parlament (Fn. 18), S. 71 ff.

[556] Vgl. z. B. *v. Bogdandy,* Gubernative Rechtsetzung (Fn. 68), S. 415 f. u. ö.: „parlamentarisch-administrativer Steuerungsverbund"; *Ossenbühl,* Der verfassungsrechtliche Rahmen (Fn. 407), S. 1 (3 f.) mit Verweis auf § 59 KrW-/AbfG; demgegenüber betont den Dualismus von Gesetzes- und Verordnungsrecht *Saurer,* Rechtsverordnung (Fn. 35), *passim.* – Hinweis auf das arbeitsteilige Zusammenwirken von formellgesetzlicher Ermächtigungsgrundlage und konkretisierender Satzung im Kommunalabgabenrecht bei *Waldhoff,* Satzungsautonomie (Fn. 318), S. 495 (515).

[557] *Schmidt-Aßmann,* Rechtsverordnung (Fn. 60), S. 477 (488); ähnlich bereits *Thomas v. Danwitz,* Die Gestaltungsfreiheit der Verordnungsgebers. Zur Kontrolldichte verordnungsgeberischer Entscheidungen, 1989, S. 48: „Art. 80 als Ausdruck kooperativer Rechtsetzungszuständigkeit".

[558] *Schmidt-Aßmann,* Rechtsverordnung (Fn. 60), S. 477 (488): „weder originäre noch delegierte Rechtsetzung"; die Verordnung sei vielmehr „gesetzesakzessorisch"; *ders.,* Ordnungsidee, 6. Kap. Rn. 85; *v. Bogdandy,* Gubernative Rechtsetzung (Fn. 68), S. 304 ff.; ähnlich *Müller,* Rechtsetzungslehre (Fn. 124), Rn. 209; *Pegatzky,* Parlament (Fn. 18), S. 58 ff.

[559] Zur Delegation als Übertragung eigener Kompetenz auf ein anderes Subjekt *(Heinrich Triepel)* näher: *v. Danwitz,* Gestaltungsfreiheit (Fn. 557), S. 28 f.

[560] A. A. *Seiler,* Parlamentsvorbehalt (Fn. 259), S. 185 ff., 248 ff.; wie hier *Schmidt-Aßmann,* Ordnungsidee, 6. Kap. Rn. 85 (weniger eindeutig *ders.,* Die Rechtsverordnung [Fn. 60], S. 477 [488]); *Michael Nierhaus,* in: BK, Art. 80 Abs. 1 Rn. 85, 179 ff.; *v. Bogdandy,* Gubernative Rechtsetzung (Fn. 68), S. 293 f., allerdings nur „angesichts des guten Funktionierens des gubernativ eingebundenen Parlamentarismus in der Bundesrepublik", d. h. unter einem davon abhängigen Rechtsfortbildungsvorbehalt.

[561] *Busch,* Art. 80 (Fn. 329), S. 98 (Außenwirkung setze der Begriff der Rechtsverordnung nicht voraus: a. a. O., S. 95 ff.).

[562] A. A. *Huwar,* Rechts- und Verwaltungsverordnungen (Fn. 221), S. 96, 100, 108 f.

[563] Angesichts der Tatsache, dass einige vorkonstitutionelle Landesverfassungen Ausführungsverordnungen ermächtigungsfrei zulassen (→ Fn. 337), stellt sich die Frage, ob Art. 80 GG solche Verordnungen möglicherweise gar nicht erfasst. Dagegen spricht das eminent praktische Problem der Unterscheidung von Ausführungs- und anderen Verordnungen, vgl. bereits *Georg Jellinek,* Gesetz und Verordnung, 1919, S. 380; ferner z. B. *Meder,* Verfassung des Freistaates Bayern (Fn. 317), Art. 55 Rn. 8; Anschauungsmaterial: *BayVerfGH,* VerfGHE Bay. n. F. 41 (1988), S. 97 ff. = BayVBl. 1989, S. 11 ff. In der Tat wird die Ausführungsverordnung z. B. in Bayern selten verwendet, vgl. bereits *Helmut Kalkbrenner,* Die bayerische Verfassung als Ermächtigungsgrundlage für Rechtsverordnungen, BayVBl. 1961, S. 364 (368).

[564] Zu Art. 80 Abs. 1 GG als rechtsetzungsrechtlichem Verbot mit Erlaubnisvorbehalt: *Dieter Wilke,* Bundesverfassungsgericht und Rechtsverordnungen, AöR, Bd. 98 (1973), S. 196 (214).

strenger, teils weniger streng als in der derzeitigen Rechtsprechung. Zunächst enthält Art. 80 Abs. 1 S. 2 GG kein „Bestimmtheitsgebot"[565], sondern ein **„Bestimmungsgebot"**[566]: Er bietet keine Anhaltspunkte für ein quantitatives Verständnis der Bestimmung, geht also nicht von einer Gradualisierbarkeit der Bestimmung aus.[567] Vielmehr müssen Inhalt, Zweck und Ausmaß der Ermächtigung „bestimmt werden". Sie müssen weder besonders „bestimmt sein"[568] noch gar „hinreichend bestimmt" sein[569]. Gegenstand der Trias ist auch nicht die Rechtsverordnung, sondern die gesetzliche Ermächtigung.[570]

72 Zu den Versuchen, die normativen Anforderungen an sie auf den Begriff zu bringen, zählen die „Selbstentscheidungsformel"[571], die „Voraussehbarkeitsformel"[572] und die „Programmformel".[573] Respektiert man den Eigenstand der drei Tatbestandsmerkmale des Art. 80 Abs. 1 S. 2 GG,[574] verbieten sich derartige griffig-vergröbernde Formeln. **„Inhalt"** (sachgegenständliche Begrenzung) und **„Ausmaß"** (quantitative Begrenzung) der Ermächtigung muss die Verordnung nicht ausschöpfen; da „Ermächtigung" – im Regelfall – nur eine rechtliche Befähigung, keine Verpflichtung bedeutet,[575] kann die Verordnung insoweit hinter der Ermächtigung zurückbleiben, sofern sie deren Finalität wahrt. Denn der

---

[565] So aber die h. M. Vgl. die Spreizung der Bestimmtheitserforderungen in Abhängigkeit von zahlreichen Parametern, etwa bei *Michael Nierhaus*, in: BK, Art. 80 Abs. 1 Rn. 290 ff.

[566] Ähnlich *Ulrich Ramsauer*, in: AK-GG, Art. 80 Rn. 16, 55; *Thomas Mann*, in: Sachs (Hrsg.), GG, Art. 80 Rn. 28, dann jeweils aber im Sinne der h. M. mit Bestimmtheitsanforderungen.

[567] Für diese Lesart spricht auch die Entstehungsgeschichte der Norm. Die ursprünglich avisierte Fassung lautete: „sofern Inhalt, Zweck und Ausmaß der erteilten Ermächtigung ausreichend im Gesetz bestimmt sind." (Art. 102 Abs. 2 S. 2 HChE). Der Organisationsausschuss folgte in seiner 13. Sitzung am 13. 10. 1948 „einer Anregung des Abg. Dr. Löwenthal (SPD), das Wort ‚ausreichend' in Abs. 2 Satz 2 als nichts sagenden ‚Kautschukbegriff' zu streichen." (Sten-Prot S. 34 [35], hier nach JöR n. F. 1 [1951], S. 588). Diese Änderung bedeutet die Ablehnung eines Tatbestandsmerkmales, das ein unklares Bestimmtheitsniveau fordert, und zwingt zur Beschränkung auf die eindeutigere – nichtgradualisierbare – „Bestimmung"; a. A. wohl *v. Danwitz*, Gestaltungsfreiheit (Fn. 557), S. 102 f.

[568] Insofern verbietet sich auch eine Parallelisierung zum Bestimmtheitsgebot des Art. 103 Abs. 2 GG („wenn die Strafbarkeit gesetzlich bestimmt war").

[569] So aber das *BVerfG* in st. Rspr., vgl. z. B. *BVerfGE* 1, 14 (60); 101, 1 (31). Zur Vorfassung des Artikels („ausreichend im Gesetz bestimmt") → Fn. 567.

[570] Dies wird immer wieder falsch gelesen; z. B. *Matthias C. Orlowski*, Der Erlass von Rechtsverordnungen nach amerikanischem Recht, DÖV 2005, S. 133 (135).

[571] Z. B. *BVerfGE* 5, 71 (76): „Der Gesetzgeber muß selbst die Entscheidung treffen, daß bestimmte Fragen geregelt werden, er muß die Grenzen einer solchen Regelung festsetzen und angeben, welchem Ziel die Regelung dienen soll".

[572] Z. B. *BVerfGE* 29, 198 (210): „Nach der ständigen Rechtsprechung des Bundesverfassungsgerichts ist eine Ermächtigung zum Erlass von Rechtsverordnungen dann nach Inhalt, Zweck und Ausmaß gesetzlich bestimmt, wenn der Bürger schon nach dem Gesetz hinreichend deutlich vorhersehen kann, in welchen Fällen und mit welcher Tendenz von der Ermächtigung Gebrauch gemacht werden wird und welchen möglichen Inhalt die auf Grund der Ermächtigung erlassenen Verordnungen haben können".

[573] Z. B. *BVerfGE* 8, 274 (307): „Der Wortlaut des Gesetzes gibt aber einen Anhaltspunkt dafür, welches ‚Programm' verwirklicht werden soll"; *Busch*, Art. 80 (Fn. 329), S. 136 ff. (methodisch falsch die Aufladung der Bestimmtheitstrias durch die Bedeutsamkeit der Regelungsmaterie, S. 137); vgl. auch *Saurer*, Rechtsverordnung (Fn. 35), S. 459: „Die Anforderung, die Art. 80 Abs. 1 S. 2 GG an den Gesetzgeber stellt, ist eine hinreichend präzise Fassung der vorgenommenen Wertungen, in anderen Worten: des politischen Programms."

[574] Anders explizit *BVerfGE* 38, 348 (357 f.); separate Prüfung dagegen zu Recht in *BVerfGE* 101, 1 (31 ff.).

[575] Vgl. etwa *Thomas Mann*, in: Sachs (Hrsg.), GG, Art. 80 Rn. 5.

„Zweck" der Ermächtigung wird sich mit dem der Rechtsverordnung decken müssen; insofern verbieten sich Abweichungen. Damit muss das ermächtigende Gesetz in qualitativer und quantitativer Hinsicht rahmensetzend und darüber hinaus zielsteuernd wirken. Folglich kommt „für Verwaltung und Verwaltungsgerichtsbarkeit nur eine **gesetzesgeleitete Rechtserzeugung,** also eine ‚Rechtsentwicklung' in Frage".[576] Der Gesetzgeber behält die Aufsicht über sie durch sein Recht zu Kassation oder Novellierung der Ermächtigungsgrundlage, zu unmittelbarer Aufhebung der Rechtsverordnung und zu ihrer Änderung.[577]

D. Vorrang des Gesetzes

Der Vorrang des Gesetzes, präziser[578]: die Rechtsbindung von Verwaltung und Verwaltungsgerichtsbarkeit[579], scheint als Eckstein des Rechtsstaats selbstverständlich; indes verbergen sich hinter der Konsensformel durchaus Problemfelder (I.). Überdies unterliegt die Bindung zahlreichen faktischen und rechtlichen Relativierungen (II.). 73

I. Rechtsbindung als Selbstverständlichkeit

1. Rechtsbindung der Verwaltung

Die suggestive Formel von der Bindung der Verwaltung an „Gesetz und Recht"[580] lässt sich nicht spannungsfrei auflösen. Die beste Annäherung deutet das erste Glied nicht nur als Parlamentsgesetz,[581] sondern (emphatisch) als 74

---

[576] *Brohm,* Verwaltung (Fn. 121), S. 265 (270).

[577] Vgl. den Überblick bei *Thomas Mann,* in: Sachs (Hrsg.), GG, Art. 80 Rn. 8. Verordnungsänderungen durch den Gesetzgeber begegnen auch in der Form des Artikelgesetzes mit Entsteinerungsklausel (→ Rn. 80) sowie von Rechtsverordnungen mit parlamentarischem Änderungsvorbehalt (hierzu krit. *Michael Nierhaus,* in: BK, Art. 80 Abs. 1 Rn. 190 ff.).

[578] Der historische Begriff „Vorrang des Gesetzes" (teilweise noch Verfassungsbegriff, vgl. z. B. Art. 45 SchlHolVerf) ist im hiesigen Kontext in zweifacher Hinsicht zu eng. Erstens beschränkt er sich auf das Gesetz, obwohl beachtliche Wirkungen stets auch von den anderen Rechtsschichten ausgehen. Zweitens suggeriert er jedenfalls in seiner klassischen Formulierung („der in der Form des Gesetzes geäußerte Staatswille geht rechtlich jeder anderen staatlichen Willensäußerung vor; das Gesetz kann nur wieder durch Gesetz aufgehoben werden, hebt aber seinerseits alles auf oder lässt gar nicht erst wirksam werden, was ihm widerspräche": *Mayer,* VerwR, S. 68) lediglich eine Kollisionsnorm (*Michael Sachs,* in: ders. [Hrsg.], GG, Art. 20 Rn. 112). „Gesetzesbindung" impliziert demgegenüber eine auch positiv steuernde, dirigierende Wirkung.

[579] Ausgeblendet wird hier die Rechtsbindung des *Gesetzgebers*: einerseits seine Bindung an europäisches und deutsches Verfassungsrecht und an Völkerrecht, andererseits seine Gesetzesbindung, nämlich die Bundesrechtsbindung der Landesgesetzgeber, die Selbstbindung des Gesetzgebers (hierzu *Regine Rausch-Gast,* Selbstbindung des Gesetzgebers, 1983), die Bindung bei deklaratorischer Wiederholung von Verfassungsrecht (hierzu *Ossenbühl,* Rechtliches Gehör [Fn. 106]) sowie die Bindung bei differenzierten Rangstufen im einfachen Gesetzesrecht (→ Rn. 106).

[580] Art. 20 Abs. 3 GG; Art. 25 Abs. 2 BadWürttVerf; Art. 2 Abs. 5 S. 2 MecklenbVorpVerf; Art. 2 Abs. 2 NiedersachsVerf; Art. 77 Abs. 2 RheinlPfalzVerf; Art. 61 Abs. 2 SaarlVerf.; Art. 3 Abs. 3 SachsVerf; Art. 2 Abs. 4 SachsAnhVerf; Art. 47 Abs. 4 ThürVerf; anders Art. 66 Abs. 1 BerlinVerf: „Die Verwaltung ist bürgernah im demokratischen und sozialen Geist nach der Verfassung und den Gesetzen zu führen."; ähnlich Art. 66 BremVerf; Art. 3 Abs. 2 S. 1 HambVerf.

[581] So bspw. aber *Karl-Peter Sommermann,* in: v. Mangoldt/Klein/Starck, GG, Art. 20 Abs. 3 Rn. 264.

das geschriebene Bundes- und Landesrecht insgesamt.[582] Das zweite Glied – zurückgesetzt, also subsidiär, als Korrektiv wirkend – lässt sich dann als Gewohnheits- und Richterrecht[583] interpretieren; darüber hinaus stellt es die Nabelschnur zur Idee der Gerechtigkeit dar.[584] Neben diese umfassende Verpflichtung auf innerstaatliches Recht tritt die Bindung an das Gemeinschaftsrecht[585] und an völkerrechtliche Vorgaben.[586] Die Rechtsbindung der Verwaltung realisiert sich mithin in zahlreichen **Rechtsbindungen,** die untereinander ins Verhältnis gebracht werden müssen.[587] Methodische Leitlinie zur Koordination der Normenvielfalt ist der Anwendungsvorrang der rangniederen Normebene,[588] deren Konformität mit der höheren Ebene stets widerleglich vermutet wird[589] (so dass insbesondere das Verfassungsrecht ganz überwiegend durch das einfache Recht mediatisiert ist)[590], sowie – innerhalb einer Ebene – der Vorrang der jeweils konkreteren Norm.[591] „Norm" ist dabei nicht der Normtext, sondern dessen *lege artis* zu erschließende Bedeutung. Insofern impliziert die Rechtsbindung rahmenartige **Methodenbindungen,** die partiell auch gerichtlicher Kontrolle unterliegen.[592] Zu diesen Bindungen gehört vor allem die Verpflichtung der Rechtsanwender auf die gesetzgeberische Teleologie.[593] Ob sich die Bindung der Verwaltung auch auf die höchstrichterliche Aufbereitung der Entscheidungsmaßstäbe (insbesondere: Normauswahl und -auslegung) bezieht, ob Rechtsbindung also auch **Rechtsprechungsbindung** umfasst, wird – diesseits der Fälle der gesetzlich angeordneten Verbindlichkeit verfassungsgerichtlicher Entscheidungen[594] – insbesondere anhand des Instituts des Nichtanwendungserlasses kontrovers disku-

---

[582] Statt aller: *Michael Sachs,* in: ders. (Hrsg.), GG, Art. 20 Rn. 107.

[583] Dies freilich nicht schon mit der Implikation einer gesetzesgleichen Bindungswirkung; zu dieser Frage sogleich im Text.

[584] Zur „These von der konstitutionalisierten Gerechtigkeit" *Karl-Peter Sommermann,* in: v. Mangoldt/Klein/Starck, GG, Art. 20 Abs. 3 Rn. 267 m. w. N.

[585] → Bd. I *Ruffert* § 17 Rn. 121 ff.

[586] Art. 25 GG; Art. 84 BayVerf; Art. 122 BremVerf; Art. 67 HessVerf.

[587] So – nachdrücklich – *Eberhard Schmidt-Aßmann,* Zur Gesetzesbindung der verhandelnden Verwaltung, in: FS Winfried Brohm, 2002, S. 547 (549 f.).

[588] Zutreffend *Maurer,* VerwR, § 4 Rn. 50. Dementsprechend „ist bei einem unmittelbaren Rückgriff auf die Verfassung besondere Vorsicht geboten": *Brohm,* Verwaltung (Fn. 121), S. 265 (271). Gegen die von ihm so genannte „Schutzschirmdoktrin" *Horn,* Verwaltung (Fn. 204), S. 220 ff.

[589] So für das Parlamentsgesetz z.B. *Ossenbühl,* Verwaltungsvorschriften (Fn. 354), S. 298; tendenziell a. A. *Horn,* Verwaltung (Fn. 204), S. 231 ff. – Zurückhaltung ist auch gegenüber der verfassungskonformen Auslegung angebracht, die „nicht selten zum Vehikel richterlichen Ungehorsams gegenüber dem Gesetz" wird, so zutreffend *Klaus Rennert,* Die Verfassungswidrigkeit „falscher" Gerichtsentscheidungen, NJW 1991, S. 12 (18), unter Hinweis auf *Karl A. Bettermann,* Die verfassungskonforme Auslegung, 1986. Kein Gegenargument ist die Formulierung des Art. 1 Abs. 3 GG („als unmittelbar geltendes Recht"), denn der Verfassunggeber wollte mit ihr nicht verhindern, dass das einfache Recht mit einem gewissen Selbstand der Grundrechte rezipiert und konkretisiert. Gegen einen „Durchgriff auf Grundrechte gegen den Gesetzgeber" *Horst Dreier,* in: ders. (Hrsg.), GG I, Art. 1 Abs. 3 Rn. 35; z. T. a. A. *Horn,* Verwaltung (Fn. 204), S. 204 ff.

[590] Zum Verhältnis zum Verfassungsrecht → Bd. I *Ruffert* § 17 Rn. 48 ff.

[591] Deklination am Beispiel des Verfassungsrechts (Vorrang der Verfassungseinzelnormen vor den Verfassungsprinzipien): *Reimer,* Verfassungsprinzipien (Fn. 39), S. 303 ff., 440 ff.

[592] Hierzu *Rennert,* Verfassungswidrigkeit (Fn. 589), S. 12 (16 f.); *Dirk Looschelders/Wolfgang Roth,* Juristische Methodik im Prozeß der Rechtsanwendung, 1996, S. 1 ff.; *Papier/Möller,* Bestimmtheitsgebot (Fn. 468), S. 177 (207 f.).

[593] → Rn. 113.

[594] § 31 BVerfGG; § 23 Abs. 1 StGHG Bad.-Württ.; Art. 29 Abs. 1 VerfGHG Bay.; § 30 VerfGHG Berl.; § 29 VerfGGBbg; § 8 Abs. 1 StGHG Hamb. etc.

D. Vorrang des Gesetzes

tiert.[595] Die besseren Gründe sprechen gegen eine Rechtsprechungsbindung: insbesondere der Gegenschluss aus den verfassungsgerichtsgesetzlichen Normen; die eigenständige Bedeutung der Verwaltung für die Evolution des Normenbestands; die Vorteile eines sich im Wege des *trial and error* konkretisierenden Rechts und schließlich die Einzelfallbezogenheit vieler Entscheidungsbestandteile. Auch eine gefestigte höchstrichterliche Rechtsprechung bindet daher die Verwaltung nicht.[596]

Kein Gegenbegriff zur Rechtsbindung ist die Rechtsbildung im Sinne einer **Rechtsentwicklungskompetenz** der Verwaltung:[597] Einerseits setzt die Exekutive im weiten Rahmen von Satzungsermächtigungen[598] und im engeren Rahmen von Rechtsverordnungsermächtigungen selbständig (Außen-)Recht.[599] Andererseits trägt sie durch Anwendung und Abwendung – d.h. durch die Zusammenstellung des Bindungsprogramms, durch Interpretation, Konkretisierung, Fallgruppenbildung etc. – zur Konturierung des Rechts bei.[600] Diese „Rechtskonkretisierung in einem polyzentrischen Rechtsgefüge"[601] schließt (unter dem Vorbehalt korrigierender Gerichtsentscheidungen) Rechtsfortbildung ein. Gerade in der Rechtskonkretisierung und -fortbildung realisiert sich die Rechtsbindung in Form der Bindung an den umgebenden Normenbestand und an die jeweils höhere Normschicht. 75

Zu den Rechtsfolgen der Bindung zählen ein hypothetisches **Anwendungsgebot**[602] und ein kategorisches **Abweichungsverbot**.[603] Für den Umgang mit fehlerbehafteten Normen greift zunächst ein **Gesetzesverwerfungsverbot**;[604] unterhalb der Verwerfungsschwelle spricht viel für eine durch Remonstrationspflichten er- 76

---

[595] Für Rechtswidrigkeit etwa: *Faber*, VerwR, S. 70 f.; a. A. *Fritz Ossenbühl*, Die Bindung der Verwaltung an die höchstrichterliche Rechtsprechung, AöR, Bd. 92 (1967), S. 478 (479 f.); *Joachim Lang*, Reaktion der Finanzverwaltung auf missliebige Entscheidungen des Bundesfinanzhofs, DRiZ 1992, S. 365 m. w. N. in Fn. 3.
[596] *Ossenbühl*, Bindung (Fn. 595), S. 478 (481 ff.). – Zulässig dürften dann auch „Nichtanwendungsgesetze" sein. Hierzu am Beispiel „rechtsprechungsbrechender Steuergesetzgebung" (*Günther Felix*, Steuerberatung 1988, S. 20) diff. *Lang*, Finanzverwaltung (Fn. 595), S. 365 (366 f.); a. A. *Dietmar Völker/Marco Ardizzoni*, Rechtsprechungsbrechende Nichtanwendungsgesetze im Steuerrecht – neue bedenkliche Gesetzgebungspraxis, NJW 2004, S. 2413 ff.
[597] Begriff der „Rechtsentwicklung" durch die Verwaltung bei *Brohm*, Verwaltung (Fn. 121), S. 265 (270).
[598] → Rn. 39.
[599] Zum Status der Verwaltungsvorschriften → Bd. I *Ruffert* § 17 Rn. 67 ff.
[600] Weitergehend zur Herstellung des Vollzugsprogramms im Vollzug *Helge Rossen*, Vollzug und Verhandlung, 1999, S. 24, 271 u. ö.
[601] → Bd. I *Schmidt-Aßmann* § 5 Rn. 69.
[602] Einschließlich des Gebots, das geltende Recht *unverzüglich* und *endgültig* zu vollziehen; so für die Finanzverwaltung *Völker/Ardizzoni*, Nichtanwendungsgesetze (Fn. 596), S. 2417; ähnlich nachdrücklich *Ossenbühl*, Vorrang und Vorbehalt (Fn. 197), § 101 Rn. 5. Das „Aussetzen" der Anwendung von Parlamentsgesetzen ist daher regelmäßig (zugleich) verfassungswidrig. Zur Kontroverse bei Wehrpflichtaussetzung und Atommoratorium vgl. *Wolfgang Ewer/Alexander Behnsen*, Das „Atom-Moratorium" und das geltende Atomrecht, NJW 2011, S. 1182 (1183).
[603] Begriffspaar bei *Christoph Gusy*, Der Vorrang des Gesetzes, JuS 1983, S. 189 (191 ff.). Das Abweichungsverbot (explizite Teilnormierung z. B. in Art. 119 S. 1 BremVerf) enthält seinerseits zwei Facetten, nämlich „daß die Suspension von Parlamentsgesetzen ebenso wenig ohne ausdrückliche gesetzliche Ermächtigung zulässig ist wie die Dispensation im Einzelfall." (*Herzog*, Staatslehre [Fn. 175], S. 269).
[604] *Thomas v. Danwitz*, Verwaltungsrechtliches System und Europäische Integration, 1996, S. 66 m. w. N.

mögliche Prüfungs- und Nichtanwendungskompetenz der Verwaltungsspitze.⁶⁰⁵ Das dürfte auch für untergesetzliche Normen gelten.⁶⁰⁶ Insofern ist die rechtliche von der technischen und der dogmatischen Bindung zu unterscheiden.⁶⁰⁷ Einer Orientierung an sonstigen Maßstäben – Effizienz, Flexibilität, Akzeptanz, Moral⁶⁰⁸ – steht die Rechtsbindung nicht entgegen, soweit jene das Recht ausfüllen und konkretisieren. Umgekehrt impliziert die Rechtsbindung den Primat des Rechts und damit ein **Verbot konfligierender oder konkurrierender Orientierungen**.⁶⁰⁹ Schließlich lösen Rechtsverstöße durch die Verwaltung **Reaktionspflichten** der öffentlichen Hand aus: eine Pflicht zur Rückkehr in die Legalität, ggf. Folgenbeseitigungs-, Schadensersatz- und Sanktionspflichten.

2. Rechtsbindung der Verwaltungsgerichtsbarkeit

77 Die Judikative ist ausweislich der Verfassungstexte parallel zur Exekutive und in gleichem Maße wie sie an „Gesetz und Recht" sowie an die Grundrechte gebunden. Allerdings ist sie dem (materiell verstandenen) „Gesetze" nicht lediglich verpflichtet, sondern ihm „unterworfen", und zwar „nur" ihm (Art. 97 Abs. 1 GG) – ein deutlicher Appell zum Verzicht auf autonome Gestaltung, kombiniert mit dem Verbot sonstiger Handlungsorientierungen. Andererseits sind den Gerichten Normverwerfungskompetenzen zugestanden; auch ist Innenrecht für sie nicht verbindlich, allenfalls beachtlich.⁶¹⁰

II. Wandlungen der Rechtsbindung

78 Gesetzesbindung ist stets eingebettet in eine mehrdimensionale *Rechts*bindung, die sie zugleich sichert und gefährdet. Dabei wird das Ideal der Gesetzmäßigkeit nicht aufgegeben, aber „Weichzonen der Gesetzesbindung"⁶¹¹ verändern seine Umsetzung rechtlich und faktisch.

1. Lockerungen

a) Freistellungen und Sanktionsverzichte

79 Keine formale Lockerung der Rechtsbindung liegt im Verzicht auf rechtliche Sanktionierungen von Bindungsverletzungen. Nach hergebrachter Auffassung ist die natürliche Folge von Gesetzesverstößen die Nichtigkeit des untergesetzlichen Rechtsakts.⁶¹² Doch kann der Gesetzgeber die Wirksamkeit des rechtswid-

---

⁶⁰⁵ *Klaus Stern*, Staatsrecht III/2, S. 1169 f.
⁶⁰⁶ Zum Diskussionsstand überblicksweise *Maurer*, VerwR, § 4 Rn. 57 f.; *Michael Sachs*, in: ders. (Hrsg.), GG, Art. 20 Rn. 97, jeweils m. w. N.
⁶⁰⁷ Zu diesen Kategorien *Hans-Martin Pawlowski*, Methodenlehre für Juristen, 3. Aufl. 1999, Rn. 383 ff., 571 ff.
⁶⁰⁸ → Bd. II *Pitschas* § 42 Rn. 111 ff.
⁶⁰⁹ Durch die Integration zahlreicher derartiger Anforderungen insbes. im Rahmen der Ermessensbetätigung relativiert sich die Bedeutung des Gegensatzes freilich stark.
⁶¹⁰ Vgl. *Jörn Ipsen*, Die Bewältigung der wissenschaftlichen und technischen Entwicklungen durch das Verwaltungsrecht, VVDStRL, Bd. 48 (1990), S. 177 (191).
⁶¹¹ *Richard Novak*, Gesetzgebung im Rechtsstaat, VVDStRL, Bd. 40 (1982), S. 40 (46).
⁶¹² *Hartmut Maurer*, Abgestufte Rechtsfolgen bei Gesetzesverstößen der Verwaltung?, in: Hill (Hrsg.), Zustand (Fn. 121), S. 233 (235 f.) m. w. N.; a. A. für den verwaltungsrechtlichen Vertrag: *Christian Schimpf*, Der verwaltungsrechtliche Vertrag, 1982, S. 260.

D. Vorrang des Gesetzes

rigen Verwaltungsakts[613] oder verwaltungsrechtlichen Vertrags[614] anordnen und die Heilung von Satzungen ermöglichen.[615] Ferner kann er Disziplinarvorgesetzten die Nichtahndung von Disziplinarvergehen,[616] Aufsichtsbehörden die Duldung rechtswidrigen Verwaltungshandelns erlauben.[617] Eine – im einzelnen sehr streitige – Freistellung genießt der Vergleichsvertrag.[618] In allen Fällen wird die Bindung an Fachrecht oder dessen Sanktionierung durch eine (im weitesten Sinne) verfahrensrechtliche *lex specialis* abbedungen oder gelockert. Insofern bleibt die Rechtsbindung der Verwaltung und damit Art. 20 Abs. 3 GG unangetastet.[619] Im Einzelfall können sich aus anderen verfassungsrechtlichen Gesichtspunkten – wie Grundrechten, Gewaltengliederung – Grenzen für derartige Freistellungen ergeben.

b) Selbstherabstufung des Gesetzes

Gelegentlich begegnen gesetzliche Ermächtigungen zu **gesetzeskorrigierenden, -ändernden und -ergänzenden Rechtsverordnungen**.[620] Sie scheinen die Gesetzesbindung der Verwaltung in eine Verwaltungsbindung der Gesetze umzuwandeln. Indes sollen derartige Ermächtigungen zulässig sein, wenn sie ausdrücklich den materiellen Geltungsanspruch des Gesetzes zurücknehmen und dies durch sachliche Gründe gerechtfertigt ist.[621] Dafür spricht, dass es dem Gesetzgeber innerhalb der weiten Grenzen des Art. 80 Abs. 1 S. 2 GG unbenommen bleiben muss, den Anwendungsbereich seiner Gesetze zu reduzieren. Überdies

80

---

[613] Arg. § 43 Abs. 3, §§ 44 ff. VwVfG (sowie § 112 Abs. 3, §§ 113 ff. LVwG Schl.-Hol.); hierzu *Vogel*, Gesetzgeber (Fn. 181), S. 125 (147): „Hier verzichtet also das Gesetz selber auf seinen Vorrang".

[614] Arg. § 59 VwVfG, § 126 LVwG Schl.-Hol., § 58 SGB X.

[615] Z. B. § 214 f. BauGB. – Gegen ein striktes Nichtigkeitsdogma und für einen Sanktionsspielraum: *Schmidt-Aßmann*, Gesetzesbindung (Fn. 587), S. 547 (554).

[616] Vgl. z. B. § 13 BDG. Demgegenüber unterliegt die Einleitung des Disziplinarverfahrens dem Legalitätsprinzip, § 17 Abs. 1 S. 1 BDG.

[617] *Andreas Voßkuhle*, Duldung rechtswidrigen Verwaltungshandelns? Zu den Grenzen des Opportunitätsprinzips, DV, Bd. 29 (1996), S. 511 ff.

[618] § 55 VwVfG, § 122 LVwG Schl.-Hol., § 54 Abs. 1 SGB X; zu den Grenzen: BSG, NJW 1989, S. 2565 f. (für § 101 Abs. 1 SGG, § 54 Abs. 1 SGB X); *Heinz J. Bonk*, in: Stelkens/Bonk/Sachs, VwVfG, § 55 Rn. 3 ff.; *Christoph Degenhart*, Der öffentlich-rechtliche Abfindungsvergleich. Zur Beurteilung von Abfindungsklauseln bei vergleichsweiser Regelung von Entschädigungsansprüchen aus enteignendem Eingriff, NVwZ 1982, S. 71 (73). – Für das Steuerrecht diff. *Roman Seer*, Verständigungen in Steuerverfahren, 1996, S. 210 ff., 382 ff. mit Vorschlag des zulässigen „Feststellungvertrags" (S. 215); einschränkend *Elke Gurlit*, Verwaltungsvertrag und Gesetz, 2000, S. 340 ff.

[619] Krit. mit Blick auf Steuerungsverluste *Peter M. Huber*, Die entfesselte Verwaltung, StWStP, Bd. 6 (1997), S. 423 (437 f.).

[620] Z. B. § 1 Abs. 2–4 BtmG, § 10 LSchlG, § 79 AMG, § 10 Abs. 2 AWG, § 51 Abs. 4 Nr. 2 EStG, der den BMF ermächtigt, „Unstimmigkeiten im Wortlaut" des EStG „zu beseitigen", und § 2 Zuständigkeitsanpassungsgesetz (ZustAnpG) v. 16. 8. 2002, BGBl I, S. 3165. Zum Problemkreis *Michael Nierhaus*, in: BK, Art. 80 Abs. 1 Rn. 229; *Brandner*, Gesetzesänderung (Fn. 95), S. 386 ff.; *Schneider*, Gesetzgebung (Fn. 90), Rn. 653 ff.; *Ossenbühl*, Rechtsverordnung (Fn. 549), § 64 Rn. 22; → Bd. I *Ruffert* § 17 Rn. 63. – Zur Unzulässigkeit von gesetzesauslösenden Rechtsverordnungen (Inkraftsetzungsermächtigungen): *Ulrich Ramsauer*, in: AK-GG, Art. 80 Rn. 42.

[621] BVerfG, NJW 1998, S. 669 (670). Näher – und differenzierend – *Brandner*, Gesetzesänderung (Fn. 95), S. 402 ff.; a. A. zu gesetzesändernden Rechtsverordnungen *Brun-Otto Bryde*, in: v. Münch/Kunig, GGK III, Art. 80 Rn. 3; zu § 56 Abs. 3 ZustAnpG a. F.: *Kube*, Gesetzesvorbehalt (Fn. 200), S. 57 (58 f.) mit dem Verdikt des Verstoßes gegen Art. 80 GG. Nach *Kirchhof*, EStG (Fn. 90), § 51 Rn. 51, ist die Bereinigungsmöglichkeit nach § 51 Abs. 4 Nr. 2 EStG (Fn. 620) „rechtsstaatlich vertretbar, wenn sie auf die bloße Korrektur von Redaktionsversehen und offensichtlichen Wortlautfehlern beschränkt bleibt".

wären die für das legitime Regelungsanliegen des Gesetzgebers tauglichen Alternativen untunlich.[622] Zulässig ist ferner die **Subsidiarität eines Gesetzes** zugunsten von Rechtsverordnungen, Satzungen oder Verwaltungsvorschriften. Sie erhalten durch eine Subsidiaritätsklausel nicht Gesetzeskraft, vielmehr nimmt das Gesetz, teils aufschiebend bedingt, seinen Geltungsanspruch zurück.[623] Autorität und Rangstufe des Gesetzes werden – bis zur Grenze einer unzulässigen Gewichtsverschiebung zwischen Legislative und Exekutive[624] – nicht beschädigt.[625] Eine besonders häufige Fallgruppe gesetzlicher Selbstzurücknahme bilden **Entsteinerungsklauseln.** Mit ihnen kehrt der Artikelgesetzgeber in ständiger Staatspraxis für diejenigen Teile des Gesetzes, die Rechtsverordnungen ändern, zum einheitlichen Verordnungsrang zurück.[626] Diese Arrangements sind zulässig.[627] Allerdings zeigt sich an Fragen wie diesen, dass es an einer konsistenten Handlungsformenlehre fehlt.[628]

---

[622] Z.B. im Falle von § 2 ZustAnpG (Fn. 620) entweder der Verzicht auf die namentliche Nennung der jeweils zuständigen Behörde im Gesetz zugunsten eines Blanketts („die zuständigen Behörden"), das durch Rechtsverordnung zu konkretisieren wäre – Folge wäre ein erheblicher Informationsverlust im Gesetz – (dafür aber *Kube*, Gesetzesvorbehalt [Fn. 200], S. 57 [58]), oder nach französischem Vorbild die Integration von Normen mit Verordnungsrang in das Gesetz, die erhebliche Schwierigkeiten unter dem Gesichtspunkt von Verantwortungsklarheit und Rechtsschutz mit sich brächte. Skepsis gegenüber Mischgebilden aus Gesetz und Rechtsverordnung auch bei *Jörg Lücke,* in: Sachs (Hrsg.), GG, Art. 80 Rn. 7 a. E.

[623] So für Verwaltungsvorschriften *BVerfGE* 8, 155, LS 3: „Der Vorrang des Gesetzes hindert den Gesetzgeber nicht, die Subsidiarität einer gesetzlichen Regelung gegenüber allgemeinen Verwaltungsvorschriften anzuordnen." (dagegen *Dietrich Jesch,* Zulässigkeit gesetzesvertretender Verwaltungsverordnungen?, in: AöR, Bd. 84 [1959], S. 74 ff.).

[624] Hierzu *BVerfGE* 8, 155 (171); krit. *Jesch,* Zulässigkeit (Fn. 623). Vgl. auch die tastende Formulierung in Art. 118 HessVerf: „Durch Gesetz kann der Landesregierung die Befugnis zum Erlass von Verordnungen über bestimmte einzelne Gegenstände, aber nicht die Gesetzgebungsgewalt im ganzen oder für Teilgebiete übertragen werden."

[625] Hiermit dürfte auch eines der Kriterien für eine zu entwickelnde einheitliche Lehre vom notwendigen Gesetzesinhalt benannt sein (Hinweis auf die Verbindung von Vorrang des Gesetzes mit Parlamentsvorbehalt auf diesem Feld: *Michael Nierhaus,* in: BK, Art. 80 Abs. 1 Rn. 235). Mögliche rechtliche Eckpunkte einer solchen Lehre: Weites politisches Ermessen des Parlaments hinsichtlich des „Ob" einer Regelung; Auswahl der Rechtsetzungsform nach den verfassungstextlichen Vorgaben (→ insbes. Rn. 59 f.); Festlegung des Regelungsinhalts nach Bestimmungsgeboten (wie Art. 80 Abs. 1 S. 2 GG, → Rn. 71) sowie der Regelungsdichte nach den jeweiligen Bestimmtheitsgeboten (→ Rn. 61 ff.); zu den verfassungstextlichen Einzelvorgaben tritt als äußerste Grenze die „Gewichtsverschiebung" zwischen den Staatsfunktionen.

[626] Etwa: Art. 69 des Gesetzes zur Einordnung des Sozialhilferechts in das Sozialgesetzbuch v. 27. 12. 2003, BGBl I, S. 3022: „Rückkehr zum einheitlichen Verordnungsrang. Die auf Artikel 12 bis 16 [...] beruhenden Teile der dort geänderten Anordnungen und Verordnungen können auf Grund der jeweils einschlägigen Ermächtigungen in Verbindung mit diesem Artikel durch Rechtsverordnung geändert oder aufgehoben werden." Für die Normenkontrollfähigkeit der geänderten Verordnungsteile nach § 47 VwGO bereits *BVerwGE* 117, 313 (317 ff.); and. *Arnd Uhle,* Verwaltungsgerichtliche Normenkontrolle von Gesetzesrecht?, DVBl 2004, S. 1272 ff. Dessen Annahme, es bleibe unbestreitbar bei der Gesetzesqualität der Regelungen (S. 1275), ist mit Blick auf die amtliche Überschrift der Entsteinerungsklauseln („Rückkehr zum einheitlichen Verordnungsrang") anfechtbar.

[627] *BVerfGE* 114, 196 (234 ff.) mit gewissen Einschränkungen (238 ff.); a. A. *Lerke Osterloh* und *Michael Gerhardt,* ebd., S. 250 ff.; krit. auch *Kirchhof,* EStG (Fn. 90), § 51 Rn. 15 ff. m. w. N.; pointiert bereits *Uhle,* Parlament und Rechtsverordnung (Fn. 555), S. 420 f.: unzulässige Abweichung vom Vorrang des Gesetzes. Replik: *Horst Sendler,* Verordnungsänderung durch Gesetz und „Entsteinerungsklausel". Bemerkungen zum (selbstverständlich nicht) Selbstverständlichen, NJW 2001, S. 2859 (2860 f.).

[628] Ein konsequentes Modell ist das von *Uhle* (z.B. Parlament und Rechtsverordnung [Fn. 555], S. 169 ff., 420 ff.; *ders.,* Verordnungsänderung durch Gesetz und Gesetzesänderung durch Verord-

2. Relativierungen

a) Unternormierung und Zuweisung von Spielräumen

Obwohl die Zuweisung von Verhaltens- und Gestaltungsspielräumen durch Generalklauseln, Finalprogramme oder sonstige **offene Normen** die Rechtsbindung der Verwaltung nicht mindern, sondern auf andere Weise verwirklichen will,[629] zwingen offene Normen in besonderem Maße zu wertender Konkretisierung,[630] hemmen damit die intersubjektiv klärbare Identifikation ihres Regelungsgehalts[631] und erschweren folglich eine genaue Nachprüfung der Rechtstreue. Im Ergebnis vermitteln Gesetze dieses Typs daher – auch angesichts der Konkretisierungsschwäche übergeordneter Maßstäbe[632] – durchaus eine gelockerte Rechtsbindung.[633] Diese Lockerung kann freilich kompensiert werden.[634] 81

b) Übernormierung

Eine übermäßige Regelungsfülle und -dichte[635] gefährdet die Rechtsbindung der Exekutive wegen der **Selektivität des Gesetzesgehorsams**[636]: Die zahlreichen Regelungsschichten haben sich „zu schwer handhabbaren Gebilden ausgewachsen, die das Personal zur auswählenden und selektiven Normvollziehung veranlassen mögen"[637] – bis hin zur „Lösung des öffentlichen Dienstes vom Grundsatz der Gesetzgebundenheit der Exekutive".[638] Die Bindungsprobleme vermehren sich weiter durch das Anwachsen des europäischen Rechtskor- 82

---

nung?, DÖV 2001, S. 241 ff.), der freilich den Grundsatz vom Vorrang des Gesetzes überbeansprucht und mit ihm dem Gesetzgeber die Möglichkeit der Herabstufung des Gesetzes aus der Hand nimmt.

[629] Angesichts weiterer normativer Maßstäbe für die Verwaltung, die gerade hier Bedeutung erhalten, wie „Gesetzeszweck, gesetzliche Schranken und allgemeine Handlungsgrundsätze" (*Brohm*, Verwaltung [Fn. 121], S. 265 [270]), mag die Gesetzesbindung sogar erhöht erscheinen.

[630] Hierzu für die Infrastrukturverwaltung: *Dreier*, Verwaltung (Fn. 86), S. 202.

[631] Zur verminderten Bindungskraft von Konditionalprogrammen: *Dieter Grimm*, Verfahrensfehler als Grundrechtsverstöße, NVwZ 1985, S. 865 (866).

[632] Zu Problematik und Methodik der Konkretisierung objektiven Verfassungsrechts: *Reimer*, Verfassungsprinzipien (Fn. 39), S. 470 ff.

[633] Das gilt insbes. für Vorschriften, die explizit oder implizit (wie Ermessensnormen) eine Berücksichtigung „aller Umstände des Einzelfalls" verlangen. Denn der Rechtsanwender „darf im Rahmen des klassischen juristischen Gesetzesverständnisses nur die Tatbestandsmerkmale als abzählbare Menge identifizierbarer Elemente der Außenwelt exakt bezeichnen. ‚Alle Umstände' verweist nun – ernst genommen – auf eine unabsehbare Vielzahl von Sachverhaltselementen, die berücksichtigt werden sollen. Damit wird Gesetzesbindung zum Paradox": *Gerhard Struck*, Gesetz und Chaos in Naturwissenschaft und Rechtswissenschaft, JuS 1993, S. 992 (997), mit Hinweis auf § 3 Abs. 1 ProdHaftG.

[634] *Hoffmann-Riem*, Gesetz (Fn. 77), S. 5 (35): „etwa durch Schaffung von Verfahrensregeln, Transparenzvorkehrungen, Beteiligungs- und Rechtsschutzmöglichkeiten sowie Auffangregelungen u. ä."

[635] → Rn. 99 f.

[636] → Fn. 436. Eine Abkehr von Generalklauseln zugunsten detaillierter regelnden Normen erhöht entgegen *Roman Herzog*, in: Maunz/Dürig, GG, Art. 20 VI (Vorkommentierung, Sept. 1980) Rn. 47, keineswegs *per se* die Steuerungskraft der Norm, → Rn. 112.

[637] *Wahl*, Verwaltung (Fn. 60), S. 1197 (1208).

[638] *Wagener*, Der öffentliche Dienst (Fn. 436), S. 215 (253). Zur „brauchbaren Illegalität": *Niklas Luhmann*, Funktionen und Folgen formaler Organisation (1964), 5. Aufl. 1999, S. 304; weiterführend (und krit.) hierzu *Günther Ortmann*, Regel und Ausnahme. Paradoxien sozialer Ordnung, 2003, S. 252 ff. – Anwendung der Formel auf gelegentliche Entscheidungspraktiken in der EG: *Jürgen Schwarze*, Rechtsstaatliche Grenzen der gesetzlichen und richterlichen Qualifikation von Verwaltungssanktionen im europäischen Gemeinschaftsrecht, EuZW 2003, S. 261 (265).

pus, der über das Primärrecht und die Verordnungen hinaus mit den potentiell unmittelbar anwendbaren Richtlinien zusätzliche Herausforderungen und Irritationsflächen bereithält.[639] Erweist sich die Normanwendung als selektiv und irregulär, so kann dies nicht durch eine Lockerung der Rechtsbindung oder Appelle an das Ethos der Rechtsanwender aufgefangen, sondern muss durch eine Änderung von Rechtsetzungsstil und -dichte bewältigt werden.[640]

c) Punktualisierung des einfachen Rechts

83 Häufig wird Gesetzesrecht im Einzelfall unter Berufung auf höhere Normschichten, insbesondere den Verhältnismäßigkeitsgrundsatz, korrigiert. Diese Neigung zu **punktueller Betrachtung**[641] lässt sich mit dem Konzept vom Vorrang des Gesetzes letztlich nicht vereinbaren.[642] Faktisch löst sich die Bindung in den Erkenntnisungewissheiten des Einzelfalls auf, die das Gesetz gerade zu überwinden berufen ist.

E. Steuerungskraft des Gesetzes

I. Nachlassende Steuerungskraft des Gesetzes?

1. Lokalisierung des Problems

84 Eher als die Steuerungskraft „des Gesetzes" lässt die Differenzierungsfähigkeit seiner Beobachter nach. Angesichts der Heterogenität der Gesetze, die als Sach-, Verfahrens-, Organisations- und Haushaltsrecht, als Ordnungs- oder Anreizrecht begegnen,[643] überzeugt die gelegentlich anzutreffende pauschale Diagnose von Steuerungsverlusten der Parlamentsgesetze nicht.[644] Im Einzelfall mag

---

[639] → Bd. I *Schmidt-Aßmann* § 5 Rn. 67.

[640] → Rn. 98 ff. In jüngerer Zeit scheint das Bundesverfassungsgericht (jedenfalls hinsichtlich der Normenklarheit) empfänglicher für die Kontingenz der Rechtsanwender – auch in der Verwaltung – geworden zu sein und die Anforderungen an die Rechtsetzung zu erhöhen: BVerfGE 110, 33 (63 f.) zu §§ 39 ff. AWG: „Dieser Mangel an Normenklarheit bewirkt bei Überwachungsmaßnahmen im Planungsstadium und dort insbesondere beim Handeln unter Zeitdruck ein hohes Risiko, dass sich die Handelnden keine Rechenschaft mehr darüber geben, ob sich die beobachteten Indizien auf konkrete Straftatbestände beziehen lassen [...]. Gerade in Eilfällen besteht eine gesteigerte Gefahr von Fehlentscheidungen der Verwaltung und der eingeschalteten Gerichte."

[641] Näher → Rn. 102.

[642] „Auf situatives Recht [...] kann der Rechtsstaat nicht gegründet werden": *Dieter Grimm*, Der Wandel der Staatsaufgaben und die Krise des Rechtsstaats, in: ders. (Hrsg.), Staatsaufgaben (Fn. 436), S. 291 (301); plastisch bereits *Helmut Ridders* Hinweis auf Übermaßverbot und Verhältnismäßigkeitsprinzip, die „eine immer feinere Zerstäubung des Normenmaterials gewährleisten" (Die soziale Ordnung des Grundgesetzes. Leitfaden zu den Grundrechten einer demokratischen Verfassung, 1975, S. 74).

[643] Näher → Rn. 15; ferner Bd. I *Franzius* § 4 Rn. 1 ff.

[644] Ebenso *Dreier*, Verwaltung (Fn. 86), S. 208; ähnlich *Eberhard Schmidt-Aßmann*, Flexibilität und Innovationsoffenheit als Entwicklungsperspektive des Verwaltungsrechts, in: Hoffmann-Riem/Schmidt-Aßmann (Hrsg.), Innovation, S. 407 (415); *Klaus F. Röhl*, Rechtssoziologische Befunde zum Versagen von Gesetzen, in: Hof/Lübbe-Wolff (Hrsg.), Wirkungsforschung (Fn. 95), S. 413 (418). – Vgl. auch *Zeh*, Wille (Fn. 436), S. 540, der den von ihm untersuchten Bundesgesetzen „eine nicht unbeträchtliche Wirksamkeit" attestiert. Demgegenüber kann der auf die „Vagheit sprachlicher Begriffe" gestützte Steuerungspessimismus bei *Pöcker*, Parlamentsgesetz (Fn. 4), S. 616 (619 ff.), nicht

E. Steuerungskraft des Gesetzes

die Wahrnehmung der Steuerungsschwäche von Gesetzen[645] durchaus berechtigt sein. Sie hat unterschiedlichste Erscheinungsformen und Gründe, die zur Lokalisierung des Problems auseinander gehalten werden müssen.

a) Gewachsene Steuerungserwartungen

Kaum je dürften Gesetze vollständige Steuerungswirkungen hervorgebracht haben; Defizite sind oft zu selbstverständlich, als dass sie problematisiert oder auch nur wahrgenommen würden. Wo aber Steuerungsbewusstsein und Steuerungserwartungen wachsen, wächst auch das Empfinden für Defizite. Viel spricht dafür, dass derzeit auch der Gesetzgeber mit gesellschaftlichen Ansprüchen überlastet ist.[646] Insofern müsste Steuerungsunbehagen zunächst zur Reflexion der Steuerungserwartungen führen.[647] 85

b) Partielles Nachlassen des gesetzgeberischen Steuerungsanspruchs

Das wiederholt konstatierte partielle Nachlassen des gesetzgeberischen Steuerungsanspruchs[648] umfasst seinerseits sehr unterschiedliche Phänomene: 86

überzeugen. Insbes. bleibt offen, ob die meist anzutreffende Mehrfachsteuerung durch Sachrecht, Verfahrensrecht, Organisationsrecht, Personalrecht, Haushaltsrecht etc. (auch insoweit liegen Steuerungsverbünde vor) nicht gerade spielraum*verengend* wirkt.

[645] Etwa: *Wagener,* Der öffentliche Dienst (Fn. 436), S. 214 (216, 244f., 265, 299f.); für das Umweltrecht früh *Gerd Winter,* Das Vollzugsdefizit im Wasserrecht. Ein Beitrag zur Soziologie des öffentlichen Rechts, 1975 (Fallstudie!); *Renate Mayntz* u.a., Vollzugsprobleme der Umweltpolitik. Empirische Untersuchung der Implementation von Gesetzen im Bereich der Luftreinhaltung und des Gewässerschutzes, 1978; *Rainer Wolf,* Stand der Technik, 1986 (für den bereits „Prämisse" ist, „daß nicht die administrative und judikative Implementation, sondern vor allem die politische Programmentwicklung für das problematische Verhältnis zwischen rechtlichen und technischen Normen verantwortlich ist.", S. 426); ferner *Dietrich Murswiek,* Die Bewältigung der wissenschaftlichen und technischen Entwicklungen durch das Verwaltungsrecht, in: VVDStRL, Bd. 48 (1990), S. 207 (230 f.); *ders.,* Dynamik der Technik (Fn. 425), S. 651 (661 ff.); *Michael Nierhaus,* in: BK, Art. 80 Abs. 1 Rn. 157; zum Technikrecht apodiktisch *Ossenbühl,* Gesetz und Verordnung (Fn. 91), S. 27 (37): „Die Steuerungskraft des Gesetzes geht also gegen Null"; ferner *Arno Scherzberg,* Die Öffentlichkeit der Verwaltung, 2000, S. 108; diff. zur Wirkung des Ordnungsrechts: *Hellmut Wagner,* Effizienz des Ordnungsrechts für den Umweltschutz, NVwZ 1995, S. 1046 ff.; für das Steuerrecht diff. *Tipke,* Steuerrechtsordnung (Fn. 99), S. 1446 ff.; speziell zum Steuerwiderstand *Alexander Klein,* Steuermoral und Steuerrecht, 1997, S. 51 ff. (zu gesetzgeberischen Gründen: S. 194ff.); skeptisch zur Steuerung durch Haushaltsrecht *Gunnar Folke Schuppert,* Die Steuerung des Verwaltungshandelns durch Haushaltsrecht und Haushaltskontrolle, VVDStRL, Bd. 42 (1984), S. 216 (insbes. 234 ff.); vgl. im öffentlichen Rechnungswesen *Christoph Gröpl,* Haushaltsrecht und Reform, 2001, S. 390 ff.; für das Sozialrecht i. E. verneinend *Udo Di Fabio,* Verlust der Steuerungskraft klassischer Rechtsquellen, NZS 1998, S. 449 (454).

[646] Zu Erwartungen an den „Staat": *Oliver Lepsius,* Steuerungsdiskussion, Systemtheorie und Parlamentarismuskritik, 1999, insbes. S. 19 f.; ähnlich *v. Beyme,* Der Gesetzgeber (Fn. 4), S. 360. – Überblick über die Entwicklung des Steuerungsglaubens „[v]on der Planungseuphorie zur Steuerungsskepsis" bei *v. Beyme,* a.a.O., S. 19 ff.

[647] Hierbei ist auch zu rekapitulieren, dass Gesetze das Verwaltungshandeln selbstverständlich nie abschließend prägen; vielmehr ist Gesetzesvollzug immer eine facettenreiche Interaktion aus formalen und informalen Elementen, vgl. die Pionieruntersuchung von *Eberhard Bohne,* Der informale Rechtsstaat. Eine empirische und rechtliche Untersuchung zum Gesetzesvollzug unter besonderer Berücksichtigung des Immissionsschutzes, 1981. Informale Praktiken sind freilich vom Verfahrensrecht erlaubt (*Bohne,* S. 126 ff.) und bleiben positiv oder negativ auf die Vorgaben des Sachrechts bezogen. Zur Rechtsentwicklung durch die Verwaltung → Rn. 75.

[648] Z.B. *Ipsen,* Die Bewältigung (Fn. 610), S. 177 (192); *Herdegen,* Informalisierung und Entparlamentarisierung (Fn. 50), S. 7 (18f.; zur „Selbstentmachtung des Parlaments": S. 21 ff.); tendenziell

– Grundfragen staatlicher Willensbildung[649], etwa das **Diffundieren des Steuerungssubjekts:** „Der Gesetzgeber" kann wegen der zahlreichen Ratifikationslagen[650], der Mitwirkung föderalismusbedingter Akteure,[651] der Beiträge von Exekutive(n)[652] und Privaten[653] weniger denn je mit dem – ohnehin nicht monolithischen – Parlament gleichgesetzt werden. Parlamentarier im Ausschuss, Interessengruppen, Ministerialbeamte, Ländervertreter und Akteure aus dem Fraktionsmanagement bilden ein „Eisernes Fünfeck".[654] Das Parlament ist in dieser Sicht „Vermittler"[655] in einem arbeitsteiligen Gesetzgebungsprozess.[656] Insofern besteht häufig kein einheitlicher Steuerungsanspruch;[657]

– **Steuerungsverlagerungen** in andere Rechtsschichten: Wesentliche Weichenstellungen werden bereits oberhalb des einfachen Gesetzes getroffen, und zahlreiche Regelungen verschiebt der Gesetzgeber seinerseits in untergesetzliches Recht, etwa durch „Rechtsgrundlagengesetze".[658] Gelegentlich mag darin eine „Deklassierung des Gesetzes vom Steuerungs- zum Propagandainstrument"[659] liegen;

---

a. A. aus politikwissenschaftlicher Sicht: *Peter Lösche,* Der Bundestag – kein „trauriges", kein „ohnmächtiges" Parlament, ZParl 2000, S. 926 ff.

[649] Dazu aus der Fülle der Literatur: *Hans-Peter Schneider,* Entscheidungsdefizite der Parlamente. Über die Notwendigkeit einer Wiederbelebung der Parlamentsreform, AöR, Bd. 105 (1980), S. 4 ff.; die Referate von *Herdegen* und *Morlok,* Informalisierung und Entparlamentarisierung (Fn. 50), S. 7 ff., 37 ff.; *Matthias Ruffert,* Entformalisierung und Entparlamentarisierung politischer Entscheidungen als Gefährdungen der Verfassung, DVBl 2002, S. 1145 ff.; eine „kurze Geschichte der Verelendungstheorien" bietet *Wolfgang Zeh,* Aktuelle Entwicklungen der Rolle des Bundestages im parlamentarischen Regierungssystem, in: FS König (Fn. 10), S. 317 ff.: Rekapitulation der Technokratie-, Exekutivdominanz-, Kontrollverlust-, Dekadenz-, Lobbyismus-, Unterdrückungs-, Obsolenz-, Kommissionitis- und Medienmacht-Thesen.

[650] In dieser Hinsicht herrscht über die tatsächliche Bedeutung des Bundestags freilich Uneinigkeit. Für weitgehende Reduktion auf eine Ratifikationsfunktion, z. B. aufgrund von Absprachen zwischen den Exekutiven von Bund und Ländern, *Ellwein,* Gesetzgebung (Fn. 50), S. 1093 (1119); zugespitzt *Rolf-Richard Grauhan,* Modelle politischer Verwaltungsführung, 1969, S. 12; dagegen überzeugend (aus der Nahperspektive) *Zeh,* Entwicklungen (Fn. 649), S. 317 (327); *v. Beyme,* Gesetzgeber (Fn. 4), S. 359; ihm folgend *Lösche,* Bundestag (Fn. 648), S. 926 (929).

[651] Zur föderalen Politikverflechtung: *Fritz W. Scharpf* (Hrsg.), Politikverflechtung, Bde. 1–4, 1976–1980; *Ellwein,* Gesetzgebung (Fn. 50), S. 1093 (1117 f.).

[652] Nachdrücklich *Scheuner,* Funktion des Gesetzes (Fn. 178), S. 127 (137); ähnlich *v. Bogdandy,* Gubernative Rechtsetzung (Fn. 68), S. 47 (Gesetzgebung als „kooperative Tätigkeit unter gubernativer Hegemonie"); *Dreier,* Verwaltung (Fn. 86), S. 196 f. („Die Ministerialbürokratie als Gesetzgeber"); zum föderalen Aspekt *Scheuner,* a.a.O., S. 138 unter Verweis auf *Wagener,* Der öffentliche Dienst (Fn. 436), S. 214 (238 ff.).

[653] Dazu *Gunnar Folke Schuppert,* Erscheinungsformen und Grenzen kooperativer Rechtsetzung, in: FS Selmer (Fn. 276), S. 227 ff.; *Michael,* Rechtsetzende Gewalt (Fn. 49); *Becker,* Strukturen (Fn. 22). – Zur privaten Gesetzesvorbereitung → Fn. 49.

[654] *v. Beyme,* Gesetzgeber (Fn. 4), S. 203 f.

[655] So nachdrücklich *Zeh,* Entwicklungen (Fn. 649), S. 317 (324 f.). Von „Mit-Gesetzgeber und Fokus von Politiknetzwerken" spricht *Lösche,* Bundestag (Fn. 648), S. 926 (928 ff.).

[656] *Hufen,* Grundrechte (Fn. 436), S. 273 (277): Staat „hochgradig binnendifferenziert und als Steuerungsinstanz vielfach sogar pluralisiert."

[657] Anlass, anstatt von „Parlamentsgesetz" von „Regierungsgesetz" zu sprechen, besteht deshalb freilich nicht. Die Frage wird aufgeworfen bei *Rolf Grawert,* Gesetz und Gesetzgebung im modernen Staat, JURA 1982, S. 300 (305).

[658] Begriff bei *Ossenbühl,* Diskussionsbeitrag (Fn. 372), S. 91 f.

[659] *Gertrude Lübbe-Wolff,* Konstitution und Konkretisierung außenwirksamer Standards durch Verwaltungsvorschriften, DÖV 1987, S. 896 (900).

E. Steuerungskraft des Gesetzes

– **Steuerungsverzichte:** Sie können Ausdruck gesetzgeberischer Resignation oder des Respekts für die Freiheit der Rechtsgenossen[660] und damit Anerkennung von Einschätzungsprärogativen der Gesellschaft[661] darstellen.

c) Programmfehler

Programmfehler[662] begegnen als Übersteuerung, Untersteuerung und (inhaltliche) Fehlsteuerung. Sie mindern nicht die Steuerungskraft der Gesetzesform, häufig aber die Steuerungswirkung der konkreten Gesetze. Unterscheiden lassen sich Anreiz- und Informationsdefizite.[663]

d) Vollzugsdefizite

Umsetzungsdefizite begegnen bei Exekutive und Judikative.[664] Freilich ist nicht jeder Nichtvollzug ein Vollzugsdefizit. Denn aus der Kontingenz der Welt folgen unvermeidliche Vollzugsgrenzen. Eine Rechtsordnung ohne Sockelvollzugsdefizit wäre entweder anspruchslos oder totalitär. Daher indiziert ein gewisser Nichtvollzug einen durchaus wünschenswerten Zustand der Rechtsordnung, die statt Fatalismus oder Utopik eine normative Spannung aufbaut.[665] Darüber hinausgehende Vollzugsdefizite können aus Programmdefiziten resultieren,[666] aber auch genuine Umsetzungsmängel sein. Sie sind dann nicht legistisch, sondern durch Bereitstellung von mehr Personal und Ressourcen, besserer Schulung des Personals etc. zu bewältigen. Hauptquelle von Vollzugsdefiziten dürfte indes die hohe Normänderungsfrequenz darstellen.[667]

2. Nachlassende Steuerungskraft des Gesetzes als Handlungsnorm?

Der Befund pathologischer Steuerungsdefizite des Gesetzes ist nach wie vor allenfalls für Teilbereiche des Rechts gesichert.[668] Er speist sich deduktiv aus be-

---

[660] Etwa insoweit Grundrechte „verfassungsrechtlich gewollte Steuerungsdefizite sind, denn sie verwehren dem Staat die Steuerung über individuelle und gesellschaftliche Vorbehaltsbereiche der Selbststeuerung": *Hufen*, Grundrechte (Fn. 436), S. 273 (275).

[661] Vgl. nochmals *Ladeur*, Kritik (Fn. 42), S. 17, 41 f., 52. In ähnlichem Sinne stellen *Ossenbühl* und *Karpen* dem Gesetzesvorbehalt einen „Gesellschaftsvorbehalt" gegenüber (*Ossenbühl*, Vorbehalt [Fn. 423], S. 9 [35]; *Ulrich Karpen*, Gesetzesgestaltung und Gesetzesanwendung im Leistungsrecht, NJW 1988, S. 2512 [2517]).

[662] Begriff und Beispiele bei *Röhl*, Rechtssoziologische Befunde (Fn. 644), S. 413 (422 ff.); vgl. ferner die Beiträge in *Uwe Diederichsen/Ralf Dreier* (Hrsg.), Das missglückte Gesetz, 1997. – Zur schwindenden gesetzgeberischen Regelungskunst *Schneider*, Gesetzgebung (Fn. 90), Rn. 80.

[663] Zur Verbesserung der Regelungsprogramme → Rn. 109 ff.

[664] Zu den nicht unproblematischen rechtstatsächlichen Befunden → Bd. I *Voßkuhle* § 1 Rn. 30. Instruktiv zu den selten erörterten Defiziten bei der Rechtsprechung *Holtschneider*, Normenflut (Fn. 173), S. 167 f. (mit zutreffender Einbeziehung der häufig langen Verfahrensdauer). Da die Gerichtsbarkeit „zum eigentlichen Dirigenten und Kontrolleur der Verwaltung" geworden ist (→ Fn. 231), bedarf ihre Bedeutung für den Steuerungserfolg besonderer Beachtung.

[665] Ähnlich *Helmuth Schulze-Fielitz*, Wege, Umwege oder Holzwege zu besserer Gesetzgebung durch sachverständige Beratung, Begründung, Folgenabschätzung und Wirkungskontrolle?, JZ 2004, S. 862 (871): Defizienz der Gesetze als „Ausdruck der menschlichen, unvollkommenen Dimension von Demokratie." Zur Notwendigkeit der Regelverletzungen (außerjuristisch) *Ortmann*, Regel und Ausnahme (Fn. 638).

[666] *Peter Knoepfel/Helmut Weidner*, Die Durchsetzbarkeit planerischer Ziele, ZfU 1983, S. 87 (90); *Ernst-Hasso Ritter*, Umweltpolitik und Rechtsentwicklung, NVwZ 1987, S. 929 (936).

[667] → Rn. 100.

[668] → Fn. 644, 645.

stimmten Systemannahmen,[669] induktiv aus empirischen Studien, die indes überwiegend Vollzugsdefizite, Praxen informalen bzw. kooperativen Verwaltungshandelns sowie die gesetzgeberische Verschiebung normativer Vorgaben ins exekutive Recht belegen.[670] Über die dem Gesetz – d.h. der Gesetzesform oder dem spezifischen Normprogramm – möglicherweise anhaftenden Steuerungsschwächen ist damit nichts gesagt.[671] Die Formspezifika[672] sprechen im Gegenteil für eine anhaltende Steuerungsstärke des Gesetzes.

90 Für die weiter **zu leistende empirische Aufarbeitung** müsste Folgendes beachtet werden: Steuerungsdefizite ergeben sich aus der Diskrepanz zwischen sorgfältig reflektierten Steuerungserwartungen und tatsächlichen Steuerungswirkungen. Die Erwartungen müssen nach dem jeweiligen Gesetzestyp differenziert werden, die Vielfalt der Gesetzgebungszwecke in Rechnung stellen[673] und die gewollten wie die unvermeidlichen Steuerungsbremsen berücksichtigen, dürfen also keinem Ideal einer Vollsteuerung anhängen. Auch die Feststellung von Steuerungswirkungen ist kein rein empirischer Vorgang, geht es doch um die (wertende) Zurechnung gesellschaftlicher Zustände an die jeweiligen gesetzlichen Regelungen. Die laufenden Änderungen im Realbereich wie im Normenbestand stimmen gegenüber der Möglichkeit einer validen empirischen Klärung skeptisch.[674] Insofern steht den partiellen Steuerungsschwächen vieler Gesetze bis auf weiteres die Vermutung der anhaltenden **Steuerungsstärke der Gesetzesform**[675] gegenüber.

3. Nachlassende Steuerungskraft des Gesetzes als Kontrollnorm?

91 Gesetze dienen ihren Anwendern bei formloser oder förmlicher Selbstkontrolle (etwa der Ausgangsbehörde im Widerspruchsverfahren) sowie anderen Prüfungsinstanzen (Widerspruchs- und Aufsichtsbehörden, Beauftragten, Schlichtungsstellen, Petitionsadressaten und vor allem Gerichten) bei der Fremdkontrolle als Maßstab. Aus **rechtlichen Gründen** können Handlungsnormen an Steuerungskraft verlieren, wo ihre Anwendung wegen Kontrollhürden (insbesondere des Erfordernisses subjektiver öffentlicher Rechte) in ihrer Überprüfbarkeit eingeschränkt wird oder wo – nach Passieren dieser Zugangshürden – die Kon-

---

[669] Vgl. etwa *Gunther Teubner*, Gesellschaftsordnung durch Gesetzgebungslärm? Autopoietische Geschlossenheit als Problem für die Rechtsetzung, in: Gesetzgebungstheorie und Rechtspolitik, Jahrbuch für Rechtssoziologie und Rechtstheorie, Bd. 13 (1988), S. 45 ff.

[670] → Fn. 645.

[671] Ähnlich *Edmund Brandt*, Vergleich zwischen den Zielsetzungen des Gesetzgebers und den tatsächlichen Wirkungen des Gesetzes, in: Hof/Lübbe-Wolff (Hrsg.), Wirkungsforschung (Fn. 95), S. 23 (31): „Analysiert man die Implementationsforschung, wie sie ganz dominierend betrieben wird, so zeigt sich eine starke Fokussierung auf Schwächen bei den Umsetzungsinstanzen i.w.S. […]. Namentlich dem Normprogramm als einem potentiell außerordentlich wesentlichen Kausalfaktor wird nicht die Aufmerksamkeit zuteil, die angesichts seiner realen Bedeutung angebracht wäre."

[672] → Rn. 1.

[673] Nachdrückliche Warnung vor einer Fixierung auf Einzelziele bei *Zeh*, Wille (Fn. 436), S. 540.

[674] I.E. ähnlich *Holtschneider*, Normenflut (Fn. 173), S. 216 ff.; mit Blick auf die Anpassungsfolgen auch *Gertrude Lübbe-Wolff*, Schluß-Folgerungen zur Rechtswirkungsforschung, in: Hof/dies. (Hrsg.), Wirkungsforschung (Fn. 95), S. 645 (649 f.); zuversichtlicher *Brandt*, Vergleich zwischen den Zielsetzungen (Fn. 671), S. 23 (31).

[675] So bereits *Wolf*, Stand der Technik (Fn. 645), S. 426 („Suche nach flexibleren Reaktionsformen des Gesetzgebers, die gleichzeitig ein erhöhtes Regulationspotential besitzen"); vgl. ferner z.B. *Di Fabio*, Verlust der Steuerungskraft (Fn. 645), S. 449 (454); *Zeh*, Wille (Fn. 436).

E. Steuerungskraft des Gesetzes

trolldichte hinter die Bestimmungsdichte des Gesetzes zurückfällt, Handlungs- und Kontrollnorm[676] also auseinander treten.

Bei der Kontrolle von Einzelakten der Verwaltung[677] ist eine solche sektorale **92 Reduktion der Prüfungsdichte** (kraft expliziter oder impliziter gesetzlicher Anordnung[678]) für die Gerichte geläufig, möglich erscheint sie auch für die anderen Kontrollinstanzen.[679] Für das Widerspruchsverfahren legt dies § 68 Abs. 1 S. 2 Alt. 1 VwGO nahe;[680] letztlich folgt die Reduktionsmöglichkeit in allen Fallkonstellationen aus dem weiten Gestaltungsspielraum des Fachgesetzgebers. Eine solche gesetzliche Senkung der Kontrollintensität ist weder verfassungsrechtlich ausgeschlossen[681] noch prinzipiell delegitimierend.[682]

Neben den Kategorien administrativer Letztentscheidungsermächtigungen **93** (Verwaltungsermessen, Beurteilungsermächtigungen, Einschätzungsprärogativen, Prognoseermächtigungen, Rezeptionsbegriffen, Technikklauseln, Planungsermessen und Normsetzungsermessen)[683] bieten die in der Lehre ausgeformten Gesetzestypen „Gesetzesbefehl", „Gesetzesauftrag", „gesetzliche Handlungsermächtigung" und „gesetzliche Grenzbestimmung"[684] Orientierungen für die Bildung von Fallgruppen zulässig herabgesetzter Kontrolldichte.[685] Die vom Risikoverwaltungsrecht zu bewältigenden Ungewissheiten erfordern eine andere Qualität gerichtlicher Kontrolle, und die „Lehre vom Beurteilungsspielraum steht dabei nicht am Ende, sondern an einem **Anfang der Entwicklung.**"[686] So sind die Kontrollraster (Kontrollansätze, etwa Verfahrens-, Verhaltens- und Ergebniskontrollen, wie auch die Kontrollmaßstäbe: Inhalts-, Plausibilitäts-, Evidenz-, Begründetheits- und Begründbarkeitskontrollen) noch zu entfalten und aufeinander abzustimmen.[687] Das gilt auch für Gegenausnahmen, die die Prüf-

---

[676] → Bd. I *Franzius* § 4 Rn. 2 ff.

[677] Zur Kontrolle untergesetzlicher Standards: *Hochhuth*, Verpflichtungslehre (Fn. 6), S. 283 ff. mit instruktivem Hinweis auf die Doppelstruktur der Prüfung („Regelprüfung" vs. „Sonderprüfung" bei Darlegung von Atypizität des Falles, Lückenhaftigkeit oder Überholtheit der Standards [S. 286 ff.]).

[678] Normative Ermächtigungslehre: vgl. *Eberhard Schmidt-Aßmann*, in: Maunz/Dürig, GG, Art. 19 Abs. 4 Rn. 185 ff.; *ders.*, Ordnungsidee, 4. Kap. Rn. 65 ff. – Krit. z. B. *Hochhuth*, Relativitätstheorie (Fn. 182), S. 250 ff.; *Pöcker*, Parlamentsgesetz (Fn. 4), S. 616 (622 f.).

[679] Für die Anwendung von § 114 VwGO auf die kommunale Rechtsaufsicht: *OVG Lüneburg*, NVwZ 1985, S. 464 (465); *Thorsten Franz*, Die Staatsaufsicht über die Kommunen, JuS 2004, S. 937 (analoge Anwendung). Nach *Klaus Vogelgesang/Uwe Lübking/Helga Jahn*, Kommunale Selbstverwaltung. Rechtsgrundlagen – Organisation – Aufgaben, 3. Aufl. 2005, Rn. 307, sind kommunalaufsichtsbehördliche Maßnahmen gegen Gemeinden sogar „nur bei eindeutigen Rechtsverletzungen gerechtfertigt."

[680] *Rainer Pietzner/Michael Ronellenfitsch*, Das Assessorexamen im Öffentlichen Recht, 12. Aufl. 2010, § 39 Rn. 5; *Klaus-Peter Dolde*, in: Schoch/Schmidt-Aßmann/Pietzner (Hrsg.), VwGO, § 68 Rn. 11, 38.

[681] *Brohm*, Verwaltung (Fn. 121), S. 265 (271) m. w. N. für die gerichtliche Kontrolle; im Petitionsverfahren allerdings verstieße eine auf die reduzierte Kontrolldichte gestützte Abweisung der Petition als *unzulässig* gegen Art. 17 GG.

[682] *Haltern/Mayer/Möllers*, Wesentlichkeitstheorie (Fn. 232), S. 51 (71, 73).

[683] *Eberhard Schmidt-Aßmann*, in: Maunz/Dürig, GG, Art. 19 Abs. 4 Rn. 188 ff.; näher → Bd. I *Hoffmann-Riem* § 10 Rn. 90 ff.

[684] *Brohm*, Verwaltung (Fn. 121), S. 265 (270); ähnlich *ders.*, DVBl 1986, S. 321 (330), sowie *ders.*, Steuerungsmöglichkeiten (Fn. 121), S. 217 (229 f.); zustimmend *Wahl*, Verwaltungsverantwortung (Fn. 421), S. 387 (390).

[685] *Brohm*, Verwaltung (Fn. 121), S. 265 (270 f.); *Wahl*, Verwaltungsverantwortung (Fn. 421), S. 387 (391).

[686] *Di Fabio*, Risikoentscheidungen (Fn. 409), S. 462.

[687] *Eberhard Schmidt-Aßmann*, in: Maunz/Dürig, GG, Art. 19 Abs. 4 Rn. 187 a. E.

94 dichte wieder heraufsetzen. An eine besondere Grundrechtsbetroffenheit können sie nicht anknüpfen, da die administrativen Letztentscheidungsermächtigungen gerade um des Grundrechtsschutzes willen die Kompetenzverlagerung vornehmen.

94 Wesentlich wichtiger als die rechtliche Prüfungsreduktion dürften **faktische Lockerungen der Kontrolle** sein, etwa eine verminderte Kontrollfähigkeit der Prüfungsinstanzen (etwa aufgrund Ressourcen-, besonders: Zeitmangels) und eine verringerte Kontrollbereitschaft. Beides kann sich in einer Absenkung der Prüfungsdichte, aber auch in einer Verzögerung der Prüfung niederschlagen. Steuerungsverluste und eine Desavouierung des Gesetzes insgesamt sind die Folge. Schließlich mindert auch die latente **inhaltliche Divergenz von Handlungs- und Kontrollnorm** aufgrund der immanenten Auslegungsbedürftigkeit des Gesetzes[688] dessen Steuerungskraft. Die Ausrichtung der Norminterpretationen von Akteur und Kontrolleur am gesetzgeberischen Regelungsprogramm kann diese Diskrepanz verringern.[689]

II. Erklärungsansätze und Gegenstrategien

95 Für die rechtsform- und programmbedingten Steuerungsschwächen gibt es zahlreiche, oft miteinander verzahnte Begründungsversuche und Abhilfevorschläge.[690] Allerdings hängen Missstände häufig „von der inneren Disponiertheit der Beteiligten ab, die sich einer Anordnung entzieht."[691] Insofern bedarf es sorgfältiger Prüfung, ob Rechtsänderungen nicht eher zur Gewissensentlastung der Akteure als zur Problemlösung führen.

1. Krise des regulativen Rechts

96 Die viel berufene Krise des regulativen Rechts[692] bettet Steuerungsprobleme rechts-, mentalitäts- oder sozialgeschichtlich ein. Sie diskreditiert freilich nicht das Parlamentsgesetz als Rechtsetzungsform, sondern allenfalls **bestimmte Programmierungen**. Überdies erscheint die Diagnose insgesamt noch zu abstrakt, als dass sie Ausgangspunkt für legistische Therapien sein könnte. Denn neben einer (Teil-)Abkehr von regulativen Normen ließe sich auch an eine entschiedenere Anwendung, eine intelligentere Gestaltung oder einen differenzierteren *policy mix* denken.[693]

---

[688] Zum „sprachlich bedingte(n) Steuerungsdefizit des Parlamentsgesetzes" *Pöcker,* Parlamentsgesetz (Fn. 4), S. 616 (619 ff., 634).

[689] → Rn. 113.

[690] Zur Verbesserung der Rechtsetzung auf europäischer Ebene z. B. Mandelkern-Bericht (Fn. 87), hierzu: *Ulrich Smeddinck,* Optimale Gesetzgebung im Zeitalter des Mandelkern-Berichts, DVBl 2003, S. 641 ff.; ferner *Kommission,* Weißbuch Europäisches Regieren v. 25. 7. 2001, KOM (2001) 428 endg.; für die Bundesrepublik → Bd. I *Voßkuhle* § 1 Fn. 104 und die Warnung *Schulze-Fielitz',* Theorie (Fn. 11), S. 13: „Kaum eine Forderung kennt [...] nicht zugleich auch ein gegenläufiges Postulat."

[691] *Grimm,* Bedingungen (Fn. 7), S. 489 (492); ähnlich *Jochen Dieckmann,* These 13, 65. DJT, 2004, II/1, S. S 19 (31).

[692] → Bd. I *Voßkuhle* § 1 Rn. 10.

[693] → Bd. I *Franzius* § 4 Rn. 103.

2. Komplexität der Gesellschaft

Die Parlamente bewältigen übergreifende Wirkungszusammenhänge bisher kaum.[694] Da sich die **Gesellschaft nur als Mobile,** d.h. als ein filigranes Gewebe zahlloser interdependenter Beziehungen verstehen lässt, laufen staatliche Steuerungsprozesse „nicht gezielt bzw. kausal-linear ab, sondern erzeugen Wirkungen und Wechselwirkungen in oft ganz anderen Politikfeldern, […] in denen Dritte von solchen ‚Querschlägern' und Streuwirkungen betroffen sind".[695] Diese an Erkenntnisse aus der Chaostheorie[696] erinnernden Beobachtungen sind besonders für die Wirkung von Maßnahmegesetzen plausibel.[697] Folge für den Gesetzgeber könnte die Zurückhaltung mit – offenbar weitgehend fehlsteuernden – Interventionen und die verstärkte Nutzung allgemeiner Gesetze als Rahmenregelungen sein.

3. Komplexität des Rechtssystems

Die wachsende Komplexität des Rechtssystems ist teilweise, aber keineswegs nur das Spiegelbild der gesellschaftlichen Komplexität.[698] Das wird an ihren beiden Erscheinungsformen, Rechtsverdichtung und Rechtsverflüssigung, deutlich.

a) Rechtsverdichtung

Die Rechtsverdichtung begegnet einerseits als Mehrfachbelastung der einzelnen Norm mit Regelungszwecken, andererseits als Normvervielfachung. Die teleologische Überladung von Gesetzen – etwa durch Lenkungszwecke im Steuerrecht – erschwert die Normanwendung erheblich.[699] Die viel beschworene „Normenflut" ist vor allem eine Verordnungsflut[700] und erst in zweiter Linie eine **Gesetzesflut.**[701] Diese dürfte ihrerseits weniger auf eine „Hypertrophie des

---

[694] Grds. skeptisch *Ellwein,* Gesetzgebung (Fn. 50), S. 1093 (1114f.) über den Bundestag: „Verlust der Fähigkeit, sich der jeweiligen Zusammenhänge zu vergewissern".

[695] *Hufen,* Grundrechte (Fn. 436), S. 273 (279) unter Hinweis auf *Renate Mayntz,* Zur Einleitung: Probleme der Theoriebildung in der Implementationsforschung, in: dies. (Hrsg.), Implementation politischer Programme, Bd. 2, 1983, S. 7ff.; ähnlich *Gunther Teubner/Helmut Wilke,* Kontext und Autonomie: Gesellschaftliche Selbststeuerung durch reflexives Recht, in: ZfRsoz, Bd. 6 (1984), S. 4ff.

[696] Zu ihrer (anfanghaften) Rezeption: *Struck,* Gesetz (Fn. 633), S. 992ff.; sowie *Andreas v. Arnauld,* Zufall in Recht und Spiel, in: ders. (Hrsg.), Recht und Spielregeln, 2003, S. 171ff.

[697] Hierzu *Brohm,* Verwaltung (Fn. 121), S. 265 (266).

[698] Insbes. zu Spezialisierungsprozessen: *v. Arnauld,* Überregulierung (Fn. 187), S. 263 (267f.).

[699] Zur normativen Überfrachtung von Steuerungsinstrumenten *Klaus Lange,* Normvollzug und Vernormung, in: Jb. für Rechtssoziologie und Rechtstheorie, Bd. 7 (1980), S. 268 (279). Sie ist auch für die Normevaluation problematisch, vgl. *Schulze-Fielitz,* Gesetzgebung (Fn. 56), S. 139 (164).

[700] Vgl. *Holtschneider,* Normenflut (Fn. 173), S. 31ff., sowie den Überblick bei *Schneider,* Gesetzgebung (Fn. 90), Rn. 156 (insbes. S. 117).

[701] Krit. ggü. dem Befund einer Normenflut *Schuppert,* Gesetzgebung (Fn. 203), S. 5ff. m.w.N. (mit dem Gegenbild „Normproduktion im Gezeitenwechsel", S. 6), dessen Hinweis auf Untersuchungen, die die Gesetzesproduktion pro Legislaturperiode vergleichen, freilich am Problem vorbeigeht – wächst doch der Gesamtbestand der Gesetze weiter. Zu den Folgen im Umweltrecht erfahrungsbasiert (und drastisch) *Gertrude Lübbe-Wolff,* Vollzugsprobleme der Umweltverwaltung, NuR 1993, S. 217 (225). – Die Notwendigkeit einer bereichsspezifischen Differenzierung betonen *Wahl,* Verwaltung (Fn. 60), S. 1197 (1208); *Ossenbühl,* Vorbehalt (Fn. 423), S. 11; *Holtschneider,* Normenflut (Fn. 173), S. 28ff. – Allgemein zur „Normenflut": *Theodor Mayer-Maly,* Rechtskenntnis und Gesetzesflut, 1969; *Michael Kloepfer,* Gesetzgebung im Rechtsstaat, VVDStRL, Bd. 40 (1980), S. 63 (68f.); *Josef Isensee,* Mehr Recht durch weniger Gesetze?, ZRP 1985, S. 139ff.; weitere Nachweise bei *v. Arnauld,* Überre-

Vorbehalts des Gesetzes"[702] als auf das Wachstum der Staatsaufgaben,[703] resultierende Sachzwänge und soziopolitischen Perfektionismus zurückzuführen sein. Wo sich die Regelungsgeflechte verdichten,[704] wird auch die Rechtsordnung zum hochkomplexen Mobile, hat jede Gesetzesänderung unbeabsichtigte Implikationen in exponentiell wachsender Zahl.[705] Die entstehenden Reibungsflächen sind ein Problem für Rechtsetzung (Rechtspolitik und Gesetzesredaktion) wie für Rechtanwendung. Allseits begrenzte Ressourcen[706] bewirken, dass trotz steigender Normzahlen die Steuerungswirkung des Rechts insgesamt stagniert: Recht benötigt, um wirken zu können, individuelle und institutionelle Aufmerksamkeit – die sich lenken, aber nicht einfach vermehren lässt. Ferner führt die Rechtsverdichtung zum Paradox wachsender Freiräume der Verwaltung.[707] Normative Überforderung ist die Regel.[708] Zugunsten der Verwaltung versucht der Gesetzgeber, sie durch weitere Normen – Heilungs- und Unbeachtlichkeitsvorschriften – *pro forma* aufzufangen. Als wirkliches Remedium kommt die durch eine Staatsaufgabenkritik[709] zu grundierende **Gesetzgebungsaufgabenkritik** in Betracht. Sie realisiert sich in informellen oder formellen Gesetzeserforderlichkeitsprüfungen[710] und betrifft einerseits die großen Fragen der Demarkation von Staat und Gesellschaft[711], andererseits – konkreter und kleinräumiger – die instrumentellen Fragen nach Notwendigkeit und Leistungsfähigkeit der Gesetzesform (etwa für Planungen).[712] Dabei muss sich der Gesetzgeber Rechenschaft ablegen über die Labilität des jeweiligen Realbereichs,[713] die Begrenztheit der Normverarbeitungsressourcen und die prinzipielle Beschränktheit zentralisierten Wissens in einer dezentralen Gesellschaft. Eine soziale Epistemologie legt Gesetzgebungszurückhaltung nahe.[714]

---

gulierung (Fn. 187), S. 263 (272) und *Schneider*, Gesetzgebung (Fn. 90), Rn. 427; beschwichtigend *Rehbinder*, Rechtssoziologie (Fn. 120), Rn. 201.

[702] So z. B. *Isensee*, Mehr Recht (Fn. 701), S. 139 (140 f.); *v. Beyme*, Gesetzgeber (Fn. 4), S. 56 f., 69 f.

[703] *Scheuner*, Funktion des Gesetzes (Fn. 178), S. 127 (128).

[704] Zur Rechtsordnung als einem „Geflecht aus losen Stangen, Bändern, Seilen, Ästen und anderem Strickwerk" *Christian Bumke*, Relative Rechtswidrigkeit, 2004, S. 36.

[705] Zu den Konsequenzen *Faber*, VerwR, S. 79: „Sich selbst reproduzierende Folgeprobleme und Vollzugsdefizite führen gerade durch die Überfülle der Gesetze zur Selbstblockierung des politischen Systems, so daß der Gesetzgeber schließlich nur noch symbolische Hektik entfaltet und Kaskaden von Gesetzen produziert, von denen er selbst gar nicht mehr erwartet, daß sie irgendetwas ändern."

[706] Insbesondere die „begrenzte Informationsaufnahmefähigkeit von Normadressaten": *Lange*, Normvollzug (Fn. 699), S. 268 (273).

[707] → Rn. 82.

[708] Am Beispiel der Rechtswidrigkeit der meisten Bebauungspläne: *Voßkuhle*, Duldung (Fn. 617), S. 511 (518 f. m. Fn. 47).

[709] Hierzu etwa *Klaus König*, Prozedurale Rationalität. Zur kontraktiven Aufgabenpolitik der achtziger Jahre, VerwArch, Bd. 86 (1995), S. 1 ff.; *Schuppert*, Staatswissenschaft (Fn. 203), S. 317 ff., 337 ff.; *Rupert Scholz*, Staatsaufgabenkritik in Berlin, in: FS Brohm (Fn. 587), S. 741 ff. – Für eine Theorie notwendiger Staatsaufgaben (diese verstanden als Bereitstellung öffentlicher Güter) vgl. *Christoph Gramm*, Privatisierung und notwendige Staatsaufgaben, 2001, S. 190 ff.

[710] Plädoyers: *Isensee*, Mehr Recht (Fn. 701), S. 139 (144); *Rupert Scholz/Klaus G. Meyer-Teschendorf*, Reduzierung der Normenflut durch qualifizierte Bedürfnisprüfung, in: ZRP 1996, S. 404 ff.; Ansätze hierzu auf Bundesebene: § 43 Abs. 1 Nr. 1, 3, 4, 6, 7 GGO, auch i. V. m. Anlage 7.

[711] → Rn. 7.

[712] Zu wachsenden Sorgfaltspflichten bei der Legalplanung: *Ossenbühl*, Gesetzgeber als Exekutive (Fn. 7), S. 183 (193).

[713] → Rn. 110.

[714] Überzeugend *Ladeur*, Kritik (Fn. 42), *passim*.

E. Steuerungskraft des Gesetzes

b) Rechtsverflüssigung

Die weitgehend unstreitige **Normänderungsflut**[715] schafft eine doppelte Rechtsunsicherheit: die über die Identifikation des anwendbaren Gesetzes[716] und die über seine Interpretation. Denn Gesetze weisen einen „Mindest-Zeitbedarf"[717] für den Eintritt ihrer Wirkung auf. Gerade in den änderungsintensiven Rechtsgebieten der Massenverwaltung sind sie auf konkretisierende Rechtsverordnungen, Verwaltungsvorschriften[718] und Gerichtsentscheidungen[719] angewiesen, die erst allmählich nachfluten. So erlangen Gesetze (zumal angesichts der Einarbeitungsphase für die Mitarbeiter in den Verwaltungen[720]) u.U. erst nach Jahren Vollzugsreife – zu einem Zeitpunkt, zu dem sie oft längst wieder abgeändert worden sind. Dies alles bindet Ressourcen,[721] schafft Ungleichbehandlungen,[722] deaktiviert private Initiative,[723] erschwert Bürgern und Behörden den Normgehorsam und gefährdet die Gesetzmäßigkeit der Verwaltung.[724]

100

Dementsprechend gehört die **Verstetigung des Gesetzesrechts** zu den größten soziopolitischen Desiderata in Bund und Ländern.[725] Den gesellschaftlichen Flexibilitätsbedarfen[726] stehen ungleich größere Stabilitätsbedarfe gegenüber. Recht ist zur Beständigkeit berufen.[727] Gerade durch seine stabilisieren-

101

---

[715] Statt aller *Müller*, Gesetzgebung (Fn. 95), *passim; Holtschneider*, Normenflut (Fn. 173), S. 28 ff. (43); *Rehbinder*, Rechtssoziologie (Fn. 120), Rn. 201; unklar *Schuppert*, Gesetzgebung (Fn. 203), S. 5.

[716] „Anwendungsvorschriften" im Sozial- und Steuerrecht können unübersichtlich bis zur Unanwendbarkeit sein. So hält das SGB VI in seinem Fünften Kapitel (§§ 228–319b) „Sonderregelungen" bereit, die ihrer Zahl nach mehr als zwei Fünftel aller Paragraphen dieses Buches ausmachen, von denen allein über 30 Vorschriften „Ausnahmen von der Anwendung neuen Rechts" zum Gegenstand haben. § 52 EStG enthält in mehr als 65 Absätzen „Anwendungsvorschriften" zum zeitlichen Anwendungsbereich der Normen des EStG. Zu den Anwendungsproblemen nachdrücklich *Tipke*, Steuerrechtsordnung (Fn. 99), S. 1449.

[717] *Zeh*, Wille (Fn. 436), S. 541. Nachdrücklich zum Problem *Horst Sendler*, Normenflut und Richter, ZRP 1979, S. 227 (230).

[718] *Blankenburg/Krautkrämer*, Verwaltungsprogramm (Fn. 436), S. 138 (143): „Viele Angestellte in den lokalen Ämtern warten so lange, bis Regelungen auf Amtsebene formuliert sind, die ihr Handeln präzise vorschreiben. Da zwischen einer Gesetzesänderung [...] und der schließlich erfolgenden Amtsverfügung in den ausführenden Ämtern häufig ein sehr großer Zeitraum liegt, erfolgt die Implementation also nur sehr zögernd."

[719] Ein Beispiel für „nicht unerhebliche Wirkungshemmungen" „durch (noch) ausstehende höchstrichterliche Norminterpretation angesichts unterschiedlicher Urteile von Instanzgerichten" bei *Gerd Schmidt-Eichstaedt*, Pointierte Zusammenfassung: Unter welchen Voraussetzungen erfüllen Gesetze ihren Zweck?, in: Hof/Lübbe-Wolff (Hrsg.), Wirkungsforschung (Fn. 95), S. 617 (623 f.).

[720] Vgl. *Schmidt-Eichstaedt*, Zusammenfassung (Fn. 719), S. 617 (620); *Ellwein*, Gesetzgebung (Fn. 50), S. 1093 (1116).

[721] Nachdrücklich *Ellwein*, Gesetzgebung (Fn. 50), S. 1093 (1116) mit frappierenden Zahlen zum Änderungstempo des nordrhein-westfälischen Landesrechts.

[722] *Pawlowski*, Methodenlehre (Fn. 607), Rn. 99.

[723] Klassisch für das Feld der Wirtschaftspolitik: *Walter Eucken*, Grundsätze der Wirtschaftspolitik, 6. Aufl. 1990, S. 287 f.

[724] Zum gesamten Komplex *Schneider*, Gesetzgebung (Fn. 90), Rn. 429 ff.

[725] A.A., aber zu sehr vom Faktischen her argumentierend, *Schulze-Fielitz*, Gesetzgebung (Fn. 56), S. 139 (167 f.).

[726] Hierzu *Hoffmann-Riem*, Gesetz (Fn. 77), S. 5 (15 u.ö.); ferner die Beiträge in: ders./Schmidt-Aßmann (Hrsg.), Innovation.

[727] Zu ihr als Wesensmerkmal und Wirksamkeitsvoraussetzung des Rechts: *Hans Huber*, Das Recht im technischen Zeitalter, Rektoratsrede, 1960, S. 18 f.; zust. *Ossenbühl*, Gesetz und Verordnung (Fn. 91), S. 36. Zur Verlässlichkeit des Rechts als „wesentliche Voraussetzung für Freiheit" BVerfGE 113, 273 (301 f.) – Europäischer Haftbefehl.

de⁷²⁸ und katechontische Wirkung⁷²⁹ eröffnet und erhält das Recht Handlungsoptionen.

4. Punktualisierung des Rechts

102 Zutreffend wird eine Fixierung von Rechtsetzung wie Rechtsprechung auf **Einzelfallgerechtigkeit** konstatiert.⁷³⁰ Ferment dieser Entwicklung waren offenbar der Verhältnismäßigkeitsgrundsatz,⁷³¹ die Lesart des allgemeinen Gleichheitssatzes als Ausdruck individualisierender (statt generalisierender) Gerechtigkeit,⁷³² die Entkernung von Art. 19 Abs. 1 S. 1 GG als Verfassungsmaßstab⁷³³ und ein parzellierendes Wissen.⁷³⁴ Die Kosten dieser Entwicklung sind eine geringere Allgemeinheit des Gesetzesbestandes, d.h. ein verminderter Informationsgehalt der Gesetzestexte und – paradoxerweise – eine erhöhte Willküranfälligkeit der Gesetzesanwendung. Das vermeintlich gerechtere Recht wird unverlässlicher. Zur Neubalancierung von individualisierender und generalisierender Gerechtigkeit könnten beitragen

– ein vorsichtiger Umgang mit dem Verhältnismäßigkeitsgrundsatz;⁷³⁵
– eine Lesart des allgemeinen Gleichheitssatzes, die den Gesetzgeber nicht zu fortschreitender Differenzierung anhält oder ermutigt;
– die erneute Mobilisierung des Allgemeinheitspostulats: als legistische Anforderung an Parlamentsgesetze⁷³⁶ oder (spezieller) an einen weiter zu konturierenden Gesetzestyp,⁷³⁷ als verfassungsrechtliche Erwartung an Gesetze, die über höhere Rechtfertigungsschwellen als bisher widerlegbar ist, oder durch Rückkehr zum Wortlaut des Art. 19 Abs. 1 S. 1 GG als strenges – nicht abwägungsfähiges – Verfassungsgebot;⁷³⁸

---

⁷²⁸ *Becker*, Strukturen (Fn. 22), S. 298: „Parlamentsgesetz als stabilisierendes und Vertrauen schaffendes Datum".

⁷²⁹ Hierzu – als Schaffung von „Raum zum Bedenken und Entscheiden" – für das Verwaltungsrecht: *Bernhard Schlink*, Die Bewältigung der wissenschaftlichen und technischen Entwicklungen durch das Verwaltungsrecht, VVDStRL, Bd. 48 (1990), S. 235 (259 ff.); krit. *Schulze-Fielitz*, Gesetzgebung (Fn. 56), S. 139 (149); vertiefend zum „Katechon" und zur katechontischen Funktion des Rechts *Hochhuth*, Relativitätstheorie (Fn. 182), *passim*, insbes. S. 130, 300 (m. Fn. 918), 336, 510 f.

⁷³⁰ *Hufen*, Gesetzesgestaltung (Fn. 186), S. 142 (159 ff.); *ders.*, Grundlagengesetze (Fn. 432), S. 11 (20); ähnlich bereits *Sendler*, Normenflut (Fn. 717), S. 227 ff.; *Rainer Wahl*, Die bürokratischen Kosten des Rechts- und Sozialstaats, DV, Bd. 13 (1980), S. 273 (278 ff.); *Rennert*, Verfassungswidrigkeit (Fn. 589), S. 12 (18 f.).

⁷³¹ Zu seiner hypertrophen Anwendung etwa: *Wahl*, Kosten (Fn. 730), S. 273 (280, 282 ff.); *Fritz Ossenbühl*, Maßhalten mit dem Übermaßverbot, FS Peter Lerche, 1993, S. 151 (156 ff.); *Detlef Merten*, Zur verfassungsrechtlichen Herleitung des Verhältnismäßigkeitsprinzips, in: FS Herbert Schambeck, 1994, S. 349 (350 ff., 377 ff.).

⁷³² Vgl. die neue Formel: *BVerfGE* 55, 72 (88) und std. Rspr., etwa *BVerfGE* 100, 195 (205); 108, 52 (78).

⁷³³ → Rn. 21.

⁷³⁴ Hierzu *G. Kirchhof*, Allgemeinheit (Fn. 180), S. 50 ff.

⁷³⁵ Nach wie vor aktuell *Wahl*, Kosten (Fn. 730), S. 273 (286).

⁷³⁶ In diese Richtung auch *Hasso Hofmann*, Diskussionsbeitrag, in: Starck (Hrsg.), Allgemeinheit (Fn. 173), S. 77 („Gesetzesallgemeinheit als Frage der ‚Staatsklugheit'"); verfassungsrechtlich resignativ *ders.*, Das Postulat der Allgemeinheit, a.a.O., S. 9 (41 ff.); diff. *G. Kirchhof*, Allgemeinheit (Fn. 180); vgl. ferner *Josef Isensee*, Normalfall oder Grenzfall als Ausgangspunkt rechtsphilosophischer Konstruktion?, in: Winfried Brugger/Görg Haverkate (Hrsg.), Grenzen als Thema der Rechts- und Sozialphilosophie, 2002, S. 51 (54 f.).

⁷³⁷ → Rn. 106.

⁷³⁸ Mit ähnlicher Tendenz *Grimm*, Bedingungen (Fn. 7), S. 489 (491); *Lepsius*, Notwendigkeit (Fn. 29), S. 123 (168 f.); *G. Kirchhof*, Allgemeinheit (Fn. 180), S. 190 ff., der von der Allgemeinheit des

– ein Regelungsmodell, das in Vollzug dieser Maßstabsänderungen intelligent typisiert.[739]

5. Zunehmende Vorgaben höherrangigen Rechts

Die Vorgaben des höherrangigen Rechts wirken zweifach: Erstens erlaubt die **103** Aufspaltung der Kompetenzen jedem Gesetzgeber nur mehr die Normierung sektoraler – also potentiell problemunangemessener – Lösungen. Zweitens relativieren völkerrechts-, europarechts- und verfassungskonforme Auslegung die gesetzgeberische Steuerung.[740] Besonders die Entmediatisierung des Verfassungsrechts – also seine unmittelbare Anwendbarkeit, aber auch die Korrektur einfachen Rechts durch „Ausstrahlungswirkungen",[741] Pflichten zu (scheinbar) verfassungskonformen Auslegungen etc. – relativiert den Eigenstand des einfachen Rechts[742] und schafft **„maßstabsexterne Handlungsanweisungen".**[743] Anzustreben ist die Rückgewinnung größerer interpretatorischer Selbständigkeit des einfachen Rechts. Bei postkonstitutionellem bzw. postunionalem Recht kann die Konformität mit den jeweiligen höherrangigen Rechtsschichten vermutet werden.[744] Insoweit ist rechtssicherem binären Denken der Vorzug vor Optimierungsdenken zu geben.[745]

6. Mediatisierung des einfachen Rechts

Das Gesetzesrecht stützt sich als Folge arbeitsteiliger Rechtsetzung[746] zuneh- **104** mend auf niederrangiges Recht (einschließlich Verwaltungsvorschriften). Die Steuerungsanliegen des Parlamentsgesetzgebers sollen durch konkretisierende

---

Gesetzes als „Dreiklang" aus Klugheitsregel, verbindlicher Verfassungsanordnung und justiziablem Maßstab spricht.

[739] Vorschlag bei *Wahl,* Kosten (Fn. 730), S. 273 (287).

[740] Das Gesetz wird zum „Zufallsgenerator" (*Huber,* Verwaltung [Fn. 619], S. 423 [444]). Auch insoweit ist es nur noch in Reservaten „rechtlich stärkste Art von Staatswillen": *v. Danwitz,* Verwaltungsrechtliches System (Fn. 604), S. 206 f.

[741] Folge hiervon ist, „daß positiven Rechtssätzen ein unmittelbarer verfassungsrechtlicher Einzelfallvorbehalt beigefügt wird": *Rainer Wahl,* Der Vorrang der Verfassung und die Selbständigkeit des Gesetzesrechts, NVwZ 1984, S. 401 (407).

[742] Zu ihm *Wahl,* Vorrang der Verfassung (Fn. 741), S. 401 ff., insbes. S. 407.

[743] *Reiner Schmidt,* Flexibilität und Innovationsoffenheit im Bereich der Verwaltungsmaßstäbe, in: Hoffmann-Riem/Schmidt-Aßmann (Hrsg.), Innovation, S. 67 (84). – Zur Funktion von (verfassungsrechtlichen) „Schlüsselbegriffen", die in an sich entscheidungsreifen Konflikten „eine zusätzliche, bis dahin versperrte Diskussionsebene" eröffnen, instruktiv *Erhard Denninger,* Verfassungsrechtliche Schlüsselbegriffe, FS Rudolf Wassermann, 1985, S. 279 (288 ff.). Diese Schlüsselbegriffe sind streng zu unterscheiden von Schlüsselbegriffen im überwiegend gebrauchten Sinne dogmatisch-heuristischer Hilfsmittel; zu ihnen *Andreas Voßkuhle,* „Regulierte Selbstregulierung" – Karriere eines Schlüsselbegriffs, in: Jens-Peter Schneider (Hrsg.), Regulierte Selbstregulierung als Steuerungskonzept des Gewährleistungsstaates, 2001, S. 197 (198); → Bd. I *Voßkuhle* § 1 Rn. 40 f.

[744] Andernfalls muss dargelegt werden, warum das Gesetz ohne Modifikation verfassungs- bzw. gemeinschaftsrechtswidrig wäre, den Impuls des höheren Rechts also nicht bereits aufgenommen hat und daher unmodifiziert mit ihm unvereinbar wäre. Analog für das Verfassungsbinnenrecht: *Reimer,* Verfassungsprinzipien (Fn. 39), S. 313 f.

[745] Krit. gegenüber einem solchen Optimierungsdenken z. B. *Peter Lerche,* Die Verfassung als Quelle von Optimierungsgeboten?, in: FS Klaus Stern, 1997, S. 197 (204 ff.); skeptisch auch *Thomas Würtenberger,* Rechtliche Optimierungsgebote oder Rahmensetzungen für das Verwaltungshandeln, VVDStRL, Bd. 58 (1999), S. 138 (154 ff., 158 ff.); *Josef Isensee,* Diskussionsbeitrag, a. a. O., S. 228 ff.

[746] Am Beispiel des Art. 80 GG → Rn. 69.

untergesetzliche Rechtsetzung weitergegeben und umgesetzt,[747] können durch sie also auch suspendiert,[748] modifiziert oder manipuliert werden:[749] Die Anwendungshilfe gerät zur Anwendungsvoraussetzung und -sperre. Ein Teil der realen Regulierungsmacht fällt dann – trotz des gesetzgeberischen Korrektur- und Rückholrechts – der Exekutive oder Verbänden zu.[750]

7. Suboptimale Rechtsetzung

a) Rechtsetzungsformen und -verfahren

105 Unstreitig lässt sich die Qualität in der Rechtsetzung („ein öffentliches Gut an sich"[751]) verbessern, wenn auch nicht notwendig durch normative Festlegung.[752]

aa) Formenlehre

106 Der Anwendungsbereich des Gesetzes bedarf der Überprüfung.[753] Dabei ist das **Gesetz als Teil eines Steuerungsverbundes** zu sehen: Übergeordnete Rechtsschichten geben nicht mehr nur einen Rahmen vor, sondern wirken dirigierend und determinierend; untergeordnetes Recht führt nicht mehr nur aus,[754] sondern führt weiter, es extrapoliert und konkretisiert. Durch Konkretisierungskaskaden[755] können die Entscheidungszuständigkeiten und -spielräume sachgerecht abgeschichtet werden. Insbesondere lassen sich untergeordnete Entscheidungen auf diese Weise dynamisieren und dezentralisieren.[756] Ferner besteht offenbar seit längerem ein praktisches Bedürfnis nach einer internen **Ausdifferenzierung des Parlamentsgesetzes** bzw. des Gesetzgebungsverfahrens.[757] Zu nennen sind in diesem Zusammenhang die Vorschläge für eine

---

[747] Vgl. *Murswiek*, Dynamik der Technik (Fn. 425), S. 651 (675): „Scheinpräzision" gesetzlicher Grenzwertfestsetzungen ohne Verfahrensanordnungen; partielle Unfähigkeit des Parlaments zur Detailregelung am Beispiel des Energierechts konstatierend: *Jens-Peter Schneider*, Kooperative Netzzugangsregulierung und europäische Verbundverwaltung im Elektrizitätsbinnenmarkt, Zeitschrift für Wettbewerbsrecht 2003, S. 381 (386).
[748] *Blankenburg/Krautkämer*, Verwaltungsprogramm (Fn. 436), S. 138 (143): „Zu beobachten ist das Gesetz, nach dem die unmittelbare Sozialkontrolle die entferntere Rechtsquelle verdrängt: Viele Angestellte in den lokalen Ämtern warten so lange, bis Regelungen auf Amtsebene formuliert sind, die ihr Handeln präzise vorschreiben. [Daher] erfolgt die Implementation also nur sehr zögernd."
[749] Z. B. *Zeh*, Wille (Fn. 436), S. 545 zum wachsenden „Einfluss der Umsetzungs- und Interpretations-Bürokratie in den Ministerien der Länder".
[750] Vgl. hierzu z. B. *Schneider*, Netzzugangsregulierung (Fn. 747), S. 381 (385) für das EnWG: Konkretisierung durch Verbändevereinbarungen anstatt durch eine NetzzugangsVO; umfassend zum Problem *Rüdiger May*, Kooperative Gesetzeskonkretisierung am Beispiel der Verbändevereinbarung Strom. Kartell-, verfassungs- und europarechtliche Aspekte der Verbändevereinbarung Strom II plus, 2004.
[751] Mandelkern-Bericht (Fn. 87), S. 9; dazu *Smeddinck*, Optimale Gesetzgebung (Fn. 690), S. 641 ff.
[752] *Schulze-Fielitz*, Wege (Fn. 665), S. 862 (863); ferner → Rn. 95.
[753] → Rn. 23.
[754] Zum fiktiven Charakter der „Ausführungsverordnungen" → Fn. 563.
[755] Das Kaskadenbild bereits in: *Blankenburg/Krautkrämer*, Verwaltungsprogramm (Fn. 436), S. 138 ff.; sowie bei *Faber*, VerwR, S. 79. Von „Stufengesetzgebung" spricht Franz *Schlegelberger*, Zur Rationalisierung der Gesetzgebung, 1959, S. 20.
[756] Sehr krit. zur bisherigen Praxis aber *Murswiek*, Dynamik der Technik (Fn. 425), S. 651 (659).
[757] *Rupp*, Zweikammersystem (Fn. 178), S. 95 (99). Für „Experimente mit verfahrensmäßigen Lösungen" durch neue Rechtsverordnungsformen *Brun-Otto Bryde*, in: v. Münch/Kunig, GGK III, Art. 80 Rn. 5. Zusammenfassend *Schmidt-Aßmann*, Rechtsverordnung (Fn. 60), S. 477 (494): Der

E. Steuerungskraft des Gesetzes

- Aufwertung institutioneller Gesetze,[758]
- erleichterte Gesetzgebung (durch „Änderungsfenster"),[759]
- Rotations- oder Kreislaufgesetzgebung,[760]
- Maßstäbegesetzgebung,[761]
- Grundlagengesetzgebung,[762]
- Grundsatzgesetzgebung.[763]

„Rechtsstaat zielt nicht auf ein möglichst hohes Maß an Nivellierung, sondern auf eine funktionsgerechte Differenzierung seiner Handlungsformen."

[758] In diese Richtung *Rüdiger Breuer*, Selbstbindung des Gesetzgebers durch Programm- und Plangesetze?, in: DVBl 1975, S. 101 ff.; für eine Rangunterordnung von Vollzugs- und Ausführungsgesetzen: *Hartmut Maurer*, Vollzugs- und Ausführungsgesetze, FS Klaus Obermayer, 1986, S. 95 (98 ff.).

[759] *Hufen*, Grundlagengesetze (Fn. 432), S. 11 (21), z.B. in der Form der revidierbaren Delegation bestimmter Materien in beschließende Ausschüsse: *Hufen*, Gesetzesgestaltung (Fn. 186), S. 142 (154); zu unterscheiden von „vereinfachter Rechtsetzung" i.S. der konkretisierenden Rechtsetzung durch Rechtsverordnungen, Satzungen, Verwaltungsvorschriften und Verweisungen (hierzu *Schuppert*, Verwaltungswissenschaft, S. 970 f.).

[760] *Murswiek*, Dynamik der Technik (Fn. 425), S. 651 (668 ff.). In diesem Modell, das den Gedanken der zustimmungsbedürftigen Rechtsverordnungen vertieft (S. 670), soll im Rahmen des jeweiligen „Stammgesetzes" das exekutive Konkretisierungsergebnis mit mindestens einer Alternative dem Parlament zur (politischen Wert-)Entscheidung vorgelegt und bei allen Anpassungsbedarfen wiedervorgelegt werden.

[761] BVerfGE 101, 158 (215 ff.); hierzu sehr krit. *Helmut Siekmann*, in: Sachs (Hrsg.), GG, vor 104 a Rn. 61 ff.; krit. auch *Bodo Pieroth*, Die Missachtung gesetzter Maßstäbe durch das Maßstäbegesetz, NJW 2000, S. 1086 f.; *Hans H. Rupp*, Länderfinanzausgleich, JZ 2000, S. 269 ff.; *Joachim Linck*, Das „Maßstäbegesetz" zur Finanzverfassung – ein dogmatischer und politischer Irrweg, DÖV 2000, S. 325 ff.; *Thomas Christmann*, Vom Finanzausgleich zum Maßstäbegesetz, DÖV 2000, S. 315 (323 ff.); überwiegend positiv *Fritz Ossenbühl*, Das Maßstäbegesetz – dritter Weg oder Holzweg des Finanzausgleichs?, in: FS Vogel (Fn. 10), S. 227 ff.; *Joachim Becker*, Forderung nach einem Maßstäbegesetz – Neue Maßstäbe in der Gleichheitsdogmatik?, NJW 2000, S. 3743 ff.; *Christoph Degenhart*, Maßstabsbildung und Selbstbindung des Gesetzgebers als Postulat der Finanzverfassung des Grundgesetzes, ZG, Bd. 15 (2000), S. 85 ff.; *Alexander Hanebeck*, Zurückhaltung und Maßstäbegesetz, KJ 2000, S. 262 ff.; *Hans Peter Bull/Veith Mehde*, Der rationale Finanzausgleich – ein Gesetzgebungsauftrag ohnegleichen, DÖV 2000, S. 305 ff.; *Gernot Sydow*, Mehrstufige Gesetzgebung. Anmerkungen zum Urteil des Bundesverfassungsgerichts zum Länderfinanzausgleich, SächsVBl 2001, S. 1 ff.; weiterführend: *Christian Waldhoff*, Reformperspektiven der bundesstaatlichen Finanzverfassung im gestuften Verfahren, ZG, Bd. 15 (2000), S. 193 ff. – Vgl. das Maßstäbegesetz (Gesetz über verfassungskonkretisierende allgemeine Maßstäbe für die Verteilung des Umsatzsteueraufkommens, für den Finanzausgleich unter den Ländern sowie für die Gewährung von Bundesergänzungszuweisungen) v. 9.9. 2001, BGBl I, S. 2302; krit. Rückblick bei *Jörn A. Kämmerer*, Maßstäbe für den Bundesfinanzausgleich? – Dramaturgie einer verhinderten Reform, JuS 2002, S. 214 ff.; *Hans-Günter Henneke*, Länderfinanzausgleich und Maßstäbegesetz, JURA 2001, S. 767 ff. (775: BVerfG „gescheitert").

[762] *Hufen*, Gesetzesgestaltung (Fn. 186), S. 142 (152 ff.); ders., Grundlagengesetze (Fn. 432), S. 11 (21 ff.) mit überzeugendem Vorschlag der Möglichkeit einer Einführung ohne Verfassungsänderung („d.h. „ohne wirklich kategoriale Einschnitte in den Stufenbau der Rechtsordnung"): S. 23 f. – Zur „heimatlos gewordenen Funktion der Grundsatzgesetzgebung" *Rupp*, Zweikammersystem (Fn. 178), S. 95 (103). Zum Haushaltsgrundsätzegesetz nach Art. 109 Abs. 3 GG: *Helmut Siekmann*, in: Sachs (Hrsg.), GG, Art. 109 Rn. 37 ff.; zum Grundsätzegesetz nach Art. 138 Abs. 1 WRV: *Heinrich A. Wolff*, Die Struktur des Grundsätzegesetzes zur Ablösung der Staatsleistungen an die Religionsgesellschaften, in: FS Peter Badura, 2004, S. 839 ff. m.w.N.

[763] Im Sinne *Ossenbühls*, Der verfassungsrechtliche Rahmen (Fn. 407), S. 1 (4). Er erwägt das KrW-/AbfG als neue Regelungsform, in der eine Vielzahl von Verordnungen – mit Mitgestaltungsbefugnis für den Bundestag – das Gesetz nicht nur ergänzen, sondern mit ihm eine „unlösbare Regelungseinheit bilden, eine gleichsam kombinierte Sachregelung, an der Parlament und Regierung in Arbeitsteilung mitwirken."

bb) Steuerungsverbünde

107 Schon bisher war das Gesetz eingebettet in verfassungsrechtliche Vorgaben und exekutives Durchführungsrecht; es stand im Verbund aus materiellen Regelungen und Haushaltsrecht[764] sowie Organisations- und Verfahrensrecht. Dies wird zunehmend als Komplementarität, nicht Konkurrenz der Rechtsetzungsformen gesehen.[765] Wie das gemeinsame Regelungsziel im Einzelfall erreicht wird, ist damit nicht präjudiziert: Allgemein formulierte und damit stabile Gesetze mit zahlreichen Verordnungsermächtigungen („Rechtsgrundlagengesetze") können in den Grenzen des Art. 80 Abs. 1 GG[766] mit einem Kranz von Rechtsverordnungen kombiniert werden; oder es können zur Flexibilitätssicherung konkretere, regelungsdichtere Gesetze mit Beobachtungs- und Nachbesserungspflichten geschaffen werden. Verweisungen auf private Rechtsetzung und andere Standards können Teil eines solchen integrierten Steuerungskonzepts sein, zumal die Zugriffs- und Rückholrechte des Gesetzgebers unangetastet bleiben.[767]

cc) Rechtsetzungsverfahren

108 Auch die Rechtsetzungsverfahren als zentrale Rationalitätssicherungen[768] werden als verbesserungsbedürftig angesehen.[769] Während auf europäischer Ebene das Prinzip der Rechenschaftspflichtigkeit in der Rechtsetzung[770] zu Begründungen der Normativakte, oft in Form langer Kataloge von Erwägungsgründen in den Präambeln, führt, begegnen Gesetzesbegründungen[771] in Deutschland nur selten.[772] Die Einführung einer Pflicht zur Gesetzesbegründung[773] könnte eine steuerungsfreundliche Rechtsanwendung erleichtern. Mehr Transparenz und Begründungspflichten werden insbesondere für das Verfahren im Vermittlungsausschuss,[774] ferner wird eine ausgebaute Rechtsförmlichkeitsprüfung[775] gefordert. Der entscheidende Fehlerfaktor im Gesetzgebungsverfahren hingegen scheint kaum verringerbar: der „außerordentlich hohe, von außen weithin unterschätzte Zeitdruck."[776]

---

[764] *Schmidt-Aßmann*, Ordnungsidee, 2. Kap. Rn. 85.
[765] Zum gesetzlich-exekutiven Steuerungsverbund → Rn. 70.
[766] → Rn. 71 f.
[767] Zur legitimatorischen Seite *Salzwedel*, Umweltschutz (Fn. 404), § 97 Rn. 22.
[768] Für das parlamentarische Gesetzgebungsverfahren → Rn. 5.
[769] „Entscheidend" hierauf abstellend: *Schulze-Fielitz*, Wege (Fn. 665), S. 862 (863).
[770] Vgl. z. B. Mandelkern-Bericht (Fn. 87), S. 19 („Zurechenbarkeit") sowie Art. 296 Abs. 2 AEUV.
[771] Zu unterscheiden von Begründungen der Gesetzesentwürfe, zu ihnen → Fn. 27.
[772] Vgl. die Beispiele bei *Jörg Lücke*, Begründungszwang und Verfassung. Zur Begründungspflicht der Gerichte, Behörden und Parlamente, S. 11 Fn. 67. – Für die europäische Ebene Art. 296 Abs. 2 AEUV.
[773] De constitutione lata: *Lücke*, Begründungszwang (Fn. 772), S. 37 ff., 138, 214 ff., 219 ff.; rechtspolitisch: *Konrad Redeker/Ulrich Karpenstein*, Über Nutzen und Notwendigkeiten, Gesetze zu begründen, NJW 2001, S. 2825 ff. mit Hinweis auf Selbstkontrollfunktion und Sicherung authentischer Gesetzesanwendung (S. 2827) sowie auf das Damoklesschwert der Nichtigerklärung „unbegründeter" Gesetze durch das BVerfG (S. 2829). – Dagegen *Schneider*, Gesetzgebung (Fn. 90), Rn. 130 m. Fn. 20; *Dieckmann*, 65. DJT (Fn. 691), S. 19 (26 f.).
[774] Nachdrücklich *Konrad Redeker*, Wege zu besserer Gesetzgebung, ZRP 2004, S. 162 f.
[775] *Bernd Brunn*, Möglichkeiten einer Rechtsförmlichkeitsprüfung im parlamentarischen Verfahren, ZRP 2004, S. 79 ff.
[776] *Schulze-Fielitz*, Wege (Fn. 665), S. 862 (864) mit dem Vorschlag einer Retardation des besonders fehleranfälligen Vermittlungsausschussverfahrens durch Geschäftsordnungsrecht (a. a. O., S. 865).

b) Gesetzesinhalte

aa) Von der Gesetzgebungslehre zur Rechtsänderungslehre

Steuerungsprobleme lassen sich durch Ausbau und bessere Anwendung der Gesetzgebungslehre vermindern.[777] In den letzten drei Jahrzehnten „zu ansehnlicher Blüte gelangt"[778], kann sie freilich nur dann nachhaltigen Erfolg haben, wenn sie von einem realistischen Gesetzesbild ausgeht. Das bedeutet, dass das typische Gesetz nicht mehr als Ausdruck eines autarken Gesetzgebers, sondern als Änderungsgesetz[779], Mosaikstein im Normengeflecht[780], Koordinationsmittel[781] sowie Informations- und Kommunikationsmittel[782] begriffen werden muss. Daher sollte die Gesetzgebungslehre als **Rechtsetzungslehre**[783] aufgefasst werden, sich also (in der Horizontalen) der Normengeflechte und (in der Vertikalen) der Steuerungsverbünde annehmen. Sie sollte zugleich **Rechtsumsetzungslehre** sein. Die legistischen Probleme einer sachgerechten Transformation normativer Impulse scheinen noch kaum aufgearbeitet.[784] Schließlich sollte sie zu einer Rechtsetzungslehre in der Zeit, und das heißt insbesondere zu einer **Rechtsänderungslehre** fortentwickelt werden.[785]

109

bb) Von der Gesetzesfolgenabschätzung zur Rechtswirkungsforschung

Einen besonderen Platz innerhalb der Rechtsetzungslehre nimmt die Gesetzesfolgenabschätzung bzw. – umfassender – die (prospektive, begleitende und retrospektive) Normfolgenabschätzung als Teil einer Rechtswirkungsforschung ein.[786] Sie sollte sich der Rechtstatsachenforschung bedienen,[787] ohne technizistisch, etwa reduziert auf die Betrachtung quantifizierbarer Folgen, vorzuge-

110

---

[777] A. A., aber zu pauschal *Wolfgang Zeh*, Vollzugskontrolle, in: Jb. für Rechtssoziologie und Rechtstheorie, Bd. 13 (1988), S. 194 (203); Skepsis auch bei *Ossenbühl*, Gesetz (Fn. 173), § 100 Rn. 84.

[778] *Ossenbühl*, Gesetz (Fn. 173), § 100 Rn. 84. – Indizien: Die verstärkte Beschäftigung mit dem Thema, z. B. *Schuppert*, Gesetzgebung (Fn. 203); *Jochen Dieckmann, Ulrich Karpen, Udo Di Fabio, Christoph E. Palmer*, 65. DJT (Fn. 691), Teil S (Abt. Gesetzgebung), insbes. *Peter Blum*, Wege zu besserer Gesetzgebung – sachverständige Beratung, Begründung, Folgeabschätzung und Wirkungskontrolle (Kurzfassung in der Beilage zu NJW 27/2004, S. 45 ff.); ferner *Redeker*, Wege zu besserer Gesetzgebung (Fn. 774), S. 160 ff.; *Jörg Ennuschat*, Wege zu besserer Gesetzgebung, DVBl 2004, S. 986; *Schulze-Fielitz*, Wege (Fn. 665), JZ 2004, S. 862 ff.; *Ulrich Smeddinck*, Gesetzesproduktion als interdisziplinärer Verbundbegriff, ZG, Bd. 19 (2004), S. 382 ff.

[779] → Rn. 13.

[780] → Rn. 10.

[781] → Rn. 13.

[782] → Rn. 14.

[783] So auch der Ansatz von *Müller*, Rechtssetzungslehre (Fn. 124); von „Rechtssetzungswissenschaft" spricht *Carl Böhret*, Gesetzesfolgenabschätzung, in: FS Willi Blümel, 1999, S. 51.

[784] Skizzenhaft für die Umsetzung europarechtlicher Vorgaben: Mandelkern-Bericht (Fn. 87), S. 77 ff.

[785] Pionierarbeiten: *Georg Müller*, Die Einführung neuer Rechtsnormen in die bestehende Rechtsordnung, in: Kurt Eichenberger u. a. (Hrsg.), Grundfragen der Rechtsetzung, Basel 1978, S. 369 ff.; *Markus Böckel*, Instrumente der Einpassung neuen Rechts in die Rechtsordnung (unter besonderer Berücksichtigung der Unberührtheitsklauseln), 1993; *Brandner*, Gesetzesänderung (Fn. 95). – Zwar ist Rechtsetzung stets Rechtsänderung (*Pawlowski*, Methodenlehre [Fn. 607], Rn. 531 ff.), doch schaffen Änderungsgesetze (i. e. S.) spezifische Herausforderungen.

[786] Ausführlich → Bd. I *Voßkuhle* § 1 Rn. 32 ff., *Franzius* § 4 Rn. 70 ff.

[787] Zu ihr *Andreas Voßkuhle*, Verwaltungsdogmatik und Rechtstatsachenforschung, VerwArch, Bd. 85 (1994), S. 567 ff.

hen. Insbesondere muss die gesetzgeberische **Sensibilität für den jeweiligen Realbereich** und für die eigenen Erkenntnis- und Leistungsgrenzen wachsen:
- Häufig unterstellt der Gesetzgeber einen starren Realbereich (d. h. *ceteris-paribus*-Situationen). In Wahrheit greift er stets in ein **Mobile** sozialer, kultureller und wirtschaftlicher Beziehungen ein. Je mehr Freiräume die Normadressaten auf Skalen von Hierarchien über Netzwerke bis hin zu Märkten haben, desto weniger lässt sich der Grad der Zielerreichung intervenierender Gesetze bestimmen.[788] Denn diese sind immer auch Mittel strategischer und taktischer Zielverfolgung der Bürger.[789] Zu den „Entscheidungsfolgen" treten daher die häufig ignorierten „Adaptationsfolgen" (Folgen kraft Verhaltensumstellung der Adressaten).[790] So kann Ausgleichsverhalten *(offsetting behavior)* zu paradoxen, kontraproduktiven Wirkungen führen.[791] Steuerungserfolge sind umso eher erreichbar, „je stärker die Steuernden die in dem betroffenen Feld beobachtbaren Interessenstrukturen respektieren."[792] Der Gesetzgeber sollte stets vorab die möglichen heterodoxen Verwendungsweisen des Gesetzes durch die Bürger durchspielen.[793]
- Die Wirkungsabschätzung darf auch nicht nur nach dem Grad der Zielerreichung, sondern muss darüber hinaus nach Nachbarwirkungen der Normierung, d. h. nach ihrer Gesamtwirkungsbilanz unter Einschluss von **Verdrängungseffekten**[794] fragen. So entpuppt sich Deregulierung nicht selten als Reregulierung.[795] Ähnliche Verlagerungen betreffen Ressourcen wie Zeit, Aufmerksamkeit und Rechtsbewusstsein von Adressaten und Nichtadressaten.[796] Ge- und Entwöhnungsprozesse und die so häufig ignorierten **Summationseffekte**[797] sind zu berücksichtigen.
- Der Gesetzgeber muss adressatenbewusst werden,[798] also **kontingente Rechtsanwender** unterstellen: Auch sie stehen in einem dichten Geflecht konkurrie-

---

[788] Ähnlich *Teubner/Wilke,* Kontext (Fn. 695), S. 4 (22).

[789] *Pawlowski,* Gesetz (Fn. 503), S. 172 (174).

[790] Unterscheidung und Begriffe bei *Gertrude Lübbe-Wolff,* Rechtsfolgen und Realfolgen. Welche Rolle können Folgenerwägungen in der juristischen Regel- und Begriffsbildung spielen?, 1981, S. 139 ff.; zu Rückkoppelungseffekten instruktiv *Pawlowski,* Gesetz (Fn. 503), S. 172 (174).

[791] Beispiele bei *Röhl,* Rechtssoziologische Befunde (Fn. 644), S. 413 (432).

[792] *Wolfgang Hoffmann-Riem,* Von der Erfüllungs- zur Gewährleistungsverantwortung, in: *ders.,* Modernisierung von Recht und Justiz, 2001, S. 15 (34).

[793] *Pawlowski,* Gesetz (Fn. 503), S. 172 (184).

[794] „Dominoeffekte": *Gunther Arzt,* Das missglückte Strafgesetz – am Beispiel der Geldwäschegesetzgebung, in: Diederichsen/Dreier (Hrsg.), Das missglückte Gesetz (Fn. 662), S. 17 (25).

[795] Krit. zur „Deregulierung" am Bsp. des Bauordnungsrechts → Bd. I *Voßkuhle* § 1 Rn. 57; vgl. zur Genehmigungsfreistellung auch *Christian Calliess,* Öffentliches und privates Nachbarrecht als wechselseitige Auffangordnungen. Überlegungen am Beispiel der Genehmigungsfreistellung im Bauordnungsrecht, DV, Bd. 34 (2001), S. 169 ff.

[796] Auch hier entstehen „Kosten" i. S. v. § 44 Abs. 4 Nr. 1 GGO. Dementsprechend sollte § 44 Abs. 1 GGO geändert werden: „Die wesentlichen Auswirkungen des Gesetzes (Gesetzesfolgen) sind sein Nutzen und seine Kosten. Sie umfassen beabsichtigte und unbeabsichtigte Wirkungen unter Einschluss von Summations- und Verdrängungseffekten. Kosten sind finanzielle, zeitliche und andere Aufwendungen von Privaten und öffentlichen Händen, entstehende Friktionen und sonstige Nachteile. Die Darstellung der voraussichtlichen Gesetzesfolgen muss im Benehmen mit den jeweils fachlich zuständigen Bundesministerien erfolgen, die Kosten aufgliedern und hinsichtlich der finanziellen Auswirkungen erkennen lassen [...]."

[797] Hierzu nachdrücklich *Hufen,* Grundrechte (Fn. 436), S. 273 (278).

[798] *Hans Ryffel,* Bedingende Faktoren der Effektivität des Rechts, in: Jahrbuch für Rechtssoziologie und Rechtstheorie, Bd. 3 (1972), S. 225 (235 f.); *Paul Kirchhof,* Sprachstil und System als Geltungsbedingung des Gesetzes, NJW 2002, S. 2760.

render, konfligierender und sich kumulierender Anforderungen. Insbesondere müssen sie meist unter offenem oder verdecktem Zeitdruck handeln. Dies hat der Normsetzer zu berücksichtigen, anstatt seine Adressaten – gleich ob Amtsträger oder Private – als schwerelos zu fingieren.[799]

cc) Vom fragmentierten zum transparenten Gesetz

Wenn Steuerungsprobleme nicht nur in Anreiz-, sondern auch in Informationsschwächen des Gesetzes gründen, müssen die Informationsbremsen identifiziert und abgebaut, Steuerungsverbünde transparenter gemacht werden. Dem dient **111**
– die **Verstetigung** des Gesetzesrechts. Kurze Halbwertszeiten der Gesetze erschweren die Identifikation der jeweils geltenden Norm und mindern ihren Informationswert auch dadurch, dass sie die zeitliche Geltung ungewiss machen;
– die **Kenntlichmachung** von Inhalt, Vorgaben und Gründen. Artikelgesetze müssen ihre Bestandteile erkennen lassen.[800] Als Koordinationsmittel sollten Gesetze höherrangige Vorgaben, Regelungszwecke und (in Grundzügen) die Mittel zur Erreichung dieser Zwecke transparent machen;
– die **Entfragmentierung** des Gesetzes. So leidet die Informationsfunktion des Gesetzes unter Verweisungen;[801] im untechnischen Sinne zählen zu ihnen auch Verordnungsermächtigungen. Da eine Ausdifferenzierung der Regelungsebenen vielfach unentbehrlich geworden ist, sie andererseits das Verständnis eines Sach- und Rechtsbereichs erschwert, kommt es darauf an, durch geeignete Redaktionstechniken das Gesetz als Baustein des Steuerungsverbundes transparent zu halten. Auch wo Verordnungsermächtigungen einen zentralen Bestandteil des Gesetzes ausmachen, sollten sie aus Gründen der Normverständlichkeit nicht an den Anfang gestellt werden;[802]
– die **horizontale Kodifizierung**. Als „Instrument zur Vermittlung von Wissen um das Recht"[803] erhält sie wachsende Bedeutung. Auch ist sie „unverzichtbares Scharnier für die besonderen Rechtsgebiete und ihre Quellen [...] sowie Determinante und Garant des Systemdenkens."[804] Die europarechtliche Durchdringung eines Rechtsgebietes muss einer Kodifizierung nicht entgegenste-

---

[799] Zur beginnenden Abkehr der Rspr. von der bisherigen Ressourcenblindheit → Fn. 640. – Zum Zeitdruck als Ursache von Implementationsdefiziten: *Lübbe-Wolff*, Vollzugsprobleme (Fn. 701), S. 217 (218).
[800] *Kirchhof*, Sprachstil (Fn. 798), S. 2760; *Klein*, Gesetzgebung (Fn. 48), S. 16 f., 26.
[801] *Ellwein*, Gesetzgebung (Fn. 50), S. 1093 (1115); krit. bereits *Schlegelberger*, Rationalisierung (Fn. 755), S. 20; BVerfGE 110, 33 (63 f.): „Erreicht der Gesetzgeber die Festlegung des Normeninhalts aber – wie hier – nur mit Hilfe zum Teil langer, über mehrere Ebenen gestaffelter, unterschiedlich variabler Verweisungsketten, die bei gleichzeitiger Verzweigung in die Breite den Charakter von Kaskaden annehmen, leidet die praktische Erkennbarkeit der maßgeblichen Rechtsgrundlage."
[802] Negativbeispiel: Gesetz über technische Arbeitsmittel und Verbraucherprodukte (GPSG) v. 6. 1. 2004, BGBl I, S. 2 ff.: § 1 Anwendungsbereich, § 2 Begriffsbestimmungen, § 3 Ermächtigung zum Erlass von Rechtsverordnungen, dann erst folgen materiellrechtliche Regelungen.
[803] Mandelkern-Bericht (Fn. 87), S. 74 (über „Kodifizierung"); so auch *Basedow*, BGB (Fn. 187), S. 445 (470, 490): Informationsträger für die breite Juristenschaft). – Hinzu treten die positiven Vorwirkungen und der „prozedurale Eigenwert" des Kodifikationsprozesses, hierzu *Voßkuhle*, Kodifikation (Fn. 187), S. 77 (85 ff.).
[804] *Basedow*, BGB (Fn. 187), S. 445 (490).

hen.[805] Illusorisch erscheint demgegenüber eine vertikale Kodifizierung, d. h. die Aufnahme von als solchem gekennzeichnetem Verordnungsrecht in das Gesetz (wie im französischen Recht).

dd) Veränderung der Regelungsarrangements

112   Auch Änderungen von Regelungsarrangements könnten Wirkung zeigen, etwa
– die **Rücknahme der Regelungsdichte:** Der Steuerungserfolg eines Gesetzes wächst nicht mit seiner Regelungsdichte.[806] Im Gegenteil kann die Überfülle von Feinstvorschriften „zur Selbstfreistellung der Verwaltung durch selektiven Gesetzesgehorsam" führen;[807]
– **optionenreiches Recht**[808] – nicht zu verwechseln mit unkontrollierter Gesetzesdifferenzierung aus dem Impetus übersteigerter Einzelfallgerechtigkeit;[809]
– **Prozeduralisierung**[810]. In diesem Modell, für einige ein überlegenes Problemlösungsinstrument weit über das Umwelt- und Technikrecht hinaus,[811] für andere mit dem Ruch des Kompensatorischen behaftet,[812] sollen (im Gegensatz zum Verfahren „als Verwirklichungsmodus"[813]) die Norminhalte „überwiegend im Verfahren selbst gewonnen werden"[814]. Folge könnte eine Fortentwicklung des Gesetzesvorbehalts dahingehend sein, dass er insoweit „nicht weiter in die Inhalte und Ziele, wohl aber in die Strukturen und Verfahren vordringen sollte"[815], ferner eine strenge verwaltungsgerichtliche Verfahrenskontrolle.[816] An seine verfassungsrechtlichen Grenzen stößt die Prozeduralisierung in dem Maße, in dem das Verfahren nicht Erkenntnisse generieren und dadurch die Normmaßstäbe konkretisieren, sondern eigenständig Wertungen treffen soll;[817]

---

[805] Vgl. den Vorschlag *Basedows*, BGB (Fn. 187), S. 445 (484) für eine „rein wiederholende nationale Parallelgesetzgebung, durch die die EG-Verordnung in das jeweilige nationale Zivilgesetzbuch eingestellt wird. Um den europäischen Charakter der Vorschriften dieser Replik und damit die Auslegungshoheit des Gerichtshofs gemäß Art. 234 EGV (ex 177) zu verdeutlichen, empfiehlt sich eine Kennzeichnung der betreffenden Bestimmungen, etwa durch den vorangestellten Buchstaben E." Erforderlich wäre eine Vergewisserung, ob eine solche Handhabung mit dem Umsetzungsverbot für Verordnungen (*EuGH*, Rs. 34/73, Slg. 1973, 981, Rn. 11) vereinbar wäre.

[806] A. A. wohl *Roman Herzog*, in: Maunz/Dürig, GG, Art. 20 VI (Vorkommentierung, Sept. 1980) Rn. 47.

[807] *Dreier*, Verwaltung (Fn. 86), S. 173; vgl. ferner die z. T. drastischen Hinweise bei den in Fn. 429 genannten Autoren.

[808] Grundlegend *Voßkuhle*, Kompensationsprinzip (Fn. 533), S. 88 ff.; vgl. auch → Bd. I *Franzius* § 4 Rn. 31 ff.

[809] Vgl. zu einem Regelungsmodell → Fn. 739.

[810] → Bd. I *Franzius* § 4 Rn. 54. – Damit ist keine „Eliminierung inhaltlicher Vorgaben und Kriterien für Entscheidungen", sondern ein zusätzlicher „Filter" gemeint: *Ladeur/Gostomzyk*, Gesetzesvorbehalt (Fn. 212), S. 141 (169).

[811] Vgl. sogar Art. 19 Abs. 2 BrandenbVerf.

[812] *Grimm*, Bedingungen (Fn. 7), S. 489 (500); *Dreier*, „Eigenständigkeit" (Fn. 60), S. 137 (150).

[813] *Rainer Wahl*, Verwaltungsverfahren zwischen Verwaltungseffizienz und Rechtsschutzauftrag, VVDStRL, Bd. 41 (1983), S. 151 (153).

[814] So *Voßkuhle*, Kompensationsprinzip (Fn. 533), S. 63 (m. w. N.).

[815] *Hufen*, Grundrechte (Fn. 436), S. 273 (287).

[816] *Wahl*, Verwaltungsverantwortung (Fn. 421), S. 387 (392).

[817] Sehr krit. *Murswiek*, Dynamik der Technik (Fn. 425), S. 651 (666).

E. Steuerungskraft des Gesetzes

– die **verstärkte Einbindung Privater** in ihren zahlreichen Formen.[818] Grundgedanke ist die Nutzung der Eigenrationalitäten der Individuen und gesellschaftlichen Gruppen. Zu den Erscheinungsformen dieser Einbindung zählen **Selbstverwaltung**[819] und regulierte **Selbstregulierung**.[820] Wegen der Notwendigkeit, die verschiedenen Rationalitäten zu synchronisieren, ist das Ergebnis oft kein Weniger an Regulierung, sondern ein Aliud. So erfordert beispielsweise die Rezeption nichtstaatlicher Normsetzung[821] spezielle Arrangements wie Organisations- und Verfahrensstatute,[822] ggf. staatliche Anerkennungs- oder Ratifizierungsakte.[823] Mit Selbstregulierung in engem Zusammenhang steht die **Kontextsteuerung**.[824]

8. Suboptimale Rechtsanwendung

Wenn Herrschaft der Gesetze „Mitherrschaft der Verwaltung" bedeutet,[825] der Verwaltung „auf dem langen Marsch der Normen durch die Institutionen"[826] also beachtliche Entscheidungsräume zufallen,[827] muss eine administrative Gesetzesanwendungslehre[828] dieses Kondominium aufhellen. Methodisch liegt die

113

---

[818] Vgl. zunächst die „Gegenstrategie der offenen Rahmenziele" (bereichsspezifisch differenzierender Regelungsverzicht zugunsten gesellschaftlicher Selbststeuerungsmöglichkeiten) bei *Holtschneider*, Normenflut (Fn. 173), S. 204 ff.; sodann *Andreas Voßkuhle*, Gesetzgeberische Regelungsstrategien der Verantwortungsteilung zwischen öffentlichem und privatem Sektor, in: Gunnar Folke Schuppert (Hrsg.), Jenseits von Privatisierung und „schlankem" Staat, 1999, S. 47 ff.; *Markus Heintzen* und *Andreas Voßkuhle*, Beteiligung Privater (Fn. 193), S. 220 ff., 266 ff.

[819] BVerfGE 107, 59 (92 f.): „Gelingt es, die eigenverantwortliche Wahrnehmung einer öffentlichen Aufgabe mit privater Interessenwahrung zu verbinden, so steigert dies die Wirksamkeit des parlamentarischen Gesetzes. Denn die an der Selbstverwaltung beteiligten Bürger nehmen die öffentliche Aufgabe dann auch im wohlverstandenen Eigeninteresse wahr; sie sind der öffentlichen Gewalt nicht nur passiv unterworfen, sondern an ihrer Ausübung aktiv beteiligt."

[820] Zur Einordnung in eine Typologie der Regulierungskonzepte *Wolfgang Hoffmann-Riem*, Öffentliches Recht und Privatrecht als wechselseitige Auffangordnungen – Systematisierung und Entwicklungsperspektiven, in: ders./Schmidt-Aßmann (Hrsg.), Auffangordnungen, S. 261 (300 ff.). Vgl. zum Ganzen die Referate von *Schmidt-Preuß* und *Di Fabio*, Verwaltung und Verwaltungsrecht zwischen gesellschaftlicher Selbstregulierung und staatlicher Steuerung, VVDStRL, Bd. 56 (1997), S. 160 ff., 235 ff.; ferner die Beiträge in: Regulierte Selbstregulierung als Steuerungskonzept des Gewährleistungsstaats (Ergebnisse des Symposiums aus Anlass des 60. Geburtstags von Wolfgang Hoffmann-Riem), DV, Beiheft 4, 2001.

[821] Fallgruppen: *Schmidt-Aßmann*, Ordnungsidee, 6. Kap. Rn. 93 f.; Konkretisierung für das Umweltrecht: *Sparwasser/Engel/Voßkuhle*, UmweltR, § 1 Rn. 197 ff. – Zu Bestimmtheitsfragen von Rezeptionsklauseln → Rn. 66.

[822] Hierzu bereits *Jürgen Salzwedel*, Risiko im Umweltrecht, NVwZ 1987, S. 276 (278 f.).

[823] *Wahl*, Verwaltungsverantwortung (Fn. 421), S. 387 (392).

[824] *Teubner/Wilke*, Kontext (Fn. 695), S. 4 (13 ff., 32 f.); *Helmut Willke*, Supervision des Staates, 1997, S. 72 ff.; Rezeption z. B. bei *Schmidt-Preuß*, Verwaltung (Fn. 820), S. 160 (185 ff.); *Voßkuhle*, Kompensationsprinzip (Fn. 533), S. 65 ff.

[825] *Dreier*, Verwaltung (Fn. 86), S. 200, ähnlich S. 210.

[826] *Wahl*, Kosten (Fn. 730), S. 273 (285).

[827] So entzieht sich die „Konkretisierung der Finalprogramme in Plänen, die Ausfüllung vager Gesetzesbestimmungen und gesetzlicher Generalklauseln wie auch die Gesetzesintegration i.S. einer Gesetzesharmonisierung [...] der herkömmlichen Vorstellung einer Gesetzesanwendung": *Brohm*, Verwaltung (Fn. 121), S. 265 (266). Der „abnehmenden Dichte der Gesetze entsprechen wachsende Eigenanteile der Verwaltung im Hinblick auf die Rechtsentwicklung und -setzung": *Wahl*, Verwaltungsverantwortung (Fn. 421), S. 387 (390).

[828] Forderung nach ihr bei *Schuppert*, Verwaltungswissenschaft, S. 498 ff. – Die Unterscheidung zwischen Rechtsetzung und Rechtsanwendung bleibt „Garantin der grundgesetzlich angeordneten

Forderung nahe, dass, je geringer die materielle Determination durch das Gesetz, desto wichtiger der **intelligente und loyale Mitvollzug des Normprogramms** durch die an der Konkretisierung Beteiligten ist – nicht nur als Frage der Legitimation[829], sondern auch der Steuerung. Denn es erscheint dysfunktional, wenn die an der Normkonkretisierung Beteiligten andere Rationalitäten verfolgen, als sie der Normgeber intendiert oder gar vorgegeben hat.[830] Daher sprechen auch Effektivitätsgesichtspunkte für die (zu Unrecht) sog. subjektive Auslegung.[831] Das Abweichen vom gesetzlichen Regelungsprogramm – zu dem die gesetzgeberische Teleologie gehört[832] – schafft Irritationen und Ungleichbehandlungen und setzt zuletzt den Gesetzgeber wieder in Tätigkeit.[833] Was hier für die Verwaltung skizziert wurde, gilt *mutatis mutandis* auch für deren „eigentlichen Dirigenten und Kontrolleur"[834], die Verwaltungsgerichtsbarkeit.

9. Suboptimale Rechtsbeobachtung

114 Auch ohne explizite verfassungsgerichtliche Anordnung[835] ist der Gesetzgeber verpflichtet, nach bereichsspezifischen Maßstäben – bspw. den Grundrechten für die Eingriffsverwaltung,[836] dem Wirtschaftlichkeitsprinzip für die Leistungsverwaltung – die Normwirkungen zu beobachten und – freilich im Rahmen weiter Einschätzungs- und Gestaltungsspielräume sowie gebremst durch den rechtsstaatlichen Eigenwert der Normstabilität[837] – Gesetze aufzuheben oder auszubessern.[838] Eine solche Beobachtungs- und Nachbesserungspflicht verdient gegenüber generellen Gesetzesbefristungen den Vorzug,[839] weil diese nicht nur die Unbeständigkeit des Gesetzes bekräftigen, sondern auch Vorwirkungen (herabgesetzte Sorgfaltsschwellen bei der Gesetzgebung) entfalten dürften.[840]

Rationalität (Messbarkeit und Justiziabilität) staatlicher Handlungsformen", so zutreffend *Saurer*, Rechtsverordnung (Fn. 35), S. 380.

[829] Hierzu *Salzwedel*, Umweltschutz (Fn. 404), § 97 Rn. 23: entstehungsgeschichtliche Auslegung von Umweltrechtsnormen als Kompensation von Determinationsmängeln des Gesetzes.

[830] → Fn. 51.

[831] Ausführlichst hierzu *Reimer*, Verfassungsprinzipien (Fn. 39), S. 132 ff. (insbes. S. 136 ff.); vgl. auch *Zeh*, Wille (Fn. 436), S. 57 ff. – Die Diversifizierung des Gesetzgebers (Rn. 86) ist aufgrund der normativen Zurechnungsmechanismen kein durchgreifender Einwand.

[832] Zum „Versickern von Gesetzesintentionen" als eine der „Arten des Sinnverschleißes" bei der Normanwendung *Dreier*, Verwaltung (Fn. 86), S. 130.

[833] Bsp. aus dem Bauverfahrensrecht: *OVG Münster*, DVBl 2003, S. 547 m. Anm. *Reimer*.

[834] *Dreier*, Verwaltung (Fn. 86), S. 174 unter Hinweis auf *Mußgnug*, Verschiebungen (Fn. 231), S. 100 (116).

[835] So z. B. in BVerfGE 56, 54 (78 f.); 65, 1 (56).

[836] Für eine grundrechtliche „Wiedervorlage" *Hufen*, Grundrechte (Fn. 436), S. 273 (284).

[837] Zur Frage eines Kontinuitätsgebots als Klugheitsregel und/oder Verfassungsmaßstab → Fn. 179.

[838] *Brandner*, Gesetzesänderung (Fn. 95), S. 260 ff.; restriktiv Stefan *Huster*, Die Beobachtungspflicht des Gesetzgebers. Ein neues Instrument zur verfassungsrechtlichen Bewältigung des sozialen Wandels?, ZfRSoz 24 (2003), S. 3 ff. mit Hinweis auf „Aufmerksamkeit als knappe Ressource" (S. 20 ff.).

[839] Ähnlich *Schulze-Fielitz*, Gesetzgebung (Fn. 56), S. 139 (159 ff.); *Ossenbühl*, Gesetz (Fn. 173), § 100 Rn. 79; krit. gegenüber Befristungen auch *Lange*, Normvollzug (Fn. 699), S. 268 (285); Peter *Zimmermann*, Reform der Staatstätigkeit durch generelle Befristung von Gesetzen – Aspekte einer Problembewältigung mit verfassungswidrigen Mitteln, DÖV 2003, S. 940 ff.; G. *Kirchhof*, Allgemeinheit (Fn. 180), S. 329 f.; für Befristungen bei interventionistischen Maßnahmen *Isensee*, Mehr Recht (Fn. 701), S. 139 (144).

[840] Es gibt keinen verfassungsrechtlichen „Testbonus" für Experimentalgesetze: *Hoffmann-Riem*, Experimentelle Gesetzgebung (Fn. 129), S. 55 (63 ff.).

Zeigen sich in der **Wirkungskontrolle**[841] Defizite, darf dies nicht zum Kurzschluss auf Handlungsbedarf und etwaiger Handlungsbedarf nicht zum Kurzschluss auf Normänderungsbedarf verleiten:[842] Stets sind die Sockeldefizite, die durch Änderungen entstehenden Transaktionskosten, die möglichen Alternativen – darunter inkrementelle gesellschaftliche Selbstregulierung – und deren Kosten-Nutzen-Bilanz in die Abwägung einzustellen. Wenn sich danach eine Gesetzesänderung als das kleinste Übel erweist, dann (und erst dann) sollte der Gesetzgeber tätig werden.

Leitentscheidungen

EuGH, Rs. 25/70, Slg. 1970, 1161 – Köster (Basis- und Ausführungsrechtsakt).
BVerfGE 1, 14 – Südweststaat (Anforderungen an Ermächtigung nach Art. 80 GG).
BVerfGE 25, 371 – Lex Rheinstahl (Zulässigkeit des Einzelfallgesetzes).
BVerfGE 33, 125 – Facharzt (Satzungsautonomie, Gesetzesvorbehalt).
BVerfGE 49, 89 – Kalkar (begrenzter Gesetzesvorbehalt, dynamischer Grundrechtsschutz).
BVerfGE 95, 1 – Südumfahrung Stendal (Legalplanung).
BVerfGE 110, 33 – Außenwirtschaftsgesetz (Normenbestimmtheit, Normenklarheit).
BVerfGE 114, 196 – Beitragssicherungsgesetz (Entsteinerungsklauseln, Normenklarheit).
BVerfGE 116, 24 – Erschlichene Einbürgerung (Normenbestimmtheit, Generalklauseln).

Ausgewählte Literatur

Bast, Jürgen, Handlungsformen und Rechtsschutz. In: v. Bogdandy/Bast (Hrsg.), Europäisches VerfR, S. 489–557.
Becker, Florian, Kooperative und konsensuale Strukturen in der Normsetzung, Tübingen 2005.
Beyme, Klaus v., Der Gesetzgeber. Der Bundestag als Entscheidungszentrum, Opladen 1997.
Böckenförde, Ernst-Wolfgang, Gesetz und gesetzgebende Gewalt. Von den Anfängen der deutschen Staatsrechtslehre bis zur Höhe des staatsrechtlichen Positivismus. 2., um Nachträge und ein Nachwort ergänzte Aufl., Berlin 1981.
Brandner, Thilo, Gesetzesänderung. Eine rechtstatsächliche und verfassungsrechtliche Untersuchung anhand der Gesetzgebung des 13. Deutschen Bundestages, Berlin 2004.
Bumke, Christian, Der Gesetzesvorbehalt heute, in: Bund Deutscher Verwaltungsrichter (BDVR)-Rundschreiben 02/2004, S. 76–83.
Busch, Bernhard, Das Verhältnis des Art. 80 Abs. 1 S. 2 GG zum Gesetzes- und Parlamentsvorbehalt, Berlin 1992.
Di Fabio, Udo, Verlust der Steuerungskraft klassischer Rechtsquellen, NZS 1998, S. 449–455.
Erichsen, Hans-Uwe, Vorrang und Vorbehalt des Gesetzes, JURA 1995, S. 550–554.
Götz, Volkmar/Klein, Hans Hugo/Starck, Christian (Hrsg.), Die öffentliche Verwaltung zwischen Gesetzgebung und richterlicher Kontrolle, München 1985.
Grawert, Rolf, Gesetz. In: Otto Brunner/Werner Conze/Reinhart Koselleck (Hrsg.), Geschichtliche Grundbegriffe. Historisches Lexikon zur politisch-sozialen Sprache in Deutschland, Bd. 2 (E-G), Stuttgart 1975, S. 863–922.
Herzog, Roman, Gesetzgeber und Verwaltung, VVDStRL, Bd. 24 (1966), S. 183–209.
Hilf, Meinhard/Classen, Kai-Dieter, Der Vorbehalt des Gesetzes im Recht der Europäischen Union, in: FS Peter Selmer, Berlin 2004, S. 71–91.

---

[841] Zur Implementations- und Evaluationsforschung → Bd. I *Voßkuhle* § 1 Rn. 35; zur „Erfolgskontrolle": *Heinrich J. Schröder,* Zur Erfolgskontrolle der Gesetzgebung, in: Jahrbuch für Rechtssoziologie und Rechtstheorie, Bd. 3 (1972), S. 271 ff. mit Vorschlag eines institutionalisierten Rückmeldeverfahrens (S. 285 f.).
[842] Vgl. *Hufen,* Grundlagengesetze (Fn. 432), S. 11 (17); ferner *Huster,* Beobachtungspflicht (Fn. 838), S. 3 (24): strikte Unterscheidung von gesetzgeberischer Beobachtungs- und Nachbesserungspflicht.

Hill, Hermann (Hrsg.), Zustand und Perspektiven der Gesetzgebung. Vorträge und Diskussionsbeiträge der 56. Staatswissenschaftlichen Fortbildungstagung 1988 der Hochschule für Verwaltungswissenschaften Speyer, Berlin 1989.
Hoffmann-Riem, Wolfgang, Experimentelle Gesetzgebung, in: FS Werner Thieme, Köln u. a. 1993, S. 55–69.
– Gesetz und Gesetzesvorbehalt im Umbruch. Zur Qualitäts-Gewährleistung durch Normen, AöR, Bd. 130 (2005), S. 5–70.
Holtschneider, Rainer, Normenflut und Rechtsversagen. Wie wirksam sind rechtliche Regelungen?, Baden-Baden 1991.
Huber, Peter M., Die entfesselte Verwaltung, StWStP, Bd. 6 (1997), S. 423–459.
Hufen, Friedhelm, Gesetzesgestaltung und Gesetzesanwendung im Leistungsrecht, VVDStRL, Bd. 47 (1989), S. 142–171.
– Die Grundrechte und der Vorbehalt des Gesetzes, in: Dieter Grimm (Hrsg.), Wachsende Staatsaufgaben – sinkende Steuerungsfähigkeit des Rechts, 1990, S. 273–289.
Janssen, Albert, Über die Grenzen des legislativen Zugriffsrechts. Untersuchungen zu den demokratischen und grundrechtlichen Schranken der gesetzgeberischen Befugnisse, Tübingen 1990.
Jesch, Dietrich, Gesetz und Verwaltung. Eine Problemstudie zum Wandel des Gesetzmäßigkeitsprinzips, Tübingen 1961.
Kirchhof, Gregor, Die Allgemeinheit des Gesetzes. Über einen notwendigen Garanten der Freiheit, der Gleichheit und der Demokratie (Jus Publicum, Bd. 184), Tübingen 2009.
Klein, Eckart, Gesetzgebung ohne Parlament? (Schriftenreihe der Juristischen Gesellschaft zu Berlin, H. 175), Berlin 2004.
Kloepfer, Michael, Gesetzgebung im Rechtsstaat, VVDStRL, Bd. 40 (1982), S. 63–98.
– Der Vorbehalt des Gesetzes im Wandel, JZ 1984, S. 685–695.
Krebs, Walter, Vorbehalt des Gesetzes und Grundrechte. Vergleich des traditionellen Eingriffsvorbehalts mit den Grundrechtsbestimmungen des Grundgesetzes, Berlin 1975.
Lepsius, Oliver, Steuerungsdiskussion, Systemtheorie und Parlamentarismuskritik, Tübingen 1999.
Murswiek, Dietrich, Dynamik der Technik und Anpassung des Rechts, in: FS Martin Kriele, München 1997, S. 651–676.
Ossenbühl, Fritz, Gesetz und Recht – Die Rechtsquellen im demokratischen Rechtsstaat, in: Josef Isensee/Paul Kirchhof (Hrsg.), HStR V, 3. Aufl. 2007, § 100, S. 135–182.
– Vorrang und Vorbehalt des Gesetzes, a. a. O., § 62, S. 315–349.
– Die Not des Gesetzgebers im naturwissenschaftlich-technischen Zeitalter (Nordrhein-Westfälische Akademie der Wissenschaften, Vorträge G 367), Wiesbaden 2000.
Pöcker, Markus, Das Parlamentsgesetz im sachlich-inhaltlichen Steuerungs- und Legitimationsverbund, Der Staat, Bd. 41 (2002), S. 616–635.
Saurer, Johannes, Die Funktionen der Rechtsverordnung. Der gesetzgeberische Zuschnitt des Aufgaben- und Leistungsprofils exekutiver Rechtsetzung als Problem des Verfassungsrechts, ausgehend vom Referenzgebiet des Umweltrechts, Berlin 2005.
Schmidt-Aßmann, Eberhard, Die Rechtsverordnung in ihrem Verhältnis zu Gesetz und Verwaltungsvorschrift, in: FS Klaus Vogel, Heidelberg 2000, S. 477–494.
– Zur Gesetzesbindung der verhandelnden Verwaltung, in: FS Winfried Brohm, München 2002, S. 547–566.
Schneider, Hans, Gesetzgebung, 3. Aufl., Heidelberg 2002.
Schulze-Fielitz, Helmuth, Theorie und Praxis parlamentarischer Gesetzgebung, besonders des 9. Deutschen Bundestages (1980–1983), Berlin 1988.
Schuppert, Gunnar Folke (Hrsg.), Das Gesetz als zentrales Steuerungsinstrument des Rechtsstaates. Symposion anlässlich des 60. Geburtstages von Christian Starck, Baden-Baden 1998.
– Gute Gesetzgebung. Bausteine einer kritischen Gesetzgebungslehre, ZG, Jg. 18, 2003, Sonderheft.
Seiler, Christian, Der einheitliche Parlamentsvorbehalt, Berlin 2000.
Starck, Christian (Hrsg.), Rangordnung der Gesetze. 7. Symposion der Kommission „Die Funktion des Gesetzes in Geschichte und Gegenwart" am 22. und 23. April 1994, Göttingen 1995.
Staupe, Jürgen, Parlamentsvorbehalt und Delegationsbefugnis. Zur „Wesentlichkeitstheorie" und zur Reichweite legislativer Regelungskompetenz, insbesondere im Schulrecht, Berlin 1986.
Uhle, Arnd, Parlament und Rechtsverordnung, München 1999.
Vogel, Klaus, Gesetzgeber und Verwaltung, VVDStRL, Bd. 24 (1966), S. 125–182.
Voßkuhle, Andreas, Kodifikation als Prozeß, in: Hans Schlosser (Hrsg.), Bürgerliches Gesetzbuch 1896–1996, Heidelberg 1997, S. 77–95.

– Gesetzgeberische Regelungsstrategien der Verantwortungsteilung zwischen öffentlichem und privatem Sektor, in: Gunnar Folke Schuppert (Hrsg.), Jenseits von Privatisierung und „schlankem" Staat, Baden-Baden 1999, S. 47–90.

Wahl, Rainer, Die bürokratischen Kosten des Rechts- und Sozialstaats, DV, Bd. 13 (1980), S. 273–296.

Wißmann, Hinnerk, Generalklauseln. Verwaltungsbefugnisse zwischen Gesetzmäßigkeit und offenen Normen, Tübingen 2008.

Zeh, Wolfgang, Wille und Wirkung der Gesetze. Verwaltungswissenschaftliche Untersuchung am Beispiel des Städtebauförderungsgesetzes, Bundesimmissionsschutzgesetzes, Fluglärmgesetzes und Bundesausbildungsförderungsgesetzes, Heidelberg 1984.

Materialien

BMI (Hrsg.), Moderner Staat – Moderne Verwaltung. Der Mandelkern-Bericht. Auf dem Weg zu besseren Gesetzen. Abschlussbericht, 13. November 2001. Berlin 2002 (http://www.staat-modern.de/Anlage/original_548848/Moderner-Staat-Moderne-Verwaltung-Der-Mandelkern-Bericht-Auf-dem-Weg-zu-besseren-Gesetzen.pdf).

Michael F. Feldkamp, Datenhandbuch zur Geschichte des Deutschen Bundestages 1994 bis 2003, Baden-Baden 2005 (zugänglich über: www.bundestag.de/dokumente/datenhandbuch/index.html).

ders., Datenhandbuch zur Geschichte des Deutschen Bundestages 1990 bis 2010 (zugänglich über die o. a. Internetseite).

§ 10 Eigenständigkeit der Verwaltung

Wolfgang Hoffmann-Riem

Übersicht

	Rn.
A. Zeitabhängigkeit der Sicht auf Staat und Verwaltung	1
I. Unterschiedliche Sichten auf die Verwaltung	1
1. Entwicklung in Deutschland	2
2. Rechtsvergleichung (Frankreich und Großbritannien)	6
II. Vielfalt der Orientierungen des Verwaltungshandelns	9
B. Pluralität administrativer Akteure: relative Eigenständigkeit der Verwaltungen	17
I. Vielzahl und Vielfalt der Verwaltungseinheiten	17
II. Arten und Intensitäten inneradministrativer Eigenständigkeiten	22
C. Binnensteuerung der Verwaltung	28
I. Elemente der Steuerung des Entscheidungsprozesses	29
II. Herstellung, Rechtfertigung und Darstellung einer Entscheidung	30
III. Binnenrationalität	36
D. Gewaltengliederung als Modus funktionaler Differenzierung	38
I. Gewaltengliederung als Grundsatz	39
II. Das Besondere der Verwaltung im Verhältnis zu den anderen Staatsgewalten	40
E. Regierung und Verwaltung als Träger vollziehender Gewalt	47
I. Regierung als Staatsleitung	47
II. Grenzen der Einwirkungsmöglichkeit der Regierung auf die Verwaltung	50
III. Von „ministerialfreien Räumen" zu verselbständigten Verwaltungseinheiten, insbesondere Agenturen	53
IV. Veränderungen durch Verwaltungsmodernisierungen	55

	Rn.
F. Eigenständigkeit der Verwaltung gegenüber dem Gesetzgeber	56
I. Einbindung in ein vielfältiges Geflecht von Rücksichtnahmen	57
II. Umgang mit administrativen Bindungen	61
G. Eigenständigkeit der Verwaltung gegenüber Kontrollinstanzen, insbesondere den Gerichten	70
I. Zur geschichtlichen Entwicklung	71
II. Verwaltungshandeln im europäischen Verbund	73
III. Bindungsfreiheit und Letztentscheidungsmacht	81
1. Angewiesensein der Gerichtskontrolle auf rechtliche Maßstäbe	81
2. Ermächtigung zum (relativ) gerichtskontrollfreien Handeln in einem Optionenraum (Ermessen)	83
3. Unterschiedliche Arten der Zuteilung von Letztentscheidungsmacht durch den Gesetzgeber	89
4. Kontrolle planerischer Abwägung als Muster	96
5. Richtigkeitsgewähr durch prozedurale Vorkehrungen	100
6. Funktionale Differenzierung zwischen Verwaltung und Gerichten	102
H. Änderungen in den Problemlagen als Anstöße für neue Perspektiven auf die administrative Eigenständigkeit	106
I. Entgrenzungen und Interdependenzen	106
II. Herausforderungen für die Neue Verwaltungsrechtswissenschaft	111
III. Kohärenzsicherung durch Konzepte, Strategien, Verfahrensarrangements u. ä.	115
IV. Eigenständigkeitspotential unterschiedlicher Ordnungsmuster des Verwaltungshandelns (Beispiele)	125
1. Imperatives Verwaltungshandeln	126

	Rn.		Rn.
2. Stimulierendes Verwaltungshandeln	127	I. Ausblick	138
3. Innovationsbezogenes Verwaltungshandeln	128	Leitentscheidungen Ausgewählte Literatur	
4. Informationsverarbeitendes und informierendes Verwaltungshandeln	131		

A. Zeitabhängigkeit der Sicht auf Staat und Verwaltung

I. Unterschiedliche Sichten auf die Verwaltung

Wenn die Wissenschaft von der Verwaltung sich mit der grundsätzlichen Rechtfertigung oder mit den Zwecken, den Aufgaben sowie den Instrumenten und dem konkreten Handeln der administrativen Hoheitsträger befasst, nimmt sie naturgemäß als Ausgangspunkt der Beurteilung den Staat (hier verwendet als Sammelbegriff für staatliche sowie trans- und internationale Hoheitsträger)[1] in seiner jeweiligen Gestalt. Grundlage der Analyse ist das jeweils verfügbare gesellschaftliche Wissen, das aber Anlass sein kann, die auf früheres Wissen aufbauenden Einsichten zu verändern, zugleich aber seinerseits Gefahr läuft, demnächst durch einen neuen Wissensstand wieder überholt zu werden. Dieser Verankerung im Heute entrinnen auch die folgenden Ausführungen nicht, die Erscheinungsformen der relativen **Eigenständigkeit der Verwaltung** zunächst **gegenüber anderen Gewalten** behandeln, aber auch die **staatliche Verwaltung im Gefüge weiterer Akteure und institutioneller Rahmenbedingungen** analysieren. Dabei werden Akzentverlagerungen in den Handlungsmodi zu berücksichtigen sein, die gegenwärtig für die Bewältigung von Problemen maßgebend sind. Deren Relevanz und Wandel versucht beispielsweise die Governance-Forschung analytisch zu erfassen. Von ihr wird unter anderem die Bedeutung unterschiedlicher – auch als Governancemodi bezeichneter – Handlungsmodi (Hierarchie, Verhandlung/Kooperation, Wettbewerb/Markt, Netzwerke) herausgearbeitet.[2]

1

Die Verortung der Stellung der Verwaltung, insbesondere die Bestimmung ihrer (relativen) Eigenständigkeit, führt in Felder traditionell einfach gelagerter (etwa bipolarer) Rechtsbeziehungen, aber auch in Felder mit multipolaren Interessenbeziehungen und multidimensionalen Problemlagen und entsprechend komplexen Regelungsstrukturen. Die Untersuchung kann nicht bei der Bestimmung des Verhältnisses der Verwaltung zu den anderen beiden Staatsgewalten stehen bleiben, sondern muss auch Änderungen im Verwaltungsbereich selbst – ein prominentes Beispiel ist die vermehrte Einrichtung von (teil-)unabhängigen Agenturen – und neuartige Kooperationen oder gar Vernetzungen mit anderen Akteuren und neue Wege der Problembewältigung einbeziehen. **Eigenständigkeit** bemisst sich dabei nicht nur daran, wie weit die Verwaltung im Verhältnis zu anderen Staatsgewalten und zum Bürger als rechtlich gebundene Institution handelt oder zwischen Optionen wählen und gegebenenfalls sogar den Optionenraum selbst mitbestimmen kann, sondern auch daran, ob sie in der Interaktion, insbesondere Kooperation, mit anderen (privaten oder hybriden) Akteuren rechtlich und faktisch über Handlungsmacht verfügt, die es ihr erlaubt, problem- und situationsadäquat zu handeln, insbesondere auf das Verhalten anderer,

1a

---

[1] Mit → Bd. I *Eifert* § 19 Fn. 20 verstehe ich den Begriff Staat in dieser Abhandlung in einem weiten, auf einen rechtlich, insbes. verfassungs- und europarechtlich demokratisch legitimierten Herrschaftsverbund bezogenen Sinne, s. schon *Wolfgang Hoffmann-Riem,* Modernisierung von Recht und Justiz, 2001, S. 23 f.
[2] Zu verschiedenen Governance-Modi s. die Beiträge in Teil 1: Governance-Mechanismen und -formen: Strukturen und Dynamiken, in: Arthur Benz/Susanne Lütz/Uwe Schimank/Georg Simonis (Hrsg.), Handbuch Governance, 2007, S. 27 ff. S. auch die Nachweise in → Fn. 559.

insbesondere machtstarker, Akteure so zu reagieren, dass ihr Gemeinwohlauftrag erfüllt werden kann.

1b Fragen nach Entscheidungsspielräumen werden in der Rechtswissenschaft bisher vor allem im Rahmen der Lehren vom Ermessen[3] und von der planerischen Abwägung[4] behandelt. Es wird sich zeigen, dass die überkommene **Ermessenslehre** nicht mehr ausreicht, den Umgang mit Entscheidungsspielräumen unter den aktuellen Bedingungen angemessen zu erfassen, dies auch angesichts der Integration im europäischen Rechtsraum. Die Ermessenslehre bedarf der Fortentwicklung. Letztlich geht es dabei aber um eine das Ermessensproblem überschreitende Fragestellung, nämlich die, ob der Verwaltung im gegenwärtigen Verwaltungsrecht eine ihrer Aufgabe, ihrer aktuellen Bedeutung und ihrer Problemlösungspotenz gemäße Rolle im Gefüge der Träger von Hoheitsgewalt eingeräumt wird und wie diese Rolle gegebenenfalls neu zu bestimmen ist.

1. Entwicklung in Deutschland

2 Für *Lorenz von Stein* und seine in der Tradition der „gesamten Staatswissenschaft"[5] stehende Verwaltungslehre[6] war die Verwaltung das Zentrum staatlicher Betätigung. Das Parlament als Institution war erst noch auf dem Weg, zum höchsten Organ demokratischer Selbstbestimmung des Volkes zu werden; auch war die gerichtliche Kontrolle der Verwaltung im staatlichen Organisationsgefüge sehr begrenzt und eine Verwaltungsgerichtsbarkeit noch nicht ausgebaut. Institutionell ließ sich daher eine weit gehende **Eigenständigkeit der Verwaltung** feststellen. *Lorenz von Steins* Darstellung und Forderung nach einer Zusammenschau von Verwaltungslehre und Verwaltungsrecht scheute sich nicht, deskriptive und präskriptive Befunde in einer auf philosophische Grundlagen zurückgreifenden, enzyklopädisch angelegten und in der Sache eher ganzheitlichen Betrachtung[7] der Verwaltung zu verschränken.

3 Demgegenüber lag *Otto Mayers* Begründung eines systematisch am Gesetz ausgerichteten Verwaltungsrechts[8] als bestimmend das Programm einer **Beschränkung in rechtsstaatlicher Absicht** zugrunde. Das Verwaltungsrecht wurde als „das dem Verhältnisse zwischen dem verwaltenden Staate und seinen ihm dabei begegnenden Untertanen eigentümliche Recht" umschrieben.[9] Das Verwaltungshandeln zielte – soweit es nicht als Ausübung so genannten „freien" Ermessens verstanden wurde[10] – auf das Wirksammachen des Gesetzes,[11] das

---

[3] Dazu s. u. → Rn. 83 ff.

[4] Dazu s. u. → Rn. 96 ff.

[5] Zu ihr und zum Verhältnis zur Verwaltungslehre s. *Hans Maier*, Die ältere deutsche Staats- und Verwaltungslehre, 2. Aufl. 1980; *Michael Stolleis*, Verwaltungsrechtswissenschaft und Verwaltungslehre 1866–1914, DV, Bd. 15 (1982), S. 45 ff.

[6] Siehe dazu *Lorenz v. Stein*, Die Verwaltungslehre: 8 Teile in 10 Bänden, Neudruck der 1.–2. Aufl. (1866–1884) 1962; s. a. *ders.*, Handbuch der Verwaltungslehre, 3. Aufl. 1887–1888.

[7] Vgl. zu dem Ansatz einer Gesamtschau *Ernst R. Huber*, Lorenz von Stein und die Grundlegung der Idee des Sozialstaats, in: *ders.*, Nationalstaat und Verfassungsstaat: Studien zur Geschichte der modernen Staatsidee, 1965, S. 127; *Stefan Koslowski*, Zur Philosophie von Wirtschaft und Recht. Lorenz von Stein im Spannungsfeld zwischen Idealismus, Historismus und Positivismus, 2005.

[8] *Mayer*, VerwR.

[9] *Mayer*, VerwR, S. 14.

[10] Zu ihm *Fleiner*, Institutionen des VerwR, S. 132; *Mayer*, VerwR, S. 69, 77, 99; *Jellinek*, VerwR, S. 28 ff., 90 sowie u. → Fn. 50.

[11] *Mayer*, VerwR, S. 77 f.

A. Zeitabhängigkeit der Sicht auf Staat und Verwaltung

zur Begrenzung administrativer eingreifender Gewalt und der Eigenständigkeit seiner Träger führen sollte. Der strukturelle Rahmen eines Handelns in Anleitung durch das Gesetz[12] war die hierarchisch in den Staat eingebundene und ihrerseits in sich **hierarchisch strukturierte Verwaltung.** Deren Funktionsmodi waren auf das bürokratische Vollzugsmodell bezogen, das vor allem *Max Weber* in folgenreicher Art nachgezeichnet oder besser: gedanklich-konzeptionell rekonstruiert hat.[13] Das Postulat der Gesetzesbindung erlaubte es, die Verwaltung im Bereich von Gesetzesvorbehalt und -vorrang als einen vom fremden Willen (des Gesetzgebers) gesteuerten bürokratischen Apparat zu verstehen. In heutiger Terminologie sollte die Legislative „programmieren" und die **Verwaltung als „programmierte" Instanz** nach den Regeln legal-bürokratischer Herrschaft handeln.

Diese Grundkonzeption wurde in der **Weimarer Zeit** aufrechterhalten, allerdings mit dem Blick auf die verfassungsrechtliche Absicherung einer parlamentarischen Demokratie und den Aufbau einer eigenständigen Verwaltungsgerichtsbarkeit modifiziert.[14] An dieses Konzept knüpfte auch die Wiederbegründung des Verwaltungsrechts und seiner Wissenschaft **nach dem Zweiten Weltkrieg** an, als die Folgen des nationalsozialistischen Unrechtsregimes – und die einer rechtlich entfesselten Verwaltung – verarbeitet, vor allem aber der Wiederaufbau ermöglicht werden sollte. *Hans Julius Wolffs* dreibändiges Verwaltungsrecht[15] steht für eine rechtliche, vor allem rechtssystematische und -dogmatische Zentrierung des Blicks auf die in das Gefüge der drei Staatsgewalten eingebundene und dank der Generalklausel des Art. 19 Abs. 4 GG umfassender Gerichtskontrolle ausgesetzte und damit insofern keineswegs eigenständige Verwaltung.[16] Daneben und recht unverbunden entwickelte sich eine von Juristen verantwortete, aber das „Nichtjuristische der Verwaltung"[17] behandelnde **Verwaltungslehre** – Prototyp ist etwa *Werner Thiemes* Verwaltungslehre[18] – sowie relativ abgehoben davon eine sozialwissenschaftliche **Verwaltungswissenschaft** bzw. Verwaltungssoziologie.[19] Verwaltung und Verwaltungsrecht als Gegenstände von Wissenschaft drifteten auseinander. Erst um die Jahrtausendwende gab es in Gestalt von *Gunnar Folke Schupperts* „Verwaltungswissenschaft"[20] eine systematische Gesamtdarstellung, die einerseits bewusst grenzüberschreitend vorging und andererseits das Normative wieder in das Blickfeld der Verwaltungswissenschaft

4

---

[12] Vgl. *Mayer*, VerwR, S. 64 ff.

[13] *Max Weber*, Wirtschaft und Gesellschaft, 5. revidierte Aufl. 1985, S. 126 f., 552 f.

[14] Typisch dafür etwa *Richard Thoma*, Der Vorbehalt der Legislative und das Prinzip der Gesetzmäßigkeit von Verwaltung und Rechtsprechung, in: Anschütz/Thoma (Hrsg.), HStR II, S. 221 (227 ff.).

[15] *Hans J. Wolff*, Verwaltungsrecht, Bd. I, 8. Aufl. 1971; Bd. II, 3. Aufl. 1970; Bd. III, 3. Aufl. 1973.

[16] Vgl. *Wolff*, Verwaltungsrecht (Fn. 15), Bd. I, S. 31 zum Verhältnis von Gesetzesgebundenheit und Ermessen sowie *ders.*, Verwaltungsrecht (Fn. 15), Bd. II, 7. Teil zum Verwaltungsverfahren und dem Verwaltungsrechtsschutz.

[17] Vgl. dazu *Peter Badura*, Die Verwaltung als soziales System, DÖV 1970, S. 18 ff.

[18] *Thieme*, VerwaltungsL. Vgl. auch *Püttner*, VerwaltungsL sowie *Bull/Mehde*, VerwR, Rn. 329 ff.

[19] Hierfür stehen etwa *Thomas Ellwein*, Einführung in die Regierungs- und Verwaltungslehre, 1966; *Renate Mayntz*, Soziologie der öffentlichen Verwaltung, 4. Aufl. 1997.

[20] *Schuppert*, Verwaltungswissenschaft. Ein vorgängiger Versuch einer Bestimmung der Verwaltung aus ganzheitlicher (rechts-, politik- und wirtschaftswissenschaftlicher sowie soziologischer) Sicht ist: *Bernd Becker*, Öffentliche Verwaltung, 1989. *Becker* sucht insbes. die Konzepte von *Max Weber*, der Systemtheorie und der Entscheidungstheorie zu verbinden.

§ 10 Eigenständigkeit der Verwaltung

einbezog und die Verwaltung auch in ihrer relativen Eigenständigkeit gegenüber den anderen Gewalten in übergreifender Weise analysierte.

5   Weitgehend ausgespart wurde in der Literatur vielfach das Anliegen, das Normative im Wechselspiel mit der Realität der Verwaltung (die ihrerseits normativ geprägt ist) zu (re)konstruieren, dies auch mit dem Ziel der Entwicklung einer entsprechend systematisch vorgehenden Rechtsdogmatik. Vor dieser Aufgabe steht die **Neue Verwaltungsrechtswissenschaft**,[21] die dabei auch die Eingebundenheit der Verwaltung und ihres Handelns in das Gefüge der nationalen Staatsgewalten sowie der trans- und internationalen Träger von Hoheitsgewalt und in die vielfältigen Bereiche des Rechts und in verschiedenen Handlungsebenen zu verarbeiten hat. Die Frage nach der Eigenständigkeit der Verwaltung stellt sich für das Verwaltungsrecht mit dem Blick auf den Komplex vielfältiger Regelungsstrukturen, in die Verwaltungshandeln eingebettet ist. In Bezug genommen wird hier mit dem Begriff der **Regelungsstrukturen**[22] ein mehr oder minder vielfältiger Bestand der für eine Problemlösung maßgebenden materiellen und formellen rechtsnormativen Programme, der spezifischen Wissensbestände und präskriptiven Orientierungen („Kulturen"[23]) der handelnden Organisation und ihrer Mitglieder sowie begleitender negativer oder positiver Anreize (knappe oder reichliche Ressourcen, Karrieremuster u. ä.), jeweils unter Einbeziehung der kommunikativen Vernetzung mit anderen hoheitlichen oder privaten Akteuren.[24] Hinzuweisen ist allerdings darauf, dass der Begriff in der Literatur in unterschiedlicher Weise genutzt wird.[25]

2. Rechtsvergleichung (Frankreich und Großbritannien)

6   Unterschiedliche Rechtsordnungen pflegen unterschiedliche Konzepte der Verwaltung und ihrer Einbettung in das Gesamtgefüge der Staatsgewalten zu entwickeln. So zeigt die **Rechtsvergleichung**[26], dass andere Staaten auf Grund ihrer Tradition und Entwicklungsschritte zum Teil andere Wege gegangen sind.[27]

---

[21] → Bd. I *Voßkuhle* § 1 Rn. 16 ff.
[22] → Bd. I *Schuppert* § 16 Rn. 26 ff.
[23] Zu Verwaltungskulturen s. *Wolff/Bachof/Stober/Kluth*, VerwR II, § 79 Rn. 163 ff.
[24] Vgl. *Hans-Heinrich Trute*, Die Verwaltung und das Verwaltungsrecht zwischen gesellschaftlicher Selbstregulierung und staatlicher Steuerung, DVBl 1996, S. 950 ff.; *ders.*, Verantwortungsteilung als Schlüsselbegriff eines sich verändernden Verhältnisses von öffentlichem und privatem Sektor, in: Gunnar Folke Schuppert (Hrsg.), Jenseits von Privatisierung und schlankem Staat, 1999, S. 13 (22 f.).
[25] Zu seiner, zum Teil anders akzentuierten Nutzung aus sozialwissenschaftlich-analytischer Perspektive s. insbes. *Renate Mayntz/Fritz W. Scharpf*, Steuerung und Selbstorganisation in staatsnahen Sektoren, in: dies. (Hrsg.), Gesellschaftliche Selbstregelung und politische Steuerung, 1995, S. 9 ff.
[26] Zu ihrer Bedeutung s. *Christian Starck*, Rechtsvergleichung im öffentlichen Recht, JZ 1997, S. 1021 ff.; *Georgios Trantas*, Die Anwendung der Rechtsvergleichung bei der Untersuchung des öffentlichen Rechts, 1998, S. 27 (27 ff., 87 ff., 93); *Karl-Peter Sommermann*, Die Bedeutung der Rechtsvergleichung für die Fortentwicklung des Staats- und Verwaltungsrechts, DÖV 1999, S. 1017 ff.; *Matthias Ruffert*, Die Methodik der Verwaltungsrechtswissenschaft in anderen Ländern der Europäischen Union, in: Schmidt-Aßmann/Hoffmann-Riem (Hrsg.), Methoden, S. 165 (168 ff.); *Christoph Möllers*, Gewaltengliederung. Legitimation und Dogmatik im nationalen und übernationalen Rechtsvergleich, 2005, S. 7 Fn. 43; *Peter de Cruz*, Comparative Law in a changing world, 2. Aufl. 1999, S. 230 ff.; *Albrecht Weber*, Europäische Verfassungsvergleichung, 2010. Speziell zur Vorgehensweise der funktionalen Rechtsvergleichung s. *Konrad Zweigert/Hein Kötz*, Einführung in die Rechtsvergleichung auf dem Gebiete des Privatrechts, 3. Aufl. 1996, S. 31 ff.
[27] Zum Vergleich Spaniens, Italiens, Frankreichs und Deutschlands vgl. etwa *Michel Fromont*, Die Annäherung der Verwaltungsgerichtsbarkeiten in Europa. Die Befugnisse des Verwaltungsrichters

A. Zeitabhängigkeit der Sicht auf Staat und Verwaltung

Wird beispielsweise **Frankreich** besehen,[28] dann zeigt sich, dass das Parlament dort früher als in Deutschland eine dominante politische Stellung erworben hat, dass aber bis heute die seit jeher starke Stellung und Eigenständigkeit der rechtlich nur begrenzt gebundenen Administration nicht gebrochen wurde und dass die gerichtliche Kontrolle nur allmählich den Bereich der Verwaltung erfasste und hinsichtlich der Ausübung von Ermessen immer noch zurückhaltend erfolgt.[29] Die verwaltungsgerichtliche Überprüfungskompetenz entwickelte sich über den Ausbau des Staatsrats (Conseil d'État) zu einem Gericht; dieser behielt seine ursprüngliche Rolle als Berater und Unterstützer der Regierung bei, während er sich vom Träger verwaltungsinterner Kontrolle zu einem unabhängigen Gericht entwickelte.[30] Die Absicherung einer dem Recht zwar verpflichteten, aber nicht zuletzt Dank weiter Möglichkeiten für diskretionäres Verhalten auf eine zweckmäßige Aufgabenerfüllung ausgerichteten und möglichst gut funktionierenden Verwaltung hatte lange Zeit und hat teilweise noch heute Vorrang vor der Gewährung von (allmählich ausgebautem) Individualrechtsschutz.[31] Der Staatsrat und die zwischenzeitlich geschaffenen ihm untergeordneten gerichtlichen Instanzen[32] haben den Bereich und die Maßstäbe gerichtlicher Kontrolle zwar laufend ausgebaut und dabei rechtliche Kontrollinstrumente im Wesentlichen als kontrollbezogenes Richterrecht entwickelt,[33] aber die objektivrechtlichen Bindungen[34] der Verwaltung in den Vordergrund gestellt sowie ihre Ermessensspielräume (auf der Tatbestands- wie der Rechtsfolgenseite der Norm) respektiert und insgesamt eine relative Kontrollzurückhaltung geübt.[35]

---

gegenüber der Verwaltung, in: FG 50 Jahre Bundesverwaltungsgericht, 2003, S. 93 ff. S. auch die neue Einleitung in: *Schwarze*, Europäisches VerwR I; s. ferner *Jens-Peter Schneider*, Verwaltungsrecht in Europa: Einleitende Bemerkungen zur Verwaltungsrechtsvergleichung, in: Jens-Peter Schneider (Hrsg.), Verwaltungsrecht in Europa, Bd. 1: England und Wales, Spanien, Niederlande, 2007, S. 25 ff.

[28] Vgl. *Volker Schlette*, Die verwaltungsgerichtliche Kontrolle von Ermessensakten in Frankreich, 1991, S. 35 ff., 44 ff. m. w. N.; *Johannes Koch*, Verwaltungsrechtsschutz in Frankreich. Eine rechtsvergleichende Untersuchung zu den verwaltungsinternen und verwaltungsgerichtlichen Rechtsbehelfen des Bürgers gegenüber der Verwaltung, 1998; *Clemens Ladenburger*, Verfahrensfehlerfolgen im französischen und im deutschen Verwaltungsrecht, 1999; *Ruffert*, Methodik (Fn. 26), S. 187 ff. m. w. N.; *Nikolaus Marsch*, Frankreich, in: Jens-Peter Schneider (Hrsg.), Verwaltungsrecht in Europa, Bd. 2: Frankreich, Polen und Tschechien, 2009, S. 33 ff.; *ders*., Subjektivierung der gerichtlichen Verwaltungskontrolle in Frankreich, 2011.

[29] *Marsch*, Frankreich (Fn. 28), S. 191, 194.

[30] Vgl. dazu *Schlette*, Kontrolle (Fn. 28); *Koch*, Verwaltungsrechtsschutz (Fn. 28).; *Marsch*, Frankreich (Fn. 28), S. 48 ff.

[31] Vgl. *Jean-Marie Woehrling*, Die deutsche und die französische Verwaltungsgerichtsbarkeit an der Schwelle zum 21. Jahrhundert, NVwZ 1998, S. 462 (463); *Marsch*, Frankreich (Fn. 28).; *ders*., Subjektivierung (Fn. 28), S. 95 ff. und passim.

[32] Vgl. dazu *Johannes Koch*, Reform des Verwaltungsrechtsschutzes in Frankreich, NVwZ 1998, S. 1259 (1260).

[33] Näher dazu *Schlette*, Kontrolle (Fn. 28), S. 95 ff., 173 ff., 234 ff., 344 ff.; *Jürgen Schwarze*, Grundlinien und neuere Entwicklungen des Verwaltungsrechtsschutzes in Frankreich und Deutschland, NVwZ 1996, S. 22 ff.; *Ladenburger*, Verfahrensfehlerfolgen (Fn. 28); *Eckhard Pache*, Tatbestandliche Abwägung und Beurteilungsspielraum: Zur Einheitlichkeit administrativer Entscheidungsfreiräume und zu deren Konsequenzen im verwaltungsgerichtlichen Verfahren, 2001, S. 197 ff.; *Marsch*, Frankreich (Fn. 28), S. 147 ff., 169 ff.

[34] Vgl. etwa *Rüdiger Breuer*, Konditionale und finale Rechtsetzung, AöR, Bd. 127 (2002), S. 523 (543 f.).

[35] Zum Vergleich Deutschland mit Frankreich vgl. *Schwarze*, Grundlinien (Fn. 33); *Ruffert*, Methodik (Fn. 28), S. 180; vgl. übergreifend *Fromont*, Annäherung (Fn. 27), S. 93 ff.; *ders*., Rechtsschutz im deutschen und französischen Verwaltungsrecht, in: Michael Fehling / Klaus W. Grewlich (Hrsg.),

§ 10 Eigenständigkeit der Verwaltung

Dementsprechend ist das französische Recht durch ein vergleichsweise größeres Vertrauen in die Administration – und ein geringeres in die Judikative – als das deutsche geprägt. Administrative Handlungsspielräume werden in großem Ausmaß respektiert.[36]

8   Die Entwicklung in **Großbritannien**[37] als ein weiteres für die Rechtsentwicklung in Europa besonders wichtiges Land ist durch die durchgehende Sicherung der Souveränität des Parlaments und darüber abgeleitet eine relativ starke Eigenständigkeit der Verwaltung gegenüber den Gerichten geprägt. Seit den 1980er Jahren erweist sich als weiteres Spezifikum der Aufbau zahlloser Regulierungsagenturen, die weitgehend unabhängig von Ministerien arbeiten.[38] Ein besonderes Verwaltungsrecht hat sich erst spät entwickeln und eine gewisse Identität erarbeiten können.[39] Eine eigenständige Verwaltungsgerichtsbarkeit gibt es noch immer nicht, wohl aber spezielle Kontrollmöglichkeiten durch gerichtsähnliche Einrichtungen wie insbesondere die als unabhängige Ausschüsse ausgestalteten **Tribunals**[40] und den **Administrative Court** als Gerichtszweig des High Court of Justice.[41] Rechtliche Konflikte sind grundsätzlich vor der **ordentlichen Gerichtsbarkeit** auszutragen, der allerdings die Kontrolle von Parlamentsgesetzen verwehrt ist[42] – ein Grundsatz[43], der infolge des Beitritts zur Europäischen Union und zur EMRK nicht mehr voll durchhaltbar ist.[44] Die Verwaltung ist an das Recht gebunden, das jedoch häufig eine geringere Programmierungsdichte aufweist als in Deutschland; zusätzlich hat sie **Leitvorstellungen „guter Verwaltung"** zu beachten.[45] Besonderes Gewicht bei der Rechtskontrolle hat die **Beachtung verfahrensrechtlicher Vorgaben**[46], insbesondere

---

Struktur und Wandel des Verwaltungsrechts, 2011, S. 111 ff. Zur Stärkung des Primärrechtsschutzes durch den Eilrechtsschutz s. *Marsch*, Frankreich (Fn. 28), S. 165 ff.; *ders.*, Subjektivierung (Fn. 28), insbes. Teil 3.

[36] *Marsch*, Frankreich (Fn. 28), S. 190 f., 194 und passim.

[37] Zum Folgenden s. aus der deutschsprachigen Literatur *Wolfgang Spoerr*, Verwaltungsrechtsschutz in Großbritannien, VerwArch, Bd. 82 (1991), S. 25 ff.; *Jürgen Schwarze*, Die gerichtliche Kontrolle der Verwaltung in England, DÖV 1996, S. 771 ff.; *Ralf Brinktrine*, Verwaltungsermessen in Deutschland und England, 1998; *Ruffert*, Methodik (Fn. 26), S. 172 ff.; *Martin Loughlin*, Großbritannien, in: IPE III, § 44 Rn. 10 ff., 37 ff., 44 ff., 60 ff.; *Jean-Bernard Auby*, Die Transformation der Verwaltung und des Verwaltungsrechts, in: IPE III, § 56 Rn. 10 ff.

[38] *Loughlin*, Großbritannien (Fn. 37), § 44 Rn. 73.

[39] Vgl. *Ruffert*, Methodik (Fn. 26), S. 174 ff. m. w. N. aus der angelsächsischen Literatur; *Loughlin*, Großbritannien (Fn. 37), § 44, Rn. 50 ff., 75; *Auby*, Transformation (Fn. 37), § 56 Rn. 16. S. auch *Schwarze*, Europäisches VerwR I, S. XXIII ff.

[40] Zu ihrer Stellung und Entwicklung s. *Loughlin*, Großbritannien (Fn. 37), § 44, insbes. Rn. 54; *Guido Kleve/Benjamin Schirmer*, England und Wales, in: Schneider, Verwaltungsrecht in Europa (Fn. 27), S. 35, 120 ff., 123 ff.

[41] Vgl. *Ruffert*, Methodik (Fn. 26), S. 176; *Loughlin*, Großbritannien (Fn. 37), § 44 Rn. 66.

[42] Vgl. *Kleve/Schirmer*, England (Fn. 40), S. 68, 72.

[43] Zum Grundsatz der Parlamentssouveränität vgl. *Kleve/Schirmer*, England (Fn. 40), S. 68, 73 ff.

[44] Zum Constitutional Reform Act 2005, auf dessen Grundlage im Jahr 2010 der Supreme Court of the United Kingdom geschaffen worden ist, s. *Diana Woodhouse*, The Constitutional Reform Act 2005 – defending judicial independence the English way, International Journal of Constitutional Law 2007, S. 153 ff.

[45] Vgl. die Aufzählung von principles of good administration in R. v. Monopolies and Mergers Commission, ex parte Argyll Group (1986), 1 Weekly Law Report 763 (774).

[46] Vgl. etwa *Carol Harlow*, Proceduralism in English Administrative Law, in: Karl-Heinz Ladeur (Hrsg.), The Europeanization of Administrative Law, 2002, S. 46 (65); *Loughlin*, Großbritannien (Fn. 37), § 44 Rn. 65.

A. Zeitabhängigkeit der Sicht auf Staat und Verwaltung

der *procedural fairness*, sowie die Einhaltung der Grenzen der eingeräumten Befugnisse (Prüfung des Handelns *ultra vires*, insbesondere im Verhältnis zum Gesetzgeber) und ihrer angemessenen prozeduralen Handhabung (Prüfung insbesondere von *unreasonableness* und *rationality* unter Einschluss der *proportionality*).[47] Neben der eingeschränkten Rechtskontrolle hat die politische Kontrolle durch das Parlament[48] bzw. seine Komitees und Ombudsmänner eigenständiges Gewicht.

II. Vielfalt der Orientierungen des Verwaltungshandelns

Für die in der Tradition der Sichtweise *Otto Mayers* stehende deutsche Verwaltungsrechtswissenschaft war die **Stellung der Verwaltung als gesetzlich programmierte Instanz** durch drei Elemente geprägt: (1) die **Einheitsvorstellung** vom Staat, (2) **Hierarchiestrukturen** und (3) das Verständnis der **Legalität** als maßgebender Modus zur Legitimation staatlicher Herrschaft.[49] Heute reichen diese Konstruktionsprinzipien ungeachtet ihres Fortwirkens in der Rechtsordnung und ihres Einflusses auf die Funktionsweise der Staatsgewalt jedenfalls nicht mehr zur normativen Anleitung und zur empirischen Beschreibung aktuell maßgebender Modi der Problembewältigung aus.[50] In den Modellierungen etwa von *Otto Mayer* oder *Max Weber* waren sie allerdings eher als theoretische Konstrukte denn als empirische Befunde zu verstehen.[51] Legalitätsbezogene Analysen erfassten nur einen Teil des Verwaltungshandelns, insbesondere nicht die Bereiche, für die seinerzeit „**freies Ermessen**" reklamiert wurde.[52] 9

Die Verwaltung – etwa die preußische in der Zeit des Deutschen Kaiserreichs – hätte die vielen fortbestehenden wohlfahrtsstaatlichen Zwecke und die alten und neuen Herausforderungen insbesondere bei der Industrialisierung Ende des 19. Jahrhunderts oder bei der Verarbeitung der Begleitfolgen des Ersten Weltkriegs nicht bewältigen können, wenn sie sich auf gesetzesangeleitetes Handeln 10

---

[47] Zu den Maßstäben s.a. *Ruffert*, Methodik (Fn. 26), S. 175f.; *Kleve/Schirmer*, England (Fn. 42), S. 101 ff.

[48] Vgl. die rechtsvergleichende Übersicht bei *Pache*, Abwägung (Fn. 33), S. 192 ff. und aus der Literatur insbes. *Schlette*, Kontrolle (Fn. 28); *Schwarze*, Kontrolle (Fn. 37), S. 771 ff.; *ders.*, Verwaltungsrechtsschutz (Fn. 28), S. 22 ff.; *Brinktrine*, Verwaltungsermessen (Fn. 37); *Koch*, Verwaltungsrechtsschutz (Fn. 28); *Hanns P. Nehl*, Europäisches Verwaltungsverfahren und Gemeinschaftsverfassung, 2002, passim, insbes. S. 177 ff. m.w.N. in Fn. 382. Eine solche politische Kontrolle wird in Deutschland allerdings meist als wenig effektiv angesehen, s. etwa *Ekkehart Stein*, in: AK-GG, Art. 20 Abs. 1–3 Rn. 42; *Christoph Gusy*, Privatisierung und parlamentarische Kontrolle, ZRP 1998, S. 265 (266).

[49] Vgl. *Horst Dreier*, Hierarchische Verwaltung im demokratischen Staat, 1991; → Bd. I *Schuppert* § 16 Rn. 40 ff.

[50] Vgl. *Karl-Heinz Ladeur*, Von der Verwaltungshierarchie zum administrativen Netzwerk?, DV, Bd. 26 (1993), S. 137 ff.; *Erhard Treutner*, Kooperativer Rechtsstaat. Das Beispiel Sozialverwaltung, 1998; → Bd. I *Voßkuhle* § 1 Rn. 9 ff., *Trute* § 6 Rn. 15, *Schulze-Fielitz* § 12 Rn. 20 ff.

[51] Siehe schon *Max Webers* Ausführungen zum (Ideal-)Typusbegriff, Wirtschaft (Fn. 13), S. 4, die (auch) seinen – hier in Bezug genommenen – Ausführungen zur bürokratischen Herrschaft zugrunde liegen.

[52] Zum freien Ermessen s.o. → Fn. 10. S. ferner *Friedrich Tezner*, Das freie Ermessen der Verwaltungsbehörden, 1924; *Fritz Stier-Somlo*, Das freie Ermessen in Rechtsprechung und Verwaltung, in: FS Paul Laband, Bd. 2, 1908, S. 445 (445 ff., 498 ff.); *Thomas Groß*, Das Kollegialprinzip in der Verwaltungsorganisation, 1999, S. 181, der es „schon immer" als Missverständnis bezeichnet, Verwaltung ausschließlich als Normvollzug zu konzipieren. S. auch → Rn. 71 f.

begrenzt und nur im Rahmen der Programmierungskraft des Gesetzes gehandelt hätte. Gleiches gilt für die Bearbeitung der Anschlussfolgen des Krieges in der Zeit der Weimarer Republik sowie des damit verbundenen Aufbaus einer neu orientierten Staatsverwaltung. Selbst zu Zeiten, als die Vorstellung von der Gesetzesherrschaft oder von der strikten Trennung zwischen Politik und Verwaltung im Modell bürokratischer Herrschaft ihren Siegeszug antrat, war die Verwaltung nicht auf Eingriffe begrenzt, und sie und ihr Personal waren keineswegs vollständig durch gesetzliche Vorgaben programmiert. Im Interesse des Handlungserfolgs war die Verwaltung vielmehr darauf angewiesen, ergänzende Zielsetzungen und Regeln der Zweckmäßigkeit bzw. der pragmatischen Klugheit anzuwenden,[53] im Typ vergleichbar denen, auf deren Erfassung und Bündelung schon ältere Verwaltungslehren ausgerichtet waren. Auch griff die Verwaltung bei Bedarf in vielem auf Problemlösungen zurück, die auf außerstaatliche Machtverhältnisse[54] Rücksicht nahmen oder z. B. die Formen des Vertrags- und Gesellschaftsrechts statt hoheitlicher Intervention wählten.[55] So gab es auch im Kaiserreich **kooperative Entscheidungszusammenhänge mit den Regulierten**[56], und ohne Vorbereitung durch Verhandlungslösungen wäre das formal hierarchische Handeln als Problemlösungshandeln in vielem zum Scheitern verurteilt gewesen. Auch die zur theoretischen Unterstützung der Möglichkeit einer Gesetzesherrschaft entwickelte **„Juristische Methode"**[57] und die damit verbundene weitgehende Einengung des Wahrnehmungsfeldes der Rechtswissenschaft auf rechtlich Geregeltes und dementsprechend auf Rechtsakte[58] waren vom Rechtspositivismus beeinflusste Konstrukte.[59] Sie waren weder dazu gedacht noch dafür geeignet, die gesamte Realität des Verwaltungs- und Gerichtshandelns abzubilden, sondern dienten gerade dem Abbau von Komplexität.[60] Die Konstruktionen bürokratischer Herrschaft und der Juristischen Methode mussten sich der Konfrontation mit der Frage nach ihrem Einfluss auf die Praxis allerdings zunächst weder in Gestalt einer grundlegenden kritischen Begleitung durch die

---

[53] So heißt es etwa bei *Bernhard Hübler*, Die Organisation der Verwaltung in Preußen (alte Lande) und im Deutschen Reich, 1898, S. 10f.: „Das leitende Prinzip der eigentlichen Verwaltung heißt nicht Recht und Gerechtigkeit, sondern Notwendigkeit und Zweckmäßigkeit".

[54] Vgl. etwa – am Beispiel des Widerstands insbes. der Elektrizitätswirtschaft und ihrer Verbände gegenüber dem Staat – *Miloš Vec*, Recht und Normierung in der industriellen Revolution, 2005. Zu Einflussbemühungen ökonomischer Interessen s. auch etwa *Michael Stolleis*, Geschichte des öffentlichen Rechts in Deutschland, Bd. 3, 1999, S. 46 f.

[55] So *Stolleis*, Geschichte (Fn. 54), S. 47 ff. zum Kriegsverwaltungsrecht.

[56] Ein Beispiel ist das der technischen Normung, dazu s. *Rainer Wolf*, Der Stand der Technik, 1986, S. 114 ff.; ein anderes ist der konsentierte Austausch des Mittels im Polizeirecht (dazu z. B. heute § 4 Abs. 4 hamb. SOG).

[57] Dazu s. *Wolfgang Meyer-Hesemann*, Methodenwandel in der Verwaltungsrechtswissenschaft, 1981, S. 15 ff.; *Alfons Hueber*, Otto Mayer. Die „Juristische Methode" im Verwaltungsrecht, 1982; *Walter Pauly*, Der Methodenwandel im deutschen Spätkonstitutionalismus, 1993, S. 177 ff.; *Felix Stoerk*, Über die juristische Methode, 1996; *Walter Krebs*, Die Juristische Methode im Verwaltungsrecht, in: Schmidt-Aßmann/Hoffmann-Riem (Hrsg.), Methoden, S. 209 ff.; → Bd. I *Voßkuhle* § 1 Rn. 2 ff.

[58] Dazu weiterführend *Christian Bumke*, Relative Rechtswidrigkeit: Systembildung und Binnendifferenzierungen im öffentlichen Recht, 2005, S. 255 ff. und passim.

[59] Zusammenfassend zum Rechtspositivismus etwa *Bernd Rüthers/Christian Fischer/Axel Birk*, Rechtstheorie mit juristischer Methodenlehre, 6. Aufl. 2011, Rn. 470 ff.

[60] Kritisch zum Ziel, im normativen Programm stets die real gegebene Komplexität reduzieren zu wollen, *Wolfgang Hoffmann-Riem*, Gesetz und Gesetzesvorbehalt heute. Zur Qualitäts-Gewährleistung durch Normen, AöR, Bd. 130 (2005), S. 5 (24 ff.).

A. Zeitabhängigkeit der Sicht auf Staat und Verwaltung

Wissenschaft noch einer voll ausgebauten Verwaltungsgerichtsbarkeit stellen.[61] Das erleichterte die Legendenbildung über ihre praktische Tauglichkeit auch unter veränderten Ausgangsbedingungen.

Das gegenwärtig zu entwickelnde und auszufüllende Programm einer Neuen Verwaltungsrechtswissenschaft beruht nicht darauf, dass alles von ihr Erfasste neu ist, wohl aber auf der Annahme, dass manche der überkommenen Fokussierungen und Begrenzungen verwaltungsrechtswissenschaftlicher Analyse unter heutigen Bedingungen zum Teil als unzureichend oder gar dysfunktional zu bewerten und deshalb in Frage zu stellen oder zu modifizieren sind. Dazu gehört auch die vor allem in der Zeit nach dem Zweiten Weltkrieg als (verständliche) Reaktion auf den NS-Unrechtsstaat vorangetriebene **Rechtsschutz- bzw. Gerichtszentrierung der Verwaltungsrechtswissenschaft.** Sie versperrt den Blick auf die im Vordergrund stehende Aufgabe der Verwaltung zur Lösung sozialer Probleme i.w.S. und damit auf die Handlungsebene des Verwaltens[62] sowie auf die von ihren Handlungen ausgelösten **Wirkungen.** Die Möglichkeit gerichtlichen Rechtsschutzes hat zwar Vorwirkungen auf administratives Handeln, im Zentrum der Aufgabe der Verwaltung steht jedoch nicht die Vermeidung von gerichtlich korrigierbaren Fehlern, sondern die **Problembewältigung unter Nutzung administrativ verfügbarer Ressourcen** und der vielfältigen Möglichkeiten eines immer ausdifferenzierter gewordenen, vielfach Gestaltungsoptionen bereitstellenden Rechts. Dabei sind **rechtliche Fehler** selbstverständlich zu **vermeiden.** In einem optionenorientierten Recht aber reicht eine solche Fehlervermeidung allein nicht zur Problemlösung im Rahmen des Rechts. Verwaltungshandeln wird durch Recht auf unterschiedliche Weise und mit unterschiedlicher Intensität begrenzt, dirigiert und determiniert.[63] Das auf den Gesetzgeber rückführbare normative Material ist regelhaft unbestimmt und dabei auch auf konkretisierende Rechtsetzung angewiesen, und es ist vor allem häufig auf Optionenwahl und damit auch auf Gestaltung ausgerichtet,[64] deren Ziele immer vielfältiger und deren Spannbreite immer größer zu werden scheinen – wie etwa an den aktuellen Bedürfnissen und Erscheinungsformen der so genannten **Gewährleistungsverwaltung**[65] im Kontrast etwa zur traditionellen Ordnungs- und Leistungsverwaltung beispielhaft abgelesen werden kann.

Das Recht formuliert Aufträge, gibt Ziele vor, setzt Grenzen und enthält Verhaltensmaßstäbe, determiniert aber das konkrete Verhalten regelmäßig nicht ab-

---

[61] Zur Entstehung der Verwaltungsgerichtsbarkeit in Deutschland s. *Ottmar Bühler,* Die subjektiven öffentlichen Rechte und ihr Schutz in der deutschen Verwaltungsrechtsprechung, 1914, S. 261 ff., 511; *Walter Jellinek/Gerhard Lassar,* Der Schutz des öffentlichen Rechts durch ordentliche und durch Verwaltungsgerichte, in: VVDStRL, Bd. 2 (1925), S. 8 ff.; *Jellinek,* VerwR, S. 94 ff.; *Christian-Friedrich Menger,* System des verwaltungsgerichtlichen Rechtsschutzes, 1954, S. 3 ff. und passim.
[62] Siehe statt vieler *Michael Fehling,* Das Verhältnis von Recht und außerrechtlichen Maßstäben, in: Trute/Groß/Röhl/Möllers (Hrsg.), Allgemeines Verwaltungsrecht, S. 461 (462 f. und passim).
[63] Siehe dazu schon *Eberhard Schmidt-Aßmann* und *Rupert Scholz,* Verwaltungsverantwortung und Verwaltungsgerichtsbarkeit, in: VVDStRL, Bd. 34 (1976), S. 145 ff. und 221 ff.
[64] Zusammenfassend hierzu *Matthias Jestaedt,* Maßstäbe des Verwaltungshandelns, in: Erichsen/Ehlers (Hrsg.), VerwR, § 11, Rn. 1 ff., s. auch Rn. 12 ff.
[65] Dazu s. *Andreas Voßkuhle,* Beteiligung Privater an der Wahrnehmung öffentlicher Aufgaben und staatliche Verantwortung, in: VVDStRL, Bd. 62 (2003), S. 310 ff.; *Claudio Franzius,* Gewährleistung im Recht, 2009, S. 134 ff.; *Matthias Knauff,* Der Gewährleistungsstaat: Reform der Daseinsvorsorge, 2004, S. 59 ff.

schließend.⁶⁶ Auch soweit die Norm auf **weitere Konkretisierung** und Maßstabsergänzung (eine partielle Selbstprogrammierung)⁶⁷ angewiesen ist, handelt es sich selbstverständlich weiterhin um die Arbeit mit rechtlichen Maßgaben. Möglich ist aber auch, dass in dem gesetzlichen Rahmen weitere Zwecke⁶⁸ verfolgt und nicht rechtliche präskriptive Orientierungen beachtet werden dürfen, ohne dass diese in der Norm ausdrücklich angelegt sind. Solche **nicht rechtlichen präskriptiven Orientierungen** sind dadurch gekennzeichnet, dass sie weder mit einer in Rechtsnormen⁶⁹ (wohl aber anderweitig) angelegten Erwartung an ihre Einhaltung noch für den Fall ihrer Nichtbeachtung mit einer besonderen in der Rechtsordnung vorgesehenen und dort ausgestalteten Sanktionsandrohung verbunden sind. Demgegenüber umschreibt **Recht**⁷⁰ die Art des gesollten oder gedurften Seins, die von einem spezifisch zu seiner Produktion rechtlich legitimierten (nicht etwa für Sitte, Moral, Konventionen u.ä. primär zuständigen) Träger in einem dafür bestimmten Verfahren und unter Nutzung dafür vorgesehener Handlungsformen als verbindlich festgelegt ist (s. insbesondere Art. 70 ff., aber auch Art. 1 Abs. 3, Art. 20 Abs. 3, Art. 28 Abs. 2 GG u.a.).⁷¹ Typischerweise⁷² gehört zum Recht (als sog. *hard law*), dass bestimmte Instanzen, insbesondere Gerichte, befugt sind, auf die Missachtung des Gesollten oder die Überschreitung des Gedurften mit hoheitlicher Sanktionsgewalt zu reagieren.⁷³ Es gibt aber auch Recht, dessen Beachtlichkeit nicht durch derartige Sanktionen gesichert ist, ohne deshalb unverbindlich zu sein.

Beim Umgang mit rechtlichen Vorgaben ist zu berücksichtigen, dass eine eindeutige Grenzziehung zum Nicht-Rechtlichen häufig nicht gelingen kann,⁷⁴ sich der Inhalt einer Norm vielmehr auch im Wechselspiel mit präskriptiven Erwartungen anderer Art (hier können auch Sitte, Moral, Konventionen, Codes of Conduct u. ä. bedeutsam werden) ergeben kann. Kommt es zu einer rechtlichen Rezeption zuvor nicht rechtlicher Maßstäbe – wie z. B. den „Stand von Wissenschaft und Technik" –, entsteht zwar Rechtsverbindlichkeit, ohne dass die Begriffe sich aber „ohne weiteres oder grundsätzlich wie autochthone Rechtsmaßstäbe" verhalten.⁷⁵ Auch bei den vielfältigen Erscheinungen von rechtlich nicht verbindlichen oder rechtlich nicht sanktionierbaren Vorgaben – die aber gleich-

---

⁶⁶ Es gibt höchst unterschiedliche Grade der Gesetzes- bzw. Rechtsbindung (s. statt vieler *Jestaedt*, Maßstäbe (Fn. 64), § 11 Rn. 6, 14 ff., 20 ff. und passim; *Fehling*, Recht (Fn. 62), S. 463 ff., so dass übliche Unterteilungen, wie etwa zwischen gesetzesakzessorischer und gesetzesfreier Verwaltung, irreführen.

⁶⁷ Siehe u. → Rn. 85 ff.

⁶⁸ Etwa das Ziel der Bekämpfung von Arbeitslosigkeit bei der Entscheidung über die Freigabe von Mitteln für den Straßenbau.

⁶⁹ → Bd. I *Ruffert* § 17 Rn. 5 u. 79.

⁷⁰ Zur Diskussion um den adäquaten Rechtsbegriff – die hier nicht fortgeführt werden kann – vgl. *Ralf Dreier*, Der Begriff des Rechts, NJW 1986, 890 ff.; *Herbert L. A. Hart*, Der Begriff des Rechts, 1973, III 1c; *Robert Alexy*, Begriff und Geltung des Rechts, 4. Aufl. 2005; *Rüthers/Fischer/Birk*, Rechtstheorie (Fn. 59), Rn. 48 ff.; *Susanne Baer*, Rechtssoziologie, 2011, S. 24 ff., 85 ff.; *Dominik E. Arndt*, Sinn und Unsinn von Soft Law, 2011. An einer heutigen Bedingungen genügenden Bestimmung des Rechtsbegriffs ist weiter zu arbeiten.

⁷¹ Siehe ferner → Rn. 81 f.; → Bd. II *Hoffmann-Riem* § 33 Rn. 57.

⁷² Aber nicht notwendig, s. *Jestaedt*, Maßstäbe (Fn. 64), § 11 Rn. 3.

⁷³ Zur Konstruktion eines Handelns als rechtswidrig und den dabei erfolgenden Selektionen s. → Bd. III *Morlok* § 52 Rn. 34 ff.

⁷⁴ *Fehling*, Recht (Fn. 62), S. 465: Der Unterschied von rechtlichen und außerrechtlichen Maßstäben ist ein gradueller und kein kategorischer. Ebenso *Jestaedt*, Maßstäbe (Fn. 64), § 11 Rn. 18.

⁷⁵ Siehe *Jestaedt*, Maßstäbe (Fn. 64), Rn. 3.

A. Zeitabhängigkeit der Sicht auf Staat und Verwaltung

wohl mit der Erwartung ihrer Einhaltung und der Möglichkeit nicht rechtlicher (etwa politischer) Sanktionen verbunden sind –, kommt es zur Ausweitung des Gegenstandsfeldes und des Kreises der Normsetzer über Hoheitsträger hinaus, zur Neubestimmung der Rolle des staatlich (insbesondere parlamentarisch) gesetzten Rechts im Kontext anderer Normierungen sowie zum Befund des Regelungspluralismus und der Regelungsfragmentierung. Dies ist vor allem für vielfältige Erscheinungen des *Soft Law*[76] im internationalrechtlichen Kontext beschrieben worden, ist aber nicht auf diesen Bereich begrenzt[77].

Soweit hoheitlich gesetztes Recht das problemlösende Verwaltungshandeln prägt, kommen Normen in der Funktion als **Handlungsnormen** (als normative Vorgaben für das Verwaltungshandeln) in den Blick, noch nicht in der zum Teil andersartigen Ausrichtung als **Kontrollnormen** (als normative Vorgaben für die Kontrolle, insbesondere die Gerichtskontrolle).[78] Dementsprechend muss der Prozess der Herstellung einer administrativen Entscheidung auch in der rechtlichen Analyse eigenständiges Gewicht haben; die übliche, vor allem aus Rücksicht auf Kontrollmöglichkeiten vorherrschende Darstellungsorientierung der Rechtswissenschaft ist entsprechend zu ergänzen.[79] Verwaltungsrechtsnormen richten als Handlungsnormen einen Problemlösungsauftrag an die Verwaltung sowie an andere von der Norm erfasste Adressaten. Die von der Verwaltung ausgelösten oder mitverantworteten Folgen sind entscheidend für die Qualität administrativer Aufgabenerfüllung. Damit aber wird der **wirkungsorientierte Steuerungsansatz**[80] zu einem maßgebenden Anknüpfungspunkt der Beurteilung administrativen Handelns. Entsprechend muss er auch die Verwaltungsrechtswissenschaft als Steuerungswissenschaft prägen.[81] Sie ist über die weiterhin wichtige Ausrichtung als normtextorientierte Interpretationswissenschaft hinaus auszubauen zu einer **problemlösungsorientierten Handlungs- und Entscheidungswissenschaft.**[82] Deren besondere Aufmerksamkeit darf nicht nur den

13

---

[76] *Matthias Knauff*, Der Regelungsverbund: Recht und Soft Law in Mehrebenensystemen, 2010. Er definiert S. 543: „Soft Law sind verhaltensbezogene Regelungen, die durch Hoheitsträger bzw. mit der Ausübung von Hoheitsgewalt befasste Stellen geschaffen werden, die über nur eine auf die Innensphäre des Regelungsgebers bezogene Rechtsverbindlichkeit verfügen und die ihre Steuerungswirkungen auf außerrechtlichem Weg erzielen."; *Jürgen Schwarze*, Soft Law im Recht der Europäischen Union, in: EuR 2011, S. 3 ff.; *Gunnar Folke Schuppert*, Governance und Rechtsetzung. Grundfragen einer modernen Regelungswissenschaft, 2011, S. 341 ff. (mit Hinweis auf diverse Definitionsangebote). *Ulrich Sieber*, Rechtliche Ordnung in einer globalen Welt. Die Entwicklung zu einem fragmentierten System von nationalen, internationalen und privaten Normen, in: Rechtstheorie, Bd. 41 (2010), S. 151 ff. (unter Einbeziehung auch der von Privaten verantworteten Rechtsetzung, a.a.O., S. 163 ff., 178 ff.); *Arndt*, Soft Law (Fn. 70). Zu Erscheinungsformen s. auch *Nils C. Ipsen*, Private Normenordnungen als Transnationales Recht?, 2009, S. 29 ff. und passim.

[77] Beispiele sind normersetzende Absprachen, die in sog. Selbstverpflichtungen der Wirtschaft münden; → Bd II *Fehling* § 38 Rn. 36 f.

[78] Zum Unterschied von Handlungs- und Kontrollprogrammen/-normen s. etwa *Klaus Schlaich/Stefan Korioth*, Das Bundesverfassungsgericht, 8. Aufl. 2010, Rn. 515 ff. → Bd. I *Franzius* § 4 Rn. 2 ff. Kritisch *Matthias Jestaedt*, Grundrechtsentfaltung im Gesetz, 1999, S. 135 f., 186 ff.; → Bd. III *Schoch* § 50 Rn. 255.

[79] → Rn. 30 ff.

[80] → Bd. I *Voßkuhle* § 1 Rn. 17 ff., insbes. 24.

[81] → Bd. I *Voßkuhle* § 1 Rn. 17.

[82] → Bd. I *Voßkuhle* § 1 Rn. 15. S. dazu schon *Wolfgang Hoffmann-Riem*, Rechtswissenschaft als Rechtsanwendungswissenschaft, in: ders., Sozialwissenschaften im Studium des Rechts, Bd. II, Verfassungs- und Verwaltungsrecht, 1977, S. 5 ff., 10 f., 12 ff.

Grenzen, sondern muss auch den inhaltlichen Maßstäben, den rechtlich geschaffenen Strukturen (etwa organisatorischer Art) sowie den Handlungsspielräumen gelten, die die Verwaltung vorfindet, wenn auch in den verschiedenen Handlungsfeldern nicht jeweils in gleichem Maße. So gibt es etwa Unterschiede zwischen den im traditionellen Ordnungs- oder Abgabenrecht auffindbaren Maßstäben und denen im Recht planender Vorsorge von Infrastrukturen[83] oder denen der Risikoverwaltung[84]. Die **Gesetze** schaffen Vorgaben für Problemlösungsverhalten, geben insbesondere Orientierungen und markieren Eingriffsgrenzen. Bezogen auf den Staat[85] als Akteur der Gemeinwohlverwirklichung sind sie **Programme zur Gewährleistung einer hinreichenden Qualität staatlich verantworteter Aufgabenerfüllung.**[86] Die auch durch normative Handlungsspielräume geprägte relative Eigenständigkeit der Verwaltung hat Folgen für die Legitimationsproblematik: **Normative demokratische Legitimation**[87] ist allein über Legalität – verstanden als Fehlerfreiheit im Umgang mit Gesetzen – nicht zu erreichen, soweit die Normen Optionen belassen. Hier müssen ergänzend andere Legitimationsbausteine[88] herangezogen und angemessen arrangiert werden, so etwa auch prozedurale Legitimationssicherungen.[89]

14 Die geschilderten Akzentveränderungen wirken auch auf die angemessenen Methoden des wissenschaftlichen Vorgehens sowie die **Methoden der Rechtsanwendung**[90] zurück und erfordern insbesondere eine (vorsichtige) trans- und interdisziplinäre Öffnung der (Verwaltungs-)Rechtswissenschaft.[91] Eine solche

---

[83] Zur Besonderheit der Infrastrukturverwaltung s. grundlegend schon *Heiko Faber,* in: FS Helmut Ridder, 1989, S. 291 (292); *ders.,* VerwR, S. 168 ff., 380 ff.

[84] Dazu vgl. *Udo Di Fabio,* Risikoentscheidungen im Rechtsstaat, 1994; *Arno Scherzberg* und *Oliver Lepsius,* Risikosteuerung durch Verwaltungsrecht: Ermöglichung oder Begrenzung von Innovationen?, in: VVDStRL, Bd. 63 (2004), S. 214 ff. und 264 ff.; *Ivo Appel,* Staatliche Zukunfts- und Entwicklungsvorsorge, 2005.

[85] Zum hier mit den Begriffen Staat/staatlich Gemeinten s. oben → Fn. 1.

[86] Dazu s. *Hoffmann-Riem,* Gesetz (Fn. 60). Zur Diskussion über Legitimität und Legitimation in den Rechtsordnungen verschiedener europäischer Länder s. die Beiträge in *Matthias Ruffert,* Legitimacy in European Administrative Law: Reform and Reconstruction, 2011. Zur Legitimation im Bereich internationaler Verwaltung s. *Martin Eifert,* Legitimationsstrukturen internationaler Verwaltung, in: Trute/Groß/Röhl/Möllers (Hrsg.), Allgemeines Verwaltungsrecht, S. 307 (323 ff.).

[87] Zu ihr s. *Hoffmann-Riem,* Gesetz (Fn. 60), S. 66 ff. m.w.N. Ich verstehe Legitimation hier als rechtsnormatives Konzept zur Rechtfertigung des Vorgangs und Ergebnisses von Herrschaft im Rahmen und mit den Mitteln des Rechts.

[88] Dazu vgl. *Gunnar Folke Schuppert,* Überlegungen zur demokratischen Legitimation des europäischen Regierungssystems, in: FS Dietrich Rauschning, 2001, S. 201 (205 ff.); *Hoffmann-Riem,* Gesetz (Fn. 60), S. 66 ff. Zur Weiterentwicklung des Legitimationskonzepts s. auch *Gertrude Lübbe-Wolff,* Europäisches und nationales Verfassungsrecht, in: VVDStRL, Bd. 60 (2001), S. 246 (273 ff.); *Fritz Ossenbühl,* Gedanken zur demokratischen Legitimation der Verwaltung, in: FS Walter Schmitt-Glaeser, 2003, S. 103 (115 ff.); *Utz Schliesky,* Souveränität und Legitimität von Herrschaftsgewalt, 2004, S. 290 ff.; → Bd. I *Trute* § 6.

[89] Vgl. auch *Groß,* Kollegialprinzip (Fn. 52), S. 174 ff.; *Helmuth Schulze-Fielitz,* Rationalität als rechtsstaatliches Prinzip für den Organisationsgesetzgeber, in: FS Klaus Vogel, 2000, S. 311 (323 ff.); *Hoffmann-Riem,* Gesetz (Fn. 60), S. 66 ff.; → Bd. I *Trute* § 6 Rn. 47 f.

[90] Zur Unterschiedlichkeit der Perspektiven der Rechtsanwendung und der Rechtswissenschaft s. *Wolfgang Hoffmann-Riem,* Methoden einer anwendungsorientierten Verwaltungsrechtswissenschaft, in: Schmidt-Aßmann/Hoffmann-Riem (Hrsg.), Methoden, S. 9 (15 ff.). Zur Perspektive öffentlich-rechtlicher Forschung *Helmuth Schulze-Fielitz,* Was macht die Qualität öffentlich-rechtlicher Forschung aus?, JöR N.F., Bd. 50 (2002), S. 1 ff.

[91] → Bd. I *Voßkuhle* § 1 Rn. 22 ff. u. 37 ff.; Bd. II *Pitschas* § 42.

A. Zeitabhängigkeit der Sicht auf Staat und Verwaltung

Öffnung muss allerdings auch die Vorteile disziplinärer Identität wahren.[92] Identitätsbildend ist für die Rechtswissenschaft die Beachtung rechtlich geprägter Strukturen, die Fokussierung auf die (höchst unterschiedliche) Wirkungsweise von Rechtsnormen und auf die Erzeugung von rechtlich gebilligten Wirkungen.[93] Da Recht allerdings auf soziale Realität bezogen ist[94] – und zwar in seinen Anlässen, seinen Zwecken wie auch seinen Wirkungsmöglichkeiten und Wirkungen – ist die empirisch beobachtbare Wirklichkeit bei der Erfassung (Konkretisierung) rechtlicher Regeln zu berücksichtigen[95], also auch solcher, die das Verhältnis zwischen der Verwaltung und den anderen Staatsgewalten prägen. Die Orientierung der Verwaltung am Recht bedeutet daher zugleich eine Orientierung auch am **Realbereich**[96], auf den die jeweilige Rechtsnorm bezogen ist.

Für die Aufgabe, die Stellung der Verwaltung – insbesondere ihre relative Eigenständigkeit gegenüber anderen Staatsgewalten – unter gegenwärtigen Bedingungen zu bestimmen, werden nach allem die folgenden, in der gegenwärtigen Verwaltungsrechtswissenschaft beobachtbaren **Akzentveränderungen**[97] besonders bedeutsam:

– von der Gerichtsschutzperspektive verstärkt zur Verhaltens-/**Handlungsperspektive des Rechts** (hier: Betrachtung der Rechtsnormen aus der Bürger- und Verwaltungsperspektive als Handlungsnormen);
– von einem Verständnis des Gesetzes als Grenze staatlichen Handelns verstärkt hin zu dem eines Mittels **normativer Qualitäts-Gewährleistung**;
– von der Fokussierung auf rechtliche Bindungen (insbesondere Grenzsetzungen) hin zur verstärkten Berücksichtigung der Orientierungs- und Maßstabsfunktion des Rechts bei gleichzeitiger Ausweitung der maßgebenden Handlungsmaßstäbe (Soft Law, Berücksichtigung auch nicht rechtlicher **präskriptiver Orientierungen**);
– von einem vorrangigen Verständnis der Rechtswissenschaft als Text-Interpretationswissenschaft Erweiterung zu dem einer **problemlösungsorientierten Handlungs- und Entscheidungswissenschaft**;
– von der Konzentration der Betrachtung auf den Rechtsakt zur verstärkten Ausrichtung auf das problem- und wirkungsorientierte sowie interaktionsbezogene (selbstverständlich auch rechtsgeprägte) **Verhalten der Verwaltung**;
– von der primär darstellungsorientierten zu einer auch **herstellungsorientierten Sicht auf rechtlich geprägtes Verwaltungshandeln**;
– von einem auf Legalität zentrierten Legitimationskonzept hin zur Berücksichtigung einer **Pluralität von normativen Legitimationsbausteinen**;

---

[92] Zur Monodisziplinarität als Grundlage der Interdisziplinarität vgl. etwa *Roland Czada*, Disziplinäre Identität als Voraussetzung interdisziplinärer Verständigung, in: Kilian Bizer/Martin Führ/Christoph Hüttig (Hrsg.), Responsive Regulierung, 2002, S. 23 ff. S. auch die (auf die Einbeziehung ökonomischer Forschung zielenden) Beiträge in Christoph Engel/Martin Morlok (Hrsg.), Öffentliches Recht als ein Gegenstand ökonomischer Forschung, 1998.
[93] Zum Rechtsbegriff → Rn. 12 mit Fn. 70.
[94] Die Rechtsnorm nimmt einen Bereich ökonomischer, politischer, technologischer, kultureller u. ä. Realität als „**Realbereich der Norm**" in Bezug, s. dazu *Hoffmann-Riem*, Methoden (Fn. 90), S. 9 ff.
[95] *Niels Petersen*, Braucht die Rechtswissenschaft eine empirische Wende?, Der Staat, Bd. 49 (2010), S. 436 ff.
[96] → Fn. 94; Bd. I *Voßkuhle* § 1 Rn. 29 ff.
[97] → Bd. I *Voßkuhle* § 1 Rn. 9 ff. Näher dazu auch *Wolfgang Hoffmann-Riem*, Tendenzen der Verwaltungsrechtsentwicklung, DÖV 1997, S. 290 ff.

§ 10 Eigenständigkeit der Verwaltung

- von einer hierarchisch ausgerichteten Aufgabenerfüllung zur vermehrten Nutzung anderer Steuerungsmodi, wie **Kooperation/Verhandlung** sowie **Wettbewerb/Markt**;
- von der Konzentration auf das nationale Recht zur verstärkten Öffnung für die verschiedenen Ebenen der Umsetzung der **europäischen Integration** und der Folgen des Prozesses der Internationalisierung und **Globalisierung**.

B. Pluralität administrativer Akteure; relative Eigenständigkeit der Verwaltungseinheiten

16 Die häufig in ihrer Gesamtheit angesprochene („eine") Verwaltung erweist sich bei genauerem Hinsehen als eine ausdifferenzierte Struktur verschiedenartiger Organisationen und Akteure sowie deren Verknüpfungen.[98] Verwaltung lässt sich sowohl als **Vielheit** als auch als **Einheit** beschreiben.[99] Die Frage nach der Eigenständigkeit stellt sich im Handlungsfeld der Verwaltung jedenfalls auch als Frage nach der Eigenständigkeit verschiedener administrativer Entscheidungsträger im Verhältnis zueinander.

I. Vielzahl und Vielfalt von Verwaltung

17 Die kaum überschaubare Vielzahl und Vielfalt der Verwaltungseinheiten – wie sie sich etwa in Diagrammen und Plänen zur Verwaltungsorganisation von Bund, Ländern und Kommunen widerspiegelt – ist grundsätzlich dem Umfang und der Heterogenität der öffentlichen Aufgaben und den hiermit verknüpften organisatorischen Anforderungen und vielfältigen Möglichkeiten zu deren Erfüllung geschuldet,[100] ist aber auch verfassungsnormativ insbesondere in den Art. 83 ff. und 28 Abs. 2 GG angelegt.[101] Die dem Staat in einer sich hinsichtlich ihrer Interessen und Akteure ausdifferenzierenden Gesellschaft zur direkten Wahrnehmung anvertrauten öffentlichen Aufgaben oder die ihm übertragene Gewährleistungsverantwortung im Hinblick auf das Handeln anderer bedarf differenzierender Antworten, so etwa einer Gliederung der Verwaltung in verschiedene Facheinheiten, insbesondere nach Aufgabenbereichen, Ressorts, Verwaltungs- oder Politiksektoren.[102] Diese sind allerdings – auch aufgrund vielfältiger Entgrenzungen – erheblichem Wandel unterworfen. Die **Ausdifferenzierung**[103] wird durch die Herausforderung befördert, komplexe Probleme einer (verwaltungs-)rechtlichen

---

[98] Vgl. *Brun-Otto Bryde*, Die Einheit der Verwaltung als Rechtsproblem, in: VVDStRL, Bd. 46 (1988), S. 182 ff.; *Wolfgang Loschelder*, Weisungshierarchie und persönliche Verantwortung in der Exekutive, in: HStR V, § 107; *Schuppert*, Verwaltungswissenschaft, S. 831; → Bd. I *Möllers* § 3 Rn. 4 f., *Schulze-Fielitz* § 12 Rn. 2.

[99] Vgl. *Walter Krebs*, Verwaltungsorganisation, in: HStR V, § 108 Rn. 16: „vielgliedrig, ausdifferenzierte, pluralistische Gesamtheit von Verwaltungseinheiten".

[100] Zum Folgenden etwa *Schuppert*, Verwaltungswissenschaft, S. 831 ff.; → Bd. I *Groß* § 13 Rn. 98 ff. Zur Vielfalt der Verwaltungsaufgaben → Bd. I *Baer* § 11 Rn. 10 ff., *Schulze-Fielitz* § 12 Rn. 1 ff.

[101] *Schmidt-Aßmann*, Ordnungsidee, 5. Kap. Rn. 35.

[102] Vgl. *Gunnar Folke Schuppert*, Erfüllung öffentlicher Aufgaben, S. 191 ff.; *Bryde*, Einheit (Fn. 98), S. 184; *Dreier*, Verwaltung (Fn. 49), S. 296 ff.; *Schmidt-Aßmann*, Ordnungsidee, 5. Kap. Rn. 34. Zum kybernetischen Gesetz der „requisite variety" vgl. *William Ross Ashby*, Requisite Variety and its Implications for the Control of Complex Systems, in: Cybernetica, Bd. 1 (1958), S. 83 ff.

[103] *Bryde*, Einheit (Fn. 98), S. 184; *Püttner*, VerwaltungsL, S. 81 ff.

B. Pluralität administrativer Akteure

Bewältigung zugänglich zu machen und die dabei zu berücksichtigenden heterogenen Interessen in einer Weise aufeinander abzustimmen und zu aggregieren, dass eine Problemlösung im Rahmen des Rechts gelingt. Der Gesetzgeber sieht mehr und mehr für die Gemeinwohlkonkretisierung lediglich **Rahmen-, Ziel- und Konzeptvorgaben**[104] vor und überlässt den Ausgleich der Interessen im Übrigen den (ihrerseits höchst unterschiedlichen) Trägern der Verwaltung, die aufgrund der Ausdifferenzierungen dafür besondere („maßgeschneiderte") Fähigkeiten (professionelle Fertigkeiten, Organisationswissen, fachspezifisches Wissen u. a.) entwickeln sollen. Zugleich sollen sie befähigt sein, dies gegebenenfalls in Kooperation mit anderen Verwaltungsträgern, aber auch mit privaten Handlungsträgern zu leisten. Veränderungen erfährt dieser Prozess der Ausdifferenzierung und damit auch der **Pluralisierung der Verwaltung**[105] ferner dadurch, dass neben der horizontalen Aufgabengliederung im föderalen Staat des Grundgesetzes zugleich eine **vertikale oder räumliche Differenzierung** in politisch-administrative Ebenen des Bundes, der Länder und der Kommunen sowie die Einbindung in die europäische Mehrebenenverwaltung[106] zu verarbeiten sind.[107]

Träger öffentlicher Aufgaben sind die in Verwaltungshierarchien eingebundenen Behörden, ferner mehr oder minder verselbständigte Verwaltungseinheiten – traditionell etwa im Bereich kommunaler[108] oder funktionaler Selbstverwaltung[109] – oder im Regulierungsverwaltungsrecht besondere Agenturen.[110] Typisch sind „gewillkürte"[111] Ausdifferenzierungen. So existieren eine Vielzahl staatlich gegründeter, wenn auch **privatrechtlich organisierter Einheiten,** aber ebenfalls sonstiger **intermediärer Akteure** (Beliehene; Verwaltungshelfer; private Dienstleister; Beauftragte; Aktuare[112]; „benannte Stellen"[113] etc.),[114] sowie hybrider Aufgabenträger (Verzahnung von öffentlichem und privatem Sektor).[115] Das an Gemeinwohlzwecken und öffentlich-rechtlichen Vorgaben ausgerichtete

18

---

[104] → Rn. 115 ff.
[105] Übergreifend dazu → Bd. I *Schuppert* § 16 Rn. 71 ff.
[106] Zur Mehrebenenverwaltung s. etwa *v. Danwitz*, Europäisches VerwR, S. 607 ff.; *Gernot Sydow*, Verwaltungskooperation in der Europäischen Union, 2004, S. 5 ff.; *Dirk Ehlers*, Europäisches Recht und Verwaltungsrecht, in: Erichsen/Ehlers (Hrsg.), VerwR, § 5 Rn. 59 ff.; → Bd. I *Schmidt-Aßmann* § 5 Rn. 16 ff. Zum Telekommunikationsrecht als Beispiel für eine intensive Vollzugsverflechtung s. *Jürgen Kühling*, Europäisches Telekommunikationsverwaltungsrecht, in: Terhechte (Hrsg.), VerwREU, § 24 Rn. 46 ff.
[107] → Bd. I *Groß* § 13 Rn. 55 ff., *Wißmann* § 15 Rn. 25 ff. Zu den verfassungsrechtlichen Vorgaben der Verwaltungsorganisation vgl. auch → Bd. I *Jestaedt* § 14 Rn. 8 ff. Vgl. auch die historische, organisationswissenschaftliche und verfassungsrechtliche Betrachtung des Bildes der gegliederten Verwaltung bei Schmidt-Aßmann, Ordnungsidee, 5. Kap. Rn. 34 f.; Wolff/Bachof/Stober/Kluth, VerwR II, § 80.
[108] → Bd. I *Wißmann* § 15 Rn. 29 ff.
[109] → Bd. I *Groß* § 13 Rn. 69 ff.
[110] Rn. 53–54.
[111] Zur Wahlfreiheit der Verwaltung hinsichtlich ihrer Organisations- und Handlungsformen s. → Bd. I *Schulze-Fielitz* § 12 Rn. 130 mit Fn. 447; *Schuppert*, Verwaltungswissenschaft, S. 602 ff.
[112] Vgl. §§ 5 Abs. 5 Nr. 7, 11 a, 12 Abs. 2 u. 3 VAG.
[113] Vgl. *Hans C. Röhl*, Akkreditierung und Zertifizierung im Produktsicherheitsrecht. Zur Entwicklung einer neuen Europäischen Verwaltungsstruktur, 2000, S. 53 ff.; *Jan O. Merten*, Private Entscheidungsträger und Europäisierung der Verwaltungsrechtsdogmatik. Zur Einbindung benannter Stellen in den Vollzug des Medizinprodukterechts, 2005. → Bd. I *Eifert* § 19 Rn. 83 f., 94.
[114] *Barbara Remmert*, Private Dienstleistungen in staatlichen Verwaltungsverfahren, 2003; → Bd. I *Schulze-Fielitz* § 12 Rn. 104 ff., *Groß* § 13 Rn. 88 ff., *Eifert* § 19 Rn. 40 ff.; *ders.*, Die geteilte Kontrolle, DV, 2006, Heft 3.
[115] → Bd. I *Schuppert* § 16 Rn. 120 ff.

§ 10 Eigenständigkeit der Verwaltung

Handeln derartiger öffentlich-rechtlicher, privater oder hybrider Akteure gehört zur **Verwaltung im funktionalen Sinne**.[116]

19 Der Wandlungsprozess wird durch die Veränderungen der staatlichen Verantwortungsübernahme **(von der „Erfüllungs- zur Gewährleistungsverantwortung")** vorangetrieben. Hinzu treten Veränderungen im Selbstverständnis und den internen Organisationsstrukturen der Akteure. Übernehmen staatliche Verwaltungseinheiten Organisationskonzepte des privaten Sektors, etwa in Form des *New Public Management* bzw. des Neuen Steuerungsmodells[117], so wirkt sich dies auch auf die Art der Aufgabenerfüllung aus. Soweit staatliche Aufgaben im Zuge **materieller Privatisierung** voll in den privaten Sektor verlagert werden,[118] handelt es sich allerdings nicht mehr um Verwaltungshandeln, so dass sich Fragen administrativer Eigenständigkeit insoweit nicht stellen.

20 Der Prozess der Ausdifferenzierung und Pluralisierung der Verwaltung – die Entwicklung zum *„disaggregating state"* – ist mit dem Ausbau einer **europäischen Verwaltung** in eine neue Dimension getreten. Die nach der grundgesetzlichen Ordnung horizontal und vertikal ausdifferenzierte Verwaltungsstruktur wird von einem Informations-, Entscheidungs- und Kontrollverbund zwischen den mitgliedsstaatlichen und den unionseigenen Exekutiven überlagert.[119] Auch wenn der Vollzug des nationalen und des Unionsrechts faktisch und rechtlich weitgehend den nationalen Verwaltungen anvertraut ist, so dass die Einrichtung unionseigener Verwaltungseinheiten rechtlich die Ausnahme bleiben muss,[120] bringt die Europäisierung einen fortschreitenden Ausbau der Eigenverwaltung der Union (ausdrücklich betont in Art. 298 AEUV[121]), aber auch weiterer Verwaltungsdimensionen[122] außerhalb der Eigenverwaltung. Der Unionsraum entwickelt sich zunehmend zum Verwaltungsraum.[123] Bedeutsam werden auch gemischte Einrichtungen[124], etwa Behörden oder sonstige Einrichtungen, die aus

---

[116] → Rn. 40 ff.

[117] → Bd. I *Schuppert* § 16 Rn. 110 ff.; *ders.*, Verwaltungswissenschaft, S. 835. Hierzu und zu weiteren übergreifenden Reformansätzen im Überblick → Bd. I *Voßkuhle* § 1 Rn. 49 ff.

[118] → Bd. I *Voßkuhle* § 1 Rn. 58 ff., *Schulze-Fielitz* § 12 Rn. 108 ff. (112). Die Grundrechtsbindung allerdings bleibt auch dann bestehen, soweit der Staat beherrschenden Einfluss, insbes. durch Mehrheitsanteile, behält, s. dazu *BVerfG*, Beschl. v. 22. 2. 2011, Az.: 1 BvR 699/06 – Fraport.

[119] Zum Folgenden → Bd. I *Schmidt-Aßmann* § 5 Rn. 16 ff., 25, *Poscher* § 8 Rn. 70; *Christoph Möllers*, Transnationale Behördenkooperation. Verfassungs- und völkerrechtliche Probleme transnationaler administrativer Standardsetzung, ZaöRV, Bd. 65 (2005), S. 351 ff.; *v. Danwitz*, Europäisches VerwR, S. ferner *Christoph Ohler*, Europäisches und nationales Verwaltungsrecht, in: Terhechte (Hrsg.), VerwREU, § 9; *Steffen Augsberg*, Europäisches Verwaltungsorganisationsrecht und Vollzugsformen, in: Terhechte (Hrsg.), VerwREU, § 6. Zum Beispielsfeld Telekommunikation s. *Hans-Heinrich Trute/Hans C. Röhl*, Der europäische Regulierungsverbund in der Telekommunikation, 2005.

[120] Allerdings ist eine schrittweise Entwicklung eines Verwaltungsunterbaus der EU-Eigenverwaltung zu beobachten, s. dazu *Thomas Groß*, Die Kooperation zwischen europäischen Agenturen und nationalen Behörden, EuR 2005, S. 54 ff.

[121] Siehe auch Art. 263, 265 AEUV. Zu den Änderungen durch den Vertrag von Lissabon s. statt vieler *Eberhard Schmidt-Aßmann*, Perspektiven der Europäisierung des Verwaltungsrechts, DV, Beiheft 10, 2010, S. 263 (264 f. m. N. in Fn. 4).

[122] Vgl. dazu *Groß*, Kooperation (Fn. 120), S. 68, der von einer neuen Form polyzentraler Administration spricht, die an die schrittweise Entstehung der Bundesverwaltung in föderal organisierten Staaten erinnert. Zur Verwaltungskooperation in der EU s.a. *Sydow*, Verwaltungskooperation (Fn. 106), S. 3 ff. und passim.

[123] *Schmidt-Aßmann*, Perspektiven (Fn. 121), S. 265.

[124] Vgl. *Ohler*, Verwaltungsrecht (Fn. 119), § 9 Rn. 35.

B. Pluralität administrativer Akteure

Bediensteten verschiedener Mitgliedstaaten bestehen. Im Bereich der EU-Eigenverwaltung werden insbesondere (Unions- und Exekutiv-)Agenturen in großer Zahl und Vielfalt geschaffen.[125] Über den europäischen Verbund hinaus – im **inter- und transnationalen Bereich** – gibt es ferner eine Vielzahl administrativer Akteure und Aufgaben sowie – etwa im Bereich der WTO[126] – vielfältige Erscheinungsformen transnationaler Kooperation von auch hoheitlich legitimierten Akteuren[127] untereinander und mit privaten Organisationen.

Die Ausdifferenzierung und Pluralisierung der Träger von Verwaltungsaufgaben lösen ein **Bedürfnis nach informationeller, prozeduraler und institutioneller Koordination und Kooperation** der einzelnen Verwaltungsakteure und -einheiten aus.[128] Trennung in organisatorischer und Zusammenarbeit in funktionaler Hinsicht werden zu tragenden Strukturprinzipien des Verwaltens. Einen Koordinationsbedarf hat es zwar seit jeher gegeben, etwa bei der Erfüllung von Querschnittsaufgaben, in Fällen des konkurrierenden Zugriffs auf die gleichen Ressourcen oder beim Angewiesensein auf Informationen aus dem Bereich anderer Verwaltungen.[129] Er ist jedoch stetig angestiegen und erhält eine neue Dimension beim Zusammenwirken von europäischen oder sonstigen internationalen und nationalen Verwaltungseinheiten.[130] 21

II. Arten und Intensitäten inneradministrativer Eigenständigkeiten

Das **Maß an Eigenständigkeit**, über das ein Träger von Verwaltungsaufgaben – als Organisation oder als Einzelakteur in ihr – verfügt, hängt von den Bindungs- und Steuerungswirkungen jener Strukturen und Mechanismen ab, die für die jeweilige Aufgabe maßgebend werden (etwa Organisationsformen, verfügbare Ressourcen, Verfahrensvorkehrungen u.a.). Möglichkeiten für eigenverantwortetes Problemlösungsverhalten werden einerseits durch rechtliche Regelungen geschaffen, werden aber auch durch nicht rechtliche Faktoren (wie Finanzmittel, Wissensbestände u.a.) geprägt.[131] 22

Inneradministrativ wirkende Weisungen und Verwaltungsvorschriften[132], aber auch formell oder informell gesetzte Orientierungen (Konzepte, Strategien, Ar- 23

---

[125] → Rn. 53a.
[126] → Bd. I *Ruffert* § 17 Rn. 158 ff.; zur World Trade Organization s. etwa Meinhard Hilf/Stefan Oeter (Hrsg.), WTO-Recht, 2. Aufl. 2010; *Hans-Joachim Prieß/Georg M. Berrisch* (Hrsg.), WTO-Handbuch, 2003. Zur Verkoppelung der Exekutivstrukturen mit denen der Europäischen Union s. *Möllers*, Gewaltengliederung (Fn. 26), S. 332 ff.
[127] Siehe statt vieler *Möllers*, Behördenkooperation (Fn. 119), S. 351 ff.
[128] *Bernd Rückwardt*, Koordination des Verwaltungshandelns, 1987, S. 54 ff.; *Roman Loeser*, Die bundesstaatliche Verwaltungsorganisation in der Bundesrepublik Deutschland, 1981, S. 25 ff.; *Püttner*, VerwaltungsL, S. 123 ff. Zur Kooperation → Bd. I *Schulze-Fielitz* § 12 Rn. 64 ff. Zu den verschiedenen Koordinationsmechanismen → Bd. I *Groß* § 13 Rn. 98 ff. Zum Beziehungsgefüge zwischen Organisationseinheiten → Bd. I *Jestaedt* § 14 Rn. 54 ff.
[129] → Bd. II *Holznagel* § 24 Rn. 20 ff. sowie auf europäischer Ebene *v. Bogdandy* § 25.
[130] Siehe dazu *Sydow*, Verwaltungskooperation (Fn. 106); → Bd. I *Schmidt-Aßmann* § 5 Rn. 25 ff., 38 ff.
[131] Zu Erscheinungsformen s. auch → Rn. 106 ff.
[132] Zu Weisungen s. etwa *Ekkehart Stein*, Die Grenzen des dienstlichen Weisungsrechts, 1965, S. 10 ff.; *Friedrich E. Schnapp*, Amtsrecht und Beamtenrecht. Eine Untersuchung über normative Strukturen des staatlichen Innenbereichs, 1977, S. 145 ff. Zu Verwaltungsvorschriften z.B. → *Ruffert* Bd. I § 17 Rn. 67 ff.; *Fritz Ossenbühl*, Verwaltungsvorschriften und Grundgesetz, 1968, S. 250 ff.; *Schuppert*, Verwaltungswissenschaft, S. 262 ff.

§ 10 Eigenständigkeit der Verwaltung

rangements)[133] können die Art der Eigenständigkeit über die durch außenwirksame Normen vorgegebenen Bindungen hinaus beeinflussen. Die rechtliche und faktische Reichweite solcher Vorgaben hängt davon ab, ob die Weisungen, Verwaltungsvorschriften oder sonstigen Vorgaben der im Aufsichtsmaßstab eingeschränkten Rechts- oder der umfassenderen Fachaufsicht[134] zuzuordnen sind. Maßnahmen im Zuge der Rechtsaufsicht[135] konkretisieren den Maßstab der Rechtmäßigkeit, belassen aber, zumindest bei der Verfügbarkeit mehrerer rechtmäßiger Handlungsalternativen, eine Wahlmöglichkeit zwischen ihnen. Demgegenüber erfolgt bei Vorgaben im Zuge der Fachaufsicht[136] eine Bindung ebenfalls an Zweckmäßigkeitserwägungen der Aufsichtsträger.[137] Das Maß der Eigenständigkeit der Akteure hängt auch an der Regelungsdichte der inneradministrativen Vorgaben, etwa ob sie als allgemein gehaltene normative Handlungsanweisungen – der „generellen Form des Dienstbefehls"[138] – Spielraum für die Ausfüllung durch den sie umsetzenden Amtswalter belassen und unter einem immanenten Abweichungsvorbehalt für atypische Fälle[139] stehen.[140] Sie können aber auch detailliert ausgestaltet sein, beispielsweise wenn sie technische Richtwerte vorgeben.[141] Für die Durchsetzung der administrativen Leitungsgewalt im Einzelfall ist die Form der Einzelweisung einsetzbar.[142] Die faktische Wirksamkeit – und damit die faktische Eigenständigkeit des Angewiesenen – hängt allerdings auch von den **Sanktionsmechanismen** ab. So stehen zur Durchsetzung einer Weisung der Fachaufsicht im kommunalen Bereich (grundsätzlich) weder das Recht der **Ersatzvornahme** noch ein **Selbsteintrittsrecht** bereit.[143] Befolgt eine Gemeinde eine Weisung nicht, so muss sich die Fachaufsichtsbehörde an die Rechtsaufsichtsbehörde wenden.[144] Aber selbst dort, wo Sanktions- und Durchsetzungsmechanismen[145] für die Befolgung von Anweisungen rechtlich vorgesehen sind, können sie tatsächlichen Beschränkungen unterliegen.[146] So hängt die **faktische Kontrollkapazität** der Aufsichtsinstanz beispielsweise von den verfügbaren Informationen ab.

---

[133] → Rn. 115 ff.

[134] → Bd. I *Groß* § 13 Rn. 99 ff.

[135] Z. B. §§ 127 Abs. 1 S. 2 NGO, 119 Abs. 1 GO NW, Art. 109 Abs. 1 BayGO.

[136] Z. B. §§ 11, 13 LOG NRW, 44 Abs. 2, 45 hamb. BezVG, 15 Abs. 2 LVwG Schl.-Hol., Art. 116 BayGO.

[137] Zur Unterscheidung zwischen Rechts- und Fachaufsicht s. *Wolfgang Kahl*, Die Staatsaufsicht, 2000, S. 401; *Franz-Ludwig Knemeyer*, Staatsaufsicht über Kommunen, JuS 2000, S. 521 (523 ff.); *Thomas Groß*, Was bedeutet Fachaufsicht?, DVBl 2002, S. 793 (796 ff.); → Bd. I *Jestaedt* § 14 Rn. 60, *Groß* § 13 Rn. 98 ff.

[138] *Groß*, Fachaufsicht (Fn. 137), S. 798.

[139] *Groß*, Fachaufsicht (Fn. 137), S. 798. Vgl. auch *Loschelder*, Weisungshierarchie (Fn. 98), Rn. 81, der vom Übrigbleiben eines eigenschöpferischen Moments des ausführenden Beamten auch in Fällen einer umfassenden Determination spricht.

[140] Zu Sonderfragen der Bindung an rechtswidrige Weisungen s. etwa §§ 62 Abs. 1, 63 BBG; § 7 Abs. 1 UZwG; § 11 SG.

[141] Vgl. TA Luft vom 24. Juli 2002, Punkt 4.2.1.

[142] → Bd. I *Groß* § 13 Rn. 99 f.

[143] Z. B. Art. 116 Abs. 2 BayGO, § 129 Abs. 2 Hess. GO.

[144] *Knemeyer*, Staatsaufsicht (Fn. 138), S. 524; *Groß*, Fachaufsicht (Fn. 137), S. 798.

[145] Zu nennen sind die Ersatzvornahme, der Selbsteintritt sowie als letztes Mittel die Auflösung von Organen und die Einsetzung eines Staatsbeauftragten, s. dazu etwa → Bd. I *Groß* § 13 Rn. 102, *Jestaedt* § 14 Rn. 60 m. w. N.

[146] Grundsätzlich dazu *Loschelder*, Weisungshierarchie (Fn. 98), Rn. 44 u. 52 ff.; *Krebs*, Verwaltungsorganisation (Fn. 99), § 108 Rn. 51.

B. Pluralität administrativer Akteure

Die Art der Eigenständigkeit wird ferner durch strukturelle Vorgaben[147] hinsichtlich der **Aufbau- und Ablauforganisation**[148] bestimmt. Sie legen die organisatorischen und verfahrensmäßigen Handlungsbedingungen der Entscheidungsfindung fest und steuern auf diese Weise ihren Inhalt mit, ohne diesen jedoch im Ergebnis zu determinieren.[149] Es werden durch sie bestimmte Interaktions- und Kommunikationszusammenhänge geschaffen, innerhalb derer dem Verwaltungsakteur jedoch regelmäßig Optionenräume verbleiben. Für das Maß der Eigenständigkeit sind auch Vorgaben über die Kooperation oder Koordination mit anderen Akteuren bedeutsam, etwa Pflichten zur **Anhörung**[150] oder zur Herstellung des **Benehmens**[151] – hier kann gegebenenfalls auch gegen den Willen des anderen Akteurs gehandelt werden[152] – oder sogar des **Einvernehmens**[153]. Eine besondere Form der (internen) kooperativen Interaktion ist in den Verwaltungseinheiten vorgesehen, die nach dem **Kollegialprinzip**[154] organisiert sind. Kollegialorgane werden typischerweise eingesetzt, wenn es um komplexe Entscheidungen, die Koordination heterogener Interessen und Belange, die Aktivierung unterschiedlicher Wissensbestände oder um besondere Sicherungen einer unparteiischen Entscheidung geht. Bei kollegialen Organisationseinheiten[155] ist zwischen der Gebundenheit des Kollegiums in seiner Gesamtheit im Verhältnis zu anderen Verwaltungseinheiten und der des einzelnen Kollegialmitglieds zu unterscheiden. Das Kollegium in seiner Gesamtheit verfügt meist über eine große Eigenständigkeit; das einzelne Mitglied im Kollegium ist auf die Erreichung einer Mehrheit im Kollegium angewiesen.[156]

24

---

[147] Zur strukturellen Steuerung s. *Hans-Heinrich Trute*, Funktionen der Organisation und ihre Abbildung im Recht, in: Schmidt-Aßmann/Hoffmann-Riem (Hrsg.), Verwaltungsorganisationsrecht, S. 249 (256 f.); *Schuppert*, Verwaltungswissenschaft, S. 532 ff.

[148] Organisationsrechtsnormen zur Aufbau- und Ablauforganisation betreffen zum einen den institutionellen Grundaufbau einer Verwaltungseinheit (Zuständigkeitsregelungen, Organbildung, Geschäftsverteilung) und zum anderen die Organisation ihres Entscheidungsablaufs (Verfahren). Beide Organisationsformen sind dicht miteinander verflochten und können aufgrund ihres inneren Zusammenhangs nicht getrennt voneinander besehen werden. S. dazu *Krebs,* Verwaltungsorganisation (Fn. 99), § 108 Rn. 29 ff. Vgl. auch → Bd. I *Jestaedt* § 14 Rn. 16, der zwischen organisationsrechtlichen Begriffen im funktionellen (Ablauf) und im institutionellen Sinne (Aufbau) unterscheidet. Auch wegen ihrer Gleichartigkeit im Bezug auf die Intensität der Bindungswirkung auf die Entscheidungsfindung sollen Aufbau- und Ablauforganisationsvorgaben an dieser Stelle zusammen behandelt werden.

[149] Dazu s. *Trute,* Funktionen (Fn. 147), S. 257; *Rainer Wahl,* Privatorganisationsrecht als Steuerungsinstrument bei der Wahrnehmung öffentlicher Aufgaben, in: Schmidt-Aßmann/Hoffmann-Riem (Hrsg.), Verwaltungsorganisationsrecht, S. 301 (311 ff.); → Bd. I *Groß* § 13 Rn. 11.

[150] Beispiele: § 28 VwVfG, § 3 BauGB; § 51 BImSchG; § 60 KrW-/AbfG für die Anhörung beteiligter Kreise; § 33b KWG; § 8 InvestmentG und § 5a VAG für die Anhörung der zuständigen Stelle eines anderen EU-Mitgliedstaates.

[151] Beispiele: § 55 Abs. 10 TKG; § 3 19. BImSchV; § 7 S. 3, § 37 Abs. 2 S. 3 BauGB; § 5 Abs. 4 S. 4 FStrG.

[152] Dazu s. → Bd. I *Groß* § 13 Rn. 106, *Jestaedt* § 14 Rn. 61.

[153] Beispiele: § 4 Abs. 2, 42 Abs. 2 GenTG, § 64 Abs. 3 AuslG; § 36 Abs. 1 BauGB; § 3 Abs. 3 S. 2, 31 Abs. 1 S. 2, 44 Abs. 7 S. 1 FlurbG; § 5 Abs. 3a, 10 Abs. 1 FStrG; 45 Abs. 1b S. 2 StVO. Dazu s. → Bd. I *Groß* § 13 Rn. 106, *Jestaedt* § 14 Rn. 61.

[154] Dazu s. *Prodomos Dagtoglou,* Kollegialorgane und Kollegialakte der Verwaltung, 1960; Groß, Kollegialprinzip (Fn. 52); → Bd. I *Trute* § 6 Rn. 69 ff., *Groß* § 13 Rn. 52 ff.; → Bd. II *Schneider* § 28 Rn. 110 ff.

[155] Kollegialisch sind beispielsweise die Leitungsorgane der Europäischen Regulierungsagenturen (→ Rn. 53 a/b) organisiert, meist bestehend aus Vertretern der Mitgliedstaaten und der Kommission. Diese Stellung sichert eine relativ hohe Unabhängigkeit gegenüber der Kommission auch insoweit, als sie der Kommission nachgeordnet sind.

[156] *Groß,* Kollegialprinzip (Fn. 52), S. 45 ff.

25 Auch die jeweilige Ausgestaltung der **inneradministrativen Infrastruktur** beeinflusst die Eigenständigkeit. Die Art der räumlichen Unterbringung, auch die Architektur von Verwaltungsgebäuden und Büroräumen, die Gestaltung von Vorlagen oder Formularen und die im Rahmen der elektronischen Datenverarbeitung genutzte Software, bestimmen die Informations- und Kommunikationswege und -abhängigkeiten innerhalb der Verwaltung und formen so auch die Art der Entscheidungsspielräume und ihrer Ausfüllung mit. Vor allem die zunehmend genutzten netzbasierten **Informations- und Kommunikationssysteme,** die die Akteure einer Einheit miteinander, aber auch mit Akteuren anderer Einheiten auf den Ebenen der Erzeugung, Speicherung, Verarbeitung von Informationen und der computergestützten Kommunikation vernetzen, entfalten für den einzelnen Verwaltungsakteur Bindungs- und Lenkungseffekte.[157] Sie können von einer eher subtilen Einwirkung auf die Struktur von Entscheidungsabläufen bis zu einer inhaltlichen Determinierung von Einzelentscheidungen reichen.[158]

26 Auch die einem Verwaltungsakteur oder einer Verwaltungseinheit zur Verfügung stehenden **Ressourcen,** insbesondere die finanzieller Art, wirken auf die Sachentscheidung ein und können die Möglichkeit zum eigenständigen Handeln beeinflussen.[159] Dies zeigt sich in sog. Finanzierungskrisen der öffentlichen Hand deutlich, aktuell etwa bei der Aufgabenwahrnehmung durch die Kommunen,[160] denen häufig nicht einmal ausreichende Mittel zur Ausführung der ihnen durch Bundes- und Landesrecht übertragenen Aufgaben bereitgestellt werden und denen vielfach hinreichender finanzieller Spielraum zur Ausfüllung der in Art. 28 Abs. 2 GG garantierten Selbstverwaltung fehlt. Die verfassungsrechtlich gewährleistete Eigenständigkeit der Kommunen auch als Verwaltungseinheit bricht sich hier an den praktischen (insbesondere finanziellen) Restriktionen ihrer Wahrnehmung.

Generell ist davon auszugehen, dass Ressourcenrestriktionen einen Selektionsprozess in Gang setzen können, an dessen Ende möglicherweise nur eine einzige Entscheidungsoption als finanzierbar erscheint oder gar die Aufgabenwahrnehmung unterbleiben muss. Der seit der Numerus clausus-Entscheidung des Bundesverfassungsgerichts[161] sprichwörtliche „Vorbehalt des Möglichen" erfasst dabei nicht nur den Bereich der Leistungsverwaltung, sondern wird zum Teil auch

---

[157] Diese hängen auch von der Technikgestaltung ab. Vgl. *Alexander Roßnagel,* Möglichkeiten für Transparenz und Öffentlichkeit im Verwaltungshandeln – unter besonderer Berücksichtigung des Internet als Instrument der Staatskommunikation, in: Hoffmann-Riem/Schmidt-Aßmann (Hrsg.), Informationsgesellschaft, S. 257 (283); *Rainer Pitschas,* Öffentliche Verwaltung und Informationstechnik, NVwZ 2002, S. 452; *Gabriele Britz,* Reaktionen des Verwaltungsverfahrensrechts auf die informationstechnischen Vernetzungen der Verwaltung, in: Hoffmann-Riem/Schmidt-Aßmann (Hrsg.), Informationsgesellschaft, S. 213 (218); *Martin Eifert,* Electronic Government: Das Recht der elektronischen Verwaltung, 2006.

[158] Näher dazu *Eifert,* Electronic Government (Fn. 157); → Bd. II *Holznagel* § 24, *Britz* § 26.

[159] → Bd. III *Korioth* § 44.

[160] Vgl. zur Problematik statt vieler *Friedrich Schoch,* Schutz der kommunalen Selbstverwaltung durch das finanzverfassungsrechtliche Konnexitätsprinzip, FS Hans H. v Arnim, 2004, S. 412 ff. *Schoch* weist zu Recht darauf hin, dass die Strukturprobleme der kommunalen Aufgabenwahrnehmung auch eine Folge der missglückten Föderalismuskonzeption des Grundgesetzes sind, s. dazu auch *Friedrich Schoch,* Die Sicherung der kommunalen Selbstverwaltung als Föderalismusproblem, Der Landkreis 2004, S. 367 ff.

[161] BVerfGE 33, 303 (333). Zur grundsätzlichen Problematik vgl. statt vieler *Veith Mehde,* Grundrechte unter dem Vorbehalt des Möglichen, 2000.

im Bereich der Eingriffsverwaltung bestimmend.[162] Dies ist nicht grundsätzlich zu beanstanden, kann aber in bestimmten Situationen auch zur praktischen Erosion rechtlich vorgesehener Verantwortungsübernahme führen. Das Ressourcenausmaß, aber auch die Vorgaben für die Ressourcenverwendung – etwa des Haushaltsrechts und der Haushaltstechnik – wirken jedenfalls auch auf das Maß der praktizierbaren Eigenständigkeit zurück. Eine **kameralistische Haushaltsführung**[163] lässt weniger Spielräume als die mit dem **Neuen Steuerungsmodell**[164] und der Bildung von so genannten Globalhaushalten verbundenen veränderten Formen der Haushaltsgestaltung. Letztere kennen insbesondere eine gelockerte Zweckbindung der Mittel, die wechselseitige Deckungsfähigkeit von Ausgabetiteln und eine Mittelverfügbarkeit über das Haushaltsjahr hinaus sowie eine entsprechend zurückgenommene Haushaltskontrolle. Die Einführung dieses Typs der Mittelbewirtschaftung soll zum Ausbau der Eigenverantwortung führen. Diese soll auch Kreativität im Umgang mit (relativ immer knapper werdenden) Ressourcen stimulieren und auf diesem Weg auf eine (gegebenenfalls neuartige) Art der Bewältigung der jeweiligen Verwaltungsaufgabe hinwirken.

Zu den determinierenden Ressourcen gehört ebenfalls die Ausstattung mit **Personal**. Auf die Art der Eigenständigkeit bei der faktischen Aufgabendurchführung wirkt insbesondere die Qualität des Personals ein, so die durch die Rekrutierung sowie Aus- und Fortbildung gesteuerte Qualifikation i.w.S. (Grundhaltungen, Wertmaßstäbe, Leitbilder, Vorverständnisse, Know-how usw.).[165] 27

C. Binnensteuerung der Verwaltung

Diese Darlegungen verdeutlichen die schon mehrfach angesprochene These, dass die Art der Eigenständigkeit nicht nur durch Rechtsnormen beeinflusst wird. Generell gilt, dass Normen nur ein Typ unter mehreren Steuerungsfaktoren sind. Die zusätzlich bedeutsamen Faktoren Organisation, Verfahren, Personal, Finanzen[166] sind ihrerseits rechtlich geprägt und dadurch in ihrer Steuerungskraft auch rechtlich legitimiert, werden aber regelmäßig nicht unmittelbar in das zur Problemlösung geschaffene Handlungsprogramm integriert, sind aber gleichwohl auf dieses (zumindest implizit) bezogen. Das **Zusammenspiel sämtlicher Steuerungsfaktoren** prägt die der Verwaltung aufgegebene Problemlösung und verdient deshalb die Aufmerksamkeit der Rechtswissenschaft.[167] 28

I. Elemente der Steuerung des Entscheidungsprozesses

Verwaltungshandeln als administratives Rechtsanwendungsverhalten lässt sich in verschiedenen **Stadien und Sektoren der Problembewältigung** verorten, 29

---

[162] Vgl. etwa BVerfG, DVBl 2001, S. 797 (799): Zum Vorbehalt der Verfügbarkeit polizeilicher Kräfte im Kontext einer Entscheidung über die Inanspruchnahme von Nichtstörern.

[163] Dazu s. *Ferdinand Kirchhof*, Das Haushaltsrecht als Steuerungsressource, in: Hoffmann-Riem/Schmidt-Aßmann (Hrsg.), Effizienz, S. 107 (111 ff.); *Püttner*, VerwaltungsL, S. 258 ff.; *Schuppert*, Verwaltungswissenschaft, S. 698 ff.

[164] → Bd. I *Voßkuhle* § 1 Rn. 50 ff., 53 ff.

[165] → Bd. II *Hermes* § 39 Rn. 70 ff.; Bd. III *Voßkuhle* § 43.

[166] → Bd. III *Voßkuhle* § 43, *Korioth* § 44.

[167] Siehe schon *Hoffmann-Riem*, Rechtsanwendungswissenschaft (Fn. 82) sowie *ders.*, Methoden (Fn. 90).

in denen der Entscheidungsprozess[168] und das Ergebnis beeinflusst werden und in denen je unterschiedliche Spielräume bestehen. Zu unterscheiden sind insbesondere:[169]

- die Identifikation eines Problems und die Initiative zu seiner Bearbeitung (z.B. Antrag, Handeln von Amts wegen) und die Identifikation die damit verbundene Weichenstellung für die Problemlösung (**Problemlösungsbereich);**
- die Erarbeitung der entscheidungserheblichen Rechtsnorm (**Normprogrammbereich** – gegliedert in Rechtsstoffbereich i.e.S., Realbereich der Norm, Folgeneröffnungsbereich, Optionenwahlbereich);
- der konkrete Entscheidungsvorgang als Verknüpfung des lösungsbedürftigen Problems mit den Vorgaben des anzuwendenden Normprogramms (**Entscheidungsbereich,** in dem als Teilbereiche insbesondere der Organisations-, Verfahrens-, Personal- und Haushaltsbereich auszumachen sind);
- der **Folgengenese- und Folgenbewirkungsbereich** unter Einschluss des Vollzugsbereichs;
- der nachwirkend bedeutsam werdende (aber gegebenenfalls schon vorwirkend steuernde) **Kontrollbereich** (inneradministrative Kontrolle, Rechnungshofkontrolle, Gerichtskontrolle, Öffentlichkeitskontrolle) und der
- **Lernbereich** (insbesondere Verarbeitung von Erfahrungen als Orientierung für zukünftiges Verhalten).

II. Herstellung, Rechtfertigung und Darstellung einer Entscheidung

30   Die auf diesen – miteinander verzahnten – Ebenen handlungsbestimmenden Faktoren können von je unterschiedlicher Bedeutung für die **Herstellung, Rechtfertigung und Darstellung einer Entscheidung** sein und jedenfalls – gegebenenfalls unterschiedlich – auf die Eigenständigkeit der Verwaltung einwirken.[170] Die konkret praktizierte Eigenständigkeit der Verwaltung zeigt sich im Herstellungsprozess einer Entscheidung, also deren jeweiligem Entstehungszusammenhang. Maßgebend wird ein Prozess der Informations- und Wissensverarbeitung mit eigener Dynamik, in dem verfügbare Informationen und (gegebenenfalls routinehaft) verfügbares Wissen verarbeitet wird, weitere Informationen und weiteres Wissen zu generieren sind, vielfach aber auch Ungewissheit (fort)bestehen wird. Angesichts der Vielzahl notwendiger Informations- und Wissensselektionen muss versucht werden, Verständigung über lösungsrelevante Faktoren zu erzeugen und zu situativ „richtigen" Festlegungen zu kommen. Die in Rn. 29 erwähnten sechs Ebenen kennzeichnen Teile der Verarbeitung von Informationen und Wissen, die sich auch auf den Herstellungsprozess beziehen.

---

[168] Zur Orientierung rechtswissenschaftlicher Bemühungen an der (rechtserheblichen) Entscheidung s. statt vieler *Gerhard Zimmer,* Funktion – Kompetenz – Legitimation: Gewaltenteilung in der Ordnung des Grundgesetzes, 1979, S. 84ff., 89ff.; *Walter Schmidt,* Einführung in die Probleme des Verwaltungsrechts, 1982, S. 37ff.

[169] Näher zum Folgenden *Hoffmann-Riem,* Methoden (Fn. 90), S. 32ff.; sowie *ders.,* Sozialwissenschaftlich belebte Rechtsanwendung, in: FS Thomas Raiser, 2005, S. 515, 519ff. Die von *Andreas Voßkuhle,* Methode und Pragmatik im öffentlichen Recht, in: Hartmut Bauer/Detlef Czybulka/Wolfgang Kahl/Andreas Voßkuhle (Hrsg.), Umwelt, Wirtschaft und Recht, 2002, S. 171 (188ff.) vorgeschlagenen Stufen rechtswissenschaftlicher Arbeit sind demgegenüber nicht auf den Prozess der Rechtsanwendung, sondern auf die „wissenschaftliche Arbeit" bezogen, auch wenn sie für die analytische Erfassung des Prozesses der Rechtsanwendung ebenso hilfreich sind.

[170] Zur Entscheidungsbildung der Verwaltung s. auch → Bd. II *Schneider* § 28 Rn. 104ff.

C. Binnensteuerung der Verwaltung

Allerdings ist die Notwendigkeit der Rechtfertigung und Darstellung einer Entscheidung ebenfalls ein Faktor der Binnensteuerung und kann Vor- und Rückwirkungen auf Art und Ergebnis der Herstellung entfalten. Regelmäßig wird aber nach h.M. nur ein Teil der in dem Entscheidungsprozess wirksam werdenden und gegebenenfalls für das Entscheidungsergebnis folgenreichen Einflussfaktoren für die Rechtfertigung der Entscheidung gegenüber einer möglichen Kontrollinstanz als „rechtmäßig" bedeutsam: Eine administrative Entscheidung gilt schon dann als unangreifbar, wenn sie anhand der in der jeweiligen Rechtsbeziehung – also etwa in dem Staat-Bürger-Verhältnis – verbindlichen Elemente des kontrollfähigen Normprogramms (des **Kontrollprogramms**) gerechtfertigt oder jedenfalls rechtfertigungsfähig ist.[171]

Die Rechtfertigungsfähigkeit als Qualität einer getroffenen Entscheidung ist **31** zu unterscheiden von einer weiteren Dimension: der sprachlichen **Darstellung** der Entscheidungsrichtigkeit. Diese betrifft die Vermittlung der Richtigkeit der Entscheidung an Dritte, etwa den Betroffenen, die Öffentlichkeit, die politischen Verantwortungsträger und vor allem die zur Kontrolle – insbesondere zur Korrektur – berufenen Gerichte. Die „**Begründung**" eines Rechtsaktes (vgl. § 39 VwVfG, Art. 41 Abs. 2 lit. c) GRCh) ist eine typische Form der Darstellung seiner Rechtmäßigkeit. § 39 Abs. 1 S. 2 VwVfG schreibt vor, dass die wesentlichen tatsächlichen und rechtlichen Gründe mitzuteilen sind, die die Behörde zu ihrer Entscheidung bewogen haben.[172] Zur Begründung gehört bei der Ausübung von Ermessen gemäß § 39 Abs. 1 S. 3 VwVfG die Wiedergabe der Gesichtspunkte, von denen die Behörde ausgegangen ist. Von dem Wortlaut und dem Sinn einer auf Nachprüfbarkeit ausgerichteten Begründungspflicht her deuten diese Formulierungen auch auf eine **Wiedergabe der herstellungsrelevanten Bestimmungsgründe**. Der in der Rechtswissenschaft und -praxis übliche Darstellungsbezug juristischer Argumentation verführt demgegenüber häufig dazu, herstellungsrelevante Faktoren zu selegieren und sie möglichst nur insoweit wiederzugeben, als sie auch als rechtlich einwandfrei darstellbar sind.[173] Im Übrigen werden die Begründungspflichten von der h.M. nicht so gedeutet, dass alle real entscheidungserheblichen Erwägungen in den Gründen enthalten sein müssen, sondern nur die als „entscheidungserheblich" (= kontrollerheblich[174]) tragenden tatsächlichen und rechtlichen Gründe.[175] [176]

---

[171] Zur Funktion des Rechtswidrigkeitskriteriums als Konstrukt der Zurechnung und der Filterung von Möglichkeiten der Gegenwehr s. → Bd. III *Morlok* § 52 Rn. 34 ff.

[172] Als Überblick dazu vgl. *Friedrich Schoch,* Begründung von Verwaltungsakten, JURA 2005, S. 757 ff. Zu berücksichtigen sind auch gesondert normierte Begründungspflichten, so z.B. für das immissionsschutzrechtliche Genehmigungsverfahren aus § 10 Abs. 7 BImSchG oder im förmlichen Verfahren gemäß § 69 Abs. 2 VwVfG sowie aus § 73 Abs. 3 VwGO für den Widerspruchsbescheid. → Bd. II *Gusy* § 23 Rn. 59 ff.

[173] Dadurch wird die vielfältige Realität der Verwaltung stark vereinfacht, s. → Bd. III *Morlok* § 52 Rn. 35 f.

[174] Eine Bestätigung der Rechtsschutzzentrierung wird in § 39 Abs. 2 VwVfG gesehen, der eine Begründung entbehrlich lässt, wenn sie zum Rechtsschutz nicht erforderlich ist (Nr. 1) oder die Sach- und Rechtslage ohne weiteres erkennbar ist (Nr. 2). Letzteres wird meist dahingehend verstanden, dass nur die zur Kontrolle erforderliche Kenntnis gemeint ist.

[175] *Hermann Pünder*, Verwaltungsverfahren, in: Erichsen/Ehlers (Hrsg.), VerwR, § 13 Rn. 52.

[176] Einen Verfahrensmangel gemäß § 132 Abs. 2 Nr. 3 VwGO – bezogen auf gerichtliche Entscheidungen – sieht das BVerwG nur in Verstößen gegen Vorschriften, die den äußeren Verfahrensablauf betreffen, nicht aber dann, wenn die Vorinstanz gegen eine Vorschrift verstoßen hat, die den inneren

32 Wird die Begründungspflicht nur aus der Kontrollperspektive betrachtet und insofern eingeengt, wird die Chance vertan, das Begründungserfordernis auch als Steuerungsfaktor auf der Handlungsebene der Verwaltung verstärkt wirksam werden zu lassen. Es entsteht im Übrigen das Risiko der Vernachlässigung des Umstands, dass es auch jenseits des Schutzes gerichtlich voll kontrollfähiger **subjektiver Rechte** normative Bindungen im **objektiven Recht**[177] und weitere **rechtlich verankerte Richtigkeitsgaranten** gibt – wie Zeitrichtigkeit (insbesondere Schnelligkeit), Effizienz, Akzeptanz, Effektivität, Implementierbarkeit. Die Bedenken gegen die Selektivität des Begründungserfordernisses nehmen aus rechtsstaatlicher Sicht zu, wenn sogar im Hinblick auf die für die Kontrolle maßgebenden Faktoren nicht eine Darlegung der real entscheidungserheblich gewordenen Bestimmungsgründe verlangt wird (also eine Begründung des konkreten Entscheidungsverhaltens), sondern nur die **Begründbarkeit** gefordert wird, etwa begrenzt auf die des Entscheidungsergebnisses.[178] In der Praxis orientiert die Darstellung sich allerdings häufig vorrangig nur an dem Ziel, die **Unangreifbarkeit** der Entscheidung vor der Kontrollinstanz zu sichern (Vermeidung des Risikos der Fehlerkorrektur durch Aufsichtsbehörde oder Gericht, von Staatshaftung oder von Disziplinarsanktionen etc.). Sonstige rechtliche Bindungen – etwa die im Staat-Bürger-Verhältnis nur begrenzt erheblichen[179] haushaltsrechtlichen Bindungen – gelten insoweit nicht als darstellungsbedürftig. Gleiches gilt häufig für **„weiche" Ziele** wie die der Akzeptanz beim Betroffenen oder die Beachtung zulässiger politischer Vorgaben der Regierung.

33 Herstellung, Rechtfertigung und Darstellung[180] sind aufeinander bezogen, wenn auch nicht zwingend deckungsgleich.[181] „Gute Argumente" taugen auch als „gute Gründe bzw. Motive", die Entscheidung so und nicht anders zu treffen.[182] Die Notwendigkeit einer Darstellung lege artis beeinflusst regelmäßig auch das Herstellungsverhalten. Die **Darstellungsorientierung** als Folge des auf Kontrolle gerichteten Anliegens der Rechtsordnung hat daher – soweit sie reicht

---

Vorgang der rechtlichen Rechtsfindung betrifft (*BVerwG*, Beck RS 2009, 32332). Diese Beschränkung mag wegen der Schwierigkeiten des Nachweises pragmatisch naheliegen, wird aber dem Umstand nicht gerecht, dass der „innere Vorgang" der Rechtsfindung – etwa die Nutzung unlauterer Motive, die in der Begründung verdeckt werden, – auch fehlerhafte Entscheidungen bewirken kann. Auf das Verwaltungsverfahren sollte ein solcher Grundsatz auf keinen Fall übertragen werden.

[177] Als Handlungsprogramme für die Verwaltung sollen die Normen in ihrer Gesamtheit – also nicht nur die durch darauf bezogene subjektive Rechte gestärkten Positionen, sondern auch die nur in der objektiven Rechtsordnung verankerten Vorgaben und Ziele – maßgebend werden. Ob ihre Nichtbeachtung im Zuge des gerichtlichen Individualrechtsschutzes zur Beanstandung des Entscheidungsergebnisses führt, ist für die Frage der Bindung an objektives Recht unmaßgeblich. Zur Verschränkung des Wirkens subjektiver Rechte und objektiver Rechte, vgl. *Koch/Rubel/Heselhaus*, VerwR, § 8 Rn. 40 ff.

[178] Dazu kritisch *Koch/Rubel/Heselhaus*, VerwR, § 5 Rn. 6; *Hoffmann-Riem*, Methoden (Fn. 90), S. 21 f.

[179] Sie können dort aber aufgrund besonderer Brückenkonstruktionen maßgeblich werden, so etwa der „Vorbehalt des Möglichen" als Begrenzung verwaltungsbehördlicher Pflichten, s. dazu oben → Fn. 161, 162; *BVerfGE* 96, 288 (305); *BayVGH*, BayVBl. 1998, S. 180 (183 f.).

[180] *Hans-Joachim Koch*, Die Begründung von Grundrechtsinterpretationen, EuGRZ 1986, S. 345 (355) nennt zusätzlich die Stufe der „Entstehung" der Entscheidung. Darunter versteht er ihre „wirklichen Ursachen" bzw. die Motive der Entscheider, die nicht notwendig im Herstellungsprozess erkennbar werden.

[181] *Hoffmann-Riem*, Methoden (Fn. 90), S. 22 f.

[182] Vgl. *Koch*, Grundrechtsinterpretationen (Fn. 180), S. 355; *Ulfried Neumann*, Juristische Methodenlehre und Theorie der juristischen Argumentation, in: Rechtstheorie, Bd. 32 (2001), S. 239 (255).

– auch in der **Rückbezüglichkeit auf die Herstellungsebene** einen rechtsstaatlichen und demokratischen Eigenwert. Für die Neue Verwaltungsrechtswissenschaft kann sich die rechtliche Aufmerksamkeit allerdings nicht auf die Darstellungsebene beschränken.[183] Auch durch die auf den anderen Ebenen wirkenden Faktoren wird Verhalten in rechtserheblicher Weise beeinflusst, so dass die **Gesetzesbindung** (Gesetzesvorbehalt und Gesetzesvorrang) auch insoweit maßgeblich wird. Würde die rechtliche Dirigierung und Umhegung des Herstellungsprozesses von darauf speziell abgestimmten Begründungspflichten freigestellt, bestünde das Risiko rechtsstaatlich bedenklichen Wildwuchses: Eine so bedingte Eigenständigkeit der Verwaltung wäre in einem Rechtsstaat nicht hinnehmbar.

Dass der Herstellungsprozess auch für die gerichtliche Kontrolle nicht außer Betracht bleiben darf, wird z.B. an den für die **Fehlerkontrolle** bedeutsamen Regeln über Beteiligung, Befangenheit[184] oder Dokumentation deutlich – auch wenn nicht jeder Fehler rechtlich folgenreich werden kann (vgl. z.B. §§ 44 ff. VwVfG; 214 ff. BauGB).[185] Die Orientierung am „Zweck" einer Ermessensermächtigung (§ 40 VwVfG, § 114 VwGO) und die Einbeziehung der „Gesichtspunkte", von denen die Behörde bei der Ausübung ihres Ermessens ausgegangen ist (§ 39 Abs. 1 S. 3 VwVfG), erlauben den verstärkten Blick auf die Herstellungsebene. Derartige Vorgaben dürfen nicht restriktiv ausgelegt werden, sondern sind auf eine Handhabung angewiesen, die es ermöglicht, das gesamte **auf der Herstellungsebene aktivierbare Rationalisierungspotenzial** für die praktische Verwaltungsarbeit zu nutzen und durch hinreichende Kontrollierbarkeit Fehlsteuerungen zu vermeiden sowie Wertungsaufgaben in der gebotenen Komplexität zu erfüllen; auch ist das für Diagnose und Prognose wichtige Wissen im Rahmen

34

---

[183] Ein auch herstellungsorientiertes Leitbild der Rechtsanwendung fordert im Übrigen, dass taugliche Methoden der Rechtsanwendung für sämtliche Ebenen des Rechtsanwendungsprozesses (→ Rn. 29) verfügbar sind, auf denen administratives Spielraumverhalten gesteuert wird (dies zu ermöglichen, ist das Anliegen meines oben [→ Fn. 90] zitierten Beitrags). Dem werden die bisherigen Methodenlehren nicht gerecht, auch solche – wie die von *Friedrich Müller* und *Ralph Christensen* (Juristische Methodik, Bd. I: Grundlegung für die Arbeitsmethoden der Rechtspraxis, 10. Aufl. 2009) – nicht, obwohl sie ihren Blick auf den Realbereich der Norm ausgeweitet haben: Auch insoweit erfassen sie weitgehend nur den Normprogrammbereich, nicht aber den Entscheidungs- und den Folgenbereich (zu den Begriffen → Rn. 29). Die Forderung nach einer Erstreckung der Bemühungen der anwendungsorientierten Methodenlehre auf alle entscheidungserheblichen Faktoren führt zu einer verstärkten Berücksichtigung von Fragestellungen der Verwaltungswissenschaft. Auch ergibt sich die Notwendigkeit einer Differenzierung zwischen den Methoden für administratives und für gerichtliches Rechtsanwendungsverhalten. Die Handlungsorientierung der Verwaltung einerseits und die Kontrollorientierung der Gerichte andererseits fordern nämlich darauf abgestimmte Vorgehensweisen. So hängt die Rechtmäßigkeit der gerichtlichen Kontrolle beispielsweise von der Beachtung der für die Herstellung einer Gerichtsentscheidung maßgebenden Verfahren und sonstigen Faktoren ab, nicht von anderen, als die Gerichte beurteilen, wenn sie klären, ob der Verwaltung Fehler auf der Ebene administrativer Herstellung unterlaufen sind. Die relative Eigenständigkeit der Verwaltung legt auch eine relative Eigenständigkeit der anzuwendenden Vorgehensweisen und darauf ausgerichteter methodischer Anleitungen nahe. Dieses Postulat wird allerdings untergraben, soweit – wie es §§ 45 f. VwVfG und §§ 214 ff. BauGB partiell erlauben – administrative Verfahrensfehler bei der gerichtlichen Überprüfung folgenlos bleiben, s. auch u. → Fn. 193.

[184] Dazu und allgemein zum Grundsatz der Unparteilichkeit s. *Michael Fehling*, Verwaltung zwischen Unparteilichkeit und Gestaltungsaufgabe, 2001.

[185] Zur Kritik etwa des Ziels möglichster Planerhaltung, s. *Eberhard Schmidt-Aßmann*, in: Maunz/Dürig, GG, Art. 19 Abs. 4, Rn. 216; sowie *Günter Gaentzsch*, Bemerkungen zur Planerhaltung im Fachplanungsrecht, DVBl 2000, S. 741. S. ferner die N. u. → Fn. 193.

des Möglichen – dies ist für sog. implizites Wissen[186] schwer – verfügbar zu machen und Nichtwissen gegebenenfalls abzubauen. Aufgegeben ist auch die Suche nach Möglichkeiten, die Einflussnahme der Träger einseitiger Interessen oder gar Machteinsatz offen zu legen. Rechtlich missbilligte (aber verbergbare) Motive müssen möglichst durch Transparenz ausgeschlossen werden.

35 Diese und gegebenenfalls weitere Vorgaben können auch auf anderen Kontrollebenen und für darauf abgestimmte Sanktionen bedeutsam werden, etwa für die Kommunalaufsicht oder für die Überprüfung durch den Rechnungshof[187], der sich an **Maßstäben objektiven Rechts** (z.B. „Wirtschaftlichkeit und Sparsamkeit" im Sinne des § 7 BHO) orientiert. Auf die Erheblichkeit weiterer Dimensionen zielt (wenn auch nur ansatzweise) ebenfalls das in Art. 41 (der durch Art. 6 Abs. 1 EUV verbindlichen, aber nach Art. 51 GRCh nur die Organe, Einrichtungen und sonstigen Stellen der Union sowie die Mitgliedstaaten ausschließlich bei der Durchführung des Rechts der Union bindenden) EU-Grundrechtecharta verbürgte **„Recht auf eine gute Verwaltung"**.[188] Es findet seinen Nährboden vor allem in den in der angelsächsischen Tradition verankerten Vorstellungen über angemessenes Verwaltungshandeln.[189] Dies zeigt sich auch an der Betonung des **Verfahrensgedankens** – dort insbesondere im Hinblick auf eine auf die Herstellung der Entscheidung bezogene Verfahrensfairness – und in den Anforderungen an die **Begründung** (nicht nur Begründbarkeit) einer Entscheidung.[190] Diese können **Vorwirkungen** auch schon auf der Handlungsebene der Verwaltung haben.

Allerdings ist die deutsche Rechtsordnung durch vielfältige Abweichungen von einem solchen Leitbild geprägt, so wenn relativ leicht Verfahrensfehler[191] heilbar[192] sind oder sogar teilweise für rechtlich unerheblich erklärt werden (vgl. z.B. §§ 45f. VwVfG, 214ff. BauGB) oder unterbliebene Verfahrenshandlungen noch im gerichtlichen Verfahren nachgeholt werden können (vgl. § 45 Abs. 2 VwVfG).[193] Dies reduziert die **Steuerungskraft von Verfahrensrecht** und stimu-

---

[186] Implizites Wissen ist nicht allgemein verfügbar und häufig schwer kommunizierbar. Betroffen ist das Handlungswissen von Personen/Organisationen, das diesen aufgrund ihrer Erfahrungen, Geschichte, Praxis u.ä. verfügbar ist, aber grundsätzlich nur ihnen. Zu den verschiedenen Dimensionen von Wissen und Nichtwissen s. statt vieler *Wolfgang Hoffmann-Riem*, Wissen als Risiko – Unwissen als Chance, in: *ders.*, Offene Rechtswissenschaft, S. 131 (138ff.).

[187] Zur Spannbreite seiner Aufgaben s. *Helmuth Schulze-Fielitz*, Kontrolle der Verwaltung durch Rechnungshöfe, in: VVDStRL, Bd. 55 (1996), S. 231 (233ff.); *Schuppert*, Staatswissenschaft, S. 728ff.; *Wolfgang Hoffmann-Riem*, Finanzkontrolle der Verwaltung durch Rechnungshof und Parlament, in: Schmidt-Aßmann/Hoffmann-Riem (Hrsg.), Verwaltungskontrolle, S. 73ff.

[188] Zum Recht auf gute Verwaltung allgemein s. etwa *Martin Bullinger*, Das Recht auf gute Verwaltung nach der Grundrechte-Charta der EU, in: FS Winfried Brohm, 2002, S. 25ff.; *Ralf Bauer*, Das Recht auf eine gute Verwaltung im Europäischen Gemeinschaftsrecht – Inhalt, Anwendungsbereich und Einschränkungsvoraussetzungen des Grundrechts auf eine gute Verwaltung in Artikel 41 der Charta der Grundrechte der Europäischen Union, 2002; *Pavlos-Michael Efstratiou*, Der Grundsatz der guten Verwaltung als Herausforderung an die Dogmatik des nationalen und europäischen Verwaltungsrechts, in: Trute/Groß/Röhl/Möllers (Hrsg.), Allgemeines Verwaltungsrecht, S. 281ff.

[189] Siehe auch oben → Fn. 45.

[190] Dazu → Rn. 32.

[191] Zum Begriff → Bd. II *Sachs* § 31 Rn. 4ff.

[192] → Bd. II *Sachs* § 31 Rn. 115ff.

[193] Kritisch zu solchen – allerdings in der Rechtsprechung zunehmend vorsichtiger eingesetzten – Möglichkeiten etwa *Volker v. Wahrendorf*, Das sechste VwGO Änderungsgesetz, NWVBl 1989, S. 177 (180); *Jörg Berkemann*, Verwaltungsprozessrecht auf „neuen Wegen"?, DVBl 1998, S. 446; *Wolfgang*

liert ein darstellungsorientiertes und zugleich (vorrangig) ergebnisbezogenes Entscheidungsverhalten. Die intensive Wahrnehmung der Kontrollkompetenz durch die Gerichte kann – wie beispielsweise für das Asylrecht beobachtet worden ist[194] – dazu führen, dass Verwaltungsbehörden von einer näheren Aufklärung absehen, weil sie davon ausgehen, dies würden die Gerichte ja ohnehin tun. Dies ist Anschauungsmaterial für die These, dass die Art der gerichtlichen Verantwortungsübernahme auf die Binnensteuerung der Verwaltung zurückwirkt und auf diese Weise die Art administrativer Eigenständigkeit mitprägt.

III. Binnenrationalität

Besonders ausgeprägt ist der Bereich der Eigenständigkeit, wenn die Rechtsordnung der Verwaltung **Optionen** an die Hand gibt. Dies ist etwa der Fall bei der Gestaltung des Verfahrens, bei der Vornahme von Einschätzungen und Abwägungen, vielfach auch bei der Bestimmung von Rechtsfolgen, insbesondere im Bereich von Gestaltungsermächtigungen.[195] Soweit der Verwaltung ein Optionenraum offen steht, reichen die in der Rechtsdogmatik mit besonderem Nachdruck formulierten (weiterhin wichtigen) Anforderungen an die **formale Rationalität**[196] – etwa an die der begrifflichen Konsistenz oder der Widerspruchsfreiheit und Verallgemeinerbarkeit – nicht aus. Hier sind diverse Anforderungen materialer Rationalität bedeutsam, etwa rechtsstaatliche Anforderungen einer **Zweck- und Wertrationalität**[197], aber auch der prozeduralen Rationalität und der Rücksichtnahme auf wirkmächtige Kontextbedingungen. Der gemäß Art. 41 GRCh zwar nicht als Rechtsbegriff benutzte, aber einen programmatischen Richtwert umschreibende Begriff „gute Verwaltung" bündelt Anforderungen an Verwaltungshandeln,[198] die über die Beachtung des rechtlich Bindungsfähigen hinaus andere präskriptive Orientierungen umfassen. In diesen Bereich gehört auch die Forderung nach einer übergreifenden **„Klugheit" des Verwaltungshandelns**.[199] „Kluges" Entscheiden kann etwa auf Verwaltungskulturen[200], auf internalisierte Leit-

36

Hoffmann-Riem, Verwaltungskontrolle – Perspektiven, in: Schmidt-Aßmann/ders. (Hrsg.), Verwaltungskontrolle, S. 271 (325, 362); *Kopp/Ramsauer*, VwVfG, § 45 Rn. 5; *Koch/Rubel/Heselhaus*, VerwR, § 4 Rn. 42 ff.; grundsätzlich positiv demgegenüber *Michael Gerhardt*, Funktionaler Zusammenhang oder Zusammenstoß zweier Rationalitäten?, in: Hoffmann-Riem/Schmidt-Aßmann (Hrsg.), Verwaltungsverfahren, S. 413 (416 ff., 422).

[194] Dazu s. *Ulrich Ramsauer*, Rechtsschutz durch nachvollziehende Kontrolle, in: FG BVerwG (Fn. 27), S. 701 (713, Fn. 30); grundsätzlich a. M. *Gerhardt*, Zusammenhang (Fn. 193), S. 422.

[195] → Rn. 56 ff.

[196] Auf die Diskussion der Rationalisierungsdimensionen im Recht muss hier verzichtet werden. S. dazu *Schulze-Fielitz*, Rationalität (Fn. 89), S. 314 ff.; *Arno Scherzberg*, Rationalität – staatswissenschaftlich betrachtet. Prolegomena zu einer Theorie juristischer Rationalität, in: FS Hans-Uwe Erichsen, 2004, S. 177 (181 f.) m. w. N.; → Bd. I *Voßkuhle* § 1 Rn. 15. Aus sozialwissenschaftlicher Sicht s. *Helmut Brentel*, Soziale Rationalität: Entwicklungen, Gehalte und Perspektiven von Rationalitätskonzepten in den Sozialwissenschaften, 1999.

[197] Zu ihr s. *Scherzberg*, Rationalität (Fn. 196), S. 182 f.; → *Reimer* Bd. I § 9 Rn. 4 ff.

[198] Siehe o. → Fn. 188.

[199] Dazu s. Wolfgang *Hoffmann-Riem*, Die Klugheit der Entscheidung ruht auch in ihrer Herstellung – selbst bei der Anwendung von Recht, in: Arno Scherzberg u. a. (Hrsg.): Kluges Entscheiden, 2006; → Bd. II *Pitschas* § 42 Rn. 52 f.

[200] Dazu s. *Werner Jann*, Verwaltungskulturen im internationalen Vergleich. Ein Überblick über den Stand der Forschung, DV, Bd. 33 (2000), S. 325 ff.; *Stefan Fisch*, Verwaltungskulturen – Geronnene Geschichte?, DV, Bd. 33 (2000), S. 303 ff.; *Wolff/Bachof/Stober/Kluth*, VerwR II, § 79 Rn. 163 ff.

bilder[201], auf professionell-ethische Standards[202], auf Intuition oder auf Faktoren sozio-emotionaler Rationalität zurückgreifen.[203] Je nach Verfügbarkeit solcher Faktoren – also auch je nach deren Knappheitsbedingungen – können sie Spielraumverhalten prägen und zu Faktoren der Binnensteuerung bei der Optionenwahl werden.

37 Unter dem Aspekt der **Binnensteuerung der Verwaltung** geht es auch um Möglichkeiten der administrativen Organisationswahl und -ausgestaltung, der Verfahrensgestaltung sowie der personellen sowie sachlichen Ausstattung.[204] Diese sind auf die schon erwähnten neuen Herausforderungen abzustimmen – etwa die der Europäisierung, Internationalisierung und Globalisierung, der veränderten Verantwortungsteilung zwischen Staat und Gesellschaft und damit zwischen staatlichen, privaten und staatlich-privaten Akteuren sowie auf veränderte Anforderungen an den Umgang mit Ungewissheit[205] und die wachsenden Innovationsbedürfnisse[206] moderner Gesellschaften.

D. Gewaltengliederung als Modus funktionaler Differenzierung

38 Der Verwaltungsrechtswissenschaft fällt es schwer, ihren besonderen Gegenstand, die öffentliche Verwaltung[207], trennscharf zu definieren. Am ehesten stößt eine **negative Definition** auf Konsens.[208] Die Verwaltung wird dann als Erfüllung öffentlicher Aufgaben durch den Staat oder einen sonstigen Träger öffentlicher Gewalt „außerhalb von Rechtsetzung und Rechtsprechung"[209] und Regierung[210] verstanden. Die Schwierigkeit einer positiven Definition hat sich gegenwärtig angesichts der Tendenzen zu **Entgrenzungen und Vernetzungen**[211], die auch vor der Verwaltung nicht Halt machen, eher verstärkt. Entgren-

---

[201] Vgl. etwa *Uwe Volkmann*, Rechtsgewinnung aus Bildern, in: Julian Krüper/Heike Merten/Martin Morlok (Hrsg.), An den Grenzen der Rechtsdogmatik, 2010, S. 77 ff.

[202] Dazu s. *Kathryn G. Denhardt*, The Ethics of Public Service, 1988; *Marc A. Eisner*, Bureaucratic Professionalism and the Limits of the Political Control Thesis: The Case of the Federal Trade Commission, Governance, Bd. 6 (1993), S. 127 ff.; *OECD*, Ethics in the Public Service, Public Management Occasional Papers Nr. 14, 1996, S. 19 ff.; *Richard A. Chapman* (Hrsg.), Ethics in Public Service for the New Millenium, 2000; *Seiichi Kondo*, Fostering Dialogue to strengthen Good Governance, in: OECD, Public Sector Transparency and Accountability: Making it Happen, 2002, S. 7 ff. Zum Ganzen auch *Wolfgang H. Lorig*, „Good Governance" und „Public Service Ethics", Amtsprinzip und Amtsverantwortung im elektronischen Zeitalter, in: Aus Politik und Zeitgeschichte, Heft B/18, 2004, S. 24 ff.

[203] Vgl. die N. zu entsprechenden Diskussionen bei *Scherzberg*, Rationalität (Fn. 196), S. 177 (187 f., 197 f., 204 f. und passim). S. auch *Julia F. Hänni*, Vom Gefühl am Grund der Rechtsfindung, 2011.

[204] → Bd. I *Schuppert* § 16 Rn. 8; → Bd. III *Voßkuhle* § 43, *Korioth* § 44; s. auch o. → Rn. 24–27.

[205] Dazu vgl. *Wolfgang Hoffmann-Riem*, Wissen, Recht und Innovation, in: DV, Beiheft 9, 2010, S. 159 (174 ff., 179 ff., 187 ff.) sowie die Beiträge in *Indra Spiecker gen. Döhmann/Peter Collin* (Hrsg.), Generierung und Transfer staatlichen Wissens im System des Verwaltungsrechts, 2008; → Rn. 113.

[206] Dazu vgl. → Rn. 128 ff.

[207] → Bd. I *Möllers* § 3 Rn. 4 f., *Poscher* § 8 Rn. 56 ff., *Groß* § 13 Rn. 6 ff. Der Verwaltungsbegriff wird auch in privaten bzw. privatrechtlichen Kontexten benutzt, s. statt vieler *Bull/Mehde*, VerwR, Rn. 16.

[208] → Bd. I *Poscher* § 8 Rn. 56 ff.

[209] So schon *Jellinek*, VerwR, S. 6; vgl. auch → Bd. I *Poscher* § 8 Rn. 27 ff.

[210] So *Jörn Ipsen*, Allgemeines Verwaltungsrecht, 6. Aufl. 2009, Rn. 51.

[211] → Rn. 107 ff. Vgl. statt vieler auch *Schuppert*, Staatswissenschaft, S. 389 ff.; *Arno Scherzberg*, Wozu und wie überhaupt noch öffentliches Recht?, 2003, S. 11; *Dieter Grimm*, Gemeinsame Werte – globales Recht?, in: Hertha Däubler-Gmelin/Irina Mohr (Hrsg.), Recht schafft Zukunft, 2003, S. 14 ff.; *Wolf-*

I. Gewaltengliederung als Grundsatz

Versuche der analytischen Abgrenzung der „Verwaltung" von den anderen Staatsgewalten (Legislative und Judikative) und die Nutzung des Ergebnisses für die normative Zuordnung unterschiedlicher Staatsfunktionen werden meist auf den Grundsatz der Gewaltenteilung[213] bezogen. Gewaltenteilung bzw. Funktionentrennung kann allerdings heute[214] nicht als Programm der Abgrenzung oder gar der Kennzeichnung fest umschriebener „Bereiche" verstanden werden, wohl aber als **Modus funktionaler Differenzierung** sowie kooperativ gegliederter und wahrzunehmender Ausübung von Staatsgewalt:[215] Die normative Ausarbeitung eines solchen Grundsatzes funktionaler Differenzierung[216] zielt zum einen auf einen Mechanismus der Freiheitssicherung durch wechselseitige Zuordnung und Balancierung von Machtpositionen[217] und insbesondere auch auf die Ermöglichung demokratischer Herrschaft[218], zum anderen soll der Grundsatz verwirklicht werden, Aufgaben an die jeweils dafür nach ihrer Organisation, Zusammensetzung, Verfahrensweise und Kompetenz möglichst gut (bestmöglich) geeigneten Aufgabenträger zu übertragen[219] (**Grundsatz funktionsgerechter Organisationsstruktur**). Der in der Literatur vermehrt genutzte Begriff „Gewaltengliederung"[220] ist auf eine solche funktionale Differenzierung ausgerichtet und vermag zu verdeutlichen, dass es um ein Beziehungsgefüge, nicht um Abschottung geht: Mit dem Konzept der Gewaltengliederung stehen Überlappungen und Verschränkungen verschiedener Gewalten oder gar bewegliche Grenzen zwischen ihnen nicht im Widerspruch. Das politische Prinzip der funktionalen Differenzierung ist als prozedurale Ausprägung der Vorsorge für

---

gang Hoffmann-Riem, Das Recht des Gewährleistungsstaates, in: Gunnar Folke Schuppert (Hrsg.), Der Gewährleistungsstaat – ein Leitbild auf dem Prüfstand, 2005.

[212] → Bd. I *Baer* § 11.
[213] *Dreier,* Verwaltung (Fn. 49), S. 175 ff. m.w.N. weist zu Recht darauf hin, dass der Gewaltenteilungsgrundsatz dem Grundgesetz als solcher unbekannt ist. Er bündelt allerdings Grundsätze funktionsgerechter Zuordnung unterschiedlicher Aufgabenträger.
[214] Zu früheren Konzepten s. → Bd. I *Poscher* § 8 Rn. 2 ff.
[215] Dazu vgl. *Zimmer,* Funktion (Fn. 168), S. 18; *Andreas Voßkuhle,* Rechtsschutz gegen den Richter: Zur Integration der Dritten Gewalt in das verfassungsrechtliche Kontrollsystem vor dem Hintergrund des Art. 19 Abs. 4 GG, 1993.
[216] Aus der Literatur s. insbes. Norbert Achterberg, Probleme der Funktionenlehre, 1970; *Zimmer,* Funktion (Fn. 168); *Möllers,* Gewaltengliederung (Fn. 26).
[217] Vgl. schon *Werner Weber,* Die Teilung der Gewalten als Gegenwartsproblem, in: FS Carl Schmitt, 1959, S. 253 (263); *Möllers,* Gewaltengliederung (Fn. 26).
[218] Vgl. *Möllers,* Gewaltengliederung (Fn. 26), S. 3, dort insbes. Fn. 15 m.w.N.
[219] Vgl. *Zimmer,* Funktion (Fn. 168), S. 266 ff.; *Dreier,* Verwaltung (Fn. 50), S. 177; *Hesse,* Grundzüge, Rn. 482, 492 ff., 495 ff.; *Groß,* Kollegialprinzip (Fn. 52), S. 200 ff.; *Schmidt-Aßmann,* Ordnungsidee, 4. Kap. Rn. 1 ff., sowie BVerfGE 68, 186; 90, 286 (364); 95, 115; 98, 218 (251 f.); 104, 151; → Bd. I *Poscher* § 8 Rn. 28. Kritisch dazu *Möllers,* Gewaltengliederung (Fn. 26), S. 378.
[220] Zur Vorzugswürdigkeit dieses Begriffs s. *Möllers,* Gewaltengliederung (Fn. 26), S. 25; *Poscher* (→ Bd. I *ders.* § 8 Rn. 15) benutzt ihn demgegenüber als Oberbegriff für funktionale, föderale und supranationale Gliederungen.

Freiheitssicherung und für die Effektivität staatlichen Handelns zu verstehen und es ist mit Blick auf diese Zielsetzung gesetzlich näher auszugestalten sowie zugleich in eine den heutigen Gegebenheiten angepasste Rechtsdogmatik „zu übersetzen". Es verwirklicht sich allerdings nicht nur über die Gliederung der drei in Art. 20 Abs. 3 GG aufgeführten Staatsgewalten, sondern auch durch andere verfassungsrechtliche Vorkehrungen funktionaler Differenzierung, etwa in der **Bundesstaatsstruktur** oder in der **europäischen Mehrebenenverwaltung**.[221] Solche anderen Vorkehrungen können es rechtfertigen, die Leistungserwartungen an das Prinzip der Gliederung der Staatsgewalten entsprechend zu modifizieren. So kann es genügen, den jeweiligen Staatsgewalten kennzeichnende Aufgaben und Sicherungen ihrer Rechtsstellung zuzuschreiben, ohne zugleich zu verlangen, dass damit stets überschneidungsfreie und ausschließliche Zuständigkeiten verbunden sind.

II. Das Besondere der Verwaltung im Verhältnis zu den anderen Staatsgewalten

40 Zur Erfassung des Phänomens Verwaltung werden in der Literatur unterschiedliche Begriffe genutzt[222], so insbesondere die der **Verwaltung im organisatorischen bzw. formellen**[223] und **im funktionalen bzw. materiellen**[224] **Sinne**.

41 Ausgangspunkt ist, dass Verwaltungshandeln vorwiegend, wenn auch nicht ausschließlich, durch darauf spezialisierte Organisationseinheiten des Staates – die **„Verwaltung im organisatorischen Sinne"** – wahrgenommen wird. In funktionaler Betrachtung besteht **Verwaltungshandeln** in der Bewältigung von Problemlagen durch deren Erfassung und die Auswahl von Handlungsoptionen und die Umsetzung einer Option unter ziel- und problemlösungsorientiertem Einsatz tatsächlicher und rechtlicher (jeweils staatlich bereitgestellter oder zum Einsatz gebilligter) Ressourcen.[225] Hinzu kommt, dass die getroffenen Entscheidungen formal und/oder materiell dem „Staat" zuzurechnen sein müssen und sich an einem auf die Erfüllung von Gemeinwohlzwecken[226] ausgerichteten (meist:

---

[221] → Bd. I *Poscher* § 8 Rn. 15 ff., *Schmidt-Aßmann* § 5 Rn. 16 ff. sowie oben → Fn. 106.

[222] Zur Nutzung unterschiedlicher Verwaltungsbegriffe s. etwa *Stern*, StaatsR II, S. 731 ff.; *Meinhard Schröder*, Die Bereiche der Regierung und der Verwaltung, in: HStR V, § 106, Rn. 16 ff.; *Dirk Ehlers*, Verwaltung und Verwaltungsrecht im demokratischen und sozialen Rechtsstaat, in: Erichsen/Ehlers (Hrsg.), VerwR, § 1 Rn. 3 ff.

[223] Zu ihm s. *Wolff*, Verwaltungsrecht, Bd. I (Fn. 15), S. 17 sowie *Wolff/Bachof/Stober/Kluth*, VerwR I, § 3 Rn. 21 ff.

[224] Die Verwaltung im materiellen Sinne hat *Wolff*, Verwaltungsrecht, Bd. I (Fn. 15), S. 10 definiert „als mannigfaltige, zweckbestimmte, i.d.R. organisierte fremdnützige und verantwortliche, nur teilplanende, selbst beteiligt durchführende und gestaltende Wahrnehmung von Angelegenheiten, insbes. durch Herstellung diesbezüglicher Entscheidungen."; leicht modifiziert in *Wolff/Bachof/Stober/Kluth*, VerwR I, § 3 Rn. 20.

[225] Vgl. *Arno Scherzberg*, Die Öffentlichkeit der Verwaltung, 2000, S. 76.

[226] Dass diese selbst ein zeitbedingtes Konstrukt sind, sei hier nur erwähnt. Zur Gemeinwohldiskussion s. die Beiträge in *Gunnar Folke Schuppert/Friedhelm Neidhardt* (Hrsg.), Gemeinwohl – Auf der Suche nach Substanz, 2002; *Herfried Münkler/Karsten Fischer* (Hrsg.), Gemeinwohl und Gemeinsinn im Recht, 2002; *Winfried Brugger/Stephan Kirste/Michael Anderheiden* (Hrsg.), Gemeinwohl in Deutschland, Europa und der Welt, 2002. Zusammenfassend *Schmidt-Aßmann*, Ordnungsidee, 3. Kap. Rn. 76 f. S. ferner → Bd. I *Schulze-Fielitz* § 12 Rn. 29 ff., 148 ff.

D. Gewaltengliederung als Modus funktionaler Differenzierung

öffentlichen) Recht, aber auch an ergänzenden politisch gesetzten Vorgaben, ausrichten sollen.

Solche Definitionen erlauben Kennzeichnungen, nicht aber absolute Grenzziehungen. Dies ist nicht nachteilig, da der Grundsatz funktionaler Differenzierung unterschiedlicher Ausgestaltung[227] zugänglich ist und die Grenzen zwischen den Gewalten beweglich sind.[228] So bezieht sich das Handeln der Verwaltung im organisatorischen Sinne nicht auf das gesamte verwaltungsrechtlich gesteuerte Verhalten zur Erfüllung öffentlicher Aufgaben. Nicht erfasst werden insbesondere das so angeleitete Handeln Privater in Bereichen **funktionaler Privatisierung**[229], das Handeln **hybrider (privat-staatlicher) Handlungsträger** – wie Public Private Partnerships[230] – oder das privater, auf Gemeinwohlzwecke spezialisierter Handlungsträger – wie **NGOs („Dritter Sektor")**[231] – und erst recht nicht das Handeln (privater) Auditoren, Treuhänder, Aktuare u. ä.[232] Dennoch ist das auf die Erfüllung öffentlicher Zwecke bezogene Handeln solcher Aufgabenträger den auch für Verwaltung geltenden rechtlichen Vorgaben dann unterworfen, wenn die Auslegung der Norm ein entsprechend weites Anwendungsfeld ergibt.[233] Einen solchen Befund kann ein **funktionaler oder materieller Verwaltungsbegriff** aufgreifen, der sich darauf konzentriert, das Spezifische der Aufgabe und ihrer Bewältigung zu erfassen. Dabei führt die Trennung von öffentlichen Aufgaben und Staatsaufgaben[234] allerdings nicht weiter, da der Aufgabenbegriff nicht zwingend auf die Rechtsform des Handlungsträgers durchschlägt.[235] 42

Die Unterscheidung von Rechtsetzung und Rechtsanwendung hilft demgegenüber, die Phänomene Verwaltung und Rechtsprechung in funktionaler Hinsicht schwerpunktmäßig denen der Gesetzgebung gegenüberzustellen. Der Rückgriff auf den Begriff der **Rechtsetzung** erlaubt allerdings keine strikte Abgrenzung im Verhältnis zum gesetzgebenden Parlament. Auch die Verwaltung ist zugleich Normgeber (für Satzungen, Rechtsverordnungen, Verwaltungsvorschriften sowie für die Maßstabsergänzung bei der Anwendung von Rechtsnormen[236]) und sie nimmt nicht nur bei der Gesetzesvorbereitung, sondern vor allem im Rahmen der Gesetzeskonkretisierung[237] an der rechtsetzenden Funktion teil. Auch die Gerichte selbst setzen Recht (Konkretisierung von Rechtsnor- 43

---

[227] Siehe dazu auch die N. in → Fn. 219.
[228] → Rn. 39.
[229] Dazu s. *Ulrich Immenga*, Privatisierung im Zielkonflikt – ein Vergleich der Konzeptionen, in: Karl F. Kreuzer (Hrsg.), Privatisierung von Unternehmen, 1995, S. 9 ff.; *Martin Burgi*, Funktionale Privatisierung und Verwaltungshilfe: Staatsaufgabendogmatik, Phänomenologie, Verfassungsrecht, 1999. Aus der Rechtsprechung etwa *BGHZ*, 149, 206 ff.
[230] → Bd. I *Schulze-Fielitz* § 12 Rn. 96, 113 ff.
[231] → Bd. I *Schulze-Fielitz* § 12 Rn. 159.
[232] Im Zusammenhang mit Formen der regulierten Selbstregulierung → Bd. I *Eifert* § 19 Rn. 52 ff.
[233] So etwa in dem §§ 75 ff. SGB XII erfassten Aufgabenfeld. Eine Einengung findet sich beispielsweise in § 1 Abs. 2, 3 VwVfG, wonach sich die Anwendbarkeit dieses Gesetzes auf Behörden, und zwar nur auf ihre öffentlich-rechtliche Tätigkeit, beschränkt.
[234] Dazu s. *Udo Di Fabio*, Privatisierung und Staatsvorbehalt – zum dogmatischen Schlüsselbegriff der öffentlichen Aufgabe, JZ 1999, S. 585 ff.
[235] Zu Verwaltungsaufgaben s. → Bd. I *Baer* § 11.
[236] Siehe u. → Rn. 85 ff.
[237] Dieser Konkretisierungsbegriff bezieht sich auf die Normkonkretisierung als Rechtserzeugung. Er sollte nicht auf die Normverwirklichung im Einzelfall angewandt werden. Zu diesen beiden Sichtweisen s. *Anne Röthel*, Normkonkretisierung im Privatrecht, 2004, S. 18.

§ 10 Eigenständigkeit der Verwaltung

men; richterliche Rechtsfortbildung), allerdings grundsätzlich nur aus Anlass der Entscheidung eines konkreten Streitfalles,[238] wenn auch gegebenenfalls mit darüber hinausreichenden Argumentationen und Wirkungen. Das **Parlament** aber hat eine besondere Stellung. Es ist der hauptsächliche und – neben dem Volk: bei Nutzung plebiszitärer Möglichkeiten – der einzige direkt demokratisch legitimierte Normgeber.[239] Auch hat es nur relativ wenige rechtliche Vorgaben zu beachten, so die der Verfassung und des Europarechts, begrenzt auch die des Völkerrechts (s. Art. 25 GG).

44 Die früher meist betonte Trennung von **Politik und Recht** ermöglicht einfache Zuordnungen ebenfalls nicht, jedenfalls nicht unter Aufgreifen der eingangs[240] genutzten Trennung von Programmieren und Programmiert-Sein. Es ist kein Zufall, dass der Spätkonstitutionalismus die (programmierte) Verwaltung dem Bereich der Politik zuordnete.[241] Heute wird – wenn auch aus anderen Gründen – kaum noch bestritten, dass Verwaltungshandeln trotz der Gesetzesgebundenheit „politisches" Handeln ist,[242] etwa in dem Sinne, dass die Verwaltung auch bei Beachtung rechtlicher Vorgaben häufig zwischen verschiedenen Handlungsoptionen wählt und Lebensverhältnisse auf vielfältige Weise „gestaltet".[243] Nur wenn der Begriff des **politischen Handelns** enger und damit spezifisch – nämlich als rechtlich weder gebundenes noch determiniertes oder dirigiertes Verhalten – verstanden wird, erlaubt er die Gegenüberstellung zum Rechtlichen. Ein vollständig vom Recht freigestellter Handlungsbereich ist der Verwaltung aber nicht übertragen; soweit das Handeln aber nur begrenzt durch Recht programmiert wird, ist die Verwaltung berechtigt, ergänzende präskriptive Orientierungen zu berücksichtigen oder selbst zu setzen und nach ihnen zu handeln.[244]

---

[238] Für die Gerichte nennt *Möllers*, Gewaltengliederung (Fn. 26), S. 95 ff., als kennzeichnend: Individualisierung der Entscheidungsreichweite, Vergangenheitsbezug der Entscheidung (beide Kriterien sind m. E. zu eng) und Verrechtlichung des Entscheidungsmaßstabs.

[239] Legislatives Recht bezeichnet *Möllers*, Gewaltengliederung (Fn. 26), S. 105 ff., „idealiter" als von möglichst hoher sachlicher Reichweite („allgemein"), zukunftsbezogen, selbstinitiativ und in der Entstehung wenig verrechtlicht.

[240] Siehe o. → Rn. 7.

[241] Vgl. *Georg Jellinek*, Gesetz und Verordnung: Staatsrechtliche Untersuchungen auf rechtsgeschichtlicher und rechtsvergleichender Grundlage, 1887 (Nachdruck 1919), S. 214 ff., 220 f.; *Paul Laband*, Das Staatsrecht des Deutschen Reiches, Bd. II, 4. Aufl. 1901, S. 200; *Georg Jellinek*, Allgemeine Staatslehre, 3. Aufl. 1914 (Nachdruck 1966), S. 609 f., 618.

[242] Zur Verflechtung zwischen Politik und Verwaltung vgl. etwa *Claus Offe*, Rationalitätskriterien und Funktionsprobleme politisch-administrativen Handelns, Leviathan 1974, S. 333 (340); *Carl Böhret*, Verwaltungspolitik als Reaktion auf Bindungen und Freiräume, in: ders./Heinrich Siedentopf (Hrsg.), Verwaltung und Verwaltungspolitik, 1983, S. 27 f. (33 ff.); *Hinrich Lehmann-Grube*, Der Einfluss politischer Vertretungskörperschaften auf die Verwaltung, DÖV 1985, S. 1 (3 ff.); *Wilfried Braun*, Offene Kompetenznormen – ein geeignetes und zulässiges Regulativ im Wirtschaftsverwaltungsrecht?, VerwArch, Bd. 76 (1985), S. 24 ff.; *Manfred Rehbinder*, Die Verwaltung als Schaltstelle zwischen Recht und Gesellschaft, in: FS Carl H. Ule, 1987, S. 283 (284 ff.); *Rainer Pitschas*, Verwaltungsverantwortung und Verwaltungsverfahren: Strukturprobleme, Funktionsbedingungen und Entwicklungsperspektiven eines konsensualen Verwaltungsrechts, 1990, S. 8 f., 12 ff.; *Schröder*, Bereiche (Fn. 222), Rn. 29; vgl. auch aus systemtheoretischer Sicht *Niklas Luhmann*, Politikbegriff und die „Politisierung" der Verwaltung, in: Demokratie und Verwaltung, 25 Jahre Hochschule für Verwaltungswissenschaften Speyer, 1972, S. 211 (219 sowie zu verschiedenen Ebenen der Politisierung, S. 225 ff.).

[243] Vgl. *Michael Brenner*, Der Gestaltungsauftrag der Verwaltung in der Europäischen Union, 1996, S. 194 f.

[244] → Rn. 45 sowie Bd. II *Pitschas* § 42.

Grenzen von Bindungen bewirken die Rechtsmacht, zwischen unterschiedlichen Handlungsoptionen[245] wählen zu dürfen.[246] Für solche Möglichkeiten wird im Folgenden der Begriff **Optionenraum** (alternativ: **Entscheidungsspielraum**) benutzt. Dessen Existenz ist Voraussetzung relativer Eigenständigkeit des Handelnden, sagt aber noch nichts über deren Art und Ausmaß. Es bleibt insbesondere zu klären, wie weit der Träger der Verwaltungsaufgabe ihn auch letztverbindlich ausfüllen darf – also ohne Kontrolle und Korrekturmöglichkeit einer anderen Stelle.[247] Kontroll- und Korrekturmöglichkeiten können einer anderen Verwaltungseinheit (etwa der Aufsichtsbehörde) oder der Regierung (s. etwa Art. 65 S. 2 GG) eingeräumt sein **(Exekutivkontrolle).** Wichtigster Kontrollträger sind die Gerichte (s. insbesondere Art. 19 Abs. 4 GG). Kontrolle wird zum Teil auch anhand nicht gesetzlicher Vorgaben wahrgenommen (z. B. im Zuge ministerieller Weisungen). **Rechtskontrolle** ist nach Maßgabe rechtlicher Programme – also gesetzesgebunden, wenn auch nicht zwingend abschließend gesetzesdeterminiert – wahrzunehmen (Rechtsaufsicht, Gerichtskontrolle). **Administratives Ermessen** besteht, soweit die Verwaltung in dem von der Rechtsordnung belassenen Optionenraum in eigenständiger Verantwortung Auswahlentscheidungen trifft und dementsprechend nur einer auf typische Weise eingeengten gerichtlichen Kontrolle (§ 114 VwGO) unterliegt.[248] Insbesondere ist die Verwaltung in dem Optionenraum zur Maßstabsergänzung berufen.[249]

Ein auf gesetzesgebundenes Verhalten bezogener **Verwaltungsvorbehalt** oder ein auf Außenrechtsverhältnisse bezogener „Kernbereich exekutivischer Eigenverwaltung"[250] wird heute nicht anerkannt, insbesondere nicht, wenn er als absolut geschützt verstanden werden müsste.[251] Allerdings ergeben sich aus verfassungsrechtlichen Vorgaben, etwa aus dem sozial- und rechtsstaatlichen Gebot der Sicherung der Effektivität staatlichen Handelns, aber auch aus Einzelregelungen wie Art. 19 Abs. 1 S. 1 GG Maßstäbe für die Aufteilung der Aufgaben auf die Staatsgewalten und für deren wechselseitige Zuordnung. Dies betrifft auch die Verwaltung, die über spezifische sachliche und personelle Ressourcen, Instrumente und Handlungsmöglichkeiten sowie Verfahren verfügt. Daraus kann gegebenenfalls folgen, dass eine bestimmte Aufgabe am ehesten oder nur von der Verwaltung so erfüllt werden kann, dass den verfassungsrechtlichen Anforderungen genügt wird. Ein solcher zwar rechtlich angelegter, aber auch von der

---

[245] Optionen können in Rechtsfolgen bestehen, aber auch bei der Erfassung der Voraussetzungen des Handelns sowie bei der Verfahrensgestaltung bedeutsam werden.
[246] *Forsthoff,* VerwR, S. 87 hatte formuliert: „Ermessen ist … wählendes Verhalten im Rahmen der Wertverwirklichung".
[247] → Rn. 71, 82, 90 ff.
[248] → Rn. 83 ff.
[249] → Rn. 85.
[250] Vgl. aber *BVerfGE* 67, 100 (139); 68, 1 (85 ff., 87); 95, 1 (16 f.) sowie etwa *Friedrich E. Schnapp,* Der Verwaltungsvorbehalt, in: VVDStRL, Bd. 43 (1985), S. 172 (193 ff.); *Krebs,* Verwaltungsorganisation (Fn. 99), § 108 Rn. 99. Vgl. auch *BVerfGE* 34, 52 (59); 67, 100 (139); 95, 1 (15). Zur Kritik an der Kernbereichsdogmatik s. etwa *Achterberg,* Funktionenlehre (Fn. 216), S. 182, 191 ff.
[251] Vgl. *Krebs,* Verwaltungsorganisation (Fn. 99), § 108 Rn. 99; *Wolff/Bachof/Stober,* VerwR III, § 81 Rn. 3; *Schmidt-Aßmann,* Ordnungsidee, 4. Kap. Rn. 44 f. Einen Kernbereich bis auf „disponible Restkompetenzen" ablehnend *Fritz Ossenbühl,* Vorrang und Vorbehalt des Gesetzes, in: HStR V, § 101 Rn. 76 und *Schröder,* Bereiche (Fn. 222), § 106, Rn. 22 ff.

faktischen Ausgangslage abhängiger „**faktischer Verwaltungsvorbehalt**"[252] ist ein Reflex sonstiger Bindungen der Staatsorgane, nicht aber ein verfassungsrechtlich abgesichertes Vorbehaltsgut, dessen Anerkennung schon mit den Begriffen „Verwaltung" oder „vollziehende Gewalt" notwendig gekoppelt wäre.[253]

E. Regierung und Verwaltung als Träger vollziehender Gewalt

I. Regierung als Staatsleitung

47 Die **vollziehende Gewalt** – ihr werden üblicherweise die Regierung und die Verwaltung[254] zugeordnet[255] – ist nach Art. 20 Abs. 3 GG an Gesetz und Recht gebunden. Die Unterschiedlichkeit von Regierung und Verwaltung richtet sich nicht nach der Art der Gesetzbindung, ergibt sich aber ansatzweise aus besonderen Vorgaben. So gibt es verfassungsrechtlich abgesichert besondere **Regierungsorgane** – Kabinett, Bundeskanzler bzw. Ministerpräsident, Minister. Der Akt der direkten Kreation durch das volksgewählte Parlament und die fortbestehende Nähe zu ihm (insbesondere die politische Abhängigkeit von und Rechenschaftspflicht gegenüber und damit der direkte Dialog mit dem Parlament) sowie ihre Aufgabe der Vermittlung von Vorgaben politischer Leitung für den Verwaltungsvollzug bedingen eine **Besonderheit der Regierung,** die es rechtfertigt, sie (als „Gubernative") von der Administrative zu unterscheiden.[256] Die Nähe zum Parlament (rechtlich abgesichert durch Ministerverantwortlichkeit, Zitierrecht, Misstrauensvotum u.a., vgl. Art. 65 S. 2, 43 Abs. 1, 67 GG, s. aber auch Art. 59, 80, 110, 113 GG) und ihr über ministeriale Aufsichtsrechte (vgl. Art. 83 ff. GG) grundsätzlich ermöglichter Beitrag zur **Sicherung demokratischer Legitimation der Verwaltung**[257] sowie die besondere, in Prinzipien wie dem Kanzler-, Ressort-[258] und Kollegialprinzip abgebildete Organstruktur (s. Art. 65 GG)[259] prägen die Regierung als besonderen **Akteur politischer Führung.**[260]

---

[252] Vgl. *Hartmut Maurer,* Der Verwaltungsvorbehalt, in: VVDStRL, Bd. 43 (1985), S. 135 (147) zur Unterscheidung von faktischem und normativem Verwaltungsvorbehalt.

[253] Siehe *Zimmer,* Funktion (Fn. 168), S. 222 ff., 233 ff. Ähnlich auch *Ossenbühl,* Vorrang (Fn. 251); *Schröder,* Bereiche (Fn. 222), Rn. 22 ff.; *Schmidt-Aßmann,* Ordnungsidee, 4. Kap. Rn. 43.

[254] Vgl. statt vieler *Schröder,* Bereiche (Fn. 222), Rn. 1 ff., 16 ff., 30; *Werner Frotscher,* Regierung als Rechtsbegriff, 1975; *Albrecht Weber,* Europäische Verfassungsvergleichung 2010, S. 283 ff. (11. Kap.). Zur vollziehenden Gewalt wird auch die Befehls- und Kommandogewalt gezählt, s. etwa *Brenner,* Gestaltungsauftrag (Fn. 243), S. 194; *Badura,* StaatsR, G Rn. 16.

[255] Zu den Schwierigkeiten und Möglichkeiten der Grenzziehung s. *Zimmer,* Funktion (Fn. 168), S. 222 ff., 271 ff.; *Schröder,* Bereiche (Fn. 222), Rn. 29 f.; *Loschelder,* Weisungshierarchie (Fn. 98), Rn. 23 ff.

[256] Vgl. *Karl-Ulrich Meyn,* in: v. Münch/Kunig, GGK II, Art. 62 Rn. 12. Vgl. zu weiteren Dimensionen auch *Susanne Baer,* Vermutungen zu Kernbereichen der Regierung und Befugnissen des Parlaments, Der Staat, Bd. 40 (2001), S. 525 ff.; *Weber,* Verfassungsvergleichung (Fn. 254), S. 283 ff.; *Schröder,* Bereiche (Fn. 224), Rn. 1 ff. S. auch → Fn. 267.

[257] Dazu s.o. → Fn. 87 und 89. S. ferner *Loschelder,* Weisungshierarchie (Fn. 98), Rn. 20; *Dreier,* Verwaltung (Fn. 49), S. 141 ff.; *Groß,* Kollegialprinzip (Fn. 52), S. 163 ff., 190 ff.

[258] → Bd. I *Groß* § 13 Rn. 82 ff.

[259] Zu den Regierungsprinzipien s. statt vieler *Hesse,* Grundzüge, Rn. 638 ff.; *Joachim J. Hesse/Thomas Ellwein,* Das Regierungssystem der Bundesrepublik Deutschland, Bd. 1, 9. Aufl. 2004, S. 285 ff.

[260] Vgl. auch BVerfGE 9, 268 (281 f.). Zum Einschätzungsvorrang der Regierung (auch) gegenüber dem BVerfG s. BVerfGE 97, 350 (376); 125, 385 (394); 126, 158 (169).

E. Regierung und Verwaltung als Träger vollziehender Gewalt

Lorenz v. Stein, der die Stellung der Regierung im Verhältnis zur Verwaltung **48** und gesetzgebenden Gewalt in Deutschland erstmals systematisch analysiert hat,[261] hatte das Wesen der Regierung mit Blick auf die von ihm der Verwaltung zugeschriebene große Selbständigkeit dahingehend beschrieben, dass die Regierung „den Geist und den Willen der gesetzgebenden Gewalt in der vollziehenden Tätigkeit des Staates zur Geltung bringt". Heute wird meist umfassender die **„staatsleitende, richtunggebende und führende Tätigkeit"** der Regierung betont.[262] Die Regierungsaufgaben selbst haben ein Janusgesicht.[263] Außer der Anleitung des Verwaltungshandelns bestehen sie insbesondere in der Teilhabe an der Gesetzgebung,[264] die durch die Verlagerung großer Teile der Normsetzung auf die Europäische Union[265] sogar weiter zugenommen hat, allerdings durch Art. 23 GG auch wieder relativiert worden ist.[266] *Armin von Bogdandy* spricht überspitzend von einer gubernativen Hegemonie gegenüber dem Parlament.[267] Die Regierung ist ein eigenständiger Akteur auch im Kontext aller Bereiche politischer Willensbildung, etwa bei der öffentlichen Informationsarbeit.[268]

Die übliche Kennzeichnung der **Regierung im materiellen Sinne** als Staatsleitung **49** und die Redeweise von einem darauf bezogenen „gestaltenden Regieren" mit „schöpferischer Gestaltungsfreiheit"[269] erlauben eine kennzeichnende Abgrenzung zur Verwaltung in funktionaler Betrachtung allerdings insoweit nicht, als Verwaltungshandeln weder durch das Gesetz noch durch politische Vorgaben des Parlaments (z.B. in schlichten Parlamentsbeschlüssen oder Resolutionen[270])

---

[261] *Lorenz v. Stein*, Verwaltungslehre, 1. Teil: Die Regierung und das verfassungsmäßige Regierungsrecht, 2. Aufl. 1869, S. 133 ff.

[262] Vgl. z.B. *Dirk Ehlers*, Verwaltung und Verwaltungsrecht im demokratischen und sozialen Rechtsstaat, in: Erichsen/Ehlers (Hrsg.), VerwR, § 1 Rn. 11.

[263] Vgl. *Heinz Rausch*, Parlament und Regierung, 1967, S. 143 ff. sowie *Hesse/Ellwein*, Regierungssystem (Fn. 259), S. 265: Gleichzeitigkeit von Regierung als Verwaltungsführung (Bestandspflege) und als politische Führung (Zukunftssicherung).

[264] Vgl. Art. 76 GG sowie aus der Literatur etwa *Rausch*, Parlament (Fn. 263), S. 143 ff.; *Fritz Ossenbühl*, Verfahren der Gesetzgebung, in: HStR V, § 102 Rn. 20 ff.; *Hesse/Ellwein*, Regierungssystem (Fn. 259), S. 265 ff.

[265] Kritisch dazu BVerfGE 123, 267 (insbes. 432 ff.).

[266] Bei der Rechtsetzung im EU-Bereich ist die Regierung über den Rat direkt beteiligt, während Bundestag und Bundesrat nur schwach, so im Zuge von Konsultationen, einbezogen sind; näher dazu Art. 23 GG und das Gesetz über die Zusammenarbeit von Bund und Ländern in Angelegenheiten der Europäischen Union sowie das Gesetz über die Zusammenarbeit von Bundesregierung und Deutschem Bundestag in Angelegenheiten der Europäischen Union. S. aber auch das seit dem Vertrag von Lissabon etablierte Beteiligungsrecht der nationalen Parlamente (Art. 12 EUV) und das Klagerecht von Bundestag und Bundesrat (Art. 23 Abs. 1a GG i.V.m. Art. 8 des Protokolls über die Anwendung der Grundsätze der Subsidiarität und Verhältnismäßigkeit). S. ferner das Urteil zum Lissabon-Vertrag: BVerfGE 123, 267 (339 ff.).

[267] *Armin v. Bogdandy*, Gubernative Rechtsetzung, 2000, S. 151 und passim.

[268] Zur Öffentlichkeits- und Informationsarbeit der Regierung s. BVerfGE 44, 125 (139); 63, 230 (245); 105, 252 (268 ff.); 105, 279 (301 ff.) sowie → Rn. 130 ff., 135. Aus der Literatur vgl. etwa *Walter Leisner*, Öffentlichkeitsarbeit der Regierung im Rechtsstaat, 1966; *Christof Gramm*, Aufklärung durch staatliche Publikumsinformationen, Der Staat, Bd. 30 (1991), S. 51 ff.; *Frank Schürmann*, Öffentlichkeitsarbeit der Bundesregierung, 1992; *Paul Kirchhof*, Mittel staatlichen Handelns, in: HStR V, § 99 Rn. 212 ff.; *Michael Kloepfer*, Informationsrecht, 2002, § 5 Rn. 25 ff. u. § 10 Rn. 78 ff.; *Christian Bumke*, Publikumsinformation, DV, Bd. 37 (2004), S. 3 ff. → Rn. 131 ff.

[269] So *Udo Di Fabio*, Gewaltenteilung, in: HStR II, § 27 Rn. 22. Vgl. auch *Werner Frotscher*, Regierung als Rechtsbegriff, 1975, S. 173 ff.; *Wolff/Bachof/Stober/Kluth*, VerwR I, § 20 Rn. 27 f.

[270] Zu ihnen vgl. BVerwGE 12, 16 (20); *Jarass/Pieroth*, GG, Art. 76 Rn. 1; *Thomas Mann*, in: Sachs (Hrsg.), GG, Art. 76 Rn. 6.

§ 10 Eigenständigkeit der Verwaltung

programmiert ist. Insoweit findet die Verwaltung ausdrücklich (etwa in Form von Planungs-, Abwägungs- oder Ermessensaufträgen) oder implizit durch bloße Vorgabe von Zielen ohne abschließende Umschreibung der tatbestandlichen Voraussetzungen des Handelns und der einsetzbaren Instrumente Ermächtigungen vor, die von ihr zu eigenständig verantworteter **Optionenwahl** genutzt werden dürfen und werden (z.B. baurechtliche Planungshoheit der Gemeinde nach § 2 Abs. 1 BauGB). Dies allein macht Verwaltungshandeln nicht zum Regierungshandeln, da der Verwaltung die der Regierung eigentümliche Stellung zum Parlament und in der Öffentlichkeit fehlt, und vor allem da sie ihrerseits der Staatsleitung durch die Regierungsorgane unterliegt. Grundsätzlich kann die Regierung über ihre Aufsichts- und Weisungsrechte sowie über Rechtsetzung (etwa Rechtsverordnungen oder Verwaltungsvorschriften) auf die Optionenwahl der Verwaltung einwirken, und zwar im Zuge von **Rechtsaufsicht** auch auf die Konkretisierung und Anwendung rechtlicher Begriffe und Abwägungsermächtigungen sowie im Zuge von **Fachaufsicht** auch unter ergänzendem Einsatz nicht rechtlicher (politischer) Maßstäbe.[271] Auch können ergänzend durch Konditionierung von (finanziellen, personellen u.ä.) Ressourcen Anreize für eine bestimmte Richtung des Verwaltungshandelns gegeben oder Restriktionen geschaffen werden. Der Erfolg der Steuerung kann aber gefährdet werden, wenn durch solche Einwirkungen z.B. Erfordernisse situationsangemessenen, flexiblen Verwaltungshandelns missachtet werden oder der Raum z.B. für eine kooperativ-koordinative Problembewältigung[272] zu stark eingeengt wird.

II. Grenzen der Einwirkungsmöglichkeit der Regierung auf die Verwaltung

50 Die im Regelfall gegebene Einwirkungsmacht der Regierung auf die Verwaltung ist verfassungsrechtlich nur insoweit geboten, als andernfalls Defizite **demokratischer Legitimation** drohen. Wo die Möglichkeit der Regierung zur Einwirkung auf die Verwaltung eine Grenze findet, ist verfassungsrechtlich nicht ausdrücklich normiert, sondern muss gegebenenfalls durch Verfassungsauslegung/-konkretisierung ermittelt werden. So muss die Regierung den Grundsatz einer die Aufgabenerfüllung fördernden, also **„funktionsgerechten"**, **Organisationsstruktur**[273] beachten, der allerdings seinerseits nur begrenzt operationalisiert ist. Da der Regierung aber ein von den (ministerial geleiteten) Fachverwaltungen und den relativ unabhängigen Agenturen[274] sowie sonstigen Verwaltungen (etwa der Kommunalverwaltung) unabhängiger **Vollzugsapparat**

---

[271] Zur Behördenaufsicht → Bd. III *Schiedermair* § 48 Rn. 21 ff.

[272] Zu ihr s. *Ernst-Hasso Ritter,* Der kooperative Staat, AöR, Bd. 104 (1979), S. 389 ff.; *Arthur Benz,* Kooperative Verwaltung. Funktionen, Voraussetzungen und Folgen, 1994; *Jens-Peter Schneider,* Kooperative Verwaltungsverfahren, VerwArch, Bd. 87 (1996), S. 38 ff.; *Erhard Treutner,* Kooperativer Rechtsstaat. Das Beispiel der Sozialverwaltung, 1998; *Wiebke Baars,* Kooperation und Kommunikation durch Landesmedienanstalten, 1999; *Püttner,* VerwaltungsL, S. 119 ff.; *Schuppert,* Verwaltungswissenschaft, S. 290, 325 ff., 420 ff.; *Nicolai Dose,* Kooperatives Staatshandeln in der Umweltpolitik, in: Bernd Hansjürgens/Wolfgang Köck/Georg Kneer (Hrsg.), Kooperative Umweltpolitik, 2003, S. 19 ff.; *Veith Mehde,* Kooperatives Regierungshandeln, AöR, Bd. 127 (2002), S. 655 ff.; *Hoffmann-Riem,* Gesetz (Fn. 60), S. 36 ff. S. ferner → Fn. 106 sowie → Bd. I *Schulze-Fielitz* § 12 Rn. 66 ff.

[273] Siehe o. → Fn. 219.

[274] Dazu s.u. → Rn. 53–54.

fehlt, wäre es dysfunktional, wollte sie die Gesetze durch rechtsverbindliche Entscheidungen gegenüber den Bürgern im Einzelfall selbst ausführen. Eine dem Grundsatz funktionsgerechter Differenzierung angepasste Wahrnehmung der Regierungsverantwortung setzt die Einsicht in die Begrenztheit der eigenen Möglichkeiten und den Respekt vor den auf der Vollzugsebene zum Teil „besseren" Möglichkeiten der Verwaltungseinheit voraus, etwa bei
- der Erfassung konkreter Sachverhalte;
- der Generierung von anwendungsorientiertem Wissen;
- der Prognose zukünftiger Abläufe;
- der Interaktion mit einzelnen Betroffenen oder gar in komplexen Kooperationsverhältnissen oder Kommunikationsnetzwerken;
- dem Ausloten tauglicher Handlungsoptionen;
- der Koordination der Ausführung unterschiedlicher, aber miteinander verwobener Programme;
- der Einschätzung der Wirkungstauglichkeit bestimmter Instrumente und der Notwendigkeit ihrer Begleitung durch weitere Maßnahmen usw.

Da und soweit derartige **Fähigkeiten für eine problemangemessene Aufgabenerfüllung** aktiviert werden müssen, ist es nicht nur eine Frage politischer Klugheit, sondern auch eine rechtliche Folge des **Effektivitätsgebots,** also des Auftrags auch zur Sicherung des Erfolgs legislativer Programme, dass die Regierung die Verantwortung der Verwaltung für die Gesetzesausführung im Einzelfall respektiert. Sieht sie davon ab, kann dies gegebenenfalls sogar ein Indikator für das Vorhandensein rechtlich missbilligter Motive sein.

Dem Gebot der Rücksichtnahme auf Erfordernisse funktionsgerechter Aufgabenwahrnehmung entspricht es, dass die gesetzlich festgelegten Instrumente des **Aufsichtsrechts** begrenzend wirken und grundsätzlich[275] nicht zum Selbsteintritt der Regierung ermächtigen.[276] Soweit die Gesetze der Verwaltung Optionenräume belassen, können von der Regierung allerdings – wie erwähnt – ergänzende Ziele formuliert oder allgemein umschriebene weiter konkretisiert und Grenzen für wählbare Optionen abgesteckt werden. **51**

Die in der Verfassung vorgesehene Einrichtung von Verwaltungsbehörden als Träger vollziehender Gewalt und deren gesetzliche Ausgestaltung bedeuten zugleich eine Ermächtigung dieser Behörden[277], auf die in der jeweiligen Organisation und deren Personal verankerten Steuerungsfaktoren ergänzend zuzugreifen.[278] Die Regierung kann allerdings durch entsprechende ressourcenbezogene Entscheidungen Einfluss nehmen. Die Gesamtheit der gesetzlich geschaffenen, aber nicht auf Gesetzesdeterminierung ausgerichteten Regelungsstrukturen[279] wirkt jedoch mäßigend auf die Ausübung ihrer Leitungsbefugnisse im Einzelfall zurück. So muss die Regierung im Interesse des Handlungserfolgs auf die Eigen- **52**

---

[275] Siehe aber z. B. Art. 3b bay. VwVfG zum Selbsteintrittsrecht der Aufsichtsbehörde, nach Abs. 2 unter Einschaltung des zuständigen Ministers.

[276] Vgl. etwa *Willi Blümel,* Verwaltungszuständigkeit, in: HStR IV, 2. Aufl. 1999, § 101 Rn. 63, 67; *Siegfried Broß,* in: v. Münch/Kunig, GGK III, § 85 Rn. 17; *Norbert Janz,* Das Weisungsrecht nach Art. 85 Abs. 3 GG, 2003; vgl. auch zur fehlenden Eintrittsbefugnis des Bundes im Rahmen der Bundesauftragsverwaltung nach Art. 85 Abs. 3 GG BVerfGE 81, 310 (332); BVerfGE, 104, 249 (264 ff.); a. M. *Friedrich Loschelder,* Die Durchsetzbarkeit von Weisungen in der Bundesauftragsverwaltung, 1998, S. 45.

[277] Zum Begriff der Behörde → Bd. I *Jestaedt* § 14 Rn. 36 f., *Groß* § 13 Rn. 85 f.

[278] → Rn. 24 u. 27.

[279] Zum Begriff s. o. bei → Fn. 24.

rationalitäten administrativen Handelns Rücksicht nehmen, die insbesondere in den (höchst vielfältigen)[280] **Verwaltungskulturen**[281] der jeweiligen Verwaltungsorganisationen – auch in ihrem „impliziten Wissen"[282] – sedimentiert sind und die sich in den professionellen Selbstverständnissen des Verwaltungsstabs[283] sowie seinen (auch intuitiven) Fähigkeiten abbilden, aber ebenfalls durch Karriereerwartungen und sonstige Eigeninteressen oder Motive des handelnden Personals[284] oder durch die Art der Netzwerkbeziehungen[285] zu anderen administrativen oder privaten Akteuren beeinflusst werden. Derart verankerte **administrative Eigenrationalitäten** bewirken eine faktisch große Eigenständigkeit der Verwaltung gegenüber der Regierung. Dies ermöglicht der Verwaltung, gegebenenfalls auch **Widerpart der Regierung** zu sein, so durch Aktivierung von erfahrungsbasiertem administrativem Sachverstand oder des Ethos der Unparteilichkeit, etwa als Gegengewicht zu nur parteipolitisch motivierter Opportunität. Dies entspricht dem Grundgedanken funktionaler Differenzierung. In der Folge wird es der Regierung allerdings nicht leicht gemacht, politische Führung erfolgreich zu praktizieren.[286]

III. Von „ministerialfreien Räumen" zu verselbständigten Verwaltungseinheiten, insbesondere Agenturen

53   Für bestimmte Verwaltungsbereiche gibt es Möglichkeiten begrenzter Freistellung der Verwaltung von ministerialer Aufsicht[287], für die früher der Begriff „**ministerialfreie Räume**" genutzt wurde. Heute vermag er die vielfältigen Anlässe und Erscheinungsformen begrenzter Aufsicht und (relativer) Unabhängigkeit nicht mehr angemessen zu erfassen, die im Verfassungsrecht, aber auch im Gesetzesrecht verankert sein können. Die Bundesbank[288] wird nach Art. 88 S. 1 GG

---

[280] Man denke nur an die Spannbreite der Verwaltungskulturen von hierarchisch oder kollegialisch, monokratisch oder plural geprägten Behörden, oder die Unterschiede bei helfender Sozialarbeit, präventiver Gefahrenvorsorge, fiskalorientierter Finanzverwaltung oder einer auf Industrieansiedlung ausgerichteten Kommunalplanung bzw. der kartellrechtlichen Wettbewerbsverwaltung.
[281] Siehe o. → Fn. 200.
[282] Siehe o. → Fn. 186.
[283] Siehe o. → Fn. 202.
[284] Zu Grenzen dabei s. insbes. *Fehling*, Verwaltung (Fn. 184).
[285] Zu Netzwerken s. *Karl-Heinz Ladeur*, Von der Verwaltungshierarchie zum administrativen Netzwerk?, DV, Bd. 26 (1993), S. 137 ff.; *ders.*, Towards A Legal Concept of the Network in European Standard-Setting, in: Christian Joerges/Karl-Heinz Ladeur/Ellen Vos (Hrsg.), EU Committees: Social Regulation, Law and Politics, 1999, S. 151 ff.; *Schuppert*, Verwaltungswissenschaft, S. 384 ff.; *Martin Eifert*, Netzwerk, in: ders./Wolfgang Hoffmann-Riem (Hrsg.), Innovation und rechtliche Regulierung, 2002, S. 88 (90 ff.); *Eberhard Schmidt-Aßmann*, Verwaltungsverfahren und Verwaltungsverfahrensgesetz – Perspektiven der Systembildung, in: Hoffmann-Riem/Schmidt-Aßmann (Hrsg.), Verwaltungsverfahren, S. 429 (445 f.); *Thomas Vesting*, Die Staatsrechtslehre und die Veränderung ihres Gegenstandes: Konsequenzen von Europäisierung und Internationalisierung, in: VVDStRL, Bd. 63 (2004), S. 41 (56 ff.); → Bd. I *Groß* § 13 Rn. 12, *Schuppert* § 16 Rn. 134 ff.
[286] Dazu s. schon *Renate Mayntz*, Soziologie (Fn. 19), S. 64 ff.; *Hesse/Ellwein*, Regierungssystem (Fn. 259), S. 334 ff. Zur Eigenlogik und der (begrenzten) Gestaltbarkeit von Verwaltungen s. *Klaus Grimmer*, Die Gestaltbarkeit von Verwaltungen, DV, Bd. 31 (1998), S. 481 (500 f.).
[287] Vgl. *BVerfGE* 107, 59 (89 ff.); 111, 333 (363 ff.). Zur ministerialfreien Verwaltung s. *Zimmer*, Funktion (Fn. 168), S. 283 ff.; *Janbernd Oebbecke*, Verwaltungszuständigkeit, in: HStR VI, § 136 Rn. 61; *ders.*, Weisungs- und unterrichtungsfreie Räume in der Verwaltung, 1986; *Matthias Jestaedt*, Demokratieprinzip und Kondominialverwaltung, 1993, S. 28, 102 ff.; *Groß*, Kollegialprinzip (Fn. 52), S. 163 ff., 190 ff.
[288] Dazu s. *BVerfGE* 89, 115 (208); *Frauke Brosius-Gersdorf*, Deutsche Bundesbank und Demokratieprinzip, 1997; *Gunbritt Galahn*, Die Deutsche Bundesbank im Prozess der Europäischen Währungs-

E. Regierung und Verwaltung als Träger vollziehender Gewalt

als unabhängig angesehen. Gleiches gilt – sogar ausdrücklich in der Verfassung vorausgesetzt – im Hinblick auf die Europäische Zentralbank[289], der Aufgaben und Befugnisse im Rahmen der Europäischen Union übertragen worden sind (Art. 88 S. 2 GG[290]). Grundrechtlich abgesichert ist die teilweise Freistellung von staatlicher Aufsicht für die als grundrechtssichernde Anstalten errichteten Landesmedienanstalten.[291] Im Rahmen der in Art. 28 Abs. 2 GG garantierten kommunalen Selbstverwaltung[292] und in Bereichen funktionaler Selbstverwaltung[293] sind ebenfalls Unabhängigkeitsräume gewährt. Zu verweisen ist ferner auf Einrichtungen mit nur begrenzter Weisungsunterworfenheit wie bestimmte Beauftragte (vgl. etwa §§ 2 ff., 38 BDSG[294], Art. 16 AEUV) und selbständige Bundesoberbehörden wie das Bundeskartellamt (vgl. § 51 GWB).[295] Sollte – wie es sich als Trend deutlich abzeichnet – das aus dem angelsächsischen Raum stammende Konzept (relativ) **unabhängiger Regulierungsbehörden**[296] auch in Deutschland vermehrt übernommen werden[297], gäbe es neue Erschei-

---

integration, 1996. Zur Diskussion über Möglichkeiten bzw. Garantien der Weisungsfreiheit der Bundesbank nach früherem Recht s. BVerfGE 41, 334 (354 ff.); *Wolfgang Hoffmann*, Rechtsfragen der Währungsparität, 1969, S. 215 ff.

[289] Dazu vgl. *Charlotte Gaitanides*, Das Recht der Europäischen Zentralbank, 2005; *Ulrich Häde*, Zur rechtlichen Stellung der Europäischen Zentralbank, WM 2006, S. 1605 ff.; *Werner Heun*, Die Europäische Zentralbank in der Europäischen Währungsunion, JZ 1998, S. 866 ff.

[290] Dazu s. auch BVerfGE 89, 155 (201 ff.); 97, 350 (372 ff.).

[291] Dazu vgl. *Wolfgang Hoffmann-Riem*, Personalrecht der Rundfunkaufsicht, 1991, S. 88 ff.; *Ulrike Bumke*, Die öffentliche Aufgabe der Landesmedienanstalten, 1995, S. 225 ff.; BVerfGE 114, 371 (389); a. M. *SächsVerfGH*, LVerfGE 6, 270.

[292] Zur kommunalen Selbstverwaltung s. BVerfGE 8, 122 (133); 26, 228 (237); *Bernd Widera*, Zur verfassungsrechtlichen Gewährleistung gemeindlicher Planungshoheit, 1985, S. 24 ff.; *Eberhard Schmidt-Aßmann/Hans C. Röhl*, Kommunalrecht, in: Schmidt-Aßmann/Schoch (Hrsg.), Bes. VerwR, 1. Kap. Rn. 19; *Klaus Vogelgesang/Uwe Lübking/Ina-Maria Ulbrich*, Kommunale Selbstverwaltung. Rechtsgrundlage – Organisation – Aufgabe, 3. Aufl. 2005; *Winfried Kluth*, Verfassungsrechtliche Vorgaben für das Verwaltungsorganisationsrecht, in: *Wolff/Bachof/Stober*, VerwR III, § 81 Rn. 266 ff.

[293] Zur funktionalen Selbstverwaltung s. *Dreier*, Verwaltung (Fn. 49), S. 231 ff.; *Ernst T. Emde*, Die demokratische Legitimation der funktionalen Selbstverwaltung, 1991, S. 87 ff.; *Winfried Kluth*, Funktionale Selbstverwaltung, 1997, bes. S. 30 ff.; *Kluth*, Verwaltungsorganisationsrecht (Fn. 292), § 81 Rn. 268 ff.; → Bd. I *Schulze-Fielitz* § 12 Rn. 88 ff.

[294] So etwa zum Datenschutzbeauftragten, dazu s. *Dieter Zöllner*, Der Datenschutzbeauftragte im Verfassungssystem, 1995, S. 167 ff. Zur Reichweite der Unabhängigkeit von Datenschutzbeauftragten s. *EuGH*, EuZW 2010, S. 296 ff. und dazu die Kontroverse zwischen *Alexander Roßnagel*, Anmerkung zu dieser Entscheidung, EuZW 2010, S. 299 ff. und *Hans P. Bull*, Die „völlig unabhängige" Aufsichtsbehörde, EuZW 2010, S. 488 ff. Zur Frauenbeauftragten *Klaus Lange*, Kommunale Frauenbeauftragte, in: Schriften zur Gleichstellung der Frau, Bd. 8, 1993. Zum Wehrbeauftragten *Karl-Andreas Hernekamp*, in: v. Münch/Kunig, GGK II, Art. 45 b Rn. 1 ff.

[295] Dazu s. *Siegfried Klaue*, in: Ulrich Immenga/Ernst J. Mestmäcker (Hrsg.), Wettbewerbsrecht, Bd. II: GWB – Gesetz gegen Wettbewerbsbeschränkungen, Kommentar, 4. Aufl. 2007, § 51 Rn. 13 ff.; *Johannes Masing*, Soll das Recht der Regulierungsverwaltung übergreifend geregelt werden?, in: 66. DJT, 2006, D, S. 77 ff.; *Georg Hermes*, in: Dreier (Hrsg.), GG III, Art. 86, Rn. 27.

[296] Zur Situation in Großbritannien und Frankreich s. *Matthias Ruffert*, Verselbständigte Verwaltungseinheiten: Ein europäischer Megatrend im Vergleich, in: Trute/Groß/Röhl/Möllers (Hrsg.), Allgemeines Verwaltungsrecht, S. 431 ff.; speziell zu Frankreich *Johannes Masing*, Organisationsdifferenzierung im Zentralstaat – unabhängige Verwaltungsbehörden in Frankreich, in: Trute/Groß/Röhl/Möllers (Hrsg.), Allgemeines Verwaltungsrecht, S. 399 ff.

[297] Vgl. dazu *Jens-Peter Schneider*, Flexible Wirtschaftsregulierung durch unabhängige Behörden im deutschen und britischen Telekommunikationsrecht, ZHR, Bd. 164 (2000), S. 513 ff. Zur Kritik an dieser Konstruktion s. etwa *Marian Döhler*, Das Modell der unabhängigen Regulierungsbehörde im Kontext des deutschen Regierungs- und Verwaltungssystems, DV, Bd. 34 (2001), S. 59 ff.

§ 10 Eigenständigkeit der Verwaltung

nungsformen der relativen Entkoppelung von Regierungsverantwortung und Verwaltungsverantwortung. Die **Bundesnetzagentur für Elektrizität, Gas, Telekommunikation, Post und Eisenbahnen** (§ 1 BEGTPG)[298] ist ein besonders wichtiges Beispiel. Derartige Verselbständigungen sind institutionelle Reaktionen auf einen gestiegenen Bedarf an Absicherungen der Eigenständigkeit von spezialisierten Verwaltungen mit der Möglichkeit der verbesserten Generierung und politikfernen Anwendung bereichsspezifischen Wissens, der durch veränderte Problemlagen und inhaltliche Anforderungen sowie gewandelte Governancestrukturen ausgelöst wird. Keineswegs handelt es sich um eine Art Mode.

53a Vor allem das **Europarecht** ist Schrittmacher dieser Entwicklung[299], die zum Aufbau nationaler und **europäischer Agenturen** geführt hat[300]. Die Einrichtung europäischer Agenturen ist u. a. eine Reaktion auf die nur begrenzte Verfügbarkeit eines eigenen Verwaltungsunterbaus der EU-Kommission[301]. Unterschieden werden **Regulierungsagenturen** und **Exekutivagenturen**.[302] Agenturen sind häufig netzwerkartig, jedenfalls kooperativ, mit nationalen Handlungsträgern verwoben. Sie verfügen über Möglichkeiten der direkten oder indirekten, „weichen" oder verbindlichen Einflußnahme auf die Aufgabenwahrnehmung im Bereich des europäischen und des europäisierten nationalen Rechts, ohne die sonstigen Verwaltungseinheiten aus ihren Aufgaben zu entlassen. Die EU-Kommission ordnet die Agenturen fünf **Typen** zu:[303]

---

[298] Zur neuen Rechtslage s. statt vieler die Beiträge von *Jens-Peter Schneider* (§ 8 Telekommunikation); *Gabriele Britz* (§ 9 Energie); *Michael Fehling* (§ 10 Öffentlicher Verkehr); *Matthias Ruffert* (§ 11 Post), jeweils in: Fehling/Ruffert (Hrsg.), Regulierungsrecht; *Markus Ludwigs*, Die Bundesnetzagentur auf dem Weg zur Independent Agency?, DV, Bd. 44 (2011), S. 41 ff.; *Martin Eifert*, Die gerichtliche Kontrolle der Entscheidungen der Bundesnetzagentur, ZHR 2010, S. 449 ff.

[299] Siehe etwa *Kommission*, Europäisches Regieren – Ein Weißbuch, KOM (2001) 428 endg., S. 30 ff.; Mitteilung der *Kommission* – Rahmenbedingungen für die europäischen Regulierungsagenturen, KOM (2002) 718 endg.; *Kommission*, Entwurf für eine Interinstitutionelle Vereinbarung zur Festlegung von Rahmenbedingungen für die europäischen Regulierungsagenturen, KOM (2005) 59 endg.

[300] Zu ihnen s. etwa *Michael Brenner*, Die Agenturen im Recht der Europäischen Union – Segen oder Fluch?, in: FS Hans-Werner Rengeling, 2008, S. 193 ff.; *Dorothee Fischer-Appelt*, Agenturen der Europäischen Gemeinschaft: Eine Studie zu Rechtsproblemen, Legitimation und Kontrolle europäischer Agenturen mit interdisziplinären und rechtsvergleichenden Bezügen, 1999; *Christoph Görisch*, Demokratische Verwaltung durch Unionsagenturen, 2009; *Thomas Groß*, Die Kooperation zwischen Europäischen Agenturen und nationalen Behörden, EuR 2005, S. 54 ff.; *Daniel Riedel*, Rechtsschutze gegen Akte Europäischer Agenturen, EuZW 2009, S. 565 ff.; *Johannes Saurer*, Individualrechtsschutz gegen das Handeln der Europäischen Agenturen, EuR 2010, S. 51 ff.; *Robert Uerpmann*, Mittelbare Gemeinschaftsverwaltung durch gemeinschaftsgeschaffene juristische Personen des öffentlichen Rechts, AöR, Bd. 125 (2000), S. 551 ff.; *Matthias Ruffert*, in: Calliess/Ruffert (Hrsg.), EUV/AEUV, Art. 298 AEUV Rn. 3 ff.; *Martin Kment*, Das Eigenverwaltungsrecht der Europäischen Union, JuS 2011, S. 211 (212 ff.); *Augsberg*, Vollzugsformen (Fn. 119), § 6 Rn. 38 ff.

[301] Zum Bereich der Eigenverwaltung s. *Kment*, Eigenverwaltungsrecht (Fn. 300), S. 212 ff.

[302] Siehe etwa Kment, Eigenverwaltungsrecht (Fn. 300), S. 213. **Exekutivagenturen** beruhen auf der VO (EG) 58/2003, müssen am Ort der Kommission (Brüssel oder Luxemburg) angesiedelt sein, verwalten zumeist bestimmte Programme der EU und werden für einen festgelegten Zeitraum eingerichtet. Die **Regulierungsagenturen** werden jeweils auf Grundlage einer eigenen sektorspezifischen Verordnung gegründet, verfügen über eine eigene Rechtspersönlichkeit und weisen eine größere, wenn auch unterschiedlich stark ausgestaltete, Eigenständigkeit auf. Die Sitze sind über das gesamte Gebiet der Europäischen Union verstreut.

[303] Mitteilung der *Kommission* an das Europäische Parlament und den Rat, Europäische Agenturen – Mögliche Perspektiven, KOM (2008) 135 endg., S. 8.

(1) Agenturen, die gegenüber Dritten rechtlich bindende Einzelfallentscheidungen treffen;[304]
(2) Agenturen, die der Kommission und gegebenenfalls den Mitgliedstaaten direkte Unterstützung in Form von technischen und wissenschaftlichen Gutachten und/oder Inspektionsberichten leisten;[305]
(3) operative Agenturen;[306]
(4) Agenturen zur Sammlung, Analyse und Weitergabe objektiver, verlässlicher und verständlicher Informationen sowie zum Aufbau von Netzen[307] und
(5) Agenturen, die Dienstleistungen für andere Agenturen und EU-Einrichtungen erbringen[308].

Die europäischen Agenturen stimulieren den Prozess europäischer Integration durch die ihnen aufgetragene Aufgabe der **Kohärenzsicherung** unter Einschluss besonderer Vorkehrungen der Zusammenarbeit mit nationalen Stellen. Die Erscheinungsformen, Aufgabengebiete und Instrumente der Agenturen und anderer Sondereinrichtungen sind bei den verschiedenen Typen vielfältig. Anschauungsbeispiele[309] für die Vielfalt sind etwa die Europäische Agentur für Flugsicherheit[310], die Europäische Agentur für Grundrechte[311], die Europäische Agentur für die operative Zusammenarbeit an den Außengrenzen (FRONTEX)[312] oder die Europäische Regulierungsagentur für den Energiesektor[313]. In Reaktion auf

53b

---

[304] Etwa das gemeinschaftliche Sortenamt (CVPO), das Harmonisierungsamt für den Binnenmarkt (OHIM), die Europäische Agentur für Flugsicherheit (EASA) und die Europäische Chemikalienagentur (ECHA).

[305] Etwa die Europäische Agentur für die Sicherheit des Seeverkehrs (EMSA), die Europäische Behörde für Lebensmittelsicherheit (EFSA), die Europäische Eisenbahnagentur (ERA) und die Europäische Arzneimittelagentur (EMA).

[306] Etwa die Agentur für das europäische GNSS (Global Navigation Satellite System) (GSA), die Europäische Fischereiaufsichtsagentur (CFCA), die Europäische Agentur für die operative Zusammenarbeit an den Außengrenzen (FRONTEX), die Einheit für die justizielle Zusammenarbeit der Europäischen Union (EUROJUST), und das Europäische Polizeiamt (EUROPOL).

[307] Etwa das Europäische Zentrum für die Förderung der Berufsbildung (CEDEFOP), die Europäische Stiftung zur Verbesserung der Lebens- und Arbeitsbedingungen (EUROFOUND), die Europäische Umweltagentur (EEA), die Europäische Stiftung für Berufsbildung (ETF), die Europäische Beobachtungsstelle für Drogen und Drogensucht (EMCDDA), die Europäische Agentur für Sicherheit und Gesundheitsschutz am Arbeitsplatz (EU-OSHA), die Europäische Agentur für Netz- und Informationssicherheit (ENISA), das Europäische Zentrum für die Prävention und die Kontrolle von Krankheiten (ECDC), die Europäische Grundrechteagentur (FRA) sowie das Europäische Institut für Gleichstellungsfragen (EIGE).

[308] Etwa das Übersetzungszentrum für die Einrichtungen der Europäischen Union (CdT).

[309] Siehe auch *Ehlers*, in Erichsen/Ehlers (Hrsg.), VerwR, § 5 Rn. 35 ff.

[310] Dazu s. *Daniel Riedel*, Die Europäische Agentur für Flugsicherheit im System der Gemeinschaftsagenturen, in: Schmidt-Aßmann/Schöndorf-Haubold (Hrsg.), Europäischer Verwaltungsverbund, S. 103 ff.

[311] Dazu s. *Armin v. Bogdandy/Jochen v. Bernstorff*, Die Europäische Agentur für Grundrechte in der Europäischen Menschenrechtsarchitektur und ihre Fortentwicklung durch den Vertrag von Lissabon, EuR 2010, S. 141 ff.; *Ines Härtel*, Die Europäische Grundrechteagentur: unnötige Bürokratie oder gesteigerter Grundrechtsschutz?, EuR 2008, S. 489 ff.

[312] Dazu s. Verordnung (EG) Nr. 713/2009 des Europäischen Parlaments und des Rates vom 13. Juli 2009, ABl EU 2009, Nr. L 211, S. 1 sowie *Andreas Fischer-Lescano/Timo Tohidipur*, Europäisches Grenzkontrollregime: Rechtsrahmen der europäischen Grenzschutzagentur FRONTEX, ZaöRV, Bd. 67 (2007), S. 1219 ff.

[313] Dazu s. *Wolfgang Weiß*, Der Europäische Verwaltungsverbund, 2010, S. 115 ff.; *Wolfgang Urbantschitsch*, Europäisierung der Energieregulierung, ÖJZ 2009, S. 849 ff.; *Bernd Holznagel/Pascal Schumacher*, Funktionelle Unabhängigkeit und demokratische Legitimation europäischer Regulierungsagenturen, in: FS Franz J. Säcker, 2011, S. 737 (745 ff.).

§ 10 Eigenständigkeit der Verwaltung

die Finanzkrise sind zu Beginn des Jahres 2011 besondere Europäische Finanzaufsichtsbehörden und ein Europäischer Ausschuss für Systemrisiken geschaffen worden.[314] Zur Verbesserung der Zusammenarbeit zwischen den nationalen Regulierungsbehörden mit der EU-Kommission wurde ein „Gremium Europäischer Regulierungsstellen für elektronische Kommunikation" (GEREK) gebildet.[315] Die Stellung, die Befugnisse und die verfügbaren Handlungsformen[316] solcher Einrichtungen sind – wie die erwähnte Typologie zeigt – höchst unterschiedlich.[317] Für Verselbständigungen außerhalb von Agenturen finden sich verschiedene Beispiele, so etwa die (privaten) sog. **benannten Stellen**[318]. Sie gehören zwar nicht zur Verwaltung im organisatorischen Sinne, aber doch im funktionalen Sinne.[319] Sie werden ohne ergänzende nationale Beleihung etc. auf der Legitimationsbasis des Gemeinschaftsrechts tätig (so etwa im Bereich der Produktsicherheit). Dass im Übrigen Verwaltungsbehörden anderer europäischer Mitgliedstaaten nicht deutscher ministerialer Aufsicht unterliegen, auch soweit sie mit Wirkung für den deutschen Rechtskreis – insbesondere durch den Erlass **transnationaler Verwaltungsakte**[320] – handeln, sei nur erwähnt.

54 Die ausnahmsweise Freistellung der Verwaltung von ministerialer Steuerung/Aufsicht bedeutet eine Auskopplung aus dem üblichen Modus zur Sicherung **demokratischer Legitimation**[321], ohne dadurch zwingend Legitimationsdefizite zu bewirken. Die Reduktion der oder gar Freistellung von der ministerialen Aufsicht ist nach deutschem Recht unbedenklich, soweit sie gesetzlich abgesichert ist und sonstige **Legitimationsbausteine** verfügbar sind, die für den jeweiligen administrativen Sonderbereich ein angesichts seiner Eigenheiten (also auch unter Beachtung der Funktionalität von relativer Autonomie) hinreichendes Legitimationsniveau sichern. Als legitimationssichernde Faktoren kommen spezielle Vorkehrungen für Organisations- und Verfahrensrichtigkeit in Betracht, die zu

---

[314] Dazu s. *Matthias Lehmann/Cornelia Manger-Nestler*, Das neue Europäische Finanzaufsichtssystem, Zeitschrift für Bankrecht und Bankwirtschaft (ZBB) 2011, S. 2 ff.; *Jens-Hinrich Binder*, Verbesserte Krisenprävention durch paneuropäische Aufsicht? Zu neuen Aufsichtsstrukturen auf EU-Ebene, GPR 2011, S. 34 ff.

[315] Siehe Verordnung (EG) Nr. 1211/2009 des Europäischen Parlaments und des Rates vom 25. November 2009, ABl. EU 2009, Nr. L 337, S. 1 ff. sowie *Holznagel/Schumacher*, Regulierungsagenturen (Fn. 313), S. 746 f.

[316] Dazu s. *Peter Szczekalla*, Handlungsformen im Europäischen Verwaltungsrecht, in: Terhechte (Hrsg.), VerwREU, § 5 Rn. 74 ff.

[317] Dazu vgl. auch etwa *Michaela Wittinger*, „Europäische Satelliten": Anmerkungen zum Europäischen Agentur(un)wesen und zur Vereinbarkeit Europäischer Agenturen mit dem Gemeinschaftsrecht, EuR 2008, S. 609 ff.; *Andreas v. Arnauld*, Zum Status quo des europäischen Verwaltungsrechts, in: Terhechte (Hrsg.), VerwREU, § 2 Rn. 16 f., *Szczekalla*, Handlungsformen (Fn. 316), § 5 Rn. 74 ff.

[318] → Fn. 113; → Bd. II *Röhl* § 30 Rn. 66.

[319] → Rn. 40 ff.

[320] Siehe statt vieler *Ohler*, Verwaltungsrecht (Fn. 119), § 9 Rn. 23 ff. sowie → Fn. 442.

[321] Siehe hierzu *Georg Hermes*, Legitimationsprobleme unabhängiger Behörden, in: Hartmut Bauer/Peter M. Huber/Karl-Peter Sommermann (Hrsg.), Demokratie in Europa, 2005, S. 457 ff.; zu Legitimationskonzepten auf der Ebene internationaler Verwaltungskooperation *Eifert*, Legitimationsstrukturen (Fn. 86), S. 317 ff.; *Holznagel/Schumacher*, Regulierungsagenturen (Fn. 313), S. 748 ff., die insbes. den Unterschied zwischen den Anforderungen demokratischer Legitimation nach Europarecht und deutschem Recht betonen; *Matthias Ruffert*, Die neue Unabhängigkeit. Zur demokratischen Legitimation von Agenturen im europäischen Verwaltungsrecht, in: FS Dieter H. Scheuing, 2011, S. 399 ff. S. zur Diskussion um die demokratische Legitimation des Datenschutzbeauftragte auch die N. in → Fn. 294.

anderen Sicherungen, so insbesondere denen personaler Legitimation[322], hinzutreten.[323] Zu den verfahrensmäßigen Ergänzungen gehören Transparenz-, Rechenschafts- und Berichtspflichten gegenüber dem Parlament und gegebenenfalls der Öffentlichkeit (s. z.B. §§ 121 f. TKG) sowie Pflichten zur Kooperation mit anderen Stellen (für die Bundesnetzagentur etwa mit dem Bundeskartellamt, s. § 123 TKG). Auch muss die Rückholbarkeit durch den Gesetzgeber gesichert sein.[324] Ministerialfreiheit bedeutet nicht zugleich Freistellung von gerichtlichem Rechtsschutz. Das Fehlen oder die Begrenzung ministerialer Aufsicht muss andererseits nicht durch intensivierte Gerichtskontrolle ausgeglichen werden. Die Zurücknahme gerichtlicher Kontrolle kann aber vom Gesetzgeber vorgesehen werden,[325] soweit dies sachlich zu rechtfertigen ist.[326]

IV. Veränderungen durch Verwaltungsmodernisierungen

Verwaltungsmodernisierungen nach den Konzepten etwa von New Public Management oder des Neuen Steuerungsmodells[327] zielen explizit auch auf eine angemessene Differenzierung zwischen politischen (Regierungs-)Vorgaben und konkreter Umsetzung und auf die Erarbeitung entsprechend fokussierter **Verantwortungssphären**. Da die Binnenorganisation der Verwaltung vielerorts in Richtung auf verstärkte dezentrale und kooperative Strukturen[328] geändert wurde und sich entsprechende Verwaltungskulturen entwickelt haben, muss politisch „kluges" Anleitungshandeln der Regierung darauf abgestimmt sein. So kann es folgerichtig sein, dass die Regierung sich grundsätzlich auf (detailabstinente) strategische (also nicht operative) **Aufsicht** (z.B. auf eine auf die Leistungsfähigkeit von Strukturen gerichtete Aufsicht) konzentriert[329] und auf solche Weise eine relative Eigenständigkeit der Verwaltung respektiert. Zugleich kann sie deren Anliegen, aktuellen Erfordernissen gerecht zu werden und insoweit als **„lernende Verwaltung"** zu arbeiten,[330] durch Unterstützung der administrativen

55

---

[322] Dazu vgl. *Ernst-Wolfgang Böckenförde*, Demokratie als Verfassungsprinzip, in: HStR II, § 24 Rn. 33; *Schliesky*, Souveränität (Fn. 88), S. 290 ff.; → Bd. I *Trute* § 6 Rn. 45 f.
[323] Vgl. *Hoffmann-Riem*, Gesetz (Fn. 60), S. 66 ff., 68: Verweis auf Input-Richtigkeit, Organisationsrichtigkeit, Verfahrensrichtigkeit, Chancengerechtigkeit bei der Interessenverarbeitung, Kohärenz, Erfolgskontrolle u. ä. S. ferner → Bd. I *Trute* § 6 Rn. 42 ff., 47 f.
[324] Zu solchen Anforderungen s. *Masing*, Regulierungsverwaltung (Fn. 295), D S. 87 f. S. auch *Karsten Herzmann*, Konsultationen, 2010, S. 242 m.w.N.
[325] Zur normativen Ermächtigungslehre → Rn. 78, 90.
[326] Vgl. *Eifert*, Kontrolle der Bundesnetzagentur (Fn. 298), S. 449 ff.; *Herzmann*, Konsultationen (Fn. 324), S. 221 ff., 316. Zurückhaltend bis ablehnend *Klaus F. Gärditz*, „Regulierungsermessen" und verwaltungsgerichtliche Kontrolle, NVwZ 2009, S. 1005 ff. Zur Problematik → Fn. 380.
[327] Dazu s. → Bd. I *Voßkuhle* § 1 Rn. 50 ff., 53 ff.
[328] Vgl. für die öffentliche Verwaltung schon *Bodo A. Baars*, Strukturmodelle für die öffentliche Verwaltung, 1973, S. 88 ff.; sowie oben →Fn. 271. Zu den europäischen Verwaltungsstrukturen *Thomas v. Danwitz*, Systemgedanken eines Rechts der Verwaltungskooperation, in: Schmidt-Aßmann/Hoffmann-Riem (Hrsg.), Strukturen, S. 171 (182 ff.); *Schmidt-Aßmann*, Ordnungsidee, 7. Kap. Rn. 2 ff., 10 f., 18 f.; *Jens Hofmann*, Rechtsschutz und Haftung im Europäischen Verwaltungsverbund, 2004, S. 20 m.w.N.
[329] Dazu vgl. *Hoffmann-Riem*, Finanzkontrolle (Fn. 187), S. 77 ff.
[330] Dazu s. *Martin Eifert*, Regulierte Selbstregulierung und die lernende Verwaltung, in: Regulierte Selbstregulierung als Steuerungskonzept des Gewährleistungsstaates, DV, Beiheft 4, 2001, S. 137 ff.; *Hoffmann-Riem*, Methoden (Fn. 90), S. 44 ff.; *Arno Scherzberg*, Das Allgemeine Verwaltungsrecht zwischen Praxis und Reflexion – Theoretische Grundlagen der modernen Verwaltungsrechtswissenschaft, in: Trute/Groß/Röhl/Möllers (Hrsg.), Allgemeines Verwaltungsrecht, S. 837 (852).

Generierung neuen handlungsleitenden Wissens und dessen Einsatz in der praktischen Verwaltungsarbeit respektieren.

F. Eigenständigkeit der Verwaltung gegenüber dem Gesetzgeber

56 In einem Rechtsstaat ist besonders wichtig, wie weit die Verwaltung rechtlich gebunden oder jedenfalls rechtlich dirigiert handelt oder Optionenräume gar frei von rechtlichen Bindungen auszufüllen hat. Später[331] ist die weitere Frage aufzuwerfen, wie weit die Verwaltung in dem durch Optionenräume geprägten Handlungsfeld auch im Verhältnis zu den Gerichten eigenständig oder gar letztverbindlich handelt. Dabei dürfte es eine Folge vorverständnisgeleiteter Bewertung sein, ob in der Sicht auf die Verwaltung eher ihr Entscheidungsspielraum (die Eigenständigkeit) oder die Bindungsdichte betont wird.[332] Wenn im Folgenden nach **Grenzen der Eigenständigkeit gegenüber dem Gesetzgeber** gefragt wird und die Überlegungen mit der Suche nach Grenzen der Bindung verkoppelt werden, dann zeigt dies zwei mögliche Vorgehensweisen. Die Suche nach Grenzen der Eigenständigkeit entspricht dem Denken der rechtsstaatlichen Eingriffsabwehr; die Erfassung von Freiräumen für Eigenständigkeit sieht die Verwaltung als Akteur der Verwirklichung von Gemeinwohlzwecken mit vielfältigen, wenn auch rechtlich begrenzten Kompetenzen. Dabei werden im Folgenden keineswegs alle einschlägigen Fragen näher behandelt,[333] so etwa nicht die Rechtsmacht zur Wahl von Rechtsregimes[334], von Regulierungsstrategien[335], von Handlungsformen[336] oder zur Organisationswahl[337].

I. Einbindung in ein vielfältiges Geflecht von Rücksichtnahmen

57 **Optionen** können vom Gesetzgeber ausdrücklich vorgegeben sein (Prototyp: Rechtsfolgeermessen, Planungs-/Gestaltungsaufträge, aber auch unbestimmte Rechtsbegriffe) oder sich im Umkehrschluss daraus ergeben, dass die Verwaltung zur Erfüllung einer Aufgabe berechtigt oder verpflichtet ist, ohne dass abschließende rechtliche Bindungen der Aufgabenerfüllung bestehen (etwa bloße Aufgabennormen oder Zielvorgaben). Dann stellt sich die weitere Frage, ob trotz feh-

---

[331] → Rn. 89 ff.

[332] Während das BVerwG zunächst mit seiner Lehre vom gerichtsfreien Beurteilungsspielraum die Eigenständigkeit der Verwaltung betonte (*BVerwGE* 59, 213 [215 f.]; 72, 195, [199]; vgl. auch in NVwZ 1991, S. 568 [569]), lenkte das BVerfG in der Frage nach dem Verhältnis der Verwaltung zu den beiden anderen Gewalten die Betonung zunehmend auf Artikel 19 Abs. 4 GG und damit auf die Frage der Bindungs- und Kontrolldichte (*BVerfGE* 83, 130 [148]; 84, 34 [46 ff.]; 84, 59 [80 f.]; 88, 40 [56 ff.]; 103, 142 [156 f.]). Das BVerwG hat in jüngerer Zeit begonnen, die eigene Rechtsprechung stärker an die verfassungsgerichtlichen Vorgaben und damit an das Vorverständnis des BVerfG anzupassen (*BVerwGE* 106, 263 [266 f.]), dazu auch *BVerfG*, NVwZ 2002, S. 1368). Diskussionsbedürftig – m. E. aber zu verneinen – ist allerdings, ob das Konzept des Bundesverfassungsgerichts – insbes. angesichts der Vielfalt von Steuerungsdimensionen (→ Rn. 29) und der Erfordernisse der Neujustierung der Ermessenslehre (→ Rn. 70 ff.) – sachgerecht ist. Zur Diskussion speziell zum Regulierungsermessen s. u. → Fn. 380.

[333] Siehe aber auch die Überlegungen u. → Rn. 111 ff.

[334] → Bd. I *Burgi* § 18 Rn. 56 ff.

[335] → Bd. I *Eifert* § 19 Rn. 153 ff. sowie auch *Roland Broemel*, Strategisches Verhalten in der Regulierung, 2010.

[336] → Bd. II *Hoffmann-Riem* § 33, *Bumke* § 35, *Bauer* § 36, *Köck* § 37, *Fehling* § 38.

[337] → Bd. I *Groß* § 13 Rn. 43 ff.

F. Eigenständigkeit der Verwaltung gegenüber dem Gesetzgeber

lender oder begrenzter Programmierung gehandelt werden darf – dies ist die Frage nach dem **Gesetzesvorbehalt** und seiner Ausfüllung.[338] Die Exekutive handelt allerdings nie in einem rechtsfreien Raum (zumindest gibt es verfassungsrechtliche Vorgaben), und zwar selbst bei solchen Akten nicht, die in der Literatur als „justizfrei" bezeichnet werden (so etwa die der Regierung – nicht der Verwaltung – übertragenen Gnadenakte oder sonstige **justizfreie Hoheitsakte**).[339]

Administratives Handeln findet in der Rechtsordnung regelhaft Grenzsetzungen für die Optionenwahl, ist aber meist darüber hinaus bei der Wahl einer Option zusätzlich einer Fülle rechtsnormativer, aber auch nicht rechtlicher Erwartungen ausgesetzt. Letztere unterscheiden sich von rechtlichen Vorgaben nicht nur hinsichtlich der Verbindlichkeit, sondern meist auch im Grad ihrer inhaltlichen Konkretisierung. Erwartungen an das Verwaltungshandeln finden sich häufig in ausfüllungsbedürftigen Vorgaben, wie etwa **Zielen**[340], **Verwaltungszwecken oder Leitbildern** (z. B. Zweckmäßigkeit, Bestimmtheit, Treu und Glauben, Nachhaltigkeit[341]), in der Festlegung **abwägungsfähiger Positionen** und von **Abwägungsgesichtspunkten** (vgl. etwa § 1 Abs. 7 BauGB) oder in zwar rechtlich aufgegebenen, aber (relativ) frei konkretisierbaren **Orientierungspunkten**[342] (z. B. Effizienz, Akzeptanz[343], Fairness, Transparenz, Vorhersehbarkeit, Innovationsermöglichung[344]) oder auch in **„politischen" Vorgaben** (z. B. Standortsicherung, Förderung der Konjunktur, Bürgernähe). Auch die Art der Ermächtigung zum Treffen von Rechtsfolgen kann mehr oder minder große Optionenräume eröffnen, selbst durch Ermächtigungen zur Erteilung von Erlaubnissen oder zum Erlass von polizeirechtlichen Standardmaßnahmen. Gleiches gilt für Ermächtigungen zur Vornahme von sozial gestaltenden, beratenden und betreuenden Leistungen, deren Art und Konturen sich häufig erst im konkreten Fall in der Interaktion mit Betroffenen feststellen lassen.[345]

58

---

[338] Dazu *Hoffmann-Riem*, Gesetz (Fn. 60), S. 6, 50 ff. und passim; → Bd. I *Reimer* § 9 Rn. 23 ff.

[339] Zu ihnen vgl. *Würtenberger*, VerwaltungsprozessR, Rn. 197 ff. m. w. N.; *Hufen*, VerwaltungsprozessR, § 11 Rn. 7 m. w. N. Auch solche Akte sind gesetzesakzessorisch. Ob sie „justizfrei" sein können, richtet sich nach den Normen zum Gerichtsschutz wie insbes. Art. 19 Abs. 4 GG.

[340] → Bd. II *Pitschas* § 42 Rn. 163 ff.

[341] Zu letzteren vgl. *Guy Beaucamp*, Das Konzept der zukunftsfähigen Entwicklung im Recht: Untersuchungen zur völkerrechtlichen, europarechtlichen, verfassungsrechtlichen und verwaltungsrechtlichen Relevanz eines neuen politischen Leitbildes, 2002, S. 8 ff., 242 ff. Mit Blick auf die Umweltinformationsverwaltung *Eike Richter*, Anforderungen an eine nachhaltigkeitsgerechte Informations- und Kommunikationsordnung im Umweltrecht, in: Klaus Lange (Hrsg.), Nachhaltigkeit im Recht, Eine Annäherung, 2003, S. 199 ff.; *Ivo Appel*, Staatliche Zukunfts- und Entwicklungsvorsorge, 2005, insbes. S. 242 ff.; → Bd. II *Pitschas* § 42.

[342] Zu grundsätzlichen Überlegungen für eine Maßstabslehre, die neben der Rechtmäßigkeit auch andere normative Orientierungen des Verwaltungshandelns umfasst, vgl. *Wolfgang Hoffmann-Riem*, Verwaltungsrechtsreform – Ansätze am Beispiel des Umweltschutzes, in: Hoffmann-Riem/Schmidt-Aßmann/Schuppert (Hrsg.), Reform, S. 115 (130 ff.); *Wolfgang Kahl*, Staatsaufsicht. Entstehung, Wandel und Neubestimmung unter besonderer Berücksichtigung der Aufsicht über die Gemeinden, 2000, S. 537 ff.; *Schmidt-Aßmann*, Ordnungsidee, 6. Kap. Rn. 57; *Jestaedt*, Maßstäbe (Fn. 64); → Bd. II *Pitschas* § 42.

[343] *Wolfgang Hoffmann-Riem*, Reform des Allgemeinen Verwaltungsrechts: Vorüberlegungen, DVBl 1994, S. 1381 (1387); *Thomas Würtenberger*, Die Akzeptanz von Verwaltungsentscheidungen, 1996, S. 54, der allerdings von einem „Leitbild" spricht. Zur rechtlichen Bindungswirkung von Akzeptanz vgl. BVerfGE 86, 90 (111) sowie *Schmidt-Aßmann*, Ordnungsidee, 2. Kap. Rn. 105.

[344] → Rn. 128 ff.

[345] Dazu s. *Falk Roscher*, Der „rechtsfreie Kern personaler Zuwendungen" im sozialen Pflege- und Betreuungsverhältnis, VSSR, Bd. 8 (1980), S. 199 ff.

§ 10 Eigenständigkeit der Verwaltung

Der Einsatz solcher optionenoffener Steuerung ist allerdings regelhaft durch rechtliche Rahmensetzung umhegt und durch normative Vorgaben geleitet. Auf die Art der Spielraumausfüllung wirken ferner verfahrensrechtliche Regelungen ein,[346] aber auch (gegebenenfalls abgestufte) Kontroll- und Sanktionsmöglichkeiten. Recht kann sich in unterschiedlichen Erscheinungsformen und mit je eigenen Bindungsarten und -intensitäten verwirklichen.[347] In rechtlicher Hinsicht sind die in subjektiv-rechtlich gefassten Normen enthaltenen Vorgaben wichtig, aber auch sonstige **objektiv-rechtliche Bindungen** der Verwaltung.[348] Rechtliche Bindungen ergeben sich im Übrigen nicht nur in dem auf die Gesellschaft bezogenen so genannten **Außenrechtsverhältnis,** sondern auch im **Binnenbereich der Staatsorgane,** so durch Organisations-, Verfahrens-, Aufsichts-, Haushalts- und Personalrecht.

59 Rechtliche, zum Teil aber auch nur faktisch wirkende Bindungen können sich ferner aus den mit Betroffenen **ausgehandelten Problemlösungen** ergeben (Vorverhandlungen, Duldungs- oder Sanierungsabsprachen, Verträge oder sonstige Verkörperungen von Verhandlungslösungen).[349] Auf diese Weise kann die im Verhältnis zu anderen Trägern von hoheitlicher Gewalt verankerte Eigenständigkeit durch **Abhängigkeiten oder Bindungen im Verhältnis zu Privaten** wieder zurückgenommen worden sein.[350] Von Bedeutung sind ferner innerorganisatorisch wirksame Orientierungen, die auch ohne eigene rechtliche Bindungsqualität Rechtsbezug haben können, so die schon mehrfach erwähnten administrativen Verwaltungskulturen oder allgemeine professionelle – berufsethisch und durch Sozialisation ausgebildete – Standards verantwortungsvollen Umgangs mit der anvertrauten öffentlichen Aufgabe (z.B. Bürgernähe, aber auch Konkretisierungen von Grundsätzen wie denen der Gleichbehandlung

---

[346] → Rn. 100 ff.; Bd. II *Schmidt-Aßmann* § 27, *Schneider* § 28.

[347] Siehe auch *Schulze-Fielitz*, Rationalität (Fn. 89), S. 311 (323) zur Konjunktur „weicher" Leitbegriffe und zu ihrer rechtlichen Verankerung.

[348] Zur grundsätzlichen (vgl. aber § 47 Abs. 2 S. 1 2. Hs. VwGO) Abhängigkeit des gerichtlichen Rechtsschutzes von subjektiven Rechten *Felix Weyreuther,* Die Rechtswidrigkeit eines Verwaltungsaktes und die „dadurch" bewirkte Verletzung „in … Rechten" (§ 113 Abs. 1 S. 1 und Abs. 4 S. 1 VwGO), in: FS Christian-Friedrich Menger, 1985, S. 681 (691); *Jost Pietzcker,* Die Verwaltungsgerichtsbarkeit als Kontrollinstanz, in: Schmidt-Aßmann/Hoffmann-Riem (Hrsg.), Verwaltungskontrolle, S. 89 (98 ff., 105, 114 f.); *Kopp/Schenke,* VwGO, § 113 Rn. 5, 24 ff. Nur ausnahmsweise können objektiv-rechtliche Bindungen im Zuge des Individualrechtsschutzes bedeutsam werden, vgl. dazu *Kopp/Schenke,* a.a.O., Rn. 25 u. 27 m.w.N. Zur Einführung von Elementen objektiver Rechtskontrollen (etwa bei Verbandsklagen im Umweltrecht) als Folge von Europäisierung s. *Juliane Kokott,* Europäisierung des Verwaltungsprozessrechts, DV, Bd. 31 (1998), S. 335 (348 ff.); *Eberhard Bohne,* Langfristige Entwicklungstendenzen im Umwelt- und Technikrecht, in: Schmidt-Aßmann/Hoffmann-Riem (Hrsg.), Strukturen, S. 217 (274 ff.); *Jost Pietzcker,* a.a.O., S. 114 f. Vgl. auch *Johannes Masing,* Die Mobilisierung des Bürgers für die Durchsetzung des Rechts, 1997, S. 176 ff., der die Verleihung von Individual-(klage)befugnissen im Europarecht als vom objektiven Gemeinschaftsinteresse an der Durchsetzung der Rechtsordnung motiviert ansieht und somit subjektiv-rechtliche und objektiv-rechtliche Aspekte von Rechtskontrolle miteinander verbindet. S. 178: „Die Verleihung individueller Befugnisse ist so eine Frage allgemeinpolitischer Allokation".

[349] Dazu s. *Wolfgang Hoffmann-Riem,* Selbstbindungen der Verwaltung, in: VVDStRL, Bd. 40 (1982), S. 187 ff.; *Manfred Bulling,* Kooperatives Verwaltungshandeln (Vorverhandlungen, Arrangements, Agreements und Verträge), DÖV 1989, S. 277 ff.; *Hartmut Bauer,* Verwaltungsrechtliche und verwaltungswissenschaftliche Aspekte der Gestaltung von Kooperationsverträgen bei Public Private Partnership, DÖV 1998, S. 89 ff.; → Bd II *Fehling* § 38.

[350] → Bd. I *Eifert* § 19 Rn. 38, 43 f., 62 ff., *Schulze-Fielitz* § 12 Rn. 66 ff., 91 ff.

F. Eigenständigkeit der Verwaltung gegenüber dem Gesetzgeber

oder der Sozialstaatlichkeit).[351] Hinzu können **Vorgaben der Regierung** oder der jeweils höheren Aufsichtsinstanz treten (Zielsetzungen, Direktiven, politisch motivierte Weisungen), aber auch die in der allgemeinen Öffentlichkeit (insbesondere durch die **Massenmedien**) artikulierten politischen Erwartungen[352], die faktisch wirkende Orientierungen geben können.

Hinzu kommen (durchaus rechtserhebliche) Vorgaben insoweit, als die Verwaltung sich bei der Konkretisierung offener Begriffe oder der Handhabung von Abwägungsermächtigungen selbst gebunden hat, etwa – vermittelt über Art. 3 Abs. 1 GG – durch **Verwaltungsübung** oder durch **Verwaltungsvorschriften**[353] oder im konkreten Entscheidungsakt durch **Maßstabsergänzung**[354]. Abstrakt-generell selbst gesetzte Bindungen werden insbesondere in der weitgehend routinisierten und zum Teil sogar **automatisierten Massenverwaltung** maßgebend. Die Optionenwahl ist in solchen Situationen meist der Routineentscheidung vorgelagert erfolgt, etwa durch Schaffung entsprechender Verwaltungsvorschriften oder – wie heute zunehmend – durch den **Programmcode**[355] von elektronisch erfassbaren Verwaltungsprogrammen.[356] Stets handelt es sich nur um relative, durch neue Einsichten, eine veränderte Verwaltungspraxis oder neue Verwaltungsvorschriften korrigierbare Bindungen. 60

II. Umgang mit administrativen Bindungen

In der Literatur wird die Art der Bindung der Verwaltung an das Recht meist aus zwei unterschiedlichen, wenn auch über die Problematik der Optionenoffenheit argumentativ miteinander verbundenen Perspektiven beleuchtet:[357] 61
– Wie weit lassen sich **normtheoretisch** – also in dem durch Auslegung zu ermittelnden, gegebenenfalls durch Dogmatik näher konturierten Normprogramm, insbesondere in der spezifischen Normstruktur – Grenzen rechtlicher Bindungen, und damit Optionenräume, nachweisen?

---

[351] → Bd. II *Pitschas* § 42.
[352] Dazu vgl. *Wolfgang Hoffmann-Riem*, Mediendemokratie als rechtliche Herausforderung, Der Staat, Bd. 42 (2003), S. 193 ff.
[353] → Fn. 132.
[354] Dazu → Rn. 85 ff.
[355] Vgl. dazu *Thomas Groß*, Die Informatisierung der Verwaltung, Eine Zwischenbilanz auf dem Weg von der Verwaltungsautomation zum E-Government, VerwArch, Bd. 95 (2004), S. 400 (410); *Eike Richter*, Recht in interaktiven Umgebungen, in: Christoph Bieber/Claus Leggewie (Hrsg.), Interaktivität, Ein transdisziplinärer Schlüsselbegriff, 2004, S. 240 (245 ff.).
[356] Zur Vielfalt und rechtlichen Qualität von Verwaltungsvorschriften → Bd. I *Ruffert* § 17 Rn. 67 ff. Zur Verhaltenssteuerung *Fritz W. Scharpf*, Verhandlungssysteme, Verteilungskonflikte und Pathologien der politischen Steuerung, in: Manfred G. Schmidt (Hrsg.), Staatstätigkeit – International und historisch vergleichende Analysen, PVS-Sonderheft, 19 (1988), S. 61 (63); *Rüdiger Voigt*, Staatlicher Steuerung aus interdisziplinärer Perspektive, in: Klaus König/Nicolai Dose (Hrsg.), Instrumente und Formen staatlichen Handelns, 1993, S. 289 (297); aus institutionenökonomischer Sicht etwa *Mark Eberts/Wilfried Gotsch*, Institutionenökonomische Theorie der Organisation, in: Alfred Kieser (Hrsg.), Organisationstheorien, 6. Aufl. 2006, S. 199 (199 ff. u. bes. 214 ff.).
[357] Hierzu besonders stringent *Hans-Joachim Koch*, Unbestimmte Rechtsbegriffe und Ermessensermächtigungen im Verwaltungsrecht, 1979, Rn. 49 ff.; *ders.*, Die normtheoretische Basis der Abwägung, in: Robert Alexy/Hans-Joachim Koch/Lothar Kuhlen/Helmut Rüßmann, Elemente einer juristischen Begründungslehre, 2003, S. 235 ff.

– Gibt es – ausdrücklich oder funktionell-rechtlich (**staatstheoretisch-konzeptionell**) begründete – Zuweisungen einer Letztentscheidungsmacht für die Ausfüllung solcher Optionenräume?

Wird die erste Frage bejaht, ist eine Optionenwahl unvermeidbar. Jede mit der Entscheidung befasste Instanz muss sie treffen. Die zweite Frage gilt der Klärung, welche Instanz die Optionenwahl letztverbindlich vornimmt. Diese Frage wird insbesondere im Hinblick darauf immer wieder kontrovers behandelt, ob und wieweit Gerichte zur Kontrolle der Verwaltungsentscheidung befugt sind. Die Frage stellt sich aber auch im Verhältnis unterschiedlicher Träger von Verwaltungskompetenz zueinander, etwa zwischen der primär handelnden Verwaltungsbehörde und einer Aufsichtsbehörde.

62 Der normtheoretisch meist leichte Nachweis eines Spielraums bedeutet – jedenfalls soweit er sich auf die Konkretisierung eines Rechtsbegriffs bezieht – kein hinreichendes Indiz für die Zuweisung einer Letztentscheidungsmacht an die Verwaltung im Verhältnis zu den Gerichten. Eine **administrative Letztverantwortung** wird als Fremdkörper einer rechtsstaatlichen Ordnung und damit als **gesondert begründungsbedürftig** angesehen. Insoweit wird insbesondere eine Unterscheidung zwischen Spielräumen auf der **Tatbestandsseite** einer Norm (insbesondere: unbestimmte Rechtsbegriffe) – nach h.M. volle Überprüfbarkeit durch Gerichte – und auf der **Rechtsfolgenseite** (insbesondere: Ermessen) vorgenommen.[358] Auch wird in Ankoppelung daran nach kognitiven und volitiven Elementen unterschieden und z.B. gefragt (und meist verneint), ob und wie weit auch auf der kognitiven Ebene der Erfassung des normativen Tatbestandes dezisionistische Elemente maßgebend werden dürfen.[359] Beide Annahmen sind heftiger Kritik ausgesetzt.[360] Die Frage der gerichtlichen Überprüfbarkeit wird in Abschnitt G gesondert behandelt. Im Folgenden geht es zunächst um die Reichweite der Bindung des Verwaltungshandelns und um unterschiedliche Anlässe für die Bereitstellung von Optionenwahlentscheidungen.

63 Verwaltungshandeln spielt sich zwischen zwei – für Zwecke der systematischen Zuordnung positionierten – gegensätzlichen Polen ab, nämlich zwischen dem vollständiger rechtlicher Bindung und dem der vollständigen Freistellung von Bindung. Eine vollständige und nicht variable Determinierung durch rechtliche, insbesondere rechtsbegriffliche, Umschreibung scheidet allerdings auch im Bereich rechtlicher Bindung aus sprachtheoretischen Gründen und unter Berücksichtigung von Einsichten der Rechtstheorie und der modernen juristischen Methodenlehren über die Bindungsfähigkeit von Rechtsnormen grundsätzlich aus.[361] Eine **einzigartige Richtigkeit** gibt es auf der Ebene der Auslegung und

---

[358] Aus der Literatur s. statt vieler *Maurer*, VerwR, § 7, bes. Rn. 47 ff.

[359] Siehe etwa – dort zu der Koppelungsvorschrift des früheren § 131 AO – GmSOGB *BVerwGE* 39, 355, 361 ff.

[360] Siehe statt vieler *Jestaedt*, Maßstäbe (Fn. 64), § 11 Rn. 12 ff.

[361] Dazu vgl. *Görg Haverkate*, Gewißheitsverluste im juristischen Denken: Zur politischen Funktion der juristischen Methode, 1977; *Rolf Gröschner*, Dialogik und Jurisprudenz: Die Philosophie des Dialogs als Philosophie der Rechtspraxis, 1982, S. 197 ff.; *Robert Alexy*, Theorie der juristischen Argumentation, 6. Aufl. 2008, S. 443 f.; *Katja Langenbucher*, Die Entwicklung und Auslegung von Richterrecht, 1996, S. 38 f.; *Joachim Lege*, Pragmatismus und Jurisprudenz, 1999; *Hesse*, Grundzüge, Rn. 53 ff., 60 ff., 76; *Neumann*, Methodenlehre (Fn. 182), S. 255 ff.; *Jestaedt*, Maßstäbe (Fn. 64), § 11 Rn. 13 ff.; *Fehling*, Maßstäbe (Fn. 62); → Bd. I *Möllers* § 3 Rn. 23 ff.

F. Eigenständigkeit der Verwaltung gegenüber dem Gesetzgeber

erst recht der der Tatsachenfeststellung und der Subsumtion grundsätzlich nicht,[362] wohl aber eine im konkreten Rechtsanwendungsakt „konstruierte", nämlich unter Anwendung „einwandfreier", nämlich anerkannter methodischer Argumentationsfiguren – darunter den Konventionen der Rechtsdogmatik – gewonnene **„relative" Richtigkeit**[363].

Die rechtstheoretische Einsicht in die Unmöglichkeit einzig richtiger Auslegungs- und Rechtsanwendungsergebnisse schließt es nicht grundsätzlich aus, die Rechtsordnung an der **regulativen Idee einer einzigen Richtigkeit**[364] auszurichten, etwa wenn damit die Möglichkeit und Sinnhaftigkeit vollständiger (etwa gerichtlicher oder aufsichtlicher) Kontrolle begründet werden soll: Die übergeordnete Instanz wäre dann kompetenziell dazu bestimmt, diese „Richtigkeit" – ungeachtet ihrer immer noch verbleibenden Relativität – als einzig maßgebliche festzustellen (gegebenenfalls zu fingieren). Es ist jedoch zweifelhaft, ob diese regulative Leitidee dem auf Arbeitsteilung ausgerichteten Modell des gewaltengliedernden Rechts- und Sozialstaats gerecht wird.[365] Die Zweifel erhärten sich, wenn etwa auf die Komplexität der für die Verwaltung maßgeblichen Regelungsstrukturen gesehen und die **dirigierende Kraft der verschiedenen in ihr enthaltenen Steuerungsfaktoren** berücksichtigt und als Mitgarant der Entscheidungsrichtigkeit verstanden werden. **64**

In der Praxis der Rechtsordnung gibt es unterschiedliche Bindungsarten und -dichten. Die **Optionenräume der Verwaltung** werden von der h. M. üblicherweise (grob) wie folgt systematisiert: **65**

– **Einräumung von Bewertungs-, Beurteilungs- und Prognosespielräumen** (erkennbar an der Verwendung sog. unbestimmter Rechtsbegriffe[366] wie etwa „öffentliches Interesse"[367], „Gemeinwohl"[368], „wichtiger Grund"[369], „öffentliche Verkehrsinteressen"[370], „Zuverlässigkeit"[371], „Eignung"[372], „Bedürfnis"[373],

---

[362] Siehe aber etwa *Ronald Dworkin*, Bürgerrechte ernst genommen, 1984, S. 144 ff., 448 ff., 529 ff.; s. ferner *Karl Larenz/Claus-Wilhelm Canaris*, Methodenlehre der Rechtswissenschaft, 3. Aufl. 1995, S. 61, die davon ausgehen, dass „im Rahmen eines, wenn auch nur in Umrissen gegebenen Systems von Wertungsmaßstäben Aussagen über den Inhalt, Reichweite und Bedeutsamkeit" mit dem Anspruch auf „‚Richtigkeit' innerhalb dieses Systems" gemacht werden können.

[363] Dazu vgl. *Koch*, Grundrechtsinterpretationen (Fn. 180), S. 345 ff.; *Hans-Martin Pawlowski*, Einführung in die Juristische Methodenlehre, 2. Aufl. 2000, 2. Teil, S. 53 ff.; *Christian Seiler*, Auslegung als Normkonkretisierung, 2000, S. 10 ff.; *Neumann*, Methodenlehre (Fn. 182), S. 255; *Hoffmann-Riem*, Methoden (Fn. 90), S. 28 ff.; → Bd. III *Scherzberg* § 49 Rn. 40.

[364] Für die regulative Idee einer einzig richtigen Entscheidung z. B. *Friedrich Schoch*, Außerrechtliche Standards des Verwaltungshandelns als gerichtliche Kontrollmaßstäbe, in: Trute/Groß/Röhl/Möllers (Hrsg.), Allgemeines Verwaltungsrecht, S. 551 ff. Dagegen zu Recht *Jestaedt*, Maßstäbe (Fn. 64), § 11 Rn. 9.

[365] → Bd. I *Franzius* § 4 Rn. 19; Bd. III *Scherzberg* § 49 Rn. 40.

[366] Zur Kritik dieser Begrifflichkeit s. etwa *Jestaedt*, Maßstäbe (Fn. 64), § 11 Rn. 23 f., 26.

[367] Z. B. § 21 Abs. 1 Nr. 3 und 4 BImSchG, § 33a Abs. 2 Nr. 3 GewO.

[368] Z. B. § 21 Abs. 1 Nr. 5 BImSchG; § 49 Abs. 2 Nr. 5 und § 60 Abs. 1 S. 2 VwVfG.

[369] Etwa § 3 Abs. 1 G über die Änderung von Familiennamen und Vornamen (NamÄndG), dazu *BVerwGE* 15, 207 (211 f.).

[370] Etwa § 13 Abs. 2 Nr. 2 PBefG; vgl. dazu *BVerwGE* 79, 208; 82, 295.

[371] Z. B. § 4 Abs. 1 Nr. 1 GastG. Dazu aus der Rechtsprechung *BVerwGE* 40, 112; *VG Meiningen*, GewArch 1997, S. 34 f., die grundsätzlich von der vollständigen gerichtlichen Überprüfbarkeit dieses Spielraums ausgeht.

[372] Z. B. § 1 Abs. 1 GjSM, vgl. zu diesem gerichtlich nicht überprüfbaren Beurteilungsspielraum anhand der alten Fassung *BVerwGE* 39, 210.

[373] Z. B. §§ 4 Abs. 1 Nr. 4, 8 WaffG.

§ 10 Eigenständigkeit der Verwaltung

„Verunstaltung"[374], „Beeinträchtigung des Landschaftsbildes"[375], „Gefahr"[376], „Stand von Wissenschaft und Technik"[377]);
– **Ermessensermächtigungen** (Entschließungs-, Verfahrens- und Auswahlermessen)[378];
– insbesondere: Ermächtigung zu **Planungsermessen**[379];
– insbesondere: Ermächtigung zu **Regulierungsermessen**[380];
– **Koppelungsentscheidungen,** d.h. kombinierte Tatbestände bzw. Normen, bei denen sich unterschiedlich verankerte Optionenräume überschneiden.[381]

Ergänzend haben Rechtsprechung und Rechtswissenschaft eine Vielfalt materieller Orientierungen der Rechtmäßigkeit – und Kontrolle – der Nutzung entsprechender Optionenermächtigungen erarbeitet.[382]

66 Kommt es trotz Kontrollmöglichkeit nicht zu Kontrollakten – unterbleibt insbesondere die **Kontrollinitiative,** etwa durch den Bürger (Widerspruch, Klage) –, ist die Art der Nutzung eines Spielraums durch die handelnde Verwaltungsinstanz endgültig. Allerdings kann die **Kontrollmöglichkeit vorwirkend bedeutsam** werden – so durch Berücksichtigung von Präjudizien der Kontrollinstanz oder

---

[374] Z.B. die sog. Verunstaltungsverbote der Landesbauordnungen wie etwa § 12 Abs. 1 hamb. BauO, § 9 Abs. 1 hess. BauO.

[375] Z.B. § 14 Abs. 1 BNatSchG. Vgl. etwa *OVG Münster,* ZUR 2005, S. 213. Vgl. auch *BVerwG,* NVwZ-RR 1994, S. 77 f. zum Begriff der „Belebung des Landschaftsbildes" in Art. 12 Abs. 1 S. 1 BayNatSchG, § 18 Abs. 1 S. 1 Nr. 2 BNatSchG.

[376] Vgl. z.B. die Generalermächtigungen in den Gefahrenabwehrgesetzen der Länder wie etwa § 11 HSOG, § 3 hamb. SOG. Zum Gefahrenbegriff s. *BVerwGE* 45, 51 (57); *Erhard Denninger,* Polizeiaufgaben, in: Lisken/Denninger (Hrsg.), HPolizeiR, E Rn. 39 ff.; *Frederik Rachor,* Das Polizeihandeln, in: Lisken/Denninger (Hrsg.), HPolizeiR, F Rn. 159.

[377] Vgl. § 16 Abs. 1 Nr. 2 GenTG; dazu *OVG Berlin,* OVGE BE 23, 61; *Arnim Karthaus,* Risikomanagement durch ordnungsrechtliche Steuerung, Die Freisetzung gentechnisch veränderter Organismen, 2001, S. 189 ff.

[378] Häufig – vgl. aber *BVerwGE* 23, 25 (29); 44, 339 (342) – an der gesetzlichen Formulierung „kann" (vgl. etwa § 15 Abs. 2 VersG, § 11 HSOG) oder „darf" (z.B. in § 21 Abs. 1 BImSchG, §§ 11 Abs. 1, 13 Abs. 1 hamb. SOG) zu erkennen. Vgl. aber z.B. auch § 3 Abs. 1 hamb. SOG, § 3 Abs. 2 BNatSchG: „nach pflichtgemäßem Ermessen". S. ferner *Loeser,* System I, § 8 Rn. 121 ff.

[379] *BVerwGE* 56, 110 (116). Vgl. etwa § 1 BauGB, § 17 FStrG, § 6 LuftVG.

[380] Dazu *BVerwGE* 130, 39 (48); 131, 41 (44, 47 ff., 62); *BVerwG,* NVwZ 2010, S. 1359; *BVerfG,* Beschl. v. 8.12.2011, Az.: 1 BvR 1923/08, Rn. 23 ff. Aus der Literatur s. etwa *Markus Ludwigs,* Das Regulierungsermessen als Herausforderung für die Letztentscheidungsdogmatik im Verwaltungsrecht, JZ 2009, S. 290 ff.; *Claudio Franzius,* Wer hat das letzte Wort im Telekommunikationsrecht?, DVBl 2009, S. 409 ff.; *Norbert Wimmer,* Kontrolldichte – Beobachtungen zum richterlichen Umgang mit Entscheidungsprärogativen, JZ 2010, S. 433 (435 f.); kritisch zu dieser Entwicklung *Gärditz,* „Regulierungsermessen", NVwZ 2009, S. 1005 ff.; *ders.,* Europäisches Regulierungsverwaltungsrecht auf Abwegen, AöR, Bd. 135 (2010), S. 251 ff.

[381] Etwa § 35 Abs. 2 BauGB, dazu *BVerwGE* 18, 247 (250) (zur wortgleichen Vorgängervorschrift des § 35 Abs. 2 BBauG). Zu Kopplungsvorschriften s. *Koch,* Rechtsbegriffe (Fn. 357), S. 182 ff. Zum Umgang der Rspr. mit Kopplungsvorschriften vgl. etwa *GmSOGB* BVerwGE 39, 355, 362 ff. BVerwGE 46, 175 (176 f.); *BVerwG,* DVBl 1982, S. 198; BVerwGE 72, 1 (5): „einheitliche Ermessensentscheidung".

[382] Allgemein aus der Literatur vgl. *Brinktrine,* Verwaltungsermessen (Fn. 37); *Maurer,* VerwR, § 7. Außerdem *Kopp/Ramsauer,* VwVfG, § 40 Rn. 22 ff., 48 ff., 71 ff., 92 ff., 102 ff. Speziell zu unbestimmten Rechtsbegriffen und Beurteilungsspielraum s. *Helmuth Schulze-Fielitz,* Neue Kriterien für die verwaltungsgerichtliche Kontrolldichte bei der Anwendung unbestimmter Rechtsbegriffe, JZ 1993, S. 772 ff.; *Pache,* Abwägung (Fn. 33). Aus der Rechtsprechung zum Ermessen vgl. BVerwGE 31, 212; 39, 235; 42, 133; 56, 254; zum Planungsermessen: BVerwGE 34, 301 (304); 45, 309; 48, 56 (59); 62, 86; zum Auswahlermessen: BVerwGE 102, 282; zum sog. intendierten Ermessen: BVerwGE 72, 1 (6); 91, 82 (90 f.); zum Beurteilungsspielraum und unbestimmten Rechtsbegriffen: BVerwGE 81, 185; 94, 307; 100, 221; 107, 245; → Bd. III *Kahl* § 47.

F. Eigenständigkeit der Verwaltung gegenüber dem Gesetzgeber

durch „vorauseilenden Gehorsam". Soweit ein Optionenraum gegeben ist, ist die Frage, ob er – in der in der deutschen Verwaltungsrechtsdogmatik vorherrschenden Sichtweise – die Tatbestands- oder die Rechtsfolgenseite einer Norm betrifft, für den Akteur auf der Ebene administrativen Handelns zunächst ohne weichenstellende Bedeutung.[383] Die Unterscheidung sollte daher auch nicht eine auf administratives Handeln und damit auf die Norm als Handlungsnorm[384] bezogene Rechtsdogmatik vorprägen. Auch das **Europarecht** geht – in Übereinstimmung etwa mit dem französischen[385] und englischen[386] Recht – von der **Unmaßgeblichkeit der Unterscheidung zwischen Tatbestands- und Rechtsfolgenseite** aus.[387] Ein Teil der deutschen Lehre schlägt grundsätzlich Ähnliches für das deutsche Recht vor[388]. Dies ist ein wichtiger (unterstützenswerter) **Schritt auf dem Wege zu strukturell kohärenten europäischen Lehren des Verwaltungshandelns**.

Aus der **Handlungsperspektive** der gesetzesakzessorisch handelnden Verwaltung werden insbesondere die folgenden drei Fragen bestimmend: 67
– Ist der handelnden Verwaltungsinstanz durch das Recht ein Korridor **unterschiedlicher wählbarer Optionen** bereitgestellt und wo sind dessen (u. U. bewegliche, weil konkretisierungsbedürftige) Grenzen?
– Welche rechtlichen **Orientierungen** (Ziele, Leitbilder, Konzeptvorgaben, Prinzipien, Regeln u. ä.) sind für das Auffinden von und die Auswahl zwischen unterschiedlichen Optionen – einschließlich der Konkretisierung offener Rechtsbegriffe – in den Rechtsnormen vorgegeben?
– Hinzu kommt die Klärung, ob es weitere, etwa politisch von der Regierung – gegebenenfalls auch vom Parlament, so in Form von Entschließungen[389] – gesetzte Orientierungen **(präskriptive Erwartungen)** gibt, die nicht an der rechtlichen Bindung teilhaben, deren Berücksichtigung aber erwartet und rechtlich grundsätzlich nicht zu beanstanden ist.

Soweit Grenzen und Orientierungen auf den drei Ebenen fehlen, ist die handelnde Verwaltungsinstanz frei, auch weitere **selbst verantwortete Richtigkeitsüberlegungen** zu verwirklichen, etwa zwecks „maßgeschneiderter Problembewältigung" im Einzelfall und/oder zwecks Sicherung ergänzender Ziele wie Akzeptanz, Konsens, Partizipation, Bürgernähe u. ä. in einer Weise, die über die bloße Vermeidung von Rechtsfehlern hinausgeht sowie zur Verfolgung von weiteren Zwecken, die dem Normprogramm nicht widersprechen. 68

---

[383] Anders ist es, wenn der Amtswalter sich vorauseilend auf die später mögliche gerichtliche Kontrolle einstellt.
[384] → Rn. 15.
[385] Siehe *Reinhard Hoffmann*, Das Ermessen der Verwaltungsbehörden im französischen Recht, 1967, S. 17; *Koch*, Verwaltungsrechtsschutz (Fn. 28), S. 58; *Marsch*, Frankreich (Fn. 28), S. 190.
[386] Dazu s. *Kleve/Schirmer*, England (Fn. 40), S. 152.
[387] *Albert Bleckmann*, Europarecht, 6. Aufl. 1997, Rn. 862 ff. jeweils m. w. N.; der EuGH verwendet für Optionenräume auf beiden Ebenen den einheitlichen Begriff „Ermessensspielraum" (im englischen „discretion"), vgl. dazu *EuGH*, verb. Rs. 9 u. 11/71, Slg. 1972, 391, Rn. 28/34; Rs. 74/74, Slg. 1975, 533, Rn. 19/23; Rs. 136/77, Slg. 1978, 1245, Rn. 4; Rs. C-269/90, Slg. 1991, I-5469, Rn. 13 f. sowie *Kokott*, Europäisierung (Fn. 348), S. 364.
[388] So etwa *Zimmer*, Funktion (Fn. 168), S. 363 ff.; *Horst Dreier*, Zur „Eigenständigkeit" der Verwaltung, DV, Bd. 25 (1992), S. 137 (151 f.) (ein durch Phänomene des Wählens, Wägens und Wertens gekennzeichneter, von der Judikative unterschiedlich intensiv kontrollierter Entscheidungsspielraum der Exekutive, a a.O., S. 152); *Pache*, Abwägung (Fn. 33), S. 112 und passim; *Schmidt-Aßmann*, Ordnungsidee, 4. Kap. Rn. 47 ff.
[389] Zu solchen parlamentarischen Entschließungen s. die Hinw. o. → Fn. 269.

69 Die für die **rechtlichen Orientierungen** maßgebenden Grundlagen sind in dem gesamten für das jeweilige Problem maßgebenden Regelungsprogramm aufzusuchen, also nicht nur in problembezogenen Fachgesetzen, sondern auch in „Allgemeinen Teilen" sowie in Querschnittsgesetzen aus den Bereichen Organisation, Verfahren, Personal, Finanzen u.a.[390] Sie finden sich im Verwaltungsrecht, aber gegebenenfalls auch im Privatrecht und selbstverständlich im Verfassungsrecht, dort auch in den „großen" Verfassungsprinzipien wie etwa in dem für das Verwaltungshandeln besonders wichtigen Grundsatz der Verhältnismäßigkeit (Übermaß- und Untermaßverbot), in dem Gleichheitssatz, aber auch in verfahrensrechtlichen Anforderungen. Verstärkt sind sie ergänzend zum nationalen Recht auch dem Europarecht zu entnehmen.[391] Da der Befund rechtlicher Bindung nicht davon abhängt, ob und wie weit ihre Einhaltung später kontrolliert werden kann und wird, ist es der Verwaltungsrechtswissenschaft auf der Ebene administrativen Handelns umfassend aufgegeben, die Art und Weise der Gesetzesdeterminierung und -dirigierung zu erfassen. Beruht **Spielraumverhalten** beispielsweise auf der Nutzung unbestimmter – etwa wertungsoffener oder prognosebasierter[392] – Tatbestandselemente, so ermöglicht die Existenz eines Optionenraumes zwar entsprechende Wertungen oder Prognosen, erlaubt aber keine darüber hinausgehende „Freiheit" der Verwaltung. Ergeben die auf der Tatbestandsseite verwendeten Begriffe z.B. für einen komplexen Rechtsanwendungsvorgang eine inhaltlich abschließende Festlegung, so eröffnet eine daran anknüpfende Ermächtigung – etwa für die **Wahl zwischen verschiedenen Rechtsfolgen** („Maßnahmen") – Wahlfreiheit nur auf dieser Ebene. Anders formuliert: Die gesetzliche Einkleidung der Bindungen bzw. Optionenwahlermächtigungen ergibt Anknüpfungspunkte der rechtlichen Disziplinierung, nämlich einerseits zur Bestimmung der Grenzen des Entscheidungskorridors und andererseits zur Gewinnung von Maßstabskriterien. Soweit bei (offenen) Normierungen inhaltliche Maßstäbe nur begrenzt – oder gar nicht – verfügbar sind, können ergänzend andere Vorkehrungen rechtsstaatlicher und demokratischer Verantwortung zum Tragen kommen, in erster Linie **prozedurale Vorkehrungen** (Ermöglichung oder Sicherung von Transparenz, Betroffenen- oder Drittbeteiligung, Begründungspflichten u.ä.[393]), möglicherweise auch nur als **binnenadministrativ wirkendes Recht,** so in Form von Verwaltungsvorschriften.

G. Eigenständigkeit der Verwaltung gegenüber Kontrollinstanzen, insbesondere den Gerichten

70 Rechtsbindung ohne Kontrolle ihrer Einhaltung entbehrt der besonderen Absicherung von Verbindlichkeit, die den gewaltengliedernden Rechtsstaat prägt. Die **Macht zur Kontrolle** ist – abstrakt formuliert – die Zuständigkeit für die

---

[390] → Bd. I *Groß* § 13; Bd. II *Schneider* § 28; Bd. III *Voßkuhle* § 43, *Korioth* § 44.
[391] → Bd. I *Schmidt-Aßmann* § 5, *Ruffert* § 17 Rn. 121 ff.
[392] Zur Berücksichtigung von Prognosen im Rahmen unbestimmter Rechtsbegriffe s. *Karthaus,* Risikomanagement (Fn. 377), S. 86 f., 177; *Jestaedt,* Maßstäbe (Fn. 64), § 11 Rn. 50. Aus der Rechtsprechung etwa *BVerwGE* 72, 300 (316 f.); 79, 208 (213 ff.); 81, 185 (190 ff.); 82, 295 (299 ff.); *BVerfG,* NVwZ 2011, S. 94 (98 f.).
[393] → Rn. 100 f.

Überprüfung einer möglichen Abweichung von der Norm nach Maßgabe eines Kontrollprogramms sowie ergänzender Vorkehrungen über Kontrolldichte, -breite und -tiefe.[394] Die Kontrolle geschieht in einer von der des primär Handelnden unterschiedlichen Rolle („Gegen-Rolle"/*cont-rôle*) und damit meist „in Distanz".[395] Der Kontrollträger entscheidet im Verhältnis zum Kontrollierten über die Einhaltung des Kontrollmaßstabs **verbindlich,** wenn auch gegebenenfalls mit Rücksicht auf einen weiteren Kontrollträger **noch nicht letztverbindlich.** Unter den verschiedenen Kontrollinstanzen haben die **Gerichte** eine hervorgehobene, rechtsstaatlich unverzichtbare Position (s. Art. 19 Abs. 4, 92 ff. GG; Art. 6 EMRK, Art. 47 ff. GRCh). Organisation und Kompetenzen von Gerichten sind allerdings – wie auch ein Blick in die deutsche Rechtsgeschichte[396] und die Rechtsvergleichung[397] zeigt – unterschiedlicher Ausgestaltung fähig. Die auf den Individualrechtsschutz fixierte und als lückenlos garantierte **Gerichtsschutzfunktion** (Art. 19 Abs. 4 GG) bewirkt, dass die deutsche Rechtsordnung im Vergleich zu anderen Rechtsordnungen hinsichtlich des Kontrollgegenstandes, der Kontrollbreite und -tiefe eine **Sonderposition** einnimmt. Die umfassende Rechtsschutzgarantie war und ist der Ausgangspunkt auch für die Herausbildung einer eigenständigen deutschen Ermessenslehre[398], die ihrerseits eine zentrale Weichenstellung für die Bestimmung des Grades an Eigenständigkeit der Verwaltung gegenüber den Gerichten bewirkt hat.

I. Zur geschichtlichen Entwicklung

In der deutschen rechtlichen Entwicklung der Neuzeit war zunächst ein **71 weiter Ermessensbegriff** bestimmend.[399] Die in der Tradition der älteren Staatswissenschaft stehende **ältere Verwaltungswissenschaft** verschmolz einige heute eigenständige Kategorien und Unterscheidungen wie rechtmäßig und zweckmäßig oder Tatbestands- und Rechtsfolgenseite oder Herstellung und Darstellung in einer übergreifenden Lehre von einer – wie es heute vor allem im euro-

---

[394] Näher dazu *Hoffmann-Riem*, Verwaltungskontrolle (Fn. 193), S. 346 ff.

[395] Vgl. *Eberhard Schmidt-Aßmann*, Verwaltungskontrolle: Einleitende Problemskizze, in: Schmidt-Aßmann/Hoffmann-Riem (Hrsg.), Verwaltungskontrolle, S. 9 (10 f.) und *Hoffmann-Riem*, Verwaltungskontrolle (Fn. 193), S. 341 ff.

[396] Zur Entstehung insbes. der Verwaltungsgerichtsbarkeit s. *Michael Stolleis*, Verwaltungslehre und Verwaltungswissenschaft, in: Jeserich/Pohl/v. Unruh (Hrsg.), Verwaltungsgeschichte II, S. 71 ff.; *Wolfgang Rüfner*, Die Entwicklung der Verwaltungsgerichtsbarkeit, in: Jeserich/Pohl/v. Unruh (Hrsg.), Verwaltungsgeschichte III, S. 909 ff.; *ders.*, Die Entwicklung der Verwaltungsgerichtsbarkeit, in: Jeserich/Pohl/v. Unruh (Hrsg.), Verwaltungsgeschichte IV, S. 639 ff.

[397] Zu der auf Gerichtskontrolle bezogenen Rechtsvergleichung vgl. *Claus D. Classen*, Die Europäisierung der Verwaltungsgerichtsbarkeit, 1996, insbes. S. 119 ff, 175 ff.; *Astrid Epiney*, Primär- und Sekundärrechtsschutz im Öffentlichen Recht, in: VVDStRL, Bd. 61 (2002), S. 362 (365 ff., 370 ff., 384 ff.) m.w.N. S. auch oben → Fn. 26.

[398] Diese nimmt im europäischen Vergleich eine Sonderstellung ein. Dazu vgl. die Beiträge in *Martin Bullinger* (Hrsg.), Verwaltungsermessen im modernen Staat, 1986; *Schwarze*, Europäisches VerwR I, S. 246 ff.; *Schlette*, Kontrolle (Fn. 28); *Jochen Abr. Frowein* (Hrsg.), Die Kontrolldichte bei der gerichtlichen Überprüfung von Handlungen der Verwaltung, 1993.

[399] Zu der entsprechenden Entwicklung der Diskussion über das Ermessen s. etwa *Horst Ehmke*, „Ermessen" und „unbestimmter Rechtsbegriff" im Verwaltungsrecht, 1960, S. 7 ff. m.w.N.; *Herbert Hofer-Zeni*, Das Ermessen im Spannungsfeld von Rechtsanwendung und Kontrolle, 1981, S. 9 ff.; *Martin Bullinger*, Verwaltungsermessen im modernen Staat, in: ders. (Hrsg.), Verwaltungsermessen (Fn. 398), S. 131 ff.

parechtlichen Kontext heißen würde – **guten Verwaltung**.[400] Mit dem Aufkommen des (spät-)konstitutionellen Rechtsstaats und der Herausbildung des Maßstabes einer vom Gesetz her gedachten Rechtmäßigkeit sowie der Fokussierung des Blicks auf die Gesetzesbindung durch die „Brille" der im positivistischen Denken verwurzelten **Juristischen Methode**[401] wurden neue Differenzierungen eingebaut. Ermessen wurde zu einer Restkategorie, die den Bereich einer Entscheidungsfreiheit der Verwaltung gegenüber dem Gesetz ausdrückte. Dabei wurde zwischen **Tatbestands- und Rechtsfolgenseite** nicht unterschieden. An dieser weiten Sicht des Ermessens wurde auch in der Bundesrepublik anfänglich festgehalten.[402] Mit dem Ausbau der Verwaltungsgerichtsbarkeit bedurfte es allerdings immer neuer Vergewisserungen über das Ausmaß gerichtlicher Überprüfbarkeit. Entwickelt wurde die Differenz zwischen gerichtlich **voll überprüfbaren Rechtsbegriffen** und **eingeschränkt überprüfbaren Ermessensbegriffen** sowie zwischen dem kognitiven Ermessen auf der **Tatbestandsseite** und dem volitiven Ermessen auf der **Rechtsfolgenseite**.[403] Die an der überkommenen Lehre in Anlehnung an *Hermann Reuss*[404] von *Otto Bachof*[405] geübte Kritik brachte der Verortung des Ermessens allein auf der Rechtsfolgenseite den Durchbruch in der h.M.[406] Seitdem wurde über die **Ermessenslehre** fast nur noch **gerichtsschutzorientiert** diskutiert. Allerdings gab es auch Gegenthesen, so insbesondere das Plädoyer von *Horst Ehmke*[407], die Funktionsbestimmung der Verwaltung und die Notwendigkeit von Freiräumen anzuerkennen, wobei er eine Wahlfreiheit der Verwaltung auf der Tatbestands- wie der Rechtsfolgenseite sah. Die h.M. folgte ihm nicht.[408] Die Diskussion dauert an. Für das Verhältnis zwischen Verwaltungseinheiten und Kontrollinstanzen ist gegenwärtig insbesondere die Klärung wichtig, wo die **Letztentscheidungsmacht** angesiedelt ist[409], soweit es zur gerichtlichen Kontrolle kommt. Die Anerkennung eines vom

---

[400] Zum Begriff der guten Verwaltung vgl. die N. oben → Fn. 188.

[401] Siehe o. → Fn. 57.

[402] Vgl. *BVerfGE* 1, 92 (96); 1, 171 (173); 1, 311 (314); 4, 89 (92) wonach die Auslegung und Anwendung des Begriffs „Interessen des öffentlichen Verkehrs" in § 9 Abs. 1 PBefG a.F. im Ermessen der Verwaltung stehen. Ablehnend dazu *Dietrich Jesch*, Unbestimmter Rechtsbegriff und Ermessen in rechtstheoretischer und verfassungsrechtlicher Sicht, AöR, Bd. 82 (1957), S. 163 (315ff.); zur Entwicklung in der Rechtsprechung und in der Literatur s. *Martin Bullinger*, Das Ermessen der öffentlichen Verwaltung. Entwicklung, Funktionen, Gerichtskontrolle, JZ 1984, S. 1001 (1003ff.) m.w.N.; *Ramsauer*, Kontrolle (Fn. 194), S. 701. Vgl. auch die Verwischung der Trennlinie zwischen Ermessen und Beurteilungsspielräumen in *BVerwGE* 39, 197; 39, 355. Dazu *Walter Schmidt*, Abschied vom „unbestimmten Rechtsbegriff", NJW 1975, S. 1753 ff.

[403] Zur historischen Entwicklung s. insbes. *Martin Ibler*, Rechtspflegender Rechtsschutz im Verwaltungsrecht: Zur Kontrolldichte bei wertenden Behördenentscheidungen, 1999; *Pache*, Abwägung (Fn. 33), S. 56 ff. Dazu, dass dies in ausländischen Rechtsordnungen nicht so gesehen wird, s. etwa – am Beispiel Frankreichs – *Marsch*, Frankreich (Fn. 28), S. 190, mit Differenzierungen S. 191.

[404] *Hermann Reuss*, Der unbestimmte Rechtsbegriff. Seine Bedeutung und seine Problematik, DVBl 1953, S. 649 ff.; *ders.*, Gegenäußerung, DÖV 1954, S. 557 ff.

[405] *Otto Bachof*, Beurteilungsspielraum, Ermessen und unbestimmter Rechtsbegriff im Verwaltungsrecht, JZ 1955, S. 97 (100); *ders.*, Anmerkung zum Urteil des Bundesverwaltungsgerichts vom 11.10.1956 – I C 179/54 –, DVBl 1957, S. 788 ff.

[406] Zur weiteren Entwicklung der Diskussion s. statt vieler *Koch*, Rechtsbegriffe (Fn. 357), S. 104 ff.; *Ramsauer*, Kontrolle (Fn. 194), S. 702 ff.

[407] *Ehmke*, „Ermessen" (Fn. 399).

[408] Zur Kritik an Ehmke s. statt vieler *Koch*, Rechtsbegriffe (Fn. 357), S. 117 ff.

[409] Zu ihr schon → Rn. 61 f.; vgl. zum Streitstand etwa *Kopp/Ramsauer*, § 40 Rn. 7; *Maurer*, VerwR, § 7 Rn. 4 f.; *Breuer*, Rechtssetzung (Fn. 34), S. 525.

Gesetzgeber legitimierten administrativen Optionenraums (Entscheidungsspielraums)[410] schließt die Kontrolle des Umgangs mit ihm allerdings nicht aus, erübrigt die Frage nach der Kontrollreichweite (vgl. § 114 VwGO) aber auch nicht.

72 Der in Reaktion auf den Unrechtsstaat des Nationalsozialismus ausgebaute, in Art. 19 Abs. 4 GG verfassungsrechtlich garantierte **umfassende Individualrechtsschutz** ist in Deutschland zum maßgebenden Bezugspunkt verwaltungsrechtsdogmatischer Entwicklung und des Ausbaus gerichtlicher Kontrollmacht geworden. Dies führte allerdings zu Abweichungen von den Typen verwaltungsrechtlicher Ordnungsleistungen in **anderen europäischen Rechtsordnungen,** vor allem soweit sie – wie insbesondere lange Zeit die französische[411] – die Reichweite gerichtlichen Schutzes stark auf die **objektive Kontrolle** des Verwaltungshandelns im öffentlichen Interesse beziehen und damit auch mit dem Blick auf die Sicherung der Funktionsfähigkeit verwaltungsbehördlichen Handelns bestimmen.[412] Die anderen europäischen Staaten[413] haben den gerichtlichen Verwaltungsrechtsschutz durchgängig erheblich schwächer ausgestaltet als Deutschland, aber zum Teil – deutlich etwa in Großbritannien – ein größeres Gewicht auf rechtsstaatliche Sicherungen in der Verwaltung selbst sowie auf **politische Kontrollen**[414] gelegt. Die Europäisierung des Rechts hat allerdings zu einem neuen Stadium der Diskussion um das Ermessen geführt: Die deutsche Ermessenslehre hat sich ebenso vor den **Herausforderungen der europäischen Integration** zu bewähren, wie dies für die anderen Ermessenskonzepte gilt.

II. Verwaltungshandeln im europäischen Verbund

73 Die nach h.L. im deutschen Verwaltungsrecht gegenwärtig bejahte Verortung administrativer Freiräume nur auf der Rechtsfolgenseite einer Norm und die Annahme **voller gerichtlicher Überprüfbarkeit der Tatbestandselemente** und gegebenenfalls die Anerkennung der gerichtlichen Rechtsmacht zur eigenständigen Überprüfung und gegebenenfalls Kassation oder gar **Ersetzung der administrativen Entscheidung** – grundsätzlich unabhängig von Regelungsdichte, Komplexität des Sachbereichs, verfügbarer Sachkunde, nötigem Ermittlungsaufwand u.ä. – kennzeichnen einen **„deutschen Sonderweg",** der in den westeuropäischen Ländern in dieser gerichtszentrierten Weise keine Entsprechung findet.[415] Das allein ist kein Grund, ihn aufzugeben, wohl aber Anlass, über die Richtigkeit dieses Weges auch angesichts der Erfordernisse der europäischen Integration nachzudenken.[416] Eine Neubetrachtung scheitert nicht an der in der

---

[410] Dazu bereits → Rn. 56 ff.
[411] Dies gilt ungeachtet vermehrt eingeräumter Möglichkeiten subjektiv-rechtlichen Rechtsschutzes, dazu s. etwa *Marsch,* Frankreich (Fn. 28), S. 170 ff.
[412] Vgl. *Jean-Marie Woehrling,* Die französische Verwaltungsgerichtsbarkeit im Vergleich mit der deutschen, NVwZ 1985, S. 21 ff.; *Schwarze,* Verwaltungsrechtsschutz (Fn. 33), S. 23 f.; *Woehrling,* Verwaltungsgerichtsbarkeit (Fn. 31), S. 463. Zu den in der französischen Rechtsordnung entwickelten Rechtsfiguren s. *Schlette,* Kontrolle (Fn. 28), etwa die Zsf. auf S. 361 f. Zu den neueren Entwicklungen in Frankreich s. *Marsch,* Subjektivierung (Fn. 28), passim.
[413] Überblick mit N. und differenzierenden Feststellungen zu den einzelnen Ländern bei *Pache,* Abwägung (Fn. 33), S. 192 ff.
[414] Siehe dazu Fn. 48.
[415] So *Pache,* Abwägung (Fn. 33), S. 512 sowie N. oben in → Fn. 398.
[416] Zu einem solchen Umdenken fordern beispielsweise auf: *Pache,* Abwägung (Fn. 33), S. 112, 500 f.; *Schmidt-Aßmann,* Ordnungsidee, 4. Kap. Rn. 47 ff. Vielfach wird insbes. ein die Tatbestands-

deutschen Rechtsdogmatik zurzeit herrschenden Ermessenslehre. **Rechtsdogmatik** als Systematisierung der zu anerkannten Argumentationsfiguren sedimentierten Konstruktionen (Einsichten) von Rechtswissenschaft und Rechtspraxis, die sich zu Begriffen, Grundsätzen, Regeln u.ä. kondensieren lassen[417], ist auf Beweglichkeit angewiesen, muss also offen für neue Konstruktionen sein, insbesondere wenn sich das Koordinatensystem verändert. Dies gilt auch für die **Ermessenslehre**.

74 Dass die Rücksichtnahme auf die europäische Integration nicht nur rechtspolitisch sinnvoll ist, sondern auch für die Entwicklung einer neue Anstöße aufgreifenden Rechtsdogmatik nahe liegt, wird schon daran erkennbar, dass die für das Verwaltungshandeln maßgebenden Regelungsstrukturen nicht nur in „genuin deutschen" Gesetzen enthalten sind.[418] Auch im nationalen Rechtsanwendungskontext sind zunehmend Normen bedeutsam, die europäisches Recht in deutsches transformiert oder deutsches Recht verändert haben; hinzu treten im Zuge unmittelbarer Anwendbarkeit des Europarechts auch **europarechtliche Normen**.[419] Derartiges Recht kennt meist unterschiedliche Vorbilder in nationalen Rechtsordnungen und ist in seinen Strukturen in unterschiedlichen Kontexten und vor dem Hintergrund zum Teil unterschiedlicher Konzepte entwickelt worden. In der Folge ist die **wechselseitige Kompatibilität** höchst voraussetzungsvoll, für eine **kohärente Rechtsanwendung** aber unverzichtbar. So ist verschiedentlich beobachtet worden, dass Brüche und Dysfunktionalitäten zu verarbeiten sind, wenn die stark final orientierten, „integrativen" Programmierungsansätze des Gemeinschaftsrechts in das deutsche Recht übertragen werden (müssen).[420]

75 Eine der Schwierigkeiten besteht in der zum Teil andersartigen gemeinschaftsrechtlichen **Ermessenskonzeption**.[421] Diese wiederum ist konzeptionell weniger

---

und Rechtsfolgenseite übergreifender Ermessensbegriff befürwortet, s. etwa *Koch*, Rechtsbegriffe (Fn. 357), S. 172 ff.; radikalisiert in *Horst Sendler*, Skeptisches zum unbestimmten Rechtsbegriff, in: FS Carl H. Ule, 1987, S. 337 ff.; *Matthias Herdegen*, Beurteilungsspielraum und Ermessen im strukturellen Vergleich, JZ 1991, S. 747 ff.; *Dreier*, „Eigenständigkeit" (Fn. 388), S. 137 (151 f.); *Rainer Wahl*, Verwaltungsvorschriften: Die ungesicherte Dritte Kategorie des Rechts, in: FG BVerwG (Fn. 27), S. 571 (598); *Koch*, Basis (Fn. 357), S. 240 ff.: Abwägung sei ubiquitär.

[417] Zum Begriff der Rechtsdogmatik *Winfried Brohm*, Die Dogmatik des Verwaltungsrechts vor den Gegenwartsaufgaben der Verwaltung, in: VVDStRL, Bd. 30 (1972), S. 245 (248 f.); *ders.*, Kurzlebigkeit und Langzeitwirkung der Rechtsdogmatik, in: FS Hartmut Maurer, 2001, S. 1079 (1082); *Scherzberg*, Verwaltungsrecht (Fn. 330), S. 849 ff. sowie → Bd. I Voßkuhle § 1 Rn 6. Vgl. auch *Karl-Heinz Ladeur*, Risikobewältigung durch Flexibilisierung und Prozeduralisierung des Rechts, in: Alfons Bora (Hrsg.), Rechtliches Risikomanagement, 1999, S. 41 (47): Dogmatik gewährleistet die Anschlussfähigkeit der Rechtsbegriffe durch Eröffnung und Begrenzung der Variation und muss damit die Beobachtung neuer rechtsinterner Verknüpfungsmöglichkeiten und Bindungseffekte gewährleisten.

[418] → Bd. I Ruffert § 17 Rn. 121 ff.

[419] Zur Einwirkung des europäischen Rechts in die deutsche Rechtsordnung s. die Beiträge in: *Jürgen Schwarze* (Hrsg.), Das Verwaltungsrecht unter europäischem Einfluß, 1996; in: *Schmidt-Aßmann/Hoffmann-Riem* (Hrsg.), Strukturen, sowie in: *Jan Bergmann/Markus Kenntner* (Hrsg.), Deutsches Verwaltungsrecht unter europäischem Einfluss, 2002.

[420] Vgl. *Uwe Volkmann*, Umweltrechtliches Integrationsprinzip und Vorhabensgenehmigung, VerwArch, Bd. 89 (1998), S. 363 (387 ff.) m.w.N.; *Johannes Masing*, Kritik des integrierten Umweltschutzes – eine Auseinandersetzung mit der ganzheitlichen Programmatik des europäischen Umweltrechts, DVBl 1998, S. 549 (551 ff.) m.w.N.S. ferner *Rüdiger Breuer*, Rechtsetzung (Fn. 34), S. 523 ff.

[421] Zu ihr s. insbes. *Eckhard Pache*, Die Kontrolldichte in der Rechtsprechung des Gerichtshofs der Europäischen Gemeinschaften, DVBl 1998, S. 380 (384 ff.) sowie *ders.*, Abwägung (Fn. 33), S. 389 ff., jeweils m.w.N.

G. Eigenständigkeit der Verwaltung gegenüber Kontrollinstanzen

von Vorstellungen der deutschen Ermessenslehre geprägt als von denen der **angelsächsischen und französischen Lehre**, die von einem **weiten Begriff des Ermessens** und **zurückgenommener gerichtlicher Kontrollmacht** ausgehen (*discretionary power; pouvoir discrétionaire*).[422] Dort wo die Verwaltung durch Gesetz und Recht inhaltlich nicht abschließend gebunden ist, sondern einen Freiraum der einzelfallbezogenen „diskretionären"[423] Umsetzung durch Optionenwahl vorfindet, liegt administratives Ermessen in diesem weiten Sinne vor, einerlei, wie dies rechtstechnisch bewerkstelligt worden ist. Diskretionäres Verhalten zielt nicht auf eine allein am Rechtsmaßstab ausgerichtete Richtigkeit, sondern auf die Nutzung aller auf eine möglichst gute („richtige") Problemlösung zielender Faktoren. Die darauf bezogene **gerichtliche Kontrolle** wird in Frankreich und Großbritannien anhand spezifisch dafür entwickelter Rechtsfiguren, und zwar eingeschränkter als in Deutschland, durchgeführt.[424]

In einem Rechtsstaat hat die Verwaltung keinen Freiraum zum Belieben oder zu rein politischer Opportunität. Die **Optionenwahl** kann sich stets nur in einem (mehr oder weniger weiten) rechtlich begrenzten und durchwirkten Korridor auswirken. Dies gilt auch, soweit der Freiraum im Interesse der Nutzung besonderer Sachkunde, etwa für diagnostische und prognostische Zwecke, eingerichtet worden ist oder soweit respektiert wird, dass Prognosen in Ungewissheitslagen nicht an subsumtionsfähige Tatbestände geknüpft werden können.[425] Dennoch können an die Art der Ausfüllung des Freiraums rechtliche Anforderungen gestellt werden, bei **Prognosen** etwa an die Art der Sachverhaltsermittlung oder an die Hinzuziehung von Sachverstand, die dann ihrerseits kontrollierbar sein können.[426] 76

Wie weit rechtliche Grenzen oder inhaltliche Direktiven der **Kontrolle** ihrer Einhaltung durch eine besondere Instanz unterliegen, ist eine von der Feststellung eines Freiraums für diskretionäres Handeln getrennte, mit Blick auf die Kontrollmacht dieser Instanz gesondert zu klärende Frage: Für die inneradministrative Rechts- und Fachaufsicht ist sie zum Teil anders zu beantworten als für die Rechnungsprüfung des Rechnungshofs und für diese wieder anders als für die Gerichtskontrolle. 77

Das europäische Recht erlaubt es – wie viele europäische Rechtsordnungen[427] – verstärkt, auch rein **objektiv-rechtliche Vorgaben** zum Maßstab zu nehmen.[428]

---

[422] Dazu vgl. *Paul P. Craig*, Discretionary Power in Modern Administration, in: Bullinger, Verwaltungsermessen (Fn. 398), S. 79 ff.; *Schlette*, Kontrolle (Fn. 28), S. 109 ff., 119; *Brinktrine*, Verwaltungsermessen (Fn. 37), S. 554 ff.; *Koch*, Verwaltungsrechtsschutz (Fn. 28), S. 58 f.; *William Wade/Christopher Forsyth*, Administrative Law, 10. Aufl. 2009, S. 347 ff., 379 ff.; *Pache*, Abwägung (Fn. 28), S. 200; *Breuer*, Rechtsetzung (Fn. 34); *Schmidt-Aßmann*, Ordnungsidee, 4. Kap. Rn. 47 ff.; *Marsch*, Frankreich (Fn. 28), S. 190 ff.

[423] *Michael Gerhardt*, in: Schoch/Schmidt-Aßmann/Pietzner (Hrsg.), VwGO, vor § 113 Rn. 20, schlägt diesen Begriff in Anlehnung an die angelsächsische und französische Begriffsbildung vor.

[424] Zur Gerichtskontrolle in Frankreich vgl. *Classen*, Europäisierung (Fn. 397), S. 154 ff.; *Epiney*, Primär- und Sekundärrechtsschutz (Fn. 397), S. 370 ff., 384 ff. m.w.N.; *Marsch*, Frankreich (Fn. 28), S. 160 ff. Zur Gerichtskontrolle in England s. *Epiney*, ebd., S. 377 ff.; *Kleve/Schirmer*, England (Fn. 40), S. 126 ff. sowie die N. in → Fn. 37.

[425] Vgl. etwa zur Problematik von Risikoentscheidungen *Scherzberg* und *Lepsius*, Risikosteuerung (Fn. 84).

[426] Zur gerichtlichen Überprüfbarkeit behördlicher Sachverhaltsermittlung s. *Pache*, Abwägung (Fn. 33), S. 45 f.

[427] Zu ihnen auch die N. oben in → Fn. 412.

[428] Vgl. *Pache*, Abwägung (Fn. 33), S. 446 ff.

§ 10 Eigenständigkeit der Verwaltung

Die deutschen Verwaltungsgerichte können Gleiches, wenn auch begrenzt, ebenfalls tun.[429] Wie weit der Rechtsschutz reicht, ist in Verbindung mit den Grundrechten dem jeweiligen Fachrecht (vielfach Landesrecht) zu entnehmen. Wie er gerichtlich umgesetzt wird, ist demgegenüber eine Frage des (bundesrechtlichen) Gerichtsorganisations- und -verfahrensrechts. Die für die Prüfung von Tatsachen- und Rechtsfragen eingerichtete erste und gegebenenfalls zweite verwaltungsgerichtliche Instanz hat ein weiteres **Prüfprogramm** (vgl. §§ 124 ff. VwGO) als die Revisionsinstanz (vgl. §§ 132 ff. VwGO)[430] und alle haben wieder ein anderes als die Verfassungsgerichtsbarkeit (Art. 93 GG).[431] Diese je unterschiedlichen Kontrollvorgaben betreffen Art und Ausmaß gerichtlicher Kontrolle.

78 Hängt die Reichweite der Kontrollierbarkeit diskretionären Verhaltens von der Art des Kontrollauftrags ab, dann greift dies den Ansatz der so genannten **normativen Ermächtigungslehre** auf.[432] Entscheidend ist die Reichweite der gesetzlich gegründeten Ermächtigung zur Kontrolle. Diese Lehre geht vom Grundsatz voller Überprüfbarkeit aus, gesteht aber dem Gesetz die Möglichkeit zur (ausnahmsweisen und rechtfertigungsbedürftigen) Schaffung von Freiräumen mit **administrativer Letztentscheidungsmacht** zu. Ihre Stärke ist die Verankerung der Weichenstellung im gesetzgeberischen Programm selbst, ihre Schwäche der meist schwierige Nachweis entsprechender Vorgaben.[433]

79 Der **Konvergenztrend des Rechts in Europa**[434] führt zu Entwicklungen, die auch für die Lehre von der gerichtlichen Ermessenskontrolle und für die Auslegung entsprechender Normen bedeutsam werden. So kommen die zunehmende Durchdringung des Verwaltungsrechts der Mitgliedstaaten durch Verfassungsrecht[435] und der allmähliche Ausbau der individualrechtsschützenden Elemente

---

[429] Zur ausnahmsweisen Berücksichtigung objektiv-rechtlicher Vorgaben s. o. → Fn. 348; s. auch *Gerhardt*, Zusammenhang (Fn. 193), S. 424.

[430] Dazu vgl. *Jens Meyer-Ladewig/Richard Rudisile*, in: Schoch/Schmidt-Aßmann/Pietzner (Hrsg.), VwGO, Vorbem. zu § 124 Rn. 62.

[431] Dazu vgl. hinsichtlich der Verfassungsbeschwerde *Schlaich/Korioth*, Bundesverfassungsgericht (Fn. 78), Rn. 194 ff., bes. 280 ff.; s. ferner Fn. 501 ff.

[432] Zu ihr s. BVerfGE 61, 82, 112 ff.; BVerfG, Beschl. v. 31. 5. 2011, Az.: 1 BvR 857/07, Rn. 70 ff.; BVerwGE 62, 86 (98); 129, 27 (33); *Hans-Jürgen Papier*, Die Stellung der Verwaltungsgerichtsbarkeit im demokratischen Rechtsstaat, 1979, S. 33 f.; *Peter J. Tettinger*, Überlegungen zu einem administrativen „Prognosespielraum", DVBl 1982, S. 421 (422); *Walter Krebs*, Kontrolle in staatlichen Entscheidungsprozessen, 1984, S. 79 f., 96 f.; *Bullinger*, Ermessen (Fn. 402), S. 1005 ff.; *Rainer Wahl*, Risikobewertung der Exekutive und richterliche Kontrolldichte – Auswirkungen auf das Verwaltungs- und das gerichtliche Verfahren, NVwZ 1991, S. 409 (410 ff.); *Eberhard Schmidt-Aßmann*, in: Maunz/Dürig, GG, Art. 19 Abs. 4, Rn. 180 ff., 185; *Jestaedt*, Maßstäbe (Fn. 64), § 11 Rn. 34 ff.; *Jan Oster*, Normative Ermächtigungen im Regulierungsrecht, 2010, S. 47 ff. Dort – S. 81 ff. – auch zur Entwicklung der US-amerikanischen Parallelentscheidung, der Chevron-Entscheidung des US Supreme Court.

[433] Dazu vgl. etwa *Ramsauer*, Kontrolle (Fn. 194), S. 718. Anders ist es bei einer ausdrücklichen Regelung, wie etwa in § 71 Abs. 5 S. 2 GWB.

[434] Dazu vgl. *Schwarze* (Hrsg.), Verwaltungsrecht (Fn. 419); *Ruffert*, Methodik (Fn. 26), S. 167 ff.; s. auch *Oliver Koch*, Der Grundsatz der Verhältnismäßigkeit in der Rechtsprechung des Gerichtshofs der Europäischen Gemeinschaften, 2003.

[435] Zur „Konstitutionalisierung" der Verwaltungsrechtsordnung Frankreichs s. die kurze geschichtliche Darstellung von *Ruffert*, Methodik (Fn. 26), S. 181, 195 ff. mit vielen N. aus der französischen Literatur, in der diese Entwicklung mitunter sehr kritisch gesehen und als autonomiegefährdend empfunden wird; ferner *Werner Heun*, Verfassungsrecht und einfaches Recht – Verfassungsgerichtsbarkeit und Fachgerichtsbarkeit, in: VVDStRL, Bd. 61 (2002), S. 80 (104 ff.). Schwächer fällt der „Konstitutionalisierungsprozess" in England aus, vgl. dazu *Ruffert*, a.a.O., S. 197.

G. Eigenständigkeit der Verwaltung gegenüber Kontrollinstanzen

auf der Ebene des europäischen Rechts, aber auch in den nationalen Rechtsordnungen, der deutschen Konzeption entgegen; gleiches gilt für die Anerkennung einer (wenn auch abgeschwächten) **Schutznormtheorie** durch den Europäischen Gerichtshof.[436] Die zunehmende Anerkennung des **Verhältnismäßigkeitsgrundsatzes**[437] wird vermutlich die rechtliche Durchdringung diskretionären Verhaltens befördern – so wie es in Deutschland seit langem der Fall ist:

Der Grundsatz stellt ein Prüfschema für alle Fälle abwägender Zuordnung unterschiedlicher Rechtspositionen bereit. Die stärkere Maßgeblichkeit gemeinschaftsrechtlicher Verfahrens(grund)rechte für den (indirekten) Vollzug des Gemeinschaftsrechts durch nationale Verwaltungen[438] wirkt eher in Richtung auf solche in europäischen Rechtsordnungen entwickelten Ermessenslehren[439], die die Kontrollreichweite in materieller Hinsicht begrenzen, aber der Verfahrenskontrolle erhebliches Gewicht beimessen. Andererseits besteht eine Chance, dass die Europäisierung auch die weitere **Herausbildung eines eigenständigen Verwaltungsrechts in anderen Staaten** – wie Frankreich und Großbritannien – mit sich bringt und dass z. B. die in Deutschland im Vordringen befindliche **steuerungswissenschaftliche Perspektive** auf das Verwaltungsrecht und die Verwaltungsgesetzgebung von Wissenschaft und Praxis anderer Staaten aufgegriffen wird.[440]

Eine besondere Herausforderung für aufeinander abgestimmte Ermessenslehren dürfte die gegenseitige Anerkennung von Rechtsakten, etwa von Standards[441], und insbesondere die Handlungsform des transnationalen Verwaltungsaktes[442] sein. Der anerkannte **transnationale Verwaltungsakt,** dessen Rechtmäßigkeit sich nach dem Recht des Erlassstaates richtet[443], kann sich nur dann ohne Widersprüche und insbesondere ohne eklatante Verletzung von Gleichbehandlungserwartungen in die Regelungsstrukturen der jeweils anderen Rechtsordnung einfügen, wenn für ein hinreichendes Maß an **Homogenität der rechtlichen Anforderungen** unter Einschluss der Vorgaben zu ihrer Kontrollierbarkeit gesorgt ist.[444] Hier, aber auch anderswo, führt die europäische Integra-

80

---

[436] Siehe dazu *EuGH,* Rs. C-361/88, Slg. 1991, I-2567 (2601); *EuGH,* Rs. C-433/93, Slg. 1995, I-2311 (2318 f.); *Classen,* Europäisierung (Fn. 397), S. 73 ff.; *Friedrich Schoch,* Die Europäisierung des Verwaltungsprozessrechts, in: FG BVerwG (Fn. 27), S. 517 f. S. ferner *Epiney,* Primär- und Sekundärrechtsschutz (Fn. 397), S. 362 (396 ff.).

[437] Zur Verankerung im europäischen Recht s. *Franz C. Mayer,* Europäisches Verwaltungsrecht und nationales Verwaltungsrecht, in: Terhechte (Hrsg.), VerwREU, § 8 Rn. 63 ff. Zu seiner begrenzten Bedeutung in Frankreich s. *Marsch,* Frankreich (Fn. 28), S. 201.

[438] Zur Rechtslage s. auch *Schoch,* Europäisierung (Fn. 436), S. 523. Für eine verstärkte Maßgeblichkeit europarechtlicher Vorgaben etwa *Nehl,* Verwaltungsverfahren (Fn. 48), zusammenfassend S. 479.

[439] Die Anschlussfähigkeit einer veränderten Ermessenslehre an die Dogmatik im Unionsverwaltungsrecht sowie die Exportfähigkeit einer so veränderten Ermessensdogmatik werden auch betont bei *Jestaedt,* Maßstäbe (Fn. 64), § 11 Rn. 28.

[440] Dass das allerdings noch nicht der Fall ist, betont *Ruffert,* Methodik (Fn. 26), S. 172 ff., 202 ff.

[441] Dazu s. *Streinz,* EuropaR, Rn. 936 ff.

[442] Zu ihm s. *Dieter H. Scheuing,* Europarechtliche Impulse für innovative Ansätze im deutschen Verwaltungsrecht, in: Hoffmann-Riem/Schmidt-Aßmann (Hrsg.), Innovation, S. 289 (339 f.); *Volker Nessler,* Europäisches Richtlinienrecht wandelt deutsches Verwaltungsrecht, 1994; *ders.,* Der transnationale Verwaltungsakt – zur Dogmatik eines neuen Rechtsinstituts, NVwZ 1995, S. 863 ff.; *Ulrich Fastenrath,* Die veränderte Stellung der Verwaltung und ihr Verhältnis zum Bürger unter dem Einfluß des europäischen Gemeinschaftsrechts, DV, Bd. 31 (1998), S. 277 (301 ff.).

[443] Siehe statt vieler *Nessler,* Verwaltungsakt (Fn. 442), S. 864.

[444] Zur Problemlage vgl. auch BVerfGE 113, 273 (zum europäischen Haftbefehl).

tion zu der Aufforderung, Art und Ausmaß gerichtlicher Ermessenskontrolle so zu justieren, dass sich einheitliche oder doch kompatible Grundstrukturen einer zu entwickelnden europäischen Ermessenslehre ergeben.

III. Bindungsfreiheit und Letztentscheidungsmacht

1. Angewiesensein der Gerichtskontrolle auf rechtliche Maßstäbe

81   Dem Art. 20 Abs. 3 GG ist der Grundsatz zu entnehmen, dass dort, wo rechtliche Bindungen bestehen, diese auch von der Verwaltung zu beachten sind; Art. 19 Abs. 4 GG verwirklicht den weiteren Grundsatz, dass solche rechtlichen Bindungen – soweit sie zugleich auf Individualrechtsschutz bezogen sind – der Kontrolle durch die vom politischen Prozess abgekoppelten Gerichte (Art. 97 GG) unterliegen müssen.[445] Den Verwaltungsbehörden wie den Gerichten ist aufgegeben, ihre Entscheidung am **Maßstab des Rechts** zu entwickeln und zu rechtfertigen.[446] Auf diese Weise werden sie zur Beachtung der in den Rechtsnormen kondensierten Rationalitätsvorkehrungen angehalten.[447] Gerichte sind nach ihrer Stellung im Gefüge der arbeitsteilig mit Rechtsproduktion befassten Gewalten als **Experten der Rechtskontrolle**[448] vorgesehen und deshalb mit besonderen Sicherungen (Unabhängigkeit, regelhaft juristisch professionalisiertes Personal, häufig Rechtsmittelzug) versehen, aber auch auf Rechtskontrolle begrenzt. Zur Rechtsarbeit gehört die Erfassung und **Konkretisierung von Rechtsbegriffen**[449], die unter Berücksichtigung der Einsichten einer (auch) rechtsetzungsorientierten Entscheidungswissenschaft[450] mit den spezifischen für die Rechtsproduktion maßgebenden Verfahrensvorgaben, Argumentationsbeschränkungen und Konsistenzanforderungen zu geschehen hat, wie sie von der Rechtspraxis und -wissenschaft entwickelt worden sind und sich insbesondere in der Rechtsdogmatik abbilden. Die gerichtliche Prüfungskompetenz ist grundsätzlich darauf angewiesen, einen den **Nachvollzug**[451] der administrativen Entscheidung ermöglichenden rechtlichen Maßstab verfügbar zu haben. Auch dessen Anwendung auf den konkreten Fall unter Einschluss der darauf bezogenen (meist vom Gericht selbst überprüften oder gar eigenständig erhobenen) **Tatsachenfeststellungen**[452] gehört zum gerichtlichen Prüfprogramm. Bestimmend für

---

[445] Verfassungsrechtlich nicht vorgegeben sind aber die Kontrollansätze und -dichte. Sie ergeben sich aus dem Normprogramm (z.B. Verfahrens- und/oder Ergebniskontrolle als Kontrollansatz; Plausibilitäts-, Evidenz- oder Nachvollziehbarkeitskontrolle u.ä. als Typen für unterschiedliche Kontrolldichte).
[446] → Bd. II *Fehling* § 38 Rn. 67 ff.; Bd. III § 47 *Kahl* Rn. 52 f.
[447] Vgl. dazu *Voßkuhle*, Rechtsschutz (Fn. 215), S. 262 ff.
[448] → Bd. III *Kahl* § 47 Rn. 127 ff.
[449] Vgl. auch → Bd. I *Voßkuhle* § 1 Rn. 15, *Poscher* § 8 Rn. 67.
[450] → Rn. 17.
[451] Der Begriff „nachvollziehend" wird hier nicht im Sinne des Auffindens eines im Gesetz abschließend vorgegebenen Ergebnisses verwendet – diese Position ist rechtstheoretisch unhaltbar –, sondern im Sinne des verfahrensmäßigen und inhaltlichen Nachvollziehens eines schon von einer anderen Stelle (hier der Verwaltung) erfolgten Entscheidungsvorgangs bzw. des dabei getroffenen Entscheidungsergebnisses unter Nutzung der Rechtsnormen als Kontrollnormen.
[452] Die Prüfungsart und -intensität wird vor allem durch das Prozessrecht, etwa durch Prozessmaximen (s. z.B. den Unterschied zwischen Amtsermittlung und Verhandlungsgrundsatz) oder durch Beweislastregeln beeinflusst. Zum Untersuchungsgrundsatz und Beweislastregeln s. *Eberhard*

G. Eigenständigkeit der Verwaltung gegenüber Kontrollinstanzen

die **Reichweite gerichtlicher Kontrollmacht** ist daher das Auffinden (Rekonstruieren) und Anwenden rechtlicher Maßstäbe.[453] Dies gilt auch, wenn der Gesetzgeber den Gerichten Entscheidungen anvertraut, die keinen vorangegangenen zu kontrollierenden Akt voraussetzen.[454]

Zentral auch für die Zuteilung der **Letztverantwortung** für die Rechtsanwendung im Verhältnis zwischen Verwaltung und Gerichtsbarkeit sind der **Rechtsbegriff**[455] und damit auch die Rechtsmacht zur Entscheidung, welche präskriptiven Vorgaben über Gesolltes und Gedurftes zum Recht gehören und insofern an der Qualität von Rechtsnormen teilhaben. Was sind rechtliche Maßstäbe und wie weit bestehen („nur") außerrechtliche?[456] Dies führt zu einer Reihe von Fragen, so u. a.: 82

– Ist die präskriptive Vorgabe einer zur Rechtsproduktion befugten (staatlichen oder staatlich legitimierten[457]) Instanz in einem für die Schaffung von Recht vorgesehenen **Verfahren** und in dafür bestimmten **Handlungsformen** zustande gekommen?
– Welche Art und Intensität an **Verbindlichkeit** kommt der Norm zu (Aufgabenumschreibung, Grenzsetzung, Zielvorgabe, Leitbild u. a.)?
– Wie weit ist die Norm im Zuge administrativer und richterlicher Rechtsanwendung – auch durch Rechtsfortbildung – und ihrer Anreicherung durch den Ausbau rechtsdogmatischer Figuren mit der Folge weiter konkretisiert worden, dass auch diese an der spezifischen Art ihrer Verbindlichkeit teilhaben, wenn auch nur in der abgeschwächten Weise eines **Vorbehalts zukünftiger besserer Konkretisierungsleistungen?**
– Wie weit bestehen Vorkehrungen der **Kontrollierbarkeit** (Rechtsaufsicht, Gerichtskontrolle u. a.) und der **Sanktionierbarkeit** der Norm (Zwangsmitteleinsatz, Ordnungswidrigkeitenfolgen, Strafsanktionen u. a.), die als Indizien für rechtliche Verbindlichkeit verstanden werden können (ohne dass aber die Existenz objektiven Rechts von der Sanktionierbarkeit durch eine weitere Instanz abhängt)?

Derartige Grundfragen sind kein Sonderproblem der Bestimmung der Verwaltungsfunktion, beeinflussen aber auch die Art der Eigenständigkeit der Verwaltung nachhaltig. Da das Rechtliche vom Nicht-Rechtlichen vielfach nicht strikt geschieden ist,[458] kommt der Macht, diese Grenze im konkreten Fall – und gegebenenfalls letztverbindlich – zu bestimmen, besonderer Stellenwert zu. Diese Befugnis muss ihrerseits durch Recht legitimiert sein. Ihre Herausarbeitung steht dabei aber ebenfalls vor dem Dilemma, dass auch die dafür maßgebenden recht-

---

Schmidt-Aßmann, in: Maunz/Dürig, GG Art. 19 Abs. 4 Rn. 218 ff.; *Hufen*, VerwaltungsprozessR, § 35 Rn. 21 ff. und § 37 Rn. 17 f.; *Kopp/Schenke*, VwGO, § 86 Rn. 12, 14 ff., 17 und § 108 Rn. 11 ff., 14.

[453] Siehe BVerfG, Beschl. v. 31. 5. 2011, Az.: 1 BvR 857/07, Rn. 71 sowie statt vieler *Schmidt*, Einführung (Fn. 168), Rn. 103.

[454] So zielen einige so genannte Richtervorbehalte – zu ihnen s. BVerfGE 107, 395 (406) – funktional auf eine Ausübung vollziehender Gewalt, nämlich soweit es nicht um die Kontrolle einer administrativen Entscheidung, sondern um die Entscheidung auf administrativen Antrag (etwa der Staatsanwaltschaft oder Polizei) geht, so etwa in den Fällen der §§ 81a Abs. 2 (Körperliche Untersuchung), 100d Abs. 1 (Abhören), 105 (Durchsuchung), 111a Abs. 1 StPO (Vorläufige Entziehung der Fahrerlaubnis).

[455] Zur Diskussion über den Rechtsbegriff s. schon → Rn. 12.

[456] → Bd. II *Pitschas* § 42.

[457] Zur Frage privater Normsetzung vgl. → Bd. I *Ruffert* § 17 Rn. 85 ff.; *Schuppert*, Governance und Rechtsetzung (Fn. 76), S. 200 ff.

[458] Siehe → Rn. 12.

§ 10 Eigenständigkeit der Verwaltung

lichen Vorgaben häufig nicht eindeutig definiert sind, so dass letztlich maßgebend wird, wer die Letztentscheidungsbefugnis auch für die Klärung der Befugnis zur Letztentscheidung hat. Für die Maßgeblichkeit und den Inhalt von Recht finden die Rechtsanwendungsinstanzen Vorgaben auch in der Rechtsprechung des Bundesverfassungsgerichts, das letztverbindlich jedenfalls insoweit entscheidet, als die Rechtsqualität durch nationales Verfassungsrecht vorgeprägt ist. Für die Zuordnung einer präskriptiven Vorgabe zum Europarecht ist demgegenüber die Rechtsprechung des Europäischen Gerichtshofs (Art. 19 EUV) letztlich maßgeblich.

2. Ermächtigung zum (relativ) gerichtskontrollfreien Handeln in einem Optionenraum (Ermessen)

83 Allein der Umstand, dass einzelne in dem Normprogramm verwendete Begriffe unterschiedlicher Auslegung zugänglich sind, das rechtlich Bindende also durch das **Normprogramm,** insbesondere den Text der Norm, **nicht abschließend festgelegt** ist, bedingt noch nicht das Vorliegen einer Ermessensermächtigung. Auch in solchen Fällen zielt der Auftrag an den Rechtsanwender darauf, das Auslegungs- bzw. Konkretisierungsergebnis an dem normativen Programm einschließlich der darauf bezogenen Rechtsdogmatik und unter Einsatz der für die Rechtsproduktion maßgebenden Methoden zu rechtfertigen. Diese Rechtfertigung unterliegt richterlicher Kontrolle. Allerdings widerspricht es Art. 19 Abs. 4 GG nicht, wenn der Gesetzgeber die Reichweite des die Kontrolle determinierenden subjektiven Rechts begrenzt, z.B. auf einen „Anspruch auf beurteilungsfehlerfreie Entscheidung"[459], oder wenn er durch Regeln über Präklusion oder Mitwirkungslasten[460] **Restriktionen der Rechtskontrolle** vorsieht oder für bestimmte Entscheidungen die Kontrolldichte verringert und dadurch für eine entsprechende Art der relativen Eigenständigkeit des Verwaltungshandelns sorgt. Die Einräumung einer (wenn auch begrenzten) Selbstentscheidungsmacht der Verwaltung steht nicht im Widerspruch mit Art. 19 Abs. 4 GG, da diese Norm Rechtsschutz nur insoweit gewährt, als ein Interesse rechtlich geschützt ist. Fehlen rechtliche Maßstäbe für den Interessenschutz, kann es auch keine verfassungsrechtliche Garantie ihrer gerichtlichen Überprüfung geben.[461]

84 Entscheidet der Rechtsanwender sich für eine bestimmte Alternative zur Auslegung bzw. Konkretisierung eines Begriffs, so lässt sich dies zwar auch als Optionenwahl bezeichnen, die Abwägungselemente enthält.[462] Allein daran den Begriff des Ermessens festzumachen, würde ihm jedoch die Leistungskraft als Wegweiser auch zur Bestimmung der **Grenzen der gerichtlichen Kontrollkompetenz** nehmen. Der Umgang mit den Auslegungs- bzw. Konkretisierungsoptionen und insofern mit den in Rechtsbegriffen angelegten, grundsätzlich in (rechtsdogmatisch) verallgemeinerungsfähiger Weise ausfüllbaren „Spielräumen" ist in dem Rechtsstaat des Grundgesetzes (insbesondere nach Art. 20

---

[459] Siehe etwa *Ramsauer,* Kontrolle (Fn. 194), S. 715.
[460] → Bd. I *Eifert* § 19 Rn. 38; *Helmut Schulze-Fielitz,* Verwaltungsgerichtliche Kontrolle der Planung im Wandel, in: FS Werner Hoppe, 2000, S. 997 (1009 f.).
[461] Vgl. *BVerfGE* 84, 34 (49); 88, 40 (56); 103, 142 (156 f.); *BVerfG,* NVwZ 2011, S. 1062 (1064).
[462] Siehe *Koch,* Basis (Fn. 357), S. 238 ff. (243); *Ramsauer,* Kontrolle (Fn. 194), S. 705.

Abs. 3, Art. 92, 97 GG) ebenso eine genuine Aufgabe der Gerichte wie die Anwendung des so ausgelegten/konkretisierten Begriffs auf den Einzelfall.

Der **Begriff des Ermessens** sollte demgegenüber für den – auf der Tatbestands- und/oder der Rechtsfolgenseite der Norm verankerten – diskretionären Anteil am administrativen Verhalten reserviert werden, der nur einer **begrenzten gerichtlichen Kontrolle** unterliegt – reduziert insbesondere auf die Einhaltung der rechtlichen Grenzen des Optionenraums, der Abwägungsvorgaben und der verfahrensrechtlichen Regelungen. Den maßgebenden Gesichtspunkt hatte schon *Otto Mayer* benannt: Der Gesetzgeber überträgt der Verwaltung im Bereich des Ermessens die Aufgabe, dass sie das Gesetz schöpferisch „ergänze, nicht um zu sagen, was es selbst hier gewollt hat, sondern was sie, die Behörde, für richtig hält".[463] Die Vorstellung einer **Normergänzung (Maßstabsergänzung, einer partiellen Selbstprogrammierung)** als eigenständiger Teil der Verwaltungsaufgabe ist auch später wieder aufgegriffen worden[464]; so hat insbesondere *Hans-Joachim Koch* die rechtliche Qualität der „Ermessensbetätigung als Tatbestandsergänzung" herausgearbeitet.[465] Durch die auf gesetzlicher Ermächtigung beruhende Ergänzung des abstrakt vorgegebenen Normprogramms (z.B. die Heranziehung weiterer Zwecke oder abzuwägender Belange oder jedenfalls die Bildung von Vorrangregeln zur Zuordnung von Zwecken und Belangen), eventuell auch weiterer zur Rechtsanwendung wichtiger Elemente – so die Bestimmung der Ermittlungs-[466] oder Prognosemethode[467] – erweitert die Verwaltung die im konkreten Fall zu berücksichtigenden Faktoren im Zuge einer (begrenzten) Selbstprogrammierung. Die administrative Maßstabsergänzung kann ihrerseits **abstrakt-generell** ausgerichtet sein – so etwa durch Ermessensdirektiven in Verwaltungsvorschriften oder kommunalen Satzungen oder in Konzepten und Strategien[468] – und/oder der Lösung des Einzelfalls überlassen bleiben, gleichwohl aber verallgemeinerungsfähig oder auch nur auf Besonderheiten des **Einzelfalls** ausgerichtet sein.[469]

Die Maßstabsergänzung als rechtlicher Auftrag erfolgt selbstverständlich in rechtlichen Bahnen und unter Berücksichtigung des Zwecks der Ermächtigung. Sie darf **kein Akt des Beliebens** sein. § 39 Abs. 1 S. 2, 3 VwVfG lässt sich mit Be-

---

[463] *Mayer*, VerwR, S. 99.
[464] Siehe *Roland Geitmann*, Bundesverfassungsgericht und „offene" Normen: Zur Bindung des Gesetzgebers an Bestimmtheitserfordernisse, 1971, S. 56 ff., 122 ff.; vgl. auch den Ansatz von *Walter Schmidt*, Gesetzesvollziehung durch Rechtsetzung, 1969, S. 75 ff.; *Scholz*, Verwaltungsverantwortung und Verwaltungsgerichtsbarkeit (Fn. 63), S. 152, 175 und passim; *Jestaedt*, Maßstäbe (Fn. 64); *Fehling*, Recht (Fn. 62), S. 466, 475; *Schoch*, Außerrechtliche Standards (Fn. 364), S. 549; zur Formenlehre → Bd. II *Hoffmann-Riem* § 33 Rn. 36 ff.
[465] *Koch*, Rechtsbegriffe (Fn. 357), S. 136 ff., auch etwa S. 186. Zustimmend etwa *Fehling*, Recht (Fn. 62), S. 475, 486 f.
[466] Zur Problematik vgl. nur die Methoden zur Kosten- bzw. Entgeltberechnung nach § 24 TKG, s. dazu *Jürgen Kühling*, Eckpunkte der Entgeltregulierung in einem künftigen Energiewirtschaftsgesetz, Netzwirtschaften und Recht 2004, S. 12 (15 ff.).
[467] Dazu s. *Michael Gerhardt*, in: Schoch/Schmidt-Aßmann/Pietzner (Hrsg.), VwGO, § 114 Rn. 42 m.w.N.
[468] → Rn. 140 ff.
[469] Die Normergänzung im Einzelfall füllt den Tatbestand jedoch nicht auch für zukünftige Fälle aus. In ihnen bleibt die Verwaltung zur eigenständigen Normergänzung befugt. Ist die Ergänzung durch Verwaltungsvorschrift erfolgt oder erstarkt sie kraft Selbstbindung, kann die Verwaltung sie gleichwohl wieder für die Zukunft einseitig ändern.

zug auf den Prozess der Herstellung der Entscheidung ein die Maßstabsergänzung umfassender Gehalt entnehmen: Die Verwaltung muss in der **Begründung** ihres Verwaltungsaktes die **Prämissen** mitteilen, um die sie die Norm ergänzt hat und die sie daher zu ihrer Entscheidung bewogen haben (Satz 2). Sie muss erkennen lassen, von welchen Gesichtspunkten sie ausgegangen ist (Satz 3) und zwar auch bei der Anwendung dieser Prämissen auf das zu lösende Problem.[470] Das an sich grundsätzlich mögliche Nachschieben von Gründen vor Gericht ist bei administrativen Optionenentscheidungen nur als bloße Ergänzung der zuvor gegebenen Gründe zulässig (arg. § 114 S. 2 VwGO).[471]

87   Die Unabgeschlossenheit rechtlich bindender Vorgaben und der Auftrag an den Rechtsanwender zur Maßstabsergänzung kennzeichnen Ermächtigungen zum diskretionären Verhalten im administrativen Optionenraum. Dieser erfasst nicht nur den herkömmlichen Beurteilungsspielraum und das herkömmliche Ermessen, sondern auch das Planungs- und Regulierungsermessen. Es empfiehlt sich, für diesen Raum diskretionären Verhaltens den Begriff des Ermessens zu reservieren, selbstverständlich unter Anerkennung des Umstandes, dass es auch hier rechtliche Orientierungen und Grenzen gibt. Insofern ist von einer **Ermessensermächtigung** insoweit zu sprechen, als das diskretionäre Verhalten einschließlich der administrativen Maßstabsergänzung nur einer begrenzten oder gar keiner gerichtlichen Kontrolle unterliegt (arg. § 114 VwGO). Das Gericht hat allerdings stets zu prüfen, ob die Verwaltung sich bei ihrer konkreten Ermessensentscheidung an die Grenzen und die programmatischen Vorgaben der Norm („Zweck der Ermächtigung") einschließlich der von ihr selbst gesetzten, also „administrativ" ergänzten, Prämissen hält.[472] Es erscheint zweifelhaft, § 114 S. 2 VwGO so zu lesen, dass er der Behörde im Rahmen der Ergänzung ihrer Ermessenserwägungen sogar eine (Maßstabs-)Ergänzung noch im verwaltungsgerichtlichen Verfahren erlaubt. Dies wäre eine die Eigenständigkeit der Verwaltung im Umgang mit Ermessensnormen erweiternde Vorkehrung, die jedoch die rechtsstaatlich disziplinierende Kraft des Erfordernisses der Maßstabsergänzung schon im Verwaltungsverfahren auf problematische Weise minimieren würde.[473] Dies bedürfte besonderer rechtfertigender Gründe.

88   Im Hinblick auf die Maßstabsergänzung lassen sich die **traditionell** als Ermessensfehler klassifizierten Mängel[474] rekonstruieren
– als **fehlerhafte Normergänzung** (Ermessensüberschreitung)[475],

---

[470] *Koch,* Basis (Fn. 357), S. 238, 242 führt aus, dass der verfassungsrechtliche Gleichbehandlungsgrundsatz es erfordere, die den Tatbestand der Ermessensnorm ergänzenden Entscheidungsmaßstäbe zu benennen. Dies ermögliche für die Einzelentscheidung eine deduktive Begründungsstruktur, ohne dass dies allein jedoch schon etwas über die gerichtliche Kontrollintensität aussage.

[471] Siehe auch *Dirk Ehlers,* Verwaltungsgerichtliche Anfechtungsklage, in: Ehlers/Schoch (Hrsg.), Rechtsschutz im ÖR, § 22 Rn. 94.

[472] Die Maßstabsergänzung ist allerdings nicht notwendig ein formal selbständiger Akt, sondern kann sich implizit aus der Art der Entscheidung ergeben.

[473] Anders in der Bewertung aber der konzeptionelle Ansatz von *Gerhardt,* Zusammenhang (Fn. 193), S. 415.

[474] Zu ihnen etwa *Robert Alexy,* Ermessensfehler, JZ 1986, S. 701 ff.; *Michael Gerhardt,* in: Schoch/Schmidt-Aßmann/Pietzner (Hrsg.), VwGO, Vorbem. § 113, Rn. 19 ff.; § 114 Rn. 4 ff.; *Maurer,* VerwR, § 7 Rn. 19 ff.; *Hufen,* VerwaltungsprozessR, § 25 Rn. 24 ff.; *Michael Sachs,* in: Stelkens/Bonk/Sachs, VwVfG, § 40 Rn. 53 ff., 62 ff. u. 74 ff. → Bd. III Schoch § 50 Rn. 270.

[475] Vgl. *BVerwGE* 92, 281 (283); *OVG NRW,* NWVBl 1992, S. 205 (207).

– als **Verkennen der Rechtsmacht zur Normergänzung** (Ermessensunterschreitung, Ermessensnichtgebrauch)[476],
– als **Fehlanwendung des** (unter Einschluss der Normergänzung anzuwendenden) **Normprogramms** (Ermessensfehlgebrauch, -missbrauch)[477].

Allerdings erschöpfen sich Ermessensfehler nicht in mangelhaften Normergänzungen, sondern betreffen insbesondere auch fehlerhafte Faktenbewertungen oder Abwägungen.

3. Unterschiedliche Arten der Zuteilung von Letztentscheidungsmacht durch den Gesetzgeber

Soweit der Gesetzgeber auf die Festlegung eines rechtlichen Maßstabs[478] verzichtet und dadurch oder durch die Nutzung einer auf Ermessen hindeutenden Regelungstechnik (z.B. „kann") der Verwaltung in Grenzen erlaubt, bestimmte präskriptive Orientierungen eigenständig festzulegen oder von der Regierung gesetzt zu erhalten (auch etwa zu politischen Vorrangentscheidungen, z.B. zugunsten einer Standortsicherung, der Konjunkturbelebung etc.), räumt er insoweit ein **Letztentscheidungsrecht** ein, da die Gerichte ja zur Überprüfung der Richtigkeit der nicht im Recht enthaltenen Vorgaben grundsätzlich nicht ermächtigt sind. Das Letztentscheidungsrecht ist insoweit Folge des Fehlens eines gerichtskontrollfähigen Maßstabs. Würde der Gesetzgeber das Letztentscheidungsrecht auch hinsichtlich nicht rechtlicher präskriptiver Maßstäbe den Gerichten übertragen, würden sie funktional nicht mehr als Gerichte handeln.[479]

Von der Situation fehlender rechtlicher Maßstäbe zu unterscheiden ist die Situation, in der es einen rechtlichen Kontrollmaßstab gibt, dessen Handhabung vom Gesetzgeber aber ausnahmsweise ganz oder teilweise letztverbindlich der Verwaltung übertragen wird. Eine entsprechende Ermächtigung liegt nicht schon darin, dass die gewählten Rechtsbegriffe Auslegungsspielräume kennen. Deren Ausfüllung ist grundsätzlich auch Aufgabe der Gerichte. Es bedarf nach der **normativen Ermächtigungslehre**[480] vielmehr besonderer Anhaltspunkte, dass die Spielraumausfüllung letztverbindlich durch die Verwaltung erfolgen soll. Die normative Ermächtigungslehre beruht auf der Annahme, dass Optionenräume mit Letztentscheidungsbefugnis der Verwaltung hinsichtlich der Konkretisierung bzw. Ergänzung rechtlicher Maßstäbe (auf der Tatbestands- oder Rechtsfolgenseite) in der Rechtsnorm eingeräumt sein müssen.[481] Solche Ausnahmen von der gerichtlichen Kontrolle darf der Gesetzgeber vorsehen, wenn es hinreichende Gründe für die Freistellung gibt, etwa soweit die Verwaltung aufgrund ihrer organisatorischen, personellen und sachlichen Ausgangsbedingungen über eine den Gerichten fachlich **überlegene Beurteilungskompetenz** verfügt[482] bzw. den benötigten Sachverstand in ihren Entscheidungsprozessen besonders gut oder gar besser als ein Gericht einbeziehen kann.

---

[476] Vgl. *BVerwGE* 15, 196 (199); 31, 212 (213); 91, 24 (42); 92, 281.
[477] Vgl. *BVerwGE* 57, 98 (106); NVwZ 1985, S. 416 (417).
[478] →Rn. 81 f.
[479] →Rn. 81 ff. u. 101.
[480] →Rn. 78.
[481] →Rn. 78.
[482] Vgl. etwa *BVerwGE* 130, 39, 48. Zum Erfordernis eines hinreichend gewichtigen Sachgrundes s. auch *BVerfG*, NVwZ 2011, S. 1062 (1065).

Insoweit wird der mit der Idee der Gewaltengliederung verbundene Grundsatz bestmöglicher Aufgabenerfüllung[483] aktiviert.[484] Erfasst ist insbesondere der Bereich, in dem die h.M. von **unbestimmten Rechtsbegriffen mit Beurteilungsspielräumen** der Verwaltung spricht.

Mit Art. 19 Abs. 4 GG steht die Einräumung einer Selbstentscheidungsmacht nicht im Widerspruch, da diese Norm Rechtsschutz nur insoweit gewährt, als ein Interesse rechtlich geschützt ist. Fehlen rechtliche Maßstäbe für den Interessenschutz, kann es auch keine verfassungsrechtliche Garantie ihrer gerichtlichen Überprüfung geben.[485]

91 Auslöser dafür, dass administrative Optionenräume mit nur begrenzter gerichtlicher Kontrollkompetenz normativ anerkannt werden, sind insbesondere:[486]

– Besonderheiten von **Prognosen**;[487]
– das Erfordernis besonderer, nicht rechtlicher (technischer, künstlerischer u. ä.) **Sachkunde**;[488]
– die **Höchstpersönlichkeit und Situationsbezogenheit** eines Fachurteils bzw. die mangelnde Wiederholbarkeit der Entscheidungssituation;[489]
– ein Bedarf nach der rationalisierenden Kraft einer bestimmten – bei Gericht so nicht vorfindlichen – **Zusammensetzung und Organisation des Handlungsträgers** (z.B. gruppenplural gebildete Gremien[490] oder sektorspezifische Sonderbehörden[491]).

92 Dementsprechend erkennen Rechtsprechung und Literatur **„Optionen"-Räume mit begrenzter gerichtlicher Überprüfung** und insoweit mit administra-

---

[483] → Rn. 39.
[484] Dieser Grundsatz ist allerdings für sich allein keine Rechtfertigung einer administrativen Letztentscheidungsmacht; zutreffend *Jestaedt*, Maßstäbe (Fn. 64), § 11 Rn. 35.
[485] *BVerfG*, NVwZ 2011, S. 1062 (1065 f.).
[486] Systematisierungsvorschläge finden sich etwa bei *Wolff/Bachhof/Stober/Kluth*, VerwR I, § 31 Rn. 23 ff.; *Klaus Rennert*, in: Eyermann, VwGO, § 114 Rn. 59 ff.; *Martin Redeker*, in: Redeker/v. Oertzen (Hrsg.), VwGO, § 114 Rn. 48 ff.; *Schuppert*, Verwaltungswissenschaft, S. 519 ff.; *Eberhard Schmidt-Aßmann*, in: Maunz/Dürig, GG, Art. 19 Abs. 4 Rn. 188 ff. und *Michael Gerhardt*, in: Schoch/Schmidt-Aßmann/Pietzner (Hrsg.), VwGO, § 114 Rn. 59; *Hufen*, VerwaltungsprozessR, § 25 Rn. 34; *Ehlers*, Anfechtungsklage (Fn. 471), Rn. 82. Vgl. auch die Zusammenstellung von Systematisierungsvorschlägen bei *Schulze-Fielitz*, Kriterien (Fn. 382), S. 773 f.; *Brinktrine*, Verwaltungsermessen (Fn. 37), S. 32 ff.; *Pache*, Abwägung (Fn. 33), S. 125 ff. jeweils m. w. N.; außerdem *Ramsauer*, Kontrolle (Fn. 194), S. 707 mit Fn. 20.
[487] Zur Prognose als Entscheidungsgrundlage etwa *Koch/Rubel/Heselhaus*, VerwR, § 5 Rn. 125 ff.; *Püttner*, VerwaltungsL, S. 331 f. Zum Begriff der Prognose aus der Rspr. etwa BVerwGE 72, 38 (54) (Erreichen der Ziele des Krankenhausbedarfsplanes); BVerwGE 79, 208 (213); 82, 295 (299) (Funktionsfähigkeit des örtlichen Taxengewerbes).
[488] Dazu BVerfGE 21, 127 („Befähigungsbericht"); 60, 245 (dienstliche Beurteilung); *BVerfG*, DVBl 1958, S. 535 ff.
[489] Mit Bezug auf das Prüfungsrecht *Norbert Niehues/Edgar Fischer*, Prüfungsrecht, 5. Aufl. 2010, Rn. 633 ff., 874 ff., 878. Vgl. außerdem BVerwGE 83, 34 (50); BVerfGE 92, 132 (136 ff.) (auch zur Notwendigkeit eines verwaltungsinternen Kontrollverfahrens als Kompensation der Begrenzung gerichtlicher Kontrolle).
[490] Dazu *Groß*, Kollegialprinzip (Fn. 52), S. 62 f.; aus der Rspr. etwa BVerwGE 39, 197, 209; VG Wiesbaden, NJW 1988, S. 356 ff.; BVerfGE 91, 211 (215 f.); BVerfGE 83, 130 (145 ff.); VG Stuttgart, ZUM 1998, S. 177.
[491] Wie etwa die Bundesnetzagentur für Elektrizität, Gas, Telekommunikation und Eisenbahnen mit ihrem besonderen Beschlusskammerverfahren s. BVerwGE 130, 39 (48) sowie oben → Fn. 380. S. auch → Rn. 53–54.

G. Eigenständigkeit der Verwaltung gegenüber Kontrollinstanzen

tiver Letztentscheidungsmacht insbesondere unter dem Begriff „Beurteilungsspielraum" an.[492] Fallgruppen, in denen hinreichende Indizien[493] für die Einräumung einer Letztentscheidungskompetenz gesehen werden, sind u. a.:
- Prüfungsentscheidungen,[494]
- beamtenrechtliche Leistungs-[495] und Beförderungsbeurteilungen[496],
- Wertungen durch besondere (insbesondere weisungsfreie) Gremien und Ausschüsse,[497]
- Risikobewertungen,[498]
- Prognoseentscheidungen,[499]
- Planungsentscheidungen,[500]
- Regulierungsentscheidungen,[501]
- Vergabeentscheidungen bei innovativen Projekten.[502]

Optionenermächtigungen mit administrativer Letztentscheidungsmacht sind häufig durch eine **Gemengelage** geprägt: Sie befähigen die Verwaltung einerseits zur Maßstabsergänzung, soweit der Gesetzgeber keine rechtlichen Maßstäbe bereitgestellt hat,[503] zum anderen aber auch zur eigenständigen Konkretisierung offener Maßstäbe (etwa zur Bestimmung des Bedarfs als Grundlage einer Bedarfsprognose[504] oder zum Umgang mit der Ungewissheit bei einem hinzunehmenden Restrisiko als Grundlage einer Risikoentscheidung[505] oder zur Beschreibung einer Leistung im Vergaberecht). Die von der h. M. unterschiedenen beiden Typen der Anerkennung einer **Rechtsmacht zur letztverbindlichen Optionenwahl** – herkömmlich einerseits Ermessen und andererseits (ausnahmsweise) unbestimmte Rechtsbegriffe – lassen sich schon theoretisch kaum, jedenfalls aber rechtspraktisch nicht unterscheiden.[506]

93

---

[492] Übersicht dazu bei *Pache*, Abwägung (Fn. 33), S. 127 ff. und *Schoch*, Der unbestimmte Rechtsbegriff im Verwaltungsrecht, JURA 2004, S. 612 (616 ff.). Zu Einschätzungsprärogativen s. etwa *Eberhard Schmidt-Aßmann*, in: Maunz/Dürig, GG, Art. 19 Abs. 4, Rn. 197; *Pache*, Abwägung (Fn. 33), S. 127 ff. m. w. N. Beispiele für gesetzlich vorgesehene Beurteilungsspielräume bei → Bd. III *Schoch* § 50 Rn. 286; s. auch *Christian Waldhoff*, Allgemeines Verwaltungsrecht: Beurteilungsspielraum, JuS 2010, S. 843 f. Ablehnend gegenüber jedem Beurteilungsspielraum *Ibler*, Rechtsschutz (Fn. 403), S. 458 f.
[493] Zu ihnen s. etwa *Jestaedt*, Maßstäbe (Fn. 64), § 11 Rn. 52, 56.
[494] Dazu BVerwGE 8, 272; 12, 359; 38, 105 (110 f.); 70, 4 (9 ff.); 70, 143 (146). Im Anschluss an BVerfGE 84, 34; 84, 59 restriktiver BVerwGE 91, 262; 92, 132; 99, 185; 104, 203 (206); *Niehues/Fischer*, Prüfungsrecht (Fn. 489), Rn. 878.
[495] BVerwGE 21, 127 (129 f.); 60, 245; restriktiver BVerwGE 106, 263 (266 f.). Vgl. auch BVerfG, NVwZ 2002, S. 1368.
[496] Etwa BVerwGE 61, 176 (185 f.); 80, 224 (225 f.).
[497] Dazu BVerwGE 12, 20; 39, 197; 77, 75 (77 f.). Im Anschluss an BVerfGE 83, 130 (148) modifiziert durch BVerwGE 91, 211 (215 f.). Außerdem BVerwGE 59, 213; 62, 330 (337 ff.); 72, 195.
[498] Dazu BVerwGE 72, 300 (315 ff.); 81, 185 (190 ff.); 106, 115 (121 f.).
[499] Etwa BVerwGE 56, 31 (47 f.); 79, 208 (213 f.); 82, 299 (299 f.).
[500] BVerwGE 62, 86 (107 f.); *Schulze-Fielitz*, Kontrolle (Fn. 460), S. 1002 ff.; *Michael Gerhardt*, in: Schoch/Schmidt-Aßmann/Pietzner (Hrsg.), VwGO, § 114 Rn. 28 ff. S. auch → Rn. 85 ff.
[501] Siehe dazu – insbes. zum Regulierungsermessen – die N. oben → Fn. 380.
[502] So kann BKartA, NZBau 2003, S. 110, 120 gedeutet werden. Klärungen in der Rechtsprechung stehen noch aus. S. auch die innovationsfördernden Möglichkeiten des „wettbewerblichen Dialogs" nach § 101 Abs. 4 GWB.
[503] → Rn. 85.
[504] Vgl. etwa BVerwGE 62, 86 (96).
[505] Vgl. etwa BVerwGE 72, 300 (316 ff.); 78, 177 (180 f.); 80, 207 (217); 81, 185 (190 ff.).
[506] *Jestaedt*, Maßstäbe (Fn. 64), § 11 Rn. 24 und passim.

94 Der Gesetzgeber pflegt die Zuteilung der Letztentscheidungsmacht im Zusammenhang mit unbestimmten Rechtsbegriffen allerdings meist nicht ausdrücklich oder deutlich zu betonen, so dass ihre Anerkennung von der **Auslegung** der einschlägigen Normen abhängt.[507] Soweit der Gesetzgeber sich an den überkommenen Rechtsfiguren der gegenwärtig anerkannten Rechtsdogmatik über das Vorliegen von Letztentscheidungsmacht orientiert – also etwa im Zuge von **Konditionalprogrammen** an der Unterscheidung zwischen Tatbestands- und Rechtsfolgenseite einer Norm[508] festhält –, darf dies bei der Normauslegung nicht negiert werden. Die Anknüpfung an die überkommene Dogmatik (grundsätzliche Unterschiede von Spielräumen auf der Tatbestands- und der Rechtsfolgenseite) kann insoweit als eine **heuristische Orientierungshilfe** hinsichtlich der Zuteilung der Letztentscheidungsmacht verstanden werden[509], erlaubt aber für sich allein noch keine Antworten.

95 Dem Gesetzgeber steht allerdings die Alternative offen, **anderen Konzepten** zu folgen und sich z. B. dem im EU-Raum vorherrschenden Konzept anzuschließen oder aus den Ermessenslehren anderer Rechtsordnungen zu lernen.[510] Nutzt er die normstrukturelle Unterscheidung von Tatbestand und Rechtsfolge nicht – wie dies für **Finalprogramme, Planaufträge, Konzeptvorgaben** u. ä. typisch ist – oder wählt er **Koppelungsvorschriften**[511], muss schon deshalb auf Grund anderer Anhaltspunkte entschieden werden, wem die Letztentscheidungsmacht zugeteilt worden ist. Als Gesichtspunkte der Auslegung der Normen zur Klärung der Reichweite der Kontrollmacht haben – wie schon erwähnt – **funktionell rechtliche Überlegungen** eine hervorgehobene Bedeutung. Denn Normen dienen der Gewährleistung der Qualität des problembewältigenden Verhaltens der Staatsorgane[512], und die Gesetzesbindung sowie ergänzend deren Kontrolle sollen dies – soweit Vorgaben in ihnen enthalten sind – umsetzen, nicht aber gefährden.

4. Kontrolle planerischer Abwägung als Muster

96 Die bisher in Deutschland herrschenden Lehren vom Rechtsfolgenermessen und Beurteilungsspielraum sind das Ergebnis schrittweiser Entwicklung der Strukturen des Verhältnisses von gerichtlicher Kontrolle und Verwaltungshandeln. Dass solche Lehren in den meisten anderen europäischen Ländern anders konzipiert worden sind, spricht für ihre **rechtsstaatliche Kontingenz.** Auf sie deutet im deutschen Recht auch der Umstand hin, dass Ermächtigungen zu planerischen Entscheidungen, die sich normstrukturell nicht grundsätzlich von anderen Ermächtigungen zu diskretionärem Verhalten unterscheiden[513], in der Dogmatik gesondert behandelt werden. Im Bereich des **Planungsrechts**[514] – also

---

[507] Vgl. *Jestaedt*, Maßstäbe (Fn. 64), § 11, insbes. Rn. 35 f.
[508] Das ist insbes. in traditionellen Verwaltungsbereichen wie dem Polizei- und Ordnungsrecht, dem Abgabenrecht und zum Teil auch dem Leistungsrecht üblich, aber nicht darauf beschränkt.
[509] Vgl. *Schmidt-Aßmann*, in: Maunz/Dürig, GG, Art. 19 Abs. 4 Rn. 188.
[510] → Rn. 6 ff., 72 ff.
[511] Zu ihnen s. *Koch*, Rechtsbegriffe (Fn. 357), S. 182 ff. sowie oben → Fn. 381.
[512] Dazu *Hoffmann-Riem*, Gesetz (Fn. 60), S. 45 ff.
[513] So – wenn auch entgegen einer verbreiteten Meinung – *Koch*, Rechtsbegriffe (Fn. 357), S. 222; *Koch/Rubel/Heselhaus*, VerwR, § 5 Rn. 107 ff.: Stets handele es sich um Abwägungsentscheidungen.
[514] → Bd. I *Schulze-Fielitz* § 12 Rn. 60 ff.

G. Eigenständigkeit der Verwaltung gegenüber Kontrollinstanzen

in einem Feld mit eindeutigen Einschätzungs- und insbesondere Gestaltungsermächtigungen der Verwaltung – sind Regeln einer besonderen **Abwägungskontrolle** entwickelt worden[515], die zunehmend als Muster jeglicher Kontrolle diskretionären und insbesondere abwägenden Verhaltens empfohlen werden.[516] Zum Teil wird allerdings der Grad der Ausdifferenzierung der Abwägungskontrolle als überzogen kritisiert.[517]

Die Gestaltung und die dabei erforderliche planerische Abwägung im Optionenbereich sind in hohem Maße auf die Selektion, Ordnung und Bewertung von Informationen angewiesen, die auch für die **Maßstabsergänzung** und Abwägung bedeutsam werden. Deshalb ist zu klären, wer sie vornehmen bzw. kontrollieren darf. Darf dies die Verwaltungsbehörde, ist die gerichtliche Kontrolle auf die Überprüfung der Beachtung der verfahrensrechtlichen und materiellen Vorgaben der entsprechenden Maßstabsbildung und -anwendung beschränkt. Insofern gehört nach der Theorie planerischer Abwägung zur gerichtlichen Kontrolle die Klärung,

– ob überhaupt eine Abwägung stattgefunden hat **(Abwägungsausfall)**;
– ob in die Abwägung diejenigen Belange (unter Einschluss der durch die Maßstabsergänzung bedeutsam werdenden Belange) eingestellt wurden, die nach Lage der Dinge hätten berücksichtigt werden müssen **(Abwägungsdefizit)**;
– ob die Bedeutung der betroffenen Belange je für sich verkannt **(Abwägungsfehleinschätzung)** und
– ob der Ausgleich zwischen den Belangen in einer Weise vorgenommen wurde, die zur objektiven Gewichtung einzelner Belange außer Verhältnis steht **(Abwägungsdisproportionalität)**.[518]

Hinzu muss als weiterer Aspekt kommen,
– ob die Verwaltung bei diesen Aufgaben die **verfahrensrechtlichen Vorgaben** sowie die Begründungsanforderungen beachtet hat.[519]

Damit sind eine Fülle von Gesichtspunkten benannt, die kumulativ – oder nach gesetzlicher Vorgabe gegebenenfalls auch nur teilweise – das **Kontrollprogramm** bestimmen und zugleich begrenzen. Eine derartige, nicht allein am Ergebnis ansetzende, sondern die maßgebenden Schritte zum Ergebnis **nachvollziehende** Kontrolle durch Gerichte respektiert die Eigenart administrativer Wissens- und Informationsverarbeitung und wahrt durch ein entsprechendes **Distanzgebot** die relative Eigenständigkeit des Verwaltungshandelns. Eine Maßstabsergänzung durch die Gerichte scheidet hier insoweit aus, als sie allein der Verwaltung aufgegeben ist. Der Gesetzgeber hat in solchen Fällen die Entscheidung durch die Verwaltung dem Handeln der Gerichte als überlegen ange-

---

[515] Siehe statt vieler *BVerwGE* 34, 301 (309); 45, 309 (314f.); 48, 56 (63f.); *Michael Gerhardt*, in: Schoch/Schmidt-Aßmann/Pietzner (Hrsg.), VwGO, § 114 Rn. 37; → Bd. II *Köck* § 37 Rn. 104ff.; Bd. III *Schoch* § 50 Rn. 280ff.

[516] Siehe insbes. *Michael Gerhardt*, in: Schoch/Schmidt-Aßmann/Pietzner (Hrsg.), VwGO, Vorbem. § 113 Rn. 19ff.; § 114 Rn. 4ff.; *Ulrich Ramsauer*, in: AK-GG, Art. 19 Abs. 4 Rn. 11ff.; *Jestaedt*, Maßstäbe (Fn. 64), § 11 Rn. 41 ff.

[517] So *Eberhard Schmidt-Aßmann*, in: Maunz/Dürig, GG, Art. 19 Abs. 4 Rn. 211.

[518] So die h.M., vgl. etwa *BVerwGE* 45, 309 (314ff.), 100, 370 (383f.). Vgl. die zusammenfassende Beschreibung von *Pache*, Abwägung (Fn. 33), S. 498 unter Hinweis auf *BVerwGE* 34, 301 (309) sowie einschlägige Literatur. S. auch – insbes. rechts- und normtheoretisch orientiert – *Koch/Hendler*, BauR, § 17 Rn. 33ff.; → Bd. III *Schoch* § 50 Rn. 281.

[519] → Rn. 34f. u. 100f.

sehen, weil mehr verlangt ist als die bloße Beachtung der von ihm vorgeschriebenen rechtlichen Bindungen; für dieses Mehr hält er die (Planungs-)Verwaltung für am besten geeignet. Es gibt keinen einsichtigen Grund, dieses für diskretionäres Handeln angemessene Prüfprogramm auf Planungsentscheidungen zu begrenzen.[520]

99 Soweit dieses Konzept, wie es das Bundesverwaltungsgericht ausdrücklich schon für das Regulierungsermessen angenommen hat,[521] auch auf **andere Bereiche des diskretionären Verwaltungshandelns** beziehbar ist, konzentriert sich die Kontrolle durch das Gericht insbesondere auf folgende Frageebenen, die immer zugleich die Verfahrensproblematik einbeziehen müssen:
– Wieweit liegt eine **Ermächtigung zur letztverbindlichen administrativen Optionenwahl** und gegebenenfalls zu einer darauf bezogenen administrativen Maßstabsergänzung vor?
– Ist sie als solche und in ihrer Reichweite **erkannt** worden und wurden die materiellrechtlichen und verfahrensmäßigen **Vorgaben für die Maßstabserfassung und -ergänzung (Maßstabsbildung)** beachtet[522]?
– Ist dieser **Maßstab** bei der Ermittlung von Optionen zugrunde gelegt worden und sind dabei die **verfahrensrechtlichen Vorgaben beachtet** worden?
– Ist dieser Maßstab auch bei der (abwägenden) **Auswahl einer Option** zusammen mit den weiteren materiellen und verfahrensmäßigen Vorgaben – unter Einschluss der Begründungsanforderungen – zugrunde gelegt worden?

Werden diese Fragen bejaht, ist die Optionenwahl innerhalb des Korridors des rechtlich Zulässigen rechtmäßig. Die Rechtsordnung behandelt eine Verwaltungsentscheidung nicht als gerichtskontrollfähig „fehlerhaft" allein deshalb, weil das Gericht als Kontrollinstanz eine im Bereich des rechtlich Begründeten bzw. Begründbaren (Vertretbaren) liegende Abwägungsentscheidung selbst – etwa wegen einer anderen Vorzugsentscheidung (Vorliebe) bei der Maßstabsergänzung – anders als die Verwaltung vornehmen würde. Abzulehnen ist ein Kontrollkonzept, nach dem potenziell jedes Entscheidungselement gerichtlich ersetzt werden darf. Das **Konzept der (nur) nachvollziehenden Abwägungskontrolle** geht nur dann von einem gerichtsrelevanten Fehler aus, wenn es an Nachvollziehbarkeit anhand der rechtlichen Vorgaben unter Einschluss der verfahrensrechtlichen mangelt.[523] Widerspricht die Entscheidung nicht dem Recht, ist sie aufrecht zu erhalten, auch wenn es möglich wäre, mit anderen vertretbaren Gründen zu einem anderen Ergebnis zu kommen.[524] Wie schon erwähnt wurde,[525] steht Art. 19 Abs. 4 GG der Beschränkung auf eine solche Nachvollziehbarkeitskontrolle nicht entgegen – dies auch ungeachtet der Frage, an welcher Position des normativen Programms (etwa nur der Rechtsfolgenseite oder

---

[520] Siehe auch *Jestaedt*, Maßstäbe (Fn. 64), § 11 Rn. 41 ff.
[521] Siehe die N. oben → Fn. 380.
[522] Kontraproduktiv sind allerdings gesetzliche Regeln, die die Nichtbeachtung teilweise folgenlos sein lassen, so etwa §§ 46, 75 Abs. 1a VwVfG; 214 f. BauGB. S. o. → Fn. 193.
[523] Vgl. etwa *Ulrich Ramsauer*, Rechtsschutz durch nachvollziehende Kontrolle, in: FG BVerwG (Fn. 27), S. 699 (718 ff.).
[524] Insofern nimmt diese Sichtweise Elemente der älteren Vertretbarkeitslehre wieder auf, ohne sie neu zu installieren. Zu dieser früheren Lehre s. *Carl H. Ule*, in: GS Walter Jellinek, 1955, S. 309 ff.; *ders./Hans W. Laubinger*, Verwaltungsverfahrensrecht, 4. Aufl. 1995, § 55 Rn. 8, sowie näher dazu *Pache*, Abwägung (Fn. 33), S. 63 ff.
[525] → Rn. 83.

auch der Tatbestandsseite) der Gesetzgeber den Optionenraum eröffnet. Es ist nicht unwahrscheinlich, dass der europarechtliche Einfluss die Vorzugswürdigkeit einer solchen nur nachvollziehenden gerichtlichen Kontrolle im Bereich diskretionären Verhaltens immer deutlicher erweisen wird.

5. Richtigkeitsgewähr durch prozedurale Vorkehrungen

Mit der zunehmenden Anerkennung der eigenständigen Stellung und Rolle der Verwaltung erhalten **prozedurale Sicherungen** ein verstärktes Gewicht für die Entscheidungsrichtigkeit[526] – wie es in anderen europäischen Rechtsordnungen, aber auch im Europarecht, insbesondere im EU-Eigenverwaltungsrecht[527], seit langem anerkannt ist. Verfahren können unterschiedliche Funktionen erfüllen,[528] so insbesondere

– **dienende** Funktionen,
– **kompensierende** Funktionen,
– **produktive** Funktionen.

So kann das Verfahren (und das darauf bezogene Regelwerk) der Durchsetzung materiellen Rechts „dienen"[529]; es kann aber auch – soweit der Bestimmtheitsgrundsatz dem nicht entgegensteht[530] – dazu beitragen, das Entscheidungshandeln trotz Begrenztheit der materiell-rechtlichen Programmierung und der gerichtlichen Überprüfbarkeit[531] zu rationalisieren und insbesondere möglichen Missbrauch im Umgang mit Lücken der materiellen Programmierung abzuwehren.[532] Zunehmend erkannt und praktisch bedeutsam wird als dritte die „produktive", auf eigenständige Qualitätsgewährleistung („Richtigkeitsgewähr" i.w.S.) gerichtete Funktion von Verfahren bei der Generierung von Wissen und im Umgang mit Nichtwissen, bei der Ordnung des Einbringens und der Erfassung von unterschiedlichen Interessen, bei der Optimierung der Zuordnung dieser Interessen und bei der Einengung des Optionenraums auf die zu wählende Option (Entscheidung) sowie bei der Schaffung von Vorkehrungen zur Erhaltung von Flexibilität für die Zukunft.[533] Gerade bei Ermächtigungen zu diskretionärem Verwaltungshandeln ist das **Verfahren als Qualitätsgarant der Optionenwahl** einsetzbar und unverzichtbar. Allerdings ist es in einem sozialen Rechtsstaat wichtig, die Beachtung von Verfahrensanforderungen selbst der gerichtlichen Kontrolle zu unterwerfen, und zwar auch und gerade insoweit, als die Verwaltung in einem Optionenraum mit Letztentscheidungskompetenz handelt. Selbst-

100

---

[526] Vgl. statt vieler *Matthias Knauff*, Regierungsverwaltungsrechtlicher Rechtsschutz, in: VerwArch, Bd. 98 (2007), S. 382 (404); *Oster*, Regulierungsrecht (Fn. 432), S. 147 ff., 302 ff.

[527] Vgl. – zum EU-Eigenverwaltungsrecht – etwa *Schwarze*, Europäisches VerwR I, S. 1174 ff., 1271 ff., 1349 ff.; sowie etwa *Gilbert Gornig/Christiane Trüe*, Die Rechtsprechung des Europäischen Gerichtshofs zum europäischen allgemeinen Verwaltungsrecht – Teil 1, JZ 1993, S. 884 (886 ff.); *Albert Bleckmann*, Methoden der Bildung europäischen Verwaltungsrechts, DÖV 1993, S. 837 (844 ff.); *Pache*, Abwägung (Fn. 33); *Nehl*, Verwaltungsverfahren (Fn. 48), S. 390 ff.; *Schoch*, Europäisierung (Fn. 436).

[528] Ausführlich hierzu → Bd. II *Schmidt-Aßmann* § 27 Rn. 44 ff.

[529] Zu der dienenden Funktion des Verfahrens und der Kritik an diesem Verständnis s. *Schmidt-Aßmann*, Verwaltungsverfahren (Fn. 285), S. 451; → Bd. III *Schoch* § 50 Rn. 298 ff.

[530] Insofern kritisch gegenüber der Kompensationsfunktion *BVerfGE* 110, 33 (67 f.).

[531] Vgl. etwa *BVerwGE* 92, 132 (137).

[532] Vgl. *BVerfGE* 113, 348 (381) zur möglichen Ausgleichsfunktion und den Grenzen des Erfordernisses einer richterrechtlichen Anordnung.

[533] Zur Notwendigkeit der Einbeziehung solcher Faktoren s. *Schmidt-Aßmann*, Verwaltungsverfahren (Fn. 285), S. 456 ff., 459, 462.

verständlich haben die Gerichte dabei stets das der Verwaltung eingeräumte **Verfahrensermessen**[534] zu respektieren. Auch dort, wo administrative Letztentscheidungsbefugnisse anerkannt sind, müssen insbesondere die traditionellen Verfahrensregeln beachtet werden, so die sorgfältige und unparteiische **Ermittlung des Sachverhalts** sowie die Gewährung des **rechtlichen Gehörs,** und es muss eine **Begründung** gegeben werden, die die administrativen Erwägungen klar und unzweideutig wiedergibt. Die im deutschen Recht schon enthaltenen prozeduralen Sicherungen sind in diesem Sinne zu nutzen[535] und der deutsche Gesetzgeber kann die verfahrensrechtlichen Vorkehrungen weiter ausbauen. Dabei zeigt sich schon jetzt, dass er sich von dem Standardverfahren (§ 9 VwVfG) als Modell in vielen Bereichen löst und Ausdifferenzierungen von Verfahrensarten vornimmt.[536] Es ist zu erwarten, dass dieser Trend anhalten wird.

101   Der Gesetzgeber kann das Verwaltungsverfahren bei diskretionärem Verwaltungshandeln über die traditionellen Verfahrensgrundsätze hinaus erweitern und insbesondere seine (oben im dritten Spiegelstrich genannte) Funktion ausbauen, die **Richtigkeit i.w.S.** abzustützen[537], etwa Akzeptanz zu stiften, die spätere Implementation zu erleichtern u.ä.[538] – und zwar auch insoweit, als entsprechende präskriptive Vorgaben nicht zu rechtlich verbindlichen erstarkt sind. Soweit das administrative Verfahren über die Sicherung von Rechtmäßigkeit i.e.S. hinaus auch eigenständig auf die der Richtigkeit in einem solchen weiten Sinne auszurichten ist, ist das administrative Verfahren dem gerichtlichen überlegen: Das Gericht könnte eine solche Richtigkeit grundsätzlich nur als Annex von Rechtmäßigkeit i.e.S. sichern. Wollte es der vollen Komplexität der rechtlich zu berücksichtigenden Interessen und der zu generierenden und verarbeitenden Informationen gerecht werden, ginge dies nicht ohne Änderung der Qualität gerichtlicher Arbeit, letztlich also nicht ohne die Annäherung an die Eigenrationalität einer Verwaltungsbehörde mit entsprechenden Verwaltungsverfahren. Darin läge grundsätzlich kein rechtsstaatlicher Gewinn.[539]

6. Funktionale Differenzierung zwischen Verwaltung und Gerichten

102   Als Zwischenresümee ist festzuhalten: Ein Verwaltungsrecht, das die moderne Verwaltung als eine rechtsstaatliches Vertrauen verdienende Institution eingerichtet hat, das zugleich die Vielschichtigkeit aktueller Problemlagen (darunter auch das Erfordernis der Beachtung „nur" objektiv-rechtlicher Vorgaben) und die Vielfalt und Offenheit rechtlicher und nicht rechtlicher präskriptiver Orientierungen anerkennt, kann die **Vorteile funktionaler Differenzierung** zwischen Verwaltung und Gerichtsbarkeit nutzen, ohne rechtsstaatliche und demokratische Garantien aufgeben zu müssen. Es geht darum, auch die Richtigkeitsgaranten zu nutzen, die Verwaltungshandeln vom Gerichtshandeln unterscheiden

---

[534] Zu ihm → Bd. II *Schmidt-Aßmann* § 27 Rn. 104, *Schneider* § 28 Rn. 24 ff.

[535] → Rn. 34 f.

[536] Zu Verfahrenstypen vgl. die Übersichten von *Wolfgang Hoffmann-Riem, Andreas Voßkuhle* und *Eberhard Schmidt-Aßmann,* in: Hoffmann-Riem/Schmidt-Aßmann (Hrsg.), Verwaltungsverfahren, S. 35 ff., 284 ff., 465 ff. sowie → Bd. II *Schneider* § 28, *Röhl* § 30.

[537] Zur Unterscheidbarkeit von Richtigkeit und Rechtmäßigkeit i.e.S. s. *Hoffmann-Riem,* Methoden (Fn. 90), S. 46 ff. sowie → Rn. 67 ff.

[538] Zu solchen normativen Orientierungen vgl. *Wolfgang Hoffmann-Riem,* Ökologisch orientiertes Verwaltungsverfahrensrecht – Vorklärungen, AöR, Bd. 119 (1994), S. 590 (600); → Bd. II *Pitschas* § 42.

[539] Vgl. auch → Rn. 64.

(also die spezifischen organisatorischen, verfahrensmäßigen, personellen, finanziellen u. ä. Entscheidungsfaktoren der Administration, etwa eine spezifische administrative Problemlösungskompetenz), die Gerichte aufgrund ihrer spezifischen Rolle als Träger der Rechtskontrolle so nicht aktivieren können.

Soweit in der Rechtsordnung **rechtliche Maßstäbe** auffindbar sind, ist deren 103 Erfassung und nähere Konkretisierung zunächst Aufgabe der Verwaltung. Das Auffinden und die Einhaltung dieser Maßstäbe im konkreten Fall unterliegen grundsätzlich gerichtlicher Kontrolle; allerdings können Art und Intensität der Bindung sowie der Überprüfung rechtlicher Maßstäbe eingeschränkt sein. Das in Deutschland in weiten Bereichen immer noch praktizierte Modell einer die administrative Optionenwahl nicht nur nachvollziehenden, sondern gegebenenfalls anhand eigenständig ergänzter Maßstäbe **überprüfenden Kontrolle** und der **Entscheidungsersetzung** durch die Gerichte ist verfassungsrechtlich durch Art. 19 Abs. 4 GG insoweit nicht legitimiert, als der Gesetzgeber die anzuwendenden Maßstäbe nicht abschließend vorgibt und erkennen lässt, dass er sich zugunsten einer letztverbindlichen administrativen Entscheidung ausspricht. Davon kann auch die Rechtsmacht zur Normergänzung erfasst sein.[540]

Ein Hineinwirken der Gerichtskontrolle in den nicht rechtlich gebundenen 104 Teil administrativen **diskretionären Verhaltens** scheidet grundsätzlich aus. Die Einrichtung gerichtlicher Kontrolle ist insofern nur zu rechtfertigen, soweit es besondere **Risiken von Missbrauch,** etwa von Willkürlichkeit, gibt. Die Gerichtskontrolle muss in solchen Fällen nicht umfassend sein, sondern kann sich auf die des Vorliegens oder der Abwesenheit von Faktoren der Verwirklichung dieses Missbrauchsrisikos beschränken. Dabei kann die verwaltungsgerichtliche Kontrolle Parallelen zu der vom Bundesverfassungsgericht auf eine solche Missbrauchskontrolle ausgerichteten Überprüfung von Fehlern bei der Anwendung einfachen Rechts (so genannte Willkürrechtsprechung[541]) aufweisen.

Die skizzierten Akzentverlagerungen bei der gerichtlichen Kontrolle führen 105 zu einem **Zuwachs an Eigenständigkeit der Verwaltung** im Verhältnis zu den **Gerichten,** der durch die Aussicht auf eine den heutigen Problemlagen angepasste Problemlösungsfähigkeit gestützt wird. Die schon jetzt in Ermächtigungen der Verwaltung zu diskretionärem Verhalten verankerte relative Eigenständigkeit gegenüber dem **Gesetzgeber** erhielte ihre Fortsetzung in der Beziehung zu den Gerichten, deren Kontrollmacht unter rechts- und demokratiestaatlichen Aspekten insoweit geboten, aber auch nur insoweit legitimiert ist, als der Gesetzgeber rechtliche Maßstäbe vorgibt.

H. Änderungen in den Problemlagen als Anstöße für neue Perspektiven auf die administrative Eigenständigkeit

I. Entgrenzungen und Interdependenzen

Es entspricht traditioneller rechtswissenschaftlicher Vorgehensweise, Fragen 106 nach der Eigenständigkeit der Verwaltung jeweils in Relation zu den Akteuren

---

[540] Siehe statt vieler *Scholz*, Verwaltungsverantwortung (Fn. 63), S. 175; *Schoch*, Außerrechtliche Standards (Fn. 364), S. 552 f., 566 f.
[541] Siehe statt vieler *BVerfGE* 86, 59 (62 f.).

§ 10 Eigenständigkeit der Verwaltung

der anderen „klassischen" Staatsgewalten zu sehen – wie oben unter E bis G ausgeführt. Dies spiegelt das weiterhin wichtige Denken in den Paradigmen der Gewaltengliederung und der Trennung von Staat und Gesellschaft wider und verdeutlicht insbesondere die zentrale Bedeutung des Gesetzes für einen Rechtsstaat. Eine nur an den Relationen zu den anderen Staatsgewalten orientierte Vorgehensweise kann die relative Eigenständigkeit der Verwaltung in normativer und faktischer Hinsicht allerdings nicht vollständig erfassen, so etwa wenn sich Schwierigkeiten in der Bestimmung der Relationen der Staatsgewalten zueinander kumulieren; wenn unterschiedliche Akteure – etwa inter- sowie supranationale Träger hoheitlicher Gewalt, private und hybride (privat-staatliche) Handlungsträger – auf den ihnen jeweils zugänglichen Handlungsfeldern ohne Rücksichtnahme auf traditionelle Einteilungen tätig werden; wenn Problemlösungen unter Einsatz eines auf unterschiedlichen Ebenen verankerten Maßnahmebündels versucht werden u.ä. In solchen und ähnlichen Situationen muss noch stärker als in den bisherigen Ausführungen geschehen auf die in den Handlungsfeldern jeweils gegebenen und durch die jeweils genutzten Handlungsmodi (etwa Kooperation, Netzwerk und Vertrag) bewirkten Komplexitäten geachtet werden. Speziell für die Verwaltung wird wichtig, dass sie zu einem möglichst **kohärenten Management der vielfältigen Interdependenzen** befähigt ist und sich darum bemüht.

107 Das Verwaltungshandeln muss gegenwärtig insbesondere darauf eingestellt werden, dass Staat und Gesellschaft in vielerlei Hinsicht durch territoriale, soziale, kulturelle, ökonomische, ökologische u.a. **Entgrenzungen** und zugleich neuartige Verzahnungen bzw. **Vernetzungen** geprägt sind.[542] Weder die Beziehung zwischen Staat und Gesellschaft noch die von verschiedenen Staaten (und Gesellschaften) zueinander und deren Verhältnis zu supra- und internationalen Einrichtungen lassen sich durch Grenzdenken angemessen erfassen. Zudem ist in Rechnung zu stellen, dass sich unterschiedliche Kulturen und Erfahrungswelten sowie Interessen, Handlungsmöglichkeiten und Verhaltenswirkungen überlagern und vermischen können. Für die nationalen Rechtsordnungen und die in ihnen entwickelten Rechtsregime[543] ist ein Grenz- und Abwehrdenken ebenfalls überholt, wie etwa die europarechtliche Überwölbung und Durchdringung des nationalen Rechts eindrucksvoll illustrieren. Derartige Entwicklungen haben auch der deutschen Rechtsordnung einen gewaltigen Schub an Neuerungen verschafft. Traditionelle Zuordnungen wie die zwischen öffentlichem und privatem Recht mit jeweils eigenen „Rationalitäten"[544] behalten zwar noch Bedeutung (etwa für die jeweiligen Handlungsformen oder den Gerichtsweg), werden aber durch wechselseitige, funktionale Austauschbarkeiten der Einsetzbarkeit der jeweiligen Rechtsordnungen[545] und raffinierte Formen des Zusammenspiels,

---

[542] *Hoffmann-Riem*, Gesetz (Fn. 60), S. 11 ff. sowie → Rn. 38 mit Fn. 188. Speziell zu Netzwerken → Fn. 285 sowie etwa *Sigrid Boysen* u.a. (Hrsg.), Netzwerke, 2007; s. auch die dort in dem Beitrag von *Jörn Lüdemann*, Netzwerke, Öffentliches Recht und Rezeptionstheorie, S. 266 (267 Fn. 7) zitierte Literatur. S. auch *Schuppert*, Governance und Rechtsetzung (Fn. 76).

[543] → Bd. I *Burgi* § 18 Rn. 5 ff.

[544] *Wolfgang Hoffmann-Riem*, Öffentliches Recht und Privatrecht als wechselseitige Auffangordnungen in: Hoffmann-Riem/Schmidt-Aßmann (Hrsg.), Auffangordnungen, S. 261 (268 ff.).

[545] Vgl. etwa *BVerfG*, VersR 2005, S. 1109 ff.; VersR 2005, S. 1127 ff. (zur Austauschbarkeit zivilrechtlicher und öffentlich-rechtlicher Instrumente beim Verbraucherschutz im Bereich der Lebensversicherung).

H. Änderungen in den Problemlagen als Anstöße für neue Perspektiven

etwa in Form wechselseitiger Auffangordnungen[546], relativiert. Die Verwaltung hat schon vielfach gelernt und muss weiter lernen, sich auf die entsprechend veränderten, häufig erweiterten administrativen Handlungsspielräume einzustellen, und die Gerichte müssen dies – selbstverständlich nur unter Wahrung ihrer je spezifischen Aufgabe (Art. 92 ff. GG) – respektieren.

108 Ausdruck von Entgrenzungen mit neuartigen Vernetzungen ist es auch, wenn administrative Normsetzungen und -anwendungen vermehrt in kooperativ-konsensuale Entscheidungszusammenhänge geordnet werden, wenn privat gesetzte Normen in das staatliche Recht transformiert werden – wie etwa im europäischen und nationalen Normungsrecht private Standardsetzungen[547] – oder wenn sich die staatliche Aufsicht auf die Prüfung beschränkt, ob Träger privater Selbstkontrolle die selbst gesetzten (privaten) Normen – etwa Selbstkontrollstandards im Jugendschutz – beachten. Hier vertraut die Verwaltung sich trotz Fortbestehens ihrer rechtlichen Verantwortung weitgehend der **Eigenrationalität des Handelns privater Akteure** an und respektiert (oder ratifiziert) deren Optionenwahl – mit dem Risiko einer Lockerung der Maßgeblichkeit gesetzlicher Vorgaben und gerichtlicher Kontrolle, aber auch eines Verlusts an administrativer Eigenständigkeit. Die Verwaltung reduziert ihre Aufgabe – soweit sie sich nicht schon frühzeitig in den Prozess der privaten Aufstellung von Handlungsanforderungen einschaltet[548] – auf eine nachvollziehende Kontrolle dahingehend, ob jedenfalls Mindestanforderungen der Gemeinwohlsicherung befriedigt werden **(nachvollziehende Gemeinwohlsicherung)**. Können Steuerungsaufgaben erfolgreich nur im Zusammenspiel mit privaten bzw. hybriden (privat-hoheitlichen) Akteuren wahrgenommen werden[549], ergeben sich ebenfalls veränderte Anforderungen und Spielräume für Verwaltungshandeln. So kann es verstärkt erforderlich werden, dass die Verwaltung in einem durch multipolare Verhandlungssysteme geprägten Kontext über die Rechtsmacht verfügt, situationsflexibel auf das Verhalten der anderen Akteure[550] oder auf eine vom Gesetzgeber in seinem normativen Programm nicht vorhergesehene Komplikation durch ein neuartiges Vorgehen reagieren zu können. Dies setzt – soweit der Gesetzesvorbehalt es erlaubt – eine hinreichende Eigenständigkeit bei der Umsetzung des gesetzgeberischen Programms voraus, erfordert aber auch die gerichtliche Anerkennung einer entsprechenden administrativen Handlungsmacht zum situationsflexiblen Umgang mit administrativen Handlungsmöglichkeiten.[551] Rechts- und demokratiestaatlich verantwortbar ist die Anerkennung einer solchen Handlungsmacht aber nur, wenn es im Bereich der Verwaltung funktionale Äquivalente für die partielle Freistellung von der legitimationssichernden Bindung an das Gesetz gibt, etwa pro-

---

[546] *Hoffmann-Riem*, Auffangordnungen (Fn. 544), S. 261 (271); → Bd. I *Burgi* § 18 Rn. 5 ff.

[547] → Bd. I *Ruffert* § 17 Rn. 85 ff.; *Schuppert*, Governance und Rechtsetzung (Fn. 76), S. 200 ff.

[548] Mit Risiken entsprechender „Haftung", so jedenfalls *Lothar Michael*, Rechtsetzende Gewalt im kooperierenden Verfassungsstaat, 2002; zu dieser These kritisch *Wolfgang Hoffmann-Riem*, Besprechung dieses Werkes, in: Der Staat 2005, S. 160, 162 ff.

[549] Zum Einsatz von NGOs im Sozialrecht illustrativ etwa *Petra Follmar-Otto*, Kooperation von Sozialverwaltung und Organisationen des Dritten Sektors, 2006.

[550] An der Entwicklung informellen Verwaltungshandelns (→ Bd. II *Fehling* § 38) können die Dynamiken gut studiert werden – aber auch die Gefährdungen rechtsstaatlicher Standards, s. dazu schon *Hoffmann-Riem*, Selbstbindungen (Fn. 349) sowie *Friedrich Schoch*, Entformalisierung staatlichen Handelns, in: HStR III, § 37 Rn. 108 ff.

[551] → Rn. 81 ff.

§ 10 Eigenständigkeit der Verwaltung

109 zedurale Sicherungen, wie Transparenzvorkehrungen, sowie Revisionsmöglichkeiten. Die Einbindung der Verwaltung in die Rechtsordnung wird dann nicht aufgegeben, aber auf veränderte Weise verwirklicht.

109 Nimmt der Gesetzgeber – um ein anderes Feld von Entgrenzungen anzusprechen – bei seinen Regelungen Einsichten anderer Wissenschaften als die der Rechtswissenschaft auf – etwa bei der Auktionierung Anregungen aus dem Umfeld der Spieltheorie[552] oder bei der Innovationsförderung aus dem Umfeld der evolutorischen Ökonomik[553] – und stellt er **unter Nutzung nachbarwissenschaftlicher Einsichten neue Handlungsformen** bereit (etwa den Handel mit Lizenzen[554], Möglichkeiten der Qualitätssicherung über Zertifizierung und Akkreditierung[555]), dann verpflichtet er die Verwaltung zumindest implizit auf die Berücksichtigung der entsprechenden Fundierungen seines Regelwerks. Dies kann nicht folgenlos für die von den administrativen Akteuren zugrunde gelegten Prämissen und Erfolgsorientierungen sein;[556] sie müssen sich gegebenenfalls von gegenläufigen juristischen Alltagstheorien oder eingeschliffenen Regelungskonzepten verabschieden. Andernfalls drohen Inkonsistenzen mit Risiken wie dem der Ineffektivität.

110 Ersetzt das Regulierungsrecht – wie etwa teilweise im Telekommunikationsrecht vorgesehen (§ 61, insbesondere Abs. 5 TKG) – die Auswahlentscheidung über die hoheitliche Lizenzierung durch eine **marktgesteuerte Verteilung** unter mehreren, jeweils die rechtlichen Mindestanforderungen erfüllenden Bewerbern – etwa durch Bindung an das Ergebnis einer **Auktion**[557] –, dann findet sich die jeweils zuständige Behörde – etwa jetzt die Bundesnetzagentur für Elektrizität, Gas, Telekommunikation und Eisenbahnen – in einer völlig anderen Rolle als (früher) die Regulierungsbehörde für Telekommunikation und Post oder eine Landesmedienanstalt, soweit durch eine vergleichende Genehmigungsentscheidung Frequenzen unter Knappheitsbedingungen zugeteilt wurden. Derartige Veränderungen wiederum können auf die Art der Eigenständigkeit der Verwaltung zurückwirken, indem diese entweder eher eingeengt wird (so bei der Reduktion der Tätigkeit einer Verwaltungsbehörde auf die Stellung als Auktionator) oder aber Ausweitungen erfährt (so bei der Ermächtigung zum Einsatz der von den Einsichten der Neuen Institutionenökonomik[558] beeinflussten anreizorientierten Handlungsinstrumente und deren Kombination mit Auffangnetzen).

---

[552] Siehe *Susanne Bumke*, Frequenzvergabe nach dem Telekommunikationsgesetz – unter besonderer Berücksichtigung der Integration ökonomischer Handlungsrationalität in das Verwaltungsverfahren, 2006; *Melanie Bitter*, Spieltheorie und öffentliche Verwaltung. Behördliche Informationsbeschaffung durch spieltheoretische Mechanismen, 2005.
[553] Vgl. dazu die systematische Darstellung von *Carsten Herrmann-Pillath*, Grundriss der Evolutionsökonomik, 2002, S. 314 ff., die allerdings eher auf eine Veränderung von Paradigmen des wirtschaftswissenschaftlichen Denkens (Umstellung von einer auf den Markt und die Allokationseffizienz ausgerichteten Sichtweise auf das Un-Wissensproblem) als auf die Bearbeitung handlungsorientierter Anregungen ausgerichtet ist.
[554] Dazu s.z.B. *Patrick Binzel*, Frequenzhandel in Deutschland und Großbritannien – rechtliche Ausgestaltung eines Regulierungsrahmens für die Übertragbarkeit von Frequenzen und Nutzungsrechten, 2005; *Schneider*, Telekommunikation (Fn. 298), S. 382.
[555] → Bd. I *Voßkuhle* § 1 Rn. 13, *Schmidt-Aßmann* § 5 Rn. 97, *Baer* § 11 Rn. 68, *Eifert* § 19 Rn. 92 ff.
[556] Illustrativ die Gegenüberstellung spieltheoretischer und administrativer „Handlungsrationalitäten" bei der Informationsgewinnung durch *Bitter*, Spieltheorie (Fn. 552), S. 92 ff.
[557] Dazu vgl. *S. Bumke*, Frequenzvergabe (Fn. 552); *Schneider*, Telekommunikation (Fn. 554), S. 381.
[558] Dazu s. die N. in → Bd. I *Voßkuhle* § 1 Rn. 49 ff.

II. Herausforderungen für die Neue Verwaltungsrechtswissenschaft

Die in der jüngeren Vergangenheit beobachtbaren – hier nur illustrationshalber angedeuteten – **Änderungen der Stellung der Verwaltungsbehörden, der ihnen übertragenen Aufgaben und der eingeräumten Handlungsmöglichkeiten** führen nicht überall zu Änderungsbedarf, lassen aber eine Reihe der bisher in der Verwaltungsrechtswissenschaft üblichen Einordnungen und Systematisierungen als nicht mehr hinreichend erscheinen. Traditionelle Bemühungen – etwa die Ausrichtung an einem bilateral gedachten Staat-Bürgerkonflikt; die Systematisierung von Rechtsformen unter Ausblendung darüber hinausgehender Handlungs- und Bewirkungsformen; Abstraktionen bei der Begriffsbestimmung (z.B. beim Begriff des Verwaltungsaktes); pragmatische Reduktionen der Komplexität im Interesse der Handhabbarkeit des Rechts (etwa durch Ausblendung von Folgesfolgen oder durch den Ausschluss Drittbetroffener von der Geltendmachung ihrer Interessen, soweit sie nicht zu subjektiven Rechten erstarkt sind) – behalten zwar grundsätzlich rechtliche Bedeutung, reichen aber nicht immer aus, um die Vielartigkeit des Verwaltungsrechts und Verwaltungshandelns und die Notwendigkeit der optimalen Berücksichtigung von Interessen (etwa bei der rechtlichen Gestaltung von mehrpoligen Rechtsbeziehungen und/oder von Dauerbeziehungen) angemessen zu erfassen. Die Veränderungen in der „Eigenständigkeit" der Verwaltung sind insofern nur die Oberfläche erheblich tiefer verankerter Änderungen der Rechtsordnung und ihrer Governance-Strukturen.[559]

111

Die Reaktion auf entsprechende Herausforderungen ist auch eine **Aufgabe der Rechtswissenschaft**, die ihre „Lehren" überdenken und gegebenenfalls modifizieren muss.[560] Beispielsweise führen die Erweiterung anerkannter Handlungsmaßstäbe der Verwaltung und die vielfältigen Überlappungen/Verzahnungen zwischen dem Rechtlichen und dem Nicht-Rechtlichen zu einer Ausweitung der **Maßstabslehre**[561]. Diese muss wiederum auf die **Folgen- und Fehlerlehre** zurückwirken. Die Einsicht in die spezifische, aber begrenzte Steuerungskraft des Gesetzes fordert eine teilweise Neubestimmung der Dogmatik der Gesetzesbindung und des Gesetzesvorbehalts[562]; die Reichhaltigkeit der Normenbildung führt zur Ausweitung der **Rechtsquellen- und Rechtssetzungslehre** auch in Richtung auf die vermehrte und zum Teil veränderte Rechtsetzung der Exekutive[563]; das Zusammenwirken mit privaten und hybriden Trägern auf

112

---

[559] Zur Governance-Forschung allgemein s. *Benz/Lütz/Schimank/Simonis* (Hrsg.), Handbuch (Fn. 2); *Gunnar Folke Schuppert/Michael Zürn* (Hrsg.), Governance in einer sich wandelnden Welt, PVS Sonderheft 41/2008; *Sebastian Botzem* u.a. (Hrsg.), Governance als Prozess. Koordinationsformen im Wandel 2009; *Arthur Benz/Nicolai Dose* (Hrsg.), Governance – Regieren in komplexen Regelsystemen, 2. Aufl. 2010.

[560] Zu den verschiedenen Dimensionen solcher Lehren s. *Wolfgang Hoffmann-Riem*, Verwaltungsrecht in der Entwicklung, in: Terhechte (Hrsg.), VerwREU, § 3 Rn. 25.

[561] *Jestaedt*, Maßstäbe (Fn. 64); → Bd. II *Pitschas* § 42.

[562] *Hoffmann-Riem*, Gesetz (Fn. 60), S. 5 (42f.): Der Gesetzesvorbehalt muss insbes. von einem Prinzip begrenzter Eingriffsermächtigung zu einem Gebot normativer Qualitäts-Gewährleistung durch inhaltliche, prozedurale und organisationelle Anforderungen an rechtliche Steuerung ausgeweitet werden (so auch *Scherzberg*, Risikosteuerung (Fn. 84), S. 257); → Bd. I *Reimer* § 9.

[563] → Bd. I *Ruffert* § 17 Rn. 58ff.

den nationalen, inter- und supranationalen Ebenen fordert neue Modi der Aufgabenwahrnehmung[564], aber auch die Einbindung in Mehrebenensysteme[565] und eine darauf abgestimmte **Verfahrens- und Organisationslehre**; die Vielfalt einsetzbarer Legitimationsbausteine erlaubt den Einsatz problemlösungsspezifischer Möglichkeiten demokratischer Legitimation des Verwaltungshandelns[566]; die Notwendigkeit möglichst gezielten, mit anderen Akteuren abgestimmten und in sich konsistenten Verhaltens stimuliert die Bündelung unterschiedlicher Handlungsmöglichkeiten im Kontext übergreifender gesetzlicher Regulierungsstrategien und wirkt sich auf die Anerkennung rechtlicher Besonderheiten von Vorkehrungen zur „Regulatory Choice"[567] sowie auf die Herausbildung typischer Ordnungsmuster mit je unterschiedlichen Spielräumen aus.[568]

113 Eine auf aktuelle Anforderungen ausgerichtete Neue Rechtsdogmatik muss die Verwaltung auch bei dem praktisch unverzichtbaren, aber aus traditioneller rechtsstaatlicher Perspektive besonders problematischen, **Umgang mit Ungewissheit**[569] entlasten und damit die Chancen der Verwaltung verbessern, in situations- und problemadäquater und damit „maßgeschneiderter" Weise Orientierungen zu finden und auch bei Ungewissheit hinreichende Steuerungserfolge erzielen zu können. Das schlichte Ausblenden der Folgendimension oder Fiktionen von Gewissheit führen in rechtliche Sackgassen. Die Öffnung der Rechtsdogmatik für das Erfahrungswissen anderer Wissenschaften als der Rechtswissenschaft verspricht Nutzen in der täglichen Verwaltungspraxis, aber nicht ohne entsprechende Vorarbeiten und nicht ohne Respektierung der Grenzen, die sich für eine solche Öffnung ergeben.[570] Die Rechtswissenschaft und -praxis müssen sich um die Erarbeitung entsprechender transdisziplinärer „Verkehrsregeln" bemühen. Anzustreben ist, dass das „nachbarwissenschaftliche Wissen" nach dem Transfer (und gegebenenfalls entsprechender Transformation) in den Bereich der Rechtswissenschaft zu abrufbaren Bausteinen bzw. Modulen verarbeitet wird, etwa solchen, die grundsätzlich in einer Standardsituation von Standardakteuren einsetzbar sind.[571] Zu sichern ist, dass der Einsatz solchen Wissens in rechtsstaatlich verträglicher Weise beherrschbar bleibt, insbesondere rechtsnormativ gerechtfertigt ist. Die handlungsentlastenden Bausteine müssen so offen konzipiert sein, dass sie es erlauben, eine Abweichung vom Standardfall zu erkennen und auf diese „Irritation" angemessen zu reagieren.

---

[564] → Bd. I *Schultze-Fielitz* § 12.

[565] So für die Europäische Mehrebenenverwaltung → Bd. I *Schmidt-Aßmann* § 5. Zur internationalen Verwaltungskooperation → *Groß* § 13 Rn. 116 ff.

[566] → Fn. 87–89; → Bd. I *Trute* § 6.

[567] → Bd. I *Eifert* § 19 Rn. 153 ff., dort insbes. für gesetzliche Regulierungsstrategien; *Schuppert*, Rechtsetzung (Fn. 76), S. 114 ff. und passim.

[568] Als Beispiele:→ Rn. 124 ff.

[569] Vgl. dazu die Beiträge in *Christoph Engel/Jost Halfmann/Martin Schulte*, Wissen – Nichtwissen – Unsicheres Wissen, 2002. Nach *Herrmann-Pillath*, Evolutionsökonomik (Fn. 553), S. 21 ff., ist ein zentrales Problem der (Evolutions-)Ökonomik die Alternativenwahl unter den Bedingungen fundamentalen Unwissens und ständiger Generierung von Neuheit (S. 21 ff.). S. auch → Fn. 205 sowie → Bd. II. *Vesting* § 20, *Ladeur* § 21.

[570] Dazu s. *Wolfgang Hoffmann-Riem*, Modernisierung der Rechtswissenschaft als fortwährende Aufgabe, in: FS Hans P. Bull, 2011, S. 157 ff.

[571] *Andreas Voßkuhle*, Das Kompensationsprinzip, 1999, S. 86; *Hoffmann-Riem*, Methoden (Fn. 90), S. 70 f. sowie – zum Erfordernis „normgeleiteter Robustheit" für den Zugriff auf nachbarwissenschaftliche Erkenntnisse – S. 67 ff.

H. Änderungen in den Problemlagen als Anstöße für neue Perspektiven

Traditionelle Rechtsinstitute bedürfen der Neujustierung, wie beispielhaft am **114** **Grundsatz der Verhältnismäßigkeit** gezeigt werden soll. Die Ausdifferenzierung des Übermaßverbots und die Einbeziehung des Untermaßverbots und damit die Schaffung eines Korridors für Entscheidungsverhalten sind eine unausweichliche Folge nicht nur der Entdeckung von Schutzpflichten, sondern generell des Übergangs zum Gewährleistungsstaat. Er hat Sorge zu tragen, dass auch bei vermehrter gesellschaftlicher Selbstregulierung Gemeinwohlziele gewahrt und schutzfähige Individualinteressen geschützt werden, auch wenn deren Träger dazu allein nicht in der Lage sein sollten. Die traditionell zur Operationalisierung des Verhältnismäßigkeitsgrundsatzes herangezogenen Teilelemente der Eignung, Erforderlichkeit und Angemessenheit/Zumutbarkeit geben aber nur noch begrenzte Hilfen bei der Rationalisierung der Entscheidung. Bei einer Bündelung unterschiedlicher Ziele – diese müssen gar nicht so komplex sein wie etwa in § 1 Abs. 6, 7 BauGB, § 1 BImSchG – gibt es entsprechend viele Bezugspunkte für die **Eignung** einer Maßnahme und für die Einschätzung, dass sie für das eine Ziel etwas besser, dann aber für das andere eventuell schlechter geeignet ist. Ebenso ambivalent ist die Suche nach dem mildesten Mittel (**Erforderlichkeit**). Schon bei einem bilateralen Rechtsgüterkonflikt zwischen zwei Beteiligten – etwa als Grundrechtsträgern – wird die Verfügbarkeit eines milderen Mittels von der Perspektive des jeweiligen Grundrechtsträgers abhängen. Das, was die Freiheit des einen weniger belastet, kann die andersartige Freiheit des anderen stärker beeinträchtigen. Bei mehrpoligen Rechtsgüterbeziehungen versagt das Erforderlichkeitskriterium meist noch stärker seinen Dienst. Deshalb ist es kein Zufall, dass die Entscheidung vielfach vorrangig auf der letzten Stufe, der der **Angemessenheit** oder **Zumutbarkeit**, erfolgt, also bei der wertenden Abwägung von Interessen. Dies aber eröffnet der Verwaltung insbesondere bei mehrpoligen und mehrdimensionalen Konflikten – bei denen im Übrigen nicht nur subjektiv-rechtlich, sondern auch nur objektiv-rechtlich geschützte Güter[572] betroffen sein können – häufig eine Vielfalt und -zahl von Optionen.[573] Die Verwaltung muss sich um die **Herstellung praktischer Konkordanz**[574] und damit um Optimierung, also die Schaffung einer Win-Win-Situation, bemühen. Zur Rationalisierung der Optionenwahl trägt – gegebenenfalls im Zuge einer Maßstabsergänzung – die Bildung von Vorrangregeln bei.

III. Kohärenzsicherung durch Konzepte, Strategien, Verfahrensarrangements u. ä.

Veränderungen in den Aufgaben und Rahmenbedingungen führen auch dazu, **115** dass neue Erscheinungen zu bewältigen sind und die Rechtswissenschaft nach **neuen Begriffen und deren Integration in die Ordnung des Rechts** suchen muss. Aufgaben dieses Typs hat sich die Rechtwissenschaft seit jeher gestellt – das Lehrbuch von *Otto Mayer*[575] mit seinem Bemühen um die Rechtsform des

---

[572] Zur aktuellen Stärkung objektiv-rechtlicher Schutzfunktionen s. etwa *Sabine Schlacke*, Überindividueller Rechtsschutz, 2008.
[573] Dazu *Wolfgang Hoffmann-Riem*, Kontrolldichte und Kontrollfolgen beim nationalen und europäischen Schutz von Freiheitsrechten in mehrpoligen Rechtsverhältnissen, EuGRZ 2006, S. 493 ff.
[574] Zu diesem Grundsatz wegweisend *Hesse*, Grundzüge, Rn. 317 ff.
[575] *Mayer*, VerwR.

Verwaltungsaktes ist ein prominentes Beispiel. Ist die Rechtsaktorientierung des Verwaltungsrechts und der Verwaltungsrechtswissenschaft gegenwärtig beispielsweise um eine Verhaltensorientierung zu ergänzen,[576] bedarf es auch einer Begrifflichkeit, die übergreifende Verhaltensorientierungen und -abläufe zu erfassen und zu benennen vermag. Bilden sich in der Praxis entsprechende Typen von Verhaltensweisen heraus, muss die Rechtswissenschaft auch auf deren Beschreibung und gegebenenfalls Operationalisierung und Systematisierung zielen. Solche Erscheinungen können rechtserheblich sein, selbst wenn sie noch nicht mit der gleichen Präzision definierbar sind wie die in jahrzehntelangen Bemühungen entwickelten traditionellen Institute des Verwaltungsrechts.

116 Die praktisch unausweichliche Ausweitung des Optionenraums der Verwaltung darf in einem Rechtsstaat nicht dazu führen, dass sie zu einer „frei schaltenden", gar beliebig handelnden Instanz wird. Auf die Notwendigkeit funktionaler Äquivalente traditioneller rechtsstaatlicher Bindungen ist mehrfach verwiesen worden. Dazu gehört auch, dass die Verwaltung sich bei ihrem Optionenverhalten, insbesondere der Maßstabsergänzung, selbst unter Rechtfertigungsdruck setzt und die **Nachvollziehbarkeit des Optionenverhaltens** sichert. Die entsprechende Vorgehensweise sei an drei Begriffen illustriert, die zum Ausdruck bringen, dass die Verwaltung sich nicht nur auf punktuelle Rechtsakte oder situative Problemlösungen beschränken darf, sondern übergreifende und abgestimmte Orientierungen bei dem Umgang mit vorhandenen Normen und der Ausfüllung bereitgestellter Spielräume benötigt und schaffen sollte. Die Entwicklung von Konzepten, Strategien und Verfahrensarrangements deutet auf Versuche, solche Orientierungen allgemein, vor allem aber beim Umgang mit komplexen, häufig durch hohe Unsicherheit geprägten und von einer Vielfalt heterogener Akteure beeinflussten Entscheidungssituationen zu gewinnen. Sie sind Erscheinungen der **Selbstbindung in Reaktion auf das Anwachsen und die Ausdifferenziertheit von Optionenräumen.** Entsprechende Vorgaben können in formellen abstrakt-generellen Regeln (wie Verordnungen oder Verwaltungsvorschriften[577]) enthalten sein oder speziell für aktuelle Problemlagen entwickelt werden. Dann lassen sie sich häufig nur implizit an der Art der Aufgabenerfüllung erkennen. Eine wirkungs- und verhaltensorientierte Rechtswissenschaft kann und sollte an dem rechtlichen Umgang mit Konzepten, Strategien und Verfahrensarrangements (u. ä.) mit dem Ziel mitwirken, die Rationalität des Verwaltungshandelns zu steigern, so auch dadurch, dass sie jene als Bausteine für die Entwicklung einer kohärenzsichernden Lehre im Umgang mit Optionen nutzbar macht. Dies kann gegebenenfalls auch Modifikationen in der Rechtsdogmatik erfordern.

117 Selbstprogrammierungen der Verwaltung mit dem Ziel der Ermöglichung kohärenten Handelns in unterschiedlichen, aber vergleichbaren Situationen können einerseits in Form von **Konzepten** erfolgen.[578] Die Notwendigkeit konzeptionell orientierten (und hinsichtlich des verwendeten Konzepts zugleich transparenten) Verwaltungshandelns zeigt sich beispielsweise an dem aus seiner früheren haushaltsrechtlichen Engführung abgelösten Vergaberecht[579]. So fordert

---

[576] → Fn. 38.
[577] → Bd. II *Hill* § 34 Rn. 40 ff.
[578] → Bd. II *Röhl* § 30 Rn. 44, *Hill* § 34 Rn. 58; Bd. III *Schoch* § 50 Rn. 274.
[579] → Bd. III *Korioth* § 44. Im Vergaberecht sind vermehrt unterschiedliche Typen wettbewerblicher Verhandlungssysteme bereitgestellt worden. Vgl. §§ 97 ff. GWB sowie die VgV und die verschiede-

H. Änderungen in den Problemlagen als Anstöße für neue Perspektiven

es konzeptionelle Vorgaben, wenn die vorhergehende Beschreibung des Auftragsgegenstandes (vgl. § 14 VgV) und insbesondere die Aufstellung und Veröffentlichung konkreter Vergabekriterien verlangt werden. Dafür muss z.B. eine Leistung so eindeutig und so erschöpfend bezeichnet werden, dass alle Bewerber die Beschreibung im gleichen Sinn verstehen müssen und die Angebote miteinander verglichen werden können.[580] **Konzeptpflichten** finden sich auch in dem Recht der Überwachungsverwaltung. So wird dort zum Teil gefordert, dass eine Vorausplanung der Überwachung durch ein Konzept vorliegt (§ 8 Abs. 2 Gesetz über technische Arbeitsmittel und Verbraucherprodukte), das Orientierung schafft (allerdings unter Änderungsvorbehalt steht). Will die Ordnungsverwaltung – um ein anderes Beispiel zu nennen – gegen Schwarzbauten vorgehen, verlangt die Rechtsprechung ein Handeln nach einem „Gesamtkonzept", um Willkürlichkeit zu vermeiden.[581] Wird zur administrativen Problembewältigung ein Instrumentenmix[582] gewählt, wird die Verwaltung nicht zuletzt wegen des Übermaßverbots konzeptionell abzusichern haben, dass die Instrumentenkombination nicht zu vermeidbaren Eingriffsverschärfungen oder zu dysfunktionalen Blockaden führt.

118 In gleicher Weise auf Selbstprogrammierung bezogen kann der Begriff der **Strategie** genutzt werden. Er bezeichnet das Bemühen um eine längerfristig angelegte, regelmäßig verschiedene Handlungsschritte erfassende und mehrere Beteiligte berücksichtigende Vorstellung über einen möglichst Erfolg versprechenden Weg zur Erreichung bestimmter Verwaltungsziele. Strategien können verwirklicht werden, wenn die Verwaltung ihr Vorgehen an bestimmten Governance-Modi[583] zukunftsorientiert ausrichtet, bestimmte Muster einer Intervention herausarbeitet oder bestimmte Entwicklungspfade entwirft. Sind Strategien in Gesetzen verankert,[584] wird es für die Verwaltung darum gehen müssen, sie zu rekonstruieren und zu administrativen Handlungsstrategien zu verdichten.

119 Ein weiteres Beispiel der Orientierungssicherung ist das Bemühen, einen komplexen Problemlösungsprozess so einzurichten, dass er im Rahmen der gewählten Governance-Modi zielführend ablaufen kann, und zwar auch angesichts vieler Beteiligter, unterschiedlicher Interessen, vorhersehbarer Vetopositionen oder in Erwartung unerwarteter Ereignisse im Zeitablauf. Die dafür erforderlichen Vorkehrungen lassen sich als **Verfahrensarrangements**[585] bezeichnen. So dürfte eine erfolgreiche Durchführung von Planfeststellungsverfah-

---

nen Verdingungsordnungen. Insbesondere die so genannten Koordinierungs- und Sektorenrichtlinien der EU – zu diesen s. statt vieler *Michael Holoubek,* Das neue Richtlinienpaket der EU, in: Hermann Pünder/Hans-Joachim Prieß (Hrsg.), Vergaberecht im Umbruch, 2005, S. 7 (9 ff.) – sind eine Herausforderung für das deutsche Recht. Dabei werden auch die Typen der Vergabeverfahren ausgeweitet; *Marc Bungenberg,* Vergaberecht im Wettbewerb der Systeme, 2007; *Ferdinand Wollenschläger,* Verteilungsverfahren, 2010, S. 167 ff., 197 ff. und passim.

[580] So z.B. § 8 Nr. 1 Abs. 1 VOL/A; ähnlich § 7 Abs. 1 Nr. 1 VOB/A. Weitere Beispiele: Sanierungs- und Haushaltsanweisungskonzepte. Zu unterschiedlichen Arten vorbereitender Verfahrenshandlungen → Bd. II *Schneider* § 28 Rn. 18 ff.

[581] Siehe dazu etwa *Kopp/Ramsauer,* VwVfG, Rn. 29 zu § 40; *Robert Aichele/Gunther Herr,* Die Aufgabe des übergesetzlichen Bestandschutzes und die Folgen, in: NVwZ 2003, S. 415, 417 m.w.N.

[582] → Bd. II *Michael* § 41.

[583] → Rn. 1.

[584] → Bd. I *Eifert* § 19 Rn. 8.

[585] Hier geht es nicht um den Begriff der „Arrangements", wie ihn *Bulling,* Verwaltungshandeln (Fn. 349) bei der Beschreibung unterschiedlicher Formen informellen Verwaltungshandelns benutzt.

§ 10 Eigenständigkeit der Verwaltung

ren unter Einschluss von Erörterungsterminen durch solche Arrangements ebenso erleichtert werden, wie z.B. die Konfliktmittlung mit Hilfe von Mediatoren.[586] Für den Erfolg von Mediationsverfahren ist wichtig, dass die Beteiligten über möglichst maßgeschneiderte Verfahrensregeln auch insoweit verfügen (sich gegebenenfalls auf sie verständigen), als sie in der Rechtsordnung noch nicht bereitgestellt worden sind. Die vom Bundesverfassungsgericht im Versammlungsrecht insbesondere für Großdemonstrationen angeregten Kooperationsgespräche können zu wechselseitig abgestimmten Arrangements der Durchführung der Demonstration führen, die rechtlich folgenreich in dem Sinne sein können, dass die Eingriffs- (insbesondere Verbots- und Auflösungs-)Schwelle für die Ordnungsbehörde erhöht wird.[587] Verlangt das Telekommunikationsrecht, dass Einzelakte der Zugangsregulierung (§§ 18 bis 21, 24, 30, 39, 40, 41 Abs. 1, 42 Abs. 4 S. 3 TKG) nach §§ 10f. TKG (Marktdefinition und Marktanforderungen) als „einheitliche" Verwaltungsakte ergehen (§ 13 Abs. 3 TKG), dann fordert dies nicht nur ein inhaltliches Konzept, sondern auch prozedurale Arrangements, die auf die zu entwickelnde Entscheidung (etwa eine Zugangsvereinbarung nach § 22 TKG) abgestimmt sind. § 124 TKG sieht im Übrigen für die Bewältigung telekommunikationsrechtlicher Streitigkeiten ausdrücklich die Mediation vor.

120 Konzepte, Strategien und Verfahrensarrangements sind **Kondensierungen von Vorgehensweisen im Rahmen der gewählten Governance-Modi und dabei insbesondere beim Management von Interdependenzen.** Für ihre Entwicklung zur Bewältigung konkreter Problemlagen ist die Verwaltung in vielerlei Hinsicht besser geeignet als der Gesetzgeber, der das Erfahrungswissen praktischer Verwaltungsarbeit aus eigener Anschauung nicht kennen kann und der aufgrund seines spezifischen Handlungsinstrumentariums auf Problemlagen nicht so flexibel reagieren kann wie die Verwaltung. Die Grundlage und den Rahmen für die administrativen Vorgehensweisen, gegebenenfalls auch für die einsetzbaren Governance-Modi, muss selbstverständlich der Gesetzgeber schaffen. Die Einsicht in die Funktionalität einer (wenn auch nur relativen) Eigenständigkeit der Verwaltung kann ihn aber dazu ermuntern, sich dem bisher üblichen Trend zur Überfülle detaillierter Einzelvorgaben zu versagen (es sei denn, sie sind – etwa zur Sicherung grundrechtlicher Freiheiten vor Missbrauch[588] – unabdingbar) und stattdessen das **Gesetz auf Grundlegendes zu konzentrieren,** dabei möglichst aber schon Konzepte, Regulierungsstrategien u.ä. erkennen zu lassen, die ihrerseits als Orientierungshilfe für die Rechtsanwender dienen können und von ihnen gegebenenfalls weiter zu konkretisieren sind. Angesichts der vom Gesetzgeber häufig in unterschiedlichen historischen Phasen geschaffenen Teilrechtsordnungen und Handlungsinstrumente und angesichts der übli-

---

[586] Vgl. *Ulrike Rüssel,* Mediation in komplexen Verwaltungsverfahren, 2004; *Benjamin Teubert,* Mitarbeiter der Verwaltung als Mediatoren in Verwaltungsverfahren?, Eine Untersuchung am Beispiel der Arbeit von Raumordnungs- und Landesplanungsbehörden, 2011, jeweils m.w.N.; s. ferner *Annette Guckelberger,* Einheitliches Mediationsgesetz auch für verwaltungsrechtliche Konflikte?, NVwZ 2011, S. 390ff.

[587] *BVerfGE* 69, 315 (355ff.).

[588] So fordert das *BVerfG* für Maßnahmen der Gefahrenvorsorge und -abwehr weiter die strikte Beachtung des Bestimmtheitsgrundsatzes, s. etwa *BVerfGE* 65, 1 (41ff.); 109, 297 (327ff.); 113, 348 (375ff.); 115, 320. Zu den damit verbundenen Ambivalenzen s. *Johannes Masing,* Gesetz und Gesetzesvorbehalt – zur Spannung von Theorie und Dogmatik am Beispiel des Datenschutzrechts, in: Hoffmann-Riem, Offene Rechtswissenschaft, S. 485ff.

H. Änderungen in den Problemlagen als Anstöße für neue Perspektiven

chen gesetzgeberischen Praxis[589], auf ältere Entwicklungsschichten des Rechts neue, mit zum Teil anderen Prämissen aufzubauen, ohne die alten grundlegend zu revidieren, lassen sich übergreifende Orientierungen häufig nicht dem je einzelnen Gesetz entnehmen, sondern bedürfen der Erarbeitung durch die gesetzeskonkretisierende Verwaltung. Sie übernimmt dann auch die **Aufgabe des Koordinators unterschiedlicher Regelungsschichten** und die eines (gegebenenfalls virtuellen) Mediators im Hinblick auf miteinander schwer zu vereinbarende Regelungskonzepte und -strategien. Bei Widersprüchen zwischen unterschiedlichen einschlägigen Regelungen hat sich die Verwaltung nicht zuletzt aufgrund des Art. 3 GG um ein **widerspruchsreduzierendes Vorgehen bei der Normanwendung** zu bemühen. Dies kann eine entsprechende Maßstabsergänzung[590] erfordern.

Besondere Steuerungsaufgaben fallen der Verwaltung zu, wenn die Rechtsordnung unterschiedliche Regelungsangebote bereitstellt – eine Art Regelungspool –, die im Verhältnis funktionaler Austauschbarkeit zueinander stehen. Dann gibt es eine Art **Regelungswettbewerb**[591] und die Notwendigkeit der Auswahl (*„Regulatory Choice"*).[592] Die beteiligten Akteure können – auch in strategischer oder taktischer Absicht – Auswahlentscheidungen treffen, dies auch mit dem Ziel maßgeschneiderter Problemlösungen. In einer solchen Situation lässt sich von einer **„angebotsorientierten Rechtsordnung"** sprechen, also einer Rechtsordnung, die den Akteuren unterschiedliche Angebote für die Problemlösung bereitstellt, aber gegebenenfalls auch – als Annex – für einen entsprechend ausgerichteten Rechtsschutz im Konfliktfall Sorge trägt. Kann die Verwaltung auf die Wahl des Regelungsangebots Einfluss nehmen, zeigt auch dies administrative Gestaltungsmöglichkeiten. **121**

Die Rolle (und damit auch Eigenständigkeit) administrativer Akteure wird auch beeinflusst, wenn der Gesetzgeber **unterschiedliche Regelungskonzepte miteinander kombiniert.** Dies soll beispielhaft an der gegenwärtig beobachtbaren Ausweitung der Steuerungserwartungen an das Kartellrecht illustriert werden. Das deutsche **Kartellrecht** ist trotz der in ihm enthaltenen hoheitlichen Handlungsbefugnisse konzeptionell in den für das Zivilrecht entwickelten, auf den Markt bezogenen Paradigmen verankert, wird jetzt aber verstärkt zu einem **auch sektorspezifisch einsetzbaren Steuerungsrecht** neu gestaltet, das bisher eine Domäne des öffentlichen Rechts war. Der Gesetzgeber hat dazu angesetzt, traditionelle sektorspezifische Regulierungen – wie das Telekommunikations-, Medien- und Energierecht – teilweise durch Kartellrecht abzulösen[593], und eröff- **122**

---

[589] Zu den üblichen Kodifikationspraktiken am Beispiel des Verwaltungsrechts vgl. *Wolfgang Kahl*, Das Verwaltungsverfahrensgesetz zwischen Kodifikationsidee und Sonderrechtsentwicklungen, in: Hoffmann-Riem/Schmidt-Aßmann, Verwaltungsverfahren, S. 68 ff., 89 ff.

[590] → Rn. 85.

[591] Dazu vgl. *Schuppert*, Rechtsetzung (Fn. 76), S. 114 ff. Vgl. als ein Beispiel, wenn auch bezogen auf die Rechtsformenwahl durch Private, den Beitrag von *Katharina Röpke/Klaus Heine*, Vertikaler Regulierungswettbewerb und europäischer Binnenmarkt – die Europäische Aktiengesellschaft als supranationales Rechtsangebot, Ordo, Bd. 56 (2005), S. 157 ff. S. auch *Hoffmann-Riem*, Modernisierung (Fn. 1), S. 52 ff.

[592] → Rn. 112 mit Fn. 567.

[593] Siehe statt vieler die Beiträge in *Eberhard Schmidt-Aßmann/Klaus-Peter Dolde* (Hrsg.), Beiträge zum öffentlichen Wirtschaftsrecht: Verfassungsrechtliche Grundlagen, Liberalisierung und Regulierung, öffentliche Unternehmen, 2005; zu einem Beispielsfeld s. *Jürgen Kühling*, Sektorspezifische Re-

net dem mit relativer Unabhängigkeit ausgestatteten Kartellamt damit[594] neue Steuerungsaufgaben und zugleich Spielräume. Eine im Regime des grundsätzlich auf marktneutrale Steuerung ausgerichteten Kartellrechts handelnde Verwaltungsbehörde muss sich zum Teil von anderen Zielen leiten lassen als eine auf die Verwirklichung eines spezifisch konkretisierten Gemeinwohlziels (wie die Sicherheit und Leistungsfähigkeit der Netzinfrastruktur, die demokratische Qualität öffentlicher Meinungsbildung oder den Umweltschutz) verpflichtete Behörde. Es tauchen Risiken innerer Widersprüchlichkeit auf, wenn die im Kartellrecht angelegte Aufgabe der inhaltsneutralen Sicherung der Funktionsfähigkeit der Märkte mit der zum Teil andersartigen Aufgabe der Verfolgung sektorspezifischer Gemeinwohlziele verknüpft werden soll. Soweit der Gesetzgeber keine hinreichenden Vorgaben für die Zielkombination trifft, wird eine Zieljustierung durch das Kartellamt erforderlich.

123 Der Einsatz von Konzepten, Strategien, Verfahrensarrangements u. a. ist rechtlich von hohem Belang. Die Verwaltung strukturiert dadurch das Handeln in dem ihr zugewiesenen Optionsraum und damit das ihr aufgegebene Management von Interdependenzen. Nicht die „ständige Verwaltungspraxis" als solche führt zu Selbstbindungen[595]; wohl aber schlagen die in ihr zum Ausdruck kommenden selbst gesetzten normativen Orientierungen (auch Maßstabsergänzungen) auf die Rechtmäßigkeit der zu treffenden Maßnahmen durch, etwa im Zuge der Gleichheitssicherung (Art. 3 GG). Einzelfallbezogene Abwägungen, etwa in multidimensionalen und -polaren Regelungsmaterien, müssen sich anhand normativer Orientierungen rechtfertigen lassen, die sich etwa in den herangezogenen Konzepten, Strategien oder Verfahrensarrangements erkennen lassen. Bei der Prüfung des Über- und Untermaßverbots wird z. B. bedeutsam, ob eine konkrete Maßnahme in ein Bündel mehrerer miteinander verbundener Maßnahmen eingebaut und dort konzeptionell so verankert ist, dass sie den Anforderungen praktischer Konkordanz gerecht wird. Rechtserheblich kann beispielsweise auch sein, ob die administrative Maßnahme in einen inhaltlichen Verbund mit ähnlichen Maßnahmen gegenüber anderen Adressaten integriert ist – beispielsweise in eine bestimmte Strategie zur Reduktion von Immissionen in einer spezifischen Region, bei der unterschiedliche Instrumente kombiniert eingesetzt werden (etwa Zertifikatslösungen, Stilllegungssubventionen, Emissionsstandards, Kontrollen u. ä.) und vielfältige Aspekte beobachtet werden müssen (nicht nur Umweltwirksamkeit, sondern auch Marktkonformität, Innovationsoffenheit, Implementierbarkeit, Verteilungsgerechtigkeit). Der rechtsstaatliche Auftrag, Handlungsorientierungen nicht beliebig vorzunehmen und umzusetzen, kann zu Konzeptpflichten führen, und die Zugrundelegung eines bestimmten Konzepts kann – vorbehaltlich hinreichender, eine Abweichung rechtfertigender Gründe[596] – normativ ein Gebot der **Konzepttreue** bewirken und deren Beach-

---

gulierung in den Netzwirtschaften, 2004 sowie *ders.*, Europäisches Telekommunikationsverwaltungsrecht (Fn. 106), Rn. 76f.

[594] Vgl. aber auch *Masing*, Regulierungsverwaltung (Fn. 295), D S. 47ff., 69f.

[595] Auf sie stellt aber die traditionelle Selbstbindungsdoktrin ab, s. statt vieler *Kopp/Ramsauer*, VwVfG, § 40 Rn. 31.

[596] *Kopp/Ramsauer*, VwVfG, § 40 Rn. 31 weisen zu Recht darauf hin, dass die Abweichung zu einer allgemeinen Neuausrichtung führen muss. Diese wird sich regelhaft in einer veränderten Konzeption niederschlagen.

H. Änderungen in den Problemlagen als Anstöße für neue Perspektiven

tung auch bei der Erfüllung von Begründungsanforderungen verlangen (vgl. § 39 Abs. 1 S. 3 VwVfG).

Im Hinblick auf neuartige oder besonders komplexe Situationen kann es allerdings schwer fallen, handlungsleitende Orientierungen zu entwickeln. Insofern benötigt die Verwaltung gegebenenfalls den rechtlichen Raum auch für *„trial und error"*[597], gekoppelt mit einer entsprechenden gerichtlichen Anerkennung des administrativen Rechts zum Austesten der für die Problemlagen angemessenen Vorgehensweisen, darunter auch Maßstabsergänzungen. 124

IV. Eigenständigkeitspotentiale unterschiedlicher Ordnungsmuster des Verwaltungshandelns (Beispiele)

Zur Problembewältigung, dabei aber auch zur Handlungsentlastung, dienen der Verwaltung seit langem typische Ordnungsmuster, die in der Rechtsentwicklung schon herausgearbeitet worden oder noch in der Entwicklung begriffen sind. Sie sollen jeweils spezifische Ordnungsleistungen erbringen, haben dabei aber auch Einfluss auf die Art administrativer Eigenständigkeit. Nicht alle der im Folgenden beispielhaft behandelten vier Ordnungsmuster sind systematisch auf der gleichen Ebene angesiedelt. Die Auswahl soll zeigen, dass Ordnungsmuster auf je unterschiedliche Weise gestaltet sein können. Auch diese Vielfalt wirkt auf Möglichkeiten praktizierter Eigenständigkeit der Verwaltung ein. 125

1. Imperatives Verwaltungshandeln

Ein traditionelles – den Governance-Modus Hierarchie nutzendes – Handlungsmuster der Verwaltung ist der Einsatz von Ge- und Verboten, die Kontrolle ihrer Einhaltung und die Sanktionierung von Verstößen (**imperatives Verwaltungshandeln,** das vorrangig mit negativen Anreizen arbeitet). Seine Anwendungsfelder waren und sind[598] breit.[599] Auch für modernes Recht sind imperative Instrumente weiter unverzichtbar.[600] Auf derartige Handlungsmodi sind die überkommenen rechtsstaatlichen Instrumente zur Mäßigung der Staatsgewalt vorrangig ausgerichtet, etwa die Grundrechte oder die Grundsätze des Verwaltungsverfahrensrechts und des Prozessrechts. **Rechtsstaatliche Sicherungen** sind für ihren Einsatz – gerade oder weil die Eingriffsintensität imperativer Instrumente offensichtlich ist – auch von der Rechtsdogmatik bisher erheblich differenzierter ausgearbeitet worden als für andere Handlungsmodi. Die Verfügbarkeit der Formen imperativen Handelns lässt keineswegs stets auf geringe Handlungsspielräume der Verwaltung schließen: So beruht beispielsweise der Prototyp imperativen Handelns – das polizeirechtliche Ge- oder Verbot – seit langem auf einer Ermächtigungstechnik (polizeiliche Generalklausel), die nicht nur wegen der benutzten unbestimmten Rechtsbegriffe und der mit ihnen verbundenen Vorkehrungen für die Behandlung von Ungewissheit, sondern vor allem wegen des wei- 126

---

[597] Vgl. *Sparwasser/Engel/Voßkuhle,* UmweltR, § 2 Rn. 209.
[598] Vgl. beispielsweise das Umweltgutachten 2004 des Rats von Sachverständigen für Umweltfragen, Umweltpolitische Handlungsfähigkeit sichern, BTDrucks 15/3600 vom 2. Juli 2004, Rn. 252.
[599] Vgl. etwa *Sparwasser/Engel/Voßkuhle,* UmweltR, § 2 Rn. 58 ff.
[600] Vgl. etwa für das Umweltrecht *Gertrude Lübbe-Wolff,* Integrierter Umweltschutz – Brauchen die Behörden mehr Flexibilität?, NuR 1999, S. 241 (243); s. auch *Appel,* Entwicklungsvorsorge (Fn. 341), S. 515.

ten Ermessens über das Ob und Wie des Einschreitens zugleich ein Prototyp für eigenständige Verantwortungswahrnehmung durch die Verwaltung ist. Werden die traditionellen Handlungsmodi aber in neue Anwendungsfelder transferiert – wie etwa gegenwärtig im Polizei- und Ordnungsrecht durch Ablösung vom Gefahrenbegriff und Hinwendung zu Vorsorgemaßnahmen im Vorfeld von Gefahren[601] –, entstehen erweiterte Handlungsspielräume, dies auch im Hinblick auf die Notwendigkeit, mit gesteigerter Ungewissheit umzugehen.[602] Je stärker imperative Instrumente im Übrigen im Zusammenspiel mit anderen Instrumenten oder im Verbund mit mehreren Handlungsträgern eingesetzt werden – ein Beispiel sind Maßnahmen der Terrorismusabwehr im europäischen Verbund[603] –, desto wichtiger werden verknüpfende Konzepte und abgestimmte Handlungsstrategien. Zugleich sinken allerdings die Möglichkeiten effektiver Rechtskontrolle, soweit diese nur auf punktuelle Rechtsakte begrenzt bleibt. Die Veränderungen der administrativen Aufgaben und ihrer Bewältigung benötigen auch angemessene Antworten auf der Rechtsschutzebene, soll der Rechtsstaat nicht leiden.[604]

2. Stimulierendes Verwaltungshandeln

127   Ebenfalls keineswegs neu, aber in immer neue Handlungsfelder erstreckt worden, ist das mit positiven Anreizen arbeitende Verwaltungshandeln[605] **(stimulierendes Verwaltungshandeln),** das ein Angebot (keine Verpflichtung) zur Nutzung der (positiven) Sanktion enthält. Dieses unterscheidet sich von dem imperativen Verwaltungshandeln durch die Art und Weise, wie die erwünschten Wirkungen erreicht werden sollen (vorrangig positive statt negativer Anreize) und nutzt zur Zielverwirklichung daher andere Instrumente. Dem Ordnungsmuster liegt die Einsicht zugrunde, dass Zwang in einem demokratischen Staat eine „knappe" Ressource ist und ein Handeln gegen die Eigeninteressen der Betroffenen Ausweichreaktionen – gegebenenfalls mit dysfunktionalen Nebenfolgen – provoziert. Über Alltagserfahrungen mit der Verhaltenssteuerung durch „positive" Sanktionen hinaus lässt anreizorientiertes Verwaltungshandeln sich

---

[601] Vgl. etwa *Josef Aulehner*, Polizeiliche Gefahren- und Informationsvorsorge, 1998, etwa S. 95 ff.; *Dieter Kugelmann*, Der polizeiliche Gefahrenbegriff in Gefahr?, DÖV 2003, S. 781 ff.; *Ivo Appel*, Methodik des Umgangs mit Ungewissheit, in: Schmidt-Aßmann/Hoffmann-Riem, Methoden, S. 327 (330 ff., 352 ff.); *Stefan Ruster/Karsten Rudolph* (Hrsg.), Vom Rechtsstaat zum Präventionsstaat, 2008; *Erhard Denninger*, Prävention und Sicherheit, 2008; *Heiner Bielefeldt*, Gefahrenabwehr im demokratischen Rechtsstaat, 2008; vgl. auch *BVerfGE* 110, 33 (58 ff.); 113, 348 (378 ff., 385 ff.); 125, 260 (316 ff.). Kritisch zu dieser Rechtsprechung *Thomas Darnstädt*, Karlsruher Gefahr – eine kritische Rekonstruktion der polizeirechtlichen Ausführungen des Bundesverfassungsgerichts im Vorratsdaten-Urteil und im Online-Urteil, DVBl 2011, S. 263 ff. Zum Verhältnis von Prävention und Gefahrenabwehr s. auch *BVerfG*, NVwZ 2011, S. 94 (98 ff.).

[602] Zu rechtlichen Folgen auf der Normierungsebene vgl. *BVerfGE* 113, 348 (375 ff., 385 ff.).

[603] Vgl. etwa *Eckhard v. Bubnoff*, Terrorismusbekämpfung – eine weltweite Herausforderung, NJW 2002, S. 2672 (2672 ff.); *Johannes Saurer*, Die Ausweitung sicherheitsrechtlicher Regelungsansprüche im Kontext der Terrorismusbekämpfung, NVwZ 2005, S. 275 (281); *Markus Volz*, Exterritoriale Terrorismusbekämpfung, 2007; *Wolfgang S. Heinz*, Terrorismusbekämpfung und Menschenrechtsschutz in Europa, 2007.

[604] Zu der seit langem bekannten Problematik der Gefahr einer Erosion rechtsstaatlicher Sicherungen im Ordnungsrecht s. schon *Wolfgang Hoffmann-Riem*, Abbau von Rechtsstaatlichkeit durch Neubau des Polizeirechts, JZ 1978, S. 335 ff. Die Ausweitung der polizeilichen Tätigkeit weit in das Vorfeld von Gefahren bewirkt verstärkte Risiken des Verzichts auf rechtsstaatliche Begrenzungen. Dazu s. *BVerfGE* 115, 320 (354 ff.).

[605] → Bd. II *Sacksofsky* § 40.

im modernen Staat auch dadurch gut rechtfertigen, dass eine auf individuelle Freiheit und die Gewährung von Autonomieräumen (wie Markt, Familie, Wissenschaft, Kunst) ausgerichtete Gesellschaftsordnung erhalten und gefördert sein will. Eigennutz – als Form der Eigenrationalität individuellen Verhaltens[606] – ist eine in einer freiheitlichen Ordnung legitime Orientierung,[607] die der Staat einerseits respektieren muss, die er aber auch nutzen darf, um zugleich die ihm aufgegebene Verwirklichung von Gemeinwohlzielen zu fördern. Nicht nur der private Einzelne oder das private Unternehmen, sondern auch die staatlichen Aufgabenträger handeln vielfach in Dilemmasituationen und suchen nach Wegen, die Eigeninteressen trotz gegenläufiger Interessen möglichst weitgehend durchzusetzen. Die Erfüllung des Gemeinwohlauftrags gelingt der staatlichen Seite vermutlich am ehesten, wenn nicht nur die betroffen (u. U. konfligierenden) Interessen erkannt, sondern auch die einzelnen Maßnahmen anreizkompatibel eingesetzt werden (etwa Optimierung i. S. einer wechselseitigen Nutzenoptimierung: Herstellung praktischer Konkordanz).

Konzeptionelle Überlegungen über die Gemeinwohlverwirklichung in einer die Individualinteressen respektierenden Gesellschaftsordnung sind seit langem Gegenstand der Philosophie und der Gesellschafts- und Rechtspolitik. Sie finden sich schon in älteren gesellschaftstheoretischen Modellüberlegungen, wie etwa denen der ordoliberalen Schule oder – als Gegentyp – des Kommunitarismus. Entsprechende Modelle sind gegenwärtig weiter entwickelt worden – in der wirtschaftswissenschaftlichen Diskussion zum Beispiel in der Neuen Institutionenökonomik und der evolutorischen Ökonomik. Sie sind aber auch in rechtstheoretische Konzepte einbezogen worden, etwa in solche zur Kontextsteuerung für Felder gesellschaftlicher Selbstregulierung.[608] Der Gesetzgeber hat anreizbezogene Instrumente in großer Vielfältigkeit bereitgestellt[609] und die Verwaltung nutzt sie, meist kombiniert mit anderen Instrumenten.[610] Sie verfügt dabei über ein großes Arsenal von Handlungsmöglichkeiten[611] und damit über Auswahl- und Kombinationsbefugnisse, die auch als Weichenstellung zugunsten einer tendenziell vergrößerten Eigenständigkeit gedeutet werden können.

3. Innovationsbezogenes Verwaltungshandeln

Das dritte hier zu illustrierende Ordnungsmuster zielt nicht auf bestimmte Modi und Instrumente, auch nicht auf eine bestimmte gegenstandsbezogene

---

[606] Diese Aussage ist nicht auf eine modellorientierte Reduktion des Eigeninteresses, etwa im Typus des homo oeconomicus, bezogen oder gar begrenzt.
[607] Die Ökonomik hat allerdings keinen Alleinvertretungsanspruch bei der Bestimmung dieser Legitimität. Zum Verhältnis von Moral und Eigeninteresse aus ökonomischer Sicht vgl. *Andreas Suchanek*, Ökonomische Ethik, 2001, S. 31 ff., dessen Bemühungen darauf zielen, Moral und Ethik nicht gegen das Eigeninteresse in Stellung zu bringen, sondern das Eigeninteresse in deren Dienst zu nehmen (a.a.O., S. 8). Ein gleiches Bemühen steht dem Recht zu.
[608] Vgl. etwa die Beiträge in *Bizer/Führ/Hüttig* (Hrsg.), Responsive Regulierung (Fn. 92); *Ian Ayres/John Braithwaite,* Responsive Regulation, 1992.
[609] Vgl. *Sparwasser/Engel/Voßkuhle,* UmweltR, § 2 Rn. 113 ff.; *Kloepfer,* Informationsrecht (Fn. 268), § 5 Rn. 28 ff.
[610] Zum Instrumentenmix → Bd. II *Michael* § 41; *Appel,* Entwicklungsvorsorge (Fn. 341), S. 450 f., 466 ff.
[611] Vgl. die Beispiele bei *Wolfgang Hoffmann-Riem*, Die Governance-Perspektive in der rechtswissenschaftlichen Innovationsforschung, 2011, S. 39 f.

Aufgabe (wie z. B. sozialleistendes Verwaltungshandeln), sondern auf eine angemessene Reaktion auf die grundsätzlich viele unterschiedliche Bereiche treffende Herausforderung durch den hohen Änderungsdruck, dem moderne Gesellschaften ausgesetzt sind. Der Bedarf an neuen Lösungen für alte Probleme oder für die Bewältigung neuartiger Probleme – im Rahmen alter oder neuer Governance-Modi[612] – und das rasante Tempo von sozialen, technologischen, ökologischen, organisatorischen u. ä. Innovationen[613] sowie der weltweite Wettbewerb um Vorsprünge in der Innovationsentwicklung strahlen auch auf die öffentliche Verwaltung aus. Von ihr wird erwartet, die mit Innovationen verbundenen Chancen zu fördern, aber auch mögliche Risiken abzuwehren. **Innovationssteuerung** steht dabei vor besonderen Paradoxien: Das Neue soll (fördernd, gefahrenabwehrend oder -vorsorgend) geregelt werden, bevor es da ist.[614] Wirkungsorientiertes Handeln der Verwaltung muss mögliche Folgen in den Blick nehmen und sie gegebenenfalls als Rechtfertigung heranziehen, obwohl sie vielfach nicht erkennbar sind.[615] Rechtliche Regulierung steht in solchen Kontexten vor dem Risiko der Überforderung. Dies gilt auch, wenn – wie häufig – auch zu entscheiden ist, ob Handeln risikoreicher ist als Nichthandeln, insbesondere wie mit den Irrtumskosten rechtlicher Regulierung (oder ihrer Unterlassung) umzugehen ist (Risiken zweiter Ordnung)[616] und welche „Restrisiken"[617] hinzunehmen sind. Das Wissen um das Nichtwissen fordert immer neue Bemühungen um Wissensgenerierung, obwohl ebenfalls erfahrbar ist, dass neues Wissen meist die Einsicht in vermehrtes Nichtwissen auslöst.[618] Die Rechtsordnung ist daher zum Teil schon vermehrt auf Irrtumsvorsorge eingerichtet, etwa wenn sie auf die verbleibende Ungewissheit mit Stufungen des Zugehens auf mögliche Risiken (vgl. §§ 7ff. GenTG), mit dem Einbau von Beobachtungs- und Auswertungsvorgaben (vgl. § 29 GenTG) oder der Sicherung von Rückholoptionen (Widerrufsvorbehalt, Befristung, Kündigungsvorbehalt bei öffentlich rechtlichen Verträgen) reagiert.[619] Der praktische Umgang mit diesen Optionen ist in vielerlei Hinsicht Spielraumverhalten.

129 Es wäre eine Illusion zu glauben, die Gesellschaft könne das Innovationsanliegen aus sich heraus so befriedigen, dass Innovationen – gewissermaßen au-

---

[612] Zur Bedeutung der Governance-Perspektive im Innovationssektor vgl. *Hoffmann-Riem*, Governance-Perspektive (Fn. 611).

[613] Innovationen sind (signifikante) Neuerungen, insbes. die Erzeugung und Verbreitung neuer Produkte, Neuerungen von Verfahren oder von Strukturen, aber auch die Beeinflussung von sozialen Verhaltensweisen. Zum Innovationsbegriff vgl. *Jürgen Hauschildt/Sören Salomo*, Innovationsmanagement, 5. Aufl. 2011, S. 3ff. Es handelt sich nicht um einen Rechtsbegriff, obwohl beobachtbar ist, dass die Rechtsordnung ihn zunehmend benutzt und damit rechtserheblich werden lassen will (s. z. B. § 2 Abs. 2 Nr. 3 TKG, § 21 Abs. 1 S. 3 AufenthG).

[614] Zu einer solchen Paradoxie s. die Beträge in: *Dieter Sauer/Christa Lang* (Hrsg.), Paradoxien in der Innovation 1999, dort insbes. *Dieter Sauer*, Perspektiven sozialwissenschaftlicher Innovationsforschung – Eine Einleitung, S. 9 (15ff.). Vgl. auch *Appel*, Methodik (Fn. 601), S. 350f.

[615] Vgl. *Gunther Teubner*, Folgenorientierung, in: ders. (Hrsg), Entscheidungsfolgen als Rechtsgründe, 1995, S. 9, 12 sowie 15.

[616] Siehe dazu *Scherzberg*, Risikosteuerung (Fn. 84), S. 219.

[617] Zu ihnen s. *Scherzberg*, Risikosteuerung (Fn. 84), S. 223.

[618] Vgl. *Peter Weingart*, Die Stunde der Wahrheit, 2001, S. 20; *Ralf Poscher*, Gefahrenabwehr, 1999, S. 89; *Herrmann-Pillath*, Evolutionsökonomik (Fn. 553), S. 30f.

[619] Siehe dazu *Martin Eifert*, Innovationsverantwortung in der Zeit, in: Martin Eifert/Wolfgang Hoffmann-Riem (Hrsg.), Innovationsverantwortung, 2009, S. 369ff.

H. Änderungen in den Problemlagen als Anstöße für neue Perspektiven

tomatisch – zum Nutzen aller beitragen. Deshalb wird auch von der Verwaltung erwartet, proaktiv bei der gemeinwohlverträglichen Entwicklung von Innovationen im Bereich der Gesellschaft mitzuwirken und damit auch angesichts der geschilderten Paradoxie Verantwortung zu übernehmen. Dies geschieht unausweichlich vielfach ohne hinreichende Entscheidungsentlastung durch den Gesetzgeber, der das Neue ja auch nicht kennen kann (der allenfalls erwünschtes Neues als erstrebenswert ausgeben kann – etwa die Schaffung eines 3-Liter-Autos: dessen Entwicklung aber muss den Ingenieuren und – wenn diese gelingt – die Vermarktung den Kaufleuten überlassen bleiben). Innovationen lassen sich keineswegs gebieten, sondern nur ermöglichen. Eine zu starke Verrechtlichung darauf gerichteter Bemühungen kann sich zur Innovationsfalle entwickeln. Überkommene rechtsstaatliche Erwartungen an Vorhersehbarkeit und damit Rechtssicherheit müssen in der Folge zum Teil notwendig enttäuscht werden.[620] **Innovationsermöglichendes Recht** kann rechts- und sozialstaatliche Sicherungen nur auf andere Weise,[621] etwa über Transparenzpflichten[622], Verweigerung von Bestandsschutz bei erhöhter Risikoneigung und vor allem durch Vorkehrungen zum Lernen (etwa Sicherungen institutioneller Lernfähigkeit) schaffen. Ein Beispiel für ein auf Lernen ausgerichtetes Verfahren ist der im Vergaberecht vorgesehene „wettbewerbliche Dialog" (§ 101 Abs. 4 GWB), in dem innovative Projekte zwischen dem öffentlichen Auftraggeber und den Wirtschaftsteilnehmern erst im Laufe des Vergabeverfahrens neu entwickelt werden sollen.[623]

Für Innovationen wird häufig gesagt, meist mit Bezug auf ökonomisch verwertbare Innovationen – es gibt aber auch soziale, ökologische, kulturelle u.ä. Innovationen –, dass sie in verschiedenen **Phasen** ablaufen: von der Invention – dem Entwurf oder der Entwicklung z.B. eines neuen Produkts – zur Innovation – insbesondere der erstmaligen Markteinführung des neuen Produkts – bis zur Diffusion, also der Anwendung und Marktverwertung.[624] Rechtliche Regelungen knüpfen meist erst an die dritte Phase, die der Diffusion, an und kommen daher jedenfalls dann zu spät, wenn die Innovation selbst eine eigene Dynamik mit Risikopotenzialen (z.B. bei Tests mit genveränderten Pflanzen) schafft. Die allgemeine **Innovationsforschung**[625] kann Einsichten bereitstellen, auf die das innovationserhebliche Recht abgestimmt werden kann. Speziell die **rechtswis-**

---

[620] Dies lässt sich insbes. im Bereich der Vorsorge beobachten, s. statt vieler *Appel*, Methodik (Fn. 601), S. 350f. sowie *ders.*, Entwicklungsvorsorge (Fn. 341), S. 102ff.

[621] Siehe dazu etwa *Appel*, Entwicklungsvorsorge (Fn. 341), S. 134ff.; *Wolfgang Hoffmann-Riem*, Innovationsoffenheit und Innovationsverantwortung durch Recht, AöR, Bd. 131 (2006), S. 255ff. sowie die Beiträge in *Eifert/Hoffmann-Riem*, Innovationsverantwortung (Fn. 619).

[622] Dazu BVerfG, NVwZ 2011, S. 94 (LS 3 und S. 100ff.).

[623] Vgl. *Holoubek*, Richtlinienpaket (Fn. 579), S. 16ff. Ob das Verfahren funktionieren wird, ist allerdings durchaus zweifelhaft.

[624] Vgl. *Hoffmann-Riem*, Risiko- und Innovationsrecht (Fn. 611), S. 154f. In der Realität laufen die verschiedenen Phasen allerdings miteinander verschränkt ab.

[625] Einen Überblick zu ihren Ansätzen geben *Stefanie Neveling/Susanne Bumke/Jan-Hendrik Dietrich*, in: Eifert/Hoffmann-Riem (Hrsg.), Innovation (Fn. 285), S. 364ff. Aus der allgemeinen Literatur s. etwa *Jens Aderhold/Réne John* (Hrsg.), Innovation. Sozialwissenschaftliche Perspektiven, 2005; *Birgit Blättel-Mink*, Kompendium der Innovationsforschung, 2006; *Torsten J. Gerpott*, Strategisches Technologie- und Innovationsmanagement, 2. Aufl. 2005; *Alexander Gerybadze*, Technologie- und Innovationsmanagement, 2004; Hauschildt/Salomo, Innovationsmanagement (Fn. 613); Sauer/Lang (Hrsg.), Paradoxien (Fn. 614); *Johann Welsch*, Innovationspolitik, 2005; Hagen Hof/Ulrich Wengenroth (Hrsg.), Innovationsforschung, 2. Aufl. 2009.

senschaftliche **Innovationsforschung**[626] kann ergänzende Vorarbeiten liefern. Von Innovationsforschern ist beispielsweise beobachtet worden, dass Innovationen häufig an bestimmten technologischen Paradigmen/Denkmustern/Werthaltungen orientiert sind und in bestimmten Entwicklungspfaden/-linien (Trajektorien – gegebenenfalls mit Pfadbrechungen oder Pfadauflösungen) und unter Nutzung von Heuristiken abzulaufen pflegen. Dies muss eine auf Innovationsermöglichung und -förderung bedachte Verwaltung respektieren und gegebenenfalls beeinflussen; sie kann bemüht sein, solche Erfahrungen im Zusammenwirken mit den potenziellen Innovateuren zu berücksichtigen, etwa bei innovationsorientierten Leistungsbeschreibungen im Vergaberecht oder durch Einflussnahme auf Wertvorgaben (etwa durch Schaffung von Leitbildern oder Visionen), aber auch durch Inaussichtstellung materieller Innovationsanreize (etwa Forschungsförderung) oder „immaterieller Innovationsrenditen" (etwa die soziale Anerkennung von Pionierleistungen, die Herausstellung von Innovationen durch Zuerkennung von Symbolen[627]). Dadurch kann sie die Innovationsneigung gesellschaftlicher Akteure unterstützen und zugleich Weichen so stellen, dass Gemeinwohlzwecke erfüllbar bleiben und unerwünschte Innovationsfolgen möglichst vermieden werden (**Sicherung von Innovationsverantwortung**[628]). Es muss aber auch dem Risiko begegnet werden, dass erfolgreiche Innovateure die (ökonomische) Verwertung ihrer Innovationen so gestalten, dass weitere Innovationen unterbunden werden, etwa durch die Verbindung proprietärer Absicherungen der Innovation (etwa im Patentrecht[629] und Urheberrecht[630]) mit einem auf Marktbeherrschung zielenden Verhalten.[631]

130a Eine auf **Innovationsstimulation** ausgerichtete Verwaltung wird nicht punktuell auf einzelne Rechtsakte fokussiert sein dürfen, sie kann nicht einmal wirkungsorientiert steuern, sondern muss in Konzepten und Strategien eines flexiblen Innovationsmanagements denken und diese gegebenenfalls auf mehrfach gestuften und kaskadenartig miteinander verbundenen Ebenen umzusetzen suchen. Hier stößt selbst eine Verwaltungsrechtswissenschaft, die die Sicht auf rechtliche Instrumente über die bisherige Rechtsaktorientierung hinaus um Möglichkeiten einer wirkungsorientierten Verhaltenssteuerung ergänzt hat,[632]

---

[626] Dazu vgl. etwa *Martin Schulte* (Hrsg.), Technische Innovation und Recht, 1997; *Wolfgang Hoffmann-Riem/Jens-Peter Schneider* (Hrsg.), Rechtswissenschaftliche Innovationsforschung, 1998; *Eifert/Hoffmann-Riem* (Hrsg.), Innovation (Fn. 285); *Martin Eifert/Wolfgang Hoffmann-Riem* (Hrsg.), Innovation und Recht I–IV, 2008–2011; *Hoffmann-Riem*, Governance-Perspektive (Fn. 611). Als Beispiel der Innovationssteuerung in einem Spezialfeld s. *Pascal Schumacher*, Innovationsregulierung im Recht der netzgebundenen Elektrizitätswirtschaft, 2009.

[627] Dazu s. statt vieler *Stefanie Neveling*, Produktinnovation durch Umweltzeichen: eine vergleichende Untersuchung des deutschen und des europäischen Umweltzeichens, 2000.

[628] Dazu s. die Beiträge in *Eifert/Hoffmann-Riem*, Innovationsverantwortung (Fn. 619).

[629] Zu entsprechenden Risiken im Bereich des Patentrechts s. *Horst-Peter Götting/Heike Röder-Hitschke*, Grundlagen des Patentrechts, in: Schulte/Schröder (Hrsg.), Technikrecht, S. 721 (731 ff.). Vgl. auch *Heribert Burghartz*, Technische Standards, Patente und Wettbewerb, 2011.

[630] Dazu s. die Beiträge in *Martin Eifert/Wolfgang Hoffmann-Riem* (Hrsg.), Geistiges Eigentum und Innovation, 2008.

[631] Zu praktischen Vorgehensweisen von Unternehmen s. etwa *Alexander Gerybadze*, Innovationspartnerschaften, Patentpools und Standardsetzungsgemeinschaften: Verteilung und Zuteilung der Rechte und neue Organisationsformen, in: Eifert/Hoffmann-Riem (Hrsg.), Geistiges Eigentum (Fn. 630), S. 165 ff.

[632] *Bumke*, Rechtswidrigkeit (Fn. 58); → Bd. I *Voßkuhle* § 1 Rn. 32 ff.

noch an Grenzen. Das Ziel der Sicherung einer innovationsgeeigneten Rechtsordnung **(Innovationsoffenheit des Rechts)** und eines darauf ausgerichteten Verwaltungsrechts sowie einer entsprechend ausgerichteten Innovationssteuerung setzt vermutlich weitere Innovationen nicht nur in den Entscheidungsstrukturen und -orientierungen der Verwaltung, sondern auch in der Rechtsordnung und Rechtsdogmatik voraus, also auch **Innovationen im Recht.**[633]

4. Informationsverarbeitendes und informierendes Verwaltungshandeln

Eine der größten Herausforderungen des Rechts und damit auch der Neuen Verwaltungsrechtswissenschaft ist der Umgang mit den Problemen von Information, Wissen und Kommunikation.[634] Dabei ist von besonderer Bedeutung, dass Wissen in der Wissensgesellschaft zwar in immer größerem Umfang verfügbar ist, zugleich aber zur Schaffung von immer neuem Unwissen führt.[635] Der Rechtswissenschaft ist aufgegeben, an Ordnungsmustern zu arbeiten, die die Generierung und den Transfer von Wissen[636] ermöglichen und die Verarbeitung von Information und Wissen und die dafür erforderlichen kommunikativen Akte der Informationsverarbeitung in der und durch die Verwaltung erleichtern **(informationsverarbeitendes Verwaltungshandeln)**. Zugleich muss sie die Weitergabe von Informationen, etwa ihren Einsatz als Steuerungsmittel, erfassen **(informierendes Verwaltungshandeln),** sowie die Regelungen verfeinern, die den **Informationszugang der Bürger** sichern.[637]

131

Die Schwierigkeiten und neuen Möglichkeiten der Informationsverarbeitung und Wissensgenerierung durch die Verwaltung bewirken gestiegene Anforderungen an die Behörden[638], die auch hier wieder nur begrenzt auf Vorgaben des Gesetzgebers vertrauen können. Informationen und Wissen werden zu eigenständigen Dimensionen in der Rechtsordnung;[639] die verwaltungsrechtliche Systematisierung ist daher verstärkt auf **Prozesse der Generierung und Verarbeitung von Information und Wissen** und der Anerkennung der Bedeutung entsprechend geeigneter **Kommunikationsinfrastrukturen** auszurichten.[640] Dabei mag das Recht des Umgangs mit Informationen in der und durch die Ver-

132

---

[633] *Hoffmann-Riem*, Governance-Perspektive (Fn. 611), S. 31 ff.; *Hermann Hill/Utz Schliesky*, Innovationen im und durch Recht, 2010.

[634] Zu den Begriffen: Information ist eine Mitteilung, die den Stand von Kenntnissen betrifft und Sinngehalte vermittelt. Informationsverarbeitung ist auf das Verstehen der Bedeutung und des Inhalts von Informationen und deren Nutzung ausgerichtet. Kommunikation ist der Transfer von Informationen zwischen Informationssubjekten, der auf Verstehen ausgerichtet ist, also nicht schlichten Transfer, sondern zugleich Selektion bedeutet. Wissen ist ein Bestand von Erkenntnissen, der in dem jeweiligen sozialen Kontext der Wissensgenerierung und -verwendung aufgrund der dort angewandten Deutungsmuster und Verwendungsverfahren als bekannt und hinreichend bewährt vorausgesetzt werden kann; es handelt sich um durch Anerkennung „veredelte" Informationen. Vertiefend zu den Begriffen → Bd. II *Vesting* § 20 Rn. 18 ff.

[635] → Fn. 618.

[636] Siehe dazu Spiecker gen. Döhmann/Collin (Hrsg.), Generierung (Fn. 205), dort insbes. die Beiträge von *Rainer Pitschas, Peter-Tobias Stoll* und *Marion Albers*.

[637] Siehe auch u. → Rn. 135.

[638] Dies zeigt sich am „Principal-Agent-Problem" → Bd. III *Schiedermair* § 48 Rn. 60.

[639] Vgl. *Marion Albers*, Information als neue Dimension im Recht, Rechtstheorie, Bd. 33 (2002), S. 61 ff.; *Schmidt-Aßmann*, Ordnungsidee, 6. Kap. Rn. 2 ff.

[640] Siehe dazu die Beiträge in *Hoffmann-Riem/Schmidt-Aßmann* (Hrsg.), Informationsgesellschaft sowie → Bd. I *Voßkuhle* § 1 Rn. 67; Bd. II §§ 20–26.

waltung gebündelt als **Informationsverwaltungsrecht** betrachtet werden; es wird dann durch eine bestimmte Perspektive geprägt, ohne dadurch aber zu einem eigenständigen Rechtsgebiet[641] zu werden. Es ist auch keineswegs sinnvoll, die Ubiquität des Informationsproblems zum Anlass zu nehmen, informierendes und informationsverarbeitendes Verwaltungshandeln in einem Informationsverwaltungsgesetz zu kodifizieren[642] und damit eine Verrechtlichung auch dort zu forcieren, wo sie vom Gesetzesvorbehalt nicht geboten ist.

133 Recht und Rechtswissenschaft müssen berücksichtigen, dass der Verwaltung vermehrt **informationsbezogene Hilfsmittel und Dienstleistungen** zur Verfügung stehen (Hard- und Software), die sie durch interne und externe Vernetzungen und die Entwicklung neuer Kommunikationsformen – etwa im E-Government[643] – nutzen kann und nutzt und dadurch gegebenenfalls neue Spielräume schafft. Auch überkommene Wege systematischen Informationsgewinns bleiben möglich (z.B. Technologiefolgenabschätzung, Evaluationsforschung[644]) und können durch IuK-Techniken qualitativ verändert werden. Die vielen Neuerungen nötigen dem Recht, etwa dem Verfahrensrecht,[645] und der Verwaltung Anpassungs- und vor allem **Lernleistungen** ab,[646] die zur verbesserten Chance führen können, vorhandenes Wissen zu nutzen und auch auf den in fast allen Gebieten beobachtbaren rasanten Wissenszerfall zu reagieren und die vielen Möglichkeiten zur Entwicklung „neuen" Wissens flexibel zu nutzen.[647] Durch die tägliche Berührung mit vielfältigen und zahlreichen Problemlagen und die laufende Verarbeitung der für ihre Lösung nutzbaren Informationen hat die Verwaltung einen **Vorsprung an aktuellen Informationen** vor allen anderen Staatsorganen (allerdings meist nicht vor privaten Akteuren wie Wirtschaftsunternehmen). Dies kann sie zum Lernen und zur Sedimentierung in handhabbarem (aber gegebenenfalls wieder korrigierbarem) Wissen nutzen. Stellt der Gesetzgeber ihr durch Evaluationsaufträge[648], Pflichten zu Wirkungskontrollen (etwa Risikoanalysen) oder zu Dokumentationen zwecks Rückverfolgbarkeit (etwa Dokumentation der Nutzung gentechnisch veränderter Organismen in der Lebensmittelkette) und Revisionsvorbehalte ergänzende Instrumente zur Verfügung – die im Übrigen auch das Lernen und Reagieren des Gesetzgebers selbst unterstützen können –, erkennt er den Lernbedarf ausdrücklich an, ohne dessen Befriedigung aber auf den Einsatz solcher Instrumente zu beschränken. Der Lernbedarf der Verwaltung ist ubiquitär.[649]

---

[641] So auch → Bd. II *Albers* § 22 Rn. 5; *dies.*, Die Komplexität verfassungsrechtlicher Vorgaben für das Wissen der Verwaltung, in: Spiecker gen. Döhmann/Collin, Generierung (Fn. 205), S. 50 (68).

[642] Zu den Bemühungen darum s. *Anna-Bettina Kaiser*, Die Kommunikation der Verwaltung, 2009, S. 261f.

[643] → Bd. I *Voßkuhle* § 1 Rn. 65 ff.; Bd. II *Britz* § 26; *Eifert*, Electronic Government (Fn. 157).

[644] → Bd. I *Voßkuhle* § 1 Rn. 34 ff.

[645] Dazu *Gabriele Britz*, Reaktionen des Verwaltungsverfahrensrechts auf die informationstechnischen Vernetzungen der Verwaltung, in: Hoffmann-Riem/Schmidt-Aßmann, Verwaltungsverfahren, S. 215 ff., 228 ff., 269 ff.

[646] Eindrucksvoll für den Umbau der Verwaltung *Eifert*, Electronic Government (Fn. 157); s. auch *ders.*, Europäischer Verwaltungsverbund als Lernverbund, in: Spiecker gen. Döhmann/Collin, Generierung (Fn. 205), S. 159 ff.

[647] Für das Umweltrecht etwa *Richter*, Informations- und Kommunikationsordnung (Fn. 341).

[648] Zur Evaluation → Bd. III *Kahl* § 47 Rn. 24 ff.

[649] Siehe auch oben → Fn. 330.

H. Änderungen in den Problemlagen als Anstöße für neue Perspektiven

Die informationserfassende und -verarbeitende Tätigkeit des Staates lässt sich in das traditionelle Datenschutzrecht nur unzulänglich einfügen. Die durch das Volkszählungsurteil angestoßene Debatte um ein Datenschutzrecht war notwendig, aber letztlich schon seinerzeit nicht an den Problemen der Zukunft orientiert. Das „ältere" Datenschutzrecht muss nicht in seinen Zielsetzungen, wohl aber in seinen Instrumenten in vielem verabschiedet werden[650] und es muss an einem übergreifenden Informationsrecht gearbeitet werden,[651] das nicht nur den Informationserwerb und -verkehr, sondern auch die Steuerungsleistungen von Informationen[652] in den Blick nimmt. Dieses muss auf die Funktionserfordernisse informationsgestützter Problemlösungsverfahren und die Befriedigung der dabei auftauchenden Schutzbedürfnisse ausgerichtet sein.[653] Dabei ist die **produktive Kraft der Verfügbarkeit von Informationen** – auch für administratives Entscheidungsverhalten, aber auch für einzelne Bürger – in den Vordergrund der rechtlichen Erfassung zu stellen. Ein darauf abgestimmtes (neues) Konzept **informationeller Selbstbestimmung** kann über seine – weiter wichtige – abwehrrechtliche Bedeutung hinaus den Nutzen von Kommunikation in sämtlichen Interaktionszusammenhängen einbeziehen, aber auch in Erfüllung staatlicher Schutzaufträge die gegenwärtig besonders bedrohlichen Gefahren abwehren helfen, die von anderen Akteuren als dem Staat ausgehen. Bei der Ausgestaltung ist zu berücksichtigen, dass Informationsbeziehungen eine Vielzahl von Funktionen erfüllen können, so unter anderem

– Transparenzfunktionen;
– Dienstleistungsfunktionen;
– Schutzfunktionen;
– Beschaffungsfunktionen;
– Mobilisierungsfunktionen;
– Steuerungsfunktionen;
– Wertschöpfungsfunktionen.

Wissensgenerierung und Lernen finden auch in der Beziehung zu den Bürgern statt. Seit einiger Zeit wird der Informationszugang für die Bürger – etwa über die Gestaltung von Rechten auf **Zugang zum Informationsbestand der Verwaltung** auch ohne Ankoppelung an ein bestimmtes Verwaltungsverfahren –[654] verstärkt eröffnet.[655] Aber auch die Einbeziehung Betroffener und Dritter in das Verwaltungsverfahren wird als Weg zur Informationsbeschaffung ver-

---

[650] Vgl. etwa *Wolfgang Hoffmann-Riem*, Weiter so im Datenschutzrecht?, DuD 1998, S. 684 ff.; *Marion Albers*, Informationelle Selbstbestimmung, 2005; *Alexander Roßnagel/Andreas Pfitzmann/Hansjürgen Garstka*, Modernisierung des Datenschutzrechts, Gutachten für den Bundesinnenminister, 2001.

[651] Zu der Entwicklung der Diskurse von und über Information vgl. *Kaiser*, Kommunikation (Fn. 642), S. 247 ff.

[652] Dazu *Kaiser*, Kommunikation (Fn. 642), S. 253 ff.

[653] Zu Neuorientierungen insbes. des Datenschutzrechts m. w. Hinw. → Fn. 550 sowie Bd. II *Albers* § 22.

[654] Vgl. das Informationsfreiheitsgesetz des Bundes und entsprechende Landesgesetze. Siehe auch *Kloepfer*, Informationsrecht (Fn. 268), § 10; *ders./Kai von Lewinski*, Das Informationsfreiheitsgesetz des Bundes (IFG), DVBl 2005, S. 1277 ff.; *Friedrich Schoch*, IFG. Informationsfreiheitsgesetz, 2009; *Kaiser*, Kommunikation (Fn. 642), S. 265 ff., 269 ff.; → Bd. II *Gusy* § 23.

[655] Auch insoweit ist die EU besonders aktiv, vgl. nur das Aarhus-Übereinkommen über den Zugang zu Informationen, die Öffentlichkeitsbeteiligung an einem Entscheidungsverfahren und den Zugang zu Gerichten in Umweltangelegenheiten, ABl. EU, Nr. L 124 vom 17. Mai 2005 und die darauf gestützten Richtlinien.

standen und ausgebaut. Die Verständigung über Ausgangsfakten, Werte, Interessen und mögliche Folgen der Wahl einer bestimmten Problemlösungsoption ist ein Prozess der Kommunikation und damit einer interaktiven, gegebenenfalls „ausgehandelten"[656] Wirklichkeitskonstruktion.[657] Die im Verwaltungsverfahrensrecht als Last (Obliegenheit) normierte Mitwirkung der Betroffenen an der Sachverhaltsermittlung (vgl. § 26 Abs. 2 VwVfG) ist für diese auch eine Einflusschance, deren konkrete Nutzbarkeit von der Informationsmacht Privater (etwa beim Zugang zu Risikowissen) beeinflusst wird. Diese kann derart groß sein,[658] dass z. B. der **Untersuchungsgrundsatz**[659] in Situationen einer faktischen Privatisierung der Tatsachenbeibringung zur (rechtsstaatlich problematischen) Fiktion wird. In vielen Bereichen – etwa in Risikoverfahren der Produktsicherung oder des Gentechnikrechts, in Qualitätssicherungsverfahren oder bei der Umweltüberwachung – wird die **Arbeitsteiligkeit der Informationsermittlung** auch vom Gesetzgeber besonders anerkannt,[660] der der Verwaltung für die Kooperation mit Privaten eine relativ große Eigenständigkeit zugesteht. Es bestehen aber erhebliche Risiken infolge der Asymmetrie der Verteilung von Wissen, die bei einer Verlagerung der Wissensgenerierung und -nutzung (weitgehend) auf Private in rechtsstaatlich problematischer Weise verstärkt werden kann.[661] Hier müssen ergänzende Sicherungen eingebaut werden, wie etwa Rechte auf Zugang der Öffentlichkeit zu Risikoanalysen, die nicht an Eigentumsrechten u. ä. der Privaten scheitern dürften. Dies ist durch den Gesetzgeber abzusichern.

136 Die Wichtigkeit der Informationsdimension zeigt sich auch im **Prozess der europäischen Integration.** Als Integrationshilfe fördert die EU-Kommission etwa die Schaffung von Forschungsgruppen und Expertennetzwerken sowie (computergestützten) **Informationsnetzen**, die auch nationalstaatliche Informationsnetze, Fachzentren und die Informationssysteme der internationalen und europäischen Organisationen miteinander verbinden.[662] Informationsverarbeitendes Verwaltungshandeln wird verwoben mit informierendem Verwaltungshandeln. Der Gemeinschaft, den Mitgliedstaaten und gegebenenfalls auch nicht-staatlichen Organisationen und der allgemeinen Öffentlichkeit sollen möglichst zuverlässige und auf europäischer Ebene vergleichbare Informationen über das

---

[656] Dazu vgl. *Horst Bossong,* Der Sozialstaat am Runden Tisch, DV, Bd. 34 (2001), S. 45 ff.

[657] *Wolfgang Hoffmann-Riem,* Verwaltungsverfahren und Verwaltungsverfahrensgesetz, in: ders./Schmidt-Aßmann, Verwaltungsverfahren und Verwaltungsverfahrensgesetz, S. 9 (23 f. u. 41 ff.).

[658] Zum Schutz vor übermäßiger Informationsmacht s. *Kloepfer,* Informationsrecht (Fn. 268), § 4 Rn. 30 ff.

[659] Zu ihm s. *Michael Holoubek,* Die Bedeutung des Untersuchungsgrundsatzes im Verwaltungsverfahren, in: Hoffmann-Riem/Schmidt-Aßmann, Verwaltungsverfahren, S. 193 ff.

[660] Beispielhaft sei hier auf die Vorkehrungen zur Chemikalienregulierung infolge der REACH-Verordnung verwiesen, dazu s. etwa *Kilian Bizer/Martin Führ,* Innovationen entlang der Wertschöpfungskette: Impulse aus der REACh-Verordnung, in: Martin Eifert/Wolfgang Hoffmann-Riem (Hrsg.), Innovationsfördernde Regulierung, 2009, S. 274 ff. Kritisch *Jan B. Ingerowski,* Die REACh-Verordnung: Wege zu einem verbesserten Schutz von Umwelt und Gesundheit vor chemischen Risiken?, 2010.

[661] Zum Risiko interessengeleiteten privaten Sachverstands s. etwa *Michael Fehling*, Verwaltung (Fn. 184), S. 150 ff., 393 ff.

[662] Etwa das Europäische Informationsnetz für Drogen und Drogensucht der Europäischen Beobachtungsstelle für Drogen und Drogensucht; das Europäische Umweltinformations- und Umweltbeobachtungsnetz der Europäischen Umweltagentur oder das Europäische Informationsnetz für Rassismus und Fremdenfeindlichkeit der Europäischen Beobachtungsstelle für Rassismus und Fremdenfeindlichkeit.

H. Änderungen in den Problemlagen als Anstöße für neue Perspektiven

jeweils einschlägige Sachgebiet zur Verfügung gestellt werden. Die Informationen dienen dabei sowohl der Vorbereitung und Durchführung von staatlichen Maßnahmen und Politiken als auch der Unterrichtung der Öffentlichkeit und damit gegebenenfalls auch deren indirekter Steuerung. Besondere Bedeutung, vor allem im Binnenbereich der Gemeinschaftsverwaltung, haben **Informationsagenturen**.[663] Die diversen Maßnahmen zielen darauf, die Informationsgrundlagen der Verwaltungen durch **horizontale und vertikale Vernetzung und professionalisierte Sammlungs- und Auswertungstätigkeiten** fortzuentwickeln und zugleich zu vereinheitlichen. Die Agenturen treten aber auch direkt mit den privaten Akteuren im jeweiligen Sektor in Kontakt und wirken auf das Außenverhältnis der Verwaltung zum Bürger ein. An Vorstellungen traditioneller Gewaltenteilung sind derartige Vorgehensweisen unter Nutzung solcher Governance-Modi wie Netzwerke nicht ausgerichtet.

Möglichkeiten zur **administrativen Informationsarbeit**[664] bestehen selbstverständlich auch im nationalen Rahmen. Hier zeichnen sich seit langem Konturen eines eigenen Handlungstyps **informierenden Verwaltungshandelns** ab.[665] Es umfasst beispielsweise Auskünfte, Ratgebung, allgemeine Aufklärung – etwa über Risiken bestimmter Produkte oder auch über positive Qualitäten (Zuteilung von Symbolen wie Gütezeichen[666]) –, Warnungen (vgl. § 8 Abs. 4 S. 2 GPSG) oder Verhaltensempfehlungen (vgl. z. B. § 9 Abs. 1 StrVG). Wie weit die Verwaltung Informationen bereitstellen und wie weit sie Informationen gegebenenfalls auch ohne besondere gesetzliche Ermächtigung als Mittel zur Aufgabenerfüllung und damit als Steuerungsmittel einsetzen darf, hängt nicht zuletzt von den (verfassungs-)rechtlichen Vorgaben, insbesondere denen der Grundrechte, ab, über deren Konkretisierung in diesem Kontext allerdings grundlegender grundrechtsdogmatischer Streit herrscht.[667] Das informationsverarbeitende[668] ist ebenso wie das informierende Verwaltungshandeln[669] selbstverständlich an die allgemeinen verfassungsrechtlichen Vorgaben, etwa des Gesetzesvorbehalts, gebunden. Was diese aber im Einzelnen erfordern, muss norm- und gegenstandsspezifisch erarbeitet werden, kann für informationsbezogenes Verwaltungshandeln also nicht in schlichter Parallele zum imperativen Verwaltungshandeln entwickelt werden.

137

---

[663] Etwa die Europäische Umweltagentur, die Beobachtungsstelle für Drogen und Drogensucht oder das Europäische Zentrum für Prävention und Kontrolle von Krankheiten. S. ferner o. → Rn. 53 a.

[664] Diesen Begriff verwendet *BVerfGE* 105, 279 (306). S. auch N. oben → Fn. 268.

[665] Vgl. *Kloepfer*, Informationsrecht (Fn. 268) § 5 Rn. 25 ff. u. § 10 Rn. 78 ff.; *Schoch*, Entformalisierung (Fn. 550), Rn. 55 ff.; s. auch die Vorschläge in den §§ 103 ff. UGB-AT; → Bd. II *Gusy* § 23 Rn. 100 ff.

[666] Siehe o. → Fn. 627 sowie *Anne Röthel*, Europarechtliche Vorgaben für das Technikrecht, in: Schulte/Schröder (Hrsg.), Technikrecht, S. 201 (224 f.).

[667] Vgl. dazu – statt vieler – einerseits *Wolfgang Kahl*, Vom weiten Schutzbereich zum engen Gewährleistungsgehalt, Kritik einer neuen Richtung der deutschen Grundrechtsdogmatik, Der Staat, Bd. 43 (2004), S. 167 ff.; *Christoph Möllers*, Wandel der Grundrechtsjudikatur. Eine Analyse der Rechtsprechung des Ersten Senats des *BVerfG*, NJW 2005, S. 1973 ff.; → Bd. III *Schoch* § 50 Rn. 13 und andererseits *Wolfgang Hoffmann-Riem*, Grundrechtsanwendung unter Rationalitätsanspruch. Eine Erwiderung auf Kahls Kritik an neueren Ansätzen in der Grundrechtsdogmatik, Der Staat, Bd. 43 (2004), S. 203 ff. sowie *Uwe Volkmann*, Veränderungen der Grundrechtsdogmatik, JZ 2005, S. 261 ff. jeweils m. w. Hinw.

[668] Zu spezifischen rechtsstaatlichen Grenzen s. etwa *BVerfGE* 65, 1 (41 ff.); 109, 279 (327 ff.).

[669] Vgl. *BVerfGE* 105, 252 (265 ff., insb. 268 ff.); 105, 279 (294 ff.).

§ 10 Eigenständigkeit der Verwaltung

Macht die Exekutive beispielsweise eine zutreffende, nicht geheimhaltungsbedürftige Information allen Interessierten zugänglich, aus deren Nichtverbreitung andere aber einen Vorteil zu Lasten Unwissender ziehen könnten, berührt dieses informierende Verwaltungshandeln nicht notwendig den Schutzbereich der Grundrechte (etwa des Art. 12 Abs. 1 GG) derer, die vom Unwissen anderer profitieren.[670] Ist der Schutzbereich nicht berührt, gilt der grundrechtliche Gesetzesvorbehalt nicht.[671] Demgegenüber greifen Grundrechtsschutz und Gesetzesvorbehalt ein, wenn die Informationsgabe als Eingriff zu qualifizieren ist oder ein funktionales Äquivalent eines Eingriffs darstellt. Soweit der Gesetzesvorbehalt nicht gilt, kann die Exekutive eigenständig informierend handeln, allerdings nur im Rahmen der Vorgaben der (objektiven) Rechtsordnung, also etwa der administrativen Zuständigkeit.[672]

I. Ausblick

138 Hier – wie auch sonst – besteht viel Raum für die relative Eigenständigkeit der Verwaltung, aber stets nur im Rahmen des Rechts. Der Gesetzgeber hat eine **Prärogative bei der Bestimmung des Normierungsbedürftigen** und er kann (auch) das Maß administrativer Eigenständigkeit festlegen und gegebenenfalls aufgrund des Gesetzesvorrangs auch wieder einengen oder ausweiten.[673] Seine Verantwortung für die „richtige" Justierung des Verhältnisses der Verwaltung zu anderen Akteuren, insbesondere zu denen anderer Staatsgewalten, ist verfassungsrechtlich vorgegeben. Der verfassungsrechtliche Auftrag zur Sicherung angemessener Problemlösungen mit Hilfe und im Rahmen des Rechts aber nötigt dem Gesetzgeber Einsicht in seine zum Teil begrenzten Möglichkeiten und in die Problemlösungspotenz der Verwaltung, zugleich aber auch Respekt vor den praktischen Erfordernissen ihrer relativen Eigenständigkeit ab. Diese kann zugleich als immaterieller Brennstoff zur fortwährenden Aktivierung der Verantwortungsübernahme bei der administrativen Bewältigung der Staatsaufgaben wirken.

---

[670] Vgl. *BVerfGE* 105, 252 (265 ff., insb. 272 ff.); 105, 279 (294 ff.). Die Kritiker dieser Entscheidung übersehen häufig, dass sie nicht das traditionelle Prüfungsschema bei Grundrechtseingriffen in Frage stellt, wohl aber die in der jüngeren Grundrechtsdogmatik vorherrschende Einsicht, dass der Schutz- bzw. Gewährleistungsbereich eines Grundrechts notwendig alles umfasst, was zu seinem Lebensbereich (in einem weiten, auch alltagstheoretischen Verständnis) gehört. Zur Herausarbeitung der Differenz s. etwa *Ernst Wolfgang Böckenförde*, Schutzbereich, Eingriff, Verfassungsimmanente Schranken. Zur Kritik gegenwärtiger Grundrechtsdogmatik, Der Staat, Bd. 42 (2003), S. 165 ff. Zur Rekonstruktion der Aussagen des BVerfG vgl. *Hoffmann-Riem*, Grundrechtsanwendung (Fn. 667), S. 217 ff. m. w. Hinw.

[671] Anders, wenn der Schutzbereich berührt ist, s. etwa *BVerfGE* 105, 279 (303 f.); 113, 63 (74 ff.).

[672] Diese muss im objektiven Recht vorgesehen sein, das auch im Übrigen Restriktionen enthalten kann – wie etwa die Pflicht zur Sachlichkeit. Nicht glücklich ist es, dass das *BVerfG* in der Glykol-Entscheidung (*BVerfGE* 105, 252 [268 ff.]) nicht dargelegt hat, wann bzw. unter welchen Voraussetzungen derartige objektiv-rechtliche Vorgaben die Berührung des grundrechtlichen Schutzbereichs eröffnen können. Zur darauf bezogenen Kritik vgl. auch *Dietrich Murswieck*, Das Bundesverfassungsgericht und die Dogmatik mittelbarer Grundrechtseingriffe. Zu der Glykol- und der Osho-Entscheidung vom 26. 6. 2002, NVwZ 2003, S. 1 (5); *Böckenförde*, Schutzbereich (Fn. 670), S. 178, Fn. 50. Den möglichen Umschlag objektiv-rechtlicher Bindungen zu subjektiv-rechtlichen Berechtigungen hat das *BVerfG* allerdings auch schon früher bejaht (s. etwa *BVerfGE* 103, 44 [60]).

[673] Zum Gesetzesvorrang als übergreifendem parlamentarischen Revisionsvorbehalt s. *Hoffmann-Riem*, Gesetz (Fn. 60), S. 56 f.

Werden die gegenwärtig sich abzeichnenden Entwicklungstrends unter Einbe- **139** ziehung der Folgen der europäischen Integration vorsichtig fortgedacht, scheint eine partielle Neubestimmung der Rolle der Verwaltung im Geflecht der staatlichen, der intermediären und der privaten Akteure unverzichtbar zu sein. Wer sich in traditioneller Blickrichtung auf die Bestimmung der Relationen zwischen den klassischen Staatsgewalten beschränkt, blendet weitere Beziehungen und neu konturierte Governance-Modi aus, in denen Kommunikation organisiert und Probleme bearbeitet werden. Deren Erfassung und „rechtliche Bändigung" dürften noch wichtiger sein als weitere Feinjustierungen an dem Verhältnis von Gesetzgebung, Verwaltung und Gerichten zueinander. Die Gewaltengliederung war und ist ein wichtiger verfassungsrechtlicher Baustein bei der Verwirklichung der im Rechts- und Sozialstaat und in der Demokratie maßgebenden normativen Prämissen. Sollen sie in der Zukunft weiterhin Geltung behalten, muss der Blick aber ausgeweitet und gefragt werden, unter welchen Bedingungen und damit auch mit welchen Änderungen in der praktischen Umsetzung sie auch in Zeiten neuer Entgrenzungen und Vernetzungen und vor allem grundlegend veränderter Governance-Modi und Regelungsstrukturen bedeutsam bleiben und dementsprechend entwicklungsoffen genutzt werden können.

Leitentscheidungen

BVerfGE 83, 130 (148); 84, 59 (80 ff.) – Juristische Staatsprüfung (Begrenzung der Beurteilungsspielräume der Verwaltung im Hinblick auf die Rechtsschutzgarantie aus Art. 19 Abs. 4 GG).
BVerfGE 95, 1 (16 ff.) – Südumfahrung Stendal (Zusammenfassung der Rechtsprechung zur funktionell-rechtlichen Abgrenzung der Funktionsbereiche von Exekutive und Legislative im Bereich der staatlichen Planung).
BVerfGE 105, 252 (265 ff.) – Glykol (Informationsarbeit der Exekutive).
BVerfGE 107, 59 (86 ff.) – Wasserverbände; 111, 191 (214 ff.) – Notarkassen (Funktionale Selbstverwaltung)
BVerfG, Beschl. v. 31. 5. 2011, Az.: 1 BvR 857/07 = NVwZ 2011, S. 1062 ff. – Investitionszulage (Eingeschränkte finanzgerichtliche Kontrolle).
GmSOGB BVerwGE 39, 355 (361 ff.) – Billigkeit und Ermessensspielraum (Koppelungsvorschriften).
BVerwGE 8, 272 ff. – Nichtversetzung (Beurteilungsspielräume der Verwaltung im Rahmen unbestimmter Rechtsbegriffe).
BVerwGE 34, 301 (304 ff.) – Plangenehmigung (Planungshoheit und Planungsermessen).
BVerwGE 45, 309 (312 ff.) – Flachglas (Planungsermessen; Abwägungsvorgang und -ergebnis).
BVerwGE 70, 318 (326 ff.) – Kapazitätsverordnung (Regelungsermessen).
BVerwGE 131, 41 (44 ff., 62) (Beurteilungsspielraum, Regulierungsermessen).

Ausgewählte Literatur

Achterberg, Norbert, Probleme der Funktionenordnung, München 1970.
Alexy, Robert, Ermessensfehler, JZ 1986, S. 701–716.
Bachof, Otto, Beurteilungsspielraum, Ermessen und unbestimmter Rechtsbegriff im Verwaltungsrecht, JZ 1955, S. 97–102.
Bryde, Brun-Otto, Die Einheit der Verwaltung als Rechtsproblem, VVDStRL, Bd. 46 (1988), S. 181–216.
Bullinger, Martin, Das Ermessen der öffentlichen Verwaltung. Entwicklung, Funktionen, Gerichtskontrolle, JZ 1984, S. 1001–1009.
Dreier, Horst, Hierarchische Verwaltung im demokratischen Staat, Tübingen 1991.
– Zur „Eigenständigkeit" der Verwaltung, DV, Bd. 25 (1992), S. 137–156.

Ehmke, Horst, „Ermessen" und „unbestimmter Rechtsbegriff" im Verwaltungsrecht, Tübingen 1960.
Eifert, Martin, Electronic Government, Baden-Baden 2006.
Ellwein, Thomas, Regierung und Verwaltung, 1. Teil, Regierung als politische Führung, Stuttgart 1970.
Fastenrath, Ulrich, Die veränderte Stellung der Verwaltung und ihr Verhältnis zum Bürger unter dem Einfluß des europäischen Gemeinschaftsrechts, DV, Bd. 31 (1998), S. 277–306.
Hoffmann-Riem, Wolfgang, Verwaltungskontrolle – Perspektiven, in: Schmidt-Aßmann/Hoffmann-Riem (Hrsg.), Verwaltungskontrolle, S. 271–366.
– Methoden einer anwendungsorientierten Verwaltungsrechtswissenschaft, in: Schmidt-Aßmann/Hoffmann-Riem (Hrsg.), Methoden, S. 9–72.
Ibler, Martin, Rechtspflegender Rechtsschutz im Verwaltungsrecht: Zur Kontrolldichte bei wertenden Behördenentscheidungen, Tübingen 1999.
Knauff, Matthias, Der Regelungsverbund: Recht und Soft Law im Mehrebenensystem, Tübingen 2010.
Koch, Hans-Joachim, Unbestimmte Rechtsbegriffe und Ermessensermächtigungen im Verwaltungsrecht: eine logische und semantische Studie zur Gesetzesbindung der Verwaltung, Frankfurt/Main 1979.
– Die normtheoretische Basis der Abwägung, in: Robert Alexy/Hans-Joachim Koch/Lothar Kuhlen/Helmut Rüßmann, Elemente einer juristischen Begründungslehre, Baden-Baden 2003, S. 235–249.
Marsch, Nikolaus, Subjektivierung der gerichtlichen Verwaltungskontrolle in Frankreich. Eilverfahren und Urteilsimplementation im objektiv-rechtlich geprägten Kontrollsystem, Baden-Baden 2011.
Maurer, Hartmut, Der Verwaltungsvorbehalt, VVDStRL, Bd. 43 (1985), S. 135–171.
Möllers, Christoph, Gewaltengliederung. Legitimation und Dogmatik im nationalen und übernationalen Rechtsvergleich, Tübingen 2005.
Oster, Jan, Normative Ermächtigungen im Regulierungsrecht, Baden-Baden 2010.
Pache, Eckard, Tatbestandliche Abwägung und Beurteilungsspielraum: zur Einheitlichkeit administrativer Entscheidungsspielräume und zu deren Konsequenzen im verwaltungsgerichtlichen Verfahren, Tübingen 2001.
Peters, Hans, Die Gewaltentrennung in moderner Sicht, Köln 1954.
Ramsauer, Ulrich, Rechtsschutz durch nachvollziehende Kontrolle, in: FG 50 Jahre Bundesverwaltungsgericht, Köln (u.a.) 2003, S. 699–726.
Ruffert, Matthias, Die Methodik der Verwaltungsrechtswissenschaft in anderen Ländern der Europäischen Union, in: Schmidt-Aßmann/Hoffmann-Riem (Hrsg.), Methoden, S. 165–207.
Schmidt, Walter, Abschied vom unbestimmten Rechtsbegriff, NJW 1975, S. 1753–1758.
Schuppert, Gunnar Folke, Governance und Rechtsetzung. Grundfragen einer modernen Regelungswissenschaft, Baden-Baden 2011.
Zimmer, Gerhard, Funktion – Kompetenz – Legitimation: Gewaltenteilung in der Ordnung des Grundgesetzes, Berlin 1979.

Dritter Teil

Aufgaben der öffentlichen Verwaltung

§ 11 Verwaltungsaufgaben

Susanne Baer

Übersicht

	Rn.		Rn.
A. Perspektiven auf Verwaltungsaufgaben	3	2. Die Zielgruppen	55
B. Verwaltungsaufgaben im Wandel	10	3. Der räumliche Bezug	60
I. Definition und Abgrenzungen	11	4. Extrinsische und intrinsische Definitionen	64
II. Impulse des Wandels	15	5. Aufgabenbezogene Effizienz	69
III. Typen und Kataloge	23	II. Die fachbezogene Dogmatik der Verwaltungsaufgaben	71
C. Steuerung von Verwaltungsaufgaben	30	1. Existenz des Staates	72
I. Steuerungsakteure	33	2. Schutz von Leben und Umwelt	73
II. Steuerungsformen	34	3. Freiheit im Sozialstaat	75
III. Steuerung durch Verfahren und Organisation	38	4. Demokratie	76
IV. Steuerung durch Ressourcen	41	III. Eine Regulierungsskala der Verwaltungsaufgaben	77
D. Das dogmatische Potenzial der Verwaltungsaufgabe	47	E. Verwaltungsaufgaben und Verwaltungsreformen	78
I. Die strukturbezogene Dogmatik der Verwaltungsaufgabe	50	Ausgewählte Literatur	
1. Die Dauer	51		

§ 11 Verwaltungsaufgaben

1   Staatliches Handeln und damit die öffentliche Verwaltung dient der Erfüllung von Aufgaben im Interesse aller Bürgerinnen und Bürger – der arbeitende Staat legitimiert sich durch Aufgabenerfüllung und ist kein Selbstzweck. Welche Aufgaben jedoch konkret zu erfüllen sind, welche Aufgaben die öffentliche Verwaltung erfüllen kann oder auch muss, ist eine politisch streitige und im historischen Wandel immer wieder anders beantwortete Frage.[1] Aus rechtlicher Sicht legte das bislang vielfach den Schluss nahe, die Auseinandersetzung mit Verwaltungsaufgaben lohne sich letztlich nicht, da kein dogmatischer Ertrag zu erwarten sei.[2] Das „Gesetz der wachsenden Staatsausgaben" ist eben keine Regel für die Steuerung von Verwaltungsaufgaben, sondern lediglich ein finanzwissenschaftlicher Befund von *Adolph Wagner*.[3] Juristisch wird über Verwaltung daher weithin aus der Perspektive der Kompetenzverteilung, der Handlungsformen und der Verfahren, der Organisationsformen der Akteure und der Haftung nachgedacht – aber die Aufgaben selbst scheinen dogmatisch wenig zu bringen. Mit ihnen befassen sich dann beispielsweise eine empirisch interessierte Verwaltungswissenschaft, eine analytisch orientierte Politikwissenschaft oder auch eine normativ statuierende Staatsrechtslehre. Demgegenüber geht es hier um den Versuch, aus der Perspektive „neuer Verwaltungsrechtswissenschaft"[4] heraus zu klären, inwieweit die Verwaltungsaufgaben selbst – nicht das „wie"[5], sondern das „ob" und „was" – rechtlich gebunden sind.

2   Zunächst soll eine Bestandsaufnahme die vielfältigen Zugriffe auf Verwaltungsaufgaben auffächern, die heutige Diskussionen mit prägen (A.). Das ermöglicht eine Begriffsklärung, denn die „Aufgabe" ist von Zwecken, Zielen usw. ebenso abzugrenzen wie die Staatsaufgabe von der Verwaltungsaufgabe zu unterscheiden. Letztere ist, empirisch betrachtet, ein Phänomen im Wandel, auf die Privatisierung und Ökonomisierung, aber auch Demokratisierung sowie Europäisierung und Globalisierung, aber auch der gegenläufige Trend der „Lokalisierung" einwirken (B.). Erst vor diesem Hintergrund lässt sich dann fragen, was Verwaltungsaufgaben dogmatisch, also im engeren Sinne juristisch, prägt. Im Wesentlichen geht es dabei um zwei Aspekte: Zunächst gibt es bestimmte Aufgaben, die der Staat zu erfüllen hat; insofern lässt sich von einer fachbezogenen oder „materiellen" Aufgabendogmatik sprechen (C.). Zudem ergibt sich aus der Struktur der Verwaltungsaufgabe eine jeweils spezifische staatliche Erfüllungsverantwortung, die wiederum spezifische Formen der Steuerung (genauer wohl: der Governance-Arrangements) impliziert, und das lässt sich als strukturbezogene Dogmatik der Verwaltungsaufgabe bezeichnen (D.). Deren Eckpunkte werden sichtbar, wenn das Augenmerk nicht nur auf Akteuren liegt (wer erle-

---

[1] Grdl. *Rainer Wahl*, Die Aufgabenabhängigkeit von Verwaltung und Verwaltungsrecht, in: Schmidt-Aßmann/Hoffmann-Riem/Schuppert (Hrsg.), Reform, S. 177; auch *Otto Bachof* und *Winfried Brohm*, Die Dogmatik des Verwaltungsrechts vor den Gegenwartsaufgaben der Verwaltung, VVDStRL, Bd. 30 (1972), S. 193 und 245. S.a. *Klaus Lenk*, Verwaltungspolitik als Aufgabenpolitik, DÖV 1985, S. 85 ff. (u. a. Plädoyer für Aufgabenpolitik im Hinblick auf zu erwartende neue Aufgaben, besonders im Bereich der klassischen Ordnungsfunktionen und für Inkaufnahme einiger „Vollzugsdefizite").

[2] *Bachof*, Dogmatik (Fn. 1), S. 223, und dagegen *Wahl*, Aufgabenabhängigkeit (Fn. 1), S. 182 f.

[3] *Adolph Wagner*, Grundlegung der Politischen Ökonomie, Teil I: Grundlagen der Volkswirtschaft, 1893.

[4] → Bd. I *Voßkuhle* § 1 Rn. 17 ff.

[5] → Bd. I *Schulze-Fielitz* § 12.

digt was mit welcher Legitimation?). Vielmehr müssen auch die Folgen oder der „Output" des Handelns der Verwaltung (was wird erreicht und wer ist dafür verantwortlich?), die Art und Weise dieses Handelns (wie wird das erreicht?), die dafür eingesetzten organisatorischen und materiellen Ressourcen (mit welchem Mitteleinsatz wird die Aufgabe erledigt?) und schließlich die dafür genutzten Regulierungstypen (welche Regeln liegen dem zugrunde?) im Bezug auf die jeweiligen Aufgaben berücksichtigt werden. Damit wird deutlich, dass sich Verwaltungsaufgaben nicht nur an rechtlichen Vorgaben orientieren, sondern die Verwaltungsaufgabe selbst auch das sie umgebende Recht prägt. Zusammenfassend ergibt sich daraus eine Regulierungsskala der Verwaltungsaufgabe, die auch verdeutlicht, dass die Dinge hier im Wandel bleiben (E.).

A. Perspektiven auf Verwaltungsaufgaben

Verwaltungsaufgaben sind kein neues Thema.[6] Die Auseinandersetzung mit ihnen endete in der Rechtswissenschaft bislang jedoch meist mit dem Befund, die rechtliche Steuerung von Verwaltungsaufgaben sei gering ausgeprägt und folglich die Möglichkeit, sie dogmatisch zu fassen, sehr begrenzt. Darin offenbaren sich die Grenzen der herkömmlichen Trennung zwischen empirischen und dogmatischen und zwischen verwaltungsrechtlichen und verfassungsrechtlichen Perspektiven.

3

Die rechtswissenschaftliche Frage nach Verwaltungsaufgaben ist oft die normative Frage nach den **juristischen Rahmenbedingungen** staatlichen Handelns.[7] Aus einer „rein" juristischen Perspektive[8] geht es nur darum, was Verfassung und Gesetze als Aufgabe definieren und welche Verfahren sie für die Erfüllung von Aufgaben bereit stellen.[9] Dann sind die Staatszielbestimmungen des Grundgesetzes Normen, die Aufgaben definieren;[10] aber eine Aussage über Akteure und Modi der Erfüllung, Verantwortung für Risiken und Fehler, Grenzen der Erfüllbarkeit usw. fehlt[11]. „Wie der Staat öffentliche Aufgaben erledigen will, ist nämlich im Allgemeinen Sache seines freien Ermessens".[12] Die in der

4

---

[6] Konstatiert wird, dass es keine „allgemeine Theorie" zum Thema gibt; vgl. *Christian Brünner*, Aufgaben der Verwaltung, in: Karl Wenger/Christian Brünner/Peter Oberndorfer, Grundriss der Verwaltungslehre, 1983, S. 89 (93). Zu den verschiedenen Ansätzen auch *Hans P. Bull*, Wandel der Verwaltungsaufgaben, in: Klaus König (Hrsg.), Deutsche Verwaltung an der Wende zum 21. Jahrhundert, 2002, S. 77 ff.

[7] Vgl. *Friedrich Schoch*, Privatisierung von Verwaltungsaufgaben. Zum zweiten Beratungsgegenstand, DVBl 1994, S. 962 ff.; s.a. *Erik V. Heyen*, Zur rechtswissenschaftlichen Perspektive staatlicher Steuerung, in: Klaus König/Nicolai Dose (Hrsg.), Instrumente und Formen staatlichen Handelns, 1993, S. 201 ff.; *Brünner*, Aufgaben (Fn. 6), S. 90.

[8] Zur juristischen Methode ausführlich → Bd. I *Voßkuhle* § 1 Rn. 2 ff.

[9] Diese Trennung überwindet wegweisend *Hans P. Bull*, Die Staatsaufgaben nach dem Grundgesetz, 2. Aufl. 1977.

[10] *BVerwG*, NVwZ 1998, S. 398 ff.; m. Anm. *Thilo Brandner*, NJ 1998, S. 217 ff. (Verbandsklagebefugnis in Sachsen-Anhalt): „[…]Art. 20a GG normiert den Schutz der natürlichen Lebensgrundlagen im Sinne einer Staatszielbestimmung, die sich in erster Linie an den Gesetzgeber wendet. Der Umweltschutz wird damit zu einer fundamentalen Staatsaufgabe."

[11] Dies betont schon *Richard Thoma*, Staat (Allgemeine Staatslehre), in: HwStW VII, S. 755.

[12] *BVerwG*, NVwZ 2001, S. 184 ff. (Anerkennung als Überwachungsorganisation). Weiteres Beispiel: *Ulrich Battis/Jens Kersten*, Das Outsourcing der Beihilfebearbeitung, ZBR 2000, S. 145 ff. (keine durchgreifenden rechtlichen Bedenken).

Praxis drängenden Fragen einer sich vielfältig ausdifferenzierenden Verteilung von Aufgaben, Typen ihrer Erfüllung und gestufter Verantwortung für Folgen lassen sich so kaum beantworten.[13]

5   In der Praxis sind besonders die **Kosten** Thema. Das ist nicht neu[14], aber heute als **wirtschaftswissenschaftliche Perspektive** der Institutionenökonomik, der Modelle zu Public Choice und Prinzipal-Agenten-Verhältnissen sehr populär.[15] Äußerst produktiv sind diese Überlegungen, wenn sie Kosten ausweisen, die vorher verschleiert oder unentdeckt waren. Jedoch erhebt der normativ orientierte Teil der „Law and economics" den Anspruch, aus der Effizienz[16] als günstiger Relation zwischen Kosten und Nutzen auch Maßstäbe dafür zu gewinnen, wer welche Aufgabe wie erfüllen muss.[17] Das ist schon deshalb problematisch, weil meist nur die tatsächlich zwar äußerst wirkmächtige, aber nicht allein entscheidende Dimension der monetär quantifizierbaren Kosten berücksichtigt wird. „Kosten" von Verwaltungsaufgaben summieren sich dann ebenso wie die „Folgen" reduzierter „Folgenabschätzungen", sind aber oft nur Bürokratiekosten als Aufwendungen für Personal, Organisation und Sachmittel und eventuell noch Haftungsrisiken. Jedoch entstehen im Zusammenhang mit Verwaltungsaufgaben auch weitere Kosten aus Organisationsentscheidungen, aus der Notwendigkeit von Wissenstransfer[18] oder mittelbare Kosten in nicht unmittelbar erfüllungsnahen Bereichen. Zudem sind auch Kosten in einem solchen weiteren Sinne zwar sehr wichtig, aber nicht allein prägend. Beispielsweise ist die Aufgabenerfüllung auch stark abhängig von einer „Verwaltungskultur"[19], von den Ak-

---

[13] Vgl. *Urs Kramer,* Landesverwaltung durch Bundesbehörden? Die Aufgabenwahrnehmung durch andere Verwaltungsträger, VR 2003, S. 122 ff.; *Christof Gramm,* Privatisierung und notwendige Staatsaufgaben, 2001, S. 66. Früh in die steuerungstheoretische Richtung dagegen *Frido Wagener,* Neubau der Verwaltung, 2. Aufl. 1974. S. a. → Bd. I *Voßkuhle* § 1 Rn. 17 ff.

[14] Im Handwörterbuch der Staatswissenschaften von 1926 diskutiert *Franz Oppenheimer* in der Fortschreibung zu *Adolph Wagner* „Staat (in nationalökonomischer Hinsicht)" auch bereits mit Blick auf Staatsleistungen, Orientierung auf Prävention und Staatstätigkeiten. Kriterien, die für Staatsaufgaben sprechen, sind erstens Nachhaltigkeit, Großräumigkeit, Einheitlichkeit durch Produktion in einer Hand und zwingende Konsumtion aller (S. 778).

[15] Danach ist die Verwaltung eine Institution neben anderen, die bestimmte Aufgaben erfüllen können, also beispielsweise „der Markt" im Sinne privatwirtschaftlicher Akteure, die wiederum den Staat benötigen, um auf der Grundlage bereit gestellter Regeln und Institutionen überhaupt verlässlich handeln zu können; *Karl Homann/Andreas Suchanek,* Ökonomik: Eine Einführung, 2000, S. 205 f.; in Anlehnung an *Christian Watrin* auch *Schuppert,* Staatswissenschaft, S. 270 ff. m. w. N.

[16] Teilweise wird Effizienz auch als Verwaltungsaufgabe beschrieben; so bei *Hoffmann-Riem/Schmidt-Aßmann* (Hrsg.), Effizienz (wegen EG-wirtschaftlicher Zielausrichtung und Art. 114 Abs. 2, 14, 20 a GG).

[17] Ein Beispiel für die politische Nutzung solcher Perspektiven ist *Hubert Schüßler,* Steuerliche Hand und Spanndienste für die öffentliche Hand, in: FS Wolfgang Ritter, 1997, S. 487 ff. Näher dazu unten.

[18] Letztere seien als arbeitsteilige Auftragsverhältnisse zwischen Prinzipal und Agenten von Informationsasymmetrien geprägt, die organisatorisch behoben werden müssten. *Arnold Picot/Brigitta Wolff,* Zur ökonomischen Organisation öffentlicher Leistungen, in: Frieder Naschold/Marga Pröhl (Hrsg.), Produktivität öffentlicher Dienstleistungen, Bd. II, 1994, S. 51 ff.

[19] Dazu sozialpsychologisch *Rudolf Fisch,* Widerstände gegen Veränderungen in Behörden, in: König (Hrsg.), Deutsche Verwaltung (Fn. 6), S. 547 ff.; allg. *Sven Römer-Hillebrecht,* Verwaltungskultur, 1998 m. w. N., zur Orientierung auf Lebensstile S. 26; *Werner Jann,* Verwaltungskultur, in: König (Hrsg.), Deutsche Verwaltung (Fn. 6), S. 425 ff.; grundsätzlicher *Susanne Baer,* Schlüsselbegriffe, Typen und Leitbilder als Erkenntnismittel und ihr Verhältnis zur Rechtsdogmatik, in: Schmidt-Aßmann/Hoffmann-Riem (Hrsg.), Methoden, S. 223 ff.

teuren und der Wahrnehmung des jeweils zu lösenden Problems im jeweiligen historischen Zusammenhang.

Die **historische Betrachtung** ist für viele staatstheoretische Überlegungen zu Verwaltungsaufgaben prägend. Allerdings wird dann nicht selten als Tatsache beschrieben, was erst vor einem ganz bestimmten theoretischen Hintergrund konstruiert worden ist, ohne die Prämissen des jeweiligen theoretischen Zugangs aufzudecken. So werden „klassische" Verwaltungsaufgaben präsentiert, ohne immer genau zu klären, welcher Zeitraum, politische Kontext oder sonstige Aspekt eine Aufgabe „klassisch" werden lässt.[20] Nicht selten schwebt im Hintergrund die „große Geschichte"[21] eines Idealbildes vom hoheitlich, allein und autoritär seine Ziele erreichenden Staat, den es aber so wohl nie gegeben hat.[22] Der heuristische Wert umfassender historischer Untersuchungen ist damit allerdings groß. Sie zeigen, wie sehr, aus welchen Gründen und mit welchen Folgen Verwaltungsaufgaben als solche gefasst, also eben gerade als Verwaltungsaufgabe konstruiert werden. Sie können zudem Auskunft über Akteure der Aufgabenerfüllung geben, wenn die etatistische Perspektive (wann hat der Staat was erledigt?) um eine zivilgesellschaftliche und eine individuelle Perspektive ergänzt wird (wer hat in welcher Form des Zusammenwirkens was erreicht?), und übergeordnet auch die Frage nach der Steuerung interessiert. 6

Auch **sozialwissenschaftliche Untersuchungen** zeigen, ob in der Tradition *Max Webers*[23] oder der Systemtheorie[24] oder aber in Orientierung an der Gliederungssystematik von Haushaltsplänen, dass es kaum etwas gibt, was Staaten nicht einmal selbst in die Hand genommen hätten. Doch lässt sich daraus eben dogmatisch nichts ableiten.[25] Sie eignen sich daher auch nicht für Kataloge oder gar Checklisten, die bestimmte Aufgaben unterschiedlichen Akteuren zur Erfüllung zuordnen.[26] Wesentlich scheint vielmehr, dass die öffentliche Verwaltung 7

---

[20] Vgl. die Studie von *Richard Rose,* On the Priorities of Government, European Journal of Political Research, Bd. 4 (1975), S. 247 ff., und dazu *Schuppert,* Staatswissenschaft, S. 293 („klassische Gewährleistungsaufgaben"). Auch die Kommunale Gemeinschaftsstelle für Verwaltungsvereinfachung (KGSt) entwickelt empirische Aufgabenkataloge. Skeptisch zu historisierenden Katalogen *Wahl,* Aufgabenabhängigkeit (Fn. 1), S. 189; aufschlussreich *Matthias Kötter,* Verantwortungsverteilung im Spiegel sozialverfassungsrechtlicher Debatten seit den fünfziger Jahren, in: *Andreas v. Arnauld/ Andreas Musil* (Hrsg.), Strukturfragen des Sozialverfassungsrechts, 2009, S. 85 ff.

[21] In der postmodernen Kritik der Dekonstruktion bezeichnet die „große Geschichte" jene Mythen der Moderne, die als Folien fortwirken und implizit dauernd reproduziert werden. Vgl. zu Erzählungen über Verwaltung → Bd. I *Schuppert* § 16 Rn. 39 ff.

[22] Die Idealisierung und Mystifizierung des „hoheitlichen Handelns" geht einher mit jener der Trennung zwischen Staat und Gesellschaft, der Steuerungskraft des Gesetzes, der Einheit der Verwaltung, der Bipolarität des Verwaltungsakts usw. Zu derartigen Leitbildern im allgemeinen Verwaltungsrecht *Baer,* Der „Bürger im Verwaltungsrecht", 2006; zu jenen in der Verwaltungsrechtswissenschaft *Anna-Bettina Kaiser,* Die Kommunikation der Verwaltung, 2009.

[23] Nur referentiell *Christoph Reichard,* Von Max Weber zum „New Public Management". Verwaltungsmanagement im 20. Jahrhundert, in: Peter Hablützel/Theo Haldemann/Kuno Schedler/Karl Schwaar (Hrsg.), Umbruch in Politik und Verwaltung, 1995, S. 57 ff.

[24] *Niklas Luhmann,* Theorie der Verwaltungswissenschaft, 1966. S. a. *Gralf-Peter Calliess,* Prozedurales Recht, 1999, insbes. zur prozeduralen Steuerung von Gentechnik S. 224 ff.; *Renate Mayntz,* Soziologie der öffentlichen Verwaltung, 1978 (1997), S. 35 ff.

[25] So auch *Frieder Naschold/Jörg Bogumil,* Modernisierung des Staates, 1998, S. 55. Anschaulich ist der „Funktionenatlas" bei *Schuppert,* Staatswissenschaft, S. 293–296, mit Gewährleistungs- und Bereitstellungsaufgaben und den Akteuren Staat-Markt-Bürger. S. a. Claudia Neu (Hrsg.), Daseinsvorsorge, 2009.

[26] Exemplarisch *Renate Mayntz,* Gesetzgebung und Bürokratisierung, 1980, S. 27, 47 ff., 75 ff. Ausführlicher → Bd. I *Groß* § 13; m. w. N. *Frieder Naschold,* Modernisierung des Staates. Zur Ordnungs-

strukturell immer dazu dient, ein demokratisches Legitimationsniveau staatlicher Aktivität zu sichern, was sich traditionell – auf den Input orientiert – in Bindungen an den Gesetzesvorbehalt und eine Kette abgeleiteter Herrschaftsbefugnisse, also an das Demokratieprinzip niederschlägt, und von außen – auf den Output orientiert – als Folgenverantwortung und Effizienzbindung eingefordert wird.

Aus gesellschaftswissenschaftlicher Perspektive geht es zudem um Fragen nach den „policies" oder Politiken der Verwaltungsaufgabe, also danach, was aus welchen Gründen welche Akteure wie beschäftigt und wie folglich Macht und Herrschaft verteilt sind. So konzentrieren sich vorrangig politikwissenschaftliche Arbeiten heute meist unter dem Titel **„Governance"**[27] auf das komplizierte Zusammenspiel von Traditionen, Interessen und Bedürfnissen[28], von Ressourcen, Organisations- und Regelungsstrukturen der öffentlichen Verwaltung.[29] Aus einer Governance-Perspektive geht es dann bei der „inneren Sicherheit" darum, welche Akteure wie mächtig agieren, was also ein ressourcenarmer, aber weiterhin mit dem Gewaltmonopol ausgestatteter Staat in einem Sicherheitsgewerbemarkt eigentlich ist, und was geschieht, wenn ein Ehrenamt nun auch die Tätigkeit in Bürgerwehren umfasst.[30] Allgemeiner geht es darum, welche Organisationsformen zur Erfüllung einer Aufgabe eigentlich tatsächlich angeboten und welche auch genutzt werden sowie wer dabei welche Befugnisse hat und welche Risiken trägt.

8   Daneben gibt es eine weitere Perspektive auf Verwaltungsaufgaben, in der sowohl historische Veränderungen wie auch die jeweiligen Arrangements der Akteure sehr wichtig sind. So beschreibt *Michel Foucault* staatliche, gesellschaftliche und individuelle Entwicklungen insgesamt als **Diskurse:** Verschiedene Regelungsmechanismen, Disziplinarmechanismen und Sicherheitsdispositive erzeugen eine Herrschaft über Sachen und Menschen, über Wissen und Mentalitäten, eine **„Gouvernementalität".**[31] Das Regieren („gouverner") wird hier mit der kollektiven Wahrnehmung desselben („mentalité") verknüpft; es interessiert also nicht nur der Staat, sondern auch die Gesellschaft, und dies nicht nur als Fakt, sondern auch als jeweils unterschiedlich wahrgenommene Welt, als Produkt und Triebkraft von Wissenspolitiken.

---

und Innovationspolitik des öffentlichen Sektors, 1993; zusammenfassend *Naschold/Bogumil*, Modernisierung (Fn. 25), S. 58 ff; *Hans P. Bull*, Aufgabenentwicklung und Aufgabenkritik, in: Klaus König/Heinrich Siedentopf (Hrsg.), Öffentliche Verwaltung in Deutschland, 2. Aufl. 1997, S. 343 (352).

[27] → Bd. I *Schuppert* § 16 Rn. 20 ff.; *Claudio Franzius*, Warum Governance?, KJ 2009, S. 25; *ders.*, Governance und Regelungsstrukturen, VerwArch, Bd. 97 (2006), S. 186 ff.

[28] Zum Dienstleistungscharakter öffentlicher Aufgaben *Dieter Grunow*, Öffentliche Dienstleistungen, in: König/Siedentopf (Hrsg.), Öffentliche Verwaltung (Fn. 26), S. 325 ff.

[29] Z. B. *Rainer Reinhart*, Staatsaufgaben heute und morgen – Überlegungen zu ihrer wirksamsten Wahrnehmung, ZBR 1976, S. 33 ff.; i. Ü. *Werner Jann*, Verwaltungsreform als Verwaltungspolitik: Verwaltungsmodernisierung und Policy-Forschung, in: FS Hellmut Wollmann, 2001, S. 321 ff.; s. a. *Wahl*, Aufgabenabhängigkeit (Fn. 1), S. 183 f. (Verwalten als kombinierter Einsatz von Programmen, Organisation, Personal und Finanzen).

[30] Vertiefend *Jens Artelt*, Verwaltungskooperationsrecht. Zur Ausgestaltung der Zusammenarbeit von Polizei und Sicherheitswirtschaft, 2009.

[31] *Michel Foucault*, Geschichte der Gouvernementalität I, II, 2004; dazu *Thomas Lemke*, Eine Kritik der politischen Vernunft. Foucaults Analysen der modernen Gouvernementalität, 2001. „Diskurse" sind nach *Foucault* spezifisch mächtige Arrangements, also etwas anderes als schlichte Debatten oder aber Legitimationsquellen, wie in der „Diskurstheorie" von *Jürgen Habermas*.

A. Perspektiven auf Verwaltungsaufgaben

Die Unterschiede dieser Perspektiven auf Staatsaufgaben zeigen sich beispielhaft in aktuellen politischen Diskussionen.

Ein Beispiel wäre die Staatsaufgabe der **„Bewältigung des demografischen Wandels"**. So lässt sich einerseits behaupten, der Staat müsse sich gegen ein „Aussterben des Volkes" wappnen, andererseits aber auch analysieren, wie eine solche „Biopolitik" heute funktioniert, wenn sich der Staat ganz egoistisch, aus „demografischen" Gründen des Selbsterhalts, bevölkerungspolitisch für den Volkskörper interessiert und nicht mehr nur Einzelne sanktioniert, sondern Kollektive reguliert. Das ermöglicht es, sonst getrennte Aufgaben der Migrationsverwaltung, Familienfürsorge und Gesundheitsadministration als „biopolitisch" ineinander greifende „Diskurse" zu verstehen, und sie nicht zuletzt an gemeinsamen juristischen Maßstäben zu messen.[32]

Ein weiteres Beispiel ist die „klassische" **„Staatsaufgabe Sicherheit"**, denn darum, so heißt es meist ohne empirischen Nachweis[33], habe sich der Staat schon immer gekümmert. Dann lässt sich fragen, ob eine solche Staatsaufgabe eine Reaktion auf tatsächliche Veränderungen von Gefahren darstellt oder aber eine Reaktion auf die veränderte Wahrnehmung von Gefahr, auf geänderte diskursive Konstruktionen von Sicherheit, die als Argument mit bestimmten Interessen eingesetzt werden, also nicht nur Staatsaufgabenpolitik, sondern im Kern auch Wissenspolitik betrieben wird. Entscheidend ist also, ob Entstehung und Wandel einer Verwaltungsaufgabe als objektives Faktum dargestellt wird, der Staat also auf „Sachzwänge" reagiert und diese erzeugt, oder ob davon ausgegangen wird, dass es sich um die Veränderung intersubjektiv hergestellter Verständnisse handelt, um „Diskurse". Wenn mit Blick auf die Verwaltungsaufgabe innere Sicherheit „der Terrorismus" als eine Tatsache behandelt wird, der ein bestimmtes gesellschaftspolitisches Gewicht zukommt, dann folgt daraus ein schlichtes „Mehr", also eine Intensivierung der Aufgabenerfüllung, die durch mehr materielle und personelle Ressourcen, mehr Eingriffsbefugnisse, weniger Aufsicht und Kontrolle oder andere Organisationsformen verwirklicht wird. Wird „der Terrorismus" jedoch auch als diskursive Konstellation begriffen, die bestimmte Akteure erzeugen, so folgen daraus systematischere Fragen nach dem „wie" (folglich nicht „mehr", sondern „anders"), also nach der Legitimation einer neu zu fassenden Verwaltungsaufgabe innere Sicherheit, nach ihrer Steuerung und den Erfüllungsweisen einschließlich der Akteure, Handlungsformen, Verantwortung, Ausstattung und Form der Regulierung. Dasselbe gilt für Diskussionen um den Präventionsstaat[34], um den Umweltstaat[35] oder eben um neue Bevölkerungspolitiken. Verwaltungsaufgaben vermehren sich nicht naturwüchsig, sondern werden verändert.

Deutlich ist angesichts der Vielfalt theoretischer Annäherungen also, dass sich ein Verwaltungsaufgabenrecht mit einer Vielzahl von Phänomenen und Aspekten der Definition und Erfüllung von Aufgaben auseinander zu setzen hat.

---

[32] *Diana Auth/Barbara Holland-Cunz* (Hrsg.), Grenzen der Bevölkerungspolitik, 2007; juristisch übersetzt bei *Susanne Baer*, Demografischer Wandel und Generationengerechtigkeit, VVDStRL, Bd. 68 (2009), S. 290 ff.

[33] Zur fehlenden Rechtssoziologie im Öffentlichen Recht *Andreas Voßkuhle*, Verwaltungsdogmatik und Rechtstatsachenforschung. Eine Problemskizze, VerwArch, Bd. 85 (1994), S. 567 ff.

[34] *Erhard Denninger*, Der Präventions-Staat, KJ 1988, S. 1 ff.; *Dieter Grimm*, Verfassungsrechtliche Anmerkungen zum Thema Prävention, KritV 1986, S. 38 ff.

[35] *Michael Kloepfer* (Hrsg.), Umweltstaat, 1989.

B. Verwaltungsaufgaben im Wandel

10 Schon angesichts aktueller Entwicklungen, aber deutlicher noch in historischer Perspektive und jedenfalls im internationalen Vergleich ist erkennbar, dass sich Verwaltungsaufgaben ständig verändern. Es gibt nicht „die Verwaltungsaufgabe" und es gibt auch keine naturwüchsige Evolution derselben. Vielmehr gibt es einen Prozess der Definition, Verteilung und Erfüllung von Aufgaben, die die Verwaltung mehr oder minder intensiv erfüllen will oder soll. Wer diesen Prozess nicht nur verstehen, sondern auch steuern will, muss zunächst genauer definieren, was Verwaltungsaufgaben im Unterschied zu Zielen, Zwecken oder Funktionen der Verwaltung und insbesondere im Unterschied zu Staatsaufgaben sind (I.). Dann lässt sich beschreiben, welche Aufgaben wann von der Verwaltung übernommen wurden und wie die heute wichtigen Impulse von Privatisierung usw. darauf wirken (II.). Schließlich folgt der Blick auf die Typen, nach denen Aufgaben heute sortiert werden, und die Kataloge, die zur Bestimmung von Verwaltungsaufgaben dienen sollen (III.).

I. Definition und Abgrenzungen

11 „Aufgaben" sind etwas anderes als Ziele[36], Zwecke[37], Interessen, Kompetenzen und Befugnisse, Funktionen[38] und Modi oder Handlungsformen[39] der Verwaltung und des Staates. Allgemein benennt der Begriff „Aufgabe" positiv ein Tun, das ein Mensch vor sich sieht, auf das ein Denken oder Handeln zielt, und negativ das „Aufgeben", ein Unterlassen oder Ablassen von der Verfolgung eines Zieles. Aufgaben können erwünscht oder unerwünscht, selbst definiert oder fremdbestimmt, erreichbar oder unerfüllbar sein – kennzeichnend ist **die prospektive Zielorientierung und die Handlungstendenz**.[40] Eine Aufgabe ist also etwas, das in Zukunft getan werden soll, zur Verwirklichung oder Sicherung

---

[36] *Brünner*, Aufgaben (Fn. 6), S. 94 ff., versteht Aufgabe als „Ebene in einer Zielhierarchie", als „Konkretisierungsstufe in einer Zielhierarchie", die aus Staatszwecken Staatsziele und daraus Staatsaufgaben ableite.

[37] Vgl. *Christoph Link* und *Georg Ress*, Staatszwecke im Verfassungsstaat, VVDStRL, Bd. 48 (1990), S. 7 ff. und 56 ff.; auch Karl P. Sommermann, Staatsziele und Staatszielbestimmungen, 1997.

[38] Anders *Helmut Lecheler*, Privatisierung von Verwaltungsaufgaben, BayVBl. 1994, S. 555 ff. (Verwaltungsaufgaben als „einzelne Verwaltungsfunktionen" wie Datenverarbeitung, Gebäude und Fensterreinigung, Gebäudebewachung, Straßenreinigung, Erschließung von Industrie und Gewerbegebieten, Stadt-, Bau- und Verkehrsplanung usw. und auch Aufgabengebiete wie Bahn, Post, Staatsweingüter).

[39] Information wird von Gerichten manchmal als Aufgabe bezeichnet, ist aber eher Form der Erledigung. Sie muss von der Aufgabe der Beschaffung von Wissen durch Wissenschaft oder Statistik unterschieden werden. Aus der Rspr. *Kammergerichts Report Berlin* 2001, S. 343 (Information als notwendige Begleiterscheinung der Erfüllung öffentlicher Aufgaben), aber auch *BVerfGE* 44, 125 (147); 63, 230 (242 f.); 65, 1 (59) zur Öffentlichkeitsarbeit als staatlicher Verpflichtung gegenüber den Bürgerinnen und Bürgern und als unmittelbare Form der Erfüllung von Staatsaufgaben; i. Ü. *Rolf Gröschner*, Öffentlichkeitsaufklärung als Behördenaufgabe, DVBl 1990, S. 619 ff.

[40] Ähnlich *Josef Isensee*, Gemeinwohl im Verfassungsstaat, HStR IV, § 71; vorher: Gemeinwohl und Staatsaufgaben im Verfassungsstaat, HStR III, 2. Aufl. 1996, § 57, S. 134 ff. (konkret auf Handlungsbereiche bezogen).

B. Verwaltungsaufgaben im Wandel

von Zielen oder Zwecken.[41] Insofern ist der verfassungsrechtliche Begriff der „Staatsziele" – Umweltschutz nach Art. 20a GG[42] oder die tatsächliche Gleichstellung von Frauen und Männern nach Art. 3 Abs. 2 S. 2 GG – missverständlich, wenn eigentlich „Querschnittsaufgaben" gemeint sind, denn hier sollen Ziele ja gerade tatsächlich erreicht werden. Die Aufträge in Art. 8–12 AEUV verdeutlichen das. Demgegenüber ist der Sozialstaat als organisatorische Ausprägung einer kollektiv verantworteten sozialen Gerechtigkeit[43] keine Aufgabe[44], sondern Zweck und Ziel staatlichen Handelns[45]; er dient der Legitimation[46] und wird erst durch Grundrechte dynamisiert[47], dann allerdings auch mit Aufgabencharakter. Desgleichen ist das Gemeinwohl[48] ein wertvolles Konzept, aber keine Aufgabe, sondern ebenfalls Ziel. Das Gewaltmonopol des Staates ist auch keine Aufgabe, sondern formeller Zweck oder manchen sogar Grund der Existenz des Staates selbst. Auch die Gesetzesgestaltung im Sinne der sachgebietsbezogenen Konkretisierung gesetzgeberischer Vorgaben[49] ist keine Aufgabe in diesem Sinne, denn ihr fehlt die materielle Zielorientierung; Regulierung ist nur ein Modus der Aufgabenerfüllung.

Nicht jede Aufgabe ist gleich Verwaltungsaufgabe und eine „Verwaltungsaufgabe" wird nicht immer von der öffentlichen Verwaltung allein und in Gänze übernommen: Verwaltungsaufgaben sind **nicht exklusiv**. Vielmehr gibt es eine

12

---

[41] *Wolfgang Hoffmann-Riem*, Verantwortungsteilung als Schlüsselbegriff moderner Staatlichkeit, in: FS Klaus Vogel, 2000, S. 47 (53 f.); auch *Hans-Heinrich Trute*, Gemeinwohlsicherung im Gewährleistungsstaat, in: Gunnar Folke Schuppert/Friedhelm Neidhardt (Hrsg.), Gemeinwohl – Auf der Suche nach der Substanz, WZB-Jb. 2002, S. 329 ff. Das kann der Grund für die verfassungsrechtliche Karriere der Ziele sein, da damit Erfüllung gerade nicht vorgegeben wird.

[42] Vgl. *Martin Eifert*, Der Verfassungsauftrag zu ökologisch nachhaltiger Politik, KJ 2009, S. 211 ff. S. a. BVerfGE 118, 79 (110) und BVerfG, Urt. v. 24. 11. 2010, Az.: 1 BvF 2/05, Rn. 113 (Gentechnik).

[43] Vgl. *Martina Deckert*, Folgenorientierung in der Rechtsanwendung, 1995, S. 191 ff., die sich auf *John Rawls* stützt.

[44] Siehe *Schuppert*, Staatswissenschaft, S. 215 ff. m. w. N.; i. Ü. → Bd. I *Schulze-Fielitz* § 12 Rn. 148 ff.

[45] S. a. BVerfGE 42, 313 (332; kirchenangehörige Abgeordnete), wo das Gemeinwohl als alleiniger Zweck des Staates genannt wird (kein „Hüter eines Heilsplans"), und *Isensee*, Gemeinwohl (Fn. 40) (Gemeinwohl sei Teil des „staatsethischen Grundkanons", dessen Verwirklichung den Bürgerinnen und Bürgern bei staatlicher Letztverantwortung überlassen ist; grundsätzliche Subsidiarität).

[46] Aus ökonomischer Sicht können Effizienz oder Effektivität Legitimationsgründe sein.

[47] Das besagt die dogmatische Figur des Anspruchs auf ein Existenzminimum als Ausdruck einer Verfassungsstaatlichkeit, die den Schutz der Menschenwürde auch materiell in kollektiven Umverteilungssystemen garantiert; vgl. BVerfGE 125, 175 (222 ff.; „Hartz IV"); grundsätzlicher *Hans F. Zacher*, Das soziale Staatsziel, in: ders., Abhandlungen zum Sozialrecht, 1993, S. 3 ff., mit weiteren Unterzielen (Hilfe gegen Not und Armut, menschenwürdiges Existenzminimum für jeden, mehr Gleichheit durch den Abbau von Wohlstandsdifferenzen und die Kontrolle von Abhängigkeitsverhältnissen, mehr Sicherheit gegenüber den „Wechselfällen des Lebens", Hebung und Ausbreitung des Wohlstandes); s. a. *Wolfgang Spellbrink*, Sozialrecht durch Verträge?, NZS 2010, S. 649 ff.

[48] Vgl. *Schuppert/Neidhardt*, Gemeinwohl (Fn. 41); zum Verhältnis zwischen öffentl. Aufgabe und Gemeinwohl KGSt 10/1995, S. 9 ff.; *Hans-Heinrich Trute*, Die Wissenschaft vom Verwaltungsrecht: Einige Leitmotive zum Werkstattgespräch, DV, Beiheft 2, 1999, S. 9 (12); nachfragend *Peter Häberle*, Diskussionsbeitrag, VVDStRL, Bd. 56 (1997), S. 312, und grds. ders., Die Gemeinwohlproblematik in rechtswissenschaftlicher Sicht, Rechtstheorie, Bd. 14 (1983), S. 257 ff. Zum „Gemeinsinn" *Fritz Behrens*, Der aktivierende Staat, in: Ulrich v. Alemann/Rolf G. Heinze/Ulrich Wehrhöfer (Hrsg.), Bürgergesellschaft und Gemeinwohl, 1999, S. 47 (51). Zum Aspekt der Gerechtigkeit *Isensee*, Gemeinwohl (Fn. 40), Rn. 2, aus historisch kritischer Perspektive *Michael Stolleis*, Gemeinwohlformeln im nationalsozialistischen Recht, 1974.

[49] *Helmuth Schulze-Fielitz*, Grenzen rationaler Gesetzesgestaltung, insbes. im Leistungsrecht, DÖV 1988, S. 758 ff. (Gesetzesgestaltung als politische und rechtliche Aufgabe der Verwaltung).

große Vielfalt in dem, was die Verwaltung tatsächlich tut, um Aufgaben zu erfüllen. Sie kann sie allein übernehmen und intern verteilen oder auch an andere geben, also extern verteilen, sie kann weitere Aufgaben definieren, um die Erfüllung einer Aufgabe zu erreichen, sie kann überwachen und sanktionieren oder auch ermöglichen. Daher gibt es unterschiedliche Netzwerke im Sinne von Governance-Arrangements, also vielfache Verzahnungen zwischen (auch in sich sehr unterschiedlichen) staatlichen und mit privaten sowie mit gemischten (hybriden) Akteuren und Regulierungsformen.[50] Verwaltungsaufgaben sind folglich heute Aufgaben, mit denen die staatliche Verwaltung etwas zu tun hat, aber die ihr nicht zwingend allein zufallen.

13 Verwaltungsaufgaben sind **öffentliche Aufgaben,** denn sie müssen als staatliches Handeln in öffentlichen Angelegenheiten legitimiert sein. Aber nicht alle öffentlichen Aufgaben werden von der Verwaltung erfüllt oder müssen von ihr übernommen werden. Die Unterscheidung zwischen öffentlichen und privaten Aufgaben ist also keine dichotomische Polarisierung[51], sondern dient dazu, Steuerungsmacht, Akteure, Verantwortliche und Adressierte auseinander zu halten. *Hans Peters*[52] beschreibt öffentliche Aufgaben, ebenso wie das Bundesverfassungsgericht beispielsweise den Rundfunk[53], als jene Aufgaben, die für die Gesellschaft von grundlegender Bedeutung sind, aber vom Staat oder von Privaten – hinzuzufügen wäre: oder gemeinsam – erfüllt werden können. Demgegenüber sind staatliche Aufgaben nur diejenigen, die der Staat selbst – in mittelbarer oder unmittelbarer Staatsverwaltung – in die Hand nimmt. Der EuGH definiert so die öffentliche Aufgabe: als Wahrung allgemeiner staatlicher Belange unter Wahrnehmung hoheitlicher Befugnisse.[54] Nur das sind Verwaltungsaufgaben.

14 Verwaltungsaufgaben sind auch **Staatsaufgaben,** aber der Staat wird nicht nur verwaltend tätig, sondern auch legislativ und judikativ, wie es Art. 20 GG und die Landesverfassungen nach der Lehre von den drei hoheitlichen Gewalten grundlegend konstituieren. Danach sind Regierung und (sonstige) Verwaltung exekutiv tätig, was nicht nur Rechtsdurchsetzung und Anwendung im Einzelfall bedeutet, sondern auch Rechtsetzung (als administrative Regulierung[55]) und immer deutlicher auch die relativ autonome Ausfüllung von Handlungsspielräumen[56]. Die Verwaltung bleibt dennoch zwingend Ausführungsorgan des demokratisch gebundenen Staates und hat die **allgemeine Aufgabe,** öffentliche Zwecke und Ziele, die der Staat erfüllen muss oder jedenfalls darf, bestmöglich zu verwirklichen. Daraus leiten sich dann erst die **konkreten Aufgaben** ab, die hier als Verwaltungsaufgaben behandelt werden.

---

[50] *Franzius,* Regelungsstrukturen (Fn. 27), S. 186 ff.
[51] Zur Untauglichkeit der Unterscheidung privat-öffentlich auch *Brünner,* Aufgaben (Fn. 6), S. 96 f.
[52] *Hans Peters,* Öffentliche und staatliche Aufgaben, in: FS Hans C. Nipperdey II, 1965, S. 877 ff.; dazu auch *Bull,* Staatsaufgaben (Fn. 9), S. 50.
[53] *BVerfGE* 12, 205 (246); 31, 314 (Ls. 1, 329).
[54] *EuGH,* Rs. 149/79, Slg. 1980, 3881, Rn. 27; auch *EGMR,* Urt. v. 8. 12. 1999, Nr. 28 541/95 – Pellegrin; rezipiert vom *Schweizerischen Bundesgericht,* EuGRZ 2004, S. 70 (71); i. Ü. *Stefan Kadelbach,* Allgemeines Verwaltungsrecht unter europäischem Einfluss, 1999 (zum Wegfall von Genehmigungserfordernissen, Verlagerung von Risiken auf Private, Rechtsschutz). S. a. *Axel Kulas,* Privatisierung hoheitlicher Verwaltung, 2001.
[55] → Bd. II *Hill* § 34.
[56] → Bd. II

B. Verwaltungsaufgaben im Wandel

II. Impulse des Wandels

Verwaltungsaufgaben – und nicht nur die Modi, diese zu erfüllen[57] – sind 15
quantitativ und qualitativ ständig im Wandel[58]. Oft ist die Rede von einer Zunahme an **Komplexität**; tatsächlich handelt es sich um eine jeweils **veränderte Wahrnehmung** und eine andere Art und Weise, diese zu beschreiben[59]. „Komplexität" ist immer eine quantitative und qualitative Veränderung unseres Wissens um soziale und kulturelle Verhältnisse und eine Veränderung der Akteure, die dabei etwas zu sagen, also eine „Stimme" im Sinne von Definitionsmacht haben. So haben sich z. B. Aufgaben der Parlamentsverwaltung nicht deshalb verändert, weil die Welt sich ändert, sondern weil Wissen um Welt differenzierter und schneller produziert wird und weil mehr Akteure unterschiedliche Differenzierungen einbringen und einfordern.[60]

Allerdings gibt es bestimmte Entwicklungen, die sich auf Verwaltungsaufgaben 16
besonders deutlich auswirken. Dazu gehört die **Privatisierung.** Der Begriff bezeichnet sehr vielfältige Phänomene. Sie reichen von der teilweisen Aufgabe staatlicher Verantwortung oder die Abgabe an private Akteure[61] über die Veränderung von Leistungen des Staates bis hin zu formellen Privatisierungen, bei denen aber faktisch weiter öffentliche Räume gestaltet werden.[62] Hinter ihnen stehen politische Forderungen nach dem schlanken Staat, der kooperiert, aktiviert oder gewährleistet. Diese Forderungen sind sehr oft ökonomisch auf die Kosten hin orientiert. Dann geht es darum, die **knappen Ressourcen** oder „leeren öffentlichen Kassen", die immer auch umverteilte Kassenbestände sind, zu schonen. Hier sind insbesondere sozialpolitische Debatten, aber auch Diskussionen über Infrastrukturprojekte des Straßen- und Schienenverkehrs oder der Kommunikationstechnologie angesiedelt.

Überhaupt wirken sich **politische Grundhaltungen** auf den Wandel von Ver- 17
waltungsaufgaben deutlich aus. Die Zeit der „unreflektierten Hoffnung"[63] auf Privatisierung[64] ist auch angesichts der beobachtbaren problematischen Folgen

---

[57] → Bd. I *Schulze-Fielitz* § 12 Rn. 13 ff. S. a. *Dietrich Budäus* (Hrsg.), Organisationswandel öffentlicher Aufgabenwahrnehmung, 1998; auch *Wolfgang Seibel/Arthur Benz/Heinrich Mäding* (Hrsg.), Verwaltungsreform und Verwaltungspolitik im Prozess der deutschen Einigung, 1993; *Martin Morlok/Rupert Windisch/Manfred Miller* (Hrsg.), Rechts- und Organisationsprobleme der Verwaltungsmodernisierung, 1997.
[58] Vgl. *Hans P. Bull*, Daseinsvorsorge im Wandel der Staatsformen, Der Staat, Bd. 47 (2008), S. 1 ff.; *Mayntz*, Soziologie (Fn. 24), S. 54 f.; *Gunnar Folke Schuppert*, Was ist und wie misst man Wandel von Staatlichkeit?, Der Staat, Bd. 47 (2008), S. 325 ff.
[59] Vgl. *Helmut Willke*, Systematisches Wissensmanagement, 2001.
[60] *Andreas Kremer*, Das Landtagsamt als verwaltende Behörde. Dargestellt anhand des Bayerischen Landtags, DV, Bd. 27 (1994), S. 495 ff. („Parlamentsspezifische Verwaltungsaufgaben" als administrative, wissenschaftliche und organisatorisch technische Dienste zur Erfüllung der verfassungsrechtlichen Aufgaben).
[61] → Bd. I *Schulze-Fielitz* § 12 Rn. 91 ff.; auch *Barbara Remmert*, Private Dienstleistungen in staatlichen Verwaltungsverfahren, 2003; *Friedrich Schoch*, Rechtliche Steuerung der Privatisierung staatlicher Aufgaben, Jura 2008, S. 672 ff.; *Peter Collin*, Privatisierung und Etatisierung als komplementäre Gestaltungsprozesse, JZ 2011, S. 274 ff.
[62] Vgl. BVerfG, Urt. v. 22. 2. 2011, Az.: 1 BvR 699/09 – Fraport.
[63] *Jens Heuer*, Privatwirtschaftliche Modelle zu einem modernen (anderen?) Staat, DÖV 1995, S. 85 (86). Zu den Problemen auch *Naschold/Bogumil*, Modernisierung (Fn. 25), S. 53.
[64] Ausführlich → Bd. I *Schulze-Fielitz* § 12 Rn. 108 ff., *Voßkuhle* § 1 Rn. 58 ff., *Schuppert* § 16 Rn. 82 ff. S. a. *Katrin Stein*, Privatisierung kommunaler Aufgaben – Ansatzpunkte und Umfang verwaltungsge-

§ 11 Verwaltungsaufgaben

vorbei.[65] Der besitzstandswahrende Versuch, Privatisierungen unter Hinweis auf Art. 33 Abs. 4 GG zu bremsen, war dagegen punktuell erfolgreich.[66] Allerdings ist ein vergleichbarer Ruf heute manchmal auch emanzipatorisch motiviert, obwohl der Begriff dann meist ebenso vermieden wird wie „Vergesellschaftung", der zu sozialistisch nach Zwangskollektivierung klingt, oder „Subsidiarität", der weithin nur europapolitisch benutzt wird. In der Sache wird auch aufgrund des veränderten Selbstverständnis nicht zuletzt von Kommunen[67] vielfach gefordert, der Staat möge Aufgaben an die **Zivilgesellschaft** geben, die diese selbstbestimmt, im Sinne einer politischen Subsidiarität, erledigen will. Das betrifft insbesondere Umweltschutz und Energiepolitik, aber auch Haushaltspolitik in „Bürgerhaushalten" und Partizipation in der Bau- und Verkehrsplanung.[68] Diese Tendenz lässt sich durchaus als – auch in transnationalen Verhältnissen greifende[69] – **Demokratisierung** bezeichnen.

18 Für die Verwaltungsaufgaben ist noch offensichtlicher der **Wandel der Leitbilder** prägend, die für den Staat gefunden werden. Eine Idealvorstellung vom strikt hoheitlich handelnden liberal-minimalen Rechtsstaat, der zwingend zu erledigen hat, was mit Zwang verbunden ist,[70] unterscheidet sich gerade hinsichtlich der Verwaltungsaufgaben gravierend von der Idee der Struktursicherung,

---

richtlicher Kontrolle, DVBl 2010, S. 563 ff.; *Wolfgang Weiss*, Privatisierung und Staatsaufgaben, 2002; *Jörn A. Kämmerer*, Privatisierung, 2001; *Hans P. Bull*, Privatisierung öffentlicher Aufgaben, VerwArch, Bd. 86 (1995), S. 621 ff.; *Dieter Grimm*, Verbände, in: HdbVerfR, § 15, S. 657 ff.; *ders.*, Die Verfassung und die Politik, 2001, S. 295 (317 ff.); *Matthias Herdegen* und *Martin Morlok*, Informalisierung und Entparlamentarisierung politischer Entscheidungen als Gefährdungen der Verfassung?, VVDStRL, Bd. 62 (2003), S. 7 ff. und 37 ff.; *Tobias Köpp*, Normvermeidende Absprachen zwischen Staat und Wirtschaft, 2001; *Albert Krölls*, Rechtliche Grenzen der Privatisierungspolitik, GewArch 1995, S. 129 ff.; *Helge Rossen*, Vollzug und Verhandlung, 1999; *Gunnar Folke Schuppert*, Rückzug des Staates?, DÖV 1995, S. 761 ff.

[65] Für Großbritannien, die USA und die Bundesrepublik zusammenfassend *Frieder Naschold*, „Der Blick über den Tellerrand" – Internationale Erfahrungen bei der Modernisierung des öffentlichen Sektors und ihre Bedeutung für die Bundesrepublik Deutschland, in: Fritz Behrens u.a. (Hrsg.), Den Staat neu denken, 2. Aufl. 1997, S. 88 f.; *Naschold/Bogumil*, Modernisierung (Fn. 25), S. 40 ff. (keine Relation zwischen Effektivität und Rechtsform, sukzessive Erhöhung der Forderungen Privatisierter an die öffentliche Hand).

[66] Ein Beispiel ist die Entscheidung des *Nds. StGH*, Urt. v. 5. 12. 2008, Az.: 2/07 – juris, zur Unvereinbarkeit des Maßregelvollzugsgesetzes wegen Verstoßes gegen das Demokratieprinzip, mit ausführlicher Anm. *Alexander Thiele*, Art. 33 Abs. 4 GG als Privatisierungsschranke, Der Staat, Bd. 49 (2009), S. 274 ff. Differenzierend *Klaus-Joachim Grigoleit*, in: Klaus Stern/Florian Becker (Hrsg.), Grundrechte-Kommentar, 2009, Art. 33 Rn. 49, 60; *Johannes Masing*, in: Dreier (Hrsg.), GG II, Art. 33 Rn. 67; kritisch *Monika Jachmann*, in: v. Münch/Kunig (Hrsg.), GGK, Art. 33 Rn. 38.

[67] *Bull*, Aufgabenentwicklung (Fn. 26), S. 345 f.; beispielhaft *Erko Grömig/Julia Günther*, Die Stadtverwaltung der Zukunft, StT 2002, Nr. 7/8, S. 21 (gewandeltes Selbstverständnis von Staat und Kommunen, nicht mehr Rundumversorgung, sondern eher Übernahme einer Gewährleistungsverantwortung und damit veränderte Ausrichtung der Bereitstellung von Daseinsvorsorgeleistungen); am Beispiel Bayerns *Hermann Hill*, Verwaltung als Partner der Wirtschaft, BayVBl. 2010, S. 485 ff.; allgemeiner *Helmut Klages*, Verwaltungsmodernisierung aus der Sicht der Wertewandelsforschung, in: König (Hrsg.), Deutsche Verwaltung (Fn. 6), S. 469 ff.

[68] *Naschold/Bogumil*, Modernisierung (Fn. 25), S. 38, nennen Kostensenkung, materielle und formelle Privatisierung, Auftragsmodelle, Wettbewerbsmaßnahmen und Verlagerung von Aufgaben in die Gesellschaft; *Stephan v. Bandemer* u.a., Staatsaufgaben – von der „schleichenden Privatisierung" zum „aktivierenden Staat", in: Behrens u.a. (Hrsg.), Staat neu denken (Fn. 65), S. 41 ff

[69] *Andreas Fischer-Lescano*, Transnationales Verwaltungsrecht, JZ 2008, S. 373 ff.

[70] Berühmte Konzepte stammen von *Robert Nozick, Friedrich A. v. Hayek, Milton Friedman, James M. Buchanan*, klassischer von *Immanuel Kant, Wilhelm v. Humboldt, John Locke, Adam Smith, John S. Mill*.

B. Verwaltungsaufgaben im Wandel

die sozialstaatlich orientiert und verwurzelt ist.[71] Im heutigen **Gewährleistungsstaat**[72] sind Aufgaben, für die eine staatliche Administration verantwortlich ist, jedenfalls mit Blick auf die Erledigung nicht mehr staatlich monopolisiert, sondern gesellschaftlich diversifiziert zu erledigen.

Ein weiterer Impuls für den Wandel sind die frühzeitig in der Umweltverwaltung, doch auch in der Finanzverwaltung oder der Arbeits- und Sozialverwaltung beobachteten **„Implementationsdefizite"** im „überforderten Staat"[73]. Hier geht es weniger um ein Abgeben an die Gesellschaft und eher um den Wechsel des Regulierungsmodus und der Organisation. Das steht in einem spannungsreichen Verhältnis zu **Beharrungstendenzen** von Organisationen und Routinen. Sie finden ihre Ursachen in der individuellen Verunsicherung durch Veränderung, in der Sicherheit durch z. B. aktenförmige Bearbeitung bestimmter Vorgänge und in Angst vor den Folgen größerer personeller und organisatorischer Umstrukturierungen. In der Praxis ist das von erheblicher, da tatsächlich steuernder Bedeutung für Verwaltungsaufgaben. 19

Auf den Kostendruck wie auch auf die Implementierungsdefizite sollte systematisch seit etwa 1970[74] mit der **Aufgabenkritik** von innen reagiert werden. Doch haben sich die ihr zugeschriebenen Potenziale weithin nicht verwirklicht.[75] Sie sollte zudem die etatistische Planungseuphorie verabschieden, die den Staat unhaltbar expandieren lässt. Zu prüfen war, was wer wie genau mit welchen Folgen zu tun hat. Die Idee, diese Fragen könne die Verwaltung selbst am besten beantworten, erwies sich aber als falsch. Da Aufgabenkritik im Kern dazu dient, Kosten zu senken, also in erster Linie Personal abzubauen, das mehr kostet als alles andere, was zur Aufgabenerfüllung benötigt wird, erwies sich die „idealistische" Hoffnung, Menschen würden dazu beitragen, ihre eigene Arbeit ad acta zu legen, als falsch.[76] Ebenso problematisch war die Alternative, die Kritik dann von außen erarbeiten zu lassen. Unternehmensberatungen lagen oft sachlich falsch oder waren mangels Insider-Wissen nicht akzeptabel. Aufgabenkritik ist eher in gemischten Teams möglich, in denen unbefangene Fragen von außen und Detailkenntnisse von innen zusammen kommen. Zudem ist die Koppelung zwischen Stellenabbau und Aufgabenkritik zu lockern; Aufgabenkritik ist dann eher Folge und nicht Grund des Personalabbaus, zielt nicht zwingend auf Rückbau, sondern im gewährleistenden und auch aktivierenden Staat auf veränderte 20

---

[71] Zu den historischen Wurzeln *Dieter Grimm*, Recht und Staat in der bürgerlichen Gesellschaft, 1987, S. 138 ff.; s. a. *v. Arnauld/Musil* (Hrsg.), Strukturfragen des Sozialverfassungsrechts (Fn. 20).

[72] Treffend zu diesem *Franzius*, Der Gewährleistungsstaat, VerwArch, Bd. 99 (2008), S. 351 ff.; ausführlich *ders.*, Gewährleistung im Recht. Grundlagen eines europäischen Regelungsmodells, 2009; auch *Friedrich Schoch*, Gewährleistungsverwaltung: Stärkung der Privatrechtsgesellschaft?, NVwZ 2008, S. 241 ff.

[73] *Thomas Ellwein/Jens J. Hesse*, Der überforderte Staat, 1994/1997, insbes. S. 2231.

[74] *Bull*, Aufgabenentwicklung (Fn. 26), S. 394 f.; auch *Rudolf Dieckmann*, Aufgabenkritik in einer Großstadtverwaltung, 1977; allg. *Püttner*, VerwaltungsL. Zu Entwicklungen in den Ländern vgl. *Hermann Hill* (Hrsg.), Aufgabenkritik, Privatisierung und Neue Verwaltungssteuerung, 2004.

[75] *Gunnar Folke Schuppert*, Geändertes Staatsverständnis als Grundlage des Organisationswandels öffentlicher Aufgabenwahrnehmung, in: Budäus (Hrsg.), Organisationswandel (Fn. 57), S. 19 ff.; *Dieter Grimm* (Hrsg.), Staatsaufgaben, 1994; *Klaus König*, Kritik öffentlicher Aufgaben, 1989; auch *Bull*, Aufgabenentwicklung (Fn. 26), S. 343 ff.

[76] Anschaulich *Volker-Gerd Westphal*, Aufgabenkritik in Brandenburg, in: Hill (Hrsg.), Aufgabenkritik (Fn. 74), S. 27 (30); auch *Franz-Joseph Peine*, Grenzen der Privatisierung – verwaltungsrechtliche Aspekte, DÖV 1997, S. 353 ff. (zu Auswahl und Entgelt).

§ 11 Verwaltungsaufgaben

Modi der Aufgabenerfüllung.[77] Systematische Aufgabenkritik ist dann Teil der Evaluation und des Controlling.

21 Ein weiterer wichtiger Impuls für den Wandel von Verwaltungsaufgaben in Deutschland ist die **Kommunalisierung**. Sie findet sich gerade in den Kommunalverfassungen der neuen Bundesländer.[78] Oft handelt es sich eher um die Reorganisation der Aufgabenerfüllung durch Verlagerung auf andere Träger als um eine Veränderung der Aufgabe selbst. Ein zentrales Problem liegt darin, die Kosten für die Aufgabenerfüllung entsprechend mit zu verteilen[79]. Das prägt auch aktuellere Reformen des Sozialrechts oder der staatlichen Kinderbetreuung.

22 Weitere, deutlich spürbare Impulse des Wandels der Verwaltungsaufgaben sind die **Europäisierung**[80] und **Internationalisierung**[81], allgemeiner: Varianten der **Globalisierung**. Es gibt heute sowohl eine „europäische Dimension des Gewährleistungsstaates"[82] als auch eine oft eher ideologische als begründete „Angst" vor der EU[83]. Das Europäische Primärrecht definiert in Art. 3 EUV bestimmte Ziele der Union, und die Union und ihre Mitglieder sollen nach Art. 4 Abs. 3 EUV gemeinsam Aufgaben erfüllen. So ändern sich nicht zuletzt die Legitimationsstrukturen des Verwaltungshandelns im Mehrebenensystem.[84] Zudem gibt es ausweislich Art. 41 GRCh nun europaweit ein Recht auf gute Verwaltung, ein zwar noch unklarer, prinzipiell auch schon in einigen deutschen Landesverfassungen verankerter[85] und damit auch judizierbarer Maßstab für das Verwaltungshandeln.[86] Auch beteiligt sich die Europäische Kommission durchaus aktiv

---

[77] → Bd. I *Schulze-Fielitz* § 12. S. a. *Kay Waechter*, Verwaltungsrecht im Gewährleistungsstaat, 2008.

[78] *Hellmut Wollmann*, „Echte Kommunalisierung" der Verwaltungsaufgaben – Innovatives Leitbild für umfassende Funktionalreform?, LKV 1997, S. 105 ff.; auch *Maximilian Wallerath*, Aufgaben und Aufbau öffentlicher Verwaltung im Wandel. Zum Umbau der Verwaltung in den neuen Bundesländern, DV, Bd. 25 (1992), S. 157 ff. Zum Wandel i. Ü. *Klaus König*, Verwaltung im Übergang. Vom zentralen Verwaltungsstaat in die dezentrale Demokratie, DÖV 1991, S. 177 ff. S. a. *VG Berlin*, ZOV 2000, S. 430 (faktische staatliche Verwaltung einer Wohnungsbaugenossenschaft). Entscheidendes Kriterium sei, dass die Verwaltung staatlicherseits angeordnet, nicht etwa, dass sie durch eine staatliche Stelle ausgeübt wurde.

[79] *Ekkehard Wienholtz/Anja Mann*, Zwischenbilanz der Verwaltungsmodernisierung in Schleswig-Holstein – Funktionalreform und Deregulierung, NordÖR 1999, S. 434 ff.

[80] Die Europäische Kommission sah in der Mitteilung zu „Dienstleistungen von allgemeinem Interesse unter Einschluss von Sozialdienstleistungen: Europas neues Engagement" von 2007 [KOM (2007) 725] allerdings keinen Harmonisierungsbedarf, beeinflusst aber das Vergaberecht intensiv, vgl. den Leitfaden zu Leistungen der Daseinsvorsorge (public procurement) vom 28. 1. 2011. S. a. das Weißbuch zu Dienstleistungen von allgemeinem Interesse vom 12. 5. 2004 und den Rühle-Bericht [2009/2175(INI)]. Grds. *Edgar Grande*, Auflösung, Modernisierung oder Transformation? Zum Wandel des modernen Staates in Europa, in: ders./Rainer Prätorius (Hrsg.), Modernisierung des Staates?, 1997, S. 45 ff.

[81] Vgl. *Möllers/Voßkuhle/Walter* (Hrsg.), Internationales VerwR; *Püttner*, VerwaltungsL, § 6 III.

[82] *Franzius*, Die europäische Dimension des Gewährleistungsstaates, Der Staat, Bd. 45 (2008), S. 547 ff.

[83] *Bull*, Daseinsvorsorge (Fn. 58), S. 1, 16 ff.

[84] *Eifert*, Legitimationsstrukturen internationaler Verwaltung, in: Trute/Groß/Röhl/Möllers (Hrsg.), Allgemeines Verwaltungsrecht, S. 307 ff.; *Ute Mager*, Die europäische Verwaltung zwischen Hierarchie und Netzwerk, ebd., S. 369 ff.; *Matthias Ruffert*, Europäisiertes Allgemeines Verwaltungsrecht im Verwaltungsverbund, DV, Bd. 41 (2008), S. 543 ff.

[85] Ein Beispiel: Art. 66 Abs. 1 Berliner Landesverfassung („Die Verwaltung ist bürgernah im demokratischen und sozialen Geist nach der Verfassung und den Gesetzen zu führen.").

[86] *Pavlos-Michael Efstratiou*, Der Grundsatz der guten Verwaltung als Herausforderung an die Dogmatik des nationalen und europäischen Verwaltungsrechts, in: Trute/Groß/Röhl/Möllers (Hrsg.), Allgemeines Verwaltungsrecht, S. 281 ff.

B. Verwaltungsaufgaben im Wandel

an weltweiten Standardisierungen einer „good governance", die heute ein globaler Standortfaktor ist, der sich auf die Ansiedlung von Unternehmen und damit auf Arbeitsplätze auswirkt. Unmittelbar wirkt daneben die Überformung deutschen Verwaltungsrechts durch europäische Regeln, Themen und Praxen: Umweltrecht ist ebenso wie Produktzulassungsrecht[87], Vergaberecht oder Infrastrukturrecht und auch Sicherheitsrecht heute internationalisiert.[88] Doch hat das auch Grenzen. Das Bundesverfassungsgericht geht davon aus, dass „namentlich die Existenzsicherung des Einzelnen, eine nicht nur im Sozialstaatsprinzip, sondern auch in Art. 1 Abs. 1 GG gegründete Staatsaufgabe," bei den Mitgliedstaaten verbleibt.[89]

III. Typen und Kataloge

Im Zuge sich wandelnder Aufgaben häufen sich Versuche, Verwaltungsaufgaben positiv in Form von Katalogen zu beschreiben oder doch wenigstens Typen von Aufgaben des Staates zu definieren, um nicht zuletzt Steuerungsentscheidungen reflektierter treffen zu können.[90] Es wird ganz mehrheitlich nach Akteuren, aber auch nach dem Maß der übernommenen Verantwortung und Gegenständen sortiert. **23**

Verwaltungsaufgaben werden anhand der **Akteure** der Aufgabenerfüllung in mehrfacher Hinsicht typisiert. So lassen sich Aufgaben nach unterschiedlichen Verwaltungsorganisationseinheiten unterscheiden, also staatliche Kernaufgaben als jene verstehen, die ausschließlich rein öffentlich-rechtliche Organisationen erfüllen, während staatliche Gewährleistungsaufgaben von anderen erfüllt werden können, daneben „Annex-" oder Ergänzungsaufgaben als nichtöffentliche Aufgaben vom Staat übernommen werden können, aber auch von anderen, und schließlich private Kernaufgaben eben bei privaten Akteuren verbleiben, und nach *Christoph Reichard* entscheidet der explizite gesellschaftliche Konsens darüber, was allein der Staat zu tun hat.[91] Einer solchen Systematik sowie der vertikalen Verteilung im arbeitsteiligen und föderalen, die kommunale Selbstverwaltung achtenden Staat folgen auch die bundesdeutschen Haushaltspläne.[92] **24**

---

[87] Dazu *Christoph Engel*, Selbstregulierung im Bereich der Produktverantwortung, StWStP, Bd. 9 (1998), S. 535 ff.

[88] Exemplarisch: *Bettina Schöndorf-Haubold*, Internationale Sicherheitsverwaltung, in: Trute/Groß/Röhl/Möllers (Hrsg.), Allgemeines Verwaltungsrecht, S. 575–612.

[89] *BVerfGE* 123, 267 (363) – Lissabon.

[90] Dazu *Bull*, Daseinsvorsorge (Fn. 58), S. 21 ff.; *Schuppert*, Die öffentliche Aufgabe als Schlüsselbegriff der Verwaltungswissenschaft, VerwArch, Bd. 71 (1980), S. 309 (310 ff.). Manche unterscheiden zwischen additiven und qualitativen Aufstellungen, vgl. *Heinrich Siedentopf/Thomas Ellwein/Ralf Zoll*, Funktion und allgemeine Rechtsstellung. Analyse der öffentlichen Aufgaben in der Bundesrepublik Deutschland, 1973, S. 34 ff. S.a. *Weiss*, Privatisierung (Fn. 64); *Markus Möstl*, Die staatliche Garantie für die öffentliche Sicherheit und Ordnung, 2002, § 1.

[91] *Christoph Reichard*, Wettbewerbselemente in der öffentlichen Verwaltung. Ein Kommentar aus wissenschaftlicher Sicht, in: Klaus König/Natascha Füchtner (Hrsg.), „Schlanker Staat" Verwaltungsmodernisierung im Bund, 1998, S. 305 (312); darauf aufbauend *Naschold/Bogumil*, Modernisierung (Fn. 25), S. 57 ff., auch *Leo Kißler*, Privatisierung von Staatsaufgaben: Kriterien und Grenzen aus sozialwissenschaftlicher Sicht, in: Christoph Gusy (Hrsg.), Privatisierung von Staatsaufgaben: Kriterien, Grenzen, Folgen, 1998, S. 61 ff.

[92] Dazu *Püttner*, VerwaltungsL, § 5 II.3.; zu Österreich *Brünner*, Aufgaben (Fn. 6), S. 109 ff.; i. Ü. insbes. § 14 BHO und Richtlinien.

§ 11 Verwaltungsaufgaben

25 Daneben wird versucht, Verwaltungsaufgaben im Hinblick auf die **Verantwortung** zu unterscheiden, die mit der Aufgabe verknüpft ist. So wird zwischen Pflichtaufgaben und freiwilligen Aufgaben unterschieden, was insbesondere für die Kommunen schon immer wichtig war.[93] Tatsächlich werden Verwaltungsaufgaben heute in gestufter Verantwortungsverteilung bearbeitet. Hat also eine Kommune die Pflicht, bestimmte Infrastrukturen zu sichern, kann sie daran regelmäßig durchaus Private beteiligen. Sie hat auch seit langem Erfahrungen mit Zulassungsentscheidungen zu kommunalen Veranstaltungen. Entscheidende Fragen stellen sich dann hinsichtlich der Kosten, der Erfüllungsverantwortung[94] und der Haftung im Schadensfall.

26 Weiter lassen sich Verwaltungsaufgaben nach ihrem **Gegenstand** unterscheiden. Dabei fallen tendenziell, wie z.B. im Haushaltsrecht, Zweck und Aufgabe zusammen. Jede historische Betrachtung verdeutlicht, dass es zwar in bestimmten Rechtskulturen zu bestimmten Zeiten gängige Strukturen und punktuell auch (verfassungs)rechtliche Vorgaben gibt, welche Aufgaben Verwaltungen zu übernehmen haben. Es geht, etwas allgemeiner nach *Renate Mayntz*[95], um bestimmte **Zwecksetzungen**[96] wie die Wahrung der äußeren Sicherheit, der inneren Ordnung, der Handlungsfähigkeit des politisch-administrativen Systems, der Befriedigung kollektiver Bedürfnisse und der Steuerung der Gesellschaft auf bestimmte Ziele hin. Allerdings werden Aufgaben auch aus „koalitions-arithmetischen" (*Werner Thieme*[97]) und aus publikumsorientierten Gründen zumindest zugeordnet, manchmal auch geschaffen: Ein „Zukunftsministerium" ist ebenso wie ein „Integrationsministerium" zunächst politisches Signal, nicht zwingend veränderte Verwaltungsaufgabe. Die Bundesländer unterscheiden bei den Verwaltungsaufgaben traditionell eine innere Verwaltung für Organisation und Ressourcen einschließlich des Personals, das Kommunalwesen und die öffentliche Sicherheit, die Aufgaben der Wirtschaft und Umwelt, der Bildung und Kultur, des Sozialen und der Gesundheit, der Rechtspflege und der Finanzen. Ähnlich sortiert die Bundesverwaltung in entsprechende Fachministerien und Oberbehörden sowie den auswärtigen Dienst und die Bundeswehr, handelt allerdings je nach föderaler Ordnung teils allein und erfüllend, teils neben den Ländern begleitend oder finanzierend.[98] Etwas anders sortieren, kompetenzbedingt, oft die Kommunen.[99] Aufgaben aus dem sozialen, kulturellen und berufsständischen Bereich übernehmen zudem sehr häufig Einrichtungen der mittelbaren Staats- oder der Selbstverwaltung, der Dritte Sektor oder sonstige Private.

---

[93] Grds. *Ernst Kubin*, Die Gemeindeaufgaben und ihre Finanzierung, 1972.
[94] Nach BVerwG, NVwZ 2009, S. 1305, muss bei der Privatisierung von Weihnachtsmärkten ein Letztentscheidungsrecht bei der Kommune verbleiben. Zum Stand in der EU *Mark Bovens/Deirdre Curtin/Paul 't Hart* (Hrsg.), The Real World of EU Accountability, 2010.
[95] *Mayntz*, Soziologie (Fn. 24), S. 44.
[96] *Mayntz*, Soziologie (Fn. 24), S. 56 ff., 44 f. Denkbar ist die Unterscheidung anhand von Aufgabeninhalten, nach der Art der Vorgaben und nach den Instrumenten der Aufgabenerfüllung.
[97] *Werner Thieme*, Aufgaben und Aufgabenverteilung, in: König/Siedentopf (Hrsg.), Verwaltung (Fn. 26), S. 303.
[98] Ausführlicher *Thieme*, Aufgaben (Fn. 97), S. 304; *ders.*, Aufgaben der öffentlichen Verwaltung: Öffentliche Verwaltung in der Bundesrepublik Deutschland, 1981, S. 177 ff.; *ders.* in: Klaus König/Hans-Joachim v. Oertzen/Frido Wagener (Hrsg.), Öffentliche Verwaltung in der Bundesrepublik Deutschland, 1981, Abschnitt IV; auch *Gisela Färber*, Effizienzprobleme des Verwaltungsföderalismus, DÖV 2001, S. 485 ff.
[99] *Franz-Ludwig Knemeyer*, Aufgabenkategorien im kommunalen Bereich, DÖV 1988, S. 397 ff.

B. Verwaltungsaufgaben im Wandel

Damit zeigt sich, dass eine Typisierung von Verwaltungsaufgaben mehrere Ebenen in den Blick nehmen muss. Das wird mit der Orientierung an den **Strukturen der Verwaltungsaufgaben** versucht. So unterteilt *Klaus Grimmer*[100] in Bestandsaufgaben, Leistungs- oder Vollzugsaufgaben, politische Systemaufgaben und Annexaufgaben; *Christian Brünner*[101] listet Ordnungsaufgaben, Betreuungsaufgaben, Dienstleistungsaufgaben, fiskalische Aufgaben, Organisationsaufgaben und politische Aufgaben; *Rainer Wahl*[102] sortiert nach Vollzug und Gestaltung, also dem Vollzug der Gefahrenabwehr, der Gestaltung durch Planung, dem Vollzug durch (Geld-)Leistung und der Gestaltung durch soziale Dienste, mit je typischen Rechtsformen, Programmformen, Organisationsstrukturen und Personalkompetenzen. Schon ein Blick auf heutige Strukturen rechtlich gebundenen Vollzugs zeigt allerdings, dass Vollzug und Gestaltung regelmäßig zusammen gehören. Auch nur grob unterscheiden lassen sich einfache Aufgaben von komplexen Aufgaben, oder mit *Helmuth Schulze-Fielitz* in diesem Band das „Einzweckhandeln" und „Vielzweckhandeln" der Verwaltung, insofern Primärzwecke und Nebenzwecke, vorgegebene Zwecke und tatsächlich steuernde sowie motivational wirksame Zwecke regelmäßig eng miteinander verflochten sind. 27

Es wird auch vorgeschlagen, insgesamt zwischen **Kernaufgaben und Struktursicherungsaufgaben** zu unterscheiden.[103] So nennt *Gunnar Folke Schuppert* nach der klassischen, historisch vergleichenden Studie von *Richard Rose* zwei Kernaufgaben, nämlich das Gewaltmonopol bzw. die Gewährleistung von innerer und äußerer Sicherheit und den Staatshaushalt bzw. die Sicherung einer finanziellen Grundlage staatlichen Handelns, und zwei weitere Aufgaben, konkret die Daseinsvorsorge oder Fürsorge sowie die Planung[104] und Infrastruktur.[105] Der Unterschied zwischen beiden bestehe darin, dass erstere weitgehend durch den Staat selbst erfüllt werden müssen[106], während letztere mehr Raum für die Aufgabenverteilung auf unterschiedliche Akteure geben. Tatsächlich erscheint die Unterscheidung jedoch zweifelhaft. Beispielsweise wird die Wahrung gerade der inneren Sicherheit zwar weithin als eine Kernaufgabe öffentlicher Verwaltung angesehen,[107] doch werden Sicherheitsaufgaben weithin auch 28

---

[100] *Klaus Grimmer*, Die Bedeutung von Aufgabenstruktur und Organisationsstrukturen für die Arbeitsmethodik öffentlicher Verwaltungen, VerwArch, Bd. 81 (1990), S. 492 ff.
[101] *Brünner*, Aufgaben (Fn. 6), S. 106.
[102] *Wahl*, Aufgabenabhängigkeit (Fn. 1), S. 191.
[103] *Gramm*, Privatisierung (Fn. 13), S. 82.
[104] Planung ist nicht sinnvoll als Aufgabe zu fassen, da Element aller administrativen Entscheidungen; vgl. aber in der Entscheidung zur Verfassungsmäßigkeit des Volkszählungsgesetzes 1983 das Bundesverfassungsgericht allgemein zur „Staatsaufgabe Planung", BVerfGE 65, 1. I.Ü. dazu *Werner Hoppe*, Planung, in: HStR IV, § 77; auch *Rainer Wahl*, Überlegungen zu zwei Grundmodellen des Verwaltungsrechts und zu ihrer Kombination, DVBl 1982, S. 51 ff.
[105] *Schuppert*, Verwaltungswissenschaft, S. 81 f.; *Rose*, Priorities (Fn. 20).
[106] Kritisch zur Kernaufgabe Sicherung des staatlichen Gewaltmonopols *Naschold/Bogumil*, Modernisierung (Fn. 25), S. 55 ff., und gegen Privatisierung *Heinz J. Bonk*, Rechtliche Rahmenbedingungen einer Privatisierung im Strafvollzug, JZ 2000, S. 435 ff.
[107] *Bodo Pieroth/Bernhard Schlink/Michael Kniesel* (Hrsg.), Polizei und Ordnungsrecht, 2002 (Sicherheit als „Aufgabe des Staats" [in § 2 „Strukturen"] im Wandel der Zeiten [ab ca. 16. Jh.] einschließlich der Privatisierungstendenz [in § 1 „Geschichte und Begriff"]); *Stefan Kadelbach*, Verfassungsrechtliche Grenzen für Deregulierungen des Ordnungsverwaltungsrechts, KritV, Bd. 80 (1997), S. 263 ff. (Sicherheit ist obligatorische Staatsaufgabe und damit deregulierungsfest); *Rainer Pitschas*, Polizei und Sicherheitsgewerbe, Rechtsgutachten zu verfassungs- und verwaltungsrechtlichen Aspekten der Aufgabenverteilung zwischen Polizei und privaten Sicherungsunternehmen, 2000; *Hans Lisken*, Polizei

von Privaten erfüllt, was teilweise (wie bei der Parkraumüberwachung) die durch Beleihung erfolgende graduelle Privatisierung vormals staatlicher Aufgaben ist[108], teilweise aber auch eine parallele Entwicklung privater Sicherheitspraxen (wie bei den Sicherheitsdiensten zum Personen- oder Objektschutz). Hier passt also die enge Verknüpfung Kernaufgabe – Verwaltungshandeln nicht. Zudem lassen sich einige Verwaltungsaufgaben sowohl der Struktursicherung wie auch der Sicherheit zuordnen. So dient eine funktionierende Energieversorgung heute wohl auch Sicherheitsbelangen, ist aber gleichzeitig Infrastruktur. Das Bundesverfassungsgericht hat denn auch entschieden, es handele sich nicht um eine notwendig durch den Staat zu erfüllende Aufgabe,[109] auch wenn Verfassungsrecht zu beachten sei.[110] So muss nicht zuletzt geklärt werden, wer hier welche Verantwortung trägt. Etwas Ähnliches zeigt sich in einem traditionellen Feld kommunaler Verwaltungsaufgaben, dem Bestattungswesen. Im Hinblick auf die Achtung der Totenruhe und des Gedenkens, mit Blick auf Gesundheits- und Umweltbelange lässt es sich als Teil innerer Sicherheit verstehen und ist auch historisch meist eine vom Staat erledigte Aufgabe. Dennoch meint die Rechtsprechung, Bestattungen seien keine Kernaufgabe, die dem Staat exklusiv zugewiesen sei, was ihn folglich auch nicht vor privater Konkurrenz schütze.[111] Auch tatsächlich agieren hier weithin Private. Ebenso könnte der Umweltschutz – ebenso wie Kultur, Bildung oder Arbeitsmarktpolitik – als Sicherheits- und damit als Kernaufgabe definiert werden, insofern es hier um den Erhalt der Voraussetzungen menschlichen Lebens geht, doch sind dabei unterschiedlichste Ak-

---

und private Sicherheitsdienste, in: ders./Denninger (Hrsg.), HPolizeiR, C VIII., Rn. 161 ff.: rechtliche Möglichkeiten einer Erweiterung von Privaten als (hoheitliche) Sicherungsdienste bzw. Aufgabenübernehmer; *Lothar Mahlberg*, Gefahrenabwehr durch gewerbliche Sicherheitsunternehmen, 1988.

[108] Vgl. *KG Berlin*, NVwZ 1996, S. 48. Die Entscheidung thematisiert das Fehlen einer gesetzlichen Beleihungsgrundlage im Ordnungswidrigkeitenrecht, die für „professionelle Anzeiger" erforderlich sei. Insgesamt *Birgit Schmidt am Busch*, Die Beleihung: Ein Rechtsinstitut im Wandel, DÖV 2007, S. 533 ff.

[109] *BVerfGE* 95, 250 (265) (kein Anrecht der Länder Sachsen und Thüringen auf VEAG-Aktien): „Die überörtliche Stromversorgung ist – unbeschadet der Instrumentarien der Preiskontrolle (vgl. § 7 EnWG) und der Kartellaufsicht (vgl. § 103 Abs. 5 und 6 GWB) – privatwirtschaftlich organisiert und stellt keine von Verfassungswegen notwendige Staatsaufgabe dar."

[110] *LG Berlin*, Urt. v. 25. 7. 2000, Az.: 16 O 750/99 – Juris (Verpflichtung eines Elektrizitätsverbundunternehmens zur Durchleitungsgestattung für ein österreichisches Stromlieferungsunternehmen im Stromübertragungsnetz in den neuen Bundesländern).

[111] *BayVGH*, NVwZ 1997, S. 481 (Verfassungsmäßigkeit der Zulassung privater Unternehmer zum Betrieb von Feuerbestattungsanlagen): 1. „Durch die gesetzliche Zulassung von Feuerbestattungsanlagen in privater Trägerschaft wird den Gemeinden die Aufgabe der Totenbestattung ... in der Form der Feuerbestattung weder ganz noch teilweise entzogen; die Gemeinden müssen sich lediglich privater Konkurrenz stellen. Das Selbstverwaltungsrecht nach Art. 11 Abs. 2 Satz 2 BV schützt die Gemeinden – soweit nicht eine Monopolisierung durch Anschluss und Benutzungszwang zulässig ist – nicht vor privater Konkurrenz. 2. Aus [der Verfassung] folgt die Pflicht des Staates, eine den jeweiligen Pietätsvorstellungen der Gesellschaft und der herrschenden Kultur angemessene Bestattung zu gewährleisten. Diese verfassungsrechtliche Pflicht wird – angesichts der Möglichkeit, eine die Würde des Verstorbenen und das sittliche Empfinden der Allgemeinheit wahrende Bestattung im Rahmen der notwendigen Genehmigung rechtlich zu gewährleisten – nicht verletzt, wenn eine Einäscherung in privat betriebenen Feuerbestattungsanlagen zugelassen wird. 3. Die Zulassung von Feuerbestattungsanlagen in der Trägerschaft eines privaten Unternehmens verletzt nicht das Sozialstaatsprinzip [und] auch nicht das den Kirchen und Religionsgemeinschaften ... garantierte Recht zur Mitwirkung und zur Vornahme religiöser Handlungen bei der Bestattung, da dieses Recht im Rahmen der Genehmigung gesichert werden kann."

B. Verwaltungsaufgaben im Wandel

teure und keinesfalls nur die Verwaltung aktiv.[112] Die Verknüpfung zwischen Gegenstand und Akteur ist heute nicht mehr so eng.

Zusammenfassend gibt es also bislang zwar produktive Charakterisierungen **29** von Verwaltungsaufgaben, aber noch keine zumindest für Deutschland heute überzeugende Liste. In Orientierung an den Zwecken bietet es sich schon hier an, von einigen **grundlegenden Verwaltungsaufgaben** als Staatsaufgaben im öffentlichen Interesse auszugehen, die gestuft verantwortet, jedenfalls aber staatlich gewährleistet sein müssen. Im Verfassungsstaat ergeben sich die Aufgaben, die staatliche Verwaltung verantworten muss, nicht aus historisch bedingten, politischen Präferenzen, sondern eben aus der Verfassung, wo sie unmittelbar benannt oder mittelbar legitimiert sein können. Konkret sind es vier Aufgaben:

– Erstens geht es um die Sicherung der **Existenz des Staates** als Garant von Gewaltfreiheit und Frieden, was finanziell, organisatorisch oder ideell gefasst werden kann, also Ressourcensicherung nicht zuletzt durch Bereitstellung von Informationen, der Personalentwicklung oder auch der Öffentlichkeitsarbeit beinhaltet.
– Zweitens geht es um den **Schutz von Leben und Umwelt** als Lebensgrundlage, wie es auch Art. 20a GG mandatiert; das ist eine Art Zukunftsverantwortung.
– Zu den Verwaltungsaufgaben gehört drittens wohl auch ein Einstehen für die Grundrechte, also die Gewährleistung von in gleicher Menschenwürde realisierbarer Selbstbestimmung, **bürgerschaftliche Freiheit und soziale Gerechtigkeit.** Das gibt das Grundgesetz punktuell konkret vor, wie in Art. 7 Abs. 4 GG für das Bildungswesen, oder in Art. 3 Abs. 2 S. 2 GG, aber auch in Art. 3 Abs. 3 GG für Gleichstellung als echter Chancengerechtigkeit, kann sich der Staat aber auch selbst in Konkretisierung der Grundrechte als Aufgabe setzen, wie beim Schwangerschaftsabbruch[113] oder bei der Notfallrettung[114].

---

[112] *Carl Böhret*, Einleitung, in: ders./Hermann Hill (Hrsg.), Ökologisierung des Rechts und Verwaltungssystems, 1994, S. 21: „Die Verwaltung darf auch nichthierarchisch handeln, sie muss Ökologisierung als neue – durchgängige – Zielgröße inkorporieren und dennoch die Ökonomisierung (auch ihre eigene) nicht behindern. Wieder anders ausgedrückt: ‚Lean management' dient – hoffentlich – auch der Ökologisierung". S. a. *Kloepfer,* Umweltstaat (Fn. 35), S. 39 (43) zum Umweltstaat als Staatswesen, „das die Unversehrtheit seiner Umwelt zu seiner Aufgabe sowie zum Maßstab und Verfahrensziel seiner Entscheidungen macht". In der Praxis hat sich ein ökologischer Standard eher nicht durchgesetzt, weder im Beschaffungswesen noch in der Umweltberichterstattung oder der Rechtsetzung. Zur Problematik der Messung ökologischer Folgen staatlichen Handelns *Deckert,* Folgenorientierung (Fn. 43), S. 143.

[113] Vgl. *BVerfGE* 88, 203 – Schwangerschaftsabbruch II: „[...] Sieht der Bundesgesetzgeber vor, dass von staatlicher Seite ein ausreichendes und flächendeckendes Angebot sowohl ambulanter als auch stationärer Einrichtungen zur Vornahme von Schwangerschaftsabbrüchen sicherzustellen ist, so begründet er eine Staatsaufgabe."

[114] *BVerwGE* 97, 79 (86; Notfallrettung durch private Krankentransportunternehmen in Berlin): „Das Rettungsdienstgesetz Berlin erklärt die Notfallrettung ausdrücklich zur ‚Ordnungsaufgabe', also zur Staatsaufgabe, und setzt damit das schon vom Feuerwehrgesetz geschaffene gesetzliche Verwaltungsmonopol fort. Der Ausschluss privater Einrichtungen ist in seiner Struktur der gleiche geblieben: Er wird unmittelbar gesetzlich statuiert und genau so wenig wie früher einer zusätzlichen Entschließung der Verwaltung überlassen; er kann nur durch die besondere Übertragung der Notfallrettung überwunden werden, auf die nach wie vor kein Anspruch besteht." S. a. *BVerwGE* 112, 351 (Privatisierung der Apotheken im Beitrittsgebiet): Diese entkleidet die „apothekenmäßige Versorgung der Bevölkerung mit Arzneimitteln ihres Charakters als Staatsaufgabe".

– Schließlich dürfte viertens ausweislich des Art. 20 GG, aber ebenso eingedenk der Garantien in Art. 5 Abs. 1, 9, 21 oder auch 38 GG der **Schutz der Demokratie** einschließlich des öffentlichen Raumes als einem Ort der Deliberation zu den grundlegenden Verwaltungsaufgaben zählen.

C. Steuerung von Verwaltungsaufgaben

30 Diese Verwaltungsaufgaben lassen sich durch Regulierung, über materielle und immaterielle Ressourcen, insbesondere mit Informationen, oder auch über Organisation und Verfahren steuern. Entscheidend ist der Mix: Meist steht **kein Steuerungsmittel für sich allein**.[115] So wird beispielsweise die Jugendhilfe gesetzgeberisch als Aufgabe definiert, dann Strukturen und Kooperationen verschiedener Akteure sowie Verfahren zur Konkretisierung der Aufgaben für bestimmte Zielgruppen und Situationen definiert und Grundlagen materieller Ausstattung vorgegeben, also Mittel bewilligt, Förderprogramme aufgelegt und Modellprojekte finanziert, es wird Öffentlichkeitsarbeit gemacht und Vernetzung arrangiert, durch Forschung Wissen generiert usw.

31 Ein Steuerungsmix verändert auch die einzelnen Steuerungsinstrumente. Je systematischer die jeweiligen Steuerungsmittel zum Einsatz kommen, desto deutlicher wird auch, dass dem Recht dann andere Funktionen zukommen als bisher. Recht muss als **Metaregulierung** Grundstrukturen festlegen und Verantwortung verteilen[116], in den Detailregeln dann aber eine Vielzahl an unterschiedlichen Festlegungen treffen.

32 Dabei ist insbesondere die Steuerungsentscheidung als Auswahl zwischen verschiedenen Möglichkeiten (**„regulatory choice"**) wiederum Gegenstand von Steuerung. So kann eine Rolle spielen, welcher Akteur für eine bestimmte Aufgabe leistungsfähiger ist, wie die Rechtsprechung zur Polizeipflichtigkeit von Hoheitsträgern verdeutlicht, die den Umweltverwaltungen zugesteht, die Aufgabe Umweltschutz besser zu erfüllen, als dies Verwaltungen mit anderen Aufgaben könnten.[117] Zudem können Kosten ein spezifisches Gewicht erhalten. Auch lassen sich verlässliche, nachhaltige Organisationsformen oder Erfahrung in Anschlag bringen. Da es hier häufig um die Vergabe von Mitteln oder auch um Konzessionen zur Erfüllung einer Aufgabe geht[118], ist gerade das Vergaberecht ein Ort, an dem diskutiert werden muss, welche Kriterien bei der Entscheidung über die Erfüllung von Verwaltungsaufgaben zugrunde zu legen sind.

---

[115] → Bd. II *Michael* § 41.

[116] Vgl. *Dieter Rengeling*, Erfüllung staatlicher Aufgaben durch Private, 1986, insbes. S. 44 ff. zu § 9a AtG, der Verantwortung beim Staat lässt. Zu den Modellen ausführlich → Bd. I *Schulze-Fielitz* § 12 Rn. 64 ff., 91 ff.; zu den Verfahren Bd. II *Schneider* § 28.

[117] *BVerwG*, NVwZ 2003, S. 346 f. – Panoramabad.

[118] *Martin Nettesheim*, Die Dienstleistungskonzession – Privates Unternehmertum in Gemeinwohlverantwortung, EWS 2007, S. 145 ff.; praxisorientiert *Wolf Templin*, Kriterien und Verfahren der kommunalen Auswahlentscheidung bei Abschluss eines Konzessionsvertrages, Teil 1 und 2, InfrastrukturRecht (IR) 2009, S. 101 ff., 125 ff.; *Martin Burgi*, Das Vergaberecht als Gestaltungsmittel der Kommunalpolitik, Der Landkreis 2009, S. 177 ff.; *Bettina Ruhland*, Öffentlich-rechtliche Partnerschaften aus der Perspektive des Vergaberechts, VerwArch, Bd. 101 (2010), S. 399 ff.

C. Steuerung von Verwaltungsaufgaben

I. Steuerungsakteure

Die Steuerung von Verwaltungsaufgaben war traditionell eine Frage an Verfassungs- und Gesetzgeber und an die Verwaltung selbst. Damit schien das Thema jedenfalls für die Rechtswissenschaft bewältigt. Wer dann fehlt, sind diejenigen, in deren Interesse und zu deren Gunsten Verwaltungsaufgaben eigentlich erbracht werden, die **Bürgerinnen und Bürger**. Dabei geht es um mehr als um demokratische Legitimation durch Wahlen oder direkte Formen der Demokratie. Es geht zudem um meist informelle, im Rahmen der Verwaltungsreformen aber offensiver angegangene Mitwirkung durch „Kunden", die „Leistungen" oder „Produkte" der Verwaltung mit definieren. Das ist auch eine Form „geteilter Kontrolle"[119]. Das gilt in erster Linie, wenn die Verwaltung dienstleistend handelt und nicht repressiv, wie bei der Strafverfolgung, oder auch nicht repressiv-aktivierend, wie bei der Zumutbarkeitsprüfung von Erwerbsarbeit unter Androhung des Wegfalls von staatlicher Hilfe. Allerdings werden auch dann Verwaltungsaufgaben entgegen einer tradierten etatistischen Betrachtungsweise nicht nur einseitig bestimmt, sondern in der Interaktion zwischen Verwaltung und Bürgerinnen und Bürgern konkretisiert. Auch das ist dann (Teil-)Steuerung durch Aufgabendefinition. Der Paradefall ist der Antrag, der Problemfall die Beschwerde und der Widerspruch. Demgegenüber ist die Funktion der Anhörung im Verwaltungsverfahren ebenso umstritten wie die Übernahme von öffentlichen Aufgaben durch Private. In jeder Konstellation der mitwirkenden Bürgerinnen und Bürger besteht allerdings die Gefahr, dass nur Menschen mit definieren können, die dazu sozial und materiell in der Lage sind; dem versucht der zwingend auch auf soziale Gerechtigkeit orientierte Staat allerdings mit Maßnahmen im Verbraucherschutz und Qualitätsmanagement, mit Sozial- und Gesundheitsmanagement, nicht zuletzt auch mit expansiver Öffentlichkeitsarbeit zu begegnen.[120]

II. Steuerungsformen

Die **Steuerung** der Verwaltungsaufgaben **durch rechtliche Regeln** steht rechtswissenschaftlich im Vordergrund.[121] Sie ist unterschiedlich gefasst, denn Regelungen können final oder auch konditional gefasst werden.[122] Zudem setzen Regeln an sehr unterschiedlichen Stellen an. Sie können die Definitionsmacht über Verwaltungsaufgaben zwischen Gesetzgebung und Verwaltung verteilen oder aber konkret vorgeben, wer was wann zu tun hat.

Als demokratisch legitimierte Staatsmacht ist die Verwaltung darauf angewiesen, vom Gesetzgeber autorisiert zu werden, überhaupt zu handeln. Die öffentliche Verwaltung ist insofern eine **Organisation mit weitgehend heteronom bestimmten Zielen,** wird also in erster Linie von außen gesteuert. Nur weniges tut sie daher als freiwillige Aufgabe; die meisten Dinge sind ihr als Pflichtaufgabe

---

[119] *Eifert*, Die geteilte Kontrolle, DV, Bd. 39 (2006), S. 309 ff.
[120] → Bd. II *Ladeur* § 21 und *Gusy* § 23; exemplarisch *Claudio Franzius*, Schutz der Verbraucher durch Regulierungsrecht, DVBl 2010, S. 1086 ff.; auch *Johannes Müller*, Die Bewältigung von Lebensmittelrisiken durch Risikokommunikation, 2010.
[121] Zur Steuerung der Akteure ausführlicher → Bd. I *Schulze-Fielitz* § 12.
[122] Grundlegend *Mayntz*, Soziologie (Fn. 24); zu Reformen i. Ü. am Ende dieses Beitrags.

zugewiesen. Allerdings ist dabei zwischen operativer und legislativer Verwaltung zu unterscheiden: Letztere wirkt am gesetzgeberischen Handeln wie beispielsweise bei der Abfassung und Abstimmung von Gesetzesentwürfen oft maßgeblicher mit als die Abgeordneten in Parlamenten; erstere bestimmt im Wege von Beurteilungs- und Ermessensspielräumen sowie im Rahmen der Verhältnismäßigkeit von Eingriffen mehr oder minder gebunden selbst, ob und wie sie bestimmte Aufgaben erfüllen will. Eine völlige, entkonstitutionalisierte Handlungsfreiheit der Verwaltung ist im demokratischen Rechtsstaat zwar unzulässig; inwieweit jedoch ausdrücklich oder im Wege allgemeiner Kompetenznormen Verwaltungseinheiten ermächtigt werden können, Verwaltungsaufgaben letztlich selbst zu definieren und zu erfüllen, war für die Leistungsverwaltung lange ebenso umstritten wie es heute für die Öffentlichkeitsarbeit diskutiert wird. Einer **Eigenmacht der Verwaltung** setzen die Grundrechte Grenzen, insofern die Wesentlichkeitstheorie begründen kann, dass alles grundrechtsrelevante Handeln – und damit letztlich jegliches Verwaltungshandeln – gesetzgeberisch legitimiert sein muss. Gegendruck entsteht aus dem Bedürfnis, flexibel auch auf Dinge reagieren zu können, die der Gesetzgeber noch nicht bedenken konnte, lässt sich aber auch aus tradierten Topoi wie dem „Kernbereich" administrativer Eigenmacht kaum überzeugend herleiten.[123]

36 Rechtliche Steuerung bezieht sich zudem auf das Verhältnis zwischen verschiedenen administrativen Akteuren und zwischen Verwaltungen und Privaten. Dabei geht es regelmäßig um Erfüllungskompetenzen und um Verantwortungsverteilung, also um Modi der Aufgabenerfüllung.[124] Welche Akteure Verwaltungsaufgaben durch Definition steuern und was gesteuert werden darf, ergibt sich aus den Kompetenzordnungen des Grundgesetzes und der Landesverfassungen sowie dem Kommunalrecht. In Deutschland definiert das Verfassungsrecht allerdings nur ganz grundsätzlich, konkreter aber der Gesetzgeber in Bund und Ländern[125], was Verwaltungsaufgabe ist. Dabei wird häufig **auf mehreren Ebenen zugleich** gesteuert, also nicht nur die Aufgabe definiert, sondern auch Modi ihrer Erfüllung vorgegeben, Akteure und Verantwortung bestimmt, Kontrolle organisiert[126]. Hier können Probleme der Überregulierung und der ineffektiven Verengung administrativer Spielräume entstehen. Fehlt es an Vorgaben, kommt es demgegenüber ähnlich wie im Privatisierungsfolgenrecht zu nachholender Regulierung, was schon ob ihrer iterativen Intransparenz problematisch sein kann.

37 Neben der mittelbaren **politischen Steuerung** von Verwaltungsaufgaben durch Verfassungs- und Gesetzgeber werden Verwaltungsaufgaben auch unmittelbar politisch vorgegeben. Dabei kann es sich um den vorgesehenen und unproblematischen Fall handeln, dass administrative Spielräume genutzt werden, wenn beispielsweise Prioritäten gesetzt oder die Kooperation mit bestimmten Akteuren gesucht wird. Es kann aber auch ein im System nicht vorgesehenes Prob-

---

[123] *Baer*, Vermutungen zu Kernbereichen der Regierung und Befugnissen des Parlaments, Der Staat, Bd. 40 (2001), S. 525 ff.
[124] Dazu → Bd. I *Schulze-Fielitz* § 12.
[125] *Stefan Brink/Heinrich Reinermann*, Parlamente im Prozess der Verwaltungsmodernisierung, Verwaltung & Management 2002, S. 265 ff.; *Kuno Schedler*, Politikentwicklung: Die Rolle der Politik im Veränderungsprozess, in: ders./Daniel Kettiger (Hrsg.), Modernisieren mit der Politik, 2003, S. 43 ff.
[126] → Bd. III *Kahl* § 47.

lem darstellen, wenn beispielsweise Abgeordnete einen „direkten Draht" nutzen, um die Verwaltung zu bestimmten Handlungen zu bringen, oder wenn die politische Spitze einer Verwaltung „durchgreift", also im Einzelfall fachliche Vorgaben macht, oder Fachreferate „übergeht" und dann handwerklich oft mangelhafte Entscheidungen „durch die Hausspitze" trifft. Dies ist manchmal rechtswidrig, jedenfalls aber systemwidriges Verhalten, da die gewaltenverteilende Arbeitsteilung, die Möglichkeit berechenbarer Planung, Verfahrens- oder auch Kompetenzregeln missachtet werden. Solche Missgriffe waren und sind eine wesentliche Triebkraft für die Verwaltungsreformbemühungen in Kommunen, behindern aber auch in Ländern und dem Bund die geregelte Aufgabenerfüllung.[127]

III. Steuerung durch Verfahren und Organisation

Die Steuerung der Erfüllung von Verwaltungsaufgaben erfolgt zudem durch Vorgaben zum Verfahren; daher kann **Verwaltungsverfahrensrecht als Bereitstellungsrecht** für die Erfüllung von Verwaltungsaufgaben verstanden werden. Beispielsweise sollen Anhörungs- und Beteiligungsrechte nicht nur im Umweltrecht dazu beitragen, bestimmte Informationen zu gewinnen, Befriedungseffekte zu erzielen und Akzeptanz zu sichern. Das Vergaberecht soll Marktmechanismen sichern, aber auch Korruption verhindern und systematische und kontrollierbare Aufgabenerfüllung gewährleisten. Antragserfordernisse entlasten die Verwaltung davon, proaktiv Aufgaben erfüllen zu müssen, indem sie das Verwaltungshandeln auf die Reaktion beschränken; steht diese im Ermessen, wird die Aufgabenerfüllung weiter abgestuft. **38**

Was Aufgaben sind und wie sowie von wem sie erfüllt werden, wird auch durch Entscheidungen über die **Organisation,** also über die Konstruktion der Akteure gesteuert. Hier spielt das Organisationsrecht neben dem Haushalts-, Zuwendungs- und Vergaberecht eine herausragende Rolle.[128] Hier liegt aber auch die Grundentscheidung für oder gegen eine Privatisierung oder eine Öffentlich-Private-Partnerschaft („PPP"). Desgleichen werden Aufgaben wie beispielsweise die Arzneimittelsicherheit über das Berufsrecht für Apotheken gesteuert.[129] Manchmal genügt die Einrichtung eines Akteurs als Steuerungsleistung in Bereichen, die per se oder aus grundrechtlichen Gründen ergebnisoffen arbeiten, also in der Forschung (die Einrichtung eines Materialprüfungsamtes) oder für Presse und Medien (die Einrichtung des öffentlich-rechtlichen Rundfunks). Vielfach erzeugt auch die Förderung von Selbsthilfe – durch Zuschüsse, Räume, Quartiersmanagement usw. – Anstöße zur Selbststeuerung, die zur Erfüllung von Verwaltungsaufgaben erheblich beitragen können. Daneben finden sich neue Arrangements in der kommunalen Sozialpolitik oder der Gesundheitsversorgung, wo der Gesetzgeber entweder Spielräume eröffnet oder über Organisationsangebote Spielräume entstehen, wenn beispielsweise unmittelbare Aufträge an Trägerverbände gehen oder verselbständigte Verwaltungseinheiten **39**

---

[127] Zum Problem allgemein *Bernhard Blanke/Frank Nullmeier/Christoph Reichard/Göttrik Wewer* (Hrsg.), Handbuch zur Verwaltungsreform, 4. Aufl. 2010, insbes. 1. Abschnitt (Staats und Verwaltungsverständnis), 2. Abschnitt (Reform und Managementkonzepte), 4. Abschnitt (Organisationsentwicklung).
[128] → Bd. I *Groß* § 13, *Schulze-Fielitz* § 12.
[129] Die Verwaltungsaufgabe ist dann Rechtfertigung für den Eingriff in Art. 12 Abs. 1 GG; vgl. *BVerwG*, NVwZ-RR 2010, S. 809 (Apothekenterminal).

§ 11 Verwaltungsaufgaben

eigene Normsetzungs- oder Vertragsbefugnisse erhalten. Organisatorische Ausgründungen ehemals staatlicher Verwaltungseinheiten führen schließlich zur Ausbildung sektoraler Dienstleistungsmärkte mit neuen Betriebsformen, neuen Konkurrenzen und neuen Angeboten.[130]

40   Angesichts der Tatsache, dass Organisationen ein gewisses Beharrungsvermögen entwickeln, wenn ihnen Aufgaben einmal zugewiesen worden sind oder Modalitäten ihrer Erfüllung Routine formen, gibt es zudem einen erheblichen Anteil an **Selbststeuerung** durch die Verwaltung. Sie wird durch Steuerungsdefizite der Gesetzgeber und der Politik und Führungsmängel in der Verwaltung selbst auch begünstigt: Wenn die Politik noch große Modelle diskutiert, praktiziert die Verwaltung manchmal bereits anders als zuvor. Nicht selten ist die administrative Selbststeuerung aber auch gewollt.

IV. Steuerung durch Ressourcen

41   Rechtliche Steuerung leistet tatsächlich eventuell weniger als die **Steuerung durch Ressourcen.** Dabei ist das Recht bzw. die **Regulierungsbefugnis** selbst bereits als Ressource zu verstehen: wer wie beispielsweise die Selbstverwaltungsorgane im Gesundheitswesen, um eine Aufgabe zu erfüllen, eigene Regeln aufstellen darf, verfügt über erhebliches Gestaltungspotenzial. Daneben gibt es wichtige, aber oft ungeregelte **immaterielle Ressourcen** wie Informationen und Wissen, Kontakte und Netzwerke, Medienpräsenz und Reputation, sowie **materielle Ressourcen** wie Personal, Geld, Zeit, Räume oder auch Gegenstände wie Kommunikationstechnik oder Geräte[131]. Im weiteren Sinne sind damit auch Verfahren und Organisation Ressourcen[132], um Aufgaben zu erfüllen.

42   Eine für Aufgabenverständnis und Aufgabenerfüllung zentrale Ressource ist **Information** und Wissen.[133] Das zeigt sich gerade, wenn öffentliche Aufgaben auf die Zukunft gerichtet sind, also auf Prognosen beruhen, was in der „Risikoverwaltung" ebenso gilt wie in der Sicherheitsverwaltung, die sich Daten nicht observierend gänzlich selbst beschaffen kann oder will, aber auf Informationen angewiesen ist. Die Zuteilung oder Vorenthaltung von Informationen steuert Verwaltungshandeln aber auch sonst in erheblichem Maße. Nicht zuletzt deshalb ist die Informationsbeschaffung eine grundlegende, die Möglichkeit staatlichen Handelns überhaupt als Wissenspolitik prägende Verwaltungsaufgabe, die sich in Forschung, in der Arbeit an Datenbanken und Intranet-Ressourcen oder auch in der Vorhaltung eigener Bibliotheken niederschlägt. Mit *Klaus Grimmer*[134]

---

[130] Dazu ausführlicher unten. Der Bundesgesetzgeber schwankt je nach Sachbereich zwischen widerstreitenden Konzepten: Grundsicherung vs. Statussicherung; Bedarfsdeckung vs. Budgetierung; bürokratische Reglementierung vs. verbandliche Selbststeuerung; Verrechtlichung vs. Kontraktbeziehungen. Die Gewährleistungsfunktion des Staates wird brüchig; agile und flexible Kunden und Dienstleister profitieren.

[131] Zum Personal → Bd. III *Voßkuhle* § 43; zum Geld → Bd. III *Korioth* § 44; i.Ü. *Lenk*, Verwaltungspolitik (Fn. 1), S. 85. Das Verhältnis von Verwaltungsaufgaben und Informationstechnik darf nicht einseitig von der Technik her gesehen werden. S.a. → Bd. II *Vesting* § 20, *Ladeur* § 21.

[132] → Bd. I *Groß* § 13, *Schuppert* § 16; grds. *Loeser*, System II, S. 41 (Verwaltungsorganisation zur Verwirklichung von Werten und Strukturen als werterfüllte Aufgabenbewältigung); *Matthias Schmidt-Preuß*, Steuerung durch Organisation, DÖV 2001, S. 45 ff.

[133] *Christoph Engel/Jost Halfmann/Martin Schulte* (Hrsg.), Wissen – Nichtwissen – Unsicheres Wissen, 2002.

[134] *Grimmer*, Aufgabenstruktur (Fn. 100), S. 481.

lässt sich von einer **„Aufgabeninformatik"** sprechen, in der Aufgabenstruktur und Informationsorganisation zusammenkommen.[135]

Aufgaben hängen an der **Ausstattung,** die Erfüllung ermöglicht, aber auch 43 begrenzt. Dabei wird wiederum unterschiedlich gesteuert. Ressourcen können schlicht zugeteilt oder aber konkurrent vergeben werden. Dann werden Behördenwettbewerbe organisiert, in der Länderkonkurrenz europäische Fördergelder gesucht, in Bundeswettbewerben Modellprojekte vergeben oder interne leistungsbezogene Anreize konkurrent gestaltet, um in Verfahren des Benchmarking systematisch Konkurrenz als Steuerungsmodus zu etablieren. Ob das tatsächlich funktioniert, ist allerdings unklar, denn Konkurrenz kann in der öffentlichen Verwaltung qua Selbstverständnis auch als wesensfremd empfunden werden und dann zu Ablehnung führen. Auch sonst fallen Ausstattungsentscheidungen sehr unterschiedlich aus. Ressourcen können, wie beispielsweise beim Personal[136], auf Zeit oder dauerhaft zugewiesen werden, mit bestimmten Führungsstrukturen, Aufsicht und Kontrolle bedacht werden, ein Globalbudget und Ausstattungspakete erhalten oder detailliert Rechnung legen müssen. Deutlich wird die Vielzahl der auf die Ausstattung bezogenen Steuerungsoptionen meist, wenn es um ungewöhnliche Aufgaben geht. Diese ergeben sich manchmal aus internationalen Vereinbarungen, wie bei dem nicht in die Verwaltung eingegliederten, aber von mehreren Bundesministerien finanzierten „Deutschen Instituts für Menschenrechte". Auch die je besonderen Beauftragten in Bund und Ländern sind tatsächlich unterschiedlich konstruiert und ausgestattet. Allgemein ist Ausstattung heute jedenfalls eine mehrfache Steuerungsentscheidung.

Verwaltungsaufgaben werden nicht nur materiell ermöglicht, sondern auch 44 immateriell auf- oder abgewertet. Diese mittelbare, symbolische Steuerungswirkung der aufgabenbezogenen Ausstattung findet zunehmend Beachtung: Verwaltungsaufgaben lassen sich mit „harten" oder auch **mit „weichen" Mitteln** steuern.[137] Immateriell und informell wirkt hier insbesondere Macht, die sich aus einer Mischung aus rechtlich gesichertem Status, Personal, Geld, Information oder auch Kooperationen, aber auch aus Faktoren wie Schichtzugehörigkeit, Geschlecht, Anciennität, parteipolitischer oder weltanschaulicher Gemeinsamkeit u. ä. speist.[138]

Die **wechselseitige Abhängigkeit von Aufgabe und Ausstattung** ist auch 45 rechtlich anerkannt, wenn ein nachvollziehbarer Zusammenhang zwischen beiden besteht. So folgt aus der verfassungsrechtlich vorgegebenen Aufgabe der Rechtsprechung die Pflicht zur angemessenen Ausstattung der Gerichte[139], die

---

[135] Vgl. *KG Berlin*, Urt. v. 19. 6. 2001, Az.: 5 U 10 475/99 (Information als Staatsaufgabe): „Es ist unumstritten und vom BVerfG ausdrücklich anerkannt (*BVerfGE* 44, 125 [147]; 63, 230 [242 f.]; 65, 1 [59]), dass Öffentlichkeitsarbeit eine staatliche Verpflichtung gegenüber den Bürgern darstellt und es sich somit um eine unmittelbare Form der Erfüllung von Staatsaufgaben handelt (*Schürmann* AfP 1993, S. 435 [436])."

[136] → Bd. III *Voßkuhle* § 43; auch *Christoph Reichard/Eckhard Schröter*, Der öffentliche Dienst im Wandel der Zeit, dms 2009, S. 17; *Rainer Koch*, New public service: Öffentlicher Dienst als Motor der Staats- und Verwaltungsmodernisierung, 2003.

[137] Die Unterscheidung zwischen „hart" und „weich" geht u. a. auf ein diskriminierendes Geschlechterstereotyp unter Aufwertung des „harten" Maskulinen und Abwertung des „weichen" Femininen zurück, was sich u. a. in der Bewertung von Erwerbstätigkeit auswirkt. I. Ü. zur Steuerung auch *Klaus Grimmer*, Die Gestaltbarkeit von Verwaltungen, DV, Bd. 31 (1998), S. 481 ff.

[138] Bes. aufschlussreich sind hier die sozialwissenschaftlichen Ansätze von *Pierre Bourdieu*, Der Staatsadel, 2004; *ders.*, Ökonomisches Kapital, kulturelles Kapital, soziales Kapital, in: Reinhard Kreckel (Hrsg.), Zur Theorie sozialer Ungleichheiten, 1983, S. 183 ff.

[139] Vgl. *BVerfG*, NJW 2000, S. 797.

wiederum angesichts eines Trends der Rechtsuchenden zu außergerichtlicher Streitbeilegung relativiert werden könnte, wobei zu beachten sein wird, inwieweit sich dieser Trend gerade aus unzureichender Ausstattung und entsprechend langen Verfahren speist. Ein Zusammenhang zwischen Ressourcen und Aufgabe bedeutet nicht, dass die Verwaltung auch selbst über die Ressourcen verfügen darf. Daher werden Maßnahmen, die der Ausstattung dienen, auch nicht ohne weiteres als Teil der Aufgabe verstanden;[140] auch wenn Entscheidungen über den Haushalt deutlich auch als Steuerungsentscheidungen über Aufgaben gesehen werden müssen.[141] Auch die haushaltsrechtliche Entscheidung zur Ausstattung der Länder durch den Bund auf der Grundlage des Finanzverfassungsrechts soll daher zukunftsgerichtet und nicht kompensatorisch rückwirkend sein.[142]

46 Schließlich gesteht die Rechtsprechung dem Gesetzgeber und der Verwaltung **erhebliche Spielräume** zu, wenn es um die Verteilung der Mittel auf eine Vielzahl von Aufgaben geht. Es ist dabei zwar denkbar, aber keinesfalls dogmatisiert[143], den normierten Staatsaufgaben einen gewissen Vorrang vor allgemein abgeleiteten Aufgaben zuzubilligen. Die Gerichte betonen bislang eher den Freiraum zu politischer Profilierung und akzentuierter Steuerung.

D. Das dogmatische Potenzial der Verwaltungsaufgabe

47 Steuert nun die Verwaltungsaufgabe selbst die Art und Weise ihrer Erfüllung? Verlangen bestimmte Aufgaben nach bestimmten Formen der Steuerung, lassen andere aber nicht zu? Stehen für alle Aufgaben alle denkbaren Akteurskonstellationen zur Verfügung oder gibt es aufgabenabhängige Organisationsoptionen und auch Grenzen derselben? Und folgt aus einer Aufgabe vielleicht doch irgendeine Regel, um die Frage nach den Ressourcen sinnvoll beantworten zu

---

[140] *VG Chemnitz,* Urt. v. 22. 6. 2000, Az.: 4 K 1356/58 – Juris („Die Rechtsträgerschaft einer Gemeinde an einem Grundstück vermittelt dieser keine eigentümerähnliche Verfügungsbefugnis, sondern lediglich eine Art ‚Verwaltungskompetenz' zu dem Zweck, im staatlichen Interesse die effektive Nutzung von Grund und Boden sicherzustellen").

[141] *BVerfGE* 79, 311 – Grenzen der Staatsverschuldung, HG 1981: „... die Staatsaufgaben stellen sich im Haushaltsplan als Ausgaben dar, die durch Einnahmen gedeckt werden müssen. Damit hängen Umfang und Struktur des Haushalts von der Gesamtpolitik ab. Umgekehrt begrenzen die erzielbaren Einnahmen den Spielraum für die Erfüllung ausgabenwirksamer Staatsaufgaben. [...] Der Staatshaushalt ist wegen seines Umfangs ein gewichtiger Faktor für das Wirtschaftsleben und kann als konjunktursteuerndes Instrument eingesetzt werden. Er ist zudem im Sozialstaat wegen der Ausweitung der Staatsaufgaben und der Erfüllung eines Großteils dieser Aufgaben durch Geldleistungen zu einem bedeutenden politischen Gestaltungsmittel geworden."

[142] *BVerfGE* 95, 250 – VEAG-Aktien: „Das Grundgesetz regelt grundsätzlich nicht die Vermögensausstattung von Bund und Ländern und begründet insbes. keinen Anspruch der Länder gegen den Bund auf Ausstattung mit bestimmten Vermögensgegenständen."

[143] *Bay. VerfGH,* BayVBl. 2003, S. 333 (Erhebung von Rundfunkgebühren bei von der Gewerbesteuer befreiten, privaten Behinderteneinrichtungen mit Gleichheitssatz vereinbar): „Im Übrigen steht es in der Entscheidung des Normgebers, in welchem Umfang er im Rahmen seines Gestaltungsspielraums unter Berücksichtigung der vorhandenen Mittel der öffentlichen Hand und anderer gleichrangiger Staatsaufgaben soziale Hilfen oder Vergünstigungen gewähren will."; *BSGE* 85, 298 (keine medizinische Leistungen zur Rehabilitation für EU-Rentenbezieher in Behindertenwerkstatt): „Eine andere Frage ist es, ob aufgrund des Grundsatzes der Solidarität schwächere Mitglieder der Gesellschaft auf Kosten stärkerer Mitglieder Leistungen erhalten, die über dem liegen, was ihrem Anteil an den für die Gemeinschaft erbrachten Leistungen liegt [sic!]. Das folgt dann allerdings nicht aus dem Prinzip der Gleichheit vor dem Gesetz, sondern dem Gedanken der Verantwortlichkeit für sozial Bedürftige."

D. Das dogmatische Potential der Verwaltungsaufgabe

können? Wir wissen etwas über Modi der Aufgabenerfüllung, aber wir wissen wenig darüber, welche Aufgabe nach welchem Modus verlangt. Eine **Dogmatik der Verwaltungsaufgaben** würde systematisch zeigen, wie die Eckpunkte der rechtlichen Steuerung von Aufgaben zusammenhängen: Sie umfasst Vorgaben zur Aufgabendefinition als grundlegendem Akt der Steuerung, zur Aufgabenzuweisung als Grundlage der Erfüllungsorganisation, zur Erfüllung einschließlich der Gewährleistung als spezifischer Form der Erfüllungsverantwortung sowie zu den Ressourcen.

Ausgangspunkt sind, wie dargelegt, die sich aus der deutschen Verfassungsstaatlichkeit ergebenden **grundlegenden Verwaltungsaufgaben**: Existenz des Staates, Leben und Umwelt, Freiheit im Sozialstaat und Demokratie.[144] Diese Aufgaben haben einige strukturelle Merkmale, die es zu beachten gilt, bevor fachbezogene Überlegungen einsetzen. 48

Am Anfang steht damit das Interesse an Mechanismen, Formen oder eben Modi der **Steuerung**, also an der instrumentellen Seite von Verwaltung und Verwaltungsrecht. Dabei handelt es sich um eine große Palette von, klassisch formuliert, Handlungsformen. Die Verwaltung nutzt, um bestimmte Ziele zu erreichen, Leistungen, Pläne und Programme und einzelne Entscheidungen. Diese wiederum operieren in bestimmten Modi wie (prospektive) Lenkung oder (begleitendes) Controlling oder (retrospektive) Sanktion, im Wege des Verbots oder des Gebots oder durch Anreize, im Hinblick auf Bedingungen oder auf Wirkungen und Folgen öffentlichen Verwaltens. Daher erschließt sich die Dogmatik einer Verwaltungsaufgabe nicht aus der Sache, also aus dem Gegenstand Sicherheit oder Umweltschutz, sondern aus der Struktur, also zum Beispiel aus dem Ansatz der Aktivierung gesellschaftlicher Potenziale, die dazu beitragen können, Sicherheitsgefühle oder Umweltstandards zu erhöhen. Der Ansatz der Aktivierung ist jenseits aller politischen Konnotationen vor allen Dingen interessant, weil er den Blick auf mehrere Ebenen richtet: In wessen Interesse brauchen wir überhaupt Aktivität (die Ebene der Aufgabenkritik und Bedürfnislagen), wer soll diese Aufgaben dann erfüllen (die Ebene der Aufgabenverteilung), und wie sollen Organisationen funktionieren, die das tun (die Ebene der aktivierenden Führung[145]). 49

I. Die strukturbezogene Dogmatik der Verwaltungsaufgabe

Allgemein zeichnen sich Verwaltungsaufgaben durch bestimmte Strukturen aus, die sich auf ihre Definition, Organisation, Erfüllung und Ressourcen auswirken. Prägend sind die Dauer der Aufgabe, die Zielgruppen, der räumliche Bezug, die extrinsische oder intrinsische Definition und die Effizienz. Die Modi der Aufgabenerfüllung müssen der Struktur einer Aufgabe gerecht werden.[146] 50

1. Die Dauer

Verwaltungsaufgaben lassen sich nach ihrer Dauer in unbefristete und befristete sowie lang- und kurzfristige Aufgaben voneinander unterscheiden. Die **Definition** ist immer in höherrangigen Rechtsquellen verankert (oder sollte es sein), 51

---

[144] Dazu bereits oben → Rn. 29 und nochmals zusammenfassend unten → Rn. 71 ff.
[145] Beispiel: Der sog. Bull-Bericht zur Verwaltungsmodernisierung NW, *Staatskanzlei NW* (Hrsg.), Zukunft des öffentlichen Dienstes – öffentlicher Dienst der Zukunft, 2. Aufl. 2004, S. 102 ff.
[146] → Bd. I *Schulze-Fielitz* § 12.

§ 11 Verwaltungsaufgaben

wenn es sich um Daueraufgaben handelt, und Verwaltungsaufgaben genießen umso eher Verfassungsrang, je existenzieller ihre Erfüllung für den Staat und die Bürgerinnen und Bürger ist. Dagegen können kurzfristige Aufgaben beispielsweise auch in Projekten erledigt werden und kommen ohne verfassungsrechtliche Vorgabe, oft auch ohne gesetzliche Definition, nie aber ohne Legitimationsbasis aus. Konsequenterweise sind alle vier großen Aufgabentypen – Existenz des Staates, Leben und Umwelt, Freiheit im Sozialstaat und Demokratie – als **Daueraufgaben verfassungsrechtlich** benannt. So findet sich die Verwaltungsaufgabe der Sicherung der Existenz des Staates einschließlich der Vorsorge für Krisen als Daueraufgabe nach Art. 87a GG für die Verteidigung oder nach der Präambel und Art. 23 GG für die europäische Integration. Dasselbe gilt für den Schutz von Leben und Umwelt nach Art. 20a GG und auch Art. 2 Abs. 2 GG; auf Grund des vorhersehbaren Wandels und der starken Ressourcenbindung ist hier nur ein existenzielles Minimum (Leben, Würde) in Art. 1 und 2 GG absolut gefasst. Freiheit im Sozialstaat ist durch die Grundrechte im Zusammenspiel mit Art. 20 Abs. 1 S. 1 GG vorgegeben und punktuell wie in Art. 6 Abs. 5 GG oder Art. 7 Abs. 4 GG oder Art. 3 Abs. 2 S. 2 GG konkretisiert. Die Demokratie ist als Aufgabe und nicht nur als legitimatorischer Ausgangspunkt ebenfalls in Art. 20 GG gesetzt, aber auch in Art. 5 Abs. 1, 9, 21 oder auch 38 GG. Deutlich wird schon hier, dass all dies dem Staat jedoch nicht exklusiv zur Erledigung zugewiesen worden ist.

52 Aus der Dauer einer Aufgabe folgt für ihre **Organisation,** dass Langfristigkeit sowohl Verfestigung als auch Veränderung erfordert. Befristete Aufgaben lassen sich in kurzfristigen Projekt- und Arbeitsgruppen organisieren; (Dauer-) Aufgaben werden in eine Dauerzuständigkeit kommunaler oder ministerialer Ressorts vergeben, die aber eben selbst auch wieder verändert werden können. Eine langfristige Aufgabe benötigt die daraus folgende Spezialisierung der Personen, die sie erfüllen sollen, und eine entsprechende Personalauswahl und Personalentwicklung, muss sich aber flexibel anpassen können, was oft durch den Zukauf befristeten externen Fachwissens geschieht. Steht Gesetzesvollzug zugunsten einer Daueraufgabe im Vordergrund, benötigt die Verwaltung primär juristische Kompetenz; sind dagegen Kosten oder Kommunikation wichtig, wird volks- und betriebswirtschaftliche sowie soziale, pädagogische und medienwissenschaftliche Kompetenz gebraucht; und wird Steuerung stärker als Aktivierung gesellschaftlicher Potenziale verstanden, benötigt die Verwaltung auch sozial- und kulturwissenschaftliches Wissen.

53 Wer eine Aufgabe dann mit welchen Steuerungsmitteln erfüllt und erfüllen darf, hängt ebenfalls mit der Dauer einer Aufgabe zusammen. Auch die neue Steuerung von Verwaltungsaufgaben ist an das verfassungsrechtliche **Demokratieprinzip** und das Prinzip der **Gewaltenteilung** gebunden.[147] So dürfen Aufgaben beispielsweise seitens der Verwaltung auch Akteuren der funktionalen Selbstverwaltung überlassen werden, wenn das „notwendige demokratische Legitimationsniveau" dadurch nicht unterschritten wird[148] und ein angemesse-

---

[147] Vgl. *Veith Mehde,* Neues Steuerungsmodell und Demokratieprinzip, 2000. Doch folgt aus Art. 20 Abs. 2 GG kein Zwang zu hoheitlicher Erledigung; gegen *BVerwGE* 106, 64 (77) daher *Gabriele Britz,* Die Mitwirkung Privater an der Wahrnehmung öffentlicher Aufgaben, VerwArch, Bd. 91 (2000), S. 418 (425 f.).
[148] *BVerfG,* NVwZ 2003, S. 974; vorgehend *BVerwG,* NVwZ 1999, S. 870; *BVerwGE* 106, 64 (Lippeverbandsgesetz und Emschergenossenschaftsgesetz); s.a. *BVerfGE* 58, 45 (62 ff.) (Wasser und Boden-

D. Das dogmatische Potential der Verwaltungsaufgabe

ner Einfluss verbleibt.[149] Dasselbe gilt für Beliehene, denen insbesondere das Landesrecht differenzierte Vorgaben machen kann.[150] Eine Grenze ist erreicht, wenn das Budgetrecht der Parlamente unterminiert wird.[151] Zwar sei, so das Bundesverfassungsgericht 2002[152], „das Demokratiegebot des Art. 20 Abs. 2 GG offen für Formen der Organisation und Ausübung von Staatsgewalt, die vom Erfordernis lückenloser personeller demokratischer Legitimation aller Entscheidungsbefugten abweichen. Es erlaubt, für abgegrenzte Bereiche der Erledigung öffentlicher Aufgaben durch Gesetz besondere Organisationsformen der Selbstverwaltung zu schaffen." Also darf der Gesetzgeber „ein wirksames Mitspracherecht der Betroffenen schaffen und verwaltungsexternen Sachverstand aktivieren, einen sachgerechten Interessenausgleich erleichtern und so dazu beitragen, dass die von ihm beschlossenen Zwecke und Ziele effektiver erreicht werden." Doch sind verbindliche Entscheidungen nur dann übertragbar, „weil und soweit das Volk auch insoweit sein Selbstbestimmungsrecht wahrt". Konkret muss also ein Gesetz nicht nur die Reichweite dieser Entscheidungen genau bestimmen, sondern auch Struktursicherungsaufgaben beispielsweise in Form von Aufsichtsrechten in öffentlicher Hand lassen.

Die Dauer einer Aufgabe wirkt sich zudem auf die Regelung der **Ressourcen** 54 aus. Während kurzfristige und nicht existenzielle Aufgaben aus flexiblen Mitteln finanziert oder anderen zur Finanzierung überlassen werden können, müssen rechtlich definierte Daueraufgaben auch haushälterisch und eben über das Budgetrecht auch parlamentarisch gesichert werden. Aus dem Finanzverfassungsrecht in Art. 115 GG ergeben sich ebenso wie aus europäischem Recht zur Währungsunion und Stabilität in der Euro-Zone bestimmte Grenzen der Kreditaufnahme. Dazu kommt Art. 104a Abs. 2 GG, wonach eine Verwaltungsaufgabe nicht zugewiesen werden darf, wenn sie nicht auch finanziert ist. Insgesamt hat also die Dauer einer Verwaltungsaufgabe dogmatische Folgen. Personal als zentrale Ressource der Aufgabenerfüllung muss nach Art. 33 Abs. 4 GG für „die Ausübung hoheitsrechtlicher Befugnisse" in der Regel verbeamtet sein. Daraus wird nachvollziehbar eine Privatisierungsgrenze für Polizei und Strafvollzug hergeleitet; für die schulische Lehre gilt sie nicht.[153]

2. Die Zielgruppen

Weiter können Verwaltungsaufgaben auf wenige oder zahlreiche Akteure so- 55 wie auf klare Zielgruppen oder auf nicht genau bestimmte Adressatinnen und Adressaten ausgerichtet sein. Die Zahl und Beschaffenheit der Zielgruppen wirkt sich als Komplexitätsfaktor auch auf die **rechtlichen Vorgaben** aus. Ist

---

verbände in Schleswig-Holstein), vorgängig *BVerwG*, NVwZ 1999, S. 870, mit Anm. *Britz,* Mitwirkung (Fn. 147), S. 418: Erhalt und Schutz des Wassers für eine ganze Region als „lebensnotwendige und letztlich auch nicht ‚privatisierbare' Staatsaufgabe". Und: „In derartigen Fällen erscheint die Errichtung einer Selbstverwaltungskörperschaft, in der sich private Interessen gegen öffentliche Interessen durchsetzen könnten, schon vom Ansatz her nicht tragbar ...".

[149] So z. B. Art. 93 Abs. 2 S. 1 BayGO; Art. 96 Abs. 1 S. 2 Bbg KVerf; auch *Stein,* Privatisierung kommunaler Aufgaben (Fn. 64), m.w.N.

[150] *BremStGH,*, NVwZ 2003, S. 81 (Beleihungsgesetz). S. a. *Hilmar Demuth,* Privatisierung als Folge der Aufgabenkritik, in: Hermann Hill (Hrsg.), Aufgabenkritik (Fn. 74), S. 59 (67 f.).

[151] Ausführlicher *Mehde,* Demokratieprinzip (Fn. 147), S. 204 ff., 333 ff., 572 ff.

[152] *BVerfGE* 107, 59 (Wasserverbände NW).

[153] M.w.N. *Thiele,* Privatisierungsschranke (Fn. 66), S. 274 ff.

eine Vielzahl von Interessen zu erfassen, bieten sich Kataloge zu beachtender Belange an, wie im Recht der Bauleitplanung, oder Beteiligungsvorschriften zur prozeduralen Berücksichtigung dieser Interessen, wie beispielsweise auch in der der Jugendhilfe oder der Gesundheitsverwaltung. Je individueller die Aufgabe letztlich zu erfüllen ist, desto gestufter sind die Vorgaben. So wird die Freiheit im Sozialstaat weithin über Entscheidungen realisiert, bei denen erhebliche Spielräume von der Verwaltung selbst gefüllt werden. Dies ist unproblematisch, solange sie grundlegend sachlich gebunden und notfalls justiziell überprüfbar sind. Die Typisierungsspielräume, die dem Gesetzgeber zugestanden werden, sind dagegen nur insoweit akzeptabel, als dass sie einerseits sachlich zwingend und andererseits nicht unsachlich diskriminierend ausfallen. Beispielsweise sorgen die im Rahmen der Querschnittsaufgabe Gleichstellung der Geschlechter („Gender Mainstreaming") entwickelten Instrumente der Gesetzesfolgenabschätzung dafür, dass nicht auf Stereotype abgehoben wird, sondern Männer und Frauen differenziert berücksichtigt werden.[154] So ist die Entscheidung über Sozialhilfe zwar Erfüllung einer überschaubaren Aufgabe gegenüber nur einer Person, die schlicht angehört werden kann, doch beruht sie auf Verwaltungsvorschriften, Programmen und Gesetzen, die unter Einbeziehung zahlreicher Zielgruppen zustande kommen, und nutzt mehrfach Spielräume. Je dienstleistungsorientierter eine Verwaltung hier arbeiten will und je mehr Steuerung auch über Output und Outcome[155] erfolgt, desto wichtiger wird es, *wer* genau beteiligt wird, um Bedürfnisse sachgerecht erfassen und dann erfüllen zu können. Insofern folgt aus dem Faktor Zielgruppe auf jeder einzelnen Stufe der Regulierung einer Verwaltungsaufgabe je Unterschiedliches.

56 Zu unterscheiden ist weiter zwischen unmittelbarer Einwirkung auf Personen und **mittelbarer Steuerung** der Erfüllung, bei der ergänzend das Zivilrecht wirkt.[156] Dann macht das Verwaltungsrecht auf mehreren Ebenen Angebote, die von der Verwaltung, aber auch von Privaten genutzt werden können, um öffentliche Aufgaben zu verteilen und zu erfüllen. Dazu gehören im Verfahrensrecht die Handlungsformen und das Organisationsrecht[157] einschließlich der rechtlichen Angebote zur Gestaltung hybrider Organisationen zwischen Staat und Privaten.[158] Beispielsweise ist Innovation nicht sinnvoll staatlich direkt zu steuern, sondern der Staat muss Rahmenbedingungen sichern, die Innovationsoffenheit, Verantwortung und Vermeidung von Risiken abdecken.[159] Je nach

---

[154] Sie beruhen auf § 2 GGO der Bundesministerien und entsprechenden Regeln in Ländern und Kommunen. Vgl. *Susanne Baer/Sandra Lewalter*, Zielgruppendifferenzierte Gesetzesfolgenabschätzung, DÖV 2007, S. 195 ff. Zu Gleichstellung als Grenze der Privatisierung *Lewalter*, Gleichstellungsdefizit durch Privatisierung? Gleichstellung in der Praxis (GiP) 2007, S. 8 ff.

[155] Outcome bezeichnet die Wirkung, die durch die Erfüllung einer Aufgabe erzielt wird, zu der die Outputs als konkrete Leistungen einzelner Akteure beitragen.

[156] Umfassend *Hoffmann-Riem/Schmidt-Aßmann* (Hrsg.), Auffangordnungen.

[157] → Bd. I *Groß* § 13.

[158] → Bd. I *Groß* § 13 Rn. 88 ff., *Jestaedt* § 14 Rn. 30 f., *Wißmann* § 15 Rn. 14, insbes. *Schuppert* § 16 Rn. 20 ff. S. a. *Friedrich Schoch*, Der Verfahrensgedanke im allgemeinen Verwaltungsrecht, DV, Bd. 25 (1992), S. 21 ff. (Funktion des Verwaltungsverfahrens(rechts) sei die Verwirklichung der Verwaltungsaufgaben und Interessenwahrung durch Recht); *Hans P. Bull*, Über Formenwahl, Formwahrheit und Verantwortungsklarheit in der Verwaltungsorganisation, in: FS Hartmut Maurer, 2001, S. 545 ff.

[159] *Hoffmann-Riem*, Innovationssteuerung durch die Verwaltung: Rahmenbedingungen und Beispiele, DV, Bd. 33 (2000), S. 155 ff.; *Martin Eifert/Wolfgang Hoffmann-Riem*, Innovation und rechtliche Regulierung, 2002.

D. Das dogmatische Potential der Verwaltungsaufgabe

Aufgabe, je nach beteiligten Akteuren, je nach Ausstattung und Interessen wird von unterschiedlichen Instrumenten dann unterschiedlich intensiv Gebrauch gemacht. So stützt sich eine Sicherheitsverwaltung eher auf den Verwaltungsakt als eine planende Wirtschaftsverwaltung, und eine Gemeinde verhandelt mit investitionswilligen Firmen eher als mit einzelnen Bauwilligen. Grundsätzlich ist die Verwaltung in der Wahl der Rechtsform, in der sie ihre Aufgaben ausführen will, zwar frei, doch ist sie tatsächlich ja keineswegs ungebunden. Sie kann zwischen öffentlich-rechtlichen und zivilrechtlichen Organisationsoptionen und Handlungsformen wählen, die sich in je unterschiedlichen Situationen anbieten.[160] Stellt das öffentliche Recht keine passenden Rechtsformen zur Verfügung, ist auf Formen des Privatrechts zurück zu greifen. Wann genau das in welchem Aufgabenfeld der Fall ist, ist bislang allerdings nicht systematisch belegt.

An die Frage nach der Erfüllung knüpft die Frage nach der **Haftung** für Nicht- oder Schlechterfüllung an. Zahlreiche Aufgaben, die im allgemeinen Interesse liegen, können von der öffentlichen Verwaltung, aber auch von anderen erfüllt werden.[161] Oft sind an Kooperationen auch nicht nur „der Staat" und ein privater Akteur beteiligt, sondern staatliche oder teilstaatliche Akteure, Individuen oder Unternehmen, Verbände oder Körperschaften unterschiedlicher Rechtsnatur und auch bürgerschaftliche Assoziationen und Initiativen.[162] Entsprechend hoch ist die Zahl der möglichen Konflikte[163]; Transaktionskosten gewinnen an Bedeutung. Solche Kooperationen können als Zwang oder als freiwilliges Zusammenwirken mit oder ohne öffentliche Ressourcen gestaltet sein. Wann welche Regelung zu wählen ist, kann Teil der Dogmatik der Verwaltungsaufgabe sein, ist aber bislang kaum systematisch erfasst. 57

Je kooperativer eine Aufgabe erfüllt wird, desto mehr Regeln zur **Verantwortungsverteilung** werden benötigt. Sie müssen sich an den Strukturen der Aufgabenerfüllung orientieren. Das gilt für die Privatisierung, die in der Sache meist eine Teilprivatisierung ist, aber auch für die tatsächliche Aufgabenerfüllung durch Private oder für die Republifizierung von Aufgaben, die Privaten nicht mehr (allein) überlassen werden. Der starre Gegensatz von „entweder Staat oder privat" ist in der Praxis ebenso überwunden wie die schlichte vertikalhierarchische Abstufung der Aufgabenerfüllung, wo z. B. Private unter Aufsicht des Staates handeln. Zwar erinnert daran die Rede von den Verantwortungsstu- 58

---

[160] Im Überblick *Wahl*, Aufgabenabhängigkeit (Fn. 1).
[161] Grundlegend *Wolfgang Benz*, Kooperative Verwaltung, 1994, insbes. Teil IV.
[162] *BVerfGE* 102, 370 (400) – Jehovas Zeugen: „Die korporierten Religionsgemeinschaften ... nehmen keine Staatsaufgaben wahr, sind nicht in die Staatsorganisation eingebunden und unterliegen keiner staatlichen Aufsicht. ... Ihnen werden aber mit dem Körperschaftsstatus bestimmte hoheitliche Befugnisse übertragen."). *Erich Eyermann*, Staatsaufsicht über Handwerkskammern, GewArch 1992, S. 209 ff. (bei Interessenvertretungsaufgaben nur eine eingeschränkte Staatsaufsicht).
[163] Vgl. dazu *BVerwGE* 95, 188 (Rechtmäßigkeit von Luftsicherheitsgebühren) m. Anm. *Peter Selmer*, JuS 1995, S. 465 ff., und *Michael Ronellenfitsch*, VerwArch, Bd. 86 (1995), S. 307 ff., wo die differenzierte Aufgabenverteilung zwischen den Beteiligten nach § 29 c LuftVG beschrieben wird. Zu Koordinationsproblemen in einem ganz anderen Bereich *VG Wiesbaden*, NVwZ-RR 1991, S. 84 (Errichtung eines theologischen Studiengangs ohne Zustimmung der Kirche durch das Land „in Erfüllung einer ihm originär obliegenden Staatsaufgabe. Dabei ist es nicht an die Zustimmung des Bischofs gebunden. Ein dahingehender Vorbehalt ergibt sich weder aus dem geltenden Staatskirchenvertragsrecht noch aus dem Selbstbestimmungsrecht der Katholischen Kirche").

fen Gewährleistung, Finanzierung, Vollzug.[164] Tatsächlich geht es jedoch um die vertikale und horizontale Verflechtung von Akteuren und Verantwortlichkeiten.[165] Auch eine Privatisierungsentscheidung führt nicht schlicht dazu, dass Verwaltungsaufgaben zu Aufgaben Privater werden, sondern zieht selbst neue Verwaltungsaufgaben z. B. der Kontrolle, Überwachung oder Haftung nach sich.[166] Darauf zielt der Begriff der Verantwortungsteilung[167], noch deutlicher wie hier: der Verantwortungs*verteilung*.[168] Auf sie richten sich insbesondere Bemühungen, vertraglich Formen der Zusammenarbeit und Modalitäten der Ausstattung zu fixieren und dann auch Verantwortung und Haftung differenziert zu regeln.[169]

59 Die Zahl und Beschaffenheit von Zielgruppen einer Verwaltungsaufgabe hat schließlich Auswirkungen auf die Steuerung der Ressourcen und die Steuerung über **Ressourcen.** Das ist besonders wichtig, wenn es nicht um Detailergebnisse geht, weil diese, wie im Umweltschutz und der Risikoverwaltung, nicht zu prognostizieren sind oder, wie bei der Freiheit im Sozialstaat, gerade anderen Akteuren überlassen bleiben sollen. Deshalb ist beispielsweise zugunsten der Wissenschaftsfreiheit die Steuerung über Ressourcen, konkret über Verträge und Globalbudgets, durchaus angemessen. Dasselbe gilt für Aufgaben, in denen Erfolge nicht definiert werden können, wie in der Gesundheitsverwaltung, die deshalb ebenfalls mit Budgetierungen arbeitet. Typisch ist die reine Budgetsteuerung zudem bei Innovationsprojekten, die fachlich alle Verwaltungsaufgaben berühren können, aber strukturell meist nicht zum Kernbereich ihrer Erfüllung gehören. Beispiele sind Modellprojekte in der Umwelt-, Sozial- oder auch Sicherheitsverwaltung.

3. Der räumliche Bezug

60 Im föderalen Staat mit kommunaler Selbstverwaltung ist ein räumlicher Bezug als Strukturmerkmal von Aufgaben offensichtlich. Heute wird immer deutlicher, dass die unterschiedliche Entwicklung der Räume insbesondere an Aufgaben der Infrastrukturversorgung und der Sozialstaatlichkeit erhebliche

---

[164] *Schuppert,* Die öffentliche Verwaltung im Kooperationsspektrum staatlicher und privater Aufgabenerfüllung, DV, Bd. 31 (1998), S. 416 ff. m. w. N.

[165] Siehe schon *Thomas Fleiner-Gerster,* Kriterien für die Aufgabenverteilung von Staat und Gesellschaft, Bitburger Gespräche Jb. 1984, S. 2539 ff.

[166] *Joachim Wieland,* Der Wandel von Verwaltungsaufgaben als Folge der Postprivatisierung, DV, Bd. 28 (1995), S. 315 ff.

[167] Dazu die Beiträge in *Schuppert* (Hrsg.), Jenseits von Privatisierung und „schlankem" Staat, 1998. S. a. *Hoffmann-Riem,* Vorüberlegungen zur rechtswissenschaftlichen Innovationsforschung, in: ders./Jens-Peter Schneider (Hrsg.), Rechtswissenschaftliche Innovationsforschung, 1996, S. 11 (21) („Vergesellschaftung von Aufgaben"). Skeptisch zum Status des Gemeinwohls im Reformkonzept des New Public Management *Dietrich Budäus/Gernod Grüning,* Kommunitarismus – eine Reformperspektive?, 1997, S. 37 f.

[168] Auch im Verfassungsrecht ist Gewaltenteilung nicht Trennung, sondern Gewaltenverteilung; *Baer,* Vermutungen (Fn. 123), S. 525.

[169] Vgl. *Schulze-Fielitz,* Kooperatives Recht im Spannungsfeld von Rechtsstaatsprinzip und Verfahrensökonomie, in: Nicolai Dose/Rüdiger Voigt (Hrsg.), Kooperatives Recht, 1995, S. 225 (244 f.) (Haftung des Staates nach Privatisierung aus Ingerenz); *Carl Böhret/Gottfried Konzendorf,* Mehr Sein als Scheinen: der funktionale Staat, in: Behrens (Hrsg.), Staat neu denken (Fn. 65), S. 17 (31): Der Staat bleibt Endkontrolleur im Interesse und in Vertretung der „Kunden"; BVerwGE 106, 272 – Verein, der Zivildienstleistende beschäftigt, haftet aus öffentlich-rechtlichem Schuldverhältnis dem Staat für Versorgungsleistungen, die aus seiner Verletzung von Arbeitsschutzregeln entstehen.

D. Das dogmatische Potential der Verwaltungsaufgabe

Anforderungen stellt.[170] Grundversorgung kostet auf dem Land viel, in der Stadt relativ wenig; Soziallasten sind in strukturschwachen Gegenden hoch, in Ballungsräumen relativ niedriger. Die Verfassung reagiert auf diese räumlichen Ungleichgewichte bislang jedoch nur über den immer wieder umstrittenen Finanzausgleich. Allerdings können sich aus den Ungleichheiten auch Grenzen der u.a. in Art. 87f GG mandatierten Privatisierung ergeben.[171]

Der Verfassungsgeber verteilt Verwaltungsaufgaben auf Bund, Land und Kommunen in Art. 30, 80 und 28 Abs. 2 S. 1 GG, um regionale oder lokale Interessen abzusichern; in der EU gilt das **Subsidiaritätsprinzip,** wonach die Gemeinschaft in den Bereichen, die nicht in ihre ausschließliche Zuständigkeit fallen, nur tätig werden darf, sofern und soweit die Ziele der in Betracht gezogenen Maßnahmen auf Ebene der Mitgliedstaaten nicht erreicht werden können und daher wegen ihres Umfangs oder ihrer Wirkungen besser auf Gemeinschaftsebene realisiert werden; allerdings listen Art. 1–6 AEUV zahlreiche Aufgabenbereiche, in denen die EU zumindest wirken darf. Das berührt die Herausforderungen der räumlichen Entgrenzung. Insofern gehört zur Dogmatik der Verwaltungsaufgabe auch ein räumlicher Bezug, der steuert, welche Akteure eine Aufgabe erfüllen und dafür haften müssen, der aber auch die Kompetenz zur Definition der Aufgabe und die Belastung der Ressourcen bestimmt. Das **Verfassungsrecht** regelt dazu wiederum Grundlagen: Nach Art. 30, 80 GG sind Verwaltungsaufgaben primär den Ländern zur Erfüllung zugewiesen, was sich tatsächlich durch Finanzierungsleistungen des Bundes oft anders darstellt; Art. 28 Abs. 2 S. 1 GG überantwortet bestimmte Aufgaben den Kommunen; Art. 23, 24 GG legitimieren die Transnationalisierung. Art. 104a GG wirkt hier kaum begrenzend, denn in vielen Bereichen wirkt der Bund an der Erfüllung von Aufgaben mit, wenn er Bundesoberbehörden einrichtet oder Aufsichtsfunktionen wie z.B. im Kredit- oder Versicherungswesen übernimmt. Ausdrücklich zugewiesen sind dem Bund in Art. 87–89 GG Infrastrukturaufgaben und äußere Sicherheit und in Art. 91 GG Teile der inneren Sicherheit.

Den Kommunen werden – neben den Landkreisen für überörtliche Aufgaben und ggf. als kreisfreien Städten, die wieder in Kommunalverbänden wie den bayerischen Bezirken oder nordrhein-westfälischen Landschaftsverbänden zusammengeschlossen sein können, – Aufgaben von außen als **Pflichtaufgaben** zugewiesen, vom Rat selbst als **freiwillige Aufgabe** definiert und als Ergänzungsaufgabe übernommen, um andere Verhaltensweisen zu ermöglichen. Tatsächlich sind es vor allen Dingen Aufgaben der Leistungsverwaltung, die von den Kommunen erfüllt werden; dazu kommen in abnehmender Tendenz Aufgaben, die durch eigene Einrichtungen wie z.B. Märkte oder Schwimmbäder erfüllt werden; und dazu kommt die Aufgabe der gebietsbezogenen Planung.[172] Inhaltlich zwingt ein lokaler Bezug tendenziell zur Übertragung einer staatlichen Aufgabe an die Kommunen. Kompetenziell stoßen Privatisierungen an ver-

---

[170] *Eva Barlösius*, Der Anteil des Räumlichen an sozialer Ungleichheit und sozialer Integration – Infrastrukturen und Daseinsvorsorge, Sozialer Fortschritt 2009, S. 22ff.; *Frauke Brosius-Gersdorf*, Demografischer Wandel und Daseinsvorsorge, VerwArch, Bd. 98 (2007), S. 317ff.
[171] Am Beispiel Sachsen vertiefend *Stefan Haack*, Kommunales W-Lan als Daseinsvorsorge, VerwArch, Bd. 99 (2008), S. 197ff.; auch *Matthias Cornils*, Staatliche Infrastrukturverantwortung und kontingente Marktvoraussetzungen, AöR, Bd. 131 (2006), S. 378ff.
[172] § 1 BauGB; i.Ü. *Thieme*, Aufgaben (Fn. 97), S. 314ff.

§ 11 Verwaltungsaufgaben

fassungsrechtliche Grenzen, wenn sie kommunale Selbstverwaltung faktisch leer laufen ließen.[173]

62   Hinsichtlich der Ressourcen ergibt sich aus Art. 28 GG und dem **Finanzverfassungsrecht,** dass den Kommunen Aufgaben nicht in einem Maße zugewiesen werden dürfen, die sie in ihrer Leistungsfähigkeit überfordern, letztlich also eine auf die Ausstattung bezogene Regel.[174] Das Konnexitätsprinzip führt zwar immer wieder zu erheblichen Verwerfungen, ist aber mittlerweile in allen Landesverfassungen normiert. Das Bundesfinanzverfassungsrecht bestimmt äußerst konfliktträchtig in Art. 104a Abs. 1 GG, dass Bund und Länder jenseits der gemeinschaftlichen Aufgaben (Art. 91a, 91b, 104a Abs. 4 GG) „gesondert" die Kosten tragen, die sich aus ihren Aufgaben ergeben, stellt aber nicht darauf ab, wer diese Aufgabe wem zugewiesen hat. Diese Dogmatik orientiert sich an der Erfüllung, nicht an der Definition der Verwaltungsaufgabe.

63   Der räumliche Bezug wird allerdings nicht selten **überspielt,** wenn sich die Regulierung der Ressourcen an anderen Kriterien orientiert. So gibt es zwar die deutsche Vermutung zugunsten der Bundesländer und in der EU die Vermutung für die Aufgabenerfüllung durch die Mitgliedstaaten. Tatsächlich kommt es dagegen zu Verflechtungen im Mehrebenensystem. So nutzt die EU das Steuerungsmittel Geld in vielfacher Weise, um Verwaltungsaufgaben in Bund und Ländern mit zu prägen, wie durch die Mittel der Strukturfonds; desgleichen kooperieren EU und Mitgliedstaaten im Bereich Justiz und Inneres auch bei der Aufgabenerfüllung.[175]

4. Extrinsische und intrinsische Definitionen

64   Verwaltungsaufgaben können von der Verwaltung selbst eher einseitig, also intrinsisch, oder aber eher von außen, also extrinsisch definiert und an die Verwaltung herangetragen werden. Dabei wirkt allgemeines Verwaltungsrecht als Regelungskorpus, der auch die Aufgabendefinition steuern könnte, keineswegs überall gleichermaßen.[176] Grundlegende Aufgaben sind allerdings, wie gezeigt, in der Verfassung definiert.

65   Die Verwaltung definiert Aufgaben zudem intrinsisch in allen Bereichen der nur locker politisch programmierten Gestaltung, also in der Planung und der Regulierung. Dabei setzen **Grundrechte** eine Grenze, da sich aus ihnen Legitimationsanforderungen[177] gerade für die heteronom definierte Administration

---

[173] Ausführlicher und im Ergebnis privatisierungsfreundlich *Rainer Hofmann,* Privatisierung kommunaler Verwaltungsaufgaben, VBlBW 1994, S. 121 ff. Der *Deutsche Städtetag* warnte 1995 vor den Risiken der Privatisierung, Der Städtetag 1995, S. 318 ff. S. a. *Katrin Stein,* Privatisierung kommunaler Aufgaben – Ansatzpunkte und Umfang verwaltungsgerichtlicher Kontrolle, DVBl 2010, S. 563 ff.; *Rainer Pitschas/Katrin Schoppa,* Rechtsformen kommunaler Unternehmenswirtschaft, DÖV 2009, S. 469 ff.; *Gerhard Banner/Christoph Reichard* (Hrsg.), Kommunale Managementkonzepte in Europa, 1993.

[174] *Jochen Dieckmann,* Gesetzgebung und kommunale Verantwortung, NWVBl 1996, S. 409 ff.

[175] S. a. *Angelika Siehr,* „Entdeckung" der Raumdimension in der Europapolitik, Der Staat, Bd. 48 (2009), S. 75 ff.; *Katharina Holzinger,* Funktionale Kooperation territorialer Jurisdiktionen, in: König (Hrsg.), Deutsche Verwaltung (Fn. 6), S. 605 ff.

[176] *Wahl,* Aufgabenabhängigkeit (Fn. 1), S. 208.

[177] Am Beispiel *Eckart Werthebach,* Privatisierungspotentiale im Bereich der Personalausgaben des Bundes anhand ausgewählter Beispiele, PersV 1997, S. 220 ff.; für die Schweiz *Markus Schefer,* Grundrechtliche Schutzpflichten und die Auslagerung staatlicher Aufgaben, Aktuelle Juristische Praxis 10/2002, S. 1131 ff.

D. Das dogmatische Potential der Verwaltungsaufgabe

ergeben. Verwaltungsaufgaben dürfen von der Verwaltung nicht frei definiert und übernommen oder erfüllt werden, wenn sie „Wesentliches" betreffen, also insbesondere Grundrechtseingriffe mit sich bringen. Allerdings ist umstritten, was im Einzelfall „wesentlich" ist: die Leistungsverwaltung, Information und Öffentlichkeitsarbeit, Organisationsentscheidungen, Verwaltungsvorschriften, ministeriale Rundschreiben?[178] Kaum eine Handlung bleibt hier folgenlos, und umfassender Grundrechtsschutz bedeutet auch, dass irgendein grundrechtlich geschütztes Interesse regelmäßig berührt ist. Erklärt ein Land beispielsweise die Notfallrettung zur Ordnungsaufgabe, muss es Art. 12 Abs. 1 und Art. 3 GG beachten.[179] Geht es um das Bestattungswesen, besteht eine Pflicht zur Wahrung der Menschenwürde nach dem Tod.[180] Dabei soll eine Rolle spielen, ob die Berufe, in denen Private Aufgaben erfüllen, eine Nähe zum öffentlichen Dienst aufweisen, was den Gestaltungsspielraum erweitere, doch ist dagegen einzuwenden, dass Traditionen an sich nicht geeignet sind, sachorientierte Erwägungen zu überspielen.[181] Die Definition von Verwaltungsaufgaben lässt sich vielmehr insgesamt als über die Grundrechte an demokratische Legitimationsanforderungen gebunden verstehen.

Je mehr Zuständigkeiten die Verwaltung hat, desto eher gibt es **extrinsische** 66 Aufgabendefinitionen auch aus der Gesellschaft und aus dem trans- und internationalen Raum.[182] Wenn Aufgaben dann nicht oder nicht mehr erfüllt werden, führt dies zu Überforderung und Ansehensverlusten oder aber zu Haushaltsrisiken, wo mehr Aufgaben als geplant erfüllt werden. Das gehört zu den tatsächlichen, das Legitimationsniveau beeinträchtigenden Folgen der Expansion des Sozial- und auch des Sicherheitsstaates. So fühlt sich z.B. die Polizei regelmäßig als „Ausputzer" in Dinge hineingezogen, für die sie „eigentlich" nicht zuständig ist; der Gesetzgeber reagiert darauf zum Teil mit Vermutungs- und Eilregeln, die letztlich primäre und sekundäre Erfüllungsakteure bestimmen, also die Polizei im Eilfall auch private Belange, sonst aber nur öffentliche Güter zu schützen hat. Demgegenüber schützt z.B. das europäische Prinzip der begrenzten Einzelermächtigung (vgl. Art. 7 AEUV) davor, dass der Verwaltung Aufgaben aufgebürdet werden, die sie selbst nicht gewählt hat oder die ihr gesetzgeberisch zuge-

---

[178] *BVerwG*, NJW 1996, S. 3161 (Untersuchung von Futtermitteln durch behördliche Warentests; Fehlen gesetzlicher Vorschrift für Testveröffentlichung): „2. Die der Landwirtschaftskammer Rheinland-Pfalz ... übertragene Aufgabe ... schließt nicht die Befugnis ein, Warentests von Futtermitteln vorzunehmen und zu veröffentlichen; vielmehr ist dafür eine ausdrückliche gesetzliche Grundlage erforderlich." Zur Aufgabe der Staatsleitung, durch rechtzeitige öffentliche Information die Bewältigung von Konflikten in Staat und Gesellschaft zu erleichtern, kurzfristig auftretenden Herausforderungen entgegenzutreten und auf Krisen und Sorgen schnell und sachgerecht zu reagieren *BVerfGE* 105, 279 – Osho; vgl. auch *BVerfGE* 20, 56 (100); 44, 125 (147); 63, 230 (242 f.); vgl. auch → Bd. II *Vesting* § 20, *Gusy* § 23.
[179] *BVerwGE* 97, 79 (Notfallrettung durch private Krankentransportunternehmen in Berlin). Erlaubt sei nur, von vornherein einige private Organisationen als geeignete Akteure zu bestimmen, andere aber einem Prüfverfahren zu unterwerfen.
[180] *BayVGH*, NVwZ 1997, S. 481 (Verfassungsmäßigkeit der Zulassung privater Unternehmen zum Betrieb von Feuerbestattungsanlagen).
[181] *BVerfG*, Beschlüsse vom 5. 5. 1964, Az.: 1 BvL 8/62, und 18. 6. 1986, Az.: 1 BvR 787/80 (Notariate unterliegen bei Zulassung und inhaltlicher Ausgestaltung der Gestaltungsfreiheit des Gesetzgebers).
[182] Grundlegend dazu *Milos Vec*, Das selbstgeschaffene Recht der Ingenieure. Internationalisierung und Dezentralisierung am Beginn der Industriegesellschaft, in: Adrienne Héritier/Michael Stolleis/Fritz W. Scharpf (Hrsg.), European and International Regulation after the Nation State, 2004, S. 93 ff.

§ 11 Verwaltungsaufgaben

wiesen worden sind. Umgekehrt überformt das europäische Recht auch deutsches Verwaltungsrecht so stark, dass hier auch von extrinsischer Definition gesprochen oder sogar eine Kreation genuin europäischer Verwaltungsaufgaben beobachtet werden kann.[183]

67 Bestimmte Verwaltungsaufgaben sind **extrinsisch und intrinsisch zugleich** definiert. Das ist der Fall, wo die Verwaltung dienstleistend tätig wird und individuelle Bedürfnisse erfüllt, die wie bei der Entscheidung über Sozialleistungen oder bei der Gesundheitsfürsorge nur die Bürgerinnen und Bürger selbst definieren können. Zur Steuerung dieser Aufgaben müssen schon bei der Definition Ermessen und Beurteilungsspielräume eröffnet werden. Häufig wird Individualität auch vorab typisiert, wie im Hinblick auf Sonderwünsche von Kfz-Kennzeichen üblich, aber in der Jugendhilfe oder der Gesundheitsverwaltung wesentlich komplexer. Wenn die Verwaltung keine definierte Möglichkeit hat, auf individuelle Wünsche einzugehen, kann sie Grauzonen nutzen oder aber nur ideell, also im Stil oder in der Verwaltungskultur, aber nicht materiell zum „Dienstleistungsunternehmen" werden.

68 Die Unterscheidung zwischen eher intrinsisch und eher extrinsisch definierten Aufgaben kann erhebliche, juristisch nur ansatzweise erfasste Folgen für **Verantwortung und Haftung** haben. Haftung knüpft als Verursachungshaftung weitgehend daran an, wer eine Aufgabe erfüllt. Wird jedoch eine Aufgabe zwar von der Verwaltung erfüllt, aber doch von außen an sie herangetragen und im Detail definiert, könnte daraus auch eine Umverteilung der Risiken folgen. So ist es durchaus denkbar, eine eventuell auch unübliche Gesundheitsleistung zwar staatlich zu finanzieren, aber die Folgen zu individualisieren;[184] zudem kann Menschen selbst Präventionsverantwortung aufgegeben werden. Desgleichen muss die Haftung für Umweltbelastungen bei unklarer Genese der Schäden eventuell nicht nach dem Prinzip der Verursachung, sondern nach dem Prinzip des Profits oder der Zumutbarkeit verteilt werden. Wo Verantwortung verteilt wird, muss auch Haftung verteilt werden. Ein Beispiel ist die Bauverwaltung, wo die Teilprivatisierung des Baugenehmigungsverfahrens die Haftung für Risiken verlagert, wenn private Planung Genehmigungsinhalte definiert und für diese auch privat gehaftet wird.[185] Ein Steuerungsmittel, das ebenfalls für Verantwortung sorgen soll und gestufte Haftung vermitteln kann, ist die Aufsicht[186] oder andere Modi der Kontrolle, einschließlich Akkreditierungen oder Zertifizierungen mit der Vergabe von Prüfsiegeln.

5. Aufgabenbezogene Effizienz

69 Zu jeder Aufgabe gehört heute die Verantwortung, diese auch effizient zu erfüllen. Effizienz muss sich daher auch als **Kriterium** auf die Auswahl zwischen

---

[183] Zur Regulierung der Biotechnologie *Peter-Tobias Stoll*, Biotechnologische Innovationen: Konflikte und rechtliche Ordnung, in: Héritier/Stolleis/Scharpf (Hrsg.), Regulation (Fn. 182), S. 261 ff.; *ders.*, Sicherheit als Aufgabe von Staat und Gesellschaft, 2003.

[184] Vgl. den allerdings umstrittenen „Nikolaus"-Beschluss des *BVerfG* v. 6. 12. 2005, Az.: 1 BvR 347/98 (neue Behandlungsmethoden) und auch *BVerfG*, Beschl. v. 29. 11. 2007, Az.: 1 BvR 2496/07 (Hyperthermie); dazu *Johannes Arnade*, Kostendruck und Standard, 2010.

[185] Exemplarisch *Klaus-Joachim Grigoleit*, Normative Steuerung bei kooperativer Planung, DV, Bd. 33 (2000), S. 79 ff.

[186] Vgl. *Christoph Brüning*, Zur Reanimation der Staatsaufsicht über die Kommunalwirtschaft, DÖV 2010, S. 553 ff.

unterschiedlichen Steuerungsmodi und Erfüllungsvarianten auswirken. So muss sich eine Rechtsform der Aufgabenerfüllung an Indikatoren wie Kosten, Nachhaltigkeit, Verantwortung und Risiko messen lassen, aber auch an Kompetenz und Ausstattung (den „harten" Faktoren") und Akzeptanz und organisationskultureller Passfähigkeit (den „weichen" Faktoren). Was als Effizienz gilt, orientiert sich also daran, welche Kosten als solche anerkannt und gewichtet werden. Insofern lässt sich Effizienz nicht zuletzt abhängig von der jeweiligen Verwaltungsaufgabe mehr oder minder sozialstaatlich, betroffenen- und folgenorientiert, ökonomisch oder auch kulturell verstehen.

Es sind immer wieder **Vorbehalte** formuliert worden, die davor warnen, einen ökonomischen Effizienzbegriff auch dann nutzen zu wollen, wenn es nicht um ökonomische Fragen gehe. Effizienz ist als ökonomische Relation zwischen Aufwand und Ertrag tatsächlich nur dann für die Steuerung von Verwaltungsaufgaben nutzbar, wenn es sich um kommodifizierbare, also warenförmig zu definierende, Aufgaben handelt. Verwaltungsaufgaben der Ressourcenvorsorge- und Innovationsverwaltung lassen sich mangels klaren Ertrags ebenso wie Maßnahmen zugunsten einer lebendigen Demokratie nicht über eine solche Effizienz steuern. Dasselbe gilt tendenziell, wo unklar ist, wann ein Ertrag erzielt wird, also bei Verwaltungsaufgaben zur Sicherung von auch nur minimaler Lebensqualität, die höchst individuell erlebt wird und nicht ohne weiteres als hypothetische Durchschnittseffizienz gesetzt werden kann. Insofern kommt es nicht nur darauf an, was konkret als „Kosten" gilt, sondern auch darauf, wie „Nutzen" und „Ertrag", „Output" und „Outcome" oder die Erfüllung von Aufgaben sonst definiert werden.

II. Die fachbezogene Dogmatik der Verwaltungsaufgaben

Die Dauer, die Zahl und Beschaffenheit ihrer Zielgruppen, die Form der Definition und die Modi ihrer Erfüllung prägen den juristischen Umgang mit Verwaltungsaufgaben. Daneben steht die Prägung durch den fachlichen Bezug. Es geht hier also um eine aus den (in Bund und Ländern in soweit deckungsgleichen) verfassungsrechtlichen Vorgaben abgeleitete Dogmatik. Insofern ist der Staat – entgegen einer weithin herrschenden Überzeugung – nicht „potentiell allzuständig"[187], sondern handelt immer gebunden. Dann stellt sich die Frage, inwieweit Aufgaben aus fachlichen Gründen nicht nur staatlich gewährleistet, sondern auch hoheitlich erfüllt werden müssen, also von der öffentlichen Aufgabe zur Verwaltungsaufgabe werden, oder ob es, umgekehrt, Grenzen einer wie auch immer gearteten Privatisierung und auch einer Demokratisierung gibt. Darüber hinaus reichen Fragen der fachlich bedingten Verantwortungsverteilung und Wahl der Steuerungsmodi.

1. Existenz des Staates

Die Verwaltungsaufgabe der Sicherung der Existenz des Staates als Garant von Gewaltfreiheit und dem in Art. 1 Abs. 2 GG ausdrücklich genannten Frieden verlangt nach primär hoheitlicher Erfüllung, also der Steuerung über Organisa-

---

[187] M.w.N. *Stefan Korioth*, in Maunz/Dürig, GG, Art. 30 Rn. 9; wie hier Bull, Staatsaufgaben (Fn. 9), S. 90 ff.

tion und Ressourcen einschließlich hoheitlicher Befugnisse, die exklusiv in staatlicher Hand verbleiben. Das gilt mit Blick auf Bedrohungen von außen wie auch im Hinblick auf die Aushöhlung von innen, beispielsweise durch Katastrophen, Währungskrisen oder, ganz alltäglich, durch Gewalt.[188] Daraus lassen sich Grenzen der Privatisierung z.B. für militärische Aufgaben ableiten.[189] Desgleichen finden Haushaltsentscheidungen in Art. 115 GG eine Grenze. Bestimmte Aufgaben sind zudem anderen hoheitlichen Akteuren zugewiesen und damit der Verwaltung entzogen. Dazu gehört – als Beitrag zum inneren Frieden – die Rechtsprechung nach Art. 92 GG, die aus fachlichen Gründen bei der Justiz verbleiben muss.[190]

2. Schutz von Leben und Umwelt

73 Die Verwaltung trägt nicht nur Verantwortung für die Zukunft, sondern ausweislich der Verfassung konkret (nach Art. 2 Abs. 2 GG, aber auch hinsichtlich des Existenzminimums nach Art. 1 Abs. 1 GG i.V.m. Art. 20 Abs. 1 GG) Verantwortung für das Leben und (auch nach Art. 20a GG) für die Umwelt.[191] Es liegt zudem nicht fern, der Garantie einer freien Wissenschaft in Art. 5 Abs. 3 GG zu entnehmen, dass der Staat hier Zukunft mit zu verantworten hat. Demgegenüber insinuiert Art. 6 Abs. 1 GG keine bevölkerungspolitische Aufgabe, Zukunft durch Nachwuchs zu sichern, sondern statuiert eine Freiheit der Lebensgestaltung, die nur als solche aufgabenrelevant ist.[192]

Verantwortung bedeutet hier jedoch anders als bei Sicherung von Gewaltfreiheit und Frieden nicht auch Erfüllungsverantwortung. Vielmehr kann diese Verwaltungsaufgabe nur im Zusammenwirken zahlreicher Akteure und oft auch nur intrinsisch motiviert und weitestmöglich selbstbestimmt erfüllt werden. Die Verwaltung hat dann in verteilter Verantwortung dafür Sorge zu tragen, dass Leben und Umwelt als grundlegende Belange stets beachtet werden, was sich in der Regulierung von Vorsorge und Nachhaltigkeit in zahlreichen Rechtsgebieten niederschlägt, über Anlagengenehmigungen und Baurecht zu Energierecht und Infrastrukturrecht bis zur Zulassung von Produkten. Hinsichtlich der Modi ist gerade hier die Regulierung zentral. Zukunftsgerichtete Verwaltungsaufgaben können nicht erfüllt werden, wenn zu starke Bindungen bremsen.

---

[188] *Gusy*, Polizei (Fn. 163), S. 344 ff., insbes.: „Die Gewährleistung der öffentlichen Sicherheit im öffentlichen Raum unterfällt dem staatlichen Gewaltmonopol und ist daher allein oder jedenfalls ganz überwiegend Aufgabe der Polizei" (S. 346); „Ein unbewusstes, generalisierendes Vertrauen jedenfalls der meisten Menschen in bestimmte Normen und Institutionen dürfte nach wie vor eine unentbehrliche Basis für das Funktionieren von Staat und Gesellschaft sein (*Luhmann*, Rechtssoziologie, 2. Aufl. 1983, S. 93)" (S. 360); „ Die Herstellung und Aufrechterhaltung des Sicherheitsgefühls ist kein Unterfall der polizeilichen Aufgabe der Gefahrenabwehr" [private Sicherheitsdienste können dieses Gefühl aber, z.B. in Einkaufspassagen, vermitteln] (S. 362). S.a. *Rolf Stober*, Staatliches Gewaltmonopol und privates Sicherheitsgewerbe, NJW 1997, S. 889 ff., und anders *Rainer Pitschas*, Neues Verwaltungsrecht im partnerschaftlichen Rechtsstaat?, DÖV 2004, S. 231 ff.

[189] Allerdings gilt dies nicht für Entscheidungen zur Größe der Bundeswehr oder zum Verzicht auf den Wehrdienst; *BVerfGE* 48, 127 (159 ff.).

[190] Vgl. *NW VerfGH*, NJW 1999, S. 1243 (Zusammenlegung des Justiz- und Innenministeriums unzulässig).

[191] *Eifert*, Verfassungsauftrag (Fn. 42), S. 211 ff.

[192] Vgl. *Detlef Merten*, Staatsaufgabe Alterssicherung, in: Bitburger Gespräche 2001, S. 55 ff.; i.Ü. *Baer*, Demografischer Wandel (Fn. 32).

3. Freiheit im Sozialstaat

Weitere grundlegende Verwaltungsaufgabe ist ausweislich der Verfassung die individuelle und doch, so betont Art. 3 GG, gleiche, nach Art. 1 GG die Würde jedes und jeder Einzelnen anerkennende Freiheit, also eine Selbstbestimmung, die jeweils durch Rechte anderer begrenzt und notfalls mit Unterstützung des in Art. 20 Abs. 1 GG gesetzten Sozialstaates auch tatsächlich gelebt werden kann. Das ist spezifisch grundrechtliche Daseinsvorsorge.[193] Konkret muss der Staat den Grundrechten eine Verwirklichungschance geben, also dafür sorgen, dass Menschen grundsätzlich Vieles tun oder lassen können: Informationen erhalten und kommunizieren oder sich forschend oder kreativ betätigen (Art. 5, 10 GG), ihre Religion ausüben und als Religionsgemeinschaft auch sonst aktiv werden (Art. 4 Abs. 2 GG)[194], ihre persönlichen Beziehungen und Familien leben (Art. 6 Abs. 1 GG), zur Schule gehen und erwerbstätig sein (Art. 7 Abs. 1, 12 Abs. 1 GG), sich zusammen tun (Art. 8, 9 GG) oder in ihrer Wohnung ganz privat sein (Art. 13 Abs. 1 GG) und über Dinge – wenn auch durchaus gemeinverträglich[195] – verfügen (Art. 14 GG). Zudem muss die Verwaltung dafür sorgen, dass politisch Verfolgte eine Chance auf Asyl haben (Art. 16a GG). 74

Hier zeigt sich noch deutlicher als zuvor, dass es um die staatliche **Gewährleistung** geht, nicht aber um die staatliche Erfüllung. Die Freiheit erstickt, wenn sie staatlich bevormundet wird. Doch ergibt sich aus dem Gebot sozialer Gerechtigkeit, dass der Staat zulässige Eingriffe in die Freiheit durchaus vornehmen muss, um Freiheitsgefährdungen zu entschärfen, weshalb die vertragliche Freiheit bei gestörter Parität ebenso wie bei Monopolismus oder Kartellbildung, unlauterem Wettbewerb und Diskriminierung Grenzen findet. Diese setzen meist die Rechtsprechung oder der Gesetzgeber. Die Verwaltung findet sich hier eher in der leistenden Rolle des Sozialstaates. Eine staatlich geregelte Krankenversorgung kann Menschen nicht die Behandlung verweigern, ein Sozialamt kann niemanden verhungern lassen. Die Aufgabe der Sicherung sozialer Gerechtigkeit kann jedoch weithin Privaten überlassen werden, wenn die Chancengerechtigkeit gesichert wird, über Ausstattungsbedingungen, Aufsicht oder andere Steuerungsmodi. So muss der Staat im Abfallrecht, wo die Privatisierung von Teilbereichen der Entsorgung dazu führt, dass Marktinteressen dem Um- 75

---

[193] Vgl. *BVerfGE* 123, 267 (363) – Lissabon; auch *Zacher*, Das soziale Staatsziel (Fn. 47). In der Literatur werden oft Schutzpflichten betont, obwohl ein Verständnis von Grundrechten als Versprechen tatsächlich realisierbarer, gleicher Freiheit oft genügt; vgl. *Andreas Fisahn/Regina Viotto*, Privatisierung und Public-Private-Partnership, KritV 2008, S. 265 ff.

[194] Vgl. *BVerfGE* 53, 366 (Krankenhausgesetz NW): Der Gesetzgeber muss bei Reformen von öffentlichen Aufgaben, die bislang durch Staat und Kirche gemeinsam wahrgenommen wurden, „Sinn und Geist der grundgesetzlichen Wertordnung" beachten und Rücksicht nehmen „auf das zwingende Erfordernis friedlichen Zusammenlebens von Staat und Kirche". „... Im Sozialstaat des Grundgesetzes ist es Staatsaufgabe, die Krankenhausversorgung der Bevölkerung zu sozial tragbaren Kosten sicherzustellen. Diese Aufgabe kann der Staat dadurch erfüllen, daß er unter Einbeziehung freier gemeinnütziger und kommunaler Träger ein bedarfsgerechtes Gesamtsystem leistungsfähiger Krankenhäuser unterhält und diese in der Weise finanziert, dass er die erforderlichen Investitionskosten übernimmt und die verbleibenden notwendigen Selbstkosten durch entsprechend festgesetzte Pflegesätze aufbringen lässt." Allerdings ist Säkularität auch Grenze der Aufgabenverteilung; *Stefan Korioth* in Maunz/Dürig, GG, Art. 30 Rn. 10.

[195] Vgl. *Walter Leisner*, Umweltschutz durch Eigentümer, 1987, S. 116 m.w.N., („kooperative Staatsförderung des Privateigentums im Umweltrecht"); ganz anders – und etatistisch – *Matthias Jestaedt*, Demokratieprinzip und Kondominialverwaltung, 1993, S. 566.

weltschutz vorgehen, dafür sorgen, dass existenzielle Bedürfnisse nicht gefährdet werden. Ähnliches gilt für die Deregulierung im Flugverkehr, wo in den USA Privatisierung zu erdrückender Konkurrenz und Kartellbildung und auch zu Sicherheitsrisiken geführt hat.[196] Die Probleme eines privatisierten Energieversorgungssektors sind ebenfalls dem Staat und damit auch der Verwaltung zur Lösung zugewiesen. Schon 1970 hat *Hans-Ulrich Gallwas* zu Recht betont, es dürfe „keine Schmälerung der Rechtsposition des Bürgers durch staatlichen Einsatz Privater" geben, woraus eine Garantenstellung des Staates erwachse; diese beinhalte Handlungspflichten, eine subsidiäre „Bereitschaft", die Bindung mittels kooperativer Handlungsformen, die Kompensation und die Information.[197]

4. Demokratie

76   Die vierte grundlegende Verwaltungsaufgabe ist die Ermöglichung und der Schutz der Demokratie. Sie lässt sich leicht übersehen, weil sie auch Grund allen staatlichen Handelns ist (Art. 20 Abs. 2 S. 1 GG). Und der Ruf nach einer aktiven Zivilgesellschaft mündiger Bürgerinnen und Bürger mag manchen plakativ erscheinen. Doch scheint es dauerhaft erforderlich, auch der Bürokratie immer wieder die Aufgabe zu verdeutlichen, diejenigen zentral zu berücksichtigen, die sie letztlich beauftragen. Das legen die tendenziell republikanischen Grundrechte der politischen Teilhabe in Art. 5, 8, 9 GG und der demokratischen Repräsentation über Art. 21 GG mit Art. 38 GG nahe. Demokratie wird in bestimmten Konstellationen aber auch konkret zur Aufgabe, in denen die öffentliche Verwaltung gebraucht wird, um – das lässt sich mehrfach und unterschiedlich formulieren – private Macht in Grenzen, öffentliche Räume zugänglich oder demokratische Deliberation lebendig zu halten. Die Polizei erfüllt diese demokratische Aufgabe, wenn sie Versammlungen auch vor Gegendemonstrationen schützt oder Versammlungen auch in Einkaufszonen als faktisch öffentlichen Räumen durchsetzt, indem sie Eigentum schützt, aber eben auch Mitsprache sichert.[198] Andere Fachverwaltungen sorgen für demokratische Verhältnisse, wenn sie Flächennutzungen ausweisen und Sondernutzungen genehmigen, wenn Bildungsziele bestimmt und Bildungspraxen gestaltet werden oder wenn soziale Fürsorge weder bevormundend noch drangsalierend, sondern stärkend und befähigend ist.

III. Eine Regulierungsskala der Verwaltungsaufgaben

77   Insgesamt ergeben sich also aus dem Verfassungsrecht ebenso wie aus den Erkenntnissen einer interdisziplinär offenen Verwaltungsrechtswissenschaft durch-

---

[196] Auch die deutsche Monopolkommission konstatierte, es handele sich bei der Privatisierung eher um eine noch dazu halbherzige Flucht vor und aus dem Öffentlichen Recht; BTDrucks 12/3031, S. 24.

[197] *Hans-Ulrich Gallwas*, Die Erfüllung von Verwaltungsaufgaben durch Private, VVDStRL, Bd. 29 (1971), S. 212 (222, 231 f.). Dies wird als Verantwortungs- und Legitimationsabschichtung und Kombination von Haftungssystemen verstanden. Exemplarisch *Matthias Geurts*, Private als Erfüllungsgehilfen des Staats am Beispiel des Freistellungsauftrags, DB 1997, S. 1997 ff.

[198] Vgl. *Christoph Gusy*, Polizei und private Sicherheitsdienste im öffentlichen Raum, VerwArch, Bd. 92 (2001), S. 344 (366): „Diese Aufgabe [der Aufrechterhaltung der öffentlichen Sicherheit und Ordnung im öffentlichen Raum] folgt allerdings unmittelbar weder aus einer allgemeinen ‚Staatsaufgabe Sicherheit' noch aus einem – verfassungsrechtlich ohnehin schwer greifbaren – staatlichen ‚Gewaltmonopol'. Sie folgt vielmehr aus der besonderen Funktion des öffentlichen Raums." Nun auch *BVerfG*, Urt. v. 22. 2. 2011, Az.: 1 BvR 699/09 – Fraport.

aus Hinweise auf eine Dogmatik der Verwaltungsaufgabe. Es wird eine Skala erkennbar, die zwischen den Polen der historisch dominanten, exklusiv hoheitlich zu erfüllenden, intrinsisch definierten Aufgabe der Sicherung des Staates einerseits und der historisch jüngeren, hoheitlich zu gewährleistenden, aber privat erfüllten, extrinsisch definierten Aufgabe des Schutzes der Demokratie liegt. Sie verdeutlicht nicht nur eine abnehmende Erfüllungsneigung der staatlichen Verwaltung, sondern auch eine parallele Zunahme der Steuerung nicht mehr über finale Regeln und gebundene Entscheidungen, sondern über Ressourcen und Verfahrensvorgaben. Dogmatisch ließe sich formulieren: Je eher es um die Existenz des Staates, um Leben und existenzielle Umwelt geht, desto eher muss staatlich organisiert, geregelt, finanziert und erfüllt werden, und je stärker es um individuelle Freiheit und demokratische Gestaltung geht, desto mehr wird privat organisiert, finanziert, gehaftet und definiert.

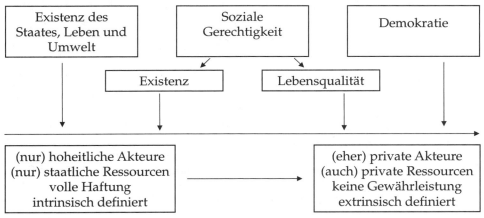

E. Verwaltungsaufgaben und Verwaltungsreformen

Verwaltungsaufgaben ergeben sich also grundlegend aus dem Verfassungsrecht und können sich daher auch aus europäischen oder anderen internationalen Verpflichtungen ergeben. Sie weisen bestimmte Strukturen auf – Dauer, Zielgruppe, Räumlichkeit, Definitionsmacht – und zeigen fachbezogen bestimmte Tendenzen zu mehr oder minder staatlicher Erfüllungsverantwortung, mehr oder minder verteilter Verantwortung. Die staatliche Verwaltung ist schon deshalb immer mit zahlreichen Steuerungsentscheidungen konfrontiert und trifft solche Entscheidungen auch selbst. Sie ist zudem ständig unter Reformdruck. „Die" Verwaltungsreform tritt dabei mit sehr unterschiedlichen Zielen und Konzepten an – je nach Verwaltungsebene, politischer Willensbildung, organisatorischer Vorgeschichte und kulturellem Umfeld. Dennoch steht sie **allerorten vor ähnlichen Problemen,** die mit Verwaltungsaufgaben oft eng zusammenhängen. Da ist die erwähnte **Beharrungskraft** von Organisationen, denn es zeigt sich, dass, so *Renate Mayntz*, „die öffentliche Verwaltung nur selten eine einmal von ihr übernommene Aufgabe verloren oder aufgegeben hat".[199] Da ist auch eine

78

---

[199] *Mayntz*, Soziologie (Fn. 24), S. 55 unter Hinweis auf *Rose*, Priorities (Fn. 20).

§ 11 Verwaltungsaufgaben

Tendenz der Politik und vieler Bürgerinnen und Bürger, in der eigenen **Erwartungshaltung** am einmal erreichten Maß staatlicher Wohltaten festhalten zu wollen. Und die Ressourcenknappheit hängt wie ein **Damoklesschwert** über jeder staatlichen Administration.

79 Verwaltungsreformen haben in Deutschland – relativ unabhängig vom Label als „New Public Management", „Neues Steuerungsmodell"[200] oder schlicht „Modernisierung" – auch einige **durchgängig anzutreffende Eigenschaften**[201], die für Verwaltungsaufgaben von Bedeutung sind. Das verdeutlicht die Aufgabenkritik, die meist als Verlagerung der Aufgabenerfüllung oder Verringerung der Leistungstiefe von Verwaltungsaufgaben umgesetzt wird. Solche Erfüllungsreformen sind Binnenreformen, die sich auf die Steuerungsfaktoren Personal[202], Organisation[203], Geld und Information konzentrieren. Politisch riskanter und daher seltener sind die Reformen der Aufgabe selbst, also der Produkte oder Dienstleistungen. Dabei wird aus der Betriebswirtschaft eine **Orientierung auf Outcome und Output** übernommen, die differenziertere Vorgaben und eine frühzeitige Fokussierung auf möglichst klare Zielgruppen verlangt und meist kooperative Modi der Erfüllung nahe legt, auch wenn Gewährleistungsverantwortung übernommen werden muss. Die Herausforderung liegt darin, diese Verantwortung tatsächlich zu übernehmen, was systematisch nur über ein Informationssystem zur Begleitung von Prozessen, also durch begleitendes Controlling und der Evaluation gelingen kann, und nicht alle Haftungsrisiken beim Staat zu lassen.

80 Im Rahmen der Verwaltungsreformen war auch die Steuerung insgesamt immer wieder Thema. So fragte sich, inwiefern eine Umstellung von der finalen zur konditionalen Steuerung stattfindet oder stattfinden sollte.[204] Zudem wissen wir heute um Implementierungsdefizite und sonstige Grenzen rechtlichen Steuerns. Dazu kommt eine schleichende Entparlamentarisierung zahlreicher politischer Entscheidungen, die dann an „Räte" delegiert oder faktisch nur ministerial getroffen werden. Dazu tragen aber auch Beschleunigung und Verdichtung von Informationen und Erwartungen in der digitalisierten Mediengesellschaft bei, die zumindest Gesetzgebung schnell als träges Steuerungsinstrument erscheinen lassen. Das erzeugt eine gewisse Neigung, nach der erwähnten, mittlerweile vergangenen Privatisierungseuphorie nun eine administrative Flexibilisierungseuphorie, auch eine **Regulierungseuphorie** zu erzeugen. Die Lösung eiliger und komplexer Probleme liegt dann darin, nur von einer Gewährleistungsverantwortung des Staates zu sprechen, aber alle Modi der Erfüllung von Aufgaben frei zu geben, solange die Verwaltung Letztentscheidungsmacht als Rückhol- und Sanktionsmacht behält. In der Praxis werden Verwaltungsaufgaben dann

---

[200] Umfassend *Mehde*, Demokratieprinzip (Fn. 128).
[201] Zum internationalen Vergleich *Naschold/Bogumil*, Modernisierung (Fn. 25); *Sabine Kuhlmann* (Hrsg.), Vergleichende Verwaltungswissenschaft, 3. Aufl. 2010. Zu Österreich *Norbert Wimmer*, Dynamische Verwaltungslehre, 2010, insbes. S. 123–138; i. Ü. *Helmut Wollmann*, Verwaltungspolitische Reformdiskurse und -verläufe im internationalen Vergleich, in: König (Hrsg.), Deutsche Verwaltung (Fn. 6), S. 489 ff.; auch → Bd. I *Groß* § 13 Rn. 13 ff.
[202] → Bd. III *Voßkuhle* § 43; auch *Hans P. Bull*, Personalrecht und Personalwirtschaft als Handlungsfelder der Verwaltungsreform, 2001.
[203] Ausführlicher → Bd. I *Groß* § 13.
[204] Grds. *Mayntz*, Soziologie (Fn. 24), S. 56 ff.; *Wolfgang Hoffmann-Riem*, Tendenzen in der Verwaltungsrechtsentwicklung, DÖV 1997, S. 433 (434); exemplarisch *Peter Knöpfel*, Plädoyer für ein tatsächlich wirkungsorientiertes Public Management, Swiss Political Science Review, Bd. 2 (1996), S. 1 ff.

zunehmend durch die Vergabe von Aufträgen erfüllt. Wann das für wen eingedenk der verfassungsrechtlichen Aufgabenstellungen trägt, kann mit Hilfe der Regulierungsskala etwas systematischer beobachtet werden. Die Frage nach der demokratischen Legitimation und allen anderen rechtlichen Bindungen ist juristisch zu entscheiden.

Ausgewählte Literatur

Arnauld, Andreas v./Musil, Andreas (Hrsg.), Strukturfragen des Sozialverfassungsrechts, 2009.
Bandemer, Stephan v. u. a., Staatsaufgaben – von der „schleichenden Privatisierung" zum „aktivierenden Staat", in: Fritz Behrens u. a. (Hrsg.), Den Staat neu denken, 2. Aufl., Berlin 1997, S. 41–60.
Behrens, Fritz/Heinze, Rolf G./Hilbert, Josef/Stöbe, Sybille/Walsken, Ernst M. (Hrsg.), Den Staat neu denken – Reformperspektiven für die Landesverwaltungen, Berlin 1995.
Blanke, Bernhard/Nullmeier, Frank/Reichard, Christoph/Wewer, Göttrik (Hrsg.), Handbuch zur Verwaltungsreform, 4. Aufl., Wiesbaden 2010.
Böhret, Carl/Konzendorf, Gottfried, Mehr Sein als Scheinen: der funktionale Staat, in: Fritz Behrens u. a. (Hrsg.), Den Staat neu denken, Berlin 1995, S. 17–40.
Bovens, Mark/Curtin, Deirdre/t´Hart, Paul (Hrsg.), The Real World of EU Accountability. What Deficit?, Oxford 2010.
Budäus, Dietrich (Hrsg.), Organisationswandel öffentlicher Aufgabenwahrnehmung, Baden-Baden 1998.
Bull, Hans P., Die Staatsaufgaben nach dem Grundgesetz, 2. Aufl., Kronberg 1977.
– Daseinsvorsorge im Wandel der Staatsformen, Der Staat, Bd. 47 (2008), S. 1–19.
– Wandel der Verwaltungsaufgaben, in: Klaus König (Hrsg.), Deutsche Verwaltung an der Wende zum 21. Jahrhundert, Baden-Baden 2002, S. 77–96.
Collin, Peter, Privatisierung und Etatisierung als komplementäre Gestaltungsprozesse: Ein historischer Rückblick auf „regulierte Selbstregulierung", JZ 2011, S. 274–282.
Cornils, Matthias, Staatliche Infrastrukturverantwortung und kontingente Marktvoraussetzungen, AöR, Bd. 131 (2006), S. 378–422.
Eifert, Martin, Die geteilte Kontrolle. Die Beteiligung Privater an der Rechtsverwirklichung DV, Bd. 39 (2006), S. 309–334.
– Der Verfassungsauftrag zu ökologisch nachhaltiger Politik, KJ 2009, S. 211–223.
Engel, Christoph, Selbstregulierung im Bereich der Produktverantwortung, StWStP, Bd. 9 (1998), S. 535–591.
Fisahn, Andreas/Viotto, Regina, Privatisierung und Public-Private-Partnership, KritV 2008, S. 265–283.
Fischer-Lescano, Andreas, Transnationales Verwaltungsrecht, JZ 2008, S. 373–383.
Fleiner-Gerster, Thomas, Kriterien für die Aufgabenverteilung von Staat und Gesellschaft, Bitburger Gespräche, Jb. 1984, S. 25–39.
Franzius, Claudio, Der Gewährleistungsstaat, VerwArch, Bd. 99 (2008), S. 351–379.
– Gewährleistung im Recht. Grundlagen eines europäischen Regelungsmodells, Tübingen 2009.
– Governance und Regelungsstrukturen, VerwArch, Bd. 97 (2006), S. 186–219.
– Warum Governance?, KJ 2009, S. 25–38.
Gramm, Christof, Privatisierung und notwendige Staatsaufgaben, Berlin 2001.
Grimm, Dieter, Staatsaufgaben, Baden-Baden 1994.
Grimmer, Klaus, Die Bedeutung von Aufgabenstruktur und Organisationsstrukturen für die Arbeitsmethodik öffentlicher Verwaltungen, VerwArch, Bd. 81 (1990), S. 492–511.
Häberle, Peter, Die Gemeinwohlproblematik in rechtswissenschaftlicher Sicht, Rechtstheorie, Bd. 14 (1983), S. 257–284.
Héritier, Adrienne/Scharpf, Fritz W./Stolleis, Michael (Hrsg.), European and International Regulation after the Nation State, Baden-Baden 2004.
Hill, Hermann (Hrsg.), Aufgabenkritik, Privatisierung und Neue Verwaltungssteuerung, Baden-Baden 2004.
Isensee, Josef, Gemeinwohl und Staatsaufgaben im Verfassungsstaat, HStR III, 2. Aufl. 1996, § 57.
Kißler, Leo, Privatisierung von Staatsaufgaben: Kriterien und Grenzen aus sozialwissenschaftlicher Sicht, in: Christoph Gusy (Hrsg.), Privatisierung von Staatsaufgaben: Kriterien, Grenzen, Folgen, Baden-Baden 1998, S. 57–71.

§ 11 Verwaltungsaufgaben

König, Klaus (Hrsg.), Deutsche Verwaltung an der Wende zum 21. Jahrhundert, Baden-Baden 2002.
–/Siedentopf, Heinrich (Hrsg.), Öffentliche Verwaltung in Deutschland, 2. Aufl., Baden-Baden 1997.
Link, Christoph/Ress, Georg, Staatszwecke im Verfassungsstaat, VVDStRL, Bd. 48 (1990), S. 7–201.
Mayntz, Renate, Soziologie der öffentlichen Verwaltung, Köln 1978 (4. Aufl. 1997).
Mehde, Veith, Neues Steuerungsmodell und Demokratieprinzip, Tübingen 2000.
Möstl, Markus, Die staatliche Garantie für die öffentliche Sicherheit und Ordnung, Tübingen 2002.
Naschold, Frieder, Modernisierung des Staates. Zur Ordnungs- und Innovationspolitik des öffentlichen Sektors, Berlin 1993.
Neu, Claudia (Hrsg.), Daseinsvorsorge, Wiesbaden 2009.
Peters, Hans, Öffentliche und staatliche Aufgaben, in: FS Hans C. Nipperdey, Bd. 2, München/Berlin 1965, S. 877–891.
Rose, Richard, On the Priorities of Government, European Journal of Political Research, Bd. 4 (1975), S. 247–289.
Ruhland, Bettina, Öffentlich-rechtliche Partnerschaften aus der Perspektive des Vergaberechts, VerwArch, Bd. 101 (2010), S. 399–407.
Schoch, Friedrich, Rechtliche Steuerung der Privatisierung staatlicher Aufgaben, Jura 2008, S. 672–683.
Schuppert, Gunnar Folke, Die öffentliche Aufgabe als Schlüsselbegriff der Verwaltungswissenschaft, VerwArch, Bd. 71 (1980), S. 309–344.
– Die öffentliche Verwaltung im Kooperationsspektrum staatlicher und privater Aufgabenerfüllung. Zum Denken in Verantwortungsstufen, DV, Bd. 31 (1998), S. 416–447.
– */Neidhardt, Friedhelm* (Hrsg.), Gemeinwohl – Auf der Suche nach der Substanz, WZB-Jb., Berlin 2002.
Siedentopf, Heinrich/Ellwein, Thomas/Zoll, Ralf, Funktion und allgemeine Rechtsstellung. Analyse der öffentlichen Aufgaben in der Bundesrepublik Deutschland, Baden-Baden 1973.
Siehr, Angelika, „Entdeckung" der Raumdimension in der Europapolitik: Neue Formen territorialer Governance in der Europäischen Union, Der Staat, Bd. 48 (2009), S. 75–109.
Sommermann, Karl P., Staatsziele und Staatszielbestimmungen, Tübingen 1997.
Stein, Katrin, Privatisierung kommunaler Aufgaben – Ansatzpunkte und Umfang verwaltungsgerichtlicher Kontrolle, DVBl 2010, S. 563–571.
Stoll, Peter-Tobias, Sicherheit als Aufgabe von Staat und Gesellschaft. Verfassungsordnung, Umwelt- und Technikrecht im Umgang mit Unsicherheit als Aufgabe von Staat und Gesellschaft, Tübingen 2003.
Thieme, Werner, Aufgaben und Aufgabenverteilung, in: Klaus König/Heinrich Siedentopf (Hrsg.), Öffentliche Verwaltung in Deutschland, 2. Aufl., Baden-Baden 1997, S. 303–324.
Trute, Hans-Heinrich, Gemeinwohlsicherung im Gewährleistungsstaat, in: Gunnar Folke Schuppert/Friedhelm Neidhardt (Hrsg.), Gemeinwohl – Auf der Suche nach der Substanz, WZB-Jb., Berlin 2002, S. 329–347.
Waechter, Kay, Verwaltungsrecht im Gewährleistungsstaat, Tübingen 2008.
Wahl, Rainer, Die Aufgabenabhängigkeit von Verwaltung und Verwaltungsrecht, in: Hoffmann-Riem/Schmidt-Aßmann/Schuppert, Reform, S. 177–218.
Weiss, Wolfgang, Privatisierung und Staatsaufgaben. Privatisierungsentscheidungen im Lichte einer grundrechtlichen Staatsaufgabenlehre unter dem Grundgesetz, Tübingen 2002.
Wieland, Joachim, Der Wandel von Verwaltungsaufgaben als Folge der Postprivatisierung, VerwArch, Bd. 28 (1995), S. 315–335.
Wimmer, Norbert, Dynamische Verwaltungslehre, 2. Aufl., Wien/New York 2010.

§ 12 Grundmodi der Aufgabenwahrnehmung

Helmuth Schulze-Fielitz

Übersicht

	Rn.
A. Problemaufriss	1
I. Grundmodi der Aufgabenwahrnehmung	1
1. Grundmodi als Typen aufgabenspezifisch organisierten Verwaltungshandelns	1
2. Abgrenzungen und Präzisierungen	4
II. Pole der Typenbildung bei der Aufgabenwahrnehmung	7
1. Staat und Marktgesellschaft	7
2. Vielzweck- und Einzweckhandeln der Verwaltung	9
3. Stufungen der rechtlichen Formbindung	11
III. Wandlungen der Aufgabenwahrnehmung	13
1. Das Verwaltungsrecht des liberalen Rechtsstaats	14
2. Der Wandel zum sozialen Rechtsstaat	15
3. Die Herausbildung der Gewährleistungsverwaltung	18
IV. Gemeinwohl als Bezugspunkt der Aufgabenwahrnehmung	20
B. Hoheitliche Aufgabenwahrnehmung	24
I. Die ordnende Verwaltung	25
1. Allgemeine Charakteristika	25
2. Die Ordnungsverwaltung	27
3. Die Risikoverwaltung	28
a) Wandlungen im Polizei- und Ordnungsrecht zur Präventionsverwaltung	28
b) Risikoverwaltung im Wirtschaftsverwaltungs- und Umweltrecht	30
4. Die Finanzverwaltung	34
5. Die Gerichtsverwaltung	36
II. Die Leistungsverwaltung	39
1. Allgemeine Charakteristika	39
2. Kommunale Daseinsvorsorge	41
3. Sozialverwaltung	42
4. Verwaltung durch Subventionen	45
5. Verwaltung durch Beratung und Unterrichtung	47

	Rn.
III. Die Gewährleistungsverwaltung	51
1. Allgemeine Charakteristika	51
2. Marktstrukturverwaltung	54
3. Regulierungsverwaltung	57
4. Raumbezogene Infrastrukturverwaltung	60
C. Kooperative Aufgabenwahrnehmung	64
I. Die Entwicklung des Kooperationsgedankens im Verwaltungsrecht	64
II. Begriffe und Leistungen der Kooperation	66
1. Vielfalt von Kooperationsbegriffen	66
a) Kooperation als Begriff empirischer Beschreibung	67
b) Kooperation als Begriff typologischer Abgrenzung	69
c) Kooperation im Verwaltungsrecht als normativer Begriff	71
d) Kooperation zwischen hoheitlicher und privater Aufgabenwahrnehmung	73
2. Leistungen und Probleme der Kooperation von Verwaltung und Bürger	75
III. Rechtlich gebundene Kooperation mit Privaten im Gesetzesvollzug	77
1. Maßstabsetzung	78
2. Entscheidungsvorbereitung	79
3. Verwaltungsentscheidungen	80
4. Kontrolle	82
IV. Rechtliche Kooperation mit Privaten in der Verwaltungsorganisation	83
1. Kondominialverwaltung	84
2. Kommunale Selbstverwaltung	86
3. Funktionale Selbstverwaltung	88
4. Mitbestimmung	90
D. Erfüllung öffentlicher Aufgaben durch Private	91
I. Die historische Entwicklung der Aufgabenwahrnehmung durch Private	91
1. Das Bedeutungswachstum Privater bei der Aufgabenwahrnehmung	91

§ 12 Grundmodi der Aufgabenwahrnehmung

	Rn.
2. Der Privatisierungsschub der Gegenwart	93
a) Motive der Privatisierung	93
b) Grenzen der Privatisierung	95
II. Hauptgebiete der Privatisierung	97
1. Felder der Infrastruktur- und Leistungsverwaltung	97
2. Private Aufgabenwahrnehmung ohne Teilnahme an wirtschaftlichen Märkten	101
III. Modalitäten privater Aufgabenwahrnehmung	104
1. Private im Dienst hoheitlicher Aufgabenwahrnehmung: Verwaltungshilfe, Beleihung, Indienstnahme Privater	104
2. Wahrnehmung öffentlicher Aufgaben durch Private	108
a) Idealtypen der Privatisierung	108
b) Realtypen der Privatisierung	113
3. Regelungsstrukturen zur Ermöglichung privater Aufgabenwahrnehmung	118
E. Die Verwaltung als Marktteilnehmer	122
I. Kategoriale Einführung	122
1. Verwaltung durch Austausch von Gütern und Leistungen am Markt	122
2. Die interne Ökonomisierung des klassischen Verwaltungshandelns	124
II. Die Verwaltung als Unternehmer	125
1. Grundstrukturen unternehmerischer Verwaltungstätigkeit	125
2. Verwaltungsrechtlicher Steuerungsrahmen	130
3. Ordnungspolitische Bezüge	135
4. Wettbewerbskonflikte	137

	Rn.
III. Die Verwaltung als Nachfrager	139
1. Entwicklung und Regelungsnotwendigkeiten	139
2. Vergaberechtlicher Steuerungsrahmen	142
a) Vergaberechtliche Grundentscheidungen	142
b) Sekundärzwecke des Vergaberechts	144
F. Verwaltungsverantwortung und Gemeinwohlsicherung bei der Aufgabenwahrnehmung	148
I. Gemeinwohlsicherung durch Verwaltungsverantwortung	148
II. Gemeinwohlsicherung in Wahrnehmung der Erfüllungsverantwortung	150
III. Gemeinwohlsicherung durch Gewährleistungsverantwortung	154
1. Erosionen hoheitlicher Gemeinwohlsicherung	154
2. Gemeinwohlverantwortung Privater	155
3. Gewährleistungsverantwortung der Verwaltung	158
a) Gewährleistungsverantwortung zwischen Erfüllungs- und Auffangverantwortung	158
b) Konkretisierungen der Gewährleistungsverantwortung	163
IV. Auffangverantwortung	166
G. Fazit	167

Ausgewählte Literatur

A. Problemaufriss

I. Grundmodi der Aufgabenwahrnehmung

1. Grundmodi als Typen aufgabenspezifisch organisierten Verwaltungshandelns

Der demokratische Verfassungsstaat als rechtlich konstituierte Handlungs- und Wirkungseinheit erfüllt seine Aufgaben gewaltenteilig.[1] Für das alltägliche Handeln haben **Regierung und Verwaltung** eine primäre **Verantwortung für die Wahrnehmung staatlicher Aufgaben**.[2] Diese Aufgaben werden ihnen durch die zur Bestimmung ihres Wirkungskreises verfassungsrechtlich legitimierten gesetzgebenden Körperschaften aufgetragen. Der Staat tritt so im Zusammenspiel von Gesetzgeber, Regierung und Verwaltung der Gesellschaft und ihren Bürgern gegenüber und handelt doch zugleich für sie; die Verwaltung ist dabei mit den Adressaten ihres Handelns auf spezifische Weise verbunden.

Die Verwaltung als „vollziehende Gewalt" i.S. des Grundsatzes der Gewaltenteilung (Art. 20 Abs. 3 GG) darf nicht als eine institutionelle Einheit missverstanden werden.[3] Es handelt sich um eine organisatorische Vielfalt von Einheiten und ihren Organen mit sehr unterschiedlichen Aufgaben und Kompetenzen auf sehr verschiedenen räumlichen und sachgegenständlichen Ebenen; sie alle zusammen bilden in einer nahezu unübersehbaren **Vielgestaltigkeit von Aufgaben, Organisations- und Handlungsformen** „die" Verwaltung. Sie nehmen spezifische Aufgaben wahr, die ihnen durch Rechtssatz aufgegeben sind oder die von ihnen rechtlich zulässig wahrgenommen werden;[4] das schließt nicht aus, dass zusätzlich öffentliche Aufgaben im Gemeinwohlinteresse durch Private verfolgt werden können.[5]

Die Erscheinungsformen der Wahrnehmung dieser öffentlichen Aufgaben durch die Verwaltung unterscheiden sich dabei in der Art und Weise, in der die Verwaltung dem einzelnen Bürger gegenübertritt: **Grundmodi** der Aufgabenwahrnehmung sind **typologisierte Modelle aufgabenspezifisch organisierten Verwaltungshandelns**. Sie sollen die Vielfalt der Aufgabenwahrnehmung beschreiben und systematisieren. Als Typologisierungen sind sie nicht trennscharf i.S. gegenseitiger Ausschließlichkeit abgrenzbar; ihr Gegenstands- und Anwendungsbereich kann sich überschneiden. Gleichwohl bringen die Grundmodi ty-

---

[1] *Christoph Möllers*, Gewaltengliederung, 2005, S. 1 ff.; → Bd. I *Poscher* § 8; Bd. III *Kahl* § 47 Rn. 70 ff.
[2] Vgl. *Fleiner*, Institutionen des VerwR, S. 7.
[3] → Bd. I *Hoffmann-Riem* § 10 Rn. 16 ff.; Bd. III *Kahl* § 47 Rn. 163 ff.
[4] *Hartmut Bauer*, Privatisierung von Verwaltungsaufgaben, VVDStRL, Bd. 54 (1995), S. 243 (250), im Anschluss an *Dirk Ehlers*, Verwaltung in Privatrechtsform, 1984, S. 200 (mit Anm. 152); → Bd. I *Baer* § 11 Rn. 10 ff.
[5] Zur Differenz von öffentlichen Aufgaben und Staatsaufgaben s. etwa *Josef Isensee*, Staatsaufgaben, in: HStR IV, § 73 Rn. 12 f.; *Hermann Butzer*, Sicherstellungsauftrag, ebd., § 74 Rn. 7 ff.; *Martin Burgi*, Funktionale Privatisierung und Verwaltungshilfe, 1999, S. 41 ff.; *Udo Di Fabio*, Privatisierung und Staatsvorbehalt – Zum dogmatischen Schlüsselbegriff der öffentlichen Aufgabe, JZ 1999, S. 585 (587 f.); *Peter Häberle*, Öffentliches Interesse als juristisches Problem, 2. Aufl. 2006, S. 211 ff.; krit. *Christof Gramm*, Privatisierung und notwendige Staatsaufgaben, 2001, S. 56 ff.; *Christoph Möllers*, Staat als Argument, 2000, S. 317 ff.; → Bd. I *Baer* § 11 Rn. 13.

pische Handlungsfelder der Verwaltung im Blick auf deren Aufgaben auf eine charakteristische Begriffs- und Systembildung.

2. Abgrenzungen und Präzisierungen

4   Diese Grundmodi laufen **nicht** den **rechtlichen Handlungsformen** der Verwaltung parallel. Die meisten Rechtsformen des Verwaltungshandelns und ihre Verknüpfung zum Formen- und Instrumentenmix[6] finden in allen Grundmodi der Aufgabenwahrnehmung Anwendung, auch wenn sie unterschiedlich verteilt sein mögen: Verwaltungsakte spielen nur im Ausnahmefall für die unternehmerische Tätigkeit der Verwaltung eine Rolle, eine kooperative Aufgabenwahrnehmung ist nicht gerade das prägende Charakteristikum der Ordnungsverwaltung. Die Art und Weise der Verwaltungsaufgaben, nicht die rechtlichen Handlungsformen bestimmen die Grundmodi der Aufgabenwahrnehmung.

5   Ebenso wenig ist die **Art des Rechtsregimes**[7] für eine Typologisierung der Grundmodi der Aufgabenwahrnehmung entscheidend. Für alle Formen der Aufgabenwahrnehmung können öffentlich-rechtliche und privatrechtliche Normen handlungsleitend oder handlungsbegrenzend sein; es ist ein Trend der modernen Verwaltungsrechtsentwicklung, dass sich Rechtsnormen aus verschiedenen Rechtsgebieten kompensatorisch ergänzen.[8] Insoweit richtet sich die Eignung von Rechtsnormen nach der Optimierung der Aufgabenerfüllung. Auch eine Orientierung am Anwendungsbereich von Fachgesetzen läuft den Grundmodi einer Aufgabenwahrnehmung nur selten parallel; nicht einmal die polizeiliche Gefahrenabwehr ist ohne so „untypische" Elemente wie Informations- und Beratungsleistungen in der Nähe zur Sozialarbeit als reiner Typ von Ordnungsverwaltung erfassbar.

6   Die Grundmodi der Aufgabenwahrnehmung sind keine rechtsdogmatischen Begriffe, die sich definitorisch gegenseitig ausschließen; denn es „verbinden, überschneiden und durchdringen sich sowohl die so bezeichneten Aufgabenbereiche wie die in ihnen verfolgten Zwecke und schließlich die dafür eingesetzten Handlungsformen und Mittel in derart mannigfacher Weise, dass eine auch nur halbwegs konturenscharfe rechtliche Strukturierung nach solchen Gesichtspunkten unmöglich ist".[9] Das begrenzt sie aber auf eine heuristische, hermeneutische oder kritische Funktion nur, wollte man Verwaltungsrechtsdogmatik auf Aussagen mit unmittelbar entscheidungsanleitender Kraft i.S. rechtspraktischer Verwertbarkeit verengen.[10] Für ein weitergehendes Verständnis von Verwaltungs-

---

[6] → Bd. II *Michael* § 41 Rn. 4 ff., 26 ff., 34 ff.

[7] → Bd. I *Burgi* § 18.

[8] Vgl. *Reiner Schmidt,* Die Reform von Verwaltung und Verwaltungsrecht, VerwArch, Bd. 91 (2000), S. 149 (153 f.); *Wolfgang Hoffmann-Riem,* Öffentliches Recht und Privatrecht als wechselseitige Auffangordnungen – Systematisierung und Entwicklungsperspektiven, in: Hoffmann-Riem/Schmidt-Aßmann (Hrsg.), Auffangordnungen, S. 261 (271); → Bd. II *Hoffmann-Riem* § 33 Rn. 69 f.; *Michael* § 41 Rn. 63 f.

[9] *Otto Bachof,* Die Dogmatik des Verwaltungsrechts vor den Gegenwartsaufgaben der Verwaltung, VVDStRL, Bd. 30 (1972), S. 193 (227 f.); s. auch *Helmuth Schulze-Fielitz,* Grenzen rationaler Gesetzesgestaltung, insbesondere im Leistungsrecht, DÖV 1988, S. 758 (760 f.); *Meyer-Hesemann,* Methodenwandel, S. 160 ff.

[10] *Rainer Wahl,* Die Aufgabenabhängigkeit von Verwaltung und Verwaltungsrecht, in: Hoffmann-Riem/Schmidt-Aßmann/Schuppert (Hrsg.), Reform, S. 177 (182 f.).

A. Problemaufriss

rechtswissenschaft[11] ermöglicht es eine Typologisierung von Grundmodi der Aufgabenwahrnehmung, die Vielgestaltigkeit der Verwaltungstätigkeit in charakteristischen Erscheinungsformen zu bündeln und im Sinne von **Reflexionswissen** für ihre spezifischen Besonderheiten zu sensibilisieren. Aber auch handlungsorientiert können diese Erkenntnisse im Kontext der Aufgabenerfüllung als Gesamtheit eines Einsatzes von rechtlichen, organisatorischen, personellen, sachlichen und finanziellen Mitteln dirigierende Kraft entfalten.[12]

II. Pole der Typenbildung bei der Aufgabenwahrnehmung

1. Staat und Marktgesellschaft

Der Staat und seine Verwaltung nehmen Aufgaben wahr, die ihnen der Verfassungs- und der Gesetzgeber zugewiesen haben.[13] Dieser Aufgabenkanon des Staates ist prinzipiell offen.[14] Der zentrale Rechtfertigungsgrund für eine Übertragung von Aufgaben und entsprechenden Kompetenzen an den Staat liegt darin begründet, dass die **Fähigkeit** der Gesellschaft und ihrer Märkte **zur selbstregulierten Gemeinwohlfindung im Wettbewerb begrenzt** ist,[15] wie die staatstheoretischen Ansätze zur Überwindung eines anarchischen Naturzustandes seit Jahrhunderten theoretisch zu begründen suchen. Ökonomisch verweist die Kategorie des „Marktversagens"[16] auf die Notwendigkeit, dass der Staat Aufgaben selbst übernehmen oder zumindest die Rahmenbedingungen bereitstellen und gewährleisten muss, damit öffentliche Güter bereitgestellt werden[17] und im Übrigen die einzelnen Mitglieder der Gesellschaft in autonomer Freiheit auch ihr gemeines Wohl in Verfolgung ihrer je individuell unterschiedlichen privaten Interessen zu finden in der Lage sind;[18] **Gemeinwohlsicherung sucht**

7

---

[11] Dazu näher *Ivo Appel* und *Martin Eifert,* Das Verwaltungsrecht zwischen klassischem dogmatischen Verständnis und steuerungswissenschaftlichem Anspruch, VVDStRL, Bd. 67 (2008), S. 226 (230 ff.) bzw. S. 286 (297 ff.); *Helmuth Schulze-Fielitz,* Notizen zur Rolle der Verwaltungsrechtswissenschaft für das Bundesverwaltungsgericht, DV, Bd. 36 (2003), S. 421 (422 ff.).

[12] *Wahl,* Aufgabenabhängigkeit (Fn. 10), S. 183 f., 185 f.; s. auch *Eifert,* Verwaltungsrecht (Fn. 11), S. 302 ff., 307 ff.

[13] Vgl. *Isensee,* Staatsaufgaben (Fn. 5), Rn. 13.

[14] *Lerke Osterloh,* Privatisierung von Staatsaufgaben, VVDStRL, Bd. 54 (1995), S. 204 (207 f.) m. w. N.; *Hans P. Bull,* Die Staatsaufgaben nach dem Grundgesetz, 2. Aufl. 1977, S. 3 ff.; *Fritz Ossenbühl,* Die Erfüllung von Verwaltungsaufgaben durch Private, VVDStRL, Bd. 29 (1971), S. 137 (153 ff.). → Bd. I *Baer* § 11 Rn. 15 ff.

[15] Vgl. *Claudio Franzius,* Gewährleistung im Recht, 2009, S. 24 ff.; *Bernd Grzeszick,* Hoheitskonzept – Wettbewerbskonzept, in: HStR IV, § 78 Rn. 20 ff.

[16] Vgl. näher *Reinhard Ruge,* Die Gewährleistungsverantwortung des Staates und der Regulatory State, 2004, S. 35 ff.; *Hans-Peter Schwintowski,* Gemeinwohl, öffentliche Daseinsvorsorge und Funktionen öffentlicher Unternehmen im europäischen Binnenmarkt, ZögU, Bd. 26 (2003), S. 283 (284 ff.); *Charles B. Blankart,* Öffentliche Finanzen in der Demokratie, 2003, S. 56 ff.; *Holger Mühlenkamp,* „Marktversagen" als ökonomische Begründung für Interventionen der öffentlichen Hand, in: Rudolf Hrbek/Martin Nettesheim (Hrsg.), Europäische Union und mitgliedstaatliche Daseinsvorsorge, 2002, S. 65 ff.; s. a. *Gramm,* Privatisierung (Fn. 5), S. 254 ff.; zur Rechtfertigung staatlicher Regulierung → Bd. I *Eifert* § 19 Rn. 16 ff.

[17] So auch staatstheoretisch *Gramm,* Privatisierung (Fn. 5), S. 192 ff., 196 ff.; allg. *Michael Anderheiden,* Gemeinwohl in Republik und Union, 2006, S. 60 ff., passim; *ders.,* Gemeinwohlförderung durch die Bereitstellung kollektiver Güter, in: Winfried Brugger/Stephan Kirste/Michael Anderheiden (Hrsg.), Gemeinwohl in Deutschland, Europa und der Welt, 2002, S. 391 ff.

[18] Zur gesellschaftlichen Selbstregulierung → Bd. I *Eifert* § 19 Rn. 144 ff.

praktisch unvermeidbare **Marktunvollkommenheiten zu kompensieren**. Eine Typologisierung der Wahrnehmung von Verwaltungsaufgaben kann an solche Unterschiede der Leistungsfähigkeit marktgesellschaftlicher Selbstregulierung anknüpfen: Öffentliche Aufgaben müssen um so eher als staatliche vom Staat mit seinen Machtbefugnissen wahrgenommen werden, je weniger einzelne und je weniger die Gesellschaft und ihre Märkte sich solcher Aufgaben erfolgreich annehmen können – und umgekehrt, namentlich im Fall der Gefahr von „Staatsversagen".[19] Das Konzept etwa einer „Einstandsverantwortung" des Staates[20] oder das Subsidiaritätsprinzip versuchen, diese Abschichtung auf prinzipielle Weise – sei es als sozialethisches, sei es als verfassungsrechtliches Prinzip – zu verallgemeinern.[21]

8   Soweit sich diese Aufgabenverteilung idealtypisch als ein Dualismus von Staat und Gesellschaft fassen ließ, konnte sich die Sichtweise der Wahrnehmung öffentlicher Aufgaben durch die Verwaltung in spezifischer Weise beschränken: Der Kern der Staatsaufgaben, die Gewährleistung von Sicherheit und Ordnung durch punktuelle hoheitliche Eingriffe in die Gesellschaft bzw. in die Freiheiten ihrer Mitglieder, wurde primär unter dem Gesichtspunkt des Schutzes vor einer solchen staatlichen Intervention, ihrer Zulässigkeitsvoraussetzungen, ihrer rechtlichen Formen und des individuellen Rechtsschutzes zum Thema der Verwaltungsrechtswissenschaft.[22] Parallel zum Wachstum der Staatsaufgaben im 20. Jahrhundert, zur Pluralisierung der Verwaltung in eine Vielfalt von aufgabenspezifisch differenzierten Entscheidungszentren und zur Verschränkung von Staat und Gesellschaft in intermediären Verwaltungseinheiten des Zusammenwirkens von Verwaltung und Privaten haben sich auch die **Grundmodi der Aufgabenwahrnehmung verändert**. Es geht nicht mehr nur um die hoheitliche Aufgabenwahrnehmung, sondern auch um eine Vielzahl von Aufgaben der Leistungs- und Gewährleistungsverwaltung. Ihre systematische Typologisierung orientiert sich verstärkt an den öffentlichen Aufgaben, die durch Verwaltung und/oder Private ggf. gemeinsam erfüllt werden: Der Dualismus einer Aufgabenerfüllung durch Verwaltung oder Private wird abgelöst durch eine unübersehbare Vielfalt ihres Zusammenwirkens.[23] Die Ergänzung der Rechtsschutzperspektive durch die Perspektive der Steuerung zur optimalen Aufgabenwahrnehmung[24] verändert die Kriterien einer Typologisierung. Privatisierungsprozesse lassen sich so unschwer auch als Erscheinungsformen einer Optimierung der Steuerungsmöglichkeiten der Verwaltung interpretieren.

---

[19] Siehe näher *Franzius*, Gewährleistung (Fn. 15), S. 24 ff.; *Gramm*, Privatisierung (Fn. 5), S. 237 ff.
[20] Ausf. *Anderheiden*, Gemeinwohl (Fn. 17), S. 211 ff.
[21] Siehe näher *Grzeszick*, Hoheitskonzept (Fn. 15), Rn. 31 ff.; *Peter Häberle*, Verfassungslehre als Kulturwissenschaft, 2. Aufl. 1998, S. 417 ff.; *Josef Isensee*, Subsidiaritätsprinzip und Verfassungsrecht, 2. Aufl. 2001, S. 220 ff., 313 ff., passim; zur notwendig begrenzten Leistungsfähigkeit solcher Generalisierung *Helmuth Schulze-Fielitz*, Staatsaufgabenentwicklung und Verfassung, in: Dieter Grimm (Hrsg.), Wachsende Staatsaufgaben – sinkende Steuerungsfähigkeit des Rechts, 1990, S. 11 (35 ff.).
[22] → Rn. 27.
[23] Vgl. *Paul Kirchhof*, Das Wettbewerbsrecht als Teil einer folgerichtigen und widerspruchsfreien Gesamtrechtsordnung, in: ders. (Hrsg.), Gemeinwohl und Wettbewerb, 2005, S. 1 (10 ff.); *Matthias Schmidt-Preuß* und *Udo Di Fabio*, Verwaltung und Verwaltungsrecht zwischen gesellschaftlicher Selbstregulierung und staatlicher Steuerung, VVDStRL, Bd. 56 (1997), S. 160 (162 u. ö.) bzw. S. 235 ff.
[24] Grdl. *Gunnar Folke Schuppert*, Grenzen und Alternativen der Steuerung durch Recht, in: Grimm (Hrsg.), Staatsaufgaben (Fn. 21), S. 217 ff.; → Bd. I *Voßkuhle* § 1 Rn. 17 ff., *Baer* § 11 Rn. 30 ff.; Bd. III *Kahl* § 47 Rn. 10 f.

2. Vielzweck- und Einzweckhandeln der Verwaltung

Die Grundmodi der Aufgabenwahrnehmung unterscheiden sich charakteristischerweise auch in der Zahl und damit auch in der Komplexität der verfolgten Zwecke. Generell erlauben **eindimensionale Verwaltungszwecke** einfachere Entscheidungsverfahren und einfachere rechtliche Handlungsweisen in Form standardisierter Entscheidungen nach Maßgabe von Alltagsroutinen. Mit der Aushändigung etwa eines Personalausweises oder auch, ungeachtet des aufwendigen Prüfungsverfahrens, einer Fahrerlaubnis verbinden sich für jeden Bürger Entscheidungen über leicht einsehbare, einfache und weithin eindimensionale Verwaltungszwecke der Ordnungsverwaltung.

Dem kontrastieren Erscheinungsformen des Verwaltungshandelns, bei denen eine Fülle **mehrdimensionaler, oft divergierender Verwaltungszwecke** verfolgt, beachtet oder zum Ausgleich gebracht werden müssen. Dazu gehören typischerweise die meisten Formen der administrativen Normsetzung, etwa durch Verwaltungsvorschriften, Satzungen oder Rechtsverordnungen. Stets geht es um die Abwägung vielschichtiger Interessen, normativer Zwecke und ihrer konkretisierenden Unterzwecke, die die Verwaltung in starker Abhängigkeit von den Verhältnissen im Einzelfall und vom politischen Willen der Normsetzer[25] durch eine Abwägungsentscheidung in Rechnung zu stellen, zu gewichten und zu einem angemessenen und gesetzesgerechten Ausgleich zu bringen hat. In jedem Falle sind die inhaltlichen Ergebnisse nur begrenzt im Voraus bestimmbar. Umso gewichtiger wird für den rechtlichen Entscheidungsprozess die Festlegung von Organisation und Verfahren der Entscheidungsfindung.[26] Diese Berücksichtigung zahlreicher divergierender Zwecke ist auch für Planungsentscheidungen durch Verwaltungsakt,[27] etwa Planfeststellungsbeschlüsse oder Umweltverträglichkeitsprüfungen kennzeichnend, letztlich für alle mehrpoligen Verwaltungsentscheidungen. Je mehr Zwecke solche Entscheidungen verfolgen, umso mehr besteht die **Gefahr,** die einzelnen Verwaltungsentscheidungen damit zu überfrachten, die Entscheidungsfindung angesichts der Vielfalt der Entscheidungsgesichtspunkte zu erschweren und sich einer eindeutig bestimmbaren gesetzlichen Steuerung zu entziehen.

3. Stufungen der rechtlichen Formbindung

Ungeachtet des Wandels der Formenvielfalt bleibt es bei den **abgestuften rechtsstaatlichen Rechts- und Formbindungen** für das Verwaltungshandeln: Belastende Verwaltungsakte bedürfen einer gesetzlichen Ermächtigungsgrundlage und der verwaltungsrechtlichen Form- und Verfahrensbindung; solche rechtsstaatlichen Bindungen werden lockerer bei begünstigendem und privatrechtlichem Verwaltungshandeln. Die Intensität etwa bei der Anwendung des Gesetzesvorbehalts oder des Bestimmtheitsgrundsatzes kann nach Zweck und Organisation der Aufgabenwahrnehmung oder nach den der Verwaltung eingeräumten Befugnissen stark variieren. So kann der Erfolg des Verwaltungshandelns weithin unabhängig von seinen rechtlichen Rahmenbedingungen sein und (wie im Bereich der Sozialarbeit oder der Pflegedienste) zentral von nichtrechtli-

---

[25] *Johannes Saurer,* Die Funktionen der Rechtsverordnung, 2005, S. 240 ff.
[26] → Bd. I *Baer* § 11 Rn. 38 ff.; Bd. II *Hill* § 34 Rn. 10 ff.
[27] → Bd. II *Bumke* § 35 Rn. 103; *Köck* § 37 Rn. 19.

chen Faktoren bestimmt werden (z. B. Geld, Klientennähe) oder (wie im Bereich unternehmerischen Verwaltungshandelns) stärker von den Eigengesetzlichkeiten des Wettbewerbs am Markt abhängig sein.[28]

12 Den unterschiedlichen Formbindungen korrespondieren zugleich **unterschiedliche Erscheinungsformen der demokratischen Legitimation** des Verwaltungshandelns.[29] Wo die Verwaltung in der herkömmlichen Form der hierarchischen Organisation ihre Aufgaben selbst erfüllt wie etwa weithin in der ordnenden Verwaltung, gewährleisten eine strikte Gesetzesbindung und die parlamentarische Kontrolle der Regierung die demokratische Legitimation der von der Regierungsspitze weisungsabhängigen Verwaltung.[30] Wo andererseits Private öffentliche Aufgaben (auch) nach eigenen privaten Handlungslogiken erfüllen und die Verwaltung sich auf eine rechtliche Gewährleistung von rechtlichen Rahmenbedingungen oder auch nur nachträgliche Kontrollen durch Aufsicht zurückzieht, verlieren die parlamentarische Kontrolle und die personelle Legitimation des Verwaltungspersonals als Legitimationskriterien an Gewicht; neuartige Grundmodi der Aufgabenwahrnehmung müssen das grundsätzlich notwendige Erfordernis ihrer Legitimation durch funktionale Äquivalente für die herkömmlichen Formen demokratischer Legitimation erfüllen.

III. Wandlungen der Aufgabenwahrnehmung

13 Die Grundmodi der Aufgabenwahrnehmung lassen sich in grober Anlehnung an verschiedene Stadien der Staats- und Verwaltungsrechtsentwicklung der letzten zwei Jahrhunderte diesen zuordnen;[31] damit werden aufeinander aufbauende **Wachstumsprozesse der Aufgabenwahrnehmung** in ihren unterschiedlichen Schwerpunkten modellhaft akzentuiert.

1. Das Verwaltungsrecht des liberalen Rechtsstaats

14 Das Verwaltungsrecht des liberalen Rechtsstaats, wie es im deutschen Konstitutionalismus und der diesem korrespondierenden Verwaltungsrechtslehre eines *Otto Mayer*[32] seinen Ausdruck und Höhepunkt fand, orientierte sich primär an hoheitlichen Handlungsformen zur Verwirklichung der Staatsaufgaben der öffentlichen Sicherheit und Ordnung und der Erhebung von Steuern. Die **Handlungsform des Verwaltungsakts,** speziell der Polizeiverfügung zur Gefahrenabwehr und des Steuerbescheids zur Besteuerung als Rechtsformen der Verwirklichung des Rechts, standen **im Mittelpunkt der verwaltungsrechtlichen Dogmatik.** Die Gesetzmäßigkeit des einseitigen Verwaltungshandelns durch Eingriff gegenüber den Verwaltungsunterworfenen schien schon als solche den

---

[28] → Bd. I *Baer* § 11 Rn. 34 ff.; Bd. III *Schiedermair* § 48 Rn. 88 ff.

[29] Vgl. *Eberhard Schmidt-Aßmann,* Verwaltungslegitimation als Rechtsbegriff, AöR, Bd. 116 (1991), S. 329 ff.; → Bd. I *Trute* § 6 Rn. 42 ff.

[30] *Horst Dreier,* Hierarchische Verwaltung im demokratischen Staat, 1991, S. 125 ff.; → Bd. III *Kahl* § 47 Rn. 64 ff., *Schiedermair* § 48 Rn. 6 ff.

[31] → Bd. I *Stolleis* § 2; zur Kritik solcher „Übergeneralisierung" *Wahl,* Aufgabenabhängigkeit (Fn. 10), S. 189 f.

[32] *Mayer,* VerwR; dazu auch *Stolleis,* Geschichte II, S. 381 ff., 403 ff.; s. auch *Meyer-Hesemann,* Methodenwandel, S. 17 ff.; ausf. *R. Schmidt-De Caluwe,* Der Verwaltungsakt in der Lehre Otto Mayers, 1999, S. 47 ff., 206 ff.; → Bd. II *Bumke* § 35 Rn. 6 ff.

A. Problemaufriss

staatlichen Zweck der Bewahrung und Stabilisierung des Rechts zu verwirklichen,[33] in Absetzung von den wohlfahrtspolizeilichen Maßnahmen zur Beförderung der Glückseligkeit der Untertanen im Staat des aufgeklärten Absolutismus.[34] Teleologische Wohlfahrtzwecke jenseits des formalen Rechtszweckes blieben für die verwaltungsrechtliche Systembildung als vorrechtlich ausgeklammert, so sehr sie von realgeschichtlicher Bedeutung für die Verwaltungstätigkeit waren.[35] Der Staat als Träger hoheitlicher Gewalt steht im Mittelpunkt der Betrachtung. Die Gesellschaft wird nur abstrakt als formale Rechtsordnung wahrgenommen. Ungeachtet dessen ist diese Vorstellung hoheitlicher Eingriffsverwaltung bis heute ein zentraler Bestandteil jeder Form von Verfassungsstaatlichkeit.[36]

2. Der Wandel zum sozialen Rechtsstaat

Der Wandel zum sozialen Rechtsstaat hat auch das Verwaltungsrecht und seine rechtsdogmatisch-wissenschaftliche Erfassung tiefgreifend verändert. Empirischer Hintergrund war das Wachstum der Staatsaufgaben, wie es – in Antwort auf die sozialen Herausforderungen von Bevölkerungswachstum und Industrialisierung, Verstädterung und Proletarisierung – handgreiflich zuerst in der Daseinsvorsorge durch kommunale Versorgungsanstalten (sog. Munizipalsozialismus) deutlich wurde und den Verwaltungszweck der Gefahrenabwehr um vielschichtige **neue Aufgaben der sozialen Leistung und Lenkung** anreicherte;[37] *Ernst Forsthoff* hat diese wohlfahrts- oder sozialstaatlichen Aufgaben der Verwaltung später in variierender Extension auf den Empirie und Dogmatik verknüpfenden Begriff der „Daseinsvorsorge" gebracht.[38] 15

Verfassungsnormativer Spiegel ist der **soziale Rechtsstaat,** wie er dem Anspruch nach schon in den sozialen Grundrechten der Weimarer Reichsverfassung seinen Niederschlag gefunden hatte (Art. 109 ff. WRV) und in Art. 20 Abs. 1, Art. 28 Abs. 2 GG aufgenommen worden ist. Verwaltungsrecht und Verwaltungsrechtswissenschaft nehmen nunmehr auch die materiellen Verwaltungszwecke in Form von Wohlfahrtszwecken in den Blick, die in den Formen des Verwaltungsrechts wie auch des Privatrechts verwirklicht werden (können).[39] Nicht mehr rechtsformorientierte Unterscheidungen wie die zwischen obrigkeitlicher und schlichthoheitlicher Verwaltung oder zwischen öffentlicher 16

---

[33] *Peter Badura*, Die Daseinsvorsorge als Verwaltungszweck der Leistungsverwaltung und der soziale Rechtsstaat, DÖV 1966, S. 624 (625 f.); *Udo Di Fabio*, Risikoentscheidungen im Rechtsstaat, 1994, S. 11 ff.

[34] Siehe näher (auch zum folgenden Text) *Badura*, VerwR, S. 8 ff.

[35] *Meyer-Hesemann*, Methodenwandel, S. 41 ff.

[36] → Rn. 25 ff.

[37] *Meyer-Hesemann*, Methodenwandel, S. 47 ff.; *Badura*, VerwR, S. 12 ff.; → Rn. 39 ff.

[38] *Ernst Forsthoff*, Die Verwaltung als Leistungsträger, 1938, teilweise abgedr. in: *ders.*, Rechtsfragen der leistenden Verwaltung, 1959, S. 22 ff.; *ders.*, VerwR, S. 368 ff.; zur Entwicklungsgeschichte *Florian Meinel*, Der Jurist in der industriellen Gesellschaft, 2011, S. 154 ff.; *Matthias Knauff*, Der Gewährleistungsstaat: Reform der Daseinsvorsorge, 2004, S. 38 ff.; *Ruge*, Gewährleistungsverantwortung (Fn. 16), S. 146 ff.; *Michael Ronellenfitsch*, Daseinsvorsorge als Rechtsbegriff, in: Willi Blümel (Hrsg.), Ernst Forsthoff, 2003, S. 53 ff., 67 ff.; *Stefan Storr*, Zwischen überkommener Daseinsvorsorge und Diensten von allgemeinem wirtschaftlichen Interesse, DÖV 2002, S. 357 ff.; *ders.*, Der Staat als Unternehmer, 2001, S. 109 ff.; *Johann-Christian Pielow*, Grundstrukturen öffentlicher Versorgung, 2001, S. 353 ff.; speziell zur kommunalen Ebene *Thorsten Franz*, Gewinnerzielung durch kommunale Daseinsvorsorge, 2005, S. 11 ff.; *Johannes Hellermann*, Örtliche Daseinsvorsorge und gemeindliche Selbstverwaltung, 2000, S. 16 ff.; zur Kritik *Georg Hermes*, Staatliche Infrastrukturverantwortung, 1998, S. 116 ff.

[39] Vgl. *Meyer-Hesemann*, Methodenwandel, S. 78 ff.

§ 12 Grundmodi der Aufgabenwahrnehmung

und fiskalischer Verwaltung sind rechtsdogmatisch systemleitend,[40] sondern Differenzierungen zwischen den Verwaltungsaufgaben und den Rechtsformen des Verwaltungshandelns, etwa zwischen den vier Aufgaben (der Polizei, der Lenkung, der Versorgung und der Deckung des Finanzbedarfs)[41] oder den Bereichen aufgabentypischer Verwaltungstätigkeiten und -funktionen.[42]

17   Bei den Wohlfahrtszwecken tritt primär die leistende Funktion des Staates hervor. Mittlerweile sind Leistungen der Daseinsvorsorge als Dienstleistungen von allgemeinem wirtschaftlichem Interesse sogar als eine – wie immer auch modifizierte – europarechtliche Kategorie anerkannt (vgl. Art. 14 AEUV).[43] Der **Begriff der Leistungsverwaltung** bündelt die Vielfalt solcher Verwaltungszwecke, die dem **Wohlfahrtszweck** des Staates dienen[44] und durch Leistungen für den einzelnen Bürger und die Gesellschaft sorgen, sie finanziell oder auch nichtmonetär fördern.[45] Der Einzelne ist auf diese soziale Daseinsvorsorge angewiesen, weil in der Industriegesellschaft die übergroße Mehrzahl der Bürger soziale Sicherheit nicht als Eigentümer von Produktivkapital, sondern als abhängig Beschäftigter oder kleiner Selbstständiger aus Sozialversicherungskapital gewinnen kann. Kern ist eine soziale Steuerung durch **steuer- und wohlfahrtsstaatliche Umverteilung** in Formen des Verwaltungsrechts der von den Erträgen der wirtschaftenden Unternehmen, Selbstständigen und Einkommensempfänger am Markt gewonnenen und steuerstaatlich abgeschöpften finanziellen Mittel, um den wohlfahrtsstaatlichen Aufgaben etwa der sozialen Sicherung oder der Wirtschafts- und Konjunkturförderung gerecht zu werden. Die rechtlichen Handlungsformen der Verwaltung entfalten insoweit keine typenbildende Kraft.

3. Die Herausbildung der Gewährleistungsverwaltung

18   Die jüngste Verwaltungsrechtsentwicklung hat den Blick für eine **neuartige Qualität des Verwaltungshandelns** geschärft, die in ihren Funktionen die traditionellen Erscheinungsformen der ordnenden Verwaltung und der Leistungsverwaltung hin zu einem neuen Typus der Gewährleistungsverwaltung überschreitet.[46] Während die Ordnungsverwaltung zur Gefahrenabwehr die gesellschaftlichen Akteure eher punktuell zur Ordnung ruft und die Leistungsverwaltung durch soziale Umverteilung kompensatorisch tätig ist, zielt die neu-

---

[40] Vgl. demgegenüber noch *Jellinek*, VerwR, S. 20 ff.; dazu *Badura*, VerwR, S. 19 ff.
[41] Vgl. *Arnold Köttgen*, Deutsche Verwaltung, 3. Aufl. 1944, S. 147 ff.
[42] Vgl. typologisierend *Hans Peters*, Lehrbuch der Verwaltung, 1949, S. 232 ff. u. ö.; dazu *Badura*, VerwR, S. 19 ff.
[43] *Stefanie Schmahl*, Die mitgliedstaatliche Daseinsvorsorge im Spannungsfeld zum europäischen Binnenmarkt, WiVerw 2011, S. 95 ff.; *Hendrik Lackner*, Gewährleistungsverwaltung und Verkehrsverwaltung, 2004, S. 97 ff.; *Ronellenfitsch*, Daseinsvorsorge (Fn. 38), S. 86 ff.; *Jörn A. Kämmerer*, Daseinsvorsorge als Gemeinschaftsziel oder: Europas „soziales Gewissen", NVwZ 2002, S. 1041 ff.; *Günter Püttner*, Die Aufwertung der Daseinsvorsorge in Europa, ZögU, Bd. 23 (2000), S. 373 ff.; ausf. *Fabian Löwenberg*, Service public und öffentliche Dienstleistungen in Europa, 2001, S. 33 ff., 294 ff.; zurückhaltend *Reiner Schmidt*, Die Liberalisierung der Daseinsvorsorge, Der Staat, Bd. 42 (2003), S. 225 (237 ff.); *Martin Nettesheim*, Mitgliedstaatliche Daseinsvorsorge im Spannungsfeld zwischen Wettbewerbskonformität und Gemeinwohlverantwortung, in: Hrbek/Nettesheim (Hrsg.), Union (Fn. 16), S. 39 (49 ff.).
[44] *Badura*, Daseinsvorsorge (Fn. 33), S. 625, 630; → Bd. III *Korioth* § 44 Rn. 5 ff.
[45] Allg. *Susanne Baer*, „Der Bürger" im Verwaltungsrecht, 2006, S. 117 ff.
[46] Grdl. *Andreas Voßkuhle*, Beteiligung Privater an der Wahrnehmung öffentlicher Aufgaben und staatliche Verantwortung, VVDStRL, Bd. 62 (2003), S. 266 (307 ff.); ausf. *Lackner*, Gewährleistungsverwaltung (Fn. 43), S. 40 ff. u. ö.; → Rn. 51 ff.

A. Problemaufriss

ere Verwaltungsrechtsentwicklung auf die Organisation, Förderung und Optimierung von Märkten und Wettbewerbsstrukturen, denen Gesetzgeber und Verwaltung eine sozial gerechte Selbstorganisationsfähigkeit absprechen.

Auch diese Gewährleistungsfunktionen wurzeln im Verfassungsauftrag des sozialen Rechtsstaats und haben eine längere Tradition als ihre Akzentuierung als „Privatisierungsfolgenrecht"[47] nahe legen könnte. Schon immer dienten die herkömmlichen Formen der Wirtschaftsaufsicht einem Gleichgewicht von Verbrauchern und Produzenten oder einem fairen Wettbewerb unter Konkurrenten, suchte die planende Infrastrukturverwaltung gleiche Rahmenbedingungen für Unternehmen zu schaffen, regelte das Tarifvertragsrecht die Märkte der Lohnfindung und suchte das Kartellrecht mit hoheitlichen Instrumenten wie z. B. der Fusionskontrolle die Funktionsfähigkeit von Märkten zu gewährleisten. In dem Ausmaß aber, in dem die Leistungs- und Infrastrukturverwaltung nicht mehr allein und selbst die Verwaltungszwecke erfüllen kann, sondern sich immer stärker der Hilfe Privater auf unvollkommenen Märkten bedient, wird es zunehmend zur Aufgabe, die Märkte selbst zu beobachten und zu organisieren, damit diese ihre Gemeinwohlfunktionen erfüllen können. Die **Gewährleistungsverwaltung organisiert Märkte** mit den Handlungsformen des Verwaltungsrechts. Diskussionen um eine Reform des Verwaltungsrechts haben darin einen gemeinsamen Fluchtpunkt. 19

IV. Gemeinwohl als Bezugspunkt der Aufgabenwahrnehmung

Die übergreifenden **Aufgaben der Verwaltung** sind stets **Sicherung und Förderung des Gemeinwohls** als des allgemeinen Interesses, das alle Bürger über ihre Partikularinteressen hinaus verbindet;[48] die Gesamtheit des Staats- und Verwaltungsrechts ist Gemeinwohlrecht.[49] Das Gemeinwohl als „Grund und Grenze staatlichen Handelns"[50] und seine Sicherung stellen Staat und Gesellschaft mit der immer stärkeren Ausdifferenzierung der Grundmodi der Aufgabenwahrnehmung in einer stark gewachsenen Vielfalt des Zusammenwirkens von Staat und Privaten vor neuartige Probleme. Sie lassen sich nicht durch eine Verwaltungsrechtslehre lösen, die die Handlungsform des Verwaltungsakts zum Zentrum macht.[51] 20

Die **Gemeinwohlbestimmung** im pluralistischen Verfassungsstaat ist **nicht beim Staat monopolisiert:**[52] Verwaltung und die privaten Mitglieder der Zivil- 21

---

[47] Zum Begriff grdl. *Jörn A. Kämmerer*, Verfassungsstaat auf Diät?, JZ 1996, S. 1042 (1047 f.); ausf. ders., Privatisierung, 2001, S. 426 ff.; *Martin Burgi*, Kommunales Privatisierungsfolgenrecht: Vergabe, Regulierung und Finanzierung, NVwZ 2001, S. 601 ff.; s. bereits *Bauer*, Privatisierung (Fn. 4), S. 279.

[48] *Isensee*, Gemeinwohl im Verfassungsstaat, in: HStR IV, § 71 Rn. 2, 36; *Christian Calliess*, Die umweltrechtliche Verbandsklage nach der Novellierung des Bundesnaturschutzgesetzes, NJW 2003, S. 97 (100); *Häberle*, Verfassungslehre (Fn. 21), S. 815 ff.

[49] Siehe etwa *Pielow*, Grundstrukturen (Fn. 38), S. 293 ff.; ausf. *Brugger* u. a. (Hrsg.), Gemeinwohl (Fn. 17).

[50] So *Gunnar Folke Schuppert*, Gemeinwohldefinition im pluralistischen Verfassungsstaat, GewArch 2004, S. 441 (441).

[51] *Schmidt*, Reform (Fn. 8), S. 151; s. bereits *Winfried Brohm*, Die Dogmatik des Verwaltungsrechts vor den Gegenwartsaufgaben der Verwaltung, VVDStRL, Bd. 30 (1972), S. 245 (253 ff.).

[52] Siehe etwa *Franzius*, Gewährleistung (Fn. 15), S. 43 ff.; *Oliver Lepsius*, Braucht das Verfassungsrecht eine Theorie des Staates?, EuGRZ 2004, S. 370 (379).

gesellschaft tragen je auf ihre Weise arbeitsteilig zur Gemeinwohlfindung bei.[53] Das folgt schon daraus, dass es kein vorab eindeutig definierbares und vorgegebenes, nur noch nachzuvollziehendes, also „das" Gemeinwohl gibt; in einer pluralistischen Demokratie kann die aufgegebene Gemeinwohlbestimmung nur ex post das Ergebnis einer Vielzahl von Prozessen der und Beiträgen zur Gemeinwohlfindung durch eine pluralistische Vielzahl von Gemeinwohlakteuren und einer Abwägung von vielen Gemeinwohlbelangen sein.[54]

22 Die **Grundmodi** der Aufgabenwahrnehmung sind nichts anderes als **Formen der Organisation** des Prozesses **der Gemeinwohlfindung** durch Verwaltungshandeln, bei der eine Vielzahl öffentlicher und privater Interessen zum Ausgleich gebracht werden müssen.[55] Denn mit dem Wandel zum offenen Gemeinwohlverständnis im freiheitlichen Verfassungsstaat verlagern sich die Probleme der Gemeinwohlfindung auf das Feld der Bedingungen, Mittel, Formationen, Verfahren und Institutionen der öffentlichen und staatlichen Willensbildung.[56]

23 Die Organisation und das Verfahren der Gemeinwohlfindung aktualisiert sich um so mehr, als einerseits mit der begrenzten Steuerungskraft von parlamentarischen Gesetzen durch den Gebrauch von unbestimmten Rechtsbegriffen, Ermessenstatbeständen oder gesetzlichen Finalprogrammen der Konkretisierungsbedarf durch die Verwaltung steigt; damit ist eine **Verlagerung von Gemeinwohlkompetenzen** vom parlamentarischen Gesetzgeber auf die **Verwaltung** verbunden.[57] Andererseits folgen aus Privatisierungen Gefahren einer Verzerrung gesetzlich formulierter Gemeinwohlziele, auch weil Verfassungsrecht für die komplexen Beziehungsgefüge zwischen Verwaltung und Privaten an Direktionskraft zu verlieren scheint.[58] Es bedarf einer Vielzahl institutioneller Vorkehrungen, um Strukturen bereit zu stellen, die die Gemeinwohlfindung als voraussetzungsvollen Prozess mit dem Ziel optimieren können, die Verwaltungsentscheidungen oder die Entscheidungen Privater bei der Wahrnehmung der öffentlichen Aufgaben gemeinwohlorientiert zu steuern, zu kontrollieren und ihre Folgen zu beobachten, zu begleiten und ggf. nachzubessern.[59]

B. Hoheitliche Aufgabenwahrnehmung

24 Die **Hoheitlichkeit** des Verwaltungshandelns, das heißt die **in Wahrnehmung des Monopols** der legitimen Ausübung **physischer Gewaltsamkeit** erfolgende

---

[53] *Franzius*, Gewährleistung (Fn. 15), S. 83 ff.
[54] *Schuppert*, Gemeinwohldefinition (Fn. 50), S. 441; *ders.*, Gemeinwohl, in: ders./Friedhelm Neidhardt (Hrsg.), Gemeinwohl – Auf der Suche nach Substanz, 2002, S. 19 (42 ff.); *Reiner Uerpmann*, Das öffentliche Interesse, 2000, S. 269 ff.; *Michael Stolleis*, Gemeinwohl, in: EvStL, 3. Aufl. 1987, Sp. 1061 (1062 f.); *Hans-Detlef Horn*, Staat und Gesellschaft in der Verwaltung des Pluralismus, DV, Bd. 26 (1993), S. 545 ff. (548 f.); → Bd. II Rossen-Stadtfeld § 29 Rn. 60 ff.
[55] Grdl. *Häberle*, Interesse (Fn. 5), S. 60 u. ö.
[56] *Hasso Hofmann*, Verfassungsrechtliche Annäherungen an den Begriff des Gemeinwohls, in: Herfried Münkler/Karsten Fischer (Hrsg.), Gemeinwohl und Gemeinsinn im Recht, 2002, S. 25 (30 f.); *Schuppert*, Gemeinwohl (Fn. 54), S. 25, 47 ff., 50 ff.; s. schon *Häberle*, Interesse (Fn. 5), S. 499 u. ö.
[57] *Schuppert*, Gemeinwohlfunktion (Fn. 50), S. 447; *Hofmann*, Annäherungen (Fn. 56), S. 34.
[58] *Voßkuhle*, Beteiligung (Fn. 46), S. 292 ff.
[59] Vgl. demgegenüber den Vorschlag einer Orientierung an den Vollzugsfunktionen der Gefahrenabwehr und der Geldleistungsverwaltung und den Gestaltungsfunktionen der Planung und der sozialen Dienstleistungen bei *Wahl*, Aufgabenabhängigkeit (Fn. 10), S. 190 ff.

B. Hoheitliche Aufgabenwahrnehmung

Umsetzung von Gesetzeszwecken verbindet sich von Anfang an mit der Herausbildung des modernen Staates und seinen Funktionen, zum Schutz der Freiheit und der Rechtsgüter seiner Bürger Gefahren für diese abzuwehren.[60] Sie ist für wichtige Bereiche moderner Staatlichkeit noch immer ein prägendes Merkmal. Indessen lassen allenthalben Modifizierungen, Ergänzungen und Strukturveränderungen den Stellenwert der Hoheitlichkeit des Verwaltungshandelns je nach Aufgabenzusammenhang sehr unterschiedlich bedeutsam erscheinen. Oft wirken hoheitliche, nichthoheitliche und private Formen der Aufgabenwahrnehmung faktisch zusammen. Maßgeblicher Gesichtspunkt für eine Typenbildung sind deshalb die Aufgabenfelder der Verwaltung.

I. Die ordnende Verwaltung

1. Allgemeine Charakteristika

Ein erstes typisches Modell aufgabenspezifisch organisierten Verwaltungshandelns bilden die Aufgabenfelder der ordnenden Verwaltung. Dahinter verbergen sich die elementaren Staatsfunktionen schon des liberalen Staates, also die polizei- und ordnungsrechtliche Gefahrenabwehr zum präventiven und repressiven Schutz von Eigentum und Freiheit der Bürger und die Auferlegung von Steuern; dabei ist die **klassisch-liberale Kernaufgabe Gefahrenabwehr** unter den Bedingungen einer dynamisierten Industriegesellschaft zunehmend im Sinne einer verstärkten Prävention und Vorsorge **ausgeweitet** worden. 25

Auch die ordnende Verwaltung lässt dabei eine stärkere kooperative Einbindung der Bürger als Private erkennen, doch bleibt für diesen Bereich charakteristisch, dass die Verwaltung oft einseitig hoheitlich handelt oder handeln kann, mag die dienstleistungsähnliche Funktion der Verwaltungsakt-Routinen dieses für den Bürger oft verdecken. Andererseits ist die ordnende Verwaltung keineswegs mit dem handlungsformbezogenen Begriff der Eingriffsverwaltung zu identifizieren. Mag der **Begriff der Ordnungsverwaltung** einst auf den **Schutz des einzelnen** gegenüber belastenden Verwaltungsakten ausgerichtet sein,[61] so lässt er sich heute gleichermaßen **aufgabenorientiert** auf die strukturellen Handlungsbedingungen der Verwaltung beziehen: Die Grundmodi der Aufgabenwahrnehmung vereinigen in sich sowohl die Perspektive des Rechtsschutzes des einzelnen als auch die instrumentelle und komplementäre Zuordnung der Verantwortungsbereiche von Verwaltung und Privaten. Sie gelten auch, wenn (im seltenen Ausnahmefall) EG-Recht in direktem Vollzug in Kooperation mit mitgliedstaatlichen Verwaltungen angewendet wird (z. B. im Produktzulassungsrecht).[62] 26

2. Die Ordnungsverwaltung

Erste Aufgabe der ordnenden Verwaltung ist **die „klassische" Gefahrenabwehr** nach Maßgabe des allgemeinen oder des speziellen Polizei- und Ordnungsrechts.[63] Die Verwaltung handelt hier eher „kleinteilig" in Antwort auf konkrete 27

---

[60] Vgl. nur *Dreier*, Verwaltung (Fn. 30), S. 36 ff., 145 ff.; → Rn. 27.
[61] So *Schmidt-Aßmann*, Ordnungsidee, 3. Kap. Rn. 98.
[62] Siehe näher *Gernot Sydow*, Verwaltungskooperation in der Europäischen Union, 2004, S. 219 ff.
[63] Vgl. *Dirk Ehlers*, Verwaltung und Verwaltungsrecht im demokratischen und sozialen Rechtsstaat, in: Erichsen/Ehlers (Hrsg.), VerwR, § 1 Rn. 35 ff.; *Maurer*, VerwR, § 1 Rn. 15; *Wahl*, Aufgabenabhängigkeit (Fn. 10), S. 192 ff.; ausf. *Di Fabio*, Risikoentscheidungen (Fn. 33), S. 27 ff.

und überschaubare Situationen⁶⁴ der Gefahr für Rechtsgüter der Bürger oder des Staates nach Maßgabe eines Erfahrungshorizonts einschlägiger Vorerfahrungen von linearen Kausalketten des Verwaltungspersonals.⁶⁵ Sie wacht vor allem über die Wahrung des Rechts als dem zentralen Bestandteil des Rechtsgüterschutzes und handelt nach genauen gesetzlichen Vorgaben, d.h. nach Tatbestand und Rechtsfolge möglichst bestimmt umgrenzenden Rechtssätzen, die vom Gesetzgeber im voraus festgelegt und vom Verwaltungspersonal, gesetzesloyal und bürokratisch-hierarchisch organisiert, für den Einzelfall vollzogen werden.⁶⁶ Bevorzugte Mittel sind befehlende oder eröffnende Verwaltungsakte: Gebote, Verbote, Erlaubnisse; halten sich die Rechtsunterworfenen nicht daran, drohen Sanktionen.⁶⁷ Es handelt sich **typischerweise** um überschaubare **zweipolige Verwaltungsrechtsverhältnisse**, deren Inhalt nach rechtsstaatlichen Schutzmechanismen zwischen Ordnungspflichtigen und ordnender Verwaltung gestaltet wird,⁶⁸ z.B. Gesetzlichkeit, Gesetzesvorbehalt, Bestimmtheitsgrundsatz, Verhältnismäßigkeitsprinzip. Viele Erlaubnisse sind vor dem Hintergrund grundrechtlich geschützter Freiheitsrechte gesetzlich standardisierte Verwaltungsakte, auf die bei Vorliegen der Voraussetzungen ein Anspruch besteht, etwa auf Fahrerlaubnis, Personalausweis oder gewerberechtliche Genehmigungen u.a.m. Ungeachtet der Ausdifferenzierung des Rechts der Ordnungsverwaltung in vielen Spezialgesetzen folgen deren Grundstrukturen den Prinzipien des allgemeinen Polizeirechts,⁶⁹ dessen immer feinere Ausgestaltung und Ziselierung als Überwachungsrechtsverhältnisse Errungenschaften des liberalen Rechtsstaats zu bewahren suchen.

3. Die Risikoverwaltung

a) Wandlungen im Polizei- und Ordnungsrecht zur Präventionsverwaltung

28   Jenes herkömmliche Recht der Gefahrenabwehr orientiert sich an der Abwehr von Gefahren i.S. der Verhinderung von Schäden an Rechtsgütern.⁷⁰ Voraussetzung für eine Gefahr ist eine Sachlage, in der bei ungehindertem Ablauf des objektiv zu erwartenden Geschehens in absehbarer Zeit mit hinreichender Wahrscheinlichkeit ein Schaden eintreten wird.⁷¹ In der neueren **Entwicklung des**

---

⁶⁴ *Schmidt-Aßmann*, Ordnungsidee, 3. Kap. Rn. 93, 100.

⁶⁵ *Friedrich Schoch*, Abschied vom Polizeirecht des liberalen Rechtsstaats? – Vom Kreuzberg-Urteil des Preußischen Oberverwaltungsgerichts zu den Terrorismusbekämpfungsgesetzen unserer Tage, Der Staat, Bd. 43 (2004), S. 347 (349 f.); *Karl-Heinz Ladeur*, Risikooffenheit und Zurechnung – insbesondere im Umweltrecht, in: Hoffmann-Riem/Schmidt-Aßmann (Hrsg.), Innovation, S. 111 ff.

⁶⁶ Vgl. zu diesem Vollzugsmodell *Claudio Franzius*, Die Herausbildung der Instrumente indirekter Verhaltenssteuerung im Umweltrecht der Bundesrepublik Deutschland, 2000, S. 26 ff., 32 ff.; *Helge Rossen*, Vollzug und Verhandlung, 1999, S. 15 ff.; *Frank Ludwig*, Privatisierung staatlicher Aufgaben im Umweltschutz, 1998, S. 54 ff.; s. auch → Bd. III *Kahl* § 47 Rn. 170 ff.

⁶⁷ Übersichtlich → Bd. III *Huber* § 45 Rn. 111 ff.

⁶⁸ *Schmidt-Aßmann*, Ordnungsidee, 3. Kap. Rn. 100; zu korrespondierenden Verwaltungsverfahren → Bd. II *Schneider* § 28 Rn. 162 ff.

⁶⁹ Siehe am Bsp. der Gewerbeaufsicht *Jan Ziekow*, Öffentliches Wirtschaftsrecht, 2. Aufl. 2010, § 10 Rn. 24 ff., 38 ff.; *Rolf Gröschner*, Das Überwachungsrechtsverhältnis, 1992, S. 22 ff., 52 ff.; → Bd. III *Huber* § 45 Rn. 14, 28 ff., 45 ff.

⁷⁰ Siehe etwa *Liv Jaeckel*, Gefahrenabwehrrecht und Risikodogmatik, 2010, S. 87 ff.; *Marion Albers*, Die Determination polizeilicher Tätigkeit in den Bereichen der Straftatenverhütung und der Verfolgungsvorsorge, 2001, S. 32 ff.

⁷¹ Vgl. nur BVerwGE 45, 51 (57); 116, 347 (351 f.); *Friedrich Schoch*, Polizei- und Ordnungsrecht, in: Schmidt-Aßmann/Schoch (Hrsg.), Bes. VerwR, 2. Kap. Rn. 84.

B. Hoheitliche Aufgabenwahrnehmung

Polizei- und Sicherheitsrechts verschieben sich die Schwerpunkte staatlichen Handelns von der Abwehr konkret bezeichneter Gefahren **hin zur Prävention** i. S. nicht nur vorbeugender Gefahrenabwehr, sondern vorsorglicher Risikobekämpfung im Vorfeld von Gefahren.[72] Darin wird ein „Charakteristikum heutiger Sicherheitsgewährleistung"[73] hin zum „Präventionsstaat"[74] gesehen.

Hintergrund sind soziale Veränderungen in der modernen Gesellschaft, die auch die Handlungsmöglichkeiten von Gefahrverursachern oder potentiellen Straftätern ausweiten. In **Antwort auf** jene **Veränderungen im Realbereich** (wie die zunehmenden öffentlichen Gewalttätigkeiten, die organisierte Kriminalität oder auch der Terrorismus) wird die polizeiliche Vorsorge zur Verhütung von Straftaten oder für die Verfolgung von künftigen Straftaten ausgedehnt[75] – etwa durch Einsatz geheimdienstlicher Mittel, durch ereignisunabhängige Polizeikontrollen ohne jeden Gefahrenverdacht („Schleierfahndung") oder durch Datenspeicherung von Finanztransaktionen. Die **Präventionsverwaltung** gilt z. B. Personen, die als potentielle Wiederholungstäter in Dateien registriert und sektorspezifisch von einschlägigen Betätigungen abgehalten werden, etwa durch Aufenthaltsverbote für Mitglieder der Drogenszene oder Passsperren zur Verhinderung der Ausreise von Hooligans bei Fußballspielen. Das Polizeirecht verliert dadurch an Berechenbarkeit;[76] das Dilemma solcher Aktivitäten besteht darin, dass sie keine Grenzen in sich tragen.[77] Sie sind abgekoppelt vom konkreten Anfangsverdacht i. S. von § 152 StPO für ein repressives Vorgehen wie auch von konkreten Gefahren im klassischen polizeirechtlichen Sinn[78] und können immer stärker ausgeweitet, optimiert und kumuliert werden.

b) Risikoverwaltung im Wirtschaftsverwaltungs- und Umweltrecht

Solche Veränderungen prägen auch das Besondere Ordnungsrecht, insbesondere das Wirtschaftsverwaltungs- und Umweltrecht. Die Wirtschaftsverwaltung ist traditionell von ordnungsrechtlichen Handlungsinstrumenten im Sinne punktueller, durch das Verhältnismäßigkeitsprinzip disziplinierter Eingriffe geprägt; man denke z. B. an Verkaufsverbote, an die Versagung bzw. den Entzug von Gewerbeerlaubnissen oder an Kontroll- und Überwachungsmaßnahmen.

---

[72] *Kay Waechter,* Die aktuelle Situation des Polizeirechts, JZ 2002, S. 854 (855 ff.); *Erhard Denninger,* Freiheit durch Sicherheit?, StV 2002, S. 96 (96 f.); *ders.,* Polizeiaufgaben, in: Lisken/Denninger (Hrsg.), PolizeiR, Kap. E Rn. 197 ff.; *Albers,* Determination (Fn. 70), S. 252 ff.; in positiver Programmatik *Josef Aulehner,* Polizeiliche Gefahren- und Informationsvorsorge, 1998, S. 5, 47 ff., 95 ff., 474 ff.

[73] *Markus Möstl,* Die staatliche Garantie für die öffentliche Sicherheit und Ordnung, 2002, S. 159, ausf. S. 391 ff.; → Bd. II *Pitschas* § 42 Rn. 175 ff.

[74] Schon früh *Erhard Denninger,* Der Präventionsstaat, KJ, Bd. 21 (1988), S. 1 ff.; *ders.,* Freiheit durch Sicherheit?, KJ, Bd. 35 (2002), S. 467 ff., auch in: Hans-Joachim Koch (Hrsg.), Terrorismus – Rechtsfragen der äußeren und inneren Sicherheit, 2002, S. 83 ff.; ausführlich jetzt *Schoch,* Abschied (Fn. 65), S. 350 ff.; allgemeiner im Kontext des Wachstums der Staatsaufgaben *Dieter Grimm,* Verfassungsrechtliche Anmerkungen zum Thema Prävention (1986), in: ders., Die Zukunft der Verfassung, 3. Aufl. 2002, S. 197 (200 ff.).

[75] *Schoch,* Abschied (Fn. 65), S. 352 ff., 358 ff., 362; ausf. *Albers,* Determination (Fn. 70), S. 97 ff., 118 ff., 131 ff.; *Hans-Heinrich Trute,* Die Erosion des klassischen Polizeirechts durch die polizeiliche Informationsvorsorge, in: GS Bernd Jeand'Heur, 1999, S. 403 (405 ff.).

[76] *Waechter,* Situation (Fn. 72), S. 858.

[77] *Denninger,* Freiheit (Fn. 74), S. 472.

[78] *Schoch,* Abschied (Fn. 65), S. 354; *Hans-Heinrich Trute,* Gefahr und Prävention in der Rechtsprechung zum Polizei- und Ordnungsrecht, DV, Bd. 36 (2003), S. 501 (508 ff.).

§ 12 Grundmodi der Aufgabenwahrnehmung

Auch hier lässt sich in der Entwicklung der Fachgesetze ein **Rückzug des Ordnungsrechts** als Handlungsinstrument beobachten,[79] zugleich aber kompensatorisch eine Absenkung der Eingriffsschwelle für die bleibenden ordnungsrechtlichen Sanktionen im Sinne einer stärkeren Risikovorsorge[80].

31 Im Umweltrecht hat sich das Vorsorgeprinzip im Sinne eines „Primärziels"[81] als systemleitendes Rechtsprinzip zur Bekämpfung von Risiken im Vorfeld der Gefahrenabwehr fest etabliert[82] und das Recht der Ordnungsverwaltung im Sinne eines **Risikoverwaltungsrechts** verändert.[83] Risiko ist dabei ein Oberbegriff für Gefahrensituationen, deren Bekämpfung die Verwaltung angesichts weithin unvermeidlicher Kenntnis- und Beurteilungsdefizite vor große Schwierigkeiten stellt, weil sie entweder die Wahrscheinlichkeit bekannter Möglichkeiten oder gar unbekannte Möglichkeiten oder deren Folgen nicht kalkulierbar abschätzen kann.[84] Statt überschaubarer erfahrungsbasierter linear-kausaler Wirkungszusammenhänge geht es um mehrdimensional-komplexe Vernetzungen und langwierig-schleichende oder denkbare sprunghafte Entwicklungsverläufe, für die es an Erfahrungswissen fehlt.[85]

32 Verwaltungshandeln erfolgt hier notwendig nach Gesetzen, die ihre Anwendungsvoraussetzungen nicht mehr genau bestimmen und die Zweck-Mittel-Relation des Verhältnismäßigkeitsprinzips im Voraus determinieren können; subjektive Rechtspositionen werden auf diese Weise aufgelöst oder geschwächt. Rechtlich wird das eingreifende **Verwaltungshandeln** zunehmend **stärker finalisiert.** Teils kompensatorisch, teils substituierend wandelt sich das Fachrecht, um den Ungewissheitssituationen gerecht zu werden:[86] durch Flexibilisierung des Handelns im Einzelfall; durch Entmaterialisierung des staatlichen Rechts mit Hilfe von Rezeptionsklauseln, die auf außerstaatliche Wissensbestände Bezug nehmen; durch Stärkung der Entscheidungsbefugnisse der Exekutive[87] und durch eine Prozeduralisierung des Rechts, das die kommunikative Maßstabs- und Entscheidungsfindung organisiert.[88]

---

[79] Vgl. *Rolf Stober,* Rückzug des Staates im Wirtschaftsverwaltungsrecht, 1997, S. 10 ff.

[80] Siehe näher *Johann-Christian Pielow,* Öffentlich-rechtliche Verbraucherschutzsanktionen, in: Christian Graf/Marian Paschke/Rolf Stober (Hrsg.), Staatlicher Verbraucherschutz und private Unternehmerverantwortung, 2003, S. 53 ff. (66 ff.); s. auch *Wolff/Bachof/Stober/Kluth,* VerwR I, § 4 Rn. 39 ff.

[81] So *Kloepfer,* UmweltR, § 4 Rn. 7.

[82] Zur Vorsorge im Umweltrecht *Ivo Appel,* Staatliche Zukunfts- und Entwicklungsvorsorge, 2005, S. 185 ff.; *Rainer Wahl/Ivo Appel,* Prävention und Vorsorge. Von der Staatsaufgabe zur rechtlichen Ausgestaltung, in: Rainer Wahl (Hrsg.), Prävention und Vorsorge, 1995, S. 1 (13 ff., 58 ff., 72 ff.); *Reinhard Steiger,* Umweltrecht – ein eigenständiges Rechtsgebiet?, AöR, Bd. 117 (1992), S. 100 (108): „konstituierend"; krit. *Christian Calliess,* Rechtsstaat und Umweltstaat, 2001, S. 21 ff.

[83] → Bd. I *Schmidt-Aßmann* § 5 Rn. 111 ff.; Bd. II *Pitschas* § 42 Rn. 180; Bd. III *Huber* § 45 Rn. 64.

[84] *Jaeckel,* Gefahrenabwehrrecht (Fn. 70), S. 57 ff.; *Arno Scherzberg,* Risikosteuerung durch Verwaltungsrecht: Ermöglichung oder Begrenzung von Innovationen?, VVDStRL, Bd. 63 (2004), S. 214 (216 ff., 219 ff.); *Ladeur,* Risikooffenheit (Fn. 65), S. 122; *Di Fabio,* Risikoentscheidungen (Fn. 33), S. 108 ff.

[85] Vgl. nur *Wolfgang Hoffmann-Riem,* Verwaltungsrechtsreform – Ansätze am Beispiel des Umweltschutzes, in: Hoffmann-Riem/Schmidt-Aßmann/Schuppert (Hrsg.), Reform, S. 115 (165 ff.).

[86] *Schmidt-Aßmann,* Ordnungsidee, 3. Kap. Rn. 97; s. näher *Arno Scherzberg,* Wissen, Nichtwissen und Ungewissheit im Recht, in: Christoph Engel/Jost Halfmann/Martin Schulte (Hrsg.), Wissen – Nichtwissen – Unsicheres Wissen, 2002, S. 113 ff. (124 ff.); zu korrespondierenden Verfahren der Wissensgenerierung → ausf. Bd. II *Röhl* § 30 Rn. 24 ff.

[87] *Jaeckel,* Gefahrenabwehrrecht (Fn. 70), S. 177 ff.; *Di Fabio,* Risikoentscheidungen (Fn. 33), S. 460 ff.

[88] *Burkhard Wollenschläger,* Wissensgenerierung im Verfahren, 2009, S. 55 ff.; *Eifert,* Verwaltungsrecht (Fn. 11), S. 325 ff.; s. auch → Bd. II *Pitschas* § 42 Rn. 235 f.

Dieser **Prozess** ist **widersprüchlich**. Einerseits stärkt er die Hoheitlichkeit der 33 exekutivischen Aufgabenwahrnehmung durch Stärkung des Verwaltungsermessens bzw. administrativer Beurteilungsermächtigungen, andererseits ist die Verwaltung weithin auf die Mitwirkung außerexekutivischen Sachverstands und die kooperative Mitwirkung Privater angewiesen. Deshalb kommt es zu einem „Rückzug des Ordnungsrechts" im Umweltschutz[89] durch Deregulierung[90] zugunsten von Regelungsstrukturen, durch die das Eigeninteresse der privaten Akteure aktiviert wird. Die permanenten Veränderungen der technisch-wissenschaftlichen Kenntnisse über die – gegebenenfalls schleichenden – schädlichen Folgen technisch-wirtschaftlicher Entwicklungen verlangen einen dauerhaften Prozess der Beobachtung, Information und Kooperation zwischen Verwaltung und privater Wirtschaft und Gesellschaft im Sinne eines Risikomanagements.[91] Dessen vernetzte rechtliche Organisation überschreitet die Aufgaben des klassischen Rechts der Gefahrenabwehr und der Wirtschaftsaufsicht[92] qualitativ.

4. Die Finanzverwaltung

Die Finanzverwaltung ist von aufgabenspezifischen Eigenarten gekennzeich- 34 net, die auch in historischen Ursprüngen der modernen Verwaltung gründen, die auf dem Gebiet der Intendantur liegen,[93] also der Sicherstellung der gegenständlichen Daseinsvoraussetzungen anfangs des stehenden Heeres, später der Zivilverwaltung. Eine erste Besonderheit ist die massenhafte, EDV-gestützte Abwicklung der Abgabenerhebung primär durch eingreifenden Verwaltungsakt.[94] Steuern sind zudem besonders empfindliche und unmittelbar fühlbare Eingriffe in den Rechtskreis nahezu jedes einzelnen Bürgers:[95] Dieser belastende Charakter und Möglichkeiten, den Steuerlasten auszuweichen,[96] führen in Verbindung mit einem „motorisierten" Steueränderungsgesetzgeber zu einer überaus **hohen rechtlichen Regelungsdichte** in Form untergesetzlicher Rechtsnormen und Verwaltungsvorschriften, durch die die Finanzverwaltung bei vertretbarer Auslegung in hohem Ausmaß sich selbst Regeln setzt, die gesetzesähnliche Wirkung haben.[97]

Die Steuererhebung dient der Sicherung der Personalkosten und der Hand- 35 lungsfähigkeit des Staates,[98] der so an den wirtschaftlichen Leistungen der Bür-

---

[89] Vgl. *Reinhard Hendler* u. a. (Hrsg.), Rückzug des Ordnungsrechtes im Umweltschutz, 1999; zu Grenzen *Stefan Kadelbach*, Verfassungsrechtliche Grenzen für Deregulierungen des Ordnungsverwaltungsrechts, KritV, Bd. 80 (1997), S. 263 ff.
[90] → Bd. I *Voßkuhle* § 1 Rn. 57.
[91] *Monika Böhm*, Risikoregulierung und Risikokommunikation als interdisziplinäres Problem, NVwZ 2005, S. 609 ff.; s. auch *Jaeckel*, Gefahrenabwehrrecht (Fn. 70), S. 269 ff.; allg. → Bd. II *Ladeur* § 21 Rn. 45 ff.
[92] → Bd. III *Kahl* § 47 Rn. 113 ff.
[93] Vgl. *Köttgen*, Verwaltung (Fn. 41), S. 141 unter Verweis auf *Hans Helfritz*, Geschichte der Preußischen Heeresverwaltung, 1938 (z. B. S. 119, 140).
[94] Vgl. *Klaus Tipke*, Die Steuerrechtsordnung, Bd. I, 2. Aufl. 2000, S. 7, 35; → Bd. II *Bumke* § 35 Rn. 105.
[95] Vgl. *Monika Jachmann*, Zur unterschiedlichen Eingriffsqualität und Rechtfertigung von Ertragsteuern und (besonderen) Verbrauchsteuern sowie deren Relation zueinander, Finanzreform 2004, S. 4; *Josef Isensee*, Die typisierende Verwaltung, 1976, S. 102.
[96] Für eine Minimierung der Ausweichmöglichkeiten: *Paul Kirchhof*, Der Grundrechtsschutz des Steuerpflichtigen, AöR, Bd. 128 (2003), S. 1 (38).
[97] Vgl. nur *Ralf P. Schenke*, Die Rechtsfindung im Steuerrecht, 2007, S. 115 ff.
[98] *Josef Isensee*, Steuerstaat als Staatsform, in: FS Hans P. Ipsen, 1977, S. 409 (415).

ger partizipiert,⁹⁹ aber auch auf stetige Einnahmen existenziell angewiesen ist und so gegenüber dem Bürger (auch) staatliche Eigeninteressen der Sicherung des Steueraufkommens verfolgt. Im Spannungsfeld von wachsenden Staatsaufgaben mit steigender Abgabenlast als Erhöhung des Solidarbeitrags des Einzelnen und wachsenden Steuerwiderständen durch Ausweichstrategien oder Steuerunehrlichkeit ist die **Stellung des Steuerbürgers** gegenüber der Finanzverwaltung **strukturell geschwächt**: Seine Widersprüche gegen Steuerbescheide entfalten grundsätzlich keine aufschiebende Wirkung; er ist angesichts der Überkomplexität der Rechtsgrundlagen stärker als sonst auf sachverständige Beratung schon beim Erstkontakt im Steuerverwaltungsverfahren angewiesen; das Steuerrechtsverhältnis ist strukturell von gegenseitigem Misstrauen geprägt – zwischen dem (vielfältig mitwirkungspflichtigen) Bürger, dem die Vermutung der Steuerunehrlichkeit entgegenschlägt,[100] und der Verwaltung, bei der eine hohe Fehleranfälligkeit[101] und ein die Privatsphäre durchdringender Informationshunger vermutet wird; schließlich kann es die rechtsstaatlich so wichtige Gleichmäßigkeit der Gesetzesanwendung im Steuerrecht gefährden (etwa durch „Nachgeben" bei der Sachverhaltsermittlung; Nichtanwendung von Urteilen der Finanzgerichte über den entschiedenen Einzelfall hinaus; gesetzeswidrige Pauschalierungen). Gerade in der Finanzverwaltung kommt es so zu einer bürokratischen Massenverwaltung, deren Rechtsverhältnisse schon früh durch ein Verwaltungsverfahrensgesetz geregelt werden mussten (AO 1919); heute wird deshalb verstärkt eine bessere Abstimmung von Verfahrensrecht und materiellen Steuergesetzen gefordert.[102]

5. Die Gerichtsverwaltung

36 Die Verwaltung der Dritten Gewalt steht (wie auch die Wehrverwaltung oder die Parlamentsverwaltung[103]) üblicherweise außerhalb der Betrachtung der hoheitlichen Aufgabenwahrnehmung, obwohl sie einen ebenso bedeutsamen wie charakteristischen eigengeleiteten Modus der Aufgabenwahrnehmung darstellt. Gemeint sind nicht jene Verwaltungsaufgaben der Gerichte im Verhältnis zum Bürger, die den Gerichten wegen einer angenommenen besonderen Sachnähe durch Gesetz aufgegeben worden sind (z. B. die Rechtsfürsorge nach dem FGG),[104] sondern die **Gerichtsverwaltungsangelegenheiten** im engen Sinne, über die die Gerichte als Behörden und die Richter als (weisungsabhängige) Amtswalter der vollziehenden Gewalt befinden. Es geht um die Gesamtheit der Aufgaben, die bei der Bereitstellung der persönlichen und sachlichen Mittel für die Tätigkeit der Gerichte in Rechtsprechung und Justizverwaltung zu erfüllen sind,[105] also die

---

[99] *Isensee*, Steuerstaat (Fn. 98), S. 418.
[100] *Isensee*, Verwaltung (Fn. 95), S. 111.
[101] Vgl. dazu *Klaus Tipke*, Die Steuerrechtsordnung, Bd. III, 1993, S. 1472 f.
[102] Vgl. *Kirchhof*, Grundrechtsschutz (Fn. 96), S. 37 f.; *Thomas Puhl*, Besteuerungsverfahren und Verfassung, DStR 1991, S. 1141 (1142), 1173 (1177); zum korrespondierenden Verwaltungsverfahren → Bd. II *Schneider* § 28 Rn. 164 ff.
[103] Siehe näher *Rüdiger Voigt/Martin Seybold*, Streitkräfte und Wehrverwaltung, 2003, S. 23 ff. bzw. *Christian von Boetticher*, Parlamentsverwaltung und parlamentarische Kontrolle, 2002, S. 168 ff.
[104] Übersichtlich *Helmuth Schulze-Fielitz*, in: Dreier (Hrsg.), GG III, Art. 92 Rn. 44 ff.; s. auch *Fabian Wittreck*, Die Verwaltung der Dritten Gewalt, 2006, S. 11 ff.
[105] *Wittreck*, Verwaltung (Fn. 104), S. 16; s. auch *Stern*, StaatsR II, S. 901 f.; *Peters*, Lehrbuch (Fn. 42), S. 236.

Personalverwaltung, Infrastrukturverwaltung, Ablaufverwaltung und Finanz- und Hausverwaltung der deutschen Gerichte.[106]

Die Gerichtsverwaltung ermöglicht die Funktionsfähigkeit einer anderen Staatsgewalt überhaupt erst. Sie schafft zentrale Rahmenbedingungen für die Ausübung der richterlichen Tätigkeit und kann insoweit leicht in einen Konflikt mit der Unabhängigkeitsgarantie geraten. Der Konflikt ist in jüngster Zeit durch die Versuche der Gerichtsverwaltung, nach Maßgabe des Neuen Steuerungsmodells[107] auch die Justiz für betriebswirtschaftliche Denkweisen zu sensibilisieren, aktualisiert worden:[108] Diese Aktivitäten der Gerichtsverwaltung i. e. S. (z. B. Geschäftsverteilung durch das Präsidium, Einstellungen und Beförderungen, dienstliche Beurteilungen, Sachmittelausstattung, Organisation des Dienstablaufs, Haushaltsbewirtschaftung) stehen in einem strukturellen **Spannungsverhältnis zur richterlichen Unabhängigkeit.** Zudem sind diese Fragen weitgehend nicht durch parlamentarisches Gesetz geregelt: Die Verrechtlichung durch parlamentarische Gesetzgebung nach 1949 ist an der Gerichtsverwaltung nahezu spurlos vorüber gegangen; diese ist Hausgut der Exekutive geblieben, was durch die Personalunion von Gerichtspräsidenten als Verwaltungsbehörden und als Richtern weithin verdeckt wird. Ein parlamentarisches Gerichtsverwaltungsgesetz könnte hier richterdienstaufsichtliche Streitigkeiten entschärfen.[109] 37

Eine untypische Besonderheit ist der **„innerstaatliche" Charakter der Gerichtsverwaltung,** die den Gerichten und ihren Richtern (sowie dem nichtrichterlichen Dienst) als ihren Funktionsträgern gilt, den Bürger im allgemeinen Staat-Bürger-Verhältnis aber nur mittelbar als potentiell Beteiligten in gerichtlichen Verfahren betrifft. Diese „Unsichtbarkeit" der Aufgabenwahrnehmung der Gerichtsverwaltung darf ihre zentrale Gemeinsamkeit mit den anderen Verwaltungsaufgaben und ihrer Wahrnehmung nicht verkennen lassen: Auch sie ist an die parlamentarische Legitimation im demokratischen Staat gebunden und insoweit dem Parlament verantwortlich;[110] Gerichte und Richter handeln insoweit als weisungsabhängige Amtswalter in einer Gerichtsverwaltungshierarchie mit einem Minister an der Spitze. 38

II. Die Leistungsverwaltung

1. Allgemeine Charakteristika

Die Leistungsverwaltung zielt auf die Gewährung von staatlichen Leistungen, die die Verfolgung der Interessen der Mitglieder des Gemeinwesens mit dem 39

---

[106] Umfassend *Wittreck*, Verwaltung (Fn. 104), 266 ff.; s. auch beispielhaft *ders.*, Die bayerische Justizverwaltung, BayVBl. 2005, S. 385 (392 ff.), 428 (428 ff.).
[107] → Bd. I *Voßkuhle* § 1 Rn. 53 ff.
[108] Ausf. *Carsten Schütz*, Der ökonomisierte Richter, 2005, S. 329 ff.; zuletzt *ders.*, Ökonomisierung von Rechtsschutz, in: Norman Weiß (Hrsg.), Rechtsschutz als Element von Rechtsstaatlichkeit, 2011, S. 79 ff.; *Helmuth Schulze-Fielitz/Carsten Schütz* (Hrsg.), Justiz- und Justizverwaltung zwischen Ökonomisierungsdruck und Unabhängigkeit, 2002.
[109] Plädoyer in diesem Sinne bei *Schütz*, Richter (Fn. 108), S. 262 ff.; 423 ff.; s. auch *Wittreck*, Justizverwaltung (Fn. 106), S. 386 f.
[110] *Wittreck*, Verwaltung (Fn. 104), S. 114 ff.; *Axel Tschentscher*, Demokratische Legitimation der dritten Gewalt, 2006, S. 148 ff., 189 ff.; s. auch *Andreas Voßkuhle/Gernot Sydow*, Die demokratische Legitimation des Richters, JZ 2002, S. 673 ff.

Ziel der Verbesserung ihrer Lebensmöglichkeiten fördern wollen.[111] Der Begriff der **Leistungsverwaltung korrespondiert** dem Begriff der **Daseinsvorsorge,** wenn man diesen auf die Funktionen der leistenden Verwaltung beschränkt:[112] Er zielt auf die Leistungsbreite des Wohlfahrtsstaates mit seinen realen Sach-, Dienst-, Geld- und Sozialleistungen. Er ist aber enger zu verstehen als die Gesamtheit der Staatsaufgaben, in die dann auch die Sorge für die Garantie der öffentlichen Sicherheit und Ordnung einzubeziehen wäre.[113] Die Leistungsverwaltung will zum Teil allerdings auch Zwecke erreichen, die über die Befriedigung der Interessen speziell der Leistungsempfänger hinausgehen. Solche Leistungen haben dann (auch) lenkenden Charakter, indem sie – etwa durch Subventionen – ein bestimmtes Verhalten der privaten Akteure anregen; sie zielen insoweit auf gesellschaftliche Gestaltung und verwischen dabei die Unterschiede zwischen leistender und lenkender Verwaltung.[114]

40 Gemeinsam ist allen Erscheinungsformen der Leistungsverwaltung ein verwaltungsrechtliches Grundverhältnis der einzelnen Bürger auf „Teilhabe",[115] wie sie durch die Daseinsvorsorge gewährt wird; das gilt unabhängig davon, ob Leistungen in den Formen des öffentlichen Rechts oder des (Verwaltungs-) Privatrechts gewährt werden. Soweit sie durch Verwaltungsakt gewährt werden, erfolgt dies als verbindlicher Ausspruch über Ob und Wie der Leistung. Das allgemeine Leistungsverwaltungsrecht sucht der gewachsenen Vielfalt von Interessenlagen durch **differenzierte Regelungs- und Verfahrensformen** gerecht zu werden. Ging es früher um die Einbindung der privatrechtsförmigen Verwaltung der Daseinsvorsorge, „so sind heute Fragen gleichmäßiger Teilhabe an beschränkten Ressourcen, die Stabilität des Leistungsangebots und die Qualität der Leistung wichtige Regelungsinteressen"[116] mit der Folge der Ausbildung spezifischer rechtsdogmatischer Strukturen,[117] etwa subjektive Leistungsansprüche, besondere Haftungsansprüche (z.B. sozialrechtlicher Herstellungsanspruch[118]) oder eine stärkere kooperative Aufgabenwahrnehmung durch Informations- und Betreuungspflichten.

2. Kommunale Daseinsvorsorge

41 Historisch waren es die Kommunen, die die sozialen Leistungsaufgaben als Kern der neuen Herausforderungen um die Wende des 19. und 20. Jahrhunderts angenommen haben, indem sie vor allem auch durch kommunale anstaltsförmige Versorgungsunternehmen elementare Bedürfnisse nach Wasser, Energie und Verkehr zu befriedigen suchten.[119] Der Begriff der Daseinsvorsorge erfasste und

---

[111] Vgl. *Wolff/Bachof/Stober/Kluth,* VerwR I, § 4 Rn. 16.
[112] *Forsthoff,* VerwR, S. 370, 372; *Badura,* Daseinsvorsorge (Fn. 33), S. 629, 630.
[113] Vgl. aber etwa *Wolfgang Rüfner,* Daseinsvorsorge und soziale Sicherheit, in: HStR IV, § 96 Rn. 6; s. auch *Ruge,* Gewährleistungsverantwortung (Fn. 16), S. 153.
[114] *Badura,* Daseinsvorsorge (Fn. 33), S. 630.
[115] *Schmidt-Aßmann,* Ordnungsidee, 3. Kap. Rn. 102; s. auch *Baer,* „Bürger" (Fn. 45), S. 128 ff.; → Bd. I *Masing* § 7 Rn. 59 f.
[116] *Schmidt-Aßmann,* Ordnungsidee, 3. Kap. Rn. 102.
[117] *Wolf-Rüdiger Schenke,* Probleme der modernen Leistungsverwaltung, DÖV 1989, S. 365 ff.; *Eberhard Schmidt-Aßmann,* Verfahrensstrukturen in der Leistungsverwaltung, VR 1989, S. 37 ff.
[118] → Bd. III *Höfling* § 51 Rn. 41 f.
[119] *Stolleis,* Geschichte III, S. 47 f.; ausf. *Hellermann,* Daseinsvorsorge (Fn. 38), S. 16 ff.; *Wolfgang Hofmann,* Aufgaben und Struktur der kommunalen Selbstverwaltung in der Zeit der Hochindustrialisierung, in: Jeserich/Pohl/v. Unruh (Hrsg.), Verwaltungsgeschichte III, S. 578 (583 ff.).

erkannte auch solche Leistungen als Verwaltungshandeln an, die gemeinwirtschaftlich oder verwaltungsprivatrechtlich erbracht wurden und sich auch nicht als bloße „fiskalische" Nebentätigkeit verstehen ließen.[120] Die **Leistungen der Daseinsvorsorge** wurden einerseits **durch „nichtwirtschaftliche" Wirtschaftsbetätigung der Kommunen** erbracht, etwa betreffend Feuerwehr, Friedhofswesen, Abwasser- und Abfallbeseitigung, Unterrichts-, Erziehungs- und Bildungswesen, Sport oder Kranken-, Gesundheits- und Wohlfahrtsversorgung, andererseits durch wirtschaftliche Unternehmen etwa der Energie-, Wasser- und Verkehrsversorgung.[121] Die Privatisierungstendenz der Gegenwart hat die Daseinsvorsorge als Teil der Leistungsverwaltung teilweise verändert, indem die Verwaltung in weitem Umfang unternehmerisch[122] oder im Wege der bloßen Gewährleistung der Leistungserbringung durch Private agiert,[123] ohne dass die Daseinsvorsorge durch eigene unmittelbare Leistungserbringung vernachlässigungswert geworden wäre.[124] Sie stößt aber zunehmend auf Grenzen infolge einer zunehmenden finanziellen Unterausstattung der Kommunen.[125]

3. Sozialverwaltung

Auch die Sozialverwaltung unterliegt **charakteristischen** aufgabenspezifischen **Eigengesetzlichkeiten.** Das kommt nur unvollkommen in der speziellen Kodifikation des Verwaltungsverfahrens im SGB X zum Ausdruck, so sehr die dort vom allgemeinen Verwaltungsverfahrensgesetz abweichenden Regelungen (z.B. §§ 13 ff. SGB I zu Beratungs- und Auskunftspflichten) der besonderen Fürsorge gegenüber den Sozialleistungsempfängern geschuldet sind.[126] Indessen sind gerade praktisch wichtige Besonderheiten, etwa die unmittelbare Erbringung von Sach- und Dienstleistungen, nur unzureichend geregelt (§ 50 Abs. 2 SGB X).[127] **42**

Die Sozialverwaltung[128] ist dadurch gekennzeichnet, dass (Geld-)Leistungen im Bereich der Sozialversicherung (Kranken-, Pflege-, Renten- und Unfallversicherung) ebenso wie im Recht der Sozialhilfe oder der Arbeitsförderung durchweg durch eine massenhafte, EDV-gestützte Abwicklung der Leistungen durch Verwaltungsakt als „Gravitationszentrum"[129] im Rahmen eines Rechtsverhält- **43**

---

[120] *Badura,* Daseinsvorsorge (Fn. 33), S. 626 f.
[121] Siehe näher *Hellermann,* Daseinsvorsorge (Fn. 38), S. 42 ff.; → Rn. 125 ff., 135 ff.
[122] → Rn. 125 ff.
[123] → Rn. 51 ff., 97 ff., 158 ff.
[124] Übersichtlich *Markus Krajewski,* Rechtsbegriff Daseinsvorsorge?, VerwArch, Bd. 99 (2008), S. 174 (180 ff.); exemplarisch *BVerwGE* 134, 154 ff. und dazu *Ekkehard Hofmann,* Kommunen zwischen Daseinsvorsorge und Wirtschaftslenkung: Die Altpapierentsorgung als Regulierungsaufgabe, DV, Bd. 43 (2010), S. 501 ff.
[125] → Bd. III *Korioth* § 44 Rn. 80 ff.
[126] *Peter J. Tettinger,* Verwaltungsrechtliche Instrumente des Sozialstaats, VVDStRL, Bd. 64 (2005), S. 199 (210 ff., 214 f.); *Ingwer Ebsen,* Das Sozialverwaltungsrecht im Spiegel der Rechtsprechung, DV, Bd. 35 (2002), S. 239 (241 ff.).
[127] *Franz Ruland,* Sozialrecht, in: Schmidt-Aßmann (Hrsg.), Bes. VerwR, 12. Aufl. 2003, 7. Kap. Rn. 229.
[128] Dazu näher *Karl-Jürgen Bieback,* Effizienzanforderungen an das sozialstaatliche Leistungsrecht, in: Hoffmann-Riem/Schmidt-Aßmann (Hrsg.), Effizienz, S. 127 (129 f.); *Schmidt-Aßmann,* Verfahrensstrukturen (Fn. 117), S. 38 f.; ausf. *Thomas Simons,* Verfahren und verfahrensäquivalente Rechtsformen im Sozialrecht, 1985; s. auch *Tettinger,* Instrumente (Fn. 126), S. 210 ff.
[129] Ausf. *Stephan Rixen,* Das Sozialverwaltungsrecht im Spiegel der Rechtsprechung, DV, Bd. 43 (2010), S. 545 (547 ff., 551 ff., 560 ff.); → Bd. II *Bumke* § 35 Rn. 104; *Hermes* § 39 Rn. 40, 65.

nisses¹³⁰ nach Maßgabe äußerst detaillierter gesetzlicher Vorgaben zu ihrer bürokratischen Berechnung¹³¹ erfolgt; dies folgt aus dem sozialrechtlichen Gesetzesvorbehalt (vgl. § 31 SGB I) ebenso wie aus der Notwendigkeit, die Haushaltsbelastungen kalkulieren zu können.¹³² Folge ist eine gewisse **Distanz zum Bürger, die mit der existenziellen Angewiesenheit** des Einzelnen auf die Leistungen unter Berücksichtigung seiner hochkomplexen individuellen Befindlichkeiten **disharmoniert.** Die standardisierte Aufnahme der Lebenssachverhalte durch Formulare mit der Gefahr der Vernachlässigung besonderer Umstände des Einzelfalls, die umfassende Durchleuchtung der privaten Lebensumstände durch vielfältige Obliegenheiten des Bürgers bei der Sachverhaltsermittlung (vgl. auch §§ 60 ff. SGB I),¹³³ die hochspezialisierte Ausdifferenzierung der Organisation der Sozialverwaltung mit den Schwierigkeiten, die zuständige Stelle zu finden,¹³⁴ die Dauerhaftigkeit der Leistungsbeziehungen im Sozialrechtsverhältnis, die soziale Benachteiligung vieler Sozialleistungsempfänger – alles das führt dazu, dass der Stil des Verwaltens auf einen hohen Grad von Bürgernähe angewiesen ist,¹³⁵ der sich weniger durch rechtliche Regeln als durch eine ausgeprägte Klientenorientierung der Sachbearbeiter in einem offenen Kooperationsprozess¹³⁶ erreichen lässt. Hier zeigt sich eine hohe personelle Intensität des Sozialverwaltungsrechts.¹³⁷

44 Diese Klientennähe gewinnt eine **neue Qualität,** wenn primär **nichtmonetäre, reale soziale Sach- oder Dienstleistungen** etwa der Sozialarbeit, Kinder- und Jugendhilfe, Drogenhilfe, (Rand-)Gruppenbetreuung, soziale Pflegedienste oder Alten- und Behindertenbetreuung erbracht werden:¹³⁸ Die Personalität des Betreuens etwa durch Hilfe, Gespräche oder Beratung ist stark personalabhängig, basiert auf Vertrauen des Sozialleistungsberechtigten und ist durch einen hierarchisch-bürokratischen Verwaltungsstil wenig bis gar nicht standardisierbar,¹³⁹ sondern verlangt nach „verfahrensäquivalenten" Formen.¹⁴⁰ Sie setzt erhebliche

---

¹³⁰ *Ulrich Becker*, Rechtsdogmatik und Rechtsvergleich im Sozialrecht, in: ders. (Hrsg.), Rechtsdogmatik und Rechtsvergleich im Sozialrecht I, 2010, S. 11 (53 ff.) m.w.N.; *Friedhelm Hase*, Das Verwaltungsrechtsverhältnis, DV, Bd. 38 (2005), S. 453 (459 ff., 462 ff.).

¹³¹ Zu den Bürokratisierungsfolgen im Sozialrecht *Schulze-Fielitz*, Grenzen (Fn. 9), S. 766 f., mit Verweis auf *Hans F. Zacher*, Verrechtlichung im Bereich des Sozialrechts, in: Friedrich Kübler (Hrsg.), Verrechtlichung von Wirtschaft, Arbeit und sozialer Solidarität, 1984, S. 11 (41 f.); zu Parallelen in der Finanzverwaltung → Rn. 34.

¹³² Vgl. *Wahl*, Aufgabenabhängigkeit (Fn. 10), S. 203.

¹³³ Siehe auch *Hinnerk Wißmann*, Generalklauseln, 2008, S. 238.

¹³⁴ Siehe auch die Fristwahrung durch Antragstellung beim unzuständigen Leistungsträger in § 16 Abs. 1 SGB I oder die Einrichtung von „Servicestellen" nach §§ 22 f. SGB XI.

¹³⁵ *Baer*, „Bürger" (Fn. 45), S. 126 f.; *Tettinger*, Instrumente (Fn. 126), S. 212; grdl. *Franz-Xaver Kaufmann*, Bürgernahe Sozialpolitik, 1979.

¹³⁶ Siehe näher *Schmidt-Aßmann*, Ordnungsidee, 3. Kap. Rn. 26; *Wahl*, Aufgabenabhängigkeit (Fn. 10), S. 204 ff.; *Simons*, Verfahren (Fn. 128), S. 107 ff., 138 f., 591 ff.; s. auch exemplarisch *Stephan Rixen*, Taking Governance Seriously, DV, Bd. 42 (2009), S. 309 (322 f., 328 ff.); → Bd. II *Schneider* § 28 Rn. 170 ff.

¹³⁷ Vgl. *Schmidt-Aßmann*, Ordnungsidee, 3. Kap. Rn. 23, unter Verweis auf *Bieback*, Effizienzanforderungen (Fn. 128), S. 129 f.

¹³⁸ Siehe näher *Wahl*, Aufgabenabhängigkeit (Fn. 10), S. 206 ff.

¹³⁹ Vgl. *Hinnerk Wißmann*, Zuordnung und Organisation von Verantwortung im Sozialverwaltungsrecht, DV, Bd. 42 (2009), S. 377 (397); *Falk Roscher*, Der „rechtsfreie Kern personaler Zuwendungen" im sozialen Pflege- und Betreuungsverhältnis, VSSR, Bd. 8 (1980), S. 199 ff.; → Bd. II *Hermes* § 39 Rn. 41.

¹⁴⁰ Vgl. *Simons*, Verfahren (Fn. 128), S. 429 ff., 596 ff.

Handlungsspielräume für das Verwaltungspersonal und deren professionelle Schulung sowie eine dezentrale, klientennahe Verwaltungsorganisation voraus. Das Sozialverwaltungsrecht stößt hier an Grenzen seiner Funktionsfähigkeit.[141] Es ist deshalb kein Zufall, wenn ein großer Teil der Sozialleistungen durch (Wohlfahrts-)Verbände des sog. dritten Sektors zwischen Staat und Markt erbracht wird,[142] weil diese weniger formal organisiert und klientennäher sind und gerade auch nichtmonetäre Ressourcen wie Nächstenliebe und personale Zuwendung mobilisieren können, oder wenn soziale Selbsthilfegruppen solche Ressourcen ausschöpfen und direkte, personennahe, flexible und neuartige Leistungen erbringen, die weder Verwaltungsbeamte noch die Verbände noch der Markt befriedigend erbringen können.[143]

4. Verwaltung durch Subventionen

Zum Kern der leistenden Verwaltung gehört die **Vergabe haushaltsplangemäßer Leistungen** an Private im öffentlichen Interesse, namentlich **zur Kultur- und Wirtschaftsförderung.** Es geht typischerweise um finanzielle Anreize in Form von Geld oder geldwerten Leistungen (Leistungssubventionen) oder in Form von Belastungsverschonungen (Verschonungssubventionen), durch deren positive Wirkungen auf die Vermögenslage der privaten Wirtschaftssubjekte, deren Verhalten gesteuert (gelenkt) wird.[144] Wirtschaftsfördernde Leistungssubventionen gibt es z.B. in Form von verlorenen Zuschüssen, Prämien, zinslosen Darlehen, Bürgschaften, Garantien, Naturalsubventionen, Auftragsbevorzugungen, Altlastenfreistellungen, Verbilligungen, Benutzervorteile, Verlustübernahme oder Unternehmensbeteiligungen, Verschonungssubventionen erscheinen in Form von Steuer-, Gebühren- oder Beitragsvergünstigungen.[145] 45

Die Verwaltung durch Subventionen ist eine **Domäne der Exekutive,** die die haushaltsgesetzlich bereitgestellten Finanzmittel weithin ohne zusätzliche materielle Gesetzesentscheidungen nach Maßgabe selbst gesetzter Vergaberichtlinien vergibt; der Ruf nach einer Vergesetzlichung der Subventionspraxis im Namen des Gesetzesvorbehalts hat sich nicht durchgesetzt.[146] Diese Distanz zur materiellen gesetzlichen Programmierung lässt sich damit rechtfertigen, dass die Subventionssteuerung allein über den Haushalt die notwendige Beweglichkeit sichert.[147] Zudem stößt der staatliche Steuerungsanspruch durch Subventionen auf die Grenze des europarechtlichen Beihilfeverbots (Art. 107 AEUV) mit sei- 46

---

[141] Vgl. *Schulze-Fielitz,* Grenzen (Fn. 9), S. 765; *Gerhard Igl,* Rechtliche Gestaltung sozialer Pflege- und Betreuungsverhältnisse, VSSR, Bd. 6 (1978), S. 201 (243 ff.).
[142] *Wißmann,* Zuordnung (Fn. 139), S. 386 ff.; *Bieback,* Effizienzanforderungen (Fn. 128), S. 136 ff.; *Gunnar Folke Schuppert,* Zur Anatomie und Analyse des dritten Sektors, DV, Bd. 28 (1995), S. 137 ff.; s. auch *Tettinger,* Instrumente (Fn. 126), S. 226 ff.; *Di Fabio,* Verwaltung (Fn. 23), S. 250 f.
[143] Vgl. *Max-Emanuel Geis,* Die öffentliche Förderung sozialer Selbsthilfe, 1997, S. 63 f.
[144] → Bd. III *Korioth* § 44 Rn. 10 ff.
[145] Übersichtlich *Rolf Stober,* Allgemeines Wirtschaftsverwaltungsrecht, 16. Aufl. 2008, S. 234 ff.; *Jörn A. Kämmerer,* Subventionen, in: HStR V, § 124 Rn. 12 ff.; s. auch *Wißmann,* Generalklauseln (Fn. 133), S. 245 ff.; *Schmidt-Aßmann,* Verfahrensstrukturen (Fn. 117), S. 40 f.; zu den Gestaltungsformen der Subventionsvergabe *Wolff/Bachof/Stober/Kluth,* VerwR I, § 22 Rn. 54 ff.; → Bd. II *Sacksofsky* § 40 Rn. 13.
[146] *Stober,* Wirtschaftsverwaltungsrecht (Fn. 145), S. 50 ff.; *Kämmerer,* Subventionen (Fn. 145), Rn. 31 ff.
[147] *Reinhard Mußgnug,* Gesetzesgestaltung und Gesetzesanwendung im Leistungsrecht, VVDStRL, Bd. 47 (1989), S. 113 (123); anders *Hartmut Bauer,* Der Gesetzesvorbehalt im Subventionsrecht, DÖV 1983, S. 53 ff.; s. auch → Bd. III *Korioth* § 44 Rn. 31.

§ 12 Grundmodi der Aufgabenwahrnehmung

nen genehmigungsbedürftigen Ausnahmen. Dem korrespondiert ein Wachstum der Subventionen auf EG-Ebene: Finanzielle Förderungsprogramme der EG in Lenkungsabsicht haben so zugenommen, dass manche von einem „Subventionsdschungel" sprechen, weil niemand ihre Vielzahl und Voraussetzungen übersieht.[148] Das Verwaltungshandeln vermischt sich mit wirtschaftlichen Steuerungsabsichten, von deren Umsetzung die Bürger sehr mittelbar über den Erfolg der subventionierten Wirtschaftssubjekte am Markt profitieren.

5. Verwaltung durch Beratung und Unterrichtung

47   Ein weiterer typischer Modus der Leistungsverwaltung gewinnt zunehmend eigenständige Kraft als jener Teil der Leistungsverwaltung, der überwiegend **informierende, beratende oder lehrende Verwaltungstätigkeiten** gegenüber dem Bürger erbringt. Formen der Beratung, Informationsvermittlung, Belehrung oder Organisationshilfe sind oft notwendig begleitend auch mit allen anderen Grundmodi der Aufgabenwahrnehmung verbunden. Diese Verwaltungsaufgabe von Information und Beratung wird als ein selbstständiger Grundmodus mit korrespondierenden Informationsrechten der Bürger parallel zum Wachstum der kooperativen Aufgabenwahrnehmung noch mehr an Bedeutung gewinnen.[149] Namentlich ein unter europäischem Einfluss ausgebautes öffentlich-rechtliches Verbraucherschutzrecht wird – etwa im Lebensmittelrecht – die Information des Verbrauchers besonders in den Blick nehmen.[150]

48   Schon immer war das staatliche **Schulehalten** einschließlich des Unterrichtens als ein Prozess der Ausübung demokratisch legitimierter öffentlicher Gewalt[151] weniger an Rechtsakten als an der Formung anvertrauter Menschen orientiert[152] und doch Element der grundsätzlich weisungsgebundenen Verwaltung unter Staatsaufsicht.[153] Kern der Leistung sind Wirkungsweisen geistiger Beeinflussung durch Information und dialogische Prozesse als Ausdruck einer personalen Erziehungssituation,[154] in der sich Lehrer als Amtswalter und Schüler auf (begrenzte) Dauer kooperativ begegnen; auch im Universitätsunterricht ist diese Kooperationsstruktur erkennbar,[155] mag diese auch einen Grenzfall der Beratungsleistungsverwaltung darstellen.

49   Auch für die **Sozialverwaltung** mit ihren sozialen Dienstleistungen etwa in der kommunalen Jugendpolitik oder der Beschäftigungspolitik oder sonstigen kommunikativen Kulturen organisierten Helfens ist die Beratung des aktivie-

---

[148] *Stober*, Rückzug (Fn. 79), S. 12.
[149] Vgl. nur *Friedrich Schoch*, Informationsfreiheitsgesetz für die Bundesrepublik Deutschland, DV, Bd. 35 (2002), S. 149 ff.; allg. *Rolf Gröschner* und *Johannes Masing*, Transparente Verwaltung: Konturen eines Informationsverwaltungsrechts, VVDStRL, Bd. 63 (2004), S. 344 (358 ff.) bzw. (zurückhaltend) S. 377 (422 ff.); sehr grundsätzlich → Bd. II *Vesting* § 20 Rn. 5 ff., 50 ff.; *Gusy* § 23 Rn. 82 ff.; *Rossen-Stadtfeld* § 29 Rn. 99 ff.; Bd. III *Scherzberg* § 49 Rn. 22 ff.
[150] Vgl. *Daniel Frank*, Öffentlich-rechtliche Verbraucherschutzinstrumente, in: Graf/Paschke/Stober (Hrsg.), Verbraucherschutz (Fn. 80), S. 27 (37 f.).
[151] *Christine Langenfeld*, Aktivierung von Bildungsressourcen durch Verwaltungsrecht, DV, Bd. 40 (2007), S. 347 (351 ff.); *Hinnerk Wißmann*, Pädagogische Freiheit als Rechtsbegriff, 2002, S. 46 ff., 167 ff.; *Klaus Stern*, Autonomie der Schule?, in: FS Franz Knöpfle, 1996, S. 333 (344).
[152] *Wißmann*, Freiheit (Fn. 151), S. 42; → Bd. II *Hermes* § 39 Rn. 42.
[153] *Wißmann*, Freiheit (Fn. 151), S. 43 ff.
[154] *Wißmann*, Freiheit (Fn. 151), S. 125 ff.
[155] Vgl. implizit *Schmidt-Aßmann*, Ordnungsidee, 3. Kap. Rn. 36, 40.

renden Sozialstaats von konstitutiver Bedeutung: Soziale Dienste müssen „durch Leistung und Förderung, Beratung und Begleitung, die Vermittlung und Vernetzung" auf die Gesellschaft einwirken und die damit ausgelösten Wechselwirkungen verantworten, Sozialarbeiten müssen für „kommunikative Kompetenz des Verstehens und Vertrauens, der Verhandlung und Verständigung" offen sein.[156]

Aber etwa auch bei der Unternehmensberatung im Zuge von Aktivitäten der **Wirtschafts- oder „Mittelstandsförderung"** oder bei der Erschließung ausländischer Märkte durch Management-Dienstleistungen der Verwaltung in Form von Projektberatungen stehen solche Handlungsformen der Information und Kooperationsanbahnung im Vordergrund, die sich vielleicht unter dem Begriff der „vermittelnden Verwaltung" systematisch rubrizieren lassen.[157] Verwaltung und Bürger begegnen sich hier kooperativ, doch dient die Beratung durch die Verwaltung der selbstverantwortlichen Entscheidungsfindung Privater, die sie nicht ersetzen kann. Auch die Erschließung von Subventionsmöglichkeiten zumal auf europäischer Ebene erweist sich zunehmend als ein Problem eines angemessenen Informations- und Beratungsmanagements der Verwaltung.[158] 50

III. Die Gewährleistungsverwaltung

1. Allgemeine Charakteristika

Der neuere Begriff der Gewährleistungsverwaltung bündelt Modi des Verwaltungshandelns, die die Ordnungs- und Leistungsverwaltung überschreiten. Schon die soziologisch gefärbte Erstfassung von *Forsthoffs* Begriff der „Daseinsvorsorge" zielte auf die Ausgestaltung einer gerechten Sozialordnung durch Gewährleistung eines angemessenen Verhältnisses von Lohn und Preis, eine Lenkung von Bedarf, Erzeugung und Umsatz;[159] als verwaltungsrechtsdogmatischer Begriff wurde er indes Allgemeingut in seiner Verengung auf die Aufgaben der leistenden Verwaltung gegenüber dem einzelnen teilhabeberechtigten Bürger.[160] Die Gewährleistungsverwaltung erfasst demgegenüber in jenem weiten Sinne die **Gesamtheit solcher Verwaltungsaufgaben,** die darauf zielen, einerseits **multipolare Interessengeflechte** auch in Dreiecksverhältnissen zwischen Privaten und dem Staat regelnd zum Ausgleich zu bringen, andererseits solche **Rahmenbedingungen von (Teil-)Märkten durch** staatliche **Regulierung** zu schaffen, die die Anfälligkeit für gemeinwohlschädigendes Marktversagen minimieren.[161] 51

Dahinter steht die grundlegende Erkenntnis, dass der moderne Staat sich nicht auf die präventive Gefahrenabwehr oder die Kompensation individueller sozialer Notlagen beschränken darf, sondern die **gesellschaftliche Selbstregulierung** 52

---

[156] *Eckart Pankoke,* Steuern und Verantworten. Zu Führungsstil und Organisationskultur sozialer Verwaltung, DV, Bd. 21 (1988), S. 429 (432).
[157] So *Schmidt-Aßmann,* Ordnungsidee, 3. Kap. Rn. 107 f.
[158] *Stober,* Rückzug (Fn. 79), S. 12 f.
[159] *Forsthoff,* Verwaltung als Leistungsträger (Fn. 38), S. 27; s. auch *Meinel,* Jurist (Fn. 38), S. 190 ff.; *Franzius,* Gewährleistung (Fn. 15), S. 33 ff.; *Ruge,* Gewährleistungsverantwortung (Fn. 16), S. 152.
[160] *Badura,* Daseinsvorsorge (Fn. 33), S. 627; vgl. *Forsthoff,* ebd.
[161] *Wolfgang Hoffmann-Riem,* Verantwortungsteilung als Schlüsselbegriff moderner Staatlichkeit, in: FS Klaus Vogel, 2000, S. 47 (53); → Rn. 57 ff.

schon **im Vorfeld von Ordnung und Leistung** im Einzelfall strukturell so **steuern** muss, dass er den Kernaufgaben der Gefahrenabwehr und sozialer Kompensation auf Grund von Entlastungen überhaupt (noch) nachkommen kann. Es geht um die komplexen Verwaltungsaufgaben des sozialen Ausgleichs zwischen konfligierenden Interessen Privater, denen eine Ausdifferenzierung der staatlichen Rechts-, Handlungs- und ggf. Bewirkungsformen korrespondiert.[162]

53 Die neuere Verwaltungsrechtsentwicklung hat diese Probleme stärker zum Vorschein gebracht, obwohl sie schon lange die Verwaltungsrechtsdogmatik erreicht hatten, etwa im Gewande des Interessenausgleichs durch Abwägung im Planungsrecht oder als Drittschutzklagen. Stets geht es anders als bei den typischerweise bipolaren Rechtsverhältnissen zwischen Staat und Bürger etwa in der Ordnungs-, Finanz- oder Sozialverwaltung um einen **multipolaren Interessenausgleich zwischen Privaten** durch komplexe Verwaltungsentscheidungen[163] nach Maßgabe öffentlich-rechtlicher Rahmenvorgaben, zumal und schon lange im Recht der raumbezogenen Infrastrukturplanung.[164] Der Gewährleistungsstaat ist mithin nicht auf das Themenfeld der Privatisierung staatlicher Daseinsvorsorge beschränkt.[165] Neuerdings ist sein Wirkungsbereich aber als Folge der Privatisierung im Rahmen der **Regulierungsverwaltung, besonders der Netzinfrastruktur**[166] augenfälliger geworden in der Erkenntnis, dass der Staat sich mit diesem Vertrauen in die Fähigkeit der Gesellschaft zu selbstständigen Problemlösungen seiner Aufgabe der Gemeinwohlsicherung nicht entziehen kann;[167] Privatisierungsfolgenrecht[168] sucht die verbliebene Gewährleistungsverantwortung rechtlich zu strukturieren.[169]

2. Marktstrukturverwaltung

54 Schon immer sind Ordnungs- und Leistungsverwaltung begrifflich um einen Modus der Aufgabenwahrnehmung ergänzt worden, für den z.T. der Begriff der „lenkenden Verwaltung" gebraucht wird,[170] teilweise der der gestaltenden oder planenden Verwaltung.[171] Gemeint sind Erscheinungen einer „breiter angelegten

---

[162] → Bd. II *Hoffmann-Riem* § 33 Rn. 25 f., 40 f.

[163] Zu diesen *Eberhard Schmidt-Aßmann*, Verwaltungsverantwortung und Verwaltungsgerichtsbarkeit, VVDStRL, Bd. 34 (1976), S. 221 (223 ff.); *Werner Hoppe*, Gerichtliche Kontrolldichte bei komplexen Verwaltungsentscheidungen, in: FG 25 Jahre Bundesverwaltungsgericht, 1978, S. 295 (297 ff.).

[164] Zum Begriff der Infrastruktur: *Hermes*, Infrastrukturverantwortung (Fn. 38), S. 162 ff.

[165] *Hans-Heinrich Trute*, Gemeinwohlsicherung im Gewährleistungsstaat, in: Schuppert/Neidhardt (Hrsg.), Gemeinwohl (Fn. 54), S. 329 (329); ausf. zum Begriff *Claudio Franzius*, Der „Gewährleistungsstaat" – Ein neues Leitbild für den sich wandelnden Staat?, Der Staat, Bd. 42 (2003), S. 493 ff.; *Schuppert*, Staatswissenschaft, S. 289 ff., 441 ff.; *Wolfgang Hoffmann-Riem*, Modernisierung von Recht und Justiz, 2001, S. 24 ff.; *Martin Eifert*, Grundversorgung mit Telekommunikationsdienstleistungen im Gewährleistungsstaat, 1998, S. 18 ff., 139 ff.

[166] *Matthias Ruffert*, Begriff, in: Fehling/ders. (Hrsg.), Regulierungsrecht, § 7 Rn. 44 ff.; → Bd. I *Eifert* § 19 Rn. 125 ff.

[167] *Hoffmann-Riem*, Verantwortungsteilung (Fn. 161), S. 54.

[168] Vgl. N. in Fn. 47; ferner *Matthias Ruffert*, Regulierung im System des Verwaltungsrechts, AöR, Bd. 124 (1999), S. 237 (239); *Rainer Wahl*, Privatorganisationsrecht als Steuerungsinstrument bei der Wahrnehmung öffentlicher Aufgaben, in: Schmidt-Aßmann/Hoffmann-Riem (Hrsg.), Verwaltungsorganisationsrecht, S. 301 (336 ff.).

[169] *Claudio Franzius*, Der Gewährleistungsstaat, VerwArch, Bd. 99 (2008), S. 351 (356 ff.); → Rn. 154 ff.; → Bd. II *Hermes* § 39 Rn. 44 f.

[170] *Schmidt-Aßmann*, Ordnungsidee, 3. Kap. Rn. 104; *Badura*, Daseinsvorsorge (Fn. 33), S. 630.

[171] *Brohm*, Dogmatik (Fn. 51), S. 258 ff., 304 ff.

Steuerung und Förderung ganzer Bereiche des sozialen, wirtschaftlichen oder kulturellen Lebens" nach Maßgabe von Konzepten[172] für eine Vielzahl von Interessen und Akteuren; dabei geht es nicht nur um eine aktive staatliche Gestaltung und Planung privater Aktivitäten, sondern um den rechtlichen Rahmen für die grundrechtlich geschützte Entfaltung der privaten Akteure in Wirtschaft und Gesellschaft. Eine **Gemeinsamkeit** vieler dieser Verwaltungsagenden ist die **Gewährleistung von funktionierenden Marktstrukturen,** sei es im Interesse von Privaten als Nutzern und Verbrauchern gegenüber Anbietern, sei es im Interesse der Funktionsfähigkeit bestimmter (Teil-)Märkte im Sinne der Gewährleistung eines fairen Wettbewerbs.

Erstens geht es um die Verwaltungsagenden der behördlichen **Wirtschafts-** 55 **aufsicht** etwa über private Banken und Versicherungen im Interesse der asymmetrisch informierten Verbraucher und Wettbewerber: Hinter der punktuellen Gefahrenabwehr im Einzelfall durch nachträgliche Sanktionen bis hin zu Schließungsverfügungen steht die Aufgabe einer permanenten Beobachtung dieser Finanzmärkte im Sinne eines Verbraucherschutzes. Solche Strukturinteressen, die eher punktuelle Ordnungsverwaltungsentscheidungen (nach dem Grundmodell der Gewerbeüberwachung) i.S. einer „marktoptimierenden Wirtschaftsaufsicht"[173] überschreiten,[174] kommen erst recht dort zur Geltung, wo die Verwaltung bislang den Markt selbst maßgeblich regulierte; man denke an das Recht der Personenbeförderung[175] mit seinen spezifischen Instrumenten.[176]

Zweitens geht es um das Recht der **Wettbewerbsverwaltung,** wie sie (in 56 Arbeitsteilung mit der Europäischen Kommission[177]) dem Bundeskartellamt obliegt: Hinter den Instrumenten der Missbrauchsaufsicht (z.B. Untersagungen von wettbewerbswidrigen Verhaltensweisen, etwa Preisdiskriminierungen durch marktbeherrschende Unternehmen) und der Fusionskontrolle (z.B. Einschränkung oder Untersagung von Unternehmensfusionen) steht die Verwaltungsaufgabe einer permanenten Marktbeobachtung, Marktabgrenzung und Gewährleistung eines funktionsfähigen Wettbewerbs auf den so abgegrenzten Teilmärkten.[178] Die Verwaltung agiert in diesen Konstellationen der Marktaufsicht primär nachträglich i.S. einer ex-post-Kontrolle; es geht dabei gleichwohl stets auch im Sinne von Prävention um die strukturelle Gewährleistung der Funktionsfähigkeit von Märkten. Insoweit haben sich auch die Instrumente der Wirtschaftsaufsicht und Wettbewerbsverwaltung von der klassisch-liberalen Beschränkung auf die punktuelle Gefahrenabwehr entfernt.[179]

---

[172] *Schmidt-Aßmann*, Ordnungsidee, 3. Kap. Rn. 104.
[173] Mit begriffsprägendem Anspruch *Jan Hecker*, Marktoptimierende Wirtschaftsaufsicht, 2007, S. 1f., 45ff. u.ö.
[174] Siehe auch zum korrespondierenden Überwachungsverfahren → Bd. II *Röhl* § 30 Rn. 40ff.
[175] *Knauff*, Gewährleistungsstaat (Fn. 38), S. 394ff., passim.
[176] *Thomas Schmitt/Erik Staebe*, Instrumente der Marktverhaltensregulierung im Eisenbahnrecht, VerwArch, Bd. 100 (2009), S. 228ff.
[177] *Matthias Ruffert*, Völkerrechtliche Impulse und Rahmen des Europäischen Verfassungsrechts, in: Fehling/ders. (Hrsg.), Regulierungsrecht, § 3 Rn. 56ff.
[178] Vgl. zu den Schwierigkeiten am Bsp. des Bereichs der leitungsgebundenen Energie *Ulf Böge*, Wettbewerb im Bereich der leitungsgebundenen Energien, GewArch 2004, S. 363ff.; allg. *Christoph Engel*, Marktabgrenzung als soziale Konstruktion, in: FS Ulrich Immenga, 2004, S. 127ff.; → Bd. III *Huber* § 45 Rn. 48.
[179] Ausf. *Hecker*, Wirtschaftsaufsicht (Fn. 173), S. 91ff.; → Bd. III *Kahl* § 47 Rn. 118f., 122.

3. Regulierungsverwaltung

57 Als neueste Erscheinungsform der Gewährleistungsverwaltung befindet sich die **Regulierungsverwaltung** in einem europarechtlich veranlassten[180] Prozess ihrer Entstehung und Ausdifferenzierung aus der Marktstrukturverwaltung. Es handelt sich um eine **neuartige Form der Aufgabenwahrnehmung,** die als Folge von Privatisierungen eine ursprünglich dem Staat überantwortete Verwaltungsaufgabe nunmehr durch konkurrierende Private erfüllen lässt. Sie stellt die Verwaltung in Form einer unabhängigen Regulierungsbehörde i.S. einer „verschärften Gewerbe- und Kartellaufsicht"[181] vor die neuartige Aufgabe, die Funktionsfähigkeit des Wettbewerbs zwischen den konkurrierenden Privaten neu zu etablieren und zu gewährleisten, so dass die unverändert notwendige Bereitstellung der einstigen Verwaltungsleistungen auf einem Niveau erbracht wird, das eine sozialstaatliche Mindestversorgung für alle Bürger gewährleistet.[182]

58 Das gilt insbesondere[183] für die **Netzinfrastrukturverwaltung** bei sog. natürlichen Monopolen durch dominante Leitungsnetze als Einrichtungen,[184] deren monopolistischer Betrieb billiger ist als der Bau eines Parallelleitungsnetzes.[185] Die Versorgung mit Telekommunikationsdienstleistungen,[186] mit leitungsgebundener Energie[187] oder die Anbindung an den schienengebundenen Verkehr[188] wird deshalb marktmäßig durch Wettbewerber erbracht, doch wird dieser Wettbewerb nach Maßgabe neuartiger Gesetze als Ausdruck der Gewährleistungsverantwortung[189] staatlich überwacht und strukturiert. Es geht nicht mehr nur

---

[180] Vgl. *Ruffert,* Impulse (Fn. 177), Rn. 40 ff.; *Voßkuhle,* Beteiligung (Fn. 46), S. 286 ff. m.w.N.; *Franzius,* „Gewährleistungsstaat" (Fn. 165), S. 502 f.; → Bd. I *Schmidt-Aßmann* § 5 Rn. 33, 40.

[181] *Michael Fehling,* Zur Bahnreform – Eine Zwischenbilanz im Spiegel erfolgreicherer „Schwesterreformen", DÖV 2002, S. 793 (795); übersichtlich *Ziekow,* Wirtschaftsrecht (Fn. 69), § 13 Rn. 1 ff.

[182] Vgl. etwa *Wolfgang Kahl,* Über einige Pfade und Tendenzen in Verwaltungsrecht und Verwaltungsrechtswissenschaft – Ein Zwischenbericht, DV, Bd. 42 (2009), S. 463 (482 ff.); *Wissmann,* Generalklauseln (Fn. 133), S. 276 ff.; *Hans-Heinrich Trute,* Die Verwaltung und das Verwaltungsrecht zwischen gesellschaftlicher Selbstregulierung und staatlicher Steuerung, DVBl 1996, S. 950 (954); *Joachim Wieland,* Der Wandel von Verwaltungsaufgaben als Folge der Postprivatisierung, DV, Bd. 28 (1995), S. 315 (332 ff.); ausf. *Johannes Masing,* Soll das Recht der Regulierungsverwaltung übergreifend geregelt werden?, Gutachten D zum 66. DJT, 2006, S. 27 ff., 108 ff.; *Ole M. Andresen,* Die Pflichten der EU-Mitgliedstaaten zum Abbau versorgungspolitisch motivierter Marktinterventionen, 2005, S. 75 ff.; → Bd. I *Eifert* § 19 Rn. 125 ff.; Bd. II *Hoffmann-Riem* § 33 Rn. 94.

[183] Weitergehend *Christian Bumke,* Kapitalmarktregulierung, DV, Bd. 41 (2008), S. 227 ff.

[184] Vgl. *Jürgen Kühling,* Sektorspezifische Regulierung in den Netzwirtschaften, 2004, S. 35 ff.; *Johannes Masing,* Grundstrukturen eines Regulierungsverwaltungsrechts, DV, Bd. 36 (2003), S. 1 (6 f.); zu den regulierungsökonomischen Grundlagen *Günter Knieps/Gert Brunekreeft* (Hrsg.), Zwischen Regulierung und Wettbewerb, 2000.

[185] Zum Begriff des natürlichen Monopols *Franz J. Säcker,* Das Regulierungsrecht im Spannungsfeld von öffentlichem und privatem Recht, AöR, Bd. 130 (2005), S. 180 (185 f.); *Kühling,* Regulierung (Fn. 184), S. 37 f.; *Schwintowski,* Gemeinwohl (Fn. 16), S. 286; *Blankart,* Finanzen (Fn. 16), S. 61 f.; *Mühlenkamp,* „Marktversagen" (Fn. 16), S. 68 f.; *Hermes,* Infrastrukturverantwortung (Fn. 38), S. 316 ff.

[186] Übersichtlich *Ralf Röger,* Die Regulierungsbehörde für Telekommunikation und Post als zukünftiger Energiemarktregulierer, DÖV 2004, S. 1025 (1026 ff.); s. auch *Stober,* Rückzug (Fn. 79), S. 31 ff.

[187] *Röger,* Regulierungsbehörde (Fn. 186), S. 1029 ff.; *Andresen,* Pflichten (Fn. 182), S. 57 ff.; *Ruge,* Gewährleistungsstaat (Fn. 16), S. 207 ff.; umfassend *Jens-Peter Schneider,* Liberalisierung der Stromwirtschaft durch regulative Marktorganisation, 1999, S. 113 ff., 525 ff.; *Hermes,* Infrastrukturverantwortung (Fn. 38), S. 400 ff., 483 ff.; s. auch *Osterloh,* Privatisierung (Fn. 14), S. 226 ff.; → Bd. III *Huber* § 45 Rn. 52 f.

[188] *Andresen,* Pflichten (Fn. 182), S. 51 ff.

[189] *Kühling,* Regulierung (Fn. 184), S. 32 ff.; *Franzius,* „Gewährleistungsstaat" (Fn. 165), S. 504 ff.; *Wieland,* Wandel (Fn. 182), S. 332, 334.

B. Hoheitliche Aufgabenwahrnehmung

um nachträgliche Kontrollen, sondern um eine „genuin hoheitliche Aufgabe"[190] (vgl. z.B. § 2 Abs. 1 TKG) der Regulierung der Marktabgrenzung, des Markteintritts und des Marktgeschehens durch ex-ante-Kontrollen (Genehmigungspflichten), aber auch durch Aufsichtsmaßnahmen.[191]

Die typenbildende qualitative Neuartigkeit dieser Verwaltungsaufgaben ist noch nicht durchweg geklärt.[192] Teilweise wird unter Hinweis auf die bewährten Konzepte der Kartellaufsicht, deren traditionell konditional ausgestaltete Normstrukturen sowie auf die Orientierung des Regulierungsrechts an der Verpflichtung zur Infrastrukturgewährleistung eine Kontinuität der Rechtsentwicklung betont.[193] Tatsächlich verlangt die Heterogenität der betroffenen Marktstrukturen sorgfältige Differenzierungen, etwa zwischen Märkten mit oder ohne dominanten Leitungsnetzen sowie zwischen den Ebenen der Netzinfrastruktur-, Netztransport- und Netzinhaltsdienste.[194] Auch enthält z.B. das TKG eine öffentlich-rechtliche Überwachungsregulierung, um ggf. ausreichende Universaldienstleistungen zu erzwingen.[195] Wenn man indessen die Ziele und Zielkonflikte der Regulierungen, die voraussetzungsvollen ex-ante-Entscheidungen der unabhängigen Regulierungsbehörden (z.B. Marktzugangsentscheidungen, Entgeltregulierungen)[196] und die Aufgabe der Neuetablierung eines fairen Wettbewerbs auf dynamischen Märkten im Spannungsfeld von Netzbetrieb und Netznutzung[197] näher betrachtet, lassen sich doch vielfältige Gestaltungsformen staatlicher Einflussnahme in Form etwa von Netzzugangs-, Entgelt- und Separierungsregelungen erkennen,[198] die sich als **qualitativ neuartiges Regulierungsverwaltungsrecht netzbezogener Märkte** erfassen[199] und eine ordnungs-

59

---

[190] *Gunnar Folke Schuppert*, Jenseits von Privatisierung und „schlankem" Staat: Vorüberlegungen zu einem Konzept von Staatsentlastung durch Verantwortungsteilung, in: Christoph Gusy (Hrsg.), Privatisierung von Staatsaufgaben: Kriterien – Grenzen – Folgen, 1998, S. 72 (92).

[191] *Röger*, Regulierungsbehörde (Fn. 186), S. 1030 ff.; *Johannes Masing*, Regulierungsverantwortung und Erfüllungsverantwortung, VerwArch, Bd. 95 (2004), S. 151 (156 ff.); ausf. *Andresen*, Pflichten (Fn. 182), S. 35 ff., 82 ff.; *Kühling*, Regulierung (Fn. 184), S. 65 ff., 164 ff., 365 ff.; *Lackner*, Gewährleistungsverwaltung (Fn. 43), S. 143 ff.; speziell zur europarechtlich beeinflussten Abgrenzung und Bestimmung von Telekommunikationsmärkten *Karl-Heinz Ladeur/Christoph Möllers*, Der europäische Regulierungsverbund der Telekommunikation im deutschen Recht, DVBl 2005, S. 525 (525 f., 527 f.).

[192] Vgl. *Masing*, Grundstrukturen (Fn. 184), S. 4 ff.; ausf. *Kämmerer*, Privatisierung (Fn. 47), S. 479 ff.; s. auch *Franzius*, Gewährleistung (Fn. 15), S. 424 ff.; → Bd. I *Eifert* § 19 Rn. 125 ff., 129 ff.

[193] *Hans-Werner Laubinger*, Regulierungsrecht: Gibt's das – und wenn ja: wie viele?, VBlBW 2010, S. 306 ff.; *Thomas v. Danwitz*, Was ist eigentlich Regulierung?, DÖV 2004, S. 977 (980 ff., 985).

[194] Zum Netzbegriff ausf. *Kühling*, Regulierung (Fn. 184), S. 40 ff., 46 ff.

[195] Siehe näher *Friedrich Schoch*, Verantwortungsteilung in einer staatlich zu regelnden Informationsordnung, in: Gunnar Folke Schuppert (Hrsg.), Jenseits von Privatisierung und „schlankem" Staat, 1999, S. 221 (238 ff.); ausf. zum Universaldienst-Modell *Kay Windthorst*, Der Universaldienst im Bereich der Telekommunikation, 2000.

[196] Vgl. *Franzius*, Gewährleistung (Fn. 15), S. 432 ff.; *Voßkuhle*, Beteiligung (Fn. 46), S. 305; *Masing*, Grundstrukturen (Fn. 184), S. 8 ff., 22 ff.; *Andresen*, Pflichten (Fn. 182), S. 35 ff.; speziell zum TKG *Hans-Heinrich Trute*, Regulierung – am Bsp. des Telekommunikationsrechts, in: FS Winfried Brohm, 2002, S. 169 (172 ff.).

[197] *Masing*, Grundstrukturen (Fn. 184), S. 10 ff.

[198] Übersichtlich ausf. *Michael Fehling*, Instrumente und Verfahren, in: Fehling/Ruffert (Hrsg.), Regulierungsrecht, § 20 Rn. 5 ff., 44 ff., 81 ff.

[199] So z.B. *Ruffert*, Begriff (Fn. 166), Rn. 58 ff.; ders., Regulierung (Fn. 168), S. 237 ff.; *Martin Burgi*, Das subjektive Recht im Energie-Regulierungsverwaltungsrecht, DVBl 2006, S. 269 (270 ff.); *Masing*, Grundstrukturen (Fn. 184), S. 30 f.; s. auch *Oliver Lepsius*, Ziele der Regulierung, in: Fehling/Ruffert, Regulierungsrecht, § 19 Rn. 1 ff., 25 ff.; *Säcker*, Regulierungsrecht (Fn. 185), S. 189 ff., 197 ff.; *Lackner*,

rechtliche Marktstrukturaufsicht deutlich hinter sich lässt; sie ist weder einfacher Gesetzesvollzug im Rahmen der Eingriffsverwaltung[200] und vollumfänglicher gerichtlicher Kontrolle unterworfen[201] noch weitgehend kontrollfreie staatliche Wettbewerbsplanung[202] und lässt sich partiell als eigenes entwicklungsfähiges Referenzgebiet ansehen,[203] so heterogen die rechtliche Bewältigung der Netzindustrien unverändert erfolgt.[204]

4. Raumbezogene Infrastrukturverwaltung

60 Ein anderes Kernstück der Gewährleistungsverwaltung bildet der **Bereich der räumlichen Gesamt- und Fachplanung,** für den auch der Begriff der Infrastrukturverwaltung geprägt worden ist,[205] so sehr dieser Bereich von jeher auch stark von ordnungsrechtlichen Elementen geprägt ist, doch unterscheidet sich der ordnende Charakter der Planung qualitativ von dem der herkömmlichen Gefahrenabwehr.

61 **Charakteristische Bezugspunkte der Planungsverwaltung** sind der Raum als Gegenstand der Planung, die langfristig eingesetzte Zeitdimension und die sachliche Komplexität der jeweiligen Verwaltungsentscheidungen, die ein mehrpoliges Beziehungsgeflecht heterogener, privater und öffentlicher Interessen nach Maßgabe komplexer gesetzlicher Entscheidungsgrundlagen regeln sollen.[206] Die Offenheit, Weite und Komplexität der Gestaltung künftiger Verhältnisse verlangt eine integrierende und tendenziell gesamthafte Planung im Sinne einer **finalen Programmierung:** Hochabstrakte Gesetzesziele werden der Verwaltung zur Konkretisierung und Auswahl der Mittel als Handlungs- und Gestaltungsauftrag übertragen.[207] Die Offenheit der gesetzlichen Vorgaben (vgl. z.B. § 1 Abs. 6 und 7 BauGB) ist Folge des Umstandes, dass die antizipierende

---

Gewährleistungsverwaltung (Fn. 43), S. 48 f.; enger i. S. eines ökonomischen Regulierungsbegriffs *Kühling,* Regulierung (Fn. 184), S. 11 ff.; s. auch → Bd. II *Röhl* § 30 Rn. 31 ff.

[200] Anders aber → Bd. III *Huber* § 45 Rn. 40 ff.
[201] *Joachim Wieland,* Regulierungsermessen im Spannungsverhältnis zwischen deutschem und Unionsrecht, DÖV 2011, S. 705 (706 ff.); *Jens-Peter Schneider,* Rechtsschutz im Regulierungsverwaltungsrecht, in: Fehling/Ruffert (Hrsg.), Regulierungsrecht, § 22 Rn. 16 ff.; *Matthias Knauff,* Regulierungsverwaltungsrechtlicher Rechtsschutz, VerwArch, Bd. 98 (2007), S. 382 ff.; *Ladeur/Möllers,* Regulierungsverbund (Fn. 191), S. 531 ff.; *Trute,* Regulierung (Fn. 196), S. 188 f.; wohl nur scheinbar anders *v. Danwitz,* Regulierung (Fn. 193), S. 982, 985; dezidert a.A. etwa *Klaus F. Gärditz,* „Regulierungsermessen" und verwaltungsgerichtliche Kontrolle, NVwZ 2009, S. 1005 ff.; → Bd. II *Vesting* § 20 Rn. 54, *Schneider* § 28 Rn. 168; Bd. III *Schoch* § 50 Rn. 87 ff., 291 ff., zur Rechtswege-Problematik ebd.
[202] *Thomas v. Danwitz,* Die gerichtliche Kontrolle der Entgeltregulierung im Post- und Telekommunikationsrecht, DVBl 2003, S. 1405 (1409); anders wohl *Martin Bullinger,* Regulierung als modernes Instrument zur Ordnung liberalisierter Wirtschaftszweige, DVBl 2003, S. 1355 (1358 ff.).
[203] *Markus Möstl,* Perspektiven des Regulierungsrechts, GewArch 2011, S. 265 ff.; *Michael Fehling/ Matthias Ruffert,* Perspektiven, in: dies. (Hrsg.), Regulierungsrecht, § 23 Rn. 27 ff.
[204] *Masing,* Regulierungsverwaltung (Fn. 182), S. 15 ff., passim.
[205] Grdl. *Faber,* VerwR, S. 168 ff., 350 ff., der Eingriffs- und Leistungsverwaltung als Grenzfälle der Infrastrukturverwaltung ansehen möchte; vgl. *ders.,* Vorbemerkungen zu einer Theorie des Verwaltungsrechts in der nachindustriellen Gesellschaft, in: FS Helmut Ridder, 1989, S. 291 (292); → Bd. II *Köck* § 37 Rn. 20 f.
[206] Siehe näher *Wahl,* Aufgabenabhängigkeit (Fn. 10), S. 196 ff., mit Verweis auf *Winfried Brohm,* Zur Einführung: Strukturprobleme der planenden Verwaltung, JuS 1977, S. 500 ff.; ausf. *Wolfgang Durner,* Konflikte räumlicher Planungen, 2005, S. 303 ff., 320 ff., 324 ff. u.ö.; → Bd. II *Köck* § 37 Rn. 9 ff.
[207] *Wahl,* Aufgabenabhängigkeit (Fn. 10), S. 197 f.

B. Hoheitliche Aufgabenwahrnehmung

Steuerung durch gesetzliche Programme angesichts der Vielzahl der örtlichen Verhältnisse und betroffenen Interessen schnell an Grenzen stößt.[208] Die planende Verwaltung hat deshalb einen breiten politischen Gestaltungsspielraum. Er führt zu kompensatorischen Verfahrensregeln für die Konsens- und Entscheidungsfindung im Planungsverfahren,[209] sei es durch Gesetz, sei es durch Anforderungen der Rechtsprechung,[210] und zu Organisationsregelungen, die die Vielzahl der speziellen öffentlichen Interessen durch Formen der kooperativen Abstimmung zusammenführen.[211]

Das **Recht der räumlichen Gesamtplanung** hat die ordnungsrechtlichen Ausgangspunkte der Baupolizei seit langem zu Gunsten eines komplexen Systems der Planung[212] hinter sich gelassen und wird durch drei charakteristische Eigenarten geprägt. Erstens geht es um eine vertikale Stufung der Planungsebenen (Raumordnungspläne, Regionalpläne, Bauleitpläne), die in einem hierarchischen, durch Raumordnungsklauseln verknüpften Ableitungszusammenhang stehen und sich zugleich wechselseitig beeinflussen können („Gegenstromprinzip"); zweitens geht es um eine unübersehbare Vielfalt von Planungsgesichtspunkten im Sinne einer Gesamtplanung mit zahlreichen breiten Prognose-, Gestaltungs- und Abwägungsspielräumen; und drittens geht es nicht um aktive Gestaltung, sondern um eine Anpassungsplanung: Die Realisierung der Planung bleibt grundsätzlich von der Initiative privater Akteure als Investoren und Nutzer abhängig. 62

Auch die **Einzelprojektplanung** verlangt kaum weniger komplexe Abwägungsentscheidungen zwischen den Interessen des Vorhabenträgers und den Interessen Drittbetroffener.[213] Je nach Komplexität finden sich solche Fachplanungen mit ausgebautem Verfahrensrecht einschließlich (nicht mehr unumstrittener[214]) Öffentlichkeitsbeteiligung z.B. bei der Straßen-, Schienen- oder Wasserwegeplanung; bei älteren oder anscheinend stärker punktuellen Planungen wie dem von Flughäfen oder immissionsschutzrechtlich genehmigungsbedürftigen Anlagen finden sich verfahrensrechtlich vereinfachte Formen der (Unternehmer-)Genehmigung oder der Plangenehmigung, ohne dass sie die Komplexität des gemeinwohlverträglichen Interessenausgleichs wesentlich verringern könnten. 63

---

[208] *Wahl*, Aufgabenabhängigkeit (Fn. 10), S. 198 f.
[209] → Bd. II *Schneider* § 28 Rn. 169.
[210] Grdl. zu diesen BVerwGE 34, 301 (304); 45, 309 (312 ff.); s. näher *Werner Hoppe*, Planung, in: HStR IV, § 77 Rn. 105 ff.; *Helmuth Schulze-Fielitz*, Das Flachglas-Urteil des Bundesverwaltungsgerichts, Jura 1992, S. 201 ff.; → Bd. II *Köck* § 37 Rn. 106 ff.
[211] *Wahl*, Aufgabenabhängigkeit (Fn. 10), S. 201 f.; *Brohm*, Einführung (Fn. 206), S. 502 ff.; umfassend *Durner*, Konflikte (Fn. 206), S. 75 ff., 183 ff., 270 ff.
[212] Vgl. *Wolff/Bachof/Stober/Kluth*, VerwR I, § 38 Rn. 14 ff.; *Ulrich Battis*, Das System der räumlichen Gesamtplanung, in: FS Werner Hoppe, 2000, S. 303 ff.; ausf. *Durner*, Konflikte (Fn. 206), S. 47 ff., 79 ff.; → Bd. II *Köck* § 37 Rn. 59 ff.
[213] Ausf. *Durner*, Konflikte (Fn. 206), S. 53 ff., 118 ff.
[214] *Klaus F. Gärditz*, Angemessene Öffentlichkeitsbeteiligung bei Infrastrukturplanungen als Herausforderung an das Verwaltungsrecht im demokratischen Rechtsstaat, GewArch 2011, S. 273 ff.; *Thomas Groß*, Stuttgart 21: Folgerungen für Demokratie und Verwaltungsverfahren, DÖV 2011, S. 510 ff.; *Rudolf Steinberg*, Die Bewältigung von Infrastrukturvorhaben durch Verwaltungsverfahren – eine Bilanz, ZUR 2011, S. 340 (343 ff.); *Wolfgang Durner*, Möglichkeiten der Verbesserung förmlicher Verwaltungsverfahren am Beispiel der Planfeststellung, ZUR 2011, S. 354 (356 ff.); *Bernhard Stüer/Dirk Buchsteiner*, Stuttgart 21: Eine Lehre für die Planfeststellung?, UPR 2011, S. 335 (336 ff.).

C. Kooperative Aufgabenwahrnehmung

I. Die Entwicklung des Kooperationsgedankens im Verwaltungsrecht

64 In der Staats- und Verwaltungsrechtslehre stand stets die **hoheitliche Aufgabenwahrnehmung** als charakteristisches Kennzeichen für die staatliche Durchsetzungsmacht **im rechtsdogmatischen Mittelpunkt.** Die Schwierigkeiten, der Komplexität moderner Industriegesellschaften allein durch einseitig-hoheitliches staatliches Handeln nach dem Modell ordnungsrechtlicher Gefahrenabwehr gerecht zu werden,[215] haben Grenzen dieses Modus der Aufgabenwahrnehmung zunehmend verdeutlicht. Damit ist empirisch die Notwendigkeit von Kooperation mit und in der Verwaltung stärker bewusst und rechtsdogmatisch ein differenzierend gewandeltes Bild vom (auch) „kooperativen" Staat selbstverständlich geworden.

65 *Otto Mayer* hat im ausgehenden 19. Jahrhundert das verwaltungsrechtsdogmatische Bild vom Staat als ein dem Privaten stets übergeordnetes und hoheitlich handelndes Rechtssubjekt nachhaltig geprägt; noch bis in die jüngste Zeit haben etwa seine Legitimitätszweifel an der Möglichkeit verwaltungsrechtlicher Verträge nachgewirkt.[216] Indessen wird damit nur eine ältere **Traditionslinie** überdeckt, die auch schon im 19. Jahrhundert Elemente **der Kooperation zwischen Staat und Privaten** kannte. Sie verläuft an jenen Nahtstellen von Staat und Gesellschaft, an denen der Staat seine Aufgabenwahrnehmung wegen der objektiven Grenzen seiner Handlungsmöglichkeiten durch Mitarbeit betroffener Privater optimieren konnte. Als Beispiele seien etwa die Mitwirkung der privaten Wirtschaftsverbände an der technischen Normung genannt,[217] oder das im herkömmlichen Polizei- und Ordnungsrecht anerkannte Institut des Mittelaustauschs durch den Betroffenen.[218] Entgegen *Mayer* sahen auch Lehre und Verwaltungspraxis öffentlich-rechtliche Verträge als Handlungsform der Verwaltung an. So wurden z.B. die Anstellung von Beamten, die Einbürgerung oder die Anstellung von Soldaten weithin als öffentlich-rechtliche Verträge gedeutet,[219] doch erst nach zehn Jahren Grundgesetz wurde die Zulässigkeit von Verwaltungsverträgen zur vorherrschenden Auffassung.[220]

---

[215] Zuletzt zusammenfassend *Florian Becker,* Kooperative und konsensuale Strukturen in der Normsetzung, 2005, S. 3 ff.

[216] *Otto Mayer,* Zur Lehre vom öffentlichrechtlichen Vertrag, AöR, Bd. 3 (1888), S. 3 (42); *Günter Püttner,* Wider den öffentlich-rechtlichen Vertrag zwischen Staat und Bürger, DVBl 1982, S. 122 ff.; *Joachim Burmeister,* Verträge und Absprachen zwischen der Verwaltung und Privaten, VVDStRL, Bd. 52 (1993), S. 190 (212 f., 222 ff.); übersichtlich *Volker Schlette,* Die Verwaltung als Vertragspartner, 2000, S. 29 ff., 34 ff.; → Bd. I *Stolleis* § 2 Rn. 60 ff.; Bd. II *Bauer* § 36 Rn. 1 ff., 6 f.

[217] Siehe näher *Rainer Wolf,* Der Stand der Technik, 1986, S. 101 ff., 114 ff.

[218] Vgl. *Christoph Gusy,* Kooperation als staatlicher Steuerungsmodus, ZUR 2001, S. 1 (1); *Drews/Wacke/Vogel/Martens,* Gefahrenabwehr, S. 425 f., 428 ff.

[219] *Maurer,* VerwR, § 14 Rn. 21; *Schlette,* Verwaltung (Fn. 216), S. 29 m.w.N.; ausf. *Willibalt Apelt,* Der verwaltungsrechtliche Vertrag, 1920.

[220] *Schlette,* Verwaltung (Fn. 216), S. 32 ff.; zur Geschichte *Hartmut Maurer,* Der Verwaltungsvertrag – Probleme und Möglichkeiten, DVBl 1989, S. 798 (799 ff.); → Bd. II *Bauer* § 36 Rn. 4.

II. Begriffe und Leistungen der Kooperation

1. Vielfalt von Kooperationsbegriffen

Kooperation umfasst begrifflich eine **Fülle** sehr **unterschiedlicher Erscheinungsformen** der Aufgabenwahrnehmung. Die Akzentsetzungen in der Literatur orientieren sich entweder am empirischen Zusammenwirken von Verwaltung und Bürgern.[221] Der Begriff der Kooperation kann sich aber auch auf die verwaltungsorganisatorischen Formen der Zusammenarbeit von Behörden und das Zusammenwirken in kollegial strukturierten Verwaltungsgremien erstrecken.[222] Wiederum „quer" zu diesen Unterscheidungen lässt sich der Begriff der Kooperation eher als empirisch-typologisch beschreibender oder als normativer Begriff fassen.

66

a) Kooperation als Begriff empirischer Beschreibung

Als Begriff verwaltungswissenschaftlicher Empirie bündelt „Kooperation" die Gesamtheit der Erscheinungsformen des bewussten (intendierten) Zusammenwirkens von Verwaltungsbehörden mit Privaten. Der Begriff des „kooperativen Staats" sucht diese Vielfalt der Formen der Arbeitsteilung zwischen „Staat" und „Gesellschaft", d.h. von Verwaltungsbehörden und privaten Akteuren zusammenzufassen.[223] Kooperation in diesem weiten Sinn umfasst **alle Formen des Zusammenwirkens von Staat und Gesellschaft,**[224] von staatlich angeregten Selbstbeschränkungsabkommen durch die Wirtschaft über die Beteiligung einzelner Privater, von Verbänden oder der organisierten Öffentlichkeit an Entscheidungsprozessen der Verwaltung bis hin zur Informationstätigkeit des Staates auf allen Handlungsebenen mit Privaten als Adressaten.

67

Die **empirische Vielgestaltigkeit** insbesondere **von informaler Kooperation** ist durch verwaltungswissenschaftliche Studien im Kontext von immissionsschutzrechtlichen Genehmigungsverfahren und Anlagensanierungen ins allgemeine Bewusstsein gehoben worden[225] und hat seitdem eine Veröffentlichungsflut ausgelöst,[226] ohne dass der Kern der neuartigen Entwicklung zum „kooperativen Staat," immer deutlich geblieben ist; vielmehr wurden Erschei-

68

---

[221] Siehe etwa *Baer*, „Bürger" (Fn. 45), S. 133 ff.
[222] → Bd. I *Groß* § 13.
[223] Grdl. *Ernst-Hasso Ritter*, Der kooperative Staat, AöR, Bd. 104 (1979), S. 389 ff.; *Joachim J. Hesse*, Aufgaben einer Staatslehre heute, in: Jb. zur Staats- und Verwaltungswissenschaft, Bd. 1 (1987), S. 55 (86 ff.); zuletzt ausf. *Becker*, Strukturen (Fn. 215), S. 55 ff., 64 ff.; s. auch *Helmuth Schulze-Fielitz*, Kooperatives Recht im Spannungsfeld von Rechtsstaatsprinzip und Verfahrensökonomie, DVBl 1994, S. 657 ff.
[224] So etwa (meist am Bsp. des Umweltrechts) *Becker*, Strukturen (Fn. 215), S. 65, 67; *Kloepfer*, UmweltR, § 4 Rn. 56; *Hans-Heinrich Trute*, Vom Obrigkeitsstaat zur Kooperation, in: Hendler u.a. (Hrsg.), Rückzug (Fn. 89), S. 13 (16, 26 ff.); *Meinhard Schröder*, Konsensuale Instrumente des Umweltschutzes, NVwZ 1998, S. 1011 (1012); *Jens-Peter Schneider*, Kooperative Verwaltungsverfahren, VerwArch, Bd. 87 (1996), S. 38 (39); → Bd. II *Rossen-Stadtfeld* § 29 Rn. 3.
[225] Vgl. vor allem *Renate Mayntz* u.a., Vollzugsprobleme der Umweltpolitik, 1978; *Eberhard Bohne*, Der informale Rechtsstaat, 1981; → Bd. I *Voßkuhle* § 1 Rn. 10; Bd. II *Fehling* § 38 Rn. 7.
[226] Vgl. N. bei *Friedrich Schoch*, Entformalisierung staatlichen Handelns, in: HStR III, § 37 Rn. 28 ff.; *Andreas Voßkuhle*, Das Kooperationsprinzip im Immissionsschutzrecht, ZUR 2001, S. 23 (24 mit Fn. 2); grdl. *Wolfgang Hoffmann-Riem*, Selbstbindungen der Verwaltung, VVDStRL, Bd. 40 (1982), S. 187 ff.

nungsformen informalen Verwaltungshandelns und des Handelns Privater im Zuge der kooperativen Verwirklichung von öffentlichen Aufgaben so vermengt, dass der Begriff des kooperativen Verwaltungshandelns keine klaren Konturen gewonnen hat.[227]

b) Kooperation als Begriff typologischer Abgrenzung

69 Unter Ausklammerung einseitigen Verwaltungshandelns lassen sich z.B. **rechtlich geformte und verbindliche Kooperationsbeziehungen** (z.B. Verwaltungsverträge, Absprachen im Vorfeld rechtlicher Entscheidungen) von solchen Erscheinungsformen **von Kooperation unterscheiden, die** sich rechtlichen Bindungen gerade entziehen wollen und deshalb **in einem Alternativverhältnis zum Recht stehen** (regelungsersetzende Vereinbarungen): Erstere sind weit verbreitet, Ausdruck von Normalität des Verwaltens und um so unvermeidlicher, je komplexer das Verwaltungsverfahren ist, und sie sind im Regelungskontext des Gesetzesvollzugs zu sehen;[228] letztere sind vergleichsweise seltener,[229] Ausdruck einer Ausnahmesituation und ungeachtet spezifischer Kooperationsinteressen der Beteiligten keineswegs stets notwendig, sondern u.U. strukturell durchsetzungsschwach.[230]

70 Weiterhin lassen sich die spezifischen Formen der Kooperation von Verwaltung und Privaten nach ihren **charakteristischen Funktionsvoraussetzungen** idealtypisch eingrenzend typologisieren.[231] Kooperation setzt danach strukturell voraus, dass Verwaltung und Bürger sich **wechselseitig als gleichberechtigte Partner anerkennen,** ob bei Abschluss eines Verwaltungsvertrages (etwa nach den §§ 54ff. VwVfG) oder bei informellen Absprachen im Gesetzesvollzug; charakteristischerweise wird trotz der Asymmetrien von Kompetenzen und Verhandlungsmacht auf die Ausübung einseitiger Handlungsmöglichkeiten der Verwaltung einvernehmlich verzichtet.[232] Kooperative Verwaltung vollzieht sich zudem prozedural **in Formen unmittelbarer Interaktion** und dialogischer Kommunikation über Ziele, Werte, Interessen, Problem- und Situationsbeschreibungen oder Kenntnisse der Beteiligten, durch die der Vorgang der staatlichen Entscheidungsfindung für die Perspektive der Privaten geöffnet wird.[233] Diese Verhandlungen sind schließlich **zielführend an einer Einigung orientiert,** d.h. einer beiderseitigen Zustimmung zu einem Verhandlungsergebnis,[234] ohne dass es auf eine spezifisch rechtliche Handlungsform ankäme: Formen der Erfüllung öffentlicher Aufgaben durch Private, bei denen der Staat rechtliche Rahmenbe-

---

[227] Zur Kritik auch *Horst Dreier,* Informales Verwaltungshandeln, StWStP, Bd. 4 (1993), S. 647 (651 f.).
[228] Zu ihrer Notwendigkeit: *Schulze-Fielitz,* Kooperatives Recht (Fn. 223), S. 658 f.; s. auch → Bd. II *Bauer* § 36 Rn. 31 f., 34 ff.
[229] Ausf. tatsächliche Bestandsaufnahme bei *Lothar Michael,* Rechtsetzende Gewalt im kooperierenden Verfassungsstaat, 2002, S. 47 ff.; zu neuen Erscheinungsformen als Kompensation von abgeschafften Widerspruchsverfahren: *Pascale Cancik,* Vom Widerspruch zum informellen Beschwerdemanagement, DV, Bd. 43 (2010), S. 467 (484 ff.).
[230] → Bd. III *Waldhoff* § 46 Rn. 21 ff.
[231] Vgl. *Rossen,* Vollzug (Fn. 66), S. 293 ff., in Anknüpfung an *Arthur Benz,* Kooperative Verwaltung, 1994, S. 37 ff.; krit. zuletzt *Becker,* Strukturen (Fn. 215), S. 65 ff.
[232] *Benz,* Verwaltung (Fn. 231), S. 38; → Bd. II *Schneider* § 28 Rn. 173.
[233] *Benz,* Verwaltung (Fn. 231), S. 38 f.
[234] *Benz,* Verwaltung (Fn. 231), S. 39 f.; → Bd. II *Bauer* § 36 Rn. 33.

dingungen festlegt, die Verwaltung aber die privaten Akteure nach deren freier Handlungslogik gewähren lässt, sind keine Erscheinungsformen kooperativer Verwaltung.

c) Kooperation im Verwaltungsrecht als normativer Begriff

71 Kooperation schlägt sich in vielfältigen **rechtlichen Ausgestaltungsformen des Verfahrens und der Entscheidungsteilhabe** nieder. Durch Verfahrensrechte und Verfahrenspflichten, bindende Vorschlagsrechte, Zustimmungserfordernisse, Einvernehmenserfordernisse, gemeinsame Entscheidungsgremien u.ä. werden Verwaltung und Private miteinander verknüpft, so dass beide auf die Entscheidungsfindung nach eigenen Intentionen Einfluss nehmen können. Das gilt für alle im Verwaltungsrecht vorgesehenen oder möglichen Auswirkungen rechtlichen Zusammenwirkens im Prozess der Rechts- und Gemeinwohlkonkretisierung.[235]

72 Die Vielfalt rechtlich bedeutsamer Formen der Kooperation namentlich im Umweltrecht hat in Literatur,[236] Rechtsprechung[237] und Rechtsetzung (vgl. z.B. Art. 34 Abs. 1 EinigungsV) sogar zur Annahme eines **Kooperationsprinzips** als eines das Umweltrecht prägenden Rechtsprinzips geführt. Ungeachtet seines ungeklärten rechtsdogmatischen und rechtstheoretischen Status,[238] den daraus folgenden Zweifeln an seinem Charakter als Rechtsprinzip[239] und seiner relativen inhaltlichen Unbestimmtheit[240] spiegelt diese Verallgemeinerung das gestiegene Bewusstsein davon, dass die Verwaltungspraxis offenkundig stärker als früher auf das Zusammenwirken von Verwaltung und Gesetzesadressaten bei der Aufgabenwahrnehmung angewiesen ist.

d) Kooperation zwischen hoheitlicher und privater Aufgabenwahrnehmung

73 Die kooperative Aufgabenwahrnehmung ist **kein dritter selbständiger Grundmodus** neben der hoheitlichen und der privaten Wahrnehmung öffentlicher Aufgaben. Ihre Erscheinungsformen überschneiden sich teilweise sowohl mit der hoheitlichen Aufgabenwahrnehmung wie mit der Erfüllung von Verwaltungsaufgaben durch Private. Mitwirkungsformen des Bürgers, die das hoheitliche Handeln der Verwaltung nicht nach eigenen Intentionen inhaltlich mitgestalten können, sind als **Handlungsvoraussetzungen für hoheitliche Auf-**

---

[235] Dazu näher *Hans-Heinrich Trute*, Wechselseitige Verzahnung zwischen Privatrecht und öffentlichem Recht, in: Hoffmann-Riem/Schmidt-Aßmann (Hrsg.), Auffangordnungen, S. 167 (197 ff.).
[236] Vgl. nur *Hans-Werner Rengeling*, Das Kooperationsprinzip im Umweltrecht, 1988; aus neuerer Zeit *Kloepfer*, UmweltR, § 4 Rn. 56 ff.; *Udo Di Fabio*, Das Kooperationsprinzip – ein allgemeiner Rechtsgrundsatz des Umweltrechts, NVwZ 1999, S. 1153 ff., gekürzt in: Peter M. Huber (Hrsg.), Das Kooperationsprinzip im Umweltrecht, 1999, S. 37 ff.; zum Diskussionsstand *Sparwasser/Engel/Voßkuhle*, UmweltR, § 2 Rn. 48 ff.
[237] *BVerfGE* 98, 83 (98 ff.); 98, 106 (120 ff.); krit. *Oliver Lepsius*, Besitz und Sachherrschaft im öffentlichen Recht, 2002, S. 486 ff., 489 ff.; *Voßkuhle*, Kooperationsprinzip (Fn. 226), S. 27 f.
[238] Siehe näher *Voßkuhle*, Kooperationsprinzip (Fn. 226), S. 25.
[239] Krit. z.B. *Dietrich Murswiek*, Das sogenannte Kooperationsprinzip – ein Prinzip des Umweltschutzes?, ZUR 2001, S. 7 (12 f.); *Voßkuhle*, Kooperationsprinzip (Fn. 226), S. 26 u.ö.; *Joachim Wieland*, Das Kooperationsprinzip im Atomrecht, ZUR 2001, S. 20 ff.; → Bd. II *Fehling* § 38 Rn. 130.
[240] Krit. z.B. *Michael*, Gewalt (Fn. 229), S. 279 ff.; *Rüdiger Breuer*, Empfiehlt es sich, ein Umweltgesetzbuch zu schaffen, gegebenenfalls mit welchen Regelungsbereichen? Gutachten B, 59. DJT, 1992, S. 94 f.; s. auch *Schulze-Fielitz*, Kooperatives Recht (Fn. 223), S. 657.

gabenwahrnehmung anzusehen[241] und insoweit **nicht Teil kooperativen Verwaltungshandelns**. Auf dem anderen Pol der Skala stehen alle Erscheinungsformen der Aufgabenwahrnehmung, bei denen **Private nach alleiniger eigener Entscheidungsmacht** (im Rahmen der Gesetze) **Verwaltungsaufgaben erfüllen**. Zwischen diesen Polen gibt es ein breites Feld der Kooperation im Rahmen hoheitlicher oder privater Aufgabenerfüllung.

74 Der Grundmodus **kooperativer Aufgabenwahrnehmung** im rechtlichen Sinne umfasst alle Formen des formalisierten rechtlichen Zusammenwirkens von Verwaltung und Privaten als Bürgern,[242] aber auch der Privaten als Mitglieder der Verwaltungsorganisation.[243] Er kann sowohl im Rahmen hoheitlicher wie im Rahmen privatisierter Aufgabenwahrnehmung realisiert werden. Gemeinsam ist den Formen kooperativer Verwaltung, dass **Verwaltung und Private** im Prozess der Aufgabenwahrnehmung **rechtlich** in dem Sinne **aufeinander angewiesen** sind, dass sie ihren eigenen Anteil an der Aufgabenwahrnehmung nicht durch den anderen ersetzen lassen können.

2. Leistungen und Probleme der Kooperation von Verwaltung und Bürger

75 Die **Vorteile einer** einvernehmlichen **Kooperation** von Verwaltung und Privaten gründen in einer großen Chance, den Vollzug von Gesetzen oder die Umsetzung von Verwaltungsaufgaben wegen der willentlichen Mitwirkung der Adressaten zu effektivieren. Die kooperative Wahrnehmung von Verwaltungsaufgaben sei es mit Privaten, sei es in verselbständigten Selbstverwaltungsorganen führt zu einer Entlastung der unmittelbaren Staatsverwaltung.[244] Die Verwaltung erhält mehr Informationen, kann auf einer entscheidungsfördernden Wissensbasis aufbauen und steht so nicht vor Akzeptanzproblemen bei den Gesetzesadressaten;[245] kooperatives Zusammenwirken kann Rechtsunsicherheiten minimieren, den staatlichen Ressourceneinsatz entlasten und zu flexiblen und zeitgerechten staatlichen Verwaltungsaktivitäten führen.[246]

76 Umgekehrt sind mit der kooperativen Aufgabenwahrnehmung Gefahren oder **Nachteile** verbunden, denen zu steuern gerade die Aufgabe einer normativen Strukturierung von Kooperationsbeziehung sein kann.[247] So führt die ungleiche Verteilung von Wissen und Verhandlungsmacht bei den Kooperationspartnern zu Asymmetrien, die sich im einseitig belastenden Ergebnis des Zusammenwirkens niederschlagen können: In komplexen Genehmigungs- oder Planungsverfahren können die faktischen Wirkungen der Beiträge Privater zur bloßen Ratifi-

---

[241] → Rn. 24 ff.
[242] *Baer*, „Bürger" (Fn. 45), S. 138 ff.; → Rn. 77 ff.
[243] → Rn. 83 ff.
[244] *Winfried Kluth,* Funktionale Selbstverwaltung, 1997, S. 227; *Reinhard Hendler,* Selbstverwaltung als Ordnungsprinzip, 1984, S. 356 f.
[245] → Bd. II *Rossen-Stadtfeld* § 29 Rn. 11 f.
[246] Siehe am Bsp. des informalen Verwaltungshandelns *Hartmut Bauer,* Informelles Verwaltungshandeln im öffentlichen Wirtschaftsrecht, VerwArch, Bd. 78 (1987), S. 241 (250 ff.); *Irene Lamb,* Kooperative Gesetzeskonkretisierung, 1995, S. 195 ff.; → Bd. II *Fehling* § 38 Rn. 51 f.; zur Zeitrichtigkeit *Pitschas* § 42 Rn. 144 ff., 226 ff.
[247] Siehe näher *Helge Rossen-Stadtfeld,* Die verhandelnde Verwaltung – Bedingungen, Funktionen, Perspektiven, VerwArch, Bd. 97 (2006), S. 23 (40 ff.); *Lamb,* Gesetzeskonkretisierung (Fn. 246), S. 212 ff.; *Schulze-Fielitz,* Kooperatives Recht (Fn. 223), S. 659 f.; → Bd. II *Rossen-Stadtfeld* § 29 Rn. 30 ff.; s. auch *Fehling* § 38 Rn. 53 ff.

zierung von privaten Partialinteressen führen;[248] vor allem können Interessen und subjektive Rechte Dritter vernachlässigt werden. Aber auch im nur zweiseitigen Kooperationsverhältnis mag es zu Einigungen auf dem kleinsten gemeinschaftlichen Nenner, der hinter dem Gesetz zurückbleibt, kommen können, so wie es im Konsens zu Rechtsschutzeinschränkungen für die strukturell schwächere Seite und Gefahren für deren subjektiven öffentlichen Rechte kommen kann. Solche „Kooperationsrisiken" bedürfen der besonderen Beachtung durch das Recht.

III. Rechtlich gebundene Kooperation mit Privaten im Gesetzesvollzug

Der Vollzug von Gesetzen ist schon vor ihrem Beginn und vor allem während des Vollzugsverfahrens durch zahlreiche Elemente der Kooperation zwischen Verwaltung und Privaten geprägt; sie lassen sich parallel zu „Verwirklichungsphasen arbeitsteiliger Gemeinwohlkonkretisierung"[249] abschichten. 77

1. Maßstabsetzung

Auf der Ebene der Maßstabsetzung der Verwaltung etwa durch Erlass von Rechtsverordnungen, Satzungen oder Verwaltungsvorschriften können Verwaltung und Private zusammenwirken:[250] durch normabwendende Absprachen,[251] Anhörung Privater vor Erlass der Normen (z. B. nach § 51 BImSchG),[252] durch Rezeption von durch private Gremien erarbeiteten technischen Normen (z. B. DIN-Normen) bei der Konkretisierung unbestimmter Rechtsbegriffe[253] oder durch Erarbeitung von Regeln in Ausschüssen unter Beteiligung Privater (z. B. § 31a Abs. 1 S. 3 BImSchG).[254] In diesen Zusammenhang gehört z. B. auch schon das Planungsinstrument des Vorhaben- und Erschließungsplans (§ 12 BauGB), bei dem zwar die Planungshoheit rechtlich bindend durch die Gemeinde ausgeübt, aber faktisch in enger informeller Abstimmung dem privaten Investor erhebliche Gestaltungsmacht überlassen wird.[255] **Private** können in allen diesen 78

---

[248] Vgl. am Bsp. des Vorhaben- und Erschließungsplans *Schneider*, Verwaltungsverfahren (Fn. 224), S. 58 f. m. w. N.; allg. *Hoffmann-Riem*, Verwaltungsrechtsreform (Fn. 85), S. 148 ff.
[249] Zu diesen *Andreas Voßkuhle*, Gesetzgeberische Regelungsstrategien der Verantwortungsteilung zwischen öffentlichem und privatem Sektor, in: Schuppert (Hrsg.), Privatisierung (Fn. 195), S. 47 (69 ff.); zu Verhandlungen als Kooperationsmedium des Verhandlungsvollzuges *Rossen-Stadtfeld*, Verwaltung (Fn. 247), S. 36 ff.
[250] → Bd. I *Eifert* § 19 Rn. 35, 61 ff.; Bd. II *Hill* § 34 Rn. 70 f.; Bd. III *Huber* § 45 Rn. 214 ff.
[251] *Michael*, Gewalt (Fn. 229), S. 48 ff.; *Tobias Köpp*, Normvermeidende Absprachen zwischen Staat und Wirtschaft, 2001, S. 21 ff.; s. auch *Trute*, Obrigkeitsstaat (Fn. 224), S. 43 ff.; → Bd. II *Fehling* § 38 Rn. 36 f., *Michael* § 41 Rn. 46.
[252] *Ludwig*, Privatisierung (Fn. 66), S. 264 ff.; *Lamb*, Gesetzeskonkretisierung (Fn. 246), S. 155 ff.
[253] Vgl. zuletzt wieder *Jaeckel*, Gefahrenabwehrrecht (Fn. 70), S. 225 ff.
[254] *Andreas Voßkuhle*, Sachverständige Beratung des Staates, HStR III, § 43 Rn. 33; *Ludwig*, Privatisierung (Fn. 66), S. 271 f.; ausf. *Lamb*, Gesetzeskonkretisierung (Fn. 246), S. 72 ff., 97 ff.; s. auch *Helmuth Schulze-Fielitz*, Technik und Umweltrecht, in: Schulte/Schröder (Hrsg.), Technikrecht, S. 455 (473 f.).
[255] Siehe näher *Christian Heitsch*, Risikobegrenzung bei „Public Private Partnerships" durch Allgemeines und Besonderes Verwaltungsrecht, UPR 2005, S. 121 ff.; *Bernd Köster*, Der vorhabenbezogene Bebauungsplan nach § 12 BauGB – Bestandsaufnahme und Problemfelder nach einer ersten Konsolidierung des Instruments im Dauerrecht des BauGB, ZfBR 2005, S. 147 (151); *Schneider*, Verwaltungsverfahren (Fn. 224), S. 52 ff., 56 ff.; s. auch *Schulze-Fielitz*, Kooperatives Recht (Fn. 223), S. 666 f.

§ 12 Grundmodi der Aufgabenwahrnehmung

Beispielen als Betroffene, als Gruppenvertreter oder sonst Interessierte durch Mitberatungs-, Vorschlags-, Antrags- oder Anhörungsrechte an der Vorbereitung der maßstabsetzenden Entscheidung **beteiligt** sein, **ohne selbst** rechtlich verbindlich abschließend **mitzuentscheiden**.[256]

2. Entscheidungsvorbereitung

79   Auch im Verwaltungsverfahren zur **Vorbereitung von** komplexen einzelfallbezogenen **Verwaltungsentscheidungen** müssen Verwaltung und Private kooperativ zusammenarbeiten.[257] Im Umweltrecht geschieht dies etwa durch Beratung schon im Stadium vor Einreichung des (Genehmigungs-)Antrags, mitunter durch gemeinsame Erarbeitung der Antragsunterlagen (vgl. z.B. §§ 3–4e, 7 der 9. BImSchV); auch können private Mediatoren, Projektmanager als behördliche Verfahrensbevollmächtigte oder Planer und Investoren eingeschaltet sein,[258] private Sachverständigengutachten einbezogen werden (z.B. Standortgutachten für Abfallentsorgungsanlagen) oder Betroffene durch Anhörung an Verfahren beteiligt werden. Es kann die weitere Öffentlichkeit verfahrensakzessorisch beteiligt sein (z.B. im Fachplanungsrecht), oder es finden weitere Vorverhandlungen bis hin zur genauen Abstimmung von Entscheidungsentwürfen[259] statt. Solche staatlich-kooperativen Lösungen sind nicht etwa auf das Umwelt- oder Planungsrecht beschränkt: Die Verrechtlichung z.B. der privatrechtlichen Ausschüsse der Freiwilligen Selbstkontrolle der Filmwirtschaft (FSK) hat deren Entscheidungen in das staatliche Verfahren der obersten Landesbehörden einbezogen.[260] Gemeinsam ist allen diesen Erscheinungsformen, dass Private mehr oder weniger intensiv die Verwaltungsentscheidungen faktisch präjudizieren, rechtlich verbindlich aber letztlich allein die Verwaltung entscheidet.

3. Verwaltungsentscheidungen

80   Die **abschließende regelnde Entscheidung** in einem Verwaltungsverfahren scheint ausschließlich der Verwaltung als staatlichem Hoheitsträger vorbehalten zu sein. Das gilt auch dann, wenn Private als Beliehene und insoweit auch nur öffentlich-rechtlich gebunden agieren. Nur in seltenen Ausnahmefällen können auch echte Privatrechtssubjekte in eigener Verantwortung über die Erfüllung öffentlicher Aufgaben entscheiden (z.B. die Deutsche Forschungsgemeinschaft bei Förderungszusagen; Benannte Stellen), doch bedarf es insoweit spezifischer gesetzlicher oder verfassungsrechtlicher Rahmenbedingungen. Solche Verwaltungsentscheidungen können aber durch Absprachen auch im privaten Interes-

---

[256] Anders in der Kondominialverwaltung, → Rn. 84f.
[257] → Bd. I *Eifert* § 19 Rn. 38f.; Bd. II *Schneider* § 28 Rn. 167.
[258] Vgl. z.B. zu § 2 Abs. 2 S. 3 Nr. 5 der 9. BImSchV *Ludwig*, Privatisierung (Fn. 66), S. 201f.
[259] *Heitsch*, Risikobegrenzung (Fn. 255), S. 122ff.; *Trute*, Obrigkeitsstaat (Fn. 224), S. 28ff.; grdl. *Bohne*, Rechtsstaat (Fn. 225), S. 49ff., 144ff.
[260] Vgl. zu § 14 Abs. 6 S. 2 JÖSchG *Thomas Groß*, Selbstregulierung im medienrechtlichen Jugendschutz am Beispiel der Freiwilligen Selbstkontrolle Fernsehen, NVwZ 2004, S. 1393 (1394f.); s. näher *Joachim v. Gottberg*, Selbstkontrolle der Medien und staatliche Regulierung in den Demokratien, in: Christian Büttner/ders. (Hrsg.), Staatliche Kontrolle und selbstregulative Steuerung, 2002, S. 31ff. (47ff.).

C. Kooperative Aufgabenwahrnehmung

se informell oder formell begleitet oder geprägt sein (im Umweltrecht etwa durch Duldungszusagen,[261] Sanierungsabsprachen[262] oder sonstige Absprachen über Nebenbestimmungen im Verwaltungsakt). Die Verwaltung öffnet sich dann selbst bei gesetzlichen Ge- und Verboten im Rahmen ihres gesetzlichen Ermessens den Umständen des Einzelfalls und den besonderen Wünschen Privater, ggf. im Rahmen gesetzlich ausdrücklich eröffneter Gestaltungsmöglichkeiten.[263] Das gilt regelmäßig auch bei ordnungsrechtlichen (Genehmigungs-) Entscheidungen der Verwaltung, wo den Privaten Mitwirkungspflichten aufgegeben sind, mag es an den Merkmalen von Kooperation im engeren Sinne[264] fehlen.

Im Übrigen beeinflusst jede Verwaltungsentscheidung das **Verhalten Privater**, 81 denen durch alternative Optionen mehr oder weniger ausgeprägte Freiheiten bleiben, nach eigenen selbst gewählten Maßstäben zu agieren. Namentlich verwaltungsvertragliche Rechtsverhältnisse sind **vom Recht generell nur teildeterminiert** und geben den beteiligten Vertragspartnern im Vollzug einen breiten **Spielraum zur Selbststeuerung**.[265] Indem die Handlungspflichten von öffentlicher Hand und privaten Vertragspartnern als Vollzugsadressaten im Vollzug fachgesetzlicher Aufgaben präzise abgegrenzt und aufeinander abgestimmt festgesetzt werden, lassen sich Verwaltungsverträge als Erscheinungsform kooperativer Aufgabenwahrnehmung ansehen; das gilt insbesondere für Verträge mit Gesetzesadressaten, denen gegenüber stattdessen auch ein Verwaltungsakt hätte erlassen werden können.[266] In Fällen (öffentlich-rechtlich geregelter) Selbstregulierung durch Private („Co-Regulierung"[267]) kann die rechtliche Stellung der Privaten durch den Gesetzgeber so stark verselbständigt sein, dass sie nahezu in Unabhängigkeit ihre Handlungsmöglichkeiten im Einzelnen selbst entwickeln können und nur einer sehr vermittelten Kontrolle des Staates unterstehen.[268] Insoweit handelt es sich um einen Grenzfall der Erfüllung öffentlicher Aufgaben durch Private.[269]

---

[261] *Schlette,* Verwaltung (Fn. 216), S. 299 f.
[262] Vgl. *Dongsoo Song,* Kooperatives Verwaltungshandeln durch Absprachen und Verträge beim Vollzug des Immissionsschutzrechts, 2000, S. 161 ff.; *Klaus Rückert,* Umweltrechtliche Klauseln in öffentlich-rechtlichen Verträgen – Gestaltungschance für die Kommunen?, 1998, S. 22 ff., 111 ff.
[263] Vgl. z. B. Saldierung nach den §§ 7 Abs. 3, 17 Abs. 3a, 67 a Abs. 2 BImSchG, dazu näher *Andreas Voßkuhle,* Das Kompensationsprinzip, 1999, S. 171 ff., 188 ff.
[264] → Rn. 70.
[265] Allg. *Hartmut Bauer,* Die negative und die positive Funktion des Verwaltungsvertragsrechts, in: FS Franz Knöpfle, München 1996, S. 11 (31); → Bd. II *Bauer* § 36 Rn. 100.
[266] Verwaltungsverträge mit Dritten sind dem Bereich der Erfüllung öffentlicher Aufgaben durch Private zuzuordnen, → Rn. 113 ff., 118 ff.; s. aber auch → Bd. II *Bauer* § 36 Rn. 75 f.
[267] Vgl. *Carmen Palzer,* Co-Regulierung als Steuerungsform für den Jugendschutz in den audiovisuellen Medien – eine europäische Perspektive, ZUM 2002, S. 875 (876 f.).
[268] Vgl. am Bsp. des Jugendschutzes im Fernsehen, bei dem die (öffentlich-rechtliche) Kommission für Jugendmedienschutz u. a. für private Rundfunkveranstalter (§ 14 JMStV) nach § 19 JMStV die Einrichtung der Freiwilligen Selbstkontrolle Fernsehen (FSF), einen privatrechtlichen Zusammenschluss der privaten Fernsehsender, bei gewährleisteter Sachkunde, Unabhängigkeit gegenüber den privaten Trägereinrichtungen und Pluralität anzuerkennen hat und die Entscheidungen der FSF über die Vereinbarkeit einer Sendung mit dem Jugendschutz als rechtlich verbindlich zu beachten hat, sofern die FSF die Grenze ihres „Beurteilungsspielraums" (§ 20 Abs. 3 JMStV) nicht überschritten hat: *Groß,* Selbstregulierung (Fn. 260), S. 1395, 1398 f.; → Bd. I *Eifert* § 19 Rn. 66; Bd. II *Ladeur* § 21 Rn. 63.
[269] → Rn. 91 ff.

4. Kontrolle

82 Auch in einer Phase **begleitender oder nachträglicher Kontrolle**[270] können Private und Verwaltung zusammenwirken.[271] Zu denken ist etwa im Baurecht an den schlichten Verzicht auf Genehmigungen bei unbedeutenden Baumaßnahmen im Vertrauen auf das Eigeninteresse des Bauherrn, oder an die Genehmigungsfreistellung von bestimmten Wohngebäuden in geringer Höhe im beplanten Bereich,[272] sofern Nachweise von staatlich anerkannten Sachverständigen über die Standsicherheit, Schall-, Wärme- und baulichen Brandschutz vorliegen.[273] Selbst im Arbeitsschutz besteht nach der Biostoffverordnung eine weitgehende Eigenverantwortung des Arbeitgebers unter staatlicher Kontrolle.[274] Im Immissionsschutzrecht sollen eine Vielzahl von Mitwirkungspflichten des Anlagenbetreibers auch der Verwaltung die Kontrolle ermöglichen oder erleichtern, etwa die Mitwirkung an der Sachverhaltsaufklärung, die Abgabe von Emissionserklärungen, Messpflichten, Dokumentationspflichten, sonstige Mitwirkungspflichten bei der Überwachung oder durch die Selbstüberwachung durch Betriebsbeauftragte für den Immissionsschutz oder den Störfallbeauftragten.[275] Je mehr sich der Staat seiner hoheitlichen Aufgabenwahrnehmung entzieht, desto mehr sucht der Gesetzgeber Private kompensatorisch i.S. einer Verlagerung der Kontrollverantwortung vom Staat auf Private[276] zu kooperativer Mitwirkung zu verpflichten.

IV. Rechtliche Kooperation mit Privaten in der Verwaltungsorganisation

83 Der Wandel der Aufgabenwahrnehmung betrifft auch die Organisation der Verwaltung des Staates und der mittelbaren Staatsverwaltung selbst. Die Ausdifferenzierung des Staates in eine plurale Vielfalt aufgabenspezifisch organisierter staatlicher Behörden sowie vor allem von Körperschaften und Anstalten

---

[270] Zum Begriff der Kontrolle *Helmuth Schulze-Fielitz*, Kontrolle der Verwaltung durch Rechnungshöfe, VVDStRL, Bd. 55 (1996), S. 231 (233 f.); *ders.*, Theorie und Praxis parlamentarischer Gesetzgebung, 1988, S. 292 ff.; grdl. *Walter Krebs*, Kontrolle in staatlichen Entscheidungsprozessen, 1984, S. 5, 14 ff.; 48 ff.

[271] Siehe näher *Helmuth Schulze-Fielitz*, Zusammenspiel von öffentlich-rechtlichen Kontrollen der Verwaltung, in: Schmidt-Aßmann/Hoffmann-Riem (Hrsg.), Verwaltungskontrolle, S. 291 (300 f., 307 f., 311 f., 314 f., 317); → Bd. I *Eifert* § 19 Rn. 80 ff.

[272] *Stefan Korioth*, Der Abschied von der Baugenehmigung nach § 67 BauO NW 1995, DÖV 1996, S. 665 ff.; krit. zu den Folgen eines weitgehenden repressiven Kontrollverzichts *Pascale Cancik*, Fingierte Rechtsdurchsetzung?, DÖV 2011, S. 1 ff.

[273] Siehe näher z.B. *Bernd H. Schulte*, Schlanker Staat: Privatisierung der Bauaufsicht durch Indienstnahme von Bauingenieuren und Architekten als staatlich anerkannte Sachverständige, BauR 1998, S. 249 ff.

[274] *Wolfgang Ewer*, Betriebliche Eigenüberwachung, staatliche Kontrolle und gerichtliche Überprüfung am Beispiel der Biostoffverordnung und der zugrunde liegenden Vorschriften des Arbeitsschutzgesetzes, in: Martin Nolte (Hrsg.), Kontrolle im verfassten Rechtsstaat, 2002, S. 145 (151 ff., 160 ff.).

[275] Vgl. *Voßkuhle*, Kooperationsprinzip (Fn. 226), S. 27; *Ludwig*, Privatisierung (Fn. 66), S. 217 ff.; *Michael Reinhardt*, Die Überwachung durch Private im Umwelt- und Technikrecht, AöR, Bd. 118 (1993), S. 617 ff.; allg. *Trute*, Obrigkeitsstaat (Fn. 224), S. 34 ff.; → Bd. II *Michael* § 41 Rn. 44 ff.; Bd. III *Huber* § 45 Rn. 134 ff.

[276] Ausf. *Martin Eifert*, Die geteilte Kontrolle, DV, Bd. 39 (2006), S. 309 (310 ff.).

C. Kooperative Aufgabenwahrnehmung

des öffentlichen Rechts hat zu wechselseitigen Kooperationsrechten und -pflichten der Behörden und Organisationseinheiten geführt. Hinzu kommt die Mitwirkung von den Adressaten der Verwaltung oder ihren Repräsentanten bei der Aufgabenerfüllung, wie sie in den Kollegialorganen der kommunalen oder funktionalen Selbstverwaltungskörperschaften praktiziert wird, aber auch durch vielfältige Mitwirkungsformen der Bediensteten bei der Art und Weise der Aufgabenwahrnehmung. Nachstehend geht es nur um Erscheinungsformen der **Kooperation mit Privaten in der Verwaltungsorganisation.**[277]

1. Kondominialverwaltung

Private können durch gruppenpluralistische Repräsentation in Gremien oder Organen öffentlich-rechtlicher Verwaltungsträger an der staatlichen Entscheidungsfindung beteiligt werden, also in allen Formen der Kondominialverwaltung.[278] Anders als bei der Kooperation mit Privaten im Gesetzesvollzug geht es hier um unmittelbare Formen rechtlich organisierten staatlich-gesellschaftlichen Zusammenwirkens. Während bei den bislang diskutierten Formen der Kooperation mit Privaten diese in ihren Individualrechtsinteressen betroffen sind oder nur beratend an der Vorbereitung von rechtlich bindenden Entscheidungen der Verwaltung teilnehmen, entscheiden in der Kondominialverwaltung **Private** als Vertreter von Gruppeninteressen in entscheidungsbefugten Kollegialorganen unmittelbar rechtlich verbindlich mit:[279] Sie nehmen **als Amtsträger an der hoheitlichen Aufgabenwahrnehmung** teil.[280] Kooperation ist so **in Kollegialorganen** verwaltungsorganisationsrechtlich strukturiert[281] und in die staatliche Kompetenzordnung mit dem Ziel einer sachverständigen und/oder interessenvertretenden und zugleich entscheidungsleitenden Beratung der Verwaltung eingebunden.[282]

84

Es geht funktional einerseits um kollegiale **Leitungsgremien,** die für ihren Gegenstandsbereich Grundsatzentscheidungen vor allem durch Richtlinien, Grundsatzbeschlüsse u.ä. treffen, z.B. die mitgliederstarken Verwaltungsräte der Filmförderungsanstalt oder der Kreditanstalt für den Wiederaufbau.[283] Andererseits geht es um **Bewertungsgremien,** in denen gruppenpluralistisch zusammengesetzte Kollegialorgane sachbereichsspezifische Bewertungen treffen müssen, z.B. die Bundesprüfstelle für jugendgefährdende Medien[284] oder die Vergabekommission der Filmförderungsanstalt, oder solche, die justizähnliche Prüfungen und Kontrollen vornehmen, z.B. die Widerspruchsausschüsse des

85

---

[277] → Bd. I *Groß* § 13 Rn. 63 ff.; *Jestaedt* § 14 Rn. 30 f.
[278] *Markus Heintzen,* Beteiligung Privater an der Wahrnehmung öffentlicher Aufgaben und staatliche Verantwortung, VVDStRL, Bd. 62 (2003), S. 220; *Matthias Jestaedt,* Demokratieprinzip und Kondominialverwaltung, 1993, S. 26 f., 77; s. auch → Bd. II *Rossen-Stadtfeld* § 29 Rn. 69.
[279] Grdl. *Jestaedt,* Demokratieprinzip (Fn. 278), S. 36 ff.
[280] Allg. zur Differenz von Partizipation und grundrechtlicher Freiheit *Walter Schmitt Glaeser,* Partizipation an Verwaltungsentscheidungen, VVDStRL, Bd. 31 (1973), S. 179 (222 f.); → Bd. II *Rossen-Stadtfeld* § 29 Rn. 65 ff.
[281] Zu den verschiedenen Typen von Kollegialorganen *Thomas Groß,* Das Kollegialprinzip in der Verwaltungsorganisation, 1999, S. 61 ff.
[282] *Jestaedt,* Demokratieprinzip (Fn. 278), S. 41 ff., 47 ff., 133; → Bd. II *Ladeur* § 21 Rn. 63 ff.
[283] *Jestaedt,* Demokratieprinzip (Fn. 278), S. 124 f.
[284] Siehe näher *Bettina Brockhorst,* Die Bundesprüfstelle für jugendgefährdende Schriften, in: Karl-Peter Sommermann (Hrsg.), Gremienwesen und staatliche Gemeinwohlverantwortung, 2001, S. 95 ff.

Bundessortenamtes.²⁸⁵ Die Integration von privaten Gruppenvertretern in solche Gremien soll die Qualität der Aufgabenwahrnehmung durch die Verwaltung optimieren: durch Sachverstandsgewinnung und Informationsbeschaffung, durch eine pluralisierte Gemeinwohlfindung, die die Identifikation mit und die Integration durch Konsens ebenso wie die Akzeptanz der Entscheidungen steigern und Kontrolle und Transparenz ermöglichen soll.²⁸⁶

2. Kommunale Selbstverwaltung

86   Auch in der kommunalen Selbstverwaltung²⁸⁷ sind die **Bürger** als nichtstaatliche Subjekte²⁸⁸ **in die körperschaftliche Organisation integriert;** ihre Beteiligungsrechte als Betroffene bestimmen die Aufgabenwahrnehmung mit.²⁸⁹ Diese Rechte werden vermittelt über gewählte Vertretungsorgane²⁹⁰ und Formen direkter bürgerschaftlicher Mitwirkung (unmittelbare Volkswahl der Bürgermeister, Bürgerbegehren, Bürgerentscheide usw.).²⁹¹ Sie können im Rahmen der gesetzlichen Vorgaben eine zweite, eigenständige Form demokratischer Legitimation konstituieren und so rechtlich organisiert in Formen der Betroffenen-Partizipation bürgerschaftliche Beteiligungsinteressen aufnehmen,²⁹² um dem umfassenden Aufgabenbestand der mit Allzuständigkeit ausgestatteten Kommunen unter staatlicher Rechtsaufsicht²⁹³ gerecht zu werden.

87   Dem unverändert zunehmenden **Aufgabenwachstum der Kommunen**²⁹⁴ korrespondiert kein entsprechendes Wachstum ihrer finanziellen Ressourcen. Die Kommunen suchen verstärkt nach Auswegen aus ihrer Finanzmisere in Ökonomisierungsprozessen:²⁹⁵ organisationsintern durch Neue Steuerungsmodelle zur Erhöhung einzelbetriebswirtschaftlicher Effizienz und Effektivität,²⁹⁶ vor allem durch Ausweitung der Möglichkeiten erwerbswirtschaftlicher Betätigung durch gemeindliche Unternehmen in Privatrechtsform und neue unternehmerisch ausgerichtete Beteiligungen, schließlich durch fiskalische Entlastung mit Hilfe privater Finanzierungsmodalitäten: Kommunalleasing (ggf. transnational), Fondsfinanzierung, Public-Private-Partnership, Fundraising, Werbenutzungsverträge oder Sponsoring sind neu praktizierte Formen gemeindlichen Finanz-

---

²⁸⁵ Siehe näher *Jestaedt*, Demokratieprinzip (Fn. 278), S. 125 ff.
²⁸⁶ Zusammenfassend *Jestaedt*, Demokratieprinzip (Fn. 278), S. 131 ff.; zur Akzeptabilität des Verwaltungshandelns → Bd. II *Pitschas* § 42 Rn. 201 ff.
²⁸⁷ Vgl. auch → Bd. I *Groß* § 13 Rn. 67 f.
²⁸⁸ Zum Begriff des Privaten *Heintzen*, Beteiligung (Fn. 278), S. 231 ff.; zur Rechtsstellung des Bürgers in der Gemeinde *Thomas Mann*, Die Rechtsstellung von Bürgern und Einwohnern, in: HKWP I, § 17 Rn. 5 ff.
²⁸⁹ Vgl. *Janbernd Oebbecke* und *Martin Burgi*, Selbstverwaltung angesichts von Europäisierung und Ökonomisierung, VVDStRL, Bd. 62 (2003), S. 366 (395 ff., 397 ff.) bzw. S. 405 (409 ff.).
²⁹⁰ *Dirk Ehlers*, Die Gemeindevertretung, in: HKWP I, § 21 Rn. 108 ff.
²⁹¹ *Peter Neumann*, Bürgerbegehren und Bürgerentscheid, in: HKWP I, § 18 Rn. 25 ff.
²⁹² Vgl. *Reinhard Hendler*, Grundbegriffe der Selbstverwaltung, in: HKWP I, § 1 Rn. 10 ff.; *ders.*, Das Prinzip Selbstverwaltung, in: HStR VI, § 143 Rn. 14 ff., 28 ff., 68 ff.; *Schmidt-Aßmann*, Ordnungsidee, 2. Kap. Rn. 88 f.; allg. → Bd. II *Pitschas* § 42 Rn. 205.
²⁹³ Vgl. *BVerfGE* 78, 331 (341); → Bd. III *Kahl* § 47 Rn. 99 ff.
²⁹⁴ Vgl. auch *Martin Burgi*, Kommunalisierung als gestaltungsbedürftiger Wandel von Staatlichkeit und von Selbstverwaltung, DV, Bd. 42 (2009), S. 155 ff.
²⁹⁵ Vgl. *Helmuth Schulze-Fielitz*, Die kommunale Selbstverwaltung zwischen Diversifizierung und Einheit der Verwaltung, in: Hans-Günter Henneke (Hrsg.), Organisation kommunaler Aufgabenerfüllung, 1998, S. 223 ff.
²⁹⁶ → Rn. 124; Bd. II *Pitschas* § 42 Rn. 111 ff., 157 ff.

gebarens. Sie dienen mittelbar der gemeindlichen Aufgabenwahrnehmung, sind allgemein Ausdruck einer Ökonomisierung des gemeindlichen Verwaltungshandelns[297] – und könnten in ihrem **Vertrauen auf die Ressourcen des Marktes** statt auf eine bürgerschaftliche Rückbindung die herkömmliche Organisationsform der kommunalen Selbstverwaltung langfristig aushöhlen.

3. Funktionale Selbstverwaltung

Zur kooperativen Aufgabenwahrnehmung mit Privaten in der Verwaltungsorganisation gehören auch alle Formen der funktionalen Selbstverwaltung.[298] Ihr charakteristischer Kern ist die zivilgesellschaftliche **Aktivierung des spezifischen Sachverstandes** der Betroffenen und ihrer Interessen zugunsten der Aufgabenerfüllung i. S. einer Betroffenenverwaltung in einem spezifischen Sachbereich,[299] namentlich der Selbstverwaltung der Wirtschaft.[300] Jenseits der älteren Problemstellung, ob die Aufgaben der Träger funktionaler Selbstverwaltung als staatliche oder gesellschaftliche Angelegenheiten anzusehen sind,[301] spannt die meist körperschaftlich organisierte Selbstverwaltung staatliche und private Handlungskompetenzen zusammen und wandelt die Vorstellung von Verwaltung als einseitiger Intervention des Staates partiell in die Vorstellung eines Kooperationsverhältnisses von Verwaltung und Betroffenen.[302] Anders als bei der Gewährleistungsverwaltung[303] sind die Privaten bei der funktionalen Selbstverwaltung meist durch Pflichtmitgliedschaft in die Selbstverwaltungsorganisation eingebunden und insoweit vergesellschaftet.[304]

88

Die Träger der funktionalen Selbstverwaltung können **Verwaltungsaufgaben** der ordnenden Verwaltung (Eingriffsverwaltung) besonders durch Aufsichtsmaßnahmen (etwa im Bereich der Wirtschaftsaufsicht), der Leistungsverwaltung durch Erbringung von Dienstleistungen (etwa im Bereich der Rechtsberatung[305] oder der sozialen Selbstverwaltung),[306] aber auch der Gewährleistungs- und der Infrastrukturverwaltung wahrnehmen.[307] Charakteristisch ist stets, dass die Verwaltungsaufgabe ihren Bezugspunkt in den unmittelbar Betroffenen und den in der Selbstverwaltung organisierten oder repräsentierten Bürgern bzw. Grundrechtsträgern hat. Kennzeichen ist die **Eigenverantwortlichkeit** der Selbstver-

89

---

[297] Vgl. *Schulze-Fielitz*, Selbstverwaltung (Fn. 295), S. 229 f.; s. auch → Bd. II *Hill* § 34 Rn. 88 ff., *Sacksofsky* § 40, *Pitschas* § 42 Rn. 122 ff.; Bd. III *Kahl* § 47 Rn. 56; *Schiedermair* § 48 Rn. 94 f., 100.

[298] Siehe auch *Heintzen*, Beteiligung (Fn. 278), S. 245; *Thomas Groß*, Selbstverwaltung angesichts von Europäisierung und Ökonomisierung, DVBl 2002, S. 1182 (1183 f., 1191 f.); → Bd. I *Groß* § 13 Rn. 69 f.

[299] Das gilt eingeschränkt auch für die soziale Selbstverwaltung, vgl. *Friedhelm Hase*, Soziale Selbstverwaltung, in: HStR VI, § 145 Rn. 5, 8, 12.

[300] Umfassender Überblick bei *Martin Will*, Selbstverwaltung der Wirtschaft, 2010, S. 137 ff., passim, zusammenfassend S. 891 ff.

[301] Vgl. *Jürgen Salzwedel*, Staatsaufsicht in der Verwaltung, VVDStRL, Bd. 22 (1965), S. 206 (223 f.); *Jestaedt*, Demokratieprinzip (Fn. 278), S. 66 ff.; *Kluth*, Selbstverwaltung (Fn. 244), S. 22.

[302] Vgl. zur Geschichte dieser Verschränkung von Staat und Gesellschaft *Kluth*, Selbstverwaltung (Fn. 244), S. 221 ff.; ausf. *Karl-Jürgen Bieback*, Die öffentliche Körperschaft, 1976, S. 315 ff.

[303] → Rn. 51 ff.

[304] Vgl. *Thomas Mann*, Berufliche Selbstverwaltung, in: HStR VI, § 146 Rn. 32 f.; zum Entstehungszusammenhang *Kluth*, Selbstverwaltung (Fn. 244), S. 223; *Bieback*, Körperschaft (Fn. 302), S. 349 ff. (für die Zeit nach 1873).

[305] Dazu *Burkhard Schöbener*, Die Erbringung von Rechtsdienstleistungen durch Kommunen, GewArch 2011, S. 49 (52 ff.).

[306] *Kluth*, Selbstverwaltung (Fn. 244), S. 242.

[307] Vgl. im Blick auf die berufliche Selbstverwaltung *Mann*, Selbstverwaltung (Fn. 304), Rn. 10 ff.

waltungsträger bei der Erfüllung der gesetzlich zugewiesenen Verwaltungsaufgaben; sie wird begrifflich auch als Autonomie oder Selbständigkeit bei der Aufgabenerfüllung bezeichnet. Entscheidend ist, dass die Organe der Selbstverwaltung im Rahmen des Gesetzes nach selbst gewählten Zweckmäßigkeitsüberlegungen entscheiden dürfen und nur einer Rechtsaufsicht des Staates[308] unterliegen. Die Entscheidungen müssen demokratisch oder partizipatorisch legitimiert sein und sich in ihrer Willensbildung auf die Mitglieder der Selbstverwaltungskörperschaft bzw. auf die Betroffenen zurückführen lassen;[309] insoweit lässt sich ein eher institutionell geprägter von einem grundrechtlich geprägten Typus funktionaler Selbstverwaltung unterscheiden.[310] Funktional ist die gleichberechtigte Teilnahme aller Mitglieder eines gesellschaftlichen Organisationsbereichs eine Form der **Organisation demokratischer Legitimation**.

4. Mitbestimmung

90   **Elemente von Kooperation** lassen sich auch innerhalb der Verwaltung durch Erscheinungsformen der **Mitbestimmung des Verwaltungspersonals** bei der Art und Weise der Aufgabenwahrnehmung feststellen.[311] Es handelt sich zwar nicht um Fragen der unmittelbaren, sondern um vorgelagerte Fragen der mittelbaren Aufgabenwahrnehmung. Dennoch sind die Bediensteten durch Mitwirkungsrechte immer stärker kooperativ am Wie der Aufgabenwahrnehmung beteiligt worden, die diese **Aufgabenwahrnehmung** auch **materiell nicht unberührt** lässt. Das gilt erst recht, wenn wie im Bereich der öffentlichen Unternehmen in Privatrechtsform eine Vielfalt formeller oder informeller Absprachen zwischen den Beteiligten unter Umgehung des Gesetzgebers die (Unternehmens-)Mitbestimmungsrechte der Arbeitnehmer über die gesetzlichen Anforderungen hinaus ausgeweitet hat,[312] so dass deren private Interessen u. U. zu Lasten der öffentlichen Aufgabenerfüllung zum Zuge kommen und die Notwendigkeit demokratischer Legitimation auch der Unternehmen der öffentlichen Hand unterlaufen können.[313]

D. Erfüllung öffentlicher Aufgaben durch Private

I. Die historische Entwicklung der Aufgabenwahrnehmung durch Private

1. Das Bedeutungswachstum Privater bei der Aufgabenwahrnehmung

91   Der Gesetzgeber kann die Verwirklichung öffentlicher Aufgaben auch Privaten anvertrauen und die Verwaltung auf Funktionen der Überwachung, Regulie-

---

[308] Z.B. *Mann*, Selbstverwaltung (Fn. 304), Rn. 39 f.; *Gröschner*, Überwachungsrechtsverhältnis (Fn. 69), S. 52, 335; → Bd. III *Kahl* § 47 Rn. 110 ff.

[309] *Mann*, Selbstverwaltung (Fn. 304), Rn. 29 ff.; zur Mitgliederöffentlichkeit → Bd. III *Scherzberg* § 49 Rn. 34.

[310] *Schmidt-Aßmann*, Ordnungsidee, 2. Kap. Rn. 92.

[311] → Bd. III *Voßkuhle* § 43 Rn. 86 ff.

[312] Ausf. *Bernhard Nagel/Sebastian Haslinger/Petra Meurer*, Mitbestimmungsvereinbarungen in öffentlichen Unternehmen mit privater Rechtsform, 2002, S. 31 ff.

[313] Zur Kritik: *Nagel/Haslinger/Meurer*, Mitbestimmungsvereinbarungen (Fn. 312), S. 161 ff.; *Helmut Siekmann*, Die Erweiterung der Unternehmensmitbestimmung in privatrechtlich organisierten öffentlichen Unternehmen, ZögU, Bd. 27 (2004), S. 394 (404 ff.) m. w. N.

rung oder Initiierung privater Aktivitäten begrenzen. Er hat davon in den letzten Jahrzehnten zunehmend Gebrauch gemacht. Dieser **„Paradigmen"-Wechsel, den Staat** von seinen historisch gewachsenen Staatsaufgaben **zugunsten privatwirtschaftlicher Aufgabenwahrnehmung zu entlasten,** hat sich in verschiedenen Entwicklungsschüben vollzogen.[314] Auf der Ebene des Bundes lässt sich als ein Beginn die Vermögensprivatisierung seit 1959 (z. B. Veba, Preussag, VW) im Interesse der Vermögensbeteiligung breiter Volksschichten ansehen, denen die ordnungspolitisch motivierte, aufgabenbezogene Privatisierungspolitik nach 1982 insbesondere bei den staatlichen Infrastrukturleistungen (Post, Bahn, Arbeitsvermittlung, Flugsicherung u.a.)[315] folgte, ehe gegenwärtig das „Privatisierungspotential" auf der Ebene der Länder und vor allem der Gemeinden[316] erschlossen wird (vgl. mit dieser Intention § 6 Abs. 2 HGrG).

Diese Entwicklung wird angestoßen und verstärkt durch die unmittelbaren oder mittelbaren **Privatisierungsimpulse des Rechts der EU** namentlich des Gemeinschaftsziels zur Herstellung eines Binnenmarkts,[317] dessen Instrumente zur Schaffung einer „offenen Marktwirtschaft mit freiem Wettbewerb" (Art. 119 Abs. 1 AEUV) vor allem auf den Wettbewerb privater Wirtschaftssubjekte (in Europa) und die Diskriminierungsfreiheit setzen und die rechtlichen Rahmenbedingungen zugunsten eines dreifachen Wettbewerbs „in", „um" und „zwischen" den Infrastrukturen besonders der Ver- und Entsorgung[318] stark verändert haben.[319]

2. Der Privatisierungsschub der Gegenwart

a) Motive der Privatisierung

Die Motive für Privatisierungen[320] lassen sich in einem **Bündel von heterogenen Zielen** zusammenfassen: Entlastung des Staates oder der Kommunen durch fiskalische Sparmaßnahmen[321] und eine Verschiebung von operativen Handlungsverantwortlichkeiten auf Wirtschaftsunternehmen, Schaffung von Wettbewerbsstrukturen zur Kostensenkung (besonders der Güter der Daseinsvorsorge)

---

[314] Übersichtlich *Hellermann,* Daseinsvorsorge (Fn. 38), S. 6 ff.; ausf. *Kämmerer,* Privatisierung (Fn. 47), S. 74 ff., zu älteren Erscheinungsformen vor 1945 ebd., bes. S. 68 ff.
[315] → Rn. 97 f.
[316] → Rn. 99.
[317] → Bd. I *Schmidt-Aßmann* § 5 Rn. 97; *Hellermann,* Daseinsvorsorge (Fn. 38), S. 9 f.; *Reiner Schmidt,* Privatisierung und Gemeinschaftsrecht, DV, Bd. 28 (1995), S. 281 ff.; *Bauer,* Privatisierung (Fn. 4), S. 259 ff.; ausf. *Kämmerer,* Privatisierung (Fn. 47), S. 90 ff.
[318] Vgl. *Christian Theobald,* Aktuelle Entwicklungen des Infrastrukturrechts, NJW 2003, S. 324 ff.; *Hermes,* Infrastrukturverantwortung (Fn. 38), S. 320 ff.
[319] Grünbuch der EG-Kommission zu Dienstleistungen von allgemeinem wirtschaftlichen Interesse, KOM (2003) 270; *Hans-Jürgen Papier,* Kommunale Daseinsvorsorge im Spannungsfeld zwischen nationalem Recht und Gemeinschaftsrecht, DVBl 2003, S. 686 ff.; *Utz Schliesky,* Die Vorwirkung von gemeinschaftsrechtlichen Richtlinien, DVBl 2003, S. 631 ff.; *Wolfgang Weiß,* Kommunale Energieversorger und EG-Recht: Fordert das EG-Recht die Beseitigung der Beschränkungen für die kommunale Wirtschaft?, DVBl 2003, S. 564 ff.
[320] *Martin Burgi,* Privatisierung, in: HStR IV, § 75 Rn. 10; → Bd. I *Voßkuhle* § 1 Rn. 59; Bd. II *Appel* § 32 Rn. 36 ff.
[321] Vgl. *Klaus Rennert,* Der Selbstverwaltungsgedanke im kommunalen Wirtschaftsrecht, JZ 2003, S. 385 ff.; *Martin Eifert,* Die rechtliche Sicherung öffentlicher Interessen in Public Private Partnership – Dargestellt am Bsp. der Internet-Aktivitäten von Städten und Kommunen, VerwArch, Bd. 93 (2002), S. 561 ff.; *Burgi,* Privatisierung (Fn. 5), S. 71 ff.; *Di Fabio,* Privatisierung (Fn. 5), S. 585 ff.; *Osterloh,* Privatisierung (Fn. 14), S. 213 f.

§ 12 Grundmodi der Aufgabenwahrnehmung

durch Deregulierung und konkurrierende Wettbewerber auf liberalisierten Märkten; Nutzbarmachung von privatem Wissen durch „‚Zukauf' gesellschaftlicher Handlungsrationalität"[322] auch im Sinne eines Transfers von Innovations- und Managementpotenzial in die öffentlichen Verwaltungen; Mobilisierung und Stärkung gesellschaftlicher Lernprozesse und Lösungskapazitäten zur Gewährleistung von Innovationen und Fortschritt und die Stärkung demokratischer Legitimität und Akzeptanz des Leistungsstaats. Sie stellen jede konkrete Privatisierung zugleich vor Zielkonflikte, über die nur politisch entschieden werden kann,[323] und generieren Problemverschiebungen, etwa Wechselwirkungen von Staatsaufgabenabbau und steigenden Sozialausgaben (z.B. Wohngeldzahlungen statt sozialem Wohnungsbau).[324]

94 Hinter solchen Detailargumenten steht als ein zentraler **Grundgedanke,** dass die Wahrnehmung öffentlicher Aufgaben **durch ein verbessertes Zusammenspiel von Verwaltung und Privaten** in ihrer **Leistungsfähigkeit** für den Bürger als Leistungsempfänger oder Nutznießer **gesteigert** werden kann: Privatisierungen erlauben offenbar effizientere Steuerungsformen, die durch die hergebrachten öffentlich-rechtlichen Handlungsformen des rechtsstaatlichen Verwaltungsrechts u.U. weniger aufgabenangemessen erbracht werden können. Effizienzsteigerungen im Wege der sog. Public Private Partnership sind dann wahrscheinlich, wenn bei einer vertraglichen Zusammenarbeit von öffentlichen und privaten Partnern ein Projekt über den gesamten „Lebenszyklus" geplant, finanziert, betrieben und erfolgsabhängig gesteuert wird und so sämtliche Kosten erfasst und transparent gemacht werden können.[325] Die zahlreichen Privatisierungstypen sind auch europäisch gestärkte[326] Antwortversuche auf die Vielfalt unterschiedlicher Verwaltungsaufgaben; dabei kann Innovations- und Managementpotenzial in die öffentlichen Verwaltungen übertragen werden.[327]

b) Grenzen der Privatisierung

95 Die Notwendigkeit des Staates als Garanten des Gemeinwohls kraft seiner überlegenen Hoheitsmacht[328] und die Wahrscheinlichkeit von Marktversagen[329] stellen jede Privatisierung vor die Frage ihrer Angemessenheit im konkreten Falle. Insoweit besteht weithin Einigkeit, dass **zentrale Ordnungsaufgaben** des Staates als öffentliche Güter sich nur in Randbereichen für eine privatisierte

---

[322] *Burgi,* Privatisierung (Fn. 5), S. 381; *ders.,* Kommunales Privatisierungsfolgenrecht: Vergabe, Regulierung und Finanzierung, NVwZ 2001, S. 601 (602); *Eifert,* Rechtliche Sicherheit (Fn. 321), S. 561 ff.
[323] *Bauer,* Privatisierung (Fn. 4), S. 257 f.
[324] Vgl. *Osterloh,* Privatisierung (Fn. 14), S. 208; *Gunnar Folke Schuppert,* Die Privatisierungsdiskussion in der deutschen Staatsrechtslehre, StWStP, Bd. 5 (1994), S. 541 (550 f.).
[325] So: Public Private Partnership. Positionspapier des Wissenschaftlichen Beirats der Gesellschaft für öffentliche Wirtschaft, in: ZögU, Bd. 27 (2004), S. 410 (411); s. auch *Dietrich Budäus,* Public Private Partnership – Ansätze, Funktionen, Gestaltungsbedarf, in: Gesellschaft für öffentliche Wirtschaft (Hrsg.), Public Private Partnership: Formen – Risiken – Chancen, 2004, S. 9 ff.; ausf. (und krit.) zu den unternehmensrechtlichen Privatisierungsmotiven *Thomas Mann,* Die öffentlich-rechtliche Gesellschaft, 2002, S. 149 ff.
[326] *Rainer Plaßmann,* Das angekündigte Grünbuch der EU-Kommission zu Public Private Partnership, in: Gesellschaft für öffentliche Wirtschaft (Hrsg.), Partnership (Fn. 325), S. 39 ff.
[327] Positionspapier (Fn. 325), S. 412.
[328] Zum Gewaltmonopol *Isensee,* Gemeinwohl (Fn. 48), Rn. 76 ff.; *Roman Herzog,* Ziele, Vorbehalte und Grenzen der Staatstätigkeit, in: HStR IV, § 72 Rn. 39 ff.
[329] → Rn. 7.

D. Erfüllung öffentlicher Aufgaben durch Private

Aufgabenwahrnehmung eignen:[330] Bundeswehr, Polizei- und Ordnungsverwaltungen, Justizverwaltung und Strafvollzug, auch die Finanzverwaltung gelten (empirisch wie verfassungsnormativ) **weithin** als **privatisierungsresistent,**[331] mögen andere Verfassungstraditionen partiell weitergehend in einer Privatisierung auch in diesem Bereich keine Gemeinwohlgefahren sehen (z. B. privatisierte Strafvollzugsanstalten in den USA). Jedenfalls in Randbereichen können aber auch hier die Aufgaben der Gefahrenabwehr privatisiert werden,[332] solange der Beitrag der privaten Partner auf Hilfsdienste (z. B. Essenslieferung an Justizvollzugsanstalten) beschränkt ist.[333]

Über diesen Bereich hinaus besteht eine **große Bandbreite alternativer Optionen** der rechtlichen Zuordnung von Verwaltungsaufgaben und Privaten;[334] über diese hat im Rahmen der verfassungsrechtlichen Vorgaben[335] letztlich der politische Gesetzgeber zu entscheiden.[336] Der empirische Sammel-Begriff der **Public Private Partnership** (PPP) gilt den vielfältigen Formen der Kooperation von Hoheitsträgern mit privaten Wirtschaftssubjekten.[337] Es handelt sich um Formen funktionaler Privatisierung „zwischen" formeller Organisationsprivatisierung und materieller Aufgabenprivatisierung.[338] Deren Merkmale sind ihre

96

---

[330] → Bd. I *Wißmann* § 15 Rn. 12.

[331] Vgl. dazu (mit im Detail unterschiedlichen Akzenten): *Grzeszick,* Hoheitskonzept (Fn. 15), Rn. 35; *Schwintowski,* Gemeinwohl (Fn. 16), S. 285 f.; *Osterloh,* Privatisierung (Fn. 14), S. 207; *Bauer,* Privatisierung (Fn. 4), S. 255, 263 ff.; *Albert Krölls,* Rechtliche Grenzen der Privatisierungspolitik, GewArch 1995, S. 129 ff.; ausf. am Bsp. der inneren Sicherheit *Gramm,* Privatisierung (Fn. 5), S. 395 ff.; → Bd. I *Baer* § 11 Rn. 24, 76; Bd. III *Voßkuhle* § 43 Rn. 115, *Waldhoff* § 46 Rn. 27.

[332] Vgl. z. B. *Rudolf Adam/Rolf Stober* (Hrsg.), Privatisierung im Sicherheitssektor, 2009; *Burgi,* Privatisierung (Fn. 320), Rn. 4, 11, 16 ff.; *Rainer Pitschas,* Neues Verwaltungsrecht im partnerschaftlichen Rechtsstaat?, DÖV 2004, S. 231 ff.; *Möstl,* Garantie (Fn. 73), S. 317 ff.; *Gramm,* Privatisierung (Fn. 5), S. 420 ff.; *Martin Schulte,* Gefahrenabwehr durch private Sicherheitskräfte im Lichte des staatlichen Gewaltmonopols, DVBl 1995, S. 130 ff.; → Bd. III *Waldhoff* § 46 Rn. 28 ff.

[333] *Rolf Stober,* Police Private Partnership aus juristischer Sicht, DÖV 2000, S. 261 (268); zur Teilprivatisierung der Bundeswehrverwaltung *Wolfgang Durner,* Rechtsfragen der Privatisierung in der Bundeswehrverwaltung unter besonderer Berücksichtigung der Vorgaben des Art. 87b GG, VerwArch, Bd. 96 (2005), S. 18 ff.; zum Strafvollzug *Martin Burgi,* Möglichkeiten und Grenzen der Privatisierung von Aufgaben der Strafrechtspflege, in: Axel Dessecker (Hrsg.), Privatisierung in der Strafrechtspflege, 2008, S. 55 ff.; *Heinz Joachim Bonk,* Rechtliche Rahmenbedingungen einer Privatisierung im Strafvollzug, JZ 2000, S. 435 ff.; zum Maßregelvollzug *Annette E. Töller/Marcus Dittrich,* Die Privatisierung des Maßregelvollzugs, dms 1/2011, S. 189 ff.

[334] *Rolf Stober,* Privatisierung öffentlicher Aufgaben, NJW 2008, S. 2301 (2304 ff.); *Bauer,* Privatisierung (Fn. 4), S. 245 ff.

[335] *Martin Burgi,* Privatisierung öffentlicher Aufgaben, Gutachten D für den 67. DJT, 2008, S. 52 ff.; → Bd. II *Appel* § 32 Rn. 62 ff. am Beispiel der Verfahrensprivatisierung.

[336] *Stober,* Privatisierung (Fn. 334), S. 2307 f.; *Osterloh,* Privatisierung (Fn. 14), S. 208, 222.

[337] *Jan Ziekow,* Public Private Partnership – auf dem Weg zur Formierung einer intermediären Innovationsebene?, VerwArch, Bd. 97 (2006), S. 626 (627 ff.); *Peter J. Tettinger,* Public Private Partnership, Möglichkeiten und Grenzen – ein Sachstandsbericht, NVwBl 2005, S. 1; *Christian Theobald/Sascha Michels,* Grundlagen der Public Private Partnership, in: Christian Koenig/Jürgen Kühling/Christian Theobald (Hrsg.), Recht der Infrastrukturförderung, 2004, S. 187 ff.; *Heinz J. Bonk,* Fortentwicklung des öffentlich-rechtlichen Vertrags unter besonderer Berücksichtigung der Public Private Partnership, DVBl 2004, S. 141 (142 ff.); *Johannes Hellermann,* Handlungsformen und -instrumentarien wirtschaftlicher Betätigung, in: Werner Hoppe/Michael Uechtritz (Hrsg.), Handbuch Kommunale Unternehmen, 2. Aufl. 2007, § 7 Rn. 164 ff.; *Veit Mehde,* Ausübung von Staatsgewalt und Public Private Partnership, VerwArch, Bd. 91 (2000), S. 540 ff.; *Hartmut Bauer,* Verwaltungsrechtliche und verwaltungswissenschaftliche Aspekte der Gestaltung von Kooperationsverträgen bei Public Private Partnership, DÖV 1998, S. 89 ff.; krit. *Kämmerer,* Privatisierung (Fn. 47), S. 58.

[338] *Hellermann,* Handlungsformen (Fn. 337), § 7 Rn. 168; → Rn. 113 ff.

Längerfristigkeit und ein Abstimmungsbedarf im Zeitablauf.[339] Insoweit gibt es Felder, auf denen Private nur am Rande mitwirken können, weil ihre privatnützige Handlungslogik zu gemeinwohlwidrigen Folgen führen kann, deren schwierige Revisibilität von vornherein eine stärker öffentlich-rechtlich geleitete Aufgabenwahrnehmung nahe legt.[340]

II. Hauptgebiete der Privatisierung

1. Felder der Infrastruktur- und Leistungsverwaltung

97 Schwerpunkte der Privatisierung liegen empirisch in den Bereichen der raumbezogenen und der netzbezogenen Infrastrukturverwaltung und im Bereich der Leistungsverwaltung, insbesondere im Bereich der kommunalen Daseinsvorsorge; ob im Kultur-, Bildungs- und Sozialbereich oder im Verkehrs- oder Freizeitbereich – es gibt kaum noch einen Sektor, in dem Public Private Partnership nicht eine Rolle spielen könnte.[341] Unverkennbar gewinnen solche Formen der Zusammenarbeit der öffentlichen Hände mit privaten Wirtschaftssubjekten bei der Erhaltung und Erneuerung der öffentlichen Infrastruktur zunehmend an Bedeutung.[342] Der Staat will dabei trotz der **privatrechtlichen Gestaltungsformen** einen **Mindeststandard allgemeiner Versorgung** gewährleisten.

98 Der wichtigste neuere Privatisierungsschub fand auf der Ebene des Bundes in den 1990er Jahren im Bereich der **Infrastruktur** statt. Europarechtlich veranlasst und begleitet von einer Verfassungsänderung (Art. 87 e, 87 f GG) wurde die Privatisierung von Post, Bahn und Telekommunikation[343] eingeleitet und realisiert. Hinzu traten weniger flächendeckende als punktuelle Bemühungen in Einzel- oder Randbereichen durch PPP, etwa bei privaten Autobahnprojekten[344] oder Bundeswehrdienstleistungen.[345]

---

[339] *Gesellschaft für öffentliche Wirtschaft* (Hrsg.), Partnership (Fn. 325), S. 411.

[340] Vgl. *Karsten Baumann*, Private Sicherheitsgewähr unter staatlicher Gesamtverantwortung – Zum Wandel vom Leistungs- zum Regulierungsstaat am Beispiel der Luftfahrtverwaltung, DÖV 2003, S. 790 ff.; *Stephan Tomerius/Tilmann Breitkreuz*, Selbstverwaltungsrecht und Selbstverwaltungspflicht – Verfassungsrechtliche Überlegungen zur Rolle von Art. 28 Abs. 2 Satz 1 GG bei der Privatisierung kommunaler Aufgaben, DVBl 2003, S. 426 ff.; *Christoph Gusy*, Polizei und private Sicherheitsdienste im öffentlichen Raum – Trennlinien und Berührungspunkte, VerwArch, Bd. 92 (2001), S. 344 ff.; *Franz-Joseph Peine*, Grenzen der Privatisierung – verwaltungsrechtliche Aspekte, DÖV 1997, S. 353 ff.; ausf. zu den Gefahren am Beispiel der Verfahrensprivatisierung → Bd. II *Appel* § 32 Rn. 38 ff.

[341] *Budäus*, Partnership (Fn. 325), S. 13.

[342] *Kämmerer*, Privatisierung (Fn. 47), S. 74 ff.

[343] *Rolf Stober*, Telekommunikation zwischen öffentlich-rechtlicher Steuerung und privatwirtschaftlicher Verantwortung – Entwicklungsstand und Regulierungsbedarf aus wirtschafts-, verwaltungs- und verbraucherschutzrechtlicher Perspektive, DÖV 2004, S. 221 ff.; *Bullinger*, Regulierung (Fn. 202), S. 1355 (1357 ff.); *Gramm*, Privatisierung (Fn. 5), S. 134 ff.; ausf. *Kühling*, Regulierung (Fn. 184), S. 545 ff., 563 ff.

[344] *Frank Roth*, Erstes Betreibermodell für den privaten Ausbau und Betrieb von Autobahnen in Deutschland, NVwZ 2003, S. 1056 ff.; *Dieter Schörken*, Warnowquerung – das erste privat finanzierte Verkehrsprojekt Deutschlands, in: Gesellschaft für öffentliche Wirtschaft (Hrsg.), Partnership (Fn. 325), S. 89 ff.; *Michael Uechtritz*, Möglichkeiten für private Infrastrukturbetreiber außerhalb der öffentlichen Haushalte, DVBl 2002, S. 739 (740 ff.); ausf. zu privaten Betreibermodellen im Bereich der Straßenverkehrsinfrastruktur *Lackner*, Gewährleistungsverwaltung (Fn. 43), S. 191 ff.

[345] *Johannes Dietlein/Jan Heinemann*, „Public-private-partnership" und Vergaberecht im Bereich der Bundeswehr, NVwZ 2003, S. 1080 ff.; *Christof Gramm*, Privatisierung bei der Bundeswehr, DVBl 2003, S. 1366 ff.

D. Erfüllung öffentlicher Aufgaben durch Private

Der Schwerpunkt der Privatisierungstendenzen der Gegenwart liegt im Bereich der **kommunalen Daseinsvorsorge**: vor allem in den Bereichen Energie (Strom, Gas, Fernwärme) und Nahverkehr (ÖPNV[346], schienengebundener Regionalverkehr), Wasser und Entsorgung (Abwasser[347] und Abfall[348]), die die vielfältigen öffentlichen Unternehmen in sonstigen Bereichen ergänzen,[349] aber auch in mannigfaltigen anderen Zusammenhängen:[350] etwa in der Stadtentwicklungsplanung durch städtebauvertragliche Beauftragung Dritter (vgl. z. B. §§ 4a, 11, 12, 124, 167 BauGB), im Sozialbereich durch Übertragung von Aufgaben wie den Betrieb von Krankenhäusern oder der Jugendhilfearbeit auf private Partner, im Bereich von Kultur, Bildung und Freizeit,[351] im Sportanlagenbau oder im Hochbau (Schulgebäudesanierung[352]). 99

Auch **außerhalb der Kommunen** lässt sich eine **zunehmende Einschaltung Privater** bei der Aufgabenwahrnehmung beobachten,[353] ob bei juristischen Organisationsformen, in denen Universitäten neue Aufgaben des Wissens- und Technologietransfers begleiten, ob im Kammerrecht, in dem die verschiedenen IHK sich an Anlagen und Einrichtungen der Förderung der gewerblichen Wirtschaft beteiligen (können),[354] oder im Recht der inneren Sicherheit[355] mit Tätigkeiten der Verwaltungshilfe für die Ordnungsverwaltung durch „Contracting Out" (z. B. Rettungsdienst durch Private). 100

2. Private Aufgabenwahrnehmung ohne Teilnahme an wirtschaftlichen Märkten

Nichtstaatliche private Vereinigungen, die weder institutionell der Verwaltung eingegliedert sind noch nach außen als Verwaltung auftreten, erarbeiten und verabschieden eine Vielzahl technischer oder wissenschaftlicher, vor allen Dingen physikalischer, medizinisch-biologischer oder ingenieurwissenschaftlicher Standards und Maßstäbe, etwa DIN-Normen oder VDI-Richtlinien.[356] Ob- 101

---

[346] *Knauff*, Gewährleistungsstaat (Fn. 38), S. 538 ff.; *Klaus-Albrecht Sellmann/Elke Sellmann*, Öffentliches Verkehrswesen im Spiegel der Rechtsprechung, DVBl 2003, S. 358 ff.; *Andreas Heiß*, EuGHE Altmark Trans, C-280/00 oder: Die Revolution findet nicht statt, VBlBW 2003, S. 429 ff.
[347] *Diana Zacharias*, Privatisierung der Abwasserbeseitigung, DÖV 2001, S. 454 ff.; *Hartmut Bauer*, Privatisierungsimpulse und Privatisierungspraxis in der Abwasserentsorgung – Eine Zwischenbilanz, VerwArch, Bd. 90 (1999), S. 561 ff.
[348] *Walter Frenz*, Europarechtliche Perspektiven kommunaler Dienste – Am Beispiel der Abfallwirtschaft, DÖV 2003, S. 1028 ff.; *Martin Beckmann*, Abfallrecht zwischen staatlicher Lenkung, kommunaler Daseinsvorsorge und privaten Wettbewerb, VerwArch, Bd. 94 (2003), S. 371 ff.; *Rolf-Georg Müller*, Kommunale Abfallwirtschaft und unlauterer Wettbewerb, DVBl 2002, S. 1014 ff.
[349] *Hellermann*, Daseinsvorsorge (Fn. 38), S. 5 ff.; → Rn. 127.
[350] Übersichtlich *Tettinger*, Partnership (Fn. 337), S. 7 ff.; *Gesellschaft für öffentliche Wirtschaft* (Hrsg.), Partnership (Fn. 325).
[351] Vgl. dazu die Beiträge in: *Gesellschaft für öffentliche Wirtschaft* (Hrsg.), Partnership (Fn. 325), S. 173 ff.; viele Bsp. aus der Praxis zum Verkehrs- und Entsorgungsbereich ebd. S. 89 ff. bzw. 131 ff.
[352] Ausf. und konkret: *Volker Stehlin/Georg Gebhardt*, Public Private Partnership – ein Modell für Kommunen?, VBlBW 2005, S. 90 ff.
[353] *Tettinger*, Partnership (Fn. 337), S. 7 ff.
[354] *Ralf Jahn*, IHK-Wirtschaftsförderung durch Beteiligung an Anlagen und Einrichtungen, GewArch 2001, S. 146 ff.
[355] Vgl. ausf. *Gramm*, Privatisierung (Fn. 5), S. 125 ff., zu den Grenzen S. 395 ff.
[356] *Schmidt-Preuß*, Verwaltung (Fn. 23), S. 202 ff.; *Lamb*, Gesetzeskonkretisierung (Fn. 246), S. 72 ff.; ausf. *Volker M. Brennecke*, Normsetzung durch private Verbände, 1996, S. 167 ff.; *Helmut Voelzkow*, Private Regierungen in der Techniksteuerung, 1996, S. 95 ff., 219 ff.; → Bd. I *Eifert* § 19 Rn. 61 ff.

wohl keine Rechtssätze und in privater Vereinsautonomie erarbeitet, entfalten sie durch staatliche Akte der Rezeption bei der Konkretisierung und Ausfüllung unbestimmter Rechtsbegriffe eine für die Verwaltung und für den Bürger zwar nicht rechtlich verbindliche Wirkung, gewinnen aber eine faktisch normähnliche Bedeutung und dienen so der Standardisierung des Gesetzesvollzugs. Ähnlich werden die Verdingungsordnungen im Vergaberecht von einem Deutschen Vergabe- und Vertragsausschuss als **Akte privater Rechtsetzung** im einstimmigen Konsens erarbeitet und von staatlichen Rechtssätzen in Bezug genommen.

102 Zahlreiche private Aktivitäten reagieren auf indirekte Anreize durch staatliches Handeln oder nehmen entsprechende staatliche Angebote (z.B. durch Subventionen, normvermeidende Absprachen[357], kommunal initiierte Kriminalpräventionsaktivitäten[358]) an. Die Privaten realisieren damit jene öffentlichen Interessen, zu deren Erfüllung im Wege indirekter Steuerung Gesetzgeber oder Verwaltung anreizen wollten,[359] indem sie auf solche **Gemeinwohlleistungen Privater** setzten.

103 Zahlreiche privatrechtliche Einrichtungen dienen zugleich der öffentlichen Aufgabenerfüllung; die Verfolgung privater und öffentlicher Interessen gehen hier ununterscheidbar ineinander über. Beispiele sind **selbstregulative Einrichtungen Privater,** etwa der auf freiwilliger, privatrechtlicher Basis wirkende, von Verleger- und Journalistenverbänden getragene Deutsche Presserat, dessen Beschwerdeausschuss Verletzungen des Pressekodex des Deutschen Presserats (etwa im Bereich des Jugendschutzes) missbilligen oder rügen kann, wobei die Rüge vom Publikationsorgan abgedruckt werden muss.[360]

III. Modalitäten privater Aufgabenwahrnehmung

1. Private im Dienst hoheitlicher Aufgabenwahrnehmung: Verwaltungshilfe, Beleihung, Indienstnahme Privater

104 Es gehört zu den praktisch unverändert bedeutsamen Modi hoheitlicher Aufgabenwahrnehmung, dass **Private** für deren Zweck abgestuft **instrumentalisiert** werden. Rechtliche Differenzierungen knüpfen sich an die unterschiedliche Freiheit des Privaten bei der Amtsausübung. Diese handeln dabei nicht autonom als Private, sondern als gesetzesgebundene Träger einer öffentlich-rechtlichen Pflichtenstellung; sie bleiben Private, die punktuell und partiell im Blick auf eine bestimmte Aufgabe öffentlich-rechtliche Rechte und Pflichten wahrnehmen.

105 Schon immer hat sich die Verwaltung bei der Durchführung ihrer Aufgaben privater Helfer bedient, die freiwillig nach Anweisung oder Maßgabe von öffentlichen Bediensteten meist untergeordnete Nebentätigkeiten ohne Einräumung von Hoheitsbefugnissen ausüben, um die Verwaltung bzw. Angehörige des öffentlichen Dienstes zu unterstützen bzw. zu entlasten – vom Schülerlotsen bis zum polizeibeauftragten Helfer bei Verkehrsunfällen reicht die Skala der

---

[357] → Fn. 251.
[358] Vgl. *Margarete Schuler-Harms,* Regulierte Selbstregulierung im Polizei- und Versammlungsrecht, DV, Beiheft 4, 2001, S. 159 (173 ff.).
[359] Vgl. *Franzius,* Herausbildung (Fn. 66), S. 103 ff.; s. auch → Bd. II *Sacksofsky* § 40 Rn. 9 ff.
[360] Vgl. *Groß,* Selbstregulierung (Fn. 260), S. 1395; ausf. *Nicole Dietrich,* Der Deutsche Presserat, 2002, S. 15 ff., 46 ff.

D. Erfüllung öffentlicher Aufgaben durch Private

„Schulfälle".[361] Die **Verwaltungshilfe**[362] bedarf keiner gesetzlichen Grundlage[363] und hat mit zunehmender Einbeziehung von Privaten in die Aufgabenwahrnehmung zu einer Qualitäts- und Gewichtsverschiebung ihrer Gegenstände geführt,[364] etwa auch in der sog. Planungsprivatisierung im Recht der Planungsverfahren[365] oder in den Erscheinungsformen der Umweltaufsicht.[366]

Nicht anders stehen auch die Fälle der **Beleihung**[367] Privater mit eigenverantwortlich auszuübender **Hoheitsmacht** im Kontext hoheitlicher Aufgabenwahrnehmung nach Maßgabe des parlamentarischen Gesetzes[368]: Die speziellen hoheitlichen Befugnisse sind auf Private übertragen, die insoweit in eigenem Namen und als Behörden Aufgaben der öffentlichen Verwaltung erfüllen und der (in der Regel: Fach-)Aufsicht unterliegen.[369] Der Schiffskapitän als oberster Polizist an Bord fungiert ebenso als Amtswalter der ordnenden Verwaltung, freilich außerhalb eines öffentlich-rechtlichen Dienst- und Treueverhältnisses, wie die Entscheidungen der Ingenieure des privaten TÜV e.V. in hoheitlicher Ausübung der ordnungsrechtlichen Gefahrenabwehr im Straßenverkehrszulassungsrecht oder die der Kfz-Werkstätten bei der Vornahme der Abgassonderuntersuchung erfolgen,[370] doch hat sich das Institut der Beleihung in der neueren Gesetzgebung zu einer praktisch vielschichtig verwendbaren Einrichtung entwickelt.[371] **106**

Der Staat kann sich der Wahrnehmung eigener Aufgaben auch dadurch entledigen, dass er im Rahmen des grundrechtlich Zulässigen durch **gesetzliche Indienstnahme Privater**[372] zur Erfüllung von Verwaltungsaufgaben dem einzelnen **107**

---

[361] *Heintzen*, Beteiligung (Fn. 278), S. 254 f.; ausf. *Barbara Remmert*, Private Dienstleistungen in staatlichen Verwaltungsverfahren, 2003, S. 259 ff.; *Burgi*, Privatisierung (Fn. 5), S. 145 ff.; *Frank Stollmann*, Die Aufgabenerledigung durch Dritte im öffentlichen Gesundheitsdienst, DÖV 1999, S. 183 ff.; *Peine*, Grenzen (Fn. 340), S. 353 (357 ff.).
[362] *Stober*, Privatisierung (Fn. 334), S. 2306 f.; → Bd. I *Groß* § 13 Rn. 88 ff.
[363] *Burgi*, Privatisierung (Fn. 320), Rn. 19; *ders.*, Privatisierung (Fn. 5), S. 153 ff.
[364] *Schuppert*, Verwaltungswissenschaft, S. 839 ff.; *Burgi*, Privatisierung (Fn. 5), S. 100 ff.; *Osterloh*, Privatisierung (Fn. 14), S. 218 ff.; zu Rationalisierung und Ökonomisierung als Motiven schon *Ossenbühl*, Erfüllung (Fn. 14), S. 146 f.
[365] Vgl. *Remmert*, Dienstleistungen (Fn. 361), S. 29 ff.; *Gramm*, Privatisierung (Fn. 5), S. 157 ff.; zu Grenzen und Notwendigkeit gesetzlicher Grundlagen *Rainer Wahl*, Die Einschaltung privatrechtlich organisierter Verwaltungseinrichtungen in den Straßenbau, DVBl 1993, S. 517 (520 ff.).
[366] Siehe näher *Gertrude Lübbe-Wolff/Annette Steenken*, Privatisierung umweltbehördlicher Aufgaben, ZUR 1993, S. 263 (267).
[367] → Bd. I *Trute* § 6 Rn. 92 ff., *Groß* § 13 Rn. 89 ff., *Eifert* § 19 Rn. 81.
[368] *Burgi*, Privatisierung (Fn. 320), Rn. 24; *Heintzen*, Beteiligung (Fn. 278), S. 240 ff.; *Voßkuhle*, Beteiligung (Fn. 46), S. 301 f.; ausf. *Oliver Freitag*, Das Beleihungsrechtsverhältnis, 2005, S. 21 f.; *Dietrich Borchert*, Bauleitplanung durch Beliehene, 2005, S. 73 ff.; *Remmert*, Dienstleistungen (Fn. 361), S. 252 ff.; *Martin Burgi*, Der Beliehene – ein Klassiker im modernen Verwaltungsrecht, in: FS Hartmut Maurer, 2001, S. 581 ff.; zu den Unterschieden zur Verwaltungshilfe *Jan H. Klement*, Ungereimtes in der Beleihungsdogmatik des BGH, VerwArch, Bd. 101 (2010), S. 112 (114 ff., 133 ff.).
[369] *Wolff/Bachof/Stober/Kluth*, VerwR II, § 90 Rn. 48 ff.; *Heintzen*, Beteiligung (Fn. 278), S. 242 f.; ausf. *Freitag*, Beleihungsrechtsverhältnis (Fn. 368), S. 151 ff., 192 ff.
[370] Zu den Grenzen der Beleihung *Ossenbühl*, Erfüllung (Fn. 14), S. 159 ff.
[371] *Voßkuhle*, Beteiligung (Fn. 46), S. 301 ff.; *Burgi*, Privatisierung (Fn. 5), S. 79; ausf. *Gerrit Stadler*, Die Beleihung in der neueren Bundesgesetzgebung, 2002, S. 39 ff., jew. mit zahlreichen Bsp.; *Peine*, Grenzen (Fn. 340), S. 360 ff.; zu einer bes. umfassenden Praxis in Verbindung mit Privatisierungen (in Bremen): *Klaus Weisel*, Das Verhältnis von Privatisierung und Beleihung, 2003.
[372] *Hanno Kube*, Öffentliche Aufgaben in privater Hand – Sachverantwortung und Finanzierungslasten, DV, Bd. 41 (2008), S. 1 (9 ff.); *Heintzen*, Beteiligung (Fn. 278), S. 255 f.; grdl. *Hans P. Ipsen*, Gesetzliche Indienstnahme Privater für Verwaltungsaufgaben, in: FG Erich Kaufmann, 1950, S. 141 ff.;

privaten Bürger „öffentlich-rechtliche Bürgerpflichten" auferlegt, ohne dass dieser öffentlich-rechtliche Kompetenzen erhielte (z.B. Pflicht zur Wegereinigung)[373]: Die nicht freiwillige Erfüllung der Verwaltungsaufgabe erfolgt so unmittelbar durch den belasteten Privaten als eigene Angelegenheit. Diese Inpflichtnahme durch Gesetz gewinnt im Zuge indirekter Steuerungsansätze an Bedeutung; dem Informationsbedarf der Verwaltung dienen etwa die Eigenüberwachungs- oder Eigensicherungspflichten (nicht nur) im Umweltrecht.[374] Sie ist Teil der Formenvielfalt „regulierter Selbstregulierung".[375]

2. Wahrnehmung öffentlicher Aufgaben durch Private

a) Idealtypen der Privatisierung

108 Die Formen der Wahrnehmung öffentlicher Aufgaben durch Private haben an Zahl und Gewicht einen sichtbaren Bedeutungszuwachs erfahren. Gemeinhin wird **typologisch** zwischen **vier Formen** der privatisierten Verwaltung differenziert,[376] die Privatisierung eher als Mittel oder eher als Ziel betrachten.

109 Durch Formen der **Organisationsprivatisierung** bedient sich ein Verwaltungsträger zur Erledigung bestimmter Verwaltungsaufgaben der Organisationsformen des Privatrechts, indem durch Schaffung einer Eigengesellschaft etwa in Form einer GmbH oder AG diese die Verwaltungsaufgaben mit privatrechtlichen Mitteln verfolgt („Verwaltungsprivatrecht") und dadurch effizienter werden kann.[377] Durch diese bloße „formelle Privatisierung" entledigt sich der Verwaltungsträger nicht seiner Aufgabe, sondern modifiziert nur die Form ihrer Erledigung, indem die spezifisch nichtwirtschaftlichen Verwaltungszwecke von den Zwecken des Wirtschaftsunternehmens entkoppelt werden.[378]

110 Bei der **funktionalen Privatisierung**[379] bleibt es (wie bei der Organisationsprivatisierung) bei der Zuständigkeit des Verwaltungsträgers für eine bestimmte Aufgabe, doch wird der Vollzug der Aufgaben durch die Leistungserbringung

---

ausf. *Michael Jani*, Die partielle verwaltungsrechtliche Inpflichtnahme Privater zu Handlungs- und Leistungspflicht, 1992.

[373] Siehe näher *Jani*, Inpflichtnahme (Fn. 372), S. 81 ff., 88, 185 ff.; *Dreier*, Verwaltung (Fn. 30), S. 248; *Gunnar Folke Schuppert*, Die Erfüllung öffentlicher Aufgaben durch verselbständigte Verwaltungseinheiten, 1981, S. 140; *Udo Steiner*, Öffentliche Verwaltung durch Private, 1975, S. 56, 184 ff.; → Bd. III *Huber* § 45 Rn. 149.

[374] Vgl. übersichtlich *Kloepfer*, UmweltR, § 5 Rn. 149 f. u.ö.; *Fritz Ossenbühl*, Eigensicherung und hoheitliche Gefahrenabwehr, 1981; → Bd. III *Huber* § 45 Rn. 186 ff.

[375] *Burgi*, Privatisierung (Fn. 5), S. 90 ff.; *Di Fabio*, Verwaltung (Fn. 23), S. 258 ff.; s. auch *Rainer Schröder*, Verwaltungsrechtsdogmatik im Wandel, 2007, S. 200 ff.; *Remmert*, Dienstleistungen (Fn. 361), S. 187; *Edmund Brandt*, Regulierte Selbstregulierung im Umweltrecht, DV, Beiheft 4, 2001, S. 123 ff.; → Bd. I *Eifert* § 19 Rn. 52 ff.; Bd. III *Kahl* § 47 Rn. 166.

[376] Siehe *Wolfgang Weiß*, Privatisierung und Staatsaufgaben, 2002, S. 28 ff.; *Kämmerer*, Privatisierung (Fn. 47), S. 16 ff.; *Won-Woo Lee*, Privatisierung als Rechtsproblem, 1997, S. 147 ff.; *Friedrich Schoch*, Privatisierung von Verwaltungsaufgaben, DVBl 1994, S. 962 f.; → Bd. I *Voßkuhle* § 1 Rn. 60; zu Folgerungen für die staatliche Personalverantwortung → Bd. III *Voßkuhle* § 43 Rn. 46 ff.

[377] *Burgi*, Privatisierung (Fn. 320), Rn. 8; *Lackner*, Gewährleistungsverwaltung (Fn. 43), S. 109 f.

[378] *Weiß*, Privatisierung (Fn. 376), S. 30; *Osterloh*, Privatisierung (Fn. 14), S. 215 ff.

[379] *Burgi*, Privatisierung (Fn. 320), Rn. 7; *ders.*, Privatisierung (Fn. 5), S. 145 ff. u.ö.; *Lackner*, Gewährleistungsverwaltung (Fn. 43), S. 111 ff.; s. auch Wolfgang Hoffmann-Riem/Jens-Peter Schneider (Hrsg.), Verfahrensprivatisierung im Umweltrecht, 1996; → Bd. I *Eifert* § 19 Rn. 40 ff.; Bd. III *Korioth* § 44 Rn. 21.

oder Aufgabendurchführung echten Privatrechtssubjekten als Verwaltungshelfern übertragen („Verfahrensprivatisierung",³⁸⁰ „Contracting-Out"). Das kann sich auch auf die Art der Finanzierung erstrecken, wenn privates Kapital statt staatlicher Haushaltsmittel öffentliche Einrichtungen vorfinanziert („Finanzierungsprivatisierung").³⁸¹

Durch die **Vermögensprivatisierung** (oder Eigentumsprivatisierung) wird Eigentum des Staates oder anderer Verwaltungsträger auf Private übertragen, etwa durch die völlige Privatisierung von öffentlichen Unternehmen.³⁸² **111**

Durch die **materielle Privatisierung** (oder „Aufgabenprivatisierung"³⁸³) entledigt sich ein Verwaltungsträger seiner Verwaltungsaufgabe völlig, indem die Erfüllung dieser Aufgabe staatsentlastend allein „echten" privaten Wirtschaftssubjekten überlassen wird³⁸⁴ (oder mangels Nachfrage dann gar nicht mehr erfüllt wird). Die Gemeinsamkeit der Vermögens- und der materiellen Privatisierung besteht unter dem Gesichtspunkt der Aufgabenwahrnehmung durch die Verwaltung darin, dass eine solche gar nicht mehr stattfindet; es handelt sich in dieser reinen Form um Modi der Beendigung der Wahrnehmung öffentlicher Aufgaben. **112**

b) Realtypen der Privatisierung

Anders als jene vier Idealtypen der Privatisierung unterstellen, ist die Realität der Privatisierungsprozesse als Ausdruck der Formenwahlfreiheit der Verwaltung³⁸⁵ weit vielfältiger. Das beginnt damit, dass alle vier Grundmodelle sich auch für bloße **Teilprivatisierungen** eignen.³⁸⁶ Folglich müssen Vermögens- und materielle (Teil-)Privatisierung keine Verabschiedung von der Aufgabe bedeuten, können gemischtwirtschaftliche Unternehmen (mit bloßer Beteiligung der Verwaltungsträger) entstehen, werden Private nur partiell mit der Aufgabenerfüllung betraut (z.B. nur mit der Durchführung von Verfahren). Hinzu kommen Erscheinungsformen der Kombination verschiedener Privatisierungsformen.³⁸⁷ **113**

Die Folge ist eine unübersehbare, gesetzes- und aufgabenabhängige **Vielfalt des Zusammenwirkens von Staat und Privatrechtssubjekten,** die sich einerseits nicht mehr auf die herkömmlichen rechtsdogmatischen Institute (Beleihung, Verwaltungshilfe, Indienstnahme Privater) reduzieren lässt, andererseits aufgabenabhängig sehr differenzierte Lösungen für die Aufgabenwahrnehmung erlaubt, mit Folgen auch für den gerichtlichen Rechtsschutz.³⁸⁸ Die neuen Moda- **114**

---

³⁸⁰ → Bd. II *Appel* § 32 Rn. 11 ff., 45 ff.
³⁸¹ Als fünfter verselbständigter Typ hervorgehoben bei *Osterloh,* Privatisierung (Fn. 14), S. 217 f.; *Schuppert,* Privatisierungsdiskussion (Fn. 324), S. 545; zur Zulässigkeit *Bauer,* Privatisierung (Fn. 4), S. 265 f.
³⁸² *Weiß,* Privatisierung (Fn. 376), S. 35 f.
³⁸³ So etwa *Burgi,* Privatisierung (Fn. 320), Rn. 9; *Johannes Hengstschläger,* Privatisierung von Verwaltungsaufgaben, VVDStRL, Bd. 54 (1995), S. 164 (170); → Bd. III *Korioth* § 44 Rn. 22.
³⁸⁴ *Osterloh,* Privatisierung (Fn. 14), S. 210.
³⁸⁵ Vgl. *Schröder,* Verwaltungsrechtsdogmatik (Fn. 375), S. 148 ff.
³⁸⁶ *Schoch,* Privatisierung (Fn. 376), S. 963; *Bauer,* Privatisierung (Fn. 4), S. 252 f.; *Schuppert,* Privatisierungsdiskussion (Fn. 324), S. 555 f.
³⁸⁷ Zum Beispiel der Verknüpfung von funktionaler Privatisierung mit Teil-Vermögensprivatisierung: *Friedrich Schoch,* Vereinbarkeit des Gesetzes zur Neuregelung der Flugsicherung mit Art. 87 d GG, 2006, S. 29 f.
³⁸⁸ *Jörg Berkemann,* Privatisierung der Verwaltungstätigkeit – Folgen für den Verwaltungsrechtsschutz, SächsVBl 2002, S. 279 ff.; → Bd. III *Schoch* § 50 Rn. 83, 416.

litäten privater Aufgabenwahrnehmung werden unter dem eher konturlosen Begriff der Public Private Partnership (PPP) deskriptiv zusammengefasst.[389]

115 Relativ einfach erscheinen die **Formen der Privatisierung, die zu** auf Dauer angelegten **öffentlichen bzw. gemischtwirtschaftlichen Unternehmen führen,** die im staatlichen bzw. kommunalen (Voll- oder Teil-)Eigentum stehen (= institutionelle PPP oder Organisations-PPP) und mit dem Ziel einer dauerhaften Wahrnehmung einer bestimmten öffentlichen Aufgabe am Markt durch Austausch von Gütern und Leistungen.[390] Das Beispiel der Rechtsformen von kommunalen Unternehmen mag die Vielfalt verdeutlichen: Neben die herkömmlichen Regiebetriebe im Haushalt der Gemeinde, die unselbständigen Eigenbetriebe (mit getrennter Wirtschaftsführung) und die kommunalen Unternehmen in Form von öffentlich-rechtlichen Betrieben (rechtsfähigen kommunalen Anstalten des öffentlichen Rechts[391]) oder Zweckverbänden treten nun Eigengesellschaften oder Beteiligungsgesellschaften des Privatrechts, an denen private Wirtschaftssubjekte beteiligt sind. Sie agieren am Markt wie Private. Die Einhaltung der Verwaltungsaufgabe als letzter Unternehmenszweck wird grundsätzlich durch Aufsichtsgremien gewährleistet, in denen das öffentliche Interesse (wegen der „Einflussknicke" mehr oder weniger unmittelbar) zur Geltung kommen kann,[392] sofern dem Trägergemeinwesen nur eine letztentscheidende Einflussmöglichkeit erhalten bleibt.[393]

116 Ebenfalls noch überschaubar erscheinen die herkömmlichen, sehr spezifischen **Verwaltungsverträge, durch die** privaten Dritten unter Berücksichtigung ihrer Interessen **ein ganz bestimmter Auftrag erteilt** wird, den diese vor allem in der Art der Durchführung, mitunter auch in inhaltlichen Konkretisierungen nach eigenen Beurteilungsmaßstäben erfüllen.[394] Man denke z.B. an die Vielzahl städtebaulicher Verträge mit Dritten[395] bis hin zu Verträgen mit Sanierungsträgern,

---

[389] *Lackner,* Gewährleistungsverwaltung (Fn. 43), S. 119 ff.; → Bd. I *Voßkuhle* § 1 Rn. 63; Bd. II *Bauer* § 36 Rn. 42 ff.

[390] Als eigene problemorientierte Privatisierungskategorie zusammengefasst bei *Burgi,* Privatisierung (Fn. 335), S. 39 ff.

[391] Vgl. *Franz-Ludwig Knemeyer,* Grundzüge eines modernen kommunalen Unternehmensrechts, in: FS Hans-Uwe Folz, 2003, S. 145 ff.; ausf. *Martin Wambach* (Hrsg.), Die AöR, das Kommunalunternehmen: Ein Praxishandbuch, 2004; *Ulrike Kummer,* Vom Eigen- oder Regiebetrieb zum Kommunalunternehmen, 2003; *Alois Kirchgässner/Franz-Ludwig Knemeyer/Norbert Schulz,* Das Kommunalunternehmen, 1997.

[392] Übersichtlich *Janbernd Oebbecke,* Rechtliche Vorgaben für die Führung kommunaler Gesellschaften, in: Hoppe/Uechtritz (Hrsg.), Handbuch (Fn. 337), § 9 Rn. 4 ff., 29 ff.; in neuerer Zeit am Bsp. der GmbH: *Holger Altmeppen,* Die Einflußrechte der Gemeindeorgane in einer kommunalen GmbH, NJW 2003, S. 2561 ff.; *Michael Brenner,* Gesellschaftliche Ingerenzmöglichkeiten von Kommunen auf privatrechtlich ausgestaltete kommunale Unternehmen, AöR, Bd. 127 (2002), S. 222 ff.; *Matthias Ruffert,* Grundlagen und Maßstäbe einer wirkungsvollen Aufsicht über die kommunale wirtschaftliche Betätigung, VerwArch, Bd. 92 (2001), S. 27 ff.; ausf. *Daniel Alexander Häußermann,* Die Steuerung der kommunalen Eigengesellschaft, 2004, S. 121 ff.; *Hubertus Gersdorf,* Öffentliche Unternehmen im Spannungsfeld zwischen Demokratie und Wirtschaftlichkeitsprinzip, 2000, S. 222 ff.; grdl. *Günter Püttner,* Die Einwirkungspflicht, DVBl 1975, S. 353 ff.; → Bd. III *Huber* § 45 Rn. 158 ff.; *Kahl* § 47 Rn. 148 ff.

[393] Vgl. schon *Günter Püttner,* Die öffentlichen Unternehmen, 2. Aufl. 1985, S. 235 ff.

[394] Vgl. *Burgi,* Privatisierung (Fn. 335), S. 33 ff.

[395] Siehe übersichtlich zu diesen neuen Formen *Frank Stollmann,* Verwaltung und Wirtschaft – Kooperationsformen im Städtebaurecht, WiVerw. 2000, S. 126 ff.; ausf. *Stephan Mitschang,* Steuerung der städtebaulichen Entwicklung durch Bauleitplanung, 2003, S. 462 ff.; *Hans-Jörg Birk,* Städtebauliche Verträge, 4. Aufl. 2002, Rn. 161 ff., 348 ff. bzw. 620 ff.; zu den weiteren Anwendungsfeldern ausf. *Schlette,* Verwaltung (Fn. 216), S. 263 ff.

durch die Privaten bestimmte Durchführungsmaßnahmen nach vorab festgelegten Rahmenvorgaben des öffentlichen Rechts übertragen werden. Je weiter der Gestaltungsspielraum ist und je autonomer Private die öffentlichen Aufgaben wahrnehmen, desto eher stellen sich die Probleme einer öffentlich-rechtlichen Einwirkungspflicht der öffentlichen Hand als Vertragspartner.[396]

Besonders problemhaltig erscheint die Gewährleistung der öffentlichen Interessen in allen noch offeneren rechtlichen **Formen der projekt- und/oder aufgabenfeldbezogenen,** in der Regel befristeten Zusammenarbeit in Form einer **Public Private Partnership.** Hierbei sind die vertraglichen Leistungen und Gegenleistungen bzw. Kosten und Risiken der privaten und öffentlichen Partner nicht bereits mit der Einrichtung der PPP, d. h. bei Vertragsbeginn klar und eindeutig definiert bzw. definierbar (relationale Verträge), sondern sie müssen im Zuge der Vertragslaufzeit (u. U. über Jahrzehnte) durch Koordination und Kooperation jeweils neu konsensual festgelegt werden. Weil die beteiligten privaten Unternehmen nach der Logik privatautonomer Erwerbstätigkeit handeln und diese im Interesse der öffentlichen Aufgabenwahrnehmung nur vertragsrechtlich begrenzt ist, folgt daraus ein Bedarf an sorgfältig auszubalancierenden vertraglichen Verfahrensregeln: Auf der Basis gesetzlicher, verordnungs- oder satzungsrechtlicher Grundlagen muss der Prozess der Aufgabenwahrnehmung durch verwaltungs- oder privatvertragsrechtliche Feinabstimmungen gewährleistet werden.[397] Ein Hauptproblem gründet darin, dass der Private sich auf die Erreichung quantifizierbarer Gewinn- bzw. Rentabilitätsziele konzentrieren kann, während die öffentliche Hand bei der rechtlichen Absicherung von öffentlichen Aufgaben eher nach qualitativen als nach monetären Parametern urteilen muss;[398] die Aufgabe einer „möglichst" operationalisierbaren vertraglichen quantitativen und qualitativen Zielbestimmung stößt auf Seiten der öffentlichen Hand unvermeidlich auf Grenzen.

3. Regelungsstrukturen zur Ermöglichung privater Aufgabenwahrnehmung

Privatisierungen verlangen die Festlegung ausgewogener, angemessener und ggf. sachbereichsspezifisch angepasster rechtlicher Regeln für die Aufgabenwahrnehmung Privater im öffentlichen Interesse.[399] Voraussetzung dafür ist, dass der Gesetzgeber entsprechende **aufgabenangemessene Organisations- und Rechtsformen** dauerhaft bereitstellt; die Schwerpunkte einer solchen Regelungsstruktur[400] liegen auf verfahrensrechtlichen Regeln i. S. einer „Kontextsteuerung"[401] oder „regulierter Selbstregulierung".[402] Dabei handelt es sich einer-

---

[396] Siehe am Bsp. des § 12 BauGB ausf. *Heitsch,* Risikobegrenzung (Fn. 255), S. 122 ff.
[397] Vgl. *Eifert,* Sicherheit (Fn. 321), S. 561 ff.; *Schuppert,* Verwaltungswissenschaft, S. 281 ff., 370 ff., 831; *Bauer,* Aspekte (Fn. 337), S. 89 ff.; zu Dokumentationspflichten → Bd. II *Ladeur* § 21 Rn. 27 f.
[398] Vgl. *Tettinger,* Partnership (Fn. 337), S. 7; Positionspapier (Fn. 325), S. 412, 413; *Hellermann,* Handlungsformen (Fn. 337), § 7 Rn. 163; s. zum jüngsten ÖPP-Beschleunigungsgesetz, in dem der Gesetzgeber dem Druck der Privaten nach Verbesserung der Rahmenbedingungen nachgegeben hat, *Martin Fleckenstein,* Abbau von Hemmnissen für Public Private Partnership: Das ÖPP-Beschleunigungsgesetz, DVBl 2006, S. 75 ff.
[399] → Bd. I *Trute* § 6 Rn. 75 ff., *Groß* § 13 Rn. 77 ff.
[400] *Trute,* Gemeinwohlsicherung (Fn. 165), S. 330 f.; → Bd. I *Voßkuhle* § 1 Rn. 70.
[401] *Schmidt-Preuß,* Verwaltung (Fn. 23), S. 185 ff.
[402] N. in Fn. 358, 375; → Bd. I *Eifert* § 19 Rn. 52 ff.

seits um privatrechtliche Formen des Gesellschaftsrechts für öffentliche und/oder gemischtwirtschaftliche Unternehmen, die am Markt agieren,[403] andererseits um Privatisierungsfolgenrecht, das i.S. eines Gesamtkonzepts Gewährleistungsstrukturen für das funktionierende Zusammenspiel staatlicher und privater Aufgabenbeiträge bereitstellt,[404] wobei öffentliches Recht und Privatrecht, sich wechselseitig ergänzend, vielfältig zusammenwirken können.[405]

119 **Wesentliche Bestandteile solcher Regelungsstrukturen** sind Regeln zur Sicherung des Ergebnisses, so dass die Privaten ihre Leistungen im öffentlichen Interesse auch in angemessener Quantität und Qualität erbringen. Es geht um normative oder (gesellschafts- oder verwaltungs-)vertragliche Vorgaben rechtlicher Leistungspflichten, um im Interesse des Gemeinwohls die Gewährleistung fairen Wettbewerbs und eine sichere und preisgünstige Versorgung zu ermöglichen;[406] darin liegt eine Daueraufgabe ständiger Feinabstimmungen für den „Gewährleistungsstaat" auch durch Marktbeobachtung. Erforderlich sind weiterhin Regeln über die Qualifikation und Auswahl der privaten Akteure,[407] aber vor allem auch Regeln der Einflussnahme der Verwaltung auf die Privaten, die Informations-, Prüfungs-, Kontroll-, Rückhol- und Überwachungsrechte der öffentlichen Hand (gesetzlich oder vertraglich) normieren, oder auch Verhaltensstandards und Kündigungsregeln in Verwaltungsverträgen zur Steuerung privater Vertragspartner.

120 Der mit jeder Privatisierung verbundene staatliche **Lenkungs- und Kontrollverlust** soll durch solche Regeln **teilweise aufgefangen** werden. Es geht um eine Gratwanderung, Privaten die Verfolgung der öffentlichen Aufgaben möglichst umfassend nach ihrer Handlungslogik einzuräumen und zugleich die Gefährdung sozial angemessener Mindeststandards wirksam verhindern zu können. Eine rechtsdogmatisch gesicherte Systematik existiert hier nicht, sondern ein unübersichtlicher Instrumentenkasten, dessen sich der Gesetzgeber und/oder die Verwaltung als Vertragspartner bedienen können: (präventive und begleitende) Aufsichtsmaßnahmen wie Konsultationspflichten, Konzeptpflichten, personelle Vorschlagsrechte, Beiräte, Eigenüberwachungspflichten, Publizitäts-, Informations- oder Rechtspflichten, Errichtung privater Kontrollstrukturen, Evaluierungspflichten durch Befristungs- und Nachverhandlungsklauseln u.a.m.[408]

121 Für die vielfältigen Formen der eher punktuellen Einbindung Privater in die öffentliche Aufgabenwahrnehmung hat sich eine Vielzahl von speziellen

---

[403] → Rn. 129 ff.; → Bd. I *Eifert* § 19 Rn. 99 ff.

[404] *Burgi,* Privatisierung (Fn. 335), S. 94 ff.; *Schoch,* Vereinbarkeit (Fn. 387), S. 47 ff.; *Voßkuhle,* Beteiligung (Fn. 46), S. 307 f.; *Franzius,* „Gewährleistungsstaat" (Fn. 165), S. 497, 512 ff.; *Gunnar Folke Schuppert,* Koordination durch Struktursteuerung als Funktionsmodus des Gewährleistungsstaates, in: FS Klaus König, 2004, S. 287 ff. → Bd. I *Voßkuhle* § 1 Rn. 24, 61.

[405] *Voßkuhle,* Beteiligung (Fn. 46), S. 309 f.; ausf. *Hoffmann-Riem/Schmidt-Aßmann* (Hrsg.), Recht (Fn. 8); → Bd. I *Burgi* § 18 Rn. 44 ff.; Bd. II *Hoffmann-Riem* § 33 Rn. 69 f.

[406] Vgl. *Bullinger,* Regulierung (Fn. 202), S. 1355 ff.; *Wolfgang Weiß,* Beteiligung Privater an der Wahrnehmung öffentlicher Aufgaben und staatliche Verantwortung, DVBl 2002, S. 1167 ff.; *Andreas Voßkuhle,* Schlüsselbegriffe der Verwaltungsrechtsreform, VerwArch, Bd. 92 (2001), S. 184 ff.; *Burgi,* Privatisierungsfolgenrecht (Fn. 47), S. 601 ff.; *Ruffert,* Regulierung (Fn. 168), S. 251 ff., 266 ff.; s. auch *Butzer,* Sicherstellungsauftrag (Fn. 5), Rn. 55 ff.

[407] *Voßkuhle,* Beteiligung (Fn. 46), S. 312 ff.; ausf. *Michael Fehling,* Verwaltung zwischen Unparteilichkeit und Gestaltungsaufgabe, 2001, S. 351 ff.; s. auch *Remmert,* Dienstleistungen (Fn. 361), S. 481 ff.

[408] Ausf. *Voßkuhle,* Beteiligung (Fn. 46), S. 321 ff.; → Bd. I *Eifert* § 19 Rn. 40 ff., 50.

D. Erfüllung öffentlicher Aufgaben durch Private

verwaltungsvertraglichen Modelltypen herausgebildet, die die Aktivitäten Privater bei der Aufgabenerfüllung an den öffentlichen Zweck zurück- und in das rechtliche Organisationsgeflecht einzubinden suchen; diese typischen Vertragsgestaltungen sind jeweils aufgabenspezifisch ausgestaltet. Es geht einmal um Fälle funktionaler Privatisierung, bei denen sich die Verwaltung privater Dritter bedient. Es werden grob unterschieden[409] das (1) Betriebsführungsmodell, bei dem Private auf Rechnung und Risiko des öffentlichen Aufgabenträgers handeln, das (2) Betreibermodell, bei dem der Private im einvernehmlichen Zusammenwirken mit der öffentlichen Hand eigenverantwortlich eine Anlage errichtet (plant, baut und finanziert) und als Verwaltungshelfer gegen ein festes Betreiberentgelt betreibt – ggf. sogar unter Zahlung (nur) von Konzessionsabgaben an die Verwaltung mit Übernahme auch des Betriebsrisikos und selbständiger Entgeltgestaltung („Konzessionsmodell"),[410] das (3) Betriebsüberlassungsmodell als Zwischenform, das (4) Kurzzeit-Betriebsmodell als Modifikation des Betreibermodells, bei dem der Betrieb der Anlage nach einer Anlaufphase wieder auf die öffentliche Hand übergeht, (5) Managementmodelle, (6) Beratungsmodelle und (7) Entwicklungsmodelle, die jeweils nur ganz bestimmte Funktionen oder Aufgaben oder Baugebiete Privaten überlassen; zu (8) Kooperationsmodellen werden sie, wenn es sich statt Privater um gemischtwirtschaftliche Unternehmen als Vertragspartner handelt.[411] Hinzu kommen die Formen der Finanzierungsprivatisierung,[412] bei denen Private für (9) Kreditfinanzierung, (10) Leasingmodelle („Sale-and-Lease-Back"-Modelle bzw. Cross-Border-Leasing),[413] (11) Fondsmodelle[414] oder (12) Factoringmodelle finanzielle Ressourcen bereitstellen. Gemeinsam ist ihnen der Versuch, einzelfallorientiert die vielschichtigen Vorgaben des vorrangigen Europa-, Verfassungs- und Gesetzesrechts[415] bei der Aufgabenwahrnehmung angemessen zu berücksichtigen. Die Form des (Verwaltungs-)Vertrages erweist sich hier als flexibles und situationsangemessenes Instrument,[416] dessen neu geplante Vertypung in einer neuartigen Vertragsform als „Kooperationsvertrag" für Fälle der PPP in den Verwaltungsverfahrensgesetzen die bestehende Rechtslage nicht überschreitet und anderenfalls auch an Grenzen der angemessenen Allgemeinheit von Regelungen des VwVfG stoßen könnte.[417]

---

[409] Übersichtlich *Tettinger*, Partnership (Fn. 337), S. 3 f.; *Hellermann*, Handlungsformen (Fn. 337), § 7 Rn. 189 ff.

[410] Ausf. *Sascha Michels*, Betreibermodell, und *Christian Theobald/Jana Siebeck*, Konzessionsmodell, beide in: Koenig/Kühling/Theobald (Hrsg.), Recht (Fn. 337), S. 393 ff. bzw. 427 ff.

[411] *Hellermann*, Handlungsformen (Fn. 337), § 7 Rn. 200 f.

[412] *Bonk*, Fortentwicklung (Fn. 337), S. 144; *Hellermann*, Handlungsformen (Fn. 337), § 7 Rn. 206 ff.

[413] Vgl. *Peter Smeets/Helfried Schwarze/Daniel Sander*, Ausgewählte Risiken und Probleme bei US-Leasingfinanzierungen, NVwZ 2003, S. 1061 ff.; zur Wirtschaftlichkeit: *Thomas Lenk/Heide Köpping*, Cross Border Leasing: Ein Risiko für die Kommunalfinanzen?, ZögU, Bd. 27 (2004), S. 331 ff.; ausf. *Christian Jung*, Sale and Lease Back bzw. Cross Border Leasing, in: Koenig/Kühling/Theobald (Hrsg.), Recht (Fn. 337), S. 264 ff. bzw. S. 289 ff.

[414] Ausf. *Theobald/Siebeck*, Konzessionsmodell (Fn. 410), S. 247 ff.

[415] Vgl. *Tettinger*, Partnership (Fn. 337), S. 4 ff., 6: „Wust an Vorgaben"; s. auch *Bonk*, Fortentwicklung (Fn. 337), S. 146 f.

[416] Vgl. *Bauer*, Aspekte (Fn. 337), S. 91 ff.; → Bd. III *Schoch* § 50 Rn. 414 zur gerichtlichen Kontrolle.

[417] Siehe näher *Heribert Schmitz*, „Die Verträge sollen sicherer werden" – Zur Novellierung der Vorschriften über den öffentlich-rechtlichen Vertrag, DVBl 2005, S. 17 (18 f., 21 f.); *Bonk*, Fortentwicklung (Fn. 337), S. 148 f.

E. Die Verwaltung als Marktteilnehmer

I. Kategoriale Einführung

1. Verwaltung durch Austausch von Gütern und Leistungen am Markt

122 Die Vielfalt der Teilnahme des Staates am Wirtschaftsverkehr ist so variantenreich wie die Wirtschaft selbst.[418] Eine unübersehbare Vielzahl von öffentlichen Händen auf allen staatlichen Ebenen: Bund, Ländern, Kreisen und Gemeinden ebenso wie auf der Ebene der Körperschaften des Öffentlichen Rechts wie z.B. Zweckverbänden, Universitäten oder Berufskammern entfaltet Verwaltungsaktivitäten, bei denen sich die Verfolgung öffentlicher Verwaltungszwecke und das marktwirtschaftliche Verhalten in Form des Austauschs von Gütern und Dienstleistungen so eng verbinden, dass sich die **Logik des Verwaltens und die Logik des Marktprinzips** kaum noch praktisch trennen lassen. Der gezielte Einsatz von Wettbewerbselementen in der Verwaltung soll die Leistungskraft der Verwaltung erhöhen.[419]

123 Namentlich unter dem **Einfluss des Europarechts**[420] ist jedes Verwaltungshandeln, das sich als wirtschaftliches Handeln eines Unternehmens i.S. der Art. 101 ff. AEUV qualifizieren lässt, genauso wie jedes private Unternehmenshandeln den Regeln des europäischen Binnenmarktes und der Logik des privaten Wirtschaftens mit ihrer **Orientierung an betriebswirtschaftlicher Rationalität und Effizienz** mit Gewinnerzielung als einem Primärziel unterworfen;[421] die traditionelle Vorstellung von gemeinwirtschaftlichen Unternehmen mit öffentlichen Zwecken wird erheblich modifiziert. Darin spiegelt sich ein verändertes Spannungsfeld zwischen Staat und Markt als den Polen der Typenbildung für die Grundmodi des Verwaltungshandelns.[422] Allerdings schließt das Europarecht Relativierungen des gemeinwirtschaftlichen Marktprinzips durch Freistellung von den Wettbewerbsregeln nicht für Unternehmen aus, die eindeutig und im voraus mit „Dienstleistungen von allgemeinem wirtschaftlichen Interesse" (Art. 106 Abs. 2 AEUV) betraut sind.[423] Für die nähere Ausgestaltung erlaubt das Europarecht dem deutschen Gesetzgeber verschiedene Wege.[424]

---

[418] *Johannes Masing*, Die Verfolgung öffentlicher Interessen durch Teilnahme des Staates am Wirtschaftsverkehr – Eine deutsche Perspektive, EuGRZ 2004, S. 395; *Peter M. Huber*, Öffentliches Wirtschaftsrecht, in: Schmidt-Aßmann/Schoch (Hrsg.), Bes. VerwR, 3. Kap. Rn. 248 ff.

[419] → Bd. III *Schiedermair* § 48 Rn. 88 ff.; s. auch *Scherzberg* § 49 Rn. 114 ff.

[420] → Bd. I *Schmidt-Aßmann* § 5 Rn. 97 ff.

[421] *Masing*, Verfolgung (Fn. 418), S. 395, 399 ff.; *Pielow*, Grundstrukturen (Fn. 38), S. 48 f.; *Martin Burgi*, Vertikale Kompetenzabgrenzung in der EU und materiellrechtliche Kompetenzausübungsschranke nationaler Daseinsvorsorge, in: Hans-Günter Henneke (Hrsg.), Verantwortungsteilung zwischen Kommunen, Ländern, Bund und Europäischer Union, 2001, S. 90 ff. (107).

[422] → Rn. 7 f.

[423] Vgl. *EuGH*, Rs. 66/86, Slg. 1989, 838, Rn. 54 ff. – Ahmed Saeed Flugreisen; *Masing*, Teilnahme (Fn. 418), S. 401 f.; ausf. *Pielow*, Grundstrukturen (Fn. 38), S. 75 ff.; *Hellermann*, Daseinsvorsorge (Fn. 38), S. 114 ff.; *Volkmar Götz*, Die Betrauung mit Dienstleistungen von allgemeinem wirtschaftlichen Interesse (Art. 86 Abs. 2 EG) als Akt der öffentlichen Gewalt, in: FS Hartmut Maurer, 2001, S. 921 (923 ff.).

[424] Vgl. *Martin Burgi*, Verwalten durch öffentliche Unternehmen im europäischen Institutionenwettbewerb, VerwArch, Bd. 93 (2002), S. 255 (266 ff., 272 ff.).

2. Die interne Ökonomisierung des klassischen Verwaltungshandelns

Neben der wirtschaftlichen Betätigung der öffentlichen Hände am Markt befindet sich auch die „klassische" Aufgabenwahrnehmung der Verwaltung im Gesetzesvollzug in einem Prozess einer **„Ökonomisierung der Verwaltung"**.[425] Unter Betonung der Grundsätze der Sparsamkeit und Wirtschaftlichkeit der Verwaltung gibt es verstärkt Überlegungen zum Verhältnis von Kosten und Nutzen, von Aufwand und Ertrag, von Effektivität und Effizienz des Mitteleinsatzes als Kriterien der Aufgabenwahrnehmung. Sie zielen unter den Stichworten „Neues Steuerungsmodell"[426] oder „New Public Management"[427] auf den Einsatz betriebswirtschaftlicher, dezentral ausgerichteter Managementmethoden in der öffentlichen Verwaltung, betonen deren Dienstleistungscharakter gegenüber dem Bürger als „Kunden".[428] Die Verwaltung soll durch „Qualitätsmanagement" und „Verwaltungscontrolling",[429] auch mit Hilfe von Kosten- und Leistungsrechnungen oder einem leistungsorientierten Personalmanagement, leistungsfähiger werden. Wesentliche Erscheinungsformen sind das behördeninterne „Kontraktmanagement"[430] und die Budgetierung i.S. einer Dezentralisierung von Verantwortlichkeit über das Wie der Aufgabenwahrnehmung.[431] Dieser Prozess erfasst **prinzipiell alle Erscheinungsformen der Aufgabenwahrnehmung,** für Teile der Ordnungsverwaltung, die Ebene des Schulehaltens[432] und der Hochschulen oder selbst gesetzesakzessorische Leistungen im Sozialrecht.[433] Diese neuen Instrumentarien gelten zwar primär der internen Modernisierung, entfalten aber auch Rückwirkun-

124

---

[425] Vgl. *Michael Fehling*, Kosten-Nutzen-Analysen als Maßstab für Verwaltungsentscheidungen, VerwArch, Bd. 95 (2004), S. 443 ff.; *Oebbecke*, Selbstverwaltung (Fn. 289), S. 367 ff.; *Burgi*, Selbstverwaltung (Fn. 289), S. 416 f.; *Christoph Gröpl*, Ökonomisierung von Verwaltung und Verwaltungsrecht, VerwArch, Bd. 93 (2002), S. 459 ff.; *Voßkuhle*, Kompensationsprinzip (Fn. 263), S. 67 ff.; s. auch → Bd. II *Hill* § 34 Rn. 88, *Sacksofsky* § 40 Rn. 3, zu den ökonomischen Grundlagen Rn. 29 ff., *Pitschas* § 42 Rn. 19, 122 ff.; Bd. III *Voßkuhle* § 43 Rn. 61.

[426] Grdl. *KGSt* (Hrsg.), Das Neue Steuerungsmodell, 1993; s. näher *Jens-Peter Schneider*, Das Neue Steuerungsmodell als Innovationsimpuls für Verwaltungsorganisation und Verwaltungsrecht in: Schmidt-Aßmann/Hoffmann-Riem (Hrsg.), Verwaltungsorganisationsrecht (Fn. 168), S. 103 ff.; *Albert v. Mutius*, Neues Steuerungsmodell in der Kommunalverwaltung, in: FS Klaus Stern, 1997, S. 685 ff.; → Bd. I *Voßkuhle* § 1 Rn. 53 ff., *Groß* § 13 Rn. 30 ff., *Schuppert* § 16 Rn. 18, 75 f., 117 ff.; Bd. III *Korioth* § 44 Rn. 32, 57 ff., *Kahl* § 47 Rn. 47, 173 ff., *Schiedermair* § 48 Rn. 64 ff.

[427] *Christoph Gröpl*, Wirtschaftlichkeit und Sparsamkeit staatlichen Handelns, in: HStR V, § 121 Rn. 7 f.; ausf. *Elke Löffler*, Verwaltungsmodernisierung im internationalen Vergleich, 1998, S. 11 ff., passim; *Klaus König/Joachim Beck*, Modernisierung von Staat und Verwaltung, 1997, S. 26 ff. → Bd. I *Voßkuhle* § 1 Rn. 50 ff.

[428] Vgl. *Baer*, „Bürger" (Fn. 45), S. 19 ff.; *Hermann Hill*, Dienstleistungs- und Kundenorientierung der Verwaltung, Nds.VBl. 2002, S. 313 ff.; *Rainer Pitschas*, Dienstleistungsverwaltung und serviceorientierte Rechtskonkretisierung, BayVBl. 2000, S. 97 ff.; zur Kritik *Schulze-Fielitz*, Selbstverwaltung (Fn. 295), S. 245 ff.; → Bd. III *Schiedermair* § 48 Rn. 65.

[429] Vgl. *Groß*, Selbstverwaltung (Fn. 298), S. 1190; → Bd. III *Kahl* § 47 Rn. 18 ff., *Schiedermair* § 48 Rn. 44, 78 ff., *Scherzberg* § 49 Rn. 109.

[430] → Bd. II *Bauer* § 36 Rn. 54 ff.

[431] → Bd. II *Hill* § 34 Rn. 63, *Sacksofsky* § 40 Rn. 26; Bd. III *Korioth* § 44 Rn. 59 ff., 67, *Schiedermair* § 48 Rn. 66.

[432] *Christine Langenfeld*, Aktivierung von Bildungsressourcen durch Verwaltungsrecht, DV, Bd. 40 (2007), S. 347 (357 ff.); *Hermann Lange*, Schulautonomie und Neues Steuerungsmodell, Recht der Jugend und des Bildungswesens 1999, S. 423 (426 ff.).

[433] *Bieback*, Effizienzanforderungen (Fn. 128), S. 145 ff.

gen auf die verwaltungsexternen Leistungen z.B. der Gewährleistungsverwaltung.[434]

II. Die Verwaltung als Unternehmer

1. Grundstrukturen unternehmerischer Verwaltungstätigkeit

125 Die **wirtschaftliche Betätigung** namentlich der Kommunen hat sich mit der Entfaltung der Daseinsvorsorge **in der zweiten Hälfte des 19. Jahrhunderts entwickelt** – bis in die 1930er Jahre ohne eine organisatorische Verselbständigung, meist als „Regiebetriebe" im Rahmen der allgemeinen Kommunalverwaltung.[435] In der Weimarer Zeit kam es zur Herausbildung öffentlich-rechtlicher Organisationsformen mit einer stärkeren Verselbständigung der kommunalen Unternehmungen, die in der Deutschen Gemeindeordnung zur neuen Organisationsform des Eigenbetriebs führte, während private Rechtsformen erst seit Ende der 1950er Jahre durch Umwandlung der Eigenbetriebe in privatrechtliche Unternehmen zum Regelfall wurden.

126 Das Gewicht öffentlicher Unternehmenstätigkeit erschließt sich schon aus ihrer **gesamtwirtschaftlichen Relevanz**. Im Jahre 2002 betrugen die Einnahmen der öffentlichen Haushalte aus der wirtschaftlichen Tätigkeit 25,8 Mrd. Euro (Bund: 11,9 Mrd. Euro, Länder: 4,1 Mrd. Euro, Gemeinden: 9,7 Mrd. Euro),[436] ihr Anteil an der Bruttowertschöpfung aller Unternehmen 9,7%, an den Bruttoanlageinvestitionen 13,8% und an der Zahl der Beschäftigten 7,4%.[437] Der Bund war Ende 2002 an 426 Unternehmen, die Länder waren (2001) unmittelbar an 761 Unternehmen beteiligt;[438] hinzu kommen ca. 3500 kommunale Unternehmen, von denen mittlerweile mehr als ein Drittel gemischtwirtschaftlich, d.h. unter Beteiligung Privater organisiert ist.

127 Nach ihren **Funktionsbereichen**[439] geht es primär um Angebote von **Dienstleistungen**, deren Infrastruktur ihrer Entstehung nach vom Staat bereitgestellt wurde: auf Bundesebene die großen Unternehmen Telekom AG, Deutsche Post AG oder Deutsche Bahn AG, aber auch Flughafen- und Hafengesellschaften ebenso wie auf Landes- und kommunaler Ebene Flughäfen, Häfen und Verkehrsdienstleistungen des ÖPNV u.a.m. Einen weiteren Schwerpunkt bildet auf allen Ebenen das **Bank- und Kreditwesen**, von der Bundesbank über die Landesbanken bis hin zu den Sparkassen auf kommunaler Ebene. Ein dritter Schwerpunkt sind die öffentliche **Wirtschaftsförderung** (z.B. Wirtschaftsförderungs- und Messegesellschaften, Tourismusgesellschaften, Werbegesellschaften, Arbeitsmarktförderungsgesellschaften), die Wohnungswirtschaft (z.B. Wohnungsbau- und Landesentwicklungsgesellschaften, Grundstücksgesellschaften, Stadterneuerungsgesellschaften), das Lotto- und Spielbankenwesen, die Ver-

---

[434] *Gröpl*, Wirtschaftlichkeit (Fn. 427), Rn. 36 ff.; *Lackner*, Gewährleistungsverwaltung (Fn. 43), S. 58 f.

[435] Zur geschichtlichen Entwicklung vgl. *Franz*, Gewinnerzielung (Fn. 38), S. 27 ff.; *Hellermann*, Handlungsformen (Fn. 337), Rn. 1 ff. m.w.N.

[436] *Statistisches Bundesamt* (Hrsg.), Finanzen und Steuern (14), Reihe 2, 2003, S. 62.

[437] *Sven Eisenmenger*, Neuregelung des öffentlichen Unternehmensrechts?, 2004, S. 47 f. m.w.N.; die Zahlen beziehen sich auf 1997.

[438] Vgl. ausf. Angaben bei *Eisenmenger*, Neuregelung (Fn. 437), S. 32 ff.; s. auch (z.T. abweichend) *Storr*, Staat (Fn. 38), S. 11 ff.

[439] Übersichtlich (auch zu folgendem Text): *Eisenmenger*, Neuregelung (Fn. 437), S. 31 ff.

und Entsorgungswirtschaft (z.B. Energieversorgungsunternehmen), Formen der Wissenschaftsförderung (z.B. Forschungszentrum Jülich GmbH), Gesellschaften im Bereich von Gesundheit und Soziales (z.B. Krankenhausgesellschaften, Bäder- und Kurwesen) sowie im Bereich von Kunst, Kultur und Freizeit (z.B. Denkmal- und Schlösserverwaltungen, Theater).

Der **funktionale Kern** öffentlicher Unternehmen ist unabhängig von ihrer Rechtsform und der Art ihrer Finanzierung[440] die wirtschaftliche Betätigung durch **Austausch von Gütern und Leistungen am Markt** (auch ohne Gewinnerzielungsabsicht);[441] ihr organisatorisches Kennzeichen ist eine auf Dauer angelegte Selbständigkeit, ihr „öffentlicher" Charakter ergibt sich aus dem beherrschenden Einfluss der öffentlichen Hand;[442] Leistungsverwaltung und unternehmerisches Handeln sind nicht exakt abzugrenzen.[443]   128

Der Vielfalt der wirtschaftlichen Betätigung korrespondiert eine **Vielzahl von rechtlichen Organisationsformen** in öffentlich-rechtlicher oder privatrechtlicher Form.[444] Rechtsfähige Stiftungen und Anstalten des öffentlichen Rechts können ebenso als öffentliche Unternehmen betrieben werden wie schon immer die Regiebetriebe und Eigenbetriebe ohne eigene Rechtsfähigkeit, die von Bund, Ländern und Gemeinden[445] außerhalb der allgemeinen Verwaltung unter kaufmännischer Führung betrieben werden. Daneben sind die Organisationsformen des Privatrechts zu nennen, vor allem die Kapitalgesellschaften von GmbH und AG unter dem beherrschenden Einfluss der jeweiligen öffentlichen Hand spielen als „gemischtwirtschaftliche Unternehmen" praktisch eine (zunehmend) zentrale Rolle.[446]   129

2. Verwaltungsrechtlicher Steuerungsrahmen

Der Grundmodus unternehmerischen Verwaltungshandelns gründet im **Grundsatz der Wahlfreiheit der Verwaltung**: Die Verwaltung ist prinzipiell in ihrer Entscheidung frei, in welchen Organisations- und/oder Handlungsformen sie ihre Verwaltungsaufgaben wahrnehmen will.[447] Sie bedarf zur Gründung ju-   130

---

[440] So auch für die europäische Ebene *EuGH*, Rs. C-41/90, Slg. 1991, I-1979, Rn. 21 – Höfner und Elsner/Macroton.
[441] *Eisenmenger*, Neuregelung (Fn. 437), S. 12; *Dirk Ehlers*, Empfiehlt es sich, das Recht der öffentlichen Unternehmen im Spannungsfeld von öffentlichem Auftrag und Wettbewerb national und gemeinschaftsrechtlich neu zu regeln?, Gutachten E zum 64. DJT, 2002, S. 24; → Bd. III *Korioth* § 44 Rn. 43 ff.
[442] *Eisenmenger*, Neuregelung (Fn. 437), S. 15, 16, 19, 24.
[443] *Eberhard Schmidt-Aßmann/Hans C. Röhl*, Kommunalrecht, in: ders./Schoch (Hrsg.), Bes. VerwR, 1. Kap. Rn. 118.
[444] Übersichtlich *Eisenmenger*, Neuregelung (Fn. 437), S. 24 ff.; ausf. *Hellermann*, Handlungsformen (Fn. 337), Rn. 20 ff. → Bd. I *Groß* § 13; Bd. III *Schiedermair* § 48 Rn. 48 ff.
[445] *Hellermann*, Handlungsformen (Fn. 337), Rn. 22 ff.; ausf. *Heinz Bolsenkötter/Horst Dau/Eckhard Zuschlag*, Gemeindliche Eigenbetriebe und Anstalten, 5. Aufl. 2004.
[446] *Hellermann*, Handlungsformen (Fn. 337), Rn. 103 ff.; ausf. *Christian Theobald/Jana Siebeck*, Gemischtwirtschaftliche Unternehmen, in: Koenig/Kühling/Theobald (Hrsg.), Recht (Fn. 337), S. 355 ff.; *Ralph Becker*, Die Erfüllung öffentlicher Aufgaben durch gemischtwirtschaftliche Unternehmen, 1997.
[447] So die Lehre von der Wahlfreiheit der Verwaltung, vgl. *Ehlers*, Verwaltungsrecht (Fn. 63), § 2 Rn. 33; *Maurer*, VerwR, § 3 Rn. 25; *Wolff/Bachof/Stober/Kluth*, VerwR I, § 23 Rn. 6 ff.; *Hellermann*, Handlungsformen (Fn. 337), § 7 Rn. 10 ff.; *Mann*, Gesellschaft (Fn. 325), S. 39 ff.; *Reiner Schmidt*, Der Übergang öffentlicher Aufgabenerfüllung in private Rechtformen, ZGR 1996, S. 345 (349, 358 f.); ausf. *Nikolaus Müller*, Rechtsformenwahl bei der Erfüllung öffentlicher Aufgaben, 1993; zur historischen Entstehung *Dreier*, Verwaltung (Fn. 30), S. 254 f.; → Bd. I *Groß* § 13 Rn. 47; s. auch Bd. II *Hoffmann-Riem* § 33 Rn. 100 ff.

§ 12 Grundmodi der Aufgabenwahrnehmung

ristischer Personen keiner ausdrücklichen spezialgesetzlichen Ermächtigung,[448] sondern kann durch schlichte Verwaltungsentscheidung eine zivilrechtliche Organisationsform wählen. Sie kann die Verwaltungsaufgaben aber auch Verwaltungseinheiten anvertrauen, die dann ihre Leistungen nach Maßgabe öffentlichrechtlicher Normen entweder durch hoheitliche Handlungsformen oder nach Maßgabe des privaten Rechts oder mehrstufig in gemischter Form erbringen (können).[449] Die Verwaltung kann sich so die für die Erfüllung der spezifischen Verwaltungsaufgabe vorteilhafteste Rechtsform der Organisation oder der Handlungsformen auswählen und aufgabenspezifisch anpassen.[450] Diese kombinatorische Flexibilität erlaubt es, die Ausrichtung an marktwirtschaftlicher Effizienz und die Verfolgung gemeinwirtschaftlicher Kriterien miteinander ad hoc auszutarieren; sie erklärt die historisch gewachsene Vielfalt und Offenheit der Rechtslage einer Teilnahme des Staates am Wirtschaftsverkehr.[451]

131 Die unternehmerische Betätigung der Verwaltung unterliegt den rechtlichen **Bindungen** der öffentlichen Hand als solcher. **Europarechtlich** sind öffentliche Unternehmen grundsätzlich zulässig (Art. 345 AEUV); namentlich die Wahl der Rechtsform bleibt Sache der Mitgliedstaaten[452]. Im Übrigen sind die öffentlichen Unternehmen den Vorgaben unterworfen, die auch für die privatwirtschaftlichen Unternehmen gelten, soweit ihre öffentliche Aufgabe dadurch nicht unmöglich gemacht wird (Art. 106 Abs. 1 und 2 AEUV).[453]

132 Auch das unternehmerische Handeln der Verwaltung unterliegt den **verfassungsrechtlichen Anforderungen** etwa der Grundrechte, des Rechtsstaats- oder des Demokratieprinzips unabhängig davon, ob die Verwaltung privatrechtlich oder in öffentlich-rechtlichen Rechtsformen handelt: Die Verwaltung in Privatrechtsform bleibt an die Grundrechte gebunden (Art. 1 Abs. 3 GG);[454] eine „Flucht in das Privatrecht"[455] kann es nur im Sinne einer Wahl der Organisations- oder Handlungsformen geben.[456] Allerdings hat diese verfassungsrechtliche Bindung nur eine geringe praktische Bedeutung, möglicherweise im Blick auf den im Wirtschaftsleben grobmaschigen Gleichheitssatz oder die gesellschaftsrechtlichen Einwirkungsbefugnisse der demokratisch verantwortlichen Amtsinhaber der Verwaltungsträger.[457] Versuche, aus hochabstrakten Verfassungsprinzipien

---

[448] Z. B. *Peine*, Grenzen (Fn. 361), S. 363; a. A. *Dirk Ehlers*, Die wirtschaftliche Betätigung der öffentlichen Hand in der Bundesrepublik Deutschland, JZ 1990, S. 1089 (1092 f.); ders., Verwaltung (Fn. 4), S. 90 f., 155 f.

[449] Übersichtlich zur Formenvielfalt *Alfred Katz*, Kommunale Wirtschaft, 2004, S. 41 ff.

[450] Vgl. *Katz*, Wirtschaft (Fn. 449), S. 55 ff.; *Ehlers*, Verwaltung (Fn. 4), S. 292 ff.; *Rupert Scholz/Rainer Pitschas*, Kriterien für die Wahl der Rechtsform, in: HKWP V, S. 128 ff.

[451] So *Masing*, Teilnahme (Fn. 418), S. 396 f.

[452] *Eisenmenger*, Neuregelung (Fn. 437), S. 52 f.; *Mann*, Gesellschaft (Fn. 325), S. 32.

[453] Dazu näher und übersichtlich *Ruffert*, Impulse (Fn. 177), Rn. 69 ff.; *Eisenmenger*, Neuregelung (Fn. 437), S. 53 ff., 58 ff., 68 ff.; *Katz*, Wirtschaft (Fn. 449), S. 32 ff.; → Rn. 136.

[454] BGHZ 155, 166 (175 ff.); *Bernhard Kempen*, Grundrechtsverpflichtete, HGR II, § 54 Rn. 48 ff.; *Horst Dreier*, in: ders. (Hrsg.), GG I, Art. 1 III Rn. 67; *Ehlers*, Verwaltungsrecht (Fn. 63), § 3 Rn. 81, 83; *Hans C. Röhl*, Verwaltung und Privatrecht – Verwaltungsprivatrecht?, VerwArch, Bd. 86 (1995), S. 531 (535); *Wolfgang Rüfner*, Grundrechtsadressaten, in: HStR IX, § 197 Rn. 68 ff.; *Wolff/Bachof/Stober/Kluth*, VerwR I, § 23 Rn. 42, 60, 64.

[455] Begriffsprägend *Fleiner*, Institutionen des VerwR, S. 326.

[456] → Bd. II *Hoffmann-Riem* § 33 Rn. 110 ff.

[457] Vgl. *Mann*, Gesellschaft (Fn. 325), S. 117 ff., 173 ff.; *Wolfgang Löwer*, Der Staat als Wirtschaftssubjekt und Auftraggeber, VVDStRL, Bd. 60 (2000), S. 416 (440 ff.); *Hellermann*, Daseinsvorsorge (Fn. 38), S. 239 ff., 242 ff.; *Gersdorf*, Unternehmen (Fn. 392), S. 267 ff.; *Thomas v. Danwitz*, Vom Verwaltungsprivat-

E. Verwaltung als Marktteilnehmer

wie dem Subsidiaritätsprinzip[458] oder einem allgemeinen Wirtschaftlichkeitsprinzip[459] konkret handhabbare verfassungsrechtliche Grenzen für die Teilnahme des Staates am Wirtschaftsverkehr abzuleiten, neigen dazu, die Verfassung zu überfordern und stoßen schnell auf Leistungsgrenzen.[460]

Gesetzliche Begrenzungen der wirtschaftlichen Entfaltung der Verwaltung 133 zieht das Gesetz, besonders das kommunale Wirtschaftsrecht der Gemeindeordnungen. Die Wirtschaftsaktivitäten haben sich an einem öffentlichen (Verwaltungs-)Zweck zu orientieren, der über den bloßen Zweck einer Einnahmeerzielung hinausgeht.[461] Allerdings gibt auch dieses Gebot den Gemeinden einen relativ breiten politisch auszufüllenden Einschätzungsspielraum.[462] Es entfaltet kaum Restriktionen für die Gemeinden[463] und erlaubt äußerst vielfältige Konkretisierungen,[464] einerseits durch eine großzügige (weite) Auslegung von Annextätigkeiten,[465] andererseits durch Ausdehnung des Begriffs des öffentlichen Interesses; selbst der Zweck der Einnahmeerzielung kann im Kontext von Quersubventionierung und Erhaltung der Wettbewerbsfähigkeit schon Ausdruck eines öffentlichen Interesses sein.[466] Die Verwaltungsunternehmen müssen bei der Ausbalancierung der Grenzen einerseits wettbewerbsfähig gegenüber Privaten sein dürfen und andererseits den Wettbewerb nicht monopolisieren; sie haben bei dieser Gratwanderung einen Beurteilungsspielraum.[467] Besser handhabbar sind rechtliche Pflichten der Kommunen, ihre finanzielle Leistungsfähigkeit zu beachten,[468] eine solide Haushaltswirtschaft zu betreiben, einen Örtlichkeitsbezug[469] zu

---

zum Verwaltungsgesellschaftsrecht – Zu Begründung und Reichweite öffentlich-rechtlicher Ingerenz in der mittelbaren Kommunalverwaltung, AöR, Bd. 120 (1995), S. 595 ff.; → Bd. III *Schiedermair* § 48 Rn. 45 ff.

[458] Siehe aber *Rennert*, Selbstverwaltungsgedanke (Fn. 321), S. 395; vgl. auch *Hellermann*, Daseinsvorsorge (Fn. 38), S. 162 ff.; *Eisenmenger*, Neuregelung (Fn. 437), S. 91 ff.

[459] So aber *Gersdorf*, Unternehmen (Fn. 392), S. 489, 502 ff.

[460] Vgl. *Masing*, Teilnahme (Fn. 418), S. 398 f.; s. auch *Eisenmenger*, Neuregelung (Fn. 437), S. 85 ff., 197 ff.; anders aber *Weiß*, Privatisierung (Fn. 376), S. 223 ff. u. ö.

[461] Übersichtlich *Katz*, Wirtschaft (Fn. 449), S. 25 ff.; *Schmidt-Jortzig*, Kommunalrecht, Rn. 686; ausf. Christian *Scharpf*, Die Konkretisierung des öffentlichen Zwecks, VerwArch, Bd. 96 (2005), S. 485 ff.; *Franz*, Gewinnerzielung (Fn. 38), S. 216 ff.; s. auch *Eisenmenger*, Neuregelung (Fn. 437), S. 137 ff., s. a. 107 ff.

[462] *Masing*, Teilnahme (Fn. 418), S. 397 ff.; *Hellermann*, Daseinsvorsorge (Fn. 38), S. 153 ff.; a. A. *Löwer*, Staat (Fn. 457), S. 418 ff.

[463] So *Bodo Pieroth/Bernd Hartmann*, Grundrechtsschutz gegen wirtschaftliche Betätigung der öffentlichen Hand, DVBl 2002, S. 421 (428); anders *Friedrich W. Held*, Die Zukunft der Kommunalwirtschaft im Wettbewerb mit der privaten Wirtschaft, NWVBl 2000, S. 201 (203); *Hans-Günter Henneke*, Das Recht der Kommunalwirtschaft in Gegenwart und Zukunft, Nds.VBl. 1999, S. 1 (1 f.).

[464] Vgl. BVerwGE 39, 329 (333 ff.); übersichtlich *Edzard Schmidt-Jortzig*, Die Zulässigkeit kommunaler wirtschaftlicher Unternehmen im einzelnen, in: HKWP V, S. 50 (57 ff.); *Angela Faber*, Aktuelle Entwicklungen des Drittschutzes gegen die kommunale wirtschaftliche Betätigung, DVBl 2003, S. 761 (763 f.).

[465] So OVG NW, NVwZ 2003, S. 1520 (1522 f.); *Gabriele Britz*, Funktion und Funktionsweise öffentlicher Unternehmen im Wandel – Zu den jüngsten Entwicklungen im Recht der kommunalen Wirtschaftsunternehmen, NVwZ 2001, S. 380 (385); krit. *Johannes Grooterhorst/Tobias Törnig*, Wo liegt die Grenze der Zulässigkeit der wirtschaftlichen Betätigung von Kommunen?, DÖV 2004, S. 685 (688 ff.).

[466] *Hellermann*, Daseinsvorsorge (Fn. 38), S. 204 ff.; *Löwer*, Staat (Fn. 457), S. 438 ff.

[467] BVerwGE 39, 329 (334); VerfGH RP, NVwZ 2000, S. 801 (803); *Rolf-Georg Müller*, Kommunale Abfallwirtschaft und unlauterer Wettbewerb, DVBl 2002, S. 1014 (1018); *Alexander Schink*, Wirtschaftliche Betätigung kommunaler Unternehmen, NVwZ 2002, S. 129 (132, 137).

[468] *Peter Badura*, Wirtschaftliche Betätigung der Gemeinde zur Erfüllung von Angelegenheiten der örtlichen Gemeinschaft im Rahmen der Gesetze, DÖV 1998, S. 818 (821 f.).

[469] Vgl. *Günter Püttner*, Neue Regeln für öffentliche Unternehmen?, DÖV 2002, S. 731 (735 f.); für Beschränkung des Örtlichkeitsprinzips auf die Hoheitsverwaltung *Joachim Wieland/Johannes Heller-*

bewahren und einen Vorrang der Privatwirtschaft zu beachten (vgl. z.B. Art. 87 BayGO, § 107 GONW). Alle diese Beschränkungen erlauben eine Feststellung eindeutiger Rechtsverstöße nur in Ausnahmefällen.[470]

134 Kehrseite der hohen Flexibilität dieses rechtlichen Rahmens für die Verwaltung können **Rationalitätsdefizite mangels klarer** gesetzlicher **Vorgaben** sein; Gestaltungsinteressen der Politik können die öffentlichen Unternehmen – zumal auf örtlicher Ebene – „kurzfristigen Sonderinteressen, Beharrungskräften, Klientelwirtschaft und Ineffizienzen" ausliefern.[471] Insoweit könnten die Innovationsschübe des Europarechts den Gesetzgeber zu klareren verwaltungsrechtlichen Vorgaben veranlassen, indem er verschiedene Rechtsregime in Abhängigkeit von der Art der verfolgten öffentlichen Interessen, dem Modus der Leistungserbringung oder der Art der Handlungsinstrumente vertypt und näher bestimmt.[472]

3. Ordnungspolitische Bezüge

135 Wo die Verwaltung in Wettbewerb mit Privaten steht, stellen sich regelmäßig ordnungspolitische Fragen nach der Notwendigkeit von Verwaltungsunternehmen angesichts der Leistungsfähigkeit Privater und nach der **Ausbalancierung des Wettbewerbs im Verhältnis zu Privaten.** Der maßgebliche Gesichtspunkt zur Begründung des öffentlichen Engagements ist die Korrektur- oder Ergänzungsfunktion des Staates, der in bestimmten Bereichen ein erwiesenes oder erwartetes Marktversagen nicht hinnehmen will.[473] Meistens sollen bestimmte Dienstleistungen unter besonderer kultur- oder sozialstaatlicher Einflussnahme günstiger als freie Marktpreise ermöglicht werden (z.B. Theater, öffentliche Schwimmbäder), u.U. auch durch kultur- und sozialstaatlich motivierte Quersubventionierung nicht kostendeckender öffentlicher Angebote. Insoweit gibt es ordnungspolitische Handlungsspielräume. Ein Verwaltungsmonopol ist im Zweifel verfassungswidrig. Eine staatliche Unternehmenspolitik muss jedenfalls durch Gemeinwohlerwägungen plausibel begründbar sein, Gewinnerzielung allein ist als öffentlicher Zweck aber nicht ausreichend.[474] Dabei müssen die Verwaltungsunternehmen aber wettbewerbsfähig sein, schon um den eigenen Ressourceneinsatz ständig zu optimieren; dazu kann auch die Erschließung neuer, gewinnbringender Geschäftsfelder gehören.[475]

---

mann, Das Verbot ausschließlicher Konzessionsverträge und die kommunale Selbstverwaltung, DVBl 1996, S. 401 ff.; s. auch *Matthias Knauff,* Globale Kommunalwirtschaft?, VR 2005, S. 145 ff.; *Torsten Heilshorn,* Sollte die überörtliche kommunale Wirtschaftstätigkeit durch die Gemeindeordnungen zugelassen werden?, VerwArch, Bd. 96 (2005), S. 88 ff. m. ausf. N.; ausf. *Bernd Uhlenhut,* Wirtschaftliche Betätigung der Gemeinden außerhalb ihres Gebiets, 2004, S. 119 ff.

[470] *Matthias Knauff/Frank Nolte,* Narrenfreiheit für kommunale Unternehmen?, VR 2003, S. 3 (4).
[471] *Masing,* Teilnahme (Fn. 418), S. 399.
[472] *Masing,* Teilnahme (Fn. 418), S. 402 f.
[473] *Winfried Kluth,* Grenzen kommunaler Wettbewerbsteilnahme, 1988, S. 26 ff., 89 ff.; → Rn. 7.
[474] Vgl. BVerfGE 61, 82 (107); *Schmidt-Aßmann/Röhl,* Kommunalrecht (Fn. 443), Rn. 120; *Hans D. Jarass,* Kommunale Wirtschaftsunternehmen und Verfassungsrecht, DÖV 2002, S. 489 (495); ausf. *Uhlenhut,* Betätigung (Fn. 469), S. 87 ff.; a. A. *Wolfram Cremer,* Gewinnstreben als öffentliche Unternehmen legitimierender Zweck: Die Antwort des Grundgesetzes, DÖV 2003, S. 921 (929); s. auch N. Fn. 461.
[475] Für umfassende Zulässigkeit *Markus Moraing,* Kommunale Wirtschaft zwischen Wettbewerb und Gemeindewirtschaftsrecht, in: Günter Püttner (Hrsg.), Zur Reform des Gemeindewirtschaftsrechts, 2002, S. 41 (64 ff.); Bsp. bei *Schink,* Betätigung (Fn. 467), S. 129; *Christian Scharpf,* Drittschutz für die Privatwirtschaft?, GewArch 2004, S. 317 (320); enger z. B. OLG Düsseldorf, DVBl 2001, S. 1283 ff.; *Werner Meyer,* Kommunalwirtschaftsrecht und kommunale Handwerkstätigkeit, WiVerw 2003, S. 57 (94 f.).

Wettbewerbsvorteile für öffentliche Unternehmen durch staatliche Leistungen **136** müssen sich am **Maßstab der Wettbewerbsregeln der Art. 101 ff. AEUV,**[476] besonders auch des Beihilfeverbots des Art. 107 Abs. 1 AEUV, aber auch der sekundärrechtlichen Folgerungen etwa der Transparenzrichtlinie zur Unterbindung vertragswidriger Quersubventionierungen[477] rechtfertigen lassen. Die Mitgliedstaaten dürfen bezüglich privater wie öffentlicher Unternehmen keine dem Gemeinsamen Markt widersprechende Maßnahmen treffen. Im Bereich der Kreditwirtschaft ist das beispielhaft im Blick auf die Wettbewerbsvorteile der öffentlich-rechtlichen Sparkassen gegenüber den privaten Kreditinstituten infolge der gemäß den Sparkassengesetzen der Länder von diesen getragenen Anstaltslast und Gewährträgerhaftung (samt der damit verbundenen Staatshaftung) besonders plastisch geworden; diese hohe Sicherheit führte zu handfesten Vorteilen (wie die regelmäßige Einstufung durch internationale Ratingagenturen in der besten Kategorie AAA) und entsprechend günstigeren Refinanzierungskosten. Deren Neuregelung darf von einer normalen Eigentümerbeziehung unter marktwirtschaftlichen Bedingungen nicht wesentlich abweichen.[478]

4. Wettbewerbskonflikte

Ungeachtet der öffentlich-rechtlichen Prägung der wirtschaftlichen Betäti- **137** gung von **Unternehmen der öffentlichen Hand unterfallen** sie grundsätzlich **dem allgemeinen Wettbewerbsrecht** und dürfen nicht gegen die Lauterkeit des Wettbewerbs i.S. von §§ 3ff. UWG verstoßen.[479] Insoweit ist umstritten, ob die öffentlich-rechtlichen Rahmenregelungen z.B. des Gemeindewirtschaftsrechts nur staatsintern die Gemeinden vor sich selbst allein im öffentlichen Interesse[480] oder zugleich auch die privaten Wettbewerber vor dem Wettbewerb durch die öffentliche Hand schützen wollen[481] mit der Folge, dass Verstöße gegen solche „wertbezogenen" kommunalrechtlichen Normen[482] zugleich auch gegen die Lauterkeitsanforderungen des UWG verstoßen (und von den privaten Wettbewerbern geltend gemacht werden können). Die herrschende Rechtsprechung des Bundesgerichtshofes[483] wie der Verwaltungsge-

---

[476] Ausf. *Johannes Thoma*, EU-Recht und Schranken hoheitlicher Staatstätigkeit, 2004, S. 33 ff.; *Storr*, Staat (Fn. 38), S. 255 ff.; *Wolfgang Kahl*, Die öffentlichen Unternehmen im Gegenwind des europäischen Beihilferegimes, NVwZ 1996, S. 1082 ff.

[477] Vgl. übersichtlich *Michael Brenner*, Transparenz der finanziellen Beziehungen zwischen den Mitgliedstaaten und ihren öffentlichen Unternehmen, in: Bitburger Gespräche. Jahrbuch 2002/I, 2003, S. 91 (96 ff.); *Gabriele Britz*, Staatliche Förderung gemeinwirtschaftlicher Dienstleistungen in liberalisierten Märkten und Europäisches Wettbewerbsrecht, DVBl 2000, S. 1641 ff.

[478] Siehe näher *Brenner*, Transparenz (Fn. 477), S. 101 ff.

[479] Zusammenfassend *Franz*, Gewinnerzielung (Fn. 38), S. 185 ff.; *Knauff/Nolte*, Narrenfreiheit (Fn. 470), S. 5 f.; *Hellermann*, Daseinsvorsorge (Fn. 38), S. 246 ff.; ausf. *Storr*, Staat (Fn. 38), S. 489 ff.

[480] *BayVGH*, JZ 1976, S. 641 (642); *Olaf Otting*, Die Aktualisierung öffentlich-rechtlicher Schranken kommunalwirtschaftlicher Betätigung durch das Wettbewerbsrecht, DÖV 1999, S. 549 (551); *Peter J. Tettinger*, Rechtsschutz gegen kommunale Wettbewerbsteilnahme, NJW 1998, S. 3473.

[481] Vgl. im Blick auf die Subsidiaritätsklausel *BGHZ* 82, 375 (396 f.); *OLG München*, NVwZ 2000, S. 835 (835).

[482] Vgl. *BGHZ* 140, 134 ff.

[483] *BGH*, NJW 2002, S. 2645 ff. – Elektroarbeiten; zust. *Knauff/Nolte*, Narrenfreiheit (Fn. 470), S. 7 f.; *Joachim Wieland*, Konkurrentenschutz gegen kommunale Wirtschaftsbetätigung, DV, Bd. 36 (2003), S. 225 ff.; *Helmut Köhler*, Wettbewerbsrecht im Wandel: Die neue Rechtsprechung zum Tatbestand des Rechtsbruchs, NJW 2002, S. 2761 ff.; *Hubert Meyer*, Wettbewerbsrecht und wirtschaftliche Betätigung

richte[484] sah in einem Verstoß gegen die Beschränkungen des Gemeindewirtschaftsrechts nicht auch einen Verstoß gegen § 1 UWG a. F., weil dessen Zweck auf unlautere Mittel des Wettbewerbsverhaltens, nicht auf eine Verwehrung des Marktzutritts aus Gründen zielte, die diesen Schutz des lauteren Wettbewerbs nicht berühren.[485] Denn das Gemeindewirtschaftsrecht soll dem Schutz der Gemeinden dienen.[486]

138 Die gegenläufige instanzgerichtliche Überdehnung des Wettbewerbsrechts als Instrument des privaten Konkurrentenschutzes gegen die Wettbewerbsvorteile öffentlicher Unternehmen[487] gründet letztlich im justiziellen Rechtsgefühl, private Wettbewerber müssten sich gegen eine Verfälschung des Wettbewerbs durch überlegene öffentliche Marktmacht wehren können; diese **Rechtsschutzperspektive** überformt dann die primäre Steuerungsperspektive des (Gemeinde-)Wirtschaftsrechts. Dennoch verneint die Verwaltungsrechtsprechung überwiegend eine drittschützende Funktion der Normen des kommunalen Wirtschaftsrechts und damit auch eine Klagebefugnis des privaten Konkurrenten.[488] Der Versuch, den Normen des Gemeindewirtschaftsrechts unter Rückgriff auf das Grundrecht der Berufsfreiheit eine Klagebefugnis bzw. Rechtsverletzung zu entnehmen,[489] disharmoniert mit dem Grundsatz, dass Art. 12 Abs. 1 GG den beruflichen Wettbewerb gerade ermöglichen und nicht vor ihm schützen will;[490] eine Rechtsverletzung ist ohne ausdrückliche gesetzliche Regelung nur denkbar, wenn die Bevorzugung öffentlicher Unternehmen die privaten Konkurrenten in unerträglichem Maße und unzumutbar schädigt,[491] oder wenn die öffentliche Hand auf nicht marktkonformes Verhalten zurückgreift[492] – wenn man nicht als ausreichend ansehen will, dass jedes wirtschaftliche Tätigwerden der öffentlichen

---

der Kommunen, NVwZ 2002, S. 1075 ff.; krit. *Wilhelm Diefenbach*, § 1 UWG als Schranke wirtschaftlicher Betätigung der Kommunen, WiVerw. 2003, S. 99 ff.; zur abweichenden Instanzrspr. → Fn. 487.

[484] → Fn. 488.

[485] Gleichsinnig *Helmut Köhler*, Wettbewerbsverstoß durch rechtswidrigen Marktzutritt?, GRUR 2001, S. 777 ff.

[486] → Rn. 133.

[487] Vgl. *OLG München*, NVwZ 2000, S. 835; *OLG Düsseldorf*, NWVBl 1997, S. 353 (354 f.); *OLG Hamm*, DVBl 1998, S. 792 (793 f.); s. auch *Waechter*, KommunalR, Rn. 623.

[488] *VGHBW*, NJW 1995, S. 274; *BayVGH*, JZ 1976, S. 641 (642); *Hellermann*, Daseinsvorsorge (Fn. 38), S. 252; *Utz Schliesky*, Öffentliches Wettbewerbsrecht, 1997, S. 442 ff.; *Dirk Weber*, Wettbewerblicher Unterlassungsanspruch gegen kommunale Wirtschaftstätigkeit, 2000, S. 54; a. A. *VerfGH RP*, NVwZ 2000, S. 801 (804); *Schmidt-Aßmann/Röhl*, Kommunalrecht (Fn. 443), Rn. 121; *Joachim Suerbaum*, Durchbruch oder Pyrrhussieg? Neues zum Schutz Privater vor der Kommunalwirtschaft, DV, Bd. 40 (2007), S. 29 (37 ff.); *Faber*, Entwicklungen (Fn. 464), S. 765; *Wilhelm Diefenbach*, Zur Konkurrentenklage gegen unzulässige kommunale Wirtschaftstätigkeit, WiVerw 2003, S. 115 (120, 123); *Storr*, Staat (Fn. 38), S. 93 ff., 445; *Schink*, Betätigung (Fn. 467), S. 138; *Pielow*, Grundstrukturen (Fn. 38), S. 711 ff.; *Matthias Ruffert*, Kommunalwirtschaft und Landes-Wirtschaftsverfassung, NVwZ 2000, S. 763 (764); *Winfried Kluth*, Eingriff durch Konkurrenz, WiVerw 2000, S. 184 (205 f.); → Bd. III *Schoch* § 50 Rn. 86, 141.

[489] Zuletzt wieder *Suerbaum*, Durchbruch (Fn. 488), S. 46 ff.; *Christian Scharpf*, Die wirtschaftliche Betätigung von Gemeinden zwischen Grundrechtsrelevanz und kommunalem Selbstverwaltungsrecht, GewArch 2005, S. 1 (3 ff.).

[490] *BVerwGE* 17, 306 (313); 39, 329 (336 ff.); *Pieroth/Hartmann*, Grundrechtsschutz (Fn. 463), S. 426; *Wieland*, Konkurrentenschutz (Fn. 483), S. 228 ff., 231; auf den Wettbewerb zwischen Privaten reduzierend *Scharpf*, Betätigung (Fn. 489), S. 5; a. A. auch *Rüdiger Breuer*, Die staatliche Berufsregelung und Wirtschaftslenkung, in: HStR VIII, § 171 Rn. 83 ff.

[491] *BVerwGE* 71, 183 (191).

[492] So *Kluth*, Eingriff (Fn. 488), S. 201.

Hand stets einen Grundrechtseingriff konstituiert.[493] Der konstruktive Durchgriff auf die Grundrechte indiziert, dass der einfache Gesetzgeber von seinen Möglichkeiten der gesetzlichen Ausgestaltung der beteiligten Interessensphären auf offenbar nicht befriedigende Weise Gebrauch gemacht hat.[494]

III. Die Verwaltung als Nachfrager

1. Entwicklung und Regelungsnotwendigkeiten

Die Verwaltung benötigt für die Wahrnehmung ihrer Aufgaben eine Vielzahl von Sachgütern und Dienstleistungen, die sie am Markt bei privaten Unternehmen „als Kunde"[495] erwirbt. Diese **Bedarfsdeckung ermöglicht** die Wahrnehmung jener **Primäraufgaben;**[496] ihre Bezeichnung als „fiskalisches Hilfsgeschäft" bagatellisiert ihr Gewicht, das ein jährliches Nachfragevolumen der öffentlichen Hände in Deutschland in Höhe von mehr als 250 Mrd. Euro (mit einer entsprechenden Marktmacht) repräsentiert,[497] also ungefähr ein Viertel des gesamten öffentlichen Haushaltsvolumens.[498]

139

Diese Bedeutung staatlicher Aufträge für andere als reine Beschaffungszwecke wurde erst allmählich erkannt, vielleicht zuerst für den Schiffbau der Marine oder bei der präventiven Bereitstellung von Rüstungsgütern zu Beginn des 20. Jahrhunderts.[499] Ursprünglich als Problem des monarchischen Verwaltungsinternums von der Verwaltungsrechtsdogmatik ausgeschlossen, blieb das öffentliche Beschaffungswesen wissenschaftlich gesehen eine verwaltungsinterne Problematik des Haushaltsrechts (Sparsamkeit bei der Verwendung der Haushaltsmittel) oder des privatrechtlichen Staatshandelns – und damit eine „Domäne der Exekutive";[500] das Vergaberecht war allein an den Interessen der öffentlichen Hände orientiert. Erst die wirtschaftliche Betrachtungsweise des EG-Rechts hat die **hohe wettbewerbliche Relevanz des Nachfrageverhaltens des Staates** für die Beschaffungsmärkte auch praktisch folgenreich betont[501] und es einem neuen, nun außenrechtlich orientierten und die Interessen auch der Bieter an Zugangstransparenz, Preissicherheit und Kontrolle einbeziehenden rechtlichen Steuerungsrahmen für

140

---

[493] So z. B. *Ulrich Hösch*, Öffentlicher Zweck und wirtschaftliche Betätigung von Kommunen, DÖV 2000, S. 393 (398); *Albert Krölls*, Grundrechtliche Schranken der wirtschaftlichen Betätigung der öffentlichen Hand, GewArch 1992, S. 281 (284).

[494] *Ehlers*, Recht (Fn. 441), S. 84 f., 151; *Rolf Stober*, Neuregelung des Rechts der öffentlichen Unternehmen?, NJW 2002, S. 2357 (2365 f.); anders für § 107 Abs. 1 S. 1 Nr. 1 GONW: OVG NW, NVwZ 2003, S. 1520 (1521); krit. *Clemens Antweiler*, Öffentlich-rechtliche Unterlassungsansprüche gegen kommunale Wirtschaftstätigkeit, NVwZ 2003, S. 1466 (1467 f.); *Utz Schliesky*, Anmerkung, DVBl 2004, S. 138 f.

[495] *Eckard Pache*, Der Staat als Kunde – System und Defizite des neuen deutschen Vergaberechts, DVBl 2001, S. 1781 ff.

[496] Ausf. zur Funktion der Bedarfsdeckung *Maximilian Wallerath*, Öffentliche Bedarfsdeckung und Verfassungsrecht, 1988, S. 19 ff., zu den typischen Formen ebd., S. 63 ff.

[497] Zum quantitativen Volumen als Nachfrager s. N. bei *Thomas Puhl*, Der Staat als Wirtschaftssubjekt und Auftraggeber, VVDStRL, Bd. 60 (2000), S. 456 (458 f. mit Fn. 2 und 3); es wird danach für 1995 auf 500 (Statistisches Bundesamt) bis 580 Mrd. DM (EG-Kommission) geschätzt; *Pache*, Staat (Fn. 495), S. 1782 m. w. N. geht von 400 Mrd. Euro aus; → Bd. III *Korioth* § 44 Rn. 18.

[498] *Georg Hermes*, Gleichheit durch Verfahren bei der staatlichen Auftragsvergabe, JZ 1997, S. 909.

[499] *Jost Pietzcker*, Der Staatsauftrag als Instrument des Verwaltungshandelns, 1978, S. 305; s. auch *Wallerath*, Bedarfsdeckung (Fn. 496), S. 39.

[500] *Pietzcker*, Staatsauftrag (Fn. 499), S. 237.

[501] *Ruffert*, Impulse (Fn. 177), Rn. 46 ff.; analytisch schon *Pietzcker*, Staatsauftrag (Fn. 499), S. 308 ff.

§ 12 Grundmodi der Aufgabenwahrnehmung

einen „Wettbewerb um den Markt"[502] unterworfen. Dem hat sich der deutsche Gesetzgeber durch Novellierung des Wettbewerbsrechts schließlich gebeugt.

141 Soweit die Verwaltung öffentliche Aufträge durch Vertrag vergibt, handelt sie im Falle „bloßer" Bedarfsdeckung durch fiskalisches Handeln in Bindung an Grundrechte[503] und an die Grundsätze der Sparsamkeit und Wirtschaftlichkeit (§§ 6 Abs. 1, 48 Abs. 1 HGrG). Dabei sind für Amtswalter die Anreize zum sparsamen Umgang mit Finanzmitteln durch konterkarierende Motiv- oder Interessenlagen und Informationsmängel geschwächt; insbesondere verlangt das Fehlen des ökonomischen Zwanges für den Staat durch wettbewerbliche Strukturen (mit der fehlenden Gefahr des Untergangs durch Konkurs) entsprechende ex-ante-Regelungen.[504] Auch sind **Entscheidungen über die Vergabe von Aufträgen**, die sich nicht allein am preislich günstigsten Anbieter orientieren, haushaltswirtschaftlich und wettbewerblich **rechtfertigungsbedürftig**. Dem entspricht die herkömmliche objektivrechtliche Ausschreibungspflicht der öffentlichen Hände vor dem Abschluss von Verträgen über Lieferungen und Leistungen (vgl. noch heute für Aufträge unterhalb bestimmter Schwellenwerte § 30 HGrG, § 50 BHO/LHO), um die Anbieter über die Marktlage zu informieren und durch Transparenz politische und sachwidrige Einflüsse auszuschalten.[505] Die neue wettbewerbsrechtliche Traditionslinie durch das EG-Recht will durch sekundärrechtliche Vorgaben[506] die Diskriminierung von Anbietern aus anderen Mitgliedstaaten unterbinden und durch tatsächliche Öffnung der Beschaffungsmärkte einen freien und chancengleichen Wettbewerb innerhalb der EG fördern (z.B. Art. 26 Abs. 2, 119 Abs. 1, 120 S. 2 AEUV).[507] Beide Rechtfertigungsgründe prägen die Regelung der Bedarfsdeckungsgeschäfte der öffentlichen Hände.

2. Vergaberechtlicher Steuerungsrahmen

a) Vergaberechtliche Grundentscheidungen

142 Die Grundentscheidungen des Vergaberechts orientieren sich an den spezifischen Problemen der Vergabe öffentlicher Aufträge. Es differenziert zwischen Großaufträgen in einer bestimmten, je nach Sachzusammenhang unterschiedli-

---

[502] Vgl. *Franzius*, Gewährleistung (Fn. 15), S. 493 ff.
[503] Siehe etwa *Bundeskartellamt (1. Vergabekammer des Bundes)*, NJW 2000, S. 151 (153); *Horst Dreier*, in: ders. (Hrsg.), GG I, Art. 1 III Rn. 66; *Helmuth Schulze-Fielitz*, ebd., Art. 19 IV Rn. 53; *Hermann Pünder*, Zu den Vorgaben des grundgesetzlichen Gleichheitssatzes für die Vergabe öffentlicher Aufträge, VerwArch, Bd. 95 (2004), S. 38 (41) je m.w.N.; *Jost Pietzcker*, Die Zweiteilung des Vergaberechts, 2001, S. 16 f.; ausf. *Markus Möstl*, Grundrechtsbindung öffentlicher Wirtschaftstätigkeit, 1999, S. 76 ff., 89 ff.; zur Bedarfsdeckung *Hermes*, Gleichheit (Fn. 498), S. 912; *Wallerath*, Bedarfsdeckung (Fn. 496), S. 303 ff.; a.A. noch *Ernst Forsthoff*, Der Staat als Auftraggeber, 1963, S. 13 ff.
[504] Vgl. *Hans-Peter Schwintowski*, Konkurrenz der Öffentlichen Hand für privatwirtschaftliche Unternehmen aus der Perspektive des Vergaberechts, ZögU, Bd. 27 (2004), S. 360 (361 f., 367); *Ute Jasper/Fridhelm Marx*, Einführung, in: Vergaberecht. dtv-Textausgabe, 12. Aufl. 2010, S. IX (XVII); ausf. *Pietzcker*, Staatsauftrag (Fn. 499), S. 250 ff.
[505] *Jost Pietzcker*, Die Zweiteilung des Vergaberechts, in: Jürgen Schwarze (Hrsg.), Die Vergabe öffentlicher Aufträge im Lichte des europäischen Wirtschaftsrechts, 2000, S. 61 ff. (66); ders., Staatsauftrag (Fn. 499), S. 252 ff.
[506] Maßgeblich sind mittlerweile vor allem die Richtlinien 2004/17/EG (Sektorenauftraggeber, vgl. auch § 68 Nr. 4 GWB) und 2004/18/EG, ABl. EG Nr. L 134, S. 114 (öffentliche Auftraggeber); zur vorherigen Rechtslage vgl. einführend *Puhl*, Staat (Fn. 497), S. 464 ff.
[507] *Puhl*, Staat (Fn. 497), S. 461 f.

chen Größenordnung (§§ 100 Abs. 1, 127 Nr. 1 GWB i. V. m. § 2 VgV)[508], deren fiskalische, wirtschaftliche und wettbewerbliche Bedeutung nach bestimmten Regelungsmustern verlangt, und solchen geringeren Umfangs;[509] diese **Zweiteilung des Vergaberechts** sucht einerseits der Marktmacht des Staates, andererseits dem Ziel der Entbürokratisierung gerecht zu werden. Das neue Vergaberecht gilt nur für jene Großaufträge und auch nur für den Kreis der in § 98 GWB genannten öffentlichen Auftraggeber;[510] bei Aufträgen unterhalb der Schwellenwerte gilt (nur) eine öffentliche Ausschreibungspflicht i. d. R. für öffentlich-rechtliche, nicht für privatrechtlich organisierte Auftraggeber. Die Unterschiede zwischen den beiden Rechtsregimen erstrecken sich ferner auf den Rechtsquellencharakter der untergesetzlichen Regelungen, die Rechtsstellung der Bieter und ihren Rechtsschutz,[511] schließlich auf die Reichweite der Ausschreibungspflicht.[512]

Das Gesetz trifft zudem einige **materielle Grundentscheidungen:** den Grundsatz der Gleichbehandlung aller Teilnehmer eines Vergabeverfahrens (§ 97 Abs. 2 GWB)[513], das primäre Zuschlagskriterium des wirtschaftlichsten Angebots (§ 97 Abs. 5 GWB)[514] und die Mindesteignungskriterien für potentielle Auftragnehmer (§ 97 Abs. 4 GWB: Fachkunde, Leistungsfähigkeit und Zuverlässigkeit).[515] Verfahrensrechtlich wird in Konkretisierung des Wettbewerbs- und Transparenzprinzips und der realen Chancengleichheit für die Beschaffung als Verteilungsverfahren[516] eine Hierarchie der Verfahrensarten festgelegt: der grundsätzliche **Vorrang des offenen Verfahrens** der öffentlichen Ausschreibung[517] für eine unbeschränkte Anzahl von Unternehmen (§ 101 Abs. 2 und 5 GWB) vor dem **143**

---

[508] Die Schwellenwerte betragen für Bauaufträge 5 Mio Euro, für Liefer- und Dienstleistungsaufträge grundsätzlich 200 000 Euro (mit Ausnahme für Liefer- und Dienstleistungsaufträge der obersten Bundesbehörden sowie der Sektorenauftraggeber).

[509] Zu den Problemen dieser Zweiteilung etwa *Pietzcker*, Zweiteilung (Fn. 505), S. 61, 64 ff.; *Jan Byok*, Das neue Vergaberecht, NJW 1998, S. 2774 (2776); → Bd. III *Korioth* § 44 Rn. 112 f., *Scherzberg* § 49 Rn. 119 ff.

[510] Ausf. *Christian Koenig/Jürgen Kühling/Kristin Hentschel*, Vergaberecht, in: Koenig/Kühling/Theobald (Hrsg.), Recht (Fn. 337), S. 81 (90 ff.); *Normen Crass*, Der öffentliche Auftraggeber, 2004, S. 60 ff.; krit. zur rechtsformabhängigen statt funktional-marktstrukturabhängigen Abgrenzung *Schwintowski*, Konkurrenz (Fn. 504), S. 363 ff., 368; zur (Un-)Anwendbarkeit des Vergaberechts auf „in-house"-Geschäfte s. BGHZ 148, 55, und *Koenig/Kühling/Hentschel*, ebd., S. 140 ff.; *Hans C. Röhl*, Der Anwendungsbereich des Vergaberechts – BGHZ 148, 55, JuS 2002, S. 1053 (1055 ff.); zur Anwendbarkeit auf zwischengemeindliche Kooperationsverträge OLG Düsseldorf, NZBau 2004, S. 398 ff.; *Jan Ziekow/Thorsten Siegel*, Public Public Partnerships und Vergaberecht: Vergaberechtliche Sonderbehandlung der „In-State-Geschäfte"?, VerwArch, Bd. 96 (2005), S. 119 ff.

[511] Vgl. dazu BVerfGE 116, 135 (149 ff.); krit. *Matthias Knauff*, Vertragsschließende Verwaltung und verfassungsrechtliche Rechtsschutzgarantie, NVwZ 2007, S. 546 ff.; s. auch *Joachim Englisch*, Effektiver Primärrechtsschutz bei Vergabe öffentlicher Aufträge, VerwArch, Bd. 98 (2007), S. 410 ff.;→ Bd. III *Schoch* § 50 Rn. 10, 92 ff.

[512] Die Zweiteilung ist daher rechtspolitisch stark umstritten, vgl. etwa *Pietzcker*, Zweiteilung (Fn. 503), S. 44 ff.; *Puhl*, Staat (Fn. 497), S. 477 ff.; *Pache*, Staat (Fn. 495), S. 1791.

[513] Vgl. auch *Ziekow*, Wirtschaftsrecht (Fn. 69), § 9 Rn. 55; *Pünder*, Vorgaben (Fn. 503), S. 42 ff.; ausf. *Tobias Pollmann*, Der verfassungsrechtliche Gleichbehandlungsgrundsatz im öffentlichen Vergaberecht, 2009.

[514] Siehe näher (auch zu den Spielräumen der Verwaltung) *Matthias Knauff*, Dispositionsfreiheiten öffentlicher Auftraggeber nach der Ausschreibung öffentlicher Aufträge, 2004, S. 77 ff.

[515] Siehe näher *Knauff*, Dispositionsfreiheiten (Fn. 514), S. 62 ff.

[516] Umfassend jetzt *Ferdinand Wollenschläger*, Verteilungsverfahren, 2010, S. 208 ff., allg. 536 ff.; → Bd. II *Röhl* § 30 Rn. 10 ff., 13, 17 ff.

[517] Zur Öffentlichkeit als Voraussetzung realer Chancengleichheit *Hermes*, Gleichheit (Fn. 498), S. 912 ff.; s. schon *Wallerath*, Bedarfsdeckung (Fn. 496), S. 321 ff.; → Bd. III *Scherzberg* § 49 Rn. 120 f.

§ 12 Grundmodi der Aufgabenwahrnehmung

nicht offenen Verfahren, dem wettbewerblichen Dialog und schließlich dem Verhandlungsverfahren.[518]

b) Sekundärzwecke des Vergaberechts

144 Die „Sekundärzwecke" des Vergaberechts suchen das Vergaberecht unter Ausnutzung der Nachfragemacht der öffentlichen Hände für außer es selbst liegende bestimmte Verwaltungsaufgaben, das heißt für zusätzliche sogenannte „vergabefremde" Zwecke zu instrumentalisieren.[519] Eine solche **Verfolgung** etwa **sozial-, wirtschafts-, regional- oder umweltpolitischer Zwecke**[520] durch Vergabeentscheidungen dient zwar den Primäraufgaben der Verwaltung, wird aber innerhalb des vergaberechtlichen Bezugsrahmens als vergabefremder „Sekundärzweck" angesehen.[521] Reichweite und Grenzen der Berücksichtigung solcher „vergabefremden" Zwecke im öffentlichen Auftragswesen[522] sind umstritten, weil ihre Rückwirkungen die vergaberechtlichen Grundentscheidungen gefährden können. Sie sind in jedem Fall am Beginn des Vergabeverfahrens in der Ausschreibung festzulegen und gelten – zweistufig – den Eignungskriterien für Anbieter und dem Zuschlagskriterium des „wirtschaftlichen Angebots".

145 Hinsichtlich der **Eignungskriterien** erlaubt das europäische Recht die Berücksichtigung von Sekundärzwecken; zusätzlich verlangt § 97 Abs. 4, 2. Halbs. GWB allerdings eine parlamentsgesetzliche[523] Grundlage. Insoweit hat der EuGH es für zulässig angesehen zu berücksichtigen, ob der Bieter Langzeitarbeitslose beschäftigt;[524] als Kriterien sind auch die Einstellung von Behinderten, die Berufsausbildung von Jugendlichen und Gesichtspunkte der geschlechtsbezogenen Gleichstellungspolitik denkbar, sofern diese Kriterien offen gelegt werden und objektiv sind[525] und das gemeinschaftsrechtliche Primärrecht beachten, nicht aber im Baubereich „Tariftreueerklärungen" der Auftragnehmer.[526]

---

[518] Übersichtlich *Jasper/Marx*, Einführung (Fn. 504), S. XXVI ff. Diese erst durch das ÖPP-Beschleunigungsgesetz mit dem wettbewerblichen Dialog um eine zusätzliche Verfahrensart erweiterte Dreistufung aus offenem, nicht offenem und Verhandlungsverfahren entspricht den früheren deutschen Bezeichnungen öffentliche Ausschreibung, beschränkte Ausschreibung bzw. freihändige Vergabe, vgl. dazu *Pietzcker*, Staatsauftrag (Fn. 499), S. 252 ff.; krit. → Bd. II *Fehling* § 38 Rn. 87 f.

[519] Vgl. *Wollenschläger*, Verteilungsverfahren (Fn. 516), S. 212 ff.; *Puhl*, Staat (Fn. 497), S. 486 ff.; grdl. *Pietzcker*, Staatsauftrag (Fn. 496), S. 304 ff.; allg. *Wallerath*, Bedarfsdeckung (Fn. 496), S. 142 ff.; → Bd. II *Sacksofsky* § 40 Rn. 16.

[520] Zur heutigen Vielfalt *Pünder*, Vorgaben (Fn. 503), S. 42; ausf. *Nina Meyer*, Die Einbeziehung politischer Zielsetzungen bei der öffentlichen Beschaffung, 2002, S. 82 ff.; zur früheren Vielfalt übersichtlich *Pietzcker*, Staatsauftrag (Fn. 496), S. 315 ff.

[521] Ausf. zur Terminologie *Christoph Benedict*, Sekundärzwecke im Vergabeverfahren, 2000, S. 17 ff.

[522] Ausf. *Peter F. Bultmann*, Beihilfenrecht und Vergaberecht, 2004, S. 94 ff.; *Alexander Schäfer*, Öffentliche Belange im Auftragswesen und Europarecht, 2003, S. 48 ff., passim; *Jens-Peter Schneider*, EG-Vergaberecht zwischen Ökonomisierung und umweltpolitischer Instrumentalisierung, DVBl 2003, S. 1186 ff.; *Meyer*, Einbeziehung (Fn. 520), S. 225 ff.

[523] Vgl. *Bernd Greszick*, Vergaberecht zwischen Markt und Gemeinwohl, DÖV 2003, S. 649 (652 f.); *Meyer*, Einbeziehung (Fn. 520), S. 464 ff.

[524] *EuGH*, Rs. 31/87, Slg. 1988, 4635, Rn. 28 ff. – Beentjes; s. näher *Wolfram Krohn*, Öffentliche Auftragsvergabe und Umweltschutz, 2003, S. 245 ff., 362 ff.; *Benedict*, Sekundärzwecke (Fn. 521), S. 169 ff., 178 ff.; das gilt auch als Zuschlagskriterium, so *EuGH*, Rs. C-225/98, Slg. 2000, I-7445, Rn. 46 ff. – Calais; s. näher *Schäfer*, Belange (Fn. 522), S. 231 ff., 257 ff.

[525] *EuGH*, Rs. C-19/00, Slg. 2001, I-7725, Rn. 37 – SIAC; Rs. C-513/99, Slg. 2002, I-7213, Rn. 61 – Concordia; s. näher *Marc Bungenberg*, Die Berücksichtigung des Umweltschutzes bei der Vergabe öffentlicher Aufträge, NVwZ 2003, S. 314 ff.

[526] *EuGH*, Rs. C-346/06, EuZW 2008, S. 306 (Rn. 33); anders zuvor BVerfGE 116, 202 (217 ff.); → Bd. III *Schoch* § 50 Rn. 118.

Auf der nachfolgenden Ebene ist das **wirtschaftlichste Angebot** nicht im Sinne des haushaltsrechtlichen Wirtschaftlichkeitsgrundsatzes,[527] sondern wettbewerbsrechtlich im Blick auf das einzelne Produkt zu interpretieren. Insoweit können als angebotsbezogenes Zuschlagskriterium Umweltaspekte berücksichtigt werden, z.B. die geringeren Umweltfolgekosten durch Einsatz besonders schadstoffarmer Fahrzeuge[528] oder der hohe Einsatz von Energie aus erneuerbaren Energieträgern,[529] also Hilfskriterien, wie das Produkt hergestellt wird[530]. Demgegenüber scheint § 97 Abs. 4 und 5 GWB zuschlagsbezogene Sekundärzwecke auszuschließen.[531] 146

Jene Judikatur ist auch durch die neuen Vergabe-Richtlinien bestätigt worden[532]. Mithin sind Sekundärzwecke nach Maßgabe von Gesetzen grundsätzlich berücksichtigungsfähig, stellen aber vor das Problem, wie viele Sekundärzwecke im Vergaberecht wirksam werden können, ohne die Verwaltung zu überfordern oder die Orientierung des Vergaberechts an Wettbewerbskriterien und Chancengleichheit durch Verstoß gegen das Diskriminierungsverbot zu unterlaufen. Die dezentralisierte Vielfalt von etwa 35000 öffentlichen Auftraggebern (Vergabestellen), die Vielzahl von Kriterien mit ihren Zielkonflikten,[533] die geringe Zielschärfe der gesetzlichen Förderziele und die geringe Evaluierbarkeit eines Erfolgs der Sekundärzweckerfüllung lassen jede **Politik der Sekundärzweckverfolgung** an **Grenzen** stoßen. 147

F. Verwaltungsverantwortung und Gemeinwohlsicherung bei der Aufgabenwahrnehmung

I. Gemeinwohlsicherung durch Verwaltungsverantwortung

Ungeachtet des Fehlens eines staatlichen „Gemeinwohlmonopols"[534] hat die Verwaltung angesichts ihrer Handlungsmöglichkeiten eine besondere Verantwortung, im Rahmen der Gesetze die Gemeinwohlsicherung zu optimieren. In der neueren Verwaltungsrechtslehre hat deshalb die Kategorie der **Verwal-** 148

---

[527] Zu diesem *Gröpl*, Wirtschaftlichkeit (Fn. 427), Rn. 9 ff., 21 ff.; *Werner Heun*, in: Dreier (Hrsg.), GG III, Art. 114 Rn. 29; *Schulze-Fielitz*, Kontrolle (Fn. 270), S. 254 ff.

[528] *EuGH*, Rs. C-513/99, Slg. 2002, I-7213, Rn. 55 ff. – Concordia; *Schäfer*, Belange (Fn. 522), S. 267 ff.; *Puhl*, Staat (Fn. 497), S. 498 f.; ausf. *Krohn*, Auftragsvergabe (Fn. 524), S. 280 ff., 378 ff.

[529] *EuGH*, Rs. C-448/01, Slg. 2003, I-14558, Rn. 34 – Wienstrom; dazu *Philipp Steinberg*, Die „Wienstrom"-Entscheidung des EuGH, EuZW 2004, S. 76 ff.; *Wolfram Krohn*, Umweltschutz als Zuschlagskriterium: Grünes Licht für „Ökostrom", NZBau 2004, S. 92 ff.; *Frank Wenzel*, Der Schutz der Umwelt und das Vergaberecht, Zeitschrift für Europäisches Umwelt- und Planungsrecht 2003, S. 82 ff.

[530] Vgl. *Bungenberg*, Berücksichtigung (Fn. 525), S. 315 f.; *Schneider*, Ökonomisierung (Fn. 522), S. 1190; anders aber *Puhl*, Staat (Fn. 497), S. 492.

[531] *Greszick*, Vergaberecht (Fn. 523), S. 652; *Meyer*, Einbeziehung (Fn. 520), S. 472, 474 f., 488 u.ö.; krit. *Kristian Fischer*, Vergabefremde Zwecke im öffentlichen Auftragswesen: Zulässigkeit nach Europäischem Gemeinschaftsrecht, EuZW 2004, S. 492 (493 ff.).

[532] N. in Fn. 506; dazu näher *Alexandra Losch*, Das Legislativpaket im EG-Vergaberecht – Das Ende der vergabefremden Kriterien?, EuR, Bd. 40 (2005), S. 231 ff.; *Angela Dageförde/Miriam Dross*, Reform des europäischen Vergaberechts, NVwZ 2005, S. 19 ff.; *Martin Beckmann*, Die Verfolgung ökologischer Zwecke bei der Vergabe öffentlicher Aufträge, NZBau 2004, S. 600 ff.; *Matthias Knauff*, Die Reform des europäischen Vergaberechts, EuZW 2004, S. 141 ff.

[533] Speziell zu diesen *Wallerath*, Bedarfsdeckung (Fn. 496), S. 163 ff.

[534] → Rn. 21.

§ 12 Grundmodi der Aufgabenwahrnehmung

tungsverantwortung Karriere gemacht, um jeweils spezifische Eigenarten der staatlichen Mitwirkung bei der vielgestaltigen Aufgabenwahrnehmung im Zusammenwirken von Verwaltung und Privaten zu kennzeichnen.[535] Es handelt sich um einen heuristischen Begriff,[536] der bereichsspezifisch Besonderheiten der Aufgabenwahrnehmung charakterisieren soll,[537] wie sie in den verschiedenen Ausgestaltungsformen der Gesetzgebung sich niederschlagen.[538] Rechtlich kann Verantwortung nichts anderes als das sein, was das Grundgesetz und/oder die jeweiligen Fachgesetze an Aufgaben und Befugnissen für die Verwaltung vorsehen.[539] Sie verdeutlicht den Gemeinwohlauftrag der Verwaltung als Bezugspunkt der Aufgabenwahrnehmung[540] und nimmt dabei nicht nur formelle Zuständigkeitsfragen, sondern zugleich materielle Fragen der Aufgabenwahrnehmung unter Berücksichtigung nichtstaatlicher Erfüllungsgehilfen in Bezug.[541]

149 Die Errichtung von gemeinwohlermöglichenden Strukturen ist schon eine Aufgabe des Gesetzgebers, etwa durch die Bereitstellung des Allgemeinen Verwaltungsrechts und seiner Grundsätze über Handlungsformen, Wirksamkeitsvoraussetzungen oder Wirkungen im Verwaltungsrechtsverhältnis u.a. in den Verwaltungsverfahrensgesetzen als Mittel, die Umsetzung gesetzlicher Aufträge zu gewährleisten,[542] oder durch die fachgesetzlichen Vorentscheidungen. Die gesetzliche Auferlegung etwa von Grundversorgungspflichten für Unternehmen im Regulierungsverwaltungsrecht gehört zur Modellpalette gemeinwohlsichernder gewährleistungsstaatlicher Strukturen.[543] Nachstehend geht es um die **Gemeinwohlverantwortung der Verwaltung,** deren Gestaltungsmöglichkeiten durch Normsetzung wie durch Einzelakt die Sicherung des Gemeinwohls durch Erfüllung der öffentlichen Aufgaben von vornherein in den Blick zu nehmen hat. Hier aktualisiert sich die **Perspektive der Steuerung** des Verwaltungshandelns.

---

[535] Vgl. *Franzius*, Gewährleistung (Fn. 15), S. 96 ff.; *Butzer*, Sicherstellungsauftrag (Fn. 5), Rn. 11 ff.; *Weiß*, Beteiligung (Fn. 404), S. 1173 ff. m. w. N.; *Hermes*, Infrastrukturverantwortung (Fn. 38), S. 146 ff., 334 ff.; *Hoffmann-Riem*, Verantwortungsteilung (Fn. 161), S. 48 ff., zugleich auch zu weiteren, anderen Verantwortungsdimensionen ebd., S. 56 ff., 61 ff.; grdl. *Eberhard Schmidt-Aßmann*, Zur Reform des Allgemeinen Verwaltungsrechts, in: Hoffmann-Riem/Schmidt-Aßmann/Schuppert (Hrsg.), Reform, S. 11 (43 f.), in Anknüpfung an *Gunnar Folke Schuppert*, Markt, Staat, Dritter Sektor – oder noch mehr?, Sektorspezifische Steuerungsprobleme ausdifferenzierter Staatlichkeit, in: Jb. für Staats- und Verwaltungswissenschaft 1989, 1989, S. 47 ff.; krit. *Schmidt*, Reform (Fn. 8), S. 157 f.; *Hans C. Röhl*, Verwaltungsverantwortung als dogmatischer Begriff?, DV, Beiheft 2, 1999, S. 33 ff.; *Ruge*, Gewährleistungsverantwortung (Fn. 16), S. 169 ff.; s. auch *Michael*, Gewalt (Fn. 229), S. 294 ff.; *Weiß*, Beteiligung (Fn. 406), S. 1169 ff.; *Horst Dreier*, Verantwortung im demokratischen Verfassungsstaat, ARSP, Beiheft 74, 2000, S. 9 ff.

[536] So *Schmidt-Aßmann*, Ordnungsidee, 3. Kap. Rn. 109; s. auch *Ruge*, Gewährleistungsverantwortung (Fn. 16), S. 162 ff.; *Gramm*, Privatisierung (Fn. 5), S. 289 ff.

[537] Krit. zu ethisch-rechtspolitisch-gesellschaftsorientierten Konnotationen *Lepsius*, Besitz (Fn. 237), S. 401 ff.

[538] Dazu näher *Voßkuhle*, Regelungsstrategien (Fn. 249), S. 54 ff., 68 ff.

[539] Vgl. *Schröder*, Verwaltungsrechtsdogmatik (Fn. 375), S. 158 f.; *Röhl*, Verwaltungsverantwortung (Fn. 535), S. 39 ff.; s. auch *Schuppert*, Verwaltungswissenschaft, S. 401: „Kürzel für die zentrale Rolle der Verwaltung im modernen Verwaltungsstaat".

[540] → Bd. II *Pitschas* § 42 Rn. 6.

[541] Vgl. exemplarisch *Christoph Gusy*, Katastrophenschutzrecht, DÖV 2011, S. 85 (89 ff.).

[542] *Schmidt*, Reform (Fn. 8), S. 150; *Wahl*, Aufgabenabhängigkeit (Fn. 10), S. 212, 215 f.

[543] *Franzius*, Gewährleistung (Fn. 15), S. 110 f.; ausf. *Kühling*, Regulierung (Fn. 184), S. 557 ff., 583 ff.; → Rn. 57 ff.

II. Gemeinwohlsicherung in Wahrnehmung der Erfüllungsverantwortung

Im **Vollzugsmodell der hoheitlichen Aufgabenwahrnehmung** wird die Gemeinwohlorientierung des Verwaltungshandelns durch die Vorgaben des Staats- und Verwaltungsrechts gesichert: Gesetzliche Aufgaben- und Befugnisregelungen, die organisationsrechtlichen und verwaltungsverfahrensrechtlichen Vorgaben für die Anwendung vertypter Handlungsinstrumente nach den Maßstäben des Rechtsstaats sichern das Gemeinwohl bei der Erfüllung der Aufgaben der Verwaltung.[544] Deren Unparteilichkeit als „Verpflichtung zur Parteinahme für das Recht und die Ideen von Gemeinwohl und Gerechtigkeit"[545] wird durch Unparteilichkeitssicherungen im Gesetzesrecht selbst festgelegt, die die Verwaltung und ihre Amtswalter in hoheitlich dirigierten Entscheidungsprozessen unmittelbar binden und sich in unparteilich gestalteten Verwaltungsverfahren und ermessensfehlerfreien Verwaltungsentscheidungen niederschlagen,[546] die zudem einer staatlichen Rechtsaufsicht unterliegen.[547]

150

Die Grenzen der Steuerungskraft von Fachgesetzen bei komplexen Verwaltungsentscheidungen und die kooperative Einbindung der Gesetzesadressaten im Gesetzesvollzug eröffnen aber zunehmend Spielräume, die Organisation und Verfahren bei der Entscheidungsfindung aufwerten und den Blick von der Gesetzesanwendung hin zur Perspektive der **Erreichung der Gesetzesziele** verschieben. In diesem Sinne steht der Begriff der **Erfüllungsverantwortung** (oder z. T. synonym der **Ergebnisverantwortung**) für die Zielerreichung in der Ordnungs- und Leistungsverwaltung, soweit dort die Verwaltung die jeweilige Verwaltungsaufgabe nach Maßgabe der Gesetze in eigener Regie durch eigenes Personal unmittelbar erfüllt oder, bei Einschaltung Privater[548], mittelbar erfüllt und für diese Erfüllung verantwortlich einsteht.

151

Diese (Gesamt-)Verantwortung ist schon seit langem in **Verantwortungskategorien** differenziert entfaltet worden, die sich an charakteristischen Eigenarten des Verwaltungshandelns orientieren, vor allem als (1) Eigenverantwortung der Verwaltung zur Wahrnehmung der Verwaltungskompetenzen zur Konkretisierung der Verwaltungszwecke (besonders sichtbar bei Ermessensentscheidungen),[549] konkret insbesondere[550] als (2) Vollzugsverantwortung in den Bindungen des rechtsstaatlichen Gesetzes für gleichmäßigen, rechtmäßigen, rechtzeitigen und effektiven Vollzug, aber auch als (3) Entfaltungsverantwortung, wo die gesetzlichen Vorgaben nur finalprogrammatisch vorgegeben sind und der Konkretisierung durch untergesetzliche Normgebung bedürfen, als (4) Verantwortung der Verwaltung für die Programmverwirklichung, bezogen auf Prognosen,

152

---

[544] Siehe näher *Stephan Kirste*, Die Realisierung von Gemeinwohl durch verselbständigte Verwaltungseinheiten, in: Brugger u. a. (Hrsg.), Gemeinwohl (Fn. 17), S. 327 (360 ff.).
[545] So *Fehling*, Verwaltung (Fn. 407), S. 23.
[546] Umfassend *Fehling*, Verwaltung (Fn. 407), S. 198 ff., 241 ff., 288 ff.
[547] *Dreier*, Verwaltung (Fn. 30), S. 287 ff.
[548] Zu solchen sog. „Verwaltungstrabanten" bereits *Gunnar Folke Schuppert*, „Quangos" als Trabanten des Verwaltungssystems, DÖV 1981, S. 153 ff.; → Rn. 96, 104 ff.
[549] *Rupert Scholz*, Verwaltungsverantwortung und Verwaltungsgerichtsbarkeit, VVDStRL, Bd. 34 (1976), S. 145 (216 ff.).
[550] *Schmidt-Aßmann*, Verwaltungsverantwortung (Fn. 163), S. 232 ff.

Methodenwahl, Kompetenzabstimmung, Kontinuität des Verwaltungshandelns, Entschädigungspflicht und Billigkeit in Härtefällen, und schließlich als (5) Initiativverantwortung für die Vorbereitung von Gesetzen und Verwaltungsentscheidungen.

153   Der Begriff der **Erfüllungsverantwortung** dient als **Oberbegriff** für die **hoheitliche Verwaltungstätigkeit** und als Gegenbegriff zu allen anderen Erscheinungsformen gesetzlich vorgesehener gestufter Verantwortung, die den Wandel der Verwaltung und ihrer Handlungsweisen infolge der Privatisierungsprozesse in den letzten Jahrzehnten einzufangen suchen.[551] Er orientiert sich primär am herkömmlichen Verständnis des öffentlich-rechtlichen Verwaltungshandelns, das die Kernaufgaben des Staates wie Verteidigung, Justiz, Polizei oder Finanzverwaltung in eigener Regie unter maßgeblicher Mitwirkung von Berufsbeamten (vgl. Art. 33 Abs. 4 GG) übernimmt.[552]

III. Gemeinwohlsicherung durch Gewährleistungsverantwortung

1. Erosionen hoheitlicher Gemeinwohlsicherung

154   Hauptprobleme der Gemeinwohlsicherung durch die Verwaltung erwachsen dort, wo sich die Erfüllung der Verwaltungsaufgaben gegenüber der Hoheitsverwaltung faktisch oder rechtlich verselbständigt hat und die herkömmlichen **Aufsichts- und Weisungsrechte erodieren,** weil ihr unmittelbarer Einfluss „geknickt" worden ist. Das galt schon immer für kraft besonderer Rechte verselbständigte Verwaltungseinheiten (z.B. Universitäten, mit Einschränkungen auch Rundfunkanstalten und Gerichtsverwaltungen) oder für Verwaltungsaufgaben, deren sachliche Eigenart sich gegen die Regeln bürokratischer Hoheitsverwaltung sperrt (z.B. Schulehalten, Sozialarbeit, Wissenschaftsförderung). Das gilt verschärft für jene Formen der Verwaltung, in denen Private für die Verwaltung öffentliche Aufgaben erfüllen oder in denen die Verwaltung selbst als Marktteilnehmer tätig wird: Die Instrumente des rechtsstaatlichen Verwaltungsrechts verlieren an Wirkungen angesichts verwaltungs- oder privatvertraglicher bzw. gesellschaftsrechtlicher Regelungsstrukturen, die (auch) der Handlungslogik Privater verpflichtet sind.[553]

2. Gemeinwohlverantwortung Privater

155   Aus der Sicht der Privaten führen diese Erosionen zu steigenden Intensitäten ihrer Einbindung in die Wahrnehmung der Verwaltungsaufgaben. Völlig privatautonom scheint sich zwar das alltägliche gesellschaftliche Leben des einzelnen Bürgers zu vollziehen. Der Grad der **Möglichkeit einer Verfolgung individueller Nutzenkalküle** entscheidet über den Grad der Freiheitlichkeit des westlichen Verfassungsstaats, der eben diese Freiheit zur privaten Willkür auch grundrechtlich schützt. Nur die allgemeinen Gesetze bilden einen Rahmen für

---

[551] Vgl. zur Abgrenzung *Masing,* Regulierungsverantwortung (Fn. 191), S. 160 ff.
[552] *Schuppert,* Verwaltungswissenschaft, S. 404; *Hoffmann-Riem,* Verantwortungsteilung (Fn. 161), S. 53.
[553] Vgl. *Di Fabio,* Verwaltung (Fn. 23), S. 241 ff.; → Bd. II *Appel* § 32 Rn. 77 ff.; Bd. III *Kahl* § 47 Rn. 147 ff., 164 ff.

F. Verwaltungsverantwortung und Gemeinwohlsicherung

eine sozialverträgliche Freiheitsausübung. Gleichwohl verändert sich selbst diese Rolle der Bürger als Konsumenten hin zu selbstverantwortlichen aktiven Nutzern von Marktangeboten.[554]

Den Gegenpol zur privatautonomen Beliebigkeit bilden alle Erscheinungsformen der Ausübung individueller Freiheit, durch die **private Aktivitäten** zugleich Ziele **im öffentlichen Interesse** verfolgen und dabei mehr oder weniger durch rechtliche Vorgaben angeregt, gesteuert, gelenkt oder gar gezwungen („erwirkt") werden.[555] Der Gesetzgeber entscheidet im öffentlichen Interesse, in welchem Umfang er der Eigeninitiative Privater vertrauen, ihr freiwilliges Verhalten fördern oder steuern oder u.U. mit Druckmitteln aufdrängen will. Ihm steht dabei „die gesamte Skala rechtlicher Gestaltungsformen" zur Verfügung.[556] Die rechtlichen Konstruktionen, Privaten die Erfüllung öffentlicher Aufgaben zu überlassen, versprechen sich von ihrem freiheitsschonenden Charakter eine Optimierung der Aufgabenerfüllung.[557] Ob solches gelingt, ist eine Frage von ständigem politischen trial and error in Wahrung der Überwachungs-, Regelungs- oder Förderungsverantwortung der Verwaltung[558]; bei völligem Fehlschlag aktualisiert sich auch hier die Auffangverantwortung[559]. **156**

Aktuelle Tendenzen der Gegenwart signalisieren Grenzen und Gefahren der Public Private Partnership: die überstarke Einräumung von Einflussnahmen der privaten Partner bei kommunalen oder staatlichen Beteiligungsgesellschaften, die Reduzierung der Kommunen auf die Rolle einer Ausschreibungsagentur in einem Ausschreibungswettbewerb oder die Ausdehnung kommunalwirtschaftlicher und staatlicher Betätigung über den traditionellen Kern der Daseinsvorsorge hinaus.[560] Gefordert sind **neue Formen der Gemeinwohlsicherung,** die den Verselbständigungstendenzen bei der Aufgabenerfüllung gegensteuern[561] und die Aufgabenerfüllung der jeweiligen Verwaltungseinheiten und/oder der Privaten begleitend oder nachvollziehend kontrollieren. Privatisierungsfolgenrecht schafft die Rahmenbedingungen einer Überprüfung der privaten Gemeinwohlkonkretisierung,[562] damit die Verwaltung nicht wegen Informationsdefiziten, fehlenden Instrumenten der Überwachung und Kontrolle, lückenhaften Verträgen zwischen öffentlichen Händen und Privaten oder fehlenden Regulierungsagenturen ihren Gemeinwohlauftrag verfehlt.[563] **157**

---

[554] *Trute,* Gemeinwohlsicherung (Fn. 165), S. 342 f.
[555] Siehe näher *Schmidt-Preuß,* Verwaltung (Fn. 23), S. 189 ff.; ausf. *Kirste,* Realisierung (Fn. 544), S. 348 f., 363 ff., 367 ff.
[556] Siehe schon *Hans-Ullrich Gallwas,* Die Erfüllung von Verwaltungsaufgaben durch Private, VVDStRL, Bd. 29 (1971), S. 211 (214).
[557] Vgl. auch *Schmidt-Preuß,* Verwaltung (Fn. 23), S. 171, 220: „Postulat größtmöglicher Aktivierung selbstregulativer Beiträge".
[558] → Rn. 118 ff.; s. auch → Bd. II *Appel* § 32 Rn. 96 ff.
[559] → Rn. 166.
[560] Vgl. *Peter Eichhorn,* Public Private Partnership: Ein profundes Problem, in: Gesellschaft für öffentliche Wirtschaft (Hrsg.), Partnership (Fn. 325), S. 6 ff.
[561] Vgl. *Lackner,* Gewährleistungsverwaltung (Fn. 43), S. 143 ff.; *Trute,* Gemeinwohlsicherung (Fn. 165), S. 331 ff.
[562] Vgl. *Burgi,* Privatisierungsfolgenrecht (Fn. 47), S. 602; → Rn. 19, 53, 118.
[563] *Lackner,* Gewährleistungsverwaltung (Fn. 43), S. 165 ff.; zu den Gründen für Staatsversagen auch *Gramm,* Privatisierung (Fn. 5), S. 237 ff.

3. Gewährleistungsverantwortung der Verwaltung

a) Gewährleistungsverantwortung zwischen Erfüllungs- und Auffangverantwortung

158 In diesem Sinne erfasst der Begriff der **Gewährleistungsverantwortung**[564] die der Verwaltung bleibende Verantwortung zur Gewährleistung einer ordnungsgemäßen Aufgabenwahrnehmung in allen Konstellationen, in denen Private eine öffentliche Aufgabe ganz oder teilweise erfüllen.[565] Er betont diesen bleibenden Teil der Verantwortung, der ungeachtet aller Erscheinungsformen von privater Mitwirkung bei der Erfüllung der Gemeinwohlaufgaben der Verwaltung obliegt[566] und entsprechende Aufsichtsbefugnisse verlangt.[567] Er umfasst eine **Vielzahl von Erscheinungsformen** staatlicher (Rest-)Verantwortung in Abhängigkeit von den Entscheidungen des jeweiligen Fachgesetzgebers. Die Vielfalt der Erscheinungsformen von Beobachtungs-, Überwachungs-, Förderungs-, Finanzierungs-, Beratungs-, Organisations-, Regulierungs-, Koordinations-, Infrastruktur-, Rahmen-, Grund-, Begleit-, Auffang-, Einstands-, Residual-, Sicherstellungs-, soziale Abfederungs-, Folgen- oder Legitimationsverantwortung u.a. verweist darauf, dass weder die Praxis des Gesetzgebers noch die Verwaltungsrechtslehre bereits auf standardisierte rechtsdogmatische Strukturen zurückgreifen können.

159 **Deshalb** ist auch das Bild der verschiedenen „Stufen" der (Gewährleistungs-)Verantwortung nur tragfähig, wenn man sich mit groben Abstufungen begnügt. Insofern liegt eine **Dreiteilung** in **Erfüllungs-, Gewährleistungs- und Auffangverantwortung** nahe,[568] doch wird damit nicht erkennbar mehr gewonnen als mit der herkömmlichen dreigliedrigen Unterscheidung zwischen Verwaltung und Privaten als Polen, zwischen denen in einer „Sphäre des Öffentlichen" Staat und Private zur Gemeinwohlverwirklichung zusammenwirken;[569] sie wird verwaltungswissenschaftlich auch als „Dritter Sektor" zwischen Staat und Markt kategorisiert.[570] Hinter der Auffangverantwortung verbergen sich grundrechtlich gebotene staatliche Handlungspflichten[571] zum Schutz vor einer Gefähr-

---

[564] Siehe näher *Franzius*, Gewährleistung (Fn. 15), S. 106 ff., 117 ff.; *Ruge*, Gewährleistungsverantwortung (Fn. 16), S. 172 ff.; *Voßkuhle*, Beteiligung (Fn. 46), S. 266 (304 ff.); *Weiß*, Beteiligung (Fn. 406), S. 1167 ff.; *Wolfgang Hoffmann-Riem*, Tendenzen in der Verwaltungsrechtsentwicklung, DÖV 1997, S. 433 (441 f.).

[565] *Schmidt-Aßmann*, Ordnungsidee, 3. Kap. Rn. 114 ff.; *Martin Nolte*, Staatliche Verantwortung im Bereich Sport, 2004, S. 196 f.; *Hartmut Bauer*, Privatisierungsimpulse und Privatisierungspraxis in der Abwasserentsorgung, VerwArch, Bd. 90 (1999), S. 561 (562); *Gunnar Folke Schuppert*, Die öffentliche Verwaltung im Kooperationsspektrum staatlicher und privater Aufgabenerfüllung: Zum Denken in Verantwortungsstufen, DV, Bd. 31 (1998), S. 415 (421 ff.).

[566] *Hoffmann-Riem*, Verantwortungsteilung (Fn. 161), S. 53; *Bauer*, Privatisierung (Fn. 4), S. 268 ff., 277 ff.

[567] Z.B. *Weiß*, Privatisierung (Fn. 376), S. 300 ff., 307 ff.; *Di Fabio*, Verwaltung (Fn. 23), S. 262 f.; → Bd. III *Kahl* § 47 Rn. 120 ff.

[568] *Nolte*, Verantwortung, (Fn. 565), S. 200, 204, als Raster für die Analyse staatlicher Verantwortung im Sport, ebd. S. 212 ff.; s. auch *Franzius*, Gewährleistung (Fn. 15), S. 122 ff.

[569] Zu dieser Trias staatlich-öffentlich-privat im (Träger-)Pluralismus teils staatlicher, teils individuell-gesellschaftlicher Verantwortungsbeiträge s. näher bereits *Häberle*, Verfassungslehre (Fn. 21), S. 661 ff., 774 f.

[570] So etwa *Christoph Reichard*, Der Dritte Sektor, DÖV 1988, S. 363 ff.; *Schuppert*, Markt (Fn. 535), S. 58 ff.

[571] *Burgi*, Privatisierung (Fn. 320), Rn. 28 f.; *Bauer*, Privatisierung (Fn. 4), S. 269 f.

dung dieser grundrechtlich geschützten Freiheiten im Falle von innergesellschaftlichen Fehlentwicklungen.

Die Erscheinungsformen der Gewährleistungsverantwortung spiegeln i.S. einer „abgestuften Verwaltungsverantwortung"[572] **Intensitätsgrade der spezifisch öffentlich-rechtlichen Aufgabenwahrnehmung**[573] gegenüber den an der Aufgabenwahrnehmung beteiligten Privaten. Sie strukturieren das Kooperationsspektrum zwischen staatlicher und privater Aufgabenerfüllung in Abhängigkeit der Gefahr von Fehlentwicklungen bei der Aufgabenwahrnehmung. **160**

Gemeinsam ist diesen gestuften Strukturen, dass es nicht um eine „kooperative" Aufgabenwahrnehmung im Sinne einer gemeinsamen rechtlichen Verantwortlichkeit von Staat und Privaten geht. Vielmehr bleiben die Verwaltung und die in grundrechtlicher Freiheit aktiven Bürger je nur für sich und ihr Handeln alleinverantwortlich. Wohl aber geht es um eine **faktisch gemeinsame Gemeinwohlkonkretisierung:**[574] Der Staat sucht die Aktivitäten der Privaten auszuweiten und für Gemeinwohlinteressen nutzbar zu machen, nicht aber seine alleinige Gewährleistungsverantwortung aufzuteilen;[575] Verwaltung und Private bewahren sich ihre je eigene Handlungslogik – rechtlich gebundene staatliche Neutralität und gesellschaftliche Freiheitsentfaltung – und profitieren deshalb voneinander. **161**

Die Stufen der Verantwortung beziehen sich jeweils auf das Handeln der Verwaltung aus deren Perspektive, unabhängig von der Gemeinwohlerbringung durch Private. Sie spiegeln auch eine je nach Sachbereich **unterschiedliche Verteilung von Verantwortung auf staatliche und nicht-staatliche Akteure** bei der Aufgabenwahrnehmung. Der Begriff der Verantwortungsteilung zielt auf diese Zuordnung von staatlichen, halbstaatlichen und privaten Akteuren im Sinne einer arbeitsteiligen Gemeinwohlkonkretisierung,[576] indem er zwar die Perspektive der staatlichen Beteiligung an der Gemeinwohlfindung beibehält, aber die Beiträge privater Akteure mitberücksichtigt. Darin liegt nicht eine Einebnung der Unterschiede von staatlichem und privatem Handeln,[577] sondern die differenzierte Aufnahme der unterschiedlichen rechtlichen Bindungen und Handlungsrationalitäten von Privaten bei gemeinsamer Zielverwirklichung von Verwaltung und Privaten.[578] Diese unterschiedlichen Verantwortlichkeiten können durch ein „Verwaltungskooperationsrecht" strukturiert werden.[579] **162**

---

[572] *Schuppert*, Privatisierungsdiskussion (Fn. 324), S. 559 ff.

[573] *Nolte*, Verantwortung (Fn. 565), S. 198 f.; *Schuppert*, Verwaltungswissenschaft, S. 403 f., 408; *ders.*, Die Erfüllung öffentlicher Aufgaben durch die öffentliche Hand, private Anbieter und Organisationen des Dritten Sektors, in: Jörn Ipsen (Hrsg.), Privatisierung öffentlicher Aufgaben, 1994, S. 17 (27).

[574] *Schmidt-Aßmann*, Ordnungsidee, 3. Kap. Rn. 116; s. auch *Baer*, „Bürger" (Fn. 45), S. 202 ff.

[575] Vgl. *Schmidt-Aßmann*, Ordnungsidee, 3. Kap. Rn. 114 f.

[576] *Nolte*, Verantwortung (Fn. 565), S. 200; *Lepsius*, Besitz (Fn. 237), S. 400 f.; *Schuppert*, Verwaltungswissenschaft, S. 410 f.; s. auch *Rossen*, Vollzug (Fn. 66), S. 208 ff.; → Bd. II *Hill* § 34 Rn. 72 f., *Pitschas* § 42 Rn. 11, 13 ff.

[577] Vgl. *Schmidt-Preuß*, Verwaltung (Fn. 23), S. 166; *Di Fabio*, Verwaltung (Fn. 23), S. 274 ff.; *Horn*, Staat (Fn. 54), S. 572.

[578] *Nolte*, Verantwortung (Fn. 565), S. 201, im Anschluss an *Hans-Heinrich Trute*, Verantwortungsteilung als Schlüsselbegriff eines sich verändernden Verhältnisses von öffentlichem und privatem Sektor, in: Schuppert (Hrsg.), Privatisierung (Fn. 195), S. 13 ff.

[579] *Weiß*, Beteiligung (Fn. 406), S. 1181 f.; *Schuppert*, Verwaltung (Fn. 565), S. 432, 435 ff.; *ders.*, Verwaltungswissenschaft, S. 443 ff.; → Rn. 118 ff.

b) Konkretisierungen der Gewährleistungsverantwortung

163 Die Gewährleistungsverantwortung schlägt sich in einer Fülle gesetzlich ausgestalteter Rechtspflichten der Verwaltung nieder mit dem Ziel, die Funktionsfähigkeit des Wettbewerbs privater Konkurrenten bei der Wahrnehmung öffentlicher Aufgaben zu gewährleisten: etwa durch Beobachtung, Beratung oder Regulierung.[580] Im Einzelnen lassen sich vor allem **drei Schwerpunkte der Gewährleistungsverantwortung** modellhaft akzentuieren.[581] Soweit die eigentliche Leistungserbringung durch Private gewährleistet werden soll, lässt sich von Gewährleistungsverantwortung (im engen Sinne)[582] oder auch von **Überwachungsverantwortung**[583] sprechen. Die Strukturen dieser Überwachungsverantwortung knüpfen an die herkömmlichen Strukturen der Marktaufsichtsverwaltung an.[584] Die Eigenüberwachung der Unternehmen wird durch eine staatliche (Rechts-)Aufsicht ergänzt, wie sie in der Banken- und Versicherungsaufsicht realisiert ist. Dabei geht es nun aber zusätzlich um eine öffentliche Beobachtung, Kontrolle und fortlaufende Steuerung des Ausgleichs von öffentlichen und privaten Interessen durch Formen der nachbessernden Einflussnahme, Reglementierung und Regulierung im Interesse einer ordnungsgemäßen privaten Aufgabenerfüllung.[585]

164 Von der Überwachungsverantwortung ist eine **Regulierungsverantwortung**[586] und auch Koordinationsverantwortung zu unterscheiden. Sie zielt auf die steuernde Bereitstellung angemessener rechtlicher Strukturen in Form von Organisation (z. B. „Organisationsverantwortung") und Verfahren, damit Private die öffentlichen Aufgaben möglichst gut erfüllen können.[587] Es geht um die Voraussetzungen für die Möglichkeit einer Leistungserbringung, die Gewährleistung wirtschaftlicher Marktstrukturen wie der erforderlichen Infrastrukturen. Vor allem bei der vertraglichen Einbeziehung Privater in die Wahrnehmung öffentlicher Aufgaben durch PPP[588] ist im Interesse der öffentlichen Aufgaben ein systematisches Vertragsmanagement festzulegen, das den Leistungen, Kosten und Risiken sowie der Komplexität des Vertragswerks gerecht wird,[589] bis hin zur Festlegung von dauerhaften verbindlichen und leistungsfähigen Kooperations- und Konfliktlösungsmechanismen einschließlich möglicher Sanktionen. Einer solchen präventiven Gemeinwohlsicherung dienen Regeln der Risikoverteilung und Risikoermittlungsregeln in Verträgen über projektbezogene PPP: Sie sollten verstärkt im Blick auf die Risikoteilung zwischen den privaten und öffentlichen Vertragspartnern Managementinformationssysteme enthalten einschließlich von

---

[580] Zur Vielfalt: *Ernst-Hasso Ritter*, Organisationswandel durch Expertifizierung und Privatisierung im Ordnungs- und Planungsrecht, in: Schmidt-Aßmann/Hoffmann-Riem (Hrsg.), Verwaltungsorganisationsrecht, S. 207 (231 ff.); *Schuppert*, Verwaltungswissenschaft, S. 403 f.; *Trute*, Verzahnungen (Fn. 235), S. 198 ff.
[581] Nach *Schmidt-Aßmann*, Ordnungsidee, 3. Kap. Rn. 115 ff.
[582] Vgl. *Trute*, Verzahnungen (Fn. 235), S. 199 ff.
[583] *Schuppert*, Verwaltungswissenschaft, S. 406 f.; *ders.*, Verwaltung (Fn. 565), S. 425 f.
[584] → Rn. 54 ff.
[585] *Bauer*, Privatisierung (Fn. 4), S. 277, 280; *Wahl*, Einschaltung (Fn. 365), S. 521.
[586] *Schuppert*, Verwaltungswissenschaft, S. 407.
[587] → Rn. 57 ff.
[588] → Rn. 114 ff.
[589] Positionspapier (Fn. 325), S. 412, 413.

Frühwarnsystemen zur Identifikation, Vermeidung und Handhabung der verschiedenen Risiken[590] und der Institutionalisierung eines systematischen Vertragscontrolling.

Eine Gewährleistung der Erfüllung von Verwaltungsaufgaben unter Mitwirkung von Privaten erfolgt außer durch Bereitstellung rechtlicher, organisatorischer oder vertraglicher Strukturen auch durch eine **Finanzierungs-, Förderungs- und Beratungsverantwortung** im Blick auf die Leistungsverwaltung, sei es durch finanzielle Leistungen (z. B. Filmförderung), sei es durch Beratungstätigkeit (z. B. Drogenberatung).

IV. Auffangverantwortung

Wenn die Verwaltung diese Gewährleistungsanforderungen nicht erfüllen kann, muss sie trotz Privatisierung doch, wenn auch in zweiter Linie, mit den Mitteln der Ordnungs- oder Leistungsverwaltung selbst für die Erfüllung der Verwaltungsaufgaben Sorge tragen. Für diese Reservefunktion hat sich der Oberbegriff der „**Auffangverantwortung**" breit gemacht.[591] Gemeinsam ist allen Erscheinungsformen der Auffangverantwortung, dass die den Privaten überlassene Erfüllung der öffentlichen Aufgaben nicht oder so schlecht realisiert wird, dass der Staat doch wieder erfüllungsverantwortlich korrigierend oder substituierend eingreifen muss. Der Staat darf sich von der Verantwortung für die Erfüllung von Aufgaben etwa der Daseinsvorsorge nicht einfach verabschieden, sondern er bleibt für die Gewährleistung bestimmter Mindeststandards verantwortlich.[592] Insoweit lassen sich verschiedene Dimensionen unterscheiden: Bei der **Einstandsverantwortung** handelt der Staat aufgrund seiner latenten Erfüllungsverantwortung mit seinen hoheitlichen Mitteln der Erfüllung wieder partiell selbst (statt der Privaten), im Wege der **Abfederungsverantwortung** sucht er unerwünschte soziale Folgen für Dritte zu kompensieren.[593] Die Auffangverantwortung kann im Extremfall sogar dazu führen, dass der Staat aufgrund von „Rückholoptionen" im Gesetz oder – bei deren Fehlen – aufgrund seiner verfassungsrechtlichen Schutzpflichten einen Privatisierungsprozess rückgängig machen muss.[594]

G. Fazit

Die typischen Grundmodi der Aufgabenwahrnehmung spiegeln eine charakteristische Vielfalt der deutschen Verwaltung der Gegenwart. Die **deutsche Verwaltung** war noch nie so **vielgestaltig** wie heute – nach ihren Rechtsquellen, ihren rechtlichen Handlungsformen, ihren Aufgabenfeldern und ihren Gestaltungsmodalitäten. Die deutsche Verwaltung unterlag auch noch nie einem

---

[590] Positionspapier (Fn. 325), S. 412, 413.
[591] Z. B. *Hoffmann-Riem*, Verantwortungsteilung (Fn. 161), S. 54 f.; *ders.*, Verfahrensprivatisierung als Modernisierung, DVBl 1996, S. 225 (232); *Schuppert*, Verwaltungswissenschaft, S. 407 f.
[592] *Schmidt*, Reform (Fn. 8), S. 166; *Wolfgang Hoffmann-Riem*, Finanzkontrolle als Steuerungsaufsicht im Gewährleistungsstaat, DÖV 1999, S. 221 ff.; *Klaus Stern*, Postreform zwischen Privatisierung und Infrastrukturgewährleistung, DVBl 1997, S. 309 (312).
[593] *Hoffmann-Riem*, Tendenzen (Fn. 564), S. 442.
[594] *Bauer*, Privatisierung (Fn. 4), S. 278; s. auch *Weiß*, Privatisierung (Fn. 376), S. 294 ff.; *Schmidt-Preuß*, Verwaltung (Fn. 23), S. 172 ff., 196 ff.

so **rasanten Wandel** – im Lichte der europarechtlichen Vorgaben, der Folgen der Wiedervereinigung, der Privatisierungsprozesse und der Ökonomisierung ihrer Handlungsoptionen. Die deutsche Verwaltung war vielleicht auch noch nie eine solche **Herausforderung für die Rechtswissenschaft** – weil die herkömmlichen Dichotomien von Staat und Gesellschaft, Öffentlichem Recht und Privatrecht, Verwaltung und Markt und die ihnen entsprechenden rechtsdogmatischen Kategorien den hybriden Erscheinungsformen der neuen Verwaltungswirklichkeit nicht gerecht werden. Solche Gewissheitsverluste machen Verwaltungsrechtswissenschaft zu einer dynamischen Daueraufgabe.

Ausgewählte Literatur

Badura, Peter, Die Daseinsvorsorge als Verwaltungszweck der Leistungsverwaltung und der soziale Rechtsstaat, DÖV 1966, S. 624–633.
Bauer, Hartmut, Privatisierung von Verwaltungsaufgaben, VVDStRL, Bd. 54 (1995), S. 243–286.
Burgi, Martin, Funktionale Privatisierung und Verwaltungshilfe, Tübingen 1999.
– Privatisierung öffentlicher Aufgaben – Gestaltungsmöglichkeiten, Grenzen, Regelungsbedarf. Gutachten D zum 67. DJT, München 2008.
Di Fabio, Udo, Risikoentscheidungen im Rechtsstaat, Tübingen 1994.
Dreier, Horst, Hierarchische Verwaltung im demokratischen Staat, Tübingen 1991.
Durner, Wolfgang, Konflikte räumlicher Planungen, Tübingen 2005.
Fehling, Michael/Ruffert, Matthias (Hrsg.), Regulierungsrecht, Tübingen 2010.
Franzius, Claudio, Der „Gewährleistungsstaat" – Ein neues Leitbild für den sich wandelnden Staat?, Der Staat, Bd. 42 (2003), S. 493–517.
Gramm, Christoph, Privatisierung und notwendige Staatsaufgaben, Berlin 1999.
Häberle, Peter, Öffentliches Interesse als juristisches Problem, 2. Aufl. Berlin 2006.
Hellermann, Johannes, Örtliche Daseinsvorsorge und gemeindliche Selbstverwaltung, Tübingen 2000.
Hermes, Georg, Staatliche Infrastrukturverantwortung, Tübingen 1998.
Hoffmann-Riem, Wolfgang, Verantwortungsteilung als Schlüsselbegriff moderner Staatlichkeit, in: FS Klaus Vogel, Heidelberg 2000, S. 47–64.
Kämmerer, Jörn A., Privatisierung, Tübingen 2001.
Knauff, Matthias, Der Gewährleistungsstaat: Reform der Daseinsvorsorge, Berlin 2004.
Kühling, Jürgen, Sektorspezifische Regulierung in den Netzwirtschaften, München 2004.
Lackner, Hendrik, Gewährleistungsverwaltung und Verkehrsverwaltung, Köln u. a. 2004.
Masing, Johannes, Grundstrukturen eines Regulierungsverwaltungsrechts, DV, Bd. 36 (2003), S. 1–32.
– Die Verfolgung öffentlicher Interessen durch Teilnahme des Staates am Wirtschaftsverkehr – Eine deutsche Perspektive, EuGRZ 2004, S. 395–403.
Osterloh, Lerke, Privatisierung von Verwaltungsaufgaben, VVDStRL, Bd. 54 (1995), S. 204–242.
Pielow, Johann-Christian, Grundstrukturen öffentlicher Versorgung, Tübingen 2001.
Ruge, Reinhard, Die Gewährleistungsverantwortung des Staates und der Regulatory State, Berlin 2004.
Schmidt-Preuß, Matthias, Verwaltung und Verwaltungsrecht zwischen gesellschaftlicher Selbstregulierung und staatlicher Steuerung, VVDStRL, Bd. 56 (1997), S. 160–234.
Schuppert, Gunnar Folke, Jenseits von Privatisierung und „schlankem" Staat: Vorüberlegungen zu einem Konzept von Staatsentlastung durch Verantwortungsteilung, in: Christoph Gusy (Hrsg.), Privatisierung von Staatsaufgaben: Kriterien – Grenzen – Folgen, Baden-Baden 1998, S. 72–115.
– Gemeinwohldefinition im pluralistischen Verfassungsstaat, GewArch 2004, S. 441–447.
Storr, Stefan, Der Staat als Unternehmer, Tübingen 2001.
Trute, Hans-Heinrich, Die Verwaltung und das Verwaltungsrecht zwischen gesellschaftlicher Selbstregulierung und staatlicher Steuerung, DVBl 1996, S. 950–964.
Voßkuhle, Andreas, Beteiligung Privater an der Wahrnehmung öffentlicher Aufgaben und staatliche Verantwortung, VVDStRL, Bd. 61 (2003), S. 266–335.
Wahl, Rainer, Die Aufgabenabhängigkeit von Verwaltung und Verwaltungsrecht, in: Hoffmann-Riem/Schmidt-Aßmann/Schuppert (Hrsg.), Reform, S. 177–218.
Weiß, Wolfgang, Privatisierung und Staatsaufgaben, Tübingen 2002.
– Beteiligung Privater an der Wahrnehmung öffentlicher Aufgaben und staatliche Verantwortung, DVBl 2002, S. 1167–1182.

Vierter Teil

Verwaltung als Organisation

§ 13 Die Verwaltungsorganisation als Teil organisierter Staatlichkeit[*]

Thomas Groß

Übersicht

	Rn.
A. Begriff und Bedeutung der Verwaltungsorganisation	1
I. Die Verwaltungsorganisation	3
1. Der Begriff der Organisation	4
2. Der Begriff der Verwaltung	6
a) Die Verwaltung in der Funktionenordnung	7
b) Privatrechtliche Verwaltungsorganisation	9
II. Der Zusammenhang zwischen Organisation und Entscheidung	11
B. Die Geschichte der Verwaltungsorganisation	14
I. Die Entstehung der modernen Verwaltung	15
1. Die äußere Struktur der staatlichen Verwaltung	16
2. Die innere Struktur der staatlichen Verwaltung	18
3. Die Entstehung der kommunalen Selbstverwaltung	19
II. Die Ausdifferenzierung der Verwaltung	20
1. Die Sozialversicherung	21
2. Die öffentlichen Unternehmen	22
III. Aktuelle Entwicklungstendenzen	23
1. Die Europäisierung	24
2. Die Funktionalreform	26
3. Die Privatisierung	28
4. Die neuen Steuerungsinstrumente	30
C. Gliederungsprinzipien der Organisationsgestaltung	34
I. Das Mehrebenensystem der Verwaltungsorganisation	35
1. Der europäische Verwaltungsverbund	36
2. Der föderale Aufbau	39
3. Die kommunale Selbstverwaltung	41
II. Die Rechtsformen der Verwaltungsorganisation	43
1. Öffentlich-rechtliche Rechtsträger	45
2. Privatrechtliche Rechtsträger	47
III. Die innere Struktur der Verwaltungseinheiten	49
1. Monokratische Organisation	50
2. Kollegiale Organisation	52
IV. Gesamtübersicht über die Verwaltungsorganisation	55
D. Einheit und Vielfalt der öffentlichen Verwaltung	60
I. Die Vielfalt der Verwaltung	63
1. Die Formen der Autonomie	66
a) Kommunale Selbstverwaltung	67
b) Funktionale Selbstverwaltung	69
c) Selbstständige Anstalten und Behörden	71
d) Öffentliche Unternehmen	77
2. Die Binnendifferenzierung der Staatsverwaltung	80
a) Die Ressorts	82
b) Die Behörden	85
3. Die institutionelle Einbeziehung Privater	88
a) Die Beleihung	89
b) Die gemischt-wirtschaftlichen Unternehmen	91
c) Der Dritte Sektor	93
II. Die Einheit der Verwaltung	95
1. Die Verwaltung im Nationalstaat	96
2. Die Koordinationsmechanismen	98
a) Die hierarchische Koordination	99
b) Die Rechtsaufsicht	102
c) Die horizontale Koordination	104
3. Organisationsverbünde	107
a) Intergouvernemental Organisationseinheiten	108
b) Föderale Organisationsverbünde	112
c) Interkommunale Organisationsverbünde	114
E. Internationale Verwaltungskooperation	116
I. Die Internationalisierung der Verwaltung	117
II. Die Organisationsformen	119
1. Die internationalen Organisationen	120
2. Die grenzüberschreitende Kooperation auf subnationaler Ebene	122
Leitentscheidungen	
Ausgewählte Literatur	
Materialien	

---

[*] Für wertvolle Unterstützung bei der Aktualisierung danke ich *Frank Cieslik*.

A. Begriff und Bedeutung der Verwaltungsorganisation

1   Der Staat ist eine komplexe Organisation, deren größter Teilbereich der Verwaltung zuzurechnen ist. Mit dem Begriff der organisierten Staatlichkeit können verschiedene Aspekte erfasst werden, die für das Verständnis der vielfältig gegliederten Verwaltungsorganisation wichtig sind. Zum einen verdeutlicht er, dass Staaten keine präexistenten Einheiten sind, sondern große Organisationen, die durch Rechtsnormen, insbesondere die Verfassung, konstituiert und strukturiert werden. Zum zweiten ermöglicht er, das Mehrebenensystem einer in die Europäische Union integrierten föderalen Verwaltung mit ihren pluralen Legitimationsbeziehungen zu erfassen, in dem die Staatsqualität nicht monopolisiert ist. Gleichzeitig macht er drittens aber auch deutlich, dass die staatliche Organisation in einer freiheitlichen Verfassungsordnung durch eine klare Grenze zum privaten Bereich markiert sein muss.[1]

2   Die Abgrenzung des Untersuchungsgegenstandes macht zunächst eine Definition beider Bestandteile des Begriffes Verwaltungsorganisation notwendig. „Organisation" kann unter Rückgriff auf Erkenntnisse von verschiedenen Sozialwissenschaften erfasst werden, doch kommt auch den normativen Aspekten eine zentrale Rolle zu, während die Abgrenzung des Bereiches der Verwaltung grundlegende verfassungsrechtliche Fragen der Funktionenordnung berührt (I.). Der Zusammenhang zwischen der Organisationsstruktur und einzelnen Entscheidungen ist für die Gestaltung der Organisation wichtig, aber schwierig zu erfassen (II.).

I. Die Verwaltungsorganisation

3   Die Verwaltungsorganisation hat eine rechtliche und eine soziale Komponente. Die normativen Elemente der Organisation als Regelsystem sind Gegenstand des Organisationsrechts, das die Rechtsinstitute zur Gestaltung des Aufbaus der Verwaltung zur Verfügung stellt und ihren Einsatz für bestimmte Aufgaben steuert. Das reale Funktionieren des Apparates, der in dem Handeln konkreter Personen als kollektiver Akteur erkennbar wird, ist Thema der deskriptiven Analyse, insbesondere durch die Verwaltungswissenschaften. Nur wenn beide Perspektiven kombiniert werden, kann die Komplexität des Gegenstandes adäquat erfasst werden, was Voraussetzung auch für die Konkretisierung der verfassungsrechtlichen Anforderungen an die Verwaltungsorganisation ist.

1. Der Begriff der Organisation

4   Mit dem Begriff der **Organisation** befassen sich unter den Sozialwissenschaften insbesondere die Soziologie, die Wirtschaftswissenschaften und die Psychologie. Eine eindeutige, disziplinenübergreifend konsensfähige Definition hat sich dabei nicht herausgebildet, zumal die verwendeten Kriterien ihrerseits oft unklar sind. In der Verwaltungswissenschaft werden ein institutioneller, ein struk-

---

[1] In diesem Kontext verwendet ihn das Bundesverfassungsgericht, um die Fraktionen als Teil des Staatsapparates einzuordnen, vgl. *BVerfGE* 20, 56 (104); 80, 188 (231).

tureller und ein funktionaler Organisationsbegriff unterschieden.² Für die rechtswissenschaftliche Rezeption gut geeignet erscheint die Beschreibung der Organisation als ein soziales Gebilde, das dauerhaft ein Ziel verfolgt und eine formale Struktur aufweist, mit deren Hilfe Aktivitäten der Mitglieder auf das verfolgte Ziel ausgerichtet werden.³ Dabei wird die doppelte Bedeutung des Begriffs Organisation betont, der sowohl den Prozess des Organisierens als auch das Ergebnis, ein strukturiertes Handlungssystem, umfasst.⁴ Aus juristischer Sicht ist in erster Linie die formale Organisation von Interesse, die als beabsichtigte, legitimierte, dauerhafte und zielgerichtete Struktur gekennzeichnet wird. Sie errichtet eine Zuständigkeitsordnung, d.h. ein Normensystem, das den aufgabenbezogenen Einsatz von Menschen gewährleisten soll.⁵ Diese normative Ordnung muss durch das tatsächliche Verhalten der Organisationsangehörigen mit Leben erfüllt werden.

In diesem Sinn einer Wirkeinheit ist auch der Staat als Organisation zu verstehen, die sich innerhalb des Gemeinwesens formt.⁶ Sie wird durch ein System von Rechtsregeln konstituiert, mit denen die Rechtsträger und Organe sowie ihre Kompetenzen festgelegt werden. Sie weisen letztlich jedem einzelnen staatlichen Funktionsträger seinen Wirkungskreis zu. Ein wichtiges Thema des Organisationsrechts ist deshalb die Frage der Organisationsbefugnis bzw. Organisationsgewalt. Die Grundzüge der Struktur der Bundesrepublik wie die föderale Ordnung und die Gewaltengliederung sind bereits durch die Verfassungen von Bund und Ländern vorgegeben. Die nähere Ausformung erfolgt durch Gesetze sowie bei der detaillierten Ausdifferenzierung der Teileinheiten auch durch verwaltungsinterne Normen. Die Organisation der Europäischen Union ergibt sich aus den Gründungsverträgen sowie den Rechtsakten des Sekundärrechts.

2. Der Begriff der Verwaltung

Über eine eindeutige Definition des Begriffes „Verwaltung" als Teil des Staates wird seit vielen Jahrzehnten diskutiert. Positive, negative und kombinierte Umschreibungsversuche stehen sich gegenüber, ohne dass sich eine Position durchsetzen konnte.⁷ Eine Abgrenzung gegenüber den anderen Erscheinungsformen der Staatsgewalt einerseits, dem privaten Sektor andererseits, ist aber nicht verzichtbar, da die Reichweite der rechtlichen Bindungen der Verwaltung von der

---

² *Ludwig Theuvsen*, Organisation, in: Peter Eichhorn u.a. (Hrsg.), Verwaltungslexikon, 3. Aufl. 2003, S. 779.

³ *Alfred Kieser/Herbert Kubicek*, Organisation, 6. Aufl. 2010, S. 6; ähnlich *Dietmar Vahs*, Organisation: Einführung in die Organisationstheorie und -praxis, 6. Aufl. 2007, S. 11 ff.; *Diether Gebert*, Organisationspsychologie: Person und Organisation, 5. Aufl. 2002, S. 22 f.; vgl. auch den Überblick bei *Thomas Groß*, Grundzüge der organisationswissenschaftlichen Diskussion, in: Schmidt-Aßmann/Hoffmann-Riem (Hrsg.), Verwaltungsorganisationsrecht, S. 139 ff.

⁴ *Günther Ortmann/Jörg Sydow/Arnold Winkler*, Organisation als reflexive Strukturation, in: Günther Ortmann/Jörg Sydow/Klaus Türk (Hrsg.), Theorien der Organisation, 2. Aufl. 2000, S. 315 ff.

⁵ *Thomas Groß*, Das Kollegialprinzip in der Verwaltungsorganisation, 1999, S. 13 m.w.N.

⁶ *Hermann Heller*, Staatslehre, 6. Aufl. 1983, S. 259; *Hans-Heinrich Trute*, Funktionen der Organisation und ihre Abbildung im Recht, in: Schmidt-Aßmann/Hoffmann-Riem (Hrsg.), Verwaltungsorganisationsrecht, S. 249 (253); *Martin Burgi*, Verwaltungsorganisation, in: Erichsen/Ehlers (Hrsg.), VerwR, § 7 Rn. 7.

⁷ Vgl. den Überblick bei *Rolf Stober*, in: Wolff/Bachof/Stober/Kluth, VerwR I, § 3 Rn. 1 ff.; → Bd. I *Möllers* § 3 Rn. 4 f., *Poscher* § 8 Rn. 56 ff., *Hoffmann-Riem* § 10 Rn. 38.

Bestimmung ihres Anwendungsbereiches abhängig ist. Dafür ist es notwendig, die Verortung der öffentlichen Verwaltung in der Funktionenordnung des Grundgesetzes zugrunde zu legen.[8] Ebenfalls verfassungsrechtlich determiniert ist die Frage, inwieweit privatrechtliche Organisationsformen einzubeziehen sind.

a) Die Verwaltung in der Funktionenordnung

7   Art. 20 Abs. 2 S. 2 GG unterscheidet zwischen den drei **Funktionen** Gesetzgebung, vollziehende Gewalt und Rechtsprechung auf der einen Seite und den besonderen **Organen,** durch die sie ausgeübt werden, auf der anderen Seite. Verwaltung kann man also sowohl als Teil der vollziehenden Gewalt, d.h. als Funktion in einem materiellen Sinn verstehen, wie es etwa in § 1 VwVfG angelegt ist, oder als Organisation, d.h. in einem formellen Sinn.[9] Das Grundgesetz bietet aber keine umfassende Zuordnung von Funktion und Organisation, ebenso wenig wie die Landesverfassungen, auch wenn ihnen im Grundsatz das gleiche Gewaltenteilungsschema zugrunde liegt. Andererseits machte die verfassungstextliche Unterscheidung der Funktionen keinen Sinn, wenn ihr keine bestimmbaren Inhalte zugrunde liegen würden.

8   Das Grundgesetz enthält immerhin in Art. 77f. für die Gesetzgebung, die durch den Bundestag unter Mitwirkung des Bundesrates erfolgt, sowie in Art. 92 für die Rechtsprechung, die durch die Gerichte erfolgt, klare Zuordnungen von Funktionen und Organen. Für die vollziehende Gewalt fehlt dagegen eine entsprechende Regelung. Vielmehr müssen Art. 65, 65a, 86ff. und weitere Regelungen des Grundgesetzes zusammen gesehen werden. Parlamente und Gerichte sind bei einer formellen, organisationsbezogenen Abgrenzung auszuklammern. Es ist zwar anerkannt, dass sie auch funktional Verwaltungstätigkeiten ausüben können, wenn man etwa an die Entscheidungen des Bundestagspräsidenten in Fragen der Parteienfinanzierung oder an Justizverwaltungsakte denkt. Die Institutionen der ersten und dritten Gewalt werden dadurch aber nicht zu Teilen der Verwaltungsorganisation, da es sich nicht um ihre Hauptfunktionen handelt. Dagegen lässt sich die funktionale Unterscheidung zwischen Regierung und Verwaltung als den beiden Komponenten der vollziehenden Gewalt organisatorisch nicht eindeutig abbilden, da es keine Teile der Staatsorganisation gibt, die ausschließlich Regierungsfunktionen wahrnehmen.[10] Die Verwaltungsorganisation umfasst folglich alle Teile des Staates, die weder Parlament noch Gericht sind.[11]

b) Privatrechtliche Verwaltungsorganisation

9   Während die Behörden der Europäischen Union, des Bundes und der Länder sowie die Körperschaften, Anstalten und Stiftungen des öffentlichen Rechts unabhängig von den Aufgaben, die sie erfüllen, selbstverständlich Teile der staatlichen Verwaltungsorganisation bilden, ist die Zuordnung der **privatrechtlichen**

---

[8] → Bd. I *Poscher* § 8.
[9] Vgl. *Paul Stelkens/Herbert Schmitz,* in: Stelkens/Bonk/Sachs (Hrsg.), VwVfG, § 1 Rn. 159ff.
[10] *Walter Krebs,* Verwaltungsorganisation, in: HStR V, § 108 Rn. 5.
[11] *Christoph Möllers,* Gewaltengliederung, 2005, S. 112ff.; *Thomas Groß,* Die öffentliche Verwaltung als normative Konstruktion, in: Trute/Groß/Röhl/Möllers (Hrsg.), Allgemeines Verwaltungsrecht, S. 349ff.

juristischen Personen, an denen ein staatlicher Verwaltungsträger beteiligt ist, weniger eindeutig. Diese Frage ist nicht nur von staatstheoretischem Interesse, von ihrer Beantwortung hängen auch Auswirkungen insbesondere für die Grundrechtsbindung und -berechtigung ab, die praktisch relevant sind, wenn z. B. die Pflicht zur Beachtung des Gleichheitssatzes oder die Zulässigkeit einer Verfassungsbeschwerde strittig sind.

Wählt man vorrangig die Rechtsform als Kriterium und versteht die privatrechtlichen Gesellschaften lediglich als Instrumente der Verwaltung, so werden sie organisatorisch nicht dem Bereich der Verwaltungsorganisation zugerechnet.[12] Dem Grundgesetz ist allerdings keine solche Trennung zwischen formeller und materieller Zuordnung zum Staat zu entnehmen. Vielmehr erfasst die Grundrechtsbindung des Art. 1 Abs. 3 GG alle Erscheinungs- und damit auch alle Organisationsformen staatlicher Tätigkeit.[13] Aufgrund der nicht disponiblen Verpflichtung der staatlichen Organisationseinheiten auf das öffentliche Interesse sind sie nicht nur berechtigt, sondern auch verpflichtet, sich am Wohl der Allgemeinheit zu orientieren.[14] Folglich kommt es für den Geltungsbereich der staatlichen Bindungen nicht auf die verwendete Rechtsform an, sondern auf die rechtlich verfestigte Eingliederung einer Organisation in den Einflussbereich eines Verwaltungsträgers.[15] Entscheidend ist deshalb die **staatliche Beherrschung** des Unternehmens.[16]

II. Der Zusammenhang zwischen Organisation und Entscheidung

Die Produktion von Entscheidungen ist ein wesentliches Charakteristikum von Organisationen.[17] Die Organisation wiederum gestaltet den Entscheidungsprozess und damit einen wesentlichen Faktor, der die Ergebnisse präformiert.[18] Deshalb hat die These, dass die Struktur einer Organisation Auswirkungen auf die Art der Aufgabenerfüllung hat und insbesondere auch den Inhalt von Einzelentscheidungen beeinflusst, eine hohe Plausibilität für sich. Abstrakte Aussagen über den Zusammenhang zwischen einer bestimmten Aufgabe, einer bestimmten Entscheidungsart und einer bestimmten Organisationsstruktur sind jedoch nur schwer zu treffen. Die Kausalbeziehungen zwischen den verschiedenen Faktoren sind regelmäßig zu komplex, so dass es nicht möglich ist, wissenschaftlich verlässlich eine optimale Organisationsform für eine bestimmte Aufgabe zu bestimmen.[19] Zur Abbildung der Interdependenzen zwischen den

---

[12] *Günter Püttner,* Die öffentlichen Unternehmen, 1969, S. 319.
[13] So nun eindeutig *BVerfG,* NJW 2011, S. 1201 (1203); BVerwGE 113, 208 (211); anders allerdings für die Deutsche Telekom AG BVerwGE 114, 160 (189), unter Hinweis auf Art. 87f Abs. 2 GG; s. a. *BGH,* NJW 2004, S. 1031, der zwar eine unmittelbare Anwendung der Grundrechte ablehnt, aber das Willkürverbot auch auf fiskalisches Handeln anwendet; vgl. zu den vertretenen Positionen auch den Überblick bei *Peter Selmer,* Zur Grundrechtsberechtigung von Mischunternehmen, in: HGR II, § 53.
[14] *Görg Haverkate,* Die Einheit der Verwaltung als Rechtsproblem, VVDStRL, Bd. 46 (1988), S. 217 (228).
[15] *Groß,* Kollegialprinzip (Fn. 5), S. 26 ff.
[16] → Rn. 92.
[17] *Niklas Luhmann,* Organisation und Entscheidung, 2000, S. 63.
[18] *Rainer Wahl,* Privatorganisationsrecht als Steuerungsinstrument bei der Wahrnehmung öffentlicher Aufgaben, in: Schmidt-Aßmann/Hoffmann-Riem (Hrsg.), Verwaltungsorganisationsrecht, S. 301 (311 ff.); *Schuppert,* Verwaltungswissenschaft, S. 544 ff.; → Bd. I *Schuppert* § 16 Rn. 5.
[19] *Groß,* Grundzüge (Fn. 3), S. 149.

verschiedenen Elementen der Koordination und Interaktion, die ein bestimmtes Feld strukturieren, ist deshalb in den Sozialwissenschaften der Begriff der **Governance** entwickelt worden, der auch weitere Mechanismen wie Verfahrens- oder Finanzierungsregeln einbezieht.[20]

12 Ungeachtet dieser Schwierigkeiten ist es aber möglich, gewisse Relationen zwischen Aufgabenart und Organisationsform herzustellen. So ist es offensichtlich nicht sinnvoll, materiell präzise programmierte Entscheidungen von gewählten ehrenamtlichen Amtsträgern einer Selbstverwaltungseinheit treffen zu lassen, da ihre spezifische politische Funktion Gestaltungsspielräume voraussetzt. Auf der anderen Seite sind die strikt arbeitsteiligen Strukturen einer bürokratischen Behörde leicht überfordert, wenn komplexe Aufgaben zu bewältigen sind. Kreativität wird v. a. in teamartigen Arbeitszusammenhängen gefördert.[21] Vor allem in den Sozial- und Wirtschaftswissenschaften wird in diesem Zusammenhang das **Netzwerk** als neue Art der flexiblen und lernfähigen Organisation diskutiert[22]. Allerdings handelt es sich hierbei nicht um eine eigenständige Form der Aufbaustruktur, wenn man Organisation als dauerhaftes Regelsystem versteht,[23] sondern der Begriff erleichtert die Beschreibung der Bedeutung von Kooperationsbeziehungen innerhalb wie zwischen Organisationen, die es also sowohl in der öffentlichen Verwaltung als auch zwischen Verwaltung und Gesellschaft geben kann[24]. Sie können rechtlich institutionalisiert werden, z.B. in Kollegialgremien[25] oder Organisationsverbünden,[26] aber auch auf informelle Wege des Informationsaustausches beschränkt sein.

13 Die Problematik der Steuerungsrelationen lässt sich am Beispiel des Wissenschaftssektors zeigen, in dem das Organisationsrecht eine zentrale Funktion einnimmt.[27] Schon im grundlegenden Hochschulurteil des Bundesverfassungsgerichtes wird die Ambivalenz deutlich, da es einerseits betont, dass der Inhalt der Entscheidungen von einzelnen Organen durch ihre Zusammensetzung „mindestens tendenziell, in einem allgemeinen qualitativen Sinn" vorausbestimmt wird, andererseits daraus lediglich Begrenzungen der grundsätzlich anerkannten gesetzgeberischen Entscheidungsfreiheit folgert.[28] Nachdem in der Zwischenzeit

---

[20] Vgl. *Hans-Heinrich Trute/Wolfgang Denkhaus/Doris Kühlers*, Governance in der Verwaltungsrechtswissenschaft, DV, Bd. 37 (2004), S. 451; → Bd. I *Voßkuhle* § 1 Rn. 21, 68 ff., *Schuppert* § 16 Rn. 20 ff.

[21] *Hubert Treiber*, Von der Programm(entwicklungs)-Forschung zur Netzwerkanalyse, in: Hoffmann-Riem/Schmidt-Aßmann (Hrsg.), Innovation, S. 371 (376 ff.); *Kieser/Kubicek*, Organisation (Fn. 3), S. 113 ff.

[22] Vgl. z. B. *Jörg Sydow*, Management von Netzwerkorganisationen – Zum Stand der Forschung, in: ders. (Hrsg.), Management von Netzwerkorganisationen, 1999, S. 279 ff.; *Jörg Sydow/Arnold Windeler*, Steuerung von und in Netzwerken – Perspektiven, Konzepte, vor allem aber offene Fragen, in: dies. (Hrsg.), Steuerung von Netzwerken, 2000, S. 1 ff.; *Dorothea Jansen*, Einführung in die Netzwerkanalyse, 2. Aufl. 2003; *Christoph Möllers*, Netzwerk als Kategorie des Organisationsrechts. Zur juristischen Beschreibung dezentraler Steuerung, in: Janbernd Oebbecke (Hrsg.), Nicht-normative Steuerung in dezentralen Systemen, 2005, S. 285 ff.; → Bd. I *Schuppert* § 16 Rn. 134 ff.

[23] → Rn. 4.

[24] *Karl-Heinz Ladeur*, Von der Verwaltungshierarchie zum administrativen Netzwerk?, DV, Bd. 26 (1993), S. 137 ff.; *Martin Eifert*, Innovationen in und durch Netzwerkorganisationen: Relevanz, Regulierung und staatliche Einbindung, in: ders./Wolfgang Hoffmann-Riem (Hrsg.), Innovation und Regulierung, 2002, S. 88 ff.; *Hermann Hill*, Partnerschaften und Netzwerke – Staatliches Handeln in der Bürgergesellschaft, BayVBl. 2002, S. 321 ff.

[25] → Rn. 52 ff.

[26] → Rn. 107 ff.

[27] *Klaus F. Gärditz*, Hochschulorganisation und verwaltungsrechtliche Systembildung, 2009.

[28] *BVerfGE* 35, 79 (120 ff.).

zum Teil sehr detaillierte Vorgaben für die Hochschulorganisation aus Art. 5 Abs. 3 GG abgeleitet worden waren,[29] hat das Bundesverfassungsgericht zuletzt wieder stärker die Einschätzungsprärogative des Gesetzgebers betont und z.B. deutliche Kompetenzverschiebungen von den Kollegial- zu den Leitungsorganen gebilligt.[30] Im Bereich der außeruniversitären Forschungseinrichtungen ist die Variationsbreite besonders auffällig, denn hier wird die gleiche Aufgabe der wissenschaftlichen Forschung in den Rechtsformen der Anstalt oder Stiftung des öffentlichen Rechts, aber auch des Vereins und der GmbH durchgeführt, deren Wahl v. a. historischen Zufälligkeiten zu verdanken ist, nicht aber erkennbaren Sachgesetzlichkeiten.[31]

B. Die Geschichte der Verwaltungsorganisation

Die Entstehung der öffentlichen Verwaltung ist Teil des umfassenden historischen Prozesses der Bildung des modernen Staates in Europa. Seine Anfänge reichen weit in das Mittelalter zurück.[32] Die zentralen staatlichen Behörden haben sich im Wesentlichen aus den Beratungsgremien der Monarchen (Hofrat, Geheimer Rat) herausgebildet. Obwohl die Entwicklung in den verschiedenen deutschen Territorien sehr unterschiedlich verlief, ist eine deutliche Zäsur an der Wende vom 18. zum 19. Jahrhundert erkennbar,[33] als unter dem Einfluss der französischen Revolution und der napoleonischen Besatzung nicht nur die Zahl der Staaten deutlich reduziert wurde, sondern auch mehr oder weniger unabhängig von der jeweiligen verfassungsrechtlichen Situation umfangreiche Reformen des Staatsapparates vorgenommen wurden. Sie wird hier als Beginn der modernen Verwaltungsorganisation verstanden (I.). In der folgenden Zeit, insbesondere ab dem Ende des 19. Jahrhunderts, hat sich die öffentliche Verwaltung weiter ausdifferenziert (II.). Die aktuellen Tendenzen sind v.a. durch die Europäisierung und das Ziel der Effizienzsteigerung gekennzeichnet (III.). 14

I. Die Entstehung der modernen Verwaltung

Die Umwälzungen in Frankreich während der Revolutionszeit und die Schwäche der deutschen Teilstaaten in den militärischen Auseinandersetzungen mit Napoleons Armeen führten v.a. in den Führungskreisen der Beamtenschaft zu einer intensiven Debatte über notwendige **Reformen** der Verwaltung und ihrer Organisation. Sie war bereits auf die bis heute zentralen Ziele ausgerichtet: 15

---

[29] Vgl. die Darstellung bei *Dieter Sterzel/Joachim Perels*, Freiheit der Wissenschaft und Hochschulmodernisierung, 2003, S. 49 ff.
[30] *BVerfGE* 111, 333.
[31] Vgl. *Thomas Groß/Natalie Arnold*, Regelungsstrukturen der außeruniversitären Forschung, 2007, S. 25 ff.
[32] Vgl. die Überblicke bei *Winfried Kluth,* in: Wolff/Bachof/Stober, VerwR III, 5. Aufl. 2004, § 80 Rn. 97 ff.; *Anton Schindling,* in: Otto Brunner/Werner Conze/Reinhard Koselleck (Hrsg.), Geschichtliche Grundbegriffe, Studienausgabe 2004, Bd. 7, Stichwort „Verwaltung", VII.; *Forsthoff*, VerwR, S. 18 ff.; s. a. die rechtsvergleichenden Darstellungen in: IPE III.
[33] Ebenso *Klaus Türk/Thomas Lemke/Michael Bruch*, Organisation in der modernen Gesellschaft, 2. Aufl. 2006, S. 88. → Bd. I *Stolleis* § 2 Rn. 26 ff.

klare Verantwortungsstrukturen einerseits, aufgabenbezogene Effizienz andererseits. Während die demokratischen Vorstellungen, der Bevölkerung die Mitwirkung an staatlichen Entscheidungen durch parlamentarische Repräsentation und ehrenamtliche Tätigkeit in Verwaltung und Justiz zu ermöglichen, in Deutschland nur sehr zögerlich umgesetzt wurden, erfolgte die Vereinheitlichung und Straffung der Behördenstruktur rascher. In einem der einflussreichsten Konzepte für Preußen wurde die Einheit in Beratung, Leitung und Ausführung als erster allgemeiner Grundsatz zur Veränderung der Geschäftspflege, d.h. der Verwaltungsorganisation, genannt.[34] Als wesentliche Kennzeichen der modernen Verwaltung, die sich flächendeckend allerdings erst im Lauf des 19. Jahrhunderts durchgesetzt haben, sind für die Geschäftsverteilung der Übergang vom Provinzial- zum Realprinzip, für die Entscheidungsfindung die Verdrängung des Kollegialprinzipes durch das Büroprinzip und schließlich die Integration der kommunalen Körperschaften in die öffentliche Verwaltung zu nennen.

1. Die äußere Struktur der staatlichen Verwaltung

16   Die zentralen Behörden der deutschen Territorialstaaten waren ursprünglich nach dem Provinzialprinzip gegliedert, d.h. die Zuständigkeiten der einzelnen Abteilungen waren nicht nach sachlichen, sondern nach räumlichen Kriterien bestimmt. In Preußen begann die Einführung von Fachressorts im Generaldirektorium zur Erhöhung von Rationalität und Effizienz bereits im 18. Jahrhundert.[35] Selbstständige, gleichgeordnete, monokratisch strukturierte **Fachministerien** als Verwaltungsspitzen, deren Koordination im Kabinett erfolgt, wurden in den großen Staaten in den ersten beiden Jahrzehnten des 19. Jahrhunderts geschaffen.[36] Die fünf klassischen Ressorts waren Äußeres, Inneres, Justiz, Finanzen und Kriegswesen.

17   Die nachgeordnete Verwaltung bildeten in erster Linie die regionalen Mittelbehörden, in Preußen die 1808/1815 eingerichteten Regierungen, die intern in verschiedene Abteilungen mit fachlichen Aufgaben gegliedert waren.[37] Gleichzeitig waren die Regierungen die Aufsichtsinstanz für Landräte und Städte. Neben ihnen bestanden jedoch in wachsender Zahl Sonderbehörden, z.B. Schulkollegien, Oberbergämter, Forst- und Domänendirektionen etc., so dass es zu keinem Zeitpunkt eine organisatorische Einheitlichkeit der öffentlichen Verwaltung gab.

2. Die innere Struktur der staatlichen Verwaltung

18   In der ersten Hälfte des 19. Jahrhunderts erfolgte die weitgehende Abkehr vom Kollegialprinzip als Regelform des Geschäftsganges. Die gemeinsame Bera-

---

[34] *Karl v. Altenstein*, Denkschrift über die Leitung des preußischen Staates vom 11.9.1807, abgedruckt in: Georg Winter (Hrsg.), Die Reorganisation des Preußischen Staates unter Stein und Hardenberg, Erster Teil: Allgemeine Verwaltungs- und Behördenreform, Bd. 1, 1931, S. 364 (520).
[35] Dazu ausführlich *Peter Mainka*, Vom Regional- zum Ressortprinzip unter Friedrich II. von Preußen. Die Einrichtung von Fachdepartements beim Generaldirektorium (1740–1786), in: Eberhard Laux/Karl Teppe (Hrsg.), Der neuzeitliche Staat und seine Verwaltung, 1998, S. 35 ff.
[36] Zusammenfassend *Franz-Ludwig Knemeyer*, Regierungs- und Verwaltungsreformen in Deutschland zu Beginn des 19. Jahrhunderts, 1970, S. 290 ff.
[37] *Knemeyer*, Verwaltungsreformen (Fn. 36), S. 97 ff.

tung aller Verwaltungsangelegenheiten in Sitzungen wurde zunehmend als zu aufwendig und langsam empfunden. Nach dem Vorbild der napoleonischen Reformen der französischen Verwaltung im Jahr 1800 wurde die monokratische und hierarchische innere Struktur mit einer strikten Arbeitsteilung auch in den Behörden der deutschen Staaten eingeführt.[38] Die Entwicklung vollzog sich jedoch mit unterschiedlicher Geschwindigkeit und verschiedenen Ausnahmen, wie etwa den preußischen Bezirksregierungen, die bis 1932 kollegialisch organisiert waren, ebenso wie bestimmte Sonderbehörden, z. B. Schulkollegien. Schon der preußische Reformer *v. Altenstein* hatte empfohlen, dass sich die bürokratische Erledigung (nur) auf diejenigen Geschäfte beziehen soll, „wobei es vorzüglich mehr auf Ausführung als Deliberation ankommt".[39] Aus demokratisch-liberaler Sicht wurde dem bürokratischen System sogar eine besondere Affinität zum autokratischen Absolutismus zugewiesen.[40] Eine vollständige Verdrängung der kollegialen Struktur durch die **monokratisch-hierarchische Gliederung** hat nie stattgefunden.

3. Die Entstehung der kommunalen Selbstverwaltung

Die Vergrößerung der meisten Territorialstaaten nach dem Ende des alten Reiches wurde vom Reformbeamtentum zu einer umfassenden Reorganisation nicht nur der Mittelbehörden, sondern auch der **Kommunalverwaltung** genutzt. Auf der einen Seite stand ein starker Trend zur Herstellung eines zentralistischen Einheitsstaates, in dem kein Platz für politische eigenständige Entscheidungsträger ist.[41] Auf der anderen Seite entwickelte sich auf der Grundlage des liberalen Gedankengutes, das insbesondere mit der Person des *Freiherrn vom Stein* verbunden ist, eine neue Auffassung von der Notwendigkeit, die Bürger an der Verwaltung der örtlichen Angelegenheiten zu beteiligen.[42] Der für die spätere Entwicklung der kommunalen Selbstverwaltung richtungsweisende Kompromiss findet sich in der preußischen Städteordnung von 1808, die einerseits erstmals eine gewählte Repräsentation der Bürger einführte, andererseits zwar begrenzte, aber extensiv angewendete Aufsichtsrechte des Staates vorsah.[43] Der Ausbau der demokratischen Selbstverwaltungsstrukturen und die Erweiterung der ihnen zugestandenen Befugnisse erfolgten nur Schritt für Schritt. Die Kreise als überörtliche Selbstverwaltungskörperschaften wurden in den einzelnen Territorien zu sehr unterschiedlichen Zeitpunkten eingeführt und bildeten erst gegen Ende des 19. Jahrhunderts eine durchgehende zweite kommunale Ebene.[44]

19

---

[38] Vgl. *Groß*, Kollegialprinzip (Fn. 5), S. 113 ff.

[39] Zitat aus *v. Altenstein*, Denkschrift (Fn. 34), S. 539.

[40] Vgl. *Esther-Beate Körber*, Zum Geschäftsgang der Verwaltung: Vorschläge von Rotteck, Welcker und Malchus im frühen 19. Jahrhundert, in: Laux/Teppe (Hrsg.), Der neuzeitliche Staat (Fn. 35), S. 99.

[41] *Franz-Ludwig Knemeyer*, in: Jeserich/Pohl/v. Unruh (Hrsg.), Verwaltungsgeschichte II, S. 120 (144 f.).

[42] Vgl. *Heinrich Heffter*, Die deutsche Selbstverwaltung im 19. Jahrhundert, 2. Aufl. 1969, S. 93; zur zeitgenössischen Debatte vertiefend *Pascale Cancik*, Selbst ist das Volk? – Der Ruf nach „Volkstümlichkeit der Verwaltung" in der ersten Hälfte des 19. Jahrhunderts, Der Staat, Bd. 43 (2004), S. 298 ff.

[43] Dazu ausführlich *Wolfgang Kahl*, Die Staatsaufsicht, 2000, S. 69 ff.

[44] Vgl. *Georg C. v. Unruh*, Der Kreis – Ursprung, Wesen und Wandlungen, in: Verein f. d. Geschichte d. Dt. Landkreise e. V. (Hrsg.), Der Kreis. Ein Handbuch, Bd. 1, 1972, S. 11 (23 ff.).

II. Die Ausdifferenzierung der Verwaltung

20 Bereits im Laufe des 19. Jahrhunderts zeigte sich, dass prononciert liberale Konzeptionen einer Zurückdrängung des Staates auf reine Ordnungsaufgaben in der politischen Praxis nicht durchsetzbar waren. Auch erwies sich die ursprüngliche Konzeption der Reichsverfassung von 1871, dem Reich kaum eigene Verwaltungszuständigkeiten zu übertragen, als unrealistisch, so dass mehr und mehr Reichsämter gegründet wurden.[45] Als besonders markantes Beispiel einer neuen Staatsaufgabe, für die zudem eine neuartige Verwaltungsstruktur geschaffen wurde, ist die Sozialversicherung zu nennen. Andererseits verstärkten alle staatlichen Ebenen, insbesondere aber die Gemeinden, ihr wirtschaftliches Engagement durch die Gründung öffentlicher Unternehmen, die sich zu einem eigenständigen Verwaltungssektor entwickelten.

1. Die Sozialversicherung

21 Die für die deutsche **Sozialversicherung** charakteristische körperschaftliche Organisation ist eines der zentralen Elemente, das in der kaiserlichen Botschaft vom 17. November 1881, der historischen Grundlegung der späteren Einzelgesetze, enthalten ist. Statt der ursprünglich geplanten bürokratischen Reichsanstalt wurde nun entschieden, dass die neue Aufgabe „in der Form korporativer Genossenschaften unter staatlichem Schutz und staatlicher Förderung" wahrgenommen werden solle, womit ein demokratischer, aber auch ein anti-parlamentarischer Zweck verfolgt wurde.[46] Anknüpfungspunkte fanden sich zum einen in der kommunalen Selbstverwaltung, zum anderen in der knappschaftlichen Versicherung, die schon lange genossenschaftlich organisiert war.[47] Für die Krankenversicherung wurden Ortskrankenkassen, für die Rentenversicherung Landesversicherungsanstalten und für die Unfallversicherung Berufsgenossenschaften geschaffen, wobei die Art der Mitwirkung von Versicherten und Arbeitgebern im Einzelnen unterschiedlich ausgestaltet war.[48] Die erste verwaltungsrechtliche Analyse der neuen Organisationsform betonte die Rechtsförmigkeit der Beziehungen zwischen dem Staat und den öffentlichen Genossenschaften sowie das Selbstverwaltungsrecht als Form der Selbstbestimmung ihres Willens.[49] Auch in der erst 1927 geschaffenen Arbeitslosenversicherung wurde am Prinzip der gemeinsamen Selbstverwaltung von Arbeitnehmern und Arbeitgebern festgehalten.

2. Die öffentlichen Unternehmen

22 Staatliche Wirtschaftstätigkeit gab es bereits im Merkantilismus und damit lange vor der Neuordnung der Verwaltungsorganisation im 19. Jahrhundert. Ab

---

[45] Vgl. *Armin Dittmann*, Die Bundesverwaltung, 1983, S. 28 ff.
[46] Vgl. *Florian Tennstedt*, Vorgeschichte und Entstehung der kaiserlichen Botschaft vom 17. November 1881, ZSR 1981, S. 663 (703 ff.); *Michael Stolleis*, Geschichte des Sozialrechts in Deutschland, 2003, S. 52 ff.
[47] *Walter Bogs*, Die Sozialversicherung in der Weimarer Demokratie, VSSR, Beiheft 2, 1981, S. 2 ff.
[48] Vgl. *Dieter Leopold*, Die Selbstverwaltung in der Sozialversicherung, 4. Aufl. 1992, S. 70 ff.
[49] *Heinrich Rosin*, Das Recht der öffentlichen Genossenschaft, 1886 (Neudruck 1971), S. 33, 101 ff.

den 1870er Jahren setzte sich die Auffassung durch, dass das liberale Programm eines Rückzugs des Staates aus unternehmerischen Funktionen nicht vollständig durchführbar war, da einige für die Versorgung der Bevölkerung wie für den Aufbau der Volkswirtschaft wichtige Infrastrukturleistungen privatwirtschaftlich nicht befriedigend erbracht wurden. Dabei kamen unterschiedliche Ziele zur Geltung. Während die schon in der ersten Hälfte des 19. Jahrhunderts beginnende Gründung der kommunalen Sparkassen sozialpolitisch motiviert war, diente die Verstaatlichung der Eisenbahnen in Preußen, die im Jahr 1879 erfolgte, in erster Linie der Rationalisierung im Verkehrswesen, aber auch dem militärischen Nutzen.[50] Die kommunalen Versorgungs- und Verkehrsunternehmen waren überwiegend als Regiebetriebe organisiert, erhielten aber bereits in der Zeit der Weimarer Republik größere Selbstständigkeit, die 1938 zur Eigenbetriebsverordnung führte.[51] Dagegen wurden die **Wirtschaftsunternehmen,** die vom Reich und den Ländern gegründet oder übernommen wurden, nach dem 1. Weltkrieg fast ausschließlich als privatrechtliche Gesellschaften geführt.[52] 1925 arbeiteten 11% aller in Gewerbebetrieben Beschäftigten in öffentlichen Unternehmen.[53] Schon damals wurde aber auch harte Kritik an der Verdrängung der Privatwirtschaft und der Verquickung von Politik und Wirtschaft geübt.[54]

III. Aktuelle Entwicklungstendenzen

Angesichts der permanenten Weiterentwicklung der Verwaltungsorganisation ist die Abgrenzung einer Periode problematisch, die man mit dem Etikett „aktueller Tendenzen" erfassen kann. Behandelt werden im Folgenden Reformen, die nach der Wiederherstellung der demokratischen und föderalen Verwaltung unter dem Grundgesetz begonnen wurden und bis heute nicht abgeschlossen sind. Von besonderer Bedeutung ist die Entstehung des europäischen Verwaltungsverbundes.[55] Die klassischen Fragen der Optimierung der Struktur und der Aufgabenkritik spiegeln sich heute in der Neuordnung der territorialen und der funktionalen Gliederung, der Privatisierung[56] und in den neuen Steuerungsinstrumenten wider. 23

1. Die Europäisierung

Keimzelle der europäischen Verwaltung war die **Hohe Behörde** der 1951 gegründeten **Europäischen Gemeinschaft für Kohle und Stahl.**[57] Es handelte sich um eine sektorspezifische kollegiale Verwaltungsbehörde, deren wesentliche 24

---

[50] Vgl. *Gerold Ambrosius,* Der Staat als Unternehmer, 1984, S. 26 ff., 48 ff.
[51] Vgl. *Ambrosius,* Staat als Unternehmer (Fn. 50), S. 38 ff., 82 ff.; *Thomas Mann,* Die historische Entwicklung der Rechtsformen für kommunale Unternehmen, VR 1996, S. 230 ff.
[52] *Ambrosius,* Staat als Unternehmer (Fn. 50), S. 89; Beispiele bei *Heinrich Niebuhr,* Öffentliche Unternehmungen und Privatwirtschaft, 1928, S. 38 ff.
[53] Vgl. *Gerold Ambrosius,* Die öffentliche Wirtschaft in der Weimarer Republik, 1984, S. 89.
[54] Z. B. *Niebuhr,* Öffentliche Unternehmungen (Fn. 52), S. 63 ff.; aufschlussreich die detaillierte Studie über die politische Einflussnahme, auch durch den Landtag, bei *Hans-Joachim Winkler,* Preußen als Unternehmer 1923–1932, 1965.
[55] → Bd. I *Schmidt-Aßmann* § 5 Rn. 3, 16 ff.
[56] → Bd. I *Voßkuhle* § 1 Rn. 58 ff., *Schuppert* § 16 Rn. 82 ff.
[57] Zur Geschichte der europäischen Integration vgl. *Oppermann/Classen/Nettesheim,* EuropaR, § 2 Rn. 8 ff.; zu den Verwaltungsinstanzen der Europäischen Union → Bd. I *Schmidt-Aßmann* § 5 Rn. 22 ff.

Besonderheit in der supranationalen Regelungsbefugnis lag. Erst 1967 wurde sie mit den Kommissionen der Europäischen Wirtschaftsgemeinschaft und der Europäischen Atomgemeinschaft fusioniert.[58] Verwaltungsaufgaben werden aber in zunehmendem Maß auch von selbstständigen Organisationseinheiten übernommen. Abgesehen von den im Primärrecht verankerten Einrichtungen der **Europäischen Zentralbank** (Art. 129 ff. AEUV), der **Europäischen Investitionsbank** (Art. 308 f. AEUV) und der **Euratom-Versorgungsagentur** (Art. 52 ff. EAGV) sind auf sekundärrechtlicher Basis inzwischen mehrere Dutzend Verwaltungseinrichtungen mit eigener Rechtspersönlichkeit entstanden. Während in den einzelnen Rechtsakten sehr unterschiedliche Namen verwendet werden, hat sich für sie als übergreifende Bezeichnung der Begriff „Agentur" durchgesetzt.[59]

25   Europäische und nationale Verwaltungen arbeiten jedoch nicht getrennt, sondern sind durch vielfältige Kooperationsbeziehungen in einen **Verwaltungsverbund** einbezogen worden, der für die Regelung des Binnenmarktes notwendig ist.[60] In vielen Teilbereichen des Produktzulassungsrechts, der Aufsicht über Dienstleistungen sowie des Wettbewerbs- und Beihilfenrechts sind inzwischen nicht nur Pflichten zum Informationsaustausch, sondern auch integrierte Verwaltungsverfahren entstanden. Insbesondere das Institut des transnationalen Verwaltungsaktes[61] macht eine intensive Zusammenarbeit auch zwischen den zuständigen nationalen Behörden erforderlich.[62] Der Koordination zwischen der Kommission und den Mitgliedstaaten dient eine Vielzahl von Ausschüssen.

2. Die Funktionalreform

26   Die Gliederung der Verwaltung verändert sich ständig, da sie den Wandlungen ihrer Aufgaben sowie technischen und sozialen Entwicklungen folgt. Dennoch lassen sich einzelne signifikante Tendenzen identifizieren, die wesentliche Modifikationen der Verwaltungsorganisation bewirkt haben. Ein zentraler Bestandteil ist die **kommunale Gebietsreform,** durch die im Westen v.a. in den 1970er Jahren, im Osten in den 1990er Jahren die Zahl der Gemeinden und Kreise durch Fusionen stark reduziert worden ist, um leistungsfähige Basiseinheiten der örtlichen Verwaltung zu bilden.[63] Die größere Funktionstüchtigkeit der neu geschaffenen Gebietskörperschaften ist von der Verfassungsrechtsprechung als Grund des öffentlichen Wohls, der das kommunale Selbstverwaltungsrecht einschränken kann, anerkannt worden.[64] Gleichzeitig wurde insbesondere in eini-

---

[58] *Helmut Schmitt v. Sydow,* Organe der erweiterten europäischen Gemeinschaften – die Kommission, 1980.

[59] Vgl. *Dorothee Fischer-Appelt,* Agenturen der Europäischen Gemeinschaft, 1999, S. 42 ff.; *Christoph Görisch,* Demokratische Verwaltung durch Unionsagenturen, 2009, S. 8 ff.

[60] *Gernot Sydow,* Verwaltungskooperation in der Europäischen Union, 2004, S. 19 ff.; *Eberhard Schmidt-Aßmann,* Strukturen und die Rolle des europäischen Verwaltungsrechts, in: FS Peter Häberle, 2004, S. 395 ff.; → Bd. I *Schmidt-Aßmann* § 5 Rn. 25 ff.

[61] → Bd. I *Ruffert* § 17 Rn. 142.

[62] Vgl. *Matthias Ruffert,* Der transnationale Verwaltungsakt, DV, Bd. 34 (2001), S. 855 ff.; *Sydow,* Verwaltungskooperation (Fn. 60), S. 141 ff. m. w. N.

[63] Bilanzierend *Hans-Günter Henneke,* Verwaltungseffizienz und Betroffenenakzeptanz, Leitbildgerechtigkeit und politische Durchsetzbarkeit, NVwZ 1994, S. 555 ff.

[64] *BVerfGE* 50, 50 (52); 86, 90 (107 f.).

gen Ballungsräumen die Region als neue überörtliche Verwaltungsstruktur oberhalb der Kreisebene eingeführt.[65]

In der Landesverwaltung sind insbesondere die Mittel- und die Sonderbehörden immer wieder Gegenstand von Umorganisationen. Die traditionelle Bündelungs- und Bindegliedsfunktion der Mittelinstanz in den Regierungsbezirken wird mehr und mehr in Frage gestellt.[66] **Sonderbehörden,** die spezielle fachliche Aufgaben wahrnehmen, werden in einigen Bereichen in die allgemeinen Verwaltungsbehörden eingegliedert, wobei Bedenken gegen eine verstärkte Politisierung insbesondere auf der kommunalen Ebene bestehen.[67] So wurde etwa der Aufbau einer eigenständigen Umweltverwaltung, der mit der Stärkung des Bewusstseins für die ökologischen Bedrohungen einherging, zum Teil wieder rückgängig gemacht. Dies soll der Stärkung der Akzeptanz des Umweltschutzes dienen, muss aber eher als Schwächung der Berücksichtigung von ökologischen Belangen innerhalb der Verwaltung interpretiert werden.[68]

3. Die Privatisierung

Nach einer ersten Privatisierungsphase auf Bundesebene in den Jahren 1957 bis 1965 begann Mitte der 1970er Jahre eine breite politische und wissenschaftliche Debatte über die Notwendigkeit der **Privatisierung öffentlicher Unternehmen** zur Stärkung der marktwirtschaftlichen Ordnung, zur Steigerung der Effizienz der Leistungserbringung und zur Entlastung der öffentlichen Haushalte.[69] Dabei überlagerten sich als Motive eine Aufgabenkritik, die sich am Konzept „Schlanker Staat" orientierte,[70] die Vermutung größerer Effizienz einer unternehmerischen Organisation der Aufgabenerfüllung, die v.a. die Wahl der Rechtsform beeinflusste, und die Finanznot der öffentlichen Haushalte, die auf die zusätzlichen Einnahmen aus der Vermögensveräußerung angewiesen waren.

Ab den 1980er Jahren begannen Bund und Länder einen schrittweisen, aber keineswegs vollständigen Rückzug aus ihren wirtschaftlichen Unternehmen,[71] verfassungsrechtlich abgesichert wurde die Umwandlung von Post und Bahn in Aktiengesellschaften durch Art. 87e, 87f, 143a, 143b GG, ihre materielle Privatisierung ist bisher aber nur teilweise erfolgt. Auf kommunaler Ebene hat die zunehmende Verwendung privatrechtlicher Organisationsformen in einigen Fällen aber auch zu einer Ausweitung der unternehmerischen Tätigkeit geführt, z.T. sogar grenzüberschreitend.[72] Insgesamt hat sich die Zahl der von den Verwal-

---

[65] Vgl. den Überblick bei *Axel Priebs,* Entwicklung, Stand und Perspektiven stadtregionaler Planungs- und Verwaltungsinstitutionen in Deutschland, DÖV 2010, S. 503ff.
[66] Zu aktuellen Entwicklungen vgl. *Hinnerk Wißmann,* Staatliche Mittel- und Sonderbehörden – eine Altlast der Verwaltungslandschaft?, DÖV 2004, S. 197ff.; *Jörg Bogumil,* Verwaltungsstrukturreformen in den Bundesländern – Abschaffung oder Reorganisation der Bezirksregierungen?, ZG 2007, S. 246ff.
[67] *Wißmann,* Altlast (Fn. 66), S. 201.
[68] *Michael W. Bauer* u.a., Modernisierung der Umweltverwaltung, 2007, S. 212ff.
[69] Zusammenfassend *Ambrosius,* Staat als Unternehmer (Fn. 50), S. 112ff.; → Bd. I *Voßkuhle* § 1 Rn. 58ff.
[70] Sachverständigenrat „Schlanker Staat", Abschlussbericht, 3 Bde., 1997; → Bd. I *Voßkuhle* § 1 Rn. 62.
[71] Vgl. *Stefan Storr,* Der Staat als Unternehmer, 2001, S. 6ff.; *Kämmerer,* Privatisierung (Fn. 13), S. 74ff.
[72] Vgl. die Beispiele bei *Kämmerer,* Privatisierung (Fn. 13), S. 81f.

tungseinheiten der verschiedenen Ebenen abhängigen, aber rechtlich verselbstständigten Trabanten eher vergrößert. Dadurch wurden die Möglichkeiten der politischen Steuerung tendenziell verringert.[73]

4. Die neuen Steuerungsinstrumente

30   Seit Beginn der 1990er Jahre wird auch die deutsche Verwaltungslandschaft von der international unter dem Etikett **„New Public Management"** bekannten Modernisierungsstrategie beeinflusst.[74] Ihre Grundidee, durch die Übertragung betriebswirtschaftlicher Konzepte der Unternehmensführung auf die öffentliche Verwaltung Effizienz und Steuerungsfähigkeit zu steigern, hat auch Auswirkungen auf die Organisation. Da der Schwerpunkt der Reformen bisher auf der kommunalen Ebene liegt, beziehen sich die meisten Veränderungen auf die Ablauforganisation, während die äußere Gliederung des Verwaltungsapparates in Bund und Ländern wenig beeinflusst worden ist.

31   Übergeordnete Zielsetzung ist die Entflechtung von Politik und Verwaltung durch Hierarchieabbau und **Dezentralisierung.** Aus ihr folgt insbesondere, dass kleine, integrierte, möglichst eigenverantwortliche Arbeitseinheiten geschaffen werden sollen.[75] Ihr Zuschnitt soll auf dem Konzept der Kongruenz von Aufgabe, Kompetenz und Verantwortung beruhen (AKV- oder Kongruenzprinzip).[76] Durch die Dezentralisierung der Ressourcenverantwortung sollen Reibungsverluste verringert und die Gestaltungsmöglichkeiten der Facheinheiten vergrößert werden. Die Einheiten zur Wahrnehmung von Querschnittsfunktionen werden dadurch nicht überflüssig, doch reduziert sich ihre Rolle auf Koordinierungs- und Dienstleistungsaufgaben. Im Grunde sollen also effizienzmindernde Folgen der inneradministrativen Aufgabenausdifferenzierung rückgängig gemacht werden. In der Praxis wurde die dominierende hierarchische Koordination jedoch kaum verändert.[77]

32   Ein weiteres Element ist die Einführung eines umfassenden **„Controlling"**[78], auch um die Fragmentierung der Kommunalverwaltung durch die Verwendung privatrechtlicher Organisationsformen zu reduzieren.[79] Es dient dazu, die ausgelagerten Organisationseinheiten in ein gemeinsames Zielsystem einzubinden und gleichzeitig die Informationen über die Effizienz der Aufgabenerfüllung,

---

[73] Zur Herausforderung durch Pluralisierung und Binnendifferenzierung des Verwaltungssystems → Bd. I *Schuppert* § 16 Rn. 71 ff.

[74] → Bd. I *Voßkuhle* § 1 Rn. 50 ff., *Schuppert* § 16 Rn. 112 ff.

[75] *Werner Jann*, Hierarchieabbau und Dezentralisierung, in: Bernhard Blanke/Stephan v. Bandemer/Frank Nullmeier/Göttrik Wewer (Hrsg.), Handbuch zur Verwaltungsreform, 3. Aufl. 2005, S. 154 ff.

[76] Vgl. *Kuno Schedler/Isabella Proeller*, New Public Management, 2. Aufl. 2003, S. 105 ff.; *Jens-Peter Schneider*, Das Neue Steuerungsmodell als Innovationsimpuls für Verwaltungsorganisation und Verwaltungsrecht, in: Schmidt-Aßmann/Hoffmann-Riem (Hrsg.), Verwaltungsorganisationsrecht, S. 103 (116).

[77] *Jörg Bogumil/Sabine Kuhlmann*, Zehn Jahre kommunale Verwaltungsmodernisierung, in: Werner Jann u. a., Status-Report Verwaltungsreform, 2004, S. 51 (57).

[78] → Bd. I *Franzius* § 4 Rn. 66.

[79] *Rüdiger Loitz/Michael Pradel*, „Konzern"controlling – Überlegung zu einer Zusammenführung des Controlling von öffentlichen Unternehmen und Verwaltung, ZögU, Bd. 20 (1997), S. 99 ff.; allgemein *Wolfgang Hoffmann-Riem*, Organisationsrecht als Steuerungsressource, in: Schmidt-Aßmann/ders. (Hrsg.), Verwaltungsorganisationsrecht, S. 355 (390 f.).

die den politischen Leitungsinstanzen zur Verfügung stehen, zu verbessern. Auch dieses strategische Controlling ist jedoch noch wenig entwickelt.[80]

In den letzten Jahren ist die Einführung des **„Electronic Government",** d.h. 33 von elektronischen Kommunikationsmitteln innerhalb der Verwaltung und im Verhältnis zu den Bürgern, zu einem wichtigen Element der Verwaltungsmodernisierung geworden.[81] Modifiziert wurde bisher aber v.a. das Verfahrensrecht. Die weitreichenden Auswirkungen auf die Verwaltungsorganisation, die im Sinne eines Neubaus der Verwaltung[82] bzw. der Herstellung ihrer virtuellen Einheit[83] prognostiziert worden sind, lassen sich nicht verifizieren. Die partielle Zentralisierung der Verfahrensabwicklung durch Rechenzentren hat die Trennung der Verwaltungsebenen nicht aufgehoben und wird mit der Weiterentwicklung der Datenverarbeitungstechnik eher wieder zurückgebaut.[84] Die Trennung zwischen einem Front Office, das für den Kontakt mit den Bürgern zuständig ist, und einem Back Office, in dem die Sachbearbeitung stattfindet, birgt ein großes Potential für Reorganisationsprozesse, auch über bestehende Zuständigkeitsgrenzen hinweg.[85] Aufgrund der EG-Dienstleistungsrichtlinie wurden Regelungen zum Verfahren über eine einheitliche Stelle in §§ 71a–71e VwVfG aufgenommen. Zu ihrer Umsetzung haben die Länder sehr unterschiedliche Modelle gewählt.[86] Hinzuweisen ist auf Einschränkungen durch das Datenschutzrecht.[87]

C. Gliederungsprinzipien der Organisationsgestaltung

Die Ausgestaltung der europäischen und der deutschen Verwaltung beruht 34 auf einigen ebenenübergreifenden Gliederungsprinzipien, die als Grundlage einer systematischen Untersuchung des Organisationsrechts dienen. Aus ihnen lassen sich die rechtlichen Elemente ableiten, die in ihrem Zusammenwirken die Steuerungsstrukturen der einzelnen Teile der Verwaltungsorganisation ergeben. Ausgangspunkt sind die verfassungsrechtlichen Vorgaben für die Zuordnung der Organisationseinheiten im Mehrebenensystem der gegliederten Verwaltung (I.). Die Bedeutung der rechtsformbezogenen Gliederung (II.) liegt nicht nur im klassifikatorischen Bereich, sondern hat auch Relevanz für die Steuerungsstrukturen. Die strukturbezogene Gliederung bezieht sich auf die Binnenorganisation der Verwaltungseinheiten (III.). Abschließend wird ein Gesamtüberblick über die Struktur der europäischen und deutschen Verwaltung gegeben (IV.).

---

[80] *Bogumil/Kuhlmann,* Kommunale Verwaltungsmodernisierung (Fn. 77), S. 56.
[81] Dazu ausführlich *Martin Eifert,* Electronic Government, 2006; *Hermann Hill/Utz Schliesky* (Hrsg.), Herausforderung e-Government, 2009. → Bd. II *Britz* § 26.
[82] *Klaus Lenk,* Information und Verwaltung, in: ders./Roland Traunmüller (Hrsg.), Öffentliche Verwaltung und Informationstechnik, 1999, S. 123 (123 f.); *Martin Wind,* Technisierte Behörden, 1999, S. 3.
[83] *Heinrich Reinermann,* Das Internet und die öffentliche Verwaltung, DÖV 1999, S. 20 ff.
[84] Vgl. *Thomas Groß,* Die Informatisierung der Verwaltung, VerwArch, Bd. 95 (2004), S. 400 (406 f.).
[85] Vgl. *Klaus Lenk,* Government und Verwaltungsreform: Gemeinsame Ziele und gegenseitige Impulse, Der Archivar, Beiband 9, 2004, S. 51 (57 ff.); zu den Grenzen vgl. *Utz Schliesky,* Verfassungsrechtliche Rahmenbedingungen des E-Government, DÖV 2004, S. 809 ff.
[86] Vgl. den Überblick bei *Annika Luch/Sönke Schulz,* Die Gesetzgebung der Bundesländer zur Einrichtung Einheitlicher Ansprechpartner nach Art. 6 DLR, GewArch 2010, S. 225 ff.
[87] Vgl. *Eifert,* Electronic Government (Fn. 81), S. 277 ff. → Bd. II *Albers* § 22 Rn. 88 ff.

I. Das Mehrebenensystem der Verwaltungsorganisation

35   Die Verteilung der Verwaltungskompetenzen, die grundlegenden Aufbauprinzipien sowie die Befugnisse zur Regelung der Verwaltungsorganisation sind Gegenstand des Verfassungsrechts.[88] Sie sind für diese Darstellung nur insoweit von Interesse, als sich dort für die Gliederung der Verwaltung relevante Strukturvorgaben finden. Hier ist ein **Mehrebenensystem** entstanden, das aus einem Verbund von vier grundlegend unterschiedlichen, aber vielfach miteinander verknüpften Teilen besteht. Die relevanten Differenzierungen betreffen das Verhältnis zwischen europäischer und nationaler Verwaltung, zwischen Bundes- und Landesverwaltung sowie zwischen Staats- und Selbstverwaltung.

1. Der europäische Verwaltungsverbund

36   Angesichts des Standes der europäischen Integration muss eine zeitgemäße Analyse des Verwaltungsorganisationsrechts die Ebene der Europäischen Union einbeziehen, denn die Gemeinschaften haben sich von einem Zweckverband mit Aufgaben v.a. im wirtschaftlichen Bereich zu einem supranationalen Gemeinwesen mit umfangreichen Kompetenzen in einer Vielzahl von Feldern des Verwaltungsrechts weiterentwickelt. Auch wenn der überwiegende Teil des Unionsrechts von nationalen Behörden vollzogen wird, gibt es inzwischen einen ausdifferenzierten **Verwaltungsapparat der Union,**[89] der mit den Verwaltungen der Mitgliedstaaten in einem Verbund steht. Dieser Verwaltungsunterbau der Union nimmt neben den in Art. 13 EUV genannten Organen, insbesondere der Kommission, in mehr oder weniger eigenständiger Form administrative Aufgaben wahr. Seine Struktur kann mit den für das nationale Recht entwickelten Kategorien grundsätzlich erfasst werden, auch wenn einige Besonderheiten zu beachten sind, die sich aus der supranationalen Verfassung ergeben.

37   Während ursprünglich die Auffassung herrschte, dass nachgeordnete Behörden nur durch Vertragsänderung geschaffen werden könnten,[90] wurde später in erster Linie die Abrundungskompetenz des Art. 352 AEUV (Art. 235 EWGV) als taugliche Rechtsgrundlage angesehen, auf die zunächst auch die meisten Verordnungen gestützt waren, durch die einzelne **Agenturen**[91] gegründet wurden. Erst in jüngerer Zeit setzt sich die Erkenntnis durch, dass auch für die organisatorischen Entscheidungen vorrangig die sachspezifischen Einzelermächtigungen heranzuziehen sind, soweit sie hinreichend weit gefasst sind.[92] Der Lissaboner Vertrag schafft erstmals eine allgemeine Rechtsgrundlage in Art. 298 AEUV und erwähnt „Einrichtungen und sonstige Stellen" der Union z.B. auch in Art. 263 Abs. 1 S. 2 AEUV.

---

[88] → Bd. I *Wißmann* § 15 Rn. 19 ff.

[89] Vgl. *Jörg Gundel*, in: Schulze/Zuleeg/Kadelbach (Hrsg.), EuropaR, § 3 Rn. 9 ff.

[90] *Ulrich Everling*, Zur Errichtung nachgeordneter Behörden der Kommission der Europäischen Wirtschaftsgemeinschaft, in: FS Carl F. Ophüls, 1965, S. 33 (42 f.); auch noch *Christina U. Treeger*, Die Errichtung nachgeordneter Einrichtungen in der Europäischen Gemeinschaft, Diss. Bonn 1998, S. 39 ff. m.w.N.

[91] → Bd. I *Schmidt-Aßmann* § 5 Rn. 23.

[92] *Groß*, Kollegialprinzip (Fn. 5), S. 354 f.; *Michael Berger*, Vertraglich nicht vorgesehene Einrichtungen des Gemeinschaftsrechts mit eigener Rechtspersönlichkeit, 1999, S. 62 ff.; *Dorothee Fischer-Appelt*, Agenturen (Fn. 59), S. 86 ff.; *Michael H. Koch*, Die Externalisierungspolitik der Kommission, 2004, S. 48 ff.

C. Gliederungsprinzipien der Organisationsgestaltung

Nur wenige Aufgaben werden allerdings allein auf europäischer Ebene wahrgenommen. Vielmehr sind regelmäßig die nationalen Verwaltungen der Mitgliedstaaten der Europäischen Union in einen **Verbund** einbezogen, der in einer stetig sich vergrößernden Zahl von Aufgabenfeldern eine grenzüberschreitende Zusammenarbeit organisiert.[93] Im Zusammenhang mit der letzten Erweiterung der Union spricht man auch von einem „Europäischen Verwaltungsraum", um das Management der Koordination einer wachsenden Zahl von Administrationen zu benennen.[94] Der Verbund umfasst einerseits vertikal das Verhältnis der nationalen Verwaltung zur Kommission und zu den Agenturen als Verwaltungsstellen der Union[95] und andererseits die horizontale Kooperation mit den entsprechenden Fachbehörden der anderen Mitgliedstaaten. Eine partielle Anerkennung findet er in Art. 197 AEUV über die Verwaltungszusammenarbeit, der die effektive Durchführung des Gemeinschaftsrechts zu einer Frage von gemeinsamem Interesse erklärt, insbesondere im Bereich der informationellen Kooperation. 38

2. Der föderale Aufbau

Der **Vollzugsföderalismus** ist ein charakteristisches Merkmal des deutschen Bundesstaates.[96] Durch Art. 30 und 83 GG ist abgesichert, dass die Exekutivfunktion, auch soweit es um die Ausführung der Bundesgesetze geht, grundsätzlich von den Ländern wahrgenommen wird. Im Gegensatz zum Bereich der Legislative, wo inzwischen die Bundesebene quantitativ und qualitativ klar dominiert, liegt im Bereich der Verwaltung nach wie vor der tatsächliche Schwerpunkt bei den Ländern. Dies wird z.B. daran deutlich, dass auf sie der größte Anteil am Personalbestand des Öffentlichen Dienstes entfällt.[97] Um die Divergenzen beim Vollzug der Bundesgesetze zu beschränken, stehen der Bundesregierung nur begrenzte, meist von der Mitwirkung des Bundesrates abhängige Instrumente zu, nämlich der Erlass von Verwaltungsvorschriften (Art. 84 Abs. 2, Art. 85 Abs. 2 S. 1 GG), die Bundesaufsicht sowie nur ausnahmsweise Weisungsrechte im Einzelfall (Art. 84 Abs. 5, Art. 85 Abs. 3 GG). 39

Jede der Länderverwaltungen hat eine eigene verfassungsrechtliche Grundlage, so dass sich schon aufgrund des Gestaltungsspielraums der Länder, der durch Art. 28 Abs. 1 S. 1 GG gewährleistet wird, keine uniforme Struktur ergibt. Der Bundesgesetzgeber kann lediglich im Rahmen von Art. 84 Abs. 1, Art. 85 Abs. 1 GG Regelungen über die Organisation der Ausführung einzelner Bundesgesetze treffen. Überwiegend bestehen jedoch keine bundesrechtlichen Vorgaben und dementsprechend eine große Vielfalt in der Ausgestaltung der **Landesbehörden**. Abgesehen von den Besonderheiten, die in den Stadtstaaten durch die Kombination von Landes- und Kommunalverwaltung bestehen, fin- 40

---

[93] *Steffen Augsberg*, Europäisches Verwaltungsorganisationsrecht und Vollzugsformen, in: Terhechte (Hrsg.), VerwREU, § 6 Rn. 50 ff. → Bd. I *Schmidt-Aßmann* § 5 Rn. 16 ff.

[94] Vgl. *Les Metcalfe*, Managing in the European Administrative Space: Developing capacities for effective integration, in: Heinrich Siedentopf (Hrsg.), Der Europäische Verwaltungsraum, 2004, S. 151 ff.

[95] Dazu näher *Thomas Groß*, Die Kooperation zwischen europäischen Agenturen und nationalen Behörden, EuR 2005, S. 54 ff.

[96] *Stefan Oeter*, Integration und Subsidiarität im deutschen Bundesstaatsrecht, 1998, S. 410.

[97] Vgl. die Angaben bei *Hans-Ulrich Derlien/Stefan Frank*, Öffentlicher Dienst und Gewerkschaftssystem im Wandel, DV, Bd. 37 (2004), S. 295 (300).

det sich auch in der Verwaltungsorganisation der Flächenstaaten eine starke Variabilität, z.B. in Bezug auf die Einrichtung von Mittelinstanzen, das Verhältnis von allgemeiner Verwaltung und Sonderbehörden oder die Kommunalverfassung.

3. Die kommunale Selbstverwaltung

41 Einige Landesverfassungen anerkennen ausdrücklich eine duale Struktur der Verwaltung, die sowohl durch die Regierung und die ihr unterstellten Behörden wie durch die **Selbstverwaltung** ausgeübt wird (Art. 69 LV Baden-Württemberg, Art. 82 Abs. 1 S. 1 LV Sachsen, ähnlich die Überschrift von Abschnitt IX der LV Hessen).[98] Daneben ergibt sich aber auch aus der in Art. 28 GG und den Landesverfassungen enthaltenen Gewährleistung der kommunalen Selbstverwaltung in Gemeinden und Kreisen die Entscheidung für eine „gegliederte Demokratie".[99] Diese Bestimmungen garantieren, dass neben Bund und Ländern auch die örtlichen Verwaltungen eine eigene Volksvertretung und damit eine autonome demokratische Legitimation haben. Damit verknüpft ist die Anerkennung eines durch den Gesetzgeber zu respektierenden, aber auch auszuformenden eigenen Wirkungskreises im Bereich der örtlichen bzw. gemeindeübergreifenden Aufgaben.

42 Die kommunale Selbstverwaltung ist eine historisch tief verwurzelte Form der bürgernahen Erledigung von Verwaltungsaufgaben, deren Leistungsfähigkeit durch die Strukturreformen der vergangenen Jahrzehnte gesichert worden ist.[100] Bei den kommunalen Aufgaben, für die sie grundsätzlich allzuständig sind, besteht lediglich eine staatliche Rechtsaufsicht, die Eingriffe in politische Zweckmäßigkeitsentscheidungen ausschließt. Daneben erfüllen insbesondere die Kreise, aber auch die Gemeinden übertragene staatliche Aufgaben, wobei sie den Weisungen der Landesverwaltung unterstehen.[101] Wenn man zudem berücksichtigt, dass wesentliche Teile der Infrastrukturdienstleistungen von Gemeinden bzw. Kreisen oder ihren Unternehmen erbracht werden, wird die Bedeutung der kommunalen Selbstverwaltung als eigenständiger Verwaltungsebene offensichtlich.

II. Die Rechtsformen der Verwaltungsorganisation

43 Seit dem 19. Jahrhundert wird die ursprünglich zivilrechtliche Kategorie der Rechtsfähigkeit auch im öffentlichen Organisationsrecht verwendet.[102] Nicht nur Bund und Länder, sondern auch die anderen rechtlich verselbstständigten Verwaltungseinheiten werden im Rechtsverkehr als eigenständige Rechtssubjekte qualifiziert. Mit der Überwindung der Impermeabilitätslehre, die Rechtsbezie-

---

[98] Siehe a. *Schmidt-Aßmann*, Ordnungsidee, 4. Kap. Rn. 19; → Bd. I *Wißmann* § 15 Rn. 29 ff.
[99] BVerfGE 52, 95 (112), unter Bezug auf *Georg C. v. Unruh*, Gebiet und Gebietskörperschaften als Organisationsgrundlagen nach dem Grundgesetz der Bundesrepublik Deutschland, DVBl 1975, S. 1 (2); zu verfassungsrechtlichen Vorgaben → Bd. I *Wißmann* § 15 Rn. 52.
[100] → Rn. 26.
[101] Vgl. zur Aufgabensystematik z.B. *Eberhard Schmidt-Aßmann/Hans C. Röhl*, Kommunalrecht, in: Schmidt-Aßmann/Schoch (Hrsg.), Bes. VerwR, Rn. 32 ff.; zu Einschränkungen des Weisungsrechts vgl. *Thomas Groß*, Was bedeutet „Fachaufsicht"?, DVBl 2002, S. 793 (798).
[102] Dazu *Stolleis*, Geschichte II, S. 106 ff.

hungen innerhalb einer juristischen Person nicht anerkannte, hat sich die Bedeutung der Rechtssubjektivität für das öffentliche Recht allerdings deutlich vermindert.[103] Angesichts der Anerkennung von Organrechten oder der Zulassung von Klagen gegen Behörden (§ 78 Abs. 1 Nr. 2 VwGO) kommt ihr keine ausschlaggebende Funktion für rechtliche Zuordnungsprobleme mehr zu, so dass auch die Unterscheidung zwischen Voll- und Teilrechtsfähigkeit an Relevanz verliert.[104] Dennoch hat die **Rechtspersönlichkeit** weiterhin praktische Bedeutung, etwa für die Fähigkeit, einen Verwaltungsvertrag abzuschließen, für die Haftung oder für dienstrechtliche Zuständigkeiten.

Zwischen der Rechtspersönlichkeit und der Eigenschaft als Träger eigenständiger Legitimation besteht oft, aber nicht notwendig ein Zusammenhang.[105] Während die Europäische Union durch das Primärrecht sowie Bund, Länder, Kreise und Gemeinden durch Art. 20 Abs. 2 S. 1 bzw. 28 Abs. 1 S. 2 GG als selbstständige demokratische Grundeinheiten definiert sind, können Zweckverbände, weisungsunterworfene Anstalten oder Stiftungen in ihren Entscheidungen vollständig von anderen Rechtsträgern abhängig sein. Dennoch wird die formale Verselbstständigung durch die Rechtspersönlichkeit auch im öffentlichen Organisationsrecht als so wichtig angesehen, dass juristische Personen als Verwaltungsträger nur vom Gesetzgeber geschaffen werden können.[106] **44**

1. Öffentlich-rechtliche Rechtsträger

Die Kategorisierung der juristischen Personen des öffentlichen Rechts erfolgt nach den Rechtsformen **Körperschaft, Anstalt** und **Stiftung**.[107] Für die Körperschaft als typische Organisation der Selbstverwaltung ist die genossenschaftliche Struktur kennzeichnend, die den Organisationsmitgliedern durch Wahlen und Abstimmungen die Steuerungsmacht überträgt. Anstalten sind dagegen Organisationen, denen eine Verwaltungsaufgabe übertragen wird, deren Zweck sie regelmäßig dadurch erfüllen, dass sie die Benutzung ihrer Mittel durch Dritte ermöglichen. Diese Gruppe ist besonders heterogen.[108] Eine Stiftung ist durch ein zweckgebundenes Vermögen gekennzeichnet, das einer bestimmten Gruppe von Destinatären zugute kommen soll und dessen Verwaltung einer selbstständigen Organisation übertragen wird.[109] Während eine Körperschaft aufgrund ihrer partizipativen Struktur notwendig mit Autonomie ausgestattet ist,[110] werden Anstalten und Stiftungen in einigen Fällen vollständig von ihrem Träger gesteuert. Es können aber auch Mechanismen eigenständiger Legitimation und Selbstverwal- **45**

---

[103] Vgl. *Winfried Kluth*, in: Wolff/Bachof/Stober/Kluth, VerwR II, § 82 Rn. 22; *Schmidt-Aßmann*, Ordnungsidee, 5. Kap. Rn. 4; → Bd. I *Jestaedt* § 14 Rn. 20 ff.
[104] *Kluth*, in: Wolff/Bachof/Stober/Kluth, VerwR II, § 82 Rn. 16 ff.; *Krebs*, Verwaltungsorganisation (Fn. 10), Rn. 26.
[105] *Peter Lerche*, in: Maunz/Dürig, GG, Art. 86 Rn. 40; anders der normative Verwaltungsträgerbegriff von *Kluth*, in: Wolff/Bachof/Stober/Kluth, VerwR II, § 82 Rn. 102 ff.
[106] *Eberhard Schmidt-Aßmann*, Verwaltungsorganisation zwischen parlamentarischer Steuerung und exekutivischer Organisationsgewalt, in: FS Hans P. Ipsen, 1977, S. 333 (347); *Burgi*, Verwaltungsorganisation (Fn. 6), § 8 Rn. 4.
[107] → Bd. I *Jestaedt* § 14 Rn. 27 f.
[108] Dazu näher *Klaus Lange*, Die öffentlichrechtliche Anstalt, VVDStRL, Bd. 44 (1986), S. 169 ff.; *Martin Müller*, in: Wolff/Bachof/Stober/Kluth, VerwR II, § 86; → Bd. I *Jestaedt* § 14 Rn. 29.
[109] Dazu *Erwin Müller*, Die Bundesstiftung, Diss. Halle 2008, S. 116 ff.
[110] *Groß*, Kollegialprinzip (Fn. 5), S. 156.

tungsrechte vorgesehen sein, etwa im Bereich des Rundfunks. Daneben sind auch die Agenturen der Europäischen Union mit Rechtspersönlichkeit ausgestattet.

46 Ob es einen numerus clausus der öffentlich-rechtlichen Organisationsformen gibt, wie er im Zivilrecht anerkannt ist, ist fraglich.[111] Da weder die Verfassungen[112] noch die Gesetze[113] einem konsistenten Sprachgebrauch folgen, handelt es sich bei den traditionellen Formen der Körperschaft, der Anstalt und der Stiftung vorrangig um Typisierungen zu wissenschaftlichen Zwecken. Mangels einer eindeutigen verfassungsrechtlichen Vorgabe ist davon auszugehen, dass der Organisationsgesetzgeber nicht an diese Kategorien gebunden ist. Folglich kann es auch Gesellschaften des öffentlichen Rechts geben, wie bei den Arbeitsgemeinschaften nach § 44b SGB II.[114]

2. Privatrechtliche Rechtsträger

47 Nach der herrschenden Doktrin der **Formenwahlfreiheit**[115] stehen der öffentlichen Verwaltung auch alle privatrechtlichen Rechtsformen für die Aufgabenübertragung zur Verfügung. Grundsätzlich kann jeder Verwaltungsträger nach eigenen Zweckmäßigkeitskriterien und ohne besondere gesetzliche Ermächtigung einzelne Aufgaben in privatrechtliche Organisationsformen auslagern.[116] Die neue juristische Person unterliegt grundsätzlich einem privatrechtlichen Regime, so dass sie hoheitliche Aufgaben nur im Fall der Beleihung übernehmen kann,[117] gesteuert wird sie jedoch im Rahmen der gewählten Rechtsform vom staatlichen Muttergemeinwesen.

48 Die weitaus häufigste Erscheinungsform[118] dürfte die Gesellschaft mit beschränkter Haftung sein. Neben ihr ist auch die Aktiengesellschaft verbreitet.[119] Der Verein wird ebenfalls öfters gewählt, um zu ermöglichen, dass eine bestimmte Aufgabe, an deren Erfüllung mehrere staatliche Einheiten interessiert sind, gemeinsam in staatsdistanzierter Form wahrgenommen wird.[120] Die Inten-

---

[111] Dafür z.B. *Maurer,* VerwR, § 23 Rn. 1 (relativierend aber Rn. 37); a. A. *Kluth,* in: Wolff/Bachof/Stober/Kluth, VerwR II, § 82 Rn. 125.
[112] Zur Auslegung von Art. 86 GG vgl. *Thomas Groß,* in: Friauf/Höfling (Hrsg.), GG, Art. 86 Rn. 24.
[113] Zu den Abgrenzungsschwierigkeiten vgl. *Krebs,* Verwaltungsorganisation (Fn. 10), Rn. 36 ff.
[114] Vgl. *Brigitte Strobel,* Die Rechtsform der Arbeitsgemeinschaften nach § 44b SGB II, NVwZ 2004, S. 1195 (1199).
[115] → Bd. I *Schulze-Fielitz* § 12 Rn. 130.
[116] *Maurer,* VerwR, § 3 Rn. 25; *Storr,* Staat als Unternehmer (Fn. 71), S. 473 ff.; *Stober,* in: Wolff/Bachof/Stober/Kluth, VerwR II, § 92 Rn. 12; *Hans P. Bull,* Über Formenwahl, Formwahrheit und Verantwortungsklarheit in der Verwaltungsorganisation, in: FS Hartmut Maurer, S. 545 ff.; *Johannes Masing,* Die Verfolgung öffentlicher Interessen durch Teilnahme des Staates am Wirtschaftsverkehr – eine deutsche Perspektive, EuGRZ 2004, S. 395, (396 f.); höchstrichterliche Rechtsprechung zur Wahlfreiheit bei der Unternehmensform liegt allerdings nur in steuerrechtlicher Hinsicht vor, vgl. *BFH,* DB 2004, S. 2564 (2565); sonst beschränkt sie sich auf die Wahlfreiheit bei den Handlungsformen, vgl. BVerwGE 94, 229 (231 f.); *BGH,* NJW 1985, S. 1892 (1893).
[117] → Rn. 89 f.
[118] Dazu näher *Monika John-Koch,* Organisationsrechtliche Aspekte der Aufgabenwahrnehmung im modernen Staat, 2005, S. 223 ff.
[119] Dazu *Bernd Früchtl,* Die Aktiengesellschaft als Rechtsform für die wirtschaftliche Betätigung der öffentlichen Hand, 2009.
[120] Vgl. *Frank Müller-Thoma,* Der halbstaatliche Verein, 1974; z.B. zur Deutschen Forschungsgemeinschaft *Hans-Heinrich Trute,* Die Forschung zwischen grundrechtlicher Freiheit und staatlicher Institutionalisierung, 1994, S. 661 ff.; *Stefanie Salaw-Hanslmaier,* Die Rechtsnatur der Deutschen Forschungsgemeinschaft, 2003.

sität der staatlichen Steuerung hängt nicht nur von der Rechtsform, sondern auch von der Struktur der Beteiligten, der Mitbestimmungsart und der konkreten Ausgestaltung in der Satzung ab. Zum Teil werden mehrere öffentliche Unternehmen in Konzernen zusammengefasst, etwa bei kommunalen Versorgungsbetrieben. Im Rahmen einer solchen Konzernstruktur können sogar öffentliche Anstalten einer privatrechtlichen Gesellschaft untergeordnet sein.[121]

III. Die innere Struktur der Verwaltungseinheiten

Die für das Außenverhältnis maßgebliche Gliederung der Verwaltung durch die unterschiedlichen Rechtsträger sowie durch die behördenbezogene Zuständigkeitsordnung[122] wird ergänzt durch die innere Gliederung der einzelnen Verwaltungseinheiten. Sie dient dazu, die einzelnen Personen, die amtliche Funktionen in der Organisation wahrnehmen, konkreten Aufgabenkreisen zuzuordnen und definiert so die kleinsten Entscheidungseinheiten. Seit den Reformen zu Beginn des 19. Jahrhunderts[123] gilt die monokratische Struktur als Normaltyp des Verwaltungsapparates. Daneben gibt es jedoch eine große Vielfalt von Kollegialgremien, so dass das Kollegialprinzip als zweites Grundprinzip der Verwaltungsorganisation anzuerkennen ist. 49

1. Monokratische Organisation

Die **monokratische Struktur** ordnet jede Aufgabe genau einem Beschäftigten zu. Jeder Amtsträger erhält einen eigenen Geschäftskreis, für den er allein zuständig ist. Innerhalb einer Verwaltungseinheit werden dabei regelmäßig mehrere Hierarchieebenen eingerichtet, die insgesamt zu dem pyramidenförmigen Aufbau führen, der für die Organigramme der Verwaltungseinheiten von den Ministerien bis zu den Kommunalverwaltungen typisch ist. Auch die Dienststellen der Europäischen Kommission sind intern nach dem bürokratischen Modell monokratisch-hierarchisch gegliedert. Diese Organisationsform ist heute so selbstverständlich, dass eine ausdrückliche Anordnung in den Organisationsgesetzen nicht zu finden ist. Außerdem beruht das öffentliche Dienstrecht mit seinen Regelungen über die Gehorsamspflicht gegenüber Vorgesetzten (vgl. § 3 Abs. 3 BBG, § 35 BeamtStG) auf einer grundsätzlich monokratisch-hierarchischen Binnenstruktur. Ausgerichtet ist das Prinzip allerdings auf Zuständigkeiten zur verbindlichen Entscheidung. Teamstrukturen bei der vorbereitenden Beratung, etwa in Arbeitsgruppen, oder auch bei der Ausführung sind möglich, ohne dass dies als Abweichung empfunden und deshalb als regelungsbedürftig angesehen wird. 50

Die bürokratische Grundstruktur der Verwaltung wurde nicht zuletzt durch die Herausarbeitung als Idealtypus der rationalen Verwaltung durch *Max Weber*[124] mehr und mehr als vorrangiges Gestaltungsprinzip aufgefasst und gilt 51

---

[121] Vgl. *Benedikt Wolfers/Marcel Kaufmann,* Private als Anstaltsträger, DVBl 2002, S. 507 ff.
[122] → Bd. I *Jestaedt* § 14 Rn. 42 ff.
[123] → Rn. 14 ff.
[124] *Max Weber,* Wirtschaft und Gesellschaft, 5. Aufl. 1972, S. 125 f.; vgl. zur aktuellen Debatte zusammenfassend *Timo Hebeler,* Moderne Verwaltungsorganisation und moderne Personalentwicklung im Lichte der Herrschaftssoziologie Max Webers, DV, Bd. 37 (2004), S. 119.

auch als das Instrument der demokratischen Lenkung des administrativen Handelns.[125] Auf der Grundlage eines rationalistischen Organisationsverständnisses wird die Steuerung durch die parlamentarisch legitimierte Regierung (Gubernative) in den Mittelpunkt gestellt. Alle Stellen innerhalb der Verwaltung und damit letztlich alle Handlungen aller Amtsträger unterstehen der Leitung durch einen Minister, der für jede einzelne Maßnahme verantwortlich gemacht werden kann. Deshalb muss er einerseits den Personaleinsatz regeln können, so dass die Auswahl jeder entscheidungsbefugten Person auf ihn zurückgeführt werden kann. Auf der anderen Seite steuert er die einzelnen Maßnahmen durch generelle Vorgaben in Form von Verwaltungsvorschriften und durch Einzelweisungen. Alle Stellen der Verwaltung erscheinen so als unselbstständige Ausführungsorgane des jeweiligen Ressortministers. Je größer der nachgeordnete Verwaltungsapparat und je komplexer die wahrzunehmenden Aufgaben sind, desto deutlicher werden allerdings die faktischen Grenzen dieser Modellvorstellung, insbesondere in Bezug auf die Fähigkeit zur Informationsverarbeitung.[126]

2. Kollegiale Organisation

52   Werden dagegen Befugnisse einem Gremium aus mindestens drei Personen zur gemeinsamen Entscheidung übertragen, kommt das **Kollegialprinzip** in der Organisation zur Geltung.[127] Charakteristisch ist die horizontale Form der Entscheidungsfindung auf der Grundlage einer gemeinsamen Beratung, deren Ablauf verfahrensrechtlich näher strukturiert wird. Diese besondere prozedurale Rationalität lässt Kollegialgremien als für solche Entscheidungen geeignet erscheinen, die eine Gesetzeskonkretisierung durch programmierende, planende oder komplexe Bewertungen erfordern.[128] Allerdings ist dieses Verfahren zeitaufwendig.

53   Eine **Typologie** der Kollegialgremien[129] kann an verschiedenen Faktoren anknüpfen. Nach den Kompetenzen sind entscheidungsbefugte und beratende Gremien zu unterscheiden. Im ersten Fall hat ihre Entscheidung unmittelbar verbindliche Wirkung, z.B. eine Prüfungsentscheidung, während im zweiten Fall das Gremium nur eine Stellungnahme für eine andere Stelle in der Verwaltung abgibt, etwa bei Sachverständigenkommissionen. Nach der Art der Tätigkeit kann man zwischen ehren-, haupt- und nebenamtlichen Mitgliedern differenzieren. Ehrenamtlich tätig sind Privatpersonen, die abgesehen von der Gremientätigkeit außerhalb der Verwaltung stehen. Hauptamtlich tätig sind Amtsträger der Verwaltung, bei denen die Mitgliedschaft im Gremium Teil der Dienstpflichten ist. Nebenamtlich tätig sind Vertreter einer Verwaltungseinheit, die zusätzlich Mitglied eines Gremiums einer anderen Verwaltungseinheit sind.

---

[125] Besonders deutlich bei *Hans Kelsen*, Vom Wesen und Wert der Demokratie, 2. Aufl. 1929, S. 73; s.a. *Horst Dreier*, Hierarchische Verwaltung im demokratischen Staat, 1991, S. 211 ff.

[126] Vgl. z.B. *Wulf Damkowski*, Die blinde Bürokratie, DV, Bd. 14 (1981), S. 219. → Bd. I *Trute* § 6 Rn. 40.

[127] → Bd. I *Trute* § 6 Rn. 69 ff., *Hoffmann-Riem* § 10 Rn. 24; zu den Wesensmerkmalen näher *Groß*, Kollegialprinzip (Fn. 5), S. 46 ff.; s.a. *Prodromos Dagtoglou*, Kollegialorgane und Kollegialakte der Verwaltung, 1960, S. 31 ff.

[128] Vgl. *Groß*, Kollegialprinzip (Fn. 5), S. 108 f.

[129] Zum Folgenden ausführlich *Groß*, Kollegialprinzip (Fn. 5), S. 51 ff.

C. Gliederungsprinzipien der Organisationsgestaltung

Daneben gibt es unterschiedliche **Besetzungsmechanismen**: die Wahl, die 54 Entsendung und die persönliche Berufung. Der Bestellungsmodus der Wahl ist typisch für Selbstverwaltungskörperschaften. Er findet sich aber auch außerhalb der Selbstverwaltung, z. B. bei den Personalvertretungen oder den Mitwirkungsgremien der Schulen. Wenn Entsendungsrechte bestehen, wird die Personalauswahl auf andere Stellen in der Verwaltung, insbesondere bei nebenamtlich Tätigen, oder auf Verbände übertragen. Eine mittelbare gesellschaftliche Vertretung besteht, wenn Vertreter von Verbänden als Mitglieder in Gremien mit Verwaltungsfunktionen aufgenommen werden. Schließlich werden für bestimmte Aufgaben, deren Erfüllung eine besondere Qualifikation erfordert, fachlich autonome Gremien gebildet, deren Mitglieder von staatlichen Stellen nach dem Kriterium des individuellen Sachverstandes berufen werden. Hierbei kann es sich um ehrenamtliche Experten handeln, die einem Beratungsgremium angehören, aber auch um hauptamtlich tätige Personen, die mit der Leitung einer verselbstständigten Anstalt oder einer staatlich beherrschten juristischen Person des Privatrechts beauftragt werden.

IV. Gesamtübersicht über die Verwaltungsorganisation

Die folgende Übersicht bildet in stark abstrahierter Form die Grundstruktur 55 der Verwaltungsorganisation in den vier Hauptebenen ab. In Klammern ist die interne Struktur angegeben, soweit sie von dem strikt monokratisch-hierarchischen Aufbau abweicht. Die verschiedenen Arten von Organisationseinheiten werden im folgenden Teil D näher dargestellt.

Europäische Verwaltung: 56
– Oberste Ebene: Kommission (Kommission, Generaldirektionen)
– Nachgeordnete Behörden: Ämter (Exekutivausschuss, Direktor)
– Selbstständige Anstalten: Agenturen (Verwaltungsrat, Direktor), Exekutivagenturen (Lenkungsausschuss, Direktor)
– Organisationsverbünde: Intergouvernementale Agentur (Lenkungsausschuss, Leiter), Ausschüsse

Bundesverwaltung: 57
– Oberste Ebene: Bundesregierung (Kabinett, Bundesministerien)
– Nachgeordnete Behörden: Bundesoberbehörden, Mittel- und Unterbehörden
– Funktionale Selbstverwaltung: Körperschaften und Anstalten (Hauptorgan, Leitungsorgan)
– Selbstständige Anstalten und Behörden: Anstalten (Verwaltungsrat, Leitungsorgan), Stiftungen (Stiftungsrat, Leitungsorgan), unabhängige Behörden, weisungsfreie Ausschüsse
– Juristische Personen des Privatrechts: öffentliche Unternehmen, Beliehene

Landesverwaltung: 58
– Oberste Ebene: Landesregierung (Kabinett, Landesministerien)
– Nachgeordnete Behörden: Landesoberbehörden, Mittel- und Unterbehörden
– Funktionale Selbstverwaltung: Körperschaften und Anstalten (Hauptorgan, Leitungsorgan)
– Selbstständige Anstalten und Behörden: Anstalten (Verwaltungsrat, Leitungsorgan), Stiftungen (Stiftungsrat, Leitungsorgan), unabhängige Behörden, weisungsfreie Ausschüsse

– Juristische Personen des Privatrechts: öffentliche Unternehmen, Vereine, Beliehene
– Organisationsverbünde: gemeinsame Anstalten und Kommissionen

59 Kommunalverwaltung:
– Körperschaften: Kreise und Gemeinden (Vertretungsorgan, Hauptverwaltungsbeamter)
– Selbstständige Anstalten: Anstalten bzw. Eigenbetriebe (Verwaltungsrat, Leitungsorgan), Stiftungen (Stiftungsrat, Leitungsorgan)
– Juristische Personen des Privatrechts: öffentliche Unternehmen, Vereine
– Organisationsverbünde: Zweckverbände (Verbandsversammlung, Verbandsverwaltung), Arbeitsgemeinschaften

D. Einheit und Vielfalt der öffentlichen Verwaltung

60 Die Überwindung der historisch gewachsenen Vielfalt der Verwaltungsorganisation in den deutschen Staaten, die aus unterschiedlichen Territorien zusammenwuchsen und in denen sich schon früh aufgabenspezifische Sonderbehörden entwickelt hatten, war eines der Hauptanliegen der grundlegenden Strukturreformen zu Beginn des 19. Jahrhunderts.[130] Die Neuordnung sollte zu einem einheitlichen, zentral gelenkten Verwaltungsapparat führen. Schon damals wurde aber davor gewarnt, die Behörden für eine Maschine zu halten und nicht zu beachten, dass jedes der Räder seine eigene Kraft habe.[131] In einem Staatswesen, das durch den Föderalismus, eine mehrstufige kommunale Selbstverwaltung sowie die Einbindung in den europäischen Verwaltungsverbund gekennzeichnet ist und in dem höchst unterschiedliche administrative Funktionen von der traditionellen Ordnungsverwaltung über moderne Formen der die Betroffenen einbeziehenden Sozial- und Wirtschaftsverwaltung und der Regulierungsverwaltung bis hin zu quasi-unternehmerischen Formen der Leistungserbringung in der Infrastrukturverwaltung ausgeübt werden, kann man nicht mehr davon sprechen, dass das Ideal der Einheit der Verwaltung das vorrangig strukturprägende Prinzip ist.[132]

61 Die Gestaltung der Verwaltungsorganisation zwischen den Polen Vielfalt und Einheit ist allerdings nicht nur eine Frage der zweckmäßigen Aufgabenverteilung. Sie schafft auch **Steuerungsbeziehungen,** indem sie bestimmt, wer auf die Auswahl der handelnden Personen und ihre inhaltlichen Entscheidungen Einfluss nehmen kann.[133] Die Organisation ist gleichzeitig ein Mittel zur Erzeugung von Legitimation und konkretisiert dadurch das Demokratieprinzip für die Exekutive.[134] Dabei wirken die sachlich-inhaltliche Legitimation durch die anzuwendenden Normen, die personelle Legitimation durch die Verfahren zur Auswahl der Amtsträger und die institutionell-funktionelle Legitimation durch die

---

[130] → Rn. 16 f.
[131] *Altenstein,* Denkschrift (Fn. 34), S. 514.
[132] Ebenso *Brun-Otto Bryde,* Die Einheit der Verwaltung als Rechtsproblem, VVDStRL, Bd. 46 (1988), S. 181 (182); *Krebs,* Verwaltungsorganisation (Fn. 10), Rn. 28.
[133] → Bd. I *Voßkuhle* § 1 Rn. 17 ff., *Schuppert* § 16 Rn. 10 ff.
[134] → Bd. I *Trute* § 6 Rn. 43 f.

D. Einheit und Vielfalt der öffentlichen Verwaltung

aufgabenadäquate Gestaltung der Organisation zusammen.[135] Aus dem Demokratieprinzip lässt sich kein einheitliches Verhältnis der drei Faktoren ableiten.[136] Alle drei Elemente werden maßgeblich von den Parlamenten auf Bundes- und Landesebene ausgeformt, denen als den durch Volkswahlen direkt legitimierten Organen in der demokratischen Verfassungsordnung eine zentrale Stellung zukommt. Sie erlassen die Normprogramme in Gesetzesform und gestalten die Personalauswahl wie die institutionelle Struktur der Verwaltung. Diese wird entweder durch Organisationsgesetze geschaffen, die auch verschiedene Formen von Autonomie gewähren können, oder durch die vom Parlament eingesetzte Regierung im Rahmen ihrer Leitungsbefugnis ausgeformt.

Deshalb ist eine Beschreibung der Grundstrukturen des Aufbaus der deutschen und europäischen Verwaltungsorganisation auch eine Analyse der Steuerungsbeziehungen. Neben den Teileinheiten müssen auch die Koordinationsmechanismen berücksichtigt werden. Angesichts ihrer prägenden Bedeutung werden zunächst die für die Vielfalt charakteristischen Formen der Aufgliederung der Verwaltung behandelt (I.), bevor die zweifellos auch notwendigen Mechanismen der Einheitsbildung dargestellt werden (II.). 62

I. Die Vielfalt der Verwaltung

Die **Vielfalt** der Verwaltung zeigt sich nicht nur in der realen Unüberschaubarkeit eines Behördenapparates, der in Jahrhunderten gewachsen ist, um vielfältigste öffentliche Aufgaben zu erfüllen. Sie ist auch durch rechtliche Vorgaben geprägt. Im europäischen Mehrebenensystem und im deutschen Bundesstaat sind die Zuständigkeiten für den Gesetzesvollzug verfassungsrechtlich aufgeteilt.[137] Es gibt daneben verschiedene Formen von Autonomie, wobei neben der kommunalen und der funktionalen Selbstverwaltung auch selbstständige Anstalten und Behörden durch den Gesetzgeber geschaffen worden sind. Hinzu kommen die unzähligen privatrechtlichen Organisationseinheiten, die von staatlichen Stellen gegründet oder übernommen wurden. Auch die Staatsverwaltung im engeren Sinn ist in sich vielfach gegliedert. Am Rande des staatlichen Bereiches stehen verschiedene Formen, durch die Private zur Erfüllung öffentlicher Aufgaben herangezogen werden. 63

Auch auf der europäischen Ebene schreitet die Ausdifferenzierung fort.[138] Da das Primärrecht der Union keine eindeutige Funktionenteilung zwischen den verschiedenen Organen kennt, gibt es auch keine klare Zuständigkeit für die administrativen Aufgaben. Eine zentrale Bedeutung kommt zwar der Kommission zu, die in der Organisationsstruktur der Union sowohl Regierungs- als auch Verwaltungsaufgaben erfüllt.[139] Dies zeigt sich insbesondere in ihren Durchführungsbefugnissen nach Art. 17 EUV. Ihre Rolle wird aber durch die Verkop- 64

---

[135] *Ernst-Wolfgang Böckenförde*, Demokratie als Verfassungsprinzip, in: HStR II, § 24 Rn. 14 ff.; *Eberhard Schmidt-Aßmann*, Verwaltungslegitimation als Rechtsbegriff, AöR, Bd. 116 (1991), S. 329 (357 ff.).
[136] BVerfGE 83, 60 (72); 107, 59 (86 ff.).
[137] → Rn. 35 ff.
[138] → Bd. I Schmidt-Aßmann § 5 Rn. 22 ff.
[139] *Matthias Ruffert*, in: Calliess/Ruffert (Hrsg.), EUV/AEUV, Art. 17 EUV Rn. 3. → Bd. I *Schmidt-Aßmann* § 5 Rn. 22.

pelung mit den Mitgliedstaaten im Rahmen der „Komitologie"[140] und die zunehmende Auslagerung von Aufgaben in selbstständige Agenturen und ähnliche Organisationseinheiten deutlich relativiert. Von einer einheitlichen europäischen Verwaltung kann deshalb keine Rede sein.

65 Die Aufteilung der Verwaltungsaufgaben auf spezialisierte Organisationseinheiten dient zum einen der Gewährleistung ihrer möglichst funktionalen Erledigung. Dieser im Rechtsstaats- und Gewaltenteilungsprinzip verankerte **Grundsatz der aufgabenadäquaten Organisation**[141] stellt allerdings lediglich eine Maxime dar, die aufgrund der Komplexität der einzubeziehenden Faktoren der näheren Ausformung insbesondere durch den Gesetzgeber bedarf.[142] Ein wichtiger Gesichtspunkt ist dabei auch die Gewährleistung einer unparteiischen Aufgabenerfüllung.[143] Zum anderen dient die Dezentralisierung der Organisation dem Ziel einer möglichst bürgernahen Verwaltung.[144] Deshalb sind wichtige Aufgabenbereiche den partizipativ strukturierten Körperschaften der kommunalen und funktionalen Selbstverwaltung zugewiesen.

1. Die Formen der Autonomie

66 Neben der kommunalen Selbstverwaltung gibt es vielfältige andere unabhängige Verwaltungsträger mit mitgliedschaftlicher Struktur, die spezifische Aufgaben der funktionalen Selbstverwaltung wahrnehmen. Eine dritte Form von **Autonomie**, die ebenfalls im öffentlich-rechtlichen Organisationsrecht angesiedelt, jedoch nur teilweise mit der Zuerkennung der Rechtspersönlichkeit verbunden ist, bilden die verschiedenen mehr oder weniger unabhängigen Anstalten und Behörden. Aufgrund der Besonderheiten des Gesellschaftsrechts sind schließlich viertens auch die von Verwaltungseinheiten beherrschten Privatrechtssubjekte als Organisation der autonomen Aufgabenwahrnehmung einzuordnen.

a) Kommunale Selbstverwaltung

67 Charakteristisch für die kommunale Selbstverwaltung ist die enge Verbindung zwischen den Bürgern und der örtlichen Verwaltung, die sich nicht nur über die Wahl eines Vertretungsorgans, sondern auch durch vielfältige weitere **Partizipationsmechanismen** verwirklicht. Neben der inzwischen in allen Bundesländern eingeführten Direktwahl der Hauptverwaltungsbeamten[145] sowie den Bürgerbegehren und Bürgerentscheiden[146] finden sich weitere Instrumente der ehrenamtlichen Mitwirkung der Bürger wie Bürgerversammlungen, Beiräte und Kommissionen sowie gewählte Vertretungsgremien auf Ortsteil- bzw. Bezirksebene. Gleichzeitig übernehmen die Kreise und in vielen Aufgabenfeldern

---

[140] → Rn. 110.
[141] Vgl. *BVerfGE* 68, 1 (86); *Groß,* Kollegialprinzip (Fn. 5), S. 199 ff.; *Helmuth Schulze-Fielitz,* Rationalität als rechtsstaatliches Prinzip für den Organisationsgesetzgeber – Über Leistungsfähigkeit und Leistungsgrenzen „weicher" Leitbegriffe in der Rechtsdogmatik, in: FS Klaus Vogel, 2000, S. 311 (320 ff.).
[142] *Schmidt-Aßmann,* Ordnungsidee, 5. Kap. Rn. 17.
[143] *Michael Fehling,* Verwaltung zwischen Unparteilichkeit und Gestaltungsaufgabe, 2001, S. 241 ff.
[144] → Bd. I *Schmidt-Aßmann* § 5 Rn. 21.
[145] Vgl. *Andreas Bovenschulte/Annette Buß,* Plebiszitäre Bürgermeisterverfassungen, 1996.
[146] Vgl. die N. bei *Bernd J. Hartmann,* Volksgesetzgebung in Ländern und Kommunen, DVBl 2001, S. 776 ff.

auch die Gemeinden außerdem gesetzlich zugewiesene staatliche Verwaltungsaufgaben und gewährleisten dadurch ebenfalls Bürgernähe.

Ungeachtet der landesgesetzlichen Unterschiede im Detail ist die Grundstruktur der Kommunalverwaltung durch den Dualismus zwischen dem direkt gewählten Rat und dem ebenfalls direkt gewählten Bürgermeister bzw. Landrat als Leiter der Verwaltung gekennzeichnet.[147] Eine Verzahnung zwischen **Vertretungs- und Verwaltungsorgan** erfolgt in größeren Städten und Kreisen dadurch, dass der Rat weitere hauptamtliche Verwaltungsbeamte wählt.[148] Als wesentliche Befugnisse des Rates sind das Satzungs-, das Haushalts- und das Überwachungsrecht zu nennen, während der Hauptverwaltungsbeamte regelmäßig für die Vorbereitung und Durchführung der Ratsbeschlüsse, die Ausführung der Gesetze im Bereich der übertragenen Aufgaben sowie die Vertretung der Körperschaft zuständig ist.

b) Funktionale Selbstverwaltung

Der Begriff der **funktionalen Selbstverwaltung**[149] ist geprägt worden, um die mit Autonomie ausgestatteten rechtlich verselbstständigten Verwaltungseinheiten zu erfassen, die nicht der kommunalen Ebene zugehören, d.h. nicht primär räumlich definiert sind.[150] Er umfasst die Sozialversicherungsträger, die Kammern,[151] die Realkörperschaften und die Hochschulen. Es handelt sich dabei im Regelfall um mitgliedschaftlich verfasste Körperschaften mit eigener Rechtspersönlichkeit,[152] die jeweils durch Gesetz gegründet werden.[153] Man kann zwischen Fällen einer homogenen Mitgliedschaft, wie etwa im Bereich der Kammern der freien Berufe, und einer heterogenen Mitgliedschaft, wie etwa bei den Krankenkassen (Versicherte und Arbeitgeber) oder den Hochschulen (Professoren, wissenschaftliche und administrative Mitarbeiter, Studierende) unterscheiden. Ausnahmsweise erfolgt die Besetzung der Gremien nicht durch Wahlen der Mitglieder, sondern durch Vertreter gesetzlich bestimmter Verbände, wie im Fall der Rundfunkanstalten und der Bundesagentur für Arbeit. Für alle Varianten ist charakteristisch, dass es sich um eine organisierte Beteiligung der von der jeweiligen Sachaufgabe Betroffenen handelt, wobei die Auswahl der Aufgaben und die Regelung der Strukturen weitgehend im Ermessen des Gesetzgebers stehen.[154] Er muss jedoch darauf achten, dass die betroffenen Interessen angemessen berücksichtigt werden,[155] die Aufgaben und Handlungsbefugnisse der Or-

---

[147] Dazu näher *Gern*, KommunalR, Rn. 313 ff.; zur verbleibenden Organisationshoheit vgl. *Utz Schliesky*, Kommunale Organisationshoheit unter Reformdruck, DV, Bd. 38 (2005), S. 339 ff.
[148] Zur Besonderheit des hessischen Gemeindevorstands mit ehrenamtlichen Beigeordneten vgl. *Daniela Birkenfeld*, Kommunalrecht Hessen, 5. Aufl. 2011, Rn. 541 ff.
[149] → Bd. I *Trute* § 6 Rn. 82 ff.
[150] *Ernst T. Emde*, Die demokratische Legitimation der funktionalen Selbstverwaltung, 1991, S. 5 ff.; ausführlich *Winfried Kluth*, Funktionale Selbstverwaltung, 1997, S. 12 ff.; s. a. *BVerfGE* 107, 59 (89).
[151] Dazu näher *Thomas Groß*, Kammerverfassungsrecht, in: Winfried Kluth (Hrsg.), Handbuch des Kammerrechts, 2. Aufl. 2011, S. 223 ff.
[152] Zur Sonderstellung der Hochschulen vgl. z. B. *Gärditz*, Hochschulorganisation (Fn. 27), S. 553 ff.
[153] → Bd. I *Reimer* § 9 Rn. 41.
[154] *BVerfGE* 107, 59 (93), gegen *BVerwGE* 106, 64; krit. *Matthias Jestaedt*, Demokratische Legitimation – quo vadis?, JuS 2004, S. 649 ff.; *Andreas Musil*, Das Bundesverfassungsgericht und die demokratische Legitimation der funktionalen Selbstverwaltung, DÖV 2004, S. 116 (120).
[155] *BVerfGE* 107, 59 (93).

gane ausreichend vorherbestimmt sind[156] und ihre Wahrnehmung einer Aufsicht durch personell demokratisch legitimierte Amtswalter unterliegt.[157]

70   Die Körperschaften der funktionalen Selbstverwaltung haben jeweils mindestens zwei **Organe**. Das Hauptorgan ist in der Regel eine von den Mitgliedern gewählte Vertreterversammlung,[158] es kann sich aber auch um eine Mitgliedervollversammlung handeln. Ihm stehen regelmäßig das Satzungs- und das Haushaltsrecht zu. Das Leitungsorgan, das in den meisten Fällen kollegial verfasst ist, wird vom Hauptorgan gewählt und ist für die Geschäftsführung verantwortlich. Insofern finden sich auch hier partizipative Organisationsstrukturen wie in der kommunalen Selbstverwaltung. Die Organe entscheiden grundsätzlich eigenverantwortlich und unterliegen nur einer Rechtsaufsicht. Ausnahmsweise können Körperschaften der funktionalen Selbstverwaltung durch Gesetz für einzelne Aufgaben staatlichen Weisungen unterworfen werden.

c) Selbstständige Anstalten und Behörden

71   Eine fachliche Unabhängigkeit im Sinne der Ausgliederung aus der Hierarchie wird gewählt, wenn eine Aufgabe unmittelbarer politischer Einflussnahme entzogen werden soll. Sie ist in vielen Fällen, aber nicht notwendigerweise mit der Zuerkennung eigener Rechtsfähigkeit verbunden. Während die Agenturen der Europäischen Union sowie einige Anstalten, die v.a. unternehmerische Aufgaben erfüllen, rechtlich verselbstständigt sind, hat der Gesetzgeber auch innerhalb der Bundes- oder Landesverwaltung einzelne unabhängige Einrichtungen geschaffen. Auf der anderen Seite sind nicht alle als juristische Personen gegründeten Anstalten auch fachlich autonom.

72   Die europäischen **Agenturen**[159] sind geschaffen worden, um die Verwaltung zu effektivieren, von politischem Einfluss abzuschirmen und die Kooperation mit den nationalen Behörden zu erleichtern.[160] Sie erfüllen Koordinations- und Unterstützungsaufgaben und treffen zum Teil sogar verbindliche Entscheidungen für jeweils fachlich begrenzte Bereiche. Während es sich regelmäßig um Zentralstellen handelt, entsteht mit den Außenstellen der Grenzschutzagentur zum ersten Mal ein territorialer Unterbau.[161] Als Grundlage für eine organisationsrechtliche Typologie kann die Zusammensetzung des Verwaltungsrates herangezogen werden.[162] In den meisten Fällen besteht der Verwaltungsrat mehrheitlich aus Vertretern der Mitgliedstaaten sowie einigen Vertretern der

---

[156] *BVerfGE* 111, 191 (217 f.).
[157] *BVerfGE* 107, 59 (94).
[158] Zur strittigen Frage der Zulässigkeit einer „Friedenswahl" vgl. *BSGE* 36, 242; *BVerwG*, Gew-Arch 1980, S. 196; *VGH Mannheim*, NVwZ-RR 1998, S. 366 (368 f.); *Raimund Wimmer*, Friedenswahlen in der Sozialversicherung – undemokratisch und verfassungswidrig, NJW 2004, S. 3369 ff. m.w.N.
[159] Vgl. den Überblick bei *S. Augsberg*, Vollzugsformen (Fn. 93), Rn. 38 ff.
[160] Vgl. *Koch*, Externalisierungspolitik (Fn. 92), S. 29 ff.; *Françoise Comte*, Commission Communication ‚European Agencies – the Way Forward': What is the Follow-Up Since Then?, Review of European Administrative Law, 1/2010, S. 65 ff.
[161] *Groß*, Kooperation (Fn. 95), S. 67.
[162] Vgl. *Alexander Kreher*, Agencies in the European Community – a step towards administrative integration in Europe, Journal of European Public Policy 1997, S. 225 (233 f.); *Groß*, Kollegialprinzip (Fn. 5), S. 341 ff.; s.a. *Görisch*, Unionsagenturen (Fn. 59), S. 193 ff.; *S. Augsberg*, Vollzugsformen (Fn. 93), Rn. 46 ff.

D. Einheit und Vielfalt der öffentlichen Verwaltung

Kommission, zum Teil sind auch vom Parlament ausgewählte Experten beteiligt. In Agenturen mit sozial- und bildungspolitischen Aufgaben findet sich ein pluralistisches Modell der drittelparitätischen Besetzung mit Vertretern der Mitgliedstaaten, der Arbeitgeber und der Arbeitnehmer. Nur in wenigen Agenturen werden die Mitglieder des Verwaltungsrates nach dem Kriterium der Sachkunde ausgewählt.

In der deutschen Verwaltungsorganisation bestehen rechtlich verselbstständigte Anstalten außerhalb des Bereiches der kommunalen Selbstverwaltung v. a. als **öffentlich-rechtliche Kreditinstitute** wie z. B. den Sparkassen oder der Kreditanstalt für Wiederaufbau. Sie unterliegen in der Regel lediglich einer Rechtsaufsicht (vgl. z. B. § 20 Abs. 3 SparkG Hessen, § 12 Abs. 1 KfWG). Da die gesetzliche Aufgabenbestimmung sehr allgemein gefasst ist, kommt den Organen eine wesentliche Funktion bei ihrer Konkretisierung zu. Regelmäßig besteht ein von dem oder den Trägergemeinwesen besetzter Verwaltungsrat als Aufsichtsorgan sowie ein nach fachlichen Kriterien besetzter Vorstand, der die Geschäfte führt und die Anstalt vertritt. 73

In einigen Bereichen werden Verwaltungsaufgaben auf rechtlich verselbstständigte **Anstalten** übertragen, die aber fachlich nicht unabhängig sind. Ein Beispiel ist die rechtsfähige Bundesanstalt für Immobilienaufgaben, die die Liegenschaften, die von den Dienststellen der Bundesverwaltung zur Erfüllung ihrer Aufgaben genutzt werden, nach kaufmännischen Grundsätzen eigenverantwortlich verwaltet (§ 1 Abs. 1 BImAG), aber der Rechts- und Fachaufsicht des Bundesministeriums der Finanzen unterliegt (§ 3 Abs. 1 BImAG). Ihre Organe sind ein aus sachverständigen Personen zusammengesetzter Verwaltungsrat sowie ein auf Zeit berufener Vorstand mit zwei oder drei Mitgliedern, der die Anstalt leitet und vertritt. 74

Ein Pendant bilden auf europäischer Ebene die auf der Grundlage eines allgemeinen Statutes[163] gegründeten **Exekutivagenturen.** Bei ihnen handelt es sich eher um ausgelagerte Dienststellen als um unabhängige Verwaltungseinheiten, denn der fünfköpfige Lenkungsausschuss wird ausschließlich von der Kommission besetzt. Ihre Aufgaben liegen v. a. im Haushaltsvollzug für spezielle Programme. Ein Sonderfall ist das Übersetzungszentrum, dessen Verwaltungsrat aus Vertretern aller Organe und Einrichtungen besteht, die seine Dienste nutzen, daneben aber auch aus Vertretern der Mitgliedstaaten. 75

Die **Weisungsunabhängigkeit** rechtlich unselbstständiger Einheiten in der Verwaltung ist ausdrücklich vorgesehen z. B. bei Prüfungs- und Sachverständigenausschüssen,[164] den Datenschutzbeauftragten[165] oder den Rechnungshöfen. Sie rechtfertigt sich entweder durch die besondere Fachkunde der zur Entscheidung berufenen Personen oder durch die Kontrollfunktion. Im Gesetzeswortlaut 76

---

[163] VO (EG) Nr. 58/2003, ABl. EG 2003, Nr. L 11, S. 1; dazu *Michael H. Koch*, Mittelbare Gemeinschaftsverwaltung in der Praxis, EuZW 2005, S. 455 (456 f.).
[164] Vgl. *Groß*, Kollegialprinzip (Fn. 5), S. 93 ff.
[165] Dazu *Helmut Heil*, Bundesbeauftragter für den Datenschutz, in: Alexander Roßnagel (Hrsg.), Handbuch Datenschutzrecht, 2003, Kap. 5.1 Rn. 78 ff.; *Dieter Zöllner*, Der Datenschutzbeauftragte im Verfassungssystem, 1995, S. 167 ff.; zur Übertragung der Aufsicht für den privaten Bereich auf unabhängige Stellen vgl. *EuGH*, Rs. C-518/07, EuZW 2010, S. 296; *Thomas Groß*, Unabhängigkeit der Datenschutzaufsicht, DuD 2002, S. 684 ff.; krit. *Hans P. Bull*, Die „völlig unabhängige" Aufsichtsbehörde, EuZW 2010, S. 488 ff.

nicht eindeutig geregelt ist dagegen die Unabhängigkeit der Beschlussabteilungen beim Bundeskartellamt und der Beschlusskammern der aus der Regulierungsbehörde für Telekommunikation und Post hervorgegangenen Bundesnetzagentur. In diesen Fällen ergibt sich die Unzulässigkeit von Einzelweisungen aus funktionalen Überlegungen im Hinblick auf die kollegiale Organisation[166] und die besonderen Aufgaben.[167] Ist organisationsrechtlich ein spezialisiertes Kollegialgremium eingerichtet und zudem ein formalisiertes Verfahren der Entscheidungsfindung vorgesehen, so wäre es wenig sinnvoll, wenn diese besonderen Vorkehrungen für eine sachgerechte Aufgabenerfüllung durch externe Ingerenzen konterkariert werden könnten, soweit diese nicht lediglich der Sicherung der Rechtmäßigkeit dienen.[168]

d) Öffentliche Unternehmen

77   Neben den öffentlich-rechtlichen Organisationsformen des Regie- und des Eigenbetriebs sowie der Anstalt und des Zweckverbandes,[169] die hauptsächlich für kleine und mittlere kommunale Unternehmen verwendet werden, gibt es eine Fülle von staatlich beherrschten **privatrechtlichen Gesellschaften**.[170] Die Gründung von juristischen Personen des Privatrechts führt zu einer Veränderung der Steuerungseinflüsse, d.h. zu einer mehr oder weniger großen Unabhängigkeit von der jeweiligen Verwaltungseinheit.[171] Während im Fall der GmbH über das Weisungsrecht der Gesellschafter an die Geschäftsführung ein politischer Einfluss auch auf Einzelentscheidungen genommen werden kann, führt die Wahl der Aktiengesellschaft über die zwingend vorgesehene Eigenverantwortlichkeit des Vorstandes zu einer stärkeren Abkoppelung vom Muttergemeinwesen. Bei beiden Rechtsformen erfolgt zudem eine wesentliche Veränderung der Legitimationsstrukturen, wenn die Regelungen der Unternehmensmitbestimmung eingreifen, denn in diesem Fall werden auch gewählte Vertreter der Arbeitnehmer Mitglieder des Aufsichtsrates und können damit über wesentliche Fragen mitentscheiden.[172]

78   Unter dem Gesichtspunkt der demokratischen Steuerung sind diese Ausgliederungen problematisch,[173] so dass verschiedene Möglichkeiten der Kompensa-

---

[166] → Rn. 52 ff.
[167] Dazu ausführlich *Klaus Oertel*, Die Unabhängigkeit der Regulierungsbehörde nach §§ 66 ff. TKG, 2000, S. 238 ff.; *Jens-Peter Schneider*, Flexible Wirtschaftsregulierung durch unabhängige Behörden im deutschen und britischen Telekommunikationsrecht, ZHR, Bd. 164 (2000), S. 513 (535 ff.); a.A. z.B. *Thomas Mayen*, Verwaltung durch unabhängige Einrichtungen, DÖV 2004, S. 45 ff.; aus verwaltungswissenschaftlicher Sicht skeptisch *Marian Döhler*, Das Modell der unabhängigen Regulierungsbehörde im Kontext des deutschen Regierungs- und Verwaltungssystems, DV, Bd. 34 (2001), S. 59 ff.; rechtsvergleichend *Johannes Masing/Gérard Marcou* (Hrsg.), Unabhängige Verwaltungsbehörden, 2010.
[168] *Groß*, Kollegialprinzip (Fn. 5), S. 247.
[169] Vgl. *Thomas Mann*, Die öffentlich-rechtliche Gesellschaft, 2002, S. 97 ff.
[170] → Rn. 47 f.
[171] Vgl. z.B. *Axel Pfeifer*, Möglichkeiten und Grenzen der Steuerung kommunaler Aktiengesellschaften durch ihre Gebietskörperschaften, 1991, S. 106 ff.; *Hubertus Gersdorf*, Öffentliche Unternehmen im Spannungsfeld zwischen Demokratie- und Wirtschaftlichkeitsprinzip, 2000, S. 267 ff.; *Brigitte Strobel*, Weisungsfreiheit oder Weisungsgebundenheit kommunaler Vertreter in Eigen- und Beteiligungsgesellschaften?, DVBl 2005, S. 77 ff.
[172] Kritisch *Mann*, Die öffentlich-rechtliche Gesellschaft (Fn. 169), S. 258 ff. m.w.N.
[173] → Bd. I *Trute* § 6 Rn. 75 ff.

tion diskutiert werden. Zunächst wurde die Einwirkungspflicht entwickelt, die ein Gebot an die staatlichen Organisationsträger enthält, die im Gesellschaftsrecht vorhandenen Steuerungsmöglichkeiten aktiv zu nutzen, um die öffentlichen Zwecke der Organisation durchzusetzen.[174] Da allerdings die gesetzlich zwingend vorgesehenen Einflussknicks damit nicht beseitigt werden können, wurde weiter vorgeschlagen, **Steuerungsinstrumente** des öffentlichen Organisationsrechts wie z. B. Informations- und Weisungsrechte der Gesellschafter unmittelbar in das Gesellschaftsrecht zu importieren.[175] Als kleiner Schritt zur Verbesserung der politischen Steuerung öffentlicher Unternehmen ist im Kommunalrecht einiger Bundesländer das Instrument des Beteiligungsberichtes eingeführt worden, in dem der gewählten Vertretung der Gemeinde und der Öffentlichkeit Rechenschaft über Bestand und Tätigkeit der Unternehmen, an denen die Gemeinde beteiligt ist, gegeben werden muss.[176] Dabei soll neben den wirtschaftlichen Ergebnissen auch die Frage thematisiert werden, inwieweit der öffentliche Zweck der Gesellschaften erfüllt wird. Dies ist eine Vorstufe zu dem im Rahmen des Neuen Steuerungsmodells geforderten Konzern-Controlling.[177]

Trotz aller Kompensationsbemühungen bewirkt die formelle Privatisierung in jedem Fall eine gewisse Ausgliederung, so dass die Steuerungsinstrumente der hierarchischen Verwaltung nicht voll greifen. Deshalb ist es konsequent, die Gründung privatrechtlicher Gesellschaften den für öffentlich-rechtliche Organisationsformen geltenden Anforderungen des institutionellen **Gesetzesvorbehalts** zu unterwerfen.[178] Zwar muss nicht jede einzelne Beteiligung durch Gesetz erlaubt werden, die grundlegenden Steuerungsstrukturen müssen jedoch gesetzlich geregelt werden, wie etwa – wenn auch relativ grob – im kommunalen Wirtschaftsrecht.[179] Weitergehende Ansätze zur Schaffung einer neuen öffentlich-rechtlichen Rechtsform für öffentliche Unternehmen, die eine hinreichende Steuerung organisatorisch garantiert, sind im Gemeindewirtschaftsrecht einiger Länder aufgenommen worden, eine bundeseinheitliche gesetzliche Regelung fehlt jedoch noch.[180]

2. Die Binnendifferenzierung der Staatsverwaltung

Auch die hierarchisch-monokratisch organisierte Verwaltung ist in sich vielfach gegliedert, um eine sinnvolle Arbeitsteilung zu ermöglichen. Die Frage,

---

[174] *Günter Püttner*, Die Einwirkungspflicht, DVBl 1975, S. 353 ff.; *Dirk Ehlers*, Verwaltung in Privatrechtsform, 1984, S. 124 ff.

[175] *Thomas v. Danwitz*, Vom Verwaltungsprivatrecht zum Verwaltungsgesellschaftsrecht, AöR, Bd. 120 (1995), S. 595 ff.; *Walter Krebs*, Notwendigkeit und Struktur eines Verwaltungsgesellschaftsrechts, DV, Bd. 29 (1996), S. 309 ff.; krit. z. B. *Dirk Ehlers*, Verwaltung und Verwaltungsrecht, in: Erichsen/Ehlers (Hrsg.), VerwR, § 3 Rn. 84.

[176] Vgl. *Brigitte Strobel*, Der Beteiligungsbericht als Informationsinstrument des Gemeinderats, DÖV 2004, S. 477 ff.

[177] → Rn. 32.

[178] *Walter Krebs*, Neue Bauformen des Organisationsrechts und ihre Einbeziehung in das Allgemeine Verwaltungsrecht, in: Schmidt-Aßmann/Hoffmann-Riem (Hrsg.), Verwaltungsorganisationsrecht, S. 339 (353); *Groß*, Kollegialprinzip (Fn. 5), S. 233 ff.; *Storr*, Staat als Unternehmer (Fn. 71), S. 572 ff.; *Mann*, Die öffentlich-rechtliche Gesellschaft (Fn. 169), S. 78; *Schmidt-Aßmann*, Ordnungsidee, 5. Kap. Rn 28. Zum institutionellen Gesetzesvorbehalt → Bd. I *Reimer* § 9 Rn. 37 f.

[179] *Storr*, Staat als Unternehmer (Fn. 71), S. 577; *Thomas Groß*, Outsourcing beim Staat, Jahrbuch der Juristischen Gesellschaft, 2002, S. 59 ff.

[180] Dazu umfassend *Mann*, Die öffentlich-rechtliche Gesellschaft (Fn. 169), S. 297 ff.

§ 13 Die Verwaltungsorganisation als Teil organisierter Staatlichkeit

wem eine bestimmte Aufgabe innerhalb des Behördenapparates zugeordnet wird, kann auch durchaus Auswirkungen auf die Art der Erledigung haben, wie am Beispiel der Umweltverwaltung belegt worden ist.[181] Im Innenbereich eines Verwaltungsträgers werden die Organisationseinheiten jedoch nicht durch die Zuerkennung der Rechtspersönlichkeit oder eine gesetzlich abgesicherte Unabhängigkeit separiert. Vielmehr handelt es sich um eine Dekonzentration, zum einen horizontal, d.h. nach fachlichen und räumlichen Gesichtspunkten, zum anderen vertikal, d.h. durch eine hierarchische Stufung des Behördenapparates.[182]

81 Die Binnenstruktur der Staatsverwaltung wird durch Organisationsregelungen gebildet, die nur zum Teil in Gesetzesform, im Übrigen durch Exekutivakte ergehen. Die Zuständigkeitsverteilung für die Befugnis zur Regelung der Organisation der öffentlichen Verwaltung wird seit dem 19. Jahrhundert unter dem Begriff der **Organisationsgewalt** zusammengefasst.[183] Diese terminologische Suggestion einer umfassenden exekutiven Organisationsgewalt ist jedoch als präkonstitutionelles Dogma überholt. Sowohl das Grundgesetz wie die Länderverfassungen zeichnen sich durch ein differenziertes System der Verteilung der Zuständigkeit auf Gesetzgeber und Regierung aus.[184] In fast allen Bundesländern besteht ein Gesetzesvorbehalt für die allgemeine Verwaltungsorganisation, während Hessen und Rheinland-Pfalz lediglich ein gesetzgeberisches Zugriffsrecht kennen.[185] Auf Bundesebene besteht eine Kombination aus der strikten Gesetzesform des Art. 87 Abs. 3 GG und der Regelungskompetenz der Bundesregierung unter dem Vorbehalt gesetzlicher Bestimmung nach Art. 86 GG.

a) Die Ressorts

82 Nicht nur das Grundgesetz in Art. 65 S. 2, sondern auch alle Landesverfassungen normieren das **Ressortprinzip,** wonach die einzelnen Regierungsmitglieder ihren Geschäftsbereich in eigener Verantwortung leiten. Diese aufgabenbezogene Untergliederung erfasst neben der Gubernative auch die Verwaltungsorganisation und ist damit die Grundlage für die Existenz der Ressorts als voneinander unabhängiger Fachverwaltungen, deren Spitze jeweils die politische Leitung in der Person des Ministers bildet. Ihm steht grundsätzlich die Letztentscheidungsbefugnis in Sach-, Haushalts-, Organisations- und Personalfragen zu.[186] Meinungsverschiedenheiten zwischen Ministerien, die nicht durch Verhandlungen bereinigt werden können, sind entweder durch die Ausübung der Richtlinienkompetenz des Regierungschefs oder durch Kabinettsbeschluss zu entscheiden (Art. 65 S. 3 GG).[187]

---

[181] *Leonie Breunung,* Die Vollzugsorganisation als Entscheidungsfaktor des Verwaltungshandelns, 2000, S. 210.

[182] *Burgi,* Verwaltungsorganisation (Fn. 6), § 8 Rn. 26.

[183] Zur Begriffsgeschichte vgl. *Ernst-Wolfgang Böckenförde,* Die Organisationsgewalt im Bereich der Regierung, 1964, S. 21 ff.; *Hermann Butzer,* Zum Begriff der Organisationsgewalt, DV, Bd. 27 (1994), S. 157 ff.

[184] → Bd. I *Wißmann* § 15 Rn. 33 ff.

[185] Dazu ausführlich *Iwan Chotjewitz,* Die Organisationsgewalt nach den Verfassungen der deutschen Bundesländer, 1995.

[186] *Georg Hermes,* in: Dreier (Hrsg.), GG II, Art. 65 Rn. 30; zur Ressortkompetenz als sachliches Differenzierungskriterium bei personalwirtschaftlichen Maßnahmen vgl. *LAG Köln,* Zeitschrift für Tarifrecht 2001, S. 36.

[187] Dazu näher *Steffen Detterbeck,* Innere Ordnung der Bundesregierung, in: HStR II, § 66 Rn. 44 ff.; *Hartmut Maurer,* Die Richtlinienkompetenz des Bundeskanzlers, in: FS Werner Thieme, 1993, S. 123 ff.

D. Einheit und Vielfalt der öffentlichen Verwaltung

Verfassungsrechtlich abgesicherte Pflichtressorts gibt es insbesondere im Fall der Finanzministerien (vgl. z.B. Art. 112 S. 1 GG, Art. 143 Abs. 1 S. 1 LV Hessen).[188] Im Übrigen erfolgt die Einteilung der Geschäftsbereiche z.T. durch den Regierungschef, z.T. durch Kabinettsbeschluss. Die für die Bundesebene vertretene Auffassung, dass es sich dabei um eine exklusive Regelungsbefugnis des Bundeskanzlers handele,[189] ist allerdings nicht überzeugend. Angesichts der politischen Bedeutung der fachlichen Gliederung ist vielmehr von einem Zugriffsrecht des Gesetzgebers auch auf die Ebene der Ministerien auszugehen, auf das er allerdings in der Praxis weitgehend verzichtet. 83

Im Gegensatz zur nationalen Ebene enthält Art. 17 EUV für die **Europäische Kommission** nach wie vor den Vorrang des Kollegialprinzipes, so dass grundsätzlich alle Beschlüsse auch in Verwaltungsverfahren von der gesamten Kommission gefasst werden müssen. Aufgrund der starken Zunahme ihrer Arbeitsbelastung und der Zahl ihrer Mitglieder sind jedoch mit der Möglichkeit der schriftlichen Beschlussfassung und Zeichnungsermächtigungen für einzelne Kommissare Vereinfachungen eingeführt worden, denen quantitativ große Bedeutung zukommt.[190] Seit dem Vertrag von Nizza ist immerhin in Art. 248 AEUV anerkannt, dass den einzelnen Kommissaren individuelle Zuständigkeiten zugeordnet werden. Organisatorisch sind die Dienststellen der Kommission in Generaldirektionen und gleichgestellte Dienste eingeteilt. Eine eindeutige Unterordnung der Dienststellen unter die Kommissionsmitglieder ist damit jedoch nicht verbunden, so dass auch Vorstellungen einer individuellen Ressortverantwortlichkeit für die Verwaltung der Union nur bedingt passen.[191] 84

b) Die Behörden

Der Begriff der **Behörde,** dem im Verwaltungsorganisationsrecht eine zentrale Bedeutung zukommt, findet sich in allen Rechtsgebieten, ohne dass man von einer einheitlichen Definition ausgehen kann. Das Bundesverfassungsgericht versteht darunter „eine in den Organismus der Staatsverwaltung eingeordnete, organisatorische Einheit von Personen und sächlichen Mitteln, die mit einer gewissen Selbstständigkeit ausgestattet dazu berufen ist, unter öffentlicher Autorität für die Erreichung der Zwecke des Staates oder von ihm geförderter Zwecke tätig zu sein".[192] Der organisatorische Behördenbegriff ist enger als der funktionelle, der in § 1 Abs. 4 VwVfG verwendet wird, da dieser auch Organe der Legislative oder der Judikative erfassen kann.[193] Behörden sind selbst keine juristischen Personen, sondern Organe eines Trägers öffentlicher Verwaltung.[194] Dennoch kommt ihnen organisatorische Selbstständigkeit zu, was sich insbe- 85

---

[188] Dazu *Detterbeck,* Innere Ordnung (Fn. 187), Rn. 14.
[189] So z.B. *Böckenförde,* Die Organisationsgewalt (Fn. 183), S. 139 ff.; *Stern,* StaatsR II, S. 284.
[190] Vgl. dazu die Angaben bei *Helmut Schmitt v. Sydow,* in: v.d. Groeben/Schwarze (Hrsg.), EU-/EG-Vertrag, Art. 219 EG Rn. 24 ff.
[191] Dazu näher *Veith Mehde,* Responsibility and Accountability in the European Commission, CMLRev 2003, S. 423 ff.
[192] BVerfGE 10, 20 (48); ebenso BVerwGE 87, 310 (312); ausführlich zum Begriff *Ernst Rasch,* Die Behörde, VerwArch, Bd. 50 (1959), S. 1 (8 ff.); → Bd. I *Jestaedt* § 14 Rn. 36 f.
[193] *Maurer,* VerwR, § 21 Rn. 32.
[194] *Burgi,* Verwaltungsorganisation (Fn. 6), § 8 Rn. 28 f.; *Kluth,* in: Wolff/Bachof/Stober/Kluth, VerwR II, § 82 Rn. 96.

sondere in der Befugnis zum Handeln im eigenen Namen manifestiert.[195] Behörden sind deshalb die Zuordnungssubjekte der Zuständigkeitsregelungen. Dadurch erfolgt die Abgrenzung zu inneren Gliederungen, wie z.B. Abteilungen, Dezernaten, Referaten, Ämtern etc. Kleinste Organisationseinheit ist das Amt als der einer natürlichen Person, d.h. einem Beschäftigten der Verwaltung, zugewiesene Aufgabenkreis.[196]

86 Traditionell besteht ein **gestufter Aufbau** der Verwaltung, der in Art. 87 Abs. 3 GG für den Bund zugrunde gelegt wird und auch in vielen Ländern zu finden ist.[197] Oberste Behörden sind danach die einzelnen Ressortministerien und gleichgestellte Organisationseinheiten wie z.B. die Rechnungshöfe. Oberbehörden sind den Ministerien hierarchisch nachgeordnet, aber für das gesamte Gebiet eines Verwaltungsträgers zuständig, d.h. sie haben selbst keinen Unterbau. Sie erfüllen einzelne fachliche Aufgaben, wie etwa das Bundeskartellamt, sie können aber auch für eine Vielzahl unterschiedlicher Aufgaben zuständig sein, wie das Bundesverwaltungsamt. Mittelbehörden werden für einzelne Bezirke gebildet und haben zum Teil spezielle Fachaufgaben. Daneben sind sie meist für Koordination und Aufsicht zuständig. Die Unterbehörden, die in den Ländern regelmäßig auf der Ebene der Kreise bestehen, sind in den meisten Aufgabengebieten die primär zuständigen Verwaltungseinheiten. Sie übernehmen v.a. die Ausführung derjenigen Gesetze, die häufige Bürgerkontakte erfordern.

87 In der europäischen Verwaltung gibt es ebenfalls erste Ansätze, neben den rechtlich verselbstständigten Agenturen[198] nachgeordnete Behörden einzurichten.[199] Auf der Grundlage der Haushaltsordnung und ihrer Geschäftsordnung hat die Kommission **Ämter** mit organisatorisch-logistischen Hilfsfunktionen errichtet, die der Generaldirektion Personal und Verwaltung angegliedert sind. Ihr Leitungsausschuss besteht aus verschiedenen Generaldirektoren sowie Vertretern des Personals. Daneben gibt es zwei interinstitutionelle Ämter, die Aufgaben für mehrere Organe erfüllen und von deren Vertretern gemeinsam geleitet werden.

3. Die institutionelle Einbeziehung Privater

88 Nicht nur Bund, Länder und andere öffentlich-rechtliche Verwaltungsträger sowie die von ihnen gegründeten öffentlichen Unternehmen erfüllen Aufgaben der öffentlichen Verwaltung, sondern auch Organisationseinheiten, die aufgrund ihrer Rechtsform nicht oder jedenfalls nicht ausschließlich dem staatlichen Sektor zugerechnet werden können. Neben der Beleihung als klassischem Institut der Aufgabenübertragung auf Private sind die gemischt-wirtschaftlichen Unternehmen als privatrechtliche Kooperationsform und die unter dem Oberbegriff „Dritter Sektor" zusammengefassten Einrichtungen mit öffentlichen Aufgaben hier einzuordnen.

---

[195] *Kopp/Ramsauer,* VwVfG, § 1 Rn. 53.
[196] Zur personalen Dimension der Verwaltung *Ulrich Hufeld,* Die Vertretung der Behörde, 2003, S. 2 ff.
[197] Vgl. *Maurer,* VerwR, § 22 Rn. 17 ff.
[198] → Rn. 37.
[199] Vgl. zum Folgenden die N. bei *Sydow,* Verwaltungskooperation (Fn. 60), S. 64.

D. Einheit und Vielfalt der öffentlichen Verwaltung

a) Die Beleihung

Die **Beleihung** ist als Rechtsinstitut nicht allgemein geregelt.[200] Sie wird definiert als Betrauung von Privatrechtssubjekten mit der selbstständigen Wahrnehmung öffentlicher Aufgaben in den Handlungsformen des öffentlichen Rechts.[201] Man kann die Beleihung zwar durchaus als Relikt aus der frühmodernen Verwaltung ansehen,[202] aber in den letzten Jahren ist sie im Rahmen der Privatisierungswelle als Kooperationsform auch für neue Aufgabenfelder eingesetzt worden. Zu den traditionellen Anwendungsfällen im Polizei-, Wirtschaftsverwaltungs- und Schulrecht sind neue Erscheinungsformen im Infrastruktur-, Umwelt-, Bau-, Vergabe- und Dienstrecht getreten.[203] Ihr Ziel ist es, die private Eigeninitiative für die Erfüllung öffentlicher Aufgaben zu nutzen.[204] Als Beliehene kommen sowohl natürliche wie auch juristische Personen in Frage. Zum Teil erfolgt eine problematische Kombination mit einer formellen Privatisierung, indem zunächst eine Verwaltungsaufgabe auf eine staatlich gegründete privatrechtliche Gesellschaft ausgelagert wird, dieser dann aber hoheitliche Befugnisse übertragen werden.[205]

89

Der Beliehene unterliegt bei der Ausübung seiner Befugnisse allen Bindungen des Verfassungs- und Verwaltungsrechts.[206] Im Zusammenhang mit der Einordnung in die Verwaltungsorganisation ist der Beliehene deshalb auch kein Grundrechtsträger.[207] Aus dem Erfordernis demokratischer Legitimation ist abzuleiten, dass die Beliehenen mindestens einer staatlichen Rechtsaufsicht unterliegen müssen,[208] während eine Fachaufsicht als Regel schwerlich mit dem Ziel vereinbar ist, die Eigeninitiative des Privaten zu nutzen.[209] Ansprüche aus Amtshaftung richten sich allerdings gegen die Person des öffentlichen Rechts, die dem Beliehenen das Amt anvertraut hat.[210] Wird die

90

---

[200] Kritisch *Thorsten I. Schmidt*, Gesetzliche Regelung der Rechtsverhältnisse der Beliehenen, ZG 2002, S. 353 ff.

[201] *Burgi*, Verwaltungsorganisation (Fn. 6), § 10 Rn. 24; *Krebs*, Verwaltungsorganisation (Fn. 10), Rn. 45; s. a. BVerwGE 61, 222 (224); ausführlich zu den verschiedenen Theorien *Klaus Weisel*, Das Verhältnis von Privatisierung und Beleihung, 2003, S. 55 ff.; zu Abgrenzungsproblemen *Christian Sellmann*, Privatisierung mit oder ohne gesetzliche Ermächtigung, NVwZ 2008, S. 817 ff.; anders *Ulrich Stelkens*, Die Stellung des Beliehenen innerhalb der Verwaltungsorganisation – dargestellt am Beispiel der Beleihung nach § 44 III BHO/LHO, NVwZ 2004, S. 304 ff., der den Beliehenen als Behörde des beliehenen Verwaltungsträgers ansieht. → Bd. I *Trute* § 6 Rn. 92, *Schulze-Fielitz* § 12 Rn. 106, *Jestaedt* § 14 Rn. 31, *Eifert* § 19 Rn. 81.

[202] *Stober*, in: Wolff/Bachof/Stober/Kluth, VerwR II, § 90 Rn. 1.

[203] Vgl. *Stober*, in: Wolff/Bachof/Stober/Kluth, VerwR II, § 90 Rn. 7 ff.; *Martin Burgi*, Der Beliehene, in: FS Hartmut Maurer, 2001, S. 581 ff.

[204] *Oliver Freitag*, Das Beleihungsrechtsverhältnis, 2005, S. 17.

[205] Für die Zulässigkeit unter Hinweis auf das Organisationsermessen *OVG Bbg*, NVwZ 1997, S. 604 (608); a. A. wegen Formenmissbrauchs *Weisel*, Privatisierung und Beleihung (Fn. 201), S. 249 ff.

[206] *Freitag*, Beleihungsrechtsverhältnis (Fn. 204), S. 24.

[207] *BVerfG* (Kammer), NJW 1987, S. 2501; zum Rechtsschutz gegen Weisungen, die den Aufgabenkreis übersteigen, vgl. *VGH BW*, NVwZ-RR 1998, S. 152; *Freitag*, Beleihungsrechtsverhältnis (Fn. 204), S. 165 ff.

[208] *Gabriele Britz*, Die Mitwirkung Privater an der Wahrnehmung öffentlicher Aufgaben durch Einrichtungen des öffentlichen Rechts, VerwArch, Bd. 91 (2000), S. 418 (434).

[209] So aber *Udo Steiner*, Öffentliche Verwaltung durch Private, 1975, S. 283; *Freitag*, Beleihungsrechtsverhältnis (Fn. 204), S. 155 ff.; noch weitergehend zur Notwendigkeit von Weisungsrechten *Brem. StGH*, NVwZ 2003, S. 81; krit. *Groß*, Outsourcing (Fn. 179), S. 69.

[210] BGHZ 147, 169 (171 f.); zu Ausnahmen vgl. *Sibylle v. Heimburg*, Verwaltungsaufgaben und Private, 1982, S. 115; a. A. *Walter Frenz*, Die Staatshaftung in den Beleihungstatbeständen, 1992, S. 147 ff.

Aufgabe nicht ordnungsgemäß ausgeübt, besteht eine Rückübertragungspflicht.[211]

b) Die gemischt-wirtschaftlichen Unternehmen

91 Als gemischt-wirtschaftlich werden diejenigen Unternehmen angesehen, die in einer Form des privaten Gesellschaftsrechts geführt werden und an denen zumindest ein öffentlich-rechtlicher Verwaltungsträger und ein privater Gesellschafter beteiligt sind.[212] Unter dem Stichwort **„Public Private Partnership"**[213] ist eine solche organisierte Kooperation in den letzten Jahren als eine politisch erwünschte Variante der Privatisierung gefördert worden.[214] Der private Partner bringt in diesen Konstellationen Kapital und know how ein, die Verwaltung behält durch ihre Beteiligung aber unmittelbaren Einfluss auf die Aufgabenerfüllung.

92 Hier wird die staatstheoretisch nach wie vor bedeutsame Grenze zwischen Staat und Privaten[215] in eine Organisation hineinverlagert, was zu besonderen Konstruktionsproblemen führt. Ein gemischt-wirtschaftliches Unternehmen ist in Anlehnung an das Konzernrecht insgesamt der Verwaltungsorganisation zuzurechnen, wenn es durch die gesellschaftsrechtlichen **Beherrschungsinstrumente** in ihr Handlungsgefüge eingegliedert wird.[216] Dies entspricht dem europarechtlichen Verständnis nach Art. 2 der Transparenzrichtlinie 2006/11/EG.[217] Wer sich als Privater auf eine gesellschaftsrechtlich organisierte Kooperation mit staatlichen Teilhabern einlässt, bleibt zwar selbstverständlich Grundrechtsträger, muss sich aber auf mögliche Einschränkungen, die sich aus der Eingliederung in die gemeinsame Organisation ergeben, einstellen,[218] ähnlich wie ein Beliehener.[219] Eine Minderheitsbeteiligung der öffentlichen Hand stellt dagegen lediglich eine Finanzanlage dar, die den privaten Charakter der Gesellschaft unberührt lässt.

c) Der Dritte Sektor

93 „Dritter Sektor" ist ein in den USA entwickelter verwaltungswissenschaftlicher Begriff für Organisationen im Zwischenbereich von staatlicher Verwaltung

---

[211] *Stober*, in: Wolff/Bachof/Stober/Kluth, VerwR II, § 90 Rn. 49.
[212] *Eberhard Schmidt-Aßmann*, Zur Bedeutung der Privatrechtsform für den Grundrechtsstatus gemischt-wirtschaftlicher Unternehmen, in: FS Hubert Niederländer, 1991, S. 383 (384). → Bd. I *Trute* § 6 Rn. 28.
[213] → Bd. I *Schuppert* § 16 Rn. 94.
[214] *Martin Eifert*, Die rechtliche Sicherung öffentlicher Interessen in Public Private Partnerships, VerwArch, Bd. 93 (2002), S. 561 ff. m. w. N. → Bd. II *Bauer* § 36 Rn. 42 ff.
[215] Zusammenfassend *Wolfgang Kahl*, Die rechtliche Bedeutung der Unterscheidung von Staat und Gesellschaft, Jura 2002, S. 721 ff.
[216] *BVerfG*, NJW 2011, S. 1201 (1203); *VerfGH Berlin*, DÖV 2005, 515; *Groß*, Kollegialprinzip (Fn. 5), S. 35 ff.; *Storr*, Staat als Unternehmer (Fn. 71), S. 85 ff., 243 f.; *Mann*, Die öffentlich-rechtliche Gesellschaft (Fn. 169), S. 13; *Hans D. Jarass*, in: Jarass/Pieroth, GG, Art. 1 Rn. 29; vgl. zu Art. 137 Abs. 1 GG BVerfGE 58, 326 (339); a. A. z. B. *Horst Dreier*, in: ders. (Hrsg.), GG I, Art. 1 Abs. 3 Rn. 70; *Schmidt-Aßmann*, Ordnungsidee, 5. Kap. Rn. 63; *Ariane Berger*, Staatseigenschaft gemischtwirtschaftlicher Unternehmen, 2006, S. 96 ff., stellt auf eine vertragliche Zuweisung von Verwaltungsaufgaben ab.
[217] ABl. EU 2006, Nr. L 318, S. 17.
[218] *Haverkate*, Einheit der Verwaltung (Fn. 14), S. 229.
[219] → Rn. 90.

und marktorientierter Privatwirtschaft.²²⁰ Ihm werden vier Teilbereiche zugeordnet: die verselbstständigten öffentlichen Einrichtungen wie Hochschulen, Rundfunkanstalten oder Theater, staatsergänzende Einrichtungen wie z.B. die Deutsche Forschungsgemeinschaft oder die Kammern, konventionelle gemeinnützige Einrichtungen wie das Rote Kreuz oder Gewerkschaften sowie alternative Einrichtungen wie z.B. Selbsthilfegruppen.²²¹ Damit wird deutlich, dass Organisationen erfasst werden, die auf beiden Seiten der für rechtsdogmatische Zwecke erforderlichen Trennlinie zwischen staatlichen und nicht-staatlichen Einheiten stehen.²²² Die Definition erfolgt also nicht organisations- sondern aufgabenbezogen. Insofern ist der Begriff für organisationsrechtliche Fragestellungen nicht unmittelbar anschlussfähig, er verdeutlicht jedoch die Bandbreite organisatorischer Gestaltungsmöglichkeiten im Spektrum zwischen klassischen Verwaltungsbehörden und rein privaten Gesellschaften sowie ihre Wandelbarkeit im Zuge der Veränderung des Staatsverständnisses.²²³

Sofern solche intermediären Organisationen²²⁴ in die Erfüllung von Verwaltungsaufgaben einbezogen werden, wie etwa im Bereich der technischen Normung oder durch die Übertragung der Funktion eines Verwaltungshelfers,²²⁵ entsteht eine überwirkende **Legitimationsverantwortung** des Staates.²²⁶ Auch wenn die Kooperationspartner außerhalb des Staatsapparates stehen, müssen die Normen, in denen die Einbeziehung der privaten Institutionen vorgesehen ist, gewisse Mindeststandards zur Sicherung der Orientierung am öffentlichen Interesse vorsehen. Zum einen muss auf eine adäquate Interessenberücksichtigung geachtet werden, indem die jeweils relevanten Auffassungen möglichst vollständig erfasst werden. Zum anderen sind Mechanismen des Neutralitätsschutzes wie Befangenheits- und Inkompatibilitätsregeln erforderlich.

94

II. Die Einheit der Verwaltung

Die **Einheit der Verwaltung** ist ein organisationspolitisches Postulat, das stets stark kontrafaktische Züge trug, da sich die deutsche Verwaltungsstruktur immer durch eine starke Ausdifferenzierung ausgezeichnet hat.²²⁷ Mit Blick auf die stetigen Veränderungen der Verwaltungsorganisation hat es jedoch insoweit seine Berechtigung, als jede Ausgliederung nicht nur die Übersichtlichkeit erschwert, sondern auch Steuerungsprobleme verursachen kann. Ob dagegen ein verfassungsrechtliches Primat der einheitlichen Steuerung der Verwaltung durch hierarchische Koordination besteht, ist umstritten und hängt vom jeweili-

95

---

²²⁰ *Christoph Reichard*, Der Dritte Sektor, DÖV 1988, S. 363 ff.; *Gunnar Folke Schuppert*, Verwaltungswissenschaft, S. 354 ff.; *Petra Follmar-Otto*, Kooperation von Sozialverwaltung und Organisationen des Dritten Sektors, 2007, S. 17 ff.
²²¹ *Reichard*, Der Dritte Sektor (Fn. 220), S. 365; zur finanziellen und arbeitsmarktpolitischen Bedeutung vgl. *Eckhart Priller/Annette Zimmer*, Arbeitsmarkt und Dritter Sektor in Deutschland – Zu den Ergebnissen des internationalen Vergleichs und einer bundesweiten Organisationsbefragung, ZögU, Bd. 23 (2000), S. 304 ff.
²²² → Rn. 6 ff.
²²³ *Schuppert*, Verwaltungswissenschaft, S. 365 ff.
²²⁴ → Bd. I *Trute* § 6 Rn. 93 ff.
²²⁵ Dazu ausführlich *Martin Burgi*, Funktionale Privatisierung und Verwaltungshilfe, 1999.
²²⁶ *Trute*, Funktionen der Organisation (Fn. 6), S. 288 ff.; *Schmidt-Aßmann*, Ordnungsidee, 5. Kap. Rn. 60.
²²⁷ → Rn. 20 ff.

gen Verständnis des Demokratieprinzips ab.[228] Einheitsstiftende Wirkungen gehen zum einen von dem gemeinsamen rechtlichen Rahmen aus, der durch kulturelle Mechanismen flankiert wird. Zum anderen gibt es rechtliche Koordinationsinstrumente, die die verschiedenen Teile des Verwaltungsapparates miteinander verbinden. Die engste Form der Kooperation stellen Organisationsverbünde wie insbesondere Zweckverbände dar.

1. Die Verwaltung im Nationalstaat

96 Der wichtigste einheitsstiftende Faktor ist die kulturelle Einbettung der Verwaltung in eine mehrere Jahrhunderte zurückreichende gemeinsame Tradition, die es trotz der bundesstaatlichen Struktur und der starken Stellung der kommunalen Selbstverwaltung als selbstverständlich erscheinen lässt, von einer deutschen Verwaltung zu sprechen.[229] Diese **nationale Homogenität** ist in erster Linie rechtlich geprägt,[230] v.a. durch die verbindlichen Vorgaben der Grundrechte und Verfassungsprinzipien des Grundgesetzes[231] sowie die weitgehend vereinheitlichten Grundsätze des allgemeinen Verwaltungsrechts. Auch im besonderen Verwaltungsrecht sind wichtige Gebiete bundeseinheitlich geregelt, ebenso das Verwaltungsprozessrecht. Und schließlich erfolgt, auch soweit die Gesetzgebungskompetenz bei den Ländern liegt, in wichtigen Bereichen eine enge Koordination, z.B. durch Mustergesetze, an denen sich die Landesparlamente orientieren können.[232]

97 Für das Selbstverständnis als nationalstaatliche Verwaltung ist ferner wichtig, dass das Dienstrecht auf der Grundlage von Art. 74a und 75 Abs. 1 Nr. 1 GG im Lauf der Jahrzehnte stark homogenisiert worden ist. Dadurch ist der Wechsel des Personals zwischen den Verwaltungsträgern immer relativ unproblematisch möglich gewesen, was ebenfalls zur Vereinheitlichung der deutschen Verwaltung beigetragen hat. Nach der Föderalismusreform 2006 entwickelt sich das Dienstrecht aber wieder auseinander.[233] Auch in der Ausbildung der Beschäftigten auf den verschiedenen Ebenen gibt es ungeachtet der föderalen Verantwortungsverteilung ein großes Maß an Gemeinsamkeiten. Praktisch wichtig sind nicht zuletzt die Routinen des Geschäftsgangs, bei denen zwischen Bund und Ländern ebenfalls nur geringfügige Unterschiede bestehen. Gerade deshalb erweisen sich die Verwaltungsreformen des Neuen Steuerungsmodells auch als kultureller Änderungsprozess.[234]

2. Die Koordinationsmechanismen

98 Ein vielfach ausdifferenzierter Apparat mit mehreren Millionen Beschäftigten bedarf eines Bündels von **Koordinationsmechanismen**, um unangemessene

---

[228] Vgl. *Groß*, Kollegialprinzip (Fn. 5), S. 163 ff. m. w. N. → Bd. I *Trute* § 6 Rn. 4 ff.
[229] Zur sich ebenfalls bereits herausbildenden europäischen Verwaltungskultur vgl. *Reinhard Priebe*, Anmerkungen zur Verwaltungskultur der Europäischen Kommission, DV, Bd. 33 (2000), S. 379 ff.
[230] *Dreier*, Hierarchische Verwaltung (Fn. 125), S. 291 f.; *Krebs*, Verwaltungsorganisation (Fn. 10), Rn. 28.
[231] → Bd. I *Schmidt-Aßmann* § 5.
[232] *Ursula Münch*, Entwicklung und Perspektiven des deutschen Föderalismus, APuZ 13/1999, S. 3 (6 f.).
[233] Kritisch → Bd. III *Voßkuhle* § 43 Rn. 77 f.
[234] *Maximilian Wallerath*, Die Änderung der Verwaltungskultur als Reformziel, DV, Bd. 33 (2000), S. 351 ff.

Folgen der Aufteilung von Zuständigkeiten auszugleichen und die Ausrichtung an den übergeordneten Zielen der Verwaltung zu ermöglichen.[235] Abgesehen von der immer wichtiger werdenden Kooperation im europäischen Verwaltungsverbund[236] gibt es verschiedene Formen der vertikalen und der horizontalen Koordination innerhalb und zwischen verschiedenen Teilen der Verwaltung in Deutschland. Zwischen den auf verschiedenen Stufen des Verwaltungsbaus stehenden Behörden, zwischen staatlichen Behörden und Selbstverwaltungsträgern bzw. Anstalten sowie innerhalb der Behörden bestehen Über- und Unterordnungsverhältnisse, die rechtlich verfasst sind. Als Grundtypen sind die strikte, präventive Steuerung durch Hierarchie bzw. Fachaufsicht und die lockere, repressive Steuerung durch Rechtsaufsicht zu unterscheiden. Es kann aber auch Zwischenformen geben.[237] Die horizontale Koordination erfolgt in den unterschiedlich intensiven Formen der Amtshilfe oder der Verfahrensmitwirkung.

a) Die hierarchische Koordination

In der bürokratischen Tradition der Verwaltung wird die **hierarchische Struktur** als wichtigstes Element zur Herstellung von Einheit durch eine zentralisierte Führung angesehen.[238] Als historische Vorbilder wurden die katholische Kirche einerseits, die moderne Armee seit den Zeiten Napoleons andererseits wirkungsmächtig,[239] bevor Max Weber die Rationalität der Bürokratie idealisiert hat.[240] Die Verwaltung wird pyramidenförmig konstruiert, so dass jeder Beschäftigte in einen Befehlsstrang eingegliedert ist, der über die Vorgesetzten letztlich beim jeweiligen Ressortminister oder in unabhängigen Verwaltungseinheiten bei den jeweiligen Leitungspersonen endet. Die verschiedenen Hierarchieebenen haben jeweils eine Koordinations- und eine Kommunikationsfunktion, da sie die Informationsverbreitung innerhalb der Organisation durch das Prinzip des Dienstweges kanalisieren.[241] In der Spitze konzentriert sich nicht nur die inhaltliche, sondern auch die personelle und organisatorische Entscheidungsmacht, so dass alle anderen Amtsträger als Ausführende des dort gebildeten Willens erscheinen. Als Instrument zur Durchsetzung dieser Leitungsgewalt kommt der Befugnis, Einzelweisungen zu erteilen, mit denen konkrete Entscheidungen determiniert werden können, eine herausragende Bedeutung zu.[242]

99

Für das hierarchische Verhältnis zwischen verschiedenen Behörden sowie für den Sonderfall der Unterordnung von Selbstverwaltungseinheiten im Bereich der übertragenen Aufgaben hat sich der Begriff „Fachaufsicht" eingebürgert.[243] Seinen Kern bildet das **Einzelweisungsrecht** gegenüber selbstständig nach au-

100

---

[235] *Bogumil/Jann*, Verwaltung, S. 141 ff.
[236] → Bd. I *Schmidt-Aßmann* § 5 Rn. 25 ff.
[237] Vgl. *Thomas Groß*, Verantwortung und Effizienz in der Mehrebenenverwaltung, VVDStRL 66 (2007), S. 152 (163 ff.).
[238] Ausführlich zur Hierarchie als Organisationsprinzip → Bd. I *Schuppert* § 16 Rn. 40 ff.
[239] Vgl. dazu *Thomas Groß*, Gremienwesen und demokratische Legitimation, in: Karl-Peter Sommermann (Hrsg.), Gremienwesen und staatliche Gemeinwohlverantwortung, 2001, S. 17 (19 f.).
[240] → Rn. 51.
[241] Vgl. zur Zeichnungsbefugnis *Hufeld*, Vertretung (Fn. 196), S. 42 ff.
[242] *Emde*, Demokratische Legitimation (Fn. 150), S. 344 ff.; *Dreier*, Hierarchische Verwaltung (Fn. 125), S. 210; *Matthias Jestaedt*, Demokratieprinzip und Kondominialverwaltung, 1993, S. 342 f.
[243] Zur nicht ganz einheitlichen Terminologie vgl. *Groß*, Fachaufsicht (Fn. 101), S. 794 f.

ßen auftretenden Verwaltungseinheiten, als weitere Ingerenzrechte werden dem Institut das Recht zur Erteilung allgemeiner Weisungen und die Genehmigungsvorbehalte zugeordnet. Gegenüber Selbstverwaltungsträgern können solche Rechte nur durch Gesetz begründet werden, da sie deren Eigenverantwortlichkeit durch eine partielle Eingliederung in den Staatsapparat einschränken. Bei den kommunalen Körperschaften, insbesondere den traditionell doppelfunktionalen Landkreisen, hat dieser Dualismus zwischen eigenen und übertragenen Aufgaben eine lange Tradition.

101 Allerdings haben sich die zugrundeliegenden Steuerungshypothesen in empirischen Untersuchungen als problematisch erwiesen. Je größer die Gesamtorganisation ist, desto schwieriger ist es für die Spitze, inhaltlichen Einfluss auf die Arbeitsebene zu nehmen, da die Informationsverarbeitungskapazitäten begrenzt sind.[244] Der Entlastungseffekt der Arbeitsteilung tritt nur ein, wenn sich die Leitungsebene auf grundsätzliche und strukturelle Fragen konzentriert. Keine ausdifferenzierte Organisation kann deshalb auf Elemente der Eigenverantwortlichkeit bei der Aufgabenwahrnehmung verzichten, insbesondere bei komplexen Zusammenhängen.[245] Weisungen müssen sich folglich de facto auf Ausnahmesituationen beschränken. Strukturelle Defizite hierarchischer Organisationen bestehen außerdem bei der Kostenorientierung. Diese Erkenntnis war einer der wichtigsten Impulse für die Einführung neuer Steuerungsinstrumente.[246]

b) Die Rechtsaufsicht

102 Unabhängige Verwaltungseinheiten, insbesondere Körperschaften und Anstalten mit Selbstverwaltungsrechten, unterliegen regelmäßig nur einer **Rechtsaufsicht.** Sie dient der Kontrolle der Rechtmäßigkeit ihrer Handlungen, ermöglicht aber keine Einmischung in Fragen der Zweckmäßigkeit. Instrumente der Rechtsaufsicht sind insbesondere das Informationsrecht, Beanstandung, Anweisung und Ersatzvornahme sowie in schwerwiegenden Fällen die Auflösung von Organen und die Einsetzung eines Staatsbeauftragten.[247] Das Einschreiten steht im Ermessen der Aufsichtsbehörde und kann von Dritten nicht erzwungen werden.[248] Neben diesen repressiven Maßnahmen werden zumeist auch Genehmigungsvorbehalte, die einer präventiven Rechtskontrolle dienen, der Rechtsaufsicht zugerechnet.[249]

103 Nach einer oft verwendeten Formel ist die Rechtsaufsicht das „Korrelat" der Selbstverwaltung und wird damit als verfassungsrechtlich notwendiges Korrektiv für die Übertragung eigenverantwortlicher Entscheidungsbefugnisse angesehen, um die Gesetzesbindung der Verwaltung zu sichern.[250] Von dieser Regel bestehen jedoch Ausnahmen, insbesondere im Bereich der Rundfunkanstalten,[251]

---

[244] *Kieser/Kubicek,* Organisation (Fn. 3), S. 110; *Trute,* Funktionen der Organisation (Fn. 6), S. 276 f.; *Groß,* Kollegialprinzip (Fn. 5), S. 122 ff. m.w.N.
[245] So auch *Hufeld,* Vertretung (Fn. 196), S. 244 ff.
[246] → Rn. 30 ff.
[247] Zur Rechtslage im Kommunalrecht vgl. *Gern,* KommunalR, Rn. 810 ff.
[248] *Kahl,* Staatsaufsicht (Fn. 43), S. 550 ff.
[249] Z.B. *Maurer,* VerwR, § 23 Rn. 20a; *Eberhard Schmidt-Aßmann/Hans C. Röhl,* Kommunalrecht, in: Schmidt-Aßmann/Schoch (Hrsg.), Bes. VerwR, Rn. 46 ff.; krit. *Groß,* Fachaufsicht (Fn. 101), S. 798 f.
[250] BVerfGE 78, 331 (341); *Kahl,* Staatsaufsicht (Fn. 43), S. 498 ff. m.w.N.
[251] Vgl. *Torsten Schreier,* Das Selbstverwaltungsrecht der öffentlich-rechtlichen Rundfunkanstalten, 2001, S. 206 ff.; *Caroline Hahn,* Die Aufsicht des öffentlich-rechtlichen Rundfunks, 2010, S. 94 ff.

D. Einheit und Vielfalt der öffentlichen Verwaltung

aber auch im Fall der Bundesbank.²⁵² Ob neben der Möglichkeit verwaltungsgerichtlichen Rechtsschutzes und den jeweiligen internen Kontrollmechanismen eine Staatsaufsicht unabdingbar ist, kann deshalb bezweifelt werden, zumal wenn man eine Pflicht zum Einschreiten gegen gesetzwidriges Handeln ablehnt.²⁵³

c) Die horizontale Koordination

Neben der vertikalen Koordination, die der einheitlichen Leitung oder zumindest der Gewährleistung der Rechtmäßigkeit der Verwaltung dient, macht die Verteilung der örtlichen und sachlichen Zuständigkeit auch eine **horizontale Koordination** zwischen grundsätzlich gleichgeordneten Behörden erforderlich. Innerhalb eines Verwaltungsträgers erfolgt die Abstimmung durch Entscheidung der übergeordneten gemeinsamen Stelle, gegebenenfalls sogar der Regierung.²⁵⁴ Soweit es um eine ergänzende Unterstützung von anderen Behörden in einem einzelnen Verwaltungsverfahren geht, spricht man von Amtshilfe (§ 4 Abs. 1 VwVfG). Daneben gibt es verschiedene Formen der Mitwirkung an der Vorbereitung einer Entscheidung. **104**

Die in Art. 35 Abs. 1 GG als föderale Pflicht normierte **Amtshilfe** ist in §§ 4ff. VwVfG näher geregelt. Sie ist abzugrenzen von der Hilfeleistung innerhalb von Weisungsverhältnissen und von der Hilfeleistung durch die Erfüllung eigener Aufgaben, wie etwa der Vollzugshilfe durch Polizeibehörden. Anwendungsfälle sind z.B. Auskünfte, die Übersendung von Urkunden oder die Bereitstellung von technischen Hilfsmitteln.²⁵⁵ Die Übermittlung personenbezogener Daten unterliegt allerdings den speziellen datenschutzrechtlichen Einschränkungen. Bestehen Differenzen über die Verpflichtung, Amtshilfe zu leisten, entscheidet die gemeinsame Aufsichtsbehörde oder, sofern eine solche nicht besteht, die für die ersuchte Behörde fachlich zuständige Aufsichtsbehörde (§ 5 Abs. 4 VwVfG). Insofern verschränken sich horizontale und vertikale Koordination. Zwischen der Europäischen Union und den Verwaltungen der Mitgliedstaaten gibt es dagegen keine allgemeine Amtshilfepflicht, aber eine Vielzahl von konkret normierten Kooperationspflichten.²⁵⁶ **105**

Sofern eine komplexe Entscheidung den Aufgabenbereich mehrerer Behörden berührt, bedarf es einer Koordination im jeweiligen **Verwaltungsverfahren.** Grundsätzlich zu unterscheiden sind die beratende und die mitentscheidende Mitwirkung. Soweit nur eine Anhörung bzw. ein Benehmen mit der anderen Behörde erforderlich ist, besteht die Mitwirkung in einer gutachtlichen Stellungnahme ohne Bindungswirkung, wie etwa bei der Behördenbeteiligung nach § 4 BauGB oder der Entscheidung über die Zulässigkeit von Eingriffen nach § 17 Abs. 2 BNatSchG. Ein Mitentscheidungsrecht liegt dagegen vor, wenn die Zustimmung bzw. das Einvernehmen der anderen Stelle erforderlich ist, wie etwa im Fall des gemeindlichen Einvernehmens zur Zulassung von Bauvorhaben **106**

---

²⁵² Vgl. BVerfGE 62, 169 (183); offen gelassen bei *Frauke Brosius-Gersdorf,* Deutsche Bundesbank und Demokratieprinzip, 1997, S. 169ff. m.w.N.
²⁵³ Ähnlich *Hans-Uwe Erichsen,* Kommunalrecht des Landes Nordrhein-Westfalen, 2. Aufl. 1997, S. 349.
²⁵⁴ → Rn. 82.
²⁵⁵ Vgl. *Kopp/Ramsauer,* VwVfG, § 4 Rn. 13. → Bd. II *Holznagel* § 24 Rn. 21 ff.
²⁵⁶ *Sydow,* Verwaltungskooperation (Fn. 60), S. 22; ausführlich *Florian Wettner,* Die Amtshilfe im europäischen Verwaltungsrecht, 2005. → Bd. II *v. Bogdandy* § 25 Rn. 68ff.

nach § 36 BauGB. In diesem Fall können Differenzen wiederum nur durch Verfahren der vertikalen Koordination ausgeräumt werden, wie etwa die Ersetzung des zu Unrecht verweigerten Einvernehmens durch die Aufsichtsbehörde nach § 36 Abs. 2 S. 3 BauGB.

3. Organisationsverbünde

107 Die engste Form der Kooperation stellt die Gründung einer gemeinsamen Organisation dar, die der dauerhaften Zusammenarbeit bei der Aufgabenerledigung dient. Sie spielt im europäischen Verwaltungsverbund eine große Rolle, kommt aber auch in der bundesstaatlichen und interkommunalen Koordination vor. Dabei wird oft auch zu privatrechtlichen Organisationsformen gegriffen, um die Zusammenarbeit zwischen mehreren Verwaltungsträgern zu ermöglichen, insbesondere wenn diese unterschiedlichen Ebenen angehören oder auch Private teilnehmen sollen.

a) Intergouvernementale Organisationseinheiten

108 Aufgrund der Ungleichzeitigkeit in der europäischen Verfassungsentwicklung sind einige Organisationseinheiten im Rahmen der **intergouvernementalen Zusammenarbeit** entstanden, d.h. auf der Grundlage der zweiten und dritten Säule des Unionsvertrages. Im Bereich der Gemeinsamen Außen- und Sicherheitspolitik hat der Rat, gestützt auf Art. 14 EUV a.F., zwei Einrichtungen der WEU, das Institut für Sicherheitsstudien[257] und das Satellitenzentrum[258] in den Organisationsrahmen der EU übernommen. Außerdem wurde eine Europäische Verteidigungsagentur zur Unterstützung der Gemeinsamen Außen- und Sicherheitspolitik gegründet.[259] Sie haben jeweils Rechtspersönlichkeit und werden von einem Rat, der aus Vertretern der Mitgliedstaaten sowie der Kommission besteht, sowie einem Direktor geleitet. Im Übrigen gelten vergleichbare Regeln wie für die Agenturen der Gemeinschaft.[260]

109 Wichtigstes Beispiel war jedoch das auf Art. K.3 EUV in der Maastrichter Fassung gestützte Europolabkommen.[261] Das Europäische Polizeiamt wurde zunächst als eigene internationale Organisation gegründet. Inzwischen wurde es jedoch durch den Beschluss des Rates 2009/371/JI vom 6. April 2009 zur Errichtung des Europäischen Polizeiamts (Europol)[262] in eine Agentur mit Rechtspersönlichkeit umgewandelt und damit in den Organisationsrahmen der Union eingefügt.[263]

110 Im Kontext der organisierten Kooperation stehen auch die **europäischen Verwaltungsausschüsse,** die nunmehr auf der Grundlage von Art. 291 AEUV arbeitenden Ausschüsse aus Vertretern der Mitgliedstaaten, die in Entscheidungen

---

[257] Gemeinsame Aktion 2001/554/GASP, ABl. EG 2001, Nr. L 200, S. 1.
[258] Gemeinsame Aktion 2001/555/GASP, ABl. EG 2001, Nr. L 200, S. 5.
[259] Gemeinsame Aktion 2004/551/GASP, ABl. EU 2004, Nr. L 245, S. 17.
[260] → Rn. 37, 72.
[261] Übereinkommen vom 26.7.1995 über die Errichtung eines Europäischen Polizeiamtes, BGBl II (1997), S. 2150.
[262] ABl. EU 2009, Nr. L 121, S. 37.
[263] Vgl. *Schöndorf-Haubold*, Europäisches SicherheitsR, Rn. 41 ff.; *Alexandra de Moor/Gert Vermeulen*, The Europol Council Decision: Transforming Europol into an Agency of the European Union, CMLRev, Bd. 47 (2010), S. 1089 ff.

D. Einheit und Vielfalt der öffentlichen Verwaltung

der Kommission eingeschaltet werden.[264] Hinter diesem Verfahren steht der Gedanke, dass die nationalen Exekutiven, die für die Anwendung der gemeinschaftsrechtlichen Maßnahmen verantwortlich sind, bereits in den Prozess ihrer Verabschiedung eingebunden werden sollen.[265] Sie dienen aber auch dem Gedankenaustausch in der Vollzugsphase.[266] Für diese Ausschüsse hat sich der Begriff „Komitologie" eingebürgert.[267]

Bisher bildete ihre Grundlage der Beschluss des Rates 1999/468/EG[268], in dem drei verschiedene Verfahren vorgesehen sind, zwischen denen im jeweiligen Basisrechtsakt je nach der Bedeutung der Durchführungsmaßnahmen zu wählen ist.[269] Durch eine Änderung im Beschluss des Rates 2006/512/EG[270] wurde erstmals ein Recht des Parlaments eingeführt, Durchführungsmaßnahmen zu widersprechen. Der Lissabonner Vertrag hat mit Art. 291 Abs. 2 AEUV die Gleichberechtigung der Einspruchsrechte von Parlament und Rat eingeführt.[271] Auf seiner Grundlage wurden neue Regeln durch die Verordnung (EU) Nr. 182/2011 erlassen, die ein Beratungs- und ein Prüfverfahren vorsehen.[272]

b) Föderale Organisationsverbünde

Im föderalen Kontext sind einige Einrichtungen der organisierten Kooperation durch **Staatsvertrag** gegründet worden. Beispiele für bundesweit agierende Länderinstitutionen in der Form von rechtsfähigen Anstalten des öffentlichen Rechts sind die Zentrale Vergabestelle für Studienplätze (ZVS) und das Zweite Deutsche Fernsehen.[273] Dagegen sind die durch § 14 JMStV vorgesehene Kommission für Jugendmedienschutz wie die Kommission zur Ermittlung der Konzentration im Medienbereich nach § 35 RStV ein gemeinsames Organ der Landesmedienanstalten.[274] Daneben gibt es eine Vielzahl von Einrichtungen, die von zwei oder mehr Ländern im Rahmen einer regionalen Zusammenarbeit gegründet wurden, wie etwa einige der Rundfunkanstalten, Datenverarbeitungszentralen oder Versorgungswerke für freie Berufe.

---

[264] Zur Entwicklung vgl. *Waldemar Hummer/Walter Obwexer*, in: Streinz (Hrsg.), EUV/EGV, Art. 202 EGV Rn. 26 ff.
[265] *Koen Lenaerts/Amaryllis Verhoeven*, Institutional Balance as a Guarantee for Democracy in EU Governance, in: Christian Joerges/Renaud Dehousse (Hrsg.), Good Governance in Europe's Integrated Market, 2002, S. 35 (76); *Christian Joerges*, „Good Governance" im Europäischen Binnenmarkt: Über die Spannungen zwischen zwei rechtswissenschaftlichen Integrationskonzepten und deren Aufhebung, EuR 2002, S. 17 (30 ff.); *Ulrich Everling*, Die Europäische Union im Spannungsfeld von gemeinschaftsrechtlicher und nationaler Politik und Rechtsordnung, in: v. Bogdandy (Hrsg.), Europäisches VerfR, S. 961 (980 f.).
[266] *Reinhard Priebe*, Europäische Rechtsetzung und mitgliedstaatliche Beteiligung: die Sicht der EU-Kommission, in: Heinrich Siedentopf (Hrsg.), Der europäische Verwaltungsraum, 2004, S. 91 (93).
[267] → Bd. I *Schmidt-Aßmann* § 5 Rn. 24.
[268] ABl. EG 1999, Nr. L 184, S. 23; dazu *Helmut Tichy*, Der neue Komitologiebeschluss, ZfRV 2000, S. 134 ff.
[269] Vgl. zum Folgenden z. B. *Hummer/Obwexer*, in: Streinz (Hrsg.), EUV/EGV (Fn. 264), Rn. 44 ff.
[270] ABl. EU 2006, Nr. L 200, S. 11.
[271] Dazu *Manuel Szapiro*, Comitology: the ongoing reform, in: Herwig Hofmann/Alexander Türk (Hrsg.), Legal Challenges in EU Administrative Law, 2009, S. 89 (108 ff.).
[272] ABl. EU 2011, Nr. L 55, S. 13.
[273] Dazu näher *Markus Winkler*, Verwaltungsträger im Kompetenzverbund, 2009, S. 46 ff.
[274] Dazu näher *Christine Langenfeld*, Die Neuordnung des Jugendschutzes im Internet, MMR 2003, S. 303 (306 ff.).

113 Andere Einheiten sind durch **Verwaltungsabkommen** geschaffen worden. Beispiele sind der Wissenschaftsrat, durch den wissenschaftlicher Sachverstand in die Koordination der Forschungspolitik von Bund und Ländern einbezogen wird,[275] und die Kultusministerkonferenz. Sie sind lediglich teilrechtsfähig, was Probleme bei der Verantwortungszuweisung aufwirft.[276] Ihre Beschlüsse haben zwar grundsätzlich nur den Charakter von Empfehlungen, denen aber eine hohe faktische Bindungswirkung zukommen kann.

c) Interkommunale Organisationsverbünde

114 Auf kommunaler Ebene ist der **Zweckverband** der Prototyp gemeinsamer Aufgabenerfüllung.[277] Es handelt sich dabei um eine rechtlich verselbstständigte Organisation, deren Mitglieder mindestens zwei kommunale Körperschaften sind, an der aber auch andere öffentlich-rechtliche oder auch privatrechtliche Organisationen teilnehmen können. Ihre Organe sind eine Verbandsversammlung und eine meist monokratisch geleitete Verbandsverwaltung. Daneben gibt es andere Formen der Kooperation wie Arbeits- oder Verwaltungsgemeinschaften, die rechtlich weniger verfestigt sind.[278] Einige dieser Rechtsformen werden inzwischen auch für die grenzüberschreitende Zusammenarbeit verwendet.[279]

115 Eine neuartige Form der organisatorischen Kooperation sind die in § 44b SGB II, d.h. einem Bundesgesetz, vorgesehenen **Arbeitsgemeinschaften** zwischen den kommunalen Leistungsträgern und den Agenturen für Arbeit, d.h. Teileinheiten einer Anstalt des Bundes. Ihr Ziel ist die Schaffung einer gemeinsamen Anlaufstelle für alle Arbeitsuchenden und die Entwicklung eines einheitlichen Fallmanagements.[280] Die Rechtsform der Gründungsvereinbarung ist durch das Gesetz offen gelassen. In der Praxis wurden ganz überwiegend öffentlich-rechtliche Verträge abgeschlossen, aber auch die privatrechtlichen Formen der GmbH und der GbR wurden gewählt.[281] Wird die Arbeitsgemeinschaft als Institution des Privatrechts tätig, so erfolgt durch § 44b Abs. 3 SGB II eine gesetzliche Beleihung mit hoheitlichen Befugnissen.[282] Eine solche gesetzlich vorgeschriebene Zusammenarbeit zwischen kommunalen Selbstverwaltungskörperschaften und einer Körperschaft des Bundes ist einmalig. Wegen mangelnder Verantwortungsklarheit wurde die Regelung für verfassungswidrig erklärt, so dass in Art. 91e GG eine eigene Rechtsgrundlage geschaffen werden musste.[283]

---

[275] Dazu *Hans C. Röhl*, Der Wissenschaftsrat, 1994.
[276] *Röhl*, Wissenschaftsrat (Fn. 275), S. 217 ff.
[277] Dazu umfassend *Thorsten I. Schmidt*, Kommunale Kooperation, 2005.
[278] Vgl. *Gern*, KommunalR, Rn. 929 ff.
[279] → Rn. 122 f.
[280] *Wilhelm Adamy*, Bessere Zusammenarbeit vor Ort ist der Schlüssel zum Erfolg, Soziale Sicherheit 2004, S. 124 (128).
[281] Vgl. die Antwort der Bundesregierung auf eine kleine Anfrage in BTDrucks 15/4709; dazu näher *Strobel*, Rechtsform (Fn. 114), S. 1195.
[282] *Ernst-Wilhelm Luthe*, in: Thomas Voelzke (Hrsg.), SGB II (Losebl.), § 44b Rn. 5; a.A. *Kay Ruge/Irene Vorholz*, Verfassungs- und verwaltungsrechtliche Fragestellungen bei der Arbeitsgemeinschaft nach § 44b SGB II, DVBl 2005, S. 403 (409).
[283] BVerfGE 119, 331 (361 ff.); zur Neuregelung vgl. *Georg Hermes*, in: Dreier (Hrsg.), GG, Suppl. 2010, Art. 91e Rn. 20 ff.

E. Internationale Verwaltungskooperation

Die supranationale Verwaltung und die intergouvernementale Kooperation innerhalb der Europäischen Union sind zwar die intensivste, aber bei weitem nicht die einzige Form der internationalen Verwaltungskooperation. Vielmehr hat schon im 19. Jahrhundert eine grenzüberschreitende Zusammenarbeit bei der Bewältigung von Verwaltungsaufgaben begonnen. Inzwischen ist in mannigfaltigen Aufgabenbereichen eine Internationalisierung der Verwaltung zu beobachten (I.). Neben der Vielzahl internationaler Organisationen, in denen die Staaten durch ihre nationalen Exekutiven vertreten sind, sind auch auf subnationaler Ebene Organisationsformen der grenzüberschreitenden Zusammenarbeit von Länder, Regionen und kommunalen Körperschaften entstanden (II.). **116**

I. Die Internationalisierung der Verwaltung

Die **organisierte Kooperation** von Nationalstaaten zur gemeinsamen Erledigung von Verwaltungsaufgaben entstand schon im 19. Jahrhundert mit den Flusskommissionen für Rhein und Donau sowie internationalen Verwaltungsunionen z. B. im Post- und Telegraphenwesen.[284] Ein zweiter Internationalisierungsschub erfolgte nach 1945 mit der Entstehung der Vereinten Nationen und ihren vielfältigen Unterorganisationen sowie mit der europäischen Integration, in deren Rahmen jeweils eine Vielzahl von administrativen Aufgabenträgern entstanden ist, so dass man inzwischen von einer internationalen öffentlichen Verwaltung sprechen kann.[285] Dabei findet allerdings – abgesehen von der EU – überwiegend keine vollständige Aufgabenverlagerung auf internationale Organisationen statt, indem ihnen Befugnisse zu unmittelbar verbindlichen Entscheidungen übertragen werden. Vielmehr kommt es sowohl auf der globalen wie auf der europäischen Ebene zu einer institutionalisierten Kooperation, einer gemeinsamen Aufgabenerledigung durch Konferenzen und vielfältige Arbeitsgremien, die nicht nur von Diplomaten, sondern von Beamten der Fachressorts beschickt werden.[286] Dieser Realbefund stützt die verfassungsrechtliche These, dass die internationale Kooperation nicht in Form einer „auswärtigen Gewalt" im Kompetenzbereich der Regierung konzentriert ist, sondern als Verwaltungsaufgabe einzuordnen ist, soweit der technisch-administrative Bereich betroffen ist,[287] und somit auch die Fachbehörden einbezogen sind. **117**

Aber auch subnational sind Formen der internationalen Kooperation entstanden. Länder, Regionen und Kommunen haben Direktkontakte mit benachbarten Verwaltungseinheiten im Ausland entwickelt, die zum Teil in Arbeitsgemein- **118**

---

[284] Vgl. *Christian Tietje*, Internationalisiertes Verwaltungshandeln, 2001, S. 124 ff.
[285] *Klaus König*, Öffentliche Verwaltung und Globalisierung, VerwArch, Bd. 92 (2001), S. 475 (483).
[286] Vgl. die empirische Untersuchung von *Wolfgang Wessels*, Die Öffnung des Staates, 2000, S. 151 ff.; ausführlich aus rechtlicher Sicht *Markus A. Glaser*, Internationale Verwaltungsbeziehungen, 2010, S. 27 ff.
[287] Ausführlich *Tietje*, Internationalisiertes Verwaltungshandeln (Fn. 284), S. 182 ff.; a. A. *Christoph Möllers*, Transnationale Behördenkooperation: Verfassungs- und völkerrechtliche Probleme transnationaler administrativer Steuerung, ZaöRV, Bd. 65 (2005), S. 351 (372 f.).

schaften und Zweckverbänden organisiert sind.[288] Auf lokaler Ebene haben sich neben den klassischen Städtepartnerschaften auch neue Varianten wie die kommunale Entwicklungszusammenarbeit herausgebildet.[289] Die vielfältigen grenzüberschreitenden Verflechtungen der öffentlichen Verwaltung sind eine wichtige Facette der Pluralisierung der Verwaltung, durch die die territoriale Fixierung der staatlichen Aufgabenerfüllung relativiert wird.[290]

II. Die Organisationsformen

119 Institutionalisierte internationale Kooperation im Bereich der Verwaltung findet inzwischen in den verschiedensten Aufgabenfeldern und auf allen staatlichen Ebenen statt. Neben die traditionellen internationalen Organisationen, die von den Nationalstaaten durch völkerrechtliche Verträge gegründet werden, sind dezentrale Formen der grenznachbarschaftlichen Zusammenarbeit durch Länder, Regionen und Kommunen getreten.

1. Die internationalen Organisationen

120 Aus der Sicht des Verwaltungsorganisationsrechts sind die **internationalen Organisationen** innerhalb und außerhalb des UN-Systems[291] in zweierlei Hinsicht relevant. Zum einen benötigt jede Organisation eine eigene Verwaltung, die Vorbereitungs- und Durchführungsaufgaben übernimmt. Sie wird in internationalen Organisationen regelmäßig als Sekretariat bezeichnet, an dessen Spitze ein Generalsekretär steht, der von den Vertretern der Mitgliedstaaten für eine zeitlich befristete Amtszeit berufen wird. Die nachgeordneten Dienststellen sind monokratisch-hierarchisch organisiert.

121 Zum anderen dienen viele Organisationen selbst der gemeinsamen Wahrnehmung von Verwaltungsaufgaben, was sich strukturell häufig in der Bildung von Beamtengremien niederschlägt, in denen Vertreter der nationalen Fachadministrationen zusammenarbeiten.[292] Ein eindrückliches Beispiel ist die internationale Verteilung von Funkfrequenzen, die im Rahmen von weltweiten und regionalen Funkkonferenzen erfolgt. Die dort mitwirkenden Delegierten stammen nicht aus dem diplomatischen Dienst, sondern aus den nationalen Fachverwaltungen.[293]

2. Die grenzüberschreitende Kooperation auf subnationaler Ebene

122 Schon bald nach dem Zweiten Weltkrieg begannen die grenznahen Länder und Kommunen, zunächst beschränkt auf die westlichen, seit 1990 auch an den

---

[288] Vgl. *Wessels*, Öffnung (Fn. 286), S. 276 f.; *Matthias Niedobitek*, Das Recht der grenzüberschreitenden Verträge, 2001, S. 66 ff.
[289] Vgl. *Matthias v. Schwanenflügel*, Entwicklungszusammenarbeit und kommunale Selbstverwaltung, DVBl 1996, S. 491 ff.; *Wessels*, Öffnung (Fn. 286), S. 261 ff.
[290] *Tietje*, Internationalisiertes Verwaltungshandeln (Fn. 284), S. 664.
[291] Vgl. den Überblick bei *Matthias Ruffert/Christian Walter*, Institutionalisiertes Völkerrecht, 2009.
[292] Vgl. die Beispiele bei *Tietje*, Internationalisiertes Verwaltungshandeln (Fn. 284), S. 288 ff.; *Möllers*, Transnationale Behördenkooperation (Fn. 287), S. 354 ff.
[293] *Johannes Meister*, Das telekommunikationsrechtliche Frequenzplanungsrecht im System des allgemeinen Planungsrechts, 2004, S. 41 ff.; *Tietje*, Internationalisiertes Verwaltungshandeln (Fn. 284), S. 434 ff.

östlichen Grenzen, Kooperationsstrukturen mit den Nachbargebieten zu institutionalisieren.[294] In vielen Fällen handelt es sich um locker vereinbarte Arbeitsgemeinschaften oder um zivilrechtliche Vereine.[295] Sie dienen insbesondere der Koordination von Planungen und gemeinsamen Aktivitäten in den Bereichen Infrastruktur, Tourismus, Kultur u. ä. In einigen Fällen wurde jedoch auch durch Staatsverträge eine abgesicherte öffentlich-rechtliche Grundlage geschaffen.[296] Zur Förderung entsprechender kommunaler Aktivitäten hat sich die Bundesrepublik durch die Ratifikation des Europäischen Rahmenabkommens über die grenzüberschreitende Zusammenarbeit zwischen Gebietskörperschaften vom 22. Mai 1980 verpflichtet.[297] Eine allgemeine verfassungsrechtliche Ermächtigung wurde jedoch erst 1992 mit Art. 24 Abs. 1a in das Grundgesetz eingefügt. Dadurch wurde den Ländern die Möglichkeit eröffnet, mit Zustimmung der Bundesregierung Hoheitsrechte auf **grenznachbarschaftliche Einrichtungen** zu übertragen, d. h. mit eigener Rechtspersönlichkeit ausgestattete Träger öffentlicher Gewalt zu gründen.[298] Die mit der Errichtung solcher Zweckverbände entstehende Rechtsschutzproblematik kann durch die Vereinbarung der Zuständigkeit nationaler Gerichte oder durch die Einrichtung von Schiedsgerichten gelöst werden.[299]

Die rechtlich sehr verschiedenartige Kooperation von Verwaltungseinheiten unterhalb der nationalen Ebene, die auch von der Europäischen Union gefördert wird,[300] ist ein weiteres Element der Pluralisierung der Verwaltung. Die in Deutschland besonders ausgeprägte Dezentralisierung der administrativen Aufgabenerfüllung wird so um eine staatenübergreifende Dimension erweitert.[301] Das Grundprinzip der aufgabenadäquaten Organisation[302] begründet auch die Befugnis zur transnationalen Kooperation des zuständigen Aufgabenträgers. Soweit neue Einrichtungen mit Befugnissen zu rechtsverbindlichen Handlungen geschaffen werden, bleiben als einheitsstiftende Elemente die notwendige gesetzliche Grundlage[303] und die Zustimmung der Bundesregierung. **123**

Leitentscheidungen

BVerfGE 35, 79 – Vorschaltgesetz für ein Niedersächsisches Gesamthochschulgesetz (Organisation der Universität).

---

[294] Vgl. den knappen Überblick bei *Markus Kotzur*, Grenznachbarschaftliche Zusammenarbeit in Europa, 2004, S. 133 ff.; zur lokalen Ebene insbesondere *Ulrich Beyerlin*, Rechtsprobleme der lokalen grenzüberschreitenden Zusammenarbeit, 1988, S. 43 ff.; zur regionalen Ebene *Erich Röper*, EU-Demokratisierung mittels der EU-Regionen/Euregios, VerwArch, Bd. 95 (2004), S. 302 ff.
[295] *Kotzur*, Grenznachbarschaftliche Zusammenarbeit in Europa (Fn. 294), S. 145 ff.
[296] Vgl. die Beispiele bei *Horst Heberlein*, Grenznachbarschaftliche Zusammenarbeit auf kommunaler Basis, DÖV 1996, S. 100 (102 f.).
[297] Dazu ausführlich *Beyerlin*, Rechtsprobleme (Fn. 294), S. 112 ff.
[298] Vgl. *Ingolf Pernice*, in: Dreier (Hrsg.), GG II, Art. 24 Rn. 47. → Bd. I Schmidt-Aßmann § 5 Rn. 43.
[299] *Heberlein*, Grenznachbarschaftliche Zusammenarbeit auf kommunaler Basis (Fn. 296), S. 105 f.; zur rechtlichen Zuordnung auch *Niedobitek*, Grenzüberschreitende Verträge (Fn. 288), S. 440 ff.
[300] Vgl. *Kotzur*, Grenznachbarschaftliche Zusammenarbeit in Europa (Fn. 294), S. 117 ff.
[301] *Kotzur*, Grenznachbarschaftliche Zusammenarbeit in Europa (Fn. 294), S. 360 f.
[302] → Rn. 65.
[303] Zur strittigen Frage, ob eine spezifische gesetzliche Regelung erforderlich ist, vgl. *Claus D. Classen*, in: v. Mangoldt/Klein/Starck, GG II, Art. 24 Rn. 73 m. w. N.

BVerfGE 107, 59 – Lippeverband/Emschergenossenschaft (Demokratische Legitimation der funktionalen Selbstverwaltung).
BVerfGE 111, 191 – Notarkasse (Regelungsdichte bei der funktionalen Selbstverwaltung).
BVerfGE 111, 333 – Brandenburgisches Hochschulgesetz (Organisation der Universität).
BVerfGE 119, 331 – Arbeitsgemeinschaften nach § 44 b SGB II (Eigenverantwortliche Aufgabenwahrnehmung).

Ausgewählte Literatur

Böckenförde, Ernst-Wolfgang, Die Organisationsgewalt im Bereich der Regierung, Berlin 1964.
Bryde, Brun-Otto, Die Einheit der Verwaltung als Rechtsproblem, VVDStRL, Bd. 46 (1988), S. 181–216.
Fischer-Appelt, Dorothee, Agenturen der Europäischen Gemeinschaft, Berlin 1999.
Gärditz, Klaus F., Hochschulorganisation und verwaltungsrechtliche Systembildung, Tübingen 2009.
Groß, Thomas, Das Kollegialprinzip in der Verwaltungsorganisation, Tübingen 1999.
Hufeld, Ulrich, Die Vertretung der Behörde, Tübingen 2003.
Kämmerer, Jörn A., Privatisierung, Tübingen 2001.
Kahl, Wolfgang, Die Staatsaufsicht, Tübingen 2000.
Kluth, Winfried, Funktionale Selbstverwaltung, Tübingen 1997.
Knemeyer, Franz-Ludwig, Regierungs- und Verwaltungsreformen in Deutschland zu Beginn des 19. Jahrhunderts, Köln/Berlin 1970.
Mann, Thomas, Die öffentlich-rechtliche Gesellschaft, Tübingen 2002.
Trute, Hans-Heinrich, Funktionen der Organisation und ihre Abbildung im Recht, in: Schmidt-Aßmann/Hoffmann-Riem (Hrsg.), Verwaltungsorganisationsrecht, S. 249–295.

Materialien

Kommission der Europäischen Gemeinschaften, Rahmenbedingungen für die europäischen Regulierungsagenturen, Mitteilung KOM (2002), 718 endg.
Sachverständigenrat „Schlanker Staat", Abschlussbericht, 3 Bde., 1997.

§ 14 Grundbegriffe des Verwaltungsorganisationsrechts

Matthias Jestaedt

Übersicht

	Rn.
A. Eigenarten des Verwaltungsorganisationsrechts und der Verwaltungsorganisationsrechtsdogmatik	1
I. Verwaltungsorganisationsrechtliche Vielfalt und Einheit – Arbeitsteilung und Zurechnung von Hoheitsgewalt	2
II. Instrumentalität und Selbstand des Verwaltungsorganisationsrechts	4
1. Instrumenteller Charakter	4
2. Rechtsdogmatische und organisationswissenschaftliche Perspektive auf das Verwaltungsorganisationsrecht	5
III. Verfassungsrechtliche Vorgaben und verwaltungsorganisationsrechtswissenschaftliche Kategorienbildung im Lichte des Verfassungsrechts	8
IV. Öffentlichrechtliche Pfadabhängigkeit verwaltungsorganisationsrechtswissenschaftlicher Begriffsbildung	10
V. Schwächen verwaltungsorganisationsrechtswissenschaftlicher Begriffs- und Systembildung	12
1. Mangel an Transparenz und Trennschärfe, an Konsequenz und Konsistenz	13
2. Innen und Außen, Ganzes und Teil, Funktion und Institution	14
3. Rechtsinhalts-, nicht Rechtswesensbegriffe	17
4. „Grundbegriffe"	18
B. Die Träger der Verwaltungsorganisation	19
I. Verwaltungsträger, juristische Person und Rechtsfähigkeit	20
II. Rechtliche Bedeutung der Trägereigenschaft	23
III. Typen öffentlichrechtlich organisierter Verwaltungsträger	25
1. Körperschaft, Anstalt, Stiftung	27
2. Typenzwang und numerus clausus der Typen?	29
IV. Typen privatrechtlich organisierter Verwaltungsträger	30
V. Unmittelbare und mittelbare Staatsverwaltung	32
C. Die Binnenorganisation der Verwaltung	33
I. Organ	34
II. Behörde und Amt	36
1. Behörde	36
2. Amt	38
III. Dekonzentration und Dezentralisation	39
1. Dekonzentrierte Verwaltungseinheiten	40
2. Selbstverwaltung	41
D. Zuständigkeit	42
I. Begriff und Bedeutung	42
II. Zuständigkeitsarten	43
1. Verbands- und Organkompetenz	43
2. Sach- und Wahrnehmungskompetenz	45
3. Real-, Territorial- und Funktionalteilung der Zuständigkeit	46
III. Zuständigkeitsregime	47
1. Zuweisung, Wahrnehmung und Verlagerung der Zuständigkeit	47
2. Zuständigkeitskonkurrenz und Zuständigkeitskonflikt	50
3. Folgen von Zuständigkeitsmängeln	51
IV. Aufgabe, Zuständigkeit, Befugnis	52
1. Die Trennung von Aufgabe, Zuständigkeit und Befugnis	52
2. Möglichkeiten und Grenzen wechselseitiger Herleitbarkeit	53
E. Das Beziehungsgefüge zwischen Organisationseinheiten	54
I. Relationierungsmechanismen	54
1. Verwaltungsexogene und verwaltungsendogene Relationierungsmechanismen	55

	Rn.		Rn.
2. Horizontale und vertikale Relationierungsmechanismen	56	2. Regulativ horizontaler Koordination: Die Pflicht zu organ(isations)freundlichem Verhalten	62
II. Vertikale Inbezugsetzung	57	IV. Der Verwaltungsprozess als verwaltungsendogen einsetzbares Mittel externer Verwaltungskontrolle	63
1. Organisationsgewalt	58		
2. Aufsicht	59		
III. Horizontale Inbezugsetzung	61		
1. Mittel horizontaler Koordination	61		

Ausgewählte Literatur

A. Eigenarten des Verwaltungsorganisationsrechts und der Verwaltungsorganisationsrechtsdogmatik

Die Grundbegriffe des Verwaltungsorganisationsrechts sind im Lichte von Zuschnitt und Eigenart sowohl des Rechtsgebietes – des Verwaltungsorganisationsrechts – als auch des Rechtswissenschaftsgebietes – der Verwaltungsorganisationsrechtsdogmatik – zu beleuchten, in denen und in Bezug auf die sie geprägt und angewendet werden. Die solcherart geforderte „Lesart" der Grundbegriffe vermag das Verständnis dafür zu fördern, ob und inwieweit die – teils positivrechtlichen (dazu besonders I. und II.), teils (bloß) rechtswissenschaftlichen (dazu III. bis V.) – Begriffe weiterhin Bestand haben, sich im Umbruch befinden, neu zu konzipieren oder doch zumindest neu zu justieren sind.

I. Verwaltungsorganisationsrechtliche Vielfalt und Einheit – Arbeitsteilung und Zurechnung von Hoheitsgewalt

„Recht bedarf einer Organisation, um verwirklicht zu werden."[1] Infolge des Umstandes, dass der moderne Verfassungsstaat die Rechts(erzeugungs)funktionen[2] „Gesetzgebung", „Regierung", „Verwaltung" und „Rechtsprechung" einerseits monopolisiert, also verstaatlicht hat[3] und andererseits mittels des Grundsatzes horizontaler Gewaltenteilung[4] auch eine institutionell getrennte Wahrnehmung der Funktionen vorschreibt, muss staatliches Recht für jede der Funktionen ein institutionelles Setting bereithalten, welches dazu dient, der jeweiligen Rechtsfunktion einen organisatorischen Verwirklichungsrahmen zu schaffen.[5] Die Verwaltungsorganisation als Teil der Staatsorganisation ist dergestalt der Inbegriff jener dem Staat im Rechtssinne zurechenbaren Organe, die dazu dienen, spezifisches staatliches Recht – nämlich Verwaltungsrecht[6] – zu verwirklichen.

---

[1] *Adolf J. Merkl*, Allgemeines Verwaltungsrecht, 1927, S. 291; s.a. *ders.*, a.a.O., S. 309 (ohne die Hervorhebungen im Original): „Jeder Rechtsfunktion entspricht eine Organisation, die gesamte Rechtsordnung ist als Funktionsordnung zugleich notwendig eine Organordnung."

[2] Wenn hier und im Folgenden von der „Rechtsfunktion ,Verwaltung'" die Rede ist, so ist damit in Abgrenzung zu sonstigen, ebenfalls mit dem Begriff der „Verwaltung" bezeichneten Phänomenen das *Rechtsphänomen* „Verwaltung" gemeint, d.h. jenes Phänomen, welches Gegenstand rechtlicher Sätze ist.

[3] Dazu, dass dieser Vorgang nicht etwa rechtslogisch oder rechtstheoretisch zwingender Natur, sondern das „Ergebnis rechtsgeschichtlicher Entwicklung" ist: *Merkl*, Verwaltungsrecht (Fn. 1), S. 298 f. (Zitat: S. 299).

[4] Eine weitere Ebene der Ausdifferenzierung der Staatsorganisation markiert im Bundesstaat des Grundgesetzes die vertikale Gewaltenteilung zwischen Bund und Ländern; gerade für die organisatorische Ausdifferenzierung der Rechtsfunktion „Verwaltung" enthalten die Art. 83 ff. GG verhältnismäßig zahlreiche und detaillierte Verfassungsvorgaben. Zur Funktionenordnung des GG → Bd. I *Poscher* § 8.

[5] In dem Maße, in dem etwa die Verwaltungsfunktion von der Europäischen Union wahrgenommen wird, ist es an ihr, eine Verwaltungsorganisation aufzubauen; dabei kann sie sich im Rahmen der ihr zustehenden Durchgriffsrechte selbstredend der mitgliedstaatlichen Verwaltungsorganisationen bedienen. Die nachfolgenden Ausführungen gelten daher mutatis mutandis auch für die Verwaltungsorganisation der Europäischen Union. Allgemeiner ließe sich auch von „Hoheitsträgern" sprechen.

[6] Unter Verwaltungsrecht ist der Inbegriff jener Rechtssätze zu verstehen, die der rechtsförmigen Erledigung von Verwaltungsaufgaben dienen; Verwaltungsaufgaben markieren jenen Ausschnitt aus

3 Angesichts der Quantität und Heterogenität der Verwaltungsrechte, deren Adressat – ausschließlich – der Staat ist,[7] besteht die **normative Doppelaufgabe**[8] des Verwaltungsorganisationsrechts darin, die Wahrnehmung der Rechtsfunktion „Verwaltung" dergestalt zu organisieren, dass **Arbeitsteilung** durch eine Vielzahl funktionell und institutionell differenzierter Organe[9] bei gleichzeitiger einheitsbildender **Zurechnung** möglich ist.[10] Regelungstechnisch lässt sich die Aufgabe des Verwaltungsorganisationsrechts vereinfachend in die drei – analytisch trennbaren – Phasen der Einrichtung einer Verwaltungseinheit (d.h. Festlegung des Aufbaus und der internen Willensbildungs- und -zurechnungsregeln), der Zuweisung eines Ausschnittes der Rechtsfunktion „Verwaltung" an diese Einheit (Zuständigkeitszuweisung) sowie schließlich der Einbindung der Einheit in das organisatorische Beziehungs- und Zurechnungsgefüge zerlegen.[11] Der Staat als rechtliches Artefakt bedarf der natürlichen Menschen, um rechtlich tätig werden, d.h. um seine Rechte wahrnehmen und seine Pflichten erfüllen zu können; deren Verhalten wird zunächst unterschiedlichen – apersonal konzipierten[12] – Organen und über diese schließlich dem Staat zugerechnet. Verwaltungsorganisationsrecht schafft also Staatlichkeit als im Rechtssinne handlungsfähigen Apparat, d.i. die auf menschliches Verhalten bezogene rechtliche Zurechnungsstruktur, die es erlaubt, die den Hoheitsträger qua „Verwaltung" treffenden Rechte und Pflichten wahrzunehmen. Dem Verwaltungsorganisationsrecht eignet daher die **Doppelperspektive des Innen und des Außen:**[13] In der Binnenperspektive geht es namentlich um die Gliederung und Steuerung der Verwaltungsabläufe; in der Außenperspektive geht es um die Rechtskommunikation Privater mit dem Staat, d.h. um die Inbezugsetzung von Organisationseinheiten einer Verwaltung zu nicht-staatlichen Rechtsträgern.

---

den Staatsaufgaben, die verfassungsrechtlich der Rechtsfunktion „Verwaltung" – und damit nicht den Rechtsfunktionen „Rechtsprechung" und „Gesetzgebung" – zugewiesen sind; Staatsaufgaben schließlich bilden jene Aufgaben, auf die der Staat von Rechts, insbesondere von Verfassung wegen zugreifen darf und auf die er auch zugegriffen hat. → Bd. I *Baer* § 11 Rn. 11 ff.

[7] Näher zum Staatsbegriff im hier gemeinten Sinne unten Rn. 15.

[8] Zu weiteren, nicht-normativen Funktionen des Verwaltungsorganisationsrechts: → Bd. I *Franzius* § 4 Rn. 63.

[9] Zum Begriff des Organs unten Rn. 34 f.

[10] Zur zwiefachen Aufgabe des Verwaltungsorganisationsrechts für die verwaltungsrechtliche Systematik, der „Konstitutions-" sowie der „Steuerungsfunktion": *Schmidt-Aßmann*, Ordnungsidee, 5. Kap. Rn. 1. Zu weiteren, auch und gerade nicht-normativen Funktionen des Verwaltungsorganisationsrechts: *Martin Burgi*, Verwaltungsorganisationsrecht, in: Erichsen/Ehlers (Hrsg.), VerwR, § 7 Rn. 14 f. m. w. N.

[11] Das Gros organisationsrechtlicher Aufgaben und Probleme dürfte nicht nur im Blick auf die Verwaltung auftauchen. Aber: „Die *Verwaltung* kann dank ihrer Fülle organisationsrechtlicher Erscheinungen und dank ihres Vorzugs, einzelne organisationsrechtliche Möglichkeiten sozusagen in Reinkultur verwirklicht zu haben, als *Schule* des *Organisationsrechtes* für die ganze Rechtswissenschaft dienen" (*Merkl*, Verwaltungsrecht [Fn. 1], S. 310 – Hervorhebungen im Original).

[12] Zur prinzipiellen „Apersonalität" des Verwaltungsorganisationsrechts vgl. *Walter Krebs*, Verwaltungsorganisation, in: HStR V, § 108 Rn. 29; vgl. bereits *Hans J. Wolff*, in: ders. / Otto Bachof, Verwaltungsrecht II, 4. Aufl. 1976, § 71 IV b vor 1: Organisationsrecht im engeren Sinne ist „innerorganisatorisches, insbes. intrapersonales Recht, das *nicht Berechtigungen und Verpflichtungen von Personen*, sondern von nicht voll rechtsfähigen Organen untereinander und gegenüber der Organisation begründet" (Hervorhebung nicht im Original). – Organisationswissenschaftlich ausgedrückt: „Die spezifische Leistungsfähigkeit von Organisationen besteht in der *Transformation* individueller Willensakte in kollektive Handlungen" (so *Schmidt-Aßmann*, Ordnungsidee, 5. Kap. Rn. 22 – Hervorhebung im Original).

[13] Näher zum Relationspaar von Außen und Innen unten Rn. 14.

II. Instrumentalität und Selbstand des Verwaltungsorganisationsrechts

1. Instrumenteller Charakter

Ist eine Organisation notwendige Bedingung der Verwirklichung von Recht, so besitzt Organisationsrecht **instrumentellen Charakter;**[14] gerade unter den Bedingungen hochausdifferenzierter Staatlichkeit teilt das Organisationsrecht den dienenden Charakter mit dem so genannten Funktionsrecht,[15] also dem Inbegriff jener Rechtssätze, die jenseits der Organisation den rechtlichen Rahmen der Aufgabenwahrnehmung abstecken (insbesondere also das Verfahrens-, das Dienst- und das Haushaltsrecht). In darüber hinausgehender, besonderer Weise erhellt sich die – bloße – Instrumentalität des Organisationsrechts, d.h. dessen Charakter als bloß sekundärer Rechtswert,[16] aus der Teleologie des freiheitlichen Verfassungsstaates: Trägt das Recht zuvörderst die Ermöglichung und Sicherung von Freiheit in sich, so rechtfertigt sich die rechtliche Organisation von Hoheitsgewalt nicht aus eigenem Recht, sondern nur als Medium der Freiheitsermöglichung und -sicherung.[17]

2. Rechtsdogmatische und organisationswissenschaftliche Perspektive auf das Verwaltungsorganisationsrecht

Ungeachtet dieser **teleologischen Akzessorietät** teilt Organisationsrecht freilich die üblichen Eigenarten von Recht, insbesondere dessen **normativen Selbstand.**[18] Auf das Organisationsrecht gewendet: Dass das (Verwaltungs-)Organi-

---

[14] *Krebs*, Verwaltungsorganisation (Fn. 12), § 108 Rn. 31 m.w.N.; *Burgi*, Verwaltungsorganisationsrecht (Fn. 10), § 7 Rn. 4, 14f.; *Wolff/Bachof/Stober/Kluth*, VerwR II, § 79 Rn. 93.

[15] Zur Gegenüberstellung von Organisations- und „Funktionsrecht": *Bernhard Raschauer*, Allgemeines Verwaltungsrecht, 3. Aufl. 2009, Rn. 82. In teilweise vergleichbarer Weise kontrastiert *Schmidt-Aßmann*, Ordnungsidee, 5. Kap. Rn. 59, Organisationsrecht und „Handlungsrecht"; in zumindest partiellem Gegensatz zum „Handlungsrecht" ist Organisationsrecht in spezifischem Sinne „Rahmenrecht": „Organisationsvorschriften sollen Verhalten nicht von außen lenken. Sie wollen es vielmehr von innen heraus gestalten. Ihre typischen Bauformen sind Vorschriften zum internen Verfahren, Auswahl- und Zuständigkeitsregelungen, Grenzziehungen zwischen Verantwortungsbereichen, Vorschriften über gestufte Konsensusfindungen, Regelungen im Umgang mit Informationen und distanzschützende neutralitätssichernde Vorkehrungen. In diesem Sinne lässt sich vom Rahmencharakter des Organisationsrechts sprechen" (*Schmidt-Aßmann*, a.a.O., 5. Kap. Rn. 59, s.a. Rn. 10f.).

[16] Zur Kategorie: *Josef Isensee*, Die typisierende Verwaltung, 1976, S. 163 (am Beispiel von Effizienz und Ökonomie).

[17] Entsprechend, unter Hervorhebung des Aspekts der „Hervorbringung des Gemeinwohls": *Burgi*, Verwaltungsorganisationsrecht (Fn. 10), § 7 Rn. 14. – Dass (Verwaltungs-)Organisationsrecht neben dem Endzweck der Freiheitsgewährleistung eine Vielzahl ebenso ungleichartiger wie abgestufter Zwischenzwecke verfolgt, wird hier vorausgesetzt, spielt indes für die für das Folgende (unter 2., Rn. 5ff.) wichtige Überlegung, *dass* Organisation und Organisationsrecht keine Selbstzwecke bilden, keine Rolle.

[18] Die spezifisch normative Seinsweise von Recht ist dessen Geltung (nach wie vor richtungweisend *Hans Kelsen*, Reine Rechtslehre, 1. Aufl. 1934, S. 7, 22 u.ö.; *ders.*, Allgemeine Theorie der Normen, 1979, S. 2, 3, 22f., 39, 136f., 139, 167f., 171; weiterführend zum Geltungskonzept Hans Kelsens: *Rainer Lippold*, Recht und Ordnung, 2000, S. 51ff., 58ff.; *Gabriel Nogueira Dias*, Rechtspositivismus und Rechtstheorie, 2005. Die – die positivrechtliche Existenz konstituierende und damit die Grundlage für den normativen Verbindlichkeitsanspruch bildende – Geltung einer Rechtsnorm ist aber nichts anderes als die Zugehörigkeit der Rechtsnorm zu einer Rechtsordnung; die Geltung einer konkreten Rechtsnorm ist ihrerseits also dadurch bedingt, dass der betreffende Sollenssatz die spezi-

sationsrecht unter teleologischen Auspizien nicht selbstgenügsam und selbstzweckhaft für sich besteht, sondern seine innere Rechtfertigung in der Verwirklichung des materiellen Verwaltungsrechtes findet, darf nicht zu dem Fehlschluss verleiten, dass Geltung wie Inhalt verwaltungsorganisationsrechtlicher Institute unabhängig von positivrechtlicher Anordnung in – normativer – Abhängigkeit davon stehen, ob und inwieweit das Organisationsrecht seine Verwirklichungsaufgabe aus steuerungs- oder organisationswissenschaftlicher Perspektive adäquat oder sogar optimal erfüllt. Unter dem Aspekt **rechtlicher Eigensteuerung** ist daher entscheidend die Frage, was das Recht selbst festsetzt. Dies zu ermitteln, ist indes ausschließlich Aufgabe einer – auf der Grundlage der Eigengesetzlichkeit des Rechts adäquaten Rechtserkenntnismethode fußenden und in diesem Sinne – rechtswissenschaftlichen Auslegung. In vergröbernder Zuspitzung lässt sich formulieren: Für den Prozess der Rechtsanwendung, d.h. zunächst der Erkenntnis des anwendungsleitenden Rechts und sodann der Erzeugung des durch das anwendungsleitende Recht determinierten Rechts,[19] setzt das Recht selbst fest, in welchem Rahmen und ab welcher Phase organisationswissenschaftliche Erkenntnisse in den Rechtsanwendungsprozess einfließen dürfen.[20]

---

fischen, vom positiven Recht aufgestellten Erzeugungsbedingungen für Rechtsnormen erfüllt. Ist die Geltung aber ein ausschließlich nach Rechtsregeln selbst bestimmter Aggregatzustand (normative Eigensteuerung), so bemisst sich die rechtliche Existenz einer Rechtsnorm nicht nach rechtsexogenen Maßgaben, Faktoren und Kriterien. Mögen diese auch als ratio legis für die Ermittlung des Norminhalts Bedeutung erlangen; als bloße ratio legis sind sie indessen nicht mit der lex selbst zu verwechseln.

[19] Zu ergänzen wären hier selbstredend Erhebung, Aufbereitung und Verarbeitung der rechtsanwendungsbezogenen Tatsachen.

[20] Am Beispiel des derzeit wohl wichtigsten Diskurses um die organisationsrechtliche und/oder organisationsrechtswissenschaftliche Erheblichkeit organisations- und steuerungswissenschaftlicher Erkenntnisse: Die (verfassungs- wie) verwaltungsdogmatische Lehre von der zentralen Bedeutung der so genannten Ministerialverwaltung im Kontext demokratischer Legitimation der Verwaltung unter dem Grundgesetz (genannt werden hier zumeist: *Ernst-Wolfgang Böckenförde,* Demokratie als Verfassungsprinzip, in: HStR I, 1. Aufl. 1987, § 22 Rn. 11 ff., bes. 24 [nunmehr: Demokratie als Verfassungsprinzip, in: HStR II, § 24 Rn. 11 ff., bes. 24]; *Matthias Jestaedt,* Demokratieprinzip und Kondominialverwaltung, 1993, S. 301 ff., 369 ff., 425 ff., ergänzend auch 204 ff., 265 ff.; s. darüber hinaus auch *BVerfGE* 83, 60 [72]; *Horst Dreier,* Hierarchische Verwaltung im demokratischen Staat, 1991, S. 125 ff., 134 ff., 136 ff.; *Ernst T. Emde,* Die demokratische Legitimation der funktionalen Selbstverwaltung, 1991, S. 338 f.) wird – als Versuch rechtsdogmatischer Beschreibung des geltenden Verfassungswie Verwaltungsrechts – nicht schon durch den Nachweis erschüttert, dass die dem so genannten Hierarchiemodell zugrunde liegenden Steuerungsannahmen sich sozialwissenschaftlich nicht verifizieren lassen oder doch gleichwertige, wenn nicht sogar günstigere soziale Steuerungseffekte mit anderen organisationsrechtlichen Mitteln zu erzielen sind. Die genannte Lehre lässt sich als dogmatische Konstruktion vielmehr nur dadurch entkräften, dass im Wege *rechtswissenschaftlicher Interpretation* der einschlägigen Verfassungsbestimmungen der Nachweis geführt wird, dass das Grundgesetz das festgesetzte Niveau demokratischer Legitimation nicht in zentraler Weise an die Einwirkungs- und Zurechnungsmechanismen der Ministerialverwaltung knüpft. So kommt es – immer noch: unter rechtsdogmatischen Aspekten – etwa nicht entscheidend darauf an, ob das in Rede stehende Modell, das – angeblich – „rechtstheoretisch auf dem Subsumtionsschema und rechtspraktisch auf der Weisungshierarchie beruht", „wirklich" – und das heißt hier: durch sozialwissenschaftliche Erkenntnisse belegbar – „die Gesetzesgebundenheit der Verwaltung gewährleistet" (so aber statt vieler *Schmidt-Aßmann,* Ordnungsidee, 5. Kap. Rn. 6). Ebenso wenig können umgekehrt rechtswissenschaftlich diagnostizierte Organisationsdefizite unter Hinweis darauf ausgeräumt werden, dass die gewählte Ausgestaltung zwar rechts-, ja möglicherweise sogar verfassungswidrig sei, aber kompensatorisch ihre Rechtfertigung in Effizienz-, Partizipations- oder Steuerungsvorteilen finde (wie hier *Burgi,* Verwal-

A. Eigenarten des Verwaltungsorganisationsrechts

Sosehr die Bemühungen um eine dem Wandel der Rechtsordnung wie dem Wandel wissenschaftlicher Erkenntnisse Rechnung tragende „Neue Verwaltungsrechtswissenschaft"[21] zu unterstreichen sind, und sosehr die überkommenen methodologischen und dogmatischen Raster Anlass zu Reformbestrebungen geben,[22] so wenig dürfen doch die nachbarwissenschaftlichen Einsichten namentlich der Organisations- und Steuerungstheorie oder auch die Kennzeichnung der Verwaltungsrechtswissenschaft als „Steuerungswissenschaft"[23] respektive „Entscheidungswissenschaft"[24] überdecken, dass hier strikt voneinander zu trennende Fragen behandelt werden.[25]

6

---

tungsorganisationsrecht [Fn. 10], § 7 Rn. 19). Ausschlaggebend ist vielmehr zunächst, ob das geltende (Verfassungs- oder Verwaltungs-)Organisationsrecht ein bestimmtes Modell (etwa jenes der Ministerialverwaltung) voraussetzt, genügen lässt oder anderweitig festschreibt – dies jedoch kann, wie dargelegt, *nicht* am Maßstab organisations- und steuerungswissenschaftlicher Empirie oder auch Theoriebildung festgestellt werden. Jede Rechtsetzung bedeutet Selektion und insoweit Reduktion von Komplexität: durch Recht verbindlich gemachte Hervorhebung bestimmter sozialer Faktoren unter Ausblendung anderer (dabei ist auch in Rechnung zu stellen, dass Recht, zumal Organisationsrecht in aller Regel nicht „punktgenau" zu steuern vermag, vgl. *Schuppert,* Verwaltungswissenschaft, S. 564; *Schmidt-Aßmann,* Ordnungsidee, 5. Kap. Rn. 10 f. m. w. N.). Erst wenn und soweit die Verfassungsauslegung ergibt, dass das Grundgesetz eine derartige Verknüpfung und Festschreibung von demokratischer Legitimation der Verwaltung einerseits und Steuerungsmodell der Ministerialverwaltung andererseits nicht vorgenommen hat, sondern lediglich ein – gänzlich form- und mittelvariables, lediglich ergebnisfixiertes – Legitimationsniveau vorgibt, sind organisations- und steuerungswissenschaftliche Erkenntnisse darüber de constitutione lata am Platze, ob und in welcher Weise bestimmte Organisationsmodelle die vom positivverfassungsrechtlich festgesetzten Legitimationsniveau geforderten Steuerungsimpulse zu vermitteln imstande sind. Erst dann fordert auch das Recht Wirksamkeitsforschung; dazu *Schmidt-Aßmann,* Ordnungsidee, 1. Kap. Rn. 45 ff., bes. 47 und 49 f. m. w. N.

[21] → Bd. I *Voßkuhle* § 1 Rn. 16 ff.
[22] → Bd. I *Voßkuhle* § 1 Rn. 9 ff.
[23] *Schmidt-Aßmann,* Ordnungsidee, 1. Kap. Rn. 33 u. ö.
[24] *Andreas Voßkuhle,* Methodik und Pragmatik im Öffentlichen Recht, in: FS Reiner Schmidt, 2002, S. 171 (179); → Bd. I *Voßkuhle* § 1 Rn. 15.
[25] Um nur einige der bedeutenderen Fragen zu benennen:
(1) Welches sind die organisationsrechtlichen Anforderungen, die das geltende Verfassungs-, Gesetzes- usw. -Recht an Verwaltungseinheiten stellt, und werden diese von den anzutreffenden sozialen Phänomenen erfüllt? Die Rechtsfolgen einer Wahrnehmung von Verwaltungskompetenzen unter Verstoß gegen die verwaltungsorganisationsrechtlichen Anforderungen, kurz: die Rechtsfolgen einer Organisationsrechtswidrigkeit, lassen sich nicht einheitlich benennen, sondern bestimmen sich nach dem jeweils einschlägigen positivrechtlichen Fehlerfolgenregime („Fehlerkalkül"; am Beispiel der Zuständigkeitsmängel u. Rn. 51).
(2) Beschreibt die Verwaltungsrechtswissenschaft die Komplexität des geltenden Organisationsrechts zutreffend (also: die vorgeschriebenen oder doch zumindest zugelassenen Reaktionsweisen des Rechts)? Angesichts der Komplexität, Differenziertheit und Heterogenität der organisationsrechtlichen Phänomene sieht die systematisch arbeitende Rechtswissenschaft sich unweigerlich mit den Grenzen ihrer Leistungsfähigkeit konfrontiert (dazu nachfolgend Rn. 12 ff.).
(3) Wie lassen sich die vom anzuwendenden (und insoweit feststehenden) Organisationsrecht belassenen, nicht normativ determinierten „Frei"-Räume der Reaktion – die Rechtserzeugungsfreiräume, die *jeglichem* Rechtsanwendungsakt, freilich in unterschiedlichem Umfange immanent sind – adäquat füllen? Zur Füllung dieser Freiräume *darf* der zur Rechtserzeugung, der zur Setzung der lex ferenda Befugte sich – unter anderem – auch organisations- und steuerungswissenschaftlicher Erkenntnisse und Methoden bedienen. Dieses Dürfen ist durchaus im Sinne einer *positivrechtlichen* Ermächtigung zu verstehen: In dem Umfange, in dem die Rechtserzeugungsbedingungen Inhalte, Mittel und Verfahren der Rechtserzeugung *nicht* vorschreiben, ist es dem Rechtserzeuger nicht verwehrt, rechtlich frei über Inhalt, Mittel und Verfahren der Rechtserzeugung zu entscheiden. Nochmals: Es ist das Recht selbst, welches Such- und Stoppregeln für Inhalte, Methoden und Verfahren der Rechtserzeugung aufrichtet (s. oben Rn. 5).

7   Namentlich unter dem Aspekt der Modernisierung der Grundbegriffe und -kategorien des Verwaltungsorganisationsrechts ist zu unterscheiden danach, ob das fragliche Phänomen ein solches des **Organisationsrechts** selbst (und damit ein **Produkt der Rechtserzeugung**) oder aber ein solches der **Organisationsrechtsdogmatik** (und damit ein „**Produkt" der Rechtserkenntnis**) ist:[26] Liegt ein zwar normativ gültiges, aber – etwa am Maßstab moderner Steuerungstheorie gemessen – überholtes, den sozialen Grundstrukturen, der Komplexität und der Differenziertheit nicht gerecht werdendes verwaltungsorganisationsrechtliches Arrangement vor? Oder handelt es sich – lediglich – um eine veraltete, die Grundstrukturen, aber auch die Differenziertheit und die Komplexität des geltenden Rechts nicht mehr adäquat erfassende Darstellungs- und Beschreibungsweise durch die Rechtswissenschaft? Während die zuletzt angesprochenen Modelle durch leistungsfähigere Beschreibungen ohne weiteres zu ersetzen sind, wird das Organisationsrecht selbst nicht durch leistungsfähigere und gehaltvollere rechtswissenschaftliche (auch nicht: verwaltungswissenschaftliche, steuerungstheoretische etc.) Erkenntnis verändert;[27] eine Anpassung kann insoweit ausschließlich nach Maßgabe des positiven Rechts, und d.h. im Wege funktions- und stufendifferenzierter Rechtserzeugung erfolgen.

---

(4) Tragen die Kategorien, Unterscheidungen und Mittel des Organisationsrechts der Komplexität, Differenziertheit und Heterogenität sozialer Verhältnisse hinreichend Rechnung? (Die Frage lässt sich selbstverständlich – statt im Blick auf das Organisationsrecht – auch im Blick auf die Organisationsrechts*wissenschaft* stellen. Da indes Gegenstand der Organisations- und Steuerungswissenschaften primär die empirisch erfassbare Seite der Rechtsnormen und nicht deren rechtswissenschaftliche Beschreibung ist, ist die letztgenannte Frage allenfalls von nachrangiger Bedeutung.) Vermag das Recht seine Aufgabe zur Steuerung sozialer Realität adäquat zu erfüllen? Dabei handelt es sich indes um Fragen, die *nicht* die normwissenschaftlich arbeitende Rechtswissenschaft zu beantworten berufen ist; vielmehr ist damit das Feld bezeichnet, das zu bestellen die empirischen Sozialwissenschaften in erster Linie auserkoren sind. Aus Sicht der Rechtswissenschaft (im engeren, normwissenschaftlichen Sinne) vermögen die genannten Fragen Vor-Fragen von Rechtsanpassungs- und Rechtsveränderungsprozessen sein (vgl. dazu auch *Burgi*, Verwaltungsorganisationsrecht [Fn. 10], § 7 Rn. 19 m.w.N.), die sich ihrerseits freilich wiederum allein nach Maßgabe und in den Bahnen des Rechts vollziehen. Ob und welche Konsequenzen aus der Antwort auf die Fragen zu ziehen sind, ist unter wissenschaftstheoretischen Aspekten Aufgabe der – tunlichst auch rechtswissenschaftlich beratenen und fundierten – Rechtspolitik (zur Notwendigkeit einer derartigen – von der Recht*serkenntnis*dogmatik in Methode und Erkenntnisinteresse verschiedenen – Recht*serzeugungs*dogmatik: *Matthias Jestaedt*, Grundrechtsentfaltung im Gesetz, 1999, bes. S. 320 ff.; *ders.*, Rechtsprechung und Rechtsetzung – eine deutsche Perspektive, in: Wilfried Erbguth/Johannes Masing [Hrsg.], Die Bedeutung der Rechtsprechung im System der Rechtsquellen: Europarecht und nationales Recht, 2005, S. 25 [68 ff., bes. 73]).

[26] Zur Unterscheidung und zum unterschiedlichen Regime von – dem Recht selbst zugehörigen – Rechtssatz und – der Rechtswissenschaft zugehörigen – Rechtsaussagesatz: *Rainer Lippold*, Reine Rechtslehre und Strafrechtsdoktrin, 1989, S. 156 ff., bes. 157 m. Fn. 19. Zum synonymen Begriffspaar von (präskriptiver) Rechtsnorm (in *Lippolds* Nomenklatur: Rechtssatz) und (deskriptivem) Rechtssatz (in *Lippolds* Nomenklatur: Rechtsaussagesatz): *Hans Kelsen*, General Theory of Law and State, 1945, S. 45 f., 163 f.; *ders.*, Reine Rechtslehre, 2. Aufl. 1960, S. 73 ff.; *ders.*, Theorie der Normen (Fn. 18), 1979, S. 18, 104, 119 ff., 124, 150; *Robert Walter*, Der Aufbau der Rechtsordnung, 2. Aufl. 1974, S. 21 f.; *Rudolf Thienel*, Kritischer Rationalismus und Jurisprudenz, 1991, S. 133 ff.

[27] Deutlich auch das *BVerfG* am Beispiel der so genannten Organleihe (dazu unten Rn. 35): „Die Zusammenfassung verwaltungsorganisatorischer Erscheinungsformen unter diesen Klassifikationsbegriff [sc. die Organleihe; M.J.] kann jedenfalls die Beurteilung der rechtlichen Zulässigkeit solcher organisatorischer Ausgestaltungen im einzelnen Fall nicht ersetzen; *ein normativer Gehalt ist mit Klassifikationsbegriffen dieser Art nicht vorgegeben*" (BVerfGE 63, 1 [33] – Hervorhebungen nicht im Original).

Während erstere Fragen nach der „richtigen" Rechtserkenntnismethode (sowie insbesondere der Leistungsfähigkeit rechtsdogmatischer Systembildung) aufwerfen, zielen letztere auf Rechtserzeugungs- und das heißt: auf Kompetenzfragen.

III. Verfassungsrechtliche Vorgaben und verwaltungsorganisationsrechtswissenschaftliche Kategorienbildung im Lichte des Verfassungsrechts

Die Frage nach den Grundbegriffen des Verwaltungsorganisationsrechts setzt – relative – Klarheit darüber voraus, welche Rechtsnormen und welche Rechtsphänomene zum Verwaltungsorganisationsrecht zusammengefasst sind. Das ist zumindest nach der Seite der Beteiligung Privater und der der Verwendung privatrechtlicher Organisations(- und Handlungs)formen hin durchaus umstritten, wenn sich auch allmählich ein weiteres und offeneres Verständnis durchzusetzen scheint.[28] Da die Rechtsgebietsbezeichnung selbst nicht Rechtssatz-, sondern lediglich Rechtsaussagesatzcharakter besitzt,[29] also einen **rechtsdogmatischen Speicher- und Ordnungsbegriff** markiert, zeitigt – entgegen verbreiteter Praxis – weder die Hereinnahme bestimmter, mit Privaten oder mit dem Privatrecht in Zusammenhang stehender Phänomene in das Verwaltungsorganisationsrecht noch umgekehrt deren Ausgrenzung aus der Verwaltungsorganisation im Rechtssinne positivrechtlich relevante Folgen. Das ist freilich nicht gleichbedeutend damit, dass die Frage des Zuschnitts des dogmatischen Rasters „Verwaltungsorganisation" unter dem Aspekt **leistungsfähiger Beschreibung** des geltenden Rechts irrelevant wäre.[30] Ganz im Gegenteil hängt die Leistungsfähigkeit der Verwaltungsorganisationsrechtsdogmatik (und damit deren gleichsam „äußerer" Wert) angesichts des Umstandes, dass der gleichsam „innere" Wert der Dogmatik sich nach der Einheit und Widerspruchsfreiheit, nach der Folgerichtigkeit und Vollständigkeit des (Rechtsaussagen-)Systems bemisst, nicht zuletzt am konkreten System-Zuschnitt.[31]

Infolge der Instrumentalität des Organisationsrechts einerseits[32] und des Umstandes, dass gerade das (Staats-)Organisationsrecht sowohl in grundrechtlich-rechtsstaatlicher als auch demokratisch-legitimatorischer und bundesstaatlich-kompetenzieller Hinsicht vielfältigen und weitreichenden verfassungsrechtlichen Vorgaben unterliegt,[33] erscheint es nahe liegend, die verwaltungsorganisationsrechtsdogmatische System-, Begriffs- und Kategorienbildung auch und gerade **im Lichte verfassungsrechtlicher Regimezusammenhänge zu konzipie-

---

[28] → Bd. I *Trute* § 6 Rn. 28; grundlegend *Dirk Ehlers*, Verwaltung in Privatrechtsform, 1984.
[29] Zur Unterscheidung vorstehend Rn. 7.
[30] Entsprechendes gilt für rechtspolitische Überlegungen; Reformbedarf wird sich systemintern häufig leichter formulieren und legitimieren lassen.
[31] Die rechtswissenschaftliche Systembildung vermag auch – selbstredend: nicht positivrechtliche – Rückwirkungen zu haben auf die Antwort auf die Frage, ob das geltende Recht der Verwaltungsorganisation den veränderten sozio-ökonomischen Organisationsanforderungen nicht mehr angemessen und daher reformbedürftig sei.
[32] Vgl. vorstehend Rn. 4.
[33] → Bd. I *Wißmann* § 15.

ren und zu konzeptionalisieren.³⁴ Dabei kann es freilich nicht darum gehen, die verwaltungs(organisations)dogmatische Rubrizierung eines konkreten Organisationsphänomens mit dessen Verfassungsverträglichkeit kurzzuschließen. Nicht die von der Verfassung ausgesprochene Rechtsfolge, sondern der im Blick auf die „Verwaltung" oder auch „vollziehende Gewalt" im Grundgesetz festgelegte Anwendungsbereich wird als Bezugsgröße gewählt. Da und soweit die Grundrechtsbindung der Verwaltung gemäß Art. 1 Abs. 3 GG („vollziehende Gewalt"),³⁵ die Garantie des Rechtsschutzes gegen Verwaltungsmaßnahmen gemäß Art. 19 Abs. 4 S. 1 GG („öffentliche Gewalt")³⁶ und der Verfassungsbeschwerde gemäß Art. 93 Abs. 1 Nr. 4a GG („öffentliche Gewalt"),³⁷ die Bindung der Ausübung von Verwaltungsgewalt an das Gebot demokratischer Legitimation gemäß Art. 20 Abs. 2 S. 1 GG („Staatsgewalt", s. a. Art. 20 Abs. 2 S. 2 GG: „vollziehende Gewalt")³⁸ sowie schließlich die Unterstellung der Verwaltung unter das bundesstaatliche Kompetenzregime gemäß Art. 30 („staatliche Befugnisse", „staatliche Aufgaben")³⁹ und Art. 83 ff. GG („Bundesverwaltung"; s. darüber hinaus auch speziell zu privatrechtsförmigen Gestaltungen Art. 87d Abs. 1 S. 2 sowie Art. 87e Abs. 3 S. 1, Art. 143a Abs. 1 sowie Art. 143b GG)⁴⁰ die Rechtsfunktion „Verwaltung" grundsätzlich sowohl in ihren öffentlich- als auch in ihren privatrechtlichen Organisationsformen⁴¹ erfasst,⁴² spricht vieles dafür, sämtliche der Rechtsfunktion „Verwaltung" zuzurechnenden Organisationseinheiten – **gleichviel, ob öffentlich-rechtlich oder ob privatrechtlich organisiert** – unter dem Ordnungsraster „Verwaltungsorganisation(srecht)" zusammenzufassen.⁴³

---

³⁴ In dem Maße, in dem das Gemeinschaftsrecht auch die innerstaatliche Organisation der Verwaltungsaufgabenwahrnehmung determiniert, wird es als Bezugsgröße neben das (Bundes-)Verfassungsrecht und möglicherweise einmal – dieses verdrängend – an dessen Stelle treten.

³⁵ Dazu eingehend *Klaus Stern*, Das Staatsrecht der Bundesrepublik Deutschland III/1, 1988, S. 1394–1422 m. w. N.

³⁶ So etwa *Peter M. Huber*, in: v. Mangoldt/Klein/Starck, GG I, Art. 19 Abs. 4 Rn. 220; *Helmuth Schulze-Fielitz*, in: Dreier, GG I, Art. 19 IV Rn. 53, je m. w. N. (auch zur früher vorherrschenden Gegenansicht).

³⁷ Vgl. *Andreas Voßkuhle*, in: v. Mangoldt/Klein/Starck, GG III, Art. 93 Abs. 1 Nr. 4a Rn. 175 (mit Ausnahme freilich rein fiskalischen Handelns).

³⁸ Näher *Jestaedt*, Demokratieprinzip (Fn. 20), S. 233 ff., 238 ff., bes. 245–247 m. zahlreichen N.

³⁹ So etwa auch *Wolfgang März*, in: v. Mangoldt/Klein/Starck, GG II, Art. 30 Rn. 43 ff., bes. 44 f. m. w. N. (auch zur Gegenansicht).

⁴⁰ Vgl. *Peter Lerche*, in: Maunz/Dürig, GG, Art. 83 Rn. 42 m. w. N., s. a. Rn. 12; *Ehlers*, Privatrechtsform (Fn. 28), S. 114 f.; *Hans-Heinrich Trute*, in: v. Mangoldt/Klein/Starck, GG III, Art. 83 Rn. 16 ff., bes. 17 (m. zahlreichen w. N. zu pro et contra in Fn. 20); *Matthias Jestaedt*, in: Umbach/Clemens (Hrsg.), GG, Art. 87 Rn. 50 f.

⁴¹ Für die Handlungsformen gilt nicht ohne weiteres dasselbe; vgl. im Blick auf Art. 83 ff. GG: *Jestaedt*, in: Umbach/Clemens (Hrsg.) (Fn. 40), Rn. 50 m. w. N. sowie auf der Grundlage entstehungsgeschichtlicher Erwägungen.

⁴² Eine prominente Ausnahme bildet insofern Art. 34 S. 1 GG, wonach das Amtshaftungsregime gemäß § 839 BGB i. V. m. Art. 34 GG, nur für Staatsgewalt greift, die in öffentlichrechtlicher Form ausgeübt wird („in Ausübung eines [...] öffentlichen Amtes") (so die noch h. M.; anders aber, auch privatrechtsförmiges Handeln einbeziehend: *Joachim Wieland*, in: Dreier [Hrsg.], GG II, Art. 34 Rn. 28 f., bes. 29 m. w. N.). Da das Amtshaftungsregime indes in Anbetracht der Vielzahl und für das Organisationsrecht zentral einschlägiger, jedoch sämtlich abweichend zugeschnittener Rechtsregime für die Verwaltung in seiner Bedeutung zurücktritt und überdies aus Gründen dogmatischer Klarheit ein in seinem Anwendungs- und Ausdehnungsbereich identisches System den Vorzug verdient, richtet sich die Konzeption des verwaltungsorganisationsrechtswissenschaftlichen Systems unter Vernachlässigung des Anwendungsbereiches von Art. 34 GG an den übrigen Regimen aus.

⁴³ So auch die heute wohl h. M. → Bd. I *Groß* § 13 Rn. 9 f.

IV. Öffentlichrechtliche Pfadabhängigkeit verwaltungsorganisationsrechtswissenschaftlicher Begriffsbildung

Unbeschadet dessen vollzieht sich die Begriffs-, Kategorien- und eben auch Systembildung in der Verwaltungsorganisationsrechtsdogmatik nach wie vor in maßgeblicher Orientierung an öffentlichrechtlichen Organisationseinheiten.[44] Nicht zuletzt dadurch bedingt ergeben sich begriffliche, kategoriale und systematische Probleme bei der verwaltungsorganisationsdogmatischen Erfassung und Einordnung privatrechtsförmiger Verwaltung. Soweit dem **positivrechtliche Vorgaben** zugrunde liegen, wie etwa mit der Beschränkung des Anwendungsbereiches der Verwaltungsverfahrensgesetze auf „die öffentlich-rechtliche Verwaltungstätigkeit der Behörden" (so etwa § 1 Abs. 1 VwVfG des Bundes) oder mit der Beschränkung der Dienstherrenfähigkeit auf öffentlich-rechtliche Verwaltungsträger gemäß § 121 BRRG, haben die verwaltungsorganisationsrechtswissenschaftlichen Systematisierungsbemühungen diesen angemessen Rechnung zu tragen.

Soweit hingegen die öffentlichrechtliche Pfadabhängigkeit namentlich der Begriffsbildung in der Verwaltungsorganisationsrechtswissenschaft **traditionellen Deutungsmustern, Idealtypen und Theorieangeboten** verpflichtet ist, bedarf es im Einzelfall kritischer Prüfung, ob und wieweit „systemprägenden Einteilungen",[45] die für die Verwaltungsorganisationsrechtswissenschaft früherer Tage Gültigkeit beanspruchten, unter den heutigen positivrechtlichen, aber auch rechtswissenschaftlichen (namentlich rechtstheoretischen wie rechtsdogmatischen) Bedingungen weiterhin eine kardinale Rolle im organisationsrechtswissenschaftlichen Arrangement zukommt.
— So wirkt die längst überwundene Lehre von der Impermeabilität des Staates als juristische Person noch in so manchem dogmatischen Konstrukt,[46] nicht zuletzt in der starken Betonung des Gegensatzes von Innen- und Außenrecht nach;[47]
— so wird der Rechtsformgegensatz von Öffentlichem und Privatrecht – trotz teilweiser Wahlfreiheit,[48] trotz eines im Grundsatze einheitlichen verfassungsrechtlichen Grundrechts-, Legitimations- und Kompetenzregimes[49] sowie trotz des wechselseitigen Auffangverhältnisses[50] – immer noch zu einem Rechtswesensgegensatz[51] hypostasiert, der die Unterscheidung von Staat und Gesellschaft abbilde;
— so gilt nach wie vor – trotz geringer positivrechtlicher Bedeutung und dogmatisch-systematischer Aussagekraft[52] – die Unterscheidung zwischen (rechtsfähigen) Verwaltungsträgern und sonstigen (nichtrechtsfähigen) Verwal-

---

[44] Vgl. auch *Krebs*, Verwaltungsorganisation (Fn. 12), § 108 Rn. 6.
[45] Begriff nach *Schmidt-Aßmann*, Ordnungsidee, 5. Kap. Rn. 4.
[46] Ähnlich *Krebs*, Verwaltungsorganisation (Fn. 12), § 108 Rn. 32.
[47] Ebenso *Schmidt-Aßmann*, Ordnungsidee, 5. Kap. Rn. 4.
[48] Vgl. vorerst nur *Ehlers*, Privatrechtsform (Fn. 28), S. 64 ff., 74 ff., bes. 109 ff. Dazu u. Rn. 30.
[49] Vgl. vorstehend Rn. 9.
[50] Zu Öffentlichem und Privatem Recht als „wechselseitigen Auffangordnungen" vgl. die Beiträge in: *Hoffmann-Riem/Schmidt-Aßmann* (Hrsg.), Auffangordnungen.
[51] Zur Kategorie unten Rn. 17.
[52] Dazu nachstehend B., Rn. 19 ff.

tungseinheiten als maßgebliche Koordinate des Verwaltungsorganisationsrechts;[53]
- so werden Körperschaft, Anstalt und Stiftung des öffentlichen Rechts als dem Grundsatze nach gleichrangige Typen öffentlich-rechtlich organisierter Verwaltungsträger herausgestrichen, wiewohl nicht nur die Recht(setzung)spraxis die Typen weder als alternative noch als gleichwertige behandelt;[54]
- so darf die Grundalternative von dezentralisierten und dekonzentrierten Verwaltungseinheiten in keiner Darstellung verwaltungsorganisationsrecht(swissenschaft)licher Grundbegriffe fehlen,[55] obgleich deren heuristischer Wert in keinem Verhältnis mehr steht zur Prominenz der Nennung;
- und so werden dem Verhältnis von „mittelbarer Staatsverwaltung" und Selbstverwaltung ausgedehnte Überlegungen gewidmet, ohne dass deren rechtspraktische Bedeutung heute noch evident wäre.[56]

Besonders markant äußert sich die öffentlichrechtliche Pfadabhängigkeit auch im Rahmen der Dogmatik der Verwaltungszuständigkeiten:[57] deren Anlage ist – und das wohl nicht zu Unrecht – ganz auf öffentlich-rechtliche Großeinheiten zugeschnitten.[58]

V. Schwächen verwaltungsorganisationsrechtswissenschaftlicher Begriffs- und Systembildung

12   Die verwaltungsorganisationsrechtswissenschaftliche Systembildung sieht sich bereits von ihrem Gegenstand, der Summe der positivrechtlichen Regelungen der Verwaltungsorganisation, her vor große Herausforderungen gestellt. Pluralität und Heterogenität organisationsrechtlicher Phänomene und Relationen lassen sich nicht ohne weiteres in ein einheitliches dogmatisches System einbringen, welches auf der einen Seite den Ansprüchen von Konsistenz und Konsequenz genügt, ohne deshalb auf der anderen Seite infolge seiner gegenstandsgeschuldeten, inneren Komplexität kaum mehr durchschaubar und/oder handhabbar zu sein.[59] Gradmesser dieser „Systemschwäche" ist der Umstand, dass das verwaltungsorganisationsrechtswissenschaftliche System sich immer schwerer damit tut, belastbare Korrelationssätze aufzustellen, mit deren Hilfe von Mitteln oder Formen des Verwaltungsorganisationsrechts auf verfassungsrechtliche (beispielsweise Legitimations-)Vorgaben oder sonstige Steuerungsanforderungen des Funktions- und Handlungsrechts geschlossen werden könnte

---

[53] Wie hier krit. etwa auch *Wolff/Bachof/Stober/Kluth,* VerwR II, § 82 Rn. 22, 93 und 102, der freilich insofern für einen „normativen Verwaltungsträgerbegriff" plädiert (a.a.O., § 83 Rn. 102–115, bes. 104 f.); *Schmidt-Aßmann,* Ordnungsidee, 5. Kap. Rn. 4; → Bd. I *Groß* § 13 Rn. 43; vgl. auch unten Rn. 20 ff.

[54] Vgl. unten Rn. 27 f.

[55] Vgl. dementsprechend unten Rn. 39 ff.

[56] Dazu näher *Jestaedt,* Demokratieprinzip (Fn. 20), S. 85 ff., 89 ff. m. w. N.

[57] Näher dazu unten D., Rn. 42 ff.

[58] In ähnlicher Weise darf auch heute noch sowohl quantitativer wie qualitativer Gründe wegen die „Bürokratie mit hierarchischer Gliederung der Verwaltungseinheiten" als Idealtypus des Behördensystems gelten (zitierte Wendung: *Krebs,* Verwaltungsorganisation [Fn. 12], § 108 Rn. 51).

[59] Nach *Krebs,* Verwaltungsorganisation (Fn. 12), § 108 Rn. 16, stehen die heute in der Verwaltungswirklichkeit vorfindlichen Verwaltungseinheiten „in derart unterschiedlichen rechtlichen wie tatsächlichen Beziehungen zueinander, daß ihre systematische Erfassung nachgerade ausgeschlossen erscheint."

und umgekehrt.⁶⁰ Daneben leidet die dogmatische Systembildung an eigenproduzierten Schwächen, die nicht zuletzt ihren Grund finden in der Weiterführung traditioneller, (zumindest) heute aber nicht mehr belastbarer Ein- und Unterteilungskriterien.⁶¹

1. Mangel an Transparenz und Trennschärfe, an Konsequenz und Konsistenz

Das System der Verwaltungsorganisationsrechtsdogmatik ist bestimmt durch eine **Vielzahl** konkurrierender, **heterogener,** vielfach quer zueinander verlaufender **Einteilungs- und Zuordnungsgesichtspunkte.** Als Ordnungskriterien werden – ohne Anspruch auf Vollständigkeit – verwendet 13
- das öffentlich-rechtliche oder privatrechtliche Organisationsregime,
- die Rechtsfähigkeit als Kriterium formaler Verselbstständigung einer Verwaltungseinheit (Verwaltungseinheiten mit und solche ohne Trägereigenschaft; dezentralisierte und dekonzentrierte Verwaltungseinheiten),
- die materiale Verselbstständigung einer Verwaltungseinheit (Autonomie, Selbstverwaltung, Weisungsfreiheit, Dezentralisation),
- die Stellung zum Muttergemeinwesen (unmittelbare und mittelbare, dekonzentrierte und dezentralisierte Staatsverwaltung),
- ein bestimmter Organisationsformenkanon (namentlich hinsichtlich juristischer Personen des öffentlichen Rechts),
- die internen Willensbildungsmechanismen (monokratische und kollegiale Gremien),
- die Beteiligung von Privatrechtspersonen und von Privaten an der Erledigung von Verwaltungsaufgaben,
- der Aufgabenbereich (etwa die Verwaltungsaufgaben betreffend die Wirtschaft).⁶²

Ausdruck wie Folge dieser Mehrfach(zu)ordnungen, die sich überdies bisweilen nicht trennscharf durchführen lassen, sind **Uneindeutigkeit, Uneinheitlichkeit und Unübersichtlichkeit der Rubrizierungen.** Die konkrete Rubrizierung einer Organisationseinheit in einem der fragmentierten verwaltungsorganisationsrechtsdogmatischen Subsysteme besitzt infolgedessen regelmäßig nur begrenzten, strikt kontextabhängigen systematisch-heuristischen Aussagewert und lässt zumeist keine tragfähigen Rückschlüsse auf das Rubrizierungsverhalten in anderen Subsystemen zu. Bisweilen ist einzelnen Deutungsmustern gar zu attestieren, dass sie – wie die „juristische Person" – „perzeptions- und verständnishindernd"⁶³ wirken können, wenn die (zumeist recht eng gesteckten) Grenzen nicht beachtet werden, innerhalb deren die den fraglichen Deutungsmustern innewohnende Unterscheidungskraft rechtlich vorgegebene Abstufungen abzubilden vermag. Schließlich wird vielfach durch formale Systematisierungskate-

---

⁶⁰ Beispiele für derartige, eben nur teilweise zutreffenden Korrelationen: staatlich – öffentlichrechtliche Organisationsform, nicht-staatlich (gesellschaftlich) – privatrechtliche Organisationsform; Rechtsfähigkeit und (material verstandene) Autonomie; Organisationsform (öffentlich- oder privatrechtlich) und Handlungsform (öffentlich- oder privatrechtlich); kollegiale Willensbildung – demokratisch, monokratische Willensbildung – nicht-demokratisch.
⁶¹ Vgl. dazu bereits vorstehend IV., Rn. 10 f.
⁶² Vgl. auch die Einteilungen bei → Bd. I *Groß* § 13 Rn. 34 ff.
⁶³ So *Wolfgang Kahl,* Die Staatsaufsicht, 2000, S. 460 m.w.N. in Fn. 262.

gorien (sachlich-) thematisch Zusammengehöriges auseinander gerissen und entsprechend material Unzusammengehöriges unter formalem Aspekt zusammengefügt.[64]

2. Innen und Außen, Ganzes und Teil, Funktion und Institution

14 Die Aussagekraft verwaltungsorganisationsrechtswissenschaftlicher Einteilung wird bisweilen auch dadurch gemindert, dass sich den Anschein einer absoluten oder kategorischen Unterscheidung gibt, was doch bei Lichte besehen nur als relative oder hypothetische Unterscheidung anzuerkennen ist. Nicht selten basieren die Unterscheidungsmerkmale oder auch Unterscheidungsdichotomien auf **Relationsbegriffen,** die ihrerseits identischen Gehalt nur in konkreten Relationen, also nur in einem bestimmten Bezugsfeld erlangen.[65] So hängt etwa die – sowohl für die Binnendifferenzierung als auch für die Zurechnung unvermeidliche – Qualifizierung dessen, was **„Innen" und „Außen",** was folglich „Innen-" und was „Außenrecht" markiert, vom Bezugssystem ab. Ist Bezugspunkt das Verhältnis von Staat und Gesellschaft, so ist das Recht der Bundesauftragsverwaltung „Innenrecht", ist jener das Verhältnis von Bund und Ländern so ist es ebenso unzweifelhaft Außenrecht; ist Bezugspunkt das Staat-Bürger-Verhältnis, so markiert eine aufsichtliche Anordnung einer staatlichen Aufsichtsbehörde gegenüber einer Kommune in deren Selbstverwaltungsbereich bloßes Innenrecht, ist hingegen Bezugspunkt die Verwaltungsträgerschaft oder auch das Verhältnis Staat–Kommune, so ist dieselbe Anordnung als Außenrecht – als Verwaltungsakt gemäß § 35 S. 1 VwVfG – zu qualifizieren.[66] In entsprechender Weise lässt sich dies etwa auch für die Qualifikation als Behörde oder als Organ belegen.[67] Selbst der Begriff der Rechtsfähigkeit stellt einen Relationsbegriff dar.[68] Die „Scheidelinie zwischen Innen- und Außenrecht verläuft damit quer durch die Verwaltungsorganisation", wodurch die „dogmatische Ergiebigkeit der Unterscheidung von Innen- und Außenrecht" in Mitleidenschaft gezogen wird.[69]

---

[64] So lassen sich beispielsweise unter dem Aspekt wirtschaftsverwaltungsrechtlicher „Verwaltungsträger" zwar die *rechtsfähigen Anstalten* und *Zweckverbände* (als Bundkörperschaften) (jeweils juristische Personen des öffentlichen Rechts), die *Eigengesellschaften* und die *gemischt-wirtschaftlichen Unternehmen* (jeweils juristische Personen des Privatrechts; bei letzteren Zuordnung zur Verwaltung aber str.) behandeln (dazu nachfolgend Rn. 25 ff. und 30 f.); die nicht-rechtsfähigen Verwaltungswirtschaftsunternehmen des öffentlichen Rechts, d.h. die *Regie- und Eigenbetriebe* sowie die *nicht-rechtsfähigen Anstalten* des öffentlichen Rechts, haben dabei jedoch außen vor zu bleiben; sie haben ihren organisationsrechtlichen Sitz nicht bei den dezentralisierten, sondern bei den dekonzentrierten Verwaltungseinheiten (dazu u. Rn. 39 f.).

[65] Von der „Relativität von dogmatischen Klassifikationen organisatorischer Einheiten" spricht bereits *Friedrich E. Schnapp,* Überlegungen zu einer Theorie des Organisationsrechts, AöR, Bd. 105 (1980), S. 243 (278 Fn. 192). – Es ist nicht nur die mit der Multivalenz einhergehende mangelnde Eindeutigkeit von Relationsbegriffen, die deren systematischen Wert herabzusetzen vermag; es ist in weit größerem Maße der Umstand, dass Relationsbegriffe immer zugleich Homonyme darstellen, die die Gefahr begründen, dass unter terminologischem Konsens sachlicher Dissens und dass umgekehrt sachlicher Konsens durch terminologischen Dissens verdeckt wird.

[66] Beispiel nach *Krebs,* Verwaltungsorganisation (Fn. 12), § 108 Rn. 34 m.w.N.

[67] Vgl. *Krebs,* Verwaltungsorganisation (Fn. 12), § 108 Rn. 43, s.a. Rn. 59 Fn. 224.

[68] Dazu näher nachfolgend Rn. 20 f.; es ist daher alles andere als zwingend, die Rechtsfähigkeit an die Zuweisung von Rechten und Pflichten durch „Rechtsnormen (= Außenrechtssätze [...])" zu knüpfen (so aber *Maurer,* VerwR, § 21 Rn. 4).

[69] Zitate: *Krebs,* Verwaltungsorganisation (Fn. 12), § 108 Rn. 34 und 35.

A. Eigenarten des Verwaltungsorganisationsrechts

Im Zusammenhang mit der Relativität der Unterscheidung von Innen und Außen, damit von Inklusion und Exklusion, steht die **Relativität der Unterscheidung von Ganzem und Teil**. Auch hier ist es eine Frage des Stand- und Bezugspunktes, was sich organisationsrechtlich als Entität und was sich nur als deren Fragment darstellt. So kann, um ein über das Verwaltungsorganisationsrecht hinausweisendes Exempel zu nennen, – je nach Bezugsgröße und Erkenntnisinteresse – einmal der (Gesamt-)Staat selbst als juristische Person qualifiziert werden (so namentlich im Völkerrecht, im Gemeinschaftsrecht oder mit Blick auf einen dreigliedrigen Bundesstaatsbegriff im Bundesstaatsrecht), das nächste Mal die im Bundesstaat zusammengebundenen Gebietskörperschaften Bund und Länder je für sich (so hinsichtlich der so genannten Verbandskompetenz, die neben Bund und Land keine dritte Ebene kennt), den Kreis der Gebietskörperschaften erweiternd Bund, Ländern und Kommunen (Kreise und Gemeinden) unter dem Aspekt der so genannten Hauptverwaltungsträger, die die Orientierungsgröße von Unmittelbarkeit und Mittelbarkeit abgeben (unmittelbare und mittelbare Staats- [Bundes- respektive Landes-] sowie unmittelbare und mittelbare Kommunalverwaltung)[70], ein weiteres Mal darüber hinaus auch sonstige Körperschaften, (rechtsfähige) Anstalten und (rechtsfähige) Stiftungen des öffentlichen Rechts als öffentlich-rechtliche Verwaltungsträger und schließlich sämtliche unter dem nicht weiter spezifizierten Aspekt der Rechtsfähigkeit verselbstständigten Verwaltungseinheiten ohne Rücksicht auf das ihnen zugrunde liegende – öffentlich-rechtliche oder privatrechtliche – Regime.[71] Entsprechend wirkt sich die Kontextabhängigkeit namentlich bei der Qualifikation einer Verwaltungseinheit als Verwaltungsträger[72] und als Organ aus.

15

Organisationsbelange können – was bei sytembildenden Kategorien der Organisationsrechtsdogmatik als Differenzierungspotenzial mitzudenken ist – grundsätzlich in zwei voneinander zu unterscheidenden Weisen formuliert werden: in funktioneller sowie in institutioneller Weise. **Funktion und Institution**[73] stellen die beiden Hauptbezugspunkte der Organisation als institutionell-funktioneller Zurechnungszusammenhang dar. Es bedeutet indes einen Unterschied, ob von Staatsgewalt oder Verwaltung, Behörde oder Organ in einem

16

---

[70] Dazu unten Rn. 32.
[71] Damit korreliert ein je unterschiedlicher Staatsbegriff; darauf hat bereits in grundlegender Weise *Merkl*, Verwaltungsrecht (Fn. 1), S. 290–308, bes. deutlich 304, hingewiesen. Im Blick auf die beiden zuletzt genannten Bezugssysteme markiert der „Staat" nur mehr „eine zusammenfassende Bezeichnung für bestimmte Funktionen einer Mehrzahl von juristischen Personen" (so *Raschauer*, Verwaltungsrecht [Fn. 15], Rn. 52).
[72] Dazu *Merkl*, Verwaltungsrecht (Fn. 1), S. 304 (Hervorhebung im Original): „Die verwaltungsrechtliche Terminologie nennt mit Vorliebe diese relativ selbstständigen Organkomplexe die *Träger* der Verwaltung und will sie damit einerseits zu den Teilorganen, aus denen sich diese sogenannten Verwaltungsträger zusammensetzen, namentlich den Behörden, andererseits zu der aus den einzelnen Verwaltungsträgern zusammengesetzten Gesamtorganisation ‚Staat' in Gegensatz stellen. Gegenüber dieser Terminologie ist festzustellen und festzuhalten, daß die als sogenannte Verwaltungsträger ausgezeichneten Verbände nichts als zusammengesetzte Organe sind, von komplexerer Natur als die Behörden usw., aus denen sie sich zusammensetzen, partieller jedoch als das Gesamtorgan ‚Staat'."
[73] Mit „Institution" wird regelmäßig ein reales soziales Substrat rechtlicher Organisation verbunden; legt man zugrunde, dass es sich bei Organisationen und bei deren Bauelementen, den Organen, um nichts anderes als um „subjektivierte Zuständigkeitskomplexe" (N. u. in Fn. 176) handelt, kann nur die funktionelle Sichtweise als rechtsstrukturelle Perspektive anerkannt werden (zur Unterscheidung von Rechtsstruktur- und Rechtsinhaltsbegriff nachfolgend Rn. 17).

funktionellen oder aber in einem institutionellen Sinne die Rede ist. Im erstgenannten Sinne ist von der **Ablauforganisation** oder auch „funktionellen Organisation" die Rede, im letztgenannten Sinne von der **Aufbauorganisation** oder „institutionellen Organisation".[74] Dogmatische Systematisierungsversuche haben dies im Umgang mit den organisationsrechtswissenschaftlichen Homonymen zu beachten, und im Rahmen von Rechtsauslegung und -anwendung ist jeweils zu fragen, ob organisationsrechtliche Begriffe im funktionellen oder aber im institutionellen Sinne gemeint sind.[75]

3. Rechtsinhalts-, nicht Rechtswesensbegriffe

17   Die Relativität dogmatischer Qualifikationen mindert nicht nur den heuristischen Wert der Einteilung,[76] sondern verhindert zugleich, dass an die dogmatische Zuordnung als solche positivrechtlich relevante Folgen geknüpft werden können. Im Letzten erklärt sich dies daraus, dass die gewählten Begriffe und Raster keineswegs rechtsstruktureller oder auch rechtswesenhafter, sondern rechtsinhaltlicher und damit rechtskontingenter Natur sind: ihnen eignet – was vielfach verkannt oder doch nicht beachtet wird – kein notwendigerweise mitzudenkendes Wesen oder keine zwingende Rechtsstruktur (**Rechtswesensbegriffe**), sondern sie beziehen Wesen und Struktur aus den kontingenten Entscheidungen des positiven Rechts (**Rechtsinhaltsbegriffe**).[77, 78]

4. „Grundbegriffe"

18   Ohne dass bislang auch nur der Versuch unternommen worden wäre, zu definieren, welcher Merkmale und Eigenschaften es bedarf, damit ein organisationsrechtlicher Begriff zu einem „Grundbegriff" nobilitiert wird,[79] hat sich die Kategorie eingebürgert und fehlt in kaum einer Darstellung des Verwaltungsor-

---

[74] Dazu statt vieler *Bull/Mehde*, VerwR, Rn. 373.

[75] Das insoweit bekannteste Beispiel markiert der – wie sich aus § 1 Abs. 4 VwVfG (entsprechend etwa auf Landesebene Art. 1 Abs. 2 BayVwVfG; für die Bundesebene vgl. des Weiteren § 1 Abs. 2 SGB X, § 6 Abs. 1 AO; s. auch die Bezugnahme auf § 1 Abs. 4 VwVfG in § 3 Abs. 1 S. 1 UIG) ergibt: *funktional* zu verstehende – Behördenbegriff im Rahmen der Legaldefinition des Verwaltungsakts gemäß § 35 S. 1 VwVfG dar. Dazu statt aller *Paul Stelkens/Herbert Schmitz*, in: Stelkens/Bonk/Sachs (Hrsg.), VwVfG, § 1 Rn. 212 ff., bes. 216–223 m. w. N.; *Kopp/Ramsauer*, VwVfG, § 35 Rn. 27 ff., bes. 28.

[76] Dazu vorstehend Rn. 14 ff.

[77] Richtungweisend zur Unterscheidung von Rechtswesens- und Rechtsinhaltsbegriffen: *Felix Somló*, Juristische Grundlehre, 1917, § 10. Das Verdienst, die Unterscheidung namentlich für das Staats(organisations)- und Verwaltungsorganisationsrecht fruchtbar gemacht zu haben, gebührt *Hans Kelsen*, Allgemeine Staatslehre, 1925, S. 18 f. m. 375 u. ö., sowie *Merkl*, Verwaltungsrecht (Fn. 1), S. 290 ff. und passim.

[78] Auch insoweit kann als prominentes Beispiel die juristische Person genannt werden; unter rechts*strukturellen* oder auch rechts*wesenhaften* Auspizien kommt man nicht umhin, auch so genannte natürliche Personen, da und soweit ihnen die Rechtsordnung Rechtsfähigkeit zuerkennt, als juristische Personen, als Rechtspersonen oder Rechtssubjekte, zu bezeichnen; erst und nur eine rechts*inhaltliche* oder auch rechts*kontingente* Betrachtungsweise rechtfertigt es, die natürlichen Personen aus dem (dann freilich enger zugeschnittenen) Kreis der juristischen Personen herauszunehmen und jene diesen gegenüberzustellen (dazu grundlegend *Kelsen*, Staatslehre [Fn. 77], S. 66 ff.). Vgl. auch nachstehend Rn. 20 ff.

[79] Soweit ersichtlich äußert sich allein *Wolff*, Verwaltungsrecht II (Fn. 12), § 71 IV d 1–3, dazu, welche Gegenstände die „Grundbegriffe des allgemeinen Organisationsrechts" betreffen; es ist aber bezeichnend, dass sogar *Wolff*, der ansonsten keine Gelegenheit auslässt, die von ihm verwendeten Begriffe zunächst einer ebenso sorgfältigen wie erschöpfenden Definition zu unterziehen, im Blick auf die „Grundbegriffe" keinen wirklichen Definitionsversuch unternimmt.

ganisationsrechts.[80] Wenngleich danach weder in sachlicher noch in zeitlicher Hinsicht die Zahl verwaltungsorganisationsrecht(swissenschaft)licher Grundbegriffe ein für allemal feststeht, hat sich im Laufe der Zeit ein im Kern relativ stabiler, zu den Rändern hin offener Kreis von „systemprägenden Einteilungen"[81] und gegenstandsbestimmenden Leitbegriffen herausgebildet.[82] Deren Orientierungswirkung darf indes heute – nicht zuletzt infolge der vorstehend aufgezählten Ursachen (1. bis 3.) – nicht überschätzt werden, so dass sie zu wenig mehr eingesetzt werden können als zu heuristisch brauchbaren Stoffeinteilungen, denen diskursaufschließende Wirkung eignet. Unbeschadet dessen sind neue Aspiranten auf den Status verwaltungsorganisationsrechtlicher Grundbegriffe nicht in Sicht. Am ehesten wäre derzeit wohl an Topoi wie „Netzwerk"[83], „Mehrebenensystem" oder „Verbund(verwaltung)" respektive „Verwaltungsverbund" zu denken; doch kann auch ihnen die erforderliche Eignung nicht attestiert werden, fungieren sie doch sämtlich – ungeachtet der Frage, ob sie nicht bereits in Bälde von neuen Begriffsschöpfungen und Deutungsschemata überholt sind – als (organisations-) rechts*un*spezifische Kennzeichnungen komplexer Verflechtungsphänomene.

B. Die Träger der Verwaltungsorganisation

Zu den Schlüsselbegriffen der Dogmatik des Verwaltungsorganisationsrechts wird nach wie vor jener des Verwaltungsträgers gerechnet.[84] In ihm wird die Bezeichnung jenes – in des Wortes buchstäblicher Bedeutung – Anknüpfungspunktes der Organisation erblickt, der einerseits den Ausgangspunkt organisatorischer Differenzierung und andererseits den Endpunkt organisatorischer Zurechnung markiert. Mit ihm wird das – nach innen zwar rechtlich differenzierte, aber nach außen rechtlich identische – Subjekt jener Rechtssätze benannt, die die „Verwaltung" beziehungsweise die „vollziehende Gewalt" berechtigen und verpflichten.[85] **19**

I. Verwaltungsträger, juristische Person und Rechtsfähigkeit

Als **Träger einer Organisation** kann angesehen werden, „wer sie errichtet, finanziert, ihre Organwalter beruft, wessen Angelegenheiten verfassungsgemäß durch sie wahrgenommen werden, sowie wer über Änderungen ihres Zwecks **20**

---

[80] Vgl. pars pro toto: *Werner Weber,* Verwaltungsorganisation, in: HdSW XI, S. 276 (276f.); *Wolff,* Verwaltungsrecht II (Fn. 12), § 71 IV d 1–3 mit §§ 72–78; *Krebs,* Verwaltungsorganisation (Fn. 12), § 108 Rn. 29–59; *Raschauer,* Verwaltungsrecht (Fn. 15), Rn. 51–182; *Bull/Mehde,* VerwR (Fn. 74), Rn. 378ff.
[81] Begriff: *Schmidt-Aßmann,* Ordnungsidee, 5. Kap. Rn. 4.
[82] Klassisch die Darstellung bei *Wolff,* Verwaltungsrecht II (Fn. 12), § 71 IV d 1–3 mit §§ 72–78: er behandelt als Grundbegriffe „Organisation" (§ 71), „Zuständigkeit" (§ 72), „Amt und Amtswalter" (§ 73), „Organ" (§§ 74, 75), „Behörde" (§ 76), „Zusammenhänge der Organe" (§ 77) sowie „Organisationsgewalt" (§ 78).
[83] → Bd. I *Groß* § 13 Rn. 12 ff., *Schuppert* § 16 Rn. 134 ff.
[84] N. in *Wolff/Bachof/Stober/Kluth,* VerwR II, § 82 Rn. 22.
[85] Vgl. *Maurer,* VerwR, § 21 Rn. 2. Entsprechend *Krebs,* Verwaltungsorganisation (Fn. 12), § 108 Rn. 40: „Mit dieser Rechtsfigur soll den Organisationsrecht aufgegebene Zurechnungsproblematik gelöst werden" (richtigerweise müsste es wohl heißen, dass mit der Rechtsfigur lediglich das Endglied der Zurechnung benannt werde; denn mit *jeder* Kompetenzzuweisung an eine Verwaltungseinheit wird ein Stück der Zurechnungsproblematik gelöst).

§ 14 Grundbegriffe des Verwaltungsorganisationsrechts

und über ihre Auflösung bestimmt".[86] Davon zu unterscheiden ist der **Verwaltungsträger.** Dabei handelt es sich nach herkömmlichem Verständnis um eine Verwaltungseinheit, die die Eigenschaft einer juristischen Person besitzt[87] und der weitere, ihrerseits nicht rechtsfähige Verwaltungseinheiten eingegliedert sind. Mit der Eigenschaft als juristische Person avanciert die **("Voll"-)Rechtsfähigkeit,** d.h. die Eigenschaft, „Zuordnungssubjekt von Rechtsnormen"[88] zu sein, zum Kristallisationspunkt für die Charakterisierung als Verwaltungsträger. Von der „Vollrechtsfähigkeit", die die „rechtstechnisch allgemein" verliehene Fähigkeit meine, Träger von Rechten und Pflichten zu sein,[89] wird zunächst die „Teilrechtsfähigkeit" geschieden, die darin bestehe, „daß einer Organisation nicht generell, sondern nur im Blick auf bestimmte Rechtsnormen Rechtsfähigkeit zugesprochen wird".[90] Den (voll- oder teil-)rechtsfähigen Verwaltungseinheiten stehen sodann die so genannten nichtrechtsfähigen Verwaltungseinheiten gegenüber. Diese verfügten zwar, anders als die Vorgenannten, nicht über Rechtspersönlichkeit, aber doch über Rechtssubjektivität; während erstere als „Zurechnungsendsubjektivität"[91] gekennzeichnet werden könne, sei letztere als „transitorische Wahrnehmungszuständigkeit"[92] zu charakterisieren.

21 Doch bedarf dieses – dreigestufte – **Konzept von Voll-, Teil- und Nichtrechtsfähigkeit** zumindest insoweit der Relativierung, als sich weder die Abgrenzung von „Voll"- und Teilrechtsfähigkeit auf der einen noch jene von Rechtsfähigkeit und Nichtrechtsfähigkeit (bei gleichwohl gegebener Rechtssubjektivität) auf der anderen Seite mit den angeführten Begründungen halten lässt. Weder die erste noch die zweite Unterscheidung verfügt über kategorialen, rechtswesenhaften Charakter; beide sind vielmehr angesichts der unausweichlichen **Relativität von Rechtsfähigkeit** bloß gradueller und rechtsinhaltlicher Natur.[93] Als Geschöpfe der Rechtsordnung haben Rechtspersonen (dasselbe gilt für Rechtssubjekte auch dann, wenn man sie von Rechtspersonen meint unterscheiden zu können) nur so viel an rechtlicher Existenz (Rechtspersönlichkeit oder Rechtssubjektivität), wie ihnen an rechtlicher Essenz (Rechtsfähigkeit) zukommt.[94] Rechtspersonen

---

[86] So *Wolff*, Verwaltungsrecht II (Fn. 12), § 71 III b.

[87] Stellvertretend *Krebs*, Verwaltungsorganisation (Fn. 12), § 108 Rn. 36 m.w.N. in Fn. 118; *Burgi*, Verwaltungsorganisationsrecht (Fn. 10), § 8 Rn. 6.

[88] Zitat: *Maurer*, VerwR, § 21 Rn. 4.

[89] In diesem Sinne *Wolff*, Verwaltungsrecht II (Fn. 12), § 71 III c 1. – Zu der Frage, ob und gegebenenfalls inwieweit mit der generellen („Voll"-)Rechtsfähigkeit im Bereich des Öffentlichen Rechts sich auch die („Voll-")Rechtsfähigkeit nach Privatrecht verbindet: *Raschauer*, Verwaltungsrecht (Fn. 15), Rn. 62ff.

[90] So statt vieler *Maurer*, VerwR, § 21 Rn. 6, freilich mit der Einschränkung: „Der Unterschied zwischen der Vollrechtsfähigkeit und der Teilrechtsfähigkeit darf jedoch gerade im Bereich des öffentlichen Rechts nicht überschätzt werden, da Verwaltungsträger ohnehin nur im Rahmen ihrer gesetzlich begründeten Zuständigkeiten tätig werden dürfen." Entsprechend für die österreichische Rechtslage *Raschauer*, Verwaltungsrecht (Fn. 15), Rn. 62ff., bes. 65.

[91] So das wirkmächtige Konzept von *Hans J. Wolff*, Organschaft und juristische Person, Bd. I, 1933, S. 149ff., 198ff., 369ff. u.ö.; Bd. II, 1934, S. 248ff.; vgl. auch *dens.*, in: ders./Otto Bachof, Verwaltungsrecht I, 9. Aufl. 1974, § 32 III b.

[92] So *Wolff*, Verwaltungsrecht II (Fn. 12), § 74 I f 7. Bereits *Kelsen*, Staatslehre (Fn. 77), S. 71, spricht insoweit im Gegensatz zum „Endpunkt der Zurechnung" von einem „Durchgangspunkt der Zurechnung"; nach *Kelsen*, a.a.O., bedeutet im Rechtssinne „'Person' Zurechnungspunkt".

[93] Entsprechend *Krebs*, Verwaltungsorganisation (Fn. 12), § 108 Rn. 34 sowie 41, s.a. Rn. 37. Zur Unterscheidung von Rechtswesens- und Rechtsinhaltsbegriffen vgl. vorstehend Rn. 17.

[94] Konsequenterweise wird der Begriff der „juristischen Person" – Entsprechendes hat für jenen des „Rechtssubjektes" zu gelten – als ein lediglich „der Veranschaulichung dienender Einheitsaus-

(Rechtssubjekte) stehen der Rechtsordnung nicht als selbstständige und substanzielle Phänomene gegenüber, sie bestehen nur in ihr und aus ihr: sie sind rechts(ordnungs)konstituiert und außerhalb des Bezugssystems der Rechtsordnung im Wortsinne substanzlos, ja inexistent.[95] Fallen aber Rechtsfähigkeit und Rechtspersönlichkeit (Rechtssubjektivität) zusammen und bestehen beide nicht absolut und abstrakt, sondern nur konkret und relativ, d.h. in Bezug auf bestimmte Rechtssätze und damit in bestimmten Rechtsrelationen, so ist es irreführend, von der Voll- oder Allrechtsfähigkeit[96] einer juristischen Person zu sprechen.[97] In Wahrheit geht es also bei der Abgrenzung von „Voll"-Rechtsfähigkeit und Teilrechtsfähigkeit nicht um qualitativ verschiedene Potenzen, sondern um eine – lediglich – quantitativ unterschiedliche Akkumulation von Rechtsfähigkeit.[98] Wann der Grad von Rechtsfähigkeit erreicht ist, ab dem von „Voll"-Rechtsfähigkeit gesprochen werden kann, bestimmt sich denn auch nach Maßgabe des positiven Rechts **(Vollrechtsfähigkeit als bloßer Rechtsinhaltsbegriff)**. So ist es denn nicht die „generelle" (rechtswesenhafte) Fähigkeit, Träger von Rechten und Pflichten zu sein, sondern die (rechtsinhaltliche) Fähigkeit, **Subjekt von Rechtssätzen bestimmten Inhalts** zu sein, namentlich solcher Rechtssätze, die Rechte und Pflichten im Staat-Bürger-Verhältnis verleihen.[99]

Mutatis mutandis ist derselbe Einwand gegen die Unterscheidung von rechtsfähigen, daher mit Rechtspersönlichkeit ausgestatteten, und nicht-rechtsfähigen, 22

---

druck, eine Hilfsvorstellung", ein „Hilfsmittel des Denkens" respektive ein „Denkbehelf der Rechtserkenntnis" in „abbreviierender, substantivischer, anthropomorpher Rechtssprache", kurz: als „Ausdruck für eine Normenpersonifikation" charakterisiert (so von *Kelsen,* Staatslehre [Fn. 77], S. 66ff.; die zitierten Wendungen finden sich auf S. 66, 67 und 68). Ähnlich *Krebs,* Verwaltungsorganisation (Fn. 12), § 108 Rn. 34: „die juristische Person ist eine rechtliche Konstruktion [man könnte noch zugespitzter formulieren: ein rechtliches Deutungsschema; M.J.] zur Bündelung von Kompetenzen".

[95] Dementsprechend ist die These irrtumsbehaftet, dass „Zurechenbarkeit sogar jenseits des Umfangs der Rechtsfähigkeit gegeben sein kann" (so aber *Raschauer,* Verwaltungsrecht [Fn. 15], Rn. 74): es sind ja just die zurechnungskonstituierenden Rechtssätze, die das betreffende Rechtssubjekt zum Zurechnungsadressaten machen und insoweit dessen Rechtsfähigkeit konstituieren. – Richtungweisend für die Relativität (auch) im Privatrecht: *Fritz Fabricius,* Relativität der Rechtsfähigkeit, 1963.

[96] Nähme man die von der h.M. zugrunde gelegte Bestimmung von Rechtsfähigkeit beim Worte, so müsste Vollrechtsfähigkeit die Fähigkeit bedeuten, Träger *sämtlicher* Rechte und Pflichten zu sein; damit fiele die so beschriebene juristische Person – die ja nichts anderes als eine begriffliche „Normenpersonifikation" (vgl. vorstehende Fn. 94) darstellt – mit der Rechtsordnung in eins und wäre mit ihr identisch. Eine derartige Konzeption mag zur rechtstheoretischen Makro-Beschreibung von Rechtsordnungen sinnvoll sein (gegenüber anderen Rechtsordnungen mag man die eine Rechtsordnung verkörpernde juristische Person „Staat" nennen), eignet sich aber nicht *im* Mikrokosmos einer Rechtsordnung. Und umgekehrt wäre eine nicht-rechtsfähige Organisationseinheit – ebenfalls: die Bestimmung der Rechtsfähigkeit beim Wort genommen – rechtlich inexistent, da sie noch nicht einmal Subjekt eines einzigen Rechtssatzes wäre.

[97] Dass auch juristische Personen des öffentlichen Rechts selbstredend nicht im Wortsinne voll- oder allrechtsfähig sind, zeigt bereits die Unterscheidung von „einfachen" Verwaltungsträgern und „besonderen", „Hauptverwaltungsträgern" genannten Verwaltungsträgern. Dazu nachstehend Rn. 32.

[98] Wie hier *Krebs,* Verwaltungsorganisation (Fn. 12), § 108 Rn. 41; der Sache nach auch *Burgi,* Verwaltungsorganisationsrecht (Fn. 10), § 8 Rn. 7. – Kurios mutet angesichts dessen der Versuch an, den positivrechtlich nicht zu leugnenden Mangel an Rechtsfähigkeit in bestimmten Relationen als eine bloß „inhaltliche Beschränkung der jeweiligen Rechtsnormen" zu qualifizieren, der jedoch „keine Einschränkung der Rechtsfähigkeit" der von den betreffenden Normen nicht zu Rechtssubjekten Erkorenen mit sich bringe (pars pro toto: *Maurer,* VerwR, § 21 Rn. 5).

[99] Wie hier bereits *Krebs,* Verwaltungsorganisation (Fn. 12), § 108 Rn. 42. S.a. nachfolgend II., Rn. 23f.

also bloß mit Rechtssubjektivität versehenen Verwaltungseinheiten zu erheben. Rechtspersönlichkeit setze voraus, dass das Rechtssubjekt nicht nur Zurechnungsdurchgangspunkt („transitorische Wahrnehmungszuständigkeit"; Rechtssubjektivität als Zurechnungssubjektivität), sondern Zurechnungs**end**subjekt von Rechtssätzen sei (**Rechtspersönlichkeit als Zurechnungsendsubjektivität**).[100] Dabei wird freilich vorausgesetzt oder insinuiert, dass es einen absolut und abstrakt, also rechtswesenhaft bestimmbaren End-Punkt der Zurechnung gebe. Dem ist jedoch, wenn man von der Rechtsordnung als Ganzes einmal absieht,[101] nicht so.[102] Der Zurechnungsendpunkt ist vielmehr ebenfalls konkret und relativ, d.h. in Abhängigkeit von der konkreten Rechtsrelation zu bestimmen, in der und aus der die betreffenden Rechtssätze stammen; so ist Zurechnungsendsubjekt im Bund-Länder-Streit der Bund und/oder das Land, im Rechtsstreit zwischen Land und Kommune das Land und/oder die Kommune, im Rechtsstreit zwischen Organwaltern[103] einer Behörde die betreffenden Organwalter, im Rechtsstreit von Europäischer Union und Mitgliedstaat die EU und/oder der Mitgliedstaat. Rechtsfähigkeit in dem vom positiven Recht verstandenen Sinne bestimmt sich folglich nicht nach der Zurechnungsendsubjektivität als solcher, sondern nach der **Zurechnungsendsubjektivität in Bezug auf Rechtssätze bestimmten Inhalts**.[104]

II. Rechtliche Bedeutung der Trägereigenschaft

23 In Anbetracht des Umstandes, dass die – die Trägereigenschaft – begründende Charakterisierung als juristische Person sich ihrerseits nicht nach einer abstrakten und apriorischen Rechtskategorie bemisst, sondern nach einem kontingenten, vom positiven Recht mit konkretem Inhalt gefüllten Maßstab, könnte nur dann von einem einheitlichen Rechtsbegriff des Verwaltungsträgers die Rede sein, wenn in sämtlichen positivrechtlichen Kontexten der Begriff der juristischen Person in identischer Weise verwendet würde.[105] Daran, dass diese (Interpretations-)Frage einheitlich zu beantworten ist, sind indes Zweifel angebracht. Letztlich leistet die Kategorie „Verwaltungsträger" nicht mehr, als in bestimmten Hinsichten – wie namentlich der Vermögensfähigkeit[106] und der Haftung,[107] der Parteifähigkeit[108] und der Prozessführungsbefugnis,[109] der Fähigkeit zum Ab-

---

[100] Vgl. oben bei und in Fn. 91. – Zweifel daran, ob die Trennung von Rechtsfähigkeit und Rechtssubjektivität dogmatisch weiterhelfe, auch bei *Krebs*, Verwaltungsorganisation (Fn. 12), § 108 Rn. 30 Fn. 99.

[101] Die Rechtsordnung als ganze ist tatsächlich der letzte Fluchtpunkt des einzelnen Rechtssatzes; um Geltung und Inhalt zu haben, muss er ihr im Letzten zugerechnet werden können.

[102] Dieselbe Kritik zieht sich die Unterscheidung von Rechtspersönlichkeit und Rechtssubjektivität anhand der Unterscheidung von „eigenen" und „fremden" Rechten und Pflichten zu (so indes der Versuch bei *Raschauer*, Verwaltungsrecht [Fn. 15], Rn. 54, 61, 108).

[103] Zu Begriff und Sache unten Rn. 34.

[104] Hier hat denn auch die – normtheoretisch verfehlte – Gleichsetzung von Rechtsnormen mit „Außenrechtssätzen" (so namentlich *Maurer*, VerwR, § 21 Rn. 4; dazu s.a. *Merkl*, Verwaltungsrecht [Fn. 1], S. 190, 290ff.; *Hans H. Rupp*, Grundfragen der heutigen Verwaltungsrechtslehre, 1965, S. 19ff., 44ff.; *Schnapp*, Theorie [Fn. 65], S. 244 m.w.N.) durchaus ihren guten, rechts*inhaltlichen* Sinn.

[105] Zur Sinnvariabilität des Begriffs einer juristischen Person vgl. auch oben Rn. 21.

[106] Vgl. beispielsweise Art. 134 und 135 GG.

[107] Vgl. Art. 34 S. 1 GG.

[108] Etwa § 11 Nr. 1, 2. Alt. VwVfG, § 61 Nr. 1, 2. Alt. VwGO.

[109] Zur passiven Prozessführungsbefugnis vgl. § 78 Abs. 1 Nr. 1, 1. Halbs. VwGO.

schluss öffentlich-rechtlicher Verträge und der Haushaltsfähigkeit[110] sowie der Dienstherrenfähigkeit[111] – einen rechtlichen Zurechnungsendpunkt festzusetzen. Aber weder müssen, damit von einem „Verwaltungsträger" gesprochen werden kann, sämtliche oder doch ein bestimmtes Bündel der (ohnedies vorstehend nicht abschließend) aufgezählten rechtlichen Fähigkeiten vorliegen, noch kann angesichts der positivrechtlichen Erweiterungen[112] ohne weiteres von „Verwaltungsträgerschaft" gesprochen werden, wenn nur eine der Fähigkeiten gegeben ist. Soweit der Begriff des Verwaltungsträgers im Blick auf die bundesstaatliche Kompetenzordnung Verwendung findet – hier wird regelmäßig vom Hauptverwaltungsträger gesprochen –, bedarf es ohnedies zusätzlicher, über die üblicherweise gemeinte Rechtsfähigkeit hinausgehender Eigenschaften.[113] (Haupt-)Verwaltungsträger, denen die „einfachen" Verwaltungsträger mit ihren Verwaltungseinheiten zuzuordnen sind, sind aus Sicht des bundesstaatlichen Kompetenzregimes[114] nicht sämtliche juristischen Personen (des öffentlichen Rechts), nicht einmal sämtliche Gebietskörperschaften unter Einschluss von Kreisen und Gemeinden, sondern ausschließlich der Bund und die Länder.[115] Für die Antwort auf die Frage nach dem anwendbaren Verwaltungsverfahrensrecht etwa kommt es – neben anderem (!) – darauf an, ob eine dem Hauptverwaltungsträger „Bund" oder eine dem Hauptverwaltungsträger „Land" zuzurechnende Verwaltungseinheit gehandelt hat (oder, im Falle pflichtwidrigen Unterlassens, hätte handeln müssen).[116] Insoweit kann von einer gestuften Verwaltungsträgerschaft gesprochen werden.

Die Verwendung des Begriffs des Verwaltungsträgers hat mithin **in Abhängigkeit von dem konkreten positivrechtlichen Bezugsfeld** zu erfolgen, in welchem er verwendet werden soll. In diesem Sinne mag man von einem „normativen Verwaltungsträgerbegriff"[117] sprechen; wegen der Pluralität und Heterogenität positivrechtlicher Gestaltung kommt dem Konzept freilich nicht substanzieller, d.h. nicht kontextunabhängig identischer Gehalt zu. Auch hier gilt: Nicht weil eine Verwaltungseinheit als Verwaltungsträger einzuordnen ist, verfügt sie über bestimmte rechtliche Eigenschaften und Fähigkeiten, sondern –

24

---

[110] Beispiel: §§ 105 ff. BHO.

[111] Vgl. § 2 BBG, § 2 BeamtStG, § 121 Nrn. 1 und 2 BRRG, Art. 143a Abs. 1 S. 3, Art. 143b Abs. 3 S. 1 GG.

[112] So etwa für die Parteifähigkeit § 11 Nrn. 2 und 3 VwVfG und § 61 Nrn. 2 und 3 VwGO, für die (passive) Prozessführungsbefugnis § 78 Abs. 1 Nr. 2 VwGO (i.V.m. dem jeweiligen Ausführungsgesetz des Landes), für die Haushaltsfähigkeit § 113 BHO (für Sondervermögen des Bundes).

[113] S. dazu auch unten Rn. 32.

[114] Für die Verwaltung bes. Art. 30, 83 bis 91, 91a und 91b, 130, 134 und 135, 143a und 143b GG.

[115] Dazu *Josef Isensee*, Idee und Gestalt des Föderalismus im Grundgesetz, in: HStR VI, § 126 Rn. 170 ff., besonders für die kommunale Ebene Rn. 174 ff. m. zahlreichen w.N.

[116] Vgl. exemplarisch § 1 Abs. 1 bis 3 VwVfG sowie Art. 1 Abs. 1 BayVwVfG. Zu § 1 VwVfG: *Bonk/Schmitz*, in: Stelkens/Bonk/Sachs, VwVfG, § 1 Rn. 46, 49 f.; *Kopp/Ramsauer*, VwVfG, § 1 Rn. 1, 30 ff., 39 ff.

[117] Zum Konzept eines „normativen Verwaltungsträgerbegriffs" *Wolff/Bachof/Stober/Kluth*, VerwR II, § 82 Rn. 102–115, bes. 104 f. Ein Verwaltungsträger im normativen Sinne ist danach „eine organisatorische Einheit, der Entscheidungsmacht zur selbstständigen, d.h. eigen- und letztverantworteten Ausübung anvertraut worden ist. Es muss sich deshalb bei einem Verwaltungsträger um ein selbstständiges und d.h. *binnengesteuertes Funktionssubjekt* handeln, dem zwar nicht notwendig originäre, wohl aber eigenständige, durch einen thematisch abgrenzbaren und zusammenhängenden eigenen Wirkungskreis spezifizierte Entscheidungszuständigkeit verliehen bzw. zugewiesen ist" (a.a.O., § 83 Rn. 105 – Hervorhebung im Original).

umgekehrt – weil und soweit einer bestimmten Verwaltungseinheit positivrechtlich die Eigenschaft zugeordnet ist, Zurechnungsendpunkt bestimmter Rechtssätze zu sein, ist es gerechtfertigt, sie als Verwaltungsträger zu charakterisieren. Die **dogmatische Ordnungskraft** der Kategorie darf nicht zuletzt deshalb **nicht überschätzt** werden, weil sie, abstellend auf das formale Kriterium der Rechtsfähigkeit, lediglich schwache Indizfunktion besitzt für Umfang und Art materialer Selbstständigkeit bei der Aufgabenerledigung.[118] So besteht keine strikte Korrelation zwischen der Qualität als Verwaltungsträger und jener einer „verselbstständigten Verwaltungseinheit".[119]

III. Typen öffentlichrechtlich organisierter Verwaltungsträger

25   Entsprechend der üblichen Differenzierung von Rechtsfähigkeit im Öffentlichen Recht einer- und im Privatrecht andererseits wird zwischen Verwaltungsträgern öffentlichen Rechts und solchen des Privatrechts unterschieden.[120] Erstere sind juristische Personen des Öffentlichen Rechts (nachfolgend 1.), letztere juristische Personen des Privatrechts (unten 2.). Auch diese Kategorisierung ist indes, soweit sie den Person-Status im betreffenden Bereich (Öffentliches Recht bzw. Privatrecht) korrelativ zur Rechtsfähigkeit in demselben Bereich betrachtet, ungenau, da zu Missverständnissen verleitend: Denn sie legt den Schluss nahe, als verfüge eine juristische Person, weil sie eine solche des Öffentlichen Rechts sei, im Bereich des Öffentlichen Rechts generell über Rechtsfähigkeit; ob ihr darüber hinaus auch im Privatrechtsbereich Rechtsfähigkeit zukomme, wird überwiegend durch Analogie- oder Wesenserwägungen beantwortet.[121] Umgekehrt verfügen nach herrschender Ansicht juristische Personen des Privatrechts im Bereich des Öffentlichen Rechts grundsätzlich nur im Rahmen der ihnen nach öffentlich-rechtlichen Normen zustehenden Rechte und Pflichten über Rechtsfähigkeit. Bei dieser substantialistischen Deutung des Organisationsmusters „juristische Person" wird indes verdeckt, dass es sich bei den gemeinten rechtlichen Phänomenen nicht um dem positiven Recht vorgegebene Entitäten handelt, an die dieses nur mehr Rechte und Pflichten knüpft, sondern dass „juristische Person" nichts anderes und nichts mehr als die terminologische Abbreviatur für ein – positivrechtlich zu bestimmendes – Maß an Rechts- und Pflichtenzuweisungen darstellt. Statt eine Organisationseinheit generell und alternativ als juristische Person des Öffentlichen respektive des Privatrechts auszuweisen, wäre es – in rechtsstruktureller Sicht[122] – zutreffender, je nach Zuordnung des rechtsfä-

---

[118] Statt vieler *Krebs,* Verwaltungsorganisation (Fn. 12), § 108 Rn. 44 (im Kontext privatrechtsförmiger Verwaltung); *Jestaedt,* Demokratieprinzip (Fn. 20), S. 91 ff. m. w. N.; *Schmidt-Aßmann,* Ordnungsidee, 5. Kap. Rn. 36.

[119] Zu diesem material ausgerichteten Konzept der Verwaltungswissenschaften richtungsweisend: *Gunnar Folke Schuppert,* Die Erfüllung öffentlicher Aufgaben durch verselbstständigte Verwaltungseinheiten, 1981; im Zusammenhang mit Parafisci: *ders.,* Verwaltungswissenschaft, S. 862 ff.; im Kontext der Aufsicht: *Kahl,* Staatsaufsicht (Fn. 63), S. 460 ff. – Zutreffend kennzeichnet *Krebs,* Verwaltungsorganisation (Fn. 12), § 108 Rn. 27, den an Konturenschärfe leidenden Begriff der „verselbstständigten Verwaltungseinheit" „eher [als] einen Tendenzbegriff, der eine Begriffsskala erfordert, auf der sich der Grad der Unabhängigkeit der Organisation ablesen lässt".

[120] → Bd. I *Groß* § 13 Rn. 45 f., 47 f.

[121] Diese Frage wird namentlich im so genannten Verwaltungsprivatrecht und bei der Fiskaltätigkeit der Verwaltung virulent. → Bd. I *Schulze-Fielitz* § 12 Rn. 109, 139 ff.

[122] Zur Unterscheidung rechtsstruktureller und rechtsinhaltlicher Sicht oben Rn. 17.

higkeits- und damit rechtspersönlichkeitsvermittelnden Rechtssatzes in konkret-differenzierter Weise von der Eigenschaft als juristische Person zu sprechen: Organisationseinheiten wären danach, soweit sie im Öffentlichen Recht operieren und sie dort Adressaten von Rechtssätzen sind, juristische Personen des Öffentlichen Rechts, soweit sie sich hingegen daneben oder stattdessen, ceteris paribus, im Privatrecht bewegen, juristische Personen des Privatrechts.

Wenn im Folgenden Verwaltungsträger des Öffentlichen Rechts und solche des Privatrechts unterschieden werden, so hängt die Einordnung in die eine oder andere Rubrik nicht davon ab, welcher Qualität die die Rechtsfähigkeit konstituierenden Rechtssätze sind, sondern davon, ob die **Verwaltungsträger öffentlich-rechtlich oder privatrechtlich organisiert** sind, ob, mit anderen Worten, die Normen, die die Verwaltungsträger errichten und einrichten, dem Öffentlichen oder dem Privatrecht zuzurechnen sind.[123]

1. Körperschaft, Anstalt, Stiftung

Die Standardtypen juristischer Personen des öffentlichen Rechts werden in der Trias von Körperschaft, Anstalt und Stiftung terminologisch zusammengefasst.[124] Die drei Idealtypen korrespondieren der Dreiteilung „Personenmehrheiten – Sachgesamtheiten – Vermögensmassen".[125] Unter einer **Körperschaft des öffentlichen Rechts** ist in aller Regel eine rechtsfähige,[126] mitgliedschaftlich verfasste, unabhängig von der konkreten Zusammensetzung ihres personellen Substrats bestehende und in der Regel mit Hoheitsgewalt ausgestattete Organisationseinheit des Öffentlichen Rechts zu verstehen.[127] Je nach Mitgliedschaftskriterium werden typologisch unterschieden Territorial- oder Gebietskörperschaften (insonderheit Bund, Land, Kreis, Gemeinde), Realkörperschaften (z.B. Wasser- und Bodenverbände, Waldwirtschafts- und Fischereiwirtschaftsgenossenschaften), Personalkörperschaften (z.B. Rechtsanwalts- oder Steuerberaterkammern) sowie Bund- oder Verbandskörperschaften (z.B. kommunale Zweckverbände oder Bundesrechtsanwaltskammer als öffentlich-rechtlich organisierte Dachorganisation der Rechtsanwaltskammern).[128] Eine **Anstalt des öffentlichen Rechts** ist demgegenüber ein nicht notwendigerweise mit Rechtsfähigkeit ausgestatteter Sach- oder Personenbestand, der „in der Hand eines Trägers öffentlicher Verwaltung einem besonderen öffentlichen Zweck dauernd zu dienen bestimmt" ist;[129] als Verwaltungsträger kommen indes nur rechtsfähige Anstalten in Betracht. Eine **Stiftung des öffentlichen Rechts** schließlich ist eine – sei es rechtsfähige,

---

[123] Ebenso etwa *Raschauer*, Verwaltungsrecht (Fn. 15), Rn. 75 ff., bes. 77 f.
[124] Nach wie vor darf, neben der Schrift von *Hans J. Wolff* (Organschaft [Fn. 91]) und ungeachtet des Erscheinungsjahres, als richtungsweisend gelten: *Werner Weber*, Die Körperschaften, Anstalten und Stiftungen des öffentlichen Rechts, 2. Aufl. 1943. Aus jüngerer Zeit stellvertretend *Dreier*, Verwaltung (Fn. 20), S. 228 ff. (Körperschaften), 238 ff. (Anstalten) sowie 245 (Stiftungen) m.w.N. → Bd. I *Groß* § 13 Rn. 45 f.
[125] Zitat: *Raschauer*, Verwaltungsrecht (Fn. 15), Rn. 82.
[126] Zur Frage, ob die Rechtsfähigkeit einen notwendigen Definitionsbestandteil der öffentlich-rechtlichen Körperschaft bildet: *Wolff/Bachof/Stober/Kluth*, VerwR II, § 85 Rn. 16 ff., bes. 18.
[127] N. bei *Wolff/Bachof/Stober/Kluth*, VerwR II, § 85 Rn. 7.
[128] Näher *Roman Loeser*, System II, § 10 Rn. 125 ff.
[129] Zitat: *Mayer*, VerwR II, § 51. Dazu, dass Otto Mayer den heute geläufigen und auf ihn zurückgehenden Begriff gerade *nicht* als organisationsrechtliche Kategorie entwickelt hat: *Walter Krebs*, Die öffentlichrechtliche Anstalt, NVwZ 1985, S. 609 (610 f., 613).

sei es nicht-rechtsfähige – Verwaltungseinheit, die mit Hilfe eines zweckgebundenen Kapital- oder Sachbestandes Verwaltungsaufgaben erfüllt;[130] Verwaltungsträger aber können, da diese Eigenschaft von der Rechtspersönlichkeit abhängt, nur rechtsfähige Stiftungen sein.

28 Ungeachtet der langen Tradition der Dreiteilung öffentlich-rechtlich organisierter Rechtspersonen bestehen indes nicht unerhebliche **Abgrenzungsschwierigkeiten,** die außer in hybriden (oder doch hybrid anmutenden) positivrechtlichen Regelungen[131] namentlich darin ihren Grund finden, dass die drei Standardtypen – anders als die privatrechtlichen Organisationsformen – keine durchgängige positivrechtliche, namentlich gesetzliche Vertypung gefunden haben und die für sie von der Verwaltungsrechtswissenschaft aufgestellten Abgrenzungskriterien keineswegs strikt alternativ gewählt sind.[132] Selbst die geläufige Charakterisierung, dass eine Körperschaft Mitglieder habe, indes sich eine Anstalt durch Nutzer auszeichne, ist im Einzelfall alles andere als trennscharf.[133] Für die (öffentlich-rechtliche) Stiftung steht weiterhin die Frage im Raume, ob sie neben der Anstalt einen eigenständigen Typus abzugeben vermag. Teilweise nimmt das Recht selbst davon Abstand, zwischen den einzelnen Typen zu differenzieren.[134] Daher wird nicht ohne Berechtigung von der „**Konturenlosigkeit der Organisationstypen** des öffentlichen Rechts"[135] gesprochen.

2. Typenzwang und numerus clausus der Typen?

29 Wie mit dem Stichwort von der „Konturenlosigkeit" öffentlich-rechtlicher Organisationstypen bereits angedeutet, kennt das öffentliche Verwaltungsorganisationsrecht anders als namentlich das private Gesellschaftsrecht weder einen numerus clausus der Organisationsformen[136] noch gar einen Typenzwang,[137] was dem Organisationsgesetzgeber grundsätzlich einen weiten Gestaltungs-, sogar Kombinationsspielraum belässt **(Wahlfreiheit des Organisationsrechtsset-**

---

[130] In Anlehnung an *Walter Rudolf,* Verwaltungsorganisationsrecht, in: Hans-Uwe Erichsen/Wolfgang Martens (Hrsg.), Allgemeines Verwaltungsrecht, 11. Aufl. 1998, § 56 II 2 c.

[131] Prominentestes Beispiel ist insofern die Bundesagentur für Arbeit, für die § 367 Abs. 1 SGB III n. F. – in Übernahme der für den Vorgänger „Bundes*anstalt* für Arbeit" geltenden Organisationsstruktur gemäß § 367 S. 1 SGB III a. F. – bestimmt: „Die Bundesagentur für Arbeit (Bundesagentur) ist eine rechtsfähige bundesunmittelbare *Körperschaft* des öffentlichen Rechts mit Selbstverwaltung" (Hervorhebung nicht im Original).

[132] Vgl. auch *Krebs,* Verwaltungsorganisation (Fn. 12), § 108 Rn. 37 ff. m. w. N.

[133] Vgl. am Beispiel von Hochschulen und Sozialversicherungsträgern: *Krebs,* Verwaltungsorganisation (Fn. 12), § 108 Rn. 39 m. w. N.; *Raschauer,* Verwaltungsrecht (Fn. 15), Rn. 87 (S. 56) m. w. N. (nach österreichischem Recht gilt insoweit im Wesentlichen Ähnliches wie nach deutscher Rechtslage). Vgl. im Übrigen *Burgi,* Verwaltungsorganisationsrecht (Fn. 10), § 8 Rn. 16.

[134] Am Beispiel von Art. 87 Abs. 2 und 3 S. 1 GG: *Jestaedt,* in: Umbach/Clemens (Hrsg.) (Fn. 40), Rn. 89 f. sowie 103 m. zahlreichen w. N.

[135] So *Krebs,* Verwaltungsorganisation (Fn. 12), § 108 Rn. 52. Vgl. auch *Wolff/Bachof/Stober/Kluth,* VerwR II, § 82 Rn. 125: „[…] mehr […] eine typologische Zuordnung als […] eine strenge Klassifizierung", entsprechend *Wolff/Bachof/Stober/Kluth,* VerwR II, § 80 Rn. 31.

[136] Zur öffentlich-rechtlichen Gesellschaft als neue Form öffentlicher Unternehmen eingehend *Thomas Mann,* Die öffentlich-rechtliche Gesellschaft, 2002.

[137] Freilich ist mit *Krebs,* Verwaltungsorganisation (Fn. 12), § 108 Rn. 44, darauf hinzuweisen, dass infolge der in der organisationsrechtlichen Praxis anzutreffenden „Verschachtelungen rechtlich selbstständiger Organisationen" der durch die gesetzliche Vertypung privatrechtlicher Organisationsformen „erzielte Gewinn an Rechtsformenklarheit" zu nicht geringen Teilen aufgezehrt wird.

zers).¹³⁸ Im Einzelnen freilich kann dieser Gestaltungsspielraum auch **verfassungsrechtlich eingeschränkt** sein; Beispiel eines derartigen, föderativ motivierten numerus clausus zulässiger Organisationsformen ist die Bestimmung gemäß Art. 87 Abs. 3 S. 1 GG, auf deren Grundlage der Bund(esgesetzgeber) im Rahmen seiner anderweitig begründeten Gesetzgebungszuständigkeiten – lediglich – Bundesoberbehörden sowie Körperschaften, (rechtsfähige) Anstalten und (rechtsfähige) Stiftungen des öffentlichen Rechts errichten darf.¹³⁹

IV. Typen privatrechtlich organisierter Verwaltungsträger

Soweit nicht im Einzelfall Abweichendes – namentlich (bundes- oder landes-) verfassungsrechtlich – vorgeschrieben ist, kann der Inhaber der Organisationsgewalt¹⁴⁰ grundsätzlich wählen zwischen öffentlich-rechtlichen und pivatrechtlichen Organisationsformen.¹⁴¹ Mit Ausnahme des – unter institutionellem Gesetzesvorbehalt stehenden – Sondertatbestandes der Beleihung¹⁴² zieht indes die Option für die privatrechtliche Organisationsform die **Beschränkung auf privatrechtliche Handlungsformen** nach sich.¹⁴³ Daher sind privatrechtsförmig organisierte Verwaltungsträger namentlich im Bereich der Leistungsverwaltung sowie der erwerbswirtschaftlich-fiskalischen Verwaltungstätigkeit anzutreffen. Für so genannte **Eigengesellschaften** bedienen sie sich zumeist der Organisationsformen der Gesellschaft mit beschränkter Haftung oder aber der Aktiengesellschaft.¹⁴⁴ Probleme der Zuordnung zur Verwaltung(sorganisation) bereiten jene Hybridformen im Schnittfeld von staatlicher Verwaltung und Gesellschaft, für die sich die Bezeichnung „**gemischt-wirtschaftliche Unternehmen**" eingebürgert hat, die in privater Rechtsform organisiert sind und an denen neben staatlichen Trägern auch Private beteiligt sind; diese Organisationseinheiten, die weite Verbreitung im Bereich der öffentlichen Versorgungswirtschaft und im öffentlichen Personennahverkehr gefunden haben, werden weithin der Verwaltungsorganisation zugerechnet,¹⁴⁵ soweit sie sich – bei staatlicher Mehrheitsbeteiligung –

30

---

¹³⁸ Dazu *Wolff/Bachof/Stober/Kluth*, VerwR II, § 80 Rn. 50 ff., 53 ff., 58 ff.
¹³⁹ Näher zu Begründung und Meinungsstand: *Jestaedt*, in: Umbach/Clemens (Hrsg.) (Fn. 40), Rn. 106.
¹⁴⁰ Zu Begriff und Sache unten Rn. 58.
¹⁴¹ Vgl. oben Fn. 138; s. überdies *Bernhard Kempen*, Die Formenwahlfreiheit der Verwaltung, 1989, passim; *Dreier*, Verwaltung (Fn. 20), S. 254 ff.; *Krebs*, Verwaltungsorganisation (Fn. 12), § 108 Rn. 7 m. w. N.; *dens.*, Neue Bauformen des Organisationsrechts und ihre Einbeziehung in das Allgemeine Verwaltungsrecht, in: Schmidt-Aßmann/Hoffmann-Riem (Hrsg.), Verwaltungsorganisationsrecht, S. 339 (349) m. w. N.; weiterführend *Rainer Wahl*, Privatorganisationsrecht als Steuerungsinstrument bei der Wahrnehmung öffentlicher Aufgaben, ebd., S. 301 (327–333). – Verfassungsrechtlich kann im Einzelfall sogar, wie beispielsweise Art. 87 e Abs. 3 S. 1 GG für die Eisenbahnen des Bundes belegt, die Privatrechtsform verbindlich vorgeschrieben sein. → Bd. I *Schulze-Fielitz* § 12 Rn. 130, *Groß* § 13 Rn. 47.
¹⁴² Dazu sogleich Rn. 31.
¹⁴³ Dazu m. w. N.: *Martin Burgi*, Funktionale Privatisierung und Verwaltungshilfe, 1999; *ders.*, Verwaltungsorganisationsrecht (Fn. 10), § 10 Rn. 11.
¹⁴⁴ Grundlegend *Ehlers*, Privatrechtsform (Fn. 28), S. 7 ff.; des Weiteren: *Burgi*, Verwaltungsorganisationsrecht (Fn. 10), § 10 Rn. 14 f. m. w. N.
¹⁴⁵ Vgl. nur *Dreier*, Verwaltung (Fn. 20), S. 256 f., ergänzend 257 ff. – Dementsprechend wird die Frage einerseits der Grundrechtsfähigkeit nach Art. 19 Abs. 3 GG und andererseits namentlich der Grundrechtsbindung gemäß Art. 1 Abs. 3 GG sowie der Bindung an das Gebot demokratischer Legi-

§ 14 Grundbegriffe des Verwaltungsorganisationsrechts

als „verwaltungsbeherrschte" oder aber – wenn den staatlichen Anteilseignern zumindest eine unüberwindbare Vetoposition zusteht – als „verwaltungskontrollierte" Unternehmen klassifizieren lassen.[146] Nicht zur Verwaltung und dementsprechend nicht zur Verwaltungsorganisation im Rechtssinne rechnen die so genannten **intermediären Einrichtungen**.[147]

31   Von seiner Organisationsform als Rechtsperson des Privatrechts zählt an sich auch der **Beliehene**[148] zu den privatrechtsförmig organisierten Verwaltungsträgern.[149] Er unterscheidet sich indes von den vorerwähnten Verwaltungsträgern dadurch, dass er mit der selbstständigen[150] Wahrnehmung hoheitlicher Aufgaben in den Handlungsformen des öffentlichen Rechts betraut ist.[151] Der Umstand, dass der Beliehene Zurechnungsendsubjekt öffentlich-rechtlicher Rechtssätze ist, hat dazu geführt, ihn „eigentlich [als] ein Stück juristische Person des

---

timation gemäß Art. 20 Abs. 2 S. 1 GG aufgeworfen. Zu den beiden Grundrechtsaspekten: *Markus Möstl*, Grundrechtsbindung öffentlicher Wirtschaftstätigkeit, 1999; zur Frage demokratischer Legitimation: *Hubertus Gersdorf*, Öffentliche Unternehmen im Spannungsfeld zwischen Demokratie- und Wirtschaftlichkeitsprinzip, 2000, je m. umfassenden N.

[146] So stellvertretend *Walter Krebs*, Neue Bauformen des Organisationsrechts und ihre Einbeziehung in das Allgemeine Verwaltungsrecht, in: Schmidt-Aßmann/Hoffmann-Riem (Hrsg.), Verwaltungsorganisationsrecht, S. 339 (348 ff., 353 f.); *Burgi*, Verwaltungsorganisationsrecht (Fn. 10), § 10 Rn. 14 m.w.N.; → Bd. I *Trute* § 6 Rn. 28, *Groß* § 13 Rn. 92. Bei „privatbeherrschten" Unternehmen kann lediglich die Verwaltung der Minderheitsbeteiligung als staatliche Tätigkeit angesehen werden (dazu, dass nur die Beteiligung der staatlichen Anteilseigner als Ausübung von grundrechts-, legitimations- und kompetenzgebundener Staatsgewalt angesehen werden kann, vgl. auch *Horst Dreier*, in: ders. [Hrsg.], GG I, Art. 1 III Rn. 70). – Anders aber etwa *Schmidt-Aßmann*, Ordnungsidee, 5. Kap. Rn. 63 f., der sie zwar dem „gesellschaftlich-administrativen Kooperationsbereich" zuschlägt, aber dafür plädiert, ihnen die Zuordnung „zum Organisationsbereich der öffentlichen Verwaltung" vorzuenthalten (s.a. *dens.*, a.a.O., S. 244 und 252; im Ergebnis ebenso *Markus Heintzen*, Beteiligung Privater an der Wahrnehmung öffentlicher Aufgaben und staatliche Verantwortung, VVDStRL, Bd. 62 [2003], S. 220 [247 ff.] m.w.N., dem zufolge die für die Ausübung von Staatsgewalt geltenden Verfassungsbindungen [namentlich das Gebot aus Art. 20 Abs. 2 GG] „auf den staatlichen Anteil an einer privatrechtlichen Organisation, nicht auf die Organisation selbst zu beziehen" ist [a.a.O., S. 240 Fn. 94]).

[147] Zu ihnen stellvertretend *Schmidt-Aßmann*, Ordnungsidee, 5. Kap. Rn. 60; → Bd. I *Trute* § 6 Rn. 93 ff.

[148] Eingehend zum Beliehenen: *Udo Steiner*, Fragen der Beleihungsdogmatik aus österreichischer und deutscher Sicht, in: FS Friedrich Koja, 1998, S. 603 ff.; *Martin Burgi*, Der Beliehene – ein Klassiker im modernen Verwaltungsrecht, in: FS Hartmut Maurer, 2001, S. 581 ff.; *Oliver Freitag*, Das Beleihungsrechtsverhältnis, 2005, m. umfassenden N. → Bd. I *Trute* § 6 Rn. 92, *Schulze-Fielitz* § 12 Rn. 106, *Groß* § 13 Rn. 91 f., *Eifert* § 19 Rn. 81.

[149] Stellvertretend *Burgi*, Verwaltungsorganisationsrecht (Fn. 10), § 10 Rn. 25; freilich kann, wie die Beispiele des Luftfahrzeugführers und des Jagdaufsehers, des Bezirksschornsteinfegers und des TÜV-Sachverständigen belegen (dazu nachfolgend Fn. 154), auch eine natürliche Person (des Privatrechts) Beliehener sein; die Organisationsform der juristischen Person ist folglich nicht konstitutiv.

[150] Die fehlende Selbstständigkeit kennzeichnet den *Verwaltungshelfer*, der im Übrigen aber, wie der Beliehene, in die Verwaltungsorganisation integriert ist; dazu stellvertretend *Heintzen*, Beteiligung (Fn. 146), S. 241 Fn. 98. – Aktuelles Beispiel für einen Verwaltungshelfer stellt das Konsortium Toll Collect dar; dazu *Jan O. Püschel*, Informationsfreiheit bei Public Private Partnership, DuD 2004, S. 290 (292).

[151] Das hier zugrunde gelegte Beleihungs-Verständnis folgt der absolut herrschenden Rechtsstellungstheorie; N. bei *Freitag*, Beleihungsrechtsverhältnis (Fn. 148), S. 21 Fn. 1–3. – Zur streitigen Frage der Verwaltungsträger- und der Behördeneigenschaft von Beliehenen gemäß § 1 Abs. 4 VwVfG vgl. einerseits *Stelkens/Schmitz*, in: Stelkens/Bonk/Sachs, VwVfG, § 1 Rn. 231 ff.; *Paul Stelkens*, Die Stellung des Beliehenen innerhalb der Verwaltungsorganisation – dargestellt am Beispiel der Beleihung nach § 44 III BHO/LHO, NVwZ 2004, S. 304 (306 ff.); andererseits *Burgi*, Der Beliehene (Fn. 148), S. 593 f.; *Freitag*, a.a.O., S. 23 f.

B. Träger der Verwaltungsorganisation

öffentlichen Rechts" zu qualifizieren.[152] Wenn herausgestrichen wird, dass der Beliehene der Verwaltung lediglich an- und nicht eingegliedert sei,[153] so trifft dies nur für die institutionelle Sicht zu, nicht hingegen für die funktionelle Sicht.[154] Nach einer Phase eher zurückhaltenden Gebrauchs erfreut sich die Rechtsfigur des Beliehenen in jüngster Zeit – als Sonderform der Privatisierung[155] – wieder größerer Beliebtheit.[156] „Beleihung hat ihren Sinn nicht in der Förderung oder Bewahrung gesellschaftlicher Autonomie, sondern in der praktikablen und auf punktuelle Kompetenzen beschränkten Möglichkeit des Zugriffs auf Private, deren Wissen und Ortsnähe unter Wahrung der Hoheitlichkeit der Aufgabenerfüllung genutzt werden soll."[157]

V. Unmittelbare und mittelbare Staatsverwaltung

Eine Sonderform des Verwaltungsträgers – der so genannte **Hauptverwaltungsträger**[158] – wird angesprochen, wenn zwischen der unmittelbaren und der 32

---

[152] So *Krebs*, Verwaltungsorganisation (Fn. 12), § 108 Rn. 45. Kritisch dazu jedoch *Freitag*, Beleihungsrechtsverhältnis (Fn. 148), S. 23 f.

[153] So die ganz h. M.; vgl. stellvertretend *Dreier*, Verwaltung (Fn. 20), S. 249; *Stelkens/Schmitz*, in: Stelkens/Bonk/Sachs, VwVfG, § 1 Rn. 231; *Freitag*, Beleihungsrechtsverhältnis (Fn. 148), S. 26 m. w. N. in Fn. 41.

[154] Zur Unterscheidung beider Sichtweisen oben Rn. 16. – Dementsprechend treffen den Beliehenen, da und soweit er Staatsgewalt ausübt, die Gesamtheit staatlicher Bindungen (namentlich Art. 1 Abs. 3, Art. 19 Abs. 4, Art. 20 Abs. 2 S. 1 und Abs. 3 GG) einschließlich der unionsrechtlichen Bindungen; für seine sonstigen (nicht-staatlichen, d. h. privaten) Betätigungen gelten diese Bindungen nicht; dazu näher *Freitag*, Beleihungsrechtsverhältnis (Fn. 148), S. 24 ff. m. w. N. Dazu, dass der Beliehene innerhalb seines Aufgabenbereichs auch um Amtshilfe i. S. v. §§ 4 ff. VwVfG (dazu näher u. Rn. 49) ersucht werden darf: *Stelkens/Schmitz*, in: Stelkens/Bonk/Sachs, VwVfG, § 1 Rn. 232.

[155] Vgl. stellvertretend *Klaus Weisel*, Das Verhältnis von Privatisierung und Beleihung, 2003. Zu den unterschiedlichen Versuchen in der Privatisierungsdogmatik, den Beliehenen zu rubrizieren (Aufgabenprivatisierung, funktionale Privatisierung, Organisationsprivatisierung respektive Mischform): *Freitag*, Beleihungsrechtsverhältnis (Fn. 148), S. 27–29 m. w. N., der selbst – *Jörn A. Kämmerer*, Privatisierung, 2001, S. 46 f. (Zitat: S. 47) folgend –, die Beleihung als „Popularprivatisierung mit Zügen der Organisationsprivatisierung" qualifiziert (S. 29).

[156] Beispiele: staatlich anerkannte Privatschulen gemäß Art. 7 Abs. 4 und 5 GG, die privatisierten, aus Deutscher Bundespost und Deutscher Bundesbahn hervorgegangenen Unternehmen, soweit ihnen gemäß Art. 143a Abs. 1 S. 3 oder Art. 143b Abs. 3 GG Dienstherrenbefugnisse zukommen, Seeschifffahrtskapitäne gemäß § 106 SeemG, Luftfahrzeugführer nach § 12 LuftSiG, zivile Wachpersonen für Anlagen der Bundeswehr gemäß § 1 Abs. 3 UZwGBw, Jagdaufseher nach § 25 JagdG, lizenzierte Briefzusteller (förmliche Zustellung) gemäß § 33 Abs. 1 S. 2 PostG, Bezirksschornsteinfeger u. a. für die sog. Feuerschau nach § 3 Abs. 2 S. 2, § 5, § 13 Nr. 2 SchfG, Kraftfahrzeugsachverständige für die Durchführung der sog. Hauptuntersuchung gemäß § 29 Abs. 2 S. 2 StVZO, die Zulassungsstelle zur Zertifizierung von Umweltgutachtern nach § 28 UmweltAG; bedeutsame Beispiele für Beleihungsermächtigungen finden sich auch im Subventionsrecht (§ 44 Abs. 3 BHO) und im Abfallrecht (§ 16 Abs. 2, § 17 Abs. 3–5 KrW-/AbfG). Weitere Beispiele bei *Stelkens/Schmitz*, in: Stelkens/Bonk/Sachs, VwVfG, § 1 Rn. 239 f.; *Dirk Ehlers*, in: Schoch/Schmidt-Aßmann/Pietzner (Hrsg.), VwGO, § 40 Rn. 441–443; *Freitag*, Beleihungsrechtsverhältnis (Fn. 148), S. 15 f.

[157] Zitat: *Dreier*, Verwaltung (Fn. 20), S. 250. Näher zu den Motiven für eine Beleihung: *Freitag*, Beleihungsrechtsverhältnis (Fn. 148), S. 16 f.

[158] Von „Hauptverwaltungsträger" oder „Hauptverwaltungseinheit" im hiesigen Sinne spricht etwa auch *Krebs*, Verwaltungsorganisation (Fn. 12), § 108 Rn. 17 („Hauptverwaltungsträger: Bund, Länder, Kommunen"), Rn. 41 („Hauptverwaltungseinheiten Bund, Länder und Gemeinden"), Rn. 49 („Hauptverwaltungseinheiten" im Verhältnis zu deren „dezentralisierten Verwaltungsträgern"; „die Hauptverwaltungsträger – in der Regel Bund und Länder") in Anlehnung (a. a. O., Rn. 17 m. Fn. 54) an die von *Frido Wagener* stammende Bezeichnung der Bundes-, Landes- und Kommunalverwaltung als „Haupt-

Jestaedt

§ 14 Grundbegriffe des Verwaltungsorganisationsrechts

mittelbaren Staatsverwaltung unterschieden wird. Die **unmittelbare (Staats-)Verwaltung** ist die Gesamtheit jener Verwaltungseinheiten, die, ohne selbst Verwaltungsträger zu sein, als Organe die Aufgaben eines (Haupt-)Verwaltungsträgers erfüllen, d.h. jene Verwaltungseinheiten, die sowohl ohne selbst eine juristische Person zu sein, als auch ohne das vermittelnde Dazwischentreten einer juristischen Person unmittelbar dem Hauptverwaltungsträger zugerechnet werden;[159] demgegenüber soll der Begriff der **mittelbaren (Staats-)Verwaltung** jenes rechtlich losere Band sprachlich ausdrücken, welches zwischen den Verwaltungseinheiten, die selbst über Verwaltungsträgereigenschaft (also Rechtspersönlichkeit) verfügen, und dem Hauptverwaltungsträger besteht, dessen Rechtskreis sie zuzuordnen sind. Dabei wird der Begriff des Hauptverwaltungsträgers **in zweifachem Kontext verwendet:** Zum einen sind mit den Hauptverwaltungsträgern die im Grundgesetz mit einem besonderen verfassungsrechtlichen Status[160] versehenen Gebietskörperschaften Bund, Land und Kommune gemeint; so kann man von unmittelbarer und mittelbarer Bundes-, Landes, Kreis- und Gemeindeverwaltung sprechen.[161] Es bestehen keinerlei durchschlagende Bedenken dagegen, der mittelbaren Bundes-, Landes- oder Kommunalverwaltung auch die jeweils dem Bundes-, Landes- oder Kommunalrechtskreis zuzurechnenden Verwaltungsträger in Privatrechtsform (insbesondere also die Eigengesellschaften) zuzuschlagen.[162] Zum anderen kann – in bundesstaatlichem Kontext – mit Hauptverwaltungsträger das Rechtssubjekt der föderativen Verbandskompetenzen[163] charakterisiert werden; Hauptverwaltungsträger im bundesstaatlichen Sinne sind, da der grundgesetzliche Bundesstaat eine dritte gleichberechtigte Ebene nicht kennt,[164] nur die Ebenen, denen im verfassungsrechtlichen Sinne Staatsqualität[165] zukommt: der Bund und die Länder. Hier stehen sich folglich unmittelbare und mittelbare Bundes-[166] respektive Landesverwaltung gegen-

---

verwaltungsbereiche" (Typen der verselbstständigten Erfüllung öffentlicher Aufgaben, in: ders. [Hrsg.], Verselbstständigung von Verwaltungsträgern, 1976, S. 31 [37]). – Von „Hauptverwaltungsträger (Bund oder Land)" spricht auch *Burgi*, Verwaltungsorganisationsrecht (Fn. 10), § 52 Rn. 11.

[159] Stellvertretend: *Weber*, Verwaltungsorganisation (Fn. 80), S. 277f. – Hierher zählen die konzentrierten wie dekonzentrierten, also sämtliche nicht-dezentralisierten Verwaltungseinheiten; zur Unterscheidung unten Rn. 39 ff.

[160] Namentlich unter *demokratisch-legitimatorischen* Auspizien gehört die Kommune (Kreis und Gemeinde) gemäß Art. 28 Abs. 1 S. 2 (und 3) GG neben Bund und Land zu jenem exklusiven Kreis von (Gebiets-)Körperschaften, deren „Mitglieder"-Gesamtheit – wenn auch in je unterschiedlichen Ausschnitten – das Volk als demokratisches Legitimationssubjekt im Sinne von Art. 20 Abs. 2 S. 1, Art. 28 Abs. 1 S. 2 GG repräsentieren (Bundesvolk als Gesamtvolk; Landesvolk und Kommunalvolk als geschachtelte Teilmengen des Gesamtvolks, als Volksteile), dazu stellvertretend *Jestaedt*, Demokratieprinzip (Fn. 20), S. 210 ff. m. w. N., s. ergänzend S. 213 ff.

[161] In diesem Sinne namentlich *Krebs*, Verwaltungsorganisation (Fn. 12), § 108 Rn. 17–22 sowie 41 und 49.

[162] In Anleihe bei der grundgesetzlichen Terminologie könnte man insoweit von bundes-, landes-, kreis- respektive gemeinde*unmittelbaren* Organisationseinheiten der *mittelbaren* Verwaltung sprechen.

[163] Dazu unten Rn. 43.

[164] Grundlegend dazu *Isensee*, Föderalismus (Fn. 115), § 126 Rn. 172–187, bes. 174–183 zum „Ort der kommunalen Selbstverwaltung im Bundesstaat" m. zahlreichen N.

[165] Zur Staatsqualität im verfassungsrechtlichen (im Gegensatz etwa zum verfassungstheoretischen, völker- oder gemeinschaftsrechtlichen Sinne): *Isensee*, Föderalismus (Fn. 115), § 126 Rn. 65 ff. („Staaten nach Maßgabe des Grundgesetzes") m. w. N.

[166] Dazu, dass die Bestimmungen des Grundgesetzes zur „bundeseigenen Verwaltung" (= Bundesverwaltung) in Art. 86 ff. GG die Unterscheidung von unmittelbarer und mittelbarer Staatsverwaltung voraussetzen: *Jestaedt*, in: Umbach/Clemens (Hrsg.) (Fn. 40), Rn. 33 f. u. ö.

über; die Kommunalverwaltung findet in diesem Ordnungsraster ihren Platz in der mittelbaren Landesverwaltung.[167, 168]

C. Die Binnenorganisation der Verwaltung

Als verwaltungsrechtliche und/oder verwaltungsrechtswissenschaftliche Grundbegriffe, die die Binnenstrukturen von Verwaltungsträgern zu beschreiben versuchen, dürfen nach wie vor die Topoi Organ (nachfolgend I.), Behörde und Amt (dazu II.) sowie das Begriffspaar von Dekonzentration und Dezentralisation (einschließlich Selbstverwaltung; unten III.) gelten.

I. Organ

Das Organ ist – als Glied, Werkzeug beziehungsweise Wirkeinheit[169] – jenes Bauelement einer Organisation, das diese handlungs- und willensfähig macht; Organe stehen folglich nicht im engeren Kontext der Rechts-, sondern der Handlungsfähigkeit der Verwaltung.[170] Organ ist – in der nach wie vor richtungsweisenden Begriffsbestimmung *Hans Julius Wolffs*[171] – „ein durch die Organisation objektiv eingeräumter, durch seine Bezogenheit auf eine oder mehrere organisatorisch verbundene Pflichtsubjekte (die Organwalter) geeinter aber unter Abstraktion von deren Individualität (abstrakt, institutionell) bestimmter Komplex von Berechtigungen und Verpflichtungen i.w.S., d.h. von gegenständlich und oft auch modal normierter Geschäftsbesorgungs- und Vertretungsmacht für die Organisation geeinte Vielheit", pointiert: „ein durch die Organisation begründeter *Zuständigkeitskomplex*"[172] („subjektivierter Zuständigkeitskomplex"[173]). Zum einen sind Organe, gleichsam aus organisationsinterner Perspektive, regelmäßig funktionsteilig eingerichtete Rechtssubjekte, die Zuständigkeiten der Organisation selbstständig[174] (freilich als „transitorische"[175]) wahrnehmen; zum anderen, gleichsam aus organisationsexterner Perspektive, sind Organe jene Rechtssubjekte, denen das rechtserhebliche Verhalten (etwa Willenserklärungen oder bloße Tathandlungen) und Wissen der **Organwalter** – die als physische Personen im

---

[167] Zur Problematisierung der Aussage, dass auch Selbstverwaltungsträger der mittelbaren Staatsverwaltung (genauer: mittelbaren Landesverwaltung) zuzurechnen sind, vgl. einerseits *Jestaedt*, Demokratieprinzip (Fn. 20), S. 85–96; *Burgi*, Verwaltungsorganisationsrecht (Fn. 10), § 8 Rn. 11 mit Fn. 26; andererseits *Kahl*, Staatsaufsicht (Fn. 63), S. 443 ff.
[168] Zuordnungsprobleme zeitigen freilich die so genannten „Gemeinschaftseinrichtungen"; dazu *Krebs*, Verwaltungsorganisation (Fn. 12), § 108 Rn. 17 Fn. 55.
[169] Zu den unterschiedlichen semantischen Aspekten: *Wolff*, Verwaltungsrecht II (Fn. 12), § 74 I b–d; *Bull/Mehde*, VerwR, Rn. 382 ff., bes. 384.
[170] Dazu eingehend *Wolff*, Verwaltungsrecht II (Fn. 12), § 74 I e, I f 1, IV, V u. ö.
[171] *Wolff*, Organschaft II (Fn. 91), S. 236 – Hervorhebung im Original.
[172] Zu Begriff und Sache des „Zuständigkeits-" oder auch „Kompetenzkomplexes" richtungsweisend: *Wolff*, Organschaft II (Fn. 91), S. 228 f., 236 ff.
[173] Wendung: *Wolff*, Verwaltungsrecht II (Fn. 12), § 74 I f 2.
[174] Sofern diese Selbstständigkeit fehlt, spricht man von bloßen Organteilen (näher *Wolff*, Verwaltungsrecht II [Fn. 12], § 74 I f 10).
[175] Zur Unterscheidung von „Zurechnungsendsubjektivität" und „transitorischer Wahrnehmungszuständigkeit" oben Fn. 91 und 92. Zu den Organkompetenzen unten Rn. 44.

Gegensatz zu nicht-physischen Rechtssubjekten (wie etwa auch den Organen selbst) die Zuständigkeiten des Organs in konkretes Verhalten umzusetzen imstande sind und die daher das physisch-reale Substrat des in einem Organ „subjektivierten Zuständigkeitskomplexes" bilden[176] – zugerechnet werden kann. In der Person des Organwalters verbinden sich **Organisationsrecht und Dienstrecht:** Die Wahrnehmung von Organfunktionen durch den einzelnen Organwalter, die diesen an sich nicht in eigenen Rechten tangieren, wird dienstrechtlich dadurch sichergestellt, dass sie ihm gewissermaßen in seiner Rolle als Amtswalter in Gestalt dienstrechtlich sanktionierter Dienstpflichten auferlegt werden.[177]

35 Von diesem, rein funktionell – eben als „subjektiviertem Zuständigkeitskomplex" – bestimmten Organbegriff wird der institutionelle Organbegriff unterschieden, wonach es nicht entscheidend auf die Zurechnung kraft Kompetenzübertragung ankommt, sondern auf jene kraft organisatorisch-institutioneller Eingliederung.[178] Wenn von **Organleihe,** d.h. davon die Rede ist, dass ein Verwaltungsträger einem anderen „mit seinen persönlichen und sächlichen Mitteln" – eben mit einem Organ – aushilft, um aufgrund einer allgemeinen Regelung hinsichtlich eines ganzen Aufgabengebietes zugunsten des „entleihenden" Trägers Verwaltungsaufgaben wahrzunehmen,[179] so ist ein institutioneller Organbegriff zugrunde gelegt; aus funktioneller Sicht ist auch das „geliehene" Organ ein eigenes.[180] – Organe können nach vielfältigen Ordnungsgesichtspunkten unterteilt werden (so nach der Stellung zu und in der Organisation; nach der sie bildenden Rechtsquelle; nach der Art der wahrzunehmenden Zuständigkeiten; nach der Vertretungsberechtigung; nach der Weisungsabhängigkeit; nach ihrem Zuständigkeitsbereich etc.);[181] unter dem Aspekt interner Willensbildung unterscheidet man monokratische und Kollegialorgane.[182]

II. Behörde und Amt

1. Behörde

36 Um eine besondere Art eines Organs, nämlich um ein Organ eines öffentlich-rechtlich organisierten (oder doch zumindest zum Einsatze öffentlich-rechtlicher Handlungsformen befugten)[183] Verwaltungsträgers, handelt es sich bei einer Behörde.[184] Eine (Verwaltungs-)**Behörde im funktionellen Sinne** ist jede Verwaltungseinheit mit Organcharakter, soweit sie im Außenverhältnis[185] zur Wahr-

---

[176] Zu Begriff und Sache des Organwalters ausführlich *Wolff,* Organschaft II (Fn. 91), S. 228 f., 230 ff.; *ders.,* Verwaltungsrecht II (Fn. 12), § 74 IV.
[177] Zum Zusammenhang von Organisations- und Dienstrecht näher *Raschauer,* Verwaltungsrecht (Fn. 15), Rn. 99–103.
[178] Dazu ausführlich *Raschauer,* Verwaltungsrecht (Fn. 15), Rn. 97 f. sowie 105 f. Während institutionelle Zurechnung ein für allemal erfolgt, in diesem Sinne absolut ist, ist funktionelle Zurechnung abhängig vom funktionellen Kontext, also relativ.
[179] Vgl. nur *BVerfGE* 63, 1 (32 f.).
[180] Wie hier namentlich *Krebs,* Verwaltungsorganisation (Fn. 12), § 108 Rn. 43.
[181] Vgl. auch insoweit die detaillierte Darstellung bei *Wolff,* Verwaltungsrecht II (Fn. 12), § 75 I; aus österreichischer Sicht: *Raschauer,* Verwaltungsrecht (Fn. 15), Rn. 121–135.
[182] → Bd. I *Groß* § 13 Rn. 49 ff.
[183] Erforderlich ist freilich nicht, dass die Behörde selbst ausschließlich in hoheitlichen Formen handelte; vgl. *Wolff,* Verwaltungsrecht II (Fn. 12), § 76 I d 4.
[184] S. auch die Definition in *BVerfGE* 10, 20 (48).
[185] Zur Relativität der Kenzeichnung von „innen" und „außen": oben Rn. 14.

nehmung von Verwaltungszuständigkeiten berufen ist.[186] Die **organisatorisch-institutionelle Zuordnung** von Behörden hängt demgegenüber davon ab, dass ein und welcher Verwaltungsträger die Behörden errichtet hat.[187] Wie beim Organbegriff kann die institutionelle Zuordnung nur einheitlich erfolgen, indes die funktionelle Zuordnung relativ zu den konkret zugewiesenen Außenzuständigkeiten zu vollziehen ist: „So kann ein und dieselbe Verwaltungseinheit in der einen rechtlichen Beziehung ‚Behörde' sein, in einer anderen nur Organ ohne Behördeneigenschaft";[188] des Weiteren kann dieselbe Verwaltungseinheit in der einen rechtlichen Beziehung Behörde eines Verwaltungsträgers und in einem anderen Rechtsverhältnis Behörde eines anderen Verwaltungsträgers sein.[189] Der Behördenbegriff ist typischerweise Anknüpfung für die so genannten administrativen Organkompetenzen in Gestalt örtlicher, sachlicher und instanzieller Zuständigkeit, die sich nicht dem Organisations-, sondern dem Funktionsrecht entnehmen lassen.[190]

Im Gegensatz zum Organbegriff ist der Begriff der Behörde vielfach anzutreffender **Gesetzesbegriff**.[191] Freilich folgt die Gesetzessprache nicht einem einheitlichen Verständnis von „Behörde". Im Einzelfall ist daher durch Auslegung zu ermitteln, ob der Begriff im funktionellen oder organisatorisch-funktionellen institutionellen Sinne verwendet wird und ob gegebenenfalls die Behördeneigenschaft an bestimmte Handlungsformen geknüpft ist. Lediglich schwache Indizwirkung kommt der Bezeichnung der als Behörde zu qualifizierenden Stelle zu.

2. Amt

Zur Bezeichnung fachlich spezialisierter Behörden oder auch deren Untergliederungen wird bisweilen der Begriff des Amtes herangezogen (so etwa: Auswärtiges Amt, Bundesamt für Finanzen, Finanzamt, Jugendamt, Ordnungsamt). Im organisatorischen Sinne handelt es sich jedoch bei keinem dieser Phänomene um ein Amt, unter dem die Gesamtheit der auf einen einzelnen Menschen – den einzelnen Amtswalter – bezogenen Wahrnehmungszuständigkeiten verstanden wird.[192] Vom Amt im organisationsrecht(swissenschaft)lichen Sinne

---

[186] Vgl. insoweit auch die verfahrensrechtliche Legaldefinition der Behörde in § 1 Abs. 4 VwVfG; näher dazu *Stelkens/Schmitz*, in: Stelkens/Bonk/Sachs, VwVfG, § 1 Rn. 212 ff., bes. 216–223. – Ob und inwieweit etwa (Verwaltungs-)Ausschüsse Behördencharakter besitzen, hängt davon ab, ob und inwieweit sie selbst mit Verbindlichkeit nach außen handeln können.
[187] So können unter institutionell-organisatorischen Auspizien Organisationseinheiten, die im funktionellen Sinne als Verwaltungsbehörden begriffen werden können (da und soweit sie im Außenverhältnis Verwaltungsaufgaben wahrnehmen), schon dann nicht als Verwaltungsbehörden gekennzeichnet werden, wenn sie Organe der Gesetzgebung, der Regierung und der Rechtsprechung sind.
[188] Zitat: *Krebs*, Verwaltungsorganisation (Fn. 12), § 108 Rn. 43 a.E.
[189] Beispiel: das Landratsamt, das, „soweit es rein staatliche Aufgaben [...] wahrnimmt", Staatsbehörde (Art. 37 Abs. 1 S. 2 BayLKrO) ist, im Übrigen aber Kreisbehörde (Art. 37 Abs. 1 S. 1 BayLKrO).
[190] Dazu nachfolgend Rn. 44. Zur Unterscheidung von Organisations- und Funktionsrecht oben Rn. 16.
[191] Pars pro toto mag hier die Nennung von „Behörden" (jeglicher Art) durch das Grundgesetz stehen: Art. 23 Abs. 5 S. 2, Art. 35 Abs. 1, Art. 36 Abs. 1, Art. 37 Abs. 2, Art. 60 Abs. 3, Art. 84 Abs. 1 und 3 S. 2, Art. 85 Abs. 1–4, Art. 86 S. 2, Art. 87 Abs. 1 S. 2 und Abs. 3 S. 2, Art. 87a Abs. 3 S. 2, 2. Halbs., Art. 87b Abs. 2 S. 2, Art. 89 Abs. 2 S. 1, Art. 91e Abs. 2 S. 1, Art. 104a Abs. 5 S. 1, Art. 108 Abs. 1 S. 1–3, Abs. 2 S. 1–3, Abs. 3 S. 1, Abs. 4 S. 1, Abs. 5 S. 1–2 sowie Abs. 7, Art. 115i Abs. 1 und 2, Art. 130 Abs. 3, Art. 140 GG i.V.m. Art. 136 Abs. 3 S. 2 WRV. Vgl. auch die – allerdings partiell veraltete – Aufstellung bei Wolff, Verwaltungsrecht II (Fn. 12), § 76 I a.
[192] Ausführlich dazu *Wolff*, Verwaltungsrecht II (Fn. 12), § 73 und § 109 I b. → Bd. I *Groß* § 13 Rn. 85 ff.

zu unterscheiden ist das Amt im dienstrechtlichen[193] (als Amt im abstrakt-funktionellen und im konkret-funktionellen Sinne) sowie im (staats)haftungsrechtlichen Sinne.[194]

III. Dekonzentration und Dezentralisation

39 Neben der Rechtsfähigkeit als Ausdruck formaler Verselbstständigung[195] kennt das Verwaltungsorganisationsrecht auch materiale, d. h. auf die Entscheidung über den Inhalt der Aufgabenerledigung bezogene Verselbstständigungen. Die Gestaltungen materialer Verselbstständigung[196] innerhalb der Verwaltung werden entweder dem Klassifikationsbegriff der Dekonzentration oder aber jenem der Dezentralisation zugeordnet.[197] Von **dekonzentrierten Verwaltungseinheiten** spricht man, wenn diese zwar über Eigenzuständigkeiten verfügen, also Subjekt insbesondere örtlicher, sachlicher oder instanzieller Zuständigkeiten sind,[198] sie diese Zuständigkeiten jedoch in der Weisungs- und Gehorsamshierarchie wahrnehmen, also weisungsgebunden sind.[199] Demgegenüber nehmen **dezentralisierte Verwaltungseinheiten** ihre Eigenzuständigkeiten (fach)weisungsfrei wahr.[200] Häufig sind Einheiten der mittelbaren Staatsverwaltung zwar dezentralisierte Verwaltungseinheiten, zwingend ist dies jedoch nicht; umgekehrt können auch Einheiten der unmittelbaren Staatsverwaltung sehr wohl dezentralisiert sein.[201]

1. Dekonzentrierte Verwaltungseinheiten

40 Neben den im regulären Instanzenzug – nach vertikalen (instanziellen), horizontal-räumlichen und horizontal-fachlichen Gesichtspunkten – dekonzentrierten Verwaltungseinheiten wie Ober-, Mittel- und Unterbehörde oder wie allgemeine und Sonderordnungsbehörde kennt insbesondere[202] die unmittelbare Verwaltung sämtlicher Hauptverwaltungsträger[203] einen vielfältig-buntscheckigen, kaum mit (einfachen) systematischen Rastern erfassbaren, jedenfalls aber nicht abschließenden Katalog dekonzentrierter Verwaltungseinheiten. So finden sich selbstständige Bundesoberbehörden (vgl. Art. 87 Abs. 3 S. 1 GG) und Zentralstellen (Art. 87 Abs. 1 S. 2 GG),[204] Körperschaften, (rechtsfähige wie nicht-

---

[193] Vgl. § 10 Abs. 4 BBG, § 8 Abs. 3 BeamtStG, § 17 Abs. 4 DRiG sowie → Bd. I *Wißmann* § 15 Rn. 50.
[194] Zum Amtsträger-Begriff im Sinne des Strafrechts vgl. § 11 Abs. 1 Nr. 2 Buchst. a–c; daran anknüpfend namentlich §§ 331 ff. StGB (Straftaten im Amt).
[195] Zu der auf dem Kriterium der Rechtsfähigkeit basierenden Unterscheidung von unmittelbarer und mittelbarer Verwaltung oben Rn. 32.
[196] Zum Begriff der „verselbstständigten Verwaltungseinheiten" vgl. oben Rn. 24.
[197] Zum Weg der in der französischen Verwaltungsrechtswissenschaft wurzelnden Begriffe von „déconcentration" und „décentralisation" zunächst in die preußische und von dort in die deutsche Verwaltungsrechtswissenschaft vgl. die N. bei *Jestaedt*, Demokratieprinzip (Fn. 20), S. 121 f. Fn. 5.
[198] Zur Unterscheidung unten Rn. 46.
[199] Vgl. *Wolff*, Verwaltungsrecht II (Fn. 12), § 77 I a 2; vgl. auch *Bull/Mehde*, VerwR, Rn. 395 ff.
[200] Grundlegend: *Hans Peters*, Zentralisation und Dezentralisation, 1928.
[201] Wie hier namentlich *Wolff*, Verwaltungsrecht II (Fn. 12), § 77 I b.
[202] Da Dekonzentration und Dezentralisation nicht in strikter Abhängigkeit zu bestimmten Organisationsformen stehen, können sie auch innerhalb der mittelbaren Verwaltung auftreten.
[203] Zum doppelsinnigen Begriff des Hauptverwaltungsträgers vorstehend Rn. 32.
[204] Dazu, dass diese nicht zwingend weisungsfrei gestellt sind: *Jestaedt*, in: Umbach/Clemens (Hrsg.) (Fn. 40), Rn. 80 (für Zentralstellen) sowie 102 (für Bundesoberbehörden), jeweils m. N. des Meinungsstandes.

2. Selbstverwaltung

Auch das Spektrum dezentralisierter, (fach)weisungsfrei gestellter Verwaltungseinheiten der unmittelbaren wie der mittelbaren Verwaltung ist ansehnlich.[206] Unter ihnen nehmen die Selbstverwaltungsträger einen – nach Herkommen, systemprägender Kraft und verfassungsrechtlicher Absicherung – herausragenden Platz ein. **Selbstverwaltung** im Rechtssinne[207] kann entweder umschrieben werden als „die selbstständige, fachweisungsfreie Wahrnehmung enumerativ oder global überlassener oder zugewiesener eigener öffentlicher Angelegenheiten durch unterstaatliche Träger oder Subjekte öffentlicher Verwaltung im eigenen Namen"[208] oder – stärker an den staatsrechtlichen Fragestellungen ausgerichtet – als die institutionell verselbstständigte und materiell eigenverantwortliche Wahrnehmung von Verwaltungsaufgaben durch die davon virtualiter Betroffenen.[209] Trotz der Gemeinsamkeiten in den Definitionselementen variieren die positivrechtlich anzutreffenden Selbstverwaltungseinheiten u.a. stark in der Ausgestaltung des mitgliedschaftlichen Elementes (Homogenität, interne Willensbildung und Freiwilligkeit der Mitgliedschaft) und in ihrer Zweckausrichtung, in der Autonomie der Aufgabenwahrnehmung und in ihrer – verfassungsrechtlichen – Grundlage;[210] kurz: das allgemeine Ordnungsprinzip „Selbstverwaltung" hat im positiven Recht keine einheitliche Ausprägung, sondern eine **Mehrzahl bereichsspezifischer Konkretisierungen** erfahren. In Ausrichtung an der unterschiedlichen verfassungsrechtlichen Verankerung lässt sich in einem ersten Schritt die territoriale (kommunale) von der funktionalen Selbstverwaltung unterscheiden; diese wiederum gliedert sich in grundrechtssichernde (akademische), soziale und sonstige funktionale Selbstverwaltung auf.[211] Ty-

---

[205] Aufzählung in Anlehnung an *Burgi*, Verwaltungsorganisationsrecht (Fn. 10), § 8 Rn. 32. – Vorausgesetzt wird bei den genannten Verwaltungseinheiten jeweils, dass sie nicht zur Gänze fachweisungsunterworfen agieren, sondern zumindest teilweise positivrechtlich von Fachweisungen freigestellt sind.

[206] Vgl. die Zusammenstellung weisungsfreier Verwaltungseinheiten bei *Thomas Groß*, Das Kollegialprinzip in der Verwaltungsorganisation, 1999, S. 63 ff.

[207] Zu den unterschiedlichen Begriffen und Begriffsprägungen von Selbstverwaltung: *Reinhard Hendler*, Das Prinzip Selbstverwaltung, in: HStR VI, § 143 Rn. 12–44 m. zahlreichen N.; *Winfried Kluth*, Funktionale Selbstverwaltung, 1997, S. 23 ff. m.w.N.

[208] So *Wolff*, Verwaltungsrecht II (Fn. 12), § 84 IV b; dazu *Reinhard Hendler*, Selbstverwaltung als Ordnungsprinzip, 1984, S. 271 ff. m.w.N.

[209] Näher *Matthias Jestaedt*, Selbstverwaltung als „Verbundbegriff". Vom Wesen und Wert eines allgemeinen Selbstverwaltungsbegriffes, DV, Bd. 35 (2002), S. 293 (302 f.) m.w.N. Vgl. überdies *Hendler*, Prinzip Selbstverwaltung (Fn. 207), § 143 Rn. 63, der als die „wesentlichen organisationsrechtlichen Gemeinsamkeiten" der Selbstverwaltungsträger nennt: „öffentlich-rechtliche Rechtsform, Betroffenenmitwirkung, Eigenverantwortlichkeit" (näher dazu *ders.*, a.a.O., § 143 Rn. 21–36); *Kluth*, Selbstverwaltung (Fn. 207), S. 18 ff., 541 ff. m.w.N.

[210] Zu unterschiedlichen Typologien vgl. stellvertretend *Kluth*, Selbstverwaltung (Fn. 207), S. 30 f., 31 ff., 82 ff., 123 ff., 164 ff., 189 ff.; *Wolff/Bachof/Stober/Kluth*, VerwR II, § 99 Rn. 8 ff. (nur im Blick auf die funktionale Selbstverwaltung).

[211] Dazu etwa *Hendler*, Prinzip Selbstverwaltung (Fn. 207), § 143 Rn. 66; *Jestaedt*, Selbstverwaltung (Fn. 209), S. 304 ff.

D. Zuständigkeit

I. Begriff und Bedeutung

42 Die Zuständigkeit oder auch Kompetenz[213] stellt das **„Junktim zwischen Aufgabe und Organisation"** her.[214] Sie weist eine bestimmte (im hiesigen Zusammenhang: Verwaltungs-)Aufgabe, deren Erledigung zunächst und ohne weitere Differenzierung die staatliche[215] Verwaltung als solche trifft, einem bestimmten administrativen Organisationssubjekt, d.h. einem qualifizierten (Haupt-) oder einfachen Verwaltungsträger[216] oder auch einer sonstigen Verwaltungseinheit, zur Wahrnehmung zu.[217] Daraus leitet sich das doppelseitige Gebot der Funktionsgerechtigkeit her: einerseits das Gebot der Bereitstellung von (Verwaltungs-)Organisation, die die ihr zugewiesene (Verwaltungs-)Aufgabe sachangemessen zu erledigen vermag (Gebot funktionsgerechter Organisation), sowie andererseits das Gebot der Bereitstellung einer Zuständigkeitsordnung, die die Aufgaben der dafür am relativ besten ausgestatteten Organisation(seinheit) zur Erledigung zuweist (Gebot funktionsgerechter Zuständigkeitsordnung). Bei beiden Geboten handelt es sich unzweifelhaft um Maximen guter Verwaltung; ob es sich darüber hinaus auch um Rechts-, gar Verfassungsgebote handelt, denen

---

[212] Selbstverwaltungsträger zählen folglich nicht ipso iure zur – formal verstandenen – mittelbaren Staatsverwaltung. Dazu oben Rn. 32.

[213] In aller Regel – so auch im Folgenden – werden Zuständigkeit und Kompetenz synonym verwendet; anders jedoch *Wolff*, Verwaltungsrecht II (Fn. 12), § 72 I c 1, wonach Kompetenz der Gegenstand der Zuständigkeit, „also die wahrzunehmende Aufgabe", sei (hier dürfte der Differenzierungsgewinn das Risiko, missverstanden zu werden, kaum aufwiegen). Dazu ausführlich *Rupert Stettner*, Grundfragen einer Kompetenzlehre, 1983, S. 31 ff.

[214] Zitierte Wendung: *Schmidt-Aßmann*, Ordnungsidee, 5. Kap. Rn. 17. Monografisch: *Malte W. Fügemann*, Zuständigkeit als organisationsrechtliche Kategorie, 2004. – Ungeachtet des Umstandes, dass Zuständigkeit gemeinhin als Grundbegriff gerade des Organisationsrechts verstanden und dargestellt wird, besteht Anlass, darauf hinzuweisen, dass Zuständigkeit Organisation voraussetzt und an sie anknüpft, nicht jedoch Organisation konstituiert, folglich nicht im engeren Sinne zu den organisationskonstituierenden Bauelemenenten zu rechnen ist (vgl. auch *Krebs*, Verwaltungsorganisation [Fn. 12], § 108 Rn. 29–59, der die Kategorie der Zuständigkeit nicht unter der Überschrift „Organisationsrechtliche Grundbegriffe" behandelt); nicht minder plausibel ist es, das Rechtsphänomen der Zuständigkeit der Lehre von den Staatsaufgaben zuzuordnen (s. auch nachfolgend Rn. 52). – Zum Zusammenhang von Organisation und Kompetenz ausführlich (unter Einschluss organisationstheoretischer Darlegungen): *Stettner*, Kompetenzlehre (Fn. 213), S. 222 ff., s. ergänzend S. 79 ff.

[215] „Staatlich" meint hier, wie in Art. 1 Abs. 3, Art. 20 Abs. 3 oder Art. 30 GG, sämtliche Äußerungen von staatlicher Gewalt unter Einschluss der kommunalen Ebene.

[216] Zu Verwaltungsträger und Hauptverwaltungsträger oben Rn. 32.

[217] *Wolff*, Verwaltungsrecht II (Fn. 12), § 72 I b 2 definiert die Zuständigkeit *im organisationsrechtlichen Sinne* als „die Zuordnung der einer Organisation eigenzuständigen […] Aufgaben auf innerorganisatorische Wahrnehmungssubjekte (Aufgabenzuständigkeit als Wahrnehmungszuständigkeit)."
– Adressat einer Zuständigkeit ist ein Verwaltungsträger oder ein Organ, grundsätzlich aber nicht der Organwalter und keinesfalls die Person des Amtswalters. Anders als Art. 101 Abs. 1 S. 2 GG im Blick auf die Rechtsprechung kennt das geltende Recht kein Recht auf den gesetzlichen Verwaltungsbeamten; vgl. dazu m.N. aus dem älteren Schrifttum *Schnapp*, Theorie (Fn. 65), S. 272 ff., bes. 275.

D. Zuständigkeit

mehr als grobmaschige Grundsatzverpflichtungen[218] namentlich an die Adresse des jeweiligen Gesetzgebers zu entnehmen sind, ist indes zweifelhaft.[219] – Wie von der (Verwaltungs-)Aufgabe auf der einen, so ist die (Verwaltungs-)Zuständigkeit von der (Verwaltungs-)Befugnis auf der anderen Seite zu unterscheiden.[220]

II. Zuständigkeitsarten

1. Verbands- und Organkompetenz

Soweit eine staatliche (administrative) Aufgabe einem Zurechnungsendsubjekt in Gestalt eines Verwaltungsträgers[221] zugeordnet ist, spricht man von **Verbandskompetenz**.[222] Die rechtssatzmäßig zugewiesene Verbandskompetenz vermittelt dem Zuständigkeitsträger die Rechtsfähigkeit.[223] Von diesem allgemeinen, sämtliche Verwaltungsträger wie etwa auch die Europäischen Gemeinschaften, die Kommunen oder Personalkörperschaften einschließenden Begriff ist ein engerer, speziell auf das bundesstaatliche Rechtsverhältnis bezogener Begriff von Verwaltungskompetenz zu unterscheiden: In der bundesstaatlichen Kompetenzordnung wird der Begriff der administrativen Verbandskompetenz ausschließlich auf die – zwar strikt binäre,[224] aber nur grundsätzlich alternative[225] – Zuordnung der Verwaltungsaufgaben zu einem der beiden Hauptverwal-   43

---

[218] Vgl. etwa die Ausführungen bei *Burgi,* Verwaltungsorganisationsrecht (Fn. 10), § 8 Rn. 37.

[219] Der in diesem Kontext zumeist erfolgende Hinweis auf die Entscheidung des BVerfG zur Nachrüstung (*BVerfGE* 68, 1 ff.) dürfte für die Begründung eines parzellenscharfen Gebotes kaum ausreichen; das Gericht formuliert vorsichtig (und überdies zum Zwecke, einer extensiven, wortlautüberschreitenden Auslegung/Ausdehnung von Art. 59 Abs. 2 S. 1 GG entgegenzutreten): Die in Art. 20 Abs. 2 GG „als Grundsatz normierte organisatorische und funktionelle Unterscheidung und Trennung der Gewalten dient zumal der Verteilung von politischer Macht und Verantwortung […]; sie zielt auch darauf ab, daß staatliche Entscheidungen möglichst richtig, das heißt von den Organen getroffen werden, die dafür nach ihrer Organisation, Zusammensetzung, Funktion und Verfahrensweise über die besten Voraussetzungen verfügen, und sie will auf eine Mäßigung der Staatsgewalt insgesamt hinwirken" (*BVerfGE* 68, 1 [86]). Dazu *Thomas v. Danwitz,* Der Grundsatz funktionsgerechter Organstruktur, Der Staat, Bd. 35 (1996), S. 329 ff. – In der Rechtspraxis dürfte den beiden Geboten kaum mehr an normativer Direktivkraft zu entnehmen sein, als dass eine Aufgabe nicht einer Organisation zugewiesen werden darf, die nach deren Aufbau und Zusammensetzung nicht zur Erledigung der Aufgabe imstande ist.

[220] Näher dazu unten Rn. 52 f.

[221] Dazu vorstehend Rn. 32.

[222] Statt vieler: *Martin Oldiges,* Verbandskompetenz, DÖV 1989, S. 873 (874); vgl. auch *Wolff/Bachof/Stober/Kluth,* VerwR II, § 83 Rn. 23, der freilich den Begriff der Verbandskompetenz nicht als eine auch für die einzelne Zuständigkeit taugliche Rubrizierungskategorie begreift, sondern sie als „die *Summe* der Aufgaben i.S.v. sachlichen Zuständigkeiten eines Verwaltungsträgers" bezeichnet (Hervorhebung nicht im Original; entsprechend § 84 Rn. 4). – Vgl. beispielsweise § 78 Abs. 1 Nr. 1 VwGO.

[223] Im rechtsinhaltlichen Sinne; dazu oben Rn. 17. – Wie im Text etwa: *Raschauer,* Verwaltungsrecht (Fn. 15), Rn. 145 m. N.

[224] Zum verfassungsrechtlichen Ausschluss einer dritten (kommunalen) Ebene im Bundesstaatsverhältnis eingehend *Isensee,* Föderalismus (Fn. 115), § 126 Rn. 170 f., 172 ff. m. N.

[225] Zur so genannten Mischverwaltung vgl. nur *Isensee,* Föderalismus (Fn. 115), § 98 Rn. 179–186 m. zahlreichen N., zum Gebot der Ausschließlichkeit der (bundesstaatlichen Verbands-)Zuständigkeit und dem Verbot von Doppelzuständigkeiten *ders.,* § 98 Rn. 187 f.; *Markus Heintzen,* in: Bonner Kommentar, Art. 70 (Stand: 109. Lfg. Dezember 2003) Rn. 37 ff.; aus der Rechtsprechung richtungweisend zur Mischverwaltung: *BVerfGE* 63, 1 (38). – Zu Mehrfachzuständigkeiten unterhalb der vom Grundgesetz vorgenommenen föderativen Kompetenz(ver)teilung nachfolgend Rn. 50.

tungsträger Bund oder Land bezogen. Die Bund-Land-Dichotomie der Verwaltungszuständigkeiten korreliert der Regelungstechnik im Blick auf die Gesetzgebungs-, Rechtsprechungs- und Finanzzuständigkeiten: Das Grundgesetz weist, soweit es um die Bund-Länder-Unterscheidung geht, in den Art. 30, 70ff., 83ff., 92ff. sowie 104a ff. Verbandskompetenzen zu. Auch hinter den Umschreibungen, die im Blick auf den Anwendungsbereich des Verwaltungsverfahrensgesetzes des Bundes getätigt werden – einerseits der Bund, die bundesunmittelbaren Körperschaften, Anstalten und Stiftungen des öffentlichen Rechts (§ 1 Abs. 1 Nr. 1), andererseits die Länder, die Gemeinden und Gemeindeverbände sowie die sonstigen der Aufsicht der Länder unterstehenden juristischen Personen des öffentlichen Rechts (§ 1 Abs. 1 Nr. 2) –, steht die Dichotomie der Hauptverwaltungsträger Bund und Land/Länder.

44 Cum grano salis kann man davon sprechen, dass die Verbandskompetenz sich binnenverbandlich – entsprechend der Gliederung des Verwaltungsträgers in Organe – in die Teilmengen der so genannten **Organkompetenzen** unterteilt. Darunter ist die Zuordnung eines Ausschnitts aus der Verbandsaufgabe zu einem – dadurch unter funktionellen Auspizien verbandszugehörig werdenden[226] – Organ zu verstehen; mittels Organkompetenzen werden (Ausschnitte von) Verbandskompetenzen einem „subjektivierten Zuständigkeitskomplex"[227] zur Wahrnehmung zugeordnet.[228] Die Gesamtheit der durch Organzuständigkeiten zugewiesenen Aufgaben darf die Verbandsaufgabe nicht überschreiten;[229] umgekehrt ist ein Verband nur dann in Bezug auf den ihm zugewiesenen Zuständigkeitskreis vollumfänglich willens- und handlungsfähig, decken sich also dessen Rechts- und Handlungsfähigkeit, wenn sämtliche Aufgabenaspekte der Verbandskompetenz mittels Organkompetenzen Organen zur Wahrnehmung übertragen sind.

2. Sach- und Wahrnehmungskompetenz

45 Des Weiteren unterscheidet man die Sach- von der Wahrnehmungszuständigkeit.[230] Während letztere die Wahrnehmung der Aufgabe im Außenverhältnis bezeichnet (unter Einschluss der Parteistellung in allfälligen gerichtlichen Rechtsschutzverfahren), meint erstere die Zuordnung der sachlich-inhaltlichen Aufgabenerledigung, d.h. die Rechtsmacht, Form, Verfahren und Inhalt der Aufgabenerledigung in verbindlicher Weise für die staatlichen Stellen festzulegen. **Sach- und Wahrnehmungskompetenz** fallen regelmäßig zusammen. Dies

---

[226] Zur funktionellen Sicht oben Rn. 16.
[227] N. oben Fn. 173.
[228] Es lässt sich auch – bei Zugrundelegung des funktionellen Organbegriffs (oben Rn. 34) – umgekehrt formulieren: durch die Zuweisung von Organkompetenzen entsteht überhaupt erst ein Organ als „subjektivierter Zuständigkeitskomplex".
[229] Vgl. ebenso *Raschauer,* Verwaltungsrecht (Fn. 15), Rn. 145. – Das schließt selbstredend nicht aus, dass im institutionellen Sinne verbandszugehörigen Organen Zuständigkeiten zugewiesen werden können, die zum Zuständigkeitskreis eines im institutionellen Sinne fremden Verbandes rechnen.
[230] *Wolff/Bachof/Stober/Kluth,* VerwR II, § 83 Rn. 7 ff., unterscheidet insoweit terminologisch zwischen „organisationsrechtlicher" und „materiellrechtlicher Wahrnehmungszuständigkeit"; da mit der Unterscheidung die Zuständigkeit im „Innern" und nach „außen" angesprochen ist, diese aber nicht vollauf mit der Unterscheidung von Organisationsrecht und materiellem Recht zusammenfällt, wird nachfolgend an dem vom BVerfG geprägten Begriffspaar (dazu nachfolgende Fn. 231) festgehalten.

D. Zuständigkeit

ist jedoch keineswegs zwingend, wie in besonderer Eindringlichkeit das Beispiel der Bundesauftragsverwaltung gemäß Art. 85 GG erhellt: die administrativ-verbandliche Wahrnehmungskompetenz liegt unentziehbar beim Land, indes die Sachkompetenz nur solange und soweit dem Land zusteht, wie sie nicht der Bund (etwa in Gestalt einer Facheinzelweisung nach Art. 85 Abs. 3 GG) an sich zieht.[231] In entsprechender Weise lässt sich für sämtliche Aufsichtsverhältnisse formulieren, dass dem weisungsunterworfen, nach außen handelnden und daher wahrnehmungszuständigen (Verband oder) Organ die Sachkompetenz stets nur unter dem Vorbehalt zusteht, dass nicht die Aufsichtsbehörde von ihrem Weisungs- und damit Sachentscheidungsrecht Gebrauch macht. Davon zu unterscheiden ist der Fall des so genannten **Selbsteintritts**,[232] in dem das dazu eigens ermächtigte[233] (Aufsichts-)Organ auch nach außen hin in die Stellung des nachgeordneten Organs einrückt, indem es nicht nur dessen – instanzielle[234] – Sachzuständigkeit, sondern darüber hinaus dessen Wahrnehmungszuständigkeit an sich zieht;[235] zumeist knüpft das positive Recht das Bestehen eines Selbsteintrittsrechts des Aufsichtsorgans daran, dass das beaufsichtigte Organ einer Einzelfallweisung nicht Folge leistet[236] oder aber dass Gefahr im Verzuge ist.[237]

3. Real-, Territorial- und Funktionalteilung der Zuständigkeit

Die mit Abstand bedeutendsten Kriterien der Zuordnung von Zuständigkeiten sind jene 46
– des Sachbereichs, dem die konkrete Aufgabe zugehörig ist (die **sachliche Zuständigkeit**),[238]

---

[231] Vgl. stellvertretend BVerfGE 81, 310 (332) u. ö.

[232] Bisweilen wird in diesem Zusammenhang statt von „Selbsteintritt" auch von „Ersatzvornahme" gesprochen, so etwa in Art. 113 BayGO, in Art. 99 BayLKrO, in Art. 95 BayBezO oder in Art. 74 Abs. 3 BayBauO (in Bezug auf die von der Bauaufsichtsbehörde ausgesprochene Genehmigung, die zugleich das an sich erforderliche gemeindliche Einvernehmen ersetzt); soweit das positive Recht hier nicht selbst von „Ersatzvornahme" spricht, sollte im verwaltungsrechtswissenschaftlichen Sprachgebrauch zur Vermeidung von Verwechslungen ausschließlich von „Selbsteintritt" gesprochen werden und die Bezeichnung „Ersatzvornahme" auf das verwaltungsvollstreckungsrechtliche Zwangsmittel (vgl. beispielsweise § 9 Abs. 1 Nr. 1, § 10 VwVG oder Art. 29 Abs. 2 Nr. 2, Art. 32 BayVwZVG, Art. 54 Abs. 1 Nr. 1, Art. 55 BayPAG) beschränkt bleiben; andernfalls sollte aber terminologisch zwischen „aufsichtlicher Ersatzvornahme" (so etwa *Burgi*, Verwaltungsorganisationsrecht [Fn. 10], § 8 Rn. 45) und vollstreckungsrechtlicher Ersatzvornahme differenziert werden. – Näher zum Selbsteintritt: *Matthias Herdegen*, Der Selbsteintritt von Aufsichtsbehörden im Verwaltungsrecht, DV, Bd. 23 (1990), S. 183 ff.; *Ulrich Guttenberg*, Weisungsbefugnisse und Selbsteintrittsrecht, 1992; *Wolff/Bachof/Stober/Kluth*, VerwR II, § 83 Rn. 44 ff.

[233] Die Einräumung eines Selbsteintrittsrechts unterliegt dem Vorbehalt des Gesetzes; vgl. nur *Heinz Jochim Bonk/Herbert Schmitz*, in: Stelkens/Bonk/Sachs, VwVfG, § 3 Rn. 11.

[234] Dazu nachfolgend Rn. 46.

[235] Vgl. etwa § 44 Abs. 1 S. 2 StVO, § 25 Abs. 1 S. 3 VermG.

[236] Z. B. Art. 3b Abs. 1 BayVwVfG (zu Art. 3b BayVwVfG – 1985 zunächst als Art. 3a eingefügt – eingehend: *Wolfgang Gillmaier*, Das Selbsteintrittsrecht in Bayern nach Art. 3a BayVwVfG, Diss. Passau, 1994; s. auch *Siegwin Süß*, Zur gesetzlichen Verankerung des Selbsteintrittsrechts im Bayerischen Verwaltungsverfahrensgesetz, BayVBl. 1987, S. 1 ff.), Art. 113 BayGO, Art. 20 BayStG.

[237] Anders etwa § 25 Abs. 1 S. 3 VermG, wonach ein Landesamt ohne nähere Voraussetzungen befugt ist, ein Verfahren, welches bei einem ihm nachgeordneten Amt zur Regelung offener Vermögensfragen anhängig ist, an sich zu ziehen. – Zum Selbsteintritt als Fall der Zuständigkeitsverlagerung u. Rn. 48 und als Aufsichtsmittel u. Rn. 60.

[238] Z. B. §§ 22 ff. AtG, § 14 Abs. 1 WPflG, §§ 131 ff. SGB VII, § 85 SGB VIII, § 44 StVO.

- des räumlichen Bereiches, in dem oder in Bezug auf den die Aufgabe wahrgenommen werden soll (die **örtliche Zuständigkeit,** die sich im Rahmen des Anwendungsbereichs der Verwaltungsverfahrensgesetze des Bundes und der Länder und vorbehaltlich abweichender Sonderregelungen nach § 3 [B]VwVfG bzw. den entsprechenden landesgesetzlichen Vorschriften bestimmt),[239] sowie
- des Funktionsbereiches innerhalb einer vertikal gegliederten Organisation, der zur Aufgabenerledigung bestellt ist (**instanzielle Zuständigkeit**[240]).[241]

Die arbeitsteilige Aufgabenwahrnehmung durch die Verwaltung wird positiv-rechtlich zumeist durch Kombination zweier oder sogar aller drei Kriterien sichergestellt.[242]

III. Zuständigkeitsregime

1. Zuweisung, Wahrnehmung und Verlagerung der Zuständigkeit

47 Die Zuweisung einer Zuständigkeit beinhaltet dreierlei: in negativer Hinsicht das Verbot an den Kompetenzträger, jenseits der zugewiesenen Zuständigkeit, also ultra vires, tätig zu werden,[243] und das Gebot an alle anderen Verwaltungseinheiten, vorbehaltlich einer eigenen Zuständigkeit[244] nicht in den Zuständigkeitsbereich anderer Kompetenzträger einzugreifen, sowie in positiver Hinsicht die Ermächtigung an den Kompetenzadressaten, im abgesteckten Rahmen die zugewiesene Verwaltungsaufgabe wahrnehmen zu dürfen.[245] Die – von Amts wegen zu beachtende – Pflicht zur Einhaltung der Zuständigkeitsordnung ist indes nicht gleichbedeutend damit, dass der Kompetenzträger auch von seiner Zuständigkeit Gebrauch zu machen hätte; die Beachtenspflicht zieht **nicht ipso iure eine Wahrnehmungspflicht** nach sich.[246] Ob und inwieweit eine Wahrnehmungspflicht besteht, bestimmt sich nicht nach den Zuständigkeits-, sondern ausschließlich nach den Befugnisregeln; nur soweit diese nicht lediglich eine

---

[239] Bundesrechtliche Sonderregelungen enthalten etwa § 206 Abs. 1 BauGB (zu Unrecht lautet freilich die amtliche Überschrift zu § 206 BauGB „Örtliche und sachliche Zuständigkeit"; die Bestimmung behandelt in Absatz 1 Fragen der örtlichen und in Absatz 2 Fragen der instanziellen Zuständigkeit), § 16 BVFG, § 3 FlurbG, § 61 GewO, § 43c Abs. 2 PStG, § 47 StVO, § 14 Abs. 2 WPflG, § 2 SGB X, § 130 SGB VII, §§ 86 ff. SGB VIII.

[240] Die instanzielle Zuständigkeit wird als „Unterfall der sachlichen Zuständigkeit" betrachtet: *Bonk/Schmitz,* in: Stelkens/Bonk/Sachs, VwVfG, § 3 Rn. 8. – Der bisweilen anzutreffende Begriff der „funktionellen Zuständigkeit" sollte hingegen im vorliegenden Kontext keine Verwendung finden, da mit ihm – nicht selten – Abweichendes bezeichnet wird; vgl. *Burgi,* Verwaltungsorganisationsrecht (Fn. 10), § 82 Rn. 35, dem zufolge damit die Zuständigkeit einer Abteilung oder eines Amtes innerhalb einer Behörde gemeint sei, sowie *Wolff/Bachof/Stober/Kluth,* VerwR II, § 83 Rn. 22, wonach damit die Zuweisung einer Aufgabe oder Entscheidung an ein bestimmtes Organ innerhalb eines Verwaltungsträgers gemeint sei; näher dazu *Bonk/Schmitz,* in: Stelkens/Bonk/Sachs, VwVfG, § 3 Rn. 9.

[241] Etwa § 24 Abs. 2 AtG, § 17 Abs. 1 WPflG.

[242] Zur Kompetenzteilung nach dem „Territorial-" und nach dem „Realprinzip" vgl. grundlegend *Merkl,* Verwaltungsrecht (Fn. 1), S. 321 ff., zur unterschiedlichen Mischung beider Prinzipien je nach Gewalt innerhalb der staatlichen Funktionenteilung S. 323–325.

[243] Statt aller *Bonk/Schmitz,* in: Stelkens/Bonk/Sachs, VwVfG, § 3 Rn. 4 und 6.

[244] Zu so genannten Mehrfachzuständigkeiten nachfolgend Rn. 50.

[245] Zur Unterscheidung von Kompetenz und Befugnis u. Rn. 52 f.

[246] In der Tendenz anders für das österreichische Recht: *Raschauer,* Verwaltungsrecht (Fn. 15), Rn. 152 m. w. N.

D. Zuständigkeit

Verhaltensermächtigung, sondern darüber hinaus eine Verhaltenspflicht enthalten, muss ein Kompetenzträger von seiner Zuständigkeit Gebrauch machen.[247]

Soweit die konkrete Zuweisungsnorm nichts anderes vorschreibt oder zulässt, **48** kann der Zuweisungsadressat nicht über die Kompetenzzuweisung disponieren, d. h. er ist nicht befugt, die Zuständigkeit auf eine andere Verwaltungseinheit zu verlagern (**Zuständigkeitsverlagerung**) oder mit einer anderen Verwaltungseinheit respektive mit einem Privaten eine (von der Zuweisung) abweichende Vereinbarung zu treffen (**Zuständigkeitsvereinbarung**).[248] Während letztere nur selten statthaft ist,[249] kennt das positive Recht Zuständigkeitsverlagerungen in verschiedensten Gestaltungen und Ausformungen, sowohl innerhalb eines Verwaltungsträgers als auch zwischen Verwaltungsträgern, sowohl als endgültige als auch als vorübergehende, sowohl als singulär-konkrete als auch als generelle, sowohl als gewillkürte als auch als gesetzlich-obligatorische,[250] sowohl als echte („befreiende" oder „überwälzende") als auch als unechte („bewahrende")[251].[252] Um Zuständigkeitsverlagerungen handelt es sich namentlich
- beim Selbsteintritt,[253]
- bei Notkompetenzen,[254]
- beim infolge tatsächlicher und/oder rechtlicher Änderungen eintretenden Zuständigkeitswechsel,[255]
- bei der Delegation[256] sowie
- beim Mandat.

---

[247] Die Befugnis reicht niemals weiter als die Zuständigkeit, sondern setzt diese voraus. Dazu u. Rn. 53.

[248] Vgl. *Bonk/Schmitz*, in: Stelkens/Bonk/Sachs, VwVfG, § 3 Rn. 11. Zur Indisponibilität der grundgesetzlichen Kompetenzordnung für das Bund-Land-Gefüge: *BVerfGE* 4, 115 (139); 32, 145 (156); 39, 96 (120); 41, 291 (311); 63, 1 (39).

[249] Beispiele für positivrechtlich gestattete (innerstaatliche) Zuständigkeitsvereinbarungen: § 25 Abs. 1 S. 5 VermG und § 1 Abs. 5 S. 2 VZOG.

[250] Soweit die Zuständigkeitsverlagerung nicht von einem Willensakt des Kompetenzträgers abhängig ist oder, genauer, sich auch gegen dessen Willen vollziehen kann, spricht man im österreichischen Recht von „Devolution" (stellvertretend: *Raschauer*, Verwaltungsrecht [Fn. 15], Rn. 168 m. w. N.).

[251] Namentlich bei Bestehen eines so genannten Rückholrechtes ist nur von einer unechten, „bewahrenden" Zuständigkeitsverlagerung auszugehen.

[252] Eingehend zur Zuständigkeitsverlagerung: *Wolff/Bachof/Stober/Kluth*, VerwR II, § 83 Rn. 56–143; ergänzend *Bonk/Schmitz*, in: Stelkens/Bonk/Sachs, VwVfG, § 4 Rn. 38 ff., je m. N. Zum im Wesentlichen gleichgelagerten österreichischen Recht *Raschauer*, Verwaltungsrecht (Fn. 15), Rn. 163 ff.

[253] Diese Form der Zuständigkeitsverlagerung erfolgt ex lege, d. h. die Verlagerung vollzieht sich notfalls auch gegen den Willen des ursprünglichen Zuständigkeitsträgers. Zum Selbsteintritt bereits oben Rn. 45. Zur Frage, welcher Rechtsgrundlage ein Selbsteintritt bedarf: *Guttenberg*, Weisungsbefugnisse (Fn. 232), S. 32 ff., 107 ff. m. zahlreichen N.

[254] Diese treten gehäuft, wenngleich selbstredend nicht nur im Polizei- und Sicherheitsrecht auf; im Blick auf lediglich periodisch zusammentretende Kollegialgremien wird regelmäßig dem Vorsitzenden eine Eil- und Notkompetenz eingeräumt. Exemplarisch: § 41 Abs. 3 Vorl. TabakG, Art. 3 BayPAG, § 1 Abs. 1 S. 2 PolG NW, Art. 37 Abs. 3 S. 1 BayGO (für die sachliche Zuständigkeit); § 3 Abs. 4 VwVfG und § 2 Abs. 4 SGB X (für die örtliche Zuständigkeit); § 6 OBG NW (für die sachliche und örtliche Zuständigkeit). Zu den damit einhergehenden Kompetenzkonkurrenzen u. Rn. 50.

[255] Im Blick auf die örtliche Zuständigkeit enthält insoweit § 3 Abs. 3 VwVfG eine paradigmatische Regelung: die an sich nicht mehr zuständige Behörde darf das Verfahren unter der Voraussetzung fortführen, dass die nunmehr zuständige Behörde zustimmt und dies „unter Wahrung der Interessen der Beteiligten der einfachen und zweckmäßigen Durchführung des Verfahrens dient" (dazu statt vieler *Bonk/Schmitz*, in: Stelkens/Bonk/Sachs, VwVfG, § 3 Rn. 35–39).

[256] Ausführlich zu Delegation und Mandat: *Wolf-Rüdiger Schenke*, Delegation und Mandat im Öffentlichen Recht, VerwArch, Bd. 68 (1977), S. 118 ff.

Während es sich bei der **Delegation** – als der in praxi bedeutsamsten und de iure weitestgehenden Zuständigkeitsverlagerung – um die außenrechtswirksame Übertragung einer Zuständigkeit vom an sich zuständigen Rechtsträger (Verwaltungsträger oder Organ), dem Deleganten, auf einen anderen Rechtsträger, den Delegatar, zur Ausübung im eigenen, d.h. in des Delegatars Namen handelt,[257] bezeichnet das **Mandat**[258] die außenrechtswirksame Übertragung der Zuständigkeit vom eigentlichen Inhaber, dem Mandanten, auf einen anderen Rechtsträger, den Mandatar, zur Ausübung im fremden, d.i. in des Mandanten Namen.[259]

49 Nicht um Fälle der Zuständigkeitsverlagerung handelt es sich demgegenüber bei der Amts-, der Rechts- und der Verwaltungshilfe sowie bei der Organleihe.[260] Die nach Art. 35 Abs. 1 GG von allen Behörden des Bundes und der Länder einander zu leistende Rechts- und Amtshilfe markiert die auf Ersuchen einer anderen Behörde im Einzelfall gewährte ergänzende Hilfe eines Gerichts[261] **(Rechtshilfe)** oder einer Verwaltungsbehörde (**Amtshilfe** gemäß §§ 4–8 VwVfG oder auch §§ 3–7 SGB X und §§ 111–114 AO[262]).[263] Wenn auch in fremdem Interesse und auf fremdes Ersuchen, so kann doch die ersuchte Organisationseinheit nur im Rahmen ihrer sachlichen, örtlichen und instanziellen Zuständigkeit Hilfe leisten; eine Rechtskreiserweiterung begründet weder die Amts- noch die Rechtshilfe. Insoweit unterscheiden sich beide nicht von der durch Art. 15 Abs. 2–4 EV als – mittlerweile ausgelaufene – Übergangsregelung eingeführten „Verwaltungshilfe".[264] Auch bei der so genannten **Organleihe** kommt es nicht zu einer Verlagerung von Zuständigkeiten, sondern lediglich zu einer Verlagerung von personellen und/oder sächlichen Verwaltungsmitteln: nur bei institutioneller Betrachtungsweise wird dem „entleihenden" Verwaltungsträger vom „leihenden" ein Organ zur Aufgabenwahrnehmung zur Verfügung gestellt;[265] in funktioneller Sicht dagegen ist das betreffende Organ von Beginn an ein eigenes Organ des zuständigen Verwaltungsträgers.[266] Anders als die Rechts- und die

---

[257] Näher: *Schenke*, Delegation (Fn. 256), S. 136 f. – Soweit die Delegation die Außengrenzen eines Verwaltungsträgers überschreitet, greift der Vorbehalt des Gesetzes (dazu *Wolff/Bachof/Stober/Kluth*, VerwR II, § 83 Rn. 69). – Beispiel: Art. 4 Abs. 1 S. 1 BayVGemO (Aufgaben einer Verwaltungsgemeinschaft).

[258] Eine Sonderausprägung des Mandats kennt das Sozialrecht mit dem Institut des Auftrags gemäß §§ 88–93 SGB X.

[259] Da und soweit das Handeln des Mandatars dem Mandanten als eigenes zugerechnet wird, ist umstritten, ob hier überhaupt eine Zuständigkeitsverlagerung vorliegt; N. zum Streitstand bei *Wolff/Bachof/Stober/Kluth*, VerwR II, § 83 Rn. 75.

[260] Zu den spezifischen Kompetenzverlagerungsproblemen, die sich mit der organisationsrechtlichen und der funktionellen Rechtsnachfolge verbinden: *Johannes Dietlein*, Nachfolge im Öffentlichen Recht, 1999, S. 499 ff., 544 ff. m. umfassenden N.

[261] Genauer: um Rechts- und nicht um Amtshilfe handelt es sich nur, soweit das ersuchte Verhalten dem Richter vorbehalten ist (zur Abgrenzung näher *Bonk/Schmitz*, in: Stelkens/Bonk/Sachs, VwVfG, § 4 Rn. 38 m. w. N.).

[262] Zu den dem Unionsrecht entspringenden Amtshilfepflichten (bes. Art. 4 Abs. 3 EUV, Art. 105 Abs. 1 S. 2 AEUV): *Wolff/Bachof/Stober/Kluth*, VerwR II, § 83 Rn. 131 ff., bes. 132–134 m. N.

[263] Zu den einzelnen Elementen der Amtshilfe *Bonk/Schmitz*, in: Stelkens/Bonk/Sachs, VwVfG, § 4 Rn. 25–32.

[264] Dazu eingehend *Bonk/Schmitz*, in: Stelkens/Bonk/Sachs, VwVfG, § 3 Rn. 13 und § 4 Rn. 43–47.

[265] Vgl. stellvertretend BVerfGE 63, 1 (32 f. – dort, 33, auch Zweifel daran, ob die Verwendung des Klassifikationsbegriffs der Organleihe überhaupt hilfreich sei).

[266] S. bereits oben Rn. 35.

D. Zuständigkeit

Amtshilfe erfolgt die Organleihe grundsätzlich nicht nur für einen Einzelfall, sondern regelmäßig für einen gesamten Aufgabenbereich und auf Dauer.

2. Zuständigkeitskonkurrenz und Zuständigkeitskonflikt

Von einer Zuständigkeitskonkurrenz ist – nur dann – die Rede, wenn mindestens zwei Kompetenzträgern dieselbe Verwaltungsaufgabe in sachlicher, zeitlicher und örtlicher Hinsicht zur Erledigung zugewiesen ist.[267] Bereits auf der Ebene der grundgesetzlich zugewiesenen Verbandskompetenzen der Hauptverwaltungsträger Bund und Länder lässt sich – ungeachtet des Bestrebens um eine möglichst überschneidungsfreie Zuständigkeitszuweisung[268] – ein lückenlos geltendes Verbot von Doppel- oder Mehrfachzuständigkeiten nicht nachweisen;[269] um so häufiger treten Zuständigkeitskonkurrenzen auf der – verfassungsrechtlich weit weniger determinierten – Ebene der Organzuständigkeiten auf.[270] Rechtspraktisch dürften insoweit die bei Gefahr im Verzuge oder sonstiger Dringlichkeit geltenden Notkompetenzen die größte Bedeutung aufweisen.[271] Neben damit einhergehenden positiven Kompetenzkonflikten[272] hat das geltende Recht namentlich aus rechtsstaatlichen Gründen auch negativen Kompetenzkonflikten durch entsprechende Konfliktlösungsregeln Rechnung zu tragen, ohne verfassungsrechtlich auf eine einzige Modalität der Konfliktlösung festgelegt zu sein. Als richtungweisend darf das gestuft-differenzierte Konfliktlösungsregime gelten, welches § 3 Abs. 2 VwVfG in Bezug auf örtliche Mehrfachzuständigkeiten bereitstellt und welches vier Konfliktlösungsregeln kombiniert:[273]

50

– es entscheidet (vorbehaltlich der nachfolgenden Regel) die zeitlich erstbefasste Behörde (§ 3 Abs. 2 S. 1 1. HS VwVfG);
– es entscheidet die gemeinsame Aufsichtsbehörde (§ 3 Abs. 2 S. 1 2. HS VwVfG);
– bei „überlappenden" Zuständigkeiten kann die gemeinsame Aufsichtsbehörde eine Behörde als die gemeinsam zuständige Behörde bestimmen (§ 3 Abs. 2 S. 2 VwVfG);[274]
– bei Fehlen einer gemeinsamen Aufsichtsbehörde entscheiden die fachlich zuständigen Aufsichtsbehörden gemeinsam (§ 3 Abs. 2 S. 4 VwVfG).[275]

---

[267] In Anlehnung an das Begriffsverständnis bei *Janbernd Oebbecke*, Mehrfachzuständigkeiten in der Verwaltung als Verfassungsproblem, in: FS Walter Stree und Johannes Wessels, 1993, S. 1119 ff. (1120 – dort auch zu Abgrenzungen).

[268] Dass im Einzelfall eine Mehrfachzuständigkeit sogar durchaus zweckmäßig sein kann, belegt *Oebbecke*, Mehrfachzuständigkeiten (Fn. 267), S. 1121 ff., bes. 1123 ff.

[269] Dazu oben Fn. 225. Vgl. ergänzend *Oebbecke*, Mehrfachzuständigkeiten (Fn. 267), S. 1125 ff., bes. 1130–1134 zur bundesstaatlichen Zuständigkeitskonkurrenz; *Wolff/Bachof/Stober/Kluth*, VerwR II, § 83 Rn. 39.

[270] Beispielsfälle bei *Oebbecke*, Mehrfachzuständigkeiten (Fn. 267), S. 1121 ff.

[271] Vgl. dazu oben Fn. 254.

[272] Das positive Recht lässt zumeist bereits Zweifel daran, welche Verwaltungseinheit zuständig ist, ausreichen, vgl. etwa § 3 Abs. 2 S. 3 VwVfG oder § 1 Abs. 5 VZOG.

[273] Näher dazu *Bonk/Schmitz*, in: Stelkens/Bonk/Sachs, VwVfG, § 3 Rn. 27–34 m.w.N. Vgl. auch *Wolff/Bachof/Stober/Kluth*, VerwR II, § 83 Rn. 50 ff.; *Kopp/Ramsauer*, VwVfG, § 3 Rn. 36 ff.

[274] Ähnlich etwa § 206 Abs. 1 S. 2 BauGB; vgl. auch § 40 PStG, § 1 Abs. 5 S. 1 VZOG.

[275] Zu ergänzen wäre die Regelung für den Zuständigkeitswechsel gemäß § 3 Abs. 3 VwVfG, der das Fortbestehen der Zuständigkeit der an sich aufgrund der geänderten Rechts- oder Tatsachenlage nicht mehr zuständigen Behörde u.a. von der Zustimmung der nunmehr zuständigen Behörde abhängig macht (s.o. Rn. 48); vgl. ähnlich § 61 S. 2 GewO.

3. Folgen von Zuständigkeitsmängeln

51 Zuständigkeitsmängel führen ebenso wenig wie sonstige Rechtsmängel automatisch zur Nichtigkeit.[276] Hier wie sonst auch hängt die Fehlerfolge vom positivrechtlichen Fehlerkalkül ab, welches ein Handeln ultra vires nur ausnahmsweise mit Nichtigkeit belegt[277] und Zuständigkeitsmängel regelmäßig mit (bloßer) Anfechtbarkeit und Aufhebbarkeit sanktioniert.[278] Abweichend von dieser Regel kann insbesondere die Möglichkeit einer – selbst rückwirkenden – Heilung vorgesehen[279] oder aber angeordnet sein, dass ein Zuständigkeitsmangel als solcher bei Ermessensentscheidungen[280] oder sogar überhaupt[281] nicht zur Anfechtung berechtigt. Demgegenüber sieht das geltende Recht eine Zuständigkeitsbegründung infolge rügelosen Einlassens nicht vor.[282] Umgekehrt kann die – örtliche und sachliche – Zuständigkeit ausnahmsweise zur Wirksamkeitsvoraussetzung erhoben werden – mit der Folge, dass das Handeln einer unzuständigen Behörde die angestrebten Rechtswirkungen nicht auszulösen vermag.[283]

IV. Aufgabe, Zuständigkeit, Befugnis

1. Die Trennung von Aufgabe, Zuständigkeit und Befugnis

52 Wie die Zuständigkeit oder Kompetenz nach der einen Seite hin von der Aufgabe zu unterscheiden ist, so ist sie nach der anderen Seite hin von der Befugnis oder Ermächtigung abzuschichten. (Staatliche) **Aufgaben** stellen gegenständlich umrissene Tätigkeitsausschnitte oder Betätigungsfelder dar, deren sich der Staat auf der Grundlage seiner verfassungsrechtlichen Bindungen annimmt;[284] „Ad-

---

[276] Grundsätzlich: *Schnapp,* Theorie (Fn. 65), S. 270 ff., mit der Unterscheidung der Fehlerfolgen „im Außenrechtsbereich" (S. 272 ff.) von jenen „im Binnenbereich" (S. 275 ff.).

[277] Vgl. § 44 Abs. 2 Nr. 3 VwVfG hinsichtlich der örtlichen Zuständigkeit in Angelegenheiten, die sich auf unbewegliches Vermögen oder ein ortsgebundenes Recht/Rechtsverhältnis beziehen (§ 3 Abs. 1 Nr. 1 VwVfG); vgl. im Übrigen § 44 Abs. 3 Nr. 1 VwVfG (dazu sowie zum Verhältnis zu § 44 Abs. 1 VwVfG statt aller *Michael Sachs*, in: Stelkens/Bonk/Sachs, VwVfG, § 44 Rn. 143). Nichtigkeit ist bei sachlichen Zuständigkeitsmängeln, auf die § 44 Abs. 2 und 3 VwVfG keine Anwendung finden, nur bei „absoluter sachlicher Unzuständigkeit" anzunehmen (zitierte Wendung: BVerwG, NJW 1974, S. 1961 [1963]; dazu mit weiteren Beispielen *Sachs,* ebd., § 44 Rn. 164 m. N.).

[278] Im Folgenden bleiben die disziplinarrechtlichen, zivilrechtlichen, namentlich haftungsrechtlichen, und strafrechtlichen Konsequenzen außer Betracht. Bei einer auf Vollständigkeit bedachten Darstellung der Fehlerfolgenlehre wären diese selbstredend einzubeziehen.

[279] Zwar nicht nach § 45 VwVfG, aber sehr wohl auf spezialgesetzlicher Grundlage; vgl. außerdem § 3 Abs. 3 VwVfG: bei nachträglicher Erteilung der Zustimmung der nunmehr zuständigen Behörde tritt rückwirkend eine Heilung des Zuständigkeitsmangels ein (so BVerwG, NVwZ 1987, S. 224 f.; ebenso etwa *Wolff/Bachof/Stober/Kluth,* VerwR II, § 83 Rn. 62; vgl. auch *Sachs,* in: Stelkens/Bonk/Sachs, VwVfG, § 45 Rn. 156).

[280] § 46 VwVfG etwa erstreckt sich auch auf Mängel der örtlichen Zuständigkeit; vgl. BVerwG, NJW 1995, S. 346. Für öffentlich-rechtliche Verträge vgl. § 59 Abs. 2 Nr. 2 und 3 VwVfG (dazu näher *Wolff/Bachof/Stober/Kluth,* VerwR II, § 83 Rn. 31 ff.).

[281] So regelt beispielsweise § 1 Abs. 7 VZOG: „Eine Entscheidung nach diesem Gesetz kann nicht wegen eines Verstoßes gegen die Bestimmungen über die Zuständigkeit angefochten werden."

[282] Statt aller: *Bonk/Schmitz,* in: Stelkens/Bonk/Sachs, VwVfG § 3 Rn. 3; *Wolff/Bachof/Stober/Kluth,* VerwR II, § 83 Rn. 25, je m. N.

[283] So für die Zusicherung nach § 38 Abs. 1 S. 1 VwVfG; vgl. näher *Paul Stelkens/Ulrich Stelkens*, in: Stelkens/Bonk/Sachs, VwVfG, § 38 Rn. 39 und 50.

[284] Dazu und zum Folgenden grundlegend *Josef Isensee,* Staatsaufgaben, in: HStR VI, § 73 Rn. 1 ff., bes. 13–16 sowie 19 f. und 21 f. m. w. N.; zum Verhältnis von (Staats-)Aufgabe und Kompetenz auch *Stettner*, Kompetenzlehre (Fn. 213), S. 154 ff. m. w. N.; → Bd. I *Baer* § 11 Rn. 11 ff.

D. Zuständigkeit

ressat" der Aufgabe ist der Staat als solcher, d.i. die Gesamtheit der verfassungsrechtlich konstituierten und limitierten Staatsgewalt. Operationalisierbar, d.h. wahrnehmbar wird die Aufgabe aber erst, wenn und soweit sie einem rechtlich näher qualifizierten Organisationssubjekt zugewiesen – anders gewendet: erst, wenn und soweit sie in Gestalt einer Zuständigkeit einer bestimmten Organisation oder einem bestimmten Organ zur Erledigung übertragen – wird.[285] Umgekehrt setzt jede Zuständigkeit einer Verwaltungseinheit voraus, dass der Staat in Gestalt der Verwaltung überhaupt tätig werden darf, dass mithin eine Verwaltungsaufgabe vorliegt, die zugewiesen werden darf (**Zuständigkeit als Aufgabenzuweisung**).[286] Die Aufgabenzuweisung als solche schließt indes – bereits nach der Teleologie des Verfassungsstaates[287] – nicht die Mittel ein, die zur Erledigung der Aufgabe eingesetzt werden dürfen (oder sogar müssen). Diese sind vielmehr Gegenstand einer eigens und zwar regelmäßig[288] durch Gesetz oder aufgrund eines Gesetzes zu statuierenden **Befugnis** oder auch (Handlungs-)Ermächtigung.[289]

2. Möglichkeiten und Grenzen wechselseitiger Herleitbarkeit

Sosehr Aufgabe, Aufgabenzuweisung (Zuständigkeit) und Aufgabenwahrnehmungsmittel (Befugnis) bereits deswegen zu trennen sind, weil für sie ein je eigenes Rechtsregime mit spezifischer Eigenrationalität gilt, so stehen sie doch nicht unverbunden nebeneinander. Da eine Befugnis rechtmäßigerweise (grundsätzlich)[290] nur von einer zuständigen Verwaltungseinheit wahrgenommen werden darf und da die Zuweisung einer Verwaltungsaufgabe voraussetzt, dass der Staat auf diese von Verfassungs wegen überhaupt zugreifen darf, kann – freilich unter Vorbehalt[291] – von einer bestehenden Befugnis auf die Kompetenz und von dieser auf die (Staats-)Aufgabe rückgeschlossen werden. In umgekehrter Richtung hingegen sperrt sich das geltende (Verfassungs-)Recht jedoch gegen jeglichen Versuch, einen normativ wirkenden Herleitungszusammenhang zu konstruieren: Dass der Staat als Ganzer sich einer Verwaltungsaufgabe annehmen darf, ja vielleicht sogar von Verfassungs wegen annehmen muss,[292] besagt grundsätzlich nichts darüber, welcher Organisation, welchem (Haupt-)Verwaltungsträger oder gar welchem Verwaltungsorgan diese Aufgabe zur Erledigung

53

---

[285] Dazu oben Rn. 42.
[286] → Bd. I *Baer* § 11 Rn. 11 ff.
[287] Zum rechtsstaatlichen Verteilungsprinzip: *Carl Schmitt*, Verfassungslehre, 1. Aufl. 1928, S. 126.
[288] Nämlich im Geltungsbereich des Vorbehalts des Gesetzes. Dazu → Bd. I *Reimer* § 9 Rn. 23 ff.
[289] Während die Zuständigkeit gleichsam horizontal wirkt, indem die betreffende Aufgabe einer der für die Aufgabenerledigung in Frage kommenden, insofern statusgleichen staatlichen Funktionseinheiten zugewiesen wird, kann die Befugnis typischerweise als vertikales Medium betrachtet werden, mit Hilfe dessen die zuständige staatliche Funktionseinheit zum häufig überdies einseitighoheitlichen Handeln gegenüber den von der Aufgabenerledigung Betroffenen ermächtigt wird.
[290] Zu den Rechtsfolgen von Zuständigkeitsmängeln oben Rn. 51.
[291] Der Vorbehalt ist darin zu erblicken, dass allein das Faktum, dass etwa der Bundesgesetzgeber zugunsten bundeseigener Verwaltungsbehörden eine Ermächtigung begründet, nicht schon die Begründung in sich trägt, dass der Bund dafür auch die Gesetzgebungs- und Verwaltungszuständigkeit besitzt. Soweit hingegen der Bund über die Verbandskompetenzen verfügt, ist in einer entsprechenden Befugnisnorm zumindest einschlussweise auch die erforderliche Zuständigkeitszuweisung an die ermächtigte Verwaltungseinheit zu erblicken.
[292] Das bedeutendste Beispiel ist hier die grundrechtliche Schutzpflicht, die eine Staatsaufgabe begründet.

zuzuweisen oder gar bereits zugewiesen ist,[293] und schon gar nichts darüber, welche Mittel der wahrnehmungsberufenen Verwaltungseinheit dabei zur Verfügung zu stellen sind. Es stellt daher einen schweren Verstoß gegen die – aus dem Demokratie-, dem Rechtsstaats- und dem Bundesstaatsprinzip begründete – verfassungsrechtliche Abschichtungstrias von Aufgabe–Kompetenz–Befugnis dar, wenn aus der grundgesetzlich der Bundesregierung zugewiesenen „Aufgabe der Staatsleitung" die Befugnis abgeleitet wird, eine Informationstätigkeit mit Eingriffswirkung in Gestalt von Warnungen vor tatsächlichen oder vermeintlichen Gefahren zu entfalten.[294]

E. Das Beziehungsgefüge zwischen Organisationseinheiten

I. Relationierungsmechanismen

54 Ungeachtet der Vielzahl, Vielfältigkeit und Unterschiedlichkeit von Verwaltungseinheiten ist die Verwaltung zuvörderst aus verfassungsrechtlichen – demokratischen,[295] rechtsstaatlich-grundrechtlichen und bundesstaatlichen – Gründen als zwar gegliederte, aber doch kohärente Entscheidungs- und Wirkungseinheit zu konzipieren. Diese – nota bene: normativ verstandene – Einheit der Verwaltung[296] wird über ein komplexes rechtliches Beziehungsgefüge zwischen den einzelnen Organisationseinheiten hergestellt. Die herkömmlichen Begriffe und Strukturen der Organisationsrelationierung – unter den Hauptstichworten „Zuständigkeit" und „Aufsicht", „Organisationsgewalt" und „Amtshilfe" – sind ganz auf die Wahrnehmung von Verwaltungsaufgaben in öffentlich-rechtlichen Handlungs(- und Organisations)formen ausgerichtet und blenden weithin[297] die Verwaltung in Privatrechtsform aus; diese findet und sucht die erforderlichen Steuerungs- und Koordinierungsregeln im so genannten Verwaltungsgesellschaftsrecht.[298] Vielfältiger noch als die Organisationsformen

---

[293] Zur Kompetenz- und Befugnisneutralität der grundrechtlichen Schutzpflicht grundlegend *Josef Isensee*, Das Grundrecht als Abwehrrecht und als staatliche Schutzpflicht, in: HStR V, 1. Aufl. 1992, § 111 Rn. 148–150 m. w. N.

[294] So aber der Sache nach *BVerfGE* 105, 252 (Leitsatz 2, 268 ff.), wo lediglich „das Vorliegen einer staatlichen Aufgabe und die Einhaltung der Zuständigkeitsordnung […] sowie die Beachtung der Anforderungen an die Richtigkeit und Sachlichkeit von Informationen" (268, s. 268–272 und 272 f.) gefordert wird; entsprechend *BVerfGE* 105, 279 (Leitsätze 2 und 3, 301–307); vgl. bereits zuvor *BVerwG*, JZ 1991, S. 624 ff.; NJW 1991, S. 1770 ff. – Die Rechtsprechung sowohl des BVerfG als auch die vorgängige des BVerwG hat just unter dem hier interessierenden Aspekt harsche (und berechtigte) Kritik erfahren; zur Judikatur des BVerfG: *Dietrich Murswiek*, Das Bundesverfassungsgericht und die Dogmatik mittelbarer Grundrechtseingriffe – Zu der Glykol- und Osho-Entscheidung vom 26. 6. 2002, NVwZ 2003, S. 1 ff.; *Horst Dreier*, Grundrechtsdurchgriff contra Gesetzesbindung?, DV, Bd. 36 (2003), S. 105 (129 ff.); zur Judikatur des BVerwG: *Friedrich Schoch*, Staatliche Informationspolitik und Berufsfreiheit, DVBl 1991, S. 667 (672 ff.), je m. w. N.

[295] Auf die Vielgestaltigkeit der Staatsgewalt bei Einheitlichkeit des Ursprunges gemäß Art. 20 Abs. 2 S. 1 GG weist namentlich *Krebs*, Verwaltungsorganisation (Fn. 12), § 108 Rn. 46 hin.

[296] Dazu statt vieler *Brun-Otto Bryde*, Die Einheit der Verwaltung als Rechtsproblem, VVDStRL, Bd. 46 (1988), S. 181 ff.; *Görg Haverkate*, Die Einheit der Verwaltung als Rechtsproblem, VVDStRL, Bd. 46 (1988), S. 217 ff.; *Matthias Ruffert*, Interessenausgleich im Verwaltungsorganisationsrecht, DÖV 1998, S. 897 ff.; → Bd. I *Groß* § 13 Rn. 95 ff.

[297] Die bedeutsamste Ausnahme markiert insoweit das Phänomen des Beliehenen; dazu oben Rn. 31.

[298] Dazu näher *Thomas v. Danwitz*, Vom Verwaltungsprivat- zum Verwaltungsgesellschaftsrecht, AöR, Bd. 120 (1995), S. 595 ff.; *Mann*, Gesellschaft, (Fn. 136), bes. S. 179 ff. m. w. N.

E. Beziehungsgefüge zwischen Organisationseinheiten

und zahlreicher noch als die Organisationseinheiten sind die rechtlich möglichen und vom Recht gestalteten Beziehungen zwischen diesen. Wie sich besonders nachdrücklich am Phänomen und am (Grund-)Begriff der Aufsicht demonstrieren lässt, vermag der Begriff dogmatisch-heuristische Aussagekraft nicht ohne Bezug auf konkrete Verwendungskontexte zu gewinnen.[299] Nicht zuletzt deshalb lassen sich „über die Beziehungen der rechtlichen Untergliederungen der Verwaltung zueinander [...] nur auf relativ abstraktem Niveau verallgemeinernde Aussagen machen".[300] Bei den verwaltungsorganisationsrechtlichen Relationierungsmechanismen[301] – den beziehungsregulierenden Instrumenten der Steuerung und der Kontrolle – kann unterschieden werden zwischen verwaltungsendogenen und verwaltungsexogenen (sogleich 1.) sowie zwischen horizontalen und vertikalen (dazu 2.).

1. Verwaltungsexogene und verwaltungsendogene Relationierungsmechanismen

Regeln zur Herstellung und Steuerung von Beziehungen zwischen einzelnen Einheiten der Verwaltungsorganisation können endogener oder exogener Natur sein. Die bedeutsamsten verwaltungsexogenen Relationierungsmechanismen markieren die verfassungs- und gesetzesrechtlich zugewiesenen Zuständigkeiten, die den Wirkungskreis der Verwaltungseinheiten in sachlicher, örtlicher und instanzieller (funktioneller) Hinsicht umschreiben.[302] – In dem Maße, in dem die Rechtsordnung subjektiviert wird und damit auch Zuständigkeits- und Aufsichtsfragen Gegenstand von Bürgerklagen gegen die Verwaltung sein können,[303] wächst der exogen angestoßenen Fremdkontrolle des betreffenden Verwaltungsorganisationsrechtsverhältnisses durch die (Verwaltungs-)Gerichtsbarkeit eine mehr als nur vernachlässigbare Bedeutung zu. Soweit demgegenüber eine Verwaltungseinheit selbst wegen tatsächlicher oder vermeintlicher Verletzung eigener Kompetenzen durch andere Verwaltungseinheiten ein gerichtliches Rechtsschutzverfahren anstrengt, handelt es sich – obzwar weiterhin eine externe, also Fremdkontrolle, doch – um einen endogenen Relationierungsmechanismus.[304] Die folgenden Ausführungen konzentrieren sich auf die verwaltungsendogenen Relationierungsmechanismen.

55

---

[299] Dazu nachfolgend Rn. 59 f.

[300] So mit Recht *Krebs*, Verwaltungsorganisation (Fn. 12), § 108 Rn. 51 (s. auch Rn. 52 a. E.) unter Bezugnahme auf *Wolff*, Verwaltungsrecht II (Fn. 12), § 77 II.

[301] Da und soweit die Inbezugsetzung zweier oder mehrerer Verwaltungseinheiten keineswegs stets im Wege der Koordination, der Gleichordnung, erfolgen muss, erscheint es unangebracht, die organisationsrechtlichen Inbezugsetzungsregeln pauschal als Koordinationsmechanismen zu bezeichnen; statt Koordination wird der neutralere, namentlich auch die Kooperation und Subordination umfassende Begriff der Relationierung verwendet.

[302] Vgl. stellvertretend *Weber*, Verwaltungsorganisation (Fn. 80), S. 277. – Zur Zuständigkeit oben Rn. 42 ff.

[303] Ungeachtet der Subjektivierung der Rechtsordnung spielt die verwaltungsorganisationsrechtliche Zuordnung bei einzelnen Sachentscheidungsvoraussetzungen einer verwaltungsgerichtlichen Klage (namentlich bei der Beteiligtenfähigkeit gem. § 61 VwGO, der Prozessfähigkeit gem. § 62 VwGO und dem richtigen Klagegegner [der passiven Prozessführungs- oder Beklagtenbefugnis] gem. § 78 VwGO) eine Rolle; dazu näher *Burgi*, Verwaltungsorganisationsrecht (Fn. 10), § 8 Rn. 50 f.

[304] Vgl. Rn. 63. – Eine verwaltungsexogene Beziehungsregelung ist folglich nicht mit Fremdsteuerung oder -kontrolle und eine verwaltungsendogene Beziehungsregelung nicht mit Eigensteuerung und Eigenkontrolle gleichzusetzen.

2. Horizontale und vertikale Relationierungsmechanismen

56 Idealtypisch lassen sich des Weiteren die organisationsrechtlichen Relationierungsmechanismen einteilen in solche, die ein hierarchisch-einseitiges Verhältnis der Subordination zum Ausdruck bringen (vertikale Relationierungs- oder auch **Subordinationsmechanismen**), und in solche, durch die sich ein gleichberechtigt-zweiseitiges Verhältnis der Koordination auszeichnet (horizontale Relationierungs- oder auch **Koordinationsmechanismen**).[305] Freilich ist zu beachten, dass im identischen organisationsrechtlichen Verhältnis nebeneinander vertikale und horizontale Instrumente zum Einsatz kommen, ja in vielfältiger Weise kombiniert sein können.[306] Darüber hinaus ist der vorwiegend heuristische Charakter der Alternative in Rechnung zu stellen. So lassen sich manche organisationsrechtlichen Inbezugsetzungsmechanismen wie etwa das Mandat oder die Delegation[307] nicht ohne Rest der einen oder der anderen Seite zuschlagen; Rubrizierungsprobleme werfen gerade neuere Instrumente wie die Zielvereinbarungen auf, die fraglos koordinationsrechtlich fundiert sind, aber – und zwar nicht nur, soweit deren Abschluss und wesentliche Inhalte rechtlich zwingend vorgegeben sind – nicht dem Ideal gleichberechtigter Kooperation entsprechen.[308]

II. Vertikale Inbezugsetzung

57 Die maßgeblichen (verwaltungsendogenen) Komponenten vertikaler Inbezugsetzung von Verwaltungseinheiten stellen auf der einen Seite die Organisationsgewalt und auf der anderen Seite die Aufsicht dar.

1. Organisationsgewalt

58 Unter der Organisationsgewalt versteht man die Rechtsmacht zur Gründung und Auflösung sowie zur (Aus-)Gestaltung der jeweiligen Organisationsein-

---

[305] Zugrunde gelegt ist hier ein Verständnis von Subordination, wie es *Hans J. Wolff* formuliert hat (Verwaltungsrecht II [Fn. 12], § 77 I vor a [ohne die Hervorhebungen im Original]): „Organisationsrechtlich bedeutet ‚Überordnung' die rechtliche Möglichkeit eines Organs bzw. Amts, seinen Willen gegenüber dem untergeordneten Glied, Organ bzw. Amt unbedingt oder bedingt durchzusetzen; ‚Unterordnung' die rechtliche Pflicht, amtliche Anordnungen aller Art oder nur solche gesetzlich bestimmter Art befolgen oder lediglich die Aufhebung einer Entscheidung durch das übergeordnete Organ hinnehmen zu müssen."

[306] So macht ein vertikaler Relationierungsmechanismus wie etwa der Selbsteintritt das betreffende organisationsrechtliche Verhältnis *insofern*, d.h. im Umfange seiner örtlichen, sachlichen und zeitlichen Reichweite zu einem der Subordination; nicht vorausgesetzt wird damit (und schon gar nicht dadurch bewirkt), dass sich das Verhältnis zwischen den beteiligten Organisationseinheiten *im Ganzen* als hierarchisches oder subordinationsrechtliches kennzeichnen lässt; daher bestehen aus hiesiger Sicht auch keine Vorbehalte dagegen, beispielsweise Rechtsaufsichtsverhältnisse gegenüber Selbstverwaltungsträgern als hierarchisch-vertikale zu rubrizieren. Sowohl Leitungs- als auch bloße Kontrollrechte markieren, soweit sie nur einseitig ausgeübt werden können, vertikale Relationierungsinstrumente. Auch hier ist folglich die Relativität der organisationsrechtswissenschaftlichen Klassifikation zu beachten (oben Rn. 14 ff.). – Zu kooperativen Momenten im Recht der Aufsicht etwa *Kahl*, Staatsaufsicht (Fn. 63), S. 472 ff., 518 ff. m. zahlreichen N.; bereits die zumeist nur punktuelle Wirkung vertikaler Steuerungsmittel bedingt, dass deren Einsatz häufig begleitet werden muss durch eher als horizontal einzustufende Mittel; so stehen Subordinations- und Koordinationsmechanismen nicht selten in einem Verhältnis wechselseitiger Ergänzung.

[307] Zu beiden vorstehend Rn. 48.

[308] Dazu vgl. stellvertretend m. w. N. *Wolff/Bachof/Stober/Kluth*, VerwR II, § 83 Rn. 198.

E. Beziehungsgefüge zwischen Organisationseinheiten

heit(en). Davon umfasst ist die Errichtung und Einrichtung sowie die Bestimmung der Struktur, der Anzahl und der (auch Ein- oder Aus-)Gliederung von (Unter-)Einheiten sowie die Aufgabenzuweisung, d.i. die Begründung von Zuständigkeiten, und der Sitz.[309] Sie zählt, neben Personal-, Sachentscheidungs- und Haushaltsgewalt, zu den Komponenten der so genannten Leitungsgewalt.[310] Wer Träger (welches Teils) der Organisationsgewalt ist,[311] ist nicht nur je nach Organisationseinheit, sondern in weitem Umfange auch nach der in Aussicht genommenen Maßnahme differenziert zu bestimmen und in erheblichem Maße – so namentlich im Blick auf die bundesstaatliche Kompetenzverteilung, die demokratische Legitimation, den institutionellen Vorbehalt des Gesetzes oder allfällige Selbstverwaltungsgarantien – verfassungsrechtlich determiniert.[312] Die Organisationsgewalt kann in Gestalt der Auflösung einer Organisationseinheit als ultima ratio der Aufsicht aktualisiert werden.

2. Aufsicht

So unterschiedlich die Begriffsverständnisse und Verwendungskontexte auch sind, sosehr herrscht doch Einigkeit darüber, dass die Aufsicht ein einseitiges und damit subordinationsrechtliches Mittel „der Einwirkung auf eine Organisation zum Zwecke der Zielerreichung"[313] darstellt, welches sich aus den drei, idealtypisch aufeinander folgenden Phasen des Beobachtens, des Prüfens und des berichtigenden Einschreitens zusammensetzt.[314] Die Aufsicht kann ein Medium sein sowohl der umfassenden **Leitung** (namentlich im behördlichen Instanzenzug) als auch der bloßen, eine gewisse Eigenverantwortlichkeit der Aufgabenwahrnehmung durch den Beaufsichtigten voraussetzenden **Kontrolle**.[315] Umso wichtiger ist es, zunächst zwischen den positivrechtlichen und den rechtswissenschaftlichen Begriffen der Aufsicht zu trennen[316] und sodann namentlich im Blick auf letztere die unterschiedlichen Verwendungskontexte und die daran gebundenen Begriffsverständnisse herauszupräparieren. Im Zusammenhang verwaltungsorganisationsrechtlicher Binnenbeziehungen scheidet die so genannte Wirtschaftsaufsicht als nicht auf das Verhalten einer Verwaltungseinheit gerichtet aus den weiteren Betrachtungen aus.[317] Anknüpfend an die Unterscheidung von

59

---

[309] Nach wie vor grundlegend: *Ernst-Wolfgang Böckenförde*, Die Organisationsgewalt im Bereich der Regierung, 1964 (2. Aufl. 1998). Vgl. des Weiteren *Schnapp*, Theorie (Fn. 65), S. 261 ff., 267 ff.; *Hermann Butzer*, Zum Begriff der Organisationsgewalt, DV, Bd. 27 (1994), S. 157 ff.; *Dodo Traumann*, Die Organisationsgewalt im Bereich der bundeseigenen Verwaltung, 1998; *Wolff/Bachof/Stober/Kluth*, VerwR II, § 81 Rn. 1 ff., bes. 8.
[310] Dazu näher *Wolff/Bachof/Stober/Kluth*, VerwR II, § 83 Rn. 146 ff., bes. 148.
[311] Als verwaltungs*endogener* Subordinationsmechanismus ist die Ausübung der Organisationsgewalt nur außerhalb der – freilich im hiesigen Kontext beträchtlichen – Reichweite des Vorbehalts des Gesetzes zu betrachten.
[312] Eingehend zu den Grundsätzen der Zuordnung von Organisationsgewalt: *Ulrich Hufeld*, Die Vertretung der Behörde, 2003, S. 250 ff. m.w.N.; *Wolff/Bachof/Stober/Kluth*, VerwR II, § 81 Rn. 20–96.
[313] Zitat: *Kahl*, Staatsaufsicht (Fn. 63), S. 356. Aus dem Blickwinkel der Verantwortung lässt sich Aufsicht charakterisieren als ein einseitig eingesetztes Mittel der Einwirkung auf eine Organisation aus Gründen der Verantwortung des Beaufsichtigenden für die ordnungsgemäße Aufgabenerledigung (vgl. ähnlich *Freitag*, Beleihungsrechtsverhältnis [Fn. 148], S. 153).
[314] Dazu *Kahl*, Staatsaufsicht (Fn. 63), S. 353 ff., 415, 421 u. ö. m.w.N.
[315] Wie hier etwa *Kluth*, Selbstverwaltung (Fn. 207), S. 271 f.; ihm folgend *Kahl*, Staatsaufsicht (Fn. 63), S. 357 f. m. w. N.; tendenziell anders aber *Burgi*, Verwaltungsorganisationsrecht (Fn. 10), § 8 Rn. 41.
[316] Vorbildlich insoweit *Kahl*, Staatsaufsicht (Fn. 63), S. 350 ff., 353 ff.
[317] Zur Wirtschaftsaufsicht eingehend *Kahl*, Staatsaufsicht (Fn. 63), S. 364 ff., 366 ff. m. zahlreichen N.

§ 14 Grundbegriffe des Verwaltungsorganisationsrechts

Verwaltungseinheiten mit Trägereigenschaft und solchen ohne[318] kann die so genannte **Verwaltungsaufsicht** (sog. Staatsaufsicht im engeren Sinne) im Sinne einer Verbands- oder Körperschaftsaufsicht von der **Organ- oder Behördenaufsicht** unterschieden werden; im Blick auf die Aufsichtsbeziehung zwischen den Hauptverwaltungsträgern Bund und Land spricht man von Bundesaufsicht (vgl. Art. 84 Abs. 3 S. 1, Art. 85 Abs. 4 S. 1 GG, s. auch Art. 37, Art. 93 Abs. 1 Nr. 3 GG), im Verhältnis der Europäischen Union zu den Mitgliedstaaten von Unionsaufsicht (vgl. bes. Art. 17 Abs. 1 S. 1 EUV).[319] Unterfälle der Verwaltungsaufsicht als Aufsicht über rechtlich verselbstständigte Verwaltungseinheiten markieren einerseits die Aufsicht über Beliehene und andererseits die Kommunalaufsicht. Nicht zur Organ- oder Behördenaufsicht rechnet demgegenüber die Dienstaufsicht, soweit damit eine Personalaufsicht gemeint ist.[320] Gleichsam als Substitut der – fehlenden – Aufsicht über privatrechtsförmige Verwaltungseinheiten wird die so genannte Einwirkungspflicht des jeweiligen Muttergemeinwesens betrachtet.[321]

60 Es existiert eine Bandbreite unterschiedlicher Aufsichtsmittel, Aufsichtsmodi und Aufsichtsintensitäten. Nach dem Maßstab der Aufsicht lässt sich insbesondere die auf die Rechtmäßigkeit des zu beaufsichtigenden Verhaltens beschränkte **Rechtsaufsicht**[322] von der weitergehenden, auch die Zweckmäßigkeit einbeziehenden **Fachaufsicht**[323] unterscheiden.[324] In Bezug auf den Zeitpunkt wird zwischen der **präventiven,** vorgängigen Aufsicht[325] und der **repressiven,** nachlaufenden Aufsicht differenziert; wiewohl trennbar, werden präventive Aufsichtselemente nicht selten mit repressiven kombiniert.[326] Aufsichtsmittel sind, zwar geordnet nach Intensität, aber im Übrigen ohne jeden Anspruch auf Vollständigkeit,[327] das Auskunftsverlangen (z.B. in Gestalt von Berichtspflichten oder Aktenvorlagepflichten),[328] die Beanstandung,[329] die Aufhebung der erfolg-

---

[318] Dazu oben Rn. 23 f.
[319] Zu letzterer *Kahl,* Staatsaufsicht (Fn. 63), S. 399 ff.
[320] Wie hier etwa *Kahl,* Staatsaufsicht (Fn. 63), S. 394; *Burgi,* Verwaltungsorganisationsrecht (Fn. 10), § 8 Rn. 44. Nicht selten wird aber – terminologisch unglücklich – selbst in der Gesetzessprache unter der „Dienstaufsicht" die Aufsicht über „den Aufbau, die innere Ordnung, die allgemeine Geschäftsführung und die Personalangelegenheiten der Behörde" (so § 11 LOG NW; vgl. auch *Krebs,* Verwaltungsorganisation [Fn. 12], § 108 Rn. 51) verstanden; mit Ausnahme der Personalangelegenheiten, über die der Dienstvorgesetzte die Aufsicht ausübt, zählen sämtliche Gegenstände zu der hier Organ- oder Behördenaufsicht genannten Variante der Aufsicht (wie hier bereits *Wolff,* Verwaltungsrecht [Fn. 12], § 77 II b 4).
[321] Stellvertretend: *Dreier,* Verwaltung (Fn. 20), S. 258 f.; *Gersdorf,* Unternehmen (Fn. 145), S. 223 ff. m.w.N.
[322] Beispiele: Art. 109 Abs. 1 BayGO, Art. 95 Abs. 1 BayLKrO. → Bd. I *Groß* § 13 Rn. 102 f.
[323] Beispiele: Art. 109 Abs. 2 BayGO, Art. 95 Abs. 2 BayLKrO. – Eingehend zur Fachaufsicht *Thomas Groß,* Was bedeutet „Fachaufsicht"?, DVBl 2002, S. 793 ff. → Bd. I *Groß* § 13 Rn. 99 f.
[324] Je nach Aufgabenkreis wird diese auch Sonderaufsicht genannt, vgl. § 116 Abs. 2 GO NW.
[325] Vgl. etwa den Genehmigungsvorbehalt gemäß § 6 BauGB oder § 16 Abs. 2 S. 2 KrW-/AbfG.
[326] Auch die sog. mitlaufende Verwaltungskontrolle (dazu stellvertretend *Burgi,* Verwaltungsorganisationsrecht [Fn. 10], § 8 Rn. 46) beruht letztlich nicht auf einer dritten Aufsichtart neben Präventiv- und Repressivaufsicht, sondern auf einer Kombination von präventiven und repressiven Aufsichtselementen.
[327] Die nachfolgende Aufzählung orientiert sich an *Burgi,* Verwaltungsorganisationsrecht (Fn. 10), § 8 Rn. 45. Ein ausführlichere Aufzählung findet sich bei *Wolff,* Verwaltungsrecht (Fn. 12), § 77 II d.
[328] Beispiele im Rahmen der Bundesaufsicht: Art. 85 Abs. 4 S. 2 GG; im Rahmen der Verwaltungsaufsicht (hier: Kommunalaufsicht): Art. 111 BayGO, Art. 97 BayLKrO.
[329] Beispiele: Art. 112 BayGO, Art. 98 BayLKrO.

E. Beziehungsgefüge zwischen Organisationseinheiten

los beanstandeten Maßnahme,[330] der Selbsteintritt,[331] die Einsetzung eines Staatsbeauftragten[332] und die aufsichtsbehördliche Auflösung von Vertretungen auf Körperschaftsebene. Namentlich bei der Rechtsaufsicht über das Verhalten kommunaler Verwaltungseinheiten im eigenen Wirkungskreis bedarf die Zuweisung von Aufsichtsmitteln einer gesetzlichen Grundlage.[333] Grundsätzlich ist der Einsatz der Aufsichtsmittel – entsprechend ihrer Intensität – am Grundsatz der Verhältnismäßigkeit zu orientieren.[334] Welche Mittel in den Aufsichtsverhältnissen Anwendung finden dürfen oder sogar müssen, kann schon aufgrund der sehr unterschiedlichen Einwirkungen verfassungsrechtlicher Anforderungen – wie des Gebotes demokratischer Legitimation oder bundesstaatlicher Abschichtungen, wie der Gewährleistungen kommunaler oder funktionaler Selbstverwaltung – nicht in verallgemeinerungsfähiger Form beantwortet werden.

III. Horizontale Inbezugsetzung

1. Mittel horizontaler Koordination

Verwaltungseinheiten funktionieren nicht als isolierte oder gar autarke Funktionseinheiten. Sie sind, gleichgültig auf welcher Stufe, ob über- oder untergeordnet, in vielfältiger Weise auf Kooperation und Koordination mit anderen Verwaltungseinheiten angewiesen. Mittel horizontaler Inbezugsetzung von Verwaltungseinheiten stellen beispielsweise das Einvernehmen (Zustimmung)[335] und das Benehmen,[336] die Zusammenarbeitspflicht[337] und die Beteiligung,[338] die Amts-[339] und Vollzugshilfe, aber auch und gerade neuere Formen wie Zielvereinbarungen, das Kontraktmanagement und die Bildung eines Organisationsverbundes dar. **61**

2. Regulativ horizontaler Koordination: Die Pflicht zu organ(isations)freundlichem Verhalten

Zwecks Sicherung der Funktionsfähigkeit des Systems kompetenzteiliger Verwaltung besteht – auch ohne ausdrückliche Anordnung – die sämtliche Ver- **62**

---

[330] Vgl. auch den (Sonder-)Fall der Aufhebung der Ausgangsentscheidung durch die Widerspruchsbehörde bei Nichtabhilfe durch die Ausgangsbehörde gem. § 73 Abs. 1 S. 2 Nr. 1 VwGO.
[331] Beispiele: Art. 113 BayGO, Art. 99 BayLKrO; weitere Beispiele oben Rn. 45.
[332] Beispiele: Art. 84 Abs. 3 S. 2, Art. 85 Abs. 4 S. 2 GG, Art. 114 BayGO, Art. 100 BayLKrO.
[333] Soweit ein Schluss a maiore ad minus möglich ist, d.h. ein ausdrücklich zugewiesenes Aufsichtsmittel seiner Intensität nach ein anderes, minder intensives einschließt, so kann sich die Aufsichtsbehörde auch des milderen Mittels bedienen. Darüber hinaus schließt die Ermächtigung zum Gebrauch eines Aufsichtsmittels die notwendigerweise mitgedachten Vorbereitungshandlungen mit ein; so wird einer Aufsichtsbehörde, wenn und soweit sie prüfen und gegebenenfalls berichtigend einschreiten soll, auch ein Recht auf Information oder doch Informationserhebung zugestanden werden den müssen.
[334] Näher *Kahl*, Staatsaufsicht (Fn. 63), S. 552 f., 553 ff. m. w. N., der vom „Grundsatz der abgestuften Intervention" und dem „Vorrang der Eigenaufsicht" spricht.
[335] Beispiele: § 64 Abs. 3 AuslG, § 36 Abs. 1 BauGB, § 34 FlurbG, § 9 Abs. 2 FStrG, § 45 Abs. 1b S. 2 StVO.
[336] Z. B. § 7 S. 3, § 37 Abs. 3 S. 3 BauGB, § 5 Abs. 4 S. 4 FStrG.
[337] Beispielsweise Art. 9 Abs. 1 BayPOG.
[338] Etwa § 8 Abs. 5 BNatSchG.
[339] Zur Amtshilfe oben Rn. 49.

§ 14 Grundbegriffe des Verwaltungsorganisationsrechts

waltungseinheiten treffende Pflicht zu organ- respektive organisationsfreundlichem Verhalten.³⁴⁰ Denn ihrer bedarf es, damit – ungeachtet oder vielleicht besser: gerade angesichts der Funktionenteilung und Funktionenvielfalt – sowohl das Ganze wie auch dessen (organisatorische) Glieder je für sich die zugewiesenen Zuständigkeiten wahrnehmen können. Die Pflicht zu organ- respektive organisationsfreundlichem Verhalten fungiert somit als Gewährleistung dafür, dass die (auch rechtliche) Problemlösungskapazität staatlicher Verwaltung nicht gefährdet, sondern ganz im Gegenteil erhöht wird durch die organisatorische Komplexitätssteigerung kraft funktioneller Ausdifferenzierung. Darin ist sie das zentripetale Korrelat der tendenziell zentrifugal wirkenden Ausdifferenzierung der Zuständigkeitsordnung.³⁴¹ Die Pflicht zu aufeinander abgestimmter Wahrnehmung der den unterschiedlichen Verwaltungseinheiten zugewiesenen Kompetenzen wirkt sich namentlich auf das Procedere aus und macht auch nicht vor hierarchisch strukturierten Verhältnissen halt.

IV. Der Verwaltungsprozess als verwaltungsendogen einsetzbares Mittel externer Verwaltungskontrolle

63 „Gerichtsschutz für Verwaltungseinheiten ist […] Schutz für apersonale Rechtsstellungen und eine Instrumentalisierung der Gerichtsbarkeit für eine Konfliktbereinigung innerhalb der Verwaltung."³⁴² Wiewohl der Verwaltungsprozess ein **verwaltungsexternes** Medium der Überwachung und Sicherstellung des verwaltungsorganisationsrechtlichen (Binnen-)Gefüges darstellt, kann er doch in dem Maße, in dem Verwaltungseinheiten rechtlich befähigt sind, die Einhaltung ihres Zuständigkeitskreises auch gerichtlich durchzusetzen, von der Verwaltung selbst – genauer: den betroffenen Verwaltungseinheiten – in Gang gesetzt werden.³⁴³ Wann einer Verwaltungseinheit gegenüber einer anderen Verwaltungseinheit ein subjektives Recht und damit im Falle seiner Verletzung die Klagebefugnis zusteht, kann nicht pauschal, noch nicht einmal ohne weiteres für bestimmte Gruppen von Organisationseinheiten einheitlich beantwortet werden, sondern hängt maßgeblich davon ab, ob eine Rechtsstellung derart einem Träger zugeordnet ist, dass dieser insoweit als Zurechnungsendsubjekt gelten darf.³⁴⁴ Zumeist, aber eben nicht in jeder Relation gilt dies im Verhältnis von

---

³⁴⁰ Zur Begründung und zur Wirkungsweise gilt hier, mutatis mutandis, dasselbe wie für das Gebot bundesfreundlichen Verhaltens, die sog. Bundestreue (zu ihr: *Matthias Jestaedt*, Bundesstaat als Verfassungsprinzip, in: HStR II, § 29 Rn. 73 m.w.N.).

³⁴¹ Schließlich markiert die Zuständigkeitsteilung keinen Selbstzweck; sie richtet sich weder ausschließlich noch primär auf die Hemmung staatlicher Macht; nicht minder wichtig ist im Blick auf die Funktionengliederung auch und gerade die Nutzung der vielfältigen Vorteile arbeitsteiliger Aufgabenerledigung.

³⁴² Zitat: *Krebs*, Verwaltungsorganisation (Fn. 12), § 108 Rn. 55. Entsprechend *Burgi*, Verwaltungsorganisationsrecht (Fn. 10), § 8 Rn. 54: „Die Gerichte werden dadurch zur Konfliktbereinigung innerhalb der Verwaltungsorganisation herangezogen."

³⁴³ Infolge der Rechtswegzuweisung gemäß § 40 Abs. 1 S. 1 VwGO können hier indes wiederum nur öffentlichrechtliche Fragestellungen Gegenstand der Kontrolle sein. Soweit Verwaltungseinheiten privatrechtsförmig handeln, steht nicht der Rechtsweg zu den Verwaltungsgerichten, sondern zu den ordentlichen Gerichten offen.

³⁴⁴ Dazu oben Rn. 20 f. – Das ist der Grund, warum berechtigterweise die Aussage aufgestellt wird, dass für Verwaltungseinheiten, die in hierarchische Entscheidungszüge eingegliedert sind, prinzipiell keine gerichtlich durchsetzbare Organrechtsstellung bestehe, indes die weisungsfreie Funk-

Verwaltungsträgern untereinander (sog. **Außenrechtsstreit**),[345] während dies im Streit von Verwaltungseinheiten innerhalb eines Verwaltungsträgers, dem so genannten **Innenrechtsstreit**,[346] genau umgekehrt liegt.[347]

Ausgewählte Literatur

Burgi, Martin, Funktionale Privatisierung und Verwaltungshilfe. Staatsaufgabendogmatik – Phänomenologie – Verfassungsrecht, Tübingen 1999.
– Verwaltungsorganisationsrecht, in: Erichsen/Ehlers (Hrsg.), VerwR, §§ 7–10.
Ehlers, Dirk, Verwaltung in Privatrechtsform, Berlin 1984.
Freitag, Oliver, Das Beleihungsrechtsverhältnis. Rahmen, Begründung, Inhalt, Baden-Baden 2004.
Fügemann, Malte W., Zuständigkeit als organisationsrechtliche Kategorie, München 2004.
Groß, Thomas, Das Kollegialprinzip in der Verwaltungsorganisation, Tübingen 1999.
– Was bedeutet „Fachaufsicht"?, DVBl 2002, S. 793–800.
Guttenberg, Ulrich, Weisungsbefugnisse und Selbsteintritt. Eine verwaltungsorganisationsrechtliche Untersuchung, Berlin 1992.
Hoffmann-Riem, Wolfgang, Organisationsrecht als Steuerungsressource. Perspektiven der verwaltungsrechtlichen Systembildung, in: Schmidt-Aßmann/Hoffmann-Riem (Hrsg.), Verwaltungsorganisationsrecht, S. 355–395.
Hufeld, Ulrich, Die Vertretung der Behörde, Tübingen 2003.
Kahl, Wolfgang, Die Staatsaufsicht. Entstehung, Wandel und Neubestimmung unter besonderer Berücksichtigung der Aufsicht über die Gemeinden, Tübingen 2000.
Kluth, Winfried, Grundlagen und Grundbegriffe des Verwaltungsorganisationsrechts, in: Wolff/Bachof/Stober/Kluth, VerwR II, §§ 79–83, S. 207–439.
Krebs, Walter, Verwaltungsorganisation, in: HStR V, § 108.
– Neue Bauformen des Organisationsrechts und ihre Einbeziehung in das Allgemeine Verwaltungsrecht, in: Schmidt-Aßmann/Hoffmann-Riem (Hrsg.), Verwaltungsorganisationsrecht, S. 339–354.
Mann, Thomas, Die öffentlich-rechtliche Gesellschaft. Zur Fortentwicklung des Rechtsformenspektrums für öffentliche Unternehmen, Tübingen 2002.
Merkl, Adolf J., Allgemeines Verwaltungsrecht, Wien und Berlin 1927 (Neudruck Wien 1999).
Oebbecke, Janbernd, Mehrfachzuständigkeiten in der Verwaltung als Verfassungsproblem, in: FS Walter Stree und Johannes Wessels, Heidelberg 1993, S. 1119–1134.
Raschauer, Bernhard, Allgemeines Verwaltungsrecht, 3. Aufl., Wien und New York 2009.
Ruffert, Matthias, Interessenausgleich im Verwaltungsorganisationsrecht, DÖV 1998, S. 897–907.
Schmidt-Aßmann, Eberhard, Verwaltungsorganisationsrecht als Steuerungsressource, in: ders./Hoffmann-Riem (Hrsg.), Verwaltungsorganisationsrecht, S. 9–63.
Schnapp, Friedrich E., Dogmatische Überlegungen zu einer Theorie des Organisationsrechts, AöR, Bd. 105 (1980), S. 243–278.
Stettner, Rupert, Grundfragen einer Kompetenzlehre, Berlin 1983.
Trute, Hans-Heinrich, Funktionen der Organisation und ihre Abbildung im Recht, in: Schmidt-Aßmann/Hoffmann-Riem (Hrsg.), Verwaltungsorganisationsrecht, S. 249–295.
Wahl, Rainer, Privatorganisationsrecht als Steuerungsinstrument bei der Wahrnehmung öffentlicher Aufgaben, in: Schmidt-Aßmann/Hoffmann-Riem (Hrsg.), Verwaltungsorganisationsrecht, S. 301–338.
Weber, Werner, Verwaltungsorganisation, in: Erwin v. Beckerath u.a. (Hrsg.), Handbuch der Sozialwissenschaften, Bd. 11, Stuttgart, Tübingen und Göttingen 1961, S. 276–281.

---

tionswahrnehmung grundsätzlich für die Annahme gerichtlich durchsetzbarer Organrechtsstellungen streite (so namentlich *Krebs,* Verwaltungsorganisation [Fn. 12], § 108 Rn. 58; ähnlich *Burgi,* Verwaltungsorganisationsrecht [Fn. 10], § 8 Rn. 55).

[345] Ohne Einschränkung wohl *Burgi,* Verwaltungsorganisationsrecht (Fn. 10), § 8 Rn. 52.
[346] Den praktisch bedeutsamsten Unterfall markiert der sog. Kommunalverfassungsstreit. Dazu *Walter Krebs,* Rechtsprobleme des Kommunalverfassungsstreits, VerwArch, Bd. 68 (1977), S. 189 ff. – Zu den verwaltungsprozessualen Folgeproblemen bei der Option für die Statthaftigkeit eines Innenrechtsstreits: *Krebs,* Verwaltungsorganisation (Fn. 12), § 108 Rn. 59 m.w.N.
[347] Näher dazu *Burgi,* Verwaltungsorganisationsrecht (Fn. 10), § 8 Rn. 53–55 m.w.N.

§ 14 Grundbegriffe des Verwaltungsorganisationsrechts

Wolff, Hans J., Organschaft und Juristische Person. Untersuchungen zur Rechtstheorie und zum öffentlichen Recht, Erster Band: Juristische Person und Staatsperson. Kritik, Theorie und Konstruktion, Berlin 1933; Zweiter Band: Theorie der Vertretung. Stellvertretung, Organschaft und Repräsentation als soziale und juristische Vertretungsformen, Berlin 1934.
– *Bachof, Otto*, Verwaltungsrecht II, 4. Aufl., München 1976.

§ 15 Verfassungsrechtliche Vorgaben der Verwaltungsorganisation

Hinnerk Wißmann

Übersicht

	Rn.
A. Verwaltungsorganisation als Gegenstand des Verfassungsrechts	1
I. Die Verfassungsordnung in verwaltungsrechtswissenschaftlicher Perspektive	2
II. Verwaltung und Verwaltungsorganisation als Begriffe des Verfassungsrechts	4
III. Zur Verschränkung von Verfassung und Verwaltungsorganisation	6
B. Freiheits- und Aufgabenordnung	9
I. Staatsaufgaben	10
1. Verfassungsrechtliches Aufgabenverständnis	10
2. Verfassungsrechtliche Aufgabenzuweisungen an die Verwaltung	12
3. Verwaltungsorganisation im Gewährleistungsstaat	14
II. Schutz und Entfaltung der Grundrechte	15
C. Verfassungsrechtliche Kompetenzordnung	19
I. Die vertikale Aufgliederung der Verwaltung	20
1. Supranationale Verwaltungskompetenzen	20
2. Bund und Bundesländer	25
3. Kommunale Selbstverwaltung und örtliche Verwaltungszuständigkeit	29
II. Verwaltungsorganisation in der horizontalen Funktionengliederung	33
1. Organisationsbefugnisse der Regierung	33
2. Institutioneller Gesetzesvorbehalt und Zugriffsrecht des Parlaments	35
3. Die Rolle des Haushaltsrechts	37
D. Gliederung der Verwaltung, Leitung und Kontrolle, Personal	39
I. Verwaltungsinstitutionen, Verwaltungsverbünde	40
1. Behördenlandschaft, Funktionale Selbstverwaltung	40
2. Verwaltungszusammenarbeit	43
II. Weisungsrechte, Fachaufsicht, Rechtsaufsicht	45
1. Interne Leitung: Grundsatz und Ausdifferenzierung	45
2. Leitungs- und Kontrollbefugnisse zwischen Verwaltungsträgern	47
III. Öffentlicher Dienst	50
1. Amt und Verwaltungsorganisation	50
2. Organstruktur	52
E. Staatsstrukturprinzipien	53
I. Rechtsstaatliche Verwaltungsorganisation	54
1. Gesetzmäßigkeit der Verwaltung	54
2. Funktionsgerechtigkeit, Formenwahl und Verantwortungsklarheit	56
3. Ausübung des Gewaltmonopols	58
II. Verwaltungsorganisation und Demokratieprinzip	59
1. Modellbildung und Grenzziehung	59
2. Demokratische Herrschaft im Gewährleistungsstaat	63
F. Die Bundesverwaltung nach dem GG	65
I. Gegenstand und Erscheinungsformen der Bundesverwaltung	66
II. Bundeseigene Verwaltung	68
1. Oberste Bundesbehörden – Ministerialverwaltung	68
2. Zentralstellen und Bundesoberbehörden	70
3. Nachgeordnete Bundesverwaltung	71
III. Mittelbare Bundesverwaltung	73
G. Schluss: Verwaltungsorganisation im Verfassungsstaat	74

Leitentscheidungen
Ausgewählte Literatur

A. Verwaltungsorganisation als Gegenstand des Verfassungsrechts

1   Der Geltungs- und Direktionsanspruch der Verfassung gilt auch für die Organisation der öffentlichen Verwaltung. Wenn das Verhältnis von **Verfassung und Verwaltungsorganisation** im Einzelnen betrachtet wird, verbirgt sich hinter diesem selbstverständlichen Ausgangspunkt allerdings ein komplexes Beziehungsgeflecht, das historisch, systematisch und rechtspolitisch von wechselseitigen Abhängigkeiten geprägt ist: Daher stellen sich Verfassung, Verwaltung und Verwaltungsorganisation in verwaltungsrechtswissenschaftlicher Perspektive **als aufeinander bezogene Begriffe** dar. Erst vor diesem Hintergrund, der hier zunächst zu entfalten ist, kann das Verfassungsrecht als tauglicher Maßstab für die Gestaltung der Verwaltungsorganisation herangezogen werden.

I. Die Verfassungsordnung in verwaltungsrechtswissenschaftlicher Perspektive

2   Die Verwaltungsrechtswissenschaft kann mit ihrem speziellen Erkenntnisinteresse, das auf die Bedingungen des Verwaltungshandelns gerichtet ist,[1] einen analytisch orientierten **Verfassungsbegriff** zugrunde legen: Zu den formal definierten Verfassungsgesetzen treten dann die sonstigen vorrangigen rechtlichen Regelungen hinzu, die den einfachen Gesetzgeber und die Exekutive in der Organisation der Verwaltung binden. Das hat zur Folge, dass „verfassungsrechtliche" Vorgaben als **Mehrebenensystem** zu erkennen sind, in dem supranationale, bundesstaatliche und länderstaatliche Elemente zusammenwirken.[2] Die entscheidende Verkopplung leistet dabei (in Art. 23 und 30 GG) das Bundesverfassungsrecht, das sich einer entsprechenden Schichtung des Verfassungsrechts bewusst öffnet.[3] Die weit ausgreifenden Rechtswirkungen des europäischen Primär- und Sekundärrechts können daher – ebenso wie die einschlägigen Kompetenzen der Bundesländer – mindestens aus verwaltungsrechtswissenschaftlicher Perspektive pragmatisch in ein System verfassungsrechtlicher Anforderungen an Verwaltung und Verwaltungsorganisation integriert werden.[4]

---

[1] → Bd. I *Voßkuhle* § 1 Rn. 7, 14 f.
[2] → Bd. I *Schmidt-Aßmann* § 5 Rn. 10 ff.
[3] In Hinblick auf die europäische Integration BVerfGE 89, 155 (182 ff.); 123, 267 (328 ff.). Es ist daran zu erinnern, dass das Grundgesetz von Anbeginn an auf die Grundregeln des föderalen Bundesstaats gegründet ist, also auf die Aufteilung organisatorischer Kompetenzen und die Anerkennung der Eigenstaatlichkeit der Bundesländer, vgl. BVerfGE 36, 342 (360 f.). Zur Eigenstaatlichkeit der Länder und den bundesstaatlichen Verschränkungen *Horst Dreier*, in: ders. (Hrsg.), GG II, Art. 28 Rn. 51 ff. Zur Rolle der Landesverfassungen *Richard Bartlsperger*, Das Verfassungsrecht der Länder in der gesamtstaatlichen Verfassungsordnung, in: HStR VI, § 128; *Stefan Oeter*, Integration und Subsidiarität im deutschen Bundesstaatsrecht, 1998, S. 17 ff. Zum Begriff des Mehrebenensystems vgl. *Utz Schliesky*, Souveränität und Legitimität von Herrschaftsgewalt, 2004, S. 474 ff. m. w. N.
[4] Dazu gehört dann insbesondere auch die Berücksichtigung der einschlägigen Judikatur, vgl. zum Verfassungsbegriff im europarechtlichen Kontext als Ausgangspunkt *EuGH*, Rs. 6/64, Slg. 1964, S. 1251 (1269); zur großzügigen Handhabung des Anwendungsvorrangs zuletzt BVerfGE 126, 286 (301 ff.); *Ingolf Pernice*, Europäisches und nationales Verfassungsrecht, VVDStRL, Bd. 60 (2001), S. 148 (156 ff.); *Christoph Grabenwarter*, ebd., S. 290 (292 ff.), mit Bezug auf die Rolle der EMRK; *Christoph Möllers*, Verfassungsgebende Gewalt – Verfassung – Konstitutionalisierung, in: v. Bogdandy/Bast

A. Verwaltungsorganisation als Gegenstand des Verfassungsrechts

Damit potentiell konfligierende Vorstellungen, die von der vorfindlichen Einheit eines organischen (National-)Staats ausgehen, müssen demgegenüber schon wegen der von der Verfassung grundgelegten Rechtlichkeit des Staates, die eben auch die gegenseitige Anerkennung rechtlicher Bindung zwischen den genannten Handlungs- und Regelungsebenen aufnimmt, zurücktreten.[5] Aus den gleichen Gründen kann freilich die europäische Rechtsintegration ebensowenig einen neuen, abschließenden Letzt-Bezug des Verwaltungshandelns bilden.

Allerdings ist Verfassungsrecht auch in verwaltungsrechtswissenschaftlicher Perspektive nicht einfach unreflektiert „vorrangiges Recht". Die Frage nach verfassungsrechtlichen Vorgaben intendiert vielmehr auch für den vorliegenden Zusammenhang, dass es mit der Verfassung eine **übergreifende Ordnungsvorstellung** gibt, die dem alltäglichen Plebiszit über das Gelingen der Verwaltung und kleinteiligen Anpassungen unter dem Topos einer dauernden „Verwaltungsreform" entzogen ist. Die Verfassung legt – auch jenseits einer übersteigerten, wirklichkeitsfremden Überhöhung – über den Tag hinausreichende Maßstäbe fest, die in direktem Zusammenhang mit dem Ziel des demokratischen Rechtsstaats stehen, Verlässlichkeit und Gestaltungskraft zu verbinden.[6] Eine Öffnung des angestammten Verfassungsbegriffs, die die durch supranationale Verpflichtung eintretenden Beschränkungen staatlicher Souveränität bewältigen will, muss diesen großen, historisch gewachsenen und bewährten Anspruch aufnehmen und neu einlösen.[7]

3

Diese zentrale Anforderung an einen leistungsfähigen Verfassungsbegriff verstärkt sich noch durch die verschiedenartigen Funktionen der Verfassung. Wenn sie als **Rechtstext** Freiheiten und Kompetenzen verteilt, Grenzen setzt und Aufträge erteilt, dient sie als Grundlage konkreter Entscheidungen; bei ihrer „Anwendung" muss freilich stets das besondere Verhältnis von Verfassung und den Spielräumen des einfachen Rechts bzw. der politischen Gestaltung in den Blick

3a

(Hrsg.), Europäisches VerfR, S. 227 ff. Zur Unterscheidung des europarechtlichen Anwendungsvorrangs von einem umfassenden Geltungsvorrang *Werner Schroeder*, in: Streinz (Hrsg.), EUV/EGV, § 249 EG Rn. 36 ff.; vgl. *Thomas v. Danwitz*, Verwaltungsrechtssystem und europäische Integration, 1996, S. 109 ff.; aus Sicht des Europäischen Union s. das Gutachten des juristischen Dienstes des Rates, abgedruckt in BVerfGE 123, 267 (299 ff.); *Schliesky*, Souveränität (Fn. 3), S. 472 ff.

[5] Zur Debatte *Christoph Möllers*, Staat als Argument, 2000, S. 151 ff.; *Schliesky*, Souveränität (Fn. 3), S. 43 ff. Vgl. für die zugrunde liegenden Grundpositionen einerseits *Josef Isensee*, Staat, in: StL V, Sp. 133 (150) und (mit maßgeblicher Bezugnahme auf den historischen Verfassungsgeber) *Christian Hillgruber*, Der Nationalstaat in übernationaler Verflechtung, in: HStR II, § 32 Rn. 75 ff.; andererseits *Hesse*, Grundzüge, Rn. 5 f. Zum Ganzen *Rainer Wahl*, Internationalisierung des Staates, in: FS Alexander Hollerbach, 2001, S. 193 ff.

[6] *Ulrich Haltern*, Internationales Verfassungsrecht?, AöR, Bd. 128 (2003), S. 511 (532 ff.). Zur komplexen Funktion der Verfassung in Hinblick auf Verwaltungsrecht und Verwaltungsorganisation vgl. näher → Bd. I *Schmidt-Aßmann* § 5 Rn. 1 ff., 49 ff.

[7] Zur Debatte BVerfGE 123, 267 (347 f.); kritisch zur konkreten Rückbindung in den nationalen Verfassungskontext *Armin v. Bogdandy*, Prinzipien der Rechtsfortbildung im europäischen Rechtsraum, NJW 2010, S. 1 (2 ff.); *Christoph Schönberger*, Die Europäische Union zwischen „Demokratiedefizit" und Bundesstaatsverbot, Der Staat, Bd. 48 (2009), S. 535 ff.; *Erich Röper*, Der Souveränitäts- und Volksbegriff des Bundesverfassungsgerichts, DÖV 2010, S. 285 ff.; zustimmend *Josef Isensee*, Integrationswille und Integrationsresistenz des Grundgesetzes, ZRP 2010, S. 33 ff. Differenzierend *Christoph Ohler*, Herrschaft, Legitimation und Recht in der Europäischen Union, AöR, Bd. 135 (2010), S. 153 (179 ff.); zur praktischen Relevanz allerdings BVerfGE 126, 286 (305 ff.). Bereits früher *Pernice, Grabenwarter*, Verfassungsrecht (Fn. 4), sowie *Peter M. Huber, Gertrude Lübbe-Wolff*, ebd., S. 194 ff., 246 ff.; *Schliesky*, Souveränität (Fn. 3), S. 482 ff. Kritisch *Haltern*, Verfassungsrecht? (Fn. 6), S. 545 ff.

§ 15 Verfassungsrechtliche Vorgaben der Verwaltungsorganisation

genommen werden.[8] Zugleich ist die Verfassung ein über die konkreten Vorgaben hinaus geltendes **Leitbild**, das das dynamische Recht als Speicher von Rechtserfahrung und Grundanschauungen beeinflusst.[9] Diese umfassenden Querschnittsaufgaben der Verfassung prägen auch eine Untersuchung der verfassungsrechtlichen Vorgaben für die Verwaltungsorganisation.

II. Verwaltung und Verwaltungsorganisation als Begriffe des Verfassungsrechts

4 Das Verfassungsrecht stellt zwei Elemente zur Verfügung, um den Begriff der **Verwaltung**[10] zu bestimmen: Die Bindung staatlicher Funktionen an die Grundrechte (Art. 1 Abs. 3 GG) sowie die Abgrenzung der Verwaltung von „Gesetzgebung" und „Rechtsprechung" (etwa in Art. 1 Abs. 3 oder in Art. 20 Abs. 2 f. GG). Die – in der Praxis hoch umstrittene – Reichweite des Verwaltungsbegriffs folgt aus der Anordnung von Grundrechtsbindung und Funktionengliederung und verlangt insoweit eine Setzung: Wenn als erster Schritt eine umfassende Bindung aller Staatstätigkeit an die Grundrechte festgestellt wird, gilt dies ungeachtet einer vorgängigen Zuordnung zu einer bestimmten Funktion; die im Grundgesetz so genannte „vollziehende Gewalt" wird dann zum umfassenden Sammelbegriff für das Handeln staatlicher Rechtsträger neben den engeren Gegenständen Legislative und Judikative. Wenn hingegen zunächst materiell die Verwaltungsqualität eines bestimmten Staatshandelns zu bestimmen ist (für das dann wegen dieser Zuordnung Grundrechtsbindung eintritt), eröffnet sich die Möglichkeit, dass der Staat Akteur oder mindestens Beteiligter außerhalb der drei klassischen Staatsfunktionen (und ggf. außerhalb der Grundrechtsbindung) sein könnte. Im Folgenden wird angesichts dieser Alternative als Prämisse zugrunde gelegt, dass die **Bindung an die Grundrechte** das primäre, entscheidende Alleinstellungsmerkmal allen Staatshandelns formuliert, das als Rationalitätsmuster und Freiheitssicherung ungeachtet der substantiellen gegenseitigen Verwiesenheit von Staat und Gesellschaft und ungeachtet der funktionalen Integration staatlichen und privaten Handelns ausnahmslos gilt.[11]

4a Entscheidend für die Annahme einer grundrechtsgebundenen Verwaltungstätigkeit und Verwaltungsorganisation ist in der Konsequenz allein die **Beherr-**

---

[8] Überblick zu den Funktionen der Verfassung bei *Josef Isensee*, Staat und Verfassung, in: HStR II, § 15 Rn. 184 ff. m. w. N.; *Gunnar Folke Schuppert*, Rigidität und Flexibilität von Verfassungsrecht, AöR, Bd. 120 (1995), S. 32 (66 f.). Zu den gegenläufigen Rationalitäten aus der Praxis *Michael Gerhardt*, Verfassungsgerichtliche Kontrolle der Verwaltungsgerichtsbarkeit als Parameter der Konstitutionalisierung des Verwaltungsrechts, in: Trute/Groß/Röhl/Möllers (Hrsg.), Allgemeines Verwaltungsrecht, S. 735 (736 ff.). In Bezug auf die europäische Rechtsentwicklung *Huber*, Verfassungsrecht (Fn. 7), S. 199 ff. S. weiter → Rn. 6 ff.

[9] In Bezug auf die Verwaltungsorganisation *Eberhard Schmidt-Aßmann*, Rechtsstaat, in: HStR II, § 26 Rn. 79.

[10] Zum Folgenden → Bd. I *Möllers* § 3 Rn. 4 f., *Poscher* § 8 Rn. 56 ff., *Hoffmann-Riem* § 10 Rn. 38 ff., *Groß* § 13 Rn. 6 ff. Zur Problematisierung des Verwaltungsbegriffs näher *ders.*, Die öffentliche Verwaltung als normative Konstruktion, in: Trute/Groß/Röhl/Möllers (Hrsg.), Allgemeines Verwaltungsrecht, S. 349 ff.

[11] So dem Grunde nach auch *Bernhard Kempen*, Grundrechtsverpflichtete, in: HGR II, § 54 Rn. 37 ff. Nunmehr wie hier auch *BVerfG*, NJW 2011, S. 1201 (1202).

A. Verwaltungsorganisation als Gegenstand des Verfassungsrechts

schung eines Rechtsträgers: Wo staatliche Akteure entscheidende Bestimmungsmacht ausüben, tritt Grundrechtsbindung ein.[12] Dies gilt – um mit dem Grundsatz der Formenwahlfreiheit[13] keine Flucht aus den Grundrechten zu verbinden – unabhängig von der jeweiligen rechtlichen Verfasstheit und etwaigen besonderen Befugnissen oder Privilegien.[14] Umstritten ist diese Zuordnung vor allem für den Bereich der **gemischtwirtschaftlichen Unternehmen**, an denen auch private Akteure beteiligt sind. Zunächst ist insoweit in jedem Fall eine Zuordnung für das Unternehmen im Ganzen erforderlich; eine Aufsplittung in einen grundrechtsgebundenen staatlichen Teil und einen grundrechtsberechtigten privaten Teil ist für den Rechtsverkehr untauglich.[15] In der Sache selbst muss auch hier gelten: Wenn Unternehmen unter staatlicher Beherrschung stehen, tritt Grundrechtsbindung ein.[16] Die Grundrechtsposition der privaten Minderheits-

---

[12] Wie hier (Vorauflage Rn. 4) nunmehr eindeutig auch *BVerfG*, NJW 2011, S. 1201 (1203) für die bisher strittigen Fälle der gemischtwirtschaftlichen Unternehmen.

[13] → Bd. I *Schulze-Fielitz* § 12 Rn. 130; *Dirk Ehlers*, Verwaltung in Privatrechtsform, 1984, S. 113; *Bernhard Kempen*, Die Formenwahlfreiheit der Verwaltung, 1989, insbes. S. 112 ff.; kritisch *Hans P. Bull*, Über Formenwahl, Formwahrheit und Verantwortungsklarheit in der Verwaltungsorganisation, in: FS Hartmut Maurer, 2001, S. 545 (550 ff.).

[14] Zur Frage der Grundrechtsberechtigung → Rn. 15 f. Grundsätzliche Zuordnung bei *Walter Krebs*, Neue Bauformen des Organisationsrechts und ihre Einbeziehung in das Allgemeine Verwaltungsrecht, in: Schmidt-Aßmann/Hoffmann-Riem (Hrsg.), Verwaltungsorganisationsrecht, S. 339 (348 f.); *Martin Burgi*, Privatisierung öffentlicher Aufgaben, Gutachten D zum 67. DJT, 2008, S. D 16 ff., für rein „publizistische Privatrechtsvereinigungen"; wie hier *Hubertus Gersdorf*, Öffentliche Unternehmen im Spannungsfeld von Demokratie- und Wirtschaftlichkeitsprinzip, 2000, S. 113 ff.; zur Zuordnung verschiedener Betätigungen *Bernhard Kempen*, Grundrechtsverpflichtete (Fn. 11), § 54 Rn. 48 ff. In Bezug auf private Rechtsformen *BVerfGE* 45, 63 (78 f.) (mit dem zusätzlichen Bezug auf öffentliche Aufgaben); BGHZ 52, 325 (327 ff.); vgl. zur Einbeziehung in den Verwaltungsbegriff deutlich *BVerfGE* 38, 326 (338 f.); *Horst Dreier*, in: ders. (Hrsg.), GG I, Art. 1 Abs. 3 Rn. 65 ff.; *Christian Starck*, in: v. Mangoldt/Klein/Starck (Hrsg.), GG I, Art. 1 Abs. 3 Rn. 228 ff. m.w.N. zur Debatte. A. A. *Günter Püttner*, Die öffentlichen Unternehmen, 2. Aufl. 1985, S. 119 m.w.N.

[15] *BVerfG*, NJW 2011, S. 1201 (1203). A. A. wohl *Horst Dreier*, in: ders. (Hrsg.), GG I, Art. 1 Abs. 3 Rn. 70. Kein Rechtsträger kann weder grundrechtsberechtigt noch grundrechtsgebunden sein, so aber *Gregor Kirchhof*, Rechtsfolgen der Privatisierung, AöR, Bd. 132 (2007), S. 215 (244). Anders ist die Frage zu beurteilen, ob das Gesamtunternehmen je nach Kontext sowohl grundrechtsgebunden als auch grundrechtsverpflichtet sein kann, s. dazu → Rn. 15 a. Weitergehend *Ariane Berger*, Staatseigenschaft gemischtwirtschaftlicher Unternehmen, 2006, zusammenfassend S. 214 f., die staatliches Handeln nur bei einer entsprechenden Zuständigkeit annehmen will.

[16] *BVerfG*, NJW 2011, S. 1201 (1203). Vgl. auch schon *BVerwG*, NVwZ 1998, S. 1083 (1084); BGHZ 91, 84 (96 ff.), mit Bezugnahme auf öffentliche Aufgaben; s. weiter *BVerfGE* 38, 326 (338 f.); vgl. zur (insoweit entsprechenden) mangelnden Grundrechtsberechtigung zuletzt *BVerfG*, NVwZ 2009, S. 1282 (1282 f.). Vgl. dazu weiter → Rn. 15 a. Wie hier → Bd. I *Groß* § 13 Rn. 91 f.; *Stern*, StaatsR III/1, S. 1421 f.; *Andreas v. Arnauld*, Grundrechtsfragen im Bereich von Postwesen und Telekommunikation, DÖV 1998, S. 437 (444 ff.); *Gersdorf*, Unternehmen (Fn. 14), S. 136 ff., insbes. auch mit Hinw. auf die Handhabung des § 16 f. AktG; *Christian Starck*, in: v. Mangoldt/Klein/Starck (Hrsg.), GG I, Art. 1 Abs. 3 Rn. 231; *Hans D. Jarass*, Die verfassungsrechtliche Stellung der Post- und TK-Unternehmen, MMR 2009, S. 223 (226); a. A. etwa *Peter Selmer*, Zur Grundrechtsberechtigung von Mischunternehmen, in: HGR II, § 53 Rn. 54 ff.; *Thomas Vesting*, in: AK-GG, Art. 87 f Rn. 90; *Ehlers*, Privatrechtsform (Fn. 13), S. 248 f.; ders., Empfiehlt es sich, das Recht der öffentlichen Unternehmen im Spannungsfeld von öffentlichem Auftrag und Wettbewerb national und gemeinschaftsrechtlich neu zu regeln?, Gutachten E zum 62. DJT, 2002, S. E 39 f.; *Kirchhof*, Rechtsfolgen (Fn. 15), S. 244. Unentschieden *Bernhard Kempen*, Grundrechtsverpflichtete (Fn. 11), § 54 Rn. 56. Die Grundrechtsbindung wird bei dieser abweichenden Auffassung allein in der Handhabung der vom Staat gehaltenen Anteile realisiert. Zum Ganzen umfassend *Markus Möstl*, Grundrechtsbindung öffentlicher Wirtschaftstätigkeit, 1999; *Jörn A. Kämmerer*, Privatisierung, 2001; *Berger*, Staatseigenschaft (Fn. 15).

§ 15 Verfassungsrechtliche Vorgaben der Verwaltungsorganisation

eigner kann demgegenüber schon mangels interner Durchsetzungskraft nicht die entscheidende Größe bilden; insofern tritt mit der Beteiligung an einem solchen gemischten Unternehmen der Grundrechtsschutz der Privaten ggf. zurück bzw. verlagert sich auf Rückgriffsrechte gegen die federführende öffentliche Hand.[17]

4b Dagegen ist die (zusätzliche) Bezugnahme auf eine **öffentliche Aufgabe bzw. staatliche Funktion**[18] für die Begriffsbestimmung nicht geeignet.[19] Staatlich beherrschten Unternehmen böte eine solche Betrachtung eine ungerechtfertigte Hintertür, der Grundrechtsbindung zu entgehen; und für privat beherrschte Unternehmen träte eine unmittelbare Grundrechtsbindung ein, wo unter dem Stichwort der Verantwortungsteilung statt dessen ggf. nur eine besondere Verpflichtung durch gesetzliche Vorschriften angezeigt ist.[20]

5 Die Ausdifferenzierung der öffentlichen Gewalt in staatliche Funktionen[21] bewirkt nach diesem Verständnis einen weiten Verwaltungsbegriff, der **institutionelle und handlungsorientierte Aspekte** verbindet:[22] Verwaltung kann als staatlich beherrschte (und daher grundrechtsgebundene) Tätigkeit außerhalb von Rechtsprechungs-, Gesetzgebungs- und Regierungshandeln durch Organe, die nicht Gericht oder Parlament sind, definiert werden.[23] Verwaltung ist danach jedenfalls mehr als die ausdrückliche „vollziehende Gewalt"; von dieser Kerntätigkeit aus gewinnt sie freilich Kontur, die auch den Abstand zur staatsleitenden Regierungstätigkeit („Gubernative") ausreichend markiert: Die öffentliche Verwaltung ist auf das Gesetz wie auf demokratisch legitimierte Führung verpflich-

---

[17] BVerfG, NJW 2011, S. 1201 (1203). In diese Richtung schon *Peter M. Huber,* in: v. Mangoldt/Klein/Starck (Hrsg.), GG I, Art. 19 Abs. 3 Rn. 292; *Walter Krebs,* Verwaltungsorganisation, in: HStR V, § 108 Rn. 13.

[18] Zur Begrifflichkeit der staatliche Funktion in Abgrenzung zur öffentlichen Aufgabe vgl. *Peter Selmer,* Grundrechtsberechtigung von Mischunternehmen (Fn. 16), § 53 Rn. 45 ff., der grds. eine Grundrechtsverpflichtung ablehnt, davon aber eine Ausnahme machen will bei der Wahrnehmung staatlicher Funktionen.

[19] Wie hier jetzt auch *BVerfG,* NJW 2011, S. 1201 (1203) („unabhängig von ihrem Zweck oder Inhalt"); *Jarass,* Post- und TK-Unternehmen (Fn. 16), S. 226; insoweit auch *Berger,* Staatseigenschaft (Fn. 15), S. 81 ff.; davon zu trennen ist die Frage, ob ein öffentlicher Zweck eine Zulässigkeitsvoraussetzung öffentlichen Wirtschaftens ist, vgl. weiter → Rn. 10.

[20] Zum Begriff der Verantwortungsteilung → Bd. I *Baer* § 11 Rn. 58; *Schuppert,* Verwaltungswissenschaft, S. 408 ff.; *Hans-Heinrich Trute,* Verantwortungsteilung als Schlüsselbegriff eines sich verändernden Verhältnisses von öffentlichem und privatem Sektor, in: Gunnar Folke Schuppert (Hrsg.), Jenseits von Privatisierung und „schlankem" Staat, 1999, S. 13 ff.; zusammenfassend *Friedrich Schoch,* Gewährleistungsverwaltung – Stärkung der Privatrechtsgesellschaft?, NVwZ 2008, S. 241 (245 f.). Kritik am Bezug auf Aufgaben auch bei *Horst Dreier,* in: ders. (Hrsg.), GG I, Art. 19 Abs. 3 Rn. 53, 73; zusammenfassend *Johannes Masing,* Die Verfolgung öffentlicher Interessen durch Teilnahme des Staates am Wirtschaftsverkehr, EuGRZ 2004, S. 395 (397). Gegen die „Etatisierung" privater Akteure auch *Hans-Heinrich Trute,* Die Verwaltung und das Verwaltungsrecht zwischen gesellschaftlicher Selbstregulierung und staatlicher Steuerung, DVBl 1996, S. 950 (955 f.).

[21] Näher → Bd. I *Poscher* § 8 Rn. 1 ff., insbesondere für die Exekutive Rn. 56 ff.

[22] Zu den unterschiedlichen Perspektiven des organisatorischen, formellen und materiellen Verwaltungsbegriffs *Maurer,* VerwR, § 1 Rn. 1 ff. Vgl. für die Überschneidung der Bedeutungsschichten *Schmidt-Aßmann,* Ordnungsidee, 5. Kap. Rn. 11, mit der Forderung nach entsprechenden „organisationsrechtlichen Arrangements".

[23] Für eine formelle Aufteilung der drei Funktionen nach ihrer Organisation vgl. etwa → Bd. I *Groß* § 13 Rn. 4; *Horst Dreier,* in: ders. (Hrsg.), GG I, Art. 1 Abs. 3 Rn. 53, der zugleich auf den Zusammenhang zwischen Institution und Handlung hinweist. Anders insbes. *Stern,* StaatsR III/1, S. 1204 f. Ausführliche systematische und wissenschaftshistorische Darstellung der einschlägigen Abgrenzungen bei *Achterberg,* VerwR, § 7.

tet, deren Vorgaben sie mit eigener Gestaltungskraft umsetzt.[24] Ihre **Organisation** ist auf veräußerlichte Rechtsformen verwiesen, sei es institutionell die Verfasstheit als Anstalt, Stiftung, Körperschaft oder als privatrechtsförmige Einheit, sei es tätigkeitsbezogen die Anleitung des Verwaltungshandelns durch Gesetz, Verordnung oder Weisung und seine Typisierung in verschiedene Handlungsformen.[25]

III. Zur Verschränkung von Verfassung und Verwaltungsorganisation

Die Verschränkung zwischen Verfassung und Verwaltung lässt sich in drei unterschiedlichen Perspektiven zeigen. Wendet man sich – erstens – der **rechtshistorischen Entwicklung** zu, zeigt sich ein lang andauernder Prozess wechselseitiger Einwirkung, in dem die Verfassungsordnung erst allmählich zum rechtlich vorrangigen Maßstab der Verwaltungsorganisation heranwächst:[26] Die Professionalisierung und Neuformung der modernen Verwaltung entwickelt sich seit der zweiten Hälfte des 18. Jahrhunderts zunächst in eigenständiger Weise parallel zum Verfassungsdenken und geht in den deutschen Staaten dessen Verwirklichung größtenteils voraus. Vorrang und (eingeschränkter) Vorbehalt des Gesetzes wurden dabei zu **Rechtsstandards**, die sich mittelbar auf die Verwaltungsorganisation auswirkten.[27] Im deutschen Kompromiss des „monarchischen Prinzips" wurde die Verwaltung jedoch dem Grunde nach dem Monarchen zugeschlagen[28] und damit nicht weitergehend durch die Verfassung bestimmt.[29] Die Ausformung einer modernen Verwaltung blieb so auch im „langen"

6

---

[24] Zum Entscheidungscharakter des Verwaltungshandelns und der Determination durch Organisationsrecht *Schuppert*, Verwaltungswissenschaft, S. 764 ff.; *Hans-Heinrich Trute*, Methodik der Herstellung und Darstellung verwaltungsrechtlicher Entscheidungen, in: Schmidt-Aßmann/Hoffmann-Riem (Hrsg.), Methoden, S. 293 (321 f.). Näher zur „intrafunktionellen" Ordnung zwischen Regierung und Verwaltung *Achterberg*, VerwR, § 8. Zur verfassungsrechtlichen Notwendigkeit einer entsprechenden Abgrenzung *Meinhard Schröder*, Die Bereiche der Regierung und Verwaltung, in: HStR V, § 106, insbes. Rn. 29 f.

[25] Aspekte der Formenbindung bei *Eberhard Schmidt-Aßmann*, Zur Bedeutung der Privatrechtsform für den Grundrechtsstatus gemischt-wirtschaftlicher Unternehmen, in: FS Hubert Niederländer, 1991, S. 383 ff.; *Bull*, Formenwahl (Fn. 13), S. 552 ff. Überblick bei → Bd. II *Hoffmann-Riem* § 33 insbes. Rn. 68 ff., sowie die weiteren Beiträge zu den Einzelformen staatlichen Handelns, §§ 34 ff. Als heuristischer Ordnungsbegriff fasst „Verwaltungsorganisation" die normativen und sozialen Faktoren zusammen, die dem Staat durch stabilisierte Strukturen die Verfolgung von Zielen ermöglichen, die er durch materielles Verwaltungsrecht festgelegt hat, insbes. die Herstellung von Entscheidungen. Näher → Bd. I *Groß* § 13 Rn. 3 ff., *Jestaedt* § 14 Rn. 2 ff.

[26] Zur Warnung vor der Rechtsgeschichte als organischer Entwicklungsgeschichte *Michael Stolleis*, Öffentliches Recht und Privatrecht im Prozess der Entstehung des modernen Staates, in: Hoffmann-Riem/Schmidt-Aßmann (Hrsg.), Auffangordnungen, S. 41 ff.; → Bd. I *Stolleis* § 2 Rn. 2 f.

[27] Dabei gingen Verfassungsbewegung und Verwaltungsmodernisierung ein funktionales Bündnis ein, das auch in den folgenden Zeiten der Reaktion nicht mehr hintergehbar war. Vgl. *Thomas Würtenberger*, Von der Aufklärung zum Vormärz, in: HGR I, § 2 Rn. 79.

[28] → Bd. I *Stolleis* § 2 Rn. 46.

[29] Ausgangspunkt des Systems war Art. 57 der Wiener Schlussakte von 1820. Regelungen zur Verwaltungsorganisation enthält etwa die Verfassungsurkunde des Königreichs Württemberg von 1819 in den §§ 43 ff., beide abgedruckt in *Ernst-Rudolf Huber*, Dokumente zur deutschen Verfassungsgeschichte, Bd. 1, 3. Aufl. 1978, S. 99 und S. 187 ff. Vgl. *Reinhard Mußgnug*, Die rechtlichen und pragmatischen Beziehungen zwischen Regierung, Parlament und Verwaltung, in: Jeserich/Pohl/v. Unruh (Hrsg.), Verwaltungsgeschichte II, S. 95 ff. m. w. N.; *Hermann Butzer*, Zum Begriff der Organisationsgewalt, DV, Bd. 27 (1994), S. 157 (158 ff.).

19. Jahrhundert zunächst das progressiv-etatistische Projekt der inneren Staatsreform.[30] Dem entsprachen in der Folge auch die Lehre vom Staat als juristischer Person und das System der subjektiven öffentlichen Rechte in ihrer Konzentration auf „Außenrechtsverhältnisse", wodurch die Verwaltungsorganisation noch über die Schwelle von 1918 als Problem des Verfassungsrechts weitgehend ausgeklammert werden konnte.[31]

6a Angesichts dieser früheren Systemprämissen beginnt die explizit **materiellrechtliche Dogmatisierung** der Verwaltungsorganisation durch das Verfassungsrecht **erst nach 1949**. Sie konzentriert sich zunächst auf die Umformung des Rechtsstaatsprinzips zur materiellen Anleitung des Staatshandelns[32] und auf den besonderen Schutz der kommunalen Selbstverwaltung.[33] Insbesondere die später folgende Rechtsprechung des Bundesverfassungsgerichts zum Demokratieprinzip[34] hat dann diese Wendung hin zur direkten Ableitung verfassungsrechtlicher Maßstäbe für die Verwaltungsorganisation in das allgemeine staatsrechtliche Bewusstsein gerückt. Das seitdem eingetretene Wechselspiel zwischen politischer Entscheidung und verfassungsgerichtlichen Vorgaben macht das Verwaltungsorganisationsrecht gerade in der Gegenwart, die einen tiefgreifenden Umbau der Verwaltungsstrukturen erlebt, zu einem zentralen Gegenstand des Verfassungsrechts.[35] *Pars pro toto* ist dabei im Übrigen für das Verhältnis von Verfassung und Verwaltungssystem zu erkennen, dass der „Vorrang der Verfassung", den in aller Regel das Bundesverfassungsgericht zu formulieren und durchzusetzen hat, nicht aus abstrakten Deduktionen folgen kann. Das Verfassungsrecht wird hier vielmehr zunächst notwendigerweise in Ansatz und Wirkung durch die vorfindliche (bzw. reformierte) Verwaltungsordnung mit ihren ausdifferenzierten Einrichtungen und Zusammenhängen bestimmt.

7 Das Verhältnis von Verfassung und Verwaltungsorganisation fordert – zweitens – auch die **verwaltungsrechtswissenschaftliche Systembildung** besonders heraus. Die moderne Verwaltungsrechtswissenschaft ist durch die Frage nach den Steuerungsfaktoren und -wirkungen des Rechtssystems besonders geprägt.[36] Mit dem Blick auf reale Wirkungszusammenhänge wird insbesondere im steuerungswissenschaftlichen Ansatz einer in sich abgeschlossenen Norm-

---

[30] Zu den preußischen Reformen seit 1807 *Georg-Christoph v. Unruh*, Die Veränderungen der preußischen Staatsverfassung durch Sozial- und Verwaltungsreformen, in: Jeserich/Pohl/v. Unruh (Hrsg.), Verwaltungsgeschichte II, S. 399 ff. Zur Prägung des Beamtentums auch *Würtenberger*, Aufklärung (Fn. 23), Rn. 83; Schilderung der früheren Entwicklung bei *Thomas Vesting*, Absolutismus und materiale Rationalisierung, AöR, Bd. 119 (1994), S. 369 ff.
[31] Vgl. *Friedrich E. Schnapp*, Dogmatische Überlegungen zu einer Theorie des Organisationsrechts, AöR, Bd. 105 (1980), S. 243 (244 ff.). Zur Entwicklung des Bundesstaatsprinzips *Oeter*, Integration (Fn. 3), S. 17 ff.
[32] → Rn. 54 ff.
[33] → Rn. 29 ff. Zu den Etappen *Karl-Peter Sommermann*, in: v. Mangoldt/Klein/Starck (Hrsg.), GG II, Art. 20 Abs. 3 Rn. 231 ff. Zur historischen Entwicklung des Bundesstaats zwischen Eigenstaatlichkeit und Unitarisierung *Hans-Heinrich Trute*, in: v. Mangoldt/Klein/Starck (Hrsg.), GG III, Art. 83 Rn. 2 ff. sowie *Oeter*, Integration (Fn. 3), S. 17 ff.
[34] → Rn. 59 ff.
[35] *Christoph Möllers*, Materielles Recht – Verfahrensrecht – Organisationsrecht, in: Trute/Groß/Röhl/Möllers (Hrsg.), Allgemeines Verwaltungsrecht, S. 489 (492).
[36] Programmatisch → Bd. I *Voßkuhle* § 1 Rn. 17 ff. Näher → Bd. I *Franzius* § 4. In Bezug auf das Verfassungsrecht *Schuppert*, Rigidität (Fn. 8), S. 60 ff. Zwischenbilanz bei *Ivo Appel* und *Martin Eifert*, Das Verwaltungsrecht zwischen klassischem dogmatischen Verständnis und steuerungswissenschaftlichem Anspruch, VVDStRL, Bd. 67 (2008), S. 226 ff., 286 ff.

auslegung und -anwendung eine wissenschaftliche Gegenperspektive an die Seite gestellt, die das Verwaltungshandeln neu anleiten will.[37] Die Steuerungsperspektive tritt dabei freilich nicht an die Stelle der textorientierten Rechtsdogmatik.[38] Bei der Auslegung und Anwendung von Verfassung und Gesetzen hat sie vielmehr die Rolle einer ergänzenden Untersuchungs- und Kontrollgröße, die etwa Eigengesetzlichkeiten von Organisationen herausarbeitet und in die rechtliche Betrachtung reintegriert. Auch das kumulative Zusammenwirken verschiedener dogmatischer Elemente wie Gesetz, Verfahren und Organisation kann dabei mit neuer Schärfe in den Blick kommen. Stärker als bisher wird so die Anleitung des Normalfalls als Ziel der Verwaltungsrechtswissenschaft ausgewiesen, das nicht erst auf dem Umweg der pathologiebezogenen Korrektur erreicht werden soll.[39]

Die Organisation der Verwaltung wird im steuerungswissenschaftlichen Ansatz als komplementäre, eigenständige Größe zum materiellen Gesetz wie auch zum Verfahrensrecht erkannt und so mit verstärktem Gewicht als normativer Entscheidungsfaktor aufbereitet.[40] Der Einfluss von Organisation auf Entscheidungsabläufe und -inhalte ist zwar intuitiv plausibel, rechtlich jedoch vielfach nicht aufgearbeitet und daher inzwischen vielfach in den Händen anderer Disziplinen. Insoweit ist die bewusste **Integration von Organisation als (verfassungs)rechtlichem Parameter** eine Erweiterung juristischer Systembildung und eine Wiederbelebung juristischer Zugriffsansprüche. Deshalb stellt auch hier der steuerungswissenschaftliche Ansatz eine Stärkung, nicht eine Schwächung der Rechtsorientierung des Verwaltungshandelns dar.[41]

Darstellungen der Verwaltungsorganisation ziehen üblicherweise verschiedene rechtliche sowie ökonomische und organisationstheoretische Perspektiven zusammen, um ihren Gegenstand im Ganzen zu erfassen; die Verfassung ist dabei regelmäßig nur ein relativ abstrakter und kurz gehaltener Ausgangspunkt.[42] Die Konzentration auf die verfassungsrechtlichen Vorgaben legt demgegenüber – als dritter allgemeiner Gesichtspunkt zur Verschränkung von Verfassung und

---

[37] Vgl. zur Systembildung *Christian Bumke*, Relative Rechtswidrigkeit, 2004, S. 255 ff. Näher zum eher auf das Subjekt orientierten Ansatz der Normwissenschaft und zum auf globale Zusammenhänge orientierten steuerungswissenschaftlichen Ansatz → Bd. I *Masing* § 7 Rn. 6 ff.

[38] Zur Verschränkung der Perspektiven *Bumke*, Rechtswidrigkeit (Fn. 37), S. 262 ff., mit einer Definition des Steuerungsgedankens als normativ-analytischem Begriffsapparat; *Appel* und *Eifert*, Verwaltungsrecht (Fn. 36), S. 252 ff. bzw. 302 ff. Vgl. → Bd. I *Masing* § 7 Rn. 6 ff., 20.

[39] → Bd. I *Voßkuhle* § 1 Rn. 15 ff.

[40] → Bd. I *Schuppert* § 16 Rn. 1 ff.; *Thomas Groß*, Das Kollegialprinzip in der Verwaltungsorganisation, 1999, S. 19 ff. Zur Entkopplung von Organisationsrecht und materiellem Recht *Hans-Heinrich Trute*, Funktionen der Organisation und ihre Abbildung im Recht, in: Schmidt-Aßmann/Hoffmann-Riem (Hrsg.), Verwaltungsorganisationsrecht, S. 249 (257 ff.). Zum Zusammenhang von materiellem Gesetz, Verfahren und Organisationsrecht *Möllers*, Recht (Fn. 35), S. 489 ff. insbes. S. 498 ff. Zur Bedeutung der institutionellen Struktur für die Rechtsanwendung *Hans-Heinrich Trute*, Die konstitutive Rolle der Rechtsanwendung, in: ders./Groß/Röhl/Möllers (Hrsg.), Allgemeines Verwaltungsrecht, S. 211, insbes. S. 221 f. Zu den Eigengesetzlichkeiten der Verwaltung mit systemtheoretischem Akzent *Arno Scherzberg*, Die Öffentlichkeit der Verwaltung, 2000, S. 75 ff.; *Trute*, Methodik (Fn. 24), S. 306 ff.

[41] Zusammenschau bei *Wolfgang Hoffmann-Riem*, Gesetz und Gesetzesvorbehalt im Umbruch, AöR, Bd. 130 (2005), S. 5 ff. Zur prinzipiellen Begrenzung der Steuerung durch materielles Recht *Horst Dreier*, Hierarchische Verwaltung im demokratischen Staat, 1991, S. 164 ff.

[42] Eigenständige Betrachtung vor allem bei Wolff/Bachof/Stober/*Kluth*, VerwR II, § 80; *Krebs*, Verwaltungsorganisation (Fn. 17), § 108 Rn. 60 ff.

Verwaltungsorganisation – eine staatsrechtliche **Grundrelation** frei: **Durch seine Verwaltungsorganisation verwirklicht sich der Verfassungsstaat in praktischer Hinsicht**; er gibt zu erkennen, wie die Symmetrie zwischen individueller Freiheit und staatlicher Kompetenz ausgestaltet wird und in welcher Weise sie das Staatshandeln bestimmen soll.[43]

8a Als verfassungsrechtliche Grundperspektiven lassen sich dabei die Frage nach dem für die Verwaltungsorganisation jeweils zuständigen **Akteur** und die nach **inhaltlichen Organisationsvorgaben** unterscheiden. Die einschlägigen Normen – abstrakte Prinzipien, die erst in der Anwendung und Rechtsprechung zu konkreten Vorgaben wurden, stehen neben formell gestalteten Verteilungsregeln und detailliert geregelten Einzelfällen – haben in der Verfassungspraxis jeweils mehrschichtige Bedeutungen.[44] Gegenüber **Reformen** der Verwaltungsorganisation hat das Verfassungsrecht so nicht (nur) die Aufgabe defensiver Grenzziehung, sondern primär die positiv-konstruktive Verpflichtung, Wirkungsvoraussetzungen einer freiheitlichen, auf das Recht verpflichteten Verwaltung herauszuarbeiten; insofern wirkt es notwendig auch rechtspolitisch orientierend.[45]

B. Freiheits- und Aufgabenordnung

9 Die institutionelle Homogenität und Dichte der staatlichen Verwaltung hängt wesentlich davon ab, auf welchen Feldern, in welchen Handlungsformen und mit welchen Zielen sie eingesetzt wird. Daher ist die verfassungsrechtliche **Zuteilung staatlicher Aufgaben und grundrechtlicher Freiheit** der notwendige Ausgangspunkt der Verwaltungsorganisation.

I. Staatsaufgaben

1. Verfassungsrechtliches Aufgabenverständnis

10 Art und Umfang der Staatsaufgaben werden durch die positive Rechtsordnung und nicht durch vorrechtliche Aufgabenlehren festgelegt.[46] Verfassungsrechtli-

---

[43] Zur Theorie des verfassungsrechtlichen Organisationsrechts *Schnapp*, Theorie (Fn. 31), S. 249 ff., insbes. mit der Unterscheidung zwischen materiellem und formellem Recht; *Faber*, VerwR, S. 58 ff., 65 ff. Zur systematischen Perspektive des Organisationsrechts *Schmidt-Aßmann*, Ordnungsidee, 5. Kap. Rn. 21 ff. Zur Entformalisierung als Problem der Verfassungsstaatlichkeit *Friedrich Schoch*, Entformalisierung staatlichen Handelns, in: HStR III, § 37 Rn. 1 ff.

[44] Vgl. *Schuppert*, Rigidität (Fn. 8), S. 53 ff. Zu den inneren Antinomien mehrpoliger verfassungsrechtlicher Grundentscheidungen am Beispiel von Bundesstaatlichkeit, Rechtsstaatlichkeit und Sozialstaatlichkeit sowie zu den äußeren Antinomien zwischen ihnen *Norbert Achterberg*, Antinomien verfassungsgestaltender Grundentscheidungen, Der Staat, Bd. 8 (1969), S. 159 ff.

[45] Reformorientierte Akzente zum Zusammenhang von Steuerungsressourcen und Rechtlichkeit der Verwaltung zusammengefasst bei *Hermann Hill*, Neue Organisationsformen in der Staats- und Kommunalverwaltung, S. 65 (92 ff.); *Jens-Peter Schneider*, Das neue Steuerungsmodell als Innovationsimpuls für Verwaltungsorganisation und Verwaltungsrecht, S. 103 (134 f.); *Rainer Pitschas*, Organisationsrecht als Steuerungsressource in der Sozialverwaltung, S. 151 (160 ff.), alle in: Schmidt-Aßmann/Hoffmann-Riem (Hrsg.), Verwaltungsorganisationsrecht.

[46] *Alexander Hollerbach*, Subsidiarität (II.), in: StL V, Sp. 386 (389); historischer Zugriff bei *Roman Herzog*, Ziele, Vorbehalte und Grenzen der Staatstätigkeit, in: HStR IV, § 72 Rn. 7 ff.; siehe auch

B. Freiheits- und Aufgabenordnung

cher Ausgangspunkt ist dabei die in Grundgesetz und Landesverfassungen vorausgesetzte **virtuelle Allzuständigkeit des Staates**.[47] Das Verfassungsrecht entscheidet selbst allerdings nur ganz ausnahmsweise ausdrücklich über bestimmte Verwaltungstätigkeiten.[48] Es organisiert vielmehr regelmäßig (nur) die Zuweisung von Handlungsräumen zwischen Zivilgesellschaft und staatlichen Institutionen.[49] Freilich ist vor allem angesichts der Bindung an Grundrechte und Grundfreiheiten zu fragen, ob und inwieweit dem Staat tatsächlich grundsätzlich (noch) alle Handlungsfelder und Handlungsformen offen stehen können. Immerhin denkbar wäre ein von Verfassungs wegen zu beachtender Vorrang privater Tätigkeit, der als Regel für die Zuteilung staatlicher Aufgaben wirkt.

Insofern ist zu beachten: Zunächst sind Tätigkeiten, die mit der **Wahrnehmung von Hoheitsgewalt** verbunden sind, keiner gesonderten Rechtfertigung als Staatshandeln unterworfen; ganz im Gegenteil werden sie durch die verwaltungsmäßige Erfüllung legitimiert und tragen auch einen prinzipiellen Ausschluss Privater.[50] Für die Eigentätigkeit im wirtschaftlichen Bereich und insbesondere für marktbezogenes **erwerbswirtschaftliches Handeln** in Privatrechtsform ist zu differenzieren.[51] Der **vollständige Ausschluss Privater** durch ein Verwaltungsmonopol kann – entgegen früherer Überzeugung – bei wirtschaftlicher Tätigkeit unter grundrechtlichen Rechtfertigungsdruck geraten, wenn ein dahinter stehendes Gemeinwohlinteresse nur schwer erkennbar oder diese Zweckverpflichtung nicht hinreichend normativ ausgestaltet ist.[52] Fundiert

11

---

[46] *Schmidt-Aßmann*, Ordnungsidee, 3. Kap. Rn. 79 ff. Zusammenfassend *Georg Hermes*, Staatliche Infrastrukturverantwortung, 1998, S. 135 ff.; *Martin Burgi*, Funktionale Privatisierung und Verwaltungshilfe, 1999, S. 20 ff.; *Thomas Mann*, Die öffentlich-rechtliche Gesellschaft, 2002, S. 25 ff.; typologisierend *Josef Isensee*, Staatsaufgaben, in: HStR IV, § 73 Rn. 25 ff. Zum begrifflichen Zusammenhang von Staatszweck, Staatsziel und Staatsaufgabe *Möllers*, Staat (Fn. 5), S. 192 ff. Überblick über den wissenschaftstheoretischen und politischen Diskurs bei *Dieter Grimm* (Hrsg.), Staatsaufgaben, 1996.

[47] *BVerfGE* 98, 218 (246). Vgl. *Hans P. Bull*, Die Staatsaufgaben nach dem Grundgesetz, 2. Aufl. 1977, S. 3 ff.; *Andreas Voßkuhle*, Beteiligung Privater an an der Wahrnehmung öffentlichen Aufgaben und staatliche Verantwortung, VVDStRL, Bd. 62 (2003), S. 266 (274 f.) m.w.N.; *Masing*, Verfolgung (Fn. 20), S. 397. Entsprechende Definition der Verwaltungsaufgabe bei *Hartmut Bauer*, Privatisierung von Verwaltungsaufgaben, VVDStRL, Bd. 54 (1995), S. 243 (250), der die Kriterien der Verpflichtung durch Rechtssatz und der Zulässigkeit nebeneinander stellt.

[48] → Rn. 12 f.; *Martin Burgi*, Privatisierung, in: HStR IV, § 75 Rn. 11. Anstelle unmittelbarer normativer Vorgaben bestimmen hier im Übrigen eher langfristig angelegte Sachziele und Maßstäbe den Kontext, dazu *Schmidt-Aßmann*, Ordnungsidee, 3. Kap. Rn. 82. Vgl. etwa Art. 20a GG (Umweltschutz); Art. 106 Abs. 2 BayVerf. (Wohnungsbau); Art. 22 Abs. 2 Bln.Verf. (soziale Einrichtungen).

[49] Pointierte Gegenübersetzung bei *Bernd Grzeszick*, Hoheitskonzept – Wettbewerbskonzept, in: HStR IV, § 78 Rn. 18 ff. Grundsätzlich für die Öffnung in alle Formen *Masing*, Verfolgung (Fn. 20), S. 396, 397 ff. m.w.N.; *Gersdorf*, Unternehmen (Fn. 14), S. 117 f. Zum Gesamtkomplex der „öffentlichen Versorgung" *Johann-Christian Pielow*, Grundstrukturen öffentlicher Versorgung, 2001. Vgl. weiter *Möllers*, Staat (Fn. 5), S. 317 ff., mit inhaltlicher Kritik des engeren Verständnisses nach *Hans Peters*, das für Staatsaufgaben die öffentlich-rechtliche Form fordert.

[50] Vgl. etwa Art. 14, Art. 45 Abs. 4 und Art. 51 AEUV; Art. 33 Abs. 4 GG. S. näher → Rn. 58.

[51] Nach *Rüdiger Breuer*, Die staatliche Berufsregelung und Wirtschaftslenkung, in: HStR VIII, § 171 Rn. 81 bildet die öffentliche Eigenwirtschaft einen Fremdkörper in der marktwirtschaftlichen Ordnung. *Michael Ronnellenfitsch*, Wirtschaftliche Betätigung des Staates, in: HStR IV, § 98 Rn. 32 sieht zumindest eine Legitimationslast des Staates für seine wirtschaftliche Betätigung. Kritisch weiter *Hans-Jürgen Papier*, Art. 12 GG – Freiheit des Berufs und Grundrecht der Arbeit, DVBl 1984, S. 801 (809); *Rolf Stober*, Allgemeines Wirtschaftsverwaltungsrecht, 2000, S. 275 ff.; *Maximilian Wallerath*, Öffentliche Bedarfsdeckung und Verfassungsrecht, 1988, S. 341.

[52] Inwiefern Verwaltungsmonopole grundrechtlich rechtfertigungsbedürftig sind, wurde in der Rechtsprechung des BVerfG unterschiedlich beurteilt: *BVerfGE* 37, 314 (322) schloss Art. 12 Abs. 1 GG

wird diese Entwicklung durch die **Einwirkung des Europarechts**, das – konsequent aus seinem Herkommen als Vertragsgemeinschaft zur Durchsetzung freier Handelsbeziehungen – im Wirtschaftsverkehr einen **Vorrang des Wettbewerbs** etabliert und daher privilegierungsskeptisch ist.[53] Freilich gilt insoweit auch und gerade, dass die Grundfreiheiten (ebenso wie die Grundrechte) **keinen** generellen **Ausschluss des Staates** von bestimmten Tätigkeiten bewirken.[54] Ganz im Gegenteil ist das Europarecht auch insoweit gegenüber dem Staat als Akteur letztlich indifferent: Gehindert wird ggf. bei mangelnder Begründungsfähigkeit nur seine Besserstellung gegenüber Wettbewerbern.[55]

---

als Prüfungsmaßstab aus, wenn der Staat eine Aufgabe im Rahmen seiner Gestaltungsbefugnis an sich gezogen hat; anders zuvor *BVerfGE* 21, 245 (249), wonach überwiegende Gründe des Gemeinwohls geltend gemacht werden müssten, um eine Grundrechtsverletzung auszuschließen; strenger noch *BVerwG*, DVBl 1996, S. 152 (153). Später wurde in *BVerfGE* 41, 205 (218) ausdrücklich offen gelassen, ob sich Verwaltungsmonopole schon deshalb der Prüfung an Art. 12 Abs. 1 GG entziehen, weil der Staat die Aufgabe an sich gezogen hat. Zum Monopol *sui generis* der Deutschen Post AG und der aus Art. 143b GG folgenden Beschränkung des Schutzbereichs der Berufsfreiheit *BVerfGE* 108, 370 (388 f.). Neuerdings klar für den Maßstab des Art. 12 GG *BVerfGE* 115, 276 (300 ff.). Für eine Prüfung staatlicher Verwaltungsmonopole anhand der Berufsfreiheit in diesem Sinne auch *Breuer*, Berufsregelung und Wirtschaftslenkung (Fn. 51), § 171 Rn. 81 ff., 89 ff.; *Wolfgang Löwer*, Der Staat als Wirtschaftssubjekt und Auftraggeber, VVDStRL, Bd. 60 (2001), S. 416 (445 f.); *Gerrit Manssen*, in: v. Mangoldt/Klein/Starck (Hrsg.), GG I, Art. 12, Rn. 80 ff.; *Ehlers*, DJT 2002 (Fn. 16), S. E 40 f. Zur Gegenposition *Roman Herzog*, Berufsfreiheit, EvStL, 3. Aufl. 1987, Sp. 230 f., der staatliches Handeln allein im Interesse der Gefahrenabwehr als „anachronistisch" bezeichnet und die wirtschaftspolitische Neutralität des Grundgesetzes gefährdet sieht; dazu zuletzt *Oliver Lepsius*, Verfassungsrechtlicher Rahmen der Regulierung, in: Fehling/Ruffert (Hrsg.), Regulierungsrecht, § 4 Rn. 13 ff. Vgl. auch *Joachim Wieland*, in: Dreier (Hrsg.), GG I, Art. 12 Rn. 79 f. m. w. N., der ein personales Freiheitsrecht als überfordert betrachtet, soll es die Grenze zwischen staatlichem und privatwirtschaftlichem Handeln ziehen.

[53] Gegenüber der früheren Fassung in Art. 3 und 4 EGV, die an zentraler Stelle auf den Schutz eines unverfälschten Wettbewerbs im Binnenmarkt ausging, hat der Vertrag von Lissabon allerdings nunmehr den Schutz des Binnenmarkts (nur noch) in Art. 3 Abs. 3 EUV mit dem Schutz einer gesamteuropäischen „wettbewerbsfähigen sozialen Marktwirtschaft" verkoppelt und den nach innen gerichteten Schutz der offenen Marktwirtschaft mit freiem Wettbewerb in Art. 119 AEUV verschoben. S. hierzu *Josef Drexl*, Wettbewerbsverfassung, in: v. Bogdandy/Bast (Hrsg.), Europäisches VerfR, S. 905 (908 ff.). Die unterschiedlichen (staats)wirtschaftlichen Strukturen der Mitgliedstaaten finden weiterhin ihre Berechtigung in Art. 14 AEUV; das Europarecht statuiert insofern keinen Privatisierungszwang, hierzu *Burgi*, DJT 2008 (Fn. 14), S. D 73 f. Der *EuGH*, Rs. C-316, 358, 359, 360, 409, 410/07, NVwZ 2010, S. 1409 (1412) ordnet ein staatliches Glücksspielmonopol jedoch grundsätzlich als Beschränkung des freien Dienstleistungsverkehrs ein, die nur aus zwingenden Gründen des Allgemeininteresses gerechtfertigt sein kann.

[54] Kategorienbildung für das Verhältnis von Verwaltung und Wettbewerb bei *Jens Kersten*, Herstellung von Wettbewerb als Verwaltungsaufgabe, VVDStRL, Bd. 69 (2010), S. 288 (290 ff.). Vgl. *Jörg Gundel*, in: Günter Hirsch/Frank Montag/Franz J. Säcker (Hrsg.), Münchener Kommentar zum Europäischen und Deutschen Wettbewerbsrecht (Kartellrecht), Bd. 1, 2007, Art. 86 EGV Rn. 2. Als Indiz für die nicht schon vorab determinierte Bestimmung staatlicher Handlungsfelder muss auch beachtet werden, dass die Erfüllung staatlicher Aufgaben in Eigentätigkeit als „in-house-" bzw. „in-state"-Geschäft nicht durch vergaberechtliche Grenzen gehindert wird. Zuletzt *EuGH*, Rs. C-480/06 (Stadtreinigung Hamburg), EuZW 2009, S. 529 ff., dazu *Jan Ziekow*, Öffentliches Wirtschaftsrecht, 2. Aufl. 2010, S. 158 ff., 162 ff.

[55] Dazu vor allem Art. 14, Art. 106 Abs. 2 AEUV. Gegenüber einer nichtprivilegierten Staatstätigkeit verhalten sich insbesondere Völker- und Europarecht neutral, vgl. *Ehlers*, DJT 2002 (Fn. 16), S. E 33 f. Vgl. auch *EuGH*, Rs. C-159/94, Slg. 1997, I-5815, Rn. 55 f.; vgl. *Pielow*, Grundstrukturen (Fn. 49), S. 41 ff.; *Voßkuhle*, Beteiligung (Fn. 47), S. 286 ff.; *Mann*, Gesellschaft (Fn. 46), S. 30 ff. Die Wahrnehmung von Hoheitsgewalt ist aus dem Anwendungsbereich ausgegrenzt, *EuGH*, Rs. C-364/92, Slg. 1994, I-43, Rn. 30; vgl. auch *EuGH*, Rs. C-263/86, Slg. 1988, 5365, Rn. 14 ff.; zum zugrun-

2. Verfassungsrechtliche Aufgabenzuweisungen an die Verwaltung

Vor dem skizzierten Aufgabenverständnis der Verfassung, das im Grundsatz **12** die nachgelagert-konkrete politische Entscheidung über Umfang und Ausführung öffentlicher Aufgaben achtet,[56] wird verständlich, dass das Verfassungsrecht selbst nur ausnahmsweise schon konkret über Staatsaufgaben entscheidet.[57] Gleichwohl finden sich auf verschiedenen Ebenen und in unterschiedlich deutlicher Ausprägung sehr wohl verfassungsfest eingerichtete obligatorische Verwaltungsaufgaben. Der unmittelbaren staatlichen Erfüllungsverantwortung ist zunächst von Verfassungs wegen in Deutschland (besonders deutlich) der Schulbereich zugeordnet. Das **öffentliche, verpflichtende Schulwesen** ist nach deutscher Verfassungstradition die Basis eines auf substantiell-demokratische Gleichheit gegründeten Gemeinwesens.[58] Auf der Grundlage des Art. 7 Abs. 1 GG gewährleisten die Länderverfassungen ein flächendeckendes öffentliches Schulwesen, in dessen oft breiter, in eigenen Abschnitten gehaltener verfassungsrechtlicher Ausgestaltung sich die Auseinandersetzungen um die Integrationsaufgabe des Staates widerspiegeln.[59]

Der (Länder-)Verwaltung ist weiter die Verantwortung für die **innere Sicher-** **12a** **heit** als verpflichtende Staatsaufgabe übertragen; sie ergibt sich als verfassungshistorisch vorausgesetztes und tradiertes Komplement der grundrechtlichen Freiheitsordnung.[60] Aus dem **Sozialstaatsprinzip** ergibt sich die staatliche Verpflichtung, Strukturen zur Befriedigung der individuellen Ansprüche auf Sicherung und Förderung der individuellen Freiheit und zur Wahrnehmung des ent-

---

de liegenden „funktionalen Unternehmensbegriff" *EuGH*, Rs. C-41/90, Slg. 1991, I-1979, Rn. 21; vgl. *Christian Koenig/Jürgen Kühling*, in: Streinz (Hrsg.), EUV/EGV, Art. 86 EG Rn. 6 ff. Vgl. weiter *Reiner Schmidt*, Die Liberalisierung der Daseinsvorsorge, Der Staat, Bd. 42 (2003), S. 225 (230 ff.); *Masing*, Verfolgung (Fn. 20), S. 399 ff.; in Bezug auf die Kommunen *Johannes Hellermann*, Örtliche Daseinsvorsorge und gemeindliche Selbstverwaltung, 2000, S. 79 ff.; rechtsvergleichend *Volkmar Götz*, Die Betrauung mit Dienstleistungen von allgemeinem wirtschaftlichen Interesse (Art. 86 Abs. 2 EG) als Akt der öffentlichen Gewalt, in: FS Hartmut Maurer, 2001, S. 921 ff.

[56] → Rn. 10 f.
[57] *Voßkuhle*, Beteiligung (Fn. 47), S. 275, der auf den vorrangigen Einfluss auf Formen und Modalitäten des Staatshandelns hinweist.
[58] *Hinnerk Wißmann*, „Volksbildung" und Integration, in: Konrad Sahlfeld u. a. (Hrsg.), Integration und Recht, 2003, S. 289 (297 ff.); *Rolf Gröschner*, in: Dreier (Hrsg.), GG I, Art. 7 Rn. 12. Zur historischen Genese *Hinnerk Wißmann*, Das allgemeine Schulwesen: Projekt der Moderne – Programm der Freiheit?, in: Franz Reimer (Hrsg.), Homeschooling – Bedrohung oder Bewährung des freiheitlichen Rechtsstaats?, 2012 (im Erscheinen).
[59] Mit unterschiedlicher Betonung der privaten Schulen als Alternative Art. 11 ff. BWVerf.; Art. 133 BayVerf.; im Ansatz Art. 20 Bln.Verf.; Art. 29 f. BbgVerf.; Art. 27 ff. BremVerf.; Art. 56 Abs. 1 HessVerf.; Art. 15 Abs. 2 Verf. MV; im Ansatz Art. 4 Verf. Nds.; Art. 8 Abs. 3 NWVerf.; Art. 27 ff. Verf. RP.; Art. 27 f. SaarlVerf.; Art. 102 SachsVerf.; Art. 26 Abs. 1 Verf. LSA.; im Ansatz Art. 8 Verf. SH.; Art. 24 Abs. 1 ThürVerf. Vgl. zur Schulaufsicht → Rn. 52; zur christlichen Gemeinschaftsschule → Rn. 40. Vgl. weiter *Wißmann*, „Volksbildung" (Fn. 58), S. 301 ff. Zum nichtstaatlichen Schulwesen nach Art. 7 Abs. 4 GG *Rolf Gröschner*, in: Dreier (Hrsg.), GG I, Art. 7 Rn. 95 ff.
[60] *Volkmar Götz*, Innere Sicherheit, in: HStR IV, § 85 Rn. 2 f., der die rudimentären Einzelbezüge im Grundgesetz nachweist; *Markus Möstl*, Die staatliche Garantie für die öffentliche Sicherheit und Ordnung, 2002, S. 42 ff., zur europäischen Perspektive S. 507 ff., zur bundesstaatlichen Kompetenzverteilung S. 445 ff. Allgemein *Herzog*, Staatstätigkeit, in: HStR (Fn. 46), § 72 Rn. 38 ff. Vgl. zur subjektiv-rechtlichen Konstruktion *Gerhard Robbers*, Sicherheit als Menschenrecht, 1987, S. 144, 228 ff. Zu den Perspektiven *Helmuth Schulze-Fielitz*, Nach dem 11. September: An den Leistungsgrenzen eines verfassungsstaatlichen Polizeirechts?, in: FS Walter Schmitt Glaeser, 2003, S. 407 (409 ff.).

sprechenden Gestaltungsauftrags bereitzuhalten.[61] Das Verfassungsrecht speichert hier die Einsicht, dass gelingende Demokratie und Freiheit voraussetzungsvoll sind und nicht in schlichter Weise vom individuellen Vermögen und dem Eigennutz des Einzelnen ausgehen können. Die Finanzkrisen seit 2009 haben die Frage aufgeworfen, ob auch die Gewährleistung bestimmter **Funktionsvoraussetzungen der sozialen Marktwirtschaft** („Rettungsschirm" für die Kreditwirtschaft) zu den verfassungsrechtlich bestimmten Pflichtaufgaben des Staates gehören. Insofern ist jedoch schon wegen der weitgehenden wirtschaftspolitischen Offenheit des Grundgesetzes von einer nur politischen Verpflichtung auszugehen, die in erster Linie Gubernative und Legislative fordert (und nur innerhalb verfassungsrechtlicher Grenzen gelöst werden darf).[62]

12b Auch die Grundrechte können zu verpflichtenden Staatsaufgaben führen: Ein **staatlich bereitgestelltes Hochschulwesen** ist durch das Bundesverfassungsgericht als komplementäre „wertentscheidende Grundsatznorm" aus der individualrechtlichen Sicherung der Wissenschaftsfreiheit, Art. 5 Abs. 3 S. 1 GG, entwickelt worden.[63] Auf Landesebene finden sich parallele oder weitergehende, den Grundsatz ausgestaltende Regelungen.[64] Auch die Versorgung mit einem ausreichenden **Rundfunkangebot** ist als verpflichtende Aufgabe der öffentlichen Hand einzustufen, wobei das Gebot der „Staatsferne" zu besonderen Organisationsformen führt.[65]

13 Fraglich ist, inwieweit obligatorische **Staatsaufgaben** als materieller Sekundärgehalt allein schon **aus der Kompetenzordnung** des Grundgesetzes zu entnehmen sind. Das ist nach herrschender Auffassung in einem Kernbereich der Fall, der damit einer materiellen Privatisierung nicht offensteht.[66] Dazu zählen

---

[61] *BVerfGE* 82, 60 (79 f.); 125, 175 (222 ff.). Vgl. *Karl-Peter Sommermann*, in: v. Mangoldt/Klein/Starck (Hrsg.), GG II, Art. 20 Rn. 103 ff.; *Mann*, Gesellschaft (Fn. 46), S. 86 ff.; zur Entwicklung der institutionellen Ausgestaltung *Michael Stolleis*, Geschichte des Sozialrechts in Deutschland, 2003; zu Tendenzen der Gegenwart vgl. nur die 64. Tagung der VDStRL von 2004 mit drei Themen und sechs Referenten sowie die Referate von *Ulrike Davy* und *Peter Axer* auf der 68. Tagung von 2008; *Rainer Pitschas*, Die Modernisierung der sozialen Sicherung im Zeichen von Effektivität und Effizienz, in: Hermann Butzer (Hrsg.), Wirtschaftlichkeit durch Organisations- und Verfahrensrecht, 2004, S. 31 ff.; weiterführend *Andreas v. Arnauld/Andreas Musil* (Hrsg.), Strukturfragen des Sozialverfassungsrechts, 2009; *Schmidt-Aßmann*, Ordnungsidee, 3. Kap. Rn. 83 ff. Zum materiellrechtlichen Schutz des Existenzminimums → Rn. 18.

[62] Zum „Schweigen des Verfassungsrechts" hinsichtlich der Geldmarktstabilität *Matthias Ruffert*, Verfassungsrechtliche Überlegungen zur Finanzmarktkrise, NJW 2009, S. 2093 ff. Anders *Christoph Ohler*, Bankensanierung als staatliche Aufgabe, WiVerw 2010, S. 47 ff., der die Finanzmarktstabilität aufgrund ihrer enormen realwirtschaftlichen Bedeutung zu einer Verfassungsaufgabe aus Art. 109 Abs. 2 GG als Teil des „gesamtwirtschaftlichen Gleichgewichts" zählt. Zur fehlenden Festlegung des GG auf ein Wirtschaftsmodell *BVerfGE* 4, 7 (17 f.); 50, 290 (337). Anders nunmehr Art. 3 Abs. 3 S. 1 EUV, wonach im Rahmen des europäischen Binnenmarktes eine „soziale Marktwirtschaft" zu den Zielen der Union gehört. Zur Wirtschaftsverfassung → Bd. I *Schmidt-Aßmann* § 5 Rn. 92 ff.

[63] *BVerfGE* 35, 79 (114 f.); 93, 85 (95); 111, 333 (353 f.); zur Grenze konkreter Ansprüche *BVerfGE* 85, 360 (384). Vgl. umfassend *Michael Fehling*, in: BK, Art. 5 Abs. 3 Rn. 18 ff. (2004); *Hans-Heinrich Trute*, Die Forschung zwischen grundrechtlicher Freiheit und staatlicher Institutionalisierung, 1994, insbes. S. 173 ff.

[64] → Rn. 42.

[65] *BVerfGE* 57, 295 (320 ff.); 73, 118 (157); 114, 371 (387); 119, 181 (214); 121, 30 (50, 52). Für den öffentlich-rechtlichen Rundfunk ausdrücklich Art. 12 ThürVerf. Vgl. *Helmuth Schulze-Fielitz*, in: Dreier (Hrsg.), GG I, Art. 5 Abs. 1, Abs. 2 Rn. 43 ff., 53 f., 232 ff.; mit breiter Kritik *Thomas Vesting*, Prozedurales Rundfunkrecht, 1997, S. 135 ff.; *Burgi*, Privatisierung (Fn. 46), S. 67.

[66] Vgl. → Rn. 14, 58. Zur Terminologie *Martin Burgi*, in: v. Mangoldt/Klein/Starck (Hrsg.), GG III, Art. 86 Rn. 7. Inhaltlich *Peter Lerche*, in: Maunz/Dürig, GG, Art. 87 Rn. 62; *Michael Sachs*, in: ders.

auf der Ebene des Grundgesetzes nach Art. 87 Abs. 1 S. 1 GG Außen-, Finanz- und Verteidigungsaufgaben als klassische bundesstaatliche Ressorts und (deutlicher gefasst) nach Art. 87d ff. GG Teile der länderübergreifenden Infrastruktur.[67] Nicht überzeugend ist dagegen – jedenfalls *in concreto* – der Ansatz, aus der Gewährleistung der kommunalen Selbstverwaltung einen Bestandsschutz öffentlicher Aufgabenwahrnehmung abzuleiten.[68]

3. Verwaltungsorganisation im Gewährleistungsstaat

Die Rechtsordnung kann den Anteil, den der Staat in Bezug auf Gemeinwohlaufgaben erbringt, differenziert aussteuern. So wird die Entwicklung der Verwaltungsorganisation zunehmend von neuen **Arrangements der Aufgabenwahrnehmung** zwischen Privaten und Staat geprägt. Systembildend ist dabei die Aufteilung differenzierter staatlicher Verantwortungsstufen, die mit einem unterschiedlichen Maß gesellschaftlicher Selbstregulierung einhergeht.[69] Grundsätzlich prägt das Verfassungsrecht den Modus der staatlichen Aufgabenwahrnehmung nicht ausdrücklich aus und ist insoweit offen dafür, insbesondere dem Grundsatz der **Wirtschaftlichkeit** neues Gewicht zu verschaffen.[70] Materielle und organisatorische Vorgaben ergeben sich insoweit aus den Schutzanforderungen weiterer Verfassungsbestimmungen, insbes. des Rechtsstaats- und Demokratieprinzips.[71] Seine Abbildung im Verfassungsrecht findet diese – wesentlich durch das Europarecht angeregte und dynamisierte und daher zunächst auf Referenzbereiche beschränkte – Entwicklung in der Absicherung einer spezifischen staatlichen Regulierungsverantwortung, die privates Handeln im Wett-

14

(Hrsg.), GG, Art. 87 Rn. 22f.; *Hans P. Bull*, in: AK-GG, vor Art. 83 Rn. 79; *Georg Hermes*, in: Dreier (Hrsg.), GG III, Art. 87 Rn. 20; zurückhaltend *Martin Burgi*, in: v. Mangoldt/Klein/Starck (Hrsg.), GG III, Art. 87 Rn. 28; *Voßkuhle*, Beteiligung (Fn. 47), S. 275.

[67] Näher → Rn. 66. Zum Hintergrund *Hermes*, Infrastrukturverantwortung (Fn. 46), S. 256ff., 323ff.; *Matthias Cornils*, Staatliche Infrastrukturverantwortung und kontingente Marktvoraussetzungen – unter besonderer Berücksichtigung des Universaldienstes für Telekommunikationsdienstleistungen, AöR, Bd. 131 (2006), S. 378ff. Aus den Möglichkeiten nach Art. 87 Abs. 1 S. 2, Abs. 2, Abs. 3 GG folgen hingegen keine obligatorischen Staatsaufgaben, vgl. *BVerfGE* 39, 302 (314f.), in Bezug auf die Sozialversicherung. Für eine Parallele zu Art. 87 Abs. 1 S. 1 GG hingegen *Peter Lerche*, in: Maunz/Dürig, GG, Art. 87 Rn. 152. Skeptisch *Burgi*, DJT 2008 (Fn. 14), S. D 52ff.

[68] So aber *BVerwG*, NVwZ 2009, S. 1305ff.; s. dazu *Friedrich Schoch*, Das gemeindliche Selbstverwaltungsrecht gemäß Art. 28 II 1 GG als Privatisierungsverbot?, DVBl 2009, 1533ff.

[69] → Bd. I *Schulze-Fielitz* § 12, *Eifert* § 19 Rn. 23ff., 52ff., 144ff.; *Schuppert*, Verwaltungswissenschaft, S. 400ff. m.w.N.; *Schmidt-Aßmann*, Ordnungsidee, 3. Kap. Rn. 109ff.; *Andreas Voßkuhle*, „Regulierte Selbstregulierung" – Zur Karriere eines Schlüsselbegriffs, S. 197ff., und weitere, in: Regulierte Selbstregulierung als Steuerungskonzept des Gewährleistungsstaates, DV, Beiheft 4, 2001. Umfassend *Claudio Franzius*, Gewährleistung im Recht, 2009, insbes. S. 96ff.; *Hermann Butzer*, Sicherstellungsauftrag, in: HStR IV, § 74 Rn. 10ff. Zur begrenzten Reichweite der Verfassung in diesem Kontext *Voßkuhle*, Beteiligung (Fn. 47), S. 292.

[70] Vgl. *Edzard Schmidt-Jortzig*, Der Grundsatz der Wirtschaftlichkeit – Verfassungsrechtliche Determinanten, S. 17 (25ff.) und *Martin Burgi*, Der Grundsatz der Wirtschaftlichkeit im Verwaltungsrecht, S. 53 (64ff.), beide in: Butzer (Hrsg.), Wirtschaftlichkeit (Fn. 61); *Christoph Gröpl*, Wirtschaftlichkeit und Sparsamkeit staatlichen Handelns, in: HStR V, § 121, zum verfassungsrechtlichen Bezugspunkt Rn. 16. Zum Stichwort „Effizienz" und der Abgrenzung zur Effektivität *Wolfgang Hoffmann-Riem*, Effizienz als Herausforderung an das Verwaltungsrecht, in: Hoffmann-Riem/Schmidt-Aßmann (Hrsg.), Effizienz, S. 11 (16ff.).

[71] → Rn. 53ff. Zur „Verfassung als Privatisierungs-Rahmenordnung" *Martin Burgi*, Privatisierung, in: HStR IV, § 75 Rn. 13ff.

§ 15 Verfassungsrechtliche Vorgaben der Verwaltungsorganisation

bewerb und staatliche Sorge für gemeinwohlorientierte Ergebnisse verschränken soll (Art. 87e Abs. 4, Art. 87f Abs. 1f. GG).[72] Dabei entsteht in der Umsetzung der entsprechenden Verfassungsaufträge ein neuer Typus der **Regulierungsverwaltung**, der zur Gewährleistung der vorgegebenen Infrastrukturen auf dauernde Begleitung des Marktprozesses angelegt ist. Seine organisationsrechtliche Struktur, die auf wirtschaftswissenschaftliche Kompetenz und gestaltende Entscheidungsspielräume hin orientiert ist, fordert den rechtsstaatlichen und demokratischen Kontrollmaßstab der Verfassung neu heraus.[73] Nach einer ersten Bewährungszeit des Konzepts ist erkennbar, dass es sich nicht als Übergangsrecht darstellt und nicht auf bestimmte Sachbereiche beschränkt ist, zugleich aber auch nicht als allgemeines Konzept für prinzipiell alle Verwaltungsaufgaben genutzt werden kann. Vielmehr ist ein neues Modul des Verwaltungshandelns entstanden, dessen Einsatz politisch entschieden und verantwortet werden muss.[74]

II. Schutz und Entfaltung der Grundrechte

15   Die **Bürger** sind weder Untertanen noch Kunden, sondern durch die Grundrechte von Verfassungs wegen **Ausgangs- und Zielpunkt der staatlichen Verwaltung.** Gleichbehandlungsgebot und Verhältnismäßigkeitsmaßstab binden deren gesamten, auch privatrechtsförmigen Bereich, die einzelnen Freiheitsgewährleistungen werden zusätzlich als Limitierung der jeweiligen Eingriffs- und Gestaltungsmöglichkeiten des Staates wirksam.[75] Die **Grundrechtsberechtigung** gilt für natürliche Personen und nach Art. 19 Abs. 3 GG zum Schutz der hinter ihr stehenden Menschen grundsätzlich auch für juristische Personen des Privatrechts. Da dieser Rückbezug bei der staatlichen Verwaltung fehlt, ist bei ihr von Grundrechtsbindung und fehlender Grundrechtsberechtigung auszugehen[76],

---

[72] Zusammenführung in der „Herstellung von Wettbewerb als Verwaltungsaufgabe" bei *Kersten*, Wettbewerb als Verwaltungsaufgabe (Fn. 54), S. 288 ff., insbes. S. 316 ff. Näher *Hinnerk Wißmann*, Regulierung/Deregulierung, EvStL, Sp. 1978 (1982); *ders.*, Generalklauseln, 2008, S. 276 ff. m.w.N. → Bd. I *Eifert* § 19 Rn. 125 ff. In die gleiche Richtung zielt der Parallelbegriff des Gewährleistungsverwaltungsrechts, dazu *Voßkuhle*, Beteiligung (Fn. 47), insbes. S. 307 ff. Zum Pendant der „Funktionalen Privatisierung" *Burgi*, Privatisierung (Fn. 46), S. 340 ff.

[73] → Rn. 54, 63 f. Zu den grundrechtlichen Implikationen *Lepsius*, Verfassungsrechtlicher Rahmen der Regulierung (Fn. 52), § 4 Rn. 45 ff.

[74] *Hinnerk Wißmann*, Kooperation im Wettbewerb: Soziale Dienstleistungen als Herausforderung staatlicher Regulierung, in: v. Arnauld/Musil (Hrsg.), Strukturfragen des Sozialverfassungsrechts (Fn. 61), S. 139 (147 f.). Ausgearbeitete Zwischenbilanz für die Netzregulierung bei *Johannes Masing*, Soll das Recht der Regulierungsverwaltung übergreifend geregelt werden?, Gutachten D zum 66. DJT, 2006, S. D 13 ff.; *Oliver Lepsius*, Ziele der Regulierung, § 19, sowie *Matthias Ruffert*, Begriff, § 7, beide in: Fehling/Ruffert (Hrsg.), Regulierungsrecht, S. 332 ff. und 1055 ff.; zur Gesamtperspektive *Schoch*, Gewährleistungsverwaltung (Fn. 20), S. 241 ff.; kritische Perspektive bei *Klaus F. Gärditz*, „Regulierungsermessen" und verwaltungsgerichtliche Kontrolle, NVwZ 2009, S. 1005 ff.; *Kersten*, Wettbewerb als Verwaltungsaufgabe (Fn. 54), S. 288 ff.; s. auch *Matthias Knauff*, Gewährleistungsstaatlichkeit in Krisenzeiten: Der Gewährleistungsstaat in der Krise, DÖV 2009, S. 581 ff.

[75] *Christian Bumke*, Der Grundrechtsvorbehalt, 1998, S. 53 ff.; *Andreas v. Arnauld*, Die Freiheitsrechte und ihre Schranken, 1999, insbes. S. 144 ff. Dort, wo der Staat die Grundrechte nicht als Fundament von eigenverantwortlicher Lebensführung und eigenverantwortlichem Lebensrisiko versteht, sondern als Auftrag staatlichen Handelns, werden sie in besonderer Weise zum Maßstab der Verwaltungsorganisation, vgl. → Rn. 12a. Vgl. allgemein *Oeter*, Integration (Fn. 3), S. 426 ff.

[76] So auch die Rspr., vgl. *BVerfG*, NVwZ 2009, S. 1282 (1283). Zur Grundrechts*bindung* → Rn. 4 f.

B. Freiheits- und Aufgabenordnung

was als Regelverteilung auch bei formell privatisierten einschließlich der vom Staat beherrschten **gemischtwirtschaftlichen Verwaltungsbereiche** anzunehmen ist.[77]

Allerdings schließen sich **Grundrechtsgebundenheit und gleichzeitige Grundrechtsfähigkeit** nicht hermetisch aus. So kann Grundrechtsschutz von Verwaltungsträgern nicht prinzipiell mit dem **Konfusionsargument** abgelehnt werden, da es für die Rechtsbeziehungen innerhalb der öffentlichen Gewalt nicht auf die gemeinsame Grundrechtsbindung nach außen, sondern nur auf die konkreten Rechtspositionen im gegenseitigen Verhältnis ankommt.[78] Für juristische Personen des öffentlichen Rechts bleibt der Grundrechtsschutz jedoch auf Ausnahmen begrenzt, die von speziellen Grundrechten vorgegeben werden.[79] Auch in Bezug auf staatlich beherrschte Unternehmen in Privatrechtsform ist zu differenzieren: Gegenüber Dritten sind sie grundrechtsgebunden.[80] In Betracht kommt, dass sie gleichwohl in funktionaler Betrachtung ausnahmsweise gegenüber dem Staat (auch) grundrechtsberechtigt sein können.[81] Dies wird aber jedenfalls dann nicht der Fall sein, wenn ein beherrschtes Unternehmen „bestimmungsgemäß öffentliche Aufgaben [wahrnimmt] und in dieser Funktion von dem angegriffenen Hoheitsakt betroffen" wird.[82] Eine gleichzeitige Grundrechtsberechtigung hat damit die Vermutung gegen sich und müsste wie in den grundrechtsspezifischen Fällen im Einzelnen begründet werden.[83]

15a

Bei natürlichen Personen bleibt die Grundrechtsberechtigung grundsätzlich auch dann erhalten, wenn sie **Amtsträger** sind.[84] Sie wird dort aber durch die Funktionsnotwendigkeiten des Staatsdienstes begrenzt, die ihrerseits nicht apodiktisch wirken, sondern am Maßstab der Grundrechte zu messen sind.[85] Dabei

15b

---

[77] Wie hier *BVerfG*, NJW 2011, S. 1201 (1203). S. auch schon *BVerfG*, NJW 1990, S. 1783; NVwZ 2009, S. 1282 (1282f.). Vgl. ausführlich *Gersdorf*, Unternehmen (Fn. 14), S. 136 ff.; *Horst Dreier*, in: ders. (Hrsg.), GG I, Art. 19 Abs. 3 Rn. 72 ff.; *Peter M. Huber*, in: v. Mangoldt/Klein/Starck (Hrsg.), GG I, Art. 19 Abs. 3 Rn. 284 ff.; a. A. *Püttner*, Unternehmen (Fn. 14), S. 120 f.; *Kempen*, Formenwahlfreiheit (Fn. 13), S. 75; *Peter Selmer*, Grundrechtsberechtigung von Mischunternehmen (Fn. 16), § 53 Rn. 37 ff.; *Schmidt-Aßmann*, Privatrechtsform (Fn. 25), S. 392 ff.; *ders.*, Ordnungsidee, 5. Kap. Rn. 63, mit Hinweis auf den dynamischen Charakter der Anteilsverhältnisse; *Thomas Vesting*, in: AK-GG, Art. 87e, Rn. 40 f.; Art. 87f, 91 ff., der die tradierten Zuordnungen für die „neuen hybriden Beziehungsnetzwerke" für überholt hält.

[78] Vgl. *Horst Dreier*, in: ders. (Hrsg.), GG I, Art. 19 Abs. 3 Rn. 58 m.w.N.

[79] Zur anerkannten Trias der Universitäten, Rundfunkanstalten und korporierten Religionsgemeinschaften *Horst Dreier*, in: ders. (Hrsg.), GG I, Art. 19 Abs. 3 Rn. 59 ff., Prüfung weiterer möglicher Ausnahmefälle Rn. 63 ff. Differenzierend *Winfried Kluth*, Funktionale Selbstverwaltung, 1997, S. 413 ff.

[80] → Rn. 4.

[81] *Jarass*, Post- und TK-Unternehmen (Fn. 16), S. 226.

[82] *BVerfG*, NVwZ 2009, S. 1282 (1282f.). Vgl. zum Ganzen noch → Rn. 4. Bejaht hat das BVerfG die Grundrechtsfähigkeit der Deutschen Telekom AG in *BVerfGE* 115, 205 (227f.), wobei es annimmt, dass eine Beherrschung schon wegen der gesetzlichen Zielbestimmungen in § 3 des Gesetzes über die Einrichtung einer Bundesanstalt für Post und Telekommunikation Deutsche Bundespost vom 14. September 1994 (BGBl. I, S. 2325) und § 32 der Satzung der Bundesanstalt für Post und Telekommunikation Deutsche Bundespost vom 14. September 1994 (BGBl. I, S. 2331) ausgeschlossen war. Vgl. *Kay Windthorst*, Zur Grundrechtsfähigkeit der Deutschen Telekom AG, VerwArchiv, Bd. 95 (2004), S. 377 ff.

[83] → Fn. 79.

[84] *Wißmann*, Generalklauseln (Fn. 72), S. 251 ff.

[85] *BVerfGE* 108, 282 (297ff.); dazu *Hinnerk Wißmann*, Religiöse Symbole im öffentlichen Dienst, ZevKR, Bd. 52 (2007), S. 51 (53 ff.) m.w.N.

müssen **(amtliche) Kompetenz und (grundrechtliche) Freiheit** jedoch **unterschieden** bleiben: Auch ggf. eingeräumte Funktionsfreiheiten schützen grundrechtsgebundenes Staatshandeln, nicht grundrechtliche Freiheitsausübung.[86]

16 Grundrechtliche Sicherungen sind auch für einen Teil der **Organisationsverbote** für die öffentliche Hand verantwortlich, die sich inhaltlich aus historischer Erfahrung begründen.[87] So müssen sowohl der Rundfunk als auch die arbeitsrechtlichen Koalitionen von staatlichem Einfluss weitgehend freigehalten werden.[88] Die verfassungsrechtliche Kehrseite dieser Sondernormen ist die im Übrigen bestehende Möglichkeit, **öffentlich-rechtliche Pflichtmitgliedschaften** für Private zu begründen, die im Rahmen der Verhältnismäßigkeit zulässig sind und so den Kreis staatlicher Verwaltung erweitern.[89] Die Schnittmenge grundrechtlich geschützter privater Tätigkeit und staatlicher Ordnung begründet hier den Typ der funktionalen Selbstverwaltung[90] als angemessenen Ausgleichsmodus.[91]

17 **Verwaltungsverfahren** dürfen zum Schutz der Grundrechte nicht so organisiert sein, dass maßgebliche, grundrechtsrelevante Entscheidungen außerhalb der gemäß Art. 19 Abs. 4 GG gerichtlich überprüfbaren Verwaltungssphäre liegen.[92] Eine nach der Rechtsprechung vorrangig im Gleichheitsrecht angesiedelte Vorgabe mit organisationsrechtlichen Auswirkungen ist das Gebot, strukturelle **Vollzugsdefizite** zu vermeiden.[93] Dies bezieht sich auch auf das Gebot zügiger Verfahrensgestaltung, die insbesondere auch in einer Gesamtschau der verschiedenen Anforderungen einzuhalten ist.[94] Der Schutz schwacher Rechtspositionen, insbesondere der Schutz Dritter, ist nicht nur Vorgabe für die **Absicherung von Verfahrensrechten** des Bürgers, sondern notwendigerweise auch auf die institutionelle Möglichkeit grundrechtsangemessenen Verwaltungshandelns

---

[86] → Bd. I *Masing* § 7 Rn. 43 ff. Vgl. näher *Hinnerk Wißmann*, Pädagogische Freiheit als Rechtsbegriff, 2002, S. 233 ff.

[87] Vgl. für weitere, objektivrechtlich begründete Organisationsverbote → Rn. 40 ff.

[88] Art. 5 Abs. 1, 9 Abs. 1 und Abs. 3 GG. Vgl. *Krebs*, Verwaltungsorganisation (Fn. 17), § 108 Rn. 81. S. auch → Rn. 13.

[89] *BVerfGE* 38, 281; *BVerwGE* 39, 100 (102 f.); zuletzt *BVerwG*, DÖV 2005, S. 607 (609); *Burkhard Schöbener*, Verfassungsrechtliche Aspekte der Pflichtmitgliedschaft in wirtschafts- und berufsständischen Kammern, VerwArch, Bd. 91 (2000), S. 374 ff. Zu den europarechtlichen Implikationen *Winfried Kluth*, Funktionale Selbstverwaltung, DV, Bd. 35 (2002), S. 349 (371 ff.). Vgl. Art. 59 SaarlVerf.

[90] Zur funktionalen Selbstverwaltung → Bd. I *Trute* § 6 Rn. 20 f., 82 ff., *Reimer* § 9 Rn. 41.

[91] → Rn. 42.

[92] *BVerfGE* 113, 273 (309, 310 ff.). So schon *BVerfGE* 22, 49 (81 f.); dezidierter *BVerfGE* 61, 82 (110); 69, 1 (49); zuletzt wieder (als Kammerentscheidungen) *BVerfG*, NVwZ 2007, S. 1178 (1179); NJW 2009, S. 2659 (2660). Zu den durch das BVerfG entwickelten Vorwirkungen des Art. 19 Abs. 4 GG, insbes. Transparenz- und Dokumentationspflichten *Helmuth Schulze-Fielitz*, in: Dreier (Hrsg.), GG I, Art. 19 Abs. 4 Rn. 87 ff.; *Peter M. Huber*, in: v. Mangoldt/Klein/Starck (Hrsg.), GG I, Art. 19 Abs. 4 Rn. 483 ff. m.w.N.

[93] *BVerfGE* 84, 239 (268 ff.); 110, 94 (111 ff.) zielen auf das Defizit der Erhebungsregel. Vgl. zum Zusammenhang *Stephan Meyer*, Strukturelle Vollzugsdefizite als Gleichheitsverstoß, DÖV 2005, S. 551 (556 f.); jüngst so auch wieder *BVerfG*, NVwZ-RR 2010, S. 457 (457); DVBl 2008, S. 652 (654) und, NJW 2008, S. 2637 (2637); zur Rechtsprechung des BVerfG zu strukturellen Vollzugsdefiziten mit kritischen Anmerkungen zum Lösungsansatz des BVerfG *Andreas Funke*, Gleichbehandlungsgrundsatz und Verwaltungsverfahren, Die Rechtsprechung des BVerfG zu strukturell bedingten Vollzugsdefiziten, AöR, Bd. 132 (2007), S. 168 (171 f.).

[94] *Paul Rombach*, Der Faktor Zeit in umweltrechtlichen Genehmigungsverfahren, 1994, S. 48 f.; zu Kompensationsmöglichkeiten *Michael Fehling*, Verwaltung zwischen Unparteilichkeit und Gestaltungsaufgabe, 2001, S. 444.

bezogen.⁹⁵ Die Charta der europäischen Grundrechte fasst diese Perspektive im Recht auf gute Verwaltung (Art. 41 i.V.m. Art. 6 Abs. 1 EUV) zusammen.

Die formal verstandene Abwehr staatlichen Einflusses ist nur eine Wirkungsdimension der Grundrechte. Darüber hinausgreifend wirkt sich auch für die Gestaltung der Verwaltungsorganisation aus, dass sich der demokratische Staat auf das gleiche Recht aller Bürger gründet und daher auch auf die **aktive Bewahrung und Entfaltung der Grundrechte** verpflichtet ist.⁹⁶ So ist die Bereitstellung des Existenzminiums grundrechtlich geboten.⁹⁷ Die komplexe Verschränkung von Freiheitssicherung und -begründung ist außerhalb von freibleibenden Unterstützungsangeboten institutionell freilich auf die staatliche Schule zu konzentrieren, um eine **paternalistische Betreuung der Zivilgesellschaft** zu verhindern.⁹⁸ 18

C. Verfassungsrechtliche Kompetenzordnung

In einem verfassungsrechtlichen Mehrebenensystem⁹⁹ sind vertikale und horizontale **Verteilungsregeln** zu beachten, die unterschiedlichen staatlichen Akteuren Befugnisse für die Organisation der Verwaltung einräumen. Die vertikale Aufgliederung der Verwaltung umfasst das Verhältnis von supranationaler Ebene zum Nationalstaat, die föderale Verteilung zwischen Bund und Ländern ebenso wie das Gewicht der kommunalen Selbstverwaltung sowie ihre wechsel- 19

---

⁹⁵ Die Verfahrensgrundrechte sind zutreffend als Resubjektivierung der objektiv-rechtlichen Dimension erfasst, vgl. *Horst Dreier*, in: ders. (Hrsg.), GG I, Vorbem. Rn. 95, 105 f. Zu Partizipationsrechten als Vorgabe für die interne Organisation *Kluth*, Selbstverwaltung (Fn. 79), S. 408 ff.

⁹⁶ Vgl. zurückhaltend *Krebs*, Verwaltungsorganisation (Fn. 17), § 108 Rn. 80; *Trute*, Forschung (Fn. 63), S. 280 ff. Zur Unterscheidung strikter demokratischer Rechte und allgemein bürgerlicher Rechte vgl. → Bd. I *Masing* § 7 Rn. 188 ff. Für den organisationsrechtlichen Zusammenhang *Achterberg*, VerwR, § 6 Rn. 2 ff.; BVerfGE 111, 333 (353 ff.).

⁹⁷ Zuletzt *BVerfGE* 125, 175 (222 f.): der Staat sei „im Rahmen seines Auftrages zum Schutz der Menschenwürde und in Ausfüllung seines sozialstaatlichen Gestaltungsauftrages verpflichtet", ein Existenzminimum zu gewährleisten, dem gegenüber stehe ein „unmittelbar verfassungsrechtlicher Leistungsanspruch auf Gewährleistung eines menschenwürdigen Existenzminimums"; ähnlich auch schon *BVerfGE* 113, 88 (108 f.) mit der Feststellung eines Anspruches für alle Menschen auf Sicherung eines Existenzminimums; mit Betonung der staatlichen Pflicht zur Sicherung eines Existenzminimums für Mitbürger mit körperlichen oder geistigen Gebrechen vgl. bereits *BVerfGE* 40, 121 (133); vgl. systematisierend und rechtsvergleichend *Andreas v. Arnauld*, Das Existenzminimum, in ders./Musil (Hrsg.), Strukturfragen des Sozialverfassungsrechts (Fn. 61), S. 274 ff.; zur neuesten Rechtsprechung des BVerfG s. *Stephan Rixen*, Anmerkung zu BVerfG 125, 175, SGb 2010, S. 240 (240 f.); *Christian Seiler*, Das Grundrecht auf ein menschenwürdiges Existenzminimum, JZ 2010, S. 500 (504); vgl. auch *Matthias Schnath*, Das neue Grundrecht auf Gewährleistung eines menschenwürdigen Existenzminimums, NZS 2010, S. 297 (298).

⁹⁸ Vgl. *Wißmann*, Freiheit (Fn. 86), S. 96 ff. Zur verfassungsrechtlich vorgezeichneten Rolle der Schule → Rn. 12. Zur grundrechtlich veranlassten Einbindung von Eltern und Schülern Wolff/Bachof/Stober/*Kluth*, VerwR II, § 80 Rn. 262 ff., mit Hinweisen auf Regelungen im Landesverfassungsrecht. Zur Abgrenzung von Aufgaben der Gefahrenabwehr im Bereich des Jugendschutzes *Hinnerk Wißmann*, Kulturelle Differenz und Prozeduren der Integration als Gegenstand der Grundrechtsdogmatik, RdJB 2008, S. 153 (154 ff.). Zum Problemkreis der staatlichen Vorgabe eines „guten Lebens" Sondervotum *Johannes Masing*, BVerfGE 121, 317 (385) (Nichtraucherschutz). Eine weitere Bedeutung hat dieser Fragenkreis, soweit der private Grundrechtsgebrauch in staatlich geführten Formen stattfindet, was sich etwa durch landesverfassungsrechtlich vorgesehene Beiräte in Verwaltungsinstitutionen ausdrückt, vgl. *Krebs*, Verwaltungsorganisation (Fn. 17), § 108 Rn. 84. Vgl. → Rn. 29.

⁹⁹ → Rn. 2.

I. Die vertikale Aufgliederung der Verwaltung

1. Supranationale Verwaltungskompetenzen

20 Die öffentliche Verwaltung der Gegenwart stellt sich als ein Verbundsystem mit supranationalen und vielfältig differenzierten nationalstaatlichen Anteilen dar.[100] Der europäische Anteil wird zum einen durch den Umfang bestimmt, in dem **europäisches Recht** durch europäische Verwaltungsinstitutionen direkt durchgeführt wird, zum anderen durch die Möglichkeiten, die indirekte Durchführung durch die Mitgliedstaaten in Bezug auf organisatorische Fragen anzuleiten.[101] Das europäische Recht hält für die entsprechenden Zuordnungen **kein durchgearbeitetes System** bereit.[102] Vielmehr sind nach wie vor widerstreitende Elemente wirksam. Einerseits ist (vor allem auf der Ebene der praktischen Politik und des Sekundärrechts) eine stetige Ausweitung des europäischen Einflusses auch auf die Verwaltungsorganisation zu beobachten, etwa bei der Vereinheitlichung der Regelungen in einzelnen Sektoren oder bei der Ausweitung europäischer Agenturen.[103] Auf der anderen Seite versucht insbesondere das neuere Primärrecht dieser selbstreferentiellen Dynamik auf einer prinzipiellen Ebene Begrenzungen entgegenzustellen (Art. 291 Abs. 1 AEUV), deren tatsächliche Wirkung allerdings bis auf weiteres skeptisch beurteilt werden muss. Solch heterogene Einflüsse machen eine genauere Abschichtung erforderlich:

---

[100] Zum „Verwaltungsverbund" und seinen Synonymen *Gernot Sydow*, Verwaltungskooperation in der Europäischen Union, 2004, S. 5 ff. Vgl. → Bd. I *Schmidt-Aßmann* § 5 Rn. 16 ff., *Groß* § 13 Rn. 36 ff. Die Frage der europarechtlichen Formung der Verwaltungsorganisation ist zu trennen von der Frage der Europäisierung der Verwaltungsverfahren, vgl. zur gemeinsamen Basis *Werner Schroeder*, Nationale Maßnahmen zur Durchführung von EG-Recht und das Gebot der einheitlichen Wirkung, AöR, Bd. 129 (2004), S. 3 (10). Über die allein europäische Perspektive hinausgehend *Eberhard Schmidt-Aßmann*, Die Herausforderung der Verwaltungsrechtswissenschaft durch die Internationalisierung der Verwaltungsbeziehungen, Der Staat, Bd. 45 (2006), S. 315 ff.

[101] Bei indirekter Durchführung durch die Mitgliedstaaten ist weiter zwischen *unmittelbarer* Durchführung originären Europarechts und *mittelbarer* Durchführung von nationalem Umsetzungsrecht zu differenzieren, vgl. Wolff/Bachof/Stober/*Kluth*, VerwR II, § 88 Rn. 1, 24, 34. Zum Ganzen *Streinz*, EuropaR, Rn. 532 ff.

[102] Zur Situation seit Einführung des Lissaboner Reformvertrages im Überblick *Klaus F. Gärditz*, Verwaltungsdimension des Lissabonvertrages, DÖV 2010, S. 453 ff. Zu den nur punktuell geregelten Eckpfeilern des europäischen „Verwaltungsverfassungsrechts" vgl. *Matthias Ruffert*, in: Calliess/Ruffert (Hrsg.), EUV/AEUV, Art. 197 AEUV Rn. 2. Zur nationalen Rechtslage → Rn. 25.

[103] Zur Diskussion: *Matthias Ruffert*, Verselbständigte Verwaltungseinheiten, in: Trute/Groß/Röhl/Möllers (Hrsg.), Allgemeines Verwaltungsrecht, S. 431 (452); *Foroud Shirvani*, New puplic management und europäische Agenturen: Transparenzfragen bei der Modernisierung der Verwaltungsorganisation, DÖV 2008, S. 1 ff. Zu organisatorischen Folgen der Dienstleistungsrichtlinie, insbesondere der Einführung eines „einheitlichen Ansprechpartners", die Beiträge bei *Stefan Leible* (Hrsg.), Die Umsetzung der Dienstleistungsrichtlinie, Chancen und Risiken für Deutschland, 2008; *Utz Schliesky*, Die Europäisierung der Amtshilfe – Die Weiterentwicklung einer verwaltungsrechtlichen Rechtsfigur durch die EU-Dienstleistungsrichtlinie, 2008; *Jan Ziekow*, Ein Einheitlicher Ansprechpartner für Dienstleister, Anforderungen des Vorschlags einer EU-Dienstleistungsrichtlinie und Gestaltungsoptionen im föderalen System der Bundesrepublik Deutschland, 2007.

C. Verfassungsrechtliche Kompetenzordnung

Art. 5 Abs. 1 und 2 EUV verpflichten das europäische Recht auf das Prinzip **21** der **begrenzten Einzelermächtigung,** wonach jedes verbindliche Handeln einer materiellen Verbandskompetenz der EU zugeordnet werden muss. Das gilt nochmals gesondert auch für die **europäische Verwaltung und ihre Organisation,** die ebenfalls **eigenständig zu legitimieren ist.**[104] Neben der Lehre von den „implied powers"[105] wurde insbesondere die jetzt in Art. 352 Abs. 1 AEUV niedergelegte Abrundungskompetenz in der politischen Praxis extensiv für Erweiterungen der Verwaltungskompetenzen genutzt.[106] Deren staatsrechtlicher Legitimationsgrund liegt letztlich im politischen Konsens aller Beteiligten begründet, im Stil einer unechten Vertragsänderung die entsprechenden nationalen Kompetenzen abzugeben; dies muss gerade wegen des Umbaus von Entscheidungsstrukturen auf das Mehrheitsprinzip als Begrenzung bewusst bleiben.[107]

Unter Beachtung dieser primärrechtlichen Vorgaben ergibt sich dann im Einzelnen: Die Europäische Union kann die notwendige **Eigenverwaltung** einrichten.[108] Die Befugnis dazu findet sich in den Art. 13 EUV und Art. 249 Abs. 1 AEUV und nun auch ausdrücklich in Art. 298 AEUV.[109] Die entstandene breite Aufgliederung der entsprechenden Dienste ist zunächst als Unterstützung der politischen Organe nach innen gerichtet. Wegen der Doppelnatur der Kommission als Organ und Behörde[110] sind jedoch zusätzlich auch außenwirksame Entscheidungen der Dienststellen möglich. Durch die Übertragung von Entscheidungsbefugnissen der Organe auf sog. **„vertragsfremde" Einrichtungen,** also die eigenständigen europäischen Stiftungen, Agenturen und Ämter usw., ist hier **22**

---

[104] Vgl. *Joachim Suerbaum,* Die Kompetenzverteilung beim Verwaltungsvollzug des Europäischen Gemeinschaftsrechts in Deutschland, 1998, S. 103; knapp *Rudolf Streinz,* in: ders. (Hrsg.), EUV/EGV, Art. 10 EG Rn. 23 m.w.N.; *Huber,* Verfassungsrecht (Fn. 7), S. 230; *Wolfgang Kahl,* in: Calliess/Ruffert (Hrsg.), EUV/AEUV, Art. 4 EUV Rn. 59 ff.; *Manfred Zuleeg,* in: v. d. Groeben/Schwarze (Hrsg.), EU-/EG-Vertrag, Art. 5 EG Rn. 14; *Friedrich Schoch,* Die Europäisierung des Verwaltungsprozessrechts, in: FS Hartmut Maurer, 2001, S. 507 (508); *Thomas Groß,* Exekutive Vollzugsprogrammierung durch tertiäres Gemeinschaftsrecht?, DÖV 2004, S. 20 (23). Im Ergebnis ablehnend *Schroeder,* Durchführung (Fn. 100), S. 11 ff.; *Anton Klösters,* Kompetenzen der EG-Kommission im innerstaatlichen Vollzug von Gemeinschaftsrecht, 1994, S. 12 ff. Zur Undeutlichkeit der Kompetenzzuweisungen *Hans D. Jarass,* Die Kompetenzverteilung zwischen der Europäischen Gemeinschaft und den Mitgliedstaaten, AöR, Bd. 121 (1996), S. 173 (S. 181).
[105] Vgl. *Stefan Lorenzmeier/Christian Rohde,* Europarecht, 3. Aufl., 2005, S. 176.
[106] Überblick bei *Stefanie Schreiber,* Verwaltungskompetenzen der Europäischen Union, 1997, S. 145 ff.
[107] Siehe hierzu Erklärung Nr. 42 zu Art. 352 AEUV (ABl. EU 2010, Nr. C 83, S. 351), die in Anknüpfung an die Rechtsprechung hervorhebt, dass die Kompetenzanpassungen ein integraler Bestandteil des Grundsatzes der beschränkten Einzelermächtigung sind und insofern keine Grundlage dafür bilden, die durch die Verträge festgelegten Kompetenzen zu erweitern.
[108] Zur Darstellung im Einzelnen → Bd. I *Schmidt-Aßmann* § 5 Rn. 35 ff., *Groß* § 13 Rn. 24. Vgl. *Schreiber,* Verwaltungskompetenzen (Fn. 106), insbes. S. 69 ff.; *Friedrich Schoch,* Europäisierung der Verwaltungsrechtsordnung, VBlBW 1999, S. 241 ff.; *Sydow,* Verwaltungskooperation (Fn. 100), S. 61 ff. Übersicht über die einschlägigen Dienststellen der Kommission bei *Matthias Ruffert,* in: Calliess/Ruffert (Hrsg.), EUV/AEUV, Art. 17 EUV Rn. 36 ff. Zu den zusätzlichen eigenständigen Verwaltungsträgern *Robert Uerpmann,* Mittelbare Gemeinschaftsverwaltung durch gemeinschaftsgeschaffene juristische Personen des öffentlichen Rechts, AöR, Bd. 125 (2000), S. 551 ff. Vgl. auch *Jarass,* Kompetenzverteilung (Fn. 104), S. 182 f.
[109] Zur bisherigen Begründung *Armin Hatje,* in: Schwarze (Hrsg.), EU, Art. 7 EGV Rn. 14; *Christian Calliess,* in: ders./Ruffert (Hrsg.), EUV/AEUV, Art. 13 EUV Rn. 29 ff.
[110] Vgl. *Matthias Ruffert,* in: Calliess/Ruffert (Hrsg.), EUV/AEUV, Art. 17 EUV Rn. 34.

§ 15 Verfassungsrechtliche Vorgaben der Verwaltungsorganisation

eine neue Handlungsqualität festzustellen.[111] Eine weitere Säule des daraus entstehenden europäischen Verwaltungsverbundes ist weiter zunehmend die **Verwaltungszusammenarbeit** (Art. 197 AEUV).[112]

23 Eine Absicherung der nationalen Vorhand im Bereich der Verwaltungsorganisation bilden die in Art. 5 Abs. 1, 3 und 4 EUV für das Verhältnis von Gemeinschaft und Mitgliedstaaten verankerten Prinzipien der **Subsidiarität** und **Verhältnismäßigkeit**.[113] Das Subsidiaritätsprinzip schafft in den gemischten Kompetenzfeldern, also außerhalb der ausschließlichen Kompetenzen der EU, eine Vorrangregel zugunsten der Nationalstaaten. Selbst eine im Einzelfall begründete europäische Verwaltungskompetenz steht damit unter dem Vorbehalt, dass die damit verbundenen Ziele „von den Mitgliedstaaten weder auf zentraler noch auf regionaler oder lokaler Ebene ausreichend verwirklicht werden können, sondern vielmehr wegen ihres Umfangs oder ihrer Wirkungen auf Unionsebene besser zu verwirklichen sind" (Art. 5 Abs. 3 EUV). Eine weitere innere Begrenzung finden Maßnahmen der Union auch deshalb, weil sie „nicht über das für die Erreichung der Ziele der Verträge erforderliche Maß" hinausgehen dürfen (Art. 5 Abs. 4 EUV). Für die Verwaltungsorganisation wurde die entscheidende Schlussfolgerung bereits in der Erklärung Nr. 43 zur Schlussakte des Vertrags von Amsterdam in Bezug auf das Protokoll über die Anwendung der Grundsätze der Subsidiarität und der Verhältnismäßigkeit gezogen. Danach bleibt die „administrative Durchführung des Gemeinschaftsrechts grundsätzlich Sache der Mitgliedstaaten gemäß ihren verfassungsrechtlichen Vorschriften".[114] Entsprechend stellt Art. 291 Abs. 1 AEUV nunmehr fest, dass die Mitgliedstaaten die zur Durchführung der verbindlichen Rechtsakte erforderlichen Maßnahmen „nach innerstaatlichem Recht" ergreifen. Daraus folgt nicht nur der Vorrang des mitgliedschaftlichen Verwaltungsvollzugs, sondern neu abgesichert die grundsätzliche **Organisationsautonomie der Mitgliedstaa-**

---

[111] *Reinhard Priebe*, Entscheidungsbefugnisse vertragsfremder Einrichtungen im Europäischen Gemeinschaftsrecht, 1979; *Schreiber*, Verwaltungskompetenzen (Fn. 106), S. 43 ff. Überblick über die Errichtungsphasen und die erst spät einsetzende Übertragung von Entscheidungsbefugnissen bei *Uerpmann*, Gemeinschaftsverwaltung (Fn. 108), S. 551 (554 ff.). Ausweitende Auslegung über die schwankende *EuGH*-Rechtsprechung hinaus bei *Christian Calliess*, in: ders./Ruffert (Hrsg.), EUV/AEUV, Art. 13 EUV Rn. 31 ff.; zurückhaltend dagegen *Armin Hatje*, in: Schwarze (Hrsg.), EU, Art. 7 EGV Rn. 18.

[112] → Rn. 43. Vgl. → Bd. I *Schmidt-Aßmann* § 5 Rn. 25 ff. Zur Bedeutung des Art. 197 AEUV für die Erhaltung der europäischen Verwaltungsverbundsstrukturen angesichts des Art. 291 Abs. 1 AEUV *Matthias Ruffert*, in: Calliess/Ruffert (Hrsg.), EUV/AEUV, Art. 197 AEUV Rn. 4.

[113] Vgl. *Rudolf Geiger*, in: ders./Khan/Kotzur, EUV/AEUV, Art. 5 EUV Rn. 5 ff., 17 ff.; zur älteren Rechtslage *Rudolf Streinz*, in: ders. (Hrsg.), EUV/EGV, Art. 5 EG Rn. 30 ff. Zur deutschen Perspektive des Art. 23 Abs. 1 S. 1 GG *Claus D. Classen*, in: v. Mangoldt/Klein/Starck (Hrsg.), GG I, Art. 23 Rn. 45 f.

[114] „Die Hohen Vertragsparteien bekräftigen zum einen die der Schlußakte zum Vertrag über die Europäische Union beigefügte Erklärung zur Anwendung des Gemeinschaftsrechts und zum anderen die Schlussfolgerungen des Europäischen Rates von Essen, wonach die administrative Durchführung des Gemeinschaftsrechts grundsätzlich Sache der Mitgliedstaaten gemäß ihren verfassungsrechtlichen Vorschriften bleibt. Die Aufsichts-, Kontroll- und Durchführungsbefugnisse der Gemeinschaftsorgane nach den Artikeln 202 und 211 des Vertrags zur Gründung der Europäischen Gemeinschaft bleiben hiervon unberührt." Abdruck in Hans v.d. Groeben/Jochen Thiesing/Claus-Dieter Ehlermann (Hrsg.), EUV/EGV, 5. Aufl. 1999, Annex, S. 147. Vgl. zum rechtssystematischen Hintergrund des Art. 51 EUV (bzw. ex 311 EGV) *Juliane Kokott*, in: Streinz (Hrsg.), EUV/EGV, Art. 311 EGV, Rn. 7 und *Bieber/Epiney/Haag*, Die EU, § 6 Rn. 8.

C. Verfassungsrechtliche Kompetenzordnung

ten.¹¹⁵ Allerdings gilt auch insoweit, dass das nationale Recht den Anforderungen in Hinblick auf die Durchsetzung der Grundfreiheiten und die effektive Verwaltungszusammenarbeit genügen muss (Art. 197 Abs. 1 AEUV).¹¹⁶ Zudem kann das Sekundärrecht durch detaillierte Verfahrensvorgaben organisatorische Vorwirkungen mit zum Teil weitreichenden Folgen entfalten.¹¹⁷ Zum Testfall ist dafür zuletzt die Rechtsprechung des Europäischen Gerichtshofs zur Unabhängigkeit der Datenschutzbeauftragten von staatlicher Aufsicht geworden.¹¹⁸ Auch insoweit bestätigt sich, dass die allgemeinen Grundsätze der Subsidiarität und Achtung staatlicher Eigenformen in der Praxis konkret hinter dem jeweiligen sektoral-funktionalen Vorverständnis zurückstehen. Angesichts der weitgehenden Rücknahme nationalstaatlicher Gegenkontrollen bleibt es Aufgabe der Wissenschaft und der Rechtspolitik, auf dieses Ungleichgewicht einzuwirken.¹¹⁹

Gegenüber der vertikalen Aufgliederung der Staatsgewalt im Mitgliedstaat **24** verhielt sich das europarechtliche Regime im Allgemeinen bisher grundsätzlich indifferent, da die Union, ihrem völkerrechtlichen Entstehungsgrund entsprechend, einem zweistufigen Aufbauprinzip folgt.¹²⁰ Der EUV bezieht die **Rechtsstellung subnationaler Einheiten** nun allerdings konzeptionell deutlicher ein und richtet sein Augenmerk dabei in erster Linie auf die Sicherung kommunaler und regionaler Autonomie. Art. 4 Abs. 2 S. 1 EUV verpflichtet die Union, die „jeweilige nationale Identität, die in ihren grundlegenden politischen und verfassungsmäßigen Strukturen einschließlich der regionalen und lokalen Selbstverwaltung zum Ausdruck kommt", zu achten, womit die föderale Struktur der Bundesrepublik ihren Referenzpunkt auf der Ebene des europäischen Primärrechts findet.

---

¹¹⁵ Jeweils knapp *EuGH*, Rs. 96/81, Slg. 1982, S. 1791, Rn. 12; Rs. C-201/02, Slg. 2004, S. I-723, Rn. 67; verb. Rs. C-392/04 und C-422/04, Slg. 2006, S. I-8559, Rn. 57; *Hans-Werner Rengeling*, Deutsches und europäisches Verwaltungsrecht, VVDStRL, Bd. 53 (1994), S. 202 (231); *v. Danwitz*, Verwaltungsrechtssystem (Fn. 4), S. 192 ff.; *Oppermann*, EuropaR, § 4 Rn. 641; *Schoch*, Europäisierung (Fn. 108), S. 242; *Huber*, Recht der Europäischen Integration, § 22 Rn. 1 ff.; *Rüdiger Breuer*, Gewässerschutzrecht – Grundlagen und allgemeine Regelungen, in: Rengeling (Hrsg.), EUDUR II/1, § 65 Rn. 57; *Sydow*, Verwaltungskooperation (Fn. 100), S. 72; jetzt auch *Wolfgang Kahl*, in: Calliess/Ruffert (Hrsg.), EUV/AEUV, Art. 4 EUV Rn. 59 ff.; *Matthias Niedobitek*, in: Streinz (Hrsg.), EUV/EGV, Art. 278 EG Rn. 3; aufschlussreich *Rodriguez Iglesias*, Zu den Grenzen der verfahrensrechtlichen Autonomie der Mitgliedstaaten bei der Anwendung des Gemeinschaftsrechts, EuGRZ 1997, S. 289 ff.

¹¹⁶ *EuGH*, Rs. C-128/89, Slg. 1990, S. 3239, Rn. 4, 15 ff.; vgl. insbesondere *Matthias Ruffert*, in: Calliess/Ruffert (Hrsg.), EUV/AEUV, Art. 291 AEUV Rn. 5; Art. 197 AEUV Rn. 14; *Dirk Ehlers*, Die Einwirkungen des Rechts der Europäischen Gemeinschaften auf das Verwaltungsrecht, in: Erichsen/Ehlers (Hrsg.), VerwR, § 3 Rn. 56; *Streinz*, Europarecht (Fn. 100), Rn. 548 ff.

¹¹⁷ *v. Danwitz*, Verwaltungsrechtssystem (Fn. 4), S. 200 ff.; *Sydow*, Verwaltungskooperation (Fn. 100), S. 72 ff.; *Rudolf Streinz*, in: ders. (Hrsg.), EUV/EGV, Art. 10 EG Rn. 23 m.w.N. Kritische Würdigung am Beispiel der Wasserrahmenrichtlinie bei *Breuer*, EUDUR (Fn. 115), § 65 Rn. 53 ff. Insoweit zur EU-Dienstleistungsrichtlinie 2006/123/EG die Nachweise unter → Fn. 103. Davor bereits *Utz Schliesky*, Von der Realisierung des Binnenmarkts über die Verwaltungsreform zu einem gemeineuropäischen Verwaltungsrecht?, DVBl 2005, S. 887 (890 ff.). Zum Problem des sog. „Tertiärrechts" *Groß*, Vollzugsprogrammierung (Fn. 104), S. 21 ff.

¹¹⁸ *EuGH*, Rs. C-518/07, NJW 2010, S. 1265 ff.

¹¹⁹ Vgl. die umfassende Kritik bei *Eike Frenzel*, „Völlige Unabhängigkeit" im demokratischen Rechtsstaat, DÖV 2010, S. 925 ff.; s. noch → Rn. 40a.

¹²⁰ *EuGH*, Rs. C-297/95, Slg. 1996, I-6739, Rn. 9; *Martin Burgi*, in: Streinz (Hrsg.), EUV/EGV, Art. 263 EG Rn. 1.

2. Bund und Bundesländer

25 Die innerstaatliche Organisation der Staatsverwaltung folgt – im Gegensatz zur europäischen Rechtslage[121] – im Ausgangspunkt einer **klaren Verteilungsregel**, die die Verwaltungstätigkeit und -organisation grundsätzlich den Bundesländern zuweist.[122] Das ergibt sich zum einen aus der umfassenden Gewährleistung ihrer Staatlichkeit nach Art. 30 GG; insoweit fallen Rechtsetzungs- und Verwaltungskompetenz und dem folgend die Organisationsgewalt zusammen.[123] Zum anderen sind Gesetzgebungskompetenz und Vollzugszuständigkeit auf der Bundesebene entkoppelt, da durch Art. 83 GG den Ländern grundsätzlich auch die Ausführung der Bundesgesetze „als eigene Angelegenheit" übertragen wird.[124] Art. 84 Abs. 1 GG regelt für diesen **Normalfall** die grundsätzliche **Organisationshoheit der** ausführenden **Länder**. Durch die Föderalismusreform 2006 sind die Selbstbestimmungsrechte der einzelnen Bundesländer hier auch für den Fall (zustimmungspflichtiger) bundeseinheitlicher Regelungen durch die Neufassung des Art. 84 Abs. 1 S. 2 ff. GG nochmals gestärkt worden.[125]

26 Die Abschnitte VIII. und VIII.a des Grundgesetzes (Art. 83 bis Art. 91 sowie teilweise neu Art. 91a bis 91d GG) dienen der differenzierenden Ausgestaltung der geschilderten Grundregel.[126] Die Art. 87 ff. GG enthalten eine weitgehend enumerative **Ausgestaltung der bundeseigenen Verwaltung.**[127] Eine Mischform zwischen Bundes- und Landesvollzug regelt Art. 85 GG mit dem Typ der **Bundesauftragsverwaltung,** die bei den Ländern bleibt, jedoch in stärkerem Maß wegen sachlicher Kooperationsnotwendigkeiten von Vorgaben des Bundes bestimmt ist.[128] Hier kann gemäß Art. 85 Abs. 1 GG insbesondere auch die Behör-

---

[121] → Rn. 20 ff.
[122] Zuletzt *BVerfGE* 108, 169 (178 f.).
[123] Vgl. *Jost Pietzcker,* Zuständigkeitsordnung und Kollisionsrecht im Bundesstaat, in: HStR VI, § 134 Rn. 8 ff.; *Janbernd Oebbecke,* Verwaltungszuständigkeit, in: HStR VI, § 136 Rn. 1 ff.
[124] Zur „doppelten Regelzuständigkeit" der Bundesländer vgl. nur *Georg Hermes,* in: Dreier (Hrsg.), GG III, Art. 83 Rn. 19. Art. 83 GG gilt nach zutreffender herrschender Meinung mangels einer überzeugenden Alternative auch für die unmittelbar-indirekte Ausführung von europäischem Recht, vgl. Wolff/Bachof/Stober/*Kluth,* VerwR II, § 88 Rn. 40 f.; die Grundregel wird allerdings in diesem Sektor durch die Möglichkeiten nach Art. 87 Abs. 3 GG in der Rechtspraxis zu einem beträchtlichen Teil überlagert. Differenzierend *Georg Hermes,* in: Dreier (Hrsg.), GG III, Art. 83 Rn. 5 ff.
[125] Vgl. dazu *Wolfgang Kahl,* Die Zustimmungsbedürftigkeit von Bundesgesetzen nach Art. 84 I GG unter besonderer Berücksichtigung des Umweltverfahrensrechts, NVwZ 2008, S. 710 ff. Zur Konstruktion der bundesrechtlichen Gesetzgebungskompetenz für die Verwaltungsorganisation bei Bundesgesetzen, bei der der Streit über die zusätzliche Anwendung der Art. 70 ff. GG besteht, vgl. grundsätzlich *Georg Hermes,* in: Dreier (Hrsg.), GG III, Art. 83 Rn. 20 ff. m.w.N.; zur Grenzziehung *BVerfGE* 77, 288 (298 f.). Die Bundesländer integrieren die Ausführung des Bundesrechts in den Aufgabenbestand ihrer allgemeinen Verwaltungslandschaft, auch unter Rückgriff auf die Kommunen, vgl. → Rn. 30.
[126] Vgl. *Peter M. Huber,* Klarere Verantwortungsteilung von Bund, Ländern und Kommunen?, Gutachten D zum 65. DJT, 2004, S. D 18 ff. Zu den Regelungen der Bundesaufsicht s. unten → Rn. 47.
[127] → Rn. 66.
[128] *Hans-Heinrich Trute,* in: v. Mangoldt/Klein/Starck (Hrsg.), GG III, Art. 85 Rn. 7. Grundsätzlich *Fritz Ossenbühl,* Die Bundesauftragsverwaltung – gelöste und ungelöste Probleme, in: FS Peter Badura, 2004, S. 975 ff. Vgl. als Anwendungsfälle Art. 87c, 90 GG. Zum Verhältnis zur Bundeseigenverwaltung *Martin Burgi,* Die Überführung der Atomaufsicht in die Bundeseigenverwaltung aus verfassungsrechtlicher Sicht, NVwZ 2005, S. 247 ff. Zu den organisatorisch-institutionellen Vorgaben vgl. *Hans-Heinrich Trute,* in: v. Mangoldt/Klein/Starck (Hrsg.), GG III, Art. 85 Rn. 4.

C. Verfassungsrechtliche Kompetenzordnung

deneinrichtung bereits durch Bundesrecht geregelt werden, wobei nunmehr seit 2006 durch Art. 85 Abs. 1 S. 2 GG eine Aufgabenübertragung an die Gemeinden ausdrücklich ausgeschlossen wird.[129]

Umstritten ist die Frage, inwieweit neben den geschriebenen auch **ungeschriebene Verwaltungskompetenzen** des Bundes bestehen.[130] Sowohl die konsequente Absage an ungeschriebene Verwaltungskompetenzen als auch eine bundesfreundliche grundsätzliche Anerkennung für neue Aufgaben, wie sie etwa in Art. 87 Abs. 3 GG angelegt scheint, verfehlen das Ziel, gesamtstaatliches Durchsetzungsinteresse und mitgliedschaftliches Gestaltungsinteresse im Mehrebenensystem angemessen miteinander zu vermitteln. Ungeschriebene Verwaltungskompetenzen des Bundes sind – orientiert an der Dogmatik des Art. 72 Abs. 2 GG – vom rechtlich überprüfbaren Nachweis ihrer Notwendigkeit abhängig zu machen und so (nur) im **Ausnahmefall** zuzulassen.[131] 26a

Die detaillierte Kompetenzverteilung der Art. 83 ff. GG wirkt als Abwehr unitarischer Tendenzen, weil sie Vergleichs- und Entwicklungsmöglichkeiten in der öffentlichen Verwaltung sichert. Damit verbindet sich eine Absage an die Monopolisierung von Verwaltungsstrukturen, die sich auf die Größe oder Komplexität der jeweiligen Aufgabe beruft. Zugleich sind Modi der **Verwaltungszusammenarbeit** zwischen Bund und Bundesländern ein **notwendiges Korrelat** für die grundsätzliche Trennung der Verwaltungsorganisation. Denn Abstimmung und Kommunikation sind wesentliche Elemente einer funktionierenden, effizienten Ordnung, die Wettbewerb und Unterschiedlichkeit nicht zum Selbstzweck überhöht. Entscheidend kommt es daher darauf an, die Möglichkeit der Verwaltungspluralität zu bewahren, nicht dagegen auf ein striktes Verbot der Zusammenarbeit und Koordination. Das Grundgesetz erkennt im Übrigen seit jeher den Typus der **Gemeinschaftsaufgaben** für bestimmte Felder ausdrücklich an (Art. 91 a f. GG); durch die Föderalismusreform 2006 sind hier die Möglichkeiten der Zusammenarbeit für den wichtigen Bereich der Bildung allerdings bewusst gekappt worden.[132] Eher symbolisch-absichernder Natur sind für die Gewährleistung der Zusammenarbeit die neugefassten Art. 91 c f. GG.[133] 27

Auch das **Verbot der Mischverwaltung**, das seinen inneren Kern im Gebot der Verantwortungsklarheit als Voraussetzung demokratischer Legitimation hat, ressortiert formal im Bereich der (vertikalen) Kompetenzverteilung.[134] Auch hier 27a

---

[129] Siehe zum Hintergrund → Rn. 28 mit Fn. 139.
[130] Dazu knapp *Oebbecke*, Verwaltungszuständigkeit (Fn. 123), § 136 Rn. 108 ff.; ausführlicher in der Vorauflage *Willi Blümel*, Verwaltungszuständigkeit, in: HStR IV, 2. Aufl. 1999, § 101 Rn. 116 ff.; *Hans-Heinrich Trute*, in: v. Mangoldt/Klein/Starck (Hrsg.), GG III, Art. 83 Rn. 79 ff. m. w. N.
[131] BVerfGE 11, 6 (17 f.); 41, 291 (312).
[132] Zum administrativen Kondominium in diesem Bereich *Uwe Volkmann*, in: v. Mangoldt/Klein/Starck (Hrsg.), GG III, Art. 91 a Rn. 7. S. zu den Änderungen durch die Föderalismusreform *Werner Heun*, in: Dreier (Hrsg.), GG III, Art 91 a Rn. 3 und Art. 91 b Rn. 3.
[133] Näher → Rn. 43.
[134] BVerfGE 119, 331 (364 f.); dazu *Hinnerk Wißmann*, Zuordnung und Organisation von Verantwortung im Sozialverwaltungsrecht, DV, Bd. 42 (2009), S. 377 (387 ff.); zum Gebot getrennter Verantwortung bereits *Udo Di Fabio*, Gewaltenteilung, in: HStR II, § 27 Rn. 39 ff., insbes. Rn. 45. Vgl. noch → Rn. 44. Bereits zuvor BVerfGE 63, 1 (38); 108, 169 (182). Vgl. zum empirischen Befund *Achterberg*, VerwR, § 5 Rn. 45 ff.; *Krebs*, Verwaltungsorganisation (Fn. 17), § 108 Rn. 73; *Oebbecke*, Verwaltungszuständigkeit (Fn. 123), § 136 Rn. 8 ff. und 134 ff.; *Hans P. Bull*, in: AK-GG, vor Art. 83 Rn. 40 ff.; *Oeter*, Integration (Fn. 3), S. 451 ff. Zum hier angesiedelten Problem der Vollzugsgrenze *Bumke*, Rechtswidrigkeit (Fn. 37), S. 107 mit Fn. 53.

ist die Differenz zwischen verfassungsrechtlicher Grundregel und verfassungspolitischer Praxis allerdings groß: Bekanntlich hat der verfassungsändernde Gesetzgeber mit dem neuen Art. 91e GG die Anforderungen des Bundesverfassungsgerichts ausmanövriert und den konkreten Fall der Grundsicherung für Arbeitssuchende nunmehr als abweichenden Sonderfall ausgewiesen. Damit haben sektorale Besonderheiten die Oberhand gegenüber (auf sie angewandte) allgemeinen Regeln gewonnen. Dabei ist ein allgemeines Anliegen der Föderalismusreform (vgl. Art. 84 Abs. 1 S. 7, Art. 85 Abs. 1 S. 2 GG) konterkariert worden, zugleich zeigt sich die geringe Belastbarkeit allgemeiner Grundsätze gegenüber sachgebietsbezogenen Sonderwegen, für die auch die Verfassungsänderung als Gestaltungsmittel ohne weiteres herangezogen wird.

28 Das Landesverfassungsrecht geht von seiner organisationsrechtlichen Allzuständigkeit aus, soweit sie ihm durch das Bundesrecht überlassen bleibt. Daher finden sich keine Regelungen, die die **Organisationsgewalt oder -autonomie des Landes** gegenüber der Bundesebene noch ausdrücklich konstituieren. Die weitere Aufgliederung bzw. der Bestand der Landesverwaltung im Einzelnen richtet sich nach ihrem Verhältnis zur kommunalen Selbstverwaltung,[135] der horizontal verteilten Organisationsgewalt,[136] den Ausgestaltungsvorgaben in Bezug auf die Staatsaufsicht[137] bzw. übergreifenden Anforderungen der Staatsstrukturprinzipien.[138] Der organisationsrechtliche **Zugriff des Bundes auf die Kommunen** ist nunmehr durch das Verbot der Aufgabenübertragung in Art. 84 Abs. 1 S. 7, Art. 85 Abs. 1 S. 2 GG dem Grunde nach ausgeschlossen.[139] Anderes gilt für die bundesrechtliche Prägung der **funktionalen Selbstverwaltung**,[140] die nicht der Verbandskompetenz der Länder zugeordnet sein muss.[141] Die Grenzen, die sich für die Organisationsautonomie der Länder aus den bundesgesetzlichen Regelungen im privaten **Gesellschafts- bzw. Wirtschaftsrecht** ergeben, sind eine gemäß Art. 31 GG notwendige Konsequenz der Formenwahlfreiheit.[142] Regelungen zur Verteilung von Verwaltungszuständigkeiten müssen sich allerdings stets am rechtsstaatlichen Maßstab der **Normenklarheit** und **Widerspruchsfreiheit** messen lassen, um ein Eindringen des Bundes in die Verwaltungszuständigkeiten der Länder zu verhindern.[143]

---

[135] → Rn. 29ff.
[136] → Rn. 33ff.
[137] → Rn. 45ff.
[138] → Rn. 53ff.
[139] Eine Aufgabenübertragung an die Kommunen kann nur noch durch Landesrecht erreicht werden, so BTDrucks 16/813, S. 15. Zur Debatte um Art. 84 Abs. 1 S. 7 *Albert Ingold*, Das Aufgabenübertragungsverbot aus Art. 84 Abs. 1 Satz 7 GG als Hindernis für die bauplanungsrechtliche Gesetzgebung des Bundes?, DÖV 2010, S. 134 ff.; dagegen *Andreas Meßmann*, Das Aufgabenübertragungsverbot aus Art. 84 Abs. 1 Satz 7 GG: Hindernis für die Erweiterung bereits übertragener Aufgaben und die Übertragung von Angelegenheiten der örtlichen Gemeinschaft?, DÖV 2010, S. 726 ff. und wiederum *Albert Ingold*, Nochmals: Das Aufgabenübertragungsverbot (Art. 84 Abs. 1 Satz 7 GG), DÖV 2010, S. 732 ff. Zum Sonderfall des Art. 91e GG vgl. → Rn. 27a. Zur früheren Rechtslage *BVerfGE* 77, 288 (298 f.); Zum Problemkreis *Friedrich Schoch/Joachim Wieland*, Die Verfassungswidrigkeit des § 96 Abs. 1 S. 1 BSHG, JZ 1995, S. 982 (986 ff.).
[140] → Rn. 42.
[141] Vgl. *BVerfGE* 26, 246 (255 f.); *Peter J. Tettinger*, Kammerrecht, 1997, S. 94 ff.
[142] Vgl. *Wolff/Bachof/Stober/Kluth*, VerwR II, § 80 Rn. 53.
[143] *BVerfGE* 108, 169 (182 ff.).

C. Verfassungsrechtliche Kompetenzordnung

3. Kommunale Selbstverwaltung und örtliche Verwaltungszuständigkeit

Der Vertrag über die Europäische Union, das Grundgesetz und die Länderverfassungen schützen die Selbstbestimmung der Gemeinden über ihre eigenen Angelegenheiten (Art. 4 Abs. 2 S. 1 EUV, Art. 28 Abs. 2 S. 1, 3 GG).[144] Die kommunale Selbstverwaltung ist dabei Teil der gegliederten Staatlichkeit, also Zuteilung von öffentlich-rechtlichen Kompetenzen und nicht quasi-privates Recht.[145] Dennoch handelt es sich um ein materielles **Gegengewicht zu** der Verteilung der Verwaltungszuständigkeiten zwischen verschiedenen **(supra)staatlichen Ebenen,** weil hier die örtliche Bürgergemeinschaft – unter Einschluss der Unionsbürger – den Bezugspunkt bildet, der dabei von einem umfassenden, nicht in Privatheit und Individualität (und ansonsten bloße Wählereigenschaft) begrenzten Bürgerstatus ausgeht.[146] Die Bestimmungen zielen auf eine dezentralisierte Verwirklichung und Verstärkung der Demokratie und stellen als „Kommunalverfassung" ein Pendant der Parlamentsherrschaft dar.[147] Für die **Angelegenheiten der örtlichen Gemeinschaft** besteht darum ohne weiteren einfachgesetzlichen Kompetenztitel eine Zuständigkeit der Gemeinden. Sie umfasst die „Bedürfnisse und Interessen, die in der örtlichen Gemeinschaft wurzeln oder auf sie einen spezifischen Bezug haben", indem sie das Zusammenleben der Gemeindeangehörigen betreffen.[148] Die entsprechenden Verwaltungskompetenzen können den Gemeinden allerdings wegen des Vorbehalts in Art. 28 Abs. 2 S. 1 GG bei Beachtung eines absolut geschützten Kernbereichs durch gesetzliche Bestimmung genommen werden.[149] Dabei muss das „verfassungsrechtliche Aufgabenverteilungsprinzip" beachtet werden, weshalb eine abweichende Zuständig-

---

[144] Inhaltsgleich, teilweise ohne Differenzierung zwischen Gemeinden und Gemeindeverbänden: Art. 71 Abs. 1 S. 1 BWVerf.; Art. 11 Abs. 2 BayVerf.; Art. 97 BbgVerf.; Art. 144 BremVerf.; Art. 137 Abs. 3 HessVerf.; Art. 72 Abs. 1 Verf. MV; Art. 57 Abs. 1 Verf. Nds.; Art. 78 Abs. 1 NWVerf.; Art. 49 Abs. 3 Verf. RP; Art. 117 Abs. 3 SaarlVerf.; Art. 82 Abs. 2 S. 2 SachsVerf.; Art. 87 Abs. 1 Verf. LSA; etwas undeutlich Art. 46 Abs. 1 Verf. SH; Art. 91 Abs. 1 ThürVerf. Grundsätzlich anders ist die Lage in den Stadtstaaten Berlin und Hamburg (anders aber Bremen), vgl. Art. 4 Abs. 1 HambVerf.: „In der Freien und Hansestadt Hamburg werden staatliche und gemeindliche Tätigkeit nicht getrennt"; Art. 4 Abs. 2 ermöglicht gleichwohl die Einrichtung von Verwaltungseinheiten für Teilgebiete. Vgl. zu den Berliner Bezirken → Fn. 131; → Bd. I *Groß* § 13 Rn. 41 ff.

[145] *BVerfGE* 73, 118 (191): „selbst ein Stück ‚Staat'". Vgl. *Peter J. Tettinger/Kyrill-A. Schwarz*, in: v. Mangoldt/Klein/Starck (Hrsg.), GG II, Art. 28 Rn. 127 ff.

[146] *BVerfGE* 11, 266 (275 f.); 79, 127 (150). Zu den Herausforderungen *Janbernd Oebbecke* und *Martin Burgi*, Selbstverwaltung angesichts von Europäisierung und Ökonomisierung, VVDStRL, Bd. 62 (2003), S. 366 ff., 405 ff.

[147] Zum Vorrang einer dezentralen Aufgabenwahrnehmung *BVerfGE* 119, 331 (363). Vgl. als Beispiel Art. 3 Abs. 2 Verf. MV: „Die Selbstverwaltung in den Gemeinden und Kreisen dient dem Aufbau der Demokratie von unten nach oben." Zu den mehrschichtigen gedanklichen Wurzeln des Selbstbestimmungsrechts *Peter J. Tettinger/Kyrill-A. Schwarz*, in: v. Mangoldt/Klein/Starck (Hrsg.), GG II, Art. 28 Abs. 2 Rn. 126 f.; *Horst Dreier*, in: ders. (Hrsg.), GG II, Art. 28 Rn. 9 ff., ebd. knappe Zusammenstellung zu historischen Vorläufern Rn. 7 f. Zum Element der Finanzhoheit nach Art. 28 Abs. 2 S. 3 GG *Michael Nierhaus*, in: Sachs (Hrsg.), GG, Art. 28 Rn. 68 ff.

[148] *BVerfGE* 79, 127 (LS 4).

[149] Der Kernbereichsschutz begrenzt sich im Wesentlichen auf eine Anhörung bei Gebietsveränderungen und den abstrakten Satz, dass ein Ersticken der eigenständigen organisatorischen Gestaltungsfähigkeit verboten ist. Vgl. *Horst Dreier*, in: ders. (Hrsg.), GG II, Art. 28 Rn. 115 ff.; *Peter J. Tettinger/Kyrill-A. Schwarz*, in: v. Mangoldt/Klein/Starck (Hrsg.), GG II, Art. 28 Abs. 2 Rn. 185 ff.; kritisch *Wolfgang Löwer*, in: v. Münch/Kunig, GGK II, Art. 28 Rn. 59 f. Wichtige Ausnahme Art. 83 Abs. 1 BayVerf. mit enumerativer Aufzählung von gemeindlichen Angelegenheiten.

§ 15 Verfassungsrechtliche Vorgaben der Verwaltungsorganisation

keit aus Gründen des Gemeininteresses begründet sein muss.[150] Das Recht der Gemeinde, die örtlichen Angelegenheiten eigenverantwortlich zu regeln, begrenzt zugleich die gemeindlichen Kompetenzen: Außerhalb des örtlichen Bezugs ist eine ausdrückliche gesetzliche Ermächtigung Bedingung für ein Tätigwerden der Gemeinde.[151]

30 In diesem Sinn legen einige deutsche Landesverfassungen einen anderen, weitergehenden Akzent als das Grundgesetz: Gemeinden „sind **Träger der öffentlichen Verwaltung**" bzw. „erfüllen alle Aufgaben" bis auf gesetzliche Abweichungen.[152] Dieses Element nimmt die Traditionslinie des *pouvoir municipal* auf, der die Eingliederung der kommunalen Verwaltung in die Gesamtverwaltung betont,[153] und wird aus anderer Perspektive noch verstärkt durch eine allgemeine Subsidiaritätsregel zugunsten der ortsnahen Verwaltung.[154] Von einem stärker pflichtenbezogenen Ausgangspunkt aus werden die Gemeinden durch konkrete gesetzliche **Aufgabenübertragungen** in die Gesamtverwaltung des jeweiligen Bundeslandes eingebunden.[155] So findet schon durch das (Landes-)Verfassungsrecht die durchgehend übliche Verzahnung von gesamtstaatlicher und örtlicher Verwaltung statt, die zugleich eine umfassende Einbindung der Gemeinden in den Verwaltungsvollzug sichert.

31 Der Schutz des Grundgesetzes und der Landesverfassungen richtet sich auch auf die **Gemeindeverbände,** in erster Linie auf die Landkreise (Art. 28 Abs. 2 S. 2, Abs. 1 S. 2 GG).[156] Das Grundgesetz sieht jedoch insoweit nur ein Recht auf Selbstverwaltung im Rahmen der gesetzlichen Aufgaben vor. Dies entspricht dem Monopol der Gemeinden auf Selbstverwaltung, wonach die Selbstverwaltung der Gemeindeverbände als Aufgabenentzug gegenüber den Gemeinden

---

[150] Zu den Kriterien *BVerfGE* 79, 127 (LS 3b).

[151] Zum Problem der überörtlichen wirtschaftlichen Tätigkeit der Gemeinde *Michael Nierhaus*, in: Sachs (Hrsg.), GG, Art. 28 Rn. 49 m.w.N.; *Ehlers*, DJT 2002 (Fn. 16), S. E 99; zu den entsprechenden Fragen der Kommunalaufsicht *Matthias Ruffert*, Grundlagen und Maßstäbe einer wirkungsvollen Aufsicht über die kommunale wirtschaftliche Betätigung, VerwArch, Bd. 92 (2001), S. 27 (32ff.).

[152] Art. 71 Abs. 2 S. 1 BWVerf.; Art. 137 Abs. 1 HessVerf.; Art. 57 Abs. 3 Verf. Nds.; Art. 78 Abs. 2 NWVerf.; Art. 49 Abs. 1 Verf. RP; Art. 117 Abs. 2 SaarlVerf. in Bezug auf die Aufgaben der örtlichen Gemeinschaft; Art. 84 Abs. 1 S. 1 SachsVerf.; Art. 87 Abs. 2 Verf. LSA; Art. 46 Abs. 1 Verf. SH; vergleichbare Regelung in Berlin in Bezug auf die Bezirke in Art. 66 Abs. 2, Art. 67 Abs. 1 Bln.Verf. mit korrespondierender Aufzählung der gesamtstädtischen Aufgaben der Senats-Hauptverwaltung in Art. 67.

[153] Vgl. *Peter J. Tettinger/Kyrill-A. Schwarz*, in: v. Mangoldt/Klein/Starck (Hrsg.), GG II, Art. 28 Abs. 2 Rn. 126 mit Fn. 2.

[154] Art. 70 Abs. 1 S. 2 BWVerf.; Art. 77 Abs. 2 BayVerf.; Art. 96 Abs. 1 S. 2 BbgVerf.; Art. 83 Abs. 1 S. 2 SachsVerf.

[155] Art. 71 Abs. 3 BWVerf. (neugefasst 2008); Art. 11 Abs. 3 BayVerf., vgl. für die Kreise Art. 10 Abs. 3 BayVerf.; Art. 97 Abs. 3 BbgVerf.; Art. 137 Abs. 4 HessVerf.; Art. 72 Abs. 3 Verf. MV; Art. 57 Abs. 4 Verf. Nds.; Art. 78 Abs. 3 NWVerf.; Art. 49 Abs. 4 Verf. RP; Art. 120 Abs. 1 SaarlVerf.; Art. 85 Abs. 1 S. 1 SachsVerf.; Art. 87 Abs. 3 S. 1 Verf. LSA; Art. 46 Abs. 4 Verf. SH; Art. 91 Abs. 3 ThürVerf. Zum Unterschied der verfassungsrechtlich zulässigen monistischen und dualistischen Verwaltungsmodelle, weiteren Differenzierungen und den organisationsrechtlichen Kompetenzen vgl. Wolff/Bachof/Stober/*Kluth*, VerwR II, § 96 Rn. 159ff.; → Bd. I *Groß* § 13 Rn. 66ff. Zu den haushaltsrechtlichen Auswirkungen → Rn. 32.

[156] Vgl. *BVerfGE* 52, 95 (109, 112); *Horst Dreier*, in: ders. (Hrsg.), GG II, Art. 28 Rn. 155 ff. Die Landkreise sind zwar kaum angemessen als Verband von Gemeinden gekennzeichnet, andererseits besteht insoweit eine klare Parallelität zwischen Art. 28 Abs. 1 S. 2 GG, der sie ausdrücklich nennt, und Art. 28 Abs. 2 GG.

wirkt und daher nur durch Gesetz vermittelt zulässig ist.[157] Die gleichwohl starke Stellung der Kreise ergibt sich daraus, dass den Kreisen ihre Aufgaben durch den einfachen Landesgesetzgeber nicht enumerativ, sondern generalklauselartig für übergemeindliche, ergänzende, Ausgleichs- und Gesamtgegenstände übertragen sind, ihre Einbindung in die staatliche Verwaltung als allgemeine untere Verwaltungsbehörde stärker ist und sie zudem Aufsichtsfunktionen gegenüber den Gemeinden haben.[158]

Im Zuge der aktuellen Organisationsreformen ist der örtliche **Zuschnitt von** **31a** **Gemeinden und Gemeindeverbänden** (wieder) zu einem zentralen Thema des Verwaltungsorganisationsrechts geworden.[159] Die zuständigen Bundesländer drängen insbesondere dort, wo durch demographische oder ökonomische Veränderungen ganze Landstriche unter starkem Bevölkerungsrückgang leiden, auf die **Neugruppierung in größere Verwaltungseinheiten**. Auch insofern ist gegen ein gesamtstaatsbezogenes Nützlichkeitsdenken die Garantie der kommunalen Selbstverwaltung in Stellung zu bringen: Sie gewährt keinen konkreten Bestandsschutz für einzelne Gemeinden, wohl aber den politisch-demokratisch nachvollziehbaren Ortsbezug in Bezug auf die Wahrnehmung „eigener Aufgaben".[160]

Soweit der inhaltliche Schutz der örtlichen Selbstbestimmung reicht, besteht **32** auch eine prinzipielle **Organisationsfreiheit** der kommunalen Ebene, um die Angelegenheiten in eigener Verantwortung zu regeln.[161] Das gilt auch für den Bereich der verpflichtenden Selbstverwaltungsaufgaben und grundsätzlich auch für die übertragenen (bzw.) staatlichen Aufgaben.[162] Entscheidende Maßgabe ist jedoch insoweit das in den **Gemeindeordnungen** niedergelegte einfachgesetzliche Kommunalverfassungsrecht der Länder mit seinen standardsichernden und institutionellen Vorgaben.[163] Der Bestand und die Qualität der gemeindlichen

---

[157] Zum Vorrang der Gemeinden aus Sicht der Selbstverwaltungsgarantie *Michael Nierhaus,* in: Sachs (Hrsg.), GG, Art. 28 Rn. 68 ff. m. w. N.

[158] → Rn. 48. Vgl. *BVerwGE* 101, 99 (103 ff.); *Waechter,* KommunalR, Rn. 397 ff.; Übersicht über die Bundesländer bei *Uwe Lübking/Klaus Vogelsang,* Die Kommunalaufsicht, 1998, Rn. 95 ff.

[159] Zu den Organisationsreformen der 1960/1970er Jahre knapp Wolff/Bachof/Stober/*Kluth,* VerwR II, § 96 Rn. 20 m. w. N.

[160] Zur besonders ambitionierten (ersten) Kreisgebietsreform in Mecklenburg-Vorpommern *LVerfG MV,* DVBl 2007, S. 1102 ff.; kritisch zur Entscheidung *Hans Meyer,* Liegt die Zukunft Mecklenburg-Vorpommerns im 19. Jahrhundert? Zum Neugliederungsurteil des Landesverfassungsgerichts, NVwZ 2008, S. 24 ff.; *Hans P. Bull,* Kommunale Selbstverwaltung heute – Idee, Ideologie, Wirklichkeit, DVBl 2008, S. 1 ff.; zustimmend *Hans-Günter Henneke,* Selbst-Verwaltung in Gemeinden und Kreisen als Pluralisierungsfaktor, in: Trute/Groß/Röhl/Möllers (Hrsg.), Allgemeines Verwaltungsrecht, S. 17 (36 ff.). Zum Hintergrund bereits *BVerfGE* 79, 127 (149). Vgl. weiter *LVerfG SH,* DÖV 2010, S. 486; hierzu *Christian Ernst,* Das Demokratieprinzip im kommunalen Gefüge, Zur mangelnden demokratischen Legitimation der schleswig-holsteinischen Ämter, NVwZ 2010, S. 816 ff.; *Kai Engelbrecht/Thomas Schwabenbauer,* Das schleswig-holsteinische Amt im Wandel zum verfassungswidrigen Gemeindeverband?, DÖV 2010, S. 916 ff.

[161] *BVerfGE* 119, 331 (372 ff.).

[162] *BVerfGE* 83, 363 (382); *Edzard Schmidt-Jortzig,* Kommunale Organisationshoheit, 1979, S. 81 ff., 123 ff., 161 ff.; *Horst Dreier,* in: ders. (Hrsg.), GG II, Art. 28 Rn. 124; *Wolfgang Löwer,* in: v. Münch/Kunig, GGK II, Art. 28 Rn. 70 f.; insbes. zur privatrechtlichen Organisation *Hellermann,* Daseinsvorsorge (Fn. 55), S. 224 ff.; Zur Zweigliedrigkeit des Art. 28 Abs. 2 GG (Aufgabenbestand, Aufgabenerledigung) *Ruffert,* Aufsicht (Fn. 151), S. 32 f.

[163] *BVerfGE* 91, 228 (236 ff.); *Peter J. Tettinger/Kyrill-A. Schwarz,* in: v. Mangoldt/Klein/Starck (Hrsg.), GG II, Art. 28 Abs. 2 Rn. 227. Zur Erweiterung der öffentlich-rechtlichen Formen auf kommunaler Ebene *Dirk Ehlers,* Das selbständige Kommunalunternehmen des öffentlichen Rechts, in: Hans-Günter Henneke (Hrsg.), Kommunale Aufgabenerfüllung in Anstaltsform, 2000, S. 47 ff.

Selbstbestimmung ist unter Geltung dieser Maßgaben durch gegenläufige Strömungen unter starkem Druck: Einerseits hat der Landesgesetzgeber einen breiten Spielraum, den Gemeinden Aufgaben zu entziehen und so durch die Landeseigenverwaltung tief in die Gestaltung des Gemeindelebens einzugreifen. Andererseits lähmt gerade auch die Übertragung von staatlichen Pflichtaufgaben auf die Kommunen die kommunale Beweglichkeit in erheblichem Maß.[164] In dieser Entwicklung drückt sich freilich auch aus, dass die Gemeinden und Städte heute regelmäßig keine in sich geschlossene Einheit mehr sind, sondern vielfach überörtliche Arbeits-, Wohn- und Freizeiträume die Lebenswelt der Bürger bestimmen.[165] Das Landesverfassungsrecht ordnet das komplexe Geflecht staatlicher und kommunaler Zusammenarbeit durch weitere Maßgaben v. a. finanzieller Art, die unitarische Einflussnahmen abmildern oder ausgleichen sollen (**Aufgabenfinanzierung** und **Kommunaler Finanzausgleich**).[166]

II. Verwaltungsorganisation in der horizontalen Funktionengliederung

1. Organisationsbefugnisse der Regierung

33 Es ist eine zentrale Aufgabe der Verfassungsordnung, innerhalb einer staatlichen Einheit, also in horizontaler Hinsicht, Klarheit über die Verteilung der Befugnisse zur Organisation der Verwaltung zu schaffen. Mit dem einschlägigen Begriff der „**Organisationsgewalt**" wird die „Befugnis zur Schaffung, Veränderung, Zusammenordnung, Bestimmung der Aufgaben und (eventuell) der inneren Gliederung und Geschäftsregelung" von Verwaltungseinheiten bezeichnet.[167] Damit sind sowohl die Einrichtung der äußerlichen Behördenlandschaft wie deren innere Ausgestaltung von diesem Begriff umfasst. Verfassungsrechtlich wird an dieser Stelle **kein vor- oder außerkonstitutioneller Rechtstitel** zugunsten der Exekutive perpetuiert.[168] Vielmehr bildet sich die Organisationsge-

---

[164] Vgl. *Horst Dreier*, in: ders. (Hrsg.), GG II, Art. 28 Rn. 90: „Aushöhlung" durch Aufgabenübertragung.

[165] *Peter J. Tettinger/Kyrill-A. Schwarz*, in: v. Mangoldt/Klein/Starck (Hrsg.), GG II, Art. 28 Abs. 2 Rn. 168.

[166] Vgl. etwa Art. 71 Abs. 3 BWVerf. (neugefasst 2008 mit der Verpflichtung, Aufgabenübertragungen an die Gemeinden nur „gleichzeitig" mit Bestimmungen über die Kostendeckung zu treffen); Art. 137 Abs. 5 HessVerf.; Art. 72 Abs. 3 Verf. MV; Art. 57 Abs. 4, 7 Verf. Nds. (neugefasst 2006 mit der Verpflichtung, bei der Übertragung von Pflichtaufgaben an die Gemeinde „unverzüglich durch Gesetz" einen finanziellen Ausgleich zu regeln); Art. 49 Verf. SH (neugefasst 2010 mit der Verpflichtung einer „angemessenen Finanzausstattung der Kommunen"). S. zur Ausgestaltung *ThürVerfGH*, DÖV 2005, S. 792 f.; *BayVerfGHE* 60, 184 ff. Zur Debatte um die Konnexität zwischen Aufgaben und Finanzausgleich *Huber*, DJT 2004 (Fn. 126), S. D 131 ff.; *Arndt Schmehl*, Dimensionen des Äquivalenzprinzips im Recht der Staatsfinanzierung, ZG, Bd. 20 (2005), S. 123 (138 ff.).

[167] *Ernst-Wolfgang Böckenförde*, Die Organisationsgewalt im Bereich der Regierung, 2. Aufl. 1998, S. 38; Wolff/Bachof/Stober/*Kluth*, VerwR II, § 81 Rn. 7 ff. m. w. N. Sie umfasst die organisatorische Errichtung bzw. Schaffung einer Verwaltungseinheit, die Bestimmung des sachlichen Aufgabenkreises und des örtlichen Wirkungskreises sowie die Organisation des inneren Verwaltungsablaufs. Vgl. weiter *Iwan Chotjewitz*, Die Organisationsgewalt nach den Verfassungen der deutschen Bundesländer, 1995, S. 16 ff. Zum Verhältnis von Regierung und Verwaltung im Gesamtkonzept der Gewaltenteilung *Udo Di Fabio*, Gewaltenteilung, in: HStR II, § 27 Rn. 22 ff.

[168] Treffende Charakterisierung der früheren Rechtslage bei *Fritz Ossenbühl*, Verwaltungsvorschriften und Grundgesetz, 1968, S. 252: „Kern der parakonstitutionellen Kronprärogative".

C. Verfassungsrechtliche Kompetenzordnung

walt aus der Summe einzelner positiver Kompetenzen, die zwischen Exekutive und Parlament aufgeteilt sind.[169]

Dabei ist für die Bundesebene aus dem Gedanken der Funktionenordnung zunächst die starke Stellung der Bundesregierung[170] und dabei insbesondere der Minister zu betonen.[171] Die Minister leiten nach dem **Ressortprinzip** (Art. 65 S. 2 GG)[172] den ihnen übertragenen, weitestgehend politisch bestimmten Geschäftsbereich[173] in eigener Verantwortung, was ihre grundsätzliche **Entscheidungsbefugnis in internen Organisationsfragen** voraussetzt. Sie wird gegenüber nachgeordneten Verwaltungseinrichtungen in der Regel durch Organisationserlasse wahrgenommen.[174] Da Sachentscheidungen weitgehend auf der Arbeitsebene vorstrukturiert werden, ist die Bedeutung der Aufgliederung und Zuordnung im Ministerium zu betonen: Schon durch die Abteilungs- und Referatsstruktur werden Prioritäten und Präferenzen zwischen den internen Politiken und externen Einflussgrößen gesetzt.[175] Als intragouvernementale Gegengrößen sind **Richtlinien-** und **Kabinettsprinzip** (Art. 65 S. 1, 3 GG) zu berücksichtigen, wobei Organisationsentscheidungen zum Teil ausdrücklich der Regierung als ganzer vorbehalten sind.[176] Darüber hinaus wirken hier politische Beschränkungen

34

---

[169] *Eberhard Schmidt-Aßmann*, Verwaltungsorganisation zwischen parlamentarischer Steuerung und exekutivischer Organisationsgewalt, in: FS Hans P. Ipsen, 1977, S. 333 (341 ff.); *Krebs*, Verwaltungsorganisation (Fn. 17), § 108 Rn. 98; *Butzer*, Organisationsgewalt (Fn. 29), S. 168 ff.; Entsprechend betont Wolff/Bachof/Stober/*Kluth*, VerwR II, § 81 Rn. 7, in Anknüpfung an *Böckenförde*, dass Organisationsgewalt ein „beschreibender Sachbegriff" ist.

[170] Zur umstrittenen Frage, ob Art. 86 GG den zutreffenden Ausgangspunkt der allgemeinen Organisationsgewalt bildet, vermittelnd *Peter Lerche*, in: Maunz/Dürig, GG, Art. 86, insbes. Rn. 1 f., 19, 94.

[171] BVerwGE 36, 327 (333 f.). Durch die Einbeziehung der Einzelminister in den Begriff der Regierung, die entsprechend nicht nur als Gesamtkollegium verstanden wird, wird die Kompetenz der Regierung durch Art. 65 S. 2 GG unmittelbar auf die Minister umgeleitet. Vgl. *Peter Lerche*, in: Maunz/Dürig, GG, Art. 86 Rn. 94; *Hans P. Bull*, in: AK-GG, Art. 86 Rn. 18.

[172] → Bd. I *Groß* § 13 Rn. 82 ff.

[173] Die „Organisationsgewalt im Bereich der Regierung" ist von der hier im Mittelpunkt stehenden Verwaltungsorganisationsgewalt zu unterscheiden, vgl. *Karl-Peter Sommermann*, in: v. Mangoldt/Klein/Starck (Hrsg.), GG II, Art. 20 Rn. 284. Auf Bundesebene wird die sachliche Zuständigkeit der Minister durch Organisationserlass des Bundeskanzlers verteilt, *Gerold Lehngut/Klaus Vogelsang*, Die Organisationserlasse der Bundeskanzler seit Bestehen der Bundesrepublik Deutschland im Lichte der politischen Entwicklung, AöR, Bd. 113 (1988), S. 531 ff. *Roman Herzog*, in: Maunz/Dürig, GG, Art. 65 Rn. 5 ff., 53 ff., betont die politischen Verschränkungen zwischen Minister und Regierungschef. Auf Landesebene lässt sich die Befugnis zur Einteilung der Ressorts des *Ministerpräsidenten* (Art. 51 Abs. 1 BayVerf. [mit Zustimmung des Landtags, zahlenmäßige Begrenzung in Art. 43 Abs. 2]; Art. 91 Abs. 1 S. 2 SaarlVerf.) von der der *Landesregierung* (Art. 45 Abs. 3 BWVerf. [mit Zustimmung des Landtags]; Art. 120 BremVerf.; Art. 42 Abs. 2 HambVerf. [Höchstzahl der Senatoren durch Gesetz, Art. 33 Abs. 3]; Art. 104 Abs. 2 HessVerf. [mit Zustimmung des Landtags, soweit nicht gesetzlich geregelt]; Art. 59 Abs. 3 SachsVerf.; Art. 76 Abs. 2 S. 1 ThürVerf.) und einer *parlamentarischen Regelung* (Art. 58 Abs. 4 Bln.Verf. [auf Vorschlag des Regierenden Bürgermeisters, zahlenmäßige Begrenzung in Art. 55 Abs. 2]) unterscheiden. Zur Frage der Pflichtressorts *Steffen Detterbeck*, Innere Ordnung der Bundesregierung, in: HStR III, § 66 Rn. 6, 14; *Andreas v. Arnauld*, Justizministerium und Organisationsgewalt, AöR, Bd. 124 (1999), S. 658 (659 ff.). Zur Zusammenlegung von Justiz- und Innenministerium → Bd. III *Schoch* § 50 Rn. 52.

[174] Vgl. weiter *Martin Oldiges*, Die Bundesregierung als Kollegialorgan, 1983, S. 50 f.; *Steffen Detterbeck*, Innere Ordnung der Bundesregierung, in: HStR III, § 66 Rn. 25 ff.; *Georg Hermes*, in: Dreier (Hrsg.), GG II, Art. 65 Rn. 28, 30; *Dodo Traumann*, Die Organisationsgewalt im Bereich der bundeseigenen Verwaltung, 1998.

[175] Zum Fragenkreis des externen Sachverstands *Andreas Voßkuhle*, Sachverständige Beratung des Staates, in: HStR III, § 43 Rn. 17 ff.; s. auch unten → Rn. 50.

[176] Vgl. *Georg Hermes*, in: Dreier (Hrsg.), GG III, Art. 86 Rn. 58 ff.

der ministeriellen Organisationsbefugnisse.[177] Das Ressortprinzip wird auch in sämtlichen Landesverfassungen zugrunde gelegt.[178]

2. Institutioneller Gesetzesvorbehalt und Zugriffsrecht des Parlaments

35 Durch die grundsätzliche Zuordnung der Organisationsbefugnisse in den Bereich der Regierung wird eine überkommene Verteilungsregel der Gewaltenteilung in die parlamentarisch-demokratische Ordnung eingeführt, dabei jedoch zugleich durch die neu definierte Rolle des Parlaments tiefgreifend verändert.[179] Das Verfassungsrecht kennt zunächst gesonderte **institutionelle Gesetzesvorbehalte**[180], die unmittelbar gesetzliche Regelungen zur Verwaltungsorganisation fordern. Die einschlägigen Anforderungen des Grundgesetzes (Art. 84 Abs. 1 S. 2, 85 Abs. 1 S. 1, 87 Abs. 1 S. 2, Abs. 3, 87d Abs. 1 GG) sind in besonderer Weise föderal rückgebunden: Zum einen wirken sie anders als die rechtsstaatlich-grundrechtlichen Gesetzesvorbehalte nur auf Bundesebene und respektieren ggf. abweichende Verteilungsregeln auf Landesebene.[181] Zum anderen wird durch Zustimmungserfordernisse des Bundesrates (z.B. in Art. 85 Abs. 1 GG) bzw. Abweichungsbefugnisse für die Einzelländer (z.B. in Art. 84 Abs. 1 GG) die vertikale Grundregel des Art. 83 GG[182] abgesichert.[183] Eine Reihe von Landesverfassungen schreibt den Erlass allgemeiner **Verwaltungsorganisationsgesetze** vor[184] und ergänzt diese in der Regel durch eine positive organisationsrechtliche Kompetenz der Regierung (bzw. der Minister) zur Einrichtung von Behörden.[185] Neben die-

---

[177] Zur „Kanzler- und Kabinettsfestigkeit" der Ressortleitungsbefugnis *Georg Hermes*, in: Dreier (Hrsg.), GG II, Art. 65 Rn. 31.
[178] Art. 49 Abs. 1 S. 4 BWVerf.; Art. 43 Abs. 1 BayVerf.; Art. 58 Abs. 5 Bln.Verf.; Art. 89 S. 2 BbgVerf.; Art. 120 BremVerf.; Art. 42 Abs. 2, Art. 55 HambVerf.; Art. 102 S. 2 HessVerf.; Art. 46 Abs. 2, Art. 69 Verf. MV; Art. 37 Abs. 1 S. 2 Verf. Nds.; Art. 55 NWVerf.; Art. 104 S. 2 Verf. RP; Art. 91 Abs. 2 Saarl-Verf.; Art. 63 Abs. 2 SachsVerf.; Art. 68 Abs. 2 Verf. LSA; Art. 29 Abs. 2 Verf. SH; Art. 76 Abs. 1 S. 2 ThürVerf. Überblick über die Ausgestaltung der Organisationsgewalt in den Bundesländern bei *Chotjewitz*, Organisationsgewalt (Fn. 167), S. 69 ff.
[179] Grundlegend *Böckenförde*, Organisationsgewalt (Fn. 167).
[180] → Bd. I *Reimer* § 9 Rn. 37 ff.
[181] *Krebs*, Verwaltungsorganisation (Fn. 17), § 108 Rn. 70.
[182] → Rn. 25.
[183] *Krebs*, Verwaltungsorganisation (Fn. 17), § 108 Rn. 71.
[184] Art. 70 Abs. 1 S. 1 BWVerf. (Aufbau, räumliche Gliederung, Zuständigkeit); Art. 77 Abs. 1 S. 1 BayVerf. (Organisation, Zuständigkeit); Art. 75 Abs. 1 Bln.Verf. (Organisation der Bezirksverwaltung); Art. 96 Abs. 1 S. 1 BbgVerf. (Organisation, Zuständigkeit); Art. 57 S. 1 HambVerf. (Gliederung und Aufbau); Art. 70 Abs. 2 Verf. MV (Organisation, Zuständigkeit und Verfahren); Art. 56 Abs. 2 Verf. Nds. (allgemeiner Aufbau und räumliche Gliederung der allgemeinen Landesverwaltung); Art. 77 S. 1 NWVerf. (Organisation, Zuständigkeit); Art. 112 S. 1 SaarlVerf. (Organisation und Zuständigkeiten); Art. 83 Abs. 1 S. 1 SachsVerf. (Aufbau, räumliche Gliederung, Zuständigkeit); Art. 86 Abs. 2 Verf. LSA (allgemeiner Aufbau, Gliederung); Art. 45 Abs. 2 Verf. SH (Organisation, Zuständigkeit und Verfahren); Art. 90 ThürVerf. (Aufbau, räumliche Gliederung und Zuständigkeit). Vgl. außerdem Art. 92 Bln.Verf. in Bezug auf Eigenbetriebe. Zur Ausgestaltung solcher Gesetze Wolff/Bachof/Stober/*Kluth*, VerwR II, § 81 Rn. 68 ff., 75 ff.; *Michael König*, Kodifikation des Landesorganisationsrechts, 2000, S. 101 ff.
[185] Art. 70 Abs. 2 BWVerf. (Einrichtung der Behörden durch Regierung, delegierbar auf Minister); Art. 77 Abs. 1 S. 2 BayVerf. (ebenso); Art. 96 Abs. 2 BbgVerf. (ebenso); Art. 57 S. 2 HambVerf. (Abgrenzung der Verwaltungszweige durch Senat); Art. 70 Abs. 3 Verf. MV (wie BW); Art. 38 Abs. 1, 3 Verf. Nds. (generelle Organisationskompetenz der Regierung, soweit nicht gesetzlich geregelt; delegierbar auf Minister); Art. 77 S. 2 NWVerf. (wie BW); Art. 112 S. 2 SaarlVerf. (wie BW); Art. 83 Abs. 2 SachsVerf. (wie BW); Art. 45 Abs. 3 Verf. SH (unbestimmte Delegierbarkeit); Art. 90 ThürVerf. (wie BW).

C. Verfassungsrechtliche Kompetenzordnung

sen konkreten Bestimmungen ist ein allgemeiner institutioneller Gesetzesvorbehalt i.e.S. nicht anzuerkennen. Vielmehr ergibt sich die Notwendigkeit zu gesetzlichen Regelungen im Übrigen aus den (grundrechtlichen, rechtsstaatlichen, demokratischen) Gesetzesvorbehalten mit organisationsrechtlicher Wirkung.[186]

Grundsätzlich besteht freilich ein umfassendes organisationsrechtliches **Zugriffsrecht des Parlaments,** das insbesondere auch materiellrechtliche Entscheidungen mit organisatorischen Vorgaben verknüpfen kann.[187] Die Einbeziehung privatrechtlicher Rechtsformen in das Organisationsspektrum verlagert die organisationsbezogene Gesetzgebungskompetenz dabei in der Regel (wegen der Zuständigkeit für das Zivilrecht) auf die Bundesebene; zu bedenken ist bei der Entscheidung über die Nutzung privater Rechtsformen, dass zusätzlich wegen deren relativer Eigenständigkeit die Möglichkeit direkter politisch-demokratischer Einflussnahme sinkt.[188] Grenzen für die parlamentarische Bestimmung über die Verwaltungsorganisation ergeben sich – neben den vorgenannten Elementen – aus dem Schutz der exekutiven Arbeitsfähigkeit der Regierung.[189] Sie sind jedoch nicht zu einem prinzipiellen exekutiven **Verwaltungsvorbehalt** zusammenzufassen, der dem Parlamentsvorbehalt strukturell entspräche.[190] 36

Die supranationale Integration der Bundesrepublik Deutschland führt in einem eigendynamischen Prozess zu erweiterten organisationsrechtlichen Einflussmöglichkeiten der Bundesebene, weil sie als Vertragspartei in der Verantwortung für die Umsetzung europarechtlicher Vorgaben steht.[191] Der 2010 nach Inkrafttreten des Lissabon-Vertrags nochmals modifizierte Art. 23 GG stellt den Versuch dar, die durch die Strukturen der Europäischen Gemeinschaft bzw. Union bedingten **Verschiebungen zugunsten der Bundesexekutive** sowohl horizontal wie vertikal auszugleichen.[192] 36a

---

[186] → Rn. 54. *Schmidt-Aßmann*, Verwaltungsorganisation (Fn. 169), S. 336f.; *Groß*, Kollegialprinzip (Fn. 40), S. 239; vgl. auch *Butzer*, Organisationsgewalt (Fn. 29), S. 165ff.; *Mann*, Gesellschaft (Fn. 46), S. 74ff. Weiter *Günter C. Burmeister*, Herkunft, Inhalt und Stellung des institutionellen Gesetzesvorbehalts, 1991. Anerkannt ist insbes. der Gesetzesvorbehalt für die Einrichtung rechtsfähiger Einheiten, der dem Demokratieprinzip zuzuordnen ist, vgl. Wolff/Bachof/Stober/*Kluth*, VerwR II, § 81 Rn. 27; vgl. insoweit für den Einsatz juristischer Personen des Privatrechts *Groß*, Kollegialprinzip (Fn. 40), S. 275f. Der weitere Begriff des organisationsrechtlichen Gesetzesvorbehalts ist also vom spezielleren Begriff des institutionellen Gesetzesvorbehalts zu unterscheiden, vgl. ähnlich *Krebs*, Verwaltungsorganisation (Fn. 17), § 108 Rn. 70, 101, mit abstrakter Anerkennung einer „organisationsrechtlichen" Wesentlichkeitslehre. S. näher → Bd. I *Reimer* § 9 Rn. 23ff.

[187] Diese Leitvorstellung liegt auch Art. 86 GG zugrunde, der die Möglichkeit gesetzlicher Regelungen ausdrücklich aufnimmt.

[188] Vgl. *Groß*, Kollegialprinzip (Fn. 40), S. 233ff.; zur Bedeutung von Gesetzesvorbehalt und Organisationsgewalt im Rahmen einer Privatisierungsentscheidung Wolff/Bachof/*Stober*/Kluth, VerwR II, § 92 Rn. 77ff.

[189] BVerfGE 9, 268 (280); vgl. BVerfGE 68, 1 (86). Weiter *Böckenförde*, Organisationsgewalt (Fn. 167), S. 103ff.; *Thomas Kuhl*, Der Kernbereich der Exekutive, 1993, S. 141ff.; *v. Arnauld*, Organisationsgewalt (Fn. 173), S. 658ff.; *Schmidt-Aßmann*, Verwaltungsorganisation (Fn. 169), S. 351f.; *Josef Isensee*, Ministerverantwortung und Ressortzuweisung unter Parlamentsvorbehalt?, in: FS Hartmut Maurer, 2001, S. 177 (187ff.) in Bezug auf Baden-Württemberg; Wolff/Bachof/Stober/*Kluth*, VerwR II, § 81 Rn. 25.

[190] *Hartmut Maurer, Friedrich E. Schnapp*, Der Verwaltungsvorbehalt, VVDStRL, Bd. 43 (1984), S. 135ff., 172ff.

[191] Für das Beispiel der Regulierungsverwaltung *Masing*, DJT 2006 (Fn. 74), S. D 23f. und allgemein *Wolfgang Hoffmann-Riem*, Kohärenzvorsorge hinsichtlich verfassungsrechtlicher Maßstäbe für die Verwaltung in Europa, in: Trute/Groß/Röhl/Möllers (Hrsg.), Allgemeines Verwaltungsrecht, S. 749ff.

[192] Zur Änderung des Art. 23 Abs. 1a GG vgl. *Foroud Shirvani*, Die europäische Subsidiaritätsklage und ihre Umsetzung im deutschen Recht, JZ 2010, S. 753 (754ff.); zu den Vorgaben des Bundesver-

§ 15 Verfassungsrechtliche Vorgaben der Verwaltungsorganisation

3. Die Rolle des Haushaltsrechts

37 Das Parlament setzt durch Haushaltsgesetz und Haushaltsplan eine notwendige **verfassungsrechtliche Ausgangsbedingung** für die Ausübung der Organisationsgewalt auf Bundes- und Landesebene.[193] Es ist zur vorgängigen Entscheidung über die gesamten Staatsfinanzen verpflichtet; die Bewilligung der Mittel erzielt dabei keine unmittelbare rechtliche Wirkung, sondern setzt prinzipiell einen nachfolgenden Umsetzungsentschluss der Exekutive voraus.[194] Die Eigenart des Haushaltsrechts verarbeitet diese Kombination von umfassender Zuständigkeit und fundamentaler Begrenzung des parlamentarischen Zugriffs in einer besonderen gesetzlichen Form (als „Haushaltsgesetz").[195] In der Sache wird hier in besonders klarer Weise die gegenseitige Verwiesenheit der Funktionen im parlamentarischen Regierungssystem erkennbar.

37a Aus der allgemeinen Zuständigkeit des Parlaments folgt die Pflicht, **rechtlich begründete Verpflichtungen** zu finanzieren. Im Bereich des Organisationsrechts betrifft das v.a. die Personalstellen, die auf vorhandene Bedienstete bezogen dauerhaft gesichert sein müssen.[196] Die grundlegende sachliche Ausstattung der staatlichen Verwaltung wird ebenfalls zu den Verpflichtungen der Budgetbewilligung gezählt.[197] Das gilt nicht für den **Bestand** von Behörden und Einrichtungen an sich. Genauso wie die Schaffung neuer Stellen und Behörden verweigert werden kann, steht dem Parlament die Möglichkeit zu, Budget-Zuweisungen umzulenken oder einzustellen, soweit dabei die verfassungsunmittelbaren und einfachgesetzlichen Organisationsvorgaben beachtet werden.

37b Materiell gebunden im Sinn einer Höchstgrenze ist das Haushaltsrecht des Parlaments durch die verfassungsrechtliche Begrenzung der **Verschuldung**.[198]

---

fassungsgerichts insoweit *BVerfGE* 123, 267 (347 ff.); zur ursprünglichen „europäischen" Neufassung *Udo Di Fabio*, Der neue Artikel 23 des Grundgesetzes, Der Staat, Bd. 32 (1993), S. 191 ff. („funktionelles Surrogat", S. 209); *Claus D. Classen*, in: v. Mangoldt/Klein/Starck (Hrsg.), GG II, Art. 23 Rn. 64.

[193] Art. 110 GG, entsprechend sämtliche Landesverfassungen. Vgl. zum Folgenden umfassend *Böckenförde*, Organisationsgewalt (Fn. 167); *Ekkehard Moeser*, Die Beteiligung des Bundestages an der staatlichen Haushalt, 1978; *Werner Heun*, Staatshaushalt und Staatsleitung, 1989; *Stern*, StaatsR II, S. 1231 ff. Zur Beschreibung als regulierter Selbstregulierung der Exekutive *Jens-Peter Schneider*, Regulierung staatsinterner Selbstregulierung am Beispiel des Haushaltswesens, in: DV, Beiheft 4, 2001, S. 176 ff. (179 ff.). Zum Haushaltsrecht → Bd. III *Korioth* § 44 Rn. 104 ff.

[194] Vgl. *Böckenförde*, Organisationsgewalt (Fn. 167), S. 107 ff., der das Budgetrecht insbes. vom Gesetzesvorbehalt abgrenzt. Zum parlamentarischen Budgetrecht als Gesetzesvorbehalt aber → Bd. III *Korioth* § 44 Rn. 26.

[195] Zur Diskussion um den Rechtscharakter als „bloß-formelles Gesetz", das die Bindung an vorgängige materielle Gesetze unbeschadet ließ, vgl. *Böckenförde*, Organisationsgewalt (Fn. 167), S. 112 ff. Zur Bindung des Haushaltsgesetzes an die allgemeine Gesetzgebung *Heun*, Staatshaushalt (Fn. 193), S. 167 ff. Zu den Veränderungen durch die Umstellung auf die kaufmännische Buchführung und bilanzielle Erfassung vgl. allgemein *Rainer Aprill*, Anforderungen für eine Neuordnung des Haushalts- und Rechnungswesens des Bundes, DÖV 2008, S. 184 (186 ff.); *Martin J. Worms/Elke Tegeler*, Die Eröffnungsbilanz des Landes Hessen, DÖV 2010, S. 542 (543 f., 551 ff.).

[196] Zum Lebenszeitprinzip s. unten → Rn. 51. Weiter → Bd. III *Voßkuhle* § 43 Rn. 72.

[197] Näher zur Unterteilung der Bewilligungspflichten *Böckenförde*, Organisationsgewalt (Fn. 167), S. 110 ff., 305 ff.; *Heun*, Staatshaushalt (Fn. 193), S. 325 f.

[198] Das ergibt sich nach allgemeiner Auffassung nicht schon durch die formelle Verpflichtung eines Ausgleichs von Einnahmen und Ausgaben, wohl aber durch die Begrenzung der Kreditaufnahmen, vgl. für die Bundesebene Art. 110 Abs. 1 S. 2, 115 Abs. 1 S. 2 GG. Näher zur Rechtslage vor der Föderalismusreform II *Hermann Pünder*, Staatsverschuldung, in: HStR V, § 123 Rn. 27 ff.; *Hans-Günter Henneke*, Öffentliches Finanzwesen, 2. Aufl. 2000, Rn. 570 ff. Zum „strukturellen Defizit" der

Die Föderalismusreform II hat hier sowohl für den Bund als auch (noch stärker) für die dem Bundesrecht unterworfenen Bundesländer jedenfalls programmatisch eine neue Qualität der schuldenbezogenen Limitierung ausgerufen (Art. 109, 115 GG[199]). Die ersten Erfahrungen sprechen allerdings dafür, gegenüber der Wirksamkeit dieses Instrumentariums skeptisch gestimmt zu bleiben.[200] Ausgabenentscheidungen berufen sich nunmehr noch stärker auf Ausnahmelagen und -tatbestände, so dass tatsächlich der politische Wille zur Ausgabenbegrenzung (unabhängig von seiner verfassungsrechtlichen Unterstützung) der entscheidende Faktor in Sachen Verschuldung bleibt.

Seine konkrete Gestalt gewinnt das Budgetrecht durch den **Spezialitätsgrundsatz,** nach dem die Ausgabenansätze hinreichend spezifiziert werden müssen, was durch die Zuweisung zu Einzelplänen und Kapiteln verwirklicht wird, deren Umsetzung im Einzelnen bei den Ministerien liegt.[201] Er stellt zugleich die haushaltsrechtliche Grenze für die Umstellung der mittelbezogenen *(input)* auf die programmbezogene *(output)* Ausgabenbewilligung dar **(Budgetierung),**[202] die eine rein politische Vorgabe von Verwaltungszielen verhindert und die gemeinsame Entscheidungsverantwortung von Parlament und Regierung trotz der Masse und Komplexität der Ausgabenansätze betont.[203] 38

D. Gliederung der Verwaltung, Leitung und Kontrolle, Personal

Jenseits der Kompetenzordnung, die auf die Akteure des Organisationsrechts und ihre Handlungsspielräume zielt, regelt das Verfassungsrecht eine Vielzahl von materiellen **organisationsrechtlichen Einzelfragen,** die die Verwaltungsorganisation in ihrer Gliederung und Arbeitsweise teilweise grundsätzlich, teilweise sehr detailliert bestimmen. In der Ungleichzeitigkeit der Verfassungsentwicklung verbinden sich dabei vorgefundene Erfahrungswerte, Kompromisse im Reformdialog und die Umsetzung richterlicher Vorgaben. 39

Staatseinnahmen *Ferdinand Kirchhof,* Das Haushaltsrecht als Steuerungsressource – Neue Steuerungstechniken im Staatshaushalt zum Abbau seines strukturellen Defizits, in: Hoffmann-Riem/Schmidt-Aßmann (Hrsg.), Effizienz, S. 107 (108 ff.). Eine direkte organisationsrechtliche Auswirkung hat die Verschuldungsgrenze nicht, weil der Verfassungsgrundsatz keine Priorität des Sparens vorgibt. Es ist jedoch einsichtig, dass die Verwaltungsorganisation mindestens mittelbar durch den Abbau materieller Staatsaufgaben betroffen wird. Vgl. Art. 86 Abs. 2 Bln.Verf. (Sparsame Verwaltung). Zum Kredit als Finanzierungsinstrument der öffentlichen Hand → Bd. III *Korioth* § 44 Rn. 48 ff.
[199] Vgl. jetzt auch Art. 53 Verf. SH (neugefasst 2010).
[200] Zum staatlichen Engagement in der Finanzmarktkrise die Beiträge bei *Peter M. Huber/Rudolf Streinz/Marc Bungenberg,* Der Staat in der Finanz- und Wirtschaftskrise, WiVerw 2010, S. 1 ff. Vgl. bereits oben → Rn. 12a. Kritisch auch → Bd. III *Korioth* § 44 Rn. 50a.
[201] *Stern,* StaatsR II, S. 1214 ff., 1245; *Christian Hillgruber,* in: v. Mangoldt/Klein/Starck (Hrsg.), GG III, Art. 110 Rn. 77. Zum Grundsatz der Budgetklarheit *Heun,* Staatshaushalt (Fn. 193), S. 434, zur Deckungsfähigkeit S. 435.
[202] → Bd. I *Voßkuhle* § 1 Rn. 53; Bd. III *Korioth* § 44 Rn. 57 ff.
[203] Näher *Heun,* Staatshaushalt (Fn. 193), S. 260 ff., 442 ff.; *Moeser,* Haushaltsgewalt (Fn. 193), S. 51 ff. Vgl. *Kirchhof,* Haushaltsrecht (Fn. 172), S. 107 ff.; *Joachim Wieland,* Neuere Entwicklungen im Bereich der öffentlichen Finanzkontrollen, in: Schmidt-Aßmann/Hoffmann-Riem (Hrsg.), Verwaltungskontrolle, S. 59 ff.; *Schneider,* Haushaltswesen (Fn. 193), S. 183 ff., S. 185 zum Stichwort des „parlamentarischen Leistungsauftrags".

I. Verwaltungsinstitutionen, Verwaltungsverbünde

1. Behördenlandschaft, Funktionale Selbstverwaltung

40 Die eigentliche Ausgestaltung der Behördenlandschaft ist als Teil der Organisationsbefugnis im Einzelnen grundsätzlich nicht verfassungsrechtlich determiniert.[204] Damit genießen vorfindliche Behörden(typen) **grundsätzlich keinen Bestandsschutz**. Die Erfüllung öffentlicher Aufgaben kann mit anderen Worten nach Maßgabe besserer Einsicht organisatorisch in weiten Teilen auch neu gefasst werden, Veränderungen stehen insoweit nur unter dem Vorbehalt (verwaltungs)politischer Klugheit. Ausnahmsweise werden jedoch sehr wohl bereits auf der Ebene des Verfassungsrechts bestimmte Verwaltungsinstitutionen etabliert und damit der politischen Alltagsverfügbarkeit entzogen.[205] Aufzufinden sind dabei relativ neuartige Verbesonderungen, mit denen gezielt bestimmte Sachfragen der direkten politischen Einwirkung entzogen werden sollen, ebenso wie traditionelle Verwaltungsbereiche, deren konkrete Gestalt sich vielfach vor allem historisch begründet. Im Einzelnen kann dabei wie folgt unterschieden werden:

40a Die Ausgliederung von sog. **Kontrastorganen** dient einer gesonderten Disziplinierung und Steuerung des Handelns in der parlamentarisch verantworteten Einheitsverwaltung. So haben die z. T. verfassungsrechtlich abgesicherten **Datenschutzbeauftragten** die Aufgabe, die freiheitsgefährdende Dimension des staatlichen Datenbesitzes und -austausches transparent zu halten und damit rechtsstaatlich rückzubinden.[206] Eher evaluativ wirken die auf allen Ebenen ausdrücklich geschützten **Rechnungshöfe**.[207] Sie sind in ihrer Kontrollfunktion mit quasi-richterlicher Unabhängigkeit ausgestattet, ein Akzent ihres Handelns liegt jedoch auch auf einer prospektiven (Beratungs-)Aufgabe.[208] Noch stärker gestaltend sind die Aufgaben der **Europäischen Zentralbank** und der **Bundesbank**, die ebenfalls auf Verfassungsebene vorgegeben sind (Art. 13 Abs. 1 EUV und Art. 282 AEUV, Art. 88 GG). An der Grenze zwischen staatlicher Lenkung und wirtschaftlicher Freiheit im Währungswesen ist ihr Zuschnitt ein politischer Kompromiss. Hier zeigt sich das Verfassungsrecht in besonders klarer Weise als Modus, die insoweit gefundenen Lösungen vor Versuchungen politischer Ein-

---

[204] → Rn. 33 ff.
[205] Typenübersicht bei Wolff/Bachof/Stober/*Kluth* (Andreas Peilert, Martin Müller) VerwR II, § 84 ff.; zur Modularisierung und Netzwerkbildung als Vertypung neuerer Entwicklungen, § 80 Rn. 285 ff.
[206] Art. 47 Bln.Verf.; Art. 62 Verf. Nds.; Art. 77a NWVerf. Zu den Beauftragten insgesamt *Peter Tettinger*, Die Beauftragten, in: HStR V, § 111, einschlägig Rn. 9 f., 14 ff. → Bd. II *Albers* § 22 Rn. 161 ff. und Bd. III *Schiedermair* § 48 Rn. 58
[207] Art. 285–287 AEUV; Art. 114 Abs. 2 GG; Art. 83 Abs. 2 BWVerf.; Art. 80 S. 2 BayVerf.; Art. 95 Bln.Verf.; Art. 106 Abs. 2, Art. 107 BbgVerf.; Art. 133a BremVerf.; Art. 71 HambVerf.; Art. 144 Hess-Verf.; Art. 67 Abs. 2, 68 Verf. MV; Art. 70 Verf. Nds.; Art. 86 Abs. 2, 87 NWVerf.; Art. 120 Abs. 2 Verf. RP; Art. 106 Abs. 2, 3 SaarlVerf.; Art. 100 SachsVerf.; Art. 98 Verf. LSA; Art. 55 Abs. 1, 57 Verf. SH; Art. 102 Abs. 2, 103 ThürVerf.
[208] *Wolfgang Hoffmann-Riem*, Finanzkontrolle der Verwaltung durch Rechnungshof und Parlament, in: Schmidt-Aßmann/Hoffmann-Riem (Hrsg.), Verwaltungskontrolle, S. 73 ff.; *Christoph Degenhart*, *Helmuth Schulze-Fielitz*, Kontrolle der Verwaltung durch Rechnungshöfe, VVDStRL, Bd. 55 (1996), S. 190 (205 ff.), 231 (243 ff.); *Kyrill-A. Schwarz*, in: v. Mangoldt/Klein/Starck (Hrsg.), GG III, Art. 114 Rn. 75 ff. Zu den Verschränkungen der Aufgaben durch die Umstellungen der Steuerungsmodelle *Wieland*, Finanzkontrollen (Fn. 203), S. 79 ff.

flussnahme abzusichern; zugleich ist die dadurch drohende Verlagerung der Sachentscheidungen auf die politische Ebene durch die Finanzkrise offenbar geworden.[209] Die europarechtlich intendierte Form der **Bundesnetzagentur** (vgl. Art. 87f Abs. 2 S. 2 GG) zielt auf eine relative Unabhängigkeit gegenüber äußeren Einflüssen, nicht jedoch auf Freistellung von politischer Verantwortung.[210] Schließlich sind auch die auf privates Wirtschaften hin angelegten Verwaltungseinrichtungen bzw. ihre privatrechtlichen Entsprechungen (Art. 87e, Art. 87f, Art. 143b GG) dem Modell der Einheitsverwaltung entzogen. Als Gegentrend ist für den Bereich der Luftverkehrsverwaltung in Art. 87d GG zuletzt das ausdrückliche Verbot einer privatrechtlichen Organisationsform festgelegt worden.[211]

In den Landesverfassungen werden vor allem die Ausformungen der **(christlichen) Gemeinschaftsschule** festgelegt.[212] Weitere Besonderheiten bilden neben der Gewährleistung der kommunalen Selbstverwaltung mit ihren Institutionen[213] die flächenmäßige Gliederung des Landes[214] sowie die programmatische Verpflichtung, unnötige Zentralisation auch im Bereich der Einheitsverwaltung zu vermeiden.[215]

40b

Als zusätzliche Anforderung an die Gestaltung der Behördenlandschaft ergeben sich in Bezug auf bestimmte Aufgaben und Kompetenzen – insbesondere im Bereich polizeilicher Behörden – **Trennungsgebote** in Bezug auf die Organisation bestimmter sachverwandter Verwaltungsaufgaben. Zum Schutz des Rechtsstaatsprinzips, des Bundesstaatsprinzips und der Grundrechte unterscheidet bereits das Grundgesetz in Art. 87 Abs. 1 S. 2 GG ausdrücklich zwischen Bundesgrenzschutzbehörden und weiteren polizeilichen Zentralstellen.[216] Ähnliches ergibt sich aus Art. 87a Abs. 2 und Art. 35 GG für das Verhältnis von Polizei und Bundeswehr jedenfalls in Hinblick auf ihre spezifischen Mittel.[217] Das

41

---

[209] Zu dieser Problematik *Paul Kirchhof*, Mittel staatlichen Handelns, in: HStR V, § 99 Rn. 103; zum Zusammenhang → Bd. III *Korioth* § 44 Rn. 28. Zur „Insolvenz(fähigkeit) des Staates" *Christian Waldhoff*, Finanzwesen, in: HStR V, § 116, Rn. 37ff.; zur Finanzkrise als Dauerphänomen → Bd. III *Korioth* § 44 Rn. 114f.

[210] Gem. § 1 Abs. 2 BEGTPG ist die Bundesnetzagentur eine „selbständige Bundesoberbehörde". Vgl. auch Art. 3 Abs. 2 der RL 2002/21/EG vom 7. März 2002 (Rahmenrichtlinie) Zum Ganzen *Masing*, DJT 2006 (Fn. 74), S. D 73ff.; zur richterlichen Kontrolldichte *Hinnerk Wißmann*, Richterliche Kontrolldichte im öffentlichen Wirtschaftsrecht, FS Reiner Schmidt, 2006, S. 627 (637ff.); zur europäischen Entwicklung *Ruffert*, Verselbständigte Verwaltungseinheiten (Fn. 103), S. 431ff., zum Agenturmodell S. 446; vgl. → Rn. 46a.

[211] 56. Änderungsgesetz zum GG vom 29. 7. 2009. Vgl. zum Problem *Michael Droege*, Bundeseigenverwaltung durch Private?, DÖV 2006, S. 861ff.

[212] Art. 15f. BWVerf.; Art. 135 BayVerf.; Art. 32 BremVerf.; Art. 56 Abs. 2 HessVerf.; Art. 12 NWVerf.; Art. 29 Verf. RP; Art. 27 Abs. 4 SaarlVerf.; Art. 26 Abs. 2 Verf. LSA; Art. 8 Abs. 2 Verf. SH; im Ansatz Art. 24 Abs. 2 ThürVerf. Zur verfassungskonformen Ausgestaltung vor allem der christlichen Gemeinschaftsschule BVerfGE 41, 29; 41, 65; 41, 88. S. zum Hintergrund → Rn. 12.

[213] → Rn. 29ff.

[214] Etwa Art. 9, 185 BayVerf.; Art. 4 Bln.Verf.; Art. 98 BbgVerf. mit Vorgaben zur Gebietsänderung; Art. 143 BremVerf.; Art. 75 Verf. MV (Landschaftsverbände mit dem Recht auf Selbstverwaltung); Art. 59 Verf. Nds.; Art. 78 Verf. RP.

[215] Art. 77 Abs. 2 BayVerf.

[216] Vgl. BVerfGE 97, 198 (217); mit Differenzierungen *Georg Hermes*, in: Dreier (Hrsg.), GG II, Art. 87 Rn. 35f. Zur Kompetenzverschiebung durch das BKAG und der Frage der Verletzung des Trennungsgebotes *Heinrich A. Wolff*, Die Grenzverschiebung von polizeilicher und nachrichtendienstlicher Sicherheitsgewährleistung, DÖV 2009, S. 597 (602f.).

[217] BVerfGE 115, 118 (146f.): Der Tatsache, dass die „zur Hilfe" eingesetzte Bundeswehr nur Mittel verwenden dürfe, die auch für die Polizeikräfte vorgesehen sind, kann man entnehmen, dass in sol-

Landesverfassungsrecht hat solche Begrenzungen der Polizeigewalt z.T. ausdrücklich normiert.[218]

42 Auch das Konzept der **funktionalen Selbstverwaltung,** das die originäre Verwaltungszuständigkeit auf die Ebene der Betroffenen verlagert, wird bereits auf Verfassungsebene etabliert.[219] Das Grundgesetz enthält in der Auslegung des Bundesverfassungsgerichts mit der Gewährleistung der **Wissenschaftsfreiheit** in Art. 5 Abs. 3 GG eine institutionelle Garantie der funktionalen Selbstverwaltung, was Folgewirkungen für die Ausdifferenzierung der inneren Verfasstheit wie für die externen Kontrollbefugnisse hat.[220] Das Landesverfassungsrecht regelt den entsprechenden Status der Universitäten,[221] der teilweise mit einem ausdrücklichen Bestandsschutz verstärkt wird.[222] Daneben wird die Regelung des Art. 87 Abs. 2 GG zu den **Trägern der Sozialversicherung** als verfassungsrechtliche Absicherung der funktionalen Selbstverwaltung gedeutet.[223] Aber auch darüber hinaus ist der Typus der funktionalen Selbstverwaltung als verfassungsrechtliche Institution[224] bzw. als Modell des einfachen Gesetzesrechts legitimiert.[225]

2. Verwaltungszusammenarbeit

43 Die Einheiten der öffentlichen Verwaltung sind örtlich, sachlich und instanziell in vielfacher Weise in horizontal und vertikal vernetzte **Verbundsysteme**

---

chen Fällen die Bundeswehr gleichfalls als „Hilfs-Polizei" tätig werden dürfe, keinesfalls jedoch selbst (als Bundeswehr, unter Einsatz der exklusiv der Bundeswehr zustehenden (Kampf-)Mittel) polizeiliche Kompetenzen wahrnehmen dürfe. Diese Frage ist wieder in den Fokus gerückt in Zusammenhang mit den Maßnahmen zur Bekämpfung der Seepiraterie, vgl. nur *Kerstin Braun/Tobias Plate,* Rechtsfragen der Bekämpfung der Piraterie im Golf von Aden durch die Bundesmarine: Wahrnehmung originär polizeilicher Aufgaben durch das Militär?, DÖV 2010, S. 203 (208).

[218] Art. 11 Abs. 3 BbgVerf.; Art. 97 ThürVerf., jeweils in Bezug auf den Verfassungsschutz. Vgl. *Götz,* Innere Sicherheit (Fn. 06), § 85 Rn. 39 f.; *Hans P. Bull,* in: AK-GG, Art. 87 Rn. 67; zurückhaltend *Martin Burgi,* in: v. Mangoldt/Klein/Starck (Hrsg.), GG III, Art. 87 Rn. 30, 34 f. Vgl. für das Recht auf informationelle Selbstbestimmung BVerfGE 65, 1 (48 ff.). Zur (befürchteten) Verwischung des Trennungsgebotes durch die Anti-Terror-Gesetzgebung *Fredrik Roggan/Nils Bergemann,* Die „neue Sicherheitsarchitektur" der Bundesrepublik Deutschland, NJW 2007, S. 876 (880 f.).

[219] Sie bleibt, trotz der hier näher einbezogenen Grundrechtspositionen, staatliche Verwaltung mit den typischen formellen und materiellen Bindungen, vgl. *Kluth,* Selbstverwaltung (Fn. 79), S. 242 f. in Bezug auf die Aufgabentypologie; *ders.* Selbstverwaltung (Fn. 89), S. 365 f.; *Peter J. Tettinger/Kyrill-A. Schwarz,* in: v. Mangoldt/Klein/Starck (Hrsg.), GG II, Art. 28 Abs. 2 Rn. 130 ff.; *Peter J. Tettinger,* Kammerrecht (Fn. 120), S. 73 ff. Allgemein zur funktionalen Selbstverwaltung → Bd. I *Trute* § 6 Rn. 20 f., 82 ff., *Reimer* § 9 Rn. 41.; *Martin Greiff,* Funktionale Selbstverwaltung und Demokratieprinzip, 2006, S. 7 ff.

[220] Zum Hochschulorganisationsrecht BVerfGE 111, 333 (353 ff.); BVerfG, NVwZ 2011, S. 224 (227). Weiter → Rn. 46 a, 48 a.

[221] Art. 20 Abs. 2 BWVerf.; Art. 138 Abs. 2 BayVerf.; Art. 32 Abs. 1 BbgVerf.; Art. 60 Abs. 1 HessVerf.; Art. 7 Abs. 3 Verf. MV; Art. 5 Abs. 3 Verf. Nds.; Art. 16 Abs. 1 NWVerf.; Art. 39 Abs. 1, 2 Verf. RP; Art. 33 Abs. 2 SaarlVerf.; Art. 107 Abs. 2 SachsVerf.; Art. 28 Abs. 1 S. 2 ThürVerf.

[222] Art. 85 BWVerf.; Art. 60 Abs. 2 HessVerf. (in Bezug auf theologische Fakultäten).

[223] Wolff/Bachof/Stober/*Kluth,* VerwR II, § 80 Rn. 278.

[224] Übersicht über die Ebene der Bundesländer Wolff/Bachof/Stober/*Kluth,* VerwR II, § 80 Rn. 137–141. Vgl. Art. 155, 160 BayVerf. (Körperschaften für Bedarfsdeckung, in der Regel bei Infrastruktur, zum Charakter Art. 179); Art. 59 SaarlVerf.; allgemein-programmatisch Art. 82 Abs. 3 SachsVerf.; auch Art. 57 Abs. 1 Verf. Nds.; Art. 71 Abs. 1 S. 2 BWVerf.

[225] Art. 71 Abs. 1 S. 1 BWVerf. (Zweckverbände); BVerfGE 33, 125 (159); BVerfG NVwZ 2002, S. 335 (337); BVerfGE 107, 59 (92 ff.).

mit dynamischen Kommunikations- und Entscheidungsstrukturen eingefasst.[226] Das Grundgesetz ermöglicht durch Art. 23 Abs. 1 S. 2 GG sowie Art. 24 GG die Übertragung von Hoheitsrechten auf die Europäische Union bzw. zwischenstaatliche Einrichtungen.[227] Auf der Ebene des Europarechts ist hier neben Art. 4 Abs. 3 EUV und der speziellen Ausprägung in Art. 74 AEUV das in seinen Einzelheiten jetzt an Art. 290 und 291 AEUV zu messende Komitologie-Verfahren zu beachten, das die Mitgliedstaaten in Verwaltungs-, Regelungs- und beratenden Ausschüssen in die Arbeit der Kommission einbindet.[228] Besondere Formen der Zusammenarbeit zwischen den Mitgliedstaaten werden v. a. durch sachbereichsspezifische Regelungen des Sekundärrechts eingeführt.[229] Diese Entwicklung bezieht sich vorrangig auf Verwaltungseinheiten der Bundesebene; der grundständige **Vollzugspluralismus im Mehrebenensystem,** der sich vor allem auf die entsprechenden Befugnisse der Bundesländer gründet, ist im Übrigen sowohl durch das Bundesstaatsprinzip wie auch auf der Ebene des Gemeinschaftsrechts abgesichert.[230]

Im Bundesstaat findet die Verwaltungszusammenarbeit sowohl zwischen **44** Bund und Ländern wie auch zwischen den Ländern sowie jeweils mit den Kommunen statt.[231] Verfassungsrechtlich ist dies übergreifend durch die neuen Bestimmungen der Art. 91c und 91d GG[232] sowie den Grundsatz der **Amtshilfe** (Art. 35 GG)[233] und die **Pflicht zum bundesfreundlichen Verhalten** abgesi-

---

[226] In europäischer Perspektive *Ute Mager,* Die europäische Verwaltung zwischen Hierarchie und Netzwerk, in: Trute/Groß/Röhl/Möllers (Hrsg.), Allgemeines Verwaltungsrecht, S. 369 ff.; *Thorsten Siegel,* Entscheidungsfindung im Verwaltungsverbund, 2009; *Sydow,* Verwaltungskooperation (Fn. 100), S. 100 ff.

[227] Zu administrativen Beispielen außerhalb der EU *Rudolf Streinz,* in: Sachs (Hrsg.), GG, Art. 24 Rn. 30 ff.

[228] Zu diesem Aspekt des früheren Art. 10 EGV *Rudolf Streinz,* in: ders. (Hrsg.), EUV/EGV, Art. 10 EGV Rn. 23 ff., 54 ff.; *Huber,* Verfassungsrecht (Fn. 7), S. 230; zum Zusammenhang mit der nationalstaatlichen Amtshilfe (→ Rn. 44) *Thomas v. Danwitz,* in: v. Mangoldt/Klein/Starck (Hrsg.), GG II, Art. 35 Rn. 50 f. Umfassend *Sydow,* Verwaltungskooperation (Fn. 100), S. 80 ff.; → Bd. I Schmidt-Aßmann § 5 Rn. 24. Zur noch ungeklärten Fortgeltung des Komitologiebeschlusses der Europäischen Kommission (in der reformierten Fassung des Beschlusses 2006/512/EG, ABl. EU 2006, Nr. L 200, S. 11) *Geiger/Khan/Kotzur,* EUV/AEUV, Art. 290 AEUV Rn. 9 auf AEUV Rn. 6; *Klemens H. Fischer,* Vertrag von Lissabon, 2. Aufl. 2010, S. 429 f. sowie *Matthias Ruffert,* in: Calliess/Ruffert, EUV/AEUV, Art. 291 AEUV, Rn. 13 f. → Bd. I *Groß* § 13 Rn. 110 f. und Bd. II *Röhl* § 30 Rn. 74 ff.

[229] Übersicht bei *Thomas v. Danwitz,* in: v. Mangoldt/Klein/Starck (Hrsg.), GG II, Art. 35 Rn. 52 ff. So gibt es etwa im Telekommunikationsrecht Empfehlungs-, Abstimmungs- und Interventionsmechanismen zwischen der Kommission und den nationalen Regulierungsbehörden, die das Verfahren im grenzüberschreitenden Bereich zunehmend prägen, vgl. bereits *Karl-Heinz Ladeur/Christoph Möllers,* Der europäische Regulierungsverbund der Telekommunikation im deutschen Verwaltungsrecht, DVBl 2005, S. 525 ff.

[230] → Rn. 20 ff. Vgl. zur innerstaatlichen Wirkung *BVerfGE* 34, 9 (20). Zur europarechtlichen Steuerung des Vollzugspluralismus *Hoffmann-Riem,* Kohärenzvorsorge (Fn. 191), S. 749, inbes. S. 759 f.; vgl. allgemein auch *Horst Dreier,* in: ders. (Hrsg.), GG II, Art. 79 Abs. 3 Rn. 48.

[231] Vgl. zum Sonderfall der grenzüberschreitenden Einrichtungen im Sinn des Art. 24 Abs. 1a GG *Rudolf Streinz,* in: Sachs (Hrsg.), GG, Art. 24 Rn. 37 ff.

[232] Vgl. dazu *Margrit Seckelmann,* Wettbewerb per Grundgesetz? Die Leistungsvergleiche nach Art. 91d GG, DVBl 2010, S. 1284 ff.

[233] → Bd. I *Groß* § 13 Rn. 104 f.; *Walter Rudolf,* Kooperation im Bundesstaat, in: HStR IV, § 105 Rn. 25 ff.; umfassend *Bernhard Schlink,* Die Amtshilfe, 1982. Die Verpflichtung zur Amtshilfe bezieht sich nach dem Wortlaut potentiell auf „alle" Behörden des Bundes und der Länder; zur Einbindung in die innerstaatliche Kompetenzordnung *Thomas v. Danwitz,* in: v. Mangoldt/Klein/Starck (Hrsg.), GG II, Art. 35 Rn. 22.

chert.²³⁴ Die Föderalismusreform hat freilich bestimmte symbolische Felder von der Möglichkeit der Zusammenarbeit ausdrücklich ausgeschlossen, so insbesondere nach der (momentanen) Neufassung den Bildungsbereich (Art. 91b Abs. 1 und 2 GG). Im Übrigen sind spezielle Regelungen der Zusammenarbeit²³⁵ wie auch die **länderübergreifende Behördenorganisation**²³⁶ Gegenstand einzelner landesverfassungsrechtlicher Regelungen. Auch ohne ausdrückliche verfassungsrechtliche Legitimation ist eine **freiwillige Kooperation** zwischen Verwaltungsträgern auf der Grundlage von Vereinbarungen und Staatsverträgen eine grundsätzlich zulässige Ausübung der jeweiligen Kompetenzen; allerdings dürfen neuartige Formen der Zusammenarbeit nicht genutzt werden, um verfassungsmäßig vorgesehene Institutionen und die für sie geltenden Formvorgaben zu umgehen; dies dient insbesondere – wie bei dem Verbot der Mischverwaltung – der Absicherung demokratischer Verantwortungsklarheit.²³⁷

II. Weisungsrechte, Fachaufsicht, Rechtsaufsicht

1. Interne Leitung: Grundsatz und Ausdifferenzierung

45 Für die Praxis der Verwaltungsorganisation bilden die einer Entscheidung vorgelagerten Gestaltungselemente (wie die Weisungsbefugnis) und nachgelagerte Elemente der Aufsicht trotz typologischer, systematischer und historischer Verschiedenheit einen gemeinsamen, variabel anzuordnenden Pool von Steuerungsmöglichkeiten interner Verwaltungsleitung.²³⁸ Sie sind innerhalb eines staatlichen Verwaltungsträgers²³⁹ durch weitreichende Durchgriffsmöglichkeiten geprägt, die aus der **parlamentarischen Verantwortlichkeit der Regierungen**²⁴⁰ folgen. Die Leitung der Verwaltung durch die Regierung ist in den Landesverfassungen anders als im Grundgesetz regelmäßig eigenständig positiviert.²⁴¹ Innerhalb eines Rechtsträgers entspricht die grundsätzliche Möglichkeit der vollen **Dienst- und Fachaufsicht** gegenüber nachgelagerten Verwaltungseinheiten, die eigene Entscheidungen an die Stelle der Ausgangsentscheidung setzen kann,

---

[234] In Hinblick auf die Verwaltungsorganisation BVerfGE 8, 122 (138); vgl. *Hartmut Bauer*, Die Bundestreue, 1992; *Oeter*, Integration (Fn. 3), S. 213 ff.

[235] Art. 73 Verf. Nds. (Übertragung von Hoheitsrechten).

[236] Art. 96 Bln.Verf.; Art. 2 Abs. 2 HambVerf.

[237] → Rn. 27 a. Zu den Einzelfragen der Mitwirkungs- und Beteiligungsrechte vgl. den Überblick bei Wolff/Bachof/Stober/*Kluth*, VerwR II, § 83 Rn. 194 ff.; *Rudolf*, Kooperation (Fn. 233), § 141 Rn. 31 ff. Zum Kompensationsgedanken für diesen Zusammenhang *Andreas Voßkuhle*, Das Kompensationsprinzip, 1999, S. 31 ff.

[238] Vgl. *Kluth*, Selbstverwaltung (Fn. 79), S. 270 ff. Steuerungstheoretisch kann genauer zwischen Leitung, Lenkung, Kontrolle und Aufsicht unterschieden werden, näher *Wolfgang Kahl*, Die Staatsaufsicht, 2000, S. 355 ff.

[239] Zur Unterscheidung interner von externer Leitungsbefugnis auf der Grundlage eines normativen Verwaltungsträgerbegriffs Wolff/Bachof/Stober/*Kluth*, VerwR II, § 83 Rn. 182 f.

[240] → Bd. I *Trute* § 6 Rn. 12, 35.

[241] Art. 69 BWVerf.; Art. 51 Abs. 1 BayVerf.; Art. 67 Abs. 2 BremVerf.; Art. 33 Abs. 2 HambVerf.; Art. 41 Abs. 1 Verf. MV; Art. 28 Abs. 1, 56 Abs. 1 Verf. Nds.; Art. 3 Abs. 2 NWVerf.; Art. 82 Abs. 1 SachsVerf.; Art. 64 Abs. 1 S. 1, 86 Abs. 1 Verf. LSA; Art. 26 Abs. 1 S. 1 Verf. SH; Art. 90 ThürVerf.; entsprechende Regelung 1979 weggefallen im damaligen Art. 88 SaarlVerf. Formell anders Art. 1 Abs. 4 S. 2 BbgVerf., Art. 3 Abs. 2, 59 Abs. 1 SachsVerf. mit Unterscheidung von Regierung und Verwaltung innerhalb der vollziehenden Gewalt.

dem Umfang des **Weisungsrechts**.²⁴² Das Organisationsrecht kann nachgeordneten Verwaltungseinheiten Entscheidungsbefugnisse, insbesondere in Hinblick auf interne Arbeitsabläufe, zuweisen. Es besteht jedoch kein behördeninternes **Selbstorganisationsrecht**.²⁴³

Leitungs- und Kontrollbefugnisse sind keine Befugnis nach der Struktur eines Individualrechts, sondern aufgabenorientierte Kompetenz. Ihr **verpflichtender Charakter** folgt aus der Konstitution staatlicher Verwaltung: Anders als bei Privaten ist das Recht nicht die formende Grenze autonomer Freiheit, sondern Entstehungsvoraussetzung und Geltungsgrund. Daher können sich im Grundsatz weder Gesetzgeber noch Exekutive der entsprechenden Steuerungsmechanismen begeben; darüber hinaus dürfen diese nicht nur als formelle Möglichkeit bestehen, sondern müssen institutionell und personell wirksam organisiert sein.²⁴⁴ 46

Ebenso wie ihre Begründung können auch **Einschränkungen der internen Leitung** verfassungsrechtlich geboten sein. So folgen aus dem Grundrecht der Wissenschaftsfreiheit Vorgaben für eine auch intern wirksame Begrenzung von Leitungsaufgaben.²⁴⁵ Zunehmend wichtiger wird die europarechtlich gebotene Rücknahme von Leitungsbefugnissen gegenüber sektoralen Fachbehörden, die in Deutschland bisher vor allem für die Bundesnetzagentur einschlägig geworden ist.²⁴⁶ Insofern ist zu betonen, dass nicht so sehr die Einschränkung des Leitungsrechts als solche ungewöhnlich ist; ganz im Gegenteil ist eine solche Differenzierung in Bezug etwa auf die funktionale Selbstverwaltung in der deutschen Verwaltungstradition eher anschlussfähig als in zentralstaatlichen Modellen der Einheitsverwaltung. Zu verarbeiten ist vielmehr, dass im Fall der Bundesnetzagentur ein neuartiges Mischmodell entsteht, da diese grundsätzlich (nur) als unselbständige Bundesoberbehörde organisiert ist. Insofern ist als verfassungsrechtlicher Kontrollmaßstab freilich nicht ein abstraktes Formverbot in Stellung zu bringen, sondern die Maßgabe der Verantwortungsklarheit.²⁴⁷ 46a

2. Leitungs- und Kontrollbefugnisse zwischen Verwaltungsträgern

Leitungsbefugnisse innerhalb einer staatlichen Ebene sind von der Aufsicht über andere Rechtsträger grundsätzlich zu unterscheiden. Während die interne Leitungsbefugnis grundsätzlich auf Einheit gegründet ist, kann eine Gleichförmigkeit des Verwaltungshandelns bei der Verklammerung unterschiedlicher staatlicher Akteure im Mehrebenensystem weder Ausgangs- noch Zielvorstellung sein.²⁴⁸ Dies gilt in grundsätzlich gleicher Weise für **Bundes- und Unions-** 47

---

²⁴² *Thomas Groß*, Was bedeutet „Fachaufsicht"?, DVBl 2002, S. 793 ff. Zu den Aufsichtsformen *Kahl*, Staatsaufsicht (Fn. 238), S. 347 ff. Zum Weisungsrecht *Bumke*, Rechtswidrigkeit (Fn. 37), S. 118 ff.; *Dreier*, Verwaltung (Fn. 41), insbes. S. 134 ff. Zu den Besonderheiten der Verwaltungsvorschriften mit Rechtsprechungsanalyse *Johannes Saurer*, Verwaltungsvorschriften und Gesetzesvorbehalt, DÖV 2005, S. 587 ff. Ausdrückliche Regelung zur Dienstaufsicht etwa in Art. 55 Nr. 6 BayVerf.; zur Kompetenz zum Erlass von Verwaltungsvorschriften vgl. etwa Art. 86 S. 1 GG, Art. 107 HessVerf.; Art. 56 Abs. 2 NWVerf.; Art. 110 Verf. RP.
²⁴³ → Rn. 36.
²⁴⁴ → Rn. 56.
²⁴⁵ *BVerfG*, NVwZ 2011, S. 224 (228).
²⁴⁶ *Masing*, DJT 2006 (Fn. 74), S. D 83.
²⁴⁷ *BVerfGE* 119, 331 (365 f.). Vgl. → Rn. 27a.
²⁴⁸ Zum „Vollzugspluralismus" → Rn. 43.

aufsicht.²⁴⁹ Die Kommission nimmt auf der Grundlage des Art. 17 Abs. 1 EUV die Aufsichtsbefugnisse der europäischen Ebene wahr. Als reine Rechtsaufsicht erstreckt sie sich im Grundsatz nicht auf Zweckmäßigkeitserwägungen, was der organisationsrechtlichen Autonomie der Mitgliedstaaten entspricht.²⁵⁰ Art. 84 GG gibt auch dem Bund nur einzelne organisationsrechtliche Einfluss- und Aufsichtsmöglichkeiten gegenüber den Bundesländern; einen Sonderfall stellen die Ingerenzmöglichkeiten der Bundesauftragsverwaltung nach Art. 85 GG dar.²⁵¹

48 In Hinblick auf die Selbständigkeit der Kommunen und weitere Ausnahmefälle werden auch Beschränkungen einheitlicher Leitungsbefugnisse innerhalb des jeweiligen staatlichen Verbandes, konkret der Bundesländer, vorgenommen.²⁵² Mit der **Rechtsaufsicht** steht dafür ein zweiter Aufsichtstypus bereit, um die Gesetzmäßigkeit der Verwaltung durchzusetzen.²⁵³ Sämtliche Landesverfassungen verzahnen – mit Unterschieden im Detail – staatliche Verwaltung und kommunale Selbstverwaltung in dieser Weise **(Kommunalaufsicht)**.²⁵⁴

48a Ebenso wie für den Bereich der Staatsleitung²⁵⁵ ist auch bei der Rechtsaufsicht über andere Verwaltungsrechtsträger ihr schon aus dem Rechtsstaatsprinzip folgender **verpflichtender Charakter** zu betonen. Angesichts der vielfach beförderten Freisetzung von Wettbewerbssituationen auf kommunaler Ebene, vor allem in Bezug auf die Ansiedlung gewerblicher Investoren, muss hier das angestammte Leitbild „kommunalaufsichtlicher Nachsicht" dringend erneuert werden. Eine hinreichend effektive Rechtsaufsicht ergibt sich nicht schon aus der

---

²⁴⁹ Zur „sachlichen Relativität" in der bundesstaatlichen Kompetenzordnung *Bumke*, Rechtswidrigkeit (Fn. 37), S. 96 ff.

²⁵⁰ → Rn. 23. Vgl. *Kahl*, Staatsaufsicht (Fn. 238), S. 399 ff.; *Armin Hatje*, Die gemeinschaftsrechtliche Steuerung der Wirtschaftsverwaltung, 1998; zu den Kontrollmöglichkeiten im Einzelnen *Dieter Kugelmann*, in: Streinz (Hrsg.), EUV/EGV, Art. 211 EGV Rn. 15 ff.

²⁵¹ → Rn. 49. *BVerfGE* 81, 310 (331). Zu den Einzelheiten der zurückgenommenen Kontrollmaßstäbe *Oebbecke*, Verwaltungszuständigkeit (Fn. 123), § 136 Rn. 68 ff.; *Hans-Heinrich Trute*, in: v. Mangoldt/Klein/Starck (Hrsg.), GG III, Art. 84 Rn. 44 ff.; *Norbert Janz*, Das Weisungsrecht nach Art. 85 Abs. 3 GG, 2002, S. 115 ff. Zur Entwicklung der Reichsaufsicht *Kahl*, Staatsaufsicht (Fn. 238), insbes. S. 172 ff., 185 ff., 220 ff.

²⁵² Vgl. auch bereits → Rn. 46a.

²⁵³ → Rn. 54. Die Rechtsaufsicht steht in historischer Perspektive wegen ihres objektiv-rechtlichen Ansatzes mindestens gleichberechtigt neben der Gerichtskontrolle, die von den subjektiv-rechtlichen Rechten her arbeitet und die so hervorgerufenen Beschränkungen erst durch Art. 19 Abs. 4 GG vollständig abschütteln konnte, vgl. allgemein *Schmidt-Aßmann*, Ordnungsidee, 2. Kap. Rn. 28 f.; näher → Bd. III *Schoch* § 50 und speziell zur Rechtskontrolle → Bd. III *Kahl* § 47 Rn. 52 f. Zur historischen Gestalt der Aufsicht *Kahl*, Staatsaufsicht (Fn. 238), S. 37 ff. Zur Aufsicht über privatrechtlich organisierte Verwaltungseinheiten *Mann*, Gesellschaft (Fn. 46), S. 120 ff., 189 ff. und → Bd. III *Schiedermair* § 48 Rn. 45 ff.

²⁵⁴ Art. 75 Abs. 1 S. 1 BWVerf.; Art. 55 Nr. 6 S. 2, 83 Abs. 4 BayVerf.; Art. 67 Abs. 2 S. 3 Bln.Verf. (entsprechend); Art. 97 Abs. 2 S. 2 BbgVerf.; Art. 147 BremVerf.; Art. 137 Abs. 3 S. 2 HessVerf.; Art. 72 Abs. 4 Verf. MV; Art. 57 Abs. 5 Verf. Nds.; Art. 78 Abs. 4 NWVerf.; Art. 49 Abs. 3 S. 2 Verf. RP; Art. 122 SaarlVerf.; Art. 89 Abs. 1 SachsVerf.; Art. 87 Abs. 4 Verf. LSA; Art. 46 Abs. 3 Verf. SH; Art. 94 Thür.Verf. Allein Hamburg hat wegen seiner Stadtstaatlichkeit keine entsprechende Verfassungsregelung, vgl. Art. 4 HambVerf. *Achterberg*, VerwR, § 6 Rn. 38. Vgl. allgemein *Kahl*, Staatsaufsicht (Fn. 238), S. 351 m.w.N.; Wolff/Bachof/Stober/*Kluth*, VerwR II, § 96 Rn. 124 ff.; *Christoph Brüning/Klaus Vogelsang*, Die Kommunalaufsicht, 2. Aufl. 2009, Rn. 46. Zur Wahrnehmung der Kommunalaufsicht durch die Landkreise als staatliche Behörde oder beauftragte kommunale Einrichtung *Jörn Ipsen*, Niedersächsisches Kommunalrecht, 2. Aufl. 1999, Rn. 164 m.w.N. Zum Ausschluss der Kommunalaufsicht durch den Bund und die Substitution durch den Grundsatz bundesfreundlichen Verhaltens *BVerfGE* 8, 122 (137).

²⁵⁵ → Rn. 46.

Proklamation einer gesetzestreuen Verwaltung, wenn *realiter* keine Instanzen zur Verfügung stehen, dies auch durchzusetzen. Insofern entwickelt sich die (gesetzgeberische) **Praxis** in eine **falsche Richtung,** indem sie Widerspruchsverfahren flächendeckend abschafft und politikferne Zwischenebenen wie die Bezirksregierungen schleift.[256] Verfassungsrechtlich wird hier eine (schwer fassbare) Grenze erreicht, wenn die Orientierung am gesetzgeberischen Willen im Einzelfall dadurch übermäßig erschwert ist, weil sich andere Parameter in den Vordergrund drängen.

Zugleich ist zu beachten, dass das Instrument der Rechtsaufsicht schon wegen der prinzipiellen Unvollständigkeit der gesetzlichen Vorgaben stets nur ein eingeschränktes Steuerungsmittel darstellt;[257] daher wird auch die **politische Verantwortung** für Verwaltungsentscheidungen für die Akteure wie für die Kontrolleure durch gesetzesbezogene Rechtsaufsicht **nicht substituiert**. Insbesondere prozedurale Umformungen der gesetzlichen Regelungen etwa im Planungsrecht und in der Infrastrukturregulierung wie auch die Ausdifferenzierung der Verwaltung in verselbständigte Einheiten sowie die Perpetuierung und der weitere Ausbau eines „Dritten Sektors"[258] zwischen privater Aufgabenerbringung und staatlicher Regulierung und eben auch der Wegfall effizienter Kontrollinstanzen werfen in neuer Schärfe die Frage auf, wie das Verhältnis von effektiver Sicherung gleichmäßigen Staatshandelns und eigenverantwortlicher Rechtsanwendung zu bestimmen ist. Hier hat sich jedenfalls noch kein leistungsfähiges neues Leitmodell entwickeln können, so dass das überkommene System der umfassenden Rechtsaufsicht jedenfalls rechtspolitisch bis auf weiteres den Maßstab abgibt, an dem sich Veränderungen messen lassen müssen.[259] **48b**

Externe Kontrollbefugnis muss freilich nicht schon prinzipiell auf die Rechtsaufsicht begrenzt sein. Nach Maßgabe der verfassungsrechtlichen Kompetenzordnung kann auch zwischen verschiedenen staatlichen Ebenen eine zusätzliche zweckmäßigkeitsorientierte Aufsicht eingerichtet werden, die typischerweise auch weitergehende organisationsrechtliche Zugriffsmöglichkeiten enthält. Wichtigstes Beispiel ist die **Bundesauftragsverwaltung** nach Art. 85 GG mit den insbesondere in Hinblick auf das Personal erweiterten Einflussmöglichkeiten (Art. 85 Abs. 1, Abs. 2 S. 2f. GG).[260] Zwischen Bundesländern und **49**

---

[256] *Pascale Cancik,* Vom Widerspruch zum informalen Beschwerdemanagement, DV, Bd. 43 (2010), S. 467 (479 ff.); *Hinnerk Wißmann,* Mittel- und Sonderbehörden: eine Altlast der Verwaltungslandschaft?, DÖV 2004, S. 197 ff. Vgl. bereits *Kahl,* Staatsaufsicht (Fn. 238), S. 495 f. m. w. N.; auch *Faber,* VerwR, S. 93.

[257] Vgl. nur *Dreier,* Verwaltung (Fn. 41), S. 164 ff. Näher zum Zusammenhang *Trute,* Rechtsanwendung (Fn. 40), S. 213 ff.; *Hinnerk Wißmann,* Öffentliche Interessen im Verwaltungsverfahren – eine funktionsbezogene Rekonstruktion, in: Wilfried Erbguth/Johannes Masing/Konrad Nowacki (Hrsg.), Kontrolle des Verwaltungshandelns, 2010, S. 11 (18 ff.).

[258] → Bd. I *Groß* § 13 Rn. 93 ff.; Zur Struktur im Bereich der Sozialwirtschaft *Stephan Rixen,* Sozialrecht als öffentliches Wirtschaftsrecht, 2005, insbes. S. 59 ff.; *Wißmann,* Kooperation (Fn. 74), S. 149 ff.

[259] → Rn. 54 ff. Zur Dogmatik einer „kooperativen Staatsaufsicht" *Kahl,* Staatsaufsicht (Fn. 238), S. 472 ff. Vgl. *Schmidt-Aßmann,* Ordnungsidee, 2. Kap. Rn. 15 ff.; zur Zulässigkeit vorgängiger Genehmigung *Friedrich-Wilhelm Held,* Das Verhältnis von Staat und Kommunen am Beispiel der Kommunalaufsicht, in: Jörn Ipsen/Hans-Peter Schneider (Hrsg.), Staat und Kommunen – Kooperation oder Konflikt, 1998, S. 21 (28 ff.).

[260] → Rn. 26. Zur Ausübung der Sachkompetenz durch den Bund BVerfGE 81, 310 (331 f.); 104, 249 (264 ff.). Vgl. *Oebbecke,* Verwaltungszuständigkeit (Fn. 123), § 136 Rn. 60 ff.; *Selma Kus,* Erweiterte Unabhängigkeit im atomrechtlichen Gesetzesvollzug, 2004, S. 60 ff.; *Joachim Wieland,* Konsequenzen aus dem Biblis-Urteil des Bundesverfassungsgerichts für die Bundesauftragsverwaltung, ZUR 2004,

Kommunen wird der Einsatz der verschiedenen Aufsichtsmodelle durch die Einbeziehung der kommunalen Verwaltung und der Träger funktionaler Selbstverwaltung in die **Verwaltungsstruktur der Bundesländer** definiert.[261] Dabei wirken bei einer Gesamtbetrachtung zur Zeit gegenläufige Fliehkräfte: Auf der einen Seite wird ausdrücklich der Pluralismus unterschiedlicher Rechtsauffassungen im Sinn eines faktischen Deregulierungswettbewerbs befördert;[262] auf der anderen Seite besteht vielfach der Anspruch, auch über Verwaltungsträger hinweg Zugriff auf einzelne Sachentscheidungen nehmen zu können. Festzuhalten bleibt, dass der organisatorische Spielraum des Gesetzgebers bzw. der Gubernative nicht durch eine überkommene Typenlehre in Bezug auf bestimmte Verwaltungsbehörden begrenzt ist, sondern – wenn nicht durch verwaltungspolitische Vernunft – (erst) auf einer abstrakteren Ebene durch spezielle Gewährleistungen rechtsstaatlicher Bewertungsmaßstäbe.[263]

III. Öffentlicher Dienst

1. Amt und Verwaltungsorganisation

50 Auch die Regeln für den Öffentlichen Dienst sind als wichtiger Bestandteil der Verwaltungsorganisation zu beachten.[264] Die verfassungsrechtlichen Vorgaben gehen von der **Besonderheit des öffentliches Amtes** (Art. 33 Abs. 2 GG) aus.[265] Das beruht auf der Einsicht, dass die Realisierung der öffentlichen Aufgaben in vielfältiger Weise unterschieden ist von der betriebswirtschaftlich orientierten Einbindung in ein Unternehmen. Bei der Ausgestaltung wirken als ambivalente Strukturelemente eine aus der individuellen Rechtsbindung der Amtsträger folgende (!) relative **Unabhängigkeit** gegenüber äußeren Einflüssen, die gleichzeitige inhaltliche **Bindung** an die Umsetzung politisch verantworteter und demokratisch legitimierter Programme sowie auch die Leitvorstellung der **Verlässlichkeit** eines funktionierenden Gemeinwesens zusammen.[266] Die Ausrichtung auf besonders gefasste Aufgaben, die im demokratischen Diskurs bestimmt und verantwortet werden, und deren institutionell erkennbare Ausführung konstituieren das öffentliche Amt im verfassungsrechtlich intendierten Rechtssinn.[267] Es besteht unabhängig von der öffentlich-rechtlichen oder privatrechtli-

---

S. 7 ff. m. w. N. Art. 85 Abs. 2 S. 2 f. GG könnte nach der Auflösung des bundeseinheitlichen Dienstrechts eine Renaissance erleben, zur bisher geringen Bedeutung vgl. *Hans-Heinrich Trute*, in: v. Mangoldt/Klein/Starck (Hrsg.), GG III, Art. 85 Rn. 19 f.

[261] Vgl. zur Einordnung der Fachaufsicht Wolff/Bachof/Stober/*Kluth*, VerwR II, § 93 Rn. 159 ff.; *Chotjewitz*, Organisationsgewalt (Fn. 167), S. 69 ff.; *König*, Landesorganisationsrecht (Fn. 184), S. 101 ff.

[262] → Rn. 48 a.

[263] → Rn. 42, 45 ff., 48 a, 55 ff.

[264] → Bd. III *Voßkuhle* § 43 Rn. 1 ff., 70 ff.

[265] Zur Bindung der Bundesländer an Art. 33 GG *Helmut Lecheler*, Der öffentliche Dienst, in: HStR V, § 110 Rn. 11.

[266] *Johannes Masing*, in: Dreier (Hrsg.), GG II, Art. 33 Rn. 27 f. Zum dahinterstehenden Rationalitätskonzept *Andreas Voßkuhle*, Expertise und Verwaltung, in: Trute/Groß/Röhl/Möllers (Hrsg.), Allgemeines Verwaltungsrecht, S. 637 (640 ff.).

[267] Auf dieser materiellen Grundlage wird einsichtig, warum nach herrschender Lehre „Öffentliches Amt" und „Öffentlicher Dienst" als Verfassungsbegriffe grundsätzlich nur im Bereich öffentlich-rechtlicher Institutionen Anwendung finden, also nicht notwendig mit dem grundrechtsgebundenen Gesamtbereich staatlichen Handelns (→ Rn. 4) identisch sind. Differenzierende Darstellung insbes. der Verwaltung in Privatrechtsform bei *Klaus Köpp*, Öffentliches Dienstrecht, in: Steiner

D. Gliederung der Verwaltung, Leitung und Kontrolle, Personal

chen Ausgestaltung des individuellen Dienstverhältnisses. Der öffentliche Dienst steht allen Deutschen nach dem Prinzip der diskriminierungsfreien **Bestenauslese** offen (Art. 33 Abs. 2, 3 GG).[268] Damit ist nach dem Willen der Verfassung die Besetzung von Dienstposten nach politischer Präferenz grundsätzlich ausgeschlossen; hier besteht ein unmittelbarer organisatorischer Zusammenhang mit der Dauerhaftigkeit der Ämtervergabe.[269] Das Europarecht öffnet diesen Bereich durch Art. 45 AEUV für Unions-Bürger und zeichnet damit die bundesstaatliche Idee des Art. 33 Abs. 1 GG weiter aus.[270] Nur in einem engeren, funktional hoheitlich bestimmten Bereich des öffentlichen Dienstes nach Art. 45 Abs. 4 AEUV steht den Mitgliedstaaten eine – inzwischen in Deutschland kaum noch genutzte – Privilegierung ihrer Staatsangehörigen offen.[271] Das Grundgesetz nimmt in Art. 36 GG eine föderale Relativierung des Besten-Konzepts auf, indem es die proportionale Verwendung von Angehörigen aller Bundesländer auf Bundesebene verlangt.

Den gesamten öffentlichen Dienst prägen verfassungsunmittelbare Pflichten 51 zu einer dem Gemeinwesen verpflichteten, **unparteiischen Amtsausübung.**[272] Auch das übrige Organisationsrecht muss die Verwirklichung der entsprechenden Amtspflichten institutionell ermöglichen.[273] Auf der Grundlage der systemprägenden **Unterteilung in Beamte und sonstige Bedienstete** nach Art. 33 Abs. 4 GG sind die entsprechenden Pflichten und Rechte im Bereich des Beamten vorbehaltenen Tätigkeitsbereichs **(Funktionsvorbehalt)** besonders verdichtet.[274] Die

---

(Hrsg.), Bes. VerwR, 7. Aufl. 2003, Rn. 3, 5. Das Bundesverfassungsgericht hat betont, dass es keinen einheitlichen Begriff des öffentlichen Dienstes gibt und in Bezug auf Art. 137 GG in *BVerfGE* 38, 326 (338f.), *BVerfG*, NJW 1996, S. 2497 (2498) (nur) leitende Angestellte privater Unternehmen, die von der öffentlichen Hand beherrscht werden, wegen ihrer besonderen Verbindung zur unmittelbar staatlichen Eigenverwaltung als Teil des öffentlichen Dienstes angesehen, und entsprechend in *BVerfGE* 48, 65 (83 ff.) weitere Angestellte davon ausgenommen. Wie hier auf die öffentlich-rechtliche Institution abstellend *Lecheler,* Öffentlicher Dienst (Fn. 265), § 110 Rn. 2; *Monika Jachmann,* in: v. Mangoldt/Klein/Starck (Hrsg.), GG II, Art. 33 Rn. 15; *Gertrude Lübbe-Wolff,* in: Dreier (Hrsg.), GG II, Art. 33 Rn. 38; *Philipp Kunig,* in: v. Münch/Kunig (Hrsg.), GGK II, Art. 33 Rn. 20; anders wohl *Ulrich Battis,* in: Sachs (Hrsg.), GG, Art. 33 Rn. 24, der auf die Verwaltung insgesamt abstellt; weit auch *Johannes Masing,* in: Dreier (Hrsg.), GG II, Art. 33 Rn. 42. Die Regelungen in Art. 143a, 143b GG zu den Beamten bei den staatlichen Nachfolgeunternehmen haben rein statusschützenden Charakter. Vgl. weiter *Ralf Dreier,* Amt, in: StL I, Rn. 128 ff.

[268] Besondere Regelung des Wettbewerbscharakters in Art. 94 Abs. 2 BayVerf.; Betonung der fachlichen Eignung in Art. 127 BremVerf. Zur Ausnahme für Wahlämter vgl. *Monika Jachmann,* in: v. Mangoldt/Klein/Starck (Hrsg.), GG II, Art. 33 Rn. 15.

[269] → Rn. 51.

[270] „Personelle Voraussetzungen europäischer Verwaltungszusammenarbeit" skizziert bei *Sydow,* Verwaltungskooperation (Fn. 100), S. 86 ff.

[271] *EuGH,* Rs. C-473/93, Slg. 1996, I-3207, Rn. 27; vgl. näher *Martin Franzen,* in: Streinz (Hrsg.), EUV/EGV, Art. 39 Rn. 149 ff.; *Rudolf Summer,* Auswirkungen des Europarechts auf das Beamtenrecht, in: Wilfried Bottke/Thomas M.J. Möllers/Reiner Schmidt (Hrsg.), Recht in Europa, 2003, S. 281 (282 ff.).

[272] Ausdrückliche Regelungen in Art. 77 Abs. 2 BWVerf.; Art. 96 BayVerf.; Art. 66 Bln.Verf. (ähnlich); Art. 96 Abs. 3 BbgVerf.; Art. 58 HambVerf.; Art. 71 Abs. 2 Verf. MV; Art. 60 S. 2 Verf. Nds. (in Bezug auf Beamte); Art. 80 NWVerf.; Art. 127 Abs. 1 S. 1 Verf. RP; Art. 115f. SaarlVerf.; Art. 92 Abs. 1 SachsVerf.; Art. 91 Abs. 1 Verf. LSA; Art. 96 Abs. 1 ThürVerf. Zu den einfachrechtlich ausgeformten Befangenheitsregelungen vgl. *Fehling,* Verwaltung (Fn. 94), insbes. S. 198 ff.

[273] *Trute,* Funktionen (Fn. 33), S. 249.

[274] Die abweichenden Regelungen in Art. 29, 135 HessVerf., Art. 54 Abs. 1 Verf. RP, Art. 47 SaarlVerf. (überholt durch Art. 114 Abs. 1), die auf die Schaffung eines einheitlichen öffentlichen Dienstes gerichtet waren, sind durch Art. 33 Abs. 4 GG gegenstandslos. Dem Grundgesetz entsprechende Zweiteilung in Art. 77 Abs. 1 BWVerf.; Art. 99 Abs. 1 BayVerf.; Art. 96 Abs. 3 BbgVerf.; Art. 59 HambVerf.; Art. 71 Abs. 4

Beamtenverhältnisse sind – insoweit mit individualrechtlichem Gehalt – unter **Berücksichtigung der hergebrachten Grundsätze des Berufsbeamtentums** zu regeln (Art. 33 Abs. 5 GG), wobei organisationsrechtlich v. a. das Lebenszeitprinzip Bedeutung hat, das Dauerhaftigkeit und Verlässlichkeit des öffentlichen Dienstes absichern soll.[275] Dem entspricht als ausgleichendes Element in der Verwobenheit der Ziele im öffentlichen Dienst,[276] dass das Recht zur Ernennung der Beamten (und Richter) grundsätzlich der Staatsleitung zusteht.[277]

51a Die Bestimmung der konkreten Rechtsstellung der Beamten im einfachen Gesetz ist durch die Föderalismusreform 2006 **föderal geöffnet** worden (Art. 74 Abs. 1 Nr. 27 GG). Im Zusammenhang damit wurde Art. 33 Abs. 5 GG um eine **Fortentwicklungsklausel** ergänzt.[278] Die Frage nach der tatsächlich genutzten Reichweite eines beamtenrechtlichen Wettbewerbs ist nicht entschieden.[279] Das Bundesverfassungsgericht hat allerdings am Beispiel des unbedingten Vollbeschäftigungsanspruchs (für verbeamtete Lehrer) früh zu erkennen gegeben, dass grundlegende Veränderungen auf einfachgesetzlicher Grundlage auch zukünftig nicht zugelassen werden.[280] Indem es als Alternative für den großen und wichtigen Bereich der Lehrerschaft ohne rechten Anlass Angestelltenverhältnisse annonciert hat, wurde zugleich die Reichweite des Funktionsvorbehalts in einer frühmodern-engen Weise beantwortet. Dabei lässt das Bundesverfassungsgericht außer Acht, dass nicht die Ausübung formaler Entscheidungsbefugnisse, sondern die Grundrechtseinwirkung die entscheidende Maßgröße für die Beurteilung hoheitlichen Handelns darstellen muss.[281] Die damit weiter beförderte Externalisierung, Informalisierung und vorgebliche Marginalisierung substantieller Bestimmungsmacht über Teile des Gemeinwesens wird der auf demokratische Transparenz angelegten Grundentscheidung des Art. 33 Abs. 4 GG nicht gerecht.[282]

Verf. MV; Art. 60 S. 1 Verf. Nds.; Art. 80 NWVerf.; Art. 91 Abs. 1 SachsVerf.; Art. 31 Verf. SH (mittelbar); Art. 96 Abs. 1 ThürVerf. (mittelbar). Zur Bestimmung der Reichweite → Rn. 51 a.

[275] Zum individualschützenden Gehalt *BVerfGE* 12, 81 (87). Zu den einzelnen Faktoren des Art. 33 Abs. 5 GG *Monika Jachmann*, in: v. Mangoldt/Klein/Starck (Hrsg.), GG II, Art. 33 Rn. 43 ff.; noch vor der Verfassungsänderung 2006 *Lecheler*, Öffentlicher Dienst (Fn. 265), in: HStR V, § 110 Rn. 39 ff. Das Lebenszeitprinzip ist z. T. ausdrücklich geschützt, vgl. Art. 59 Abs. 2 S. 1 HambVerf.

[276] → Rn. 50.

[277] Zu den Grenzen zuletzt *BVerwG*, NVwZ 2011, S. 358 ff. (Keine absolute Ämterstabilität im Konkurrentenstreitverfahren). Mit Differenzierungen Art. 51 BWVerf.; Art. 94 BayVerf. (mit der ausdrücklichen Alternative der Volkswahl); Art. 77 Bln.Verf.; Art. 93 BbgVerf.; Art. 118 Abs. 2 BremVerf.; Art. 45 HambVerf.; Art. 108 HessVerf.; Art. 48 Verf. MV; Art. 38 Abs. 2 f. Verf. Nds.; Art. 58 NWVerf.; Art. 102 Verf. RP; Art. 92 SaarlVerf.; Art. 66 SachsVerf.; Art. 70 Verf. LSA; Art. 31 Verf. SH; Art. 78 ThürVerf. Das entsprechende formelle Recht des Bundespräsidenten in Art. 60 Abs. 1, 3 GG kann nur unter Beachtung des Gegenzeichnungsrechts der Bundesregierung gewürdigt werden, vgl. dazu *Johannes Masing/Hinnerk Wißmann*, Personalspitzen, JuS 1999, S. 1204 ff.

[278] Zum Hintergrund *Steffen Beilke*, ... und fortzuentwickeln, 2011, S. 154 ff.

[279] Vgl. allgemein *Helmut Lecheler*, Die Auswirkungen der Föderalismusreform auf die Statusrechte der Beamten, ZBR 2007, S. 18 (25); *Götz Frank/Thomas Heinicke*, Die Auswirkungen der Föderalismusreform auf das öffentliche Dienstrecht – das neue Spannungsfeld von Solidarität, Kooperation und Wettbewerb zwischen den Ländern, ZBR 2009, S. 34 (35).

[280] *BVerfGE* 119, 247 (260 ff.).

[281] Zum Gesamtkomplex *Wißmann*, Generalklauseln (Fn. 72), S. 107 ff. Zur Einordnung der jüngsten beamtenrechtlichen Entwicklungen *ders.*, Asymmetrische Personalführung im Öffentlichen Dienst, ZBR 2011, S. 181 ff. Formbezogen dagegen etwa *Burgi*, DJT 2008 (Fn. 14), S. D 56, 59 ff.

[282] Ein geradezu paradigmatisches Beispiel für die entstehenden Problemlagen geben die vertraglichen Sonderformen bei den Amtsspitzen der neuen Bundesagenturen ab, vgl. *Hinnerk Wißmann*,

2. Organstruktur

Ähnlich wie die Regierung[283] sind auch die nachgeordneten Verwaltungsebenen hinsichtlich ihrer internen Aufgliederung teilweise bereits durch die Verfassungsregelungen vorgeprägt. Hier sind v.a. Organstrukturen vorgegeben: Die kommunale Selbstverwaltung baut gemäß Art. 28 Abs. 1 S. 2 GG und paralleler Regelungen der Landesverfassungen zwingend auf dem **Gemeinderat** bzw. **Kreistag** als Vertretungskörperschaften der Bürger auf.[284] Auf Landesebene sind – z.T. als Ausdruck der entsprechenden Verwaltungsreformen – die Organe **Bürgermeister** und **Landrat** und ihre direkte Wahl durch die Bürger teilweise verfassungsrechtlich abgesichert.[285] Die sonstige Beteiligung der Bürger an der Verwaltung ist in den Verfassungen nur teilweise näher ausgeführt.[286] Eine historisch bedingte Besonderheit bildet die regelmäßige Festschreibung der Landesverfassungen, dass die **Schulaufsicht** durch staatliche Beamte auszuüben ist.[287]

52

E. Staatsstrukturprinzipien

Die Strukturprinzipien des Verfassungsrechts sind in ihrer organisationsrechtlichen Bedeutung als unmittelbar geltender rechtlicher Maßstab für Organisationsentscheidungen und als Anleitung für den einfachen Gesetzgeber zu entfalten; sie stehen in teilweiser Überdeckung insoweit neben den einschlägigen Einzelbestimmungen.[288] Eine besondere Dimension im Mehrebenensystem gewinnen das Rechtsstaatsprinzip und das Demokratieprinzip des Grundgesetzes

53

Die In-sich-Beurlaubung von Beamten der Bundesagentur für Arbeit – angemessenes „Verwaltungsreformfolgenrecht"?, ZBR 2008, S. 217 ff.

[283] → Rn. 34.
[284] Art. 72 BWVerf.; Art. 11 Abs. 2 BayVerf.; Art. 69 Bln.Verf. (entsprechend); Art. 148 BremVerf. (entsprechend); Art. 72 Abs. 2 Verf. MV; Art. 57 Abs. 2 Verf. Nds.; Art. 50 Verf. RP; Art. 121 SaarlVerf.; Art. 86 SachsVerf.; Art. 89 Verf. LSA; Art. 2 Abs. 2, 3 Abs. 1 Verf. SH; Art. 95 ThürVerf.; nur mittelbare Verfassungsregelung in Art. 98 Abs. 3 BbgVerf.; keine Trennung von Staats- und Gemeindeverwaltung in Hamburg gemäß Art. 4 HambVerf. Die Alternative einer direkten Führung durch die Gemeindeversammlung nach Art. 28 Abs. 1 S. 4 GG hat keine Bedeutung erlangt.
[285] Art. 11 Abs. 2 BayVerf.; Art. 74 Bln.Verf. (entsprechend); Art. 138 HessVerf.; Art. 50 Verf. RP. Hintergrund ist bei den Letztgenannten die Überführung der Verwaltungsspitze in die Eingleisigkeit.
[286] Art. 129 BremVerf. (Deputationen); ähnlich Art. 73 Abs. 2 Bln.Verf. (Bürgerdeputierte); Art. 56 HambVerf. (ehrenamtliche Mitglieder der Verwaltung); Art. 103 Abs. 2, 104 Abs. 1 SachsVerf. (Mitwirkung in den Schulen), so auch Art. 10 Abs. 2 NWVerf. und Art. 23 Abs. 3 ThürVerf. Die Ausnahme bildet Art. 12 Abs. 3 BayVerf. mit der Gewährleistung von Bürgerbegehren und -entscheid. Davon zu unterscheiden sind die auf Gesetze zielenden Volksabstimmungen, die sich in mehreren Landesverfassungen finden lassen.
[287] Art. 17 BWVerf.; Art. 130 Abs. 2 BayVerf.; Art. 30 Abs. 2 BbgVerf.; Art. 28 BremVerf.; Art. 56 Abs. 1 S. 3 HessVerf.; Art. 15 Abs. 1 Verf. MV; Art. 4 Abs. 2 S. 2 Verf. Nds.; Art. 8 Abs. 3 S. 3 NWVerf.; Art. 27 Abs. 3 S. 3 Verf. RP; Art. 27 Abs. 2 SaarlVerf.; Art. 103 Abs. 1 SachsVerf.; Art. 29 Abs. 1 Verf. LSA; Art. 23 Abs. 2 ThürVerf. Zur Bedeutung im Kontext der Säkularisierung des Schulwesens *Wißmann*, Freiheit (Fn. 86), S. 22 ff.; *ders.*, Schulwesen (Fn. 58).
[288] Für den eigenständigen Gehalt der Strukturprinzipien *Krebs*, Verwaltungsorganisation (Fn. 17), § 108 Rn. 86 f.; *Schmidt-Aßmann*, Rechtsstaat (Fn. 9), § 26, Rn. 75 in Bezug auf das Rechtsstaatsprinzip. Anders *Philipp Kunig*, Das Rechtsstaatsprinzip, 1986, S. 113 ff., 457 ff. Kritische Rekonstruktion des vielschichtigen Einsatzes von Verfassungsprinzipien bei *Franz Reimer*, Verfassungsprinzipien, 2001, insbes. S. 98 ff., 303 ff., 349 ff.

I. Rechtsstaatliche Verwaltungsorganisation

1. Gesetzmäßigkeit der Verwaltung

54 Der zentrale Beitrag des Rechtsstaatsprinzips zur Organisation der öffentlichen Verwaltung ist ihre Verpflichtung auf Vorrang und Vorbehalt des Gesetzes (Art. 20 Abs. 3 GG).[290] Hier liegt ein originärer Haltepunkt des staatlichen Handelns. Die breit aufgefächerte und differenzierte Reichweite und Gestaltung der materiellen gesetzlichen Regelungen bestimmt nicht nur das inhaltliche Handlungsprogramm der Verwaltung, sondern zu einem guten Teil auch ihre innere Orientierung und Organisation. Durch die Reichweite des **Gesetzesvorbehalts** wird zunächst schon der parlamentarische Gesetzgeber von Verfassungs wegen verpflichtet, die (grundrechts)wesentlichen Fragen selbst zu entscheiden; damit ist zugleich dem gesetzesfreien Verwaltungshandeln eine Grenze gesetzt.[291] **Leitbild** dieser Vorgabe ist das **materiell gestaltete Gesetz,** das einen gleichförmigen Zugriff von Verwaltungsvollzug und richterlicher Kontrolle durch Auslegung und Subsumtion von Tatbestandsmerkmalen ermöglicht.[292] Folge ist das Bemühen, das Recht im Sinn einer Standardisierung durchzuformen.[293] Allerdings ist das Verwaltungshandeln durch den Vollzug von gesetzlichen Tatbeständen nur ausschnittsweise erfasst.[294] Daher stehen neben der materiellen Steuerung Regelungsansätze, die Transparenz und Kontrollierbarkeit von Verwaltungsentscheidungen durch die Prozeduralisierung des konkreten Rechtsfindungsprozesses verbessern wollen.[295]

54a Aus verfassungsrechtlicher Sicht ist angesichts der Vielschichtigkeit des Verwaltungshandelns eine **eindimensionale Bezugnahme auf die inhaltliche Vor-**

---

[289] *Jens Kersten*, Homogenitätsgebot und Landesverfassungsrecht, DÖV 1993, S. 896 ff. Die Verpflichtung auf die Republik entfaltet keine eigenständige organisationsrechtliche Wirkung. Das Bundesstaatsprinzip verwirklicht sich insoweit durch die Kompetenzordnung (→ Rn. 19 ff.), das Sozialstaatsprinzip durch die Verpflichtung auf bestimmte Staatsaufgaben (→ Rn. 13).

[290] → Bd. I *Reimer* § 9 Rn. 23 ff., 73 ff. Zur einschlägigen Konzeptionalisierung des formalen und informalen Rechtsstaats *Schoch*, Entformalisierung (Fn. 43), § 37 Rn. 20 ff.

[291] Zur Begründung aus rechtsstaatlichen und demokratischen Elementen *Fritz Ossenbühl*, Vorrang und Vorbehalt des Gesetzes, in: HStR V, § 101, Rn. 40 ff.; kritisch und für eine Rückführung auf die bereichsspezifischen Begründungen *Schmidt-Aßmann*, Rechtsstaat (Fn. 9), § 26 Rn. 63 ff., und umfassend → Bd. I *Reimer* § 9 Rn. 23 ff. Der Bedeutungsverlust der speziellen grundrechtlichen Gesetzesvorbehalte ergibt sich aus dem Verständnis des Art. 2 Abs. 1 GG als allgemeiner Handlungsfreiheit und dem daraus folgenden generellen Erfordernis gesetzlicher Befugnisse für jeden Rechtsbefehl, *BVerfGE* 6, 32.

[292] Zur notwendigen Bestimmtheit des Gesetzes und der gleichlaufenden Aufgabe von Verwaltungsbehörden und Fachgerichten *BVerfGE* 87, 234 (263 f.); *Wißmann*, Generalklauseln (Fn. 72), S. 167 ff., 318 ff. Zu Entgrenzungen in der Typik der Gesetze *Hoffmann-Riem*, Gesetz (Fn. 41), S. 15 ff.

[293] Zu den nachgelagert regelnden Standardmaßnahmen des Ordnungs- und Polizeirechts, die den Geltungsbereich der entsprechenden Generalklauseln einengen, vgl. *Wolf-Rüdiger Schenke*, Polizei- und Ordnungsrecht, in: Steiner (Hrsg.), Bes. VerwR, Rn. 21, 76 ff.

[294] → Bd. I *Hoffmann-Riem* § 10 Rn. 28 ff.

[295] *Hoffmann-Riem*, Gesetz (Fn. 41), S. 15 f. nennt Finalprogramme, Pläne, Konzepte, Leitbilder, Abwägungsdirektiven, Rezeptions-, Ratifikations- und Kontrollnormen, Androhungs- und symbolische Gesetze als Alternativen des Konditionalprogramms.

bestimmtheit gesetzlicher Regelungen **nicht notwendig.** Ganz im Gegenteil kann sie das Ziel rational vorhersehbaren Staatshandelns und demokratischer Verantwortung gerade verfehlen. Der Einsatz prozessorientierter Vorgaben an das Verwaltungshandeln kann je nach Sachlage als angemessene Lösung gerechtfertigt sein.[296] Recht betrachtet sichern sie mit der Bindung an gesetzliche Verfahrensregeln gerade die Gesetzesbindung der Verwaltung.[297] Auch ist die materiellrechtliche Steuerung der Verwaltung angesichts des Einsatzes von Generalklauseln nicht etwa als homogenes Konzept zu verstehen.[298] Insgesamt kommt es hier auf ein ausreichendes rechtsstaatliches Gesamtniveau an, das sich auch in der Arbeitsteilung zwischen den Funktionen verwirklicht.[299] Die Umwidmung des Gesetzes zu einer bloßen „Stop-Regel" eigenständiger Verwaltungspolitik ist dagegen verfassungswidrig, weil sie den inneren Kern der Lehre vom Vorbehalt des Gesetzes verkennt.[300]

Der **Vorrang des Gesetzes** setzt den Gesetzesvorbehalt in die Verwaltungspraxis um, auch ihm kommt damit eine spezifische verwaltungsorganisatorische Bedeutung zu. Denn die Anwendung des Gesetzes muss institutionell und personell ermöglicht werden. Daraus folgt notwendig die maßgebliche Einbeziehung rechtskundiger Mitarbeiter in Verwaltungsentscheidungen, die die richterliche Kontrollperspektive als entscheidenden rechtsstaatlichen Maßstab antizipieren.[301] Diese Orientierung auf die **Einhaltung des Rechts** ist zwingend bereits **der Verwaltung selbst aufgegeben** und darf nicht auf die Gerichte überwälzt werden (Art. 20 Abs. 3 GG).[302] Der im Zuge der aktuellen Verwaltungsreformen zu beobachtende Wegfall von Sach- und Kontrollinstanzen, insbesondere die teilweise Abschaffung des Widerspruchsverfahrens, darf aus dieser Perspektive nicht als beliebig einsetzbares Effizienzelement verstanden werden. Vielmehr verlangt die Verdichtung der Verwaltungsentscheidung auf eine Instanz die nachweisliche Stärkung der Rechtlichkeit als Ausgleichsmoment.[303] Eine förmliche Pflicht zur institutionellen Trennung von Handlungsbeiträgen und der damit intendierten Absicherung organisatorischer Unabhängig-

---

[296] Zu bereichsspezifischen Modifikationen *BVerfGE* 49, 89 (133 ff.); 58, 257 (277 f.); 63, 312 (323 f.).

[297] Das wird bei der Kritik an der Prozeduralisierung bestimmter Entscheidungsprogramme in Überhöhung des materiell-gesetzlichen Steuerungsvermögens teilweise ausgeblendet, s. bspw. *Udo Di Fabio*, Verlust der Steuerungskraft klassischer Rechtsquellen, NZS 1998, S. 449 (455); zuletzt *Gärditz*, „Regulierungsermessen" (Fn. 74), S. 1005 ff.; zur Debatte am Beispiel des Regulierungsrechts *Kersten*, Wettbewerb als Verwaltungsaufgabe (Fn. 54), S. 322 ff.

[298] *Wißmann*, Generalklauseln (Fn. 72), S. 167 ff.

[299] In diese Richtung *Schmidt-Aßmann*, Rechtsstaat (Fn. 9), § 26 Rn. 60; *Hoffmann-Riem*, Gesetz (Fn. 41), S. 17; *Helmuth Schulze-Fielitz*, Zeitoffene Gesetzgebung, in: Hoffmann-Riem/Schmidt-Aßmann (Hrsg.), Innovation, S. 137 (169 ff.); in Bezug auf die Exekutive, vgl. *Michael Reinhardt*, Konsistente Jurisdiktion, 1997, S. 318 ff.

[300] Nach *BVerfGE* 49, 89 (126) ist der Gesetzgeber dazu verpflichtet, wesentliche Entscheidungen selbst zu treffen; zuletzt *BVerfGE* 123, 39 (78).

[301] Zur „Kongruenz zwischen behördlicher Rechtsbindung und gerichtlicher Kontrolle" *Friedrich Schoch*, Außerrechtliche Standards des Verwaltungshandelns als gerichtliche Kontrollmaßstäbe, in: Trute/Groß/Röhl/Möllers (Hrsg.), Allgemeines Verwaltungsrecht, S. 543 (548 ff. und zusammenfassend S. 572 f.). Zur gerichtlichen Verwaltungskontrolle als Leitbild *Eberhard Schmidt-Aßmann*, Verwaltungskontrolle, in: ders./Hoffmann-Riem (Hrsg.), Verwaltungskontrolle, S. 9 (21 ff.); *Wißmann*, Generalklauseln (Fn. 72), S. 318. Vgl. zur Remonstrationspflicht nach § 63 Abs. 2 BBG *Ulrich Battis*, Bundesbeamtengesetz, Kommentar, 4. Aufl. 2009, § 63, Rn. 3.

[302] *Schmidt-Aßmann*, Ordnungsidee, 2. Kap. Rn. 7 ff.; *Hans P. Bull*, in: AK-GG, vor Art. 83 Rn. 86 ff.

[303] → Rn. 48 a, 50 f. *Wißmann*, Mittel- und Sonderbehörden (Fn. 256), S. 197 ff.

keit, etwa zwischen Planungsbehörde und Vorhabenträger, besteht dagegen grundsätzlich nicht.[304]

2. Funktionsgerechtigkeit, Formenwahl und Verantwortungsklarheit

56 Die Verwaltungsorganisation wird durch die (auch grundrechtlich begründete[305]) Verpflichtung zu einem **fairen Verwaltungsverfahren** bestimmt.[306] Die damit geforderte Umhegung der materiellen Gesetzesanwendung kann sich nur dann wirksam entfalten, wenn entsprechend leistungsfähige Strukturen auch institutionell vorgehalten werden.[307] Auch für Gestaltungsaufgaben jenseits der Ausführung von materiellrechtlichen Gesetzen ist die **Rechtlichkeit** dabei der **grundständige Verwaltungsmodus,** da sich die Organisation und Kommunikation innerhalb der Verwaltung stets an den Parametern des Rechts, mindestens an der Grundrechtsbindung, orientieren müssen.[308] Nicht die unbeteiligt-neutrale, wohl aber die am Gemeinwohl orientierte, offene, nicht selbstreflexive Verwaltung ist die institutionelle Vorgabe des Rechtsstaatsprinzips.[309] Die Verwaltungsorganisation muss eine zeitnahe, sachangemessene Erledigung erlauben.[310] Sie muss dazu **aufgabengerecht** organisiert werden und klare Zuständigkeiten generieren, wobei dem Gesetzgeber bzw. dem Inhaber der Organisationsbefugnisse im Rahmen dieser Vorgaben ein erheblicher Spielraum zukommt.[311] Eine neue, auf Kommunikation gegründete Dimension der Verwaltungsorganisation wird in **Transparenzverpflichtungen** der Verwaltung erkennbar, die auf Landesebene auch verfassungsrechtlich abgesichert sind.[312]

57 Bei der Wahl der Organisationsform haben sowohl der Gesetzgeber als auch die Verwaltung einen erheblichen Spielraum.[313] Das Verfassungsrecht führt ins-

---

[304] *BVerfGE* 3, 377 (381 f.); *BVerwG*, NVwZ 1987, S. 886 (887); NVwZ 1998, S. 737, jeweils mit Hinweisen auf die rechtsstaatliche Bedenklichkeit; vgl. *Fehling*, Verwaltung (Fn. 94), S. 283 ff. Zu „organisatorisch-institutioneller Neutralität" → Bd. I *Schmidt-Aßmann* § 5 Rn. 85 ff.; Bd. II *Schneider* § 28 Rn. 32 ff. und *Fehling* § 38 Rn. 109.

[305] → Rn. 17.

[306] Vgl. *BVerfGE* 46, 202 (209 f.); *BVerwGE* 75, 214 (230 f.) für das Rechtsstaatsprinzip; *BVerfGE* 52, 380 (390) für eine grundrechtliche Begründung. Zum Verhältnis insbes. von Rechtsstaatsprinzip und Grundrechten *Katharina Sobota*, Das Prinzip Rechtsstaat, 1997, S. 444 ff. Zum „Anspruch auf ein faires Verwaltungsverfahren" als Ausfluss des Rechtsstaatsprinzips *BVerfGE* 101, 397 (405).

[307] Zu den einzelnen Zuschreibungen *Sobota*, Rechtsstaat (Fn. 306), S. 145 ff. Frühe Thematisierung des Zusammenhangs von Verfahren und materieller Vorgabe rechtsvergleichend *Fritz Scharpf*, Die politischen Kosten des Rechtsstaats, 1970, S. 14 ff., 38 ff.

[308] Zur Exekutive als „durchgängig gesetzesdirigierter Gewalt" *Schmidt-Aßmann*, Rechtsstaat (Fn. 9), § 26 Rn. 61 und → Bd. I *Schmidt-Aßmann* § 5 Rn. 65 ff.

[309] Vgl. *Fehling*, Verwaltung (Fn. 94), S. 284 ff., der auf die Relation zwischen Gestaltungsspielräumen und institutionellen Unparteilichkeitssicherungen hinweist.

[310] *Schmidt-Aßmann*, Rechtsstaat (Fn. 9), § 26 Rn. 79; *Stern*, StaatsR I, S. 824; referierend *Sobota*, Rechtsstaat (Fn. 306), S. 143 ff. Zum Zeitfaktor *Schmidt-Aßmann*, Ordnungsidee, 2. Kap. Rn. 30 f. m. w. N.

[311] *BVerfGE* 63, 1 (34); Zur Bedeutung der Zuständigkeitsordnung eindrücklich *Faber*, VerwR, S. 60 ff.; *Wolff/Bachof/Stober/Kluth*, VerwR II, § 80 Rn. 229 ff.; *Thomas v. Danwitz*, Der Grundsatz funktionsgerechter Organstruktur, Der Staat, Bd. 35 (1996), S. 329 (340 ff.), insbes. zum Einbau von Sachverstand in der Risikoverwaltung. Hinsichtlich der Einbeziehung Privater plädiert *Burgi*, Privatisierung (Fn. 46), S. 370 ff., für eine entsprechende „Strukturschaffungspflicht". Kritisch zur Rückführung von Effizienzparametern auf das Rechtsstaatsprinzip *Kunig*, Rechtsstaatsprinzip (Fn. 288), S. 438 ff.

[312] Art. 21, 39 Abs. 7 BbgVerf.; Art. 6 Abs. 2, 3 Verf. MV. Vgl. zur Diskussion *Johannes Masing*, Grundstrukturen eines Informationsverwaltungsrechts, VVDStRL, Bd. 63 (2004), S. 377 ff.

[313] → Rn. 4 ff., 33 ff., 40. Deutlich zuletzt *BVerfGE* 111, 333 (355 f.).

besondere keinen abgeschlossenen *numerus clausus* überkommener Formen mit sich, sondern ist für neue Organisationsformen grundsätzlich ebenso offen wie für arbeitsteilige Arrangements mit privater Beteiligung. Dabei bilden jedoch die etwa in Art. 86 GG in Bezug genommenen traditionellen Organisationsformen wie Körperschaft, Anstalt, aber auch Begriffspaare wie Mittel- und Unterbehörden einen verfassungsrechtlich erheblichen Referenzpunkt: Sie führen gefestigte, von Theorie und Praxis beherrschte Formen des allgemeinen Verwaltungsrechts als **Formenmaßstab** ein. Modifizierungen und neue Modelle sind deshalb nur bei grundsätzlicher rechtsstaatlicher Anschlussfähigkeit zu rechtfertigen.[314] Als ausgleichendes Moment gewinnt außerdem die umfassende **Grundrechtsbindung** der gesamten Verwaltung eine besondere Bedeutung.[315]

3. Ausübung des Gewaltmonopols

Das Rechtsstaatsprinzip gibt das staatliche Gewaltmonopol vor und legt ihm zugleich Grenzen auf.[316] Der zugrunde liegende Begriff der (Herrschafts-)Gewalt zielt auf die (ggf. zwangsweise) Wahrnehmung einseitig-verbindlicher Bestimmungsmacht.[317] Im verwaltungsrechtlichen Kontext werden entsprechende Abgrenzungen insbesondere bei der Einbeziehung Privater in die Ausführung hoheitlicher Aufgaben wie etwa den Strafvollzug[318] bzw. die Ordnungsverwaltung[319] virulent. Eine **echte Privatisierung** des Gewaltmonopols ist auch in Teilen verfassungsrechtlich **unzulässig**.[320] Die für die politische Praxis entschei- **58**

---

[314] Das Rechtsstaatsprinzip sichert so seine eigenen Geltungsvoraussetzungen. Vgl. *Bull,* Formenwahl (Fn. 13), S. 550 ff.; *Krebs,* Bauformen (Fn. 14), S. 346 ff; weiter *Ehlers,* Privatrechtsform (Fn. 13), S. 368 ff.; *Georg Hermes,* in: Dreier (Hrsg.), GG III, Art. 86 Rn. 32 f.; *Mann,* Gesellschaft (Fn. 46), S. 297 ff. mit dem entsprechend ausgearbeiteten Modell der öffentlich-rechtlichen Gesellschaft.

[315] → Rn. 4 f. Das materielle Prinzip der Grundrechtsbindung kann so – in allerdings flexibilisierter Form – an die Stelle früherer klarer Formengrenzen treten, die durch die anerkannte Wahlfreiheit der öffentlichen Hand im Bereich nicht-hoheitlichen Handelns verloren gegangen sind, vgl. dazu nochmals *Bull,* Formenwahl (Fn. 13), S. 547 ff.

[316] *Detlef Merten,* Rechtsstaat und Gewaltmonopol, 1975; *Möstl,* Garantie (Fn. 60); *Schulze-Fielitz,* Leistungsgrenzen (Fn. 50), S. 407 ff.

[317] Diese *potestas* ist von der *violentia* der Durchführungsebene zu unterscheiden. Letzterer sind auch die privaten Gewaltrechte, insbes. das Notwehrrecht zuzuordnen, die gerade keine Herrschaftsgewalt begründen. Anders etwa *Ralf Poscher,* Verwaltungsakt und Verwaltungsrecht in der Vollstreckung, VerwArch, Bd. 89 (1998), S. 111 (113 ff.), der die Verrechtlichung der physischen Gewalt betont; *Burgi,* DJT 2008 (Fn. 14), S. D 56 ff.

[318] Zum ersten Modellprojekt in Hessen *Christean Wagner,* Privatisierung im Justizvollzug – Ein Konzept für die Zukunft, ZRP 2000, S. 169 ff. und warnend *Konrad Kruis,* Haftvollzug als Staatsaufgabe, ZRP 2000, S. 1 ff.; allgemein zur Frage der Möglichkeit von Privatisierung im Bereich der Justizvollzugsanstalten *Thomas Mösinger,* Privatisierung des Strafvollzugs, BayVBl. 2007, S. 417 (417 ff.). Nunmehr für weitere Bundesländer *Michael Steindorfer,* Die Einbeziehung Dritter in der baden-württembergischen Justiz, Forum Strafvollzug 2007, S. 205 (205 ff.); *Andreas Kratz,* PPP-Projekt JVA Burg, Forum Strafvollzug 2007, S. 215 (215 ff.).

[319] Vgl. *Rolf Stober,* Private Sicherheitsdienste als Dienstleister für die öffentliche Sicherheit, ZRP 2001, S. 260 ff., mit umfassendem Ansatz; *Margarete Schuler-Harms,* Regulierte Selbstregulierung im Polizei- und Versammlungsrecht, in: DV, Beiheft 4, 2001, S. 159 (162 ff.), mit Schwerpunkt auf dem Vorsorgebereich.

[320] *Wolfgang Hoffmann-Riem,* Übergang der Polizeigewalt auf Private?, ZRP 1977, S. 277 (281); *Johannes Masing,* in: Dreier (Hrsg.), GG II, Art. 33 Rn. 62. Das folgt zwingend aus der abstrakten Relation zwischen Beteiligung an Herrschaft und Unterworfenheit unter Herrschaft. So i. E. mehrheitlich auch die Befürworter der Privatisierung, vgl. *Wagner,* Privatisierung (Fn. 318), S. 171 f.; anders *Stober,* Sicherheitsdienste (Fn. 319), S. 261 ff., der ausdrücklich keinen Bereich ausspart und auf Koopera-

§ 15 Verfassungsrechtliche Vorgaben der Verwaltungsorganisation

dende Frage lautet, in welchen Bereichen und in welchem Umfang Private als **Verwaltungshelfer**[321] innerhalb der staatlichen Ausübung des Gewaltmonopols eingesetzt werden können.[322] Die Ausübung hoheitlicher Befugnisse bleibt wegen Art. 33 Abs. 4 GG unmittelbar staatliche Aufgabe.[323] Neue Arrangements der Aufgabenwahrnehmung dürfen das vielfach verfassungsrechtlich überprüfte Schutzniveau eingeführter Formen wie etwa der **Beleihung** nicht ohne Kompensation unterschreiten.[324] Für den möglichen Einsatzbereich ergänzender privater Tätigkeit ist daher auf die Abhängigkeit der durch das Rechtsstaatsprinzip geforderten **Qualität** der (Verwaltungs-)Tätigkeit hinsichtlich der Kommunikations- und Leitungsstrukturen sowie der Ausbildung der Mitarbeiter hinzuweisen.[325]

58a Zusammenfassend gilt: Das Rechtsstaatsprinzip ist in einem Prozess der Wechselseitigkeit anhand überkommener Formen der Verwaltungsorganisation entfaltet worden.[326] Daraus folgt keine versteinernde Festlegung auf bekannte Typen, Formen und Abläufe; wohl aber entstehen – davon abstrahierbar – gut fassbare Primärmaßstäbe, an denen sich neue Bauformen der Verwaltungsorganisation regelmäßig messen lassen müssen.[327]

II. Verwaltungsorganisation und Demokratieprinzip

1. Modellbildung und Grenzziehung

59 Das Bundesverfassungsgericht misst dem Demokratieprinzip die Funktion der verwaltungsorganisationsrechtlichen **Modellbildung** zu. Seine spät entwickelte Rechtsprechung formuliert weitgehende generelle Festlegungen und Anforderungen.[328] Dadurch wurde ein bestimmter Typus der modernen Verwal-

---

tionsformen und Qualitätssicherung setzt; vgl. relativierend auch *Josef Isensee*, Öffentlicher Dienst, in: HdbVerfR, § 32 Rn. 59, für „pragmatische Ausnahmen" im Bereich der Gefahrenabwehr. Zum Ganzen *Christoph Gusy*, Duale Sicherheitsverantwortung, in: Gunnar Folke Schuppert (Hrsg.), Jenseits von Privatisierung und „schlankem" Staat, 1999, S. 115 (127 ff.); *Möstl*, Garantie (Fn. 60), S. 233 ff., mit Bedenken gegen ein „Sicherheitsmonopol". Zum privaten Sicherheitsgewerbe auch → Bd. III *Waldhoff* § 48 Rn. 28 ff. Zur Abschaffung des Berufsbeamtentums im Gerichtsvollzieherwesen → Bd. III *Voßkuhle* § 43 Rn. 115.

[321] → Bd. I *Schulze-Fielitz* § 12 Rn. 105, *Groß* § 13 Rn. 88 ff.
[322] *Burgi*, Privatisierung (Fn. 46), S. 309 ff.
[323] Davon zu trennen ist die (zu verneinende) Frage nach der Wirkung des Art. 33 Abs. 4 GG als materieller Privatisierungsgrenze, dazu *Johannes Masing*, in: Dreier (Hrsg.), GG II, Art. 33 Rn. 60, 62. Vgl. noch → Rn. 51 f.
[324] Zur Beleihung → Bd. I *Trute* § 6 Rn. 92, *Schulze-Fielitz* § 12 Rn. 106, *Groß* § 13 Rn. 89 ff., *Jestaedt* § 14 Rn. 31, *Eifert* § 19 Rn. 81; *Horst Dreier*, in: ders. (Hrsg.), GG I, Art. 1 III Rn. 39; *Burgi*, Privatisierung (Fn. 46), S. 79 ff.; *Martin Burgi*, Der Beliehene – ein Klassiker im modernen Verwaltungsrecht, in: FS Hartmut Maurer, 2001, S. 581 ff.
[325] *Voßkuhle*, Beteiligung (Fn. 47), S. 312 ff.; *Schuler-Harms*, Polizeirecht (Fn. 319), S. 169 ff.; *Trute*, Verwaltung (Fn. 20), S. 962 ff.; *Gusy*, Sicherheitsverantwortung (Fn. 320), S. 127 ff. Vgl. auch → Rn. 55 f.
[326] → Rn. 6 a, 54 ff.
[327] Vgl. parallel → Rn. 62.
[328] BVerfGE 83, 60 (71 f.); 89, 155 (182); 93, 37 (67); zugrunde liegende Konzeption bei *Ernst-Wolfgang Böckenförde*, Demokratie als Verfassungsprinzip, in: HStR II, § 24 Rn. 11 ff. Die Grundsätzlichkeit der Debatte ist gekennzeichnet bei *Alfred Rinken*, Demokratie und Hierarchie, KritV 1996, S. 282 ff., mit einer Rückführung der Positionen auf „Staatsdenken" bzw. „Verfassungsdenken". Später mit deutlich anderem Akzent BVerfGE 107, 59 (86 ff.); dazu *Andreas Musil*, Das Bundesverfas-

tungsorganisation, namentlich die in Hierarchien strukturierte **Einheitsverwaltung** mit der Unterscheidung von Ministerial- und Ausführungsebene, als verfassungsrechtliches Grundmuster dogmatisiert.[329] Das bestechende Argument für die damit verbundene Abwehr verwaltungsinterner Selbstorganisation folgt aus der Konstruktion des parlamentarischen Regierungssystems: Die Regierung muss über Legitimationsketten wirksame Einflussmöglichkeiten auf prinzipiell jeden Verwaltungsvorgang haben, um ihre parlamentarische Verantwortung wahrnehmen zu können. So wird demokratische Volksherrschaft vom abstrakten Prinzip zu einem staatsrechtlich fassbaren und beherrschbaren Modus, der im Modell eine rational-transparente und in sich schlüssige Verwaltungsorganisation ermöglicht.[330]

Seine Schwäche hat das Konzept in der Monopolisierung eines gesamthaften Volksbegriffs und der damit verbundenen, prinzipiell begründeten Ausgrenzung partikularer Mitbestimmung als regulärem demokratischem Modus.[331] Jenseits einer illegitimen Binnenpartizipation an staatlicher Macht gibt es jedoch klar abgegrenzte Einheiten der Bevölkerung, in denen die Betroffenen sehr wohl vorrangig mit der Organisation der öffentlichen Gewalt betraut werden können. Offensichtlich ist das im Bereich der **kommunalen Selbstverwaltung,** die vom (späten) Standpunkt des Bundesverfassungsgerichts aus schon nur noch als Ausnahme zur Herrschaft des Gesamtvolkes betrachtet werden konnte.[332] In entsprechender Weise wurde dann für weitere Verwaltungstypen nach verfassungsrechtlichen Ausnahme-Rechtfertigungen gesucht.[333] Das Bundesverfassungsgericht selbst hat für den Bereich der **funktionalen Selbstverwaltung** eine Alternativlinie entwickelt, die nur bei formaler Betrachtung als Sachbereichsausnahme zum geschilderten strengen Modell betrachtet werden kann.[334]

60

---

sungsgericht und die demokratische Legitimation der funktionalen Selbstverwaltung, DÖV 2004, S. 116 ff. Zur historischen Entwicklung → Rn. 6 f.

[329] Vgl. insbes. *Böckenförde,* Demokratie (Fn. 328), § 24 Rn. 24.

[330] Die fortwirkend richtige Grundlegung für die Verwaltungsorganisation ist dabei die Einsicht, dass der Bürgerstatus trotz der Demokratisierung der Öffentlichen Hand nicht in der Verwaltung aufgeht. Das gilt einerseits für den Amtswalter, der sich in dieser Funktion von seiner individualrechtlichen Rechtsstellung prinzipiell entfernt. Vor allem gilt es als der Freiheit sichernder Schutzgedanke aber auch für den betroffenen Bürger, der durch seine multiplen Rechtsverhältnisse mit der Verwaltung eben nicht Teil dieses einen Staatsganzen und seiner Verwaltung wird, in dem er sich mit jeweils nur konkreten Rechten bewegt; vielmehr bleiben die Bürger als Gegenüber von der Verwaltung und der von ihr ausgeübten Staatsgewalt prinzipiell unterschieden, vgl. → Rn. 15 ff.; → Bd. I *Masing* § 7 Rn. 7, 32.

[331] → Bd. I *Trute* § 6 Rn. 17 ff. Die (im engeren Sinn) verwaltungswissenschaftliche Kritik an den verfassungsgerichtlichen Vorgaben setzt vor allem an der fehlenden realen Steuerungswirkung des Modells an. Überblick bei *Veith Mehde,* Neues Steuerungsmodell und Demokratieprinzip, 2000, S. 444 ff. Kritisch auch Wolff/Bachof/Stober/*Kluth,* VerwR II, § 80 Rn. 168 f. Problematisch ist allerdings hinsichtlich bestimmter Teile der Kritik die Übernahme ökonomischer Anthropologien, die dem normativen Bild des neutralen Amtswalters die Prämisse des individuell nutzenmaximierenden *homo oeconomicus* entgegenstellen, dazu etwa *Mehde,* ebd., S. 457 ff.; dazu auch *Grzeszick,* Hoheitskonzept – Wettbewerbskonzept (Fn. 49), § 78 Rn. 11 ff. Vgl. weiter *Hans C. Röhl,* Der Wissenschaftsrat, 1994, S. 137 ff.

[332] *BVerfGE* 83, 60 (74 f.); vgl. deutlich offener *BVerfGE* 38, 258 (271).

[333] *Böckenförde,* Demokratie (Fn. 328), § 24 Rn. 31.

[334] Das wird besonders deutlich bei dem Argument, die vormalige Judikatur habe sich nur auf die unmittelbare staatliche Verwaltung und die kommunale Selbstverwaltung bezogen, *BVerfGE* 107, 59 (88 f.). Denn eine prinzipielle Differenz zu den Anforderungen an die Legitimation staatlicher Herrschaft kann damit gerade nicht begründet werden.

Tatsächlich wurden durch diese Rechtsprechung die tradierten Typen der Selbstverwaltung (stellvertretend für die seit jeher bestehende Vielfalt der Verwaltungsorganisation) als rechtlicher Normalfall in Erinnerung gebracht und als weiteres verfassungskonformes Modell anerkannt.[335]

61 Verfassungsrechtlich ist die entscheidende Anfrage gegenüber den skizzierten Vorgaben, ob das Demokratieprinzip nicht eher nur als **Grenzziehung** gegenüber dem Gesetzgeber zu rekonstruieren und so auf die allgemeine Funktion des Grundgesetzes als Rahmenordnung zurückzunehmen ist.[336] Richtig daran ist die Rückbesinnung auf den prinzipienhaften Charakter des Demokratiegebots, der mit einem ausgestaltenden Spielraum des einfachen Gesetzgebers korrespondiert. Auch ist nicht nachzuvollziehen, warum bestimmte vorgefundene Organisationstypen von Verfassungs wegen einen Vorrang gegenüber neuen Ansätzen genießen sollten, wenn sie nicht ausdrücklich mit einem entsprechenden Privileg versehen wurden.[337] Dennoch ist eine grundlegende dogmatische Abkehr von der bisher erbrachten Systematisierungsleistung letztlich nicht angezeigt; die Ausformung expliziter verfassungsrechtlicher Vorgaben aus dem Demokratieprinzip – allerdings nicht die hermetische Abschließung, die auch der Dogmatik der anderen Staatsprinzipien fern liegt – entspricht dem durch das Bundesverfassungsgericht und durch die Staatslehre wissenschaftlich geprägten Verfassungsrechtssystem. Es besteht kein Anlass, diese differenzierte Konkretisierungsaufgabe bereichsspezifisch aufzugeben – und ebensowenig, sie zu überzeichnen.[338]

62 Daher ist es überzeugend, die systematische Prägekraft des Demokratieprinzips im Grundsatz anzuerkennen.[339] Der entscheidende Ansatzpunkt für eine angemessene Handhabung dieser Strukturvorgabe ist dann, für jede Form der Staatsgewalt ein ausreichendes **Legitimationsniveau** einzufordern.[340] Das Modell der hierarchischen Verwaltung kann hierbei als ein ausgearbeiteter Primärmaßstab fungieren, in dem die historisch gewachsene Rationalität des Bürokratiemodells und seine demokratische Rekonstruktion sich gegenseitig verstärken und zusammenwirken. Die Betonung der vorverfassungsrechtlichen Genese nimmt diesem Maßstab im Übrigen bereits seine überhöhte Dominanz. Deshalb gilt für weitere Formen demokratischer Legitimation nur das Gebot, im Ergebnis eine vergleichbare oder sachbereichsspezifisch gerechtfertigte modifizierte Legitimation aufzuweisen, ohne dabei auf den Kanon des Hierarchiemodells verwiesen zu sein.[341] Zugleich wird durch diesen **verbindlichen verfassungsrechtli**-

---

[335] *BVerfGE* 107, 59 (89 f.); dazu *Musil*, Legitimation (Fn. 328), S. 117 ff.; in seiner Kritik an der unaufgelösten Uneinheitlichkeit der Rechtsprechung analytisch zutreffend *Matthias Jestaedt*, Demokratische Legitimation – quo vadis?, JuS 2004, S. 649 (652).
[336] Zutreffend kritisch zur Rückführung der Kritik auf die Regel/Prinzip-Unterscheidung Wolff/Bachof/Stober/*Kluth*, VerwR II, § 80 Rn. 172 ff. m. w. N.
[337] → Rn. 65 ff.
[338] Vgl. zur Gegenkritik insoweit auch Wolff/Bachof/Stober/*Kluth*, VerwR II, § 80 Rn. 175.
[339] So auch Wolff/Bachof/Stober/*Kluth*, VerwR II, § 80 Rn. 199.
[340] Zu diesem Zentralbegriff näher → Bd. I *Trute* § 6 Rn. 14 ff., 56 ff.
[341] In der Verzichtbarkeit einzelner Legitimationsfaktoren liegt der Kulminationspunkt des verfassungsrechtlichen Streits, zutreffend Wolff/Bachof/Stober/*Kluth*, VerwR II, § 80 Rn. 164, vgl. zum angeblichen *numerus clausus* der Legitimationsformen Rn. 171 m. w. N. Vgl. auch *BVerfGE* 107, 59 (91), wo betont wird, dass Art. 20 Abs. 2 GG aufgrund seines Prinzipiencharakters „entwicklungsoffen" sei. Kritisch zum Modell der Legitimationsketten zuletzt Sondervotum *Broß, Osterloh, Gerhardt* zu *BVerfGE* 119, 331 (392 f.).

E. Staatsstrukturprinzipien

chen Orientierungsmaßstab verhindert, dass die Verwaltungsorganisation zum Versuchsfeld beliebiger gesetzgeberischer Innovationen und Theorieübernahmen wird. Sie bleibt so in einem strikten Sinn darauf verwiesen, stets ihre organisatorische und institutionelle Rückbindung an die Bürger nachweisen zu können.[342]

2. Demokratische Herrschaft im Gewährleistungsstaat

Die Organisation demokratischer Herrschaft steht durch die grundsätzlichen Veränderungen, die sich mit dem Stichwort des „**Gewährleistungsstaates**" verbinden, vor nochmals neuen Herausforderungen. Je nach Perspektive handelt es sich hier um formelle bzw. materielle Privatisierungen ehemals staatlicher Tätigkeit oder die Kreation neuer staatlicher Regulierungsinstrumente. Jedenfalls entstehen vielfach **neue Zuordnungen privater Leistungserbringung und staatlicher Verantwortung** für ein vorgegebenes Gemeinwohlziel, die mit dem klassischen Dualismus von Leistungsverwaltung und staatlicher Wirtschaftsaufsicht nicht erfasst werden.[343] Für die Anforderung demokratischer Legitimation ergeben sich zunächst formell zu bewältigende Verschiebungen: Sie muss in ausreichender Weise für die neuformierte staatliche Regulierungsverwaltung (mit deren partiellen Letztentscheidungsrechten) gegeben sein,[344] aber auch für privatrechtsförmige Unternehmen in öffentlicher Hand,[345] nicht dagegen für rein privatwirtschaftliche Leistungserbringer. 63

Allerdings wird mit einer so formalen Bewältigung das prinzipielle Grundproblem nicht vollständig gelöst, nämlich die Frage, welche Art, Dichte und Qualität allgemein erreichbarer Daseinsvorsorge im Gemeinwesen zur Verfügung stehen und verantwortet werden soll. Dies ist jedoch letztlich nicht als Rechtsproblem der demokratischen Legitimation, sondern rational und transparent weitestgehend nur als **politische Entscheidung** über die staatlichen Aufgaben zu rekonstruieren.[346] 64

---

[342] Das gilt umso mehr, als dadurch gerade ein verlässliches Gegengewicht zu kurzfristigen Anforderungen und Zumutungen durch den „Volkswillen" geschaffen wird.
[343] Zur europarechtlichen Dimension *Schliesky*, Souveränität (Fn. 3), S. 389 ff., 588 ff. und *Claudio Franzius*, Die europäische Dimension des Gewährleistungsstaates, Der Staat, Bd. 45 (2006), S. 547 ff. Vgl. *Wißmann*, Regulierung (Fn. 72), Sp. 1980 ff.; ders., Generalklauseln (Fn. 72), S. 276 ff. Einen entwicklungsgeschichtlichen Bogen von Lorenz v. Stein über Ernst Forsthoff bis zu europarechtlichen Einwirkungen spannt *Hans P. Bull*, Daseinsvorsorge im Wandel der Staatsformen, Der Staat, Bd. 47 (2008), S. 1 ff. Zu den Typisierungen „Staatliche Regulierung, regulierte Selbstregulierung, Selbstregulierung" usw. *Wolfgang Hoffmann-Riem*, Öffentliches Recht und Privatrecht als wechselseitige Auffangordnungen in: ders./Schmidt-Aßmann (Hrsg.), Auffangordnungen, S. 261 (300 ff.) sowie *Schoch*, Gewährleistungsverwaltung (Fn. 20), S. 241 ff. und → Bd. I Eifert § 19 Rn. 1 ff.; zu einem umfassenden Verständnis von „Gewährleistung" *Kay Waechter*, Verwaltungsrecht im Gewährleistungsstaat, 2008, und zuletzt *Knauff*, Gewährleistungsstaatlichkeit (Fn. 74), S. 581 ff., insbesondere S. 582 f. Zu „reguliertem Wettbewerb" als Gemeinwohlziel *Kersten*, Wettbewerb als Verwaltungsaufgabe (Fn. 54), S. 288, insbesondere S. 316 ff. Vgl. auch → Rn. 4.
[344] → Rn. 40a, 46a.
[345] Vgl. *Löwer*, Staat (Fn. 52), S. 440 ff.; *Mann*, Gesellschaft (Fn. 46), S. 55 ff. Die Beschränkung der Mitbestimmung nach BVerfGE 93, 37 bezieht sich dabei nur auf solche Verwaltungseinheiten, in denen verbindliche Entscheidungen gegenüber Dritten getroffen werden und insoweit Herrschaftsmacht ausgeübt wird.
[346] → Rn. 10 ff.

F. Die Bundesverwaltung nach dem GG

65 Das Grundgesetz weist im Grundsatz den Bundesländern die Verwaltung und ihre Organisation zu.[347] Deshalb ist die (dennoch bestehende) Bundesverwaltung bereits in der Verfassung selbst in hohem Maß durchnormiert. Ungeachtet dieser zunächst statischen Vorgaben ist die Staatspraxis hier durch politische und insbesondere europarechtliche Impulse in dynamischer Bewegung.

I. Gegenstand und Erscheinungsformen der Bundesverwaltung

66 Der achte Abschnitt des Grundgesetzes führt die Gegenstände der Bundesverwaltung enumerativ auf. Die klassischen Ressorts der **Auswärtigen Gewalt** (Art. 87 Abs. 1 S. 1 GG), der **Verteidigung** (Art. 87a, 87b GG) und der **Finanzverwaltung** (Art. 87 Abs. 1 S. 1, Art. 88, Art. 108 GG) geben ein anschauliches Bild vom in der Moderne ausgeprägten politischen Konsens über die Aufgaben des Nationalstaates, genauer der Bundesebene im Bundesstaat.[348] Dem korrespondiert die Begrenzung der Bundesebene im Bereich der inneren Verwaltung. Sie ist im Wesentlichen auf (fakultative) **Sicherheitsbehörden mit spezifischen Aufgaben** begrenzt.[349] Hinzu kommen die besonderen Einrichtungen der **Sozialverwaltung** (Art. 87 Abs. 2, 91e GG) und der länderübergreifenden **Infrastruktursicherung** (Art. 87d, 87e, 87f, 89 GG).[350] Die grundsätzliche Aufteilung der Verwaltungszuständigkeiten zwischen Bund und Ländern wird weiter modifiziert durch Art. 87 Abs. 3 S. 1 GG, der ergänzende bundesunmittelbare Behörden bei einer Gesetzgebungskompetenz des Bundes ermöglicht,[351] sowie durch Art. 87 Abs. 3 S. 2 GG, nach dem weitergehend bei „neuen Aufgaben" eine volle Bundesverwaltung errichtet werden kann.[352]

67 Für die Gegenstände der Bundesverwaltung unterscheidet Art. 86 Abs. 1 GG zwischen (unmittelbarer) **bundeseigener Verwaltung** und der (mittelbaren) **Verwaltung durch bundesunmittelbare Körperschaften und Anstalten**.[353] Die Unterscheidung zielt auf die Rechtspersönlichkeit der Verwaltungseinheiten ab und ist über Tatbestand und Rechtsfolgen des Art. 86 GG hinaus als analytischer Ausgangspunkt für jede Ebene der Bundesverwaltung und jede zulässige Orga-

---

[347] Zu Art. 83 GG → Rn. 25.
[348] Ausführliche Darstellung zum Folgenden bei *Hans P. Bull,* in: AK-GG, Art. 87 Rn. 11 ff. Zum organisationsrechtlichen Gehalt der Art. 87 ff. *Burgi,* DJT 2008 (Fn. 14), S. D 69 ff.
[349] Art. 87 Abs. 1 S. 2 GG. Entsprechendes gilt für die Organisation der Justiz durch die Länder. Hier ist der Bund nach Art. 95 f. GG auf die Vereinheitlichung der Rechtsprechung durch Bundesgerichtshöfe beschränkt.
[350] Zum revisiblen Verhältnis zwischen fakultativer Bundesauftrags- und Ländereigenverwaltung nach Art. 87 d Abs. 2 GG vgl. *BVerfGE* 97, 198 (226).
[351] Einen Überblick über die Vielzahl solcher Bundesbehörden ermöglicht die Bundesbesoldungsordnung Anhang B-Besoldung, die die beamteten Präsidenten solcher Behörden ausweist. Wegen der zunehmenden besonderen Dienstverhältnisse der Präsidenten von Bundesagenturen (Arbeit, Netze) verliert die Rechtsordnung auch an dieser Stelle an Transparenz.
[352] Vgl. auch Art. 115c Abs. 3, 130 GG. Zu ungeschriebenen Verwaltungskompetenzen → Rn. 26. Zur Frage der Überführbarkeit der (atomrechtlichen) Auftragsverwaltung unter das Regime des Art. 87 Abs. 3 GG ablehnend *Burgi,* Überführung (Fn. 128), S. 247 ff. Zur Unübersichtlichkeit der Bundesverwaltung anschaulich *Loeser,* System I, § 1 Rn. 54 ff.
[353] *Georg Hermes,* in: Dreier (Hrsg.), GG III, Art. 86 Rn. 23 ff.

nisationsform nutzbar.³⁵⁴ Die Zuweisungen einzelner Sachbereiche zur unmittelbaren oder mittelbaren Bundesverwaltung in den Art. 87ff. GG sind dabei je für sich abschließend,³⁵⁵ dies aber unter dem Vorbehalt, dass die Grundnormen der Art. 83–87 GG privatrechtliche Organisationsformen nicht unmittelbar thematisieren.³⁵⁶ Insoweit gilt: Die Einbeziehung privatrechtlicher Formen ist im Bereich der Art. 87ff. GG in Bezug auf die genannten Felder der obligatorischen Verwaltungsaufgaben³⁵⁷ von vornherein wenn überhaupt nur als formelle Privatisierung möglich. Denn eine funktionale oder materielle Privatisierung scheidet hier aus, weil dann nicht mehr die von der Verfassung vorausgesetzte staatliche Verwaltung alleinverantwortlich handelt.³⁵⁸

II. Bundeseigene Verwaltung

1. Oberste Bundesbehörden – Ministerialverwaltung

Die Ministerien sind als oberste Bundesbehörden nach der allgemeinen Unterscheidung des Art. 86 GG Teil der Bundeseigenverwaltung.³⁵⁹ Sie sind für den in Art. 87 GG genannten „Verwaltungsunterbau" als notwendige Schnittstelle zwischen politischer Leitung und einzelfallbezogener Verwaltungstätigkeit historisch und systematisch vorausgesetzt. Der **Privatisierung und Externalisierung** von Sachverstand und strategischer Beratung sind daher auf dieser Führungsebene schärfere als die allgemeinen Grenzen gesetzt: Politische Verantwortung erschöpft sich nicht in der Übernahme privat generierter Erkenntnisse, sondern gebietet eine transparente, institutionell von Privatinteressen getrennte, eigenhändig erworbene Sichtweise. Die Ministerialverwaltung muss daher mindestens eine spiegelbildliche Kompetenz zu den extern eingeholten Hilfsdiensten bereithalten, um deren Ergebnisse auf Schlüssigkeit hin zu überprüfen.³⁶⁰ Nur dann kann sie ihre anleitende und orientierende Leitungsfunktion gegenüber

68

---

³⁵⁴ Die h.M. befürwortet eine analoge Anwendung des Art. 86 GG auf die gesetzesfreie Verwaltung und die sonstigen vorfindlichen Organisationsformen (Stiftungen, Beliehene, privatrechtliche Einheiten), vgl. *Peter Lerche*, in: Maunz/Dürig, Art. 86 Rn. 19 (1989); *Georg Hermes*, in: Dreier (Hrsg.), GG III, Art. 86 Rn. 22; a.A. *Martin Burgi*, in: v. Mangoldt/Klein/Starck (Hrsg.), GG III, Art. 86 Rn. 26f., 40; s. jetzt auch *Martin Ibler*, in: Maunz/Dürig, Art. 86 Rn. 43 m.w.N.
³⁵⁵ *Armin Dittmann*, Die Bundesverwaltung, 1983, S. 88f.; *Krebs*, Verwaltungsorganisation (Fn. 17), § 108 Rn. 66; *Martin Burgi*, in: v. Mangoldt/Klein/Starck (Hrsg.), GG III, Art. 86 Rn. 23, 46 m.w.N.
³⁵⁶ *Ehlers*, DJT 2002 (Fn. 16), S. E 134; *Georg Hermes*, in: Dreier (Hrsg.), GG III, Art. 86 Rn. 23, 34ff.
³⁵⁷ → Rn. 12.
³⁵⁸ Zu Prüfschritten vor einer solchen Entscheidung *Martin Burgi*, in: v. Mangoldt/Klein/Starck (Hrsg.), GG III, Art. 87 Rn. 24; inhaltlich Art. 86 Rn. 54f.; strenger *Georg Hermes*, in: Dreier (Hrsg.), GG III, Art. 86 Rn. 46ff, Art. 87 Rn. 24: In Randbereichen Nutzung der privatrechtsförmigen Verwaltung möglich, nicht dagegen im Kernbereich.
³⁵⁹ Streitig ist, auf welchem Weg die Unabhängigkeit der internen Regierungsorganisation nach Art. 65 GG zu erreichen ist, vgl. einerseits *Böckenförde*, Organisationsgewalt (Fn. 167), S. 133ff.; andererseits *Martin Burgi*, in: v. Mangoldt/Klein/Starck (Hrsg.), GG III, Art. 86 Rn. 45; *Georg Hermes*, in: Dreier (Hrsg.), GG III, Art. 86 Rn. 24. Übersicht über die Organisationsstruktur bei *Kus*, Unabhängigkeit (Fn. 260), S. 89ff.
³⁶⁰ Vgl. *Trute*, Verwaltung (Fn. 20), S. 960 m.w.N. Großzügig in Bezug auf die vorbereitende Verwaltungshilfe *Burgi*, Privatisierung (Fn. 46), S. 369ff., mit dem Kompensationsmodell einer Strukturschaffungspflicht. Kritisch *Ulrich Battis*, Outsourcing von Gesetzentwürfen?, ZRP 2009, 201 (202); aus der breiten Debatte zusammenführend *Andreas Voßkuhle*, Sachverständige Beratung des Staates, in: HStR III, § 43, insbesondere Rn. 54ff. Umfassend zur Rolle des Sachverständigen in der Verwaltung → Bd. II *Ladeur* § 21 Rn. 54ff.

nachgeordneten Dienststellen, die ihrerseits ebenfalls vielfach auf private Vorarbeiten zurückgreifen, angemessen wahrnehmen. Die Ausbreitung informeller Einflussnahme verdient keine reformerische Anerkennung; sie muss vielmehr als schleichende Aushöhlung des demokratischen Staates gekennzeichnet werden.[361]

69 Der sachliche Zuschnitt der Ministerialverwaltung folgt der persönlichen Ernennung der Minister und ist daher außerhalb der Pflichtressorts rechtlich vom Bundeskanzler abhängig. Der interne Aufbau ist aus verfassungsrechtlicher Sicht nach dem Ressortprinzip vom Minister zu gestalten und zu verantworten.[362] Neben den Ministerien sind auch der **Bundesrechnungshof** und die **Bundesbank** oberste Bundesbehörden im Bereich der Verwaltung.[363]

2. Zentralstellen und Bundesoberbehörden

70 Unterhalb der Ministerialverwaltung stehen zum einen Behörden, die für das gesamte Bundesgebiet Aufgaben wahrnehmen. Das Grundgesetz nennt als fakultative, durch Gesetz zu schaffende Einrichtungen die **Zentralstellen** für das polizeiliche Auskunfts- und Nachrichtenwesen, für die Kriminalpolizei und zur Sammlung von Unterlagen für Zwecke des Verfassungsschutzes und des Schutzes auswärtiger Belange (Art. 87 Abs. 1 S. 2 GG).[364] Sie sind stark auf die Zusammenarbeit mit den entsprechenden Stellen der Länder ausgerichtet und weisen so auf die kompetenziell vorgegebenen besonderen Kooperationsnotwendigkeiten im Bereich der inneren Sicherheit hin.[365] Dagegen sind die klassischen selbständigen **Bundesoberbehörden** auf die jeweiligen Bundesministerien hingeordnet.[366] Ihre durch Bundesgesetz erfolgende Einrichtung etwa als Bundesamt oder „Bundesagentur" ist (außerhalb der enumerativen Verwaltungskompetenzen bundeseigener Verwaltung nach Art. 87 Abs. 1 S. 1 GG) v.a. an das Bestehen einer sachlichen Gesetzgebungskompetenz des Bundes gebunden (Art. 87 Abs. 3 S. 1 GG); sie dürfen keinen Mittel- und Unterbau haben und stehen damit regelmäßig neben dem eigenständigen Gesetzesvollzug durch die Länder.[367] Eine Sonderstellung unter den Bundesoberbehörden nimmt angesichts der neuartigen Regulierungsaufgaben die **Bundesnetzagentur** ein.[368]

---

[361] Zu den verfassungsrechtlichen Grenzen anwaltlicher Beratung in der Gesetzgebung *Julian Krüper*, lawfirm – legibus solutus, JZ 2010, S. 655 (660); abwägend, im Ergebnis aber kritisch *Michael Kloepfer*, Gesetzgebungsoutsourcing – Die Erstellung von Gesetzentwürfen durch Rechtsanwälte, NJW 2011, S. 131 (133 ff.); s. auch die Stimmen der Akteure im Tagungsbericht von *Daniela Burbat*, Gesetzgebungsoutsourcing – Gesetzgebung durch Rechtsanwälte?, NVwZ 2010, S. 1475 ff.

[362] → Rn. 12, 33 ff.

[363] Aufzählung bei *Bodo Pieroth*, in: Jarass/Pieroth, GG, Art. 87 Rn. 1. Zu den Voraussetzungen *Armin Dittmann*, in: Sachs (Hrsg.), GG, Art. 85 Rn. 18.

[364] Zur organisatorischen Wahlmöglichkeit zwischen Art. 87 Abs. 1 und Abs. 3 GG BVerfGE 110, 33 (50 f.). Zu den entsprechenden Ämtern *Martin Burgi*, in: v. Mangoldt/Klein/Starck (Hrsg.), GG III, Art. 87 Rn. 43 ff.; *Hans P. Bull*, in: AK-GG, Art. 87 Rn. 33 ff.

[365] *Martin Burgi*, in: v. Mangoldt/Klein/Starck (Hrsg.), GG III, Art. 87 Rn. 32.

[366] Ihre Selbständigkeit bezieht sich auf ihr organisatorisches Erscheinungsbild, nicht auf ihre Rechtspersönlichkeit. Vgl. näher *Kus*, Unabhängigkeit (Fn. 260), S. 123 ff.; *Hans P. Bull*, in: AK-GG, Art. 87 Rn. 24 ff.

[367] BVerfGE 14, 197 (210 ff.); 110, 33 (49). Überblick über den Bestand der Bundesämter usw. bei *Martin Burgi*, in: v. Mangoldt/Klein/Starck (Hrsg.), GG III, Art. 87 Rn. 100. S. auch das Behördenverzeichnis unter www.bund.de; übersichtlich www.gdf-hannover.de/bibliotheken/bundesaemter.html.

[368] → Rn. 14, 40 a, 46 a, 48, 63.

3. Nachgeordnete Bundesverwaltung

Für die Bereiche Auswärtiges, Finanzverwaltung, Bundeswasserstraßenverwaltung, Bundeswehr und Bundeswehrverwaltung sieht das Grundgesetz jeweils verpflichtend einen eigenen „Verwaltungsunterbau" unterhalb der Ministerialebene vor (Art. 87 Abs. 1 S. 1, Art. 87a, 87b GG). Als fakultativer Verwaltungsbereich nach Art. 87 Abs. 1 S. 2 GG werden in diesem Zusammenhang die „Bundesgrenzschutzbehörden" genannt. Art. 87 Abs. 3 S. 2 GG ermöglicht die Einrichtung von **Mittel- und Unterbehörden**, ggf. unterhalb sog. **„schlichter" Bundesoberbehörden**.[369] Diese Vorschriften setzen jedoch nicht voraus, dass der Verwaltungsunterbau jeweils mehrstufig auszugestalten ist:[370] Das Grundgesetz hält insoweit tradierte, aber auch revisible Einsichten in die Funktionsnotwendigkeiten großflächiger Vollzugsverwaltungen als Erkenntnisangebot an den Gesetzgeber bereit.

71

Neben den Sonderfällen des Auswärtigen Amtes und der Streitkräfte ist die **ausführende Bundesverwaltung** nach der Umformung von Post- und Eisenbahndiensten[371] in der Praxis vor allem durch die „Bundespolizei" (ehemaliger Bundesgrenzschutz, Kriminalstellen), die Arbeitsverwaltung und die Finanz-/Zollverwaltung charakterisiert. Auch im neugeformten Bereich der Regulierungsverwaltung bleibt allerdings ein erheblicher Teil technisch-ausführender Verwaltungsaufgaben erhalten.

72

III. Mittelbare Bundesverwaltung

Das Grundgesetz nennt für den Bereich der ausführenden mittelbaren Verwaltung nur Körperschaften und Anstalten des öffentlichen Rechts als Organisationsformen (Art. 86, Art. 87 Abs. 3 S. 1 GG). Dies wirkt jedoch nicht als *numerus clausus*. Die Staatspraxis hat mit breiter Zustimmung der Lehre sowohl die tradierte Form der Stiftung wie auch insbesondere die Vielfalt privatrechtlicher Organisationsformen als grundsätzlich mögliche Formen der mittelbaren Bundesverwaltung etabliert.[372] In den Formen des öffentlichen Rechts sind hier die Körperschaften der sozialen Versicherungsträger (Art. 87 Abs. 2), insbesondere die **Bundesagentur für Arbeit**, Teile der **Rentenversicherung** sowie der Kranken- und Unfallversicherung, besonders hervorzuheben.[373]

73

---

[369] Untergliederung des fakultativen und des obligatorischen Verwaltungsunterbaus in vier von insgesamt fünf Organisationsgruppen bei Wolff/Bachof/Stober/*Kluth*, VerwR II, § 80 Rn. 76. Zu den schlichten Bundesoberbehörden (z.B. Bundesbaudirektion) *Martin Burgi*, in: v. Mangoldt/Klein/Starck (Hrsg.), GG III, Art. 86 Rn. 47 (vgl. Vorauflage 49).

[370] *Martin Burgi*, in: v. Mangoldt/Klein/Starck (Hrsg.), GG III, Art. 87 Rn. 25; Wolff/Bachof/Stober/*Kluth*, VerwR II, § 80 Rn. 88. A. A. Stern, StaatsR II, S. 822.

[371] Vgl. → Rn. 14.

[372] → Rn. 4a ff.; 14ff. Vgl. zu den verschiedenen Ausprägungen *Georg Hermes*, in: Dreier (Hrsg.), GG III, Art. 86 Rn. 32ff. m.w.N.

[373] Weitere Übersicht bei *Martin Burgi*, in: v. Mangoldt/Klein/Starck (Hrsg.), GG III, Art. 87 Rn. 101.

G. Schluss: Verwaltungsorganisation im Verfassungsstaat

74 Zwischen Verfassungsrecht und Verwaltungsorganisation besteht ein enger und vielschichtiger Zusammenhang.[374] Die Organisation der öffentlichen Verwaltung ist ein eminent politischer Herrschaftsmodus. Daher muss das Verfassungsrecht – erstens – weitgehende Vorgaben hinsichtlich der Akteure und jeweiligen Zuständigkeiten und Befugnisse vorsehen, um seinen zentralen Auftrag – die Organisation und Mäßigung von Macht – zu realisieren. Und so sind sowohl die horizontale wie auch besonders die vertikale **Verteilung von organisationsrechtlichen Zuständigkeiten** im Mehrebenensystem von rechtlichen Ausgleichsmechanismen geprägt, um die politische Dynamik von Unitarisierungs- und Zentralisierungstendenzen zu begrenzen. Sie lassen sich mit dem Stichwort der relativen kompetenziellen Subsidiarität und der organisationsrechtlichen Funktionengliederung zusammenfassen und sollen einer schleichenden Veränderung des Verantwortungsgefüges entgegenstehen.[375]

74a Die konkrete Gestaltung der Verwaltungsorganisation ist dagegen – zweitens – in weitem Umfang dem einfachen Recht bzw. der politisch verantworteten Entscheidung überlassen. Allerdings schreibt das Verfassungsrecht neben verschiedenen Einzelregelungen mit den Grundnormen zu einem besonders gestalteten öffentlichen Dienst,[376] zur Wahrnehmungskompetenz und Leitungsbefugnis[377] und zur Rechtlichkeit als Modus des Staatshandelns und seiner demokratischen Rückbindung[378] einschlägige **Grundstrukturen** vor. Sie stehen zwar der Veränderung und Reform offen, binden diese jedoch von Verfassungs wegen an gewachsene Ordnungsmaßstäbe. Hier entfaltet auch die Bundesverfassung ihr besonderes Gewicht gegenüber der grundständigen Organisationshoheit der Länder.

75 Aus der Einsicht in den Wirkungsanspruch und die Wirkungsmacht der Verwaltung und ihre nur begrenzt realisierbare Steuerung durch materielle Gesetze folgt wie von selbst, dass die Organisation der Verwaltung ein zentraler verfassungsrechtlicher Gegenstand ist. Wo nicht schon der Verfassungstext selbst detaillierte Regelungen enthält, leiten wie geschildert vielfach die Staatsprinzipien als normative Grundlage verfassungsrechtlicher Judikatur und als Gesamtmaßstab politischer Entscheidungen die Verwaltungsorganisation an. Zugleich nimmt das Verfassungsrecht notwendigerweise überkommene Strukturen des Verwaltungsorganisationsrechts als Orientierungspunkt eigener Aussagen. Insgesamt spiegelt das Verhältnis von Verfassung und Verwaltungsorganisation so vielfältige **Prozesse gegenseitiger Verzahnung und Emanzipation** wider.

76 Die Verwaltungsorganisation steht mitten in grundlegenden Herausforderungen und Veränderungen, in denen sich die **Verfassung als flexibles Widerlager** dynamischer Prozesse bewähren muss. Unter den Stichworten der Effizienz und Komplexität werden auf allen Ebenen v.a. Verwaltungszentralisierungen eingefordert und ins Werk gesetzt. Zugleich steht die öffentliche Hand

---

[374] → Rn. 6 ff.
[375] → Rn. 19 ff., 33 ff.
[376] → Rn. 50 ff.
[377] → Rn. 40 ff., 45 ff.
[378] → Rn. 54 ff., 59 ff.

unter dem haushaltsrechtlichen Druck, nicht nur Aufgaben, sondern auch Institutionen abzubauen. Aus Sicht des Verfassungsrechts ist in beide Richtungen auf sorgsam abgeschichtete Lösungen zu dringen, die weder Verwaltungsunitarität noch Verwaltungspluralismus, erst recht nicht einzelne Verwaltungsaufgaben oder -institutionen (oder aber auch ihren Abbau) als verfassungsrechtlichen Selbstzweck verstehen. Der Erfahrungsspeicher des Verfassungsrechts ist hier vielfältig nutzbar, wenn sein Gehalt adäquat erfasst wird: Das Verfassungsrecht verteidigt mit seinen Verteilungsregeln, Steuerungsmechanismen und Rechtfertigungslasten auch im Verwaltungsorganisationsrecht nicht in erster Linie überkommene Ordnungsmuster. Den entsprechenden Vorgaben liegen vielmehr historisch gewachsene Grundeinsichten über Freiheits- und Gleichheitsgefährdungen und notwendige Machtdiversifizierungen zugrunde. Von dieser auf die Bürger konzentrierten Warte aus sollte der Einsatz neuer, besserer Steuerungselemente und angemessener Kompetenzregelungen diskutiert werden. Die **Aufgabe der Verwaltungsrechtswissenschaft** bleibt es dabei, Referenzerfahrungen zu formulieren, Ungleichzeitigkeiten aufzuspüren und so den ordnungsbildenden Anspruch eines allgemeinen Verwaltungsrechts weiter fortzuschreiben.

Leitentscheidungen

EuGH, Rs. 6/64, Slg. 1964, S. 1251 – Costa/E.N.E.L. (Gemeinschaftsrecht als eigene Rechtsordnung mit Vorranganspruch).
EuGH, Rs. 96/81, Slg. 1982, S. 1791 – Badegewässer (Autonomie der Mitgliedstaaten und Umsetzungsvorgaben).
EuGH, Rs. C-41/90, Slg. 1991, I-1979 – Macrotoon (funktionaler Unternehmensbegriff im Wettbewerbsrecht).
EuGH, Rs. C-518/07, NJW 2010, S. 1265 ff. (Unabhängigkeit Datenschutzbeauftragter).
BVerfGE 11, 6 – Dampfkessel (ungeschriebene Verwaltungskompetenzen des Bundes).
BVerfGE 14, 197 – Kreditwesen (Verwaltungskompetenzen und -typen des Bundes).
BVerfGE 36, 342 – Niedersächsisches Besoldungsgesetz (Eigenstaatlichkeit der Länder).
BVerfGE 45, 63 – Stadtwerke Hameln (Grundrechtsbindung privatrechtsförmiger Verwaltung).
BVerfGE 63, 1 – Schornsteinfegerversorgung (Organisationsrechtlicher Gestaltungsspielraum des Gesetzgebers).
BVerfGE 77, 288 – Kommunalselbstverwaltungsgesetz (Gesetzgebungskompetenzen des Bundes im Organisationsrecht).
BVerfGE 93, 37 – Mitbestimmung (Demokratische Legitimation der öffentlichen Verwaltung).
BVerfGE 108, 169 – TKG (Normenklarheit und Widerspruchsfreiheit bei Regelung der Verwaltungszuständigkeiten).
BVerfGE 119, 331 – SGB II (Verbot der Mischverwaltung von kommunalen Leistungsträgern und der Bundesagentur für Arbeit).
BVerfG, Beschl. v. 20. 7. 2010, Az. 1 BvR 748/06 (NVwZ 2011, S. 224 ff.) – Hochschulgesetz Hamburg (Organisationsrechtliche Wirkung der Wissenschaftsfreiheit).
BVerfG, Urt. v. 22. 2. 2011, Az. 1 BvR 699/06 (NJW 2011, S. 1201 ff.) – Fraport (Grundrechtsbindung gemischtwirtschaftlicher Unternehmen).
BVerwGE 75, 214 (Ausgestaltung komplexer Verwaltungsverfahren).
BVerwGE 101, 99 (Verhältnis von Gesetzgeber, Landkreis und Kommune).
BVerwG, Urt. v. 4. 11. 2010, Az. 2 C 16/09 (NVwZ 2011, S. 358 ff.) (Keine absolute Ämterstabilität im Konkurrentenstreitverfahren).

Ausgewählte Literatur

Berger, Ariane, Staatseigenschaft gemischtwirtschaftlicher Unternehmen, Berlin 2006.
Böckenförde, Ernst-Wolfgang, Die Organisationsgewalt im Bereich der Regierung, 2. Aufl., Berlin 1998.
– Demokratie als Verfassungsprinzip, in: HStR II, § 24.
Bull, Hans P., Über Formenwahl, Formwahrheit und Verantwortungsklarheit in der Verwaltungsorganisation, in: FS Hartmut Maurer, 2001, S. 545–563.
Burmeister, Günter C., Herkunft, Inhalt und Stellung des institutionellen Gesetzesvorbehalts, Berlin 1991.
Burgi, Martin, Funktionale Privatisierung und Verwaltungshilfe, Tübingen 1999.
Butzer, Hermann, Zum Begriff der Organisationsgewalt, DV, Bd. 27 (1994), S. 157–174.
Chotjewitz, Iwan, Die Organisationsgewalt nach den Verfassungen der deutschen Bundesländer, Frankfurt 1995.
Danwitz, Thomas v., Der Grundsatz funktionsgerechter Organstruktur, Der Staat, Bd. 35 (1996), S. 329–350.
Dittmann, Armin, Die Bundesverwaltung, Tübingen 1983.
Dreier, Horst, Hierarchische Verwaltung im demokratischen Staat, Tübingen 1991.
Ehlers, Dirk, Verwaltung in Privatrechtsform, Berlin 1984.
Fehling, Michael, Verwaltung zwischen Unparteilichkeit und Gestaltungsaufgabe, Tübingen 2001.
Gersdorf, Hubertus, Öffentliche Unternehmen im Spannungsfeld von Demokratie- und Wirtschaftlichkeitsprinzip, Berlin 2000.
Groß, Thomas, Das Kollegialprinzip in der Verwaltungsorganisation, 1999.
Kahl, Wolfgang, Die Staatsaufsicht, Tübingen 2000.
Kempen, Bernhard, Die Formenwahlfreiheit der Verwaltung, München 1989.
Kluth, Winfried, Funktionale Selbstverwaltung, Tübingen 1997.
– Verfassungsrechtliche Vorgaben für das Verwaltungsorganisationsrecht, in: *Wolff/Bachof/Stober/Kluth*, VerwR II, § 80.
Krebs, Walter, Verwaltungsorganisation, in: HStR V, § 108.
Mann, Thomas, Die öffentlich-rechtliche Gesellschaft, Tübingen 2002.
Masing, Johannes, Soll das Recht der Regulierungsverwaltung übergreifend geregelt werden?, Gutachten D zum 66. DJT, 2006.
Möstl, Markus, Die staatliche Garantie für die öffentliche Sicherheit und Ordnung, Tübingen 2002.
Oeter, Stefan, Integration und Subsidiarität im deutschen Bundesstaatsrecht, Tübingen 1998.
Schmidt-Aßmann, Eberhard, Verwaltungsorganisation zwischen parlamentarischer Steuerung und exekutivischer Organisationsgewalt, in: FS Hans P. Ipsen, 1977, S. 333–352.
Schmidt-Jortzig, Edzard, Kommunale Organisationshoheit, Göttingen 1979.
Schnapp, Friedrich E., Dogmatische Überlegungen zu einer Theorie des Organisationsrechts, AöR, Bd. 105 (1980), S. 243–278.
Schreiber, Stefanie, Verwaltungskompetenzen der Europäischen Union, Baden-Baden 1997.
Sydow, Gernot, Verwaltungskooperation in der Europäischen Union, Tübingen 2004.
Trute, Hans-Heinrich, Die Forschung zwischen grundrechtlicher Freiheit und staatlicher Institutionalisierung, Tübingen 1994.
Voßkuhle, Andreas, Beteiligung Privater an öffentlichen Aufgaben und staatliche Verantwortung, VVDStRL, Bd. 62 (2003), S. 266–335.

§ 16 Verwaltungsorganisation und Verwaltungsorganisationsrecht als Steuerungsfaktoren

Gunnar Folke Schuppert

Übersicht

	Rn.		Rn.
A. Steuerungsqualität von Verwaltungsorganisation und Verwaltungsorganisationsrecht	1	C. Das Organisationsmodell klassischer Verwaltungsstaatlichkeit und seine unübersehbaren Risse und Verwerfungen	38
I. Funktionen von Verwaltungsorganisation und Verwaltungsorganisationsrecht	2	I. Die verfassungs- und verwaltungsrechtliche Erzählung von der hoheitlich handelnden und hierarchisch organisierten Verwaltung	39
1. Die Konstituierungsfunktion	3	1. Das hierarchisch-bürokratische Strukturmodell der deutschen Verwaltung	40
2. Die Steuerungsfunktion	5		
3. Die demokratische Funktion	6		
II. Wirkungsweise von Steuerung durch Organisation und Organisationsrecht	8	a) Hierarchie als zentrale Governance-Struktur des sich ausbildenden modernen Staates	41
1. Das Handlungs- und Entscheidungssystem der Verwaltung als Steuerungsadressat	8	b) Die hierarchisch-bürokratische Organisation als Transmissionsriemen der Steuerung qua Gesetz	45
2. Steuerung durch Organisationsrecht als Anwendungsfall und Variante von Steuerung durch Recht	10		
a) Rechtliche Steuerung als Struktursteuerung	10	c) Die Weisungshierarchie als Verwirklichungsmodus demokratischer Legitimation	55
b) Die zivilrechtliche Perspektive: Recht als kooperationsfördernde Infrastruktur	13	d) Ein auf hierarchische Steuerung ausgerichtetes öffentliches Recht	63
c) Die Organisation staatlich-gesellschaftlichen Zusammenwirkens als Paradefall staatlicher Struktursteuerung	16	2. Zwischenbilanz	65
		II. Die tradierte Erzählung von Verwaltungsleitbildern als Anwendungsfall verwaltungskultureller Steuerung	67
B. Steuerung durch Organisation und Organisationsrecht in governance-theoretischer Perspektive	20	D. Sieben zentrale Herausforderungen an Organisation und Organisationsrecht als Steuerungsfaktoren	70
I. Von Steuerung zu Governance	20	I. Die Herausforderung durch Pluralisierung und Binnendifferenzierung des Verwaltungssystems ...	70
1. Von Akteuren zu Regelungsstrukturen	24		
a) Das institutionalistische Konzept der Regelungsstruktur ..	24	1. Pluralisierung und Binnendifferenzierung als anhaltender Megatrend der Verwaltungsentwicklung	71
b) Das rechtswissenschaftliche Konzept der Regelungsstruktur	26		
2. Zur Infrastrukturverantwortung der Rechtsordnung	29	2. Die Trabantisierung der Verwaltung als verwaltungsorganisatorisch zu lösendes Kontrollproblem	72
II. Verrechtlichung als Baustein von Global Governance	31		

§ 16 Verwaltungsorganisation als Steuerungsfaktor

	Rn.
a) Die Verselbstständigung von Verwaltungstrabanten als typisches Prinzipal-Agent-Problem	72
b) Zur Kompensation von dezentralisierungbedingten Steuerungsverlusten durch die Praktizierung einer Steuerungsaufsicht	75
c) Organisatorische Rahmenbedingungen des Verwaltungscontrolling als Herzstück der Steuerungsaufsicht	78
II. Die Ordnung des Zusammenwirkens von öffentlicher und privater Handlungskompetenz als zentrale Herausforderung des modernen Verwaltungsstaates	80
1. Privatisierung als Herausforderung an das Verwaltungsorganisationsrecht	82
2. Kooperationalisierung als Herausforderung an das Verwaltungsorganisations- und Verwaltungsverfahrensrecht	90
III. Der Regulierungsstaat als Herausforderung an die Ausformung von angemessenen Regulierungsregimes	96
1. Regulierungsstaat, Regulierungsverwaltungsrecht und Regulatory Agencies	96
2. Die Wahl der „richtigen" Regulierungsinstanz als Paradebeispiel für die Tücken von „institutional choice"	101
a) Die Fehlkonstruktion der Bahnregulierung	103
b) Auf der Suche nach der angemessenen Regulierung des Strommarktes	106
c) Zutreffende Ansätze bei der Regulierung der Telekommunikation	109
IV. Die Ökonomisierung des Verwaltungsverständnisses als Herausforderung für Verwaltungsorganisation und Verwaltungsorganisationsrecht	110
1. Ökonomisierung des Verwaltungsverständnisses und Verwaltungsreform	110
2. Von der bürokratischen Steuerung zum New Public Management	112
3. Das Neue Steuerungsmodell und seine organisatorischen Voraussetzungen	117

	Rn.
V. Die Hybridisierung öffentlicher Aufgabenträger als organisatorische Konsequenz einer zunehmenden Verzahnung von öffentlichem und privatem Sektor	120
1. Das Beispiel „Treuhandanstalt"	121
2. Verzahnung von öffentlichem und privatem Sektor im Bereich des Kreditwesens und der Wasserwirtschaft: das so genannte Berliner Modell	127
a) Die Konstruktion des Berliner Modells	127
b) Die öffentlich-rechtliche Anstalt als multifunktionales Organisationsgebilde	129
VI. Netzwerkbildung als Herausforderung an das überkommene Verwaltungsorganisationsrecht	134
1. Governance als Netzwerkgovernance	135
2. Zur institutionellen Kompetenz von Netzwerken	138
a) Die sektorenverschränkende Funktion von Netzwerken	138
b) Innovationen in und durch Netzwerkorganisationen	139
3. Netzwerke in Aktion: zwei Beispiele	142
a) Zum Netzwerkcharakter moderner Sozialpolitik am Beispiel einer Großstadtverwaltung	142
b) Transnationale Netzwerkorganisationen als Erscheinungsform zivilgesellschaftlicher Selbstorganisation	145
4. Die entdifferenzierende Wirkung der Kategorie des Netzwerks	150
5. Zusammenfassung	155
VII. Zu den Herausforderungen durch Europäisierung, Transnationalisierung und Globalisierung	158
1. Zur strukturellen Tiefenwirkung des Europäisierungsprozesses	158
a) Die Ausstrahlungswirkung des Europäisierungsprozesses auf die nationale Rechts- und Verwaltungskultur: das Beispiel der Verwaltungsöffentlichkeit im Umweltschutz	160
b) Die Ausstrahlungswirkung des Europäisierungsprozesses auf die nationalen Governance-Strukturen: das Phänomen von Governance in Mehrebenensystemen	163

Übersicht

	Rn.
2. Globalisierung als Herausforderung	166
a) Von Internationalisierung zu Transnationalisierung	167
b) Transnationale Verwaltungsorganisation	170
E. Zum Entstehen neuer Herausforderungen an das Verwaltungsorganisationsrecht	173a
I. Die Finanzmarktkrise als Quelle neuer Organisationsmodelle und neuer Regelungsmechanismen	173b
II. Qualitätssicherung als neue Schlüsselaufgabe des Gewährleistungsstaates	173g
1. Qualitätsmessung und Qualitätssicherung in der „Audit Society"	173g
2. Beobachtungs- und Bewertungsstrukturen als Governancestrukturen	173h
3. Qualitätssicherung im Gewährleistungsstaat: Das Beispiel der Akkreditierung im Hochschulbereich	173j
F. Organisationswahlentscheidungen im öffentlichen Sektor (institutional choice)	174
I. Begriff und Funktionsweise von „institutional choice"	174
1. Der Begriff „institutional choice"	174
2. Arten von „institutional choice"-Entscheidungen	179

	Rn.
a) Wahl des Sektors	180
b) Wahl des Organisationstyps	182
II. Steuerung über die Wahl der Organisations-Rechtsform	183
1. Funktionen der Organisations-Rechtsform	184
2. Zur unterschiedlichen Steuerbarkeit unterschiedlicher Organisationsrechtsformen	187
III. Kriterien bei „institutional choice"-Entscheidungen	192
1. Allgemeine Auswahlkriterien	194
2. Bereichsspezifische Auswahlkriterien	196
a) Privatisierungsentscheidungen	196
b) Organisationsentscheidungen im Bereich der Hochschulmedizin	199
c) Verwaltungsmodell-Entscheidungen	204
aa) Landeseigener Gesetzesvollzug, Bundesauftrags- oder Bundeseigenverwaltung	204
bb) Schrumpfung des Auswahlermessens durch ein Verständnis von Art. 87c GG als abschließende Spezialregelung?	208

Leitentscheidungen
Ausgewählte Literatur

A. Steuerungsqualität von Verwaltungsorganisation und Verwaltungsorganisationsrecht

1 Wenn es in diesem Beitrag – in Konsequenz des steuerungswissenschaftlichen Ansatzes dieses Werkes – um die Frage geht, inwieweit Verwaltungsorganisation und Verwaltungsorganisationsrecht als Steuerungsfaktoren verstanden werden können und welche organisationsrechtlichen Folgerungen daraus zu ziehen sind, so erscheint es hilfreich, sich zunächst der **wichtigsten Funktionen** von Verwaltungsorganisation und Verwaltungsorganisationsrecht zu vergewissern.

I. Funktionen von Verwaltungsorganisation und Verwaltungsorganisationsrecht

2 Was die Anzahl der wichtigsten Funktionen von Verwaltungsorganisation und Verwaltungsorganisationsrecht angeht, so gibt es offenbar zwei Zählweisen: *Thomas Groß*[1] und *Eberhard Schmidt-Aßmann*[2] sprechen von einer **Doppelfunktion,** nämlich der Konstituierungs- und der Steuerungsfunktion, während *Roman Loeser* in seinem der Verwaltungsorganisation gewidmeten Teil seines Systems des Verwaltungsrechts[3] die folgenden – allerdings auf einer etwas anderen Ebene gelagerten – vier Funktionen unterscheidet:
- die **rechtsstaatliche** Funktion (vor allem in Gestalt der Klarheit der Kompetenzordnung),
- die Funktion „**Grundrechtsverwirklichung** durch Organisation" (Organisation und Verfahren als Instrumente des Grundrechtsschutzes; Anspruch auf grundrechtssichernde Organisation im Bereich von Rundfunk und Hochschulen),
- die **demokratische** Funktion (Erfordernis der demokratischen Steuerbarkeit des Organisationskörpers) und schließlich
- Verwaltungsorganisation als Transmissionsriemen zur Verwirklichung grundgesetzlicher Werte und Strukturen (Verwaltungsorganisation als werterfüllte Aufgabenbewältigung).

Hier wird in einer Kombination beider Ansätze vorgeschlagen, von **drei zentralen Funktionen** von Verwaltungsorganisation und Verwaltungsorganisationsrecht zu sprechen, und zwar in folgender Weise:

1. Die Konstituierungsfunktion

3 Zutreffend hat *Ernst-Hasso Ritter* darauf hingewiesen, dass der moderne Staat als entscheidungs- und handlungsfähiges Subjekt nur nach Maßgabe des ihn konstituierenden Organisationsrechts existiert.[4] Der „arbeitende Staat" *Lorenz von Steins*[5] ist ein organisatorisch verfasster Staat, der die ihm gestellten Aufgaben in einer vom Organisationsvorbild der katholischen Kirche inspirierten Äm-

---
[1] *Thomas Groß*, Das Kollegialprinzip der Verwaltungsorganisation, 1999, S. 10 ff.
[2] *Schmidt-Aßmann*, Ordnungsidee, 5. Kap. Rn. 1 ff.
[3] *Loeser*, System II, § 10 Rn. 10 ff.
[4] *Ernst-Hasso Ritter*, Organisationswandel durch Expertifizierung und Privatisierung im Ordnungs- und Planungsrecht, in: Hoffmann-Riem/Schmidt-Aßmann (Hrsg.), Effizienz, S. 207–248.
[5] *Lorenz v. Stein*, Handbuch der Verwaltungslehre, 3. Aufl. 1887, S. 22–27.

A. Steuerungsqualität der Verwaltungsorganisation

terordnung[6] erfüllt, deren bekannteste Ausprägung der Typus der bürokratischen Staatsorganisation im Sinne *Max Webers* darstellt.[7] Insofern kann man – wie zuletzt das Beispiel der Konstituierung der neuen Bundesländer als Staatsgebilde gezeigt hat – von einer funktionsfähigen Verwaltungsorganisation als einer notwendigen Voraussetzung staatlicher Handlungs- und Regierungsfähigkeit sprechen.[8] Alle Verwaltungsaktivitäten werden – wie *Ritter* zutreffend geltend macht – über Organisationsnormen vermittelt: „Organisationsvorschriften legen Verantwortlichkeiten und Einstandspflichten fest; Organisationsregeln schaffen den Zugang für die gesellschaftlichen Interessen zum staatlichen Bereich; Organisationsregeln sichern Abstimmung und Koordination in einer arbeitsteiligen Welt zwischen Staat und gesellschaftlichen Kräften."[9]

Das Verwaltungsorganisationsrecht hat die Funktion – und hier ist ein wichtiger und später noch genauer in den Blick zu nehmender Begriff einzuführen – das Handlungs- und Entscheidungssystem der Verwaltung[10] zu strukturieren, also – wie *Bernd Becker* es formuliert hat – die **Strukturdimensionen der Verwaltung**[11] auszuformen: das Verwaltungsorganisationsrecht trifft keine Anordnungen, sondern macht Anordnungen möglich, es trifft selbst keine Entscheidungen, aber verteilt Entscheidungsbefugnisse, es betrifft – um es knapp auf den Punkt zu bringen – die strukturellen Voraussetzungen des Verwaltens.[12] Diese Strukturierungsleistung erbringt es – wie *Becker* zusammenfassend aufgelistet hat[13] – hauptsächlich

4

– durch die Art und Weise der **Arbeitsteilung** in der Organisation,
– durch die Art und Weise der **Bildung von Amtsstellen,**
– durch die Art und Weise der **Konstruktion der Amtsstellen** (monistische Stellen, Kollegialorgane),
– durch die Art und Weise der Verteilung von **Entscheidungsbefugnissen,**
– durch die Art und Weise der Regelung von **Information und Kommunikation** in der Organisation,
– durch die Art und Weise der organisationsinternen **Programmierung/Standardisierung** der Arbeiten,
– durch die Art und Weise und den Umfang der **Kontrollen** in der Organisation sowie
– durch die Art und Weise der **Formalisierung** der Organisation, d. h. die Intensität der Bindungskraft der Strukturvorkehrungen.

2. Die Steuerungsfunktion

Der hier zu referierende Befund kann kurz sein, weil er erstens unstreitig ist und weil – zweitens – die Art und Weise der Steuerung durch Verwaltungsorganisation und Verwaltungsorganisationsrecht noch genauer zu diskutieren sein wird. Das Recht – so formuliert es *Thomas Groß* – ist nicht Medium der Konstitu-

5

---

[6] Zur Vorreiterrolle der Kirche siehe *Wim Blockmans,* Geschichte der Macht in Europa. Völker, Staaten, Märkte, 1997, S. 105 ff.
[7] *Arthur Benz,* Der moderne Staat. Grundlage der politologischen Analyse, 2001, S. 129 ff.
[8] Vgl. dazu *Gunnar Folke Schuppert,* Regierung und Verwaltung, in: HdbVerfR, S. 1499 ff., 1503 f.
[9] *Ritter,* Organisationswandel (Fn. 4), S. 207.
[10] Dazu *Schuppert,* Verwaltungswissenschaft, S. 721 ff.
[11] *Bernd Becker,* Öffentliche Verwaltung. Lehrbuch für Wissenschaft und Praxis, 1989, S. 529 ff.
[12] *Eberhard Schmidt-Aßmann,* Verwaltungsorganisationsrecht als Steuerungsressource – einleitende Problemskizze, in: Hoffmann-Riem/ders. (Hrsg.), Effizienz, S. 9 ff., 20.
[13] *Becker,* Verwaltung (Fn. 11), S. 535.

tion einer Organisation, vielmehr nimmt es „durch eine bestimmte **Strukturierung der Organisation**"[14] zugleich Einfluss auf das Handeln der Organisationsangehörigen: „Das Organisationsrecht ermöglicht also nicht nur die Aufgabenerfüllung, sondern lenkt sie gleichzeitig in eine bestimmte Richtung."[15] Damit übereinstimmend heißt es in dem Beitrag von *Matthias Schmidt-Preuß* über „Steuerung durch Organisation" ebenso kurz wie bündig wie folgt[16]: „Die von Fritz Scharpf pointiert gestellte Frage ‚Does Organization matter?' ist uneingeschränkt und nachhaltig mit ‚Ja' zu beantworten." Ganz offensichtlich macht es etwas aus und kommt es darauf an, ob und wie organisiert wird[17], „sei es durch die Neuordnung von Zuständigkeiten"[18], sei es durch die Umstrukturierung der Bundesanstalt für Arbeit in eine Bundesagentur für Arbeit,[19] um damit zugleich ein gewandeltes Aufgabenverständnis zu kommunizieren. Auch der Rechtsprechung des BVerfG – insbesondere dem so genannten Hochschulurteil[20] wie den zahlreichen Rundfunkurteilen[21] – liegt die mehr oder weniger unausgesprochene Prämisse zugrunde, dass Organisationsentscheidungen Steuerungswirkungen entfalten. Die Grundrechtstheorie überwindet hier – wie *Friedhelm Hufen* es ausgedrückt hat – ihre „Strukturblindheit"[22], bezieht zunehmend die Entstehungsbedingungen staatlicher Entscheidungen mit ein und „thematisiert so die **Strukturbedingtheit grundrechtlicher Freiheit**"[23].

3. Die demokratische Funktion

6   Organisationstheorie und Organisationsrecht sind mehr als höhere Bürokunde und mehr als nur technische Instrumente zur Realisierung einer effizienten Verwaltung,[24] sie sind – wie *Roman Loeser* es so plastisch ausgedrückt hat – Transmissionsriemen zur Verwirklichung grundgesetzlicher Werte und Strukturen.[25] Dies gilt insbesondere für die Transmissionsleistung der Verwaltungsorganisation für das **Demokratieprinzip.**[26] Zu Recht konstatiert daher *Thomas Groß*, dass die Bedeutung der Verwaltungsorganisation für die Verwirklichung

---

[14] *Groß*, Kollegialprinzip (Fn. 1), S. 19.

[15] *Groß*, Kollegialprinzip (Fn. 1), S. 19.

[16] *Matthias Schmidt-Preuß*, Steuerung durch Organisation, DÖV 2001, S. 45.

[17] → Bd. I *Trute* § 6 Rn. 43. Vgl. zu den Kriterien von Organisationsentscheidungen *Gunnar Folke Schuppert*, in: Dieter Grimm (Hrsg.), Staatsaufgaben, 1994, S. 647 (662 ff.).

[18] Siehe dazu die instruktiven Beispiele bei *Norbert Wimmer,* Dynamische Verwaltungslehre. Ein Handbuch der Verwaltungsreform, 2004, S. 142 ff.: „Die Kunst der sachgerechten Kompetenzverteilung".

[19] Siehe dazu *Marian Döhler,* Vom Amt zur Agentur? Organisationsvielfalt, Anpassungsdruck und Wandlungsprozesse im Deutschen Verwaltungsmodell, in: Werner Jann (Hrsg.), Agencies in Westeuropa, (i. E.).

[20] BVerfGE 35, 79 ff. – Hochschulurteil (Anforderungen an die Binnenorganisation von wissenschaftlichen Hochschulen).

[21] Siehe dazu die Nachweise bei *Ingo Richter / Gunnar Folke Schuppert / Christian Bumke*, Casebook Verfassungsrecht, 4. Aufl. 2001, S. 137 ff.

[22] *Friedhelm Hufen*, Die Freiheit der Kunst in staatlichen Institutionen, 1982, S. 379.

[23] *Groß*, Kollegialprinzip (Fn. 1), S. 222.

[24] Vgl. dazu die abgewogene Darstellung bei *Christoph Reichard,* Von Max Weber zum „New Public Management" – Verwaltungsmanagement im 20. Jahrhundert, in: Peter Halblützel u. a. (Hrsg.), Umbruch in Politik und Verwaltung, 1995, S. 57 ff.

[25] Vgl. dazu auch *Gunnar Folke Schuppert*, Verfassungsrecht und Verwaltungsorganisation, Der Staat, Bd. 32 (1993), S. 581–610.

[26] → Bd. I *Trute* § 6 Rn. 43 f.

des Demokratieprinzips in den letzten Jahren mehr und mehr in das Zentrum der Aufmerksamkeit gerückt sei, ein Befund, den er wie folgt begründet: „Die Herrschaft des Volkes greift ins Leere, wenn ihr kein Verwaltungsapparat zur Verfügung steht, der in einer Weise aufgebaut ist, dass er die ihm zugewiesenen Aufgaben wirksam erfüllen kann. Eine empirisch informierte Beschreibung der Organisationsstrukturen der Verwaltung ist folglich auch Voraussetzung, um ihre Funktion innerhalb der Verfassungsordnung angemessen bestimmen zu können."[27]

Aber nicht nur das: Die Staatsstrukturbestimmung der Demokratie strahlt nicht nur auf die Verwaltungsorganisation aus, sie hat sich in der Rechtsprechung des BVerfG – insbesondere zur Mitbestimmung im öffentlichen Dienst[28] – geradezu zu einer Determinante der Verwaltungsorganisation entwickelt, die bestimmte Organisationsstrukturen für demokratisch geboten, andere hingegen für mit dem Demokratieprinzip inkompatibel erklärt. Zum Beleg für diese Tendenz mag auf einem kürzlich erschienenen Beitrag über „Verwaltung durch unabhängige Einrichtungen" verwiesen werden, in dessen Zusammenhang es lakonisch wie folgt heißt: „Unter der Verfassungsordnung des deutschen Grundgesetzes gebietet das Demokratiegebot grundsätzlich die Weisungsgebundenheit der vollziehenden Gewalt gegenüber der Regierung. Diesem Gebot korrespondiert spiegelbildlich ein Verbot weisungsfreier Räume."[29] Ob diese eindimensionale Argumentation der Weisheit letzter Schluss ist, kann mit Fug bezweifelt werden[30] und wird weiter unten zu diskutieren sein; an dieser Stelle bleibt festzuhalten, dass im Bereich der öffentlichen Verwaltung Organisationsstrukturen zugleich Legitimationsstrukturen sind und deshalb über Fragen der Verwaltungsorganisation nicht sinnvoll gesprochen werden kann, ohne die Funktion von Verwaltungsorganisation und Verwaltungsorganisationsrecht als Transmissionsriemen für verfassungsrechtliche Werte und Vorgaben im Hinterkopf zu haben.

II. Wirkungsweise von Steuerung durch Organisation und Organisationsrecht

1. Das Handlungs- und Entscheidungssystem der Verwaltung als Steuerungsadressat

Die **Exekutive** nimmt – darauf hat *Schmidt-Aßmann* hingewiesen[31] – eine **Doppelstellung** ein: Die Verwaltung ist einerseits Steuerungssubjekt, das innerhalb der Vorgaben des allgemeinen und besonderen Verwaltungsrechts eigene Aktivitäten zur Steuerung von Sozialbereichen entfaltet, andererseits aber Steuerungsobjekt, auf das auf verschiedenen Steuerungsebenen oder Steuerungsschienen[32] eingewirkt wird, nämlich durch

---

[27] *Groß*, Kollegialprinzip (Fn. 1), S. 24.
[28] *BVerfGE* 93, 37 – Personalvertretung.
[29] *Thomas Mayen*, Verwaltung durch unabhängige Einrichtungen, DÖV 2004, S. 45 ff.
[30] Vgl. die kritischen Bemerkungen bei *Schmidt-Aßmann*, Ordnungsidee, 5. Kap. Rn. 6 ff.
[31] *Schmidt-Aßmann*, Ordnungsidee, 1. Kap. Rn. 36; vgl. auch → Bd. I *Ruffert* § 17 Rn. 24.
[32] Die Terminologie ist nicht ganz einheitlich; wir selbst sprechen von Steuerungsebenen (*Schuppert*, Verwaltungswissenschaft, S. 456 ff.), *Loeser*, System II, § 10 Rn. 70 ff. von Steuerungsschienen, *Klaus König* (System und Umwelt der öffentlichen Verwaltung, in: ders./Hans-Joachim v. Oertzen/ Frido Wagener [Hrsg.], Öffentliche Verwaltung in der Bundesrepublik Deutschland, 1981, S. 13 ff., 16 f.) von Steuerungsstrukturen.

- **normative Entscheidungsprogramme** für das Verwaltungshandeln (in der Regel in Form von Gesetzen),
- **Personalsteuerung** (durch Personalpolitik und das öffentliche Dienstrecht),
- **Organisation und Verfahren** als Steuerungsfaktoren sowie
- **Budgetsteuerung** durch Haushaltsrecht und Haushaltskontrolle.[33]

9   Angesichts dieser Doppelstellung der öffentlichen Verwaltung gilt es vor allem aus analytischen Gründen, die jeweiligen Rollen der Verwaltung sorgfältig auseinander zu halten: Wenn im Folgenden von Steuerung durch Organisation und Organisationsrecht die Rede ist, geht es vor allem, wenn auch nicht ausschließlich, um die **Steuerung der Verwaltung,** also um die **Verwaltung als Steuerungsobjekt,** und zwar im Sinne einer intendierten Einflussnahme auf das Verwaltungshandeln[34] durch eine Kombination von normativen Entscheidungsprogrammen, die Bereitstellung von Ressourcen und eines organisatorischen und verfahrensmäßigen Handlungsrahmens.

2. Steuerung durch Organisationsrecht als Anwendungsfall und Variante von Steuerung durch Recht

a) Rechtliche Steuerung als Struktursteuerung

10   Sucht man nach einem Begriff, der das Spezifische von Steuerung durch (Verwaltungs-)Recht, insbesondere auch durch Verwaltungsorganisationsrecht, einfangen soll, so kann man von rechtlicher Steuerung als **Struktursteuerung** sprechen, ein Begriff, mit dem versucht werden soll, die spezifische Wirkungsweise von Steuerung durch Verwaltungsorganisation und Verwaltungsorganisationsrecht zu kennzeichnen:[35] „Mit diesem auf die Steuerungsebene Organisation zielenden Begriff der **strukturellen Steuerung** ist der Zusammenhang von Verwaltungsorganisation und Verwaltungshandeln angesprochen, und zwar im Sinne von strukturellen Handlungsprämissen, die nicht Einzelentscheidungen, aber Handlungskorridore definieren". In Anknüpfung an diesen Begriff und in sachlicher Übereinstimmung mit dem damit Gemeinten hat *Schmidt-Aßmann* die Funktionsweise von Steuerung durch Organisationsrecht wie folgt beschrieben:[36] „Organisationsrecht ist durch seinen Rahmencharakter gekennzeichnet. Es bringt seine Steuerungsansprüche **mediatisiert** zur Geltung. [...] Verwaltungsorganisationsrecht setzt Prämissen des Verwaltungshandelns, ohne es inhaltlich genau zu determinieren. [...] Organisationsnormen beeinflussen die ‚strukturellen Voraussetzungen des Verwaltens' *(Schuppert).*"

11   Diese These von der Eigenart verwaltungsrechtlicher Steuerung als Struktursteuerung und die daraus gezogene Konsequenz der Bereitstellungsfunktion des Rechts für geeignete Handlungs- und Organisationsstrukturen der Verwaltung[37]

---

[33] Zur Steuerung durch Haushaltsrecht → Bd. I *Franzius* § 4 Rn. 64ff.
[34] Zum Steuerungsbegriff siehe m.w.N. *Gunnar Folke Schuppert,* Grenzen und Alternativen von Steuerung durch Recht, in: Dieter Grimm (Hrsg.), Wachsende Staatsaufgaben, sinkende Steuerungsfähigkeit des Rechts, 1990, S. 217ff.
[35] *Schuppert,* Steuerung (Fn. 34), S. 233.
[36] *Schmidt-Aßmann,* Verwaltungsorganisationsrecht (Fn. 12), S. 20.
[37] Zu diesem Begriff siehe *Gunnar Folke Schuppert,* Verwaltungsrechtswissenschaft als Steuerungswissenschaft. Zur Steuerung des Verwaltungshandelns durch Verwaltungsrecht, in: Hoffmann-Riem/Schmidt-Aßmann/Schuppert (Hrsg.), Reform, S. 65–114.

A. Steuerungsqualität der Verwaltungsorganisation

lässt sich insbesondere auf Einsichten von *Franz-Xaver Kaufmann*[38] und *Ernst-Hasso Ritter*[39] zu den Modalitäten von Steuerung durch Recht stützen. Beide Autoren haben darauf hingewiesen, dass zur Steuerungsleistung von Recht unter anderem gehören:
- die Organisation und Konstitution der Akteure,
- die Regelung von Kompetenzen,
- die Formulierung von Zwecken, Zielen und Vorgaben,
- die Definition von Bedingungen,
- die Regelung von Verfahren,
- die Normierung staatsinterner Koordination oder
- die Schaffung von Transparenz.

Die hier noch einmal zu bekräftigende These lautet also, dass Steuerung als Struktursteuerung keine singuläre Besonderheit der Steuerung durch Organisation und Organisationsrecht ist, sondern rechtliche Steuerung überhaupt in weitem Umfang als Struktursteuerung fungiert, diese Wirkungsweise im Organisationsrecht aber besonders deutlich hervortritt. In diesem Sinne kann wohl auch die nachfolgende Passage *Wolfgang Hoffmann-Riems* verstanden werden, der unter Bezugnahme auf den Begriff der Bereitstellungsfunktion des Rechts Folgendes ausgeführt hat:[40] „Im Regelfall interveniert der Staat nicht so in den gesellschaftlichen Prozeß, daß er selbst erwünschte Ergebnisse produziert – sei es durch ergebnisbezogene Gebote oder die Bereitstellung von Leistungen –, sondern daß er einen Rahmen bereitstellt, innerhalb dessen die Gesellschaft ihre Angelegenheiten in möglichst gemeinwohlverträglicher Weise selbstverantwortlich erledigt (Bereitstellungsfunktion des Rechts). Der Staat übernimmt Verantwortung in dem Sinne, daß mit Hilfe der rechtlich bereitgestellten Strukturen angemessene gesellschaftliche Problemlösungen erreicht werden. Dies versucht er – ggf. durch Änderungen des Rahmens – zu gewährleisten. Prototyp für eine bloße Rahmenverantwortung ist das Privatrecht – etwa das BGB." Mit dieser Inbezugnahme des Bürgerlichen Gesetzbuches ist die Brücke geschlagen zur Perspektive des Zivilrechts, die gewissermaßen als Kontrollfilter für die soeben entwickelten Gedanken verwendet werden kann.

b) Die zivilrechtliche Perspektive: Recht als kooperationsfördernde Infrastruktur

In seiner soeben vorgelegten Habilitationsschrift über die Grundlagen ziviler Regelsetzung hat *Gregor Bachmann* der freiheitlichen und begrenzenden Funktion des Zivilrechts eine dritte Funktion zugesellt, die er den ermöglichenden Charakter des Privatrechts nennt.[41] Die zentrale Funktion des Privatrechts bestehe darin, eine Infrastruktur zu schaffen, die den Rechtsgenossen die Realisie-

---

[38] *Franz X. Kaufmann*, Steuerung wohlfahrtsstaatlicher Abläufe durch Recht, in: Dieter Grimm/Werner Maihofer (Hrsg.), Gesetzgebungstheorie und Rechtspolitik, Jb. für Rechtssoziologie und Rechtstheorie, Bd. 13, 1988, S. 65–108.
[39] *Ernst-Hasso Ritter*, Das Recht als Steuerungsmedium im kooperativen Staat, in: Grimm (Hrsg.), Wachsende Staatsaufgaben (Fn. 34), S. 69 ff.
[40] *Wolfgang Hoffmann-Riem*, Tendenzen in der Verwaltungsrechtsentwicklung, DÖV 1997, S. 433 (435).
[41] *Gregor Bachmann*, Private Ordnung. Grundlagen ziviler Regelsetzung, Habilitationsschrift, Humboldt-Universität zu Berlin 2004.

rung von Kooperationsgewinnen ermögliche:[42] „Ein so verstandenes Privatrecht trägt die Schranken privater Regelungsmacht nicht von außen an die Privatautonomie heran, sondern versteht sie als Vorbedingung, damit Zivilrecht seine gesellschaftliche und ökonomische Funktion erfüllen kann; es erlaubt [so] ein Verständnis, welches die über die Zeit entstandenen rechtsgeschäftlichen Gestaltungsformen in ihrer instrumentalen Bedeutung funktionsadäquat zu deuten und fortzubilden weiß. Damit [...] gelingt der Brückenschlag zu einer gestaltungsorientierten Normsetzungslehre, wie sie uns in Gestalt des verwaltungswissenschaftlichen Modells einer ‚regulatory choice' entgegentritt."

14 Damit sind zwei ganz wesentliche Gesichtspunkte herausgearbeitet, nämlich einmal das Verständnis von Recht als **kooperationsfördernder Infrastruktur** und die Inpflichtnahme einer gestaltungsorientierten **Normsetzungslehre**[43] für die Pflege und fortentwickelnde Bereitstellung solcher Regelungsstrukturen.

15 Für den hier zu diskutierenden Gegenstand, die Steuerungsqualität des Organisationsrechts, ist es nun von besonderem Interesse, dass *Bachmann* **das Privatrecht** wegen seiner Aufgabe, die Legitimation privater Regeln irgendwie organisieren zu müssen, als Organisationsrecht bezeichnet, womit wieder zum Ausgangspunkt zurückgekehrt wird – der Steuerung durch Organisationsrecht und ihre Charakterisierung als Struktursteuerung – was die These stützt, dass es sich hierbei nicht um eine Besonderheit des Verwaltungsorganisationsrechts handelt, sondern Steuerung durch Recht in allgemeiner Weise kennzeichnet; die diesbezügliche, wichtig erscheinende Passage bei *Bachmann* lautet wie folgt:[44] „Damit besteht die Aufgabe des rechtsgeschäftlichen Privatrechts in einem zweifachen: Zum einen darin, privat gesetzte Regeln durch formalen Geltungsbefehl zu sanktionieren und damit verlässlich zu machen, zum anderen in der Gewährleistung, daß nur solche Regeln sanktioniert werden, deren Legitimation sichergestellt ist. Während der Geltungsbefehl eine rechtstechnisch anspruchslose Angelegenheit ist, die das Gesetz gleichsam nebenbei erledigt, muß die Legitimation der privaten Regeln ‚organisiert' werden. Indem das Privatrecht das leistet, ermöglicht es den freiwilligen Aufbau hierarchischer Sozialstrukturen. In diesem Sinne ist es als ‚Organisationsrecht' zu verstehen."

c) Die Organisation staatlich-gesellschaftlichen Zusammenwirkens als Paradefall staatlicher Struktursteuerung

16 Zu Recht weist *Schmidt-Aßmann* darauf hin, dass die Organisation staatlich-gesellschaftlichen Zusammenwirkens, vor allem die zunehmende Einbindung nicht-staatlicher Akteure in die Erfüllung öffentlicher Aufgaben, besondere Herausforderungen an das Organisationsrecht stellt[45] (davon wird auch weiter unten noch genauer die Rede sein). Denn dieser **Prozess arbeitsteiliger Gemeinwohlverwirklichung** bedarf – soll er nicht der Beliebigkeit der Akteure und ihrer durchaus unterschiedlichen Durchsetzungskraft überlassen werden – einer irgendwie gearteten Koordination, die die – wie der Strafrechtler sagen würde –

---

[42] *Bachmann*, Private Ordnung (Fn. 41), S. 70 f.
[43] Siehe dazu nunmehr *Gunnar Folke Schuppert*, Gute Gesetzgebung. Bausteine einer kritischen Gesetzgebungslehre, ZG, Sonderheft 2003.
[44] *Gregor Bachmann*, Privatrecht als Organisationsrecht. Grundlinien einer Theorie privater Rechtsetzung, in: Jb.J. ZRWiss., Bd. 13 (2002), S. 9 (21).
[45] *Schmidt-Aßmann*, Ordnungsidee, 5. Kap. Rn. 8.

A. Steuerungsqualität der Verwaltungsorganisation

spezifischen Tatbeiträge der jeweiligen Akteure deutlich und damit auch zurechenbar macht.

Eines der zentralen Probleme des modernen, arbeitsteilig agierenden Verwaltungsstaates besteht also darin, wie ein solcher Modus der Koordination beschaffen sein könnte und sollte.[46] Dass dieser Koordinationsmodus nicht länger in einer ausschließlich oder überwiegend **hierarchischen Koordination** bestehen kann, liegt auf der Hand: Der aufgabenintensive Verwaltungsstaat – gekennzeichnet durch eine strukturelle **Asymmetrie** von umfassender politischer Verantwortung einerseits und beschränkter Anordnungs- und Regelungsmacht andererseits[47] – ist für die Durchführung seiner Aufgaben in steigendem Umfang auf die Mitwirkung der Regelungsadressaten angewiesen, wie insbesondere die Aufgabenbereiche der Arbeitsmarkt- und der Gesundheitspolitik eindrücklich belegen. Bedarf es also in vielen Bereichen eines **konsensualen Arrangements** zwischen dem Staat und privaten Akteuren, so liegt als Koordinationsmodus der des Verhandelns nahe:[48] Dieser verhandelnde Staat ist unter der Flagge des „kooperativen Staates" in der Literatur ausführlich behandelt worden,[49] einschließlich des Phänomens einer kooperativen Rechtserzeugung, Rechtskonkretisierung und Rechtsdurchsetzung.[50] Die diesem Koordinationsmodus innewohnenden Risiken und Unzuträglichkeiten sind leicht erkennbar: kooperationsspezifische **Gefährdungslagen** resultieren aus der tendenziellen Distanzlosigkeit des kooperativen Staates und der nahe liegenden Versuchung, die Einsicht in die Notwendigkeit bestimmter Regelungen auf dem Altar des Kompromisses mit den stärksten organisierten Interessen zu opfern, eine Gefahr, für deren Kennzeichnung hier der Begriff der „corporatistic capture" vorgeschlagen werden soll.[51]

Will man also nicht vom Regen der Hierarchie in die Traufe des Korporatismus gelangen, so bedarf es einer dritten Variante der Koordination, eines Koordinationsmodus also zwischen Hierarchie und konsensualem Arrangement. Worum es gehen muss, ist, einerseits Gemeinwohlbeiträge staatlicher und nichtstaatlicher Akteure zu koordinieren, dabei andererseits aber die Eigenrationalitäten des staatlichen wie des privaten Sektors zu wahren, um auf diese Weise aus am individuellen Nutzenkalkül orientierten Handlungsbeiträgen nichtstaatlicher Akteure Gemeinwohlbeiträge Privater werden zu lassen. Dieses Kunststück zu vollbringen, ist das Anliegen des **Gewährleistungsstaates**,[52] des-

---

[46] Wir folgen hier den Überlegungen in: *Gunnar Folke Schuppert*, Koordination durch Struktursteuerung als Funktionsmodus des Gewährleistungsstaates, in: FS Klaus König, 2004, S. 287–294.

[47] Vgl. dazu *Dieter Grimm*, Bedingungen demokratischer Rechtsetzung, in: FS Jürgen Habermas, 2001, S. 489 ff.

[48] Siehe dazu *Fritz W. Scharpf*, Die Handlungsfähigkeit des Staates am Ende des 20. Jahrhunderts, in: Beate Kohler-Koch (Hrsg.), Staat und Demokratie in Europa, 1992, S. 93 ff.

[49] Klassisch *Ernst-Hasso Ritter*, Der kooperative Staat. Bemerkungen zum Verhältnis von Staat und Wirtschaft, AöR, Bd. 104 (1979), S. 389 ff.

[50] Nachweise bei *Schuppert*, Verwaltungswissenschaft, S. 420 ff.

[51] In Anlehnung an den in der angelsächsischen Literatur gängigen Begriff des „clientel capture", mit dem der Vorgang bezeichnet wird, dass die von einer Independent Regulatory Agency zu disziplinierende Klientel den Spieß umdreht und ihrerseits die Verwaltungseinheit für ihre Zwecke instrumentalisiert.

[52] Zum Begriff des Gewährleistungsstaates siehe etwa *Wolfgang Hoffmann-Riem*, Modernisierung von Recht und Justiz. Eine Herausforderung des Gewährleistungsstaates, 2001; *Claudio Franzius*, Der „Gewährleistungsstaat" – Ein neues Leitbild für den sich wandelnden Staat?, Der Staat, Bd. 42 (2003),

sen Funktionslogik darin besteht, die Verwaltungs- und Selbstregelungspotentiale des öffentlichen, privaten und dritten Sektors parallel zu schalten und durch die **Institutionalisierung** eines strukturellen Rahmens die je spezifischen Beiträge der unterschiedlichen Akteure wie verschiedene Zuflüsse eines Gewässers auf das Mühlrad des Gemeinwohls zu lenken. Staatliche Gewährleistungsverantwortung stellt sich also dar als eine private Kräfte einbeziehende Steuerungsverantwortung des Staates, die auf die Bereitstellung von bestimmten – insbesondere rechtlichen – Strukturen für die Leistungserbringung durch gesellschaftliche Kräfte gerichtet ist.[53]

19   Koordinationstheoretisch gesprochen bedeutet dies im Ergebnis Folgendes: Während der bestimmende Koordinationsmodus des hoheitlichen Staates das Steuerungsprinzip der Hierarchie ist, der kooperative Staat hingegen sich mit den nichtstaatlichen Akteuren konsensual arrangiert, zielt der Gewährleistungsstaat auf eine **Koordination durch Struktursteuerung,** indem er – im Unterschied zum erfüllenden Interventionsstaat – darauf verzichtet, bestimmte Gemeinwohlziele und den Weg zu ihrer Verwirklichung detailliert vorzuschreiben, sondern statt dessen **Organisations-, Verfahrens- und Regelungsstrukturen bereitstellt** (Bereitstellungsfunktion des Rechts), um auf diese Weise staatliche und nicht-staatliche Handlungsbeiträge als Gemeinwohlbeiträge miteinander zu verkoppeln.

B. Steuerung durch Organisation und Organisationsrecht in governancetheoretischer Perspektive

I. Von Steuerung zu Governance

20   In der sozialwissenschaftlichen Diskussion ist der Steuerungsbegriff in ebenso eindeutiger wie unumkehrbarer Weise durch den Begriff von Governance ersetzt worden:[54] „Governance ist" – so *Werner Jann*[55] – „ohne Zweifel **das** sozialwissenschaftliche Modethema des letzten Jahrzehnts". Aber es ist mehr als ein Modethema,[56] da mit dem Governance-Ansatz – im Vergleich zur klassischen Steuerungstheorie – eine Hinwendung zu einer institutionalistischen Sichtweise verbunden ist und damit zugleich ein neuer Forschungsansatz etabliert wird.

S. 493 ff.; *Christoph Reichard*, Das Konzept des Gewährleistungsstaates, in: Neue Institutionenökonomik, Public Private Partnership, Gewährleistungsstaat. Referate der Tagung des Wissenschaftlichen Beirats der Gesellschaft für öffentliche Wirtschaft am 5./6. März 2003 in Berlin, 2004, S. 48 ff.; *Gunnar Folke Schuppert*, Der Gewährleistungsstaat – modisches Label oder Leitbild sich wandelnder Staatlichkeit?, in: ders. (Hrsg.), Der Gewährleistungsstaat – ein Leitbild auf dem Prüfstand, 2005, S. 11 ff.

[53] Zum Denken in Verantwortungsstufen siehe *Gunnar Folke Schuppert*, Die öffentliche Verwaltung im Kooperationsspektrum staatlicher und privater Aufgabenerfüllung: Zum Denken in Verantwortungsstufen, DV, Bd. 31 (1998), S. 415–447.

[54] Siehe dazu m.w.N. *Schuppert*, Staatswissenschaft, S. 395 ff.: „Regierungslehre als Governance-Forschung"; → Bd. I *Voßkuhle* § 1 Rn. 68 f.

[55] *Werner Jann*, Governance als Reformstrategie – vom Wandel und der Bedeutung verwaltungspolitischer Leitbilder, in: *Gunnar Folke Schuppert* (Hrsg.), Governance-Forschung – Vergewisserung über Stand und Entwicklungslinien, 2005, S. 21.

[56] Kritisch abgewogen *Wolfgang Hoffmann-Riem*, Governance im Gewährleistungsstaat. Vom Nutzen der Governance-Perspektive für die Rechtswissenschaft, in: Schuppert (Hrsg.), Governance (Fn. 55) S. 195 f.

B. Steuerung durch Organisation und Organisationsrecht

Renate Mayntz, der man schwerlich das Etikett einer Nachbeterin von Modethemen wird anhängen können, vertritt denn auch die These, „daß der mit dem Leitbegriff Governance arbeitende analytische Ansatz eine andere Perspektive repräsentiert als der mit dem Leitbegriff Steuerung arbeitende Ansatz. Governance-Theorie [...] ist keine einfache Fortentwicklung im Rahmen des steuerungstheoretischen Paradigmas; sie befaßt sich mit einem eigenen Satz von Fragen und lenkt dabei das Augenmerk auf andere Aspekte der Wirklichkeit als die Steuerungstheorie."[57] Die Governance-Perspektive – so *Mayntz* – sei überall dort besonders fruchtbar, wo die kognitiven Prämissen der Steuerungstheorie, nämlich eine Unterscheidbarkeit von Steuerungssubjekten und Steuerungsobjekten entfallen sind. Schon im kooperativen Staat sei zu beobachten gewesen, dass die Grenzen zwischen Steuerungssubjekt und Steuerungsobjekt zu verschwimmen begannen: „[...] lassen sich Steuerungssubjekt und Steuerungsobjekt nicht mehr eindeutig unterscheiden, weil die Regelungsadressaten selber am Entwerfen der Regeln und ihrer Durchsetzung mitwirken." Vor allem aber sei im Gefolge der Transnationalisierung der Staat als Akteur einer zentralen Steuerung abhanden gekommen, so dass es schlicht keinen Sinn mehr habe, von zentraler politischer Steuerung zu sprechen: „Mit dem Übergang von der europäischen zur sogenannten ‚globalen' Ebene wird die Governance-Perspektive schließlich dominant. Auf der globalen Ebene kann man von zentraler politischer Steuerung sinnvollerweise überhaupt nicht mehr sprechen."[58]

Aber man kann sogar noch etwas weiter gehen. Der Governance-Perspektive **21** eignet deswegen ein so hohes analytisches Potential,[59] weil der Governance-Ansatz Ernst macht mit den allenthalben beobachtbaren und zunehmenden Entgrenzungen und Grenzverwischungen, die für den sich vollziehenden Wandel von Staatlichkeit charakteristisch sind. Ein wesentlicher Schlüssel für eine zukunftsweisende Governance-Forschung liegt in der Einsicht, dass Governance es mit der **Veränderung von Grenzziehungen** zu tun hat, ein Befund, aus dem sich die folgenden sechs wichtigen Forschungsfragen ergeben:[60]

- Wie verändern sich die **Grenzziehungen** in Mehrebenensystemen, und welche Konsequenzen ergeben sich daraus für ebenenspezifische Governancestrukturen?
- Welche Konsequenzen ergeben sich aus der **Transnationalisierung** und dem damit verbundenen Verlust der schützenden Außenhaut der Souveränität des Nationalstaates?
- Wie verändern sich die Grenzverläufe zwischen den Sektoren? Gibt es sektorenübergreifende Governance-Strukturen oder sollte man sektorspezifisch denken?
- Wie verändern sich die Grenzverläufe zwischen Politikfeldern, und welche Konsequenzen ergeben sich daraus für Governancestrukturen?

---

[57] *Renate Mayntz,* Governance Theory als fortentwickelte Steuerungstheorie?, in: Schuppert (Hrsg.), Governance (Fn. 55), S. 11.
[58] *Mayntz,* Governance (Fn. 57), S. 14.
[59] Ausführlich dazu *Gunnar Folke Schuppert,* Governance im Spiegel der Wissenschaftsdisziplinen, in: ders. (Hrsg.), Governance (Fn. 55), S. 371 ff.
[60] Diese Forschungsfragen sind Gegenstand einer am Wissenschaftszentrum Berlin für Sozialforschung (WZB) gebildeten „Querschnittsgruppe Governance", die die am WZB vorhandenen Ansätze der Governance-Forschung zu bündeln trachtet.

- Wie verändern sich die Grenzen von Organisationen, und welche Konsequenzen ergeben sich aus **Organisationsentgrenzungen**?
- Wie verändern sich die Grenzen zwischen Akteuren und Akteurskonstellationen, und was folgt daraus z. B. für **Governancenetzwerke**?

22 Es ist leicht erkennbar, dass es sich bei diesen Forschungsfragen zugleich um genuine Fragen von Verwaltungsorganisation und Verwaltungsorganisationsrecht als Steuerungsfaktoren handelt. So bemerkt *Hoffmann-Riem* vollkommen zu Recht, die governance-bezogene Perspektive erlaube „insbesondere Neuvermessungen der Arbeits-, Funktions- und Verantwortungsteilung zwischen staatlichen, staatlich-privaten (hybriden) und privaten Akteuren und der damit verbundenen Kooperationsverhältnisse"[61]. Die Governance-Perspektive könne darüber hinaus „als Pool für Anregungen neuer Problemansätze genutzt werden", dies entbinde aber nicht von der Prüfung ihrer rechtswissenschaftlichen Relevanz.

23 Wenn hier der Governance-Ansatz für so fruchtbar gehalten wird, so bedeutet dies nicht die Empfehlung an die Verwaltungsrechtswissenschaft, ihn unbesehen und mit all seinen Unschärfen zu rezipieren; dafür mag es dem Governance-Begriff – wie *Hoffmann-Riem*[62] und *Matthias Ruffert*[63] zu bedenken geben – in der Tat noch an der nötigen „Rezeptionsreife" fehlen. Andererseits aber eröffnet die sich anbahnende Verdichtung des Governance-Begriffs[64] für die Rechtswissenschaft und insbesondere für die Verwaltungsrechtswissenschaft so viel versprechende Anschlussstellen, dass es nahezu leichtfertig wäre, diese – um es fußballerisch auszudrücken – „Steilvorlage" der Governance-Diskussion nicht zu nutzen. Vollkommen zu Recht bemerkt *Ruffert*, dass die sozialwissenschaftliche Globalisierungsdebatte „nahezu ohne jeden Bezug zur Rechtswissenschaft auskommt"[65], eine Beobachtung, die sich mit derjenigen deckt, dass die Rechtswissenschaft offenbar als governancerelevante Wissenschaftsdisziplin so gut wie nicht wahrgenommen wird. Dabei besteht durchaus Anlass, die Rechtswissenschaft und hier insbesondere auch die Verwaltungsrechtswissenschaft in die Governance-Diskussion vermehrt einzubringen, wie die beiden nachfolgend zu skizzierenden Anschlussstellen zeigen.

1. Von Akteuren zu Regelungsstrukturen

a) Das institutionalistische Konzept der Regelungsstruktur

24 Der Wandel von Steuerung zu Governance lässt sich als Wandel von der **Akteurszentriertheit der Steuerungstheorie** zur **Fokussierung** der Governance-Perspektive **auf Regelungsstrukturen** beschreiben. *Renate Mayntz* hat diesen Wandel präzise wie folgt skizziert:[66]

„Faßt man [...] den Unterschied der beiden Perspektiven noch einmal grob zusammen, dann kann man die **Steuerungstheorie als akteurzentriert** und die **Governance-Theorie als institutionalistisch** bezeichnen. Die Steuerungstheorie

---

[61] *Hoffmann-Riem*, Governance (Fn. 56), S. 198.
[62] *Hoffmann-Riem*, Governance (Fn. 56), S. 195 ff.
[63] *Matthias Ruffert*, Die Globalisierung als Herausforderung an das Öffentliche Recht, 2004, S. 24 ff.
[64] Vgl. dazu die Beiträge in *Schuppert* (Hrsg.), Governance (Fn. 55).
[65] *Ruffert*, Globalisierung (Fn. 63), S. 9.
[66] *Mayntz*, Governance (Fn. 57), S. 16 – Hervorhebungen nicht im Original.

ist dabei von ihrer Genese her an eine kontinentaleuropäische Staatsvorstellung geknüpft. Bei ihr steht das handelnde Steuerungssubjekt im Vordergrund, bei der Governance-Theorie dagegen die **Regelungsstruktur,** eine Schwerpunktsetzung, die in beiden Fällen mit der Genese des Ansatzes zusammenhängt."

Die Governance-Theorie blickt also auf die Wirkung verschiedener Regelungsstrukturen, auf die Gestaltungsmöglichkeiten effizienter Regelungsformen sowie darauf, warum sich in verschiedenen Politikbereichen unterschiedliche Regelungsstrukturen herausgebildet haben und wie sich die besonders interessanten Erscheinungsformen eines Regelungs-Mix, also die Kombination verschiedener, z.B. rechtlicher oder ökonomischer Regelungsstrukturen, erklären lassen. Nicht das Steuerungshandeln von Akteuren, „sondern die wie immer auch zustande gekommene Regelungsstruktur und ihre Wirkung auf das Handeln der ihr unterworfenen Akteure steht nun im Vordergrund"[67]; für die Governance-Perspektive ist damit eine **institutionalistische Denkweise** kennzeichnend. Selbst wenn man nicht so weit in der Entgegensetzung von Steuerung und Governance gehen will und insofern eine vermittelnde Perspektive einnimmt, die das **Handeln von Akteuren in Regelungsstrukturen** für das Wesentliche hält, bleibt unübersehbar, dass die Regelungsstrukturen in den Mittelpunkt des Governancefocus rücken; verhält es sich so, so drängt es sich nicht nur geradezu auf, nach dem Beitrag einer als **Regelungswissenschaft verstandenen Rechtswissenschaft**[68] zu fragen, sondern auch daran zu erinnern, dass der Begriff der Regelungsstruktur und des damit zusammenhängenden Begriffs der strukturellen Steuerung gerade in der steuerungstheoretisch aufgeschlossenen verwaltungsrechtlichen Literatur schon seit längerem einen prominenten Platz einnimmt.

b) Das rechtswissenschaftliche Konzept der Regelungsstruktur

Der insbesondere von *Hans-Heinrich Trute* ins Spiel gebrachte Begriff der Regelungsstruktur[69] „bezeichnet letztlich alle für die Regulierung eines Politikfeldes und einer Aufgabe wichtigen **Regelungsinstanzen** und die Verknüpfung der **Regelungsinstrumente**", zielt also – wie *Hoffmann-Riem* es der Perspektive der Governance-Forschung attestiert hat[70] – auf eine **ganzheitliche Perspektive,** die nicht auf einzelne Rechtssätze blickt, sondern auf Regelungsprogramme, Regelungsinstanzen sowie Regelungsinstrumente und sich dabei insbesondere für deren Verknüpfungen und Wechselwirkungen interessiert. Aus einer solchen ganzheitlichen Perspektive – von der Meta-Ebene gewissermaßen – lässt sich insbesondere das Geflecht von Kooperationsbeziehungen besonders gut überblicken, also z.B. von konsensualen Arrangements des kooperativen Staates (konzertierte Aktionen, Bündnisse für Arbeit) von Erscheinungsformen koopera-

---

[67] *Mayntz*, Governance (Fn. 57), S. 14.
[68] Dazu siehe *Gunnar Folke Schuppert*, Das Konzept der regulierten Selbstregulierung als Bestandteil einer als Regelungswissenschaft verstandenen Rechtswissenschaft, in: Regulierte Selbstregulierung als Steuerungskonzept des Gewährleistungsstaates, DV, Beiheft 4, 2001, S. 201–252.
[69] *Hans-Heinrich Trute*, Verantwortungsteilung als Schlüsselbegriff eines sich verändernden Verhältnisses von öffentlichem und privatem Sektor, in: Gunnar Folke Schuppert (Hrsg.), Jenseits von Privatisierung und „schlankem" Staat. Verantwortungsteilung als Schlüsselbegriff eines sich verändernden Verhältnisses von öffentlichem und privatem Sektor, 1999, S. 13–46.
[70] *Hoffmann-Riem*, Governance (Fn. 56), S. 198.

tiver Verwaltungsverfahren (Vorhaben- und Erschließungsplan) und kooperativer Regulierung (Öko-Audit) bis zu Anwendungsfällen der so genannten **Verantwortungsteilung**[71] als Schlüsselbegriff eines sich verändernden Verhältnisses von öffentlichem und privatem Sektor, in denen **duale Verantwortungsstrukturen** eine charakteristische Rolle spielen.[72]

27 Es ist daher wohl auch kein Zufall, dass *Trute* das Konzept der Regelungsstruktur gerade in diesem Kontext der Verantwortungsteilung als besonders fruchtbar ansieht:[73] „Damit verlagert sich das Interesse der Rechtswissenschaft von der einzelfallorientierten, auf das Staat-Bürger-Verhältnis bezogenen Dogmenbildung, auf die strukturelle Ebene, auf verfassungsrechtliche Aussagen der Steuerung gemeinwohlverpflichteter Akteure, auf Demokratie- und Rechtsstaatsprinzip als Strukturprinzipien staatlichen Handelns, auf die **Gemeinwohlfähigkeit** komplexer Regelungsstrukturen von staatlichen und privaten Akteuren. Die Regelungsstruktur wird damit zu dem analytischen Rahmen, innerhalb dessen die Gemeinwohlziele/Wirkungszusammenhänge, Substitutions- und Ergänzungsverhältnisse zwischen Handlungsmaßstäben, Akteuren, Instituten und Handlungsinstrumenten staatlicher und privater Akteure thematisiert werden müssen."

28 Bei diesen verantwortungsteilenden Kooperationsverhältnissen geht es also nicht um die zu einfache Alternative von klassischem Ordnungsrecht und konsensualer Kooperation, sondern um die rechtliche Strukturierung von Kooperation, eine Aufgabe, die nicht einfach mit einer Verrechtlichung von Kooperation gleichzusetzen ist. Vielmehr tritt – wie *Trute* zutreffend hervorhebt[74] – eine andere Wirkung von Recht in den Vordergrund, nämlich nicht die inhaltliche Detailsteuerung von Kooperation durch ein dichtes Netz von Vorgaben und Restriktionen, sondern die Ermöglichung, die Strukturierung und die Begrenzung von Kooperation. Wir haben es also mit einem den Wandel des Staatsverständnisses abbildenden **Funktionswandel** des Rechts zu tun, der darin zum Ausdruck kommt, dass weniger detailliert gesteuert wird, sondern eben im Wege der Struktursteuerung Handlungs- und Entscheidungskorridore eröffnet werden, die dann von den Kooperationspartnern auszufüllen sind.

2. Zur Infrastrukturverantwortung der Rechtsordnung

29 Zurückzukommen ist jetzt auf den Gedanken von „Recht als Infrastruktur" und auf den Beitrag *Gregor Bachmanns* über „Privatrecht als Organisationsrecht"[75], in dem er diesen Gedanken aus einer interessanten Vermählung der Schriften *Rudolf Jherings* mit dem Gedankengut der neuen Institutionenökonomik gewinnt, und zwar in folgender Weise:[76] „Eine seiner [sc. Jherings] maßgebenden,

---

[71] → Bd. I *Baer* § 11 Rn. 58.
[72] Vgl. etwa die Beiträge von *Silke Ruth Laskowski,* Duale Verantwortungsstrukturen in Umweltrecht und Umweltpolitik: Privatisierungstendenzen im Recht der Anlagenüberwachung, und *Christoph Gusy,* Jenseits von Privatisierung und „schlankem" Staat: Duale Sicherheitsverantwortung, beide in: Schuppert (Hrsg.), Jenseits (Fn. 69), S. 93 ff., 115 ff.
[73] *Trute,* Verantwortungsteilung (Fn. 69), S. 22 f.
[74] *Hans-Heinrich Trute,* Vom Obrigkeitsstaat zur Kooperation, in: Rückzug des Ordnungsrechtes im Umweltschutz, Umwelt- und Technikrecht, Bd. 48 (1999), S. 13 ff.
[75] *Bachmann,* Privatrecht (Fn. 44), S. 9 ff.
[76] *Bachmann,* Privatrecht (Fn. 44), S. 14.

die Neue Institutionenökonomik unserer Tage in verblüffender Weise vorausnehmenden Einsichten liegt darin, das Privatrecht und dessen Institute in ihrer sozialen Bedeutung zum Aufbau arbeitsteiliger Kooperationsstrukturen erkannt und beschrieben zu haben. Das Privatrecht zieht danach nicht lediglich Grenzen, innerhalb derer der Einzelne frei schalten kann, und es beschränkt sich auch nicht auf die Zuweisung von Rechtsgütern. Vielmehr schafft es eine **Infrastruktur,** die den Rechtsgenossen jenseits des trivialen Handtausches voraussetzungsvolles Handeln ermöglicht, als dessen Ertrag sich wohlfahrts- und – weil neue Gestaltungsspielräume eröffnend – freiheitsfördernde Kooperationsgewinne einstellen."

Wenn man diesen Begriff der **rechtlichen Infrastruktur** mit dem Begriff der Bereitstellungsfunktion des Rechts und dem der staatlichen Strukturschaffungspflicht[77] verbindet, gelangt man zwanglos zu dem Oberbegriff der **Infrastrukturverantwortung**[78] **der Rechtsordnung,** einem Begriff, der wenig mit dem aus anderem Zusammenhang vertrauten Begriff der Infrastrukturverantwortung für Bahn, Post und Energie zu tun hat,[79] sondern die Aufgabe der Rechtsordnung bezeichnet, nicht nur im Zivilrecht eine kooperationsgeeignete rechtliche Infrastruktur bereitzustellen, sondern auch im Bereich des öffentlichen Rechts – und zwar nicht nur für die im Kooperationsspektrum staatlicher und privater Aufgabenerfüllung agierende Verwaltung, sondern für das Verwaltungshandeln überhaupt, vollziehe sich dies im klassischen Gehäuse der hierarchischen Bürokratie, im Schatten der Hierarchie, in Netzwerken oder wo und wie auch immer. Mit dem Verständnis von **Recht als Infrastruktur** kann – und dies ist ein wichtiges Zwischenergebnis – nicht nur eine Brücke zur Institutionenökonomik geschlagen werden, die die Bereitstellung von Regeln/Institutionen als staatliche Basisfunktion definiert,[80] sondern auch zur Governance-Diskussion, in der mit dem auf die Weltbank zurückgehenden Begriff „Good Governance"[81] nichts anderes gemeint ist, als eine rechtsstaatlich-institutionelle Infrastruktur als unabdingbare Voraussetzung funktionierender Staatlichkeit.[82]

II. Verrechtlichung als Baustein von Global Governance

Aber die Rechtswissenschaft und insbesondere das Öffentliche Recht sehen sich angesichts sich wandelnder Staatlichkeit nicht nur durch ihre Infrastrukturverantwortung in die Pflicht genommen, sondern stehen angesichts von Globalisierung und Transnationalisierung vor neuen großen Herausforderungen. Und zwar nicht nur deshalb, weil dem öffentlichen Recht hier ein Besorgnis erregender Terrainverlust droht – „Public Law has lost ground and its sphere seems to

---

[77] Siehe dazu *Martin Burgi,* Privat vorbereitete Verwaltungsentscheidungen und staatliche Strukturschaffungspflicht. Verwaltungsverfahrensrecht im Kooperationsspektrum zwischen Staat und Gesellschaft, DV, Bd. 33 (2000), S. 183 ff.
[78] → Bd. I *Schulze-Fielitz* § 12 Rn. 51 ff.
[79] Grundlegend dazu *Georg Hermes,* Staatliche Infrastrukturverantwortung. Rechtliche Grundstrukturen netzgebundener Transport- und Übertragungssysteme zwischen Daseinsvorsorge und Wettbewerbsregulierung am Beispiel der leistungsgebundenen Energieversorgung in Europa, 1998.
[80] Vgl. etwa *Karl Homann / Andreas Suchanek,* Ökonomik: Eine Einführung, 2000, S. 205 ff.
[81] → Bd. I *Voßkuhle* § 1 Rn. 68; ausführlich dazu *Christian Theobald,* Zur Ökonomie des Staates. Good Governance und die Perzeption der Weltbank, 2000.
[82] *Schuppert,* Staatswissenschaft, S. 403 ff.

32 Was zunächst den erwartbaren **Geländeverlust** durch **Entstaatlichung** angeht, so hat *Ruffert* zutreffend darauf hingewiesen, dass der mit der Globalisierung einher gehende Entstaatlichungsprozess natürlich und vor allem auch die Bastion des staatlichen Rechts zu schleifen droht: „Ist das Recht nach den parallelen, die juristische Moderne auszeichnenden Entwicklungen der Verstaatlichung des Rechts wie der Verrechtlichung des Staates untrennbar mit staatlicher Herrschaft verknüpft, so kann ein Vorverständnis vermutet werden, dass die Globalisierung auf das Recht sogar größere Auswirkungen zeitigt als auf Technologie, Naturwissenschaft und Wirtschaft"[84].

33 In der Tat ergreift der Prozess der Entstaatlichung das Recht in all seinen Teilgebieten, wenn auch mit unterschiedlicher Wucht. Besonders betroffen scheinen auf den ersten Blick die **Verfassung und das Verfassungsrecht** zu sein, kommt ihnen doch mit dem Bedeutungsverlust des Staates der „konstitutionsfähige Gegenstand"[85] abhanden; es erscheint daher nur konsequent, wenn *Gunther Teubner*[86] zur Abkehr von einer „staatszentrierten Verfassungstheorie" auf- und den Beginn einer Ära von entstehenden Zivilverfassungen (lex mercatoria, lex electronica, lex sportiva) ausruft. Aber auch das Völkerrecht bangt angesichts von Globalisierung und Transnationalisierung um die Fortgeltung seiner scheinbar so fest tradierten Grundpfeiler[87] und sieht sich einem tiefgreifenden Wandel der Völkerrechtsnormen ausgesetzt.[88] Schließlich ist auch das Strafrecht dem Sog der Globalisierung ausgesetzt, was Überlegungen zur Notwendigkeit und den Chancen eines interkulturellen Strafrechts provoziert.[89] Am ehesten scheint das Zivilrecht mit den Herausforderungen der Globalisierung fertig zu werden; gibt es doch schon seit längerem die Entwicklung einer „lex mercatoria" als einer besonderen Erscheinungsform eines globalisierten, entstaatlichten Handelsrechts.[90] Aber nicht nur die Teilgebiete der Rechtsordnung werden von Globalisierung und Transnationalisierung „aufgemischt", sondern das Recht und die Rechtswissenschaft insgesamt,[91] so dass es eine der wichtigsten Aufgaben der Rechtswissenschaft wäre, über die zukünftige Beschaffenheit der „Welt des Rechts" systematisch nachzudenken.

---

[83] *Carol Harlow,* European Administrative Law and the Global Challenge, in: Paul Craig/Grainne de Burca (Hrsg.), The Evolution of EU Law, 1999, S. 261 ff.

[84] *Ruffert,* Globalisierung (Fn. 63), S. 19.

[85] *Dieter Grimm,* Die Verfassung im Prozess der Entstaatlichung, in: Jutta Allmendinger (Hrsg.), Entstaatlichung und soziale Sicherheit, 2003, S. 71 ff.

[86] *Gunther Teubner,* Globale Zivilverfassungen. Alternativen zur staatszentrierten Verfassungstheorie, ZaöRV, Bd. 63 (2003), S. 1 ff.

[87] *Armin v. Bogdandy,* Demokratie, Globalisierung, Zukunft des Völkerrechts. Eine Bestandsaufnahme, ZaöRV, Bd. 63 (2003), S. 853 ff.

[88] *Christian Tietje,* Recht ohne Rechtsquellen?, ZfRSoz, Bd. 23 (2003), S. 27–42.

[89] *Winfried Hassemer,* Vielfalt und Wandel. Offene Horizonte eines interkulturellen Strafrechts, in: Otfried Höffe (Hrsg.), Gibt es ein interkulturelles Strafrecht?, 1999, S. 157 ff.

[90] *Hans-Patrick Schroeder,* Die lex mercatoria – Rechtsordnungsqualität und demokratische Legitimation, in: Jb. J. ZRWiss., Bd. 13 (2002), S. 57 ff.

[91] *Martin Shapiro,* The Globalization of Law, Indiana Journal of Global Legal Studies, 1993, S. 37–64; *Bernd Lutterbeck,* Globalisierung des Rechts – am Beginn einer neuen Rechtskultur?, CR 2000, S. 52–60.

B. Steuerung durch Organisation und Organisationsrecht

Gleichwohl ist die Auffassung *Rufferts* nicht zu teilen, dass das öffentliche Recht eigentlich in einen Alarmzustand geraten müsste, weil „ein weltweit wirksames Phänomen ihm seine Grundlage zu entziehen droht"[92], und zwar deshalb, weil dem Prozess der Entstaatlichung gleichzeitig ein Prozess der **Verrechtlichung** gegenübersteht, an dem sich die Rechtswissenschaft und insbesondere das öffentliche Recht mit frischem Mut beteiligen sollten. 34

Dass diese internationale und transnationale Verrechtlichung (auf die Unterschiede wird weiter unter eingegangen werden) einen wichtigen Baustein für Global Governance darstellt, ist die zentrale und überzeugende These des programmatischen Beitrages von *Bernhard Zangl* und *Michael Zürn* mit dem Titel „Make Law, not War"[93]. Sie machen geltend – und befinden sich dabei mit *Dieter Grimm* in guter Gesellschaft[94] –, dass es sich bei dieser Verrechtlichung um einen funktional begründeten und daher unvermeidlichen Vorgang handelt, da die globalisierte Welt und die in ihnen handelnden Akteure für ihr Handeln und die Koordination ihrer Handlungen ebenfalls irgendwelcher Regeln bedürfen und zwar Rechtsregeln nicht-staatlicher Qualität, aber mit all den Eigenschaften, die den Siegeszug des staatlichen Rechts bewirkt haben,[95] nämlich Berechenbarkeit und eine irgendwie geartete Durchsetzbarkeit. *Zangl* und *Zürn* untersuchen den unterschiedlichen **Verrechtlichungsgrad** in verschiedenen Politikfeldern daher interessanterweise auch anhand der nachstehenden drei Indikatoren, nämlich 35

– der Bedeutung verrechtlichter Streitschlichtungsverfahren durch gerichtliche oder quasi-gerichtliche Instanzen,
– der Bedeutung einer institutionalisierten Rechtsdurchsetzung durch internationale oder damit beauftragte nationale Vollstreckungsinstanzen sowie
– des Ausmaßes deliberativer Rechtserzeugung, d.h. einer Rechtserzeugung in einem öffentlichen Verfahren mit einem Mindestmaß von Betroffenenbeteiligung.

Die Eigenart dieses Verrechtlichungsprozesses, der den Charakter des Regierens verändert, skizzieren *Zangl* und *Zürn* wie folgt: „Durch die Entwicklung in Richtung auf Global Governance wird das intergouvernementale Regieren – der so genannte exekutive Multilateralismus – transformiert. Global Governance zeichnet sich dadurch aus, dass die Regierungen das Regieren nicht mehr vollständig kontrollieren. Zum einen findet eine **Vergesellschaftung** des Regierens jenseits des Staates statt. Demnach wird internationales Regieren nicht mehr allein als Sache der Regierungen angesehen. Vielmehr sind gesellschaftliche Gruppen vermehrt am Regieren jenseits des Staates beteiligt oder nehmen dieses Regieren sogar selbst vor. [...] Dementsprechend sind es nicht mehr nur die von den Regierungen vertretenen nationalen Interessen, sondern vermehrt auch andere gesellschaftliche Interessen, die in das Regieren eingebracht werden kön- 36

---

[92] *Ruffert*, Globalisierung (Fn. 63), S. 19.
[93] *Bernhard Zangl/Michael Zürn*, Make Law, Not War: Internationale und transnationale Verrechtlichung als Baustein für Global Governance, in: dies. (Hrsg.), Verrechtlichung – Baustein für Global Governance?, 2004, S. 12–45.
[94] *Dieter Grimm*, Gemeinsame Werte – Globales Recht?, in: Hertha Däubler-Gmelin/Irina Mohr (Hrsg.), Recht schafft Zukunft. Perspektiven der Rechtspolitik in einer globalisierten Welt, 2003, S. 14–30.
[95] Vgl. dazu *Schuppert*, Staatswissenschaft, S. 77 ff.: „Die Geschichte des modernen Staates als Geschichte des Rechts".

nen. **Zum anderen zeichnet sich eine Verrechtlichung des Regierens jenseits des Staates ab.** Der Streit über unterschiedliche Regelanwendungen und Regelauslegungen erfolgt nicht mehr ausschließlich in an Interessen und Konsens orientierten politischen Verhandlungsprozessen, sondern wird immer mehr durch ein an Recht orientiertes juristisches Argumentieren geprägt. Dafür sorgen nicht zuletzt supranationale, quasi-gerichtliche Organe, die von den Staaten partiell unabhängig das Regieren beeinflussen können."[96]

38 Schon anhand dieser wenigen Bemerkungen dürfte klar sein, welche zentrale Rolle der Disziplin der Rechtswissenschaft und des öffentlichen Rechts im Prozess der Globalisierung zukommen wird. Es bilden sich notwendig, wenn nicht unbedingt neue, so doch andersartige **Governance-Strukturen und das heißt Regelungsstrukturen** heraus, die den Regelungsbedarf einer globalisierten Gesellschaft abdecken müssen. Dabei geht es nicht nur um das Phänomen der Konstitutionalisierung des Völkerrechts,[97] das methodisch ja relativ vertraut ist, sondern um die Emergenz einer **transnationalen Verrechtlichung,** wie *Ruffert* es richtig gesehen hat: „Die Entterritorialisierung führt nicht nur zu Rechtsbeziehungen zwischen den Staaten – internationale Beziehungen – sondern zu Beziehungen über die Staaten hinaus und **durch sie hindurch,** zu transnationalen Beziehungen von Wirtschaft und Recht"[98]. An der Gestaltung dieser Rechtsbeziehungen mitzuwirken, ist eine zentrale Zukunftsaufgabe unserer Disziplin.

C. Das Organisationsmodell klassischer Verwaltungsstaatlichkeit und seine unübersehbaren Risse und Verwerfungen

38 Nach den bisherigen, noch sehr allgemeinen Vorüberlegungen zur Steuerungsqualität von Verwaltungsorganisation und Verwaltungsorganisationsrecht sowie zum Wandel von Steuerung zu Governance geht es in dem nachfolgenden Abschnitt darum, an einer Reihe von Beispielen zu zeigen, mit welchen Herausforderungen sich das Organisationsrecht konfrontiert sieht, wie es darauf zu antworten sucht und welche Steuerungs- bzw. Governanceprobleme zu lösen sind und, gewissermaßen als Nebenprodukt, wie Steuerung durch Organisation und Organisationsrecht funktioniert. Bevor die einzelnen Herausforderungen näher in den Blick genommen und daraufhin befragt werden, welche neuen oder andersartigen Steuerungsleistungen sie dem Verwaltungsorganisationsrecht abverlangen, soll aus analytischen Gründen und zum besseren Verständnis der Wandlungsprozesse des Verwaltungsstaates[99] zunächst das **Normalmodell deutscher Verwaltungsstaatlichkeit** skizziert werden, und zwar nicht nur aus kartographischem oder typologischem Interesse, sondern weil dieses Leitbild der hoheitlich handelnden, hierarchisch verfassten Verwaltung über eine offen-

---

[96] *Zangl/Zürn*, Make Law (Fn. 93), S. 16.
[97] *Jochen A. Frowein*, Konstitutionalisierung des Völkerrechts, BDGVR, Bd. 39 (2000), S. 427.
[98] *Ruffert*, Globalisierung (Fn. 63), S. 18.
[99] Zum Wandel von Staatlichkeit siehe etwa *Benz*, Staat (Fn. 7), S. 285 ff.; *Ulrich Beck*, Macht und Gegenmacht im globalen Zeitalter. Neue weltpolitische Ökonomie, 2002; v. a. aber: Forschungsprogramm des Sonderforschungsbereiches 597 der DFG an der Universität Bremen mit dem Titel „Staatlichkeit im Wandel", Bremen 2003.

bar ungebrochene Ausstrahlungskraft verfügt und nach wie vor in der Lage ist, das Handeln der Akteure zu steuern.[100]

I. Die verfassungs- und verwaltungsrechtliche Erzählung von der hoheitlich handelnden und hierarchisch organisierten Verwaltung

In seinem Beitrag „Wozu und wie überhaupt noch öffentliches Recht?" hat *Arno Scherzberg* die „verfassungsrechtliche Erzählung vom Staat und seinem öffentlichen Recht" behandelt und forterzählt;[101] und zwar nicht nur, weil „Erzählungen zum kulturellen Erbe der Menschheit gehören" (*Scherzberg*), sondern weil immer weiter tradierte Erzählungen[102] nicht nur eine mythenbildende Kraft haben, sondern auch als Handlungs- und Erklärungsmuster in den Köpfen der Akteure fortwirken. Davon wird gleich noch zu handeln sein. **39**

1. Das hierarchisch-bürokratische Strukturmodell der deutschen Verwaltung

Wenn man darüber nachdenkt, wie man einem Dritten gegenüber – etwa als Bestandteil eines interkulturellen Vergleichs[103] – das **deutsche Verwaltungsmodell** erklären könnte, so drängen sich vier Aspekte in den Vordergrund, die man als **Bausteine** eines solchen Verwaltungsmodells bezeichnen könnte und die nicht etwa unverbunden nebeneinander stehen, sondern gerade erst durch ihr Zusammenwirken und den damit verbundenen **Effekt gegenseitiger Verstärkung** das Modell tragen und stabilisieren; diese **vier Bausteine** sind **40**
– die **Hierarchie** als Organisationsprinzip,
– die **hierarchisch-bürokratische Organisation** als Transmissionsriemen der Steuerung qua Gesetz,
– die **Weisungshierarchie** als Verwirklichungsmodus demokratischer Legitimation und
– ein auf **hierarchische Steuerung** ausgerichtetes öffentliches Recht.

a) Hierarchie als zentrale Governance-Struktur des sich ausbildenden modernen Staates

Was zunächst die **Hierarchie als Organisationsprinzip** angeht, so gilt es schon je als das **natürliche Bauprinzip der Exekutive** schlechthin; so heißt es in dem Werk *Gottlieb Wehnerts* mit dem schönen Titel „Über den Geist der Preußischen Staatsorganisation und Staatsdienerschaft" von 1833 wie folgt:[104] **41**

---

[100] Vgl. dazu *Marian Döhler*, Die begrenzte Rationalität von Delegation und Steuerung in der Bundesverwaltung, in: Steffen Ganghof/Philip Manow (Hrsg.), Theoretische Perspektiven auf das deutsche Regierungssystem, 2005, S. 215–243.
[101] *Arno Scherzberg*, Wozu und wie überhaupt noch öffentliches Recht?, Erfurter Beiträge zu den Staatswissenschaften, Heft 1, 2003.
[102] Zu diesem Begriff und seiner Verwendung siehe *Christian Bumke*, Die Entwicklung der verwaltungsrechtswissenschaftlichen Mehodik in der Bundesrepublik Deutschland, in: Schmidt-Aßmann/Hoffmann-Riem (Hrsg.), Methoden, S. 73 ff.
[103] Siehe dazu *Werner Jann*, Verwaltungskulturen im internationalen Vergleich. Ein Überblick über den Stand der empirischen Forschung, DV, Bd. 33 (2000), S. 325–349.
[104] *Gottlieb J.M. Wehnert*, Über den Geist der Preußischen Staatsorganisation und Staatsdienerschaft, Potsdam 1833, S. 2, hier zit. n. *Horst Dreier*, Hierarchische Verwaltung im demokratischen

§ 16 Verwaltungsorganisation als Steuerungsfaktor

„Die natürlichste Verwaltungsform scheint eine **Pyramide** zu seyn; [...] unmittelbar und frei muß der Blick vom Haupt zur Grundfeste reichen [...] das System besteht in durchgreifender Theilung nach Realbeziehungen, Centralisirung der Hauptmassen in den Händen Einzelner, und in **hierarchischer Ordnung** der Mittel- und Unterbehörden nach geographisch gebildeten Verwaltungsbezirken und in Wechselwirkung gesetzten Attributionen."

42 Aber nicht nur bei einer solchen organischen Betrachtungsweise erscheint eine hierarchisch-pyramidale Regierungs- und Verwaltungsorganisation als die einzig natürliche; auch für ein eher mechanistisch-technisches Staatsmodell, das – wie für das Ideal des absolutistischen Fürstenstaates typisch – den **Staat als Maschine** betrachtet, erscheint die Existenz eines höchsten Gestaltungswillens, der von oben nach unten die regelhafte, mechanische Apparatur ordnet, inspiriert und dirigiert, als gewissermaßen modellimmanentes Organisationsprinzip. Anschaulich heißt es dazu in dem grundlegenden Werk von *Horst Dreier*:[105] „Das Gefüge der Verwaltungsorganisation mit seiner gegliederten Struktur und dem Personal eines gehorsamen und treuen Beamtentums erscheint als ein großer **mechanischer Apparat,** durch den der Regent von einem ‚Centralpunkte aus durch Anordnung vieler und verschiedener genau ineinandergreifender Räder den Staat in allen Theilen und nach allen Branchen regieren kann'."

43 Wer nun – unter dem Eindruck dieser beiden Zitate – meinen wollte, das Hierarchieprinzip könnte in die Traditionskompanie staatsorganisatorischer Vorstellungen abgeschoben werden, ginge vollständig fehl. Wie insbesondere *Max Weber*[106] herausgearbeitet hat, ist es gerade das Hierarchieprinzip, das als unverzichtbare Korsettstange einer bürokratischen, und das heißt modernen Verwaltungsorganisation, fungiert; in seiner zusammenfassenden Darstellung spricht *Dreier* – der Begriff der Regelungsstruktur ist dabei stets mitzudenken – von der durch das **Hierarchieprinzip** gebotenen strukturellen **Chance, die Rationalität politischer Herrschaft** zu befördern:[107] „Das [...] Rationalisierungspotential eines hierarchisch zentralisierten Behördenapparates, [...] erscheint so ungeheuer, daß Max Weber die universelle Bürokratisierung der Welt als ihren wirkungsmächtigsten Entwicklungszug [...] als nahezu unausweichlich bezeichnen konnte. Neben dieser eher spekulativen Seite kennzeichnet es den in seine Herrschaftssoziologie eingebetteten wirklichkeitswissenschaftlich-komparativ-kontrastierenden Bürokratiebegriff Webers, daß bürokratisches Verwaltungshandeln die strukturelle Chance bietet, das Handeln des Verwaltungsstabes verbindlich und verläßlich festlegen und so die Rationalität politischer Herrschaft steigern zu können. Mit eben dieser Umschreibung ist der sich im fürstlichen Absolutismus entfaltende bürokratische Amtsbetrieb im Kern erfaßt."

44 Von *Max Weber* über *Horst Dreier* gilt es nunmehr den Bogen zur modernen Politikwissenschaft zu schlagen, die ganz selbstverständlich die Hierarchie als einen zentralen Governance-Modus behandelt. In seiner Übersicht über ver-

---

Staat. Genese, aktuelle Bedeutung und funktionelle Grenzen eines Bauprinzips der Exekutive, 1991, S. 70.
[105] *Dreier*, Hierarchische Verwaltung (Fn. 104), S. 40 f.
[106] *Max Weber*, Wirtschaft und Gesellschaft. Herrschaft, MWG Bd. I/22-4, 2005, bes. S. 185.
[107] *Dreier*, Hierarchische Verwaltung (Fn. 104), S. 45.

schiedene Governance-Modi[108] skizziert *Arthur Benz* als erstes die Hierarchie und formuliert dazu folgenden Befund:[109] „Neben diesem Merkmal [der Über- und Unterordnung, G.F.S.] ist der Aspekt der funktionalen Differenzierung zu beachten. Übergeordnete ‚Principals' sind weder faktisch in der Lage noch formal dafür verantwortlich, alle Entscheidungen zu treffen, sondern beschränken sich auf Leitungs- und Kontrollfunktionen gegenüber den ‚Agenten'[110]. Konzepte der Managementlehre und der Verwaltungsmodernisierung erfassen diesen Aspekt von Hierarchie, wenn sie die Bedeutung der strategischen Steuerung wie der Selbstverantwortung dezentraler Einheiten betonen, dadurch aber die Steuerungsmacht der Zentralinstanzen nicht in Frage stellen, sondern stärken wollen. Diese Konzepte entsprechen der Erkenntnis der politikwissenschaftlichen Forschung, wonach die Steuerungsmacht der Zentrale meistens nur als ‚Schatten' wirkt.[111] Sowohl die normativen Konzepte wie die empirisch-analytischen Kategorien der Governance-Forschung belegen, dass man die Bedeutung von Hierarchie in Governance-Regimen nicht unterschätzen sollte."

b) Die hierarchisch-bürokratische Organisation als Transmissionsriemen der Steuerung qua Gesetz

„Der Kernpunkt der verfassungsmäßigen Bindung und Verrechtlichung der öffentlichen Gewalt ist der Begriff der Gesetzgebung. Das Gesetz ist der Schlüsselbegriff des demokratischen Rechtsstaats"[112]. Diese dem **Gesetz** in der Gewalten teilenden Verfassungsordnung zugewiesene **Schlüsselrolle** kommt ihm nicht nur deshalb zu, weil es sich als „Garantie des Rechtsstaats und der individuellen Freiheit"[113] erweist, sondern gerade auch deshalb, weil es das wichtigste Steuerungsinstrument des modernen Staates ist.[114] Unter mehrfacher Bemühung des Steuerungsbegriffs hat *Roman Herzog* dazu Folgendes ausgeführt:[115] „Seit sich der Gesetzesbegriff von der Vorstellung der reinen, gewissermaßen zielfreien Normierung (so genanntes Normgesetz) zunehmend entfernt und gewichtige Elemente der Problembewältigung und der Steuerung gesellschaftlicher Geschehensabläufe in sich aufgenommen hat (so genanntes Maßnahmengesetz), besitzt der Gesetzgeber, d.h. konkret aber das unmittelbar vom Volk gewählte Parlament, den Schlüssel zu einem der wichtigsten Steuerungsinstrumente, die der moderne Staat und seine Verfassung zu vergeben haben."

45

---

[108] *Arthur Benz*, Governance in verbundenen Arenen – Politikwissenschaftliche Analyse von Koordinierung und Steuerung in komplexen Regelsystemen. Beitrag zum Theorieworkshop „Neue Governance-Formen in der Forschung – disziplinäre Theorieansätze, Schnittstellen und Integrationsmöglichkeiten" im Forschungsinstitut für Öffentliche Verwaltung, Speyer, 1./2. Juli 2004.
[109] *Benz*, Governance (Fn. 108), MS, S. 6.
[110] Gemeint ist hier die so genannte Principal-Agent-Theorie, die v.a. in der amerikanischen Literatur eine große Rolle spielt und z.B. auf das Verhältnis der Zentraleinheit zu den verselbstständigten Verwaltungstrabanten Anwendung finden; vgl. etwa *Kenneth A. Shepsle*, Discretion, Institutions, and the Problem of Government Commitment, in: Pierre Bourdieu/James S. Coleman (Hrsg.), Social Theory for a Changing Society, 1991, S. 245–263; *John D. Huber/Charles R. Shipan*, Deliberate Discretion?: The Institutional Foundations of Bureaucratic Autonomy, 2002; *Richard W. Waterman/Kenneth J. Meier*, Principal-Agent Models: An Expansion?, Journal of Public Administration Research and Theory, Vol. 2 (1998), S. 173–202.
[111] *Fritz W. Scharpf*, Games Real Actors Play, 1997.
[112] *Badura*, StaatsR, D, Rn. 49.
[113] *Badura*, StaatsR, D, Rn. 49.
[114] → Bd. I *Schmidt-Aßmann* § 5 Rn. 63 ff., *Reimer* § 9 Rn. 10 ff.
[115] *Herzog*, in: Maunz/Dürig, GG, Art. 20 VI Rn. 45.

§ 16 Verwaltungsorganisation als Steuerungsfaktor

46 Wenn das Gesetz also das zentrale Steuerungsinstrument des demokratischen Rechtsstaates darstellt,[116] dann bedarf es einer Verwaltung, die den gesetzgeberischen Steuerungswillen möglichst präzise umsetzt. Wenn dies wiederum richtig ist, dann ist eine hierarchische Verwaltung keineswegs eine als vormodern abzustempelnde[117] oder als vor- oder undemokratisch zu stigmatisierende Einrichtung: das Gegenteil ist richtig. Vollkommen zu Recht bezeichnet *Horst Dreier* eine hierarchische Verwaltung als **Funktionserfordernis demokratischer Staatlichkeit**[118] und sieht in ihr die „komplementäre Figur des demokratischen Willensbildungsprozesses"[119]. Bei *Dreier* heißt es dazu in steuerungstheoretischer Diktion überzeugend wie folgt:[120] „Auch im demokratischen Staat behält demzufolge – nur scheinbar paradox – die hierarchische Organisation der Verwaltung ihren Sinn. Wegen des Zieles, den Willen des demokratischen Gesetzgebers möglichst unverfälscht zu realisieren, erweist sich das auf Bürosystem, striktem Weisungsrecht und Berufsbeamtentum beruhende hierarchische Modell mit seinen plausibel zu vermutenden Vorteilen größerer Sachlichkeit, höherer Unparteilichkeit und reiner Rechtlichkeit auch für die Demokratie als geeignet und adäquat."

47 Aber nicht nur der Gesichtspunkt der Gesetzesbindung[121] „punktet" für das Hierarchieprinzip, sondern auch das das parlamentarische Regierungssystem prägende Prinzip parlamentarischer Kontrolle und Verantwortlichkeit der Exekutive;[122] insoweit ist also der Organisationsbaustein „Hierarchie" gleich in zweifacher Weise verfassungsrechtlich fundiert:[123] „Deutlich wird insgesamt die doppelte Fundamentierung des hierarchischen, besser: demokratisch-hierarchischen Kontrollsystems, das der Verwaltungsorganisation im parlamentarischen Regierungssystem ein spezielles Profil gibt. Es wurzelt zum einen im Gedanken der Gesetzesbindung der Verwaltung und der Kontrolle der Regierung durch das Parlament: Beides untermauert die These vom instrumentellen Charakter der Exekutive und trägt in sich wechselseitig stützender und ergänzender Weise dem Erfordernis demokratischer Legitimation des gesamten staatlichen Handelns Rechnung."

48 Dieser Zusammenhang von ebenso präziser und umfassender gesetzlicher Direktion des Verwaltungshandelns und einer den gesetzgeberischen Steuerungsimpetus umsetzenden Verwaltung erfährt eine zusätzliche Verstärkung durch die so genannte **Wesentlichkeitsrechtsprechung** des BVerfG,[124] der zufolge das Parlament zentrale Fragen des menschlichen Zusammenlebens – insbesondere solcher von grundrechtlicher Relevanz – selbst regeln muss und sie nicht an die Verwaltung delegieren darf.[125] Zu diesem **Verstärkungseffekt** heißt es in der

---

[116] *Gunnar Folke Schuppert*, Das Gesetz als zentrales Steuerungsinstrument des Rechtsstaates, in: ders. (Hrsg.), Das Gesetz als zentrales Steuerungsinstrument des Rechtsstaates, 1998, S. 105–156.
[117] So zutreffend *Maximilian Wallerath*, Die Änderung der Verwaltungskultur als Reformziel, DV, Bd. 33 (2000), S. 351 ff.
[118] *Dreier*, Hierarchische Verwaltung (Fn. 104), S. 125 f.
[119] *Theodor Eschenburg*, Staat und Gesellschaft in Deutschland, 1956.
[120] *Dreier*, Hierarchische Verwaltung (Fn. 104), S. 125 f.
[121] → Bd. I *Schmidt-Aßmann* § 5 Rn. 63 ff.
[122] Dazu → Bd. I *Trute* § 6 Rn. 12, 35.
[123] *Dreier*, Hierarchische Verwaltung (Fn. 104), S. 139.
[124] → Bd. I *Reimer* § 9 Rn. 47 ff.
[125] Vgl. zusammenfassend *Michael Nierhaus*, Bestimmtheitsgebot und Delegationsverbot des Art. 80 Abs. 1 Satz 2 GG und der Gesetzesvorbehalt der Wesentlichkeitstheorie, in: FS Klaus Stern, 1997, S. 717 ff.

C. Das Organisationsmodell klassischer Verwaltungsstaatlichkeit

Untersuchung von *Marian Döhler* über „Die begrenzte Rationalität von Delegation und Steuerung in der Bundesverwaltung"[126] durchaus plausibel wie folgt: „Diese in der Tendenz ‚delegationsfeindliche' Anforderung an die Gesetzgebung ist mit dem normativen Bild der Verwaltung kompatibel, die keinen eigenständigen Beitrag zum Gesetzesvollzug liefert und deren Ermessensspielräume gering zu halten sind. Die unscharfen Konturen des Wesentlichkeitskriteriums haben zwar verhindert, dass daraus eine Art Schranke für delegierbare Gesetzesmaterien entstehen konnte, aber sein gegen administrative Handlungsspielräume gerichteter bias unterstützt das normative Modell einer hierarchisch aufgebauten und gesteuerten Verwaltung."

Will man dem Charme der nahezu „erdrückenden Plausibilität"[127] des Hierarchieprinzips als Transmissionsriemen gesetzgeberischer Steuerung nicht gänzlich erliegen, so hilft die grobe Keule des Vorwurfs der Vormodernität oder des Undemokratischen offenbar nicht; vielmehr muss an den Prämissen dieses Modells – der perfekten Durchsetzung des gesetzgeberischen Willens mit Hilfe eines hierarchisch organisierten Verwaltungsstabes – angesetzt und gefragt werden, ob diese denn wirklich so stabil sind, wie es auf den ersten Blick erscheint. Schon beim zweiten Blick zeigt sich aber sehr schnell, dass dieses scheinbar so stabile Fundament einige deutliche Risse aufweist, die nicht ohne Konsequenzen für den Stellenwert des Hierarchieprinzips bleiben können.[128]

Versteht man das Organisationsprinzip der Hierarchie als Konsequenz einer durchgängigen Gesetzesbindung der Verwaltung, so kann ein Funktionswandel des Gesetzes oder eine Schwächung des Gesetzes als Steuerungsinstrument auf diesen Ableitungszusammenhang nicht ohne Einfluss bleiben. Je mehr das Gesetz – so könnte man als These formulieren – als zentrales Steuerungsinstrument des modernen Staates an Bedeutung verliert, umso weniger zwingend erscheint das am Bild der Verwaltung als reinem Gesetzesvollzug orientierte Hierarchieprinzip.

Nun zeigt das Gesetz als Steuerungsinstrument zwei deutliche Schwächen, die von *Dieter Grimm*,[129] der hier als besonders formulierungsgewandter Argumentationshelfer bemüht werden kann, noch einmal auf den Punkt gebracht worden sind. Die eine Schwäche ist eher ein Funktionswandel des Typs der Gesetzesbindung, wie er in der zunehmenden Bedeutung von die Verwaltung nur an der langen Leine steuernden Finalprogrammen zum Ausdruck kommt. Dazu bemerkt *Grimm*[130] zutreffend: „Die Aktivitäten des Wohlfahrtsstaates lassen sich […] rechtlich weit weniger einbinden als die Garantenfunktionen des Ordnungsstaates. Das schwächt sowohl die Grundrechte als auch das Gesetz. Da die Verfassung gleichwohl auch die Erfüllung dieser Aufgaben von gesetzlichen Grundlagen abhängig macht, hat sich hier ein Gesetzestyp ausgebreitet, der gewöhnlich als Finalprogramm bezeichnet wird und sich von dem klassischen Konditionalprogramm dadurch unterscheidet, daß er die staatliche Verwaltung nicht nach Voraussetzungen und Rechtsfolgen abschließend determiniert, son-

---

[126] *Döhler*, Rationalität (Fn. 100), S. 229 f.
[127] *Dreier*, Hierarchische Verwaltung (Fn. 104), S. 143.
[128] Wir knüpfen hier an frühere Überlegungen an; siehe *Schuppert*, Verfassungsrecht (Fn. 25), S. 581–610.
[129] *Dieter Grimm*, Verfassungsreform in falscher Hand?, Merkur Nr. 525 (1992), S. 1059–1072.
[130] *Grimm*, Verfassungsreform (Fn. 129), S. 1069.

dern ihr lediglich Ziele setzt und Gesichtspunkte nennt, die sie bei der Zielerreichung zu beachten hat. Das weitere ist Sache der staatlichen Verwaltung selbst, die dann freilich keine generell und abstrakt schon vorbestimmte Rechtsfolge im Einzelfall ausspricht, sondern ihre gesetzlich nur schwach bestimmten Entscheidungen originär fällt."

52 Die zweite Schwäche liegt darin begründet, dass das Gesetz als typisches Mittel einseitiger Anordnung an die Funktionsgrenzen der so genannten regulativen Politik stößt,[131] deren Instrumente, wie Gebote und Verbote, zunehmend durch konsensuale Steuerungstechniken[132] ergänzt werden. Ist für den Verwaltungsstil der heutigen Verwaltung das Motto „Aushandeln statt Entscheiden"[133] die richtige Beschreibung, so kann dies für das Verhältnis von Gesetz und Verwaltung nicht ohne Rückwirkung bleiben. Dazu bemerkt *Grimm*:[134] „Aber auch dort, wo imperative Steuerung faktisch möglich und rechtlich zulässig wäre, erzeugt sie oft einen so hohen Konsensbedarf, daß der Staat es vorzieht, auf den Einsatz imperativer Mittel zu verzichten, und statt dessen zu indirekt wirkenden Steuerungsmitteln greift. [...] Der Staat hat auf diese Entwicklung mit der Ausbildung ausgedehnter Verhandlungssysteme zwischen öffentlichen und privaten Akteuren reagiert, aus denen bereits heute ein Großteil staatlicher Entscheidungen hervorgeht."

53 Die *Grimm*sche Schlussfolgerung sollte zu denken geben: „Beide Entwicklungen lassen die Verfassung" – und man kann hinzufügen: das Gesetz – „nicht unberührt. Wo das Gesetz staatliches Handeln nur noch schwach determiniert, fällt sowohl die demokratische Legitimation der Verwaltung als auch ihre rechtsstaatliche Bindung und Kontrolle aus."

54 Zusammenfassend kann daher festgestellt werden, dass das Hierarchieprinzip nach wie vor ein wichtiges Governance-Instrument darstellt, dass man aber gut daran täte, die in der Verabsolutierung des Hierarchieprinzips liegende Verengung des Blickwinkels zu vermeiden und dem Organisationsprinzip „Hierarchie" andere Organisationsprinzipien – wie etwa das Kollegialprinzip oder die Selbstverwaltung – zur Seite zu stellen und nach ihren genuinen Steuerungsleistungen zu befragen.

c) Die Weisungshierarchie als Verwirklichungsmodus demokratischer Legitimation

55 Nur als Merkposten ist hier an die Rechtsprechung des BVerfG zu erinnern, die die durchgängige Weisungsgebundenheit der Verwaltung zur notwendigen Folge des Gebotes sachlich-inhaltlicher demokratischer Legitimation[135] erklärt hat.[136] Die maßgeblichen Leitgedanken sind in den Entscheidungen zum Ausländerwahlrecht für die Hamburger Bezirksversammlungen[137] und zum

---

[131] Hubert Treiber, Regulative Politik in der Krise?, Kriminalsoziologische Bibliographie 1983, S. 28 ff.
[132] Ritter, Steuerungsmedium (Fn. 38), S. 69 ff.
[133] Philip Kunig / Susanne Rublack, Aushandeln statt Entscheiden? Das Verwaltungsverfahrensrecht vor neuen Herausforderungen, Jura 1990, S. 1 ff.
[134] Grimm, Verfassungsreform (Fn. 129), S. 1070.
[135] Zu den unterschiedlichen Legitimationsformen siehe Ernst-Wolfgang Böckenförde, Demokratie als Verfassungsprinzip, in: HStR I, § 24 Rn. 14 ff.
[136] → Bd. I Trute § 6 Rn. 7 ff.
[137] BVerfGE 83, 60 ff.

Schleswig-Holsteinischen Mitbestimmungsgesetz[138] zusammengefasst worden: „In der freiheitlichen Demokratie geht alle Staatsgewalt vom Volke aus. [...] Dieser Zurechnungszusammenhang zwischen Volk und staatlicher Herrschaft wird vor allem durch die Wahl des Parlaments, durch die von ihm beschlossenen Gesetze als Maßstab der vollziehenden Gewalt, durch den parlamentarischen Einfluß auf die Politik der Regierung sowie durch die grundsätzliche **Weisungsgebundenheit** der Verwaltung gegenüber der Regierung hergestellt"[139]. In der Personalvertretungs-Entscheidung Schleswig-Holstein heißt es weiter, die ausreichende sachlich-inhaltliche Legitimation des Handelns der Amtsträger setze voraus, „daß die Amtsträger im Auftrag und nach Weisung der Regierung – ohne Bindung an die Willensentscheidung einer außerhalb parlamentarischer Verantwortung stehenden Stelle – handeln können und die Regierung damit in die Lage versetzen, die Sachverantwortung gegenüber Volk und Parlament zu übernehmen"[140].

So „erdrückend plausibel" das unangreifbare Argument der demokratischen Legitimation – wer wollte dem auch widersprechen? – auf den ersten Blick sein mag, so wenig plausibel und so angreifbar sind die Konsequenzen dieser Argumentation. Bereits in dem verfassungsgerichtlichen Verfahren zum Schleswig-Holsteinischen Personalvertretungsgesetz hatte *Brun-Otto Bryde* als Prozessvertreter der Landesregierung darauf aufmerksam gemacht, dass mit der Argumentation der Antragsteller einmal das Recht des unmittelbar demokratisch legitimierten Parlaments beschnitten werde, den Verwaltungsaufbau qua eigener Entscheidung zu organisieren und dass zum anderen weite Bereiche der bestehenden Verwaltungsorganisation dem Verdikt der Verfassungswidrigkeit unterfielen.[141] Was zunächst den ersten Punkt angeht, so führt *Bryde* dazu Folgendes aus: „Diese Rolle des Parlaments (als legitimer Instanz, über die von der Verfassung offen gelassenen Fragen des Zusammenlebens zu entscheiden) wird zwar durchaus beschworen, um die Verfassungswidrigkeit eines Verwaltungsaufbaus nachzuweisen, der von der schlichten Legitimationskette Parlament-Regierung-Verwaltung abweicht, aber gleichzeitig wird diesem Parlament verboten, seine politischen Vorstellungen durchzusetzen. Das Paradoxon eines solchen Einsatzes des Demokratieprinzips wird in Rechtsprechung und Literatur erstaunlicherweise kaum wahrgenommen. Es geht ja weder darum, das Parlament auf Grund der Grundrechte der Bürger in seine Schranken zu weisen, noch darum, die Mehrheit an Manipulationen des demokratischen Prozesses zu hindern, sondern das demokratisch gewählte Parlament soll gehindert werden, den Vollzug seiner eigenen Gesetze so zu organisieren, wie es dies für richtig hält."

Zum zweiten Punkt machte *Bryde* geltend: „Erkennt man die Organisationsentscheidung des Gesetzgebers nicht als zulässigen Mechanismus für die Weitergabe demokratischer Legitimation an, muß man sich mit der Tatsache auseinandersetzen, daß weite Bereiche der deutschen Verwaltungswirklichkeit den behaupteten, alleine gültigen Regeln demokratischer Legitimation nicht entspre-

---

[138] *BVerfGE* 93, 37 ff.
[139] *BVerfGE* 83, 60 (66).
[140] *BVerfGE* 93, 37 (67).
[141] *Brun-Otto Bryde,* Stellungnahme für die Landesregierung Schleswig-Holstein, maschinenschriftlich, 94 S.

§ 16 Verwaltungsorganisation als Steuerungsfaktor

chen. Dabei handelt es sich nicht um Ausnahmetatbestände, sondern um integrale Bestandteile des deutschen Verwaltungssystems".

58 In dieser Rechtsprechung wurde eine „unangemessene Verabsolutierung eines differenzierungsfeindlichen Dogmas hierarchisch-weisungsgebundener Organisation"[142] gesehen:[143] „Die hierarchische Verwaltungsorganisation ist zwar ein besonders geeignetes Mittel, um die parlamentarische Verantwortlichkeit der Regierung sicherzustellen und den Steuerungsvorrang des Parlaments zu gewährleisten. Es besteht aber weder Anlaß, mit *Wolfgang Loschelder*[144] dem Hierarchieprinzip gar vorverfassungsrechtlichen Charakter zuzusprechen, noch es in jedem Fall als Bollwerk gegen sachlich begründbare Verselbstständigungen innerhalb der Verwaltungsorganisation zu instrumentalisieren. In mehreren Untersuchungen zur Verwaltungsorganisation[145] ist überzeugend herausgearbeitet worden, daß es in bestimmten Bereichen und in bestimmten Grenzen sinnvoll sein kann, das Hierarchieprinzip durch Binnendifferenzierung von Organisation und Verfahren zu lockern oder zu ergänzen, wenn und soweit der Steuerungsvorrang des Parlaments gewahrt bleibt."

59 Eine solche **differenzierungsfeindliche Inflexibilität** erscheint besonders im Verwaltungsorganisationsrecht als gänzlich unangemessen, da es gerade das Organisationsrecht ist, das bei der Ausgestaltung von neuen Formen der Aufgabenerfüllung gefordert ist,[146] und zwar – wie gleich noch zu zeigen sein wird – gerade dort, wo es darum geht, „das Zusammenwirken von öffentlicher und privater Handlungskompetenz zu ordnen"[147].

60 Es mag an dieser Stelle von Interesse sein, dass auch in der politikwissenschaftlichen Bewertung die „Legitimations-Rechtsprechung" des BVerfG in ihrem Effekt so eingeschätzt wird, dass sie die Fortschreibung hierarchischer Organisationsstrukturen im Wege einer Art verwaltungsorganisatorischen Pfadabhängigkeit begünstigt und den Entwurf alternativer Organisationsentwürfe nicht gerade fördert:[148] „In den 1970er Jahren entzündete sich dann ein verfassungsrechtlicher Diskurs um das Demokratieprinzip des Grundgesetzes, der dem Hierarchieprinzip durch die Einbettung in einen normativen Begründungszusammenhang zwingenden Charakter für die gesamte öffentliche Verwaltung zu verleihen beabsichtigt. Im Kern dieser Debatte steht die Figur von der ‚ununter-

---

[142] *Gunnar Folke Schuppert*, Mitbestimmung und Verfassungsrecht. Zur Verfassungsmäßigkeit des Personalvertretungsgesetzes für das Land Rheinland-Pfalz vom 8. Dezember 1992, Der Personalrat 1993, S. 521–531; vorher schon *ders.*, Zur Legitimation der Mitbestimmung im öffentlichen Dienst, Der Personalrat 1993, S. 1 ff.

[143] *Schuppert*, Mitbestimmung (Fn. 142), S. 530.

[144] *Wolfgang Loschelder*, Weisungshierarchie und persönliche Verantwortung in der Exekutive, in: HStR III, 2. Aufl. 1996, § 68 Rn. 3: „Hierarchie ist, vor jeder positiven verfassungsrechtlichen Ausformung, ein notwendiges und zentrales Bauelement staatlicher Exekutive, organisierter Staatlichkeit überhaupt".

[145] Dazu – gewissermaßen mit der Diskussion beginnend – *Frido Wagener* (Hrsg.), Verselbstständigung von Verwaltungsträgern, 1976; die Diskussion aufnehmend und vertiefend *Gunnar Folke Schuppert*, Die Erfüllung öffentlicher Aufgaben durch verselbstständigte Verwaltungseinheiten, 1981; sie weiterführend *Dreier*, Hierarchische Verwaltung (Fn. 104).

[146] Vgl. dazu die Beiträge in *Dietrich Budäus* (Hrsg.), Organisationswandel öffentlicher Aufgabenwahrnehmung, 1998; vgl. auch die kritischen Bemerkungen bei *Helmuth Schulze-Fielitz*, Rationalität als rechtsstaatliches Prinzip für den Organisationsgesetzgeber, in: FS Klaus Vogel, 2001, S. 311 ff.

[147] *Scherzberg*, Wozu (Fn. 101), S. 34.

[148] *Döhler*, Rationalität (Fn. 100), S. 229.

brochenen Legitimationskette' zwischen Wählern, Parlament und Exekutive, die besagt, dass der mit staatlichem Handeln betraute ‚Amtswalter' nur dann über eine ausreichende Legitimation verfügt, wenn er mit ‚einer ununterbrochenen, auf das Volk zurückführenden Legitimationskette'[149] an dessen Willen rückgebunden ist. Eine unmittelbare Auswirkung auf die Steuerungsinstrumentarien, die im legislativen Entscheidungsprozess zum Einsatz gelangen, ist bei dieser wie auch bei anderen verfassungsrechtlichen Denkfiguren nur schwer nachzuweisen. Es scheint aber nicht unplausibel, von einer Rezeption auszugehen, in der vor allem die Ministerialverwaltung das Legitimationskettenmodell als Bestätigung einer ohnehin vorhandenen Präferenz für hierarchische Verwaltungsstrukturen begreift und selbige als Regelfall im Gesetzgebungsverfahren durchsetzt, freilich ohne dabei auf alternative ‚design'-Ideen der Politik zu treffen."

Umso begrüßenswerter ist es, dass das BVerfG nunmehr in seinem Beschluss vom 5. Dezember 2002 zu der Organisationsform der Wasserverbände[150] andere Töne angeschlagen hat, und zwar in zweierlei Hinsicht. Einmal betont es jetzt die **Entwicklungsoffenheit** des Demokratieprinzips[151] als Organisationsprinzip und führt dazu Folgendes aus:[152] „Art. 20 Abs. 2 GG enthält eine Staatszielbestimmung und ein Verfassungsprinzip. Aufgrund seines Prinzipiencharakters ist Art. 20 Abs. 2 GG entwicklungsoffen. Außerhalb der unmittelbaren Staatsverwaltung und der in ihrem sachlich-gegenständlichen Aufgabenbereich nicht beschränkten gemeindlichen Selbstverwaltung ist das Demokratiegebot offen für andere, insbesondere vom Erfordernis lückenloser personeller demokratischer Legitimation aller Entscheidungsbefugten abweichende Formen der Organisation und Ausübung von Staatsgewalt." **61**

Zum anderen öffnet es sich der Erkenntnis, dass Erscheinungsformen funktionaler Selbstverwaltung das Demokratieprinzip nicht notwendig schwächen müssen,[153] sondern im Gegenteil eher ergänzen und verstärken können:[154] „Die funktionale Selbstverwaltung ergänzt und verstärkt insofern das demokratische Prinzip. Demokratisches Prinzip und Selbstverwaltung stehen unter dem Grundgesetz nicht im Gegensatz zueinander. Sowohl das Demokratieprinzip in seiner traditionellen Ausprägung einer ununterbrochen auf das Volk zurückführenden Legitimationskette für alle Amtsträger als auch die funktionale Selbstverwaltung als organisierte Beteiligung der sachnahen Betroffenen an den sie berührenden Entscheidungen verwirklichen die sie verbindende Idee des sich selbst bestimmenden Menschen in einer freiheitlichen Ordnung (Art. 1 Abs. 1 GG). Das demokratische Prinzip des Art. 20 Abs. 2 GG erlaubt deshalb, durch Gesetz – also durch einen Akt des vom Volk gewählten und daher klassisch demokratisch legitimierten parlamentarischen Gesetzgebers – für abgegrenzte Bereiche der Erledigung öffentlicher Aufgaben besondere **Organisationsformen** der **Selbstverwaltung** zu schaffen."[155] **62**

---

[149] *Böckenförde*, Demokratie (Fn. 135), Rn. 11.
[150] *BVerfGE* 107, 59 ff.
[151] → Bd. I *Trute* § 6 Rn. 16.
[152] *BVerfGE* 107, 59 (91).
[153] Vgl. *Gunnar Folke Schuppert*, Selbstverwaltung, Selbststeuerung, Selbstorganisation – Zur Begrifflichkeit einer Wiederbelebung des Subsidiaritätsgedankens, AöR, Bd. 114 (1989), S. 127 ff.
[154] *BVerfGE* 107, 59 (92).
[155] → Bd. I *Trute* § 6 Rn. 19 ff.

d) Ein auf hierarchische Steuerung ausgerichtetes öffentliches Recht

63   In seinem Beitrag über „Governance im Gewährleistungsstaat" weist *Wolfgang Hoffmann-Riem* zu Recht darauf hin, dass das öffentliche Recht in seiner Entwicklungsgeschichte auf **hierarchische Steuerung** ausgerichtet sei und die in deren Anwendung geübten Akteure sich nunmehr veranlasst sähen, „Vorsorge für neue persönliche und organisatorische Handlungskompetenzen zu treffen, um die Erfüllung der fortbestehenden staatlichen Aufgaben in dem veränderten Umfeld unter Nutzung des koordinativ und kooperativ ausgerichteten Handlungsinstrumentariums hinreichend sichern zu können"[156]. Dieser enge Zusammenhang des öffentlichen Rechts mit hierarchischer Steuerung zeigt sich sowohl in der – wie *Franz Wieacker* es genannt hat – „Machtergreifung des öffentlichen Rechts"[157] mit Beginn der modernen Industriegesellschaft wie in den Handlungsformen des öffentlichen Rechts, die ihre obrigkeitlich-hierarchische Herkunft kaum verleugnen können. Aber diese Entwicklungslinien sind von *Michael Stolleis* kompetent aufgearbeitet worden[158] und brauchen hier nicht noch einmal nachgezeichnet zu werden.

64   Verblüffend aber ist, in welchem Umfang trotz aller inzwischen abgelaufenen Wandlungsprozesse, der Charakterisierung des hoheitlichen Staates als Auslaufmodell[159] und des Vordringens konsensualer Steuerungstechniken,[160] das Hierarchieprinzip immer noch als Bezugspunkt der Argumentation fungiert und die Folien bildet, vor der neuere Entwicklungen abgebildet werden. Gerade der soeben zitierte Beitrag von *Hoffmann-Riem* ist dafür ein gutes Beispiel. Unter dem Stichwort „Aufgabenwandel des Staates" heißt es etwa wie folgt: „Auch wenn er [der Staat] einen Teil seiner bisherigen Aufgaben eventuell abbauen kann, bleibt die an ihn gerichtete Erwartung, zur Aufgabenerfüllung bereitzustehen, groß. Relativ neu ist aber, dass vom Staat zugleich erwartet wird, diese Aufgaben nicht vorrangig in hierarchischen Handlungsmodellen zu erfüllen, sondern sich vermehrt den Möglichkeiten und Herausforderungen eines Zusammenspiels von gesellschaftlicher Selbstregulierung und staatlicher Verantwortung zu stellen"[161]. Und unter der Überschrift „Der Staat als Akteur – staatliche Akteure" formuliert *Hoffmann-Riem* den folgenden Befund: „Veränderte Modi der Aufgabenerfüllung zeigen sich insbesondere darin, dass der Staat Gemeinwohlsicherung möglichst nicht mehr in der vertikalen, also unter Nutzung seiner **hierarchischen Überlegenheit** betreibt", sondern eher durch vermehrten Zugriff auf Formen horizontaler Regulierung. Und wenn schon die Hierarchie nicht völlig ausgeblendet werden kann, so wirft sie doch ihren weiten Schatten:[162] „Der in horizontalen Beziehungen handelnde Staat ist im ‚Schatten der Hierarchie' in vielem (nicht stets) handlungsmächtiger als er es allein auf Grund

---

[156] *Hoffmann-Riem*, Governance (Fn. 56), S. 205.
[157] *Franz Wieacker*, Industriegesellschaft und Privatrechtsordnung, 1974, S. 36, 39.
[158] *Michael Stolleis*, Die Entstehung des Interventionsstaates und das öffentliche Recht, ZNR, Bd. 10 (1989), S. 129 ff., und → Bd. I *Stolleis* § 2 Rn. 26 ff.
[159] Nachweise bei *Schuppert*, Staatswissenschaft, S. 20 ff.
[160] Nachweise bei *Schuppert*, Verwaltungswissenschaft, S. 115 ff.
[161] *Hoffmann-Riem*, Governance (Fn. 56), S. 203.
[162] Vgl. hierzu die inzwischen klassische Formulierung zum Agieren im Schatten der Hierarchie bei *Fritz W. Scharpf*, Positive und negative Koordination in Verhandlungssystemen, in: Adrienne Héritier (Hrsg.), Policy-Analyse, PVS Sonderheft 24, 1993, S. 57 ff.; ders., Interaktionsformen. Akteurszentrierter Institutionalismus in der Politikforschung, 2000, S. 323 ff.

der ihm verfügbaren sonstigen (rechtlichen, personellen, finanziellen u.ä.) Ressourcen wäre."[163]

2. Zwischenbilanz

Wenn man die skizzierten vier Bausteine noch einmal Revue passieren lässt, so ergibt sich aus ihrem Zusammenspiel doch so etwas wie ein **deutsches Verwaltungsmodell,** das unter den von *Werner Jann* vorgestellten vier normativen Bildern der öffentlichen Verwaltung am ehesten dem Modell der hierarchischen Verwaltung entspricht, wie die von uns stark eingekürzte Übersicht *Janns* zeigt:[164] 65

	Autonome Verwaltung	Hierarchische Verwaltung	Kooperative Verwaltung	Responsive Verwaltung
Rolle öffentlicher Organisationen	Verwirklichung des Gemeinwohls	Verwirklichung demokratisch festgesetzter politischer Präferenzen	Konstrukteur und Moderator komplexer Verhandlungssysteme	Befriedigung der Wünsche von Klienten und Kunden
Staat	Souveräner, autonomer Obrigkeitsstaat	Demokratischer Verfassungsstaat	Pluralistischer/ korporatistischer Verhandlungsstaat	Partizipativer, funktionaler Staat?
Organisationsprinzip	Autonome Bürokratie (Schutz der Bürokratie vor der Umwelt; Politiker, Parteien, Verbände und Bürger als Bedrohung des Gemeinwohls)	Bürokratie als verlässliche Maschine (hierarchische Steuerung)	Bürokratie als Verhandlungspartner (administrative Interessenvermittlung, horizontale Verflechtung)	Bürokratie im Wettbewerb

Die klassische bürokratisch-hierarchische Verwaltung prägte und prägt nach Einschätzung *Maximilian Wallerath*s nicht nur den Idealtypus, sondern weitgehend auch den **Realtypus** der deutschen Verwaltung:[165] „Der Vorstellung von der besonders zweckmäßigen ‚bürokratischen' Organisation bestimmte bis in die Gegenwart das Bild deutscher Verwaltung,[166] auch wenn der Realtypus öffentlicher Verwaltung nie identisch mit dem Idealtypus bürokratischer Organisation im Sinne Max Webers war. Dennoch war und ist der Realtypus in vielem dem Idealtypus angenähert – so in der starken Regelgebundenheit, der Betonung des hierarchischen Prinzips, dem vorgeschriebenen Dienstweg oder der Abstraktion des Amtes von der Person." 66

II. Die tradierte Erzählung von Verwaltungsleitbildern als Anwendungsfall verwaltungskultureller Steuerung

Verwaltungsmodelle fungieren in der Regel zugleich als **Leitbilder**[167] der Verwaltung, deren verschiedene Funktionen *Andreas Voßkuhle* in seinem Beitrag 67

---

[163] *Hoffmann-Riem,* Governance (Fn. 56), S. 205.
[164] *Werner Jann,* Politik und Verwaltung im funktionalen Staat, in: FS Carl Böhret, 1998, S. 253 ff.
[165] *Wallerath,* Verwaltungskultur (Fn. 117), S. 364.
[166] *Thomas Ellwein,* Geschichte der öffentlichen Verwaltung, in: Klaus König u. a. (Hrsg.), Öffentliche Verwaltung in der Bundesrepublik Deutschland, 1981, S. 37 ff.
[167] → Bd. I *Voßkuhle* § 1 Rn. 42, *Franzius* § 4 Rn. 23 ff.

über den Dienstleistungsstaat untersucht hat.[168] Er unterscheidet bei Funktionen von Staatsbildern die Verständigungsfunktion (Verständigung über bestimmte zentrale Aufgaben des Staates), die Erklärungs- und Deutungsfunktion (Erklärung historischer Entwicklungen z. B. zum Militär- und Beamtenstaat), die Leitbild- und Orientierungsfunktion sowie die Analysefunktion (Beschreibung von Funktionsveränderungen des Staates) und die Politikfunktion, mit der eine bestimmte Form von Staatlichkeit als erstrebenswert oder nicht dargestellt wird. Was aber in dem Bouquet dieser Funktionen fehlt, ist die Steuerungsfunktion von Leitbildern, da diese gewissermaßen als „mentales Programm"[169] der organisatorischen Ausprägung des Verwaltungsleitbildes zugrunde liegen. Sind – wie die neuere Institutionentheorie lehrt – Institutionen wie etwa auch die öffentliche Verwaltung nur in ihrer „cultural embeddedness" zu verstehen[170] und stellen Institutionen sich daher als sedimentierte Deutungsmuster[171] dar, so ist es nahe liegend, die bürokratisch-hierarchische Verwaltung als Ausprägung einer bestimmten **Verwaltungskultur**[172] zu verstehen.

68 Von daher ist es nur noch ein kleiner Schritt, die von Verwaltungsleitbildern ausgehende Steuerungsfunktion als verwaltungskulturelle Steuerung zu bezeichnen, eine Steuerung, die sich nicht per Weisung oder Anordnung vollzieht, sondern durch die verhaltenslenkende Funktion von geteilten, kulturell verankerten „public codes", mit denen sich Angehörige eines bestimmten Kollektivs über gemeinsam geteilte Deutungen und Werte verständigen.[173]

69 Wie eine solche verwaltungskulturelle Steuerung funktioniert, hat *Marian Döhler* anschaulich beschrieben, der bei der Untersuchung der Frage, wie Organisationswahlentscheidungen getroffen werden und wie es zu erklären ist, dass eine pluralisierte Verwaltung gleichwohl als Einheit funktioniert, folgende Überlegungen angestellt hat:[174] „Die institutional choice-Phase läuft nicht nur deshalb weitgehend interessenarm ab, weil die Ministerialverwaltung erprobte Standardlösungen in den politischen Entscheidungsprozess einspeist, sondern auch deshalb, weil das deutsche Verwaltungsmodell über eine Reihe von Merkmalen verfügt, die die Unsicherheit der politischen Akteure über die administrative Folgebereitschaft reduziert, Dazu gehört ein **öffentlicher Dienst,** dessen **Rollenverständnis** trotz aller Politisierungstendenzen nach wie vor im Ideal eines strikt gesetzesgebundenen Verwaltungshandelns geprägt ist. Legislative Programmierungslücken finden ihre Kompensation daher weniger im konspirativen Außenkontakt, wie das im PA-Ansatz vermutet wird,[175] als vielmehr in

---

[168] *Andreas Voßkuhle*, Der „Dienstleistungsstaat". Über Nutzen und Gefahren von Staatsbildern, Der Staat, Bd. 40 (2001), S. 495 ff.; → Bd. I *Voßkuhle* § 1 Rn. 40 ff.

[169] *Wallerath*, Verwaltungskultur (Fn. 117), S. 356.

[170] Siehe dazu *Merie-Laure Djelic/Sigrid Quack*, Theoretical building blocks for a research agenda linking globalization and institutions, in: dies. (eds.), Globalization and Institutions. Redifining the Rules of the Economic Game, 2003, S. 15–34.

[171] *Richard W. Scott*, Institutions and Organizations, 1995.

[172] Siehe zum Ganzen auch *Gunnar Folke Schuppert*, Politische Kultur, in Vorb. für 2006, Abschnitt „Institutionenkultur".

[173] *Clifford Geertz*, Dichte Beschreibung. Beiträge zum Verstehen kultureller Systeme, 4. Aufl. 1995.

[174] *Döhler*, Rationalität (Fn. 100), S. 11.

[175] Vgl. *Matthew D. McCubbins/Roger G. Noll/Barry R. Weingast*, Administrative Procedures as Instruments of Political Control, Journal of Law Economics and Organization, Vol. 34 (1987), S. 258.

einem umfangreichen ‚Arsenal an Binnennormen'[176], das insbesondere die Ministerialverwaltung in Form von Dienstanweisungen, Verwaltungsvorschriften, Erlassen, Richtlinien usw. zu produzieren pflegt. Sollte es doch einmal zu politisch unerwünschten Verwaltungsaktivitäten kommen, steht als Notbremse ein weitreichendes ministerielles Weisungsrecht zur Verfügung."

D. Sieben zentrale Herausforderungen an Organisation und Organisationsrecht als Steuerungsfaktoren

Im Folgenden geht es darum, anhand von ausgewählten Beispielsbereichen zu zeigen, welche Veränderungen sich in der Verwaltungswirklichkeit vollzogen haben und vollziehen und wie das Verwaltungsorganisationsrecht auf diese Veränderungen zu reagieren versucht. Man kann diese Veränderungen als die „sieben Herausforderungen" bezeichnen und hoffen, unter dieser Überschrift das Verwaltungsorganisationsrecht in processu darstellen zu können. 70

I. Die Herausforderung durch Pluralisierung und Binnendifferenzierung des Verwaltungssystems

1. Pluralisierung und Binnendifferenzierung als anhaltender Megatrend der Verwaltungsentwicklung

Alle Kenner der öffentlichen Verwaltung sind sich in dem Befund einig,[177] dass seit langem ein Prozess der Pluralisierung und Binnendifferenzierung der Verwaltung zu beobachten ist,[178] und zwar vor allem in Gestalt der Privatisierung und organisatorischen Verselbstständigung von Verwaltungsaufgaben. Dieser Prozess hat durch die in der verwaltungspolitischen Diskussion äußerst populäre Forderung, der Staat solle sich auf seine Kernaufgaben beschränken,[179] eine zusätzliche, nicht unbeträchtliche Schubkraft erhalten. In der rechts- und verwaltungswissenschaftlichen Diskussion wird dieser Ausdifferenzierungsprozess vor allem unter dem Stichwort „Einheit versus Pluralität der Verwaltung" diskutiert[180] und damit auch schon das zu lösende verwaltungsorganisatorische Problem benannt, wie man nämlich angesichts dieser „Ausfransung der öffentlichen Verwaltung" ein Minimum an Einheitlichkeit sicherstellen kann. Das hier- 71

---

[176] *Rainer Prätorius*, Verwaltungsermessen und normative Fundierung des Entscheidens in der Verfassungsordnung, in: Klaus Lenk (Hrsg.), Eingriffsstaat und öffentliche Sicherheit: Beiträge zur Rückbesinnung auf die hoheitliche Verwaltung, 1998, S. 214.
[177] Nachweise bei *Schuppert*, Erfüllung (Fn. 145); *ders.*, Quangos als Trabanten des Verwaltungssystems, DÖV 1981, S. 153 ff.
[178] Materialreich dazu *Roman Loeser*, Die Bundesverwaltung in der Bundesrepublik Deutschland. Bestand, Rechtsformen und System der Aufbauorganisation, 2 Bde., 2. Aufl. 1987; siehe ferner *Christopher Hood/Gunnar Folke Schuppert* (Hrsg.), Verselbstständigte Verwaltungseinheiten in Westeuropa, 1988.
[179] Vgl. dazu m.w.N. *Jobst Fiedler*, Aufgabenkritik und Konzentration auf Kernaufgaben, in: Bernhard Blanke u. a. (Hrsg.), Handbuch zur Verwaltungsreform, 2. Aufl. 2001, S. 105 ff.
[180] *Brun-Otto Bryde*, Die Einheit der Verwaltung als Rechtsproblem, VVDStRL, Bd. 46 (1988), S. 182 ff.; *Gunnar Folke Schuppert*, Die Einheit der Verwaltung als Rechtsproblem, DÖV 1987, S. 757 ff., und → Bd. I *Poscher* § 8 Rn. 56, *Hoffmann-Riem* § 10 Rn. 17 ff., *Groß* § 13 Rn. 60 ff.

mit aufscheinende Kontrollproblem wird sich auch schwerlich wieder durch eine Rück-Vereinheitlichung der Verwaltung auflösen lassen, stellt sich doch das immer vielseitiger werdende Trabantensystem der öffentlichen Verwaltung – wie *Horst Dreier* zutreffend bemerkt[181] – als kennzeichnendes Merkmal des modernen Verwaltungsstaates dar, in der die „funktionelle Unentbehrlichkeit dezentraler und dekonzentrierter Verwaltungsorganisation" zum Ausdruck kommt; die Verselbstständigung von Verwaltungseinheiten diene der Problementlastung, der Erhaltung komplexer Sozialsysteme und einer differenzierten Kommunikationsordnung, so dass der Einheitsverlust der öffentlichen Verwaltung sich letztlich als Leistungsgewinn erweise.

2. Die Trabantisierung der Verwaltung als verwaltungsorganisatorisch zu lösendes Kontrollproblem

a) Die Verselbstständigung von Verwaltungstrabanten als typisches Prinzipal-Agent-Problem

72 Stark vereinfacht wird bei dem institutionenökonomischen **Principal-Agent-Argument**[182] von der Grundannahme ausgegangen, dass der Agent – in diesem Fall die verselbstständigte Verwaltungseinheit – nicht jene Leistungen erbringt, die der Prinzipal – die Verwaltungszentrale oder das Muttergemeinwesen bei öffentlichen Unternehmen – von ihm erwartet.[183] Ursächlich dafür ist in aller Regel ein Informationsvorsprung des Agent, der Anreize schafft, die eigenen Präferenzen zu verfolgen und sich dem erteilten Auftrag zu entziehen. Durchgängig wird daher in der Principal-Agent-Literatur ein Zielkonflikt zwischen Politik und Verwaltung für sehr wahrscheinlich gehalten,[184] was die Gefahr eines so genannten „bureaucratic drift" schaffe: „Damit wird die Abweichung vom Willen des Principals bezeichnet, die entweder von bürokratischen Eigeninteressen oder der erfolgreichen Einflussnahme durch externe Interessen herrührt. Im Bewusstsein dieser Problematik versucht der Principal daher, ein ‚monitoring regime'[185] zur Kontrolle und Gegensteuerung zu installieren."[186]

73 Schon diese wenigen Erläuterungen lassen klar erkennen, dass die Principal-Agent-Konstellation auf das Verhältnis von Zentralverwaltung – verselbstständigte Verwaltungseinheit an sich „haargenau" passt. In seiner schon mehrfach zitierten Untersuchung[187] kommt *Marian Döhler* gleichwohl zu dem Ergebnis, dass es in der deutschen Verwaltung – anders als in den USA und der dortigen Literatur – an einem entsprechenden Principal-Agent-Bewusstsein fehle und stellt dazu für die Bundesebene als Erklärung die folgenden Vermutungen an:[188]

---

[181] *Dreier*, Hierarchische Verwaltung (Fn. 104), S. 296 ff.

[182] Vgl. dazu die Übersicht bei *Mark Ebers / Wilfried Gotsch*, Institutionenökonomische Theorie der Organisation, in: Alfred Kieser (Hrsg.), Organisationstheorien, 2. Aufl. 1995, S. 185 ff.

[183] Wir folgen hier der Skizzierung der Grundprämissen der Principal-Agent-Theorie bei *Döhler*, Rationalität (Fn. 100), S. 216.

[184] Siehe die Literaturangaben → Fn. 111.

[185] *Murray J. Horn*, The Political Economy of Public Administration. Institutional Choice in the Public Sector, 1995.

[186] *Döhler*, Rationalität (Fn. 100), S. 216.

[187] Sie geht zurück auf seine noch unveröffentlichte Habilitationsschrift „Die politische Steuerung der Verwaltung – eine empirische Studie über politisch-administrative Interaktionen auf der Bundesebene", Potsdam 2004.

[188] *Döhler*, Rationalität (Fn. 100), S. 220.

D. Herausforderungen an Organisation und Organisationsrecht als Steuerungsfaktoren

„Die Bundesverwaltung [sc. die nichtministerielle Bundesverwaltung, G.F.S.] ist einerseits zwar Teil des Regierungssystems, also der Exekutive, kommt andererseits im Handlungskalkül der Beteiligten aber nur als Appendix der Bundesministerien vor. Es mangelt erkennbar an einer einheitlichen und sinnstiftenden **Funktionsbestimmung** analog etwa zu den ‚independent regulatory commissions' in den USA oder den ‚executive agencies' in Großbritannien. In der vorherrschenden Sicht nehmen Bundesbehörden ‚in der Regel nur Spezialaufgaben wahr'[189], die abseits vom harten Kern des Regierungsgeschäfts stehen. Ihre wesentliche Funktion wird in der Entlastung der Ministerialverwaltung von Routine- oder Vollzugsaufgaben gesehen, die keinen politischen Gehalt besitzen. Im Unterschied zu anderen OECD-Ländern, in denen mitunter ein regelrechtes ‚agency fever'[190] diagnostiziert wird, hat die bundesdeutsche Politik das Modell der unabhängigen Regulierungsbehörde kaum rezipiert.[191] Werden neue Bundesbehörden errichtet, was keineswegs selten vorkommt, bleiben sie von ihrer Aufgabendefinition bis hin zur ministeriellen Kontrolle und Steuerung Bestandteil der hierarchischen Organisationspyramide."

Diese Einschätzung mag für die Bundesverwaltung zutreffen, weniger und anders für die Ebene der Kommunalverwaltung, auf der sich die mit den Dezentralisierungstendenzen verbundenen Kontrollprobleme in ganz besonderer Schärfe stellen. **74**

b) Zur Kompensation von dezentralisierungbedingten Steuerungsverlusten durch die Praktizierung einer Steuerungsaufsicht

Jeder Dezentralisierungsprozess ist tendenziell mit Steuerungsverlusten verbunden: *Frido Wagener* spricht anschaulich von bei Verselbstständigungsvorgängen auftretenden „Einflußknicks"[192]. Es ist eine nahe liegende Strategie, darauf kompensatorisch mit Kontroll- oder Aufsichtsinstrumenten zu reagieren, die eine ausreichende Steuerung der zu möglicherweise eigenwilligem Verhalten neigenden Verwaltungstrabanten gewährleisten. Wir haben dafür – als Pendant zur Dezentralisierung innerhalb der Verwaltungsorganisation – den Begriff der Steuerungsaufsicht vorgeschlagen,[193] deren Funktionslogik sich besonders gut am Beispiel des so genannten Neuen Steuerungsmodells[194] beschreiben lässt. **75**

Das Herzstück des Neuen Steuerungsmodells ist – so kann man wohl in verkürzender Zuspitzung sagen – die **Dezentralisierung** der Produkt- und Ressourcenverantwortung, wie es in der Beschreibung des Modells durch die Kommunale Gemeinschaftsstelle für Verwaltungsvereinfachung[195] mit folgen- **76**

---

[189] *Thomas Ellwein / Joachim Jens Hesse*, Das Regierungssystem der Bundesrepublik Deutschland, 6. Aufl. 1987.

[190] *Christopher Pollitt* u.a., Agency Fever? Analysis of an International Policy Fashion, Journal of Comparative Public Policy 2001, S. 271 ff.

[191] *Marian Döhler*, Das Modell der unabhängigen Regulierungsbehörde im Kontext des deutschen Regierungs- und Verwaltungssystems, DV, Bd. 34 (2001), S. 59 ff.

[192] *Frido Wagener*, Typen der verselbstständigten Erfüllung öffentlicher Aufgaben, in: ders. (Hrsg.), Verselbstständigung von Verwaltungsträgern, 1976.

[193] *Gunnar Folke Schuppert*, Zur notwendigen Neubestimmung der Staatsaufsicht im verantwortungsteilenden Verwaltungsstaat, in: ders. (Hrsg.), Jenseits (Fn. 70), S. 297–323.

[194] → Bd. I *Voßkuhle* § 1 Rn. 53 ff.

[195] Das Neue Steuerungsmodell, KGSt-Bericht Nr. 5/1993, S. 18.

den Worten skizziert worden ist: „Umso arbeiten zu können, brauchen die Fachbereiche ausreichende Handlungsspielräume. Es muß ihnen überlassen sein, wie sie ihren Leistungsauftrag im Einzelnen erfüllen. Daher ist ihnen die Verantwortung für den zweckentsprechenden Einsatz ihrer Ressourcen (Geld, Stellen, Personal, Sachmittel) zu übertragen. Erst mit der Übertragung der Ressourcenverantwortung können die Fachbereiche Kunden- und Marktverantwortung entwickeln."

77 Dieser Dezentralisierung von Verantwortlichkeiten korrespondiert im Neuen Steuerungsmodell naturgemäß das Bestreben, einer Balkanisierung von Verantwortlichkeiten dadurch entgegenzuwirken, dass sie nur im Rahmen bestimmter finanzieller Vorgaben – so genannte **Budgetierung** – ausgeübt werden dürfen und dass mittels eines funktionierenden **prozessbegleitenden Berichtswesens** mögliche Fehlentwicklungen rechtzeitig erkannt und Gegensteuerungen möglich werden – sog. **Controlling.** Insbesondere am Verwaltungscontrolling zeigt sich in besonders überzeugender Weise der untrennbare Zusammenhang von Verantwortungsdezentralisierung und Steuerungsaufsicht, da es sich beim Verwaltungscontrolling nach Auffassung aller Sachkenner[196] um ein Führungsunterstützungssystem[197] handelt, um einen wichtigen Baustein der zentralen Steuerungsunterstützung[198] mit einem breiten Spektrum von Funktionen, zu denen die zukunftsbezogene Zielformulierung, die Zielsteuerung und die jeweilige aktuelle Statusanalyse der Zielerfüllung gehören. „Damit ist Controlling auch Entscheidungsvorbereitung und Informationsmanagement und wird – so *Dankowski/Brecht*[199] – als die Koordinationsschnittstelle der Managementfunktionen bzw. als eigenständiges Steuerungsinstrument betrachtet." In diesem einen Satz finden sich alle wesentlichen Funktionen des Verwaltungscontrolling aufgeführt: Unterstützung der zentralen Steuerung des Verwaltungshandelns durch Vorbereitung von Steuerungsentscheidungen mittels eines organisatorisch und verfahrensmäßig sicherzustellenden **Informationsmanagements.**

c) Organisatorische Rahmenbedingungen des Verwaltungscontrolling als Herzstück der Steuerungsaufsicht

78 Das Verwaltungscontrolling ist nicht nur neben der Budgetierung der unbestrittene Star in der Arena von Verwaltungsreform und Verwaltungsmodernisierung, sondern zugleich ein besonders gutes Beispiel für das Ineinandergreifen von Budgetsteuerung und Steuerung durch Organisation und Verfahren.[200] Unter diesem Aspekt des Ineinandergreifens der Steuerungsebenen ist der Befund von besonderem Interesse, dass das Verwaltungscontrolling bestimmter organisatorischer und verfahrensmäßiger Rahmenbedingungen bedarf, Steuerung durch Controlling also zugleich Steuerung durch Organisation bedeutet. In besonders klarer Weise ist das von *Klaus Lüder* herausgearbeitet worden, der das Controlling-Konzept wie folgt definiert:[201] „Zum Verwaltungscontrolling gehört

---

[196] Besonders klar *Klaus Lüder*, Verwaltungscontrolling, DÖV 1993, S. 265 ff.
[197] Vgl. dazu *Wulf Damkowski/Claus Precht*, Public Management. Neuere Steuerungskonzepte für den öffentlichen Sektor, 1995, S. 1953 f.
[198] Siehe dazu KGSt, Zentrale Steuerungsunterstützung, KGSt-Bericht 11/1996.
[199] *Damkowski/Precht*, Public Management (Fn. 199), S. 153 f.
[200] *Schuppert*, Verwaltungswissenschaft, S. 712 f.
[201] *Lüder*, Verwaltungscontrolling (Fn. 196), S. 266.

D. Herausforderungen an Organisation und Organisationsrecht als Steuerungsfaktoren

[...], daß organisatorische Rahmenbedingungen geschaffen werden, die wirtschaftliches und wirksames Verwaltungshandeln nicht nur ermöglichen, sondern fördern. Hinter dem Begriff des Verwaltungscontrolling verbirgt sich also die Idee, durch aufeinander abgestimmte organisatorische Maßnahmen und instrumentelle Hilfen ein wirtschaftliches und wirksames Verwaltungshandeln zu erreichen. Mit anderen Worten: Verwaltungscontrolling ist ein Konzept zur Steuerung des Verwaltungshandelns im Hinblick auf Wirtschaftlichkeit und Wirksamkeit."

An organisatorischen Konsequenzen bedeutet dies Folgendes:[202] Die Einrichtung eines funktionsfähigen und wirksamen (operativen) Verwaltungscontrolling erfordert demnach

– den Abbau des effizienzfeindlichen Anreizes des organisatorischen Bedingungsrahmens für das Verwaltungshandeln durch abgestimmte Dezentralisierung von Kompetenz und Verantwortung und deren Übertrag auf Verantwortungszentren („responsibility centers"),
– den Aufbau eines auf die organisatorische Verantwortungsstruktur abgestimmten, integrierten (internen und externen) Rechnungswesens als instrumentellen Kern eines (operativen) Verwaltungscontrolling.

II. Die Ordnung des Zusammenwirkens von öffentlicher und privater Handlungskompetenz als zentrale Herausforderung des modernen Verwaltungsstaates

„Wie kann das Recht das Zusammenwirken von öffentlicher und privater Handlungskompetenz (angemessen) ordnen?" – um diese Frage kreisen die Überlegungen *Arno Scherzbergs* zum – wie er es nennt – verfassungsverpflichteten Staat:[203] Diese Frage aufzugreifen, verspricht Gewinn, weil sie zweierlei leistet: Sie richtet einmal das Augenmerk auf die darin enthaltene weitere Frage, was das Recht zur Organisation dieses Zusammenwirkens tun kann und welche Funktion von Recht dabei in den Vordergrund rückt; zum zweiten bringt die *Scherzberg*sche Frage automatisch die Governance-Perspektive ins Spiel, also das Problem, welche **Governance-Strukturen** geschaffen oder fortentwickelt werden müssen, damit aus diesem Zusammenwirken von öffentlicher und privater Handlungskompetenz ein strukturiertes Zusammenwirken wird. Von welcher Warte man die Sache auch betrachtet: zurückzukommen ist auch hier auf die eingangs dieses Abschnitts behandelte zentrale Rolle von Regelungsstrukturen als Steuerungs- bzw. Governanceinstrument sowie auf die Infrastrukturverantwortung der Rechtsordnung.

Im Folgenden geht es also um die Verantwortung des Verwaltungs- und insbesondere des Verwaltungsorganisationsrechts, eine angemessene Infrastruktur für ein funktionierende Zusammenwirken öffentlicher und privater Handlungskompetenz zu schaffen, eine Aufgabe, die sich vor allem an den beiden Beispielen der Privatisierung und Kooperationalisierung des Verwaltungshandelns demonstrieren lässt.

---

[202] *Lüder*, Verwaltungscontrolling (Fn. 196), S. 268 f.
[203] *Scherzberg*, Wozu (Fn. 101), S. 34 f.

1. Privatisierung als Herausforderung an das Verwaltungsorganisationsrecht

82   Die Privatisierung von Verwaltungsaufgaben[204] erfolgt zunächst einmal in den folgenden vier Varianten,[205] nämlich als
- **materielle Privatisierung** (echte Aufgabenverlagerung in den privaten Sektor),
- **Organisationsprivatisierung** (Nutzung einer privatrechtlichen Rechtsform für Flexibilitäts- und Effizienzgewinne),[206]
- **Vermögensprivatisierung** („selling the family silver") oder als
- **Finanzierungsprivatisierung** (als Maßnahme der Kostenstreckung).

Unter dem Gesichtspunkt der notwendigen **Strukturierungsleistungen** des Rechts und insbesondere des Verwaltungsorganisationsrechts sind aber nicht diese vier Privatisierungsarten von Interesse, sondern die funktionelle- oder Teil- Privatisierung und die Verfahrensprivatisierung:

83   – Bei der **funktionellen Privatisierung**[207] (oder auch: Teilprivatisierung) verbleibt die Aufgabenzuständigkeit und damit die Aufgabenverantwortung bei dem Träger öffentlicher Verwaltung. Der Vollzug der Aufgabe (Leistungserstellung, Aufgabendurchführung) wird jedoch auf ein echtes Privatrechtssubjekt übertragen; dieses fungiert als Verwaltungshelfer. Dieses Modell der Aufgabenerledigung durch Einschaltung Privater in die Aufgabenwahrnehmung spielt vor allem auf der kommunalen Ebene in Bezug auf pflichtige Selbstverwaltungsaufgaben eine große Rolle und weist eine Fülle von Variationsmöglichkeiten auf.

84   – Die **Verfahrensprivatisierung**[208] ist der jüngste Zweig des sich zunehmend verästelnden Privatisierungsbaumes und spielt insbesondere im Städtebaurecht und im Umweltrecht eine Rolle von ständig zunehmender Bedeutung. Beispiele einer solchen Verfahrensprivatisierung – orientiert an den Vorschlägen der so genannten Beschleunigungskommission[209] – finden sich etwa darin,
- dass bisher behördliche Verfahrensteile in die Verantwortung des Antragstellers gegeben werden („verfahrensentlastende Eigenbeiträge"), sei es bei der Kontrolle vor Aufnahme der öffentlich-rechtlich regulierten Tätigkeit, sei es bei der späteren laufenden Überwachung,
- dass privates Verfahrensmanagement durch Einsatz behördlich beauftragter privater Projektmanager oder privater Verfahrensmittler oder durch Übertragung bestimmter Prüfaufgaben auf Private erfolgt,
- oder dass Prüf- und Planungsvorgänge aus der behördlichen Verantwortung heraus und in die Hände privater Sachverständiger gegeben werden.

---

[204] Allg. → Bd. I *Schulze-Fielitz* § 12 Rn. 91 ff.
[205] Vgl. *Friedrich Schoch*, Privatisierung von Verwaltungsaufgaben, DVBl 1994, S. 962 ff.; *Schuppert*, Verwaltungswissenschaft, S. 370 ff., 835 ff.; → Bd. I *Voßkuhle* § 1 Rn. 58 ff., *Schulze-Fielitz* § 12 Rn. 108 ff.
[206] Hierzu → Bd. I *Burgi* § 18 Rn. 64.
[207] → Bd. I *Eifert* § 19 Rn. 40 ff.
[208] Materialreich dazu *Wolfgang Hoffmann-Riem/Jens-Peter Schneider* (Hrsg.), Verfahrensprivatisierung im Umweltrecht, 1996.
[209] Bericht der Unabhängigen Expertenkommission zur Vereinfachung und Beschleunigung von Planungs- und Genehmigungsverfahren 1994, hier wiedergegeben nach *Hoffmann-Riem/Schneider* (Fn. 208), S. 9 ff.

D. Herausforderungen an Organisation und Organisationsrecht als Steuerungsfaktoren

Es ist leicht erkennbar, dass die beiden letzten Privatisierungsarten nicht mehr dem – wenig hilfreichen – Blick des Abbaus eines tradierten und nun nicht mehr für erforderlich gehaltenen Aufgabenbestandes verpflichtet sind, sondern dass es sich um Formen der **arbeitsteiligen und kooperativen Aufgabenerledigung** handelt, mit denen die Verwaltung ihre eigene Rolle im Prozess der Erbringung öffentlicher Dienstleistungen gleichzeitig neu definiert. Bei der **Strukturierung dieser arbeitsteiligen Aufgabenerfüllung** stehen entweder mehr **verfahrensrechtliche oder mehr organisationsrechtliche Strukturierungen** im Vordergrund oder aber auch – und dies recht häufig – eine Kombination von Organisation und Verfahren. 85

Die **verfahrensrechtliche Komponente** steht etwa im Vordergrund bei dem verfahrensrechtlich verdichteten **kooperativen Institut des Vorhaben- und Erschließungsplans** nach § 12 BauGB, der sich als Geflecht von Abstimmung, Vertrag und hoheitlicher Satzung darstellt und dessen Funktionsweise *Jens-Peter Schneider* wie folgt erläutert:[210] „Der Vertrag übernimmt die Funktion eines vereinbarten Baugebots, die Satzung sichert das Vorhaben in Form eines Einzelfallbebauungsplans planungsrechtlich ab. Der Kooperationsprozeß beginnt mit der Erarbeitung eines VEP-Entwurfs durch den Vorhabenträger in Abstimmung mit der Gemeinde. Es folgt der Abschluß eines Durchführungsvertrages zwischen Vorhabenträger und der Gemeinde. Zu dessen Bestandteil gehören: 86
– Beschreibung und Planung des konkreten Vorhabens;
– Verpflichtung zur Durchführung des Vorhabens und der Erschließung in einem bestimmten Zeitraum und Nachweis der Durchführungsfähigkeit;
– Verpflichtung zur vollständigen oder teilweisen Kostenübernahme für Planung und Erschließung [...].
Zweck dieses kooperativen Instituts ist es, vertragliche Baugebote zu ermöglichen und die finanziellen und planerischen Kapazitäten des Vorhabenträgers zu nutzen, um insbesondere in den neuen Ländern mit ihrer noch geringen Verwaltungskompetenz eine zügige städtebauliche Entwicklung zu ermöglichen."

Die **organisatorische Komponente** steht etwa im Vordergrund bei den Kooperationsbeziehungen im Bereich der Abwasserentsorgung, in dem zwei diese Kooperationsbeziehungen strukturierende Modelle existieren, nämlich das so genannte Betreibermodell und das so genannte Kooperationsmodell.[211] Im Kooperationsmodell etwa wird von der Gemeinde oder von dem Gemeindeverband einerseits und dem privaten Investor andererseits eine privatrechtliche Gesellschaft gegründet (in der Regel eine GmbH), die die Leistung „Abwasserbeseitigung" erbringen soll: Die Kooperationsgesellschaft finanziert, errichtet und betreibt die kommunale Kläranlage. 87

Während im Betreibermodell alle Rechte und Pflichten der Vertragpartner im Betreibervertrag geregelt werden, bestehen die Rechtsbeziehungen zwischen der öffentlichen Hand und dem privaten Betreiber beim Kooperationsmodell auf der Ebene der Betriebs-GmbH: durch die Majorität in der Kooperationsgesellschaft ist in aller Regel der kommunale Einfluss auf alle Phasen der Finanzierung, der Errichtung und des Betriebs des Klärwerkes gewährleistet. 88

---

[210] *Jens-Peter Schneider*, Kooperative Verwaltungsverfahren, VerwArch, Bd. 87 (1996), S. 42 f.
[211] Näher zu den verschiedenen Modellen *Ulrich Kirchhoff/Heinrich Müller-Godeffroy*, Finanzierungsmodelle für kommunale Investitionen, 6. Aufl. 1996.

89 Zusammenfassend kann festgehalten werden, dass die – wie man sie nennen kann – **sektorenverschränkenden Privatisierungsarten**[212] besondere Anforderungen an die Bereitstellung von Organisation und Verfahren stellen, um dieses Zusammenwirken von öffentlicher und privater Handlungskompetenz zu strukturieren. Dabei entstehen entweder neue kooperative Institute wie das des Vorhaben- und Erschließungsplans oder es wird der phantasievolle Umgang mit den Möglichkeiten des Gesellschaftsrechts verlangt, um – wie etwa beim Kooperationsmodell der Abwasserentsorgung – gemeinsam Besitz- und Betriebsgesellschaften zu errichten.

2. Kooperationalisierung als Herausforderung an das Verwaltungsorganisations- und Verwaltungsverfahrensrecht

90 Nach *Andreas Voßkuhle* gehört zu den Schlüsselstrategien der Verwaltungsrechtsreform die von ihm so genannte **Kooperationalisierung**,[213] eine Strategie, von der der Sache nach soeben schon die Rede war. Verlässt man nun aber die zu enge Privatisierungsperspektive und wendet man sich wieder der *Scherzberg*schen Formel „Zusammenwirken von öffentlicher und privater Handlungskompetenz" zu, so rechnen hierzu alle Herausforderungen an das Verwaltungs-, Organisations- und das Verwaltungsverfahrensrecht, die sich aus der Aufgabe ergeben, Organisations- und Verfahrensformen bereitzustellen, die als **Regelungsstrukturen** kooperativen Verwaltungshandelns fungieren. Solche Regelungsstrukturen sind bereits in vielfältiger Form vorhanden und es reicht an dieser Stelle, sich auf zwei Beispiele beschränken, die zur Illustration besonders geeignet erscheinen:

91 Ein besonders instruktives Beispiel für eine organisatorisch und verfahrensmäßig abgestützte kooperative Aufgabenerledigung von Staat und Wirtschaft ist das System der dualen Abfallentsorgung, das auf der Grundlage der auf § 14 AbfG (jetzt: § 24 KrW-/AbfG) gestützten Verordnung über die Vermeidung von Verpackungsabfällen (VerpackV) errichtet worden ist und das dazu geführt hat, dass Verpackungshersteller, abfüllende Industrie und der Handel das DSD – die Duale System Deutschland GmbH, 1997 umgewandelt in eine AG – gegründet haben, eine Einrichtung, die nicht ganz einfach zu qualifizieren ist: „Sie ist organisatorisch und kompetenziell im Grunde weder dem Staat noch der Wirtschaft zuzuordnen. Sie bewegt sich vielmehr in jenem sich zunehmend ausdifferenzierenden Übergangsbereich staatlicher und privater Kooperationsverhältnisse, ohne daß insgesamt gesetzliche sehr klare Vorgaben und vergleichbar kalkulierbare Rechtsfolgen (vorab) definiert werden können"[214]. Inzwischen gibt es die „zweite Generation" dualer Entsorgungssysteme,[215] und zwar im Produktsektor „Altautos", im Produktsektor „Batterien" und im Produktsektor „Elektro- und Elektronikschrott". Ein weiteres instruktives Beispiel für eine kooperative Aufgabenerledigung von Staat und Wirtschaft und die Installierung „einer rechtsförmigen pluralen Kooperation von Wirtschafts- und Umweltverwaltung, Wirtschaft und gesellschaftli-

---

[212] Dazu *Schuppert,* Verwaltungswissenschaft, S. 370 f.
[213] *Andreas Voßkuhle,* „Schlüsselbegriffe" der Verwaltungsrechtsreform. Eine kritische Bestandsaufnahme, VerwArch, Bd. 93 (2002), S. 184 f., 203 f.
[214] *Rupert Scholz/Josef Aulehner,* Grundfragen zum Dualen System, BB 1993, S. 2250 ff., 2252.
[215] *Matthias Schmidt-Preuß,* Duale Entsorgungs-Systeme als Spiegelbild dualer Verantwortung: Von der Verpackungsverordnung zum Kreislaufwirtschaftsgesetz, in: Schuppert (Hrsg.), Jenseits (Fn. 69), S. 195 ff.

D. Herausforderungen an Organisation und Organisationsrecht als Steuerungsfaktoren

chen Interessengruppen"[216] im Sinne einer „Entscheidung für eine spezifisch rechtliche Strukturform der kondominialen Verantwortung"[217] ist das so genannte Umwelt-Audit auf Grund der EG-Audit-Verordnung in Verbindung mit dem dazu ergangenen deutschen Umweltauditgesetz (UAG). Die Verordnung (EWG) Nr. 1836/93 des Rates vom 29. Juni 1993 über die freiwillige Beteiligung gewerblicher Unternehmen an einem Gemeinschaftssystem für das Umweltmanagement und die Umweltbetriebsprüfung sieht vor, dass sich Unternehmen freiwillig an einem solchen, von unabhängigen Umweltgutachtern begleiteten System des Umweltmanagements und der Umweltbetriebsprüfung (UMAS) beteiligen und dafür das Teilnahmelabel eines unabhängig geprüften Unternehmens führen können.

Herzstück des UMAS ist die Installierung und Kontrolle eines funktionsfähigen Begutachtungssystems, vor allem also die Regelung über die Zulassung und die Aufsicht über die Umweltgutachter. Nach dem deutschen Umweltauditgesetz ist das strategisch entscheidende Gremium des Zulassungssystems der Umweltgutachterausschuss, von dessen 25 Mitgliedern neun die Bundes- und Landesverwaltung repräsentieren (davon sechs die Umweltverwaltung und drei die Wirtschaftsverwaltung, sechs die Wirtschaftsverbände, vier die Umweltgutachter und je drei Mitglieder die Gewerkschaften und die Umweltverbände).

Dieser Umweltgutachterausschuss fungiert – wie *Jens-Peter Schneider* in seiner steuerungstheoretisch angelegten Abhandlung zum Umwelt-Audit als Instrument einer kooperativen Regulierungsstrategie zutreffend herausgearbeitet hat[218] – als institutionelles Scharnier zwischen Verwaltung und privater Selbstorganisation und bildet insoweit ein bemerkenswertes Beispiel für die organisatorische Umsetzung einer **Verantwortungskooperation** von öffentlichen und privaten Akteuren eines Politikfeldes; bei *Schneider* heißt es dazu zutreffend:[219] „Der Umweltgutachterausschuß etabliert ein institutionelles Scharnier zwischen Verwaltung und privater Selbstorganisation bzw. den organisierten Interessen, dessen Mitglieder zwar vom Staat ernannt werden, das aber seine Aufgaben in relativer Autonomie ausführt. Dadurch sollen die maßgeblichen gesellschaftlichen Akteure in die Regulierung eingebunden werden, um einerseits die Akzeptanz des auf freiwilliger Teilnahme beruhenden Audit-Systems zu gewährleisten und andererseits deren Sachkenntnis zu nutzen. Das vorgefundene gemeinsame Interesse an vergleichbaren Audits soll zu einer kooperativen Aufgabenerfüllung genutzt werden, um die vom UMAS tangierten privaten und öffentlichen Interessen im Sinne praktischer Konkordanz zu optimieren oder sie gegeneinander auszutarieren."

Aber auch im Bereich der Kooperationalisierung geht es nicht nur um die organisatorische und verfahrensmäßige Strukturierung von Kooperationsverhältnissen, sondern – wie bei der Privatisierung – um die **Entwicklung von kooperationsstrukturierenden Rechtsinstituten.** Das Hauptbeispiel für dieses

---

[216] *Rainer Pitschas*, Duale Umweltverantwortung von Staat und Wirtschaft. Verwaltungsrechtliche Gestaltungsprobleme der Zusammenarbeit im „schlanken Staat" am Beispiel des Zulassungs- und Aufsichtssystems für Umweltgutachter nach dem Umweltauditgesetz, in: FS Hochschule für Verwaltungswissenschaften Speyer, 1997, S. 269 ff., 277.
[217] *Pitschas*, Umweltverantwortung (Fn. 216), S. 285.
[218] *Jens-Peter Schneider*, Öko-Audit als Scharnier in einer ganzheitlichen Regulierungsstrategie, DV, Bd. 28 (1995), S. 361 ff.
[219] *Schneider*, Öko-Audit (Fn. 218), S. 371.

Problem ist die Frage, ob für das in aller Munde geführte Kooperationsmodell von **Public Private Partnership**[220] ein Rechtsrahmen bereitgestellt werden sollte, dessen Herzstück das Institut eines **Kooperationsvertrages** sein könnte, den es so im Verwaltungsverfahrensgesetz bisher nicht gibt.[221] Das für die „Betreuung" des Verwaltungsverfahrensgesetzes des Bundes zuständige Bundesinnenministerium überlegte daher, ob nicht im Rahmen der Verwaltungsmodernisierung auch ein eigenständiger Rechtsrahmen für die vielfältigen Erscheinungsformen von PPP geschneidert werden sollte und beauftragte daher zwei Professoren des öffentlichen Rechts und der Verwaltungswissenschaft, um sich gutachterlich zur Realisierbarkeit eines solchen Vorhabens zu äußern. Beide bei dieser Wahrnehmung der staatlichen Infrastrukturverantwortung tätigen Helfer (*Schuppert* und *Ziekow*[222]) kamen zu dem Ergebnis, dass das Verwaltungsverfahrensgesetz ergänzt und mehrere Vorschriften zur Regelung der Zusammenarbeit von Verwaltung und Privaten im Sinne von PPP aufgenommen werden sollten. Was beide Gutachter mit ihren Vorschlägen also machten, war der Sache nach nichts anderes, als Regelungsstrukturen zu entwerfen, um „Governance von Public Private Partnership" zu erleichtern und rechtsstaatlich zu kanalisieren.

95 Der beim BMI bestehende Beirat „Verwaltungsverfahrensrecht" hat sich die Vorschläge der Gutachter jedenfalls insoweit zu eigen gemacht, als er empfahl, den eigenständigen Typus eines **Kooperationsvertrages** vorzusehen; die empfohlene Regelung lautet:

§ 56a Kooperationsvertrag
Ein öffentlich-rechtlicher Vertrag im Sinne des § 54 Abs. 3 kann geschlossen werden, wenn die Behörde sicherstellt, daß ihr ein hinreichender Einfluß auf die ordnungsgemäße Erfüllung der öffentlichen Aufgabe verbleibt. Die Behörde darf nur einen Vertragspartner auswählen, der fachkundig, leistungsfähig und zuverlässig ist.

Das ist sowohl ein Beispiel für den Entwurf einer governance-geeigneten Regelungsstruktur wie für die Wahrnehmung der staatlichen Infrastrukturverantwortung.

III. Der Regulierungsstaat als Herausforderung an die Ausformung von angemessenen Regulierungsregimes

1. Regulierungsstaat, Regulierungsverwaltungsrecht und Regulatory Agencies

96 Der moderne Verwaltungsstaat tritt – dieser Befund ist so gut wie unstreitig – mehr denn je als **Regulierungsstaat** auf den Plan.[223] Zwei Stichworte mögen da-

---

[220] Vgl. als Überblick *Dietrich Budäus/Gernod Grüning/Andreas Steenbock*, Public Private Partnership I – State of the Art, Public Management – Diskussionsbeiträge Nr. 32, 1996; *Sybille Roggenkamp*, Public Private Partnership, Entstehung und Funktionsweise kooperativer Arrangements zwischen öffentlichem Sektor und Privatwirtschaft, 1999.
[221] Zum Verwaltungsvertrag → Bd. II *Bauer* § 36.
[222] *Gunnar Folke Schuppert*, Grundzüge eines zu entwickelnden Verwaltungskooperationsrechts. Regelungsbedarf und Handlungsoptionen eines Rechtsrahmens für Public Private Partnership; *Jan Ziekow*, Verankerung verwaltungsrechtlicher Kooperationsverhältnisse (Public Private Partnership) im Verwaltungsverfahrensgesetz, 2001, beide Gutachten zu beziehen beim BMI und unter http://www.staat-modern.de/dokumente/sm_bestellservice/,-548357/dok.htm.
[223] Vgl. *Giandomenico Majone/Antonio La Spina*, Lo Stato Regolatore, Rivista Trimestale di Scienza dell' Amministrazione 1991, S. 3–62; *Edgar Grande*, Entlastung des Staates durch Liberalisierung und Privati-

D. Herausforderungen an Organisation und Organisationsrecht als Steuerungsfaktoren

für genügen: Das erste Stichwort heißt **„Privatisierung und Regulierung"** und bezieht sich auf die in vielen Ländern – insbesondere im privatisierungsintensiven Großbritannien – gemachten Erfahrungen, dass Privatisierungen jedenfalls in den Bereichen Regulierungen nach sich ziehen, in denen es um die Erbringung sozialstaatsrelevanter Leistungen und/oder die Beerbung von bisher staatlichen Monopolen ging oder geht.[224] Das zweite Stichwort heißt **„Gewährleistungsstaat"** und bezieht sich auf die inzwischen weit verbreitete Einsicht, dass sich das den Gewährleistungsstaat kennzeichnende „Umsteigen" von der Erfüllungs- zur Gewährleistungsverantwortung über das Scharnier einer Regulierungs- und Aufsichtsverantwortung vollzieht.[225] All dies ist bekannt und braucht hier deshalb nicht noch einmal nachgezeichnet zu werden.

Gerade weil diese Entwicklung zum Regulierungsstaat so offensichtlich ist, geht es in der heutigen Regulierungsdebatte nicht mehr so sehr um die Frage, unter welchen Bedingungen eine staatliche Regulierung überhaupt gerechtfertigt werden kann, sondern um die Frage, welche Regulierungsart die richtige ist[226] und welche Regulierungsinstanzen zur Implementierung der Regulierung angemessen sind. *Gregor Bachmann* fasst den Diskussionsstand wie folgt zusammen:[227] „Insgesamt brachte die so genannte Deregulierung (besser: Liberalisierung) **keinen vollständigen Rückzug** des Staates, sondern veränderte das Gesicht der Regulierung. Im Bereich der ‚natürlichen' Monopole findet sie überwiegend nicht mehr in Form der Eigenvornahme statt, sondern reduziert sich auf staatliche Regelsetzung und Aufsicht. Allgemein gesprochen lautet die Frage nicht mehr: ‚Staat oder Markt?', sondern konzentriert sich auf das sektorspezifische Herausfinden angemessener Regulierungsinstrumente."[228]

Dieser letzte Satz ist der Wiederholung wert: Es geht nicht mehr um die ewige Dichotomie „Markt oder Staat", sondern um Entwicklung und Erprobung eines problemangemessenen **Regulierungsregimes,** wobei die Problemangemessenheit auch gerade darin bestehen kann, dass ein bestimmter Regulierungs-[229] oder Governance-Mix[230] zur Anwendung kommt.

Der wohl wesentlichste Bestandteil eines Regulierungsregimes – wobei mit diesem Begriff wiederum die ganzheitliche Perspektive des Governance-Ansatzes gemeint ist – besteht in einem problemangemessenen Regulierungsrecht. Insofern bedarf der Regulierungsstaat – wie der Gewährleistungsstaat ei-

---

sierung? Zum Funktionswandel des Staates im Telekommunikationssektor, in: Rüdiger Voigt (Hrsg.), Abschied vom Staat – Rückkehr zum Staat?, 2003, S. 371 ff.; → Bd. I *Eifert* § 19 Rn. 21 f., 47, 52 ff.

[224] Vgl. dazu auch die Beiträge in: *Klaus König/Angelika Benz* (Hrsg.), Privatisierung und staatliche Regulierung, 1997.

[225] Siehe dazu *Schuppert,* Gewährleistungsstaat (Fn. 52).

[226] → Bd. I *Eifert* § 19 Rn. 153 ff.; *Martin Lodge,* The wrong type of regulation? A regulatory failure and the railways in Britain and Germany, Journal of Public Policy, 22 (2002), S. 271 ff.

[227] *Bachmann,* Private Ordnung (Fn. 41), S. 45.

[228] *Eugene Bardach,* Social Regulation as a Generic Policy Instrument, in: Lester Salamon (Hrsg.), Beyond Privatization. The Tools of Government Action, 1989, S. 197–229; *Wernhard Möschel,* Privatisierung, Deregulierung und Wettbewerbsordnung, JZ 1988, S. 885 ff.; *Gabriele Roßkopf,* Selbstregulierung von Übernahmeangeboten in Großbritannien, 2000.

[229] Zum Regulierungsmix siehe die Beiträge in: Regulierte Selbstregulierung als Steuerungskonzept des Gewährleistungsstaates, DV, Beiheft 4, 2001.

[230] Als anschauliches Beispiel für einen sektorspezifischen Governance-Mix siehe den Beitrag von *Bernhard Speyer,* Governance von Finanzmärkten – Zur Erklärung der Polymorphie, in: Schuppert (Hrsg.), Governance (Fn. 55), S. 302 ff.

nes Gewährleistungsverwaltungsrechts[231] – eines **Regulierungsverwaltungsrechts,** dessen erste Konturen – insbesondere durch die Vorarbeiten von *Matthias Ruffert*[232] und *Johannes Masing*[233] – schon deutlich erkennbar sind.[234] Es scheint sich hier in der Tat ein neues Querschnitts-Rechtsgebiet zu etablieren, das wie kaum ein anderes durch die governancetypische Aufgabe gekennzeichnet ist, politikspezifische Regelungsstrukturen zu entwickeln.

100 Kaum weniger wichtig als das Regulierungsrecht ist – und hier kann man den Bogen zum Verwaltungsorganisationsrecht schlagen – die Beschaffenheit der jeweiligen Regulierungsinstanz. Diese Einsicht ist nicht nur jedem geläufig, der sich je mit dem Konzept der „Regulatory Agencies" in den Vereinigten Staaten beschäftigt hat,[235] sondern auch jedem heutigen Zeitungsleser, der die Debatte über die angemessene Regulierung des **Energiesektors** mit verfolgte.[236] Darüber hinaus ist die Diskussion über die Regulierung der netzwerkgebundenen Dienstleistungen gerade ein Lehrstück zum engen Zusammenhang von „regulatory und institutional choice",[237] also zum Zusammenhang von der Wahl der Regulierungsart und der Wahl der Regulierungsinstanz.

2. Die Wahl der „richtigen" Regulierungsinstanz als Paradebeispiel für die Tücken von „institutional choice"

101 Mit dem inzwischen fest etablierten Begriff „institutional choice"[238], auf den später noch genauer einzugehen sein wird, wird die Auswahlsituation bezeichnet, unter verschiedenen Organisationsformen für die Erledigung einer öffentlichen Aufgabe auswählen zu können bzw. zu müssen. Welche Probleme für die **Wahl der richtigen Regulierungsinstanz** dabei auftreten können, soll im Folgenden unter Bezugnahme auf den grundlegenden Beitrag von *Johannes Masing* über die „Grundstrukturen eines Regulierungsverwaltungsrechts"[239] kurz skizziert werden.

---

[231] Dazu *Claudio Franzius,* Gewährleistung im Recht. Vorüberlegungen zur rechtlichen Strukturierung privater Gemeinwohlbeiträge am Beispiel des Umweltschutzes. Diskussionspapiere des Europäischen Zentrums für Staatswissenschaften und Staatspraxis 36/2002; *Andreas Voßkuhle,* Beteiligung Privater an der Wahrnehmung öffentlicher Aufgaben und staatliche Verantwortung, VVDStRL, Bd. 62 (2003), S. 266 ff.

[232] *Matthias Ruffert,* Regulierung im System des Verwaltungsrechts, AöR, Bd. 124 (1999), S. 238 ff.

[233] *Johannes Masing,* Grundstrukturen eines Regulierungsverwaltungsrechts, DV, Bd. 36 (2003), S. 1–32.

[234] Vgl. aber auch schon *Wolfgang Spoerr/Markus Deutsch,* Das Wirtschaftverwaltungsrecht der Telekommunikation – Regulierung und Lizenzen als neue Schlüsselbegriffe des Verwaltungsrechts? DVBl 1997, S. 300 ff.

[235] Vgl. m.w.N. *Schuppert,* Erfüllung (Fn. 146); jüngst *Johannes Masing,* Die US-amerikanische Tradition der Regulated Industries und die Herausbildung eines europäischen Regulierungsverwaltungsrechts, AöR, Bd. 128 (2003), S. 561 ff.

[236] Siehe etwa Der Spiegel Nr. 33/2004, S. 58 f.

[237] Siehe dazu *Gunnar Folke Schuppert,* Das Konzept der regulierten Selbstregulierung als Bestandteil einer als Regelungswissenschaft verstandenen Rechtswissenschaft, in: Selbstregulierung (Fn. 229), S. 201 ff.

[238] Siehe dazu *Gunnar Folke Schuppert,* Institutional Choice im öffentlichen Sektor, in: Grimm (Hrsg.), Staatsaufgaben (Fn. 16), S. 647 ff.; *Christoph Reichard,* Institutionelle Wahlmöglichkeiten, in: Frieder Naschold u.a. (Hrsg.), Leistungstiefe im öffentlichen Sektor. Erfahrungen, Konzepte, Methoden, 1999, S. 101–126; *Marian Döhler,* Institutional Choice and Bureaucratic Autonomy in Germany, West European Politics, 25 (2002), S. 101–124.

[239] *Masing,* Grundstrukturen (Fn. 233), S. 1 ff.

D. Herausforderungen an Organisation und Organisationsrecht als Steuerungsfaktoren

Bevor diese Skizze begonnen wird, ist jedoch zunächst eine Vergewisserung über die wichtigsten Regulierungsziele erforderlich, da nur dann die Frage beantwortet werden kann, ob die jeweilige Regulierungsinstanz geeignet ist, zur Erreichung dieses Regulierungsziels viel oder wenig beizutragen. Das Besondere an der Regulierung netzbezogener Märkte ist nun, dass es nicht nur um die – natürlich wichtige – **Entgeltregulierung** geht,[240] sondern um die Organisation des Wettbewerbs, vor allem durch die **Regulierung des Netzzugangs.** Unter der Überschrift „Vom ordoliberalen Ausgangspunkt zur Organisation des Wettbewerbs" heißt es dazu bei *Masing* zutreffend wie folgt:[241] „Allerdings findet das Ordnungsrecht den freien Wettbewerb stets schon vor. Das Regulierungsverwaltungsrecht hingegen trifft auf eine Situation, in der ein funktionierender Wettbewerb noch nicht etabliert ist. Es muß ihn erst schaffen. Schon damit ist [...] seine Perspektive [...] verändert, die Kontrolle wird eine aktivere, hegendere Aufgabe".

a) Die Fehlkonstruktion der Bahnregulierung

Gemessen an dem soeben skizzierten Regulierungsziel – Schaffung eines Wettbewerbs durch Netzzugang für eine Pluralität von Anbietern – ist die Regulierung des deutschen Eisenbahnwesens offenbar eine **organisatorisch bedingte Fehlkonstruktion,** und zwar aus den folgenden, von *Masing* deutlich benannten Gründen:[242] „Ein zentrales Problem ist hier die Verflechtung von Netz- und Verkehrs-AGs in einer Holding. Der Zugang zum Netz wird so von einer Gesellschaft verwaltet, die wirtschaftlich im Lager eines der auf dem Netz agierenden Konkurrenten steht. Konflikte sind damit vorprogrammiert, und es wäre naiv, hier allein deshalb von gleichen Wettbewerbsbedingungen auszugehen, weil die Netznutzungskosten von Gesetzes wegen für alle gleich sein sollen."

Aber auch zwei weitere klassische Regulierungsprobleme werden am Beispiel der Bahnregulierung deutlich. Erstens das Grundproblem, ob eine allgemeine Wettbewerbskontrolle auf Grund eines allgemein geltenden Wettbewerbsrechts (GWB) durch eine allgemein zuständige Regulierungsinstanz – das Bundeskartellamt – die richtige Wahl ist oder eine **sektorspezifische Regelung** durch eine **sektorspezifische Regulierungsbehörde.** Zweitens das weitere Grundproblem, dass die jeweils zuständige Regulierungsbehörde auch über ein ausreichendes Regulierungsinstrumentarium verfügt und nicht als zahnloser Papiertiger von den Beteiligten nicht ernst genommen wird. Zur insoweit misslichen Situation des Eisenbahnbundesamtes und ihres Verhältnisses zur Kartellbehörde heißt es bei *Masing* wie folgt[243]: „Dem Eisenbahnbundesamt ist – ungeachtet aktueller Änderungsbemühungen – noch nicht einmal die Untersagung von rechtswidrigen AGBs möglich. Es kann nur im Einzelfall auf Antrag und auch dann nur wegen insgesamt gescheiterten Netzzugangs Regulierungsmaßnahmen treffen. Im Übrigen bleibt nur noch der Verweis auf die Kartellbehörde. Schon weil diese

---

[240] Zu den verschiedenen Regulierungszielen siehe *Jens-Peter Schneider*, Flexible Wirtschaftsregulierung durch unabhängige Behörden im deutschen und britischen Telekommunikationsrecht, ZHR 164, 2000, S. 513–544.
[241] *Masing*, Grundstrukturen (Fn. 233), S. 5.
[242] *Masing*, Grundstrukturen (Fn. 233), S. 12.
[243] *Masing*, Grundstrukturen (Fn. 233), S. 12.

nur zu negativen Untersagungen im Einzelfall ermächtigt ist, darf von ihr als nicht fachspezifischer Behörde aber wohl kaum die prospektiv-gestaltende Sicherstellung eines wettbewerblich transparenten Schienennetzzugangs erwartet werden. Der neue § 19 Abs. 4 Nr. 4 GWB ändert daran nichts."

105 Das Urteil fällt denn auch eindeutig aus:[244] „Das Regulierungsverwaltungsrecht hat hier weder konzeptuell noch instrumentell privatwirtschaftlichen Wettbewerb als maßgeblichen Faktor der Leistungserbringung induzieren können."

b) Auf der Suche nach der angemessenen Regulierung des Strommarktes

106 Die von *Masing* verteilten Noten für die Regulierung des Strommarktes fallen nicht besser aus. Regulatorisch besteht auch hier das Grundproblem darin, dass der Netzzugang nicht nur in die Entscheidungsmacht des jeweiligen Netzmonopolisten gelegt, sondern dieser zugleich Marktteilnehmer ist. Das Regulierungsregime sei in diesem Bereich mehr als schwachbrüstig:[245] „Die Bedingungen des Netzzugangs werden unter Verzicht auf fast jede Vorstrukturierung der Aushandlung im Einzelfall überlassen. [...] Von der Verordnungsermächtigung des § 6 Abs. 2 EnWG, die zumindest Typisierungen der Preisbildung erlaubte, wird bewußt kein Gebrauch gemacht. Stattdessen setzt man auf eine Vereinbarung der drei großen Interessenverbände[246], von denen allein eine Veröffentlichung von Richtwerten zur Spanne der letztjährigen Durchleitungsentgelte gefordert wird."

107 Dass von diesem Regulierungsinstrument der Verbändevereinbarung ein ernsthafter Schub in Richtung auf mehr Wettbewerb ausginge, dürfte wohl von keinem verwaltungswissenschaftlich geschulten Beobachter erwartet werden; gemessen an dem oben skizzierten Regulierungsziel liegen auch hier gravierende Konstruktionsmängel vor:[247] „Zu betonen ist, dass diese Verbändevereinbarung auf einer intransparenten, auf wenige Interessenträger begrenzten Aushandlung beruht und es an einem beteiligungsoffenen staatlichen Anerkennungsverfahren fehlt. Es liegt auf der Hand, dass ein solcher **Regulierungsverzicht die Fortwirkung alter und vermachteter Strukturen** gegenüber dem theoretisch gewollten Wettbewerb **begünstigt**."

108 Angesichts der offensichtlichen Schwächen dieses Regulierungsmodells und angesichts ständig steigender Strompreise[248] kann der inzwischen in Gestalt eines Gesetzesentwurfs vorliegende Plan nicht überraschen, den Strommarkt ebenfalls einer **sektorspezifischen Regulierung** zu unterwerfen. Der Gesetzentwurf der Bundesregierung sieht vor, die Regulierungsbehörde für Post und Telekommunikation künftig auch mit Regulierungsaufgaben im Anwendungs-

---

[244] *Masing*, Grundstrukturen (Fn. 233), S. 13.
[245] *Masing*, Grundstrukturen (Fn. 233), S. 14.
[246] Inzwischen gilt die Verbändevereinbarung III vom 6. 12. 2001, abrufbar unter www.bmwi.de/Homepage/download/energie/VVStrom.pdf. Sie löst die VV-Strom II vom 13. 12. 1999 mit Wirkung vom 1. 1. 2002 ab. Bereits in der Verbändevereinbarung II wurde die „Durchleitung" durch einen Netzzugang mit Punkttarifen ersetzt. Siehe dazu VIK Tätigkeitsbericht 1999/2000, S. 24 ff., abrufbar unter www.vik-online.de; *Hans-Rudolf Ebel*, Preisgestaltung im neuen Energiewirtschaftsrecht, BB 2000, Beilage 6, S. 15 f.
[247] *Masing*, Grundstrukturen (Fn. 233), S. 15.
[248] Der Spiegel (Fn. 236).

bereich des EnWG[249] und des EEG[250] zu betrauen.[251] Die Behörde wird dabei umbenannt in „Bundesregulierungsbehörde für Elektrizität, Gas, Telekommunikation und Post".[252] Die etwa 1700 Strom- und Gasnetzbetreiber[253] werden einer umfassenden Missbrauchsaufsicht unterworfen, die über die bisherige bloße Kartellaufsicht hinausgeht. Ziel der Neuregelung und Aufgabe der Behörde ist vor allem, den Verbraucherschutz zu stärken[254] sowie einen Richtpreis für die Durchleitung von Strom und Gas durch fremde Netze zu ermitteln. Dabei kann nach den Vorstellungen der Bundesregierung auf die im Telekommunikationsbereich erworbene Regulierungskompetenz der Behörde zurückgegriffen werden.[255]

c) Zutreffende Ansätze bei der Regulierung der Telekommunikation

Eine bessere Beurteilung bekommt die Regulierung der Telekommunikation, obwohl auch hier die Verschränkung von Netz und Dienst „den alten Staatsmonopolisten übermächtig bestehen" lasse.[256] Aber immerhin werde der Regulierungsbehörde – im Vergleich zu Bahn und Strom – durch das Telekommunikationsgesetz ein **ausgearbeitetes Regulierungsarsenal** zur Verfügung gestellt:[257] „Auch hier hat das Regulierungsverwaltungsrecht die Aufgabe, einen effektiven wettbewerbssichernden Zugang zum Netz sicherzustellen. Die Kontrolle des Zugangs erfolgt hier im Wesentlichen über die Entgeltregulierung. Das Telekommunikationsrecht verfügt dabei über das ausdifferenzierteste Instrumentarium regulativer Einflußnahme. Es statuiert eine weithin präventive Preisregulierung (§§ 39, 25 Abs. 1 TKG), enthält differenzierte Maßstäbe für die Entgelte, nach denen allein die Kosten der Leistungserbringung abgedeckt werden dürfen (§§ 30, 24 TKG), schreibt hierfür, durch Rechtsverordnungen näher konkretisiert, verschiedene Kostenermittlungsverfahren und Nachweispflichten vor (§§ 30, 27 i. V. m. T-Entgeltverordnung), verlangt eine Entbündelung der einzelnen Leistungen (§§ 33 i. V. m. § 2 NZV-TKG), [...] sieht Verfahrensregelungen und differenzierte Auskunftspflichten vor, die von der Regulierungsbehörde näher konkretisiert werden können (§ 31 TKG), und paßt schließlich auch das gerichtliche Verfahren der Regelungsmaterie durch Ausschluß der aufschiebenden Wirkung an (§ 80 Abs. 2 TKG). Hier also wird der Behörde ein ausgearbeitetes Regulierungsarsenal zur Verfügung gestellt."

109

---

[249] BTDrucks 15/3917.
[250] BTDrucks 15/3923.
[251] Zum Entwurf der Bundesregierung siehe *Franz-Jürgen Säcker,* Der Referentenentwurf zum Energiewirtschaftsgesetz – ordnungspolitische und rechtsdogmatische Grundsatzbemerkungen, N & R 2004, S. 46 ff.; *ders.,* Freiheit durch Wettbewerb. Wettbewerb durch Regulierung, ZNER 2004, S. 98 ff.; *Ralf Röger,* Die Regulierungsbehörde für Telekommunikation und Post als zukünftiger Energiemarktregulierer, DÖV 2004, S. 1025 ff.; zu den europäischen Vorgaben besonders *Bernd Holznagel/Marc-Stefan Göge,* Die Befugnisse der REGTP zur Regulierung des Netzzugangs nach dem EnWG-KE 2004, ZNER 2004, S. 218 ff.
[252] BTDrucks 15/3917, S. 39, 76.
[253] BTDrucks 15/3917, S. 46.
[254] BTDrucks 15/3917, S. 47.
[255] BTDrucks 15/3917, S. 46.
[256] *Masing,* Grundstrukturen (Fn. 233), S. 21.
[257] *Masing,* Grundstrukturen (Fn. 233), S. 20.

IV. Die Ökonomisierung des Verwaltungsverständnisses als Herausforderung für Verwaltungsorganisation und Verwaltungsorganisationsrecht

1. Ökonomisierung des Verwaltungsverständnisses und Verwaltungsreform

110 Es wird zunehmend üblich, von einer Ökonomisierung des Staates und seiner Rechtsordnung zu sprechen[258] und den Begriff der Ökonomisierung für alle Situationen zu verwenden, in denen **ökonomische Maßstäbe und Strukturen** wie Effizienz, Markt, Wettbewerb, Preis, Güterknappheit etc. entweder in rechtliche Überlegungen einfließen[259] oder mehr oder weniger direkt auf das Verwaltungssystem durchschlagen und dort Änderungen der Verwaltungsorganisation, des Haushaltsrechts oder der Personalführung bewirken. Insofern wirkt die Ökonomisierung von Staat, Recht und Verwaltung nicht punktuell, sondern markiert **ein geändertes Staats- und Verwaltungsverständnis,** das den gesamten Bereich des öffentlichen Lebens und damit auch der öffentlichen Verwaltung gewissermaßen durchdringt und deswegen nur als mehrdimensionaler Vorgang begriffen werden kann. Dazu passt es, wenn *Jens-Peter Schneider* in einem grundsätzlich angelegten Beitrag „Zur Ökonomisierung von Verwaltungsrecht und Verwaltungsrechtswissenschaft" vorgeschlagen hat,[260] die folgenden fünf Ökonomisierungsdimensionen zu unterscheiden:

– eine materielle Dimension (erhöhte Bedeutung des Effizienzmaßstabes, Ziel der Kostenreduktion),
– eine verfahrensmäßige Dimension (Flexibilisierung von Genehmigungsverfahren, Verfahrensprivatisierung),
– eine institutionelle Dimension (Erscheinungsformen ökonomischer Selbstregulierung),
– eine methodische Dimension (ökonomische Analyse des Rechts) und
– eine organisatorische Dimension, zu der er Folgendes erläuternd ausführt:[261] „Eine organisatorische Dimension gewinnt die Ökonomisierung bei einer Einbeziehung von Wirtschaftsakteuren in die öffentlichen Organisationen insbesondere durch hybride Gremien. Beispiele bieten Hochschulräte mit Wirtschaftsvertretern oder die Stärkung der **Repräsentanz wirtschaftlicher Interessen** in Rundfunkräten. Die deutlichste Form der organisatorischen Ökonomisierung ist die Privatisierung der Erfüllung öffentlicher Aufgaben zum Beispiel in Formen der Public-Private-Partnership."

111 So interessant diese Beispiele auch sind, sie greifen letztlich zu kurz. Denn es geht hier nicht um einzelne organisatorische Ausprägungen der Ökonomisie-

---

[258] Vgl. etwa die Beiträge von *Klaus König,* Markt und Wettbewerb, DVBl 1997, S. 239 ff., und von *Karl Oettle,* Elemente der Ökonomisierung des Verwaltungshandelns, DV, Bd. 32 (1999), S. 291 ff.
[259] *Christoph Gröpl,* Haushaltsrecht und Reform, Dogmatik und Möglichkeiten der Fortentwicklung der Haushaltswirtschaft durch Flexibilisierung, Dezentralisierung, Budgetierung, Ökonomisierung und Fremdfinanzierung, 2001, S. 328.
[260] *Jens-Peter Schneider,* Zur Ökonomisierung von Verwaltungsrecht und Verwaltungsrechtswissenschaft. Begriffsbildung und einführende Analyse ausgewählter Beispielfälle, DV, Bd. 34 (2001), S. 317 ff., 320 ff.
[261] *Schneider,* Ökonomisierung (Fn. 260), S. 324.

D. Herausforderungen an Organisation und Organisationsrecht als Steuerungsfaktoren

rung, sondern darum, wie das Phänomen der Ökonomisierung die gesamte Verwaltung ergreift, wie gewissermaßen der ökonomische Geist das oben geschilderte Gehäuse der hierarchisch-bürokratischen Verwaltung durchweht und wie ein solch gewandeltes Verwaltungsverständnis auch auf der Organisationsebene der Verwaltung Spuren hinterlässt. Wie und wo das der Fall ist, lässt sich am besten am Prozess der **Verwaltungsreform** studieren. Denn der auf die öffentliche Verwaltung bezogene Reformprozess ist im Wesentlichen ein Prozess des Umdenkens. Bezeichnenderweise trägt daher die Darstellung der Reformbestrebungen der Kommunalverwaltung von *Christoph Reichard* den Titel „Umdenken im Rathaus"[262] und nicht von ungefähr führt die Reformbibel von *Osborne/Gaebler* den Untertitel „How the Entrepreneurial Spirit is Transforming the Public Sector"[263]. Will man diesen Umdenkensprozess auf eine kurze Formel bringen, so kann man von einer **Ökonomisierung des Verwaltungsverständnisses** sprechen, ein Prozess, der jetzt in zwei Schritten vorgestellt und auf seine verwaltungsorganisatorischen Konsequenzen befragt werden soll.

2. Von der bürokratischen Steuerung zum New Public Management

Das Vehikel, mit Hilfe dessen der „entrepreneurial spirit" die öffentliche Verwaltung ergreift, ist die Management-Lehre, vor allem in Gestalt des so genannten **New Public Management** (NPM).[264] Was zunächst die Managementperspektive generell angeht, so importiert sie die betriebswirtschaftliche Sicht auf die Verwaltung[265] und schärft den Blick für wichtige Probleme, z. B. wie komplexe öffentliche Organisationen gesteuert und koordiniert werden, wie Verwaltungen lernen und wie sie sich ändern können[266]. Man kann die moderne Management-Lehre – etwas vereinfachend – als die **Lehre von der internen Steuerung komplexer Organisationen** oder Organisationsnetzwerke bezeichnen, für die die internen Strukturen der jeweiligen Organisation oder des jeweiligen Systems das zentrale Steuerungsobjekt sind, und nicht externe Individuen, Organisationen oder Systeme wie im Bereich der Policy-Forschung.[267] Durch die Übertragung der Konzepte der Management-Lehre auf die öffentliche Verwaltung werden die hergebrachten Unterscheidungen zwischen den Strukturmerkmalen des öffentlichen Sektors – sei es hinsichtlich der Organisations-, Verfahrens-, Personal- oder Finanzstrukturen – in gewissem Umfang aufgehoben, was aber – worauf *Werner Jann* zu Recht hinweist[268] – nicht als platte Ökonomisierung des öffentlichen Sektors missverstanden werden darf. Die moderne Management-Lehre – so sein Argument – besteht nicht notwendigerweise in einer Ökonomisierung der internen Strukturen des öffentlichen Sektors, sondern in Dezentralisierung und

112

---

[262] *Christoph Reichard*, Umdenken im Rathaus. Neuere Steuerungsmodelle in der deutschen Kommunalverwaltung, 1994.

[263] *David Osborne/Ted Gaebler*, Reinventing Government. How the Entrepreneurial Spirit is Transforming the Public Sector, 1992.

[264] → Bd. I *Voßkuhle* § 1 Rn. 50.

[265] Siehe dazu *Christoph Reichard*, Zum Stand der öffentlichen Betriebswirtschaftslehre, DV, Bd. 36 (2003), S. 389–407.

[266] *Werner Jann*, Verwaltungswissenschaft und Managementlehre, in: Bernhard Blanke u. a. (Hrsg.), Handbuch zur Verwaltungsreform, 2. Aufl. 2001, S. 61 ff., 70.

[267] *Jann*, Verwaltungswissenschaft (Fn. 266), S. 68.

[268] *Jann*, Verwaltungswissenschaft (Fn. 266), S. 68 ff.

Transparenz, d.h. der **Abkehr von hierarchischer Integration und Steuerung,** sowie in dem Versuch, möglichst viele interne Beziehungen, Kosten und Ergebnisse transparent zu machen. Nicht „mehr Markt" ist somit die normative Leitlinie, sondern „mehr Transparenz und mehr Eigenverantwortlichkeit."[269]

113 Insofern enthält die Management-Lehre die Botschaft, „dass demokratische Kontrolle, Verantwortlichkeit und Transparenz nicht mehr einfach mit gesetzlich festgelegten, hierarchischen Verantwortungsstrukturen gleichgesetzt werden, sondern dass in modernen Massendemokratien mit einem netzwerkartig organisierten Staat [...] demokratische und rechtsstaatliche Steuerung und Koordination etwas anderes bedeuten müssen als Regulierung, Hierarchie und Ministerverantwortung."[270]

114 Wie eine solche demokratische und rechtsstaatliche Steuerung und Koordination im Zeichen des modernen Verwaltungsstaates aussehen könnte, versucht das Konzept des **New Public Management** (NPM) zu beantworten,[271] das eine Reformbewegung in Gang setzte, der es in erstaunlichem Umfang gelang, Einfluss auf Regierungen und Verwaltungen auszuüben und eine beachtliche Wirkung in der Fachöffentlichkeit zu erzielen.[272] Regierungen in Großbritannien, in den USA, in Neuseeland, Australien, in verschiedenen nordischen Staaten, in den Niederlanden, in Deutschland und anderswo setzten verstärkt auf das Rezept, Aufgaben zu privatisieren, ihren Personalbestand abzubauen, einzelne Verwaltungseinheiten zu verselbstständigen („Agencification"), den öffentlichen Sektor unter verstärkten Markt- und Wettbewerbsdruck zu setzen sowie Managementkonzepte aus dem Privatsektor zu transferieren. „Seitdem ist es üblich geworden, das Konzept des NPM durch die folgenden Merkmale zu kennzeichnen:[273]
– Stärkung der Marktorientierung sowie des Wettbewerbsdenkens,
– an Privatunternehmen orientierte Managementkonzepte,
– Trennung von strategischer und operativer Verantwortung (oft gleichgesetzt mit einer strikten Trennung zwischen Politik und Verwaltung),
– Konzepte der ziel- und ergebnisorientierten Steuerung sowie
– Schaffung dezentraler teilautonomer Organisationsstrukturen."

115 Für die Binnenperspektive auf die Verwaltung bedeutet dies die folgenden Reformschritte:[274]
– „Aufbau- und Ablaufstrukturen in den Verwaltungen reformieren,
– dezentrale und ergebnisbezogene Verantwortlichkeiten einführen und
– das Finanzmanagement, das Rechnungswesen und das Personalmanagement verbessern."

116 In Bezug auf diese eingeforderten innerorganisatorischen Veränderungen „sind die Kernelemente des New Public Management gut erkennbar im so ge-

---

[269] *Jann*, Verwaltungswissenschaft (Fn. 266), S. 69.
[270] *Jann*, Verwaltungswissenschaft (Fn. 266), S. 70.
[271] Siehe als einführenden Überblick *Eckhard Schröter/Hellmut Wollmann*, New Public Management, in: Blanke u. a. (Hrsg.), Verwaltungsreform (Fn. 266), S. 71 ff.; ferner *Dietrich Budäus*, Von der bürokratischen Steuerung zum New Public Management – Einführung, in: ders./Peter Conrad/Georg Schreyögg (Hrsg.), New Public Management, 1998, S. 1 ff.; *Reichard*, Verwaltungsmanagement (Fn. 24), S. 57 ff.
[272] Instruktiv *Christoph Reichard/Manfred Röber*, Konzept und Kritik des New Public Management, in: FS Hellmut Wollmann, 2001, S. 371 ff.
[273] *Reichard/Röber*, New Public Management (Fn. 272), S. 371.
[274] *Reichard/Röber*, New Public Management (Fn. 272), S. 372.

D. Herausforderungen an Organisation und Organisationsrecht als Steuerungsfaktoren

nannten Neuen Steuerungsmodell (NM) abgebildet"[275], das deshalb im nächsten Schritt kurz vorgestellt werden soll.

3. Das Neue Steuerungsmodell und seine organisatorischen Voraussetzungen

Nach dem in verschiedenen Berichten der Kommunalen Gemeinschaftsstelle für Verwaltungsvereinfachung (KGSt) seit Anfang der 90er Jahre skizzierten Konzept[276] besteht das **Neue Steuerungsmodell** im Kern aus drei miteinander zusammenhängenden Elementen: 117
- dem Aufbau einer unternehmensähnlichen, dezentralen Führungs- und Organisationsstruktur,
- der Outputsteuerung, d.h. Instrumenten zur Steuerung der Verwaltung von der Leistungsseite her sowie
- der Aktivierung dieser neuen Struktur durch Wettbewerb und Kundenorientierung.

Diesen drei Kernelementen werden für den Bereich der dezentralen Führungs- und Organisationsstruktur die folgenden Einzelelemente zugeordnet, die *Werner Jann* als **organisatorische Voraussetzungen des Neuen Steuerungsmodells** bezeichnet und wie folgt zusammengefasst hat:[277] 118
- „**Kontraktmanagement und klare Verantwortungsabgrenzung:** Kontraktmanagement wird verstanden als ein Steuerungs-, Planungs- und Controllinginstrument, bei dem zwischen der Leitung einer Organisationseinheit und der Leitung einer niedrigeren hierarchischen Ebene verbindliche Absprachen über die zu erbringenden Leistungen, die dafür zur Verfügung gestellten Mittel und die Art der Berichterstattung über das Ergebnis und eventuelle Abweichungen getroffen werden. Diese Absprachen sind sowohl zwischen der politischen Führung, der Verwaltung und den einzelnen Fachabteilungen, die damit zu einer klareren Verantwortungsabgrenzung zwischen Politik und Verwaltung kommen sollen, als auch innerhalb der Verwaltung zwischen Leitung und Mitarbeitern, die Einzel- oder Teilleistungen erstellen, zu treffen.
- **Dezentrale Gesamtverantwortung:** Kontraktmanagement zielt darauf ab, das Interesse und die Aufmerksamkeit der Fachbereiche auf ihr Leistungsergebnis zu richten. Um die zu erzeugenden Leistungen (Produkte), die klar definiert werden müssen, erstellen zu können, benötigen die Fachbereiche ausreichende Handlungsspielräume. Zu diesem Zweck soll ihnen die **dezentrale Ressourcenverantwortung,** d.h. die Verantwortung für den zweckentsprechenden Einsatz ihrer Ressourcen (Geld, Stellen, Personal, Sachmittel) übertragen werden. [...] Im Ergebnis ergibt sich so eine Konzernstruktur der Verwaltung, die Fachbereiche werden zu weitgehend selbstständigen Leistungseinheiten.
- **Zentraler Steuerungs- und Controllingbereich:** Notwendige Voraussetzung, damit diese teilautomatisierten und selbst-steuernden Fachbereiche sich nicht vollständig verselbstständigen, ist ein zentraler Steuerungsdienst, der die

---

[275] *Schröter/Wollmann,* New Public Management (Fn. 271), S. 77.
[276] Vgl. v.a. den KGSt-Bericht Nr. 5/1993: Das Neue Steuerungsmodell. Begründung, Konturen, Umsetzung, 1993; → Bd. I *Voßkuhle* § 1 Rn. 53 ff.
[277] *Werner Jann,* Neues Steuerungsmodell, in: Blanke u.a. (Hrsg.), Verwaltungsreform (Fn. 266), S. 82 ff.

notwendigen Steuerungs- und Controllingaufgaben wahrnimmt, so z.B. Koordination der Fachplanungen, Analyse und Überprüfung der Leistungen der Fachbereiche im Rahmen des Berichtswesens, Beteiligungsverwaltung und -controlling."

119 Schon an dieser kurzen Skizze – mehr bedarf es an dieser Stelle nicht – wird deutlich, dass das neue Steuerungsmodell ein sehr voraussetzungsvolles Modell ist, das aus einem ganzen Bündel von aufeinander abgestimmten Maßnahmen besteht, und zwar gleichzeitig im organisatorischen Bereich, im Bereich von Verfahren, von Personal und vor allem auch von Haushaltsrecht und Haushaltskontrolle.[278] Es ist daher ein besonders schönes Beispiel für das notwendige Zusammenspiel aller Steuerungsebenen des Verwaltungshandelns,[279] also von Entscheidungsprogrammen, Organisation und Verfahren, Personal und Budget. Man könnte insoweit von einer **komplexen Infrastruktur** des Neuen Steuerungsmodells sprechen, in dessen Geflecht die intern-organisatorischen Regelungsstrukturen eine wichtige Rolle spielen.

V. Die Hybridisierung öffentlicher Aufgabenträger als organisatorische Konsequenz einer zunehmenden Verzahnung von öffentlichem und privatem Sektor

120 Man kann mit guten Gründen die Auffassung vertreten, dass sich die wirklich spannenden Veränderungen moderner Staatlichkeit jenseits von Privatisierung und schlankem Staat vollziehen, sie sich vielmehr in einem beobachtbaren Neuzuschnitt von öffentlichem, privatem und drittem Sektor dokumentieren.[280] Dem liegt die These zugrunde, dass Veränderungsprozesse im Verhältnis der Sektoren zueinander viel aussagen über veränderte Staatsfunktionen, veränderte staatliche Steuerungsmodi und letztlich auch über ein sich veränderndes Staatsverständnis. Es erscheint daher an der Zeit, die nur scheinbare Sicherheit vermittelnden Unterstände der überkommenen Dichotomie von öffentlichem und privatem Recht,[281] von öffentlichem und privatem Sektor und von öffentlichem und privatem Interesse zu verlassen und sich mit **Grenzphänomenen** zu beschäftigen, die auf den Grenzlinien dieser nur scheinbar strikt getrennten Welten immer häufiger anzutreffen sind. Im Bereich der Verwaltungsorganisation kann man einer besonders interessanten Erscheinungsform solcher Grenzphänomene begegnen, nämlich **hybriden Organisationsgebilden** auf der Grenzlinie zwischen öffentlichem und privatem Sektor.[282] Zwei davon sind im Folgenden kurz vorzustellen:

---

[278] Siehe dazu *Schuppert*, Verwaltungswissenschaft, S. 698 ff.: „Budgetsteuerung: Steuerung durch Haushaltsrecht und Haushaltskontrolle"; → Bd. I *Franzius* § 4 Rn. 64 ff.

[279] Vgl. dazu *Gunnar Folke Schuppert*, Sparstrategien auf der Suche nach ihrem Gegenstand. Die staatliche Finanzkrise als Herausforderung an Rechts- und Verwaltungswissenschaft, AfK 1996, S. 226 ff.

[280] Siehe *Gunnar Folke Schuppert*, Markt, Staat, dritter Sektor – oder noch mehr? Sektorspezifische Steuerungsprobleme ausdifferenzierter Staatlichkeit, in: Jb. für Staats- und Verwaltungswissenschaft, Bd. 3, 1989, S. 47 ff.; *ders.*, Verzahnung von öffentlichem und privatem Sektor im Spiegel neuer Organisationsmodelle, in: ders./Peter Eichhorn/Christoph Reichard (Hrsg.), Kommunale Wirtschaft im Wandel – Chancen und Risiken, 2000, S. 87–120.

[281] Zu öffentlichem Recht und Privatrecht → Bd. I *Burgi* § 18 Rn. 1 ff.

[282] → Bd. I *Jestaedt* § 14 Rn. 30.

D. Herausforderungen an Organisation und Organisationsrecht als Steuerungsfaktoren

1. Das Beispiel „Treuhandanstalt"

Die – inzwischen verschiedene – Treuhandanstalt ist ein gutes Beispiel dafür, zu welchen Konsequenzen es führt, wenn man sich bei einer Organisationswahlentscheidung nicht für **ein** pures Organisationsmodell – entweder Privatisierungs**behörde** oder Liquidations**management** – entscheiden kann und dadurch diejenigen in tiefe Ratlosigkeit stürzt, die die Aufgabe hatten, das Organisationsgebilde Treuhandanstalt und ihr Handeln rechts- wie verwaltungswissenschaftlich zu qualifizieren: Was sollte man von einer Institution halten, die – so *Roland Czada*[283] – „rechtlich kein Unternehmen und faktisch keine staatliche Behörde ist, offenbar zugleich bundesunmittelbare Anstalt des öffentlichen Rechts wie qualifizierter faktischer Konzern, von der Rechtsform her Einheit der mittelbaren Staatsverwaltung, vom Selbstverständnis her eher Konkursmanagement"[284]? Es kann bei diesen Befunden kaum überraschen, dass die Bestimmung des passenden Rechtsregimes für das Wirken der Treuhandanstalt Schwierigkeiten bereitete; die Treuhandanstalt wurde als Organisation im Überschneidungsbereich zweier Rechtskreise bezeichnet,[285] und *Wolfgang Spoerr* hat seiner Dissertation über die Treuhandanstalt den Titel „Treuhandanstalt und Treuhandunternehmen zwischen Verfassungs-, Verwaltungs- und Gesellschaftsrecht" gegeben.[286] 121

Diese rechtlichen Klassifizierungsschwierigkeiten spiegeln nichts anderes als die Besonderheit der gestellten Transformationsaufgabe und die zu ihrer Bewältigung gewählte Organisationsform, nämlich die absichtsvolle Kreuzung von Elementen eines Wirtschaftsunternehmens mit Elementen einer Verwaltungsbehörde, wider. Man kann insoweit – mit einem durchaus verbreiteten Sprachgebrauch[287] – von **hybriden Organisationsformen** sprechen, wobei die davon erhoffte besondere **institutionelle Kompetenz** im Falle der Treuhandanstalt offenbar darin liegen sollte, dass sie die Tugend einer durch die Rechtsform der Anstalt vermittelten öffentlich-rechtlichen Rückbindung an die öffentliche Verwaltung und das politische System mit der Tugend einer wirtschaftlich orientierten Aufgabenerfüllung verbindet. 122

Hybride sind nach Meyers Lexikon Produkte der Zeugung zwischen zwei verschiedenen Pflanzenarten mit bemerkenswerten Eigenschaften;[288] die verschiedenartigen Pflanzen sind im Falle der Treuhandanstalt Wirtschaftsunternehmen und Behörde, und zwar vom Selbstverständnis der Treuhandanstalt her – und dies ist für das tatsächliche Organisationsverhalten von entscheidender 123

---

[283] *Roland Czada*, Die Treuhandanstalt im Umfeld von Politik und Verbänden, in: Wolfram Fischer/Herbert Hax/Hans K. Schneider (Hrsg.), Treuhandanstalt – Das Unmögliche wagen, 1993, S. 148 ff.

[284] *Gunnar Folke Schuppert*, Öffentlich-rechtliche Vorgaben für die Treuhandanstalt bei der Leitung der Treuhandunternehmen, ZGR 1992, S. 454 ff.

[285] *Gunnar Folke Schuppert*, Die Treuhandanstalt – Zum Leben einer Organisation im Überschneidungsbereich zweier Rechtskreise, StWStP 1992, S. 186 ff.

[286] *Wolfgang Spoerr*, Treuhandanstalt und Treuhandunternehmen zwischen Verfassungs-, Verwaltungs- und Gesellschaftsrecht, 1993.

[287] *Patrick Birkenshaw/Ian Harden/Norman Lewis*, Government by Moonlight. The Hybrid Parts of the State, 1990; *Michael Hutter/Gunther Teubner*, The Parasitic Role of Hybrids, Journal of Institutional and Theoretical Economics 1993, S. 706 ff.

[288] Meyers Lexikon, 6. Bd., 7. Aufl. 1927; nach Meyer, S. 136, sind so genannte Bastardpflanzen allgemein „kräftiger als die Eltern, sie bilden stärkere Stängel, zahlreichere Blätter und bisweilen ungewöhnlich viele Blüten, die überdies oft größer, schöner gefärbt, wohlriechender sind und Neigung haben, sich zu füllen".

Bedeutung – mit einer deutlichen Bevorzugung und Akzentuierung der Unternehmenskomponente.

124 Die Zwitterstellung der Treuhandanstalt ist besonders von *Roland Czada* hervorgehoben worden, wenn er schreibt:[289] „Die THA ist rechtlich kein Unternehmen und faktisch keine staatliche Behörde. Ihre Aufgabe und Praxis der Aufgabenerfüllung verorten sie vielmehr an der Schnittstelle von Staat und Ökonomie. Sie fungiert als ‚Agentur' des Staates zur Entwicklung der privaten Wirtschaft. Insofern erinnert sie – auch der Rechtsform nach – an die Kreditanstalt für Wiederaufbau (KfW), die aus der Verwaltung der Marshallplanmittel nach dem Zweiten Weltkrieg hervorging".

125 Der Unternehmenscharakter der Treuhandanstalt kam besonders klar in ihrer Binnenstruktur zum Ausdruck, nämlich in der am **Vorbild der Aktiengesellschaft** orientierten Zuordnung von Vorstand und Verwaltungsrat sowie in der Zusammensetzung des Verwaltungsrates selbst sowie auch in der Rekrutierung des Personals, zu der *Wolfgang Seibel* Folgendes bemerkt:[290] „Was den beruflichen Hintergrund betrifft, so mischen sich in der Treuhandanstalt Beamtenkarrieren und Industriekarrieren, allerdings rein quantitativ mit deutlicher Dominanz des privatwirtschaftlichen Bereichs. Diese Konstellation, die der **institutionellen Zwitterstellung der Treuhandanstalt zwischen Markt und Staat** entspricht, hat allem Anschein nach zu keinen nennenswerten Reibungen geführt."

126 Diese kurze Skizze der Treuhandanstalt mag ausreichen, um zu zeigen, wie durch bestimmte organisatorische Arrangements – nämlich die Verwendung einer hybriden Organisationsform – ein bestimmtes Organisationsverhalten programmiert werden sollte, von dem man sich eine flexible und ökonomischer Rationalität folgende Privatisierungspolitik versprach.

2. Verzahnung von öffentlichem und privaten Sektor im Bereich des Kreditwesens und der Wasserwirtschaft: das so genannte Berliner Modell

a) Die Konstruktion des Berliner Modells

127 Für das so genannte Berliner Modell gibt es zwei Anwendungsfälle, nämlich einmal die Verzahnung der privatrechtlichen Aktiengesellschaft „Bankgesellschaft Berlin AG" mit der Anstalt des öffentlichen Rechts „Landesbank Berlin, Girozentrale", zum anderen die Teilprivatisierung der Berliner Wasserbetriebe, für die das „Gesetz zur Änderung des Berliner Betriebsgesetzes, zur Teilprivatisierung der Berliner Wasserbetriebe und zur Änderung des Berliner Wassergesetzes" vom 17. Mai 1999[291] die erforderliche Rechtsgrundlage bereitstellte. Statt die komplizierten Konstruktionen beider Fälle im Einzelnen zu erläutern, die dazu erforderlich sind, eine Anstalt des öffentlichen Rechts dem beherrschenden Einfluss einer privatrechtlich verfassten Holding zu unterwerfen, erscheint es am einfachsten, aus der die Wasserbetriebe betreffenden Beschlussvorlage für das Abgeordnetenhaus Berlin zu zitieren, in der die Konstruktion wie folgt erläutert wurde:[292]

---

[289] *Czada*, Treuhandanstalt (Fn. 283), S. 155.
[290] *Wolfgang Seibel*, Die organisatorische Entwicklung der Treuhandanstalt, in: Fischer/Hax/Schneider (Hrsg.), Treuhandanstalt (Fn. 283), S. 111 ff.
[291] GVBl 1999, S. 183.
[292] Drucks 13/3367, S. 5.

D. Herausforderungen an Organisation und Organisationsrecht als Steuerungsfaktoren

„Das umzusetzende Modell sieht vor, dass sich eine BWB Holding AG mit bis zu 49,9% als stiller Gesellschafter am Unternehmen der Anstalt beteiligt. Die restlichen 50,1% verbleiben beim Land Berlin. Auch die BWB Holding AG wird mehrheitlich vom Land Berlin gehalten. Die Anstaltsstruktur wird hierdurch nicht beeinträchtigt.

Der BWB Holding AG wird durch Vertrag (Vertrag über die einheitliche Leitung) lediglich eine begrenzte Weisungsbefugnis gegenüber der Anstalt eingeräumt. Das Weisungsrecht unterliegt den mit Blick auf die Aufgaben der Anstalt, die Anstaltslast und die Gewährträgerhaftung erforderlichen öffentlich-rechtlichen Bindungen. Gleichzeitig ist die Erteilung von Weisungen von der Zustimmung eines Weisungsausschusses bei der Holding AG, in dem das Land Berlin mehrheitlich vertreten ist, abhängig. Der Beschluss kann deshalb nur mit Zustimmung der Vertreter des Gewährträgers der Anstalt (Land Berlin) ergehen. Hierdurch wird eine dem Demokratieprinzip genügende demokratische Legitimation der Leitung der Anstalt sichergestellt. Das Modell entspricht dem Vorbild des Berliner Banken-Modells."

Die innere Struktur des Berliner Modells ist also insofern eine aufwändige und komplexe Konstruktion, als sie aus vier aufeinander bezogenen Regelungswerken besteht, nämlich
– dem jeweiligen **Ermächtigungsgesetz** (Gesetz über die Errichtung der Landesbank Berlin; Gesetz zur Teilprivatisierung der Berliner Wasserbetriebe),
– der jeweiligen **Anstaltssatzung** (Satzungen der Anstalten Landesbank und Wasserbetriebe),
– dem jeweiligen **Beteiligungsvertrag** und
– dem jeweiligen **Interessenwahrungsvertrag**.

b) Die öffentlich-rechtliche Anstalt als multifunktionales Organisationsgebilde

Das Berliner Modell ist unter dem Gesichtspunkt von Verwaltungsorganisation 129 und Verwaltungsorganisationsrecht als Steuerungsfaktoren deswegen so interessant, weil man an ihm viel über die Organisationsform der Anstalt lernen kann.

Erstens kann man lernen, dass der im Verwaltungsorganisationsrecht wie eine 130 feste Größe behandelte Anstaltsbegriff eigentlich konturenlos ist und nicht mehr als eine organisationsrechtliche Fassade darstellt:[293] Die Binnenstruktur der Anstalt ist der gesetzgeberischen Ausgestaltung gegenüber offen, sie ist ein zweckspezifisch ausformbares Instrument des Verwaltungshandelns ohne bestimmte verfassungsrechtliche Festlegungen.[294]

Zweitens kann man lernen, dass die wichtigsten Anstaltsakteure nicht etwa – 131 wie die Lehrbücher des Verwaltungsrechts glauben machen – der Anstaltsträger und die mit ihm meistens identische Errichtungskörperschaft sind, sondern der **Kapitalträger,** eine Figur, die von *Florian Becker* wie folgt skizziert wird:[295]

„Diese Figur ist vor allem bei den im wirtschaftlichen Wettbewerb stehenden Anstalten und damit bei den öffentlichen Kreditinstituten [...] in Erscheinung getreten. Die Errichtungsgesetze räumen im Zuge der Kapitalisierung der Anstalt anderen (zumeist öffentlichen) Rechtspersonen die Möglichkeit ein, sich als

---
[293] *Rüdiger Breuer,* Die öffentlich-rechtliche Anstalt, VVDStRL, Bd. 44 (1986), S. 211 ff.
[294] *Florian Becker,* Die Vernetzung der Landesbanken, 1998, S. 245.
[295] *Becker,* Vernetzung (Fn. 294), S. 250 f.

§ 16 Verwaltungsorganisation als Steuerungsfaktor

Anteilseigner bzw. Kapitalträger an dem Dotationskapital der Anstalt zu beteiligen [...].

Die verschiedenen Gesetzgeber, die dieses Konzept umgesetzt haben, sind davon ausgegangen, die öffentliche Anstalt sei durch gesetzliche Maßnahmen insoweit ‚kapitalisierbar', dass externen, landesfremden Dritten die Möglichkeit eingeräumt werden kann, sich als Kapitalgeber an der Anstalt und deren Tätigkeit zu beteiligen, wobei für den Übernehmer die mit dem Kapitalanteil regelmäßig verbundenen Steuerungskompetenzen von Bedeutung sind."

132 In der Literatur ist die Zulässigkeit dieser Konstruktion umstritten. So vertritt etwa *Becker* die Auffassung,[296] dass dem Landesgesetzgeber eine solche Gestaltung verwehrt sei, wenn durch die Hinzunahme von Kapitalträgern neben dem Anstaltsträger die öffentlich-rechtliche Anstalt zu einer „Kapitalgesellschaft öffentlichen Rechts" transformiert werde; da der Bundesgesetzgeber aber von seiner konkurrierenden Gesetzgebungskompetenz im Bereich des Gesellschaftsrechts schon im Sinne eines „numerus clausus" der Gesellschaftsformen abschließend Gebrauch gemacht habe, hätten die Landesgesetzgeber für einen solchen organisationsrechtlichen „Coup" keinen Spielraum. Dieser rein kompetenzrechtlichen Argumentation ist *Torsten Fett* mit gewichtigen Argumenten entgegengetreten,[297] und auch der Verfassungsgerichtshof des Landes Berlin sieht keine verfassungsrechtlichen Bedenken gegen die Beteiligung privaten Kapitals an einer Anstalt des öffentlichen Rechts:[298] „Die rein kapitalmäßige Beteiligung privaten Kapitals an einer Anstalt öffentlichen Rechts wirft keine spezifisch verfassungsrechtlichen Probleme auf. Der Begriff der Anstalt öffentlichen Rechts ist aus organisatorischer Sicht weder verfassungsrechtlich noch verwaltungsrechtlich in einer bestimmten Richtung abschließend determiniert [...]. Es ist vielmehr Aufgabe des die Anstalt errichtenden Verwaltungsträgers (Anstaltsträgers), die Organisation und die Aufgaben der Anstalt zu bestimmen. Im Rahmen der ihm zustehenden Organisationsgewalt kann er auch – durch Gesetz oder auf der Grundlage eines Gesetzes – die Möglichkeit einer kapitalmäßigen Beteiligung von Privatpersonen eröffnen".

133 Zusammenfassend wird man feststellen können, dass die zunehmende Verzahnung von öffentlichem und privatem Sektor vom Inhaber der Organisationsgewalt eine beträchtliche Flexibilität und einen ebenso beträchtlichen Erfindungsreichtum verlangt, sei es bei der Neukonstruktion einer Organisation wie der Treuhandanstalt, sei es bei der Instrumentalisierung der überkommenen Anstaltsform für eine Ökonomisierung der Verwaltungsorganisation.

VI. Netzwerkbildung als Herausforderung an das überkommene Verwaltungsorganisationsrecht

134 Sich mit Netzwerken als – wie es formuliert worden ist – „neuen Grundstrukturen der postetatistischen Gesellschaft"[299] zu beschäftigen, gibt Anlass, noch einmal die schon eingangs dieses Beitrags betonte enge Verbindung der organi-

---

[296] *Becker*, Vernetzung (Fn. 294), S. 254 ff.
[297] *Torsten Fett*, Öffentlich-rechtliche Anstalten als abhängige Konzernunternehmen. Dargestellt unter besonderer Berücksichtigung des „Berliner Modells" zur Konzernierung der Landesbank Berlin, 2000.
[298] *BerlVerfGH*, LVerfGE 10, 96, 103.
[299] Siehe *Dirk Messner*, Netzwerktheorien: Die Suche nach Ursachen und Auswegen aus der Krise staatlicher Steuerungsfähigkeit, in: Elmar Altvater u. a. (Hrsg.), Vernetzt und Verstrickt. Nicht-Regierungs-Organisationen als gesellschaftliche Produktivkraft, 2. Aufl. 2000, S. 28 ff.

D. Herausforderungen an Organisation und Organisationsrecht als Steuerungsfaktoren

sationsrechtlichen und der Governance-Perspektive hervorzuheben. Denn mit der zunehmenden Rolle von Netzwerken[300] sowohl auf der nationalen wie insbesondere auf der transnationalen Bühne gewinnen **neue Regelungsstrukturen** an Bedeutung, die weder dem Sektor Staat noch dem Sektor Markt schlankweg zuzuordnen sind und die die überkommene Dogmatik des Verwaltungsorganisationsrechts in eine gewisse Verlegenheit stürzen. Weil diese rechtlich so schwer greifbare Struktur des Netzwerkes im Bereich des Governance-Ansatzes eine schlechthin zentrale Rolle spielt, bietet es sich an, mit der Governance-Perspektive zu beginnen.

1. Governance als Netzwerkgovernance

Netzwerke spielen als „modes of modern governance" eine schlechthin zentrale Rolle,[301] ja man spricht geradezu – unter Einbeziehung des Legitimationsaspekts neuer Governance-Formen[302] – von „democratic network governance"[303]. Da dieser Befund so eindeutig ist,[304] mag es genügen, sich auf zwei Belegstimmen zu beschränken:

Die erste Stimme ist die von *Renate Mayntz,* die in ihrem Beitrag über „Governance im modernen Staat" unter der Überschrift „Die Elemente von Governance" als zweites Element die Politiknetzwerke einführt und ihre Funktion wie folgt beschreibt:[305] „Kennzeichnend für den ‚kooperativen Staat' ist die Vielzahl von netzwerkartigen Strukturen, die aus staatlichen und nichtstaatlichen Akteuren gebildet sind und die häufig unter dem Begriff der Politiknetzwerke zusammengefaßt werden.[306] In Politiknetzwerken ist der Staat lediglich primus inter pares. Nicht nur die gesellschaftliche Aufgabenerfüllung kann delegiert werden, auch die Politikentwicklung, die Vorbereitung von exekutiven oder legislativen Entscheidungen und die Ausarbeitung von Maßnahmenprogrammen findet heute zum guten Teil im Zusammenwirken zwischen staatlichen und nicht-staatlichen Akteuren statt. In den USA beobachtete man die wachsende Bedeutung der so genannten **‚eisernen Dreiecke',** die sich aus der für ein bestimmtes Gebiet zuständigen Behörde, dem zuständigen parlamentarischen Be-

---

[300] Als grundlegende Beiträge siehe *Bernd Marin / Renate Mayntz,* Introduction: Studying Policy Networks, in: dies. (Hrsg.), Policy Networks. Empirical Evidence and Theoretical Considerations, 1991, S. 11; vgl. ferner die Beiträge in *Patrick Kenis / Volker Schneider* (Hrsg.), Organisation und Netzwerk. Institutionelle Steuerung in Wirtschaft und Politik, 1996; → Bd. I *Groß* § 13 Rn. 12.

[301] Vgl. stellvertretend aus der neueren Literatur *Christian Lahusen,* Kontraktuelle Politik. Politische Vergesellschaftung am Beispiel der Luftreinhaltung in Deutschland, Frankreich, Großbritannien und den USA, 2003.

[302] Siehe dazu *Klaus Dingwerth,* Globale Politiknetzwerke und ihre demokratische Legitimation. Eine Analyse der Weltstaudammkommission, Zeitschrift für Internationale Beziehungen (ZIB) 2003, S. 69–109.

[303] Vgl. *Jacob Torfing / Eva Soerensen / Louise Piel Christensen* (Hrsg.), Nine Competing Definitions of Governance, Governance Networks and Meta-Governance, Working-Paper 2003: 1 des Centre for Democratic Network Governance, Roskilde University.

[304] Vgl. *Arthur Benz,* Governance in verbundenen Arenen – Politikwissenschaftliche Analyse von Koordinierung und Steuerung in komplexen Regelsystemen, Beitrag zum Theorieworkshop „Neue Governanceformen in der Forschung – Disziplinäre Theorieansätze, Schnittstellen und Integrationsmöglichkeiten" am Forschungsinstitut für Öffentliche Verwaltung, Speyer, 1./2. Juli 2004, MS, S. 6ff.

[305] *Renate Mayntz,* Governance im modernen Staat, in: Arthur Benz (Hrsg.), Governance – Regieren in komplexen Regelsystemen, 2004, S. 65 (69).

[306] *Marin / Mayntz,* Introduction (Fn. 300); *David Marsh / Rod A. W. Rhodes* (Hrsg.), Policy Networks in British Government, 1982.

willigungsausschuss und dem Verband, der die betroffenen Interessen repräsentiert, zusammensetzen."[307]

137 Die zweite Stimme gehört *Henrik P. Bang*, der in seinem Einleitungsbeitrag zu dem von ihm herausgegebenen Band „Governance as social and political communication" die zentralen Forschungsbefunde der neueren Governance-Literatur in den folgenden zehn Punkten zusammengefasst hat, die nicht nur als Einführung in die Governance-Perspektive dienen können, sondern die prominente Rolle von Netzwerken für den Governance-Prozess klar hervortreten lassen:[308]

- „A move away from hierarchy, competition, and solidarity as alternative models for delivering services **towards networks,** teams and partnerships traversing the public, private and voluntary sectors.
- A recognition of the **blurring of boundaries** between public and private, state and civil society, and national and international and thereby also of responsibilities for handling political, social and economic issues.
- The recognition and incorporation of **issue networks and policy networks** into processes of governing.
- The replacement of traditional modes of hierarchical control and command by ‚governing at a distance'.
- The development of more reflexive and responsive policy tools.
- The role of government shifting to a focus on providing leadership, building partnerships, steering and co-ordinating, and providing systemwide integration and regulation.
- The emergence of ‚negotiated self-governance' in communities, cities and regions, based on new practices of co-ordinating activities through **networks and partnerships.**
- The opening-up of decision-making to greater participation by the public.
- Innovations in democratic practice as a response to the problem of the complexity and fragmentation of authority and the challenges this presents to traditional democratic models.
- A broadening of focus by government beyond institutional concerns to encompass the involvement of civil society in the process of governance."

2. Zur institutionellen Kompetenz von Netzwerken

a) Die sektorenverschränkende Funktion von Netzwerken

138 Wenn man nach der institutionellen Kompetenz[309] von Netzwerken fragt, so besteht sie offenbar vor allem darin, den staatlichen und privaten Sektor miteinander zu verschränken, indem staatliche und nicht-staatliche Akteure durch diesen Modus der Handlungskoordination miteinander verknüpft werden. Diese **sektorenverschränkende Funktion** von Netzwerken[310] gilt nicht nur – worauf *Renate Mayntz* mehrfach hingewiesen hat – für nationalstaatliche Politikarenen, sondern eher noch mehr für die transnationale Bühne. *Jan Martin Witte, Wolfgang H. Reinecke* und *Thorsten Brenner* haben in ihrem Artikel „Beyond Multilatera-

---

[307] A. Grant Jordan, Iron Triangles, Woolly Corporatism, and Elastic Nets, Images of the Policy Process, Journal of Public Policy 1981, S. 95 ff.
[308] *Henrik P. Bang*, Introduction, in: ders. (Hrsg.), Governance as social and political communication, 2003, S. 2.
[309] Begriff bei *Schuppert*, Institutional Choice (Fn. 238), S. 647–684.
[310] Dazu *Schuppert*, Verwaltungswissenschaft, S. 384 ff.

D. Herausforderungen an Organisation und Organisationsrecht als Steuerungsfaktoren

lism: Global Public Policy Networks"[311] einen speziellen Netzwerktypus ausgemacht, der genau dieses leisten soll, nämlich das Governance-Potential der verschiedenen Sektoren zu bündeln und die genannten drei Sektoren miteinander zu verknüpfen. Die genannten Autoren nennen sie **Trisectoral Networks** und beschreiben ihre besondere „institutionelle Kompetenz" wie folgt: „Trisectoral networks create bridges on a transnational scale among the public sector (national, regional or state, and local governments as well as intergovernmental groups), the private sector and civil society. They (a) reflect the changing roles and relative importance among them; (b) pull diverse groups and resources together; and (c) address issues that no group can resolve by itself.

Global public policy networks **are not just another institution.** What gives them their distinctive flavor is their ability to bring actors from diverse backgrounds together – actors that before often had been working against each other."

b) Innovationen in und durch Netzwerkorganisationen

Anderen gelten Netzwerke als „new paradigm for the architecture of complexity"[312] und besonders geeignet, um Innovationsprozesse zu befördern.[313] Diese besondere Rolle von Netzwerken im Innovationsprozess gründet nach *Martin Eifert*[314] vor allem auf drei ihnen zugeschriebenen Eigenschaften: der Sicherung von **Flexibilität,** der Reduktion von Unsicherheit sowie der Ermöglichung von **Lernen:**[315]

Flexibilität

„Die Flexibilität der Netzwerke beruht zunächst nahe liegenderweise auf der veränderlichen Zusammensetzung der jeweils mit verschiedenen Ressourcen ausgestatteten Netzwerkteilnehmer. [...] Selbst innerhalb eines sich verfestigenden Akteurskreises ergibt sich jedoch eine erhebliche Flexibilität, indem die Komponenten neu kombiniert oder die Gewichte zwischen ihnen verlagert werden können. [...] Nicht zuletzt deshalb findet sich die Netzwerkstruktur im wirtschaftlichen Bereich oftmals gerade in Branchen mit schnellen Marktveränderungen oder Technologiewechseln".

Reduktion von Unsicherheit

„Die Reduktion von Unsicherheit basiert [...] darauf, daß die Netzwerkteilnehmer das Risiko der Unsicherheit teilen. So können beispielsweise Forschungs- und Entwicklungskosten in Branchen mit hoher Innovationsrate und kurzen Produktlebenszyklen unter strategischen Partnern aufgeteilt werden [...] Überdies verbreitert der Zugang zu weiteren Informationen die Wissensbasis der einzelnen Akteure und erlaubt den Abgleich des vorhandenen eigenen know-hows mit fremdem Wissen."

---

[311] *Jan Martin Witte/Wolfgang H. Reinicke/Thorsten Brenner,* Beyond Multilateralism: Global Public Policy Networks, International Politics and Society, 2 (2000), S. 5 ff.

[312] *Kenis/Schneider,* Organisation (Fn. 304).

[313] *Uli Kowohl/Wolfgang Krohn,* Innovation und Vernetzung. Die Konzeption der Innovationsnetzwerke, in: Johannes Weyer (Hrsg.), Soziale Netzwerke: Konzepte und Methoden der sozialwissenschaftlichen Netzwerkforschung, 2000, S. 135 ff.

[314] *Martin Eifert,* Innovationen in und durch Netzwerkorganisationen: Relevanz, Regulierung und staatliche Einbindung, in: ders./Wolfgang Hoffmann-Riem (Hrsg.), Innovation und rechtliche Regulierung, 2002, S. 88 ff.

[315] *Eifert,* Innovationen (Fn. 314), S. 95 ff.

Lernfähigkeit
„Diese informationelle Verknüpfung führt zum Lernen als dritter zentraler Fähigkeit von Netzwerken. Im Zentrum der innovationsrelevanten Netzwerkeigenschaften und als Verbindungsglied zwischen den skizzierten Fähigkeiten steht ihre besondere Kapazität der Informationsgenerierung und -verbreitung. Netzwerke kombinieren Informationsbestände auf neue Weise und ermöglichen so Innovationen."

140 Interessant ist nun, wie der Staat – nach *Renate Mayntz* nur noch primus inter pares – sich zur Emergenz von Netzwerken verhält; *Eifert* nennt zwei denkbare Strategien: Die eine Strategie nennt er „Netzwerkunterstützung als Regulierungsziel", wobei gemeint ist, dass der Staat einerseits Netzwerkbildung rechtlich ermöglicht (z. B. durch eine innovationsorientierte Kartellrechtsanwendung) zum anderen die Entstehung von Netzwerken durch die Bereitstellung von Ressourcen stimuliert (z. B. durch eine innovationsoffene Forschungs- und Entwicklungsförderung). Die zweite Strategie nennt *Eifert* „**Netzwerkteilhabe** als Regulierungsform" und sieht den Staat als Netzwerkteilnehmer hier in drei Rollen, die er wie folgt bezeichnet:
– der **moderierende** Staat im Netzwerk,
– der **kooperative** Staat im Netzwerk und
– der **informelle** Staat im Netzwerk.

141 Schon an diesen wenigen Bemerkungen dürfte deutlich geworden sein, wie interessant Netzwerke als Governance-Instrument sind und vermehrt sein können, und wie dringlich es ist, dass auch das Verwaltungsrecht und insbesondere das Verwaltungsorganisationsrecht sich mit ihnen beschäftigt.

3. Netzwerke in Aktion: zwei Beispiele

a) Zum Netzwerkcharakter moderner Sozialpolitik am Beispiel einer Großstadtverwaltung

142 Sucht man nach einem Beispiel für ein netzwerkartiges Zusammenarbeiten von öffentlicher Verwaltung und Organisationen des dritten Sektors und insbesondere für die Rolle der Verwaltung, an einem solchen Netzwerk nicht nur als Netzwerkpartner teilzunehmen, sondern Netzwerke zu knüpfen und zu organisieren, so findet sich ein instruktives Beispiel in dem Katalog von „Maßnahmen zur Armutsbekämpfung als Bestandteil sozialer Stadtentwicklung von 1993",[316] die als Bestandteil eines Kampfes gegen die Armut[317] in Hamburg zum Ziel haben, die Lebensbedingungen in bestimmten als Pilotgebieten ausgewiesenen Stadtteilen zu verbessern: „In den Pilotgebieten sollen geeignete Handlungsansätze, Kooperationsformen und Entscheidungsabläufe entwickelt und ausprobiert werden, um [...] neue Möglichkeiten einer sinnvollen Arbeitsteilung zwischen Verwaltung, intermediären Organisationen, privaten Unternehmen und Verbänden zu entwickeln."

143 Wichtigstes Ziel und Voraussetzung einer funktionierenden Armutsbekämpfung sei dabei, die lokalen Strukturen zu stärken, was folgende konkrete Aufgaben impliziere:

---
[316] Senatsdrucks. Nr. 94/0829.
[317] Vgl. dazu den materialreichen Bericht der *Behörde für Arbeit, Gesundheit und Soziales* (Hrsg.), Armut in Hamburg, Beitrag zur Sozialberichterstattung, 1993.

D. Herausforderungen an Organisation und Organisationsrecht als Steuerungsfaktoren

- Organisation sozialer Integration auf lokaler Ebene,
- Herausarbeiten von Synergieeffekten,
- Stimulation der gebietseigenen Potentiale; Aufbauen und Stützen lokaler Partnerschaften; Anregen von Selbsthilfe und Selbstorganisation,
- Erfolgskontrolle.

In den so genannten Pilotprojekten werden **Projektentwickler** tätig, die – quer zu den traditionellen Verwaltungsstrukturen – das Projektmanagement betreiben und in diesem Rahmen die folgenden Aufgaben haben: **144**

- Organisation von Kommunikationsprozessen und Konfliktmanagement zwischen den beteiligten Akteuren,
- Projektentwicklung möglichst auch unter Beteiligung privatwirtschaftlicher Akteure,
- Organisation von Bewohnerbeteiligung und Gemeinwesenarbeit („aufsuchende Beteiligung"),
- **Vernetzung** lokaler Akteure untereinander und mit staatlichen Handlungsebenen sowie privaten Partnern, d.h. Koordination der verschiedenen vor Ort tätigen Träger, Initiativen, Vereinen etc.

b) Transnationale Netzwerkorganisationen als Erscheinungsform zivilgesellschaftlicher Selbstorganisation

Transnationale Netzwerke stellen ein wichtiges Instrument zur Lösung globaler Problemstellungen dar und sind – wegen ihres selbstorganisatorischen Charakters – eine besonders interessante Form von „global governance". *Kristine Kern* hat vorgeschlagen, drei für die Lösung globaler Probleme in Betracht kommende Typen globaler Governance zu unterscheiden, um auf diese Weise den Typus des transnationalen Netzwerkes besser einordnen zu können:[318] **145**

Formen globaler Governance

Art der Institutionalisierung	Normsetzung	und Normdurchsetzung
Internationale und intergouvernementale Kooperation	ohne Selbstorganisation	durch Nationalstaaten
Globale Politiknetzwerke	mit Selbstorganisation	mit Nationalstaaten
Transnationale Netzwerkorganisationen	durch Selbstorganisation	ohne Nationalstaaten

Ihr Fallbeispiel für ein transnationales Netzwerk ist das „Forest Stewardship Council (FSC)". Dabei handelt es sich um ein weltweit vergebenes Umweltzeichen (Label) für die Zertifizierung nachhaltig bewirtschafteter Wälder. Dieses FSC-System kann als ein vergleichsweise etabliertes Selbstorganisations-Label **146**

---

[318] *Kristine Kern*, Global Governance durch transnationale Netzwerkorganisation. Möglichkeiten und Grenzen zivilgesellschaftlicher Selbstorganisation, in: Dieter Gosewinkel u.a. (Hrsg.), Zivilgesellschaft – national und transnational, WZB-Jb. 2003, 2004, S. 285 ff.

gelten,[319] da es bereits seit 1993 existiert und sich zwischenzeitlich auf ca. 60 Länder ausgebreitet hat.

147 Wie *Kristine Kern* überzeugend herausgearbeitet hat, ist entscheidend für den Erfolg des FSC-Systems als einer Governance-Form zwischen Markt, Staat und Selbstorganisation die Kombination von zivilgesellschaftlicher Selbstorganisation mit Marktmechanismen; denn die ganze Sache funktioniert – vereinfacht besprochen – nur deshalb, weil umweltbewusste Käufer zertifizierte Möbel bevorzugen und auf diese Weise der Marktdruck an die in der Regel weit weniger umweltbewussten Holzproduzenten weitergegeben wird.

148 Interessant ist nun, dass dieses Netzwerk seinerseits zur Gründung eines **Folge-Netzwerkes** geführt hat, nämlich eines vom World Wildlife Fund (WWF) ins Leben gerufene **Mega-Netzwerkes** mit dem Titel „Global Forest and Trade Network":[320] „Dieses vom FSC formell unabhängige Netzwerk dient dem Zweck, die Zusammenarbeit zwischen Unternehmen und NGOs zu verbessern. Derzeit besteht dieses **Meta-Netzwerk** aus 19 nationalen und regionalen ‚Forest and Trade Networks', die Mitglieder in 30 Ländern haben. Hier zeigt sich eine starke Konzentration auf Europa und Nordamerika, da 14 Netzwerke auf die Länder in diesen Regionen ausgerichtet sind. Diesen nationalen und regionalen Netzwerken gehören derzeit fast 900 Unternehmen an. Sie sind die eigentliche Zielgruppe des FSC."

149 Beide Netzwerke funktionieren letztlich auf Grund des ökonomischen, durchaus eigennützigen Kalküls der beteiligten Wirtschaftssubjekte und sind lehrreiche Beispiele für die **Steuerungstechnik,** die ökonomische Handlungsrationalität der Akteure für den Gemeinwohlbelang des Umweltschutzes nutzbar zu machen.

4. Die entdifferenzierende Wirkung der Kategorie des Netzwerks

150 *Christoph Möllers* hat der Kategorie des Netzwerks nicht nur attestiert,[321] sie „mache ein ernst zu nehmendes Beschreibungsangebot für Organisationsstrukturen, die sich nicht mehr in die Matrix herkömmlicher Unterscheidungen einfügen lasse"[322]; sondern hat darüber hinaus zu Recht eine größere Aufmerksamkeit des Verwaltungsorganisationsrechts gegenüber dieser Kategorie gefordert, da die Verwendung des Netzwerksbegriffs für die Rechtswissenschaft bisher vertraute und wichtige Unterscheidungen einebne und insofern eine entdifferenzierende Wirkung entfalte. *Möllers* These ist, dass die Kategorie des Netzwerkes deswegen so wichtig und auseinandersetzungsbedürftig sei, weil die hybride Vagheit des Netzwerkbegriffs ein in der Rechtsentwicklung verifizierbares Phänomen erfasse und benenne: „Die Hybridität des Begriffs bildet die Hybridität des Phänomens ab"[323].

---

[319] *Kilian Bizer,* Kooperative Umweltpolitik im internationalen Kontext. Global Law Making am Beispiel Nachhaltiger Forstwirtschaft, in: Bernd Hansjürgens/Wolfgang Köck/Georg Kneer (Hrsg.), Kooperative Umweltpolitik, 2003, S. 113 ff.

[320] *Kern,* Global Governance (Fn. 318), S. 296 f.

[321] *Christoph Möllers,* Netzwerk als Kategorie des Organisationsrechts. Zur juristischen Beschreibung dezentraler Steuerung, in: Janbernd Oebbecke (Hrsg.), Nicht-normative Steuerung in dezentralen Systemen, 2005, S. 285 ff.

[322] Vgl. auch *Schuppert,* Verwaltungswissenschaft, S. 390 f.

[323] *Möllers,* Netzwerk (Fn. 321), S. 296.

D. Herausforderungen an Organisation und Organisationsrecht als Steuerungsfaktoren

Mit dieser These dürfte *Möllers* durchaus Recht haben. Sie deckt sich mit anderen Beobachtungen und Überlegungen[324] und nimmt – verwaltungsorganisatorisch gewendet – genau das auf, was *Dieter Grimm*[325] und andere[326] als Konsequenz der postnationalen Konstellation ausgemacht haben, nämlich Grenzvermischungen von dreierlei Art:
– Auflösung der Grenze zwischen **nationaler** und **internationaler** Politik;
– Auflösung der Grenze zwischen **staatlichen** und **nicht-staatlichen** Akteuren;
– Verschwimmen der Grenze zwischen **Privat** und **Öffentlich.**

In damit anschlussfähiger Weise sieht *Möllers* durch die Kategorie des Netzwerks vier herkömmliche Unterscheidungen mehr oder weniger verschwinden,[327] nämlich
– die Unterscheidung zwischen Kooperation und Hierarchie,
– die Unterscheidung zwischen hoheitlichem und privatem Handeln,
– die Unterscheidung zwischen formeller und informeller Steuerung und
– die Unterscheidung zwischen Steuerung und Evolution.

Was zunächst die sich auflösende Unterscheidung zwischen **Kooperation** und **Hierarchie** angeht, so macht *Möllers* treffend geltend, dass es mit der Verwendung des Netzwerksbegriffs – einem Zauberkunststück gleich – gelinge, hierarchische Strukturen gewissermaßen unsichtbar zu machen. Denn es sei bei Netzwerken keineswegs ausgemacht, wie die Machtverhältnisse verteilt seien und es gebe durchaus asymmetrische Einflussphänomene, die einem hierarchischen Anweisungspotential in nichts nachstünden.

Was die sich auflösende Unterscheidung zwischen hoheitlichem und privatem Handeln betrifft, so wurde über die sektorenverschränkende Wirkung von Netzwerken schon gesprochen, und es ist sicher auch richtig beobachtet, dass die organisatorischen Zusammenhänge, in denen Rechtsinhalte entstehen, weniger durch die scharf konturierte Unterscheidbarkeit von allzuständigen hoheitlichen Organisationen und privaten gekennzeichnet sind, als durch die Abgrenzung von unterschiedlichen, thematisch definierten Regelungsgegenständen.[328] Auch die beobachtbare Relativierung der Unterscheidung zwischen informellem und formellem hoheitlichem Handeln erscheint für Netzwerke in der Tat charakteristisch, wobei man sich aber durch die scheinbare Informalität nicht darüber hinwegtäuschen lassen darf, dass das Ergebnis des informellen Verfahrens der Wirkkraft einer formellen Regelung sehr nahe kommt: „[…] liefert der Begriff der De-Formalisierung nur die halbe Wahrheit. Denn auf der anderen Seite entstehen in Netzwerkzusammenhängen Standards von vergleichsweise hoher Regelungsdichte, die sich jedenfalls im Ergebnis, insbesondere aus der Sicht der Regelungsadressaten, durchaus als Formalisierung des Regelungsgebietes darstellen"[329].

---

[324] *Schuppert*, Staatswissenschaft, S. 839; ders., Politische Kultur als Institutionenkultur, in: ders., Kultur (Fn. 172).
[325] *Grimm*, Gemeinsame Werte (Fn. 94), S. 14–30.
[326] Vgl. etwa die Beiträge von *Michèle Knodt / Markus Jachtenfuchs* (Hrsg.), Regieren in internationalen Organisationen, 2002.
[327] *Möllers*, Netzwerk (Fn. 321), S. 295 ff.
[328] *Möllers*, Netzwerk (Fn. 321), S. 297.
[329] *Möllers*, Netzwerk (Fn. 321), S. 297 f.

5. Zusammenfassung

155 Netzwerke sind also Organisationsgebilde, die grenzüberschreitenden Charakter haben und in dieser Eigenschaft für die an Grenzveränderungen und Grenzverwischungen besonders interessierte Governance-Forschung von besonderer Attraktivität sind. Die Rechtswissenschaft, die hier wiederum – wie *Wolfgang Hoffmann-Riem* herausgearbeitet hat[330] – in weitem Umfang von Grenzziehungen und Problemparzellierungen lebt, wird dadurch in eine deutliche Verlegenheit gestürzt, da sie nicht weiß, wie sie mit solchen grenzüberschreitenden Gebilden umgehen soll. Daraus sind zwei Folgerungen zu ziehen:

156 Erstens muss man sich über das Phänomen als solches und die ihm zugrunde liegenden Prozesse überhaupt verständigen können. Dies erfordert es, diese Grenzverwischungen und Relativierungen vertrauter Unterschiede – wie wir in anderem Zusammenhang formuliert haben – als Grenzphänomene und Übergänge sprachfähig zu machen:[331] Der Begriff von hybriden Organisationen hilft hier einen ersten Schritt weiter.

157 Zum anderen muss als Herausforderung die Notwendigkeit gesehen werden, zu überprüfen, inwieweit man diesen Phänomenen mit seinem vertrauten Repertoire überhaupt beikommen kann, und was, wie oben bereits als Frage formuliert, neue Formen von Governance z.B. für die Legitimität und die Verbindlichkeit von „Netzwerkprodukten" bedeuten. Die herkömmlichen Begrifflichkeiten reichen hier nicht aus, wie gerade die letzte und siebte Herausforderung, die jetzt zu skizzieren ist, überdeutlich werden lässt.

VII. Zu den Herausforderungen durch Europäisierung, Transnationalisierung und Globalisierung

1. Zur strukturellen Tiefenwirkung des Europäisierungsprozesses

158 Dass sich der Prozess der Europäisierung als ein tief greifender, die klassische Nationalstaatlichkeit verändernder Prozess darstellt,[332] zeigt sich nicht nur, aber auch an der **Europäisierung** des nationalen Verwaltungsrechts,[333] die – dies ist vielfach beschrieben worden – alle tragenden Bauelemente des Systems des Allgemeinen Verwaltungsrechts erfasst, nämlich
– die Rechtsquellenlehre sowie die Handlungsformen der Verwaltung,[334]
– das Konzept subjektiver öffentlicher Rechte,[335]

---

[330] *Wolfgang Hoffmann-Riem,* Das Recht des Gewährleistungsstaates, in: Schuppert (Hrsg.), Gewährleistungsstaat (Fn. 52).

[331] Zu diesem Problem *Gunnar Folke Schuppert,* Anforderungen an eine Europäische Verfassung, in: Hans-Dieter Klingemann/Friedhelm Neidhardt (Hrsg.), Zur Zukunft der Demokratie. Herausforderungen im Zeitalter der Globalisierung, WZB-Jb. 2000, 2000, S. 237 ff.

[332] Vgl. die komprimierte Darstellung bei *Roland Sturm,* Was ist Europäisierung?, sowie von *Manfred G. Schmidt,* Aufgabeneuropäisierung, beide in: Gunnar Folke Schuppert/Ingolf Pernice/Ulrich Haltern (Hrsg.), Europawissenschaft, 2005, S. 101 ff., 129 ff.; → Bd. I *Voßkuhle* § 1 Rn. 13 ff., *Schmidt-Aßmann* § 5 Rn. 3 ff.

[333] → Bd. I *Schmidt-Aßmann* § 5 Rn. 30 ff.; zur Europäisierung des Organisationsrechts → Bd. I *Groß* § 13 Rn. 24 f.

[334] *Thomas v. Danwitz,* Normkonkretisierende Verwaltungsvorschriften und Gemeinschaftsrecht, VerwArch, Bd. 84 (1993), S. 73 ff.

[335] *Matthias Ruffert,* Dogmatik und Praxis des subjektiv-öffentlichen Rechts unter dem Einfluß des Gemeinschaftsrechts, DVBl 1998, S. 69 ff.

D. Herausforderungen an Organisation und Organisationsrecht als Steuerungsfaktoren

– die Gesetzesbindung der Verwaltung,[336]
– das Verwaltungsverfahren,[337]
– den Vertrauensschutz im Verwaltungsrecht,[338]
– den gerichtlichen vorläufigen Rechtsschutz,[339]
– den so genannten Sekundärrechtsschutz durch das Staatshaftungsrecht[340]
– und natürlich auch die Verwaltungsorganisation.[341]

Angesichts dieses Befundes erscheint die Formulierung *Friedrich Schochs* von der strukturellen Tiefenwirkung des Europäisierungsprozesses[342] durchaus angemessen. Besonders angemessen erscheint diese Formulierung aber nicht nur deshalb, weil sie die Intensität der Europäisierung zutreffend hervorhebt, sondern weil sie die strukturelle Dimension des Europäisierungsprozesses zu erfassen und damit – ob ungewollt oder nicht – die hier für richtig gehaltene Governance-Perspektive einzubringen vermag. Denn es handelt sich bei der Europäisierung nicht nur um eine da und dort auftretende Überlagerung und Modifikation der nationalen Rechtsordnung oder die Europäisierung ganzer Politik-[343] und Rechtsbereiche – Beispiel: Lebensmittelrecht[344] – sondern es geht auch um den im Wege der Europäisierung erfolgenden Import von neueren bzw. andersartigen Regelungs- und Steuerungskonzepten, die nicht nur auf die nationale Rechtsordnung, sondern darüber hinaus auf die nationale Verwaltungs- und Governance-Kultur[345] ausstrahlen. 159

a) Die Ausstrahlungswirkung des Europäisierungsprozesses auf die nationale Rechts- und Verwaltungskultur: das Beispiel der Verwaltungsöffentlichkeit im Umweltschutz

Durch die Richtlinie über den freien Zugang zu Informationen über die Umwelt, die so genannte Umweltinformationsrichtlinie vom 7. Juni 1990,[346] die inzwischen durch das Umweltinformationsgesetz auch innerstaatlich umgesetzt worden ist, erhält der interessierte Bürger durch die von der Richtlinie statuierten Informationspflichten einen umfassenden Einblick in alle relevanten Umweltda- 160

---

[336] *Eberhard Schmidt-Aßmann*, Zur Europäisierung des Allgemeinen Verwaltungsrechts, in: FS Peter Lerche, 1993, S. 513 ff.
[337] *Claus Dieter Classen*, Das nationale Verwaltungsverfahren im Kräftefeld des Europäischen Gemeinschaftsrechts, DV, Bd. 30 (1997), S. 307 ff.
[338] *Juliane Kokott*, Nationales Subventionsrecht im Schatten der EG – Das Beispiel der Rückforderung von Subventionen, DVBl 1993, S. 1235 ff.
[339] *Friedrich Schoch*, Die Europäisierung des Allgemeinen Verwaltungsrechts und der Verwaltungsrechtswissenschaft, in: Die Wissenschaft vom Verwaltungsrecht, DV, Beiheft 2, 1999, S. 135 ff.
[340] *Jürgen Bröhmer*, Die Weiterentwicklung des ursprünglichen Staatshaftungsrechts – EuGH, EuGRZ 1996, 144, JuS 1997, S. 117 ff.
[341] *Wolfgang Kahl*, Europäisches und nationales Verwaltungsorganisationsrecht – Von der Konfrontation zur Kooperation, DV, Bd. 29 (1996), S. 341 ff.
[342] *Schoch*, Europäisierung (Fn. 339).
[343] Siehe dazu *Manfred G. Schmidt*, Die Europäisierung der öffentlichen Aufgaben, in: Thomas Ellwein/Everhard Holtmann (Hrsg.), 50 Jahre Bundesrepublik Deutschland. Rahmenbedingungen – Entwicklungen – Perspektiven, PVS, Sonderheft 30, 1999, S. 385 ff.
[344] Vgl. *Gerhard Dannecker*, Stufenverantwortung – wer haftet wofür? Verantwortlichkeit in der Lebensmittelkette (from farm to fork) – nach der Basisverordnung für Lebensmittelrecht, Zeitschrift für das gesamte Lebensmittelrecht (ZLR) 2002, S. 19 ff.
[345] *Schuppert*, Staatswissenschaft, S. 359 f.
[346] ABl. EG 1990 Nr. L 158/56.

ten, und zwar ohne dass dieses Datenmaterial vorher etwa im Sinne einer behördlichen Öffentlichkeitsarbeit vorsortiert oder bearbeitet worden wäre.[347] Ziel solcher Transparenz ist eine „offene Umweltdiskussion" und eine „starke Beteiligung der Öffentlichkeit am umweltpolitischen Entscheidungsprozeß", insbesondere eine „verbesserte Zusammenarbeit mit Umweltverbänden, Nicht-Regierungsorganisationen und sonstigen Beteiligten"[348]. Der freie Zugang zu den Umweltdaten soll „die Beteiligung der Bürger an den Verfahren zur Kontrolle der Umweltverschmutzung und zur Verhütung von Umweltbeeinträchtigung verstärken und [...] damit wirksam zur Erreichung der Ziele der Gemeinschaftsaktion im Bereich des Umweltschutzes [...] beitragen", so die Begründung der Kommission.[349]

161 Die hierin liegende sektorale Systemänderung[350] der deutschen Rechts- und Verwaltungskultur ist von *Schmidt-Aßmann*[351] wie folgt skizziert worden: „Die Richtlinie ändert für den großen Bereich des Umweltverwaltungsrechts nicht nur die traditionelle Rollenverteilung zwischen Geheimhaltung und Aktenzugang. [...] Vielmehr geht es ihr um ein gewandeltes Verständnis von der Funktion der Öffentlichkeit, das auf die Stellung der Verwaltung im System der Staatsfunktion rückwirkt. Die Öffentlichkeit ist hier nicht mehr nur als Informant der Exekutive oder von einem grundrechtlichen Standpunkt aus als betroffene Öffentlichkeit gedeutet. Die Richtlinie versucht vielmehr, Öffentlichkeit als Forum der Kommunikation in die Legitimations- und Kontrollzüge der Staatsorganisation einzubeziehen."

162 In der Tat wird mit dieser Verwendung des Steuerinstruments „Information" durch die Umweltinformationsrichtlinien die dem deutschen Verwaltungsrecht zugrunde liegende Verhältnisbestimmung von Verwaltung und Bürger grundlegend verändert,[352] eine Verhältnisbestimmung, die in Deutschland maßgeblich von der Lehre des subjektiv-öffentlichen Rechts bestimmt wird, was insbesondere bedeutet, dass der einzelne Bürger gerichtlichen Schutz nur in Anspruch nehmen kann, wenn er vortragen kann, er sei in seiner eigenen subjektiv-öffentlichen Rechtsstellung verletzt (Prinzip des Individualrechtsschutzes, Ausschluss der so genannten Popularklage). Die Umweltinformationsrichtlinie hingegen bedeutet, wie *Masing* zutreffend herausgearbeitet hat, eine europarechtliche Mobilisierung des Bürgers für den Gemeinwohlbelang des Umweltschutzes und macht ihn so zum Inhaber von, wie er es nennt, **prokuratorischen Befugnissen** (status procuratoris). „Nicht nur die Verwaltung wacht, sondern auch der Bürger. Nicht nur die öffentliche Hand überlegt und ergreift Initiativen, sondern auch private Verbände."[353]

---

[347] *Johannes Masing*, Die Mobilisierung des Bürgers für die Durchsetzung des Rechts, 1996, S. 31.
[348] Stellungnahme des Wirtschafts- und Sozialausschusses vom 31. März 1989, ABl. EG 1989, Nr. C 139/49.
[349] ABl. EG 1988, Nr. C 335/5.
[350] So *Hans-Uwe Erichsen*, Das Recht auf freien Zugang zu Informationen über die Umwelt, NVwZ 1992, S. 409 ff.
[351] *Schmidt-Aßmann*, Europäisierung (Fn. 336), S. 513 ff.
[352] → Bd. II *Rossen-Stadtfeld* § 29.
[353] *Masing*, Mobilisierung (Fn. 347), S. 43; → Bd. I *Masing* § 7 Rn. 91 ff., allg. zu prokuratorischen Rechten ebd. Rn. 112 ff.

D. Herausforderungen an Organisation und Organisationsrecht als Steuerungsfaktoren

b) Die Ausstrahlungswirkung des Europäisierungsprozesses auf die nationalen Governance-Strukturen: das Phänomen von Governance in Mehrebenensystemen

Wenn *Friedrich Schoch* so treffend von der **strukturellen Tiefenwirkung** des Europäisierungsprozesses spricht, so ist es nahe liegend, erneut den Scheinwerfer des Governance-Ansatzes zu benutzen, der – wie eingangs dieses Beitrages ausgeführt – Governance vor allem als Steuerung in und durch Regelungsstrukturen versteht. Dazu passt es, wenn *Tanja Börzel* in ihrem Beitrag „European Governance – nicht neu, aber anders"[354] eine Prozess- und eine Strukturperspektive auf den Governance-Begriff unterscheidet und diese Perspektiven wie folgt gegenüberstellt:[355] 163

Der Governance-Begriff in seiner Vielfalt

	Prozess-orientiert	**Struktur-orientiert**
Breit gefasst	Hierarchische Koordination – Hoheitliche Weisung – Mehrheitsentscheidung	Hierarchie/Staat/Bürokratie Unabhängige Regulierungsbehörden Supranationale Institutionen
	Nicht-hierarchische Koordination zwischen öffentlichen und privaten Akteuren – Verhandlung – Überzeugung	Netzwerke Tripartistische Verhandlungssysteme Öffentlich-private Partnerschaften
	Regulierte Selbst-Regulierung (im Schatten der Hierarchie)	Neokorporatistische Verhandlungssysteme Verbände
	Gesellschaftliche Selbst-Regulierung	Gemeinschaft/Klan Markt (spontane Ordnung, Anarchie)
Eng gefasst „Neue" Formen des Regierens in Netzwerken	Nicht-hierarchische Koordination zwischen öffentlichen und privaten Akteuren über Prozesse des Argumentierens und Verhandelns	Netzwerke Tripartistische Verhandlungssysteme Öffentlich-private Partnerschaften

Für den Europäisierungsprozess ergibt sich hieraus nun die Frage, ob und wie europäische, also EU-Governancestrukturen, nationale Governance-Strukturen überlagern und modifizieren.[356] Die Frage des „ob" wird unter Sachkennern einmütig bejaht: Es gilt als ausgemacht, dass in einem Mehrebenensystem wie dem der Europäischen Union von den europäischen Governance-Strukturen eine intensive Ausstrahlungswirkung auf die nationalstaatliche Verwaltungs- 164

---

[354] *Tanja Börzel*, European Governance – nicht neu, aber anders, in: Schuppert (Hrsg.), Governance (Fn. 55), S. 72 ff.
[355] *Börzel*, European Governance (Fn. 354), S. 79.
[356] Siehe dazu die Beiträge in *Beate Kohler-Koch* (Hrsg.), Linking EU and National Governance, 2003; siehe ferner die Abhandlungen in *Adrienne Héritier* (Hrsg.), Common Goods. Reinventing European and International Governance, 2002.

§ 16 Verwaltungsorganisation als Steuerungsfaktor

und Governancekultur ausgeht,[357] aber dass darüber hinaus auch nationalstaatliche Steuerungsstrukturen auf die europäische Ebene zurückwirken, also von einem Prozess gegenseitiger Beeinflussung ausgegangen werden muss.[358]

165 Was nun die Einflusswege dieser Ausstrahlungswirkung angeht, so haben *Kohler-Koch/Conzelmann/Knodt* davon drei ausgemacht, die sie als Vorgabe, Einbindung und Angebot bezeichnen:[359]

– **Vorgabe:** „In diesem Fall handelt es sich um rechtlich verbindliche Entscheidungen der EG, durch die beispielsweise die Kompetenzverteilung auf nationaler Ebene verändert wird oder bestimmte Handlungsvorgaben gemacht werden. Verbindlich können u.a. die Abstimmungsverfahren zwischen verschiedenen politischen Ebenen (Bund, Länder, Gemeinden, z.B. in der Strukturpolitik) oder zwischen Politik und Gesellschaft (z.B. konzertierte Aktionen in der Beschäftigungspolitik) festgelegt werden."[360]

– **Einbindung:** Bei der Strategie der Einbindung geht es um eine mehr mittelbare Steuerungsmethode. In der praktischen Umsetzung bedeutet dieses Prinzip, „dass sub-nationale Akteure wie Regionen oder Kommunen, bzw. gesellschaftliche Gruppen vor Ort wie Arbeitgeber- und Gewerkschaftsverbände oder Nicht-Regierungsorganisationen in die europäische Politik eingebunden und damit gezielt mit anderen Handlungsprinzipien und Verfahrensmodalitäten konfrontiert werden"[361]. Die offen bekundete Erwartung der Kommission dabei ist, dass diese Interaktionsprozesse zur Neuorientierung und langfristig auch zu institutionellen Reformen in den Mitgliedsstaaten führen.

– **Angebot:** Diese weitere Form der Einflussnahme wird – gewissermaßen als „politisches Marketing"[362] – von der Kommission in verschiedenen Politikbereichen durchaus erfolgreich praktiziert, wie etwa das Beispiel der Durchsetzung einer europäischen Forschungsförderung zeigt. Das gesamte Weißbuch zum „Europäischen Regieren"[363] ist nichts anderes als ein Versuch der Kommission, aktiv ihre Präferenzen für bestimmte Ordnungsprinzipien, ein verändertes Verhältnis von Politik und Gesellschaft, Korrekturen in den Kompetenzzuweisungen und neue Verfahren bei der Formulierung und Umsetzung von Politik zu propagieren. Diese Reformansprüche sind an die Mitgliedstaaten adressiert, und es ist die Strategie der Kommission, durch eine intensive Öffentlichkeitsarbeit[364] Bündnispartner unter den Bürgern und in nationalen Eliten zu gewinnen.

2. Globalisierung als Herausforderung

166 Dass die so genannte Globalisierung und die in ersten Umrissen erkennbaren Strukturen von Global Governance[365] eine große Herausforderung an das öffent-

---

[357] *Arthur Benz*, Governance in Mehrebenensystemen, in: Schuppert (Hrsg.), Governance (Fn. 55), S. 95 ff.
[358] Siehe dazu *Gunnar Folke Schuppert*, Public Law: Towards a Post-National Model, in: Proceedings of the British Academy, 119 (2003), S. 109 ff.
[359] *Beate Kohler-Koch/Thomas Conzelmann/Michèle Knodt*, Europäische Integration – Europäisches Regieren, 2004, S. 180 ff.
[360] *Kohler-Koch/Conzelmann/Knodt*, Europäische Integration (Fn. 359), S. 180.
[361] *Kohler-Koch/Conzelmann/Knodt*, Europäische Integration (Fn. 359), S. 181.
[362] *Kohler-Koch/Conzelmann/Knodt*, Europäische Integration (Fn. 359), S. 181.
[363] *Europäische Kommission*, Weißbuch „Europäisches Regieren", KOM (2001) 428 vom 25. Juli 2001, http://europa.eu.int/comm/off/white/index_de.htm.
[364] *Kohler-Koch/Conzelmann/Knodt*, Europäische Integration (Fn. 359), S. 181.
[365] Vgl. dazu die Beiträge in *Schuppert* (Hrsg.), Governance (Fn. 55).

D. Herausforderungen an Organisation und Organisationsrecht als Steuerungsfaktoren

liche Recht darstellen, steht völlig außer Frage, und zwar nicht nur wegen des von *Matthias Ruffert* befürchteten Terrainverlusts des öffentlichen Rechts[366] im Prozess der Entstaatlichung, sondern noch mehr wegen des beobachtbaren und strukturierungsbedürftigen Verrechtlichungsprozesses, der sich als wichtiger Baustein von Global Governance erweist.[367] Um die im Prozess der Globalisierung auf das öffentliche Recht, und insbesondere das Staats- und Verwaltungsorganisationsrecht zukommenden Herausforderungen besser verstehen zu können, ist an dieser Stelle ein Blick auf den schlechthin zentralen Prozess von Internationalisierung zu Transnationalisierung zu werfen.

a) Von Internationalisierung zu Transnationalisierung

167 Das klassische Vehikel der Internationalisierung[368] – die zunehmende Gründung und Nutzung der Governancekapazitäten von **Internationalen Organisationen**[369] –, also das **Regieren durch intergouvernementale Koordination**, ist offenbar – wie alle kundigen Beobachter feststellen – einem **Prozess der Transnationalisierung** ausgesetzt,[370] ein Befund, der von *Michèle Knodt* und *Markus Jachtenfuchs* wie folgt formuliert worden ist:[371] „Internationale Institutionen erfahren heute einen quantitativen und qualitativen Wandel. Erstens wächst die Zahl der Reglungen im internationalen Kontext schneller als im innerstaatlichen Bereich. Zweitens ändert sich ihr Charakter dahingehend, dass die Regelungsadressaten nicht mehr ausschließlich Staaten sind, sondern zunehmend innergesellschaftliche Akteure, dass positive Regelungen im Vergleich zu negativen zunehmen und dass substantielle Regelungen gegenüber der Regelung von Koordinationsproblemen dominieren. Dies führt im Ergebnis zu einer Transnationalisierung und Supranationalisierung vormals rein intergouvernementaler internationaler Institutionen."

168 Wenn man mit *Michael Zürn* bei der Kennzeichnung von Erscheinungsformen des Regierens jenseits des Nationalstaates „governance by government", „governance with government" und „governance without government" unterscheidet,[372] so findet internationales Regieren vor allem im Bereich von „governance with government" statt, und zwar in vier Varianten:[373]

– **Internationale Regime** lassen sich als Institutionen definieren, deren Grundlage vereinbarte und öffentliche Prinzipien, Normen, Regeln, Verfahren und Programme sind: „als solche verfügen die Regime über spezifische Reglungen und führen zur Herausbildung anerkannter sozialer Praktiken in der internationalen Gesellschaft."[374]
– **Intergouvernementale Netzwerke** „treffen sich in regelmäßigen Abständen und erarbeiten koordinierte Reaktionen auf spezifische Problemlagen"[375].

---

[366] *Ruffert*, Globalisierung (Fn. 63).
[367] Vgl. dazu die Beiträge in: *Zürn/Zangl* (Hrsg.), Verrechtlichung (Fn. 93).
[368] Zur Internationalisierung der Verwaltung auch → Bd. I *Groß* § 13 Rn. 117 f.
[369] Siehe zur Einführung *Volker Rittberger*, Internationale Organisationen, 2. Aufl. 1995.
[370] → Bd. I *Ruffert* § 17 Rn. 153 ff.
[371] *Michèle Knodt/Markus Jachtenfuchs*, Einleitung: Regieren in internationalen Organisationen, in: dies. (Hrsg.), Regieren in internationalen Organisationen, 2002, S. 9 ff., 16.
[372] *Michael Zürn*, Regieren jenseits des Nationalstaates, 1998, S. 171 ff.
[373] *Michael Zürn*, Global Governance, in: *Schuppert* (Hrsg.), Governance (Fn. 55), S. 121 ff.
[374] *Zürn*, Global Governance (Fn. 373), S. 130.
[375] *Zürn*, Global Governance (Fn. 373), S. 130.

Die G 7/8-Treffen sind ein besonders bekanntes intergouvernementales Netzwerk.
- **Transgouvernementale Netzwerke** sind Netzwerke unterhalb der Ebene der Regierungsspitze: „Spitzenbeamte der Innenministerien tauschen sich heute ebenso wie Verfassungsrichter intensiv mit ihren Gegenübern in anderen Ländern aus."[376]
- **Internationale Organisationen** bilden als reale Entitäten häufig die Infrastruktur sowohl für internationale Regime wie für intergouvernementale Netzwerke. Ihre Bedeutungszunahme zeigt sich nicht nur in ihrer quantitativen Zunahme,[377] sondern auch an der Zunahme der internationalen Verträge, an deren Zustandekommen sie beteiligt waren.

169 Aber neben diesen internationalen Regime „with government" gewinnen zusätzlich transnationale Governancestrukturen an Gewicht.[378] Hierbei kann man neben einer Vielzahl von transnationalen Netzwerken[379] zwei Arten von transnationalen Organisationen unterscheiden. Einige „stellen die organisatorische und infrastrukturelle Unterstützung für transnationale Regelungen bereit"[380]; die Internationale Handelskammer (ICC) und die Internet Society (ISOC) sind zwei Beispiele von über 600 derartigen Organisationen.[381] Der zweite Typ besteht aus den **transnationalen Nicht-Regierungsorganisationen** wie Greenpeace und Amnesty International, von denen es nach den Angaben des Yearbook of International Organizations[382] annähernd 10000 gibt und die vor allem durch die Beeinflussung der öffentlichen Meinung auf die Veränderung von staatlichen Politiken zielen. Beispiele für von transnationalen Organisationen und Netzwerken geschaffene transnationale Regime sind etwa die **Lex Mercatoria** oder die Internet Corporation for Assigned Names and Numbers **(ICANN)**. Die Lex Mercatoria hat sich inzwischen als Institution zur Lösung von grenzüberschreitenden geschäftlichen Streitfällen unter Umgehung nationaler Gerichte etabliert[383] und wird in der Praxis häufig als Instrument der Streitbeilegung – statt des Rechtsregimes des Erfüllungsortes – gewählt[384]. Die ICANN gilt als Kern eines globalen Regimes[385] zur Verwaltung der Internet-Ressourcen, mithin als eine Art Lex Informatica.

---

[376] *Zürn*, Global Governance (Fn. 373), S. 130.
[377] Vgl. dazu *Cheryl Shanks/Harold K. Jacobsen/Jeffrey H. Kaplan*, Inertia and Change in the Constellation of International Governmental Organizations 1981–1992, International Organization, 50 (1996), S. 593–629.
[378] *Zürn*, Global Governance (Fn. 373), S. 136 ff.
[379] *Kern*, Global Governance (Fn. 318), S. 285–308.
[380] *Zürn*, Global Governance (Fn. 373), S. 136.
[381] *Shanks* u. a., Inertia (Fn. 377).
[382] *Union of International Associations* (Hrsg.), Yearbook of International Organizations 2000/2001, 4 Bde.
[383] *A. Claire Cutler/Virginia Haufler/Tony Porter* (Hrsg.), Private Authority and International Affairs, 1999.
[384] *Felix Dasser*, Lex Mercatoria: Werkzeug der Praktiker oder Spielzeug der Lehre?, SZIER, Bd. 1 (1991), S. 299 ff.
[385] *Jeanette Hofmann*, Internet Governance, in: Schuppert (Hrsg.), Governance (Fn. 55), S. 277 ff., 290 ff.

D. Herausforderungen an Organisation und Organisationsrecht als Steuerungsfaktoren

b) Transnationale Verwaltungsorganisation

Bei transnationaler Verwaltungsorganisation[386] oder transnationalen Behördenvernetzungen[387] handelt es sich um einen Governance-Mechanismus, bei dem im Gegensatz zur internationalen Kooperation zwischen Staaten in Internationalen Organisationen vor allem substaatliche Instanzen über staatliche Grenzen hinweg kooperieren, also transnational agieren.[388] Die mit der Globalisierung einhergehende Entterritorialisierung führt – wie *Ruffert* zutreffend herausarbeitet – nicht nur zu Rechtsbeziehungen zwischen den Staaten, also internationalen Beziehungen, „sondern zu Beziehungen über die Staaten hinaus und **durch sie hindurch,** zu transnationalen Beziehungen in Wirtschaft und Recht"[389]. 170

Die Beispiele dafür sind durchaus zahlreich:[390] Sie reichen von dem Baseler Ausschuss für Bankenaufsicht zur effektiven Governance internationaler Finanzmärkte[391] über die International Organization of Security Commissions (IOSCO) zum Zwecke der Wertpapierregulierung[392] bis zu International Accounting Standards Setting Committees, die als nicht-staatliche Einrichtungen die internationalen Rechnungslegungsstandards formulieren.[393] Hinzu treten auf der europäischen Ebene Gebilde wie die European Regulation Group, in der die Vertreter der mitgliedschaftlichen Regulierungsbehörden mit der Kommission zusammensitzen.[394] 171

Die Entwicklung solcher Kooperationsstrukturen verdient unter vier Aspekten besondere Aufmerksamkeit: 172
– Zum Ersten bricht sie, wie *Möllers* zutreffend hervorhebt, „mit dem Monopol der nationalstaatlichen Regierungen zur Außenvertretung"[395]. Die Anschlusspunkte für transnationale Verknüpfungen nehmen deutlich zu.
– Zweitens schaffen diese Koordinationen spezifisch **informelle Organisationen,** „die einerseits auf eine Vielzahl von organisationstypischen Formalisierungsmitteln wie Verfahrensregeln und ausdifferenzierte Komiteestrukturen zurückgreifen, andererseits aber in einem letztlich völlig intransparenten Willensbildungsprozess entstehen"[396].
– Drittens halte, so *Möllers*, die klassische Rechtsdogmatik auf solche praktisch bedeutsamen Phänomene „kaum andere Reaktionsmöglichkeiten bereit [...], als das praktische Selbstverständnis der Organisationen zu übernehmen."[397]

---

[386] Begriff bei *Ruffert*, Globalisierung (Fn. 63), S. 33 f.
[387] Begriff bei *Möllers*, Netzwerk (Fn. 321), S. 290; → Bd. I *Groß* § 13 Rn. 118, 122 f.
[388] Grundlegend dazu *Robert Keohane/Joseph S. Nye Jr.*, Transgovernmental Relations and International Organizations, World Politics, 27 (1974), S. 39 ff.
[389] *Ruffert*, Globalisierung (Fn. 63), S. 18.
[390] *Ruffert*, Globalisierung (Fn. 63); *Möllers*, Netzwerk (Fn. 321), S. 290 ff.
[391] Siehe dazu *Bernhard Speyer*, Governance internationaler Finanzmärkte – Zur Erklärung der Polymorphie, in: Schuppert (Hrsg.), Governance (Fn. 55), S. 302 ff.
[392] *Johannes Junker*, Gewährleistungsaufsicht über Wertpapierdienstleistungsunternehmen, 2003.
[393] Vgl. dazu *Gunnar Folke Schuppert/Christian Bumke*, Verfassungsrechtliche Grenzen privater Standardsetzung. Vorüberlegungen zu einer Theorie der Wahl rechtlicher Regelungsformen (Regulatory Choice), in: Detlef Kleindiek/Wolfgang Oehler (Hrsg.), Die Zukunft des deutschen Bilanzrechts im Zeichen internationaler Rechnungslegung und privater Standardsetzung, 2000, S. 71–126.
[394] *Möllers*, Netzwerk (Fn. 321), S. 291.
[395] *Möllers*, Netzwerk (Fn. 321), S. 292.
[396] *Möllers*, Netzwerk (Fn. 321), S. 292.
[397] *Möllers*, Netzwerk (Fn. 321), S. 292.

Wie Internationale Organisationen fungieren aber diese transnationalen Koordinationsinstanzen als internationale Diskussionsforen und kontrollieren die Einhaltung der Standards durch ihre Mitglieder in aufwändigen Compliance-Verfahren.[398]

– Viertens schließlich werfen sie, wie *Ruffert* bemerkt,[399] erhebliche Legitimationsprobleme auf, weil ihre praktischen Bindungswirkungen[400] außerhalb des parlamentarisch-hierarchisch verantworteten Legitimationszusammenhangs erzeugt werden. Das Öffentliche Recht müsse sich, so *Ruffert*, „dieser Legitimationsprobleme annehmen und alternative Strategien anbieten – oder die Kooperationsform als eindeutig nicht legitimationsfähig verwerfen können".

173 In dieselbe Richtung zielen die Überlegungen *Christian Tietjes* zur rechtlichen Bewältigung des so genannten internationalisierten Verwaltungshandelns, das ein **internationalisiertes Verwaltungsorganisationsrecht** hervorgebracht hat und hervorbringt, das weder mit den überkommenen Legitimationsmodellen noch mit der organisationsrechtlichen Elle des Hierarchieprinzips angemessen zu erfassen ist:[401] „Überdies erweist sich gerade im internationalisierten Verwaltungshandeln die Vorstellung weisungshierarchischer Legitimationsstrukturen zunehmend als Fiktion. Der kooperative Charakter des internationalisierten Verwaltungshandelns deutet vielmehr darauf hin, daß sich vermehrt ‚bürokratische Regime' bilden, die sich kaum noch in hierarchische innerstaatliche Organisationsmodelle einpassen lassen. Das Hierarchiemodell der Verwaltung war nur auf der Grundlage relativ stabiler und abgrenzbarer Sachaufgaben im Staatsinneren zu erklären. Mit der Entwicklung komplexer, dynamischer Verwaltungsaufgaben, die nur durch internationale Kooperation zu lösen sind, verliert das Hierarchiemodell seine praktische Bedeutung und damit auch theoretische Fundierung. Ihre Steuerungsimpulse erfährt die internationalisierte Verwaltung heute zunehmend aus dem internationalen Kooperationsprozeß und nicht aus innerstaatlichen hierarchischen Weisungen."

E. Zum Entstehen neuer Herausforderungen an das Verwaltungsorganisationsrecht

173a Die Darstellung von sieben zentralen Herausforderungen an Organisation und Organisationsrecht als Steuerungsfaktoren soll im Folgenden um einige Beobachtungen dazu ergänzt werden, welche Ereignisse und Faktoren zum Entstehen neuer Herausforderungen an das Verwaltungsrecht und insbesondere das Verwaltungsorganisationsrecht führen; an zwei Beispielen soll gezeigt werden, **dass organisationsrechtliche Innovationen als Reaktion auf neue Herausforderungen** verstanden werden können, seien dies nun Herausforderungen im Gefolge von Krisenerfahrungen oder im Gefolge des Aufkommens neuer paradigmatischer Schlüsselbegriffe, die ihre Karriere wiederum europäischen Einflüssen und/oder einem gewandelten Staatsverständnis verdanken.

---

[398] Vgl. dazu die Beiträge in *Dinah Shelton* (Hrsg.), Commitment and Compliance. The Role of Non-Binding Norms in the International Legal System, 2000.
[399] *Ruffert*, Globalisierung (Fn. 63), S. 35.
[400] Aufschlussreich dazu *Speyer*, Finanzmärkte (Fn. 391).
[401] *Christian Tietje*, Internationalisiertes Verwaltungshandeln, 2001, S. 659.

E. Neue Herausforderungen an das Verwaltungsorganisationsrecht

I. Die Finanzmarktkrise als Quelle neuer Organisationsmodelle und neuer Regelungsmechanismen

Gemeinhin wird Krisen ein besonders schöpferisches Potential nachgesagt, eine Zuschreibung, die durch die Finanzkrise der Jahre 2007/2008 eine überzeugende Rechtfertigung erfahren zu haben scheint. Ein besonders prominenter Autor, der für den Zusammenhang von Krisenerfahrungen und Innovationsschüben gerne in den Zeugenstand gebeten wird, ist *Joseph Schumpeter*, zu dessen These von der „schöpferischen Zerstörung" *Florian Möslein* unlängst folgendes angemerkt hat:[402] „**Krisen** führen indes nicht zwingend in die Katastrophe, sondern **sind** – schon im griechischen Wortsinn – **Schlüsselmomente**."[403] Sie bieten Gelegenheit, nach Krisenursachen zu suchen, Strukturen zu verändern und Systeme langfristig zu verbessern, sie aber vor allem stabiler zu machen. **In jeder Krise liegt insofern die Chance zur Innovation**. Diesen Gedanken kann man mit dem Schlagwort der „schöpferischen Zerstörung" auf den Punkt bringen, das der österreichische Jurist, Ökonom und Politiker *Joseph Schumpeter* im Jahr 1942 in seinem Werk „Kapitalismus, Sozialismus und Demokratie" maßgeblich geprägt hat.[404] Er schrieb dieses Buch übrigens wenige Jahre, nachdem er selbst das private Bankhaus M.L. Biedermann & Co Bankaktiengesellschaft in den Bankrott geführt und dabei sein gesamtes Vermögen verloren hatte.[405] Der Kapitalismus, so lautet *Schumpeters* zentrale These, unterliege einem permanenten Prozess industrieller Mutation, der „unaufhörlich die Wirtschaftsstruktur von innen heraus revolutioniert, unaufhörlich die alte Struktur zerstört und unaufhörlich eine neue schafft."

Nach dieser Theorie müsste der internationalen Finanzmarktkrise aufgrund ihrer schieren Gewalt eine ganz besondere schöpferische Kraft innegewohnt haben. Zwar ist die zeitliche Distanz zu dieser Krise wohl noch nicht groß genug, um ihre „produktive Kraft" abschließend beurteilen zu können,[406] doch lohnt sich auch jetzt schon ein Blick auf die Ereignisse und die von ihnen ausgelösten organisatorischen und organisationsrechtlichen Folgen:

Als akutestes Problem stellte sich zunächst das gegenseitige Misstrauen der Banken heraus, da kein Haus von dem anderen wusste, wie viele „Schrottpapiere" in dessen Bilanzen lagerten und der sogenannte „Interbankenmarkt", auf dem sich die Geldhäuser untereinander mit Krediten versorgten, zum Erliegen kam – keiner wollte das Risiko einer plötzlichen Insolvenz seines Schuldners in Kauf nehmen. Um den dadurch drohenden Kollaps des Finanzmarktes zu ver-

---

[402] *Florian Möslein*, Contract Governance und Corporate Governance im Zusammenspiel – Lehren aus der globalen Finanzkrise, JZ 2010, S. 72 (73).
[403] Im Altgriechischen bedeutete κρίσις (krísis, heute κρήση, krísi) ursprünglich Meinung, Beurteilung bzw. Entscheidung, wurde jedoch später in einem breiteren Sinne verstanden. Allgemein zu dem zu Grunde liegenden Phänomen: *Malcolm Gladwell*, Tipping Point: Wie kleine Dinge Großes bewirken können, 2002.
[404] *Joseph A. Schumpeter*, Kapitalismus, Sozialismus und Demokratie, 8. Aufl. 2005, S. 134–142 („Der Prozess der schöpferischen Zerstörung").
[405] Ausführlich zu dieser Erfahrung und ihrem Einfluss auf *Schumpeters* wissenschaftliches Denken: *Annette Schäfer*, Die Kraft der schöpferischen Zerstörung, 2008, S. 102–108; *Thomas K. McCraw*, Joseph A. Schumpeter: Eine Biographie, 2008, S. 132–140.
[406] *Andreas Bartsch*, Finanzmarktkrise: Die Stunde der Rechtssetzer?, ZRP 2009, 97 (99).

hindern, wurde in Deutschland zunächst im Zuge der akuten Krisenintervention im Oktober 2008 das **Finanzmarktstabilisierungsgesetz** (FMStG)[407] in großer Eile durch das Gesetzgebungsverfahren gebracht. Hauptbestandteil des Gesetzes war die Einrichtung des **Finanzmarktstabilisierungsfonds** (FMS, auch Sonderfonds Finanzmarktstabilisierung – SoFFin – genannt). Der Fonds vergibt Garantien für Schuldtitel von in Schieflage geratenen Finanzunternehmen, damit diese sich von anderen Häusern „neues" Geld besorgen können. Diese Garantien werden durch Vertrag zwischen der Finanzmarktstabilisierungsanstalt und den Banken gewährt, in dem sich die Garantienehmer zur Umsetzung gewisser im FMStG festgeschriebener Corporate Governance Grundsätze verpflichten – etwa der Deckelung der Vorstandsgehälter für die Dauer der Garantie. Verwaltet wird der Fonds durch die **Finanzmarktstabilisierungsanstalt** (FSMA), eine Anstalt des öffentlichen Rechts, die durch einen Leitungsausschuss geführt wird. Dieser Ausschuss besteht aus drei vom Bundesfinanzministerium ernannten Fachleuten. Er bringt Entscheidungen in den Lenkungsausschuss ein, welcher der Garantievergabe zustimmen muss; besetzt ist der Lenkungsausschuss mit Vertretern der involvierten Bundesministerien sowie der Länder. Überwacht wird die Arbeit durch ein parlamentarisches Kontrollgremium.

173d Einen interessanten Fall stellt auch das im April des Jahres 2009 verabschiedete **Finanzmarktstabilisierungsergänzungsgesetz** (FMStErgG)[408] dar, das sogenannte Rettungsübernahmegesetz. Hierbei handelt es sich um ein auf den konkreten Fall der Hypo Real Estate zugeschnittenes und bis Oktober 2009 befristetes **Maßnahmengesetz**, das als Reaktion auf die sich immer weiter dramatisierende Lage der Bank erstmals genaue Vorschriften über die Enteignung einer Bank zur Sicherung der Finanzmarktstabilität traf. In dem Gesetz werden drei Phasen festgelegt: In der ersten Phase soll versucht werden, die Kontrollmehrheit auf dem klassischen gesellschaftsrechtlichen Wege zu erreichen. Gelingt dies nicht, sieht das Gesetz in einer zweiten Phase eine Erleichterung der Übernahme durch eine Änderung des Gesellschaftsrechts vor, sodass in einer eintägigen Hauptversammlung Mehrheitsbeschlüsse mit 50 + 1 getroffen werden können. Hat auch dieser Weg keinen Erfolg, so wird in der dritten Phase ein Übernahmeangebot gemacht; scheitert dies, so kommt es zum Enteignungsverfahren durch Rechtsverordnung. Der Staat bedient sich somit des nur leicht modifizierten regulären gesellschaftsrechtlichen Übernahmeverfahrens – mit der drohend geschwungenen Keule der Enteignung. In dem konkreten Fall genügte letztlich erwartungsgemäß das Schwingen der Keule – die Aktionärsversammlung stimmte am 2. Juni 2009 einer Kapitalerhöhung zu, sodass sich der Bund in Gestalt des SoFFin über 90 Prozent des Grundkapitals verschaffen konnte.

173e Durch das **Finanzmarktstabilisierungsfortentwicklungsgesetz** (FMStFG)[409] wurde im Juli 2009 dann die Möglichkeit der Schaffung sogenannter Bad Banks gesetzlich geregelt. Bilanziell in „Schieflage" geratene Kreditinstitute konnten dadurch „toxische" Papiere in Zweckgesellschaften (bzw. Abwicklungsanstalten für Landesbanken) auslagern, um ihre Bilanzen zu begradigen. Bedingung für

---

[407] Gesetz zur Umsetzung eines Maßnahmenpakets zur Stabilisierung des Finanzmarktes (Finanzmarktstabilisierungsgesetz – FMStG) vom 17. Oktober 2008 (BGBl I, S. 1982).
[408] Gesetz zur weiteren Stabilisierung des Finanzmarktes (Finanzmarktstabilisierungsergänzungsgesetz – FMStErgG) vom 7. April 2009 (BGBl I, S. 725).
[409] Gesetz zur Fortentwicklung der Finanzmarktstabilisierung vom 19. Juli 2009 (BGBl I, S. 1980).

die Garantie des SoFFin für diese **Zweckgesellschaften** ist aber neben einer Gebühr die Einführung der Corporate Governance Vorschriften des FMStG, also etwa die Deckelung von Vorstandsgehältern.

Hinsichtlich des internationalen Vorgehens in der Reaktion auf die Finanzmarktkrise ist vor allem interessant zu beobachten, wie die verschiedenen Institutionen zusammenwirken, um der Probleme Herr zu werden, die sich in den Schnittstellen ihrer Zuständigkeiten befanden. Beispielhaft soll hier die Rolle eines neuen Akteurs beleuchtet werden, der seine Existenz der Finanzkrise zu verdanken hat. Auf dem Gipfeltreffen der G 20 im April 2009 in London wurde beschlossen, das Financial Stability Forum als **Financial Stability Board** (FSB) weiterzuführen. Das Forum war ursprünglich 1998 von den G 7 als Gremium der wichtigsten nationalen und internationalen politischen Entscheidungsträger der Branche ins Leben gerufen worden, um frühzeitig Mängel im Finanzsystem zu erkennen. Das neue FSB – nun zusammengesetzt aus Finanzministern, nationalen Notenbankchefs, obersten nationalen Finanzaufsichtsbehörden, sowie den in diesem Feld tätigen Internationalen Organisationen und auch internationalen Standardsetzer-Organisationen – erarbeitete im Laufe des Jahres 2009 Prinzipien für solide Vergütungspraktiken in Finanzunternehmen, die von den G 20 verabschiedet wurden. Anschließend wurden diese Prinzipien fast deckungsgleich in eine EG-Richtlinie übernommen und fanden schließlich in dem im Juli 2010 in Kraft getretenen Gesetz über die aufsichtsrechtlichen Anforderungen an die Vergütungssysteme von Instituten und Versicherungsunternehmen[410] ihre Umsetzung in die deutsche Rechtsordnung.

II. Qualitätssicherung als neue Schlüsselaufgabe des Gewährleistungsstaates

1. Qualitätsmessung und Qualitätssicherung in der „Audit Society"

Mit dieser inzwischen klassischen Formulierung von *Michael Power*[411] soll der Befund auf den Begriff gebracht werden, dass wir in einer Gesellschaft leben, in der alles, aber auch wirklich alles beobachtet wird, und zwar nicht nur beobachtet, sondern als Ergebnis der Beobachtung auch evaluiert und in einer Rangliste platziert wird. Wie es scheint, ist so gut wie kein Bereich von dieser Freude oder Sucht[412] des Ratings und Rankings ausgenommen: gemessen wird die Pannenanfälligkeit von Autos durch den nimmermüden ADAC, die Qualität von Hochschulen in den sog. Hochschulrankings, über die FOCUS und SPIEGEL gern berichten, aber auch – und jetzt wird es auch politisch immer folgenreicher – die Kreditwürdigkeit von Staaten und Volkswirtschaften durch die großen Rating-Agenturen[413] – jüngste Beispiele sind die Herabstufungen von Portugal

---

[410] Gesetz über die aufsichtsrechtlichen Anforderungen an die Vergütungssysteme von Instituten und Versicherungsunternehmen (VergAnfG) vom 21. Juli 2010 (BGBl I, S. 950).
[411] *Michael Power*, The Audit Society. Rituals of Verification, 1977.
[412] *Bruno S. Frey*, „Evaluitis" – eine neue Krankheit?, in: Hildegard Matthies/Dagmar Simon (Hrsg.), Wissenschaft unter Beobachtung. Effekte und Defekte von Evaluationen, Leviathan-Sonderheft 24/2007, S. 347 ff.
[413] *Torsten Strulik*, Evaluationen in der Wirtschaft: Ratingagenturen und das Management des Beobachtet-Werdens, in: Matthies/Simon (Hrsg.), Wissenschaft unter Beobachtung (Fn. 412), S. 288–314.

§ 16 Verwaltungsorganisation als Steuerungsfaktor

und Spanien – sowie die Leistungsfähigkeit und demokratische Qualität von Regierungen und Regierungssystemen in der Diskussion über „good governance".[414]

2. Beobachtungs- und Bewertungsstrukturen als Governancestrukturen

173h Wenn es sich aber so verhält, dass Qualitätsmessung und Qualitätssicherung[415] ubiquitäre Phänomene sind, dann bedarf es eines genaueren Blicks auf diejenigen Verfahren und Strukturen, in denen sich dieses in seiner Dimension so noch nicht da gewesene „Geschäft" vollzieht. Denn Qualitätsprüfer sind in aller Regel nicht als individuelle Restaurant-Tester unterwegs[416], sondern sie sind eingebettet in ein der Qualitätssicherung dienendes **Verfahren**, das in bestimmten **qualitätssichernden Strukturen** abläuft und meistens von einer dazu berufenen **Organisation** „veranstaltet" wird. Es geht also eigentlich immer um **Qualitätssicherungsregime**[417], die ihrerseits Gegenstand einer Qualitätskontrolle sein können und es in der Regel auch sind.

173i Die Beobachtungs- und Bewertungsergebnisse dieser Organisationen bleiben nun keineswegs ein Dienstgeheimnis, sondern werden gezielt in einen komparativen und kompetetiven politischen Prozess eingespeist, in dem sie über die Zauberformel „best practice" und „benchmarking" erhebliche Steuerungsleistungen erreichen.[418] Man kann insoweit von **institutionalisierten Beobachtungs- und Bewertungsstrukturen** sprechen: Solche **Governanceregime**[419] finden sich etwa – um nur drei Beispiele zu nennen – bei der Qualitätskontrolle von Lebensmitteln[420], der ständigen Beobachtung und Bewertung der ökonomischen Performance von Staaten durch die Weltbank[421] oder der institutionalisierten Beobachtung der Politiken ihrer Mitgliedstaaten durch die OECD[422] – das Stichwort Pisa mag hier genügen. Das aber wohl auffälligste und sich geradezu epidemisch ausbreitende Governanceregime ist das Akkreditierungswesen, auf das deshalb ein intensiverer Blick zu werfen ist.

---

[414] Siehe dazu *Gunnar Folke Schuppert*, Staat als Prozess. Eine staatstheoretische Skizze in sieben Aufzügen, 2010, 5. Aufzug.

[415] Grundlegend dazu nunmehr *Franz Reimer*, Qualitätssicherung. Grundlagen eines Dienstleistungsverwaltungsrechts, 2010; *Gunnar Folke Schuppert*, Qualitätssicherung als Governanceproblem?, in: Rechtswissenschaft 2011, S. 334 ff.

[416] *Manfred Kohnke*, Von Sternen und Kochmützen: Evaluationen in der Haute Cuisine, in: Matthies/Simon (Hrsg.), Wissenschaft unter Beobachtung (Fn. 412), S. 347 ff.

[417] *Stefan Hornbostel*, Neue Evaluationsregime? Von der Inquisition zur Evaluation, in: Matthies/Simon (Hrsg.), Wissenschaft unter Beobachtung (Fn. 412), S. 58 ff.

[418] Siehe dazu *Elke Löffler*, A Survey on Public Sector Benchmarking Concepts, in: Hermann Hill/Helmut Klages/Elke Löffler (Hrsg.), Quality, Innovation and Measurement in the Public Sector, 1996, S. 137 ff.

[419] Zu Begriff und Funktionen von Governanve-Regimen s. *Hans-Heinrich Trute/Doris Kühlers/Arne Pilniok*, Governance als verwaltungsrechtswissenschaftliches Analysekonzept, in: Gunnar Folke Schuppert/Michael Zürn (Hrsg.), Governance in einer sich wandelnden Welt, PVS-Sonderheft Nr. 41, 2008, S. 173 ff.; ferner *Gunnar Folke Schuppert*, Alles Governance oder was?, 2011, S. 27 ff.

[420] *Gunnar Folke Schuppert*, Verantwortung, Kompetenz, Kontrolle. Verwaltungswissenschaftliche Überlegungen zur Neuorganisation des Verbraucherschutzes in Deutschland, in: ZLR 2002, S. 297 ff.

[421] Siehe dazu *Christoph Möllers*, Die Governance-Konstellation. Transnationale Beobachtung durch öffentliches Recht, in: Schuppert/Zürn (Hrsg.), Governance (Fn. 419), S. 238 ff.

[422] Materialreich dazu *Martin Schäfer*, Die neue Unverbindlichkeit. Wirtschaftspolitische Koordination in Europa, 2005.

3. Qualitätssicherung im Gewährleistungsstaat: Das Beispiel der Akkreditierung im Hochschulbereich

Wenn es um die Rolle des Staates geht, so wird diese Diskussion – und zwar nicht nur in Deutschland – als Diskussion über handlungsleitende und perspektiverweiternde **Staatsbilder** geführt.[423] Diese Staatsbilder – heißen sie Dienstleistungsstaat, Präventionsstaat oder aktivierender Staat – dienen dabei als **Rollenmetaphern**[424], mit denen die angemessene **Rollenverteilung** zwischen Staat, Markt und Zivilgesellschaft beschrieben werden soll. Was nun den Bereich der Qualitätssicherung im Geflecht zwischen marktlicher und staatlicher Steuerung angeht, so scheint der Typus des **Gewährleistungsstaates** ein sich aufdrängender Kandidat für das problemangemessene Staatsbild zu sein; dies sieht auch *Franz Reimer* so, wenn er formuliert: „Qualitätssicherung ist ein, vielleicht gar **der** Modus der Gemeinwohlgewährleistung im Gewährleistungsstaat"[425]. Ganz in diese Richtung argumentiert auch *Margrit Seckelmann*, die in ihrem Beitrag im „Handbuch zur Verwaltungsreform" Akkreditierung und Zertifizierung „als Verfahren der Qualitätssicherung im Gewährleistungsstaat" behandelt[426] und dazu folgendes ausgeführt hat: „Beiden gemeinsam ist eine **Verantwortungsteilung von Staat und Gesellschaft** bzw. eine **Aktivierung gesellschaftlichen selbstregulativen Potentials** und seine Einbindung in die Wahrnehmung von Staatsaufgaben, für die der Staat zumindest die **Gewährleistungs-** (und damit auch die Überwachungs-) **verantwortung** trägt."[427]

173j

Das um sich greifende Akkreditierungswesen ist von komplexer Bauart; am besten scheint uns diese getroffen durch den Titel der 2008 erschienenen Schrift von *Karin Bieback*, der wie folgt lautet: „Zertifizierung und Akkreditierung. Das Zusammenwirken staatlicher und nicht-staatlicher Akteure in gestuften Prüfsystemen". Genau darum geht es: um ein Zusammenspiel nicht-staatlicher und staatlicher Akteure in einem in sich gestuften Governanceregime.

173k

Bevor dieses Governanceregime in aller Kürze skizziert wird, ist an den europäischen Regelungskontext zu erinnern, denn ohne diesen ist die Ausbreitung der Akkreditierungsagenturen nicht zu verstehen; diesen europäischen Hintergrund erklärt uns *Margrit Seckelmann* in geraffter Form wie folgt: „Der Begriff der Akkreditierung gewann durch den Prozess der europäischen Einigung Konjunktur: In der Bologna-Erklärung (1999) […] verpflichteten sich die Signatar-Staaten im Rahmen bildungspolitischer Absichtserklärungen zur Schaffung eines einheitlichen ‚Europäischen Hochschulraums' innerhalb der ersten Dekade des dritten Jahrtausends. […] Hierzu gehört unter anderem die Errichtung eines Systems leicht verständlicher und aufgrund eines Diplomzusatzes (‚Diploma Supplement') vergleichbarer Hochschulabschlüsse […]. Daneben tritt die Etablierung eines Leistungspunktesystems, das in Fortführung des 1989 im Rahmen des ERASMUS-Programms eingeführten European Credit Transfer Systems (ECTS) für eine Anerkennung von Studienmodulen auch vor dem je-

---

[423] Zur Verwendungsweise und Funktion von Staatsbildern s. *Voßkuhle*, „Dienstleistungsstaat" (Fn. 168), S. 495 ff.
[424] Begriff bei *Schuppert*, Staat als Prozess (Fn. 414), S. 63 f.
[425] *Reimer*, Qualitätssicherung (Fn. 415), S. 284.
[426] *Margrit Seckelmann*, Akkreditierung und Zertifizierung, in: Bernhard Blanke u. a. (Hrsg.), Handbuch zur Verwaltungsreform, 4. Aufl. 2011, S. 501 ff.
[427] *Seckelmann*, Akkreditierung und Zertifizierung (Fn. 426), S. 506/507.

weiligen Abschluss und eine größtmögliche Mobilität der Studierenden sorgen soll. Schließlich wird die Entwicklung einer staatenübergreifenden Qualitätssicherung durch Etablierung vergleichbarer Kriterien und Methoden angestrebt."[428]

173l   Innerhalb der Akkreditierung im Bereich des Hochschulwesens sind zwei Arten zu unterscheiden, die **„institutionelle Akkreditierung"** und die **„Programmakkreditierung"**.[429] Während die institutionelle Akkreditierung dazu dient, „Hochschulen in nicht-staatlicher Trägerschaft umfassend im Hinblick auf die Einhaltung von wissenschaftlichen Qualitätsmaßstäben in Lehre und Forschung zu prüfen"[430], geht es bei der Programmakkreditierung um die Evaluierung von Studiengängen.

Diese Programmakkreditierung erfolgt in einem **gestuften Organisationsregime**. Die eigentliche Akkreditierung erfolgt durch sog. Akkreditierungsagenturen, die aber ihrerseits einer Akkreditierung bedürfen, die durch den sog. **Akkreditierungsrat** erfolgt, dessen Konstruktion *Margrit Seckelmann* wie folgt beschreibt:[431] „Der Akkreditierungsrat mit Sitz in Bonn hat die Rechtsform einer rechtsfähigen (nordrhein-westfälischen) Stiftung des öffentlichen Rechts (‚Stiftung zur Akkreditierung von Studiengängen in Deutschland', als solche eingerichtet durch das Gesetz zur Errichtung einer Stiftung ‚Stiftung zur Akkreditierung von Studiengängen in Deutschland' vom 15. 2. 2005). Er verfügt über 18 Mitglieder, die für vier Jahre bestellt werden. Der Akkreditierungsrat legt seiner Arbeit derzeit die von ihm am 8. Dezember 2009 beschlossenen ‚Regeln des Akkreditierungsrates für die Akkreditierung von Studiengängen und für die Systemakkreditierung' zugrunde. Nach diesen wird die Akkreditierung für sieben Jahre erteilt, danach hat sich der akkreditierte Studiengang reakkreditieren zu lassen. Der Akkreditierungsrat lässt sich in siebenjährigen Abständen auch selbst evaluieren."

173m   Wie man sich den Gang des Verfahrens der Akkreditierung vorzustellen hat, schildert *Martina Röbbecke* wie folgt: „**Die Agentur stellt eine Gutachtergruppe zusammen**, die sich in der Regel aus drei Professorinnen und Professoren, einem Vertreter der Berufspraxis und einem/einer Studierenden zusammensetzt. Diese Gutachtergruppe besucht die beantragende Hochschule und führt vor Ort verschiedene Gespräche mit der Leitung der Hochschule, den Lehrenden und den Vertretern der Studierenden. An diesen Gesprächen nimmt ebenfalls der oder die zuständige Mitarbeiter/in der Akkreditierungsagentur teil. Anschließend wird auf der Grundlage der eingereichten Unterlagen und der Gesprächsergebnisse ein **Bewertungsbericht** verfasst. Dabei können sich die Mitglieder der Gutachtergruppe insbesondere auf die inhaltlich-qualitativen Aspekte konzentrieren, während die Akkreditierungsagentur vor allem die Einhaltung der formalen Vorgaben kontrolliert. Dazu gehören die vom Akkreditierungsrat vorgegebenen ‚Kriterien für die Akkreditierung von Studiengängen' und die ‚Allgemeinen Regeln zur Durchführung von Verfahren zur Akkreditierung und Reakkreditierung von Studiengängen'. Der Bewertungsbericht wird der Akkre-

---

[428] *Seckelmann*, Akkreditierung und Zertifizierung (Fn. 426), S. 502/503.
[429] *Martina Röbbecke*, Akkreditierung, in: Matthies/Simon (Hrsg.), Wissenschaft unter Beobachtung (Fn. 412), S. 334 ff.
[430] *Röbbecke*, Akkreditierung (Fn. 429), S. 334.
[431] *Seckelmann*, Akkreditierung und Zertifizierung (Fn. 426), S. 504.

ditierungskommission der zuständigen Agentur zugeleitet, und diese beschließt nach einem festgelegten Entscheidungsreglement die Akkreditierung des Studiengangs, eine Akkreditierung mit Auflagen oder eine Ablehnung der Akkreditierung."[432]

F. Organisationswahlentscheidungen im öffentlichen Sektor (institutional choice)

I. Begriff und Funktionsweise von „institutional choice"

1. Der Begriff „institutional choice"

In nahezu jedem Politikbereich stellt sich die Frage, mit welchen Mitteln das angestrebte Politikziel am besten erreicht werden kann, also
- welche **Regelungsprogramme** angemessen sind – von der hoheitlich-staatlichen Regulierung bis zur Stärkung der selbstregulativen Kräfte des Marktes,
- welche **Instrumente** angemessen sind – vom klassischen Ordnungsrecht bis zu Instrumenten ökonomischer Verhaltenssteuerung,
- welcher **Organisationstyp** angemessen ist – von der klassischen Ministerialverwaltung bis zum verselbstständigten Profit-Center.

Diese Auswahlsituationen kann man – dem sozialwissenschaftlichen Sprachgebrauch folgend[433] – als **choice-Situationen** bezeichnen und wie folgt darstellen:

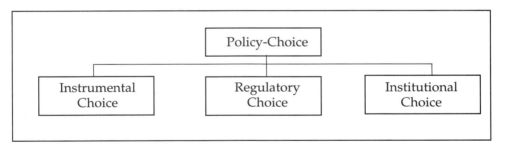

Diese noch relativ abstrakt wirkenden Auswahlsituationen lassen sich besser verstehen, wenn sie an einem bestimmten Politikbereich konkretisierend veranschaulicht werden: Das Beispiel **Umweltschutz** scheint dafür besonders geeignet zu sein. Hilfreich ist dafür ein Blick in einen Beitrag von *Gertrude Lübbe-Wolff* über die Instrumente des Umweltschutzes[434] in dem nicht nur der In-

---

[432] *Röbbecke*, Akkreditierung (Fn. 429), S. 336/337.
[433] *Renate Mayntz*, Political Intentions and Legal Measures: The Determinants of Policy Decisions, in: Terence Daintith (Hrsg.), Law as an Instrument of Economic Policy: Comparative and Critical Approaches, 1988, S. 89 ff.
[434] *Gertrude Lübbe-Wolff*, Instrumente des Umweltschutzes – Leistungsfähigkeit und Leistungsgrenzen, NVwZ 2001, S. 481 ff.

strumentenkasten des Umweltschutzes präsentiert, sondern zugleich auch gezeigt wird, wie eng die drei Auswahlsituationen miteinander zusammenhängen.

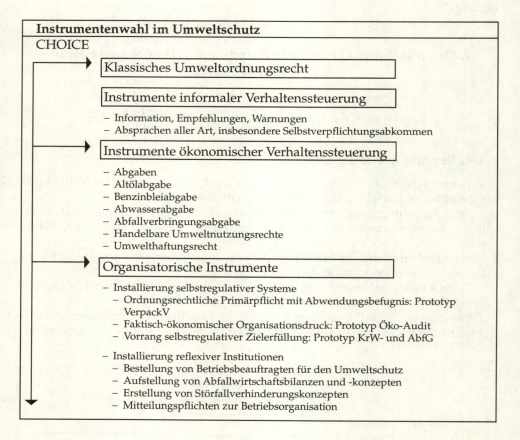

177 Was nun den Bereich der **Organisationswahlentscheidungen** angeht,[435] so hat sich für ihn der Begriff „institutional choice" inzwischen weitgehend durchgesetzt,[436] wenn auch andere Bezeichnungen durchaus gebräuchlich bleiben, wie etwa – mit österreichischer Einfärbung – die Redeweise von der „Kunst der sachgerechten Kompetenzverteilung", für die *Norbert Wimmer*[437] die folgenden Beispiele zu geben weiß: „Über die grundsätzliche Verteilung der Kompetenzen herrscht meistens Einigkeit. Dass die großen Verwaltungsaufgaben, wie Landwirtschaft, Forstwesen, Soziales, Energie, Schulen, Handel, Industrie,

---

[435] Vgl. den einführenden Überblick bei *Roman Loeser,* Wahl und Bewertung von Rechtsformen für öffentliche Verwaltungsorganisationen, in: Speyerer Arbeitshefte Nr. 83, Hochschule für Verwaltungswissenschaften, Speyer 1988.
[436] Vgl. *Nikolaus Müller,* Rechtsformenwahl bei der Erfüllung öffentlicher Aufgaben (Institutional Choice), 1993; *Reichard,* Institutionelle Wahlmöglichkeiten (Fn. 238), S. 101 ff.; *Schuppert,* Institutional Choice (Fn. 238), S. 647 ff.; *Marian Döhler,* Institutional Choice and Bureaucratic Autonomy in Germany, West European Politics, 25 (2002), S. 101 ff.
[437] *Wimmer,* Verwaltungslehre (Fn. 18), S. 146.

etc. auch eigene Kompetenzblöcke bilden, ist evident. Die Schwierigkeiten liegen im Detail, z.B. darin, ob die handwerkliche Berufsausbildung dem Wirtschaftsressort zuzuordnen ist oder im allgemeinen Schulwesen aufgehen soll, ob die Verwaltung der psychiatrischen Krankenhäuser beim Gesundheits- oder Sozialwesen anzusiedeln ist oder ob die Dienstwagen zentral oder von den einzelnen Ämtern selbst zu verwalten sind. All diese Fragen mögen auf den ersten Blick banal wirken, aber gerade in ihrer Lösung besteht die **Verwaltungsreform.**"

Mit dem Begriff des „institutional choice" wird also diejenige Auswahlsituation bezeichnet, vor der Entscheidungsträger stehen, wenn die Frage auftaucht, welche Art von **Organisationstyp** für die Erledigung einer bestimmten Aufgabe besonders geeignet erscheint: Dies kann man als die Frage nach der **institutionellen Kompetenz** einer Organisation oder eines Organisationstyps bezeichnen,[438] wobei sich diese institutionelle Kompetenzfrage nicht nur auf die Art des Organisationstyps beziehen kann (Anstalt oder GmbH), sondern auch auf die Wahl eines Verwaltungsmodells wie etwa bei der gleich noch zu erörternden Auswahlentscheidung zwischen landeseigener Verwaltung, Bundesauftragsverwaltung oder Bundeseigenverwaltung. 178

2. Arten von „institutional choice"-Entscheidungen

Die im Bereich von „institutional choice" zu treffenden Auswahlentscheidungen weisen eine große Variationsbreite auf und beziehen sich sowohl auf solche „großen" Fragen, welcher **Sektor** für die Erfüllung der öffentlichen Aufgabe in Betracht kommt wie auch auf die eher „kleineren" Fragen, welchem **Organisationstyp** der Vorzug zu geben ist, etwa der Körperschaft oder der Anstalt, um ein Beispiel aus der Organisation der Hochschulmedizin zu geben.[439] 179

a) Wahl des Sektors

Bei der Wahl des Sektors geht es um die stark politisch eingefärbte Frage, ob eine öffentliche Aufgabe durch die öffentliche Verwaltung, also im öffentlichen Sektor erledigt werden oder besser einer privatrechtlich organisierten Einheit übertragen werden soll (AG, GmbH) oder ob man gut beraten wäre, sich das Engagement und die animierbare Verwaltungskompetenz von Organisationen des Dritten Sektors zunutze zu machen. Graphisch lässt sich diese Auswahlsituation – veranschaulicht am Beispiel der Krankenhausorganisation[440] – wie folgt darstellen: 180

---

[438] Begriff bei *Schuppert*, Institutional Choice (Fn. 238), S. 647 ff.
[439] So hat sich der Freistaat Sachsen für die Universitätskliniken Leipzig und Dresden für das Anstaltsmodell entschieden (Gesetz über die Hochschulmedizin im Freistaat Sachsen, Sächsisches Hochschulmedizingesetz, SHMG, vom 6. Mai 1999, GVBl S. 207) während die Freie und Hansestadt Hamburg dem Körperschaftsmodell den Vorzug gegeben hat (Gesetz zur Neustrukturierung des Universitäts-Krankenhauses Eppendorf, Universitäts-Krankenhaus Eppendorf-Strukturgesetz – UKEStrG, vom 21. September 2001, GVBl S. 375).
[440] Siehe *Gunnar Folke Schuppert*, Organisatorische Gestaltungsmöglichkeiten bei der Umstrukturierung der Hochschulmedizin im Freistaat Sachsen, Verwaltungswissenschaftliches Gutachten im Auftrag der ÖTV Sachsen, MS., Berlin 1998.

§ 16 Verwaltungsorganisation als Steuerungsfaktor

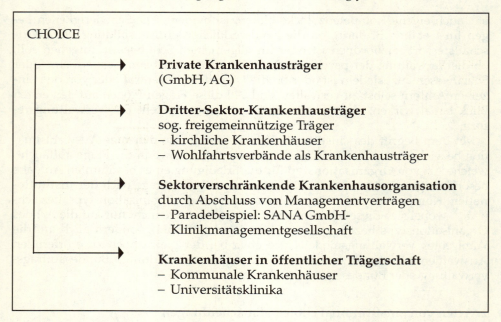

181 Eng mit der Wahl des Sektors sind diejenigen Optionen des **Institutionenwahl**-Spektrums verbunden, in denen es um graduelle Auswanderungen aus dem öffentlichen Sektor geht, insbesondere durch Privatisierungs- und Auslagerungsentscheidungen. *Christoph Reichard*[441] hat diese Optionen wie folgt abgebildet:

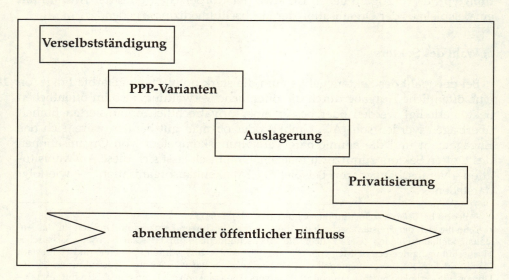

---

[441] *Christoph Reichard*, Leistungstiefenanalyse, Institutional Choice, Verselbstständigung, Contracting-Out, Wettbewerbsansätze. Charts zum Executive Seminar „Managing Organizational Transformation" der Hertie School of Governance am 31. 8./1. 9. 2004, S. 30.

b) Wahl des Organisationstyps

182 Bei der Wahl des Organisationstyps geht es weniger um die Grundsatzentscheidung „wieviel Markt" und „wieviel Staat", sondern um die Auswahl zwischen verschiedenen, von der Rechtsordnung bereitgestellten Organisationstypen oder in der Praxis entwickelten organisatorischen Arrangements. *Reichard* bildet dieses **Organisationsspektrum** für Institutionenwahl[442] wie folgt ab:

Organisationsspektrum für Institutionenwahl

(1) Öffentliche Einrichtungen:
– Typ „Behörde/Amt"
– teilverselbstständigte öffentlich-rechtliche Einrichtungen
  – Regiebetriebe bzw. (rechtlich) unselbstständige Anstalten
  – Eigenbetriebe (bzw. „§ 26-LHO-Betriebe")
  – Zweckverbände
  – rechtsfähige Anstalten, Körperschaften oder Stiftungen
– Öffentliche Einrichtungen in privatrechtlicher Form (= Eigengesellschaften als GmbH, AG)

(2) Gemischtwirtschaftliche Organisationen (Public/Private-Partnerschaften) – klassische öffentliche Unternehmung mit privater Beteiligung – Betriebsführungsmodell – Kooperationsmodell – Betreibermodell
(3) Privatwirtschaftlich-kommerzielle Organisationen
(4) Organisation des „Dritten Sektors" (private Nonprofit-Organisationen)
(5) ggf. Selbstversorgung im Familien-/Haushaltsverbund

II. Steuerung über die Wahl der Organisations-Rechtsform

183 Im täglichen Geschäft der praktizierenden Organisationsgewalt erfolgt „Steuerung durch Organisation" im Wesentlichen als Steuerung über die Wahl der Organisations-Rechtsform, indem entschieden werden muss, welche der von der Rechtsordnung zur Verfügung gestellten Rechtsform-Typen – Bundesoberbehörde, Anstalt, GmbH oder Aktiengesellschaft – für die Erledigung einer bestimmten Verwaltungsaufgabe Verwendung finden soll. Steuerung durch Organisation verläuft also hauptsächlich über das Medium der Rechtsform der Verwaltungseinheit: Denn „die mit unterschiedlicher Steuerungsenergie geladenen unterschiedlichen Organisations-Rechtsform-Typen und deren einzelne Organisations-Rechtsformen öffnen sich je unterschiedlich den unterschiedlichen einzelnen Steuerungsinstanzen in Staat und Gesellschaft mit nach Steuerungsintensität und Steuerungskapazität unterschiedlichen einzelnen Steuerungsinstrumenten". „Im Ergebnis" – so fährt *Roman Loeser* fort[443] – „hängt somit die

---

[442] *Reichard*, Leistungstiefenanalyse (Fn. 441), S. 30.
[443] *Loeser*, System II, § 10 Rn. 66.

1. Funktionen der Organisations-Rechtsform

184 *Roman Loeser* hat sich in seinem zweiten, der Verwaltungsorganisation gewidmeten Band des von ihm vorgelegten Systems des Verwaltungsrechts ausführlich mit Organisations-Rechtsformen als Medium der Steuerung beschäftigt und dabei auch untersucht, was und in welcher Weise durch die Organisations-Rechtsform verbindlich geregelt wird. „Das jede Organisations-Rechtsform" – so drückt es *Loeser* aus[444] – „umgebende Satelliten-System der Einzel-Rechtsnormen, das letztlich die Organisationsform überhaupt ausmacht, regelt in unterschiedlicher Weise:
- den **Status** und
- die **Außenbeziehung** der organisatorisch verselbstständigten **Verwaltungseinheit** (= Verwaltungseinheit) zu
  - ihrem Muttergemeinwesen und zu ihrem Rechtsträger,
  - den anderen Organen desselben Muttergemeinwesens und desselben Rechtsträgers,
  - den anderen Rechtsträgersystemen des öffentlichen, bürgerlichen und supranationalen Rechts sowie
  - zum Bürger.
- die institutionellen **Binnenstrukturen** des Verwaltungsorgans, nämlich
- dessen **Verfassung**: Entscheidungsträger, Organe, kollegiale oder monokratische Führung, Grundstrukturen des Binnenaufbaus, Ankettung nachgeordneter organisatorisch unselbstständiger Einheiten (Dienststellen).
- dessen **Entscheidungsstrukturen**: Art und Umfang der Rechtsbindung, Entscheidungsverfahren, Rechtsschutz
- das **Vorhandensein von** rechtlich verselbstständigten und rechtlich unselbstständigen **nachgeordneten Verwaltungseinheiten**
- das **Zweckspektrum** (öffentliche, wirtschaftliche, gesellschaftliche, individuale Zwecke), welches die Verwaltungseinheit verfolgen darf
- die Art und den Umfang der durch das Verwaltungsorgan materiell wahrgenommenen **Verwaltungsaufgaben,** mithin die programmatische Verknüpfung von mehr formaler Aufbau-Rechtsform und mehr materialer Ablauf-Rechtsform."

185 Will man diese Steuerungsleistungen der Organisations-Rechtsform mit *Schmidt-Aßmann* zusammenfassen und etwas mehr verdichten, so werden über die Organisations-Rechtsform gesteuert:[445]
- die **Handlungsfähigkeit** einer Organisationseinheit im Rechtsverkehr und damit die Frage ihrer Beweglichkeit auch gegenüber neuen Aufgaben;
- die **Rechtsstellung** im Verhältnis zu anderen Verwaltungseinheiten einschließlich der Fähigkeit, diese Rechtsstellung gerichtlich zu verteidigen;
- das unterschiedliche Maß ihrer **Kontrollunterworfenheit;**
- die notwendige **Rechtsqualität** der Gründungs-, Veränderungs- und Aufhebungsakte, einschließlich der Frage nach einer parlamentarischen Mitwirkung

---

[444] *Loeser*, System II, § 10 Rn. 67; vgl. vorher schon *ders.*, Wahl (Fn. 435).
[445] *Schmidt-Aßmann*, Verwaltungsorganisationsrecht (Fn. 12), S. 22.

und der damit verbundenen geringeren oder höheren Flexibilität von Organisationsänderungen.

Es liegt auf der Hand, dass insbesondere das Maß der Kontrollunterworfenheit einer Verwaltungseinheit unter dem Gesichtspunkt der Steuerung des Verwaltungshandelns durch Organisation und Verfahren von entscheidender Bedeutung ist und dass deshalb bei jeder Organisationswahlentscheidung sorgfältig geprüft werden muss, ob die verfassungsrechtlich gebotene Steuerungskompetenz von Parlament oder Gemeinderat hinreichend gewahrt ist.

2. Zur unterschiedlichen Steuerbarkeit unterschiedlicher Organisationsrechtsformen

Die unterschiedliche Steuerbarkeit unterschiedlicher Organisationsrechtsformen lässt sich besonders gut am Beispiel der Kontrolle öffentlicher Unternehmen[446] veranschaulichen, einem Bereich, für den in der einschlägigen Literatur der Begriff der Beteiligungssteuerung verwendet wird.[447] Die unterschiedliche Steuerungseignung von Organisationsrechtsformen, die maßgeblich vom Ausmaß ihrer rechtlichen Unabhängigkeit bestimmt wird, lässt sich auf einem Kontinuum mit den Endpunkten „geringe Steuerungseignung" und „große Steuerungseignung" wie folgt darstellen:[448]

(Grad der Selbstständigkeit von links nach rechts zunehmend) ⟶	
Unmittelbare Landes- bzw. Kommunalverwaltung	**Mittelbare Landes- bzw. Kommunalverwaltung** ⟶
Amt	Eigenbetrieb
Regiebetrieb	rechtsfähige Anstalt und Stiftung (öff. und privaten Rechts)
	rechtsfähiger Verein
nicht rechtsfähige öffentlich-rechtliche Anstalt	(g)GmbH
	AG
Grad der Verselbstständigung steigt, Steuerbarkeit nimmt ab!	

---

[446] Vgl. dazu *Gunnar Folke Schuppert*, Zur Kontrollierbarkeit öffentlicher Unternehmen. Verwaltungswissenschaftliches Gutachten. Veröffentlicht als Anlage zur Drucks. der Bürgerschaft der Freien und Hansestadt Hamburg 9/4545 (1982).

[447] Siehe etwa *Rolf Prigge/Christian Köllmann*, Die Entwicklung des öffentlichen Unternehmenssektors in den Stadtstaaten Berlin, Hamburg und Bremen. Beteiligungspolitik, Management und Mitbestimmung, Universität Bremen 2000; *Senator für Finanzen Bremen*, Konzept zum Aufbau eines Beteiligungs-Controllings für den „Konzern Bremen", 2000; *ders.*, Handbuch Beteiligungsmanagement der Freien Hansestadt Bremen, 2003.

[448] *Rolf Prigge*, Die Steuerung öffentlicher Unternehmen in den Stadtstaaten Berlin, Hamburg und Bremen, in: Hermann Hill (Hrsg.), Aufgabenkritik, Privatisierung und Neue Verwaltungssteuerung, 2004, S. 97 ff., 106.

188 – Als besonders steuerungsgeeignet gilt auf Grund seiner rechtlichen Unselbstständigkeit der Organisationstyp des Eigenbetriebes, der auch deshalb besonders „beliebt" ist, weil er eine Unternehmensführung nach kaufmännischen Gesichtspunkten ermöglicht, ohne den Betrieb aus der Verwaltung auslagern zu müssen: „Durch die organisatorische und finanzwirtschaftliche Verselbstständigung wird einerseits eine Unternehmensführung nach kaufmännischen Gesichtspunkten ermöglicht; andererseits besteht trotz dieser organisatorischen Verselbstständigung eine enge Verbindung zwischen Eigenbetrieb und Verwaltung und Rat, so dass die Einheit der Kommunalverwaltung nicht in Frage gestellt wird und eine ausreichende Kontrolle durch die Kommune durchaus sichergestellt ist."[449]

189 – Die Rechtsform der **Aktiengesellschaft** (AG) steht dagegen – wie *Prigge* zu Recht hervorhebt – am anderen Ende der Skala der Steuerbarkeit, ein Befund, der vor allem in der starken Stellung des Vorstandes begründet liegt, dessen Vertretungsmacht gegenüber Dritten gesetzlich so gut wie unbeschränkt ist, so dass der Kommune keinerlei Einflussmöglichkeiten mit Hilfe von Weisungen oder anderen Kontrollrechten zur Verfügung stehen: „Damit wird das Spannungsverhältnis zwischen Kommunalverfassungsrecht und Gesellschaftsrecht bei der AG weitgehend zugunsten des Gesellschaftsrechts entschieden. In einer Untersuchung über die Möglichkeiten einer Kontrolle öffentlicher Unternehmen wurde das Fazit gezogen, dass die Rechtsform der AG für öffentliche Unternehmen als ungeeignet anzusehen sei.[450] Dieses Urteil ist nur dann zu relativieren, wenn ein Beherrschungsvertrag nach den konzernrechtlichen Bestimmungen des Aktiengesetzes abgeschlossen werden kann.[451]

190 – Die Gesellschaft mit beschränkter Haftung **(GmbH)** steht, hinsichtlich ihrer rechtlichen Selbstständigkeit und – dadurch bedingt – ihrer Steuerbarkeit durch das „Muttergemeinwesen", zwischen dem Eigenbetrieb und der AG. Ihre Selbstständigkeit ist gegenüber der durch die überwiegend zwingenden Vorschriften des Aktiengesetzes geprägten AG dadurch tendenziell wesentlich geringer, weil das Rechtsregime des Gesellschaftsvertrages einer maßgeschneiderten Lösung zugänglich ist, die den Steuerungsbedürfnissen der jeweiligen Gebietskörperschaft ausreichend Rechnung trägt; als Steuerungsinstrumente kommen vor allem die folgenden drei in Betracht:[452]

– Der Kommune kann im Gesellschaftsvertrag die Berufung des Geschäftsführers eingeräumt werden; seine Ablösung ist dabei jederzeit ohne Angabe von Gründen möglich;
– Dem Geschäftsführer können durch Regelungen im Gesellschaftsvertrag sowie durch Beschlüsse der Gesellschafterversammlung bestimmte Beschränkungen auferlegt werden;
– Durch Gesellschaftsvertrag kann ein Beirat oder Aufsichtsrat mit bestimmten Rechten und Pflichten gebildet werden.

---

[449] Vgl. *Ulrich Cronauge*, Kommunale Unternehmen. Eigenbetriebe, Kapitalgesellschaften, Zweckverbände, 1992, S. 52.
[450] *Stefan Machura*, Die Kontrolle öffentlicher Unternehmen. Für eine mehrdimensionale Strategie zur Instrumentalisierung öffentlicher Unternehmen, 1993, S. 149.
[451] *Prigge*, Steuerung (Fn. 448), S. 106 f.
[452] *Prigge*, Steuerung (Fn. 448), S. 107.

Aufgrund dieser Möglichkeiten der Einflussnahme ist – wie *Cronauge* geltend **191** macht – „eine GmbH-Errichtung oder -beteiligung sicherlich […] für die Kommune sehr viel unproblematischer als ein vergleichbarer Fall einer AG."[453]

III. Kriterien bei „institutional choice"-Entscheidungen

Besonders interessant ist natürlich, nach welchen Kriterien Organisations- **192** wahlentscheidungen getroffen werden, wobei man gut beraten ist, zwischen den eigentlichen Motiven und einer gewissen Reformrhetorik zu unterscheiden. So gibt es denn auch Stimmen, die hinsichtlich der **Rationalität** solcher Auswahlentscheidungen überaus skeptisch sind, sei es, dass sie jegliche Organisationsphantasie vermissen und eine ausgeprägte Pfadabhängigkeit von Organisationsentscheidungen konstatieren,[454] sei es, dass sie, wie etwa *Roman Loeser*,[455] lediglich „Tradition, Rechtsgefühl und Vermeidungsstrategien" am Werke sehen, so dass die Wahl der Organisationsform nahezu eine „Geheimwissenschaft" sei, die „in Ritualen, Symbolik und in (ok)kultischen Beschwörungsformeln aufscheine."

Man sollte jedoch die Flinte so schnell nicht ins Korn werfen, sondern versu- **193** chen, allgemeine und sachbereichsspezifische **Auswahlkriterien** zu unterscheiden und an Beispielen zu verdeutlichen.

1. Allgemeine Auswahlkriterien

Was die allgemeinen Auswahlkriterien angeht, so findet sich eine hilfreiche **194** Übersicht bei *Christoph Reichard*,[456] der die folgenden Kriterien zur Beurteilung der Eignung von Organisationen zur Erbringung öffentlicher Dienstleistungen unterscheidet:
– **Zielbezug** (Bereitschaft der Organisation, den erteilten Leistungsauftrag dauerhaft zu erfüllen),
– **Steuerbarkeit durch Auftraggeber** (Corporate Governance; s.a. ‚strategische Relevanz'),
– **organisatorische Leistungsfähigkeit** (Wirksamkeit, Schnelligkeit, Zuverlässigkeit, Qualität, Kundennähe, Effizienz usw.),
– mittel- und langfristiges **Entwicklungspotential** der Organisation,
– Chancen für eigenständige (zusätzliche) **Ressourcenmobilisierung** (z.B. Finanzierung),
– Fähigkeit der Organisation, sich vertikal und horizontal mit anderen Organisationen zu verbinden **(Netzwerkfähigkeit),**
– **Akzeptanz** und **Legitimation** durch Zielgruppen".

Nach dieser Übersicht über wichtige allgemeine Auswahlkriterien sollen eini- **195** ge bereichsspezifische Auswahlkriterien dargestellt und an Beispielen veranschaulicht werden, weil man hierbei am besten studieren kann, wie solche Organisationswahlentscheidungen tatsächlich ablaufen und funktionieren.

---

[453] *Cronauge*, Kommunale Unternehmen (Fn. 449), S. 103.
[454] *Döhler*, Rationalität (Fn. 100), S. 221 ff.
[455] *Loeser*, System II, § 10 Rn. 85.
[456] *Reichard*, Leistungstiefenanalyse (Fn. 441), S. 32.

2. Bereichsspezifische Auswahlkriterien

a) Privatisierungsentscheidungen

196 Eines der Zauberworte bei Entscheidungen zugunsten einer privatisierten Aufgabenerfüllung heißt **Flexibilität,** wofür die amtliche Begründung der Bundesregierung für die Überführung der Bundesanstalt für Flugsicherung in eine GmbH ein anschauliches Beispiel bildet; in der Begründung heißt es auszugsweise wie folgt:[457]

„Umfassende Untersuchungen der bestehenden Probleme und der möglichen Lösungswege haben gezeigt, die Probleme der zivilen Flugsicherung können wirksam und dauerhaft nur gelöst werden, wenn die zivile Flugsicherung in einer neuen Organisationsform durchgeführt wird. Dabei muß die Organisation so gestaltet werden, daß die Flugsicherung auf die bevorstehenden Herausforderungen des Luftverkehrs auf personellem Sektor ebenso wie im Bereich der Investitionen flexibel und schnell antworten kann. Alle diese Voraussetzungen erfüllt nur ein GmbH-Modell."

197 Diese immer wieder beschworene Flexibilität einer privatrechtlich organisierten Aufgabenerfüllung, die auch bei der Privatisierung von Bahn und Post Pate gestanden hat,[458] versprach und verspricht man sich insbesondere davon, dass die jeweilige Verwaltungseinheit von den Fesseln des öffentlichen Rechts befreit wird, um dann – gewandelt von der Behörde zum Unternehmen – ungehindert von den kleinteiligen öffentlich-rechtlichen Vorschriften die Herausforderungen des Wettbewerbes erfolgreicher bestehen zu können. Man kann insoweit mit *Roman Loeser*[459] von **vermeidungsstrategischen Privatisierungen** sprechen, bei denen es vor allem darum geht, die folgenden Fesseln abzustreifen:
– die Fesseln des öffentlichen **Dienstrechts** mit dem Korsett des Beamtenrechts und des BAT-Systems,
– die Fesseln des **Laufbahnrechts** und der stellenrechtlichen Restriktionen sowie
– die Fesseln des **öffentlichen Haushaltsrechts.**

198 Ähnliche, wenn auch positiv angereicherte Motivlagen findet man bei den so genannten, mit der Privatisierungsproblematik verwandten **Auslagerungsentscheidungen,** wobei als Motive für die Verselbstständigung von Verwaltungseinheiten[460] vor allem die Folgenden genannt werden:
– Vermeidung parteipolitischer Einflüsse,
– Verminderung der Nachteile großer Organisationen,
– Gewinnung externen Sachverstandes,
– organisatorische Einbeziehung von Laien oder Konsumenten,
– Gewährleistung der wirtschaftlichen Wettbewerbsfähigkeit,
– Steigerung der Wirtschaftlichkeit der Aufgabenerfüllung,
– größere Anpassungsfähigkeit,
– historische Entwicklungen.

---

[457] BTDrucks 11/6745 v. 21. 3. 1990.
[458] Vgl. *Schuppert*, Verfassungsrecht und Verwaltungsorganisation (Fn. 25), S. 581 ff.
[459] *Loeser,* Wahl (Fn. 435), S. 5 f.; *ders.,* Bundesverwaltung durch privatrechtlich organisierte Bundesunternehmen, ZögU 1978, S. 1 ff.
[460] Vgl. *Hood/Schuppert,* Verwaltungseinheiten (Fn. 178); *Müller*, Rechtsformenwahl (Fn. 436).

b) Organisationsentscheidungen im Bereich der Hochschulmedizin

199 Als wahre Fundgrube für die Ermittlung von Kriterien bei Organisationswahlentscheidungen erweisen sich die Überlegungen der immer wieder eingesetzten **Expertenkommissionen** zur Strukturreform der Hochschulmedizin,[461] wobei hier das Beispiel Berlins in den Blick genommen werden soll.

200 Wie ein Lehrbuch für „institutional choice"-Entscheidungen lesen sich insbesondere die Ausführungen der Expertenrunde des Wissenschaftsrates, der als Grundlage für die Empfehlungen zur Reorganisation der Berliner Hochschulmedizin drei in verschiedenen Bundesländern – Schleswig-Holstein, Hamburg, Niedersachsen – praktizierte Reformmodelle untersuchte und dabei die Schlüsselkriterien für die Bewertung des jeweiligen Modells offen legte.

201 Bei dem Schleswig-Holsteinischen Modell, bei dem es um die Verklammerung der als Fakultäten und Klinikstandorten fortbestehenden Klinika Kiel und Lübeck durch einen so genannten Gemeinsamen Ausschuss ging, sah das Expertenteam des Wissenschaftsrates die folgenden Kriterien als besonders wichtig an:[462]
– „Erhalt des wissenschaftlichen Profils der Universitäten.
– Erhalt der Vernetzungen der Fakultäten an den Standorten.
– Realisierung von Wirtschaftlichkeitspotentialen (z.B. in Verwaltung, Einkauf).
– Fusion sekundärer Dienstleistungen im Bereich der Krankenversorgung.
– Erhöhung der Kompatibilität der technischen Infrastrukturen (z.B. EDV).
– Erleichterte Abstimmung medizinischer Schwerpunkte.
– Stärkere Stellung der Universitätsmedizin gegenüber Mitbewerbern in der Krankenversorgung.
– Stärkere Stellung des fusionierten und rechtlich verselbstständigten Klinikums gegenüber den getrennten (eher geschwächten) Fakultäten."

202 Für das Hamburger Modell eines Universitätsklinikums Hamburg-Eppendorf (UKE) als rechtsfähiger **Teilkörperschaft der Universität Hamburg** hielt die Expertengruppe die folgenden Charakteristika für besonders bewertungsrelevant:[463]
– „Keine Trennung von Fakultät und Klinikum,
– Klare Konfliktfall-Regelmechanismen,
– Klare personal- und dienstrechtliche Zuordnungen,
– Reduktion von Kapazitäten leichter möglich,
– Erhalt wichtiger Vernetzungen in der Universität,
– Immatrikulation der Studierenden in der Gliedkörperschaft."

203 Für das Strukturmodell der Medizinischen Hochschule Hannover (MHH) schließlich wurden die folgenden Aspekte als bei der Bewertung der Organisation besonders wichtig angesehen:[464]
– „Keine rechtliche Trennung von Forschung, Lehre und Krankenversorgung,
– Klare personal- und dienstrechtliche Zuordnungen,
– Schlanke Entscheidungsgremien,

---

[461] Strukturreform in der Berliner Hochschulmedizin, Empfehlungen der vom Berliner Senat eingesetzten Expertenkommission vom 14. Oktober 2002, Stellungnahme des *Wissenschaftsrates* zu Strukturreformen in der Berliner Hochschulmedizin vom 16. 1. 2003.
[462] *Wissenschaftsrat* (Fn. 461), S. 19.
[463] *Wissenschaftsrat* (Fn. 461), S. 21.
[464] *Wissenschaftsrat* (Fn. 461), S. 24.

- Umsetzung von medizinischen Reformen zügig möglich,
- Prüfung der Beschlüsse der MHH im Hochschulrat."

c) Verwaltungsmodell-Entscheidungen

aa) Landeseigener Gesetzesvollzug, Bundesauftrags- oder Bundeseigenverwaltung

204 Ein besonders lehrreiches Beispiel für „institutional choice" stellt die Ende der fünfziger Jahre zu entscheidende Frage dar, in welcher Verwaltungsform die Sachaufgabe „friedliche Nutzung der Kernenergie" bewältigt werden sollte, genauer: Welches Verwaltungsmodell für die Ausführung des Atomgesetzes am besten geeignet wäre, also der Regeltyp der landeseigenen Verwaltung, der eindeutige Sonderfall der Bundeseigenverwaltung oder das irgendwie dazwischen liegende Verwaltungsmodell der Bundesauftragsverwaltung.[465] Da es sich hierbei um den seltenen Fall einer neuen Verwaltungsaufgabe handelte und verfassungsrechtliche Vorgaben des Grundgesetzes nicht bestanden, hatte der Gesetzgeber sozusagen die „freie Auswahl", von der er in der Weise Gebrauch machte, dass er durch die Einfügung von Art. 87c GG[466] die Option der Bundesauftragsverwaltung eröffnete, von der das AtG in seinem § 24 den entsprechenden Gebrauch machte.

205 Die Bundesregierung hatte in der zweiten Wahlperiode ihre Favorisierung des Verwaltungsmodells der Bundesauftragsverwaltung in fast lehrbuchartiger Weise wie folgt begründet:[467]

„Für die Ausführung des künftigen Atomgesetzes kommen drei Möglichkeiten in Betracht:
1. Ausführung des Gesetzes als eigene Angelegenheit der Länder (Art. 83 GG),
2. Ausführung des Gesetzes durch eine Bundesoberbehörde oder bundesunmittelbare Anstalt des öffentlichen Rechts (Art. 86 Abs. 3 GG) oder
3. Ausführung durch die Länder im Auftrage des Bundes.

Damit die der Bundesrepublik obliegenden internationalen Verpflichtungen eingehalten sowie die Rechts- und Wirtschaftseinheit im Bundesgebiet gewahrt werden können, genügt es für den Bund nicht, nur die Gesetzmäßigkeit der Verwaltung zu überwachen, sondern es ist für ihn erforderlich, einen einheitlichen Gesetzesvollzug sicherzustellen. Damit scheidet die unter Nr. 1 genannte Möglichkeit der Gesetzesausführung aus der weiteren Erörterung aus. Als echte Alternativen stehen sich demnach nur die unter Nr. 2 und 3 genannten Arten der Gesetzesausführung gegenüber. Nach Abwägung aller Umstände wird vorgeschlagen, wichtige Verwaltungsaufgaben nach dem künftigen Atomgesetz den Ländern als Bundesauftragsverwaltung anzuvertrauen. Diese Lösung wird dem föderalen Aufbau der Bundesrepublik und praktischen Bedürfnissen am meisten gerecht."

206 Der Rechtsausschuss hielt es aus folgenden Erwägungen für sachgerecht, im Kernenergierecht die Bundesauftragsverwaltung zu ermöglichen:[468]

---

[465] Ausführlich dazu *Christian Heitsch*, Die Ausführung der Bundesgesetze durch die Länder, 2001, S. 297 ff.
[466] Eingefügt durch G v. 23. 12. 1959, BGBl I, S. 813.
[467] BTDrucks 2/3026, S. 18.
[468] BTDrucks 2/3416, S. 1 f.

„Für die Atomverwaltung stellte sich die Frage, ob sie als bundeseigene oder als Länderverwaltung geführt werden solle. Für die Länderkompetenz sprach die Erwägung, daß die Genehmigung von Atomanlagen mit den von den Ländern verwalteten Gebieten der Bau- und Gewerbepolizei, des Wasserrechts, des Landschaftsschutzes und der Landesplanung so eng verknüpft ist, daß die Herauslösung der Atomfragen aus der Länderverwaltung die sachgemäße Bearbeitung der einschlägigen Fragen außerordentlich erschwert hätte. Andererseits muß der Bund darauf dringen, diese Aufgaben den Ländern nur als Auftragsangelegenheiten zuzuweisen, da die europäische Atomgemeinschaft den Bund mit der Verantwortung für die Erfüllung der dort übernommenen Pflichten belastet und es deshalb angemessen erscheint, ihm durch die gewählte Form der Auftragsverwaltung die Möglichkeit einer stärkeren Einwirkung auf die Länder einzuräumen."

Zusammenfassend kann man mit *Christian Heitsch* die folgenden vier Gründe dafür festhalten, im Bereich des Kernenergierechts die Bundesauftragsverwaltung zuzulassen:[469] **207**

– „Zweckmäßigkeitsaufsicht und Weisungsrecht können sicherstellen, daß die Bundesrepublik ihre supranationalen und **internationalen Verpflichtungen** auf dem Gebiet der Kernenergie erfüllt;
– Zweckmäßigkeitsaufsicht und Befugnis, allgemeine Weisungen zu erteilen, ermöglichen die wegen der **Gefährlichkeit** und überörtlichen Bedeutung der Verwendung von Kernenergie nötige zentrale Steuerung des Verwaltungsvollzugs;
– da die Erteilung atomrechtlicher Anlagengenehmigungen mit landeseigenen Verwaltungsbereichen in engem Zusammenhang steht, ist diese Vollzugsaufgabe den Ländern zu belassen und nicht in bundeseigener Verwaltung durchzuführen;
– die völlige Neuheit der Verwaltungsaufgabe erfordert eine **zentrale Steuerung** des Gesetzesvollzugs."

bb) Schrumpfung des Auswahlermessens durch ein Verständnis von Art. 87c GG als abschließende Spezialregelung?

Wie soeben geschildert, war die Auswahlsituation des auf der Suche nach der angemessenen Verwaltungsform für das Atomrecht befindlichen Gesetzgebers dadurch gekennzeichnet, dass er sozusagen die „freie Auswahl" hatte – jedenfalls im vorgegebenen Rahmen der drei Verwaltungstypen landeseigene Verwaltung, Bundesauftragsverwaltung, bundeseigene Verwaltung. Die verfassungsrechtlich interessante Frage ist nun die, ob mit der Option für eine fakultative Bundesauftragsverwaltung die Auswahloption für eine bundeseigene Verwaltung in Gestalt einer Bundesoberbehörde gemäß Art. 87 III GG nunmehr verschlossen ist oder nicht. Es könnte sich also – je nachdem, wie man den Regelungsgehalt von Art. 87c GG versteht – um eine verfassungsrechtliche Verengung der für einen änderungswilligen Gesetzgeber zur Verfügung stehenden **Auswahloptionen** handeln, eine Verengung, die man in Anklang an den verwaltungsrechtlichen Sprachgebrauch von der Ermessensschrumpfung auf Null[470] **208**

---
[469] *Heitsch*, Ausführung der Bundesgesetze (Fn. 465), S. 300.
[470] Zur Ermessenslehre aus verwaltungswissenschaftlicher Perspektive siehe *Schuppert*, Verwaltungswissenschaft, S. 523 ff.

als Schrumpfung des Auswahlermessens im verwaltungsorganisatorischen Auswahlprozess bezeichnen könnte.

209 Dass der verfassungsändernde Gesetzgeber mit der Einführung des Art. 87c GG in der Tat die rechtlichen Rahmenbedingungen einer „institutional choice"-Situation in einem noch zu klärenden Umfang verändert, ist von *Hans-Detlef Horn* gewissermaßen unter Aufgreifen der Auswahl-Begrifflichkeit wie folgt formuliert worden:[471] „Indem die Vorschrift die Form der Auftragsverwaltung anbietet, verschafft sie dem Adressaten wohl die Freiheit der Wahl. Doch diese **Wahlfreiheit** hat allein zum Inhalt, für oder gegen die Auftragsverwaltung zu entscheiden, mithin im Sachbereich des Art. 87c über Sein oder Nicht-Sein von Auftragsverwaltung zu beschließen. Was an die Stelle tritt, wenn die Entscheidung negativ ausfällt, liegt außerhalb der Norm, die die positive Entscheidung erlaubt. Neben der Regel des landeseigenen Vollzugs kommt auch die Ausnahme der Bundesverwaltung nach Art. 87 Abs. 3 in Betracht." Wie aus diesem letzten Satz hervorgeht, gehört *Horn* zu denjenigen, die Art. 87c GG **keine Sperrwirkung** in Richtung auf die Einführung einer bundeseigenen Verwaltung im Atomrecht zumessen; der Bundesgesetzgeber sei „nicht auf die Wahl zwischen Bundesauftrags- und Landeseigenverwaltung festgelegt", sondern verfüge nach wie vor über alle drei Auswahloptionen.

210 Dieser Position stehen andere Stimmen gegenüber, die ganz dezidiert die Auffassung vertreten, Art. 87c GG lege für den Bereich des Atomrechts speziell und abschließend fest, dass der Bund insoweit nur noch die Wahl zwischen Bundesauftragsverwaltung oder Ländereigenverwaltung habe,[472] die Option für die Bundeseigenverwaltung also nicht mehr zur Verfügung stehe; ganz besonders dezidiert hat sich in diesem Sinne *Georg Hermes* geäußert, der dazu Folgendes ausführt:[473]

„Art. 87c GG ist entgegen diesen zuletzt erwähnten Ansichten […] in vollem Umfang als lex specialis gegenüber Art. 87 III GG anzusehen. […] Mit der Einfügung des Art. 87c GG hat der verfassungsändernde Gesetzgeber abschließend über das Maß an Zentralität und die dem Bund zukommenden Einflussmöglichkeiten in der Kernenergieverwaltung entschieden."

211 Wer in der Sache Recht hat, ist hier nicht zu entscheiden. Das Beispiel ist nur deshalb instruktiv, weil es sich hier um den nicht eben häufigen Fall einer verfassungsrechtlichen Verengung eines gesetzgeberischen Auswahlspielraums handelt.

Leitentscheidungen

BVerfGE 35, 79 – Hochschulurteil (Anforderungen an die Binnenorganisation von wissenschaftlichen Hochschulen).
BVerfGE 93, 37 – Personalvertretung (Ausübung von Staatgewalt nur durch unmittelbar demokratisch legitimierte Amtswalter).
BVerfGE 107, 59 – Wasserverbände (Anforderungen an die demokratische Legitimation funktionaler Selbstverwaltung).

---

[471] *Horn*, in: v. Mangoldt/Klein/Starck, GG III, Art. 87c Rn. 10.
[472] So zuletzt *Tobias Leidinger/Tilman Zimmer*, Die Überführung der Bundesauftragsverwaltung im Atomrecht in Bundeseigenverwaltung – Verfassungsrechtliche Rahmenbedingungen und Grenzen, DVBl 2004, S. 1005 ff.
[473] *Hermes*, in: Dreier (Hrsg.), GG III, Art. 87c Rn. 20.

Ausgewählte Literatur

Dreier, Horst, Hierarchische Verwaltung im demokratischen Staat, Tübingen 1991.
Groß, Thomas, Das Kollegialprinzip in der Verwaltungsorganisation, Tübingen 1999.
Hermes, Georg, Staatliche Infrastrukturverantwortung, Tübingen 1998.
Scharpf, Fritz W., Interaktionsformen. Akteurszentrierter Institutionalismus in der Politikforschung, Opladen 2000.
Schuppert, Gunnar Folke (Hrsg.), Governance-Forschung. Vergewisserung über Stand und Entwicklungslinien, Baden-Baden 2005.

Fünfter Teil

Normative Steuerung des Verwaltungshandelns

§ 17 Rechtsquellen und Rechtsschichten des Verwaltungsrechts

Matthias Ruffert

Übersicht

	Rn.
A. Rechtsquellen des Verwaltungsrechts	1
I. Ausgangspunkt: Die tradierte Rechtsquellenlehre	1
II. Die Notwendigkeit einer Neukonzeption der Rechtsquellenlehre	8
1. Die Integration des Europarechts	8
2. Völkerrechtliche Implikationen	12
3. Die Außenwirkung von Innenrecht	15
4. Die Integration privater Rechtsetzungsakte	18
5. Verwaltungsrecht ohne Staat?	21
III. Die Rechtsquellenlehre aus steuerungswissenschaftlicher Sicht	23
1. Grundbegriffe der Rechtsquellenlehre und Funktionen der Rechtsquellen	23
2. Vernetzung der Rechtsschichten	26
IV. Einzelne Rechtsquellen	30
1. Primäres und sekundäres Unionsrecht	30
a) Primärrecht als Element des Verfassungsrechts im europäischen Verfassungsverbund	30
b) Sekundärrecht	33
c) Reform und Hierarchisierung	39
2. Völkerrecht	40
3. Verfassungsrecht	48
a) „Verwaltungsrecht als konkretisiertes Verfassungsrecht"	48
b) Prägung des Verwaltungsrechts durch die Grundrechte	51
c) Verfassungsrecht als Basis allgemeiner Rechtsgrundsätze	53
d) Verfassungsrecht im Verfassungsverbund	54
4. Parlamentarische Gesetze	55
5. Selbstgesetztes Recht der Exekutive	58
a) Vorbemerkung	58
b) Verordnungsrecht	60
c) Satzungen	64
d) Verwaltungsvorschriften	67

	Rn.
e) „Soft law" im Verwaltungsrecht	79
f) Sonderverordnungen?	80
g) Exekutivrechtsetzung im Europarecht	81
6. Privat gesetztes, administrativ anerkanntes Recht	85
a) Vorbemerkung	85
b) Privatverbandliche Standardsetzung	86
aa) Institutioneller Rahmen	86
bb) Anerkennungsmodi	89
c) Halbstaatliche Standardsetzung	92
d) Mechanismen der Legitimationssicherung	93
7. Allgemeine Rechtsgrundsätze, Richterrecht und Gewohnheitsrecht	94
a) Ungeschriebene Normen im Verwaltungsrecht	94
b) Allgemeine Rechtsgrundsätze	95
aa) Funktion und Herkunft	95
bb) Anerkannte allgemeine Rechtsgrundsätze	100
cc) Allgemeine Rechtsgrundsätze aus steuerungswissenschaftlicher Sicht	107
c) Richterrecht	109
d) Gewohnheitsrecht	111
V. Geltungsbereich und Geltungsbedingungen von Rechtsquellen	112
1. Zeitlicher Geltungsbereich	112
2. Räumlicher Geltungsbereich	115
3. Persönlicher Geltungsbereich	116
4. Geltungsbedingungen	117
B. Das Verhältnis des inter-, trans- und supranationalen Rechts zum nationalen Recht	121
I. Die zentrale Position des EU-Rechts	121
1. Der Anwendungsvorrang des EU-Rechts	121

§ 17 Rechtsquellen und Rechtsschichten des Verwaltungsrechts

	Rn.
2. Die unmittelbare Wirkung des EU-Rechts	125
3. Die Bedeutung speziell der EU-Richtlinien für das Verwaltungsrecht	128
a) Richtlinien im Verwaltungsrecht	128
b) Richtlinienumsetzung im Verwaltungsrecht	131
c) Unmittelbare Wirkung von Richtlinien	135
d) Richtlinienkonforme Auslegung im Verwaltungsrecht	139
e) Perspektiven des Richtlinienrechts	140
4. Die Einordnung des transnationalen Verwaltungshandelns im EU-Rahmen	141
II. Die Bedeutung der EMRK für das Verwaltungsrecht	143
III. Probleme des internationalen Verwaltungsrechts	149
1. Verwaltungsrecht als Recht Internationaler Organisationen	149
a) Die verwaltungsrechtlichen Funktionen Internationaler Organisationen	149
b) Von den Internationalen Organisationen zur transnationalen Verwaltungskooperation	153
c) Verwaltungsrecht und global governance	154
d) Probleme der Legitimität des Rechts	157
2. Insbesondere: Verwaltungsrecht der WTO	158
a) Verrechtlichung des Welthandels als Innovationsschub im und aus dem Völkerrecht	158
b) Charakteristika und Bauelemente der WTO	160
aa) Vertragswerk und institutionelle Struktur	160
bb) Materiellrechtliche Prinzipien	162
cc) Verrechtlichung durch Streitbeilegung	163
c) Wirkungsbedingungen des WTO-Rechts als Verwaltungsrecht	164
aa) Anwendbarkeit im internen Rechts- und Verwaltungsraum	164
bb) Einzelne Referenzgebiete	165
3. Internationales Verwaltungsrecht: Vom Kollisionsrecht zum Kooperationsrecht	169
C. Stufungen und Vernetzungen der Rechtsordnungen als Innovations- und Reformfaktor	171
I. Die Distanz des internationalen Rechts zur nationalen Rechtsordnung	171
II. Nationale Reformwiderstände gegen inter-, supra- und transnationale Impulse	173
III. Wandel des Verfassungsrechts als Anlass für Anpassungen des einfachen Rechts	175

Ausgewählte Literatur

A. Rechtsquellen des Verwaltungsrechts

I. Ausgangspunkt: Die tradierte Rechtsquellenlehre

Im Zentrum der tradierten Rechtsquellenlehre steht die Suche nach dem im Einzelfall durch die Verwaltung anwendbaren Recht.[1] Weil die Frage nach den Grundlagen der Rechtsfindung nur bedingt verwaltungsrechtsspezifisch gestellt wird, kommt es bereits auf theoretisch-abstrakter Ebene zu Unzulänglichkeiten und Brüchen. Aus der **Rechtstheorie** wird die **Dreiteilung nach Rechtserzeugungsquellen, Rechtswertungsquellen und Rechtserkenntnisquellen** rezipiert, wobei Rechtserzeugungsquellen die außerrechtlichen Entstehungsbedingungen des Rechts vom Wirtschaftssystem über die Religion bis hin zum Klima beschreiben, mit Rechtswertungsquellen die zentralen Maßstäbe einer Rechtsordnung wie Gerechtigkeit, Rechtssicherheit, Vernunft gemeint sind und Rechtserkenntnisquellen die „Rechtsquellen im engeren Sinne" bestimmen.[2] Die Dreiteilung wird allenthalben – teilweise kritisch – referiert; für das Verwaltungsrecht erschöpft sie sich im Verweis auf die enumerative Erfassung der „Rechtsquellen im engeren Sinne".[3] Allein die Erkenntnis einer Pluralität von Rechtsquellen, verstanden als Mannigfaltigkeit von Rechtsnormen, die von der Verwaltung angewandt werden und die sie binden, kann hieran anknüpfen.[4]

Ähnlich gering ist der Ertrag aus dem gängigen Rekurs auf den von *Alf Ross* 1929 begründeten Rechtsquellenbegriff als **„Erkenntnisgrund für etwas als Recht"**[5]. Fast nie wird seine theoretische Basis problematisiert[6] – geschweige denn die Definition in der Praxis verwendet.[7] Dies verdeutlicht, dass eine meta-

---

[1] Zur Dichotomie von Rechtsetzung und -anwendung, die der überkommenen Lehre zugrunde liegt, *Armin v. Bogdandy,* Gubernative Rechtsetzung, 2000, S. 156.

[2] Ausgehend von *Peter Liver,* Der Begriff der Rechtsquelle, in: FG der Rechts- und Wirtschaftswissenschaftlichen Fakultät der Universität Bern für den Schweizerischen Juristenverein, 1955, S. 1 (3 ff.); später *Ulrich Meyer-Cording,* Die Rechtsnormen, 1971, S. 49 ff.; *Christian F. Menger,* Die Allgemeinen Grundsätze des Verwaltungsrechts als Rechtsquelle, in: FS Walter Bogs, 1967, S. 89 (90 f.); *Paul Kirchhof,* Rechtsquellen und Grundgesetz, in: FG 25 Jahre BVerfG II, 1976, S. 50 (53 f.); *Fritz Ossenbühl,* Gesetz und Recht – Die Rechtsquellen im demokratischen Rechtsstaat, in: HStR V, § 100 Rn. 1–3; *Detlef Merten,* Das System der Rechtsquellen (I), Jura 1981, S. 169 ff.
S. auch die Unterscheidung soziologischer und juristischer Rechtsquellen bei *Klaus F. Röhl/Hans C. Röhl,* Allgemeine Rechtslehre, 3. Aufl. 2008, S. 519 f.

[3] Enumeration nach funktionalen Gesichtspunkten bei *Peter J. Tettinger,* Normtypen im deutschen Verwaltungsrecht, DV, Bd. 22 (1989), S. 291 (293 ff.). In der Rechtstheorie ist von formellen Rechtsquellen die Rede: *Aleksander Peczenik,* Sources of Law, in: FS Werner Krawietz, 1993, S. 75 ff.

[4] Schon die „klassische" Lehrbuchliteratur geht ähnlich vor: *Mayer,* VerwR, § 8 (S. 81 ff.); *Jellinek,* VerwR, S. 116 ff.; *Forsthoff,* VerwR, S. 123 ff.
Die machtbegrenzende Funktion eines Typenkanons von Rechtsquellen (zu ihr *v. Bogdandy,* Rechtsetzung [Fn. 1], S. 228) ist eher von historischem Wert.

[5] *Alf Ross,* Theorie der Rechtsquellen, 1929, S. 291 f. – aufgegriffen etwa bei *Dirk Ehlers,* Rechtsquellen und Rechtsnormen der Verwaltung, in: Erichsen/ders. (Hrsg.), VerwR, § 2 Rn. 6; *Maurer,* VerwR, § 4 Rn. 3.

[6] Ausnahme: *Jeong H. Park,* Rechtsfindung im Verwaltungsrecht, 1999, S. 138 f., sowie *Markus Kaltenborn,* Gibt es einen Numerus Clausus der Rechtsquellen?, Rechtstheorie, Bd. 34 (2003), S. 459 (459–463). Entscheidend für das Verständnis *Ross'* dürfte seine Auseinandersetzung mit dem Kelsenianischen System sein: *Ross,* Rechtsquellen (Fn. 5), S. 308 ff.

[7] Eine tragfähige Definition der Rechtsquelle hätte etwa die Urteilsbegründung im Streit um die öffentlich-rechtliche Rechtsnatur des Mietspiegels erheblich verkürzt: BVerwGE 100, 262.

juristische Theorie nicht ohne weitere Vermittlungsschritte auf das konkrete Normensystem des Verwaltungsrechts heruntergebrochen werden kann. Dies gilt auch für den Gedanken eines „Allgemeinen Teils des Rechts", in dem wesentliche Ausprägungen der Rechtsidee für alle Bereiche der Rechtsordnung verwurzelt sein sollen.[8]

3   Allgemein ist die tradierte Rechtsquellenlehre – vom Privatrecht kommend – stark auf das ungeschriebene Recht fixiert.[9] Das ist für eine Verwaltungsrechtslehre wenig hilfreich, die mit Übernormierungsphänomenen[10] zu kämpfen hat. Die Fülle der Normkomplexe geschriebenen Rechts wird ohne plausible theoretische Verbindung an die hochabstrakten Begriffsbestimmungen angekoppelt. Die **Problematik der Übernormierung** selbst findet in der Rechtsquellenlehre kaum einen Platz.[11] Für bedeutsame, allenfalls partiell kodifizierte allgemeine Rechtsgrundsätze fehlt es wiederum häufig am Konsens über den Geltungsgrund.[12]

4   Das Gesetz als zentrale geschriebene Rechtsquelle rückt so an den Rand der Betrachtung. Nur damit ist es zu erklären, dass überkommene Vorstellungen über das Gesetz aus spätkonstitutioneller Zeit noch heute fortwirken und Weiterentwicklungen des Gesetzesbegriffs im modernen Verwaltungsrecht hemmen.[13] Indem die Rechtsquellenlehre üblicherweise getrennt von den Handlungsformen der Verwaltung präsentiert wird, bleibt auch die Rechtsetzung als Handlungsform der Verwaltung theoretisch unterbelichtet – von der Gesetzesvorbereitung durch die Exekutive über den Erlass von Verordnungen und Satzungen bis hin zur Feinsteuerung durch Verwaltungsvorschriften.[14] Die teilweise hohe Dichte der Untersuchung der Einzelquellen mündet nicht in ein theoretisches Gesamtkonzept, das auch die *aktive* **Rolle der Verwaltung im Rechtsetzungsprozess** einbezieht.[15] Stets soll es in der Rechtsquellenlehre des Verwaltungsrechts nur um die Bindungen der Verwaltung an Rechtsnormen gehen, allenfalls noch um Freiräume innerhalb der Bindungen (Ermessen, Beurtei-

---

[8] Dass die anspruchsvolle und in ihren ethischen Grundlagen überzeugende Lehre *Hans J. Wolffs* (Rechtsgrundsätze und verfassunggestaltende Grundentscheidungen als Rechtsquellen, in: GS Walter Jellinek, 1955, S. 33 ff.), die auf die Rechtsfindung aus rechtsordnungsübergreifenden Fundamentalprinzipien abstellt, sich nicht durchgesetzt hat (s. aber *Park*, Rechtsfindung [Fn. 6], S. 184 ff.; *Menger*, Grundsätze [Fn. 2], S. 92 ff.), liegt im „Verdienst des Grundgesetzes, Positivität und Rechtswert weitgehend zur Deckung gebracht zu haben" (Feststellung bei *Kirchhof*, Rechtsquellen [Fn. 2], S. 61, ohne Bezugnahme auf *Wolff*).

[9] Siehe nur *Liver*, Rechtsquelle (Fn. 2), S. 23 ff.

[10] → Bd. I *Reimer* § 9 Rn. 98 ff.

[11] Siehe aber *Ossenbühl*, Gesetz und Recht (Fn. 2), § 100 Rn. 77 f., der das Phänomen als „schicksalhafte Begleiterscheinung des Sozialstaates im Zeitalter der Industriegesellschaft" (Rn. 78) versteht.

[12] Dies gerät in Bezug auf die Maxime der Abwägung für *Matthias Jestaedt*, Rechtsprechung und Rechtsetzung – eine deutsche Perspektive, in: Wilfried Erbguth/Johannes Masing (Hrsg.), Die Bedeutung der Rechtsprechung im System der Rechtsquellen: Europarecht und nationales Recht, 2005, S. 25 (44) „[…] in die Nähe eines methodologischen Offenbarungseides".

[13] Vgl. *Ehlers*, Rechtsquellen und Rechtsnormen (Fn. 5), § 2 Rn. 35. Zu den heutigen Funktionen des Parlamentsgesetzes → Bd. I *Schmidt-Aßmann* § 5 Rn. 63 ff., *Reimer* § 9 Rn. 1 ff.

[14] Ausführlich → Bd. II *Hill* § 34 Rn. 37 ff.; zur exekutiven Gesetzesvorbereitung → Bd. I *Franzius* § 4 Rn. 103 a ff.

[15] Statt vieler treffend *Schmidt-Aßmann*, Ordnungsidee, 6. Kap. Rn. 87. S. aber *Maurer*, VerwR, § 4 Rn. 4. Die Pluralität der Quellen soll nach *Niklas Luhmann*, Die juristische Rechtsquellenlehre aus soziologischer Sicht, in: FS René König, 1973, S. 387 (390 f., 396), die Freiheit und damit Innovationsfähigkeit des Entscheiders steigern.

A. Rechtsquellen des Verwaltungsrechts

lungsspielraum),[16] nicht die Problematik der Rechtsgewinnung auf der jeweiligen Rechtsetzungsebene. Vernetzungen zwischen den Ebenen bleiben in dieser Sichtweise außen vor.

Verbunden mit den Schwierigkeiten der verwaltungsrechtlichen Rechtsquellenlehre ist die Suche nach einem dem Rechtsgebiet angemessenen Rechtsnormbegriff. Immerhin besteht Konsens sowohl über die Komplexität der Begriffsbestimmung[17] als auch über die Unzulänglichkeit der spätkonstitutionellen Anknüpfung an Eingriffe in Freiheit und Eigentum.[18] Darüber hinaus bleibt es bei der Aufzählung der Kategorienvielfalt für die Verwaltung rechtsverbindlicher Normsätze. Die Rechtsnorm bezeichne den Inhalt des Rechts, die Rechtsquelle die Form des rechtswirksamen Inhalts.[19] Letztlich ist diese anwendungsorientierte Perspektive auf den privatrechtlichen Rechtsatzbegriff zurückzuführen. Die leitende Fragestellung bleibt diejenige nach der konfliktentscheidenden Norm, ihrer Interpretation und Anwendung im Einzelfall.[20] Der seit langem erkannte **politische Charakter von Normen des öffentlichen Rechts**[21] kann auf diese Weise kaum zur Geltung kommen. Schon das Bild der „Quelle" suggeriert in diesem Zusammenhang einen Ursprung des Rechts jenseits der Politik.[22]

Über weite Strecken mutete die Behandlung des inter- oder supranationalen Rechts fast grotesk an. Lange vorüber sind jedenfalls die Zeiten, in denen Völker- und Europarecht als „fremdes Recht" zur eigentlichen Rechtsquellenlehre in Beziehung gesetzt wurden,[23] und nur noch wenige Gesamtdarstellungen des Verwaltungsrechts kommen ohne eine Silbe Europarecht aus.[24] Mehr und mehr setzt sich das Bewusstsein um die Bedeutung unionaler Normsetzung für das innerstaatliche Verwaltungsrecht durch, nicht nur, weil die seinerzeit von *Jacques Delors* geschickt kolportierte,[25] jedoch schwer verifizierbare Einschätzung, 80% des mitgliedstaatlichen Rechts sei gemeinschaftsrechtlichen (nunmehr: unionsrechtlichen) Ursprungs, zu den Gemeinplätzen der neueren Rechtsquellenlehre gehört.[26] Erst in jüngerer Zeit führt das inter- und supranationale Recht nicht

---

[16] Deutlich *Park*, Rechtsfindung (Fn. 6), S. 21, 32 ff., 57 ff.
[17] Siehe nur *Ehlers*, Rechtsquellen und Rechtsnormen (Fn. 5), § 2 Rn. 7.
[18] Siehe wiederum *Ehlers*, Rechtsquellen und Rechtsnormen (Fn. 5), § 2 Rn. 35.
[19] *Maurer*, VerwR, § 4 Rn. 4.
[20] *Henning v. Olshausen*, Die (Rechts-)Quellen des Verwaltungsrechts, JA 1983, S. 177 (177); *Meyer-Cording*, Rechtsnormen (Fn. 2), S. 17 ff., 36 f. S. auch *Ralf Dreier*, Probleme der Rechtsquellenlehre, in: FS Hans J. Wolff, 1973, S. 3 (4 f.).
[21] Siehe nur *Ernst-Wolfgang Böckenförde*, Gesetz und gesetzgebende Gewalt, 2. Aufl. 1981, S. 335.
[22] So *v. Bogdandy*, Rechtsetzung (Fn. 1), S. 157 f. Positiver die Bewertung bei *Meyer-Cording*, Rechtsnormen (Fn. 2), S. 50 („sympathisches Bild der Quelle"); *Kirchhof*, Rechtsquellen (Fn. 2), S. 53 („eindrucksvolles Sprachbild für das Entstehen von Recht"); *Udo Di Fabio*, Verlust der Steuerungskraft klassischer Rechtsquellen, NZS 1998, S. 449 (449: Der Begriff „[…] steht für reinen Ursprung, sprudelndes Leben und stete Bewegung.").
[23] Etwa bei *v. Olshausen*, Quellen (Fn. 20), S. 182 f. (trotz des Hinweises auf die Bedeutung des Europarechts S. 183 linke Sp.). Ähnlich auch *Detlef Merten*, Das System der Rechtsquellen (II), Jura 1981, S. 236 (245 ff.), der Völker-, Europa- und Besatzungsrecht zusammenfasst.
[24] *Faber*, VerwR; *Volkmar Götz*, Allgemeines Verwaltungsrecht, 4. Aufl. 1997; *Loeser*, System.
[25] Rede im Europäischen Parlament am 4. 7. 1988, Bull.EG 1988 Nr. 7/8, S. 122 (124).
[26] Und hat sogar durch die Erwähnung im Lissabon-Urteil Eingang in die Rspr. des BVerfG gefunden: BVerfGE 123, 267 (406). S. in diesem Kontext *Tilman Hoppe*, Die Europäisierung der Gesetzgebung: Der 80-Prozent-Mythos lebt, EuZW 2009, S. 168 ff.; *Sven Hölscheidt/Tilman Hoppe*, Der Mythos vom „europäischen Impuls" in der deutschen Gesetzgebungsstatistik, ZParl 2010, 543 ff.

mehr durchgehend ein merkwürdiges Schattendasein in den Lehrbuchkapiteln zur Rechtsquellenlehre. Es verliert seinen Charakter als Fremdkörper. Das Völkerrecht taucht nicht mehr überall nur als Appendix zur Vervollständigung auf, und auch das Europäische Gemeinschaftsrecht/Unionsrecht wird nicht mehr nur an die Gesamtschau angehängt,[27] anstatt dort aufgeführt zu werden, wohin es nach seinem Anwendungsvorrang gehört: an der Spitze.[28] Immerhin gibt es im neueren Schrifttum Ansätze, das theoretisch beziehungslose Nebeneinander von innerstaatlichem Recht, Völker- und Europarecht durch der Rechtspraxis angemessene Modelle zu ersetzen. Zentral ist die Bereicherung des Konzepts der Rechtsquellen um das der Rechtsschichten, das der Rechtserzeugung auf verschiedenen Ebenen Rechnung trägt und auch Vernetzungen zwischen den Schichten in den Blick nimmt.[29]

7 Die **Notwendigkeit einer Neukonzeption der Rechtsquellenlehre** steht mithin schon bei kursorischer Betrachtung der gängig angebotenen rechtstheoretischen Konzepte außer Frage, wenn auch deren Überprüfung nicht in jedem Fall zu einer Totalverwerfung führen muss. Dies vorausgeschickt, geht im Folgenden dem Versuch eines Neuansatzes aus steuerungswissenschaftlicher Sicht[30] die Erörterung seiner Notwendigkeit und der an ihn gerichteten Anforderungen anhand von fünf Problemschwerpunkten voraus.[31] Der steuerungswissenschaftliche Neuansatz wird sodann auf die einzelnen Rechtsquellen[32] und ihre Geltungsgrundlagen[33] bezogen, bevor das Verhältnis der Rechtsschichten untereinander[34] in den Blick genommen wird.

II. Die Notwendigkeit einer Neukonzeption der Rechtsquellenlehre

1. Die Integration des Europarechts

8 Wenn auch das Europarecht noch nicht vollständig in die verwaltungsrechtliche Rechtsquellenlehre integriert ist, so muss die Erfassung der europarechtlichen Einwirkungen auf das Verwaltungsrecht für sich genommen als weitgehend abgeschlossen angesehen werden. Das Europarecht ist in der Verwaltungsrechtslehre „omnipräsent"[35] und wird nicht mehr als illegitime Intervention in gewachsene Strukturen abgelehnt. Dieser Zustand ist das Ergebnis einer mehrphasigen

---

[27] Siehe etwa noch die Darstellung bei *Fritz Ossenbühl*, Arten der Rechtsquellen, in: Erichsen/Ehlers (Hrsg.), VerwR, 12. Aufl. 2002, § 6 Rn. 92–100. S. nunmehr seit der 13. Aufl. in der Bearbeitung von *Dirk Ehlers*, Rechtsquellen und Rechtsnormen der Verwaltung, § 2 Rn. 18 ff.
[28] Zum Anwendungsvorrang → Rn. 121 ff. Kritisch zur hier vertretenen Sicht *Fritz Ossenbühl*, Grundlagen des Verwaltungsrechts, DV, Bd. 40 (2007), S. 125 (130), mit Blick auf den Vorrang des nationalen Verwaltungsrechts in der praktischen Anwendung sowie auf didaktische Gründe. Dagegen spricht, dass dieses praktisch angewandte nationale Verwaltungsrecht ohne seine supra- oder internationalen Wurzeln oftmals nicht verständlich (und deswegen auch kaum praktisch anwendbar) ist.
[29] Begrifflich *Wolfgang Hoffmann-Riem*, Strukturen des Europäischen Verwaltungsrechts – Perspektiven der Systembildung, in: Schmidt-Aßmann/ders. (Hrsg.), Strukturen, S. 317 (321 ff.).
[30] → Rn. 23 ff.
[31] → Rn. 8 ff.
[32] → Rn. 30 ff.
[33] → Rn. 112 ff.
[34] → Rn. 121 ff.
[35] *Friedrich Schoch*, Die Europäisierung des Allgemeinen Verwaltungsrechts, JZ 1995, S. 109 (109).

A. Rechtsquellen des Verwaltungsrechts

Entwicklung[36] von einzelnen Pionierleistungen in den 1960er Jahren bis hin zur temporären thematischen Dominanz des Europäisierungsthemas im Verwaltungsrecht Mitte der 1990er Jahre.[37] Seitdem schreitet die schrittweise Strukturbildung nicht nur, aber vor allem in einer Reihe von Referenzgebieten (beispielsweise Umweltrecht, Telekommunikationsrecht, Energierecht, Vergaberecht) und unter partieller Fokussierung auf bestimmte Problemschwerpunkte voran[38] und mündet in die Verknüpfung mitgliedstaatlichen und europäischen Verwaltungsrechts im Europäischen Verwaltungsverbund.[39]

Das **Europarecht** selbst **kennt eine eigene Rechtsquellenlehre.** Wegen ihrer Defizite im systematischen Gehalt sah sie sich seit langem Reformansprüchen ausgesetzt. Diese sind durch die Vertragsrevisionen von Amsterdam und Nizza überhaupt nicht und durch den Vertrag von Lissabon[40] auf der Basis des Verfassungsentwurfs[41] ebenfalls nicht vollständig eingelöst worden.[42] Zentral ist weiterhin die Rangunterteilung nach Primär- und Sekundärrecht, doch sind auch nach dem Vertrag von Lissabon beim Sekundärrecht Normensystematik und Normenhierarchie weiterhin verbesserungsbedürftig, wenngleich die Fortschritte gegenüber den Vorgängerverträgen nicht geleugnet werden sollten.[43]

9

Neben die strikt unionsrechtliche Rechtsquellensystematik ist eine an der Verwaltung des Unionsraumes orientierte zweigliedrige und zweistufige Abschichtung getreten, die zunächst das **Europäische Verwaltungsrecht** vom mitgliedstaatlichen trennt.[44] Innerhalb des Europäischen Verwaltungsrechts kann sodann zwischen dem **Eigenverwaltungsrecht** der EU (auf die EU-Organe an-

10

---

[36] Zu dieser *Eberhard Schmidt-Aßmann*, Strukturen des Europäischen Verwaltungsrechts: Einleitende Problemskizze, in: ders./Hoffmann-Riem (Hrsg.), Strukturen, S. 9 (10 ff.); *Matthias Ruffert*, Die Europäisierung der Verwaltungsrechtslehre, DV, Bd. 36 (2003), S. 293 (293 ff.). – Zum offenen Konflikt Anfang der 1990er Jahre illustrativ *Manfred Zuleeg* und *Hans-Werner Rengeling*, Deutsches und europäisches Verwaltungsrecht – wechselseitige Einwirkungen, VVDStRL, Bd. 53 (1994), S. 154 ff. und S. 202 ff. (dort die These 31 von *Zuleeg* [S. 199] mit den Reaktionen von *Vogel* [S. 241] und *Starck* [S. 245 f.]).

[37] *Schmidt-Aßmann*, Strukturen: Einleitende Problemskizze (Fn. 36), S. 11 f.; *Ruffert*, Europäisierung (Fn. 36), S. 297 ff. S. nur die Schriften von *Michael Brenner*, Der Gestaltungsauftrag der Verwaltung in der Europäischen Union, 1996; *Thomas v. Danwitz*, Verwaltungsrechtliches System und europäische Integration, 1996; *Armin Hatje*, Die gemeinschaftsrechtliche Steuerung der Wirtschaftsverwaltung, 1998; *Stefan Kadelbach*, Allgemeines Verwaltungsrecht unter europäischem Einfluß, 1999.

[38] Zu diesen „Einbruchstellen" der Europäisierung *Ruffert*, Europäisierung (Fn. 36), S. 302 ff.; → Bd. I *Schmidt-Aßmann* § 5 Rn. 30 ff.

[39] Begriffsprägend *Eberhard Schmidt-Aßmann/Bettina Schöndorf-Haubold*, Der Europäische Verwaltungsverbund und die Rolle des Europäischen Verwaltungsrechts, in: dies. (Hrsg.), Europäischer Verwaltungsverbund, S. 1 ff. S. auch *Wolfgang Weiß*, Der Europäische Verwaltungsverbund, 2010, sowie im Überblick *Matthias Ruffert*, Von der Europäisierung des Verwaltungsrechts zum Europäischen Verwaltungsverbund, DÖV 2007, S. 761 ff.

[40] ABl. EU 2010, Nr. C 83, S. 1, in Kraft seit 1. 12. 2009. Mit dem Vertrag von Lissabon ist die Europäische Gemeinschaft (EG) auch sprachlich durch die einheitliche Europäische Union (EU) abgelöst worden.

[41] Erarbeitet auf der Basis des Konventsentwurfs (ABl. EU 2003, Nr. C 169, S. 1), unterzeichnet am 29. 10. 2004 (ABl. EU 2004, Nr. C 310, S. 1). Nach den gescheiterten Referenden in Frankreich und den Niederlanden im Mai/Juni 2005 wurde der Ratifikationsprozess abgebrochen.

[42] Zu den Reformbestrebungen und ihrer Verwirklichung *Matthias Ruffert*, in: Calliess/ders. (Hrsg.), EUV/AEUV, Art. 288 AEUV Rn. 2 ff.

[43] Ausführlich → Rn. 39, 81 ff.

[44] Grundlegend *Hans-Werner Rengeling*, Rechtsgrundsätze beim Verwaltungsvollzug des Europäischen Gemeinschaftsrechts, 1977, S. 9–11. Zum Folgenden s. auch *Matthias Ruffert*, Europäisierung des Verwaltungsrechts, in: IPE V, § 95 Rn. 3 ff.

wendbares Verwaltungsrecht)[45] und dem **Unionsverwaltungsrecht** (kraft Unionsrechts für die Mitgliedstaaten verbindliches Verwaltungsrecht) differenziert werden,[46] und die Differenzierung lässt sich noch verfeinern, wenn man auf Vor- und influenzierende Wirkungen des Unionsverwaltungsrechts abstellt.[47] Innerhalb des mitgliedstaatlichen Verwaltungsrechts wiederum stellt sich die Frage nach der Änderung des durch explizite unionsrechtliche Vorgaben nicht berührten Verwaltungsrechts.[48] Quer zu dieser Kategorisierung liegt das **Verwaltungskooperationsrecht**[49], das Elemente der beiden großen Kategorien vereinigt.[50]

11 Die verwaltungsrechtsspezifische Abschichtung zeichnet vor, was in der Rechtsquellenlehre des Verwaltungsrechts noch nicht vollständig geleistet ist: die Integration der europarechtlichen Schicht in das Verwaltungsrecht im Sinne eines Perspektivenwechsels.[51] Löst man sich von einer Sichtweise, die mitgliedstaatliches Verwaltungsrecht und Europarecht nebeneinander stellt und Anpassungsnotwendigkeiten konstatiert, und kommt man zu einer Wahrnehmung der vielfältigen Wechselwirkungen und Vernetzungen zwischen den Rechtsschichten, so ist es konsequent, die europarechtliche Rechtsquellensystematik nur zur Erfassung ihrer besonderen Wirkungsweise heranzuziehen,[52] ansonsten aber vom Verwaltungsrecht her zu denken und die Rechtsquellen des Europarechts in der verwaltungsrechtlichen Systematik zu berücksichtigen.

2. Völkerrechtliche Implikationen

12 Eine dem modernen Verwaltungsrecht angemessene Rechtsquellenlehre muss in der Lage sein, über die europäische Rechtsschicht hinaus die Auswirkungen

---

[45] Dazu *Reinhard Priebe*, Die Aufgaben des Rechts in einer sich ausdifferenzierenden EG-Administration, in: Schmidt-Aßmann/Hoffmann-Riem (Hrsg.), Strukturen, S. 71, der überzeugend nach internem (etwa Beamtenstatut, Haushaltsrecht) und externem Eigenverwaltungsrecht differenziert. Zur konstitutionalisierenden Wirkung der Haushaltsverordnung (Verordnung [EG, Euratom] Nr. 1605/2002 über die Haushaltsordnung für den Gesamthaushaltsplan der Europäischen Gemeinschaften, ABl. EG 2002, Nr. L 248, S. 1; Änderung in Vorbereitung: Dok. KOM(2010) 260endg.) *Paul Craig*, The Constitutionalization of Community Administration, Jean Monnet Working Paper 3/2003.

[46] *Schmidt-Aßmann*, Ordnungsidee, 7. Kap. Rn. 12–17; *ders.*, Deutsches und Europäisches Verwaltungsrecht, DVBl 1993, S. 924 (925f.); *v. Danwitz*, System (Fn. 37), S. 204f.; *Jörg Gundel*, Verwaltung, in: Schulze/Zuleeg/Kadelbach (Hrsg.), EuropaR, § 3 Rn. 91ff.

[47] *Hoffmann-Riem*, Strukturen – Perspektiven der Systembildung (Fn. 29), S. 322ff.

[48] Dafür *Christoph Engel*, Die Einwirkungen des Europäischen Gemeinschaftsrechts auf das deutsche Verwaltungsrecht, DV, Bd. 25 (1992), S. 437 (475f.); *Hoffmann-Riem*, Strukturen – Perspektiven der Systembildung (Fn. 29), S. 365, spricht insoweit von produktiver Überwirkung und „Overspill". Ähnlich *Karl-Peter Sommermann*, Veränderungen des nationalen Verwaltungsrechts unter europäischem Einfluss – Analyse aus deutscher Sicht, in: Jürgen Schwarze (Hrsg.), Bestand und Perspektiven des Europäischen Verwaltungsrechts, 2008, S. 181 (195f.); → Bd. I *Schmidt-Aßmann* § 5 Rn. 34 (im Anschluss an *Karl-Heinz Ladeur*, Supra- und transnationale Tendenzen in der Europäisierung des Verwaltungsrechts – eine Skizze, EuR 1995, S. 227 [228]), sowie ähnlich *Rainer Wahl*, Europäisierung: Die miteinander verbundenen Entwicklungen von Rechtsordnungen als ganzes, in: Trute/Groß/Röhl/Möllers (Hrsg.), Allgemeines Verwaltungsrecht, S. 869 (875). Zum Innovationspotential der Overspilleffekte auch *Peter M. Huber*, Das duale Regelungsregime als Sackgasse der Europäisierung, in: FS Hartmut Maurer, 2001, S. 1165ff.

[49] Zum Recht der europäischen Verwaltungskooperation → Bd. I *Schmidt-Aßmann* § 5 Rn. 38ff.

[50] Grundlegend *Eberhard Schmidt-Aßmann*, Verwaltungskooperation und Verwaltungskooperationsrecht in der Europäischen Gemeinschaft, EuR 1996, S. 270ff.; s. auch *ders.*, Ordnungsidee, 7. Kap. Rn. 18–19. Näher → Rn. 169f.

[51] Siehe hierzu *Ruffert*, Europäisierung (Fn. 36), S. 298f. Ähnlich *Schmidt-Aßmann*, Ordnungsidee, 7. Kap. Rn. 46.

[52] Dies geschieht → Rn. 30ff. und 121ff.

von Internationalisierung und Globalisierung⁵³ dogmatisch überzeugend zu verarbeiten. Im Ausgangspunkt ist die deutsche Verwaltungsrechtslehre hierfür schlecht gewappnet. Nachdem um die Mitte des 19. Jahrhunderts *Robert von Mohl* und *Lorenz von Stein* das Fundament für eine nicht an Staatsgrenzen, sondern an Verwaltungsgebieten orientierte internationalisierte Verwaltungsrechtswissenschaft gelegt hatten,⁵⁴ ließ die spätkonstitutionelle Staats- und Verwaltungsrechtslehre mit der Kombination von juristischer Methode im öffentlichen Recht (*Carl Friedrich von Gerber, Paul Laband, Otto Mayer*)⁵⁵ und dualistischer Perspektive auf das Verhältnis von Staats- und Völkerrecht (*Heinrich Triepel*)⁵⁶ den internationalisierenden Ansätzen keinen Raum mehr.⁵⁷ Im Ergebnis wurden **Verwaltungs- und Völkerrechtswissenschaft** spürbar **voneinander getrennt.** In dieser Arbeitsteilung nahm das Verwaltungsrecht eine introvertiert-etatistische Position ein.⁵⁸

Diese Grundhaltung wird erst in neuerer Zeit wirksam durchbrochen.⁵⁹ Verfassungsrechtlicher Ausgangspunkt ist die Erkenntnis **offener Staatlichkeit,** wie sie sich in den Art. 23–26 und 59 GG manifestiert.⁶⁰ Im Europäisierungsprozess ist diese Offenheit bereits für das Verwaltungsrecht aktualisiert worden,⁶¹ wodurch die Öffnung für jenseits der Europäisierung liegende Rechtsschichten erleichtert wird.⁶² Gerade mit der Zunahme internationaler Wirtschaftsbeziehungen, globaler Verflechtungen und grenzüberschreitender Umweltprobleme und insbesondere seit Gründung der WTO 1994 sowie seit den großen Umweltkonferenzen in den 1990er Jahren **wächst die Masse verwaltungsrelevanten Rechts** **13**

---

⁵³ Zu den Herausforderungen durch Globalisierung → Bd. I *Schuppert* § 16 Rn. 166 ff.

⁵⁴ *Robert v. Mohl,* Staatsrecht, Völkerrecht und Politik, 1860, S. 579 ff.; *Lorenz v. Stein,* Einige Bemerkungen über das internationale Verwaltungsrecht, in: Gustav v. Schmoller (Hrsg.), Jahrbuch für Gesetzgebung, Verwaltung und Volkswirtschaft im Deutschen Reich, 1882, S. 395 ff. (417 ff.); *ders.,* Handbuch der Verwaltungslehre I, 3. Aufl. 1887, S. 262; *Christian Tietje,* Internationalisiertes Verwaltungshandeln, 2001, S. 53 ff. und 61 ff.; *Klaus Vogel,* Administrative Law, International Aspects, in: Rudolf Bernhardt (Hrsg.), Encyclopedia of Public International Law I, 1992, S. 22 (23).

⁵⁵ → Bd. I *Stolleis* § 2 Rn. 47 ff.

⁵⁶ Dazu *Alfred Verdross/Bruno Simma,* Universelles Völkerrecht, 3. Aufl. 1984, § 71.

⁵⁷ Überzeugend *Tietje,* Verwaltungshandeln (Fn. 54), S. 86 ff.

⁵⁸ Überblick zur Gesamtentwicklung: *Christian Tietje,* Die Staatsrechtslehre und die Veränderung ihres Gegenstandes: Konsequenzen von Europäisierung und Internationalisierung, DVBl 2003, S. 1081 (1082 f.).
Hinzu kommen in der neueren Entwicklung Unsicherheiten in der bundesverfassungsgerichtlichen Haltung zum Völkerrecht: BVerfGE 111, 307 – Görgülü und 112, 1 (Enteignungen in der SBZ); näher → Rn. 42, 143 und 145. S. insbes. *Hans-Joachim Cremer,* Zur Bindungswirkung von EGMR-Urteilen, EuGRZ 2004, S. 683 ff., sowie – zur zweiten Entscheidung – das Sondervotum der Richterin *Gertrude Lübbe-Wolff,* BVerfGE 112, 1 (44) („Der Senat antwortet auf Fragen, die der Fall nicht aufwirft, mit Verfassungsgrundsätzen, die das Grundgesetz nicht enthält.").

⁵⁹ Vorreiter: *Eberhard Menzel,* Nationale und Internationale Verwaltung, DÖV 1969, S. 1 ff. S. auch *Tietje,* Staatsrechtslehre (Fn. 58), S. 1093 f.

⁶⁰ Grundlegend *Klaus Vogel,* Die Verfassungsentscheidung des Grundgesetzes für eine internationale Zusammenarbeit, 1964. S. auch bereits *Meinhard Schröder,* Nationale Souveränität und internationale Politikverflechtung, in: Peter Haungs (Hrsg.), Verfassung und politisches System, Die politische Meinung 1984, S. 67 ff. Umfassend *Stephan Hobe,* Der offene Verfassungsstaat zwischen Souveränität und Interdependenz, 1998. Politikwissenschaftlich *Wolfgang Wessels,* Die Öffnung des Staates, 2000, S. 69 ff.

⁶¹ → Rn. 8 ff.

⁶² Wenn sie auch noch nicht in gleicher Tiefe erschlossen sind: *Tietje,* Staatsrechtslehre (Fn. 58), S. 1084.

in der völkerrechtlichen Schicht, macht sich jenseits der europäischen Integration eine weitere Ebene im Mehrebenensystem bemerkbar.[63] Hinzu tritt die unmittelbar grenzüberschreitende, rechtswirksame und rechtserzeugende transnationale Verwaltungskooperation.[64] Hierdurch und durch die vermehrte Einbeziehung global agierender privater Akteure wird das Verwaltungsrecht zunehmend entterritorialisiert.[65] Gleichzeitig werden im territorial radizierten wie entterritorialisierten Verwaltungsrecht Bindungen an völkerrechtliche Menschenrechtsstandards und andere materielle Maßstäbe wirksam.[66]

14 Die Völkerrechtslehre bietet dem Verwaltungsrecht kein rechtsschichtenübergreifendes systematisierendes Modell, sondern vollzieht selbst gegenwärtig einen grundlegenden und tiefgreifenden Paradigmenwechsel.[67] Immerhin knüpft eines der – weltweit, nicht unbedingt in Deutschland – verbreitetsten Konzepte, der Ansatz der *global governance*, an Vorstellungen rationalen Verwaltens an,[68] wobei das neuere Schrifttum zu Recht hervorhebt, dass das deskriptive Potential dieses Begriffs um normative, genuin öffentlich-rechtliche Vorgaben ergänzt werden muss.[69] Eine neu justierte Rechtsquellenlehre muss die Implikationen der sich wandelnden völkerrechtlichen Rechtsschicht integrieren. Aus steuerungstheoretischer Perspektive ist auf das **gestiegene Eigengewicht der Verwaltung im transnationalen Kooperationsgeflecht** im Verhältnis zu ihrer dienend-ausführenden Rolle in der internationalen Staatenzusammenarbeit ein besonderes Augenmerk zu legen.[70]

3. Die Außenwirkung von Innenrecht

15 Ein weiterer Problemschwerpunkt liegt in einem Ewigkeitsthema des Verwaltungsrechts:[71] der Diskussion um die Außenwirkung – zunächst sogar um die Rechtssatzqualität[72] – binnenrechtlicher Normen, namentlich Verwaltungsvorschriften. Der traditionellen dogmatischen Unterbelichtung von rechtlichen Binnenbeziehungen der Verwaltung, bedingt durch eine geringere Rechtsprechungsdichte in diesem Bereich, mag es geschuldet sein, dass bis heute keine überwiegend akzeptierte dogmatische Basis für die Lösung dieses Problems errichtet werden konnte und dass einzelne Lösungsansätze spätestens in der Über-

---

[63] *Rainer Wahl*, Internationalisierung des Staates, in: FS Alexander Hollerbach, 2001, S. 193 (216 ff.).
[64] → Rn. 169 f.
[65] Siehe *Matthias Ruffert*, Die Globalisierung als Herausforderung an das Öffentliche Recht, 2004, S. 33 ff. Zum Territorialprinzip → Rn. 115.
[66] *Tietje*, Staatsrechtslehre (Fn. 58), S. 1085 ff.
[67] *Antonio Cassese*, International Law, 2. Aufl. 2005, S. 13 ff.
[68] → Rn. 154 ff., sowie → Bd. I *Voßkuhle* § 1 Rn. 69.
[69] Siehe vor allem *Armin v. Bogdandy/Philipp Dann/Matthias Goldmann*, Developing the Publicness of Public International Law: Towards a Legal Framework for Global Governance Acitivites, in: Armin v. Bogdandy u. a. (Hrsg.), The Exercise of Public Authority by International Institutions, 2010, S. 3 ff.
[70] Empirisch *Wessels*, Öffnung (Fn. 60), S. 415 ff.
[71] Treffend *Walter Leisner*, Verwaltungsvorschriften als „Nebengesetze" im Steuerrecht, 1982, S. 65: „Die Dogmatik und Praxis der Verwaltungsvorschriften ist dürres geistiges Brot – aber gesund."
[72] Zu den Wurzeln dieser unter dem Grundgesetz unbegründeten Zweifel im Spätkonstitutionalismus *Hans-Uwe Erichsen*, Verwaltungsvorschriften als Steuerungsnormen und Rechtsquellen, in: FS Heinrich W. Kruse, 2001, S. 39 (61); *Anna Leisner*, Verwaltungsgesetzgebung durch Erlasse, JZ 2002, S. 219 (221 f.), im Anschluss an *Klaus Vogel*, Gesetzgeber und Verwaltung, VVDStRL, Bd. 24 (1966), S. 125 (157). S. jetzt *Fritz Ossenbühl*, Autonome Rechtsetzung der Verwaltung, in: HStR V, § 104 Rn. 44; *Klaus Lange*, Innenrecht und Außenrecht, in: Hoffmann-Riem/Schmidt-Aßmann/Schuppert (Hrsg.), Reform, S. 307 (322).

lagerung der Problematik durch die europäisch-supranationale Rechtsschicht an ihre Grenzen stoßen. Die dogmatische Orientierungsschwäche zeigt sich zunächst darin, dass die Rechtsprechung immer mehr Kategorien von Verwaltungsvorschriften Außenwirkung beimisst, im Kern aber die Konstruktion aufrechterhält, bei Verwaltungsvorschriften handele es sich grundsätzlich um lediglich im Innenverhältnis der Verwaltung geltende Normen, deren Außenwirkung im Ausnahmefall einer besonderen Begründung bedürfe. Diese für realitätsfern gehaltene „Dogmatik des Als-Ob" *(Rainer Wahl)*[73] wird von weiten Teilen des Schrifttums rezipiert[74] und erschwert die Entwicklung einer konsistenten Dogmatik der Rechtsquelle Verwaltungsvorschrift insbesondere deswegen, weil es keine durchweg belastbaren Kriterien für die Annahme einer Außenwirkung von Binnenrecht gibt.[75] Die einschlägige bereichsspezifische Rechtsprechung ist außerordentlich differenziert.[76] Bei manchen Kategorien von Verwaltungsvorschriften wird die Außenwirkung kategorisch verweigert und weiterhin mit der Lehre von der Selbstbindung der Verwaltung über den Gleichheitssatz argumentiert.[77]

Aufgrund der hohen Anforderungen an Gesetz- und Verordnungsgebung ist **16** der Bedarf nach einer Grauzone frei von diesen Anforderungen entstanden, in der sich die Verwaltungsvorschriften als Geschöpfe der Praxis entwickelt haben.[78] Die **überlieferte Typisierung** nach organisatorischen Verwaltungsvorschriften einerseits, verhaltenslenkenden Verwaltungsvorschriften andererseits – letztere nochmals unterteilt in norminterpretierende, ermessenslenkende und normkonkretisierende Verwaltungsvorschriften[79] – **fasert dabei immer stärker aus.** Aus dem Steuerrecht kommen etwa Verwaltungsvorschriften zur Vereinfachung der Sachverhaltsermittlung hinzu.[80] Es ist aber auch eine Gegenbewegung in Gesetzgebung und Rechtsprechung erkennbar, die einzelne Materien dem Anwendungsbereich der Verwaltungsvorschriften entzieht, beispielsweise bei den Regelsätzen für laufende Hilfe zum Lebensunterhalt im Sozialrecht, wo Rechtsverordnungen die vorherigen Runderlasse ersetzt haben,[81] sowie bei der

---

[73] *Rainer Wahl*, Verwaltungsvorschriften: Die ungesicherte dritte Kategorie des Rechts, in: FG 50 Jahre BVerwG, 2003, S. 571 (582 und 585).
[74] Siehe die Zusammenstellung bei *Leisner*, Verwaltungsgesetzgebung (Fn. 72), S. 220 f.
[75] *Wahl*, Verwaltungsvorschriften (Fn. 73), S. 576 ff.
[76] *Christian Seiler*, Der einheitliche Parlamentsvorbehalt, 2000, S. 205. S. auch BSGE 31, 258 (263), BFHE 141, 45 (50). Ältere Analyse bei *Richard Rudisile*, Verwaltungsvorschriften in der Rechtsprechung von Bundesverwaltungs- und Bundesverfassungsgericht, 1987.
[77] Im Überblick *Maurer*, VerwR, § 24 Rn. 21 ff. Zur Selbstbindungslehre *Ossenbühl*, Autonome Rechtsetzung (Fn. 72), § 104 Rn. 53 ff.
[78] Ähnlich *Eberhard Schmidt-Aßmann*, Die Rechtsverordnung in ihrem Verhältnis zu Gesetz und Verwaltungsvorschrift, in: FS Klaus Vogel, 2000, S. 476 (492).
[79] Zurückgehend auf *Fritz Ossenbühl*, Verwaltungsvorschriften und Grundgesetz, 1968, insbes. S. 250 ff.; weiter differenzierend *ders.*, Autonome Rechtsetzung (Fn. 72), § 104 Rn. 18 ff. S. auch *Achim Rogmann*, Die Bindungswirkung von Verwaltungsvorschriften, 1998, S. 16 ff. Für eine einheitliche Behandlung aller Verwaltungsvorschriften *v. Bogdandy*, Rechtsetzung (Fn. 1), S. 456.
[80] *Dieter Birk*, in: Walter Hübschmann/Ernst Hepp/Armin Spitaler (Hrsg.), AO – FGO, § 4 AO (1997) Rn. 91; *Klaus Vogel*, Verwaltungsvorschriften zur Vereinfachung der Sachverhaltsermittlung und „normkonkretisierende" Verwaltungsvorschriften, in: FS Werner Thieme, 1993, S. 605 ff. m. w. N. in Fn. 1; *Erichsen*, Verwaltungsvorschriften (Fn. 72), S. 54 f. (dort S. 41 f. weitere Beispiele aus dem Steuerrecht).
[81] § 28 SGB XII ordnet die Festlegung der Regelsätze durch Rechtsverordnungen der Länder an, wobei die auf § 40 SGB XII beruhende RegelsatzVO eine Rahmenregelung trifft. Zu den vorherigen Runderlassen *BVerwGE* 94, 335 (337 f.); sowie *BVerwG*, JZ 2005, S. 892 m. Anm. *Hartmut Maurer*.

beamtenrechtlichen Beihilfe, wo die Beihilferichtlinien durch Gesetz und Verordnung abgelöst werden mussten.[82]

17 Die Fundamentalkritik am überkommenen Verständnis der Verwaltungsvorschriften ist nicht neu.[83] Lange schon wird die Anerkennung von Verwaltungsvorschriften als eigenständiger (Außen-)Rechtsquelle des Verwaltungsrechts gefordert und – mit Differenzierungen im Einzelnen – vor allem auf eine eigenständige Normsetzungskompetenz der demokratisch legitimierten Exekutive gestützt. Pioniere dieses Ansatzes bereits in den 1960er Jahren[84] sind *Klaus Vogel*[85] und *Fritz Ossenbühl*.[86] Hinzugekommen ist später die Idee, dass die Verwaltung Unwesentliches regeln darf,[87] sowie der Gedanke kooperativer Rechtsetzung im Zusammenwirken von Legislative und Exekutive.[88] Die daraus sich ergebende Frage nach dem Unterschied zum ebenfalls von der Exekutive gesetzten Verordnungsrecht wird sodann zumeist mit der größeren Flexibilität und geringeren Bindungswirkung der Verwaltungsvorschriften beantwortet.[89] Dadurch laufen die neueren Lösungsansätze jedoch Gefahr, in offenen **Widerspruch zu den unionsrechtlichen Anforderungen an die Qualität von Umsetzungsrecht** zu treten. Die Rechtsprechung des EuGH (schon seit 1991), wonach es zur Umsetzung von Richtlinien eines klaren und bestimmten Normengefüges bedarf,

---

[82] *BVerwGE* 121, 103; → Rn. 76 mit Fn. 344. Zu den früheren Beihilferichtlinien *BVerwGE* 72, 119 (121); *Fürst*, in: GKÖD, Teil 2b, K § 200 (1996), Rn. 6; *Monika Jachmann*, Zur Rechtsnatur der Beihilfevorschriften, ZBR 1997, S. 342 (346); *Wahl*, Verwaltungsvorschriften (Fn. 73), S. 575 f.; *Annette Guckelberger*, Zum methodischen Umgang mit Verwaltungsvorschriften, DV, Bd. 35 (2002), S. 60 (66); *Anna Leisner*, Verwaltungsvorschriften im Beamtenrecht, in: FS Walther Fürst, 2002, S. 185 (198 f). Kritisch *Thorsten Kingreen*, Knappheit und Verteilungsgerechtigkeit im Gesundheitswesen, VVDStRL, Bd. 70 (2011), sub V.2. bei Fn. 149.
Aus dem Sozialrecht (Kassenarztrecht) ist noch der Streit um die Rechtsnatur der Richtlinien der Bundesausschüsse nach § 92 SGB V zu nennen, der teilweise an der Grenze Außen-/Innenwirkung verläuft, dazu *Peter Axer*, Normsetzung der Exekutive in der Sozialversicherung, 2000, S. 120 ff.; *Gert Hällßig*, Normsetzung durch Richtlinien im Vertragsarztrecht, 2001, S. 211 ff.; *Ingwer Ebsen*, in: Bertram Schulin (Hrsg.), Handbuch Sozialversicherungsrecht I, 1994, § 7 Rn. 157 ff.; *Di Fabio*, Verlust (Fn. 22), S. 451 ff.; *Kaltenborn*, Numerus clausus (Fn. 6), S. 479 ff. Die neuere bundessozialgerichtliche Rechtsprechung aufgreifend *Robert Francke*, Richtlinien, Normsetzungsverträge und neue Behandlungsmethoden im Rechtskonkretisierungskonzept des BSG, SGb, Bd. 46 (1999), S. 5 (6 ff.); *Wolfgang Gitter/Gabriele Köhler-Fleischmann*, Gedanken zur Notwendigkeit und Wirtschaftlichkeit von Leistungen in der gesetzlichen Krankenversicherung und zur Funktion des Bundesausschusses der Ärzte und Krankenkassen, SGb, Bd. 46 (1999), S. 1 (4).
[83] Siehe im Überblick *Wahl*, Verwaltungsvorschriften (Fn. 73), S. 582 ff.
[84] Siehe im Vorfeld noch *Herbert Krüger*, Rechtsverordnung und Verwaltungsanweisung, in: FS Rudolf Smend, 1952, S. 211 ff., mit der Unterscheidung (S. 229) von Normen mit Verwaltungswert (keine Rechtsquelle) und Rechtswert (Rechtsquelle); dazu erläuternd *Leisner*, Verwaltungsgesetzgebung (Fn. 72), S. 222 f. (dort S. 223 zu weiteren Vorläufern im Steuerrecht).
[85] *Vogel*, Gesetzgeber (Fn. 72); s. auch *ders.*, Verwaltungsvorschriften (Fn. 80), S. 608 f.
[86] *Ossenbühl*, Verwaltungsvorschriften (Fn. 79), S. 187 ff.
[87] Ausgehend von *Böckenförde*, Gesetz (Fn. 21), S. 394, *Walter Krebs*, Zur Rechtsetzung der Exekutive durch Verwaltungsvorschriften, VerwArch, Bd. 70 (1979), S. 259 (271); *Hans-Detlef Horn*, Die grundrechtsunmittelbare Verwaltung, 1999, S. 62 ff.; *Karl-Peter Sommermann*, in: v. Mangoldt/Klein/Starck (Hrsg.), GG II, Art. 20 Rn. 274.
Zur „umgekehrten Wesentlichkeitslehre", die im Gegensatz zur im Text beschriebenen Idee den Umstand meint, dass sich das Gesetz häufig nur auf einen Rahmen beschränkt und das „Wesentliche" (im Sinne wichtiger Entscheidungen im Detail) im exekutivisch gesetzten Recht enthalten ist, → Bd. I *Reimer* § 9 Rn. 56, m. w. N.
[88] *Schmidt-Aßmann*, Rechtsverordnung (Fn. 78), S. 488, dort explizit zum Verordnungsrecht.
[89] → Rn. 78.

A. Rechtsquellen des Verwaltungsrechts

das die vollständige Anwendung der Richtlinie und den Rechtsschutz des Einzelnen sicherstellt[90] und Verwaltungsvorschriften daher nicht umsetzungstauglich sind, ist inzwischen Gemeingut der Europarechtsdogmatik.[91] Die gleichmäßige Wirksamkeit des Unionsrechts sowie die Funktionstauglichkeit der Rechtsform Richtlinie lassen kaum ein anderes Ergebnis zu.[92] Die steuerungswissenschaftliche Neuorientierung muss daher nicht nur die Brüche in der überkommenen Dogmatik beseitigen, sondern auch den Anforderungen der supranationalen Rechtsschicht Genüge tun und notfalls zu bereichsspezifischen Differenzierungen kommen.

4. Die Integration privater Rechtsetzungsakte

Private Rechtsetzungsakte werden in der verwaltungsrechtlichen Rechtsquellenlehre für gewöhnlich nicht behandelt.[93] Dies ist konsequent: Rechtshandlungen Privater sind **kein hoheitlich verantwortetes Recht,** auch wenn sie sich inhaltlich als Normen darstellen.[94] „Rechtsetzungsakte" privater Institutionen erlangen daher rechtliche Relevanz nur durch hoheitliche Anerkennung, sei es durch Verweisungstechniken oder durch formelle administrative Inkorporationsakte.[95] **18**

Mit der Aussparung privater Rechtsetzungsakte begibt sich die Verwaltungsrechtswissenschaft jedoch eines wichtigen Untersuchungsgegenstandes im Bereich der normativen, verwaltungsbezogenen Steuerung. Die Auslagerung vor **19**

---

[90] *EuGH*, Rs. C-131/88, Slg. 1991, I-825; Rs. C-361/88, Slg. 1991, I-2567, Rn. 10ff.; Rs. C-59/89, Slg. 1991, I-2607, Rn. 9ff.; Rs. C-13/90, Slg. 1991, I-4372 (mit Begründung abgedr. in Revue juridique de l'environnement 1992, S. 9); Rs. C-14/90, Slg. 1991, I-4331; Rs. C-64/90, Slg. 1991, I-4335; Rs. C-58/89, Slg. 1991, I-4983, Rn. 14ff.; Rs. C-433/93, Slg. 1995, I-2303, Rn. 17ff.; Rs. C-96/95, Slg. 1997, I-1653, Rn. 38; Rs. C-315/98, Slg. 1999, I-8001, Rn. 10.

[91] Siehe nur *Werner Schroeder*, in: Streinz (Hrsg.), EUV/EGV, Art. 249 EG Rn. 95. Die teils polemisch überzogene Kritik bei *Rüdiger Breuer*, Entwicklungen des europäischen Umweltrechts – Ziele, Wege und Irrwege, 1993, S. 74ff.; *Thomas v. Danwitz*, Normkonkretisierende Verwaltungsvorschriften und Gemeinschaftsrecht, DV, Bd. 84 (1993), S. 73 (81ff.); *Martin Gellermann*, Beeinflussung des bundesdeutschen Rechts durch Richtlinien der EG, 1994, S. 57ff.; ders./*Peter Szczekalla*, Gemeinschaftskonforme Umsetzung von Umweltrichtlinien der EG, NuR 1993, S. 54 (60ff.); *Michael Reinhardt*, Abschied von den Verwaltungsvorschriften im Wasserrecht?, DÖV 1992, S. 102ff.; *Jürgen Salzwedel/Michael Reinhardt*, Neuere Tendenzen im Wasserrecht, NVwZ 1991, S. 946 (947); *Albrecht Weber*, Zur Umsetzung von EG-Richtlinien im Umweltrecht, UPR 1992, S. 5 (8), s. bereits vorher *Ulrich Beyerlin*, Umsetzung von EG-Richtlinien durch Verwaltungsvorschriften, EuR 1987, S. 126 (146ff.), ist überholt.

[92] Deutlich *Wahl*, Verwaltungsvorschriften (Fn. 73), S. 589, 591 und 592, sowie bereits *Horst Sendler*, Normkonkretisierende Verwaltungsvorschriften im Umweltrecht, UPR 1993, S. 321 (329); *Christian Bönker*, Umweltstandards in Verwaltungsvorschriften, 1992, S. 116f.; *Kurt Faßbender*, Die Umsetzung von Umweltstandards der Europäischen Gemeinschaft, 2001, S. 106ff. Die Rechtsprechung des EuGH gibt geltendes Recht wieder und erhebt nicht lediglich eine Forderung; so aber *Fritz Ossenbühl*, Der verfassungsrechtliche Rahmen offener Gesetzgebung und konkretisierender Rechtsetzung, DVBl 1999, S. 1 (5).

[93] Umfassendes Konzept privater Rechtsetzungstätigkeit bei *Ferdinand Kirchhof*, Private Rechtsetzung, 1987.

[94] Siehe bereits *Peter Marburger*, Die Regeln der Technik im Recht, 1979, S. 340. Vgl. auch *Matthias Schwierz*, Die Privatisierung des Staates am Beispiel der Verweisungen auf die Regelwerke privater Regelgeber im Technischen Sicherheitsrecht, 1986, S. 52ff. Aus der Rechtsprechung *BVerwGE* 77, 285 (291 f.).

Daher zählt das Normgefüge der gesellschaftsvertraglichen Regelungen (bei öffentlichen Unternehmen) und Allgemeiner Geschäftsbedingungen der öffentlichen Hand trotz des materiell-normativen Charakters der Regelungen nicht zu den Rechtsquellen des Verwaltungsrechts, worauf *Merten*, System (Fn. 23), S. 244, zutreffend hinweist.

[95] Näher → Rn. 85ff.

allem der technischen Normung und damit weiter Teile von Normsetzungsverfahren aus dem staatlichen in den privaten Sektor ist ein Modell der Verfahrensprivatisierung mit beeindruckender Tradition.[96] Gleichzeitig hat die Verwendung privater Normung vor allem im Umwelt- und Technik(verwaltungs)recht erheblich zugenommen.[97] Die kooperative Einbeziehung von Privaten in die Normsetzung erfüllt eine Reihe von Funktionen, die die Steuerungsleistung des Rechts erhöhen.[98] Sie trägt sachverständige Informationen an die Normsetzung heran, ermöglicht den Interessenausgleich in der Normsetzung, vermag die Akzeptanz gesetzter Normen positiv zu beeinflussen, stellt die Betroffenenpartizipation sicher, entlastet den Staat und kann sich als flexibel und innovationsfähig erweisen.[99]

20   Private, kooperative Normsetzung ist mithin ein tragfähiges Steuerungsinstrument, dessen Grundlagen und Probleme – vor allem das seiner Legitimation[100] – in der verwaltungsrechtlichen Rechtsquellenlehre noch nicht adäquat rezipiert sind. Der Rechtsquellenlehre ist daher die Integration privater Rechtsetzungsakte aufgegeben.

5. Verwaltungsrecht ohne Staat?

21   Die überkommenen Begriffsbestimmungen des Verwaltungsrechts sind sämtlich mehr oder weniger intensiv auf sein zentrales Handlungssubjekt, die öffentliche Verwaltung als Verwaltung des Staates sowie supra- oder substaatlicher Hoheitsträger bezogen.[101] Verwaltungsrecht ohne Staat (im weitesten Sinne) erscheint daher auf den ersten Blick grundsätzlich undenkbar.

22   Diese Perspektive wird durch Tendenzen staatsferner bis hin zu staatsfreier Gemeinwohlverwirklichung herausgefordert. Innerstaatlich wird die Erledigung öffentlicher Aufgaben in erhöhtem Umfang **kooperativen, intermediären Strukturen** überantwortet oder durch Vorgänge der materiellen und funktionalen Privatisierung teilweise oder vollständig auf Private verlagert.[102] Hieraus ergibt sich die Notwendigkeit, die wechselseitige Auffang- und Ergänzungsfunktion zwischen Verwaltungsrecht und Privatrecht zu aktivieren[103] und die Gemein-

---

[96] Instruktiv *Marburger,* Regeln (Fn. 92), S. 183 ff. Kritisch zur Bezeichnung als Privatisierung *Kloepfer,* UmweltR, § 3 Rn. 84 f.

[97] Siehe nur *Hans D. Jarass,* Der rechtliche Stellenwert technischer und wissenschaftlicher Standards – Probleme und Lösungen am Beispiel der Umweltstandards, NJW 1987, S. 1225 (1230 f.).

[98] Zum schillernden Begriff des kooperativen Rechts s. nur *Andreas Voßkuhle,* Gesetzgeberische Regelungsstrategien der Verantwortungsteilung zwischen öffentlichem und privatem Sektor, in: Gunnar Folke Schuppert (Hrsg.), Jenseits von Privatisierung und „schlankem Staat", 1999, S. 47 (60); zur kooperativen Rechtsetzung generell *Lothar Michael,* Rechtsetzende Gewalt im kooperierenden Verfassungsstaat, 2002.

[99] Zu den Funktionen kooperativer Standardsetzung *Irene Lamb,* Gesetzeskonkretisierung, 1995, S. 195 ff. *Lamb* nennt außerdem Verantwortungsteilung, Harmonisierung, Zeitgewinn und Kontrolle. S. auch *Matthias Schmidt-Preuß,* Private technische Regelwerke – Rechtliche und politische Fragen, in: Michael Kloepfer (Hrsg.), Selbst-Beherrschung im technischen und ökologischen Bereich, 1998, S. 89 (91 ff.).

[100] Zu weiteren Nachteilen faktisch-politischer Natur *Lamb,* Gesetzeskonkretisierung (Fn. 99), S. 212 ff.; *Helmut Voelzkow,* Private Regierungen in der Techniksteuerung, 1996, S. 35 ff.

[101] Näher → Bd. I *Möllers* § 3 Rn. 16.

[102] → Bd. I *Schmidt-Aßmann* § 5 Rn. 97, *Groß* § 13 Rn. 28 f.; näher zu Privatisierung → Bd. I *Baer* § 11 Rn. 58 ff., *Schuppert* § 16 Rn. 82 ff.

[103] *Andreas Voßkuhle,* Beteiligung Privater an der Wahrnehmung öffentlicher Aufgaben und staatliche Verantwortung, VVDStRL, Bd. 62 (2003), S. 266 (309 f. m. w. N.).

A. Rechtsquellen des Verwaltungsrechts

wohlverwirklichung durch ein parallel zum Verwaltungsprivatrecht zu konstruierendes Privatverwaltungsrecht sicherzustellen.[104] Eine weitere Tendenz wird durch den **Globalisierungsprozess** ausgelöst, der den Staaten das Substrat seiner Regelungsgewalt entzieht, ohne die formale Fortexistenz dieser Regelungsgewalt anzutasten.[105] Die unter dem Sammelbegriff *governance*[106] zusammengeführten Konzepte beziehen in die Bewältigung globaler Probleme in breitem Umfang nichtstaatliche Akteure ein, seien es NGOs oder Institutionen privater Selbstregulierung.[107] Die verwaltungsrechtliche Rechtsquellenlehre kann beide Tendenzen nicht ignorieren, sondern darf sich nicht scheuen, das scheinbar Denkunmögliche zu erwägen und in die Rechtsquellenlehre zu integrieren: Verwaltungsrecht ohne Staat.

III. Die Rechtsquellenlehre aus steuerungswissenschaftlicher Sicht

1. Grundbegriffe der Rechtsquellenlehre und Funktionen der Rechtsquellen

Eine steuerungswissenschaftlich geprägte Rechtsquellenlehre kann diese Herausforderungen durch einen weiten Rechtsquellenbegriff verarbeiten, der keine rechtlich-normative Vorgabe an die Verwaltung ausspart und gleichzeitig die Einbindung der Verwaltung als normsetzende Instanz in den Steuerungsprozess reflektiert. **Rechtsquellen** des Verwaltungsrechts sind sonach **alle Rechtsnormen**, die als Auftrag oder Bindung steuernd auf die Verwaltung einwirken oder die von der Verwaltung selbst zur Steuerung von Sozialbereichen eingesetzt werden.[108] **Rechtsnormen** des Verwaltungsrechts sind alle in dieser Weise wirkenden Normen des Rechts in Abgrenzung zu moralischen oder sozialen Normen.[109] 23

Das weite steuerungswissenschaftlich geprägte Rechtsquellen- und Rechtsnormverständnis spiegelt die Doppelstellung der Verwaltung im Konzept der Steuerung wider. Sie ist gleichzeitig als **Adressat** rechtlicher Bindungen und Aufträge Steuerungsobjekt wie als **Akteur** in der Gesamtschau des Steuerungsprozesses Steuerungssubjekt.[110] Erfolgt die Steuerung durch exekutivisch selbst gesetztes Verwaltungsrecht, sind die beiden Funktionen eng miteinander verschränkt.[111] Rechtsetzung durch die Exekutive steht insoweit auf einer mittleren Ebene zwischen Gesetz und Einzelfallentscheidung.[112] 24

---

[104] *Schmidt-Aßmann*, Ordnungsidee, 6. Kap. Rn. 31; → Bd. I *Burgi* § 18 Rn. 64 ff.

[105] Näher *Ruffert*, Globalisierung (Fn. 65), S. 19.

[106] → Bd. I *Voßkuhle* § 1 Rn. 69, *Schuppert* § 16 Rn. 20 ff.

[107] → Rn. 156.

[108] Ähnlich wie hier *Ehlers*, Rechtsquellen und Rechtsnormen (Fn. 5), § 2 Rn. 4. *Röhl/Röhl*, Rechtslehre (Fn. 2), S. 189, bezeichnen die Rechtsnormen in Anlehnung (nicht Übereinstimmung) mit der positivistischen Terminologie des 19. Jahrhunderts als „Elementarteilchen" des Rechts.

[109] *Röhl/Röhl*, Rechtslehre (Fn. 2), S. 204 f. Das von *Röhl/Röhl* – durchaus auf der Linie der h. L.– postulierte Kriterium der „Gerichtsfähigkeit" lässt sich aus steuerungswissenschaftlicher Sicht nicht vollständig durchhalten, da die Gerichte nicht (mehr) im Zentrum des Verwaltungsrechts stehen, sondern auch andere rechtliche (!) Kontrollmechanismen wirksam sind; → Rn. 79 zum *soft law*.

[110] → Bd. I *Schuppert* § 16 Rn. 8 f.; *Schmidt-Aßmann*, Ordnungsidee, 1. Kap. Rn. 36. Zur normativen Steuerung des Verwaltungshandelns *Schuppert*, Verwaltungswissenschaft, S. 461 ff.

[111] Zur Funktion dieser Selbststeuerung *Hans-Heinrich Trute*, Methodik der Herstellung und Darstellung verwaltungsrechtlicher Entscheidungen, in: Schmidt-Aßmann/Hoffmann-Riem (Hrsg.), Methoden, S. 293 (305 f.).

[112] *Schmidt-Aßmann*, Ordnungsidee, 6. Kap. Rn. 82.

25 Die in der überkommenen Rechtsquellenlehre vorherrschende Betonung der Rechtsbindungen der Verwaltung wird durch die steuerungswissenschaftliche Prägung um die Perspektiven des Gestaltungsauftrags des Rechts an die Verwaltung und die Rechtsgestaltung durch die Verwaltung bereichert.[113] Darüber hinaus öffnet die Lösung von der strengen Bindungsorientierung den Blick auf weitere differenzierte Funktionen von Rechtsquellen und Rechtsnormen. Rechtsquellen kommunizieren der Verwaltung Maßstäbe rechtmäßigen Handelns sowie politische Aufträge,[114] und dieser Informationscharakter kann auch in den gesellschaftlichen Bereich hineinreichen. Rechtsquellen bilden das normative Ergebnis von Kooperationsverhältnissen zwischen Verwaltungsträgern sowie zwischen Verwaltung und Privaten ab. Bereits insoweit ist die Rechtsquellenlehre eng mit dem Verwaltungsorganisationsrecht verknüpft.[115] Jenseits dessen sind Organisation und insbesondere Verfahren von signifikanter Bedeutung für die demokratische Legitimation einzelner Rechtsquellen und -normen. Je besser organisatorische und verfahrensmäßige Vorkehrungen zur Legitimationssicherung eingesetzt werden, um so eher können Effizienzgewinne aus der Herauslösung der Normsetzung aus hierarchischen Bindungen erzielt werden, ohne das Demokratieprinzip zu verletzen.[116] Dabei bedarf es vielfach der Heranziehung neuer, vor allem partizipativer Legitimationsmuster, wenn auch das parlamentarisch legitimierte Gesetz zentrale Kategorie der Rechtsquellenlehre bleibt.

2. Vernetzung der Rechtsschichten

26 Die Wahrnehmung der Pluralität der Rechtsschichten ist die rechtsquellentheoretische Konsequenz der Aufgliederung politischer Herrschaft in ein Mehrebenensystem,[117] doch verbindet sich die Staats- bzw. Territorialzentriertheit der überkommenen Rechtsquellenlehre mit dem normhierarchischen Bindungsdenken und lässt einzelne Rechtsschichten nebeneinander stehen. Erforderlich ist aber die Beschreibung der Vernetzungen zwischen den Rechtsschichten. Die Einwirkungsströme innerhalb dieser Vernetzungen verlaufen in drei Grundrichtungen, so dass ein **polyzentrisches Rechtsgefüge** entsteht.[118]

27 Die erste Grundrichtung ist die Beeinflussung einer Rechtsschicht durch eine andere kraft deren übergeordneter Stellung. Der Verweis auf ein Rangverhältnis beschreibt diese Grundrichtung nicht vollständig, denn schon innerhalb des Rangkonzepts ist zwischen Geltungsvorrang (angeordnet durch Art. 1 Abs. 3, 20 Abs. 3, 25 GG, Art. 216 Abs. 2, 218 Abs. 11 und 351 AEUV) und Anwendungsvorrang[119] zu unterscheiden. Hinzu treten als im Verhältnis zur rangorientierten Kollisionsauflösung „weichere" Einwirkungsformen der Auslegungskonformi-

---

[113] → Bd. I *Voßkuhle* § 1 Rn. 15.
[114] Systemtheoretisch *Trute*, Methodik (Fn. 111), S. 302 ff., unter Rückgriff auf *Niklas Luhmann*, Das Recht der Gesellschaft, 1993, S. 431.
[115] Siehe auch *Kaltenborn*, Numerus Clausus (Fn. 6), S. 483 ff., der die Offenheit des Formenkanons durch die Geschlossenheit der rechtsetzenden, legitimierten Institutionen ergänzt.
[116] Unter Legitimationsgesichtspunkten → Bd. I *Trute* § 6 Rn. 42 ff. und 47 ff.
[117] Zur Entwicklung dieses Konzepts *Rainer Wahl*, Der einzelne in der Welt jenseits des Staates, Der Staat, Bd. 40 (2001), S. 45 (46, Fn. 6).
[118] → Bd. I *Schmidt-Aßmann* § 5 Rn. 69.
[119] Wie im Verhältnis Unionsrecht – mitgliedstaatliches Recht (→ Rn. 112 ff.).

A. Rechtsquellen des Verwaltungsrechts

tät (völkerrechts-, europarechts- und verfassungskonforme Auslegung) sowie der nur noch mittelbar normativ veranlasste Druck, auch das nicht direkt durch die übergeordnete Rechtsschicht berührte Recht anzupassen – bis hin zur freiwilligen Rezeption. In ihrer Gesamtheit wirkt diese Grundrichtung der Vernetzung sowohl im Verhältnis einzelner Rechtsschichten zueinander als auch innerhalb der Rechtsschichten. Sie ermöglicht so ein gestuftes normatives Abarbeiten der Regelungserfordernisse.[120]

Die Ströme im vernetzten Gefüge der Rechtsschichten verlaufen nicht nur in eine Richtung. Das Netz wäre nicht belastbar ohne die zweite Grundrichtung der bereichernden Rezeption einer Rechtsschicht um materielle Inhalte einer neben- oder untergeordneten anderen Rechtsschicht.[121] Supra- und internationales Verwaltungsrecht entwickeln Maßstäbe und Bauformen nicht im materiell rechtsleeren Raum, formell nebeneinander liegende Rechtsschichten bedürfen der materiell koordinierenden Abstimmung und wechselseitig befruchtenden Anreicherung. 28

Die dritte Grundrichtung beschreibt die kooperative Verschränkung der beiden ersten. Das Verwaltungskooperationsrecht bildet keine eigene Rechtsschicht heraus, sondern steigert die Intensität der Vernetzungen, indem es die Einwirkungsströme in die eine wie in die andere Richtung für seine Zwecke aktiviert. 29

IV. Einzelne Rechtsquellen

1. Primäres und sekundäres Unionsrecht

a) Primärrecht als Element des Verfassungsrechts im europäischen Verfassungsverbund

An der Spitze einer steuerungswissenschaftlich informierten Rechtsquellenlehre steht das anwendungsvorrangige Unionsrecht. Zur Erfassung seiner Vernetzungen und Verflechtungen mit der mitgliedstaatlichen Rechtsschicht muss an die im unionalen Rechtsquellensystem wurzelnde Formgebung angeknüpft werden. Trotz unübersehbarer Defizite[122] lassen sich im unionalen Rechtsquellensystem Grundkategorisierungen ausmachen, die es rechtfertigen, den Vorwurf eines Rechtsquellenwirrwarrs abzuwehren.[123] 30

In diesem System bilden EUV und AEUV den Kern des vertraglichen **Primärrechts.** Weil mit dem Vertrag von Lissabon die organisatorische Pluralität mehrerer Gemeinschaften[124] sowie die Trennung von intergouvernementaler EU und 31

---

[120] Vgl. *v. Bogdandy*, Rechtsetzung (Fn. 1), S. 213.
[121] Für das Verhältnis Verfassungsrecht – Völkerrecht anschaulich *Georg Ress*, Wechselwirkungen zwischen Völkerrecht und Verfassung bei der Auslegung völkerrechtlicher Verträge, BDGVR, Bd. 23 (1982), S. 7 ff.
[122] → Rn. 9.
[123] Angedeutet von *Werner Schroeder*, in: Streinz (Hrsg.), EUV/EGV, Art. 249 EG Rn. 13, unter Berufung auf *Paul Kirchhof*, Deutsches Verfassungsrecht und Europäisches Gemeinschaftsrecht, EuR, Beiheft 1, 1991, S. 11 (21). Bei den ungekennzeichneten Rechtsakten bedarf die Herausarbeitung der Ordnungsstrukturen freilich erheblichen empirischen Aufwandes: *Armin v. Bogdandy/Jürgen Bast/Felix Arndt*, Handlungsformen im Unionsrecht, ZaöRV, Bd. 62 (2002), S. 77 (83 f.).
[124] Die EAG (Euratom) bleibt allerdings separat erhalten.

supranationaler EG und damit eine organisatorische Grundlage für die Aufspaltung des Vertragswerks endgültig entfallen sind,[125] bezweckt die Aufspaltung in zwei gleichrangige (Art. 1 Abs. 3 S. 2 EUV, Art. 1 Abs. 2 S. 2 AEUV) Verträge allein die **Abschichtung** zentraler **verfassungsrechtlicher Vorschriften** von solchen, die der praktischen Arbeit der Union **(Arbeitsweise)** dienen.[126] Dies ist jedoch nicht nur wegen der Gleichrangigkeit nur in Grenzen gelungen, sondern auch deswegen, weil das auf einzelne Teile des AEUV beschränkte **Vereinfachte Änderungsverfahren** – unbeschadet zusätzlicher verfassungsrechtlicher Hürden[127] – nur in Grenzen erheblich einfacher ist als die Vertragsänderung traditioneller Prägung,[128] und weil die Zuordnung einzelner Prinzipien, Regeln und Regelungsthemen zu EUV und AEUV redaktionell häufig nicht überzeugend ist[129] (von redaktionellen Fehlern ganz abgesehen[130]). Zum Primärrecht hinzu treten alle Ergänzungen und Änderungen (EEA, Maastricht, Amsterdam, Nizza, Lissabon), der EAGV, sämtliche Protokolle (s. Art. 51 EUV) und Beitrittsakte sowie die Haushaltsverträge.[131] Über Art. 6 Abs. 1 EUV ist außerdem die EU-Grundrechtecharta in das vertragliche Primärrecht inkorporiert worden[132]. Damit ist die Bedeutung der durch den EuGH auf der Grundlage von Art. 220 EGV (jetzt: Art. 19 Abs. 1 UAbs. 1 EUV) ausgeformten allgemeinen Rechtsgrundsätze[133] erheblich gesunken, wenngleich sie über Art. 6 Abs. 3 EUV weiterhin auch im Bereich der Grundrechte möglich sind.

32 Diesem Ensemble des Primärrechts, allen voran den Grundrechten und grundrechtsähnlichen Garantien, kommt **Maßstabsfunktion** für das Sekundärrecht zu.[134] Es lässt sich als **Verfassungsrecht**[135] qualifizieren, wenn man die **Kontinuität der Europäischen Verfassungsgebung** in den Blick nimmt.[136] Für die Europäische Union hat sich im Primärrecht kontinuierlich eine Verfassung

---

[125] *Rudolf Streinz/Christoph Ohler/Christoph Herrmann*, Vertrag von Lissabon, 3. Aufl. 2010, S. 93.

[126] Zum Vorschlag einer solchen Abschichtung s. *Robert-Schuman-Zentrum*, Europäisches Hochschulinstitut, Wie soll eine Verfassungscharta für die Europäische Union aussehen, EP-Arbeitsdokument Poli 105A DE, 1999, S. 19; *v. Bogdandy/Bast/Arndt*, Handlungsformen (Fn. 123), S. 77 (152). Zum Ganzen *Matthias Ruffert*, in: Calliess/ders. (Hrsg.), EUV/AEUV, Art. 1 AEUV Rn. 1 f.

[127] BVerfGE 123, 267 (385 ff.).

[128] Siehe im Einzelnen *Hans-Joachim Cremer*, in: Calliess/Ruffert (Hrsg.), EUV/AEUV, Art. 48 EUV Rn. 10 ff.

[129] *Streinz/Ohler/Herrmann*, Vertrag von Lissabon (Fn. 125), S. 93.

[130] *Streinz/Ohler/Herrmann*, Vertrag von Lissabon (Fn. 125), S. 93. Man denke nur daran, dass das Vertragswerk mit Grundrechtecharta nun drei Präambeln hat!

[131] Zu letzteren s. *Christian Waldhoff*, in: Calliess/Ruffert (Hrsg.), EUV/AEUV, Art. 310 AEUV Rn. 12 (sofern noch in Kraft).

[132] Siehe *Thorsten Kingreen*, in: Calliess/Ruffert (Hrsg.), EUV/AEUV, Art. 6 EUV Rn. 8 ff.

[133] Siehe statt vieler *Rudolf Streinz*, Europarecht, Rn. 412 ff.

[134] *Ehlers*, Rechtsquellen und Rechtsnormen (Fn. 5), § 2 Rn. 98. – Die geringe Dichte primärrechtlicher Vorgaben (herausgearbeitet bei *Christoph Schönberger*, Normenkontrollen im EG-Föderalismus, EuR 2003, S. 600 ff.) stellt diesen Umstand im Grundsatz nicht in Frage.

[135] → Bd. I *Schmidt-Aßmann* § 5 Rn. 10 ff.

[136] Siehe nur *Martin Nettesheim*, in: Grabitz/Hilf (Hrsg.), EU-Recht, Art. 249 EG (2002), Rn. 9 ff.; *Ingolf Pernice*, Europäisches und nationales Verfassungsrecht, VVDStRL, Bd. 60 (2001), S. 148 (150 ff. m. w. N.); *ders.*, Die Europäische Verfassung, in: FS Helmut Steinberger, 2002, S. 1319 (1323 ff.); *Roland Bieber*, Verfassungsentwicklung und Verfassungsgebung in der Europäischen Gemeinschaft, in: Rudolf Wildenmann (Hrsg.), Staatswerdung Europas?, 1991, S. 393; *Gil C. Rodríguez Iglesias*, Zur „Verfassung" der Europäischen Gemeinschaft, EuGRZ 1996, S. 125 ff. – Schon früh hat der EuGH den EGV als „Verfassungsurkunde der Gemeinschaft" bezeichnet: *EuGH*, Rs. 294/83, Slg. 1986, 1339, Rn. 23; später Gutachten 1/91, Slg. 1991, I-6079, Rn. 21.

herausgebildet,[137] die mit den Grundrechten, den wesentlichen herrschaftstragenden und -begrenzenden Prinzipien (Demokratie, Rechtsprinzip) sowie einem organisatorischen Unterbau über alle inhaltlichen Bestandteile einer Verfassung verfügt[138] und auch die wesentlichen Verfassungsfunktionen zu erfüllen geeignet ist (Ordnungs-, Bestandssicherungs-, Schutz-, programmatische, Legitimations- und Integrationsfunktion), wobei die Verortung einzelner Funktionen im Europäischen Verfassungsverbund[139] durchaus umstritten sein kann.[140] Innerhalb des Primärrechts sind wiederum die strukturbestimmenden Grundsätze einer (Verfassungs-)Änderung entzogen.[141] Diese wissenschaftliche Perspektive steht nicht im Widerspruch zur bewussten Entscheidung des Europäischen Rates in der Vorbereitung der Regierungskonferenz im Vorfeld des Vertrages von Lissabon. Zwar heißt es im Berliner Mandat für die Regierungskonferenz: „Das Verfassungskonzept, das darin bestand, alle bestehenden Verträge aufzuheben und durch einen einheitlichen Text mit der Bezeichnung ‚Verfassung' zu ersetzen, wird aufgegeben."[142], und diese Vorgabe ist auch umgesetzt worden. Allerdings geht es nicht um das Konzept einer Verfassung an sich, sondern um die spezielle Idee einer staatlichen Verfassung.[143] Der Europäische Rat wendet sich vor allem gegen eine „Verfassung" mit Außenminister, Gesetz und Symbolen (Flagge, Hymne, Leitspruch), mithin gegen die Anwendung der Idee einer staatlichen Verfassung auf die EU, nicht jedoch gegen die Verwendung eines offeneren Verfassungsbegriffs für Herrschaftsformen jenseits des Staates.[144] Auf dieser Linie judiziert auch das Bundesverfassungsgericht: Wenn sich auf der Ebene der EU staatliche Strukturen ausbilden oder sie auch nur „staatsanalog" weiterent-

---

[137] *Anne Peters*, Elemente einer Theorie der Verfassung Europas, 2001, S. 372 ff. (375: „Konstitution durch Evolution"); *Stephan Hobe*, Bedingungen, Verfahren und Chancen europäischer Verfassunggebung, EuR 2003, S. 1 (4 f.); *Stefan Oeter*, Europäische Integration als Konstitutionalisierungsprozess, ZaöRV, Bd. 59 (1999), S. 901 ff.; *Jürgen Schwarze*, Auf dem Weg zur Europäischen Verfassung, DVBl 1999, S. 1677 ff.

[138] *Hobe*, Verfassunggebung (Fn. 137), S. 5; *Manfred Zuleeg*, Die Vorzüge der Europäischen Verfassung, in: v. Bogdandy/Bast (Hrsg.), Europäisches VerfR, S. 1045 (1048 ff.).

[139] Begriff von *Ingolf Pernice*, Bestandssicherheit der Verfassungen: Verfassungsrechtliche Mechanismen zur Wahrung der Verfassungsordnung, in: Roland Bieber/Pierre Widmer (Hrsg.), Der europäische Verfassungsraum, 1995, S. 235 (261 ff.).

[140] Siehe nur *Peter M. Huber*, Europäisches und nationales Verfassungsrecht, VVDStRL, Bd. 60 (2001), S. 194 (199 ff.).

[141] *EuGH*, Gutachten 1/91, Slg. 1991, I-6079, Rn. 71; Gutachten 2/94, Slg. 1996, I-1759, Rn. 30 und 34, bestätigt durch *EuGH*, Gutachten 1/00, Slg. 2002, I-3493, Rn. 11–13. Dazu *Andreas v. Arnauld*, Normenhierarchien innerhalb des primären Gemeinschaftsrechts, EuR 2003, S. 191 ff., sowie kritisch *Markus Heintzen*, Hierarchisierungsprozesse innerhalb des Primärrechts der Europäischen Gemeinschaft, EuR 1994, S. 35 ff.

[142] Europäischer Rat (Brüssel), 21./22. 6. 2007, Schlussfolgerungen des Vorsitzes, Anlage I, Entwurf des Mandats für die Regierungskonferenz, Ratsdok. D/07/2, Ziff. 1; dazu bereits *Matthias Ruffert*, Aufgaben europarechtlicher Theoriebildung nach Lissabon, EuR 2010, Beiheft 1, S. 83 (86 ff.).

[143] Instruktiv *Meinhard Schröder*, Die Konstitutionalisierung der Europäischen Union – eine Zwischenbilanz, in: FS Michael Bothe, 2008, S. 1035 (1043 f.); sowie *Streinz/Ohler/Herrmann*, Vertrag von Lissabon (Fn. 125), S. 15 f.

[144] Nicht ganz so weitgehend *Armin v. Bogdandy*, Grundprinzipien des Unionsrechts – eine verfassungstheoretische und -dogmatische Skizze, EuR 2009, S. 749 (750); mit anderer Stoßrichtung hingegen *Christian Calliess*, Mitverantwortung der Rechtswissenschaft für die Verwendung des Verfassungstopos – Die Europäische Verfassung als Opfer der symbolischen Tragweite des Begriffes?, in: Ingolf Pernice (Hrsg.), Der Vertrag von Lissabon: Reform der EU ohne Verfassung?, 2008, S. 54 (78 ff.).

wickelt wird, kann sie nach dem Lissabon-Urteil von Art. 23 Abs. 1 GG und dem Zustimmungsgesetz nicht mehr getragen werden.[145] Insgesamt bildet das primäre Unionsrecht im Verbund mit dem mitgliedstaatlichen Verfassungsrecht den **konstitutionellen Rahmen für das Verwaltungshandeln im unionalen Verwaltungsraum.**[146]

b) Sekundärrecht

33   Das sekundäre Unionsrecht ist das abgeleitete, von den Organen gesetzte, dem Primärrecht nachgeordnete Unionsrecht.[147] Der Nachrang äußert sich auch im Gebot primärrechtskonformer Auslegung.[148] Der als Katalog von Rechts*akten* nach völkerrechtlichem Vorbild konzipierte Art. 288 AEUV ist längst als **Ermächtigung zur Setzung von Rechts*normen*** zu verstehen.[149] Nachdem im Verfassungsvertrag die Einführung der Kategorie des Europäischen Gesetzes geplant war, ist der Vertrag von Lissabon bei den überkommenen Bezeichnungen geblieben, hat aber einige Reformansätze verwirklicht (→ Rn. 39).

34   **Verordnungen,** Art. 288 Abs. 2 AEUV, sind abstrakt-generelle Rechtssätze des sekundären Unionsrechts. Sie sind in allen ihren Teilen und ohne mitgliedstaatlichen Umsetzungsakt für die gesamte Union verbindlich.[150] Mitgliedstaatliche Ausführungsakte sind allerdings nicht unzulässig und in manchen Verordnungen ausdrücklich vorgesehen (sog. hinkende Verordnung).[151] Grundsätzlich ist aber ab Inkrafttreten alles Verwaltungshandeln am Verordnungsrecht auszurichten. Der Vorteil der Verordnung für das Verwaltungsrecht liegt in der Möglichkeit europaweiter gleichförmiger Steuerung von Verwaltungsrechtsverhältnissen. Erkauft wird er mit dem Nachteil der fehlenden umsetzenden Einpassung in das mitgliedstaatliche Recht. Weil Verordnungen sowohl von Rat und Parlament als auch von der Kommission erlassen werden können, ist die Abgrenzung zwischen legislativer und exekutiver Rechtsetzung allein anhand der Handlungsform Verordnung nicht möglich[152], doch sehen Art. 289 ff. AEUV hier nunmehr eine Klärung vor (→ Rn. 81 ff.).

35   **Richtlinien,** Art. 288 Abs. 3 AEUV, sind ein Instrument kooperativer, zweistufiger Rechtsetzung, denn die verbindliche Normierung des Ziels durch das er-

---

[145] Verwendung des Begriffs in *BVerfGE* 123, 267 (365, 369, 371 und 420).
[146] Begriff: *Schmidt-Aßmann,* Strukturen: Einleitende Problemskizze (Fn. 36), S. 12 ff.
[147] *Werner Schroeder,* in: Streinz (Hrsg.), EUV/EGV, Art. 249 EG Rn. 21; *Martin Nettesheim,* in: Grabitz/Hilf (Hrsg.), EU-Recht, Art. 249 EG (2002), Rn. 232.
[148] *EuGH,* Rs. 218/82, Slg. 1983, 4063, Rn. 15; verb. Rs. 201 und 202/85, Slg. 1986, 3477, Rn. 21; Rs. C-314/89, Slg. 1991, 1647, Rn. 17; Rs. C-98/91, Slg. 1994, I-248, Rn. 9; *GA Léger,* Schlussantrag zu *EuGH,* Rs. C-63/00, Slg. 2002, I-4483, Ziff. 31; aus dem Schrifttum *Dirk Ehlers,* Die Einwirkungen des Rechts der Europäischen Gemeinschaften auf das Verwaltungsrecht, in: Erichsen/ders. (Hrsg.), VerwR, § 3 Rn. 37.
[149] *Matthias Ruffert,* in: Calliess/ders. (Hrsg.), EUV/AEUV, Art. 288 AEUV Rn. 7. Auch im Übrigen nimmt dieser Abschnitt die Darstellung im Kommentar auf.
[150] Näher *Matthias Ruffert,* in: Calliess/ders. (Hrsg.), EUV/AEUV, Art. 288 AEUV Rn. 8 f.
[151] Begriff: *Léontin-Jean Constantinesco,* Das Recht der Europäischen Gemeinschaften I, 1977, S. 562. Zu deren Zulässigkeit *Thomas Adam/Gerd Winter,* Framework elements in regulations, in: Gerd Winter (Hrsg.), Sources and Categories of European Union Law, 1996, S. 507 (510 f., 517 f.).
[152] *Huber,* Recht der Europäischen Integration, § 8 Rn. 117, und *Thomas Groß,* Exekutive Vollzugsprogrammierung durch tertiäres Gemeinschaftsrecht?, DÖV 2004, S. 20 ff., versuchen dies mit dem Konzept des „Tertiärrechts". Ohne Wertung *Martin Nettesheim,* in: Grabitz/Hilf (Hrsg.), EU-Recht, Art. 249 EG (2002), Rn. 13.

A. Rechtsquellen des Verwaltungsrechts

lassende Organ bedarf der Umsetzung durch effektive Formen und Mittel der Rechtsetzung in den Mitgliedstaaten.[153] Mögen sie auch zahlenmäßig hinter den Verordnungen zurücktreten,[154] so sind sie gerade im Verwaltungsrecht von erheblicher Bedeutung, weil maßgebliche Referenzgebiete durch Richtlinienrecht geprägt werden (Umweltrecht, Vergaberecht, Telekommunikationsrecht, Energierecht).[155]

Auch **Beschlüsse** (bis zum Vertrag von Lissabon als Entscheidungen bezeichnet), Art. 288 Abs. 4 AEUV, gehören zum unionalen Rechtsquellensystem. Ihre normative Tragweite entfalten sie vor allem als staatengerichtete Beschlüsse, die der EuGH ähnlich behandelt wie Richtlinien.[156] Adressatengerichtete Beschlüsse sind Einzelakte.[157] Beide Formen werden nun in Art. 288 Abs. 4 AEUV textlich voneinander getrennt[158]. Nicht mehr erforderlich ist es, die Verordnung als abstrakt-generelle Norm aus Gründen des Rechtsschutzes[159] vom Beschluss als Einzelakt abzugrenzen, denn Art. 263 Abs. 4 AEUV, die Nachfolgenorm zu Art. 230 Abs. 4 EGV, erlaubt nunmehr – sofern die Klagebefugnis vorliegt – den Rechtsschutz gegen „Handlungen", so dass die Fehlbezeichnung einer Verordnung nicht mehr zur Rechtsschutzverkürzung führen kann.[160] Im Ergebnis kommt es daher jetzt für die Kennzeichnung eines Rechtsaktes als Beschluss allein auf die **Bezeichnung** an. 36

Die unverbindlichen **Empfehlungen**, Art. 288 Abs. 5 AEUV, dienen als Instrument der „weichen", influenzierenden Steuerung. Gemeinsam mit den ebenfalls unverbindlichen Stellungnahmen sind sie allerdings nicht frei von Rechtswirkungen und gehören damit zum Rechtsquellensystem der Union. So sind Empfehlungen von den mitgliedstaatlichen Gerichten zu berücksichtigen,[161] und Stellungnahmen können Voraussetzung für den Erlass eines Rechtsakts oder Prozessvoraussetzung für eine Klage sein.[162] 37

Hinzu tritt eine **Fülle ungekennzeichneter Rechtsakte.** Interinstitutionelle Vereinbarungen,[163] Entschließungen, Mitteilungen, Erklärungen und ähnliche Akte können Rechtswirkungen erzeugen und sind taugliche Gegenstände des 38

---

[153] Umfassend *Sacha Prechal*, Directives in European Community Law, 2. Aufl. 2005.

[154] Siehe *Werner Schroeder*, in: Streinz (Hrsg.), EUV/EGV, Art. 249 EG Rn. 67.

[155] → Rn. 129.

[156] Näher *Rosa Greaves*, The Nature and Binding Effect of Decisions under Article 189 EC, European Law Review, Bd. 21 (1996), S. 4 (11 ff.). Zur Abgrenzung von der Richtlinie ausführlich *Ute Mager*, Die staatengerichtete Entscheidung als supranationale Handlungsform, EuR 2001, S. 661 (662 ff.).

[157] *Andrea Bockey*, Die Entscheidung der Europäischen Gemeinschaft, 1998, S. 34 f. (s. dort S. 31 zur Nähe zum Verwaltungsakt); *Werner Schroeder*, in: Streinz (Hrsg.), EUV/EGV, Art. 249 EG Rn. 132; *v. Bogdandy/Bast/Arndt*, Handlungsformen (Fn. 123), S. 77 (94 f.).

[158] Kritisch (noch zum VVE) die Würdigung bei *Matthias Vogt*, Die Entscheidung als Handlungsform des Europäischen Gemeinschaftsrechts, 2005, S. 335 ff.

[159] Dazu noch *Hans C. Röhl*, Die anfechtbare Entscheidung nach Art. 230 Abs. 4 EGV, ZaöRV, Bd. 60 (2000), S. 331 ff.

[160] Siehe ausführlich *Wolfram Cremer*, in: Calliess/Ruffert (Hrsg.), EUV/AEUV, Art. 263 AEUV Rn. 29. Diese Modifikation war schon im Konventsentwurf angelegt: *Matthias Köngeter*, Die Ambivalenz effektiven Rechtsschutzes Einzelner gegen EG-Verordnungen, Zeitschrift für Rechtsvergleichung 2003, S. 123 (130 ff.).

[161] *EuGH*, Rs. 322/88, Slg. 1989, 4407, Rn. 18; Rs. C-188/91, Slg. 1993, I-363, Rn. 18; *Werner Schroeder*, in: Streinz (Hrsg.), EUV/EGV, Art. 249 EG Rn. 139, 142; *Martin Nettesheim*, in: Grabitz/Hilf (Hrsg.), EU-Recht, Art. 249 EG (2002), Rn. 214.

[162] *Werner Schroeder*, in: Streinz (Hrsg.), EUV/EGV, Art. 249 EG Rn. 139.

[163] Zu ihnen *Florian v. Alemann*, Die Handlungsform der interinstitutionellen Vereinbarung, 2006.

Rechtsschutzes vor dem EuGH.[164] Aus diesem Kanon ungekennzeichneter Rechtsakte ist der Beschluss verselbständigt und in die Regelung zur früheren Entscheidung eingegliedert worden. Im Eigenverwaltungsrecht entwickelt sich zudem ein unsystematischer Korpus rechtlich unverbindlicher Mitteilungen und Verhaltenskodizes („soft law").[165] Ungeachtet neuerer Systematisierungsleistungen[166] wird die nicht vollständig durchschaubare Vielfalt überwiegend als unbefriedigend empfunden.[167]

c) Reform und Hierarchisierung

39 Art. 288 AEUV und die nachfolgenden Bestimmungen sind **Endpunkt eines langwierigen Reformprozesses mit dem Ziel der Hierarchisierung innerhalb des Sekundärrechts**[168] – und insoweit mit nur begrenzt befriedigendem Ergebnis[169]. Ursache für dieses Defizit ist ein inkonsequenter Umgang mit **Begriff und Idee eines europäischen Gesetzes im Vertrag von Lissabon**.[170] In der Verwen-

---

[164] *Matthias Ruffert*, in: Calliess/ders. (Hrsg.), EUV/AEUV, Art. 288 AEUV Rn. 106.
[165] *Priebe*, Die Aufgaben des Rechts (Fn. 45), S. 85. S. den „Kodex für gute Verwaltungspraxis in den Beziehungen der Bediensteten der Europäischen Kommission zur Öffentlichkeit"; ABl. EG 2000, Nr. L 267, S. 64; dazu *José Martínez Soria*, Die Kodizes für gute Verwaltungspraxis, EuR 2001, S. 682 ff.; *Knut Bourquain*, Die Förderung guten Verwaltungshandelns durch Kodizes, DVBl 2008, S. 1224 ff. Generell zum *soft law* im EU-Recht *Linda Senden*, Soft law in European Community Law, 2004; *Anne Peters*, Typology, Utility and Legitimacy of European Soft Law, in: FS Roland Bieber, 2007, S. 405 ff.
[166] Siehe vor allem *v. Bogdandy/Bast/Arndt*, Handlungsformen (Fn. 123), S. 77 (87 ff.); und vorher *Joachim Wuermeling*, Kooperatives Gemeinschaftsrecht, 1988.
[167] Art. I-33 Abs. 2 des VVE bestimmte daher, dass EP und Rat nicht vom (neuen) Formenkanon abweichen, wenn sie gesetzgeberisch tätig werden. Dieser Satz wurde im Vertrag von Lissabon gestrichen. Weniger kritisch als hier dagegen *Kaltenborn*, Numerus clausus (Fn. 6), S. 472 ff.
Besondere Probleme der Zuordnung und Qualifikation bereiteten bis zur Vertragsrevision 2009 die Handlungsformen nach dem EUV a. F. im Rahmen von GASP und PJZS. Nur diejenigen nach der GASP sind in Art. 25 EUV erhalten geblieben. Die (verwaltungs)praxisrelevanten Probleme der PJZS sind für die Zukunft entfallen (s. z. B. zur Problematik der unmittelbaren Wirkung von Rahmenbeschlüssen bzw. der rahmenbeschlusskonformen Auslegung nationalen Rechts *EuGH*, Rs. C-105/03, Slg. 2005, I-5285 – Pupino, sehr kritisch *Christian Hillgruber*, Anmerkung, JZ 2005, S. 841, wohl auch *Anne Wehnert*, Rahmenbeschlusskonforme Auslegung deutschen Strafrechts, NJW 2005, S. 3760 ff.; differenzierend *Michael Adam*, Die Wirkung von EU-Rahmenbeschlüssen im mitgliedstaatlichen Recht, EuZW 2005, S. 558 ff.; *Alexander Egger*, Die Bindung der Mitgliedstaaten an die Grundrechte in der III. Säule, EuZW 2005, S. 652 ff.; *Rudolf Streinz*, Anmerkung, JuS 2005, S. 1023; zustimmend *Christoph Herrmann*, Gemeinschaftsrechtskonforme Auslegung nationalen Rechts in Strafverfahren, EuZW 2005, S. 436 ff.
[168] Zu einem wissenschaftlichen Ansatz vor allem *Herwig Hofmann*, Normenhierarchien im europäischen Gemeinschaftrecht, 2000.
[169] Schon die Protokollerklärung Nr. 16 zum Vertrag von Maastricht hatte einen entsprechenden Reformauftrag enthalten (dazu *Pierre-Yves Monjal*, La Conférence intergouvernementale de 1996 et la hiérarchie des normes communautaires, RTDE, Bd. 32 [1996], S. 681 [684]). S. auch *Jean-Paul Jacqué*, La simplification et la consolidation des traités, RTDE, Bd. 33 [1997], S. 903 ff.; *Robert Kovar*, La déclaration n° 16 annexée au TUE: Chronique d'un échec annoncé?, CDE 1997, S. 3). Der Vertrag von Amsterdam enthielt eine Erklärung (Nr. 39) zur redaktionellen Qualität der gemeinschaftlichen Rechtsvorschriften (dazu *Thérèse Blanchet*, Transparence et qualité de la législation, RTDE, Bd. 33 [1997], S. 207 [219 f.]; *Christiaan Timmermans*, How Can One Improve the Quality of Community Legislation?, CMLRev., Bd. 34 [1997], S. 1229 ff.; *Helen Xanthaki*, The Problem of Quality in EU Legislation: What on Earth Is Really Wrong?, CMLRev., Bd. 38 [2001], S. 651 ff.). Im Vertrag von Nizza wurde das Thema nicht aufgegriffen, während. der Post-Nizza-Prozess einen entsprechenden Auftrag formulierte (Erklärung von Laeken, Die Zukunft der europäischen Union, [15. 12. 2001], SN 273/01, S. 4 [„bessere Definition der Instrumente"]).
[170] Generell zur Problematik dieses Begriffs im Unionsrecht *Jürgen Bast*, Handlungsformen und Rechtsschutz, in: v. Bogdandy/ders. (Hrsg.), Europäisches VerfR, S. 489 (546 ff.). Kritsch zum Ergeb-

dung dieses Begriffes wäre die lange überfällige **Anerkennung supranationaler Rechtsetzungsgewalt auf der Basis der dualen demokratischen Legitimation der Union**[171] zu sehen gewesen.[172] Die im Verfassungsentwurf vorgesehenen Kategorien „Europäisches Gesetz" und „Europäisches Rahmengesetz" sollten nach dem Mandat für die Regierungskonferenz im Vorfeld des Vertrages von Lissabon aufgegeben werden, um dem Reformvertrag keinen Verfassungscharakter (im Sinne einer Staatsverfassung) beizumessen[173]. Nicht geändert wurde jedoch im Vertrag von Lissabon die Bezeichnung des Normsetzungsverfahrens nach Art. 294 AEUV als „ordentliches Gesetzgebungsverfahren" und die Einführung verschiedener besonderer Gesetzgebungsverfahren im AEUV.

Die Rechtsakte der beschriebenen, überkommenen Kategorien Verordnung, Richtlinie und Beschluss (vormals Entscheidung) können nun

(1) in einem solchen Gesetzgebungsverfahren erlassen werden, dann sind sie Gesetzgebungsakte – Art. 289 AEUV,

(2) auf der Basis einer Delegation an die Kommission verabschiedet werden, dann sind sie delegierte Rechtsakte – Art. 290 AEUV – oder schließlich

(3) zur Durchführung des Unionsrechts ergehen, soweit es einer einheitlichen Durchführung bedarf, dann sind es Durchführungsrechtsakte – Art. 291 Abs. 3 AEUV.[174]

Eine **Systematik** entsteht also, wenn man die drei Kategorien verbindlicher Rechtsakte **Verordnung – Richtlinie – Beschluss** mit den neuen expliziten Kategorien **Gesetzgebungsakt, delegierter Rechtsakt und Durchführungsrechtsakt kombiniert**.[175] An diese Systematik lassen sich über Art. 292 AEUV die unverbindlichen Empfehlungen als einzelne Kategorie anschließen; ungekennzeichnete Rechtsakte bleiben außen vor. Diese Systematik hält das Vertragswerk allerdings nicht durchgehend ein. Vor allem gibt es Rechtsakte zur Durchführung von Primärrecht.[176] Im Ergebnis ist die seit langem geforderte Hierarchisierung der Unionsrechtsakte[177] mithin nur partiell verwirklicht[178]; die terminologische Stringenz muss von der Europarechtswissenschaft an den Vertrag herangetragen

---

nis des Reformprozesses *Edward Best*, Legislative Procedures after Lisbon: Fewer, Simpler, Clearer?, Maastricht Journal, Bd. 15 (2008), S. 85 ff.; positiver hingegen die Einschätzung von *Michael Dougan*, The Treaty of Lisbon 2007: Winning Minds, not Hearts, CMLRev., Bd. 45 (2008), S. 617 (638).

[171] Dazu *Matthias Ruffert*, in: Calliess/ders. (Hrsg.), EUV/AEUV, Art. 10 EUV Rn. 5 ff.

[172] Siehe *Koen Lenaerts/Marlies Desomer*, Towards a Hierarchy of Legal Acts in the European Union? Simplification of Legal Instruments and Procedures, ELJ, Bd. 11 (2005), S. 744 ff. Im Vorfeld *Monjal*, Conférence intergouvernementale (Fn. 169), S. 715. *Herwig Hofmann*, A Critical Analysis of the new Typology of Acts in the Draft Treaty Establishing a Constitution of Europe, EIoP 2003/9, S. 24 f., spricht sogar von einem „mild earthquake". Kritisch hingegen *Henning Rieckhoff*, Der Vorbehalt des Gesetzes im Europarecht, 2007, S. 117 ff.

[173] Europäischer Rat (Brüssel), 21./22. 6. 2007, Schlussfolgerungen des Vorsitzes, Anlage I, Entwurf des Mandats für die Regierungskonferenz, Ratsdok. D/07/2, Ziff. I 3. *Herwig Hofmann*, Legislation, Delegation and Implementation under the Treaty of Lisbon: Typology Meets Reality, ELJ, Bd. 15 (2009), S. 482 (486), weist auf die kaum reflektierte Entstehung der neuen Normkategorien hin.

[174] Zur Fortsetzung der Komitologie in diesem Kontext → Rn. 83.

[175] So auch *Hofmann*, Legislation (Fn. 173), S. 482.

[176] *Bast*, Handlungsformen und Rechtsschutz (Fn. 170), S. 549.

[177] Hierzu *Roland Bieber/Isabelle Salomé*, Hierarchy of Norms in European Law, CMLRev., Bd. 33 (1996), S. 907 (924); *Hélène Gaudin*, Amsterdam: l'échec de la hiérarchie des normes?, RTDE, Bd. 35 (1999), S. 1 ff.

[178] Vgl. auch *Monjal*, Conférence intergouvernementale (Fn. 169), S. 701 ff., sowie *Thijmen Koopmans*, Regulations, directives, measures, in: FS Ulrich Everling, 1995, S. 691 (693 f.).

werden – ohne sich von einer Übertragung nationalstaatlicher Kategorien auf das Unionsrecht leiten zu lassen[179]. Auswirkungen zeitigt die Reform vor allem im Kontext der Exekutivrechtsetzung im Europarecht.[180]

2. Völkerrecht

40 Das Völkerrecht dringt erst mit Verzögerungen in die verwaltungsrechtliche Rechtsquellenlehre vor. Dabei unterliegt diese Rechtsschicht selbst tiefgreifenden Veränderungen, die seine Verwaltungsrechtsrelevanz weiter erhöhen.[181] Wandelt sich das altvordere Koordinationsvölkerrecht über das Kooperationsvölkerrecht[182] zum „Weltinnenrecht" der internationalen Gemeinschaft[183] – wobei Elemente der zeitlich abgestuften Schichten nebeneinander bestehen können[184] –, so wirkt diese **völkerrechtliche Verdichtung** auf den Umfang der Verwaltungsaufgaben und die Möglichkeiten zu ihrer Bewältigung zurück. Schrittweise weichen bilaterale Austausch- und Verpflichtungsstrukturen dem multilateralen (oder gar universalen) Standard mit kooperativ-institutionalisierter, wenn auch nicht zentralisierter Durchsetzung (*compliance*[185]). Der rechtliche Verdichtungsgrad ist dabei von Bereich zu Bereich verschieden und mit der organisatorischen Verdichtung strukturell verkoppelt; insoweit wird der politikwissenschaftlichen Lehre von den internationalen Beziehungen das Modell der Regime entlehnt.[186] Grundsätzlich bedeutet die Eingliederung der Staaten in die Kooperationsstrukturen der internationalen Gemeinschaft nicht den Verlust der äußeren Souveränität, sondern ihre Verwirklichung.[187]

41 **Völkerrechtliche Verträge** fügen sich in ihrer Doppelnatur – Rechtsquelle des Völkerrechts und Handlungsform der Völkerrechtssubjekte – ausgezeichnet in eine steuerungstheoretisch inspirierte Rechtsquellenlehre ein, und sie sind in ih-

---

[179] *Bast*, Handlungsformen und Rechtsschutz (Fn. 170), S. 513, 549. – Auch der Vorstoß, interinstitutionelle Beziehungen durch Organgesetze („*loi organique*") romanisch-französischer Prägung zu ordnen (Roland *Bieber*/Bettina *Kahil*, „Organic Law" in the European Union, in: Winter [Hrsg.], Sources [Fn. 151], S. 423), ist gescheitert.

[180] → Rn. 81 ff.

[181] → Rn. 14.

[182] Grundlegend *Wolfgang Friedmann*, The Changing Structure of International Law, 1964, S. 45 ff., 61 f.

[183] Begriff des Weltinnenrechts von *Jost Delbrück*, Wirksameres Völkerrecht oder neues Weltinnenrecht?, in: Klaus Dicke/Stephan Hobe/Karl-Ulrich Meyn/Eibe Riedel/Hans J. Schütz (Hrsg.), Die Konstitution des Friedens als Rechtsordnung, 1996, S. 318 (320); *ders.*, Von der Staatenordnung über die internationale institutionelle Kooperation zur ‚supraterritorial or global governance'?, in: Ulrich Bartosch/Jochen Wagner (Hrsg.), Weltinnenpolitik, 1998, S. 55 ff., in Anlehnung an den von *Carl F. v. Weizsäcker* geprägten Begriff der Welt-Innenpolitik. Zur internationalen Gemeinschaft grundlegend *Andreas Paulus*, Die internationale Gemeinschaft im Völkerrecht, 2001.

[184] *Cassese*, International Law (Fn. 67), S. 21.

[185] *Christian Tietje*, The Changing Legal Structure of International Treaties as an Aspect of an Emerging Global Governance Architecture, GYIL, Bd. 42 (2000), S. 26 (27 f. m. w. N.); *ders.*, Verwaltungshandeln (Fn. 54), S. 264 ff.

[186] Grundlegend *Stephen D. Krasner*, Structural causes and regime consequences: regimes as intervening variables, in: ders. (Hrsg.), International Regimes, 1983, S. 1 (2); *Volker Rittberger* (Hrsg.), Regime Theory and International Relations, 1995. Umfassender Literaturbericht bei Anne-Marie *Slaughter*/Andrew S. *Tulumello*/Stephan *Wood*, International Law and International Relations Theory, AJIL, Bd. 92 (1998), S. 367 ff. Zusammenfassend *Matthias Ruffert*, Zuständigkeitsgrenzen internationaler Organisationen im institutionellen Rahmen der internationalen Gemeinschaft, AVR, Bd. 38 (2000), S. 129 (141 ff.).

[187] Grundlegend *Abram Chayes*/*Antonia Handler Chayes*, The New Sovereignty, 1995.

A. Rechtsquellen des Verwaltungsrechts

rer Vielgestaltigkeit zentrales rechtliches Steuerungsinstrument der internationalen Gemeinschaft.[188] Durch völkerrechtlichen Vertrag kann sowohl ein bilaterales Austausch- und Kooperationsverhältnis rechtlich unterfüttert (*traité contrat*; verwaltungsrechtliches Beispiel: Grenzvertrag, Polizeiabkommen) als auch ein multilaterales Regelungsgeflecht errichtet werden *(traité loi).*[189] Solche multilateralen völkervertraglichen Normkomplexe werden häufig unter Federführung einer universalen (UNO) oder regionalen Internationalen Organisation geschlossen (Europarat, Regionalkommissionen der UNO). Neben den Gründungsverträgen der großen regionalen und universalen internationalen Organisationen sowie Menschenrechtsinstrumenten werden bereichsbezogene materiellrechtliche Abkommen zunehmend wichtiger. Die Beispiele reichen von verfahrensrechtlichen Regeln bei der grenzüberschreitenden Dokumentenzustellung,[190] über umweltrechtliche Regelungen (Umweltverträglichkeitsprüfung[191], Individualberechtigung[192]) bis hin zu materiell-wirtschaftsverwaltungsrechtlichen Vorschriften.[193]

Innerstaatliche Verbindlichkeit – und damit unmittelbare Relevanz für die Verwaltung – erlangen völkerrechtliche Verträge durch das Vertragsgesetz nach Art. 59 Abs. 2 S. 1, 2. Alt. GG.[194] Darüber hinaus ist das innerstaatliche Recht durch völkerrechtsfreundliche Auslegung dem Völkerrecht anzupassen.[195] Sie wurzelt in der Vermutung, dass der Gesetzgeber im offenen Verfassungsstaat bei der Rechtsetzung nicht auf den Bruch des Völkerrechts zielt und in der Absicht, dass eine völkerrechtliche Verantwortlichkeit der Bundesrepublik so weit wie möglich vermieden werden soll.[196] **42**

---

[188] Näher *Tietje,* Verwaltungshandeln (Fn. 54), S. 245 ff. S. auch *Wolff Heintschel v. Heinegg,* in: Knut Ipsen (Hrsg.), Völkerrecht, 5. Aufl. 2004, Vor § 9 Rn. 4. S. auch → Bd. I *Schmidt-Aßmann,* § 5 Rn. 46.

[189] Statt vieler *Matthias Herdegen,* Völkerrecht, 8. Aufl. 2009, § 15 Rn. 7; *Ian Brownlie,* Principles of Public International Law, 6. Aufl. 2003, S. 12.

[190] European Convention on the Service Abroad of Documents relating to Administrative Matters (1977/1982), ETS Nr. 94 (BGBl II [1981], S. 533 und BGBl I [1982], S. 1057).

[191] Convention on Environmental Impact Assessment in a Transboundary Context (Espoo-Convention, 1991), 30 ILM 800 (1991) (7. 6. 2001 [BGBl II [2001], Nr. 22 für Deutschland] mit Protocol on Strategic Environmental Assessment [SEA-Protocol], 2003), www.unece.org/env/eia/documents/protocolenglish.pdf.

[192] Convention on Access to Information, Public Participation in Decision-making and Access to Justice in Environmental Matters (Aarhus-Konvention, 1998), 38 ILM 517 (1999). Ausführlich *Angela Schwerdtfeger,* Der deutsche Verwaltungsrechtsschutz unter dem Einfluss der Aarhus-Konvention, 2010.

[193] → Rn. 149 ff., insbes. 165 ff.

[194] *Philip Kunig,* Völkerrecht und staatliches Recht, in: Wolfgang Graf Vitzthum (Hrsg.), Völkerrecht, 5. Aufl. 2010, 2. Abschn. Rn. 110 ff.; *Bernhard Kempen,* in: v. Mangoldt/Klein/Starck (Hrsg.), GG II, Art. 59 Abs. 2 Rn. 81 ff.; *Rudolf Streinz,* in: Sachs (Hrsg.), GG, Art. 59 Rn. 60 ff.
Zur Wirksamkeit von Völkerrecht innerhalb der EU am Beispiel des WTO-Rechts → Rn. 164.

[195] *Jochen Abr. Frowein,* Federal Republic of Germany, in: Franics G. Jacobs/Shelley Roberts (Hrsg.), The Effect of Treaties in Domestic Law, 1987, S. 63 (68 f.); *Christian Tomuschat,* Die staatsrechtliche Entscheidung für die internationale Offenheit, in: HStR VII, 1992, § 172 Rn. 27 ff.; *Albert Bleckmann,* Der Grundsatz der Völkerrechtsfreundlichkeit der deutschen Rechtsordnung, DÖV 1996, S. 137 ff.; *Karl-Peter Sommermann,* Völkerrechtlich garantierte Menschenrechte als Maßstab der Verfassungskonkretisierung, AöR, Bd. 114 (1989), S. 391 (417 ff.: menschenrechtsfreundliche Auslegung); *Michael Schweitzer,* Staatsrecht III, 10. Aufl. 2010, Rn. 440 c. Speziell für die EMRK → Rn. 145.

[196] *Tomuschat,* Entscheidung für internationale Offenheit (Fn. 195), § 172 Rn. 35, sowie (für die EMRK) BVerfGE 74, 358 (370). Enger BVerfGE 111, 307 (328 f.), wonach eine nicht grundgesetzkonforme EMRK-Auslegung außer Acht gelassen werden kann. Dies löst aber die völkerrechtliche Verantwortlichkeit Deutschlands aus: *Cremer,* Bindungswirkung (Fn. 58), S. 689.
Widersprüchlich BVerfGE, 112, 1 (25 f.): verfassungsunmittelbare Pflicht zur Durchsetzung des Völkerrechts einerseits, Vorrang der Verfassung vor dem Völkerrecht im Konfliktfall andererseits.

§ 17 Rechtsquellen und Rechtsschichten des Verwaltungsrechts

43 Ausdrücklich erwähnt das Grundgesetz die Kategorie des **Verwaltungsabkommens,** das von der Bundesregierung (Regierungsabkommen) oder einem Minister (Ressortabkommen) ohne parlamentarische Zustimmung geschlossen wird, Art. 59 Abs. 2 S. 2 GG.[197] Bedarf es als sog. normatives Verwaltungsabkommen einer weiteren Umsetzung (nicht nur des schlichten Einzelfallvollzuges), so geschieht dies durch selbstgesetztes Recht der Exekutive (Rechtsverordnung, Verwaltungsvorschrift).[198] Im kooperativen Geflecht der Verwaltungsabkommen erfährt die Verwaltung mithin eine Aufwertung.[199]

44 Die **anderen traditionellen Völkerrechtsquellen,** wie sie Art. 38 IGH-Statut entnommen werden, insbesondere das für den Staatenverkehr bedeutsame Völkergewohnheitsrecht, sind selten von verwaltungsrechtsrelevantem Inhalt. Grundsätzlich wirken sie über Art. 25 GG im deutschen Verwaltungsrecht.[200] Immerhin weisen die allgemeinen Rechtsgrundsätze des Völkerrechts eine methodische Nähe zu denen des Verwaltungsrechts auf, da sie im innerstaatlichen Recht wurzeln.[201] Neueren Datums ist die Qualifikation einzelner (auch völkervertraglicher) Normen zu solchen des zwingenden Völkerrechts, und es lassen sich deutliche Tendenzen verzeichnen, diesen Normen über die Wirkungen im internationalen Rechtsverkehr hinaus (Nichtigkeit von Verträgen, Art. 53, 64 WVK) besondere innerstaatliche Wirkungen beizumessen.[202] Auch wenn es sich zumeist um Fundamentalnormen der Humanität handelt, kann ihre Verwaltungsrechtsrelevanz deswegen nicht generell geleugnet werden.[203]

Auch Unionsrecht ist völkerrechtskonform auszulegen: *Ton Heukels,* Von richtlinienkonformer zur völkerrechtskonformen Auslegung im EG-Recht: Internationale Dimensionen einer normhierarchiegerechten Interpretationsmaxime, ZEuS 1999, S. 313 (319 ff.).

[197] Vgl. *Bernhard Kempen,* in: v. Mangoldt/Klein/Starck (Hrsg.), GG II, Art. 59 Abs. 2, Rn. 103; *Rudolf Streinz,* in: Sachs (Hrsg.), GG, Art. 59 Rn. 78; *Hans D. Jarass,* in: ders./Pieroth, GG, Art. 59 Rn. 21; *Ondolf Rojahn,* in: v. Münch/Kunig (Hrsg.), GGK II, Art. 59 Rn. 53.

[198] *Bernhard Kempen,* in: v. Mangoldt/Klein/Starck (Hrsg.), GG II, Art. 59 Abs. 2, Rn. 107; *Ingolf Pernice,* in: Dreier (Hrsg.), GG II, Art. 59 Rn. 51; *Rudolf Streinz,* in: Sachs (Hrsg.), GG, Art. 59 Rn. 80 f., *Hans D. Jarass,* in: ders./Pieroth, GG, Art. 59, Rn. 20 f.; *Ondolf Rojahn,* in: v. Münch/Kunig (Hrsg.), GGK II, Art. 59 Rn. 56 (mit Beispielen Rn. 56 a). – Zu den einzelnen Handlungsformen → Bd. II *Hill* § 34.

[199] Analyse der Verwaltungsabkommen bei *Elfried Härle,* Die völkerrechtlichen Verwaltungsabkommen der Bundesrepublik, GYIL, Bd. 12 (1965), S. 63 ff. Verwaltungsabkommen spielen auch im kooperativen Föderalismus eine Rolle: *Reinhard Warmke,* Verwaltungsabkommen in der Bundesrepublik Deutschland, DV, Bd. 24 (1991), S. 455 ff.

[200] *Kunig,* Völkerrecht (Fn. 194), Rn. 131 ff. Argumente gegen – unberechtigte – Zweifel, auch die allgemeinen Rechtsgrundsätze als allgemeine Regeln nach Art. 25 GG zu verstehen bei *Christian Koenig,* in: v. Mangoldt/Klein/Starck (Hrsg.), GG II, Art. 25 Rn. 23.

[201] Siehe *Wolfgang Graf Vitzthum,* Begriff, Geschichte und Quellen des Völkerrechts, in: ders., Völkerrecht (Fn. 194), 1. Abschn. Rn. 143.

[202] *Georg Dahm/Jost Delbrück/Rüdiger Wolfrum,* Völkerrecht I/1, 2. Aufl. 1989, § 9 II 2; *Ingolf Pernice,* in: Dreier (Hrsg.), GG II, Art. 25 Rn. 6 f.; *Stephan Hobe/Christian Tietje,* Schießbefehl an der DDR-Grenze und ius cogens, AVR, Bd. 32 (1994), S. 130 (132, 137); *Karen Parker/Lynn B. Neylon,* Jus Cogens: Compelling the Law of Human Rights, Hastings International and Comparative Law Review, Bd. 12 (1989), S. 411 (449 ff.).
Leading case in der völkerrechtlichen Praxis: International Criminal Trial for Yugoslavia (ICTY), Urteil vom 10. 12. 1998, *Prosecutor* v. *Anto Furundzija* Rn. 155–157 (verfügbar unter: www.un.org/icty/furundzija/trialc2/judgement/index.htm). Dazu *Cassese,* International Law (Fn. 67), S. 208.
Die Position des *EuG,* Rs. T-306/01, Rn. 277 ff. zur Kontrolle von EU-Recht auf der Grundlage von UN-Resolutionen ist durch den EuGH nicht gehalten worden: *EuGH,* verb. Rs. C-402/05 P und C-415/05 P, Slg. 2008, I-6531, Rn. 211–230, insbes. 226 f.

[203] Z.B. Folterverbot bei der polizeilichen Gefahrenabwehr; zu diesem Aspekt *Bernhard Kretschmer,* Folter in Deutschland – Rückkehr einer Ungeheuerlichkeit?, RuP 2003, S. 102 (110).

A. Rechtsquellen des Verwaltungsrechts

Jenseits des Art. 38 IGH-Statut – aber keinesfalls außerhalb des etablierten völkerrechtlichen Quellenkanons – steht das (abgeleitete) **Recht Internationaler Organisationen**.[204] In diesem Kontext häufen sich auch rechtlich unverbindliche, gleichwohl politisch beachtliche Normen (sog. *soft law* oder *pré-droit*).[205]

Die **transnationale Behördenkooperation** kann Regelungsformen hervorbringen, deren Beachtung durch die betroffenen Verwaltungszweige ebenso außer Frage steht wie ihre fehlende völkerrechtliche Verbindlichkeit.[206] Paradigmatisch ist das System des Basler Ausschusses für Bankenaufsicht, der sich aus Vertretern der Notenbanken und anderen für die Bankenaufsicht zuständigen Behörden von mittlerweile 27 Industriestaaten und Schwellenländern zusammensetzt.[207] Der Ausschuss hat u.a. die – ausdrücklich rechtlich nicht verbindliche[208] – Basler Eigenkapitalübereinkunft formuliert, die das Erfordernis einer hinreichenden Eigenkapitalausstattung für Banken in Abhängigkeit von der Bonität des Kreditnehmers enthält[209] und grundlegend überarbeitet worden ist („Basel II"[210] sowie „Basel III" – Entwurfsstadium[211]). Vergleichbare Mechanismen gibt es im Wertpapierhandel durch die IOSCO (International Organization of Securities Commissions)[212] und im Versicherungssektor durch die IAIS (International Association of Insurance Supervisors).[213]

Der Informations- und Kommunikationscharakter von Normen entfaltet hier seine steuernde Kraft. Noch auffälliger ist dies, wenn die Steuerung nicht mehr über Normen erfolgt, sondern über einvernehmliche Standardisierung (Benchmarking) und vergleichende Berichte, wie dies die „PISA"-Studie der OECD öffentlich sichtbar gemacht hat.[214]

---

[204] Näher → Rn. 149ff. Zur Offenheit der völkerrechtlichen Rechtsquellenlehre *Kaltenborn*, Numerus Clausus (Fn. 6), S. 464ff.

[205] *Graf Vitzthum*, Quellen (Fn. 201), Rn. 152; *Tietje*, Verwaltungshandeln (Fn. 54), S. 255ff. S. auch den Ansatz zur Einbindung von *soft law* in einen Regelungsverbund bei *Matthias Knauff*, Der Regelungsverbund: Recht und Soft Law im Mehrebenensystem, 2010; ferner *Anne Peters/Isabella Pagotto*, Soft Law as a New Mode of Governance: A Legal Perspective, NewGov-Paper 04/D11 (abrufbar unter www.eu-newgov.org/database/DELIV/D04D11_Soft_Law_as_a_NMG-Legal_Perspective.pdf).
Für die Verwaltung relevant ist die im Rahmen der UNCED-Konferenz von Rio de Janeiro 1992 beschlossene Agenda 21 (abrufbar unter: www.un.org/esa/sustdev/documents/agenda21/index.htm).

[206] → Bd. I *Schmidt-Aßmann*, § 5 Rn. 45.

[207] Siehe generell *David Zaring*, International Law by Other Means: The Twilight Existence of International Financial Regulatory Organizations, Texas International Law Journal, Bd. 33 (1998), S. 281 (289f.); *Anne-Marie Slaughter*, Governing the Global Economy through Government Networks, in: Michael Byers (Hrsg.), The Role of Law in International Politics, 2000, S. 177 (181ff.).

[208] *Zaring*, International Law (Fn. 207), S. 289. S. allgemein *Slaughter*, Global Economy (Fn. 207), S. 189ff.

[209] Abrufbar unter: www.bis.org/publ/bcbs04A.pdf. S. *Zaring*, International Law (Fn. 207), S. 290.

[210] Ergebnis abrufbar unter: www.bis.org/publ/bcbs107.htm. Hinzu treten die – ebenfalls rechtlich unverbindlichen – Kernprinzipien für die effektive Bankenaufsicht (abrufbar unter: www.bis.org/bcbs/publ_06.htm).

[211] http://bis.org/publ/bcbs189.pdf.

[212] Siehe unter www.iosco.org, sowie *Zaring*, International Law (Fn. 207), S. 292ff.; *Slaughter*, Global Economy (Fn. 207), S. 184f. Diese Verbindung ist privatrechtlicher Natur.

[213] *Zaring*, International Law (Fn. 207), S. 297f.; *Slaughter*, Global Economy (Fn. 207), S. 186. Die IAIS ist als gemeinnützige Gesellschaft in Illinois konstituiert und widmet sich nicht der Harmonisierung von Aufsichtsregeln, sondern dem Gedankenaustausch zwischen den Aufsichtsbehörden.

[214] Rechtliche Basis der Studie ist allein die allgemeine Verpflichtung der Mitgliedstaaten in Art. 2 lit. b OECD-Übereinkommen, die Entwicklung u.a. der Berufsausbildung zu fördern. In diesem

3. Verfassungsrecht

a) „Verwaltungsrecht als konkretisiertes Verfassungsrecht"

48 Während in anderen europäischen Rechtsordnungen das Wandlungspotential durch den Impuls der Verfassung gerade erst entdeckt wird,[215] ist die Durchdringung der gesamten deutschen Rechtsordnung durch das Verfassungsrecht ein Gemeinplatz,[216] der für gewöhnlich durch die „rituelle"[217] Gegenüberstellung der Aussagen *Otto Mayers*[218] und *Fritz Werners*[219] illustriert wird.[220] Im Innern des offenen Verfassungsstaates Bundesrepublik Deutschland beansprucht das Grundgesetz vorrangige Geltung, und dieser Anspruch ist in Art. 20 Abs. 3 GG generell sowie in Art. 1 Abs. 3 GG für die Grundrechte auch gegenüber dem Verwaltungsrecht normativ abgesichert.[221] Der Vorrang ermöglicht es dem Verfassungsrecht, nicht nur einzelne dogmatische Figuren des Verwaltungsrechts zu begründen und auszuformen, sondern auch insgesamt systemprägend auf das Verwaltungsrecht einzuwirken.[222]

49 Infolge dieser Konstitutionalisierung der Rechtsordnung ist das Verwaltungsrecht ein zentrales Bewährungsfeld des Verfassungsrechts. Der sprichwörtliche Konkretisierungsauftrag der Verfassung an das Verwaltungsrecht erweist sich dabei als Doppelauftrag: Das Verwaltungsrecht muss die verfassungsrechtlichen Bindungen der Verwaltung ebenso aktualisieren, wie es an anderer Stelle verfassungsrechtliche Strukturvorgaben zu realisieren hat.[223] Bindungen wie Gestaltungsvorgaben können als strikte Regelungen oder konkretisierungsbedürftige Prinzipien in Erscheinung treten. Im Gegenzug droht das Verwaltungsrecht durch sein Streben nach Verfassungskonformität sogar, andere Zielsetzungen aus dem Auge zu verlieren.[224] Entsprechendes Gewicht erlangen Strategien zur

---

Rahmen nimmt eine Reihe von Staaten freiwillig am Programme for International Student Assessment (PISA) teil, in dessen Rahmen die jeweiligen Studien ausgeschrieben und die Ergebnisse veröffentlicht werden; näher www.pisa.oecd.org. Zur bildungspolitischen Aktivität der OECD *Hugo J. Hahn/Albrecht Weber*, Die OECD, 1976, S. 279 f.; zu PISA *Armin v. Bogdandy/Matthias Goldmann*, The Exercise of International Public Authority through National Policy Assessments. The OECD's PISA Policy as a Pradigm for a New Standard Instrument, International Organisations Law Review, Bd. 5 (2008), S. 241 ff.; sowie generell *Matthias Ruffert/Christian Walter*, Institutionalisiertes Völkerrecht, 2009, Rn. 95.

[215] Zu den daraus resultierenden Problemen in England und Frankreich *Matthias Ruffert*, Die Methodik der Verwaltungsrechtswissenschaft in anderen Ländern der Europäischen Union, in: Schmidt-Aßmann/Hoffmann-Riem, Methoden, S. 165 (195 ff.).

[216] Umfassend *Gunnar Folke Schuppert/Christian Bumke*, Die Konstitutionalisierung der Rechtsordnung, 2000.

[217] So *Ossenbühl*, Arten der Rechtsquellen (Fn. 27), § 6 Rn. 2.

[218] *Mayer*, VerwR, Vorwort: „Verfassungsrecht vergeht, Verwaltungsrecht besteht." Zur Aussage *Mayers* gehört die Missverständnisse auflösende Erläuterung durch *Otto Bachof*, Die Dogmatik des Verwaltungsrechts vor den Gegenwartsaufgaben der Verwaltung, VVDStRL, Bd. 30 (1972), S. 193 (204 f.).

[219] Siehe Überschrift dieses Abschnitts: *Fritz Werner*, Verwaltungsrecht als konkretisiertes Verfassungsrecht, DVBl 1959, S. 527 ff.

[220] Siehe auch *Dirk Ehlers*, Verfassungsrecht und Verwaltungsrecht, in: Erichsen/ders. (Hrsg.), VerwR, § 6 Rn. 1.

[221] *Ehlers*, Verfassungsrecht und Verwaltungsrecht (Fn. 220), § 6 Rn. 2; *Horn*, Verwaltung (Fn. 87), S. 96 ff.

[222] → Bd. I *Schmidt-Aßmann* § 5 Rn. 8 f.; *ders.*, Ordnungsidee, 1. Kap. Rn. 19.

[223] Grundlegend *Schmidt-Aßmann*, Ordnungsidee, 1. Kap. Rn. 30 ff.

[224] → Bd. I *Reimer* § 9 Rn. 103.

A. Rechtsquellen des Verwaltungsrechts

Wahrung des Selbstandes des Verwaltungsrechts. Die Betonung gesetzgeberischer Gestaltungsspielräume in der Ausgestaltung von Grundrechtsinhalten und bei der Auflösung von Grundrechtskollisionen führt dazu, dass **verfassungskonformes Verwaltungsrecht in der Rechtsanwendung dem Rückgriff auf Verfassungsrecht vorgeht.** Dem durch Art. 20 Abs. 3 GG, 1 Abs. 3 GG begründeten Geltungsvorrang des Verfassungsrechts steht ein Anwendungsvorrang des einfachgesetzlichen Verwaltungsrechts gegenüber.[225] Dieses einfachgesetzliche Verwaltungsrecht ist wiederum ausgesprochen stark durch verfassungsrechtliche Vorgaben geprägt, und wo einfachgesetzliche Regelungen lückenhaft bleiben, können die Lücken unmittelbar mit verfassungsrechtlichem Material gefüllt werden.

Gravitationsfelder verfassungsrechtlicher Einwirkungen auf das Verwaltungsrecht sind dementsprechend die organisationsrechtlichen Fixpunkte des Verfassungsrechts einerseits sowie seine grundlegenden Prinzipien und ihre Ableitungszusammenhänge andererseits. Zu letzteren zählen vor allem das Demokratie- und Rechtsstaatsprinzip,[226] wobei dem Rechtsstaatsprinzip die weitreichenden grundrechtlichen Einflussnahmen auf das Verwaltungsrecht systematisch zugeordnet werden können. Beide Prinzipien wirken gleichermaßen disziplinierend wie effektuierend,[227] während bei den ebenfalls systemprägenden Prinzipien Sozialstaat[228] und Umweltstaat[229] die effektuierende Seite überwiegt. Mit der unterschiedlichen normativen Dichte der verfassungsrechtlichen Vorgaben korrelieren die unterschiedlichen Modi der verfassungsrechtlichen Überformung des Verwaltungsrechts. Sie reichen von der Durchsetzung des vorrangigen Verfassungsrechts über notwendige Anpassungen und präzise Aufträge bis zu gestaltungs- und interpretationsleitenden Vorgaben bei der Ausformulierung verwaltungsrechtlicher Prinzipien und der verfassungskonformen Auslegung des Verwaltungsrechts.[230]

b) Prägung des Verwaltungsrechts durch die Grundrechte

Vor allem aber prägen die Grundrechte das Verwaltungsrecht auf diese Weise.[231] Im Geflecht verfassungs(=grundrechts)geprägten Verwaltungsrechts und unmittelbar verfassungsrechtlicher Lückenfüllung können verwaltungsrechtliche **Sonderdogmatiken** entstehen, deren thematische Grenzen sich an den Schutzbereichen der Einzelgrundrechte einerseits und an den Sachstrukturen des jeweiligen Gebiets des besonderen Verwaltungsrechts andererseits orientieren.[232]

Drei Beispiele mögen diese Zusammenhänge näher verdeutlichen: (1) Die geltenden Regelungen des Versammlungsgesetzes machen die verfassungsrechtli-

---

[225] *Ehlers*, Verfassungsrecht und Verwaltungsrecht (Fn. 220), § 4 Rn. 4. Grundlegend *Rainer Wahl*, Der Vorrang der Verfassung und die Selbständigkeit des Gesetzesrechts, NVwZ 1984, S. 401 ff.
[226] → Bd. I *Schmidt-Aßmann* § 5 Rn. 49 ff., *Trute* § 6 Rn. 3.
[227] Begriffspaar nach *Schmidt-Aßmann*, Ordnungsidee, 1. Kap. Rn. 32 a. E.
[228] → Bd. I *Schmidt-Aßmann* § 5 Rn. 98 ff.
[229] Grundlegend *Christian Calliess*, Rechtsstaat und Umweltstaat, 2001, S. 74 ff., → Bd. I *Schmidt-Aßmann* § 5 Rn. 111 ff.
[230] Umfassend *Andreas Voßkuhle*, Theorie und Praxis der verfassungskonformen Auslegung von Gesetzen durch die Fachgerichte, AöR, Bd. 125 (2000), S. 177 ff.
[231] Siehe umfassend *Schmidt-Aßmann*, Ordnungsidee, 1. Kap. Rn. 56 ff., sowie → Bd. I *ders.* § 5 Rn. 8 ff., *Masing* § 7 Rn. 37 ff.
[232] Ähnlich *Schmidt-Aßmann*, Ordnungsidee, 2. Kap. Rn. 66.

che Garantie des Art. 8 Abs. 1 GG in verfassungskonformer Weise handhabbar, indem sie deren verfassungsunmittelbare („friedlich und ohne Waffen") und verfassungsimmanente (andere Verfassungsgüter) Schranken sowie den Gesetzesvorbehalt des Abs. 2 (gesetzliche Beschränkungen bei Versammlung unter freiem Himmel) einfachgesetzlich konkretisieren.[233] Die gesetzliche Regelung ist dabei punktuell in ihrer Interpretation verfassungsrechtlich überformt, um die Verfassungskonformität zu wahren (Eil- und Spontanversammlung).[234] Ist eine Konstellation nicht gesetzlich geregelt (z.B. Auflösung einer nichtöffentlichen Versammlung im geschlossenen Raum), so verlagert sich die Problemlösung in eine unmittelbar verfassungsrechtlich geprägte Abwägung.[235] – (2) Die Eigentumsgarantie des Art. 14 Abs. 1 GG verlangt den Bestandsschutz eigentumskräftiger Rechtspositionen im Baurecht. Weil Inhalt und Schranken des Eigentums jedoch durch die bauplanungsrechtlichen Regelungen der §§ 29 ff. BauGB einfachgesetzlich bestimmt sind (s. Art. 14 Abs. 1 S. 2 GG), besteht kein Raum mehr für einen unmittelbaren Rückgriff auf das Grundgesetz, wobei sich die einschlägige Bestimmung des § 35 Abs. 4 BauGB als Kodifizierung und Weiterentwicklung verfassungsrechtlich induzierter Abwägungsentscheidungen darstellt.[236] – (3) Das gesetzgeberische Versagen im Staatshaftungsrecht hat eine differenzierte Bereichsdogmatik der Eigentumsgarantie hervorgebracht, wobei die einfachrechtliche, Inhalt und Schranken ausgestaltende Ebene über weite Strecken in der Rechtsprechung der ordentlichen Gerichte in Zivilsachen durch ungeschriebene Rechtssätze substituiert wird.[237]

c) Verfassungsrecht als Basis allgemeiner Rechtsgrundsätze

53 Verfassungsrecht wirkt außerdem als Basis allgemeiner Rechtsgrundsätze. Rechtsordnungsübergreifende, überpositive Regeln und Prinzipien wurzeln im Verfassungsrecht und werden durch konkretisierende Interpretation auf Einzelfälle heruntergebrochen, um die spezifischen Funktionen allgemeiner Rechtsgrundsätze zu entfalten.[238]

d) Verfassungsrecht im Verfassungsverbund

54 Zentral für ein realitätsnahes Verständnis der Rechtsquelle Verfassungsrecht ist die Anordnung öffentlicher Herrschaft in einem Mehrebenensystem und der daraus resultierende Verbundcharakter des Verfassungsrechts. Das Grundgesetz ist Bestandteil des europäischen Verfassungsverbundes;[239] geographisch darüber hinausreichende konstitutionelle Verbundstrukturen sind im Entstehen begriffen, ohne freilich die Tiefe der europäischen Verfassungsvernetzung anzustreben oder erreichen zu können.[240] Im Innern vertieft und verfeinert das Bundes-

---

[233] Im Überblick *Schenke*, PolizeiR, Rn. 360 ff.; *Wolfgang Hoffmann-Riem*, Kommunikationsfreiheiten, 2002, S. 251 (291 ff.).
[234] *BVerfGE* 69, 315 (349 ff.).
[235] *Schenke*, PolizeiR, Rn. 343.
[236] *BVerwGE* 85, 289 (295); 106, 228 (233 ff.); *Walter Krebs*, Baurecht, in: Schmidt-Aßmann/Schoch (Hrsg.), Bes. VerwR, 4. Kap. Rn. 143–146 (insbes. 146).
[237] Siehe nur *Ossenbühl*, StaatshaftungsR, S. 214 ff. Umfassend → Bd. III *Höfling* § 51.
[238] → Rn. 95 ff. Zur Konkretisierung von Verfassungsprinzipien grundlegend *Franz Reimer*, Verfassungsprinzipien, 2001, S. 273, 458 ff.
[239] → Rn. 32.
[240] → Rn. 154 ff.

staatsprinzip die organisationsrechtliche Grundaufteilung,²⁴¹ und auf der Ebene des Landesverfassungsrechts besteht die Option zur Ausdifferenzierung einzelner Vorgaben und Prinzipien.

4. Parlamentarische Gesetze

Das Gesetz ist das **zentrale Medium parlamentarischer Steuerung** durch Recht.²⁴² Selbst durch das Parlament in höchstem Maße demokratisch legitimiert, vermag es durch ausdrückliche oder implizite Ermächtigung anderen Rechtsquellen Legitimität zu vermitteln.²⁴³ Im Übrigen sind die mit der Rechtsform Gesetz verbundenen Rechtsfragen eng mit anderen Themen der steuerungsorientierten Verwaltungsrechtswissenschaft verknüpft.²⁴⁴ Der Vorschlag eines „Europäischen Gesetzes" zeigt schließlich, dass das Gesetz als Rechtsquelle nicht an die nationalstaatliche Ebene gebunden ist.²⁴⁵

55

Die überkommene spätkonstitutionelle Differenzierung nach **Gesetz im formellen und Gesetz im materiellen Sinn** spielt allenfalls noch eine **untergeordnete Rolle**.²⁴⁶ Ob einem Gesetzesvorbehalt mit exekutiver Verordnungsgebung Genüge getan werden kann, ist durch seine Auslegung zu ermitteln.²⁴⁷

56

Als zentrales Instrument der Steuerung durch Recht sieht sich das Gesetz Anforderungen gegenübergestellt, die es nicht erfüllen kann. Übernormierung und Fehlsteuerungen sind die Folge.²⁴⁸ Die Gesetzgebungswissenschaft als Teil der Verwaltungsrechtswissenschaft muss noch weiterentwickelt werden²⁴⁹ – vor allem aber eine Chance erhalten, im politischen Tagesgeschäft zur Anwendung zu kommen. Das „outsourcing" von gesetzgebungsvorbereitenden Arbeiten (bis hin zur Erarbeitung eines Entwurfs) ist insoweit nur Symptom für die entsprechenden Defizite; „Maximen guter Gesetzgebung" können durch vor allem verfahrensrechtliche Kautelen Fehlsteuerungen entgegenwirken.²⁵⁰ Qualitätsprobleme des Gesetzesrechts wirken unmittelbar auf die Aufgabe der Rechtsquellenlehre zurück: Konnte sich die Rechtswissenschaft dereinst darauf beschränken, als Interpretationswissenschaft die in den Gesetzen wurzelnde Rationalität für den Einzelfall aus diesen zu gewinnen, muss sie nun das Gesetz im Gefüge der Rechtsquellen verorten, eine dem Ganzen adäquate Rationalität entwickeln und mit der gesetzlichen Regelung verbinden.²⁵¹

57

---

²⁴¹ Ausführlich *Christian Heitsch*, Die Ausführung der Bundesgesetze durch die Länder, 2001.
²⁴² Der Begriff des „Parlamentsrechts" ist anders belegt und bezeichnet die Regeln und Prinzipien parlamentarischer Selbstorganisation. In der Übertragung auf Kollegialorgane der Verwaltungsorganisation können sie verwaltungsrechtliche Relevanz erhalten; vgl. grundlegend *Meinhard Schröder*, Grundlagen und Anwendungsbereich des Parlamentsrechts, 1979. Außerdem ist die Organisation parlamentarischer Willensbildung Voraussetzung und Bedingung der Gesetze: *Horst Dreier*, Regelungsform und Regelungsinhalt des autonomen Parlamentsrechts, JZ 1990, S. 310 (315).
²⁴³ → Bd. I *Reimer* § 9 Rn. 10.
²⁴⁴ → Bd. I *Schmidt-Aßmann* § 5 Rn. 63 ff., *Trute* § 6 Rn. 3 ff., *Reimer* § 9 Rn. 84 ff.
²⁴⁵ → Rn. 39.
²⁴⁶ Zu ihr *Stern*, StaatsR II, S. 561 ff.; *Badura*, StaatsR, F, Rn. 3.
²⁴⁷ Siehe nur *Ossenbühl*, Arten der Rechtsquellen (Fn. 27), § 6 Rn. 6.
²⁴⁸ Statt vieler *Ossenbühl*, Gesetz und Recht (Fn. 2), § 100 Rn. 71 ff.
²⁴⁹ → Bd. I *Franzius* § 4 Rn. 103 a ff.
²⁵⁰ Zum Ganzen *Michael Kloepfer*, Gesetzgebungsoutsourcing – Die Erstellung von Gesetzentwürfen durch Rechtsanwälte, NJW 2011, S. 131 ff.; *Julian Krüper*, Lawfirm – legibus solutus?, JZ 2010, S. 655 ff.; *Ulrich Battis*, Outsourcing von Gesetzentwürfen?, ZRP 2009, S. 201 ff.
²⁵¹ → Bd. I *Voßkuhle* § 1 Rn. 15; *ders.*, Methode und Pragmatik im Öffentlichen Recht, in: Hartmut Bauer/Detlef Czybulka/Wolfgang Kahl/ders. (Hrsg.), Umwelt, Wirtschaft und Recht, 2002, S. 172 (179 f.).

5. Selbstgesetztes Recht der Exekutive

a) Vorbemerkung

58 Die Angewiesenheit des Verwaltungsrechts auf exekutivische Durchführung und Detailregelung steht außer Frage. Gesetzesrecht ist prinzipiell offen für die **einzelfallbezogene Feinsteuerung.** Auch das Unionsverwaltungsrecht kommt nicht ohne Durchführungsrechtsetzung aus. Trotz dieses unbestrittenen Befundes hat sich ein gegen selbstgesetztes Recht der Exekutive insgesamt gerichteter Generalverdacht nie ganz ausräumen lassen, der sein demokratisches und rechtsstaatliches Niveau in Frage stellt[252] und der nicht zuletzt in einem engen Verständnis der Gewaltenteilung wurzelt.[253] Europäisches wie deutsches Verfassungsrecht beschränken sich für die Rechtsetzung durch die Exekutive auf Teilregelungen (Art. 290 und 291 AEUV, Art. 80 GG[254]) und überlassen die nähere Ausgestaltung der Dogmatik.[255] Deren Aufgabe ist es, die Wirkungsweisen der unterschiedlichen Typen selbstgesetzten exekutivischen Rechts gleichzeitig funktionsadäquat und unter Wahrung des rechtsstaatlichen und des demokratischen Prinzips abzubilden.

59 Die Funktion des **Verwaltungsaktes,** komplexe Rechtsverhältnisse – in den Grenzen der Bestandskraft – unabhängig von seiner Vereinbarkeit mit gesetzlichen Vorgaben zu regeln, rechtfertigt es, auch Verwaltungsakte zu den Rechtsquellen zu zählen.[256] Die Abgrenzung zwischen abstrakt-generellen Regelungen und konkreten Einzelfallentscheidungen, wie sie im Tatbestandsmerkmal „zur Regelung eines Einzelfalls" in § 35 S. 1 VwVfG ihren Niederschlag findet, führt indes dazu, den Verwaltungsakt als separates Rechtsinstitut von der exekutivischen Rechtsetzung abzuschichten, wofür auch Gründe der Praktikabilität sprechen.[257]

b) Verordnungsrecht

60 Die Aufgabe einer funktionsadäquaten dogmatischen Einbindung stellt sich bereits beim Verordnungsrecht. Rechtsverordnungen sind materielle Rechtsnormen, die **aufgrund formell-gesetzlicher Ermächtigungen** – an die bestimmte Anforderungen gestellt werden – von der Exekutive erlassen werden und die **allgemeinverbindlich** wirken.[258] Zentrale Gesetze einzelner verwaltungsrechtlicher Referenzgebiete wie BauGB, BImSchG, WHG, KrW-/AbfG, GenTG oder TKG bleiben ohne ihr jeweiliges verordnungsrechtliches Umfeld leere Hülle und toter Buchstabe.[259] Die hohe quantitative Dichte des Verordnungsrechts – „pro

---

[252] Vgl. *Fritz Ossenbühl,* Gesetz und Verordnung im gegenwärtigen Staatsrecht, ZG 1997, S. 305 (305).

[253] Statt vieler *Hermann Pünder,* Exekutive Normsetzung in den Vereinigten Staaten von Amerika und der Bundesrepublik Deutschland, 1995, S. 13 ff.

[254] Hinzu kommen die Verordnungsermächtigungen der Landesverfassungen: Art. 61 BWVerf.; Art. 55 Nr. 2 BayVerf.; Art. 64 Berl.Verf.; Art. 80 BrandenbVerf.; Art. 124 BremVerf.; Art. 53 HambVerf.; Art. 107, 118 HessVerf.; Art. 57 MVVerf.; Art. 43 NiedersachsVerf.; Art. 70 NWVerf.; Art. 110 RPVerf.; Art. 104 SaarlVerf.; Art. 75 SachsVerf.; Art. 79 LSAVerf.; Art. 38 SHVerf.; Art. 84 ThürVerf.

[255] *Schmidt-Aßmann,* Rechtsverordnung (Fn. 78), S. 486.

[256] *Schmidt-Aßmann,* Ordnungsidee, 6. Kap. Rn. 104; *ders.,* Der Verwaltungsakt zwischen Stabilität und Flexibilität, in: Hoffmann-Riem/Schmidt-Aßmann, Innovation, S. 199 (233 f.).

[257] Siehe daher → Bd. II *Bumke* § 35.

[258] *Fritz Ossenbühl,* Rechtsverordnung, in: HStR V, § 103 Rn. 1.

[259] *Schmidt-Aßmann,* Rechtsverordnung (Fn. 78), S. 477.

Werktag eine Rechtsverordnung"[260] – unterstreicht seine praktische Bedeutung ebenso wie seine unumstrittene Funktion, das Parlament von fachorientierten, technisch-detaillierten und teilweise vorübergehenden Regelungen zu entlasten – und damit die Effizienz parlamentarischen Handelns letztlich zu stärken.[261] In der Theorie mündet die zurückhaltende Grundstimmung gegenüber Verordnungen, die sich aus historischen Erfahrungen speist,[262] wenn auch nicht mehr in eine „Verordnungsphobie der deutschen Staatsrechtslehre"[263], so doch in eine eigentümliche Diskrepanz zwischen verfassungsgerichtlichem, durch vom Verfassungstext gelöste Formelvielfalt ermöglichten[264] Pragmatismus einerseits, der die Anforderungen an die Verordnungsgebung im Grundsatz streng begreift, jedoch sachbereichsbezogene Lockerungen zulässt,[265] und Fundamentalkritik andererseits, die jenen Pragmatismus als zu wenig rechtssicher verwirft.[266] Gesetzesrecht soll die Regel, Verordnungsrecht die Ausnahme sein.[267]

Erster verfassungsrechtlicher Ausgangspunkt der steuerungstheoretischen **61** Perspektive ist die **Ablehnung eines** Rechtsetzungsmonopols des Parlaments oder eines – schwächer formulierten – **Gebots quantitativ restriktiver Verordnungsermächtigung und -gebung,** denn Art. 80 Abs. 1 GG kann zur Begründung derartiger Restriktionen nicht angeführt werden.[268] Ihr zweiter verfassungsrechtlicher Ausgangspunkt ist das Verständnis der Gewaltenteilung als funktionsgerechter Zuständigkeitsordnung und des Art. 80 GG als deren Ausprägung.[269] Ermächtigendes Gesetz und Verordnungsgebung sind in wechselseitiger Ergänzung aufeinander bezogen, und die Gesetzesakzessorietät der Ver-

---

[260] So *Ossenbühl*, Gesetz und Verordnung (Fn. 252), S. 310; weiteres Zahlenmaterial in: *ders.*, Rechtsverordnung (Fn. 258), § 103 Rn. 6; *Seiler*, Parlamentsvorbehalt (Fn. 76), S. 29. S. auch *Schmidt-Aßmann*, Rechtsverordnung (Fn. 78), S. 477.

[261] *Michael Brenner*, in: v. Mangoldt/Klein/Starck (Hrsg.), GG III, Art. 80 Rn. 8; *Ossenbühl*, Rechtsverordnung (Fn. 258), § 103 Rn. 2 f.; *Seiler*, Parlamentsvorbehalt (Fn. 76), S. 87 f.; *v. Bogdandy*, Rechtsetzung (Fn. 1), S. 208.

[262] Zu nennen sind die Erfahrungen des Spätkonstitutionalismus (monarchisches Verordnungsrecht gegen parlamentarische Rechtsetzung), der Weimarer Zeit (Flucht in die Rechtsverordnung) und des Nationalsozialismus (exzessiver Gebrauch von Verordnungen im „Führerstaat"), vgl. zu den historischen Umständen *Schmidt-Aßmann*, Rechtsverordnung (Fn. 78), S. 479; *Ossenbühl*, Gesetz und Verordnung (Fn. 252), S. 307 f.; *ders.*, Rechtsverordnung (Fn. 258), § 103 Rn. 11 ff. Umfassend zur Geschichte des Verordnungsrechts *Michael Nierhaus*, in: BK, Art. 80 (1998), Rn. 21 ff.

[263] So *Ossenbühl*, Gesetz und Verordnung (Fn. 252), S. 309.

[264] Zu den einzelnen Formeln (Vorhersehbarkeitsformel, Selbstentscheidungsformel, Programmformel) s. nur *Thomas Mann*, in: Sachs (Hrsg.), GG, Art. 80 Rn. 27.

[265] Std. Rspr. seit BVerfGE 1, 14 (59 f.); 8, 274 (321), s. vor allem BVerfGE 102, 1 (35). S. auch *Seiler*, Parlamentsvorbehalt (Fn. 76), S. 178; *v. Bogdandy*, Rechtsetzung (Fn. 1), S. 324 f.; *Hartmut Bauer*, in: Dreier (Hrsg.), GG II, Art. 80 Rn. 31.

[266] *Brun-Otto Bryde*, in: v. Münch/Kunig (Hrsg.), GGK III, Art. 80 Rn. 21; *Wolfram Cremer*, Art. 80 Abs. 1 S. 2 GG und Parlamentsvorbehalt – Dogmatische Unstimmigkeiten in der Rechtsprechung des Bundesverfassungsgerichts, AöR, Bd. 122 (1997), S. 248 (260 ff.); *Axer*, Normsetzung (Fn. 82), S. 367; *Thomas v. Danwitz*, Die Gestaltungsfreiheit des Verordnungsgebers, 1989, S. 103 ff.; frühe Kritik bei *Horst Hasskarl*, Die Rechtsprechung des Bundesverfassungsgerichts zu Art. 80 Abs. 1 Satz 2 GG, AöR, Bd. 94 (1969), S. 85 (102 ff.). Zu beiden Positionen *Schmidt-Aßmann*, Rechtsverordnung (Fn. 78), S. 478 f.

[267] BVerfGE 1, 14 (59 f.); 24, 184 (197).

[268] *Schmidt-Aßmann*, Rechtsverordnung (Fn. 78), S. 484 (ähnlich ebd. S. 486).

[269] Vgl. *Schmidt-Aßmann*, Rechtsverordnung (Fn. 78), S. 490; *Friedrich Schoch*, Der Verwaltungsakt zwischen Stabilität und Flexibilität, in: Hoffmann-Riem/Schmidt-Aßmann, Innovation, S. 199 (233 ff.). Zur Gewaltenteilung als funktionsgerechter Zuständigkeitsordnung → Bd. I *Poscher* § 8 Rn. 28 f.

ordnungsgebung²⁷⁰ wird durch ein austariertes Zusammenspiel materiellrechtlicher wie verfahrensrechtlicher Elemente sichergestellt. Insofern ist die gängige Bezeichnung der Verordnung als abgeleitete Rechtsquelle unglücklich.²⁷¹

62 Hinsichtlich der materiellrechtlichen Anforderungen wird das Ziel einer funktionsadäquaten Dogmatik der Verordnung dadurch erreicht, dass man die Bestimmtheit nach Inhalt, Zweck und Ausmaß i.S.v. Art. 80 Abs. 1 S. 2 GG nicht als größtmögliche, sondern als dem Regelungsgegenstand angemessene Bestimmtheit versteht,²⁷² jenseits deren sich das Verordnungsermessen²⁷³ entfalten kann – ganz im Sinne des intuitiv pragmatischen Ansatzes des Bundesverfassungsgerichts in seiner Rechtsprechung.²⁷⁴ Die judikative Intuition ist indes durch die angesprochene Kombination mit prozeduralen Elementen zu rationalisieren. Erlaubt ein Regelungsgegenstand aus bestimmten Gründen – namentlich wegen seiner Abhängigkeit von zukünftigen, unvorhersehbar sich verändernden Umständen – keine langfristige gesetzliche Bestimmtheitsvorgabe, so kann die materiell geminderte Gesetzesakzessorietät durch Verfahrensregelungen kompensiert werden.²⁷⁵ Hierzu zählt bereits das formale Zitiergebot des Art. 80 Abs. 1 S. 3 GG, das die Exekutive zur Vergewisserung über die Konformität mit der gesetzlichen Ermächtigungsgrundlage zwingt, so dass ein Verstoß zur Nichtigkeit führt.²⁷⁶ Darüber hinaus ist Art. 80 GG, der in Abs. 2 nur ein Zustimmungsrecht des Bundesrates aus föderalen Erwägungen vorsieht, in verfahrensrechtlicher Hinsicht wenig hilfreich. Ohne ausdrückliche verfassungsrechtliche Erwähnung sind aber die zeitliche Befristung von Verordnungen, Revisionsklauseln oder Zustimmungsvorbehalte zugunsten des Parlaments seit langem anerkannt.²⁷⁷ Die Streitfrage, ob die Zustimmung auch einem Parlamentsausschuss vorbehalten werden kann,²⁷⁸ beurteilt sich dann nach dem Maß

---

²⁷⁰ Begriff: *Schmidt-Aßmann*, Rechtsverordnung (Fn. 78), S. 488.
²⁷¹ → Bd. I *Reimer* § 9 Rn. 69 ff.
²⁷² *Schmidt-Aßmann*, Rechtsverordnung (Fn. 78), S. 489. Beispiel: *BVerfGE* 101, 1 (31 ff.).
²⁷³ Zu diesem *v. Danwitz*, Gestaltungsfreiheit (Fn. 266), S. 185 ff.; *Michael Brenner,* in: v. Mangoldt/Klein/Starck (Hrsg.), GG III, Art. 80, Rn. 68 ff.
²⁷⁴ Auf dieser Ebene kann auch die Spannung abgebaut werden, die durch pauschale Verordnungsermächtigungen zur Umsetzung von Unionsrecht entstehen (z. B. § 57 KrW-/AbfG; §§ 37, 48a BImSchG; § 23 WHG); Art. 80 Abs. 1 S. 2 GG wird hier durch Art. 23 GG beeinflusst, dazu *Meinhard Schröder*, Richtlinienumsetzung und Anwendungsprobleme, in: Gerhard Hohloch (Hrsg.), Richtlinien der EU und ihre Umsetzung in Deutschland und Frankreich, 2001, S. 113 (120); *Michael Nierhaus,* in: BK, Art. 80 (1998), Rn. 316 ff. Strenger *Michael Brenner,* in: v. Mangoldt/Klein/Starck (Hrsg.), GG III, Art. 80, Rn. 39; kritisch *Sebastian Weihrauch,* Pauschale Verordnungsermächtigungen zur Umsetzung von EG-Recht, NVwZ 2001, S. 265 ff.
²⁷⁵ *Schmidt-Aßmann*, Ordnungsidee, 6. Kap. Rn. 87.
²⁷⁶ *BVerfGE* 101, 1 (42 f.). Allgemein macht Art. 80 Abs. 1 S. 3 GG die Verlagerung der Rechtsetzungskompetenz auf die Exekutive transparent und kontrollierbar – auch zugunsten des Normadressaten (ebd. S. 41 f.).
²⁷⁷ *Schmidt-Aßmann*, Rechtsverordnung (Fn. 78), S. 490 f.; *Ossenbühl*, Rechtsverordnung (Fn. 258), § 103 Rn. 46 und 57 ff.; *Arnd Uhle,* Parlament und Rechtsverordnung, 1999, S. 399 ff. (400); 458 ff. (459); 525 ff.; *Pünder*, Normsetzung (Fn. 253), S. 155 ff. (mit Hinweis auf die andere Rechtslage in den USA); *Klaus Grupp,* Zur Mitwirkung des Bundes beim Erlass von Rechtsverordnungen, DVBl 1974, S. 177 ff.; *BayVGH,* DVBl 1983, S. 1157 (1158). Argument für Letztere: Übertragung unter Vorbehalt ist Minus zur Volldelegation, *BVerfGE* 8, 274 (321). Kritisch im Zusammenhang mit der Kompensationsidee *v. Danwitz,* Gestaltungsfreiheit (Fn. 266), S. 125 ff.
²⁷⁸ *Uhle,* Parlament (Fn. 277), S. 511 ff.; *Ossenbühl,* Rechtsverordnung (Fn. 258), § 103 Rn. 64 ff.; *Pünder*, Normsetzung (Fn. 253), S. 160 f.; *Michael Nierhaus,* in: BK, Art. 80 (1998), Rn. 224 ff. (dort zum *obiter dictum* in *BVerfGE* 4, 193 [203]).

der materiellen Determiniertheit des Verordnungsinhalts und dem daraus folgenden verfahrensrechtlichen Kompensationsbedarf.[279] Zur Beteiligung des Parlaments tritt die Partizipation gesellschaftlicher Gruppen durch Anhörung.[280] Darüber hinaus muss Verordnungsgebung sich in einfachen Verfahren vollziehen, damit der gewünschte Effekt der vereinfachten Rechtsetzung erreicht wird.[281]

Die Ausbalancierung der materiellrechtlichen Gesetzesakzessorietät mit den **63** verfahrensrechtlichen Kompensationsmechanismen ist eine Aufgabe der Wertung, Gewichtung und Abwägung.[282] Die sich gegenseitig ergänzende legislative und exekutive Rechtsetzung vollzieht sich in einem **verfassungsrechtlichen Korridor,** dessen äußere Grenzen von **Art. 80 Abs. 1 GG** markiert werden. Auf der einen Seite geht die Ermächtigungsnorm Art. 80 Abs. 1 S. 1 GG von einer nach Verantwortungsebenen getrennten Wahrnehmung der Gesetzgebungsfunktion aus.[283] Die Verknüpfung durch gegenseitige Ergänzung zwischen den Rechtsetzungsebenen darf nicht zu einer Gewalten- und Verantwortungsvermischung und damit zur organisierten Verantwortungslosigkeit führen. Schon deswegen ist die nachträgliche inhaltliche Änderung von Verordnungen durch einfachen Parlamentsbeschluss unzulässig; hinzu tritt das Argument des Formenmissbrauchs.[284] Auf der anderen Seite kennt Art. 80 GG kein vom Gesetz gelöstes Verordnungsrecht. Dieses Charakteristikum der deutschen Rechtsquellenlehre offenbart sich im Rechtsvergleich: Im Gegensatz zur französischen Verfassung der V. Republik reagiert das Grundgesetz nicht auf eine Phase jahrzehntelangen Parlamentarismusversagens (III. und IV. Republik), sondern auf vorangehende Exzesse der Exekutive, so dass Art. 80 GG zum *pouvoir réglementaire,* der autonomen Rechtsetzungsbefugnis der französischen Regierung unter Beachtung punktueller parlamentarischer Vorbehaltsbereiche, in deutlichem Kontrast steht.[285] Ebenso wären sog. *Henry VIII-clauses*, die im englischen Verfassungs- und Verwaltungsrecht weitreichende Gesetzesänderungen durch nachrangiges Recht ermöglichen,[286] hierzulande verfassungswid-

---

[279] Ähnlich differenzierend *v. Danwitz,* Gestaltungsfreiheit (Fn. 266), S. 119 ff.
[280] Dazu *Anke Frankenberger,* Umweltschutz durch Rechtsverordnung, 1998, S. 194 ff.; *v. Bogdandy,* Rechtsetzung (Fn. 1), S. 391 ff.; *v. Danwitz,* Gestaltungsfreiheit (Fn. 266), S. 123 ff.
[281] Für Bundesverordnungen: §§ 15 Abs. 1 lit. b, 26 Abs. 2, 30 GOBReg; ggf. Umlaufverfahren nach § 20 Abs. 2 GOBReg (zur Verfassungskonformität BVerfGE 91, 148 [169]). Umfassend *Christoph Gößwein,* Allgemeines Verwaltungsverfahrensrecht der administrativen Normsetzung, 2001.
[282] *v. Bogdandy,* Rechtsetzung (Fn. 1), S. 190 ff., 378.
[283] Deutlich BVerfGE 1, 14 (60).
[284] *Michael Nierhaus,* in: BK, Art. 80 (1998), Rn. 190 ff.; *Achterberg,* VerwR, § 21 Rn. 15 a. E. A. A. *Ossenbühl,* Rahmen (Fn. 92), S. 4.
[285] Zum *pouvoir réglementaire Seiler,* Parlamentsvorbehalt (Fn. 76), S. 165 ff.; *v. Bogdandy,* Rechtsetzung (Fn. 1), S. 262 ff.; *Rainer Grote,* Das Regierungssystem der V. Französischen Republik, 1995, S. 93 ff.
[286] Die Bezeichnung geht zurück auf eine fragwürdige Anspielung auf ein 1547 außer Kraft getretenes Gesetz von 1539; näher *Guido Kleve/Benjamin Schirmer,* England und Wales, in: Jens-Peter Schneider (Hrsg.), Verwaltungsrecht in Europa, 2007, S. 35 (61 m. w. N. in Fn. 137); *Owen H. Phillips/ Paul Jackson/Patricia Leopold,* Constitutional and Administrative Law, 8. Aufl. 2001, Ziff. 29–013. – Der zunehmende Rückgriff auf Verordnungsermächtigungen wird kontrovers beurteilt, s. einerseits *John A. G. Griffith,* The Common Law and the Political Constitution, Law Quarterly Review, Bd. 117 (2001), S. 42 (52: Normsetzung als Bestandteil von *government*), andererseits *Gabriele Ganz,* Delegated Legislation: A Necessary Evil or a Constitutional Outrage?, in: Peter Leyland/Terry Woods (Hrsg.), Administrative Law Facing the Future: Old Constraints and New Horizons, 1997, S. 60 (Missbrauch exekutiver Gestaltungsmacht durch Verordnungsrecht).

§ 17 Rechtsquellen und Rechtsschichten des Verwaltungsrechts

rig.[287] Die als **gesetzesändernde oder -vertretende Verordnungen** bezeichneten Regelungsmuster bleiben als punktuelle Zurücknahmen des gesetzlichen Regelungsanspruches zur Feinabstimmung[288] dahinter zurück und damit im Rahmen des Art. 80 Abs. 1 S. 2 GG.[289] Ähnliches gilt dann, wenn der Gesetzgeber im Verfahren förmlicher Gesetzgebung ein Verordnungsrecht ändert: Das dadurch geänderte Verordnungsrecht behält den Verordnungsrang, so dass – auch ohne sog. **„Entsteinerungsklauseln"**, wie sie nach der gesetzlichen Gesamtrevision einer Regelungsmaterie häufig klarstellend in Verordnungen eingefügt werden – die nachträgliche Abänderung durch Verordnung möglich ist.[290]

c) Satzungen

64 Satzungen sind die im Rahmen der **Selbstverwaltung** exekutivisch erzeugten Rechtsquellen,[291] Selbstverwaltung ist staatliche Gemeinwohlverantwortung mit verfasster Betroffenenteilnahme.[292] Die Rechtsform Satzung ermöglicht dem Träger administrativer Autonomie die normative Gestaltung seiner Aufgabenwahrnehmung.[293] Entsprechend ist der Inhalt von Satzungen aufgabenabhängig[294] und weniger rückgebunden an den Ursprung der Autonomie in der Verfassung (Art. 28 Abs. 2 und Art. 87 Abs. 2 GG) oder im einfachen Recht mit verfassungsrechtlichem Hintergrund.[295] Befugt zum Erlass von Satzungen kön-

---

[287] Siehe *BVerfGE* 8, 155 (171): „[...] innerhalb des Staatsgefüges [ist] eine Gewichtsverschiebung zwischen gesetzgebender Gewalt und Verwaltung" unzulässig. Ähnlich (und ausführlich) *Michael Nierhaus*, in: BK, Art. 80 (1998), Rn. 228 ff.

[288] Regionale Anpassung: § 10 Abs. 1 LadSchlG (sofern nicht durch Landesrecht ersetzt); Anpassung an technisch-naturwissenschaftliche Entwicklungen: § 1 Abs. 2, 3 und 4 BtMG (s. *BVerfG*, NJW 1992, S. 107; NJW 1998, S. 669; dazu statt vieler *Harald H. Körner*, Betäubungsmittelgesetz, 6. Aufl. 2007, § 1 Rn. 25 ff., m.w.N. zur vereinzelt vertretenen Auffassung, die Regelung sei verfassungswidrig, § 10 Abs. 2, 5 AWG (a. A. – verfassungswidrig, da erhebliche Gewichtsverschiebung [s. Fn. 266] –: *Volker Epping*, Die Außenwirtschaftsfreiheit, 1998, S. 430 ff.; *Harald Hohmann*, in: ders./Klaus John [Hrsg.], Ausfuhrrecht, 2002, § 10 AWG Rn. 39); Ausnahme in Notfällen: § 79 AMG.

[289] *Helmut Sinn*, Die Änderung gesetzlicher Regelungen durch einfache Rechtsverordnung, 1971, S. 24 ff; *Ossenbühl*, Rechtsverordnung (Fn. 258), § 103 Rn. 27 und 38 f. Zu weitgehend *v. Bogdandy*, Rechtsetzung (Fn. 1), S. 233.

[290] Dazu vor allem *BVerfGE* 114, 196 (240), sowie *BVerwGE* 107, 313 (317 ff.); *Arnd Uhle*, Verordnungsänderung durch Gesetz und Gesetzesänderung durch Verordnung?, DÖV 2001, S. 241 ff.; ders., Verwaltungsgerichtliche Normenkontrolle von Gesetzesrecht?, DVBl 2004, S. 1272 ff.; *Fritz Ossenbühl*, Anmerkung, JZ 2003, S. 1066; *Christoph Külpmann*, Änderungen von Rechtsverordnungen durch den Gesetzgeber, NJW 2002, S. 3436 ff.; *Horst Sendler*, Verordnungsänderung durch Gesetz und „Entsteinerungsklausel", NJW 2001, S. 2859 ff.; *Christian Seiler*, Parlamentarische Einflussnahmen auf den Erlaß von Rechtsverordnungen im Lichte der Formenstrenge, ZG 2001, S. 50 ff.; *Hans Schneider*, Gesetzgebung, 3. Aufl. 2002, Rn. 663; *Hartmut Bauer*, Parlamentsverordnung, in: FS Reiner Schmidt, 2006, S. 237 ff.; *Frauke Brosius-Gersdorf*, Der Gesetzgeber als Verordnungsgeber, ZG 2007, 305 ff.

[291] *BVerfGE* 10, 20 (49 f.); 33, 125 (156); *Eberhard Schmidt-Aßmann*, Die kommunale Rechtsetzung im Gefüge der administrativen Handlungsformen und Rechtsquellen, 1981, S. 7 ff.

[292] Prägnant *Martin Burgi*, Selbstverwaltung angesichts von Europäisierung und Ökonomisierung, VVDStRL, Bd. 62 (2003), S. 405 (407); grundlegend *Reinhard Hendler*, Selbstverwaltung als Ordnungsprinzip, 1984, S. 284. Näher → Bd. I *Groß* § 13 Rn. 67 f.

[293] *Axer*, Normsetzung (Fn. 82), S. 188 ff.; *Winfried Kluth*, Funktionale Selbstverwaltung, 1997, S. 242. S. auch *Schmidt-Aßmann*, Rechtsetzung (Fn. 291), S. 5, zur Funktion der Satzung in Massenverwaltung und Planung. Differenzierend *Hendler*, Selbstverwaltung (Fn. 292), S. 293 f.

[294] *Ossenbühl*, Arten der Rechtsquellen (Fn. 27), § 6 Rn. 65.

[295] Vgl. *Axer*, Normsetzung (Fn. 82), S. 229 ff.

A. Rechtsquellen des Verwaltungsrechts

nen insofern alle juristischen Personen des öffentlichen Rechts sein – Körperschaften[296], Anstalten[297] und Stiftungen[298].[299]

Während Verordnungsrecht der gesetzesakzessorischen Ausfüllung offener gesetzlicher Regelungen dient,[300] gestalten Träger der Selbstverwaltung ihren gesamten Aufgabenbereich ohne spezifischen gesetzlichen Konkretisierungsauftrag.[301] Hierin liegt der – traditionell mit dem Begriffspaar dekonzentrierte (Verordnung) und dezentralisierte (Satzung) Rechtsetzung gekennzeichnete – wesentliche Unterschied zwischen Verordnungs- und Satzungsrecht,[302] denn auch Selbstverwaltungskörperschaften können Verordnungen erlassen (z. B. kommunale Gefahrenabwehrverordnungen).[303] Art. 80 GG ist dementsprechend auf Satzungen nicht anwendbar.[304] Andererseits haben Verordnungen Vorrang vor Satzungen, weil sich die Satzungshoheit nach den autonomiegebenden Bestimmungen stets nur im Rahmen der Gesetze entfaltet.[305] Wenig problematisch ist die Abgrenzung zur **Geschäftsordnung,** die nur durch terminologische Unsicherheiten in Rechtsprechung und Schrifttum veranlasst wird, denn die Geschäftsordnungsautonomie einzelner Organe im organisatorischen Geflecht eines Verwaltungsträgers hat mit der Verselbständigung ganzer Verwaltungsträger mit autonomen Befugnissen zur Betroffenenpartizipation nichts zu tun.[306] 65

Trotz der fehlenden Gesetzesakzessorietät der Satzung, und obwohl die Satzungsgebung der Selbstverwaltung immanent ist (Selbst-Rechtsetzung gehört schon begrifflich zur Autonomie selbstverwalteter Körperschaften), verweisen Demokratie- und Rechtsstaatsprinzip und deren konkrete verfassungs- und einfachrechtliche Ausformungen die Satzungsgebung in den Rahmen der Geset- 66

---

[296] Zur insofern streitigen Einordnung der Bundesagentur für Arbeit als öffentlich-rechtliche Körperschaft siehe *Hans A. Petzold*, in: Karl Hauck/Wolfgang Noftz (Hrsg.), SGB. Gesamtkommentar, § 367 SGB III (2004) Rn. 4 ff.

[297] Z. T. Rundfunkanstalten, näher *Fritz Ossenbühl*, Satzung, in: HStR V, § 105 Rn. 13 ff.

[298] Die Satzungsautonomie von Stiftungen kann zweifelhaft sein, weil der gesetzliche Stiftungsakt die Satzung häufig selbst bestimmt oder die Stiftungsverfassung detailliert vorgibt; näher *Werner Seifart/Axel Freiherr v. Campenhausen* (Hrsg.), Handbuch des Stiftungsrechts, 3. Aufl. 2009, § 19 Rn. 1 ff.; *Bernd Andrick/Joachim Suerbaum*, Stiftung und Aufsicht, 2001. – Eine Satzung im materiellen Sinne ist jedenfalls nur dann gegeben, wenn sie durch autonome Stiftungsorgane erlassen wird. Daher stellt beispielsweise die Satzung der Stiftung „Preußischer Kulturbesitz" eine Rechtsverordnung der Bundesregierung und des Bundesrates dar (BGBl I [1961], S. 1709, in der Fassung der zweiten Änderungsverordnung, BGBl I [1993], S. 135); s. hierzu BVerfGE 10, 20 (49 f.). – Beispiele für Satzungsermächtigungen:, § 7 Gesetz Stiftung „Erinnerung, Verantwortung, Zukunft", BGBl I (2000), S. 1263; § 5 Gesetz Stiftung Weimarer Klassik und Kunstsammlungen (SWKK) – ThürGVBl (2003), S. 35; § 5 G Stiftung Buchenwald/Dora – ThürGVBl (2003), S. 197.

[299] → Bd. I *Groß* § 13 Rn. 45 f., *Jestaedt* § 14 Rn. 27 ff.

[300] → Rn. 60 ff.

[301] Der überkommene Streit zwischen Originaritäts-, Dereliktions- und Delegationstheorie ist insoweit nicht weiterführend; zu ihm *Ossenbühl*, Satzung (Fn. 297), § 105 Rn. 19 ff.

[302] *Ossenbühl*, Satzung (Fn. 297), § 105 Rn. 38, unter Rückgriff vor allem auf *Hans Peters*, Die Satzungsgewalt innerstaatlicher Verbände, in: Anschütz/Thoma (Hrsg.), HStR II, S. 264 (270) (bzw. *Hans Peters*, Lehrbuch der Verwaltung, 1949, S. 46); *Peter Badura*, Rechtsetzung durch Gemeinden, DÖV 1963, S. 561 (561); *Michael Brenner*, in: v. Mangoldt/Klein/Starck (Hrsg.), GG III, Art. 80, Rn. 17.

[303] *Ossenbühl*, Satzung (Fn. 297), § 105 Rn. 6 f.; *Schmidt-Aßmann*, Rechtsetzung (Fn. 291), S. 25 ff.

[304] BVerfGE 33, 125 (157).

[305] *Markus Heintzen*, Das Rangverhältnis von Rechtsverordnung und Satzung, DV, Bd. 29 (1996), S. 17 (31 ff.).

[306] *Axer*, Normsetzung (Fn. 82), S. 219 ff. *Schmidt-Aßmann*, Rechtsetzung (Fn. 291), S. 34, stellt auf die Entstehungsvoraussetzungen ab.

ze.³⁰⁷ Satzungen dürfen als Normsetzung der Exekutive die gesetzlichen Grenzen nicht überschreiten (Art. 20 Abs. 3 GG). Verfahrensrechtlich wird dies nicht selten durch Genehmigungsvorbehalte sichergestellt.³⁰⁸ Wegen ihres Bezugs auf die Betroffeneninteressen, die in der Selbstverwaltung an der Rechtsetzung teilhaben, müssen Grundrechtseingriffe in Satzungen durch eine gesetzliche, von jenen Interessen gelöste spezifische Ermächtigung abgesichert werden; die deklaratorische Wiedergabe der Befugnis zum Satzungserlass ist nicht hinreichend.³⁰⁹

d) Verwaltungsvorschriften

67 Der **steuerungswissenschaftlich inspirierte Neuansatz bei den Verwaltungsvorschriften** muss von zwei empirischen Grundannahmen ausgehen. Erstens belegt die schiere Zahl,³¹⁰ begleitet von einer schwer durchschaubaren terminologischen Vielfalt (von der Verwaltungsvorschrift über Runderlass, Richtlinie, Merkblatt, Verlautbarung und Mitteilung bis hin zum „Schreiben"³¹¹) den Bedarf der Verwaltung an der Verwendung von Verwaltungsvorschriften.³¹² Die Bedeutung von Verwaltungsvorschriften für die Einzelfallsteuerung übersteigt zumeist die von Gesetz und Verordnung³¹³. Zweitens erfüllt die Handlungsform Verwaltungsvorschrift für die Verwaltung mehrere Funktionen,³¹⁴ darunter die zentrale Aufgabe, Vorgaben für das Verwaltungshandeln von der Behördenleitung auf die Entscheidungsebene zu kommunizieren.³¹⁵ Diese kommunikative Funktion führt zur Verkürzung der Verfahrensdauer,³¹⁶ und die Informationsvermittlung über Entscheidungsmaßstäbe kann sich in das außenwirksame Handeln der Verwaltung verlängern (z.B. bei vorläufigen Anwendungshinweisen **nach umfassenden Neuregelungen**³¹⁷).³¹⁸ Verwaltungsvorschriften sind als Rechtsquelle

---

³⁰⁷ *BVerfGE* 33, 125 (158).
³⁰⁸ Näher *Dirk Ehlers*, Verwaltung und Verwaltungsrecht, in: Erichsen/ders. (Hrsg.), VerwR, § 2 Rn. 59.
³⁰⁹ *BVerfGE* 33, 125 (160); *BVerwGE* 90, 359 (360 f.); *Ossenbühl*, Satzung (Fn. 297), § 105 Rn. 28 ff.; *Schmidt-Aßmann*, Rechtsetzung (Fn. 291), S. 8 f. Differenzierend für die kommunale Satzungsbefugnis *ders./Hans C. Röhl*, Kommunalrecht, in: ders./Schoch (Hrsg.), Bes. VerwR, 1. Kap. Rn. 95 f.
³¹⁰ *Erichsen*, Verwaltungsvorschriften (Fn. 72), S. 40; *Wahl*, Verwaltungsvorschriften (Fn. 73), S. 572.
³¹¹ Dazu *Thomas Ellwein*, Verwaltung und Verwaltungsvorschriften, 1989, S. 25.
³¹² *Wahl*, Verwaltungsvorschriften (Fn. 73), S. 571; *Rogmann*, Bindungswirkung (Fn. 79), S. 3 f.
Im Einzelfall kann nicht mehr neutral von Bedarf gesprochen werden, sondern vom Versuch der Verwaltung, sich durch die Wahl nicht außenwirksamer Rechtsformen bestimmten Bindungen zu entziehen. So wurde das Vergaberecht erst durch unionsrechtlichen Einfluss (außenwirksam) verrechtlicht; s. EuGH, Rs. C-433/93, Slg. 1995, I-2303, und aus dem Schrifttum *Thorsten Koch*, Probleme administrativer Außenrechtsetzung am Beispiel der Verdingungsordnungen, VerwArch, Bd. 91 (2000), S. 354 (367 ff.); *Markus Heintzen*, Vergabefremde Ziele im Vergaberecht, ZHR, Bd. 165 (2001), S. 62 (65). Auch die alleinige Herrschaft der Exekutive über das Alimentationsniveau der Beamten im Beihilfenrecht birgt Problem: *BVerwGE* 121, 103, dazu → Rn. 76 mit Fn. 344.
³¹³ Siehe *Lange*, Innenrecht und Außenrecht (Fn. 72), S. 323; *Rogmann*, Bindungswirkung (Fn. 79), S. 5.
³¹⁴ *Ellwein*, Verwaltungsvorschriften (Fn. 311), S. 35.
³¹⁵ *Ellwein*, Verwaltungsvorschriften (Fn. 311), S. 32 ff. Besonders augenfällig wird diese Funktion an der wohl dem Steuerungsfaktor Verwaltungspersonal geschuldeten Übung, den Gesetzestext in Verwaltungsvorschriften zu wiederholen (mitgeteilt ebd., S. 36).
³¹⁶ *Guckelberger*, Verwaltungsvorschriften (Fn. 82), S. 61.
³¹⁷ Siehe z. B. die vorläufigen Anwendungshinweise des BMI zum AufenthG und zum FreizügG/EU vom 22.12.2004 (Projektgruppe Zuwanderung PG ZU 128 406) – ohne offizielle Veröffentlichung.
³¹⁸ Zur Orientierung auf mehrere Adressaten (intern/extern/fachspezifisch) *Ellwein*, Verwaltungsvorschriften (Fn. 311), S. 33.

Steuerungsinstrument der Verwaltung.³¹⁹ In dieser Funktion sind Verwaltungsvorschriften ein gemeineuropäisches Phänomen, und in den dogmatischen Fragestellungen und Schwierigkeiten besteht zum Teil eine verblüffende Ähnlichkeit mit der deutschen Diskussion.³²⁰

Bislang stehen nicht diese Grundannahmen im Mittelpunkt der Diskussion, sondern die Unterscheidung zwischen Innen- und Außenwirkung, die sich in letzter Konsequenz als wenig hilfreich erwiesen hat.³²¹ Für gewöhnlich werden über dieses Begriffspaar drei sachliche Fragestellungen abgearbeitet: Erstens diejenige nach der verwaltungsgerichtlichen Kontrollierbarkeit von Verwaltungsvorschriften, zweitens die Frage nach der Maßstabsfunktion von Verwaltungsvorschriften für Einzelakte und drittens die ihrer Verbindlichkeit für den Rechtsschutz Drittbetroffener. Unter diesen ist die erste unabhängig von der potentiellen Außenwirkung zu beurteilen: Verwaltungsvorschriften unterliegen wegen der Gesetzmäßigkeit der Verwaltung (Art. 20 Abs. 3 GG) der vollen Überprüfung ihrer Gesetzeskonformität, unabhängig von ihrem binnen- oder außenrechtlichen Charakter und unabhängig davon, ob sie für den Bereich einer Behörde („intrasubjektiv") oder – wie in den Fällen der Art. 84 Abs. 2, 85 Abs. 2, 108 Abs. 7 GG – behördenübergreifend („intersubjektiv") erlassen werden.³²² Spielräume der Konkretisierung sind dem Gesetzeswortlaut und seiner Systematik zu entnehmen; ihre Einhaltung ist der gerichtlichen Kontrolle zugänglich.³²³ **68**

In der eigenen **Maßstabswirkung der Verwaltungsvorschriften** liegt das **Kernproblem**. Sie ohne Hilfs- oder „Als-Ob"-Konstruktionen anzuerkennen kann nur erreicht werden, indem man der Verwaltung eine **Normsetzungskompetenz jenseits des Verordnungsrechts** zuerkennt.³²⁴ Wenn auch die unter dem Grundgesetz unbegründeten Zweifel an der hinreichenden demokratischen Legitimation der Verwaltung beseitigt sind, so bedarf es keiner Herauslösung dieser Kompetenz aus der komplementären Kooperation mit dem Gesetzgeber. Maßgebliches Kriterium, das auch in der Rechtsprechung zur Aufhebung der kasuistischen Orientierungsarmut zur Anwendung kommen muss, ist die gesetzliche Verankerung von Verwaltungsvorschriften als weiterer Regelungsschicht im Gesetz selbst. Diese kann sich als impliziter normativer Anstoß aus Gesetzeswortlaut und -systematik ermitteln lassen³²⁵ oder wie eine Ermächtigung aus expliziten Verfahrensregeln zum Erlass von Verwaltungsvorschriften ableitbar sein.³²⁶ **69**

Bejaht man im Einzelfall die Rechtsquelleneigenschaft von Verwaltungsvorschriften nach diesem Kriterium, so ist die **Konsequenz für den Rechtsschutz** **70**

---

³¹⁹ *Erichsen*, Verwaltungsvorschriften (Fn. 72), S. 39, 60 ff.
³²⁰ Für Großbritannien *Paul P. Craig*, Administrative Law, 6. Aufl. 2008, Rn. 22–038 ff., für Frankreich *René Chapus*, Droit administratif général, 15. Aufl. 2001, Ziff. 603 ff.; für die Schweiz *Giovanni Biaggini*, Theorie und Praxis des Verwaltungsrechts im Bundesstaat, 1996, S. 80 ff.
³²¹ Zur daraus folgenden „Dogmatik des Als-Ob" s.o. → Rn. 15. S. auch bereits *Lange*, Innenrecht und Außenrecht (Fn. 72), S. 321 ff.
³²² Speziell für Letztere *Hans D. Jarass*, Bindungswirkung von Verwaltungsvorschriften, JuS 1999, S. 105 (107).
³²³ Vgl. *Ossenbühl*, Rahmen (Fn. 92), S. 5.
³²⁴ Siehe bereits *Lange*, Innenrecht und Außenrecht (Fn. 72), S. 325; sowie jetzt *Thomas Sauerland*, Die Verwaltungsvorschrift im System der Rechtsquellen, 2005, S. 274 ff.
³²⁵ Vgl. *Ossenbühl*, Rahmen (Fn. 92), S. 2: „verdeckte Ergänzungsbedürftigkeit".
³²⁶ Siehe die Andeutung bei *Jarass*, Bindungswirkung (Fn. 322), S. 108.

zwingend: Was als Maßstabsnorm der Kontrolle begünstigender und belastender Einzelakte zugrunde liegt, muss auch vom betroffenen Bürger verwaltungsgerichtlich eingefordert werden können. Gleichzeitig würden Verwaltungsvorschriften entgegen der gegenwärtig unsicheren und ablehnenden Rechtsprechung zu tauglichen Objekten der Normenkontrolle nach § 47 Abs. 1 Nr. 2 VwGO.[327] Ebenfalls aus Rechtsschutz- und Rechtssicherheitserwägungen bedürfen qualifizierte Verwaltungsvorschriften einer ihre Publikation anordnenden Vorschrift.[328]

71 An die Rechtsschutzproblematik knüpft die Frage nach der unionsrechtlichen **Umsetzungstauglichkeit** an. Die effektive Umsetzung individualberechtigender Richtlinienvorschriften schließt es aus, das von Verwaltungsvorschriften in einer den Richtlinienstandard unterschreitenden Weise abgewichen werden kann.[329] Wenn sie die genannten Kriterien erfüllen, dürfen sie daher nicht von geminderter Verbindlichkeit sein.[330] Verfassungsrecht steht dem nicht entgegen, denn Art. 80 Abs. 1 S. 2 GG ist in seinem Anwendungsbereich auf Rechtsverordnungen beschränkt und entfaltet darüber hinaus keine Sperrwirkung;[331] letzte Zweifel an der Legitimation zur Rechtsetzung mittels Verwaltungsvorschriften sind durch die strenge Gesetzesorientierung der Begründung ihrer Wirkungen auszuräumen.[332] Solange sich die Anerkennung der vollen Bindungswirkung bestimmter Verwaltungsvorschriften nicht durchgesetzt hat, bleibt das Verdikt des EuGH gültig und die Exekutive bei der Umsetzung von Unionsrecht auf Rechtsverordnungen verwiesen.

72 Mit der überkommenen Typisierung der Verwaltungsvorschriften kann eine Präzisierung des Befundes und eine Verfeinerung der Kriterien für die Bindungswirkung erreicht werden:[333]

73 – **Organisationsnormen** (einschließlich dazugehöriger Verfahrensnormen) entfalten Außenwirkung, weil sie als administratives Ergänzungsrecht die Durchführbarkeit gesetzlicher Normprogramme in der Verwaltungspraxis sicherstellen.[334] Der Gesetzgeber enthält sich hier mit einem impliziten Verweis auf die

---

[327] Siehe bereits jetzt differenzierend *Michael Gerhardt/Wolfgang Bier*, in: Schoch/Schmidt-Aßmann/Pietzner (Hrsg.), VwGO, § 47 (2005), Rn. 24 ff.
Zu den staatshaftungsrechtlichen Folgen *Anna Leisner-Egensperger*, Die Erlaßhaftung: Amtshaftung für Verwaltungsvorschriften?, DÖV 2004, S. 65 ff.
[328] *Wahl*, Verwaltungsvorschriften (Fn. 73), S. 598; *Ossenbühl*, Autonome Rechtsetzung (Fn. 72), § 104 Rn. 83; *Lange*, Innenrecht und Außenrecht (Fn. 72), S. 329; *Monika Jachmann*, Die Bindungswirkung normkonkretisierender Verwaltungsvorschriften, DV, Bd. 28 (1995), S. 17 (27 ff.); *Christoph Gusy*, Die Pflicht zur Veröffentlichung von Verwaltungsvorschriften, DVBl 1979, S. 720 ff., bestätigt durch *BVerwG*, JZ 2005, S. 892 (894).
[329] → Rn. 17, sowie u. Rn. 133.
[330] *Wahl*, Verwaltungsvorschriften (Fn. 73), S. 592.
[331] *Ossenbühl*, Rechtsverordnung (Fn. 258), § 103 Rn. 19; *Rogmann*, Bindungswirkung (Fn. 79), S. 79; *Michael Gerhardt*, Normkonkretisierende Verwaltungsvorschriften, NJW 1989, S. 2233 (2237); *Michael Nierhaus*, in: BK, Art. 80 (1998), Rn. 156; *Leisner*, Verwaltungsgesetzgebung (Fn. 72), S. 226 f., im Anschluss an *Vogel*, Gesetzgeber (Fn. 72), S. 163. A. A. *Faßbender*, Umsetzung (Fn. 92), S. 248 ff.
[332] Auch im Übrigen spricht nichts im GG gegen die Anerkennung außenverbindlicher Verwaltungsvorschriften.
[333] Zum dogmatischen Wert der folgenden Kategorien *Wahl*, Verwaltungsvorschriften (Fn. 73), S. 577 ff. Eine verwaltungswissenschaftliche Kategorisierung, die in der Rechtswissenschaft keinen Niederschlag gefunden hat, bietet *Ellwein*, Verwaltungsvorschriften (Fn. 311), S. 29.
[334] *BVerfGE* 40, 237 (247 ff.); *BVerwGE* 36, 327 (329); *BVerwG*, DÖV 1971, S. 317; 1972, S. 129 (130); *Ossenbühl*, Autonome Rechtsetzung (Fn. 72), § 104 Rn. 49 f. (dort auch zum Begriff des administrati-

Organisationsgewalt der Exekutive[335] der Regelung von Organisation und Verfahren.[336] Diese Regelungstechnik verbietet sich, wenn ein (grundrechtlicher) Parlamentsvorbehalt die gesetzliche Normierung von Organisation und Verfahren fordert.[337] Diesseits des Parlamentsvorbehalts kann die Verwaltung durch selbstgesetzte Vorschriften Organisation und Verfahren als Steuerungsressource aktivieren.

– **Norminterpretierende Verwaltungsvorschriften** behalten ihren allein informativen Charakter. Sie treten stets hinter die gesetzlichen Regelungen zurück und können nicht für sich selbst Maßstäbe setzen und Ansprüche begründen, weil der Gesetzgeber durch den Gebrauch unbestimmter Rechtsbegriffe ohne Beurteilungskompetenz den normativen Anstoß zu eigenständiger Normkonkretisierung unterlässt.[338] 74

– **Ermessenslenkende Verwaltungsvorschriften** sind nur dann verbindlich, wenn in der gesetzlichen Regelung der Verwaltung eine Feinsteuerung durch Verwaltungsvorschriften nahe gelegt wird – beispielsweise durch Verfahrensregelungen für ihren Erlass.[339] Fehlt eine gesetzliche Regelung wie in der Subventionsverwaltung, wo allein der Haushaltsplan als gesetzliche Basis angesehen wird und die Verwaltung die Subventionsvergabe über Subventionsrichtlinien regelt,[340] so kann allein der Verstoß gegen Subventionsrichtlinien nicht die Rechtswidrigkeit der Subvention begründen. Ermöglichte man der Verwaltung die verbindliche Verteilung durch Richtlinien, so würde das Gewicht des Vorbehalts des Gesetzes in der Leistungsverwaltung gemindert und letztlich das Fehlen gesetzlicher Verteilungsregeln dogmatisch sanktioniert. Maßstab für das Verwaltungshandeln im Einzelfall bleibt allein der Gleichheitssatz. Dadurch wird die Abweichung in atypischen Ausnahmefällen mög- 75

---

ven Ergänzungsrechts); *ders.*, Zur Außenwirkung von Verwaltungsvorschriften, in: FG 25 Jahre BVerwG, 1978, S. 433 (437 f.); *Dieter H. Scheuing*, Selbstbindungen der Verwaltung, VVDStRL, Bd. 40 (1982), S. 153 (158 f.); *Leisner*, Verwaltungsvorschriften (Fn. 71), S. 45 f.
Geschäftsverteilungsplänen kommt indes nur faktische Steuerungswirkung zu: *Schmidt-Aßmann*, Rechtsetzung (Fn. 291), S. 35 f.; *Rogmann*, Bindungswirkung (Fn. 79), S. 122.
[335] Differenzierend zu deren Zuordnung zum Gesetz *Ossenbühl*, Verwaltungsvorschriften (Fn. 79), S. 250 ff.
[336] *Erichsen*, Verwaltungsvorschriften (Fn. 72), S. 50; *Rogmann*, Bindungswirkung (Fn. 79), S. 130 f.; *Wallerath*, VerwR, § 3 Rn. 30; *Stern*, StaatsR II, S. 660 f., stellt eine Nähe zur ermessenslenkenden Verwaltungsvorschrift her, die nach der hier vertretenen Typologie nicht überzeugt. Anders *Peter Lerche*, in: Maunz/Dürig, GG, Art. 84 (2010) Rn. 99 (ihm folgend *Hans-Uwe Erichsen/Charlotte Klüsche*, Verwaltungsvorschriften, Jura 2000, S. 540 [543]): Zuständigkeitsordnung bereits im Gesetz angelegt, daher keine Außenwirkung der Verwaltungsvorschriften (was zum gleichen Ergebnis führt).
[337] *Ossenbühl*, Autonome Rechtsetzung (Fn. 72), § 104 Rn. 50 a. E. Siehe auch *BVerfGE* 80, 257 (265).
[338] Und dadurch die Vollkontrolle durch die Verwaltungsgerichtsbarkeit zulässt; skeptisch *Wahl*, Verwaltungsvorschriften (Fn. 73), S. 588, sowie bereits *Vogel*, Gesetzgeber (Fn. 72), S. 161, sowie, ihm folgend, *Leisner-Egensperger*, Erlaßhaftung (Fn. 327), S. 68 ff. Wie hier *Lange*, Innenrecht und Außenrecht (Fn. 72), S. 327; *Ossenbühl*, Autonome Rechtsetzung (Fn. 72), § 104 Rn. 65 ff.; *Rogmann*, Bindungswirkung (Fn. 79), S. 182.
[339] A. A. (generelle Außenverbindlichkeit) *Leisner*, Verwaltungsgesetzgebung (Fn. 72), S. 227, im Anschluss an *Vogel*, Gesetzgeber (Fn. 72), S. 160 f.; *Rogmann*, Bindungswirkung (Fn. 79), S. 141 ff.; *Martin Beckmann*, Die gerichtliche Überprüfung von Verwaltungsvorschriften im Wege der verwaltungsgerichtlichen Normenkontrolle, DVBl 1987, S. 611 (616 f.). Wie hier *Wilfried Erbguth*, Normkonkretisierende Verwaltungsvorschriften, DVBl 1989, S. 473 (477).
[340] In diesem Bereich „gesetzesfreier Verwaltung" handelt die Exekutive nach ihrem Ermessen, was die Zuordnung der Subventionsrichtlinien zu den ermessenslenkenden Verwaltungsvorschriften rechtfertigt; a. A. *Ossenbühl*, Autonome Rechtsetzung (Fn. 72), § 104 Rn. 75.

lich, so dass ermessenslenkende Verwaltungsvorschriften niemals zur Richtlinienumsetzung tauglich sind.

76 – **Normkonkretisierende Verwaltungsvorschriften** bilden das normative Pendant zur Ausfüllung von Beurteilungsspielräumen durch Einzelakte.[341] In der Wahl unbestimmter Rechtsbegriffe, die durch ein Gefüge technischer Beurteilungen und politischer Bewertungen zu konkretisieren sind, kombiniert mit Verfahrensbestimmungen zum Erlass der Verwaltungsvorschriften,[342] liegt ein gesetzgeberischer Regelungsauftrag an die Verwaltung.[343] Ist ein solcher Auftrag auszumachen,[344] muss die Verbindlichkeit normkonkretisierender Verwaltungsvorschriften nicht als Sonderfall gekennzeichnet werden.[345] Ihr Anwendungsbereich ergibt sich dann aus ihrer Auslegung.[346] Strukturell gehören die (zumeist steuerrechtlichen) Verwaltungsvorschriften zur Vereinfachung der Sachverhaltsermittlung in diese Kategorie. Die Normkonkretisierung vollzieht sich hier durch typisierende Normierung handhabbarer Pauschalierungen.[347]

---

[341] Deutlich *Wahl*, Verwaltungsvorschriften (Fn. 73), S. 578; s. auch *Vogel*, Gesetzgeber (Fn. 72), S. 162; *Seiler*, Parlamentsvorbehalt (Fn. 76), S. 222; *Udo Di Fabio*, Verwaltungsvorschriften als ausgeübte Beurteilungsermächtigung, DVBl 1992, S. 1338 (1346). Als dogmatische Figur sind diese nicht nur „Konzession" der Gerichtsbarkeit, wie *Ossenbühl*, Rahmen (Fn. 92), S. 5, annimmt.

[342] Ausdrücklich als Voraussetzung für wirksame Normkonkretisierung formuliert in BVerwGE 107, 338 (341 f.). Einzelne Verfahrensregelungen: §§ 48 BImSchG; 30 Abs. 5 GenTG; 40 Abs. 2, 47 Abs. 2, 50 Abs. 4 StrlSchV; s. *Ossenbühl*, Autonome Rechtsetzung (Fn. 72), § 104 Rn. 71 f.

[343] *Jarass*, Bindungswirkung (Fn. 322), S. 109. *Leisner*, Verwaltungsgesetzgebung (Fn. 72), S. 231, spricht von „Erlaßgenehmigung". Ähnliche Kriterien wie hier bei *Gerhardt*, Verwaltungsvorschriften (Fn. 331), S. 2237.

[344] *Leisner*, Verwaltungsgesetzgebung (Fn. 72), S. 228 f. Zur Zuordnung dieses Gedankens in den allgemeinen normativen Kontext der Ermächtigungslehre *Rainer Wahl*, Risikobewertung der Exekutive und richterliche Kontrolldichte – Auswirkungen auf das Verwaltungs- und das gerichtliche Verfahren, NVwZ 1991, S. 409 (411 f.); *Eberhard Schmidt-Aßmann*, in: Maunz/Dürig, GG, Art. 19 Abs. 4 (2003), Rn. 206 a–b.
Der gesetzliche Auftrag hinsichtlich beamtenrechtlicher Beihilfevorschriften gem. § 200 BBG bzw. den entsprechenden landesrechtlichen Vorschriften (jeweils a. F.: § 167 LBG BW; Art. 155 BayBG; §§ 119 II LBG Berl.; 155, 156 LBG Brandenb.; 193 LBG Brem.; 233 Hess BG; 150 LBG MV; 268 a Niedersachs.BG; 238 LBG NW; 245 LBG RP; 156 Saarl.BG; 170 SächsBG; 250 LBG SH; 140 ThürBG) ist vom *BVerwG* zu Recht als zu dünn angesehen worden, zumal die Anforderungen an den Gesetzesvorbehalt, wie das *BVerwG* zu Recht feststellt, nicht mehr erfüllt sind (BVerwGE 121, 103 [109] = JZ 2005, S. 246 (248) m. zust. Anm. *Ulrich Battis*; keine Bedenken hingegen noch bei *Leisner*, Verwaltungsvorschriften [Fn. 82], S. 194 f.). Die bis dahin herrschende Meinung ging von Normkonkretisierung aus (*Wallerath*, VerwR, § 3 Rn. 30; *Walther Fürst*, in: GKÖD, Teil 2 b, K § 200 (1996), Rn. 6: „Ermächtigungsanreicherung durch Rechtsprechung"; *Jachmann*, Rechtsnatur [Fn. 82], S. 346); andere ordneten die Beihilferichtlinien den ermessenslenkenden Verwaltungsvorschriften zu (*Leisner*, Verwaltungsvorschriften [Fn. 82], S. 198 f.; andeutungsweise auch BVerwG, 28. 5. 1973, Buchholz, 238.91 Nr. 5 BhV Nr. 3 [S. 3 f.]). Die Länder haben mit erheblicher Verspätung (und teilweise mit Verzögerungen in der Anwendung) entsprechende gesetzliche Regelungen erlassen: § 78 LBG BW; Art. 96 BayBG; §§ 44 LBG Berl. (mit Abweichungsermächtigung durch Verwaltungsvorschrift); 62 LBG Brandenb. (mit Abweichungsermächtigung durch Verwaltungsvorschrift); 80 LBG Brem.; 80 HambBG; 92 Hess BG (mit Abweichungsermächtigung durch Verwaltungsvorschrift); 80 LBG MV; 80 Niedersachs.BG; 77 LBG NW; 66 LBG RP; 98 Saarl.BG; 102 SächsBG; 120 LBG LSA; 80 LBG SH; § 87 ThürBG.

[345] So aber BVerfGE 78, 214 (227). Skeptisch auch *Maximilian Wallerath*, Normkonkretisierende Verwaltungsvorschriften, NWVBl 1989, S. 153 (160 ff.).

[346] Anwendungsbereich durch Auslegung wie bei Gesetzesrecht zu klären BVerwGE 111, 261 (218). Allgemein zur Auslegung von Verwaltungsvorschriften *Guckelberger*, Verwaltungsvorschriften (Fn. 82), S. 73 ff.

[347] *Josef Isensee*, Die typisierende Verwaltung, 1976, S. 171, spricht insoweit von einer „Notkompetenz" der Verwaltung.

A. Rechtsquellen des Verwaltungsrechts

Normkonkretisierende Verwaltungsvorschriften **im Umwelt- und Technik- 77 recht** erfüllen die Funktion, in der Ausfüllung des gesetzlichen Normprogramms den technischen Sachverstand einzubringen, der dem Stand des Erkenntnisfortschritts entspricht. Diese Funktion war die Basis der Lehre vom antizipierten Sachverständigengutachten,[348] und für die Rechtsprechung liegt hierin sogar eine Bedingung für ihre Verbindlichkeit.[349] Dieses vermeintlich in der Rechtsnatur der normkonkretisierenden Verwaltungsvorschrift angelegte Obsoletwerden bei Wandel des Standes von Wissenschaft und Technik[350] steht ihrer Umsetzungstauglichkeit entgegen.[351] Würde die These vom Ausnahmecharakter aufgegeben,[352] könnte auch dieses Kriterium – als Verbindlichkeitskriterium, nicht als Anforderung – fallengelassen und Europarechtskonformität hergestellt werden.

Nach dem hier vorgestellten Konzept lassen sich qualifizierte Verwaltungsvor- 78 schriften nicht mehr über das Merkmal der Bindungswirkung von Rechtsverordnungen unterscheiden.[353] Ein – allerdings nur gradueller – Unterschied besteht zunächst im Verhältnis zum Gesetz – hier impliziter Regelungsauftrag, dort ausdrückliche Ermächtigung.[354] Stärker ist der Unterschied bei den normsetzenden Instanzen. Verordnungsermächtigungen weisen klar bestimmte Ermächtigungsadressaten auf; jede weitere Unterermächtigung muss gesetzlich vorgesehen sein und durch Rechtsverordnung ausgesprochen werden. Verwaltungsvorschriften kann hingegen jede Behördenleitung für ihren Zuständigkeitsbereich erlassen – üblicherweise ohne strenge verfahrensmäßige Vorgaben.[355] Wegen dieser Flexibi-

---

[348] Begründet von *Rüdiger Breuer*, Die rechtliche Bedeutung der Verwaltungsvorschriften nach § 48 BImSchG im Genehmigungsverfahren, DVBl 1978, S. 28 (34 ff.), aufgenommen durch *BVerwGE* 55, 250 (256 und 258); aufgegeben in *BVerwGE* 72, 300 (320).

[349] *BVerwGE* 107, 338 (341 f.).

[350] Siehe *Jarass*, Bindungswirkung (Fn. 322) S. 111: „[...] nimmt die Bindungswirkung von Verwaltungsvorschriften tendenziell mit ihrem Alter ab"; ähnlich *ders.*, Inhalte und Wirkungen der TA Siedlungsabfall, 1999, S. 54 f.; *Reinhard Hendler*, Umweltrechtliche Grenzwerte in der Gerichts- und Verwaltungspraxis, DÖV 1998, S. 481 (489 f.); *Ossenbühl*, Rahmen (Fn. 92), S. 5. Enger (Anpassung im Entscheidungsspielraum der Exekutive) *Hermann Hill*, Normkonkretisierende Verwaltungsvorschriften, NVwZ 1989, S. 401 (410).
S. aber das – bislang nicht realisierte – differenzierte Konzept in § 30 UGB-KomE mit Überprüfungspflicht und Regelgeltungsdauer, das im Einzelfall an Richtlinienvorgaben hätte angepasst werden können.

[351] Auch, wenn es dafür keinen praktischen Fall gibt, so aber *Faßbender*, Umsetzung (Fn. 92), S. 255 ff.

[352] Nicht eindeutig *BVerwG*, UPR 2001, S. 448 (448 f.), dem zudem die Literatur nicht folgt: *Kurt Faßbender*, Neues zur Bindungswirkung normkonkretisierender Verwaltungsvorschriften, UPR 2002, S. 15 (17 ff.).

[353] So aber die h.M.: *Lange*, Innenrecht und Außenrecht (Fn. 73), S. 326. *Schmidt-Aßmann*, Ordnungsidee, 6. Kap. Rn. 88; *ders.*, Rechtsverordnung (Fn. 78), S. 493 f.; *Udo Di Fabio*, Risikoentscheidungen im Rechtsstaat, 1992, S. 345; *Hans-Heinrich Trute*, Vorsorgestrukturen und Luftreinhalteplanung im Bundesimmissionsschutzrecht, 1989, S. 109; *Michael Nierhaus*, in: BK, Art. 80 (1998), Rn. 161; *Kirchhof*, Rechtsquellen (Fn. 2), S. 88; *Thomas Groß*, in: Friauf/Höfling (Hrsg.), GG, Art. 84 (2007), Rn. 31. Freilich ist die Bindungswirkung aller Typen von Verwaltungsvorschriften heterogen im Vergleich zur Rechtsquelle Rechtsverordnung, s. *Schmidt-Aßmann*, Rechtsverordnung (Fn. 78), S. 492. Wie hier *Gerhardt*, Verwaltungsvorschriften (Fn. 331), S. 2238; *Leisner*, Verwaltungsgesetzgebung (Fn. 72), S. 230.; ähnlich → Bd. II *Hill* § 34 Rn. 47. Kritisch zur hier vertretenen Auffassung mit Blick auf die (hier keinesfalls gebilligten) Fehlentwicklungen im Gesundheitswesen *Kingreen*, Verteilungsgerechtigkeit (Fn. 82), sub V 2, Fn. 149.

[354] *Ossenbühl*, Rechtsverordnung (Fn. 258), § 103 Rn. 7.

[355] Zutreffend *Leisner*, Verwaltungsgesetzgebung (Fn. 72), S. 230.

lität in der Zuständigkeit sind Verwaltungsvorschriften auch neben Rechtsverordnungen weiterhin notwendig; gegen ihre Zulässigkeit bestehen keine Bedenken.[356] Die den gesetzlichen Auftrag flankierenden Verfahrensregelungen engen indes den Unterschied wieder ein, disziplinieren aber auch die administrative Normkonkretisierung in kompetentieller Hinsicht. Weil der explizite Ermächtigungszusammenhang zum Gesetz fehlt, **können auf Verwaltungsvorschriften allein keine Verwaltungsakte** gestützt werden.[357] Keine wesentlichen Unterschiede bestehen zwischen Verordnungen und qualifizierten Verwaltungsvorschriften hinsichtlich der Rechtserzeugungsverfahren und der Publikation.[358]

e) „Soft law" im Verwaltungsrecht

79 Zunehmende Bedeutung im Verwaltungsrecht gewinnt die Steuerung durch nicht-verbindliche normative Anordnungen. Durch das Konzept des New Public Management[359] haben **Leitbilder**[360] und **Verhaltenskodizes**[361] Eingang auch in die deutsche Verwaltungspraxis gefunden, die über die Rechtmäßigkeit hinaus Maßstäbe wie die der Bürgernähe und Effizienz sichern sollen.[362] Im gesamteuropäischen Rahmen nimmt Großbritannien mit dem System der *(Citizen's) Charters* eine Vorreiterrolle ein, wobei ihnen dort jedoch angesichts des noch nicht voll ausgebildeten Verwaltungsrechtsschutzes eine erhebliche Kompensationsfunktion zukommt, die durch ein eigenes Beschwerdeverfahren unterstrichen wird.[363] Auch das Eigenverwaltungsrecht der Union bedient sich mehr und mehr vergleichbarer Instrumente.[364] Zu den Rechtsquellen im eigentlichen Sinn gehört das *soft law* nicht, sofern es weder durch gerichtliche noch außergerichtliche rechtsförmliche Verfahren zur Geltung gebracht wird.[365]

f) Sonderverordnungen?

80 Indessen hat sich die Sonderverordnung als exekutivischer Binnenrechtssatz im besonderen Gewaltverhältnis (Anstaltsordnung, Hausordnung, Schulordnung etc.) als Rechtsquellenkategorie überlebt.[366] Sofern für das jeweilige Binnenverhältnis kein Gesetzesvorbehalt greift, handelt es sich um Organisationsnormen in Gestalt von Verwaltungsvorschriften.[367]

---

[356] A. A. *Seiler*, Parlamentsvorbehalt (Fn. 76), S. 222 f.: exekutivische Außenrechtsetzung nur durch Rechtsverordnungen.

[357] *v. Bogdandy*, Rechtsetzung (Fn. 1), S. 245.

[358] *Ossenbühl*, Rahmen (Fn. 92), S. 4. A. A. *Leisner*, Verwaltungsgesetzgebung (Fn. 72), S. 229.

[359] → Bd. I *Voßkuhle* § 1 Rn. 50 ff.

[360] → Bd. I *Voßkuhle* § 1 Rn. 42, *Franzius* § 4 Rn. 23 ff.

[361] → Bd. I *Franzius* § 4 Rn. 29 f.

[362] → Bd. II *Pitschas* § 42.

[363] *Ruffert*, Methodik der Verwaltungsrechtswissenschaft (Fn. 215), S. 186 m. w. N.

[364] → Rn. 38.

[365] → Rn. 23.

[366] *Walter Schmidt*, Gesetzesvollziehung durch Rechtsetzung, 1969, S. 231 ff.; *Ossenbühl*, Autonome Rechtsetzung (Fn. 72), § 104 Rn. 6; *Maurer*, VerwR, § 8 Rn. 32; *Hans-Uwe Erichsen*, Besonderes Gewaltverhältnis und Sonderverordnung, in: FS Hans J. Wolff, 1973, S. 218 (242 ff.). Anders (ausgehend von *Hans J. Wolff/Otto Bachof*, Verwaltungsrecht I, 9. Aufl. 1974, § 25 VIII) noch *Ernst-Wolfgang Böckenförde/Rolf Grawert*, Sonderverordnungen zur Regelung besonderer Gewaltverhältnisse, AöR, Bd. 95 (1970), S. 1 ff. Differenzierend *Friedrich E. Schnapp*, Amtsrecht und Beamtenrecht, 1977, S. 229 ff.

[367] *Ossenbühl*, Autonome Rechtsetzung (Fn. 72), § 104 Rn. 74.

g) Exekutivrechtsetzung im Europarecht

Im Gegensatz zur deutschen Verfassungsrechtslage ist die Dogmatik der Exekutivrechtsetzung im Europarecht noch nicht vollständig gefestigt, wodurch zwar nachteilige Verkrustungen vermieden werden, andererseits aber erhebliche Unsicherheiten verbleiben.[368] Auch ist das Gewaltenteilungsprinzip auf Unionsebene nicht in der Weise entwickelt, dass man Parlament und Rat durchweg als Legislative der Kommission als Exekutive einander gegenüberstellen könnte; der Grundsatz des institutionellen Gleichgewichts erfüllt insoweit eine andere Funktion.[369] Wenn die Weiterentwicklung durch den Vertrag von Lissabon auch Defizite aufweist, die vor allem in seiner Entstehungsgeschichte wurzeln[370], hat er die Normhierarchie erheblich weiterentwickelt und damit die Grundlage für eine verbesserte Dogmatik der Exekutivrechtsetzung geschaffen. Zu unterscheiden sind auf dieser Ebene nunmehr delegierte Rechtsakte sowie Durchführungsrechtsakte; außerdem gibt es weiterhin – allerdings insoweit von der Reform nicht erfasst – europarechtliche Verwaltungsvorschriften. 81

Delegierte Rechtsakte sind Rechtsakte ohne Gesetzescharakter, mit denen die Kommission auf der Basis einer Delegation in einem Gesetzgebungsakt nicht wesentliche Vorschriften **ergänzen** und in diesem Rahmen **abändern** kann, Art. 290 Abs. 1 UAbs. 1 AEUV.[371] Nach dem Wortlaut kommen sämtliche verbindliche Rechtsakte (Verordnung, Richtlinie, Beschluss) als delegierte Rechtsakte in Frage,[372] was zu Unstimmigkeiten und Rechtsunsicherheiten führen kann.[373] Die Delegation richtet sich allein an die Kommission. Soweit die **Ergänzung von Gesetzgebungsakten** delegiert wird, überträgt der Vertrag die Aufgabe der Detailregelung auf die Kommission und unterscheidet damit letztlich zwischen legislativer und exekutiver Rechtsetzung, wie es der Verfassungsrechtslage in den Mitgliedstaaten entspricht.[374] 82

Problematisch ist die **Delegation von Änderungsbefugnissen**. Nach der bisherigen Rechtsprechung des EuGH darf ein Durchführungsrechtsakt den ihn ermächtigenden Basisrechtsakt nicht ändern, sofern dadurch die Parlamentsbeteiligung bei der Änderung ausgehöhlt würde.[375] Mit dem unionsrechtlichen Demokratieprinzip (s. Art. 10 EUV) ist die Delegation zur Änderung daher nur kompatibel, weil das Parlament im ordentlichen Gesetzgebungsverfahren durch die Delegation der Kompetenz zur Änderung nicht wesentlicher Bestimmungen seinen Regelungsanspruch gleichsam partiell zurücknimmt und wesentliche Regelungen weiterhin selbst treffen muss (Art. 290 Abs. 1 UAbs. 2 82a

---

[368] Zur bisherigen Rechtslage *Christoph Möllers*, Durchführung des Gemeinschaftsrechts, EuR 2002, S. 483 ff.
[369] *Möllers*, Durchführung (Fn. 368), S. 508 ff.; *ders.*, Gewaltengliederung, 2005, S. 258 ff.
[370] → Rn. 32.
[371] Zum Ganzen s. *Matthias Ruffert*, in: Calliess/ders. (Hrsg.), EUV/AEUV, Art. 290 AEUV Rn. 1 ff., woran sich die hiesige Darstellung anlehnt. Zur Entwicklung der Vorschrift aus einem Komitologieverfahren *Bart Driessen*, Delegated Legislation after the Treaty of Lisbon: an analysis of Article 290 TFEU, EL Rev, Bd. 35 (2010), 837 ff.
[372] Der delegierte Rechtsakt muss nach seinen Normwirkungen auch nicht dem delegierenden Gesetzgebungsakt folgen.
[373] *Matthias Ruffert*, in: Calliess/ders. (Hrsg.), EUV/AEUV, Art. 290 AEUV Rn. 2.
[374] Siehe die Übersicht bei *v. Bogdandy*, Rechtsetzung (Fn. 1), S. 303.
[375] *EuGH*, Rs. C-303/94, Slg. 1996, I-2943, Rn. 23 ff. S. auch u. bei → Fn. 389.

S. 2 AEUV).[376] Das Gebot der Regelung wesentlicher Fragen im Basisrechtsakt ist bereits jetzt in der ständigen Rechtsprechung des EuGH vorgesehen.[377] Insofern wird eine feststehende Praxis durch den Vertrag von Lissabon konstitutionalisiert. Anders als im deutschen Verfassungsrecht wird **Wesentlichkeit** hier jedoch nicht rechtsstaatlich-grundrechtsbezogen, sondern demokratisch-politisch verstanden.[378] **Wesentlich** im Sinne der Rechtsprechung des EuGH und der Formulierung des Abs. 1 UAbs. 2 sind die **wesentlichen politischen Grundentscheidungen** einer Materie.[379] Grundsätzlich sind die wesentlichen Parameter der Delegation (Ziel, Inhalt, Geltungsbereich, Dauer) im ermächtigenden Gesetzgebungsakt festzulegen, Art. 290 Abs. 1 UAbs. 2 S. 1 AEUV.

82b Durch die Festlegung der Dauer der Delegation wird die Möglichkeit geschaffen, zum Erlass von Rechtsakten zu ermächtigen, die nur so lange gelten, wie die Delegation andauert (sog. „sunset-clauses").[380] Außerdem behält Art. 290 Abs. 2 AEUV dem Unionsgesetzgeber zwei Mechanismen der nachträglichen Kontrolle vor:[381]

(1.) Der Unionsgesetzgeber verfügt über ein Widerrufsrecht („call back") und kann so auf behauptete Kompetenzüberschreitungen der Kommission oder veränderte politische Bewertungen der Delegation reagieren[382].

(2.) Der Unionsgesetzgeber kann sich schließlich ein Einspruchsrecht vorbehalten[383].

In beiden Kontrollverfahren entscheidet das EP mit der Mehrheit seiner Mitglieder (abweichend von Art. 231 Abs. 1 AEUV), der Rat mit qualifizierter Mehrheit (s. Art. 16 Abs. 3–5 EUV).[384]

83 Die Kategorie der **Durchführungsrechtsakte** war bereits im bisherigen Vertragswerk angelegt, hat aber durch den Vertrag von Lissabon einige Modifikationen erfahren. Der Begriff der Durchführung sowie die Durchführungsbefugnisse auf der Basis von Art. 202, 4. Spstr., 211, 3. Spstr. EGV wurden weit verstanden.[385] Sie umfasste allgemeine Durchführungsrechtsakte wie Durchfüh-

---

[376] Zu Parallelen im deutschen Verfassungsrecht s. *Sinn*, Änderung (Fn. 289), S. 24 ff; *Ossenbühl*, Rechtsverordnung (Fn. 258), § 103 Rn. 2.

[377] Std. Rspr. seit *EuGH*, Rs. 25/70, Slg. 1970, 1161, Rn. 6. S. auch *EuGH*, Rs. C-240/90, Slg. 1992, I-5383, Rn. 37 f.; Rs. C-66/04, Slg 2005, I-10553, Rn. 48 (dazu *Christoph Ohler*, JZ 2006, S. 359); *EuG*, verb. Rs. T-64/01 und T-65/01, Slg. 2004, II-521, Rn. 119 – Afrikanische Frucht-Compagnie; s. auch *Klaus F. Gärditz*, Die Verwaltungsdimension des Lissabon-Vertrags, DÖV 2010, S. 453 (456).

[378] *Waldemar Hummer/Walter Obwexer*, in: Streinz (Hrsg.), EUV/EGV, Art. 202 EG Rn. 34; *Thorsten Siegel*, Das Gleichgewicht der Gewalten in der Bundesrepublik Deutschland und in der Europäischen Gemeinschaft, DÖV 2010, S. 1 (6); *Rieckhoff*, Vorbehalt (Fn. 172), S. 176 ff.; *Christoph Möllers/Jelena v. Achenbach*, Die Mitwirkung des Europäischen Parlaments an der abgeleiteten Rechtsetzung der Europäischen Kommission nach dem Lissabonner Vertrag, EuR 2011, S. 39 (49).

[379] *EuGH*, Rs. C-240/90, Slg. 1992, I-5383, Rn. 37.

[380] Schlussbericht der Gruppe IX. Vereinfachung, Dok. CONV 424/02 (abrufbar unter: http://register.consilium.europa.eu/pdf/en/02/cv00/cv00424.en02.pdf), S. 11.

[381] Die Kontrollmechanismen stammen aus dem englischen Recht: *Hofmann*, Analysis (Fn. 172), S. 9, 13.

[382] Schlussbericht der Gruppe IX. Vereinfachung (Fn. 380), S. 11.

[383] Ein weiteres Kontrollverfahren, das sog. *Lamfalussy*-Verfahren unter Einbeziehung mitgliedstaatlicher Experten bleibt nach Erklärung Nr. 39 zu Art. 290 im Bereich von Finanzdienstleistungen erhalten. Dazu *Klemens H. Fischer*, Der Vertrag von Lissabon, 2. Aufl. 2010, Komm. (6) zu Art. 290.

[384] Zu Detailfragen s. die Mitteilung der Kommission an das EP und den Rat vom 9. 12. 2009, Umsetzung von Artikel 290 des Vertrags über die Arbeitsweise der Europäischen Union, KOM (2009) 673 endg.

[385] *EuGH*, Rs. 23/75, Slg. 1975, 1302, Rn. 10/14; einengend *EuGH*, Rs. 22/88, Slg. 1989, 2049.

A. Rechtsquellen des Verwaltungsrechts

rungsbestimmungen für den Einzelfall.[386] Hinzu traten weitreichende mitgliedstaatliche Pflichten bei der legislativen Umsetzung, dem administrativen Vollzug und der gerichtlichen Durchsetzung des Gemeinschaftsrechts[387]. Art. 291 Abs. 1 AEUV **verlagert** nun die **Durchführungsbefugnis** abweichend von der bisherigen Regelung[388] **grundsätzlich auf die Mitgliedstaaten,** wodurch dem Subsidiaritätsprinzip Rechnung getragen werden soll. Der weite Begriff der mitgliedstaatlichen Durchführung (legislativ und administrativ) wird dabei nicht angetastet. Ebenso bleibt es dabei, dass durch den Durchführungsrechtsakt der Ausgangsrechtsakt nicht geändert wird, wenn die Änderung zu einer Verletzung von Beteiligungsrechten eines am Ausgangsrechtsakt mitwirkenden Organs führen würde.[389]

Nur dann, wenn ein Bedarf nach einheitlichen Durchführungsbedingungen besteht, werden der Kommission Durchführungsbefugnisse übertragen, Art. 291 Abs. 2 AEUV.[390] Die Kommission kann dann die Rechtsakte nach Art. 288 AEUV als Durchführungsrechtsakte erlassen (s. Art. 291 Abs. 4 AEUV zur Bezeichnung).[391] Sie kann ferner nach Art. 291 Abs. 3 AEUV durch im Voraus festgelegte allgemeine Regeln und Grundsätze bei der Wahrnehmung der Durchführungsbefugnisse kontrolliert werden. Die entsprechende Verordnung ist im Februar 2011 verabschiedet worden.[392] Sie setzt in der Sache das Komitologieverfahren fort, wenngleich die Kontrollbefugnis durch Art. 291 Abs. 3 AEUV ausdrücklich auf die Mitgliedstaaten verlagert worden ist, die diese durch ihr Repräsentationsorgan Rat (s. Art. 10 Abs. 2 UAbs. 2, Art. 16 Abs. 2 EUV) ausüben werden.[393]

83a

Auch **Verwaltungsvorschriften** sind ein **Gestaltungsmittel des Europarechts.** Als „Mitteilungen" kanalisieren sie die politische Steuerung durch die Kommission, sorgen für eine einheitliche Verwaltungspraxis im EG-Eigenverwaltungsrecht und verbessern die Information über die Verwaltungstätigkeit und damit die Rechtssicherheit.[394] Teilweise wirken sie auch auf den indirekten Vollzug

84

---

[386] *EuGH*, Rs. 16/88, Slg. 1989, 3457, Rn. 11; *Waldemar Hummer/Walter Obwexer*, in: Streinz (Hrsg.), EUV/EGV, Art. 202 EG Rn. 33.

[387] Siehe *Wolfgang Kahl*, in: Calliess/Ruffert (Hrsg.), EUV/AEUV, Art. 4 EUV Rn. 54 ff.

[388] Zu ihr *Werner Schroeder*, Nationale Maßnahmen zur Durchführung von EG-Recht und das Gebot der einheitlichen Wirkung, AöR, Bd. 129 (2004), S. 3 (9 ff.). S. jetzt *Gärditz*, Verwaltungsdimension (Fn. 377), S. 453 (462).

[389] *EuGH*, Rs. C-303/94, Slg. 1996, I-2943, Rn. 23 ff.

[390] In begründeten Sonderfällen sowie im Bereich der GASP erfolgt die Übertragung an den Rat. Die Feststellung eines solchen Sonderfalles unterliegt einer ausdrücklichen Begründungspflicht (zuerst formuliert von *EuGH*, Rs. 16/88, Slg. 1989, 3457, Rn. 10). Das Parlament kann mithin eine reine „Selbstermächtigung" des Rates verhindern. Hierin liegt eine Verbesserung zur bisherigen Rechtslage, wonach der Rat sich „in spezifischen Fällen" die Ausübung von Durchführungsbefugnissen vorbehalten konnte (Art. 202, 4. Spstr. S. 3 EGV). Zum Ganzen *Matthias Ruffert*, in: Calliess/ders. (Hrsg.), EUV/AEUV, Art. 291 AEUV Rn. 9.

[391] Dies überzeugt nicht, soweit Durchführungsrichtlinien ergehen, denn diese bedürften wiederum mitgliedstaatlicher Durchführung durch Umsetzung; vgl. *Matthias Ruffert*, in: Calliess/ders. (Hrsg.), EUV/AEUV, Art. 291 AEUV Rn. 11.

[392] Verordnung (EU) Nr. 182/2011 des EP und des Rates vom 16. 2. 2011 zur Festlegung der allgemeinen Regeln und Grundsätze, nach denen die Mitgliedstaaten die Wahrnehmung der Durchführungsbefugnisse durch die Kommission kontrollieren, ABl. EU 2011, Nr. L 55, S. 13.

[393] Zu den Folgen für die Parlamentsbeteiligung umfassend *Möllers/von Achenbach*, Mitwirkung (Fn. 378), S. 39.

[394] Zu diesen Funktionen *Heike Adam*, Die Mitteilungen der Kommission: Verwaltungsvorschriften des Europäischen Gemeinschaftsrechts?, 1999, S. 69 ff.

ein.³⁹⁵ Über den durch die Selbstbindung der Kommission vermittelten Vertrauensschutz hinaus entfalten sie nur begrenzt Rechtswirkungen.³⁹⁶ Zu Recht kritisiert wird, wenn durch „Leitlinien" Sachentscheidungen determiniert werden, ohne dass die nominell nicht verbindliche Rechtsetzung den einschlägigen Legitimations- und Rechtsschutzanforderungen unterstellt wird.³⁹⁷

6. Privat gesetztes, administrativ anerkanntes Recht

a) Vorbemerkung

85 Trotz seiner großen Bedeutung in der umwelt- und technikrechtlichen Standardsetzung fristet das privat gesetzte, administrativ anerkannte Recht in der verwaltungsrechtlichen Rechtsquellenlehre bislang ein Schattendasein. Das Bundesverfassungsgericht hat sich auf die – banale – Feststellung beschränkt, dass an die Verwendung des Instruments privater Normsetzung jedenfalls die gleichen Anforderungen gestellt werden müssen wie an staatliches Recht.³⁹⁸ In der Tat: Rechtsqualität erlangt das privat „gesetzte" Recht erst durch hoheitliche Anerkennung. Nach dem Verhältnis privater Normformulierung zu hoheitlicher Anerkennung werden zwei Grundtypen unterschieden, die privatverbandliche Rechtsetzung und die halbstaatliche Standardsetzung.³⁹⁹ Neue Rechtsetzungstypen bilden sich im Sozial- und Gesundheitsrecht heraus und werden dort kritisch bewertet.⁴⁰⁰

b) Privatverbandliche Standardsetzung

aa) Institutioneller Rahmen

86 Im engeren und eigentlichen Sinne private Rechtsetzung ist die privatverbandliche Standardsetzung, die ihre normative Wirkung durch gesetzliche Verweisung entfaltet.⁴⁰¹ Neben dem Deutschen Institut für Normung (DIN-Normen)⁴⁰² haben sich in Deutschland weitere fachbezogene Normungsorganisationen etabliert, die teilweise ebenfalls auf eine lange Tradition zurückblicken

---

³⁹⁵ Typologie aller Bereiche bei *Adam,* Mitteilungen (Fn. 394), S. 13 ff.; *Thomas v. Danwitz,* Europäisches Verwaltungsrecht, 2008, S. 246 ff.
³⁹⁶ *Werner Schroeder,* in: Streinz (Hrsg.), EUV/EGV, Art. 249 EG Rn. 33. *EuG,* Rs. T-380/94, Slg. 1996, II-2169 Rn. 57; Rs. T-149/95, Slg. 1997, II-2031, Rn. 61. Im Beihilfenrecht müssen die Mitgliedstaaten einer Mitteilung zustimmen, damit diese Rechtsverbindlichkeit erlangt: *EuGH,* Rs. C-135/93, Slg. 1995, I-1651, Rn. 38; Rs. C-57/95, Slg. 1997, I-1627, Rn. 24. Zu diesem Gesichtspunkt *Adam,* Mitteilungen (Fn. 394), S. 135 ff. Weitergehend *Groß,* Vollzugsprogrammierung (Fn. 152), S. 22 f.
³⁹⁷ Siehe die deutliche Kritik bei *Helmut Lecheler,* Ungereimtheiten bei den Handlungsformen des Gemeinschaftsrechts – dargestellt anhand der Einordnung von „Leitlinien", DVBl 2008, S. 873 ff., und *Wolfgang Weiß,* Das Leitlinien(un)wesen der Kommission verletzt den Vertrag von Lissabon, EWS 2010, S. 257 ff.
³⁹⁸ *BVerfG,* NJW 1993, S. 2559 (2600). S. auch *BVerwG,* DVBl 1993, S. 1149 (1150 f.): Kerntechnischer Ausschuss (KTA)/Reaktorsicherheitskommissions (RSK)-Entscheidungen als sachverständige Information.
³⁹⁹ Unterscheidung begründet von *Lamb,* Gesetzeskonkretisierung (Fn. 99), S. 71 f.
⁴⁰⁰ Vgl. *Klaus Rennert,* Beleihung zur Rechtsetzung?, JZ 2009, S. 976 ff. Die sozialrechtliche Entwicklung kann hier nicht vertieft werden.
⁴⁰¹ Siehe die Differenzierung bei → Bd. I *Eifert* § 19 Rn. 61 ff., sowie *Lamb,* Gesetzeskonkretisierung (Fn. 99), S. 72 ff.
⁴⁰² *Marburger,* Regeln (Fn. 94), S. 197 ff.; *Lamb,* Gesetzeskonkretisierung (Fn. 99), S. 72 ff. S. die Satzung vom 29. 10. 1997 unter www.din.de/.

können:⁴⁰³ Verband Deutscher Elektrotechniker (VDE-Bestimmungen),⁴⁰⁴ Verein deutscher Ingenieure (VDI-Richtlinien),⁴⁰⁵ Deutscher Verein des Gas- und Wasserfaches e.V. (DVGW-Regelwerk),⁴⁰⁶ Deutsche Vereinigung für Wasserwirtschaft, Abwasser und Abfall (ATV-DVWK-Regelwerk),⁴⁰⁷ Germanischer Lloyd (GL)⁴⁰⁸ und das Deutsche Institut für Gütesicherung und Kennzeichnung e.V. (RAL).⁴⁰⁹ Die Organisationen und ihre Normwerke sind partiell eng miteinander verknüpft; dem DIN und den DIN-Normen kommt eine Führungsrolle zu.⁴¹⁰

Über den nationalen deutschen Rahmen hinaus wird private Rechtsetzung zur Herstellung des europäischen Binnenmarktes und zum Abbau von Handelsschranken im globalen Rahmen eingesetzt. Mit der „**Neuen Konzeption auf dem Gebiet der technischen Harmonisierung und der Normung**"⁴¹¹ ist die **Europäische Kommission** 1985 bei der binnenmarktbezogenen Rechtsangleichung von der Detailharmonisierung abgerückt und hat die europäischen Normungsorganisationen in die Standardsetzung einbezogen,⁴¹² namentlich das Comité Européen de Normalisation (CEN), das Comité Européen de Normalisation Electrotechnique (CENELEC) und das European Telecommunications Standards Institute (ETSI).⁴¹³ Ähnliche Funktionen im Hinblick auf den Abbau technischer Handelshemmnisse in der WTO erfüllen die International Organization for Standardization (ISO),⁴¹⁴ die International Electrotechnical Commission (IEC)⁴¹⁵ sowie eine Fülle fachbezogener Institutionen, die sich zumindest teilweise Standardisierungsaufgaben widmen.⁴¹⁶

87

---

⁴⁰³ *Kloepfer*, UmweltR, § 3 Rn. 83, zählt über 200 Organisationen. Sozialwissenschaftliche Analyse bei *Eckhard Bolenz*, Technische Normung zwischen „Markt" und „Staat", 1987.

⁴⁰⁴ *Marburger*, Regeln (Fn. 94), S. 208 ff. Die Normungsarbeit wird von der DKE (Deutschen Kommission Elektrotechnik Elektronik Informationstechnik im DIN und VDE) geleistet; näher www.dke.de.

⁴⁰⁵ *Marburger*, Regeln (Fn. 94), S. 222 ff.

⁴⁰⁶ *Marburger*, Regeln (Fn. 94), S. 217 ff. Verzeichnis abrufbar unter: www.dvgw.de/no_cache/angebote-leistungen/regelwerk/regelwerkverzeichnis.

⁴⁰⁷ Näher unter www.atv.de/.

⁴⁰⁸ Normen für Seeschiffe; *Marburger*, Regeln (Fn. 94), S. 226 ff.

⁴⁰⁹ *Marburger*, Regeln (Fn. 94), S. 230 ff. RAL steht für „Reichsausschuß für Lieferbedingungen"; s. www.ral.de.

⁴¹⁰ *Lamb*, Gesetzeskonkretisierung (Fn. 99), S. 73.

⁴¹¹ Siehe die Leitlinien in Anhang II zur Entschließung des Rates 85/C 136/01 vom 7. 5. 1985, ABl. EG 1985, Nr. C 136, S. 2 f. Allgemein die Beiträge in *Peter-Christian Müller-Graff* (Hrsg.), Technische Regeln im Binnenmarkt, 1991, sowie *Thomas Anselmann*, Technische Vorschriften und Normen in Europa, 1991.

⁴¹² *Peter Marburger*, Europäische Normung und Umweltrecht, in: FS Gerhard Feldhaus, 1999, S. 387 (390 ff.); *Thomas Klindt*, Der „new approach" im Produktrecht des europäischen Binnenmarkts: Vermutungswirkung technischer Normung, EuZW 2002, S. 133 ff.; *Udo Di Fabio*, Produktharmonisierung durch Normung und Selbstüberwachung, 1996, S. 1 ff.

⁴¹³ Siehe *Marburger*, Normung (Fn. 412), S. 388 f.; *Günter Breulmann*, Normung und Rechtsangleichung in der Europäischen Wirtschaftsgemeinschaft, 1993, S. 40 ff.; *Di Fabio*, Produktharmonisierung (Fn. 412), S. 33 ff.; *Martin Schulte*, Materielle Regelungen: Umweltnormung, in: EUDUR I, § 17 Rn. 20 ff.; *Juliane Jörissen*, Produktbezogener Umweltschutz und technische Normen, 1997, S. 28 ff.; *Bernd Grützner*, Normung, Zertifizierung und Akkreditierung im EU-Binnenmarkt, 1994, S. 27 ff. Zur kartellrechtlichen Folgeproblematik *Martin Schießl*, EG-kartellrechtliche Anforderungen an die europäischen Normungsorganisationen CEN, CENELEC und ETSI, 1995.

⁴¹⁴ *Marburger*, Regeln (Fn. 94), S. 236 ff.

⁴¹⁵ *Marburger*, Regeln (Fn. 94), S. 239 ff.

⁴¹⁶ Ausführlich (mit Aufzählung aller Institutionen) *Christian Tietje*, Übereinkommen über technische Handelshemmnisse, in: Hans-Georg Prieß/Georg M. Berrisch (Hrsg.), WTO-Handbuch, 2003, B.I.5. Rn. 17 ff., sowie *Thomas Zubke-v. Thünen*, Technische Normung in Europa, 1999, S. 805 ff.

88 Das **DIN** ist ein von privaten Unternehmen getragener privatrechtlicher Verein mit dem ausschließlichen Ziel der Normung.[417] Ein Vertrag zwischen der Bundesrepublik Deutschland und dem DIN aus dem Jahr 1975 regelt (als Gegenleistung zur öffentlichen Bezuschussung) die Verpflichtung zur Beachtung öffentlicher Interessen bei der Normung, die Beteiligung staatlicher Stellen an der Normungsarbeit und die Vertretung Deutschlands in internationalen Normungsorganisationen durch das DIN.[418] Die Normungsarbeit findet in Arbeitsausschüssen unter Beteiligung interessierter Kreise aufgrund der Verfahrensnorm DIN 820 statt.[419] In den europäischen und internationalen Normungsorganisationen sind jeweils die nationalen Normungsinstitutionen durch ihre Vertreter repräsentiert.

bb) Anerkennungsmodi

89 Privatverbandliche Standards bedürfen der **Inkorporation** in staatlich verantwortetes Recht, um normative Geltung zu erlangen – dann aber gehören sie nach dem steuerungswissenschaftlichen Rechtsquellenkonzept (s.o. Rn. 23–25) zu den Rechtsquellen des Verwaltungsrechts. Selten geschieht dies durch inhaltliche Aufnahme in staatliche Rechtsnormen.[420] Zentraler Modus der Anerkennung privatverbandlicher Standards im deutschen wie im EG-Recht ist die **Verweisung,** deren Ausgestaltung aber bestimmten Anforderungen genügen muss, um vor dem Grundgesetz bestehen zu können. Das Schrifttum differenziert nach drei Verweisungstypen: Eindeutig zulässig ist die statische Verweisung (unter genauer Angabe von Titel, Datum, Fundstelle und Bezugsquelle),[421] eindeutig unzulässig hingegen die pauschale dynamische Verweisung, die keinen vorhersehbaren Norminhalt sicherstellen kann und eine Delegation auf demokratisch nicht legitimierte Gremien herbeiführt.[422] Praktisch üblich[423] und ebenfalls zulässig ist schließlich die sog. „normkonkretisierende gleitende Verweisung", die zur Konkretisierung eines im Gesetz festgelegten Standards (z.B. allgemein anerkannte Regeln der Technik, Stand der Technik oder Stand von Wissenschaft und Technik) dergestalt auf ein privates Regelwerk verweist, dass zugunsten des

---

[417] *Marburger,* Regeln (Fn. 94), S. 197 f. S. § 1 I, II der Satzung (Fn. 402).
[418] *Marburger,* Regeln (Fn. 94), S. 204 f.; *Lamb,* Gesetzeskonkretisierung (Fn. 99), S. 74. Vertragstext in BAnz Nr. 114 vom 27. 6. 1975.
[419] *Marburger,* Regeln (Fn. 94), S. 198 f., 200 ff.; *Lamb,* Gesetzeskonkretisierung (Fn. 99), S. 76 ff.; *Christoph Gusy,* Wertungen und Interessen in der technischen Normung, UPR 1986, S. 241 (245 ff.). *Martin Führ,* Technische Normen in demokratischer Gesellschaft, ZUR 1993, S. 99 (101). Liste der Normenausschüsse unter www.normung.din.de/.
[420] Vgl. *Lamb,* Gesetzeskonkretisierung (Fn. 99), S. 91.
[421] *Marburger,* Regeln (Fn. 94), S. 387 ff.; *Lamb,* Gesetzeskonkretisierung (Fn. 99), S. 89 f.; *Sparwasser/Engel/Voßkuhle,* UmweltR, § 1 Rn. 200; *Kloepfer,* UmweltR, § 3 Rn. 85; *Schwierz,* Privatisierung (Fn. 94), S. 55 f. S. z. B. die Ermächtigungen in § 7 Abs. 5 BImSchG, § 7 Abs. 4 KrW-/AbfG, § 30 Abs. 4 GenTG, § 20 Abs. 3 MRRG, § 19 Abs. 4 ChemG, § 3 Abs. 3 Binnenschifffahrtsaufgabengesetz.
[422] *Marburger,* Regeln (Fn. 94), S. 390 ff.; *Sparwasser/Engel/Voßkuhle,* UmweltR, § 1 Rn. 199; *Martina Müller-Foell,* Die Bedeutung technischer Normen für die Konkretisierung von Rechtsvorschriften, 1987, S. 114 f.; *Kloepfer,* UmweltR, § 3 Rn. 85. Allgemein *BVerfGE* 47, 285 (311 ff.). A. A. wohl nur *Schwierz,* Privatisierung (Fn. 94), S. 63 ff.
[423] Siehe z. B. § 3 Abs. 6 BImSchG, § 3 Abs. 12 KrW-/AbfG, § 3 Nr. 11 WHG, § 2 Abs. 11 GefStoffV oder auch die Regelungen des Atomgesetzes und der Bauordnungen der Länder.

Normunterworfenen (z.B. Produzent, Anlagenbetreiber) die widerlegliche Vermutung gesetzeskonformen Handelns gilt.[424]

Auch die Harmonisierungsrichtlinien nach der „Neuen Konzeption", die selbst nur grundlegende Mindestanforderungen enthalten, verweisen auf die entsprechenden europäischen technischen Normen.[425] Diese haben ausdrücklich aus sich selbst heraus keinen verpflichtenden Charakter, sondern begründen eine widerlegbare Vermutung der Richtlinienkonformität.[426] Auch nach Europarecht wird die pauschale dynamische Verweisung für unzulässig gehalten, da sie sich als Delegation von Unionsbefugnissen auf Private darstellte; die normkonkretisierende dynamische Verweisung ist wiederum üblich und zulässig.[427]

ISO-Normen können unter bestimmten Voraussetzungen als CEN-Normen oder Standards der nationalen Normungsinstitutionen übernommen werden.[428] Das WTO-Recht sieht die Rezeption internationaler Standards durch ihre Mitglieder ausdrücklich vor (Art. 2.4. TBT-Übereinkommen[429]), und bei Einhaltung dieser Standards streitet eine widerlegliche Vermutung für die Konformität mit WTO-Recht (Art. 2.5 S. 2 TBT-Übereinkommen).[430] Insgesamt ist die Standardsetzung ein wichtiger, aber auch komplexer und nicht unumstrittener Rechtsetzungsmodus des internationalen Verwaltungsrechts.[431]

c) Halbstaatliche Standardsetzung

Nur noch im weiteren Sinne private Rechtsetzung ist die halbstaatliche Standardsetzung, bei der teils aus privaten Sachverständigen oder Interessenvertretern bestehende Gremien Normen erarbeiten, denen durch amtliche Bekanntmachung der Verwaltung Rechtswirkungen zuerkannt werden.[432] Der

---

[424] *Marburger*, Regeln (Fn. 94), S. 395 ff.; *ders./Mark Klein*, Bezugnahmen auf technische Normen im deutschen Umwelt- und Technikrecht, JbUTR 2001, S. 161 (168 f.); *Lamb*, Gesetzeskonkretisierung (Fn. 99), S. 90; *Erhard Denninger*, Verfassungsrechtliche Anforderungen an die Normsetzung, 1990, Rn. 145.

[425] *Marburger*, Normung (Fn. 412), S. 392. Ebenso nehmen die Vergaberichtlinien auf die technischen Normen Bezug: S. Art. 34 f. und 52 (mit Anhang XXI) der Richtlinie 2004/17/EG des EP und des Rates vom 31. 3. 2004 zur Koordinierung der Zuschlagserteilung durch Auftraggeber im Bereich der Wasser-, Energie- und Verkehrsversorgung sowie der Postdienste, ABl. EU 2004, Nr. L 134, S. 1; Art. 23 und 49 f. (mit Anhang VI) der Richtlinie 2004/18/EG des EP und des Rates vom 31. 3. 2004 über die Koordinierung der Verfahren zur Vergabe öffentlicher Bauaufträge, Lieferaufträge und Dienstleistungsaufträge, ABl. EU 2004, Nr. L 134, S. 114.

[426] *Marburger*, Normung (Fn. 412), S. 392; *Di Fabio*, Produktharmonisierung (Fn. 412), S. 23 f. Weitergehend *Schulte*, Umweltnormung (Fn. 413), § 17 Rn. 75.

[427] *Marburger*, Normung (Fn. 412), S. 399 f.; *ders./Rainald Enders*, Technische Normen im Europäischen Gemeinschaftsrecht, JbUTR 1994, S. 333 (351); *Schulte*, Umweltnormung (Fn. 413), § 17 Rn. 70 f. A. A. *Rüdiger Rönck*, Technische Normen als Gestaltungsmittel des Europäischen Gemeinschaftsrechts, 1995, S. 202 ff. – Beispielhaft (Begriff der besten verfügbaren Technik) Art. 2 Nr. 12 der Richtlinie des Rates vom 15. 1. 2008 über die integrierte Vermeidung und Verminderung der Umweltverschmutzung (kodifizierte Fassung), ABl. EU 2008, Nr. L 24, S. 8.

[428] *Marburger*, Regeln (Fn. 94), S. 238; *Tietje*, Übereinkommen (Fn. 416), Rn. 20.

[429] ABl. EG 1994, Nr. L 336, S. 86. Zu diesem Übereinkommen s. auch u. → Rn. 161; zur Verpflichtung *Tietje*, Übereinkommen (Fn. 416), Rn. 95 ff.

[430] Siehe hierzu *Wolfgang Weiß/Christoph Herrmann/Christoph Ohler*, Welthandelsrecht, 2. Aufl. 2007, Rn. 589; *Tietje*, Übereinkommen (Fn. 416), Rn. 93; *ders.*, WTO und Recht des Weltwarenhandels, in: ders. (Hrsg.), Internationales Wirtschaftsrecht, 2009, § 3, Rn. 115 ff.

[431] Siehe *Hans C. Röhl*, Internationale Standardsetzung, sowie *Oliver Lepsius*, Standardsetzung und Legitimation, in: Möllers/Voßkuhle/Walter (Hrsg.), Internationales VerwR. S. 319 ff. und 345 ff.

[432] *Lamb*, Gesetzeskonkretisierung (Fn. 99), S. 97 ff.

institutionelle Rahmen ist trotz der Unabhängigkeit der Gremien, die gleichsam als Zuarbeiter der Exekutive tätig werden,[433] **durch die enge Verbindung mit der Verwaltung gekennzeichnet,** der Anerkennungsmodus einzelfallbezogen. Mit Differenzierungen im Einzelfall gehören zum Typus der halbstaatlichen Normsetzung die Standardsetzung durch technische Ausschüsse i.S.v. § 14 Abs. 2 GPSG,[434] die Kommission für Anlagensicherheit nach § 51a BImSchG, die atomrechtlichen Standardisierungsgremien Kerntechnischer Ausschuss (KTA) und Reaktorsicherheitskommission (RSK)[435] sowie der Ausschuss für Gefahrstoffe nach § 20 GefStoffVO und die Senatskommission zur Prüfung gesundheitsschädlicher Arbeitsstoffe innerhalb der DFG.[436] Durch die Verbindung der teilprivaten Gremien mit der Verwaltung rückt die halbstaatliche Standardsetzung in die Nähe zu exekutivischen Standards nach Anhörung beteiligter Kreise und Sachverständiger durch Verwaltungsvorschrift.[437]

d) Mechanismen der Legitimationssicherung

93   Das zentrale Problem des privat gesetzten, administrativ anerkannten Rechts ist seine Legitimität.[438] Zwar bleibt den normgebenden Instanzen des Staates nach beiden Anerkennungsmodi – sowohl bei der Verweisungstechnik als auch bei der Einzelfallanerkennung – die formale Letztentscheidung über die Wirkungen der durch Private oder unter deren maßgeblicher Beteiligung formulierten Normen. In der Sache stammen diese Normen aber nicht aus staatlicher Hand,[439] und eine Rückkehr zur allein staatlichen Normsetzung ist nicht nur unrealistisch, sondern würde auch die unbestrittenen Gewinne aus der Kooperation mit Privaten vernichten.[440] Nach allgemeiner Ansicht ist daher die **Legitimation** privater Rechtsetzung **durch organisations- und verfahrensrechtliche Vorkehrungen zu erhöhen,** die für **Transparenz** des Rechtsetzungsprozesses, **Ausgewogenheit und Vielfalt** bei der Interessenrepräsentanz – ggf. unter Beteiligung der Öffentlichkeit, **Unabhängigkeit und Qualität des einbezogenen**

---

[433] So *Schuppert*, Verwaltungswissenschaft, S. 426.
[434] Geräte- und Produktsicherheitsgesetz, BGBl I (2004), S. 2 (vormals § 11 Abs. 1 Gerätesicherheitsgesetz [GerSiG]).
[435] Zu ihnen grundlegend *Klaus Vieweg*, Atomrecht und technische Normung, 1982.
[436] Ausführlich *Lamb*, Gesetzeskonkretisierung (Fn. 99), S. 97 ff., 130 ff.; *Schwierz*, Privatisierung (Fn. 94), S. 17 f. Zur Normierung im technischen Sicherheitsrecht *Andreas Rittstieg*, Die Konkretisierung technischer Standards im Anlagenrecht, 1982, S. 45 ff.; zur DFG-Kommission *Raimund Wimmer*, Die gefährliche Gefahrstoffverordnung, NVwZ 1988, S. 130 ff.; näher: www.dfg.de/dfg_profil/gremien/senat/gesundheitsschaedliche_arbeitsstoffe/index.html.
[437] → Rn. 76.
[438] Siehe nur *Volker M. Brennecke*, Normsetzung durch private Verbände, 1996, S. 295 ff.
[439] *Sparwasser/Engel/Voßkuhle*, UmweltR, § 1 Rn. 199; *Voßkuhle*, Regelungsstrategien (Fn. 98), S. 69 f. Für die europarechtlichen Normen: *Marburger*, Normung (Fn. 412), S. 393 f.
Im Europarecht steht die These einer unionsrechtswidrigen faktischen Delegation im Raum: *Schulte*, Umweltnormung (Fn. 413), § 17 Rn. 88 ff., im Anschluss an *Breulmann*, Normung (Fn. 413), S. 175 ff.; skeptisch in diese Richtung auch *Di Fabio*, Produktharmonisierung (Fn. 412), S. 87 ff.; *Jörissen*, Umweltschutz (Fn. 4133), S. 80 ff.; im Ergebnis gegen jene These *Thomas v. Danwitz*, Europarechtliche Beurteilung der Umweltnormung: Kompetenzen – Legitimation – Binnenmarkt, in: Hans-Werner Rengeling (Hrsg.), Umweltnormung, 1998, S. 187 (201 ff.); *Schmidt-Preuß*, Regelwerke (Fn. 99), S. 98 f.
[440] Siehe das Ergebnis der ausführlichen Abwägung bei *Brennecke*, Normsetzung (Fn. 438), S. 301 ff., dort S. 313.

A. Rechtsquellen des Verwaltungsrechts

Sachverstandes sowie **Nachvollziehbarkeit der Entscheidung** sorgen.[441] In diesen prozeduralen Rahmen kann auch die staatliche Beteiligung eingeordnet werden. Vorbildhaft ist in diesem Zusammenhang die Umweltkommission nach §§ 17 ff. UGB-KomE.[442] Generell gilt: Je besser die organisations- und verfahrensrechtliche Absicherung der Normsetzung, desto weiter kann die private Beteiligung an der Kooperation bemessen sein[443] (z. B. durch Absenkung der Vorgaben an die Verweisung[444]).

7. Allgemeine Rechtsgrundsätze, Richterrecht und Gewohnheitsrecht

a) Ungeschriebene Normen im Verwaltungsrecht

Zur Fülle der Rechtsnormen legislativer, exekutiver oder privater, administrativ anerkannter Setzung kommt schließlich noch das Gefüge des gemeinhin als „ungeschrieben" bezeichneten Rechts hinzu.[445] In manchen Bereichen nimmt seine Bedeutung spürbar ab, in anderen ist der Bedeutungsverlust nur ein scheinbarer. Die Fortexistenz nicht gesetzten Verwaltungsrechts gründet in der Konzentration der normsetzenden Instanzen auf das Besondere Verwaltungsrecht. Trotz der Kodifikationsleistung des VwVfG bleiben im Allgemeinen Verwaltungsrecht Lücken und stellt auch die mittlere Ebene der Abstraktion vom Besonderen Verwaltungsrecht nicht immer kodifizierte Regeln und Prinzipien zur Verfügung.[446] Im Staatshaftungsrecht kann sogar von einem gesetzgeberischen Versagen gesprochen werden, so dass dieses in besonderer Weise auf „ungeschriebene" Tatbestände angewiesen ist.[447]

94

---

[441] *Schmidt-Aßmann*, Ordnungsidee, 6. Kap. Rn. 94; *Sparwasser/Engel/Voßkuhle*, UmweltR, § 1 Rn. 199; *Kloepfer*, UmweltR, § 3 Rn. 86; *Schmidt-Preuß*, Regelwerke (Fn. 99), S. 96; *Hans-Heinrich Trute*, Funktionen der Organisation und ihre Abbildung im Recht, in: Schmidt-Aßmann/Hoffmann-Riem, Verwaltungsorganisationsrecht, S. 249 (288 f.); *de lege ferenda Lamb*, Gesetzeskonkretisierung (Fn. 99), S. 229 ff. m. w. N. zu älteren Vorschlägen; *Voelzkow*, Regierungen (Fn. 100), S. 219 ff. Sehr kritisch mit Blick auf die europäische Ebene *Schulte*, Umweltnormung (Fn. 413), § 17 Rn. 121 ff.; skeptisch auch *Marburger/Enders*, Technische Normen (Fn. 427), S. 364 ff. Reformvorschläge für die europäische Ebene bei *Di Fabio*, Produktharmonisierung (Fn. 412), S. 107 ff.; *Voelzkow*, Regierungen (Fn. 100), S. 285 ff.; *Jörissen*, Umweltschutz (Fn. 413), S. 89 ff.

[442] *Sparwasser/Engel/Voßkuhle*, UmweltR, § 1 Rn. 199.

[443] In diesem Sinne *Hans-Heinrich Trute*, Verzahnungen von öffentlichem und privatem Recht – anhand ausgewählter Beispiele –, in: Hoffmann-Riem/Schmidt-Aßmann, Auffangordnungen, S. 167 (209 f.).

[444] → Rn. 89.

[445] Die Bezeichnung verdient, hinterfragt zu werden, denn allgemeinen Rechtsgrundsätzen sowie dem Richter- und Gewohnheitsrecht fehlt es nicht an Schriftlichkeit, sondern daran, dass sie nicht von hoher Hand oder anerkannter Autorität gesetzt sind, zutreffend *Ernst Höhn*, Gewohnheitsrecht im Verwaltungsrecht, 1960. *Forsthoff*, VerwR, S. 123 ff., unterscheidet zutreffend „organisierte" und „nicht organisierte" Rechtsquellen. *Fritz Ossenbühl*, Allgemeine Rechts- und Verwaltungsgrundsätze – eine verschüttete Rechtsfigur?, in: FG BVerwG (Fn. 71), S. 289 (289), beklagt in diesem Bereich eine „babylonische Sprachenverwirrung".

[446] Treffend *Ossenbühl*, Arten der Rechtsquellen (Fn. 27), § 6 Rn. 71. Zum Verhältnis VwVfG – Allgemeine Rechtsgrundsätze *Reinhard Mußgnug*, Das allgemeine Verwaltungsrecht zwischen Richterrecht und Gesetzesrecht, in: FS 600 Jahre Universität Heidelberg, 1986, S. 209 (209 f. und 217 ff.); *Ulrich Stelkens*, Europäische Rechtsakte als „Fundgruben" für allgemeine Grundsätze des deutschen Verwaltungsverfahrensrechts, ZEuS 2004, S. 130 (130 f.).

[447] *Wolfram Höfling*, Primär- und Sekundärrechtsschutz im Öffentlichen Recht, VVDStRL, Bd. 61 (2002), S. 260 (281).

b) Allgemeine Rechtsgrundsätze

aa) Funktion und Herkunft

95 Ursprünglich stammt die Idee allgemeiner, die Verwaltung und ihre Tätigkeit bindender Rechtsgrundsätze **aus dem französischen Verwaltungsrecht.** Die *principes généraux de droit* sind Maßstabsnormen, die der *Conseil d'État* als außerhalb der ordentlichen Gerichtsbarkeit stehender Spruchkörper in Ermangelung sowohl einer Kodifikation als auch verfassungsrechtlicher Vorgaben entwickelte: Legalität, Freiheits- und Gleichheitsrechte, Verfahrensrechte.[448] Das französische System allgemeiner Rechtsgrundsätze ist Ausfluss der Sonderstellung des französischen Verwaltungsrechts und der dortigen Verwaltungsgerichtsbarkeit.[449]

96 Heute sind allgemeine Rechtsgrundsätze **ebenenübergreifend** bedeutsam. Aus dem Völkerrecht dringen sie in das Verfahrensrecht der WTO vor.[450] Im geltenden Europarecht kommt den allgemeinen Rechtsgrundsätzen eine Ergänzungsfunktion zu. Sie füllen mit grundrechtlichen und allgemeinen rechtsstaatlichen Garantien die Lücken im Unionsrecht, die durch die dynamische Entwicklung der Integration hin zu einer übergreifenden Rechtsordnung mit weitreichenden, nicht staatlich mediatisierten Wirkungen für die Rechtssubjekte sichtbar geworden sind.[451] Selbst von Verfassungsrang, finden sie ihre verfassungsrechtliche Basis im Rechtswahrungsauftrag an den EuGH (Art. 19 Abs. 1 UAbs. 1 S. 2 EUV) sowie in der analogiefähigen Regelung für die Unionshaftung (Art. 340 AEUV); methodisch in der wertenden Rechtsvergleichung.[452]

97 In der deutschen Verwaltungsrechtsordnung sind allgemeine Rechtsgrundsätze **nicht selbst Rechtsquelle,** sondern gewinnen ihre Gehalte und Wirksamkeit aus mehreren Quellen.[453] Teils lassen sie sich aus Prinzipien des Grundgesetzes (z.B. Verhältnismäßigkeit, Gleichheit, Rechtssicherheit, Vertrauensschutz) oder des europäischen Verfassungsrechts *(effet utile)* ableiten,[454] teils wird ihre Herleitung über eine verfassungsrechtlich überformte Gesamtschau mehrerer Einzelregelungen versucht (z.B. Unvoreingenommenheit von Hoheitsträgern), teils

---

[448] Siehe *Ruffert*, Methodik der Verwaltungsrechtswissenschaft (Fn. 215), S. 181 f.

[449] *Jacques Chevallier*, L'évolution du droit administratif, Revue du droit public, Bd. 114 (1998), S. 1794 ff.; *ders.*, Le droit administratif entre science administrative et droit constitutionnel, in: Centre universitaire de recherches administratives et politiques de Picardie – C.U.R.A.P.P. (Hrsg.), Le droit administratif en mutation, 1993, S. 11 (13).

[450] Vgl. *Corinna Sandrock*, Allgemeine Rechtsgrundsätze im Verfahrensrecht der WTO, 2004. – Im Völkerrecht zählen die „von den Kulturvölkern anerkannten allgemeinen Rechtsgrundsätze" zum überkommenen Kanon der Rechtsquellen (s. Art. 38 Abs. 1 lit. b IGH-Statut), vgl. *Wolfgang Weiß*, Allgemeine Rechtsgrundsätze des Völkerrechts, AVR, Bd. 39 (2001), S. 394 ff. Historisch gehen sie – anders als im Verwaltungsrecht – nicht auf eine bestimmte Rechtsordnung, sondern auf antike und mittelalterlich-kanonistische Traditionen zurück, *Verdross/Simma*, Völkerrecht (Fn. 56), § 597. Im gegenwärtigen Völkerrecht tragen sie zur Lückenfüllung durch prinzipiengeleitete Regelbildung in Abwesenheit spezieller Regeln bei (vgl. *Cassese*, International Law [Fn. 67], S. 194). Diese Besonderheiten sind auch bei der Rezeption im WTO-Recht zu beachten.

[451] Übersicht: *Theodor Schilling*, Bestand und allgemeine Lehren der bürgerschützenden allgemeinen Rechtsgrundsätze des Gemeinschaftsrechts, EuGRZ 2000, S. 3 ff.; *Sigrid Jacoby*, Allgemeine Rechtsgrundsätze, 1997, S. 209 ff.

[452] Statt aller *Bernhard Wegener*, in: Calliess/Ruffert (Hrsg.), EUV/AEUV, Art. 19 EUV Rn. 35 ff.

[453] *Maurer*, VerwR, § 4 Rn. 30–34. Zum älteren Schrifttum *Heinrich Schleifenbaum*, Die allgemeinen Grundsätze des Verwaltungsrechts als revisibles Bundesrecht (§ 137 VwGO), 1966, S. 57 ff.

[454] Zur Ableitung auch aus sekundärrechtlichen Quellen *Stelkens*, Fundgruben (Fn. 446), S. 130.

wird mit rechtsordnungsübergreifenden,[455] zivilrechtsnahen (z. B. Treu und Glauben und seine Unterprinzipien) oder historisch gewachsenen (Aufopferungsanspruch[456]) Prinzipien gearbeitet; hinzu tritt die partielle Ausfüllung durch richterliche Rechtsfortbildung.[457] Leiten sich allgemeine Rechtsgrundsätze aus Verfassungsrecht ab, so eignet ihnen Verfassungsrang. Hierdurch unterscheiden sie sich von gesetzlichen Regeln, die Verfassungsrecht konkretisieren.[458]

Der sich – zu Recht – langsam auf das **Verfassungsrecht** konzentrierenden[459] Heterogenität der Quellen entspricht die Vielfalt ihrer Ausprägungen, die von entscheidungsleitenden Prinzipien bis hin zu präzisen regelhaften Vorgaben reichen. Als Grundsätze des Planungs-, Prüfungs- oder Sozialrechts sind sie auch im Besonderen Verwaltungsrecht anerkannt.[460] Ergänzen sie Bundesrecht oder lassen sie sich allein aus dem Grundgesetz ableiten, so sind sie nach § 137 Abs. 1 VwGO revisibel.[461] **98**

Je weiter allerdings die Kodifikation voranschreitet, um so geringer wird der Anwendungsbereich der allgemeinen Rechtsgrundsätze. Viele von ihnen haben bereits mit dem VwVfG ihre Bedeutung eingebüßt. Schon wegen ihrer potentiellen Präzision sind allgemeine Rechtsgrundsätze des Verwaltungsrechts schließlich nicht mit den rechtsordnungsübergreifenden grundlegenden Rechtsprinzipien gleich welchen Ursprungs zu verwechseln.[462] **99**

bb) Anerkannte allgemeine Rechtsgrundsätze

Die Maßstabsfunktion der unter dem Sammelbegriff „allgemeine Rechtsgrundsätze" zusammengeführten Regeln und Prinzipien wird daher zumeist nicht mit diesem Etikett versehen, sondern der jeweils eigentlichen Quelle zugeordnet:[463] **100**

– Dementsprechend wird der **Verhältnismäßigkeitsgrundsatz** nicht primär als allgemeiner Rechtsgrundsatz (oder sogar als rechtsordnungsübergreifendes, grundlegendes Rechtsprinzip), sondern als Ausfluss des verfassungsrechtlichen Rechtsstaatsprinzips sowie der Freiheitsgrundrechte verstanden.[464] Die Ausrichtung auf eine durch die Elemente der Geeignetheit, Erforderlichkeit und Angemessenheit aufgeschlüsselte vernünftige Zweck-Mittel-Relation ist **101**

---

[455] Siehe die N. zur Lehre *Hans J. Wolffs* oben → Rn. 2 Fn. 8; ähnlich *Menger*, Grundsätze (Fn. 2), S. 92 ff. Kritisch *Felix Weyreuther*, Bemerkenswertes über Grundsätzliches, DÖV 1989, S. 321 ff.

[456] *Ossenbühl*, StaatshaftungsR, S. 130 f.

[457] *Park*, Rechtsfindung (Fn. 6), S. 117. Nur insoweit ist die Behauptung zutreffend, die Lehre habe die allgemeinen Grundsätze „nicht *erfunden* sondern *vorgefunden*", so *Mußgnug*, Verwaltungsrecht (Fn. 446), S. 207. Der Rückgriff auf Gewohnheitsrecht ist unnötig, → Rn. 111.

[458] → Bd. I *Schmidt-Aßmann* § 5 Rn. 25 f.

[459] Siehe *Ossenbühl*, Allgemeine Rechts- und Verwaltungsgrundsätze (Fn. 445), S. 294.

[460] *Park*, Rechtsfindung (Fn. 6), S. 107.

[461] *Park*, Rechtsfindung (Fn. 6), S. 125 ff.; *Michael Eichberger*, in: Schoch/Schmidt-Aßmann/Pietzner (Hrsg.), VwGO, § 137 (2002), Rn. 67 f. Umfassend im älteren Schrifttum *Schleifenbaum*, Grundsätze (Fn. 453).

[462] → Rn. 2 Fn. 8. *Maurer*, VerwR, § 4 Rn. 33. Daher wurden die „allgemeinen Rechtsgrundsätze" teilweise auch als „besondere Rechtsgrundsätze" bezeichnet (so etwa von *Menger*, Grundsätze [Fn. 2], S. 94). Zur Präzisierung der Terminologie *Park*, Rechtsfindung (Fn. 6), S. 102 ff.

[463] Zu den parallelen Maßstäben des Verwaltungshandelns → Bd. II *Pitschas* § 42.

[464] Nach wie vor grundlegend *Peter Lerche*, Übermaß und Verfassungsrecht, 1961. S. auch *Lothar Hirschberg*, Der Grundsatz der Verhältnismäßigkeit, 1991; *Michael C. Jakobs*, Der Grundsatz der Verhältnismäßigkeit, 1985. Historisch *Barbara Remmert*, Verfassungs- und verwaltungsrechtsgeschichtliche Grundlagen des Übermaßverbots, 1995.

ubiquitärer Maßstab des Verwaltungshandelns – ob geleitet durch verhältnismäßige Gesetze oder ausgefüllt in Eigenregie der Verwaltung im Rahmen der Ermessensausübung.[465]

102 – Ebenso sind die für die Verwaltung geltenden **Gleichheitsmaßstäbe** verfassungsrechtlichen Ursprungs und werden auch entsprechend deklariert. *Sedes materiae* des Willkürverbots als äußerstem Rahmen der Rechtsanwendungsgleichheit ist damit Art. 3 Abs. 1 GG.[466] Der Rückgriff auf diese Verfassungsnorm ist jedoch seinerseits durch die verfassungsmäßigen Gesetze begrenzt, denn aus der rechtswidrigen Duldung kann kein Gleichbehandlungsanspruch hergeleitet werden, was die Praxis auf die Kurzformel „Keine Gleichheit im Unrecht" bringt.[467]

103 – Zum materiell-grundrechtlich unterfütterten Rechtsstaatsprinzip gehören auch die **Ansprüche auf Folgenbeseitigung und Erstattung** rechtsgrundlos gewährter Leistungen, die als ungeschriebene Ansprüche im Verwaltungs(prozess)recht allgemein anerkannt sind.[468]

104 – Aus dem grundrechtlich angereicherten Rechtsstaatsprinzip werden schließlich die Gebote der **Rechtssicherheit** und des **Vertrauensschutz**es hergeleitet. Sie beanspruchen auch im Europarecht Geltung, wenn auch – wohl nach dem Vorbild anderer Mitgliedstaaten[469] – mit geringerer Intensität.[470] Im Verwaltungsrecht bedarf es zumeist keines unmittelbaren Rückgriffs auf diese Rechtsgrundsätze, denn die Hauptanwendungsfälle der Aufhebung von Verwaltungsakten (aus dem Allgemeinen Verwaltungsrecht) sowie der Plangewährleistung (aus dem Besonderen Verwaltungsrecht) sind kodifiziert (§§ 48 ff. VwVfG) bzw. in eine Gesamtkodifikation eingeordnet (§§ 1 Abs. 6, 39 ff. BauGB). Verfassungsrechtlicher Natur ist das an die normsetzende Verwaltung gerichtete Rückwirkungsverbot.[471]

105 – Gleichsam auf der gegenüberliegenden Seite liegt das Prinzip der **Effizienz,** denn es fordert als Gegenpol zum Vertrauensschutzgedanken hinreichende Flexibilität der Handlungsoptionen zur Ermöglichung rechtswirksamer Steuerung durch die Verwaltung.[472] Auch der Effizienzgrundsatz wurzelt wesentlich im Rechtsstaatsprinzip, was das Prüfungselement „Geeignetheit" im

---

[465] Siehe nur *Michael Kloepfer,* Die Entfaltung des Verhältnismäßigkeitsprinzips?, in: FG 50 Jahre BVerwG, 2003, S. 329 ff.

[466] *Schmidt-Aßmann,* Ordnungsidee, 6. Kap. Rn. 59; *Michael Eichberger,* in: Schoch/Schmidt-Aßmann/Pietzner (Hrsg.), VwGO, § 137 (2002), Rn. 70. S. allgemein *Werner Heun,* in: Dreier (Hrsg.), GG I, Art. 3 Rn. 19.

[467] Umfassend *Christoph Kölbel,* Gleichheit „im Unrecht", 1998; *Peter Ulrich,* Das Verfassungsphänomen der Gleichheit contra legem, 2000; *Walter Pauly,* Gleichheit im Unrecht als Rechtsproblem, JZ 1997, S. 647 ff.

[468] *Michael Eichberger,* in: Schoch/Schmidt-Aßmann/Pietzner (Hrsg.), VwGO, § 137 (2002), Rn. 74 f. Zur Entwicklung des Erstattungsanspruchs *Park,* Rechtsfindung (Fn. 6), S. 112 ff.; *Hermann Weber,* Der öffentlichrechtliche Erstattungsanspruch, JuS 1986, S. 29 ff. S. auch → Bd. III *Enders* § 53 Rn. 37 ff.

[469] Zur deutschen Sonderrolle *Martin Bullinger,* Vertrauensschutz im deutschen Verwaltungsrecht in historisch-kritischer Sicht, JZ 1999, S. 905 ff.

[470] *Hermann-Josef Blanke,* Vertrauensschutz im deutschen und europäischen Verwaltungsrecht, 2000, S. 12 ff.; *Beatrice Weber-Dürler,* Vertrauensschutz im öffentlichen Recht, 1983, S. 47 ff.; *Kyrill-Alexander Schwarz,* Vertrauensschutz als Verfassungsprinzip, 2002, S. 103 ff.

[471] Zum Ganzen *Schmidt-Aßmann,* Ordnungsidee, 6. Kap. Rn. 59, 3. SpStr.

[472] *Horst Eidenmüller,* Effizienz als Rechtsprinzip, 1995, S. 463 ff.; umfassend *Hoffmann-Riem/Schmidt-Aßmann* (Hrsg.), Effizienz.

Rahmen des Verhältnismäßigkeitsgrundsatzes illustriert.[473] Hinzu treten spezielle haushaltsrechtliche Anforderungen (Art. 317 Abs. 1 S. 2 AEUV, Art. 114 Abs. 2 GG, § 6 HGrG, § 7 BHO).[474] Im Europarecht entfaltet der dem Völkerrecht entlehnte *effet utile*-Grundsatz erhebliche Wirkungen.[475]

– Differenziert zu bewerten ist schließlich das Prinzip der Unvoreingenommenheit von Hoheitsträgern. Es wurzelt in einer Fülle von Einzelbestimmungen und ist nur in einem begrenzten Kern verfassungsrechtlich verankert.[476] **106**

cc) Allgemeine Rechtsgrundsätze aus steuerungswissenschaftlicher Sicht

Nur auf den ersten Blick sind allgemeine Rechtsgrundsätze für die steuerungswissenschaftliche Perspektive von geringer Relevanz, nämlich dann, wenn nach ihrer Eignung als Steuerungsinstrument gefragt wird. Diese ist nicht vorhanden: Allgemeine Rechtsgrundsätze vermitteln zuvörderst – ihrem historischen Ursprung in der *légalité* des französischen öffentlichen Rechts entsprechend – Bindungen der Verwaltung und geben keine Steuerungsimpulse.[477] Effizienz- und Flexibilitätsgebote enthalten nur partiell eine Ausnahme hiervon, soweit sie den Steuerungsspielraum der Verwaltung erweitern. Effizienzanforderungen können indes einengend wirken, wenn die gezielte Verfolgung politischer Steuerungsziele an Effizienzgesichtspunkten gemessen wird. **107**

Der steuerungswissenschaftliche Ansatz darf indes nicht nur Steuerungsoptionen und -instrumente in den Blick nehmen, sondern muss auch die Grenzen der Steuerung durch Recht und Verwaltung gewärtigen. Hier entwickeln gerade die aus dem Rechtsstaatsprinzip hergeleiteten, tendenziell konservierenden Bindungen ihre schützende Reservefunktion. Bürgerliche Freiräume wie bewährte Strukturen werden durch gleichsam überpositive Prinzipien vor progressiver „Steuerungseuphorie" geschützt. Wo Verkrustungen aufgebrochen werden müssen, ist gesetzgeberische Gestaltung gefragt. Bis der gesetzliche Ausgleich mit seinen spezifischen Sicherungen greift, findet er ein begrenztes funktionales Äquivalent in den allgemeinen Rechtsgrundsätzen. Nicht selten ist bei überzogenen steuernden Eingriffen die verfassungsrechtliche „Notbremse" gezogen worden; das Datenschutzrecht mag als Beispiel angeführt werden.[478] **108**

c) Richterrecht

Richterrecht hat auch in einer steuerungswissenschaftlich orientierten verwaltungsrechtlichen Rechtsquellenlehre **keinen festen Standort**.[479] Dass die für **109**

---

[473] Zur Verbindung von Verhältnismäßigkeit und Effizienz *NW VerfGH*, NVwZ 2004, S. 217 (218).
[474] *Schmidt-Aßmann*, Ordnungsidee, 6. Kap. Rn. 65–68: *Schmidt-Aßmann* bringt den Effizienzgrundsatz überdies mit dem Nachhaltigkeitsprinzip (174 EGV; jetzt Art. 191 AEUV) in Verbindung, was aber eine Ausweitung seines Anwendungsbereiches über den Ursprung im Entwicklungsvölkerrecht und die Rezeption im Umwelt(völker)recht hinaus bedeutet (Rn. 67).
[475] Zur Verwendung dieses Begriffes in der Rspr. des EuGH *Rudolf Streinz*, Der „effet utile" in der Rechtsprechung des Gerichtshofs der Europäischen Gemeinschaften, in: FS Ulrich Everling, 1995, S. 1491 (1492 ff.).
[476] Siehe *Michael Fehling*, Verwaltung zwischen Unparteilichkeit und Gestaltungsaufgabe, 2001, S. 93 ff., 235 ff., 282 ff.
[477] Auch Verfassungsprinzipien entfalten ihre Steuerungsfunktion nur akzessorisch zu anderen Normen: *Reimer*, Verfassungsprinzipien (Fn. 238), S. 312.
[478] Siehe die grundrechtlich-rechtsstaatlichen Anforderungen aus *BVerfGE* 65, 1 (Volkszählung).
[479] Zur historischen Entwicklung *Park*, Rechtsfindung (Fn. 6), S. 161 ff. Allgemein *Horst Sendler*, Überlegungen zu Richterrecht und richterlicher Rechtsfortbildung, DVBl 1988, S. 828 ff.

§ 17 Rechtsquellen und Rechtsschichten des Verwaltungsrechts

Richterrecht im eigentlichen Sinne notwendige strikte Präjudizienbindung im Sinne des angloamerikanischen Rechtskreises *(precedent – stare decisis)* im deutschen wie auch im europäischen Verwaltungsrecht fehlt, steht außer Frage. Gerade ein steuerungstheoretischer Ansatz muss aber auch zur Kenntnis nehmen, dass sich die Verwaltungspraxis in der exekutivischen Rechtsetzung wie bei Einzelentscheidungen an der höchstrichterlichen Rechtsprechung ausrichtet – und ausrichten muss, um das Staatshaftungsrisiko zu minimieren.[480] Mit den Inhalten der höchstrichterlichen Rechtsprechung werden daher zugleich Maßstäbe für rechtmäßiges Verwaltungshandeln in die Verwaltung kommuniziert. Unbestimmte Rechtsbegriffe und Generalklauseln bedürfen der Ausfüllung durch „Richterrecht".[481] Jenseits der durch die Rechtskraft einzelner Urteile *inter partes* gebundenen Verwaltung erlangt die Spruchpraxis der Gerichte dadurch Wirkung *erga omnes*, jedoch lediglich präsumtive Verbindlichkeit im Gegensatz zur strikten Rechtsverbindlichkeit.[482]

110   Eine weitere Problemebene des Richterrechts ist die **richterliche Rechtsfortbildung,** die im Verwaltungsrecht in den Grenzen des Verfassungsrechts zulässig ist:[483] Klare Gesetzesinhalte dürfen nicht durch richterliche Rechtsfortbildung geändert werden, und Rechtsfortbildung findet ihre Schranken im Vorbehaltsbereich der Legislative.[484] Im Europäischen Verwaltungsrecht ist wegen des Rahmencharakters des Primärrechts die Rechtsfortbildung durch den EuGH von besonderer Bedeutung, was Art. 19 Abs. 1 UAbs. 1 S. 2 EUV („Wahrung des Rechts") ausdrücklich anerkennt.[485] Die Sorge um die Überschreitung der Rechtsfortbildungskompetenz durch den EuGH ist hier besonders groß, weil sie zugleich in eine Überschreitung der Verbandskompetenz der EG umzuschlagen droht.[486]

d) Gewohnheitsrecht

111   Im Gegensatz zur anhaltenden Bedeutung allgemeiner Rechtsgrundsätze und zum Richterrecht mit seiner existentiellen Bedeutung für jede Rechtsordnung ist das **Gewohnheitsrecht im Verwaltungsrecht** tatsächlich eine **Kategorie ohne Zukunft.**[487] Gewohnheitsrecht ist Selbst-Rechtserzeugung prinzipiell gleichge-

---

[480] Hierzu *Ossenbühl,* StaatshaftungsR, S. 50 und 74; *Ehlers,* Rechtsquellen und Rechtsnormen (Fn. 5), § 2 Rn. 63.

[481] Die Reichweite des Richterrechts bei der Ablösung des Subsumtionsdogmas ist umstritten: *Park,* Rechtsfindung (Fn. 6), S. 178 f.

[482] *Martin Kriele,* Theorie der Rechtsgewinnung, 2. Aufl. 1976, S. 243 ff., daran anschließend *Ossenbühl,* Arten der Rechtsquellen (Fn. 27), § 6 Rn. 80. Dagegen *Park,* Rechtsfindung (Fn. 6), S. 182 f.

[483] *Meyer-Cording,* Rechtsnormen (Fn. 2), S. 67 ff.; *Kirchhof,* Rechtsquellen (Fn. 2), S. 98 ff. Umfassend *Jestaedt,* Rechtsprechung (Fn. 12).

[484] *BVerfGE* 34, 269 (286 ff.); 96, 375 (393 ff.); 98, 49 (59 f.). Zur Gesetzesabhängigkeit richterlicher Rechtsfortbildung s. *Matthias Ruffert,* Vorrang der Verfassung und Eigenständigkeit des Privatrechts, 2001, S. 133 und 231 ff. m. w. N.; gegen die Vermutung eines Drangs zum *judicial activism Mußgnug,* Verwaltungsrecht (Fn. 446), S. 213.

[485] Enger mit Blick auf vermeintlich der Europäisierung entzogene Bereiche nationaler Staatlichkeit *Peter M. Huber,* in: Streinz (Hrsg.), EUV/EGV, Art. 220 EG Rn. 19 ff. Rechtsfortbildung durch den EuGH anerkennt *BVerfGE* 126, 286 (305 ff.).

[486] Näher zur europarechtlichen Problematik *Bernhard Wegener,* in: Calliess/Ruffert (Hrsg.), EUV/AEUV, Art. 19 EUV Rn. 17.

[487] Plastisch *Meyer-Cording,* Rechtsnormen (Fn. 2), S. 72 ff: „Das Absterben des Gewohnheitsrechts". Zur traditionellen Sicht des Gewohnheitsrechts im Verwaltungsrecht *Paul Schoen,* Verwaltungsrechtliches Gewohnheitsrecht, VerwArch, Bd. 28 (1921), S. 1 ff.; *Höhn,* Gewohnheitsrecht

A. Rechtsquellen des Verwaltungsrechts

ordneter Rechtssubjekte, die die von ihnen selbst gepflegte praktische Übung *(usus)* kraft ihrer eigenen Überzeugung *(opinio iuris)* als rechtens anerkennen.[488] Hier aber ergeben sich beim Verwaltungsrecht unüberwindliche Schwierigkeiten, denn der Verwaltung kann es nicht ermöglicht werden, durch lang anhaltende Übung (in der Überzeugung von ihrer Rechtmäßigkeit) die Rechtsgrundlagen für das eigene Handeln zu schaffen.[489] Stellt man auf die gerichtliche Praxis ab, so geht es bei vermeintlich gewohnheitsrechtlichen Tatbeständen eher um solche, die durch richterliche Rechtsfortbildung entstanden sind.[490] Gesetzesvorbehalte – auch für die Leistungsverwaltung – verkürzen den Anwendungsbereich gewohnheitsrechtlicher Rechtssätze weiter.[491] Selbst die „harmlose" **Observanz** – das lokale bzw. korporative Gewohnheitsrecht – muss sich am Vorbehalt des Gesetzes messen lassen, sofern es nicht längst durch Rechtsetzung seinen Anwendungsbereich verloren hat.[492] In der Praxis werden keine relevanten verwaltungsrechtlichen Tatbestände mehr auf Gewohnheitsrecht gestützt, insbesondere nicht mit einem Anklang an das allgemeine (Verwaltungsaktsbefugnis) oder besondere (Züchtigungsrecht in der Schule) Gewaltverhältnis spätkonstitutioneller Provenienz.[493] Selbst im Staatshaftungsrecht finden sich für alle Ansprüche, die teilweise gewohnheitsrechtlich begründet wurden, tauglichere Grundlagen.[494] Sofern man in diesem Bereich nicht ohne gewohnheitsrechtliche Argumentation auskommt,[495] ist diese zeitweise hinnehmbar, weil keine Belastungen des Bürgers in Rede stehen. Der Bedarf einer gesetzlichen Regelung steht indes außer Frage.

(Fn. 445); *Hans Gröpper,* Gewohnheitsrecht, Observanz, Herkommen und Unvordenkliche Verjährung, DVBl 1969, S. 945 ff.; *Kurt Jonas,* Das Gewohnheitsrecht als Rechtsquelle der Verwaltung, 1934; zur historischen Entwicklung *Park,* Rechtsfindung (Fn. 6), S. 147 ff.

[488] Der Rechtsetzungsmechanismus wird im Völkerrecht besonders deutlich: *Herdegen,* Völkerrecht (Fn. 189), § 16 Rn. 1.

[489] *Höhn,* Gewohnheitsrecht (Fn. 445), S. 49 ff. Anschauliches Beispiel bei *Jonas,* Gewohnheitsrecht (Fn. 487), S. 35: Kurtaxe als öffentliche Abgabe.

[490] *Meyer-Cording,* Rechtsnormen (Fn. 2), S. 70; *Höhn,* Gewohnheitsrecht (Fn. 445), S. 55.

[491] Wie hier *Karl-Heinrich Friauf,* EvStL I, 3. Aufl. 1987, Sp. 1150 (1152); für die Schweiz *Höhn,* Gewohnheitsrecht (Fn. 445), S. 41, sowie bereits die deutlich ablehnende Haltung bei *Mayer,* VerwR, S. 88 f. S. die Beispiele bei *Karl Humbs,* Das Gewohnheitsrecht als Rechtsquelle des Staats- und Verwaltungsrechts, 1948, S. 73 ff. A. A. (klassisch) *Schoen,* Gewohnheitsrecht (Fn. 487), S. 1, sowie *Hauke Witthohn,* Gewohnheitsrecht als Eingriffsermächtigung, 1997, S. 168, insbes. S. 176, mit einer – nur sehr bedingt – auf *Hans Kelsen* (Allgemeine Staatslehre, 1925, S. 232) zurückgeführten, quasiplebiszitären Deutung des Gewohnheitsrechts, die ihm erhöhte demokratische Legitimation beimisst.
Gewohnheitsrecht *contra legem* ist unter diesen Prämissen nicht denkbar, a. A. bereits *Jellinek,* VerwR, S. 123 ff. (Gewohnheitsrecht als dem Gesetz vorgelagertes Recht); *Forsthoff,* VerwR, S. 147 (Gewohnheitsrecht und Gesetzesrecht gleichrangig); *Ehlers,* Rechtsquellen und Rechtsnormen (Fn. 5), § 2 Rn. 61; *Christian Tomuschat,* Verfassungsgewohnheitsrecht, 1972, S. 72 f., sowie aus der Rspr. BVerfGE 9, 213 (221); BVerwGE 8, 317 (321); VGH BW, DÖV 1978, S. 696.

[492] *Höhn,* Gewohnheitsrecht (Fn. 445), S. 58. Beispiele für durch Gesetze abgelöste Observanzen bei *Witthohn,* Gewohnheitsrecht (Fn. 491), S. 27.

[493] Beispiele bei *Gröpper,* Gewohnheitsrecht (Fn. 487), S. 945, *Witthohn,* Gewohnheitsrecht (Fn. 491), S. 49 ff. Aus der Rspr. s. noch BVerwG, NJW 1977, S. 1838 (1839).

[494] Siehe *Ossenbühl,* StaatshaftungsR, S. 297 ff. (Folgenbeseitigungsanspruch: Grundrechte); *Maurer,* VerwR, § 29 Rn. 21 (Erstattungsanspruch: allgemeiner Rechtsgrundsatz). Anders zum Erstattungsanspruch *Friedrich Schoch,* Der öffentlichrechtliche Erstattungsanspruch, Jura 1994, S. 82 (84). Ausführlich → Bd. III *Enders* § 53.

[495] *Ossenbühl,* StaatshaftungsR, S. 226 m. w. N. (enteignungsgleicher Eingriff); *Maurer,* VerwR, § 28 Rn. 1 (Aufopferungsanspruch).

V. Geltungsbereich und Geltungsbedingungen von Rechtsquellen

1. Zeitlicher Geltungsbereich

112 Der zeitliche Geltungsbereich verwaltungsrechtlicher Normen ergibt sich im Regelfall **aus der jeweiligen Vorschrift selbst.** Gesetze treten einige Zeit nach ihrer **Verkündung** in Kraft – in Ermangelung gegenteiliger Anordnungen nach 14 Tagen[496] –, und auch Rechtsverordnungen und Verwaltungsvorschriften können ihr zeitliches Inkrafttreten regeln. Ähnliches gilt für verwaltungsrechtsrelevante völkerrechtliche Verträge.[497] Im Europarecht treten veröffentlichungsbedürftige Rechtsakte (alle Verordnungen und nahezu alle Richtlinien) zum festgelegten Zeitpunkt oder am zwanzigsten Tag nach ihrer Veröffentlichung in Kraft.[498] Davon zu trennen ist die Umsetzungsfrist im Rahmen der zweistufigen Rechtsetzung durch Richtlinien.[499] Rückwirkendes Inkrafttreten im Sinne einer echten, retroaktiven Rückwirkung ist nach dem rechtsstaatlichen Rückwirkungsverbot ausgeschlossen; hiervon zu unterscheiden ist die retrospektive Rückwirkung, die normative Anordnungen auf noch nicht abgeschlossene Sachverhalte erstreckt und in Fällen mangelnden Vertrauensschutzes zulässig ist.[500]

113 Verwaltungsrechtliche Normen treten außer Kraft, wenn sie **formell aufgehoben** werden (*actus contrarius*). Möglich ist auch eine explizite zeitliche Begrenzung ihrer Geltungsdauer, ein Verfahren, dass sich die experimentelle Gesetzgebung zunutze macht.[501] Im Regelfall berührt der Untergang des normsetzenden Hoheitsträgers nicht die Normgeltung.[502] In Ausnahmefällen verlieren untergesetzliche Normen (vor allem Bauleitpläne) durch Änderung der tatsächlichen Situation ihre Wirkung[503].

114 Gerade die deutsche Rechtsordnung hat mit den Umwälzungen der Jahre 1949 und 1989/90 zwei Sondersituationen zu verarbeiten. Vorkonstitutionelles Recht gilt nach Art. 123 Abs. 1 GG fort, sofern es dem Grundgesetz nicht widerspricht; Art. 124 und Art. 125 GG regeln die entsprechende Kompetenz- und Rangfrage. Verfassungskonformes DDR-Recht ist nach der Wiedervereinigung

---

[496] Art. 82 Abs. 2 S. 2 GG sowie Art. 63 Abs. 4 S. 2 BWVerf.; Art. 60 Abs. 3 S. 2 Berl.Verf.; Art. 81 Abs. 3 S. 2 BrandenbVerf.; Art. 121 HessVerf.; Art. 58 Abs. 3 MVVerf.; Art. 45 Abs. 3 S. 2 Niedersachs.-Verf.; Art. 71 Abs. 3 NWVerf.; Art. 113 Abs. 2 S. 2 RPVerf.; Art. 76 Abs. 3 S. 2 SachsVerf.; Art. 82 Abs. 3 LSAVerf.; Art. 39 Abs. 3 SHVerf.; Art. 85 Abs. 2 ThürVerf.

Art. 76 Abs. 2 BayVerf. verlangt zwingend eine Regelung zum Inkrafttreten; nach Art. 126 BremVerf., Art. 54 S. 1 HambVerf. sowie Art. 103 SaarlVerf. tritt eine Rechtsnorm vorbehaltlich einer anderweitigen Regelung einen Tag nach Verkündigung in Kraft.

[497] Siehe Art. 24 Abs. 1 WVK: Inkrafttreten nach Vereinbarung; Art. 24 Abs. 2 WVK: Inkrafttreten nach Zustimmung aller Parteien, falls keine Regelung getroffen. S. auch die Möglichkeit der vorläufigen Anwendung gem. Art. 25 WVK.

[498] Art. 297 Abs. 1 UAbs. 3 S. 2 bzw. Abs. 2 UAbs. 2 S. 2 AEUV. Näher *Matthias Ruffert*, in: Calliess/ders. (Hrsg.), EUV/AEUV, Art. 297 AEUV Rn. 7.

[499] → Rn. 128.

[500] Näher zum Ganzen *Hans D. Jarass*, in: ders./Pieroth, GG, Art. 20 Rn. 67 ff. Zum Maßstab bei der unechten Rückwirkung *BVerfG*, NJW 2010, S. 3629.

[501] Zu dieser *Hans-Detlef Horn*, Experimentelle Gesetzgebung unter dem Grundgesetz, 1989; *Wolfgang Hoffmann-Riem*, Experimentelle Gesetzgebung, in: FS Werner Thieme, 1993, S. 55; *Rupert Stettner*, Verfassungsbindungen des experimentierenden Gesetzgebers, NVwZ 1989, S. 806 ff.

[502] *Ehlers*, Rechtsquellen und Rechtsnormen (Fn. 5), § 2 Rn. 90.

[503] Umfassend *Dirk Heckmann*, Geltungskraft und Geltungsverlust von Rechtsnormen, 1997.

gemäß Art. 9 Einigungsvertrag nach den Maßgaben dieser Bestimmung als Landesrecht im Beitrittsgebiet in Kraft geblieben.[504] Verwaltungspraktisch wichtigster Anwendungsfall ist die Fortgeltung des DDR-Staatshaftungsgesetzes.[505]

2. Räumlicher Geltungsbereich

Der räumliche Geltungsbereich von Normen ist im Regelfall, aber nicht zwingend, mit dem Zuständigkeitsbereich des normsetzenden Hoheitsträgers identisch (**Territorialprinzip**).[506] Partielles Bundes- oder Landesrecht sind zulässig.[507] Das Europarecht kennt die Option der verstärkten Zusammenarbeit (Art. 20 EUV, Art. 326–334 AEUV) mit entsprechend differenzierter Rechtsgeltung, von der bislang kaum Gebrauch gemacht wurde.[508] Differenzierungen gibt es hier vor allem im Fall von Beitritten.[509] Überdies „exportieren" transnationale Verwaltungsakte die ihnen zugrunde liegenden materiellen Rechtmäßigkeitsvoraussetzungen.[510] Auch der räumliche Geltungsbereich von Verwaltungsrechtsnormen wird schließlich vom deutschen Sonderproblem Wiedervereinigung berührt: Nach Art. 8 Einigungsvertrag trat am 3. Oktober 1990 das gesamte Bundesrecht (mit Ausnahmen) auch im Beitrittsgebiet in Kraft (s. Art. 3 Einigungsvertrag für das GG). **115**

3. Persönlicher Geltungsbereich

Der persönliche Geltungsbereich ist bei Gebietskörperschaften von der Gemeinde über den Bund bis zur Europäischen Union mit dem räumlichen Geltungsbereich identisch. Einzig in der funktionalen Selbstverwaltung gibt es Verwaltungsrechtsnormen, die unabhängig von der räumlichen Ausdehnung für bestimmte Personen (z. B. Mitglieder von Kammern oder Universitäten) gelten.[511] **116**

4. Geltungsbedingungen

Mit ihrem Inkrafttreten entfalten gesetzte Normen des Verwaltungsrechts grundsätzlich Geltung.[512] Nicht gesetzte („ungeschriebene") Normen gelten mit ihrer Anwendung in Rechtsprechung und -praxis. Beide müssen mit ranghöherem Recht vereinbar sein.[513] Verstöße gegen ranghöheres Recht führen grund- **117**

---

[504] Näher *Michael Kloepfer/Heribert Kröger*, Rechtsangleichung nach Art. 8 und 9 des Einigungsvertrages, DVBl 1991, S. 1031 (1035 ff.).
[505] DDR GBl I Nr. 5 S. 34; i. d. F. der Bekanntmachung vom 2. 10. 1998, ThürGVBl S. 336 (für Thüringen). → Bd. III *Höfling* § 51 Rn. 47, *Morlok* § 54 Rn. 9. Umfassend *Elke Herbst/Hans Lühmann*, Die Staatshaftungsgesetze der neuen Länder, 1997, sowie *Manfred Baldus/Bernd Grzeszick/Sigrid Wienhues*, Staatshaftungsrecht, 3. Aufl. 2009, Rn. 260 ff.
[506] Zur Entwicklung des Territorialprinzips umfassend (und kritisch) *Klaus Vogel*, Der räumliche Anwendungsbereich der Verwaltungsrechtsnorm, 1965, S. 11 ff.
[507] *Ehlers*, Rechtsquellen und Rechtsnormen (Fn. 5), § 2 Rn. 92.
[508] Einziger Anwendungsfall bislang: Verordnung (EU) Nr. 1259/2010 des Rates vom 20. 12. 2010 zur Durchführung einer Verstärkten Zusammenarbeit im Bereich des auf die Ehescheidung und Trennung ohne Auflösung des Ehebandes anzuwendenden Rechts, ABl. EU 2010, Nr. L 343, S. 10.
[509] Hierzu und zu anderen Fällen differenzierter Integration *Matthias Ruffert*, in: Calliess/ders. (Hrsg.), EUV/AEUV, Art. 20 EUV Rn. 7 ff.
[510] Näher → Rn. 142.
[511] Vgl. auch *Ossenbühl*, Satzung (Fn. 297), § 105 Rn. 9 ff.
[512] Dies gilt auch für die zweistufige Rechtsetzung durch Richtlinien; → Rn. 128.
[513] → Rn. 27.

sätzlich *ex tunc* zur Nichtigkeit oder Unanwendbarkeit, auch wenn der Verstoß erst später gerichtlich festgestellt wird.

118 Die Konformität mit höherrangigem Recht erweist sich allerdings nicht als alleinige Geltungsbedingung von Verwaltungsrechtsnormen; weitere Bedingungen der Normgeltung sind indes schwer erfassbar:

119 Jenseits der durch den Rang einer Norm vermittelten Kollisionsauflösung müssen sich Verwaltungsrechtsnormen in das systematische Geflecht der auf mehreren Ebenen generierten Regeln und Prinzipien einfügen. Charakteristisches Beispiel für dieses Erfordernis sind einerseits die Anpassung mitgliedstaatlicher Regelungen an europarechtliche Regelungsinstrumente und -modelle (z.B. im Umwelt- oder Wirtschaftsverwaltungsrecht) sowie andererseits die – noch defizitäre – Entwicklung europarechtlicher Regelungsmuster aus gewachsenen mitgliedstaatlichen Strukturen heraus.

120 Ebenfalls nicht die Geltung im engeren Sinne, wohl aber die Anwendbarkeit einer Norm werden durch ihre Vollzugstauglichkeit beeinflusst. Eine Verwaltungsrechtswissenschaft, die sich als rechtsetzungsorientierte Handlungswissenschaft versteht und die Gesetzgebungslehre integriert, muss die gesamten Koordinaten der Normgeltung (einschließlich Organisation, Verfahren, Personal, Interessengefüge der Normadressaten) in den Blick nehmen.[514]

B. Das Verhältnis des inter-, trans- und supranationalen Rechts zum nationalen Recht

I. Die zentrale Position des EU-Rechts

1. Der Anwendungsvorrang des EU-Rechts

121 Das EU-Recht verdankt seine zentrale Position im mitgliedstaatlichen Verwaltungsrecht (und den anderen Rechtsgebieten) zwei Rechtsinstituten: dem Anwendungsvorrang des Unionsrechts (vormals: Gemeinschaftsrechts) und seiner unmittelbaren Wirkung. Ohne den Anwendungsvorrang müsste das Unionsrecht vom mitgliedstaatlichen Verwaltungsrecht nicht beachtet werden, könnte sich das staatliche Recht im Kollisionsfall durchsetzen.

122 Über den **Anwendungsvorrang** des EU-Rechts besteht Konsens,[515] nicht jedoch über seine Begründung. Der Gerichtshof hat den Vorrang des Gemeinschaftsrechts schon früh aus dem autonomen Geltungsgrund dieses Rechts, der zeitlich unbegrenzten Beschränkung mitgliedstaatlicher Hoheitsrechte in den Verträgen sowie der Notwendigkeit hergeleitet, die Verwirklichung der Vertragsziele nicht zu gefährden.[516] Andere stellen auf die jahrzehntelange Akzeptanz des Anwendungsvorrangs ab.[517] Vor allem vom Bundesverfassungsgericht – gefolgt von Teilen der deutschen Verfassungsrechtslehre – wird versucht, den Anwendungsvorrang über nationale verfassungsrechtliche Vorschriften (in

---

[514] → Bd. I *Voßkuhle* § 1 Rn. 15 und 47.
[515] Deutlich *Streinz*, Europarecht (Fn. 133), Rn. 201. S. auch *Martin Nettesheim*, in: Grabitz/Hilf (Hrsg.), EU-Recht, Art. 249 EG (2002), Rn. 37 ff.
[516] *EuGH*, Rs. 6/64, Slg. 1964, 1251 (1269 f.).
[517] *Werner Schroeder*, in: Streinz (Hrsg.), EUV/EGV, Art. 249 EG Rn. 41; *Joseph H.H. Weiler*, The autonomy of the Community legal order, in: ders., The constitution of Europe, 1999, S. 286 (296 f.).

B. Verhältnis des inter-, trans- und supranationalen Rechts zum nationalen Recht

Deutschland: Art. 23 GG) zu begründen.[518] Man mag den verfassungstheoretischen Streit zu einer Bekenntnisfrage stilisieren[519] oder die langdauernde Akzeptanz kritisieren[520] – umzukehren ist die Entwicklung nicht mehr. Seit dem Vertrag von Amsterdam (1999) wird im Rahmen der Vertragsrevisionen auf den Anwendungsvorrang Bezug genommen.[521] Art. I-6 des Verfassungsentwurfs, der den Vorrang ausdrücklich mit Verfassungsrang festschreibt, wäre der Schlussstein in der Entwicklung gewesen;[522] die Erklärung Nr. 17 zum Vorrang, mit einem Gutachten des Juristischen Dienstes des Rates angehängt an den Vertrag von Lissabon, nimmt insoweit auf die überkommene Rechtsprechung Bezug und führt in der Sache zur gleichen Anerkennung des Anwendungsvorrangs.[523] In der Tat ist das schlagende Argument für den aus der Autonomie abgeleiteten Vorrang ein funktional-pragmatisches: Ein Verfassungsverbund, der in einer Weise organisatorisch verdichtet ist wie die EU, wird handlungsunfähig, wenn die Anwendung des für alle geltenden Rechts unter dem Vorbehalt der einzelstaatlichen Verfassungen und Verfassungsgerichte steht. Diese Argumentation vertritt nunmehr auch geradezu wörtlich das Bundesverfassungsgericht,[524] so dass das systemsprengende Potential der ultra-vires-Kontrolle „ausbrechender Rechtsakte"[525] auf Extremsituationen reduziert werden kann.

Der Vorrang des Unionsrechts ist ein **Anwendungs-, kein Geltungsvorrang**.[526] Kollidierendes mitgliedstaatliches Recht wird unanwendbar, verliert nicht seine Gültigkeit. Der Grund hierfür liegt weniger in der Schonung staatlicher Souveränität[527] als in der fehlenden Befugnis des EuGH, über die Geltung mitgliedstaatlichen Rechts zu judizieren.[528] Der Anwendungsvorrang wirkt ge-

123

---

[518] Besonders deutlich *BVerfGE* 89, 155 (190); 123, 267 (402), daneben *BVerfGE* 37, 271 (279 ff.); 73, 339 (374 ff.); 75, 223 (242). Aus der Lehre: *Huber*, Recht der Europäischen Integration, § 8 Rn. 13; *ders.*, Verfassungsrecht (Fn. 140), S. 219 ff.

[519] Was nahe liegt, wenn man die Möglichkeit eines juristischen Auswegs verneint: (besonders deutlich) *Josef Isensee*, Vorrang des Europarechts und deutsche Verfassungsvorbehalte – offener Dissens, in: FS Klaus Stern, 1997, S. 1239 (1265), sowie *Hans-Peter Folz*, Demokratie und Integration, 1999, S. 375; *Markus Heintzen*, Die „Herrschaft" über die Europäischen Gemeinschaftsverträge – Bundesverfassungsgericht und Europäischer Gerichtshof auf Konfliktkurs?, AöR, Bd. 119 (1994), S. 564 (565, 578 ff.). Verfassungsrechtlich umfassend zur Letztentscheidungsfrage *Franz Mayer*, Kompetenzüberschreitung und Letztentscheidung, 2000.

[520] *Huber*, Recht der Europäischen Integration, § 7 Rn. 7.

[521] *Saša Beljin*, Die Zusammenhänge zwischen dem Vorrang, den Instituten der innerstaatlichen Beachtlichkeit und der Durchführung des Gemeinschaftsrechts, EuR 2002, S. 351 (351); *Lecheler/Gundel*, EuropaR, 3. Aufl. 2012, S. 54 Fn. 29. A. A. *Rudolf Streinz*, „Gemeinschaftsrecht bricht nationales Recht", in: FS Alfred Söllner, 2000, S. 1139 (1148 mit Fn. 69); *Huber*, Recht der Europäischen Integration, § 9 Rn. 24.

[522] Kritisch aber *Peter M. Huber*, Das institutionelle Gleichgewicht zwischen Rat und Europäischem Parlament in der künftigen Verfassung für Europa, EuR 2003, S. 574 (590).

[523] ABl. EU 2010, Nr. C 83, S. 344.

[524] *BVerfGE*, 126, 286 (301 ff.) – Honeywell.

[525] *BVerfGE* 89, 155 (210).

[526] Statt vieler bereits *Manfred Zuleeg*, Das Recht der Europäischen Gemeinschaften im innerstaatlichen Bereich, 1969, S. 136 ff., sowie *Bernhard Wegener*, in: Calliess/Ruffert (Hrsg.), EUV/AEUV, Art. 19 EUV, Rn. 28 f.; *Streinz*, Europarecht (Fn. 133), Rn. 222; *Beljin*, Zusammenhänge (Fn. 521), S. 353.

[527] So die h.M.: *Streinz*, Europarecht (Fn. 133), Rn. 222; *Herdegen*, EuropaR, § 10 Rn. 3; *Stefan L. Frank*, Altes und Neues zum Vorrang des Gemeinschaftsrechts vor staatlichem Recht, ZÖR, Bd. 55 (2000), S. 1 (32).

[528] *Matthias Niedobitek*, Kollisionen zwischen EG-Recht und nationalem Recht, VerwArch, Bd. 92 (2001), S. 58 (62). Hinzu kommt bei Normen für Sachverhalte mit Auslandsbezug, dass sie im Verhältnis zu Drittstaaten in Kraft bleiben können: *Herdegen*, EuropaR, § 10 Rn. 3.

§ 17 Rechtsquellen und Rechtsschichten des Verwaltungsrechts

genüber sämtlichem mitgliedstaatlichen Recht, auch gegenüber solchem mit Verfassungsrang, um Einheit, Funktionsfähigkeit und Wirksamkeit des Unionsrechts zu sichern.[529]

124 Der Anwendungsvorrang bezieht sich auf primäres wie sekundäres Unionsrecht.[530] Er ist von allen staatlichen Instanzen einschließlich der Verwaltung zu beachten[531] und führt dazu, dass im Kollisionsfall jede entgegenstehende Bestimmung des staatlichen Rechts unanwendbar wird.[532] Außerdem wird das Zustandekommen anwendbaren neuen staatlichen Rechts, das dem Unionssrecht widerspricht, verhindert.[533] Auch Einzelakte verlieren ihre Wirksamkeit, wenn sie gegen EU-Recht verstoßen.[534] Der Anwendungsvorrang setzt sich sowohl im **direkten Kollisionsfall** (EU-Recht und staatliches Recht ordnen einander widersprechende Rechtsfolgen an) als auch im **indirekten Kollisionsfall** (staatliches Recht verhindert die effektive Anwendung von EU-Recht) durch; bei der indirekten Kollision vermittelt durch **Gleichwertigkeits- und Effektivitätsprinzip**.[535] Ausfluss, nicht Anwendungsfall des Vorrangs ist auch das Gebot der unionsrechtskonformen Auslegung mitgliedstaatlichen Rechts.[536]

2. Die unmittelbare Wirkung des EU-Rechts

125 Die unmittelbare Wirkung ist neben dem Anwendungsvorrang das zweite Wesensmerkmal des Unionsrechts (früher: Gemeinschaftsrechts), das seine zentrale Rolle begründet.[537] Auch sie ist vom EuGH bereits in den 1960er Jahren begründet worden.[538] Ihr Kern besteht in der unmittelbaren Anwendbarkeit des Europarechts nicht nur im Verhältnis zwischen den Mitgliedstaaten und der

---

[529] *EuGH*, Rs. 11/70, Slg. 1970, 1125, Rn. 3.
[530] *Werner Schroeder*, in: Streinz (Hrsg.), EUV/EGV, Art. 249 EG Rn. 44.
[531] *EuGH*, Rs. C-224/97, Slg. 1999, I-2517, Rn. 30.
[532] Std. Rspr. seit *EuGH*, Rs. 106/77, Slg. 1978, 629, Rn. 17/18. Ferner *EuGH*, Rs. C-213/89, Slg. 1990, I-2433, Rn. 20.
[533] *EuGH*, Rs. 106/77, Slg. 1978, 629, Rn. 17/18. Da der Vorrang des Unionsrechts kein Geltungsvorrang ist, wird freilich das Zustandekommen des nicht unionsrechtskonformen nationalen Rechts nicht verhindert: *EuGH*, verb. Rs. C-10/97 bis C-22/97, Slg. 1998, I-6307, Rn. 21.
[534] *EuGH*, Rs. C-224/97, Slg. 1999, I-2517, Rn. 32 f. Dies folgt zwingend aus dem Vorrang des Unionsrechts und stellt weder einen Systembruch (so aber *Huber*, Recht der Europäischen Integration, § 9 Rn. 8) noch eine Missachtung der Bestandskraft dar (so aber *Friedrich Schoch*, Die Europäisierung des verwaltungsgerichtlichen Rechtsschutzes, 2000, S. 45; *Theodor Schilling*, Urteilsanmerkung, EuZW 1999, S. 407 [408]; *Jörg Gundel*, Bootsliegeplatz-Privilegien für Einheimische: Verstoß gegen die Dienstleistungsfreiheit und Durchbrechung der nationalen Bestandskraft-Regeln?, EuR 1999, S. 781 [786 ff.], denn bei (direkt) kollidierendem Unionsrecht ist für die Anwendung mitgliedstaatlicher Rechtsinstitute kein Raum. Wie hier *Niedobitek*, Kollisionen (Fn. 528), S. 78 f.
[535] Vgl. nur *Werner Schroeder*, in: Streinz (Hrsg.), EUV/EGV, Art. 249 EG Rn. 43; *ders.*, Nationale Maßnahmen zur Durchführung von EG-Recht und das Gebot der einheitlichen Wirkung, AöR, Bd. 129 (2004), S. 3 (15 ff., sowie skeptisch zum Konzept der indirekten Kollision S. 25 ff.); *Hans D. Jarass/Saša Beljin*, Die Bedeutung von Vorrang und Durchführung des EG-Rechts für die nationale Rechtsetzung und Rechtsanwendung, NVwZ 2004, S. 1 (3 f., 5); *Wolfgang Kahl*, in: Calliess/Ruffert (Hrsg.), EUV/AEUV, Art. 4 EUV Rn. 62; *Beljin*, Zusammenhänge (Fn. 521), S. 357, sowie → Bd. I *Schmidt-Aßmann* § 5 Rn. 31.
[536] *Jarass/Beljin*, Rechtsanwendung (Fn. 535), S. 2 f., sprechen insoweit von Vorrang im weiteren Sinne. S. auch *dies.* Unmittelbare Anwendung des EG-Rechts und EG-rechtskonforme Auslegung, JZ 2003, S. 769 (774 ff.); *Beljin*, Zusammenhänge (Fn. 521), S. 358; *Heukels*, Auslegung (Fn. 196), S. 317 ff.
[537] Vgl. *Huber*, Recht der Europäischen Integration, § 8 Rn. 10 f.; *Herdegen*, EuropaR, § 8 Rn. 13 f.
[538] *EuGH*, Rs. 26/62, Slg. 1963, 1. S. auch *EuGH*, Rs. 106/77, Slg. 1978, 629, Rn. 14/16.

B. Verhältnis des inter-, trans- und supranationalen Rechts zum nationalen Recht

Union, sondern auch zwischen einzelnen Unionsbürgern und den Mitgliedstaaten sowie zwischen Unionsbürgern untereinander.[539]

Dogmatisch begründen lässt sich die unmittelbare Wirkung mit dem **supranationalen Charakter des Unionsrechts,** das nicht nur die Staaten berechtigt und verpflichtet, sondern auch die Belange des Einzelnen berührt.[540] Hinzu tritt das rechtspolitische Motiv der Mobilisierung des Bürgers für die Durchsetzung des EU-Rechts,[541] das zu einem **Strukturprinzip der funktionalen Subjektivierung** erstarkt ist.[542] Die unmittelbare Wirkung ermöglicht die **dezentrale Vollzugskontrolle** des EU-Rechts durch mitgliedstaatliche Instanzen. Insgesamt geht es um die wirksame Anwendung des Unionsrechts *(effet utile).*[543] **126**

Voraussetzung der unmittelbaren Wirkung des Primärrechts ist das Bestehen einer eindeutigen, klaren und uneingeschränkten Verpflichtung eines Mitgliedstaates oder eines Einzelnen.[544] Durch Vorschriften des Primärrechts können auch private Dritte unmittelbar verpflichtet werden.[545] Folge der unmittelbaren Wirkung einer Norm des Unionsrechts ist die Entstehung eines Rechts des Einzelnen, das dieser vor mitgliedstaatlichen Gerichten und Behörden geltend machen kann. In Verbindung mit dem Anwendungsvorrang[546] führt die unmittelbare Wirkung des Primärrechts zu einer Verdrängung entgegenstehenden innerstaatlichen Rechts. **127**

3. Die Bedeutung speziell der EU-Richtlinien für das Verwaltungsrecht

a) Richtlinien im Verwaltungsrecht

Die Grundidee der Rechtsform Richtlinie besteht darin, durch **zweistufige Rechtsetzung** in Kooperation zwischen Union und Mitgliedstaaten eine bestmögliche Einpassung der unionsrechtlichen Regelung in das mitgliedstaatliche Recht zu erreichen. Jene Zweistufigkeit schließt detaillierte Regelungen in Richtlinien nicht aus.[547] Außerdem folgt aus der Wahl von Form und Mittel der Richtlinienumsetzung nicht, dass den Mitgliedstaaten offen gehalten werden muss, welchen Regelungsinstruments sie sich bedienen (Genehmigung, Plan, Gebühr, zivilrechtliche Handlungsform etc.), sondern bezieht sich allein auf das Medium der Umsetzung (separates Gesetz, Gesetzesänderung, Verordnung etc.).[548] Die **128**

---

[539] Zur Terminologie *Eckart Klein*, Unmittelbare Geltung, Anwendbarkeit und Wirkung von Europäischem Gemeinschaftsrecht, 1988, S. 8 ff., sowie *Hans D. Jarass*, Voraussetzungen der innerstaatlichen Wirkung des EG-Rechts, NJW 1990, S. 2420 (2420).

[540] *EuGH*, Rs. 26/62, Slg. 1963, 1, Rn. 9.

[541] *EuGH*, Rs. 26/62, Slg. 1963, 1, Rn. 15. → Bd. I *Masing* § 7 Rn. 91 ff.

[542] So auch *Friedrich Schoch*, Individualrechtsschutz im deutschen Umweltrecht unter dem Einfluß des Gemeinschaftsrechts, NVwZ 1999, S. 457 (463 f.). Nach *Martin Nettesheim,* in: Grabitz/Hilf (Hrsg.), EU-Recht, Art. 249 EG (2002), Rn. 34, ist dies eine Sekundärfunktion.

[543] Zum Begriff s. o. → Fn. 475.

[544] *EuGH*, Rs. 26/62, Slg. 1963, 1, Rn. 10 und 12.

[545] *EuGH*, Rs. 26/62, Slg. 1963, 1, Rn. 10 a. E. Im Sekundärrecht – vor allem bei Richtlinien – ist die Situation differenzierter; → Rn. 135–138.

[546] → Rn. 121–124.

[547] *Werner Schroeder*, in: Streinz (Hrsg.), EUV/EGV, Art. 249 EG Rn. 69; *Martin Nettesheim,* in: Grabitz/Hilf, EU-Recht (Hrsg.), Art. 249 EG (2002), Rn. 133 nahezu allgemeine M. In einer neuen Kategorie des „Umsetzungsrechts" und zur Zuordnung der Richtlinie *Andreas Funke*, Umsetzungsrecht, 2010, S. 117 ff.

[548] Siehe *Matthias Ruffert*, in: Calliess/ders. (Hrsg.), EUV/AEUV, Art. 288 AEUV Rn. 32, dort auch zu den hier folgenden Ausführungen. A. A. *Michael Reinhardt*, Wasserrechtliche Richtlinientransformation zwischen Gewässerschutzrichtlinie und Wasserrahmenrichtlinie, DVBl 2001, S. 145 (149).

Richtlinie setzt den Mitgliedstaaten eine Umsetzungsfrist. Bereits vor deren Ablauf besteht für die Mitgliedstaaten ein Vereitelungsverbot (sog. Vorwirkung).[549]

129 Mag die Richtlinie in anderen Gebieten auch von zahlenmäßig untergeordnetem Gewicht sein,[550] so ist sie zentrales normatives Steuerungsmittel des Unionsverwaltungsrechts.[551] Beispiele aus den Referenzgebieten Umweltrecht, Telekommunikationsrecht und Vergaberecht mögen dies belegen:[552]
– UVP-Richtlinie[553] mit strategischer Umweltprüfung (SUP),[554]
– IVU-Richtlinie,[555]
– Richtlinie zur Öffentlichkeitsbeteiligung und Klagemöglichkeit im Umweltrecht,[556]
– zentrale Richtlinien des Telekommunikationsrechts,[557]
– zentrale vergaberechtliche Richtlinien.[558]

---

[549] *EuGH*, Rs. C-129/96, Slg. 1997, I-7411, Rn. 44 ff. Dazu *Wolfgang Weiß*, Zur Wirkung von Richtlinien vor Ablauf der Umsetzungsfrist, DVBl 1998, S. 568 ff.; *Herdegen*, EuropaR, § 8 Rn. 38; *Werner Schroeder*, in: Streinz (Hrsg.), EUV/EGV, Art. 249 EG Rn. 83 f.

[550] *Werner Schroeder*, in: Streinz (Hrsg.), EUV/EGV, Art. 249 EG Rn. 67.

[551] Begriff → Rn. 10.

[552] Systematisierung der Umweltschutzrichtlinien bei *Faßbender*, Umsetzung (Fn. 92), S. 45 ff.; zum Telekommunikationsrecht: *Wolfgang Hoffmann-Riem*, Telekommunikationsrecht als europäisiertes Verwaltungsrecht, in: Schmidt-Aßmann/ders. (Hrsg.), Strukturen, S. 193 ff.

[553] Richtlinie 85/337/EWG des Rates vom 27. 6. 1985 über die Umweltverträglichkeitsprüfung bei bestimmten öffentlichen und privaten Projekten, ABl. EG 1985, Nr. L 175, S. 40, zuletzt geändert durch Richtlinie 2009/31/EG des EP und des Rates vom 23. 4. 2009, ABl. EU 2009, Nr. L 140, S. 114.

[554] Richtlinie 2001/42/EG des EP und des Rates vom 27. 6. 2001 über die Prüfung der Umweltauswirkungen bestimmter Pläne und Programme, ABl. EG 2001, Nr. L 197, S. 30.

[555] Richtlinie 2008/1/EG des EP und des Rates vom 15. 1. 2008 über die integrierte Vermeidung und Verminderung der Umweltverschmutzung, ABl. EU 2008, Nr. L 24, S. 8.

[556] Richtlinie 2003/35/EG des EP und des Rates vom 26. 5. 2003 über die Beteiligung der Öffentlichkeit bei der Ausarbeitung bestimmter umweltbezogener Pläne und Programme und zur Änderung der Richtlinien 85/337/EWG und 96/61/EG des Rates in Bezug auf die Öffentlichkeitsbeteiligung und den Zugang zu Gerichten, ABl. EG 2003, Nr. L 156, S. 17.

[557] Richtlinie 2002/21/EG des EP und des Rates vom 7. 3. 2002 über einen gemeinsamen Rechtsrahmen für elektronische Kommunikationsnetze und -dienste (Rahmenrichtlinie), ABl. EG 2002, Nr. L 108, S. 33, zuletzt geändert durch Richtlinie 2009/140/EG des EP und des Rates vom 25. 11. 2009, ABl. EU 2009, Nr. L 337, S. 37; Richtlinie 2002/20/EG des EP und des Rates vom 7. 3. 2002 über die Genehmigung elektronischer Kommunikationsnetze und -dienste (Genehmigungsrichtlinie), ABl. EG 2002, Nr. L 108, S. 21, zuletzt geändert durch Richtlinie 2009/140/EG des EP und des Rates vom 25. 11. 2009, ABl. EU 2009, Nr. L 337, S. 37; Richtlinie 2002/19/EG des EP und des Rates vom 7. 3. 2002 über den Zugang zu elektronischen Kommunikationsnetzen und zugehörigen Einrichtungen sowie deren Zusammenschaltung (Zugangsrichtlinie), ABl. EG 2002, Nr. L 108, S. 7, zuletzt geändert durch Richtlinie 2009/140/EG des EP und des Rates vom 25. 11. 2009, ABl. EU 2009, Nr. L 337 ,S. 37; Richtlinie 2002/22/EG des EP und des Rates vom 7. 3. 2002 über den Universaldienst und Nutzerrechte bei elektronischen Kommunikationsnetzen und -diensten (Universaldienstrichtlinie), ABl. EG 2002, Nr. L 108, S. 51; sowie Richtlinie 2002/58/EG des EP und des Rates vom 12. 7. 2002 über die Verarbeitung personenbezogener Daten und den Schutz der Privatsphäre in der elektronischen Kommunikation (Datenschutzrichtlinie), ABl. EG 2002, Nr. L 201, S. 37, zuletzt geändert durch Richtlinie 2009/136/EG des EP und des Rates vom 25. 11. 2009, ABl. EU 2009, Nr. L 337, S. 11.

[558] Richtlinie 2004/17/EG des EP und des Rates vom 31. 3. 2004 zur Koordinierung der Zuschlagserteilung durch Auftraggeber im Bereich der Wasser-, Energie- und Verkehrsversorgung sowie der Postdienste, ABl. EU 2004, Nr. L 134, S. 1, zuletzt geändert durch Verordnung (EG) Nr. 1177/2009 der Kommission vom 30. 11. 2009, ABl. EU 2009, Nr. L 314, S. 64; Richtlinie 2004/18/EG des EP und des Rates vom 31. 3. 2004 über die Koordinierung der Verfahren zur Vergabe öffentlicher Bauaufträge, Lieferaufträge und Dienstleistungsaufträge, ABl. EU 2004, Nr. L 134, S. 114, zuletzt geändert durch Verordnung (EG) Nr. 1177/2009 der Kommission vom 30. 11. 2009, ABl. EU 2009, Nr. L 314, S. 64; Richtlinie 2007/66/EG des EP und des Rates vom 11. 12. 2007 zur Änderung der Richtlinien

B. *Verhältnis des inter-, trans- und supranationalen Rechts zum nationalen Recht*

Richtlinien für das Eigenverwaltungsrecht der seinerzeitigen EG waren ein **130** Sonderfall, der ausschließlich im Bereich des Datenschutzes in Art. 286 Abs. 1 EGV vorgesehen war,[559] jedoch nach dem Vertrag von Lissabon weggefallen ist.

b) Richtlinienumsetzung im Verwaltungsrecht

Die Wahlfreiheit der Mitgliedstaaten bei der Richtlinienumsetzung ist – der **131** Grundidee der Rechtsform Richtlinie entsprechend – in der Weise eingeengt, dass sie diejenigen Formen und Mittel wählen müssen, die sich zur **Gewährleistung der praktischen Wirksamkeit der Richtlinie** *(effet utile)* am besten eignen.[560] Richtlinienumsetzung bedeutet vollständige Erreichung des Richtlinienziels, nicht nur formelle wörtliche Übernahme.[561] Zur unionsrechtskonformen Umsetzung gehört also die Verwirklichung des gesamten Richtlinienprogramms.[562] Die formelle wörtliche Übernahme ist wiederum sogar entbehrlich, wenn die effektive innerstaatliche Anwendung auf andere Weise sichergestellt werden kann.[563] Aus Gründen der Rechtssicherheit sowie in Ansehung des Prinzips der funktionalen Subjektivierung muss bei individualbegünstigenden Richtlinienbestimmungen die Erkennbarkeit und Durchsetzbarkeit von Rechten einzelner sichergestellt sein.[564]

Dementsprechend genügt ein Parlamentsgesetz, das die Richtlinie im Wesent- **132** lichen im deutschen Gesetzesrecht abbildet, in jedem Fall den Anforderungen an die unionsrechtskonforme Richtlinienumsetzung. Unbestimmte Rechtsbegriffe können verwendet werden, wenn sie aus sich heraus dem einzelnen die Kenntnisnahme von seinen Rechten ermöglichen; die richtlinienkonforme Auslegung ist insoweit kein Umsetzungsersatz.[565] Bloße Verweisungen auf eine Richtlinie

---

89/665/EWG und 92/13/EWG des Rates im Hinblick auf die Verbesserung der Wirksamkeit der Nachprüfungsverfahren bezüglich der Vergabe öffentlicher Aufträge, ABl. EU 2009, Nr. L 335, S. 31.

[559] Dazu *Andreas Haratsch,* Verweisungstechnik und gemeinschaftsgerichtete EG-Richtlinien, EuR 2000, S. 42 ff.; zur anschließenden klärenden Verordnungsgebung *Werner Schroeder,* in: Streinz (Hrsg.), EUV/EGV, Art. 249 EG Rn. 76.

[560] Std. Rspr. seit *EuGH,* Rs. 48/75, Slg. 1976, 497, Rn. 69/73 a. E. Vgl. dazu *Martin Nettesheim,* in: Grabitz/Hilf (Hrsg.), EU-Recht, Art. 249 EG (2002), Rn. 139 f.

[561] *EuGH,* Rs. C-62/00, Slg. 2002, I-6325, Rn. 26 ff.

[562] Also auch etwa eines planungsrechtlichen Systems wie im Fall der FFH-RL. Nach der in Fn. 561 referierten Rechtsprechung sowie nach *EuGH,* Rs. C-117/03, Slg. 2005, I-167, Rn. 21 ff. – Dragaggi, ist es mithin problematisch, wenn *BVerwGE* 107, 1 (22); 110, 302 (308), nicht von der unmittelbaren Wirkung der FFH-RL ausgeht, obwohl infolge mitgliedstaatlicher (vor allem deutschen) Versäumnisse das System der Richtlinie noch nicht ins Werk gesetzt ist (näher *Matthias Ruffert,* Urteilsanmerkung, CMLRev 40 [2003], S. 729 [736]). Das BVerwG rekurriert vielmehr auf die vorhandene normative Umsetzung im BNatSchG und begründet die Existenz „faktischer FFH-Gebiete" mit dem Vorwirkungsgedanken (zu diesem → Rn. 123 a. E.), vgl. *Herdegen,* EuropaR, § 8 Rn. 38.

[563] Dies konnten z. B. die Niederlande in *EuGH,* Rs. C-190/90, Slg. 1992, I-3265, Rn. 19 ff., belegen.

[564] Std. Rspr. seit *EuGH,* Rs. 29/84, Slg. 1985, 1661, Rn. 23 und 28; vgl. *Matthias Ruffert,* in: Calliess/ders. (Hrsg.), EUV/AEUV, Art. 288 AEUV Rn. 29.
Zur Individualberechtigung durch Richtlinienbestimmungen → Bd. I *Masing* § 7 Rn. 93, sowie *Bernhard Wegener,* Rechte des Einzelnen, 1998, S. 125 ff.; *Martin Gellermann,* Verwaltungsgerichtlicher Rechtsschutz, in: Rengeling/Middeke/ders. (Hrsg.), HdbRs, § 36 Rn. 11 ff.; *Matthias Ruffert,* Subjektive Rechte im Umweltrecht der EG, 1996, S. 220 ff.; *Werner Schroeder,* in: Streinz (Hrsg.), EUV/EGV, Art. 249 EG Rn. 96 ff.; *Martin Nettesheim,* in: Grabitz/Hilf (Hrsg.), EU-Recht, Art. 249 EG (2002), Rn. 144 ff.

[565] *Matthias Ruffert,* in: Calliess/ders. (Hrsg.), EUV/AEUV, Art. 288 AEUV Rn. 35 und 82. Anders *Jürgen Salzwedel,* Richtlinien der Europäischen Gemeinschaften auf dem Gebiet des Gewässerschutzes und neue Entwicklungen im deutschen Recht, in: Hans-Werner Rengeling (Hrsg.), Europäisches Umweltrecht und Europäische Umweltpolitik, 1988, S. 77 (96 f.); *Breuer,* Entwicklungen (Fn. 91), S. 74 ff.

im Gesetzestext sind nicht hinreichend, sofern sie den Betroffenen die Kenntnisnahme ihrer Rechte nicht gewährleisten.[566] Daher genügt eine Verweisung auf die Richtlinie „in der jeweils geltenden Fassung" nicht, weil es eine solche Richtlinie nicht gibt, sondern jeweils einzelne Änderungsrichtlinien.[567] Es bedarf vielmehr eines präzisen Verweises auf eine genaue Richtlinienvorschrift.[568]

133 Unter den Quellen des selbstgesetzten Exekutivrechts ist die Verwendung der außenverbindlichen Formen Verordnung und Satzung unproblematisch.[569] Verwaltungsvorschriften wären indes nur dann umsetzungstauglich, wenn ihre unbedingte Außenverbindlichkeit anerkannt würde und die bislang angenommenen Vorbehalte hinsichtlich ihrer Bindungswirkung entfielen.[570] Solange die Dogmatik diesen Schritt nicht vollzieht, muss aus Gründen der Rechtssicherheit auf Rechtsverordnungen zurückgegriffen werden. Wegen ihrer jederzeitigen Abänderbarkeit ist eine ständige Verwaltungspraxis für sich genommen niemals umsetzungstauglich.[571]

134 Auch **reformorientierte Modelle kooperativer Rechtsetzung**[572] müssen sich am Maßstab der Tauglichkeit zur sicheren und effektiven Richtlinienumsetzung messen lassen. Normvertretende Absprachen und sonstige Vereinbarungen der Verwaltung mit Privaten (etwa Selbstverpflichtungen im Umweltrecht) erfüllen diese Voraussetzungen nicht in jedem Fall. Erforderlich sind auch hier die hinreichende Verbindlichkeit und die Gewährleistung subjektiver Rechte, deren Garantie das Richtlinienrecht von den Mitgliedstaaten verlangt.[573] Kooperative Verwaltungsrechtsmodernisierung ist mithin nur in den Bahnen des Unionsrechts möglich.

c) Unmittelbare Wirkung von Richtlinien

135 Angesichts weitreichender Umsetzungsdefizite steigert die Möglichkeit der unmittelbaren Richtlinienwirkung, die der EuGH rechtsfortbildend entwickelt hat, die Wirksamkeit der Rechtsform Richtlinie erheblich, und zu ihr hat sich eine hochkomplexe rechtsformspezifische Dogmatik entwickelt. Ihre Grundlage findet die unmittelbare Wirkung von Richtlinien im Rechtsschutzprinzip, dem *effet-utile*-Gedanken sowie dem Grundsatz von Treu und Glauben bzw. *estoppel*-

---

[566] *EuGH*, Rs. C-96/95, Slg. 1997, I-1653, Rn. 36.
[567] *Schröder*, Richtlinienumsetzung (Fn. 274), S. 113 (121 f.).
[568] Das Schrifttum steht der Umsetzung durch Verweisung insgesamt skeptisch gegenüber: *Siegfried Breier*, Ausgewählte Probleme des gemeinschaftlichen Umweltrechts, RIW 1994, S. 584 (589 f.); *Meinhard Hilf*, Die Richtlinie der EG – ohne Richtung, ohne Linie, EuR 1993, S. 1 (13); *Steffen Himmelmann*, Gemeinschaftsrechtliche Vorgaben für die Umsetzung von EG-Recht, DÖV 1996, S. 145 (146); grundsätzlich dafür hingegen *Rüdiger Breuer*, EG-Richtlinien und deutsches Wasserrecht, WiVerw 1990, S. 79 (99); *Thomas Klindt*, Die Zulässigkeit dynamischer Verweisungen auf EG-Recht aus verfassungs- und europarechtlicher Sicht, DVBl 1998, S. 373 (379); *Albrecht Weber*, Rechtsfragen der Durchführung des Gemeinschaftsrechts in der Bundesrepublik, 1987, S. 15.
[569] *Matthias Ruffert*, in: Calliess/ders. (Hrsg.), EUV/AEUV, Art. 288 AEUV Rn. 32 und 36.
[570] Ausführlich dazu → Rn. 67–78.
[571] Std. Rspr. seit *EuGH*, Rs. 102/79, Slg. 1980, 1473, Rn. 10 f.
[572] → Bd. I *Eifert* § 19 Rn. 62 ff.
[573] Vgl. Mitteilung der Kommission an den Rat und das EP über Umweltvereinbarungen, KOM (1996) 561 endg. (abgedr. in BRDrucks 20/97, S. 96), Ziff. 31 ff., sowie *Jürgen Fluck/Thomas Schmitt*, Selbstverpflichtungen und Umweltvereinbarungen, VerwArch, Bd. 88 (1998), S. 220 (247 ff.); *Hans-Werner Rengeling*, Die Ausführung von Gemeinschaftsrecht, insbesondere Umsetzung von Richtlinien, in: EUDUR I, § 28 Rn. 84 f. Dagegen *Eberhard Bohne*, Informales Verwaltungs- und Regierungshandeln als Instrument des Umweltschutzes, VerwArch, Bd. 75 (1984), S. 343 (362 f.).

B. Verhältnis des inter-, trans- und supranationalen Rechts zum nationalen Recht

Prinzip, wonach ein umsetzungssäumiger Mitgliedstaat Richtlinienrecht gegen sich gelten lassen muss und sich nicht auf das eigene Fehlverhalten berufen kann.[574] Letztlich handelt es sich um eine Sanktionskategorie,[575] doch ermöglicht die unmittelbare Wirkung vor allem die effektive Steuerung durch Richtlinienrecht.

Die unmittelbare Wirkung von Richtlinien setzt voraus,[576] dass (1) die Frist zur **136** Umsetzung abgelaufen ist, (2) die Umsetzung fehlt oder mangelhaft ist, (3) die entsprechende Richtlinienbestimmung inhaltlich unbedingt und hinreichend genau ist und (4) keine rechtliche Belastung des Bürgers durch das Richtlinienrecht entsteht. Im deutschen Schrifttum (und nur dort) wird häufig in Anlehnung an die Schutznormtheorie formuliert, dass nur solche Richtlinienbestimmungen unmittelbar wirken, die ein subjektives Recht beinhalten.[577] Hierfür gibt es indes in der Rechtsprechung des EuGH keine Anhaltspunkte, und daher lässt sich auch die Unterteilung in objektive und subjektive unmittelbare Wirkung nicht halten.[578] Ein individualberechtigender Inhalt ist Voraussetzung allein für die unionsrechtlichen Anforderungen an den mitgliedstaatlichen Rechtsschutz bei Geltendmachung der unmittelbaren Wirkung.[579]

Durch die unmittelbare Richtlinienwirkung können **keine Verpflichtungen** **137** **Privater** begründet werden.[580] Die Verwaltung kann also nicht ihrerseits eine Richtlinienvorschrift gegen den Bürger zur Anwendung bringen, wenn der Umsetzungsakt fehlt.[581] Gleichermaßen gibt es keine unmittelbare Richtlinienwirkung zwischen Privaten.[582] Obwohl dies dogmatisch nicht vollständig überzeugt – so werden im Privatrechtsverkehr öffentliche Unternehmen anders behandelt als private[583] –, hat sich der EuGH eindeutig auf diese Linie festgelegt.[584] Eine

---

[574] Zu den einzelnen Erwägungen *Matthias Ruffert*, in: Calliess/ders. (Hrsg.), EUV/AEUV, Art. 288 AEUV Rn. 48.

[575] BVerfGE 75, 223 (241).

[576] Zum Folgenden s. *Werner Schroeder*, in: Streinz (Hrsg.), EUV/EGV, Art. 249 EG Rn. 106 ff.; *Matthias Ruffert*, in: Calliess/ders. (Hrsg.), EUV/AEUV, Art. 288 AEUV Rn. 51 ff., jeweils m.w.N.

[577] *Martin Burgi*, Verwaltungsprozeß und Europarecht, 1996, S. 50 f.; *Christian Calliess*, Zur unmittelbaren Wirkung der EG-Richtlinie über die Umweltverträglichkeitsprüfung und ihrer Umsetzung im deutschen Immissionsschutzrecht, NVwZ 1996, S. 339 (340 f.); *Hans-Jürgen Papier*, Direkte Wirkung von Richtlinien des EG im Umwelt- und Techniknrecht, DVBl 1993, S. 809 (809); *Ingolf Pernice*, Auswirkungen des europäischen Binnenmarktes auf das Umweltrecht – Gemeinschafts(verfassungs)rechtliche Grundlagen, NVwZ 1990, S. 414 (424); *Matthias Schmidt-Preuß*, Der verfahrensrechtliche Charakter der Umweltverträglichkeitsprüfung, DVBl 1995, S. 485 (494 f.); ähnlich *Martin Gellermann*, Auflösung von Normwidersprüchen zwischen europäischem und nationalem Recht, DÖV 1996, S. 433 (436).

[578] *Werner Schroeder*, in: Streinz (Hrsg.), EUV/EGV, Art. 249 EG Rn. 110; *Jarass/Beljin*, Anwendung (Fn. 536), S. 771; *Matthias Ruffert*, in: Calliess/ders. (Hrsg.), EUV/AEUV, Art. 288 AEUV Rn. 75.

[579] Siehe instruktiv *Werner Schroeder*, in: Streinz (Hrsg.), EUV/EGV, Art. 249 EG Rn. 111.

[580] EuGH, Rs. 152/84, Slg. 1986, 723, Rn. 48; verb. Rs. 372 bis 374/85, Slg. 1987, 2141, Rn. 24; Rs. 14/86, Slg. 1987, 2545, Rn. 19; Rs. 80/86, Slg. 1987, 3969, Rn. 9; Rs. C-221/88, Slg. 1990, I-49, Rn. 23; Rs. C-106/89, Slg. 1990, I-4135, Rn. 6; Rs. C-168/95, Slg. 1996, I-4705, Rn. 36 ff.; Rs. C-97/96, Slg. 1997, I-6843, Rn. 24; EuG, verb. Rs. T-172/98, T-175/98 bis T-177/98, Slg. 2002, II-2487, Rn. 54.

[581] EuGH, Rs. 14/86, Slg. 1987, 2545, Rn. 19; Rs. 80/86, Slg. 1987, 3969, Rn. 13; verb. Rs. 372 bis 374/85, Slg. 1987, 2141, Rn. 24.

[582] Gefestigte Rspr. (spätestens) seit EuGH, Rs. C-91/92, Slg. 1994, I-3325, Rn. 19 ff. Im Anschluss daran noch EuGH, verb. Rs. C-71 bis 73/94, Slg. 1996, I-3607, Rn. 26; Rs. C-456/98, Slg. 2000, I-6007, Rn. 15.

[583] *Werner Schroeder*, in: Streinz (Hrsg.), EUV/EGV, Art. 249 EG Rn. 116.

[584] Auch in den Entscheidungen EuGH, Rs. C-194/94, Slg. 1996, I-2201, und Rs. C-443/98, Slg. 2000, I-7535, Rn. 38 ff., rückt der EuGH nicht hiervon ab, denn dort geht es um beiläufige Belastungen Privater durch die Verletzung begleitender Verfahrenspflichten der Mitgliedstaaten; vgl. Mat-

klare Linie kristallisiert sich auch in der Frage der **Belastung Privater in Dreiecksverhältnissen** durch Richtlinienrecht heraus (etwa im Umwelt- oder Vergaberecht).[585] Für den EuGH stehen faktische negative Auswirkungen auf Rechte Dritter der unmittelbaren Richtlinienwirkung nicht entgegen; nur Rechtspflichten dürfen nicht unmittelbar aus dem Richtlinienrecht abgeleitet werden.[586] Die Berufung auf individualberechtigende Richtlinienbestimmungen darf nicht verhindert werden.[587] Ein **allgemeines Belastungsverbot existiert nicht.**[588]

138 Die unmittelbare Wirkung ist **von Amts wegen** von allen innerstaatlichen Stellen einschließlich der **Verwaltungsbehörden** (auch Selbstverwaltungsträger und öffentliche Unternehmen[589]) zu beachten.[590] In Fällen evidenter Abweichung staatlichen Rechts vom Richtlinienrecht kommt der Verwaltung eine **Normprüfungs- und Verwerfungskompetenz** zu.[591] Diese wurzelt im Anwendungsvorrang des unmittelbar wirkenden Richtlinienrechts; die Einschränkung auf Evidenzfälle rechtfertigt sich aus dem Prinzip der Gesetzmäßigkeit der Verwaltung.[592] Verhindern **Rechtsbehelfsfristen,** dass der einzelne seine aus dem unmittelbar wirkenden Unionsrecht fließenden Rechte geltend macht, so werden diese unanwendbar, weil dadurch die Rechtsverfolgung im Unionsrecht praktisch unmöglich gemacht würde.[593] Dies ist nicht schon pauschal vom Eintritt

---

thias Ruffert, in: Calliess/ders. (Hrsg.), EUV/AEUV, Art. 288 AEUV Rn. 58. Anders *Jörg Gundel,* Neue Grenzlinien für die Direktwirkung nicht umgesetzter EG-Richtlinien unter Privaten, EuZW 2001, S. 143 (146 ff.). Wie hier hingegen im Ergebnis *Ulrich M. Gassner,* Richtlinien mit Doppelwirkung, in: FS Thomas Oppermann, 2001, S. 503 (510); *Wilhelm Klagian,* Die objektiv unmittelbare Wirkung von Richtlinien, ZÖR, Bd. 56 (2001), S. 305 (362 f.) und *Martin Nettesheim,* in: Grabitz/Hilf (Hrsg.), EU-Recht, Art. 249 EG (2002), Rn. 178.

[585] Umweltrecht: *EuGH,* Rs. C-431/92, Slg. 1995, I-2189, Rn. 24 ff. und 37 ff.; Vergaberecht: *EuGH,* Rs. 103/88, Slg. 1989, 1839, Rn. 28 ff.

[586] *EuGH,* Rs. C-201/02, Slg. 2004, I-723, Rn. 56 f. S. im Vorfeld schon *Werner Schroeder,* in: Streinz (Hrsg.), EUV/EGV, Art. 249 EG Rn. 118; *Beljin,* Zusammenhänge (Fn. 521), S. 365.

[587] Vgl. *Ruffert,* Subjektive Rechte (Fn. 564), S. 233 ff.

[588] Anders weite Teile des (deutschen) Schrifttums: *Ehlers,* Einwirkungen (Fn. 124), Rn. 29; *Breuer,* Entwicklungen (Fn. 91), S. 27; *Claus-Dieter Classen,* Zur Bedeutung von EWG-Richtlinien für Privatpersonen, EuZW 1993, S. 83 (85); *Papier,* Richtlinien (Fn. 577), S. 811 f.; *Pascal Royla/Klaus Lackhoff,* Die innerstaatliche Beachtlichkeit von EG-Richtlinien und das Gesetzmäßigkeitsprinzip, DVBl 1998, S. 1116 ff.; *Arno Scherzberg,* Die innerstaatlichen Wirkungen von EG-Richtlinien, Jura 1993, S. 225 (228); *Matthias Schmidt-Preuß,* Integrative Anforderungen an das Verfahren der Vorhabenzulassung – Anwendung und Umsetzung der IVU-RL, NVwZ 2000, S. 252 (253 f.). Auch auf Abwägungslösungen zugunsten einzelner Prinzipien (z. B. Umweltschutz) geht der EuGH nicht ein, s. etwa *Rüdiger Engel,* Akteneinsicht und Recht auf Information über umweltbezogene Daten, 1993, S. 278 f.; *Pernice,* Auswirkungen (Fn. 577), S. 425; *Jörg Henke,* EuGH und Umweltschutz, 1992, S. 254; *Ludwig Krämer,* Zur innerstaatlichen Wirkung von Umwelt-Richtlinien der EWG, WiVerw 1990, S. 138 (152 f.); *Andreas Middeke,* Nationaler Umweltschutz im Binnenmarkt, 1994, S. 58 f.

[589] Zu diesen explizit *Werner Schroeder,* in: Streinz (Hrsg.), EUV/EGV, Art. 249 EG Rn. 120.

[590] Std. Rspr.: *EuGH,* Rs. 103/88, Slg. 1989, 1861, Rn. 31 und 33; verb. Rs. C-87/90 u. a., Slg. 1991, I-3757, Rn. 15; Rs. C-72/95, Slg. 1996, I-5403, Rn. 55; Rs. C-435/97, Slg. 1999, I-5613, Rn. 69.

[591] Weitergehend *Werner Schroeder,* in: Streinz (Hrsg.), EUV/EGV, Art. 249 EG Rn. 120 f.; *Martin Nettesheim,* in: Grabitz/Hilf (Hrsg.), EU-Recht, Art. 249 EG (2002), Rn. 183. S. umfassend *Rainer Hutka,* Gemeinschaftsrechtsbezogene Prüfungs- und Verwerfungskompetenz der deutschen Verwaltung gegenüber Rechtsnormen nach europäischem Gemeinschaftsrecht und nach deutschem Recht, 1997; daneben *Thomas Jamrath,* Normenkontrolle der Verwaltung und Europäisches Gemeinschaftsrecht, 1993.

[592] Siehe *Matthias Ruffert,* in: Calliess/ders. (Hrsg.), EUV/AEUV, Art. 288 AEUV Rn. 73 f. m. w. N.; *Jost Pietzcker,* Zur Nichtanwendung europarechtswidriger Gesetze seitens der Verwaltung, in: FS Ulrich Everling, 1995, S. 1095 (1105).

[593] *EuGH,* Rs. C-208/90, Slg. 1991, I-4269.

d) Richtlinienkonforme Auslegung im Verwaltungsrecht

Weil im Verwaltungsrecht zumeist der Staat – im Sinne des weiten Staatsbegriffs des EuGH[595] – Adressat und Verpflichteter der unmittelbaren Richtlinienwirkung ist, erübrigt sich in aller Regel der Rückgriff auf die Abhilfemöglichkeiten, die nicht zuletzt wegen der fehlenden unmittelbaren Richtlinienwirkung unter Privaten geschaffen wurden.[596] Zu ihnen zählt neben dem unionsrechtlichen Staatshaftungsanspruch[597] die richtlinienkonforme Auslegung. Sie ist grundsätzlich auch im Verwaltungsrecht möglich. Alle Träger öffentlicher Gewalt, mithin (Verwaltungs-)Gerichte gleichermaßen wie Behörden, sind verpflichtet, das staatliche Recht im Licht von Wortlaut und Zweck der einschlägigen Richtlinienbestimmung auszulegen, dies unter Ausschöpfung des eigenen Beurteilungsspielraums.[598] Die Verpflichtung wurzelt in der verbindlichen Wirkung der Richtlinie in Art. 288 Abs. 3 AEUV i.V.m. der Unionstreue (Art. 4 Abs. 3 EUV).[599] Die europarechtliche Rechtsschicht ist hier als Auslegungsmaxime mit der mitgliedstaatlichen verknüpft. Die richtlinienkonforme Auslegung ist kein Umsetzungsersatz, doch dient sie der bestmöglichen Erreichung des Richtlinienziels und aktiviert somit Behörden wie Gerichte im Sinne einer „aktiven Kooperation" *(Karl-Heinz Ladeur)* für die Richtlinienumsetzung.[600]

139

e) Perspektiven des Richtlinienrechts

Insgesamt betrachtet ist die Richtlinie ein wirksames Gestaltungsmittel der EU zur Angleichung und Modifikation der mitgliedstaatlichen Rechtsschichten unter gleichzeitiger Beachtung und Ausnutzung der vorhandenen Strukturen staatlichen (Verwaltungs-)Rechts. Dennoch werden seit langem Forderungen nach einer Reform der Rechtsetzungsform Richtlinie erhoben, die vor allem den umfassenden Gebrauch von Detailregelungen und die teilweise unübersichtliche, richterrechtlich gewachsene Dogmatik aufgreifen.[601] Während ersterer wohl eher

140

---

[594] Differenzierend und illustrativ *Oliver Dörr*, EVR, in: Sodan/Ziekow (Hrsg.), VwGO, Rn. 241 ff.
[595] *Leading case*: EuGH, Rs. C-188/89, Slg. 1990, I-3313, Rn. 20.
[596] Im Überblick *Matthias Ruffert*, in: Calliess/ders. (Hrsg.), EUV/AEUV, Art. 288 AEUV Rn. 46.
[597] → Bd. III *Höfling* § 51 Rn. 48 ff.
[598] EuGH, Rs. 14/83, Slg. 1984, 1891, Rn. 15 ff.; Rs. 79/83, Slg. 1984, 1921, Rn. 15 ff.; Rs. 222/84, Slg. 1986, 1651, Rn. 53; Rs. C-91/92, Slg. 1994, I-3325, Rn. 26; Rs. 80/86, Slg. 1987, 3969, Rn. 12; Rs. 31/87, Slg. 1988, 4635, Rn. 39; Rs. 125/88, Slg. 1989, 3533, Rn. 6; Rs. C-106/89, Slg. 1990, I-4135, Rn. 8; Rs. C-129/96, Slg. 1997, I-7411, Rn. 40; Rs. C-111/97, Slg. 1998, I-5411, Rn. 18; Rs. C-131/97, Slg. 1999, I-1103, Rn. 48; Rs. 365/98, Slg. 2000, I-4619, Rn. 40; verb. Rs. C-240/98 u.a., Slg. 2000, I-4941, Rn. 30; Rs. C-456/98, Slg. 2000, I-6007, Rn. 16; Rs. C-371/97, Slg. I-7881, Rn. 37; zuletzt *EuGH*, Rs. C-408/01, Urt. v. 23. 10. 2003, Rn. 21.
[599] So die Rspr. A. A. *Werner Schroeder*, in: Streinz (Hrsg.), EUV/EGV, Art. 249 EG Rn. 125.
Zur besonderen Problematik der unionsrechtskonformen Auslegung von Rahmenbeschlüssen *EuGH*, Rs. C-105/93, Slg. 2005, I-5285 – Pupino; dazu abl. Anm. von *Hillgruber*, Anmerkung (Fn. 167), S. 841; zust. *Adam*, Wirkung (Fn. 167), S. 558.
[600] *Karl-Heinz Ladeur*, Die Umsetzung der EG-Richtlinie zur Umweltverträglichkeitsprüfung in nationales Recht und ihre Koordination mit dem allgemeinen Verwaltungsrecht, UPR 1996, S. 419 (421).
[601] Programmatisch der Beitrag von *Hilf*, Richtlinie (Fn. 568). S. ferner nur *Gerd Winter*, Reforming the sources and categories of EC Legal Acts, in: ders. (Hrsg.), Sources (Fn. 151), S. 23 (51 ff.).

der Technizität vieler Materien als überbordendem Regelungseifer geschuldet ist, hätte der Reformprozess, der in den Vertrag von Lissabon mündete, tatsächlich die Gelegenheit geboten, durch Konsolidierung und Kodifikation Linien einzuziehen. Der Verfassungsentwurf beschränkte sich indes auf die Umbenennung der Richtlinie in „Rahmengesetz" (Art. I-33 Abs. 1 UAbs. 3 VVE). Selbst diese Umbenennung wurde im Vertrag von Lissabon nicht realisiert.

4. Die Einordnung des transnationalen Verwaltungshandelns im EU-Rahmen

141 Intensiver als im globalen oder regionalen Rahmen außerhalb der EU[602] vollziehen sich in ihr Prozesse der Verwaltungskooperation zwischen Unionsverwaltung und mitgliedstaatlichen Verwaltungen (**vertikale Verwaltungskooperation**) und zwischen mitgliedstaatlichen Verwaltungen untereinander (**horizontale Verwaltungskooperation**).[603] Das Verwaltungskooperationsrecht schafft eine neue Ebene komplexer Verwaltungsbeziehungen und stellt das überkommene Schema direkter/indirekter Vollzug in Frage.[604] Es bringt jedoch keine neue Rechtsschicht hervor, sondern kann auf die vorhandenen Handlungsformen des Unionsrechts bzw. des nationalen Rechts zurückgreifen und fügt sich daher in die Kategorisierung nach Eigen- und Unions- (früher: Gemeinschafts)verwaltungsrecht ein.[605] Zu diesen Handlungsformen und Kategorien kann ergänzendes bilaterales oder auf einzelne grenzüberschreitende Regionen bezogenes Recht mit völkerrechtlichem Geltungsgrund treten. Mit besonderer Intensität entstehen transnationale (weil nicht über die Staaten vermittelte internationale) Rechtsbeziehungen zwischen Unions- und mitgliedstaatlichen Behörden im regionalen und lokalen Rahmen.

142 Außenwirksames Handeln in diesem Behördengeflecht vollzieht sich häufig durch grenzüberschreitende rechtsverbindliche Einzelakte. Für diese hat sich der Begriff des **transnationalen Verwaltungsakts** herausgebildet,[606] der konzeptionell über den EG-rechtlichen Rahmen hinausreicht. Die Transnationalität kann auf die Wirkungen der Einzelfallentscheidung bezogen sein (z.B. Europäischer Pass im Wirtschaftsaufsichtsrecht[607]), sie kann sich als adressatenbezogene Transnationalität darstellen, wenn der Verwaltungsakt als Handlung gleichsam die Grenze überschreitet (z.B. grenzüberschreitende Abfallverbringungsgeneh-

---

[602] → Rn. 169 f.

[603] *Begriffe: Schmidt-Aßmann,* Verwaltungskooperation (Fn. 50), S. 273; *ders.,* Ordnungsidee, 7. Kap. Rn. 18.

[604] *Matthias Ruffert,* Der transnationale Verwaltungsakt, DV, Bd. 34 (2001), S. 453 (480); *ders.,* Europäisierung (Fn. 36), S. 309 f.

[605] *Schmidt-Aßmann,* Ordnungsidee, 7. Kap. Rn. 18; *Hoffmann-Riem,* Strukturen – Perspektiven der Systembildung (Fn. 29), S. 320.

[606] Wegweisend *Schmidt-Aßmann,* Verwaltungsrecht (Fn. 46), S. 935 f. Ferner *Volker Neßler,* Europäisches Richtlinienrecht wandelt deutsches Verwaltungsrecht, 1994, S. 5 ff.; *ders.,* Der transnationale Verwaltungsakt – Zur Dogmatik eines neuen Rechtsinstituts, NVwZ 1995, S. 863 ff.; *Ulrich Fastenrath,* Die veränderte Stellung der Verwaltung und ihr Verhältnis zum Bürger unter dem Einfluß des Europäischen Gemeinschaftsrechts, DV, Bd. 31 (1998), S. 277 (301 ff.). Im Vorfeld bereits *Albert Bleckmann,* Zur Anerkennung ausländischer Verwaltungsakte im Europäischen Gemeinschaftsrecht, JZ 1985, S. 1072 ff. Die Kritik von *Joachim Becker,* Der transnationale Verwaltungsakt, DVBl 2001, S. 855 ff., ist vereinzelt geblieben.

[607] Siehe nur *Martin Schlag,* Grenzüberschreitende Verwaltungsbefugnisse im EG-Binnenmarkt, 1998, S. 46.

B. Verhältnis des inter-, trans- und supranationalen Rechts zum nationalen Recht

migung[608]), und in seltenen Fällen ist sie sogar behördenbezogen, begibt sich die Behörde selbst in den anderen Mitgliedstaat (z.B. polizeiliche Nacheile[609]).[610] Für die Beurteilung der Rechtmäßigkeit transnationaler Verwaltungsakte ist nach dem Prinzip der gegenseitigen Anerkennung ausländischen Rechts im Rahmen der horizontalen Verwaltungskooperation allein das Recht des erlassenden Staates maßgeblich, so dass auch rechtswidrige transnationale Verwaltungsakte wirksam sind.[611] Hiervon gibt es auch für nichtige Verwaltungsakte keine Ausnahme, weil Nichtigkeit nichts anderes als eine im Maß gesteigerte Rechtswidrigkeit ist.[612] Das Transnationalitätskonzept war durch Missbräuche im Bereich des europäischen Fahrerlaubnisrechts auf eine schwere Probe gestellt worden, die nur durch die Änderung des Sekundärrechts bestanden werden konnte.[613] Nicht zuletzt hierdurch ist die Notwendigkeit einer Vertrauensgrundlage für die Anerkennung transnationalen Verwaltungshandelns deutlich geworden.[614]

II. Die Bedeutung der EMRK für das Verwaltungsrecht

Anders als das Europäische Unionsrecht gibt die EMRK ihren **Rang** in den staatlichen Rechtsordnungen nicht vor,[615] so dass dieser entsprechend den einzelnen Verfassungsbestimmungen variiert.[616] In Deutschland wird die EMRK über Art. 59 Abs. 2 GG umgesetzt, so dass ihr der Rang eines einfachen Bundesgesetzes mit der entsprechenden Beachtenspflicht für Gerichte und Behörden zukommt.[617] Versuche, einen höheren Rang bzw. den Verfassungsrang der

143

---

[608] *Meinhard Schröder,* Der Vollzug der Europäischen Abfallverbringungsverordnung als Rechtsproblem, in: FS Wolfgang Ritter 1997, S. 957 (960 und 964); *Thomas Engels,* Grenzüberschreitende Abfallverbringung nach EG-Recht, 1999, S. 120 ff.

[609] Sie ist im (verwaltungsrechtlich allein relevanten) präventiv-polizeilichen Bereich in der EU nur ansatzweise entwickelt; vgl. *Helmut Satzger,* in: Streinz (Hrsg.), EUV/EGV, Art. 32 EU Rn. 2 ff.

[610] Zu diesen Formen *Ruffert,* Verwaltungsakt (Fn. 604), S. 457 ff.

[611] *Neßler,* Verwaltungsakt (Fn. 604), S. 30 f.; *Thomas v. Danwitz,* Systemgedanken eines Rechts der Verwaltungskooperation, in: Hoffmann-Riem/Schmidt-Aßmann (Hrsg.), Strukturen, S. 171 (187 f.); *Fastenrath,* Stellung (Fn. 606), S. 302; *Ulrich Stelkens,* in: Stelkens/Bonk/Sachs (Hrsg.), VwVfG, § 35 Rn. 360; *Neßler,* Dogmatik (Fn. 606), S. 865.

[612] *Ruffert,* Verwaltungsakt (Fn. 604), S. 477 f.; a. A. die h. M.: *Neßler,* Richtlinienrecht (Fn. 606), S. 31 mit Fn. 120; *ders.,* Dogmatik (Fn. 606), S. 865, Fn. 32.

[613] Siehe ausf. Bd. III *Schoch* § 50 Rn. 379. Zusammenfassung des Problems: *Matthias Ruffert,* Europäisiertes Allgemeines Verwaltungsrecht im Verwaltungsverbund, DV, Bd. 41 (2008), S. 543 (554).

[614] Dazu *Eberhard Schmidt-Aßmann,* Perspektiven der Europäisierung des Verwaltungsrechts, in: Peter Axer u. a. (Hrsg.), Das Europäische Verwaltungsrecht in der Konsolidierungsphase, DV, Beiheft 10, 2010, S. 263 (269 f.), mit dem weiteren Beispiel Asylverwaltungsrecht.

[615] BVerfGE 111, 307 (316); *Jochen Abr. Frowein,* Übernationale Menschenrechtsgewährleistungen und nationale Staatsgewalt, in: HStR VII, § 180 Rn. 5; *Grabenwarter,* EMRK, § 3 Rn. 1; ausführlich *Thomas Giegerich,* in: Grote/Marauhn, EMRK/GG, Kap. 2.

[616] Zu den einzelnen Lösungen *Grabenwarter,* EMRK, § 3 Rn. 2 ff.; *ders.,* Europäisches und nationales Verfassungsrecht, VVDStRL, Bd. 60 (2001), S. 290 (300 ff.); *Kostas Chryssogonos,* Zur Inkorporation der Europäischen Menschenrechtskonvention in den nationalen Rechtsordnungen der Mitgliedstaaten, EuR 2001, S. 49 ff.

[617] Std. Rspr.: BVerfGE 19, 342 (347); 74, 358 (370); 82, 106 (114); 111, 307 (316 f.) – mit Vermischung Transformation/Rechtsanwendungsbefehl –; dazu kritisch *Eckart Klein,* Zur Bindung staatlicher Organe an Entscheidungen des Europäischen Gerichtshofs für Menschenrechte, JZ 2004, S. 1176 (1176). Vgl. *Robert Uerpmann,* Die Europäische Menschenrechtskonvention und die deutsche Rechtsprechung, 1993, S. 43; *Grabenwarter,* EMRK, § 3 Rn. 6; *ders.,* Verfassungsrecht (Fn. 616), S. 305; *Paul Kirchhof,* Verfassungsrechtlicher Schutz und internationaler Schutz der Menschenrechte – Konkurrenz

EMRK zu begründen, sind bislang gescheitert,[618] ob sie die Vorschriften der EMRK generell zu allgemeinen Regeln des Völkerrechts (Art. 25 GG) erklärt haben,[619] von ihrer Inkorporation als höherrangiger Grundrechtsverfassung über Art. 1 Abs. 2 GG ausgehen,[620] sie im Rahmen von Art. 2 Abs. 1 GG berücksichtigen[621] oder den EGMR als zwischenstaatliche Einrichtung i.S.v. Art. 24 Abs. 1 GG verstehen.[622] Schon der einfachgesetzliche Rang der EMRK führt über Art. 46 Abs. 1 EMRK im Fall einer Verurteilung Deutschlands dazu, dass Rechtshandlungen (z.B. Verwaltungsakte), die auf dem EMRK-Verstoß beruhen, nach deutschem Recht rechtswidrig werden.[623] Eine Aufhebungspflicht besteht nicht,[624] doch sind fortdauernde Wirkungen aus den rechtswidrigen Akten für die Zukunft zu beseitigen.[625] Die gleichen Folgen ergeben sich auch für deutsche Parallelfälle.[626] Mit Art. 41 EMRK steht zudem ein wirksamer Entschädigungs-

---

oder Ergänzung?, EuGRZ 1994, S. 16 (18). Dementsprechend kann auf die EMRK keine Verfassungsbeschwerde gestützt werden: *BVerfGE* 10, 271 (274); 64, 135 (157); 74, 102 (128).

[618] Zusammenfassend *Grabenwarter,* EMRK, § 3 Rn. 7. Sehr restriktiv *BVerfGE* 111, 307.

[619] *Albert Bleckmann,* Verfassungsrang der Europäischen Menschenrechtskonvention?, EuGRZ 1994, S. 149 (153 f.); *Thomas Giegerich,* Die Verfassungsbeschwerde an der Schnittstelle von deutschem, internationalem und supranationalem Recht, in: Christoph Grabenwarter u.a. (Hrsg.), Allgemeinheit der Grundrechte und Vielfalt der Gesellschaft, 1994, S. 101 (113 f.); dazu ausführlich (und ablehnend) *Uerpmann,* EMRK (Fn. 617), S. 64 ff., 78 ff.

[620] *Frank Hoffmeister,* Völkerrechtlicher Vertrag oder europäische Grundrechtsverfassung, Der Staat, Bd. 40 (2001), S. 349 (367 ff.). *BVerfGE* 111, 307 (329), verwendet Art. 1 Abs. 2 GG nicht in diesem Sinne, sondern zur Begründung einer bloßen Berücksichtigungspflicht. Kritisch *Cremer,* Bindungswirkung (Fn. 58), S. 695 ff.

[621] *Jochen Abr. Frowein,* Das Bundesverfassungsgericht und die Europäische Menschenrechtskonvention, in: FS Wolfgang Zeidler II, 1987, S. 1763 (1770 ff.); *ders.,* Menschenrechtsgewährleistungen (Fn. 615), Rn. 28; ihm folgend *Grabenwarter,* EMRK, § 3 Rn. 8; *ders.,* Verfassungsrecht (Fn. 616), S. 306. Dagegen *Horst Dreier,* in: ders. (Hrsg.), GG I, Art. 2 Rn. 57 m. w. N.

[622] Angedacht bei *Georg Ress,* Wirkung und Beachtung der Urteile und Entscheidungen der Straßburger Konventionsorgane, EuGRZ 1996, S. 350 (353), daran anschließend *Christian Walter,* Die Europäische Menschenrechtskonvention als Konstitutionalisierungsprozeß, ZaöRV, Bd. 59 (1999), S. 961 (974 ff.); *Christine Langenfeld,* Die Stellung der EMRK im Verfassungsrecht der Bundesrepublik Deutschland, in: Jürgen Bröhmer (Hrsg.), Der Grundrechtsschutz in Europa, 2002, S. 95 (100). Diese Auffassung hat für sich, dass angesichts der organisatorischen Ausdifferenzierung der Internationalen Gemeinschaft im Völkerrecht das enge, auf klassische internationale Organisationen bezogene Verständnis von Art. 24 Abs. 1 GG überdacht werden muss (s. *Walter* und *Langenfeld,* a. a. O.: „Schaltstelle"). Die Folgerungen für den Rang der EMRK erscheinen jedoch nicht als zwingend (s. selbst *Ress,* a. a. O.).

[623] *Frowein,* Menschenrechtsgewährleistungen (Fn. 615), § 180 Rn. 19; wohl auch *BVerfGE* 111, 307 (325). A. A. differenzierend *Uerpmann,* EMRK (Fn. 617), S. 198 ff. Offengelassen in *BVerfGE* 92, 91 (108).

[624] *BVerfGE* 111, 307 (321 f.). Trotz des vom BVerfG postulierten Spielraums dürfte sich Konventionskonformität allerdings in den seltensten Fällen ohne Aufhebung der Entscheidung herstellen lassen.
Die unmittelbare Aufhebung staatlicher Akte durch den EGMR hat sich bei Erarbeitung der EMRK nicht durchgesetzt: *Marten Breuer,* Anordnung konkreter Abhilfemaßnahmen durch den EGMR, EuGRZ 2004, S. 257 (260).

[625] *EGMR,* No. 39748/98, Urt. v. 17. 2. 2004, Ziff. 47; No. 71503/01, Urt. v. 8. 4. 2002, EuGRZ 2004, S. 268, Ziff. 198, und auch *BVerfGE* 111, 307 (321); *Frowein,* Menschenrechtsgewährleistungen (Fn. 615), § 180 Rn. 20; *Ress,* Wirkung (Fn. 622), S. 352; *Eberhard Schmidt-Aßmann,* Zur Europäisierung des allgemeinen Verwaltungsrechts, in: FS Peter Lerche, 1993, S. 513 (516); *Jörg Polakiewicz,* Die Verpflichtungen der Staaten aus Urteilen des Europäischen Gerichtshofs für Menschenrechte, 1992, S. 63 ff.; *Grabenwarter,* EMRK, § 16 Rn. 3. S. auch *BVerfG,* NJW 1986, S. 1425 (1427).

[626] *BVerwGE* 110, 203 (210); 114, 258 (264); *Frowein,* Menschenrechtsgewährleistungen (Fn. 615), § 180 Rn. 22; *Georg Ress,* Die Europäische Menschenrechtskonvention und die Vertragsstaaten: Die

anspruch zur Verfügung.⁶²⁷ Ein zentraler Fall der durch Urteil festgestellten EMRK-Verletzung Deutschlands ist die Überschreitung der angemessenen Verfahrensdauer (auch) im Verwaltungsprozess im Widerspruch zu Art. 6 Abs. 1 S. 1 EMRK.⁶²⁸ Darüber hinausgehend reicht die Wiedergabe des einfachgesetzlichen Ranges der EMRK-Rechte zur Erfassung ihrer Bedeutung für das Verwaltungsrecht nicht hin:⁶²⁹

So sind einige Menschenrechte der EMRK mittlerweile gewohnheitsrechtlich verankert und gehören zu den allgemeinen Regeln des Völkerrechts i. S. v. Art. 25 GG, deren Rang höher ist als der eines einfachen Gesetzes.⁶³⁰ **144**

Vor allem zeitigt die EMRK mittelbar Wirkungen als **Auslegungsmaxime bei der Interpretation von Grundgesetz und einfachgesetzlichem Recht**.⁶³¹ Nach der Rechtsprechung des Bundesverfassungsgerichts sind nicht zuletzt wegen Art. 1 Abs. 2 GG Inhalt und Entwicklungsstand der EMRK bei der Grundrechtsinterpretation in Betracht zu ziehen.⁶³² Der Rückgriff auf den Entwicklungsstand führt ein dynamisches Element in die Grundrechtsinterpretation ein, denn konsequent verweist das Bundesverfassungsgericht zur Kenntnisnahme dieses Entwicklungsstandes auf die Rechtsprechung des Europäischen Gerichtshofes für Menschenrechte,⁶³³ und dieser wiederum versteht die EMRK als wandlungsfähiges, einem zeitgemäßen Menschenrechtsverständnis verpflichtetes *living instrument*.⁶³⁴ Auch Gesetze sind nach diesem Konzept im Einklang mit den völkerrechtlichen Verpflichtungen der Bundesrepublik Deutschland aus der EMRK auszulegen, denn eine offene Abweichung des Gesetzgebers von solchen Ver- **145**

Wirkungen der Urteile des Europäischen Gerichtshofes für Menschenrechte im innerstaatlichen Recht und vor innerstaatlichen Gerichten, in: Irene Maier (Hrsg.), Europäischer Menschenrechtsschutz, 1982, S. 227 (250 f.). Zu eng hingegen *BVerfGE* 111, 307 (321). Hinzu kommt die „Orientierungswirkung" aus andere Staaten betreffenden Entscheidungen, *Grabenwarter*, EMRK, § 16 Rn. 9; *Ress*, Wirkung (Fn. 622), S. 350.

⁶²⁷ *Anne Peters*, Einführung in die Europäische Menschenrechtskonvention, 2003, S. 254 f.

⁶²⁸ Rspr. seit *EGMR*, Judgments and Decisions, Ser. A, Bd. 27 (1978); vgl. *Frowein*, Menschenrechtsgewährleistungen (Fn. 615), § 180 Rn. 48; *Gabriele Britz*, Bedeutung der EMRK für nationale Verwaltungsgerichte und Behörden, NVwZ 2004, S. 173 (173 f.); Art. 6 EMRK ist unter bestimmten Umständen auch auf Verwaltungsprozesse anwendbar, dazu differenzierend *Grabenwarter*, EMRK, § 24 Rn. 6. Neuere Entscheidungen des EGMR betreffen explizit das Verfahren vor den Sozial- und Verwaltungsgerichten (s. *EGMR*, No. 7369/04, Urt. v. 26. 3. 2009; No. 17878/04, Urt. v. 11. 6. 2009, No. 1126/05, Urt. v. 16. 7. 2009, No. 47757/06, Urt. v. 8. 10. 2009, No. 21061/06, Urt. v. 22. 12. 2009. Auf die neueren Entscheidungen hat die Bundesregierung mit einem Gesetzentwurf vom 12. 8. 2010 reagiert: Gesetz über den Rechtsschutz bei überlangen Gerichtsverfahren und strafrechtlichen Ermittlungsverfahren, BTDrucks 17/3802.

⁶²⁹ *Rudolf Bernhardt*, Die Europäische Menschenrechtskonvention und die deutsche Rechtsordnung, EuGRZ 1996, S. 339 (339 linke Sp.), sowie bereits *Ress*, Vertragsstaaten (Fn. 626), S. 273 f. S. etwa *BVerwG*, NVwZ 2002, S. 87 (mündliche Verhandlung im Normenkontrollverfahren); NVwZ 2004, S. 108 (mündliche Verhandlung im Baurechtsstreit).

⁶³⁰ *Grabenwarter*, EMRK, § 3 Rn. 8; *Dirk Ehlers*, Allgemeine Lehren der EMRK, in: ders. (Hrsg.), Europäische Grundrechte, § 2 Rn. 12; *Uerpmann*, EMRK (Fn. 617), S. 66; *Kirchhof*, Schutz (Fn. 617), S. 19.

⁶³¹ *Polakiewicz*, Verpflichtungen (Fn. 625), S. 298 ff.; *Bernhardt*, EMRK (Fn. 629), S. 339; *Britz*, EMRK (Fn. 628), S. 173. *Ress*, Wirkung (Fn. 622), S. 353, spricht von „Hochzonung" und „mittelbare[m] Verfassungsrang".

⁶³² *BVerfGE* 74, 358 (370); 82, 106 (115); *BVerfG*, NJW 2001, S. 2245 (2246); NJW 2004, S. 852; *BVerfGE* 111, 307 (329) (mit Verweis auf Art. 1 Abs. 2 GG); zuletzt *BVerfG*, NJW 2011, S. 1931 (1935 f.) – Sicherungsverwahrung, implizit *BVerfGE* 83, 119 (128); *BVerwGE* 110, 203 (211 f.); 117, 380 (389).

⁶³³ *BVerfGE* 74, 358 (370).

⁶³⁴ Siehe *Grabenwarter*, EMRK, § 5 Rn. 14 f.

pflichtungen könne nicht vermutet werden.[635] Letztlich liegt dieser Begründungsansatz der Vermeidung einer völkerrechtlichen Verantwortlichkeit auch der EMRK-konformen Verfassungsauslegung zugrunde.[636] Bei „eindeutig" entgegenstehendem Verfassungs- oder Gesetzesrecht lehnt das Bundesverfassungsgericht allerdings eine konventionsgemäße Auslegung ab.[637] Das nach außen konventionsgemäße Verhalten der Bundesrepublik ist dann entgegen Art. 1 EMRK nicht mehr sichergestellt.[638]

146 Gesetze können ausdrücklich auf die EMRK verweisen, ihren Maßstab dadurch inkorporieren und die Konventionskonformität auf diese Weise zu sichern suchen.[639] Die interpretatorische Harmonie zwischen EMRK und deutschem Verfassungs- und Verwaltungsrecht wird jedoch keinesfalls überall erreicht. Im Ausländerrecht geht das Bundesverwaltungsgericht bei der Interpretation des Abschiebungshindernisses aus § 53 Abs. 4 AuslG (jetzt: § 60 Abs. 5 AufenthG) abweichend von der Straßburger Rechtsprechung davon aus, dass die Abschiebung eines im Ausland verfolgten Ausländers nur dann unterlassen werden muss, wenn die Verfolgung von staatlichen oder quasi-staatlichen Instanzen ausgeht.[640] In der – verborgenen – Ablehnung einer konventionskonformen Auslegung[641] liegt ein Verfassungsverstoß.[642]

147 Die „weiche", interpretationsleitende Wirkung der EMRK ist nicht immer durch ausdrückliche normative Vorgaben der EMRK veranlasst. Rechte der EMRK können zur Bekräftigung eines bereits nach nationalem Recht begründeten Ergebnisses ebenso herangezogen werden wie zur Untermauerung eines allgemeinen Prinzips durch Praxis und Lehre – losgelöst von einer konkreten EMRK-Verpflichtung.[643] Auf diese Weise geht das Schrifttum beispielsweise davon aus, dass das Recht auf ein faires Verwaltungsverfahren, das aus dem Rechtsstaatsprinzip abgeleitet werden kann, auch in der EMRK wurzelt.[644]

---

[635] *BVerfGE* 74, 358 (370); *BVerwGE* 110, 203 (212).

[636] *Frowein*, Menschenrechtsgewährleistungen (Fn. 615), § 180 Rn. 6; *Bernhardt*, EMRK (Fn. 629), S. 339. Allgemein zu dieser Vermutung *Uerpmann*, EMRK (Fn. 617), S. 112 ff. – Nach *BVerfGE* 111, 307 (328 f.), rechtfertigt sie sogar eine intensivierte Überprüfung fachgerichtlicher Entscheidungen.

[637] *BVerfGE* 111, 307 (329).

[638] Siehe die Kritik bei *Cremer*, Bindungswirkung (Fn. 58), S. 699 f. Zu berücksichtigen ist allerdings, dass dem BVerfG eine hinsichtlich der Beachtung der EMRK geradezu groteske Entscheidung des *OLG Naumburg* (EuGRZ 2004, S. 749) zugrunde lag und das BVerfG zumindest die Anwendung der EMRK sichert; s. *Klein*, Bindung (Fn. 617), S. 1176 (1177 f.). S. ferner *Klaus Grupp/Ulrich Stelkens*, Zur Berücksichtigung der Gewährleistungen der Europäischen Menschenrechtskonvention bei der Auslegung deutschen Rechts, DVBl 2005, S. 133 ff.

[639] *Grabenwarter*, Verfassungsrecht (Fn. 616), S. 322 f. S. *BVerfGE* 111, 223 (226): deklaratorische Verweisung (bezogen auf § 53 Abs. 4 AuslG a. F.).

[640] *BVerwGE* 99, 331 (334); 104, 260 (264 f.); 104, 265 (266 f.), in Auseinandersetzung mit *EGMR*, Urt. v. 17. 12. 1996, Reports 1996-VI (No. 26), S. 2195, Ziff. 38 ff. (insbes. 45 f.) (= NVwZ 1997, S. 1100 [1101]). Dazu *Grabenwarter*, EMRK, § 20 Rn. 26 a. E.; *Jochen Abr. Frowein*, Kritische Bemerkungen zur Lage des deutschen Staatsrechts aus rechtsvergleichender Sicht, DÖV 1998, S. 806 (809 f.); *Peters*, EMRK (Fn. 627), S. 57, dort auch zu ausländerrechtlichen Abhilfemöglichkeiten. *Thomas Buß*, Grenzen der dynamischen Vertragsauslegung im Rahmen der EMRK, DÖV 1998, S. 323 (328 f.), hält die Rspr. des EGMR für kompetenzüberschreitend.

[641] Siehe insbes. *BVerwGE* 104, 265 (275).

[642] Vgl. *Ress*, Wirkung (Fn. 622), S. 352 linke Sp. Anders wäre es nur, wenn man mit *BVerfGE* 111, 307 (329), davon ausginge, dass die deutsche gesetzliche Regelung als eindeutige Vorrang vor der konventionskonformen Regelung beansprucht.

[643] *Grabenwarter*, Verfassungsrecht (Fn. 616), S. 321 f.; *Uerpmann*, EMRK (Fn. 617), S. 49 ff.

[644] *Michael Sachs*, in: Stelkens/Bonk/Sachs (Hrsg.), VwVfG, Einl. Rn. 97.

B. Verhältnis des inter-, trans- und supranationalen Rechts zum nationalen Recht

Basis für diese kongruierenden Ableitungszusammenhänge ist der Umstand, **148** dass die EMRK einen *ordre public européen* wiedergibt, der den gemeinsamen Verfassungstraditionen aller europäischen Staaten entspringt.[645] Hieraus erklären sich nicht nur Wechselwirkungen mit der Verfassungsgebung in zahlreichen europäischen Staaten[646] sowie der EU.[647] Letztere ist nach Art. 6 Abs. 2 EUV i.d.F. des Vertrages von Lissabon gehalten, der EMRK beizutreten.[648] Schon bislang zieht der EuGH die EMRK bekanntlich als Erkenntnisquelle für die Grundrechte des Unionsrechts heran – was Art. 6 Abs. 3 EUV und Art. 52 Abs. 3 S. 1, 53 GRCh (nunmehr verbindlich gemäß Art. 6 Abs. 1 EUV)[649] für das Verfassungsrecht der EU aufgreifen. Hier öffnet sich zudem die Tür zu einem neuen Einwirkungsmodus, denn die **durch die EMRK mitgeprägten Unionsgrundrechte** binden nicht nur die EU-Eigenverwaltung.[650] Sie sind auch Maßstab für mitgliedstaatliches Handeln im Anwendungsbereich des Unionsrechts[651] bzw. nach Art. 51 Abs. 1 GRCh bei seiner Durchführung.[652] Überdies sind die Mitgliedstaaten für die EMRK-Konformität des Unionsrechts verantwortlich.[653] Die sich hieraus ergebende **Kontrolle von Unionsrecht durch den EGMR** kann auf die Mitgliedstaaten zurückwirken.[654]

III. Probleme des internationalen Verwaltungsrechts

1. Verwaltungsrecht als Recht Internationaler Organisationen

a) Die verwaltungsrechtlichen Funktionen Internationaler Organisationen

Der Aufschwung der durch Internationale Organisationen geführten Verwal- **149** tung[655] beginnt bereits mit den **Verwaltungsunionen**[656] des 19. Jahrhunderts (z.B. Flusskommissionen, Telegraphen- und Postunion),[657] wird durch ein ent-

---

[645] *Uerpmann*, EMRK (Fn. 617), S. 117 ff.; *Klaus Schlaich/Stefan Korioth*, Das Bundesverfassungsgericht, 8. Aufl. 2010, Rn. 368.

[646] Hierzu *Grabenwarter*, EMRK, § 3 Rn. 9.

[647] Siehe nur *Grabenwarter*, EMRK, § 4; *ders.*, Verfassungsrecht (Fn. 616), S. 325 ff.

[648] Zur Beitrittsperspektive ausführlich *Thorsten Kingreen*, in: Calliess/Ruffert (Hrsg.), EUV/AEUV, Art. 6 EUV Rn. 19 ff.

[649] Zur inhaltlichen Vorbildfunktion der EMRK für die GRCh *Grabenwarter*, EMRK, § 4 Rn. 8 f.; *ders.*, Verfassungsrecht (Fn. 616), S. 339 f.

[650] Hierzu *Langenfeld*, Stellung (Fn. 622), S. 97; *Britz*, EMRK (Fn. 628), S. 174.

[651] *EuGH*, Rs. C-144/95, Slg. 1996, I-2909, Rn. 12; Rs. C-299/95, Slg. 1997, I-2629, Rn. 15; Rs. C-309/96, Slg. 1997, I-7493, Rn. 13.

[652] Zu dieser Einschränkung statt vieler ausführlich unter Erläuterung der Entstehungsgeschichte *Martin Borowsky*, in: Meyer (Hrsg.), Charta, Art. 51, Rn. 5–9.

[653] *Europäische Kommission für Menschenrechte*, Entsch. v. 9. 2. 1990, DR 64, S. 138, Ziff. 5 und 8; *EGMR*, Urt. v. 18. 2. 1999, Reports 1999-I, Ziff. 33; NJW 2006, S. 197 (203 f.).

[654] Zum Ganzen *Peters*, EMRK (Fn. 627), S. 32 ff.

[655] Siehe zum Ganzen *Ruffert/Walter*, Völkerrecht (Fn. 214).

[656] Die Begriffe Internationale Organisation und Verwaltungsunion sind nahezu austauschbar: *Jost Delbrück*, Internationale und nationale Verwaltung – Inhaltliche und institutionelle Aspekte –, in: Jeserich/Pohl/v. Unruh (Hrsg.), Verwaltungsgeschichte V, S. 386 (392). Die neuere Entwicklung trägt eine Differenzierung nach politischer/administrativ-technischer Tätigkeit (so noch *Rüdiger Wolfrum*, International Administrative Union, in: Rudolf Bernhardt [Hrsg.], Encyclopaedia of Public International Law II, 1995, S. 1041) nicht mehr.

[657] *Tietje*, Verwaltungshandeln (Fn. 54), S. 124 ff.

stehendes **Kooperationsprinzip** völkerrechtswissenschaftlich untermauert,[658] intensiviert sich zur Völkerbundzeit[659] und erreicht seinen Höhepunkt im hochdifferenzierten System funktionaler Dezentralisation und Dekonzentration der **UN-Sonderorganisationen,** die mit der Weltorganisation durch Sonderabkommen des Wirtschafts- und Sozialrates verbunden sind (Art. 63 Abs. 1 UN-Charta).[660] Hinzu tritt eine kaum überschaubare Zahl universaler und regionaler Organisationen[661] und außerhalb des UN-Systems auf globaler Ebene die Welthandelsorganisation **WTO.**[662] Kein Bereich nationaler Verwaltung ist auf der internationalen Ebene ausgespart.[663]

150 Aus Sicht des Verwaltungsrechts ist mit dem Recht Internationaler Organisationen zweierlei angesprochen. Erstens steht das interne Verwaltungsrecht der jeweiligen Organisation in Rede.[664] Dieses umfasst vor allem personal- und haushaltsrechtliche Bestimmungen und ist aufgrund des in Gründungsvertrag und Sitzstatut verbürgten autonomen Status der Organisation vom nationalen Recht gelöst.[665] Gleichwohl dient es der inneren öffentlichen (internationalen) Verwaltung und ist Verwaltungsrecht.

151 Wichtiger für die Verwaltungsrechtsentwicklung ist jedoch zweitens dasjenige Recht einschließlich seiner Implementationsmechanismen, das der jeweiligen Internationalen Organisation zur Erfüllung ihrer materiellen Gestaltungs- und Verwaltungsaufgabe zur Verfügung steht.[666] Hierbei handelt es sich zunächst um das materielle, im Rahmen Internationaler Organisationen ausgehandelte und auf ihre Tätigkeit bezogene Völkervertragsrecht. Hinzu tritt das von den zuständigen Organen der Internationalen Organisationen gesetzte, abgeleitete Völkerrecht, dessen Verbindlichkeitsgrad variiert.[667] Verbindliche Rechtsetzung bedarf einer hochgradig verdichteten Organisationsstruktur; dies umso mehr, wenn die Rechte und Pflichten sich nicht nur auf Mitgliedstaaten der Organisation, sondern auch auf einzelne Rechtssubjekte erstrecken sollen. Eine neue Entwicklung ist die verbindliche „Rechtsetzung" des Sicherheitsrates der Verein-

---

[658] Paradigmatisch *Walther Schücking,* Die Organisation der Welt, 1909.

[659] *Tietje,* Verwaltungshandeln (Fn. 54), S. 130 ff.

[660] *Klaus Dicke,* Effizienz und Effektivität internationaler Organisationen, 1994, S. 241 ff.; *Werner Meng,* in: Bruno Simma (Hrsg.), The Charter of The United Nations II, 2. Aufl. 2002, Art. 63 Rn. 1 ff.; *Tietje,* Verwaltungshandeln (Fn. 54), S. 136 ff.; *Wessels,* Öffnung (Fn. 60), S. 164 ff.; *Verdross/Simma,* Völkerrecht (Fn. 56), §§ 295 ff. Allgemein zur funktionalen Dezentralisation *Wahl,* Der einzelne (Fn. 117), S. 50.

[661] Überblick: *Philippe Sands/Pierre Klein,* Bowett's Law of International Institutions, 5. Aufl. 2001, Kap. 4.

[662] → Rn. 158 ff.

[663] *Delbrück,* Internationale Verwaltung (Fn. 656), S. 395 f. Empirische Angaben bei *Wessels,* Öffnung (Fn. 60), S. 153 ff.; politikwissenschaftlich auch *Sabino Cassese,* Die Beziehungen zwischen den internationalen Organisationen und den nationalen Verwaltungen, in: Yadh Ben Achour/ders., Aspekte der internationalen Verwaltung, 1985, S. 37 ff.

[664] *Vogel,* Administrative Law (Fn. 54), S. 22 f.

[665] *Brownlie,* Principles (Fn. 189), S. 696; *Delbrück,* Internationale Verwaltung (Fn. 656), S. 400 ff.; *Jost-Dietrich Busch,* Dienstrecht der Vereinten Nationen, 1981.

[666] Aus dieser Perspektive s. schon *Hartwig Bülck,* Der Strukturwandel der internationalen Verwaltung, 1962.

[667] *Delbrück,* Internationale Verwaltung (Fn. 656), S. 393. Zu den einzelnen Handlungsmechanismen *Ruffert/Walter,* Völkerrecht (Fn. 214), Rn. 85 ff.; *Jurij D. Aston,* Sekundärgesetzgebung internationaler Organisationen zwischen mitgliedstaatlicher Souveränität und Gemeinschaftsdisziplin, 2005, S. 63 ff.; *José Alvarez,* International Organizations as Law-makers, 2006, S. 184 ff.

B. Verhältnis des inter-, trans- und supranationalen Rechts zum nationalen Recht

ten Nationen.[668] Üblich sind **Empfehlungen** der zuständigen Organe, deren Umsetzung völkerrechtlich nicht geboten ist. Auf diese Weise hat das Ministerkomitee des Europarates eine Reihe von Entschließungen und Empfehlungen für verwaltungsverfahrens- und verwaltungsprozessrechtliche Mindeststandards (rechtliches Gehör, Akteneinsicht, Beratung und Vertretung, Begründung von Entscheidungen und Rechtsbehelfsbelehrung), die Ermessensausübung, die Vertretung einer großen Personenzahl im Verfahren, den Datenschutz, den einstweiligen Rechtsschutz, Informationszugang, Staatshaftung, Zwangsmittel, Privatisierung und Zugang zu kommunalen öffentlichen Einrichtungen erlassen.[669] Die Wirkungen dieser Empfehlungen werden in Deutschland kaum spürbar, weil die empfohlenen Standards vom geltenden Recht eingehalten werden.[670] Als Rechtshandlungen Internationaler Organisationen treten **Entwurfsvorlagen für multilaterale Vereinbarungen** hinzu, die noch der Annahme (Ratifikation) durch die zuständigen staatlichen Organe bedürfen, sowie **Koordinierungsmechanismen,** in denen durch wechselseitige Zielvereinbarung, Datenerhebungen und Benchmarking zwar keine rechtsverbindlichen Vorgaben implementiert, jedoch wirkungsvoll Anpassungsnotwendigkeiten offen gelegt werden.[671]

Ein Sonderfall des Verwaltungsrechts Internationaler Organisationen ist das Recht zur **Verwaltung von Territorien,** die nach einem bewaffneten Konflikt den Vereinten Nationen unterstellt werden. So haben die Verwaltungen von Ost-Timor (UNTAET) und im Kosovo (UNMIK) eine Fülle von Rechtsakten größtenteils verwaltungsrechtlicher Natur mit unmittelbarer Wirkung für die Bevölkerung erlassen, die nur begrenzt auf einheimischen Strukturen beruhen.[672] Der Plan des UN-Generalsekretärs, gleichsam eine „Notfall-Rechtsordnung" für solche Situationen vorzuhalten, wurde bislang nicht verwirklicht.[673]

152

---

[668] Ausgehend von S C Res. 1373/2001 (Terrorismusbekämpfung): *Jurij D. Aston,* Die Bekämpfung abstrakter Gefahren für den Weltfrieden durch legislative Maßnahmen des Sicherheitsrats – Resolution 1373 (2001) im Kontext, ZaöRV, Bd. 62 (2002), S. 257 (258, 285 ff.); *Paul C. Szasz,* The Security Council starts Legislating, AJIL, Bd. 96 (2002), S. 901 (901); *Jane E. Stromseth,* An Imperial Security Council? Implementing Security Council Resolution 1373 and 1390, American Society of International Law Proceedings, Bd. 97 (2003), S. 41 (43, 45). S. nun S C Res. 1540 (2004); dazu *Stefan Talmon,* The Security Council as World Legislature, AJIL, Bd. 99 (2005), 175 ff.

[669] Resolution (77) 31 on the Protection of the Individual in Relation to the Acts of Administrative Authorities; und Recommandations R (81) 19 of the Committee of Ministers to Member States on the Access to Information Held by Public Authorities; R (80) 2 Concerning the Exercise of Discretionary Powers by Administrative Authorities; R (84) 15 Relating to Public Liability; R (87) 16 on Administrative Procedures affecting a large Number of Persons; R (89) 8 on Provisional Court Protection in Administrative Matters; R (91) 1 on Administrative Sanctions; R (91) 10 on the communication to third parties of personal data held by public bodies; R (93) 7 on Privatisation of public undertakings and activities, R (97) 7 on Local Public Services and the Rights of their Users; R (2003) 16 on the execution of administrative and judicial decisions in the field of administrative law; R (2004) 20 on judicial review of administrative acts.

[670] *Michael Sachs,* in: Stelkens/Bonk/Sachs (Hrsg.), VwVfG, Einl. Rn. 101 f.

[671] → Rn. 47.

[672] Vgl. *Carsten Stahn,* International Territorial Administration in the Former Yugoslavia: Origins, Developments and Challenges ahead, ZaöRV, Bd. 61 (2001), S. 107 (154 ff.); *Matthias Ruffert,* The Administration of Kosovo and East-Timor by the International Community, International and Comparative Law Quarterly 50 (2001), S. 613 (622 ff.).

[673] Bezeichnung: „common UN justice package", Report of the Panel on United Nations Peace Operations (sog. *Brahimi*-Report), 21. 8. 2000, UN Dok. A/55/305 bzw. S/2000/809, Ziff. 81 (abrufbar unter: http://daccess-ods.un.org/access.nsf/Get?Open&DS=S/2000/809&Lang=E&Area=UNDOC).

b) Von den Internationalen Organisationen zur transnationalen Verwaltungskooperation

153 Ungeachtet des völkervertragsrechtlichen und damit *inter*nationalen (zwischenstaatlichen) Ursprungs der Aktivität Internationaler Organisationen sind diese vielfach auf unmittelbare ***trans*nationale (nicht mehr staatenvermittelte) Kooperationsstrukturen** der beteiligten Exekutiven angewiesen. Die typologische Kategorisierung der Kooperationsformen umfasst:[674]
- informelle Arbeitskontakte,
- Teilnahme an Beratungs- und Entscheidungsgremien zur administrativen Feinabstimmung und Fortentwicklung des materiellen Rechts,
- formelle Genehmigungsbefugnisse zur Implementation materieller Regelungen,
- Einbringen besonderen Sachverstandes einschließlich technischer Einrichtungen,
- Überwachungsbefugnisse *(monitoring)*.

In diesem kooperativen Bezugsrahmen entfaltet das einschlägige anwendbare Völkerrecht unmittelbar verwaltungsrechtliche Relevanz.

c) Verwaltungsrecht und *global governance*

154 Zu den zentralen Erkenntnissen der Globalisierungsdiskussion zählt die Einsicht in die Notwendigkeit, die Bewältigung der sich der internationalen Gemeinschaft stellenden Aufgaben und Herausforderungen[675] durch das geordnete Zusammenwirken einer Pluralität von Akteuren zu bewirken.[676] Theoretisch wird dies durch die Übertragung des sozialwissenschaftlichen *governance*-Konzeptes[677] auf die überstaatlich-transnationale Ebene zur *global governance* verarbeitet. Die bislang von den führenden Theoretikern und internationalen Gremien zur *global governance* angebotenen Definitionen sind unscharf und münden in einen Sammelbegriff zu Methoden der Gemeinwohlverwirklichung gleich welcher Art bzw. in die Zusammenfassung disparater und – aus welchen Gründen auch immer – kohärenter Aktivitäten im globalen Interesse.[678] Im Kern geht es darum, die klassischen Formen völkerrechtlicher Koordinierung durch Verträge und Kooperation in Internationalen Organisationen[679] um Aktivitäten weiterer, substaatlicher (z.B. Regionen, Städte, Behörden) und nichtstaatlicher

---

[674] Siehe auch *Wessels*, Öffnung (Fn. 60), S. 415ff. Zu den folgenden Punkten *Tietje*, Verwaltungshandeln (Fn. 54), S. 327, 415f. und 468.

[675] → Bd. I *Schuppert* § 16 Rn. 166ff.

[676] Vgl. *Tietje*, Verwaltungshandeln (Fn. 54), S. 164ff. S. auch *James N. Rosenau*, Along the Domestic-Foreign Frontier – Exploring Governance in a Turbulent World, 1997, S. 10f.

[677] → Bd. I *Voßkuhle* § 1 Rn. 21 und 68ff.; kritisch zu den Grenzen der Übertragbarkeit v. *Bogdandy/Dann/Goldmann*, Publicness (Fn. 69), S. 9.

[678] *Club of Rome*: „[…] the command mechanism of a social system and its actions that endeavor to provide security, prosperity, cohererence, order and continuity to the system", in: *Alexander King/Bertrand Schneider*, The First Global Revolution: A Report of the Council of Rome, 1991, S. 181 f.; *Commission on Global Governance*: „Governance is the sum of the many ways individuals and institutions, public and private, manage their common affairs.", in: Our Global Neighbourhood, 1995, S. 2; *James N. Rosenau*: „[…] summary form for highly complex and widely disparate activities that culminate in a modicum of worldwide coherence.", in: *Rosenau*, Frontier (Fn. 676), S. 10 f.

[679] Siehe dazu *Horace B. Jacobini*, An Introduction to Comparative Administrative Law, 1991, S. 239 ff.

B. Verhältnis des inter-, trans- und supranationalen Rechts zum nationalen Recht

(NGOs, transnationale Unternehmen) Handlungssubjekte zu erweitern.[680] *Global governance* umfasst mithin nicht nur die Tätigkeit Internationaler Organisationen und die transnationale Verwaltungskooperation, sondern auch private Aktivitäten. Der Staat kann sich auf eine Vermittlerrolle zurückziehen; *governance* ist – so die klassische Formulierung *James Rosenaus* – nicht zuletzt *without government* möglich.[681]

Allein der Blick auf die konkret avisierten Politikfelder erhellt Zielsetzung **155** und Anspruch von *global governance,* nämlich die Untersuchung von Wirkungsbedingungen und Mechanismen des steuernden Umgangs mit weltweit auftretenden Problemlagen. Illustrativ ist der Schlussbericht der Bundestags-Enquete-Kommission „Globalisierung der Weltwirtschaft – Herausforderungen und Antworten", der *global governance* auf alle denkbaren Weltprobleme vom Klimaschutz über Migrationsfolgen bis zur organisierten Kriminalität bezieht.[682] Zielführend für die Theoriebildung ist jedoch nicht die politisch-thematische Beliebigkeit, sondern die Erkenntnis des globalen Bezugsrahmens.

In den Rechtsquellen des Verwaltungsrechts findet die Einbindung privater **156** Akteure durch das *global governance*-Konzept weniger in der Einschaltung altruistischer Nichtregierungsorganisationen **(NGOs)** – zumeist zusammengefasst unter dem schillernden Sammelbegriff „**Zivilgesellschaft**"[683] – seinen Niederschlag, sondern in der Aktivität von Selbstregulierungsorganisationen der Wirtschaft in den Bereichen der technischen Normung.[684] Die International Organization for Standardization (ISO) verbindet als privatrechtlicher Verein mit Sitz in der Schweiz die wichtigsten nationalen (privaten) Standardisierungsorganisationen,[685] und die von ihr hervorgebrachten, zunächst öffentlich-rechtlich unverbindlichen Normen können im internationalen und staatlichen Rechtsraum anerkannt werden.[686] Auch die von der *Codex Alimentarius Commission* erarbeiteten lebensmittelrechtlichen Standards wirken über WTO-rechtliche Verpflichtungen in den innerstaatlichen Rechtsraum ein.[687]

---

[680] *James N. Rosenau,* Governance in the Twenty-first century, Global Governance 1 (1995), S. 13 (23 ff.).

[681] *James N. Rosenau,* Governance, Order and Change in World Politics, in: ders./Ernst-Otto Czempiel, Governance without Government: Order and Change in World Politics, 1992, S. 1 (4 f.).

[682] *Deutscher Bundestag,* Schlussbericht der Enquete-Kommission Globalisierung der Weltwirtschaft – Herausforderungen und Antworten, BTDrucks 14/9200, S. 417.

[683] *Jan A. Scholte,* Civil Society and Democracy in Global Governance, Global Governance 8 (2002), S. 281 (282 ff.); *Paulus,* Gemeinschaft (Fn. 183), S. 103 ff.

[684] Außerhalb des Verwaltungsrechts ist der Bereich der Rechnungslegung bedeutsam, vgl. insoweit §§ 292a Abs. 1, 342 HGB, sowie *Christian Tietje,* Transnationales Wirtschaftsrecht aus öffentlich-rechtlicher Perspektive, Zeitschrift für vergleichende Rechtswissenschaft, Bd. 101 (2002), S. 404 (413). Hier handelt es sich freilich nicht um Verwaltungsrecht.

[685] Siehe unter www.iso.org/iso/en/aboutiso/introduction/index.html#two, sowie *Tietje,* Verwaltungshandeln (Fn. 54), S. 411.

[686] Siehe auch o. → Rn. 87.

[687] Es sind dies Art. 4.1 Übereinkommen über technische Handelshemmnisse (TBT-Übereinkommen) und Art. 3 Abs. 1, 2 und 4 Übereinkommen über die Anwendung gesundheitspolizeilicher und pflanzenschutzrechtlicher Maßnahmen (SPS-Übereinkommen); dazu *Tietje,* Verwaltungshandeln (Fn. 54), S. 339 ff.; *Hans-Georg Kamann,* Das Übereinkommen über die Anwendung gesundheitspolizeilicher und pflanzenschutzrechtlicher Maßnahmen, in: Prieß/Berrisch (Hrsg.), WTO-Handbuch (Fn. 416), B.I.3. Rn. 58 ff., *Armin v. Bogdandy,* Law and Politics in the WTO – Strategies to Cope with a Deficient Relationship, Max Planck Yearbook of United Nations Law, Bd. 5 (2001), S. 609 (635); sowie → Rn. 166.

d) Probleme der Legitimität des Rechts

157 Das Recht Internationaler Organisationen ist mit schwerwiegenden Legitimationsproblemen befrachtet. Mit der Entfernung von Beratung und Entscheidung von den Betroffenen dünnt die legitimierende Verbindung aus,[688] und je dichter die Integration, desto stärker der Verdacht des Demokratiedefizits.[689] Eine organisationsrechtliche Option zur Überwindung dieses Problems ist die Kreation von Repräsentativorganen auf überstaatlicher Ebene.[690] Die Legitimität neuer *governance*-Formen unter Einschluss privater Akteure kann durch Anforderungen an Zusammensetzung und innere Willensbildung solcher Institutionen erhöht werden.[691] Darüber hinaus sind **alternative,** von manchen als postparlamentarisch bezeichnete[692] **Demokratiekonzepte** zu erwägen:[693] **Transparenz, Partizipation, Deliberation.**[694] Insgesamt gilt es, die legitimationssichernden Konzepte des nationalen öffentlichen Rechts auch für die Ebene des internationalen Verwaltungsrechts fruchtbar zu machen.[695]

2. Insbesondere: Verwaltungsrecht der WTO

a) Verrechtlichung des Welthandels als Innovationsschub im und aus dem Völkerrecht

158 Der durch die Gründung der WTO 1994 ausgelöste Innovationsschub für das Völkerrecht und über dieses hinaus ist kaum zu überschätzen.[696] Durch die Errichtung der WTO wurde das jahrzehntelange Provisorium des GATT 1947 beendet, dessen völkerrechtlicher Status wegen der fehlenden Zustimmung des US-Kongresses bis zuletzt nicht frei von Unsicherheiten war.[697] An die Stelle des GATT 1947 ist eine **weltumspannende,** mittlerweile **nahezu universelle Internationale Organisation im Bereich der Wirtschaft** mit entsprechend weitreichenden Auswirkungen auf andere Regelungsfelder getreten. Abgelöst wurde

---

[688] *Hauke Brunkhorst,* Die Weltgesellschaft als Krise der Demokratie, Deutsche Zeitschrift für Philosophie, Bd. 45 (1997), S. 895 (901); *Scholte,* Global Governance (Fn. 683), S. 290. Für die WTO *Hartmut Bauer,* Internationalisierung des Wirtschaftsrechts: Herausforderung für die Demokratie, in: ders./Czybulka/Kahl/Voßkuhle (Hrsg.), Umwelt (Fn. 251), S. 69 (74 ff.).

[689] Nachgewiesen bei *Eric Stein,* International Integration and Democracy: No Love at First Sight, AJIL, Bd. 95 (2001), S. 489 (530 und passim).

[690] Vgl. für die WTO *Bauer,* Internationalisierung (Fn. 688), S. 79.

[691] Vgl. *Ruffert,* Globalisierung (Fn. 65), S. 62 f.

[692] *Ulrich Beck,* Wie wird Demokratie im Zeitalter der Globalisierung möglich? – Eine Einleitung, in: ders. (Hrsg.), Politik der Globalisierung, 1998, S. 7 (34); *Arthur Benz,* Postparlamentarische Demokratie? – Demokratische Legitimation im kooperativen Staat, in: Michael Greven (Hrsg.), Demokratie – eine Kultur des Westens?, 1998, S. 201.

[693] Dazu *Armin v. Bogdandy,* Demokratie, Globalisierung, Zukunft des Völkerrechts – eine Bestandsaufnahme, ZaöRV, Bd. 63 (2003), S. 853 (874 ff.); *Ruffert,* Globalisierung (Fn. 65), S. 63 f. → Bd. I *Trute* § 6 Rn. 15 ff.

[694] Siehe *Jost Delbrück,* Exercising Public Authority Beyond the State: Transnational Democracy and/or Alternative Legitimation Strategies?, Indiana Journal of Global Legal Studies, Bd. 10 (2003), S. 29 (31); *Bauer,* Internationalisierung (Fn. 688), S. 69 (77 ff.), sowie auch die Diskussion bei *Michael Zürn,* Regieren jenseits des Nationalstaats, 1998, S. 350 ff.

[695] So der Ansatz von *v. Bogdandy/Dann/Goldmann,* Publicness (Fn. 69), S. 3.

[696] Vgl. *Wahl,* Der einzelne (Fn. 117), S. 48.

[697] Dazu grundlegend *Wolfgang Benedek,* Die Rechtsordnung des GATT aus völkerrechtlicher Sicht, 1990.

auch das unübersichtliche System plurilateraler Vereinbarungen, d.h. solcher Verträge, die jeweils nur für einen Teil der im GATT-System verhandelnden Staaten verbindlich waren.[698] Nunmehr bedeutet WTO-Mitgliedschaft im Grundsatz Verpflichtung aus allen Übereinkommen,[699] die nicht nur den Warenhandel, sondern auch Dienstleistungen und das Recht des geistigen Eigentums umfassen. Vollendet wird diese materielle Verrechtlichung durch ein verbindliches Streitbeilegungsverfahren.

In der Völkerrechtslehre hat die Perspektive der **Konstitutionalisierung der** 159 **internationalen Gemeinschaft** durch die Verrechtlichung des Welthandelssystems erheblichen Auftrieb erhalten.[700] Tatsächlich ist mit der WTO ein Kooperationsrahmen hoher organisatorischer Verdichtung entstanden, der wegen der thematischen Breite des Wirtschaftsvölkerrechts Rückwirkungen auf das Verwaltungsrecht in zahlreichen Gebieten zeitigt.

b) Charakteristika und Bauelemente der WTO

aa) Vertragswerk und institutionelle Struktur

Im Zentrum des WTO-Systems steht das Übereinkommen zur Errichtung der 160 Welthandelsorganisation, das den institutionellen Rahmen der Internationalen Organisation WTO festschreibt und die allgemeine Verbindlichkeit der in den Anhängen gruppierten bereichsspezifischen Übereinkommen normiert (Art. II Abs. 2 WTO-Übereinkommen).[701] Zentrale Organe sind die Ministerkonferenz, die verbindliche Beschlüsse fassen kann (Art. IV Abs. 1 WTO-Übereinkommen), der Allgemeine Rat aus (ständigen) Vertretern der Mitgliedstaaten, der die Organisation zwischen den Ministerkonferenzen steuert, Aufgaben in der Streitbeilegung wahrnimmt[702] und den besonderen, auf die Einzelabkommen bezogenen Räten übergeordnet ist (Art. IV Abs. 2–5 WTO-Übereinkommen) sowie das Sekretariat mit dem Generaldirektor (Art. VI WTO-Übereinkommen).[703] Beschlüsse werden grundsätzlich im Konsens gefasst, d.h. normalerweise wird nicht abgestimmt und gegen eine geplante Entscheidung muss förmlich Einspruch erhoben werden (Art. IX WTO-Übereinkommen mit Fn. 1).[704] Prägend für die WTO ist allerdings nicht die autonome Rechtsetzung,[705] sondern die effektive Durchsetzung vorhandenen materiellen Rechts. Daher ist die Vereinbarung über Regeln und **Verfahren zur Beilegung von Streitigkeiten** (*Dispute Settlement Understanding* – DSU[706]) das zentrale neben dem WTO-Übereinkommen stehende institutionelle Abkommen.

---

[698] *Horst Krenzler*, Die Nachkriegsentwicklung des Welthandelssystems, in: Prieß/Berrisch (Hrsg.), WTO-Handbuch (Fn. 416), A I Rn. 32.
[699] Zu den beiden einzigen Ausnahmen → Rn. 161 a. E.
[700] Vgl. *Stefan Oeter*, Welthandelsordnung im Spannungsfeld von Wirtschaft, Recht und Politik, in: Meinhard Hilf/ders. (Hrsg.), WTO-Recht, 2. Aufl. 2010, § 1, Rn. 54 ff.; *Wahl*, Der einzelne (Fn. 117), S. 48 f.; *ders.*, Konstitutionalisierung – Leitbegriff oder Allerweltsbegriff?, in: FS Winfried Brohm, 2002, S. 101 (202 ff.).
[701] ABl. EG 1994, Nr. L 336, S. 3.
[702] Näher → Rn. 163.
[703] Zum WTO-Organisationsrecht *Weiß/Herrmann/Ohler*, Welthandelsrecht (Fn. 430), Rn. 150 ff.
[704] Näher *Weiß/Herrmann/Ohler*, Welthandelsrecht (Fn. 430), Rn. 195 f.
[705] Siehe *v. Bogdandy*, Law (Fn. 687), S. 629.
[706] ABl. EG 1994, Nr. L 336, S. 234.

161 Die materiellrechtlichen Übereinkommen lassen sich nach den Bereichen **Warenhandel, Dienstleistungen und Geistiges Eigentum** aufgliedern. Das Wirtschaftsvölkerrecht des Warenhandels ist ausgesprochen differenziert. Im Zentrum steht das Allgemeine Zoll- und Handelsabkommen (*General Agreement on Tariffs and Trade – GATT*) 1994,[707] das wiederum das modifizierte und ergänzte GATT 1947[708] enthält.[709] Ergänzt wird es um eine Reihe von Sonderübereinkommen zu Einzelfragen des Warenhandels, darunter – für das Verwaltungsrecht von Bedeutung – über die Anwendung gesundheitspolizeilicher und pflanzenschutzrechtlicher Maßnahmen (*Sanitary and Phytosanitary Measures – SPS*[710]) sowie über technische Handelshemmnisse (*Technical Barriers to Trade – TBT*[711]). Der Dienstleistungshandel ist im GATS (*General Agreement on Trade in Services*[712]) geregelt, wobei im Unterschied zum Warenhandel die Liberalisierung für jeden Sektor durch Übernahme spezifischer Verpflichtungen bzw. in einem Protokoll gesondert vereinbart wird.[713] Mit dem handelsbezogenen Recht des Geistigen Eigentums befasst sich das TRIPS (*Agreement on Trade-Related Aspects of Intellectual Property Rights*). Als einzige plurilaterale Übereinkommen sind dasjenige über das öffentliche Beschaffungswesen (*Agreement on Government Procurement – GPA*[714]) und über den Handel mit Zivilluftfahrzeugen[715] verblieben.

bb) Materiellrechtliche Prinzipien

162 Vereinfacht lassen sich im WTO-Recht **vier zentrale materiellrechtliche Prinzipien** benennen:[716] **(1) Meistbegünstigung** (Art. I Abs. 1 GATT, Art. II Abs. 1 GATS, Art. 4 TRIPS), **(2) schrittweiser Abbau von Zöllen** (Art. II GATT), **(3) Verbot nichttarifärer Handelshemmnisse** (Art. XI Abs. 1 GATT, Art. XVI GATS) und **(4) Inländer(gleich)behandlung** (*national treatment*; Art. III GATT; Art. XVII GATS, Art. 3 TRIPS). Für das materielle Verwaltungsrecht sind das Verbot nichttarifärer Handelshemmnisse sowie das Gebot der Inländergleichbehandlung in Bezug auf bereits im nationalen Markt befindliche Produkte von Bedeutung, denn sie begrenzen die wirtschaftsverwaltungsrechtlichen Regelungsbefugnisse in den nationalen Rechtsordnungen. Beide sind schwer voneinander abzugrenzen; nach einer Faustformel ist das Verbot nichttarifärer Handelshemmnisse nicht bei Regelungen, die ein Produkt und seine Vermarktung betreffen, anwendbar, sondern etwa bei Maßnahmen über den Herstellungspro-

---

[707] ABl. EG 1994, Nr. L 336, S. 11.
[708] UNTS 55, S. 94; BGBl II (1951), S. 173.
[709] Und von diesem rechtlich unterschieden ist Art. II Abs. 4 WTO-Übereinkommen; zu den völkerrechtlichen Folgen dieser Unterscheidung *Reiner Schmidt/Wolfgang Kahl*, Umweltschutz und Handel, in: EUDUR II/2, § 89 Rn. 101 m.w.N.
[710] ABl. EG 1994, Nr. L 336, S. 40.
[711] ABl. EG 1994, Nr. L 336, S. 86.
[712] ABl. EG 1994, Nr. L 336, S. 190.
[713] Zum Positivlisten-Ansatz *Weiß/Herrmann/Ohler*, Welthandelsrecht (Fn. 430), Rn. 858 ff.; *Christian Pitschas*, Allgemeines Übereinkommen über den Handel mit Dienstleistungen (GATS), in: Berrisch/Prieß (Hrsg.), WTO-Handbuch (Fn. 416), B I Rn. 99 ff. Protokolle existieren für die Bereiche Telekommunikation, Finanzdienstleistungen, Luft- und Seeverkehrsdienstleistungen (ebd., S. 897 ff.).
[714] ABl. EG 1996, Nr. C 256, S. 2.
[715] ABl. EG 1980, Nr. L 71, S. 58.
[716] Weitere Ausdifferenzierung bei *Götz J. Göttsche*, WTO als Rechtsordnung, in: Hilf/Oeter, WTO-Recht (Fn. 700), § 5 Rn. 36 ff.

B. Verhältnis des inter-, trans- und supranationalen Rechts zum nationalen Recht

zess, die sich nicht im Produkt selbst niederschlagen *(process and production methods* – PPM).[717] Für einen Teilbereich nichttarifärer Handelshemmnisse schlüsseln das TBT- und das SPS-Übereinkommen die Verpflichtungen der Staaten im Warenhandel näher auf.

cc) Verrechtlichung durch Streitbeilegung

Jede noch so präzise materiellrechtliche Verpflichtung ist nur so wirksam wie die Möglichkeiten ihrer praktischen Durchsetzung. Die Verrechtlichung des Wirtschaftsvölkerrechts wird durch das Streitbeilegungsverfahren nach dem DSU geleistet.[718] Kommt es zu einem handelsrechtlichen Konflikt, so rufen die Parteien das **Streitbeilegungsorgan DSB** *(Dispute Settlement Body)* an. Formaliter entscheidet dieses mit dem Allgemeinen Rat identische Gremium (Art. IV Abs. 3 WTO-Übereinkommen) über die Streitigkeit. Tatsächlich wird für jeden Streitfall ein **Expertengremium *(Panel)*** eingesetzt, dessen Bericht als durch das DSB angenommen gilt, wenn kein Rechtsmittel eingelegt wird oder wenn es der Annahme nicht im Konsens widerspricht (Art. 16 Abs. 4 DSU). Rechtsmittelentscheidungen des **Ständigen Berufungsgremiums *(Appellate Body)*** werden auf die gleiche Weise verbindlich (Art. 17 Abs. 14 DSU). Die Umsetzung der Entscheidungen des DSB erfolgt durch ein komplexes völkerrechtliches System gegenseitiger Entschädigung und Aussetzung von Zugeständnissen unter Überwachung des DSB (Art. 20–22 DSU).

c) Wirkungsbedingungen des WTO-Rechts als Verwaltungsrecht

aa) Anwendbarkeit im internen Rechts- und Verwaltungsraum

Auch auf dieser Basis ist die Wirkung des WTO-Rechts im internen Rechts- und Verwaltungsraum grundsätzlich eine mittelbare. Verpflichtungen im Rahmen der WTO, auch durch DSB-Entscheidungen konkretisierte, sind völkerrechtliche Pflichten, an die das staatliche Verwaltungsrecht anzupassen ist. Ob das WTO-Recht darüber hinaus direkte **interne Wirkungen** entfalten kann, ist im Wesentlichen[719] eine **Frage des Unionsrechts,** denn Art. 3 Abs. 1 lit. e AEUV weist der EU in der Gemeinsamen Handelspolitik die ausschließliche Kompetenz zu, und die Frage wird im EU-Recht ausgesprochen kontrovers beurteilt. Während das Schrifttum unter Bezugnahme auf Art. 216 Abs. 2 AEUV (bzw. vor Lissabon Art. 300 Abs. 7 EGV), der das Völkerrecht im Rang über das sekundäre Unionsrecht stellt, sowie die gestiegene Verrechtlichung der WTO-Rechtsordnung sowohl die Maßstabsfunktion des WTO-Rechts für Unionsrecht als

---

[717] *Weiß/Herrmann/Ohler,* Welthandelsrecht (Fn. 430), Rn. 470 ff. Kritisch *v. Bogdandy,* Law (Fn. 687), S. 662; *Robert Howse/Donald Regan,* The Product/Process Distinction – An Illusory Basis for Disciplining ‚Unilateralism' in Trade-Policy, EJIL, Bd. 11 (2000), S. 249 ff.

[718] Näher *Tim R. Salomon,* Das Streitbeilegungssystem der WTO, in: Hilf/Oeter, WTO-Recht (Fn. 700), § 7; *Weiß/Herrmann/Ohler,* Welthandelsrecht (Fn. 430), Rn. 250 ff.

[719] Die mitgliedstaatlichen Gerichte müssen allerdings anwendbares Unionsrecht nach diesen Urteilen WTO-konform auslegen: *EuGH,* Rs. C-53/96, Slg. 1998, I-3603, Rn. 28; verb. Rs. C-300/98 und C-392/98, Slg. 2000, I-11307, Rn. 48. Vgl. zu dieser Rspr. *Peter T. Stoll/Frank Schorkopf,* Welthandelsordnung und Welthandelsrecht, 2002, Rn. 684; *Armin v. Bogdandy,* Die Überlagerung der ZPO durch WTO-Recht, NJW 1999, S. 2088 (2089); *ders.,* Urteilsanmerkung, CMLRev 36 (1999), S. 663 (669).

auch seine unmittelbare Geltung im internen Rechtsraum der EU einfordert,[720] lehnt der EuGH beides unter Verweis auf den Verhandlungscharakter des WTO-Streitbeilegungsverfahrens in ständiger Rechtsprechung ab.[721] Zentral ist das handelspolitisch motivierte Argument,[722] dass der Gerichtshof die Verhandlungsposition der Unionsorgane durch die Anerkennung von Maßstabsfunktion und unmittelbarer Wirkung nicht beeinträchtigen dürfe – schließlich wirkt WTO-Recht auch in den U.S.A. nicht unmittelbar.[723] Einzige bislang anerkannte Ausnahmen sind die explizite Umsetzung einer WTO-Verpflichtung durch Unionsrecht und der ausdrückliche Verweis auf eine WTO-Norm in einem Unionsrechtsakt;[724] in der neuesten Rechtsprechung deutet sich als zusätzliche Ausnahme an, dass das WTO-Recht unmittelbare Wirkung entfaltet, wenn die fragliche Verpflichtung durch eine Entscheidung des DSB bestätigt wurde.[725] Setzte sich diese Entwicklung fort, wäre dies ein bedeutender Fortschritt für die Völkerrechtskonformität des Europäischen Verwaltungsrechts.[726]

bb) Einzelne Referenzgebiete

165   Die Wirkungen des WTO-Rechts im Verwaltungsrecht werden bereits in einigen Bereichen deutlich sichtbar. Angesichts des erst zehnjährigen Bestehens der Organisation und der weiterhin zunehmenden weltwirtschaftlichen Verflechtungen ist anzunehmen, dass weitere **Anwendungsgebiete** hinzukommen:

166   (1) Erkennbar wird die verwaltungsrechtliche Relevanz des WTO-Rechts bereits im **Lebensmittelrecht.** Das Übereinkommen über die Anwendung gesundheitspolizeilicher und pflanzenschutzrechtlicher Maßnahmen (SPS-Übereinkommen) gilt für alle derartigen Maßnahmen, die auch nur potentiell Auswirkungen auf den Warenhandel haben können (Art. 1 SPS-Übereinkommen).[727] Die WTO-Mitglieder sind nach Art. 13 verpflichtet, die umfassende Einhaltung der im Abkommen enthaltenen Verpflichtungen auch durch regionale und lokale sowie nichtstaatliche Stellen zu garantieren.[728] Dies bedeutet insbesondere, dass für internationale lebensmittelrechtliche Standards eine widerlegliche Vermutung der

---

[720] Umfangreiche N. bei *Michael Hahn*, in: Calliess/Ruffert (Hrsg.), EUV/AEUV, Art. 207 AEUV Rn. 180, Fn. 436 ff. S. auch *Weiß/Herrmann/Ohler*, Welthandelsrecht (Fn. 430), Rn. 129 ff.; *Wolfgang Weiß*, Zur Haftung der EG für die Verletzung des WTO-Rechts, EuR 2005, S. 277 ff.

[721] Std. Rspr. des EuGH; s. nur *EuGH*, Rs. C-280/93, Slg. 1994, I-4973, Rn. 109 ff.; Rs. C-149/96, Slg. 1999, I-8395, Rn. 36–41; verb. Rs. C-300/98 und C-392/98, Slg. 2000, I-11307, Rn. 43 ff.; Rs. C-377/98, Slg. 2001, I-7079, Rn. 52; Rs. C-307/99, Slg. 2001, I-3159, Rn. 22 ff.; *EuG*, Rs. T-18/99, Slg. 2001, II-913, Rn. 46 ff.; Rs. T-30/99, Slg. 2001, II-943, Rn. 51 ff.; Rs. T-52/99, Slg. 2001, II-981, Rn. 46 ff.; Rs. T-2/99, Slg. 2001, II-2093, Rn. 51 ff.; Rs. T-3/99, Slg. 2001, II-2123, Rn. 43 ff.

[722] GA *Siegbert Alber*, Schlussantrag zu *EuGH*, Rs. C-93/02P, Slg. 2003, I-10497, Ziff. 102.

[723] *EuGH*, Rs. C-149/96, Slg. 1999, I-8395, Rn. 45 f. Dies ist zutreffend: *Jason Kearns/Stefan Ohlhoff*, Durchsetzung der WTO-Abkommen in den Vereinigten Staaten von Amerika, in: Berrisch/Prieß (Hrsg.), WTO-Handbuch (Fn. 416), C II 2 Rn. 4.

[724] Std. Rspr.: *EuGH*, Rs. 70/87, Slg. 1989, 1781, Rn. 19; Rs. C-69/89, Slg. 1991, I-2069, Rn. 31. Zur einschlägigen Rechtsprechung *Martin Nettesheim/Johann L. Duvigneau*, in: Streinz (Hrsg.), EUV/EGV, Art. 133 EG Rn. 43; *Hans-Joachim Prieß/Georg M. Berrisch*, Die Geltung und Durchsetzung des WTO-Rechts im Gemeinschaftsrecht, in: dies. (Hrsg.), WTO-Handbuch (Fn. 416), C II 1 Rn. 29 ff.

[725] *EuGH*, Rs. C-93/02 P, Slg. 2003, I-10497, Rn. 57–59.

[726] Wieder zurückhaltender *EuGH*, EuZW 2005, S. 214, Rn. 37 ff.; sowie *EuG*, Rs. T-19/01, Urt. v. 3. 2. 2005, Rn. 156 ff.

[727] Siehe nur *Kamann*, Übereinkommen (Fn. 687), Rn. 23.

[728] *Tietje*, Verwaltungshandeln (Fn. 54), S. 343.

B. Verhältnis des inter-, trans- und supranationalen Rechts zum nationalen Recht

Notwendigkeit für den Gesundheitsschutz gilt und staatliche Maßnahmen nur dann von diesen Standards abweichen dürfen, wenn dies wissenschaftlich begründet werden kann und eine vorherige Risikobewertung vorgenommen wird (Art. 3 Abs. 2 und 3, Art. 5 SPS-Übereinkommen).[729] Inwieweit bei dieser Bewertung politische Erwägungen zu naturwissenschaftlichen treten, ist umstritten.[730]

(2) Liberalisierungsmaßnahmen in **Dienstleistungsbereichen nach dem GATS** wirken sich unmittelbar auf verwaltungsrechtliche Regelungen aus. So ist im Sektor Finanzdienstleistungen eine Abweichung von GATS-Verpflichtungen bei der Aufsicht nur möglich, wenn sie nicht zur Umgehung grundlegender Verpflichtungen erfolgt.[731] Das GATS eröffnet ferner die Option zur Anerkennung von Aufsichtsmaßnahmen anderer Mitglieder.[732] Im Telekommunikationssektor ist der Zugang zu öffentlichen Telekommunikationsnetzen und -dienstleistungen vorgesehen.[733] **167**

(3) Für die wichtigsten Märkte innerhalb der WTO[734] gilt das plurilaterale **Übereinkommen über das öffentliche Beschaffungswesen** (*Government Procurement Agreement* – GPA).[735] Es beeinflusst das staatliche Verwaltungsrecht der Auftragsvergabe über die einschlägigen EG-Richtlinien, die ihm entsprechen müssen und unter seiner Berücksichtigung auszulegen sind. Jenseits bestimmter Schwellenwerte und unter Berücksichtigung komplizierter Reziprozitätsvorbehalte (Anhang I zum GPA) gelten im Bereich der Auftragsvergabe die Grundprinzipien der Inländerbehandlung sowie die Meistbegünstigungklausel (Art. II Abs. 1 GPA). Außerdem sind Transparenz- und Rechtsschutzregelungen zu beachten. **168**

3. Internationales Verwaltungsrecht: Vom Kollisionsrecht zum Kooperationsrecht

Gibt es über diese an der globalen organisatorischen Verdichtung orientierten Perspektive hinaus ein Internationales Verwaltungsrecht verstanden als Kollisionsrecht des öffentlichen Rechts parallel zum Internationalen Privatrecht?[736] Der **169**

---

[729] *EC Measures Concerning Meat and Meat Products (Hormones),* Report of the Appellate Body v. 16. 1. 1998, WT/DS 48/AB/R, abrufbar unter www.worldtradelaw.net/reports/wtoab/ec-hormones (ab).pdf; *Tietje,* Verwaltungshandeln (Fn. 54), S. 344 ff. S. auch *Kamann,* Übereinkommen (Fn. 687), Rn. 66 ff.

[730] *Tietje,* Verwaltungshandeln (Fn. 54), S. 346 f.; zur Problematik der Standardsetzung im Hormonfall auch *v. Bogdandy,* Law (Fn. 687), S. 635 ff.

[731] *Pitschas,* GATS (Fn. 713), Rn. 172.

[732] *Pitschas,* GATS (Fn. 713), Rn. 174.

[733] *Pitschas,* GATS (Fn. 713), Rn. 182 ff. S. auch *Tietje,* Verwaltungshandeln (Fn. 54), S. 443 ff.

[734] Namentlich die EG einschließlich ihrer Mitgliedstaaten, USA, Kanada, Japan, Hong Kong und die Schweiz sowie Israel und Singapur.

[735] Näher hierzu *Weiß/Herrmann/Ohler,* Welthandelsrecht (Fn. 430), Rn. 1011 ff.; *Hans-Joachim Prieß,* Das Übereinkommen über das öffentliche Beschaffungswesen, in: ders./Berrisch (Hrsg.), WTO-Handbuch (Fn. 416), B IV Rn. 1 ff.

[736] Siehe die Darstellungen bei *Ulrich Beyerlin,* Rechtsprobleme der lokalen grenzüberschreitenden Zusammenarbeit, 1988, S. 399 ff.; *Werner Meng,* Extraterritoriale Jurisdiktion im öffentlichen Wirtschaftsrecht, 1994, S. 191 ff., und *Karl T. Rauser,* Die Übertragung von Hoheitsrechten auf ausländische Staaten, 1991, S. 124 ff.
Teilweise wird dem Internationalen Verwaltungsrecht ausdrücklich seine mangelnde Zukunftsfähigkeit bescheinigt: *Achterberg,* VerwR, § 1 Rn. 97. Nur noch vereinzelt findet sich ein Abschnitt in Lehrbüchern s. *Wolff/Bachof/Stober/Kluth,* VerwR I, § 22 Rn. 10 f., § 27 Rn. 24 f.; *Gerhard Hoffmann,* in:

kollisionsrechtliche Ansatz wurde von *Karl Neumeyer* in seiner monumentalen vierbändigen Schrift bereits 1910–1936 begründet.⁷³⁷ *Neumeyer* versucht, in Anlehnung an das Regelungsmodell des Internationalen Privatrechts in den materiellrechtlichen Regelungen des Verwaltungsrechts verborgene *Grenznormen* aufzudecken, einseitige Kollisionsnormen, die den Geltungsumfang des nationalen deutschen Verwaltungsrechts beschreiben.⁷³⁸ Die maßgeblich von *Klaus Vogel* geprägte Gegenauffassung leugnet Existenz und Notwendigkeit solcher Grenznormen. Die Funktion des Internationalen Verwaltungsrechts weiche von derjenigen des Internationalen Privatrechts ab, denn Normen des nationalen Verwaltungsrechts richten sich grundsätzlich nur an die eigenen Behörden, so dass sich die im Internationalen Privatrecht typische Frage nach der Auswahl der anwendbaren Rechtsordnung im Internationalen Verwaltungsrecht nicht stelle. Daher gehöre eine gesetzliche Anordnung der Anwendbarkeit ausländischen Rechts zu den Sachnormen; einer solchen Anordnung stehe das **Territorialitätsprinzip** nicht entgegen.⁷³⁹

170 Völlig zu Recht wird auf diese Weise die Kollisionsproblematik auf den **Anwendungsbereich staatlichen Verwaltungsrechts** reduziert, denn soweit gegenwärtig die Koordinierung der Jurisdiktionen zur übergreifenden Aufgabenbewältigung in Rede steht, reicht es aus, unter Beachtung der völkerrechtlichen Jurisdiktionstitel den Anwendungsbereich des staatlichen öffentlichen Rechts zu bestimmen.⁷⁴⁰ Ein illustratives Beispiel ist die Gefahrenabwehr im Internet.⁷⁴¹ Je-

---

Ingo v. Münch (Hrsg.), Besonderes Verwaltungsrecht, 7. Aufl. 1985, Vierzehnter Abschnitt (nicht mehr in Folgeauflagen); s. aber jetzt *Ehlers*, Verfassungsrecht und Verwaltungsrecht (Fn. 220), § 4.

⁷³⁷ *Karl Neumeyer*, Internationales Verwaltungsrecht, Bde. I–IV, 1910–1936. Aus dieser Zeit stammt auch der Beitrag von *Ernst Isay*, Internationales Verwaltungsrecht, in: Fritz Stier-Somlo (Hrsg.), Handbuch der Rechtswissenschaft, Bd. 3, 1928, S. 344 ff.

⁷³⁸ *Karl Neumeyer*, Internationales Verwaltungsrecht, Bd. IV, Allgemeiner Teil, 1936, S. 105 f., 115 ff. und 121 ff. Ihm folgend *Ernst Steindorff*, Verwaltungsrecht, Internationales, in: Karl Strupp/Hans-Jürgen Schlochauer (Hrsg.), Wörterbuch des Völkerrechts III, 2. Aufl. 1962, S. 581; *Klaus König*, Die Anerkennung ausländischer Verwaltungsakte, 1965, S. 11; *Herbert Bernstein*, Ein Kollisionsrecht für die Verfassung?, NJW 1965, S. 2273 ff.; *Ferdinand O. Kopp*, Kollisionsrecht im öffentlichen Recht, DVBl 1967, S. 469 ff.; *Hoffmann*, in: v. Münch (Hrsg.), Besonderes Verwaltungsrecht (Fn. 736), S. 859; *Eberhard Eichenhofer*, Internationales Sozialrecht und Internationales Privatrecht, 1987, S. 209 ff.; *Alfred Grof*, Grundfragen des internationalen Verwaltungsrechts am Beispiel des Umweltschutzes, in: Rudolf Mellinghoff/Hans-Heinrich Trute (Hrsg.), Die Leistungsfähigkeit des Rechts, 1988, S. 303 (306 ff.). S. auch *Hartwig Bülck*, Zur Dogmengeschichte des europäischen Verwaltungsrechts, in: FS Herbert Kraus, 1964, S. 29 (55 f.). Umfassend nunmehr *Christoph Ohler*, Die Kollisionsordnung des Allgemeinen Verwaltungsrechts, 2005.

⁷³⁹ *Vogel*, Anwendungsbereich (Fn. 506), S. 298 ff.; *ders.*, Administrative Law (Fn. 54), S. 24 f. Im Anschluss an *Vogel*: *Hans J. Sonnenberger*, in: Münchner Kommentar, BGB, Bd. 10, 3. Aufl. 1998, Einl. IPR Rn. 356; *Christian v. Bar/Peter Mankowski*, Internationales Privatrecht I, 2. Aufl. 2003, § 4 Rn. 57 ff. (mit der für das Verwaltungsrecht kaum praktikablen Unterscheidung nach öffentlich-rechtlichem und privatrechtlichem Internationalen Öffentlichen Recht Rn. 52). Skeptisch auch *Franz Matscher*, Gibt es ein Internationales Verwaltungsrecht, in: FS Günther Beitzke, 1979, S. 641 ff.

⁷⁴⁰ Die von *Vogel*, Administrative Law (Fn. 54), S. 26 f., noch diskutierten Fälle sind entweder fern liegend oder gehören nicht zum Verwaltungsrecht. Treffend spricht *Wolfgang Graf Vitzthum*, Begriff, Geschichte und Quellen des Völkerrechts, in: ders. (Hrsg.), Völkerrecht, 2. Aufl. 2001, 1. Abschn., Rn. 37, Fn. 76, von „Stoffmangel" – gerade dieses Wort findet sich in der 3. Aufl. nicht mehr.

⁷⁴¹ *Michael Germann*, Gefahrenabwehr und Strafverfolgung im Internet, 2000, S. 641 ff.; *Christoph Engel*, Das Internet und der Nationalstaat, in: Völkerrecht und Internationales Privatrecht in einem sich globalisierenden internationalen System – Auswirkungen der Entstaatlichung transnationaler Rechtsbeziehungen, BDGVR, Bd. 39 (2000), S. 353 (389 ff.); *Joel P. Trachtman*, Cyberspace, Sovereignty, Jurisdiction, and Modernism, Indiana Journal of Global Legal Studies, Bd 5 (1998), S. 561 (576); *Karl-*

doch rückt die international-verwaltungsrechtliche Kollision in ihrer Bedeutung mehr und mehr hinter die transnational-verwaltungsrechtliche Kooperation. Diese vollzieht sich nicht nur im Rahmen internationaler Organisationen, sondern auch durch unmittelbare transnationale Behördenkooperation[742] sowie aufgrund von Rahmenregelungen zur kleinräumigen grenzüberschreitenden Zusammenarbeit wie dem Karlsruher Übereinkommen (1996) von Deutschland, Frankreich, Luxemburg und der Schweiz.[743] Es ist mithin zielführender, Handlungsformen und Rechtsetzung im Rahmen dieser Kooperation zu erfassen, anstatt die zwar hochgradig anspruchsvolle, jedoch letztlich fruchtlose Kontroverse um das Verwaltungskollisionsrecht zum Ende zu bringen.[744]

C. Stufungen und Vernetzungen der Rechtsordnungen als Innovations- und Reformfaktor

I. Die Distanz des internationalen Rechts zur nationalen Rechtsordnung

Das Gefüge der unterschiedlichen Rechtsschichten ist weder strikt hierarchisch aufgebaut, noch stehen Völker-, Europa-, Verfassungs- und Verwaltungsrecht gleichsam als getrennte Rechtskreise nebeneinander.[745] Die einzelnen Rechtsschichten sind vielmehr durch vielfache Wechselwirkungen in die eine wie die andere Richtung miteinander vernetzt.[746] Eine solche Vernetzung setzt im Grundsatz keine inhaltliche Homogenität der Rechtsschichten voraus, die sich – in Ermangelung ausdrücklicher Bindungsanordnungen[747] – unabhängig voneinander und mit unterschiedlicher Zielrichtung entwickeln können. Gerade dieser Umstand birgt jedoch ein erhebliches **innovatives Potential,** denn über die **Vernetzungen** können **Impulse** aus abweichenden Entwicklungen anderer Rechts-

171

Heinz Ladeur, Monitoring and Blocking Illegal Content on the Internet – a German and Comparative Law Perspective, GYIL, Bd. 41 (1998), S. 55 ff.; *Bradford L. Smith,* The Third Industrial Revolution Law and Policy for the Internet, Rd C, Bd. 282 (2000), S. 229 (384 ff.); *Viktor Meyer-Schönberger,* The Shape of Governance: Analyzing the World of Internet Regulation, Virginia Journal of International Law, Bd. 43 (2003), S. 605 (640 ff.).

[742] Z. B. im Polizeiwesen: *Hans-Joachim Cremer,* Der grenzüberschreitende Einsatz von Polizeibeamten nach dem deutsch-schweizerischen Polizeivertrag: ein Vorbild für die Kooperation der Mitgliedstaaten der Europäischen Union auf dem Gebiet der Verbrechensbekämpfung?, ZaöRV, Bd. 60 (2000), S. 103 ff.; *Jan Hecker,* Europäisches Verwaltungskooperationsrecht am Beispiel der grenzüberschreitenden polizeilichen Zusammenarbeit, EuR 2001, S. 826 ff.

[743] Übereinkommen zwischen der Regierung der Bundesrepublik Deutschland, der Regierung der Französischen Republik, der Regierung des Großherzogtums Luxemburg und dem Schweizerischen Bundesrat, handelnd im Namen der Kantone Solothurn, Basel-Stadt, Basel-Landschaft, Aargau und Jura, über die grenzüberschreitende Zusammenarbeit zwischen Gebietskörperschaften und örtlichen öffentlichen Stellen, BGBl II (1997), S. 1158, dazu *Horst Heberlein,* Das Karlsruher Übereinkommen mit Frankreich, Luxemburg und der Schweiz über die grenzüberschreitende Zusammenarbeit, BayVBl. 1997, S. 737 ff.; *ders.,* Das Karlsruher Übereinkommen – Anwendungsbeispiel des Madrider Rahmenübereinkommens über die grenzüberschreitende Zusammenarbeit, DVBl 1999, S. 1244 ff.

[744] In diesem Sinne auch → Bd. I *Schmidt-Aßmann,* § 5 Rn. 48, sowie *Christoph Ohler,* Die Entwicklung eines Internationalen Verwaltungsrechts als Aufgabe der Rechtswissenschaft, DVBl 2007, S. 1083 (1087 f.).

[745] So aber für Völkerrecht und nationales Recht *BVerfGE* 111, 307 (318).

[746] → Rn. 26–29.

[747] Zu diesen → Rn. 27.

schichten aufgenommen werden. Das Innovationspotential entfaltet sich dadurch, dass Normenhierarchien, die das unmittelbar von der Verwaltung angewandte Recht gegen Neuerungen abschirmen, in der Netzwerkstruktur aufgebrochen werden können und die Neuerung dann die gesamte Rechtsordnung zu erreichen in der Lage ist[748]. Gleichwohl kann die Innovationskraft nicht ohne das Risiko von Reibungsverlusten und Anpassungsschwierigkeiten genutzt werden.

172 Paradigmatisch für diesen Befund ist die Distanz internationaler Rechtsentwicklungen zum nationalen Recht. Inter- und supranationale Organisationen verfolgen durch Völkervertragsrecht, abgeleitetes Völkerrecht und besondere Rechtsakte wie die des Unionsrechts punktuell in den Zweck der jeweils handelnden Organisation eingebundene Ziele und sind in diesem Rahmen auf **Zweckoptimierung**, nicht auf Systemkohärenz ausgerichtet. Dies muss zu Friktionen mit gewachsenen mitgliedstaatlichen Strukturen führen. Nicht zu vernachlässigen ist aber der „Energiegewinn" durch diese Reibungen, was insbesondere die Vernetzung im öffentlichen und internationalen Wirtschaftsrecht verdeutlicht: Ohne die **Deregulierungsimpulse** des Europäischen Unionsrechts und seit kurzem des WTO-Rechts wäre die Modernisierung weiterer Bereiche des öffentlichen Wirtschaftsrechts unterblieben. Deregulierung und Privatisierung hätten ihre Reformkraft nur abgeschwächt – wenn überhaupt – entfaltet, der überkommene Leistungsstaat wäre noch weniger vom „schlanken" und „aktivierenden" Staat[749] abgelöst worden und ein Regulierungs- und Gewährleistungsverwaltungsrecht wären kaum als Kategorien der Neuen Verwaltungsrechtswissenschaft entstanden.[750] Weder das EU- noch das WTO-Recht müssen auf das Gesamtsystem einer Rechtsordnung Rücksicht nehmen; beide sind (im hier interessierenden Bereich) allein auf die Beseitigung von Handelshemmnissen ausgerichtet. Für die nationalen Rechtsordnungen entsteht dadurch ein **Rechtfertigungsdruck für Regulierung**, die im Europarecht über geschriebene oder ungeschriebene Schranken der Grundfreiheiten einer Verhältnismäßigkeitsprüfung unterliegt, was vom WTO-Recht über Art. XX GATT und vergleichbare Regelungen ebenfalls gefordert wird. Im Fall der völkervertraglichen oder europarechtlichen Harmonisierung können mitgliedstaatliche Regelungsspielräume ganz verschwinden.

II. Nationale Reformwiderstände gegen inter-, supra- und transnationale Impulse

173 Auf diesem Hintergrund kann es kaum Erstaunen wecken, dass sich in den Mitgliedstaaten Widerstand gegen Impulse aus Rechtsschichten jenseits des nationalen Rechts geregt hat. Namentlich Anwendungsvorrang und unmittelbare Wirkung des EG-Rechts haben sich erst nach langwierigen Debatten durchgesetzt, deren Wiederaufleben in spektakulären Fallkonstellationen keinesfalls ausgeschlossen ist. So trug die Diskussion im deutschen Umweltrecht über weite Strecken Züge eines Abwehrgefechts gegen unionsrechtliche Einflüsse;[751] Ur-

---

[748] Für das Europarecht *Hoffmann-Riem*, Gesetz und Gesetzesvorbehalt im Umbruch, AöR, Bd. 130 (2005), S. 5 (64 f.).
[749] Zu diesen methodischen Neuansätzen → Bd. I *Voßkuhle* § 1 Rn. 62 ff.
[750] → Bd. I *Voßkuhle* § 1 Rn. 61.
[751] Siehe o. → Rn. 17, Fn. 91.

teile mit Folgewirkungen für die deutsche Rechtsordnung rufen das vom Bundesverfassungsgericht konstruierte Vehikel des „ausbrechenden Rechtsakts"[752] auf den Plan.[753] Auch jenseits des Europarechts im engeren Sinne soll „auf die im letzten Wort der deutschen Verfassung liegende Souveränität" – und damit auf das letzte Wort des Bundesverfassungsgerichts – nicht verzichtet werden.[754]

174 Existieren geschriebene oder sonst etablierte Vorranganordnungen, sind die so formulierten Reformwiderstände ebenso chancenlos wie realitätsfern. Die Beschwörung des Selbstandes „nationaler" Rechtsordnungen kann reale faktische und normative Vernetzungen nicht beseitigen.[755] Wichtiger als die Aufrechterhaltung der Letztentscheidungskompetenz ist daher der **Abbau von Konfliktpotential in der Wechselwirkung der Rechtsschichten**. Dies kann zum einen politisch durch intensive Beteiligung an der Entstehung inter- und supranationalen Rechts geschehen; die insoweit bestehenden Defizite sind offenkundig, rechtlich aber kaum fassbar. Eine rechtliche Problematik betrifft hingegen die **Legitimitätsdefizite** inter-, supra- und transnationalen Rechts: Wird ein hinreichendes Niveau demokratischer Legitimation und rechtsstaatlichen Schutzes nicht erreicht, steigt die Wahrscheinlichkeit – und rechtspolitische Berechtigung – des geschilderten Widerstandes. Im Europarecht ist der Abbau demokratischer und rechtsstaatlicher Defizite so weit vorangeschritten, dass nur noch am Rande gravierende Probleme auftreten. Weitgehend ungelöst sind die Legitimationsfragen indes im inter- und transnationalen Recht.[756]

III. Wandel des Verfassungsrechts als Anlass für Anpassungen des einfachen Rechts

175 Demgegenüber erweist sich der verfassungsrechtliche Anpassungsdruck innerhalb der staatlichen Rechtsordnung quantitativ beinahe als nachrangig. Innerhalb der verfassungsrechtlich ausgeformten Bereichsdogmatiken mögen einzelne Judikate des Bundesverfassungsgerichts Verschiebungen und Neuorientierungen bewirken. Paradigmatisch ist die Herausbildung eines Verwaltungsrechts des Datenschutzes im Gefolge des Volkszählungsurteils des Bundesverfassungsgerichts,[757] wie überhaupt die Karlsruher Judikatur vor allem den Bereich des Persönlichkeitsschutzes prägt.[758] Die geschilderten Umbrüche durch europa- und internationalrechtlichen Wandel sind jedoch ungleich gewichtiger. Die Beurteilung hat sich in den letzten Jahren auch nicht durch die strenge Handhabung der bundesstaatlichen Kompetenzabgrenzung in der fortgesetzten Rechtsprechung des Bundesverfassungsgerichts geändert.[759]

---

752 *BVerfGE* 89, 155 (210).
753 Illustrativ *Rupert Scholz*, Zum Verhältnis von europäischem Gemeinschaftsrecht und nationalem Verwaltungsverfahrensrecht, DÖV 1998, S. 261 (267).
754 *BVerfGE* 111, 307 (318); 112, 1 (25 f.).
755 *Ruffert*, Globalisierung (Fn. 65), S. 23 f.
756 → Rn. 157.
757 *BVerfGE* 65, 1.
758 Siehe z. B. die neuere polizeirechtliche Dogmatik zu Informationseingriffen; s. nur *Friedrich Schoch*, Polizei- und Ordnungsrecht, in: Schmidt-Aßmann/ders. (Hrsg.), Bes. VerwR, 2. Kap. Rn. 244 ff. Generell *Schuppert/Bumke*, Konstitutionalisierung (Fn. 216), S. 11 ff.
759 Siehe *BVerfGE* 106, 62 (135 ff.); 110, 141 (168 ff.); 111, 10 (28 f.); 111, 226 (246 ff.); 112, 226 (242 ff.). Nach dem Scheitern der Föderalismuskommission I (s. die Vorschläge in *Deutscher Bundestag/Bundes-*

Ausgewählte Literatur

Axer, Peter, Normsetzung der Exekutive in der Sozialversicherung, Tübingen 2000.
Böckenförde, Ernst-Wolfgang, Gesetz und gesetzgebende Gewalt, 2. Aufl. Berlin 1981.
Bogdandy, Armin v., Gubernative Rechtsetzung, Tübingen 2000.
–/*Bast, Jürgen/Arndt, Felix,* Handlungsformen im Unionsrecht, ZaöRV, Bd. 62 (2002), S. 77–161.
–/*Wolfrum, Rüdiger/Bernstorff v., Jochen/Dann, Philipp/Goldmann, Matthias* (Hrsg.), The Exercise of Public Authority by International Institutions, Berlin 2010.
Brenner, Michael, Der Gestaltungsauftrag der Verwaltung in der Europäischen Union, Tübingen 1996.
Cremer, Hans-Joachim, Zur Bindungswirkung von EGMR-Urteilen, EuGRZ 2004, S. 683.
Danwitz, Thomas v., Verwaltungsrechtliches System und europäische Integration, Tübingen 1996.
– Europäisches Verwaltungsrecht, 2008.
Faßbender, Kurt, Die Umsetzung von Umweltstandards der Europäischen Gemeinschaft, Köln u. a. 2001
Frowein, Jochen Abr., Übernationale Menschenrechtsgewährleistungen und nationale Staatsgewalt, in: HStR VII, § 180.
Grabenwarter, Christoph, Europäische Menschenrechtskonvention, München 2003.
Hatje, Armin, Die gemeinschaftsrechtliche Steuerung der Wirtschaftsverwaltung, Baden-Baden 1998.
Hendler, Reinhard, Umweltrechtliche Grenzwerte in der Gerichts- und Verwaltungspraxis, DÖV 1998, S. 481–491.
Hoffmann-Riem, Wolfgang, Strukturen des Europäischen Verwaltungsrechts – Perspektiven der Systembildung, in: Schmidt-Aßmann/ders. (Hrsg.), Strukturen, S. 317–382.
Höhn, Ernst, Gewohnheitsrecht im Verwaltungsrecht, Bern 1960.
Horn, Hans-Detlef, Die grundrechtsunmittelbare Verwaltung, Tübingen 1999.
Jarass, Hans D./Beljin, Saša, Die Bedeutung von Vorrang und Durchführung des EG-Rechts für die nationale Rechtsetzung und Rechtsanwendung, NVwZ 2004, S. 1–11.
Kadelbach, Stefan, Allgemeines Verwaltungsrecht unter europäischem Einfluß, Tübingen 1999.
Kaltenborn, Markus, Gibt es einen numerus clausus der Rechtsquellen?, Rechtstheorie, Bd. 34 (2003), S. 459–486.
Lamb, Irene, Gesetzeskonkretisierung, Baden-Baden 1995.
Lange, Klaus, Innenrecht und Außenrecht, in: Hoffmann-Riem/Schmidt-Aßmann/Schuppert (Hrsg.), Reform, S. 307–331.
Leisner, Anna, Verwaltungsgesetzgebung durch Erlasse, JZ 2002, S. 219–231.
Liver, Peter, Der Begriff der Rechtsquelle, in: Rechtsquellenprobleme im Schweizerischen Recht, Bern 1955, S. 1–55.
Marburger, Peter, Die Regeln der Technik im Recht, Köln 1979.
Meyer-Cording, Ulrich, Die Rechtsnormen, Tübingen 1971.
Möllers, Christoph, Durchführung des Gemeinschaftsrechts, EuR 2002, S. 483–516.
–/*Andreas Voßkuhle/Christian Walter (Hrsg.),* Internationales Verwaltungsrecht, 2008.
Neumeyer, Karl, Internationales Verwaltungsrecht, Band I–IV, München/Berlin 1910–1936.
Ohler, Christoph, Die Kollisionsordnung des Allgemeinen Verwaltungsrechts, 2005.
Ossenbühl, Fritz, Verwaltungsvorschriften und Grundgesetz, Bad Homburg u. a. 1968.
– Gesetz und Recht – Die Rechtsquellen im demokratischen Rechtsstaat, in: HStR III, 2. Aufl. 1996, § 61.
– Rechtsverordnung, in: HStR III, 2. Aufl. 1996, § 64.
– Autonome Rechtsetzung der Verwaltung, in: HStR III, 2. Aufl. 1996, § 65.
– Satzung, in: HStR III, 2. Aufl. 1996, § 66.
– Der verfassungsrechtliche Rahmen offener Gesetzgebung und konkretisierender Rechtsetzung, DVBl 1999, S. 1–7.
– Rechtsquellen und Rechtsbindungen der Verwaltung, in: Erichsen/Ehlers (Hrsg.), VerwR, Zweiter Abschnitt (§§ 5–10).
– Gesetz und Verordnung im gegenwärtigen Staatsrecht, ZG 1997, S. 305–320.

---

rat – Öffentlichkeitsarbeit [Hrsg.], Dokumentation der Kommission von Bundestag und Bundesrat zur Modernisierung der bundesstaatlichen Ordnung, Zur Sache 1/2005, S. 128 ff.) konnte das GG zur Zeit der zweiten Großen Koalition 2006 und 2009 insoweit geändert werden.

Ausgewählte Literatur

Park, Jeong H., Rechtsfindung im Verwaltungsrecht, Berlin 1999.
Prechal, Sacha, Directives in European Community Law, 2. Aufl., Oxford 2005.
Prieß, Hans-Georg/Berrisch, Georg M. (Hrsg.), WTO-Handbuch, München 2003.
Rengeling, Hans-Werner, Rechtsgrundsätze beim Verwaltungsvollzug des Europäischen Gemeinschaftsrechts, Köln 1977.
Ress, Georg, Wirkung und Beachtung der Urteile und Entscheidungen der Straßburger Konventionsorgane, EuGRZ 1996, S. 350–353.
Rosenau, James N., Governance, Order and Change in World Politics, in: ders./Ernst-Otto Czempiel (Hrsg.), Governance without Government: Order and Change in World Politics, Cambridge 1992, S. 1–29.
Ruffert, Matthias, Die Globalisierung als Herausforderung an das Öffentliche Recht, Stuttgart 2004.
Sauerland, Thomas, Die Verwaltungsvorschrift im System der Rechtsquellen, 2005.
Schmidt-Aßmann, Eberhard, Deutsches und Europäisches Verwaltungsrecht, DVBl 1993, S. 924–936.
– Verwaltungskooperation und Verwaltungskooperationsrecht in der Europäischen Gemeinschaft, EuR 1996, S. 270–301.
– Die Rechtsverordnung in ihrem Verhältnis zu Gesetz und Verwaltungsvorschrift, in: FS Klaus Vogel, Heidelberg 1999, S. 477–494.
Schoch, Friedrich, Die Europäisierung des Allgemeinen Verwaltungsrechts, JZ 1995, S. 109–123.
Seiler, Chrstian, Der einheitliche Parlamentsvorbehalt, Berlin 2000.
Tietje, Christian, Internationalisiertes Verwaltungshandeln, Berlin 2001.
Vogel, Klaus, Der räumliche Anwendungsbereich der Verwaltungsrechtsnorm, Frankfurt a. M. 1965.
– Gesetzgeber und Verwaltung, VVDStRL, Bd. 24 (1966), S. 125–179.
– Administrative Law, International Aspects, in: Rudolf Bernhardt (Hrsg.), Encyclopedia of Public International Law I, 1992, S. 22–27.
Wahl, Rainer, Der einzelne in der Welt jenseits des Staates, Der Staat, Bd. 40 (2001), S. 45–72.
– Internationalisierung des Staates, in: FS Alexander Hollerbach, Berlin 2001, S. 193–222.
– Verwaltungsvorschriften: Die ungesicherte dritte Kategorie des Rechts, FG 50 Jahre BVerwG, Köln u. a. 2003, S. 571–598.
Weiß, Wolfgang/Herrmann, Christoph, Welthandelsrecht, München 2003.
Winter, Gerd (Hrsg.), Sources and Categories of European Union Law, Baden-Baden 1996.

§ 18 Rechtsregime

Martin Burgi

Übersicht

	Rn.		Rn.
A. Öffentliches Recht und Privatrecht	1	b) Komplementarität und Dysfunktionalität	41
I. Einführung	2	3. Ausblick	43
1. Zwei Rechtsregimes innerhalb einer Rechtsordnung	2	V. Der Verbund in systematischer Analyse	44
2. Herkömmlicher Zugriff	5	1. Der konstitutionelle Rahmen des Verbunds	45
II. Profile und Abgrenzung	6	a) Grundrechtsbindung in allen Grundrechtsdimensionen	45
1. Das Amtsrecht: Öffentliches Recht	7	b) Rechtsstaatliche Gebote	50
a) Funktionen und Charakter	7	c) Rechtsschutzgarantien	52
b) Vorkommen	9	d) Kompetenz- und Legitimationsordnung	54
c) Leistungsprofil	12	e) Schein-Determinanten	55
2. Das Jedermannsrecht: Privatrecht	13	2. Rechtsregimewahlkompetenz	56
a) Funktionen und Charakter	13	a) Jenseits der verfassungsrechtlichen Grenzen: Regimewahlkompetenz unter Aufgaben- und Wirksamkeitsorientierung	57
b) Vorkommen	15	b) Wahl des Privatrechts durch den Verwaltungs-Gesetzgeber	61
c) Leistungsprofil	17	c) Wahl des Privatrechts durch die Verwaltung bei Handeln oder Organisation	64
3. Qualifizierung von Rechtssätzen und Zuordnung zu Rechtssätzen	18	aa) Kritik der Lehre vom Verwaltungsprivatrecht	65
a) Qualifizierung von Rechtssätzen als öffentlich-rechtlich: Abgrenzungstheorien	19	bb) Rechtmäßigkeit nebst Aufgaben- und Wirksamkeitsorientierung	67
b) Der Geltungsbereich der öffentlich-rechtlichen Rechtssätze: Zuordnung zum Öffentlichen Recht	24	3. Rechtsregimeübergreifende Wirkung	73
c) Die Rechtsregimewahlkompetenz als Herausforderung für die Neue Verwaltungsrechtswissenschaft	29	a) Auf der Ebene der Normen	74
III. Veränderungen	30	b) Auf der Ebene des Verwaltungshandelns	77
1. Auf der rechtlichen Ebene	30	4. Gewährleistungsverwaltungsrecht	79
a) Auf der Ebene des Europarechts	30	B. Öffentliches Recht und Strafrecht	81
b) Auf der Ebene des nationalen Rechts	32	I. Einführung	81
2. Auf der rechtstatsächlichen Ebene	33	II. Profile und Abgrenzung	83
IV. Die Verbund-Perspektive	34	1. Das Strafrecht	83
1. Der Begriff des Verbunds	35	a) Funktionen und Charakter	84
2. Relationen innerhalb des Verbunds	38	b) Bestand und Vorkommen	85
a) Widerspruchsfreiheit und Norm- bzw. Wertungswiderspruch	39	c) Leistungsprofil	86

	Rn.		Rn.
2. Zuordnung exekutivischen Handelns zum Strafrecht	87	C. Allgemeines Verwaltungsrecht und Fachverwaltungsrecht	96
III. Der Verbund in systematischer Analyse	88	I. Einführung	97
1. Die Verbund-Perspektive	88	II. Der Zugriff der Neuen Verwaltungsrechtswissenschaft	100
2. Verfassungsrechtliche Determinanten des Verbunds	89	III. Der Bund in systematischer Analyse	102
3. Rechtsregimeübergreifende Wirkung	90	1. Kompetenzielle Determinanten	102
a) Tatbestandliche Verknüpfungen in Normen des Öffentlichen Rechts	91	2. Profile im Verbund	106
		a) Allgemeines Verwaltungsrecht	106
b) Sanktionswirkung im Strafrecht: Strafrecht als Implementationshilfe?	92	b) Fachverwaltungsrecht	109
		c) Dysfunktionalität?	110
aa) Auf der Ebene der Normen	93	3. Allgemeines Verwaltungsrecht und Allgemeiner Teil des Fachverwaltungsrechts	113
bb) Auf der Ebene des Verwaltungshandelns	94	4. Allgemeines Verwaltungsrecht und Teile des Fachverwaltungsrechts als Referenzgebiete	115

Ausgewählte Literatur

A. Öffentliches Recht und Privatrecht

„Privatrecht und öffentliches Recht sind eben Kinder einer Mutter" (*Otto v. Gierke*)[1] – und doch wurden sie von der verwaltungsrechtlichen Dogmatik lange Zeit nicht im Verbund, sondern als möglichst überschneidungsfrei abzugrenzende Rechtsordnungen mit Exklusivitätsanspruch betrachtet.

I. Einführung

1. Zwei Rechtsregimes innerhalb einer Rechtsordnung

Das Öffentliche Recht wie das Privatrecht sind Teile der Gesamtrechtsordnung,[2] was mit dem Begriff des „Regimes" zutreffend erfasst wird. Beide sind staatliches Recht. Das Grundgesetz enthält zwar zum ganz überwiegenden Teil (Ausnahmen: Art. 48 Abs. 2, 9 Abs. 3 Satz 2 GG) öffentlich-rechtliche Normen, wird aber im vorliegenden Zusammenhang nicht als Teil dieses Rechtsregimes thematisiert, sondern als Rahmenordnung, die im Rang über dem (einfachen) Öffentlichen Recht und dem Privatrecht gleichermaßen steht; das Gleiche gilt für das Europarecht. (Nationales) Öffentliches Recht und Privatrecht unterscheiden sich demnach nicht im Rang, sondern in Profil und Funktionen.[3] Beide besitzen in Deutschland eine ebenso lange **Tradition** wie die Unterscheidung und die Berührungspunkte zwischen ihnen. Dabei erweist der Blick auf die geschichtliche Entwicklung[4] ein erhebliches Maß an Zeitbedingtheit infolge der Bedeutung der Trennung von Staat und Gesellschaft einerseits,[5] ideologischer Einflüsse andererseits (Stichworte: Privatrecht als Recht der Freiheit, Öffentliches Recht als Recht des Zwangs). Heute knüpfen sowohl das Grundgesetz (v.a. Art. 33 Abs. 4, 34, 74 Abs. 1 Nr. 1 GG, der den Ländern die Gestaltung der privatrechtlichen Verbundseite weitgehend verwehrt,[6] Art. 95, der das Bundesverwaltungsgericht konstituiert) als auch der Vertrag über die Arbeitsweise der Europäischen Union (Art. 272)[7] an die Unterscheidung der beiden Teilregimes an.

Öffentliches Recht und Privatrecht sind Rechtsregimes, aus denen sich das Recht der Verwaltung speist. Man kann daher das Verwaltungsrecht nicht (nur) als Teilgebiet des Öffentlichen Rechts bezeichnen, sondern man muss es bezeichnen als das **Recht der Verwaltung,** welches sich aus der Anwendung der

---

[1] Die soziale Aufgabe des Privatrechts, 1889, Neudruck 1948, S. 34.
[2] Vgl. *Martin Bullinger,* Öffentliches Recht und Privatrecht, 1968, S. 54 ff., 112 ff.; *Eberhard Schmidt-Aßmann,* Öffentliches Recht und Privatrecht: Ihre Funktionen als wechselseitige Auffangordnungen. Einleitende Problemskizze, in: Hoffmann-Riem/Schmidt-Aßmann (Hrsg.), Auffangordnungen, S. 7 (13 ff.).
[3] Zuletzt: *Udo Di Fabio,* Das Recht offener Staaten, 1998, S. 93.
[4] Zur Geschichte von Unterscheidung und Berührungspunkten vgl. *Bullinger,* Öffentliches Recht (Fn. 2), S. 75; *Jan Schröder,* Privatrecht und öffentliches Recht – Zur Entwicklung der moderneren Rechtssystematik in der Naturrechtslehre des 19. Jahrhunderts, in: FS Joachim Gernhuber, 1993, S. 961 ff.; *Michael Stolleis,* Öffentliches Recht und Privatrecht im Prozeß der Entstehung des modernen Staates, in: Hoffmann-Riem/Schmidt-Aßmann (Hrsg.), Auffangordnungen, S. 41 ff. m. w. N.
[5] → Rn. 7 f.
[6] → Rn. 54.
[7] Zahlreiche weitere Beispiele bei *Wolff/Bachof/Stober/Kluth,* VerwR I, § 22 Rn. 7 ff.

jeweils einschlägigen Rechtssätze des Öffentlichen Rechts und des Privatrechts ergibt.⁸ Gegenstand dieses Beitrags ist die Nutzung des Privatrechts als Rechtsregime im Verbund mit dem Öffentlichen Recht. Fest steht, dass die Zweiteilung die Chance einer differenzierteren und damit gerechteren materialen Ordnung und einer verbesserten Steuerungsleistung zugleich bietet, wenn es gelingt, die mit ihr verbundenen Risiken (Verkomplizierung und Überregulierung, wechselseitige Abschottung, Widersprüche) klein zu halten.

4 **Außerhalb dieses Gegenstandes** liegt *zum ersten* die Nutzung materieller Elemente der Privatrechtsordnung (Eigennutz, Markt, Effizienz etc.) im Verwaltungsrecht, welche etwa die mit „Ökonomisierung" bezeichneten Phänomene kennzeichnet.⁹ Wenn beispielsweise in einem bestimmten Bereich die umweltordnungsrechtlichen Vorschriften beseitigt und durch ein Versicherungshaftpflichtmodell ersetzt würden, dann läge dies außerhalb unseres Themas; wird allerdings die Entstehung von Umwelthaftpflichtansprüchen an die Missachtung öffentlich-rechtlicher Vorgaben geknüpft, so hat man es mit einer Erscheinungsform des Rechtsregime-Verbunds zu tun.¹⁰ *Zweitens* bleibt außer Acht der Transfer von Rechtsinstituten des Privatrechts in das Öffentliche Recht, die dort mit neuem Inhalt in ein neues Umfeld eingewiesen werden (Beispiel: privatrechtlicher bzw., sodann, öffentlich-rechtlicher Folgenbeseitigungsanspruch; Geschäftsführung ohne Auftrag nach §§ 677 ff. BGB und im Öffentlichen Recht¹¹). In solchen Fällen fungiert das Mutterrechtsregime als Kreativitätsreserve bzw. als Methodenhaushalt,¹² ohne dass ein Verbund entstünde. *Drittens* geht es nicht primär um die Nutzung der privaten Einzelpersonen oder Unternehmen mit ihrer spezifischen Handlungsrationalität, wie sie sämtliche Erscheinungsformen der Einbeziehung Privater in die Erfüllung von Verwaltungsaufgaben (Privatisierung, regulierte Selbstregulierung etc.) kennzeichnet. Denn dabei folgt die Nutzung des Privatrechts der Nutzung der privaten Handlungsrationalität nach. Zwar entsteht in Gestalt des sog. Gewährleistungsverwaltungsrechts eine Unterkategorie des Verbunds Öffentliches Recht/Pri-

---

⁸ Die teilweise vorgeschlagene Differenzierung zwischen dem „Verwaltungsrecht i. w. S." und dem „Verwaltungsrecht i. e. S." (für die öffentlich-rechtlichen Vorschriften des Verwaltungsrechts, so etwa *Wolff/Bachof/Stober*, VerwR I, § 22 Rn. 7) mag dies illustrieren. Zu eng jedenfalls die bei *Dirk Ehlers*, Verwaltung und Verwaltungsrecht, in: Erichsen/Ehlers (Hrsg.), VerwR, § 3 Rn. 10 ff., gewählte Überschrift „Das Verwaltungsrecht als Teilgebiet des öffentlichen Rechts"; *Wolff/Bachof/Stober/Kluth*, VerwR I, § 22 Rn. 13.

⁹ Vgl. nur *Jens-Peter Schneider*, Zur Ökonomisierung von Verwaltungsrecht und Verwaltungsrechtswissenschaft, DV, Bd. 34 (2001), S. 317 ff., und *Christoph Gröpl*, Ökonomisierung von Verwaltung und Verwaltungsrecht, VerwArch, Bd. 93 (2002), S. 459 ff.; *Martin Burgi*, Selbstverwaltung angesichts von Europäisierung und Ökonomisierung, VVDStRL, Bd. 62 (2003), S. 405 (416 f.); → Bd. II *Hoffmann-Riem* § 33 Rn. 60 f. u. Rn. 82. Unter diese Rubrik fallen die meisten der europarechtlichen Vorgaben, die *Wassilios Skouris*, Der Einfluß des Europäischen Gemeinschaftsrechts auf die Unterscheidung zwischen Privatrecht und Öffentlichem Recht, EuR 1998, S. 111 ff., (fälschlicherweise) dem Thema Öffentliches Recht/Privatrecht zuordnet.

¹⁰ → Rn. 74 f.

¹¹ Kritisch hierzu *Friedrich Schoch*, Geschäftsführung ohne Auftrag im Öffentlichen Recht, DV, Bd. 33 (2005), S. 91 ff.

¹² Trefflicher Begriff: „cross-fertilization" (*Michael Taggart*, The Province of Administrative Law Determined?, in: ders. [Hrsg.], The Province of Administrative Law, 1997, S. 1 [5]); weitere Beispiele hierfür bei *Wolfgang Hoffmann-Riem*, Öffentliches Recht und Privatrecht als wechselseitige Auffangordnungen – Systematisierung und Entwicklungsperspektiven, in: ders./Schmidt-Aßmann (Hrsg.), Auffangordnungen, S. 261 (273 f.).

vatrecht, die knapp vorgestellt werden soll,[13] aber das eigentliche Spezifikum dieser Vorgänge ist der Verbund Staat/Private, welcher in anderen Beiträgen analysiert wird.[14]

2. Herkömmlicher Zugriff

Die Verwaltungsrechtswissenschaft herkömmlicher Prägung widmet sich der Abgrenzung der beiden Rechtsregimes, der Zuordnung des Verwaltungshandelns zu einzelnen Rechtssätzen und den sich jeweils ergebenden Rechtsfolgen. Vorherrschend ist eine **Trennungsperspektive,** sowohl bei den rechtsdogmatischen Beiträgen[15] als auch bei den Autoren, die mit einer funktionalen Betrachtung die Existenzberechtigung der Unterscheidung hinterfragen[16]. Das Erkenntnisinteresse ist in weiten Teilen durch das **positive Recht** vorgegeben und folgt sodann den zahlreichen Judikaten zur Auslegung der Einzelbestimmungen. Immerhin ist die Abgrenzung nicht nur[17] bei der Bestimmung des Rechtswegs nach § 40 Abs. 1 VwGO relevant, sondern unverändert auch in zahlreichen Bestimmungen des Verwaltungsverfahrens- und des materiellen Rechts. Am wichtigsten, weil Voraussetzung für das Eingreifen zahlreicher positivierter Verfahrensanforderungen, ist § 1 Abs. 1 u. 2 VwVfG, wonach dieses Gesetz unmittelbar nur für die „öffentlich-rechtliche Verwaltungstätigkeit" gilt.

II. Profile und Abgrenzung

Die bis heute zutreffenden Ausgangspunkte für die Bestimmung der Funktionen, Stärken und Schwächen der beiden Rechtsregimes sind mit den folgenden Zitaten von zwei der großen Wissenschaftler des Rechts (in seiner Gesamtheit!) markiert: Nach *Friedrich Carl v. Savigny* hat das eine Gebiet „zum Gegenstand den Staat, das heißt die organische Erscheinung des Volkes", während das zweite Gebiet „die Gesamtheit der Rechtsverhältnisse (umfasst), welche den einzelnen Menschen umgeben, damit er sein inneres Leben führe und zu einer bestimmten Gestalt bilde."[18] Wird hier mehr der Unterschied betont, zielt *Gustav Radbruch* bereits auf den Einsatz der beiden Rechtsregimes innerhalb der Gesamtrechtsordnung, wenn er feststellt, dass sich deren Charakter „durch nichts so deutlich aus(drücke) wie durch das Verhältnis, in das sie öffentliches und privates Recht zueinander stellt, und durch die Weise, wie sie die Rechtsverhältnisse zwischen Privatrecht und öffentlichem Recht aufteilt."[19]

---

[13] → Rn. 79 f.
[14] Insbesondere → Bd. I *Schulze-Fielitz* § 12 Rn. 64 ff., *Eifert* § 19 Rn. 52 ff.; → Bd. II *Hoffmann-Riem* § 33 Rn. 25 u. Rn. 70; Bd. III *Voßkuhle* § 43 Rn. 48.
[15] Pars pro toto: *Ehlers*, Verwaltungsrecht (Fn. 8), § 3 Rn. 10 ff.; *Maurer*, VerwR, § 3 Rn. 7 ff.; → Bd. III *Kahl* § 47 Rn. 115. Monographisch: *Detlef Schmidt*, Die Unterscheidung von privatem und öffentlichem Recht, 1985, S. 23 ff.
[16] Pars pro toto: *Martin Bullinger*, Öffentliches Recht und Privatrecht in Geschichte und Gegenwart, in: FS Fritz Rittner, 1991, S. 69 ff.
[17] So aber ein bisweilen von Kritikern der Trennungsperspektive erhobener Vorwurf; vgl. etwa *Stolleis*, Öffentliches Recht (Fn. 4), S. 42, 59.
[18] System des heutigen Römischen Rechts, Band I, 1840, S. 22 f.
[19] Rechtsphilosophie, 5. Aufl. 1956, S. 228.

§ 18 Rechtsregime

1. Das Amtsrecht: Öffentliches Recht

a) Funktionen und Charakter

7   Das Öffentliche Recht ist auf den Akteur „Staat" bezogen, welcher als organisierte „Entscheidungs- und Machteinheit" von allen anderen Rechtssubjekten geschieden ist. Seine Handlungseinheiten üben ein „Amt" aus, d.h. sie sind mit einem spezifischen Auftrag betraut. Dieser Auftrag besteht in der Verwirklichung des Gemeinwohls. Dabei besitzt der Staat kein Monopol, er ist aber im Unterschied zu den Privaten, die ebenfalls gemeinwohlnützig handeln können (und sollen), ausschließlich als Instrument des Gemeinwohls konstituiert; die Verfolgung anderer Zwecke ist ihm verwehrt. Daraus ergeben sich als zentrale **Funktionen** des Öffentlichen Rechts[20] die Festlegung der Ziele, Aufgaben und Mittel des Staatshandelns im Prozess der Gemeinwohlverwirklichung, die Legitimation, Begründung und Durchsetzung der getroffenen Entscheidungen (in Ausübung des Gewaltmonopols) und die Konstituierung und Begrenzung[21] der staatlichen Machtbefugnisse.

8   Gegenüber den Privaten bewirkt das Öffentliche Recht zahlreiche Beschränkungen ihrer Individualinteressen, welche dabei grundsätzlich gleich zu behandeln sind. Die notwendige Rechtfertigung wird durch das Gemeinwohl geliefert, welches durchaus auch über den Ausgleich zwischen kollidierenden Individualinteressen[22] befördert werden kann, etwa bei baurechtlichen Entscheidungen mit Wirkung zwischen zwei Nachbarn. Das Öffentliche Recht beschränkt aber nicht nur, es ermöglicht[23] auch die Verwirklichung von **Individualinteressen,** sei es durch die Bereit- und Sicherstellung von Sicherheit und Ordnung, sei es durch die Gewährung von Teilhabe und Leistung und, vermehrt, durch die Stimulierung und Regulierung privater Gemeinwohlbeiträge.[24] Beides geschieht mit einem hohen Maß an Treffsicherheit und Stabilität.[25] Typische Regelungsgegenstände sind nach all dem breit greifende Maßstäbe mit intensiver inhaltlicher, gemeinwohlbezogener Programmierung von Verwaltung und Privaten, häufig mit präventiver Wirkung, ferner Organisations- und Verfahrensfragen.[26]

---

[20] Vgl. auch *Schmidt-Aßmann,* Ordnungsidee, 6. Kap. Rn. 16 ff. Zur Intensität der Spiegelung des Dualismus von Staat und Gesellschaft im Dualismus der Rechtsregimes vgl. *Gerrit Manssen,* Privatrechtsgestaltung und Hoheitsakt, 1994, S. 112 ff.; *Wolfgang Kahl,* Die rechtliche Bedeutung der Unterscheidung von Staat und Gesellschaft, Jura 2002, S. 721 (724).

[21] Auf die Korrelation von Durchsetzungsstärke und Schutzbedürfnis macht *Hans de Wall,* Die Anwendbarkeit privatrechtlicher Vorschriften im Verwaltungsrecht, dargestellt anhand der privatrechtlichen Regeln über Rechtsgeschäfte und anhand des Allgemeinen Schuldrechts, 1999, S. 48 f., aufmerksam.

[22] Eingehend hierzu *Matthias Schmidt-Preuß,* Kollidierende private Interessen im Verwaltungsrecht, 1992.

[23] Ebenso *Hans D. Jarass,* Verwaltungsrecht als Vorgabe für Zivil- und Strafrecht, VVDStRL, Bd. 50 (1991), S. 238 (241).

[24] Deutlich formuliert als „künftige Funktion" des Öffentlichen Rechts bei *Arno Scherzberg,* Wozu und wie überhaupt noch öffentliches Recht?, 2003, S. 44.

[25] *Martin Bullinger,* Die funktionelle Unterscheidung von öffentlichem Recht und Privatrecht als Beitrag zur Beweglichkeit von Verwaltung und Wirtschaft in Europa, in: Hoffmann-Riem/Schmidt-Aßmann (Hrsg.), Auffangordnungen, S. 239 (252 f.).

[26] Besonders betont von *Hans-Heinrich Trute,* Wechselseitige Verzahnungen zwischen Privatrecht und öffentlichem Recht, in: Hoffmann-Riem/Schmidt-Aßmann (Hrsg.), Auffangordnungen, S. 167 (172 f.).

A. Öffentliches Recht und Privatrecht

b) Vorkommen

Herkömmlich werden die einzelnen Teilrechtsgebiete (Baurecht, Familienrecht **9** etc.) pauschal entweder dem Öffentlichen Recht oder dem Privatrecht zugeordnet. Bei näherer Betrachtung erweist sich dies freilich als ungenau. Natürlich gibt es Gebiete, in denen die öffentlich-rechtlichen Vorschriften weit überwiegen, und Gebiete, in denen das Privatrecht dominiert. In kaum einem Teilrechtsgebiet ist aber eine hundertprozentige Zuordnung des Normenbestandes möglich; als Paradebeispiel sei das vermeintlich eindeutig privatrechtliche „Bürgerliche Recht" genannt, in dessen zentraler Kodifikation sich neben über zweitausend privatrechtlichen eben auch einige eindeutig dem Öffentlichen Recht zuzuordnende Vorschriften, wie etwa der die staatliche Verleihung der Rechtsfähigkeit an Vereine regelnde § 22 BGB, finden. Zu fragen ist daher nach dem jeweiligen Vorkommen des Öffentlichen Rechts bzw. des Privatrechts innerhalb der einzelnen Teilrechtsgebiete.

Zum (weit) überwiegenden Teil ist das Öffentliche Recht anzutreffen im All- **10** gemeinen Verwaltungsrecht (i.w.S.) und in den meisten Materien des Fachverwaltungsrechts (u.a. im Polizei- und Kommunalrecht, im Wirtschaftsverwaltungsrecht, Umwelt- und Technikrecht, Sozialrecht,[27] Lebensmittel- und Arzneimittel-, Wissenschafts- und Datenschutzrecht), allerdings in einem im Rahmen dieses Beitrages systematisch entfalteten Verbund mit dem Privatrecht. Dies gilt auch für das Steuerrecht, dessen Besonderheiten aber in thematisch begründeter Beschränkung ausgeblendet werden.

Daneben gibt es **Teilrechtsgebiete mit einem annähernd anteilsgleichen** **11** **Vorkommen** öffentlich-rechtlicher und privatrechtlicher Vorschriften. Dazu gehören zuvörderst das Bau- und Nachbar-, sodann das Produktsicherheitsrecht[28] und – noch breiter angelegt – das Verbraucherschutzrecht,[29] das in den letzten Jahren neu formierte „Informationsrecht"[30] und auch die Materien der „Regulierung" in vormals monopolartigen Infrastruktursektoren, wie etwa das Energierecht. Dort bestehen einerseits zahlreiche öffentlich-rechtliche Vorschriften, über deren Einhaltung künftig eine Regulierungsbehörde wachen soll, andererseits aber steht mit dem Recht zur diskriminierungsfreien Durchleitung des eigenen

---

[27] Näher, wenngleich noch ganz im Duktus der Trennung, *Peter Axer,* Soziale Sicherheit vor neuen Grenzziehungen zwischen öffentlichem und privatem Recht, in: Soziale Sicherheit durch öffentliches Recht und Privatrecht, Schriftenreihe des Deutschen Sozialrechtsverbandes e.V. (SDRV), Bd. 51 (2004), S. 111 ff. Für die früher (u.a. von *Otto v. Gierke,* Deutsches Privatrecht, Bd. 1, Allgemeiner Teil und Personenrecht, 1895, S. 26 ff.) erwogene Bildung einer eigenen Kategorie besteht aus der hier eingenommenen Sicht noch weniger Veranlassung (ablehnend auch *Dirk Ehlers,* Verwaltung in Privatrechtsform, 1984, S. 41 ff., zuletzt *Ulrich Becker,* Sozialrecht und Sozialrechtswissenschaft, ZöR, Bd. 65 [2010], S. 607 [644]).

[28] Zu den dort vorfindlichen öffentlich-rechtlichen Regelungselementen vgl. *Jürgen Fluck/Silke Sechting,* Öffentlich-rechtliches Verbraucherschutz- und Produktsicherheitsrecht. Die Novellen der EG-Produktsicherheitsrichtlinie und des deutschen Geräte- und Produktsicherheitsgesetzes, DVBl 2004, S. 1392 ff.; *Thomas Klindt,* Der Vollzug des europäischen Produktsicherheitsrechts in Deutschland, NVwZ 2008, S. 1073 f.

[29] Instruktiv hierzu die Beiträge von *Daniel Frank, Marian Paschke, Johann-Christian Pielow* und *Marina Wellenhofer-Klein,* in: Christian Graf/Marian Paschke/Rolf Stober (Hrsg.), Staatlicher Verbraucherschutz und private Unternehmerverantwortung, 2003, die zeigen, dass sowohl die Verbraucherschutzinstrumente als auch die Verbraucherschutzsanktionen über die beiden Rechtsregimes verteilt sind; zuletzt *Claudio Franzius,* Schutz der Verbraucher durch Regulierungsrecht, DVBl 2010, S. 1086 ff.

[30] Vgl. *Michael Kloepfer,* Informationsrecht, 2002, § 1 Rn. 67. Ferner *Friedrich Schoch,* Informationsfreiheitsgesetz, 2009.

Stroms durch fremde Netze eine privatrechtliche Anspruchsgrundlage im Zentrum des Regulierungskonzepts.[31] Diese Teilrechtsgebiete geben in besonderem Maße Anlass zur Entwicklung einer Verbunddogmatik.

c) Leistungsprofil

12   Zentrale **Stärken** des Öffentlichen Rechts bestehen in der Verlässlichkeit seiner Orientierung am Gemeinwohl, in der Vorhersehbarkeit seiner Wirkung und in der Durchsetzbarkeit der getroffenen Entscheidungen. Hinzu kommt die Allgemeinheit seiner Regelungen, die Gleichbehandlung und zugleich Breitenwirkung verspricht. Die mit seiner Einhaltung betraute Verwaltungs- bzw. Sozialgerichtsbarkeit lässt eine kompetente Rechtsschutzgewährung erwarten. Die Allgemeinheit der Regelungen kann freilich auch eine erste Schwäche bilden, weil sie im Einzelfall inadäquate Ergebnisse hervorzubringen droht. Weitere Schwächen sind ein beträchtliches Maß an Starrheit und Schwerfälligkeit, nicht zuletzt infolge der zumeist fehlenden Abdingbarkeit. Weder die Schwächen noch die Stärken bestehen durchgehend, sondern sie bilden das Ergebnis typisierender Betrachtung. Ob sich im konkreten normativen Kontext mehr die Stärken oder mehr die Schwächen realisieren, hängt von einer Vielzahl rechtlicher und tatsächlicher Umstände ab.

2. Das Jedermannsrecht: Privatrecht

a) Funktionen und Charakter

13   Das Privatrecht ist auf die „Bürger" (im Sinne von Private; einzelne bzw. Personenmehrheiten) bezogen. Diese genießen die Freiheit zur grundsätzlich beliebigen Verwirklichung von Individualinteressen, eingeschlossen die Entscheidung für ein Tätigwerden im Interesse des Gemeinwohls. Hinter der Anerkennung der Privatautonomie steckt das Kalkül, dass der allgemeinen Wohlfahrt durch das Belassen von Aufgaben und Mitteln bei der (gegenüber dem Staat) kleineren Einheit[32] besser gedient wird, nicht zuletzt, weil dort mehr Beweglichkeit und Risikobereitschaft[33] zu erwarten ist. Daraus ergeben sich als zentrale **Funktionen** des Privatrechts die Bereitstellung eines Rahmens für die regelmäßig begründungsfreien Entscheidungen[34] der Privaten und der dosierte, d.h. die „Steuerungskraft des Eigennutzes"[35] nach Möglichkeit erhaltende Einbau gebietsimmanenter Schutzmechanismen, etwa in Gestalt des Wohnraummiet- oder des Kündigungsschutzrechts.

14   Die Bestimmung und Vollziehung der Inhalte innerhalb dieses Rahmens[36] ist den Privaten anvertraut, wodurch ungleiche Verhältnisse vorprogrammiert sind.

---

[31] Vgl. §§ 11 ff. EnWG (BGBl I [2005], S. 3621), zuletzt geändert durch G v. 4. 11. 2010 (BGBl I [2010], S. 1483). Zu dem durch die Anordnung der Zusammenschaltung von Telekommunikationsnetzen begründeten privatrechtlichen Schuldverhältnis vgl. *BVerwG,* NVwZ 2004, S. 1365.

[32] *Franz Bydlinski,* Kriterien und Sinn der Unterscheidung von Privatrecht und öffentlichem Recht, AcP, Bd. 194 (1994), S. 319 (344 f., 348 f.).

[33] *Bullinger,* Unterscheidung (Fn. 25), S. 250 ff.

[34] *Johannes Köndgen,* Dieter Medicus, Allgemeiner Teil des BGB, AcP, Bd. 184 (1984), S. 600 (602).

[35] *Hoffmann-Riem,* Öffentliches Recht (Fn. 12), S. 269; *Walter Leisner,* Privatisierungen – eine große „Flucht des Staates in Privatrecht", in: FS Claus-Wilhelm Canaris, Bd. 2, 2007, S. 1181 ff.

[36] Vgl. *Schmidt,* Unterscheidung (Fn. 15), S. 174 f.; *Dieter Medicus,* Allgemeiner Teil des BGB, 10. Aufl. 2010, § 1 Rn. 4 f., § 32 Rn. 472 ff.

A. Öffentliches Recht und Privatrecht

Bahnen, in denen sich dies vollzieht, sind der Vertragsabschluss, die Eheschließung, die Eigentümerfreiheit oder der Wettbewerb. Sie alle ermöglichen die Förderung der jeweils berührten Individualinteressen, aber eben nicht im luftleeren Raum, sondern auf befestigtem und teilweise vorgeformtem Grund. Dieser ist befestigt und geformt worden durch den Staat, und zwar im Interesse des **Gemeinwohls**. Typische Regelungsgegenstände sind nach all dem der Bindungsrahmen (v.a.: Vertragsrecht) und die durch autonome Entscheidungen ausgelösten Rechtsfolgen einschließlich Haftung.

b) Vorkommen

Privatrechtliche Normen überwiegen im Bürgerlichen Recht (synonym: Zivilrecht), im Handels-, Gesellschafts-, Immaterialgüter- und Arbeitsrecht sowie im Wettbewerbsrecht. Die in der Privatrechtswissenschaft teilweise gebildete Untergruppe der „Sonderprivatrechte"[37] soll diejenigen Normbereiche aufnehmen, in denen in gesteigertem Maße Schutzmechanismen innerhalb des privatautonomen Rahmens (z.B. Wettbewerbsrecht) anzutreffen sind. Besonders interessant aus der Sicht unseres Themas sind die Gebiete Kartellrecht und **Kartellvergaberecht**. Letzteres regelt in Umsetzung europäischer Vorgaben die Vergabe von Aufträgen oberhalb der festgelegten Schwellenwerte, und zwar in den §§ 97ff. GWB (daher der Name) i.V.m. der Vergabeverordnung[38]. Hierbei handelt es sich überwiegend[39] um privatrechtliche Vorschriften,[40] die gleichermaßen staatliche wie private Auftraggeber binden (vgl. § 98 GWB). Während private Auftraggeber aber nur unter ganz bestimmten, letztlich in Ausnahmefällen vorliegenden Voraussetzungen gebunden sind, wird die Verwaltung beinahe ausnahmslos erfasst. Privatrechtliche Vorschriften betreffen hier mithin zum ganz überwiegenden Teil nicht privates Handeln, sondern Verwaltungshandeln, und zwar unabhängig davon, ob dieses in privatrechtlicher oder in öffentlich-rechtlicher Form (bei Auftragsvergabe durch Verwaltungsvertrag)[41] erfolgt. Ähnlich verhält es sich übrigens mit den Tarifordnungen der Angestellten und Arbeiter des öffentlichen Dienstes (TVöD, TV-L etc.).[42]

15

---

[37] Zu Bestand und Kritik vgl. *Medicus*, BGB (Fn. 36), § 2 Rn. 13ff.; zur Kategorie vgl. *Harm P. Westermann*, Sonderprivatrechtliche Sozialmodelle und das allgemeine Privatrecht, AcP, Bd. 178 (1978), S. 150ff.

[38] VO i.d.F. der Bek. v. 11. Februar 2003 (BGBl I, S. 169), zuletzt geändert durch Art. 1 VO zur Anpassung der VergabeVO und der SektorenVO v. 7. Juni 2010 (BGBl I, S. 724). Zu dem unterhalb jener Schwellenwerte angesiedelten Teilrechtsgebiet des sog. Haushaltsvergaberechts → Rn. 71.

[39] Dem Öffentlichen Recht rechnen die Vorschriften über das Nachprüfungsverfahren vor den innerhalb der Verwaltungsorganisation angesiedelten Vergabekammern (§§ 104ff. GWB) zu, deren Entscheidungen Verwaltungsakte i.S.d. § 35 VwVfG sind (vgl. *Volker Gause*, in: Klaus Willenbruch/Kristina Wieddekind [Hrsg.], Kompaktkommentar Vergaberecht, 2010, 11. LoS, § 114 GWB Rn. 14).

[40] H.M.; vgl. nur *Meinrad Dreher*, in: Ulrich Immenga/Ernst-Joachim Mestmäcker (Hrsg.), Wettbewerbsrecht: GWB, 4. Aufl., 2007, vor §§ 97ff. Rn. 76; anders jüngst *Ulrich Stelkens*, Verwaltungsprivatrecht. Zur Privatrechtsbindung der Verwaltung, ihrer Reichweite und ihren Konsequenzen, MS der Habilitationsschrift, Universität Saarbrücken, 2005, S. 417ff.

[41] *EuGH*, Rs. C-470/99, Slg. 2002, I-11 617; *Martin Burgi*, Der Verwaltungsvertrag im Vergaberecht, NZBau 2002, S. 57ff. Hier ist also ein dem öffentlich-rechtlichen Regime zuzuordnendes Handeln Maßstäben des Privatrechts unterworfen. Unten (→ Rn. 70) wird sich zeigen, dass es umgekehrt öffentlich-rechtliche Maßstabsnormen gibt, die auch dann eingreifen, wenn das Handeln dem privatrechtlichen Regime zuzuordnen ist.

[42] Näher zu beiden → Rn. 61.

16 Überwiegend privatrechtlich normiert ist auch das **Kartellrecht,** das allerdings infolge der primären Adressierung an die Unternehmen und des Vorhandenseins spezifischer Behörden seit jeher eine Sonderrolle spielt und daher nicht als Referenzgebiet für das Allgemeine Verwaltungsrecht taugt, wohl aber als Reservoir teilweise noch unerforschter bzw. unreflektierter Regelungsstrukturen.[43] Diese sind mit der am 1. Mai 2004 in Kraft getretenen neuen EG-Kartellverfahrensverordnung[44] dahingehend verändert worden, dass das Kartellverbot des Art. 101 AEUV ipso iure eingreift und die nationalen Kartellbehörden, die nationalen Gerichte und auch die Unternehmen selbst künftig eigenverantwortlich prüfen müssen, ob die vorgesehenen Legalausnahmen eingreifen. Dadurch wird das nationale materielle Kartellrecht in seiner Bedeutung erheblich zurückgedrängt, während die Bedeutung der nationalen Kartellbehörden und -gerichte gestärkt wird.[45] Das Kartellrecht wird dadurch zu einem besonders wichtigen Anschauungsfeld des europäischen Verwaltungsverbundes;[46] in Art. 11 bis 16 der EG-Kartellverfahrensverordnung finden sich spezifische Vorschriften über die netzwerkartig strukturierte Kooperation der nationalen Stellen mit der EG-Kommission. Als Anwendungsfall der im Rahmen dieses Beitrags systematisch entfalteten „rechtsregimeübergreifenden Wirkung"[47] präsentieren sich die im Verbund von Öffentlichem Recht und Privatrecht konzipierten Sanktionen bei Kartellverstößen. Mit dem Bundeskartellamt findet die Neue Verwaltungsrechtswissenschaft schließlich ein durch verschiedene Besonderheiten, namentlich die teilweise bestehende, jedenfalls faktische Unabhängigkeit, ein interessantes Untersuchungsobjekt in organisationsrechtlicher und -wissenschaftlicher Hinsicht.[48]

c) Leistungsprofil

17 Bei wiederum typisierender Betrachtungsweise bestehen zentrale **Stärken** des Privatrechts in der Verlässlichkeit seiner Orientierung an der Freiheit des einzelnen, in der Flexibilität der zur Verfügung gestellten Formen und in der Vielfalt und Situationsangepasstheit der sodann hervorgebrachten Inhalte. Hinzu kommt die große Einsatzbreite der Formen und Optionen, die sich aus dem Rahmencharakter ergibt. Die deutlich schwächere inhaltliche Programmierung ermöglicht die Übertragung einzelner Elemente (Vertragstypen, Haftungsregeln etc.) auf ansonsten öffentlich-rechtlich geordnete Bereiche. Die mit der Einhaltung des Privatrechts betraute ordentliche Gerichtsbarkeit bzw. die Arbeitsgerichtsbarkeit lassen eine kompetente und vergleichsweise rasche Rechtsschutz-

---

[43] Erste Ansätze bei *Trute,* Verzahnungen (Fn. 26), S. 167 (193 ff.); *Manssen,* Privatrechtsgestaltung (Fn. 20), S. 307 ff.
[44] VO (EG) Nr. 1/2003 des Rates v. 16. Dezember 2002 zur Durchführung der in den Art. 81 und 82 EG niedergelegten Wettbewerbsregeln (ABl. EG 2003, Nr. L 1, S. 1).
[45] Geschildert bei *Ernst-Joachim Mestmäcker/Heike Schweitzer,* Europäisches Wettbewerbsrecht, 2. Aufl. 2004, S. 94 ff., 125 ff., 197 ff. Zu Anpassungsnotwendigkeiten und -überlegungen auf der Ebene des GWB vgl. *Rainer Bechthold,* Grundlegende Umgestaltung des Kartellrechts: Zum Referentenentwurf der GWB-Novelle, DB 2004, S. 235 ff.; *Meike Eckhoff,* Die Verbundaufsicht, 2006, S. 29 ff.; *Jürgen Schwarze,* Europäisches Wirtschaftsrecht, 2007, Rn. 172 ff.
[46] Näher → Bd. I *Schmidt-Aßmann* § 5 Rn. 97.
[47] Näher → Rn. 73 ff.
[48] Vgl. hierzu *Heike Jochum,* Das Bundeskartellamt auf dem Weg nach Europa, VerwArch, Bd. 34 (2003), S. 512 ff.

gewährung erwarten.[49] Der Rahmencharakter seiner Regelungen kann freilich auch eine erste Schwäche bilden. Da zumeist nicht auf Inhalte (Ergebnisse)[50] gezielt wird, können Schutzlücken entstehen und ist vieles vom Zufall abhängig. Zahlreiche Rechtsfolgen werden nur dann ausgelöst, wenn ein einzelner sich zu einem Handeln entschließt[51] (z.B.: einen Anspruch geltend macht) oder wenn ihm die Verantwortung für einen bestimmten Zustand zugerechnet werden kann. Eine weitere Schwäche besteht darin, dass insbesondere das Vertragsrecht mit der Parität der Beteiligten kalkuliert, welche oftmals gestört sein kann.

3. Qualifizierung von Rechtssätzen und Zuordnung zu Rechtssätzen

Um die im positiven Recht an zahlreichen Stellen gebotene[52] Abgrenzung zwischen den beiden Teilrechtsordnungen bewerkstelligen zu können, sind in Wissenschaft und Rechtsprechung verschiedene Theorien entwickelt und weiterentwickelt worden. Im Laufe von Jahrzehnten hat sich gezeigt, dass damit die allermeisten Probleme bewältigt werden können und dass die Formulierung zusätzlicher bzw. die Veränderung der bestehenden Theorien kein höheres Maß an Abgrenzungssicherheit versprechen könnte.[53] Deswegen, und weil sich die Schwerpunktsetzung in der „Neuen Verwaltungsrechtswissenschaft" von der Abgrenzung der beiden Rechtsregimes und der darauf bezogenen Theorien hin zu einer Verbundperspektive verlagern muss, trägt die nachfolgende (eher knapp gehaltene) Darstellung primär informativen Charakter. Dies gilt auch für die von der **Abgrenzungsfrage** (a) zu unterscheidende **Zuordnungsfrage** (b) danach, welchem der beiden (erfolgreich abgegrenzten) Rechtsregimes ein bestimmtes Verwaltungshandeln (ein Vertrag, ein Realhandeln etc.) zuzuordnen ist.

a) Qualifizierung von Rechtssätzen als öffentlich-rechtlich: Abgrenzungstheorien

Nach Abschluss einer jahrzehntelangen Entwicklung sind heute noch zwei Abgrenzungstheorien[54] relevant, nämlich die „Subordinationstheorie" und die

---

[49] Die Gründe hierfür dürften in der größeren Gerichtsdichte, der Nicht-Geltung des Untersuchungsgrundsatzes und in den erleichterten Vergleichsmöglichkeiten liegen.
[50] Vgl. *Christian Kirchner*, Regulierung durch öffentliches Recht und/oder Privatrecht aus der Sicht der ökonomischen Theorie des Rechts, in: Hoffmann-Riem/Schmidt-Aßmann (Hrsg.), Auffangordnungen, S. 63 (70).
[51] *Schmidt-Aßmann*, Öffentliches Recht (Fn. 2), S. 18.
[52] Eine ausführliche Behandlung der Abgrenzungs- und Zuordnungsthematik findet sich daher in der jeweiligen Kommentarliteratur; vgl. nur *Dirk Ehlers*, in: Schoch/Schmidt-Aßmann/Pietzner (Hrsg.), VwGO, Losebl., § 40 Rn. 203 ff.; *Ulrich Stelkens*, in: Stelkens/Bonk/Sachs, VwVfG, § 35 Rn. 104 ff. Aus der Lehrbuchliteratur: *Ehlers*, Verwaltung (Fn. 8), § 3 Rn. 14 ff.; *Wolff/Bachof/Stober/Kluth*, VerwR I, § 22 Rn. 14 ff.; als Monographien: *Schmidt*, Unterscheidung (Fn. 15); *Manssen*, Privatrechtsgestaltung (Fn. 20), S. 52 ff.
[53] Dies dürfte auch für die jüngst von *Stelkens*, Verwaltungsprivatrecht (Fn. 40), S. 330 ff., entwickelte „Gesetzgebungskompetenztheorie" gelten.
[54] Die sog. Interessentheorie, die diejenigen Rechtssätze, die dem öffentlichen Interesse dienen, dem Öffentlichen Recht zuweist (vgl. noch BVerwGE 13, 47 [49 f.]; BVerwGE 47, 229), teilweise unter Berufung auf eine dem römischen Juristen *Ulpian* zugeschriebene Digestenstelle (Dig 1,1,1,2), ist angesichts der Weite des Interessenmerkmals und deswegen, weil auch die Rechtssätze des Privatrechts dem Schutz von öffentlichen Interessen zu dienen bestimmt sein können (→ Rn. 13 f.), überholt.

"modifizierte bzw. materielle Subjektstheorie". Sie sind teilweise inhaltlich aufeinander bezogen und müssen insofern miteinander kombiniert werden. Nicht statthaft ist es aber, sich ohne inhaltliche Notwendigkeit nach Art der Auswahl aus einem Baukasten je nach Bedarf unter ihren Abgrenzungskriterien zu bedienen.[55]

20 Die **Subordinationstheorie** stellt darauf ab, ob die zu qualifizierenden Rechtssätze ein Über- bzw. Unterordnungsverhältnis zwischen Staat und Privaten betreffen. Sie ist damit dem Einwand ausgesetzt, dass es auch zwischen Privaten Über- bzw. Unterordnungsverhältnisse gibt (etwa zwischen Arbeitgeber und Arbeitnehmer), während die Rechtsverhältnisse innerhalb der Staatsorganisation (etwa zwischen Kommunen) mit dieser Kategorisierung gar nicht erfasst werden könnten, obwohl an der Zuordnung der fraglichen Rechtssätze zum Öffentlichen Recht kein Zweifel besteht. Die hier zugrunde liegende vertikale Perspektive ist aber auch im Verhältnis zwischen Staat und Bürger vielfach unzutreffend, insbesondere dann, wenn der Staat mit Privaten Verträge schließt.[56]

21 Die **Subjektstheorie** knüpft hingegen an der zutreffenden Charakterisierung des Öffentlichen Rechts als auf den Akteur „Staat" bezogenes Amtsrecht an und stellt mithin darauf ab, ob ein staatlicher Träger zumindest eines der angesprochenen Zuordnungssubjekte des zu qualifizierenden Rechtssatzes ist. Sie wird heute nicht mehr in ihrer ursprünglichen formalen Ausprägung vertreten,[57] weil diese u.a. missachtet hat, dass es dem Gesetzgeber (und damit dem Staat) grundsätzlich unbenommen ist, sich selbst auch zum Zurechnungssubjekt von Rechtssätzen des Privatrechts zu machen. So liegen die Dinge etwa bei den bereits erwähnten Tarifordnungen der Angestellten und Arbeiter des öffentlichen Dienstes, bei den Vorschriften des Kartellvergaberechts[58] oder bei Vorschriften, die privatrechtlich organisierte Verwaltungseinheiten (z.B. Eigengesellschaften des Bundes, des Landes oder einer Kommune) berechtigen bzw. verpflichten. Dem daraus folgenden Einwand lässt sich indes mit einer Modifizierung der Subjektstheorie dahingehend begegnen, dass als Öffentliches Recht die Gesamtheit derjenigen Rechtssätze verstanden wird, bei denen zumindest ein Zuordnungssubjekt Träger von Staatsgewalt als *solcher* ist. D.h.: Weil dieser Träger nicht wie alle anderen Teilnehmer am Privatrechtsverkehr, sondern als solcher berechtigt, verpflichtet oder organisiert wird,[59] gehört der fragliche Rechtssatz zum Öffentlichen Recht (materielle bzw. modifizierte Subjektstheorie oder – synonym – **Sonderrechtstheorie**)[60]. Dabei ist vielfach eine Kombination mit der Subordinationstheorie erforderlich, weil die Zuordnung von Überordnungsbefugnissen ein eindeutiges Indiz dafür ist, dass ein Träger von Staatsgewalt als

---

[55] *Christian-Friedrich Menger*, Zum Stand der Meinungen über die Unterscheidung von Öffentlichem und Privatem Recht, in: FS Hans J. Wolff, 1973, S. 149 (160, 163).
[56] Zur Kritik der Subordinationstheorie vgl. *Hans-Uwe Erichsen*, Öffentliches und privates Recht, Jura 1982, S. 537 (539 f.); *Manfred Zuleeg*, Die Anwendungsbereiche des öffentlichen Rechts und des Privatrechts, VerwArch, Bd. 73 (1982), S. 384 (391 f.); *Schmidt*, Unterscheidung (Fn. 15), S. 95 ff.
[57] Vgl. aber noch *Menger*, Unterscheidung (Fn. 55), S. 160 ff.; *Christian Pestalozza*, Formenmißbrauch des Staates, 1973, S. 173 f.; weiterführend *Erichsen*, Öffentliches und privates Recht (Fn. 56), S. 537 ff.
[58] Näher → Rn. 61.
[59] Vgl. *Wolff/Bachof/Stober/Kluth*, VerwR I, § 22 Rn. 29 ff.; *Dirk Ehlers*, Die Unterscheidung von privatem und öffentlichem Recht, DV, Bd. 20 (1987), S. 373 (379).
[60] So auch *GmSOGB*, BGHZ 97, 314; *BVerwG*, NVwZ 1990, S. 754; *Ehlers*, Verwaltungsrecht (Fn. 8), § 3 Rn. 26 ff.

solcher und eben nicht lediglich als Teilnehmer am Privatrechtsverkehr angesprochen wird.[61]

Die Frage, ob der betreffende staatliche Träger als solcher oder als Privatrechtssubjekt angesprochen wird, ist im Wege der **Auslegung** zu beantworten. Dabei streitet bei den öffentlich-rechtlich organisierten Trägern (Bund, Land, Kommunen, juristische Personen des öffentlichen Rechts der mittelbaren Staatsverwaltung) die **Vermutung** dafür, dass diese Träger als solche berechtigt oder verpflichtet werden, während bei privatrechtlich organisierten Trägern (wie den bereits erwähnten Eigengesellschaften) eine Berechtigung bzw. Verpflichtung als Privatrechtssubjekt anzunehmen ist und der einzige Ausnahmefall durch das Handeln eines sog. Beliehenen[62] gebildet wird. Um einen Rechtssatz, der als Zurechnungssubjekt auf einer Seite eine juristische Person des öffentlichen Rechts oder eine teilrechtsfähige Vereinigung des öffentlichen Rechts aufweist, ausnahmsweise nicht als öffentlich-rechtlich qualifizieren zu können, müssen eindeutige Hinweise aus der Norm selbst ins Felde geführt werden können (vgl. die bereits erwähnten Beispiele des Kartellvergaberechts bzw. der Tarifordnungen im öffentlichen Dienst). Der entsprechende Nachweis gelingt insbesondere bei Vorschriften, die die Verwaltung des Finanzvermögens bzw. die Teilnahme am allgemeinen Wirtschaftsverkehr betreffen. Auch dort gibt es aber Rechtssätze, die auf den Staat als solchen zielen, wie z.B. die Vorschriften des kommunalen Wirtschaftsrechts, welche die Zugangsberechtigung zum allgemeinen Wirtschaftsverkehr vermitteln (vgl. z.B. §§ 107ff. Gemeindeordnung NW).

An dieser Stelle hat man es zum ersten Mal mit der Befugnis zur Wahl des Rechtsregimes zu tun. Diese Befugnis wird – unter dem überdies unzutreffenden Begriff „Formenwahlfreiheit" – bislang ausschließlich mit Blick auf die Verwaltung bei der Zuordnung ihres Handelns zum Privatrecht thematisiert (vgl. sogleich b). Richtig und weiterführend ist es, bereits die hier vorgestellte **Befugnis des Verwaltungs-Gesetzgebers,** den Staat nicht als solchen, sondern als Privatrechtssubjekt anzusprechen, als Wahlfreiheit zu begreifen. Ebenso wie bei der Wahlfreiheit der Verwaltung zur Zuordnung zum Privatrecht handelt es sich auch bei der Freiheit des Verwaltungs-Gesetzgebers zur Wahl des Privatrechtsregimes freilich um eine konditionierte, d.h. nur im Rahmen des höherrangigen Rechts (hier: des Europarechts und des GG) bestehende Befugnis. Es ist daher zutreffender, von „Regimewahlkompetenz" zu sprechen.

b) Der Geltungsbereich der öffentlich-rechtlichen Rechtssätze: Zuordnung zum Öffentlichen Recht

Von der Qualifizierungs- ist die Zuordnungsfrage zu unterscheiden; sie ist schwieriger zu beantworten. So steht die Zugehörigkeit der allermeisten Rechtssätze zum Öffentlichen Recht oder zum Privatrecht eindeutig fest, es ist aber vielfach unklar, ob ein bestimmtes Realhandeln der Verwaltung oder ein von ihr abgeschlossener Vertrag (seinem Gegenstand nach)[63] nun dem einen oder dem

---

[61] *GmSOGB,* BGHZ 120, 280 (283).
[62] Näher → Bd. I *Trute* § 6 Rn. 92, *Schulze-Fielitz* § 12 Rn. 106, *Groß* § 13 Rn. 89ff., *Jestaedt* § 14 Rn. 31, *Eifert* § 19 Rn. 81.
[63] Nach h.M. ist die Rechtsnatur von Verträgen nach deren Gegenstand zu bestimmen (vgl. noch *Elke Gurlit,* Verwaltungsvertrag und Gesetz, 2000, S. 25 m.w.N.; → Bd. II *Bauer* § 36 Rn. 84ff.; sowie stellvertretend *GmSOGB,* BGHZ 97, 312 [313]; *BVerwG,* JZ 1990, S. 591).

§ 18 Rechtsregime

anderen Rechtssatz zuzuordnen ist. Beispiel: Dass die §§ 433 ff. BGB als privatrechtlich, die §§ 54 ff. VwVfG als öffentlich-rechtlich zu qualifizieren sind, ist rasch zu klären und im Ergebnis unumstritten. Damit ist aber noch nicht gesagt, ob ein konkreter, von der Verwaltung mit einem Privaten abgeschlossener Vertrag nun der einen oder der anderen Kategorie von Rechtssätzen zuzuordnen ist. Darauf aber kommt es beim Umgang mit den positiv-rechtlichen Vorschriften, die an die Unterscheidung von Öffentlichem Recht und Privatrecht Rechtsfolgen knüpfen (v. a. bei § 40 VwGO, § 35 VwVfG oder § 839 BGB i. V. m. Art. 34 GG), entscheidend an.

25   Vor dem Arbeiten mit allgemeinen Grundsätzen muss die **Subsumtion** unter die konkret in Frage stehenden Rechtssätze stehen. Der (zahlenmäßig betrachtet) weitaus größte Teil sämtlicher Zuordnungsfragen kann im Wege einer schlichten Subsumtion beantwortet werden. Geht es etwa um die Zuordnung von Verwaltungshandeln mit Eingriffsqualität, so stehen überhaupt nur öffentlich-rechtliche Normen zur Verfügung, und zwar vor allem in den weit verzweigten Rechtssätzen des Polizei- und Ordnungsrechts. Ausschließlich im Privatrecht wird die Verwaltung dagegen fündig, wenn sie Rechtssätze sucht, anhand derer ihre Verträge mit Tarifangestellten beurteilt werden können. Problematisch ist die Zuordnung somit in den Fällen, in denen keine eindeutig subsumierbare spezialgesetzliche Normierung vorliegt und statt dessen sowohl im Öffentlichen Recht als auch im Privatrecht Rechtssätze vorhanden sind, zu denen eine Zuordnung im Wege der Subsumtion in Frage käme.

26   In dieser Situation befindet man sich vor allem bei der Zuordnung von Verträgen, von Realakten und von Hausrechtsmaßnahmen. Dabei ist nach heute herrschender Auffassung[64] davon auszugehen, dass das Handeln der öffentlich-rechtlich organisierten Verwaltungseinheiten[65] **grundsätzlich dem Öffentlichen Recht** zuzuordnen ist, es sei denn, die Verwaltung hat von einer bestehenden Befugnis zur Wahl des Privatrechtsregimes Gebrauch gemacht (sog. Formenwahlfreiheit; vgl. sogleich). Wertvolle Hilfestellung beim Umgang mit der „Faustregel"[66] bietet die sog. **Sachzusammenhangstheorie,** wonach eine Zuordnung zum Öffentlichen Recht dann vorzunehmen ist, wenn das zu beurteilende Handeln in einem untrennbaren sachlichen Zusammenhang mit einem Handeln steht, das eindeutig einem öffentlich-rechtlichen Rechtssatz zuzuordnen ist.[67] Dies ermöglicht beispielsweise die Zuordnung von Erklärungen und Auskünften von Verwaltungsangehörigen zum Öffentlichen Recht bzw., ausnahmsweise, zum Privatrecht (wenn die Abgabe einer Äußerung im Zusammenhang mit der Abwicklung eines privatrechtlichen Vertrages erfolgt).[68]

---

[64] Vgl. *Wallerath*, VerwR, § 1 Rn. 41 ff.; *Ehlers*, Verwaltungsrecht (Fn. 8), Rn. 45. Die früher vertretene sog. Traditionstheorie (*Wolff/Bachof/Stober/Kluth*, VerwR I, § 22 Rn. 41 passim) wird dem gesellschaftlichen Wandel nicht gerecht.

[65] Beim Abschluss von Verträgen oder bei der Bewirkung von Realhandlungen durch privatrechtlich organisierte Verwaltungseinheiten gelangt man nicht in die hier beschriebene Situation, weil dafür gar keine öffentlich-rechtlichen Rechtssätze bereit stehen. Wie im Abschnitt über die Abgrenzung der beiden Rechtsgebiete (→ Rn. 21) erläutert, sind als öffentlich-rechtlich nur diejenigen Rechtssätze zu qualifizieren, die den Staat als solchen berechtigen bzw. verpflichten; dazu gehören Rechtssätze für das Handeln privatrechtlich organisierter Verwaltungsträger regelmäßig nicht.

[66] *Faber*, VerwR, S. 327 ff.; *Lorenz*, VerwaltungsprozessR, § 11 Rn. 13 f.

[67] *Wolff/Bachof/Stober/Kluth*, VerwR, § 22 Rn. 44 m. w. N.

[68] *VGH BW*, VBlBW 1998, S. 100.

A. Öffentliches Recht und Privatrecht

In der Konsequenz dessen sind **Verträge** dem Öffentlichen Recht zuzuordnen (und daher nach §§ 54 ff. VwVfG zu beurteilen), wenn die Verwaltung deren Gegenstand im Rahmen ihrer Befugnis zur Wahl des Rechtsregimes nicht explizit dem Privatrecht zugeordnet haben will.[69] **Realhandlungen,** also Handlungsweisen, die nicht auf die Bewirkung bestimmter Rechtsfolgen, sondern auf die Herbeiführung eines tatsächlichen Erfolges gerichtet sind (Erklärungen, Verrichtungen etc.), sind stets als öffentlich-rechtlich zu qualifizieren, sofern sie nicht (nach der Sachzusammenhangstheorie) in einem engen Zusammenhang mit einem dem Privatrecht zuzuordnenden Tätigwerden stehen. Gehen beispielsweise Immissionen von einer kommunalen öffentlichen Einrichtung aus, so sind sie dem Öffentlichen Recht zuzuordnen,[70] während Immissionen, die von einem Grundstück im Finanzvermögen der Gemeinde ausgehen, dem Privatrecht zuzuordnen sind.[71] Hinsichtlich der Zuordnung von **Hausrechtsmaßnahmen** (von Behördenleitern etc.) hat sich in der neueren Rechtsprechung[72] und in der Literatur[73] zu Recht die Einschätzung durchgesetzt, dass es darauf ankommt, ob sich das Hausverbot auf ein Gebäude im Verwaltungsgebrauch bezieht (dann: Zuordnung zum Öffentlichen Recht) oder auf Sachen des Finanzvermögens (beispielsweise vermietete Gebäude; dann: Zuordnung zum Privatrecht);[74] noch zuvor wäre zu prüfen, ob nicht die Zuordnung zu einer expliziten Hausrechtsnorm (des Öffentlichen Rechts; z. B. in der Gemeindeordnung) in Frage kommt.

27

Die Zuordnung zum Öffentlichen Recht hängt somit letzten Endes davon ab, ob eine Durchbrechung jener Vermutungsregel möglich ist, ob mithin die **Verwaltung** von ihrer **Befugnis zur Wahl des Rechtsregimes** Gebrauch gemacht hat. Diese Befugnis bezieht sich nicht etwa auf die Handlungsform (Verträge, Realhandeln etc.), sondern wiederum (vgl. bereits a) auf die Wahl zwischen den beiden relevanten Teilrechtsordnungen.[75] Sie bedeutet, dass sich die Verwaltung innerhalb des durch Europarecht, Verfassungsrecht und (hier zusätzlich) einfaches Recht gezogenen Rahmens für eine Zuordnung zum Privatrecht entscheiden kann. Hierfür hat sich der Begriff „Formenwahlfreiheit" eingebürgert,[76] der aufgegeben werden sollte, weil er den Bezug zum Rechtsregime nicht auszudrü-

28

---

[69] Zu den sich in diesem Bereich stellenden Problemen einschließlich der Notwendigkeit einer einheitlichen Zuordnung des Vertragsinhalts unter Verarbeitung der wichtigsten Entscheidungen, vgl. *Volker Schlette*, Die Verwaltung als Vertragspartner, 2000, S. 110 ff.; *Ehlers,* Verwaltungsrecht (Fn. 8), Rn. 52 f.; *Maurer*, VerwR, § 14 Rn. 5 ff. Dazu, dass es nicht um das Regime für den Vertrag, sondern für dessen Gegenstand geht, vgl. *BVerwGE* 84, 236 (238); *Walter Krebs*, Verträge und Absprachen zwischen der Verwaltung und Privaten, VVDStRL, Bd. 52 (1993), S. 248 (275).

[70] BVerwGE 81, 197 (199); 88, 143 (144).

[71] BGH, NJW 1993, S. 1656 f.; weitere Fallbeispiele und Nachweise bei *Ehlers*, Verwaltungsrecht (Fn. 8), Rn. 56 f.

[72] BayVGH, BayVBl. 1980, S. 723; OVG NW, NVwZ-RR 1989, S. 316.

[73] Franz-Ludwig Knemeyer, Öffentlich-rechtliches Hausrecht und Ordnungsgewalt, DÖV 1970, S. 596 ff.; *Friedhelm Hufen*, VerwaltungsprozessR, § 11 Rn. 38; mit weiteren Differenzierungen *Ulrich Stelkens*, Das behördliche Hausrecht, Jura 2010, S. 363 ff.; *Helmuth v. Nicolai*, in: Redeker/v. Oertzen, VwGO, § 40 Rn. 28 m. w. N.

[74] Die früher vielfach vertretene Auffassung, wonach nach dem Zweck des Besuches zu differenzieren sei (vgl. etwa *BVerwGE* 35, 103; *BGHZ* 33, 230 [231]), kann als überholt betrachtet werden.

[75] Eberhard Schmidt-Aßmann, Die Lehre von den Rechtsformen des Verwaltungshandelns, DVBl 1989, S. 533 (535); *Ehlers*, Verwaltungsrecht (Fn. 8), Rn. 38.

[76] BVerwGE 95, 56 (64); *Wolff/Bachof/Stober/Kluth*, VerwR I, § 23 Rn. 6 ff.; → Bd. I *Schulze-Fielitz* § 12 Rn. 130, *Groß* § 13 Rn. 47.

cken vermag und weil es sich nicht um ungebundene Freiheit, sondern um verfassungsdeterminierte Kompetenz handelt.

c) Die Rechtsregimewahlkompetenz als Herausforderung für die Neue Verwaltungsrechtswissenschaft

29   Ob in der konkreten Situation diese Befugnis besteht bzw. ob ihr im höherrangigen oder im einfachen Recht Grenzen gezogen sind, wird im weiteren Verlauf der Untersuchung zum Verbund des Rechtsregimes ebenso eine wichtige Rolle spielen[77] wie die Auseinandersetzung mit den bisherigen Ansätzen zur Bewältigung der sich aus der Anerkennung der Formenwahlfreiheit ergebenden Probleme (Lehre vom Verwaltungsprivatrecht; Zwei-Stufen-Lehre). Dabei ist die Rechtsregimewahlkompetenz der Verwaltung (vgl. soeben b) ebenso einzubeziehen wie die zu a) beschriebene Rechtsregimewahlkompetenz des Verwaltungs-Gesetzgebers. Von der Lösung der damit zusammenhängenden Probleme wird es abhängen, ob sich das Verhalten der Verwaltung in der konkreten Situation als Flucht aus dem öffentlich-rechtlichen Regime oder als aufgeklärte Wahlentscheidung zwischen zwei Regimes mit unterschiedlichen Funktionen, Stärken und Schwächen darstellt. Dass eine (konditionierte) **Wahlkompetenz** der Verwaltung überhaupt **anzuerkennen** ist, wird heute nicht mehr ernsthaft bestritten.[78] Ansätze, ihre Anerkennung ganz oder in weiterem Umfang zu bestreiten, konnten sich nicht durchsetzen.[79] Daher: Die Rechtsregimewahlkompetenz ist im Grundsatz anerkannt. Grundlage, Grenzen und Reichweite müssen im Zuge der systematischen Entfaltung des Verbunds der Rechtregimes als Bestandteil der „Neuen Verwaltungsrechtswissenschaft" entfaltet werden (V.2.).

III. Veränderungen

1. Auf der rechtlichen Ebene

a) Auf der Ebene des Europarechts

30   Wichtige rechtliche Veränderungen mit Relevanz für das Verhältnis der beiden Rechtsregimes können auf allen Ebenen beobachtet werden. Das Europarecht lässt freilich ihre Existenz unberührt und knüpft bisweilen sogar an sie an (vgl. bereits A.I.1.); würde man die Sonderrechtstheorie anwenden, so erwiesen sich die meisten EU-Rechtssätze als öffentlich-rechtlich. Weder geht vom Europarecht ein Zwang zur Aufgabe ihrer Unterscheidung noch ein allgemeiner, d.h. materienübergreifender Impuls zugunsten des einen oder des anderen Regimes

---

[77] → Rn. 56 ff.
[78] Vgl. *BVerwGE* 13, 47 (54); NJW 1994, S. 1169; NJW 1999, S. 134; *Maurer*, VerwR, § 3 Rn. 9; *Ehlers*, Verwaltungsrecht (Fn. 8), Rn. 33 ff. Das Erfordernis einer zumindest impliziten Legitimation im höherrangigen oder im einfachen Recht betont *Schlette*, Verwaltung (Fn. 69), S. 130.
[79] Ungeachtet aller Unterschiede im Einzelnen können hier die Arbeiten von *Pestalozza*, Formenmißbrauch (Fn. 57), S. 170 ff.; *Zuleeg*, Anwendungsbereiche (Fn. 56), S. 384 (393 ff.), und *Bernhard Kempen*, Die Formenwahlwahlfreiheit der Verwaltung, 1989, S. 122 ff. (krit. hierzu *Friedrich E. Schnapp*, Öffentliche Verwaltung und privatrechtliche Handlungsformen, DÖV 1990, S. 826 ff.) genannt werden.

aus;⁸⁰ dafür sind die europäischen **Vorgaben zu unspezifisch.** So sind die Mitgliedstaaten zwar dazu verpflichtet, für eine effektive Umsetzung und Durchführung des Gemeinschaftsrechts zu sorgen (vgl. Art. 4 Abs. 3 EUV). Dies kann im Einzelfall die Wahl des öffentlich-rechtlichen Regimes erfordern, wenn das Gemeinschaftsrecht Anforderungen formuliert, die nur mit Hilfe von dessen Leistungsprofilen (z. B.: unwiderstehliche Durchsetzbarkeit gegenüber den Bürgern) erfüllt werden können. Die Einschätzung, dass der effektive Vollzug des Gemeinschaftsrechts generell einen Zwang zur Wahl des öffentlich-rechtlichen Regimes auslöse und beispielsweise Beihilfen von Europarechts wegen in öffentlich-rechtlicher Form festgesetzt werden müssten,⁸¹ ist aber unbegründet.

Im Zuge der europäischen Integration ist jedoch der Blick auf andere Rechtsordnungen geöffnet worden, die die Unterscheidung gar nicht oder anders kennen.⁸² Daraus ergeben sich nicht nur Diskussionsanstöße und die Gelegenheit, über die eigene Rechtsordnung nachzudenken. Vielmehr ist zu beachten, dass das Europarecht der insoweit divergierenden Ausgangslage in den einzelnen Mitgliedstaaten Rechnung tragen muss und ihm daher in vielen Bereichen ein **rechtsregimeunabhängiger Ansatz** zugrunde liegt. So geht es der EU beispielsweise um die Vermeidung und Sanierung von Umweltschäden oder um die Erbringung von Dienstleistungen im allgemeinen Interesse, nicht aber um das Regime der Haftung für Umweltschäden⁸³ oder der die gemeinwohlnützige Dienstleistung erbringenden (öffentlichen) Unternehmen.⁸⁴ Indem nun immer mehr Rechtsgebiete europäischen Einwirkungen unterworfen werden, verliert das Rechtsregime seine Rolle als zentraler Ordnungsfaktor. An seine Stelle treten Verbundlösungen; es ist kein Zufall, dass sämtliche genannten Rechtsgebiete mit annähernd ausgewogenem Mischverhältnis von Öffentlichem Recht und Privatrecht (A II 1 b) in besonderem Maße europäisierte Rechtsgebiete sind. **31**

b) Auf der Ebene des nationalen Rechts

Im Einwirkungsbereich des Verfassungsrechts hat die heute beinahe⁸⁵ allgemein anerkannte Rechtsformunabhängigkeit der Grundrechtsbindung des Verwaltungshandelns (vgl. Art. 1 Abs. 3 GG und noch sogleich V 1 a) im Verein mit **32**

---

⁸⁰ Vgl. *Schmidt-Aßmann,* Ordnungsidee, 6. Kap. Rn. 13. Ausweislich der (u. a.) Art. 272, 45 Abs. 4 AEUV wird an die Unterscheidung zwischen den beiden Rechtsregimes teilweise auch explizit auf der Ebene des Primärrechts angeknüpft.

⁸¹ So aber *Michael Brenner,* Der Gestaltungsauftrag der Verwaltung in der Europäischen Union, 1996, S. 153 f., 421.

⁸² Vgl. *Paul P. Craig,* Administrative Law, 1983, S. 11 ff.; *Bullinger,* Unterscheidung (Fn. 25), S. 239 ff.; *Tony Prosser,* Law and the Regulatory Process, 1997.

⁸³ Ausweislich der RL 2004/35/EG des EP und des Rates v. 21. April 2004 (ABl. EU Nr. L 143, S. 56); dazu jüngst *Matthias Ruffert,* Verantwortung und Haftung für Umweltschäden, NVwZ 2010, S. 1177 ff.

⁸⁴ Ausweislich des Art. 106 Abs. 1, 2 AEUV. Die Irrelevanz der Rechtsform des öffentlichen Unternehmens ergibt sich aus der Legaldefinition des Art. 2 Abs. 2 lit. b der RL 2006/111/EG über die Transparenz der finanziellen Beziehungen zwischen den Mitgliedstaaten und den öffentlichen Unternehmen sowie über die finanzielle Transparenz innerhalb bestimmter Unternehmen v. 16. November 2006 (ABl. EU, Nr. L 318, S. 17).

⁸⁵ Der *BGH* (*BGHZ* 29, 76 [80]; *BGHZ* 52, 325 [327 ff.]; *BGH,* NJW 2003, S. 1658; NJW 2004, S. 1031) differenziert unverändert zwischen erwerbswirtschaftlich-fiskalischem und „verwaltungsprivatrechtlichem" Handeln (vgl. zu dieser Kategorie noch → Rn. 65 f.); zuletzt jedoch offenlassend: *BGH,* NJW 2006, S. 1055.

der Intensivierung der mittelbaren Grundrechtsbindung im Privatrechtsverkehr[86] eine Konstitutionalisierung (nun auch) des Privatrechts bewirkt. In deren Gefolge ist das Privatrecht um immer weitere Schutzmechanismen angereichert worden.[87] Gleichzeitig wurde das Öffentliche Recht verschiedenen Flexibilisierungskuren unterzogen, die mit Instrumenten wie dem Verwaltungsvertrag oder dem Anstaltsunternehmen eine Optionenvielfalt von bis dahin nicht gekanntem Ausmaß geschaffen haben. In der Konsequenz dieser beiden Entwicklungen sind jahrzehntelang bestehende Überzeugungen betreffend die Leistungsprofile der beiden Rechtsregimes unsicher geworden.

c) Auf der rechtstatsächlichen Ebene

33 Teilweise auf rechtlichen Impulsen beruhend haben weitere Veränderungen auf der rechtstatsächlichen Ebene stattgefunden. In den verschiedenen Prozessen der **Globalisierung** verliert der Staat in Teilbereichen seine besondere Position und erscheint nur noch als ein Akteur unter mehreren. In dem Maße, in dem „transnationale und internationale Regulierungsnetzwerke"[88] entstehen, in welchen staatliche wie nichtstaatliche Organisationen (sog. Non Governmental Organizations, Verbände etc.) zusammenwirken, schwindet die Sonderstellung, an die das Öffentliche Recht nach Funktion und Inhalt angeknüpft ist. Auf der nationalen und europäischen Ebene, die beide unverändert vom Staat her verfasst sind, wächst die Unbefangenheit gegenüber dem Einsatz privatrechtlicher Instrumente, sei es im Gefolge der ebenfalls rasant zunehmenden Zusammenarbeit mit Privaten, sei es aus schlichtem Vertrauen in die Leistungsfähigkeit der privatrechtlichen Gestaltungsformen oder in die Effektivität der Rechtsschutzgewähr durch die ordentlichen Gerichte (so explizit bei der Neuordnung des Vergaberechts)[89]. Dem **Aufgaben- und Komplexitätszuwachs**[90] folgt ein Pragmatismus, der an tradierten Trennlinien nicht Halt macht.

IV. Die Verbund-Perspektive

34 Auf der Basis der bisherigen Überlegungen besteht das nächste Ziel dieses Beitrages in der Beschreibung und begrifflichen Erfassung der Verbundperspektive im Verhältnis der beiden Rechtsregimes (IV). Daran anschließend geht es um die systematische Durchdringung des Verbundes, in deren Verlauf verschie-

---

[86] Zuletzt umfang- und materialreich in allen grundrechtlichen Dimensionen entfaltet worden von *Matthias Ruffert*, Vorrang der Verfassung und Eigenständigkeit des Privatrechts. Eine verfassungsrechtliche Untersuchung zur Privatrechtswirkung des Grundgesetzes, 2001.
[87] Vgl. bereits → Rn. 13.
[88] *Thomas Vesting*, Die Staatsrechtslehre und die Veränderung ihres Gegenstandes: Konsequenzen von Europäisierung und Internationalisierung, VVDStRL, Bd. 63 (2004), S. 41 (56 f.); *Matthias Ruffert*, Die Globalisierung als Herausforderung an das Öffentliche Recht, 2004, S. 35 ff.; *Eberhard Schmidt-Aßmann*, Perspektiven der Europäisierung des Verwaltungsrechts, in: Peter Axer u.a. (Hrsg.): Das Europäische Verwaltungsrecht in der Konsolidierungsphase, DV, Beiheft 10, 2010, S. 264 ff.; *Sebastian Müller-Franken*: Die demokratische Legitimation öffentlicher Gewalt in den Zeiten der Globalisierung, AöR, Bd. 134 (2009), S. 542 (544 f.). Näher → Bd. I *Voßkuhle* § 1 Rn. 13 f., *Schmidt-Aßmann* § 5 Rn. 26.
[89] BTDrucks 13/9340, S. 12, 13 u. 20.
[90] Beschrieben bei *Hoffmann-Riem*, Öffentliches Recht (Fn. 12), S. 267 f.; *Scherzberg*, Öffentliches Recht (Fn. 24), S. 10 ff.; → Bd. I *Schulze-Fielitz* § 12 Rn. 142 ff.

1. Der Begriff des Verbunds

Öffentliches Recht und Privatrecht sind nach allem Rechtsregimes, die in weitaus größerem Umfang aufeinander bezogen sind als zumeist angenommen. Dies gilt zum einen hinsichtlich ihrer klassischen (unverändert fortbestehenden) Rolle als Teile der materialen Ordnung wie in der durch die Neue Verwaltungsrechtswissenschaft zusätzlich in den Fokus gerückten Funktion als Steuerungsinstrumente.[91] Insoweit geht es um die **Bereitstellungsfunktion** des Öffentlichen Rechts und des Privatrechts je für sich sowie im Verbund.[92]

Innerhalb der Rechtsordnung ist danach zwischen diesem Bereich und dem hier nicht interessierenden Bereich der beziehungslosen Koexistenz der beiden Regimes zu unterscheiden. Um das Aufmerksamkeits- und Arbeitsfeld, in dem die beiden Regimes aufeinander bezogen sind, näher bezeichnen und neue Erklärungen und Deutungen zur Orientierung in der Zukunft bieten zu können, bedarf es eines **Schlüsselbegriffes**[93]. Als solcher hat in den vergangenen Jahren der von *Hoffmann-Riem* ins Spiel gebrachte Begriff „wechselseitige Auffangordnungen" Karriere gemacht.[94] Er betont zutreffend den Aufgabenbezug beider Teilregimes und hat den Blick dafür geöffnet, dass durch den Rückgriff auf die unterschiedlichen Gestaltungselemente der Regimes wechselseitig Defizite überspielt und Vorzüge zur Geltung gebracht werden können.

Allerdings decken sich Anliegen und Inhalt des Begriffs „wechselseitige Auffangordnungen" m.E. nur teilweise. Die beiden Teilregimes stehen nämlich auch dort in einem Beziehungsverhältnis, wo es zu Konflikten oder zu Dysfunktionalitäten kommt (vgl. näher zu 2). Da der Begriff „wechselseitige Auffangordnungen" inhaltlich nur eine von vier denkbaren Wirkungsweisen im Beziehungsverhältnis zwischen den beiden Teilregimes (und auch sie nur teilweise)[95] auszudrücken vermag, nämlich die der „aufeinander abgestimmten Zuordnung",[96] droht die **Gefahr einer neuerlichen Perspektivenverengung**, zumal die assoziierte Planmäßigkeit oftmals gerade fehlt bzw. aus kompetenziellen Gründen (wegen Art. 74 Abs. 1 Nr. 1 GG) nicht möglich ist.[97] Es wird daher vor-

---

[91] Dazu, dass die herkömmliche Funktion des Rechts als materiale Ordnung nicht gering geschätzt werden darf, vgl. → Bd. I *Voßkuhle* § 1 Rn. 28 m.w.N.

[92] Nach *Bullinger,* Unterscheidung (Fn. 25), S. 247 ff., ist „größter Wert auf eine funktionsgerechte Verbindung" zu legen.

[93] Zu Funktion und (bewusst) unklarer rechtlicher Qualität von Schlüsselbegriffen vgl. → Bd. I *Voßkuhle* § 1 Rn. 40 f.

[94] Soweit ersichtlich erstmals verwendet in dem Beitrag: Reform des Allgemeinen Verwaltungsrechts: Vorüberlegungen, DVBl 1994, S. 1381 (1386 f.), und sodann im Titel des gemeinsam mit *Schmidt-Aßmann* hrsg. Bandes „Zur Reform des Verwaltungsrechts" (Fn. 2).

[95] Vorsichtige Rezeption zumindest des Terminus bei *Wolff/Bachof/Stober/Kluth,* VerwR I, § 1 Rn. 7; *Ehlers,* Verwaltungsrecht (Fn. 8), Rn. 70. Der Begriff „wechselseitige Auffangordnung" suggeriert, dass als Erscheinungsform der „abgestimmten Zuordnung" der beiden Rechtsregimes (nachfolgend mit dem Begriff „Komplementarität" erfasst) allein die Kombination von Regelungsverzicht in dem einen und „auffangender" Regelungskompensation in dem anderen Rechtsregime erfasst würde. Richtigerweise sind Erscheinungsformen der „abgestimmten Zuordnung" (bzw. der Komplementarität) auch solche, in denen die beiden Rechtsregimes additiv aufeinander aufbauen.

[96] *Hoffmann-Riem,* Öffentliches Recht (Fn. 12), S. 271.

[97] Darauf weist zu Recht *Stelkens,* Verwaltungsprivatrecht (Fn. 40), S. 346, hin.

§ 18 Rechtsregime

geschlagen, als Schlüsselbegriff den Begriff „Verbund" zu wählen, welcher neutraler und weiter ist und zugleich das hinter der Verwendung des Begriffs „wechselseitige Auffangordnungen" stehende Anliegen verkörpern kann.

2. Relationen innerhalb des Verbunds

38 Strikt praktizierter juristischer Methode entspräche es, die Relationen innerhalb des Verbunds Öffentliches Recht/Privatrecht rein rechtstechnisch zu betrachten, d.h. Norm- bzw. Wertungswidersprüche[98] als Bedrohungen der Rechtseinheit aufzuzeigen und diese mit Hilfe der allgemein anerkannten Regeln (z.B. lex specialis derogat legi generali) aufzulösen. Da es der neueren verwaltungsrechtswissenschaftlichen Sichtweise aber um eine aufgabenbezogene, an der Wirkungsweise ansetzende Analyse der Relationen innerhalb des Verbundes zweier Rechtsregimes geht, rücken mit der Komplementarität und mit der Dysfunktionalität weitere relevante Relationen in das Blickfeld. Alle Relationen innerhalb des Verbunds sind knapp zu skizzieren. Sie sollen die Strukturierung der Analyse im systematischen Teil ermöglichen. Dabei wäre dann auch auf die klassischen Instrumente der Rechtsetzung bzw. Rechtsfortbildung beim Umgang mit mehreren Rechtsquellen (die Verweisung bzw. Analogie) zu achten. Ihre Nutzung (Beispiel: analoge Anwendung einer verwaltungsverfahrensrechtlichen Vorschrift bei privatrechtsförmigem Verwaltungshandeln) kann Komplementarität, aber auch Dysfunktionalität bewirken – je nachdem, in welchem funktionalen und normativem Kontext man sich befindet.

a) Widerspruchsfreiheit und Norm- bzw. Wertungswiderspruch

39 Ein **Normwiderspruch** besteht, wenn eine Regelung des Öffentlichen Rechts an den gleichen Tatbestand eine andere Rechtsfolge knüpfen würde als eine Norm des Privatrechts. In diesem Fall müsste eines der beiden Regimes weichen (durch Anwendung einer Vorrangregelung) oder aber beide müssten eingeschränkt werden (wer entscheidet hierüber, auf welchem Rechtsweg?).[99] Beispiel: Ein im privaten Nachbarrecht bestehender Anspruch scheint daran zu scheitern, dass das mit ihm durchzusetzende Handeln des Nachbarn (Stilllegung eines Froschteichs) einer naturschutzrechtlichen Bestimmung zuwiderläuft.[100] Aufs Ganze gesehen ergeben sich Normwidersprüche im Verhältnis zwischen den beiden Rechtsregimes höchst selten, weil die jeweiligen Rechtsfolgen zumeist von jeweils unterschiedlicher Intensität sind, d.h. hier erlaubt eine öffentlich-rechtliche Norm etwas, ohne es erzwingen zu wollen, dort ist es umgekehrt.

40 Häufiger anzutreffen sind **Wertungswidersprüche.** Sie sind dadurch gekennzeichnet, dass die unterschiedlichen Rechtsfolgen zweier Normen zwar logisch miteinander vereinbar sind, die zugrunde liegenden Wertungen aber einander

---

[98] Vgl. hier nur *Klaus F. Röhl/Hans C. Röhl*, Allgemeine Rechtslehre, 3. Aufl. 2008, S. 585 ff.; *Christian Bumke*, Relative Rechtswidrigkeit. Systembildung und Binnendifferenzierung im Öffentlichen Recht, 2004, S. 37 ff., 51 ff., mit wichtigen und weiterführenden Überlegungen zur „sachlichen Relativität von Rechtswidrigkeitsurteilen" (S. 95 ff.), die als Warnung aufgefasst werden müssen, den Anwendungsbereich der Kategorien Norm- bzw. Wertungswiderspruch nicht zu überschätzen.
[99] Vgl. hierzu, speziell mit Blick auf das Verhältnis der Rechtsregimes, *Jarass* (Fn. 23), S. 261 f.
[100] So im Fall des *BGH*, NJW 1993, S. 925.

widersprechen, etwa wenn die Befolgung der einen Norm dem Zweck der anderen Norm zuwiderläuft.[101] Ein Wertungswiderspruch ist schwerer fassbar als ein Normwiderspruch. Für das Recht als materiale Ordnung stellt er eine Herausforderung dar, d.h. er löst einen Zwang zur Rechtfertigung der jeweiligen Wertung bzw. des Widerspruchs aus und macht interpretatorische Anstrengungen erforderlich (durch wen, auf welchem Rechtsweg?), letzten Endes vielleicht auch die Änderung einer der beiden oder beider Normen.

b) Komplementarität und Dysfunktionalität

Die beiden Regimes stehen im Verhältnis der **Komplementarität,** wenn sie sich – sei es als Teilelemente der materialen Ordnung, sei es als Steuerungsinstrumente – gegenseitig ergänzen. Dies bedeutet, dass nach der Konzeption des Gesetzgebers bzw., wenn das Gesetz entsprechende Spielräume belassen hat, nach den Vorstellungen der Verwaltung die Verwirklichung bestimmter Ziele nur im Zusammenwirken einer oder mehrerer öffentlich-rechtlicher mit einer oder mehrerer privatrechtlicher Normen möglich ist. Dabei können die betreffenden Normen kumulativ zusammenwirken, d.h. die intendierte Regelung realisiert sich erst in der gemeinsamen Anwendung einer öffentlich-rechtlichen und einer privatrechtlichen Norm. Denkbar ist aber auch, dass die Normen des einen Regimes als „Auffangordnung"[102] fungieren, während die Regelungswirkung von Normen des anderen Regimes zurückgenommen wird, wie etwa beim Verzicht auf das Baugenehmigungserfordernis im Vertrauen auf das private Nachbarrecht. Wenn die systematische Analyse der Normen in einem bestimmten Teilbereich ergibt, dass sie im Verhältnis der Komplementarität stehen, dann besteht Auslegungs- oder gar Änderungsbedarf allenfalls im Detail, d.h. zur Feinabstimmung. Interessant sind aber auch diejenigen Konstellationen, in denen es zur Herstellung einer bislang vielleicht gar nicht erkannten Komplementarität nur geringfügiger Anstrengungen bedürfte. **41**

Dass schließlich als letzte Relation auch die der **Dysfunktionalität** einbezogen wird, ist die unmittelbarste Frucht des steuerungswissenschaftlichen Ansatzes, dem es ja gerade um Wirkungszusammenhänge und Wechselbeziehungen und konkret um die Stärken und Schwächen einzelner Steuerungskonzepte geht.[103] Als dysfunktional kann sich dabei sowohl der Einsatz des öffentlich-rechtlichen bzw. des privatrechtlichen Regimes je für sich als auch der gemeinsame Einsatz im Verbund erweisen. Eine Dysfunktionalität kann mit einem „Wertungswiderspruch" zusammentreffen (dieser bezieht sich dann auf die Ebene der materialen Ordnung, die Dysfunktionalität auf die Steuerungsebene), sie kann aber auch unabhängig davon vorliegen, weil der Analyserahmen, innerhalb dessen nach Steuerungsdefiziten geforscht wird, weiter gesteckt ist. Beispiel: Die „segmentierte Rechtswegzuweisung"[104], d.h. die Aufteilung ein und derselben materiellen Streitfrage zwischen den Verwaltungsgerichten und den ordentlichen Gerichten, kann sich in Ansehung der konkret betroffenen Aufgaben als dys- **42**

---

[101] Vgl. *Karl Engisch,* Die Einheit der Rechtsordnung, 1935, S. 63; *Röhl/Röhl,* Rechtslehre (Fn. 98), S. 521 f.; differenzierende Entfaltung neuerdings bei *Bumke,* Rechtswidrigkeit (Fn. 98), S. 52 ff.
[102] Hieran wird wiederum deutlich, dass der Begriff „Auffangordnung" nur eine von zwei Erscheinungsformen der Komplementarität bezeichnen kann (→ bereits Rn. 37).
[103] Näher → Bd. I *Voßkuhle* § 1 Rn. 17 ff.
[104] *Hoffmann-Riem,* Öffentliches Recht (Fn. 12), S. 327.

funktional (Verlust des Gemeinsamen) oder als vorteilhaft erweisen (Spezialisierung)[105], ohne dass hierin ein Wertungswiderspruch läge. Stets muss eine festgestellte Dysfunktionalität Anlass zu Überprüfung, Rechtfertigung und ggf. Änderung (de lege lata oder de lege ferenda) sein.

3. Ausblick

43   Der zu Beginn getätigte Blick in die Geschichte hat gezeigt, dass es keine zeitlos gültige Deutung des Verhältnisses der beiden Rechtsregimes gibt und dass ihre Existenz der Rechtsordnung nicht a priori vorgegeben ist. Der hier zugrunde gelegte Verbund-Ansatz sieht in der Existenz zweier voneinander zu unterscheidender Rechtsregimes keine kategoriale Zweiteilung der Rechtsordnung. Er überwindet die anderen Ansätzen vielfach noch zugrunde liegende Einteilung in ein „spezielles Rechtsgebiet für den Zwang und eines für die Freiheit".[106] Er verarbeitet überdies die zahlreichen Veränderungen, die die beiden Rechtsregimes je für sich erfahren haben, insbesondere die zahlreichen Annäherungen zwischen ihnen. Dieser Ansatz und die ganze gegenwärtig geführte Debatte um die Abgrenzung von Öffentlichem Recht und Privatrecht kann daher nicht als eine „Art Sternenlicht, das auch dann noch unterwegs ist, wenn seine Quelle längst erloschen ist", begriffen werden.[107] Der Verbund-Ansatz ist vielmehr so lange richtig und aufrecht zu erhalten, wie der Akteur Staat von den Akteuren der Gesellschaft geschieden und durch die Verfassung ausschließlich auf das Gemeinwohl hin orientiert wird. Auch eine Rechtsordnung, die auf die Unterscheidung zwischen Öffentlichem Recht und Privatrecht verzichten wollte, käme nicht an der fortbestehenden Unterscheidung zwischen Staat und Gesellschaft vorbei und müsste ihr in anderer Weise Beachtlichkeit verschaffen. Unter dieser Ausgangsbedingung ein Arsenal unterschiedlicher Maßstäbe, Instrumente und Elemente (eben zwei Rechtsregimes) vorzuhalten, verspricht ein höheres Maß an Differenziertheit innerhalb der materialen Ordnung und größere Erfolge bei der Verbesserung der Bereitstellungsfunktion des Rechts. Gerade auch aus der Sicht der Neuen Verwaltungsrechtswissenschaft erscheint daher eine Überwindung der Zweiteilung weder erwartbar noch empfehlenswert. Überzeugende darauf zielende „Sachanliegen"[108] sind bislang jedenfalls nicht formuliert worden.

V. Der Verbund in systematischer Analyse

44   Im Anschluss an die Beschreibung der verfassungsrechtlichen Determinanten des Verbunds der Rechtsregimes (1) werden drei[109] verschiedene Verbundkategorien identifiziert und analysiert:

---

[105] Darauf weist *Jarass*, Verwaltungsrecht (Fn. 23), S. 258, hin.
[106] Formulierung nach *Stolleis*, Öffentliches Recht (Fn. 4), S. 59, nach dessen Auffassung diese Einteilung „unter demokratischen und rechtsstaatlichen Verhältnissen keinen Sinn mehr mache".
[107] So aber *Stolleis*, Öffentliches Recht (Fn. 4), S. 59.
[108] Ihre Geltendmachung fordert zu Recht *Bullinger*, Öffentliches Recht (Fn. 2), S. 75.
[109] Diese Beschränkung erfolgt nicht zuletzt im Interesse einer verbesserten Rezeption; vgl. demgegenüber die nach Breite und Tiefe weitaus stärker ausgreifenden Differenzierungen bei *Trute*, Verzahnungen (Fn. 26), S. 175 ff., und *Hoffmann-Riem*, Öffentliches Recht (Fn. 12), S. 273 ff., 309 ff.

- Die explizite Wahl des Rechtsregimes durch den Verwaltungs-Gesetzgeber bzw. die Verwaltung (2),
- die Herstellung regimeübergreifender Wirkungen (3)
- und der Sonderfall des Gewährleistungsverwaltungsrechts für die Fälle der Einbeziehung Privater bei der Erfüllung von Verwaltungsaufgaben (4).

1. Der konstitutionelle Rahmen des Verbunds

a) Grundrechtsbindung in allen Grundrechtsdimensionen

An erster Stelle der verfassungsrechtlichen Determinanten des Verbunds von Öffentlichem Recht und Privatrecht steht das regimeunabhängige Erfordernis eines öffentlichen Zwecks jeglichen staatlichen Handelns und die Bindung an die Grundrechte des Grundgesetzes. Umgekehrt besteht keine Grundrechtsträgerschaft der Verwaltung; „Privatautonomie" steht ihr zu, soweit hierunter die Befugnis verstanden wird, Rechte und Pflichten auf dem Gebiet des Privatrechts zu erzeugen, nicht aber, soweit hiermit der freiheitsgrundrechtlich geschützte Kern gemeint ist.[110] Vollkommen außer Frage steht die Grundrechtsbindung des Privatrechtsgesetzgebers,[111] der namentlich auch den Grundsatz der Verhältnismäßigkeit zu beachten hat.[112] Aber auch die Gebundenheit der Verwaltung, wenn sie sich in Ausübung der Regimewahlfreiheit[113] für eine Zuordnung ihres Handelns/ihrer Organisation zum Privatrecht entschieden hat, kann angesichts der eindeutigen Aussage des Art. 1 Abs. 3 GG nicht mehr bestritten werden. Sie umfasst nach zunehmend gefestigter Einschätzung in der Verfassungsrechtswissenschaft, ungeachtet vereinzelter Irritationen in der BGH-Judikatur,[114] das privatrechtsförmige Handeln der öffentlich-rechtlichen Verwaltungseinheiten, unabhängig davon, ob es sich um eine ordnende, planende, leistende, wirtschaftende oder bedarfsdeckende („fiskalische") Betätigung handelt.[115] In die **Grundrechtsbindung** einbezogen sind überdies die privatrechtlich organisierten Eigengesellschaften der Verwaltung und, nach (zweifelhafter) Einschätzung des BVerfG, diejenigen gemischtwirtschaftlichen Unternehmen, die in ihrem Bestand (durch Mehrheitsbeteiligung oder vergleichbar intensiven Finanzierungsmechanismus) der Verwaltung zuzurechnen sind.[116] Diese verfassungsrechtlichen Befunde werden interessanterweise durch die steuerungswissenschaftliche Sichtweise bestätigt: Je stärker die Austauschbarkeit und Funktionsbezogenheit der Rechtsregimes betont wird, desto weniger kann die Grundrechtsbindung davon

45

---

[110] So u. a. *Hans C. Röhl*, Verwaltung und Privatrecht – Verwaltungsprivatrecht?, VerwArch, Bd. 96 (1995), S. 531 (537); *Gurlit*, Verwaltungsvertrag (Fn. 63), S. 245.

[111] Vgl. nur *Stern*, StaatsR III/1, S. 1565 ff.

[112] Zu ihm als Schranke privater Gestaltungsmacht *Hans Hanau*, Der Grundsatz der Verhältnismäßigkeit als Schranke privater Gestaltungsmacht, 2004.

[113] Zu deren Verfassungsgrundlagen näher → Rn. 57 f.

[114] Vgl. bereits Rn. 32. Nach der Rechtsprechung des *BGH* ist die öffentliche Hand „bei rein fiskalischem Handeln ... nicht unmittelbar an die Grundrechte gebunden ..., muss aber auch in diesem Bereich gewisse Bindungen und Schranken beachten".

[115] Konsequent: *Ehlers*, Privatrechtsform (Fn. 27), S. 246; *Röhl*, Verwaltung (Fn. 110), S. 575 ff.; *Bodo Pieroth/Bernhard Schlink*, Staatsrecht II – Grundrechte, 20. Aufl. 2005, Rn. 183; → Bd. I *Masing* § 7 Rn. 43.

[116] So wohl *BVerfG*, NJW 1990, S. 1783; NVwZ 2009, S. 1282 (1283); *Ehlers*, Verwaltungsrecht (Fn. 8), § 2 Rn. 85; *Ariane Berger*, Staatseigenschaft gemischtwirtschaftlicher Unternehmen, 2006, S. 35 ff.; *Martin Burgi*, Verhandlungen des 67. DJT, Bd. I/Teil D: Privatisierung öffentlicher Aufgaben – Gestaltungsmöglichkeiten, Grenzen, Regelungsbedarf, 2008, S. D 39.

abhängen, in welcher Rechtsform die Verwaltung organisiert ist bzw. welchem Regime sie ihr Handeln zuordnen will. Das gilt übrigens auch für das Sozialstaatsprinzip des Art. 20 Abs. 1 GG und für die Umweltschutz-Staatszielbestimmung des Art. 20a GG.

46 Die rechtsregimeunabhängige Grundrechtsgebundenheit entfaltet sich in allen anerkannten Grundrechtsdimensionen, von der Abwehr- über die Teilhabe- und Leistungsdimension (jeweils bei Beteiligung der Verwaltung; vgl. sogleich) bis hin zum objektiv-rechtlichen Gehalt, insbesondere in der Schutzpflichtdimension.[117] Deren vornehmlichste Bedeutung besteht in der Inpflichtnahme von Gesetzgeber und Verwaltung gerade dann, wenn es um den Ausgleich kollidierender Privatinteressen durch Privatrecht geht. Hier hat das BVerfG in jahrzehntelanger Praxis eine stetige Konkretisierung der Maßstäbe für die Anwendung und Auslegung privatrechtlicher Vorschriften und Verträge vorgenommen,[118] was zu dem Fazit berechtigt, dass sich die Grundrechtsgebundenheit innerhalb der beiden Rechtsregimes nicht im Schutzniveau unterscheidet. Selbst **im dogmatischen Zugriff** bestehen die Unterschiede nicht in der Struktur, sondern in der jeweils von der staatlichen Verwaltung eingenommen Rolle. So ist stets die Schutzpflichtdimension wirkmächtig, wenn es um den Ausgleich kollidierender Privatinteressen geht, gleichgültig ob er durch das Privatrecht oder (öffentlich-rechtlich) durch die als Schutzpflichtadressat dazwischen geschaltete Verwaltung bewirkt wird, wie etwa bei der Erteilung von Genehmigungen zulasten der Nachbarn oder weiterer Dritter.[119] Soweit die Verwaltung allerdings (zugleich) in die Grundrechte eines einzelnen (im Beispiel: des Anlagenbetreibers) eingreift oder einem einzelnen Teilhabe bzw. Leistung verweigert, wirkt sich aus, dass eine unmittelbare, d.h. nicht „lediglich" über die Anwendung und Auslegung des einfachen Rechts vermittelte Grundrechtsbindung nur gegenüber der staatlichen Verwaltung, und nicht gegenüber Privaten besteht[120] – dies aber auch dann, wenn die Verwaltung privatrechtsförmig agiert. Konkret: Während die Grundrechte auf einen zwischen Privaten geschlossenen Vertrag über die Generalklausel der §§ 138, 242 BGB einwirken, stellen sie sich bei einem privatrechtlichen Vertrag mit der Verwaltung als Verbotsvorschriften dar, deren Missachtung „unmittelbar" die Nichtigkeitsfolge des § 134 BGB auslöst.[121]

47 Als **Abwehrrechte** sind die Grundrechte im Verbund der Rechtsregimes vor allem dann relevant, wenn durch öffentlich-rechtliches Handeln Wirkungen im Privatrechtsverkehr ausgelöst werden, etwa durch einen sog. privatrechtsgestaltenden Verwaltungsakt[122], welcher in die durch Art. 2 Abs. 1 GG geschützte Vertragsfreiheit eingreift.[123] In den zahlreichen Feldern der Einbeziehung von Privaten in die Erfüllung von Verwaltungsaufgaben[124] muss vermieden werden, dass

---

[117] Allg. zu ihnen vgl. hier nur *Pieroth/Schlink*, StaatsR II (Fn. 115), Rn. 82 f.
[118] *BVerfGE* 73, 261 (269); 89, 214 (234); 103, 89 (100). Das kann bis zur Unwirksamkeit von Verträgen führen; umfassend zu den grundrechtlichen Schutzpflichten im Privatrecht *Ruffert*, Vorrang (Fn. 86), S. 141 ff.
[119] Grundlegend: *BVerfGE* 53, 30 (60 ff.); *Schmidt-Preuß*, Kollidierende Privatinteressen (Fn. 22), S. 69 ff.
[120] Insoweit spricht man von „mittelbarer Drittwirkung"; vgl. nur *Hans D. Jarass*, in: Jarass/Pieroth, GG, Art. 1 Rn. 35.
[121] Ebenso *Ehlers*, Privatrechtsform (Fn. 27), S. 234; *Gurlit*, Verwaltungsvertrag (Fn. 63), S. 445.
[122] Näher → Rn. 78.
[123] Ausführlich *Manssen*, Privatrechtsgestaltung (Fn. 20), S. 130 ff., 287 f.
[124] Näher → Rn. 79 f.

A. Öffentliches Recht und Privatrecht

die Grundrechtsgebundenheit der Verwaltung nicht in „diffusen Wirkungsbeziehungen", quer durch den Verbund der beiden Rechtsregimes, verloren geht.[125] Am wenigsten bedeutsam ist die Abwehrrechtsdimension dort, wo sie oftmals am lautstärksten reklamiert wird (in den verschiedenen Flucht-Vorstellungen), nämlich nach der Wahl des privatrechtlichen Regimes für das Verwaltungshandeln. Indem die Verwaltung beispielsweise durch einen privatrechtlichen Vertrag handelt, verzichtet sie ja gerade auf das öffentlich-rechtliche Zwangsinstrumentarium und vermeidet Eingriffe in Freiheitsrechte.

Was bleibt, ist zunächst der **allgemeine Gleichheitssatz** des Art. 3 Abs. 1 GG. 48 Speziell im Bereich der Erhebung privatrechtlicher Entgelte für die Inanspruchnahme öffentlicher Einrichtungen, auf die die Grundrechtsträger angewiesen sind,[126] wirkt er sich in Gestalt der Bindung an die „Grundsätze öffentlichen Finanzgebarens" aus[127] – wiederum erweist sich das verfassungsrechtliche Schutzniveau als weitgehend[128] regimeunabhängig. Als weitere Emanationen des verfassungsrechtlichen Gleichheitsgebotes sind das Willkür- und das Koppelungsverbot[129] anzusehen. Aufgrund der verfassungsrechtlichen Fundierung ist es unschädlich, dass sich beispielsweise letzteres in Gestalt des § 56 Abs. 1 Satz 2 VwVfG explizit nur im Bereich der öffentlich-rechtlichen Verträge niedergeschlagen hat; auch privatrechtliche Verträge mit der Verwaltung dürfen bestimmte äußerste Grenzen hier nicht überschreiten.[130]

Noch wichtiger als das allgemeine Gleichheitsgebot ist die in Verbindung von 49 Gleichheitssatz und jeweils betroffenem Freiheitsgrundrecht gewährleistete **Berechtigung zur Teilhabe** an zur Verfügung gestellten Leistungen. Dies betrifft die Benutzung öffentlicher Einrichtungen[131] ebenso wie die Vergabe von Bau- und Dienstleistungsaufträgen (im weitesten, über den Anwendungsbereich des europäischen Vergaberechts hinausgehenden Sinne)[132] oder die Zuteilung von Kran-

---

[125] So die berechtigte Warnung von *Udo Di Fabio*, Verwaltung und Verwaltungsrecht zwischen gesellschaftlicher Selbstregulierung und staatlicher Steuerung, VVDStRL, Bd. 56 (1997), S. 235 (264 f.).

[126] Bzw. zu deren Benutzung sie durch einen öffentlich-rechtlich begründeten sog. Anschluss- und Benutzungszwang (typischerweise durch Gemeindesatzung) sogar verpflichtet sind.

[127] BGHZ 91, 84 (95 f.); 115, 311 (317 f.); BGH, NJW 1992, S. 171. U. U. kann sich freilich aus dem Kartellrecht ein strengerer Maßstab ergeben, wie der *BGH* (NJW 2010, S. 2573 [2574]) kürzlich mit Blick auf die Wasserpreise entschieden hat.

[128] Nicht als identisch, dies deswegen, da eben doch tendenziell eine schwächere Beeinträchtigungsintensität vorliegt und auf der privaten Seite größere Verhandlungsspielräume bestehen.

[129] Vgl. zu diesem *Jost Pietzcker*, Rechtsbindungen der Vergabe öffentlicher Aufträge, AöR, Bd. 107 (1982), S. 90 ff.; *Martin Burgi*, Die Legitimität von Einheimischenprivilegierungen im globalen Dorf, JZ 1999, S. 873 (879 f.).

[130] Die Maßstäbe dürften sich letzten Endes als identisch erweisen, und zwar wegen der in beiden Fällen gleich weitreichenden Verfassungsbindung. Der vielfach bestehende entgegengesetzte Eindruck beim Umgang mit § 56 VwVfG liegt darin, dass dieser durch die Rechtsprechung zu eng ausgelegt wird (was *Hermann Butzer*, Brauchen wir das Koppelungsverbot nach § 56 VwVfG?, DÖV 2002, S. 882 ff., ausführlich dargelegt hat, in Auseinandersetzung mit BVerwG, BVerwGE 111, 162 ff.); dagegen die Auslegung des *BVerwG* befürwortend: *Bernd Grzeszick*, Anspruch, Leistungen und Grenzen steuerungswissenschaftlicher Ansätze für das geltende Recht, DV, Bd. 42 (2009), S. 105 f.

[131] Klassisch: Teilhabeansprüche bei der Vergabe von Standplätzen auf vielfach im privatrechtlichen Regime verwalteten Jahrmärkten (*BVerfG*, NJW 2002, S. 3691).

[132] Zum Schutz der subjektiven Rechte innerhalb des Kartellvergaberechts vgl. *BVerfG*, NJW 2004, S. 3483; *Andreas Voßkuhle*, Beteiligung Privater an der Wahrnehmung öffentlicher Aufgaben und staatlicher Verantwortung, VVDStRL, Bd. 62 (2003), S. 266 (317) m. w. N.; *Martin Burgi*, Die künftige Bedeutung der Freiheitsgrundrechte für staatliche Verteilungsentscheidungen, WiVerw 2008, S. 137 ff.

kenhausbetten[133] bzw. Emissionszertifikaten[134]. Hier wurde durch die verfassungsgerichtliche Rechtsprechung im Gleichschritt mit dem Schrifttum[135] ein verfassungsrechtliches (teilweise überdies primärrechtliches)[136] Postulat der Verteilungsgerechtigkeit entwickelt, das vollkommen unabhängig davon besteht, ob die Verteilung öffentlich-rechtlich oder privatrechtlich gesteuert wird; die Wahl des privatrechtlichen Regimes erfolgt gerade in diesen Bereichen besonders häufig.

b) Rechtsstaatliche Gebote

50   Das Rechtsstaatsprinzip entfaltet sich im Verwaltungsrecht zuallererst[137] in Gestalt des Gesetzmäßigkeitsgrundsatzes, konkretisiert in den Regeln vom Vorbehalt und vom **Vorrang des Gesetzes.** Letzteres bedeutet, dass die Verwaltung an diejenigen Gesetze gebunden ist, die einen bestimmten Vorgang tatbestandlich erfassen. Dabei kann unterschieden werden zwischen Gesetzen, die ausdrücklich an das Rechtsregime anknüpfen (z. B. § 1 VwVfG: Anwendbarkeit nur für öffentlich-rechtliches Handeln), und Gesetzen, die regimeübergreifend für das Verwaltungshandeln Geltung beanspruchen (z. B. Vertragsformverbote)[138]. In diesem Fall ist eine „Flucht" ausgeschlossen, in jenem Fall gibt es keine Bindung, der zu entfliehen wäre. Noch zuvor ist die Regel vom Vorrang des Gesetzes bei der Wahl des Rechtsregimes wirkmächtig, soweit es gesetzliche Vorgaben hierfür gibt.[139]

51   Aus dem Rechtstaatsprinzip, teilweise in Verbindung mit den Grundrechten, ergeben sich zum zweiten **Verfahrensanforderungen** (v. a. Anhörung, Begründung, Neutralität), die in ihrer Kernsubstanz (nicht in allen Emanationen) den kleinsten gemeinsamen Nenner für jegliches Verwaltungshandeln bilden. Nach der Wahl des Privatrechtsregimes und im Gewährleistungsverwaltungsrecht kann von ihnen dann, wenn die VwVfG-Vorschriften nicht unmittelbar anwendbar sind, ein Impuls zur interpretativen Entfaltung konkretisierender Vorgaben ausgehen.

c) Rechtsschutzgarantien

52   Art. 19 Abs. 4 GG ist eine Systementscheidung für den Primär-Individualrechtsschutz[140] und garantiert Eröffnung und Wirksamkeit des Rechtsweges.

---

[133] *BVerfG*, DVBl 2004, S. 431; *Martin Burgi*, Moderne Krankenhausplanung zwischen staatlicher Gesundheitsverantwortung und individuellen Trägerinteressen, NVwZ 2010, S. 601 ff.

[134] Vgl. hierzu *Martin Burgi*, Grundprobleme des deutschen Emissionshandelssystems: Zuteilungskonzept und Rechtsschutz, NVwZ 2004, S. 1162 ff.; → Bd. II *Sacksofsky* § 40 Rn. 15 u. Rn. 61 ff.

[135] *Andreas Voßkuhle*, „Wer zuerst kommt, mahlt zuerst!" – Das Prioritätsprinzip als antiquierter Verteilungsmodus in einer modernen Rechtsordnung, DV, Bd. 32 (1999), S. 21 (34); *ders.*, Beteiligung (Fn. 132), S. 317; → Bd. II *Röhl* § 30 Rn. 10 ff.; *Ferdinand Wollenschläger*, Verteilungsverfahren, 2010, S. 31 ff.

[136] Mitteilung der Kommission zu Auslegungsfragen in Bezug auf das Gemeinschaftsrecht, das für die Vergabe öffentlicher Aufträge gilt, die nicht oder nur teilweise unter die Vergaberichtlinien fallen, KOM (2006) 179 endg.

[137] Zu den spezifischen Verfassungsgrenzen der gerade auch im Verbund der Rechtsregimes vorkommenden Analogie (vgl. Rn. 39) vgl. *de Wall*, Anwendbarkeit (Fn. 21), S. 90 f.

[138] Zu ihnen vgl. *Ehlers*, Privatrechtsform (Fn. 27), S. 242; *Krebs*, Verträge (Fn. 69), S. 248 (274); *Gurlit*, Verwaltungsvertrag (Fn. 63), S. 271 f.

[139] Näher → Rn. 58.

[140] Grundlegend: *Dieter Lorenz*, Der Rechtsschutz des Bürgers und die Rechtsweggarantie, 1973, S. 5 ff., 127 ff.; *Eberhard Schmidt-Aßmann*, in: Maunz/Dürig, GG, Art. 19 Abs. 4 Rn. 1 („Gravitationspunkt").

A. Öffentliches Recht und Privatrecht

Tatbestandliche Voraussetzung ist eine Rechtsverletzung durch die „öffentliche Gewalt". Ob diese für ihr Handeln das öffentlich-rechtliche oder das privatrechtliche Regime gewählt hat, ist ebenso gleichgültig wie der Charakter der jeweiligen Aufgabe als hoheitlich oder erwerbswirtschaftlich-fiskalisch[141]. Obgleich das *BVerfG* dies im Hinblick auf die regelmäßig privatrechtlich erfolgende öffentliche Auftragsvergabe unterhalb der Schwellenwerte (d.h. jenseits der Verfolgung des einfachgesetzlich begründeten subjektiven Rechts aus § 97 Abs. 7 GWB) bedauerlicherweise nicht so gesehen hat,[142] wirkt die Rechtsschutzgarantie **regimeunabhängig,** ganz genauso wie die vorausliegenden materiellrechtlichen Grundrechtsbindungen (vgl. a). Im Bereich des sekundären Rechtsschutzes beschränkt das GG den Amtshaftungsanspruch nach Art. 34 GG zwar explizit auf die öffentlich-rechtliche Verwaltungstätigkeit, das Rechtsstaatsprinzip bewirkt aber die Anerkennung und Durchsetzung von Schadensersatzansprüchen aus Anlass privatrechtswidriger Verwaltungstätigkeit.[143] Innerhalb von Rechtsverhältnissen ohne Verwaltungsbeteiligung greift schließlich nicht Art. 19 Abs. 4 GG, sondern der allgemeine Justizgewährleistungsanspruch.[144]

Ist der Tatbestand der Rechtsschutzgarantie des Art. 19 Abs. 4 GG erfüllt, so ist Rechtsschutz durch staatliche Gerichte zu gewähren. Diese Aufgabe obliegt regelmäßig, aber nicht zwingend den Verwaltungsgerichten: Sofern die verfassungsrechtlichen Gerichtsschutzstandards eingehalten sind, können **auch die ordentlichen Gerichte** damit betraut werden. Von Verfassungsrechts wegen besteht keine Höherwertigkeit des verwaltungsgerichtlichen Rechtsschutzes; das BVerwG selbst hat zurecht festgestellt, dass es kein Recht auf den sachnäheren (Verwaltungs-)Richter gibt.[145] Einzelne „Rechtsschutzeinbußen"[146] (Verhandlungs-, statt Untersuchungsgrundsatz, Anwaltszwang o.ä.) sind als unvermeidliche Folgen der auf der materiellrechtlichen Ebene getroffenen Systementscheidung grundsätzlich hinzunehmen; umgekehrt kennt der Zivilprozess keine Klagebefugnis, kein Vorverfahren und keine Fristen. Dies bedeutet auch, dass Art. 19 Abs. 4 GG keine Grenze der Regimewahlfreiheit enthält.[147] Die verschiedenen Rechtswegzuweisungen des einfachen Recht sind verfassungsrechtlich ebenso hinzunehmen wie gespaltene Rechtswege innerhalb des Verbunds der beiden Rechtsregimes. Die Verfassung richtet mit dem Gebot der Rechtswegklarheit lediglich eine äußerste Grenze auf.[148] All das schließt freilich nicht aus, dass bestimmte Rechtswegkonfigurationen wegen festgestellter Dysfunktionali-

---

[141] So aber *Schmidt-Aßmann*, in: Maunz/Dürig, GG (Fn. 140), Rn. 65; wie hier *Lorenz*, Rechtsschutz (Fn. 140), S. 91; *Oliver Dörr*, Das deutsche Vergaberecht unter dem Einfluß von Art. 19 Abs. 4 GG, DÖV 2001, S. 1014 ff.

[142] *BVerfG*, NJW 2004, S. 3483; NJW 2006, S. 3701, anders für den oberschwelligen Bereich; krit. *Oliver Dörr*, Verfassungsrechtliche Grundlagen des Vergaberechtsschutzes, WiVerw 2007, S. 211 ff.; immerhin wendet das *BVerfG* den aus dem Rechtsstaatsprinzip nach Art. 20 Abs. 3 GG i.V.m. Art. 2 Abs. 1 GG abgeleiteten sog. allgemeinen Justizgewährleistungsanspruch an.

[143] Zu den diesbezüglichen Anspruchsgrundlagen vgl. nur *Maurer*, VerwR, § 25 Rn. 55 ff.

[144] Vgl. zu ihm *BVerfGE* 81, 347 (356 f.); *Rolf Stürner*, Die Aufklärungspflicht der Parteien im Zivilprozeß, 1976, S. 39 ff.

[145] *BVerwGE* 81, 226 (227 f.).

[146] *Ehlers*, Privatrechtsform (Fn. 27), S. 288 f.

[147] Ebenso *Schmidt-Aßmann*, in: Maunz/Dürig, GG (Fn. 140), Rn. 61.

[148] Vgl. zu ihm *BVerfGE* 57, 9 (21); 54, 277 (292 f.); *Helmut Schulze-Fielitz*, in: Dreier (Hrsg.), GG I, Art. 19 Abs. 4 Rn. 91.

§ 18 Rechtsregime

tät Anlass zu Veränderungen de lege lata (etwa durch die großzügige Freistellung des Bürgers von Nachteilen)[149] oder de lege ferenda geben.

d) Kompetenz- und Legitimationsordnung

54 Ebenfalls weitgehend regimeunabhängig ist die Kompetenzordnung der Art. 30, 70ff., 83ff. GG.[150] Das bedeutet auch, dass der Verwaltungs-Gesetzgeber bei der Wahl des Rechtsregimes die Kompetenzverteilungsregeln der Art. 70ff. GG zu beachten hat. Da der Bund mit dem BGB von seiner (konkurrierenden) Gesetzgebungsbefugnis für das „bürgerliche Recht" (**Art. 74 Abs. 1 Nr. 1 GG**) Gebrauch gemacht hat, ist den Verwaltungs-Gesetzgebern auf Länderebene die Wahl des privatrechtlichen Regimes und die Herstellung regimeübergreifender Wirkungen verwehrt; die Länder können den Verbund der Regimes im wesentlichen „nur" auf der Ebene von Handeln und Organisation gestalten. Nach der Wahl einer der privatrechtlichen Organisationsformen durch die Verwaltung (auf Landes- ebenso wie auf Bundesebene) beansprucht das **Gebot demokratischer Legitimation** Gültigkeit. Es schließt die Regimewahl nicht aus, sofern im Verbund von Verwaltungsorganisationsrecht und Gesellschaftsrecht Vorkehrungen zur Erfüllung der demokratierechtlich gebotenen „Einwirkungspflicht" auf die privatrechtsförmige Verwaltungseinheit getroffen werden.[151]

e) Schein-Determinanten

55 Der der materiellen Verfassungsordnung des Grundgesetzes zugrunde liegende **Dualismus von Staat und Gesellschaft** (natürlich nicht: bürgerlicher Gesellschaft)[152] bildet sich in der Existenz zweier Regimes mit unterschiedlichen Profilen und Funktionen ab.[153] Er ist aber seinerseits zu unspezifisch und zu unscharf, um darüber hinaus reichende verfassungsrechtliche Schlüsse zu erlauben, weder als Impuls für künftige Verbundanstrengungen noch als ihre Grenze. Ähnliches gilt für die Postulate von der „Einheit",[154] „Widerspruchsfreiheit"[155]

---

[149] Namentlich dürfen die Gerichte Anträge nicht daran scheitern lassen, dass die Rechtslage unklar ist (*BVerfGE* 96, 44 [50]), und die Vorschriften über die Verweisung von Rechtsweg zu Rechtsweg (§§ 17–17b GVG) sind 1990 dahingehend geändert worden, dass Nachteile für die Bürger infolge unklarer Rechtswegzuweisungen stark abgemildert werden können (*BVerwG*, DVBl 2002, S. 1555).

[150] Näher *Ehlers*, Privatrechtsform (Fn. 27), S. 113 f., 223.

[151] Näher → Rn. 72; → Bd. I *Groß* § 13 Rn. 77 ff.

[152] Darauf hat zu Recht *Thomas Vesting*, Wiederkehr der bürgerlichen Gesellschaft und ihres Rechts? Zur neueren Diskussion über das Verhältnis von öffentlichem Recht und Privatrecht, in: Hans Schlosser (Hrsg.), Bürgerliches Gesetzbuch 1896–1996, 1997, S. 183 ff., unter Auseinandersetzung mit *Ernst-Joachim Mestmäcker*, Die Wiederkehr der bürgerlichen Gesellschaft und ihres Rechts, Rechtshistorisches Journal, Bd. 10 (1991), S. 177 ff., hingewiesen.

[153] So zuletzt u. a. *Manssen*, Privatrechtsgestaltung (Fn. 20), S. 112 ff.; *Kahl*, Bedeutung (Fn. 20), S. 724; *Christoph Möllers*, Staat als Argument, 2000, S. 308 ff., mit dem richtigen Hinweis, dass alle Rechtsregimes dem staatlichen Wirkbereich entstammen.

[154] Gemeint ist hier nicht die bereits zu Rn. 38, als eine der Erscheinungsformen innerhalb des Verbunds der Rechtsregimes genannte Rechtseinheit als Zustand des Fehlens von Norm- bzw. Wertungswidersprüchen, sondern ein verfassungsrechtliches Gebot, das zur Herstellung dieses Zustands verpflichten würde (umfassend hierzu *Manfred Baldus*, Die Einheit der Rechtsordnung, 1995; *Dagmar Felix*, Einheit der Rechtsordnung, 1998, sowie zur Historie *Reinhard Damm*, Risikosteuerung im Zivilrecht, in: Hoffmann-Riem/Schmidt-Aßmann [Hrsg.], Auffangordnungen, S. 85 [134]).

[155] In der bislang vom *BVerfG* anerkannten Form verpflichtet dieses Gebot Bund und Länder dazu, ihre Regelungen zwischen Abgaben- und Verhaltenslenkungsrecht so aufeinander abzustimmen, dass Widersprüche vermieden werden (*BVerfGE* 98, 106); aufgegriffen von *BVerfGE* 98, 265 (301).

bzw. „Systemgerechtigkeit der Rechtsordnung".[156] Abgesehen von der jeweils zweifelhaften verfassungsrechtlichen Anerkennung ihrer Existenz und Reichweite sind sie zu pauschal,[157] um innerhalb hochdifferenzierter Verbundstrukturen messbare Wirkungen auslösen zu können. Immerhin markieren sie das unumstrittene Ziel jeglichen rechtssystematischen Bemühens angesichts von Teilrechtsordnungen, nämlich die weitestmögliche Bewahrung bzw. Herstellung von Einheit in Vielfalt.

2. Rechtsregimewahlkompetenz

Angesichts der eingehend geschilderten Ausgangslage steht der Verwaltungs-Gesetzgeber bei jedem neuen Gesetz betreffend die Verwaltung vor der Wahl, öffentlich-rechtliche oder privatrechtliche Regelungen zu schaffen. Trifft er keine Aussage, so greift die Vermutungsregel ein, wonach die getroffenen Regelungen infolge ihrer Adressierung als Sonderrecht der Verwaltung, mithin als Öffentliches Recht zu qualifizieren sind. Die Verwaltung befindet sich ihrerseits in einer Wahlsituation, wenn ihr Verhalten sowohl einem Rechtssatz des Öffentlichen Rechts als auch einem Rechtssatz des Privatrechts zugeordnet werden kann; auch hier greift eine Vermutungsregel. Die Auseinandersetzung um Grundlage und Grenzen der Regimewahlkompetenz (insbesondere zugunsten der Verwaltung) bildet den Schwerpunkt der bisherigen wissenschaftlichen Bemühungen im Themenfeld Öffentliches Recht/Privatrecht. Dabei bietet die Perspektive des Verbunds einen neuen Zugang jenseits des Entweder/Oder-Denkens, das den klassischen Theorien vom sog. Verwaltungsprivatrecht und der Zweistufigkeit zugrunde liegt. Den Anfang bildet nochmals das Verfassungsrecht, dessen vermeintliche Vorgaben die Quelle des herkömmlichen dogmatischen Zugriffs bilden.

56

a) Jenseits der verfassungsrechtlichen Grenzen: Regimewahlkompetenz unter Aufgaben- und Wirksamkeitsorientierung

Bislang wurde festgestellt, dass die wichtigsten Verfassungsbindungen regimeunabhängig eingreifen, weswegen sich mit der Ausübung der Regimewahlkompetenz insoweit kein Austausch der Rechtsmaßstäbe verbindet.[158] Gibt es spezifische Grenzen der Wahlfreiheit? Explizite Festlegungen, d.h. die Wahl des Rechtsregimes durch die Verfassung selbst, sind selten; genannt seien die Vorschriften der Art. 87e Abs. 3 Satz 1 und Art. 87f Abs. 2 Satz 1 GG, die die Organisationsformen des Privatrechts vorschreiben, während in Art. 87 Abs. 2 und

57

Versuche der Fortentwicklung zu einem allgemeinen, umfassenderen Verfassungsgebot bei *Walter Frenz*, Das Prinzip widerspruchsfreier Normgebung und seine Folgen, DÖV 1999, S. 41 (44f.); *Helge Sodan*, Das Prinzip der Widerspruchsfreiheit der Rechtsordnung, JZ 1999, S. 864 (871f.). Zu Recht kritisch und mit dem Fazit schließend, dass man sich „darauf konzentrieren sollte, das bundesstaatliche Gebot der Widerspruchsfreiheit möglichst eng zu handhaben", jüngst *Bumke*, Rechtswidrigkeit (Fn. 98), S. 80f.

[156] Darstellend – kritisierend *Franz-Josef Peine*, Die Legalisierungswirkung, JZ 1990, S. 201 ff.

[157] So auch *Franz-Josef Peine*, Systemgerechtigkeit: Die Selbstbindung des Gesetzgebers als Maßstab der Normenkontrolle, 1985, S. 208 ff.; *Meinhard Schröder*, Verwaltungsrecht als Vorgabe für Zivil- und Strafrecht, VVDStRL, Bd. 50 (1991), S. 196 (205 f.).

[158] So aber *Joachim Burmeister*, Verträge und Absprachen zwischen der Verwaltung und Privaten, VVDStRL, Bd. 52 (1993), S. 190 (214); vgl. demgegenüber *Rainer Schröder*, Verwaltungsrechtsdogmatik im Wandel, 2007, S. 211 ff.

Abs. 3 Satz 1 GG bestimmte Rechtsfolgen nur an die Organisationsform der öffentlich-rechtlichen Körperschaft geknüpft werden. In Situationen, in denen ein bestimmtes verfassungsrechtlich oder einfachgesetzlich vorgegebenes Ziel (z. B.: Rettung einer Geisel, Enteignung eines Grundstücks) erreicht werden muss, kann die Wahl des Privatrechtsregimes aufgrund seines Profils (in den Beispielsfällen: wegen seiner Durchsetzungsschwäche)[159] ausgeschlossen sein.[160] Fast immer ist der Verwaltung in solchen Situation freilich gar kein Wahlrecht mehr eröffnet, weil der Gesetzgeber bereits eine eindeutige Zuordnung zum öffentlich-rechtlichen Regime vorgegeben hat.

58 Die ungeschriebene, aber allgemein anerkannte Regel vom institutionell-organisatorischen **Vorbehalt des Gesetzes** weist die Wahl der privatrechtlichen Organisationsform dem Gesetzgeber zu,[161] d.h. die Regimewahlkompetenz der Verwaltung besteht insofern nur nach gesetzlicher Maßgabe. Im Hinblick auf die Wahl des Regimes für das Handeln der Verwaltung bedarf es – entgegen bisweiliger Behauptung[162] – keiner gesetzlichen Vorentscheidung. Dagegen beansprucht die Regel vom **Vorrang des Gesetzes** durchgehend Beachtung. Dabei ist es im Bereich des Handelns als Normalfall anzusehen, dass der Verwaltungs-Gesetzgeber bereits eine Zuordnung (Beispiele: Ordnungsrecht, Beamtenrecht) vorgenommen hat. Aber auch im Hinblick auf die Verwaltungsorganisation finden sich Normen, die die Zuordnung zum Öffentlichen Recht vornehmen (Beispiel: Sparkassenbetrieb nur in Form der öffentlich-rechtlichen Anstalt) bzw. präferieren oder die Zuordnung zum Privatrecht konditionieren (Beispiele für die beiden letzten Fälle finden sich v. a. in den Gemeindeordnungen).[163]

59 Dort, wo keine Vorgaben aus der Verfassung bzw. (soweit es um die Regimewahl durch die Verwaltung geht) aus den Gesetzen bestehen, ist dem Verwaltungs-Gesetzgeber bzw. der Verwaltung die Kompetenz zur Wahl des Rechtsregimes eingeräumt. Für den Verwaltungs-Gesetzgeber bedeutet dies, dass er einen weiten Spielraum besitzt, innerhalb dessen er darüber entscheiden kann, ob er ein bestimmtes materielles Programm mit dem Profil des Öffentlichen Rechts oder mit dem Profil des Privatrechts verbinden will. Befindet sich die

---

[159] Näher → Rn. 18.

[160] Ähnlich, aber schärfer akzentuierend *Schlette,* Verwaltung (Fn. 69), S. 130 ff. Dies gilt insbesondere dann, wenn zur erfolgreichen Aufgabenerledigung der Einsatz des dem Staat vorbehaltenen Mittels physischer Gewalt, welches durch den Staat in den Formen des Öffentlichen Rechts eingesetzt wird, erforderlich ist (ausführlich hierzu *Martin Burgi,* Funktionale Privatisierung und Verwaltungshilfe. Staatsaufgabendogmatik – Phänomenologie – Verfassungsrecht, 1999, S. 183 f., 187 ff.).

[161] → Bd. I *Reimer* § 9 Rn. 23 ff. Näher *Ehlers,* Verwaltungsrecht (Fn. 8), § 1 Rn. 16. Keine Grenze zieht dagegen der sog. Funktionsvorbehalt für das Berufsbeamtentum der Art. 33 Abs. 4 GG (anders *Ehlers,* Privatrechtsform [Fn. 27], S. 121 f.), weil die Regelvermutung für den Einsatz von Beamten (welche grundsätzlich bei privatrechtsförmigen Organisationseinheiten gar nicht beschäftigt werden können) der bereits getroffenen Entscheidung für die Wahl des Öffentlichen Rechts („hoheitsrechtliche Befugnisse") nachfolgt (ausführlich *Burgi,* Privatisierung [Fn. 160], S. 210 ff., 221 f.).

[162] Bei *Karl A. Schachtschneider,* Staatsunternehmen und Privatrecht, 1986, S. 175 ff., 235 f.; *Burmeister,* Verträge (Fn. 158), S. 190 ff. (210 f.). Differenzierend *Ehlers,* Privatrechtsform (Fn. 27), S. 201 ff. Die Rechtsprechung ist dem nicht gefolgt, sondern geht konkret etwa davon aus, dass die durch Art. 28 Abs. 2 Satz 1 GG den Kommunen eingeräumte Verbandskompetenz auch die Kompetenz zur Wahl des privatrechtlichen Regimes umfasse (ausdrücklich *BVerwGE* 92, 56 [64 f.]; *BGH,* NJW 1999, S. 208 [209]).

[163] Ausführliche systematische Darstellungen bei *Ehlers,* Privatrechtsform (Fn. 27), S. 158 ff., 172 ff.; *Schlette,* Verwaltung (Fn. 69), S. 130, jeweils m. w. N.

Verwaltung in der Wahlsituation, so ist ihr das materielle Programm (z. B. bei einer Subventionsvergabe) durch den Gesetzgeber bereits vorgegeben, über die Zuordnung zu einem der beiden Rechtsregimes kann sie aber eigenständig entscheiden. Sie unterliegt dabei nicht den „üblichen Ermessensgrenzen",[164] sondern „lediglich" den soeben beschriebenen Verfassungsgrenzen. Hier wirkt sich aus, dass die Entscheidungsmacht der Verwaltung keine durchgehend gesetzesbestimmte, nach den Grundsätzen des § 40 VwVfG zu domestizierende Macht ist. Die „Eigenständigkeit der Verwaltung"[165] äußert sich hier in der Kompetenz zur Wahl des Rechtsregimes.

In beiden Situationen ist die Rechtsregimewahl ausschließlich an den jeweiligen Aufgaben und an der Wirksamkeit ihrer Erledigung zu orientieren. Verwaltungs-Gesetzgeber bzw. Verwaltung haben eine Relation zwischen den jeweils zu erreichenden Zielen bzw. zu erledigenden Aufgaben und dem Profil (den Stärken und Schwächen) der beiden Rechtsregimes herzustellen. Dabei wird das jeweilige allgemeine Profil je nach normativem Kontext und rechtstatsächlicher Situation durch spezifische Aspekte ergänzt, v. a. bei der Regimewahl im organisatorischen Bereich, wo mitbestimmungs-, tarifvertragliche oder steuerliche Gesichtspunkte für (oder auch gegen) die Wahl des Privatrechtsregimes sprechen können.[166] Kommt es hierbei zu Fehleinschätzungen[167] und wird die erstrebte Wirksamkeit infolge der Wahl des falschen Regimes verfehlt, so beruht dies auf einer Dysfunktionalität, was rechtswissenschaftlich analysiert (vgl. sogleich) und politisch verantwortet werden muss.

b) Wahl des Privatrechts durch den Verwaltungs-Gesetzgeber

Die bislang kaum thematisierte Regimewahlkompetenz des Verwaltungs-Gesetzgebers realisiert sich dann, wenn sich der Gesetzgeber entschließt, die Vermutungsregel zugunsten der Qualifizierung staatsadressierter Vorschriften als öffentlich-rechtlich[168] zu durchbrechen und die Verwaltungstätigkeit innerhalb eines bestimmten Anwendungsbereichs dem Privatrecht zu unterwerfen. Dies geschieht am augenfälligsten dort, wo **privatrechtliche Normen explizit (fast) nur für die Verwaltung** gelten, wie es bei den Tarifordnungen der öffentlichen Angestellten und Arbeiter sowie beim sog. Kartellvergaberecht (dem Vergaberecht oberhalb der europaweiten Schwellenwerte) der Fall ist. Eine zweite, weitaus größere Gruppe ist dadurch gekennzeichnet, dass ausschließlich an „Jedermann" adressierte Normen existieren, während spezifische **öffentlich-rechtliche Normen** (an den Staat adressierte Sonderrechtssätze) **für die betroffenen Tätigkeiten gar nicht vorhanden** sind. So liegen die Dinge in weiten Teilen des Rechts der Verwaltung des Finanzvermögens und der Teilnahme am allgemeinen Wirtschaftsverkehr (insbesondere beim Grundstücks- oder Güter-

---

[164] So aber *Ehlers*, Privatrechtsform (Fn. 27), S. 375, 517; *Thomas v. Danwitz*, Die Benutzung kommunaler öffentlicher Einrichtungen – Rechtsformenwahl und gerichtliche Kontrolle, JuS 1995, S. 1 (5 f.); *Schlette*, Verwaltung (Fn. 69), S. 130.
[165] Näher → Bd. I *Hoffmann-Riem* § 10.
[166] Ausführliche Zusammenstellungen bei *Ehlers*, Privatrechtsform (Fn. 27), S. 251 ff.; *Wolff/Bachof/Stober/Kluth*, VerwR I, § 11 Rn. 33 f., § 34 Rn. 13; *Thomas Mann*, Die öffentlich-rechtliche Gesellschaft. Zur Fortentwicklung des Rechtsformenspektrums für öffentliche Unternehmen, 2002, S. 149 ff.; *Burgi*, KommunalR, § 17 Rn. 68 ff.
[167] Eingehende Analyse bei *Mann*, Gesellschaft (Fn. 166), S. 153 ff.
[168] Näher → Rn. 23.

§ 18 Rechtsregime

verkauf), wo die tatbestandlich einschlägigen Privatrechtssätze (insbesondere das BGB) für alle Privaten und auch für die Verwaltung gelten.[169]

62 Weitere Fälle einer Ausübung der Regimewahlkompetenz durch den Verwaltungs-Gesetzgeber lassen sich dort finden, wo im Schrifttum bislang das weitere Rechtsregime des „gemeinsamen Rechts" gebildet wird.[170] Hierunter sollen diejenigen Rechtssätze fallen, in denen gleichzeitig eine öffentlich-rechtliche und eine privatrechtliche Regelung stecke und die daher dem Regime des Öffentlichen Rechts wie dem Regime des Privatrechts gleichermaßen angehörten. Praktisch besonders wichtige Beispiele hierfür[171] werden in § 70 GewO (Zulassungsanspruch gegen die „Veranstalter" von festgesetzten Märkten) und in den Gefährdungshaftungsansprüchen (z.B. §§ 89 WHG, 7 StVG) gesehen. Aus der hier zugrunde gelegten Perspektive des Verbunds der beiden Rechtsregimes handelt es sich um eine **überflüssige Kategorie:** Mit der Adressierung jener Rechtssätze an „Jedermann" hat der Gesetzgeber insoweit, als die Verwaltung betroffen ist, von seiner Regimewahlkompetenz zugunsten des Privatrechts Gebrauch gemacht. Das bedeutet konkret, dass Zulassungsansprüche gegen gemeindlich betriebene „festgesetzte Märkte" nach § 70 GewO ebenso privatrechtlicher Natur sind[172] wie die Gefährdungshaftungsansprüche aus Anlass eines Verwaltungshandelns.[173] Für sie gilt das Gleiche wie für die Vorschriften über die Teilnahme am allgemeinen Wirtschaftsverkehr, welche (richtigerweise) ja auch nicht der Kategorie „gemeinsames Recht" zugeschlagen werden.

63 Grenzen bei der Wahl des Privatrechts als Rechtsregime der Verwaltung sind dem Gesetzgeber ausschließlich durch die Verfassung gezogen. Die Gefahr von Wertungs- oder gar Normwidersprüchen besteht nach Ausübung der Regimewahlkompetenz nicht, weil zumeist[174] eine vollständige Zuordnung der Maßstä-

---

[169] Diese könnte sodann in die Situation der Regimewahlkompetenz gelangen, wenn alternativ öffentlich-rechtliche Normen zur Verfügung stehen und der Gesetzgeber nicht zwingend deren Geltung angeordnet hat (→ sogleich Rn. 64f.).

[170] Grundlegend *Karl A. Bettermann,* Vom Rechtsschutz und Rechtsweg des Bürgers gegen Rundfunk-Rufmord, NJW 1977, S. 513 (515f.); *Ehlers,* Privatrechtsform (Fn. 27), S. 60; *Utz Schliesky,* Öffentliches Wettbewerbsrecht, 1997, S. 296; ablehnend *Schmidt,* Unterscheidung (Fn. 15), S. 238ff.; *Kopp/Schenke,* VwGO, § 40 Rn. 11.

[171] § 3 AbgG, der den Urlaubsanspruch von Bundestagskandidaten zur Vorbereitung der Wahl regelt, enthält dagegen nebeneinander eine öffentlich-rechtliche (betreffend die Beamten) und eine privatrechtliche Anspruchsgrundlage in einer Norm, weil er so zu lesen ist, dass der Anspruch nach Maßgabe der für das jeweilige Beschäftigungsverhältnis maßgeblichen Vorschriften zu erfüllen ist. Dagegen sieht *Ehlers,* Verwaltungsrecht (Fn. 8), Rn. 25, hierin ein Beispiel für die Kategorie des „gemeinsamen Rechts".

[172] Auch wenn der Markt als öffentliche Einrichtung organisiert und das Benutzungsverhältnis öffentlich-rechtlich ausgestaltet ist; in diesem Fall ist dann der privatrechtliche Anspruch aus § 70 GewO vorgelagert, d.h. er ist von der Verwaltung durch Abschluss eines öffentlich-rechtlichen Vertrages oder Erlass eines Verwaltungsaktes zu erfüllen. Für eine Differenzierung danach, ob der Marktveranstalter eine Gemeinde oder ein Privater ist, dagegen *Stefan Storr,* in: Johann-Christian Pielow, GewO, 2009, § 70 Rn. 49f.

[173] Nach der Gegenansicht sei diese Anspruchsgrundlage dann dem Öffentlichen Recht zuzuordnen, wenn ein Beamter in Ausübung einer hoheitsrechtlichen Tätigkeit am Straßenverkehr teilnimmt (*BGHZ* 29, 38 [40]; *BGH,* DÖV 2001, S. 563; *Ehlers,* Verwaltungsrecht [Fn. 8], Rn. 24). M.E. ist es gleichgültig, ob das haftungsbegründende Verwaltungshandeln im Übrigen dem Öffentlichen Recht zuzuordnen ist. Dies hat lediglich zur Folge, dass neben den unverändert privatrechtlichen Gefährdungshaftungsanspruch eben der Amtshaftungsanspruch tritt (ebenso *Maurer,* VerwR, § 28 Rn. 15f.).

[174] Als Ausnahme: Eingreifen des privatrechtlichen Gefährdungshaftungsanspruchs nach öffentlich-rechtlichem Handeln (→ Rn. 62) neben den öffentlich-rechtlichen Maßstabsnormen, deren Miss-

be, der Verfahrens-, Organisations-, Rechtsweg- und Haftungsregeln zum Regime des Privatrechts erfolgt. So gesehen wird gerade keine Verbundlösung gewählt, sondern in einer Entweder/Oder-Situation ganz auf das privatrechtliche Regime gesetzt. Dabei bilden jenseits der verfassungsrechtlichen Grenzen die zu erfüllenden Aufgaben und deren erfolgreiche Erledigung den einzigen Orientierungspunkt. Es hängt somit zumeist nicht von Grundsatzüberlegungen, sondern von den Gegebenheiten des jeweiligen Umfeldes in Relation zum Profil des Privatrechts ab, ob sich dessen Wahl als dysfunktional oder als Erfolg versprechend erweist. Im Falle des ja erst vor wenigen Jahren – und unter breiter, bis heute aufrecht erhaltener Kritik –[175] explizit privatrechtlich konzipierten Kartellvergaberechts ist die gesetzgeberische Hoffnung auf eine zeitnahe Rechtsschutzgewährung durch die als insoweit leistungsfähiger eingeschätzten ordentlichen Gerichte[176] jedenfalls eindrucksvoll erfüllt worden; rechtsstaatlich befriedigendere Zustände als seit 1999 haben in diesem Gebiet zu keinem der (öffentlich-rechtlich geprägten) Zeitpunkte davor bestanden.

c) Wahl des Privatrechts durch die Verwaltung bei Handeln oder Organisation

64 Weitaus komplexer und problembeladener ist die Situation der Regimewahlkompetenz, wenn diese durch die Verwaltung ausgeübt wird. Bereiche, in denen dies vor allem vorkommt, sind die Beschaffungsverwaltung, die Förderungsverwaltung (Subventionswesen) und die Leistungsverwaltung, die vielfach im Modus des Wirtschaftlichen, d.h. im Austausch von (infrastruktureller, kultureller oder sozialer) Leistung (deskriptiv: „Daseinsvorsorge")[177] und Gegenleistung (Entgelt) agiert, und die dabei abzuschließenden Verträge wegen dessen (vermeintlicher) Stärken dem Privatrecht zuordnen möchte. Zu differenzieren ist danach, ob sich die Wahl der Privatrechtsform auf das **Handeln** oder auf die **Organisation** bezieht; im letzteren Fall der sog. Organisationsprivatisierung[178] folgt freilich dem privatrechtlichen Organisations-Rechtsregime das privatrechtliche Handlungs-Rechtsregime regelmäßig nach. Ausgangspunkt ist auch hier wieder eine Vermutungsregel, d.h. das Privatrechtsregime muss ausdrücklich gewählt worden sein und überdies müssen sowohl im Öffentlichen Recht als auch im Privatrecht Rechtssätze vorhanden sein, zwischen denen die Verwaltung dann wählen kann. Nachfolgend wird sich zeigen, dass die Ausübung der Regimewahlkompetenz durch die Verwaltung – anders, als auf der Ebene des Verwaltungs-Gesetzes – nicht so sehr zu einem Entweder/Oder, sondern zur Komplementarität der beiden Rechtsregimes führt.

---

achtung den Primärrechtsschutz vor den Verwaltungsgerichten auslöst und zusätzlich den öffentlich-rechtlichen Amtshaftungsanspruch auf Sekundärebene.

[175] Nach §§ 107, 116 Abs. 3 Satz 1, 124 Abs. 2 und 127 Abs. 1 Nr. 1 GWB sind allein die Zivilgerichte (Oberlandesgerichte, BGH) hierfür zuständig. Dies wurde kritisiert bzw. teilweise zu überwinden versucht u.a. von *Georg Hermes*, Gleichheit durch Verfahren bei der staatlichen Auftragsvergabe, JZ 1997, S. 909 (915); *Peter M. Huber*, Der Schutz des Bieters im öffentlichen Auftragwesen unterhalb der sog. Schwellenwerte, JZ 2000, S. 877 (882); *Thomas Puhl*, Der Staat als Wirtschaftssubjekt und Auftraggeber, VVDStRL, Bd. 60 (2001), S. 456, 484.

[176] Bereits → Rn. 33.

[177] Näher → Bd. I *Schulze-Fielitz* § 12 Rn. 125 ff. Zur fehlenden Rechtsqualität vgl. statt vieler *Johann-Christian Pielow*, Grundstrukturen öffentlicher Versorgung, 2001, S. 353 ff.

[178] Näher → Bd. I *Voßkuhle* § 1 Rn. 60, *Schulze-Fielitz* § 12 Rn. 109.

aa) Kritik der Lehre vom Verwaltungsprivatrecht

65 Die rechtswissenschaftliche Auseinandersetzung mit der Regimewahlkompetenz der Verwaltung wird bis heute von der **Lehre vom Verwaltungsprivatrecht** beherrscht. Diese unterscheidet in ihrer vorherrschend vertretenen und bis in die Rechtsprechung hinein[179] höchst wirkmächtigen Ausprägung[180] nach der Art der wahrgenommenen Aufgaben und proklamiert (nur) für die Leistungs- und Lenkungsaufgaben (will heißen für die „unmittelbare Verfolgung öffentlicher Zwecke") die Geltung eines „besonderen Verwaltungsprivatrechts", das durch die Überlagerung der privatrechtlichen Bindungen und Befugnisse mit „etlichen öffentlich-rechtlichen Bindungen" gekennzeichnet sei. In modifizierter Form wird in ihr ein „Programm rechtlicher Disziplinierung" gesehen, das aufgabenunabhängig, also auch bei der sog. erwerbswirtschaftlich-fiskalischen Betätigung eingreife.[181]

66 Die Lehre vom Verwaltungsprivatrecht ist **aus mehreren Gründen abzulehnen,**[182] und zwar weil

– sie in der klassischen Ausprägung auf einer verfassungsrechtlich überholten, dem Fiskusdenken verhafteten Abstufung der Verfassungsgebundenheit nach Aufgabenkategorien bzw. der Unmittelbarkeit der verfolgten öffentlichen Zwecke beruht;[183] richtigerweise ist die Verwaltung insbesondere an die Grundrechte und an das Erfordernis eines öffentlichen Zwecks durchgehend gebunden;

– sie – entgegen dem ersten Anschein („Überlagerung") – einer Trennungsperspektive verhaftet bleibt, in der Öffentliches Recht und Privatrecht nicht als zwei funktional differenzierte Teil-Rechtsordnungen mit Stärken und Schwächen, sondern einseitig als Bindungs-Recht (zur Vereitelung einer „Flucht") bzw. als Autonomie-Recht erscheinen. Dabei wird die Leistungsfähigkeit des Privatrechts bei der Gewährleistung materiell-verfassungsrechtlicher Schutzstandards unter- bzw. geringgeschätzt;

– die verwaltungsprivatrechtliche Deutung Klarheit verspricht und Unklarheit schafft, indem sie die angeblich eingreifenden öffentlich-rechtlichen Bindungen unterhalb der Verfassung („etliche") nicht bestimmen kann;

– sie den Anspruch einer „Lehre" erhebt, wohingegen die Wahl des Rechtsregimes in den meisten Situationen kontextabhängig ist und

– schließlich missachtet wird, dass in nicht wenigen Bereichen (v.a. bei der Verwaltung des Finanzvermögens, der Teilnahme am allgemeinen Wirtschaftsverkehr bis hin zur Abwicklung von Subventionen) aussagekräftige Rechtssätze des Öffentlichen Rechts (über Ob und Wie der Leistungserbringung,

---

[179] Etwa *BGH*, NJW 2003, S. 2451; zuletzt *HessVGH*, DÖV 2005, S. 210 (211).

[180] Zu den Einzelheiten vgl. *Wolff/Bachof/Stober/Kluth*, VerwR I, § 23 Rn. 61 ff., mit zahlreichen N., insbesondere zu den klassischen Linien dieser Lehre.

[181] *Ehlers*, Verwaltungsrecht (Fn. 8), Rn. 78 ff.; *Schmidt-Aßmann*, Ordnungsidee, 6. Kap. Rn. 24 ff.

[182] Neuere Kritik auch bei *Röhl*, Verwaltung (Fn. 110), S. 531 ff., 545 ff., dessen eigenes Verständnis einer Art Vorverlagerung der Bindung an die Maßstäbe des Öffentlichen Rechts allerdings ebenfalls auf einer Trennungsperspektive beruht und überdies noch komplizierter erscheint. Kritisch zur Lehre vom Verwaltungsprivatrecht ferner *Krebs*, Verträge (Fn. 69), S. 273 f.

[183] Vgl. zu den kritisierten Gegenständen bereits → Rn. 45. *Wolff/Bachof/Stober/Kluth*, VerwR I, § 23 Rn. 61, sehen hierin gerade einen Vorzug der Lehre vom Verwaltungsprivatrecht. Wie hier dagegen *Johannes Masing*, Die Verfolgung öffentlicher Interessen durch Teilnahme des Staates am Wirtschaftsverkehr, EuGRZ 2004, S. 395 (397).

A. Öffentliches Recht und Privatrecht

Fälligkeit etc.), denen die Verwaltung ihre Betätigung zuordnen könnte, nur in sehr fragmentarischem Umfang existieren.[184] Spätestens bei den Details landete man rasch wieder bei den Regeln und Grundsätzen des Privatrechts, was § 62 Satz 2 VwVfG unumwunden offen legt. Dort, wo die Inhalte durch Einzelvertrag bestimmt werden und das Gesetz sowieso nur den Handlungs- bzw. Organisationsrahmen liefern soll, ist das inhaltsärmere, aber in Sachen Handlungs- und Organisationsrahmen[185] eingespieltere Privatrecht für die Verwaltung verständlicherweise attraktiver.

bb) Rechtmäßigkeit nebst Aufgaben- und Wirksamkeitsorientierung

67 Nach Jahrzehnten der judikativen und wissenschaftlichen Auseinandersetzung mit der Regimewahlkompetenz der Verwaltung sollte anerkannt werden, dass die Einhaltung der zu 1) beschriebenen verfassungsrechtlichen Anforderungen einschließlich der Regel vom Vorrang des Gesetzes – vorbehaltlich des hier nicht zu beachtenden Einzelfalls – gewährleistet ist. Wie im Hinblick sowohl auf die Handlungs- als auch auf die Organisationsebene gezeigt werden kann, wird den Rechtmäßigkeitsanforderungen ganz überwiegend durch Verbundlösungen entsprochen. Jenseits der rechtlich zwingenden Vorgaben erhebt sich wiederum die Frage nach der Dysfunktionalität, zunächst hinsichtlich der Wahl des Privatrechts als solchem und sodann hinsichtlich des Verbundes. Auch ihr ist auf der Handlungs- wie auf der Organisationsebene nachzugehen. Ob die Wahl des Privatrechts-Regimes im Einzelfall dysfunktional ist, ergibt sich aus einer kontextabhängigen Prüfung am Maßstab der Wirksamkeit. Hierbei kann die Verwaltungspraxis wissenschaftlich angeleitet werden; finanziell und politisch ist sie es, die für Fehleinschätzungen büßt. Auch innerhalb des per Ausübung der Regimewahlkompetenz entstehenden Verbunds muss etwaigen Dysfunktionalitäten im Interesse der weitestmöglichen Komplementarität entgegengewirkt werden; die Gefahr von Norm- und Wertungswidersprüchen besteht insoweit nicht.

68 Vielfach wird der Verbund der Rechtsregimes nach Ausübung der Regimewahlkompetenz als überwindungsbedürftige Aufspaltung von Schutzmaßstäben und Rechtswegen kritisiert.[186] Der Blick in die jahrzehntelange Praxis von Verwaltung und Gerichten erhärtet den damit erweckten Eindruck von Überforderung und Unzuträglichkeit indes nicht; namentlich die Rechtswegproblematik ist durch § 17 Abs. 2 GVG gut gelöst worden. In der Sache sind zwei Dinge wichtig: Erstens bietet das Öffentliche Recht in verschiedenen Situationen für einen Teil der jeweils zu bewältigenden Probleme gar keine Lösungen an, auf die alternativ zugegriffen werden könnte; dies gilt insbesondere bei der Abwicklung von Verteilungsentscheidungen (betreffend Subventionen, Einrichtungsnutzungen

---

[184] Im Hinblick auf die Vergabe von Subventionen auch *Schlette*, Verwaltung (Fn. 69), S. 144 f., um dann aber die „öffentlich-rechtliche Natur des Subventionsvertrages" damit zu begründen, dass hierbei „öffentliche Interessen" verfolgt würden.

[185] Zur Handlungsfähigkeit (S. 105 ff.), Berechtigung (S. 442 ff.) bzw. Verpflichtung (S. 349 ff.) der Verwaltung im Privatrechtsverkehr vgl. *Stelkens*, Verwaltungsprivatrecht (Fn. 40).

[186] Auf allgemeinerer Ebene vor allem von *Ehlers* (zuletzt [Fn. 8], in: Erichsen/Ehlers [Hrsg.], VerwR, § 2 Rn. 31 ff.); konkret für den Bereich der Subventionsvergabe von *Schlette*, Vertragspartner (Fn. 69), S. 143 f.; *Maurer*, VerwR, § 17 Rn. 11 ff. Eine positive Einschätzung findet sich dagegen bei *Schmidt-Aßmann*, Ordnungsidee, 6. Kap. Rn. 22 f.

etc.). Zweitens, und vor allem, erweisen sich gerade **Verbundlösungen** als **eingespielte, teilweise gar** als **notwendige Mechanismen zur Erfüllung der Verfassungsanforderungen** (vgl. sogleich), während die jeweilige Alternative einer rein öffentlich-rechtlichen bzw. einer rein privatrechtlichen Problembewältigung dogmatisch erst noch entwickelt werden müsste. Einige der Schwierigkeiten, die der Regimewahl zur Last gelegt werden, haben ihre Ursache woanders: Dass beispielsweise der Schutz von Konkurrenten bei der Vergabe von Subventionen oder von öffentlichen Aufträgen unterhalb der Schwellenwerte nach erfolgtem Zuschlag Not leidend wird,[187] hat weniger[188] mit der Wahl des Rechtsregimes, als mit dem Fehlen einfachgesetzlicher Verfahrensbestimmungen (v.a. Ausschreibungs- bzw. Informationspflichten) und diesbezüglicher subjektiver Rechte zu tun. Überhaupt, d.h. regimeübergreifend, ist das Verfahrensrecht bei Verträgen schwächer ausgebildet als bei Verwaltungsakten. Die rechtswissenschaftliche Fixierung auf die Regimewahlthematik hat die Erarbeitung diesbezüglicher Konzepte zwar nicht verhindert, aber doch den Blick für ihre Notwendigkeit getrübt.

69 (1) **Handlungsebene, insbesondere Zwei-Stufen-Lehre:** Da das privatrechtliche Regime ganz überwiegend nur bei der Vergabe von Leistungen gewählt wird, geht es aus grundrechtlich-rechtsstaatlicher Sicht vor allem um Verteilungs- und Vertragsgerechtigkeit. Sie werden zum einen gewährleistet durch **Vorkehrungen im Privatrecht,** seien es die allgemeinen Schutz- und Verfahrensmechanismen, seien es spezifische Schutz- und Verfahrensvorschriften, das Preisprüfungsrecht oder die Allgemeinen Versorgungsbedingungen für die entsprechenden Leistungsbeziehungen.[189]

70 Zum anderen gibt es **öffentlich-rechtliche Schutz- und Verfahrensvorschriften,** die nach expliziter Anordnung unabhängig davon eingreifen, welchem Regime die Verwaltung ihr Handeln zugeordnet hat. Im Falle der Wahl des Privatrechtsregimes wirken sie komplementär. Beispiele hierfür bilden die kommunalrechtlichen Vorschriften über Form und Vertretungsmacht beim Vertragsschluss, die haushaltsrechtlichen Bestimmungen für die Vergabe von Aufträgen unterhalb der Schwellenwerte, die das Verhalten von Eigentümern, Anlagenbetreibern oder Störern regelnden bau- bzw. ordnungsrechtlichen Vorschriften (sofern nicht explizite Privilegierungen eingreifen)[190] und schließlich § 11 BauGB,

---

[187] Dies liegt bei der Leistungsvergabe durch Verträge letztlich an dem Grundsatz „pacta sunt servanda"; vgl. exemplarisch für die Situation der Auftragsvergabe *BGH,* JZ 2001, S. 927 mit Anm. *Martin Burgi.* Die Situation ist übrigens auch aus dem Recht der Beamtenernennung, einer eindeutig öffentlich-rechtlich geordneten Materie, bekannt, vgl. dazu *BVerfG,* NJW 1990, S. 501; *BVerfG,* DVBl 2002, S. 1633; *BVerwGE* 118, 370 (374). Abhilfe hat dort die Anerkennung eines „Bewerbungsverfahrensanspruchs" und insbesondere einer Pflicht zur Benachrichtigung der im Auswahlverfahren unterlegenen Bewerber gebracht; noch zugkräftiger ist der in § 97 Abs. 7 GWB (mithin im privatrechtlichen Regime!) eingeführte Anspruch aller Bieter darauf, dass die Bestimmungen über das Vergabeverfahren eingehalten werden. Dieser Anspruch ist seit einigen Jahren überdies dadurch effektuiert, dass nach § 101b Abs. 1 GWB Verträge, die ohne vorherige Information anderer Bieter abgeschlossen wurden, unwirksam sind (vgl. hierzu zuletzt *BGH,* NZBau 2005, S. 290).

[188] Diesbezügliche Vorteile bietet allerdings die mit der sogleich vorgestellten Zwei-Stufen-Lehre verbundene Zuordnung der eigentlichen Auswahlentscheidung zum Öffentlichen Recht.

[189] In den Bereichen der Elektrizitäts-, Gas- und Wasserversorgung sowie für die Abwasser- und Abfallentsorgung gibt es „Allgemeine Versorgungsbedingungen", die als Rechtsverordnungen die Leistungsbeziehungen direkt gestalten, beispielsweise die VO über die Allgemeinen Bedingungen für die Versorgung mit Wasser (AVBWasserVO) v. 20. Juni 1980 (BGBl I, S. 750, ber. 1067).

[190] Vgl. z. B. für den Bereich des Baurechts §§ 37 BauGB, 80 BauO NW.

welcher als Sonderrecht der Verwaltung für jeden, mithin auch für den dem Privatrechts-Regime zugeordneten „städtebaulichen Vertrag" gilt. Verfahrensregeln können dann im Wege der Analogie aus dem VwVfG abgeleitet werden,[191] wenn sie als Ausfluss verfassungsrechtlicher Wertungen anzusehen sind, denen mit privatrechtlichen Vorkehrungen nicht Rechnung getragen werden kann.[192] Darüber hinausgehende Vereinheitlichungsbestrebungen sollten im Interesse der Profilwahrung der beiden Rechtsregimes unterbleiben.[193]

Die weitaus größte, weil bereichsübergreifende Bedeutung kommt öffentlich-rechtlichen Schutzmechanismen nach erfolgter Wahl des Privatrechtsregimes freilich in den von der sog. **Zwei-Stufen-Lehre**[194] erfassten Fällen zu. Diese betrifft die Leistungs- bzw. Förderungsverwaltung, wenn die Abwicklung einer Leistungs- (v.a.: Zulassung zu öffentlichen Einrichtungen) oder Förderentscheidung (v.a.: Subventionsgewährung) in Ausübung der Regimewahlkompetenz dem Privatrecht zugeordnet worden ist. Dies geschieht insbesondere dann, wenn das Öffentliche Recht für diese „zweite Stufe" keine aussagekräftigen Vorschriften anbietet.[195] Auf der „ersten Stufe" (der Leistungs- bzw. Förderentscheidung) ist die Zuordnung zum Öffentlichen Recht entweder bereits zwingend durch den Gesetzgeber erfolgt (wie v.a. beim kommunalrechtlichen Zulassungsanspruch für öffentliche Einrichtungen, bei der Beschaffungstätigkeit unterhalb der europarechtlichen Schwellenwerte,[196] sowie bei § 5 ParteienG[197]), oder die Verwaltung hat ein diesbezügliches Wahlrecht zugunsten des Privatrechts nicht ausgeübt (wie z.B. bei der Subventionsvergabe). In beiden Fällen beschreibt die Zwei-Stufen-Lehre eine vertikale Abschichtung der Rechtsverhältnisse: Im ersten Fall vorgegeben durch das Gesetz (Befolgung der Verfassungsregel vom Vorrang des Gesetzes), im zweiten Fall erfolgt in der (je nach Situation zu Unrecht gehegten) Hoffnung auf eine Steigerung der Wirksamkeit des Verwaltungshandelns. Hinzutreten können verfassungsrechtliche Überlegungen dahingehend, dass der Konkurrentenschutz materiell und verfahrensmäßig im öffentlichen Regime besser bewerkstelligt werden kann. Die Zwei-Stufen-Lehre erweist sich daher als hochmoderner Bestandteil der Verbund-Systematik. Sie versagt nur dort, wo es für die erste Stufe keine Rechtssätze im Regime des Öffentlichen Rechts gibt, weil der Verwaltungs-Gesetzgeber auch hierfür das Privatrecht gewählt hat. Über Ob und Wie einer Leistungsgewähr muss dann einheitlich in diesem Regime entschieden werden (Beispiel: Kartellvergaberecht[198]).

71

---

[191] Vgl. hierzu *Röhl,* Verwaltung (Fn. 110), S. 559 f.; *Gurlit,* Verwaltungsvertrag (Fn. 63), S. 322 f.

[192] Exemplarisch BGH, NJW 2003, S. 2451 (2453).

[193] Ähnlich *Schlette,* Verwaltung (Fn. 69), S. 164 ff.

[194] Als Darstellung von Inhalt und Kritik vgl. *Wolff/Bachof/Stober/Kluth,* VerwR I, § 22 Rn. 65 f.

[195] Sowie zwingend dann, wenn in die Abwicklung der Leistungen bzw. Förderaktivitäten ein privatwirtschaftliches Unternehmen eingeschaltet ist, welches nur privat-rechtlich handeln kann.

[196] Bislang finden sich für die Auswahlentscheidung in diesem Bereich Vorschriften im Haushaltsrecht von Bund und Ländern (ausgehend von § 55 BHO bzw. [z.B.] § 55 LHO NW); subjektive Rechte ergeben sich aus diesen Vorschriften nicht, u.U. aber aus den Grundrechten (vgl. ausführlich hierzu *Meinrad Dreher,* Vergaberechtsschutz unterhalb der Schwellenwerte, NZBau 2002, S. 419 ff.; *Martin Burgi,* Von der Zweistufenlehre zur Dreiteilung des Rechtsschutzes im Vergaberecht, NVwZ 2007, S. 737 ff., zurückhaltend gegenüber grundrechtlichen Wirkgehalten BVerfG, NJW 2006, S. 3701. Das BVerwG (NVwZ 2007, S. 820) hat daher zu Unrecht die zweistufige Deutung abgelehnt und eine einheitliche privatrechtliche Zuordnung zugrunde gelegt.

[197] Zur Zweistufigkeit in diesem Bereich vgl. OVG NW, NWVBl 2004, S. 479.

[198] Dazu, dass die Zwei-Stufen-Lehre hier ins Leere geht, vgl. bereits → Rn. 63.

72 (2) **Organisationsebene:** Die Entscheidung zugunsten des Privatrechts bereits als Regime für die Verwaltungsorganisation (v.a. in Gestalt von GmbHs und AGs) ist den jeweils verantwortlichen Verwaltungsträgern in Bund, Ländern und insbesondere in den Kommunen einfachgesetzlich eröffnet, womit dem zu 1b) genannten institutionellen Gesetzesvorbehalt entsprochen worden ist. Die Ausübung der Regimewahlkompetenz führt auch auf der Ebene der Organisation zu Verbundlösungen. So wird die verfassungsrechtlich normierte „Einwirkungspflicht"[199] gegenüber den privatrechtsförmig organisierten Trabanten durch öffentlich-rechtliche Vorschriften konkretisiert (vgl. z.B. §§ 65 ff. BHO, 53 f. HGrG),[200] während sie auf den verschiedenen Pfaden des Gesellschaftsrechts (v.a. durch Zweckbestimmung und Weisung gegenüber der privatrechtlichen Gesellschaft und deren Organen)[201] erfüllt werden muss. Sind Einwirkungspfade versperrt oder stehen sie aus gesellschaftsrechtlichen Gründen nicht zur Verfügung, dann muss die intendierte Organisationsprivatisierung (d.h. die Regimewahl) unterbleiben. Für die teilweise vertretene Lehre vom Verwaltungsgesellschaftsrecht,[202] welche angebliche Normwidersprüche betont, die gesellschaftsrechtlichen Steuerungsmechanismen diskreditieren und sie teilweise öffentlich-rechtlich überlagern möchte, ist aus den soeben gegen die Lehre vom Verwaltungsprivatrecht geltend gemachten Gründen kein Platz. Jenseits der verfassungs- und einfachrechtlichen Vorgaben ist freilich in jedem Einzelfall mit größerer Aufmerksamkeit als in der bisherigen Verwaltungspraxis darauf zu achten, ob die Wahl des Privatrechtsregimes tatsächlich die erhofften Wirkungsgrade erreicht. Neuere Untersuchungen und gesetzgeberische Aktivitäten zugunsten des öffentlich-rechtlichen Regimes (Ausbau des Anstaltsrechts) schärfen jedenfalls den Blick für etwaige Dysfunktionalitäten.[203]

3. Rechtsregimeübergreifende Wirkung

73 Der zweite große Verbund-Bereich nach den Fällen der Regimewahl lässt sich dadurch charakterisieren, dass der Gesetzgeber bzw., auf der Grundlage gesetzlicher Regelungen, die Verwaltung regimeübergreifende Wirkungen vorsieht bzw. erzeugt. Dies ist bei Beachtung der beschriebenen verfassungsrechtlichen Vorgaben ohne weiteres möglich und wird seit langem in den verschiedensten Bereichen des Fachverwaltungsrechts praktiziert. Künftige Potenziale erhebli-

---

[199] Vgl. nur *Günter Püttner*, Die Einwirkungspflicht, DVBl 1975, S. 353; *Ehlers*, Privatrechtsform (Fn. 27), S. 124 ff.; ferner *BVerwG*, DÖV 2001, S. 124.

[200] Ausführlich hierzu *Stefan Storr*, Der Staat als Unternehmer, 2001; *Mann*, Gesellschaft (Fn. 165), S. 230 ff., 429 ff.; *Janbernd Oebbecke*, Rechtliche Vorgaben für die Gründung kommunaler Gesellschaften, in: Hoppe/Uechtritz (Hrsg.), Hdb. Kommunale Unternehmen, 2. Aufl. 2007, § 8.

[201] *Storr*, Staat (Fn. 200), S. 455, 571 ff.; *Mann*, Gesellschaft (Fn. 166), S. 189 ff.

[202] Danach soll nicht nur dispositives, sondern auch zwingendes Gesellschaftsrecht außer Anwendung bleiben, wenn den Bindungen des Öffentlichen Rechts ansonsten nicht genügt werden kann (vgl. *Ernst T. Kraft*, Das Verwaltungsgesellschaftsrecht, 1982; *Thomas v. Danwitz*, Vom Verwaltungsprivat- zum Verwaltungsgesellschaftsrecht, AöR, Bd. 120 [1995], S. 595; ablehnend *Schmidt-Aßmann*, Ordnungsidee, 6. Kap. Rn. 27 ff.; *Burgi*, Gutachten 67. DJT (Fn. 116), S. D 106 f., ferner *Friedrich Kübler*, Gesellschaftsrecht als Rahmen der Interessenbalancierung, in: Hoffmann-Riem/Schmidt-Aßmann [Hrsg.], Reform, Auffangordnungen, S. 225 ff.).

[203] Vgl. hier nur *Mann*, Gesellschaft (Fn. 165), sowie als Beispiel für die Zurverfügungstellung der Anstaltsform bei öffentlichen Unternehmen § 114a GO NW. Näher → Bd. I *Groß* § 13 Rn. 78 f., *Jestaedt* § 14 Rn. 27 f.

chen Umfangs könnten innerhalb des Verfassungsrahmens und im Interesse der Wirksamkeit der Verwaltung ausgeschöpft werden. Betrachtet man die verschiedenen Erscheinungsformen aus der Sicht der Verwaltung, so bietet sich die Unterscheidung danach an,
– ob öffentlich-rechtliche Normen in das Privatrecht übergreifen (a),
– oder ob das öffentlich-rechtliche[204] Verwaltungshandeln Wirkungen im Privatrecht erzeugt (b).

a) Auf der Ebene der Normen

74 Wenn öffentlich-rechtliche Normen (im weiten, insbesondere kommunale Satzungen und Grenzwertfestsetzungen in Verwaltungsvorschriften umfassenden Sinne) in das Privatrecht hinüberwirken, besteht die Gefahr von Normwidersprüchen, von Wertungswidersprüchen und von Dysfunktionalitäten (wiederum nicht zuletzt durch Rechtswegspaltung). Um durchgehend eine Komplementarität der Regeln, Grundsätze und Bauformen zu ereichen, ist insbesondere bei der Anordnung ausnahmsloser Bindungswirkung (gegenüber öffentlich-rechtlichen Vorgaben) Zurückhaltung geboten.[205] Vielmehr: Berücksichtigung und Indizierung statt Bindung, flexible statt starre Addition bzw. Substitution innerhalb der beiden wichtigsten Untergruppen im Verbund, der tatbestandlichen Verknüpfung und der Sanktionswirkung.

75 Das bekannteste Beispiel[206] einer **tatbestandlichen Verknüpfung** öffentlich-rechtlicher mit privatrechtlichen Normen findet sich im Verhältnis zwischen § 906 BGB und verschiedenen Normen des Bauplanungs- bzw. Immissionsschutzrechts sowie neuerdings (vgl. § 36a GenTG) auch des Gentechnikrechts.[207] Das liegt nahe, weil es in diesen beiden öffentlich-rechtlich geprägten Gebieten in der Sache (auch) um den Ausgleich kollidierender Privatinteressen geht. Konkret hat der Gesetzgeber verschiedene Ansätze in der Rechtsprechung des Bundesgerichtshofs (Tennisplatzfall etc.) und des Bundesverwaltungsgerichts (Feuerwehrsirenenfall etc.) mit dem Sachenrechtsänderungsgesetz vom 21. 9. 1994 zusammengeführt.[208] Seither besteht eine Regelvermutung für die „Unwesentlichkeit" nachbarlicher Beeinträchtigungen, wenn deren Urheber die in Gesetzen und Rechtsverordnungen (einschränkend bei Verwaltungsvorschriften; vgl. § 906 Abs. 1 S. 3 BGB) niedergelegten Standards eingehalten hat. Ähnlich wird hinsichtlich des Tatbestandsmerkmals der „Ortsüblichkeit" verfahren. Jeweils geht es darum, die Stärken des Öffentlichen Rechts in der Grobsteuerung

---

[204] Die Situation nach privatrechtlichem Verwaltungshandeln ist im Rahmen der Darstellung der Regimewahlfreiheit (Rn. 64 ff.) abschließend behandelt worden.
[205] Vgl. *Jarass*, Verwaltungsrecht (Fn. 23), S. 250 f.; *Damm*, Risikosteuerung (Fn. 154), S. 136.
[206] Ein weiteres Beispiel bildet die Verknüpfung der ordnungsrechtlichen Zustandshaftung mit dem privatrechtlichen Eigentum. Hier können sich Probleme durch die zivilrechtlich eröffneten Dispositionsmöglichkeiten über das Eigentum (und auch über die Zustandsverantwortlichkeit?) ergeben (vgl. *Barbara Stickelbrock*, Angleichung zivilrechtlicher und öffentlich-rechtlicher Haftungsmaßstäbe beim Störerbegriff des § 1004 BGB, AcP, Bd. 197 [1997], S. 456 ff.).
[207] Dazu jüngst *BVerfG*, NVwZ 2011, S. 94 (108 ff.).
[208] BGBl I 1994, S. 2457. Aus der Rechtsprechung: *BGH*, NJW 1983, S. 751 (Tennisplatz); *BGH*, NJW 1993, S. 925 (Froschteich); *BGH*, NJW 1999, S. 1029 (Sprengung); *BVerwGE* 79, 254 (Feuerwehrsirene); systematische Aufbereitung bei *Achim Seidel*, Öffentlich-rechtlicher und privatrechtlicher Nachbarschutz, 2000, Rn. 450 ff.; *Christoph Enders*, Privatrechtsgestaltung durch Bebauungsplan und Baugenehmigung?, SächsVBl 2002, S. 289.

mit den Stärken des Zivilrechts in der situationsbezogenen Detailsteuerung zu kombinieren.

76   Von der tatbestandlichen Verknüpfung zu unterscheiden sind die Fälle, in denen ein Verstoß gegen öffentlich-rechtliche Normen eine **Sanktionswirkung im Privatrecht** auslöst. Erscheinungsformen sind die Qualifizierung öffentlich-rechtlicher Normen als „Verbotsgesetze" im Sinne von § 134 BGB[209] oder als „Schutzgesetze" im Sinne von § 823 Abs. 2 BGB[210] bzw. die Qualifizierung der Missachtung einer öffentlich-rechtlichen Vorschrift als „unlauterer Wettbewerb" im Sinne von § 3 UWG[211]. Sanktionswirkungen können sich ferner entfalten über § 1004 BGB,[212] über die Haftungstatbestände nach Missachtung von Verkehrssicherungspflichten sowie über die Anspruchsgrundlagen des Umwelthaftpflichtgesetzes[213]. Sie alle bieten bei funktionsgerechter Dosierung ein Potenzial zum Rückbau des (öffentlich-rechtlichen) Implementationsinstrumentariums[214] in Gestalt ordnungsbehördlicher Überwachungsmaßnahmen (Genehmigungen, Nutzungsuntersagungen, Verbotsverfügungen etc.).[215] Umgekehrt kann eine Sanktionswirkung im Privatrecht ausgeschlossen werden, wenn eine präventive ordnungsbehördliche Maßnahme (ein gestattender, u.U. auch ein feststellender Verwaltungsakt) die Geltendmachung privatrechtlicher Ansprüche gegen den hiervon begünstigten „Störer" präkludiert. Dann entfaltet jene Verwaltungsmaßnahme eine regimeübergreifende Wirkung, worauf sogleich zurückzukommen ist.

b) Auf der Ebene des Verwaltungshandelns

77   Eine rechtsregimeübergreifende Wirkung des Verwaltungshandelns (v.a. von Verwaltungs- und Realakten) wird zum ersten dadurch erzielt, dass die Verwaltung (bei öffentlich-rechtlichem Handeln) **privatrechtlichen Vorschriften unterworfen** ist. Wo es an deren ausdrücklicher Rezeption, d.h. der Anordnung ihrer Anwendbarkeit (explizit z.B.: § 62 Satz 2 VwVfG, § 49a Abs. 2 Satz 2 VwVfG) fehlt, kann eine Analogie zugrunde liegen. Auf diese Weise sind vor allem die Grundsätze des „verwaltungsrechtlichen Schuldverhältnisses" oder die Regeln

---

[209] *BGHZ* 47, 30; 51, 262.
[210] Vgl. *Trute,* Verzahnungen (Fn. 26), S. 187 f.
[211] Seit *BGHZ* 10, 228 (232); 17, 327 (332); vgl. nunmehr § 4 Nr. 11 UWG. Hierzu *Wolfgang Schaffert,* Die Durchsetzung der gewerberechtlichen Bestimmungen mit den Mitteln des Gewerberechts, VerwArch, Bd. 101 (2010), S. 566 ff.
[212] Vgl. neben der Kommentarliteratur *Di Fabio,* Risikosteuerung im Öffentlichen Recht, in: Hoffmann-Riem/Schmidt-Aßmann (Hrsg.), Auffangordnungen, S. 143 (155 f.).
[213] Zuletzt vgl. *Kloepfer,* UmweltR, § 6 Rn. 57 ff.; *Ruffert,* Verantwortung (Fn. 83), S. 1178 ff.; zu den sich aus den öffentlich-rechtlichen Vorgaben sodann ergebenden Ausstrahlungen auf die Anforderungen an Verantwortliche innerhalb der Unternehmen, mithin ins Gesellschaftsrecht hinein, vgl. *Kurt Kiethe,* Persönliche Haftung von Organen von Kapitalgesellschaften im Umweltrecht – Außenhaftung durch Öffentliches Recht, DVBl 2004, S. 1516 ff.
[214] Näher → Bd. III *Huber* § 45.
[215] Die Risiken eines solchen Konzepts werden seit einigen Jahren insbesondere im Baurecht diskutiert, wo im Zuge der Standort- und Beschleunigungsdebatte Genehmigungsverfahren verkürzt und vereinfacht worden sind, bis hin zur Freistellung von Bauvorhaben von der Genehmigungspflicht. Dies führt zu einer Verlagerung der zwischen den Nachbarn bestehenden Konflikte in das Privatrecht (analysiert u.a. bei *Christian Calliess,* Öffentliches und privates Nachbarrecht als wechselseitige Auffangordnungen. Überlegungen am Beispiel der Genehmigungsfreistellung im Ordnungsrecht, DV, Bd. 34 [2001], S. 69 ff.; *Hoppe/Bönker/Grotefels,* BauR, § 16 Rn. 16 ff. m.w.N.; *Pascale Cancik,* Fingierte Rechtsdurchsetzung – zum sukzessiven Abschied von der Eröffnungskontrolle, DÖV 2011, S. 1 [6 f.]).

über „verwaltungsrechtliche Willenserklärungen" entstanden.[216] Da der Analogieschluss die Prüfung der Übertragbarkeit des in Frage kommenden privatrechtlichen Rechtsgedankens erfordert,[217] ist automatisch eine Analyse der Funktionsgerechtigkeit veranlasst. Dabei wird es – in durchgehender Abhängigkeit von den Umständen des Einzelfalls – vielfach zu Teillösungen kommen (müssen). Stets ist beim Einbau privatrechtlicher Grundsätze und Bauformen (z. B. der schuldrechtlichen Gestaltungsrechte Anfechtung und Aufrechnung) in die öffentlich-rechtliche Dogmatik (im Beispiel: des Ermessens) ein hohes Maß an Sensibilität vonnöten.

Zum zweiten kann der Erlass (konkret) eines Verwaltungsaktes Bedingung für die Wirksamkeit (AGB-Genehmigung; Teilungsgenehmigung etc.) oder den Fortbestand (Ausübung eines Vorkaufsrechts) von Rechtsverhältnissen im Privatrecht sein bzw. dort Ansprüche präkludieren (sog. **privatrechtsgestaltender Verwaltungsakt**).[218] In der zuletzt genannten Variante wird, anders als in der zu a) skizzierten Konstellation, nicht auf die Sanktionswirkung öffentlich-rechtlicher Vorschriften im Privatrecht gesetzt, sondern auch die Feinsteuerung dem Öffentlichen Recht, konkret einem Genehmigungs-Verwaltungsakt, anvertraut. Dessen Bindungswirkung, zumal gegenüber den ordentlichen Gerichten,[219] muss freilich über dogmatische Konstruktionen wie „Tatbestands- oder Feststellungswirkung" erst entfaltet werden.[220] Dies gilt auch für die Aufhebbarkeit, den Einsatz von Nebenbestimmungen sowie die Anfechtbarkeit jener Verwaltungsakte, wobei jeweils Dysfunktionalitäten zu vermeiden sind. Jüngst ist darauf hingewiesen worden, dass der Einsatz des intelligent weiterentwickelten Instruments „privatrechtsgestaltender Verwaltungsakt" eine vergleichsweise unkomplizierte Alternative der Durchsetzung des öffentlichen Interesses in der Kooperation mit Privaten sein kann; er tritt dann an die Stelle komplizierter Holding-, also organisatorisch-institutioneller Arrangements.[221]

4. Gewährleistungsverwaltungsrecht

Der dritte, größte und aller Voraussicht nach zukunftsträchtigste Verbund-Bereich wird durch die dem sog. Gewährleistungsverwaltungsrecht zuzurechnenden Regeln und Bestimmungen gebildet. Sie knüpfen an die Einbeziehung Privater in die Erfüllung von Verwaltungsaufgaben, d.h. an die arbeitsteilige Verwirklichung des Gemeinwohls, insbesondere **nach Privatisierung** in den Formen der Verwaltungshilfe und der regulierten Selbstregulierung, an. Bestandteile des Gewährleistungsverwaltungsrechts finden sich in den ver-

---

[216] Zu den Einzelheiten vgl. *de Wall*, Anwendbarkeit (Fn. 21), S. 53 ff., 109 ff., 229 ff. Allgemein zu den „bürgerlich-rechtliche(n) Probleme(n) der öffentlichen Verwaltung" das gleichnamige Werk von *Jürgen Lehmann*, 4. Aufl. 2005; zur sich nicht zuletzt daraus ergebenden Bedeutung der Schuldrechtsreform für das Öffentliche Recht vgl. *Max-Emanuel Geis*, Die Schuldrechtsreform und das Verwaltungsrecht, NVwZ 2002, S. 385 ff.

[217] Vgl. *de Wall*, Anwendbarkeit (Fn. 21), S. 63 ff., 537 f.

[218] Zu Begriff und Erscheinungsformen vgl. *Manssen*, Privatrechtsgestaltung (Fn. 20); *Axel Tschentscher*, Der privatrechtsgestaltende Verwaltungsakt als Koordinationsinstrument zwischen öffentlichem Recht und Privatrecht, DVBl 2003, S. 1424 ff.

[219] Vgl. *Jarass*, Verwaltungsrecht (Fn. 23), S. 267 f.

[220] Zu den Einzelheiten: *Manssen*, Privatrechtsgestaltung (Fn. 20), S. 39 f.; *Damm*, Risikosteuerung (Fn. 154), S. 134 ff.; *Seidel*, Nachbarschutz (Fn. 208), S. 450 ff. Zu den Wirkungen von Verwaltungsakten → Bd. II *Bumke* § 35.

[221] *Tschentscher*, Verwaltungsakt (Fn. 218), S. 143 f.

§ 18 Rechtsregime

schiedensten Sektoren des Fachverwaltungsrechts, sowohl in vergleichsweise modernen Materien (Telekommunikations- und Energierecht) wie auch in Rechtsgebieten wie dem Umweltordnungs- oder dem Baurecht, ja sogar im Polizeirecht bei der kooperativen Gewährleistung der öffentlichen Sicherheit durch staatliche Polizei und private Sicherheitsdienste.[222] Übergreifende Aussagen sind mittlerweile in das Allgemeine Verwaltungsrecht hineingewachsen.

80 Das Gewährleistungsverwaltungsrecht bewirkt, dass der Staat trotz der Einbeziehung Privater in die Aufgabenerfüllung seinen verfassungsrechtlichen und einfachgesetzlichen Verpflichtungen weiterhin entsprechen kann. Die beiden Rechtsregimes Öffentliches Recht und Privatrecht sind somit Faktoren der Ausgestaltung des Gewährleistungskonzepts.[223] Hinsichtlich ihrer Profile, der Qualifizierung von Rechtssätzen und der Zuordnung zu Rechtssätzen gelten dabei ohne weiteres die zu II dargestellten Grundsätze. Auch die zu IV entwickelte Verbund-Perspektive und die dort beschriebenen Relationen innerhalb des Verbundes sind im Hinblick auf das Gewährleistungsverwaltungsrecht maßgeblich. Eine systematische Entfaltung des Verbunds der beiden Rechtsregimes kann für diesen Bereich aber nicht geleistet werden.[224] Denn der Verbund der Rechtsregimes folgt hier einem anderen Verbund nach, nämlich dem **Verbund bei der Gemeinwohlkonkretisierung** durch staatliche Verwaltung und Private. Der Staat nutzt bei der Einbeziehung Privater in die Gemeinwohlverwirklichung nicht primär das Privatrecht als Rechtsregime, sondern die Privaten und deren Handlungsrationalität. Dies impliziert u.a. das Privatrecht. Alle Rechtsprobleme und ihre Beantwortung wurzeln nicht unmittelbar auf der Ebene des Verbunds der Rechtsregimes, sondern auf jener Primärebene des Verbunds der Akteure, staatliche Verwaltung und Private. Dort müssen sie folglich auch beantwortet und bearbeitet werden. Nur dann kann dem in den letzten Jahren in Sachen Gewährleistungsverwaltungsrecht erfolgten Erkenntnisfortschrift adäquat Rechnung getragen werden.[225]

B. Öffentliches Recht und Strafrecht

I. Einführung

81 Das zweite große Rechtsregime, das im Umfang des Bestehens eines Verbunds mit dem Öffentlichen Recht Bestandteil des Verwaltungsrechts im weiteren Sin-

---

[222] Begriffliche und systematische Entfaltung in → Bd. I *Voßkuhle* § 1 Rn. 57, 58 ff., *Schulze-Fielitz* § 12 Rn. 51 ff., *Eifert* § 19 Rn. 52 ff.; *Burgi*, Gutachten 67. DJT (Fn. 116), S. D. 94 ff.

[223] Vgl. statt vieler und mit zahlreichen Nachweisen *Voßkuhle*, Beteiligung (Fn. 132), S. 309 f.; *Burgi*, Gutachten 67. DJT (Fn. 116), S. D 92 ff.

[224] Vgl. zu ihr → Bd. I *Schulze-Fielitz* § 12 Rn. 118 ff., *Eifert* § 19 Rn. 52 ff., und → Bd. II *Appel* § 32.

[225] *Schmidt-Aßmann*, Öffentliches Recht (Fn. 2), S. 28 f., und *Trute*, Verzahnungen (Fn. 26), S. 197 ff., haben demgegenüber im Zusammenhang mit ihren Überlegungen zum Verbund der beiden Rechtsregimes umfangreichere Beiträge zu dieser Thematik, und zwar unter dem Stichwort „Kooperationsaufgaben" geleistet. Nicht hinreichend genau auseinander gehalten wird die Ebene des Rechtsregimes von der Ebene der Gemeinwohlkonkretisierung im Verbund bei *Scherzberg*, Öffentliches Recht (Fn. 24), dem es entgegen seines Titels eigentlich darum geht, welche Rolle der Akteur Staat angesichts von Internationalisierung und Privatisierung in Zukunft noch spielen kann, und nicht darum, wie das Verhältnis der beiden Rechtsregimes durch den Staat gestaltet werden kann.

ne ist, bildet das Strafrecht. Die wissenschaftliche Verarbeitung der Wechselbezüge des Strafrechts mit dem Öffentlichen Recht erfolgte bislang vorwiegend aus verfassungsrechtlichem (Stichwort: Grundrechtskonformität von Strafbarkeit und Strafverfolgung bzw. -verfahren)[226] bzw. aus strafrechtsdogmatischem Erkenntnisinteresse (Stichwort: „Verwaltungsakzessorietät"[227]). Aufgabe dieses Abschnitts wird es sein, den **Verbund von Öffentlichem Recht** und **Strafrecht** aus der Sicht des Verwaltungsrechts systematisch zu erfassen. Dabei soll an die zu A erarbeiteten Begriffe, Strukturen und Kategorien angeknüpft werden.

Das Strafrecht ist ein Verbots- und Sanktionsregime. Als solches richtet es sich in erster Linie an Private, denen bestimmte Handlungen bzw. Unterlassungen untersagt werden, wobei für den Fall des Zuwiderhandelns die Rechtsfolge der Bestrafung vorgesehen ist. Neben Privaten können aber auch Verwaltungsangehörige betroffen sein, sei es über speziell auf sie zugeschnittene Delikte (sog. Amtsträgerstrafbarkeit), sei es über ihre Einbeziehung in den Täterkreis der übrigen Straftatbestände. Richtet sich das Strafrecht als Sanktionsregime an Private, so kann es aus verwaltungsrechtlicher Sicht einen Beitrag zur Sicherstellung der Verwirklichung verwaltungsrechtlicher Zielvorgaben durch die privaten Normunterworfenen leisten. Soweit es an Verwaltungsangehörige adressiert ist, sind Beiträge zur Sicherstellung der Verwirklichung verwaltungsrechtlicher Zielvorgaben durch die Verwaltung zu erwarten. Funktionell betrachtet stellt das Strafrecht somit insgesamt eine bedeutende **Implementationshilfe**[228] dar. 82

II. Profile und Abgrenzung

1. Das Strafrecht

Das Strafrecht stellt die Summe der Rechtsnormen dar, die für eine bestimmte Tat eine bestimmte Strafe oder Maßnahme als Rechtsfolge anordnen.[229] Es bildet einen elementaren Bestandteil der materialen Ordnung, darüber hinaus aber auch ein Steuerungsinstrument, indem gefragt wird, welche gesetzliche Regelung einen sozialerträglichen Zustand schafft. Stellt sich heraus, dass eine Strafrechtsnorm mehr Schaden als Nutzen stiftet, ist sie in Frage gestellt. Umgekehrt 83

---

[226] Grundlegend *Ivo Appel*, Verfassung und Strafe. Zu den verfassungsrechtlichen Grenzen staatlichen Strafens, 1998.

[227] Ausgehend von den Beratungen des 57. DJT (*Günter Heine/Volker Meinberg*, Empfehlen sich Änderungen im strafrechtlichen Umweltschutz, insbesondere in Verbindung mit dem Verwaltungsrecht?, Gutachten D für den 57. DJT, 1988, S. 119 ff.): *Andreas Schwarz*, Zum richtigen Verständnis der Verwaltungsakzessorietät des Umweltstrafrechts, GA, Bd. 140 (1993), S. 318 ff.; *Günter Heine*, Verwaltungsakzessorietät des Umweltstrafrechts, NJW 1990, S. 2425 ff.; *Bernhard W. Wegener*, Verwaltungsakzessorietät im Umweltstrafrecht, NStZ 1998, S. 608 ff.; *Ulli F. H. Rühl*, Grundfragen der Verwaltungsakzessorietät, JuS 1999, S. 521 ff.; *Wolfgang Wohlers*, Verwaltungsrechtsakzessorität und Rechtsmissbrauchsklauseln, JZ 2001, S. 860 ff.; *Winfried Hassemer*, Freistellung des Täters aufgrund von Drittverhalten, in: FS Theodor Lenckner, 1998, S. 97; *Hero Schall*, Die Verwaltungsakzessorietät im Lichte des § 330d Nr. 5 StGB, in: FS Harro Otto, 2007, S. 743 ff. Zur Frage der Auswirkungen bei verfassungswidrigem Verwaltungsrecht: *Moritz Feldmann*, Die Strafbarkeit privater Sportwettenanbieter gemäß § 284 StGB – zugleich eine Untersuchung zu den Grenzen der Verwaltungsakzessorietät, 2010, S. 194 ff. Aus verwaltungsrechtlicher Sicht → Rn. 93, 95.

[228] Näher → Bd. III *Waldhoff* § 46.

[229] Vgl. *Hans-Heinrich Jescheck/Thomas Weigend*, Lehrbuch des Strafrechts. Allgemeiner Teil, 5. Aufl. 1996, S. 9 ff.; *Jürgen Baumann* (Begr.)/*Ulrich Weber/Wolfgang Mitsch*, Strafrecht. Allgemeiner Teil, 11. Aufl. 2003, § 3 Rn. 1 ff.

kann das Strafrecht auf Grund seiner noch sogleich zu schildernden Leistungsprofile unter bestimmten Umständen mehr Nutzen stiften als der Einsatz der beiden anderen Rechtsregimes. Dies hat sich in der in den 90er Jahren in Gang gekommenen Diskussion um den komplementären Einsatz und, damit verbunden, den Ausbau des Umweltstrafrechts angesichts des Vollzugsdefizits im öffentlich-rechtlichen Umweltverwaltungsrecht gezeigt.[230] Im Sinne der eingangs vorgenommenen Abgrenzungen ist das Strafrecht übrigens Teil des öffentlich-rechtlichen Regimes, da es nicht um den Interessenausgleich zwischen zwei Privaten, sondern um den im Verhältnis zwischen dem Staat und dem Täter entstandenen Strafanspruch geht.

a) Funktionen und Charakter

84 Die zentrale Funktion des Strafrechts besteht im Schutz der innerhalb der Rechtsordnung für besonders wichtig erachteten Rechtsgüter. Daher, bedingt durch die Härte der Rechtsfolge, ist das Strafrecht von vornherein **fragmentarisch.** Nach der Theorie der Generalprävention hat das Strafen den Zweck, schon durch die Androhung straftatverhindernd und somit rechtsguterhaltend auf die Allgemeinheit zu wirken. Hinzu tritt das spezialpräventive Moment, den bereits Verurteilten von erneuter Straffälligkeit abzuschrecken, ihn zu bessern und zu resozialisieren. Nach der Rechtsprechung des BGH wird allerdings spezial- und generalpräventiven Gesichtspunkten nur insoweit Raum gelassen, als sie den Schuld-Sühne-Ausgleich und die Unrechtsvergeltung nicht antasten.[231]

b) Bestand und Vorkommen

85 Das Rechtsregime Strafrecht wird herkömmlich unterteilt in das im StGB angeordnete **Kernstrafrecht** und in das **Nebenstrafrecht,** welches bereits dadurch einen unmittelbaren Bezug zum Verwaltungsrecht aufweist, dass es den Anhang fachgesetzlicher, ggf. fachverwaltungsrechtlicher Kodifikationen bildet. Im Verbund mit dem Öffentlichen Recht stehende strafrechtliche Gesetze finden sich insbesondere in den Materien des Umweltrechts, des Straßenverkehrs-, Subventions- und Lebensmittelrechts. Über die öffentlich-rechtlichen Gesetze in diesen Materien erfolgt ein Großteil der bislang zu beobachtenden europarechtlichen Einwirkungen auf das Strafrecht.[232] Neben dem materiellen Strafrecht können Verbundkonstellationen im Strafvollstreckungs- bzw. -vollzugsrecht bestehen. Fälle geringeren Unrechtsgehalts, die nach allgemeiner gesellschaftlicher Auffassung nicht im eigentlichen Sinne straffällig sind, hat der Gesetzgeber dem **Ordnungswidrigkeitenrecht** zugewiesen. Die dort vorgesehene Rechtsfolge der

---

[230] Grundlegend *Renate Mayntz* u.a., Vollzugsprobleme der Umweltpolitik, 1978; *Rüdiger Breuer,* Probleme der Zusammenarbeit zwischen Verwaltung und Strafverfolgung auf dem Gebiet des Umweltschutzes, AöR, Bd. 115 (1990), S. 448 (452 f.); *Sparwasser/Engel/Voßkuhle,* UmweltR, § 2 Rn. 1 ff. Das Umweltrecht bildete das zentrale Referenzgebiet in der Diskussion um die „Krise des Ordnungsrechts" (näher → Bd. I *Voßkuhle* § 1 Rn. 10).

[231] Vgl. *BGHSt* 20, 264 (265 f.); *BGHZ* 34, 150 (151). Bündige Darstellung der verschiedenen Straftheorien bei *Baumann/Weber/Mitsch,* Strafrecht (Fn. 229), § 3 Rn. 24 ff.

[232] Nähere Analyse bei *Helmut Satzger,* Europäisierung des Strafrechts, 2000; *Bernd Hecker,* Strafbare Produktwerbung im Lichte des Gemeinschaftsrechts, 2000; *Gerhard Dannecker,* Die Dynamik des materiellen Strafrechts unter dem Einfluss europäischer und internationaler Entwicklungen, ZStW, Bd. 177 (2005), S. 697 (701 ff.); *Bernd Hecker,* Europäisches Strafrecht, 3. Aufl., 2010, § 1 Rn. 12.

Verhängung von Geldbußen stellt eine „nicht-kriminelle Strafe"[233] dar, welche ganz überwiegend Verwaltungspflichten sanktioniert und verfahrensmäßig von Verwaltungsbehörden geführt wird (§§ 35 ff. OWiG). Es kann in diesem Abschnitt nicht weiter verfolgt werden.[234] Die Ordnungswidrigkeit ist im Verständnis des BVerfG[235] von der Straftat quantitativ durch den geringeren Unrechtsgehalt abzugrenzen; die früher bestehende qualitative Unterscheidung nach der Betroffenheit von Verwaltungsgütern („Verwaltungsunrecht") einerseits und echten Rechtsgütern ist mit der Anpassung des Ordnungswidrigkeitenrechts an die rechtsstaatlichen Vorgaben unter dem Grundgesetz überwunden worden.

c) Leistungsprofil

Die Stärken des Strafrechts bestehen in seiner präzise auf den Einzelfall bezogenen Wirkungsweise. Infolge der vergleichsweise geringeren Dichte und Breite seiner Normierungen ist es insgesamt weniger belastend. So macht es für das einzelne Unternehmen einen großen Unterschied, ob Organisationsanforderungen zur Vermeidung von Schäden für die Allgemeinheit durch zahlreiche komplexe Vorschriften des Öffentlichen Rechts markiert werden oder ob den Verantwortlichen im Unternehmen schlichtweg mit der Bestrafung von Organisationsverschulden gedroht wird.[236] Nachteile des Strafrechts bestehen in seiner geringeren Flexibilität infolge des Legalitätsprinzips (vgl. § 152 Abs. 2 StPO) sowie in der regelmäßig lediglich retrospektiven Wirkungsweise. Überdies fehlt zur effektiveren Durchsetzung ein mit der Verwaltungsorganisation vergleichbarer Apparat. Im europäischen Kontext sind strafrechtliche Mechanismen nicht ohne weiteres einsetzbar.[237]

86

2. Zuordnung exekutivischen Handelns zum Strafrecht

Die Zuordnung von Maßnahmen der Staatsanwaltschaft oder der Polizei zum Öffentlichen Recht bzw. zum Strafrecht wird relevant, wenn es um die Ermittlung des Rechtswegs für hiergegen gerichtete Rechtsschutzbegehren geht, weil § 23 EGGVG Streitigkeiten über die Rechtmäßigkeit von sog. Justizverwaltungsakten den ordentlichen Gerichten (Strafgerichten) zuweist (vgl. § 179 VwGO). Die Zuordnung einzelner justizieller bzw. polizeilicher Maßnahmen zum Öffentlichen Recht bzw. zum Strafrecht und mithin zum Strafgericht erfolgt **funktionell**, d.h. danach, ob es um Gefahrenabwehr oder um spezifische Aufgabenwahrnehmung im Zusammenhang mit Strafverfolgung bzw. Strafvollzug geht.[238]

87

---

[233] *Jescheck/Weigend,* Allgemeiner Teil (Fn. 229), S. 14 f.
[234] Näher → Bd. III *Waldhoff* § 46 Rn. 192 ff.
[235] *BVerfGE* 8, 197 (207); 22, 49 (78 ff.); ausführlich, teilweise kritisch *Joachim Bohnert,* in: Karlsruher Kommentar zum OWiG, 3. Aufl. 2006, Einleitung, Rn. 50 ff.
[236] Ausführliche Analyse dieser beiden gesetzgeberischen Optionen bei *Nikolaus Bosch,* Organisationsverschulden in Unternehmen, 2002, S. 549 ff.
[237] Vgl. *Breuer,* Zusammenarbeit (Fn. 230), S. 460 ff. Ihr Anwendungsbereich hat sich allerdings in den vergangenen Jahren infolge des Ausbaus der EU-Kompetenzen erheblich erweitert.
[238] Zu den Einzelheiten vgl. nur *Dirk Ehlers,* in: Schoch/Schmidt-Aßmann/Pietzner (Hrsg.), VwGO, § 40 Rn. 612 ff.

III. Der Verbund in systematischer Analyse

1. Die Verbund-Perspektive

88 Mehr noch als beim Privatrecht verbindet sich bereits mit der Existenz des Strafrechts – noch ganz ohne spezifische Wechselbeziehungen – eine Entlastungswirkung zugunsten des Öffentlichen Rechts. So erspart beispielsweise § 212 StGB die Normierung von Tötungsverboten im Polizei- und Ordnungsrecht. Das eigentliche Aufmerksamkeits- und Arbeitsfeld der Neuen Verwaltungsrechtswissenschaft bildet freilich die **funktionsgerechte Verbindung** von Strafrecht und Öffentlichem Recht, sowohl in ihrer jeweils unverändert fortbestehenden Rolle als Teile der materialen Ordnung wie auch als Steuerungsinstrumente. Dabei ist im Umgang mit Einzelfällen und deren normativen wie rechtstatsächlichen Kontexten, d.h. bei der Anwendung und Auslegung des Fachverwaltungsrechts, der Blick zu schärfen für etwaige Norm- bzw. Wertungswidersprüche sowie für etwaige Dysfunktionalitäten. Dies bezieht sich sowohl auf den Einsatz der beiden Rechtsregimes je für sich (soll der Amtsträgerbegriff des Strafrechts akzessorisch zu den beamtenrechtlichen Vorgaben oder autonom bestimmt werden?)[239] als auch im Verbund. Dabei sind die jeweiligen Leistungsprofile zugrunde zu legen.

2. Verfassungsrechtliche Determinanten des Verbunds

89 Der Einsatz des Strafrechts als Rechtsregime ist von vornherein limitiert durch den Grundsatz der Verhältnismäßigkeit, d.h. die schwerwiegende Rechtsfolge der Strafbarkeit kann nur zum Schutz besonders wichtiger Güter und nach Abwägung mit den Grundrechtspositionen der Bestraften verhängt werden (das Strafrecht ist ultima ratio).[240] Allerdings erweist die Analyse der Rechtsprechung des BVerfG durchaus Spielräume,[241] sofern nur nicht der Gefahr der Vorverlagerung des Strafrechts („Neukriminalisierung")[242] erlegen wird. Die grundgesetzliche Kompetenzverteilung, die zahlreiche Materien mit Verhaltenspflichten von Bürgern und Verwaltungsangehörigen den Ländern zuweist, bewirkt, dass ein Ausbau des Verbunds dieser öffentlich-rechtlichen Vorschriften mit dem Strafrecht eine Ausweitung des Ländereinflusses auf das Strafrecht nach sich zieht. Von Verfassungsrechts wegen ausgeschlossen ist, dass die Verwaltung durch die Hintertür einer regimeübergreifenden Wirkung (vgl. sogleich 3) zum Strafrechtsgesetzgeber wird. Art. 103 Abs. 2 GG weist die Bestimmung der Strafbarkeitsvoraussetzungen exklusiv dem Gesetzgeber zu. Dies schließt allerdings eine Konkretisierung unbestimmter Tatbestandsmerkmale durch die Verwaltung nicht per se aus.[243] Das Postulat der „Einheit der Rechtsordnung" wird auch im Hinblick auf den Verbund zwischen Strafrecht und Öffentlichem Recht vielfach

---

[239] Dies wird erörtert von *Bernd Heinrich*, Der Amtsträgerbegriff im Strafrecht, 2001, S. 204 ff.
[240] BVerfGE 39, 1 (47); 73, 206 (253); 88, 203 (257 f.).
[241] Vgl. die materialreiche Analyse bei *Appel*, Verfassung (Fn. 224), S. 204 f., sowie aus der Rechtsprechung BVerfGE 37, 118; 43, 347.
[242] *Bosch*, Organisationsverschulden (Fn. 236), S. 546.
[243] Vgl. *Schröder*, Verwaltungsrecht (Fn. 157), S. 220 f.; *Eberhard Schmidt-Aßmann*, in: Maunz/Dürig, GG, Art. 103 Rn. 212.

behauptet,[244] erweist sich aber wiederum als zu unspezifisch, um letztlich mehr als eine Scheindeterminante sein zu können.[245]

3. Rechtsregimeübergreifende Wirkung

Abschließend sollen zwei verschiedene Verbundkategorien[246] identifiziert und analysiert werden: **90**
– Die tatbestandliche Verknüpfung in Normen des Öffentlichen Rechts (a) und
– der Einsatz des Strafrechts als Implementationshilfe zur Sicherstellung verwaltungsrechtlicher Zielvorstellungen sowie zur Sanktionierung von Fehlverhalten der Verwaltungsangehörigen (b).

a) Tatbestandliche Verknüpfungen in Normen des Öffentlichen Rechts

Verschiedene Normen des Öffentlichen Rechts knüpfen an strafrechtliche Normen an. Bekannte Beispiele sind die polizeirechtlichen Generalklauseln, in denen das Bestehen einer „Gefahr für die öffentliche Sicherheit" und damit jedenfalls die Erfüllung eines Straftatbestandes zur Voraussetzung für den Erlass polizei- bzw. ordnungsbehördlicher Maßnahmen gemacht wird, sowie das Disziplinarrecht in dem Umfang, in dem die Begehung einer Straftat den Disziplinarverstoß begründet und ein entsprechendes verwaltungsbehördliches Einschreiten ermöglicht. Im Öffentlichen Recht geht es hierbei nicht um das Strafrecht in seiner Eigenschaft als Sanktionsregelwerk, sondern um dessen Verbotswirkungen. **91**

b) Sanktionswirkung im Strafrecht: Strafrecht als Implementationshilfe?

Wie bereits erwähnt, kann das Strafrecht einen Beitrag zur Implementation verwaltungsrechtlicher Zielvorstellungen leisten. Es tritt dann neben die Mechanismen der Überwachung und der Verwaltungsvollstreckung, indem es die Beachtung der in den verschiedensten Fachverwaltungsgesetzen gemachten Vorgaben durch die privaten Normunterworfenen mit Strafe bewährt. Richtet sich die Strafbarkeitsfolge an Verwaltungsangehörige, so ergänzt das Strafrecht die öffentlich-rechtlichen Sanktionsinstrumente des Kontroll-, Haftungs- und Disziplinarrechts. Hier bildet das Korruptionswesen ein Anschauungsfeld dafür, wie bestimmte Zielvorgaben im Verbund aller drei Rechtsregimes zu verwirklichen versucht werden: Beamten- und Disziplinarrecht (öffentlich-rechtliches Regime), Recht der Auftragsvergabe (Privatrecht) und die mit dem Gesetz zur Bekämpfung der Korruption v. 13. August 1997 (BGBl I, S. 2038) eingefügten §§ 298 ff. StGB. Systematisch kann wiederum unterschieden werden zwischen rechtsregimeübergreifenden Wirkungen auf der Ebene der Normen (aa) und rechtsregimeübergreifenden Wirkungen auf der Ebene des Verwaltungshan- **92**

---

[244] Vgl. nur *Heine/Meinberg*, Gutachten (Fn. 227), S. 48; auf den Grundsatz der „Widerspruchsfreiheit der Rechtsordnung" abstellend *Fritz Ossenbühl*, Verwaltungsrecht als Vorgabe für Zivil- und Strafrecht, DVBl 1990, S. 963 ff.; *Felix*, Einheit (Fn. 154), S. 57 ff.

[245] Näher → Rn. 55. Überzeugende Kritik am Beispiel der Rechtfertigungswirkung von Genehmigungen im Strafrecht *Baumann/Weber/Mitsch*, Strafrecht (Fn. 229), § 17 Rn. 129, zurückhaltender *Schröder*, Verwaltungsrecht (Fn. 157), S. 204 f.

[246] Eine wiederum (vgl. bereits Rn. 44) ausdifferenziertere Systematik bietet *Schröder*, Verwaltungsrecht (Fn. 157), S. 210 f.; vgl. ferner → Bd. II *Hoffmann-Riem* § 33 Rn. 71 ff.

delns (bb). Aufgabe des Beitrags über „Vollstreckung und Sanktionen"[247] wird es sein, das Arsenal der strafrechtlichen Normen und Instrumente einschließlich Ordnungswidrigkeitenrecht sowie die unterschiedliche strafrechtsdogmatische Verarbeitung auf der Tatbestands-, Rechtswidrigkeits-, Schuld- oder Strafausschlussebene und damit die Leistungsfähigkeit des Strafrechts als Implementationshilfe zu würdigen. Dabei wird insbesondere die Reichweite von Bindungswirkungen (besonders problematisch: von Verwaltungsmaßnahmen für strafgerichtliche Urteile) zu thematisieren sein.

aa) Auf der Ebene der Normen

93   Jenseits der Ebene des Verwaltungshandelns sind diejenigen rechtsregimeübergreifenden Wirkungen angesiedelt, bei denen ein Verstoß gegen öffentlich-rechtliche Normen, die den privaten Normunterworfenen Verhaltens- bzw. Unterlassungspflichten auferlegen, die Rechtsfolge der Strafbarkeit auslösen kann. Als Beispiel für eine solche „Verwaltungsrechtsakzessorietät"[248] sei der Tatbestand des § 324a Abs. 1 StGB genannt, wonach derjenige bestraft wird, der „unter Verletzung verwaltungsrechtlicher Pflichten Stoffe in den Boden einbringt ...". Durch diese und zahlreiche andere Straftatbestände wird der **Verstoß gegen** hinreichend bestimmte **öffentlich-rechtliche Normen** (etwa die §§ 7 und 23 BImSchG mit den jeweils auf ihnen beruhenden Verordnungen) im Rechtsregime des Strafrechts sanktioniert. Ob entsprechende Verbundlösungen auch zur Sanktionierung von Verstößen gegen bloße Verwaltungsvorschriften möglich sind, ist problematisch und umstritten.[249] Dem Grunde, nicht dem Umfang nach gesichert ist, dass von Privaten gesetzte Normen (DIN etc.)[250] und bestimmte Aktivitäten auf dem Felde der sog. regulierten Selbstregulierung, etwa ein durchgeführtes Öko-Audit[251] oder ein vorhandener Betriebsbeauftragter[252] die Strafbarkeit beeinflussen können.[253]

bb) Auf der Ebene des Verwaltungshandelns

94   Hier löst ein Handeln der Verwaltung, welches in den allermeisten Fällen an den Maßstäben des Öffentlichen Rechts zu orientieren war, Sanktionswirkungen im Strafrecht aus. Dies tritt am deutlichsten bei den **Amtsträgerdelikten** zutage. Schon die Existenz von Straftatbeständen, die ausschließlich an Amtsträger (vgl. § 11 Abs. 1 Nr. 2 StGB) bzw. an „für den öffentlichen Dienst besonders Verpflichtete" (vgl. § 11 Abs. 1 Nr. 4 StGB) gerichtet sind, manifestiert das Bestehen eines Verbunds, und zwar in zweifacher Hinsicht: Zum ersten wird durch das Straf-

---

[247] → Bd. III *Waldhoff* § 46 Rn. 200 ff.; vgl ferner → Bd. II *Hoffmann-Riem* § 33 Rn. 72.

[248] Begriffsbildung im Anschluss an *Ossenbühl*, Verwaltungsrecht (Fn. 244), S. 972; vgl. ferner *Rühl*, Grundfragen (Fn. 227), S. 522.

[249] Vgl. *Schröder*, Verwaltungsrecht (Fn. 157), S. 215 ff.; *Klaus Bergmann*, Zur Strafbewehrung verwaltungsrechtlicher Pflichten im Umweltstrafrecht, 1992, S. 23 ff.; *Eberhard Schmidt-Aßmann*, in: Maunz/Dürig, GG, Art. 103 Rn. 215.

[250] Zur Konkretisierung strafrechtlich relevanter Pflichten durch jene Normen vgl. *Bosch*, Organisationsverschulden (Fn. 236), S. 411 ff. m. w. N.

[251] Vgl. hierzu *Gerhard Dannecker/Rudolf Streinz*, Umweltpolitik und Umweltrecht: Strafrecht, in: EUDUR I, § 8 Rn. 43 f.; *Bosch*, Organisationsverschulden (Fn. 236), S. 540 ff.

[252] Vgl. *Dannecker/Streinz*, in: EUDUR I, § 8 Rn. 41 f.

[253] Näher zu den Erscheinungsformen der sog. regulierten Selbstregulierung →Bd. I *Eifert* §19 Rn. 52 ff.

recht teilweise begrifflich an das Öffentliche Recht angeknüpft (d.h. bei der Bestimmung des Amtsträgerbegriffs, welche insbesondere in Privatisierungskonstellationen problematisch ist),[254] zweitens findet eine tatbestandliche Anknüpfung (auf der Ebene des Straftatbestandes bzw. der Rechtswidrigkeit) an das Verwaltungshandeln (d.h. an dessen Rechtswidrigkeit) statt. In beiden Fällen entsteht ein Verbund der materialen Ordnungen und der Steuerungsinstrumente. Umgekehrt schützt übrigens das Strafrecht die Bewirkung von „rechtmäßigen Diensthandlungen", und zwar durch den eigens dafür bestehenden Straftatbestand des § 113 StGB (Widerstand gegen Vollstreckungsbeamte).

Noch wichtiger, freilich schwieriger zu entschlüsseln ist die Sanktionswirkung, die durch einen begünstigenden (Beispiel: Immissionsschutzrechtliche Genehmigung im Hinblick auf den Straftatbestand der Luftverunreinigung gemäß § 325 StGB) oder einen belastenden (Beispiel: Die Anordnung, den Ausstoß von Treibhausgasen an der eigenen Anlage zu überwachen) Verwaltungsakt bzw. dessen Fehlen ausgelöst wird; das wichtigste strafrechtliche Referenzgebiet hierfür ist das Umweltrecht.[255] Dabei kann zunächst danach differenziert werden, ob die Bestrafung eines Privaten oder eines Verwaltungsangehörigen (durch Erteilung oder Nicht-Aufhebung einer Gestattung, das Unterlassen einer Überwachungsmaßnahme etc.) in Frage steht.[256] Letzteres ist innerhalb, aber auch außerhalb der Amtsträgerdelikte möglich, z.B. wenn ein Bürgermeister als Verantwortlicher für das Jedermanndelikt der „Gewässerverunreinigung" des § 324 StGB zur Verantwortung gezogen werden soll. Von der Strafrechtsdogmatik werden diese Konstellationen der Sanktionswirkung mit dem Begriff der **„Verwaltungsaktsakzessorietät"** erfasst.[257] Aus der Sicht der Neuen Verwaltungsrechtswissenschaft geht es im Hinblick auf die Vermeidung von Norm- bzw. Handlungswidersprüchen sowie von Dysfunktionalitäten darum, ob die Wirksamkeit und ggf. Vollziehbarkeit jener Verwaltungsakte ausreicht oder ob ihre Rechtmäßigkeit hinzu kommen muss. Eine große Rolle spielt ferner die Bedeutung bloßer Duldungen. In § 330d Nr. 5 StGB wird an der Schnittstelle von Strafrecht und Öffentlichem Recht mit dem Merkmal der Rechtsmissbräuchlichkeit gearbeitet, indem als ein „Handeln ohne Genehmigung, Planfeststellung oder sonstige Zulassung" i.S.d. nachfolgenden Abschnitts auch dasjenige Handeln qualifiziert wird, das „auf Grund einer durch Drohung, Bestechung oder

95

---

[254] Vgl. hierzu *Theodor Lenckner*, Privatisierung der Verwaltung und „Abwahl des Strafrechts"?, ZStW, Bd. 106 (1994), S. 502; *Heinrich*, Amtsträgerbegriff (Fn. 239), S. 26 ff., 313 ff., 561 ff.; *Burgi*, Gutachten 67. DJT (Fn. 116), S. D 45 ff., sowie aus der Rechtsprechung BayObLG, NJW 1996, S. 268; BGH, JR 1992, S. 471 mit Anm. *Ossenbühl*; BGH, NJW 2004, S. 3129; BGHSt 54, 202; *Claus N. Leimbrock*, Strafrechtlicher Amtsträger, 2009, S. 72 ff.

[255] Vgl. neben den bei → Rn. 93, genannten Fußnoten *Michael Kloepfer/Hans-Peter Vierhaus*, Umweltstrafrecht, 2. Aufl. 2002, Rn. 30 ff.; *Dannecker/Streinz*, in: EUDUR I, § 8 Rn. 17 ff. m. w. N.

[256] Grundlegend *Klaus Rogall*, Die Strafbarkeit von Amtsträgern im Umweltbereich, 1991; vgl. ferner *Schröder*, Verwaltungsrecht (Fn. 157), S. 227 ff.; *Karl Lackner* (Begr.)/*Kristian Kühl*, StGB, 27. Aufl. 2011, vor § 324 Rn. 8 f.

[257] Vgl. *Klaus Rogall*, Die Verwaltungsaktsakzessorietät des Umweltstrafrechts. Alte Streitfragen, neues Recht, GA, Bd. 101 (1995), S. 299 (318); *Rudolf Rengier*, Die öffentlich-rechtliche Genehmigung im Strafrecht, ZStW, Bd. 101 (1989), S. 874 (900 ff.); *Michael Heghmanns*, Grundzüge einer Dogmatik der Straftatbestände zum Schutz von Verwaltungsrecht und Verwaltungshandeln, 2000. Zur Vereinbarkeit mit Art. 103 Abs. 2 GG auch im Hinblick auf die Anknüpfung an ein Genehmigungserfordernis vgl. BVerfGE 75, 329 (343 ff.); *Christian Matejko*, Der Irrtum über Verwaltungsnormen im Rahmen der Verwaltungsakzessorietät, 2008, S. 26 ff.

Kollusion erwirkten oder durch unrichtige oder unvollständige Angaben erschlichenen Genehmigung, Planfeststellung oder sonstigen Zulassung beruht".

C. Allgemeines Verwaltungsrecht und Fachverwaltungsrecht

96 Eine weitere Unterteilung, die quer zu den beiden bisher geschilderten Unterteilungen in Öffentliches Recht/Privatrecht bzw. Öffentliches Recht/Strafrecht verläuft, führt zur Unterscheidung von Allgemeinem Verwaltungsrecht und Fachverwaltungsrecht als funktional getrennte und zugleich durchgehend aufeinander bezogene Rechtsregimes. Sowohl im Allgemeinen Verwaltungsrecht als auch im jeweils einschlägigen Fachrecht können Bestandteile des Öffentlichen Rechts ebenso wie des Privatrechts oder des Strafrechts zu finden sein. Die Summe aller Fachverwaltungsrechte bildet den **Besonderen Teil** des Verwaltungsrechts (i.w.S.). Dabei vermag der Begriff „Fachverwaltungsrecht" auszudrücken, dass dessen einzelne Teile durch ein gemeinsames Profil[258] gekennzeichnet sind und nicht nur durch die fehlende Zugehörigkeit ihrer Regeln und Institute zum Allgemeinen Verwaltungsrecht.[259]

I. Einführung

97 Das **Allgemeine Verwaltungsrecht** umfasst diejenigen Regeln, Grundsätze und Bauformen, die für alle Fachverwaltungsrechtsgebiete gelten bzw. dort vorkommen. Dabei ist es mehr als nur eine lose Zusammenstellung von Regeln, Grundsätzen und Bauformen, indem es auf einer „Ordnungsidee" beruht.[260] Diese Ordnungsidee besteht darin, durch Generalisierung ein Gerüst zur Verfügung zu stellen, das die einzelnen Gebiete des Fachverwaltungsrechts zusammen hält und zugleich Anbauten und Erweiterungen ermöglicht.[261] Zu Recht gilt *Otto Mayer* als Schöpfer des Allgemeinen Verwaltungsrechts in diesem Sinne,[262] wiewohl sich die „Zurückführung des Einzelnen auf das Allgemeine" bereits in dem 1857 erschienenen Lehrbuch von *Friedrich Franz Mayer* findet und die explizite Unterscheidung zwischen einem allgemeinem und einem besonderen Teil des Verwaltungsrechts bereits bei anderen Autoren nachweisbar ist.[263] Die wichtigsten Gegenstände des Allgemeinen Verwaltungsrechts spiegeln sich in den

---

[258] Näher → Rn. 109.

[259] Der herrschende Sprachgebrauch begnügt sich mit der Unterscheidung zwischen Allgemeinem Verwaltungsrecht und Besonderem Verwaltungsrecht (vgl. etwa *Ehlers*, Verwaltungsrecht [Fn. 8], § 1 Rn. 8 u. 9; *Wolff/Bachof/Stober/Kluth*, VerwR I, § 21 Rn. 5 ff.).

[260] Terminologie im Anschluss an *Eberhard Schmidt-Aßmann*, Das allgemeine Verwaltungsrecht als Ordnungsidee und System, 1982; vgl. ferner die aktuelle Auflage, Ordnungsidee, 1. Kap. Rn. 1.

[261] Vgl. *Otto Bachof*, Die Dogmatik des Verwaltungsrechts von den Gegenwartsaufgaben der Verwaltung, VVDStRL, Bd. 30 (1972), S. 193 (215); *Meyer-Hesemann*, Methodenwandel, 1981, S. 166.

[262] Vgl. *Dennewitz*, Systeme, 1948, S. 9; *Forsthoff*, VerwR, S. 54; *Michael Stolleis*, Geschichte des Öffentlichen Rechts in Deutschland, Bd. 2, 1992, S. 403 ff.

[263] *Friedrich F. Mayer*, Grundsätze des Verwaltungsrechts und Rechtsverfahrens, 1862, S. V; zu nennen sind ferner *Lorenz v. Stein*, *Georg Meyer*, *Otto v. Sarwey*, *Albert v. Kirchenheim* und *Karl v. Stengel*, deren diesbezügliche Beiträge bündig zusammengestellt sind bei *Thomas Groß*, Die Beziehungen zwischen dem Allgemeinen und dem Besonderen Verwaltungsrecht, DV, 1999, Beiheft 2, S. 57 (58 ff.); → Bd. I *Stolleis* § 2 Rn. 53 ff.

C. Allgemeines Verwaltungsrecht und Fachverwaltungsrecht

Abschnittsgliederungen des Werkes: Aufgaben, Maßstäbe, Handlungsformen, Verfahren, Organisation, Staatshaftung etc.

Das **Fachverwaltungsrecht** beschäftigt sich in Ergänzung und Modifizierung des Allgemeinen Verwaltungsrechts mit den Regeln, Grundsätzen und Bauformen für bestimmte Materien. Der Kreis der Bestandteile des Fachverwaltungsrechts wächst unaufhörlich und kann schon seit langem nicht mehr abschließend bezeichnet werden. Neben klassischen Gebieten wie Polizei-, Beamten-, Kommunal- und Baurecht seien beispielhaft die (wiederum vielfach aufgesplitteten) Gebiete des Wirtschaftsverwaltungs-, Vergabe- und des Umweltrechts sowie neuerdings des Medien- und Informationsrechts genannt. Besondere Bedeutung besitzen ferner das Abgaben- und das Sozialrecht, das Wissenschafts- und Kulturverwaltungsrecht, das Haushalts- und Finanzrecht, das Datenschutzrecht und das Recht der Infrastrukturen in den Bereichen Verkehr, Ver- und Entsorgung. 98

Die Unterscheidung zwischen einem Allgemeinem Teil und den einzelnen Fachrechtsgebieten findet sich keinesfalls nur im Verwaltungsrecht, sondern auch innerhalb des Bürgerlichen Rechts[264] und im Strafrecht[265] und sogar in der Gesamtrechtsordnung.[266] Der **Rechtsvergleich** zeigt, dass die Unterscheidung zwischen diesen beiden Rechtsregimes auch in den anderen Rechtsordnungen, in denen die für einen sinnvollen Vergleich erforderlichen Rahmenbedingungen bestehen, nachweisbar ist, wenn auch in unterschiedlichem Ausmaß.[267] Sowohl im Eigenverwaltungsrecht der EU-Administration[268] als auch innerhalb des im Entstehen befindlichen Rechts des europäischen Verwaltungsverbundes[269] lassen sich Regeln, Grundsätze und Bauformen allgemeineren Charakters identifizieren und gegenüber fachverwaltungsrechtlichen Regimes abgrenzen, obgleich es keine Kodifikation mit einem als „Allgemeinen Teil" bezeichneten Abschnitt gibt. 99

II. Der Zugriff der Neuen Verwaltungsrechtswissenschaft

Die Neue Verwaltungsrechtswissenschaft begnügt sich nicht damit, bestimmte Aussagen vor die Klammer zu ziehen, um durch eine rein technische Unterteilung die Rechtsanwendung zu erleichtern. Vielmehr betont sie, dass Allgemeines Verwaltungsrecht und Fachverwaltungsrecht – anders als namentlich die Rechtsregimes des Öffentlichen Rechts und des Privatrechts –[270] überhaupt nur in ihrem wechselseitigen Bezogensein Sinn machen. Allgemeines Verwaltungsrecht und Fachverwaltungsrecht können durchgehend nur in einer **Verbundperspektive** gesehen werden. Das eine Rechtsregime ist ohne die funktionale Abgrenzung gegenüber dem anderen Rechtsregime nicht denkbar. Das bedeutet 100

---

[264] Vgl. hierzu *Medicus*, BGB (Fn. 36), § 3 Rn. 18 ff.
[265] Vgl. nur *Claus Roxin*, Strafrecht, Allgemeiner Teil, Bd. I, 2006, § 1 Rn. 15. Zur heutigen Bedeutungslosigkeit des Umstandes, dass dort jeweils vom „Allgemeinen Teil" und nicht vom „Allgemeinen Bürgerlichen Recht" bzw. „Allgemeinen Strafrecht" die Rede ist, vgl. *Groß*, Beziehungen (Fn. 263), S. 65 f.
[266] Vgl. *Röhl/Röhl*, Rechtslehre (Fn. 98), S. 438 f.; *Werner Thieme*, Der Allgemeine Teil des Deutschen Rechts, in: FS Hans-Ernst Folz, 2003, S. 341 ff.
[267] Vgl. *Groß*, Beziehungen (Fn. 263), S. 67 f., weitere Nachweise bei *Wolff/Bachof/Stober/Kluth*, VerwR I, § 21 Rn. 7.
[268] Als erste Systematisierung: *Schmidt-Aßmann*, Ordnungsidee, 7. Kap. Rn. 12 ff.; → Bd. I *Schmidt-Aßmann* § 5 Rn. 35 ff.
[269] Näher → Bd. I *Schmidt-Aßmann* § 5 Rn. 38 f.
[270] Näher → Rn. 34 ff.

§ 18 Rechtsregime

freilich nicht, dass auf die Unterteilung ganz verzichtet und das Verwaltungsrecht nur noch als „einheitliches Ganzes unter weitgehender Einbeziehung seiner einzelnen Zweige" thematisiert werden könnte.[271]

101 Ausgehend von einem **steuerungswissenschaftlichen Ansatz** ist konkret zu fragen, welche Leistungen jeweils, d.h. durch das Allgemeine Verwaltungsrecht bzw. durch das Fachverwaltungsrecht, erbracht werden, worin mithin die jeweiligen Stärken und Schwächen liegen. Wichtig ist ferner die Frage, wie die einzelnen Rechtsregimes entstehen bzw. unter welchen Voraussetzungen die Zuordnung von einzelnen Regeln, Grundsätzen oder Bauformen erfolgt. Dabei kann es zu Dysfunktionalitäten kommen, auf die bei der Erörterung der einzelnen Gegenstände (Verfahren, Organisation etc.) innerhalb dieses Werkes geachtet werden muss. Die prominenteste Frucht der Auseinandersetzung der Neuen Verwaltungsrechtswissenschaft mit der Unterscheidung von Allgemeinem Verwaltungsrecht und Fachverwaltungsrecht ist sicherlich die Beschreibung und Identifizierung einzelner Materien des Fachverwaltungsrechts als sog. Referenzgebiete;[272] es wäre allerdings eine neuerliche Verkürzung der soeben gewonnenen Verbundperspektive, das Thema „Allgemeines Verwaltungsrecht/Fachverwaltungsrecht" hierauf zu reduzieren.[273]

III. Der Verbund in systematischer Analyse

1. Kompetenzielle Determinanten

102 Wie noch zu zeigen sein wird,[274] dominiert im Fachverwaltungsrecht der Gesetzgeber, während im Allgemeinen Verwaltungsrecht verschiedene wichtige Lehren durch Rechtsprechung und Rechtswissenschaft entwickelt worden sind. Will der nationale Gesetzgeber tätig werden, so setzt dies zunächst voraus, dass nicht die Kompetenz für die jeweilige fachverwaltungsrechtliche Materie bzw. für Gegenstände des Allgemeinen Verwaltungsrechts beim **europäischen Gesetzgeber** liegt. Angesichts der thematisch weit gestreuten und zum überwiegenden Teil final formulierten Ermächtigungsgrundlagen des EG-Vertrages ist dies in vielen Bereichen des Fachverwaltungsrechts der Fall, insbesondere im Umweltrecht (auf der Grundlage des Art. 192 AEUV) und in den zahlreichen Fachverwaltungsrechtsgebieten mit einem Bezug zum europäischen Binnenmarkt (auf der Grundlage des Art. 114 AEUV) sowie den Grundfreiheiten des Gemeinsamen Marktes.[275] Im Hinblick auf das Allgemeine Verwaltungsrecht ist bereits festgestellt worden, dass es europarechtliche Bestände sowohl im Recht der EG-Eigenverwaltung als auch im Recht der Kooperationsvorgänge gibt;[276] deren kompetenzielle Grundlage steht außer Frage.

103 Im Hinblick auf den Vollzug des Gemeinschaftsrechts durch die mitgliedstaatlichen Verwaltungen (das sog. **Unionsverwaltungsrecht**)[277] fehlt der EU die Kom-

---

[271] So aber *Wolff/Bachof/Stober/Kluth*, VerwR I, § 21 Rn. 7.
[272] Näher → Rn. 115 ff.
[273] Ebenso jetzt auch *Jens Kersten/Sophie-Charlotte Lenski*, Die Entwicklungsfunktion des Allgemeinen Verwaltungsrechts, DV, Bd. 42 (2009), S. 501 (523 ff.).
[274] Näher → Rn. 109.
[275] Zur kompetenziellen Situation vgl. → Bd. I *Schmidt-Aßmann* § 5 Rn. 19 ff.
[276] Näher → Rn. 99.
[277] → Bd. I *Schmidt-Aßmann* § 5 Rn. 30 ff.; Terminologie im Anschluss an *Schmidt-Aßmann*, Ordnungsidee, 7. Kap. Rn. 17.

petenz für eine Kodifikation des Allgemeinen Teils. Dies ist insbesondere im Hinblick auf die beiden wichtigsten Gegenstände, das Verfahren und die Organisation (vor den bzw. der mitgliedstaatlichen Verwaltungen) betont worden.[278] Dass es keinen Allgemeinen Teil in Gestalt einer europäischen Verwaltungs-Verordnung gibt, beruht mithin nicht auf einer Geringschätzung von allgemeinen Lehren im europäischen Verwaltungsraum oder darauf, dass die Entwicklung gemeinsamer systematischer Strukturen in der Vielfalt der europäischen Verwaltungsrechtssysteme Schwierigkeiten bereiten würde, sondern hat ganz handfeste kompetenzielle Gründe. In dieser Situation ist bekanntlich der **Europäische Gerichtshof** tätig geworden. Er hat zum einen verschiedene sog. allgemeine Grundsätze des Verwaltungsverfahrens im Wege wertender Rechtsvergleichung gewonnen,[279] welche nunmehr in der Europäischen Grundrechts-Charta ihre primärrechtliche Anerkennung gefunden haben, kulminierend im viel zitierten „Recht auf eine gute Verwaltung" des Art. 41. Noch wirkmächtiger sind die einzelnen Emanationen des Effektivitätsgebots und des Diskriminierungsverbots (auf der Grundlage des Art. 4 Abs. 3 EUV), durch die so grundlegende Bestandteile des Allgemeinen Verwaltungsrechts wie der Vertrauensschutz bei der Aufhebung von Verwaltungsakten,[280] die Handlungsform der Verwaltungsvorschriften[281] oder das subjektive öffentliche Recht[282] europäisiert, und das heißt, teilweise dem nationalen gesetzgeberischen Zugriff auf das Allgemeine Verwaltungsrecht entzogen worden sind. Dass auch das Allgemeine Verwaltungsrecht auf breiter Front europarechtlichen Einwirkungen ausgesetzt ist, die als Ganzes und in den Einzelteilen teilweise noch der systematischen Verarbeitung harren,[283] kann in der Rechtswissenschaft heute als Selbstverständlichkeit angesehen werden.

Ob im Verlaufe der weiteren Entwicklung die **Idee** eines Allgemeinen Verwaltungsrechts eine **Zukunft** hat, wird teilweise angezweifelt,[284] mit der Begründung, dass sich schon zwischen den verschiedenen mitgliedstaatlichen Verwaltungsrechtsordnungen kaum gemeinsame systematische Strukturen erkennen ließen und der inkrementale Rechtserzeugungsprozess innerhalb der EU noch weniger solche Strukturen erlaube. Demgegenüber ist zu betonen, dass das eu-

104

---

[278] Vgl. etwa *Stefan Kadelbach*, Allgemeines Verwaltungsrecht unter europäischem Einfluß, 1999, S. 110 ff.; *Wolfgang Kahl*, Hat die EG eine Kompetenz zur Regelung des allgemeinen Verwaltungsrechts?, NVwZ 1996, S. 865 ff.; *ders.*, Die Europäisierung des Verwaltungsrechts als Herausforderung an Systembildung und Kodifikationsidee, in: Axer u.a. (Hrsg.), Europäisches Verwaltungsrecht in der Konsolidierungsphase (Fn. 88), S. 59 ff. Insoweit ist der in diesem Zusammenhang häufig verwendete Begriff „Prinzip der institutionellen und Verfahrensautonomie der Mitgliedstaaten" (*Gil C. Rodríguez-Iglesias*, Zu den Grenzen der verfahrensrechtlichen Autonomie der Mitgliedstaaten bei der Anwendung des Gemeinschaftsrechts, EuGRZ 1997, S. 289) zutreffend, er darf allerdings nicht zu einer Geringschätzung der Europäisierungseffeke auch in diesem Bereich führen (zu ihnen näher → Bd. I *Schmidt-Aßmann* § 5 Rn. 77 ff.).

[279] Vgl. u.a. *EuGH*, Rs. 8/55, Slg. 1955/56, 297 (311); *EuGH*, Rs. 42 u. 49/59, Slg. 1961, 107 (169); *EuGH*, Rs. C-255/90 P, Slg. 1992, I-2253, Rn. 7 u. 12; vgl. ferner die Nachweise bei *Rudolf Streinz*, in: ders. (Hrsg.), EGV/EUV, Art. 41 GRCh, Rn. 1 f., 5.

[280] Dokumentiert bei *Ehlers*, Verwaltungsrecht (Fn. 8), § 4 Rn. 55 ff.

[281] *EuGH*, Rs. C-361/88, Slg. 1991, I-2567, Rn. 16; Rs. C-59/89, Slg. 1991, I-2607, Rn. 10 ff.

[282] Näher → Bd. I *Masing* § 7 Rn. 88 ff.

[283] Zur Europäisierung als Ursache und Antriebskraft für die der Neuen Verwaltungsrechtswissenschaft zugrunde liegende methodische Neuausrichtung → Bd. I *Voßkuhle* § 1 Rn. 13 f.

[284] Etwa von → *Möllers* Bd. I § 3 Rn. 55, der sich in der Einschätzung, dass deutsches und europäisches Verwaltungsrecht als „unterschiedlich operierende Rechtsgebiete funktionieren werden", mit *Kadelbach*, Verwaltungsrecht (Fn. 278), einig weiß.

ropäische Verwaltungsrecht übergreifend, d.h. quer durch sämtliche Entwicklungszusammenhänge (Eigenverwaltungsrecht, Kooperationsverwaltungsrecht, Unionsverwaltungsrecht) Aussagen zu den allermeisten Grundsätzen, Regeln und Bauformen enthält, die in Deutschland das Allgemeine Verwaltungsrecht ausmachen.[285] Dass sich diese Aussagen dem Inhalt nach zum Teil erheblich von den aus dem nationalen Verwaltungsrecht her vertrauten Aussagen unterscheiden, stellt die Zukunftsfähigkeit der Idee eines Allgemeinen Verwaltungsrechts als solche nicht in Frage. Nahe liegender ist m.E. die Vermutung, dass gerade das Allgemeine Verwaltungsrecht ein zweites Mal (aus deutscher Sicht) eine Hauptrolle bei der Schaffung eines grenzüberschreitenden Gemeinwesens spielen kann: So wie die Herausbildung eines Allgemeinen Verwaltungsrechts in der zweiten Hälfte des 19. Jahrhunderts durch die Überwindung des Partikularismus einen wichtigen Beitrag auf dem Weg zu einem gemeindeutschen Verwaltungsrecht geleistet hat,[286] könnte es nunmehr auf europäischer Ebene wirkmächtig werden. Davon strikt zu trennen ist die – in den jeweiligen Beiträgen dieses Werkes gesondert zu beantwortende – Frage, wie viel von der im deutschen Allgemeinen Verwaltungsrecht über Jahrzehnte entwickelten Substanz dabei bewahrt und sogar exportiert werden kann.[287]

105 Unter dem **Grundgesetz** ist die Kompetenz für die Gesetzgebung sowohl im Bereich des Allgemeinen Verwaltungsrechts als auch im Bereich des Fachverwaltungsrechts nach den bekannten Regeln der Art. 70 ff., 84 f. GG zwischen dem Bund und den Ländern verteilt. Somit gibt es im Bereich des Fachverwaltungsrechts Materien, die vollständig vom Bund dominiert sind (etwa das Telekommunikations-, aber auch das Ausländer- und Asylverwaltungsrecht), während andere Materien unverändert eine Domäne des Landesgesetzgebers sind, beispielsweise im Kommunalrecht. Die verfassungsrechtlichen Regeln über die Kompetenzverteilung und -ausübung sind auch der Grund für das Nebeneinander eines Verwaltungsverfahrensgesetzes des Bundes und den Verwaltungsverfahrensgesetzen fast aller Länder. Infolge der annähernd vollständigen inhaltlichen Identität[288] ist eine Föderalisierung des kodifizierten Allgemeinen Verwaltungsrechts allerdings ausgeblieben; Rechtsprechung und Rechtswissenschaft wirken ohnedies bundesweit.

2. Profile im Verbund

Anders als bei den Rechtsregimes Öffentliches Recht/Privatrecht und Öffentliches Recht/Strafrecht ergeben sich Funktionen, Stärken und Schwächen des Allgemeinen Verwaltungsrechts und des Fachverwaltungsrechts ausnahmslos aus dem wechselseitigen Bezogensein:

---

[285] Im Einzelnen zusammengestellt bei *Schmidt-Aßmann*, Ordnungsidee, 7. Kap. Rn. 46 ff.
[286] Näher beschrieben bei *Klaus Stern*, Das allgemeine Verwaltungsrecht in der neueren Bundesgesetzgebung, JZ 1962, S. 265 (266); *Faber*, VerwR, S. 15 f.
[287] Dahingehend *Thomas v. Danwitz*, Verwaltungsrechtliches System und europäische Integration, 1996; *ders.*, Europäisches VerwR, S. 138 f.; *Eberhard Schmidt-Aßmann*, Allgemeines Verwaltungsrecht in europäischer Perspektive, ZÖR 2000, S. 15 ff.
[288] Zu Abweichungen in den Verwaltungsverfahrensgesetzen der Länder vgl. *Wolfgang Kahl*, Das Verwaltungsverfahrensgesetz zwischen Kodifikationsidee und Sonderrechtsentwicklungen, in: Hoffmann-Riem/Schmidt-Aßmann (Hrsg.), Verwaltungsverfahren, S. 67 (80 f.); krit. zur gesetzgeberischen Zurückhaltung *Martin Burgi*, Verwaltungsverfahrensrecht zwischen europäischem Umsetzungsdruck und nationalem Gestaltungswillen, JZ 2010, S. 105 (106 f.).

C. Allgemeines Verwaltungsrecht und Fachverwaltungsrecht

a) Allgemeines Verwaltungsrecht

An der Erzeugung der Regeln, Grundsätze und Bauformen des Allgemeinen Verwaltungsrechts wirken der Gesetzgeber, die Gerichte und die Rechtswissenschaft mit. Der Gesetzgeber ist innerhalb des Regimes des Allgemeinen Verwaltungsrechts, sieht man von Landesorganisationsgesetzen sowie von Haftungs- und Vollstreckungsregeln ab, vor allem durch den Erlass der **Verwaltungsverfahrensgesetze** tätig geworden.[289] Diese enthalten neben zahlreichen grundsätzlichen Bestimmungen (vor allem über die Handlungsformen, das Verwaltungsverfahren oder das Ermessen; vgl. § 40 VwVfG) auch eine Reihe von Bestimmungen, die zwar in rechtstechnischer Hinsicht ebenfalls Bestandteil des Allgemeinen Verwaltungsrechts sind, nicht aber als „allgemeine Lehren" angesehen werden können (Beispiel: Die Fristbestimmungen der §§ 31f. VwVfG).[290] Zahlreiche wichtige Grundsätze (etwa über Partizipation oder Öffentlichkeit) fehlen ebenso wie verschiedene Bauformen, etwa Aussagen zu administrativen Rechtsetzungsverfahren oder zum Realhandeln und insbesondere zur Zusammenarbeit mit Privaten. Seit mehreren Jahren wird versucht, in Ergänzung der §§ 54ff. VwVfG einige Vorschriften (lediglich) über den Modus der Zusammenarbeit mit Privaten durch öffentlich-rechtlichen Vertrag in das VwVfG aufzunehmen.[291] Bedenkt man dies und nimmt hinzu, dass die meisten der im VwVfG kodifizierten Verfahrensgrundsätze (etwa der Grundsatz des Vertrauensschutzes; vgl. nur § 48 Abs. 2 u. 3 VwVfG) bereits vor Inkrafttreten des VwVfG in Rechtsprechung und Rechtswissenschaft anerkannt gewesen sind, dann ist die Diagnose, dass die Verwaltungsverfahrensgesetze in einer sowieso schon eher bescheidenen Verallgemeinerungsleistung noch nachgelassen haben,[292] berechtigt.

106

Die **Funktionen** des Rechtsregimes „Allgemeines Verwaltungsrecht" sind:[293]
– Vereinfachung und Erhöhung der Transparenz für die Verwaltung wie für den Bürger durch die Generalisierung bestimmter Aussagen, die schlichtweg vor die Klammer gezogen werden;
– eine Ordnungsidee, die dazu beitragen soll, sich der größeren Zusammenhänge, der durchlaufenden Entwicklungslinien und der Adäquanz der in den einzelnen Rechtsinstituten getroffenen Zuordnungen vergewissern zu können;
– Transformation von Verfassungszielen und Verfassungsstrukturen, insbesondere des Rechtsstaats- und des demokratischen Prinzips des Grundgesetzes; hierbei handelt es sich um eine klassische Funktion, die bereits bei *Otto May-*

107

---

[289] Zur kompetenziellen Situation vgl. Rn. 105.
[290] Hierzu mit weiteren Nachweisen *Groß*, Beziehungen (Fn. 263), S. 57 (70f.), der daraus die Unterscheidung zwischen einem „äußeren System als der Gliederung des Gesetzes" und „einem inneren System, das die immanente Ordnung mit den maßgeblichen Wertentscheidungen und Prinzipien enthält", ableitet.
[291] Aus der Diskussion vgl. *Jan Ziekow*, Verankerung verwaltungsverfahrensrechtlicher Kooperationsverhältnisse, in: ders. (Hrsg.), Public Private Partnership, 2003, S. 25ff.; ablehnend *Burgi*, Gutachten 67. DJT (Fn. 116), S. D 93.
[292] *Kahl*, Verwaltungsverfahrensgesetz (Fn. 288), S. 71 ff.; *Burgi*, Verwaltungsverfahrensrecht (Fn. 288), S. 107.
[293] Ausführlicher *Eberhard Schmidt-Aßmann*, Zur Funktion des Allgemeinen Verwaltungsrechts, DV, Bd. 27 (1994), S. 137ff.; *Matthias Schmidt-Preuß*, Das Allgemeine des Verwaltungsrechts, in: FS Hartmut Maurer, 2001, S. 777ff.; *Groß*, Beziehungen (Fn. 263), S. 70f.; *Kersten/Lenski*, Entwicklungsfunktion (Fn. 273), S. 501 ff.

§ 18 Rechtsregime

er,²⁹⁴ welcher sein „Allgemeines Verwaltungsrecht" aus dem Wesen des Rechtsstaates entwickelt hatte, nachweisbar ist. Insoweit entsteht Allgemeines Verwaltungsrecht im Wege der Deduktion.²⁹⁵

– Als letzte Funktion sei die der rationalen und abstrahierenden Verarbeitung von Erfahrungen und Problemlösungen aus dem Fachverwaltungsrecht genannt. In dem Maße, in dem das Allgemeine Verwaltungsrecht sonach in der Auseinandersetzung mit sog. Referenzgebieten²⁹⁶ fortentwickelt wird, beruht es auf Induktion. Mit der Aufnahme bestimmter generalisierungsfähiger Aussagen in das Allgemeine Verwaltungsrecht tritt der im Fachverwaltungsrecht noch dominierende Bezug auf die jeweilige Verwaltungsaufgabe zurück²⁹⁷ und werden Wertungswidersprüche zwischen Allgemeinem Verwaltungsrecht und Fachrecht sowie zwischen verschiedenen Materien des Fachverwaltungsrechts vermieden.

108 Bei funktionsgemäßem Einsatz (andernfalls verwandeln sie sich in Schwächen) können folgende **Stärken** des Allgemeinen Verwaltungsrechts angegeben werden:
– Seine Bestandteile sind stabil und dem Aktionismus der Tagespolitik weitgehend entzogen;
– dennoch besitzen sie infolge ihres aufgabenunabhängigen und generalisierenden Charakters sowie ihrer Grundsätzlichkeit ein vergleichsweise hohes Maß an Offenheit und Integrationsfähigkeit. Wenn es gelingt, „die Tendenz des Allgemeinen zur Statik mit der Dynamik des Besonderen in Einklang zu bringen",²⁹⁸ was mittels des Arbeitens mit Referenzgebieten bewirkt werden soll,²⁹⁹ kann das Allgemeine Verwaltungsrecht die ihm zugedachten Funktionen wahrnehmen.
– Gegenüber Sonderinteressen, die um die einzelnen Fachverwaltungen kreisen und deren Recht zu beeinflussen versuchen, übt das Allgemeine Verwaltungsrecht eine disziplinierende Wirkung aus;
– und schließlich kommt ihm eine edukatorische Wirkung zu, die darin besteht, das Selbstverständnis des Verwaltungspersonals als Ausübung eines öffentlichen Amtes trotz aller notwendiger Kooperation mit Privaten und des teilweisen Aufgehens in Netzwerkstrukturen im Bewusstsein zu halten.³⁰⁰

b) Fachverwaltungsrecht

109 Das Fachverwaltungsrecht wird zum ganz überwiegenden Teil durch den Gesetzgeber in Bund und Ländern, jeweils unter teilweise erheblicher europarecht-

---

²⁹⁴ *Otto Mayer*, Theorie des Französischen Verwaltungsrechts, 1886, S. 17 f.; *Mayer*, VerwR, S. 61 ff., sowie die diesbezügliche Analyse von *Erich Kaufmann*, Otto Mayer, VerwArch, Bd. 30 (1925), S. 377 (381, 388). Der viel zitierte Satz *Otto Mayers* „Verfassungsrecht vergeht, Verwaltungsrecht besteht" (Vorwort zur 3. Aufl. des Lehrbuchs „VerwR") bringt nicht etwa die fehlende Verpflichtetheit des Verwaltungsrechts auf die freiheitliche Verfassung zum Ausdruck, sondern den zu Recht bestehenden Anspruch auf eine eigene Dogmatik.
²⁹⁵ Vgl. näher hierzu *Rainer Wahl*, Die Aufgabenabhängigkeit von Verwaltung und Verwaltungsrecht, in: Hoffmann-Riem/Schmidt-Aßmann/Schuppert (Hrsg.), Reform, S. 177 (212); → Bd. I *Möllers* § 3 Rn. 53.
²⁹⁶ Näher → Rn. 115 ff.
²⁹⁷ Näher beschrieben bei *Wahl*, Aufgabenabhängigkeit (Fn. 295), S. 212 ff.
²⁹⁸ *Wolfgang Hoffmann-Riem*, Reform des Allgemeinen Verwaltungsrechts: Vorüberlegungen, DVBl 1994, S. 1381 (1390).
²⁹⁹ Näher → Rn. 115 ff.
³⁰⁰ Darauf macht *Schmidt-Aßmann*, Ordnungsidee, 1. Kap. Rn. 11, aufmerksam.

licher Einwirkung, geschaffen. In dem Maße, in dem im Fachverwaltungsrecht nicht wiederum die Binnen-Allgemeinheit,[301] sondern das Besondere gepflegt wird, sind Rechtsprechung und Rechtswissenschaft primär interpretatorisch, d.h. zur Erleichterung der Rechtsanwendung im Hinblick auf die einzelnen auslegungsbedürftigen Vorschriften tätig. Die zentrale **Funktion** des Fachverwaltungsrechts ist es, angesichts der Dynamik und Komplexität der zu regelnden Verhältnisse Regelungsgegenstände problemadäquat und sachnah zu erfassen. Seine Stärken bestehen dabei im intensiven Bezug auf die jeweils zu bewältigenden Verwaltungsaufgaben und in der großen Nähe zur Rechtsanwendung, die ihren Bedarf nach operationalisierbaren Regelungen geltend macht, und zwar mit hoher Aktualität; das Fachverwaltungsrecht ist daher vergleichsweise dynamischer. Wird es nicht funktionsgemäß eingesetzt, verwandeln sich auch bei ihm die Stärken in Schwächen.

c) Dysfunktionalität?

Im Verhältnis zwischen Allgemeinem Verwaltungsrecht und Fachverwaltungsrecht spielen die im Verhältnis der Rechtsregimes Öffentliches Recht und Privatrecht relevanten Relationen von Rechtseinheit einerseits, Norm- bzw. Wertungswiderspruch andererseits keine Rolle, weil das Fachverwaltungsrecht infolge der Anwendung der lex specialis-Regel im Zweifelsfall vorgehen würde. Die relevante Relation ist daher die der Komplementarität, es kann aber zu Dysfunktionalitäten, d.h. zu einem **funktionswidrigen Umgang** mit dem Allgemeinen Verwaltungsrecht oder mit dem Fachverwaltungsrecht kommen. Ob dies im Hinblick auf einzelne Gegenstände, z.B. Verfahrens- oder Organisationsregeln, der Fall ist, muss in den diesen Gegenständen gewidmeten Beiträgen dieses Werkes analysiert werden. An dieser Stelle soll auf Gefahren aufmerksam gemacht werden, woraus sich Prüfsteine[302] für den Umgang mit den beiden Rechtsregimes ergeben: 110

Der **erste Prüfstein** wirkt sich vor allem gegenüber dem Gesetzgeber aus, der neue Regeln des Fachverwaltungsrechts schaffen möchte. Jede neue fachgesetzliche Bestimmung ist darauf hin zu befragen, ob mit ihr tatsächlich auf eine neue Problemlage reagiert wird oder ob sich zu deren Bewältigung nicht bereits im Allgemeinen Verwaltungsrecht Lösungsansätze finden. Hilfsweise sollten diese konkretisiert und fachspezifisch weiterentwickelt werden. Dysfunktional sind jedenfalls Neuschöpfungen im Fachrecht, die nicht durch fachspezifische Gegebenheiten gefordert sind.[303] Auf diese Weise kann der steuerungswissenschaftliche Blick auf die Rechtsregimes von Allgemeinem Verwaltungsrecht und Fachverwaltungsrecht einen wichtigen Beitrag im Kampf gegen die allgemein beklagte Überregulierung leisten. 111

Der **zweite Prüfstein** ist für den Gesetzgeber, die Gerichte und die Rechtswissenschaft beim Umgang mit dem Allgemeinen Verwaltungsrecht formuliert. Bei der Weiterentwicklung bestehender allgemeiner Lehren ebenso wie bei der Auf- 112

---

[301] Näher → Rn. 113f.
[302] Wenn *Schmidt-Aßmann*, Ordnungsidee, 1. Kap. Rn. 10, in diesem Zusammenhang von einem „Rechtfertigungsgebot" spricht, so indiziert er, m.E. zu weitgehend, eine dahingehende Rechtspflicht. Richtigerweise handelt es sich um Orientierungspunkte beim Einsatz der beiden Rechtsregimes als Steuerungsinstrumente.
[303] In diese Richtung bereits *Winfried Brohm*, Strukturen der Wirtschaftsverwaltung, 1969, S. 225.

nahme neuer Regeln, Grundsätze und Bauformen in den allgemeinen Kanon ist durchgehend darauf zu achten, dass Raum für die dem Fachverwaltungsrecht anvertraute Reaktion auf fachspezifische Anliegen und Problemstellungen bleibt. Ein funktionsgerechter Einsatz des Allgemeinen Verwaltungsrechts besteht darin, Orientierungspunkte zu errichten und Angebote zu machen (etwa im Bereich der Handlungsformen und der Eröffnungskontrollen[304]), die unter bestimmten fachspezifisch begründeten Umständen entweder ausgeschlagen werden oder inhaltlich weiterentwickelt werden können. Insoweit vorbildlich sind die Regelungen für das Planfeststellungsverfahren in den §§ 72ff. VwVfG, die durch die fachverwaltungsrechtlichen Bestimmungen der §§ 17ff. FStrG, 8ff. LuftVG oder 11a ff. EnWG verfeinert und spezifiziert werden.

3. Allgemeines Verwaltungsrecht und Allgemeiner Teil des Fachverwaltungsrechts

113   Der Vermeidung von Dysfunktionalitäten dient es, wenn innerhalb des Fachverwaltungsrechts, also noch jenseits der Ebene des Allgemeinen Verwaltungsrechts, bestimmte Aussagen generalisiert und vor die Klammer gezogen werden. Auf diese Weise entsteht ein „Allgemeiner Teil" innerhalb des jeweiligen Fachverwaltungsrechts.[305] Urheber von Verallgemeinerungen auf der Ebene das Fachverwaltungsrechts kann zum einen der **Gesetzgeber** sein. Prominente Beispiele hierfür sind das SGB X und die Abgabenordnung als Allgemeine Teile der Fachverwaltungsrechte Sozialrecht bzw. Abgabenrecht.[306] Ein gescheiterter Versuch mit entsprechender Zielsetzung war das in den 90er Jahren mit großem Aufwand betriebene Unternehmen eines „Umweltgesetzbuchs – Allgemeiner Teil" – zunächst an der angeblichen Gesetzgebungskompenz,[307] dann am fehlenden politischen Willen.[308] Entsprechenden Plänen im Hinblick auf ein Informationsfreiheitsgesetz[309] war mehr Erfolg beschieden.[310]

114   Als Schöpfer eines Allgemeinen Teils des Fachverwaltungsrechts werden aber auch **Rechtsprechung und/oder Rechtswissenschaft** tätig, wenn sie bestimmte Grundsätze, Regeln bzw. Bauformen unter einer gemeinsamen Leitidee zusammenstellen und vor die Klammer ziehen. Beispiele hierfür bilden der Allgemeine Teil eines Planungsrechts, das im Gleichschritt von der Rechtsprechung des Bun-

---

[304] Zuletzt vorgeschlagen von *Burgi*, Verwaltungsverfahrensrecht (Fn. 288), S. 110 f.
[305] Vgl. hierzu bereits *Wahl*, Aufgabenabhängigkeit (Fn. 295), S. 211 ff., der von „mittlerer Ebene" spricht; *Schmidt-Preuß*, Das Allgemeine (Fn. 293), S. 780 („Teilbereichsintegration"); *Groß*, Beziehungen (Fn. 263), S. 78 f. („Abstufungen der Allgemeinheit").
[306] So enthalten das VwVfG (§ 35), das SGB X (§ 31) und die AO (§ 118) beispielsweise einen weitgehend identischen Begriff des Verwaltungsakts.
[307] Abgedruckt in: *Hans-Werner Rengeling* (Hrsg.), Auf dem Weg zum Umweltgesetzbuch I, 1999, S. 273 ff.; kritisch *Rüdiger Breuer*, Empfiehlt es sich, ein Umweltgesetzbuch zu schaffen, gegebenenfalls mit welchen Regelungsbereichen?, Gutachten D zum 59. DJT, 1992, S. B 31 ff.; befürwortend *Matthias Schmidt-Preuß*, Veränderungen grundlegender Strukturen des deutschen (Umwelt-)Rechts durch das „Umweltgesetzbuch I", DVBl 1998, S. 857 ff.
[308] *Bernhard Weber/Daniel Riedel*, Brauchen wir das Umweltgesetzbuch noch? Wider die Legendenbildung über das gescheiterte UGB, NVwZ 2009, S. 998 ff.; *Klaus Schönenbroicher*, Das Verwaltungsverfahrensgesetz als Regelungsstandort für Konzentrationswirkungen bei Genehmigungen?, in: Martin Burgi/Klaus Schönenbroicher (Hrsg.), Die Zukunft des Verwaltungsverfahrensrechts, S. 82 (93 ff.).
[309] Vgl. den im Jahre 2000 vorgelegten „Entwurf eines Informationsfreiheitsgesetzes" von *Friedrich Schoch/Michael Kloepfer*, Informationsfreiheitsgesetz, 2002.
[310] Mit dem Gesetz zur Regelung des Zugangs zu Informationen des Bundes (Informationsfreiheitsgesetz – IFG) v. 5. September 2005 (BGBl I, S. 2722).

desverwaltungsgerichts[311] mit dem planungsrechtlichen Schrifttum[312] entwickelt und zwischenzeitlich sogar in Lehrbüchern (nicht: des Luftplanungs- oder Straßenplanungsrechts, sondern des Allgemeinen Teils), dokumentiert ist,[313] der Allgemeine Teil des Wirtschaftsverwaltungsrechts, welcher in der Lehrbuchliteratur seit langem vor die Klammer der Besonderen Teile des Gewerberechts, des Bankenaufsichtsrechts etc. gezogen wird,[314] oder das Recht der Regulierung in den Feldern der Infrastruktur, mit dessen Verallgemeinerungsfähigkeit sich der Deutsche Juristentag 2006 beschäftigt hat,[315] während die EU ausweislich ihres Weißbuchs zu den „Dienstleistungen von allgemeinem Interesse" vorerst keine die einzelnen Fachmaterien übergreifende Kodifikation in Angriff nehmen will.[316] Ein lohnendes rechtswissenschaftliches Unterfangen dürfte die Erarbeitung eines Allgemeinen Teils für die verschiedenen fachverwaltungsrechtlichen Materien sein, in denen es um die Vergabe von Aufträgen (ober- wie unterhalb von Schwellenwerten), Grundstücken, Vermögensanteilen etc. geht. Zwar nicht als Bestandteil des Allgemeinen Verwaltungsrechts,[317] wohl aber als Allgemeiner Teil des Fachverwaltungsrechts anzusehen sind ferner die Grundsätze und Regeln des „Öffentlichen Sachenrechts".[318] Sie sind vor die Klammer der Teilverwaltungsrechte des Straßenrechts, des Wasserrechts oder des Rechts der öffentlichen Sachen im Verwaltungsgebrauch gezogen und erfüllen dabei die eingangs[319] dem Rechtsregime des Allgemeinen Verwaltungsrechts zugewiesenen Funktionen. Solange und in dem Umfang, in dem ihnen dies gelingt, ist das öffentliche Recht mithin kein „Trümmerhaufen".[320]

4. Allgemeines Verwaltungsrecht und Teile des Fachverwaltungsrechts als Referenzgebiete

Da, wie gezeigt,[321] das Allgemeine Verwaltungsrecht zu einem erheblichen **115** Teil aus einem Vergleich und aus der Verallgemeinerung fachverwaltungsrecht-

---

[311] *BVerwGE* 34, 301; 41, 67; 45, 309.

[312] Wegweisend waren insbesondere die Arbeiten von *Werner Hoppe*; vgl. nur den Beitrag: Die Schranken planerischer Gestaltungsfreiheit (§ 1 Abs. 4 u. 5 BBauG), BauR 1970, S. 15 ff., ferner *Helmuth Schulze-Fielitz*, Das Flachglas-Urteil des Bundesverwaltungsgerichts – BVerwGE 45, 309, Jura 1992, S. 201.

[313] Genannt seien die Werke von *Jürgen Kühling/Nikolaus Hermann,* Fachplanungsrecht, 2. Aufl. 2000; *Rudolf Steinberg/Thomas Berg/Martin Wickel,* Fachplanung, 3. Aufl. 2000.

[314] Vgl. etwa *Reiner Schmidt,* Öffentliches Wirtschaftsrecht, Allgemeiner Teil, 1990; *Rolf Stober*, Allgemeines Wirtschaftsverwaltungsrecht, 16. Aufl. 2008. Zu diesbezüglichen Schwierigkeiten vgl. *Kahl*, Verwaltungsverfahrensgesetz (Fn. 288), S. 107 f.

[315] In der öffentlich-rechtlichen Abteilung unter der Themenstellung: „Soll das Recht der Regulierungsverwaltung übergreifend geregelt werden?"; befürwortend *Johannes Masing*, Verhandlungen des 66. DJT, Bd. I: Gutachten/Teil D: Soll das Recht der Regulierungsverwaltung übergreifend geregelt werden?, 2006, S. 58 ff.; ablehnend: *Martin Burgi*, Übergreifende Regelung des Rechts der Regulierungsverwaltung – Realisierung der Kodifikationsidee?, NJW 2006, S. 2349 (2441).

[316] Mitteilung der Kommission v. 12. Mai 2004, KOM (2004), 374 endg., Ziffer 3.1.; als wissenschaftliches Vorhaben mit dieser Perspektive: *Fehling/Ruffert* (Hrsg.), Regulierungsrecht.

[317] Ungeachtet der Behandlung in dem dem „Allgemeinen Verwaltungsrecht" gewidmeten Lehrbuch „VerwR" in der Herausgeberschaft von *Erichsen/Ehlers*.

[318] Zu deren Inhalt: *Hans-Jürgen Papier*, Recht der öffentlichen Sachen, in: Erichsen/Ehlers (Hrsg.), VerwR, § 38 Rn. 1.

[319] → Rn. 97.

[320] So aber die Diagnose von *Dirk Ehlers*, Das öffentliche Sachenrecht – ein Trümmerhaufen, NWVBl 1993, S. 327, aus Anlass der Auseinandersetzung um den sog. Hamburger Siegelstempelfall (*OVG NW*, NJW 1993, S. 2635).

[321] → Rn. 106 f.

§ 18 Rechtsregime

licher Regelungsmuster, also induktiv gewonnen worden ist, kommt den hierbei herangezogenen Teilgebieten des Fachverwaltungsrechts eine besondere Funktion zu. Indem sie Fallmaterial, Beispiele und Lösungsansätze liefern, fungieren sie als „Referenzgebiete" für das Allgemeine Verwaltungsrecht. Die zentrale Rolle, die das Arbeiten mit Referenzgebieten für die Neue Verwaltungsrechtswissenschaft spielt, ist in §§ 1 und 3 dieses Werkes[322] ausführlich geschildert worden.[323] Neben der **systematischen Seite** gibt es eine **methodische Seite,** die dadurch gekennzeichnet ist, dass über die Referenzgebiete auch die jeweils zugeordnete Rechtspraxis und die jeweils einbezogenen Nachbarwissenschaften (etwa im Umweltrecht die naturwissenschaftlichen Erkenntnisse) im Wege eines Lernprozesses einbezogen werden können.[324] Dass es sich hierbei um ein hoch anspruchsvolles und die Kapazitätsgrenze des einzelnen Rechtswissenschaftlers rasch übersteigendes Vorhaben handelt, braucht kaum betont zu werden. Als Paradebeispiel eines Referenzgebiets sei neben dem bereits erwähnten Umweltrecht das Wirtschaftsverwaltungsrecht genannt, welches verallgemeinerungsfähige Anstöße nicht nur im Hinblick auf die Handlungsformen (Verwaltungsverträge, neue Verwaltungsaktstypen), sondern auch für den Verbund von Öffentlichem Recht und Privatrecht und insbesondere für die Einbeziehung Privater in die Erfüllung von Verwaltungsaufgaben bietet.[325]

116 Aus der Sicht unseres, den Rechtsregimes gewidmeten Themas ist wichtig zu betonen, dass **nicht jedes Teilgebiet** des Fachverwaltungsrechts ohne weiteres zum Referenzgebiet qualifiziert ist. Vielmehr müssen bestimmte Merkmale erfüllt sein, um ein Teilgebiet des Fachverwaltungsrechts als Referenzgebiet anzusehen und vor allem verwenden zu können. Diese Merkmale bestehen erstens im Vorhandensein einer fachübergreifenden Problemlage und zweitens in der Existenz von Problemlösungen, die sich für einen fachübergreifenden Einsatz eignen. In aller Regel wird ein Referenzgebiet überdies nicht nur im Hinblick auf einen einzelnen Gegenstand des Allgemeinen Verwaltungsrechts (z.B. nur im Hinblick auf das Verfahren oder nur im Hinblick auf die Handlungsformenlehre) relevant sein, sondern für mehrere Gegenstände, wie soeben am Beispiel des Wirtschaftsverwaltungsrechts skizziert. Freilich gibt es bestimmte Schwerpunktsetzungen. So ist etwa das Umweltrecht besonders wirkkräftig im Hinblick auf die Handlungsformenlehre gewesen, während das Wissenschaftsverwaltungsrecht vor allem Aufschlüsse im Hinblick auf organisatorische Fragen erwarten lässt.[326]

---

[322] → Bd. I *Voßkuhle* § 1 Rn. 43 ff., *Möllers* § 3 Rn. 53.

[323] Vgl. überdies die begriffsbildenden Überlegungen von *Eberhard Schmidt-Aßmann,* Zur Reform des Allgemeinen Verwaltungsrechts – Reformbedarf und Reformansätze, in: Hoffmann-Riem/Schmidt-Aßmann/Schuppert (Hrsg.), Reform, S. 11 (14, 26 ff.); *dens.,* Methoden der Verwaltungsrechtswissenschaft – Perspektiven der Systembildung, in: Schmidt-Aßmann/Hoffmann-Riem (Hrsg.), Methoden, S. 387 (403 f.).

[324] Darauf macht auch *Thomas Vesting,* Nachbarwissenschaftlich informierte und reflektierte Verwaltungsrechtswissenschaft – „Verkehrsregeln" und „Verkehrsströme", in: Schmidt-Aßmann/Hoffmann-Riem (Hrsg.), Methoden, S. 253 (281), aufmerksam.

[325] In aller Knappheit dargestellt bei *Eberhard Schmidt-Aßmann,* Der Beitrag des öffentlichen Wirtschaftsrechts zur verwaltungsrechtlichen Systembildung, in: Hartmut Bauer u.a. (Hrsg.), Umwelt, Wirtschaft und Recht, 2002, S. 15 (19 ff.); vgl. mit Blick auf das Gewerberecht *Martin Burgi,* Das Gewerberecht als unterschätzter Gegenstand rechtswissenschaftlicher Forschung, in: GS Peter J. Tettinger, S. 11 (22).

[326] Bündig *Schmidt-Aßmann,* Ordnungsidee, 3. Kap. Rn. 6 ff. (zum Umweltrecht), bzw. 6. Kap. Rn. 36 ff. (zum Wissenschaftsrecht) bzw. 6. Kap. Rn. 43 ff. (zum Wirtschaftsverwaltungsrecht).

Diejenigen Teilgebiete des Fachverwaltungsrechts, die die Anforderungen an ein Referenzgebiet erfüllen, müssen freilich **allesamt einbezogen** werden. Jede Auswahl unter ihnen bedeutet zugleich einen Erkenntnisverlust für die Arbeit im Allgemeinen Verwaltungsrecht. Das galt für die jahrzehntelang praktizierte Beschränkung auf die klassischen Gebiete Polizeirecht, Beamtenrecht, Baurecht und Kommunalrecht, es würde aber auch für deren Verabschiedung nebst Konzentration auf vermeintlich moderne Gebiete wie Umweltrecht oder Medienrecht gelten. Gerade das Polizeirecht mit seinen in jüngerer Zeit vermehrt diskutierten Problemen von Vorsorge und Umgang mit Informationen[327] zeigt, dass man auch vermeintlich klassische Referenzgebiete nicht aus dem Auge verlieren sollte und dass die Problemlagen und Problemlösungen, die ein Referenzgebiet in das Allgemeine Verwaltungsrecht einspeisen kann, sich im Laufe der Entwicklung verändern können. Ein Letztes: Die meisten Referenzgebiete sind solche Gebiete des Fachverwaltungsrechts, in denen sich bereits ein Allgemeiner Teil herausgebildet hat,[328] ohne dass dies freilich als zwingende Anforderung an ein Referenzgebiet anzusehen wäre.

Ausgewählte Literatur

Axer, Peter, Soziale Sicherheit vor neuen Grenzziehungen zwischen öffentlichem und privatem Recht, Schriftenreihe des Deutschen Sozialrechtsverbandes, Bd. 51 (2004), S. 111–143.

Breuer, Rüdiger, Probleme der Zusammenarbeit von Verwaltung und Strafverfolgung auf dem Gebiet des Umweltschutzes, AöR, Bd. 150 (1990), S. 448–488.

Bullinger, Martin, Öffentliches Recht und Privatrecht in Geschichte und Gegenwart, in: FS Fritz Rittner, München 1991, S. 69–91.

– Die funktionelle Unterscheidung von öffentlichem Recht und Privatrecht als Beitrag zur Beweglichkeit von Verwaltung und Wirtschaft in Europa, in: Hoffmann-Riem/Schmidt-Aßmann (Hrsg.), Auffangordnungen, S. 239–260.

Burgi, Martin, Verhandlungen des 67. DJT, Bd. I: Gutachten/Teil D: Privatisierung öffentlicher Aufgaben – Gestaltungsmöglichkeiten, Grenzen, Regelungsbedarf, München 2008.

Bydlinski, Franz, Kriterien und Sinn der Unterscheidung von Privatrecht und öffentlichem Recht, AcP, Bd. 194 (1994), S. 319–351.

Ehlers, Dirk, Verwaltung in Privatrechtsform, Berlin 1984.

Groß, Thomas, Die Beziehungen zwischen dem Allgemeinen und dem Besonderen Verwaltungsrecht, DV 1999, Beiheft 2, S. 57–82.

Heine, Günter, Verwaltungsakzessorietät des Umweltstrafrechts, NJW 1990, S. 2425–2441.

Hoffmann-Riem, Wolfgang, Öffentliches Recht und Privatrecht als wechselseitige Auffangordnungen. Systematisierung und Entwicklungsperspektiven, in: Hoffmann-Riem/Schmidt-Aßmann (Hrsg.), Auffangordnungen, S. 261–336.

– Administrativ induzierte Privatisierung – Strafrecht als Auffangordnung für Verwaltungsrecht, in: FS Heike Jung, 2007, S. 299–312.

Jarass, Hans D., Verwaltungsrecht als Vorgabe für Zivil- und Strafrecht, VVDStRL, Bd. 50 (1991), S. 238–274.

Kahl, Wolfgang, Die rechtliche Bedeutung der Unterscheidung von Staat und Gesellschaft, Jura 2002, S. 721–729.

Kempen, Bernhard, Die Formenwahlfreiheit der Verwaltung. Die öffentliche Verwaltung zwischen öffentlichem und privatem Recht, München 1989.

---

[327] Vgl. zu beiden und zur Bedeutung des Polizeirechts *Friedrich Schoch*, Abschied vom Polizeirecht des liberalen Rechtsstaats? Vom Kreuzberg-Urteil des Preußischen Oberverwaltungsgerichts zu den Terrorismusbekämpfungsgesetzen unserer Tage, Der Staat, Bd. 43 (2004), S. 347 ff.; *Martin Thiel*, Die „Entgrenzung" der Gefahrenabwehr: Grundfragen von Freiheit und Sicherheit im Zeitalter der Globalisierung, 2011.

[328] Näher → Rn. 113 f.

§ 18 Rechtsregime

Kersten, Jens/Lenski, Sophie-Charlotte, Die Entwicklungsfunktion des Allgemeinen Verwaltungsrechts, DV, Bd. 42 (2009), S. 501–534.

Kirchner, Christian, Regulierung durch öffentliches Recht und/oder Privatrecht aus der Sicht der ökonomischen Theorie des Rechts, in: Hoffmann-Riem/Schmidt-Aßmann (Hrsg.), Auffangordnungen, S. 63–84.

Mann, Thomas, Die öffentlich-rechtliche Gesellschaft. Zur Fortentwicklung des Rechtsformenspektrums für öffentliche Unternehmen, Tübingen 2002.

Manssen, Gerrit, Privatrechtsgestaltung durch Hoheitsakt, Tübingen 1994.

Mestmäcker, Ernst-Joachim, Die Wiederkehr der bürgerlichen Gesellschaft und ihres Rechts, Rechtshistorisches Journal, Bd. 10 (1991), S. 177–192.

Ossenbühl, Fritz, Verwaltungsrecht als Vorgabe für Zivil- und Strafrecht, DVBl 1990, S. 963–973.

Pestalozza, Christian, „Formenmissbrauch" des Staates. Zur Figur und Folgen des „Rechtsmissbrauchs" und ihrer Anwendung auf staatliches Verhalten, München 1973.

Röhl, Hans C., Verwaltung und Privatrecht – Verwaltungsprivatrecht?, VerwArch, Bd. 86 (1995), S. 531–578.

Rühl, Ulli F. H., Grundfragen der Verwaltungsakzessorietät, JuS 1999, S. 521–529.

Scherzberg, Arno, Wozu und wie überhaupt noch öffentliches Recht?, Berlin 2003.

Schlosser, Hans (Hrsg.), Bürgerliches Gesetzbuch 1896–1996, Heidelberg 1997.

Schmidt-Aßmann, Eberhard, Öffentliches Recht und Privatrecht: Ihre Funktionen als wechselseitige Auffangordnungen. Einleitende Problemskizze, in: Hoffmann-Riem/Schmidt-Aßmann (Hrsg.), Auffangordnungen, S. 7–40.

Schmidt-Preuß, Matthias, Das Allgemeine des Verwaltungsrechts, in: Geis/Lorenz (Hrsg.), FS Maurer, München 2001, S. 777–802.

Schmidt, Detlef, Die Unterscheidung von privatem und öffentlichem Recht, Baden-Baden 1995.

Schröder, Meinhard, Verwaltungsrecht als Vorgabe für Zivil- und Strafrecht, VVDStRL, Bd. 50 (1991), S. 196–237.

Skouris, Wassilios, Der Einfluss des europäischen Gemeinschaftsrechts auf die Unterscheidung zwischen Privatrecht und Öffentlichem Recht, EuR 1998, S. 111–129.

Stelkens, Ulrich, Verwaltungsprivatrecht. Zur Privatrechtsbindung der Verwaltung, deren Reichweite und Konsequenzen, Berlin 2005.

Stolleis, Michael, Öffentliches Recht und Privatrecht im Prozess der Entstehung des modernen Staates, in: Hoffmann-Riem/Schmidt-Aßmann (Hrsg.), Auffangordnungen, S. 41–62.

Trute, Hans-Heinrich, Wechselseitige Verzahnungen zwischen Privatrecht und öffentlichem Recht, in: Hoffmann-Riem/Schmidt-Aßmann (Hrsg.), Auffangordnungen, S. 167–224.

Tschentscher, Axel, Der privatrechtsgestaltende Verwaltungsakt als Koordinationsinstrument zwischen öffentlichem Recht und Privatrecht, DVBl 2003, S. 1424–1437.

Vesting, Thomas, Wiederkehr der bürgerlichen Gesellschaft und ihres Rechts? Zur neueren Diskussion über das Verhältnis zwischen öffentlichem Recht und Privatrecht, in: Schlosser (Hrsg.), Bürgerliches Gesetzbuch, a. a. O., S. 183–202.

Wall, Heinrich de, Die Anwendbarkeit privatrechtlicher Vorschriften im Verwaltungsrecht, Tübingen 1999.

Zuleeg, Manfred, Der Anwendungsbereich des öffentlichen Rechts und des Privatrechts, VerwArch, Bd. 73 (1982), S. 384–404.

§ 19 Regulierungsstrategien

Martin Eifert

Übersicht

	Rn.
A. Der Regulierungsansatz	1
I. Der Begriff der Regulierung	1
1. Definition von „Regulierung"	1
2. Die methodische Funktion des Regulierungsbegriffs	7
II. Funktion der Regulierung	9
1. Abhängigkeit der Funktion vom Regulierungsbegriff	9
2. Aufgaben und Modi der Regulierung	12
III. Rechtfertigung der Regulierung	16
1. Rechtfertigung staatlicher Interventionen	16
2. Regulierungsstrategien zwischen Vermeidung und Optimierung	21
B. Hoheitliche Regulierung	23
I. Konzeption	23
1. Umfassende staatliche Verantwortungsübernahme	23
2. Grundsätzliche Vor- und Nachteile des Regulierungsansatzes	25
II. Anwendungsfelder	28
1. Ordnung	28
2. Leistung	31
III. Modernisierungsansätze der hoheitlichen Regulierung	32
1. Ordnung	33
a) Administratives Informations- und Wissensmanagement	34
b) Ausbau der Beteiligungsmöglichkeiten Dritter	35
c) Kooperative Orientierung	37
d) Insbesondere: Stärkere Eigenverantwortung	38
e) Funktionale Privatisierung	40
f) Flexibilisierung durch Optionenrecht	43
g) Verlagerung der Rechtsetzung zur Exekutive	45
h) Informelles Verwaltungshandeln	46
2. Leistung	47
a) Begrenzte Reform der öffentlich-rechtlichen Organisationsformen	47
b) Privatisierung	48
C. Hoheitlich regulierte gesellschaftliche Selbstregulierung	52
I. Konzeption	52
1. Verbindung staatlicher und gesellschaftlicher Handlungsrationalitäten	52
2. Grundsätzliche Vor- und Nachteile des Regulierungsansatzes	58
II. Recht- und Regelsetzung	61
1. Zusammenspiel privater Standardsetzung mit staatlicher Rechtsetzung	62
a) Direkte und indirekte Inkorporation in staatliche Rechtsetzung	62
b) Gesetzlich ungeregelte Rezeption	63
c) Vermutungswirkungen	64
d) Rechtsverbindlichkeit	66
2. Bausteine legitimierender Qualitätssicherung mittels prozeduraler Richtigkeitsgewähr	67
3. Ansatzpunkte staatlicher Einwirkung auf die private Regelsetzung	69
a) Rechtliche Vorgaben im Rahmen staatlich angeregter privater Regelsetzung	69
b) Anreizwirkung gestufter Rezeptionsintensität	71
III. Selbstverpflichtungen und Zielvorgaben	73
1. Zusammenspiel zwischen staatlicher Regelsetzung und privater Selbstverpflichtung	74
2. Begrenzte rechtliche Steuerung durch verfassungsrechtliche Rahmenvorgaben und Kartellrecht	76

§ 19 Regulierungsstrategien

	Rn.
IV. Einrichtung privater Fremdkontrolle	80
1. Zusammenspiel privater Fremdkontrolle und staatlicher Überwachung	82
a) Substitution staatlicher Überwachung	82
b) Vorgelagerte Kontrolle	86
c) Freiwillige Ergänzung	88
2. Staatliche Regulierung der privaten Fremdkontrolle	91
a) Die Kontrolle der Kontrolleure	92
b) Die Strukturierung der Kontrollverfahren	96
3. Sicherung von Verantwortungsklarheit	98
V. Unternehmensbezogene Organisations- und Verfahrensvorgaben	99
1. Verfahrenspflichten	101
2. Organisationspflichten	104
VI. Staatlich eingerichtete Märkte	110
1. Eröffnung von Märkten	111
a) Wettbewerb um staatlich definierte Märkte (vor allem monopolhafte Infrastrukturleistungen)	112
b) Wettbewerbselemente bei der Erbringung von Sozialleistungen	115
c) Private Entsorgungsstrukturen im Kreislaufwirtschaftsrecht	117
2. Einpassung des Marktmechanismus in den Steuerungszusammenhang	118
a) Der Leistungsauftrag als Schnittstelle beim Wettbewerb um den Markt	119
b) Sozialrecht zwischen Pluralität und Standardisierung des Angebots	121
c) Private Entsorgungsstrukturen zwischen Kooperation und Wettbewerb	123
VII. Aktive Marktbegleitung durch Regulierungsverwaltungsrecht	125
1. Der instrumentelle Charakter des Wettbewerbs	126
2. Die zentralen Bereiche und Spannungslagen der Marktregulierung	129
a) Funktionsfähigkeit und Nutzung der Netze (Zugang, Entgelte und Interoperabilität)	130
b) Die transparenzsichernde Trennung der Regulierungsbereiche	133
c) Sicherung einer Grundversorgung	135
d) Regulierung als rechtlich angeleitete, marktbegleitende Gestaltungsaufgabe	136
3. Die institutionellen Besonderheiten	139
a) Verselbständigte Regulierungsbehörden	139
b) Regulierung im institutionellen Verbund	142
D. Gesellschaftliche Selbstregulierung	144
I. Konzeption und Grundformen	144
II. Recht als Grundlage und Funktionssicherung gesellschaftlicher Ordnungsbildung	148
III. Insbesondere: Informationsniveau und Vertrauensinfrastruktur	151
E. Regulatory Choice	153
I. „Gute Regulierung" als Ziel der Regulatory Choice	154
II. Begrenzte rechtliche Steuerung der Entscheidung	158
1. Europarechtliche Vorgaben	160
2. Verfassungsrechtliche Direktiven und gesetzliche Einzelregelungen	161
3. Binnenrechtliche Steuerung der politischen Entscheidung	164
III. Methoden und Verfahren der Entscheidungsfindung	165

Ausgewählte Literatur

A. Der Regulierungsansatz

I. Der Begriff der Regulierung

1. Definition von „Regulierung"

„Regulierung" hat noch keine einheitliche Definition. Die Begriffsverwendung war **traditionell disziplinär** und teilweise auch **national gebunden** sowie oftmals vom Kontext einer Begriffswelt und Gegenbegriffen abhängig. Die Suche nach einem festen Begriffsinhalt beginnt erst, seit Regulierung verstärkt einen transdisziplinären und transnationalen Topos bildet und sie begegnet dem Problem, einem sich weiter verändernden Begriff Konturen geben zu müssen. 1

Die **politik- und verwaltungswissenschaftliche Diskussion** kennt schon lange den Begriff der Regulierung als Beschreibung des Grundmusters hoheitlicher Regelsetzung in Form von Ge- und Verboten mit unmittelbarem administrativem Vollzug.[1] Sie bildete den Kern „regulativer Politik" und ihr entspricht die „command-and-control regulation" des englischen Sprachraums. Nach dem Befund einer „Krise der regulativen Politik"[2] wurde die Frage nach den Möglichkeiten staatlicher Gemeinwohlsicherung in der deutschsprachigen Literatur als Diskussion um die politische „Steuerung" der Gesellschaft fortgeführt. Die lange dominierende theoretische Frage nach der prinzipiellen Möglichkeit des Staates zur Steuerung, aber auch die hier zu behandelnde empirische Ausdifferenzierung staatlicher Einflussnahme auf die Gesellschaft und die Verzahnungen von Staat und Gesellschaft im „kooperativen Staat", wurden begrifflich als **„Steuerungsdiskussion"** geführt.[3] Der englische Sprachraum blieb von den theoretischen Debatten weitgehend unberührt und integrierte die in allen modernen Gesellschaften zu beobachtende wachsende Instrumentenvielfalt teilweise in den Begriff der Regulierung. Unter **„Regulation"** wird deshalb auch entsprechend der „politischen Steuerung" jede gewollte staatliche Beeinflussung wirtschaftlicher oder sozialer Prozesse verstanden.[4] In jüngerer Zeit wird auch in der 2

---

[1] Oftmals werden hier aber auch noch unmittelbare staatliche Anreize, v.a. durch Subventionen, eingeschlossen.

[2] → Bd. I *Voßkuhle* § 1 Rn. 10.

[3] → Bd. I *Voßkuhle* § 1 Rn. 18 ff.; instruktiver Überblick bei *Stefan Lange/Dietmar Braun,* Politische Steuerung zwischen System und Akteur, 2000; früher bereits *Franz-Xaver Kaufmann,* Steuerung wohlfahrtsstaatlicher Abläufe durch Recht, Jb. für Rechtssoziologie und Rechtstheorie, Bd. XIII, 1988, S. 65 ff., sowie knapp zusammenfassend *Arthur Benz,* Der moderne Staat, 2001, S. 213 ff. In seinen Ausgangspunkten war der Bezug zur Regulierung noch begrifflich vorhanden. So bezeichnete *Gunther Teubner* das aus theoretischer Sicht zentrale Problem, dass die Einwirkung des Rechts auf zunehmend autonome Lebensbereiche, die deren jeweiligen Eigensinn nicht hinreichend beachtet und deshalb irrelevant oder desintegrierend für den Lebensbereich oder das Recht wirkt, als „regulatorisches Trilemma" (*Gunther Teubner,* Verrechtlichung – Begriffe, Merkmale, Grenzen, Auswege, in: Friedrich Kübler [Hrsg.], Verrechtlichung von Wirtschaft, Arbeit und sozialer Solidarität, 1985, S. 289 [313 ff.]).

[4] Siehe *Renate Mayntz,* Soziale Dynamik und politische Steuerung, 1997, S. 275: „‚Steuerung' im Sinne einer absichtsvollen Beeinflussung sozialer Prozesse"; *Robert Baldwin/Martin Cave,* Understanding Regulation, 1999, S. 2: „deliberate state influence – where regulation [...] covers all state actions designed to influence industrial or social behaviour"; *John Francis,* The Politics of Regulation, 1993, S. 5: „state intervention in private spheres of activity to realize public purposes".

deutschsprachigen politikwissenschaftlichen Literatur der Regulierungsbegriff wieder aufgegriffen und letztlich in diesem erweiterten Sinne verstanden.[5]

3   Die **ökonomische und ökonomisch geprägte Diskussion** über Regulierung interessiert sich nicht für das potentiell allzuständige politische System, sondern für den sachlich enger begrenzten Markt und versteht Regulierung als staatliche Interventionen in den ökonomischen Wettbewerb. Den für die Diskussion prägenden historischen **Ausgangspunkt** bildet die Entwicklung staatlicher Regeln für private Monopolunternehmen in den **USA** ab 1887. Vor allem Eisenbahnwesen, Energieversorgung, Telekommunikation und Luftverkehr waren durch monopolistische Strukturen geprägt, deren Missbrauch der Staat durch die Einrichtung sektorspezifischer Regulierungsbehörden entgegentrat, denen insbesondere die Kontrolle von Preisen und Marktzutritt oblag. Hieran anknüpfend wurde später zunächst auch in Deutschland die Steuerung der entsprechenden wettbewerblichen Ausnahmebereiche als Regulierung verstanden.[6] Der Aufgabenzuwachs des modernen Wohlfahrtsstaates bedingte auch in den USA immer weitere staatliche Interventionen in den Markt,[7] die ab den 1970er Jahren eine massive, sich schnell international verbreitende Gegenbewegung zugunsten einer **„Deregulierung"**[8] auslösten.[9] In dieser antagonistischen Gegenüberstellung von Markt und Staat wurde unter „Regulierung" dann international meist jede staatliche Beschränkung der Handlungs- und Verfügungsmöglichkeiten der Marktteilnehmer verstanden – zumindest, soweit sie über die allgemeinen Regeln hinausgingen.[10]

4   In der **rechtswissenschaftlichen Diskussion** wurde nun entsprechend dem jeweiligen Kontext an diese verschiedenen Stränge angeschlossen. Im Rahmen der allgemeinen Diskussion um die **Reform des Verwaltungsrechts** wird die steuerungswissenschaftliche Diskussion fortgeführt und Regulierung als Oberbegriff der verschiedenen Modi staatlicher Aufgabenerfüllung verwendet.[11] In der allgemeinen **wirtschaftsrechtlichen Literatur** wird unter Regulierung jede

---

[5] Vgl. *Roland Czada/Susanne Lütz*, Probleme, Institutionen und Relevanz regulativer Politik, in: Roland Czada/Susanne Lütz/Stefan Mette, Regulative Politik, 2003, S. 13 ff.; *Susanne Lütz*, Zwischen Effektivität und Legitimität – Regulative Politik im Politikfeld- und Ländervergleich, in: ebd., S. 241 ff.; früher bereits *Markus Müller/Roland Sturm*, Ein neuer regulativer Staat in Deutschland? Die neuere Theory of the Regulatory State und ihre Anwendbarkeit in der deutschen Staatswissenschaft, StWStP, Bd. 9 (1998), S. 507 ff.
[6] *Jürgen Müller/Ingo Vogelsang*, Staatliche Regulierung – Regulated Industries in den USA und Gemeinwohlbindung in wettbewerblichen Ausnahmebereichen in der Bundesrepublik Deutschland, 1979; ausführlich jetzt *Oliver Lepsius*, Regulierungsrecht in den USA, in: Fehling/Ruffert (Hrsg.), Regulierungsrecht, § 1, *Martin Leschke*, Regulierungstheorie aus ökonomischer Sicht, in: ebd., § 6.
[7] Begrifflich wurde bei diesem Regulierungszuwachs teilweise zwischen „social regulation" und der klassischeren „economic regulation" unterschieden.
[8] → Bd. I *Voßkuhle* § 1 Rn. 57.
[9] Klassisch zur Entwicklung und systematisch-kritischen Aufarbeitung *Stephen Breyer*, Regulation and its Reform, 1982.
[10] Siehe nur *Marc A. Eisner/Jeff Worsham/Evan Ringquist*, Contemporary Regulatory Policy, 2000, S. 5; für Deutschland nur *Jörg Borrmann/Jörg Finsinger*, Markt und Regulierung, 1999, S. 8 f., und – nochmals weitergehend – *Deregulierungskommission*, Marktöffnung und Wettbewerb, 1991, Tz. 2.
[11] *Wolfgang Hoffmann-Riem*, Öffentliches Recht und Privatrecht als wechselseitige Auffangordnungen – Systematisierung und Entwicklungsperspektiven, in: Hoffmann-Riem/Schmidt-Aßmann (Hrsg.), Auffangordnungen, S. 261 (300 ff.). Grds. kritisch und von einer nur veränderten Wahrnehmung ausgehend *Oliver Lepsius*, Steuerungsdiskussion, Systemtheorie und Parlamentarismuskritik, 1999.

A. Der Regulierungsansatz

staatliche Einwirkung auf private Wirtschaftssubjekte verstanden.[12] Und die Auseinandersetzung mit den früheren wettbewerblichen Ausnahmebereichen und ihrer Liberalisierung entwickelte schließlich die ursprünglichere ökonomische Traditionslinie für die **Netzwirtschaften** in verschiedenen Variationen weiter.[13] In diesem letztgenannten Kontext werden unter Regulierung jetzt alle staatlichen Instrumente zur Beeinflussung oder Konstituierung von Märkten verstanden, die spezifische öffentliche Bindungen der konkret ausgeübten Wirtschaftstätigkeit vermitteln[14] bzw. alle politisch motivierten Eingriffe des Staates zur (sektorspezifischen) Beschränkung von Marktmechanismen oder zur Übernahme und Koordination von Marktfunktionen bei fehlendem Markt.[15] Für diese Bereiche umschreibt der Regulierungsbegriff letztlich ein ganzes Konzept.[16] Im Kontext der Liberalisierung wurde der Begriff der Regulierung auch als Rechtsbegriff eingeführt und in § 2 TKG als hoheitliche, auf das gesetzliche Zielbündel ausgerichtete Aufgabe umschrieben und mit einer ursprünglich auch namentlich entsprechend ausgewiesenen „Regulierungsbehörde" organisatorisch abgestützt.[17]

Die hier vorzunehmende Identifizierung übergreifender Regulierungsstrategien erfordert im Ausgangspunkt einen **umfassenden Regulierungsbegriff.** Deshalb soll hier im Anschluss an die politik- und verwaltungswissenschaftlich vorgeprägte Definition unter Regulierung jede gewollte staatliche Beeinflussung gesellschaftlicher Prozesse verstanden werden, die einen spezifischen, aber über den Einzelfall hinausgehenden Ordnungszweck verfolgt[18] und dabei im Recht zentrales Medium und Grenze findet.[19]

Damit bezieht sich der Regulierungsbegriff auf den **Staat**[20] und fragt nach dessen Optionen zur ihm aufgegebenen Gemeinwohlsicherung. Mit dieser Fo-

---

[12] Vgl. bereits *Reiner Schmidt,* Öffentliches Wirtschaftsrecht – Allgemeiner Teil, 1990, S. 48.
[13] Siehe etwa *Klaus König/Angelika Benz* (Hrsg.), Privatisierung und staatliche Regulierung, 1997; *Christian Berringer,* Regulierung als Erscheinungsform der Wirtschaftsaufsicht, 2004, S. 94 ff.
[14] *Jens-Peter Schneider,* Liberalisierung der Stromwirtschaft durch regulative Marktorganisation, 1999, S. 37.
[15] *Jürgen Kühling,* Sektorspezifische Regulierung in den Netzwirtschaften, 2004, S. 13, 58. Im Ergebnis ähnlich *Matthias Ruffert,* Begriff, in: Fehling/Ruffert (Hrsg.),Regulierungsrecht, § 7.
[16] *Johannes Masing,* Grundstrukturen eines Regulierungsverwaltungsrechts, DV, Bd. 36 (2003), S. 1 (31 f.); zu kurz greift demgegenüber eine isolierte Instrumentenbetrachtung wie bei *Berringer,* Regulierung (Fn. 13), S. 121 ff.
[17] Das TKG 1996 definierte „Regulierung" in § 3 Nr. 13 als „Maßnahmen, die zur Erreichung der in § 2 Abs. 2 genannten Ziele ergriffen werden und durch die das Verhalten von Telekommunikationsunternehmen beim Angebot von Telekommunikationsdienstleistungen, von Endeinrichtungen oder von Funkanlagen geregelt werden, sowie die Maßnahmen, die zur Sicherstellung einer effizienten und störungsfreien Nutzung von Frequenzen ergriffen werden". Es rief damit aber eher Kontroversen hervor als Klarheit über den Begriffsinhalt zu schaffen (näher *Berringer,* Regulierung [Fn. 13], S. 94 ff.). Die späteren Gesetzesfassungen verzichteten deshalb auf die Definition.
[18] Ähnlich *Eberhard Schmidt-Aßmann,* Regulierte Selbstregulierung als Element verwaltungsrechtlicher Systembildung, in: Regulierte Selbstregulierung als Steuerungskonzept des Gewährleistungsstaates, DV, Beiheft 4, 2001, S. 253 (255); *Andreas Voßkuhle,* Beteiligung Privater an der Wahrnehmung öffentlicher Aufgaben und staatliche Verantwortung, VVDStRL, Bd. 62 (2003), S. 266 (304 Fn. 156); vgl. auch Fn. 4.
[19] Den Bezug zum Recht betont *Jörn A. Kämmerer,* Privatisierung, 2001, S. 487, dessen Definition allerdings ansonsten zu konturenlos bleibt.
[20] Der „Staat" wird hier jedoch nur als demokratisch legitimierter Herrschaftsverbund und nicht notwendig als staatliche Einheit oder Nationalstaat in Bezug genommen, so dass die Veränderung der Staatlichkeit (dazu etwa *Thomas Vesting,* Zwischen Gewährleistungsstaat und Minimalstaat, in: Hoffmann-Riem/Schmidt-Aßmann,Informationsgesellschaft, S. 101 [111 ff.]) durchaus verarbeitet werden kann.

kussierung auf die Gestaltungsmöglichkeiten der Politik ist der Regulierungsbegriff besonders anschlussfähig für das Recht, weil er die verfassungsrechtlich vorgegebene zentrale (nicht aber notwendig übergeordnete) Stellung des Staates bei der Gemeinwohldefinition und -realisierung unangetastet lässt, zugleich aber in der Beschränkung auf eine gewollte Beeinflussung deren Grenzen reflektiert und sozialtechnologische Vereinfachungen vermeidet. Er verkennt also nicht, dass die gesellschaftliche Problemlösung sich auch in komplexen Regelungsstrukturen vollzieht, in denen der traditionelle Zyklus von Politikentwicklung, -formulierung und -implementation zusammenfällt und ein Steuerungssubjekt nur schwerlich identifiziert werden kann. Er vollzieht aber den Wechsel zu einer neutralen Perspektive nicht mit, den ein Strang der „Governance"-Diskussion vornimmt,[21] sondern belässt den primären Blick auf den staatlichen Beiträgen.

2. Die methodische Funktion des Regulierungsbegriffs

7   Der Begriff der Regulierung ist damit zwar zunächst inhaltlich weit gefasst, besitzt aber dennoch bereits eine wichtige methodische Funktion. Er setzt das Handeln staatlicher Akteure in Bezug zu intendierten, allgemeineren Wirkungen. Er nimmt damit die **Perspektivenverschiebung** der „Neuen Verwaltungsrechtswissenschaft" auf, in der die Handlungs- und Entscheidungsorientierung gegenüber der Norminterpretation betont und die Wirkung des staatlichen Handelns als Teilproblem seiner Programmierung gesehen wird.[22]

8   Der Begriff der Regulierung zielt hier darauf, **Muster staatlicher Intervention und gesellschaftlicher Wirkungen** herauszuarbeiten und das staatliche Handeln durch eine Analyse, die zwischen konkreten, situativen Bedingungen und verallgemeinernder Typisierung oszilliert, einem **strategischen Gebrauch** zugänglich zu machen.[23] Er kennzeichnet also die theoretisch reflektierte Typisierung von Instrumenten und diese bündelnden Regimes und will deren absichtsvollen Einsatz unter Berücksichtigung der Entwicklungspfade und funktionalen Erfordernisse befördern. Er ist in dieser Perspektive notwendig interdisziplinär angelegt,[24] soll aber auch einen Beitrag zur verwaltungswissenschaftlichen und -rechtlichen Systembildung leisten.

---

[21] Zu den Theorie- und Begriffsentwicklungen *Jon Pierre/Guy Peters*, Governance, Politics and the State, 2000, S. 28 ff.; *Renate Mayntz*, Governance Theory als fortentwickelte Steuerungstheorie, in: Gunnar Folke Schuppert (Hrsg.), Governance-Forschung, 2005, S. 11 ff. und für die internationale Diskussion um „Regulation" und „Governance" *Karen Yeung*, The Regulatory State, in: Robert Baldwin/Martin Cave/Martin Lodge (Hrsg.), The Oxford Handbook of Regulation, 2010, S. 64 (80 f.). Eine ähnliche Perspektive prägte bereits die Untersuchung von „Regelungsstrukturen" (dazu *Renate Mayntz/Fritz W. Scharpf*, Steuerung und Selbstorganisation in staatsnahen Sektoren, in: Renate Mayntz/Fritz W. Scharpf [Hrsg.], Gesellschaftliche Selbstregelung und politische Steuerung, 1995, S. 9 [19 ff.]); zum Governance-Begriff → Bd. I *Voßkuhle* § 1 Rn. 68 ff., *Schuppert* § 16 Rn. 20 ff.; gleichlaufend mit dem hier verfolgten Ansatz *Arno Scherzberg*, Das Allgemeine Verwaltungsrecht zwischen Praxis und Reflexion, in: Trute/Groß/Röhl/Möllers (Hrsg.), Allgemeines Verwaltungsrecht, S. 837 (862 ff.).

[22] → Bd. I *Voßkuhle* § 1 Rn 15.

[23] Siehe beispielhaft *Ian Ayres/John Braithwaite*, Responsive Regulation, 1992.

[24] Vgl. zur notwendigen Öffnung der Rechtswissenschaft zu den Sozialwissenschaften in Folge des Perspektivenwechsels vom Formalrecht zum regulatorischen Recht bereits *Teubner*, Verrechtlichung (Fn. 3), S. 311 ff.; → Bd. I *Möllers* § 3 Rn. 42 ff.

A. Der Regulierungsansatz

II. Funktion der Regulierung

1. Abhängigkeit der Funktion vom Regulierungsbegriff

Die Funktion der Regulierung wird bereits von ihrem Begriff vorgeprägt. Bei einem marktbezogenen Regulierungsbegriff kommt ihr die Aufgabe zu, Marktversagen zu kompensieren und ggf. marktfremde politische Ziele gegenüber der Marktlogik zum Tragen zu bringen. In den liberalisierten Netzwirtschaften tritt die Konstituierung und Gestaltung der Märkte hinzu. **9**

Legt man wie hier ein weites, jede spezifische staatliche Steuerung umfassendes Verständnis zu Grunde, dient die Regulierung zunächst ganz allgemein der **Verwirklichung** des jeweils angestrebten **Ordnungszwecks,** der, wie alles staatliche Handeln, letztlich dem Gemeinwohl verpflichtet ist.[25] Ihre eigenständige Herausbildung als Begriff und Aufgabe ist mit der Erkenntnis verknüpft, dass diese Verwirklichung eine höchst komplexe Aufgabe darstellt. Die wachsenden Staatsaufgaben bei einer zugleich sinkenden Leistungsfähigkeit der traditionellen staatlichen Instrumente[26] ließen die Regulierung selbst zum Thema und die möglichst gute Aufgabenerfüllung zur eigenen, übergreifenden Aufgabe werden. Dadurch rückte die Pluralität staatlicher Instrumente in den Vordergrund, die teilweise neu entdeckt und teilweise neu entwickelt wurde. **10**

Die **konkreten Regulierungsregimes** haben sich regelmäßig durch eine Mischung aus spezifischem Entwicklungspfad und funktionalen Erwägungen herausgebildet. In der Diskussion eines bewussten Instrumenteneinsatzes drängen dabei meist die funktionalen Überlegungen in den Vordergrund und haben bereits einen begrenzten Instrumententransfer angeleitet, der auf eine relative Konvergenz der Instrumente und Regimes hinwirkt. Für eine genauere Bestimmung der Funktionen kann entsprechend auf Grundtypen abgestellt werden. **11**

2. Aufgaben und Modi der Regulierung

Eine erste Unterteilung kann hierbei nach der **regulatorischen Grundaufgabe** vorgenommen werden. Da die Regulierung die Aufgabenwahrnehmung betrifft, die der Aufgabendefinition grundsätzlich nachgelagert ist, kann hier an zwei etablierte Grundaufgaben der Verwaltung angeknüpft werden: Ordnung und Leistung. Der dritte Grundtyp, die Planung, spielt hier ungeachtet ihrer grundsätzlich hohen Bedeutung nur eine untergeordnete Rolle, weil sie typischerweise der vorgelagerten, abschichtenden Problembearbeitung dient und nicht unmittelbar den regulierungsspezifischen Bewirkungsauftrag teilt.[27] Beide Grundaufgabentypen wurden zu spezifischen rechtlichen Ordnungskonzepten verdichtet,[28] die den Blick auf die Problempunkte verschiedener Regulierungsmodi und **12**

---

[25] Zu demokratischer Steuerung unter Berufung auf das Gemeinwohl → Bd. I *Masing* § 7 Rn. 24 ff.
[26] Siehe dazu exemplarisch den für die Entwicklung bedeutsamen Sammelband von *Dieter Grimm* (Hrsg.), Wachsende Staatsaufgaben – sinkende Steuerungsfähigkeit des Rechts, 1990.
[27] Die rationalisierende Bedeutung der Planung kann für komplexe und multipolare Problemlagen allerdings kaum überschätzt werden, weshalb sich die Aufnahme planerischer Elemente zur Verarbeitung solcher Konstellationen auch in neuen Regulierungskontexten aufdrängt (s.u. → Rn. 136 ff.) und vom Europarecht massiv befördert wird.
[28] *Schmidt-Aßmann,* Selbstregulierung (Fn. 18), S. 263 f.

13 Die primäre Perspektive der Regulierung gilt jedoch den **Modi** und **Instrumenten** der staatlichen Aufgabenwahrnehmung.²⁹ Sie lassen sich nach zahlreichen unterschiedlichen Kriterien systematisieren. Mit Blick auf den Bewirkungsmechanismus kann zwischen der **direkten Verhaltenssteuerung und indirekt wirkenden Steuerungsansätzen** unterschieden werden,³⁰ wobei letztere auf die Vermittlung durch ökonomische Anreize, verhaltensrelevante Informationen oder vergleichsweise zieloffene Organisations- und Verfahrensregeln zielen können. Bei einer Betonung der **theoretischen Hintergründe** lassen sich das traditionelle, der hierarchischen Verwaltung eigene hoheitlich-imperative Recht, also die Intervention, die institutionenökonomisch oder spieltheoretisch erfassbaren, vor allem ökonomischen Anreizsysteme und schließlich verschiedene Formen der Kopplung von Staat und Gesellschaft unterscheiden, die der im Einzelnen höchst unterschiedlich begründeten Erkenntnis Rechnung tragen, dass die gesellschaftlichen Teilbereiche und Funktionszusammenhänge in der modernen, ausdifferenzierten Gesellschaft jeweils eine Eigenlogik besitzen und allenfalls begrenzt von außen durch Politik und Recht gesteuert werden können. Hier lassen sich wiederum strukturelle Kopplungen von Systemen je nach sozialwissenschaftlichem Theorieansatz entweder nur als evolutive Entwicklungen beobachten, bei denen jeweils operativ geschlossene funktionale Systeme ihre Programme aus Anlass von Irritationen aus der Umwelt wechselseitig anpassen *(Luhmann),* oder auch zur Beeinflussung der gesellschaftlichen Bereiche steuernd nutzen. Letzteres soll aus systemtheoretischer Perspektive durch eine „Kontextsteuerung" möglich sein, bei der die Offenheit der jeweiligen Bereiche für die Problemwahrnehmung gefördert und ihr Entwicklungspfad durch Organisations- und Verfahrensregelungen beeinflusst wird *(Teubner/Willke)* bzw. – nach dem akteurszentrierten Ansatz – durch die Nutzung der spezifischen Interessen der beteiligten Organisationen, die Beeinflussung ihrer Handlungsressourcen und den Einsatz staatlicher Drohmacht erfolgen können *(Mayntz/Scharpf).*³¹ Die jüngere Governance-Perspektive nimmt hier einen zunächst neutralen Beobachtungsstandpunkt ein, der auch losere Vermittlungszusammenhänge erfassen kann.

14 Für die **(verwaltungs)rechtliche Erfassung** von Regulierungsstrategien stehen jedoch weder der Grad der Direktheit der Steuerung, noch deren theoretische Einbettung im Vordergrund. Mit Blick auf den Wandel der Regulierungsformen und die für ihre rechtliche Verarbeitung prägende Unterscheidung von Staat und Gesellschaft soll vielmehr entsprechend der **staatlichen Rolle** in der Regu-

---

²⁹ Vgl. zu den Grundmodi der Aufgabenwahrnehmung auch → Bd. I *Schulze-Fielitz* § 12.

³⁰ Zur Kategorienbildung bereits *Ulrich Scheuner,* Die staatliche Intervention im Bereich der Wirtschaft, VVDStRL, Bd. 11 (1954), S. 1 (26 ff.); *Paul Kirchhof,* Verwalten durch mittelbares Einwirken, 1977; ausführlich für den Bereich des Umweltrechts *Claudio Franzius,* Die Herausbildung der Instrumente indirekter Verhaltenssteuerung im Umweltrecht der Bundesrepublik Deutschland, 2000, S. 101 ff.

³¹ Es gibt hier eine Vielzahl sozialwissenschaftlicher Ansätze, in denen die Ausdifferenzierung der Gesellschaft und die damit verbundene Frage der Möglichkeiten politischer Steuerung thematisiert und jeweils verschieden beantwortet wird (s. den Überblick in *Lange/Braun,* Politische Steuerung [Fn. 3]). Die im Text angesprochenen Varianten hatten in der verwaltungs- und rechtswissenschaftlichen Lit. aber die größte Resonanz; → Bd. I *Voßkuhle* § 1 Rn. 17 ff.

A. Der Regulierungsansatz

lierung differenziert werden. *Wolfgang Hoffmann-Riem* hat hier zuerst die mittlerweile verbreitete Typisierung vorgeschlagen, die im Wesentlichen auch den nachfolgenden Ausführungen zu Grunde liegt.[32] Danach lassen sich als **drei Grundtypen** der Regulierung die **staatlich-imperative Regulierung** (im Leistungsbereich die Eigenerstellung), die hoheitlich **regulierte gesellschaftliche Selbstregulierung** und die **gesellschaftliche Selbstregulierung** unterscheiden.[33] Es wurde zu Recht betont, dass es sich bei diesen Typen nur um „Markierungen auf einer gleitenden Skala" handelt, so dass sich auch feinkörnigere Typisierungen ausmachen ließen.[34] Sie bezeichnen aber treffend die entscheidenden Zäsuren in der regulatorischen Funktionslogik. Während bei der hoheitlichen Regulierung der Steuerungsimpuls allein vom Staat ausgeht, verschränken sich bei der regulierten Selbstregulierung die Handlungslogiken von Staat und gesellschaftlichen Akteuren oder Funktionsbereichen während die gesellschaftliche Selbstregulierung eine allein gesellschaftliche Ordnungsbildung darstellt.

Die **regulierte Selbstregulierung** grenzt sich also von der hoheitlichen Regulierung dadurch ab, dass es um die **Nutzung einer spezifischen gesellschaftlichen Eigenlogik** bei der Ausfüllung oder Ergänzung regulatorischer Zweckverfolgung geht. Es handelt sich also um bewusst eingesetzte Handlungsspielräume mit gestaltendem Sozialbezug. Auf der anderen Seite ist die regulierte Selbstregulierung von der gesellschaftlichen Selbstregulierung dadurch unterschieden, dass sie einen **spezifischen,** staatlich zumindest mitbestimmten Zweck verfolgt und einen spezifischen Problembezug aufweist. Wenn man den Markt als Eigenlogik eines Selbstregulierungsmechanismus einordnet, erhält die Abgrenzung der regulierten Selbstregulierung von den allgemeinen, die gesellschaftliche Selbstregulierung erst ermöglichenden Rechtsregeln allerdings Unschärfen.[35]

III. Rechtfertigung der Regulierung

1. Rechtfertigung staatlicher Interventionen

Versteht man Regulierung als gewollte staatliche Beeinflussung gesellschaftlicher Prozesse, die einen spezifischen, aber über den Einzelfall hinausgehenden Ordnungszweck verfolgt, deckt sich die Rechtfertigung der Regulierung mit der allgemeinen Frage nach der **Zulässigkeit staatlicher Interventionen** in die Gesellschaft. Da sich der Staat prinzipiell aller Aufgaben annehmen kann und bei ihrer Wahrnehmung nur an die konkreten, insbesondere durch die Grundrechte und das Verhältnismäßigkeitsprinzip differenziert ausfallenden verfassungsrechtlichen Grenzen gebunden ist, kann jeder politisch definierte Zweck eine

---

[32] *Hoffmann-Riem*, Öffentliches Recht (Fn. 11), S. 300 ff.
[33] Vgl. auch die Differenzierung bei → Bd. I *Schulze-Fielitz* § 12.
[34] *Wolfgang Hoffmann-Riem* hatte selbst in seiner ersten Unterscheidung zwischen der staatlich imperativen Regulierung und der regulierten Selbstregulierung noch den Typus der „staatlichen Regulierung unter Einbau selbstregulativer Elemente" vorgeschlagen (*Hoffmann-Riem*, Öffentliches Recht [Fn. 11], S. 300 f.) und die OECD hat in ihrem allerdings marktbezogenen Spektrum der regulatorischen Politikinstrumente insgesamt acht verschiedene Typen zwischen „free market" und „command-and-control regulation" unterschieden (*OECD*, Regulatory Policies in OECD Countries, 2002, S. 52 f.).
[35] → Rn. 144 ff.

Regulierung begründen. Es bedarf also keiner Rechtfertigung der Regulierung, sondern allenfalls einer Rechtfertigung der einzelnen regulatorischen Maßnahmen.

17 Unabhängig von dieser weiten rechtlichen Zulässigkeit stellt sich allerdings die Frage, in welchen Fällen eine **staatliche Regulierung sinnvoll** ist. Sie wird in der Regulierungsliteratur vor allem im Rahmen der normativen Theorien häufig ebenfalls unter der Überschrift der Rechtfertigung behandelt, wobei die Antwort von den zu Grunde gelegten Maßstäben abhängt.[36] Besonders in der amerikanischen Regulierungsliteratur dominiert hier traditionell eine **ökonomische Betrachtung,** in deren Zentrum der Markt als grundsätzlich effizientester Mechanismus zur optimalen Verteilung der Güter in einer Gesellschaft und damit der Herbeiführung maximaler „Wohlfahrt" steht.[37] Eine staatliche Regulierung, die in diesen Mechanismus eingreift, ist dann nur in den Fällen gerechtfertigt, in denen anzunehmen ist, dass der Markt diese Leistung ausnahmsweise nicht oder nur unzureichend erbringen kann, also in den sogenannten Fällen des **Marktversagens.**[38] Die typischen Fälle eines solchen angenommenen Marktversagens bilden öffentliche Güter, natürliche Monopole, externe Effekte, eine asymmetrische Informationsverteilung und moral hazard.[39] Ebenfalls marktbezogene, aber schon stärker von politischen Präferenzen geprägte Regulierungsrechtfertigungen bilden **Korrekturen des Marktmechanismus,** die eine (befürchtete) ruinöse Konkurrenz der Marktteilnehmer verhindern, starke Marktschwankungen vermindern, die Nachhaltigkeit der Ressourcennutzung

---

[36] Siehe nur *Stephen G. Breyer/Richard B. Stewart/Cass R. Sunstein/Matthew L. Spitzer,* Administrative Law and Regulatory Policy, 5. Aufl. 2002, S. 4 ff.; *Baldwin/Cave,* Regulation (Fn. 4), S. 9 ff.; *Jürgen Basedow,* Wirtschaftsregulierung zwischen Beschränkung und Förderung des Wettbewerbs, in: FS Ulrich Immenga, 2004, S. 3 (7 ff.).

[37] Den in der Ökonomik allgemein anerkannten Wohlfahrtsmaßstab bildet das Pareto-Kriterium, nach dem eine optimale Wohlfahrt vorliegt, wenn kein Individuum besser gestellt werden kann, ohne dass ein anderes gleichzeitig schlechter gestellt wird. Da in der Wirklichkeit viele Maßnahmen auch Verteilungseffekte mit sich bringen und dieses Kriterium dann gesamtwirtschaftlich sinnvolle Veränderungen nicht zuließe, wird es bei der Bewertung relativer Veränderungen oft durch das Kaldor-Hicks-Kriterium ersetzt, nach dem Maßnahmen sinnvoll sind, wenn sie selbst bei einer Kompensation der Verlierer zumindest einen Akteur gegenüber dem status quo besser stellen (zu den Kriterien und ihren Problemen nur *Mathias Erlei/Martin Leschke/Dirk Sauerland,* Neue Institutionenökonomik, 2. Aufl. 2007, S. 16 ff.).

[38] Vgl. nur *Breyer,* Regulation (Fn. 9), S. 15 ff.

[39] **Öffentliche Güter** sind durch Nichtrivalität im Konsum und Nichtausschließbarkeit Dritter vom Konsum gekennzeichnet, so dass weder ein Anreiz zu ihrer (individuellen) Herstellung noch die Möglichkeit eines Handels mit der Folge einer Unterproduktion besteht. Klassische Bsp. bilden die öffentliche Sicherheit oder Informationen. **Natürliche Monopole** liegen vor, wenn die gesamte Marktnachfrage eines Gutes auf Grund von Größen- oder auch Verbundvorteilen am effizientesten nur von einem Anbieter erbracht werden kann, so dass sich am Markt notwendig ein Monopol bildet, das geringen Output und überhöhte Preise mit sich bringt. Klassische Bsp. bilden die Netze zur Strom- und Wasserversorgung. **Externe Effekte** liegen immer dann vor, wenn ein Produkt Wirkungen hat, die nicht den Abnehmer des Produkts betreffen, deshalb auch nicht im Preis des Produkts abgebildet werden und bei negativen Wirkungen zur Überproduktion und bei positiven Wirkungen zur Unterproduktion führen. Klassische Bsp. bilden die umweltbelastenden Schadstoffemissionen für negative und die allgemeine Steigerung der Erreichbarkeit beim Netzanschluss (Netzwerkeffekt) für positive externe Effekte. Eine **asymmetrische Informationsverteilung** betrifft demgegenüber nicht das Produkt, sondern die Marktakteure, und führt dazu, dass sich die Präferenzen nicht zutreffend abbilden können. **Moral hazard** schließlich beschreibt die Problemlage, in der kein direktes Austauschverhältnis, sondern eine andere Partei als der Abnehmer für dessen Produkte bezahlt. Hier bilden die Dreiecksverhältnisse des Gesundheitssystems einen typischen Fall.

A. Der Regulierungsansatz

über den Zeithorizont des Marktes hinaus sichern oder einer ungleichen Verhandlungsmacht der Marktteilnehmer entgegenwirken sollen.[40]

Um diese ökonomischen Rechtfertigungen kreiste die von den USA ausgehende Deregulierungsdebatte, in deren Folge in den meisten Industrienationen zentrale Felder der Leistungserbringung privatisiert bzw. liberalisiert wurden und eine intensive Diskussion über die erforderliche Dichte hoheitlicher Regulierung entstand.[41] In ihr dominierte die Ansicht, eine Regulierung sei nur in Fällen des Marktversagens und selbst dann nur unter der zusätzlichen Bedingung zu rechtfertigen, dass die staatliche Intervention nicht mehr Kosten als Nutzen verursache.[42] Da zugleich ausgiebig auf die generellen Schwächen staatlicher Regulierung hingewiesen wurde,[43] ergab sich eine breite **Deregulierungsagenda**.[44] Diese allein am Maßstab ökonomischer Effizienz ausgerichtete Position konnte sich aber schon in der realen amerikanischen Regulierungspolitik nicht durchsetzen. In Deutschland fehlte es angesichts der ungebrochenen Tradition wohlfahrtsstaatlichen Denkens bereits an einem entsprechenden gemeinsamen liberalen Grundverständnis,[45] so dass dieser enge Maßstab auch in der theoretischen Wirkung begrenzt blieb.

Mittlerweile hat sich auch international die Auffassung durchgesetzt, dass es neben den Korrekturen des Marktversagens auch andere, **politisch definierte** und teilweise rechtlich verfestigte **Regulierungszwecke** gibt, deren Fundierung dann nicht in der ökonomischen Rationalität, sondern in der demokratischen Entscheidung liegt.[46] Auch wenn diese Perspektive eine abschließende Beschrei-

18

---

[40] Ein weiterer, in der Lit. regelmäßig angeführter, aber praktisch unbedeutender Fall bildet die Abschöpfung der Umverteilung von sog. „**windfall profits**", also Gewinnen, die aus plötzlichen, insbes. auch unter Marktgesichtspunkten „zufälligen" enormen Preisveränderungen für Güter resultieren.

[41] Siehe hierzu und zu den tatsächlichen Effekten national differenzierter Re-Regulierungen der Märkte mit bes. Blick auf Großbritannien, Japan und die USA *Steven K. Vogel*, Freer Markets, More Rules, 1996.

[42] Den Hintergrund für die amerikanische Debatte bildeten das enorme Wachstum staatlicher Regulierung in den 1960er und 70er Jahren (*Breyer/Stewart/Sunstein/Spitzer*, Administrative Law [Fn. 36], S. 26 ff.) und die tief verwurzelte Vorstellung des Marktes als normativ zu Grunde liegendem Naturzustand (näher *Johannes Masing*, Die US-amerikanische Tradition der Regulated Industries und die Herausbildung eines europäischen Regulierungsverwaltungsrechts, AöR, Bd. 128 [2003], S. 558 [561 ff.]).

[43] Im Vordergrund standen die Selbstausweitungstendenz und die Gefahr ihrer Instrumentalisierung durch Interessengruppen. Die vielfältigen Ansätze zur Erklärung des Entstehens und der Wirkungen staatlicher Regulierung werden häufig als positive Regulierungstheorien zusammengefasst und umfassen sowohl ökonomische Ansätze, die u. a. die Eigeninteressen der Regulierer, das Prinzipal-Agenten-Problem zwischen Gesetzgeber und Regulierern und die Beziehungen zwischen dem politischen System und gesellschaftlichen Gruppen mit Partikularinteressen problematisieren, als auch politikwissenschaftliche Ansätze, die u. a. systembedingte Regulierungsdefizite der Bürokratie, die Veränderungsresistenz rechtlicher Regulierungen oder Anpassungen von Regulierern und Regulierten über die Zeit analysieren (s. die knappen Überblicke bei *Baldwin/Cave*, Regulation [Fn. 4], S. 18 ff.; *Francis*, Politics [Fn. 4], S. 25 ff., sowie hinsichtlich des Einflusses von Interessengruppen *Daniel A. Farber/Philip P. Frickey*, Law and Public Choice, 1991, S. 12 ff.).

[44] Übersichtlich *Giandomenico Majone*, From the Positive to the Regulatory State: Causes and Consequences of Changes in the Mode of Governance, Journal of Public Policy, Bd. 17 (1997), S. 139 ff.

[45] Zur historischen Kontinuität der wohlfahrtsstaatlichen Vorstellung *Michael Stolleis*, Konstitution und Intervention, 2001, S. 253 ff.

[46] Siehe nur das umfassende Regulierungsverständnis der OECD-Studien (*OECD*, Recommendation of the Council of the OECD on Improving the Quality of Government Regulation, 1995; *OECD*, The OECD Report on Regulatory Reform, 1997; *OECD*, Regulatory Policies [Fn. 34]), sowie *Müller/Sturm*, Staat (Fn. 5), S. 514 ff.; *Steven Croley*, Regulation and Public Interests, 2008.

bung von Regulierungszwecken logisch ausschließt, wird häufig zumindest ein offener Kanon beschrieben. Er umfasst vor allem Umverteilungen, die regelmäßig auf eine vom Markt nicht zu gewährleistende Verteilungsgerechtigkeit zielen, die Effektivierung gesellschaftlicher Handlungsressourcen (z.B. Förderung des Altruismus), die Beeinflussung von Präferenzen sowie schließlich deren Überspielung durch paternalistische Maßnahmen.

19 Die Regulierungsdiskussion hat eine Sensibilität sowohl für die Schwächen staatlicher Intervention wie auch für jene marktlicher Koordination entwickelt.[47] Es kann also **kein prinzipieller Vorrang** für den **Markt** angenommen werden, aber zu Recht wird die Benennung und Legitimation von Gründen für die Regulierung gefordert, die sich in den genannten Typenbildungen ausdrückt. Die Forderung nach legitimen Gründen kann zwar nur die Darstellungsebene der Regulierung in Bezug nehmen und vermag insofern problematischen Mustern von Entstehung und Wirkungen nicht unmittelbar zu begegnen. Sie verhindert aber zumindest eine Entwertung der Darstellbarkeit zur bloßen, beliebig zur Verfügung stehenden Behauptung.

20 Für die meisten konkreten Regulierungsregimes können allerdings **verschiedene Gründe** angeführt werden. Angesichts der notwendigen Offenheit für politisch gesetzte Ziele und der häufigen Austauschbarkeit der Begründungen zielt die Regulierungsdiskussion auch über die Legitimität von Regulierungsgründen hinaus auf die relative Eignung verschiedener Instrumente und Arrangements zur Aufgabenerfüllung. Und hier erlaubt die Überwindung der vorübergehenden Fixierung auf den Markt auch neuere Strukturen jenseits von Markt und Staat, also insbesondere kooperative Arrangements und Netzwerke[48], ebenso mit in den Blick zu nehmen wie erst staatlich konstituierte Märkte. In dieser Perspektive ist die Regulierungsdiskussion dann anschlussfähig für die realen Entwicklungen und das Recht.

2. Regulierungsstrategien zwischen Vermeidung und Optimierung

21 Die bestehenden Regulierungsregimes sind nur begrenzt Ausdruck strategischer Wahlentscheidungen. Sie bilden regelmäßig eine Mischung aus historischer Vorprägung und funktionaler Ergänzung, bei deren Ausgestaltung oftmals wiederum die bestehenden, bereits in anderen Bereichen gewählten Ansätze bestimmend waren. Soweit es um eine strategische Entwicklung ging, wurde sie **teils** durch eine **Vermeidungs-** und **teils** durch eine **Optimierungsstrategie** bestimmt. Es wurde also versucht, einerseits Nachteile bestimmter Regulierungsformen, insbesondere der hoheitlich-imperativen Regulierung zu vermeiden, aber auch auf das Regulierungsziel abgestimmte Formen bewusst zu gestalten.[49] Verschie-

---

[47] Besonders betont durch den comparative institutional approach, dazu *Wernhard Möschel*, Regulierung und Deregulierung. Versuch einer theoretischen Grundlegung, in: FS Ulrich Immenga, 2004, S. 277 (283 ff.).

[48] → Bd. I *Groß* § 13 Rn. 12, *Schuppert* § 16 Rn. 134 ff.

[49] Die Vermeidungsstrategien sind bereits lange aus den Untersuchungen zu Organisationswahlentscheidungen bekannt, die ja ihrerseits oftmals Teil einer Regulierungsstrategie sind (s. näher *Gunnar Folke Schuppert*, Institutional Choice im öffentlichen Sektor, in: Dieter Grimm [Hrsg.], Staatsaufgaben, 1996, S. 647 [655 ff.]). Während sich die Organisationswahlentscheidungen v.a. in einem begrenzten Formenkanon abspielen, sind die anderen regulatorischen Elemente einer stärkeren Variabilität zugänglich und können deshalb auf neue Problemlagen auch verstärkt mit Innovationen reagieren, wie dies angesichts der „Umweltprobleme der zweiten Generation" geschah (*Gertrude*

bungen in den Regimes bestanden dabei meist in einer Ersetzung oder Ergänzung hoheitlicher Regulierung durch Mechanismen der regulierten Selbstregulierung und nur ausnahmsweise in der gegenläufigen Richtung oder in einem Sprung von hoheitlicher Regulierung zu gesellschaftlicher Selbstregulierung.

Die **dominierenden Gründe** für sich verändernde Regulierungsstrategien bildeten dabei angestrebte Steigerungen von **Effektivität und Effizienz** des Instrumenteneinsatzes, für die wiederum neben normativen Vorgaben in erster Linie die **Informationsverteilung** und die **Folgebereitschaft** der Regulierungsadressaten die **zentralen** Rollen spielten. **22**

B. Hoheitliche Regulierung

I. Konzeption

1. Umfassende staatliche Verantwortungsübernahme

Das Konzept der hoheitlichen Regulierung entspricht einer staatlichen **Erfüllungsverantwortung**,[50] spiegelt also eine umfassende staatliche Verantwortungsübernahme für die Definition und Realisation der Regulierungszwecke wider. Der Staat begegnet der Gesellschaft dabei grundsätzlich auf nur einer Interaktionsebene, wenn er Verhaltenspflichten definiert und durchsetzt oder Leistungen erbringt. Die angemessene Erfüllung dieser Aufgaben ist durch die Instrumente des Verwaltungsorganisations- und Verwaltungsverfahrensrechts sicherzustellen. Die Akteurskonstellation ist tendenziell bipolar, weil die Verwaltung grundsätzlich dem verpflichteten oder berechtigen Bürger gegenübertritt und der Ausgleich mit den Interessen Dritter bereits im Vorfeld in der Verwaltung stattgefunden hat. Das Konzept setzt schließlich hinreichende Ressourcen des Staates (vor allem Wissen und Geld) zur angemessenen Definition und Realisation der Vorgaben voraus. **23**

Im Bereich der Ordnungsverwaltung entspricht diesem Konzept die hoheitlich-imperative Regulierung, die in erster Linie auf **Verhaltensgeboten** und **Sanktionen** beruht und vornehmlich im Wege der Aufsicht durchgesetzt wird. Im Bereich der Leistungsverwaltung verwirklicht sich das Konzept in allen Formen der staatlichen **Eigenerbringung der Leistungen** unabhängig von der Organisationsrechtsform. **24**

2. Grundsätzliche Vor- und Nachteile des Regulierungsansatzes

Die **Vorteile** hoheitlich-imperativer Regulierung werden in der **Einheitlichkeit und Bestimmtheit der Anforderungen** mit ihrer treffsicheren Unterscheidung zwischen erlaubtem und verbotenem Verhalten, der Einheitlichkeit und **25**

Lübbe-Wolff, Instrumente des Umweltrechts – Leistungsfähigkeit und Leistungsgrenzen, in: Gesellschaft für Umweltrecht [Hrsg.], Dokumentation zur 24. wissenschaftlichen Fachtagung der Gesellschaft für Umweltrecht e. V., 2001, S. 29 [52] [in gekürzter Fassung auch abgedruckt in: NVwZ 2001, S. 481 ff.]). Damit enthält die Regulierungsentscheidung auch Züge eines Dilemmas, bietet aber gegenüber der Organisationswahl vermehrte Auswege.

[50] Siehe zu den mittlerweile breit verwendeten Verantwortungsstufen *Eberhard Schmidt-Aßmann*, Zur Reform des Allgemeinen Verwaltungsrechts – Reformbedarf und Reformansätze –, in: Hoffmann-Riem/Schmidt-Aßmann/Schuppert (Hrsg.), Reform, S. 11 (43 f.); → Bd. I *Baer* § 11 Rn. 58.

möglichen **Unmittelbarkeit des Vollzugs** und dem hohen **symbolischen Wert** für die Öffentlichkeit gesehen.[51]

26 Als **Nachteile** werden demgegenüber angeführt, dass die Einheitlichkeit der Anforderungen gerade zu gesamtwirtschaftlichen **Ineffizienzen** führe, weil sie nicht die Unterschiedlichkeit der Kostenstrukturen der Betroffenen berücksichtige und dass ihre Bestimmtheit und Spezifizität eine hohe **Inflexibilität** bedinge. Letztere belasse den Adressaten wenig Autonomie in der Befolgung, verursache damit vergleichsweise **hohe Freiheitseinbußen** bzw. starke Eingriffe in die wirtschaftlichen Abläufe und führe wegen der damit verbundenen hohen **Umgehungsanreize** und **geringen Akzeptanz** zu einem vergleichsweise **hohen Vollzugsaufwand.** Sie ziehe darüber hinaus für den Regulierer einen hohen **Anpassungsaufwand** bei sich verändernden Umweltbedingungen nach sich und stelle hohe Anforderungen an dessen Wissen.[52] Aus diesem Profil ergibt sich, dass der Regulierungsansatz wegen seiner Vorteile besonders stark ist, wenn unmittelbar schädliches Verhalten verhindert werden soll[53] und seine relativen Nachteile so lange begrenzt sind, wie ein hinreichendes Wissen der Regulierer für angemessene Vorgaben verfügbar ist. Umgekehrt werden die Nachteile umso gewichtiger, je höher die Variabilität angemessener Problemlösungen ist und je enger sie mit dem Freiheitsgebrauch bzw. den wirtschaftlichen Abläufen verzahnt sind.[54] Dabei hängt die **Gewichtung der Nachteile** von der konkreten Ausgestaltung ab. Präventivgenehmigungen vermindern den Vollzugsaufwand, weil der Antragsteller alle erforderlichen Informationen zusammenstellen und der Behörde übermitteln muss[55] und die Übereinstimmung mit der Genehmigung einen einfachen ersten Kontrollmaßstab bereithält. Sie führen aber aufgrund der Verfahrenslast zugleich zu einer gesteigerten Freiheitseinbuße. Eine größere Unbestimmtheit gesetzlicher Anforderungen z. B. durch verstärkte Ergebnisorientierung erhöhte demgegenüber die Freiheitsgrade, verminderte aber die Möglichkeiten eines unmittelbaren Vollzugs.

27 Im **Leistungsbereich** bestehen die Vorteile in der hohen politischen Sensibilität des Leistungsangebots und der damit verbundenen Sicherheit hinsichtlich Verfügbarkeit und Erschwinglichkeit der Leistungen. Als Nachteil wird hauptsächlich eine gegenüber wettbewerblicher, privater Leistungserbringung geringere Effizienz und Innovationsfähigkeit geltend gemacht.

II. Anwendungsfelder

1. Ordnung

28 Die Ordnungsverwaltung[56] bildet das **paradigmatische Anwendungsfeld** hoheitlich-imperativer Verwaltung. Eine unmittelbare Verhaltenssteuerung über

---

[51] Siehe die unterschiedlich gefassten Darstellungen bei *OECD*, Improving the Quality of Government Regulation (Fn. 46), S. 15; *Baldwin/Cave*, Regulation (Fn. 4), S. 35.

[52] Vgl. zum „Stand der Technik" und seiner Konkretisierung *Lübbe-Wolff*, Instrumente (Fn. 49), S. 46.

[53] Den Gegensatz bilden Beiträge zu einem erst in der Gesamtwirkung schädlichen Verhalten, wie etwa summierte Immissionen, bei denen das Argument der Ineffizienz stärkeres Gewicht erhält, wobei es wegen der bes. hohen Unsicherheit über die Wirkungsketten hier oftmals zugleich um die angemessene Verteilung des Risikos geht.

[54] Ähnlich *Lübbe-Wolff*, Instrumente (Fn. 49), S. 51 f., die sich auch zu Recht gegen eine schematische Zuordnung von Gefahrenabwehr und Ordnungsrecht wendet.

[55] Siehe mit Blick auf das Umweltrecht insbes. *Lübbe-Wolff*, Instrumente (Fn. 49), S. 42 ff.

[56] → Bd. I *Schulze-Fielitz* § 12 Rn. 25 ff.

Ge- und Verbote zielt hauptsächlich auf den **unmittelbaren Schutz von privaten und öffentlichen Rechten und Rechtsgütern.** Gefahrenträchtige Tätigkeiten, der Umgang mit besonderen Gefahrenquellen oder die Beschaffenheit gefahrenträchtiger Produkte oder Anlagen bilden jeweils Anknüpfungspunkte für spezifische rechtliche Vorgaben. Die typischen Ziele umfassen neben der klassischen Aufgabe des Schutzes von Leben und Gesundheit vor allem auch den Verbraucher- und Umweltschutz.[57] Ungeachtet der mehr als 30-jährigen Diskussion um neue Steuerungsinstrumente ist die hoheitlich-imperative Regulierung in diesen Bereichen quantitativ klar dominierend. Selbst in einem jüngeren und innovativen Bereich wie dem Umweltrecht und auf einer gegenüber neuen Instrumenten so aufgeschlossenen Regulierungsebene wie der EU sind weite Teile der umweltpolitischen Maßnahmen ordnungsrechtlicher Natur geblieben.[58]

Verstöße gegen die Vorgaben ziehen regelmäßig verwaltungsrechtliche, in den Fachgesetzen jeweils näher beschriebene Maßnahmen nach sich, mit denen die zukünftige Einhaltung gesichert (Auflagen) oder sogar die Unternehmung insgesamt untersagt wird (Aufhebung von Genehmigungen oder Untersagungsverfügungen).[59] Realisierte Verstöße können oftmals auch als Ordnungswidrigkeiten bzw. in gravierenden Fällen als Straftaten geahndet werden. Die Einhaltung der Vorschriften wird grundsätzlich durch die **Aufsicht** der Verwaltungsbehörden sichergestellt.[60] Sie sind dafür mit fachgesetzlich spezifizierten Befugnissen ausgestattet, die regelmäßig die Durchführung näherer Untersuchungen, Informationsrechte und, soweit erforderlich, auch Betretensrechte umfassen sowie teilweise auch den Zugriff auf Ressourcen der Regulierten ermöglichen.[61] Die nähere Ausgestaltung der Überwachung, insbesondere das Überwachungssystem und die -dichte, sind regelmäßig in das **Ermessen** der zuständigen Vollzugsbehörden gestellt und damit von deren Vollzugspolitik, aber auch ihrer sachlichen und personellen Ausstattung abhängig. Empirisch wurde in vielen Bereichen ein **Vollzugsdefizit** ausgemacht.[62] Teilweise bestehen aber gesetzliche oder verordnungsrechtliche Vorschriften, die eine Strukturierung des Vollzugsprogramms vornehmen und insbesondere konkrete Überwachungsanlässe definieren.[63] Teilweise fordern auch die europäischen Rechtsakte eine systematische Überwachungstätigkeit der mitgliedstaatlichen Behörden.[64]

29

---

[57] Im Rahmen solcher ordnungsrechtlicher Ansätze können selbstverständlich auch andere Zwecke mitverfolgt werden, wenn etwa im Bauordnungsrecht auch sozialpflegerische Aufgaben (z. B. Festlegung von Mindeststandards von Wohnungen) verfolgt werden.

[58] Siehe *Katharina Holzinger/Christoph Knill/Ansgar Schäfer,* Steuerungswandel in der europäischen Umweltpolitik?, in: Katharina Holzinger/Christoph Knill/Dirk Lehmkuhl (Hrsg.), Politische Steuerung im Wandel: Der Einfluss von Ideen und Problemstrukturen, 2003, S. 103 ff. mit dem Befund, dass ca. 80% der umweltpolitischen Maßnahmen ordnungsrechtlich blieben.

[59] Z. B. § 35 GewO.

[60] Siehe *Rolf Gröschner,* Das Überwachungsrechtsverhältnis, 1992, S. 244 ff.

[61] Siehe etwa §§ 47 KrWG-E (Fn. 99); 52 BImSchG; 139b GewO; 21 ChemG; 44 LFGB.

[62] → Bd. I *Voßkuhle* § 1 Rn 10.

[63] Z. B. §§ 52 Abs. 1 BImSchG; 16 der 12. BImSchV; sehr unbestimmt aber etwa § 47 Abs. 2 KrWG-E (Fn. 99).

[64] Vgl. vor allem für den Bereich der Produktsicherheit Art. 16 ff. der VO (EG) Nr. 765/2008 v. 9. 7. 2008 über die Vorschriften für die Akkreditierung und Marktüberwachung im Zusammenhang mit der Vermarktung von Produkten, ABl. EU, Nr. L 218, S. 30 ff. sowie Art. 3 Abs. 3 der RL über elektronische Signaturen (RL 1999/93/EG) v. 13. 12. 1999, ABl. EG 2000, Nr. L 13, S. 12 oder Art. 52b Abs. 2 der RL 2011/62/EU v. 8. 6. 2011, ABl. EU 2011, Nr. L 174, S. 74.

30 Verschiedene, typischerweise entsprechend dem jeweiligen Gefahrenpotential abgestuft eingesetzte Instrumente dienen der **Erleichterung der Überwachungsaufgabe.** Das formelle Erfordernis einer behördlichen **Genehmigung** vor Aufnahme einer Tätigkeit oder Beginn eines Vorhabens (Kontrollerlaubnis) bildet das überkommene zentrale Mittel zur Sicherstellung einer systematischen, flächendeckenden Überwachung.[65] Es sichert eine systematische Vorab-Prüfung der rechtlichen Voraussetzungen und verschiebt die Darlegungslast hinsichtlich des Sachverhalts von der Verwaltung zum Bürger. Dieser hat angesichts der begehrten Erlaubnis sowohl einen starken Kooperations-, als auch mangels realisierter Investitionen einen geringeren Vermeidungsanreiz. Im Gegenzug zur Verfahrenslast vermittelt der Erlaubnis-Verwaltungsakt dem Bürger eine (verschieden stark ausgebildete) Rechtssicherheit.[66] Die Möglichkeit einer realisierungsnahen flächendeckenden Überwachung eröffnen grundsätzlich auch die immer häufiger an Stelle der Genehmigung tretenden Pflichten zur **Anzeige bzw. Anmeldung** einer Tätigkeit oder eines Vorhabens. Danach muss die Anzeige bzw. Anmeldung der Behörde mit einem mehr oder minder großen zeitlichen Vorlauf[67] und ggf. zusammen mit weiteren Unterlagen[68] übermittelt werden. Hier kann sich eine Prüfpflicht der Behörden anschließen. Der in immer mehr Bereichen zu beobachtende Übergang von der präventiven zur repressiven Kontrolle verlagert die Rechtsdurchsetzung auf eine Kombination aus (notwendig lückenhafter) behördlicher Überwachung und privater Rechtsdurchsetzung. Kritisch ist dies für die Vollzugsdichte und den Drittschutz.[69] Eine neuere, zur Verfahrensbeschleunigung eingeführte und in Umsetzung der Dienstleistungsrichtlinie nun auch in § 42a VwVfG als allgemeines Regelungskonzept verfügbare Mischform findet sich bei den Anzeigen, die nach einer Entscheidungsfrist der Behörde zu einer **fingierten Genehmigung** führen.[70] Sie hebt allerdings die materielle Balance von behördlicher Prüfungsintensität und vermittelter Rechtssicherheit durch die bloß formelle Verknüpfung auf.[71] Eine zumindest anlass-

---

[65] Z.B. die Gewerbeerlaubnis nach §§ 29 ff. GewO; die Baugenehmigung nach den Bauordnungen, die Gaststättenerlaubnis (§ 2 GastG). Eine systematische Darstellung des Instruments findet sich bei *Gröschner,* Überwachungsrechtsverhältnis (Fn. 60), insbes. S. 305 ff., sowie bei *Friedrich Curtius,* Entwicklungstendenzen im Genehmigungsrecht, 2005, S. 53 ff., und *Rainer Wahl,* Das deutsche Genehmigungs- und Umweltrecht unter Anpassungsdruck, in: Klaus-Peter Dolde (Hrsg.), Umweltrecht im Wandel, 2001, S. 237 ff., die insbes. auch die hier nicht weiter verfolgten europarechtlich induzierten dogmatischen Verschiebungen und Entwicklungsnotwendigkeiten darstellen.

[66] Relativierend wirken insbes. dynamische Pflichten und die Möglichkeiten nachträglicher Auflagen (vgl. näher *Karsten Sach,* Genehmigung als Schutzschild?, 1993; *Arndt Schmehl,* Genehmigungen unter Änderungsvorbehalt zwischen Stabilität und Flexibilität, 1998).

[67] Vgl. nur §§ 14 Abs. 1 GewO; 7 der 12. BImSchV; 21a PflSchG.

[68] Vgl. nur §§ 8 Abs. 2, 12 GenTG.

[69] Vgl. nur den Überblick bei *Pascale Cancik,* Fingierte Rechtssetzung?, DÖV 2011, S. 1 ff. und zur noch uneinheitlichen Rechtsprechung bezüglich Ansprüche Dritter auf behördliches Einschreiten im Baurecht, *Veith Mehde/Stefan Hansen,* Das subjektive Recht auf Bauordnungsverfügungen im Zeitalter der Baufreistellung, NVwZ 2010, S. 14 ff.

[70] Vgl. dazu für das Baurecht *Karsten-Michael Ortloff,* NVwZ 1995, S. 112 ff., und für § 49 Abs. 1 Saarl. MedienG, der sogar an den Sendebeginn anknüpft, *Uwe Jürgens,* Marktzutrittsregulierung elektronischer Informations- und Kommunikationsdienste, 2005, S. 83 ff., 222 ff., 273 ff. Zahlreiche weitere Beispiele bei *Daniel Spitzhorn,* Beschleunigte Genehmigungsverfahren – Fingierte Genehmigung, ZRP 2002, S. 196 ff.

[71] Zu den damit verbundenen Rechtsproblemen im Einzelnen nur *Johannes Saurer,* Die Fiktionstatbestände im vereinfachten Baugenehmigungsverfahren, DVBl 2006, S. 605 ff.; *Michael Uechtritz,* Die

bezogen systematische Überwachung sollen schließlich Meldepflichten ermöglichen, nach denen die Regulierten der Behörde überwachungsrelevante Veränderungen oder Ereignisse mitzuteilen haben.[72] Noch weiter reicht die Entlastung der Behörden bei den Konzepten der **Eigenüberwachung** der Regulierten[73] oder der **Verlagerung der Überwachung auf Private**[74].

2. Leistung

Im Bereich der Leistungserbringung findet sich die staatliche Eigenerbringung vornehmlich auf kommunaler Ebene. Auf Landesebene prägt sie im Ansatz die Bereiche von Kultur- und Bildung, in denen staatliche Einrichtungen eine zentrale Rolle spielen, wobei der staatliche Zugriff auf die Leistung aber in vollem Umfange nur im Schulbereich besteht und sich ansonsten an den grundrechtlichen Verbürgungen von Rundfunk-, Wissenschafts- und Kunstfreiheit bricht. 31

III. Modernisierungsansätze der hoheitlichen Regulierung

Die hoheitliche Regulierung bildet kein starres Konzept, sondern wurde im Rahmen der Instrumentendiskussion durchaus fortentwickelt. Verschiedene Ansätze versuchen, die konzeptionsbedingten Problempunkte aufzugreifen und Nachteile zumindest abzumildern. 32

1. Ordnung

Im Bereich der Ordnungsverwaltung lassen sich insbesondere Ansätze zur Verbreiterung der Informationsbasis der Verwaltung, zur Verminderung des Verwaltungsaufwandes durch Verlagerung von Verfahrensphasen auf die Regulierten oder Dritte, zur Flexibilisierung der präventiven Genehmigungen sowie zur verbesserten Anpassungsfähigkeit der Vorgaben an sich verändernde Bedingungen ausmachen.[75] 33

a) Administratives Informations- und Wissensmanagement

Im Binnenbereich der Verwaltung wurden teilweise Mechanismen zur Verbesserung der Informationsbasis eingerichtet. Sie umfassen namentlich den bereichsspezifischen Aufbau einer **eigenen Wissensinfrastruktur** durch angelagerte sachverständige Gremien[76], spezialisierte, verselbständigte Behörden[77], Pflichten zur Informationserhebung[78] und -verteilung[79] sowie eine **zunehmende** 34

---

allgemeine verwaltungsverfahrensrechtliche Genehmigungsfiktion des § 42a VwVfG, DVBl 2010, S. 684 ff.

[72] Vgl. etwa §§ 34 BImSchG; 19 der 12. BImschV; 16c TierSchG; 21 GenTG; Vorschlag für eine generalisierte Regelung in § 147 UGB-KomE.

[73] → Rn. 38 f.

[74] → Rn. 40 ff.

[75] Siehe auch *Wolfgang Hoffmann-Riem*, Tendenzen der Verwaltungsrechtsentwicklung, DÖV 1997, S. 433 ff.

[76] Vgl. nur §§ 4 GenTG; 142 SGB V.

[77] Vgl. etwa §§ 33 f. PflSchG; 29 GenTG; 139a ff. SGB V. Systematisch für die Versorgungswirtschaft *Gabriele Britz*, Organisation und Organisationsrecht der Regulierungsverwaltung in der öffentlichen Versorgungswirtschaft, in: Fehling/Ruffert, Regulierungsrecht, § 21.

[78] Z. B. § 44 Abs. 1 BImSchG.

[79] Vgl. z. B. §§ 19 PflSchG; 28 GenTG; 16 der 1. BImSchV.

horizontale und **vertikale Vernetzung** der **Verwaltungen**[80,81]. Letztere reicht im exemplarischen Umweltbereich von Aufbau und Verknüpfung der Umweltinformationssysteme bis zu den rechtlich verankerten europäischen Informationsaustauschen etwa über die besten verfügbaren Techniken.[82] Darüber hinaus wurden verstärkt **Informationspflichten** der **Marktteilnehmer** eingerichtet, die zu einer dynamischen Informationsgrundlage der behördlichen Aufsichtsinstanzen über das konkrete Aufsichtsverhältnis hinaus beitragen.[83]

b) Ausbau der Beteiligungsmöglichkeiten Dritter

35   Daneben wurde auch die Beteiligung Dritter zunehmend aus der Rechtsschutzorientierung befreit und verstärkt als **Instrument** der **Informationssammlung** und **Legitimationsquelle** wahrgenommen. Auch auf europäischer Ebene wird die Partizipation als ein zentraler Baustein „guten Regierens" angesehen.[84] Im Bereich der Planung und Rechtsetzung bis hin zum Erlass konkretisierender Verwaltungsvorschriften wird insofern verbreitet von der **Beteiligung betroffener Kreise** oder **Sachverständiger** Gebrauch gemacht[85] und deren Einfluss u.a. durch differenzierte Formen der Verknüpfung mit der Verwaltungsentscheidung von bloßer Anhörung bis zu einer Berücksichtigung gesteuert.[86] Bei der Wahrnehmung diffuser oder altruistischer Interessen werden die Beteiligungsmöglichkeiten teilweise an die vorherige staatliche Anerkennung der Organisationen geknüpft, mittels derer die Funktionalität der Beteiligung gesichert und ein Missbrauch verhindert werden soll.[87]

---

[80] Ausführlich dazu *Thorsten Siegel*, Entscheidungsfindung im Verwaltungsverbund, 2009. → Bd. II *Holznagel* § 24, *v. Bogdandy* § 25.

[81] Allgemein zur staatsinternen Wissensorganisation *Andreas Voßkuhle*, Sachverständige Beratung des Staates, in: HStR III, § 43 Rn. 2ff. Besonders markant ist das Zusammenspiel dieser Entwicklungen im Lebensmittelrecht, näher *Sabine Ringel*, Das deutsche und gemeinschaftsrechtliche Lebensmittelrecht als Sicherheitsrecht, 1996, S. 148 ff. und VO 178/2002 v. 28. 1. 2002 zur Festlegung der allgemeinen Grundsätze und Anforderungen des Lebensmittelrechts, zur Errichtung der Europäischen Behörde für Lebensmittelsicherheit und zur Festlegung von Verfahren zur Lebensmittelsicherheit, ABl. EG 2002, Nr. L 31, S. 1.

[82] Zum Umweltinformationsmanagement näher *Sparwasser/Engel/Voßkuhle*, UmweltR, § 2 Rn. 175 f.; zum Informationsaustausch über die besten verfügbaren Techniken konkret Art. 16 Abs. 2 der IED/IVU-RL (RL 2010/75/EU v. 24. 11. 2010 über Industrieemissionen (integrierte Vermeidung und Verminderung der Umweltverschmutzung) (Neufassung), ABl. EU 2010, Nr. L 334, S. 17).

[83] Vgl. etwa die Informationspflichten nach § 9 WertpapierhandelsG oder nach §§ 4, 6 TKG. Im TKG soll die Meldepflicht schon immer gerade auch die Grundlage für die Marktbeobachtung schaffen (vgl. bereits die Begründung zum TKG 1996, BTDrucks 13/3609, S. 37); umfassend *Klaus Stohrer*, Informationspflichten Privater gegenüber dem Staat in Zeiten von Privatisierung, Liberalisierung und Deregulierung, 2007.

[84] Weißbuch der Europäischen Kommission, Europäisches Regieren, KOM (2001) 428 endg., S. 13; Mitteilung der Kommission, Europäisches Regieren: Bessere Rechtsetzung, KOM (2002) 275 endg., S. 3.

[85] Gesetzlich wird dabei entweder die Anhörung eines jeweils festzulegenden Kreises von Beteiligten (z.B. §§ 51 BImSchG; 68 KrWG-E [Fn. 99]) oder einer institutionalisierten Vertretung (z.B. § 3 GPSG – Anhörung des Ausschusses für technische Arbeitsmittel) gefordert. Die GGO der Bundesministerien sieht in §§ 47, 62 zumindest die Beteiligung von Fachkreisen bei der Rechtsetzung nach Ermessen vor. Zu den uneinheitlichen Ausprägungen im Umweltrecht s. nur UGB-KomE, S. 464 ff.

[86] Siehe nur *Erhard Denninger*, Verfassungsrechtliche Anforderungen an die Normsetzung im Umwelt- und Technikrecht, 1990, S. 174 ff. Zur insgesamt unzureichenden Verarbeitung der Informationen aus den Beteiligungsverfahren im weiteren Entscheidungsprozess *Evelyn Hagenah*, Prozeduraler Umweltschutz, 1996, S. 105 ff.

[87] Vgl. §§ 60 f. BNatSchG; 140 ff. SGB V (allerdings im Rahmen des korporatistischen Beziehungsgeflechts im Gesundheitssektor).

B. Hoheitliche Regulierung

Die Beteiligung im individuellen Verwaltungsverfahren steht allerdings zugleich in besonderer **Konkurrenz zu einer zügigen Verfahrensabwicklung** (§ 10 S. 2 VwVfG) und folgt in ihrer Reichweite deshalb den wechselnden Konjunkturen beim Ausgleich dieses Zielkonflikts. So wurden im Rahmen der Beschleunigungsdiskussion der 1990er Jahre auch zuvor geschaffene Beteiligungsmöglichkeiten wieder abgebaut.[88] Insgesamt lässt sich jedoch auch hier eine **Zunahme der Einbindung Dritter** (Betroffene, Interessenträger, Sachverständige) und der Öffentlichkeit beobachten,[89] die mittels **abgestufter Ermessensregelungen** zur Einbeziehung[90], der **Verortung im Verfahrensablauf, impliziter Kooperationszwänge** (Präklusionsvorschriften) und der **Abschichtung der Rechtspositionen** (Verfahrensrechte, Klagerechte) rechtlich strukturiert wird.

36

c) Kooperative Orientierung

Im Verhältnis zum Adressaten wurde die adversative Grundstellung vor allem in den Genehmigungsverfahren erheblich stärker auf ein **kooperatives Verhältnis** umgestellt. Das Verwaltungsverfahren bildet einen Rahmen, in dem auch die **stärkere Einbindung** und **Interessenberücksichtigung der Regulierungsadressaten** erfolgen kann,[91] und der öffentlich-rechtliche Vertrag eine Handlungsform, die auch eine kooperative Konkretisierung hoheitlich-imperativer Regulierungsprogramme ermöglicht. Neben einer sich mit Blick auf den Kooperationsgedanken verändernden Ausfüllung des Verfahrensermessens der Behörden wurde die Verstärkung des kommunikativen Charakters nicht zuletzt wegen der erhofften Beschleunigungseffekte auch rechtlich gefordert. So wurden Pflichten zur frühzeitigen Beratung der Antragsteller[92] – als Signal und Anstoß vorübergehend auch deren Möglichkeit, eine Antragskonferenz mit allen beteiligten Stellen zu verlangen (§ 71e VwVfG a. F.), – gesetzlich verankert. Der in der Literatur geforderte kontinuierliche Kommunikations- und Lernprozess zwischen Behörden und Regulierten[93] ist allerdings noch nicht realisiert.

37

d) Insbesondere: Stärkere Eigenverantwortung

In erster Linie auf eine Verringerung des Verwaltungsaufwandes[94] zielt die darüber hinausgehende stärkere **Eigenbeteiligung der Regulierten,** die deren

38

---

[88] Siehe zur Diskussion, ihren Rahmenbedingungen und rechtlichen Folgen nur *Bundesministerium für Wirtschaft* (Hrsg.), Investitionsförderung durch flexible Genehmigungsverfahren: Bericht der Unabhängigen Expertenkommission zur Vereinfachung und Beschleunigung von Planungs- und Genehmigungsverfahren, 1994; Überblick über die Problempunkte der Beschleunigungsdebatte bei *Sparwasser/Engel/Voßkuhle*, UmweltR, § 4 Rn. 6ff.

[89] Siehe beispielhaft für den Umweltbereich das Öffentlichkeitsbeteiligungsgesetz mit seinen europarechtlich integrierten Erweiterungen der Beteiligung in umweltrechtlichen Verfahren.

[90] Vgl. etwa für die Einbeziehung von Sachverständigen im immissionsschutzrechtlichen Genehmigungsverfahren § 13 Abs. 1 der 9. BImSchV.

[91] Siehe mit Blick auf die klassische hoheitlich-imperative Handlungsform des Verwaltungsaktes *Friedrich Schoch*, Der Verwaltungsakt zwischen Stabilität und Flexibilität, in: Hoffmann-Riem/Schmidt-Aßmann (Hrsg.), Innovation, S. 199 (222ff.).

[92] § 25 Abs. 2 VwVfG; noch etwas stärker § 2 Abs. 2 der 9. BImSchV.

[93] Siehe *Eberhard Schmidt-Aßmann/Clemens Ladenburger*, Umweltverfahrensrecht, in: EUDUR I, § 18 Rn. 2.

[94] Zur Verlagerung von Transaktionskosten *Schuppert*, Verwaltungswissenschaft, S. 374ff. Neben der Entlastungswirkung besteht auch die Hoffnung auf gesteigerte Reflexion der Folgen.

§ 19 Regulierungsstrategien

sachliche und personelle Kapazitäten in die hoheitliche Regulierung einbezieht. Sie findet sich zunächst bei der **Informationsbeschaffung in den Genehmigungsverfahren,** bei der die Antragsteller zunehmend Eigenbeiträge zur Aufbereitung des Sachverhalts erbringen müssen.[95] Dabei geht es nicht mehr nur um Mitwirkungspflichten für Informationen aus der eigenen Sphäre, sondern auch um Ermittlungspflichten für außerhalb dieser Sphäre liegende, aber auf das eigene Vorhaben bezogenen Informationen. Das typische Beispiel hierfür bildet die Umweltverträglichkeitsprüfung, bei der die Antragsteller die Umweltauswirkungen ihres Vorhabens ermitteln und mitteilen müssen und sich die Behörde grundsätzlich auf eine „nachvollziehende Amtsermittlung" beschränkt;[96] ähnliche Konstellationen finden sich aber auch schon länger im Arzneimittel- und Stoffrecht.[97] Auch bei der **Überwachung** gibt es ausbaufähige[98] Ansätze zur Eigenüberwachung. So ist z. B. nach §§ 26–31 BImSchG der Anlagenbetreiber ggf. verpflichtet, selbst die Messungen der Emissionen sowie bestimmter Immissionen von staatlich bekannt gegebenen (privaten) Messstellen vornehmen zu lassen und die Ergebnisse zu dokumentieren und aufzubewahren bzw. der Behörde zu übermitteln. Und §§ 49 ff. KrWG-E[99] enthalten umfangreiche Register- und Nachweispflichten für den Umgang mit gefährlichen Abfällen und für die Abfallentsorgung.[100]

39 Die bei der fortbestehenden behördlichen Verfahrens- und Entscheidungsverantwortung erforderliche Sicherung einer **angemessenen Qualität** der Eigenbeiträge erfolgt bei der Verlagerung auf die Betroffenen über die förmliche und informelle Kommunikation im Verfahrens- oder Überwachungsrechtsverhältnis. Eine zusätzliche Objektivierung der Eigenüberwachung erfolgt regelmäßig durch das Erfordernis, eine der von der Behörde bekannt gegebenen und damit auf Sachkunde und Neutralität geprüften Stellen zu beauftragen, oder – im Falle von Lieferketten – durch die Verknüpfung der jeweiligen Einzelangaben mit denjenigen Dritter oder sogar einer Gegenkontrolle durch diese.[101] Die verwaltungsentlastende Aufwandsverschiebung muss letztlich immer durch den Bezug zur Unternehmung der Regulierten gerechtfertigt werden können.

---

[95] Vgl. *Jens-Peter Schneider,* Kooperative Verwaltungsverfahren, VerwArch, Bd. 87 (1996), S. 38 ff., sowie die Unterlagenprüfverfahren in den „Risikoverfahren" der besonderen Gesundheits- und Umweltgesetze, dazu allgemein *Andreas Voßkuhle,* Strukturen und Bauformen neuer Verwaltungsverfahren, in: Hoffmann-Riem/Schmidt-Aßmann (Hrsg.), Verwaltungsverfahren, S. 277 (330 ff., 340). Inhaltlich können diese Prüf- und Vorlagepflichten auch mit einer Erweiterung der behördlichen Informationsbasis verbunden sein, wie dies etwa bei der UVP der Fall ist.

[96] Grundlegend *Jens-Peter Schneider,* Nachvollziehende Amtsermittlung bei der Umweltverträglichkeitsprüfung, 1991.

[97] Vgl. für das Arzneimittelrecht *Udo Di Fabio,* Risikoentscheidungen im Rechtsstaat, 1994, S. 185 ff.; für das Stoffrecht exemplarisch *Jan B. Ingerowski,* Die REACh-Verordnung, 2010, S. 136 ff.; 240 ff.; 353 ff.; 427 ff.

[98] Vgl. nur die an die BImSchG-Regelungen anknüpfenden, verallgemeinernden Vorschläge in §§ 11 UGB AT und 143 ff. UGB-KomE.

[99] Entwurf eines Gesetzes zur Neuordnung des Kreislaufwirtschafts- und Abfallrechts, BTDrucks 17/6052 v. 6. 6. 2011.

[100] Näher zu den betrieblichen Beauftragten, die ebenfalls Bausteine einer Eigenüberwachung darstellen → Rn. 104 ff.

[101] Besonders ausgeprägt ist die Gegenkontrolle bei der Annahme von Abfällen durch Deponiebetreiber (vgl. näher § 5 AbfAblV).

e) Funktionale Privatisierung

40 Ebenfalls der Entlastung, aber auch der Flexibilitätssteigerung der Vollzugsbehörden sowie der damit verbundenen Möglichkeiten einer Beschleunigung von Verwaltungsverfahren, dient die **Verlagerung einzelner Verfahrensbeiträge auf private, von der Behörde beauftragte Dritte.** Diese funktionale Privatisierung,[102] bei der die Handlungsbeiträge der Privaten funktional in das Verwaltungshandeln integriert sind, wird bei der Sachverhaltsermittlung im Vorfeld oder im Rahmen von präventiven Verwaltungsentscheidungen, bei der Überwachung,[103] aber auch beim Management komplexer Verfahren[104] eingesetzt.[105] Dabei stehen im Rahmen der hoheitlichen Regulierung nur solche Verlagerungen in Rede, die unmittelbar ins Verfahren eingebunden sind und nicht auf prinzipiell der Verwaltung unzugängliche Ressourcen, wie die gestalterische Eigeninitiative der Betroffenen, zurückgreifen. Die zunehmend notwendige Einbeziehung privater Sachverständiger macht jedoch deutlich, dass diese Grenze im Bereich des Wissens fließend ist.

41 Solche Entlastungen der Verwaltung im Rahmen der hoheitlichen Regulierung lassen die **staatliche Erfüllungsverantwortung** regelmäßig **unberührt.** Die fortbestehende gesetzliche Entscheidungszuständigkeit der Behörden enthält grundsätzlich deren umfassende Verfahrens- und Entscheidungsverantwortung, so dass die **Verwaltung** durch geeignete Vorkehrungen sicherstellen muss, dass sie zum Schluss auch verantwortlich eine richtige Entscheidung fällen kann. Materiell geht es dabei um die Gewährleistung der im bürokratischen Regelvollzug aufgehobenen demokratie- und rechtsstaatlichen Gehalte. Sie umfassen namentlich die inhaltliche Ausrichtung auf die gesetzlichen Vorgaben sowie die organisatorisch-personellen, im „Amt" gebündelten Absicherungen einer sachverständigen und neutralen Aufgabenwahrnehmung. Die **Mittel der Steuerung** sind bei der Einbindung Dritter regelmäßig ihre **Auswahl** und der **Vertrag.** Die zu stellenden Anforderungen an die Privaten hängen dabei von deren Stellung und konkreten Handlungsbeiträgen ab. Bei technischen Aufgaben genügt oft die Sicherstellung hinreichender Sachkunde und ggf. Neutralität, die aber auch einer näheren Ausgestaltung, z. B. durch Befangenheitsvorschriften oder Anreize professioneller Selbststeuerung zugänglich sind.[106] Bei Tätigkeiten, die mit verfahrensrechtlichen Richtigkeitsgarantien verbunden sind, können auch Verfahrens- oder Begründungspflichten hinzutreten. Im Ergebnis muss sichergestellt sein, dass die Verwaltungsentscheidung hinsichtlich der normativen Parameter der „Richtigkeit" nicht wesentlich hinter einer Eigenvornahme zu-

---

[102] → Bd. I *Schuppert* § 16 Rn. 83.

[103] Vgl. etwa *Werner Hoppe*, Rechtsprobleme bei Standortauswahlverfahren für Abfallentsorgungsanlagen durch private Auftragnehmer, DVBl 1994, S. 255 ff. und für die Überwachung § 47 Abs. 3 KrWG-E (Fn. 99).

[104] Vgl. nur *Rainer Wahl*, Die Einschaltung privatrechtlich organisierter Verwaltungseinrichtungen in den Straßenbau, DVBl 1993, S. 517 ff. Eine verordnungsrechtliche Erwähnung hat etwa der Projektmanager in § 2 Abs. 2 Nr. 5 der 9. BImSchV gefunden. Dazu *Renate Schwarz*, „Entliehene" Rechtsanwälte in der staatlichen Immissionsschutzverwaltung, in: Wolfgang Hoffmann-Riem/Jens-Peter Schneider (Hrsg.), Verfahrensprivatisierung im Umweltrecht, 1996, S. 188 ff.

[105] Siehe umfassend *Martin Burgi*, Funktionale Privatisierung und Verwaltungshilfe, 1999.

[106] Vgl. nur *Ernst-Hasso Ritter*, Organisationswandel durch Expertifizierung und Privatisierung im Ordnungs- und Planungsrecht, in: Hoffmann-Riem/Schmidt-Aßmann (Hrsg.), Effizienz, S. 207 ff.; *Hans-Heinrich Trute*, Vom Obrigkeitsstaat zur Kooperation, UTR, Bd. 48 (1999), S. 13 (36 ff.).

rückbleibt.[107] Nur der Gesetzgeber könnte diese in der Entscheidungszuständigkeit gespeicherten Maßstäbe modifizieren, bliebe dabei aber selbstverständlich an die verfassungsrechtlichen Minimalanforderungen gebunden. Er hat die Regelungen zur Eigenermittlung und -überwachung aber bislang nicht entsprechend ausgestaltet und sich bei der Einbeziehung Dritter auf bloße Erwähnungen bzw. die Schaffung von Duldungspflichten der Überwachten beschränkt.[108]

42 Noch nicht abschließend geklärt ist hier insbesondere die Frage, inwieweit grundsätzlich ein **Gesetzesvorbehalt**[109] für die Einbeziehung der Privaten besteht. Dies hängt jenseits der eindeutigen Fälle des Gesetzesvorbehalts für deren eventuelle Eingriffe in Grundrechte Dritter vor allem davon ab, inwieweit man die Kompetenzvorschriften der Verwaltung nicht nur als Verantwortungszuschreibung, sondern auch als Verpflichtung zur eigenhändigen Tätigkeit versteht (Gesetzesvorrang) und zum anderen, ab wann man die Einbeziehung als so gravierende Veränderung der grundgesetzlich verankerten Verantwortungsstruktur ansieht, dass der **institutionelle Gesetzesvorbehalt**[110] ausgelöst wird. Dabei sollte jedenfalls beachtet werden, dass ein allgemeiner Gesetzesvorbehalt für sich keine Steuerungsgewinne gegenüber den aus der Kompetenz abgeleiteten materiellen Vorgaben mit sich bringt, aber seine Notwendigkeit die Flexibilität behördlicher Aufgabenwahrnehmung erheblich beeinträchtigt. Nur wenn die Verwaltung die Einbeziehung der Privaten nicht mehr angemessen steuern kann, weil ihr etwa das Wissen für eine verantwortliche Steuerung und Kontrolle fehlt oder die Eigenart der Aufgabe gerade in ihrem Kern einer externen Steuerung unzugänglich ist, ist zwingend von einem Gesetzesvorbehalt auszugehen. Dies kann insbesondere der Fall sein, wenn eine flächendeckende und systematische Verlagerung bestimmter Aufgaben auf Dritte stattfindet[111] oder die Tätigkeit gerade durch situativ geprägte politische Abwägungen und Vorgehens-

---

[107] Die normativen Anforderungen sind hier im Einzelnen noch nicht abschließend geklärt und werden durch jew. verschiedene Perspektiven und Fallgruppenbildungen in der Anwendung schnell unscharf. S. näher *Hans-Heinrich Trute*, Die Verwaltung und das Verwaltungsrecht zwischen gesellschaftlicher Selbstregulierung und staatlicher Steuerung, DVBl 1996, S. 950 (952 ff.); *Jost Pietzcker*, Verfahrensprivatisierung und staatliche Verfahrensverantwortung, in: Wolfgang Hoffmann-Riem/Jens-Peter Schneider (Hrsg.), Verfahrensprivatisierung im Umweltrecht, 1996, S. 284 (303 ff.); *Burgi*, Privatisierung (Fn. 105), S. 340 ff.; *Andreas Voßkuhle*, Gesetzgeberische Regelungsstrategien der Verantwortungsteilung zwischen öffentlichem und privatem Sektor, in: Gunnar Folke Schuppert (Hrsg.), Jenseits von Privatisierung und „schlankem" Staat, 1999, S. 47 (68 ff.).
[108] Siehe z.B. die Erwähnung in § 2 Abs. 2 Nr. 5 der 9. BImSchV oder die Duldungspflicht in § 47 Abs. 3 KrWG-E. Soweit solche Duldungspflichten von den Privaten konkretisiert werden sollen, bedürfen sie der Beleihung (*Voßkuhle*, Regelungsstrategien [Fn. 107], S. 75 f.). Allerdings können auch beauftragte Verwaltungshelfer vor dem Hintergrund der behördlichen Befugnis zur Duldungsanordnung eingeschaltet werden.
[109] Zum Gesetzesvorbehalt → Bd. I *Reimer* § 9 Rn. 23 ff.
[110] → Bd. I *Reimer* § 9 Rn. 37.
[111] So auch i. E. *Burgi*, Privatisierung (Fn. 105), S. 289 ff. Wichtig ist allerdings, dass dieses Ausmaß der Verlagerung kaum für sich den Gesetzesvorbehalt auslöst, da der Verantwortungszusammenhang für jede Entscheidung bestehen muss und deshalb eine quantitative Grenzziehung problematisch ist. Die generelle Folge dieses Ausmaßes der Verlagerung für den je einzelnen Vorgang, nämlich ein Verlust an Wissen und Fähigkeit zur Eigenvornahme durch die Verwaltung, bildet insofern ein wichtiges argumentatives Bindeglied. Wenn aber die Behörde konsequent auch über einen kleineren Teil von Eigenvornahmen ihr Wissen erhält, kann die Zahl der Auslagerungen kein Kriterium sein.

B. Hoheitliche Regulierung

weisen bestimmt ist – wie etwa bei der Durchführung multipolarer Anhörungsverfahren.[112]

f) Flexibilisierung durch Optionenrecht

Das Ordnungsrecht wurde ferner durch die **Einführung von Optionen**[113] flexibilisiert und über die Einräumung von **Wahlrechten** für die unterschiedlichen Lagen der Regulierten sensibilisiert.[114] Die gestuften **Anlagengenehmigungsverfahren**[115] erlauben eine Abschichtung komplexer Genehmigungen und das Stoffrecht teilweise eine Abschichtung der Prüfprogramme entsprechend der sich entwickelnden Informationsstände über die Vorhaben.[116] Die begrenzte Wahlmöglichkeit der Antragsteller hinsichtlich des Beginns der Vorhabenrealisierung sowie zwischen verschiedenen Verfahrensarten ermöglicht darüber hinaus eine bedürfnisgerechte Feinabstimmung zwischen Realisierungsgeschwindigkeit und Rechtssicherheit.[117] Das **Produktsicherheitsrecht** eröffnet dem Hersteller teilweise die Wahl zwischen Baumuster- und Produktionskontrolle oder der Einrichtung eines umfassenden Qualitätssicherungssystems. Tendenziell drängt auch das europäische Umweltrecht im Rahmen seiner **integrierten Betrachtungsweisen** auf eine verstärkte Öffnung für Einzelfallbetrachtungen und vergrößert damit auch für die Verwaltungsseite die Handlungsoptionen.[118]

43

Aber auch **jenseits des Genehmigungsrechts** wurden den Regulierten zunehmend Wahlmöglichkeiten eröffnet. Hierzu gehören etwa die Kompensations- oder Saldierungslösungen im materiellen Umweltrecht[119] oder die Auswahl zwischen ganzen regulatorischen Arrangements, etwa bei der (Selbst-)Einordnung als Nichthandelsinstitut nach § 2 Abs. 11 KWG.[120] Schließlich öffnet die Möglichkeit der eigenen Konkretisierung eines unbestimmten Rechtsbegriffs, etwa bei der Belegung der Kabelkanäle mit Fernsehprogrammen, sogar einen ganzen Optionenraum.[121]

44

---

[112] Ein solches Verständnis hat etwa zur Folge, dass die Emissionsmessungen durch private Dritte als Beauftragte der Behörde (§ 52 Abs. 2 BImSchG) nicht notwendig deren Beleihung erfordern, sondern, wenn auch ohne die Möglichkeit eigenverantwortlich hoheitlicher Durchsetzung, auch auf Grundlage zivilrechtlicher Verträge erfolgen können. Enger z.B. *Achim Seidel*, Privater Sachverstand und staatliche Garantenstellung im Verwaltungsrecht, 2000, S. 117 ff., der bereits jede systematische Verlagerung für bestimmte Fallgestaltungen nicht mehr von § 52 Abs. 2 BImSchG gedeckt sieht.

[113] Zur Bereitstellung von Optionen → Bd. I *Franzius* § 4 Rn. 31 ff.

[114] Diese Entwicklung wurde systematisch erfasst und dogmatisch entfaltet in: *Andreas Voßkuhle*, Das Kompensationsprinzip, 1999.

[115] Vgl. nur §§ 8a, 16 Abs. 4, 19 Abs. 3, 23 Abs. 1a BImSchG.

[116] Vgl. zudem die opt-in- und opt-out-Möglichkeiten bei Chemikalien nach der REACH-VO, dazu *Ingerowski*, REACH (Fn. 97), S. 191 ff.

[117] Überblick bei *Heribert Schmitz*, Moderner Staat – Modernes Verwaltungsrecht, NVwZ 2000, S. 1238 (1239 f.).

[118] Vgl. v. a. die UVP-RL (RL 85/337/EWG v. 27. 6. 1985 über die Umweltverträglichkeitsprüfung bei bestimmten öffentlichen und privaten Projekten, ABl. EG 1985, Nr. L 73, S. 40) und die IED/IVU-RL (Fn. 82).

[119] Vgl. nur §§ 17 Abs. 3a, 7 Abs. 3 BImSchG; umfassender die Vorschläge in §§ 202 f. UGB-KomE; s. insgesamt umfassend *Voßkuhle*, Kompensationsprinzip (Fn. 114), S. 177 ff.

[120] Näher *Johannes Junker*, Gewährleistungsaufsicht über Wertpapierdienstleistungsunternehmen, 2003, S. 96 ff.

[121] Vgl. § 52b Abs. 1 RStV (2009). Nach ihm sind die privaten Kabelnetzbetreiber für den digitalen Rundfunk bei der Belegung eines Drittels der Gesamtkapazität an einen gesetzlich umrissenen Vielfaltsmaßstab gebunden, dürfen aber über die Konkretisierung mittels Belegungsplan selbst entschei-

g) Verlagerung der Rechtsetzung zur Exekutive

45 Die Anpassung der regulativen Vorgaben an tatsächliche Veränderungen in dynamischen Sachbereichen wurde im Rahmen der hoheitlichen Regulierung durch die breite gesetzliche Verwendung von konkretisierungsbedürftigen Rechtsbegriffen und Verordnungsermächtigungen erleichtert.[122] Damit wird die Operationalisierung der gesetzlichen Vorgaben auf Rechtsverordnungen, Verwaltungsvorschriften oder private Standards bzw. die richterliche Konkretisierung verlagert und so partiell der sachverständigeren und problemnäheren Verwaltung und einem schnelleren Verfahren überantwortet.[123] Die Verlagerung auf die Exekutive erfolgte in **heterogenen Mustern**[124] und spiegelte sich dogmatisch insbesondere in den Diskussionen um die normkonkretisierenden Verwaltungsvorschriften und die Bedeutung von Art. 80 Abs. 1 GG für die Verordnungsgebung wider.[125] Bei aller Vorsicht, die gerade angesichts der retardierenden Rechtsprechung im Bereich der normkonkretisierenden Verwaltungsvorschriften geboten ist, zeichnet sich dabei eine neue Grundlinie ab. Nach ihr wird die formale Einbettung der Rechtsetzung in eine parlamentszentrierte Funktionenordnung zunehmend abgelöst von einem Verständnis als **arbeitsteiliger Prozess** von verschieden strukturierten Organen und Verfahren, in dem die legitime **Rechtsetzungsmacht der Exekutive** an eine **gesetzliche Ermächtigung** und **prozedurale Schutzvorkehrungen** gebunden wird.[126] Insbesondere die angemessene Abbildung des verfügbaren Sachverstandes, eine Beteiligung der betroffenen Interessen bzw. von Öffentlichkeit sowie Begründungspflichten sollen eine prozedurale Richtigkeitsgewähr und Transparenz ermöglichen. Hier kann die Diskussion um die private Standardsetzung anschließen.[127]

h) Informelles Verwaltungshandeln

46 Schließlich kann auch die Vollzugspraxis als Modernisierungselement verstanden werden. Die Vollzugsbehörden nutzen in verbreiteter Form das infor-

---

den. S. auch *Karl-Heinz Ladeur*, „Regulierte Selbstregulierung" im Jugendmedienschutz, ZUM 2002, S. 859 (862f.).

[122] Siehe nur die Regelungsstruktur in den Gesetzen zum Umweltschutz (z.B. KrWG-E [Fn. 99]) oder zur technischen Sicherheit (GPSG). Vgl. auch grundsätzlich *Hinnerk Wißmann*, Generalklauseln, 2008.

[123] Zum selbstgesetzten Recht der Exekutive → Bd. I *Ruffert* § 17 Rn. 58ff.

[124] Vgl. nur zum Umweltrecht *Irene Lamb*, Kooperative Gesetzeskonkretisierung, 1995, S. 148ff.; UGB AT, S. 460ff.; zum Sozialrecht *Peter Axer*, Normsetzung der Exekutive in der Sozialversicherung, 2000, S. 22ff.; *Constanze Mengel*, Sozialrechtliche Rezeption ärztlicher Leitlinien, 2004, S. 49ff.

[125] Siehe zu diesen Diskussionen statt vieler *Eberhard Schmidt-Aßmann*, Die Rechtsverordnung in ihrem Verhältnis zu Gesetz und Verwaltungsvorschrift, in: FS Klaus Vogel, 2000, S. 477ff.; *Fritz Ossenbühl*, Der verfassungsrechtliche Rahmen offener Gesetzgebung und konkretisierender Rechtsetzung, DVBl 1999, S. 1 ff.; *Rainer Wahl*, Verwaltungsvorschriften: Die ungesicherte dritte Kategorie des Rechts, in: FG 50 Jahre BVerwG, 2003, S. 571ff.; *Thomas Sauerland*, Die Verwaltungsvorschrift im System der Rechtsquellen, 2005 – auch ausführlich zu den Grenzen des Einsatzes normkonkretisierender Verwaltungsvorschriften bei der Umsetzung von EU-Recht (S. 498ff.).

[126] Vgl. nur *Denninger*, Normsetzung (Fn. 86), S. 170ff. m.w. Konkretisierungen; UGB AT, S. 460ff.; UGB-KomE, S. 463ff.; *Schmidt-Aßmann*, Ordnungsidee, 6. Kap. Rn. 75; *Gunnar Folke Schuppert*, Gute Gesetzgebung, ZG, Sonderheft 2003, S. 35ff., 75ff.); *Michael Gerhardt*, Normkonkretisierende Verwaltungsvorschriften, NJW 1989, S. 2233ff.

[127] → Rn. 67ff.

melle Verwaltungshandeln für eine als **situationsgerecht wahrgenommene Flexibilität** in der Anwendung der rechtlichen Vorgaben.[128] Dabei werden teilweise auch die gesetzlichen Grenzen der Entscheidungsspielräume überschritten. Im besten Falle wird dadurch das **Ziel** verfolgt und erreicht, durch Aufklärung, Information oder bloße Drohung die zukünftige **Normbefolgung effektiver abzusichern** als durch repressive Sanktionen.[129] Im schlechtesten Fall handelt es sich um ein bloßes **„Einknicken" der Aufsichtsinstanzen,** bei dem unangemessen oder sogar rechtswidrig Vorteile gewährt, Interessen Dritter vernachlässigt und die Steuerungskraft der Vorgaben ausgehöhlt werden, was aber manchmal bereits durch Ausstattungsdefizite der Behörden vorprogrammiert ist.

2. Leistung

a) Begrenzte Reform der öffentlich-rechtlichen Organisationsformen

Im Bereich der Leistungsverwaltung wurde nur begrenzt versucht, die im Zentrum der Kritik stehenden Effizienzmängel der Eigenerbringung innerhalb der öffentlich-rechtlichen Organisationsformen zu beheben. Zwar wurde die Leistungserbringung durch Verwaltungsbehörden im Zuge der allgemeinen Verwaltungsreform stärker auf das **Neue Steuerungsmodell**[130] umgestellt, das Effizienzgewinne mittels dezentraler Aufgaben- und Ressourcenverantwortung verspricht, sowie das Recht **öffentlich-rechtlicher Unternehmensformen** teilweise weiterentwickelt. Die rechtsfähige Anstalt des öffentlichen Rechts bietet hier weite Spielräume einschließlich der Beteiligung Privater.[131] In vielen Bereichen wurde jedoch auf die Spielarten der **Privatisierung** gesetzt, um zumindest vermeintlich effizienz-hemmende Bindungen des öffentlichen Dienst-, Organisations- und Haushaltsrechts abzustreifen und sich privatwirtschaftlichen Strukturen anzunähern.[132] Die damit notwendig verbundenen Steuerungsverluste mussten rechtlich zumindest so weit kompensiert werden, wie die verbliebene Verwaltungsverantwortung reichte. Da der Leistungsbereich aber hinsichtlich des Modus der Erbringung keine der Ordnungsverwaltung vergleichbare rechtsstaatliche Formung erfahren hat, ist deren Umfang deutlich flexibler. 47

b) Privatisierung

Soweit es bei der Eigenerbringung der Leistung durch die öffentliche Hand blieb, wechselten die Hoheitsträger vielfach zu **Formen des Gesellschaftsrechts,** 48

---

[128] Siehe generell dazu *Wolfgang Hoffmann-Riem,* Selbstbindung der Verwaltung, VVDStRL, Bd. 40 (1982), S. 187 ff.; *Hartmut Bauer,* Informelles Handeln im öffentlichen Wirtschaftsrecht, VerwArch, Bd. 78 (1987), S. 241 ff.; *Horst Dreier,* Informales Verwaltungshandeln, StWStP 1993, S. 647 ff.
[129] Auch empirisch gestützte Studien im anglo-amerikanischen Bereich deuten darauf hin, dass Vollzugsorganisationen sich eher der Herstellung von Rechtskonformität durch Überredung und Verhandlung als der Abschreckung durch Sanktionen verpflichtet fühlen, s. *Anthony Ogus,* Regulation: Legal Form and Economic Theory, 1996, S. 94 f.
[130] → Bd. I *Voßkuhle* § 1 Rn 53 ff., *Schuppert* § 16 Rn. 117 ff.
[131] Vgl. zur Diskussion und zu ersten Ansätzen nur *Thomas Mann,* Die öffentlich-rechtliche Gesellschaft, 2002, insbes. S. 297 ff.; *Knut Waldmann,* Das Kommunalunternehmen als Rechtsformalternative für die wirtschaftliche Betätigung von Gemeinden, NVwZ 2008, S. 284 ff.; *Anna L. Lange,* Die Beteiligung Privater an rechtsfähigen Anstalten des öffentlichen Rechts, 2008.
[132] → Bd. I *Voßkuhle* § 1 Rn. 58 ff., *Schuppert* § 16 Rn. 82 ff. S. näher *Friedrich Schoch,* Privatisierung von Verwaltungsaufgaben, DVBl 1994, S. 962 ff.

besonders zur GmbH (Organisationsprivatisierung).[133] Die für den kommunalen Bereich in den Gemeindeordnungen vorgeschriebenen, aber teilweise auch allgemein aus den Aufgaben und dem Demokratieprinzip ableitbaren Anforderungen einer „angemessenen Einflussnahme" des Hoheitsträgers müssen dann jeweils gesellschaftsrechtlich verankert werden.[134]

49 In vielen Bereichen ging es jedoch nicht nur um eine solche Imitation der Privatwirtschaftlichkeit, sondern darum, unmittelbar die Effizienzvorteile und Innovationsfähigkeit **privatwirtschaftlicher Unternehmen** zu nutzen, indem ihnen der operative Betrieb oder sogar die Aufgabe insgesamt zur alleinigen oder gemischt-wirtschaftlich kooperativen Erfüllung übertragen wurde. Mit dem gezielten Einsatz der spezifischen Handlungsrationalität privatwirtschaftlicher Unternehmen unmittelbar für die Leistungserbringung trägt dieser Ansatz bereits Züge der regulierten Selbstregulierung.[135]

50 Soweit der Staat weiterhin Träger der Aufgaben ist (z.B. bei den kommunalen Pflichtaufgaben wie der Abwasserbeseitigung), liegt die zentrale regulatorische Aufgabe der Überbrückung von ungeschmälerter Verantwortung und fremder Leistungserbringung strukturell parallel zu den anderen funktionalen Privatisierungen.[136] Der Gesetzgeber greift hier die Übertragungsmöglichkeit teilweise ausdrücklich auf, gestaltet sie aber nur partiell aus, etwa durch die Forderung nach einer Zuverlässigkeit des Privaten. Entsprechend muss die **Sicherstellung der angemessenen Leistungserbringung** hauptsächlich durch eine effektive, regelmäßig vertragliche und vor allem bei den gemischtwirtschaftlichen Unternehmen zusätzlich organisatorische Steuerung überbrückt werden.[137] Diese Aufgabe belässt hier zwar mehr Spielraum als im Bereich der Eingriffsverwaltung, ist zugleich aber erheblich komplexer. Denn die Leistungserbringung ist voraussetzungsreicher und an umfangreiche tatsächliche und personelle Mittel gebunden. Dies erfordert insbesondere regelmäßig lange Laufzeiten und erschwert den Wechsel zwischen Eigen- und Fremderbringung. Und die Übernahme eines unternehmerischen Risikos bringt ein gesteigertes, mit dem öffentlichen Interesse nicht deckungsgleiches Eigeninteresse des Privaten mit sich. Entsprechend anspruchsvoll und umfangreich muss deshalb nicht nur die Auswahl der Partner, sondern auch deren Steuerung ausfallen, in der neben Informations- Kontroll- und ggf. Weisungsrechten u.a. Spezifikationen der Anlagen und Leistungen, Anpassungsmöglichkeiten an sich verändernde Umstände und leistungskontinuitätssichernde Regeln für das Vertragsende vorzusehen sind. Zu Recht wird darauf hingewiesen, dass die Verwaltung hier eine gesteigerte Kompetenz im Verhandeln und Gestalten von Verträgen ausbilden muss.

---

[133] Zu den Idealtypen der Privatisierung → Bd. I *Schulze-Fielitz* § 12 Rn 108 ff.; speziell zur Organisationsprivatisierung → Bd. I *Schuppert* § 16 Rn 182 ff.

[134] Vgl. zu den hier bestehenden Möglichkeiten nur *Ulrich Cronauge/Georg Westermann*, Kommunale Unternehmen, 5. Aufl. 2006.

[135] Zum verbreiteten Einsatz des (Vergabe-)Wettbewerbs bei der Auswahl der Privaten → Rn. 112 ff.

[136] Zur Verfahrens- und Überwachungsprivatisierung bereits → Rn. 40 ff.

[137] Vgl. hierzu und zum Folgenden insbes. *Hartmut Bauer*, Verwaltungsrechtliche und verwaltungswissenschaftliche Aspekte der Gestaltung von Kooperationsverträgen bei Public Private Partnership, DÖV 1998, S. 89 ff.; *ders.*, Private Aufgabenerfüllung unter staatlicher Gewährleistung im Abwassersektor, in: Hermann Hill/Hagen Hof (Hrsg.), Wirkungsforschung zum Recht II, 2000, S. 303 ff.; *Martin Eifert*, Die rechtliche Sicherung öffentlicher Interessen in Public Private Partnerships, VerwArch, Bd. 93 (2002), S. 561 ff.

Der Bereich der hier behandelten eigenverantwortlichen Erfüllung wird verlassen, wo eine **materielle Privatisierung,** also die Verlagerung der Leistungsverantwortung in den privaten Bereich generell (z. B. Art. 87 f. GG), nach bestimmten Kriterien (z. B. § 100 Abs. 3 GO Bbg.) oder optional und individuell (vgl. § 56 WHG i. V. m. Landeswassergesetz) erfolgt.

C. Hoheitlich regulierte gesellschaftliche Selbstregulierung

I. Konzeption

1. Verbindung staatlicher und gesellschaftlicher Handlungsrationalitäten

Die hoheitlich regulierte gesellschaftliche Selbstregulierung ist durch die schon begrifflich angezeigte **Verbindung unterschiedlicher Handlungsrationalitäten** gekennzeichnet.[138] Die staatliche Steuerung zielt nicht mehr unmittelbar auf die eigene Realisierung ihrer Ziele, sondern auf die Wahrnehmung einer verschieden stark ausgeprägten **Gewährleistungsverantwortung.**[139] Die Steuerung greift dabei auf von den Regulierten erbrachte Ordnungsleistungen zurück, auf die der Staat zum Zwecke der Gemeinwohlsicherung auf regelmäßig rechtlicher Grundlage einwirkt, indem er sie einrichtet, mit einem Rahmen versieht oder durch indirekte Mechanismen überformt.[140] Der Staat begegnet der Gesellschaft damit auf den unterschiedlichsten Interaktionsebenen, richtet häufig multipolare Akteurskonstellationen ein und zielt stärker auf Prozesse als auf punktuelle Festlegungen. Dabei werden die Leistungen von Funktionssystemen wie dem Markt ebenso genutzt wie jene korporativer Strukturen oder einzelner Organisationen. Die Steuerungsansätze folgen entsprechend auch nicht einem bestimmten theoretischen Konzept, stehen aber im Wechselspiel mit verschiedenen theoretischen Ansätzen und politischen Leitideen, die ihre Ausgestaltung und insbesondere ihre Verbreitung erheblich beeinflusst haben.

Die übergreifenden Vorstellungen bilden dabei das **Kooperationsprinzip**[141], das in aller Heterogenität seiner Konkretisierungen grundsätzlich auf das funktionale Zusammenwirken von Staat und Privaten bei der Erfüllung öffentlicher Aufgaben zielt und der Gedanke einer **Verantwortungsteilung**[142], der sich vornehmlich auf die dabei jeweils zukommenden Rollen bezieht. Stärker auf jeweils einzelne Instrumente bezogen sind die **Privatisierungsdiskussion** mit ihrer Be-

---

[138] → Bd. I *Franzius* § 4 Rn. 59 ff.
[139] Siehe zu den Verantwortungsstufen und zur Gewährleistungsverantwortung näher nur *Schmidt-Aßmann,* Reform (Fn. 50), *Voßkuhle,* Beteiligung (Fn. 18).
[140] Siehe *Hoffmann-Riem,* Öffentliches Recht (Fn. 11), S. 300 ff.; *Trute,* Selbstregulierung (Fn. 107), S. 950 ff.; *Gunnar Folke Schuppert,* Das Konzept der regulierten Selbstregulierung als Bestandteil einer als Regelungswissenschaft verstandenen Rechtswissenschaft, in: Regulierte Selbstregulierung (Fn. 18), S. 201 ff.; *Schmidt-Aßmann,* Selbstregulierung (Fn. 18), S. 253 ff.; mit zahlreichen Beispielen und Anwendungsfeldern auch *Petra Buck-Heeb/Andreas Dieckmann,* Selbstregulierung im Privatrecht, 2010.
[141] Siehe grundlegend *Ernst-Hasso Ritter,* Der kooperative Staat, AöR, Bd. 104 (1979), S. 389 ff. Zur Anwendung auf die Selbstregulierung und weiteren Ansatzpunkten *Christian Calliess,* Inhalt, Dogmatik und Grenzen der Selbstregulierung im Medienrecht, AfP 2002, S. 465, 469 ff.
[142] Siehe die Beiträge in: *Schuppert* (Hrsg.), Privatisierung (Fn. 107). → Bd. I *Baer* § 11 Rn. 58.

tonung der Effizienzvorteile privater, marktförmiger Aufgabenerfüllung und die neueren (Rechts-)Konzepte, die unter verschiedenen Begrifflichkeiten entwickelt[143] und in der Rechtswissenschaft vor allem als **„Kontextsteuerung"** mit ihrem Fokus auf äußere Anreize und insbesondere einen Organisations- und Verfahrensrahmen sowie als **„reflexives Recht"** mit dem Ziel organisationsinterner Reflexion rezipiert[144] wurden.[145]

54 Der Steuerungsansatz nimmt positiv die Potentiale gesellschaftlicher Selbstregulierung auf, respektiert sie in ihrer **Eigenlogik** und zielt auf ein freiheitsschonendes, privates Wissen und Initiative aufgreifendes Konzept der Gemeinwohlsicherung durch rechtliche Strukturierung und Überformung.[146] Er reagiert damit einerseits auf die erkannten Schwächen der hoheitlich-imperativen Regulierung und ermöglicht andererseits eine **Vorverlagerung der staatlichen Steuerung.** In immer mehr Bereichen hat der Staat die Ansatzpunkte der Steuerung tiefer in die Wirtschaft und Gesellschaft hineinverlagert, in der Hoffnung, die öffentlichen Interessen letztlich wirksamer und mit größerer Akzeptanz verwirklichen zu können. Beispiele bilden etwa die Konzepte der Vorsorge, des integrierten Umweltschutzes und der Kreislaufwirtschaft im Bereich des Umweltschutzes oder der Zugriff auf Entwicklung und Produktionsweisen im Produktsicherheitsrecht.[147]

55 Je größer aber die Steuerungstiefe ist, desto stärker ist der Differenzierungsbedarf und desto weniger vermag der Staat das dafür **erforderliche Wissen** selbst vorzuhalten. Umso weniger kann er deshalb über materielle Vorgaben steuern und umso stärker ist er auf die Aktivierung und Einbindung auch der gesellschaftlichen Potentiale angewiesen. Dabei werden die Aufgabenfelder von Ordnung und Leistung unterschiedlich im Konzept der regulierten Selbstregulierung aufgegriffen. Für den Bereich der **Ordnungsverwaltung,** also der Sicherstellung einer Regelbefolgung, gibt es kein umfassendes, konzeptionelles gesellschaftliches Gegenstück zur bürokratischen Kontrolle durch Verwaltung. Entsprechend können zwar das quantitative Ausmaß der Kontrolle, eine gesteigerte Kontrolltiefe mit ihrer zunehmenden Individualisierung und Wechselwirkung mit kontrollfreien Bereichen sowie die Dynamik und Komplexität der notwendigen Wissensbestände für einen systematischen und umfassenden Einsatz Privater in der Überwachung sprechen. Bei der näheren Ausgestaltung folgen die effektivitätssichernden Elemente aber tendenziell allgemeinen Funktionsanforderungen sachgerechter Überwachung und Kontrolle, die weitgehend den verfestigten funktionalen Leitvorstellungen des Modells bürokratischer Verwaltung entsprechen. Im Bereich der **Leistungsverwaltung** steht hingegen der Verwaltung mit dem Markt ein grundlegender gesellschaftlicher Mechanismus der Güterproduktion und -verteilung als Alternative gegenüber. Der Staat

---

[143] Siehe nur *Gunther Teubner*, Recht als autopoietisches System, 1989, S. 81 ff. mit der Auflistung der frühen Ansätze auf S. 83; aus der neueren Lit. auch die Aufbereitung und Analyse von *Gralf-Peter Calliess*, Prozedurales Recht, 1999, S. 91 ff.

[144] Siehe etwa *Matthias Schmidt-Preuß*, Verwaltung und Verwaltungsrecht zwischen gesellschaftlicher Selbstregulierung und staatlicher Steuerung, VVDStRL, Bd. 56 (1997), S. 160 (185 ff.; 192 ff.); *Lübbe-Wolff*, Instrumente (Fn. 49), S. 74 ff.

[145] Näher bereits → Rn. 13.

[146] → Bd. I *Schuppert* § 16 Rn. 18 f.

[147] Vgl. näher *Martin Eifert*, Die geteilte Kontrolle, DV, Bd. 39 (2006), S. 309 ff.; zur Kreislaufwirtschaft näher *Moritz Reese*, Kreislaufwirtschaft im integrierten Umweltrecht, 2000.

kann ihm die Leistungserbringung überlassen oder ihn bewusst zur Leistungserbringung konstituieren und seine Ordnungszwecke über Lenkungsimpulse oder Begrenzungen verfolgen.[148]

Das einheitliche **Hauptproblem** des Steuerungskonzepts besteht darin, die Balance zu wahren zwischen einer hinreichenden **Absicherung des Gemeinwohls** und einer hinreichenden **Respektierung des Eigensinns** der in Bezug genommenen Selbstregulierungsmechanismen. Die notwendige, angemessene Abstimmung kann auf der Mikroebene notwendig werden, wie etwa bei Rollenkonflikten in Folge organisationsrechtlicher Vorgaben, oder auf der Makroebene, wenn die Ordnungsmechanismen der Kooperation und des Wettbewerbs zu kompatibilisieren sind. 56

Für diese Balance zwischen den Handlungsrationalitäten sind jedoch **zwei Grundkonstellationen** zu unterscheiden. Nur bei Regelungsstrukturen, in denen Staat und Regulierte **unmittelbar verkoppelt** sind, bestehen strukturelle Spannungen hinsichtlich des Regulierungsinhalts. Hier würde eine volle Etatisierung jene Substanz beschädigen, die sich der Staat gerade nutzbar machen wollte. Soweit der Staat **Dreiecksverhältnisse einrichtet,** in denen Private Regulierungsaufgaben gegenüber anderen Privaten übernehmen, beeinträchtigen Anforderungen an die privaten Kontrolleure nicht die Regulierten. Der Staat nutzt hier jenseits der Verschlankung und Flexibilisierung seiner eigenen Organisation im Wesentlichen die bessere Einbettung der Kontrolleure in ihre fachlichen peer-groups und den Marktmechanismus zur Aufrechterhaltung der Qualität. Die Anforderungen an die privaten Kontrolleure gestalten hier insofern deren Markt und müssen durch transparente und faire Auswahlverfahren mit dessen Mechanismen kompatibel sein, stehen aber hohen inhaltlichen Anforderungen an deren Organisation und Verfahren nicht strukturell entgegen. 57

2. Grundsätzliche Vor- und Nachteile des Regulierungsansatzes

Auch wenn die regulierte Selbstregulierung höchst **unterschiedliche Erscheinungsformen** kennt, ergibt sich ein weitgehend **einheitlicher Katalog der Vor- und Nachteile** des Steuerungsmodus, die unmittelbar in der Kopplung privater und staatlicher Beiträge angelegt sind.[149] 58

Die **Vorteile** bestehen zunächst in einer **Entlastung des Staates,** der weniger Verwaltungskapazität vorhalten muss und Geld spart, da die in Bezug genommenen privaten Strukturen regelmäßig auch privat finanziert werden. Ferner sind diese privaten **Strukturen unabhängig von** den räumlichen Grenzen **staatlicher Zuständigkeiten** und Verwaltungsspezifika und erlauben einheitliche Problemlösungen die bereits im föderalen System der Bundesrepublik Deutsch- 59

---

[148] Daneben gibt es auch Leistungsbereiche, die nach anderen gesellschaftlichen Funktionslogiken operieren – wie das Mediensystem als publizistisches System oder die Forschung als Wissenschaftssystem. Sie sind regelmäßig historisch derart verfestigt, dass sie bereits verfassungsrechtlichen Schutz genießen und der Staat deshalb schon normativ im Zugriff beschränkt ist. Auch hier bleiben ihm aber Lenkungs- und Begrenzungspotentiale, die allerdings im spezifischen Grundrechtskontext entfaltet werden müssen.

[149] Vgl. nur allgemein *Georg Müller,* Rechtsetzung im Gewährleistungsstaat, in: FS Hartmut Maurer, 2001, S. 227 (235 f.); *Andreas Finckh,* Regulierte Selbstregulierung im Dualen System, 1998, S. 44 ff., sowie UGB-KomE, S. 502 f. (für Selbstverpflichtungen).

§ 19 Regulierungsstrategien

land vereinzelt zum Tragen kommen,[150] das Konzept aber besonders für die Europäischen Gemeinschaften als Integrationsmodell attraktiv machen.[151] Schließlich wird den privaten Lösungsansätzen eine **höhere Flexibilität, Anpassungsfähigkeit** und **Innovationskraft** zugeschrieben. Der zentrale Vorteil besteht aber in der Möglichkeit einer **tieferen Einwirkung auf die Wirtschaft und Gesellschaft,** die wegen der Beteiligung der Privaten und der Einbeziehung ihres Wissens zugleich eine **höhere Problemlösungskapazität** wie verbesserte Umsetzungschancen durch eine **gesteigerte Akzeptanz** verspricht. Denn das einbezogene private Wissen besitzt die unmittelbare Verbindung zur praktischen Anwendungserfahrung, deren Bedeutung umso mehr steigt, je tiefer die Fragen in die spezifischen Anwendungen eingebettet sind. Es ist ferner **Teil der dezentralen dynamischen Wissenserzeugung,** in die auch private, dem Staat zunächst unzugängliche Forschungsergebnisse eingehen können, so dass es sich ständig aktualisiert. Schließlich bildet es als professioneller Konsens der Betroffenen eine Akzeptanzgrundlage für darauf aufbauende Maßnahmen.

60 Die **Nachteile** des Regulierungsansatzes bestehen vor allem in der Gefahr, dass die **Verkopplung der Handlungsrationalitäten** nicht deren jeweilige Vorteile zum Tragen bringt, sondern nur **effektivitätsmindernde Komplexität** schafft oder sogar **verdeckte Übergriffe zwischen staatlicher und gesellschaftlicher Sphäre** ermöglicht. So besteht zunächst die Möglichkeit, dass der Staat ungerechtfertigte Zugeständnisse an die einbezogenen Privaten macht, um deren Kooperationsbereitschaft zu sichern, oder dass diese nur selektiv Interessen berücksichtigen und damit eher gut organisierte Partikular- als Gemeinwohlinteressen zum Tragen kommen[152] und diese Effekte dann über die staatlichen Handlungsformen abgesichert werden. Umgekehrt besteht die Gefahr, dass der Staat über die gesteigerte Steuerungstiefe zwar eher indirekt, aber dennoch zu weit und zu restringierend in die gesellschaftliche Sphäre hineinwirkt und die Reichweite seines Zugriffs von den Vermittlungszusammenhängen kaschiert wird. Besonders komplexere Arrangements sind oft mit **schwer durchschaubaren Wirkungszusammenhängen** verbunden, die **Verantwortungszuschreibungen,** daran anschließenden Rechtsschutz und Effektivitätsbeurteilungen **erschweren** sowie erhebliche **Anforderungen an das staatliche Steuerungswissen** stellen. Die Entwicklungen liegen oft jenseits der tradierten Handlungsformen, so dass ihre rechtliche Ausformung und Bewertung immer wieder neu zwischen politischer Gestaltungsfreiheit und verfassungsrechtlichen Vorgaben zu verorten ist.

---

[150] Vgl. nur *Lamb*, Gesetzeskonkretisierung (Fn. 124), S. 209. Ein Bsp. hierfür bilden die technikbezogenen Generalklauseln in den Landesbauordnungen. Das Immissionsschutzrecht zeigt aber die Möglichkeit einer weitgehenden Vereinheitlichung auch über die untergesetzliche Normsetzung und ergänzende Selbstkoordinierung der Länder (dazu *Helmuth Schulze-Fielitz*, Immissionsschutz und Föderalismus aus Sicht der Wissenschaft, in: Michael Kloepfer [Hrsg.], Umweltföderalismus, 2002, S. 287 ff.).

[151] V.a. der Bereich der Produktsicherheit wurde in diesem Sinne bereits entsprechend umgestaltet → Rn. 64 f.

[152] Vgl. nur *Christoph Engel*, Selbstregulierung im Bereich der Produktverantwortung, StWStP, Bd. 9 (1998), S. 535 (563); *Ernst-Hasso Ritter*, Das Recht als Steuerungsmedium im kooperativen Staat, in: Grimm (Hrsg.), Staatsaufgaben (Fn. 26), S. 69 (79).

II. Recht- und Regelsetzung

Der Rückgriff des Staates auf private Standards bildet eine alte Regelungstechnik, die namentlich im Technikrecht von Beginn an die staatliche Rechtsetzung entlastete.[153] Mittlerweile wird sie auch in **zahlreichen Rechtsbereichen** vom Umwelt- und Wirtschaftsrecht bis zum Medizin- und Sozialrecht genutzt,[154] um vor allem die enormen **Wissensbestände und Kommunikationsleistungen** der meist berufsbezogenen korporatistischen Strukturen von Verbänden und Zusammenschlüssen für das staatliche Recht nutzbar zu machen und dadurch die **Dynamik der Sachbereiche** aufnehmen, mit der hohen **Technizität der Materien** sachgerecht umgehen und die Steuerungsdifferenzierung und -tiefe des Staates erhöhen zu können.[155] Die quantitative Ausweitung, die gesteigerte Komplexität der betroffenen Fragen mit ihrer Zunahme normativ-bewertender Elemente sowie die mit der Wesentlichkeitslehre[156] neu diskutierten Anforderungen an die gesetzliche Steuerungsdichte rückten sie seit den 1980er Jahren verstärkt in den Fokus rechtlicher Erörterung.[157] Das Zusammenspiel staatlicher und privater Regelungen erfolgt in unterschiedlicher Form. 61

1. Zusammenspiel privater Standardsetzung mit staatlicher Rechtsetzung

a) Direkte und indirekte Inkorporation in staatliche Rechtsetzung

Unter dem Gesichtspunkt regulierter Selbstregulierung nur begrenzt zu verfolgen ist die **Inkorporation privater Regelwerke** in die staatliche Rechtsetzung, sei es durch unmittelbare Übernahme des Textes oder durch statische Verweisung[158], da hier letztlich eine staatliche Entscheidung vorliegt.[159] 62

b) Gesetzlich ungeregelte Rezeption

In weiten Bereichen insbesondere des Technik- und Umweltrechts hat sich der Gesetzgeber aber auf die Normierung **unbestimmter Rechtsbegriffe** beschränkt[160], die nach den allgemeinen dogmatischen Grundsätzen i.d.R. von den Behörden zu konkretisieren und im Streitfall von den Gerichten in vollem 63

---

[153] *Michael Kloepfer*, Zur Geschichte des deutschen Umweltrechts, 1994, S. 52 f.

[154] Siehe die folgenden Fn. und zum Wettbewerbsrecht *Hans-Wolfgang Micklitz/Jürgen Kessler*, Funktionswandel des UWG, WRP 2003, S. 919 (935 f.).

[155] Zur Nutzung gesellschaftlicher Selbstorganisation für die politische Steuerung allgemein nur *Renate Mayntz*, Politische Steuerung und gesellschaftliche Steuerungsprobleme – Anmerkungen zu einem theoretischen Paradigma, in: Thomas Ellwein/Joachim J. Hesse/Renate Mayntz/Fritz W. Scharpf (Hrsg.), Jahrbuch zur Staats- und Verwaltungswissenschaft, Bd. 1, 1987, S. 89 (103 ff.).

[156] → Bd. I *Reimer* § 9 Rn. 47 ff.

[157] Grundlegend *Peter Marburger*, Die Regeln der Technik im Recht, 1979, und aus der folgenden Literaturflut statt vieler *Andreas Rittstieg*, Die Konkretisierung technischer Standards im Anlagenrecht, 1982; *Denninger*, Normsetzung (Fn. 86); *Lamb*, Gesetzeskonkretisierung (Fn. 124).

[158] → Bd. I *Ruffert* § 17 Rn. 85 ff. Die dynamische Verweisung ist nach dem verbreiteten Verdikt der Verfassungswidrigkeit nahezu verschwunden (s. *Peter Marburger/Mark Klein*, Bezugnahme auf technische Normen im deutschen Umwelt- und Technikrecht, UTR, Bd. 58 [2001], S. 161 [168]).

[159] Das in der Sache bestehende Problem einer angemessenen realen Verantwortungswahrnehmung wäre hier in Parallele zur Rezeption im Einzelfall zu lösen, auf die unten eingegangen wird → Rn. 68.

[160] → Rn. 45.

Umfang zu kontrollieren sind.[161] Die **Rechtsanwendung** greift für die Konkretisierung häufig auf private Regeln zurück und versucht das in diesen gespeicherte Wissen unterhalb einer rechtlichen Bindung über die Dogmatik der Sachverhaltsermittlung und des Beweisrechts bzw. über methodische Anleitungen in differenzierter Form aufzunehmen. Den privaten Regeln wird ein „Indizcharakter", eine „tatsächliche Vermutungswirkung" oder der Charakter einer „Orientierungs- und Entscheidungshilfe" bzw. „Auslegungsofferte" zugewiesen.[162] Tendenziell ist ihre Beachtlichkeit hier umso höher, je stärker der auszulegende Rechtsbegriff sich auf Tatsachen bezieht und je besser die Art und Weise des Zustandekommens der Regel ein angemessenes Ergebnis erwarten lässt.[163]

c) Vermutungswirkungen

64   Zunehmend werden rechtliche Regelungen und private Regelsetzung aber auch **ausdrücklich** durch eine **Vermutungswirkung** miteinander verkoppelt. Neben den sogenannten normkonkretisierenden dynamischen Verweisungen des Umwelt- und Technikrechts[164] bestimmen etwa § 342 Abs. 2 HGB, § 16 Abs. 1 TPG sowie die zahlreichen Bestimmungen nach der „Neuen Konzeption" bzw. seiner Weiterentwicklung im „New Legislative Framework" des europäischen Produktrechts jeweils, dass die Einhaltung der gesetzlichen Anforderungen (ordnungsgemäße Buchführung, Stand der medizinischen Wissenschaft, Produktsicherheit) vermutet wird, wenn die Standards bestimmter privatrechtlicher Gremien eingehalten wurden (anerkanntes Rechnungslegungsgremium, Bundesärztekammer, europäische Normung).[165]

65   Über die „Vermutungswirkung" soll eine **gesteigerte Beachtlichkeit** der privaten Regelwerke erreicht werden, ohne eine volle rechtliche Bindungswirkung herbeizuführen. Die Vermutung hat dabei den Charme einer **doppelten Offenheit** für Entwicklungen; sie kann durch **„bessere"** Konkretisierungen widerlegt werden und steht **abweichenden, innovativen** und ebenso geeigneten **Ansätzen nicht entgegen.** Allerdings ist diese Offenheit mit Fragezeichen zu versehen. Die Vermutungswirkung verwandelt die Frage der Bindung in ein Beweisproblem. Soweit es bei der Konkretisierung aber um **Wertungsfragen** geht, lassen sie sich nicht als Beweisproblem formulieren, sondern nur als **Kompetenzprob-**

---

[161] → Für eine Neubestimmung Bd. I *Hoffmann-Riem* § 10 Rn. 81 ff.

[162] Siehe nur *Lamb*, Gesetzeskonkretisierung (Fn. 124), S. 93 ff.

[163] So nimmt das BVerwG bei Rechtsbegriffen, die auf eine tatsächliche Verbreitung in bestimmten Fachkreisen zielen (z. B. allgemein anerkannte Regeln der Technik) eine tatsächliche Vermutungswirkung für solche technischen Regelwerke an, an deren Erstellung die Fachkreise beteiligt waren (BVerwG, UPR 1997, S. 101 f.), geht bei stärker wertungsoffenen Rechtsbegriffen aber nur von Orientierungs- und Entscheidungshilfen etc. aus (vgl. nur *BVerwGE* 79, 254 [264]). Siehe insgesamt Lamb, Gesetzeskonkretisierung (Fn. 124), S. 94 ff.

[164] → Bd. I *Ruffert* § 17 Rn. 89.

[165] Siehe näher *Adolf Moxter*, Deutsches Rechnungslegungs Standards Committee: Aufgaben und Bedeutung, DB 1998, S. 1425 ff. Der Ansatz regulierter Selbstregulierung nach § 342 HGB war vorübergehend gescheitert, da das Deutsche Rechnungslegungs Standards Committee den Standardisierungsvertrag mit dem BMJ auf Grund von Finanzierungsproblemen gekündigt hatte. Mit Vertrag vom 2. 12. 2011 wurde das DRSC aber wieder vertraglich anerkannt. Vgl. ferner *Mengel*, Rezeption (Fn. 124), S. 169, und zur Neuen Konzeption nur *Juliane Jörissen*, Produktbezogener Umweltschutz, 1997; *Udo Di Fabio*, Produktharmonisierung durch Normung und Selbstüberwachung, 1996. Zum New Legislative Framework *Arun Kapoor/Thomas Klindt*, „New Legislative Framework" im EU-Produktsicherheitsrecht, EuZW 2008, S. 649 ff.

lem.¹⁶⁶ Und soweit es um **tatsächliche Elemente** geht, ist die **Hürde zur Widerlegung** angesichts der gebündelten Expertise der Gremien oft **prohibitiv hoch**.¹⁶⁷ Im zumindest quantitativ wichtigsten Bereich, der **europäischen technischen Harmonisierung**, ist die Widerlegung der Vermutung überdies oftmals rechtlich erheblich **eingeschränkt**. Die Widerlegung ist nach vielen sektoralen Richtlinien der „Neuen Konzeption" nur über das Schutzklauselverfahren möglich,¹⁶⁸ das nur von den Behörden eingeleitet werden kann und die Letztentscheidungskompetenz einer Widerlegung auf die europäische Ebene verschiebt.¹⁶⁹

d) Rechtsverbindlichkeit

Eine **unmittelbare Außenwirkung** nichtstaatlicher Regeln hat der Gesetzgeber bislang nur im **Sozialversicherungsrecht**¹⁷⁰ und, abgeschwächt, im **Jugendmedienschutz**¹⁷¹ angeordnet. Im Sozialversicherungsrecht geht es um die Konkretisierung von Leistungsumfang und Qualität der Versorgung, die gesetzlich nur generalklauselartig formuliert sind.¹⁷² Obwohl die Parteien der konkretisierenden Regelwerke nicht alle öffentlich-rechtlich verfasst sind, sieht der Gesetzgeber eine unmittelbare Außenwirksamkeit ihrer Regeln und Vereinbarungen gegenüber den Leistungserbringern vor,¹⁷³ die von der ständigen Rechtspre-

66

---

¹⁶⁶ Siehe für § 342 Abs. 2 HGB deutlich *Steffen Augsberg*, Rechtsetzung zwischen Staat und Gesellschaft, 2003, S. 192 f. Alle Argumente, die zu Recht gegen die Annahme des antizipierten Sachverständigengutachtens angebracht wurden (vgl. *Christoph Gusy*, „Antizipierte Sachverständigengutachten" im Verwaltungs- und Verwaltungsgerichtsverfahren, NuR 1987, S. 156 ff.), weisen zugleich aus, dass es hier nicht um Beweislastfragen geht. Deshalb läuft auch die Argumentation ins Leere, nach der solche Konstruktionen verfassungsrechtlich zulässig seien, weil sie als Beweislastregeln erst nach Ausschöpfung aller verfügbaren Beweismittel in Funktion träten (s. *Marburger*, Regeln [Fn. 157], S. 402). Entweder ist die Vermutung dann nämlich wertlos, weil das Gericht den allein maßgeblichen materiell-rechtlichen Gesetzesbegriff eigenständig auslegen muss oder sie ist zumindest als partielle materielle Bindungswirkung zu verstehen, die insofern dynamisch verweist.
¹⁶⁷ Dies verdeutlicht die Rspr. zum Arzneimittel- und Lebensmittelbuch, in der von „Sachverständigengutachten von besonderer Qualität" ausgegangen wird (*BVerwG*, ZLR 1986, S. 333 [341]; ZLR 1988, S. 556 [562]), gegen die ein Gegenbeweis nicht mit dem Vorbringen einer gutachterlichen Gegenauffassung möglich wäre, da diese für sich nicht in Anspruch nehmen könne, den gesicherten Stand der wissenschaftlichen Erkenntnis abzubilden (*OVG Berlin*, Beschluss v. 4. 4. 2001, 5 N 13.00 [juris]). In modifizierter Form stellt sich diese Frage auch, wenn die Rechtsvorschrift der Verwaltung ein Ermessen für die Anwendung der Regelwerke lässt (z. B. § 5 Abs. 1 S. 2 StrlSchutzVO).
¹⁶⁸ Weniger restriktiv allerdings Art. 3 der Produktsicherheits-RL (RL 2001/95/EG) v. 3. 12. 2001, ABl. EG 2002, Nr. L 11, S. 4).
¹⁶⁹ Siehe nur *Jörissen*, Umweltschutz (Fn. 165), S. 73 ff. m. w. N.
¹⁷⁰ Guter Überblick über die Rechtslage und die Behandlung der Problempunkte in Rspr. und Lit. bei *Mengel*, Rezeption (Fn. 124), S. 185 ff.
¹⁷¹ Staatsvertrag über den Schutz der Menschenwürde und den Jugendschutz in Rundfunk und Telemedien (Jugendmedienschutz-Staatsvertrag – JMStV) v. 10.–27. September 2002 (GBl BW 2003, S. 93) mit Begründung, LTDrucks. BW 13/1551 v. 21. November 2002, S. 19 ff.), zuletzt geändert durch den 13. RÄndStV v. 20. 11. 2009 (GBl BW 2010, S. 307); Überblick bei *Roland Bornemann*, Der Jugendmedienschutz-Staatsvertrag der Länder, NJW 2003, S. 787 ff.
¹⁷² Vgl. nur §§ 2 Abs. 1, 27 Abs. 1, 28 Abs. 1, 70 Abs. 1 SGB V.
¹⁷³ Vgl. nur § 95 Abs. 3 SGB V; §§ 92 Abs. 8 i. V. m. 82 Abs. 1 SGB V. Die Lit. stimmt der Annahme der Rechtsnormqualität der Richtlinien v. a. auf der Basis der Auslegung des SGB V überwiegend zu – s. nur *Axer*, Normsetzung (Fn. 124), S. 118; *Andreas Wahl*, Kooperationsstrukturen im Vertragsarztrecht, 2001, S. 373 ff.; a. A. aber etwa *Andreas Hänlein*, Rechtsquellen im Sozialversicherungsrecht, 2001, S. 472 ff.), macht aber ganz überwiegend verfassungsrechtliche Bedenken geltend.

chung des Bundessozialgerichts auch auf die Versicherten erstreckt wird.[174] Und trotz der massiven, in erster Linie unter Hinweis auf die mangelnde demokratische Legitimation der Gremien erfolgenden Angriffe der Literatur hat der Gesetzgeber an ihnen festgehalten und sie sogar noch verbreitert. Im neuen Jugendmedienschutzstaatsvertrag wird anerkannten Einrichtungen der Freiwilligen Selbstkontrolle für bestimmte Entscheidungen zu Sendezeitbeschränkungen ein Entscheidungsspielraum zugebilligt, der durch die Medienaufsicht nur hinsichtlich der Einhaltung der „rechtlichen Grenzen des Beurteilungsspielraums" (§ 20 Abs. 3, 5 JMStV) überprüfbar ist und damit die Konkretisierungskompetenz verlagert.[175]

Während die Vermutungswirkung die Frage der Konkretisierungskompetenz eher in der Schwebe hält, dürften diese Zuspitzungen eine Entscheidung über die zukünftigen Möglichkeiten und Bedingungen privater Normsetzung herausfordern.[176]

2. Bausteine legitimierender Qualitätssicherung mittels prozeduraler Richtigkeitsgewähr

67 Angesichts der faktischen und rechtlichen Wirkungen der privaten Regelsetzung ist es entscheidend, welche Mechanismen dem Staat zur Sicherung einer gemeinwohlverträglichen Rechtskonkretisierung zur Verfügung stehen.

68 Eine inhaltliche Kontrolle dürfte regelmäßig gerade an jenen Problemen scheitern, die den Rückgriff auf die privaten Regelwerke ausgelöst haben und insofern meist normatives Postulat bleiben.[177] Zumindest in der Breite scheint die konsequente Realisierung **prozeduraler Sicherungen** gemeinwohlorientierter Regel-

---

[174] Vgl. nur *BSGE* 78, 70 (75 f.); 81, 54 (63); 81, 73 (78 ff.); 82, 41 (46 f.).

[175] Siehe auch ausführlicher *Ladeur*, „Regulierte Selbstregulierung" (Fn. 121), S. 866 ff.; *Inken Witt*, Regulierte Selbstregulierung am Beispiel des Jugendmedienschutzstaatsvertrages, 2008; *BayVGH*, AfP 2011, S. 296 ff. Ähnliche Konstruktionen werden auch für den Ausbau der Selbstregulierung im Datenschutzrecht diskutiert (*Alexander Roßnagel/Andreas Pfitzmann/Hansjürgen Garstka*, Modernisierung des Datenschutzrechts, 2001, S. 153 ff.; *Alexander Roßnagel*, Handbuch Datenschutzrecht, 2003, 3.6 Rn. 106 ff., der hier allerdings durch Art. 27 EU-Datenschutzrichtlinie [RL 95/46/EG v. 24. 10. 1995, ABl. EG 1995, Nr. L 281, S. 31] enge europarechtliche Grenzen gezogen sieht).

[176] Das System der gesetzlichen Krankenversicherung weist hierbei zwar v. a. aufgrund seiner korporatistischen Verfasstheit Besonderheiten auf, die etwa den Versuch erlauben, Stränge der autonomen Legitimation der bestehenden Körperschaften auch für diese Rechtsetzungen zumindest begrenzt fruchtbar zu machen (s. näher *Jan Castendiek*, Versichertenbeteiligung und Demokratie im Normenkonzept der Richtlinien des Bundesausschusses, NZS 2001, S. 71 f.) oder neben der Funktionalität auch Tradition und Gewohnheit anzurufen (s. etwa *BSGE* 81, 73 [82]). Doch dürften diese Ansätze letztlich nicht hinreichend tragen (vgl. näher zum Problemzusammenhang *Eberhard Schmidt-Aßmann*, Grundrechtspositionen und Legitimationsfragen im öffentlichen Gesundheitswesen, 2001, S. 64 ff.). Das BVerfG hat hier bislang eine Beurteilung vermieden, vgl. nur *Thorsten Kingreen*, Verfassungsrechtliche Grenzen der Rechtsetzungsbefugnis des Gemeinsamen Bundesausschusses im Gesundheitsrecht, NJW 2006, S. 877 ff.

[177] *Trute*, Obrigkeitsstaat (Fn. 106), S. 42; *Di Fabio*, Produktharmonisierung (Fn. 165), S. 109 f. Vgl. auch aus sozialwissenschaftlicher Perspektive *Helmut Voelzkow*, Private Regierungen in der Techniksteuerung, 1996, S. 316 f., und *Stefan Körber*, Staatliche Steuerung und gesellschaftliche Selbstregulierung in der Chemikalienkontrolle, 1998, S. 229 ff. mit der Beobachtung, dass der Staat sich in der Chemikalienkontrolle faktisch im Wesentlichen auch auf eine prozedurale Steuerung beschränkt. Dies schließt freilich nicht aus, dass die Drohmacht eigener staatlicher Regelung jeweils im Einzelfall die Einigungsbereitschaft der Privaten maßgeblich mitbestimmt (vgl. die Darstellung und Fallstudien bei *Volker M. Brennecke*, Normsetzung durch private Verbände, 1996, S. 331 ff.).

C. Hoheitlich regulierte gesellschaftliche Selbstregulierung

setzung als eine „legitimierende Qualitätssicherung"[178] **alternativlos** zu sein. Deren weitgehend konsentierte **Bausteine**[179] sind auch hier die oben für die exekutivische Rechtsetzung bereits angesprochenen allgemeinen demokratischrechtsstaatlichen Mindeststandards einer **hinreichenden Sachkunde, Verfahrenstransparenz, Beteiligung** von Fach- und ggf. **allgemeiner Öffentlichkeit** bzw. **Betroffenen,** sowie **Publizität.**[180] Aus ihnen können jeweils konkretere Anforderungen für die Zusammensetzung der Gremien und ihr Verfahren abgeleitet werden, zu denen[181] teilweise auch noch Forderungen nach **Einwendungsmöglichkeiten** und einem **Schiedsverfahren**[182] oder einer **periodischen Überprüfung**[183] hinzutreten. Als Chiffren Gemeinwohl sichernder Richtigkeitsgewähr sind sie allerdings in ihrer Ausgestaltung und Reichweite jeweils auf die Funktion und den faktischen Einfluss abzustimmen[184] und deshalb in der Anwendung oft weniger eindeutig als es diese Kriterienkataloge vermuten lassen. So sind beispielsweise die Anforderungen an die Repräsentation der betroffenen Interessen nicht notwendig allein an der Repräsentativität auszurichten, sondern auch auf funktionale Aspekte wie Interessenstruktur und Innovationspotential einzustellen.[185]

Die entscheidende **regulatorische Schwierigkeit** besteht allerdings darin, diese Anforderungen zu implementieren.

3. Ansatzpunkte staatlicher Einwirkung auf die private Regelsetzung

a) Rechtliche Vorgaben im Rahmen staatlich angeregter privater Regelsetzung

Teilweise hat der Staat **regelsetzende organisatorische Einheiten** gegründet (z.B. die zahlreichen halbstaatlichen Ausschüsse im Umwelt- und Technikrecht), ausdrücklich mit der Konkretisierung rechtlicher Regeln beauftragt (Bundesärztekammer nach § 16 TPG; Europäische Normungsgremien) oder die konkreten rechtlichen Wirkungen an eine **Anerkennung der regelsetzenden Organisation** gebunden (§ 342 HGB[186]; §§ 19f. JMStV). In diesen Fällen kann er rechtlich be- 69

---

[178] Vgl. bereits *Kurt Eichenberger,* Gesetzgebung im Rechtsstaat, VVDStRL, Bd. 40 (1982), S. 7 (28 ff.); s. auch *Gunnar Folke Schuppert/Christian Bumke,* Verfassungsrechtliche Grenzen privater Standardsetzung, in: Detlef Kleindieck/Wolfgang Oehler (Hrsg.), Die Zukunft des deutschen Bilanzrechts, 2000, S. 71 (121 ff.); *Kingreen,* Verfassungsrechtliche Grenzen (Fn. 176), S. 879.

[179] Vgl. nur *Gertrude Lübbe-Wolff,* Verfassungsrechtliche Fragen der Normsetzung und Normkonkretisierung im Umweltrecht, ZG 1991, S. 219 (242 ff.).

[180] Weniger fruchtbar für das Verhältnis staatlicher und privater Rechtsetzung scheint mir hingegen die Parallele zur Rahmengesetzgebung, die teilweise gezogen wird (*Schuppert,* Gesetzgebung [Fn. 126], S. 90 ff. unter Bezugnahme auf *Albrecht Langhart,* Rahmengesetz und Selbstregulierung, 1993) da es bei der Rahmengesetzgebung nur um eine Abschichtung der Regelungsdichte zwischen autonomen, grds. gleich legitimierten (staatlichen) Normsetzungsebenen geht.

[181] Vgl. etwa *Denninger,* Normsetzung (Fn. 86), S. 166 ff. im grundrechtlichen Kontext.

[182] Vgl. etwa *Schmidt-Preuß,* Selbstregulierung (Fn. 144), S. 205 f.

[183] Hierauf zielt etwa der Vorschlag des § 32 Abs. 5 UGB-KomE.

[184] Vgl. *Trute,* Selbstregulierung (Fn. 107), S. 956.

[185] Vorstellungen einer notwendig umfassenden Interessenrepräsentanz gehen insofern ebenso fehl wie deren Ablehnung mit dem Hinweis auf die demokratiestaatlichen Defizite der Verfahrenspartizipation (vgl. zu dieser Diskussion nur *Di Fabio,* Produktharmonisierung [Fn. 165], S. 114). Siehe zur Möglichkeit differenzierter Beteiligung auch bereits das erste Hochschulurteil (*BVerfGE* 35, 79 [131, 138]) und mit neuen Akzenten jetzt *BVerfGE* 111, 333 ff. Zu funktionalen Überlegungen etwa *Karl-Heinz Ladeur,* Rechtliche Regulierung von Informationstechnologien und Standardsetzung, CR 1999, S. 395 ff.

[186] Zum Anerkennungsvertrag näher *Martin Schwab,* Der Standardisierungsvertrag für das DRS C, BB 1999, S. 731 ff., S. 783 ff. Zum (vorübergehenden?) Scheitern des Ansatzes → Fn. 164.

reits unmittelbar auf Organisation und Verfahren zugreifen bzw. diesbezügliche Vorgaben im Rahmen der konkreten Anerkennung durchsetzen. Entsprechend sind bei den staatlich eingerichteten Gremien neben einer pluralen Zusammensetzung oft auch Grundsätze des Verfahrens oder ein Genehmigungsvorbehalt für die Geschäftsordnung bestimmt, sind der Bundesärztekammer für die Feststellung der Regeln u.a. unabhängigkeitssichernde Inkompatibilitäten und Beteiligungsverfahren vorgegeben und wird die Anerkennung der Selbstkontrolleinrichtungen im Jugendmedienschutz an einen besonders umfassenden Anforderungskatalog geknüpft, der u.a. die Sachkunde und Unabhängigkeit der Prüfer, die Repräsentation gesellschaftlicher jugendschutzrelevanter Gruppen sowie die Einrichtung geeigneter materieller und verfahrensrechtlicher Vorkehrungen umfasst. Und die Beauftragung der europäischen Normungsgremien war mit einer Vereinbarung zwischen diesen und der Kommission verbunden, nach der die Gremien u.a. alle interessierten Kreise zu beteiligen haben und einer internen Supervision unterliegen.[187] Nur in seltenen Fällen wurde neben dieser prozeduralen Steuerung auch noch ein **Kontrollvorbehalt** für die Regeln selbst vorgesehen (z.B. § 94 Abs. 1 SGB V).[188]

70 Misst man die vorhandenen gesetzlichen Ausgestaltungen am Maßstab einer **Adäquanz von beanspruchter Wirkung und Schutzvorkehrungen**[189] unter Berücksichtigung der Bedeutung der betroffenen Rechtsgüter, sind hier allerdings bereits auf der normativen Ebene **überwiegend Defizite** festzustellen.[190] Hinzu kommen faktische Hürden insbesondere hinsichtlich der Beteiligungsmöglichkeiten, da etwa das Verfahren auf der Ebene der europäischen Normsetzung bereits strukturell reale Beteiligungschancen nur für gut organisierte Interessen bietet.[191]

b) Anreizwirkung gestufter Rezeptionsintensität

71 Soweit es nicht um staatlich angereizte Regelsetzung geht, kann die **Qualität der privaten Regelsetzung** nur schwach gesteuert werden. Den einzigen Ansatzpunkt neben einer bedingten finanziellen Unterstützung bildet das vermut-

---

[187] Der Vertrag mit CEN/CENELEC ist abgedruckt in DIN-Mitteilungen, 64 (1985), S. 78 ff.

[188] Für § 342 HGB schließt *Augsberg*, Rechtsetzung (Fn. 166), S. 196 f. aus der Veröffentlichung der Regeln durch das BMJ auf eine Plausibilitätskontrolle und verweist auch auf ein offenbar entsprechendes Selbstverständnis von BMJ und DSR. Allerdings dürfte die Veröffentlichung durch staatliche Instanzen regelmäßig nur der Publizität der Regeln dienen und keine Prüfung implizieren.

[189] Seine Bedeutung als Grundprinzip der Handlungsformenlehre wird herausgestellt von *Schmidt-Aßmann*, Rechtsverordnung (Fn. 125), S. 487; angewendet auf die Normkonkretisierung im Sozialversicherungsrecht von *ders.*, Grundrechtspositionen (Fn. 176), S. 79.

[190] Vgl. etwa für § 342 HGB *Schuppert/Bumke*, Standardsetzung (Fn. 178), S. 124 ff.

[191] Vgl. *Jörissen*, Umweltschutz (Fn. 165), S. 43 ff.; *Koos van Elk/Rob van der Horst*, Access to Standardisation, Final Report 2009. Die bestehenden Defizite finden zwar auf europäischer Ebene durchaus Resonanz, ihre Lösung wird von den EU-Organen allerdings gegenwärtig eher in Repräsentationsanforderungen an die nationale Ebene und einer kritisch beobachtenden Begleitung denn in institutionellen Reformen gesucht (vgl. nur Schlussfolgerungen des Rates v. 1.3.2002 zum Thema „Normung", ABl. EG 2002, Nr. C 66, S. 1); Bericht der Kommission an den Rat und das Europäische Parlament über die Maßnahmen auf Grundlage der Entschließungen über die europäische Normung, die 1999 vom Rat und vom Europäischen Parlament verabschiedet wurden (KOM [2001] 527 endg.); Mitteilung der Kommission an den Rat, das Europäische Parlament und den Europäischen Wirtschafts- und Sozialausschuss, Berücksichtigung von Umweltaspekten bei der europäischen Normung (KOM [2004] 130 endg.).

bare Interesse der privaten Stellen daran, dass ihre Regeln über die staatliche Rezeption mit Verbindlichkeit versehen werden.

Dieses Interesse hat der Gesetzgeber etwa in § 38a BDSG aufgegriffen, nach dem private Interessengruppen Entwürfe für Verhaltensregeln (ihrer Mitglieder) zur „Förderung der Durchführung von datenschutzrechtlichen Regelungen" den Aufsichtsbehörden vorlegen können, die dann deren Vereinbarkeit mit dem geltenden Datenschutzrecht überprüfen[192] und durch eine positive Feststellung selbst gebunden werden.[193] Der UGB-KomE sah die Möglichkeit des Antrags auf amtliche Einführung privater Regelwerke vor.[194] Im nicht positiv-rechtlich geregelten Bereich will die Dogmatik einer **gestuften Rezeption privater Regelwerke** die freiwillige Einführung prozeduraler Sicherungen bei den privaten Gremien stimulieren. Danach soll die angemessene Konkretisierung der gesetzlichen Vorgaben umso stärker vermutet werden, je stärker die entsprechenden Sicherungen bei der Regelsetzung waren.[195] Im Rahmen dieses Ansatzes kann auch die teilweise ausdrücklich vorgenommene Eröffnung von Konkurrenz verschiedener Normsetzungsgremien durch offen formulierte rechtliche Rezeptionsoptionen unterstützend wirken.[196] Eine rechtliche Abstützung freiwilliger prozeduraler Sicherungen kann vertraglich erfolgen.[197]

III. Selbstverpflichtungen und Zielvorgaben

Einen weiten, wenngleich gegenüber der Standardsetzung variantenreicheren und unspezifischeren Bereich der regulativen Nutzung korporatistischer Strukturen bilden die Fälle so genannter **Selbstverpflichtungen** der Wirtschaft. Sie sind vor allem, aber keineswegs nur, im Umweltbereich in den 1980er und 90er Jahren zu einem verbreiteten Instrument geworden und haben auch auf europäischer Ebene positive Resonanz gefunden.[198] Bei ihnen geht es nicht nur um pri-

---

[192] Vgl. näher dazu *Spiros Simitis*, Kommentar zum Bundesdatenschutzgesetz, 6. Aufl. 2006, § 38a Rn. 26 ff.

[193] Das Letztentscheidungsrecht über die Gesetzeskonformität wird hier aber der Verwaltung belassen, obwohl Art. 27 EU-Datenschutzrichtlinie (Fn. 175) auch die bloße Überprüfung von Beurteilungsspielräumen decken würde.

[194] Siehe § 32 Abs. 1 Ziff. 6 UGB-KomE.

[195] Vgl. etwa *Matthias Schmidt-Preuß*, Kollidierende Privatinteressen im Verwaltungsrecht, 1992, S. 234 ff. mit dem Konzept der selbstregulativen Auslegungsofferte. Die gleiche, nur aus der entgegengesetzten Perspektive vorgenommene Verknüpfung besteht bei der Forderung, eine umso stärkere staatliche Kontrollintensität der Norminhalte bei der Rezeption vorzunehmen, je geringer die institutionellen Absicherungen öffentlicher Interessen oder staatlichen Einflusses im Normungsprozess sind (vgl. z.B. *Michael Kloepfer*, Instrumente des Technikrechts, in: Schulte/Schröder [Hrsg.], Technikrecht, S. 151 [191 ff.]; *Ulrich Battis/Christoph Gusy*, Technische Normen im Baurecht, 1988, S. 251 f.).

[196] Vgl. etwa aus dem Chemikalienrecht § 52 Abs. 2 GefStoffV (2003), der „insbesondere", aber nicht abschließend auf die Ergebnisse des staatlich-gesellschaftlichen Ausschusses für Gefahrstoffe Bezug nahm und die empirische Beobachtung von *Körber*, Staatliche Steuerung und gesellschaftliche Selbstregulierung (Fn. 177), S. 255 f., dass die potentielle Konkurrenz dem Staat die entscheidenden Steuerungsmöglichkeiten eröffnete. Die für diesen Mechanismus erforderliche Pluralität von Normungsgremien wird allerdings durch die Europäisierung der Normung gefährdet, in der ausschließlich das DIN die deutschen Interessen vertritt (vgl. dazu *Jörissen*, Umweltschutz [Fn. 165], S. 46).

[197] Zum Vertrag der Bundesrepublik Deutschland mit dem DIN → Bd. I *Ruffert* § 17 Rn. 88.

[198] Siehe die empirische Erhebung in *Jürgen Knebel/Lutz Wicke/Gerhard Michael*, Selbstverpflichtungen und normersetzende Umweltverträge als Instrumente des Umweltschutzes, 1999, S. 291 ff. und

vates Wissen, schnelle, flexible, innovative und problemangemessene Lösungen, sondern auch um die **Verpflichtungsfähigkeit der verbandlichen Strukturen**.[199] Denn bei ihnen verpflichten sich bestimmte Gruppen, meist Branchen(verbände), regelmäßig unter staatlicher Einflussnahme, zur Erreichung bestimmter Ziele oder Verhaltensweisen, die im öffentlichen Interesse liegen.

1. Zusammenspiel zwischen staatlicher Regelsetzung und privater Selbstverpflichtung

74 Bei den Selbstverpflichtungen gibt es typischerweise kein rechtliches Zusammenspiel zwischen dem Staat und den Verbänden. Es handelt sich regelmäßig um eine informelle Interaktion, deren Hintergrund die verschieden stark explizierte, aber nur punktuell, z.B. in der Möglichkeit der Zielfestlegung gem. § 26 Abs. 1 KrWG-E, rechtlich in Bezug genommene **staatliche Drohmacht zur Normsetzung** bildet.[200] Die Selbstverpflichtung wendet im Ergebnis regelmäßig die staatliche Normsetzung ab, wenngleich es auch Fälle gibt, in denen sie staatliche Regelungen ergänzen oder kraft gesetzlicher Anordnung verdrängen.[201]

75 Auch das Ergebnis schafft keine primäre rechtliche Verbindung zwischen den Parteien, da den Selbstverpflichtungen regelmäßig selbst in den Fällen einer vorangehenden intensiven Verständigung zwischen Staat und Verbänden der **Rechtsbindungswille** fehlt. Für den Staat wäre ein rechtsverbindlicher Normverzicht aus demokratiestaatlichen Gründen ohnehin nicht möglich.[202]

2. Begrenzte rechtliche Steuerung durch verfassungsrechtliche Rahmenvorgaben und Kartellrecht

76 Die **Informalität** bildet eine zentrale Voraussetzung für Variantenreichtum und Flexibilität des Instruments. Sie führt nicht zur rechtlichen Unerheblichkeit, sperrt sich aber gegen weitgehende Formalisierungen und legt deshalb die bestehende Selbstbeschränkung des Rechts im Verhältnis zum Staat auf die Einhaltung der Verfassungsvorgaben nahe. Dabei sind auf die Heterogenität der

---

die aus verschiedenen Bereichen und auch früheren Dekaden stammenden Bsp. bei *Lothar Michael*, Rechtsetzende Gewalt im kooperierenden Verfassungsstaat, 2002, S. 47 ff.; für die europäische Ebene: Mitteilungen der Kommission an den Rat und das Europäische Parlament über Umweltvereinbarungen, KOM (1996) 561 endg. und an das Europäische Parlament, den Rat, den Wirtschafts- und Sozialausschuss und den Ausschuss der Regionen: Umweltvereinbarungen auf Gemeinschaftsebene im Rahmen des Aktionsplans „Vereinfachung und Verbesserung des Regelungsumfeldes", KOM (2002) 412 endg.; *Ines Härtel*, Handbuch europäische Rechtsetzung, 2006, § 23, Rn. 9 ff.

[199] Zur Bedeutung dieser Verpflichtungsfähigkeit für die Steuerung *Claus Offe*, Korporatismus als System nichtstaatlicher Makrosteuerung?, Geschichte und Gesellschaft, Bd. 10 (1984), S. 234 (244 f.).

[200] Eine allgemeine gesetzliche Grundlage für Zielvorgaben und Selbstverpflichtungen sowie normersetzende Verträge sahen die §§ 34 ff. UGB-KomE vor. Zum KrWG-E s. → Fn. 99.

[201] Vgl. *Angela Faber*, Gesellschaftliche Selbstregulierungssysteme im Umweltrecht, 2001, S. 219 f.; *Michael*, Gewalt (Fn. 198), S. 40 ff. Das bedeutendsten Bsp. der ausdrücklichen Normverdrängung, dem Dualen System nach der VerpackungsVO → Rn. 117.

[202] *Lübbe-Wolff*, Instrumente (Fn. 49), S. 83 m. zahlreichen N. in Fn. 115 zum diesbezüglichen Streit; *Michael Fehling*, Verfassungs- und europarechtliche Rahmenbedingungen kooperativer Umweltpolitik, in: Bernd Hansjürgens/Wolfgang Köck/Georg Kneer (Hrsg.), Kooperative Umweltpolitik, 2002, S. 139 (148). Allenfalls Sekundäransprüche aus Vertrauensschutz könnten begründet werden (dafür *Udo Di Fabio*, Selbstverpflichtungen der Wirtschaft, JZ 1997, S. 969 [971]; dagegen *Jürgen Becker*, Informales Verwaltungshandeln zur Steuerung wirtschaftlicher Prozesse im Zeichen der Deregulierung, DÖV 1985, S. 1003 [1010]).

C. Hoheitlich regulierte gesellschaftliche Selbstregulierung

Phänomene abgestimmte **differenzierende Lösungen** gegenüber umfassenden Analogien[203] zu den Vorschriften der Normsetzung oder Verwaltungsverfahren vorzuziehen.[204]

Die **verfassungsrechtlichen Vorgaben** binden die staatlichen Handlungsbeiträge,[205] also insbesondere die Normsetzungsdrohungen, umfassend an die grundgesetzliche **Kompetenzordnung,** sind aber ansonsten von der jeweils konkreten Rolle der Staatsgewalt und den bestehenden Autonomiespielräumen der sich Verpflichtenden abhängig. Deren Verhältnis zueinander entscheidet insbesondere über die grundrechtlichen Fragen des Grundrechtsverzichts der Betroffenen und der Zurechnung von Drittbetroffenheiten zum Staat.[206] Die im Ergebnis weitgehende politische Gestaltungsfreiheit legt es allerdings nahe, die Kooperationsverhältnisse zwischen Staat und Privaten sowie die Inhalte eventueller Absprachen angemessen zu **veröffentlichen** und damit politisch diskutierbar zu machen.[207]

Die **horizontalen Wirkungen** der Selbstverpflichtungen, also insbesondere die Auswirkungen auf den Wettbewerb, unterliegen selbst bei intensiverer staatlicher Einflussnahme den **kartellrechtlichen Grenzen.**[208] Diese sind vor allem über die Freistellungsmöglichkeiten der §§ 2 f. GWB und des Art. 101 AEUV für eine angemessene Berücksichtigung der im öffentlichen Interesse liegenden Ziele geöffnet worden. Zur Rechtssicherheit trägt auch die Möglichkeit für das Kartellamt bei, ggf. gem. § 32a GWB zu entscheiden, dass kein Anlass zum Tätigwerden besteht.

Die **empirischen Einschätzungen** zur Effektivität der freiwilligen Vereinbarungen fallen zunehmend eher skeptisch aus.[209] Erfolgreiche Modelle sind wohl

---

[203] Näher insbes. *Andreas Helberg,* Normabwendende Selbstverpflichtungen als Instrumente des Umweltrechts, 1999, S. 221 ff.; vgl. auch *Faber,* Selbstregulierungssysteme (Fn. 201), etwa S. 261 ff., 325 ff.

[204] Ausführlich zu den verfassungsrechtlichen Fragen *Michael,* Gewalt (Fn. 198), S. 229 ff.; s. auch *Helberg,* Selbstverpflichtungen (Fn. 203), S. 86 ff.

[205] Vgl. etwa *Faber,* Selbstregulierungssysteme (Fn. 201), S. 248 f.; weitergehend *Michael,* der auf der Grundlage kooperativer Verantwortung die Kooperation selbst zum Bezugspunkt wählt und eine entsprechend (zu) weitreichende Zurechnung von Wirkungen zum Staat vornimmt (*Michael,* Gewalt [Fn. 198], S. 320 ff.). Insofern kritisch zu *Michael* die Rezension von *Wolfgang Hoffmann-Riem,* Der Staat, Bd. 44 (2005), S. 162 ff.

[206] Vgl. mit unterschiedlichen Ansätzen *Udo Di Fabio,* Verwaltung und Verwaltungsrecht zwischen gesellschaftlicher Selbstregulierung und staatlicher Steuerung, VVDStRL, Bd. 56 (1997), S. 235 (254 f.); *Jürgen Fluck/Thomas Schmitt,* Selbstverpflichtungen und Umweltvereinbarungen, VerwArch, Bd. 89 (1998), S. 220 (237); *Michael,* Gewalt (Fn. 198), S. 320 ff.

[207] Siehe *Eberhard Bohne,* Informales Verwaltungs- und Regierungshandeln als Instrument des Umweltschutzes, VerwArch, Bd. 75 (1984), S. 343 (365); *Trute,* Selbstregulierung (Fn. 107), S. 957; *Fehling,* Rahmenbedingungen (Fn. 202), S. 154 f. Zu weitgehend die Forderung, nach einer den Rechtsetzungsverfahren vergleichbaren öffentlichen Diskussion (z. B. *Lübbe-Wolff,* Instrumente [Fn. 49], S. 85).

[208] Siehe zum Streit nur *Hans Baumann,* Rechtsprobleme freiwilliger Selbstbeschränkung, 1978, S. 37 ff.; *Wolf H. v. Bernuth,* Umweltschutzfördernde Unternehmenskooperation und das Kartellverbot des Gemeinschaftsrechts, 1996, S. 37 ff.; *Michael Kloepfer,* Umweltschutz als Kartellprivileg?, JZ 1980, S. 781 ff.; *Michael,* Gewalt (Fn. 198), S. 519 ff.

[209] Siehe *OECD,* Voluntary Approaches for Environmental Policy, 2003; *Martin Jänicke/Helge Jörgens,* Neue Steuerungskonzepte in der Umweltpolitik, ZfU 2004, S. 297 (320 f.). Selbst der Effekt einer Staatsentlastung wird für Großbritannien bezweifelt (s. *Andrew Jordan/Rüdiger Wurzel/Anthony R. Zito* [Hrsg.], „New" Instruments of Environmental Governance? National Experiences and Prospects, Environmental Politics, Special issue, Bd. 12 [2003]). Positiver noch die Bilanz bei *Knebel/Wicke/ Michael,* Selbstverpflichtungen (Fn. 198), S. 366 ff.

§ 19 Regulierungsstrategien

davon abhängig, dass auf der tatsächlichen Ebene die Zielvorgaben parallel zu den ökonomischen, durch Kostenstrukturen bzw. Konsumentenverhalten vermittelten Marktanreizen oder technologischen Entwicklungen liegen und ein hoher Organisationsgrad bzw. eine hohe Konzentration auf Seiten der beteiligten Unternehmen vorliegt und inhaltlich sowie zeitlich die Verpflichtungen hinreichend bestimmt sind und ihre Einhaltung durch ein effektives Monitoring und weitgehende Transparenz überprüfbar ist.[210] Zumindest im bislang paradigmatischen Bereich des **Abfallrechts** werden sie gegenwärtig zunehmend durch **stärker ordnungsrechtlich** vorgeformte **Lösungsansätze** ersetzt.[211]

IV. Einrichtung privater Fremdkontrolle

80   Der Staat verlagert auch Teile seiner Kontrolltätigkeit in den privaten Sektor. Dabei geht es offenkundig darum, den Staat durch den Einsatz der privaten Ressourcen insbesondere finanziell zu entlasten. Hinzu treten aber auch **funktionale Gründe.** Die Zunahme von Komplexität und Spezialisierung der für die Regulierung erforderlichen **Wissensbestände** betrifft nicht nur die Regelbildung, sondern ebenso den Vollzug. Vor allem wenn die gesetzliche Normierung sich auf unbestimmte Tatbestände beschränkt und deren Operationalisierung durch private Normsetzung nur als ein Angebot ausgestaltet, wird für alle davon abweichenden Fälle das Wissensproblem an die situative, auf den Einzelfall bezogene Normkonkretisierung durchgereicht. Die Einrichtung eines regulierten Marktes privater Überwachungsstellen erlaubt hier eine bessere Vorhaltung und Weiterentwicklung des notwendigen Wissens als die sachverständige Beratung oder Unterstützung von Behörden. Das selbstregulative Element des Ansatzes bezieht sich also weniger auf die Kontrollaufgabe als auf den dafür erforderlichen, vorgelagerten **Wissensbedarf.** Schließlich greift die private Fremdüberwachung auf einen Mechanismus zurück, der sich im Wirtschaftsleben an vielen Stellen auch selbstregulativ entwickelt hat, so dass eine **flexibel anpassbare Breite der Regulierung** und in den privaten Kontrollverhältnissen ein fließender Übergang zwischen hoheitlich abgestützten und rein selbstregulativen Qualitätssicherungssystemen ermöglicht wird.

81   Das traditionelle verwaltungsrechtliche Instrument für eine Verlagerung bildet die **Beleihung.** Sie führt zu einer funktionellen Verstaatlichung bei gleichzeitiger Nutzung der privaten Potentiale und wird bis heute in großer Breite eingesetzt.[212] Besonders in Umsetzung europarechtlicher Vorgaben sind allerdings auch private Kontrollstrukturen entstanden, die sich dieser Etatisierung entziehen. Sie werden nachfolgend behandelt.

---

[210] Zusammenfassend *Helberg,* Selbstverpflichtungen (Fn. 203), S. 263 ff.; ausführlicher *Knebel/Wicke/Michael,* Selbstverpflichtungen (Fn. 198), S. 373 ff. Ähnlich die Europäische Kommission KOM (2002) 412 endg. und jetzt die rechtlichen Anforderungen für Selbstverpflichtungen im Rahmen der Ökodesign-RL (Art. 17 mit Anhang VIII der RL 2009/125/EG v. 21. 10. 2009 zur Schaffung eines Rahmens für die Festlegung von Anforderungen an die umweltgerechte Gestaltung energieverbrauchsrelevanter Produkte, ABl. EU, Nr. L 285, S. 10 ff.)

[211] *Hans-Heinrich Trute/Wolfgang Denkhaus/Doris Kühlers,* Regelungsstrukturen der Kreislaufwirtschaft zwischen kooperativem Umweltrecht und Wettbewerbsrecht, 2004, S. 61 ff.

[212] Näher *Martin Burgi,* Der Beliehene – ein Klassiker im modernen Verwaltungsrecht, in: FS Hartmut Maurer, 2001, S. 581 ff.; → Bd. I *Trute* § 6 Rn. 92, *Schulze-Fielitz* § 12 Rn. 106, *Groß* § 13 Rn. 89 f., *Jestaedt* § 14 Rn. 31.

C. Hoheitlich regulierte gesellschaftliche Selbstregulierung

1. Zusammenspiel privater Fremdkontrolle und staatlicher Überwachung

a) Substitution staatlicher Überwachung

Die am weitesten reichende Form der privaten Fremdüberwachung ist die Ersetzung der staatlichen Überwachungstätigkeit. Sie wurde auf europarechtlicher Grundlage für weite Bereiche des **Produktsicherheitsrechts** eingeführt.[213]

Hier wird die Markteinführung gefährlicher Produkte weitgehend nicht an staatliche Genehmigungen gebunden, sondern durch ein staatlich verankertes System präventiver privater Kontrolle überwacht. Im Ausgangspunkt dürfen die betroffenen Produkte nur in Verkehr gebracht werden, wenn ihre Konformität mit den materiellen Vorgaben bestätigt und durch die Anbringung eines Zeichens (CE-Kennzeichnung) ausgewiesen wird. Diese weitgehende, oft über das frühere Regulierungsniveau hinausgehende Beschränkung wird durch eine vertypte[214] Differenzierung der Konformitätsbewertungsverfahren risikoorientiert ausgestaltet. Die Einordnung hängt weitgehend vom Gefahrenpotential und der Verfügbarkeit operationalisierter, den Wissens- und Wertungsbedarf verringernder Prüfmaßstäbe ab. Bei einem höheren Gefahrenpotential oder einem Mangel konkretisierter Maßstäbe ist regelmäßig eine **Konformitätsprüfung** durch **private „benannte Stellen"/„zugelassene Stellen"** notwendig, die sich auf Baumuster oder individuelle Produkte beziehen kann und teilweise auch ergänzende Kontrollen von Qualitätssicherungssystemen der Produktion umfasst. Soweit in den anderen Fällen eine bloße Selbsterklärung des Herstellers genügt, muss dieser teilweise zumindest die technische Dokumentation den benannten Stellen vorlegen.

Damit sind es die regelmäßig privaten **„benannten Stellen"**, die unmittelbar, durch eigene Bewertungen und Kontrollen, oder mittelbar, durch die Überprüfung der Qualitätssicherungssysteme der Hersteller, die Sicherheit garantieren müssen. Soweit sie für den Marktzutritt notwendige Entscheidungen abschließend und bindend treffen, werden sie zwar funktional hoheitlich tätig. Ihrer Einbindung in die Verwaltungsorganisation durch eine (nationale) **Beleihung** stehen aber schon ihre internationale, originär gemeinschaftsrechtliche Tätigkeit und die europarechtlich zumindest nahe gelegte umfassende Unabhängigkeit entgegen.[215] Der europapolitische Vorteil liegt darin, dass sie auf dem gesamten Binnenmarkt tätig und von vornherein frei von jeder Gefahr der Diskriminierung sind.

Der Mechanismus einer privatisierten Marktzutrittskontrolle bildet allerdings auch hier nur einen Teil des gesamten Kontrollregimes. Die repressive Überwachung der auf dem Markt befindlichen Produkte ist auch im Produktsicherheits-

---

[213] Zum europarechtlich bestimmten Produktsicherheitsrecht v.a. *Di Fabio*, Produktharmonisierung (Fn. 165), S. 1 ff., 45 ff.; *Hans C. Röhl*, Akkreditierung und Zertifizierung im Produktsicherheitsrecht, 2000, S. 3 ff.; *Hermann Pünder*, Zertifizierung und Akkreditierung, ZHR, Bd. 170 (2006), S. 567 ff.; *Florian Schumann*, Bauelemente des europäischen Produktsicherheitsrechts, 2007; zu den Änderungen durch das EU-Maßnahmenpaket näher: *Kapoor/Klindt*, „New Legislative Framework" (Fn. 165), S. 649; dies., Die Reform des Akkreditierungswesens im Europäischen Produktsicherheitsrecht, EuZW 2009, S. 134 ff.; auch → Bd. II *Röhl* § 30.

[214] Die produktgruppenbezogenen europäischen Einzelrichtlinien wählen hier grds. aus einem Set vertypter Verfahrensgestaltungen aus, die im Modulbeschluss entwickelt und übergreifend bereitgestellt wurden.

[215] Vgl. *Röhl*, Akkreditierung (Fn. 213), S. 23 ff.; auch *Voßkuhle*, Strukturen und Bauformen (Fn. 95), S. 313 m. Fn. 195; a.A. wohl *Burgi*, Beliehene (Fn. 212), S. 586. Gegen die Annahme einer Beleihung nach dem alten Gerätesicherheitsrecht auch *Franz-Joseph Peine*, Gerätesicherheitsrecht, in: Schulte/Schröder (Hrsg.), Technikrecht, S. 405 (444 f.).

§ 19 Regulierungsstrategien

recht weiter staatlichen Stellen vorbehalten, wird aber durch die Marktzutrittskontrollen selbstverständlich erheblich entlastet.

b) Vorgelagerte Kontrolle

86 Die private Fremdkontrolle findet sich aber auch innerhalb einer öffentlich-rechtlichen Überwachungsverantwortung und bildet dort eine **vorgelagerte präventive Kontrollstufe.** So ersetzt der vom Versicherungsunternehmen bestellte, aber notwendig von ihm vollständig unabhängige **Prämienänderungstreuhänder nach dem VAG** als privater Kontrolleur die früher bestehende, dann aber gemeinschaftsrechtlich versperrte aufsichtsrechtliche Genehmigung für Tarifänderungen bei bestimmten Versicherungstypen.[216] Er überprüft bei der Krankenversicherung die Prämienkalkulationen und muss den Prämienänderungen zustimmen, damit diese in Kraft treten können. Die staatliche Aufsicht wird aber nicht aus-, sondern gerade an diese private Überwachung (anlassbezogen) angeschlossen. Wenn nämlich nach Auffassung des Treuhänders eine Prämienänderung erforderlich ist, aber mit dem Unternehmen keine Übereinstimmung darüber erzielt werden kann, muss er die Aufsichtsbehörde unterrichten (§ 12b VAG). Die **Peer-Review der Wirtschaftsprüfer** und vereidigten Buchprüfer durch die sogenannten Prüfer für Qualitätskontrolle wurde ebenfalls als präventiver Sicherungsmechanismus eingerichtet,[217] ist aber nur als Voraussetzung für die entscheidende Konformitätsbescheinigung durch die Kammer ausgestaltet, der auch die Möglichkeit zur Überprüfung offen steht.[218]

87 Die vorgelagerte private Kontrolle kommt ohne Hoheitsgewalt aus und bleibt hinter selbständigen Entscheidungen zurück, so dass sie die **Beleihungsschwelle** nicht überschreitet. Allerdings sind in den hybriden, privat-öffentlichen Kommunikationszusammenhängen der Aufsichtstätigkeit die **Grenzen** sowohl zwischen schlichthoheitlichen und privat-rechtlichen Elementen als auch zwischen Informationsbereitstellung und eigenständiger Bewertungskompetenz **nicht immer eindeutig.** Entsprechend ist die Einordnung und damit die Frage einer (ggf. notwendigen) Beleihung hier häufig umstritten.[219]

c) Freiwillige Ergänzung

88 Schließlich kann eine private Fremdkontrolle auch **freiwillig** eingerichtet werden und zumindest im Umweltrecht zu Privilegierungen bei der staatlichen Überwachung führen.

89 Einen speziellen solchen Fall bilden die **Entsorgungsfachbetriebe** nach § 56f. KrWG-E, die wegen des Gütezeichens einer anerkannten Entsorgergemeinschaft

---

[216] Vgl. näher *Peter Präve*, in: Erich R. Prölss, Versicherungsaufsichtsgesetz, 12. Aufl. 2005, § 12b Rn. 1 ff. Das VAG kennt mit § 70 VAG noch einen anderen, ebenfalls unternehmensfremden, privaten Treuhänder zur Überwachung des Deckungsstockes in Lebensversicherungen und substitutiven Krankenversicherungen. Für eine effektive Aufgabenwahrnehmung bedarf es dort aber nur der zivilrechtlichen Absicherung seiner Zustimmungsvorbehalte durch eine entsprechende gesetzliche Verfügungsbeschränkung.
[217] Siehe auch die Begründung zum Wirtschaftsprüferordnungs-Änderungsgesetz (WPOÄG), BTDrucks 14/3649, S. 29 f.; *Christoph Kuhner*, Prozesse und Institutionen zur Kontrolle der periodischen Berichterstattung im deutschen Unternehmensrecht, ZGR, Bd. 39 (2010), S. 980 (1003 ff.).
[218] Vgl. näher *Augsberg*, Rechtsetzung (Fn. 166), S. 149 ff.
[219] Siehe nur *Seidel*, Sachverstand (Fn. 112), passim, insbes. S. 215 ff.; *Schmidt-Preuß*, Selbstregulierung (Fn. 144), S. 167 f. m. Fn. 18.

oder eines Überwachungsvertrags mit einer technischen Überwachungsorganisation von Transport- oder Vermittlungsgenehmigungen freigestellt sind.

Einen breiten Anwendungsbereich hat die Teilnahme am sogenannten **Öko-Audit**[220], das primär auf die gegenüber der Öffentlichkeit dokumentierte Bewertung und kontinuierliche Verbesserung der Umweltleistungen von Unternehmen namentlich durch die innerbetriebliche Einführung und Fortentwicklung umfassender Umweltmanagementsysteme (Environmental Management and Audit Scheme – EMAS) zielt.[221] Die Kontrolle dieser Systeme erfolgt hierbei durch zugelassene private Umweltgutachter und umfasst auch die Einhaltung der umweltrechtlichen Vorgaben, weshalb ordnungsrechtlich nach der EMAS-PrivilegV die Verlängerung der Überwachungsintervalle, die Eigenüberwachung auch mit eigenem Personal sowie die Ersetzung von Informationspflichten durch hierbei ohnehin anfallende äquivalente Darstellungen ermöglicht wird. 90

2. Staatliche Regulierung der privaten Fremdkontrolle

Der Staat richtet die obligatorische oder freiwillige private Fremdkontrolle nicht nur ein, sondern gestaltet sie auch regulatorisch aus, um eine effektive, gemeinwohlsichernde Aufgabenerfüllung und ein öffentliches Vertrauen in diese Kontrollregimes zu gewährleisten. 91

Dabei ist grundsätzlich hinsichtlich der Kontrollarrangements eine **unterschiedliche Regelungsdichte** und durchgängig jeweils eine **Konzentration auf die Anforderungen an die Kontrolleure** bei weitgehender Regelungsabstinenz gegenüber ihren Kontrollverfahren zu beobachten.

a) Die Kontrolle der Kontrolleure

Die Kontrolle der Kontrolleure erfolgt grundsätzlich[222] in den klassischen ordnungsrechtlichen, genauer: **gewerberechtlichen Strukturen.** Der Staat unterwirft die Privaten materiellen Anforderungen, deren Einhaltung er hoheitlich kontrolliert – und zwar regelmäßig präventiv durch ein Zulassungsverfahren („Akkreditierung", „Anerkennung", „Registrierung") sowie repressiv durch eine verschieden stark ausgeprägte Überwachung[223]. Beides wird häufig durch Beliehene vorgenommen, die dann ihrerseits einer staatlichen Aufsicht unterliegen, die wiederum teilweise europarechtlich um ein Peer-Review-Verfahren ergänzt wird.[224] 92

---

[220] Siehe näher VO (EG) Nr. 1221/2009 v. 25.11.2009 über die freiwillige Teilnahme von Organisationen an einem Gemeinschaftssystem für Umweltmanagement und Umweltbetriebsprüfung, ABl. EU 2009, Nr. L 342, S. 1.

[221] → auch Rn. 99 ff.

[222] Der Treuhänder nach dem VAG ist hiervon ausgenommen. Seine Bestellung ist nur anzuzeigen und die staatliche Aufsicht kann ggf. nur verlangen, dass ein anderer Treuhänder bestellt wird. Hier sind die Strukturen also parallel zu den Beauftragten (→ Rn. 104 ff.) ausgestaltet.

[223] Die Zulassung und Aufsicht wird bei den „benannten Stellen" des Produktsicherheitsrechts durch die beliehene Deutsche Akkreditierungsstelle GmbH, beim Öko-Audit durch die beliehene DAU (Deutsche Akkreditierungs- und Zulassungsgesellschaft für Umweltgutachter) und bei den Wirtschaftsprüfern durch die Wirtschaftsprüferkammer vorgenommen. Zur Überwachung vgl. nur Art. 5 Abs. 3, 4 der VO 765/2008 (Fn. 64) und Art. 23 der VO (EG) 1221/2009 (Fn. 220).

[224] Vgl. etwa Art. 10 ff. VO (EG) 765/2008 (Fn. 64) und Art. 31 VO (EG) 1221/2009 (Fn. 220); vgl. auch §§ 66, 66a WiPrO.

§ 19 Regulierungsstrategien

93 Die grundsätzlichen Anforderungsdimensionen sind **Sachkunde, Neutralität und Transparenz.** Sachkunde und Neutralität bilden fundamentale Kriterien einer jeden Kontrolle nach, die auch den Kern der funktionalen, in Zuständigkeitsordnung und Amt gespeicherten Werte rechtsstaatlich-bürokratischen Vollzugs ausmachen, und die Dokumentation und Transparenz zielen wohl auch auf eine Kompensation für die diesem gegenüber fehlende Legitimationsvermittlung über Weisungsstränge und Ernennungsakte.[225]

94 Diese Anforderungen werden allerdings in **unterschiedlich detaillierter Form abgesichert.**[226] Im Produktsicherheitsrecht sind europarechtlich regelmäßig (nur) Mindestkriterien vorgeschrieben, mit denen die Unabhängigkeit und Unparteilichkeit durch den Ausschluss von Interessenkonflikten, die Sachkunde durch Anforderungen an Leistungsfähigkeit, Personal und die Ausgestaltung von Unteraufträgen, sowie die Datenschutzinteressen der Hersteller über Geheimhaltungspflichten abgesichert werden sollen. Die Qualifikationen sind dabei häufig nur unbestimmt umschrieben. Die nationale Umsetzung verzichtet meist auf weitere Ausgestaltung und ist in sachgebietsbezogene Einzelregelungen zersplittert. Dieses Defizit wird faktisch durch die Normenreihe EN 45 000 ff. aufgefüllt, deren Konkretisierungsgehalt im deutschen Recht zurückhaltend aufgenommen wird,[227] auf die aber wohl jeweils im Rahmen der Zulassung verpflichtet wird. Danach müssen die benannten Stellen u.a., gewissermaßen reflexiv, ihrerseits Qualitätssicherungssysteme einrichten und detaillierte Transparenz- und Dokumentationspflichten erfüllen. Die Regelungstechnik ist damit insgesamt sowohl unter dem Gesichtspunkt staatlicher Steuerung als auch mit Blick auf die grundrechtliche Berufsfreiheit der privaten Stellen problematisch. Zu Recht wird hier ein einheitliches Akkreditierungsgesetz gefordert. Die Voraussetzungen für die Umweltgutachter sind demgegenüber im Umweltauditgesetz (UAG) erheblich ausführlicher und mittels zahlreicher Regelbeispiele auch präziser gefasst.

95 Zu diesen Grundanforderungen treten teilweise Vorgaben für die **Überwachungsfrequenz**[228] sowie Anforderungen, die einen **Wissenstransfer zwischen den Prüfstellen**[229] **sicherstellen** sollen und damit die dynamische Wissensentwicklung stützen sowie eine **Anwendungsgleichheit** fördern. Es wäre durchaus plausibel, wenn sich hier grundsätzlich hinsichtlich der Überwachungstätigkeit detailliertere Regelungen entwickelten, als sie innerhalb des föderal und funktional gegliederten Staatsaufbaus opportun waren.

---

[225] Vgl. auch *Voßkuhle*, Strukturen (Fn. 95), S. 318 f. Bei der funktionalen Nachbildung gehen allerdings die funktionsüberschießenden Teile des Amtes, etwa die „Amtswürde" weitgehend verloren (allgemein kritisch dazu *Josef Isensee*, Das Amt als Medium des Gemeinwohls, in: Gunnar Folke Schuppert/Friedhelm Neidhardt [Hrsg.], Gemeinwohl – Auf der Suche nach Substanz, 2002, S. 241 [264 f.]).

[226] Bei der Peer-Review der Wirtschaftsprüfer sind angesichts der mit der Berufsqualifikation prinzipiell gesicherten Fachkunde nur weitergehende Fachkenntnisse in Qualitätssicherungssystemen und die hinreichende Unabhängigkeit gegenüber den Kontrollierten zu sichern (§ 57a Abs. 3 WiPrO).

[227] Siehe § 11 Abs. 1 Satz 3 GPSG.

[228] So z.B. Typengenehmigungsrichtlinie (RL 2002/24/EG v. 18. 3. 2002, ABl. EG 2002, Nr. L 124, S. 1), Anhang VI Ziff. 1.2.5 (grds. einmal pro Jahr).

[229] Vgl. § 3 Abs. 3 Ziff. 6 GPSG; § 6 Abs. 1 Nr. d) StVG; vgl. auch Art. 16 VO (EG) 1221/2009 (Fn. 220). Als „Soll"-Vorschrift finden sich auch ähnliche Anforderungen in § 19 Abs. 6 JMStV für die Einrichtungen der Freiwilligen Selbstkontrolle im Jugendmedienschutz.

b) Die Strukturierung der Kontrollverfahren

Rechtlich kaum erfasst sind die **Kontrollverfahren der privaten Prüfer.** 96
Die Einräumung hinreichender Überwachungsbefugnisse wird als inhaltliche Vorgabe für die Verträge der privaten Kontrolleure mit den Kontrollierten gefordert[230] oder als deren Mitwirkungspflicht bereits rechtlich verankert,[231] inhaltlich aber kaum näher ausgestaltet. Nur teilweise wird eine nähere Kommunikation mit den Kontrollierten gefordert[232] oder sind Begründungspflichten[233] bzw. die Einrichtung von Einspruchsverfahren vorgesehen. Im Produktsicherheitsrecht enthält (nur) die erwähnte Normenreihe nähere Strukturierungen wie etwa Pflichten zur Beratung auch im Vorfeld von Prüfanträgen oder das Gebot einer distanzsichernden Vorab-Festlegung der Regeln.[234]

Diese **regulatorische Zurückhaltung** ist für die bloße Prüfung von vorgeleg- 97 ten Unterlagen relativ unproblematisch (z. B. beim Treuhänder nach dem VAG), wird aber **bedenklich,** soweit es um komplexere, unmittelbar die Organisation und ihre Abläufe betreffende Prüfverfahren geht, wie etwa im Produktsicherheitsrecht oder Öko-Audit. Bei aller notwendigen Flexibilität sollten auch hier zumindest Grundstandards der Fairness als Ergänzung der institutionellen Absicherungen festgelegt werden.

3. Sicherung von Verantwortungsklarheit

Das Zusammenspiel von staatlicher Regulierung und privater Kontrolle führt 98 schnell zu einer tendenziell **intransparenten Verantwortungsdiversifizierung,** die mindestens für den staatlichen Anteil rechtsstaatlich bedenklich wäre.[235] Hier kommt für den Bereich des **Produktsicherheitsrechts dem Schutzklausel-Verfahren** eine hohe Bedeutung zu. Es führt zumindest zu einer **retrospektiven Zurechung von Fehlern,** indem es im Rahmen der (gemeinschaftlichen) Überprüfung von Produktverboten in einem Mitgliedstaat auch herausarbeitet, ob der Mangel, der zum Auftreten der Produktgefahr führte, in technischen Normen oder in der Tätigkeit der Zertifizierer begründet ist, und aktiviert dann zugleich das betroffene staatliche Einflusspotential.[236]

V. Unternehmensbezogene Organisations- und Verfahrensvorgaben

Während die Einrichtung privater Fremdkontrolle hauptsächlich die Steue- 99 rung der Kontrolleure und die Absicherung ihrer Tätigkeit betrifft, zielen Orga-

---

[230] Vgl. nur Art. 25 Abs. 4 VO (EG) 1221/2009 (Fn. 220).
[231] So § 57 d WiPrO.
[232] So etwa Art. 25 Abs. 4 VO (EG) 1221/2009 (Fn. 220), nicht aber z. B. Anhang I RL 93/42/EWG v. 14. 6. 1993 über Medizinprodukte, ABl. EG 1993, Nr. L 169, S. 1.
[233] Vgl. § 57a Abs. 5 WiPrO; Anhang II 3.3 f. RL 93/42/EWG (Fn. 232).
[234] Etwa die Nummern 4.6, 8.2 DIN EN 45011; dazu auch *Röhl,* Akkreditierung (Fn. 213), S. 90 ff.
[235] Vgl. *Di Fabio,* Produktharmonisierung (Fn. 165), S. 101 ff.; *Voßkuhle,* Strukturen (Fn. 95), S. 328.
[236] Vgl. zum Schiedsklauselverfahren und zur Rückkopplung zwischen Marktzugangs- und -überwachungsebene *Di Fabio,* Produktharmonisierung (Fn. 165), S. 65 f. am Bsp. der EG-Maschinen-RL (RL 98/37/EG v. 22. 6. 1998, ABl. EG 1998, Nr. L 207, S. 1); *Röhl,* Akkreditierung (Fn. 213), S. 7; frühzeitig kritisch *Christian Joerges/Josef Falke,* Die Normung von Konsumgütern in der Europäischen Gemeinschaft und der Richtlinienentwurf über die allgemeine Produktsicherheit, in: Peter-Christian Müller-Graff (Hrsg.), Technische Regeln im Binnenmarkt, 1991, S. 159 (181).

nisations- und Verfahrensvorgaben unmittelbar auf die Mikroebene der problemverursachenden Organisationen und deren Binnenstruktur. Sie nutzen die **Fähigkeit von Organisationen zur Verarbeitung verschiedener Interessen und Rationalitäten,** implantieren dort öffentliche Belange und versuchen, durch Vorgaben für die Handlungs- und Kommunikationszusammenhänge die Orientierung der Organisation mit ihnen zumindest kompatibel zu halten.

100 Vorgaben für Verfahrensabläufe und die Organisation bei Privaten bestehen seit langem. Das Handels- und Gesellschaftsrecht bildet den markantesten Anwendungsbereich, stellt allerdings zunächst nur ein rechtliches Angebot dar und dient in erster Linie dem angemessenen Ausgleich betroffener privater Interessen. Hier soll es nur um Entwicklungen gehen, die insbesondere durch obligatorische Vorgaben, ein stärkeres Gewicht auf die öffentlichen Interessen und die Verfolgung spezieller Zwecke gekennzeichnet sind.

1. Verfahrenspflichten

101 Eine erste Kategorie bilden Pflichten, die auf ein dynamisches Verfahrensergebnis zur unternehmensinternen Konkretisierung nur vergleichsweise unbestimmt formulierbarer Rechtspflichten zielen, indem die Privaten **Planungen** vornehmen, **Konzepte** erarbeiten bzw. **Sicherungsmechanismen** einrichten müssen.

102 So ermöglichen etwa das Störfallverhinderungskonzpt (§ 8 StörfallVO), das **Sicherheitskonzept** für Zertifizierungsanbieter (§ 4 Abs. 2 SigG) und die betriebseigenen **Qualitätssicherungskonzepte** (z.B. im Lebensmittelrecht; Europäischen Produktrecht) umfassende, im einzelnen notwendig auf die jeweilige Situation und Organisation abzustimmende Mechanismen zur Sicherstellung des gesetzlichen Schutzniveaus. Einen besonders komplexen Anwendungsfall bildet die Finanzmarktregulierung.[237] So bezeichnet die sog. Qualitative Aufsicht über die Banken den Bereich aufsichtsrechtlich relevanter Risiken, in dem der Gesetzgeber nur angemessene Risikomanagement-, Risikocontrolling-, Managementinformationssysteme und sonstige Kontrollverfahren fordert, die auf das je individuelle Risikoprofil abgestimmt sein müssen und deshalb zur Ermittlung und Bekämpfung (bank)eigener Modelle und Methoden bedürfen.[238] Angesichts der komplexen, dauerhaften und systemhaften Pflicht, die ablauf- wie aufbauorganisatorische Maßnahmen erfordert, gehen hier Verfahrens- und Organisationspflichten ineinander über.

103 Über die **Effektivität dieser Ansätze** liegen bislang kaum empirische Untersuchungen vor. Bei den Abfallwirtschaftskonzepten wurden jedoch zumindest partiell deutliche Steuerungseffekte festgestellt[239] und die qualitative Banken-

---

[237] Ähnlich strukturiert, aber weniger komplex § 91 Abs. 2 AktG, der verlangt, „geeignete Maßnahmen zu treffen, insbes. ein Überwachungssystem einzurichten, damit den Fortbestand der Gesellschaft gefährdende Entwicklungen früh erkannt werden". Dazu nur *Peter Hommelhoff/Daniela Mattheus*, Risikomanagement im Konzern, Betriebswirtschaftliche Forschung und Praxis, Bd. 52 (2000), S. 217 ff.

[238] Näher *Martin Burgi*, Risk Management und Bankenaufsicht im System des Wirtschaftsverwaltungsrechts, in: Knut W. Lange/Friederike Wall (Hrsg.), Risikomanagement nach dem KonTraG, 2001, S. 307 ff.; *Junker*, Gewährleistungsaufsicht (Fn. 120), S. 93 ff. Breitere Behandlung der verschiedenen Instrumente bei *Christian Bumke*, Kapitalmarktregulierung, DV, Bd. 41 (2008), S. 227 ff.; *Hans C. Röhl*, Finanzmarktaufsicht, in: Fehling/Ruffert (Hrsg.), Regulierungsrecht, § 18 Rn. 63 ff.

[239] Näher *Fabian Wehler*, Betriebliche Abfallwirtschaftkonzepte und Abfallbilanzen, 1998.

aufsicht gilt hinsichtlich der notwendigen Erfassung von Systemrisiken als praktisch alternativlos[240] und wird als Ansatz auch nicht bei den post-Finanzkrisen-Diskussionen in Frage gestellt.

2. Organisationspflichten

In zahlreichen Bereichen hat der Gesetzgeber mittlerweile organisatorische **104** Anforderungen an die privaten Unternehmen gestellt.[241]

In ihrer einfachsten Ausgestaltung beschränken sie sich darauf, wie im Finanzdienstleistungssektor durch **Rechtsformenzwang** bestimmte Tätigkeiten an gesellschaftsrechtliche Mechanismen der Binnensteuerung zu binden oder, wie im Immissionsschutzrecht, die **Verantwortlichkeit** für die Einhaltung bestimmter rechtlichen Vorgaben zu **benennen,** um die Kommunikation zwischen Behörde und Unternehmen zu erleichtern und sie im Rollenverständnis des Verantwortlichen bewusst zu halten (§§ 52a BImSchG; 58 KrWG-E).[242] Weitergehend ist die Anforderung, eigenständige, betriebsinterne Positionen **(Beauftragte)** zu schaffen, um bestimmte öffentliche Interessen auch organisatorisch zu **institutionalisieren** und damit in verstetigter Weise proaktiv die **unternehmensinternen Kommunikationsprozesse** auf eine Einhaltung der gesetzlichen Vorgaben oder sogar eine Optimierung der Regulierungsziele hin zu **beeinflussen.**[243] Besonders ausgeprägt ist dieser im britischen Recht schon lange verbreitete Ansatz[244] im Umweltrecht, u.a. mit den Beauftragten für Immissionsschutz, Gewässerschutz und Abfall.[245] In Variationen wird er aber auch in ganz anderen Bereichen wie dem Arbeitsschutz (Sicherheitsbeauftragter), Datenschutz, Tierschutz und Jugendschutz sowie im Rahmen des Kontrollsystems für Wertpapierdienstleistungsunternehmen (Compliance-Stelle) und bestimmte Versicherungstypen (vor allem verantwortlicher Aktuar in der Lebensversicherung)[246] eingesetzt.[247] Einheitlich dienen diese Stellen zunächst der internen Kontrolle

---

[240] Siehe nur *Wolfgang Artopoeus,* Die Zukunft der Bankenaufsicht, in: Rainer Pitschas (Hrsg.), Integrierte Finanzdienstleistungsaufsicht, 2002, S. 265 (270f.).

[241] Siehe aus unternehmensrechtlicher Perspektive *Friedrich Kübler,* Gesellschaftsrecht als Rahmen der Interessenbalancierung, in: Hoffmann-Riem/Schmidt-Aßmann (Hrsg.), Auffangordnungen, S. 225 (236f.).

[242] § 52a BImSchG legt selbst nur die Mitteilungspflicht fest, setzt damit aber Organisationspflichten voraus, die allgemein als organisatorische Dimension der Betreiberpflichten nach § 5 BImSchG eingeordnet werden. Die Verwaltungskontrolle ist aber auf ein Beanstandungsrecht evident fehlerhafter Organisation beschränkt (ausführlich *Gerald Spindler,* Unternehmensorganisationspflichten, 2001, S. 52 ff.; *Eckard Rehbinder,* Umweltsichernde Unternehmensorganisation, ZHR, Bd. 165 [2001], S. 1 [19 ff.]).

[243] *Hans D. Jarass,* BImSchG, 8. Aufl. 2010, § 53 Rn. 5 spricht deshalb plastisch vom „Immissionsschutzgewissen".

[244] Für den Umweltschutzbeauftragten *Frank Fischer,* Der Betriebsbeauftragte im Umweltschutzrecht, 1996, S. 13; für den verantwortlichen Aktuar *Patrick Rappich,* Der verantwortliche Aktuar in der Lebensversicherung, VersR 1996, S. 413 ff.

[245] Näher *Fischer,* Der Betriebsbeauftragte (Fn. 244); *Georg Kaster,* Die Rechtsstellung der Betriebsbeauftragten für Umweltschutz, GewArch 1998, S. 129 ff.; *Rehbinder,* Umweltsichernde Unternehmensorganisation (Fn. 242), S. 8 ff.

[246] Der verantwortliche Aktuar nach dem VAG ist nicht notwendig, aber in der Praxis regelmäßig eine unternehmensinterne Position (näher *Rappich,* Aktuar [Fn. 244], S. 413 ff.).

[247] Äußerst knappe Übersicht bei *Frank Straile,* Betriebsbeauftragte in der gewerblichen Wirtschaft, BB 1999, Beilage 13, sowie ausführlicher *Spindler,* Unternehmensorganisationspflichten (Fn. 242), S. 41 ff., 118 ff., 155 ff., 222 ff., 255 ff., 265 ff., 283 ff., sowie zum Wertpapierdienstleistungsbereich auch

§ 19 Regulierungsstrategien

und Sensibilisierung, die sich in Prüfungspflichten und Informationsaufträgen niederschlägt. Vor allem den Umweltbeauftragten kommt daneben aber auch eine Innovationsfunktion zu, weshalb sie auch Initiativ- sowie frühzeitige Mitwirkungsfunktionen bei der Einführung umweltfreundlicher Verfahren und Produkte haben und teilweise in umweltrelevante Investitionsentscheidungen einzubeziehen sind.

105 Mit dem Ziel, die effektivitätsnotwendige **interne Akzeptanz** dieser extern vorgegebenen Organisationseinheiten zu sichern, gingen Gesetz- und Verordnungsgeber bei der Ausgestaltung dieser Stellen sehr zurückhaltend vor.[248] Sie überließen die Bestellung jeweils den Unternehmen selbst und übertrugen ihnen meist keine Entscheidungsbefugnisse. Nur die Compliance-Stelle, der Strahlenschutzbeauftragte und der verantwortliche Aktuar haben eigene Entscheidungsbefugnisse.

106 Selbst bei den vergleichsweise detailliert geregelten Beauftragten im Umweltrecht beschränken sich die rechtlichen Vorgaben grundsätzlich auf differenzierende Anforderungen an die **Qualifikation,** eine Beschreibung des **Aufgabenbereichs,** die Bereitstellung der zur Aufgabenerfüllung **erforderlichen Ressourcen,** Eckpunkte zur **Sicherstellung einer internen Kommunikation,** insbesondere durch **Anhörungs-, Vorschlagsrechte** und **Berichtspflichten** der Beauftragten bzw. **Begründungspflichten** gegenüber ihnen, sowie eine **grobe Absicherung** der **Unabhängigkeit** durch Benachteiligungsverbote und Kündigungsschutzregeln. Bei den anderen Beauftragten finden sich teilweise ähnliche Anforderungen (Datenschutzbeauftragter), teilweise aber auch nur grobe Qualifikations- und rahmenartige Aufgabenvorgaben (Sicherheits-, Jugendschutz-, Tierschutzbeauftragte).

107 Die **rechtliche Zurückhaltung in der Ausgestaltung** hinterlässt zahlreiche Unklarheiten hinsichtlich der Ansiedlung in der Unternehmenshierarchie, den Inkompatibilitäten mit anderen Unternehmensfunktionen, den Unterstützungspflichten der Unternehmen, des Bestandes und Grades einer Weisungsfreiheit sowie den einzelnen Rechten und Pflichten im Kommunikationsprozess.[249] Ihre Beantwortung im Wege der **Auslegung** muss zunächst an den **jeweiligen konkret zugewiesenen Aufgaben ansetzen,** sieht sich aber notwendig mit dem Problem konfrontiert, dass der Gesetzgeber hier keineswegs eine optimale Aufgabenerfüllung bezwecken musste und sich in einem umfassenden Spannungsverhältnis aus respektierter Organisationsautonomie der Unternehmen, Implantierung öffentlicher Aufgabenorientierung und Akzeptanzsicherung der Beauftragten befindet. Entsprechend variieren die Ansichten erheblich.[250] Die Lösung kann allerdings ge-

---

Junker, Gewährleistungsaufsicht (Fn. 120), S. 172 ff. und *Rüdiger Veil,* Compliance-Organisationen in Wertpapierdienstleistungsunternehmen im Zeitalter der MiFiD, WM 2008, S. 1093 ff.

[248] Siehe nur *Monika Böhm,* in: Hans-Joachim Koch/Dieter Scheuing/Eckhard Pache (Hrsg.), Gemeinschaftskommentar zum Bundes-Immissionsschutzgesetz, 2005, Vorbem. zu §§ 53–58d Rn. 54 für die Beauftragten im Umweltrecht.

[249] Vgl. nur für den verantwortlichen Aktuar *Reimer Schmidt* (Hrsg.), VAG, 11. Aufl. 1997, § 11a; für den Umweltbereich *Rolf Weber,* Der Betriebsbeauftragte, 1998, S. 52 ff., 149 f.; *Rehbinder,* Umweltsichernde Unternehmensorganisation (Fn. 242), S. 1 ff.

[250] Siehe nur die unterschiedlichen Ansichten über die Neutralitätssicherung durch Interessenkonflikte vermeidende Inkompatibilitäten für denselben (am Bsp. des Immissionsschutzbeauftragten *OVG Münster,* GewArch 2001, S. 495 [497]); *Klaus Hansmann,* in: v. Landmann/Rohmer, UmwR II, § 10 5. BImSchV Rn. 10 f.) und zwischen verschiedenen Beauftragten (deutlich enger als für den Im-

rade angesichts der Freiräume des Gesetzgebers allenfalls **sehr begrenzt in Quervergleichen** zwischen den Beauftragten gesucht werden,[251] sondern verweist vor allem auf gesetz- und verordnungsrechtlichen Präzisierungsbedarf.

Über die **Effektivität dieser Ansätze**, die Regulierungsziele in die Organisationen selbst zu spiegeln, bestehen nur teilweise Erkenntnisse. Die Einschätzungen für die Betriebsbeauftragten für den Umweltschutz fallen überwiegend skeptisch aus. Der Rollenkonflikt zwischen Firmen- und Umweltinteresse wird wohl regelmäßig zugunsten des Firmeninteresses aufgelöst, sodass zwar die Kontrollfunktion angesichts des Firmeninteresses an der Vermeidung von Sanktionen zumindest bei einer intensiven behördlichen Überwachungstätigkeit wirksam wahrgenommen werden kann,[252] Optimierungen und die individuelle Entwicklung effizienter Lösungen aber weitgehend ausbleiben.[253] Eine oftmals geforderte Stärkung der Kompetenzen der Beauftragten[254] müsste sich gegenüber dem Risiko einer innerbetrieblichen Isolierung bewähren. Eine stärkere Verzahnung mit der externen Aufsicht scheint zur Effektivierung der Kontrollen plausibel, bedeutete aber wohl die Verabschiedung des Optimierungsgedankens. 108

Im Gegensatz zu diesen abschließend unternehmensintern tätigen Beauftragten haben der Strahlenschutzbeauftragte und der verantwortliche Aktuar des Versicherungsrechts eine Schnittstelle zur staatlichen Aufsicht.[255] Soweit ihren Beanstandungen nicht nachgekommen wird, müssen die Aufsichtsbehörden vom Unternehmen (§ 32 Abs. 2 StrlSchV) bzw. dem Aktuar (§ 11a Abs. 3 VAG) entsprechend informiert werden. Damit wird die interne Kontrolle zumindest bei einer Beschränkung auf Informationspflichten zwar in der betrieblichen Sphäre belassen,[256] nähert sich aber der privaten Fremdkontrolle an. 109

VI. Staatlich eingerichtete Märkte

Neben korporatistischen Strukturen und den Koppelungsleistungen individueller Organisationen nutzt der Staat auch den **Marktmechanismus** im Rahmen regulierter Selbstregulierung. Denn er hat nicht nur Aufgaben vollständig privatisiert und damit einem mehr oder minder stark regulierten Markt überantwortet, sondern auch marktliche Elemente im Rahmen seiner eigenen Aufgabenerfüllung oder ordnungsrechtlicher Programme eingerichtet oder verstärkt.[257] Hier geht es nicht um eine im Ausgangspunkt möglichst freie spontane Ordnung, 110

---

missionsschutzbeauftragten etwa beim Datenschutzbeauftragten *Peter Gola/Rudolf Schomerus*, BDSG, 10. Aufl. 2010, § 4 Rn. 26).

[251] In diese Richtung aber *Junker*, Gewährleistungsaufsicht (Fn. 120), S. 179 f.

[252] Siehe *Martin Führ*, Eigenüberwachung und Public Scrutiny, in: Hans-Joachim Koch/Rainer Lechelt (Hrsg.), Zwanzig Jahre Bundes-Immissionsschutzgesetz, 1994, S. 99 (105 ff.); *Torsten Bartsch*, Umweltschutz und Unternehmensorganisation, 1997, S. 93 f.

[253] Siehe nur *Hagenah*, Umweltschutz (Fn. 86), S. 186 ff.; *Lübbe-Wolff*, Instrumente (Fn. 49), S. 74 ff.

[254] Siehe nur zuletzt *Michael Kloepfer/Philip Kunig/Eckard Rehbinder/Eberhard Schmidt-Aßmann*, UGB AT, S. 385 f., denen der UGB-KomE insoweit aber nicht gefolgt ist (Kom-E, S. 743 f.).

[255] Auch für die interne Revision der Wertpapierdienstleistungsunternehmen wird über die Einrichtung einer Schnittstelle zur Bankenaufsicht nachgedacht (*Junker*, Gewährleistungsaufsicht [Fn. 120], S. 184).

[256] Zu Recht wird die Tätigkeit des Aktuars deshalb als privatrechtlich bestimmt bezeichnet (*Schmidt*, VAG [Fn. 249], § 11a Rn. 20).

[257] Vgl. insgesamt auch *Claudio Franzius*, Gewährleistung im Recht, 2009, S. 413 ff.; → Bd. I *Schulze-Fielitz* § 12 Rn. 122 ff.

sondern um den gezielten Einsatz spezifischer Potentiale wettbewerblicher Ordnung in einem rechtlich umhegten Rahmen. Entsprechend sind die Marktelemente in einen größeren Steuerungskontext gestellt, durch den der Wettbewerb in seinen Parametern begrenzt wird oder in dem er gegenüber anderen Koordinationsmechanismen, insbesondere der Kooperation, in Ausgleich zu bringen und abzuschichten ist.[258] Es handelt sich also um die Konstitution von Märkten im Rahmen staatlich eingerichteter Steuerungsarrangements, auf denen ohne die staatliche Einrichtung kein Wettbewerb bestünde.[259]

1. Eröffnung von Märkten

111   Staatlich eingerichtete Märkte finden sich in unterschiedlichen Bereichen. Als einfache Form trägt bereits die **Ausschreibung** im Rahmen der öffentlichen Beschaffung markteröffnende Züge, so weit sie über die Einbeziehung politischer Nebenzwecke (so genannter „vergabefremder Zwecke") nicht nur der Bändigung der staatlichen Nachfragemacht dient, sondern einen spezifisch um diese Zwecke ergänzten Markt schafft.[260] Dabei handelt es sich allerdings der Sache nach weniger um ein Steuerungskonzept, sondern eher um eine ergebnisoffene Förderung bestimmter Anliegen. Eine Einbindung in spezifische staatliche Regulierungskonzepte liegt dagegen insbesondere beim Wettbewerb um den Markt vor allem im Bereich der Infrastrukturleistungen, der Einführung von Wettbewerbselementen im Sozialrecht und der Ausbildung einer privaten Säule der Entsorgung im Kreislaufwirtschaftsrecht vor.

a) Wettbewerb um staatlich definierte Märkte (vor allem monopolhafte Infrastrukturleistungen)

112   Im Bereich zumindest **tendenziell monopolhafter Infrastrukturleistungen** greift der Staat zunehmend auf Private als Leistungserbringer auch im Rahmen eigener Aufgabenträgerschaft zurück.[261] Der Anwendungsbereich reicht von der Abwasserbeseitigung bis zum Öffentlichen Personennahverkehr[262] und erfasst neuerdings auch die Trinkwasserversorgung[263], wobei das Grundprinzip über die Infrastruktur hinaus im Bereich der Leistungsverwaltung breit eingesetzt

---

[258] Vgl. zu den unterschiedlichen Koordinationsmechanismen Kooperation und Wettbewerb nur *Margret Bracht,* Förderung und Hemmung des Wettbewerbs durch Kooperation, 1979; am Bsp. des dualen Systems der Abfallentsorgung *Finckh,* Selbstregulierung (Fn. 149), S. 121 ff.

[259] Siehe auch *Trute/Denkhaus/Kühlers,* Regelungsstrukturen (Fn. 211), S. 84 f. Zu weitgehend deshalb die Kritik bei *Di Fabio,* Selbstregulierung (Fn. 206), S. 255, der die von ihm sog. artifiziellen Märkte entsprechend dem Maßstab institutioneller Rahmenbedingungen als Markteingriffe versteht.

[260] Grundlegend *Jost Pietzcker,* Der Staatsauftrag als Instrument des Verwaltungshandelns, 1978; vgl. auch näher *Jens-Peter Schneider,* Zur Ökonomisierung von Verwaltungsrecht und Verwaltungsrechtswissenschaft, DV, Bd. 34 (2001), S. 317 (323 ff.); umfassend *Nina Meyer,* Die Einbeziehung politischer Zielsetzungen bei der öffentlichen Beschaffung, 2002; → Bd. I *Schulze-Fielitz* § 12 Rn. 144 ff.

[261] Vgl. auch → Rn. 49.

[262] Siehe dazu näher *Michael Fehling,* Zur Reform der Daseinsvorsorge am Bsp. des öffentlichen Personennahverkehrs, DV, Bd. 34 (2001), S. 25 ff.; *ders.,* Öffentlicher Verkehr (Bahn, ÖPNV), in: ders./Ruffert (Hrsg.), Regulierungsrecht, § 10 Rn. 37 ff.; *Georg Hermes,* Motorisierter Individualverkehr und ÖPNV in Ballungsräumen, in: Hans-Joachim Koch (Hrsg.), Rechtliche Instrumente einer dauerhaft verkehrsgerechten Verkehrspolitik, 2000, S. 147 ff.

[263] Näher *Johannes Masing,* Regulierungsverantwortung und Erfüllungsverantwortung, VerwArch, Bd. 95 (2004), S. 151 (158 ff.); *Wolfgang Kahl,* Wasser, in: *Fehling/Ruffert* (Hrsg.), Regulierungsrecht, § 14 Rn. 64 ff.

C. Hoheitlich regulierte gesellschaftliche Selbstregulierung

werden kann.[264] Für die operative Leistungserbringung erhält der Private entweder ein Entgelt vom Hoheitsträger (Betreibermodell) oder direkt von den Nutzern (Konzessionsmodell) bzw. eine jeweils teilweise Finanzierung (staatliche Ausgleichszahlungen und Nutzerentgelte im ÖPNV). Mit der Übertragung der eigentlichen Leistungserbringung auf die Privaten sollen hauptsächlich deren Effizienz und finanzielle Ressourcen, aber begrenzt auch ihre Innovationskraft im Rahmen staatlich definierter Verwaltungsaufgaben zum Tragen kommen.

Da diese Potentiale nur begrenzt in der Organisation der Privaten selbst angelegt sind, sondern insbesondere durch den Wettbewerb zwischen ihnen aktiviert werden, zugleich aber ein Wettbewerb auf dem Markt schon wegen des Marktversagens in Monopolbereichen kaum möglich ist, wird die Auswahlentscheidung zunehmend als jeweils zeitlich begrenzter **„Wettbewerb um den Markt"** ausgestaltet. **113**

Die konkreten **verfahrensrechtlichen Vorgaben** für die Auswahl hängen hier vor allem vom Finanzierungsmodus ab. Soweit der Private sich über den staatlichen Auftraggeber finanziert, findet grundsätzlich das **Vergaberecht**[265] Anwendung (§§ 97ff. GWB). Refinanziert er sich unmittelbar über Entgelte der Bürger und trägt er ein relevantes finanzielles Risiko, handelt es sich um eine **Dienstleistungskonzession,** die nicht dem Vergaberecht unterliegt und keine nähere gesetzliche Ausgestaltung erfahren hat.[266] Allerdings sind auch hier zumindest die europarechtlichen Diskriminierungsverbote und die grundgesetzlichen Gleichbehandlungsgebote zu beachten, die insbesondere eine hinreichende Verfahrenstransparenz fordern.[267] Die regulatorische Aufgabe besteht jedoch einheitlich in der nachhaltigen Sicherung der öffentlichen Zwecke im Rahmen der privaten Leistungserbringung, die durch den periodischen Wettbewerb allein nicht gewährleistet ist.[268] Sie muss durch die Konkretisierung des Leistungsauftrags[269] einerseits und die vor allem vertragliche Steuerung der Privaten Leistungserbringer andererseits[270] gewährleistet werden. **114**

---

[264] Siehe nur die zahlreichen Bsp. hinsichtlich der Dienstleistungskonzession bei *Martin Burgi,* Die Ausschreibungsverwaltung, DVBl 2003, S. 949 ff.; auch *Masing,* Regulierungsverantwortung (Fn. 263), S. 160 („Grundmuster moderner Verwaltung").

[265] → Bd. I *Schulze-Fielitz* § 12 Rn. 139 ff.

[266] Eine hohe Normierungsdichte des Vergaberechts besteht zwar nur oberhalb der (auftragsvolumenbezogenen) Schwellenwerte. Zum einen werden diese im angesprochenen Bereich regelmäßig überschritten, zum anderen werden v. a. aus den Grundrechten zu Recht zunehmend auch genauere normative Anforderungen für die Auftragsvergabe unterhalb der Schwellenwerte gefordert (vgl. nur *Thomas Puhl,* Der Staat als Wirtschaftssubjekt und Auftraggeber, VVDStRL, Bd. 60 [2001], S. 457 [477 ff.]; *Hermann Pünder,* Zu den Vorgaben des grundgesetzlichen Gleichheitssatzes für die Vergabe öffentlicher Aufträge, VerwArch, Bd. 95 [2004], S. 38 ff.). Zur Verwaltung mittels Dienstleistungskonzession näher *Burgi,* Ausschreibungsverwaltung (Fn. 264), S. 949 ff. Die dort vorgeschlagene kategoriale Trennung zwischen ausgeschriebenen Teilleistungen und Dienstleistungskonzessionen wird hier allerdings nicht übernommen, da sie eher graduell ist, mit dem Finanzierungsmodus nur ein Teilelement in Bezug nimmt und den Blick von den übergreifenden Regulierungsaufgaben abzulenken droht.

[267] Zu den europarechtlichen Vorgaben nur *EuGH,* Rs. C-324/98, Slg. 2000, I-10745, Rn. 60 ff.; zu den Strukturelementen der Verteilungsverfahren als besonderem Typ des Verwaltungsverfahrens *Voßkuhle,* Strukturen (Fn. 95), S. 306 ff.

[268] Zur ökonomischen Perspektive auf die Notwendigkeit der Regulierung angesichts der unvermeidlichen Unvollständigkeit der langfristigen Verträge unter Ungewissheitsbedingungen zusammenfassend *Rudolf Richter/Eirik G. Furubotn,* Neue Institutionenökonomik, 4. Aufl. 2010, S. 375 ff.

[269] → Rn. 119 f.

[270] → Rn. 50.

b) Wettbewerbselemente bei der Erbringung von Sozialleistungen

115 Einen strukturell hiermit verwandten, aber nicht mehr nur auf den Aufgabenträger, sondern verstärkt auch auf den begünstigten Bürger bezogenen Bereich staatlich eröffneter Märkte bildet die **Leistungserbringung im Sozialrecht.** Sie erfolgt traditionell vornehmlich durch private und freie Träger und wird entsprechend regelmäßig im sogenannten **sozialrechtlichen Dreiecksverhältnis** abgewickelt. Der öffentlich-rechtliche Anspruch gegen den staatlichen Leistungsträger wird dabei regelmäßig durch eine mittels Verwaltungsakt erfolgende Bewilligung erfüllt, die den privaten Leistungserbringer bestimmt und eine Kostenübernahme erklärt, woraufhin der Berechtigte die Leistung von diesem regelmäßig auf vertraglicher Grundlage erhält. Die Leistungserbringung durch Private eröffnet grundsätzlich bereits einen Markt für Anbieter, der sich einerseits gegenüber den nachfragenden öffentlich-rechtlichen Leistungsträgern öffnet und auf dem andererseits durch die eingeräumten Wahlrechte auch ein Nachfragepotential der letztlich Leistungsbegünstigten besteht. Allerdings ist die Ausgestaltung zunächst nur auf eine Pluralität von Trägern, nicht aber auf einen selektiven Marktmechanismus ausgerichtet, was schon in den Geboten der Kooperation von Leistungsträgern und -erbringern zum Ausdruck kommt. Die Zulassung der Leistungserbringer erfolgt regelmäßig durch den Abschluss von übergreifenden Verträgen, auf den bei Gewährleistung der allgemeinen Vorgaben von Wirtschaftlichkeit und Leistungsfähigkeit regelmäßig ein grundrechtlicher Anspruch besteht,[271] und der schon mangels unmittelbarer Gegenleistung nicht dem Vergaberecht unterfällt.[272] Das **Wahlrecht** führt auf der anderen Seite **mangels „Konsumentensouveränität"** nicht zu einem Selektionsdruck und ist auch historisch in erster Linie als Ausweichmöglichkeit gegenüber konfessionell oder weltanschaulich gebundenen Leistungserbringern entstanden.

116 Es finden sich allerdings zunehmend Ansätze, die das **wettbewerbliche Element** auf zwei entgegengesetzten Wegen stärker zum Tragen bringen sollen. In verschiedenen Bereichen des Sozialrechts wird das Vergaberecht systematisch für einzelne Bereiche (Recht der gesetzlichen Krankenversicherung) oder punktuell (z.B. Recht der Arbeitsförderung) für die Auswahl der Leistungserbringer durch die Leistungsträger zur Anwendung gebracht, wodurch gerade auch die Innovationsfähigkeit der Bieter genutzt werden soll.[273] Und auf Seiten der Leistungsempfänger werden die Wahlrechte in verschiedenen Bereichen von der Arbeitsvermittlung über die Förderung der beruflichen Weiterbildung bis zur Kinderbetreuung durch die **Vergabe von Gutscheinen** von der staatlichen Bewilligung entkoppelt und deutlicher als Nachfragemacht konstituiert.[274]

---

[271] Nur ausnahmsweise darf, wie bei der Krankenhausplanung, zusätzlich eine Bedarfsprüfung vorgenommen werden (*BVerfGE* 82, 209 [230 f.]), die allerdings ebenfalls keine marktliche Auswahlentscheidung bildet.

[272] *Oliver Dörr*, Vergaberechtliche Einbindung der freien Wohlfahrtspflege, Recht der Jugend und des Bildungswesens 2002, S. 349 (365); *Volker Neumann/Dörte Nielandt/Albrecht Philipp*, Erbringung von Sozialleistungen nach Vergaberecht?, 2004, S. 58 f.

[273] Zu frühen Formen *Neumann/Nielandt/Philipp*, Sozialleistungen (Fn. 272), S. 30; vgl. zur weiteren Entwicklung *Karl-Jürgen Bieback*, Leistungserbringungsrecht im SGB II sowie III und XII, NZS 2007, S. 505 ff. Zum systematischen Einsatz im SGB V nur *Ulrich Becker/Thorsten Kingreen*, SGB V, 2. Aufl. 2010, § 69 Rn. 41 ff.

[274] Siehe zu den Gutscheinen knapp *Dagmar Felix*, Verwaltungsrechtliche Instrumente des Sozialstaates, DVBl 2004, S. 1070 (1073 f.); für die Arbeitsvermittlung auch *Karl-Jürgen Bieback,* Fördern, KJ

c) Private Entsorgungsstrukturen im Kreislaufwirtschaftsrecht

Einen abweichend strukturierten, ebenso entwickelten wie umstrittenen Anwendungsbereich staatlich eingerichteter Märkte bilden die privaten Entsorgungsstrukturen nach dem Kreislaufwirtschaftsrecht.[275] Sie sind ein zentraler Bestandteil der breiteren Entwicklung des Abfallrechts **vom staatlichen Monopol zur staatlich-privaten Aufgabenteilung.** Auf der Grundlage einer ordnungsrechtlich statuierten **Produktverantwortung**[276] von Entwicklern, Herstellern, Verarbeitern und Vertreibern wurde hier typischerweise Herstellern und/oder Vertreibern eine im Ausgangspunkt individuelle Rücknahme- und Entsorgungspflicht auferlegt, die sie durch den **Aufbau** und **Betrieb** von **kollektiven Sammel- und Verwertungsstrukturen** erfüllen können oder müssen, so dass rechtlich vorstrukturierte, auf staatliche Zielvorgaben ausgerichtete private Selbstorganisationsmechanismen entstanden, in denen **Wettbewerbs- und Kooperationselemente verbunden** sind. Das wohl bekannteste, umstrittenste, aber auch besonders paradigmatische Beispiel eines solchen Mechanismus bildet die **VerpackungsVO,** die die rechtliche Grundlage für das Duale System Deutschland bildet. Die Primärpflicht schafft hier im Prinzip einen Markt für private Entsorgungslösungen, bildet aber hauptsächlich den Anreiz zur Schaffung selbstorganisierter kollektiver Lösungen, die über spezifische Anforderungen u.a. an Flächendeckung, Sicherstellung der Verpackungserfassung und Verwertungsquoten zugleich kooperativen Zwängen unterworfen sind.[277] Auch die Abstimmung mit den öffentlich-rechtlichen Entsorgungsträgern, denen im Sinne einer Auffangverantwortung eine subsidiäre Entsorgungspflicht für die Verkaufsverpackungen auferlegt wird, wird über Kooperationspflichten vorgenommen.

2. Einpassung des Marktmechanismus in den Steuerungszusammenhang

Weil die Märkte hier im Rahmen staatlicher Zweckverfolgung entstehen, sind sie weitgehend rechtlich geprägt, typischerweise hinsichtlich der Wettbewerbsparameter bzw. der Wettbewerbsfelder begrenzt und mit den parallel verwendeten Handlungslogiken abzustimmen.

a) Der Leistungsauftrag als Schnittstelle beim Wettbewerb um den Markt

Im Bereich der **Infrastruktur** besteht grundsätzlich eine **klare Schnittstelle** zwischen dem Wettbewerb um den Markt und der vorangehenden staatlichen Marktdefinition, die sich über **Leistungsauftrag oder Leistungsbeschreibung**

2003, S. 25 (28 f.) mit dem Hinweis auf die Notwendigkeit, die Bildungsgutscheine nicht zu stark zu spezifizieren; vgl. ferner auch die Eingliederungsgutscheine für ältere Arbeitnehmer (§ 223 SGB III) und die Gutscheine für Leistungen für Bildung und Teilhabe gem. § 29 Abs. 1 SGB III. Der Gutschein soll neben dem Marktmechanismus auch die Eigenverantwortlichkeit der Betroffenen stärken.

[275] Näher die präzise Analyse von *Trute/Denkhaus/Kühlers,* Regelungsstrukturen (Fn. 211); *Monopolkommission,* Wettbewerbsfragen der Kreislauf- und Abfallwirtschaft, 2003.

[276] Ausführlich *Silke Thomson,* Produktverantwortung, 1998.

[277] Näher *Trute/Denkhaus/Kühlers,* Regelungsstrukturen (Fn. 211), S. 22 ff.; *Matthias Schmidt-Preuß,* Selbstregulierung und Privatisierung in der Abfallpolitik, 2001, S. 3 ff., 33 ff. Die individuelle Rücknahmeverpflichtung wurde mit der 5. Novelle der Verpackungsverordnung (2008) in eine Rechtspflicht zur Beteiligung an Rücknahmesystemen überführt, um dem Problem der Trittbrettfahrer zu begegnen (vgl. *Martin Dieckmann/Moritz Reese,* in: Koch (Hrsg.), UmweltR, § 6 Rn. 139 ff.).

im Vergabeverfahren konkretisiert. Im Bereich des Öffentlichen Personennahverkehrs ist die konkrete Einzelleistung dabei in den planerischen Rahmen des Nahverkehrsplanes eingebunden (§ 8 Abs. 3 PBefG), der die Koordination mit allen anderen Verkehrsleistungen im Interesse einer hohen Gesamtattraktivität des Netzes steuert.[278]

120 Allerdings tritt hier das Ziel, auch die **Innovationskraft der Privaten** nutzbar zu machen, durchaus in **Konkurrenz zur staatlichen Marktdefinition.** Je präziser die Definition, desto kleiner ist die Zahl der Wettbewerbsparameter und damit auch der Gestaltungsspielräume für innovative Lösungskonzepte.[279] Markttransparenz und Sicherung der öffentlichen Zwecke durch präzise Leistungsvorgaben einerseits und Innovationsoffenheit andererseits sind insofern jeweils konkret auszubalancieren. Und beim ÖPNV kann die auf die Einzelleistung orientierte Ausschreibung in **Spannung zu den Ausgleichnotwendigkeiten innerhalb einer Kooperation** treten.[280]

b) Sozialrecht zwischen Pluralität und Standardisierung des Angebots

121 Im **Sozialrecht** muss der staatliche Leistungsträger zunächst sicherstellen, dass die Leistungserbringer die gesetzlich vorgegebene Qualität einhalten. Angesichts der starken Individualisierung vieler Leistungen ist er jedoch von vornherein gerade auch auf die jeweiligen Kompetenzen der pluralen Leistungserbringer angewiesen und deshalb in den Möglichkeiten der Marktdefinition über detaillierte Produktbeschreibungen ebenso wie in der konkreten Steuerung der Leistungserbringer beschränkt.[281] Die voraussetzungsvolle Entwicklung und Sicherung von **Qualitätsstandards** hat hier an Aufmerksamkeit gewonnen und wird zunehmend verrechtlicht.[282] Der Ausgleich zwischen staatlicher Steuerung und flexibler Konkretisierung wird in Mechanismen privater Standardsetzung[283] und verpflichtenden Qualitätsmanagementsystemen[284] gesucht. Den Ansatzpunkt bilden die Verträge der Leistungsträger mit den Leistungserbringern oder deren Verbänden, die gesetzlich vorstrukturiert sind und typischerweise auch die Verpflichtung auf die Qualitätsvorgaben enthalten.[285] Soweit der **Gesetzgeber** jetzt die wettbewerblichen Elemente verstärkte, hat er die **Marktausgestaltung nicht konsequent nachgezogen.** Die Qualitätssicherung wurde nur teilweise gesetzlich über das Erfordernis der Anbieterzertifizierung durch eine

---

[278] Näher *Hermes,* Individualverkehr (Fn. 262), S. 154 ff.; *Philipp Boos,* Der kommunale Straßenverkehrsplan, 2001.

[279] Vgl. auch *Fehling,* Reform (Fn. 262), S. 43; *Masing,* Regulierungsverantwortung (Fn. 263), S. 164; *Matthias Knauff,* Der Gewährleistungsstaat: Reform der Daseinsvorsorge, 2006, S. 407 ff.

[280] Näher *Fehling,* Reform (Fn. 262), S. 50 f.

[281] Siehe zur Konkretisierung bes. weitreichend die Annahme des *BSG* für das Krankenversicherungsrecht, nach dem der Leistungsanspruch nur ein gesetzliches Rahmenrecht bilde, der konkrete Anspruch auf medizinische Versorgung aber erst durch den Arzt konkretisiert und begründet werde (*BSGE* 73, 271 [277 ff.]).

[282] Vgl. für das Gesundheitswesen die Analyse der vielfältigen Ansätze von *Mengel,* Rezeption (Fn. 124), S. 48 ff.; zum Normenbestand insgesamt *Franz Reimer,* Qualitätssicherung, 2010, S. 92 ff.

[283] → Rn. 62 ff.

[284] → Rn. 99 ff.

[285] Siehe allgemein *Volker Neumann,* Angebotssteuerung und Qualitätssicherung im SGB XI, VSSR 1994, S. 309 (318 ff.). Zur zunehmenden Bedeutung der Qualitätsdebatte und den entsprechenden Ansätzen im Bereich sozialer Arbeit *Petra Follmar-Otto,* Kooperation von Sozialverwaltung und Organisationen des Dritten Sektors, 2007, S. 119 ff.

akkreditierte fachkundige Stelle vorgeschrieben[286] und auch begleitende Maßnahmen der Information und Transparenz, die den Wahlberechtigten und insbesondere den Gutscheininhaber erst zu einer souveränen Wahlentscheidung befähigen können, wurden nur partiell eingeführt.[287]

Auch die grundsätzliche **Abstimmung der neuen Wettbewerbselemente mit der überkommenen Leistungsstruktur** ist nur partiell **gelöst**. Der Gutschein fügt sich zwar als Weiterentwicklung des Wahlrechts in das sozialrechtliche System ein. Die mit der Vergabe verbundenen Leistungskontingente bilden aber notwendig eine Angebotssteuerung und inhaltliche Standardisierung und können mit der individualisierten Leistung, der Pluralität der Angebote und dem Wahlrecht der Begünstigten nur in engen quantitativen Grenzen oder in einzelnen stark standardisierten Bereichen harmonisiert werden.[288] Hier muss der Gesetzgeber die notwendigen Zuordnungen klar vornehmen. **122**

c) Private Entsorgungsstrukturen zwischen Kooperation und Wettbewerb

Im Bereich der **dualen Entsorgungsstrukturen** ist die Abgrenzung von Wettbewerb und Kooperation besonders schwierig, da sie im Mechanismus der privaten Leistungserbringung selbst verbunden sind. Die Frage der Zuordnung spiegelt sich dogmatisch in der Frage der Reichweite öffentlich-rechtlicher und wettbewerbsrechtlicher Steuerung.[289] Das **Verhältnis des Wettbewerbsrechts,** namentlich des § 1 GWB, **zu den abfallrechtlichen Bestimmungen** entscheidet hier maßgeblich über die Zulässigkeit der kollektiven privaten Entsorgungsstrukturen mit und wurde so zum Kristallisationspunkt der Diskussion.[290] Dabei können die formalen Ansätze eines normenhierarchischen Vorrangs des GWB vor den umweltrechtlichen Verordnungen dem gemischten Steuerungsansatz ebenso wenig gerecht werden, wie die pauschalen Ansätze eines Vorrangs des Öffentlichen Rechts. Die gesetzgeberische Freiheit der regulatorischen Ausgestaltung verlangt vielmehr eine **konkrete sachgegenständliche Abgrenzung** von verwaltungsrechtlich vorgegebenen Marktstrukturierungen und Handlungsoptionen, die dem Wettbewerbsrecht entzogen sind, einerseits und der wettbewerbsrechtlichen Steuerung bei der Ausfüllung der Spielräume andererseits. Dies kann nur über eine präzise Analyse des verwaltungsrechtlichen Steue- **123**

---

[286] Zum Mechanismus → Rn. 84.

[287] Vgl. insoweit positiv zum Hamburger Kita-Gutschein *Felix*, Instrumente (Fn. 274), S. 1074; eine mangelnde gesetzliche Flankierung durch Informationsangebote etc. besteht z. B. bei den Gutscheinen gem. § 29 Abs. 1 SGB II und § 223 SGB III; differenzierend und teils sehr kritisch zu den Maßnahmen im Bereich der Arbeitsförderung *Bieback,* Fördern (Fn. 274), S. 28 f. Auch im Bereich der Krankenversicherung finden sich Ansätze einer Unterstützung, wie etwa die neu eingerichtete Beauftragte für die Belange der Patientinnen und Patienten, die gerade auch auf unabhängige Beratung und objektive Information der Patienten hinwirken soll (vgl. § 140h SGB V).

[288] Zur erforderlichen gesetzgeberischen Umgestaltung aus der Perspektive der Anbieter *Neumann/Nielandt/Philipp,* Sozialleistungen (Fn. 272), S. 61 ff.

[289] Vgl. aber etwa auch die Abstimmung zwischen Rundfunk- und Wettbewerbsrecht in der dualen Rundfunkordnung, bei der es ebenfalls um den Einsatz des Wettbewerbs im Rahmen nichtökonomischer Steuerungsziele ging (näher *Wolfgang Hoffmann-Riem,* Rundfunkrecht neben Wirtschaftsrecht, 1991).

[290] Vgl. neben den nachfolgenden N. *Rainer Velte,* Duale Abfallentsorgung und Kartellverbot, 1999; *Michael Kloepfer,* Umweltrecht und Kartellrecht, JZ 2002, S. 1117 ff.; Darstellung der Entwicklung bei *Fritz Flanderka/Clemens Stroetmann,* Verpackungsverordnung, 3. Aufl. 2009, Einführung.

rungsansatzes geleistet und muss im Wettbewerbsrecht durch die Anerkennung immanenter Beschränkungen des Kartellverbots aufgegriffen werden.[291]

124 Letztlich erfordern die staatlich eingerichteten Märkte eine **komplexitätsangemessene Dichte der rechtlichen Ausgestaltung.** Denn je unspezifischer die notwendige Abschichtung der wettbewerblichen und der kooperativen Elemente ist, desto stärker muss die Rechtsanwendung sich an der Funktionsnotwendigkeit des Steuerungsansatzes insgesamt orientieren und wird dann von unsicheren tatsächlichen Einschätzungen über die Funktionsbedingungen und das wirtschaftliche Umfeld abhängig. Gesetz- und Verordnungsgeber sollten aber über die Reichweite der jeweiligen Steuerungsansätze entscheiden. Ausweislich der Entwicklungen sind sie zumindest im Bereich der dualen Entsorgungsstrukturen hierfür sensibilisiert und zunehmend um Klarheit bemüht.[292]

VII. Aktive Marktbegleitung durch Regulierungsverwaltungsrecht

125 Während bei den staatlich eingerichteten Märkten der Wettbewerb in einen größeren Steuerungskontext eingebettet ist, bildet er bei der aktiven Marktbegleitung in den Bereichen Telekommunikation, Post, Energie und Eisenbahnen (sog. Netzwirtschaften) den zentralen Mechanismus, auf den die regulatorische Intervention abgestimmt wird.

1. Der instrumentelle Charakter des Wettbewerbs

126 Die meisten Maßnahmen der Regulierung erfolgen hier in den überkommenen Handlungsformen und können auf den ersten Blick je für sich auch als hoheitliche Regulierung eingeordnet werden.[293] Zahlreiche Regulierungsfelder, wie etwa der Kundenschutz, unterliegen dabei zwar einer besonders hohen Regulierungsdichte, spiegeln damit aber nur den gesteigerten Sozialbezug dieser Wirtschaftsbereiche.

127 Die Besonderheit der Regulierung besteht in der **starken instrumentellen Funktion des Wettbewerbs,** die sich aus der staatlichen Verantwortung zur Sicherstellung eines bestimmten Angebotsniveaus ergibt – bei seiner zugleich strukturellen Unvollkommenheit. Verfassungsrechtlich muss der Staat hier zumindest teilweise eine **Grundversorgung** gewährleisten, verwaltungsrechtlich verpflichtet er sich zu einer engen, auf Optimierung eines komplexen Zielbün-

---

[291] So i.E. auch mit unterschiedlichen Ansätzen und Akzenten *Matthias Schmidt-Preuß*, Verpackungsverordnung und Kartellrecht, in: FS Otfried Lieberknecht, 1997, S. 549 ff.; *Trute/Denkhaus/Kühlers*, Regelungsstrukturen (Fn. 211), S. 102 ff.; *Finckh*, Selbstregulierung (Fn. 149), S. 161 ff. Formal vom höherrangigen GWB ausgehend dagegen etwa *Alexander Rinne*, Zum Spannungsverhältnis von Kartellrecht und Verpackungsverordnung, WiVerw 2004, S. 255 ff.; zu den wettbewerbsrechtlichen Fragen im Verhältnis zwischen öffentlich-rechtlicher Entsorgungsinfrastruktur und privaten Systembetreibern vgl. nur *Axel Kafka*, Die Ausschreibung der kommunalen Altpapierentsorgung im Spannungsfeld kartell- und abfallrechtlicher Anforderungen, NZBau 2009, S. 765 ff.
[292] Siehe bereits die Änderungen von KrW-/AbfG und VerpackungsVO, sowie die Begründungen zu den Rechtsverordnungen auf Grundlage des § 24 Abs. 1 Nr. 2 KrW-/AbfG (näher m.w.N. *Trute/Denkhaus/Kühlers*, Regelungsstrukturen [Fn. 211], S. 173).
[293] *Matthias Ruffert*, Regulierung im System des Verwaltungsrechts, AöR, Bd. 124 (1999), S. 237 (245 f.) für das (alte) TKG; allgemeiner *Kühling*, Regulierung (Fn. 15), S. 29 f.; vgl. aber auch zu den Schwierigkeiten der Einordnung der „Festlegungen" nach dem EnWG *Gabriele Britz*, Behördliche Befugnisse und Handlungsformen für die Netzentgeltregulierung nach dem neuen EnWG, RdE 2006, S. 1 (4 ff.).

C. Hoheitlich regulierte gesellschaftliche Selbstregulierung

dels zielenden **Marktbegleitung**.[294] Die hieraus folgende Regulierung enthält zahlreiche Elemente der Marktgestaltung und ist gegenüber der wirtschaftsverwaltungsrechtlichen hoheitlichen Regulierung umfassender und prospektiv angelegt[295] und gegenüber dem allgemeinen Kartellrecht sektorspezifischer, insoweit aber dauerhafter und umfassender markt- statt einzelfallbezogen.[296] Eine Aufgabe ihrer Eigenständigkeit durch Überführung in das allgemeine Wettbewerbsrecht wäre mit dem Dilemma konfrontiert, entweder die Komplexität des Zielbündels oder die Zentrierung des Kartellrechts auf die allgemeine Funktionssicherung des Marktes als Institution aufgeben zu müssen, so dass eine Leistungsminderung durch Entdifferenzierung drohte.

128 Die marktgestaltenden Elemente sind schon historisch durch den Übergang von Monopol- zu Wettbewerbsstrukturen bedingt, aber auch funktional in den ökonomischen und technischen Besonderheiten als **Netzwirtschaften** begründet.[297] Das komplexe Zielbündel, das vor allem einen funktionsfähigen Wettbewerb, eine nachhaltig effiziente und innovationsoffene Infrastruktur sowie einen Schutz der Interessen der Nutzer insbesondere an preisgünstigen Angeboten und einer Grundversorgung beinhaltet,[298] bringt notwendig einen erheblichen **Gestaltungsspielraum** für die konkrete Regulierung mit sich, der den überkommenen Handlungsformen einen **eigenen Kontext** gibt.[299] Die Regulierung der verschiedenen Bereiche unterliegt dabei erheblichen Ungleichzeitigkeiten[300], wobei dem aus technischen und wirtschaftlichen Gründen frühzeitig und erfolgreich liberalisierten und re-regulierten Telekommunikationssektor nachhaltig die Rolle einer Leitreform zuwuchs.[301]

2. Die zentralen Bereiche und Spannungslagen der Marktregulierung

129 Die zentralen Herausforderungen sind damit verbunden, dass die ehemals integrierten, einheitlichen Systeme sich im Wettbewerbsmodell in eine Vielzahl

---

[294] Vgl. insgesamt übergreifend mit je verschiedenen Ansätzen *Georg Hermes*, Staatliche Infrastrukturverantwortung, 1998; *Johann-Christian Pielow*, Grundstrukturen öffentlicher Versorgung, 2001; *Kühling*, Regulierung (Fn. 15); *Johannes Masing*, Soll das Recht der Regulierungsverwaltung übergreifend geregelt werden?, Gutachten D zum 64. DJT, 2006; zu den einzelnen Instrumenten und Sektoren vgl. statt vieler die Beiträge in *Ruffert/Fehling* (Hrsg.), Regulierungsrecht.

[295] Ähnlich *Masing*, Grundstrukturen (Fn. 16), S. 6 f., 25; s. auch Fn. 292 ff.

[296] Siehe am Bsp. des Telekommunikationsrechts *Koenig/Loetz/Neumann*, Telekommunikationsrecht, 2004, S. 113, 117 f.; für das Energierecht *Franz J. Säcker*, Der Referentenentwurf zum Energiewirtschaftsgesetz, N&R 2004, S. 46 (48). Für die unterschiedlichen Ansätze und Governance-Strukturen von Wettbewerbsrecht und Regulierung auch *Masing*, 64. DJT (Fn. 294), S. D 48 ff.; *Jens Kersten*, Herstellung von Wettbewerb als Verwaltungsaufgabe, VVDStRL, Bd. 69 (2010), S. 288 (290 ff., 316 ff.).

[297] Ausführlich *Kühling*, Regulierung (Fn. 15), S. 31 ff. Auf die Besonderheiten der Märkte stellt auch ab *Benjamin Kneihs*, Das Regulierungsrecht – Eine neue rechtswissenschaftliche Kategorie?, ZÖR, Bd. 60 (2005), S. 1 (24 ff.).

[298] Vgl. §§ 1 f. TKG; 1 EnWG, sowie, etwas weniger ausdifferenziert, § 1 AEG.

[299] Siehe bes. deutlich für das Telekommunikationsrecht *Koenig/Loetz/Neumann*, Telekommunikationsrecht (Fn. 296), S. 75 f., 129 f.

[300] Während das Energierecht dabei die Ansätze einer grds. ausdifferenzierten Ordnung partiell umstellte, entwickelte das Eisenbahnrecht erst langsam ein differenziertes Regulierungsregime, hat aber mittlerweile hinsichtlich der Regelungsstruktur aufgeholt.

[301] Vgl. für das Eisenbahnrecht *Michael Fehling*, Zur Bahnreform, DÖV 2002, S. 793 (797 ff.); *Andreas Bartosch/Krzysztof Jaros*, Die Regulierung des Eisenbahnwesens in Deutschland, Wirtschaft und Wettbewerb 2005, S. 15 ff.; für das Energierecht *Gabriele Britz*, Markt(er)öffnung durch Regulierung, in: FS Friedrich v. Zezschwitz, 2005, S. 374 ff. Zur notwendigen jeweiligen Rückbindung der Regulierung an die Sachgegebenheiten der Bereiche *Thomas v. Danwitz*, Was ist eigentlich Regulierung?, DÖV 2004, S. 977 (980).

von einzelnen, unterschiedlichen technischen und ökonomischen Bedingungen unterliegenden, oftmals voneinander abhängigen Märkten und Teilmärkten auflösen, die zugleich in weiten Teilen von den ehemaligen Mono- oder Oligopolisten dominiert werden. Dies macht neben einer **Missbrauchskontrolle** über die **marktbeherrschenden Anbieter**[302] insbesondere eine fortlaufende **Beobachtung** und **Korrektur** von **Defiziten auf einzelnen Teilmärkten** erforderlich. Die funktionsfähigen Wettbewerb sichernden Regulierungen des Zugangs und der Entgelte einschließlich begleitender Desintegrationspflichten für Unternehmen sowie die gemeinwohlsichernden Vorgaben einer flächendeckenden Grundversorgung (Universaldienst) bilden entsprechend die zentralen Gegenstände, die in jüngster Zeit um den Netzausbau erweitert wurden.[303]

a) Funktionsfähigkeit und Nutzung der Netze (Zugang, Entgelte und Interoperabilität)

130   Die **Sicherung des Zugangs zu Engpassfaktoren** und der **Interoperabilität der Systemteile**[304] ermöglicht fairen Wettbewerb auf allen Teilmärkten und das reibungslose Zusammenspiel ihrer jeweiligen Komponenten. Den **zentralen Engpassfaktor** bildet hierbei regelmäßig das **Netz**. Es kann in vielen Bereichen wegen enormer Größenvorteile und weitgehend versunkener Kosten nicht wirtschaftlich vervielfältigt werden, ist aber zugleich für konkurrierende Teilnetze und eine Vielzahl vor- und nachgelagerter Märkte von essentieller Bedeutung.

131   In allen Bereichen wurde deshalb ein sektorspezifisches **Recht Dritter auf diskriminierungsfreien Zugang zu den Netzen** und teilweise auch anderen zentralen Einrichtungen verankert.[305] Für die Durchsetzung dieser (Mit-)Nutzungsrechte gab es zunächst unterschiedliche Mechanismen, sie folgt jetzt aber einer Grundstruktur.[306]

---

[302] Knapper Überblick bei *Christoph Enaux/Michael König*, Missbrauchs- und Sanktionsnormen in der GWB-Novelle, dem TKG und dem Entwurf zum EnWG, N&R 2005, S. 2 ff.

[303] So mit unterschiedlicher Schwerpunktsetzung und partiellen Ergänzungen letztlich übereinstimmend *Masing*, Grundstrukturen (Fn. 16), S. 1 ff.; differenziert auch *ders.*, 64. DJT (Fn. 294), S. D 20 ff.; *Kühling*, Regulierung (Fn. 15), S. 164 ff.; aus eher institutioneller Perspektive *Hans-Heinrich Trute*, Regulierung – am Bsp. des Telekommunikationsrechts, in: FS Winfried Brohm, 2002, S. 169 ff. S. auch *Ulrich Immenga*, Grenzen des Wettbewerbs auf deregulierten Märkten, in: Uwe Blaurock (Hrsg.), Grenzen des Wettbewerbs auf deregulierten Märkten, 1997, S. 73 ff.; vgl. zum Netzausbau *Joachim Scherer*, Neue Entwicklungen im Recht der regulierten Netzinfrastrukturen, NVwZ 2010, S. 1321 ff.

[304] Übergreifend dazu *Michael Fehling*, Mitbenutzungsrechte Dritter bei Schienenwegen, Energieversorgungs- und Telekommunikationseinrichtungen, AöR, Bd. 121 (1996), S. 59 ff.; *Kristina Schreiber*, Zusammenspiel der Regulierungsinstrumente in den Netzwirtschaften Telekommunikation, Energie und Eisenbahn, 2009.

[305] Etwa § 16 TKG und die weitgehenden Regelungen gegenüber Netzbetreibern mit beträchtlicher Marktmacht in § 21 TKG; §§ 13 Abs. 1, 14 AEG. Jenseits der sektorspezifischen Regulierung kann sich ein Zugangsanspruch aus § 19 Abs. 4 GWB ergeben.

[306] Das Energierecht setzte zunächst allein auf einen verhandelten und zu Recht als ineffizient und ineffektiv kritisierten Netzzugang und auch das Eisenbahnrecht sah lange eine behördliche Regulierung zumindest nur auf Antrag vor. (Zum Energierecht ausführlich *Schneider*, Liberalisierung [Fn. 14], S. 448 ff.; zur Regulierung im Eisenbahnbereich *Masing*, Grundstrukturen [Fn. 16], S. 11 ff., sowie zum Problem mangelnder ausdrücklicher Befugnisnormen im Eisenbahnrecht *BVerwG*, DÖV 1995, S. 198 [199]; auch *Thomas Schmitt/Erik Staebe*, Einführung in das Eisenbahn-Regulierungsrecht, 2010. In beiden Bereichen wurde die Regulierungsintensität erhöht und damit dem Bsp. des Telekommunikationsrechts gefolgt, das von Beginn an eine durchsetzungsfähige staatliche Regulierung bereithielt.

C. Hoheitlich regulierte gesellschaftliche Selbstregulierung

Die **Nutzungsrechte** werden durchweg in **privatrechtlichen Verträgen** realisiert und damit modellkonform primär den Verhandlungen auf dem Markt überlassen. **Gesetzliche Pflichten** zur Unterbreitung konkreter Angebote, die Möglichkeiten und Pflichten genereller behördlicher Konkretisierungen und einzelfallbezogener Anordnungen konkretisieren und effektivieren aber den allgemeinen Anspruch auf diskriminierungsfreien Zugang und erlauben insbesondere die Verhinderung von Missbrauch bei Unternehmen, die über besonders zentrale Engpassfaktoren (wie den Zugang zum Endnutzer) oder eine beträchtliche Marktmacht verfügen. Die notwendige Stufung der konkretisierenden Marktregulierung ist unterschiedlich ausgestaltet. So sieht das EnWG eine starke normative Verdichtung auf Verordnungsebene vor, die aber durch ausdrücklich vorgesehene „Festlegungen" der Bundesnetzagentur auch konzeptionell weiter konkretisiert wird. Das TKG stellt hingegen die flexible situative Konkretisierung in der individuellen Regulierungsverfügung ins Zentrum, die allerdings verfahrensrechtlich an Marktdefinition und Marktanalyse anschließt und in Konzepte eingebettet ist.[307]

Eine besondere wirtschaftliche Bedeutung kommt dabei der Regulierung der **132 Entgelte für den Zugang** zu.[308] Telekommunikations-, Energie- und Eisenbahnrecht haben hier detaillierte Regelungen getroffen, die aber in Maßstab und Verfahren variieren. Das TKG wählt den Maßstab der effizienten Leistungsbereitstellung, der auf die Kosten abstellt, die in einem funktionierenden Wettbewerb unabdingbar anfielen und ermittelt diese über die vorgelegten Kosteninformationen der Unternehmen sowie ggf. über die Analyse von Vergleichsmärkten und einem analytischen Kostenmodell. Für Betreiber öffentlicher Telekommunikationsnetze mit beträchtlicher Marktmacht ist eine ex-ante-Genehmigung vorgesehen, ansonsten eine nachträgliche Regulierung. Das EnWG sieht demgegenüber eine verordnungsrechtlich näher ausgestaltete Anreizregulierung vor, bei der jeweils für eine Regulierungsperiode Obergrenzen der zulässigen Netzzugangsentgelte bzw. der Gesamterlöse eines Netzbetreibers aus Netzzugangsentgelten auf der Grundlage von Effizienzvorgaben festgelegt werden. Dies bringt zunächst den Anreiz zu möglichst schnellen und hohen Effizienzsteigerungen mit sich, da eventuelle Gewinne in einer Regulierungsperiode einbehalten werden können und soll durch ein Nachziehen der Effizienzvorgaben in der folgenden Regulierungsperiode zu marktkonform sinkenden Entgelten führen. Das Eisenbahnrecht geht von den tatsächlichen Kosten plus Rendite aus, fordert aber insbesondere leistungsabhängige Bestandteile, die Anreize zur Angebotsverbesserung bieten (§§ 14 Abs. 4, 5 AEG, 21 Eisenbahninfrastruktur-Benutzungsverordnung [EIBV]). Ergänzend werden die Aushandlungen der Parteien im Telekommunikations- und Energiebereich erheblich dadurch erleichtert, dass

---

[307] Vgl. näher nur *Gabriele Britz*, Energie, in: Fehling/Ruffert (Hrsg.), Regulierungsrecht, § 9 Rn. 36 ff., 119 ff.; *Jens-Peter Schneider*, Telekommunikation, in: ebd., § 8 Rn. 11 ff., 41 ff.; *Martin Eifert*, Die gerichtliche Kontrolle der Entscheidungen der Bundesnetzagentur, ZHR, Bd. 174 (2010), S. 449 (470 f.). Zur Regulierungspraxis der Konzeptentwicklung im Wege von Konsultationsverfahren näher *Karsten Herzmann*, Konsultationen, 2010.

[308] Einen knappen Überblick bietet *Markus Ludwigs*, Maßstäbe und Methoden der Entgeltregulierung im Spiegel europa- und verfassungsrechtlicher Vorgaben, NVwZ 2008, S. 954 ff.; für die Sektoren *Britz*, Energie (Fn. 307), § 9 Rn. 51 ff.; *Schneider*, Telekommunikation (Fn. 307), § 8 Rn. 55 ff.; *Fehling*, Öffentlicher Verkehr (Fn. 262), § 10 Rn. 51 ff.; zur Anreizregulierung in der Energiewirtschaft ausführlich *Christian Theobald/Konrad Hummel/Peter Gussone/Diane Feller*, Anreizregulierung, 2008.

die Betreiber von Elektrizitätsversorgungsnetzen und von Telekommunikationsnetzen mit beträchtlicher Marktmacht dazu verpflichtet werden, Standardangebote für allgemein nachgefragte Leistungen zu veröffentlichen (§§ 23 TKG; 28 Stromnetzzugangsverordnung) und die Betreiber der Schienenwege Netznutzungsbedingungen veröffentlichen müssen (§ 4 EIBV).

b) Die transparenzsichernde Trennung der Regulierungsbereiche

133 Die Sicherung des diskriminierungsfreien Netzzugangs wird durch **Transparenz** gewährleistende Vorgaben für die Verselbstständigung des Netzbetriebs gegenüber anderen wirtschaftlichen Aktivitäten abgesichert („Unbundling"). Beim umfassenden (natürlichen) Monopol des Eisenbahnnetzes ist die Verselbstständigung mittels Verwaltung v.a. durch die eigenständige Aktiengesellschaft DB Netz (§ 2 DBGrG) sowie die Unabhängigkeitsvorgaben des § 9a AEG erfolgt und das AEG sieht ferner die Pflicht zur organisatorischen Trennung und getrennten Rechnungsführung bei Infrastruktur- und zugleich Verkehrsunternehmen vor – hinsichtlich der Rechungslegung auch im Verhältnis zu gemeinwirtschaftlichen Bereichen (§§ 9f. AEG). Im Energiebereich mit seinen räumlich begrenzten Netzmono- und -oligopolen sieht das Energiewirtschaftsgesetz für größere Versorger sowohl eine gesellschaftsrechtliche Trennung (Legal Unbundling, § 7 EnWG) als auch eine ergänzende, operationelle, personelle Verflechtungen und konzernrechtliche Einflussnahmen erfassende Trennung vor (operationelles Unbundling, § 8 EnWG), die durch eine informationelle Abschottung (informationelles Unbundling, § 9 EnWG) und Anforderungen an die interne Rechnungslegung (§ 10 EnWG) ergänzt werden.[309] Im Telekommunikationsbereich ist zwingend nur eine strukturelle oder buchhalterische Trennung des Telekommunikationsbereichs von staatlich privilegierten Tätigkeiten in anderen Sektoren vorgeschrieben (§ 7 TKG), eine buchhalterische Trennung für vertikal integrierte Betreiber von Telekommunikationsnetzen mit beträchtlicher Marktmacht aber zumindest auch in der Regel vorzuschreiben (§ 24 Abs. 1 TKG). Hinzu tritt hier noch die (horizontale) Pflicht zur organisatorischen Trennung zwischen Kabelfernseh- und Telekommunikationsnetz.[310]

134 Die Regelungen über das Unbundling müssen allerdings mit der **Netzzugangsregulierung** zusammen betrachtet werden. Insgesamt wird dabei deutlich, dass die Unbundling-Regulierung umso schwächer ausfallen kann, je intensiver die unmittelbare Regulierung des Netzzugangs ausfällt.[311] Sie verdeutlichen allerdings mit ihrer Reichweite in die Unternehmen hinein auch nochmals die enge regulatorische Umhegung dieser Märkte.

c) Sicherung einer Grundversorgung

135 Die grundsätzlich dem Markt überantwortete Bereitstellung der Leistungen wird regulatorisch durch ein verschieden ausgestaltetes **Auffangnetz** unterlegt,

---

[309] Vgl. näher *Winfried Rasbach*, Unbundling – Regulierung in der Energiewirtschaft, 2007. Das 3. Energiebinnenmarktpaket sieht grundsätzlich ein erheblich verschärftes Unbundling bis hin zur eigentumsrechtlichen Entflechtung vor. Bei der Umsetzung wird allerdings voraussichtlich in erheblichem Maße von den europarechtlich eingeräumten Bestandsschutzoptionen Gebrauch gemacht.
[310] Art. 8 WettbewerbsRL (RL 2002/77/EG v. 16. 9. 2002, ABl. EG 2002, Nr. L 249, S. 21).
[311] *Christian Koenig/Winfried Rasbach*, Trilogie komplementärer Regulierungsinstrumente: Netzzugang, Unbundling, Sofortvollzug, DÖV 2004, S. 733 (734ff.).

C. Hoheitlich regulierte gesellschaftliche Selbstregulierung

das eine **Grundversorgung** der Bevölkerung garantieren soll. Während im Energiesektor angesichts einer grundsätzlich bestehenden flächendeckenden Versorgung und weitgehend statischer Produkte eine allgemeine Anschlusspflicht für die zur allgemeinen Versorgung betriebenen Netze (§ 18 EnWG) sowie eine prinzipielle Grundversorgungspflicht des Energieversorgungsunternehmens, das die meisten Haushalte in einem bestimmten Netzgebiet versorgt (§ 36 EnWG), genügt, ist im Telekommunikations- und Eisenbahnbereich die Versorgungsmöglichkeit weniger selbstverständlich. In das Telekommunikationsgesetz wurde entsprechend ein Universaldienstregime integriert, das ggf. in einem mehrschichtigen Verfahren Versorgungslücken für dynamisch zu konkretisierende Grundleistungen schließt und dabei auf der letzen Stufe auch die hoheitliche Verpflichtung eines Unternehmens vorsieht, dessen finanzielle Mehrbelastung allerdings durch die in einer Verantwortungsgemeinschaft zusammengebundenen pflichtigen Unternehmen kompensiert wird (§§ 78 ff. TKG). In der Praxis trat bislang noch kein entsprechendes Marktversagen auf. Im Eisenbahnrecht ist die Stilllegung von Strecken und wichtigen Einrichtungen mit ergänzenden Informationen frühzeitig zu veröffentlichen und von einem erfolglosen Angebot an Dritte abhängig (§ 11 AEG). Gegen staatlichen finanziellen Ausgleich können den Unternehmen gemeinwirtschaftliche Lasten auferlegt oder Streckenstilllegungen aufgeschoben werden (§ 15 AEG). Für die Auswahl der Erbringer ist ausdrücklich auch die Ausschreibung zugelassen (§§ 11 Abs. 3, 15 Abs. 2 AEG).[312]

d) Regulierung als rechtlich angeleitete, marktbegleitende Gestaltungsaufgabe

Entscheidend für die Schnittstelle zwischen der hoheitlichen Regulierung und der Selbstregulierung des Marktes ist in diesen Bereichen dreierlei. Erstens bewegen sich insbesondere die Entscheidungen des Nutzungsregimes in enger Wechselwirkung zur Marktentwicklung und haben in besonderem Maße **gestaltenden Charakter**.[313] So beeinflusst etwa die Höhe der Zugangsentgelte maßgeblich die Rentabilität von Wettbewerbsangeboten auf vor- und nachgelagerten Märkten einerseits und die Wirtschaftlichkeit und Investitionsanreize der Netzbetreiber andererseits sowie schließlich die Wirtschaftlichkeitsgrenze zwischen einem Wettbewerb auf dem Netz und einem Wettbewerb der Netze.[314] Das Tele-

136

---

[312] Vgl. zu den Mechanismen der Grundversorgung näher *Britz*, Energie (Fn. 307), § 9 Rn. 92 ff.; *Schneider*, Telekommunikation (Fn. 307), § 8 Rn. 67 ff.; *Fehling*, Öffentlicher Verkehr (Fn. 262), § 10 Rn. 11 ff.; übergreifend *Michael Fehling*, Instrumente und Verfahren, in: ders./Ruffert (Hrsg.), Regulierungsrecht, § 20 Rn. 44 ff. Strittig ist allerdings, inwieweit auch eine Pflicht zur Ausschreibung besteht (Überblick über die bislang uneinheitliche vergaberechtliche Judikatur bei *Jana Essebier*, Für eine zwingende Ausschreibung von Schienennahverkehrsleistungen, N&R 2004, S. 59 [60 ff.]).

[313] Vgl. bereits zum TKG 1996 *Karl-Heinz Ladeur*, Regulierung nach dem TKG, K&R 1998, S. 479 (485 ff.); *Trute*, Regulierung (Fn. 303), S. 171 f.; *Martin Bullinger*, Regulierung als modernes Instrument zur Ordnung liberalisierter Wirtschaftszweige, DVBl 2003, S. 1355 (1358); demgegenüber zu wenig das proaktive, kontinuierlich aktivierte Gestaltungspotential insgesamt betrachtend *v. Danwitz*, Regulierung (Fn. 301), S. 981 ff.

[314] Vgl. allgemeiner zur Problematik der Marktgestaltung einerseits *Karl-Heinz Ladeur*, Innovation der Telekommunikation durch Regulierung, in: Wolfgang Hoffmann-Riem (Hrsg.), Innovation und Telekommunikation, 2000, S. 57 (70 ff.), der die positive Funktion der Regulierung unterstreicht und Vorschläge für Meta-Regeln macht und andererseits z. B. *Arnd Schebstadt*, Sektorspezifische Regulierung – Im Grenzgebiet zwischen Marktaufsicht und Marktgestaltung, WuW 2005, S. 6 ff., der die

kommunikationsrecht hat diesen dynamischen Marktbezug besonders deutlich aufgegriffen, indem es die Regulierungsentscheidungen nur noch begrenzt gesetzlich programmiert, ihnen dafür aber notwendig eine Marktdefinition und Marktanalyse vorlagert (§§ 10 f. TKG), die anlassbezogen oder periodisch zu überprüfen sind (§ 14 TKG).

137 Zweitens sind die Regulierungsentscheidungen wegen des prognostisch aufgeladenen Gestaltungspotentials, des multipolaren Charakters und ihrer Einbindung in multidimensionale Zielbündel mit erheblichen **Spielräumen** verbunden. Die Verbindung aus gestaltungsbezogener Aufgabe und gesetzlich offener Programmierung der Befugnisse weist der Bundesnetzagentur hier häufig auch die Aufgabe der Letztentscheidung zu.[315] Die entsprechend flexible, situative Rechtskonkretisierung muss durch Verfahrensregeln, Konzepte mittlerer Abstraktionshöhe und Modellbildungen angeleitet und für den Markt berechenbar gehalten werden. Auch hier hält das Telekommunikationsrecht mit dem Konsultationsverfahren vor dem Erlass einer Regulierungsverfügung, den Veröffentlichungspflichten im Rahmen der Entgeltregulierung oder der ausdrücklichen Heranziehung von Kostenmodellen im Rahmen der Entgeltverfahren sowie neuerdings auch ausdrücklichen Konzeptpflichten die am weitesten entwickelten Ansätze bereit.[316]

138 Drittens sind die regulatorischen Maßnahmen weitgehend auf das **Grundmodell des Wettbewerbs abgestimmt**.[317] Die Sicherung der Funktionsfähigkeit des Wettbewerbs soll möglichst Korrekturen des Marktergebnisses entbehrlich machen und die Interventionen sind möglichst marktkompatibel gehalten, etwa durch die Simulierung von Marktergebnissen. Auch soweit es um die Kompensation von Marktversagen geht, bilden der Universaldienstmechanismus des TKG wie das Ausschreibungsmodell des Eisenbahnrechts nur punktuelle, den Markt im Übrigen möglichst unangetastet lassende Instrumente.

3. Die institutionellen Besonderheiten

a) Verselbständigte Regulierungsbehörden

139 Mit der Entwicklung des sektorspezifischen Regulierungsrechts korrespondierte die Herausbildung **sektorspezifischer, verselbständigter Regulierungsbehörden,** nämlich des Eisenbahnbundesamtes[318] und der Regulierungsbehörde für Telekommunikation und Post (RegTP) als Bundesoberbehörden, die weitge-

---

prinzipielle Überlegenheit des Marktes betont. Zum parallelen Problem der sogenannten constructed markets in den USA *Masing,* Industries (Fn. 42), S. 596 f.

[315] Vgl. zu den Spielräumen für das Telekommunikationsrecht grds. *Ladeur,* Regulierung (Fn. 313), S. 480 ff. sowie *Trute,* Regulierung (Fn. 303), S. 172 ff.; für das Energierecht grds. zusammenfassend *Schneider,* Liberalisierung (Fn. 14), S. 531 f.; zur gegenwärtig heftig umstrittenen Reichweite der gerichtlichen Kontrolle nur *Klaus F. Gärditz,* „Regulierungsermessen" und verwaltungsgerichtliche Kontrolle, NVwZ 2009, S. 1005 ff.; *Eifert,* Kontrolle der Bundesnetzagentur (Fn. 307), S. 449 ff.

[316] In den anderen sektorbezogenen Gesetzen finden sich selbstverständlich auch einzelne ähnliche Elemente. Vor allem nimmt die Regulierungspraxis die Erfordernisse der Konzeptbildung auf. Vgl. zur entsprechenden Regulierungspraxis im Energierecht näher *Herzmann,* Konsultationen (Fn. 307). Vgl. grundsätzlich zu Konzeptpflichten näher Burkard Wollenschläger, Wissensgenerierung im Verfahren, 2009, S. 202 ff.

[317] Siehe als Bsp. nur den Vorrang des verhandelten vor dem angeordneten Netzzugang.

[318] Dazu näher *Studenroth,* Aufgaben (Fn. 306), S. 97 ff.

C. Hoheitlich regulierte gesellschaftliche Selbstregulierung

hend in der verselbständigten **Bundesnetzagentur** für Elektrizität, Gas, Telekommunikation, Post und Eisenbahnen als zentralem, umfassendem Regulierer der Netzwirtschaften aufgegangen sind.[319]

Sie sind bei der Liberalisierung aus der funktionalen Trennung unternehmerischer und hoheitlicher Aufgaben hervorgegangen und bilden das **institutionelle Gegenstück** der regulatorischen Marktbegleitung. Hier wird Sachverstand gebündelt, können Erfahrungen gesammelt und eine verstetigte, auf die Entwicklungen abgestimmte Regulierungspraxis ausgebildet werden. Entsprechend wurden Mechanismen der Selbst-, Fremd- und Parallelbeobachtung eingerichtet, so dass die Bundesnetzagentur informatorisch v. a. gegenüber Wissenschaft, Bundeskartellamt und anderen, auch ausländischen Regulierungsbehörden geöffnet ist, über Berichts- und Monitoringpflichten zu Beobachtung und Reflexion angehalten wird und ihr über die Monopolkommission als periodischer Berichterstatterin zur Entwicklung des Wettbewerbs in den Netzwirtschaften und die Einbindung in die Peer-Review der anderen nationalen Regulierungsbehörden eine produktive Perspektivenpluralität vermittelt wird.[320]

140

Die Verselbständigung der Regulierungsbehörde führt auch zu einer **Distanzierung von der politischen Ministerialverwaltung**.[321] Die notwendige Kontinuität der Marktbegleitung wird so im gesetz- und verordnungsrechtlichen Rahmen stärker an sachverständige Erwägungen als an politische Interventionen gebunden.[322] Der Grad der rechtlichen administrativen Verselbständigung der Bundesnetzagentur war lange umstritten.[323] Da die europäischen Vorgaben zunächst zurückhaltend waren, der institutionelle Gesetzesvorbehalt weisungsfreie Räume von einer gesetzlichen Grundlage abhängig macht und das TKG 2002 trotz des bekannten Streits ausdrücklich nur eine Veröffentlichungspflicht von Weisungen des übergeordneten BMWi vorsah (§ 117 TKG),[324] konnte wohl selbst für die Beschlusskammerverfahren trotz einer justizähnlichen Ausgestaltung und der Kollegialstruktur nicht von einer (Ministerial-)Freiheit gegenüber allgemeinen oder Einzelweisungen ausgegangen werden. Jetzt wird die Weisungsunabhängigkeit aber durch die neuen europäischen Richtlinien eingefordert.[325]

141

---

[319] → Bd. I *Wißmann* § 15 Rn. 70; s. rechtsvergleichend näher *Johannes Masing/Gérard Marcou* (Hrsg.), Unabhängige Regulierungsbehörden, 2010.

[320] Siehe näher *Britz*, Organisation und Organisationsrecht (Fn. 77), § 21 Rn. 32 ff.

[321] → Bd. I *Hoffmann-Riem* § 10 Rn. 53. Differenzierend, aber insgesamt skeptisch zur Reichweite der Unabhängigkeit solcher Behörden von den vorgesetzten Ministerien *Marian Döhler*, Das Modell der unabhängigen Regulierungsbehörde, DV, Bd. 34 (2001), S. 59 ff.

[322] Siehe näher zur Bedeutung dieser partiellen Entkopplung von Politik und Ministerialverwaltung *Hans-Heinrich Trute*, Gemeinwohlsicherung im Gewährleistungsstaat, in: Schuppert/Neidhardt (Hrsg.), Gemeinwohl (Fn. 225), S. 329 (335 ff.).

[323] Siehe für eine weitgehende Unabhängigkeit *Klaus Oertel*, Die Unabhängigkeit der Regulierungsbehörde, 2000, S. 348 ff.; *Jens-Peter Schneider*, Flexible Wirtschaftsregulierung durch unabhängige Behörden im deutschen und britischen Telekommunikationsrecht, ZHR, Bd. 164 (2000), S. 513 (536 ff.); kritisch etwa *Bullinger*, Regulierung (Fn. 313), S. 1360.

[324] Die Begründung nimmt hierbei ausdrücklich auch auf Beschlusskammerverfahren und Einzelweisungen Bezug (BTDrucks 15/2316 v. 9. Januar 2004, S. 98); § 61 EnWG beschränkt sich hingegen auf die Verpflichtung zur Veröffentlichung allgemeiner Weisungen des BMWi.

[325] → Bd. I *Trute* § 6 Rn. 61; *Kersten*, Wettbewerb (Fn. 296), S. 328 ff. Zu den europäischen Vorgaben kritisch *Markus Ludwigs*, Die Bundesnetzagentur auf dem Weg zur Independent Agency?, DV, Bd. 44 (2011), S. 41 ff.

b) Regulierung im institutionellen Verbund

142 Die sektorspezifische Marktbegleitung steht in enger inhaltlicher Verbindung zu den grundsätzlich unberührt bleibenden allgemeinen **kartellrechtlichen Vorschriften** und die wettbewerbsrechtlichen Befugnisse des Bundeskartellamts (und der Europäischen Kommission) bestehen grundsätzlich neben den spezifischen Befugnissen der Bundesnetzagentur fort (§§ 2 Abs. 3 TKG; 14b Abs. 2 AEG; differenzierend 111 EnWG).[326] Auf eine notwendige Harmonisierung zielen wechselseitige Informationspflichten und Verfahrensbeteiligungen, die im Telekommunikations- und Energiebereich für die zentralen Marktregulierungen sogar ein Einvernehmen der Behörden vorschreiben. Die **Parallelität der Regulierungsregimes** soll die Konsistenz fördern und eine eventuelle spätere Überführung der sektorspezifischen Regulierung in die allgemeine Kartellaufsicht erleichtern. Nochmals ergänzt um die periodischen Berichte der Monopolkommission (§§ 62 EnWG; 121 Abs. 2 TKG; 36 AEG) sichert sie aber auch eine **Perspektivenpluralität auf die Marktentwicklung** und wirkt damit den Gefahren eines zunehmenden Selbstbezugs wie einer zu starken Annäherung an die Interessen der Regulierten **(capture)** entgegen.[327]

143 Neben diesem Kooperationsverhältnis zum Bundeskartellamt besteht eine weitreichende Einbindung in einen **europäischen Regulierungsverbund.** Sie entwickelte sich zunächst im Telekommunikationsrecht und seinem Konsolidierungsverfahren mit der zwingenden Verfahrensbeteiligung der anderen nationalen Regulierungsbehörden und der Europäischen Kommission, den Berücksichtigungspflichten ihrer Stellungnahmen und Veto-Rechten der Kommission bei Abweichungen von deren Marktfestlegungen oder Zweifeln an der Europarechtskonformität.[328] Mittlerweile haben sich die Verbundstrukturen in die anderen Netzwirtschaften ausgedehnt und mit den europarechtlich geschaffenen sektoralen europäischen Gruppen der Regulierer auch noch einen wichtigen institutionellen Baustein erhalten.[329]

---

[326] Zum Verhältnis des GWB zum Sonderkartellrecht der Regulierungsverwaltung und den verschiedenen Positionen der Lit. zusammenfassend *Gunther Kühne*, Das Verhältnis von allgemeinem und sektorspezifischem (Sonder-)Kartellrecht, in: FS Ulrich Immenga, 2004, S. 243 (248 ff.); *Markus Wagemann*, Zum Verhältnis von Regulierungs- und Kartellrecht, in: Jörn Lüdemann (Hrsg.), Telekommunikation, Energie, Eisenbahn, 2008, S. 53 ff.

[327] Näher *Wolfgang Hoffmann-Riem/Martin Eifert*, Regelungskonzepte des Telekommunikationsrechts, in: Hoffmann-Riem (Hrsg.), Telekommunikation (Fn. 314), S. 9 (45 ff.). Zur Gefahr des Selbstbezugs näher *Paul A. Cammack*, The New Institutionalism: Predatory Rule, Institutional Persistence and Macro-social Change, Economy and Society, Bd. 21 (1992), S. 397 ff., und zur capture grundlegend *Marver H. Bernstein*, Regulating Business by Independent Commission, 1955. Die zunächst unterkomplexen Erklärungsmuster sind mittlerweile in der allgemeinen Public Choice Theorie aufgegangen. Eine kritische Auseinandersetzung aus europäischer Perspektive bei *Gunnar Folke Schuppert*, Verselbständigte Verwaltungseinheiten, 1981, S. 341 ff., und *Ogus,* Regulation (Fn. 129), S. 57 ff., 94 f.

[328] *Karl-Heinz Ladeur/Christoph Möllers*, Der europäische Regulierungsverbund der Telekommunikation im deutschen Verwaltungsrecht, DVBl 2005, S. 525 ff.; zu den Fragen der vertikalen Verteilung der Regulierungskompetenzen näher *Jörn Lüdemann*, Wettbewerb und Regulierung in der Telekommunikation, in: ders. (Hrsg.), Telekommunikation (Fn. 326), S. 69 (81 ff.).

[329] Näher *Gabriele Britz*, Vom Europäischen Verwaltungsverbund zum Regulierungsverbund?, EuR 2006, S. 46 ff.; allgemein näher → Bd. I *Schmidt-Aßmann* § 5 Rn. 26.

D. Gesellschaftliche Selbstregulierung

I. Konzeption und Grundformen

Während staatliche Regulierung durch spezifische, politisch gesetzte und rechtlich gewonnene Zweckverfolgung gekennzeichnet ist, die sich unmittelbar in der hoheitlichen Regulierung oder mittelbar in der Überdetermination gesellschaftlicher Handlungsrationalitäten bei der regulierten Selbstregulierung niederschlägt, ist die gesellschaftliche Selbstregulierung durch das **Fehlen** eines solchen **politisch vorgegebenen, konkreten Zwecks** gekennzeichnet. Um dies auch begrifflich auszudrücken, wird sie teilweise in Abgrenzung zur Regulierung bewusst als Selbstregelung bezeichnet.[330] **144**

Gesellschaftliche **Selbstregulierung** ist durch die Herausbildung kollektiver Ordnung durch individuelle Freiheitsausübung unter Nutzung diffusen Wissens gekennzeichnet und erfolgt typischerweise zur **Realisierung privater Interessen**.[331] Sie hat ihren **Ausgangspunkt** in normativen, verfassungsrechtlich über die Grundrechte verbürgten **Freiheitsforderungen,** die allerdings nicht nur Selbstzweck sind, sondern sich auch mit ökonomischen Annahmen über damit verbundene gesamtgesellschaftliche Wohlfahrtssteigerungen und dem Wissen um die überlegene Innovationskapazität der so ermöglichten dezentralen Experimentier- und Suchprozesse verbinden.[332] **145**

Sie kennt insofern keine „Anwendungsfelder", sondern bildet die Grundeinstellung der verfassungsrechtlichen Freiheitsordnung, kann allerdings umso stärker **regulatorisch überformt** werden, umso höher der Sozialbezug des konkreten Freiheitsgebrauchs ist, umso weniger sie dabei aus sich heraus einen angemessenen Ausgleich der verschiedenen Interessen erwarten lässt und umso eher das staatlich gesammelte und verarbeitete Wissen dem diffusen gesellschaftlichen Wissen überlegen ist.[333]

Gesellschaftliche Selbstregulierung schließt die Verwirklichung von Gemeinwohlbelangen nicht aus, knüpft sie aber typischerweise an einen **privaten Nutzen.** So bilden sich in der Privatwirtschaft zahlreiche, auf den Schutz öffentlicher Interessen bezogene Verhaltenskodizes heraus, die oftmals auch nicht unter dem Eindruck drohender Regulierung erfolgen.[334] Ihre Verbreitung hängt jedoch **146**

---

[330] *Renate Mayntz,* Politische Steuerung: Aufstieg, Niedergang und Transformation einer Theorie, in: dies., Soziale Dynamik und politische Steuerung, 1997, S. 263 (278).

[331] Siehe auch *Schmidt-Preuß,* Selbstregulierung (Fn. 144), S. 163: Verfolgung von Privatinteressen in Wahrnehmung grundrechtlicher Freiheit zum legitimen Eigennutz, der dabei allerdings neben den zentralen Freiheitsgebrauch nicht zwingend gegebene bestimmte Interessen und Zwecke setzt.

[332] → Bd. I *Masing* § 7 Rn. 21 ff. Grundlegend für die Betonung des gesellschaftlichen Wissens gegenüber dem beschränkten staatlichen Wissen sind die Arbeiten *v. Hayeks.* Siehe etwa *Friedrich A. v. Hayek,* Die Anmaßung von Wissen, in: ders., Die Anmaßung von Wissen, Tübingen 1996, S. 3 (13 ff.); noch pointierter *ders.,* Die drei Quellen der menschlichen Werte, ebd., S. 37 (61); rechtswissenschaftlich fruchtbar gemacht v. a. von *Karl-Heinz Ladeur,* Negative Freiheitsrechte und gesellschaftliche Selbstorganisation, 2000.

[333] Zum Vergleich der Wissensbasis *Karl-Heinz Ladeur,* Kritik der Abwägung in der Grundrechtsdogmatik, 2004, S. 76 ff.

[334] S. nur *OECD* (Hrsg.), Corporate Responsibility: Private Initiatives and Public Goals, 2001; *Ronald Köpke/Wolfgang Röhr* (Hrsg.), Codes of Conduct. Verhaltensnormen für Unternehmen und ihre

§ 19 Regulierungsstrategien

stark von den Vermarktungsmöglichkeiten eines entsprechenden Engagements durch Imagegewinne oder andere Unternehmensvorteile ab.[335]

147 Die typischen **Grundformen gesellschaftlicher Ordnungsbildung** durch individuellen Freiheitsgebrauch bilden der **Markt** und die **Organisation**.[336] Während der Markt eine punktuelle Interaktion auf begrenzter Informationsgrundlage darstellt, die sich durch hohe Flexibilität und dezentrale Koordination auszeichnet, ist die Organisation gerade eine auf Dauer gestellte Kooperation auf einer breiteren Informationsgrundlage. Zwischen beiden Grundformen **liegen Netzwerkstrukturen,** die vor allem versuchen, die Flexibilität des Marktes mit dem breiteren Informationsaustausch der Organisation produktiv zu verknüpfen,[337] und quer zu diesen Formen liegt die gesellschaftliche Regelbildung[338], über die in erster Linie die Erwartungen bei den je verschiedenen Interaktionsformen stabilisiert werden. Alle diese Ordnungsmuster treten in der Wirklichkeit in vielfältig kombinierter, auf die jeweiligen Problemlagen eingestellter Form auf (z.B. agieren auf vielen Märkten Unternehmen als integrierte Organisationen unter Beachtung marktüblicher, teilweise in Verbändekodizes konkretisierter Regeln). Die Neue Institutionenökonomik hat hier den Blick dafür geschärft, dass insbesondere die informatorischen Bedingungen eines vollkommenen Marktes nur höchst selten vorliegen und deshalb auch das je effizienteste institutionelle Arrangement höchst unterschiedlich ausgestaltet sein kann.[339]

II. Recht als Grundlage und Funktionssicherung gesellschaftlicher Ordnungsbildung

148 Alle diese Ordnungsmuster bedürfen mehr oder minder ausgeprägt rechtlicher Grundlagen, die teilweise bereits in verfassungsrechtlichen Ausgestaltungsvorbehalten angelegt und in Regelungen des einfachen Rechts umgesetzt sind.[340] Der **Markt** setzt rechtliche Leistungen voraus, die von der eigentumsbegründenden Zuteilung von Verfügungsrechten über die Regeln des Güter- und Leistungsaustausches bis zur geordneten Durchsetzung der jeweiligen Ansprüche und Gestaltungsrechte reichen. Und die auf Dauer gestellten **Kooperationsverhältnisse** bedürfen ebenso rechtlich bereitgestellter Organisationsformen

---

Überwachung, 2003. Eine freiwillige Koordination ohne Regulierungsdruck liegt etwa im Bereich transnationaler sozialer Verantwortung vor.

[335] Siehe für die sozialen Mindeststandards *Eva Kocher,* Unternehmerische Selbstverpflichtungen zur sozialen Verantwortung, RdA 2004, S. 27 (30). Für Umweltstandards *Martin Herberg,* Re-Embedding the Disembedded, Soziale Welt 56 (2005), 399 ff.

[336] Nicht berücksichtigt wird hier insbesondere die Familie, die aber als weitere autonome Grundform angesehen werden kann.

[337] Vgl. nur die Sammelbände *Patrick Kenis/Volker Schneider* (Hrsg.), Organisation und Netzwerk, 1996, und *Mark Ebers* (Hrsg.), The Formation of Inter-Organizational Networks, 1997, sowie mit Blick auf die staatliche Regulierung *Martin Eifert,* Innovationen in und durch Netzwerkorganisation, in: ders./Wolfgang Hoffmann-Riem (Hrsg.), Innovation und rechtliche Regulierung, 2002, S. 88 ff.

[338] Ausführlich *Gregor Bachmann,* Private Ordnung. Grundlagen ziviler Regelsetzung, 2006, S. 89 ff.

[339] Vgl. nur *Richter/Furubotn,* Institutionenökonomik (Fn. 268), S. 354 ff.

[340] Die verfassungsrechtlichen Ausgestaltungsvorbehalte umfassen v.a. die Eigentumsgarantie (*BVerfGE* 61, 82 [100 ff.]) und die Vereinigungsfreiheit (*BVerfGE* 50, 290 [354 f.]). S. allgemein nur *Christian Bumke,* Der Grundrechtsvorbehalt, 1998, S. 180 ff.; *Hesse,* Grundzüge, Rn. 303 ff.

(Unternehmen) oder zumindest eines Vertragsrechts wie die Netzwerke und die verbandlichen Zusammenschlüsse, in denen auch meist die Erarbeitung von Regelwerken erfolgt. Hier wird die **Bereitstellungsfunktion des Rechts** aktiviert.[341]

Das Recht sichert auch die nachhaltige **Funktionsfähigkeit dieser Ordnungen.** 149

Der Markt muss durch das Kartellrecht gegenüber seinen Selbstaufhebungstendenzen geschützt werden und ein publifiziertes Privatrecht sichert die formalen Voraussetzungen eines effizienten Güter- und Leistungsaustauschs und stützt damit das allgemeine Vertrauen in das Funktionssystem ab.[342] Funktionssicherung des Marktmechanismus und Regulierung wegen Marktversagens gehen hier ineinander über, wobei letztere hier regelmäßig nicht auf behördliche, sondern auf privat initiierte, dezentrale gerichtliche Kontrolle setzt. Auch das Organisationsrecht erfordert begleitende rechtliche Sicherungen, etwa zur Verhinderung des Missbrauchs der von ihm eingeräumten Machtpositionen.

Die notwendige rechtliche Verfasstheit und Funktionssicherung der gesell- 150
schaftlichen Selbstregelung machen deutlich, dass auch dieser Bereich nicht durch das Fehlen jeder staatlichen Zweckverfolgung gekennzeichnet ist, sondern nur durch einen anderen Bezug des staatlich gesetzten Zwecks. Bei der Schaffung einer rechtlichen Infrastruktur geht es um die Ermöglichung und ggf. **Sicherung von gesellschaftlicher Ordnungsbildung,** die aber zunächst indifferent gegenüber den damit verfolgten Zwecken und konkreten Ergebnissen ist.[343] Der staatliche Regulierungsansatz zielt demgegenüber unmittelbar auf einen inhaltlichen politischen Gestaltungsanspruch in Bezug auf positive materielle Zustände.

Diese Abgrenzung ist schwierig und kann schon wegen der uneindeutigen Differenzierung zwischen dem (unmittelbaren) Zweck und eventuell mittelbar ebenfalls angestrebten Zwecken wohl nicht völlig scharf gezogen werden. Sie erscheint dennoch sinnvoll, weil sie nicht nur einer zentralen theoretischen Linie der Regulierungsdiskussion entspricht,[344] sondern auch Bezug zu rechtlichen Differenzierungen, wie etwa zwischen Grundrechtseingriff und -ausgestaltung, hat.[345]

---

[341] Der Begriff wurde von *Gunnar Folke Schuppert* für das Verwaltungsrecht hinsichtlich der Verfahren und Strukturen zur angemessenen Wahrnehmung von Verwaltungsaufgaben geprägt, ist aber bereits dort auf Verallgemeinerung angelegt (*Gunnar Folke Schuppert*, Verwaltungsrechtswissenschaft als Steuerungswissenschaft. Zur Steuerung des Verwaltungshandelns durch Verwaltungsrecht, in: Hoffmann-Riem/Schmidt-Aßmann/Schuppert [Hrsg.], Reform, S. 65 [96 ff.]). → Bd. I *ders.* § 16 Rn. 10 ff.

[342] Zum prekären Vertrauen und seinem Schutz *Helge Rossen-Stadtfeld,* Das Wissen der „Wissensgesellschaft", KritV 1999, S. 223 (229 ff.).

[343] Hier lässt sich aber fragen, inwieweit in der sich schnell wandelnden Gesellschaft der Organisationen funktionale Äquivalente zu diesen überkommenen Regeln notwendig werden, um den Meta-Zweck der Produktivität der Erzeugung von Neuem angemessen abzusichern (dazu näher v. a. *Ladeur*, Negative Freiheitsrechte [Fn. 332], S. 171 ff.; *ders.,* Die rechtswissenschaftliche Methodendiskussion und der gesellschaftliche Wandel, RabelsZ 64 [2000], S. 60 [88 ff.]).

[344] Vgl. v. a. die Unterscheidung in der Konzeption von *Friedrich A. v. Hayek,* Arten von Ordnung, in: ders., Recht, Gesetzgebung und Freiheit, Bd. 1, 1980, S. 32 ff.

[345] Allenfalls eine Indizwirkung können hierbei allerdings formale Unterscheidungen haben, wie die in der kartellrechtlichen Lit. verbreitete adressatenbezogene Unterscheidung zwischen allgemein gültigen Regelungen und der Regulierung, die spezielle Sektoren oder Gruppen betrifft (vgl. *Basedow*, Wirtschaftsregulierung [Fn. 36], S. 4; *Möschel,* Regulierung [Fn. 47], S. 278). Denn hier kann es auch nur um die Reaktion auf spezifische Funktionserfordernisse besonderer Märkte gehen.

III. Insbesondere: Informationsniveau und Vertrauensinfrastruktur

151 Einen zentralen, auf der Grenze zwischen allgemeiner rechtlicher Infrastruktur und staatlicher Regulierung liegenden Ansatz bildet hierbei die **Herstellung eines hohen Niveaus spezifischer Informationen.** Hierauf zielen rechtliche Vorschriften zur verpflichtenden **Offenlegung bestimmter Informationen** (von den vielfältigen Produktkennzeichnungen bis zur organisationsbezogenen Veröffentlichung der Nichteinhaltung des [privaten] Corporate Governance-Kodex gem. § 161 AktG), die Förderung **neutraler Informationsquellen** wie Stiftung Warentest und staatlicherseits als Option bereitgestellte **organisatorische Infrastrukturen vertrauenswürdiger Dritter.** Bei den zuletzt genannten bildet der Staat einen Vertrauensanker, indem er selbst oder unter seiner Aufsicht stehende Dritte Bescheinigungen ausstellen und über diesen Einsatz eigener Vertrauenswürdigkeit Privaten die Herstellung glaubhafter Informationen über sich selbst oder ihre Produkte ermöglichen. Die Mechanismen reichen dabei von der öffentlichen Bestellung von Sachverständigen über rechtlich ausgestaltete Bescheinigungsverfahren im Rahmen produkt- oder organisationsbezogener Gütesiegel bis zu eigenen Zertifizierungsangeboten staatlicher Stellen wie z.B. dem Bundesamt für Sicherheit in der Informationstechnik.[346]

152 Die Informationen zielen auf eine **Weiterverarbeitung** in den gesellschaftlichen Selbstregulierungsmechanismen, insbesondere im Markt, und hängen in ihren Wirkungen entsprechend davon ab, inwieweit sie nach deren Relevanzkriterien und Funktionsbedingungen bedeutsam sind. Sie **entschärfen** damit das **Wissensproblem** und über die Möglichkeit der **graduellen Wirkungsabstufung** auch das **Entscheidungsproblem** des Staates über wünschenswerte Zustände, etwa hinsichtlich des Einsatzes der Gentechnik bei der Lebensmittelproduktion oder die Einhaltung der Corporate Governance Grundsätze.[347] Auf der anderen Seite müssen aber auch damit verbundene **Funktionsgrenzen** beachtet werden. So kann etwa die Produktinformation nicht einfach auf eine umfassende Konsumentensouveränität vertrauen, sondern muss mit einberechnen, dass die Verbraucher in ihren Möglichkeiten der Informationsverarbeitung höchst begrenzt sind und nur wenige Produktmerkmale gegeneinander abwägen können.[348]

---

[346] Siehe beispielhaft zur öffentlichen Bestellung Sachverständiger § 36 GewO; für ein produktbezogenes Gütesiegel der blaue Engel (näher *Stefanie Neveling,* Produktinnovation durch Umweltzeichen, 2000); als organisationsbezogenes Gütesiegel die Bescheinigungsverfahren gem. § 19 Vergabe-VO (näher *Jan Boyk,* Das Bescheinigungsverfahren für Sektorenauftraggeber, EuZW 1996, S. 555 ff.) bzw. für Entsorgungsfachbetriebe nach der EfbV, sowie das oben ausgeführte Öko-Audit und zum breiten Einsatz in einem Politikfeld *Franz Reimer,* Das Informationsmodell im Energieeffizienzrecht am Beispiel der PkW-Energieverbrauchskennzeichnung, in: Gabriele Britz/Martin Eifert/ders. (Hrsg.), Energieeffizienzrecht, 2010, S. 253 ff.

[347] Vgl. zu den Beispielsbereichen nur *Gregor Bachmann,* Der „Deutsche Corporate Governance Kodex", WM 2002, S. 2137 ff.; *Michael Weiß,* Hybride Regulierungsinstrumente, 2011; *Helge Rossen-Stadtfeld,* Was darf man wissen? – „Novel-food" – Kennzeichnung und die Meinungsbildungsfreiheit des mündigen Marktbürgers, in: Marion Albers/Manfred Heine/Georg Seyfarth (Hrsg.), Beobachten – Entscheiden – Gestalten, 2000, S. 37 ff.

[348] Zu den Funktionsbedingungen des Ansatzes *Martin Eifert/Peter Figge,* Produktbezogener Umweltschutz durch (ökologische) Produktkennzeichnung?, ZAU, Bd. 8 (1995), S. 360 ff.

E. Regulatory Choice

Die Regulierungsdiskussion zielt auf einen Baukasten („toolbox") verfügbarer Regulierungsarrangements und damit auf eine lange Zeit unterentwickelte[349] **rationale Auswahlentscheidung** hinsichtlich der Modi staatlicher Aufgabenerfüllung.[350] Diese Entscheidung kann hinsichtlich der rechtlichen Regelungsformen im Anschluss an Gunnar Folke Schuppert[351] als „Regulatory Choice" bezeichnet werden. Sie weist bei der Formulierung von Regulierungsstrategien erhebliche Überschneidungen und Wechselwirkungen mit den Auswahlentscheidungen hinsichtlich der eingesetzten Instrumente und der angestrebten Organisation auf, die unter den Bezeichnungen „Instrumental Choice" und „Organizational Choice" / „Institutional Choice" bekannt sind.[352]

153

I. „Gute Regulierung" als Ziel der Regulatory Choice

Das Ziel dieser Auswahlentscheidung bildet eine möglichst **angemessene** und **effektive staatliche Aufgabenwahrnehmung,** deren vielfältige Elemente sich im Begriff der **„Guten Regulierung"/„Besseren Regulierung"**[353] als Komplementärbegriff zum „Guten Regieren" (Weißbuch der EG-Kommission zum Europäischen Regieren)[354] und der „Guten Verwaltung" (Art. 41 der Europäischen Grundrechts-Charta) bündeln lassen.

154

Dabei handelt es sich um ein **normatives,** aber über die rechtlichen Anforderungen hinausgehendes **Ziel.** In der internationalen Diskussion stehen Rechenschaft („accountability"), Transparenz, angemessene Verfahren mit Partizipationsmöglichkeiten, demokratisch legitimierte Steuerung, Sachverstand, Effektivität und Effizienz sowie Evaluationsmechanismen im Zentrum der nor-

155

---

[349] Siehe *Gerd Schmidt-Eichstaedt*, Pointierte Zusammenfassung: Unter welchen Voraussetzungen erfüllen Gesetze ihren Zweck?, in: Hagen Hof/Gertrude Lübbe-Wolff (Hrsg.), Wirkungsforschung zum Recht I, 1999, S. 617 ff., 623.

[350] Bes. deutlich die anglo-amerikanische Lit.: *Ogus,* Regulation (Fn. 129), S. 337 ff.; *Breyer,* Regulation (Fn. 9), S. 184 ff.; *Ayres/Braithwaite,* Regulation (Fn. 23), S. 4 ff. und *OECD,* Regulatory Policies (Fn. 34), S. 27 ff., 74 ff. Hinsichtlich der deutschen Steuerungsdiskussion konstatiert hingegen *Nicolai Dose,* Trends und Herausforderungen der politischen Steuerungstheorie, in: Edgar Grande/Rainer Prätorius (Hrsg.), Politische Steuerung und neue Staatlichkeit, 2003, S. 19 ff., 37 f. scharf, aber tendenziell zutreffend eine Unfähigkeit, Aussagen zu regulierungstechnischen Aspekten von Steuerung zu treffen.

[351] *Schuppert*, Staatswissenschaft, S. 591 ff.; *ders.,* Selbstregulierung (Fn. 140), S. 223 ff.

[352] Siehe *Schuppert,* Staatswissenschaft, S. 593, und *Renate Mayntz,* Political Intentions and Legal Measures: The Determinants of Policy Decisions, in: Terence Daintith (Hrsg.), Law as an Instrument of Economic Policy, 1988, S. 283 ff.; zur Organisationswahlentscheidung ausführlich *Schuppert,* Choice (Fn. 49), S. 647 ff.; *Nikolaus Müller,* Rechtsformenwahl bei der Erfüllung öffentlicher Aufgaben, 1993; → Bd. I *Schuppert* § 16 Rn. 174 ff.

[353] *Baldwin/Cave,* Regulation (Fn. 4), S. 76 ff.; Allgemein zur bislang eher vermiedenen Verwendung von „gut" im rechtlichen Kontext *Wolfgang Hoffmann-Riem,* Gutes Recht in einer guten Gesellschaft, in: Jutta Allmendinger, Gute Gesellschaft?, Verhandlungen des 30. Kongresses der Deutschen Gesellschaft für Soziologie in Köln 2000, 2001, S. 87 ff. Den fortlaufenden Optimierungsanspruch dokumentiert die verwandte Begriffsverwendung der „Better Regulation" (vgl. nur *Robert Baldwin*, Better Regulation: The Search and the Struggle, in: ders./Cave/Lodge (Hrsg.), Oxford Handbook (Fn. 21), S. 259 ff.; *Kai Wegrich,* Das Leitbild „Better Regulation", 2011).

[354] Siehe die N. in → Fn. 84; zu den europäischen Initiativen einer besseren Regulierung nur *Claudio Radaelli/Frabrizio De Francesco,* Regulatory Quality in Europe, 2007; *Wegrich,* „Better Regulation" (Fn. 353), S. 73 ff.

mativen Parameter. Sie werden entweder aus grundlegenden Teilelementen von Demokratie und Rechtsstaatlichkeit in einer Art Dekonstruktion dieser rechtlichen Prinzipien[355] oder aus der Aggregierung empirischer Ergebnisse über zustimmungsfähige Konzepte der Regulierung und damit aus einer Normativierung des Faktischen abgeleitet und als primär politische Anforderungen verstanden.[356]

156 Neben den begrenzten rechtlichen Vorgaben wird die Auswahlentscheidung entsprechend vor allem durch **politische Faktoren** bestimmt. Der internationale **Wettbewerb zwischen den Staaten**[357] um Image und Produktionsfaktoren wird hier immer wichtiger und führt zu wechselseitigen Prozessen der Imitation und des Lernens.[358] Die internationale Verbreitung von Regulierungsansätzen wird von den internationalen Organisationen und anderen Akteursnetzwerken durch Verfahren des benchmarking und der best-practice-Darstellung befördert und als **„governance by diffusion"** bezeichnet. Auf der EG-Ebene werden ebenfalls zunehmend Strategien der (bloßen) Zielformulierung und weichen Implementierung mittels Monitoring und Informationsaustauschen eingesetzt,[359] doch erfolgt auch weiterhin in gemeinschaftlich geprägten Politikfeldern, wie etwa dem Umweltrecht, zugleich ein **Wettbewerb innerhalb der europäischen Institutionen** um die Durchsetzung der je verschiedenen Regulierungsstile.[360] Insgesamt wird eine verstärkte Nutzung der sogenannten Koregulierung[361] als eine zwar an bestimmte Funktionsbedingungen geknüpfte, grundsätzlich aber weiter ausbaubare Option betont.[362] Auch auf der nationalen Ebene kommen **Leitbildern** wie dem „aktivierenden Staat" oder dem „kooperativen Staat" eine hohe Bedeutung zu, weil sie mit einem übergreifenden Staatsverständnis die Orientierung einer verstärkt politisierten Ministerialbürokratie[363] vorprägen und so die Grundrichtung für die Auswahlentscheidung und den Instrumententransfer anleiten – bis vor kurzer Zeit besonders zugunsten einer möglichst weitgehenden Verantwortungsteilung zwischen Staat und Gesellschaft.[364]

---

[355] So das Weißbuch der EG-Kommission, Europäisches Regieren (Fn. 84), S. 13 ff.

[356] Besonders deutlich bei *Baldwin/Cave*, Regulation (Fn. 4), S. 76 ff., aber auch *OECD*, Regulatory Policies (Fn. 34), S. 74 ff.

[357] Ausführlich dazu *Veith Mehde*, Wettbewerb zwischen den Staaten, 2005.

[358] Vgl. *David P. Dolowitz/David Marsh*, Learning from Abroad: The Role of Policy Transfer in Contemporary Policy Making, Governance, Bd. 13 (2000), S. 5 ff.; und speziell für das Umweltrecht *Helge Jörgens*, Governance by Diffusion. Implementing global Norms through Cross-national Imitation and Learning, in: William M. Lafferty (Hrsg.), Governance for Sustainable Development, 2004, S. 246 ff.

[359] S. *Adrienne Héritier*, New Modes of Governance in Europe, 2002, S. 3 ff. Zur ebenfalls steigenden Bedeutung nicht-bindender Rechtsakte *Armin v. Bogdandy/Felix Arndt/Jürgen Bast*, Legal Instruments in European Union Law and their Reform, Yearbook of European Law, Bd. 23 (2004), S. 91 (111 ff.). Zu Ansätzen von Lernmechanismen vgl. *Martin Eifert*, Europäischer Verwaltungsverbund als Lernverbund, in: Indra Spiecker gen. Döhmann/Peter Collin (Hrsg.), Generierung und Transfer staatlichen Wissens im System des Verwaltungsrechts, 2008, S. 149 ff.

[360] Siehe beispielhaft für die regulative Politik im Umweltbereich *Adrienne Héritier/Susanne Mingers/Christoph Knill/Martina Becka*, Die Veränderung von Staatlichkeit in Europa, 1994, S. 194 ff.

[361] Deren Grundgedanken decken sich weitgehend mit dem Konzept der regulierten Selbstregulierung.

[362] Siehe Weißbuch der EG-Kommission, Europäisches Regieren (Fn. 84), S. 6, 27 f.

[363] Siehe nur *Ralf Tils*, Politische Logik administrativen Handelns, in: Grande/Prätorius, Politische Steuerung (Fn. 350), S. 83 ff.

[364] Zum Leitbild des aktivierenden Staates *Schuppert*, Selbstregulierung (Fn. 140), S. 248 f. und zu Staatsbildern allgemeiner *Andreas Voßkuhle*, Der Dienstleistungsstaat, Der Staat, Bd. 40 (2001), S. 495 ff.; → Bd. I *Voßkuhle* § 1 Rn. 40 ff., 63 ff.

E. Regulatory Choice

Noch offen ist, inwieweit die übergreifenden normativen politischen Konzepte wieder in **rechtliche Vorgaben** gegossen werden. Das in Art. 41 der EU-Grundrechtscharta verankerte „**Recht auf gute Verwaltung**" hat sich zunächst auf die Festlegung anerkannter rechtsstaatlicher Mindeststandards beschränkt, hält mit dem weiten Begriffshof seiner Überschrift aber zugleich das Potential für eine darüber hinausgehende Weiterentwicklung bereit.[365] Und auch die nationale Ebene ist bislang eher durch Zurückhaltung geprägt.[366] **157**

II. Begrenzte rechtliche Steuerung der Entscheidung

Die regulatorische Auswahlentscheidung umfasst letztlich einen ganzen **Katalog von Einzelwahlentscheidungen,** die von der Grundfrage, ob überhaupt reguliert werden soll, über die Auswahl der staatlichen Ebene, der normenhierarchischen Regelungsebene, der Regelungsreichweite und -dichte, der Form der Programmierung bis zum Regelungsansatz und seinem entsprechenden Instrumentarium reicht.[367] Die Abschichtung dieser Entscheidungsdimensionen zielt jedoch nur auf eine bessere analytische Erfassung des Problems, da sie hinsichtlich der konkreten Regulierungsarrangements teilweise in engen Wechselwirkungen zueinander stehen und in anderen Teilen indifferent sind. Hier können diese Fragen nicht alle beleuchtet werden, sondern soll entsprechend dem Schwerpunkt der vorangegangen Darstellung neben der Instrumentenausgestaltung vor allem die Bedeutung und Zuordnung staatlicher und gesellschaftlicher Problemlösungskapazitäten in den Vordergrund gestellt werden, da sie zum zentralen Unterscheidungsmerkmal unterschiedlicher Regulierungsstile wurde und als Leitfrage zahlreiche Einzelprobleme durchzieht.[368] **158**

Die Auswahlentscheidung zwischen den verschiedenen Regulierungsansätzen und -ausgestaltungen obliegt zentral dem **europäischen und nationalen Gesetzgeber.** Dabei ist er hinsichtlich der Auswahl der staatlichen und Regelungsebenen an die Kompetenz- und Funktionenordnung des primären Gemeinschafts- und nationalen Verfassungsrechts gebunden, hinsichtlich der hier behandelten Leitfrage und meist auch der konkreten Instrumentengestaltung aber rechtlich **eher schwach gesteuert.** **159**

1. Europarechtliche Vorgaben

Das europäische **Primärrecht** ist gegenüber den Modi hoheitlicher Aufgabenwahrnehmung indifferent. Hinsichtlich der **Leistungserbringung** hat es in seiner Binnenmarktorientierung zwar ein traditionelles Bias zugunsten privater Leistungserbringung auf Wettbewerbsmärkten (vgl. nur Art. 119 Abs. 1 AEUV).[369] Dieses hat sich nach der Liberalisierung und Harmonisierung **160**

---

[365] Siehe näher *Martin Bullinger,* Das Recht auf eine gute Verwaltung nach der Grundrechtscharta der EU, in: FS Winfried Brohm, 2002, S. 25 ff.; im Ansatz auch *Jill Wakefield,* The Right to Good Administration, 2007, S. 92, ohne aber im weiteren konkrete Rechtspflichten abzuleiten.
[366] → Rn. 161 ff.
[367] Hierzu und zum Folgenden näher *Schuppert,* Staatswissenschaft, S. 594 ff.
[368] Vgl. *Pierre/Peters,* Governance (Fn. 21), S. 203 ff.
[369] Vgl. allgemein etwa *Wolfgang Weiß,* Privatisierung und Staatsaufgaben, 2002, S. 348 ff.; *Kämmerer,* Privatisierung (Fn. 19), S. 90 ff. Sekundärrechtlich gibt es vereinzelt ausdrückliche Bezugnahmen

der großen, netzgebundenen Wirtschaftszweige und der Stärkung gemeinwohlorientierter Leistungen („service public") durch Art. 14 AEUV aber in der Rechtspraxis deutlich relativiert. Mittlerweile steht primär- wie sekundärrechtlich vor allem eine wettbewerbs- und beihilferechtlich gestützte, möglichst klare **Abschichtung von marktmäßig im Wettbewerb erbrachten Leistungen** einerseits **und politisch definierten** sowie anderweitig **finanzierten Leistungen** andererseits im Zentrum.[370] Deshalb werden in liberalisierten Märkten die Universaldienste von den Wettbewerbsmärkten getrennt, zunehmend Leistungen im öffentlichen Interesse einem öffentlichen wie privaten Unternehmen offen stehenden Ausschreibungswettbewerb unterworfen, öffentliche und mit Dienstleistungen von allgemeinem wirtschaftlichen Interesse betraute Unternehmen zur Transparenz verpflichtet und genaue staatliche Definitionen solcher Dienstleistungen verlangt.[371] Diese Abschichtung hat den Vorteil hoher Transparenz, setzt aber eine zwar meist, aber nicht immer gegebene Trennbarkeit der Leistungen voraus.[372]

2. Verfassungsrechtliche Direktiven und gesetzliche Einzelregelungen

161 Bei den nationalen **Verfassungsvorgaben** gibt es ebenfalls keine „Meta-Regeln", die die Auswahlentscheidung in der Zuordnung staatlicher und privater Regulierungsanteile allgemein vorprägen.[373] Hier hat auf der einen Seite bereits die Privatisierungsdiskussion gezeigt, dass die Wahrnehmung öffentlicher Aufgaben allenfalls in Kernbereichen notwendig dem Staat vorbehalten ist.[374] Und selbst **grundrechtliche Schutzpflichten** verlangen nur eine hohe tatsächliche Effektivität der Schutzgewährung, nicht aber notwendig eine hoheitliche Regulierung.[375] Auf der anderen Seite ist der Staat aber auch nicht rechtlich verpflichtet, generell vorrangig Regulierungsansätze mit möglichst weitgehender Einbindung Privater zu wählen. Auch das für einen Vorrang kooperativer Aufgabenwahrnehmung häufig angeführte **Verhältnismäßigkeitsprinzip**[376] kann hiefür nicht herangezogen werden. Denn die Intensität des Grundrechtseingriffs regulatorischer Maßnahmen hängt gerade im Kooperationsbereich der regulier-

---

auf private Lösungen wie Selbstverpflichtungen, denen aber kein Vorrang gegenüber hoheitlichen Maßnahmen zugewiesen wird (vgl. Art. 15 Abs. 1, Abs. 3 lit. b), Art. 17 i. V. m. Anhang VIII der Ökodesign-RL (Fn. 210).

[370] Siehe auch *Martin Burgi*, Verwalten durch öffentliche Unternehmen im europäischen Institutionenwettbewerb, VerwArch, Bd. 93 (2002), S. 255 (262 ff.); *Franzius*, Gewährleistung (Fn. 257), S. 364 ff.

[371] Siehe insgesamt näher *Markus Krajewski*, Grundstrukturen des Rechts öffentlicher Dienstleistungen, 2011, S. 321 ff.

[372] Die Trennung ist in dieser Form nicht möglich bei bloß qualitativen Unterschieden der formal gleichen Leistung, wie z. B. im Rundfunkbereich.

[373] Siehe näher *Kämmerer*, Privatisierung (Fn. 19), S. 174 ff.; *Voßkuhle*, Regelungsstrategien (Fn. 107), S. 63 ff.

[374] Siehe statt vieler die Referate über die „Privatisierung von Verwaltungsaufgaben" von *Lerke Osterloh* und *Hartmut Bauer*, VVDStRL, Bd. 54 (1995), S. 204 ff., 243 ff., sowie *Schoch*, Privatisierung (Fn. 132), S. 962 ff.

[375] Siehe *Christian Calliess*, Rechtsstaat und Umweltstaat, 2001, S. 574 ff. Die verbreitete Beschränkung einer regulierten Selbstregulierung auf den Vorsorgebereich ist deshalb in dieser generellen Form nicht haltbar (vgl. auch *Lübbe-Wolff* [Fn. 49], S. 51 m. Fn. 36; *Faber*, Selbstregulierungssysteme [Fn. 201], S. 280 ff.).

[376] Siehe nur *Schmidt-Preuß*, Selbstregulierung (Fn. 144), S. 170 f.

E. Regulatory Choice

ten Selbstregulierung so sehr von der je konkreten Ausgestaltung ab, dass eine generalisierte Betrachtungsweise nicht möglich ist. Und angesichts der Komplexität der Wirkungsbedingungen kooperativer Arrangements kommt dem Gesetzgeber hinsichtlich der Eignung ohnehin eine weite Einschätzungsprärogative zu.[377]

Auch **einfachgesetzlich** gibt es nur wenige generelle Vorgaben für die Aufgabenteilung zwischen Staat und Privaten. Den breitesten Anwendungsbereich haben hier noch die **Haushalts-** und **Gemeindeordnungen.** Die Haushaltsordnungen (vgl. nur § 7 Abs. 1 S. 2 BHO) verpflichten im Rahmen der Wirtschaftlichkeit und Sparsamkeit auch zur Prüfung, inwieweit wirtschaftliche Tätigkeiten durch Ausgliederung und Entstaatlichung oder Privatisierung erfüllt werden können und lenken damit insbesondere die Aufmerksamkeit verstärkt auf diese Optionen. Eine gleichgerichtete, aber härtere Steuerung erfolgt über die Gemeindeordnungen, die die wirtschaftliche Tätigkeit der Kommunen nur zulassen, wenn der verfolgte öffentliche Zweck nicht besser und wirtschaftlicher **(einfache Subsidiaritätsklausel)** oder ebenso gut und wirtschaftlich **(verschärfte Subsidiaritätsklausel)** durch Private erfüllt werden kann und diese Prüfung häufig durch prozedurale Vorgaben näher ausgestalten.[378] Daneben gibt es im **Sozialrecht** die **Subsidiarität** staatlicher Eigeneinrichtungen und die Aufträge zur Zusammenarbeit mit den freien Trägern (§§ 4f. SGB XII), aber bereits für den Umweltbereich hat sich das Kooperationsprinzip nicht zu einer rechtlichen Maßgabe verdichtet.[379] Nur vereinzelt finden sich Ansätze zur Beförderung eines kooperativen Verwaltungshandelns.[380]

162

Die **Ausgestaltung der Regulierungsansätze** wird in differenzierter Form durch Demokratie- und Rechtsstaatsgebot sowie die Grundrechte angeleitet.[381] Neben den oben bereits im jeweiligen Kontext spezifizierten Vorgaben, die allerdings vor allem im Bereich der regulierten Selbstregulierung meist erhebliche Spielräume funktional äquivalenter Ausgestaltungen erlauben,[382] lassen sich nur einige generelle Linien ziehen, die allerdings eher **verfassungsrechtliche Ausgestaltungsdirektiven** als -gebote markieren:[383] So wäre zu erwägen, aus dem

163

---

[377] Vgl. deutlich *Voßkuhle,* Beteiligung (Fn. 18), S. 297f.; ferner etwa *Michael,* Gewalt (Fn. 198). S. 369f. bezüglich Selbstverpflichtungen.

[378] Vgl. nur den Überblick bei *Alexander Schink,* Wirtschaftliche Betätigung kommunaler Unternehmen, NVwZ 2002, S. 129ff.; *Burgi,* KommunalR, § 17 Rn. 37ff.

[379] Dazu *Hans-Werner Rengeling,* Das Kooperationsprinzip im Umweltrecht, 1988; *Peter M. Huber* (Hrsg.), Das Kooperationsprinzip im Umweltrecht, 1989, und für eine jüngere Bilanz die Beiträge in: ZUR 2001, Heft 1. Auch die vorsichtigen Vorschläge des Professorenentwurfs des UGB zur Präferierung kooperativer Ansätze wurden schon im anschließenden Kommissionsentwurf nicht mehr weitergeführt (vgl. § 6 UGB AT [allerdings auch die teilweise einschränkende Begründung, S. 164] und dann § 7 UGB-KomE mit der Begründung auf S. 457ff.); → Bd. I *Schulze-Fielitz* § 12 Rn. 71ff.; weitergehend aber *BVerfGE* 98, 83 (98ff.); 98, 106 (120ff.).

[380] Vgl. z. B. § 8 BNatSchG mit der Prüfpflicht hinsichtlich eines Verwaltungsvertrages.

[381] → Bd. I *Schmidt-Aßmann* § 5 Rn. 49ff.

[382] Siehe zu den Anforderungen näher *Klaus Lange,* Staatliche Steuerung durch offene Zielvorgabe im Lichte der Verfassung, VerwArch, Bd. 82 (1991), S. 1ff., sowie *Hans-Heinrich Trute,* Verantwortungsteilung als Schlüsselbegriff eines sich verändernden Verhältnisses von öffentlichem und privatem Sektor, in: Schuppert (Hrsg.), Privatisierung (Fn. 107), S. 13 (31ff.).

[383] Hier zeigt sich die verhaltensbezogene Perspektive des Regulierungsansatzes, die nicht primär auf eine Zuordnung zum Begriffspaar rechtmäßig/rechtswidrig zielt (vgl. zur Differenzierung zwischen verhaltens- und rechtsaktsbezogener Perspektive der Verwaltungsrechtswissenschaft grundlegend *Christian Bumke,* Relative Rechtswidrigkeit, 2004, S. 255ff.).

rechtsstaatlichen Rationalitätsgebot[384] und den einzelnen spezifischen verfassungsrechtlichen Verboten einer **Vermischung von Steuerungsansätzen**[385] behutsam einen allgemeinen **Grundsatz** der **Steuerungstransparenz** zu entwickeln. Bei der Ausgestaltung der Regulierungsregimes sollte jedenfalls deutlich zwischen **Gewährleistungs- und Instrumentenebene getrennt** werden, um für die verfassungsrechtliche Bewertung und einfachgesetzliche Interpretation an den Grad der staatlichen Verantwortungsübernahme anschließen zu können und bei den Instrumenten eine Vermischung von Prüfungsmaßstab und -gegenstand zu verhindern.[386] Daran anknüpfend muss die Aufgabenverantwortung des Staates aus rechts- wie demokratiestaatlichen Gründen mit seiner Steuerungskapazität korrespondieren, gegen die wiederum angemessene Rechtsschutzmöglichkeiten der Bürger bestehen müssen. Die für diesen Zusammenhang zentrale normative **Frage der Zurechnung** ist allerdings bei den komplexen Steuerungsmechanismen der regulierten Selbstregulierung noch sehr umstritten.[387] Ferner sollten die Verfolgung konfligierender Ziele innerhalb der Instrumente (vgl. die Umweltbeauftragten) vermieden und beim Einsatz verschiedener Instrumente Verzahnungen und Abschichtungen statt einer bloßen Kumulation angestrebt werden, um die Eignung zur Zielerreichung zu optimieren und die Belastungen auf das Erforderliche zu begrenzen.[388] Und schließlich bietet sich häufig eine Ausgestaltung der Regulierung an, die zunächst erhebliche Freiräume belässt, aber bereits Stufen zunehmender staatlicher Intervention für die Fälle ihrer unangemessenen Ausfüllung vorstrukturiert.[389]

3. Binnenrechtliche Steuerung der politischen Entscheidung

164 Die letztlich in hohem Maße politische Entscheidung über die Regulierungsregimes[390] wird aber vor allem für die Regierungsarbeit durch **binnenrechtliche Regelungen vorstrukturiert**. Die GGO der Bundesministerien sieht für die Gesetzesvorlagen der Bundesregierung zahlreiche Verfahrens- und Begründungspflichten vor, die insbesondere auf eine Darstellung der Gesetzesfolgen und eine Einbindung der zentralen betroffenen Verbände zielen. Auf dieser Ebene erfolgt auch eine Förderung der Ansätze regulierter Selbstregulierung. Denn in der Be-

---

[384] Im Rahmen der Gesetzesbestimmtheit zur Ausgestaltung staatlicher Regulierung auch *BVerfGE* 108, 52 (75 ff.).

[385] So das Bepackungsverbot des Haushaltsrechts (Art. 110 Abs. 4 GG) und das Verbot aus Art. 5 Abs. 1 S. 2 GG, über die Gebührenregelung auf die allgemeine Rundfunkordnung zuzugreifen (*BVerfGE* 90, 60 [94 ff.]).

[386] Siehe zum Problem für die kommunalen Infrastrukturaufgaben nur *Gabriele Britz*, Kommunale Gewährleistungsverantwortung, DV, Bd. 37 (2004), S. 145 ff. Dabei bleibt zu beachten, dass das materielle Entscheidungsprogramm sowie Organisations- und Verfahrensregeln durchaus in Wechselwirkung treten können (s. nur *Georg Hermes*, Folgenberücksichtigung in der Verwaltungspraxis und in einer wirkungsorientierten Verwaltungsrechtswissenschaft, in: Schmidt-Aßmann/Hoffmann-Riem [Hrsg.], Methoden, S. 359 [380 ff.]) und deshalb die Gewährleistungsebene nicht allein eine Frage des materiellen Rechts ist.

[387] Siehe für je verschiedene Punkte *Trute*, Selbstregulierung (Fn. 107), S. 952 ff., 957 ff.; *Schmidt-Preuß*, Selbstregulierung (Fn. 144), S. 189 f.; *Michael*, Gewalt (Fn. 198), S. 342 ff., 353 ff., 356 ff.; *Martin Schulte*, Schlichtes Verwaltungshandeln, 1995, S. 92 ff.

[388] Einen entsprechenden Ansatz bietet etwa das Abstimmungsgebot des § 23 Abs. 3 KrwG-E (Fn. 99).

[389] Siehe ausführlich *Ayres/Braithwaite*, Regulation (Fn. 23).

[390] Vgl. dazu ausführlich *Schuppert*, Gesetzgebung (Fn. 126), S. 14 ff.; *Helmuth Schulze-Fielitz*, Theorie und Praxis parlamentarischer Gesetzgebung, 1988, S. 393 ff.

gründung der Gesetzesvorlagen muss unter Beachtung eines konkreten Prüfkataloges ausdrücklich dargestellt werden, ob auch eine Aufgabenerledigung durch Private in Betracht kommt und ob verwaltungsrechtliche Pflichten nicht auch durch rechtliche Selbstverpflichtungen ersetzt werden können.[391]

III. Methoden und Verfahren der Entscheidungsfindung

Die regulatorische Auswahlentscheidung kann rational nur auf der Grundlage einer Evaluation bestehender und einer begründeten Prognose hinsichtlich alternativer Ansätze getroffen werden. Der Erarbeitung dieser Entscheidungsgrundlage dienen zahlreiche Ansätze auf europäischer und nationaler Ebene zur (ex-ante) Folgenabschätzung und laufenden Evaluation von Rechtsetzung und Regulierungspraxis. Auf nationaler Ebene finden sich vor allem die Ansätze der GGO der Bundesministerien, die auf der nochmals konkreteren Ebene der Handbücher und Empfehlungen weiter ausdifferenziert wurden. Dabei lassen sich **Verfahrenregelungen** und der Einsatz analytischer Instrumente wie der Kosten-Nutzen-Analyse ausmachen.[392] **165**

Während Erstere eher auf eine Erhöhung der Legitimation zielen, dienen Letztere eher einer gesteigerten analytischen Rationalität. Beide Elemente besitzen zwar begrenzte wechselseitige **Kompensationspotentiale,** sind aber zugleich auch aufeinander angewiesen. Die analytischen Instrumente kommen in ihren Prämissen nicht ohne Dezision aus, die einer Legitimation durch Verfahren bedarf, wohingegen ein diskursiv angelegtes Verfahren thematischer Kristallisationskerne bedarf, die besonders gut durch analytische Ergebnisse geschaffen werden können. Deshalb verbinden sich typischerweise im Instrument der **Gesetzesfolgenanalyse** auch beide Elemente.[393] Für die sehr ausdifferenzierte Prüfung regulatorischer Maßnahmen in den USA lässt sich etwa gut zeigen, dass die Parameter der Kosten-Nutzen-Analyse (z. B. Wert eines Menschenlebens) nur mit verfahrensrechtlicher Abstützung festgelegt werden und die umfassenden Beteiligungsverfahren durch die analytische Informationsbasis rationalisiert werden. **166**

Ausgewählte Literatur

Ayres, Ian/Braithwaite, John, Responsive Regulation, New York 1992.
Bachmann, Gregor, Private Ordnung. Grundlagen ziviler Regelsetzung, Tübingen 2006.
Baldwin, Robert/Cave, Martin, Understanding Regulation, Oxford 1999.
Baldwin, Robert/Cave, Martin/Lodge, Martin (Hrsg.), The Oxford Handbook of Regulation, Oxford 2010.

---

[391] § 43 Abs. 1 Nr. 3, 4 GGO Bundesministerien m. Anlage 5.
[392] Siehe näher statt vieler: *Jörg Ennuschat,* Wege zu besserer Gesetzgebung – sachverständige Beratung, Begründung, Folgenabschätzung und Wirkungskontrolle, DVBl 2004, S. 986 ff., für die analytischen Instrumente nur *Michael Fehling,* Kosten-Nutzen-Analyse als Maßstab für Verwaltungsentscheidungen, VerwArch, Bd. 95 (2004), S. 443 ff.; für die europäische Ebene *Anne C. M. Meuwese,* Impact Assessment in EU Lawmaking, 2008; Überblick zur fortgeschrittenen amerikanischen bzw. britischen Diskussion *W. Kip Viscusi,* Regulating the Regulators, Chicago Law Review 1996, S. 1423 ff.; *Baldwin,* Better Regulation (Fn. 353), S. 263 ff.
[393] Siehe umfassend *Carl Böhret/Götz Konzendorf,* Handbuch Gesetzesfolgenabschätzung (GFA), 2001; → Bd. I *Voßkuhle* § 1 Rn. 34 ff.

Breyer, Stephen, Regulation and its Reform, Cambridge (Mass.) 1982.
Buck-Heeb, Petra/Dieckmann, Andreas, Selbstregulierung im Privatrecht, Tübingen 2010.
Czada, Roland/Lütz, Susanne/Mette, Stefan, Regulative Politik. Zähmung von Markt und Technik, Opladen 2003.
Donahue, John D./Zeckhauser, Richard J., Collaborative Governance, Princeton 2011.
Di Fabio, Udo, Verwaltung und Verwaltungsrecht zwischen gesellschaftlicher Selbstregulierung und staatlicher Steuerung, VVDStRL, Bd. 56 (1997), S. 235–274.
Fehling, Michael/Ruffert, Matthias (Hrsg.), Regulierungsrecht, Tübingen 2010.
Francis, John, The Politics of Regulation, Oxford 1993.
Franzius, Claudio, Gewährleistung im Recht, Tübingen 2009.
Grimm, Dieter (Hrsg.), Staatsaufgaben, Frankfurt 1996.
– (Hrsg.), Wachsende Staatsaufgaben – sinkende Steuerungsfähigkeit des Rechts, Baden-Baden 1990.
Gusy, Christoph (Hrsg.), Privatisierung von Staatsaufgaben. Kriterien – Grenzen – Folgen, Baden-Baden 1998.
Hill, Herman/Hof, Hagen (Hrsg.), Wirkungsforschung zum Recht II, Baden-Baden 2000.
Hof, Hagen/Lübbe-Wolff, Gertrude (Hrsg.), Wirkungsforschung zum Recht I, Baden-Baden 1999.
Hoffmann-Riem, Wolfgang, Verwaltungsrechtsreform – Ansätze am Beispiel des Umweltschutzes –, in: Hoffmann-Riem/Schmidt-Aßmann (Hrsg.), Reform, S. 115–175.
– Öffentliches Recht und Privatrecht als wechselseitige Auffangordnungen – Systematisierung und Entwicklungsperspektiven, in: Hoffmann-Riem/Schmidt-Aßmann (Hrsg.), Auffangordnungen, S. 261–336.
– Tendenzen der Verwaltungsrechtsentwicklung, DÖV 1997, S. 433–442.
–/*Schneider, Jens-Peter* (Hrsg.), Verfahrensprivatisierung im Umweltrecht, Baden-Baden 1996.
Kersten, Jens, Herstellung von Wettbewerb als Verwaltungsaufgabe, VVDStRL, Bd. 69 (2010), S. 288–334.
Kingreen, Thorsten, Governance im Gesundheitsrecht. Ein Beitrag zur Bedeutung der Referenzgebiete für die verwaltungsrechtswissenschaftliche Methodendiskussion, DV, Bd. 42 (2009), S. 339–375.
Koenig, Klaus/Benz, Angelika (Hrsg.), Privatisierung und staatliche Regulierung, Baden-Baden 1997.
Kühling, Jürgen, Sektorspezifische Regulierung in den Netzwirtschaften, München 2004.
Lange, Stefan/Braun, Dietmar, Politische Steuerung zwischen System und Akteur, Opladen 2000.
Lepsius, Oliver, Steuerungsdiskussion, Systemtheorie und Parlamentarismuskritik, Tübingen 1999.
Lübbe-Wolff, Gertrude, Instrumente des Umweltrechts – Leistungsfähigkeit und Leistungsgrenzen, in: Gesellschaft für Umweltrecht (Hrsg.), Dokumentation zur 24. wissenschaftlichen Fachtagung der Gesellschaft für Umweltrecht e. V., 2001, S. 29–92.
Masing, Johannes, Soll das Recht der Regulierungsverwaltung übergreifend geregelt werden?, Gutachten D zum 66. Deutschen Juristentag Stuttgart 2006, München 2007.
Majone, Giandomenico, From the Positive to the Regulatory State: Causes and Consequences of Changes in the Mode of Governance, Journal of Public Policy, Bd. 17 (1997), S. 139–167.
Müller, Markus M./Sturm, Roland, Ein neuer regulativer Staat in Deutschland? Die neuere Theory of the Regulatory State und ihre Anwendbarkeit in der deutschen Staatswissenschaft, StWStP, Bd. 9 (1998), S. 507–534.
OECD, Regulatory Policies in OECD Countries. From Interventionism to Regulatory Governance, Paris 2002.
Ogus, Anthony, Regulation: Legal Form and Economic Theory, Oxford 1994 (neu aufgelegt 2004).
Regulierte Selbstregulierung als Steuerungskonzept des Gewährleistungsstaates, DV, Beiheft 4, 2001.
Schmidt-Aßmann, Eberhard, Regulierte Selbstregulierung als Element verwaltungsrechtlicher Systembildung, in: Regulierte Selbstregulierung als Steuerungskonzept des Gewährleistungsstaates, DV, Beiheft 4, 2001, S. 253–271.
Schmidt-Preuß, Matthias, Verwaltung und Verwaltungsrecht zwischen gesellschaftlicher Selbstregulierung und staatlicher Steuerung, VVDStRL, Bd. 56 (1997), S. 160–234.
Schneider, Jens-Peter, Liberalisierung der Stromwirtschaft durch regulative Marktorganisation, Baden-Baden 1999.
Schuppert, Gunnar Folke (Hrsg.), Jenseits von Privatisierung und „schlankem Staat", Baden-Baden 1999.
– Governance-Forschung, Baden-Baden 2005.
Trute, Hans-Heinrich, Die Verwaltung und das Verwaltungsrecht zwischen gesellschaftlicher Selbstregulierung und staatlicher Steuerung, DVBl 1996, S. 950–964.
Voßkuhle, Andreas, Beteiligung Privater an der Wahrnehmung öffentlicher Aufgaben und staatliche Verantwortung, VVDStRL, Bd. 62 (2003), S. 266–335.

Sach- und Personenregister

Die Angaben beziehen sich auf die Paragraphen dieses Werkes (halbfett) und die dazugehörigen Randnummern (mager).

Aarhus-Konvention 5 48a, **7** 93a, 94
– Prozeduralisierung **4** 54
Ablauforganisation 10 24, **14** 16
→ Verwaltungsorganisationsrecht
– NSM **13** 30
Absolutismus
– aufgeklärter **2** 18ff.
  – Ablehnung der Gewaltenteilung **8** 4, 9
  – Kameralwissenschaft **2** 18
  – Vereinigung der Herrschaftsgewalt **8** 4
Abwägung 2 110, **3** 25, **10** 58, *83ff.*, **12** 10
→ Ermessen, → Kontrolldichte
– ~sausfall, ~sdefizit, ~sfehleinschätzung, ~sdisproportionalität **10** 97
– ~sfähige Positionen und Gesichtspunkte **10** 58
– ~sjurisprudenz **2** 120
– ~sstaat **4** 9
– Bindungen **10** 60, 123
– Ermessen und Beurteilungsspielraum **4** *20f.,* **10** 66, *73ff.,* 83ff.
– Gemeinwohl **12** 21
– planerische ~ → planerische Abwägung
– Prinzipientheorie **4** 8ff., **6** 16
– verfassungsrechtlich geprägte ~ **17** 52
Adenauer, Konrad, Ära Adenauer **2** 100
Administrative Court 10 8
Administrativnormen → Exekutivrechtsetzung
Administrativrecht 2 4ff.
Adressatentheorie, sog. 7 111 → subjektives öffentliches Recht
AEUV 17 31
AG 13 48, **16** 189 → Privatisierung
– Steuerbarkeit **6** 75, **13** 77ff., **16** 189
– Vorbild für die Treuhandanstalt **16** 125
Agenturen → Bundesagentur für Arbeit, → Bundesnetzagentur
– Europäische Verwaltung **5** *23,* 36, **13** 24, 72
  → Europäischer Verwaltungsverbund,
  → Verwaltungsinstanzen der EU
  – als Rechtsträger **13** 45
  – Euratom-Versorgungsagentur **13** 24
  – Europol **13** 109
  – Exekutiv~ **5** 23, **6** *106,* **13** 75
  – Informations~ **10** 136
  – institutionelle Verzahnung mit den Mitgliedstaaten **8** 70, **10** 24 Fn. 155, **13** 72
  – Kohärenzsicherung **10** 53b

– Kompetenz zur Gründung **5** 23, **13** 37
– Legitimation **6** *106ff.*
– Regulierungs~ → Regulierungsagenturen
– Typologie **10** 53a
– Umweltagentur, Europäische **10** 136
– Finanzmarktaufsichtsagentur **6** 109
– Freistellung von Aufsicht **10** 53a
– nationale ~, Netzwerk **5** 26f., **6** 111
Akkreditierung 19 *82ff.*
– ~srat **16** 173k
– Hochschulbereich **16** 173jff.
– institutionelle ~ **16** 173k
– Programm~ **16** 173k
– Regulierung **19** 91ff.
Akteneinsicht, Rechtsstaatsprinzip **7** 53
Akteure
– administrative ~ **10** 16ff. → Verwaltung
  – Eigenrationalitäten **10** 52
  – Regelungskonzepte **10** 122
– intermediäre ~ **10** 18, **12** 159, **13** 88, 93f., **14** 30
  → Hybridisierung
  – demokratische Legitimation **6** 93
  – institutional choice: Sektorwahl **16** 180
– private ~ **10** 18
  – Eigenrationalitäten **10** 52, *108*
  – Rolle der Verwaltung **10** 139
Aktiengesellschaft → AG
Aktionsplan
– im Umweltrecht **4** 22
– Anspruch auf Aufstellung **7** 93
Aktuar 19 104f., 109
– als intermediärer Akteur **10** 18
AKV-Prinzip 1 *53,* **13** 31 → Neues Steuerungsmodell (NSM)
Akzeptabilität/Akzeptanz 10 58
– hoheitlicher Regulierung **19** 26
– interne ~ gesetzlich vorgegebener Organisationseinheiten **19** 105
– Legitimation und ~ **5** 58, **6** 53
– regulierter Selbstregulierung **19** 54, 59
– Steuerung **4** 41
Alexy, Robert 4 9
allgemeine Rechtsgrundsätze → Rechtsgrundsätze, allgemeine
allgemeines Verwaltungsrecht → Verwaltungsrecht, allgemeines
Allgemeinheit des Gesetzes 9 21, 102

Halbfette Zahl = §§; magere Zahl = Rn.; kursive Zahl = Hauptfundstelle; → = s./s. auch   1395

Allgemeinheit, Gesetzgebung und ~ **8** 47
Allgemeinwohl → Gemeinwohl
Allzuständigkeit des Staates **11** 71, **15** 10
Alternativenprüfung 4 67 a
Alternativlosikeit als Bedrohung für die Demokratie **5** 92, 96
Amt 14 38
– gleicher Zugang **7** 118
– im dienstrechtlichen Sinn **14** 38
– im haftungsrechtlichen Sinn **14** 38
– im organisationsrechtlichen Sinn **14** 38
– in der europäischen Verwaltung **5** 23, **13** 87
  – Europäisches Polizei~ (Europol) **13** 109
– Unterscheidung zwischen Freiheit und ~ **7** 138 ff.
– Verwaltungsorganisation und ~ **15** 50 f.
Amtsermittlung
– ~sgrundsatz **3** 34, **10** 135
– Methodik **3** 34
– nachvollziehende ~ **19** 38
Amtsethos 6 46
Amtshilfe 14 49
– als Mittel horizontaler Koordination **13** 105
– Einigungsvertrag (Verwaltungshilfe) **14** 49
– internationale ~ **5** 47
– keine Zuständigkeitsverlagerung **14** 49
– Verfassungsrecht **15** 44
Amtskompetenz
– Abgrenzung zu Grundrechten **7** 40 Fn. 70, 44 f., **15** 15 b
– Abgrenzung zu subjektiv-öffentlichen Rechten **7** 105
Amtsrecht, Öffentliches Recht als ~ **18** 7 ff.
Amtsträger
– ~delikt **18** 94
– Amtsethos **6** 46
– Funktionsrechte **7** 105
– Gemeinwohlorientierung **6** 46 → Gemeinwohl
Amtswalter 14 34
– neutraler ~ → Unparteilichkeit
Analogieverbot, verwaltungsrechtliches **9** 29
Analyse, ökonomische ~ des Rechts **3** 45
Änderungsgesetz 9 13, 109
Anerkennung, gegenseitige ~ von Verwaltungsentscheidungen → gegenseitige Anerkennung
Angestellte des öffentlichen Dienstes statt Beamter **15** 51 a
Anhörung als Koordinationsvorgabe **10** 24
Anmaßung von Wissen 9 7
Anreize
– Innovationsanreiz **10** 130
– Ordnungsmuster **10** 126 f.
– Regelungsstrukturen **10** 5
– Regierung und ~ **10** 49
– Steuerung durch ~ **4** 45
Anstalt
– Berliner Modell **16** 127 ff.
– Hybridformen **14** 28 → Hybridisierung

– öffentlich-rechtliche ~ **13** 45, **14** 27 f., **16** 129 ff.
– selbstständige ~ **13** 73 f.
  – Bundes~ für Immobilienaufgaben **13** 74
Anwendungsvorrang
– Unionsrecht **9** 23, **17** *121 ff.*
Apersonalität 14 3
→ Verwaltungsorganisationsrecht
Appellate Body, WTO-Recht **17** 163
Äquivalent
– funktionales ~ **3** 55, **7** 49 Fn. 90
Äquivalenzgebot → effet utile
Arbeitsgemeinschaften
– als Form internationaler Kooperation **13** 118
  → Kooperation
– kommunaler Leistungsträger und Agenturen für Arbeit **13** 115
  – Legitimationsstörung **6** 57
Arbeitsrecht, Entstehung des ~ **2** 75
Arbeitsvermittlung/-förderung, wettbewerbliche Elemente **19** 116
Arbeitsweise, Vertrag über die ~ der EU **17** 31
ARGE → Arbeitsgemeinschaften
Asymmetrie, Wissensverteilung **10** 135
Atomgemeinschaft, Europäische 13 24
– Bundesauftragsverwaltung im Kernenergierecht **16** 206
Audit → Akkreditierung, → Umweltaudit
Auditoren 10 42
Aufbauorganisation 10 24, **14** 16
→ Verwaltungsorganisationsrecht
Auffangordnungen, wechselseitige
→ wechselseitige Auffangordnungen
Auffangverantwortung 12 166
Aufgabe → Verwaltungsaufgaben,
→ Staatsaufgaben
– ~nadäquate Organisation **13** 65
– ~nkanon des Staates **12** 7
– als Befugnis: staatliche Warnungen **14** 53
– Definition **11** 11
– öffentliche ~ **11** 13
– EuGH **11** 13
– Trennung von ~, Befugnis und Zuständigkeit **14** 52 f.
– Vermehrung **11** 9
Aufgabenerfüllung
– gemeinwohlorientierte ~ **11** 11, **12** 20 ff.
  → Gemeinwohl
– problemangemessene ~ **10** 50
– unparteiische ~ **13** 65 → Unparteilichkeit
Aufgabeninformatik 11 42
Aufgabenkritik 11 20
– Gesetzgebungs~ **9** 99
Aufgabenprivatisierung 1 60, **12** *112*
Aufgabenübertragung an die kommunale Selbstverwaltung **15** 26, 28
Aufgabenverantwortung
– verfassungsfeste ~ **15** 12 ff. → Kernaufgaben, staatliche

Sach- und Personenregister

Aufgabenwahrnehmung 12 1 ff.
- durch die Betroffenen → Selbstverwaltung
- durch Private **1** 58 ff., **12** *91 ff.* → Beleihung, → Privatisierung, materielle
  - Modalitäten **12** 104 ff.
- funktionsadäquate ~ **8** 28 ff., **15** 56
- Gewaltenteilung und ~ **11** 53, **12** 1 f.
- hoheitliche ~ **12** 24 ff.
- kooperative ~ **12** 64 ff.
- Wandel **12** 13 ff.

Aufgabenzuweisung, Zuständigkeit **14** 52 f.

Aufklärung des Sachverhalts → Amtsermittlung
- (erst) durch die Gerichte **10** 35

Aufklärung, informierendes Verwaltungshandeln **10** 137

Aufsicht → Bankenaufsicht, → Fachaufsicht, → Rechtsaufsicht, → Staatsaufsicht, → Wirtschaftsaufsicht
- Überwachungstätigkeit der Verwaltung **19** 29 f.
  - Anmeldung **19** 30
  - Anzeige **19** 30
  - Einbindung Privater **19** 40 ff.
  - Genehmigung **7** *165 ff.*, **19** 30, 43 → Genehmigung
  - Prüfpflichten der Verwaltung **19** 30
  - qualitative ~ **19** 102
  - repressive ~ **19** 30
- Verwaltungsorganisation und ~ **14** 57, *59 f.*, **15** 45 ff.
  - Bundesaufsicht **14** 59, **15** 47
  - Dienstaufsicht **15** 45
  - Fachaufsicht **13** 100, **14** 60, **15** 45
  - Freistellung von ministerialer ~ **10** 53 ff.
  - Grenzen **10** 51
  - Kommunalaufsicht **13** 42, **14** 59, **15** *48*
  - Kontrolldichte **9** 92
  - Mittel/Modi/Intensitäten **14** 60
  - Rechtsaufsicht **13** *102 f.*, **15** 48 ff.
  - Relationierungsmechanismus **14** *56*, 59 f.
  - Schulaufsicht **15** 52
  - strategische ~ **10** 55
  - Unionsaufsicht **14** 59, **15** 47

Aufsichtsbehörde, Zuständigkeitskonflikt **14** 50

Auktion 10 110

Ausbildung in der Verwaltungsrechtswissenschaft 2 122 ff.

Ausführungsrechtsakt 9 20 → Europäischer Verwaltungsverbund

Auskunftsverlangen 14 60

Auslegung 3 23 ff.
- ~smaxime, EMRK **17** 145
- maßstabsexterne Vorgaben **9** 103
- mit europarechtlichem Bezug **3** 31, **9** 103, **17** 139
- mit völkerrechtlichem Bezug **3** 32, **9** 103
- prozedurale ~ **3** 25

- Rechtsvergleichung **3** 41
- richtlinienkonforme ~ **17** 139
- sog. subjektiv-historische ~ **9** 9, 113
- teleologische ~ **3** 25

Ausschlussgründe, § 20 VwVfG → Unparteilichkeit

Ausschreibung 19 111

Ausschüsse des Parlaments **6** 12

Ausschusswesen, Europäischer Verwaltungsverbund → Komitologie

Außenrecht 3 7, **4** 60, **14** 22
- als Relationsbegriff **14** 14
- private Standards **19** 66

Außenrechtsstreit 14 63

Außenwirkung
- privater Standards **19** 61 ff.
  - unmittelbare ~ **19** 66
- Verwaltungsvorschrift **17** 15 ff.

Aussetzen von Gesetzen, Anwendungsgebot und ~ **9** 76

Ausstattung, Aufgabenerfüllung und ~ **11** 43 ff., 54

Auswahlermessen im Organisationsrecht → choice

Autonomie → Organisationsautonomie, → Privatautonomie
- Geschäftsordnungs~ **8** 46
- Gewaltengliederung/-teilung **8** 38
- stimulierendes Verwaltungshandeln **10** 127

Bachof, Otto, Ermessen **10** 71

Bad Banks 16 173 e

Bahn, Privatisierung **13** 29, **16** *103 ff.*

Bahnregulierung → Regulierungsverwaltungsrecht

Bankenaufsicht
- Basler Ausschuss für ~ **17** 46
- Internationalisierung **5** 45

Basel II u. III 17 46

Basisrechtsakt 9 20

Beachtlichkeit → Unbeachtlichkeit von Verfahrens-/Formfehlern

Beamte 15 51 → Berufsbeamtentum, → Öffentlicher Dienst
- Vollbeschäftigungsanspruch **15** 51 a

Beamtenrecht, Fortentwicklungsklausel **15** 51 a

Beanstandung 14 60 → Aufsicht

Beauftragte 10 18, 53, **12** 82, **19** *104 ff.* → Datenschutzbeauftragte
- Beeinflussung der Strafbarkeit **18** 93
- Effektivität **19** 108
- Wahrnehmung parlamentarischer Kontrolle **6** 12

Becker, Enno **2** 75

Bedarfsanmeldeverfahren, Verdrängung im NSM **4** 65

Bedarfsprüfung 4 67 a

Befangenheit, Schutz vor ~ → Unparteilichkeit

Befristung
- von Gesetzen 9 15, 114
- zur Innovationssteuerung 10 128

Befugnisse 14 52 f. → Klagebefugnis
- Aufgabe als Befugnis: staatliche Warnungen 14 53
- Organisationsbefugnis 13 5
- Trennung von Aufgabe, Befugnis und Zuständigkeit 14 52 f.

Begriff
- ~sbildung 3 38 ff.
  - im Verwaltungsorganisationsrecht 14 10 ff.
  - typisierende ~ 3 39
- Rechtswesens-/-inhalts~ 14 17
- Relations~ 14 14 ff.
- Schlüssel~ 1 40 ff., 4 28

Begründung 10 *31 ff.*, 100
- Anforderungen 10 35, 123
- Begründbarkeit 10 32, 35
- Ermessen: Maßstabsergänzung 10 86
- gerichtliche Kontrolle 10 97, 99
- Nachholbarkeit 10 35
- prozedurale Vorkehrungen 10 100
- Verwaltungsakt 10 86

Begründungspflicht für Gesetze 9 108

Beharrungstendenzen von Organisationen 11 19, 78

Beherrschung, Grundrechtsbindung PPP 15 4 a

Behörde 14 36 f., 15 40 → Regulierungsbehörde
- Begriff 13 85, 14 36 f.
- Bundesverwaltung 15 65 ff.
- Dezentralisierung 15 40 b
- funktioneller Sinn 14 16, 36 f.
- gestufter Verwaltungsaufbau 13 86
  - Verfassungsrecht 15 40 f.
- Hohe ~ 13 24
- institutioneller Sinn 14 16, 36 f.
- Kontrastorgane 15 40 a
- Sonder~ 13 27
- Trennungsgebot 15 41
- Typen 15 57

Behördenaufsicht 14 59

Behördenkooperation → Kooperation, → Verbund
- transnationale ~ 5 45, 17 46

Behördennetzwerke
- Europäischer Verwaltungsverbund 5 26 f., 6 102 ff.
- internationalisiertes Verwaltungshandeln 5 45

Behördenwettbewerbe 11 43

Beihilfen → Vergaberecht
- Beihilferichtlinien im Beamtenrecht 17 16, 76 Fn. 344

Beleihung 13 89 f., 14 *31*, 19 87
- als Modalität privater Aufgabenwahrnehmung 1 60, 4 58, 12 106
- Aufsicht 14 59
- Benannte Stellen 4 58 Fn. 330, 19 84

- demokratische Legitimation 6 92
- Gesetzesvorbehalt 9 37, 59
- Gewaltmonopol 15 58
- intermediärer Akteure 10 18
- Rechtsstellungstheorie 14 31
- Rückübertragungspflicht 13 89
- Überwachungsaufgaben 19 81
- vorgelagerte Kontrolle und ~ 19 87

Benannte Stellen 19 *83 f.* → Qualitätssicherung
- Aufsicht 10 53 b
- Beleihung 4 58 Fn. 330, 19 84
- Qualitätssicherung 19 93 f.

Benchmarking 1 56, 17 47
- Internationaler Organisationen 17 151

Benehmen 10 24, 13 106, 14 61

Beobachtungspflicht des Gesetzgebers 4 90, 9 114

Beobachtungsverantwortung 4 90

Beratung
- Beratungsgremien, institutioneller Gesetzesvorbehalt 6 72
- durch die Rechtswissenschaft bei der Reform der Verwaltung 1 12
- durch die Verwaltung 12 *47 ff.*, 165
  - Sozialverwaltung 12 49
- externe ~ → Sachverständige

Beratungsverfahren, Komitologie-Ausschuss 6 112 a

Bereitstellungsfunktion des Rechts 11 38, 16 19, 18 35
- Verbundperspektive 18 43

Berg, Günther H. v. 2 23

Berichtspflichten 7 94, 10 54
- zur gesetzlichen Nachsteuerung 4 91

Berichtswesen → Berichtspflichten

Berliner Modell, Verwaltungsorganisation 16 127 ff.

Berufsbeamtentum, hergebrachte Grundsätze 15 51

Beschaffungsverfahren → Vergaberecht

Beschleunigungsdiskussion 19 36

Beschluss
- europäischer ~ 9 20
- im Unionsrecht 17 36

besonderes Verwaltungsrecht → Verwaltungsrecht, besonderes

Bestenauslese 15 50

Bestimmtheit
- des Gesetzes 9 *61 ff.*
- Stand der Technik 9 66
- Verordnungsermächtigung 9 71 f., 17 62 f.

Beteiligung 6 82, 19 35 → Behördenbeteiligung, → Partizipation
- autonome Legitimation 6 55
- demokratische Legitimation durch ~srechte? 5 61

Beteiligungsbericht 13 78

Betreibermodell 16 87 f.

Sach- und Personenregister

Betriebsbeauftragte 19 104 ff.
Betroffenenverwaltung → Selbstverwaltung
Beurteilungsspielraum 10 65, *90 ff.* → Abwägung, → Kontrolldichte, herabgesetzte, → Rechtsbegriff, unbestimmter
– deutscher Sonderweg 10 73
– Ermessen und ~ 4 18 ff., 10 66, 73, 93
– FSK 19 66
Beweislast, Verfahrensfehler 4 54 c
Bewirkungsformen 4 67
Bezirksregierung
– Abschaffung als Fehlentwicklung 15 48 a
– Preußen 13 17 f.
Bild → Leitbild
Bindung → Grundrechtsbindung/-verpflichtung, → Rechtsbindung, → Selbstbindung
– der Verwaltung 10 61 ff.
  → Konstitutionalisierung
  – an EU-Recht 5 67 ff., 17 121 ff.
  – an Rechtsprechung 9 74
  – Selbstbindung 10 116 f., 123, 17 15
  – Weisungsgebundenheit 6 13, 16 55
    → Hierarchie
– Gemeinwohlbindung → Gemeinwohl
– Gesetzes~ 3 11 ff., 9 73 ff.
Bindungswirkung
– Verwaltungsvorschrift 10 123, 17 67 ff.
  – Selbstbindung 17 15
Binnen- und Außenperspektive 14 3
Binnenmarktziel 5 95 ff.
Binnenorganisation 14 33 ff.
– Binnendifferenzierungen der Verwaltung 16 71
Binnenrationalität 10 36 f.
Binnenrechtsakt/-steuerung → Exekutivrechtsetzung
Binnensteuerung 10 28 ff.
– der Verwaltung 10 37
Blauer Engel 19 151
Budgetierung 4 64 f., 15 38
Bund, Deutscher 2 30 ff.
Bundesagentur für Arbeit 13 69, 14 28 Fn. 131, 16 5
– Arbeitsgemeinschaften (ARGE) 13 115
Bundesanstalt 6 65
– für Immobilienaufgaben 6 65, 13 74
Bundesaufsicht 14 59, 15 47
Bundesauftragsverwaltung 15 26, 49, 16 204 ff.
Bundesbank 15 40 a, 69
Bundeseigene Verwaltung 15 26, 65 ff.
Bundeskartellamt → Kartellrecht
– als Oberbehörde 13 86
– Freistellung von Aufsicht 10 53, 13 76
– Kooperationsverhältnis zur Bundesnetzagentur 19 142
Bundesländer, Staatlichkeit 15 25
Bundesnetzagentur 15 70, 19 *139 ff.*
  → Privatisierung, → Regulierung

– Auktion 10 110
– Bundeskartellamt und ~ 19 142 f.
– Gerichtskontrolle, herabgesetzte Kontrolldichte 10 91
– Regulierungsverbund 19 140
– Unabhängigkeit 6 *68,* 10 53, 13 76, 15 40 a, 19 141
– unselbständige Bundesoberbehörde 15 46 a
– Verantwortungsklarheit 15 46 a
– Weisungen 6 68, 13 76
Bundesoberbehörden 6 67, 14 40, 15 70
– Freistellung von Aufsicht 10 53
Bundespolizei 15 72
Bundesrat, Gesetzgebung 8 50
Bundesstaat
– ~sprinzip 8 16 f., 50
– Verwaltung im ~ 15 25 ff.
Bundestag 8 43 ff. → Legislative
– Geschäftsordnungsautonomie 8 38, 46
– politische Leitentscheidungen 8 44
Bundesverfassungsgericht
– Souveränitätsvorbehalt 5 15
– Verfassungsgerichtsbarkeit und Gewaltengliederung/-teilung 8 55
Bundesverwaltung 15 26, *65 ff.*
– bundeseigene Verwaltung 15 68 ff.
– Ministerialverwaltung 15 68
– Mittel- und Unterbehörden 15 71 f.
– mittelbare ~ 15 67, 73
– oberste Bundesbehörden 15 68 f.
– privater Sachverstand und ~ 15 68
– Zentralstellen, Bundesoberbehörden 14 40, 15 70
Bundesverwaltungsamt 13 86
Bundesverwaltungsgericht 2 99
Bürger 15 15
– ~nahe Verwaltung 13 65
– als Kunde 1 50, 11 33
– Bestimmung von Verwaltungsaufgaben 11 33
– statt Untertan 2 108, 7 1 ff.
– statt Volksgenosse 2 108
Bürgerantrag 7 113
Bürgerbeauftragte 6 12
Bürgerbeteiligung → Beteiligung
Bürgermeister 15 52
Büro
– für Technikfolgenabschätzung 1 34
– papierarmes ~ 1 66
Bürokratie 16 40 ff., 65 f.
– Entbürokratisierung 1 57
– Evaluations~ 4 92
– Governance und ~ 16 163
– Max Weber 10 3, 13 51

call back, Unionsgesetzgeber 17 82 b
capture
– clientele ~ 19 142
– corporatistic ~ 16 17

Sach- und Personenregister

CEN 17 87
CENELEC 17 87
choice
- institutional ~ → institutional choice
- policy ~ **16** 175
- rational ~ **1** 25
- regulatory ~ **10** 121, **19** *153 ff.*

Citizen Charter 17 79
compliance
- ~-Stelle **19** 104 f.
- transnationale Organisationen **16** 172
- Völkerrecht **17** 40

Computerisierung → Electronic Government
Conseil d'État 10 7
Construktionsjurisprudenz 2 47
Contracting-Out 1 50 Fn. 272, **12** 110
Controlling 4 66, **13** 32, **16** *77 ff.*
- neue Rationalität **4** 66

Corporate Governance Kodex 4 29
Cromwell, Oliver 8 8

Darstellung, ~sorientierung **10** *30 ff.*
Daseinsvorsorge 3 38, **12** *39 ff.*
- als Aufgabe **11** 28
- Auffangverantwortung **12** 166
- Entwicklungsgeschichte **2** 88, **12** 15, 51
- Gewährleistungsverwaltung und ~ **12** 51, 53
- grundrechtliche ~ **11** 74
- kommunale ~ **12** 41
- Leistungsverwaltung und ~ **12** *39 ff.*
- Privatisierung und ~ **12** 97, 99
- Rekommunalisierung **1** 61
- Sozialstaat und ~ **5** 102
- unternehmerische Verwaltungstätigkeit und ~ **12** 125
- Wandel zum sozialen Rechtsstaat **12** 15, 17

Datenschutzbeauftragte 15 23
- begrenzte Weisungsunterworfenheit **13** 76
- landesverfassungsrechtliche Absicherung **15** 40 a
- Parlamentskontrolle **6** 34, 68
- Wahrnehmung parlamentarischer Kontrolle **6** 12

Datenschutzrecht 3 9
- Fortentwicklung **10** 134
  → Informationsverwaltungsrecht

Datenverkehrsrecht 1 67
DAU → Umweltaudit
Dauer
- ~aufgabe **11** *51 ff.*
  – Verwaltungsmodernisierung **1** 12

DDR, Verwaltungsrechtswissenschaft **2** *103 ff.*
Dekonzentration 13 80, **14** *39 f.*
- Verordnung als dekonzentrierte Rechtsetzung **17** 65

Delegation 14 48 → Rechtsakt, delegierter
- ~sbefugnis des Gesetzgebers **8** 48 f., **9** 47 ff.
  – Art. 80 GG **9** 69 f. → Exekutivrechtsetzung

- Relationierungsmechanismus **14** 56
- Zuständigkeitsverlagerung **14** 48

demografischer Wandel, Bewältigung des ~ als Staatsaufgabe **11** 9
Demokratie
- ~theorie **3** 58
- Europa **5** 53 ff., **6** 29
- Gleichheit **6** 25 f., **7** 184, *188 ff.*
- Nation **6** 24
- parlamentarische ~ **8** *33*, **10** 4
- Schutz der ~ als grundlegende Verwaltungsaufgabe **11** 29, 76

Demokratieprinzip 5 49 ff., **6** *16 ff.* → Gleichheit, → demokratische Legitimation
- Aufgabenerfüllung der Verwaltung **11** 53
- Bedrohungen **5** 52, 96
- Distanzschutz **5** 51, 86
- Entwicklungsoffenheit **6** 2, **16** 61
- Erfüllungsverantwortung **19** 41
- Europa **5** 52 ff., **6** 102 ff.
- Gemeinwohlbestimmung **12** 21
- Gesetz als Steuerungsmittel **5** 63, **9** 10, **16** 45 f.
- Gesetzesvorbehalt **9** 45 ff., 58
- Gewaltengliederung/-teilung und ~ **5** 52, **8** 11 ff., 21 f.
- Gleichheit **6** 25 f., **7** 184, *188 ff.*
- Legitimationsniveau **6** 14, 56 f., **15** 62
- Menschenwürde und ~ **6** 19 f.
- Mitentscheidungsrechte **7** 116 ff.
  – funktionale Selbsverwaltung **6** 20, **16** 61 f.
- Nation → Volk als Legitimationssubjekt
- Optimierungsgebot **6** 16
- Rationalität **5** 84 ff.
- status procuratoris **7** 69
- Subjektivierung des Verwaltungsrechts **2** 107
- Verantwortungsklarheit **6** 29
- Verfassungsgerichtsbarkeit **8** 55
- Verwaltungsorganisation und ~ **13** 61, **15** *59 ff.*, **16** 6 f.
  – Hierarchie und ~ **6** 38 ff., **16** 45
  – New Public Management **16** 113
- Wesentlichkeitstheorie **9** 58
- Wirkung **17** 50

demokratische Legitimation 5 55 ff., **6** *1 ff.*, **8** 21, **10** 13, **16** 55 ff. → Verwaltungslegitimation
- Akzeptanz/Akzeptabilität **5** 58
- anderer mitgliedstaatlicher Verwaltungen **5** 59
- autonome Legitimation **6** 25 f., 54 f.
- Budgetrecht des Parlaments **6** 51 f.
- duale ~ der EU **17** 39
- EU-Eigenverwaltung **5** 60 f., **6** 104 ff.
  – Vertrag von Lissabon **6** 104 a
- informationelle Beteiligung **7** 66, 69
- Internationales Verwaltungsrecht **17** 157
- klassisches Modell **6** 4 ff.
  – Kritik **6** 15 ff.
- Legitimationsmodi **6** 7 ff.
  – institutionell-funktionale Legitimation **6** 8

Sach- und Personenregister

- organisatorische Legitimation **6** 43 f.
- organisatorisch-personelle Legitimation **6** 9
- Output-Legitimation **6** 53
- personelle Legitimation **6** 45 f.
- sachlich-inhaltliche Legitimation **6** 10 ff., 49 ff.
- Legitimationsniveau **6** 14, 56 f., 56 f., **15** 62
  - Kooperation **4** 53
  - problemangemessenes ~ **4** 16
- Legitimationsobjekt **6** 6, 27 ff.
- Legitimationssubjekt **6** 5, 17 ff.
- Legitimationsverantwortung **6** 58 f.
- ministerialfreie Räume **6** 37, **10** 54
- mitgliedstaatliche Verwaltung **5** 57 ff.
- New Public Management **16** 114
- Partizipation **7** 66
  - autonome Legitimation **6** 55
  - pluralistisch-prozedurales Konzept **5** 57
- Private und ~
  - Kooperation **6** 89 ff.
  - Privatisierung **6** *75 ff.*
  - Selbstverpflichtung **19** 75
- prozedurale Legitimation **6** 47 f.
- Regulierung **19** 163
- sachlich-inhaltliche Legitimation → Gesetzesvorbehalt, → Gesetzesvorrang
- Selbstverwaltung **5** 57, **6** 79 ff., **15** 60
  - funktionale ~ **6** *82 ff.*, **16** 61 f.
  - kommunale ~ **6** 79 ff.
  - Satzungsgewalt **6** 79 ff.
- Standardsetzung **17** 93
- Verbundverwaltung **5** 28
- Verwaltungsorganisation **6** 43 f., **10** 47, **13** 61, **15** *59 ff.*, **16** 6 f.
  - Hierarchie **6** 38 ff., **16** 45 ff.
  - Weisungsgebundenheit **10** 50 ff., **16** 55 ff.
- Wesentlichkeitstheorie **9** 58

Demokratisierung, Verwaltungsaufgaben **11** 17
Deputationen 6 12
Deregulierung 1 *57,* **19** 3
- ~simpuls des Unions- und WTO-Rechts **17** 172
- Begriff **1** 57
- Risikomanagement und ~ **12** 33

Deregulierungskommission 1 57
Deutsche Demokratische Republik 2 103 ff.
Deutschenrechte 7 41
Deutscher Bund 2 30 ff.
Deutsches Rechnungslegungs Standards Committee 19 64 Fn. 165
Dezentralisation 14 39 f.
- NSM **13** 31
- Rechtsetzung **17** 65
- Selbstverwaltung **14** 41
- Steuerungsaufsicht **16** 75 ff.

Dialog, wettbewerblicher 10 129
Dienst, öffentlicher → Öffentlicher Dienst
Dienstaufsicht 15 45

Dienste von allgemeinem wirtschaftlichem Interesse, Vertrag von Lissabon **5** 96
Dienstleistung
- ~skonzession **19** *114*
- Ausbau des ~ssektors **1** 59
- WTO und ~ **17** 161, 167

Dienstleistungsrichtlinie 5 32, **13** 33
Differenzierung, funktionale **10** 102
diffusion, governance by ~ 19 156
Diffusion
- Innovation: Phase der Anwendung und Marktverwertung **10** 130
- Verantwortung **6** 62

DIN 17 88
disaggregating state 10 20
diskretionäres Verhalten 10 104
Diskriminierungsschutz 7 196 ff.
- Gleichbehandlungsgebot für Unionsbürger **7** 198

Dispute Settlement Body, WTO-Recht 17 163
Dispute Settlement Understanding 17 160
Distanzschutz → Unparteilichkeit
Dogmatik 1 6, **3** 35 ff.
- der Verwaltungsaufgaben **11** 47 ff.
- des Als-Ob **17** 15 → Verwaltungsvorschrift
- flexibitätsorientierte ~ **4** 62

Doppelauftrag des Verwaltungsrechts 5 6
Doppelzuständigkeit, Verbot **14** 50
Doppik 1 55
Download von Formularen → Electronic Government
Drittbetroffene → Beteiligung
Dritter Sektor 13 88, 93 f.
→ Akteure, intermediäre
Drittwirkung, mittelbare 7 *52*, **18** 46
Drohpotenzial 7 148
Duales System Deutschland 16 91, **19** 117
Durchführung
- Unionsrecht **6** 104 a → effet utile

Durchführungsrechtsakt 17 39, 83 f.
Durchführungsverordnung 9 18
Dysfunktionalitäten
- bei der Rechtsanwendung **9** 113
- beim Einsatz der Rechtsregime **18** 42
- zwischen allgemeinem und Fachverwaltungsrecht **18** 110 ff.

Effektivität 8 28 f., **10** 32
- „Frage von gemeinsamem Interesse" **5** 17, 21
- ~sgebot **10** 50
  - im Unionsrecht → effet utile
- effektiver Rechtsschutz **5** 72 ff., **7** 125 ff.
- Gesetz **9** 84 ff.
- Regulierung **19** 22, 59 f.
- staatlichen Handelns **10** 39, 46

effet utile 5 5, **13** 38, **17** 105, 126
- Koordinierungsformel **5** 31
- Richtlinienumsetzung **17** 131

Effizienz 8 28 f., **17** 105
- aufgabenbezogene ~ **11** 69 f.
- Regulierung und ~ **19** 22, 26, 59
- Richtigkeitsgarant **10** 32

EG 13 36 → Europäischer Verwaltungsverbund, → Unionsrecht

EG-Dienstleistungsrichtlinie 13 33

eGovernment/E-Government → Electronic Government

Ehmke, Horst 10 71

Eigenbetrieb 13 77, **14** 13 Fn. 64, **16** 188
- ~sverordnung **13** 22
- Steuerbarkeit **16** 188

Eigengesellschaft 14 30
- als Verwaltungsträger **14** 13 Fn. 64, 32
- mittelbare Staatsverwaltung **14** 32

Eigenrationalität
- administrative ~ **10** 52
- des Handelns privater Akteure **10** 108

Eigenständigkeit der Verwaltung 3 5, **10** *1 ff.*
→ Kontrolldichte
- Arten **10** 22 ff.
- Begrenzung durch Abhängigkeit zu Privaten **10** 59
- Behördennetzwerke/Verwaltungsverbund **5** 15
- durch Handlungsspielräume **8** 60, **10** 13, 107
  - imperatives Verwaltungshandeln **10** 126
- Entscheidung **10** 29 ff.
- faktische ~ **10** 23
- gegenüber der Judikative **3** 29, **8** 59 f., **10** *70 ff.*
  - Rechtsprechungsbindung **9** 74
- gegenüber der Legislative **8** 59, **9** *74 ff.*, **10** *56 ff.*
  - Rechtsfortbildung **9** 75
- gegenüber der Regierung **10** 50 ff.
- Gesetzesbindung **5** 65 ff., **9** 74 ff.
- Gewaltengliederung/-teilung und ~ **8** *56 ff.*, **10** *38 ff.*
- in Frankreich **10** 7
- in Großbritannien **10** 8
- inneradministrative ~ **10** 22 ff.
- institutionelle ~ **10** 2
- Legitimation **6** 3, 8, 31, **10** 13
- mit Blick auf Regelungsstrukturen **10** 5
- Ordnungsmuster **10** 125 ff.
- praktizierte ~ **10** 30
- Rechtsregimewahl **18** 59
- relative ~ **10** 1, 105 f., 120
  - Ausblick **10** 138
  - Gewaltengliederung und ~ **10** 38
  - Optionenraum **10** 83
  - planerische Abwägungskontrolle und ~ **10** 98
- Pluralität der Akteure **10** 16 ff.
- strategische Aufsicht **10** 55

Eigenverantwortung 19 38

Eigenverwaltung der EU → EU, → Verwaltungsinstanzen der EU

Eigenverwaltungsrecht der EU-Administration 5 *35 ff.*, **17** 10 → Kommission
- Bedeutung des Rechtsvergleichs **3** 41
- Inspektionen (vor Ort) **5** 36
- Instrumente **5** 35 f.
- Lissabon-Vertrag **5** 17
- Nichtigkeits-/Untätigkeitsklage **5** 17
- Richtlinien im Datenschutz **17** 130
- soft law im ~ **17** 38
- zentralisierte Entscheidungen **5** 36

Eigenzuständigkeit 14 39

Eignung 10 114

Eilbedürftigkeit, Gesetzgebung **9** 8 Fn. 52

Einflussknick 13 78, **16** *75*

Eingriff → Informationstätigkeit, staatliche, Eingriff
- ~slehren **7** 49, 147 ff.
- ~sverwaltung, liberaler Rechtsstaat **12** 14
  - Ordnungsverwaltung und ~ **12** 26
- erweiterter Begriff und Gesetzesvorbehalt **9** 52 f.
- faktischer ~ **7** 49
- Grundrechts~ **9** 33, 52 f.
- mittelbarer ~ **7** 49
- mittelbar-faktischer ~ und Gesetzesvorbehalt **9** 53
- Rechtfertigungsbedürftigkeit **9** 59
- rechtsstaatliche ~sabwehr **10** 56
- Satzung **6** 80, **9** 39, 51

Einheit
- der Rechtsordnung **18** 55
- der Verwaltung **13** 95 ff.
  - als nachträgliches Konstrukt **6** 60
  - normative ~ durch Relationierungsmechanismen **14** 54

Einheitliche Stelle 5 32, **13** 33
- informationelles Verwaltungsorganisationsrecht **1** 67

Einheitsvorstellung vom Staat 10 9

Einrichtungen
- grenznachbarschaftliche ~ **5** 43, **13** 122
- intermediäre ~ **14** 30 → Akteure, intermediäre

Einschätzungsprärogative 6 57
→ Beurteilungsspielraum,
→ Konstitutionalisierung
- angesichts von Ungewissheit **9** 7
- der Gesellschaft **9** 7, 86
- Organisation **6** 59, **13** 13

Einschreiten, Anspruch auf ~ **13** 102

Einstandspflichten, staatliche → staatliche Einstandspflichten

Einvernehmen 13 106, **14** 61
- als Koordinationsvorgabe **10** 24
- Marktregulierung **19** 142
- Selbsteintritt/Ersatzvornahme **14** 45 Fn. 232

Einwohnerantrag 7 113

Einzelermächtigung, Prinzip der begrenzten **15** 21

Sach- und Personenregister

Einzelfallentscheidungskompetenz des Bundestages **8** 47 f., 64 → Verwaltungsvorbehalt
- Haushaltsgesetzgebungskompetenz **8** 47
Einzelfallgerechtigkeit 9 102, 112
Einzelweisungsrecht 13 100
Electronic Government 1 65 ff., **13** 33
EMAS → Umweltaudit
Emissionen, emissionsorientierter Ansatz **4** 67 b
Empfehlung → Informationstätigkeit, staatliche
- im Unionsrecht **17** 37
- Internationaler Organisationen **17** 151
Empirie → Wirkungsforschung
- Folgenorientierung **4** 68
- Implementations- und Evaluationsforschung **4** 91
- informelles Verwaltungshandeln und ~ **12** 68
EMRK 17 143 ff.
- als Auslegungsmaxime **5** 48 a, **17** 145
- Beitritt der EU **5** 14, **17** 148
- living instrument **17** 145
- ordre public européen **17** 148
- Rang **17** 143
Energie, ~sektor, Regulierung **16** 106 ff.
Entbürokratisierung 1 57 → Bürokratie
Entformalisierung → informelles Verwaltungshandeln
Entgeltregulierung 19 132
Entgrenzung 10 107 ff.
- Neubestimmung der Rolle der Verwaltung angesichts von ~ **10** 139
Entparlamentarisierung, schleichende ~ **11** 80
Entscheidung 1 4, **10** 30 ff.
- → Prozeduralisierung
- ~sbereich **10** 29
- Einfluss von Organisation **15** 7 a
- Einzelfallentscheidungskompetenz des Bundestages **8** 47 ff.
- Herstellung **10** 30 ff.
- im Gemeinschaftsrecht **17** 36 → Beschluss im Unionsrecht
- Letztentscheidungsrecht **8** 52 f., 61 f., **10** 89 ff.
  → Letztentscheidungsrecht
- Organisationswahlentscheidung **16** 174 ff.
  → institutional choice
- politische Leitentscheidung **8** 44
- regulatory choice **10** 121, **19** *153 ff.*
- VVE **9** 20
- zentralisierte ~en **5** 36
Entscheidungsspielraum 3 27, **4** *32 ff.*, 84, **10** 45
- geschichtliche Entwicklung **10** 71
- inneradministrative Infrastruktur **10** 25
- Optionen und ~ **4** 32 ff., **10** 45
Entscheidungstheorie 3 58
Entscheidungswirkung 8 37 → Gewaltengliederung/-teilung
Entscheidungswissenschaft
- Eigenständigkeit der Verwaltung **10** 13, 15
  → Eigenständigkeit der Verwaltung

- Gesetzgebungswissenschaft **4** 105
- Organisationsrecht/-sdogmatik und ~ **14** 6
- Steuerungsansatz **4** 1
- Verwaltungsrechtswissenschaft als ~ **1** 15
Entstaatlichung
- durch Globalisierung **16** 33 ff., 166
- von Verfassung und Verfassungsrecht **16** 33
Entstehung des Verwaltungsrechts 2 26 ff.
- Ausdifferenzierung der Fächer **2** 74 ff.
- Baden **2** 38 f., 42, 72
- Bayern **2** 41
- Kleinstaaten **2** 72
- Österreich-Ungarn **2** 45
- Preußen **2** 43 f., 72
- Sachsen **2** 72
- Württemberg **2** 40, 72
Entsteinerungsklauseln 9 80, **17** *63*
Entwicklung, nachhaltige **4** 67 b
Entwicklungszusammenarbeit, kommunale **13** 118
Epistemologie, soziale **9** 14
EPTA-Netzwerk 1 34 Fn. 176
Erfahrungswissen 4 82, **10** 120 → Wissen, implizites
- Expertenwissen und ~ **9** 7 Fn. 42
Erforderlichkeit 10 114
Erfüllungsverantwortung 12 150 ff.
  → Verantwortung
- Auffangverantwortung und ~ **12** 158 f.
- Gemeinwohlsicherung durch ~ **12** 150 ff.
- hoheitliche Regulierung **19** 23
- Privatisierung und ~ **19** 41
Ergebnisverantwortung 12 151
Erkenntnis, nachbarwissenschaftliche **10** 109, 113
Ermächtigung, Befugnis **14** 52
Ermächtigungslehre, normative **4** 20, **10** 78, 90
Ermessen 3 6, **4** 18 ff., **8** 60 f., **10** *83 ff.* → choice,
  → Kontrolldichte, → Maßstäbe,
  → Optionenraum
- ~slenkende Verwaltungsvorschrift **17** 75
- „freies ~" **10** 9
- administratives ~ **10** 45
- Anspruch auf ~sfehlerfreie Entscheidung **7** 52
- Auslegung **3** 24 f.
- Auswahlermessen im Organisationsrecht **16** 208 ff.
- Begriff **10** 71, 85
- Begründung **10** 86
  - entscheidungserhebliche Gründe **10** 31
- Beurteilungsspielraum und ~ **4** 18 ff., **10** 66, 73, 93
- Ermessensdirektive **10** 85
- Ermessensermächtigung **10** 65, 83, *87*
- gerichtliche Kontrolle **9** 93, **10** 87 f., 99
- Nachschieben von Gründen **10** 86
- Gestaltungsperspektive **4** 22, **7** 166 ff., **8** 60 f., **10** 85

Halbfette Zahl = §§; magere Zahl = Rn.; kursive Zahl = Hauptfundstelle; → = s./s. auch   1403

- Gestaltungsspielräume 4 18 ff., 8 60 f.
- Grenzen 10 69, 84 ff., 88
- historische Entwicklung 10 71
- im angelsächsischen Recht 10 75
- im französischen Recht 10 75
- im Unionsrecht 10 75
 - Verordnung 9 18
- intendiertes ~ 4 21a
- kognitives ~ 10 62, 71
- Optionenwahl 4 *81 ff.*, 10 84, 99 f.
- Planungs~ 3 33, 10 96 ff.
- Rechtsfolgenseite 10 62
- Rechtsregimewahl 18 59
- Sozialstaatsklausel 5 101
- Teil des Herstellungsprozesses 10 34
- Überwachung 19 29
- Verfahrens~ 10 100
- Verordnungs~ 17 62
- Verrechtlichung 2 118, 10 71 f.
- volitives ~ 10 71

Ermessensfehler, Ermessensfehlgebrauch, -missbrauch, -überschreitung, -unterschreitung 10 88

Ermessenslehre 4 18, 10 1b, 70 ff.
- deutsche ~ und die europäische Integration 10 72, 79 ff.
- Einfluss des Europarechts auf die ~ 10 74 ff.
- europäische ~ 10 79 f.
- juristische Methode und ~ 10 71

Ermittlungspflicht 3 34
Ersatzmaßstäbe 3 6
Ersatzvornahme 10 23, 14 45 Fn. 232
Erster Weltkrieg 2 70
ETSI 17 87
EU 13 1 → Europäischer Verwaltungsverbund, → Unionsrecht
- „vertragsfremde" Einrichtungen 15 22
- Beitritt zur EMRK 5 14, 17 148
- Binnenmarktziel 5 95 ff.
- Gewaltengliederung/-teilung 5 17, 8 17, *65 ff.*
- Grundsatz der Offenheit 5 17
- Primärrecht 5 17
- soziale Dimension 5 104 ff.
- Verfassung? 17 32
- Verwaltungsinstanzen 5 22 ff.
 - demokratische Legitimation 5 60 f., 6 104a
- Verwaltungskompetenzen 15 20 ff.
- Verwaltungskonzept 5 17

EU-Grundrechtecharta 5 108 f., 17 31 f.
- Inkorporation ins Primärrecht 17 31

Euratom-Versorgungsagentur 13 24
EU-Recht → Eigenverwaltungsrecht, → Unionsrecht

Europäische Agentur für Flugsicherheit (EASA) 10 53b
Europäische Atomgemeinschaft 13 24
- Bundesauftragsverwaltung im Kernenergierecht 16 206

Europäische Gemeinschaft → Europäischer Verwaltungsverbund, → Unionsrecht
- für Kohle und Stahl 13 24

Europäische Investitionsbank 13 24
Europäische Kommission → Kommission, Europäische
Europäische Union → EU
Europäische Wirtschaftsgemeinschaft 13 24
Europäische Zentralbank 10 53, 13 24
Europäischer Gerichtshof → effet utile, → Rechtsschutz im Europäischen Verwaltungsverbund, → Gerichtshof, Europäischer

Europäischer Verwaltungsverbund 5 *16 ff.*, 13 36 ff., 14 18, 15 22 → EU, → Regulierungsverbund, → Komitologie
- Anerkennungsprinzip 5 97
- Basislegitimation 6 114
- Europäische Union 8 65 ff., 13 1
- europäisches Gemeinwohl 6 116
 → Gemeinwohl
- geteilte Verwaltung 6 110
- Kooperation 5 25 ff., 38 ff.
 → Verwaltungskooperation, europäische
- Legitimation 5 55 ff., 6 *102 ff.* → demokratische Legitimation
- mitgliedstaatlicher Vollzug 5 19 ff.
- nationale Verwaltungen als Basis 5 19 ff.
- Netzwerkbildung → Netzwerk
- Netze nationaler Agenturen 6 111
- Prinzip der begrenzten Einzelermächtigung 5 20
- Steuerungsansätze 5 40
- Subsidiaritätsprüfung 5 20
- Transparenzprinzip 5 54, 86
- Trennungsprinzip 6 103
- Verantwortlichkeit 6 105
- Verbundkonzept 5 27
 - Verbundprobleme 5 27a, 53 f., 82
- Verbundverwaltungsrecht 5 27a
- Verhältnismäßigkeitsprinzip 5 20
- Vertrauen 6 115
- Verwaltungszusammenarbeit 6 112 ff.
- Vollzugspluralität 6 114

Europäisches Parlament, Delegation von Rechtsakten 17 82b
Europäisierung 1 13 f., 3 31, 5 3, 16 158 ff.
- „Instrumentalisierung" 5 31
- „Umorientierung" 5 32
- Bedeutung supranationaler Normsetzung 17 6
- Chance 10 79
- Gewaltengliederung/-teilung 8 65 ff.
- Governancearchitektur 16 164 f.
 → Governance
- Rechtsschutzsystem, Verwaltungsprozessrecht 5 76 ff.
- überwirkende Veränderungseffekte 5 34
- Umweltschutz 16 160 ff.
- Verwaltung 10 20, 13 24 f.

Sach- und Personenregister

- Aufgaben **11** 22
- Ermessenslehre **10** 72 ff.
- Prozessrecht **5** 76 ff.
- Verwaltungskultur **16** 160 ff.
- Verwaltungsrecht **1** 13 f., **5** 30 ff.
- Verwaltungsorganisation **13** 24

Europarecht → Unionsrecht
European Parliamentary Technology Assessment (EPTA)-Netzwerk 1 34 Fn. 176
Europol 13 109
EUV 17 31
EU-Verordnung → Verordnung, Unionsrecht
EU-Verwaltung 15 20 ff.
→ Unionsverwaltungsrecht
Evaluation 4 91 f., **9** 114, **16** 173 g ff.
→ Qualitätssicherung
- ~bürokratie **4** 92
- ~sforschung **1** 35, **4** 91, **10** 133

Evolutionsökonomik 10 109, 127
Exekutivagentur 5 23, **6** *106*, **10** 53 a, **13** 75
Exekutive 10 47 ff. → Regierung, → Verwaltung
- Gewaltengliederung/-teilung **8** 56 ff.
- Kernbereich **8** 32 ff., **9** 23, **10** 46, **15** 36

Exekutivrechtsetzung 3 5, **9** 69 f., **17** *58 ff.*, **19** 45
→ Ermächtigungslehre, normative
- Ermessenslehre **4** 18
- europäische ~ **17** 81 ff.
 - Vertrag von Lissabon **17** 81 ff.
- Methode **3** 33
- Rechtsentwicklungskompetenz **9** 75

Existenzminimum, grundrechtlich gesichertes **11** 22, **15** 18
Experten → Sachverständige
- Expertenkommission **1** 12
- Expertennetzwerk **10** 136
- Expertenwissen **9** 7 Fn. 42
- WTO: Expertengremium (Panel) **17** 163

Fachaufsicht 13 100, **14** 60, **15** 45
- als Regierungshandeln **10** 49
- Freistellung von Aufsicht **10** 53
- inneradministrative Eigenständigkeit und ~ **10** 23

Fachministerien 13 16
Fachplanungsrecht, ökonomische Analyse **3** 45
Fachverwaltungsrecht 18 96 ff.
- Allgemeiner Teil **18** 113 f.
- als Referenzgebiet **18** 115 ff.
- Bestand und Funktionen **18** 109
- Gegenstand **18** 98

Fahrerlaubnisrecht, Missbrauch des Transnationalitätskonzepts **17** 142
Fall, richterliche Konstruktion des ~es **1** 29
Fehler → Verfahrensfehler
Fehlerkalkül, Zuständigkeitsmangel **14** 51
Fehlerkontrolle 10 34
Fehlsteuerung 9 97, 110
Feinstaub, Mobilisierung des Einzelnen **7** 93

Final-/Zweckprogramm 2 118, **3** 5, **4** *13 ff.*, **12** 61
- Folgenorientierung **4** 68
- Konditional- und ~ **4** 13 ff.
- Rechtsbindung **9** 81, **16** 51

Financial Stability Board 16 173 f
Finanzaufsicht, europäische **10** 53 b, **16** 173 a ff.
- Finanzmarktaufsichtsagentur **6** 109

Finanzausgleich, kommunaler **15** 32
Finanzierung, Voraussetzung für Aufgabenzuweisung **11** 54
Finanzierungsprivatisierung 1 60, **12** 110
Finanzindustrie, Basler Ausschuss für Bankenaufsicht **17** 46
Finanzkontrolle → Rechnungshof und Kontrolle
Finanzkrise 15 12 a, **16** 173 b ff.
- neue europäische Finanzaufsicht **6** 109, **10** 53 b, **16** 173 f

Finanzmarktregulierung 19 102
Finanzmarktstabilisierungsanstalt 16 173 c
Finanzmarktstabilisierungsfonds 16 173 c f.
Finanzverfassung und Aufgaben **11** 62
Finanzverwaltung 12 34 f.
- Privatisierungsresistenz **12** 95

Fleiner, Fritz 2 64 f., 73
Flexibilität
- ~serwartung **4** 17
- Gesetz **9** 65 ff., 107
- Inflexibilität der Weisungshierarchie **16** 59
- informelles Verwaltungshandeln **19** 46
- Regulierung **19** 26, 59, 80

Fluchtformeln
- „Flucht" in das Privatrecht **12** 132, **18** 47, 50

Föderalismus 8 66 → Kompetenzordnung, föderale
- Gewaltengliederung/-teilung **8** 16
- Mitwirkungskompetenzen des Bundesrates nach Lissabon-Vertrag und -Urteil **8** 66
- Pflicht zu bundesfreundlichem Verhalten **15** 44
- Vollzugs~ **13** 39

Föderalismusreform, Verwaltungsorganisation und ~ **15** 26, 44, 51 a
Folgen- und Fehlerlehre 10 112
Folgengenese- und Folgenbewirkungsbereich 10 29
Folgenorientierung 1 32 ff., **4** *67 ff.*
- Beschränkung auf Nah- und Einzelfolgen **4** 84
- Folgenentlastung **4** 76, 79, 86
- Folgenrelevanz als Variable **4** 80
- Gesetzesfolgenabschätzung **1** 34, **4** 83, **9** 110
→ Gesetzesfolgenabschätzung
- im Normprogrammbereich **4** 79
- Impact **1** 32, **4** 72 ff.
- Möglichkeit der ~ **1** 33 f.
- Outcome **1** 32, **4** 75 ff.
- Output **1** 32, **4** 70 ff. → Output

Halbfette Zahl = §§; magere Zahl = Rn.; kursive Zahl = Hauptfundstelle; → *= s./s. auch*

Fonds → Finanzmarktstabilisierungsfonds
Formen 4 1 ff.
- ~wahlfreiheit **12** 130, **13** 47, **18** 28 → choice
  - des Rechtsregimes **18** 23, 28
  - Gestaltungsfreiheit **15** 74 ff.
  - Grundrechtsbindung **15** 4 ff.
    → Grundrechtsbindung/-verpflichtung
  - Handlungsformen **15** 4 a
  - Kernenergierecht **16** 209
  - Organisationswahlentscheidung **15** 28, **16** 174 ff. → institutional choice
- Formangebote **4** 2 ff.
- Formenmaßstäbe **15** 57
- Formgebung **8** 27
- Handlungsformen **8** 27
  - Fehlen einer Lehre der Rechtsetzungsformen **9** 80
  - Unionsrecht **9** 18
- Hybridformen **14** 28 ff. → Hybridisierung
- Kontrollformen **8** 24
- Steuerungsleistungen von ~ **4** 37 ff.

Formfehler → Unbeachtlichkeit von Verfahrens-/Formfehlern
Forschung → Hochschule
- außeruniversitäre Forschungseinrichtungen **13** 13
- Evaluationsforschung **1** 35
- Implementationsforschung **1** 35
- Innovationsforschung **10** 130
- Rechtstatsachenforschung **1** 30
- Rechtswirkungsforschung **1** 34, **9** 110
  → Rechtswirkungsforschung
- Wirkungsforschung **1** 35, **9** 114
  → Wirkungsforschung

Forsthoff, Ernst 2 97, **3** 14, 38, **12** 15
- Daseinsvorsorge **2** 88
- Gefährdungshaftung **2** 86

Foucault, Michel, Gouvernementalität **11** 8
Frage von gemeinsamem Interesse, Art. 197 AEUV → Interesse, effektive Durchführung des Unionsrechts als Frage von gemeinsamem
Framework, New Legislative ~, Europäisches Produktrecht **19** 64
Frankreich, Konzept der Verwaltung **10** 7
Freiheit 7 137 ff.
- als Grundlage des Verfassungsstaats **7** 7, 38 f., 137 ff.
  - Subjektstellung des Einzelnen **7** 8 ff.
    → Subjektstellung des Einzelnen
- Amt und ~ **7** 138 f., **15** 15 b
- bürgerliche ~ **7** 37 ff.
- durch Gesetz **9** 1, 21
- durch Verwaltungsorganisationsrecht **14** 4
  → Verwaltungsorganisationsrecht
- Eingriff **7** 46 → Eingriff
- Formenwahlfreiheit **12** 130, **13** 47, **18** 28
  → Formen, ~wahlfreiheit
- Funktionsfreiheit **7** 138, **15** 15 b

- Gemeinwohl und ~ **7** 140 → Gemeinwohl
- Gewährleistung von ~ als grundlegende Verwaltungsaufgabe **11** 29, 74 f.
- Gleichheit und ~ **7** 181 f. → Gleichheit
- Grundfreiheiten **5** 95 ff. → Unionsrecht
- Marktfreiheit **5** 95 ff. → Verwaltungsrecht, europäisches
- Pflichtenstellung und ~ **7** 142 ff. → Pflichtenstellung
- rechtsstaatliche Asymmetrie **7** 137
- Teilhabe und ~ **7** 33 ff.
- vom und durch den Staat **4** 48
- Weisungsfreiheit **14** 39, 41

Fremdkontrolle, private, freiwillige **19** 88 ff.
Frist → Befristung, → Klagefrist
FRONTEX 10 53 b
Funkkonferenzen 13 121
funktionale Selbstverwaltung 8 57, **13** 69 f., **15** 28, **16** 61 f.
- Anspruch auf Gleichbehandlung **7** 190
- Beteiligung im Verfahren und ~ **6** 48
- Demokratieprinzip **6** 20, **16** 61 f.
- demokratische Legitimation **6** 82 ff., **16** 61 f.
- Etablierung durch die Verfassung **15** 42
- Gesetzesvorbehalte und ~ **9** 41
- Grundrechte und ~ **15** 16
- Kooperation mit Privaten **12** 88 f.
- Verfassungsrecht **15** 42
- Weisungshierarchie und ~ **16** 61 f.

Funktionalreform 13 26 f.
Funktionengliederung → Funktionenordnung
Funktionenordnung 8 12, 28, **13** 6 ff.
  → Gewaltengliederung/-teilung
Funktionsfreiheit 7 138, **15** 15 b
Funktionsrechte 14 4, 16, 36
- subjektives öffentliches Recht und ~ **7** 105
Funktionsvorbehalt, beamtenrechtlicher **15** 51
Funktionszusammenhang, Rechtswegzuweisung **18** 26 f.
Fürstenspiegel 2 15

GATS 17 161, 167
GATT 17 158 ff.
Gaupp, Ludwig 2 40
Gebietskörperschaft 14 15, 27
Gebietsreform, kommunale 13 26
Gebietsreform 15 31 a
Gefahr im Verzug
- Selbsteintritt **14** 45
- Zuständigkeitskonkurrenz **14** 50
Gefahrenabwehr 12 25 ff.
- ~recht **12** 27
- als Kernaufgabe der Ordnungsverwaltung
  → Ordnungsverwaltung
- Beleihung Privater **12** 106
- geschichtliche Entwicklung **12** 14 f., 18
- Gewährleistungsverwaltung und ~ **12** 52, 55 f.
  → Gewährleistungsverwaltung

Sach- und Personenregister

- Grenzen der ~ als Modus der Aufgabenwahrnehmung **12** 64
- Grenzen der Privatisierung **12** 95
- Risikoverwaltungsrecht und ~ **12** 31 ff.
  → Risikoverwaltung
- Vorsorgemaßnahmen im Vorfeld von Gefahren **10** 126, **12** *28 ff.*

gegenseitige Anerkennung 5 28 a, 97
  → Verwaltungsakt, transnationaler
- Mindeststandards **6** 114 f.
- Missbrauch **17** 142

Gehör, rechtliches 10 100

Geltungsbereich
- räumlicher ~ **17** 115
- zeitlicher ~ **17** 112 ff.

Gemeinde 15 29 f. → kommunale Selbstverwaltung
- kommunale Daseinsvorsorge **12** 41

Gemeindeordnung, Organisationsstatut **15** 32

Gemeinderat 15 52

Gemeindeverband 15 31 f.

gemeinsames Interesse, effektive Durchführung des Unionsrechts → Interesse, effektive Durchführung des Unionsrechts als Frage von gemeinsamem ~

Gemeinschaftsaufgaben im Bundesstaat **15** 27

Gemeinschaftsrecht → Unionsrecht

Gemeinschaftsstelle, Kommunale ~ für Verwaltungsvereinfachung (KGSt) **1** 53

Gemeinwohl 7 *21 ff.*, **12** *20 ff.*, **16** 18 f.
- ~orientierung des Personals **6** 46
- als Bezugspunkt der Aufgabenwahrnehmung **11** 11, **12** 20 ff.
- Amtsträger **6** 46
- autonome Verwaltung **16** 65
- demokratische Legitimation und ~ **7** 24 f.
  → demokratische Legitimation
- europäisches ~ **6** 116 → Europäischer Verwaltungsverbund
- Freiheit und ~ **7** 140
- Gemeinwohlauftrag **10** 127
- Gemeinwohlfindung **12** 7, 21 ff.
  – pluralisierte ~ **12** 85
- Gemeinwohlkonkretisierung **12** 157, 161 f.
  – arbeitsteilige ~ **12** 77, **16** 16, 19
- Gemeinwohlverantwortung **12** 149, 155
  → Verwaltungsverantwortung
- individuelles Interesse und ~ **7** 22 f.
- Mobilisierung des Einzelnen **7** 91 ff.
- Privatisierung und ~ **12** 23, 157
  → Privatisierung
  – Grenzen der Privatisierung **12** 95
- Regulierungsregime und ~ **7** 30 ff.
- stimulierendes Verwaltungshandeln und ~ **10** 127

Gemeinwohlsicherung 12 *148 ff.* → Rechtsstaat
- Gewährleistungsverantwortung **12** 53, *154 ff.*
  → Gewährleistungsverantwortung

- nachvollziehende ~ **10** 108
- Verwaltungsverantwortung und ~ **12** 148 ff.

gemischtwirtschaftliche Unternehmen → Unternehmen, gemischtwirtschaftliche

Gender Mainstreaming 11 55

Genehmigung 7 165 ff., **19** 30, 43 → Verbot
- dilatorisches Verbot mit Planungsvorbehalt **7** 169
- Eigenverantwortung der Regulierten und ~ **19** 38
- fingierte ~ **19** 30
- Genehmigungsvorbehalt **13** 102
  → Rechtsaufsicht
- präventives Verbot mit Erlaubnisvorbehalt **7** 167
- repressives Verbot mit Befreiungsvorbehalt **7** 170
- suspensives Verbot mit Distributionsvorbehalt **7** 168
- Typologie **7** 165 ff.

Generaldirektionen 13 84

Generaldirektorium Preußen 13 16

Generalklausel 9 81
- Bestimmtheitsgebot **9** 66
- polizeiliche ~ **10** 126

Gerber, Carl F. v. 2 47 f.

Gerechtigkeit
- Gewährleistung von sozialer ~ → Sozialstaat, → Sozialstaatsprinzip
- als grundlegende Verwaltungsaufgabe **11** 29, 74 f.

GEREK 10 53 b

Gericht → Judikative

Gerichtshof, Europäischer **5** 71
- gesetzlicher Richter **5** 15
- Souveränitätsvorbehalt des Bundesverfassungsgerichts **5** 15

Gerichtskontrolle 3 27 ff., **10** *70 ff.*, **14** 63
  → Eigenständigkeit der Verwaltung gegenüber der Judikative, → Rechtsfortbildung, richterliche, → Unabhängigkeit, richterliche, → Verwaltungsprozess
- diskretionären Verhaltens **10** 104
- Entstehung **2** 38
- Gesetz als Kontrollnorm **9** 91 ff.
- Grenzen **10** 85 f.
- Herstellungsprozess einer Entscheidung **10** 34
- justizfreie Akte **10** 57
- Justizzentriertheit
  – Juristische Methode **1** 4
  – Rechtsschutzmodell **5** 70
- Kontrollerwartung **3** 27
- Leitidee einzigartiger Richtigkeit **10** 64
- Maßstab des Rechts **8** 51, **9** 77, **10** 81 ff.
- ministerialfreie Räume **10** 54
- Prüfprogramm **10** 77, 81
- Reichweite **9** 91 ff., **10** 81

Halbfette Zahl = §§; magere Zahl = Rn.; kursive Zahl = Hauptfundstelle; → = s./s. auch   1407

– Richtervorbehalt **8** 53
– von Verwaltungsvorschriften **17** 68
– (weiter) Zugang **7** 93a
Gerichtsorganisation, Gesetzesvorbehalt **9** 38
Gerichtsschutzfunktion 10 70 → Rechtsschutz
Gerichtsschutzgarantien, EMRK **5** 71
Gerichtsverwaltung 12 36 ff.
Gerichtszugang, Umweltschutzorganisationen **7** 93a
Gesamtrechtsordnung 18 2
Gesamtrechtsverhältnis, Rechtswegzuweisung → Sachzusammenhang, Rechtsregimezuordnung
Geschäftsordnung 17 65
– ~sautonomie, Bundestag **8** 38, 46
– ~svorbehalt **9** 23
Geschichtswissenschaft, Interdisziplinarität **3** 43 f.
Gesellschaft
– des Öffentlichen Rechts **13** 46
– Einschätzungsprärogative der ~ **9** 7, 86
– endogene Potentiale der ~ **1** 59
– gesellschaftliche Selbstregelung **19** 144
– gesellschaftliche Selbstregulierung **19** 14, 144 ff.
– mit beschränkter Haftung (GmbH) **13** 48, **16** 190
– Mobile **9** 7, 97, 110
– Netzwerke **9** 110 → Netzwerk
– privatrechtliche ~ **13** 77
– Staat und ~ **7** 1 ff., 8 ff., 123
  – Verantwortungsteilung **15** 4, 14 → Verantwortungs(ver)teilung
– Unterscheidung zwischen Staat und ~ **12** 7f., **18** 55
– Verwaltungsgesellschaftsrecht **14** 54
Gesellschaftsvorbehalt 9 86
Gesetz 9 *1 ff.*, **17** 55 ff. → Parlamentsgesetz
– Allgemeinheit des ~es **9** 21, 102
– als Steuerungsinstrument **6** 32, **9** *84 ff.*, **16** 46 ff.
  – Steuerungskraft **5** 64, **9** *84 ff.*
– Anwendungslehre **5** 64 ff., **9** 113
– Bedeutung für den Rechtsstatus des Einzelnen **7** 70 ff.
– Begriff **9** 15 ff.
– Bestimmtheit des ~ **9** 61 ff.
– europäisches ~, Europäischer Verfassungsvertrag **5** 63, **9** 18, **17** 39, *140*
– Formen/Typologie **9** 15 ff., 106
  – (europäische) Verordnung **9** 18
  – Änderungsgesetz **9** 13, 109
  – europäisches Rahmengesetz **17** 39, *140* → Richtlinie
  – Grundsätzegesetz **9** 15, 106
  – Maßnahmegesetz **9** 21, 97
  – Maßstäbegesetz **9** 106
  – Richtlinie **9** 19
  – Vertragsgesetz **17** 42
  – Volksgesetze **9** 16

– Fragmentierung **9** 111
– Funktionen **9** 1 ff.
  – Informationsfunktion **9** 14, 111
  – Kommunikationsfunktion **9** 14, 111
– Gesetzesänderungen **9** 100 f., 109
– Gesetzesflut **9** 82, 99
– Grundrechte und ~ **7** 70 ff.
  → Konstitutionalisierung
– im europäischen Verfassungsrecht **9** 17 ff.
– im formellen und materiellen Sinne **9** 15 f., **17** 56
– Konstanz **9** 21, 101, 111
– Kontrolldichte **9** 91 ff.
– Koordinationsmittel **9** 13
– Landesverfassung **9** 16
– Legitimation durch ~ **6** 11, 49 f., **9** 10 f.
  → Verwaltungslegitimation
  – pluralisierte Verwaltungseinheiten **6** 72
– Leitbild **9** 21 f.
– objektives und subjektives Recht **7** 83 f.
– Stabilität **9** 21, 100
– Subsidiarität **9** 80
– Transparenz **9** 111
– Verwaltung und ~ **5** 63 ff., **9** *74 ff.*, **16** 45 ff.
  → Verwaltung
  – Schlüsselrolle **5** 63 ff., **9** 10, **16** 45
Gesetzesbindung 3 11 ff., **9** *73 ff.*
– der Verwaltung → Gesetzesvorbehalt, → Gesetzesvorrang, → Rechtsbindung der Verwaltung
  – Eigenständigkeit der Verwaltung und ~ **10** 3, 33, 112
  – gesetzesdirigierte Verwaltung **5** 65
  – gesetzes„freie" Verwaltung **7** 85 ff.
  – strikte ~ in der ordnenden Verwaltung **12** 12
– des Richters → Rechtsbindung der Justiz
– juristische Methode und ~ **3** 23 ff.
  → Juristische Methode
– Legitimation durch ~ **6** *10 ff.*, 49, **9** 10
Gesetzesfolgenabschätzung 1 *34*, **4** *79*, **9** *110*, **19** 166
– Gender Mainstreaming **11** 55
– institutionalisierte ~ **3** 33 Fn. 258, **4** 83
Gesetzesvorbehalt 9 *24 ff.*
  → Informationstätigkeit, staatliche, Gesetzesvorbehalt
– allgemeiner **9** 45 f.
– als Gebot normativer Qualitätsgewährleistung **10** 112 Fn. 562
– Ausdehnung des ~ **2** 107
– Begründung/Quellen **9** 31
– Bestimmtheit des Gesetzes → Bestimmtheit
– Eigenständigkeit der Verwaltung und ~ **10** 3, 57, 112 → Eigenständigkeit der Verwaltung
– Einbeziehung Privater **19** 42
– Ewigkeitsschutz **9** 90 Fn. 463
– Funktion **9** 30

Sach- und Personenregister

- Grundrechte und ~ 7 143, 9 46, 59
  → Grundrechtseingriff
  - einzelne Vorbehalte 9 33
- Grundsatz vom Vorbehalt des Gesetzes 9 24, 45 f.
- institutioneller ~ 9 37 f., 13 79, 15 35 f., 19 42
  - Beleihung 9 37, 14 30
  - Legitimation und ~ 6 58, 72
  - materielles Gesetz und Prozeduralisierung 15 54 f.
- Organisationsrecht 15 35 f., 54 ff.
- Rechtsprechung und ~ 9 28
- Rechtsregimewahl 18 58
- Selbsteintrittsrecht 14 45 Fn. 233
- Terminologie 9 24
- Totalvorbehalt 9 45
- Typologie 9 32 ff.
  - abgabenrechtlicher ~ 9 34
  - finanzverfassungsrechtlicher ~ 9 35
  - grundrechtlicher ~ 9 33
  - institutioneller ~ 9 37 f.
  - integrationsrechtlicher ~ 9 36
  - organisationsrechtlicher ~ 9 37 f.
  - ratifikationsrechtlicher ~ 9 36
  - rechtsetzungsrechtlicher ~ 9 42
  - selbstverwaltungsrechtlicher ~ 9 39 ff.
  - sonstiger ~ 9 44
  - statusrechtlicher ~ 9 43
  - unionsrechtlicher ~ 5 63
- völkerrechtliche Verträge 8 45
- Wirkung 9 25 ff.

Gesetzesvorrang 9 73 ff., 18 50, 58
- Eigenständigkeit der Verwaltung und ~ 10 3, 138 → Eigenständigkeit der Verwaltung
- Rechtsregimewahl 18 58
- verwaltungsorganisatorische Bedeutung 15 54 f.

Gesetzgeber → Legislative

Gesetzgebung
- ~saufgabenkritik 9 99
- Allgemeinheit 8 47, 9 21, 102
- Beobachtungspflichten 4 90
- Bundesrat 8 43, 50
- Delegation 8 48 f., 9 69 f.
- Eilbedürftigkeit 9 8 Fn. 52
- Einzelfallentscheidung 8 47 ff., 9 21
- gute ~ 4 24, 93, 9 105 ff.
- negative ~ 8 50
- on demand 9 8
- Outsourcing von vorbereitenden Arbeiten 17 57
- Revision 4 93
- Unionsrecht 9 17 ff., 17 39
  - Gesetzgebungsakte/-verfahren 5 63
  - Verankerung im Primärrecht 9 17
- Vertrag von Lissabon 5 63
- Wissen 9 7, 99

Gesetzgebungsakt im Unionsrecht 5 63, 17 39

Gesetzgebungslehre 1 15, 3 33, 4 104 ff., 9 109
- als Teil der Verwaltungsrechtswissenschaft 4 107

Gesetzgebungsverfahren
- Mutationen 9 8
- Rationalitätsfunktion 9 5
- Verbesserung 9 105 ff.
- Zeitdruck 9 108

Gesetzmäßigkeit → Rechtsbindung
- der Verwaltung
  - Rechtsaufsicht 15 48 ff.
  - Verwaltungsorganisation 15 54 ff.

Gestaltungsspielräume 4 18 ff., 8 60, 10 45
→ Ermessen

Gewährleistung 11 75

Gewährleistungsaufsicht 4 96

Gewährleistungsstaat 15 14, 16 18, 96
- als Leitbild 1 41, 64, 4 26
- Daseinsvorsorge 15 64
- Demokratieprinzip 15 63 f.
- demokratische Herrschaft und ~ 15 63
- Qualitätssicherung 16 173 g ff.
- Verwaltungsaufgaben und ~ 11 18

Gewährleistungsverantwortung 12 *154 ff.*, 19 52, 163
- Begriff 12 158
- Gemeinwohlsicherung 10 108, 12 53, *154 ff.*
- Regulierungsverwaltung 12 57 ff.

Gewährleistungsverwaltung 12 18, *51 ff.*
- allgemeine Charakteristika 10 11, 12 *51 ff.*
- Daseinsvorsorge 12 51, 53
- Gefahrenabwehr 12 52, 55 f.
- Herausbildung 12 18 f.
- Infrastrukturverwaltung 12 60 ff.
  → Infrastrukturverwaltung
- Marktstrukturverwaltung 12 54 ff.
- Regulierungsverwaltung 12 57 ff.
  → Regulierungsverwaltung
- Wettbewerbsverwaltung 12 56

Gewährleistungsverwaltungsrecht 1 61, 4 77, 18 79 f.
- Begriff 7 30
- Sozialstaatsprinzip 5 102, 12 19

Gewalt
- Medien als „vierte ~" 8 18
- vollziehende ~ → Exekutive

Gewaltengliederung/-teilung 8 *1 ff.*, 15 ff., 10 38 ff., 39, 13 7
- (Macht-)Balance 8 5 f., 46, 69
- Aufgabenwahrnehmung der Verwaltung und ~ 11 53, 12 1 f. → Aufgabenwahrnehmung
- Demokratieprinzip und ~, Parlamentsvorbehalt 8 49
- Dogmatik 8 30 ff.
- Durchbrechung 8 32 f., 45, 50
- Ebenen der Trennung 8 25
- organisatorisch 8 5 f., 14, 27 f.

- personell **8** 5f., 39
- sozial **8** 6, 12, 18
- EU **8** 65ff.
- Exklusivität **8** 36f.
- funktionale ~ **8** 4f., 14f., **10** 38ff.
  → Eigenständigkeit der Verwaltung
- Europäische Union **8** 66, 68
- funktionale Differenzierung **10** 38ff.
- funktionsgerechte Organisationsstruktur **10** 39
- Gewaltengliederung und Gewaltenteilung **8** 15, **10** 39
- Hauptfunktionen unter dem Grundgesetz **8** 40ff.
- Haushaltsplan **8** 45
- in der Geschichte **8** 2ff.
- Kompetenzordnung **8** 31, 40
  → Kompetenzordnung
- Konkretisierung **8** 37, 46
- Legitimationsordnung **6** *30ff.*, **8** 10
  → demokratische Legitimation
- Mäßigung **8** 26
- materielle Definition **8** 35ff.
- Rationalität **8** 23ff.
- Rechtsstaats- und Demokratieprinzip **5** 52, **8** 19ff.
- relative Eigenständigkeit der Verwaltung **10** 38ff. → Eigenständigkeit der Verwaltung
- Sammelbegriff **8** 31
- supranationale ~ **8** 15, 65ff.
- Verfassungsänderung **8** 41
- verfassungsrechtliche Vorgaben **5** 52, 52, **15** 5, *33ff.*
- Wechselwirkung **8** 15

Gewaltengliederung
- Begriff **8** 15, **10** 39

Gewaltenteilung → Gewaltengliederung/-teilung

Gewaltenteilungsgrundsatz/-prinzip 8 19ff.

Gewaltenverschränkungen 8 6, 33, **10** 39

Gewaltmonopol 11 11, **15** 58
- Privatisierung und ~ **15** 58

Gewaltverhältnis, besonderes 2 111

Gewohnheitsrecht 17 94ff., 111
- Gesetzesvorbehalt und ~ **9** 26
- Völkergewohnheitsrecht **17** 44

GFA → Gesetzesfolgenabschätzung

Gierke, Otto v. 2 63

Gleichbehandlung, Anspruch auf ~ **7** 185ff.

Gleichberechtigung → Diskriminierungsschutz

Gleichgewicht, institutionelles 8 69f.

Gleichheit 7 181ff.
- als Rechtsanspruch **7** 185
- Art. 3 Abs. 1 GG **7** 192ff., **17** 102
- Art. 3 Abs. 2 GG **7** 197
- Art. 3 Abs. 3 GG **7** 196ff.
- bürgerliche ~ **7** 184, *192ff.*
- demokratische ~ **6** 25f., **7** 184, *188ff.*
- Differenzierungsverbote **7** 196ff.
- formale und materielle ~ **7** 185ff.
- Freiheit und ~ **7** 181f.
- Gender Mainstreaming **11** 55
- gleicher Zugang zu öffentlichen Ämtern **7** 118
- Inländergleichbehandlung **17** 162
- Maßstabsfunktion **17** 102
  - Ersatzfunktion **9** 21
- punktualisierende Wirkung **9** 102
- Ungleichbehandlungen **7** 194f.
- zwischen Bürgern **7** 185f.
- zwischen Privaten **7** 185ff.

Global Governance 1 69, **16** 31ff., **17** 14, *154ff.*

Globalhaushalt, NSM **4** 65

Globalisierung 16 32ff., 166ff., **17** 12

Glückseligkeit 2 16
- Beförderung der ~ im Absolutismus **12** 14
- Verlust der Akzeptanz als Staatsziel **2** 28

GmbH 13 48, **16** 190
- Steuerbarkeit **16** 190f.

Gneist, Rudolf v. 2 51

Good Governance 1 68, **11** 22

Gouvernementalität 11 8

Governance 1 21, *68ff.*, **4** 1, **16** *20ff.*
- ~-Perspektive **4** 41, 107
- Aufgaben und ~ **11** 7
- Begriff **1** 68, **13** 11, **16** 163
- by diffusion **19** 156
- Corporate ~ **1** 68 Fn. 380
- Ertrag **1** 70
- Europäisierung **16** 159, 163ff.
- global ~ **1** 69, **16** 31ff., **17** 14, *154ff.*
- good ~ **1** 68, **11** 22
- in Mehrebenensystemen **16** 163ff.
- Mechanismen **4** 107
- Netzwerk~ **16** 135ff.
- Regulierungsbegriff und ~ **19** 6
- Steuerung und ~ **4** 1, **16** *20ff.*
- Theorie **16** 24ff.
- Verwaltungsaufgaben **11** 7
- without government **1** 69

Governance-Forschung 10 1

Governancemodi 10 1

GPA 17 161, 168

Gremien 12 85

Grenznachbarschaftliche Einrichtungen 5 43, **13** 122

Grenzwerte 4 67b

Großbritannien, Verwaltung **10** 8

Grundhaltung, politische ~ und staatliche Aufgabenerfüllung **11** 17

Grundlagengesetz 9 15, 106

Grundrechte 2 110, **5** 9, **7** 37ff., **17** 51f., **18** 45ff.
  → Konstitutionalisierung
- Abgrenzung zu Amtskompetenzen **7** 40 Fn. 70, 44f., **15** 15b
- Abwehrdimension **7** 46ff.
- als Ausgangs- und Zielpunkt staatlicher Verwaltung **15** 15ff.

Sach- und Personenregister

- Bedeutung für das Verwaltungsrecht **5** 9, **15** 15 ff., **17** 51
- Bedrohung durch Schuldenkrise und Staatsinterventionen **5** 92
- Definition von Verwaltungsaufgaben **11** 65
- Demokratieprinzip **6** 19
- Deutschenrechte und Jedermannsrechte **7** 41
- einfaches Recht und ~ **7** 61 ff., 71 ff.
- europarechtlicher Schutz **7** 88 ff.
- Funktionsfreiheit und ~ **15** 15 b
- Gesetzesvorbehalt **7** 143, **9** 46, 59
- Gesetzesvorbehalte **9** 33
- Grundrechtsberechtigung **15** 15 ff.
- informierendes Verwaltungshandeln **10** 137
- innerhalb der Verwaltung **15** 15 ff.
- internationaler Menschenrechtsschutz **5** 48 a
- juristische Personen **7** 202 f.
- Leistungsansprüche **7** 58
- objektivrechtliche Dimension **2** 107, **7** 51 ff.
- rechtsstaatliches Verteilungsprinzip **7** 39
- Schutz durch Verfahren **7** 53 ff.
- Schutzansprüche **7** 56 ff.
- soziale Gerechtigkeit und ~ **11** 74
- soziale Grundrechte in der EU-Grundrechtecharta **5** 108 f.
- status negativus **7** 46 ff.
- subjektiv-öffentliches Recht und ~ **7** 100
- Teilhabeansprüche **7** 59 f.
- Unionsgrundrecht **17** 148
- verfahrensrechtliche Dimension **7** 53 f.
- Verwaltungsverfahren **15** 17
- **Grundrechteagentur 10** 53 b
- **Grundrechtecharta** → EU-Grundrechtecharta
- **Grundrechtsberechtigung 15** 15 ff.
- **Grundrechtsbindung/-verpflichtung 7** 43 ff., **15** 4 a, 15 ff., **18** 45 ff. → Drittwirkung, mittelbare
- Formenwahl und ~ **15** 57
- gemischtwirtschaftlicher Unternehmen **7** 43, **13** 10, 92, **15** 4 ff.
- Grundrechtsberechtigung und ~ **15** 15 ff.
- Privatrechtsregime und ~ **18** 45 ff.
- **Grundrechtseingriff** → Eingriff
- Eingriffslehren **7** 49, 147 ff.
- Gesetzesvorbehalt **7** 46, **9** 33, 52 f.
- informationsbezogenes Verwaltungshandeln **10** 137 → Informationstätigkeit, staatliche, Eingriff
- **Grundrechtsverwirkung 7** 42
- **Grundrechtsverzicht 7** 42
- **Grundsätze**, hergebrachte ~ des Berufsbeamtentums **15** 51
- **Grundsätzegesetz 9** 15, 106
- **Grundversorgung 19** 135
- **gute Verwaltung,** Recht auf ~ **5** 17, **10** 35, **11** 22, **19** 157
- Eigenverwaltungsrecht **5** 37
- Landesverfassungen **11** 22
- Unparteilichkeit **5** 85
- **Gütesiegel/-zeichen 19** 151
- **Gutschein,** Sozialleistungen **19** 116, 122

Habilitationsakt 9 20
Haftung bei Erfüllung von Aufgaben → staatliche Einstandspflichten
Handeln, politisches 10 44
Handelshemmnisse, Verbot nichttarifärer ~ **17** 162
Handlungsformen 8 27
- des Unionsrechts, Indifferenz **9** 18
- Fehlen einer Lehre der Rechtsetzungsformen **9** 80
Handlungsmodi 10 1
Handlungsnormen 4 2 ff., 67, **10** 13, 66
- Gesetz **9** 1, 89 ff.
- Kontrollnormen und ~ **9** 91
- Krise des regulativen Rechts **4** 2 ff.
- Steuerungsleistung **4** 40
Handlungsperspektive 1 11, **8** 60, **10** 67
Handlungsspielraum 8 60, **10** 13
Hänel, Albert 2 63
Harmonisierungsrichtlinie 17 90
Hatschek, Julius 2 72
Hauptverwaltungsträger
- Bund und Länder **14** 23, 32
  - administrative Verbandskompetenz **14** 43
  - Zuständigkeitskonkurrenzen **14** 50
- Bundesaufsicht **14** 59, **15** 47 → Aufsicht
- doppelte Verwendungsweise **14** 32
- Staatsqualität **14** 32
- Verwaltungszuständigkeit **14** 43
Haushalt
- Budgetierung **15** 38
- Verschuldung **15** 37 b
Haushaltsordnung, Europäische 6 105
- Administration **6** 105
Haushaltsplan, Rechtsnatur **4** 66
Haushaltsrecht
- demokratische Legitimation **6** 11, 51 f.
- Gesetzesvorbehalte **9** 35
- Steuerung durch ~ **4** 64
- Verwaltungsorganisation **15** 37 ff.
Hausrecht, Zuordnung von Maßnahmen zum Öffentlichen Recht **18** 27
Henry VIII-Klauseln 17 63
Hensel, Albert 2 75
Herkunftslandprinzip 5 97 → Verwaltungsakt, transnationaler
Herrschaftsverfassung 8 4
Herstellung, Trennung zwischen ~ und Darstellung **4** 41
Herstellungsebene 10 33 f.
Hierarchie 13 99 ff., **16** 41 ff., 112, 153
- als Governanceleistung **16** 44
- Demokratieprinzip und ~ **6** 38 ff., **16** 45

Halbfette Zahl = §§; magere Zahl = Rn.; kursive Zahl = Hauptfundstelle; → = s./s. auch

Sach- und Personenregister

- Hierarchieabbau **13** 31
- hierarchische Struktur der Verwaltung **10** 9, **13** 50, 99
- Informationsverarbeitung **13** 101
- politische Rationalität und ~ **16** 43
- Weisungsgebundenheit **16** 55

Hilfsgeschäft, fiskalisches 12 139
Hobbes, Thomas 8 5
Hochschule 13 13, 69, **15** 12b
- Akkreditierung **16** 173j ff.
- für Verwaltungswissenschaften **2** 101

Hoffmann, Karl H. L. 2 40
Hohe Behörde 13 24
Hoheitliche Regulierung 19 14f., 23ff.
→ Regulierung

Hoheitsakt, justizfreier 10 57
Hoheitsrechte, Übertragung
von ~n, Gewaltengliederung/-teilung
8 17

Hoheitsunterworfenheit 7 143, 153
→ Inpflichtnahme

Huber, Ernst R. 2 77
Hybridisierung öffentlicher Aufgabenträger 10 18, **16** 120ff., 156 → Public Private Partnership
- Bundesagentur für Arbeit **14** 28 Fn. 131
- gemischtwirtschaftliche Unternehmen **1** 60, **13** 91f., **14** 30
- juristische Person des öffentlichen Rechts **14** 28
- Netzwerk **16** 150 → Netzwerk
- öffentliche Aufgabenträger auf der Grenzlinie zwischen öffentlichem und privatem Sektor **10** 18, 108, **14** 30, **16** 120ff.
 – Grundrechtsberechtigung **15** 15ff.
- Teilprivatisierung der Berliner Wasserbetriebe **16** 127ff.
- Treuhandanstalt **16** 121ff.

IAIS 17 46
ICANN (Internet Corporation for Assigned Names and Numbers) **16** 169
IEC 17 87
Impact 1 32, **4** 72ff.
Implementation
- ~sdefizite → Vollzugsdefizit
- ~sforschung **1** 35, **4** 91
- ~stauglichkeit → Folgenorientierung

implied powers 15 21
Implikation, völkerrechtliche 17 12ff.
Indienstnahme Privater 12 104ff., 114
- als Privatisierungstyp **1** 60

Individualinteresse, Gemeinwohl und ~ **7** 22f.
→ Gemeinwohl

Individualrechtsschutz 5 73, **10** 72, 77
→ Rechtsschutz
- Europäisierung **5** 79 → Europäisierung
- rechtliche Maßstäbe und ~ **10** 81 → Maßstäbe

Individuum als Ausgangspunkt und Ziel des Verwaltungsrechts 7 8ff.
Informalität → informelles Verwaltungshandeln
Information 10 131 ff. → Informationstätigkeit, staatliche
- ~sherrschaft Privater **4** 56ff.
- ~smanagement **16** 77
- Arbeitsteiligkeit der Informationsermittlung **10** 135
- Aufgabeninformatik **11** 42
- Informations- und Überzeugungsprogramme **4** 46
- Informationsbeziehungen zw. Staat und Bürger **10** 134
- Informationsfunktion des Gesetzes **9** 14, 111
- Informationsnetze, europäische **10** 136
- Informationsniveau **19** 151
- Informationsverarbeitung **10** 131f.
- Informationsverteilung **19** 22, 34
- Informationsweitergabe als Eingriff **10** 137
- Informationszugang **10** 131, 134
- Lernen und ~ **1** 11, **10** 133
- Steuerung durch ~ **11** 42, **16** 162
- Überlastung der Organisationsspitze **6** 40

Informations- und Kommunikationstechnologie → Electronic Government
- Einsatz in der Verwaltung **10** 25
- Informationsverbünde **1** 66
- IT-Planungsrat **1** 66

Informationsagentur 10 136
Informationsfreiheitsgesetz, prokuratorische Rechte **7** 113
Informationsfreiheitsrecht 10 135
Informationsordnung 4 101
Informationsrechte 10 134
→ Selbstbestimmung, informationelle
- als prokuratorische Rechte **7** 113

Informationstätigkeit, staatliche 10 137
- der Kommission **10** 136, **16** 165
- Eingriff **7** 178, **10** 137, **14** 53
- Gesetzesvorbehalt **4** 46, **9** 53
- Informationsweitergabe als Eingriff **10** 137

Informationsverbünde 1 66
Informationsverwaltungsrecht 1 67, **10** 132
- Informationsverwaltungsgesetz **10** 132
- Umweltinformationsrecht **7** 94, 113

Informationszugang 10 131, 134
informelles Verwaltungshandeln 1 10, **3** 15, **4** 56, **7** 147ff., 179, **19** 46 → Informationstätigkeit, staatliche, → Zielvereinbarung
- Kooperation und ~ **12** 68
- kulturwissenschaftliche Bezüge **3** 51
- Legitimationsvermittlung **6** 101
- Netzwerke **16** 154 → Netzwerk
- organisationserhaltende Kraft **1** 10
- Selbstverpflichtungen **19** 73ff.

Sach- und Personenregister

– transnationale Verwaltungsorganisation **16** 172, **17** 153
– Überwachung **19** 46
Infrastruktur
– als Aufgabe **11** 28
– inneradministrative ~ als Steuerungsressource **10** 25
– Recht als ~ **16** 30
– Vertrauens~ **19** 151 f.
– Wissens~ **19** 34
Infrastrukturverantwortung 15 13, **16** 29 f.
Infrastrukturverwaltung
– Netzinfrastrukturverwaltung **12** 58
– Privatisierung **12** 97 f.
– raumbezogene ~ **12** 60 ff.
Inklusion und Exklusion 14 14
→ Relationsbegriff
Inkompatibilität, personelle **8** 25, 39
Inländergleichbehandlung 17 162
Innenrecht 3 7, **4** 60, 66, **14** 11, 14
→ Relationsbegriff
– Verwaltungsvorschrift **17** 15 ff.
→ Verwaltungsvorschrift
Innenrechtsstreit 14 63
Innere Sicherheit 11 7, **15** 12 a
Innovation 10 128 ff., **11** 56
– durch Vernetzungen der Rechtsordnungen **17** 171
– Innovationsanreize, materielle/immaterielle **10** 130
– innovationsermöglichendes Recht **10** 129 f.
– Innovationsforschung **10** 130
– Innovationsmanagement **10** 130
– Innovationsphasen **10** 130
– Innovationspotential
  – hoheitlicher Regulierung **19** 27
  – regulierter Selbstregulierung **19** 59
  – von Netzwerken **16** 139 f.
– Innovationssteuerung **10** 128
– Innovationsverantwortung **10** 130
– Verrechtlichung als Innovationsfalle **10** 129
Inpflichtnahme des Einzelnen
– Abwehr von Schäden **7** 157
– durch einseitige Anordnung **7** 154 ff.
– durch prinzipiell-allgemeine Regelungen **7** 159 f.
– durch Sozialgestaltung **7** 158
– im Nachgang privater Freiheitsausübung **7** 163 f.
– im Vorgriff privater Freiheitsausübung **7** 165 ff. → Genehmigung
– Indienstnahme Privater **1** 60, **12** *104 ff.*
– materielle Typologie **7** 156 ff.
– modale Typologie **7** 162 ff.
Inpflichtname, hoheitliche 7 156 ff.
Inquisitionsmaxime → Amtsermittlung
Inspektionen vor Ort durch Unionsbeamte **5** 36
Institution 14 16

institutional choice 16 101 ff., 174 ff.
– Auswahlermessen **16** 208 ff.
– Beschränkung durch Art. 87 c GG? **16** 208 ff.
– Kriterien **16** 192 ff.
– Verwaltungsmodelle **16** 204 ff.
Institutionalismus, akteurzentrierter **1** 20, **19** 13
Institutionenökonomik 10 127, **11** 5, **19** 13
Integration
– europäische ~ **10** 15
  – Gesetzesvorbehalt **9** 36
  – Informationsdimension **10** 136
  – Unionsrecht **17** 8 ff.
– privater Rechtsetzungsakte **17** 18 ff.
Integrationsklausel, übergreifende **4** 22
Integrationsverantwortungsgesetz 8 66
Interdependenzen, administratives Management von **10** 106 ff., 120
Interdisziplinarität 1 39, **3** 42 ff.
– Eigenständigkeit der rechtswissenschaftlichen Perspektive **1** 71
– mit Geschichtswissenschaft **3** 43 f.
– mit Kulturwissenschaften **1** 42, **3** 51
– mit Naturwissenschaften **3** 50
– mit Politikwissenschaften **3** 47 ff.
– mit Sozialwissenschaften **3** 47 ff.
– mit Wirtschaftswissenschaften **3** 45 f.
→ Ökonomisierung
– Regulierungsbegriff und ~ **19** 8
– Steuerungsansatz **1** 25
Interesse
– Dienste von allgemeinem wirtschaftlichem ~ **5** 96
– effektive Durchführung des Unionsrechts als Frage von gemeinsamem ~ **5** 17, 21, **13** 38
Internationale Organisation 13 119 ff., **16** 167 f.
– Benchmarking **17** 151
– Empfehlung **17** 151
– Entwurfsvorlagen für multilaterale Vereinbarungen **17** 151
– Koordinierungsmechanismen **17** 151
– Probleme der Legitimität des Rechts **17** 157
– Recht **17** 45, 149 ff.
– Verwaltung von Territorien **17** 152
internationalisiertes Verwaltungshandeln 5 41 ff.
– Anerkennungsprinzip **5** 47
– Behördennetzwerke **5** 45 → Netzwerk
– im grenznachbarschaftlichen Bereich **5** 43, **13** 122
– in dynamischen Vertragsregimen **5** 46
– kommunaler Gebietskörperschaften → Selbstverwaltung
– Legitimation **5** 47
– Rechtsinstitute **5** 47
– Typen **5** 42 ff.
Internationalisierung 1 14 f., **3** 32, **5** 3, *41 ff.*
– Behördennetzwerke **5** 45
– grenznachbarschaftlicher Bereich **5** 43

Halbfette Zahl = §§; magere Zahl = Rn.; kursive Zahl = Hauptfundstelle; → = s./s. auch   1413

- Internationales Verwaltungsrecht **5** 48 ff., **17** 149 ff.
- Typisierung **5** 42 ff.
- Verwaltungsaufgaben **11** 22
- Verwaltungshandeln **5** 41 ff.
  → internationalisiertes Verwaltungshandeln
- Verwaltungsorganisation **13** 117 ff., **16** 173
- Verwaltungsrecht **1** 13 f., **16** 167 ff., **17** 12

Internet → Electronic Government
- ~portale **1** 66

Intervention
- ~sstaat **2** 113
- Staaten~ **5** 92, 96

Intradisziplinarität 1 38, **3** 52
Invention 10 130
Investitionsbank, Europäische 13 24
IOSCO 5 45, **17** 46
Irrtumsvorsorge 10 128
ISO 17 87, 156
ISO-Norm 17 91
IT-Netze 1 66
IT-Planungsrat 1 66

Jedermannsrecht 7 41, **18** 13 ff.
Jellinek, Walter 2 73, 97
Judikative 8 51 ff., 61 f. → Gerichtskontrolle
- angemessene Ausstattung der Gerichte **11** 45
- Einzelfall **8** 54
- Gerichtsverwaltung **12** 36 ff.
- Gesetzesvorbehalt **9** 28 f.
  → Rechtsfortbildung, richterliche
- institutionelles Rücksichtnahmegebot **4** 54 c
- Letztverbindlichkeit **8** 52 f., 61 f.
- Rechtsanwendung **8** 52
- Rechtsbindung **8** 51, **9** 77
- Rechtsetzung **8** 54
- Rechtskraft **8** 52
- Rechtsweg **8** 52
- Richterrecht **8** 54
- Richtervorbehalt **8** 53
- Trennung von Polizei und ~ **2** 27
- Unabhängigkeit **8** 51, 61

Juristenausbildung 2 122 ff.
- Staatsexamen **3** 57

Juristische Methode 1 *1 ff.*, **2** 47 ff., **3** 23 ff.
- Charakteristika **1** 2 ff.
- Durchsetzung der ~ **2** 47 ff.
- Entstehung **2** 47 ff.
- Ermessenslehre und ~ **10** 71
- Funktionen **1** 7
- Gesetzesbindung der Verwaltung **3** 23 ff.
- Legendenbildung **10** 10
- Orientierungen des Verwaltungshandelns **10** 10
- pathologieorientierte Betrachtungsweise **1** 10
- Steuerung **4** 1
- Umgang mit Wirklichkeit **1** 29

juristische Person → Verwaltungsorganisation
- Beliehener **14** 31
- des Öffentlichen Rechts **14** 27 ff.
- des Privatrechts **14** 25 f., 30 f.
- Deutungsschema **14** 21
- Gebietskörperschaft **14** 15, 27 → Körperschaft
- Grundrechtsträgerschaft **7** 202 f.
  → Grundrechtsbindung/-verpflichtung
- Rechtsstatus **7** 199 ff.
- Relativität von Rechtsfähigkeit **14** 19 ff.
- Selbstverwaltungseinheit **14** 41
- Sinnvariabilität **14** 23
- Staat, geschichtliche Entwicklung **15** 6
  – Klassifizierung **14** 15
- Verwaltungsträger **14** 20 ff. → Verwaltungsträger

Justi, Johann H. G. v. 2 19, **8** 9
Justiz → Judikative
Justizvorbehalt 9 23

Kaiser, Joseph H. 2 117
Kammern 13 69
Kant, Immanuel 2 16, **8** 7
Kartellamt → Bundeskartellamt
Kartellrecht 10 122
- Regulierung und ~ **19** 127, 142
- Selbstverpflichtungen **19** 78
- Verbundperspektive **3** 9, **10** 122, **18** 15 f.

Kelsen, Hans 2 45, **8** 63, **14** *5* Fn. 18
- Rechtswesens-/-inhaltsbegriff **14** 17

Kernaufgaben, staatliche 11 24, *28*, 71 ff., **15** 12 ff., **16** 71 → Erfüllungsverantwortung, → Verwaltungsaufgaben, grundlegende
- Gefahrenabwehr **12** 25 ff.
- Grenzen der Privatisierung **11** 54, **12** 95 f., **15** 68

Kernbereich
- Exekutive **8** 32 ff., **10** 46, **15** 36
- kommunaler Selbstverwaltung **15** 29
- Staatsaufgaben **11** 24, *28,* **15** 12 ff.

KGSt 1 53
Kinderlärm 4 67b
Klagebefugnis
- Europäisierung **5** 79
- EUV **5** 82

Klagefrist, Effektivitätsgrundsatz **5** 78
Klugheit 10 36
Kodex
- Corporate Governance ~ **4** 29
- Verhaltenskodex **4** 29

Kodifikation
- des Verwaltungsrechts in der EU **5** 40
- Gesetzgebungswissenschaft **4** 103 a

Kodifizierung 9 22, 111
  → Informationsfreiheitsgesetz
- Umweltgesetzbuch **3** 12
- Verwaltungsverfahrensrecht **2** 115

Koellreutter, Otto 2 82

Sach- und Personenregister

Kohärenz
- ~dogmatik **5** 69
- ~verantwortung **5** 82
- Optionenraum **10** 115 ff.
- Rechtsschutzsystem **5** 75
- Verbundstrukturen **5** 54
- zwischen den einzelnen Politikzielen **5** 90

Kohärenzgebot im Europäischen Verwaltungsverbund 5 80 ff.

Kohärenzsicherung 10 115
- Agenturen **10** 53 b

Kollegialgremien 13 52 ff.
- Besetzungsmechanismen **13** 54
- Kooperation **12** 84
- Legitimation **6** 69 ff.

Kollegialprinzip 10 24, **13** 52 ff.
- Geschichte **13** 18

Kollisionsfall mit Unionsrecht **17** 124

Kollisionsrecht, Internationales Verwaltungsrecht **17** 169 ff.

Komitologie 5 24, **13** 110 f., **15** 43
- Beratungs- und Prüfverfahren **5** 24
- Durchführungsrechtsakte **5** 24
- Legitimation **6** 112 a

Kommission
- Europäische ~ **5** 22 → Unionsrecht
  - Exekutiv- und Verwaltungsfunktion **5** 17
  - Kollegialprinzip **13** 84
- für Jugendmedienschutz **13** 112
- zur Ermittlung der Konzentration im Medienbereich **13** 112

Kommunalaufsicht 14 59
- als Element der Selbstverwaltungsgarantie **15** 48

Kommunale Gemeinschaftsstelle für Verwaltungsvereinfachung (KGSt) 1 53

kommunale Selbstverwaltung 13 41 f., *67 f.*, **15** 29 ff.
- als Teil der Exekutive **8** 57, 59
- Arbeitsgemeinschaft mit Agenturen für Arbeit **13** 115
- Aufsicht **13** 42, **14** 59, **15** *48*
  - als Element der Selbstverwaltungsgarantie **15** 48
- Bestandsschutz öffentlicher Aufgabenwahrnehmung? **15** 13
- demokratische Legitimation **6** 79 ff.
  - Satzungsgewalt **6** 79 ff.
- Eigenstand gegenüber dem Gesetzgeber **8** 59
- Entstehung **13** 19
- Gebietsreform **15** 31 a
- Gemeinden **15** 29 f.
- grenznachbarschaftliche Zusammenarbeit **5** 43
- im Mehrebenensystem der Verwaltungsorganisation **13** 41 f.
- keine Aufgabenübertragung durch den Bund **15** 26, 28
- Kommunaler Finanzausgleich **15** 32
- Kooperation mit Privaten **12** 86 f.
- Landkreise und Gemeindeverbände **15** 31
- Ökonomisierungsprozesse **12** 87
- Organe **15** 52
- verfassungsrechtliche Vorgaben **15** 29 ff.
  - Regelungen der Landesverfassungen **15** 30

Kommunalisierung 11 21
- Rekommunalisierung **1** 61

Kommunalverfassung 15 29

Kommunalwissenschaft, Entstehung der ~ **2** 75

Kommune → kommunale Selbstverwaltung, → Gemeinde

Kommunikation
- ~sfunktion des Gesetzes **9** 14, 111

Kommunikationsinfrastruktur 10 132

Kompensation
- ~sthese, Verwaltungsverfahren **4** 54 b
- Bestimmtheitsgebot **9** 67

Kompetenz 14 42 ff.
- ~ergänzung **5** 18
- als Aufgabenzuweisung **14** 52
- Amtskompetenz **7** 44 f., 105, **15** 15 b
- Aufgabe, Befugnis und ~ **14** 42, 52 f.
- Grundrechtsbindung **15** 15 b
- im organisationsrechtlichen Sinne **14** 42
- institutionelle ~
  - Netzwerke **16** 138 ff.
  - Organisation **16** 178
- Koordinierungs~ im AEUV **5** 18
- Notkompetenz **14** 48, 50
- Organkompetenz **14** 44 → Organkompetenz
- Rechtsregimewahlkompetenz **18** 23, 29, 56 ff. → Rechtsregimewahl
- Sachkompetenz **14** 45
- subjektives öffentliches Recht und ~ **7** 105
- Verbandskompetenz **14** 32, 43
- Vertrag von Lissabon **5** 18
- Verwaltungskompetenz
  - supranationale ~ **15** 20 ff.
  - ungeschriebene ~ **15** 26 a
- Wahrnehmungskompetenz **14** 45
- Zuständigkeit und ~ **14** 42

Kompetenzkonflikt 14 50

Kompetenzmangel, Fehlerkalkül **14** 51

Kompetenzordnung 15 19 ff.
- föderale ~ **15** 25 ff.
  - Begriff des Verwaltungsträgers **14** 23
  - Hauptverwaltungsträger **14** 32
  - Verbandskompetenz **14** 43
  - Zuständigkeitskonkurrenz **14** 50
- Gewaltengliederung/-teilung **8** 31, 40
- horizontale ~ **15** 33 ff.
- Steuerung von Verwaltungsaufgaben **11** 36
- vertikale ~ **15** 20 ff.

Komplementarität 18 41, 74, 110
→ wechselseitige Auffangordnungen

Sach- und Personenregister

Komplexität
- Rechtssystem **9** 98 ff.
- Verwaltungsentscheidung **12** 53, 151

Konditionalprogramme 4 *13 ff.*, **9** 15, **10** 94

Konfliktmittlung 1 11, **10** 119

Kongruenzprinzip 13 31 → AKV-Prinzip

Konkordanz, praktische 10 *114*, 123
- stimulierendes Verwaltungshandeln **10** 127

Konkurrenz, staatliche Aufgabenerfüllung und ~ **11** 43

Konstanz 9 21, 101, 111 → Gesetz

Konstitutionalisierung 3 13 f., 30, **5** *1 ff.*, **7** 63, **17** *48 ff.*
- des Verwaltungsrechts **5** 1 ff., 49 ff.
- EU-Administration **6** 104 f.
- Wesentlichkeitstheorie **9** *47 ff.*, **16** 48

Konstitutionalismus, Gewaltenteilung **8** 9 ff.

Kontextsteuerung 4 49, **9** 112, **19** 53

Kontinuitätsgebot 9 21

Kontraktmanagement 12 124, **14** 61

Kontrastorgan 15 40 a

Kontroll-
- ~bereich **10** 29
- ~formen **8** 24
- ~funktion des Gesetzes **9** 2
- ~initiative **10** 66
- ~instanzen **10** 70 f.
- ~kreislauf **8** 24
- ~möglichkeit **10** 66, 101
- ~normen **4** 2 ff., **10** 13, 66
  – Gesetze als ~ **9** 2, 91 ff.
- ~organ **8** 25
- ~programm **10** 30, 98

Kontrolldichte 3 *29*, **4** 4, **5** 73 ff., **10** *70 ff.*
 → Abwägung, → Eigenständigkeit der Verwaltung, → Ermächtigungslehre, normative, → Gerichtskontrolle
- Gesetz **9** 91 ff.
- herabgesetzte ~, Akzeptanz/Akzeptabilität **5** 58
  – Aufwertung der Verfahrenskontrolle **4** 51, **10** 79
- Unionsrecht, „Unionsgesetzgeber" **9** 17 ff.

Kontrolle 8 24 ff., **10** 77 → Gerichtskontrolle, → Rechnungshof und Kontrolle, → Vorwirkung der Kontrollperspektive
- der Kontrolleure **19** 92 ff.
- Distanzgebot **8** 25
- durch Aufsicht **14** 59
- durch Parlamentsausschüsse und -beauftragte **6** 12
- durch private Fremdkontrolle **19** 80 ff.
- Eigenständigkeit der Verwaltung **10** 35, *70 ff.*
  → Eigenständigkeit der Verwaltung
- Exekutivkontrolle **10** 45
- Finanz~ **8** 24 → Rechnungshof und Kontrolle
- Fehlerkontrolle **10** 34

- Gewaltengliederung/-teilung **8** 24 ff. → Gewaltengliederung/-teilung
- Letztentscheidungsrecht und ~ **8** 61 f. → Letztentscheidungsrecht
- Lockerungen **9** 91 ff.
  – Wegfall von Kontrollinstanzen **15** 55 ff.
- Missbrauchskontrolle **19** 129 → Markt
- nachvollziehende ~ **4** 20, **10** 99, 108
- objektive ~ **10** 72
- parlamentarische ~ **6** 37, 49 ff.
- planerischer Abwägung **10** 96 ff.
- politische ~ **10** 8, 72
- Prüfungsdichte **9** 92 ff.
- Rechnungshof **6** 52
- rechtliche Maßstäbe **10** 81 ff. → Maßstäbe
- Rechtskontrolle → Rechtskontrolle
- überprüfende ~ **10** 103
- ultra-vires-~ **17** 122
- vorgelagerte ~ **19** 86 f.

Kontrollerlaubnis 7 167 → Verbot

Kontrollintensität, Reduzierung **4** 54 b

Konvergenztrend 10 79

Konzept 10 23, 117
- Gebot der ~treue **10** 123
- Konzeptvorgaben **10** 67, 95

Konzeption, Neue, Europäisches Produktrecht **17** 87, **19** 64 f., 82 ff.

Konzeptpflicht 4 21 a, **10** 117, 123, **19** 101 f.
- Effektivität **19** 103
- Privaten auferlegte ~ **19** 102

Konzernmodell, New Public Management **1** 50

Kooperation 12 *64 ff.*, **16** 90 ff., **19** 37, 53
- „Krise" des Ordnungsrechts **1** 10
- aktivierender Staat **1** 64
- Begriff **12** 66 ff.
- Funktionswandel des Rechts **16** 28
- Gefahren **16** 17
- Gesetzesvollzug **12** 77 ff.
- Gesetzgebung **9** 86
- im Europäischen Verwaltungsverbund **5** 25, 38 f.
  – horizontale Kooperation **5** 39
  – vertikale Kooperation **5** 39
- in der Verwaltungsorganisation **12** 83 ff.
- informationelle ~ **5** 25
- informelles Verwaltungshandeln und ~ **1** 10, **12** 68
- institutionalisierte ~ **5** 25
- internationale ~ **13** 116 ff.
  – transnationale Strukturen **17** 153
- kooperativer Staat **4** 49
- Legitimationsniveau **4** 53
- Legitimationsverantwortung **6** 58
- mit Privaten
  – demokratische Legitimation **6** 89 ff.
  – Gesetzesvollzug **12** 77 ff.
  – Leitbild des aktivierenden Staates **1** 64
  – Verwaltungsorganisation **12** 83 ff.

Sach- und Personenregister

- Netzwerk **5** 26, 45, **16** 153
- prozedurale ~ **5** 25
- Public Private Partnership und ~ **12** 96, 117, 164
- transnationale ~ **13** 122 f., **16** 172, **17** 46
  → internationalisiertes Verwaltungshandeln
- Verwaltung → Verwaltungszusammenarbeit
- Verwaltung durch Beratung und Unterrichtung **12** 47 ff.
- Verwaltungskooperationsrecht **12** 162, **17** 10
- Verwaltungsorganisations-/Verwaltungsverfahrensrecht **16** 93 ff.
- verwaltungsvertragliche Modelltypen **12** 121

Kooperationalisierung 16 90 ff.
Kooperationsgespräche 10 119
Kooperationspflichten 10 54
- Grundsatz der loyalen Zusammenarbeit **5** 38
- im Verwaltungsverbund **5** 28 a

Kooperationsprinzip 19 53
- Grundsatz der loyalen Zusammenarbeit **5** 38

Kooperationsvertrag 16 94 f.
Kooperationsvölkerrecht 17 40
Koordination
- Anhörung, Benehmen, Einvernehmen **10** 24
- durch Gesetz **9** 13
- horizontale ~ **13** 104 ff.
- Mechanismen **13** 98 ff.

Koordinationsvölkerrecht 17 40
Koordinierung
- offene Methode der ~ **4** 98
- Sozialpolitik **5** 105

Koppelungsverbot 7 148
Koppelungsvorschriften 10 95
Koregulierung 4 30
Körperschaft des öffentlichen Rechts 14 27
  → Selbstverwaltung
- als juristische Person **13** 45, **14** 27 f.
- Hybridformen **14** 28 → Hybridisierung
- Körperschaftsaufsicht **14** 59 → Aufsicht

Korruptionsbekämpfung → Unparteilichkeit
Kosovo, UNMIK **17** 152
Kosten von Aufgaben **11** 5
Kosten-Nutzen-Analyse 1 25, **19** 165 f.
Kreditanstalt für Wiederaufbau 13 73
Kreditinstitute 13 73
- Stabilisierung **16** 173 b ff.
- Basler Ausschuss für Bankenaufsicht **17** 46
- Rettungsschirm **15** 12 a

Kreislaufgesetzgebung 9 106
Kreistag 15 52
Kriegswirtschaft 2 76
Krise 16 173 b
Krisenformeln
- „Krise" des Ordnungsrechts **1** 10
- Krise des Verwaltungsstaates? **4** 47

Kulturwissenschaft 1 42, **3** 51
Kultusministerkonferenz 13 113

Kunden
- Bürger als ~ **11** 33
- als Steuerungsakteure **1** 50, **11** 33

Kündigungsvorbehalt 10 128

Laband, Paul 2 57
Landesbehörde 13 40
Landesmedienanstalten 10 53, 110
Landesverfassungen
- im Mehrebenensystem **15** 2, 6 f.
- Verwaltungsorganisation und ~ → Verwaltungsorganisation

Landesverwaltung, Einfluss des Bundesrechts **15** 28
Landkreis 15 31
Landrat 15 52
Leben, Schutz von ~ als grundlegende Verwaltungsaufgabe **11** 29, 73
Legalität 10 9, 13, 15
Legalplanung 9 48, 65, 99
Legislative 8 *43 ff.*, **9** 86
- Exekutive und ~ **8** 59, **10** *56 ff.*
  → Eigenständigkeit der Verwaltung
- Gesetzesvorbehalt **9** 24
- Parlamentsvorbehalt **8** 49, **9** 24
- Rechtsregimewahlkompetenz **18** 61 ff.
- Unionsgesetzgeber **9** 17 ff.
- Delegation von Rechtsakten **17** 82 b

legitimacy **5** 59
Legitimation → demokratische Legitimation
- autonome ~ **6** 54 f.
- des Gesetzes **9** 12
- durch Gesetz **9** 10 f.
- internationalisiertes Verwaltungshandeln **5** 47
- Legitimität und ~ **6** 2

Legitimationsbausteine 10 54
Legitimationsniveau 6 14, 56 ff., **15** 62
- Kooperation **4** 53
- problemangemessenes ~ **4** 16

Legitimationsverantwortung 6 58 f., **13** 94
- institutioneller Gesetzesvorbehalt **6** 63
- überwirkende ~ **6** 58, 72

Legitimität 5 59, **6** 2
- Defizite **17** 174

Lehre vom antizipierten Sachverständigengutachten 17 77
Lehrer, Vollbeschäftigungsanspruch **15** 51 a
Leistungssubventionen 12 45
Leistungsverwaltung 2 113, **12** *39 ff.*, **19** 31, 47
- allgemeine Charakteristika **12** 39 f.
- Auffangverantwortung **12** 166
- Betreibermodell **19** 112
- Daseinsvorsorge **12** 39 ff.
- durch Beratung und Unterrichtung **12** 47 f.
- Gesetzesvorbehalt **9** 45 → Gesetzesvorbehalt
- Gewährleistungsverantwortung **12** *158 ff.*, **19** 52 → Gewährleistungsverantwortung

Sach- und Personenregister

- Konzessionsmodell **19** 112
- Privatisierung **12** 97
- sozialer Rechtsstaat **12** 17
- Sozialleistungen **19** 115

Leitbild 1 42, **4** 23 ff., **17** 79, **19** 156
- als Orientierung **10** 58, 67
- Arbeiten mit ~ **1** 42
- der Verwaltung **11** 18, **16** 67
- gute Verwaltung **10** 35 f.
- Innovationen und ~ **10** 130
- leitbildadäquates Verhalten **4** 24
- normative Valenz **4** 25
- Regeln **4** 27 a

Leitlinien, Europarecht **17** 84
Leitung 15 45 ff.
- durch Aufsicht **14** 59

Leitungsgewalt 14 58
Lernbereich 10 29
Lernen 1 35 f., **4** 97 ff., **10** 133
- aus Erfahrung **4** 97
- aus Vergleich **4** 97
- Information **1** 11, **10** 133
- Innovationen und ~ **10** 129
- Organisationslernen **4** 102
- Systemlernen **4** 98

Letztentscheidungsrecht 4 20 f., **8** 52 f., 61 ff., **10** 81 ff., 103
- administratives ~ **10** 61 ff., 78
- des Parlaments **8** 47 ff.
- Gerichte und Verwaltung **8** 52 f., 61 f., **10** 89 ff. → Eigenständigkeit der Verwaltung
  - geschichtliche Entwicklung **10** 71
- Organisationssteuerung und ~ **4** 58
- Steuerungskraft des Gesetzes und ~ **9** 93

Letztverantwortung, staatliche **6** 91
Lex Mercatoria 16 169
liberal 2 29
Lissabon
- ~-Urteil des BVerfG **5** 28, **8** 66 f., **17** 32
  - Stärkung der Mitwirkungskompetenzen des Bundesrats **8** 66
  - Stärkung der Rolle des Bundestages **8** 67
- Vertrag von ~ **17** 31
  - Gesetzgebung **5** 63, **17** 39
  - Kohärenzverantwortung **5** 82
  - Querschnittklauseln **5** 90
  - Verwaltungskonzept **5** 17
  - Zielbestimmungen **5** 90

Lobbyorganisationen 8 18
Locke, John 8 5
Loening, Edgar 2 4, 42, 57
Luhmann, Niklas
- brauchbare Illegalität **1** 10 Fn. 51
- konditionale/finale Steuerung **4** 13
- Systemtheorie **1** 19

Lüth-Urteil des BVerfG → Wertordnung
Luxusordnung 2 13

Machiavelli, Niccolo 8 3
Management, New Public → New Public Management
Mandat 14 48
- Auftrag **14** 48
- Relationierungsmechanismus **14** 56
- Zuständigkeitsverlagerung **14** 48

Markt 19 110 ff., 125 ff., 147 ff.
- → Ökonomisierung
- ~aufsichtsverwaltung, Überwachungsverantwortung **12** 163
- ~strukturverwaltung **12** 54 ff.
- ~versagen **19** 17, 135
- Beobachtung **19** 129
- Engpassfaktoren **19** 130
- Eröffnung **19** 111 ff.
- Gestaltung **19** 128, 136 ff.
- Marktbegleitung **19** 125 ff., 136 ff.
- Missbrauchskontrolle **19** 129
- Recht und ~ **19** 148 ff.
- Regulierungsverwaltungsrecht **19** 125 ff.
- staatlich eingerichteter ~ **19** 110 ff.
- staatliche Ausgestaltung **19** 111 ff., 160
- staatliche Definition **19** 119 ff.
- Verwaltung als Marktteilnehmer **12** 122 ff.
- Vorrang **19** 19
- wirtschaftliche Tätigkeit des Staates **19** 162

Marktprinzip 7 26 ff.
- sozialer Ausgleich und ~ **7** 26

Marktwirtschaft, soziale
- Gewährleistung **15** 12 a
- Unionsrecht **5** 96

Marktziel, Unionsrecht **5** 96, **7** 28
Massenmedien 10 59
Massenstudium 2 123
Massenverwaltung, automatisierte 10 60
Maßnahmegesetz 9 21
- befristetes ~, Finanzmarktstabilisierungsergänzungsgesetz **16** 173 d
- Ineffektivität **9** 97

Maßstäbe 3 6, **10** 58
- Formenmaßstäbe **15** 57
- Gerichtskontrolle **8** 51, **9** 77, **10** 81 ff.
- Letztentscheidungsrecht **10** 90 ff.
- Maßstabswirkung der Verwaltungsvorschrift **17** 69
- nichtrechtliche/außerrechtliche ~ **10** 12, 82, 102
  - Rechtsbindung **9** 76
- rechtliche ~ **10** 12, 35, 103
  - Gerichtskontrolle **10** 69, 81 ff., 103 → Gerichtskontrolle
  - Gesetz als Kontrollmaßstab **9** 2, 91 ff.
  - Legitimation **10** 105
- selbstprogrammierte ~ **4** 21 a

Maßstäbegesetz 9 106
Maßstabsergänzung 10 85 ff., 114, 123 f.
- abstrakt generell ausgerichtete ~ **10** 85

- als eigenständiger Verwaltungsauftrag **10** 85
- durch die Verwaltung **9** 75, **10** 45, 85 ff.
- Fehler **10** 88
- im verwaltungsgerichtlichen Verfahren **10** 86 f.
- planerische Abwägungskontrolle **10** 97 ff.

Maßstabslehre 10 112
Maunz, Theodor 2 82
Mayer
- Friedrich F. (v.) **2** 54 f.
- Otto **2** 57, *60 ff.*, **10** 115
  - hierarchisch strukturierte Verwaltung **10** 3
  - Rechtsstaatsbegriff **3** 14, 38

Mayntz, Renate 1 10, 20
Mediationsverfahren 10 119
Medien
- Gewaltengliederung/-teilung **8** 18
- Massenmedien **10** 59

Medienrecht 10 122
Mehrebenensystem 13 *35 ff.*, **15** 2, 19 ff.
- als möglicher organisationsrechtlicher Grundbegriff **14** 18
- der Europäischen Union **13** *1*, 35
  → Europäischer Verwaltungsverbund
- Legitimation **6** 29, 32
- Governance **1** 70, **16** 21, 163 ff.

Mehrebenenverwaltung 10 17, 39
Mehrfachzuständigkeiten, Konfliktlösungsregeln **14** 50
Meistbegünstigung 17 162
Melanchton, Philipp 2 16
Menschenrechte, Deutsches Institut für ~ **11** 43
Menschenrechtsschutz → EMRK
- internationaler **5** 48 a

Menschenwürde, Demokratieprinzip **5** 51, **6** 19 f.
Metatheorie, transdisziplinäre **1** 39
Methode 1 1 ff., **3** 17 ff. → Interdisziplinarität
- der administrativen Normsetzung **3** 33
- der administrativen Tatsachenfeststellung **3** 34
- der Gesetzesauslegung **3** 23 ff., **9** 74, 113
  → Auslegung
- der rechtswissenschaftlichen Arbeit **1** 1, **3** 40 ff.
- Desinteresse **1** 1, 29, **3** 21
- differenziert-integrativer Ansatz **1** 39
- Juristische ~ → Juristische Methode
- offene ~ der Koordinierung **4** 98
- Sozialpolitik **5** 105
- Verwaltungsrechtswissenschaft **1** 1 ff., **3** *1 ff.*
  - Disziplinbildung **3** 52 ff.
  - Methodenverständnis **3** 18 ff.
  - Rechtsvergleichung **3** 40 ff.
- Wahl der ~ **1** 1, **9** 74

Methoden- und Richtungsstreit 1 1, **2** 78
Methodenbewusstsein 1 1
Methodenbindung und Rechtsbindung **9** 74
  → Rechtsbindung
Methodenverständnis
- anwendungsbezogenes ~ **3** 21 f.

- deskriptives ~ **3** 19 f.
- normatives ~ **3** 19 f.
- wissenschaftsbezogenes ~ **3** 21 f., 40 ff.

Meyer, Georg 2 56
Ministerialfreiheit 6 37, **10** 53 ff.
Ministerialprinzip 6 35 ff.
Ministerialverwaltung 6 37, 69, **14** 5 Fn. 20, **15** 68
- ministerialfreie Räume **6** 37, **10** 53 ff.

Mischverfassungslehren 8 3
Mischverwaltung 14 43, **15** 27 a
- kein Verbot der ~ im Unionsrecht **5** 21

Mitbestimmung
- Demokratieprinzip und ~ **16** 55 ff.
  → Partizipation
- des Verwaltungspersonals **12** 90

Mitentscheidungsverfahren, europäische Gesetzgebung **5** 63
Mitteilung der Kommission **17** 84
Mittelbehörde 13 27, 86
Mobile 9 7, 97, 110 → Gesellschaft
Mobilisierung des Bürgers 4 59, **7** 84, *91 ff.*
Modell der Regime **17** 40
Modellrechtsakt 5 40
Mögliches, Vorbehalt des Möglichen **10** 26
Mohl, Robert v. 2 33 ff.
Monarchisches Prinzip 15 6
Monitoring 4 96
Monokratische Struktur 13 50 f.
Monopole, Rechtfertigungsbedürftigkeit **5** 97
Montesquieu, Charles de Secondat **8** 3, 5 f.
Moy, Ernst v. 2 41
Multidisziplinarität 1 39
Munizipalsozialismus 12 15
Münkler, Herfried 8 3

Nachbarwissenschaft 10 109, 113
Nachhaltigkeit 4 67 b
Nachkriegszeit 2 93
Nachschieben von Gründen im gerichtlichen Verfahren, Optionenentscheidung **10** 86
Nachsteuerung 4 88 ff.
  → Rechtswirkungsforschung
- Berichtspflichten und Evaluationsklauseln **4** 91

Nachwirkung des Verwaltungsverfahrens **4** 54 c
Napoleonische Reformen 13 18
Nationalsozialismus 2 79 ff.
Naturrecht 2 16
naturschutzrechtliche Eingriffs- und Ausgleichsregelung, ökonomische Analyse **3** 45
Naturschutzverbände, prokuratorische Rechte **7** 1,13
Naturwissenschaft, Interdisziplinarität **3** 50
Netze, IT-Netze **1** 66
Netzinfrastrukturverwaltung 12 58
- Regulierung **19** 130 ff.

Sach- und Personenregister

Netzwerk 1 68, **6** 61, **13** 12, **16** *134ff.*
- Behördennetzwerk **5** 26, 45
- Gesellschaft **9** 110
- im Europäischen Verwaltungsverbund **5** 26 f.
- Innovationspotential **16** 139 f.
- institutionelle Kompetenz **16** 138 ff.
- Internationalisierung **5** 45
- Lernfähigkeit **4** 101
- Technik-/Technologiefolgenabschätzung **1** 34 Fn. 176
- transnationales ~ **16** 145 ff., 168
- Verwaltungsorganisationsrecht **14** 18
- Wirkung **16** 150 ff.
- zwischen Markt und Organisation **19** 147

Netzwerkorganisationen 16 139 ff.
Netzwirtschaften 19 4, 125 ff.
neu, Semantik **1** 1 Fn. 17
Neue Konzeption
- Europäisches Produktrecht **17** 87, **19** 64 f., 82 ff.
  - New Legislative Framework **19** 64

Neue Verwaltungsrechtswissenschaft 1 *1ff.,* **10** 11 ff. → Eigenständigkeit der Verwaltung, → wechselseitige Auffangordnungen, → Wissen
- „Labelling" **1** 1 Fn. 17
- Bedeutung des Realbereichs **10** 5
- Eigenständigkeit der Verwaltung **10** 5, *111ff.*
- methodische Elemente **1** 16 ff.
- Organisationsrecht/-sdogmatik **14** 6
- rechtsetzungsorientierte Handlungs- und Entscheidungswissenschaft **1** 15
  - Gestaltungsspielraum der Verwaltung **8** 60
- Rechtsregime und ~ **18** 29, 35, 100 f.
- steuerungstheoretischer Ansatz **1** 17 ff.
- Verhältnis zur Juristischen Methode **1** 15
- Wissensproblem **1** 11, **10** 131

Neues Steuerungsmodell (NSM) 1 53 ff., **16** 75 f., *117ff.*
- Eigenständigkeit der Verwaltung **10** 26, 55
- praktische Umsetzung **1** 55 f.
- Privatisierung statt ~ **19** 47
- Produktorientierung **1** 54
- Steuerungsaspekte **4** 60, 64

Neutralität → Unparteilichkeit
New Legislative Framework, Europäisches Produktrecht **19** 64
New Public Management 1 *50f.,* **13** 30 ff., **16** 112 ff.
- Auswirkungen auf die Verwaltungsorganisation **13** 30, **16** 112 ff.
- Eigenständigkeit der Verwaltung **10** 55
- Grundannahmen **1** 51
- Kernelemente **1** 50
- Rezeption **1** 52
- Soft Law **17** 79

NGO → Nichtregierungsorganisationen
Nichtanwendungserlass 9 74

Nichtigkeitsklage, außenwirksames Handeln von Stellen der Union **5** 17
Nichtregierungsorganisationen 10 42, **16** 145 ff., 169, **17** 156
- Gewaltengliederung/~teilung **8** 18

Norden, Walter 2 87
Norm
- ~textauslegung **3** 24 ff.
- Geltungsbereich **17** 112 ff.
- Handlungsnorm **4** *2ff.,* 67, **10** 66 → Handlungsnormen
- Konkretisierung **10** 12, *58ff.*
  - als Gerichtskontrolle **10** 81, 84, 90
  - Letztentscheidungsmacht **10** 90 → Letztentscheidungsrecht
  - Orientierung am Realbereich **10** 14
- Kontrollnorm **4** *2ff.,* **9** 91 ff., **10** 66
- Normanwendung **10** 12, 120
  - private Akteure **10** 108
- Normergänzung **10** 85, 88, 103
- Normprogramm **10** 29 f.
  - Ermessen **10** 83, 85, 88
  - Normprogrammbereich **10** 29
- ungeschriebene ~ **17** 94
- Verbindlichkeit **10** 82

Normänderung, Problematik der ~ **9** 100 f.
Normänderungsflut 9 100 f.
Normenbestimmtheit, Grundsatz **9** 62
Normenflut 9 99 f.
Normenklarheit 9 62
Normsetzung → Rechtsetzung
- exekutivische ~ **17** 58 ff. → Exekutivrechtsetzung
- private ~ **17** *85ff.*

Normvorbehalt im Unionsrecht **9** 49
Normwiderspruch 18 39, 63, 74
- Verwaltungsgesellschaftsrecht **18** 72

Notkompetenz
- Zuständigkeitskonkurrenz **14** 50
- Zuständigkeitsverlagerung **14** 48

NS-Diktatur 2 79 ff.
NSM → Neues Steuerungsmodell (NSM)
numerus clausus der öffentlich-rechtlichen Organisationsformen **13** 46, **14** 29, **15** 57
Nutzenanalyse 4 67 a

Oberbehörde 13 86, **14** 40, **15** *70*
Oberverwaltungsgericht, Preußisches **2** 68
Observanz 17 111
Offenheit, Grundsatz der ~ in der EU **5** 17
Öffentlich Private Partnerschaft → Public Private Partnership
Öffentlicher Dienst 15 *50f.*
- beamtenrechtlicher Funktionsvorbehalt **15** 51
- Bestenauslese **15** 50
- Unionsbürger **15** 50

Öffentliches Recht 18 *7ff.* → Verwaltungsrecht
- Funktionen und Charakter **18** *7ff.*

Sach- und Personenregister

- Privatrecht und ~ **1** 38, **18** 1 ff.
  - Rechtswesensgegensatz **14** 11
  - wechselseitige Auffangordnungen **10** 107, **14** 11, **18** *36 f.*
- Strafrecht und ~ **18** 81 ff.
- wechselseitige Auffangordnungen → wechselseitige Auffangordnungen
- Zuordnung zum ~ **18** 24 ff.

Öffentlichkeit 5 87
- der Verwaltung **16** 160 ff.

Öffentlichkeitsarbeit, amtliche → Informationstätigkeit, staatliche

Öffentlichkeitsbeteiligungsrichtlinie 7 93 a

Öffentlichkeitskontrolle 4 59

Öffentlich-rechtlicher Vertrag 18 26 f., **19** 41, 50
→ Verwaltungsvertrag

Offizialmaxime → Amtsermittlung

Ökoaudit → Umweltaudit

Ökonomie → Wirtschaftswissenschaft, → Analyse, ökonomische

Ökonomik
- Evolutionsökonomik **10** 109, 127
- Institutionenökonomik **10** 127, **11** 5, **19** 13

Ökonomisierung 4 35, **12** 124, **16** 110 ff.
- des gemeindlichen Verwaltungshandelns **12** 87
- rasanter Wandel der Verwaltung **12** 167
- Steuerung durch Anreize **4** 45

One-Stop-Government 1 66

Optimierung 4 7 ff., 41

Optionen 4 *31 ff.*, **10** 36, **19** 43 f.
- „Ökonomisierung" der Rechtsordnung **4** 35
- Angebotscharakter des Rechts **4** 33
- durch den Gesetzgeber eröffnete ~ **10** 55 f.
- Handlungsoptionen **10** 41, 44 f., 50
- Handlungsperspektive **10** 67
- Nachvollziehbarkeit **10** 116
- Optionenermächtigungen **10** 65, 93
- optionenoffene Faktoren **10** 58
- optionenreiches Recht **9** 112

Optionenraum 4 84, **10** 61, 65, 83 ff.
- Begriff **10** 45
- Ermessen **10** 83 ff., 87
- Gerichte **10** 71, 91, *99 f.*
- Regierung **10** 51
- strukturelle Vorgaben **10** 24

Optionenverhalten, Konzeptpflicht **4** 21 a

Optionenwahl 4 81 ff., **10** 84, 99 f. → choice
- Bindungen **10** 58 ff.
- im europäischen Verbund **10** 75 f.
- im Rechtsstaat **10** 76
- letztverbindliche ~ **10** 93 ff.
  → Letztentscheidungsrecht
- Neue Verwaltungsrechtswissenschaft **10** 11
- private Akteure **9** 101, **10** 108
- Regierung **10** 49
- Verfahren als Qualitätsgarant **4** 83, **10** 100

Ordnungen, frühneuzeitliche **2** 10 ff.

Ordnungsmuster 10 125 ff.

Ordnungsrecht, „Krise" **1** 10, **9** 96

Ordnungsverwaltung 12 25 ff., 27, **19** 28 ff.
- Eingriffsverwaltung und ~ **12** 26
- hoheitliche Regulierung in der ~ **19** 33
- ordnende Verwaltung und ~ **12** 26

Ordoliberale Schule 10 127

ordre public européen 17 148

ordre-public-Vorbehalt 5 28 a

Organ 14 34 f.
- ~aufsicht **14** 59
- Begriff
  - funktioneller ~ **14** 34 f., 49
  - institutioneller ~ **14** 35, 49
- Ersatzvornahme **14** 45
- Handlungsfähigkeit der Verwaltung **14** 34
- organfreundliches Verhalten **14** 62
- Relationsbegriff **14** 15
- Selbsteintritt **14** 45
- subjektivierter Zuständigkeitskomplex **14** 34

Organisation → Verwaltungsorganisation
- aufgabenadäquate/-gerechte/funktionsgerechte ~ **13** 65, **14** 42, **15** 56
- Begriff **13** 4 f.
- Dauer einer Aufgabe und ~ **11** 52
- Entscheidung und ~ **15** 7 a
- Gesetzesvorbehalt **9** 37
- Hybridisierung **16** 120 ff., 156
  → Hybridisierung
- im institutionellen oder funktionellen Sinne **14** 16
- institutionelle Kompetenz **16** 178
- intermediäre ~ **6** 93 ff. → Akteure, intermediäre
- Internationale ~ **13** 120 f., **16** 167 f., **17** 149
  - Recht **17** 45, 149 ff.
  - Verwaltung von Territorien **17** 152
- nichtstaatliche ~ **8** 18
- Organ und ~ **14** 34

Organisations- und Verfahrensrichtigkeit 10 54

Organisationsautonomie
- der Bundesländer **15** 25, 28
- der Gemeinden **15** 32
- der Mitgliedstaaten in der EU **15** 23
- Gewaltengliederung/-teilung **8** 38
- unabhängige Verwaltungsträger **13** 66 ff.

Organisationsgewalt 13 81, **14** *58*, **15** 33 f.
- Begriff **14** 58
- der Bundesländer **15** 28
- der Regierung **15** 33 f.
- „Verwaltungsvorbehalt" **15** 36
- gemeindliche ~/Organisationsfreiheit **15** 32
- Organisation und ~ **13** 5
- vertikale ~ **15** 28

Organisationslehre 10 112

Organisationslernen 4 102

Halbfette Zahl = §§; magere Zahl = Rn.; kursive Zahl = Hauptfundstelle; → *= s./s. auch* 1421

Sach- und Personenregister

Organisationsnorm 17 73
Organisationspflichten → Beauftragte
– Privaten auferlegte ~ **19** 104 ff.
Organisationsprivatisierung 1 60, **12** 109
– Privatrecht und ~ **18** 64, 72
Organisationsrecht → Verwaltungsorganisationsrecht
– als Steuerungsfaktor **16** 1 ff.
– Auswahlermessen **16** 208 ff.
– funktionelle oder institutionelle Betrachtung **14** 16
– intrapersonales Recht **14** 3
– Rahmenrecht **14** 4
Organisationsrechtsform 16 183 ff.
– numerus clausus **13** 46, **14** 29
– optimale ~ **13** 11 → choice
– Regimewahl und ~ **18** 57 f., 72
– Steuerungsfunktion **16** 183 ff.
Organisationsrelationierung 14 54
Organisationssteuerung 4 50 ff.
Organisationsstruktur, funktionsgerechte **10** 39, 50
Organisationstypen 16 178 ff., 182 → choice
Organisationsverbund 13 107 ff.
– als Mittel der Koordination **14** 61
Organisationswahl 10 37, **16** 174 ff. → choice
– Auswahlkriterien **16** 192 ff.
– Steuerung durch ~ **16** 183 ff.
Organkompetenz 14 44
– Behörde **14** 36
– Zuständigkeitskonkurrenz **14** 50
Organleihe 14 7 Fn. 27, 35, 49
Organwalter 14 34
Orientierungen
– präskriptive ~ **10** 12 → Maßstäbe, nichtrechtliche/außerrechtliche
  – Gerichte **10** 102
  – gute Verwaltung **10** 36
  – Letztentscheidungsmacht **10** 89
    → Letztentscheidungsrecht
  – Rechtsbindung **9** 76
– übergreifende ~ **10** 120
Outcome 1 32, **4** 75 ff.
Output 1 32, **4** 68, 70 f.
– ~orientierung **1** 50
Output-Legitimation 5 59, **6** 53
Output-Steuerung im NSM 1 53

Panel, WTO-Recht **17** 163
Paradigmen, technologische **10** 130
Parlament → Legislative
– arbeitsteiliger Gesetzgebungsprozess **9** 86
– Diffundieren des Steuerungssubjekts **9** 86
– Einbeziehung in europäische Rechtsetzung **5** 14
– Eisernes Fünfeck **9** 86
– Europäisches ~, Delegation von Rechtsakten **17** 82b

– Legitimationsverantwortung **6** 58 → demokratische Legitimation
– Rationalitätsgewähr und -defizite **9** 5, 7 f.
– schleichende Entparlamentarisierung **11** 80
– Stellung **10** 43
– Vermittler **9** 86
Parlamentsgesetz 9 1 ff. → Gesetzesvorbehalt, → Gesetzesvorrang
– Ausdifferenzierung **9** 106
– Bestimmtheit **9** 61 ff.
– Funktionen **9** 1 ff.
– Gesetzesformen **9** 15 ff.
– Grundrechte und ~ **7** 70 ff.
– Kodifizierung **9** 22
– Legitimationsmittel **9** 10 ff.
– Rationalität **9** 4 ff.
– Steuerungskraft **9** 84 ff.
– Typologie **9** 15 ff., 106
Parlamentskontrolle, ministerialfreie Räume **6** 37, **10** 54
Parlamentsvorbehalt 8 49, **9** 24
– Begriff **9** 24
– politischer ~ **9** 58
Parteien, Gewaltengliederung/~teilung **8** 18
Partizipation/Beteiligung 6 82, **19** 35
– Betroffene **19** 35 f., 67
– funktionale Selbstverwaltung **6** 82
– Legitimation **6** 70 ff. → demokratische Legitimation, Partizipation
  – autonome Legitimation **6** 55
– Öffentlichkeit **19** 36, 45, 67
– Sachverständige **19** 35 f., 45, 67
Partizipationsmechanismen 13 67
Partnerschaft, Öffentlich Private → Public Private Partnership
peer review 19 86
– Regulierungsverbund **6** 68
Person → Bürger, → Subjektivierung
– juristische ~ → juristische Person
Personal → Öffentlicher Dienst
– als Steuerungsressource **10** 27, **11** 43
Personalabbau 11 20
Personalkörperschaft → Körperschaft
Perspektiverweiterung, Verwaltungsrechtswissenschaft **3** 10
Peters, Hans 2 106, **11** 13
Petitionsausschuss 6 12
Pfadabhängigkeit, öffentlich-rechtliche **14** 10 f.
Pfeiffer, Johann F. v. 8 9
Pflichten 7 142 ff.
– ~stellung
  – bei Ausübung von Freiheit **7** 172 ff.
  – des Einzelnen **7** 152 ff.
  – Staatliche Lenkung und ~ **7** 176 ff.
  – Verlagerung in das Zivilrecht **7** 180
Pflichtmitgliedschaft, öffentlich-rechtliche **15** 16
Pflichtressorts 13 83

Sach- und Personenregister

PISA-Studie **17** 47
planerische Abwägung 10 96 ff.
– und Ermessen **3** 33
Planfeststellung 10 119
– Anwendbarkeit der Unbeachtlichkeitsregeln von Verfahrensfehlern? **4** 54 c
Planung 2 114, 117 f. → planerische Abwägung
– als Aufgabe **11** 28
– Einzelprojektplanung **12** 63
– Gesamtplanung **12** 62
– Kooperation und ~ **12** 76, 78 f. → Kooperation
– Legalplanung **9** 21
– Planungsprivatisierung **12** 99, *105*
– raumbezogene Infrastrukturverwaltung **12** 60 ff.
– Renaissance der ~ im Umweltrecht **4** 22
– Vielzweckhandeln der Verwaltung **12** 10
– Wettbewerbsplanung **12** 59
Planungsermessen 3 33, **10** 87, 96 ff.
Planungseuphorie 2 100
Planungsrecht 2 114, 117
– Abwägungskontrolle **10** 96 ff.
– prokuratorische Rechte **7** 113
Plaumann-Formel → Betroffenheit
Pluralisierung der Verwaltung 10 17, 20 f., **16** 71 ff.
Policey 2 9 ff., 21
Policeyordnung 2 12
– Rechtsqualität der ~ **2** 21
Policeywissenschaft 2 7, 17
policy choice 16 175
Politik 3 *14*, **10** *44*, **11** 37, **17** 5
– Einbeziehung Privater **4** 85
– Gewährleistung der Unverbrüchlichkeit des Rechts **5** 52
– politische Grundhaltung und staatliche Aufgabenerfüllung **11** 17
– politische Klugheit **10** 50
– Rechtsgestaltung **4** 4 Fn. 39
– Trennung von Recht **10** 44
– Trennung von Verwaltung **10** 10
Politikwissenschaft, Interdisziplinarität **3** 47 ff.
Politisches Handeln 10 44
Polizei
– Privatisierungsgrenze **11** 54
– Sicherheitspolizei **2** 32
– Trennung von Justiz und ~ **2** 27
– Wohlfahrtspolizei **2** 32
Polizeiamt, Europäisches 13 109
Polizeirecht
– Anfänge **2** 22
– polizeiliche Generalklausel **10** 126
– polizeirechtliches Ge- und Verbot **10** 126
– Polizeivertrag, transnationales Handeln **5** 43
– Systematisierung des ~ **2** 23
– Vorsorgemaßnahmen im Vorfeld **10** 126, **12** 28 ff.

Polizeiwissenschaft 2 9 ff.
Pönalisierung → wechselseitige Auffangordnungen
Positivismus 2 45
Postprivatisierung 13 29
pouvoir réglementaire 17 63
Pözl, Josef 2 41
PPP → Public Private Partnership
Präjudizbindung 8 54
Präklusion 19 36
Prämissen 10 86 f., 109, 139
Präsidialsystem 8 46
Präventionsstaat 11 9
Präventionsverwaltung 12 28 ff.
pré-droit 17 45
Presse → Medien
Pressestelle → Informationstätigkeit, staatliche
Preußisches Oberverwaltungsgericht 2 68
Primärrecht 17 9, 30 ff.
– Verwaltungskonzept der EU **5** 17
Prinzip 4 *7 ff.* → Rechtsgrundsätze, allgemeine
– AKV-Prinzip **1** 53
– Bundesstaatsprinzip **8** 16 f., 50
– Bürokratieprinzip **13** 51
– Demokratieprinzip **5** 51, **6** *16 ff.* → Demokratieprinzip
– des kohärenten Rechtsschutzes **5** 80 ff.
– Kollegialprinzip **10** 24, **13** 52 ff.
– Kooperationsprinzip **19** 53
– Marktprinzip **7** 26 ff.
– monarchisches ~ **15** 6
– Rechtsstaatsprinzip **5** 49 ff. → Rechtsstaatsprinzip
– Sozialstaatsprinzip **5** 98 ff., **15** 12 a → Sozialstaatsprinzip
– Verfassungsprinzipien **5** 1 ff.
– Verwaltungsorganisation
  – Demokratieprinzip **13** 61, **15** *59 ff.*, **16** 6 f.
  – Ministerialprinzip **6** 35 ff.
  – Rechtsstaatsprinzip **15** 54 ff.
  – Ressortprinzip **13** 82, **15** 34
Prinzipal-Agent-Theorie 16 72 ff.
Privatautonomie 18 13, 45
– Unterscheidung zwischen Freiheit und Amt **7** 138 ff.
Private → Akteure, private, → Gesellschaft
– Gemeinwohlverantwortung und ~ **7** 22 f., **12** 155 ff.
– institutionelle Einbeziehung **13** 88 ff., **14** 30 f.
Privatisierung 1 58 ff., **12** 91 ff., **15** 63, **16** 82 ff., **19** 48 ff.
– ~sschranke des Art. 33 Abs. 4 GG **11** 54
– ~seuphorie **11** 80
– Auffangverantwortung **12** 166 f.
– Bahn **13** 29, **16** *103 ff.*
– Beliehener **14** 31
– demokratische Legitimation **6** 75 ff.
– formelle ~ **1** 60

- funktionale ~ **1** 60, **10** 42, **12** 110, **16** 83, **19** *40 ff.*
  - Zuständigkeit **12** 110
- Gemeinwohl **12** 23, 157 → Gemeinwohl
- Gesetzesvorbehalt **9** 37
- Gewaltmonopol **15** 58
- gleitende Teillösungen **1** 60
- Grenzen **12** 95 f., **15** 68
- Hauptgebiete **12** 97 ff.
- hoheitliche Regulierung und ~ **19** 40, 48 ff.
- knappe Ressourcen und ~ **11** 16
- materielle ~ /Aufgabenprivatisierung **1** 60, **12** *96*, 112
  - keine Verwaltungsaufgabe **1** 60, **12** *112*
- Motive/Ziele **1** 59, **12** 93 f.
- Organisationsprivatisierung **1** 60, **12** 109
- Organisationsrecht **16** 196 ff.
- Planungsprivatisierung **12** 105
  - Stadtentwicklungsplanung **12** 99
- Post **13** 29
- sektorenverschränkende ~ **16** 89
- Spektrum **1** 58
- Teilprivatisierung **12** 113
- Transaktionskosten **1** 61
- Typen **1** 60, **12** 108 ff.
  - gleitende Teillösungen **1** 60
- Unionsrecht **5** 97
- Verfahrensprivatisierung **16** 84
- Vermögensprivatisierung **12** 91, *111*
- Verwaltungsorganisation **16** 82 ff.

Privatisierungsfolgenrecht 12 53, *118 ff.*
Privatorganisationsrecht 4 59
Privatrecht 16 13 ff., **18** *13 ff.*
- „Flucht" in das Privatrecht **12** 132, **18** 47, 50
- Abgrenzung vom Öffentlichen Recht **18** 19 ff.
- Funktionen und Charakter **18** 13 ff.
- Sonderprivatrecht **18** 15
- Verlagerung der Verantwortlichkeit in das ~ **7** 180
- Wahl durch Verwaltung **11** 56, **18** *64 ff.*
- Wahl durch Verwaltungs-Gesetzgeber **18** 61 ff.
- Zuordnung zum ~ **18** 24 ff.

Privatrechtsform
- Verwaltung in ~ **14** 54
- Verwaltungsorganisationsrecht und ~ **14** 8 f.

Privatrechtspersonen, Muttergemeinwesen **14** 59
Privatverfahren 4 55 ff., **19** 96 ff., 102
Privatverwaltungsrecht 3 9 → wechselseitige Auffangordnungen
Problembewältigung
- „maßgeschneiderte" ~ **10** 68, 121
- administrative ~ **10** 125
- durch Gesetz **9** 5, 7, 84 ff.
- kooperativ-koordinierte ~ **10** 49
- Nutzung administrativer Ressourcen **10** 11
- Stadien und Sektoren **10** 29

Problemlösung 1 11, **10** 5, 28, 29
- Auftrag **10** 13
- ausgehandelte ~ **10** 59
- durch Gesetz **9** 5, 7, 84 ff.
- Kompetenz/Fähigkeit **10** 105, 138
- Problemlösungsbereich **10** 29
- Prozess **10** 119, 135
- Verfahren **10** 134
- Verhalten **10** 22

procedural fairness 10 8
Produkt 1 54, 56 → Neues Steuerungsmodell (NSM)
Produktorientierung 1 54
Produktsicherheitsrecht → Akkreditierung
Produktzulassungsrecht, Vertretbarkeits- und Bedarfsprüfungen **4** 67 a
Prognose 10 76
- Herstellungsebene **10** 34
- Methode **10** 85
- Prognoseermächtigung **9** 93
- Prognosefähigkeit des Gesetzgebers **9** 7, 97
- Regierung **10** 50
- Spielräume **10** 65

Prognoseentscheidung → Risikorecht
- Beurteilungsermächtigung **10** 91 ff.

Programmcode 10 60
Programmdefizite 9 87, 109 ff.
Programmierung, materiellrechtliche **10** 100
Prokuratorische Rechte 7 112 ff. → status procuratoris
Prozedurale Sicherungen 10 100, **19** 45, 67 f.
Prozeduralisierung 3 5, **9** 112
- durch Europäisierung **4** 54 f.
  - Prozeduralisierungsthese **4** 54 a
- Legitimation **6** 47 ff.

Prozessrechte, selbstständige **7** 119
Prüfpflicht der Verwaltung **19** 30
Prüfung, Beurteilungsermächtigung **10** 92
Prüfverfahren, Komitologie-Ausschuss **6** 112 a
Public Private Partnership 1 63, **10** 42, **13** 91 f., **14** 30
- Begriff **12** 96, 114
- Effizienzsteigerung **12** 94
- Gemeinwohlsicherung **12** 157 → Gemeinwohl
- Grenzen **12** 95 f., 117
- Grundrechtsbindung/-verpflichtung **13** 92, **15** 4 ff.
- Legitimation **6** 78
- Pflichtenstellung des Einzelnen **7** 173 ff.
- Verträge **16** 94

Publikumsinformation → Informationstätigkeit, staatliche

Qualifikation 10 27
Qualitätsgewährleistung, normative **9** *54*, **10** 112 Fn. 562
Qualitätsmanagement, NSM **1** 55, **12** 124

Qualitätssicherung 10 109, 135, **16** 173 g ff., **19** *67 f.* → Akkreditierung, → Benannte Stellen, → Benchmarking, → Controlling, → Evaluation
- Konzepte **19** 94, 102
- Sozialrecht **6** 96, **19** *121 f.*

Qualitätsstandards 19 121
Qualitätsziele im NSM **1** 56
Querschnittklauseln, Vertrag von Lissabon **5** 90

Rahmengesetz, europäisches **9** 19, **17** 39, *140* → Richtlinie
Ranking → Qualitätssicherung
Rating → Qualitätssicherung
Rational Choice 1 25
Rationalität 5 84 ff., **9** 4 ff.
- ~sanspruch des Rechts **4** 9
- ~sproblem bei Nicht-Wissen **4** 67 b
- administrative Eigenrationalitäten **10** 52
- Begriff **9** 4
- Binnen~ **10** 36 f.
- Controlling **4** 66
- des Gesetzes und durch Gesetz **9** 5 ff.
- durch Gewaltengliederung/-teilung **8** 23 ff.
- Eigenrationalität des Handelns privater Akteure **10** 108, 127
- formale ~ **10** 36
- Handlungsrationalitäten **10** 108
- materiale ~ **10** 36
- prozedurale ~ **5** 87, **10** 36
- sozio-emotionale ~ **10** 36
- verfassungsrechtlicher Status **9** 6
- Verwaltungshandeln **10** 116

Rationalitätsverbürgung 9 6
Räume, unterschiedliche Entwicklung und Erfüllung von Aufgaben **11** 60
Realakt, Zuordnung zum Öffentlichen Recht **18** 27
Realbereich
- Analyse des ~ **1** 29 ff., **4** 79, 91, **9** 110
  - Beschränkung auf Nah- und Einzelfolgen **4** 84
- der Norm **10** 14, 29
- Erfassung **4** 37
- Methode der administrativen Tatsachenfeststellung **3** 34

Realhandlung 18 24, 26 f.
Realitätsbeschreibung 1 31
Realkörperschaft 14 27 → Körperschaft
- funktionale Selbstverwaltung **13** 69

Rechenschaftspflicht 10 54
Rechnungshof und Kontrolle
- evaluative Wirkung **15** 40 a
- legitimatorische Wirkung **6** 52
- oberste Bundesbehörde **15** 69
- Unabhängigkeit **13** 76

Rechnungslegung, Deutsches ~s Standards Committee **19** 64 Fn. 165

Recht 10 12, **17** 1 ff. → Öffentliches Recht, → Privatrecht, → Strafrecht, → Verwaltungsrecht
- ~squellenlehre **17** 1 ff.
  - polyzentrisches Rechtsgefüge **17** 26 ff.
- auf gute Verwaltung
  - GRCh **5** 17
  - Eigenverwaltungsrecht **5** 37
- Eigenstand des einfachen ~ **9** 103
- Funktionen **10** 12
- gemeinsames ~ **18** 62
- Gewährleistung der Unverbrüchlichkeit des ~s **5** 52
- Innenrecht **3** 7 → Innenrecht
- Innovationen im ~ **10** 130
- innovationsermöglichendes ~ **10** 129 f.
- Internationaler Organisationen **17** 45
- internationales ~ **17** 6
- Komplexität **9** 98 ff.
- lernendes ~ **4** 97 ff.
- Mediatisierung **9** 104
- objektives ~ **10** 32, 35
- Organisationsbedürftigkeit **14** 2
- Politik und ~ **17** 5
- privat gesetztes, administrativ anerkanntes ~ **17** 85 ff., **19** 61 ff.
- Punktualisierung **9** 83, 102
- responsives ~ **4** 13
- supranationales ~ **17** 6
- Trennung von Politik und ~ **10** 44

Rechte → subjektives öffentliches Recht
- privatnützige ~ **7** 109 ff.
- prokuratorische ~ **7** 112 ff. → status procuratoris

Rechtliches Gehör 10 100
Rechtsakt 1 3
- ausbrechender ~ **17** 122
- Basis~ **9** 20, 49
- Begründung **10** 31 → Begründung
- delegierter ~ **9** 20, 49, **17** 39, 81 ff.
- Durchführungs~ **9** 20, 49
- im Unionsrecht **9** 18 ff. → Unionsrecht
- Rechtsaktorientierung des Verwaltungsrechts **1** 3, **10** 115, 130 a → Verwaltungsrecht
- ungekennzeichneter ~ **17** 38

Rechtsänderungslehre 9 109
Rechtsanwendung 9 113
- ~slehre **4** 43

Rechtsaufsicht 13 102 f., **15** 48 ff. → Aufsicht
- als Aufsichtstypus **14** 60, **15** 48
- inneradministrative Eigenständigkeit **10** 23
- kommunale Selbstverwaltung **13** 42, **14** 59, **15** *48*
- Regierung **10** 49
- Widerspruchsverfahren → Widerspruchsverfahren

Rechtsbegriff 10 12 Fn. 70
- Konkretisierung **10** 81

– unbestimmter ~ **9** 65 f., **10** 65, *90 ff.*, **19** 63, 66
  → Beurteilungsspielraum
  – Bestimmtheitsgebot **9** 66
  – Optionenräume und ~ **10** 62, 65
Rechtsbehelf → Widerspruchsverfahren
Rechtsbeobachtung 9 114
Rechtsbeziehungen, mehrpolige 10 111, 114
Rechtsbindung 9 73 ff. → Bindung,
  → Bindungswirkung
– an EU-Recht **5** 67 ff., **17** *121 ff.* → Richtlinie, unmittelbare Wirkung
– der Justiz **8** 51, **9** 77, **10** 81 ff.
– der Verwaltung **3** 6, 11 ff., **5** *63 ff.*, **8** 62, **9** *74 ff.*, **10** 57 ff.
  – Eigenständigkeit der Verwaltung und ~ **10** 3, 112 → Eigenständigkeit der Verwaltung
  – Hierarchieprinzip **16** 45 ff.
  – Legitimation durch ~ **6** 10 ff., 49 f., **9** 10 f.
  – Lockerungen **7** 85 ff., **9** *79 ff.*, **12** 12
  – Methodenbindung **9** 74
  – Rechtsprechungsbindung **9** 74
  – Steuerungsansatz **1** 28
– Lockerungen **9** 79 ff.
Rechtsdogmatik 1 6, **3** *35 ff.*, **10** 73
  – Gewaltengliederung/-teilung **10** 39
  – Letztentscheidungsmacht, überkommene ~ **10** 94 → Letztentscheidungsrecht
Rechtserkenntnisquellen 17 1
Rechtserzeugungsquellen 17 1
Rechtsetzung
– ~sverfahren **9** 108
– als Handlungsform der Verwaltung **9** 75, **10** 43, **17** 4 → Exekutivrechtsetzung
– arbeitsteilige ~ **9** 69 f.
– Defizite **9** 105 ff.
– dekonzentrierte ~ **17** 65
– dezentralisierte ~ **17** 65
– exekutivische ~ **9** 69 f., 75, **17** *58 ff.*
  – im Europarecht **17** 81 ff.
  – Verlagerung **19** 45
– Formen **9** 69 f., 106
  – Konvergenz **9** 70
– Hypertrophie **9** 99
– konkretisierende ~ **10** 11
– Modelle kooperativer ~ **9** 69 f., **17** 134
– Normkonkretisierung als ~ **3** 33, **10** 43
– private ~ **17** 18 ff., *85 ff.*, **19** 61 ff.
  – Legitimation **17** 93
– Qualität **9** 105 ff.
Rechtsetzungslehre 9 109, **10** 112
– exekutive ~ **3** 33
Rechtsfähigkeit 14 20 ff.
– im Öffentlichen Recht **14** 25 f.
– im Privatrecht **14** 25 f.
– Nichtrechtsfähigkeit **14** 20 f.
– Rechtsinhaltsbegriff **14** 21, 25
– Rechtspersönlichkeit und ~ **14** 20 ff.

– Relativität **14** 21
– Teilrechtsfähigkeit **14** 20 f.
– Verbandskompetenz **14** 43
– Verselbständigung **14** 13
– Vollrechtsfähigkeit **14** 20 f.
– Zurechnung **14** 21
Rechtsfolgenabschätzung 1 35, **9** 110
  → Folgenorientierung
Rechtsfortbildung, richterliche **3** 28, **9** 28 f., **17** 109 f.
Rechtsgefüge, polyzentrisches 17 26
Rechtsgeschichte 1 35 → Entstehung des Verwaltungsrechts
Rechtsgesetz 9 21
Rechtsgestaltungslehre 4 104
Rechtsgleichheit → Gleichheit
Rechtsgrundsätze, allgemeine **17** 95 ff.
– Ansprüche auf Folgenbeseitigung und Erstattung **17** 103
– effet utile **17** 105
– Effizienz **17** 105
– EuGH **17** 31
– Gleichheitsmaßstab **17** 102 → Gleichheit
– Prinzip **17** 94 ff.
– Rechtssicherheit **17** 104
– Unvoreingenommenheit von Hoheitsträgern **17** 106
– Verfassung als Basis **17** 53
– Verhältnismäßigkeit **17** 101
– Vertrauensschutz **17** 104
Rechtshilfe, Zuständigkeit **14** 49
Rechtsinhaltsbegriff 14 17, 21
Rechtskontrolle 8 57, **10** 45, 81 ff.
– effektive ~ **10** 126
– Ermessen **10** 83
– Restriktionen **10** 84
– Temporalisierung **4** 100
Rechtsmaßstäbe → Maßstäbe
Rechtsnorm 17 5, 23
– Begriff **17** 5
– Normprogrammbereich **10** 29
– Realbereich **10** 14, 29
– Wirkungsweise **10** 14
Rechtsordnung
– angebotsorientierte ~ **10** 121
– Gesamtrechtsordnung **18** 2
– Komplexität **9** 98 ff.
– Rechtsordnung als Reformfaktor **17** 171 ff. → Reform
– Vernetzungen der ~en **17** 171 ff.
Rechtspersönlichkeit 13 43, **14** 20 ff.
– Zurechnungsendsubjektivität **14** 22
Rechtspolitik 1 12, 14
Rechtspositivismus 10 10
Rechtsprechung → Judikative
Rechtsprechungsanalyse 3 28
Rechtsprechungsbindung, Gesetzesbindung und ~ **9** 74

Sach- und Personenregister

Rechtsproduktion 10 81 f.
Rechtsquellen 17 5, 23
- ~lehre 10 112, 17 1 ff.
- Geltungsbedingungen 17 112 ff., 117
- Geltungsbereich 17 112 ff.
  - persönlicher ~ 17 116
  - räumlicher ~ 17 115
  - zeitlicher ~ 17 112 ff.
Rechtsregime 18 1 ff. → wechselseitige Auffangordnungen
- Begriff 18 2
- Gemeinsames Recht 18 62
- Zuordnung der Rechtssätze 18 18 ff.
Rechtsregimewahlkompetenz 18 23, 29, 56 ff.
- bzgl. Verwaltungshandeln 18 69 ff.
- bzgl. Verwaltungsorganisation 18 72
- der Verwaltung 18 64 ff.
- des Verwaltungs-Gesetzgebers 18 61 ff.
Rechtssatz und Rechtsaussagesatz 14 9
Rechtssatzvorbehalt
— im Völker- und Europarecht 9 31
— Unionsrecht 5 63
Rechtsschichten 17 7
Rechtsschutz 7 124 ff.
- ~garantie 7 125, 18 52 f.
- ~perspektive 3 27
- effektiver/wirksamer ~ 5 72 ff., 7 125 ff., 18 52 f.
- EMRK 5 71
- im Europäischen Verwaltungsverbund
  - Kohärenzgebot 5 80 ff.
  - Vertrag von Lissabon 17 36
  - kohärenter ~ 5 80 ff.
- Vorwirkungen 3 27
Rechtsschutzsystem
- Systementscheidung für Individualrechtsschutz 5 73
- Trennungsmodell 5 83, 6 103
Rechtssicherheit 17 104
Rechtsstaat 12 14 ff.
- Aufkommen des Begriffs 2 5
- Entstehung in den Ländern 2 39
- Gemeinwohlsicherung 12 150 ff.
  → Gemeinwohl
- liberaler ~ 12 14
  - Ordnungsverwaltung 12 27
- Rechtsbindung 9 73 ff. → Bindung
- rechtsstaatliche Eingriffsabwehr 10 56
  → Eingriff
- Rekonstruktion des ~ 2 90 ff., 106 ff.
- Sicherungen 10 126
- sozialer ~ 12 15 ff. → Sozialstaatsprinzip
Rechtsstaatsprinzip 5 50, 84 ff.
- Bedeutung des Gesetzes 5 63 ff., 9 10
- Bestimmtheitsgebot 9 62
- Gerichtsschutz 5 70 ff.
  → Verwaltungsrechtsschutz
- Gesetzesvorbehalt 9 46 → Gesetzesvorbehalt

- Gewaltengliederung/-teilung 8 19 ff.
- Neutralitätspflichten 5 85
- Output-Legitimation und ~ 6 53
- Privatisierung und ~ 15 58
- Rationalität 5 84 ff., 9 6
- Rechtsregime und ~ 18 50 f., 107
- Unparteilichkeit 5 85
- Verwaltungsorganisation 15 54 ff.
Rechtsstatus des Einzelnen 7 1 ff.
- als Leitmodell des Rechts 7 4 ff.
- außerhalb der Grundrechte 7 76 ff.
- Bedeutung der Grundrechte 7 37 ff.
  → Grundrechte
- europarechtliche Impulse 7 88 ff.
- Freiheit und Gleichheit 7 181 f.
- Freiheits- und Mitwirkungsrechte 7 139 ff.
- Gesetz und ~ 7 70 ff.
- Handlungsprogramm der Verwaltung und ~ 7 83 ff.
- Hoheitsunterworfenheit 7 143, 153 ff.
- juristische Personen 7 199 ff.
- Kommunikationsbeziehung zum Staat 7 36, 66 ff., 94, 121, 147
- Pflichtenstellung 7 142 ff., 152 ff., 172 ff.
  → Pflichtenstellung
- Rechtsschutz 7 124 ff. → Rechtsschutz
- vertragliche Pflichten 7 173
Rechtssubjektivität 14 20 ff.
Rechtstatsachenforschung 9 110
- strukturelle Defizite 1 30
Rechtsverdichtung 9 99
Rechtsvergleichung 1 35, 3 31, 40 ff., 5 3, 10 6 ff.
- Frankreich 10 7
- Großbritannien 10 8
- Methode 3 40 f.
Rechtsverhältnis 2 113
- Sozial~ 12 43
- Steuer~ 12 35
Rechtsverhältnislehre 7 120 ff.
Rechtsverordnung 17 60 ff.
  → Entsteinerungsklauseln,
  → Exekutivrechtsetzung
- Änderung durch Gesetz 17 63
- Art. 80 GG 9 69 ff.
- Ermächtigung 9 69 ff.
  - Bestimmtheit 9 71 f.
- gesetzesändernde/-ergänzende/-korrigierende ~ 9 80
Rechtsverwirklichung 4 4, 27a
- Rechtserzeugungsräume jenseits der Gesetzesbindung 4 4, 22 Fn. 135
- Unionsrecht → Mobilisierung
Rechtsweg 18 24 ff.
- Zwei-Stufen-Lehre 18 69 ff.
Rechtswertungsquellen 17 1
Rechtswesensbegriff 14 17, 21
Rechtswidrigkeit, Duldung 9 79

Halbfette Zahl = §§; magere Zahl = Rn.; kursive Zahl = Hauptfundstelle; → = s./s. auch   1427

Sach- und Personenregister

Rechtswirkungsforschung 1 34, 9 110
– prospektive ~ **1** 34 f., **4** 89
– retrospektive ~ **1** 35, **4** 89
Rechtswirkungskontrolle 9 114
Rechtswissenschaft → Verwaltungsrechtswissenschaft
– Politik und ~ **4** 4 Fn. 39
Referenzgebiet 1 *43 ff.,* **3** 53, **18** *115 ff.*
– Arbeiten mit ~ **1** 43 ff.
– Auswahl **1** 45, **18** 115 ff.
– dialektischer Prozess aus Deduktion und Induktion **1** 44
Reform → Föderalismusreform
– kommunale Gebietsreform **13** 26
– napoleonische ~ **13** 18
– nationale Reformwiderstände **17** 173 ff.
– Rechtsordnung als Reformfaktor **17** 171 ff.
– Reformdruck **1** 12
– Verwaltung **1** 12, **11** 78 ff.
  → Verwaltungsreformen
– Verwaltungsorganisation **15** 8 a
– Verwaltungsrecht **1** 12
  – Reformansätze **1** 49 ff.
Regeln 4 7 ff.
Regelung
– ~sdichte
  – Gesetz **5** 65 f., **9** 112
  – inneradministrativer Vorgaben **10** 23
  – Parlamentsvorbehalt **9** 47
– ~skonzepte **10** 122
– ~sprogramm **10** 69
– ~swettbewerb **10** 121
Regelungsfragmentierung 10 12
Regelungspluralismus 10 12
Regelungsstruktur 1 *70,* **4** *41,* 61 f., **10** *5,* **16** *24 ff.*
– als Governancekategorie **16** 24, 26
  → Governance
– Eigenständigkeit der Verwaltung **10** 5, 52 ff., 74 ff. → Eigenständigkeit der Verwaltung
– Ermöglichung privater Aufgabenwahrnehmung **12** 118 ff.
– Legitimationsstruktur **6** 42
– Lernen **4** 103
– Organisationssteuerung **4** 61
Regiebetrieb 12 125, **13** 22, **14** 13 Fn. 64, **16** 187
Regierung 8 59, **10** 47 ff. → Aufsicht,
  → Exekutivrechtsetzung, → Exekutive
– Aufsichtsrecht **10** 51
– Einwirkung auf Verwaltung **10** 50, 89
– Gubernative **10** 47 f.
– im materiellen Sinne **10** 49
– intergouvernementale Zusammenarbeit **13** 108 f.
– Kontrolle **8** 24
– Organe **10** 47
– Organisationsbefugnis **15** 33 f.
– parlamentarische ~ **8** 33, 46
– parlamentarische Verantwortung **6** 12 ff.
– Parlamentarisierung **8** 13
– Regierungsaufgaben **10** 48
– Regierungsverantwortung **10** 50
– Selbsteintrittsrecht **10** 51
– strategische Aufsicht **10** 55
Regime, Modell der ~ **17** 40
Regimentstraktate 2 15
regulation 19 2
– command-and-control ~ **19** 2
regulatory choice 10 121, **11** 32, **19** *153 ff.*
– Vorbehalt des Gesetzes **9** 23
Regulierung 19 1 ff., 25 ff.
– ~seuphorie **11** 80
– Bahn **16** 103 ff.
– Begriff **19** 1 ff., 5
– durch Private („Co-Regulierung") **12** 81
– Funktionen **19** 9 ff., 18 ff.
– Gemeinwohlsicherung **7** 30 ff., **12** 149, 157 f.
  → Gemeinwohl
  – Überwachungsverantwortung **12** 163
– Gewährleistungsverwaltung **12** 51 ff.
  → Gewährleistungsverwaltung
– Grundtypen **19** 11 ff., 23 ff., 52 ff., 144 ff.
– gute ~ **19** 154 ff.
– hoheitliche ~ **19** 14 f., 23 ff.
– Indienstnahme Privater **12** 107
– Informationssektor **1** 67
– Modi **19** 12 ff.
– Rechtfertigung **19** 16 ff.
– sektorspezifische ~ **10** 122
– Selbstregulierung → Selbstregulierung
– Strategien **10** 112, 120, **19** 8, 21 f., 165 ff.
– Strom **16** 106 ff.
– Telekommunikation **16** 109
– Theorien **19** 18
– USA **19** 3 ff.
– Zugangsregulierung **10** 119
Regulierungsagenturen 5 23, **6** *107 ff.,* **10** 53 a
– in Großbritannien **10** 8
– Legitimationsprobleme **6** 107
– Organe **6** 109
– Unabhängigkeit **6** 108
Regulierungsbehörde 10 53, 110, **19** *139 ff.*
– Bundesnetzagentur **15** 40 a, **19** *139*
  → Bundesnetzagentur
– demokratische Legitimation **6** 68
– Gremium Europäischer Regulierungsstellen für elektronische Kommunikation (GEREK) **10** 53 b
– unabhängige ~ **10** 53
– Verselbständigung **19** 141
Regulierungsermessen 4 20 a, **10** 65, 87
Regulierungsrecht, Netzwerk **4** 6
Regulierungsstaat 16 96 ff.
Regulierungsverantwortung 1 57, **12** *164,* **15** 14
Regulierungsverbund 5 26, **6** 68, **19** 140, 143
– peer review **6** 68
Regulierungsverwaltung 12 53, *57 ff.,* **15** 15

Sach- und Personenregister

- als Erscheinungsform der Gewährleistungsverantwortung **12** 57
  → Gewährleistungsverwaltung
- Gemeinwohlsicherung **7** 30 ff., **12** 149
  → Gemeinwohl
- Legitimation **4** 91
Regulierungsverwaltungsrecht 12 59, **16** 96 ff., **19** *125 ff.*
- Trennung staatlicher und privater Anteile **7** 32
- Verhältnis zum Kartellrecht **19** 127, 142
- Wahl der Regulierungsinstanz
  - Bahn **16** 103 ff.
  - Strommarkt **16** 106 ff.
  - Telekommunikation **16** 109
Reichspolizeiordnung 2 11
Rekommunalisierung 1 61
Relationierungsmechanismen 14 54 ff.
- horizontale ~ **14** 56, 61 f.
- vertikale ~ **14** 56
- verwaltungsendogene ~ **14** 55
- verwaltungsexogene ~ **14** 55
Relationsbegriff 14 14 ff.
- Aufsicht: Begriffsverständnisse und Verwendungskontexte **14** 59
- Rechtsfähigkeit **14** 21
- Rechtspersönlichkeit **14** 22
- Verwaltungsorganisationsrechtsdogmatik **14** 14 f.
Re-Regulierung 1 57
responsibility centers 16 79
Ressortprinzip 13 82 ff., **15** 34
Ressourcen → Ausstattung
- als Steuerungsfaktor **10** 26, **11** 41 ff.
- finanzielle ~ **10** 26
- personelle ~ **10** 27
- Recht als Ressource **11** 41
- Ressourcenblindheit des Gesetzgebers **9** 110
- Restriktionen **10** 26
- Verantwortung **13** 31
- Zeitfaktor **9** 82 Fn. 640, 110
Restrisiko 10 93, 128
Rettungsschirm 15 12 a
Revision 4 93 ff.
- Bereitschaft zur Selbstrevision **4** 94
Revisionsvorbehalte 10 133
Rezeptionsklauseln 17 89 → Technik, Stand der, → Wissenschaft, Stand der
- Bestimmtheitsgebot **9** 66
Richter → Judikative
Richterrecht 17 94 ff., 109 f.
  → Rechtsfortbildung, richterliche
Richtervorbehalt 8 53
Richtigkeit 4 4, **10** *63 f.*
- ~sgewähr durch Verfahren **4** 51, **5** 89, **10** 100 f.
- „einzig richtige Entscheidung" **4** 10, **5** 89, **10** 64
- Gesetzgebung **4** 105

- i. w. S. **10** 101
- Optionen und ~ **4** 32, 82 ff.
- Rationalität des Gesetzes **9** 5 ff.
- relative ~ **4** 19, **10** 63 f.
- Richtigkeitsgaranten **10** 32, 102
- Richtigkeitsüberlegungen **10** 68
Richtlinie 5 32 f., **9** 19, **17** 35, *128 ff.*
- Belastung Privater in Dreiecksverhältnissen **17** 137
- EU-Dienstleistungsrichtlinie **5** 32
- richtlinienkonforme Auslegung **17** 139
  → Auslegung
- Umsetzung **17** 131
- unmittelbare Wirkung **17** *135 ff.* → Bindung
- Vorbehalt **9** 18 Fn. 161, 49
Risikorecht, Risikoverwaltungsrecht **12** 31
Risikoverwaltung 12 28 ff.
- Bedeutung der Information **11** 42
- Gesetzesvorbehalt **9** 52
- im Wirtschafts- und Umweltrecht **12** 30 ff.
- Präventionsverwaltung **12** 28 f.
- Risikoverwaltungsrecht **12** 31
Roesler, Hermann 2 4
Romagnosi, Gian Domenico 2 33
Rosin, Heinrich 2 42
Ross, Alf, Rechtsquellenbegriff **17** 2
Rückholbarkeit 10 54
Rückholoptionen 4 95
- Unionsgesetzgeber **17** 82 b
Rücksichtnahmegebot, institutionelles ~ der Judikative auf die Exekutive **4** 54 c
Rundfunk 15 12 b
Rundfunkanstalt 13 69

Sache, öffentliche, Recht **18** 114
Sachkompetenz 14 45
Sachkunde 10 73, 76, 91
Sachverhalt
- Ermittlung/Erfassung **10** 50, 76, 100
- Information **10** 135
Sachverständige → Experten
- ~nkommission **13** 53
Sachverständigengutachten, Lehre vom antizipierten ~ **17** 77
Sachzusammenhang, Rechtsregimezuordnung **18** 26
Sanktionsmechanismen 10 23
Sanktionsregime für Verfahrensfehlerfolgen **4** 54 b
Sanktionswirkung
- im Privatrecht **18** 76
- im Strafrecht **18** 92 ff.
Sarwey, Otto v. 2 40, 56
Satzung 17 64 ff.
Schadensersatz → staatliche Einstandspflichten
Scharpf, Fritz 1 20
Schiedsgerichtsbarkeit 13 122
Schlanker Staat 1 62, **13** 28

Halbfette Zahl = §§; magere Zahl = Rn.; kursive Zahl = Hauptfundstelle; → = s./s. auch

Schlüsselbegriff 1 *40ff.*, **4** 28
– Arbeiten mit ~ **1** 40ff.
– Funktion **1** 40
– rechtliche Qualität **1** 41
Schuldenkrise 5 52
Schuldverhältnis, verwaltungsrechtliches **18** 77
Schule
– Gemeinschaftsschule **15** 40b
– öffentliche ~ **15** 12
– Schulaufsicht **15** 52
Schulehalten 12 48
Schulwesen 15 12, 40b
Schumpeter, Joseph 16 173b
Schutz, grundrechtsähnlicher, Unionsrecht **7** 88ff.
Schutzansprüche, grundrechtliche **7** 56ff.
Schutzbereich 10 137
Schutznormlehre 7 106f.
– Anerkennung durch den EuGH **10** 79
– Europäisierung **5** 79
Schutzpflicht, Kompetenzneutralität **14** 53
Schwarzbauten 10 117
– Konzeptpflicht **4** 21a
Schwellenwert 12 142 Fn. 508
Science and Technology Options Assessment (STOA)-Panel 1 34 Fn. 176
Seckendorff, Veit L. v. 2 15
Sektor, Dritter ~ **13** 88, 93f. → Akteure, intermediäre
Sektorenwahl und Organisationsrecht 16 180f.
Sekundärrecht 17 9, 33ff.
Selbstbestimmung 6 24, 54, 83
– Gewährleistung von ~ als grundlegende Verwaltungsaufgabe **11** 29, 74f.
– informationelle ~ **10** 134
Selbstbindung → Bindungswirkung
– der Verwaltung
– – Auswahl von Software/Programmcode **10** 60
– – durch Konzepte/Strategien/Verfahrensarrangements **10** 116ff.
– – ständige Verwaltungspraxis **10** 123
– – Verwaltungsvorschrift **17** 15
– des Staates, Anerkennung subjektivöffentlicher Rechte **7** 99
Selbsteintritt 14 45
– als Subordinationsmechanismus **14** 56 Fn. 306
– und andere Aufsichtsmittel **14** 60
– Vorbehalt des Gesetzes **14** 45 Fn. 233
– Wahrnehmungszuständigkeit **14** 45
– Zuständigkeitsverlagerung **14** 48
Selbsteintrittsrecht 10 23, 51
Selbstkontrolle → Selbstregulierung
Selbstprogrammierung/-steuerung, administrative **4** 87, **11** 40 → Exekutivrechtsetzung
Selbstregelung, gesellschaftliche **19** 144

Selbstregulierung
– gesellschaftliche ~ **12** 81, **19** 14, *144ff.*
– – Grenzen **12** 7
– regulierte ~ **1** 64, **4** 28, **9** 112, **19** *52ff.*
– – als Grundtyp der Regulierung **19** 14f.
– – Optionenwahl **4** 86 → choice
– – Vor- und Nachteile **19** 58ff.
Selbstverpflichtungen 19 73ff.
– Effektivität **19** 79
– Kartellrecht **19** 78
– rechtliche Vorgaben **19** 76f.
Selbstverwaltung 10 18, 53, **14** 41
– Aufgabenwahrnehmung durch die Betroffenen **14** 41, **16** 62
– demokratische Legitimation **5** 57, **6** *79ff.*, **15** 60
– dezentralisierte Verwaltungseinheiten **14** 41
– **funktionale ~ 8** 57, **13** *69f.*, **15** 28, **16** 61f.
 → funktionale Selbstverwaltung
– Gesetzesvorbehalt **9** 39ff.
– juristische Person **14** 41
– **kommunale ~ 13** 41f., *67f.*, **15** 29ff.
 → kommunale Selbstverwaltung
– Mitentscheidungsrechte **7** 190
– mittelbare Staatsverwaltung **14** 32, 41
– Organisationsgewalt **14** 58
– organisatorische ~ **8** 38
– Satzung **17** 64ff.
– soziale ~ **6** 85ff.
– verfassungsrechtliche Mehrdeutigkeit **14** 41
– Vorteile der Kooperation **12** 75
– Weisungsfreiheit **14** 41
Seydel, Max v. 2 41
Sicherheit
– als Staatsaufgabe **11** 9
– Wandel **11** 9
– Innere ~ **11** 7, **15** 12a
Sicherheitspolizei 2 32
Sicherheitsverwaltungsrecht, Europäisches, Legitimation **6** 113a
Sicherungen, prozedurale **10** 100, **19** 45, 67f.
Signatur, elektronische **1** 67
Situativität von Verwaltungsentscheidungen **3** 26
SoFFin 16 173c f.
soft law 3 32, **10** 12, **17** 38, 45, *79*
Solidarität, EU-Grundrechtecharta **5** 109
Sonderaufsicht 14 60
Sonderbehörden
– Geschichte **13** 17
– Optionenraum **10** 91
– Reform **13** 27
Sonderfonds, Finanzmarktstabilisierungsfonds **16** 173c f.
Sonderprivatrecht 18 15
Sonderrechtstheorie 18 21, 30
Sonderverordnung 17 80
Sonnenfels, Joseph v. 2 20

Souveränitätsvorbehalt, Bundesverfassungsgericht **5** 15
Sozialcharta, Europäische **5** 101
Sozialrecht 2 100
- Entstehung **2** 74 f.
- Wettbewerbselemente **19** 115 f.
Sozialstaat 2 100, **5** 98 ff., **12** 15 ff., **17** 50
- Gewährleistung von sozialer Gerechtigkeit als grundlegende Verwaltungsaufgabe **11** 29, 74 f.
Sozialstaatsprinzip 5 *99 ff.*, **7** 26, **11** 74, **15** 12a
- Auslegungsmaxime **5** 101 → Auslegung
- Bedeutung für das Verwaltungsrecht **5** 98 ff.
- Daseinsvorsorge **5** 102
- EU und ~ **5** 104 ff.
- Existenzminimum **5** 99
- Gesetzesabhängigkeit **5** 99
- Gewährleistungsverwaltungsrecht **5** 102, **12** 19
- Kooperation **5** 103 → Kooperation
- Verwaltungsorganisation **15** 12 a
Sozialversicherung, Geschichte **13** 21
Sozialversicherungsträger 13 69, **15** 42
Sozialverwaltung 12 42 ff.
- Beratung **12** 49
Sozialwissenschaft
- akteurzentrierter Institutionalismus **1** 20, **19** 13
- Institutionenökonomik **10** 127, **11** 5, **19** 13
- Interdisziplinarität **3** 47 ff.
- Kontextsteuerung **19** 53
- reflexives Recht **19** 53
- Spieltheorie **10** 109, **19** 13
- Systemtheorie **1** 19, **19** 13
Soziologie der Verwaltung **10** 4
Sparkasse 12 127, **13** 22, 73
- Öffentliches Recht **18** 58
- Wettbewerbsvorteile **12** 136
Spielräume 10 116, 133 → Eigenständigkeit der Verwaltung
- Infrastruktur **10** 25
- Letztentscheidungsmacht und ~ **10** 62
- → Letztentscheidungsrecht
Spielraumverhalten 10 36, *69*, 128
Spieltheorie 10 109, **19** 13
Staat
- „als Maschine" **16** 42
- aktivierender ~ **1** 63
- als juristische Person **14** 15, **15** 6
- Begriff **10** 1
- Funktionenordnung **8** *12*, 28, **13** 6 ff.
- → Gewaltengliederung/-teilung
- Gesellschaft und ~ **7** 1 ff., **8** ff., 123
  - Dualismus **12** 7 f., **18** 55
- Impermeabilität **14** 11
- kooperativer ~ **4** 49
- liberaler ~ **2** 29
- Relativität des ~sbegriffs **14** 15
- schlanker ~ **1** *62*, **13** 28

- Sicherung seiner Existenz als grundlegende Verwaltungsaufgabe **11** 29, 72
- Veränderung des ~sbildes **2** 111 f.
- Verfassung und ~ **15** 2
Staatenverbund 5 28
staatliche Einstandspflichten
- Amt im haftungsrechtlichen Sinne **14** 38
- Erfüllung von Aufgaben **11** 57
- Haftungs- und Verantwortungsverteilung **11** 66
- Unionsrecht **7** 93
Staatlichkeit, offene 17 13
Staatsaufgaben 15 4, 10 ff., 29
- → Informationstätigkeit, staatliche,
- → Verantwortung
- Allzuständigkeit des Staates **15** 10
- Aufgabenkritik **9** 99
- Bildungswesen **15** 12
- Europarecht **15** 11
- Gewährleistungsstaat **15** 14
- → Gewährleistungsverantwortung
- Infrastrukturverantwortung **15** 13
- innere Sicherheit **15** 12a
- obligatorische ~ **15** 12 ff.
- Reduzierung von ~ **1** 57
- Regulierungsverantwortung **15** 14
- Rundfunk **15** 12b
- verfassungsrechtliche Vorgaben **15** 10 ff.
- Verwaltungsmonopole **15** 11
Staatsaufsicht 15 45 ff.
- Verwaltungsaufsicht als ~ i. e. S. **14** 59
Staatsexamen 3 57
Staatsgewalt, Legitimationsobjekt **6** 6, 27 ff.
Staatshaftungsrecht → staatliche Einstandspflichten
Staatshandeln, konsensuales 9 11, **16** 17
Staatsleitung → Regierung
Staatsrechtslehrer, Vereinigung der Deutschen **2** 94, 98, 98
- Auflösung in der NS-Diktatur **2** 81
Staatsstrukturprinzipien 5 7 f., **15** 53 ff.
Staatstätigkeit, Legitimationsobjekt **6** 6, 27 ff.
Staatsvertrag 13 112
Staatsverwaltung, mittelbare und unmittelbare **14** 32
- als Ordnungskriterium **14** 11, *13*
- Dezentralisation **14** 13, *39*
- Relativität der Unterscheidung **14** 15
Staatsvolk 6 17 ff.
- Aktivvolk **6** 22
- Differenzierung **6** 21
- Europa **6** 29
- Herrschaftsadressat **6** 22
- Kommunalvolk **6** 23
- Teilvölker **6** 5, 54, 83
Staatszielbestimmungen 11 4
- soziales Staatsziel **5** 99 ff.
- Umweltschutz **5** 111 ff.

Sach- und Personenregister

Stabilität, ~serwartung **4** 17
Städteordnung, Preußen **13** 19
Städtepartnerschaften 13 118
Stand, Rezeptionsklauseln → Technik, Stand der, → Wissenschaft, Stand der
Standards, Grenzen des emissionsorientierten Ansatzes **4** 67b
Standardsetzung 19 61 ff.
– halbstaatliche ~ **17** 85, 92, **19** 69 ff.
– Inkorporation **17** 89
– privatverbandliche ~ **17** 86 ff., **19** 62 ff.
  → Rezeptionsklauseln
  – Außenwirkung **19** 66
  – Bestimmtheit **9** 66
  – Rezeption **19** 62 ff., 71 ff.
  – staatliche Qualitätssicherung **19** 67 ff.
  – Vermutungswirkung **19** 64 f.
– Verweisung **17** 89
status 7 100, 137 ff., 204 f.
– ~ activus **7** 34, 65
  – Gleichheit im ~ **7** 188 ff.
  – juristische Person **7** 200
  – Verfassung und Gesetzgeber **7** 79
– ~ negativus **7** 34, 46ff., 84
– ~ passivus **7** 154
– ~ positivus **7** 84
– ~ procuratoris **7** 36, 68f., 80, 112 ff., **16** 162
  – Gesetzgeber **7** 80
  – Gleichheit im ~ **7** 191
Stein, Lorenz v. 2 52, 76, **10** 2, 48
Stelle → Benannte Stellen
– Einheitliche ~ **13** 33
Stellen, Zugelassene ~ **19** 83
Stengel, Karl Freiherr v. 2 58
Steuer 12 35
– ~bürger **12** 35
Steuerrecht
– Entstehung **2** 75
– Steuerpflicht **7** 160
Steuerung 4 1 ff. → Personal als Steuerungsressource
– Akteure **11** 33
– befehlsförmige ~ **4** 44
– Begriff **1** 18, 25
– Binnensteuerung der Verwaltung **10** 28 ff., 37
– Budgetsteuerung **4** 64 f., **11** 59
– demokratische ~ **13** 78
– des Entscheidungsprozesses **10** 29
– direkte ~ **4** 44, **19** 13
– durch Finanzen **4** 64 ff.
– durch Information **11** 42, **16** 162
– durch Organisation(srecht) **4** 50 ff., **11** 39, **16** 8ff., 183ff.
– durch Recht **5** 5, 40, **9** 84 ff., **11** 41, **16** 10 ff.
  – durch Gesetz **9** 1, 84 ff.
  – durch Haushaltsrecht **4** 64 ff.
– durch Ressourcen **11** 41
– durch Verfahren → Verwaltungsverfahren, Funktion
– finale/konditionale ~ **4** 13 → Final-/Zweckprogramm
– Formen **11** 34
– hierarchische ~ **16** 63 f., 112
– immaterielle und informelle ~ **11** 41, 44
– indirekte ~ **4** 2, 45, **19** 13
– Innovationssteuerung **10** 128, 130
– Kontextsteuerung **4** 49, **9** 112, **19** 53
– materielle Programmsteuerung **4** 42 ff.
– materiell-rechtliche Vorgaben, bleibende Bedeutung **4** 47
– mittelbare ~ **11** 56
– Nach~ **4** 88 ff., **9** 1
– Optimismus **6** 32
– politische ~ **1** 18, **11** 37
– Regulierung und ~ **19** 13
– sektorspezifisches Steuerungsrecht **10** 122
– Selbst- und Fremdsteuerung **6** 33, 50
– sozialer Gerechtigkeit **11** 74 f.
– Steuerungsfaktoren **10** 28, 52
– Steuerungsleistung des Rechts **4** 37 ff., **9** 84 ff.
– Steuerungstransparenz **19** 163
– strukturelle ~ **4** 52
– Verfahrens- und Organisations~ **4** 50 ff.
– Vorverlagerung der ~ **19** 54
– wirkungsorientierte Perspektive **4** 1, 38, 68
Steuerungsansatz 1 22 ff., **4** 1ff., **5** 5
– als Analysewerkzeug **1** 22 ff.
– erweiterte Systemperspektive **1** 46 f.
– handlungsorientierter/wirkungsorientierter ~ **1** 20, **10** 13
Steuerungsanspruch 9 86
Steuerungsbegriff 1 18
Steuerungsdefizite/-verluste 1 24, **9** 84 ff.
Steuerungsdiskussion 1 18 ff., **19** 2
Steuerungserwartungen 9 85
Steuerungsfähigkeit des Rechts 1 19
Steuerungsinstrumente 13 78
Steuerungskraft
– Gesetz **9** 84 ff.
– Verfahrensrecht **10** 35
Steuerungskreislauf 9 10, 106
Steuerungsleistung 1 24
Steuerungsmodell, Neues → Neues Steuerungsmodell (NSM)
Steuerungsperspektive 3 27, **4** 1
Steuerungstechniken 1 23 f.
Steuerungstheorie 1 17 ff.
– Akteursperspektive **16** 20, 24
– Erklärungswert **1** 26 ff.
Steuerungstypologien 1 24
Steuerungsverbund 9 10, 70
– Gesetz als Teil eines ~s **9** 107
Steuerungsverzichte 9 86
Steuerungswissenschaft
– Verwaltungsorganisation und ~ **15** 7 f.

Sach- und Personenregister

- Verwaltungsrechtswissenschaft als ~ **1** 17ff., **4** 107, **5** 5, 40, **10** 13, **14** 6
- Wettbewerbsgedanke **5** 97a

Stiftung 14 27
- ~ zur Akkreditierung von Studiengängen in Deutschland (Akkreditierungsrat) **16** 173k
- als juristische Person **13** 45, **14** 27f.
- Hybridformen **14** 28 → Hybridisierung

STOA-Panel 1 34 Fn. 176
Stoppregeln 4 27a
Strafrecht 18 82ff. → wechselseitige Auffangordnungen
- Verbund mit Öffentlichem Recht **18** 81f.
- Verwaltungsrechtsakzessorietät **18** 93, 95
- Zuordnung zum Strafrecht **18** 87

Strafvollzug, Privatisierungsgrenze **11** 54
Strategie 10 116, 118, 120ff.
Streitbeilegung, gütliche/einvernehmliche → Mediation
- Wirtschaftsvölkerrecht **17** 163

Strommarkt, Regulierung **16** 106ff.
Struktur, monokratische **13** 50f.
Strukturbestimmungen 5 7f., **15** 53ff.
Strukturierung durch Organisationsrecht **16** 4f.
Strukturschaffungspflicht 4 58
Struktursicherungsaufgaben 11 28
Struktursteuerung 16 10ff.
– im Privatrecht **16** 13ff.

Stufungen und Vernetzungen der Rechtsordnungen als Innovations- und Reformfaktor **17** 171ff.
- Deregulierungsimpuls **17** 172
- Rechtfertigungsdruck **17** 172
- Zweckoptimierung **17** 172

subjektives öffentliches Recht 7 98ff.
- Abgrenzung zu Amtskompetenzen **7** 105
- Bedeutung für die Rechtsordnung **7** 98
- demokratische Mitentscheidungsrechte **7** 116ff.
- europarechtliche Impulse **7** 95f.
- Grundrechte und ~ **7** 100
- individuelles Interesse **7** 102ff.
- objektives Recht und ~ **7** 101
- öffentliches Interesse **7** 102ff.
- privatnütziges ~ **7** 109ff.
- prokuratorisches ~ **7** 112ff.
- Prozessrechte **7** 119
- Rechtsschutz **7** 124ff.
- Schutznormtheorie **7** 106f.
- sog. Adressatentheorie **7** 111
- Typologie **7** 108ff.
- Unionsrecht **7** 95ff.
- Wiedergutmachungs- und Ersatzansprüche **7** 133ff.

Subjektivierung 2 107, **5** 9
- funktionale ~ **7** 92, **17** 126
  - Gerichtszugang **7** 93a

Subjektstellung des Einzelnen 7 8ff.
- als normative Idee **7** 9
- Ausformung durch Gesetz **7** 70ff.
- Bezugspunkt demokratischer Herrschaft **7** 11 → demokratische Legitimation
- freiheitliche Dimension **7** 8ff. → Freiheit
- Grundrechte **7** 37ff. → Grundrechte
- Teilhabedimension **7** 33ff.
- verwaltungsrechtliche Handlungsstrategien und ~ **7** 12ff.
- Voraussetzung des Verfassungsstaats **7** 8

Subjektstheorie 18 21
Subordination, organisationsrechtliche **14** 56
Subordinationstheorie 18 20
Subsidiarität
- der Gesetzgebung **9** 7
- wirtschaftliche Tätigkeit des Staates **19** 162

Subsidiaritätsprinzip
- Überwachung durch Parlamente der Mitgliedstaaten **8** 67
- Unionsrecht **5** 20, **11** 60, **15** 23

Subsidiaritätsprotokoll 8 67
Subsumtion 3 24
Subventionen 12 39, *45f.*
- Leistungssubventionen **12** 45
- Verschonungssubventionen **12** 45

Summationseffekte 9 110
Supranationalität 8 65ff.
Systembildung 3 12, 35ff.
- Verwaltungsorganisationsrechtsdogmatik **14** 9, 12ff.

Systemdenken in der Verwaltungsrechtswissenschaft **1** 5, 46f., **3** 36, **5** 2
- Typenbildung **4** 28
- Verbundkonzept **5** 27

Systemkritik 3 36
Systemperspektive 1 46f.
- Erweiterung **1** 47

Systemtheorie 1 19, **11** 7

TA → Technik-/Technologiefolgenabschätzung
Tarifrecht 18 15, 21f., *61*
Tariftreueerklärung, Vergaberecht **12** 145
Tatsachenfeststellung → Amtsermittlung
- Methode der administrativen ~ **3** 34

Technik-/Technologiefolgenabschätzung 1 *34*, **10** 133
- Büro für ~ **1** 34
- Gesetzesfolgenabschätzung **4** 83
- Netzwerk **1** 34 Fn. 176

Technik
- allgemein anerkannte Regel der ~ **17** 89
- Stand der ~ **17** 89
  - Bestimmtheit **9** 66
  - Vermutungswirkung **19** 64f.

Teil
- allgemeiner ~ **3** 53f. → Verwaltungsrecht, allgemeines

Halbfette Zahl = §§; magere Zahl = Rn.; kursive Zahl = Hauptfundstelle; → = s./s. auch   1433

- besonderer ~ **1** 43, **3** 53 ff., **18** 96 ff. → Fachverwaltungsrecht
Teilhabe
- an der Leistungsverwaltung **7** 59 f., **12** 40
- staatsbürgerliche ~ **7** 33 ff., 65 ff.
  - und Gesetz **7** 79 ff.
Teilhaberechte 7 33 ff.
- europarechtliche Impulse **7** 91 ff.
- staatsrechtliche ~ **7** 34, 65, 116 ff.
  - auf Verfassungsgebung **7** 65
- status procuratoris **7** 36, 68 f., 80
- verwaltungsrechtliche ~ **7** 35 f., 66 f., 112 ff.
  - geschichtliche Entwicklung **7** 81
Teilprivatisierung → Privatisierung, funktionale
Teilrechtsfähigkeit 14 20 f.
Telekommunikationsrecht 10 110, 119, 122, **16** *109 ff.*
- Regulierung **16** 109
Territorialkörperschaft 14 27
Territorialprinzip, Normen **17** 115
Teutschenbrunn, Johann H. v. 2 22
Thatcher, Margaret, Verwaltungsreform **1** 50
Theoriephobie 1 48
Theorie-Praxis-Bruch 1 48
Thoma, Richard 2 42, 94
Totalvorbehalt 7 85, **9** 45
Trabanten des Verwaltungssystems 16 72
Trajektorien 10 130
Transdisziplinarität 1 39, **4** 106, **10** 113 → Interdisziplinarität
Transnationalisierung 16 21, 167 ff. → Europäisierung
Transparenz 5 86 → Berichtspflichten
- Europäischer Verwaltungsverbund **6** 115
- ministerialfreie Räume **10** 54
Trennungsgebot 15 41
Treuhandanstalt, Beispiel für die Hybridisierung **16** 121 ff.
trial and error 10 124
TRIPS (Agreement on Trade-Related Aspects of Intellectual Property Rights) **17** 161
Typen 4 28
- Strukturtypen **4** 18
Typisierung 3 39

Übermaßverbot 10 114
Übernormierung 9 82, **10** 120
Übertragbarkeit, verbesserte ~ von Haushaltstiteln im NSM **4** 65
Überwachung
- Eigenüberwachung **19** 30, 38 f., 104 ff.
- Peer-Review **19** 86
- private Fremdkontrolle **19** 80 ff.
- Substitution durch private Fremdkontrolle **19** 82 ff.
- Überwachungstätigkeit der Verwaltung **19** 29 f.

Überwachungsrechtsverhältnis 12 27
Überwachungsverantwortung 12 163
ultra-vires-Kontrolle 17 122
UMAS → Umweltaudit
Umwelt, Schutz der ~ als grundlegende Verwaltungsaufgabe **11** 29, 73
Umweltagentur, Europäische als Informationsagentur **10** 136
Umweltaudit 16 91 ff., **19** *90 ff.*
- Beeinflussung von Strafbarkeit **18** 93
- Beleihung **14** 31
- Kontrolle der Kontrolleure **19** 92 ff.
Umweltbundesamt, demokratische Legitimation **6** 67
Umweltinformationsrecht 7 94, 113
Umweltrecht 5 *113,* **18** 79, 95, 102
- ~strafrecht **18** 83
- Staatsziel Umweltschutz **5** 111 ff.
Umweltschutz
- instrumental choice **16** 176
- Verfassungsposition **5** 111 ff.
- Vertrag von Lissabon **5** 111
Umweltstaat 17 50
Umweltverträglichkeitsprüfung 4 67 a
- Öffentlichkeitskontrolle **4** 59
- Rügefähigkeit **4** 54 c
Unabhängigkeit → Letztentscheidungsrecht
- richterliche ~
  - Gerichtsverwaltung **12** 37
  - Kernbereich **8** 32
  - Rechtsbindung als Korrelat **8** 51
  - Rechtsvergleich **10** 7 ff.
- von Verwaltungseinheiten **10** 53
Unbeachtlichkeit von Verfahrens-/Formfehlern
- Beweislast **4** 54 c
- Kausalitätsrechtsprechung **4** 54 c
Unbestechlichkeit → Unparteilichkeit
unbestimmter Rechtsbegriff → Rechtsbegriff, unbestimmter
Unbestimmtheit 9 62
Unbundling 19 133 f.
Ungewissheit 4 21, 67 b
- Entscheidungen unter ~ **4** 99 f.
  - Eigenwert des Verfahrens **4** 54 b
- Umgang mit ~ **10** 113, 126, 128
Unionsaufsicht 14 59, **15** 47
Unionsgesetzgeber 9 17 ff.
- Delegation von Rechtsakten **17** 82 b
Unionsgrundrecht 17 148
Unionsrecht 17 30 ff., 121 ff.
  → Eigenverwaltungsrecht,
  → Verwaltungsrecht, Europäisches
- abstrakter Wettbewerbsvorrang **15** 11
- Anwendungsvorrang **17** 121
- Auswirkungen auf Rechtsregime **18** 30 f.
- Bindung der Verwaltung **5** 67 ff.
- Deregulierungsimpuls **17** 172

Sach- und Personenregister

- Durchführung
  - direkte/indirekte Durchführung **15** 20
  - Primat des mitgliedstaatlichen Vollzugs **5** 19 ff.
  - unmittelbare/mittelbare Durchführung **15** 20
- EG-Recht **17** 121 ff.
- Freistellung von Aufsicht **10** 53 a
- Gewährleistung der Unverbrüchlichkeit des Rechts **5** 52
- Gewaltengliederung/-teilung **8** 65 ff.
- Grundfreiheiten **5** 95 ff.
- grundrechtsähnlicher Schutz **7** 88 ff.
- Handlungsformenindifferenz **9** 18
- Integration des ~s **17** 8 ff.
- Kompetenzordnung **15** 20 ff.
- Mobilisierung der Bürger **7** 91 ff.
- Normvorbehalte **9** 49
- Öffentlichkeitskontrolle **4** 59 f.
- Primärrecht **8** 67, **17** 30 ff.
- Rechtsquellenlehre **17** 8 ff.
- Sekundärrecht **8** 67, **9** 17 ff., **17** 33 ff.
- staatliche Einstandspflicht **7** 93
- Staatsaufgaben und ~ **15** 11
- Unionsgesetzgeber **9** 17 ff.
- unmittelbare Wirkung **17** 125
- Verbundverwaltungsrecht **5** 27 a
- Verfassung und ~ **15** 2 f.
  - Verfassungsrecht **5** 10 ff., **17** 54, 148
  - Verfassungsverbund **5** 14 f.
  - Verfassungsvertrag **9** 18 f.
- Verwaltungsvorschriften **17** 71
- Vorrang des mitgliedstaatlichen Vollzugs **5** 19 ff.
- Wesentlichkeitstheorie **9** 49
- Zielbestimmungen **5** 90 ff.

Unionsrechtsvorbehalte **9** 23, 49
Unionsrichter **5** 15
Unionsverwaltungsrecht **5** *30 ff.*, **17** 10
→ Verwaltung im Europäischen Verwaltungsverbund
- Allgemeiner Teil **18** 103
- Äquivalenzgrundsatz **5** 31
- Effektivitätsprinzip **5** 31
- Koordinierungsformel **5** 31

Unionsziele **5** 90 ff.
- Justiziabilität **5** 90

UNMIK **17** 152
unmittelbare Wirkung → Wirkung, unmittelbare
UNO, Verwaltung von Territorien **17** 152
Unparteilichkeit **5** 85, **13** 65
- Voraussetzung für die gegenseitige Anerkennung von Verwaltungsentscheidungen **5** 28 a

Unsicherheit, Entscheidung unter ~ **4** 21
→ Ungewissheit
UN-Sicherheitsrat, Resolution **17** 151
UN-Sonderorganisation **17** 149

Unterbehörde **13** 86
Untermaßverbot **10** 114
Unternehmen
- gemischtwirtschaftliche ~ **1** 63, **7** 43, **13** 91 f., **14** 30 → Hybridisierung, → Public Private Partnership
  - Begriff **15** 4 a
  - Grundrechtsberechtigung **15** 15 ff.
  - Grundrechtsbindung/-verpflichtung **15** 4 ff. → Grundrechtsbindung/-verpflichtung
- öffentliche ~ **13** 22, 77 f.
- öffentlich-rechtliche Unternehmensformen **19** 47
- verwaltungsbeherrschte/-kontrollierte ~ **14** 30

Unternehmenstätigkeit, öffentliche **12** 125 ff.
- Wettbewerbskonflikte **12** 137 f.

Untersuchungsausschuss, Öffentlichkeit **7** 65
Untersuchungsgrundsatz → Amtsermittlung
Unverbrüchlichkeit, Gewährleistung der ~ des Rechts **5** 52

Verantwortung **12** 148 ff.
→ Erfüllungsverantwortung,
→ Gewährleistungsverantwortung,
→ Kernaufgaben, staatliche
- Auffang~ **12** 166
- Beobachtungs~ **4** 90
- Definition der Verwaltungsaufgaben **11** 68
- Diffusion **6** 62
- Eigen~ **19** 38
- Ergebnis~ **12** 151
- Gemeinwohl~ **7** 22 ff., **12** 155 ff.
- Infrastruktur~ **15** 13, **16** 29 f.
- Legitimationsverantwortung **6** 58, 91 → demokratische Legitimation
- parlamentarische ~ der Regierung **6** 35 ff.
- Regulierungs~ **12** 164, **15** 14
- staatliche Letzt~ **6** 91, **10** 62, 82
- Überwachungs~ **12** 163
- Verantwortungssphären **10** 55

Verantwortungs(ver)teilung **1** 63, **11** 58, **16** 26, 93, **19** 53
- Komitologie-Ausschuss **6** 112 a
- regulierte Selbstregulierung **4** 49
- zwischen Staat und Gesellschaft **15** 4, 14

Verantwortungsklarheit **6** 57, **19** 60, *98*
- Demokratieprinzip **6** 29
- im Organisationsrecht **15** 46 a
- im Unionsrecht **5** 21

Verbandsaufsicht **14** 59
Verbandsklage, selbständiges Prozessrecht **7** 119
Verbandsklagerecht **7** 93 a
Verbandskompetenz **14** 43
- Hauptverwaltungsträger **14** 32
- juristische Person **14** 15
- Organkompetenz **14** 44
- Verwaltungszuständigkeit **14** 43

Verbandskörperschaft 14 27
Verbot → Genehmigung
- dilatorisches ~ mit Planungsvorbehalt 7 169
- präventives ~ mit Erlaubnisvorbehalt 7 167
- repressives ~ mit Befreiungsvorbehalt 7 170
- suspensives ~ mit Distributionsvorbehalt 7 168

Verbraucherinformationsrecht → Informationsfreiheitsrecht
Verbund 18 34 ff., 88 ff., 102 ff. → Europäischer Verwaltungsverbund
- Dysfunktionalität 18 42, 110 ff.
- Informationsverbünde 1 66
- Komplementarität 18 41, 74, 110
- Organisations~ 13 107 ff.
- Rechtsregime 18 35 ff. → wechselseitige Auffangordnungen
- regimeübergreifende Wirkung 18 73 ff., 90 ff.
- Steuerungs~, Gesetz als Element 9 107
- Verfassungs~ 5 14 f., 17 54
  - Primärrecht 17 30 ff.
- Widerspruchsfreiheit 18 38 ff.

Verbundbegriff 18 35 ff.
- Steuerung als ~ 1 25

Verbundkonzept 5 27
Verbundprobleme, Rechtsschutz 5 82
Verbundverwaltung, Legitimation 5 28
Verbundverwaltungsrecht 5 27 a
Verdingungsordnung 12 101 → Vergaberecht
Verein 13 48
Vereinbarung über Leistungs- und Finanzziele im NSM 4 65
Vereinigung der Staatsrechtslehrer 2 94, 98
- Auflösung in der NS-Diktatur 2 81

Verfahren → Verwaltungsverfahren
Verfahrensarrangements 10 119 ff.
Verfahrensermessen 10 100
Verfahrensfehler → Unbeachtlichkeit von Verfahrens-/Formfehlern
- Kompensation durch/im Gerichtsverfahren? 4 54 c

Verfahrensfehlerfolgen, abgewogenes Sanktionsregime 4 54 b
Verfahrenslehre 10 112
Verfahrensmanagement → Verfahrensprivatisierung
Verfahrenspflichten, Privaten auferlegte 19 101 ff.
Verfahrensprivatisierung 1 60, 4 55, 12 110, 16 84
Verfahrensrecht → Verwaltungsverfahrensrecht
- Steuerungskraft 10 35
- verfahrensrechtliche Vorgaben, Großbritannien 10 8

Verfahrensrechte 7 113, 145
- Akzessorietät 4 54 c

Verfassung → Konstitutionalisierung
- als Mehrebenensystem 15 2, 19 ff.
- Begriff 15 2 f.
- EU 17 32
- Europarecht und ~ 15 2 f.
- Funktionen 15 3, 8 a
- Verwaltungsorganisation und ~ 15 6 ff.
- Vorrang der Verfassung 15 2 f.

Verfassungsprinzipien 5 1 ff.
Verfassungsänderung
- Gesetzesvorbehalt 9 42
- Mischverwaltung 15 27 a

Verfassungsgerichtsbarkeit, Gewaltengliederung/-teilung 8 55
Verfassungsrecht 3 13, 30, 17 48 ff.
- Bedeutung für das Verwaltungsrecht 5 1 ff., 49 ff., 90 ff.
  - Bedeutungszunahme 9 21, 103
- Demokratieprinzip 5 51, 55 ff., 6 16 ff.
  → Verwaltungslegitimation
- deutsches ~ 5 8 f.
- europäisches ~ 5 10 ff.
- Gewaltengliederung 5 52, 15 5, 33 ff.
  → Gewaltengliederung/-teilung
- Rechtsstaatsprinzip 5 49 ff.
  → Rechtsstaatsprinzip
- Sozialstaatsprinzip 5 98 ff.
  → Sozialstaatsprinzip
- Staatsziel Umweltschutz 5 111 ff.
- Struktur- und Zielbestimmung 5 7 ff.
- Transformationsleistungen 5 2
- Verfassungsprinzipien 5 7 ff., 49 ff. → Prinzip
- Verfassungsstrukturentscheidung 5 49 ff.
- Verfassungszielbestimmung 5 90 ff.
  - Einflusspfade auf das Verwaltungsrecht 5 91
- Verwaltungsorganisation und ~ 15 1 ff.
- Verwaltungsrecht und ~
  → Konstitutionalisierung
- Wirtschaftsverfassung 5 92 ff.

Verfassungsverbund 5 14 f., 17 54
- Primärrecht 17 30 ff.

Verfassungsvertrag, Europäischer 9 18 f., 17 32, 39
Vergaberecht 12 142 ff.
- auf Lernen ausgerichtet 10 129 f.
- Dienstleistungskonzession 19 114
- Diskriminierungsverbot 12 147
- Europäisierung 5 97, 17 129
- Innovationsorientierung 10 129 f., 19 119 f.
- Konzeptpflicht 10 117
- Korruptionsbekämpfung 18 92
  → Unparteilichkeit
- Leistungsbeschreibung 19 119
- oberhalb der Schwellenwerte (Kartellvergaberecht) 18 15, 61
- private Aufgabenwahrnehmung im ~ 12 101
- Rechtsschutz, zeitnahe Rechtsschutzgewährung 18 63
- Rechtsweg/Zwei-Stufen-Lehre 18 69 ff.
- Schaffung eines Allgemeinen Teils 18 114

Sach- und Personenregister

- Schwellenwert **12** 142 Fn. 508
- Spielraum **10** 92 f.
- Subventions~ **12** 45 f.
  - ermessenslenkende Verwaltungsvorschrift **17** 75
- Verdingungsordnungen **12** 101
- vergabefremde Zwecke **19** 111
- Verteilungsgerechtigkeit **18** 49
- Wettbewerblicher Dialog **10** 129
- wirtschaftlichstes Angebot **12** 146 f.
  - Sekundär-/vergabefremde Zwecke **12** 144 ff.
- WTO: GPA **17** 168

Vergabestelle, Zentrale ~ für Studienplätze **13** 112
Vergesetzlichung 3 11
Verhalten
- Pflicht zu bundesfreundlichem ~ **15** 44
- Pflicht zu organ(isations)freundlichem ~ **14** 62

Verhaltensempfehlung 10 137
Verhaltenskodex 4 29, **17** 79
Verhältnismäßigkeit 10 114, **17** 101
- Grundsatz **7** 146, **10** 79, *114,* **17** 101
  - Ersatzfunktion **9** 21
  - punktualisierende Wirkung **9** 83, 102
- im Unionsrecht **5** 21, **15** 23
- Über- und Untermaßverbot **10** 114, 123

Verhandlungssysteme, multipolare 10 108
Vermögensprivatisierung 1 60, **12** 111
Vermutungswirkung privater Standardsetzung **19** 64 f.
Vernetzung 10 107 f., 133 f.
- der Rechtsordnungen als Innovations- und Reformfaktor **17** 171 ff.
- der Rechtsschichten **17** 26 ff.

Verordnung → Rechtsverordnung
- (GG) Ermächtigungserfordernis **9** 69 ff.
- ~sermessen **17** 62
- delegierte ~ **9** 18
- Durchführungs~ **9** 18
- gesetzesändernde ~ **9** 80, **17** 63
- gesetzesvertretende ~ **9** 80, **17** 63
- hinkende ~ **17** 34
- Unionsrecht **5** 82, 32, **9** 18 f., **17** 34
  - Rechtsschutz **17** 36

Verordnungsermächtigung 9 69 ff., 107
Verordnungsrecht 17 60
Verordnungsvorbehalt, Unionsrecht **9** 18, 49
Verpackungsverordnung 16 91
  → Selbstverpflichtungen
Verrechtlichung 2 108 ff., **9** 98 ff., **16** 31 ff.
- transnationale ~ **16** 31 ff.

Verschonungssubventionen 12 45
Verschuldung, öffentliche **15** 37 b
Verselbständigung
- formale ~ **14** 13, 39 → Rechtsfähigkeit
- materiale ~ **14** 13, *39*
- von Verwaltungseinheiten, demokratische Legitimation **6** 66 ff.

Verteidigungsagentur, Europäische 13 108
Vertrag
- Alternative zum Gesetz **9** 11
- öffentlich-rechtlicher ~ **18** 26 f., **19** 41, 50
  → Verwaltungsvertrag
- völkerrechtlicher ~ **17** 41

Verträglichkeitsprüfung 4 67 a
  → Umweltverträglichkeitsprüfung
Vertragsgesetz 9 36, **17** 42
Vertrauen
- ~sschutz **17** 104
- als Voraussetzung für internationale Verwaltungsbeziehungen **5** 48 b
- gegenseitige Anerkennung von Verwaltungsakten **17** 142
- im Verwaltungsverbund **5** 28 a

Vertrauensinfrastruktur 19 151 f.
Vertretbarkeitsprüfung 4 67 a
Verwaltung 3 4 f., **8** 56 ff., **10** 40 ff., **12** 25 ff., **13** 6 ff.
  → Bindung, → Dezentralisierung,
  → Eigenständigkeit der Verwaltung,
  → Privatisierung
- als „programmierte" Instanz **10** 3, 9
- als Erstinterpret des Verwaltungsrechts **3** 24, **9** 1, 75
- als Marktteilnehmer → Verwaltungshandeln, Verwaltung als Marktteilnehmer
- als vollziehende Gewalt **9** 10, **12** 2
- Begriff **13** 6 ff., **15** 4, 5
  - funktionaler und materieller **10** 42
  - negative Definition **8** 56, **10** 38
  - Rechtsanwendung und -erzeugung **3** 4
- Binnensteuerung **10** 28 ff.
- Bundesauftragsverwaltung **15** 26
- bundeseigene ~ **15** 68 ff.
- bürgernahe ~ **13** 65
- des Bundes **15** 26 f., 65 ff.
- Differenzierung **6** 60 ff., **10** 17 ff.
- Legitimation **6** 15 ff.
- Einheit **13** 95 ff.
- Einzelfall **8** 32, 58
- elektronische ~ → Electronic Government
- Entscheidungs- und Wirkungseinheit **14** 54
- Entscheidungsfreiheit **3** 26 → Optionen
- europäische ~ **15** 20 ff.
  → Unionsverwaltungsrecht
- Europäisierung **5** *30 ff.,* **10** 20, **13** 24 f.
  → Europäisierung
- EU-Verwaltung **15** 20 ff.
- faktische Gewalt **8** 63
- Finanzierung **15** 37 f.
- Fremdsteuerung **6** 33, 50
- Funktionale Selbstverwaltung **15** 28, 42
- Gemeinwohl und ~ **12** *148 ff.* → Gemeinwohl
- gesetzesdirigierte ~ **5** 65 f. → Rechtsbindung
- Gesetzesvorbehalt **9** 26
- gesetzesfreie ~ **7** 85 ff.
- gesetzeskonkretisierende ~ **9** 75, **10** 120

Sach- und Personenregister

- Gestaltungsmöglichkeit **8** 59, 62
- geteilte ~ **6** 110
- Gewährleistungsverwaltung **12** 51 ff.
  → Gewährleistungsverwaltung
- Grundrechtsberechtigung **15** 15 a f.
- Grundrechtsbindung **15** 4 ff.
- gute ~, Recht auf **10** 35, **19** 157
- im Europäischen ~sverbund **5** 16 ff.
  → Europäischer Verwaltungsverbund
  - Ausdifferenzierung **6** 102, 104
  - geteilte ~ **6** 110
  - Konstitutionalisierung **6** 104
  - Verantwortlichkeit **6** 105
- im funktionalen Sinne **10** 18, 40 ff.
- im organisatorischen Sinne **10** 40 ff., 53 b
- in privater Rechtsform **15** 4, 15 f.
- Infrastrukturverwaltung **12** 60 ff.
  → Infrastrukturverwaltung
- Kompetenzbindung **7** 175
- Kondominialverwaltung **12** 84 f.
- Leistungsverwaltung **12** 39 ff.
  → Leistungsverwaltung
- lernende ~ **10** 55, 129, 133 f. → Lernen
- ministerialfreie ~ **8** 57
- Mischverwaltung **15** 27 a
- Mittelstellung **8** 58 f., 64
- ordnende ~ **12** 12
  - Ordnungsverwaltung und ~
    → Ordnungsverwaltung
- Pluralisierung **10** 16 ff., **13** 20 ff., **16** 71 ff.
  - demokratische Legitimation **6** 69 ff.
- Politik und ~ → Politik
- privatrechtsförmige ~ **14** 8 f., 54
  - Gefahr der Verantwortungsdiffusion **6** 62
  - Legitimation **6** 62, 75 *ff.*
- Rechtsentwicklungskompetenz **9** 75
- Rechtsfunktion **14** 2
- Reform der ~ **1** 12, **11** 78 ff.
- Risikoverwaltung **12** 28 ff.
  → Risikoverwaltung
- Rolle **10** 139
- Selbststeuerung **6** 33, 50, **9** 75
- Soziologie **10** 4
- Verselbständigung **6** 66
- vertikale Gliederung **15** 20 ff.
- Vollzugsinstrument **6** 32
- Wahlfreiheit der Verwaltung **12** 130
  → Formen, ~wahlfreiheit
- Widerpart der Regierung **10** 52
- zentrale Steuerung **6** 31

Verwaltungsabkommen 13 113, **17** 43

Verwaltungsakt
- als Rechtsquelle **17** 59
- Begründung **10** 86
- Einfluss des französischen acte administratif **2** 46
- Entstehung **2** 46
- privatrechtsgestaltender ~ **18** 78
- transnationaler ~ **10** 53 b, 80, **17** 142
- Vertrauensgrundlage **17** 142

Verwaltungsaktsakzessorietät 18 95
Verwaltungsaufbau, gestufter **13** 86
Verwaltungsaufgaben 11 1 ff.
  → Aufgabenwahrnehmung
- Ausstattung und ~ **11** 43 ff., 54
- Bedeutung von Verfahren und Organisation **11** 38 ff.
- Dauer **11** 51 ff.
- Definition **11** 11 ff.
  - extrinsische **11** 66 ff.
  - intrinsische **11** 64 f.
- Dogmatik **11** 47 ff.
- Effizienz **11** 69 f.
- grundlegende ~ **11** 29, 71 ff.
- klassische ~ **11** 6
- räumlicher Bezug **11** 60 ff.
- Regulierungsskala **11** 77
- Steuerung durch Ressourcen **11** 41 ff.
- Steuerungsakteure **11** 33
- Steuerungsformen **11** 34 ff.
- Typisierung **11** 23 ff.
  - Akteure **11** 24
  - Struktur **11** 27
  - Verantwortung **11** 25
  - Zwecksetzung **11** 26
- Verfassung **15** 10 ff.
- Wandel **11** 15 ff.
- Zielgruppen **11** 55 ff.
- Zuständigkeit **14** 52 f.

Verwaltungsaufsicht 14 59 → Staatsaufsicht
Verwaltungsausschuss, europäischer **13** 110
Verwaltungscontrolling 4 66, **13** 32, **16** 78 *f.*
  → Controlling

Verwaltungseinheit
- dekonzentrierte ~ **14** 39 f.
- dezentralisierte ~ **14** 39, 41
  → Selbstverwaltung
- pluralisierte ~ **6** 69 ff.
- verselbständigte ~
  - als Verwaltungsträger **14** 24
    → Verwaltungsträger
  - funktionale Selbstverwaltung **6** 82 ff.
  - Kontrolle und Bindung **6** 66 ff.
  - Rechtsfähigkeit **14** 15
- Vielzahl und Vielfalt **10** 17 f.
- weisungsfreie ~ **14** 41

Verwaltungsentscheidung → Entscheidung
- Auswahlentscheidung **4** *105*
  - Folgenerwägung **4** 76 → Folgenorientierung
  - Notwendigkeit der Strukturierung **4** 32, 36
- Begründung **10** 31, 35 → Begründung
- Darstellung **10** 30 ff., 33
- Einfluss von Organisation **15** 7 a
- einzelfallbezogene ~ **12** 79
- einzig richtige ~ **4** 10, 19, **10** 64
  - Optionen/-raum **4** 31 → Optionen

Sach- und Personenregister

- Entscheidungsersetzung **10** 103
- Entscheidungsprozess **10** 29 ff.
  - und Beurteilungsspielraum **10** 90
- ermessensfehlerfreie ~ **12** 150
  → Optionenwahl
- gebundene ~ **4** 22, 31
- gegenseitige Anerkennung **5** 28 a
- Gemeinwohlsicherung **12** 150 ff.
  → Gemeinwohl
- Herstellung **4** 41, **10** 13, 30 ff., 86
- komplexe ~ **12** 53, 151
  - Bedeutung von Kooperation **12** 79 f.
    → Kooperation
  - in der Planungsverwaltung **12** 61
- kooperativ-konsensuale ~ **10** 108
- Koppelungsentscheidung **10** 65
- Letztentscheidungsrecht **8** 52 f., 61 f., **10** *89 ff.*
  → Letztentscheidungsrecht
- Maßstab des Rechts **10** 81 → Maßstäbe
- mehrpolige ~ **12** 10
- Ordnungsverwaltungsentscheidung **12** 55
- Pluralität vorläufig richtiger ~ **4** 82
- private Entscheidungsvorbereitung **4** 58
- Prognoseentscheidung **10** 91 f.
- Rechtfertigung **10** 30 ff., 83
- Rückholoption **10** 128
- Steuerungsansatz **4** 52 f., **10** 28 ff. → Steuerung
- Unangreifbarkeit **10** 32
- unter Ungewissheit **4** 21, 67 b, 99 f. → Ungewissheit
- Vorhersehbarkeit **10** 58, 129
- zeitliche Struktur **3** 58
- zentralisierte Entscheidungen **5** 36

Verwaltungsgemeinschaften 13 114
Verwaltungsgerichtsbarkeit 2 127 → Judikative
- Aufbau einer eigenständigen ~ **10** 4
- Einführung der ~ **2** 38
- Gesetzesbindung **9** 77

Verwaltungsgerichtsordnung 2 99
Verwaltungsgesellschaftsrecht 6 76, **14** 54
Verwaltungshandeln → Internationalisierung, → Maßstäbe, → schlichtes Verwaltungshandeln
- als Rechtsanwendungsverhalten **8** 60, **10** 29
- Beobachtungs- und Auswertungsvorgaben **10** 128
- diskretionäres ~ **10** 75 ff., 104
- Entscheidungsspielräume **3** 27, **4** *32 ff.*, 84
- Entscheidungstheorie **3** 58
- funktionale Betrachtung **10** 41
- Handlungsoptionen **10** 41, 45
- imperatives ~ **10** 126
- informationsverarbeitendes ~ **10** 131 ff.
- informelles ~ → informelles Verwaltungshandeln
- informierendes ~ **10** 131 ff., **12** 47
  → Informationstätigkeit, staatliche
- innovationsbezogenes ~ **10** 128 ff.
- internationalisiertes ~ **5** 41 ff. → internationalisiertes Verwaltungshandeln
- Klugheit **10** 36
- normative Vorgaben **10** 12
- Ordnungsmuster **10** 125
- Orientierungspunkte **10** 58
  - politische Vorgaben **10** 58
  - rechtliche Orientierungen **10** 67 ff.
- problemlösendes ~ **10** 12, 13
- Rationalität **10** 116
- Rechtsetzung **8** 58
- Situativität **3** 26
- stimulierendes ~ **10** 127 → Anreize
- transnationales ~
  - Legitimation **5** 62
  - polizeiliche Zusammenarbeit **5** 43
- Verwaltung als Marktteilnehmer **12** 122 ff.
  - Nachfrager **12** 139 ff.
  - Unternehmer **12** 125 ff.
  - verwaltungsrechtlicher Steuerungsrahmen **12** 130 ff.
- wirkungsorientiertes ~ **10** 128

Verwaltungshelfer 10 18, **14** 31 Fn. 150, **15** 58
Verwaltungshilfe 12 *104 f.*, **14** 31 Fn. 150
→ Privatisierung, funktionale
- Art. 15 Abs. 2–4 Einigungsvertrag **14** 49
- Gesetzesvorbehalt **12** 105
- keine Zuständigkeitsverlagerung **14** 49
- Realtypen **12** 114
- Zwangsbefugnisse **15** 58

Verwaltungsinstanzen der EU 5 22 ff.
→ Europäischer Verwaltungsverbund
- Agenturen **5** 23, **13** 37, 71 f. → Agentur
- Amt **5** 23, **13** 87 → Amt
- Ausschusswesen **5** 24
- Europäische Kommission **5** 22, **13** 84
- fortschreitender Ausbau **10** 20
- Komitologie **5** *24*, **13** 110 → Komitologie

Verwaltungskollisionsrecht 5 48
Verwaltungskommunikationsrecht 1 67
Verwaltungskompetenzen, ungeschriebene 15 26 a
Verwaltungskontrolle → Selbstkontrolle
- durch Verwaltungsprozess **3** 27 ff., **10** *70 ff.*, **14** 63 → Gerichtskontrolle
- mitlaufende ~ **14** 60 Fn. 326
- Rechtskontrolle **8** 57, 61

Verwaltungskooperation → Kooperation
- europäische ~ **5** 38 ff.
  - Arten **5** 25
  - Behördennetzwerke **5** 26 → Behörde
  - horizontale ~ **5** 39
  - Recht der ~ **5** 38 ff.
  - vertikale ~ **5** 39
- horizontale ~ **5** 39, **17** *141*
- transnationale ~ **17** 153
- vertikale ~ **5** 39, **17** *141*

Halbfette Zahl = §§; magere Zahl = Rn.; kursive Zahl = Hauptfundstelle; → *= s./s. auch*   1439

Verwaltungskooperationsrecht 5 38 f., 39, **12** 162, **17** 10
- Grundsatz der loyalen Zusammenarbeit **5** 38
- Rechtsschutz **5** 82

Verwaltungskultur 3 51, **10** *36*, 52, **16** 67
- Umsetzung des NSM **1** 55

Verwaltungslegitimation
- Akzeptanz **5** *58*
- autonome ~ **6** 82 ff.
- Basislegitimation **6** 25, 72
- Demokratieprinzip **6** 16 → Demokratieprinzip
- demokratische ~ **5** 55 ff., **6** *3 ff.*, 25 f., **10** 13 → demokratische Legitimation
- Entwicklung **6** 3 ff.
- Europäischer Verwaltungsverbund **6** 102 ff. → Europäischer Verwaltungsverbund
- funktionale Selbstverwaltung **6** 20, *82 ff.*, **16** 61 f.
- Gemeinwohl und ~ **7** 24 f. → Gemeinwohl
- Gesetz **6** 11, 49 ff., **9** 10 f.
- gewaltenspezifische Legitimationsordnung **6** 30 ff.
- Grundlagen **6** 1 ff.
- Hierarchie **6** 38 ff., **16** 45
- institutionell-funktionelle ~ **6** 8, 34
- klassisches Modell **6** 4 ff.
- kommunale Selbstverwaltung **6** 79 ff.
- Kooperationsstrukturen **6** 89 ff.
- Legitimationsbausteine **10** 13 ff., 54, 112
- Legitimationskette **6** 9, 45
- ministerialfreie Räume **6** 37, **10** 54
- Ministerialverwaltung **6** 35 ff., 69, **14** 5 Fn. 20
- Modi **6** 7 ff., 42 ff.
- Niveau **6** 14, *56 ff.*, **15** 62 → Legitimationsniveau
- Objekt **6** 6, 27 ff.
- organisatorische ~ **6** 43 f., 57
- organisatorisch-personelle ~ **6** 9, 42 ff.
- Output-~ **6** 53, 57
- parlamentarische Kontrolle **6** 37
- Partizipation **6** 48
- personelle ~ **6** 45 f.
- politischer Charakter der Verwaltung **3** 14
- privatrechtsförmiger Verwaltung **6** 75 ff.
- prozedurale ~ **6** *47 ff.*, 57, **10** 13
- Rechnungshof **6** 52
- rechtsförmliche Ausrichtung **5** 58
- Regelungsstrukturen **6** 42
- Regierung und ~ **6** *12 ff.*, **10** 50
- sachlich-inhaltliche ~ **6** 10 ff., 49 ff.
- Selbstverwaltung → Selbstverwaltung
- Staatsvolk **6** 21 ff.
- Störung **6** 57
- Subjekt **6** 5, *17 ff.*, 23 f.
- transnationalen Handelns **5** 62
- Transparenzproblem **5** 61, 86
- Unterbrechung **6** 57

- Verantwortung **6** 58, 63, **13** 94 → Legitimationsverantwortung
- verselbständigter Verwaltungseinheiten **6** 66 ff. → Verwaltungseinheit
- weisungs- und unterrichtungsfreie Räume **6** 37, 69
- Wirksamkeit **6** 2, *56 f.*

Verwaltungslehre 1 39, **2** 69, 101 f., **3** 56, **10** 4
- Eigenständigkeit der Verwaltung in der ~ **10** 2 ff.
- in der NS-Diktatur **2** 79 ff.
- Lorenz v. Stein **2** 52

Verwaltungsmaßstäbe 3 6 → Maßstäbe
Verwaltungsmitarbeiter → Personal
Verwaltungsmodelle 16 204 ff. → choice
- deutsches Modell **16** 65 f.

Verwaltungsmodernisierung 1 12, **10** 55
Verwaltungsorganisation 13 1 ff.
→ Gesetzesvorbehalt, → Gesetzesvorrang, → Kompetenzordnung, → Organisation, → Selbstverwaltung
- als Gegenstand des Verfassungsrechts **15** 4 f., 8 f., 74 ff.
- als Steuerungsfaktor **4** 50 ff., **13** 11 ff., **16** 1 ff.
- Amtshilfe **13** *105*, **15** 44 → Amtshilfe
- Aufgabengerechtigkeit **15** 56
- Aufsicht → Aufsicht
- Autonomie **13** 66 ff.
- Begriff **13** *1 ff.*, **14** 8 f., **15** 5
- Behördenaufbau **15** 40 f. → Behörde
- Behördentypen **15** 57
- Beteiligung Privater **6** 71 ff. → Kooperation
- Budgetierung **15** 38
- demokratische Legitimation **13** 61, **15** *59 ff.*, **16** 6 f. → Verwaltungslegitimation
- Dezentralisierung **15** 40b
- Differenzierung und Pluralisierung **6** 60 ff., 66 ff., **13** *63 ff.*
- durch Haushaltsgesetz **15** 37
- Europäisierung **13** 24
- Funktionen **16** 2 ff.
  - demokratische Funktion **16** 6 f.
  - Konstituierungsfunktion **14** 3, **16** 3 f.
  - Steuerungsfunktion **14** 3, **16** 5, 8 ff.
- Geschichte **13** 14 ff.
- Gesetzesvorbehalt **15** 35
- Gewaltmonopol **11** 11, **15** 58
- Grundrechtsbindung **15** 57
  → Grundrechtsbindung/-verpflichtung
- hierarchische Struktur **13** 50, *99* → Hierarchie
- im Gewährleistungsstaat **15** 14
- in steuerungswissenschaftlicher Perspektive **15** 7 f., **16** *1 ff.*
- internationalisierte ~ **13** *119 ff.*, **16** 173
- Kollegialorgane **10** 24, **13** 52 ff.
  → Kollegialgremien, → Kollegialprinzip
- Kontrastorgane **15** 40a
- Kooperation mit Privaten **12** 83 ff.

Sach- und Personenregister

- Koordinationsmechanismen 13 98 ff.
- Landesverfassungsrecht und ~ 15 12, 29 ff., 33 ff., 40 b, 45, 48, 51, 52
- Ministerialprinzip 6 35 ff.
- monokratische ~ 13 50 f.
- Netzwerk 6 61, 13 12, 16 134 ff. → Netzwerk
- numerus clausus der öffentlich-rechtlichen Organisationsformen 13 46, 14 29, 15 57
- Öffentlicher Dienst 15 50 f.
- Organisationsgewalt 14 58
  - der Regierung 15 33 f.
- privatrechtliche/-sförmige ~ 13 9 f., 14 8 f.
- Reform 15 8 a → Reform
  - Wegfall von Sach- und Kontrollinstanzen 15 55 ff.
- supranationaler Verwaltung
  - Kompetenzen 15 20 ff.
  - Subsidiarität 15 23
- Teil der Staatsorganisation 14 2
- transnationale ~ 16 170 ff.
  - Mehrebenensystem 13 35 ff. → Europäischer Verwaltungsverbund
  - Verwaltungsinstanzen der EU 5 22 ff.
- Transparenzgebot 15 56
- Trennungsgebot 15 41
- Übersicht 13 55 ff.
- verfassungsrechtliche Vorgaben 15 1 ff.
  - Demokratieprinzip 15 59 ff., 16 6 f.
  - Rechtsstaatsprinzip 15 54 ff.
- Verselbständigung 6 66 ff.
- Verwaltungsverfahren und ~ 15 56
- Weisungsbefugnis 15 45 ff.

Verwaltungsorganisationsrecht 14 1 ff., 16 1 ff.
- Apersonalität 14 3
- Binnen- und Außenperspektive 14 3, 14
- Doppelaufgabe 14 3
- Formenwahlfreiheit 12 130, 15 4a → Formen, ~wahlfreiheit
- Freiheitsermöglichung 14 4 → Freiheit
- funktionelle Betrachtung 14 16, 31
- Ganzes und Teil 14 15 → Relationsbegriff
- Gesetz
  - Gesetzesvorbehalt 9 37, 15 35 f., 54 ff. → Gesetzesvorbehalt
  - Gesetzesvorrang 15 55 → Gesetzesvorrang
- Grundbegriffe 14 1 ff., *18*
- informationelles ~ 1 67
- institutionelle Betrachtung 14 16, 31
- Instrumentalität 14 4
- Interessenausgleich 14 54 ff.
- internationalisiertes ~ 16 173
- normativer Selbststand 14 5
- Organisationswahlentscheidung 16 174 ff.
  → institutional choice
- organisationswissenschaftliche Perspektive 14 5 ff.
- private Akteure 14 8 f.
  - Privatorganisationsrecht 4 59

- rechtsdogmatische Perspektive 14 5 ff.
- Relationierungsmechanismen 14 54 ff.
- sekundärer Rechtswert 14 4
- Speicherbegriff 14 8
- verfassungsrechtliche Vorgaben 14 8 f., 15 *1 ff.*
- Verwaltungsorganisationsgesetze 15 35
- Verwaltungsorganisationsrechtsdogmatik und ~ 14 1 ff., 7

Verwaltungsorganisationsrechtsdogmatik
- Grundbegriffe 14 1 ff., *18*
- Pfadabhängigkeit 14 10 f., 54
- Relationsbegriffe 14 14 f. → Relationsbegriff
- Systembildung 14 9, 12 ff.
- Transparenz- und Konsistenzmangel 14 13

Verwaltungspraxis 3 15, 10 60
- ständige ~ 10 123 → Bindungswirkung, Verwaltungsvorschrift
- Verwaltungsprivatisierung 8 57

Verwaltungsprivatrecht 18 56, *65 f.*
→ wechselseitige Auffangordnungen

Verwaltungsprozess
- Außenrechtsstreit 14 63
- Innenrechtsstreit 14 63
- Kontrolle 3 27 ff., 10 *70 ff.*, 14 63
  → Gerichtskontrolle
  → Verwaltungsrechtsschutz

Verwaltungsprozessrecht, Europäisierung 5 *76 ff.*

Verwaltungsrat 13 72

Verwaltungsraum 5 18
- unionaler ~ 13 38, 17 32 → Europäischer Verwaltungsverbund

Verwaltungsrecht → Konstitutionalisierung, → Methode
- Adressaten 3 3
- allgemeiner Teil 1 43, 2 53 ff.
- allgemeines ~ 1 43, 3 53 ff., 18 96 ff., 106 ff.
  - als Disziplin 3 53 f.
  - Bestand und Funktionen 18 106 ff.
  - Entstehung/-wicklung 2 53 ff.
  - Fachverwaltungsrecht und ~ 18 96 ff.
  - Gegenstand 18 97
- als abstrahiertes Verfassungsrecht 3 13
- als Gesetzesrecht 3 11 ff.
- als konkretisiertes Verfassungsrecht 3 13 ff., 5 1
- als Ländersache 2 37 ff.
- als Lehrgebiet 3 57
- als materiale Wertordnung 1 28
- als nationales Recht 3 16
- als Öffentliches Recht 3 8 ff.
- als Rechtsgebiet 3 1 ff., 17
- Ausbildung im ~ 2 122 ff., 3 57
- Begriff 14 2 Fn. 6
- besonderes/besonderer Teil des ~ 1 43, 3 53 f., 18 96 ff. → Fachverwaltungsrecht, → Referenzgebiet
- als Disziplin 3 53 f.

- Bewirkungsfunktion 4 1
- Doppelauftrag 5 6
- Eigenschaften und Abgrenzungen 3 3 ff.
- Entstehung 2 *1 ff.*, 3 1 f., 10 3 → Entstehung des Verwaltungsrechts
- Erzeuger 3 3
- Europäisches ~ 5 29 ff., 17 10 → Europäischer Verwaltungsverbund, → Unionsrecht
  - Einfluss auf die Ermessenslehre 10 66, *74 ff.* → Ermessenslehre
  - Freistellung von Aufsicht 10 53 a → Aufsicht
  - Legitimation 6 102 ff.
  - Recht des direkten Vollzuges 5 35 ff. → Eigenverwaltungsrecht
  - Recht des indirekten Vollzuges 5 30 ff. → Unionsverwaltungsrecht
  - Rolle des Verfahrens 10 100
  - Steuerungsansätze 5 40
  - transnationaler Verwaltungsakt 5 97
  - Verbundprobleme 5 27 a
  - Verhältnis zum deutschen ~ 5 29 ff., 17 8 ff.
  - Verwaltungskooperationsrecht 5 39 → Verwaltungskooperation, europäische
  - Verwaltungsrechtsschutz 5 70 ff.
- Europäisierung des ~ 1 13 f., 5 *30 ff.* → Europäisierung
- Exekutivrechtsetzung 3 5
- Garant von Rationalität 5 84 ff.
- Grundrechte 7 63
- Internationales ~ 5 41 ff., 17 149 ff., 169 → Internationalisierung
  - Begriff 5 48
  - Neudefinition 5 48 ff.
  - Recht eines europäischen und internationalen Verwaltungsverbundes 5 3 f., 17 6
  - Recht Internationaler Organisationen 17 149 ff.
- Internationalisierung 1 13 f., 5 41 ff., 16 167 ff., 17 12 → internationalisiertes Verwaltungshandeln
- Kodifizierung unter dem Grundgesetz 2 115
- kollisionsrechtlicher Ansatz 17 169
- Konstitutionalisierung 5 1 ff.
- Kooperation 17 170 → Kooperation
- Lehrbücher zum ~
  - Entstehung des Allgemeinen Teils 2 54 ff.
  - in der NS-Diktatur 2 85 f.
  - nach 1945 bis heute 2 96 f., 124 f.
  - vor 1945 2 4, 73
- Marktfreiheiten und ~ 5 95 ff.
- ohne Staat 17 21 f.
- Politik und ~ 3 14
- Rechtsaktorientierung 10 115, 130 a
- Rechtsquellen 17 1 ff.
- Rechtsstatus des Einzelnen 7 1 ff.
- System des ~ 1 5
- Verbundverwaltungsrecht 5 27 a
- Verfassungsrecht und ~ 5 1 ff.
- verwaltungsrechtliche Willenserklärung 18 77
- verwaltungsrechtliches Schuldverhältnis 18 77
- Verwissenschaftlichung des ~ 2 47 ff.
- Wandel 1 9 ff.
- Wirtschaftsverfassung und ~ 5 92 ff.
- Zeitschriften des/zum ~ 2 124
  - in der NS-Diktatur 2 84

Verwaltungsrechtsschutz 5 70 ff.
→ Rechtsschutz
- als Gerichtsschutz 5 70
- Gebot wirksamen Rechtsschutzes 5 72
- Klagebefugnis 5 74, 79
- Kohärenzgebot 5 80 ff.
- Kontrolle 3 27 ff., 10 *70 ff.*, 14 63 → Gerichtskontrolle
- Schutzintensität 5 73
- Systementscheidung für Individualrechtsschutz 5 74
- Trennungskonzept 5 83
- Verfassungsgarantie 5 72
- Vorabentscheidungsverfahren 5 81

Verwaltungsrechtsverhältnis 2 120, 7 121
→ Rechtsverhältnislehre

Verwaltungsrechtswissenschaft → Methode
- Akzentverlagerungen 10 15
- als Disziplin 3 52 ff.
- als Handlungs- und Entscheidungswissenschaft 1 15, 10 13 ff. → Entscheidungswissenschaft
- als Interpretationswissenschaft 1 15, 10 13
- als Regelungswissenschaft 4 104
- als Steuerungswissenschaft 1 17 ff., 4 107, 5 5, 40
- Entwicklungsstufen/Geschichte der ~ 2 *1 ff.*
  - heutige Forschungsgestalt 3 57, 10 4
  - in der Bundesrepublik 2 90 ff.
  - in der DDR 2 103 ff.
  - in der NS-Diktatur 2 79 ff.
- Gegenstand 10 38
- Integration der Gesetzgebungswissenschaft 4 104 ff.
- kognitive Grenzen 1 31
- Methoden 3 *1 ff.*
- Neue ~ 1 *1 ff.*, 10 11 ff. → Neue Verwaltungsrechtswissenschaft
- Organisationsrecht/-sdogmatik 14 6 f.
- Perspektiven 7 2 ff.
  - Verhältnis normativer und wirklichkeitsbezogener Perspektive 7 4 ff., 15 ff.
- Rechtsetzungsorientierung 1 15
- Verhältnis zu anderen Wissenschaftsdisziplinen 1 37 ff., 71, 3 42 ff., 14 6 f.
- Wissenschaftsbegriff 2 4 ff., 3 19 f.

Verwaltungsrechtswissenschaftler
- Arbeitsweise 1 1, 14
- Aufgabe 1 14
- Selbstverständnis 1 14

Sach- und Personenregister

Verwaltungsreformen 1 12
- der Verwaltungsaufgaben **11** 78 ff.
- Reformansätze **1** 49 ff.
- Widerstand gegen inter-, supra- und transnationale Impulse **17** 173 f.

Verwaltungssoziologie 10 4
Verwaltungsstaat 16 38 ff.
Verwaltungstheorie 3 58
Verwaltungsträger 14 19 ff.
  → Hauptverwaltungsträger
- Beliehener **14** 31 → Beleihung
- Hybridformen **14** 30 → Hybrisidisierung
- Muttergemeinwesen **14** 13, 59
- normativer Begriff **14** 24
- numerus clausus **14** 29
- öffentlich-rechtliche ~ **14** 25 ff.
  - Dienstherrenfähigkeit **14** 10
- Organleihe **14** 35
- privatrechtliche ~ **14** 30 f.
- Verbandskompetenz **14** 43
- verselbständigte Verwaltungseinheit **14** 24
  → Verwaltungseinheit
- Verwaltungseinheit und ~ **14** 11
- Zurechnungsendpunkt **14** 19, 23

Verwaltungsträgerschaft, gestufte **14** 23
Verwaltungsübung 10 60
Verwaltungsunion, 19. Jahrhundert **17** 149
Verwaltungsverantwortung 12 148 ff.
  → Verantwortung
- Auffangverantwortung **12** 158 f., *166*
- Beratungsverantwortung **12** 165
- Erfüllungsverantwortung/Ergebnisverantwortung → Erfüllungsverantwortung
- Finanzierungsverantwortung **12** 158, 165
- Förderungsverantwortung **12** 158, 165
- Gemeinwohlverantwortung **12** 149, 155
  → Gemeinwohl
- Gewährleistungsverantwortung **12** *158 ff.*, **19** 52, 163 → Gewährleistungsverantwortung
- Koordinationsverantwortung **12** 164
- Regulierungsverantwortung **12** *164*, **15** 14
- Überwachungsverantwortung **12** 163 f.

Verwaltungsverbund 5 21 → Europäischer Verwaltungsverbund
- Informationsaustausch **19** 34

Verwaltungsvereinfachung 1 57
Verwaltungsverfahren 13 106
  → Prozeduralisierung, → Vorwirkung
- Funktion **4** 50 ff., **10** 100
  - dienende Funktion **5** 89
- Grundrechte **15** 17 → Grundrechte
- Kompensationsthese **4** 54b
- Kooperation **6** 97 ff.
- Mediationsverfahren **10** 119
- Öffentlichkeit **5** 87
- Partizipation **6** 48, 97 ff.
  - autonome Legitimation **6** 55
- Planfeststellungsverfahren **10** 119

- prozedurale Legitimation **6** 47 ff.
- Qualitätsgarant der Optionenwahl **4** 83, **10** *100*
- Rechtlichkeit **15** 56
- rechtsstaatliche Vorgaben **15** 56 → Rechtsstaat
- Richtigkeitsgewähr **4** 51, **5** 89, **10** *100 f.*
- Verfahrensarrangements **10** 119 ff.
- Verwaltungsorganisation und ~ **15** 56

Verwaltungsverfahrensrecht
- Bereitstellungsrecht **11** *38*, **16** 19
- Kodifizierung unter dem Grundgesetz **2** 115

Verwaltungsvernunft 4 10
Verwaltungsvertrag 18 24, 26 f.
- vertragliche und vertragsähnliche Pflichten, Anknüpfung an die Freiheit des Einzelnen **7** 173 f.
- Zuordnung zum Öffentlichen Recht **18** 27

Verwaltungsvielfalt 10 17 ff., **13** 63 ff.
Verwaltungsvorbehalt 9 23, **10** *46*, **15** 36
- faktischer ~ **10** 46
- Kernbereich der Exekutive **8** 32 ff.

Verwaltungsvorschrift 17 *67 ff.*
- „umgekehrte Wesentlichkeitstheorie" **9** 56
- Außenwirkung **8** 60 Fn. 191, **17** *15 ff.*
- ermessenslenkende ~ **17** 16, 75
- europarechtliche ~ **17** 84
- Maßstabwirkung der ~ **17** 69 → Maßstäbe
- Mediatisierung des einfachen Rechts **9** 104
- norminterpretierende ~ **17** 16, 74
- normkonkretisierende ~ **17** 16, 76 f.
- Organisationsnorm **17** 73
- organisatorische ~ **17** 16
- Rechtsschutz **17** 70 f.
  - verwaltungsgerichtliche Kontrollierbarkeit **17** 68
- Selbstbindung der Verwaltung **10** 60
  → Bindung
- Subsidiarität des Gesetzes **9** 80
- Umsetzungstauglichkeit **17** 71
- Umwelt- und Technikrecht **17** 77
- verhaltenslenkende ~ **17** 16
- zur Vereinfachung der Sachverhaltsermittlung **17** 16

Verwaltungswissenschaft 1 39, **2** 101, **3** 56
  → Neue Verwaltungsrechtswissenschaft
- Hochschule für ~en **2** 101

Verwaltungszusammenarbeit 15 22, 27, 43 f.
- Europäische ~ **5** 32
- Vollzugspluralismus und ~ **15** 43

Verwaltungszuständigkeit 14 43
  → Zuständigkeit

Verwaltungszwecke
- Aufgabenwahrnehmung und ~ **12** 9 f.
- eindimensionale ~ **12** 9
- mehrdimensionale ~ **12** 10
- Organisationsprivatisierung **12** 109
- Verwaltung als Marktteilnehmer **12** 122
- Wohlfahrtszwecke **12** 16 f.

Halbfette Zahl = §§; magere Zahl = Rn.; kursive Zahl = Hauptfundstelle; → = *s./s. auch*

Verweisung 17 *89ff.*, **19** 62 ff.
- dynamische ~ **9** 66 → Technik, Stand der, → Wissenschaft, Stand der
- normkonkretisierende gleitende ~ **17** 89
- statische ~ **17** 89

Verwerfungskompetenz, Abweichung vom Richtlinienrecht **17** 138

Verwirklichungsmodus, Verwaltungsverfahren als ~ des materiellen Rechts **4** 51

Vielfalt der Verwaltung 10 17 ff., **13** 63 ff.

Virtuelles Rathaus 1 66

Volk als Legitimationssubjekt **6** 5, 17 ff., **15** 60
→ Staatsvolk

Völkergewohnheitsrecht 17 44

Völkerrecht
- Internationales Verwaltungsrecht **5** 48 a
- Natur- und ~ im 17. Jahrhundert **2** 16
- Rechtsquellenlehre **17** 12 ff., 40 ff.

Volksgesetz 9 16

Volkszählung, Auswirkungen des ~surteils **10** 134

Vollrechtsfähigkeit 14 20

Vollzug
- ~sföderalismus **13** 39 f.
- ~shilfe **14** 61
- ~spluralismus **15** 43
- Aufwand **19** 26
- indirekter ~ **6** 104 a
- Vorrang des mitgliedstaatlichen ~s **5** 19 ff.

Vollzugsdefizit 1 30, **9** 88, **11** 19
- „überforderter Staat" **11** 19
- Implementationsstudien, 1970er Jahre **1** 10
- Ordnungsverwaltung **19** 29
- Umweltrecht **1** 10
- unzureichende Personal-/Sachausstattung **1** 59 Fn. 312
- Vermeidungsgebot **15** 17

Vollzugseffektivität, Internationales Verwaltungsrecht **5** 48 b

Vorabentscheidungsverfahren gem. Art. 267 AEUV **5** 81

Vorbehalt
- des Gesetzes **9** 23 ff. → Gesetzesvorbehalt
- des Möglichen **10** 26
- Verbote mit ~ **7** 167 ff. → Verbot

Vorfeld, Gefahrenabwehr/Risikovorsorge **12** 28

Vorgaben
- der Regierung **10** 59
- normative ~ **10** 12, 58
- objektiv-rechtliche ~ **10** 77
- politische ~ **10** 58
- Überfülle detaillierter Einzelvorgaben **10** 120

Vorhaben- und Erschließungsplan 16 86 f.

Vormärz 2 28

Vorrang des Gesetzes 9 73 ff., **18** 50, 58
→ Gesetzesvorrang

Vorsorgemaßnahmen im Vorfeld von Gefahren **10** 126, **12** *28 ff.* → Risikoverwaltung

Vorverfahren → Widerspruchsverfahren

Vorwirkung
- der Kontrollperspektive **3** 27, **4** 54 c, **10** 35, 66
- des Rechts auf eine gute Verwaltung **10** 35

VVE → Verfassungsvertrag, Europäischer

Wahlfreiheit → choice, → Formen, ~wahlfreiheit

Wahrnehmungskompetenz 14 45

Wahrnehmungspflicht, Zuständigkeit **14** 47

Wahrnehmungszuständigkeit, transitorische **14** 20, 22, 34

Waldecker, Ludwig 2 75

Wandel, demografischer ~ als Staatsaufgabe **11** 9

Warnung 7 178, **9** 53, **10** 137
→ Informationstätigkeit, staatliche

Weber, Max 11 7, **13** 51
- Bürokratieprinzip **10** 3
- Hierarchieprinzip **16** 42

wechselseitige Auffangordnungen 1 38, **10** 107, **18** 36
- Privat- und Öffentliches Recht **18** *1 ff.*
- Straf- und Öffentliches Recht **18** *81 ff.*

Wehrbeauftragter, Wahrnehmung parlamentarischer Kontrolle **6** 12

Wehrpflicht 7 161

Weimar
- ~er Reichsverfassung **2** 71
- ~er Zeit **10** 4

Weisung 13 100, **15** 45 f., **16** 55 ff.
- ~sfreiheit **13** 76, **14** 39
  - Ministerialfreiheit **6** 37, **10** 53 ff.
  - Selbstverwaltung **14** 41
- Bedeutung für die Eigenständigkeit **10** 23
- begrenzte Weisungsunterworfenheit **10** 53
- inneradministrative ~ **10** 23
- ministerielle ~ **10** 45
- politisch motivierte ~ **10** 59

Weisungsbefugnis 15 45 ff.

Weisungshierarchie 16 55
- Inflexibilität **16** 59

Weisungsrechte 6 13

Welthandelsorganisation → WTO

Weltinnenrecht 17 40

Weltkrieg
- Erster ~ **2** 70
- Zweiter ~ → NS-Diktatur

Wertordnung, objektive **1** 28, **2** 107, 110, **4** 8, **7** 51 f.

Wertungswiderspruch 18 40, 74

Wesentlichkeitslehre/-theorie 9 *47 ff.*, **16** 48
- „umgekehrte ~" **9** 56
- Abschied von der ~ **9** *57 ff.*
- Aufgabenerfüllung **11** 65
- Kriterien **9** 48
- Kritik **9** 57 ff.
- Modifikationen **9** 51 ff.

Sach- und Personenregister

- Unionsrecht und ~ **9** 49, 51
- Verfahren und ~ **6** 48

Wesentlichkeitsrechtsprechung des EuGH 9 49
- Unionsrecht und ~ **17** 82 a

Wettbewerb → Verwaltungshandeln, Verwaltung als Marktteilnehmer
- ~saufsicht **5** 97
- ~skonflikte, Verwaltung als Marktteilnehmer **12** 137 f.
- ~sverwaltung **12** 56
- Behördenwettbewerbe **11** 43
- der Rechtssysteme **1** 13
- Entgeltregulierung **19** 132
- Funktionsfähigkeit **19** 130 ff.
- Grundversorgung **19** 127, 135
- Gutscheine **19** 116
- instrumenteller Charakter **19** 126 f.
- Kooperation und ~ **19** 117
- Netzzugang **19** 131
- Spannung mit anderen Steuerungsmodi **19** 122 ff.
- Unbundling **19** 133
- Wettbewerb auf dem Markt **19** 125 ff.
- Wettbewerb um den Markt **19** 112 ff.
- zwischen Staaten **19** 156

Wettbewerblicher Dialog, innovationsermöglichendes Recht **10** 129

Wettbewerbsprinzip
- Dienste von allgemeinem wirtschaftlichem Interesse **5** 96
- Vertrag von Lissabon **5** 96

Wettbewerbsrecht, Verbundperspektive **3** 9
Widerrufsvorbehalt 10 128
Widerspruchsfreiheit 18 38 ff.
Widerspruchsverfahren
- Abschaffung als Fehlentwicklung **15** 48 a
- Reform **15** 55

Wiener Schule 2 45
Willenserklärung, verwaltungsrechtliche **18** 77
Wirklichkeit 1 29, 31
Wirklichkeitskonstruktion 10 135
Wirksamkeit des Rechts 5 5 → effet utile,
  → Effektivität, → Effizienz
Wirkung, unmittelbare **7** 93
- des Unionsrechts **17** 125 ff.
- Grundrechte **2** 110
- von Richtlinien **17** 135 ff.

Wirkungsforschung 1 35
- Nachsteuerung **4** 89, **9** 114

Wirkungskontrolle 9 114
Wirkungsorientierung 1 32 ff.
  → Folgenorientierung
Wirkungswissen, Rückkopplung mit der Verwaltungsrechtsordnung **1** 36
Wirtschaftlichkeit, Gebot der **4** 65
Wirtschaftlichkeitskontrolle → Finanzkontrolle
Wirtschaftsaufsicht 12 55
- marktoptimierende ~ **12** 55

Wirtschaftsgemeinschaft, europäische 13 24
Wirtschaftsverfassung
- des Grundgesetzes **5** 92 ff.
- EU **5** 95 ff.

Wirtschaftsverwaltungsrecht 5 92 ff.
- Entstehung **2** 76 f.

Wirtschaftswissenschaft 3 45 f.
  → Ökonomisierung

Wissen 1 11, **10** 131, **19** 80
- ~sinfrastruktur **19** 34
- ~smanagement **4** 100, **19** 34
- asymmetrische Verteilung **10** 135
- Erfahrungswissen **9** 7 Fn. 42, **10** 120 → Lernen
- explizites ~ **4** 82
- fehlendes ~ → Ungewissheit
- Generierung/Erzeugung **10** 132, 135, **19** 59
- implizites ~ **4** 82, **10** 34, 52
- in Zusammenarbeit mit Privaten **6** 91
- Rechtsetzung **9** 7, 99, **19** 61
- staatliche Wissensdefizite **1** 11, **9** 7
- um das Nichtwissen **4** 80, 99, **10** 128
- Verfügbarkeit von ~ **1** 11, **19** 55
- Wirkungswissen **1** 36
- Wissensproblem **1** 11, **9** 7, **10** 131
- Wissenszerfall **10** 133

Wissenschaft
- ~sverständnis **3** 19
- Stand der ~ **3** 50, **17** 89

Wissenschaftsbegriff 2 4 ff.
Wissenschaftsgeschichte 3 20
Wissenschaftsrat 13 113
Wissenschaftstheorie 3 20
Wohlfahrt 12 17, **19** 17
Wohlfahrtspolizei 2 32
Wolff
- **Christian 2** 16
- **Hans J. 2** 106, **10** 4
  - Zurechnungsendsubjektivität **14** 20

Work-Flow-Management 1 66
WTO 10 20, **17** *149*, 158 ff. → Internationale Organisation
- Dienstleistungen **17** 161, 197
- DSU **17** 160
- Expertengremium **17** 163
- GATS **17** 161
- geistiges Eigentum **17** 161
- GPA **17** 161, 168
- institutionelle Struktur **17** 160
- Lebensmittelrecht **17** 166
- Referenzgebiete **17** 165 ff.
- SPS **17** 161
- Streitbeilegungsverfahren **17** 163
  - Ständiges Berufungsgremium **17** 163
  - Streitbeilegungsorgan DSB **17** 163
- TBT **17** 161
- TRIPS **17** 161
- Übereinkommen **17** 160
- Vertragswerk **17** 160

Halbfette Zahl = §§; magere Zahl = Rn.; kursive Zahl = Hauptfundstelle; → = s./s. auch   1445

– Warenhandel **17** 161
– Wirkungsbedingungen **17** 164
Würde des Menschen → Menschenwürde

Zacher, Hans F. 2 100
Zeit, zeitliche Struktur von Verwaltungs-
 entscheidungen **3** 58
Zeitblindheit des Gesetzgebers 9 110
Zeitdruck, Rechtsetzungsverfahren **9** 108
Zentralbank, Europäische 10 53, **13** 24
**Zentrale Vergabestelle für Studienplätze
 13** 112
Zentralstelle 14 40, **15** 70
Zertifizierung → Akkreditierung
Zielbestimmungen 5 7 f.
– Unionsrecht **5** 90 ff.
Zielorientierung, Verwaltungsaufgaben und ~
 11 11
Zielvereinbarung/-vorgabe 19 79
– Hochschulbereich **6** 50
– Relationierungsmechanismus **14** 56, 61
Zivilgesellschaft 17 156 → Gesellschaft
Zivilrecht → Privatrecht
Zölle, Abbau von ~n (GATT) **17** 162
Zugang zu öffentlichen Dienstleistungen **1** 66
Zugelassene Stellen 19 83
Zukunftsorientierung 4 104
Zukunftssicherung 11 73
Zuordnung zu Rechtsregimen 18 18 ff.
Zurechnung
– Person **14** 20
– Rechtsfähigkeit **14** 21
– Verwaltungsorganisation **14** 3, 19
Zurechnungsendsubjektivität 14 20, 22
Zusammenarbeit → Verwaltungszusammen-
 arbeit
– Grundsatz der loyalen ~ im Unionsrecht **5** 38
– intergouvernementale ~ **13** 108
– kommunale Entwicklungszusammenarbeit
 13 118
– polizeiliche ~ **5** 43
Zuständigkeit 14 42 ff., 54 f.
– ~smangel **14** 51
– ~svereinbarung **14** 48
– ~sverlagerung **14** 48
– als Aufgabenzuweisung **14** 52 f.
– Begriff **14** 42
– im organisationsrechtlichen Sinne **14** 42
– instanzielle ~ **14** 46
– keine All-~ des Staates **11** 71
– Kompetenz **14** 42 → Kompetenz
– Mischverwaltung **14** 43

– Organzuständigkeit **14** 36, 44
– örtliche und sachliche ~ **14** 46
 – örtliche ~ der Kommunen **15** 29 ff.
– Trennung von Aufgabe, Befugnis und ~ **14** 42,
 52 f.
– Verbandszuständigkeit **14** 32, 43
– Wahrnehmung **14** 47
– Wahrnehmungskompetenz/-zuständigkeit
 14 45
– Wahrnehmungspflicht **14** 47
– wechselseitige Herleitbarkeit **14** 53
– Zuweisung **14** 47
Zuständigkeitsbegründung durch rügeloses
 Einlassen **14** 51
Zuständigkeitsdogmatik, öffentlich-rechtliche
 Pfadabhängigkeit **14** 11
Zuständigkeitskomplex, subjektivierter **14** 34 f.,
 44
Zuständigkeitskonflikt 14 50
– Konfliktlösungsregeln **14** 50
– negativer und positiver ~ **14** 50
Zuständigkeitskonkurrenz 14 50
Zuständigkeitsordnung, funktionsgerechte
 14 42
Zuständigkeitsvereinbarung 14 48
Zuständigkeitsverlagerung 14 48
– befreiende (echte) und bewahrende (unechte)
 ~ **14** 48
Zuständigkeitsverteilung, bundesstaat-
 liche **14** 43, 58
– Hauptverwaltungsträger **14** 23, 32
 → Hauptverwaltungsträger
Zuständigkeitswechsel 14 48
**Zustimmungskompetenzen des Bundesrates
 8** 50
Zweck
– Aufgabenwahrnehmung und ~ **12** 9 f.
– Gesetzes~ und Auslegung **3** 24
Zweckgesellschaft, "Bad Banks" **16** 173 e
Zweckmäßigkeit 7 63 → Maßstäbe,
 → Richtigkeit
– Bindung **10** 23
– Politik und ~ **4** 4
Zweckmäßigkeitskontrolle
– Selbstverwaltung **12** 89, **13** 42, 102
Zweckprogramm 2 118, **3** 5, **4** *13 ff.*, **12** 61
 → Final-/Zweckprogramm
Zweckverband 13 114, 122
– als Form internationaler Kooperation **13** 118
Zwei-Stufen-Lehre 18 29, *69 ff.*
Zweiter Weltkrieg → NS-Diktatur
Zweites Deutsches Fernsehen 13 112